受浙江大学文科高水平学术著作出版基金资助

总主编　黄先海　罗卫东

Volume 2B

宏观经济学手册 第2B卷

[美] 约翰·B. 泰勒（John B. Taylor）
[美] 哈拉尔德·厄里格（Harald Uhlig）　/ 主编

贾拥民 / 译

Handbook of
Macroeconomics

ZHEJIANG UNIVERSITY PRESS
浙江大学出版社
·杭州·

图书在版编目（CIP）数据

宏观经济学手册. 第2B卷 /（美） 约翰·B.泰勒
（John B. Taylor），（美）哈拉尔德·厄里格
（Harald Uhlig）主编；贾拥民译 . -- 杭州：浙江大学
出版社，2024.12. -- ISBN 978-7-308-25669-8

Ⅰ. F015-62

中国国家版本馆 CIP 数据核字第 2024A4U004 号

浙江省版权局著作权合作登记图字号 11-2024-461

This edition of Handbook of Macroeconomics，2A-2B SET，by John B.
Taylor，Harald Uhlig is published by arrangement with ELSEVIER BV . ，
of Radarweg 29，1043NX Amsterdam，Netherlands .

宏观经济学手册（第2卷）

（美） 约翰·B.泰勒（John B. Taylor）
（美）哈拉尔德·厄里格（Harald Uhlig） 主编
贾拥民 译

责任编辑	陈佩钰（yukin_chen@zju.edu.cn）
责任校对	汪 潇 李 琰
封面设计	雷建军
出版发行	浙江大学出版社
	（杭州市天目山路148号 邮政编码310007）
	（网址：http://www.zjupress.com）
排 版	杭州兴邦电子印务有限公司
印 刷	杭州捷派印务有限公司
开 本	787mm×1092mm 1/16
印 张	155
字 数	3579千
版 印 次	2024年12月第1版 2024年12月第1次印刷
书 号	ISBN 978-7-308-25669-8
定 价	798.00元（全两册）

译者序

爱思唯尔出版社出版的《经济学手册》系列丛书是经济学界最重要的工具书之一。每一本手册都由所属领域的权威经济学家主编,他们邀请在该领域中对各个重要主题素有研究的经济学家对相关文献和最新研究成果进行综述并介绍自己的新思路与新发现。经济学家都把收到这种邀请视为对自己学术成就的一种极大的肯定。

在浙江大学出版社引进出版《经济学手册》系列的过程中,我承担了《宏观经济学手册(第2卷)》和《货币经济学手册(第3B卷)》的翻译工作。此外我还参与了《收入分配经济学手册(第2卷)》《媒体经济学手册(第1卷)》《健康经济学手册(第2卷)》,以及《货币经济学手册(第3A卷)》的审校。感谢浙江大学出版社对我的信任。

这是一项极其艰巨的任务。我当然有自知之明。这个工作其实也许是我力有未逮的。前些年,我承担过《新帕尔格雷夫经济学大辞典》(第二版,共八卷)和《行为经济学分析基础》(共八册)的翻译与校对工作,当时那种战战兢兢、如履薄冰的感觉,这一次又回来了,而且更加清晰。当年,我的老师汪丁丁教授就曾经对我说过:"你做这个事情风险极大。"确实如此,在未来,我很可能要面对无数的批评。但是话说回来,事实上,真的能完全胜任这个工作的人本来就不会很多(当然,还有一个可能是,胜任的人不愿意承担这个工作)。而且这个事实本身也意味着,它是一项需要勇气和付出的工作。我也许胜任,也许不胜任,但是无论如何,我愿意冒这个险,并乐意接受专家和读者的批评。

从根本上说,经济学是一门致力于探究个人生活和社会秩序的定律或"法则"的学科,无论是想追求个人理想的实现,还是试图增进社会福利,前提都是绝不能背离经济学原理,在这个意义上,经济学是所有人都需要学习和掌握的。有一种说法是,学习经济学会使人变成一个"精致的利己主义者"。这种说法失之偏颇,经济学不能背这个锅,或者说,应该归咎的是那种不"健全"的经济学。

因此,为学生以及更广泛的愿意学习经济学的人提供更全面、更适当的工具,帮助他们理解经济学方法、经济学发现和经济学思想的发展,无疑是非常有意义的。而要做到这一点,翻译出版国外的优秀著作应该是一个比较快捷的途径。

回顾自己十多年来完成的经济学方面的译著,从《现代经济学主要流派》《贝克尔经济学讲义》,到《实验经济学手册》《神经经济学分析基础》,再到《经济学理论和认知科学》《复杂经济学》,再到我深度参与的《新帕尔格雷夫经济学大辞典》和《行为经济学分析基础》,然后再到现在这个《经济学手册》系列,我似乎真的(也许是不自觉地)在做着这样一件事情。

学术翻译的价值曾经受到过不少人的质疑,理由是普通读者不会去读学术性很强的译著,而专业研究者则应该直接去读原著。但是如前所述,这种质疑对于经济学领域的学术翻译并不适用。至少,译者能够为经济学的学习者和研究者节省时间,这一点应该没有疑问。

翻译向来被称为"戴着镣铐跳舞",学术翻译更是众所周知的苦差事,而且在当前的评价体系下,翻译作品甚至不算科研成果。有人曾问我,你为什么要去做翻译这种"痛苦"的事情呢?首先请允许我自我标榜一下,基于前面谈到的理由,这确实是因为我有一种使命感和奉献精神,我觉得这件事情有价值,值得我为它付出。另一个原因是翻译(特别是研究型翻译)本身是一个很好的学习过程,可以带来知识得到充实的快乐。我的很多知识就是在翻译过程中学到的。

回首《宏观经济学手册(第 2 卷)》和《货币经济学手册(第 3B 卷)》的翻译过程,个中甘苦实在一言难尽。由于工作量很大,因此我制订了严苛的翻译计划。每天早晨四点起床开始翻译工作,七点之后再着手安排一天的其他事务,保证每天早上至少有三个小时的翻译时间,在此基础上利用一切可以利用的时间。一年中我至少有 350 天保持这种状态,无论是在家中,还是在外地,从不例外。不必讳言,由于整个翻译过程相当漫长,我的状态难免有所起伏,同时囿于有限的学识,译文中难免会存在疏漏,因此我也特别感谢编辑和审校老师。

当然,这么多年来,如果没有家人、老师和朋友的支持与帮助,我是无法坚持下来的,借此机会,请允许我对他们表达谢意。

首先要感谢的是我的家人。太太傅瑞蓉一直是我翻译工作的第一合作者,我无比感激她为我、为我们家庭的付出。感谢小儿贾岚晴,他以他的方式激励并推动着我,令我自豪的是,当他只是一个初中生时就可以在数学推导方面给我提供帮助,而且能够与我在不少问题上进行严肃的讨论。到本书付印时,他应该已经上大学了。感谢岳父傅美峰、岳母蒋仁娟在贾岚晴幼年时对他的精心照料。

感谢汪丁丁老师,他对我的翻译工作多次给予了高度肯定。同时感谢叶航、罗卫东、韦森等老师的鼓励和帮助。

感谢与我合作过的出版机构和编辑的支持与信任,特别是浙江大学出版社。还有许多同学、好友,囿于有限的篇幅,非常遗憾他们的名字无法在这里一一列出,但是无法否认,他们也给了我很大的帮助,在此一并致谢。

贾拥民

写于杭州尚谷阁

主编介绍

约翰·B. 泰勒

约翰·B. 泰勒(John B. Taylor)是斯坦福大学玛丽和罗伯特·雷蒙德经济学教授,也是斯坦福大学胡佛研究所乔治·舒尔茨高级经济学研究员,同时他还是斯坦福大学经济学中心主任。泰勒的研究领域主要集中在宏观经济学、货币经济学和国际经济学,他是《宏观经济学手册·第一卷》的主编。最近,泰勒出版了两本专著,一本讨论金融危机,名为《偏离正轨》(*Getting off Track*),另一本名为《基本原则:重建美国繁荣的五个关键》(*First Principles:Five Keys to Restoring America's Prosperity*)。

泰勒曾经担任过美国总统经济顾问委员会的高级经济学家和委员。2001 年至 2005 年,他曾出任美国财政部副部长,负责国际事务。为了表彰泰勒在本科教学方面的杰出成就,斯坦福大学还授予他"霍格兰奖"(Hoagland Prize)和"罗兹奖"(Rhodes Prize)。由于为美国财政部的政策制定做出了重大贡献,泰勒还获得了"亚历山大·汉密尔顿奖"(Alexamder Hamilton Award)和美国财政部颁发的"杰出服务奖"。

泰勒分别在普林斯顿大学和斯坦福大学获得了经济学学士学位(最优等)和经济学博士学位。

哈拉尔德·厄里格

哈拉尔德·厄里格(Harald Uhlig,又译为哈拉尔德·乌利希)出生于 1961 年,自 2007 年起一直是芝加哥大学经济系的教授,并在 2009 年至 2012 年间担任该系主任。在此之前,他曾在普林斯顿大学、蒂尔堡大学和柏林洪堡大学担任过教职。厄里格的研究兴趣在于定量宏观经济学、金融市场和贝叶斯计量经济学。从 2006 年到 2010 年,他曾经担任《计量经济学》(*Econometrica*)杂志联合主编,并从 2012 年起担任《政治经济杂志》(*Journal of Political Economy*)编辑(从 2013 年起担任主编)。他现在是德国央行(德国联邦银行)、欧洲中央银行和芝加哥联邦储备银行的顾问。他还是计量经济学会的会员,也是社会政策协会(Verein für Socialpolitik)"戈森奖"(Gossen Preis)的获奖者。"戈森奖"每年颁发给德语区一位已经赢得了国际声誉的经济学家。

各章作者

E. 阿法纳西耶娃(E. Afanasyeva)

法兰克福歌德大学货币与金融稳定研究所(**IMFS**),德国,法兰克福

M. 阿吉亚尔(M. Aguiar)

普林斯顿大学,美国,新泽西州,普林斯顿

A. 阿莱西纳(A. Alesina)

哈佛大学,美国,马萨诸塞州,剑桥;

博科尼大学经济学研究中心(**IGIER**),意大利,米兰

G. M. 安格勒托斯(G. M. Angeletos)

麻省理工学院,美国,马萨诸塞州,剑桥;

美国国家经济研究局(**NBER**),美国,马萨诸塞州,剑桥

S. 巴苏(S. Basu)

波士顿学院(栗山校区),美国,马萨诸塞州;

美国国家经济研究局(**NBER**),美国,马萨诸塞州,剑桥

M. D. 博尔多(M. D. Bordo)

罗格斯大学,美国,新泽西州,新不伦瑞克;

美国国家经济研究局(**NBER**),美国,马萨诸塞州,剑桥

J. 博罗维奇卡(J. Borovička)

纽约大学,美国,纽约州,纽约;

美国国家经济研究局(**NBER**),美国,马萨诸塞州,剑桥

P. 布林卡(P. Brinca)

新里斯本大学经济与工商管理学院,葡萄牙,里斯本;

波尔图大学经济与金融研究中心,葡萄牙,波尔图

M. K. 布伦纳迈耶(M. K. Brunnermeier)

普林斯顿大学,美国,新泽西州,普林斯顿

V. V. 沙里(V. V. Chari)

明尼苏达大学,美国,明尼苏达州,明尼阿波利斯;

明尼阿波利斯联邦储备银行,美国,明尼苏达州,明尼阿波利斯

S. 查特吉(S. Chatterjee)

费城联邦储备银行,美国,宾夕法尼亚州,费城

H. 科尔(H. Cole)

宾夕法尼亚大学,美国,宾夕法尼亚州,费城

P. 德拉斯莫(P. D'Erasmo)

费城联邦储备银行,美国,宾夕法尼亚州,费城

D. W. 戴蒙德(D. W. Diamond)

芝加哥大学布斯商学院,美国,伊利诺伊州,芝加哥;

美国国家经济研究局(**NBER**),美国,马萨诸塞州,剑桥

M. 德普克(M. Doepke)

西北大学,美国,伊利诺伊州,埃文斯顿

E. 法里(E. Farhi)

哈佛大学,美国,马萨诸塞州,剑桥

J. 费尔南德斯-比利亚韦德(J. Fernández-Villaverde)

宾夕法尼亚大学,美国,宾夕法尼亚州,费城

N. 福克斯-申德勒恩(Fuchs-Schündeln)

法兰克福歌德大学,德国,法兰克福;

英国经济政策研究中心(**CEPR**),英国,伦敦

M. 格特勒(M. Gertler)

纽约大学,美国,纽约州,纽约市;

普林斯顿大学,美国,新泽西州,普林斯顿;

联邦储备委员会,美国,哥伦比亚特区,华盛顿

M. 戈洛索夫(M. Golosov)

普林斯顿大学,美国,新泽西州,普林斯顿

V. 圭列里(V. Guerrieri)

芝加哥大学,美国,伊利诺伊州,芝加哥;

美国国家经济研究局(**NBER**),美国,马萨诸塞州,剑桥

R. E. 霍尔(R. E. Hall)

斯坦福大学胡佛研究所,美国,加利福尼亚州;

美国国家经济研究局(**NBER**),美国,马萨诸塞州,剑桥

J. D. 汉密尔顿(J. D. Hamilton)

加利福尼亚大学,美国,加利福尼亚州,拉霍亚,圣迭哥

G. D. 汉森(G. D. Hansen)

加州大学洛杉矶分校,美国,加利福尼亚州,洛杉矶;

美国国家经济研究局（NBER），美国，马萨诸塞州，剑桥

L. P. 汉森（L. P. Hansen）

芝加哥大学，美国，伊利诺伊州，芝加哥；

美国国家经济研究局（NBER），美国，马萨诸塞州，剑桥

T. A. 哈桑（T. A. Hassan）

英国经济政策研究中心（CEPR），英国，伦敦；

芝加哥大学，美国，伊利诺伊州，芝加哥；

美国国家经济研究局（NBER），美国，马萨诸塞州，剑桥

J. 哈斯勒（J. Hassler）

斯德哥尔摩大学国际经济研究所（IIES），瑞典，斯德哥尔摩；

哥德堡大学，瑞典，哥德堡；

英国经济政策研究中心（CEPR），英国，伦敦

C. L. 豪斯（C. L. House）

美国国家经济研究局（NBER），美国，马萨诸塞州，剑桥；

密歇根大学，美国，密歇根州，安娜堡

E. 赫斯特（E. Hurst）

芝加哥大学布斯商学院，美国，伊利诺伊州，芝加哥

C. I. 琼斯（C. I. Jones）

斯坦福大学商学院，美国，加利福尼亚州，斯坦福；

美国国家经济研究局（NBER），美国，马萨诸塞州，剑桥

A. K. 卡什亚普（A. K. Kashyap）

芝加哥大学布斯商学院，美国，伊利诺伊州，芝加哥；

美国国家经济研究局（NBER），美国，马萨诸塞州，剑桥

P. J. 基欧（P. J. Kehoe）

明尼苏达大学，美国，明尼苏达州，明尼阿波利斯；

明尼阿波利斯联邦储备银行，美国，明尼苏达州，明尼阿波利斯；

伦敦大学学院，英国，伦敦

清泷信宏（N. Kiyotaki）

纽约大学，美国，纽约州，纽约；

普林斯顿大学，美国，新泽西州，普林斯顿；

联邦储备委员会，美国，哥伦比亚特区，华盛顿

D. 克鲁格（D. Krueger）

宾夕法尼亚大学，美国，宾夕法尼亚州，费城；

英国经济政策研究中心（CEPR），英国，伦敦；

法兰克福歌德大学金融研究中心（CFS），德国，法兰克福；

美国国家经济研究局（NBER），美国，马萨诸塞州，剑桥；

蒂尔堡大学养老金和老龄化问题研究中心（**Netspar**），荷兰，蒂尔堡

P. 克鲁塞尔（P. Krusell）

斯德哥尔摩大学国际经济研究所（**IIES**），瑞典，斯德哥尔摩；

哥德堡大学，瑞典，哥德堡；

英国经济政策研究中心（**CEPR**），英国，伦敦；

美国国家经济研究局（**NBER**），美国，马萨诸塞州，剑桥

M. 库伊特（M. Kuete）

法兰克福歌德大学货币与金融稳定研究所（**IMFS**），德国，法兰克福

E. M. 利珀（E. M. Leeper）

印第安纳大学，美国，印第安纳州，伯明顿；

美国国家经济研究局（**NBER**），美国，马萨诸塞州，剑桥

C. 利斯（C. Leith）

格拉斯哥大学，英国，格拉斯哥

C. 利安（C. Lian）

麻省理工学院，美国，马萨诸塞州，剑桥

J. 林德（J. Lindé）

瑞典中央银行（**Sveriges Riksbank**），瑞典，斯德哥尔摩；

斯德哥尔摩经济学院，瑞典，斯德哥尔摩；

英国经济政策研究中心（**CEPR**），英国，伦敦

E. 麦克格拉顿（E. McGrattan）

明尼苏达大学，美国，明尼苏达州，明尼阿波利斯；

明尼阿波利斯联邦储备银行，美国，明尼苏达州，明尼阿波利斯

C. M. 迈斯纳（C. M. Meissner）

美国国家经济研究局（**NBER**），美国，马萨诸塞州，剑桥；

加利福尼亚大学戴维斯分校，美国，加利福尼亚州，戴维斯

E. G. 门多萨（E. G. Mendoza）

宾夕法尼亚大学经济研究院，美国，宾夕法尼亚州，费城；

美国国家经济研究局（**NBER**），美国，马萨诸塞州，剑桥

A. 米安（A. Mian）

普林斯顿大学，美国，马萨诸塞州，普林斯顿；

美国国家经济研究局（**NBER**），美国，马萨诸塞州，剑桥

K. 密特曼（K. Mitman）

英国经济政策研究中心（**CEPR**），英国，伦敦；

斯德哥尔摩大学国际经济研究所（**IIES**），瑞典，斯德哥尔摩

L. E. 奥哈尼安（L. E. Ohanian）

加州大学洛杉矶分校，美国，加利福尼亚州，洛杉矶；

美国国家经济研究局(**NBER**),美国,马萨诸塞州,剑桥;

斯坦福大学胡佛研究所,美国,加利福尼亚州,斯坦福

A. 帕萨拉奎(A. Passalacqua)

哈佛大学,美国,马萨诸塞州,剑桥

F. 佩里(F. Perri)

英国经济政策研究中心(**CEPR**),英国,伦敦;

明尼阿波利斯联邦储备银行,美国,明尼苏达州,明尼阿波利斯

M. 皮亚泽西(M. Piazzesi)

斯坦福大学,美国,加利福尼亚州,斯坦福;

美国国家经济研究局(**NBER**),美国,马萨诸塞州,剑桥

E. C. 普雷斯科特(E. C. Prescott)

亚利桑那州立大学,美国,亚利桑那州,坦佩;

明尼阿波利斯联邦储备银行,美国,明尼苏达州,明尼阿波利斯

A. 普雷斯蒂皮诺(A. Prestipino)

纽约大学,美国,纽约州,纽约;

普林斯顿大学,美国新泽西州,普林斯顿;

联邦储备委员会,美国,哥伦比亚特区,华盛顿

V. A. 雷米(V. A. Ramey)

加利福尼亚大学,美国,加利福尼亚州,圣迭哥;

美国国家经济研究局(**NBER**),美国,马萨诸塞州,剑桥

J. F. 鲁比奥-拉米雷斯(J. F. Rubio-Ramírez)

埃默里大学,美国,乔治亚州,亚特兰大;

亚特兰大联邦储备银行,美国,乔治亚州,亚特兰大;

西班牙毕尔巴鄂比斯开银行(**BBVA**)研究部,西班牙,马德里;

支点资产管理集团(**Fulcrum**),英国,伦敦

Y. 桑尼科夫(Y. Sannikov)

普林斯顿大学,美国,新泽西州,普林斯顿

M. 施奈德(M. Schneider)

斯坦福大学,美国,加利福尼亚州,斯坦福;

美国国家经济研究局(**NBER**),美国,马萨诸塞州,剑桥

F. 绍尔夫海德(F. Schorfheide)

宾夕法尼亚大学,美国,宾夕法尼亚州,费城

F. 斯梅茨(F. Smets)

欧洲中央银行,德国,法兰克福;

比利时鲁汶大学,比利时,鲁汶;

英国经济政策研究中心(**CEPR**),英国,伦敦;

A. A. 史密斯（A. A. Smith, Jr.）

美国国家经济研究局（NBER），美国，马萨诸塞州，剑桥；

耶鲁大学，美国，康涅狄格州，纽黑文

Z. 斯坦葛贝伊（Z. Stangebye）

圣母大学，美国，印第安纳州，南本德

J. H. 斯托克（J. H. Stock）

哈佛大学；美国国家经济研究局（NBER），美国，马萨诸塞州，剑桥

A. 苏菲（A. Sufi）

芝加哥大学布斯商学院，美国，伊利诺伊州，芝加哥；

美国国家经济研究局（NBER），美国，马萨诸塞州，剑桥

J. B. 泰勒（J. B. Taylor）

斯坦福大学，美国，加利福尼亚州，斯坦福

M. 特蒂尔特（M. Tertilt）

曼海姆大学，德国，曼海姆

A. 奇温斯基（A. Tsyvinski）

耶鲁大学，美国，康涅狄格州，纽黑文

H. 厄里格（H. Uhlig）

芝加哥大学，美国，伊利诺伊州，芝加哥；

美国国家经济研究局（NBER），美国，马萨诸塞州，剑桥；

英国经济政策研究中心（CEPR），英国，伦敦

M. W. 沃森（M. W. Watson）

普林斯顿大学伍德罗·威尔逊学院，美国，新泽西州，普林斯顿；

美国国家经济研究局（NBER），美国，马萨诸塞州，剑桥

I. 韦尔宁（I. Werning）

麻省理工学院，美国，马萨诸塞州，剑桥

N. 韦尔坎（N. Werquin）

图卢兹经济学院，法国，图卢兹

V. 维兰德（V. Wieland）

法兰克福歌德大学货币与金融稳定研究所（IMFS），德国，法兰克福

R. 沃特斯（R. Wouters）

比利时国家银行，比利时，布鲁塞尔；

英国经济政策研究中心（CEPR），英国，伦敦

J. 柳（J. Yoo）

法兰克福歌德大学货币与金融稳定研究所（IMFS），德国，法兰克福；

韩国（中央）银行，韩国，首尔

J. 张（J. Zhang）

芝加哥联邦储备银行，美国，伊利诺伊州，芝加哥

宏观经济学手册(第2卷)
编辑会议剪影

芝加哥会议

斯坦福会议

前　言

　　《宏观经济学手册》的宗旨是，对过去 20 年来宏观经济学领域的知识状况和重大进展进行全面的综述。本手册涵盖了几乎全部宏观经济学问题——无论是经验的、理论的，还是方法的、政策的。就政策问题而言，本手册总结了应对失业、经济失速、经济危机和金融危机的各种各样的货币政策、财政政策和监管政策，而且覆盖了 2007 年至 2009 年全球金融危机之前、期间和之后的研究进展。因此，本手册既可以当作教科书来使用，也可以视为宏观经济学前沿研究的一个全面的导论。

宏观经济学现状、金融危机与新的潮流

　　本手册展示了一系列令人惊叹的全新的想法，它们彼此间的差异不可谓不大。在这里，不少章节讨论真实商业周期，渗透着新古典主义思维；也有许多章节探析货币商业周期，充溢着新凯恩斯主义精神。还有一些章节更是远远地超越了宏观经济学的传统领域，它们涵盖的新主题不仅包括了对家庭的宏观经济学分析、自然实验、环境问题、时间分配等，还包括金融因素与真实因素之间的关系、不完全市场、不完全合同、异质性经济行为人、递归合同等。在这里，既有对宏观审慎政策的分析、对零利率下限(zero lower bound)财政政策对利率的影响的探讨，也有关于价格水平的财政理论、关于救助和债务问题的政治经济学的研究。在这里，既有讨论最新的估计技术和求解技巧的基本要点的章节(在连续时间下和离散时间下)，也有围绕着与经济增长和经济波动有关的关键事实展开的百科全书式的评论(在总体层面上和个体层面上)。

　　对于宏观经济学来说，现在有一个问题引发了广泛的争论，那就是：2007 年至 2009 年全球金融危机是不是证明了宏观经济学已经失败了，或者，是不是证明了宏观经济学理论所隐含的政策已经失败了？本手册的各章节都是由本领域活跃的、有经验的专业研究者撰写的，我们希望，它能够有助于回答这个问题——而且是以一种非正式的政策辩论做不到的方式。如果确实如此，那将是本手册的一个重要贡献。

　　毫无疑问，自从理性预期革命、宏观经济学的微观基础建构、动态优化和一般均衡模型出现以来，宏观经济领域一直在持续地取得巨大进步。在金融危机之前和之后，利用这种范式，宏观经济学家已经成功地将现实世界中的各种各样的刚性引入了价格设定、学习、市场

不完全和金融摩擦等宏观经济学领域。

自从全球金融危机和大衰退（Great Recession）以来，一些人认为，宏观经济模型中不包含金融摩擦，这是它失败的一个标志。但是事实上，在本手册中，有许多宏观经济学模型都引入了金融摩擦，而且包括了更一般的金融部门。更进一步说，其实早在 1999 年出版的《宏观经济学手册·第一卷》就已经包含了与金融摩擦有关的内容，例如由本·伯南克（Ben Bernanke）、马克·格特勒（Mark Gertler）和西蒙·吉尔克里斯特（Simon Gilchrist）撰写的那一章。本手册中，由杰斯帕·林德（Jesper Lindé）、弗兰克·斯梅茨（Frank Smets）和拉夫·沃特斯（Raf Wouters）撰写的那一章也报告了一个与金融摩擦相关的重要发现，那就是，尽管中央银行使用的宏观模型被加入了越来越多的金融因素，但是对金融危机的解释力并不一定会随之增强。

概要

本手册一共有 5 部分共计 33 章。每一章都以该章作者撰写的简短摘要开头，阅读这些摘要是了解本手册的内容的最佳方法。不过在这里，我们还是要给出一个关于整本书的简短的概述，以便告诉读者全书所有章节是如何组织起来并构成一个完美的整体的。

第一部分为"经济增长与经济波动的事实"，包括第一章至第七章。本部分首先考察了宏观经济理论得以建立，并必须与之保持一致的若干基本事实——既包括长期的（回溯了过去 100 多年的经济增长和经济波动），也包括短期的（追踪了冲击如何随着时间的推移而传播，以及政策制度或规则变化如何影响经济波动）。本部分各章都非常强调微观经济基础，它们分析了个人和家庭的时间分配、长期决策对债务或房屋成交的影响、工资决策影响劳动分配的方式，以及金融危机和财政危机的历史影响。

第二部分是"宏观经济学的方法论"，包括第八章至第十五章。本部分各章分别讨论了因子模型（factor model）、结构化向量自回归模型（structural VAR）、各种不同的求解方法、动态随机一般均衡模型（DSGE）的估计、递归合同、内生不完全市场、异质性经济行为主体（heterogeneous agent）、自然实验、通过各种"楔"来分析商业周期模型的解释框架、不完全信息、协调摩擦，以及用来比较模型的差异和提高稳健性的一些综合方法。

第三部分探索"金融部门—实际部门的联系"，包括第十六章至第二十一章。这一部分涵盖了银行挤兑、金融危机对实体经济的影响、信贷市场、繁荣与萧条、住房市场的核心作用，以及主权债务危机的数量模型。本部分表明，可以通过多种不同途径将真实部门与金融部门联结起来，包括通过连续时间方法和不确定性期限结构模型。

第四部分讨论"经济增长和经济波动的模型"，包括第二十二章至第二十七章。本部分讨论对宏观经济建模的几种方法，包括新古典主义或真实商业周期模型、交错工资和交错价格模型（staggered wage and price models），以及其他引入更多刚性的模型，它们可以用来解释缓慢的经济复苏和长期的贫困。此外，本部分还包括从宏观经济学的视角探析环境问题和家庭决策的内容。

第五部分讨论"宏观经济政策"，包括第二十八至第三十三章。本部分包括中央银行制定货币政策所用的模型、关于监管政策（例如流动性要求）的分析、关于价格水平的财政理论、财政乘数、流动性陷阱、货币联盟，以及政府债务在技术上的可持续性、政府债务的政治经济学……所有这些，都在本部分得到了全面的回顾。

约翰·B. 泰勒、哈拉尔德·厄里格

致　谢

首先，我们要特别感谢来自肯尼思·阿罗（Kenneth Arrow）和迈克尔·因特里利加托尔（Michael Intriligator）当初的大力鼓励。作为《经济学手册》系列丛书的共同主编，他们在2007年5月就指出——那已经是十余年前了，而且正是全球金融危机爆发的前夜——亟需一本全新的《宏观经济学手册》。同样地，我们要感谢爱思唯尔（Elsevier）出版集团的组稿编辑斯科特·本特利（Scott Bentley），他与我们密切合作，帮助我们为提出的初步提纲征集到了许多有益的意见和建议。我们要感谢迈克尔·伍德福德（Michael Woodford），他在接替迈克尔·因特里利加托尔担任《经济学手册》系列丛书的共同主编后，对本手册的内容和结构都提出了很多有益的建议。我们还要感谢编辑项目经理乔斯林·蔡普雷塞特-帕吉奥（Joslyn Chaiprasert-Paguio），是他给这个项目画上了圆满的句号。

我们——还有无数必定能够因本手册而受益匪浅的经济学家和学生——都要感谢为本手册撰稿的74位知名经济学家，感谢他们付出的时间，感谢他们的创造精神。他们参加了多次会议，执笔撰写了各个章节的初稿，而且要在苛刻的最后期限前完成修改、提交定稿。我们特别感谢如下经济学家，他们认真阅读了相应章节的初稿并提出了有益意见，极大地提高了本手册整体的质量：曼努埃尔·阿马多（Manuel Amador）、鲁迪格·巴赫曼（Ruediger Bachmann）、鲍勃·巴斯基（Bob Barsky）、迈克尔·鲍尔（Michael Bauer）、路易吉·博科拉（Luigi Bocola）、杰夫·坎贝尔（Jeff Campbell）、约翰·科克兰（John Cochrane）、塞巴斯蒂安·迪特利亚（Sebastian Di Tella）、托尔斯滕·德劳茨伯格（Thorsten Drautzberg）、乔纳斯·费希尔（Jonas Fisher）、尤里·戈罗德尼奇恩科（Yuriy Gorodnichenko）、金达·彻丽尔·哈姆（Kinda Cheryl Hachem）、何治国（Zhiguo He）、约翰·希顿（John Heaton）、巴特·霍比茹恩（Bart Hobijn）、罗伯特·霍德里克（Robert Hodrick）、科斯曼·尔特（Cosmin Ilut）、奥斯卡·乔达（Oscar Jorda）、阿米尔·克曼尼（Amir Kermani）、彼得·克莱瑙（Peter Klenow）、查尔斯·科尔斯特德（Charles Kolstad）、阿尔文·克里希纳默西（Arvind Krishnamurthy）、巴勃罗·库尔拉（Pablo Kurlat）、蒂博·拉玛东（Thibaut Lamadon）、圭多·洛伦索尼（Guido Lorenzoni）、塞格·马利亚尔（Serguei Maliar）、凯西·马利根（Casey Mulligan）、斯塔沃罗斯·潘格斯（Stavros Panageas）、皮尔·赛克洛斯（Pierre Siklos）、埃里克·锡姆斯（Eric Sims）、阿尔普·西姆塞克

（Alp Simsek）、克里斯托弗·托尼蒂（Christopher Tonetti）、亚历山德拉·温纳（Alessandra Voena）、卡尔·沃尔什（Carl Walsh）和迈克尔·韦伯（Michael Weber）。

我们在斯坦福大学和芝加哥大学举行了两次编辑会议。在会议上，作者们提交了初稿，我们还收到了大量极有价值的评论，这对本手册的成功出版至关重要。在此，我们要感谢斯坦福大学胡佛研究所和芝加哥大学贝克尔–弗里德曼研究所为会议提供的财政和后勤支持。我们还要感谢玛丽–克莉丝汀·斯莱奇（Marie-Christine Slakey），自始至终，她负责管理全部稿件和与作者的所有联系。

约翰·B. 泰勒、哈拉尔德·厄里格

Contents

目 录

第一部分　经济增长与经济波动的事实

第三部分　金融部门—实际部门的联系

第十六章 对金融危机的宏观经济学建模：批发银行业务和银行挤兑

M. 格特勒(M. Gertler) [*,†,‡]**,清泷信宏(N. Kiyotaki)** [*,†,‡]**,**

A. 普雷斯蒂皮诺(A. Prestipino) [*,†,‡]

[*]:纽约大学,美国,纽约州,纽约市;

[†]:普林斯顿大学,美国,新泽西州,普林斯顿;

[‡]:联邦储备委员会,美国,哥伦比亚特区华盛顿

目 录

本章摘要:在构建关于银行业危机的宏观经济模型这个领域,经济学家已经取得了长足的进步。不过,以往的相关文献大多集中在了银行从家庭获得存款的零售银行业务上。事实上,引发最近这场大衰退的金融危机的一个重要特点恰恰在于,银行间的批发融资市场(银行在这个市场上相互借贷)瓦解了。因此,为了更全面地理解金融危机,更好提出政策建议,就必须刻画批发银行业务的作用。这一点是至关重要的。本章的目标就在于,给出一个将分析重点放在批发融资市场上的模型。这个模型虽然也可以视为现有文献的自然延伸,但是它能够解释批发银行业务的成长和崩溃,揭示危机传播到实体部门的机制。我们还从中推衍出了批发银行部门的不确定性对最后贷款人政策以及宏观审慎政策的可能影响。

关键词:金融危机;批发银行;银行间市场;滚动风险

JEL 分类代码:E44

1. 引言

    当代宏观经济学面临的主要挑战之一就是如何调整自己的核心模型,以解释最近这场金融危机为什么会发生,以及为什么危机之后经济会陷入战后最严重的衰退。在金融危机爆发前,实践中使用的各种"主力"定量模型都抽象掉了金融市场摩擦。因此,这些模型在很大程度上无法解释危机是如何爆发的,也不能说明联邦储备委员会和财政部采取的大量非常规政策措施为什么有助于缓解金融风暴的影响。同样地,这些模型也不能为我们避免另一场灾难所需的监管政策调整提供指导。[1]

金融危机爆发以来,已经涌现出了一大批旨在应对这个挑战的文献。早期的大部分文献都基于伯南克和格特勒(Bernanke and Gertler,1989)、清泷和摩尔(Kiyotaki and Moore,1997)给出的金融加速器和信贷周期框架。这种方法强调了资产负债表在一个存在金融市场摩擦的环境中限制借款人支出的作用。资产负债表的强大的顺周期变化,放大了支出的波动性,从而扩大了总体经济活动的波动性。由于实体经济状况会影响资产负债表状况,反之资产负债表状况又会影响实体经济状况,这样就形成了一个反馈环路。这个机制的关键在于杠杆作用:资产负债表对系统性风险的暴露程度会随着贷款的杠杆化程度而增大。

纳入了金融摩擦的新一代宏观经济模型的进步主要表现在以下两个方向。一个方向是,修改理论框架,以解释最近这场金融危机的一些鲜明的特征。具体地说,在最近这场金融危机期间,无论是金融机构还是家庭,最容易因金融问题冲击而陷入困境的,都是高度杠杆化的。[2] 在传统的文献中,非金融企业要受到资产负债表约束。有鉴于此,较晚近的一些宏观经济模型也引入了对银行的资产负债表约束,同时另一些模型则引入了对家庭的资产负债表约束。[3] 当然,在这些模型中,金融加速器仍然在起作用,但是最直接受到金融市场扰动影响的经济行为主体的类型已经与早期的文献中有所不同了。

另一个方向则是改进对金融危机建模的方法。例如,金融危机本质上是一种非线性事件,通常以同时出现资产价格的突然崩溃与信贷利差的急剧上升为其特征[4],然后产出大幅下降。危机之后的复苏往往很缓慢,因为经济复苏的步伐往往受阻于迟滞的去杠杆化过程。许多论文都是通过允许存在资产负债表约束不一定总有约束力的可能性来刻画这种非线性的。[5] 在这种模型中,金融危机时期就是资产负债表约束真的发挥了约束作用,从而导致经济活动突然收缩的那些时期。处理非线性的另一种方法是允许银行挤兑。[6] 事实上,影子银行体系的挤兑正是金融危机的一个突出特征,这方面的一个标志性事件是雷曼兄弟于 2008 年 9 月破产,进而导致一系列重要的货币市场基金崩盘,最终导致整个投资银行业塌陷。还有一

---

[1] 关于导致近期金融危机的各种原因的详细描述,请参见伯南克的论著(Bernanke,2010)。

[2] 可以肯定的是,金融危机也会直接影响到非金融企业的行为。例如,请参见吉鲁和穆勒的论文(Giroud and Mueller, 2015),他们提供了金融危机期间资产负债表对就业的影响的证据。

[3] 请参见格特勒和卡拉迪(Gertler and Karadi, 2011)、格特勒和清泷(Gertler and Kiyotaki,2010),以及科迪亚和伍德福德(Curdia and Woodford, 2010)等论文,它们的模型纳入了银行部门。请参见亚科维耶洛(Iacoviello, 2005)、艾格特森和克鲁格曼(Eggertsson and Krugman, 2012)、圭列里和洛伦佐尼(Guerrieri and Lorenzoni, 2011),以及米德里甘和菲利彭(Midrigand and Philippon, 2011)等论文,它们的模型纳入了家庭债务。

[4] 请参见何和克里希纳穆尔蒂(He and Krishnamurthy, 2014),该文给出了支持金融危机的非线性的证据。

[5] 请参见布伦纳迈尔和桑尼科夫(Brunnermeier and Sannikov, 2014)、何和克里希纳穆尔蒂(He and Krishnamurthy, 2013)、何和克里希纳穆尔蒂(He and Krishnamurthy,2014),以及门多萨(Mendoza, 2010)。

[6] 对于银行挤兑的开创性研究,请参见戴蒙德和迪布维格(Diamond and Dybvig, 1983)的论文。近来有不少宏观经济模型也考虑了银行业务,其中一些例子包括:格特勒和清泷(Gertler and Kiyotaki,2015)、费兰特(Ferrante)(2015a)、罗巴托(Robatto, 2014)、马丁(Martin)等人(2014)、安杰洛尼(Angeloni)和法亚(Faia)(2013),以及恩尼斯(Ennis)和基斯特(Keister)(2003)。另外也请参见博尔赛(Boissay)、科拉德(Collard)和斯梅茨(Smets)的论文(2013),他们提出了另一种对银行业危机进行建模的方法——这种方法不涉及银行挤兑本身。对于其他相关文献,请参见:艾伦(Allen)和盖尔(Gale)(2007)、库珀(Cooper)和罗斯(Ross)(1998)、法默(Farmer)(1999)、霍尔斯特罗姆(Holmstrom)和梯若尔(Tirole)(2011)以及这些论文中的参考文献。

些文献则通过构建网络互动的模型来刻画金融危机中固有的非线性,例如,请参见,加尔利务等人(Garleanu et al.,2015)的论文。

但是,对于在金融体系崩溃中发挥了独特作用的批发银行部门,现有的宏观经济学文献却很少涉及。批发银行部门这个概念,在我们这里大体上对应于 2007—2009 年金融危机前夕的影子银行部门。影子银行机构包括了在美国联邦储备委员会监管框架之外开展业务活动的所有金融中介机构。更具体地说,在用批发银行业务这个术语时,我们所指的是这样的业务:(i)与高度杠杆化的债务通常是短期债务有关,(ii)严重依赖于在"批发"银行信贷市场上向其他金融机构借入的资金(而不是在"零售"银行信贷市场上向家庭借入的资金)。

当金融危机爆发时,"震中"就是批发银行部门。事实上,在最近这场金融危机中,银行信贷的零售市场仍然保持了相对稳定,而批发融资市场则饱受资金枯竭和挤兑之苦。然而,与这个事实形成鲜明对照的是,大部分对银行业务进行建模的宏观经济模型都只关注传统的零售银行业务。这样一来,关于金融危机的爆发和展开,这些模型就遗漏了很重要的一个方面。另外,也正是因为遗漏了批发银行业务,这些文献可能会错过一些对于监管设计来说至关紧要的洞见。

作为《宏观经济学手册》的一章,我们在这里给出了一个简单的关于银行危机的规范宏观经济模型,它有两大特点:(i)能够代表现有的文献;(ii)能够扩展现有文献,关注批发银行业务的作用。有了这个模型,我们不仅可以解释批发银行业务是怎样实现增长的,而且能够对批发银行业务的这种增长如何导致金融脆弱性不断累积并最终导致崩溃提出一些洞见。由于这个模型是建立在现有文献基础上的,我们对它的框架的阐述,也就意味着对以往所取得的进展的评述。当然,更加重要的是,通过将注意力转向批发银行业务和批发融资市场,我们指明了一个新的方向——我们认为,那就是未来的研究应该坚持的方向。

具体地说,我们在本章中构建的模型是格特勒和清泷(Gertler and Kiyotaki,2011)提出的理论框架的扩展。格特勒和清泷的研究也具有类似的双重目标:首先,他们的论文提出了一个规范的框架来评述以往已经取得的进展;其次,他们的论文还指明了新的方向。格特勒和清泷这篇论文阐明了,原有的纳入了企业层面的资产负债表约束的金融加速器模型,怎样扩展到银行关系,以刻画金融危机期间银行的崩溃。但是,格特勒和清泷的模型仍然只考虑了贷款资金来源主要依赖于家庭存款的零售银行业务。虽然它允许零售银行之间的信贷市场的存在,但是却不存在主要依赖于"批发融资"的银行即影子银行。

在本手册的这一章中,我们修改了格特勒和清泷的框架,使得批发银行与零售银行并存于同一个模型当中,并实现了通过批发融资市场进行的信贷的数额的内生化。我们的模型与格特勒和清泷的模型的另一个重要的区别是,在我们的模型中,批发银行发生挤兑的可能性是存在的。我们认为,这两种修改都能提高宏观经济模型刻画金融危机如何演变的能力。此外,它们还提供了明察金融脆弱性从一开始是怎样积累起来的洞见。

本章的安排如下。第 2 节介绍了关于批发银行部门快速增长及其经济衰退期间经历崩溃的描述性证据,这也是我们在这里集中关注批发银行业务的动机所在。第 3 节给出了一个具有银行部门的宏观经济模型,它将作为本章分析的基准,在这个模型中,批发银行部门是内生的。第 4 节提供了一系列数值试验。虽然规模不断扩大的批发银行部门提高了金融中介的效率,但是这种巨大的规模也使得批发银行部门本身更容易遭遇挤兑。第 5 节考虑了批发银行部门挤兑有可能被预期到的情形,并说明了我们的模型是怎样刻画金融崩溃的各个关键发展阶段的,其中就有雷曼兄弟破产之前的"缓慢挤兑"阶段和最后的"快速挤兑"阶段。在第 6 节中,我们引入了第二项资产,在这项资产上,零售银行在中介方面具有比较优势。然后,我们阐明了批发银行的危机是如何溢出并影响零售银行业务的,这也与金融危机期间发生的情况相一致。第 7 节分析了政府应对金融危机的政策,包括事后政府所扮演的最后贷款人(lender of last resort)角色和事前政府的宏观审慎监管。最后,我们在第 8 节中概括了未来研究的一些方向。

2. 批发银行部门的增长和脆弱性

在本节中,我们为下一节给出的纳入了批发融资市场的规范宏观经济模型提供必要的背景资料,这也是我们进行这项研究的动机所在。我们将通过简要地介绍大衰退期间全球批发融资市场不断扩大和最终崩溃的过程来实现这个目标。与此同时,我们也以文字描述的方式讨论了批发融资市场的崩塌是如何导致实体经济的萎缩的。

图 1 说明了我们对零售金融中介机构和批发金融中介机构所扮演的不同角色的思考。这种思想至少可以追溯到科里和肖(Gurley and Shaw, 1960)开创的一个传统。[①] 在图 1 中,箭头表示信贷流动的方向。

资金可以通过三种不同的途径从家庭(或最终贷款人)流向非金融部门借款人(或最终借款人):家庭可以直接把资金借给借款人(K^h);零售银行先从家庭吸收存款(D),然后再出借给非金融部门的借款人(K^r);贷款人的存款可以先经过在批发融资市场上向零售银行筹集资金的某些专门的金融机构的进一步中介(B),再变为向最终借款人的贷款(K^w)。在接下来的内容中,我们将这些"专门的金融机构"称为批发银行。我们认为,批发银行是高度杠杆化的影子银行,它们严重依赖于其他金融机构的信贷,特别是短期信贷。我们把通过短期货币市场工具(包括商业票据和回购协议)为抵押证券等长期资产融资的机构也归入批发银行。这种金融机构的例子包括投资银行、对冲基金和所谓的"管道"(conduit)。我们把重点放在了严重依赖批发融资市场上的短期融资来为长期资产融资的机构上,因为在危机期间

---

① 科里和肖(Gurley and Shaw, 1960)认为,资金可以通过两种途径从最终贷款人(ultimate lenders,即拥有剩余资金的人)转移到最终借款人(ultimate borrowers,即需要外部资金来为支出提供融资的人):一是直接融资,二是间接融资。在直接融资中,最终借款人将证券直接出售给最终贷款人,以此来募集资金。在间接融资中,金融中介机构出售自己的证券,从最终贷款人那里募集资金,并从最终借款人那里购买证券。通过间接融资途径,金融中介机构将最终借款人的相对风险较高、流动性较低、期限较长的证券转化为相对安全、流动性更高和期限更短的中介机构证券。在本章中,我们将金融中介划分为批发金融中介机构和零售金融中介机构两类,而且两类金融中介机构都参与了资产的风险、流动性和期限的转化。在下文中,我们在需要时会把中介机构简称为"银行",而把最终贷款人简称为"家庭"。

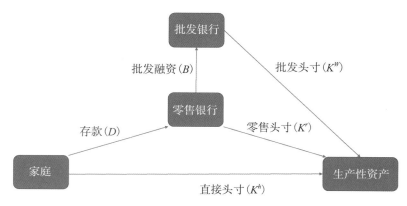

图1　金融中介模型

经历了"金融风暴"的主要是这类机构。

反过来就可以推出零售银行部门的覆盖范围了。我们所说的零售银行部门包括那些主要依靠家庭储蓄来给外部提供融资的金融机构，它们向批发银行提供了大量的短期融资。在本章中，我们把商业银行、货币基金和共同基金归入零售银行部门，它们主要从家庭募集资金，并向批发银行提供净融资。

从图1来看，似乎整个批发银行部门都是同质的一个整体。当然真实世界中的情况并非如此。为了更好地解释金融危机是怎样蔓延的，我们有必要在这里指出，批发银行部门内部是分为很多个不同的层次的。虽然中介过程相当复杂，但是在概念上，我们可以将所有层次归结为如下三个基本层次：（1）发起（origination）；（2）证券化（securitization）；（3）融资（funding）。

图2显示了这个链条。首先是贷款发起人，例如抵押贷款发起公司和金融公司，它们直接向非金融部门借款人提供贷款。在链条的另一端是影子银行，它们持有发起人所发放的贷款的证券池。位于这两者之间的是经纪机构和管道，它们协助完成证券化过程并提供市

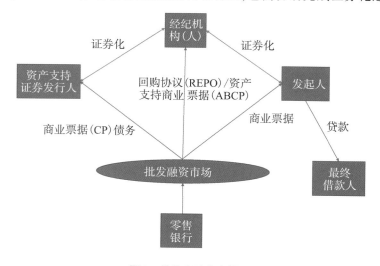

图2　批发金融中介模型

场流动性。在这当中,占主导地位的是那些举足轻重的大型投资银行(例如高盛、摩根士丹利、雷曼兄弟,等等)。所有这几个层次都严重依赖于短期融资,包括商业票据(CP)、资产支持商业票据(ABCP)和回购协议(REPO),等等。批发银行之间存在相当大的银行间借款贷款,零售银行(特别是货币市场基金)则在批发信贷市场上提供净短期信贷。

接下来,我们将介绍一些关于批发银行业务的事实。我们特别强调三组事实:(1)批发银行的相对重要性在过去 40 年来稳步提高;(2)导致危机爆发的一个原因是,批发银行高度暴露于系统性风险,因为它们的杠杆率极高,严重依赖短期债务;(3)危机爆发后批发融资市场崩溃,导致信贷成本急升、信贷流量枯竭,从而很可能对大衰退做出了"重大贡献"。

2.1　批发银行业务的增长

我们接下来给出衡量批发银行业务规模相对于零售银行业务以及家庭直接资产持有量的一些指标。表 1 勾勒了我们所构建的度量批发银行与零售银行持有的资产的衡量体系。换句话说,该表实际上说明了我们是怎样把各种类型的金融中介分类为批发银行和零售银行的。[①②]

表 1　资金流量表(flow of funds)中的批发银行部门和零售银行部门

零售银行部门		私营存款机构 货币市场共同基金 共同基金
批发银行部门	发起	金融公司 不动产投资信托公司 政府支持企业
	证券化	证券经纪商 资产支持证券发行人
	融资	政府支持企业抵押贷款池 融资公司 控股公司

注:本图给出了由分别三个部门提供中介作用的信贷量随时间演变的轨迹。名义数据来自资金流量表,已经用 CPI 去通货膨胀化,而且还进行了归一化处理——即将 1980 年由批发银行中介完成的实际价值的对数归一化为一。然后,再对得到的时间序列乘以 100。

如表 1 所示,批发银行部门"集结"了发起贷款的金融机构、帮助对贷款进行证券化的机构,以及最终为贷款提供融资的金融机构。所有这些金融机构的一个共同特征是,它们全都严重依赖于来自批发融资市场的短期信贷。

图 3 描绘了从 20 世纪 80 年代以来至今,由批发银行、零售银行以及直接由家庭提供给

---

① 本章正文后的附录 D 详细介绍了本节所述的源于资金流量表的各个时间序列的度量。

② 在这里,需要指出的很重要的一点是,我们在本章中报告的关于批发银行的度量大体上与其他研究者针对影子银行计算出来的类似度量相当,例如,请参见阿德里安和阿什克拉福特(Adrian and Ashcraft, 2012)对影子银行的另一种定义,该论文也得出了非常相似的结论。至于影响银行业务的详尽描述,请参见波茨萨等人(Pozsar et al., 2013)的论文。

非金融部门的信贷量(对数水平)。[①] 这幅图表明,与其他信贷供给途径相比,批发银行对非金融部门的信贷供给得到了快速的增长。在向非金融部门提供的信贷总量中,批发银行所占的比例,从 20 世纪 80 年代初期的 15％左右,一路提高到了大衰退前夕的 40％左右(与零售银行所提供的信贷基本相当)。

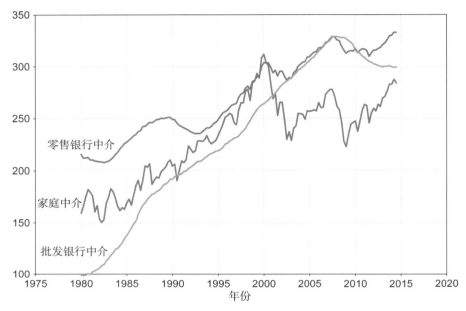

图 3　由不同部门中介完成的信贷

　　以下两个因素可能是批发银行业务迅速发展的关键。第一个因素是监管套利。对商业银行资本金要求的提高,增大了将资产头寸转移到商业银行体系之外的激励。第二个因素是金融创新。金融创新极大地提高了批发融资市场的流动性。尤其是证券化,它通过分散特异性风险和增加银行资产在二级市场上的流动性,提高了(人们所感知的)贷款的安全性。这两个因素的净效应是提高了整体金融中介行业的借款能力。

2.2　批发业务杠杆和短期债务增长

　　批发银行不仅发展迅速,而且也越来越容易受系统性扰动的影响。图 4 提供了投资银行业杠杆化程度持续上升的证据。更具体来说,它给出了从 1980 年到今天,经纪机构(主要是投资银行)的总杠杆倍数。我们将杠杆倍数定义为持有的总资产与权益之间的比率。[②] 杠杆倍数越大,依赖于债务的融资越高(相对于权益)。图 4 的关键在于,杠杆倍数从 20 世纪 80 年代初期的 5 倍以下,上升到了大衰退开始时的 40 多倍,也就是说,在 20 多年里,上升了将

---

① 我们提出的度量还包括了非金融公司股票。如果不把股票包括在内,那么家庭这个渠道可以忽略不计,但是批发银行和零售银行的相对规模的演变将会变得非常相似。关于我们对于这里所报告的度量的具体构造方法,请参阅附录 D。
② 资料来自资金流量表,权益按账面价值计量。我们在计算时,排除了非金融资产,因为它们没有在资金流量表中报告。

近 10 倍。

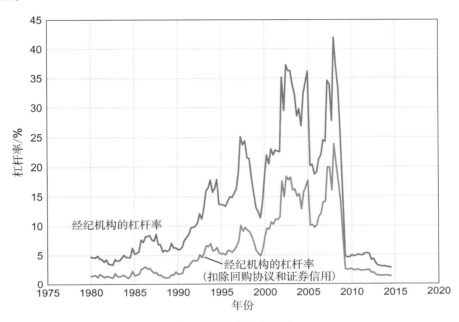

图 4　经纪机构的杠杆率

注:杠杆率是指总金融资产与权益之比。权益是根据资金流量表计算的(总金融资产减去总金融负债等于权益)。而在计算净头寸杠杆率时,要从资产中先除去回购协议和证券信用上多头和空头头寸。更多的细节,请参阅附录。

我们有理由认为,证券化就是通过使得对杠杆的利用更加便利来促进批发银行的整体增长的。通过创设看上去更加安全、流动性更高的资产,证券化使得批发银行能够通过发行债务来为这些资产融资。

从最低限度来说,债务融资的优点是,它更加便宜,因为有节税效应。此外,在债务的流动性比较高的范围内,债务的利率也会因为流动性溢价而较低,这也是导致债务融资的成本较低的一个原因。

那么,为什么这些资产要通过批发市场而不是零售市场来获得融资呢? 因为这些资产非常复杂,债权人要想评估它们的回报,就必须"高度知情",尤其是当不存在存款保险的时候。复杂的资产回报结构也意味着,与借款人有密切的"工作关系"是有利的。这种关系有助于减少以任何形式"金融渎职"的可能性。考虑到这些因素,批发银行更容易在银行间市场上获得资金,是其合理之处。在银行间市场上,贷款人是非常"精明老练"的金融机构,它们不是零售银行市场上相对不成熟的家庭可比的。

图 5 表明,批发银行业务的高杠杆率的大部分增长都涉及短期借款。该图显示的是资产支持商业票据(ABCP)和回购协议(Repo)的水平。这种增长部分反映了批发银行持有的资产的增长,部分反映了银行贷款证券化的发展(这种创新使得批发银行对债务期限的转换更加高效)。不过,同样相关的是,"零售"投资者对长期证券的需求,也发生了对短期信贷工具的需求

的转变,这是因为 2006 年房价的首次下跌,引起了对已经证券化的资产质量的担忧。[1][2] 这正是我们在下面将要讨论到的:高杠杆率和短期债务的结合,使得批发银行体系非常脆弱。

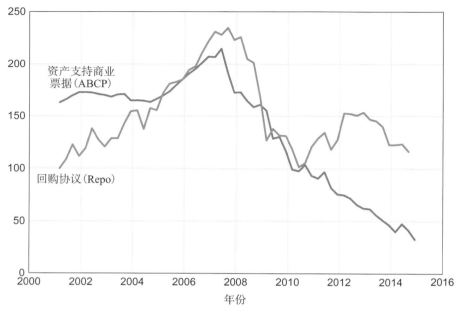

图 5 短期批发融资

注:本图显示的是未偿还的实际价值(对数水平)。名义价值源于资金流量表并已经用消费者价格指数(CPI)去通货膨胀化。

2.3 危机:批发银行融资市场的崩解

抵押贷款发起人因 2006 年开始的房价下跌而蒙受的损失,终于在批发融资市场造成了巨大压力。2007 年夏季,短期批发融资市场开始出现剧烈动荡。2007 年 7 月,贝尔斯登(Bear Sterns)旗下两个投资次级相关产品的投资基金宣告破产。不久之后,法国巴黎银行(BNP Paribas)不得不暂停从同类有风险敞口的投资基金中提款。这两个事件导致投资者重新评估资产支持证券发行人提供的有抵押品的商业票据的风险。2007 年 8 月,资产支持商业票据(ABCP)市场开始了稳步的收缩,这是一种类似于伯南克首创的术语"缓慢挤兑"所说的现象。[3] 未清偿(outstanding)的资产支持商业票据的价值从 2007 年 7 月的高达 1.2 万亿美元的峰值,下降到了同年 12 月份的 8000 亿美元,陆续下降到了目前的大约 2000 亿美元。

---

① 请参见布伦纳迈尔和欧姆克(Brunnermeier and Oemke,2013)提出的一个模型。在他们这个模型中,当发布的信息可能导致他们不愿意展期债务时,投资者更偏好期限较短的证券。

② 要从批发银行的负债总构成中收集到直接的证据是非常困难的,因为资金流动表的数据不包括来自资产支持证券发行人的资产负债表中的结构性投资工具(SIV)和债务抵押债券(CDO)。我们的叙述是根据来自次级贷款衍生证券价格综合指数(ABX)的价差的间接证据做出的——例如,请参见戈顿(Gorton,2009)的论文。

③ 科维茨等人(Coviz et al,,2013)对 2007 年的资产支持商业票据挤兑过程进行了非常详细的描述。卡克伯茨克和施纳布尔(Kacperczyk and Schnabl,2010)也对商业票据在 2007—2009 年的金融危机中的作用给出过非常清晰的描述。

对批发融资市场的第二个冲击波是以 2008 年 9 月雷曼兄弟(Lehman Brothers)破产事件为标志的。由于在投资雷曼兄弟发行的短期债务工具时发生了重大损失,第一储备基金(Reserve Primary Fund)这个历史悠久的大型货币市场共同基金"跌破了面值"(资产的市场价值低于其非或有负债的价值)。于是,对货币市场共同基金的挤兑式赎回出现了,监管部门不得不将存款保险的覆盖面扩大到了这种类型的机构,这才勉强避免了挤兑的蔓延。然而,批发投资者们对此做出的反应却是撤出回购市场[①],从而关闭了证券经纪机构获得资金的主要来源。图 5 表明了雷曼兄弟公司破产期间回购融资的急剧萎缩。事实上,如果说金融危机的第一波冲击——即资产支持商业票据(ABCP)市场的动荡——具有"缓慢挤兑"的特征的话,那么以雷曼兄弟公司破产为标志并导致整个投资银行行业崩盘的第二轮冲击就具备了传统的"快速挤兑"的特征。我们要强调的是,金融危机的这两波冲击有一个共同的特点,那就是它们基本没有波及传统的银行机构。事实上,在 2008 年的金融危机中,由于美国政府迅速采取了干预措施——包括让货币市场共同基金停牌、发布《问题的资产救济计划》,以及其他加强传统安全网的措施——零售银行部门整体上没有受到太大的冲击。

从实际数据来看,零售银行部门的短期负债总额整体上没有受到多少影响(见图 6)。这也就意味着,零售银行部门帮助吸收了以前由批发银行中介的一些融资业务。

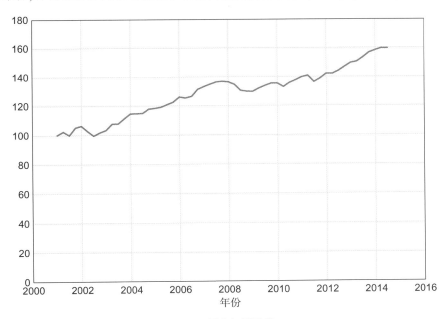

图 6　零售短期融资

注:本图显示的是未清偿的实际价值(对数水平)。来自资金流量表的名义价值已经用消费者价格指数(CPI)进行去通货膨胀化,而且已经完成了归一化处理——使得 2001 年的零售短期融资的归一化价值的对数等于 100。

尽管政府干预的性质和规模都是前所未有的,同时零售银行的贷款也部分取代了批发

---

① 由于可用数据的质量很差,我们无法准确地识别出那些参与了回购市场挤兑的投资者的身份。另外,请参见戈顿和梅特里克(Gorton and Metrick,2012),以及克里希纳穆尔蒂等人(Krishnamurthy et al,2014)的论文。

银行的中介职能,但是批发银行融资市场的危机还是导致信贷状况出现了普遍恶化。图 7 给出了 2004 年至 2010 年信贷利差和投资的演变轨迹。我们重点关注三种代表性信贷利差:(1)3 个月的资产支持商业汇票的利率与 3 个月的国债利差之间的利差;(2)金融公司商业票据利差;(3)吉尔克里斯特和查克拉吉塞克(Gilchrist and Zakrajsek,2012)提出的超额债券溢价。在每一种情况下,利差都是指私人证券的利率与相同期限的国债利率之间的差距。从图 7 可见,随着我们前面描述的金融危机的冲击波的到来,各种利差直线上升。2007 年 8月,批发融资市场开始崩解,资产支持商业票据(ABCP)利差跳涨了 1.5%。如此巨幅的利差扩大意味着资产支持商业票据融资的借款的信贷成本直接上升——包括住房抵押贷款、汽车贷款和信用卡贷款,等等。

当问题涉及经纪机构后,金融公司商业票据利差的扩大在雷曼兄弟公司破产时达到了最高点(其涨幅超过了 1.5%)。这些中介机构的信贷成本剧增,反过来又大幅推敲了非金融部门借款人的借款成本。吉尔克里斯特(Gilchrist)和查克拉吉塞克(Zakrajsek)的企业超额债券利差从 2007 年初到 2008 年末,跳涨了 2.5% 以上。

因此,我们有理由推断,在开始于 2007 年第四季度的经济衰退中,信贷利差扩大所隐含的借款成本上升对经济增长放缓以及随后的雷曼兄弟公司的迅速崩盘产生了重要的影响。如图 7 所示,商业投资、住宅投资、耐用品投资,以及总投资,全都随着信贷利差的扩大而大幅收缩。

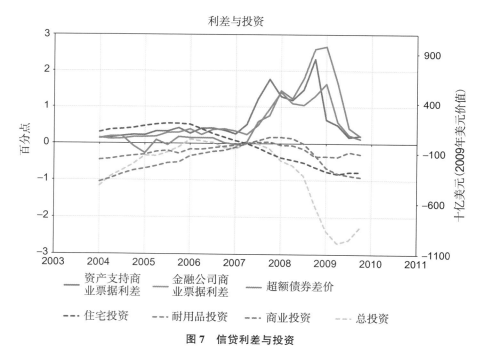

图 7　信贷利差与投资

我们认为,本节给出的实证证据有三个重要的含义。一是,批发银行部门通过依靠证券化降低融资风险、提升金融体系的整体借款能力,成为金融中介的重要组成部分。二是,更高的借款能力是以脆弱性上升为代价的,因为高杠杆率使得批发银行的净值对资产价格的调整非常敏感。三是,2007 年和 2008 年批发融资市场的崩溃似乎在大衰退的演变过程中发挥了重要作用。这些观察结果激发了我们在下面给出的建模方法,并引导我们将关注重点放在了银行间融资市场的运行和监管上。

3.　基本模型

3.1　主要特点

我们的出发点是格特勒和清泷(Gertler and Kiyotaki,2015)发展起来的纳入了银行部门和银行挤兑的无限期宏观经济模型。为了研究最近这场金融风暴和金融危机,在本章中,我们将银行部门分解为批发银行和零售银行。批发银行向对非金融部门贷款,而且其资金主要来自零售银行的借款。零售银行则运用家庭的存款向非金融部门和批发金融部门发放贷款。此外,批发银行市场的规模是内生的。这种规模取决于两个关键因素:(1)与零售银行相比,批发银行在管理资产方面拥有相对优势;(2)与家庭相比,零售银行在克服代理问题方面拥有相对优势(这种摩擦会妨碍向批发银行出借资金)。[1]

在上一节中,我们描述了批发银行部门的各个不同层次,包括发起、证券化和融资。为了保证易处理性,在我们的模型中,我们将把所有这些功能合并到一个单一类型的批发银行上。总的来说,我们的模型能够刻画批发融资市场中的金融压力,那正是最近的金融危机的一个重要特征。

我们的模型中有三类经济行为主体,即家庭、零售银行和批发银行;同时有两种产品,一种是非耐久的消费品,另一种是耐久的资产,即"资本"。资本不会折旧,而且资本总额的供给固定。批发银行和零售银行使用借入的资金和自己的权益来为资本的获取提供融资。家庭借款给银行,同时也可以直接持有资金。每种类型的经济行为主体持有的资本总额等于总供给,我们将资本的总供给化为 1:

$$K_t^w + K_t^r + K_t^h = \overline{K} = 1, \tag{1}$$

其中,K_t^w 和 K_t^r 分别为批发银行家和零售银行家持有的总资本,K_t^h 则是家庭持有的总资本。

类型为 j 的经济行为主体以第 t 天的资本和商品为投入,在第 $t+1$ 天生产出产品和资本,如下所示:

$$
\left.\begin{array}{l}
\text{日期 } t \\
K_t^j \text{ 资本} \\
K^j(K_t^j) \text{ 商品}
\end{array}\right\} \to \left\{\begin{array}{l}
\text{日期 } t+1 \\
Z_{t+1} K_t^j \text{ 产品} \\
K_t^j \text{ 资本}
\end{array}\right. \tag{2}
$$

---

[1] 我们的模型设置与霍尔斯特罗姆和梯若尔(Holmstrom and Tirole,2009)的模型设置有一些相似之处。在他们的模型中,非金融部门的公司在从外部银行筹集资金时要付出一定成本,而银行则面临着从家庭吸收存款的成本。而在我们这里的模型中,则是受限制的批发银行从受限制的零售银行筹集资金。

其中,类型 $j=w,r$ 和 h,它们分别代表批发银行、零售银行和家庭。支出用第 t 天的商品来表示,它反映了为了筛选和监督投资项目而付出的管理成本。就零售银行的情况而言,管理成本也可能反映了各种各样的监管约束。我们假设,这种管理成本随资本总额的增加而递增,而且是凸的,其形式由如下二次方程式给出:

$$F^j(K_t^j) = \frac{\alpha^j}{2}(K_t^j)^2 \qquad (3)$$

另外,我们再假设批发银行的管理成本为零,而家庭的管理成本则为最高(在保持资本水平不变的条件下):

$$\alpha^w = 0 < \alpha^r < \alpha^h \qquad (假设1)$$

这个假设意味着,与其他经济行为主体相比,批发银行家在资本管理方面更有优势。[①] 零售银行家则拥有对家庭的比较优势。最后,凸的成本意味着,零售银行和家庭在边际增量处直接吸收资本的成本越来越高。如我们将会看到的那样,这种"成本公式"提供了一个简单的机制,可以限制富有但缺乏专业知识的经济行为主体在"大甩卖"中购入资产。

在我们这个分权化的经济体中,有一个代表性家庭,它要为自己和零售银行提供资本管理服务。在为后者提供资本管理服务的时候,家庭要对管理的每单位资本收取一个竞争性的价格 f_t^r,在这里 f_t^r 对应于提供该项服务的边际成本,即:

$$f_t^r = F^{r\prime}(K_t^r) = \alpha^r K_t^r \qquad (4)$$

家庭可以从这个活动中获得的利润为:$f_t^r K_t^r - F^r(K_t^r)$。

3.2 家庭

每个家庭都要消费和储蓄。家庭通过向银行家贷款或直接在竞争性市场中购入并持有资本来实现储蓄。他们可以在零售银行或批发银行存入资金。除了通过一定的投资组合获得回报之外,每个家庭在第一期都会收到一个由非耐久性商品构成的禀赋 $Z_t W^h$,该禀赋的变动与总体性生产率冲击 Z_t 成正比。

从第 t 期到第 $t+1$ 期的银行存款其实是只存续一期的债券,它的承诺是:在不发生存款人挤兑的情况下,以 $\bar{R}_{t+1}$ 的非状态依存的总回报率支付利息。而在发生存款挤兑的情况下,存款人只能收到上述承诺回报中的一部分 x_{t+1}^r,这里的 x_{t+1}^r 是零售银行资产的每单位承诺存款义务的总清算价值。[②] 因此概括起来,我们可以把家庭存款的回报率 R_{t+1} 表示为下式:

$$R_{t+1} = \begin{cases} \bar{R}_{t+1} & \text{如果不发生存款挤兑} \\ x_{t+1}^r \bar{R}_{t+1} & \text{如果发生了存款挤兑} \end{cases} \qquad (5)$$

其中,$0 < x_t^r < 1$。不难注意到,如果发生了存款挤兑,那么所有存款人都只能按同一个比例得

[①] 一般来说,我们都知道批发银行和零售银行专门从事不同类型的贷款业务,也因此发展出了自己相对擅长的管理他们持有的特定类型的资产方面的专业知识。我们引入了第二项资产,在这项资产上,零售银行的中介业务具有比较优势,这种处理使得这一点更加清晰地凸显了出来。另一个相关因素是监管扭曲,尽管我们认为它在一开始也是导致专业化的一个因素。

[②] 在我们的校准下,只有零售银行选择发行存款。详见后。

得到清算后的一部分资产。

家庭的效用函数由下式给出:

$$U_t = E_t \left(\sum_{i=0}^{\infty} \beta^i \ln C_{t+i}^h \right)$$

其中,C_t^h 表示家庭消费,而且 $0<\beta<1$。再令 Q_t 表示资本的市场价格。于是家庭选择适当的消费、银行存款 D_t 和直接资本存款 K_t^h,以便在如下预算约束下实现预期效用最大化:

$$C_t^h + D_t + Q_t K_t^h + F^h(K_t^h) = Z_t W^h + R_t D_{t-1} + (Z_t + Q_t) K_{t-1}^h + f_t^r K_t^r - F^r(K_t^r) \quad (6)$$

在这里,消费、储蓄和管理成本是由上述禀赋、储蓄的回报以及因向零售银行家提供管理服务获得的利润来"融资"的。

为了便于教学,我们从基准模型开始讨论。在基准模型中,银行挤兑是完全未曾预料到的事件。因此在这种情况下,家庭在选择消费和储蓄时的预期是,得到的存款回报 R_{t+i} 确定等于承诺回报 $\bar{R}_{t+i}$,同时资产价格 Q_{t+i} 是当不存在银行挤兑时资本交易的价格。在接下来的一节中,我们再来阐述经济行为主体预期银行挤兑可能以一定概率发生时的情形。

给定家庭认为银行挤兑的概率为零,那么存款的一阶条件由下式给出:

$$E_t(\Lambda_{t,t+1}) R_{t+1} = 1 \quad (7)$$

其中的随机贴现因子 $\Lambda_{t,\tau}$ 满足:

$$\Lambda_{t,\tau} = \beta^{\tau-t} \frac{C_t^h}{C_\tau^h}$$

直接持有资本的一阶条件则由下面两个公式给出:

$$E_t(\Lambda_{t,t+1} R_{kt+1}^h) = 1 \quad (8)$$

以及

$$R_{kt+1}^h = \frac{Q_{t+1} + Z_{t+1}}{Q_t + F^{h'}(K_t^h)}$$

其中,$F^{h'}(K_t^h) = \alpha^h K_t^h$,且 R_{t+1}^h 是家庭从直接持有资本得到的总边际回报率。

3.3　银行

在我们的模型中,有两种类型的银行家即零售银行家和批发银行家。每种类型的银行家分别代表不同的金融中介机构。银行家通过向家庭吸收存款、在银行间市场上向其他银行借款,或者运用自己的股本或净值去资助资本投资(我们将这种贷款称为"对非金融部门的贷款")。银行也可以在银行间市场上发放贷款。

正如我们在后面将会阐述的,在银行间市场上,银行家很容易受累于挤兑。在这种情况下,债权人银行突然决定不再展期银行间贷款。当发生了银行间挤兑时,债权人银行只能收到银行间信贷的承诺回报的一小部分 x_{t+1}^w(在这里,x_{t+1}^w 是每单位债务所对应的债务人银行的资产的清算总价值)。因此,我们可以将债权人银行的银行间贷款的回报率 R_{bt+1} 用如下式子表示:

$$R_{bt+1} = \begin{cases} \overline{R}_{bt+1} & \text{如果不会发生挤兑} \\ x_{t+1}^{w} \overline{R}_{bt+1} & \text{如果会发生挤兑} \end{cases} \tag{9}$$

其中,$0 \leqslant x < 1$。如果发生了银行间挤兑,那么所有债权银行都只能得到清算后资产的同样的份额。而且,与讨论存款时一样,我们继续先将注意力集中在银行挤兑完全没有预料到时的情形,然后再转而讨论预期到批发融资市场可能发生挤兑的情形。

由于存在着金融市场摩擦(我们在下面将会设定这种摩擦),银行家筹集外部资金的能力会受到限制。在他们的筹资能力受到限制的范围内,他们将试图通过积累留存收益来摆脱这种融资约束,从而可能趋向于 100% 的股权融资。为了防止这种可能性,我们假设银行家的预期寿命是有限的。更具体地说,我们假设类型同为 j($j = w$ 或 r,即批发银行家和零售银行家)的每一个银行家都以独立同分布的(i.i.d.)概率 σ^j 继续存活到下一期(同时,它退出的概率为 $1 - \sigma^j$)。这个设置以一种非常简单的方式实现了对银行系统主动"发放红利"的激励,从而确保了银行在均衡状态下会使用杠杆。

每一个期间,类型为 j 的"新出生"银行家在进入市场时都会被授予一定禀赋 w^j(该禀赋只在其生命周期的第一期中会收到)。我们可以把这个初始禀赋设想为新银行家的初创股权。新进入的银行家的数量等于退出的银行家的数量,从而保持银行家的总数不变。

我们继续假设,任何一种类型的银行家都是风险中性的,并在退出的那一期享受消费带来的效用。于是,在第 t 期期末,继续存活到下一期的银行家的预期效用为:

$$V_t^j = E_t \left[\sum_{i=1}^{\infty} \beta^i (1 - \sigma^j)(\sigma^j)^{i-1} c_{t+i}^j \right]$$

其中,$(1 - \sigma^j)(\sigma^j)^{i-1}$ 是在日期 $t+i$ 退出的概率;同时如果类型为 j 的银行家在 $t+i$ 处退出的话,c_{t+i}^j 为银行家的"终点消费"。

总体冲击 Z_t 是在第 t 期开始时就发生的。以这个冲击的实现为条件,"幸存下来的"银行家 j 的净值是对非金融部门的贷款的总回报,再减去存款和向其他银行的借款成本,即如下式所示:

$$n_t^j = (Q_t + Z_t) k_{t-1}^j - R_t d_{t-1}^j - R_{bt} b_{t-1}^j, \tag{10}$$

其中,d_{t-1}^j 是存款,b_{t-1}^j 是第 $t-1$ 期的银行间借款。注意到,如果银行 j 在银行间市场上借入了款项,那么 b_{t-1}^j 为正;如果它在银行间市场上贷出了款项,那么 b_{t-1}^j 为负。

对于第 t 期"新出生"的银行家来说,他们的净值就等于初始禀赋,即:

$$n_t^j = w^j \tag{11}$$

同时,退出的银行家不再经营银行业,而只用自己的净资产去消费,即:

$$c_t^j = n_t^j \tag{12}$$

在每一期 t,持续经营的银行 j(新出生的或存活下来的)对非金融部门发放贷款 $(Q_t + f_t^j) k_t^j$,其资金来源为净值、存款和银行间债务,如下式所示:

$$(Q_t + f_t^j) k_t^j = n_t^j + d_t^j + b_t^j, \tag{13}$$

其中,f_t^r 由方程式(4)和 $f_t^w = 0$ 给出。我们假设银行只能通过留存收益积累净值。虽然这个假设是对现实的一个合理近似,但是我们并没有专门对支撑这个假设的委托代理问题进行建模分析。[①]

为了推导出对银行募集资金的能力的限制,我们引入以下道德风险问题:在第 t 期开始时募集了资金、购买了资产之后,在此期间,银行家要决定是"诚实地"经营业务,还是将资产转移给个人使用。诚实经营在这里的含义是一直持有资产,直到在第 $t+1$ 期实现回报,然后履行对储蓄者和银行间债权人的义务。转移资产,则意味着秘密从投资中抽出资金,用于个人消费。

为了保证批发融资市场与零售市场会被使用,我们还假设银行家转移资金的能力取决于资金的来源和用途。对于本来要发放给非金融部门的贷款(用留存收益或从家庭募集来的资金发放),银行家可以将其中的某个比例 θ 的资金($0<\theta<1$)转移出去。与此同时,他/她有可能转移的由银行间借款提供资金的对非金融部门的贷款的比例则只有 $\theta\omega$(其中 $0<\omega<1$)。通过这种方式,我们以一种非常简单的方式刻画了这样一个现象:在批发融资市场上发放贷款的银行家对接受贷款的银行的监督,比在零售市场提供存款的家庭的监督更有效率。因此,一个作为银行间市场上的净借款人的银行家可以转移的资金总额,就等于

$$\theta\left[(Q+f_t^j)k_t^j-b_t^j+\omega b_t^j\right]$$

其中,$(Q+f_t^j)k_t^j-b_t^j$ 等于投资于对非金融部门的贷款的资金的价值,向非金融部门贷款的资金来源于存款和净值,同时 $b_t^j>0$ 等于由同业借款提供资金的对非金融部门的贷款的价值。

对于那些贷款给其他银行的银行家,我们假设转移银行间贷款要比转移对非金融部门的贷款更为困难。更具体地说,我们假设这些银行家只能将其贷款的一小部分 $\theta\gamma$ 转移到其他银行(其中 $0<\gamma<1$)。我们做出这个假设的理由是,从银行间贷款的性质来看,其特异性程度与对非金融部门的贷款相比要低得多,因此外部存款者要进行监督也容易得多。因此,一家在银行间市场上进行贷款的银行可以转移的总额由下式给出:

$$\theta\left[(Q+f_t^j)k_t^j+\gamma(-b_t^j)\right]$$

其中 $b_t^j<0$。我们稍后将阐明,银行间市场有效运行的关键就在于管理这个市场上的道德风险问题的参数 ω 和 γ。

我们假设,资产的转移需要一定时间才能完成——因为银行家不可能在交易不受到注意的情况下快速结清大量资产。基于这个原因,我们假设银行家必须决定,要不要在第 $t+1$ 期的不确定性实现之前,就在第 t 期转移资产。要转移资产,银行家要承担的成本是,债权人可以在下一期开始强制中介机构破产。

因此,银行家在第 t 期要做出的决策可以归结为:对银行的特许经营价值 k_t^j(它衡量的是银行因诚实地经营而能够获得的未来收益的当期贴现值),与转移资金能够得到的好处进行比较。在这个意义上,如果银行家有激励"作弊",那么理性的贷款人就不会向银行家提供资金。因此,银行与贷款人之间的任何财务安排都必须满足如下式所示的激励约束,而且这又取决于银行在银行间市场中的身份是净借款人还是净贷款人:

---

① 请参见比吉欧(Bigio,2015)构建的一个模型,它解释了为什么在存在逆向选择问题的危机期间,银行很可能从外部募集股本。

$$V_t^j \geq \theta \left[(Q+f^j)k_t^j - b_t^j + \omega b_t^j \right], 如果 \ b_t^j > 0$$

$$V_t^j \geq \theta \left[(Q+f^j)k_t^j + \gamma(-b_t^j) \right], 如果 \ b_t^j < 0 \tag{14}$$

在下方我们将会阐明,每个约束都嵌入了如下约束:对于银行来说,要继续运营下去,净值 n_t^j 就必须为正。这是因为,正如我们将证明的,银行的特许经营价值 V_t^j 是与 n_t^j 成比例的。

总而言之,这里有两个基本因素控制着银行间市场的存在性和相对规模。第一个因素是批发银行在管理对非金融部门贷款时的成本优势(如前面的假设1所述)。第二个因素是参数 ω 和 γ 的大小,这两个参数决定了在向批发银行贷款时零售银行相对于家庭的比较优势。观察到,随着 ω 和 γ 的减少,通过批发银行融资市场融通资金变得越来越有吸引力(相对于零售市场的渠道)。当 ω 减少到小于1时,在批发市场上借款的银行就可以用银行间借款代替存款来放松前述激励约束了。同样地,当 γ 减少为小于1时,在批发市场上贷款的银行就可以通过将资产组合从对非金融部门的贷款转换为银行间贷款来放松激励约束了。

在接下来的讨论中,我们将注意力集中在如下情形上:

$$\omega + \gamma > 1 \tag{假设2}$$

在这种情况下,参数 ω 和 γ 可以设置得足够小,以保证银行间借贷的相对数量的经验合理性。但是,这两个参数的和又不能太小,那样的话会导致零售银行完全专业化,也就是说,零售银行将不再直接对非金融部门发放贷款,而是将自己的全部资金都贷款给批发银行。[1][2] 因为在现实中,零售银行会持有批发银行所持有的一些相同类型的资产,所以我们认为将注意力集中在这种情况上是合理的。

现在我们转而讨论批发银行家和零售银行家的最优化问题。考虑到银行家在退出之时只消费自己的净资产,我们不妨以递归形式重写银行的特许经营价值,即认为银行的特许经营价值等于净值(以退出为条件)与继续经营的价值的总和和预期贴现值:

$$V_t^j = \beta E_t \left[(1-\sigma^j)n_{t+1}^j + \sigma^j V_{t+1}^j \right] = E_t \left[\Omega_{t+1}^j n_{t+1}^j \right] \tag{15}$$

其中,

$$\Omega_{t+1}^j = \beta \left(1 - \sigma^j + \sigma^j \frac{V_{t+1}^j}{n_{t+1}^j} \right) \tag{16}$$

上式中的随机贴现因子 Ω_{t+1}^j 是银行家用来求 n_{t+1}^j 的值的,它是概率加权平均值——对退出的银行家的净值的贴现边际价值与持续经营到第 $t+1$ 期的净值的贴现边际值的加权平均。对于在第 $t+1$ 期退出的银行家(退出这种情况发生的概率为 $1-\sigma^j$),额外一单位净值的边际价值就是1,因为他或她直接将它消费了。而对于持续经营的银行家(这种情况发生的概率为 σ^j),边际价值则为每单位净值的特许经营价值 V_{t+1}^j/n_{t+1}^j(即托宾的 Q 比例)。我们在下面将会证明 V_{t+1}^j/n_{t+1}^j 只依赖于总量变量,而独立于各种特定于银行的因素。

由此,我们可以将银行家的净值的演变过程用下式表示:

$$n_{t+1}^j = R_{kt+1}^j (Q_t + f_t^j)k_t^j - R_{t+1}d_t^j - R_{bt+1}b_t^j \tag{17}$$

---

[1] 请参见附录A的正式证明。在那里,我们证明在假设2下,完全专业地从事零售银行业务不可能是一个均衡。

[2] 霍尔斯特罗姆和梯若尔(Holmstrom and Tirole,2007)也对银行和非金融企业的委托代理问题的水平和规模做出了类似的假设,他们的目的是解释为什么会出现银行融资。

其中,R_{kt+1}^j 是对非金融部门的贷款的回报率,该回报率由下式给出:

$$R_{kt+1}^j = \frac{Q_{t+1} + Z_{t+1}}{Q_t + f_t^j} \tag{18}$$

这样一来,银行家的最优化问题就变成了:在每一期,在激励约束(14)和资产负债表约束(13)和(17)下,选择 (k_t^j, d_t^j, b_t^j),以最大化特许经营价值(15)。

关于银行的最大化问题的求解,我们把正式的细节放到了附录 A 中。在这里,我们只是非正式地解释一下批发银行和零售银行的不同选择。由于批发银行在对非金融部门贷款方面与零售银行相比拥有成本优势,所以批发银行的对非金融部门的贷款的收益率高于零售银行[见方程式(18)]。反过来,零售银行在向批发银行贷款方面与家庭相比拥有成本优势,因为它们在出现违约时恢复资产方面有相对优势。因此,如果银行间市场在均衡时是正常运行的,那么就应该是批发银行在银行间市场上从零售银行借款,然后向非金融部门发放贷款。事实上,零售银行直接向非金融部门发放贷款的唯一原因是,批发银行发放这种类型的贷款会受到额度的限制。①

在正文中,我们将注意力集中在银行间市场活跃的情况上,即只关注批发银行从零售银行借款,同时这两种类型的银行的外部融资都会受到一定限制的情况。

3.3.1 批发银行

一般来说,批发银行可以从其他银行或家庭筹集资金。由于我们最关心的那类金融机构完全依赖于批发融资市场,所以我们在这里只讨论这种均衡。具体地说,我们只限于关注这样的模型参数化:所产生的均衡能够满足以下引理 1 的条件。

引理 1 $d_t^w = 0, b_t^w > 0$,且激励约束是紧固(有约束力)的,当且仅当

$$0 < \omega E_t\left[\Omega_{t+1}^w(R_{kt+1}^w - R_{t+1})\right] < E_t\left[\Omega_{t+1}^w(R_{kt+1}^w - R_{bt+1}^w)\right] < \theta\omega$$

我们首先要解释一下,为什么在这种情况下,$d_t^w = 0$ 成立。批发银行在考虑要不要使用零售存款时,要面对如下的权衡:一方面,如果存款利率低于银行间利率,那么就有 $E_t\left[\Omega_{t+1}^w(R_{kt+1}^w - R_{t+1})\right] > E_t\left[\Omega_{t+1}^w(R_{kt+1}^w - R_{bt+1}^w)\right]$,从而银行能够通过增加利用存款、减少银行间贷款而获益;另一方面,由于家庭对批发银行的行为进行监管时效率较低,所以它们对愿意借出的金额施加的限制将会比零售银行更加严格。因此,如果 ω 足够低,使得 $\omega E_t\left[\Omega_{t+1}^w(R_{kt+1}^w - R_{t+1})\right] < E_t\left[\Omega_{t+1}^w(R_{kt+1}^w - R_{bt+1}^w)\right]$,那么成本就会超过收益。在这种情况下,批发银行将不会利用零售银行的存款,而完全依赖于银行间借款的外部融资。在所有其他条件相同时,如果不利用零售银行的存款,批发银行可以提高自身的整体杠杆率,从而能够发放相对于自己的股本基数(equity base)更多的非金融部门贷款。这种激励考量,能够解释为什么批发银行更喜欢利用银行间

---

① 当然,我们这样说并不意味着,在现实世界中零售银行向非金融部门贷款的唯一原因就是批发银行受到了限制。相反,我们只是专注于这种情况,以简化基准模型。在下文中,我们将扩展模型,以允许第二类贷款,我们称之为商业贷款和工业贷款,在这些贷款中零售银行具有比较优势。在这种情况下,当批发银行的问题可能会影响商业贷款和工业贷款的中介程度时,就会出现溢出。

贷款而不是利用存款,即便银行间贷款利率高于存款利率时也是如此。[①]

接下来我们解释为什么激励约束是有约束力的。如果 $E_t[\Omega_{t+1}^w(R_{kt+1}^w-R_{t+1})]<\theta\omega$,那么在边际上,批发银行可以通过在银行间市场上借款,然后将资金转入自己的账户而获益。因此,按照激励约束(14)的要求,合理的债权人银行会将贷款限定在使得转移收益等于银行特许经营价值的那一点上。而在那个点上,如果批发银行做出了欺骗行为,就会给自己带来损失。

有了引理 1,我们就可以将银行净值的演变方程式化简为:

$$n_{t+1}^w=[(R_{kt+1}^w-R_{t+1})\phi_t^w+R_{bt+1}]n_t^w \tag{19}$$

其中,ϕ_t^w 由下式给出

$$\phi_t^w\equiv\frac{Q_tk_t^w}{n_t^w} \tag{20}$$

我们将这个资产与净值的比率称为杠杆倍数。

反过来,我们也可以简化批发银行的最优化问题——选择适当的杠杆倍数来求解如下方程式:

$$V_t^w=\max_{\phi_t^w}E_t\{\Omega_{t+1}^w[(R_{kt+1}^w-R_{bt+1})\phi_t^w+R_{bt+1}]n_t^w\} \tag{21}$$

要满足的激励约束为:

$$\theta[\omega\phi_t^w+(1-\omega)]n_t^w\leq V_t^w \tag{22}$$

给定这个激励约束在引理 1 下是具有约束力的事实,我们可以将最大化目标与激励约束结合起来,求得 ϕ_t^w 的解,其形式如下:

$$\phi_t^w=\frac{E_t(\Omega_{t+1}^wR_{bt+1})-\theta(1-\omega)}{\theta\omega-E_t[\Omega_{t+1}^w(R_{kt+1}^w-R_{bt+1})]} \tag{23}$$

我们不难注意到,ϕ_t^w 随 $E_t(\Omega_{t+1}^wR_{kt+1}^w)$ 的增加而增加,同时随 $E_t(\Omega_{t+1}^wR_{bt+1})$ 的增加而减少。[②] 从直觉上我们知道,当资产回报率更高时,特许经营价值 V_t^w 会随之水涨船高;相反,当资产购买的资金成本上升时,特许经营价值 V_t^w 则会降低,这一点也正是方程式(21)告诉我们的。反过来,特许经营价值 V_t^w 的上升,又会使得激励约束放松,导致贷款人愿意提供更多的信贷。

此外,ϕ_t^w 不仅是 θ 的递减函数(θ 为由净值提供资金的对非金融部门贷款的转移率),也是 ω 的递减函数(ω 这个参数控制了把利用银行间借款融资的对非金融部门的贷款移作他用的相对于其他融资方式的难易程度)。这就是说,提高任何一个参数,都会收紧激励约束,引导贷款人减少他们提供的信贷。在下文中,我们将利用 ϕ_t^w 和 ω 之间的这种反比关系来帮助解释杠杆率和批发银行部门整体规模的增长。

最后,从方程式(21)中,我们还可以利用每单位净值的特许经营价值推导出如下表达式:

---

① 在我们的基准参数化方案下,批发银行只限于从零售银行借款。我们认为这恰恰符合大衰退前夕批发银行体系的情况。当然,批发银行既从家庭贷款,又从零售银行借款的情况也存在。对于这种现象,我们或许可以解释为危机发生之后的批发银行和零售银行的整顿行动所致,或者将之对应于批发银行部门快速增长之前的时期,当时零售银行从事了许多类似的活动,例如,我们在欧洲大陆和日本经常可以观察到这种现象。

② 这是因为在均衡中,有 $E_t(\Omega_{t+1}^wR_{kt+1}^w)>1>\theta$,证明详见附录。

$$\frac{V_t^w}{n_t^w} = E_t\{\Omega_{t+1}^w[(R_{kt+1}^w - R_{bt+1})\phi_t^w + R_{bt+1}]\} \quad (24)$$

其中,ϕ_t^w 由方程式(23)给出,同时 Ω_{t+1}^w 则由方程式(16)给出。很容易就可以证明,$\frac{V_t^w}{n_t^w}$的值大于1,这也就是说,一单位净值的影子价值大于1,这是因为更多的净值使得银行可以借入更多款项,投资更多资产,获得超额回报。再者,正如我们先前推测的那样,$\frac{V_t^w}{n_t^w}$只取决于总量变量,而不依赖于特定于银行的变量。

3.3.2　零售银行

与批发银行一样,我们对零售银行也选择能够使得激励约束有约束力的参数化方案。另外,如前所述,我们还是将注意力集中在零售银行既持有对非金融部门贷款又持有银行间贷款的情况。具体地说,我们考虑的是在均衡中,下面的引理2的条件能够满足的参数。

引理2　$b_t^r < 0, k_t^r > 0$,激励约束是有约束力的,当且仅当:

$$0 < E_t[\Omega_{t+1}^r(R_{kt+1}^r - R_{t+1})] = \frac{1}{\gamma}E_t[\Omega_{t+1}^r(R_{bt+1} - R_{t+1})] < \theta$$

对于零售银行来说,要达到持有对非金融部门的贷款与持有银行间贷款之间无差异的那一点,银行间贷款和利率 R_{bt+1} 必须低于对非金融部门的贷款的利率 R_{kt+1}^r,而且必须符合上述引理的条件。从直观上看,零售银行发放银行间贷款的优势在于,对于每单位净值,家庭愿意贷给银行的贷款要高于愿意贷给非金融部门的贷款。因此,要让零售银行无差异,就必须让 R_{bt+1} 低于 R_{kt+1}^r。

令 ϕ_t^r 表示零售银行的有效杠杆倍数(即资产与净值的比率),并用转移相对容易度对资产进行加权处理,定义:

$$\phi_t^r \equiv \frac{(Q_t + f_t^r)k_t^r + \gamma(-b_t^r)}{n_t^r} \quad (25)$$

在上式中,对$(-b_t^r)$加权的权重 γ 是零售银行家可以转移的银行间贷款的数量的比例——相对于非金融部门的贷款。

给定引理2所隐含的限制,我们可以运用与分析批发银行家时一样的程序,将零售银行家的最优化问题表述为:选择适当的 ϕ_t^r,以求解如下方程式:

$$V_t^r = \max_{\phi_t^r} E_t\{\Omega_{t+1}^r[(R_{kt+1}^r - R_{t+1})\phi_t^r + R_{t+1}]n_t^r\} \quad (26)$$

而要服从的约束条件则为:

$$\theta\phi_t^r n_t^r \leq V_t^r$$

给定引理2,我们可以施加有约束力的激励约束,它意味着:

$$\phi_t^r = \frac{E_t(\Omega_{t+1}^r R_{t+1})}{\theta - E_t[\Omega_{t+1}^r(R_{kt+1}^r - R_{t+1})]} \quad (27)$$

与批发银行家的杠杆倍数一样,ϕ_t^r 也随着银行的投资组合的预期回报而递增,同时随资产转移参数的增大而递减。

最后,从方程式(26)中,我们可以得出每单位净值的特许经营价值的表达式:

$$\frac{V_t^r}{n_t^r} = E_t\{\Omega_{t+1}^r[(R_{kt+1}^r - R_{t+1})\phi_t^r + R_{t+1}]\} \tag{28}$$

与批发银行的情况一样,单位净值的影子价值超过1,而且只取决于总量变量。

3.4 不会发生银行挤兑时的加总与均衡

给定资产、负债与净值之间的比率独立于个体银行的具体因素这个条件,给定能够满足引理1和引理2条件的参数,我们就可以对所有银行进行汇总,以得出零售银行和批发银行的总资产与净资产之间的关系了。令 $Q_t K_t^w$ 和 $Q_t K_t^r$ 分别表示批发银行部门和零售银行部门分别持有的对非金融部门的贷款的数额,D_t 表示零售银行部门的存款,B_t 表示银行间债务总额,N_t^w 和 N_t^r 分别表示批发银行部门和零售银行部门的资产净值。然后我们有:

$$Q_t K_t^w = \phi_t^w N_t^w, \tag{29}$$

$$(Q_t + f_t^r) K_t^r + \gamma B_t = \phi_t^r N_t^r, \tag{30}$$

其中,又有:

$$Q_t K_t^w = \phi_t^w + B_t, \tag{31}$$

$$(Q_t + f_t^r) K_t^r + Bt = D_t^r + N_t^r, \tag{32}$$

以及:

$$E_t[\Omega_{t+1}^r(R_{kt+1}^r - R_{t+1})] = \frac{1}{\gamma} E_t[\Omega_{t+1}^r(R_{bt+1} - R_{t+1})]. \tag{33}$$

方程式(33)保证了,零售银行对持有对非金融部门的贷款与持有银行间贷款之间是无差异的(见引理2)。

将继续存活的新进入的银行家放在一起考虑,可以得出关于 N_t 的演变的以下表达式:

$$N_t^w = \sigma^w[(R_{kt}^w - R_{bt})\phi_{t-1}^w + R_{bt}]N_{t-1}^w + W^w, \tag{34}$$

$$N_t^r = \sigma^r[(R_{kt}^r - R_t)\phi_{t-1}^r + R_t]N_{t-1}^r + W^r + \sigma^r[R_{bt} - R_t - \gamma(R_{kt}^r - R_t)]B_{t-1}, \tag{35}$$

其中,$W^j = (1-\sigma^j)w^j$,为进入的所有银行家的总禀赋。上式中第一项是在第 $t-1$ 期经营并生存到第 t 期的银行家的累积净值,它等于生存率 σ^j 与银行资产净收益的乘积。

银行家的总消费量等于每个部门退出的银行家净值的总和,即:

$$C_t^b = (1-\sigma^w)\frac{N_t^w - W^w}{\sigma^w} + (1-\sigma^r)\frac{N_t^r - W^r}{\sigma^r} \tag{36}$$

由此,总产出 $\bar{Y}_t$ 是资本、家庭禀赋 $Z_t W^h$ 以及银行禀赋 W^r 和 W^i 的总和:

$$\bar{Y}_t = Z_t + Z_t W^h + W^r + W^i \tag{37}$$

从而,净产出 Y_t(我们在下文中将简称为产出)等于总产出减去管理成本,即:

$$Y_t = \bar{Y}_t - [F^h(K_t^h) + F^r(K_t^r)] \tag{38}$$

方程式(38)以一种非常简洁的方式描述了批发银行的资产中介是如何提高总体效率的。最

后,产出都要由家庭和银行家消费掉:

$$Y_t = C_t^h + C_t^b \tag{39}$$

总之,不会发生银行挤兑的递归竞争均衡包括:

总量

$$(K_t^w, K_t^r, K_t^h, B_t, D_t^r, N_t^w, N_t^r, C_t^b, C_t^h, \bar{Y}_t, Y_t)$$

价格

$$(Q_t, R_{t+1}, R_{bt+1}, f_t^r)$$

以及银行家的变量

$$\left(\Omega_t^j, R_{kt}^j, \frac{V_t^j}{n_t^j}, \phi_t^j\right)_{j=w,r}$$

它们是状态变量$(K_{t-1}^w, K_{t-1}^r, R_{bt}B_{t-1}, R_t D_{t-1}^w, R_t D_{t-1}^r, Z_t)$的函数,而这些状态变量要满足方程式$(1,4,7,8,16,18,23,24,$以及$27-39)$。[1]

3.5　意料之外的银行挤兑

在本节中,我们考虑发生了未曾预料到的银行挤兑的情况。至于对预期到的银行挤兑的情况的分析,我们推迟到第5节进行。一般来说,我们可以考虑三种类型的挤兑:(i)批发银行部门发生了挤兑,而零售银行部门则完好无损;(ii)只有零售银行部门出现了挤兑;(iii)批发银行部门和零售银行部门都发生了挤兑。在这里,我们将注意力限制在类型(i)上,因为这类挤兑最符合现实世界中发生的情况。

3.5.1　批发银行挤兑均衡的条件

我们要考虑遍及整个批发银行系统的挤兑,而不是只发生在个别批发银行身上的挤兑。事实上,只要个别批发银行的资产的"大甩卖"不足以影响整体资产价格,那么能够造成整体性的破坏的,也只有系统性的挤兑。考虑到我们这个模型中的批发银行都是同质的,批发银行系统的挤兑条件将适用于每一个批发银行。

我们所想的挤兑是银行债权人在展期短期贷款时发生的"自发失败"(spontaneous failure)。[2] 具体地说,在第t期的期初,在银行的资产实现回报之前,向某一家批发银行贷款的零售银行要决定是否将它们的贷款展期。如果这些零售银行选择的是"挤兑",这家批发银行就要将自己的资本清算,并将所得款项转给作为债权人的零售银行,零售银行则可以获得相应资本或将其出售给家庭。在这里,重要的是,零售银行和家庭无法"无缝"地获得批发银行在"火线降价出售"中清算的资本。零售银行面临限制资产收购的资本约束,而且在管理资本方面的效率也低于批发银行。家庭只能直接持有资本,而且管理资本的效率甚至比零售银行还要低。

---

[1] 这样,我们就得到了一个总共有23个方程的方程组。不难注意到(16)和(18)都有两个方程。根据瓦尔拉斯定律(Walras's Law),只要存款市场清算为$D_t = D_t^r$,那么家庭预算约束(6)就可以得到满足。
[2] 这种方法借鉴了科尔和基欧(Cole and Kehoe,2000)给出的自我实现的债务危机模型的思路。

令 Q_t^* 表示在批发银行系统强制清算的情况下的资本的价格,那么如果批发银行的资产的清算价值 $(Z_t+Q_t^*)K_{t-1}^w$ 小于这些银行欠银行间债权人的未清偿债务 $R_{bt}B_{t-1}$,从而清算将使得批发银行的净值归零,那么整个批发银行部门发生挤兑就是完全有可能的。在发生了批发银行挤兑的情况下,批发银行的资产回收率(recovery rate) x_t^w 等于 $(Z_t+Q_t^*)K_{t-1}^w$ 与 $R_{bt}B_{t-1}$ 之间的比率,因而银行挤兑均衡存在的条件是,回收率小于1,即:

$$x_t^w = \frac{(Q_t^*+Z_t)K_{t-1}^w}{R_{bt}B_{t-1}} < 1 \tag{40}$$

令 R_{kt}^{w*} 表示在第 t 期发生了银行挤兑的条件下银行资产的回报率,即

$$R_{kt}^{w*} \equiv \frac{Z_t+Q_t^*}{Q_{t-1}}$$

那么,从方程式(40)我们就可以推导出批发银行挤兑均衡的条件,它的形式很简单,只有两个内生变量:(i) R_{kt}^{w*} 与银行间借款利率之间的比率,(ii)杠杆倍数 ϕ_{t-1}^w,即

$$x_t^w = \frac{R_{kt}^{w*}}{R_{bt}} \cdot \frac{\phi_{t-1}^w}{\phi_{t-1}^w - 1} < 1 \tag{41}$$

如果以资产清算为条件的银行资产实现了的回报率 R_{kt}^{w*},相对于银行间贷款的毛利率 R_{bt} 来说足够低,同时杠杆倍数足够高,可以满足条件(41),那么就存在银行挤兑均衡。注意到表达式 $\frac{\phi_{t-1}^w}{\phi_{t-1}^w - 1}$ 是银行资产 $Q_{t-1}K_{t-1}^w$ 与银行间贷款 B_{t-1} 的比率,而后者又是随杠杆倍数而递减的。同时注意到,银行挤兑的条件不取决于各个银行的具体因素,因为 R_{kt}^{w*}/R_{bt} 和 ϕ_{t-1}^w 对于所有的银行都是一样的。

由于 R_{kt}^{w*}、R_{bt} 和 ϕ_{t-1}^w 都是内生变量,所以银行挤兑的概率可能随宏观经济条件的变化而变化。不存在银行挤兑的均衡决定了 R_{bt} 和 ϕ_{t-1}^w 的行为(如我们之前描述的)。相反,R_{kt}^{w*} 的值,则取决于清算价格 Q_t^*。我们将在下一节中讨论清算价格 Q_t^* 的决定。

3.5.2 清算价格

要确定清算价格 Q_t^*,我们可以分以下几步进行。第 t 期银行同业债权人的挤兑,导致所有从第 $t-1$ 期承继了一定资产的批发银行都必须彻底清算自己的资产头寸并停止运营。[1] 因此,它们要将所有资产出售给零售银行和家庭,然后这些零售银行和家庭会在第 t 期内持有这部分资产。随着时间的推移,在新银行陆续加入后,批发银行系统重新开展业务。在这里,我们必须对新银行有能力重新开始运营设定适当的延迟,不然在恐慌挤兑期间"大甩卖"的资产在定量上就会没有意义。为此,我们假设新的批发银行在发生恐慌挤兑的那个期间结束之后才能开始运营。[2]

这样一来,当批发银行清算时,它们在日期 t 发生挤兑后将所有资产出售给零售银行和

---

[1] 我们在这里给出的清算价格的概念与布伦纳迈尔和佩德森(Brunnermeier and Pedersen, 2009)在他们的论文中提出的市场流动性概念相关。也请参见厄里格(Uhlig, 2010),他构建了另一个具有内生清算价格的银行挤兑模型。

[2] 例如,不妨假设在挤兑期间,零售银行不能确定新进入的批发银行在经济上独立于挤兑的批发银行,因此,新批发银行必须等待"尘埃落定",然后才能开始在银行间贷款市场上募集资金。对于新银行进入的时机的各种假设,我们的结果都有很高的稳健性。

家庭,这意味着:

$$\overline{K} = K_t^r + K_t^h \tag{42}$$

然后,从第 $t+1$ 期起,随着新银行的进入,批发银行系统重建自己股本和资产。给定我们的时间假设和上面的方程式(34),银行净值在挤兑之后的各期内将按以下形式发生变化:对于所有的 $i \geqslant 2$,

$$N_{t+1}^w = (1+\sigma^w)W^w, \quad N_{t+1}^w = \sigma^w\left[(Z_{t+i}+Q_{t+i})K_{t+i-1}^w - R_{bt+i}B_{t+i-1}\right] + W^w$$

对家庭持有的欧拉方程式(8)加以重新排列,就可以得出清算价格——它是贴现股利 Z_{t+i} 减去边际管理成本 $\alpha^h K_{t+i}^h$ 的差:

$$Q_t^* = E_t\left[\sum_{i=1}^{\infty}\Lambda_{t,t+i}(Z_{t+i}-\alpha^h K_{t+i}^h)\right] - \alpha^h K_t^h \tag{43}$$

当所有其他条件都相同时,银行部门重新资本化所需要的时间越长(用 K_{t+i}^h 回归稳定状态的时间来衡量),清算价格 Q_t^* 就越低。需要注意的是,清算价格 Q_t^* 还会随着周期性条件的变化而变化。特别是,对 Z_t 的负面冲击会减少清算价格 Q_t^*,并可能会使经济进入一个可能发生银行挤兑的区制。

4.　数值实验

在本节中,我们先研究前述模型的长期性质如何导致了批发银行部门的长期增长,然后再转而研究对于可能会导致(也可能不会导致)挤兑的宏观经济冲击的周期性反应。从总体上说,本节给出的数值示例描述了与影子银行部门扩张相联系的增长与稳定性之间的权衡,并说明了银行挤兑在我们的模型中的实际影响。

4.1　校准

在本节中,我们先描述我们的基线校准。这个校准的目的是刻画 2007 年金融危机爆发时的经济状况。

模型中有如下 13 个参数:

$$\{\theta, \omega, \gamma, \beta, \alpha^h, \alpha^r, \sigma^r, \sigma^w, W^h, W^r, W^w, Z, \rho_z\}$$

表 2 报告了这些参数的值,而表 3 则给出了均衡配置下的稳态值。

表 2　基准参数

参数		
家庭		
β	贴现率	0.99
α^h	中介成本	0.03
W^h	禀赋	0.006
零售银行		
σ^r	存活概率	0.96
σ^r	中介成本	0.0074
W^r	禀赋	0.0008
θ	可转移资产的比例	0.25
γ	银行间贷款中可转移的部分的"缩水率"	0.67
批发银行		
σ^w	存活概率	0.88
σ^w	中介成本	0
W^w	禀赋	0.0008
ω	可转移的资产的"缩水率"	0.46
生产		
Z	稳态生产率	0.016
ρ_z	生产率冲击的序列相关性	0.9

表 3　基准稳定状态

稳定状态		
Q	资本的价格	1
K^r	零售中介	0.4
K^w	批发中介	0.4
R^b	银行间年利率	1.048
R_r^k	零售银行年资本回报率	1.052
R	年存款利率	1.04
R_w^k	批发银行年资本回报率	1.064
ϕ^w	批发银行杠杆率	20
ϕ^r	零售银行杠杆率	10
Y	产出	0.0229
C^h	消费	0.0168
N^r	零售银行净值	0.0781
N^w	批发银行净值	0.02

　　我们将模型中的时间间隔定为季度。对于家庭,我们用的是传统的家庭贴现因子值,$\beta=0.99$,红利的序列相关系数则定为 $\rho_z=0.9$。我们对生产率的稳态水平 Z 进行了归一化,以使得贷款价格为 1。我们设定的 W^h 能使得家庭的禀赋收入是其资本收入的 2 倍。

我们校准了家庭和零售银行家对中间资本的管理成本 α^h 和 α^r,以使得存款利率与零售银行家的贷款回报率之间的"利差",以及批发银行家与零售银行家的贷款回报率之间的差异均为 1.2%(年化利率,在稳定状态下)。[1]

我们还设定了可转移的银行间贷款所占的比例 $\theta\gamma$,以使得存款利率与银行间贷款利率之间的年化稳态利差为 0.8%。我们对用吸收来的存款购买的可转移的资产的比例 θ,以及用银行间贷款购买的可转移资产的比例 $\omega\theta$ 的设定,则保证了零售银行家和批发银行家的杠杆比率,分别为 10 和 20。

我们设想的零售银行部门包括商业银行、开放式共同基金和货币市场共同基金(MMMF)。就开放式共同基金和货币市场共同基金而言,杠杆比率的计算由于这些机构的性质、它们的外部投资者和发行人之间关系的特殊法律规定和经济合约细节而变得相当复杂。[2] 有鉴于此,我们选择的杠杆比率(10),非常接近于商业银行的实际杠杆比率,商业银行也是唯一可以相对容易地计算出与模型中的标杆率相对应的经验杠杆率的银行部门。

为了设定批发银行的杠杆率目标,我们决定把关注重点放在批发银行部门中的对短期债务依赖最深的私人机构上。在 2007 年,这类机构的杠杆倍数的合理范围是 10 倍(某些资产支持商业票据的发行人)[3]到 40 倍左右(某些经纪商)。在这个范围内,我们选定的 20 倍杠杆率可以说是一个相当保守的目标。

批发银行家和零售银行家的"存活率"σ^w 和 σ^r 则设定为使不同银行部门之间的资产配置与 2007 年的实际配置情况相一致。最后,我们对 W^r 的设定是,使新进入者的净值等于零售银行的净值的 1%,我们还将 W^w 设定为能够确保批发银行家实现完全专业化。

4.2　金融创新的长期效应

如本章第 2 节所述,从 20 世纪 80 年代开始直到金融危机爆发之前,批发银行在金融中介方面的作用一直在稳步上升。这种增长主要是通过一系列金融创新来实现的,而这些金融创新的核心在于,通过证券化来吸引机构投资者的资金,以提高整个系统的借款能力。虽然我们的模型已经抽象掉了证券化过程的细节,但是我们还是可以看出它对批发银行在银行间市场上的融资能力的直接影响,同时,它还降低了零售银行与批发银行之间的委托代理问题的严重程度(这由参数 ω 来刻画)。因此,在本节中,我们研究了金融中介应对 ω 的下降的长期行为,并将之与前面第 2 节中讨论的金融中介的低频动态进行比较。

批发银行与零售银行之间的代理问题得到缓解带来的一个直接后果是,放松了批发银行的激励约束。零售银行在批发银行舞弊时冻结批发银行的资产的能力得到了提高,这使得批发银行家能够更加激进地从零售银行借款。

---

[1] 根据菲利彭(Philippon,2015)的计算,金融机构收取的利差大约为 200 个基点。
[2] 关于货币市场共同基金与它们的发起人之间的关系,请参见(例如)帕尔拉托尔(Parlatore,2015)、麦凯布(McCabe,2010)的论述。
[3] 我们在提到货币市场共同基金时给出的警告在这里同样适用,因为这些融资计划的发起人给出的各种各样的信用额度是非常复杂的。

　　图8显示了,在稳定状态下,一些关键变量是如何依赖于ω的。[①] 当ω较低时,一般均衡效应能够通过各种渠道发挥作用。对于具有较低的银行间摩擦ω的经济体,批发银行部门的杠杆倍数更高,批发银行所拥有的资本K^w也更大,所获得的银行间贷款B也更高。相反,由零售银行中介的资本K^{wr}和由家庭中介的资本K^h则往往较低。在不会发生银行挤兑的情况下,资产向批发银行部门的这种转移意味着更有效的资本配置,因而也就意味着更高的资本价格Q_t。

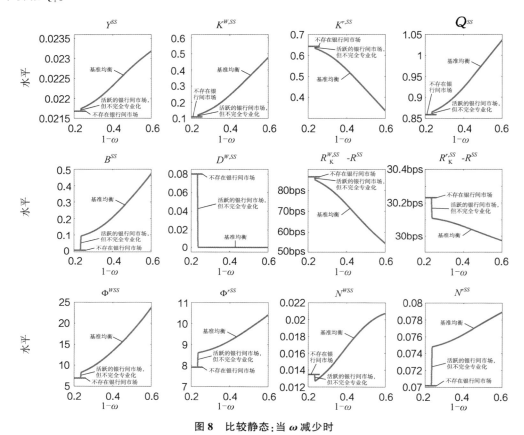

图8　比较静态:当ω减少时

　　资产流入批发银行部门进一步缩小了批发银行的资本回报率与银行间贷款利率之间的差距,以及银行间贷款利率与存款利率之间的差距。尽管利差更低了,但是杠杆率也更高了,高杠杆给总股本回报率带来的积极影响,使得批发银行和零售银行都能享受到更高的特许经营价值。由于银行间市场上的摩擦较小,金融创新的一个独特之处就表现在了,银行间的借款和贷款与最终贷款人(家庭)流到最终非金融部门借款人的资金流相比,往往要大得多(请参见附录B)。

　　图9将金融创新对金融中介的一些关键度量的稳态效应与它们在经验上的对应物的低

[①] 需要注意的是,当ω增大到某个特定的阈值以上时,会出现两种其他类型的均衡:在第一种均衡中,批发银行家不能完全专业化,因此同时在批发市场和零售市场上筹集资金;在第二种均衡中,银行间市场会完全关闭。有关的详细信息请参阅附录。

频趋势进行了比较。具体地说是,我们假设,在我们的基准校准中 ω 的值来自 20 世纪 80 年代到金融危机爆发期间逐渐发生的一系列金融创新。为了简单起见,我们将样本分为两个相等长度的时期,并为每个子样本各分配一个 ω 值,以便匹配观察到的批发银行家在这段时间内所占的中介份额。为了计算出图 9 中批发银行的杠杆率,我们计算了批发银行部门内部的 3 个子部门的杠杆率(它们占了批发银行部门的绝大部分的中介增长)。

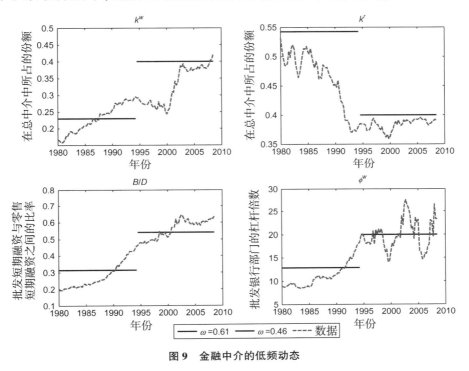

图 9 金融中介的低频动态

从总体上说,这个稳态比较静态,很好地刻画了过去几十年来金融中介的实际低频动态。[1]

4.3 经济衰退与银行挤兑

我们现在转而讨论我们这个模型经济的周期性行为。图 10 显示了这个经济对一个意料之外的生产率冲击 Z_t 的反应(这是一个负 6‰的冲击,而且假设不会发生银行挤兑)。[2] 为了刻画金融自由化对这个模型经济的周期性特征的影响,我们同时考虑了我们的基准参数设定,以及一个有更高的 ω 的水平的参数设定(ω 值与 20 世纪 80 年代相对应的 ω 相等)。在这两种情况下,融资约束的存在都激活了我们熟悉的金融加速器机制——例如,请参见伯南

---

[1] 我们这个模型也许过分强调了零售中介作用相对于家庭直接持有资产的作用,但是,这种做法也是有理由的:最终借款人的资金来源缺乏异质性,因为根据数据,家庭主要持有股权,而中介机构则负责几乎全部债务中介。因此,只要引入一种不同类型的资产,使中介机构在这种资产上的优势更小一些,就可以帮助我们调和模型所预测的资本在不同部门之间的配置(作为对金融创新的反应)与经验数据显示的配置了。

[2] 我们选择冲击的大小的原则是,使得它能够带来与大衰退期间相似的产出下降。

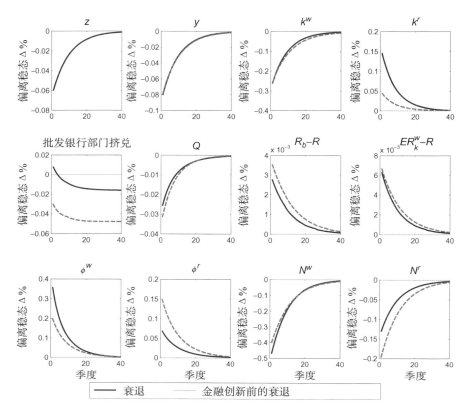

图 10　金融创新前与金融创新后的衰退(不会发生挤兑均衡)

克和格特勒(Bernanke and Gertler,1989),以及清泷和摩尔(Kiyotaki and Moore,1997)。利率放大了生产率(Z_t)下跌对银行家净值的影响,引发了融资约束的收紧,这一点突出地反映在了信贷利差的上升上。

反过来,批发银行则会出售贷款,这种做法会降低资产价格,然后又反馈回来,表现为更低的净值。对 Z_t 的变化的更大的风险敞口和更高的杠杆率,会导致这种效应对批发银行来说更加强烈。这种影响将迫使批发银行对自己的资产进行清算拍卖,从而导致它们对银行间贷款的需求下降。由此而导致的一个结果是,零售银行家将增加资产持有量,并与家庭一起吸收从批发银行部门流出的资本。[1] 但是,由于这些经济行为主体在中介资产方面的效率相对较低,从而导致这个过程要付出高昂的成本,这种效应表现在了银行信贷成本的上升和产出降幅的放大上面。在我们的基准校准中,非金融部门借款人的总借款成本与无风险利率之间的利差扩大了 60 个基点,同时产出则下降了 8%——也就是说,比 Z_t 本身还多下降了 2 个百分点。[2]

正如我们在前面已经指出过的,金融创新会使经济在稳定状态下更有效率地运作。图 10

---

[1] 家庭资本持有量的增加与危机期间观察到的由有中介的资本到无中介的资本的转变是一致的。请参见(例如),阿德里安等人(Adrian et al. ,2012)给出的证据。

[2] 此外还可以观察到,在存在投资刚性和名义刚性的生产性经济中,资产价格的下降将会减少投资,从而减少总需求,放大总产出的下降幅度。

表明,在不会发生银行挤兑的情况下,当金融加速器效应变弱的时候,经济会更加稳定。作为对 Z_t 下降的反应,存在金融创新的经济将表现出信贷利差更窄、资产价格降幅更小的特征。从直觉上看,通过银行业的创新,零售银行可以吸收批发银行抛售的贷款,从而提供了强大的缓冲,有助于资产价格的稳定。但是具有大量金融创新的经济更容易受到银行挤兑的侵染。

图 10 中以"批发银行的挤兑"为名的那幅子图很好地说明了这一点。在这幅子图中,我们描绘了一个变量的轨迹,它说明了在每个时刻 t,在时刻 $t+1$ 会不会发生挤兑。为了构造这个变量,我们定义:

$$Run_t^w = 1 - x_t^w$$

其中,x_t^w 是批发债务的回收率。这就意味着,要想让挤兑存在,这个"挤兑"变量就必须为正。

正如这个 Run_t^w 变量所表明的,在我们所考虑的这两种参数设定下,批发银行在稳定状态下都不可能出现挤兑。在 Z_t 下降了 6% 的情况下,如果经济中不存在金融创新(即对于那些 ω 值很高的经济),挤兑均衡仍然是不可能的。然而,对于有金融创新的经济(即 ω 的值很低的经济),Z_t 同样的下降幅度,就足以使批发银行挤兑成为可能了。从直观上看,在低 ω 的经济体中,批发银行杠杆比率要高于 ω 的经济体,同时资产清算价值较低,从而使得银行挤兑均衡的条件有可能得到满足。

图 11 给出了银行挤兑的影响。具体地说,我们假设 Z_t 出人意料地下降两个时期之后,

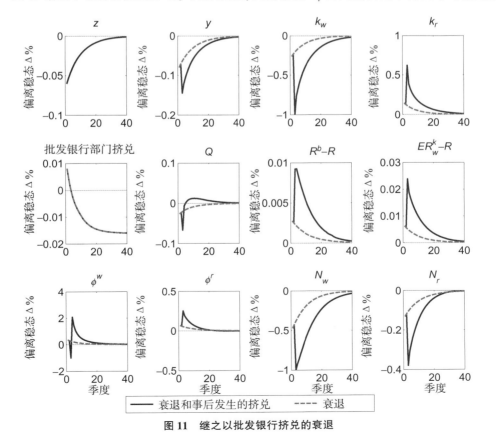

图 11 继之以批发银行挤兑的衰退

零售投资者停止对批发银行发行的短期债务进行展期,从而导致后者不得不清算所有资产并破产。

如前面第3.5.1节所述,批发银行挤兑迫使它们破产并导致 K^w 下降为0的结果。家庭和零售银行则被迫吸收批发银行的所有资产,从而导致资产价格一共下降了大约7%。同时,与将资产重新分配给效率较低的经济行为主体相关的中介成本,又进一步导致产出额外收缩大约7%,总体大约下降了15%。

在发生挤兑的那一期之后,随着新进入的批发银行的投入运营,零售银行家和批发银行家所享受的高额利差推动他们通过高于平均水平的留存收益来加大杠杆率,完成对融资中介的再资本化。然而,再中介过程(reintermediation process)可能相当漫长,而且产出在长时间内仍然被压低。

5. 提前预期到的挤兑

到目前为止,我们一直只专注于银行挤兑完全没有被预料到的情况。在本节中,我们研究如果经济行为主体提前预期到了发生挤兑,均衡又将如何变化。

我们假设,经济行为主体预期未来发生挤兑的概率为正,但是仍然聚焦于只有批发银行挤兑这种情况,因为它更符合实际。本章的附录详细说明了这种情况下的均衡的细节。[1] 在这里,我们只是简单地描述一下,对未来会发生挤兑的预期通过哪些关键因素影响金融中介活动。为了使分析尽可能简单,我们进一步假设,在发生了对 Z_t 的负面冲击之后,Z_t 将会沿着完美预见路径回到稳定状态。

预期未来将发生挤兑这种情况与完全未曾预料的情况的主要区别体现在银行间贷款市场上。具体地说,一旦挤兑被预期到了,那么零售银行家就会将挤兑发生时批发银行家的杠杆化操作对银行间贷款的回报的影响内部化,并对所要求的承诺回报率 $\overline{R}_{bt+1}$ 做出相应的调整。我们用 p_t 表示零售银行在时间 t 预期批发银行将会在时间 $t+1$ 发生挤兑的概率。[2] 这样一来,零售银行对发放银行间贷款与发放非金融部门贷款之间无差异的条件(33)就变成了如下形式:

$$E_t\left[(1-p_t)\Omega_{t+1}^r(\overline{R}_{bt+1}-R_{t+1})+p_t\Omega_{t+1}^{r*}(x_{t+1}^w\overline{R}_{bt+1}-R_{t+1})\right]= \tag{44}$$
$$\gamma E_t\left[(1-p_t)\Omega_{t+1}^r(R_{kt+1}^r-R_{t+1})+p_t\Omega_{t+1}^{r*}(R_{kt+1}^{r*}-R_{t+1})\right],$$

其中,

$$\Omega_{t+1}^{r*}=\beta\left(1-\sigma+\sigma\frac{V_{t+1}^{r*}}{n_{t+1}^{r*}}\right)$$

---

[1] 本章对预期到的银行挤兑的分析在很大程度上源于格特勒和清泷的论文(Gertler and Kiyotaki,2015)。
[2] 关于这种"观察到了太阳黑子"的概率是如何确定的,后面将会讨论到。

是随机贴现因子的值(如果在时间 $t+1$ 发生了挤兑的话)。

用方程式(41)代替方程式(44)中的 x_{t+1}^w,我们就可以推导出承诺回报率的如下"菜单"[①]:

$$\overline{R}_{bt+1}(\phi_t^w) = (1-\gamma)R_{t+1} + \gamma\frac{E_t(\Omega_{t+1}^r R_{kt+1}^r)}{E_t(\Omega_{t+1}^r)} +$$

$$\frac{p_t}{(1-p_t)E_t(\Omega_{t+1}^r)}E_t\left\{\Omega_{t+1}^{r*}\left[(1-\gamma)R_{t+1} + \gamma R_{kt+1}^{r*} - \frac{\phi^w}{\phi^w-1}R_{kt+1}^{w*}\right]\right\} \tag{45}$$

注意到,$\overline{R}_{bt+1}(\phi_t^w)$ 是 ϕ_t^w 的增函数,这是因为随着杠杆率的增大,零售银行家因银行间贷款而蒙受的损失将更大(如果发生了挤兑的话)。这就导致他们在没有挤兑的情况下要求更高的回报,以补偿在挤兑发生时更大的损失。

因此,在选择他们的投资组合时,批发银行家现在必须考虑到杠杆率的变化会影响他们的信贷成本——如方程式(45)所示。这样一来,就保留了问题的同质性,但是企业的特许经营价值将会改变,以反映银行有 p_t 的概率被迫在下一期以价格 Q_{t+1}^* 清算资产。这会起到降低批发银行的特许经营价值的效果,从而收紧了融资约束。

更具体地说,批发银行的特许经营价值将由下式给出[②]:

$$\frac{V_t^w}{n_t^w} = (1-p_t)E_t\left\{\Omega_{t+1}^w\left[\phi_t^w(R_{t+1}^w - \overline{R}_{bt+1}(\phi_t^w)) + \overline{R}_{bt+1}(\phi_t^w)\right]\right\} \tag{46}$$

概率 p_t 的上升,将通过两个途径降低特许经营价值:一是,银行在下一期继续经营的可能性将随之降低;二是,它会导致每一家银行面对的银行间贷款利率 $\overline{R}_{bt+1}(\phi_t^w)$ 的上升,利率的上升又会降低银行的特许经营价值(即便它继续经营)。

为了确定挤兑发生的状态依赖概率,我们采用了格特勒和清泷(Gertler and Kiyotaki,2015)提出的方法。具体地说,我们假设在每一个时刻 t 发生批发银行挤兑的状态转变概率可以用一个简化形式的关于预期收回率 $E_t x_{t+1}^w$ 的递减函数给出。这个函数的形式如下:

$$p_t = [1 - E_t(x_{t+1}^w)]^\delta \tag{47}$$

虽然我们不能将概率 p_t 对经济状态的函数依赖性内生化,但是有了上面这个方程式,我们就已经能够刻画:随着批发银行资产负债表稳健性的弱化,挤兑的可能性不断增加。事实上,(例如)像莫里斯和辛恩(Morris and Shin,1998)构建的全球博弈模型中那样,通过引入不完美信息来内生地确定挤兑的概率,那么也可以得出同样的定性结论。[③]

下面的图 12 表明,这种预期效应是怎样增加了模型中的冲击的金融放大作用的。

---

① 这是杠杆价值的相关函数,其价值足够高,足以在挤兑时导致破产。

② 在这里,我们已经假设批发银行家将选择一个足够高的杠杆,保证在发生挤兑时会导致破产。关于预期到挤兑有可能发生时批发银行的决策问题的详细说明,请参阅附录。在那里,我们推导出了一些条件,确保批发银行家在挤兑时违约是最优的。

③ 请参见格特勒等人(Gertler et al.,2016)在一个非常相似的模型设置中给出的另一种替代方案,也请参阅戈德斯泰因和鲍兹内(Goldstein and Pauzner,2005)的论文,他们将全球博弈方法应用于对银行挤兑的研究。

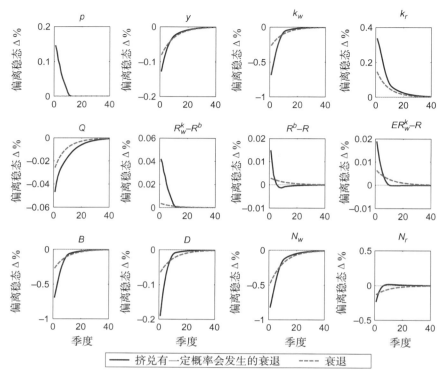

图12 预期到挤兑会发生的模型中的衰退

挤兑有一定概率会发生的衰退 ———— 衰退 - - - -

在图12中，实线表示的是，当经济行为主体预期到挤兑在每一个 $t+1$ 都可能以概率 p_t 发生时——概率 p_t 由方程式（47）给出——经济对一个未曾预料到的对 Z_t 的6％的冲击的反应。[①] 如前所述，我们假设在冲击后，Z_t 会沿着完美预见路径回归到稳定状态。为了分离出对挤兑的预期的影响，我们假设在这种情况下，挤兑在事后从未实际发生过。出于比较的目的，图12中的虚线报告了基准经济的反应，在基准经济中，个体赋予银行挤兑发生的概率为零。

尽管在稳定状态下仍然不会发生挤兑，但是对 Z_t 的冲击还是导致挤兑的概率提高到了15％。随着批发银行家的资产负债表的弱化和清算价格的下降，零售银行家预期发生挤兑时银行间贷款会出现更大的损失，这使得在挤兑均衡上实现协调的可能性上升。挤兑概率 p_t 的增大，导致银行间信贷供应急剧下降，从而进一步收紧了批发银行家的融资约束。而这反过来又推动它们的净值大幅减少了大约80％（而基准经济中则为大约50％），同时对非金融部门的贷款利率与银行间贷款利率之间的利差则扩大了400个基点（相比之下，基准经济中仅仅扩大了30个基点）。由于批发银行被迫压缩业务，导致银行间信贷总额下降了大约70％（是基准经济中的下降幅度的两倍多）。我们的模型中资金从批发银行市场的这种大规模撤离，正对应着真实世界中从2007年起资产支持商业票据（ABCP）市场的"缓慢挤兑"。批发融资市场的这些崩塌还传导到了其他经济部门，导致资产价格下降大约5％，总产出收

————————————
[①] 在下面的数值模拟中，我们选择的 δ 值为 $1/2$。

缩了 13%。

图 13 显示的是对 Z_t 的冲击实现后两个期间真的发生了挤兑的情况。图 13 所运行的实验与图 11 类似,但是与图 11 所示的未曾预料到挤兑发生时的情况相比,图 13 有两个主要的不同之处。一是,挤兑真的发生之前,挤兑发生的可能性的逐渐增大,使得模型很好地刻画了先出现"缓慢挤兑",再继之以"快速挤兑"的现象,而这正是最近这场金融危机的一个核心特征(如本章引言所述)。二是,挤兑还导致未来再度发生挤兑的可能性进一步增大——在挤兑之后的那一期,其概率达到了 20% 左右。这就妨碍了批发银行家在银行间市场上增大杠杆率并创造较高利差,进而阻止了资产价格的相对平稳的上升(而在基准模型中,复苏就是用资产价格的上涨来刻画的)。

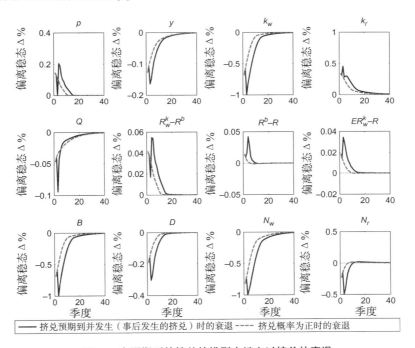

图 13　有预期到的挤兑的模型中继之以挤兑的衰退

图 14 说明了,为什么预期到挤兑的模型可以复制 2007 年和 2008 年发生的金融崩溃的一些关键特征。具体地说,我们比较了银行间利差的模型预测变动路径 $\overline{R}^b_{t+1} - R_{t+1}$、超额融资溢价 $ER^w_{k,t+1} - R_{t+1}$ 与它们在 2007 年第 2 季度至 2009 年第 4 季度之间的经验对应物。对于银行间利差,我们选择的是资产支持商业票据的利差,因为 2007 年第 3 季度批发融资市场的最初的"缓慢挤兑"就是发生在资产支持商业票据市场上的。超额借款成本(超额融资溢价)的衡量指标则选择了吉尔克里斯特和查克拉吉塞克(Gilchrist and Zakrajsek,2012)的企业超额债券利差。

我们假设,一方面,2007 年第 2 季度经济仍处于稳定状态,2007 年第 3 季度出现了意料之外的冲击,然后于 2008 年第 3 季度出现了批发银行挤兑的情况。[1] 在数据中,超额借款成

---

① 为了更接近于观察到的利差动态,我们将 Z_t 的新息调整为 5 个百分点。

本滞后于金融利差,因此模型所预测的 $ER^w_{k,t+1}-R_{t+1}$ 的初期增长幅度稍大,同时赋予银行间贷款利差的比例则稍小——这也可能是无风险利率的变化所致。另一方面,2009 年以后,数据中利差的下滑速度的变动则可以归因于政府在这一时期进行了干预的影响。总体而言,我们的实验相当好地刻画了信贷利差和银行股权的动态。

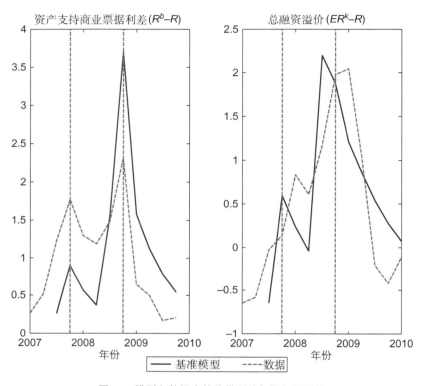

图 14 模型和数据中的信贷利差与银行间利差

6. 两种生产性资产与溢出效应

在我们的前述基准模型中,资本只有一种类型。批发银行在持有这类资金方面具有效率优势。零售银行之所以得以存在,主要是因为批发银行可能受到自身净值的约束,否则批发银行将会持有所有的资本。在本节中,我们将引入第二种类型的资本。在这种资本上,零售银行的中介活动具有效率优势。除了为零售银行的存在提供更强的动力之外,这第二项资产还使得我们能够说明批发银行部门的危机到零售银行部门的溢出效应。

特别是,最近这场金融危机的一个突出特征就是,批发银行部门的次级抵押相关产品崩溃,导致商业银行部门的金融状况严重恶化,最终影响到了所有金融机构的信贷流动性。尽管在危机爆发之前,零售银行部门的大部分信贷并不直接依赖于影子银行,但是后者的塌陷,最终还是破坏了商业银行的信贷活动,从而加剧了经济衰退。

与对第一种类型的资本的假设一样，我们仍然假设第二种类型的资本的供给是固定的，其总额用 I 表示。我们把为这种资本提供资金的银行贷款称为"C&I 贷款"（"商业和工业"贷款）。对于这种类型的资本，我们可以想象一下现实世界中那些不容易证券化的、信息密集的贷款，即零售银行在历史上一直专业化发放的贷款。这与批发银行大量持有的证券化资产类别形成了鲜明的对比，后者主要包括抵押贷款、汽车贷款、信用卡债务、贸易信用贷款，等等。

为了简单起见，我们假设只有零售银行和家庭才会为这第二类资本提供资金。令 L_t^r 和 L_t^h 分别表示由零售银行和家庭提供资金的资本的数量，我们有：

$$L_t^h + L_t^r = \overline{L} \tag{48}$$

为了刻画零售银行在进行"C&I 贷款"方面的比较优势，我们假设零售银行在中介这些贷款时的管理成本为零。相反，我们假设批发银行管理这类贷款时的成本是无限的。最后，我们还允许家庭直接为这类资产提供融资——我们可以把直接由家庭持有的对这类资本的请求权想象为公司债券。我们假设，与零售银行相比，家庭在为这第二类资本融资时处于相对劣势地位，但是与批发银行相比则有一定优势。这就是说，家庭必须支付如下的管理费：

$$F^L(K_t^L) = \frac{\alpha^L}{2}(K_t^L)^2$$

其中，$0 < \alpha^L < \infty$。

与第一类资本的情况类似，第二类资本也有一个外生给定的红利支付 Z_t^L，它服从一个平稳的一阶随机过程。此外，为了简单起见，我们将集中关注银行挤兑完全未曾预料的情况。为此，我们令 R_{lt+1}^h 表示家庭得自这第二项资产的回报率。从而家庭持有这第二项资产的一阶条件由下面的两个方程式给出：

$$E_t(\Lambda_{t,t+1} R_{lt+1}^h) = 1 \tag{49}$$

和

$$R_{lt+1}^h = \frac{Z_{t+1}^L + Q_{t+1}^L}{Q_t^L + \alpha_h^L L_t^h}$$

其中，Q_t^L 是资产价格，α_h^L 是表示家庭直接持有该资产的无效率性程度的控制变量。

批发银行家的最优化问题仍然保持不变。因此，我们只需专注于零售银行家。由于零售银行现在可以选择第二项资产，所以我们可以把它们的资产负债表约束和资金流约束重写如下：

$$(Q_t + f_t^r)k_t^r + Q_t^L l_t^r + (-b_t^r) = n_t^r + d_t^r$$

$$n_{t+1}^r = R_{kt+1}^r(Q_t + f_t^r)k_t^r + R_{lt+1}^r Q_t^L l_t^r + R_{bt+1}(-b_t^r) - R_{t+1}d_t^r$$

其中，R_{lt+1}^r 是类型为 L 的资产的回报率，它由下式给出：

$$R_{lt+1}^r = \frac{Z_{t+1}^L + Q_{t+1}^L}{Q_t^L}$$

因为激励约束如下式所示

$$\theta[(Q_t + f_t^r)k_t^r + Q_t^L l_t^r + (-b_t^r)] \leqslant V_t$$

所以在这种情况下,有效杠杆倍数 ϕ_t^r 要把持有的第二种类型的资本也考虑进去

$$\phi_t^r \equiv \frac{(Q_t + f_t^r)k_t^r + Q_t^l l_t^r + \gamma(-b_t^r)}{n_t^r}$$

采用与前面一样的方法,求解零售银行的最大化问题,就可以得到 ϕ_t^r 的一个解,它与基准情况下的解相同[请参见方程式(27)]。另外,在边际处,零售对于持有不同类型的资本必定是无差异的,而这就意味着以下(无)套利条件:

$$E_t\left[\Omega_{t+1}^r(R_{lt+1}^r - R_{kt+1}^r)\right] = 0 \tag{50}$$

我们接下来考虑一个用于说明传染效应的数值实验的例子。激励这个数值实验的真实世界现象是,2006 年开始的房价下跌导致了批发银行部门的崩溃,进而破坏了商业银行业务。具体地说,在数值实验中,我们假设资产 L 的红利固定在它的稳定状态值 Z^L 的水平上。然后再来考虑对类型为 K 的资产的红利的一个负面冲击,并且像在我们早期的基线实验中一样,允许在初始冲击发生两个时期后出现意料之外的挤兑。下面的表 4 和表 5 描述了本实验的校准的变化。

表 4 有两类资产的模型中的参数

	参数	
家庭		
β	贴现率	0.99
α^h	中介成本	0.06
α_L^h	对商业和工业贷款的中介成本	0.006
W^h	禀赋	0.016
零售银行		
σ^r	存活概率	0.96
σ^r	中介成本	0.01
α_L^r	对商业和工业贷款的中介成本	0
W^r	禀赋	0.0014
θ	可转移资产的比例	0.27
γ	银行间贷款中可转移的部分的"缩水率"	0.67
批发银行		
σ^w	存活概率	0.88
α^w	中介成本	0
α_L^w	对商业和工业贷款的中介成本	∞
W^w	禀赋	0.0012
ω	可转移的资产的"缩水率"	0.47
生产		
Z	稳态生产率	0.016
ρ_z	生产率冲击的序列相关性	0.9

表5 有两类资产的模型中的稳定状态

	稳定状态	
Q	资本的价格	1
Q^L	商业和工业贷款的价格	1
K^r	零售中介	0.3
K^w	批发中介	0.6
L^r	零售银行持有的商业和工业贷款	0.5
L^h	家庭持有的商业和工业贷款	0.5
R^b	年银行间利率	1.048
R_r^k	零售银行年资本回报率	1.052
R_r^L	零售资本年商业和工业贷款年回报率	1.052
R	年存款利率	0.04
R_w^k	批发银行年资本回报率	1.064
ϕ^w	批发银行杠杆率	20
ϕ^r	零售银行杠杆率	10
Y	产出	0.0466
C^h	消费	0.0363
N^r	零售银行净值	0.1371
N^w	批发银行净值	0.03

图 15 报告了我们的数值实验的结果,并显示了对 Z_t 的冲击在 L 的市场上的溢出效应。在这种环境中,传染源是零售银行家的资产负债表头寸。[1] 零售银行家的资本投资损失,以及他们在银行间贷款上的损失(如果出现了挤兑等方面),会导致零售银行家的净值下降,进而导致各自的激励约束收紧。只要对资产 L 的中介有一定的激励成本,融资约束的收紧就会导致零售银行家提高对两个市场上所能得到的超额收益的要求——如方程式(50)所示。所以,对资本回报的负面冲击和批发银行的挤兑会导致资产以高成本的方式重新分配给家庭,并导致 L_t^r 的回报率与存款利率之间的利差增加大约 60 个基点。

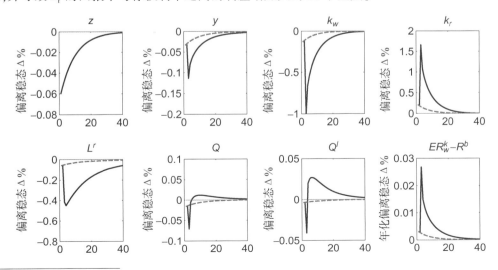

---

[1] 其他类似的外溢模型的例子还包括:博科拉(Bocola,2016),以及费兰特(Ferrante,2015b)。另外,加尔利努等人(Garleanu et al.,2015)还提出一种基于市场分割的替代机制。

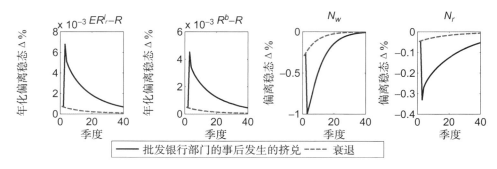

图 15　溢出效应

7. 政府政策

在本节中,我们研究了两类不同的政策干预措施对银行危机的不同影响。第一种政策是中央银行作为最后贷款人的事后干预,第二类政策是在事前进行宏观审慎监管,以限制银行风险敞口。在现有文献中,对于这些政策抑制金融加速器对经济的负面影响的方面,已经进行大量的研究。但是在本节中,我们将采取一个略微有所不同的视角。

这些政策是怎样减少了极具破坏性的银行挤兑的发生的? 正如我们将要阐明的,"事后的"危机发生之前就可以预期到的最后贷款人政策,是通过提高资产清算价格来减少挤兑的可能性的,而宏观审慎政策则通过降低银行的杠杆倍数来减少挤兑的可能性。

支持事前的宏观审慎监管政策的一个理由是,在自由放任经济中,银行倾向于选择没有效率的极高杠杆水平。简单地说,由于个别银行忽视了自己的借贷决策对总体风险水平的影响,所以他们往往会发行比社会所需要的更多的债务。[1] 另外,正如法里和梯若尔(Fahi and Tirole,2012)、沙里和基欧(Chari and Kehoe,2015),以及格特勒等人(Gertler et al.,2012)所强调的,对某些类型的事后政府干预政策的预期,也会鼓励银行体系在事前进行高杠杆化经营。

在本节中,我们将在第 5 节所述的预期到的挤兑的框架内探讨这些政策。

7.1　事后干预:最后贷款人政策

众所周知,如果对私人金融中介套利受到了有效限制,那么在金融危机期间充当最后贷款人角色的中央银行可以增强信贷流动,从而减轻经济衰退。最后贷款人政策之所以会有

---

① 例如,请参见吉纳科普洛斯和波利马尔查基斯(Geanakoplos and Polemarchakis,1986)在一个不完全市场模型中得出的关于一般性的约束无效率的原始结果,洛伦佐尼(Lorenzoni,2008)、比安奇(Bianchi,2011)最后将这些结果应用到了存在金融摩擦的环境中。

效,是因为中央银行可以通过发行有息储备有弹性地获得资金,而私人金融中介机构获得资金的能力则可能因自身的资产负债表状况而受到严格限制。这方面的论述,请参见,格特勒和卡拉迪(Gertler and Karadi,2011)、格特勒和清泷(Gertler and Kiyotaki,2011)。

最近这场金融危机爆发后,美国联邦储备委员会推出了各种各样的"最后贷款人"政策。其中最突出的是针对高评级长期债务的大规模资产购买计划(large scale asset purchases,LSAP),主要包括机构抵押贷款支持证券(agency mortgage backed securities,AMBS),这是一个主要由影子银行部门持有的金融工具。美国联邦储备委员会是在影子银行系统于2008年12月崩溃后公开这个大规模资产购买计划的,然后在2009年3月开始逐步付诸实施。这种最后贷款人政策的目标是降低融资成本,从而增加非金融部门可以获得的信贷可用性。有证据表明,美国联邦储备委员会确实实现了这一目标。然而,除了这些因素之外,通过在二级市场上直接充当机构抵押贷款支持证券的买方,美国联邦储备委员会还拉高了这些证券的价格,从而提高了这些资产的清算价值。正如我们在前面已经指出过的,这些政策对清算价格的影响对银行稳定有非常重要的意义。[关于银行挤兑均衡的条件,请参见方程式(40)]。

为了对这种干预建模,我们假设中央银行可以直接从事金融中介业务,即从零售银行借款,然后向非金融部门发放贷款。中央银行从零售银行获得资金的方式是发行有息银行准备金。我们假设零售银行不能转移银行准备金(因为它们记入了美国联邦储备委员会的账户当中)。由于零售银行不能转移银行准备金,因此也不能限制它们通过吸收存款来为准备金融资的能力。由于对银行资金为准备金融资的套利没有限制,因此准备金的利率将等于存款利率。所以,当中央银行向零售银行提供有息准备金时,它实际上是通过发行隔夜债券,直接从家庭筹集资金。中央银行在中介资产方面的优势是,与零售银行和批发银行不同,中央银行资产负债表不受限制。

与格特勒和卡拉迪(Gertler and Karadi,2011)的假设一样,我们还假设,中央银行的效率要低于私营部门。另外,与零售银行和家庭一样,中央银行(政府)也要面对二次函数形式的管理成本$\frac{1}{2}\alpha^g(K_t^g)^2$,其中,$K_t^g$是中央银行的干预的规模,且有$\alpha^h>\alpha^g>\alpha^r$。为了确保中央银行只有在出现危机时进行干预才是理想的,我们还要让中央银行(政府)的投资组合的平均业绩很差。具体地说,我们假设政府中介的资产的回报如下式:

$$R_{kt+1}^g = \varphi \frac{Z_{t+1}+Q_{t+1}}{Q_t+\alpha^g K_t^g} \tag{51}$$

其中,$\varphi \in (0,1)$,控制着中央银行中介的平均资产回报率的相对无效率水平,而且与规模无关。

我们假设,只要预期资产回报超过借款成本,中央银行就会选择干预信贷市场。这就是说,我们提出的这个中央银行干预的政策规则可以表示为下式:

$$\begin{aligned} K_t^g = 0, &\qquad \text{如果 } E_t(R_{kt+1}^g - R_{gt+1}) < 0 \\ E_t(R_{kt+1}^g - R_{gt+1}) = 0 &\qquad \text{如果 } K_t^g \geq 0 \end{aligned} \tag{52}$$

其中，R_{gt+1} 是为了向零售银行发行储备而支付的利息。

正如我们刚才所指出的，由于不存在与中央银行中介有关的激励问题，所以在均衡中，储备的利率 R_{gt+1} 必须等于存款的利率[1]，即：

$$R_{gt+1} = R_{t+1} \tag{53}$$

中央银行在确定对信贷市场的干预政策时，要做出反应的关键变量是批发银行的资产收益率与存款利率之间的差距 $R^w_{kt+1} - R_{t+1}$。我们可以把这个差距视为衡量私人金融市场低效率的程度的指标。当这个超额回报率很高的时候，中央银行就要进行干预。[2] 更具体地说，如式（52）所示的政策规则规定，一旦信贷利差与存款利率之间的比率超过了某个给定的阈值，美国联邦储备委员会就会开始调节资产。这个阈值与低效率参数 φ 成反比地变化，即：

$$K^g_t > 0, \text{iff} \ \frac{E_t(R^w_{kt+1}) - R_{t+1}}{R_{t+1}} > \frac{1-\varphi}{\varphi}$$

从式（52）可以推出，在 $K^g_t > 0$ 的区域内，干预政策的规模由下式决定：

$$K^g_t = \frac{\varphi}{\alpha^g} Q_t \left[\frac{E_t(R^w_{kt+1}) - R_{t+1}}{R_{t+1}} - \frac{1-\varphi}{\varphi} \right]$$

为了确保中央银行只有在挤兑发生之后才会进行干预，我们要选择适当的 φ，这也就是说，必须保证，作为干预理由的信贷利差的阈值只有在发生了挤兑后才能达到。我们对管理成本参数 α^g 的选择是，使得干预规模大约占总资本的 5% 左右。

图 16 显示的是如下情况下经济对衰退的反应：当经济行为主体预计如果发生了挤兑，那么货币当局会根据式（52）进行大规模资产购买干预。尽管在我们这个数值实验中，挤兑最终并没有发生，中央银行也没有进行干预，但是这种预期——如果发生了挤兑，那么中央银行就会加以干预——还是显著地抑制了经济衰退。之所以能够做到这一点，是因为它降低了挤兑的可能性：中央银行的有条件干预政策提升了批发银行部门的清算价格。

反过来，根据方程式（47），与更高的清算价格相关联的更高的回收率降低了挤兑的可能性。在我们的数值实验中，挤兑的概率在前两个时期减少了 10%，此后就变为零。挤兑概率的急剧下降意味着，总体而言，对政府干预的预期是对经济有刺激作用的。不过需要注意的是，尽管挤兑概率的降低放宽了激励约束，并因此允许批发银行家在任何给定的利差水平上加大杠杆倍数，但是资产价格对资产负债表的一般均衡效应，还是会导致更好的资本化和更低的杠杆率（无论是批发银行部门，还是零售银行部门）。

---

[1] 更正式地说，首先要注意的是，由于零售银行家不能转移准备金，他们的激励约束方程式（14）不会受资产负债表上的准备金的数量的影响。因此，引入有息准备金只能通过修改目标函数方程式（26）来影响零售银行家的最优化问题：

$$V^r_t = \underset{\phi^r_t, d^r_{gt}}{\text{Max}} E_t \{ \Omega^r_{t+1} [\phi^r_t (R^r_{kt+1} - R_{t+1}) + R_{t+1} + d^r_{gt} (R_{gt+1} - R_{t+1})] n^r_t \}$$

其中，d^r_{gt} 是零售银行家持有的每单位净值的准备金。d^r_{gt} 的最优化条件，则直接由 $R_{gt+1} = R_{t+1}$ 给出。协方差项则为零，因为 R_{gt+1} 和 R_{t+1} 在日期 t 都是已知的。

[2] 我们的政策规则——中央银行以信贷利差为目标的规则——是与中央银行在整个危机期间的行为一致的。在特定信贷市场中促成非常规干预的原因，通常是该市场上的利差的大幅扩大。

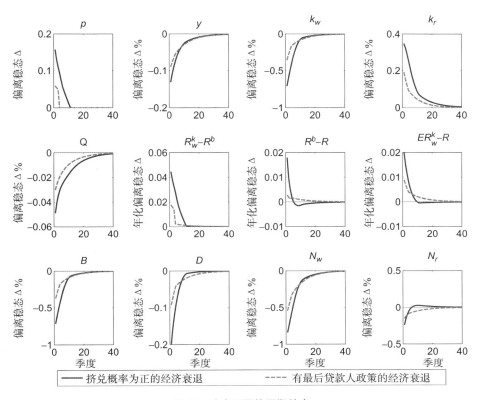

图 16　政府干预的预期效应

图 17 显示的是对 Z 的冲击发生一个时期后出现了挤兑时的干预措施的影响。干预措施的规模大约占总资本的 5%,它使资产价格和产出的下降幅度分别减少了大约 2.5% 和 4%。

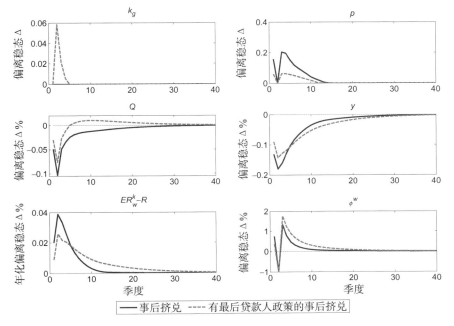

图 17　当挤兑在第 2 期发生时政府干预

7.2 事前干预:宏观审慎政策

金融危机发生之后,决策者面临的最重要的一个挑战是,如何制定有助于防止将来发生类似事件的金融监管政策。在这个方面,在宏观经济和金融政策领域最重要的创新是引入各种各样的宏观审慎政策来监督金融机构,例如中央银行的压力测试和修订后的"巴塞尔协议Ⅲ"的相关条款。这些政策措施的目标是,确保金融机构有足够的资本——即使处于不利的经济环境下,也能够消化损失。

现在,有很多文献都研究了银行的资本金要求对宏观经济的稳定性的影响,这方面的一些例子包括:克里斯蒂亚诺和池田(Christiano and Ikeda,2014)、比格诺(Begenau,2015)、比安奇和门多萨(Bianchi and Mendoza,2013)、查利和基欧(Chari and Kehoe,2015)、格特勒等人(Gertler et al.,2012)。在这些文献中,绝大多数研究都分析了引入杠杆率限制怎样通过抑制银行资本的波动性来减弱金融加速器的影响。它们认为,之所以要引入杠杆率限制,或者说等价的资本金要求,原因在于外部性——个体银行不会认真考虑自己的借款对整个系统的稳定性的影响。[1]

但是,我们却利用自己的框架对杠杆限制的潜在收益提出了一个不同的观点。我们认为,这些限制不仅可以缓解金融加速器的影响,更加重要的是,它们也可以使得银行体系更加不容易挤兑。正如方程式(41)所明确地表明的,只有当杠杆率足够高的时候,银行才会挤兑。因此,只要对杠杆率加以充分的限制,监管机构原则上可以消除挤兑的任何可能性。所以,要回答的问题就变成了,其他需要权衡的因素是什么?接下来我们就来讨论这个问题。

我们通过对批发银行引入杠杆率限制,在我们的模型经济中刻画了宏观审慎政策。更具体地说,我们假设金融监管机构可以对批发银行的杠杆率设定一个上限 $\bar{\phi}^w$。这个上限的具体含义是,批发银行杠杆率的有效限度将由市场施加的限度与监管部门施加的限度之间的较小者来确定。因此,如方程式(22)所示的约束就变成了:

$$\phi^w \leq \min\left\{\frac{\frac{1}{\theta}\frac{V_t^w}{n_t^w}-(1-\omega)}{\omega},\bar{\phi}^w\right\}$$

在对经济的完全随机的模拟实验中,要确定杠杆率上限,就要进行权衡:要想危机发生的频率更低,那就要减少银行家资本的流动性,但是平均产出也会更低,因为批发银行加大杠杆的能力受限会导致资本被重新配置到效率较低的经济行为主体那里,这要付出代价。虽然我们在前面的4.2节和4.3节给出的数值实验已经讨论了稳定状态产出与批发银行家的长期杠杆水平的变化相关的脆弱性的权衡关系,但是在这里,我们将把关注的焦点放在杠杆率限制对经济衰退的发生率的条件效应上,经济衰退将使分权经济容易受到银行挤兑的

---

[1] 追随洛伦佐尼(Lorenzoni,2008)思路的大部分文献都有一个特点,即存在一个源于借款限制中的资产价格的金融外部性。法里和韦尔宁(Farhi and Werning,2015)、科里内克和西姆塞克(Korinek and Simsek,2015)则表明,如果总需求对总杠杆率高度敏感,那么也可能会出现类似的外部性。

影响。

我们集中讨论 $\bar{\phi}^w$ 的两个可能的水平:一个是批发银行杠杆率的稳态水平,另一个水平虽然高于稳态水平,但是仍然足够低,不会导致银行挤兑。允许杠杆率高于稳定状态水平,可以让银行在经济衰退中发行更多的债务,这样估的总体效果将表现为,可以抑制金融中介收缩,从而防止实际经济下滑。事实上,更"宽容"的杠杆率限制,有点类似于模仿分权经济中的杠杆率的演变趋势——它的变化趋势是逆周期的。

图 18 和图 19 对一个预期到了挤兑的经济对负面的 Z 新息在存在宏观审慎监管的情况下的反应,与不存在宏观审慎监管情况下的反应进行了比较。在图 18 中,监管者施加了较严格的杠杆率限制,即把 $\bar{\phi}^w$ 设定为批发银行部门的杠杆率的稳定状态水平;在图 19 中,对杠杆率的限制更加宽松一些,即允许监管下的最大杠杆率超过稳定状态水平的 15％。如上所述,在这两种情况下,杠杆率限制都足以防止挤兑,从而避免与挤兑概率的内生增长相关联的经济衰退的影响(挤兑概率的内生增长正是不受监管的经济的特征)。

这样一来,就导致受监管的经济在整个经济衰退期间的资产价格都会更高。在不太严格的监管要求下,对资产价格的刺激作用是显著更大的——资产价格的涨幅在衰退三年后达到了 1.5％左右。另一方面,由于限制了最有效的中介机构利用杠杆的能力,宏观审慎政策会引起要付出代价的资产的重新配置。而且,这两个相对立的因素之间的平衡还随着时间的推移而变化,从而反过来影响政策的产出效应。

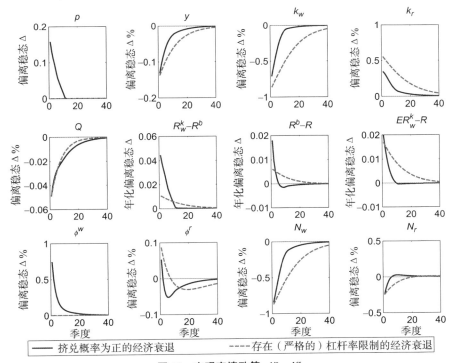

图 18　宏观审慎政策:$\phi^w = \phi^{ss}$

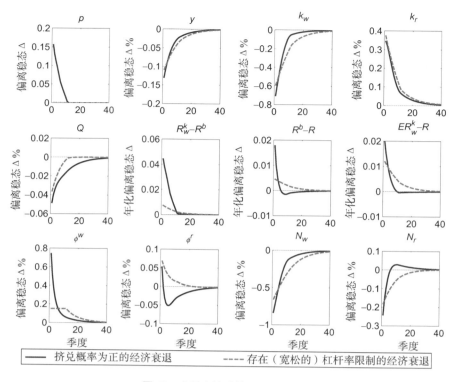

图19　宏观审慎政策：$\phi^w = 1.15\phi^{ss}$

在经济衰退的初期阶段，宏观审慎政策的刺激效应是最强的，因为它们消除了银行挤兑的可能性——而在不受监管的经济中，银行挤兑的可能性在经济衰退的初期阶段却是最高的。在更严格的宏观审慎政策下，受其影响而出现的产出下降与不受管制的经济中的经济下滑非常相似。与此相反，更加宽松的政策则能够使产出下降幅度减少2个百分点，而且在经济衰退的整个第一年都有刺激经济的作用。随着时间的推移，不受监管的经济中发生银行挤兑的概率变小，这意味着政策的刺激作用下降。另一方面，金融机构的股本在受监管的经济中恢复的速度较慢（这是因为它们的杠杆能力受限），这意味着产出会受到金融错配的持续拖累。在前述两种监管政策下，与政策相关的产出代价的高峰都出现在进入经济衰退期之后10个季度左右。在更严格的杠杆率要求下，这会导致产出下降大约4%，而在较宽松的监管政策下，产出则大约下降了1.5%。

8.　结论以及未来研究的若干方向

引发大衰退的金融危机有一个鲜明的特点：崩溃的是批发融资市场（银行在这种市场上相互借贷），而不是零售融资市场（银行在这种市场上从存款人手中获得资金）。因此，要理解金融危机及其对政策的含义，刻画批发融资市场的角色和可能的崩溃过程是至关重要的。

作为《宏观经济学手册》的一章,本章的目标是在现有文献的基础上构建一个模型,这个模型首先必须能够解释,运用源于零售银行的贷款来完成中间贷款的批发银行,是如何通过提高银行间贷款市场效率的创新而涌现出来并成长壮大的。这个批发银行部门与讨论金融危机的大多数文献所描述的影子银行系统非常相似。

正如我们已经证明的,在"正常"时期,批发银行业的发展不但提高了效率,还增进了稳定性。之所以能够提高效率,是因为批发银行在管理某些类型的贷款方面拥有比较优势。之所以能够改善稳定性,是因为零售银行发挥了缓冲区的作用(消化吸收了批发银行出售的贷款),从而在实际上提高了二级贷款市场的流动性。但是另一方面,批发银行体系的发展也使得经济更容易陷入危机。正如在真实世界中所发生的那样,批发银行的高杠杆率使得该部门很容易发生可能会给经济带来严重的摧毁性影响的挤兑事件。原本最多只可能导致经济温和衰退的一个紧缩性扰动,就可能会导致批发银行部门发生挤兑,从而对经济造成破坏性影响,就像大衰退期间世界经济所经历的那样。然后,我们描述了最后贷款人政策和宏观审慎政策如何有助于降低这些银行业危机发生的概率。

我们的框架还能够刻画危机前的"安全资产"的积累以及危机到来后的崩溃。这也是很多研究者都描述过的一个现象,例如,请参见戈顿和梅特里克(Gorton and Metrick,2015)、卡巴莱罗和法里(Caballero and Farhi,2015)。但是,我们阐述的潜在机制则与他们的有微妙的区别。那些讨论"安全资产"的文献认为,对安全资产的需求增加是影子银行系统扩张的驱动力。而当危机降临的时候,由于资产的风险变得更大了,危机降低了影子银行部门创造安全资产的能力。正是因为安全资产的减少,才导致了支出的缩小(主要是流动性方面的原因)。而在我们的框架内,安全资产的增加是银行间贷款市场上创新的产物。事实上,安全资产的增长的大部分,也都出现在这里。随着银行体系整体效率的提高,家庭存款也随之增长。虽然危机同样会引发安全资产的缩减,但是确切的机制其实是,由于出现了对银行净值的不利冲击,批发银行发生挤兑的概率变为正,这就限制了批发银行和零售银行发行安全证券的能力。反过来,因为中介成本的上升,实体经济活动水平也会收缩,这一点从信贷利差的扩大可以看得很清楚。在今后的研究工作中,如果能够将我们的框架中的安全资产所发挥的作用,与关于这个主题的传统文献的观点综合起来,肯定会是一个非常有意思的进展。

进一步研究的另一个重要领域是如何对批发银行业务增长进行建模。我们的做法是将这种增长视为金融创新的产物,而金融创新则主要表现为银行间贷款市场的委托代理摩擦的减少。在我们考虑过的促进金融创新的各种因素当中,非常重要的一个因素是技术进步。技术进步降低了监管成本,使得资产支持证券和回购贷款等创新金融工具得以出现和发展起来。当然,对这种现象的更明确的建模方法是可取的。同样重要的是把监管方面的考虑也融合进来。虽然金融创新对于影子银行的发展很重要,但是监管因素也发挥了重要的作用。例如,商业银行资本金标准的提高,与资产证券化创新的结合,引发了从零售银行部门到批发银行部门的大规模抵押贷款"迁移"。因此,将监管的作用与创新的作用精心地整合进一个关于批发银行的发展的模型中,无疑是非常可取的一个思路。

最后,与最近这场金融危机中发生的情况相一致,在我们的模型中,导致金融体系如此脆弱的,是短期债务的高度杠杆化。在这里,为了论述的方便,我们直接将各种各样的更加复杂的状态依存性金融合约排除掉了。如果有了这种金融合约,银行将能够将它们的负债结构所隐含的系统性风险对冲掉。但是,为什么在实践中我们似乎从来未曾观察到这种看似非常可取的对冲呢? 这将是未来研究的一个重要课题。[①]

---

① 一些研究者已经开始着手努力解决这个问题了,其中一些例子包括:克里希纳穆尔蒂(Krishnamurthy,2003)、迪特拉(Di Tella,2014)、格特勒等人(Gertler et al.,2012)、唐等人(Dang et al.,2012),等等。

附录

附录 A　均衡的细节

从方程式(13)、(15-17),我们可以得到:

$$\frac{V_t^j}{n_t^j}=E_t\left(\Omega_{t+1}^j\cdot\frac{n_{t+1}^j}{n_t^j}\right)=E_t\left\{\Omega_{t+1}^j\left[R_{kt+1}^j+(R_{kt+1}^j-R_{t+1})\frac{d_t^j}{n_t^j}+(R_{kt+1}^j-R_{bt+1})\frac{b_t^j}{n_t^j}\right]\right\}=v_{kt}^j+\mu_{dt}^j\frac{d_t^j}{n_t^j}+\mu_{bt}^j\frac{b_t^j}{n_t^j},$$

其中,

$$v_{kt}^j=E_t(\Omega_{t+1}^j R_{kt+1}^j)\tag{A.1}$$

$$\mu_{dt}^j=E_t\left[\Omega_{t+1}^j(R_{kt+1}^j-R_{t+1})\right]\tag{A.2}$$

$$\mu_{bt}^j=E_t\left[\Omega_{t+1}^j(R_{kt+1}^j-R_{t+1})\right]\tag{A.3}$$

根据方程式(13),激励约束(14)可以重写为:

$$V_t^j\geq\theta\left[n_t^j+d_t^j+\omega b_t^j\cdot I_{b_t^j>0}+(1-\gamma)b_t^j\cdot I_{b_t^j<0}\right]$$

其中,如果 $b_t^j>0$,那么 $I_{b_t^j>0}=1$,否则 $I_{b_t^j>0}=0$。(同时,如果 $b_t^j<0$,那么 $I_{b_t^j<0}=1$,否则 $I_{b_t^j<0}=0$。)

为了节省符号,我们进行归一化处理,即令 $n_t^j=1$,同时去掉后缀和时间下标。这样一来,银行的一般选择就由下式给出:

$$\psi=\underset{b,d}{\text{Max}}(v_k+\mu_d d+\mu_b b)\tag{A.4}$$

要服从如下约束条件:

$$\theta\left[1+d+\omega b\cdot I_{b>0}+(1-\gamma)b\cdot I_{b<0}\right]\leq v_k+\mu_d d+\mu_b b\tag{A.5}$$

$$d\geq 0$$

$$1+d+b\geq 0$$

下面的图 A.1 和图 A.2 分别描绘出了我们的基准模型中批发银行家和零售银行家的可行集和无差异曲线。

再将 λ 和 λ_k 分别定义为激励约束和资本的非负约束的拉格朗日乘数,然后我们可以得出如下拉格朗日算子:

$$\mathcal{L}=(1+\lambda)(v_k+\mu_d d+\mu_b b)-\lambda\theta\left[1+d+\omega b\cdot I_{b>0}+(1-\gamma)b\cdot I_{b<0}\right]+\lambda_k(1+d+b)$$

对于 $b\geq 0$ 的情况,我们知道 $\lambda_k=0$,而且其一阶条件为:

$(1+\lambda)\mu_b\leq\lambda\theta\omega$,其中,如果 $b>0$,则等号成立,而小于号成立则意味着 $b=0$;

$(1+\lambda)\mu_d\leq\lambda\theta$,其中,如果 $d>0$,则等号成立,而小于号成立则意味着 $d=0$。

在下面,我们将注意力集中在 $\mu_d>0$ 的情况,并且到后面将会验证不等号的成立。对于 $b>0$ 的情况,我们知道:

$$d>0，如果 \frac{\mu_b}{\mu_d}=\omega,$$

$$d=0，如果 \frac{\mu_b}{\mu_d}>\omega.$$

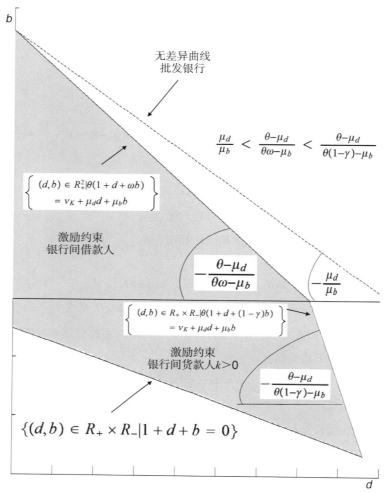

图 A.1　批发银行家的最优化

对于 $b \leq 0$ 的情况，一阶条件为：

$(1+\lambda)\mu_b+\lambda_k \geq \theta(1-\gamma)$，其中，如果 $b>0$，则等号成立，而小于号成立则意味着 $b=0$；

$(1+\lambda)\mu_d+\lambda_k \leq \theta$，其中，如果 $d>0$，则等号成立，而小于号成立则意味着 $d=0$。

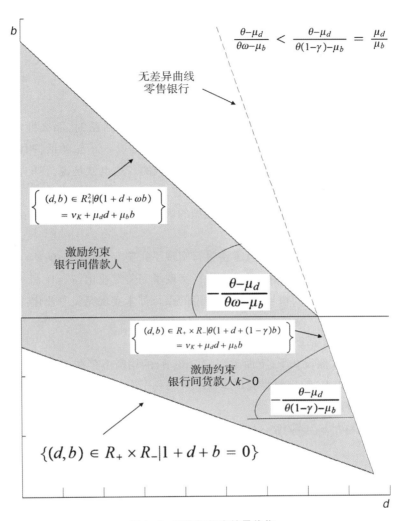

图 A.2　零售银行家的最优化

因此,对于 $b<0$ 和 $d>0$ 的情况,我们知道:

$$k>0, 如果\frac{\mu b}{\mu d}=1-\gamma,$$

$$k=0 \ 并且 \ \lambda_k>0, 如果\frac{\mu_b}{\mu_d}<1-\gamma$$

因此,根据假设 2 的 $\omega+\gamma>1$,我们可以将银行的选择总结如下:

(i) $b>0,d=0,k>0$,如果 $\mu_b>\omega\mu_d$

(ii) $b>0,d>0,k>0$,意味着 $\mu_b=\omega\mu_d$

(iii) $b=0,d>0,k>0$,如果 $(1-\gamma)\mu_d<\mu_b<\omega\mu_d$

(iv) $b<0,d>0,k>0$,意味着 $\mu_b=(1-\gamma)\mu_d$

(v) $b<0,d>0,k=0$,如果 $\mu_b<(1-\gamma)\mu_d$。

在稳态均衡中,我们知道:

$$\frac{\mu_b}{\mu_d} = \frac{R_k - R_b}{R_k - R}$$

因为我们知道 $R_k^w \geq R_k^r$ 且 $R_b \geq R$,所以我们可以得到:

$$\frac{\mu_b^w}{\mu_d^w} \geq \frac{\mu_b^r}{\mu_d^r}$$

因此,银行间贷款的市场出清就意味着,如果银行间市场是活跃的,那么批发银行家的选择只能是(i)或(ii),而零售银行家的选择则只能是(iv)或(v)。不然的话,两种类型的银行家都必须根据(iii)进行选择,同时银行间市场是不活跃的。这也就是说,我们在稳定状态的领域只可能有如下均衡模式:

(A)拥有活跃的银行间市场,且两种类型的银行都实现了完美专业化:$d^w = 0, k^r = 0, b^w > 0 > b^r$

(B)拥有活跃的银行间市场,且零售银行实现了完美专业化:$d^w > 0, k^r = 0, b^w > 0 > b^r$

(C)拥有活跃的银行间市场,且批发银行实现了完美专业化:$d^w = 0, k^r > 0, b^w > 0 > b^r$

(D)拥有活跃的银行间市场,且两种类型的银行都未实现完美专业化:$d^w > 0, k^r > 0, b^w > 0 > b^r$

(E)银行间市场不活跃:$d^w > 0, k^r > 0, b^w = 0 = b^r$。

我们可以证明,在假设2下,上面类型(A)和(B)的均衡不存在。

证明类型(A)和(B)的均衡要求 $\mu_b^w \geq \omega \mu_d^w$ 且 $(1-\gamma)\mu_d^r \geq \mu_b^r$。这样一来,我们就有:

$R_b \leq \omega R + (1-\omega) R_k^w$,

$R_b \geq (1-\gamma) R + \gamma R_k^r = (1-\gamma) R + \gamma R_k^w$, as $K^r = 0$ in (A) and (B)。

而这就意味着

$$\omega R + (1-\omega) R_k^w \geq (1-\gamma) R + \gamma R_k^\omega, \text{或者}$$

$$(\omega + \gamma - 1) R \geq (\omega + \gamma - 1) R_k^w$$

但这是自相矛盾的,因为 $\omega + \gamma > 1$ 且 $R_k^w > R$(因为在我们的假设下,$\mu_d^w > 0$)。

均衡(C)和(D):活跃的银行间市场。

现假设 $0 < \mu_{bt}^w < \theta\omega$。我们先描述均衡的特征,然后用数值方法进行验证。在这种情况下,如式(A.5)所示的激励约束中的等号对批发银行成立。与贝尔曼方程(A.4)一起考虑,我们有:

$$\psi_t^w = v_{kt}^w + \mu_{dt}^w d_t^w + \mu_{bt}^w b_t^w = \theta(1 + d_t^w + \omega b_t^w)$$

或者表示为:

$$b_t^w = \frac{1}{\theta\omega - \mu_{bt}^w} [v_{kt}^w - \theta - (\theta - \mu_{dt}^w) d_t^w]$$

$$\psi_t^w = \frac{\theta}{\theta\omega - \mu_{bt}^w} [\omega v_{kt}^w - \mu_{bt}^w + (\omega\mu_{dt}^w - \mu_{bt}^w) d_t^w]$$

相对于 $d_t^w \geq 0$,最大化托宾 Q 和 ψ_t^w,我们可以得到:

$$d_t^w = 0, \text{如果 } \mu_{dt}^w < \frac{1}{\omega}\mu_{bt}^w \text{ 的话};$$

$$d_t^w > 0 ,\text{这就蕴含了 } \mu_{dt}^w = \frac{1}{\omega} \mu_{bt}^w 。$$

这样也就证明了引理1,同时正文中对批发银行的证明也就完成了——只需注意到我们在上面进行了归一化,$n_t^w = 1$。

再假设 $0 < \mu_{dt}^r < \theta$。同样,我们先描述均衡的特征,然后再进行数值验证。在这种情况下,如式(A.5)所示的激励约束中的等号对零售银行成立。与贝尔曼方程(A.4)一起考虑,我们有:

$$\psi_t^r = v_{kt}^r + \mu_{dt}^r d_t^r + \mu_{bt}^r b_t^r = \theta \left[1 + d_t^r + (1-\gamma) b_t^r \right]$$

然后,我们得到:

$$d_t^r = \frac{1}{\theta - \mu_{dt}^r} \left\{ v_{kt}^r - \theta + \left[\theta(1-\gamma) - \mu_{bt}^r \right] (-b_t^r) \right\} ,$$

$$\psi_t^r = \frac{\theta}{\theta - \mu_{dt}^r} \left[v_{kt}^r - \mu_{dt}^r + (\mu_{dt}^r - \mu_{bt}^r - \gamma \mu_{dt}^r) (-b_t^r) \right]$$

相对于 $k_t^r \geq 0$ 且 $b_t^r \leq 0$,最大化托宾 Q 和 ψ_t^r,我们可以得到:

$k_t^r > 0$ 且 $b_t^r < 0$,这就蕴含了 $\mu_{dt}^r - \mu_{bt}^r = \gamma \mu_{dt}^r$;

$k_t^r = 0$ 且 $b_t^r < 0$,如果 $\mu_{dt}^r - \mu_{bt}^r > \gamma \mu_{dt}^r$ 的话。

这就证明了引理2,同时正文中对于零售银行的证明也完成了,只需注意到我们在上面进行了归一化,$n_t^r = 1$。

因此,正文中的证明对总体均衡成立。

均衡 E: 不存在活跃的银行间市场 $b_t^w = b_t^r = 0$

从贝尔曼方程和每个银行的激励约束(A.4,A.5),再加上 $(Q_t + f_t^j k_t^j) k_t^j = 1 + d_t^j$,我们有:

$$\psi_t^j = \theta (Q_t + f_t^j k_t^j) k_t^j = v_{kt}^j - \mu_{dt}^j + \mu_{dt}^j (Q_t + f_t^j k_t^j) k_t^j$$

或者

$$(Q_t + f_t^j k_t^j) k_t^j = \frac{v_{kt}^j - \mu_{dt}^j}{\theta - \mu_{dt}^j} ,$$

$$\psi_t^j = \theta \frac{v_{kt}^j - \mu_{dt}^j}{\theta - \mu_{dt}^j} \tag{A.6}$$

于是,批发银行部门和零售银行部门的总体资产负债表条件分别可以写为:

$$Q_t K_t^w = \frac{v_{kt}^w - \mu_{dt}^w}{\theta - \mu_{dt}^w} N_t^w = N_t^w + D_t^w \tag{A.7}$$

$$(Q_t + f_t^r K_t^r) K_t^r = \frac{v_{kt}^r - \mu_{dt}^r}{\theta - \mu_{dt}^r} N_t^r = N_t^r + D_t^r \tag{A.8}$$

不会发生银行挤兑的递归竞争均衡要用24个变量描述:总体数量变量($K_t^w, K_t^r, K_t^h, D_t^w, D_t^r$,$N_t^w, N_t^r, C_t^b, C_t^h, \overline{Y}_t, Y_t$),价格变量($Q_t, R_{t+1}, f_t^r$),银行的特许价值和杠杆倍数变量($\Omega_t^j, R_{kt}^j, v_{kt}^j$,$\mu_{dt}^j, \psi_t^j)_{j=w,r}$——作为状态变量($K_{t-1}^w, K_{t-1}^r, R_t D_{t-1}^w, R_t D_{t-1}^r, Z_t$)的函数。它们满足24个方程(1,4,7,8,16,18,34—39,A.1,A.2,A.6—A.8),其中(16,18,A.1,A.2,A.6—A.8)分别包含了

两个方程。

在找到了均衡后,我们还需要检验不等式

$$\mu_{bt}^{w} < \omega\mu_{dt}^{w}$$

$$\mu_{bt}^{r} > (1-\gamma)\mu_{dt}^{r}$$

在稳态的领域,只要证明下式就足够了:

$$(1-\omega)E_t\left(\frac{Q_{t+1}+Z_{t+1}}{Q_t}\right) + \omega R_{t+1} < \gamma E_t\left(\frac{Q_{t+1}+Z_{t+1}}{Q_t+\alpha^r K_t^r}\right) + (1-\gamma)R_{t+1} \tag{A.9}$$

附录 B   没有挤兑的经济的稳定状态

为了表征 (C, D, E) 的稳定状态,我们将 x^j 定义为持续经营的银行 j 的净值在稳定状态下的增长率,即:

$$x^j = \frac{n_{t+1}^j}{n_t^j} = R_k^j \frac{(Q+f^j)k^j}{n^j} - R_b \frac{b^j}{n^j} - R \frac{d^j}{n^j} = (R_k^j - R_b)\frac{b^j}{n^j} + (R_k^j - R)\frac{d^j}{n^j} + R_k^j$$

然后,我们就可以将银行 j 的总净值表示为:如果 $\sigma^j x^j < 1$ 的话(我们先这样猜测,后面再来验证),那么

$$N^j = \sigma^j x^j N^j + W^j = \frac{W^j}{1-\sigma^j x^j} \equiv N^j(x^j)$$

于是银行 j 的托宾 Q 为:

$$\Psi^j = \beta(1-\sigma^j+\sigma^j\psi^j)x^j = \frac{\beta(1-\sigma^j)x^j}{1-\beta\sigma^j x^j} \equiv \psi^j(x^j)$$

从而,银行贷款与净值的比率为:

$$\frac{Qk^w}{n^w} = \frac{\psi^w(x^w)}{\theta\omega} - \frac{1-\omega}{\omega}\left(1+\frac{d^w}{n^w}\right), \text{如果 } b^w > 0$$

$$\frac{Qk^w}{n^w} = \frac{\psi^w(x^w)}{\theta}, \text{如果 } b^w = 0$$

$$\frac{(Q+f^r)k^r}{n^r} = \frac{\psi^r(x^r)}{\theta} - \gamma\left(-\frac{b^r}{n^r}\right)$$

存在活跃的银行间市场的情况 : C 和 D

根据零售银行的条件,我们有:

$$1-\gamma = \frac{\mu_b^r}{\mu_d^r} = \frac{R_k^r - R_b}{R_k^r - R}$$

或者

$$R_b = \gamma R_k^r + (1-\gamma)R$$

$$x^r - R = (R_k^r - R_b)\frac{b^r}{n^r} + (R_k^r - R)\left(1+\frac{d^r}{n^r}\right)$$

$$= (R_k^r - R)\left[1 + \frac{d^r}{n^r} + (1-\gamma)\frac{b^r}{n^r}\right]$$

$$= (R_k^r - R) \left[\frac{(Q+f^r)k^r}{n^r} + \gamma \left(-\frac{b^r}{n^r} \right) \right]$$

$$= (R_k^r - R) \frac{\psi^r(x^r)}{\theta}$$

因此,从 $R=\beta^{-1}$,

$$\beta(R_k^r - R) = \theta \frac{\beta x^r - 1}{\psi^r(x^r)} = \theta \frac{(\beta x^r - 1)(1 - \sigma^r \beta x^r)}{(1 - \sigma^r)\beta x^r} \equiv \varphi^r(\beta x^r)$$

$$\beta(R_b - R) = \gamma\theta \frac{\beta x^r - 1}{\psi^r(x^r)} = \gamma\varphi^r(\beta x^r)$$

由此可知,R_k^r 和 R_b 只是 x^r 的函数,即:

$$R_k^r = R_k^r(x^r), R_b = R_b(x^r)$$

对上述方程的右侧的对数求相对于 x^r 的导数,我们有:

$$\frac{d \ln \varphi^r(\beta x^r)}{d(\beta x^r)} = \frac{1}{\beta x^r - 1} - \frac{\sigma^r}{1 - \beta \sigma^r x^r} - \frac{1}{\beta x^r}$$

$$\propto 1 - \sigma^r(\beta x^r)^2$$

$$> 0, \text{iff } \sigma^r(\beta x^r)^2 < 1$$

因此,如果 $\sigma^r(\beta x^r)^2 < 1$,那么 R_k^r 和 R_b 只是 x^r 的增函数,即

$$R_k^r = R_k^r(x^r), R_k^{r'}(\cdot) > 0,$$

$$R_b = R_b(x^r), R_b'(\cdot) > 0$$

类似地,

$$x^w - R_b = (R_k^w - R_b) \left(1 + \frac{b^w}{n^w} \right) + (R_k^w - R_b) \frac{d^w}{n^w}$$

$$= (R_k^w - R_b) \left(1 + \frac{b^w}{n^w} \right) + \frac{1}{\omega}(R_k^w - R) \frac{d^w}{n^w}$$

$$= (R_k^w - R_b) \left(\frac{Qk^w}{n^w} + \frac{1-\omega}{\omega} \frac{d^w}{n^w} \right)$$

$$= (R_k^w - R_b) \left(\frac{1}{\omega\theta}\psi^w - \frac{1-\omega}{\omega} \right)$$

从而,

$$R_k^w - R_b = \omega\theta \frac{x^w - R_b}{\psi^w - \theta(1-\omega)}$$

$$R_k^w - R = \frac{1}{\psi^w - \theta(1-\omega)} \left[\omega\theta(x^w - R) + (\psi^w - \theta)(R_b - R) \right]$$

因为

$$\frac{d}{dx^w} \ln \left[\frac{\omega\theta(x^w - R)}{\psi^w - \theta(1-\omega)} \right]$$

$$\propto \frac{1}{\beta x^w - 1} - \frac{\sigma^w}{1 - \sigma^w \beta x^w} - \frac{\Delta}{\Delta\beta x^w - \theta(1-\omega)}, \text{where} \Delta = 1 - \sigma^w + \theta(1-\omega)\sigma^w$$

$$\propto (1 - \sigma^w) \left[1 - \sigma^w(\beta x^w)^2 \right] - \theta(1-\omega)(1 - \sigma^w \beta x^w)^2$$

所以, R_k^w 是 x^w 和 x^r 的增函数:

$$R_k^w = R_k^w(x^w, x^r),$$

如果

$$(1-\sigma^w)[1-\sigma^w(\beta x^w)^2] > \theta(1-\omega)(1-\sigma^w\beta x^w)^2$$

$$\sigma^r(\beta x^r)^2 < 1$$

在下面,我们假设这些条件都可以得到满足。

在稳定状态下,我们知道批发银行、零售银行和家庭的资本回报率分别为:

$$R_k^w = \frac{Z+Q}{Q}$$

$$R_k^r = \frac{Z+Q}{Q+\alpha^r K^r}$$

$$R_k^h = \frac{Z+Q}{Q+\alpha^h K^h} = R$$

因此我们有:

$$Q = \frac{Z}{R_k^w - 1}$$

$$\alpha^r K^r = \frac{Z-(R_k^r-1)Q}{R_k^r} = Z\frac{R_k^w - R_k^r}{R_k^r(R_k^w-1)}$$

$$\alpha^h K^h = \frac{Z-(R-1)Q}{R} = Z\frac{R_k^w - R}{R(R_k^w-1)}$$

而且, Q, K^r 和 K^w 是 (x^w, x^r) 的函数。

均衡 C: $D^w = 0$

在这里,资本的市场出清条件由下式给出:

$$QK^w = \frac{Qk^w}{n^w}N^w = \frac{\psi^w(x^w)-\theta(1-\omega)}{\theta\omega}N^w(x^w) = Q(x^w,x^r)[\bar{K}-K^r(x^w,x^r)-K^h(x^w,x^r)] \quad (\text{B.1})$$

而银行间市场的出清条件则由下式给出:

$$B = \left(\frac{Qk^w}{n^w}-1\right)N^w = \frac{\psi^w(x^w)-\theta}{\theta\omega}N^w(x^w)$$

$$= \frac{1}{\gamma}\left\{\frac{\psi^r(x^r)}{\theta}N^r(x^r) - [Q(x^w,x^r)+\alpha^r K^r(x^w,x^r)] \cdot K^r(x^w,x^r)\right\}$$

$$(\text{B.2})$$

因而, (x^w, x^r) 的均衡值由同时满足(B.1)和(B.2)的 (x^w, x^r) 给出。

为了验证 $\mu_d^w > 0$ 和 $\mu_d^r > 0$,只需验证下面这个不等式就足够了:

$$x^w > x^r > R = \beta^{-1}$$

对于另一个不等式 $\mu_b^w > \omega\mu_d^r$,则只需验证下面这个不等式就足够了:

$$R_k^w - R_b > \omega(R_k^w - R_b)$$

或者

$$(1-\omega)(R_k^w - R_b) > R_b - R$$

而这就等价于:

$$(1-\omega)\frac{\beta x^w-1}{\Psi^w(x^w)}>\gamma\frac{\beta x^r-1}{\psi^r(x^r)} \tag{B.3}$$

均衡 D:$D^w>0$

对于这种类型的均衡,我们需要有 $\mu_{kb}^w=\omega\mu_d^w$,或

$$R_k^w-R_b=\omega(R_k^w-R)$$

从而:

$$x^w-R=(R_k^w-R)\left(1+\frac{d^w}{n^w}+\omega\frac{b^w}{n^w}\right)=(R_k^w-R)\frac{\Psi^w}{\theta}$$

因此,与 $\beta(R_k^r-R)$ 的表达式相似,我们可以得到:

$$\beta(R_k^w-R)=\theta\frac{\beta x^w-1}{\psi^w(x^w)}=\theta\frac{(\beta x^w-1)(1-\sigma^w\beta x^w)}{(1-\sigma^w)\beta x^w}\equiv\varphi^w(\beta x^w)$$

如果 $\sigma^w(\beta x^w)^2<1$,那么 R_k^w 就是 x^w 的递增函数。

我们还可以得到:

$$R_b-R=(1-\omega)(R_k^w-R)=\gamma(R_k^r-R)$$

或者

$$(1-\omega)\varphi^w(\beta x^w)=\gamma\varphi^r(\beta x^r) \tag{B.4}$$

因此,x^r 是 x^w 的增函数。这样,我们可以解出作为 x^w 的函数的 Q 和 K^h:

$$Q=\frac{Z}{R_k^w-1}=\frac{\beta Z}{\varphi^w(\beta x^w)+1-\beta}\equiv Q(x^w),$$

$$K^h=\frac{1}{\alpha^h}[\beta Z-(1-\beta)Q]=\frac{1}{\alpha^h}\frac{\beta Z\varphi^w(\beta x^w)}{\varphi^w(\beta x^w)+1-\beta}\equiv K^h(x^w)$$

我们还可以得到:

$$K^r=\frac{1}{\alpha^r}\frac{Z-(R_k^r-1)Q}{R_k^r}=\frac{Z}{\alpha^r}\frac{R_k^w-R_k^r}{R_k^r(R_k^w-1)}$$

$$=\frac{1}{\alpha^r}\frac{\beta Z\varphi^w(\beta x^w)}{\varphi^w(\beta x^w)+1-\beta}\frac{\gamma+\omega-1}{\gamma+(1-\omega)\varphi^w(\beta x^w)}$$

$$=\frac{\gamma+\omega-1}{\gamma+(1-\omega)\varphi^w(\beta x^w)}\frac{\alpha^h}{\alpha^r}K^h\equiv K^r(x^w)$$

因此,资本市场均衡由下式给出:

$$QK^w=\frac{1}{\theta\omega}\psi^w N^w-\frac{1-\omega}{\omega}(N^w+D^w)$$

$$=\frac{1}{\theta\omega}\psi^w N^w-\frac{1-\omega}{\omega}(QK^w-B)$$

$$=\frac{1}{\theta}\psi^w N^w+(1-\omega)B$$

$$=\frac{1}{\theta}\psi^w N^w+\frac{1-\omega}{\gamma}\left[\frac{\psi^r}{\theta}N^r-(Q+\alpha^r K^r)K^r\right]$$

$$= Q(\bar{K}-K^h-K^r)$$

从而

$$\frac{\psi^w}{\theta}N^w+\frac{1-\omega}{\gamma}\frac{\psi^r}{\theta}N^r$$

$$=\frac{\psi^w}{\theta}\left[N^w+\frac{\beta x^r-1}{\beta x^w-1}N^r\right],(\because(B.4))$$

$$=Q\left[\bar{K}-K^h-K^r+\frac{1-\omega}{\gamma}\frac{Q+\alpha^r K^r}{Q}K^r\right]$$

$$=Q\left[\bar{K}-K^h-K^r+\frac{1-\omega}{\gamma}\frac{R_k^w}{R_k^r}K^r\right]$$

$$=Q\left[\bar{K}-K^h-\frac{\gamma+\omega-1}{\gamma+(1-\omega)\varphi^w(\beta x^w)}K^r\right]$$

或者

$$\frac{\psi^w(x^w)}{\theta}\left[N^w(x^w)+\frac{\beta x^r-1}{\beta x^w-1}N^r(x^r)\right]$$

$$=Q(x^w)\left[\bar{K}-K^h(x^w)-\frac{\gamma+\omega-1}{\gamma+(1-\omega)\varphi^w(\beta x^w)}K^r(x^w)\right] \quad (B.5)$$

均衡由满足(B.4)和(B.5)的(x^r,x^w)给出。

我们只需要验证$D^w>0$,或者

$$0<\left(\frac{\psi^w}{\theta\omega}-\frac{1-\omega}{\omega}\right)N^w-\frac{1}{\theta}\psi^w N^w-\frac{1-\omega}{\gamma}\left[\frac{\psi^r}{\theta}N^r-(Q+\alpha^r K^r)K^r\right]$$

又或者

$$\gamma\left[\frac{\psi^w(x^w)}{\theta}-1\right]N^w(x^w)>\omega\left[\frac{\psi^r(x^r)}{\theta}N^r(x^r)-[Q(x^w)+\alpha^r K^r(x^w)]\cdot K^r(x^w)\right]$$

均衡 E:不存在活跃的银行间市场

对于$j=w,r$,如果$\sigma^w(\beta x^j)^2<1$,那么我们有:

$$\frac{(Q+f^j)k^j}{n^j}=\frac{\psi^j(x^j)}{\theta}$$

$$x^j-R=(R_k^j-R)\frac{(Q+f^j)k^j}{n^j}=(R_k^j-R)\frac{\psi^j(x^j)}{\theta}$$

或者

$$R_k^j-R=\theta\frac{x^j-R}{\psi^j(x^j)}$$

又或者

$$R_k^j=R_k^j(x^j),R_k^{j'}(\cdot)>0$$

因此

$$Q=Q(x^w),Q'(\cdot)<0$$

$$k^h = k^h(x^w), k^{h\prime}(\cdot) > 0,$$

零售银行的总资本满足下式:

$$QK^r = Q\frac{Z-(R_k^r-1)Q}{\alpha^r R_k^r} = Q(x^w)\frac{Z}{\alpha^r}\frac{R_k^w(x^w)-R_k^r(x^r)}{R_k^r(x^r)[R_k^w(x^w)-1]} = \frac{\psi^r(x^r)}{\theta}N^r(x^r) \qquad (\text{B.6})$$

资本市场出清条件为:

$$QK^w = \frac{\psi^w(x^w)}{\theta}N^w(x^w) = Q(x^w)[\bar{K}-K^r(x^r,x^w)-K^h(x^w)] \qquad (\text{B.7})$$

均衡由满足(B.6)和(B.7)的 (x^r, x^w) 给出。

附录 C 预期到银行挤兑的情况

在这里,我们描述在预期到银行挤兑的情况下决定经济行为主体的策略函数的条件。如正文所述,我们关注的是 Z_{t+1} 中的变化可以忽略不计的情形。

此外,我们采取如下这种记号方法。对于任何给定变量 $\tilde{\xi}_t$,

$$E_t^*(\tilde{\xi}_{t+1}) = (1-p_t)\xi_{t+1} + p_t\xi_{t+1}^*$$

其中,ξ_{t+1}^* 是挤兑发生时 $\tilde{\xi}_{t+1}$ 的取值。

附录 C.1　家庭

家庭对持有的资本和存款的最优选择由下式给出:

$$E_t^*(\tilde{\Lambda}_{t,t+1})R_{t+1} = 1$$

$$E_t^*(\tilde{\Lambda}_{t,t+1}\tilde{R}_{kt+1}^h) = 1$$

附录 C.2　零售银行家

正文的引理 2 中,用来保证零售银行会受到约束的条件现在修改如下:

引理 C.1　$b_t^r < 0, k_t^r > 0$,激励约束是有约束力的,如果

$$0 < E_t^*[\tilde{\Omega}_{t+1}^r(\tilde{R}_{kt+1}^r - R_{t+1})] = \frac{1}{\gamma}E_t^*[\tilde{\Omega}_{t+1}^r(\tilde{R}_{bt+1} - R_{t+1})] < \theta$$

对杠杆率的最优选择是:

$$\phi_t^r = \frac{E_t^*(\tilde{\Omega}_{t+1}^r)R_{t+1}}{\theta - E_t^*[\tilde{\Omega}_{t+1}^r(\tilde{R}_{kt+1}^r - R_{t+1})]}$$

附录 C.3　批发银行家

在预期银行可能出现挤兑的情况下,批发银行的最优化问题比较复杂,因为银行家在挤兑真的发生时,可以通过减少杠杆率来避免破产。在这里,我们推导出了批发银行家不会这样做的条件。为了简单起见,我们暂且只讨论那些只会在银行间市场进行融资的批发银行家的最优化问题。

在这种情况下，我们可以得出一个杠杆率的阈值水平 ϕ_t^{wM}（当杠杆率低于这个阈值时，批发银行家能够熬过银行挤兑），它由下式给出：

$$\overline{R}_{bt+1}=R_{f,t+1}\equiv\frac{E_t^*\big(\widetilde{\Omega}_{t+1}^r\widetilde{R}_{\gamma,t+1}^r\big)}{E_t^*\big(\widetilde{\Omega}_{t+1}\big)}=R_{kt+1}^{w*}\frac{\phi_t^{wM}}{\phi_t^{wM}-1}$$

其中，

$$\widetilde{R}_{\gamma,t+1}^r\equiv\gamma\widetilde{R}_{kt+1}^r+(1-\gamma)R_{t+1}$$

且 $R_{f,t+1}$ 是符合方程式（44）的无风险的银行间贷款利率。

批发银行家的目标函数在 ϕ_t^{wM} 处会出现一个折弯。因此，为了求出最优杠杆率，我们需要分别研究两个区间上的最优杠杆选择：一个是杠杆水平很高，足以在发生银行挤兑时导致银行破产的区间 $[\phi_t^{wM},\infty)$；另一个是即便银行挤兑发生，银行也能避免破产的区间 $[0,\phi_t^{wM}]$。只要批发银行家的目标在这两个区间内都是严格随标杆水平递增的，前述激励约束的等号就成立。

在银行破产区间 $[\phi_t^{wM},\infty)$ 中，方程式（45）有确定性的 Z_{t+1}，可以化简为：

$$\overline{R}_{bt+1}(\phi_t^w)=R_{\gamma,t+1}^r+\frac{p_t\,\Omega_{t+1}^{r*}}{1-p_t\Omega_{t+1}^r}\left(R_{\gamma,t+1}^{r*}-\frac{\phi_t^w}{\phi_t^w-1}R_{t+1}^{w*}\right)$$

然后，拥有一个单位净值的批发银行家的目标函数就可以表示为：

$$\psi^w(\phi_t^w)=(1-p_t)\big\{\Omega_{t+1}^w\big[\phi_t^w(R_{kt+1}^w-\overline{R}_{bt+1}(\phi_t^w))+\overline{R}_{bt+1}(\phi_t^w)\big]\big\}$$

$$=(1-p_t)\Omega_{t+1}^w\big[\phi_t^w(R_{t+1}^w-R_{\gamma,t+1}^r)+R_{\gamma,t+1}^r\big]$$

$$+p_t\Omega_{t+1}^w\frac{\Omega_{t+1}^{r*}}{\Omega_{t+1}^r}\big[\phi_t^w(R_{k,t+1}^{w*}-R_{\gamma,t+1}^{r*})+R_{\gamma,t+1}^{r*}\big]$$

它在 ϕ_t^w 上是严格递增的，当且仅当：

$$(1-p_t)(R_{kt+1}^w-R_{\gamma,t+1}^r)+p_t\frac{\Omega_{t+1}^{r*}}{\Omega_{t+1}^r}(R_{kt+1}^{w*}-R_{\gamma,t+1}^{r*})>0 \qquad (C.1)$$

需要注意的是，条件（C.1）蕴含于保证零售银行家受约束的条件 $E_t^*\big[\widetilde{\Omega}_t^r(\widetilde{R}_{kt+1}^r-R_{t+1})\big]>0$ 以及如下事实：在为资本提供中介时，零售银行家的效率不如批发银行家高（即 $\alpha^r>0$）：

$$(1-p_t)(R_{kt+1}^w-R_{\gamma,t+1}^r)+p_t\frac{\Omega_{t+1}^{r*}}{\Omega_{t+1}^r}(R_{kt+1}^{w*}-R_{\gamma,t+1}^{r*})>$$

$$(1-p_t)(R_{kt+1}^r-R_{\gamma,t+1}^r)+p_t\frac{\Omega_{t+1}^{r*}}{\Omega_{t+1}^r}(R_{k,t+1}^{r*}-R_{\gamma,t+1}^{r*})$$

$$=\frac{(1-\gamma)}{\Omega_{t+1}^r}E_t^*\big\{\widetilde{\Omega}_t^r(\widetilde{R}_{kt+1}^r-R_{t+1})\big\}>0$$

相反，在即便发生了挤兑，银行家也能够避免破产的区间 $[0,\phi_t^{wM}]$ 中，目标则为：

$$\psi^{w,n}(\phi_t^w)=E_t^*\big\{\widetilde{\Omega}_{t+1}^w\big[\phi_t^w(\widetilde{R}_{kt+1}^w-R_{f,t+1})+R_{f,t+1}\big]\big\}$$

$$= (1-p_t) \left\{ \Omega_{t+1}^w \left[\phi_t^w (R_{kt+1}^w - R_{f,t+1}) + R_{f,t+1} \right] \right\}$$
$$+ p_t \left\{ \Omega_{t+1}^{w*} \left[\phi_t^w (R_{kt+1}^{w*} - R_{f,t+1}) + R_{f,t+1} \right] \right\}$$

同时,在这个区间能够保证该目标在 ϕ_t^w 上严格递增的条件是:

$$E_t^* \left[\tilde{\Omega}_{t+1}^w (\tilde{R}_{kt+1}^w - R_{f,t+1}) \right] > 0 \tag{C.2}$$

有了这些,我们可以对引理 1 中的条件进行如下修改:

引理 C.2　在引理 C.1 的条件下,激励约束是有约束力的,如果

$$0 < E_t^* \left[\tilde{\Omega}_{t+1}^w (\tilde{R}_{kt+1}^w - R_{f,t+1}) \right]$$

$$\theta\omega > (1-p_t)(R_{kt+1}^w - R_{\gamma,t+1}^r) + p_t \frac{\Omega_{t+1}^{r*}}{\Omega_{t+1}^r} (R_{kt+1}^{w*} - R_{\gamma,t+1}^{r*})$$

附录 D　度量

为了构建出正文图 1 描述的(简化的)中介过程中的资金流的经验对应物,我们利用了资金流量表(flow of funds)的数据。构造我们的时间序列的第一个步骤是,在更宽泛的“金融世界”内界定清楚批发银行部门和零售银行部门的定义。

我们的分类是在资金流量表报告的“部门”和“工具”的基础上进行的。我们利用资金流量表中的“金融业务部门”所包含的不同部门的负债结构,将它们依次归入零售部门(retail sector)、批发部门(Wholesale sector)和其他部门(others)。为此,我们分两个步骤进行。第一步,我们先将资金流量表中的融资工具归入四个类别,即我们所称的零售融资(retail funding)、批发融资(wholesale funding)、中间资产(intermediated assets),以及其他工具(other instruments)。第二步,如果某个金融中介机构主要依赖的融资工具是零售/批发类别,那么我们就将该金融中介机构归入零售/批发部门。

表 D.1 说明了我们所使用的四个融资类别,括号中的标签是资金流量表中的标识符。

表 D.1　资金流量表中的融资工具的分类

零售融资		支票存款与现金(L.204)
		定期存款与储蓄存款(L.205)
		货币市场共同基金份额(L.206)
		共同基金份额(L.214)
批发融资	短期	回购协议(L.207)
		证券信用(L.224)
		金融公开市场票据(L.208)
		机构/政府支持企业支持证券(L.210)
	长期	金融公司债券(L.212)
		零售银行对批发银行的贷款(L.215)
中介资产		非金融公司债券(L.212)
		非金融股本(L.213)
		非金融公开市场票据(L.208)
		零售银行对非金融部门贷款(L.215)

中介资产	抵押贷款（L. 217） 消费者信贷（L. 222） 其他贷款（L. 216）
其他类型的融资	资金流量表中的所有其他融资工具

我们用于定义上述类别的标准是每种金融工具的需求和供给的组合。由金融中介机构提供并被家庭所需求的金融工具归入零售类别，而主要在金融中介机构之间交易的金融工具则归入了批发融资当中。中介资产则包括了国内非金融部门和家庭"发行"的全部请求权（claims）。"其他"则是一个剩余类别。

为了准确地定义零售部门和批发部门，我们首先将一些金融中介机构排除出了我们试图在模型经济中研究金融中介机构的范围，它们就是表 D. 2 中在"其他"类别下列出的那些金融中介机构。除此之外，资金流量表中出现的所有金融中介机构都被归入了零售/批发部门——如果某个金融中介机构主要依赖的融资工具是零售/批发类别，那么我们就将该金融中介机构归入零售/批发部门。由此得到的结果如表 D. 2 所述。

表 D. 2　资金流量表中的金融部门归总

零售部门	私人存款机构（L. 110） 货币市场共同基金（L. 121） 共同基金（L. 122）
批发部门	证券经纪商（L. 129） 资产抵押证券（ABS）发行人（L. 126） 政府支持企业和政府支持企业抵押贷款池（L. 124–125） 房地产投资信托公司（L. 128） 财务公司（金融公司）（L. 127） 融资公司（L. 131） 控股公司（L. 130）
其他中介机构	货币当局（L. 109） 私人养老基金和公共养老基金（L. 117） 封闭式基金和交易所交易基金（L. 123） 保险公司（L. 115–116） 政府（L. 105–106） 其他（L. 132）
家庭	L. 101
企业	L. 102

在上述分类的基础上，我们构造了以下度量指标。

1. K_t^h, K_t^r, K_t^w

中介份额（intermediation share）是通过计算市场上家庭、零售银行和批发银行的总空头头寸和多头头寸而构建出来的（它们构成了表 D. 1 中的"中介资产"类别）。下面的矩阵描述了每个部门在每个市场上的活动。如果部门 J 在市场 X 上有多头/空头头寸，那么相应的元素的值就由 X_l^J/X_l^J 给出。如果部门 J 在市场 X 上既有多头头寸又有空头头寸，那么相应的元素还会给出其净头寸 $X_{net}^J(+)/X_{net}^J(-)$。

市场	债券 (L.212)	股本 (L.213)	商业票据 (L.208)	贷款 (L.215)	抵押货款 (L.208)	消费者信贷 (L.222)
部门	BO_+^R	EQ_+^R	CP_+^R			
零售银行	BO_-^R	NA	CP_-^R	L_+^R	M_+^R	CC_+^R
	$BO_{net}^R(+)$	?	$CPR_{net}(+)$			
	BO_+^W	EQ_+^W	CP_+^W			
批发银行	BO_-^W	NA	CP_-^W	L_+^W	M_+^W	CC_+^W
	$BO_{net}^W(-)$	?	$CP_{net}^W(+)$			
	BO_+^O	EQ_+^O	CP_+^O			
其他	BO_-^O	NA	CP_-^O	L_-^O	M_+^O	CC_+^O
	$BO_{net}^O(-)$	?	$CPO_{net}(+)$			
家庭	BO_+^H	EQ_+^H	0 0	L_-^H	M_-^H	CC_-^H
企业	BO_-^F	EQ_-^F	CP_+^F CP_-^F $CP_{net}^F(-)$	L_-^F	M_+^F M_-^F $M_{net}^F(-)$	CC_+^F

　　为了构造我们的度量指标，我们做出了一些假设。首先，在债券和商业票据市场上，某些头寸与我们的中介模型有可能不一致。这是因为，在这些市场上，零售类别中的某些部门充当了空头，而批发类别的某些部门则充当了多头，即 $BO_-^R>0$，$CP_-^R>0$，$BO_+^W>0$，且 $CP_+^W>0$。这就是说，允许零售银行在这些市场上向批发银行借款的可能性存在。但是，在构建我们的度量指标时，我们出于如下两个原因排除了这种可能性：一是，考虑到各自类别内部不同部门之间的金融交易对这些金融工具的严重依赖性，我们可以合理地假设，这些相互抵消头寸实际上大部分是由于同一类别内部的企业交叉持有的；二是，相对于 BO_-^W 和 CP_-^W，BO_-^R 和 CP_-^R 的实际规模是非常小的——在 2007 年时候，$\dfrac{CP_-^R}{CP_-^W}\simeq 0.1\%$，$\dfrac{CP_-^R}{CP_-^W}\simeq 3\%$，这个事实意味着，我们只考虑批发部门和零售部门的净头寸是没有什么风险的。在对这些市场做出适当假设之后，我们可以从债券和商业票据数据构建出与模型一致的度量指标。假设家庭贷款给非金融企业（那是 K^h 部分），零售银行（和其他中介机构）则贷款给批发银行（那是 B 部分）和企业贷款（那是 K^r 部分）。[①] 我们进一步假设，对于零售银行和其他中介机构来说，这些市场上非金融部门和金融部门发行的工具的投资组合权重是一样的[②]；这也就是说，令 $F_{bo}^{i,F}$ 和 $F_{cp}^{i,F}$ 分别表示贷款人 i 所持有的非金融企业发行的债券和商业票据的比例，对于债券，我们有：

$$F_{bo}^{H,F}=1;\ F_{bo}^{R,F}=\left(\frac{BO_-^F-BO_+^H}{BO_-^F+BO_{net}^W-BO_+^H}\right)③$$

---

① 在资金流量表中，家庭部门是一个剩余类别，包括了对冲基金、私募股权基金和个人信托，这些都是我们的模型没有直接刻画的中介。无论如何，家庭在债券和商业票据市场上的中介活动只是家庭的中介活动的一小部分，因此，如果我们对家庭在这些市场上的头寸做出不同的假设，那么结果也基本上不会有什么改变。

② 我们在"其他"类别完成的中介中包括了非金融企业在商业票据上的多头头寸。

③ 需要注意的是，我们将所有家庭在这个市场的贷款 BO^H 都归入了"对非金融部门的贷款" K^h，然后，我们再将零售银行家在这个市场上的资金供给分配给非金融部门的贷款 K^r，分配方法是，使之与非金融企业对资金的需求中不能用家庭贷款满足的部分 $BO_-^F-BO_+^H$ 占对资金总需求中不能用家庭贷款满足的部分 $BO_-^F+BO_{net}^W-BO_+^H$ 的权重成比例。

类似地，对于商业票据，我们有 $F_{cp}^{H,F}=0；F_{cp}^{R,F}=\dfrac{CP_-^F}{CP_-^F+CP_{net}^W}$。其次，对于公司股本，资金流量表没有报告各个部门发行的股票的分解指标，也没有报告不同部门分别持有的股本数量。由于我们只是在度量 K^i 时才会用到这个市场，所以我们直接假设每个部门各持有相同的股票组合的一个缩小或放大版，这个组合包括了我们拥有发行数据的三个来源：外国股票、金融行业股票和非金融行业股票，分别用 EQ^{ROW}、EQ^{FIN} 和 EQ^{NFI} 表示。这也就是说，要想计算出有多少资金从其他行业流入了非金融企业，我们只需直接将它们持有的总股权用下式进行缩放即可：

$$\eta=\frac{EQ^{NFI}}{EQ^{NFI}+EQ^{FIN}+EQ^{ROW}}$$

有了这个，我们就可以计算出：

$$K_t^h=\eta EQ^H+BO_+^H$$
$$K_t^r=\eta EQ^R+F_{bo}^{R,F}BO_{net}^R+F_{cp}^{R,F}CP_{net}^R+L_-^F+L_-^H+M_-^R+CC_+^R$$
$$K_t^W=\eta EQ^W+M_+^W+CC_+^W$$

2. B,D

B 直接用所有短期批发工具的批发净借款来计算：回购、商业票据、机构债务和证券信用。D 由家庭和非金融部门持有的零售融资工具给出。

3. 经纪商、金融公司和政府支持企业的杠杆倍数

对于经纪商、金融公司和政府支持企业这 3 个部门的金融杠杆倍数，我们用金融资产总额减去金融负债，再加上控股公司的股权投资来计算。由于资金流动表中没有度量非金融资产的指标，所以我们在这里报告的杠杆倍数要比计算时包含了非金融资产的金融杠杆倍数更大。我们还用时变权重计算出了平均杠杆倍数，所用的时变权重对应于用总金融资产度量的这 3 个行业的相对规模。

附录 E　计算

为了计算方便，我们引入两个部门在时间 t 的存活银行家的事前最优值：

$$\overline{V}_t^w=\left[1-\sigma+\sigma\theta(1-\omega+\omega\phi_t^w)\right]\frac{N_t^w-W^w}{\sigma^w}=\Omega_t^w\frac{N_t^w-W^w}{\sigma^w} \tag{E.1}$$

$$\overline{V}_t^r=\left[1-\sigma+\sigma\theta\phi_t^r\right]\frac{N_t^r-W^r}{\sigma^r}=\Omega_t^r\frac{N_t^r-W^r}{\sigma^r} \tag{E.2}$$

我们把挤兑状态未发生时的经济状态表示为 $x=(N^w,N^r,Z)$，同时把挤兑发生后的状态表示为 $x^*=(0,N^r,Z)$ 表示。然后，我们用时间迭代法来逼近函数：

$$\{\mathbf{Q}(x),\mathbf{C}^h(x),\overline{\mathbf{V}}^r(x),\overline{\mathbf{V}}^w(x),\Gamma(x)\}\quad x\in[W^w,\overline{N}^w]\times[W^r,\overline{N}^r]\times[(0.95)Z,Z]$$

和

$$\{\mathbf{Q}^*(x),\mathbf{C}^{h*}(x^*),\overline{\mathbf{V}}^{r*}(x^*),\Gamma^*(x^*)\}\quad x^*\in\{0\}\times[W^r,\overline{N}^r]\times[(0.95)Z,Z]$$

其中,$\Gamma(x)$ 和 $\Gamma^*(x^*)$ 分别为确定状态的随机演化的两个定律(详见后)。

我们用来计算的算法按如下步骤展开:

1.　确定用来逼近均衡函数的函数空间。(我们使用的是分段线性函数空间。)

2.　为没有发生挤兑时的状态值确定一个网格 $G \subset [\,W^w,\overline{N}^w\,] \times [\,W^r,\overline{N}^r\,] \times [\,0.95,1\,]$,再为发生了一次挤兑时的状态值确定一个网格 $G^* \subset \{0\} \times [\,W^r,\overline{N}^r\,] \times [\,0.95,1\,]$。

3.　设定 $j=0$,并猜测下式的初始值

$$NRPol_{t,j} = \{\,Q_{t,j}(x),C^h_{t,j}(x),\overline{V}^r_{t,j}(x),\overline{V}^w_{t,j}(x),\Gamma_{t,j}(x)\,\}_{x \in G}$$

和

$$RPol_{t,j} = \{\,Q^*_{t,j}(x),C^{h*}_{t,j}(x^*),\overline{V}^{r*}_{t,j}(x^*),\Gamma^*_{t,j}(x^*)\,\}_{x^* \in G^*}$$

对 $\Gamma_{t,j}(x)$ 的猜测,涉及对 $\{p_{t,j}(x),N^{r}_{t,j}(x),N^{w}_{t,j}(x),N^{r*}_{t,j}(x),Z'(x)\}$ 的猜测,这意味着:

$$\Gamma_{t,j}(x) = \begin{cases} \left(N^{w}_{t,j}(x),N^{r}_{t,j}(x),Z'(Z)\right) & w.p.\ 1-p_{t,j}(x) \\ \left(0,N^{r*}_{t,j}(x),Z'(Z)\right) & w.p.\ p_{t,j}(x) \end{cases}$$

我们用 $x^{'NR}_{t,j}(x) = \left(N^{w}_{t,j}(x),N^{r}_{t,j}(x),Z'(Z)\right)$ 表示下一期没有发生挤兑时的状态演变,同时用 $x^{'R}_{t,j}(x) = \left(0,N^{r*}_{t,j}(x),Z'(Z)\right)$ 表示下一期发生了一次挤兑时的状态演变。

类似地,对 $\Gamma^*_{t,j}(x^*)$ 的猜测,涉及对 $\{\hat{N}^{r}_{t,j}(x^*),Z'(Z)\}$ 的猜测,这就意味着:

$$\Gamma^*_{t,j}(x^*) = \left((1+\sigma^w)W^w,\hat{N}^r_{t,j}(x^*),Z'(Z)\right)$$

4.　假设对于 $j \leq i < M$,已经找到了 $NRPol_{t,j}$ 和 $RPol_{t,j}$(其中 M 设定为 10000)。要找到 $NRPol_{t,i+1}$ 和 $RPol_{t,i+1}$,首先要利用 $NRPol_{t,i}$ 和 $RPol_{t,i}$ 在近似空间上找到取前述网格上的值的函数,例如,对于每一个 $x \in G$, $\mathbf{Q}_i : [\,W^w,\overline{N}^w\,] \times [\,W^r,\overline{N}^r\,] \times [\,0.95,1\,] \to \mathbf{R}$ 是满足 $\mathbf{Q}_i(x) = Q_{t,i}(x)$ 的价格函数。

5.　假设从时间 $t+1$ 开始,均衡结果根据与上面第 4 步找到的与 $NRPol_{t,i}$ 和 $RPol_{t,i}$ 相关的函数确定,然后推导出 $NRPol_{t,i+1}$ 和 $RPol_{t,i+1}$。

(1) 无挤兑系统

在任意点 $x_t = (N^w_t,N^r_t,Z_t)$ 处,决定 $\{\phi^w_t,\phi^r_t,B_t,Q_t,C^h_t,K^h_t,K^r_t\}$ 的方程组如下:

$$\theta[\,1-\omega+\omega\phi^w_t\,]N^w_t = \beta(1-\mathbf{P}_i(x_t))\overline{V}^w_i(X^{'NR}_i(x_t))$$

$$(\phi^w_t-1)N^w_t = B_t$$

$$\phi^w_t N^w_t = Q_t(1-K^r_t-K^h_t)$$

$$\theta\phi^r_t N^r_t = \beta[\,(1-\mathbf{P}_i(x_t))\overline{V}^r_i(x^{'NR}_i(x)) + p_i(x_t)\overline{V}^{r*}_i(x^{'R}_i(x))\,]$$

$$\phi^r_t N^r_t = (Q_t+\alpha^r K^r_t)K^r_t + (1-\gamma)B_t$$

$$\beta E_i\left\{\frac{C^h_t}{\widetilde{\mathbf{C}}^h_i(\Gamma_i(x))}(\mathbf{Z}'(Z_t)+\widetilde{\mathbf{Q}}_i(\Gamma_i(x)))\right\} = Q_t+\alpha^h K^h_t$$

$$C_t^h + \frac{(1-\sigma_w)(N_t^r - W^w)}{\sigma_w} + \frac{(1-\sigma_r)(N_t^r - W^r)}{\sigma_r} + \frac{\alpha^h (K_t^h)^2}{2} + \frac{\alpha^r (K_t^r)^2}{2} =$$

$$Z_t(1 + W^h) + W^r + W^w =$$

其中，E_i 是与以概率 $\mathbf{p}_i$ 的随机实现的挤兑相关的期望算子，式中波浪线表示随机变量，它们的值取决于太阳黑子的实现。例如，

$$\widetilde{\mathbf{C}}_i^h(\mathbf{\Gamma}_i(x)) = \begin{cases} \mathbf{C}_i^h(\mathbf{N}_i^{w'}(x), \mathbf{N}_i^{r'}(x), \mathbf{Z}'(Z)) & w.\,p.\ 1 - \mathbf{p}_i(x) \\ \mathbf{C}_i^{h*}(\mathbf{N}_i^{r'*}(x), \mathbf{Z}'(Z)) & w.\,p.\ \mathbf{p}_i(x) \end{cases}$$

然后，我们可以从下式中找到 $\{R_t, \overline{R}_t^b\}$：

$$R_t = \frac{1}{\beta E_i \left\{ \dfrac{C_t^h}{\widetilde{\mathbf{C}}_i^h(\mathbf{\Gamma}_i(x))} \right\}}$$

$$\overline{R}_t^b = \frac{E_i \left\{ \widetilde{\mathbf{\Omega}}(\mathbf{\Gamma}_i(x)) \left(\gamma \dfrac{(\mathbf{Z}'(Z_t) + \widetilde{\mathbf{Q}}_i(\mathbf{\Gamma}_i(x)))}{Q_t + \alpha^r K_t^r} + (1-\gamma) R_t \right) \right\}}{(1 - \mathbf{p}_i(x_t)) \Omega^r(\mathbf{x}_i^{'NR}(x_t))}$$

$$- \frac{-\mathbf{p}_i \Omega^{r*}(\mathbf{x}_i^{'R}(x_t)) \left(\dfrac{(\mathbf{Z}'(Z_t) + \widetilde{\mathbf{Q}}_i(\mathbf{\Gamma}_i(x)))}{Q_t} \dfrac{\phi_t^w}{\phi_t^w - 1} \right)}{(1 - \mathbf{p}_i(x_t)) \Omega^r(\mathbf{x}_i^{'NR}(x_t))}$$

其中，

$$\widetilde{\Omega}^r(\mathbf{\Gamma}_i(x)) = \begin{cases} \sigma^r \dfrac{\overline{\mathbf{V}}_i^r(\mathbf{N}_i^{w'}(x), \mathbf{N}_i^{r'}(x), \mathbf{Z}'(Z))}{\mathbf{N}_i^{w'}(x) - W} & w.\,p.\ 1 - \mathbf{p}_i(x) \\ \sigma^r \dfrac{\overline{\mathbf{V}}_i^{r*}(\mathbf{N}_i^{r'*}(x), \mathbf{Z}'(Z))}{\mathbf{N}_i^{w'}(x) - W} & w.\,p.\ \mathbf{p}_i(x) \end{cases}$$

最后，$\{\overline{V}_t^r, \overline{V}_t^w, t\}$ 由下式给出：

$$\overline{V}_t^w = [1 - \sigma + \sigma\theta(1 - \omega + \omega\phi_t^w)] \frac{N_t^w - W^w}{\sigma^\omega}$$

$$\overline{V}_t^r = [1 - \sigma + \sigma\theta\phi_t^r] \frac{N_t^r - W^t}{\sigma^r}$$

$$\Gamma_t = \begin{cases} (N_{t+1}^w, N_{t+1}^r, Z'(Z)) & w.\,p.\ 1 - p_t \\ (0, N_{t+1}^{r*}, Z'(Z)) & w.\,p.\ p_t \end{cases}$$

其中，

$$N_{t+1}^w = \sigma^w N_t^w \left[\phi_t^w \left(\frac{\mathbf{Z}'(Z_t) + \mathbf{Q}_i(\mathbf{x}_i^{'NR}(x))}{Q_t} - \overline{R}_t^b \right) + - \overline{R}_t^b \right] + W^w$$

$$N_{t+1}^r = \sigma^r ([\mathbf{Z}'(Z_t) + \mathbf{Q}_i(\mathbf{x}_i^{'NR}(x))] + K_t^r + B_t \overline{R}_t^b - D_t R_t) + W^w$$

$$N_{t+1}^{r*} = \sigma^r ([Z'(Z_t) + \mathbf{Q}_i^*(\mathbf{x}_i^{'R}(x))](K_t^r + K_t^w) - D_t R_t) + W^w$$

$$p_t = \left[1 - \frac{\dfrac{Z'(Z_t) + \mathbf{Q}_i^*(\mathbf{x}_i'^R(x))}{Q_t}}{\overline{R}_{bt}} \cdot \frac{\phi_t^w}{\phi_t^w - 1} \right]^{\delta}$$

（2）会发生挤兑的系统

类似地,在任意点 $x_t^* = (0, N_t^r, Z_t)$ 处,确定 $\{\phi_t^{r*}, Q_t^*, C_t^{h*}, K_t^{h*}\}$ 的方程组如下所示:

$$\theta \phi_t^{r*} N_t^r = \beta - \mathbf{V}_i^r(\mathbf{\Gamma}_i^*(x_t^*))$$

$$\theta \phi_t^{r*} N_t^r = (Q_t^* + \alpha^r K_t^{r*}) K_t^{r*}$$

$$\beta \left\{ \frac{C_t^{h*}}{\mathbf{C}_i^h(\mathbf{\Gamma}_i^*(x_t^*))} (Z'(Z_t) + \mathbf{Q}_i(\mathbf{\Gamma}_i^*(x_t^*))) \right\} = Q_t^* + \alpha^h K_t^{h*}$$

$$C_t^{h*} + \frac{(1-\sigma_r)}{\sigma_r}(N_t^r - W^r) + \frac{\alpha^h}{2}(K_t^{h*})^2 + \frac{\alpha^r}{2}(1 - K_t^{h*})^2 = Z_t(1 + W^h) + W^r$$

而且,$\{R_t^*, \overline{V}_t^*, \Gamma_t^*\}$ 由下式给出:

$$R_t^* = \frac{1}{\beta E_i \left\{ \dfrac{C_t^{h*}}{\mathbf{C}_i^h(\mathbf{\Gamma}_i^*(x_t^*))} \right\}}$$

$$\overline{V}_t^{r*} = \left[1 - \sigma + \sigma \theta \phi_t^{r*} \right] \frac{N_t^r - W^r}{\sigma^r}$$

$$\mathbf{\Gamma}_i^*(x^*) = ((1 + \sigma^w) W^w, \hat{N}_{t+1}^r, (Z'(Z)))$$

$$\hat{N}_{t+1}^r = \sigma^r N_r^r \left[\phi_t^{r*} \left(\frac{Z'(Z_t) + \mathbf{Q}_i(\mathbf{\Gamma}_i^*(x_t^*))}{Q_t} - R_t^* \right) + R_t^* \right] W^r$$

6. 计算最大距离

$NRPol_t = \{Q_t, \overline{V}_t, \overline{V}_t^w, C_t^h, p_t, N_{t+1}^r, N_{t+1}^w, N_{t+1}^{r*}\}$ 与 $NRPol_{t,i}$ 之间的最大距离为:

$$dNR = \max_{x_t \in G} \max |NRPol_t - NRPol_{t,i}|$$

类似地,对于 $RPol_t = \{Q_t^*, -V_t^{r*}, C_t^{h*}, \hat{N}_{t+1}^r\}$ 与 $RPol_{t,i}$,它们之间的最大距离为:

$$dR = \max_{x_t \in G^*} \max |RPol_t - RPol_{t,i}|$$

如果 dNR 和 dR 足够小(在我们的情况下为 $e-6$),那么设定

$$NRPol_{t,i+1} = NRPol_{t,i}$$

$$RPol_{t,i+1} = RPol_{t,i}$$

否则,就设定

$$NRPol_{t,i+1} = \alpha NRPol_{t,i} + (1 - \alpha) NRPol_t$$

$$RPol_{t,i+1} = \alpha RPol_{t,i} + (1 - \alpha) RPol_t$$

其中,$\alpha \in (0, 1)$。

参考文献

Adrian, T., Ashcraft, A., 2012. Shadow banking: a review of the literature. In: The New Palgrave Dictionary of Economics, 2012 Version, second ed. [internet]. Palgrave Macmillan, Basingstoke.

Adrian, T., Colla, P., Shin, H., 2012. Which financial frictions? Paring the evidence from financial crisis of 2007—9. In: Acemoglu, D., Parker, J., Woodford, M. (Eds.), NBER Macroeconomic Annual 2012, vol. 27, May 2013, pp. 159—214.

Allen, F., Gale, D., 2007. Understanding Financial Crises. Oxford University Press, Oxford.

Angeloni, I., Faia, E., 2013. Capital regulation and monetary policy with fragile banks. J. Monet. Policy 60, 3111—3382.

Begenau, J., 2015. Capital requirements, risk choice, and liquidity provision in a business cycle model. Harvard Business School Working Paper, no. 15—072.

Bernanke, B., 2010. Causes of the recent financial and economic crisis. Statement before the Financial Crisis Inquiry Commission, Washington, September 2.

Bernanke, B., Gertler, M., 1989. Agency costs, net worth and business fluctuations. Am. Econ. Rev. 79, 14—31.

Bianchi, J., 2011. Overborrowing and systemic externalities in the business cycle. Am. Econ. Rev. 101, 3400—3426.

Bianchi, J., Mendoza, E., 2013. Optimal time-consistent macroprudential policy. NBER Working Paper 19704.

Bigio, S., 2015. Financial risk capacity. Working Paper.

Bocola, L., 2016. The Pass-Through of Sovereign Risk. J. Polit. Econ. forthcoming.

Boissay, F., Collard, F., Smets, F., 2013. Booms and systemic banking crises. Mimeo.

Brunnermeier, M.K., Oemke, M., 2013. Maturity rat race. J. Finance 68, 483—521.

Brunnermeier, M.K., Pedersen, L., 2009. Market liquidity and funding liquidity. Rev. Financ. Stud. 22, 2201—2238.

Brunnermeier, M.K., Sannikov, Y., 2014. A macroeconomic model with a financial sector. Am. Econ. Rev. 104, 379—421.

Caballero, R., Farhi, E., 2015. The safety trap. Working Paper.

Chari, V., Kehoe, P., 2015. Bailouts, time inconsistency, and optimal regulation: a macroeconomic view. Federal Reserve Bank of Minneapolis, Research Department Staff Report 481.

Christiano, L., Ikeda, D., 2014. Leverage restrictions in a business cycle model. In: Macroeconomic and Financial Stability: Challenges for Monetary Policy.

Cole, H., Kehoe, T., 2000. Self-fulfilling debt crises. Rev. Econ. Stud. 67, 91—161.

Cooper, R., Ross, T., 1998. Bank runs: liquidity costs and investment distortions. J. Monet. Econ. 41, 27—38.

Covitz, D., Liang, N., Suarez, G., 2013. Evolution of a financial crisis: collapse of the asset-backed commer? cial paper market. J. Finance 68, 815.

Curdia, V., Woodford, M., 2010. Credit spreads and monetary policy. J. Money Credit Bank. 42 (6), 3—35.

Dang, T., Gorton, G., Holmstrom, B., 2012. Ignorance, debt and financial crises.

Diamond, D., Dybvig, P., 1983. Bank runs, deposit insurance, and liquidity. J. Polit. Econ. 91, 401—419.

Di Tella, S., 2014. Uncertainty shocks and balance sheet recessions. Working Paper.

Eggertsson, G., Krugman, P., 2012. Debt, Deleveraging, and Liquidity Trap: a Fisher-Minsky-Koo Approach, Q. J. Econ. 127 (3), 1469—1513.

Ennis, H., Keister, T., 2003. Economic growth, liquidity, and bank runs. J. Econ. Theory 109, 220—245.

Farhi, E., Tirole, J., 2012. Collective moral hazard, maturity mismatch and systemic bailouts. Am. Econ. Rev. 102 (1), 60—93.

Farhi, E., Werning, I., 2015. A theory of macroprudential policies in the presence of nominal rigidities. Working Paper.

Farmer, R., 1999. The Macroeconomics of Self-Fulfilling Prophecies. MIT Press.

Ferrante, F., 2015a. A model of endogenous loan quality and the collapse of the shadow banking system. Finance and Economics Discussion Series 2015—021, Federal Reserve Board.

Ferrante, F., 2015b. Risky mortgages, bank leverage and credit policy. Working Paper.

Garleanu, N., Panageas, S., Yu, J., 2015. Financial entanglement: a theory of incomplete integration, leverage, crashes and contagion. Am. Econ. Rev. 105 (7), 1979—2010.

Geanakoplos, J., Polemarchakis, H., 1986. Existence, regularity, and constrained suboptimality of competitive allocations when the asset market is incomplete. In: Uncertainty, Information, and Communication: Essays in Honor of K. J. Arrow, III. Cambridge University Press, Cambridge.

Gertler, M., Karadi, P., 2011. A model of unconventional monetary policy. J. Monet. Econ. 58 (1), 17—34.

Gertler, M., Kiyotaki, N., 2011. Financial Intermediation and Credit Policy in Business Cycle Analysis. In: Friedman, B. M., Woodford, M. (Eds.), Handbook of Monetary Economics, vol. 3A. Elsevier Science, Amsterdam, pp. 547—599.

Gertler, M., Kiyotaki, N., 2015. Banking, liquidity and bank runs in an infinite horizon economy. Am. Econ. Rev. 105 (7), 2011—2043

Gertler, M., Kiyotaki, N., Prestipino, A., 2016. Anticiapted Banking Panics. Am. Econ.

Rev. Pap. Proc. 106 (5), 554—559.

Gertler, M., Kiyotaki, N., Queralto, A., 2012. Financial crises, bank risk exposure and government financial policy. J. Monet. Econ. 59, S17—S34.

Gilchrist, S., Zakrajsek, E., 2012. Credit spread and business cycle fluctuations. Am. Econ. Rev. 102, 1692—1720.

Giroud, X., Mueller, H., 2015. Firm leverage and unemployment during the great recession. Mimeo.

Goldstein, I., Pauzner, A., 2005. Demand-deposit contracts and the probability of bank runs. J. Finance 60, 1293—1327.

Gorton, G., 2009. Information, liquidity and the (ongoing) panic of 2007. Am. Econ. Rev. Pap. Proc. 99 (2), 567—572.

Gorton, G., Metrick, A., 2012. Who ran on repo? NBER Working Paper 18455.

Gorton, G., Metrick, A., 2015. The safe asset share. Am. Econ. Rev. Pap. Proc. 102 (3), 101—106.

Guerrieri, V., Lorenzoni, G., 2011. Credit crises, precautionary savings and the liquidity trap. NBER Working Paper 17583.

Gurley, J., Shaw, E., 1960. Money in Theory of Finance. Brookings Institution, Washington, DC.

He, Z., Krishnamurthy, A., 2013. Intermediary asset pricing. Am. Econ. Rev. 103 (2), 732—770.

He, Z., Krishnamurthy, A., 2014. A macroeconomic framework for quantifying systemic risk. University of Chicago and Stanford University, Working Paper.

Holmstrom, B., Tirole, J., 1997. Financial intermediation, loanable funds and the real sector. Q. J. Econ. 112 (3), 663—691.

Holmstrom, B., Tirole, J., 2011. Inside and Outside Liquidity. MIT Press, Cambridge, MA.

Iacoviello, M., 2005. House prices, borrowing constraints and monetary policy in the business cycle. Am. Econ. Rev. 95 (3), 739—764.

Kacperczyk, M., Schnabl, P., 2010. When safe proved risky: commercial paper during the financial crisis of 2007—2009. J. Econ. Perspect. 24 (1), 29—50.

Kiyotaki, N., Moore, J., 1997. Credit cycles. J. Polit. Econ. 105, 211—248.

Korinek, A., Simsek, A., 2015. Liquidity trap and excessive leverage. Working Paper.

Krishnamurthy, A., 2003. Collateral constraints and the amplification mechanism. J. Econo. Theory 111 (2), 277—292.

Krishnamurthy, A., Nagel, S., Orlov, D., 2014. Seizing up repo. J. Finance 69 (6), 2381—2417.

Lorenzoni, G., 2008. Inefficient credit boom. Rev. Econ. Stud. 75, 809—833.

Martin, A., Skeie, D., Thadden, E. V., 2014. Fragility of short-term secured funding. J. Econ. Theory 149, 15—42.

Martin, A., Skeie, D., Thadden, E. V., 2014. Repo runs. Rev. Financ. Stud. 27, 957—989.

McCabe, P., 2010. The cross section of money market fund risks and financial crises. Finance and Economics Discussion Series 2010—51, Federal Reserve Board.

Mendoza, E., 2010. Sudden stops, financial crises, and leverage. Am. Econ. Rev. 100, 1941—1966.

Midrigan, T., Philippon, T., 2011. A macroeconomic framework for quantifying systemic risk. NBER Working Paper 19885.

Morris, S., Shin, H., 1998. Unique equilibrium in a model of self-fulfilling currency attacks. Am. Econ. Rev. 88, 587—597.

Parlatore, C., 2015. Fragility in money market funds: sponsor support and regulation. Working Paper.

Philippon, T., 2015. Has the US Finance Industry Become Less Efficient? On the Theory and Measurement of Financial Intermediation. Am. Econ. Rev. 105 (4), 1408—1438.

Pozsar, Z., Adrian, T., Ashcraft, A., Boesky, H., 2013. Shadow banking. Fed. Reserv Bank. New York Econ. Policy Rev 19 (2), 1—16.

Robatto, R., 2014. Financial crises and systematic bank runs in a dynamic model of banking.

Uhlig, H., 2010. A model of a systemic bank run. J. Monet. Econ. 57, 78—96.

第十七章　住房市场与信贷市场：繁荣与崩溃

V. 圭列里 (V. Guerrieri) [*,†]**, H. 厄里格 (H. Uhlig)** [*,†,#]

[*]:芝加哥大学,美国,伊利诺伊州,芝加哥;

[†]:美国国家经济研究局,美国,马萨诸塞州,剑桥;

[#]:英国经济政策研究中心 (CEPR),英国,伦敦

目　录

本章摘要：本章的动机源于最近的美国经验。在本章中，我们研究了信贷市场周期与房地产市场周期之间的相互作用。在这个领域中，相关文献不断涌现，它们探索了两个不同的渠道。第一个渠道是，住房价格的飙升—崩溃可能会导致信贷市场的繁荣—萧条；第二个渠道是，信贷市场的繁荣—萧条可能会导致住房价格的飙升—崩溃。在本章中，我们先给出一个严格的机械模型，对住房价格与信贷市场之间的相互作用进行了形式化的界定，并以机械的方式探讨了上述两个渠道。接下来，我们提出了两个简单的模型，分别阐述上述两个渠道。首先，我们构建了一个灾变模型（catastrophe model）。在这个模型中，信贷可得性的上升可能先引发抵押贷款市场的繁荣，然后由于逆向选择而导致的多重均衡，又会导致抵押贷款市场的崩盘：随着贷款的持续扩张，借款人的结构不断恶化，到了某个临界点之后就会导致信贷市场崩溃。其次，我们提出了一个情绪模型（sentiment model）。在这个模型中，住房价格的上涨幅度远远脱离了基本面的支持，因为投资者出于一种非理性的信念不断买入资产：总是会有更加愚蠢的买家愿意以更高的价格买入。在本章中，我们还会把上面这两个简单的模型与这个领域的大量现有文献联系起来讨论。最后，我们还综述了一些分析相关事实的实证研究论文。

　　关键词：房价；信贷市场；周期；杠杆；不利选择；泡沫；情绪

　　JEL 分类代码：D82，D84，E44，G21

1.　引言

　　近些年来，美国同时经历了住房价格的暴涨—崩溃和信贷市场的繁荣—崩盘，如图 1 和图 2 所示。

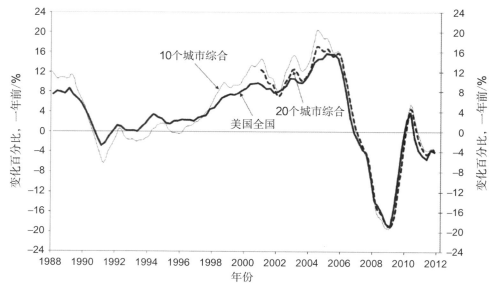

图1　标准普尔/凯斯席勒(Case-Shille)住房价格指数

资料来源:标准普尔指数公司和费哲金融服务公司(Fisev)。http://www.worldpropertyjournal.com/north-americaresidential-news/spcase-shiller-home-price-indices-report-fordecember-2011-case-schiller-home-priceindex-median-home-prices-the-national-composite-10-city-composite-index-20-citycomposite-homeprice-indices-david-m-blitzer-5351.php

次级抵押贷款的创设

2006年,全美国共发放了6万亿美元的次级贷款,其中大部分都是证券化的。那一年,次贷在全部抵押贷款中的比例为23.5%。

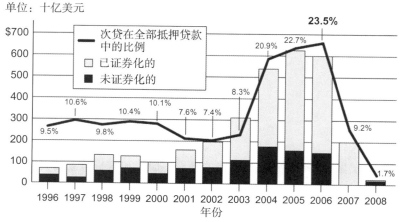

图2　次级抵押贷款的创设

注:证券化次贷占比的定义是,用发行的次级证券除以给定年份创设的全部次贷。2007年发行的次贷证券超过了该年创设的全部次贷。请参见:《金融危机调查报告》,金融危机调查全国委员会,2011年1月。

资料来源:《抵押贷款财经透视》(Inside Mortgage Finance)。

本章的目的是探讨金融市场与房地产市场之间的联系及其对宏观经济活动的影响。分别探析信贷周期和住房价格的泡沫及其破灭的文献非常多,而且这种文献的数量仍在不断增加。然而在本章中,我们将尝试将这两部分文献联系起来,增进我们对信贷周期和住房价格周期性变动两者之间的潜在反馈机制的理解。

具体地说,在思考这种联系的时候,我们将探讨两个不同的渠道:

1. 住房价格的飙升—崩溃导致信贷市场的繁荣—萧条;
2. 信贷市场的繁荣—萧条导致住房价格的飙升—崩溃。

此外,我们还认为,在这两种情况下,这些相互联系的繁荣—萧条事件都会导致总体经济活动的繁荣—萧条,而后者反过来又会产生反作用并放大金融和住房市场的繁荣—萧条。考虑到住房价格的飙升-崩溃与信贷市场的繁荣—萧条之间的关系本身就值得大书特书了,因此在本章中,我们将集中探讨这种关系,而较少涉及它们与实体经济的联系。

本章安排如下。在第 2 节中,我们先给出一个简单的机械性的模型,作为本章讨论的基准模型。这个模型描述了如上所述的信贷周期与住房价格之间的相互作用。为了便于分析,我们在这个模型中有意做出了一些直白的假设,目的是避免一个完全设定的均衡模型可能会出现的一系列棘手问题。特别是,我们在这个模型中把债务杠杆和住房价格的动力学假设为给定的。然后,我们从两个方面进行分析。

首先,我们让房价保持不变,研究杠杆债务的繁荣和萧条引发的反应;其次,我们让杠杆债务保持不变,研究住房价格的泡沫及泡沫引发的反应。在本章的其余部分,我们还将尝试更深入地剖析这些动态特征究竟源于何处,并将这两个模型与现有的文献联系起来讨论。

在接下来的第 3 节中,我们致力于阐明这样一种思想:信贷市场繁荣和萧条是一种基本面冲击,它会溢出到房地产市场和整个实体经济。我们首先讨论与这个思想有关的几篇论文,然后评述一大批专门探讨杠杆在家庭部门中的作用的论文。我们关注的焦点是,信贷约束对住房价格的影响,以及更一般地,信贷约束对实体经济的影响。

本着同样的精神,在第 4 节中,我们完全抽象掉了住房价格的动态变化,只重点讨论信贷市场的繁荣和崩溃。具体地说,我们构建了一个程式化的静态模型,在这个模型中,家庭利用贷款拥有了自己的住房,同时中间人则缺乏关于这些借款人的"质量"的信息。这个模型蕴含的主要思想是,在经济体中信贷可得性的增长——即我们所说的"储蓄过剩"——可能会因为逆向选择问题所导致的多重均衡而内生性地创造出信贷繁荣,然后又陷入崩溃。这个基本思想——因为存在多重均衡,储蓄过剩会内生地产生一个信贷周期——源于波尔萨伊等人的一篇论文(Boissay et al. ,2016)的启发,不过具体的机制则有很大的不同。在我们的模型中,信贷可得性的增加首先促进了贷款活动,进而推动了"次级贷款市场"的繁荣。然而,随着借款人群体的质量的下降,更优质的借款人可能决定支付一定成本,将自己与其他借款人区别开来以获得更好的信贷条件,这反过来可能会导致次级贷款市场崩溃。

接下来,我们转而分析住房价格的飙升和崩溃是住房市场与信贷市场之间的相互作用的关键因素这个思想。具体地说,如果预期住房价格将会上涨,那么银行就更愿意发放贷款,尽管这意味着向更糟糕的债务人—— 次级借款人——放贷。此外,投机的买房者也更愿意在住房价格上涨时入场。尽管根据这个直觉进行形式化建模的想法很有吸引力,但是这种努力却经常会陷入"单一均衡难题",那就是说,如果大家都预期明天的价格会大幅上涨,那么今天的信贷需求和住房需求就应该会很高,于是价格今天就会上涨,但是这又会使明天价格上涨的可能性降低。或者换一种说法,随着价格的不断走高,它们最终必定在某一天接近最高点:我们不妨称之为"今天"。在那一点上,人们的预期将会变为:预计价格在未来会下降。但是,如果真是这样的话,银行和投机性家庭在今天买入的可能性会下降,因而今天的价格应该不会太高。这里的问题在于,在理性预期均衡中,不应该存在这样的"傻瓜":愿意在价格上涨的最高点买进——此后,价格将只会一路下跌。

在第5节中,我们讨论了两组文献,它们分别关注两种类型的泡沫。在第5.1节中,我们先剖析了第一类泡沫模型,其中资产所要求的利率低于或最多等于经济增长率。在一些世代交叠模型中,这种情况可能会导致理性泡沫和随机破灭的泡沫。这些世代交叠模型——例如,卡瓦略等人(Carvalho et al. ,2012)、马丁和文图拉(Martin and Ventura,2012)——从根本上说是动态低效的(或者说,仅在边界上有效的)。根据这些研究者所使用的各种版本的世代交叠模型,在理想情况下,资源应该从低效率的投资者或储蓄者流向高效率的投资者或企业家。然后,他们假设存在贷款摩擦,即企业家不能承诺还款。于是只能发行证券,买者希望其他人会从自己手中买走它们。这种证券,称之为"泡沫"、"现金"或"没有价值的一张纸",都没有关系。在这些模型中,当新出现的企业家创设"泡沫"证券时,均衡是存在的。经济行为主体手中本来就持有的泡沫证券,再加上由新出现的企业家创造出来的泡沫证券,都被出售给储蓄者。而储蓄者则发现,投资于这些泡沫比投资于原来的效率低下的技术更有吸引力。在这些模型中,原来的技术必须足够低效,以保证其平均回报率低于经济增长率,从而导致一种动态无效率,使得泡沫得以出现。在那种情况下,任何一种资产,只要每个时期都能带来哪怕是微乎其微的回报,它的"基本"价值实际上都是无限的。或者换一种说法,以最高的价格购买泡沫的最后一个"傻瓜"会很高兴地这样去做,因为下一期泡沫的价值不会下降太多,而且这个"傻瓜"对储蓄已经绝望了。

在第5.2节中,我们讨论了第二类泡沫模型。在这类模型中,资产所要求的利率高于经济增长率。在这种情况下,总体泡沫最终必定会停止增大,因为泡沫要受购买这些资产的"新生"的经济行为主体所拥有的资源的约束。理性考虑通常会排除这类泡沫——正如我们上面讨论的"单一均衡难题"所暗示的那样。因此,我们重点评述一些刻画非理性乐观主义和不断变化的情绪的模型。这些文献的一个基准模型是伯恩塞德等人(Burnside et al. ,2013)提出的"带病"泡沫模型("disease" bubble model),它将不断变化的情绪因素纳入了模型。在这个模型中,存在着一些本质上没有价值的泡沫成分,但是它们却可能构成了住房价格的一部分。一开始对住房价格未来走势很悲观的某个人,可能会逐渐被感染、熏陶为一个"乐观的人",并且认定泡沫成分实际上具有一定的内在价值:只要每个人都是乐观的(更准确地说,是永远乐观的),那么它的价格就是每个人都愿意支付的。然而,在每一期,"真相"都会以一定概率浮出水面,从而向人们揭示泡沫成分实际上是毫无价值的。这样一来,在悲观预期支配人群的时候,价格在真相未曾显现自身的阶段就会上涨,因为价格的上涨会补偿悲观投资者所承担的由无价值的泡沫带来的风险(万一真相被揭开的情况下)。于是,价格将继续上涨,直到边际投资者也变得乐观为止,到那个时候,价格可能就达到了最高点。

秉承这些文献——情绪泡沫模型——的思路,在本章第6节中,我们提出了一个简单的泡沫模型。在这个模型中,价格高于基本面,因为投资者基于自己如下非理性信念不断买入资产:总会有更加愚蠢的买家愿意以更高的价格买入。

最后,在第7节中,我们总结了本章的主要结果,同时讨论了我们从现有文献中得出的一些与经验证据相关的教训。

我们希望,本章能够引发对信贷市场周期与住房价格周期之间的关系的进一步研究和思考。这种关系非常重要,而且,这个领域的问题显然远未解决。

2.　一个极简的(starky)基本模型

在2008年的金融危机中,可能存在着多种相互作用,它们放大了初始冲击。这些相互作用至少包括:(1)随着住房价格的下跌,银行变得更不愿意借钱给新的购房者;(2)银行越来越不愿意向新的购房者发放贷款,导致对房屋的需求下降,从而导致住房价格进一步下跌。具体地说,银行之所以变得更不愿意发放贷款,是因为住房价格下跌对它们的资产负债表产生了负面影响,从而造成了更普遍的信贷紧缩,压抑了实际的经济活动。

在本节中,我们构建了一个非常简单的、机械的模型,它包括了一些相互作用,但没有描述一些关键要素的深层原因。这个模型的特点是,它刻画了长期资产与短期资产之间存在着一种潜在的错配,前者以抵押贷款组合的形式存在,而后者则以储蓄者存款的形式存在。利用这个模型,我们可以研究银行资产负债表在住房价格持续暴涨的过程中的演变。这个模型应该能够给出一些关于价格崩溃和杠杆崩溃,以及这种崩溃对金融系统的影响的关键思想。特别重要的是,我们将利用它来进行数值实验,从而阐明本章引言所强调的两个渠道:

1.　当住房价格保持不变时,杠杆率会出现飙升和骤降。
2.　当杠杆率保持不变时,住房价格会经历膨胀和崩溃。

此外,这个模型还为我们讨论相关文献和本章后面构建进一步的模型奠定了基础。

模型设定如下,时间是离散的和无限的,$t = \cdots, 1, 0, 1, \cdots$。假设存在一个作为借款人的家庭连续统。另一个部门由相互竞争的银行家组成,他们各自经营一家银行。还有一批储蓄者,他们向银行供应存款。另外还有一个作为特殊的储蓄者的政府。最后,假设存在一种可以作为计价基准的消费品,以及一种住房品(或者,直接称之为"房子")。

在每一期,都有一定比例λ的原有家庭退出市场(或"死去"),它们被同样比例λ的新生家庭取代。再假设,在每一期,所有活着的家庭都能获得外生给定的固定收入y,同时消费掉非负数量的商品;新生家庭可以获得某个初始收入$\tilde{y}$,还可以买入一套房子。我们允许$\tilde{y}$不同于y,以反映在购买第一套房子之前,家庭需要有个潜在的储蓄阶段的事实。一个家庭在退出("死去")之前,要卖掉房子。房子的供给是固定的,而且每套房子都彼此相同。

我们假设,在时间 s "出生" 的家庭愿意以任何 $p_s \leq \bar{p}_s$ 的价格买入房子,其中决定 $\bar{p}_s$ 的过程是外生给定的。[①] 当 $\tilde{y}$ 不够大时,家庭要想买入房子就得向银行借入贷款。借款的限制是,新 "出生" 的家庭手头可用的资源小于 $\bar{p}_s$。我们假设卖家可以提取所有租金,这也就是说,我们假设新 "出生" 的家庭所需支付的是自己的可用资源与 $\bar{p}_s$ 之间的较少者。因此,只凭贷款限制本身,就可能将房子的市场价格压制在低于 $\bar{p}_s$ 的水平上。

要买入房子,家庭得从银行部门借款。接下来,考虑一个在日期 s "出生" 的家庭的情况,它以当时的市场价格 p_s 买入了一套房子。我们假设,以下描述的抵押贷款合同不仅是银行提供的唯一的合约类型,而且也是家庭唯一可用的合约类型。在初始期,家庭必须支付 $\theta < \bar{p}_s$ 的首付款,并借入房款的剩余部分 $l_s = \max\{p_s - \theta, 0\}$。我们接下来将重点关注,怎样设定参数,以使得在均衡时,对于所有 s,都有 $p_s - \theta \geq 0$。抵押贷款合同规定,家庭在 "退出" 时,必须偿还贷款本金 l_s 并卖掉房子。如果不能做到这一点,这些家庭就必须支付它们在当期所有可用的资源。而在所有其他各期(包括买房的那一期),家庭都必须为借款支付利息(每单位贷款的利息为 r)。我们将 θ 和 r 作为模型的参数。我们假设 $r > 0$,不过我们不一定限定 θ 为正数。这也就是说,在购买房子时,即使 $\theta < 0$,也可以套现。

我们将重点分析 $l_s = p_s - \theta \geq 0$ 时的均衡,其中的等号仅在一个非常严格的条件下成立,即当家庭不从银行借款时。因此,对于一个在日期 s "出生" 的家庭来说,它在自己的 "一生" 的第一期内的消费就等于 $c_{s;s} = \tilde{y} - \theta - r(p_s - \theta)$,其中,$c_{s;s}$ 中的第一个指数是消费日期,第二个指数是出生年份。由于我们不允许消费为负,即 $c_{s;s} \geq 0$,因此价格是有上界的,其上界如下:

$$p_s \leq p^{\max} = \frac{\tilde{y} - (1-r)\theta}{r} \tag{1}$$

在随后的任何一期,家庭将在该期结束时决定自己是不是要退出。不退出的家庭的消费是 $c_{t;s} = y - r(p_s - \theta) \geq 0$,这构成了对住房价格的另一个约束:

$$p_s \leq y/r + \theta \tag{2}$$

我们关注的是参数设定,对此,方程式(2)的约束比方程式(1)更紧。这也就是说,我们假设 $\tilde{y} - y > \theta$。如果家庭决定在日期 t 退出,那么它就会按照目前的市场价格 p_t 出售房子,如果 $p_t + y \geq (1+r)(p_s - \theta)$,那么该家庭就可以偿还利息和本金,而且在退出之前可以消费 $c_{t;s}^f = p_t + y - (1+r)(p_s - \theta)$,其中的 f 表示这是该家庭的 "最后一期"。如果 $p_t + y < (1+r)(p_s - \theta)$,那么这个家庭就出现了违约,银行总共可以收到 $p_t + y$,这又可以分为两部分,一部分是作为利息的 $r(p_s - \theta)$,另一部分是作为(部分)本金还款的 $p_t + y - r(p_s - \theta)$。这样一来,我们就可以通过求解以下方程式,计算出在日期 s "出生" 并在日期 t 退出的家庭偿还的本金 $\phi_{t;s}$:

$$\phi_{t;s}(p_s - \theta) = \min\{p_s - \theta, p_t + y - r(p_s - \theta)\} \tag{3}$$

而违约率则为 $1 - \phi_{t;s}$。

我们假设,银行对未来各期的贴现率与它们收取的抵押贷款利息相同(均为 r),这是最

容易分析的一种情形。考虑一个家庭从未违约的情况。易知,在这种情况下,在日期 s 签署的一份合同在日期 t 的价值 $v_{t;s} \equiv v_s$ 独立于 t,并且满足如下递归式

$$v_s = \frac{1}{1+r} \left[r(p_s - \theta) + (1-\lambda) v_s + \lambda(p_s - \theta) \right],$$

它给出

$$v_s = p_s - \theta \tag{4}$$

在这个模型中,银行只投资于抵押贷款。我们假设,只要银行有资源,就一定会给新"出生"的家庭发放贷款。

就银行的负债方面而言,我们假设储蓄者在银行的储蓄存款为 d_t,同时政府在银行的存款(或者说,政府给银行的贷款)为 L_t。银行要向储蓄者支付每单位存款 r_D 的利息。对于政府给银行的贷款,银行也要支付利息 r_L,我们假设这是一个外生给定的参数。此外,银行还要有一定比例的本金,这个比例 μ 也是外生给定的。

为了实现模型的封闭(使之有解析解),我们还需要指定 d_t 和 L_t 的演化方式。给定银行资产的内生价值,我们选定一个外生的过程来决定银行的杠杆率,并设定适当的 d_t 来匹配这个过程。这种简单的设定可以体现如下思想:银行通过最大化外部融资来为项目提供融资——其约束条件是,监管机构对它们的杠杆的限制或存款人对银行偿债能力的担忧。

为了计算出一家银行的资产的价值,我们还需要确定银行——以及隐含地,监管机构(本模型中未包括)——如何评估抵押贷款组合的价值。我们应该假定 v_s 是由银行在 $s \le t$ 期间发行且未得到偿还的抵押贷款的账面价值,尽管由于住房价格下跌和违约因素,该抵押贷款的预期价值或市场值可能一直在下降。我们用 d_t 表示未偿还的抵押贷款的期末账面价值的总和。这就是说,在给定方程式(4),并给定每一期都只有"年轻"的家庭(它们占所有家庭的比例为 λ)才会购买住房的条件下,有

$$a_t = \sum_{j=0}^{\infty} \lambda(1-\lambda)^j (p_{t-j} - \theta) = \lambda(p_t - \theta) + (1-\lambda) a_{t-1} \tag{5}$$

举例来说,如果价格永远保持不变(即 $p_t \equiv p*$),那么有

$$a_t \equiv p* - \theta \tag{6}$$

再考虑期末的资产负债表。我们假设负债按其面值记录。银行的净资产 n_t 就是它的资产与负债之间的差额。于是,银行的(账面价值)净资产就可以用如下资产负债表方程计算出来了:

$$a_t = d_t + L_t + n_t \tag{7}$$

我们再把银行的资本要求或净值要求 κ_t 定义为:

$$\kappa_t a_t = n_t + L_t \tag{8}$$

$$(1 - \kappa_t) a_t = d_t \tag{9}$$

这样可以有效地将政府贷款 L_t 界定为银行净值的完美替代品。我们为 $\kappa_t \in [0,1]$ 选择一个外生的随机过程,并假定 d_t 能够满足方程(9)。请注意,这里的 $1/\kappa_t$ 是 $n_t + L_t$ 上的账面价值杠杆比率。

为了刻画 L_t 的演化,我们考虑模型的两个可选版本。核心问题是,万一出现了资金短缺

的情况,应该如何处理。为了简单起见,我们先设法找到一些能够回避银行对存款人违约的潜在可能性的模型设定(尽管将模型扩展为能够讨论违约的情况也很有意思)。在作为基线的基本模型中,我们假设银行家自己注入所需的任何资金,这也就是说,我们假设 $L_t \equiv 0$。在另一个模型中,我们关闭了注入银行权益的渠道,转而假设政府会在必要的时候向银行提供贷款,以避免银行对存款人违约,并防止监管资本短缺。对于这两个不同版本的模型,我们都需要计算出资产负债表的变化。

考虑新的一期开始时的情况。退出的家庭要将房子出售给新"出生"的家庭,我们来分析一下每一笔交易对银行剩余净资产的影响。银行首先会收到所有未偿还的抵押贷款的利息(ra_{t-1}),这会增加它的净资产。而在未偿还的抵押贷款中,比例为 λ 的一部分也将退出。我们定义 ϕ_t 为偿还给银行的抵押贷款本金的比例,这样银行总共收到 $\phi_t \lambda a_{t-1}$。根据方程式(3),我们可以得出

$$\phi_t a_{t-1} = \sum_{j=0}^{\infty} \lambda (1-\lambda)^j \min\{p_{t-1-j} - \theta, p_t + y - r(p_{t-1-j} - \theta)\} \tag{10}$$

由此而导致的净值损失为 $(1-\phi_t) a_{t-1}$,因为现有抵押贷款的账面价值 a_{t-1} 用它们的收益 $\phi_t a_{t-1}$ 代替了。一种特殊情况是,如果目前的市场价格至少不低于过去所有的市场价格,那么 $\phi_t = 1$,净值没有发生任何变化。

银行还会收到本期流入的新增存款 $d_t - d_{t-1}$、新增政府贷款 L_t,同时也会进行新的抵押贷款投资 $\lambda(p_t - \theta)$。新的抵押贷款投资不会改变银行的净值,而只会延长资产负债表。

在负债端,银行按市场利率支付存款利息(每单位存款支付 r_D),存在利息的支付会使银行净值减少 $r_D d_{t-1}$。此外,银行还支付 $(r_L + \mu) L_{t-1}$,其中第一部分是期初政府贷款的利息,第二部分是偿还的比例为 μ 的本金。对于所有这些交易都完成后(但是,不包括新得到的政府贷款头寸 L_t),银行在资产端的剩余现金头寸,我们记为 m_t,并且用消费品的单位数来表示。这个头寸可能为负值,它可以表示为:

$$m_t = (r + \phi_t \lambda) a_{t-1} + d_t - (1 + r_D) d_{t-1} - (\mu + r_L) L_{t-1} - \lambda(p_t - \theta)$$

最后,我们假设银行家自己消费的数量为 $c_{b,t}$,从而相应减少他的银行的净值。我们不妨将这种消费视为对银行股东的一种支付,这种看法可能是有益的。在基本模型中,我们假设 $L_t = 0$ 且 $c_{b,t} = m_t$。这就是说,假设银行家的消费恰好等于现金头寸,从而使得银行家消费之后的现金头寸等于零。由于现金头寸可能为负,因此我们也必须允许 $c_{b,t}$ 可以是负值。我们可以将这种情况视为银行当前的所有者向银行注入了股权投资。

在假设 $L_t = 0$ 时,基本模型的均衡可以用以下方程组表示:

$$a_t = \lambda(p_t - \theta) + (1 - \lambda) a_{t-1} \tag{11}$$

$$d_t = (1 - \kappa_t) a_t \tag{12}$$

$$m_t = (r + \phi_t \lambda) a_{t-1} + d_t - (1 + r_D) d_{t-1} - \lambda(p_t - \theta) \tag{13}$$

$$c_{b,t} = m_t \tag{14}$$

$$n_t = a_t - d_t \tag{15}$$

其中的 ϕ_t 由方程式(10)给出。需要注意的是,利用方程式(11)和方程式(12),将 a_t 和 d_t 代入方程式(13),我们就可以得到:

$$m_t = [r - r_D + r_D \kappa_{t-1} + \lambda \kappa_t + \kappa_{t-1} - \kappa_t - (1-\phi_t)\lambda] a_{t-1} - \kappa_t \lambda (p_t - \theta) \quad (16)$$

这个方程式的优点是,它很直观。考虑与 λ 相乘的括号内的各项。第一项 $r - r_D$ 是银行赚取的利息套利。第二项 $r_D \kappa_{t-1}$ 是从 a_{t-1} 的净值部分获得的利息。第三项 κ_t 为偿还的本金。第四项 $\kappa_{t-1} - \kappa_t$ 是一个差额,它意味着如果资本要求 κ_t 下降了,那么就会有现金释放出来。最后一项 $(1-\phi_t)\lambda$ 只有在出现了违约的情况下 ($\phi_t < 1$ 时) 才会减少现金流量。

此外,将方程式(11)代入方程式(15),并利用后退一期的方程式(15),变形整理后,我们可以得到:

$$n_t = n_{t-1} - \lambda a_{t-1} + \lambda (p_t - \theta) - d_t + d_{t-1} \quad (17)$$

我们可以用这个方程式检验银行的净值的演化。例如,其中一个特殊情况是,假设外生的过程 κ_t 的演化意味着存款额是恒定的(即 $d_t = d_{t-1} = d$),那么我们就有:

$$n_t = n_{t-1} - \lambda a_{t-1} + \lambda (p_t - \theta) \quad (18)$$

这就是说,在这种情况下,银行净值的变化完全由新创造的抵押贷款与退出的抵押贷款的账面价值之间的差额决定。从表面上看,净值似乎是由更高的价格"神奇"地创造出来的,而且在退出抵押贷款上的违约并不重要。然而,我们必须认识到,这些运动在银行家的消费 $\bar{p}_t$ 中都可以找到对应物;从方程式(14)可以看出:要让 d 保持不变,就需要新房子有更高的价格、旧抵押贷款有更高的违约率,以减少银行向股东的支付,甚至会需要注资。

方程式(18)也表明,如果存款不变、价格也不变,那么净值保持不变,因为根据方程式(6),不变价格意味着 $a_{t-1} = p^* - \theta$。在这种情况下,方程式(14)也就意味着银行家的消费等于下式:

$$c_b^* = r(p^* - \theta) - r_D d^* \quad (19)$$

这个方程式能够告诉我们的是,在这种稳定状态下,资产利息减去负债上的利息支出,就是流动利润。

至此,我们不难得出这个基本模型中的住房价格的表达式:

命题 1 假设 $\bar{p}_t \leqslant p^{\max}$ ——$p^{\max}$ 的定义见方程式(1)——那么在基本模型中,住房价格总是等于外生过程,即 $p_t = \bar{p}_t$。

证明:根据假设可知,卖家从购买房子的家庭手中抽取了所有租金,这也就是说,新"出生"的家庭愿意借入最高达 $\bar{p}_t - \theta$ 的贷款。同时,从假设可知,银行也愿意让它们这样做,即银行家可能愿意通过负消费来提供所需的资源。证毕。

在上述模型的"替代版"中,我们施加了 $c_{b,t} \geqslant 0$ 的限制,这就是说,银行不能从它们的所有者那里募集资本金。我们假设政府会提供贷款来弥补任何潜在的资本金短缺。现在,模型的均衡得改用如下方程组表示:

$$a_t = \lambda (p_t - \theta) + (1-\lambda) a_{t-1} \quad (20)$$

$$d_t = (1 - \kappa_t) a_t \quad (21)$$

$$m_t = (r + \phi_t \lambda) a_{t-1} + d_t - (1 + r_D) d_{t-1} - \lambda (p_t - \theta) - (r_L + \mu) L_{t-1} \quad (22)$$

$$c_{b,t} = \max\{0, m_t\} \quad (23)$$

$$L_t = (1 - \mu) L_{t-1} - \min\{0, m_t\} \quad (24)$$

$$n_t = a_t - d_t - L_t \qquad (25)$$

其中的 ϕ_t 仍然由方程式(10)给出。方程式(22)与方程式(13)相比,还包括了为未偿还的政府贷款而支付的利息和一部分本金 μ。方程式(23)则规定了 $c_{b,t}$ 的非负性,这一点与方程式(14)相比大不相同。为此,还需要增加方程式(24),以便表示政府贷款的演化。政府贷款因本金的部分还款而减少,但是在资金短缺($m_t < 0$)时,又会随着需要偿还资金的增加而增加。

不过,至此这个替代模型仍未完成。注意到,在方程式(22)中,更大的 p_t 现在可以用政府提供的相应更大的贷款来补偿了。这就提供了一个很大的政策空间,我们可以在这个政策空间中考虑一系列很有意思的潜在政策。一个极端是最慷慨的政府,即政府愿意提供足够多的贷款,从而使住房价格重新回到家庭愿意支付的最高水平 $p_t = \bar{p}_t$;另一个极端是最吝啬的政府,即政府只愿意提供贷款来保证银行家的消费不为负值,这将使住房价格一路下跌到 $p_t = \theta$,因此不需要银行贷款就能够购买房子(假设 $\theta \geq 0$)。在下面给出的对于外生价格暴跌的数值实验中,我们将研究后面这种极端情况的影响。换句话说,我们将在 $\theta < p_t \leq \bar{p}_t$ 的范围内选出一个最高的价格 p_t,限制条件是该价格在方程式(22)中导致的 m_t 是非负的——只要这样的价格是存在的。请注意,如果存在的话,这个价格将或者等于 $\bar{p}_t$,或者导致 m_t 的值为 0。如果不存在这样的价格,那么有 $p_t = \theta$,$m_t < 0$,且新发行的贷款将等于 $-\{0, m_t\}$,如方程式(24)所示。在这种情况下,住房价格将变为内生的,而且命题 1 不再成立。对于杠杆比例崩溃的情况,我们假设政府向银行提供贷款以弥补缺失的股本。一个更好的解释是将之视为银行系统的部分受益股权(partial stake),政府要求得到一定的回报率。然后,随着时间的流逝,这个权益会以设定的、必须达到的贷款偿还率不断减少。

2.1　数值实验:概述

接下来,我们将进行两套数值实验,以便进一步阐明我们在引言中讨论过的两个进路:

1. 我们假设住房价格保持不变,并假设泡沫和崩溃发生在杠杆比率 κ 上;

2. 我们假设杠杆比率保持不变,并假设泡沫和崩溃发生在住房价格上。

在两个数值实验中,对于基准模型设定,我们考虑的是当银行家可以注入新的股权时的影响;对于替代模型设定,则考虑当银行家不能注入新的股权时,或者需要政府贷款来弥补资金不足时的影响。

需要指出的是,这些数值实验的结果虽然可以说明一些问题,但是它们不是用来进行细致的校准的。在选择参数时,标准必须保证它们大体上是合理的,而且结果对参数的选择相当敏感。在数值实验中,我们将一期定为一年。各参数的说明见表 1。

表 1　数值实验的参数值

y	1
P^*	$5y$
κ	0.05(崩溃前,对于数值实验1)
	0.2(崩溃后,对于数值实验1)
	0.1(崩溃前及崩溃后,对于数值实验2)
θ	$2y$
r	0.04
r_D	0.03
r_L	0.03
μ	0.05
λ	0.1
γ	1.13(数值实验2)
α	$19y$(数值实验2)

　　所有变量都可以通过收入 y 来衡量,所以我们设定收入 $y=1$。据此,可以将银行家的消费、政府贷款以及银行资产等所有变量的数量,都记为年度 GDP(收入)的某个倍数。我们称假定首付(相对于收入)为 $\theta=2$,我们应假定首付是在经济行为主体"出生"并进入住房市场前储蓄下来的。

　　这也就是说,我们要假设 $\bar{y}$ 足够高,以保证方程式(2)比方程式(1)的约束更紧。因为 $\bar{y}$ 不起作用,所以我们在表1中没有列出这个参数的明确的值。家庭退出住房市场的概率 λ 设定为 0.1,意味着住房市场平均每 10 年周转一次。我们假设银行的资产收益率为 4%,并且要为它们的债务支付 3% 的利息(银行的债务既可以是储蓄者的存款,也可以是政府贷款)。我们假设政府贷款的到期期限为 20 年,即未偿还债务中每年必须偿还的比例 $\mu=0.05$。

　　对于第一个数值实验,我们将最大支付意愿设定为 $\bar{p}_t \equiv p^*$,其中 $p^*=5y$,即(年)收入的 5 倍。在对杠杆比率的暴涨和随后的崩溃建模时,我们假设所需的资本比率最初为 $\kappa=0.05$,这个资本比率一直延续到 $t=-1$ 这一期,它意味着 20 倍的杠杆率。而到 $t=0$ 这一期的时候,资本比率将意外地上升到 $\kappa=0.2$,这意味着杠杆比率为 5 倍。

　　对于第二个数值实验,我们将所需的资本比率一直保持在 $\kappa=0.1$ 的水平上。为了刻画住房价格在初期的上涨和随后的崩溃,我们假设(家庭愿意支付的)最高住房价格指数会一直上涨到 $t=-1$ 这一期为止,然后就一路下降到某个不变的水平 $\bar{p}_t \equiv p^* \geqslant \theta$,其中 $p^*/y=5$,这个价格水平与遥远的过去的价格水平之间有可比性。也就是说,我们假设对于 $t<0$,有

$$\bar{p}_t = p^* + \alpha\gamma^t \tag{26}$$

而对于 $t \geqslant 0$,则有 $\bar{p}_t=p^*$(其中,$\gamma \geqslant 1$)。

2.2 杠杆率的外部冲击

让我们先来看一下第一个数值实验。在这个实验中,最高价格 $\bar{p}_t = p^*$ 保持不变,同时杠杆的崩溃是外生性的。在下面的图示中,我们用"情形 A"来表示基准版模型的数值实验结果(如图3所示)。我们假设,如果需要的话,银行家会提供新的资本。

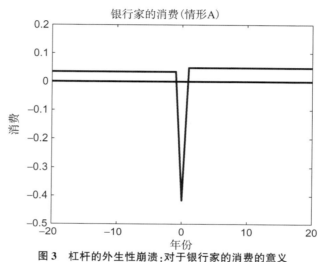

图3 杠杆的外生性崩溃:对于银行家的消费的意义

注:银行家的消费为负时,应解释为注入新的银行股权。

从图3可见,在其中的一期,杠杆比率发生了非常突然的变化,需要注入额外的现金,这在模型中体现为负的银行家消费。只要注入了新的股权,那么一切都能恢复到以前那样,除了银行家的消费现在变得更高了一些之外(因为要考虑到新的、较低的杠杆)。而房子的价格则保持在 $p_t = \bar{p}$ 的水平上。

在"情形 B"中,发生的事情更加夺人眼球。在这个模型中,银行家不会注入新的股权。这个数值实验的结果如图4所示。在这里,价格的崩溃是内生性的,这一点从图4左上角那幅小图可以看得很清楚。而违约的时间则相当短暂(如图4右上角小图所示)。政府会补充缺失的股本,从而在实质上获得了银行系统的部分权益(以政府所要求的回报率)。然后,随着时间的流逝,这个权益会以设定的、所要求的贷款偿还率不断减少。从这里可以看得很清楚,如果利息的支付与上述还款的支付之和少于银行系统的收入,那么银行家的消费额为正。最后,银行的净值将逐渐恢复,直到符合新资本比率的要求,如图4第三行左侧小图中的红色虚线所示。

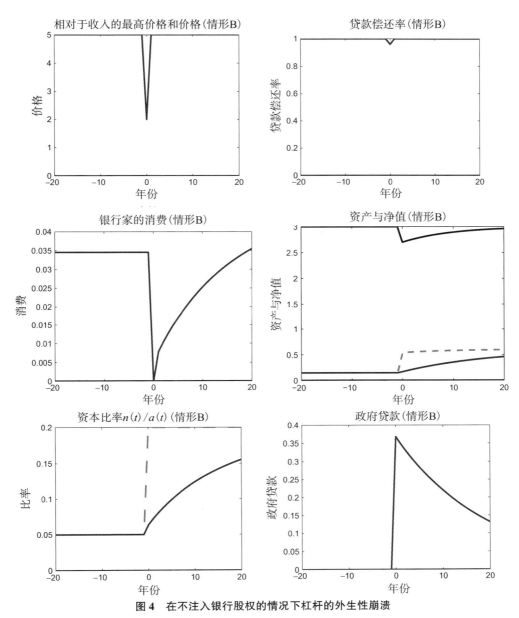

图4 在不注入银行股权的情况下杠杆的外生性崩溃

注:住房价格的崩溃是内生性的,这一点从左上角小图可以看得很清楚。同时如右上角小图所示,违约的时间则相当短暂。政府会补充缺失的股本,从而在实质上获得了银行系统的部分权益(以政府所要求的回报率)。从这里所显示的参数来看,银行的净值将逐渐恢复,直到符合新资本比率的要求,如图中第三行左侧小图中的红色虚线所示(在印刷版中为灰色)。

2.3 住房价格的外生性崩溃

在第二个数值实验中,我们考察的是住房价格的外生性崩溃,即随着住房价格——由方程式(26)给出——的不断上涨,同时杠杆水平 κ 保持不变,房价泡沫将怎样破灭。

首先考虑住房价格上涨的起步阶段,$t<0$。在模型的基准设定中,房子总是以新"出生"的购房者愿意付出的最高价格出售,即 $p_t = \bar{p}$。

这个结果在模型的另一种设定下也成立,只要银行能够足够迅速地使净值恢复过来,为新的贷款提供资金,而不需要进一步注入新的股权。当然,这会对参数施加一些限制,对此我们在下文中将会说明。

根据方程式(26),同时由于对所有 $t<0$ 都有 $p_t = \bar{p}_t$,因此对于银行资产 a_t,可以将方程式(11)重写为:对于所有 $t<0$,都有:

$$a_t = p^* - \theta + \frac{\lambda\gamma}{\gamma + \lambda - 1}(p_t - p^*)$$

作为一个有用的基准,现假设 $p^* = 0$ 且 $\theta = 0$。于是,资产价格比为:

$$\frac{a_t}{p_t} = \frac{\lambda\gamma}{\gamma + \lambda - 1}$$

对于所有 $t<0$,当前价格与现有资产之间的上述关系如图5所示。从图中可以看出,住房价格上涨的速度越快,资产规模相对于当前住房价格就显得越小。有人可能会认为,这就是金融机构在住房价格上涨期间不太担心违约风险的原因所在。由于对于所有 $t<0$,都有 $a_t = \gamma a_{t-1}$,故方程式(13)就意味着:

$$\frac{m_t}{a_t} = \frac{1}{\gamma}\left[r - r_D(1-\kappa) - \kappa(\gamma-1)\right] \tag{27}$$

因此,在 $t<0$ 时,银行的资产负债表一直在扩张。如果银行是通过收入来为这种资产负债表的扩张融资的,那么就有 $c_{b,t} = m_t = 0$,从而我们可以得到:

$$\gamma = 1 + \frac{1}{\kappa}\left[r - r_D(1-\kappa)\right] \tag{28}$$

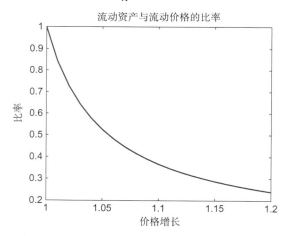

图5 资产与价格的比率(保持 $\lambda = 0.05$ 不变,γ 取各种不同的值)

这是一个很直观的结果。特别是,如果 $r = r_D$,那么就有

$$\gamma = 1 + r \tag{29}$$

于是为净值而支付的利息必定恰好能为银行的资产负债表的扩张提供融资。或者换一种说法,通过方程式(28)或方程式(29)中计算出的 γ 值是价格增长率 γ 的上界——避免银

行家的消费在价格增长阶段落入负值区域(保持杠杆比率不变,同时假设 $p^* = 0$ 且 $\theta = 0$)。

根据表 1 所列出的各个参数,方程式(28)意味着在价格上涨的起步阶段,γ 的值达到了 1.13,或者说,最高住房价格有了 13% 的升值。虽然数值实验仅能用来说明一些问题,但是不难看出,在房价繁荣阶段,这个数字可能代表了一个相当高但并非完全不合理的价值。事实上,根据凯斯席勒(Case-Shille)住房价格指数,在 2008 年金融危机前夜,在最后的崩溃前,住房价格的上涨速度比这还要更快。有人也许认为,可以把这种涨速视为长期住房价格增长的合理上限——当银行受到某种限制,无法筹集新资本来为新的抵押贷款提供融资时。接下来,我们考虑对银行家的消费的影响,如图 6 和图 7 所示。在选定的这些参数下,银行家的消费在崩溃前几乎一直处于水平状态,这是因为旧的抵押贷款的利息的上升,现在已经差不多全被新的抵押贷款所需资源的增加抵消了。对于参数 γ 的其他选择,在这个房价启动阶段,不应该指望银行家的消费仍然维持几乎完全平坦。

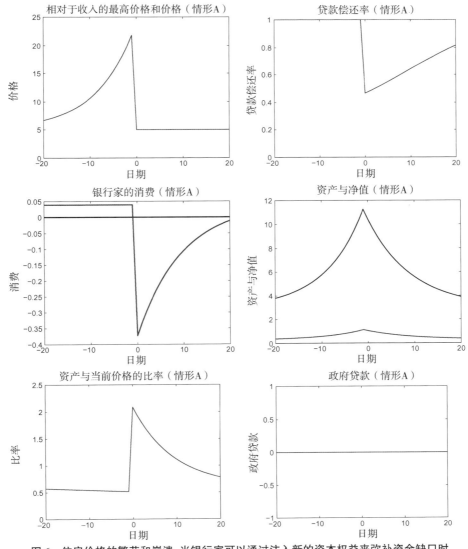

图 6　住房价格的繁荣和崩溃,当银行家可以通过注入新的资本权益来弥补资金缺口时

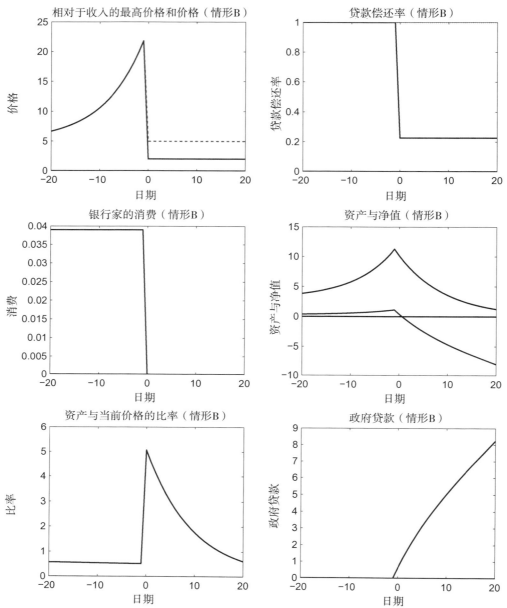

图7　住房价格的繁荣和崩溃：在模型的另一种设定下，当银行家不注资时，政府提供最低限度的贷款来防止银行违约

　　根据方程式（2），我们必须小心，不能让价格上涨得太快。考察崩溃前最后一期的价格 $\bar{p}_{-1}$ 所受的限制，这个方程式意味着：

$$\alpha \leq \frac{1}{\gamma}\left(\frac{y}{r}+\theta-p^{*}\right) \approx 19.5y \tag{30}$$

我们设定 $\alpha=19y$，以保证价格会在最后一个可能的时期内崩溃。参数 γ 和 α 的取值如表1所示。不难看出，这些值都是相当极端的，之所以选择它们，是为了保证数值实验能够提供最富戏剧性的结果。

现在考虑房价崩溃后的阶段，即 $t \geqslant 0$ 时的情况。这里也需要进行一些数值计算。结果如图6和图7所示。图6显示了当可以注入银行权益时，即当银行家的消费变为负数时，模型的基准设定"情形A"中会发生什么。此时，住房交易在外生给定的价格水平 $\bar{p}_t = p^*$ 上进行。如图6右上角的小图所示，还款率出现了暂时性的下降，但是马上就开始逐渐恢复。在这种情况下，不需要政府贷款，政府也没有提供贷款。

在该模型的另一种设定即"情形B"下，银行家不注入新的银行资本权益。此时，数值实验的结果更有戏剧性，如图7所示。现在，在选定的参数下，当价格崩溃时，价格就直接下跌到相当于首付 θ 的水平，并一直停留在那里。而且，银行家的消费永远不会恢复。同时，作为银行家的资产的抵押贷款也出现了连续的违约。

这些可以说是崩溃前资产的"遗产资产"（legacy asset），它们将随着时间的推移而逐渐消失，因为崩溃前承担着贷款的那些家庭，在偿还贷款时仍然会遇到困难。最终，政府持有的债权头寸会被银行家净值的负值抵消，不再有任何相应的资产。

2.4　对数值实验的若干评论

上面的数值实验凸显了，住房价格和金融市场的繁荣和衰退是如何被任何一个直接住房价格或直接影响银行杠杆的事物推动的。住房价格与银行杠杆之间这种非常有意思的相互作用的模式当中，一个非常重要的组成部分就是长期贷款的存在。

在上述数值实验中，杠杆的持续下降总体上看比住房价格的外生性崩溃更加温和一些。但是，正如我们一再提到的那样，这只是一个用来说明问题的例子，而且我们在第一个实验中强加的外生性杠杆崩溃的规模，是不能与第二个实验中强加的外生性价格崩溃的规模直接进行比较的。在未来的研究中，一个有意思的课题是，校准一个更逼近现实的模型，并尝试对上述两种类型的冲击加以对比。

同样非常有意思的一点是，在上述两种类型的数值实验中，发生的各种事件在"情形B"中（即当银行家不注入新的银行权益时）总是比"情形A"更加突出、更加有戏剧性。这表明，要想让市场回到正轨，要想避免长时间的持续坍塌，银行系统的快速资本重组可能是非常重要的。在"情形B"中，出现了一个自我反馈型危机：由于没有上述资本权益注入，银行没有资金提供新的抵押贷款，于是住房价格可能会保持低位，从而导致进一步的违约，进而造成银行资产负债表进一步的损失。如果政府有非常慷慨地给银行贷款的计划（在这个数值实验中没有加以证明），可以让住房价格维持在家庭愿意支付的最高水平上，这样做也能把住房市场的价格变动与银行权益的下降隔离开来，但是同时也可能导致政府在未来很长时间内都"陷入"银行系统之内无法脱身。我们在这里并不打算对政府干预的可能成本进行模拟计算，所以很显然，提出结论性的政策建议已经超出了本节的范围。不过，那可能是未来的研究工作的另一个有意思的方向。

3. 相关文献:家庭杠杆率

在上一节中,我们构建了一个简单的模型,它凸显了信贷周期与住房价格的暴涨—崩溃周期之间的相互作用。这种相互作用的一个关键因素是,家庭是利用借款才得以买下住房的,它们在金融财务方面受限于一系列约束。事实正是如此。近期美国所经历的金融危机的一个定义性特征就是,家庭债务与国内生产总值之间的比率急剧上升(到2008年高点时达到了128%),然后极速下降。这个事实引发了对家庭杠杆化和去杠杆化的影响的广泛关注,这种影响,不仅局限于房地产市场,而且会溢出到总体经济活动。

3.1 宏观模型中的金融摩擦

讨论包含金融摩擦的宏观模型的文献已经有很多,而且仍然一直在不断增长。对于这个领域的相关研究,请参阅布伦纳迈尔等人(Brunnermeier et al., 2011)的全面综述。在这里,我们先评述上述文献中有创新意义的若干论文,然后着重探讨信贷市场与住房价格之间的具体联系。在包含金融摩擦的宏观经济学模型这组文献中,其中一篇开创性论文是伯南克和盖特勒撰写的(Bernanke and Gertler, 1989)。他们通过分析金融摩擦的反馈效应,重点讨论了暂时性冲击的持久影响。在他们以及在卡尔斯特罗姆和福尔斯特(Carlstrom and Fuerst, 1997)、伯南克等人(Bernanke et al., 1999)的模型中,对于金融摩擦的最关键的假设是,识别企业家的类型要付出昂贵的成本。另一篇对宏观经济学文献产生了巨大影响的开创性文献是清泷和摩尔的论文(Kiyotaki and Moore, 1997),他们用借款的抵押(品)约束来对金融摩擦建模,而放弃了状态识别成本框架。他们认为,在动态经济中,具有耐久性的资产(耐用资产)可以发挥双重作用:一方面充当生产要素,另一方面可以在贷款时用作抵押品。在他们的模型中,信贷限额是内生地确定的;信贷限额与资产价格之间的相互作用产生了一个强大的传导机制,使得对技术和收入分配的暂时性冲击对资产价格和产出造成了巨大而持久的影响。这里面的具体机制如下:暂时性的生产率冲击降低了企业的净值,受信贷限额约束的企业不得不减少投资,这种行为降低了土地价值,从而削弱了他们未来的借款能力,并进一步降低投资。经济学家将这个机制纳入宏观经济学模型,主要是用来研究金融冲击的实际影响以及其他类型的冲击的放大效应。另外一篇关于金融摩擦与宏观经济的关系的有影响力的论文是吉纳科普洛斯(Geanakoplos)的论文(2009)。吉纳科普洛斯关注的是杠杆在繁荣期和爆发期的作用。他的模型的核心洞见是,一些投资者会比其他投资者更加乐观,在"行情好"的时候,这些投资者会推动资产价格上涨。但是,如果真正实现的状态不如他们预期,他们就可能会放弃财富,即将资产转卖给那些更加悲观的人,于是杠杆和价格都会下滑。因此,这是一个杠杆周期。与此相关的另一篇论文是迈尔森的论文(Myerson, 2012),他提出了一个因金融中介的道德风险行为而产生的信用周期模型。

在上述开创性模型的基础上,最近又涌现出了大量考虑公司资产负债表在宏观经济中的作用的文献。其中的一些例子包括:洛伦佐尼(Lorenzoni,2008)、门多查和夸得里尼(Mendoza and Quadrini,2010)、吉纳科普洛斯(2011)、布伦纳迈尔和桑尼科夫(Brunnermeier and Sannikov,2010)、何治国和克里希纳穆尔蒂(He and Krishnamurthy,2013)和博科拉(Bocola,2014)。吉尔克里斯特和扎克拉伊舍克(Gilchrist and Zakrajsek,2012)构建了一个新的信贷利差指数,并表明信贷可得性的下降确实会对宏观经济造成不利影响。然而,在本章中,我们更多地关注家庭部门,因此我们也主要讨论这个领域的文献。

3.2 信贷约束对住房价格的影响

在许多关于住房市场的文献中,家庭信贷约束都在影响住房价格方面发挥了关键作用。戴维斯和范纽沃尔伯格(Davis and Van Nieuwerburgh,2015)对这些文献进行了很精彩的综述。据我们所知,斯坦的论文(Stein,1995)是第一篇探讨首付款条件对住房价格波动的影响以及价格与交易量之间的关系的论文。具体地说,这篇论文强调了,从住房价格到首付要求、住房需求,再回到住房价格,存在如下自我强化的反馈效应:如果住房价格下跌,家庭抵押品价值下降,那么就会压低住房需求,从而进一步推动住房价格下行。这种乘数效应可能会产生多重均衡,而且可以解释住房价格暴涨期和暴跌期间隔发生的现象。这种自我增强的效应与清泷和摩尔(Kiyotaki and Moore,1997)在他们的创新性论文中阐述的传播机制不无相似之处。

在一篇相关论文中,奥塔洛-马格内和拉迪(Ortalo-Magne and Rady,2006)也探讨了住房首付款要求对于解释住房价格波动的关键作用,尽管他们强调的是另一个不同的机制。他们提出了一个关于住房市场的生命周期模型。在他们的模型中,存在信贷约束,同时还存在两种类型的住房——"新房"和"二手房",这使得他们能够专注于分析首次购房者对住房价格涨跌的关键作用,进而证明,年轻家庭的收入波动或年轻家庭的信贷约束的放松可以解释住房价格过剩波动。他们的模型还证明,住房价格和交易量之间存在正相关性。

更晚近一些,清泷等人(Kiyotaki et al.,2011)构建了一个定量的一般均衡生命周期模型。在这个模型中,土地是一种有限的生产要素,而且可以充当企业贷款的抵押品。他们证明,在生产有形资产的过程中,土地相对于资本越重要,住房价格对基本面上的冲击——例如生产率的增长率或全球利率的变化——就越敏感。此外,这种类型的冲击对不同家庭的财富和福利会有不同的影响:在房价上涨期间,这通常会使购房人获益、卖房者受损。相比之下,各种各样的旨在放宽抵押品限制的金融创新,对住房价格的影响却要小得多。类似地,索默等人(Sommer et al.,2013)也提出了一个定量的包含了住房限制和金融约束的一般均衡模型,他们证明,放松金融约束对住房价格影响不大,而利率波动的影响则要大得多。

在一项相关研究中,法韦卢奇斯等人(Favilukis et al.,2016)则构建了一个包含了住房和抵押品约束的定量一般均衡模型。他们的目标是探索到底哪些因素推动了住房的价格租金比的变化,最后得出了一些非常不同的结论。与以前的定量研究相比,他们的模型有两个新的假设:总体商业周期风险和遗产异质性,这些因素会产生实际的财富分配效应。与之前的论文不同,他们发现,放宽抵押要求可能会导致巨大的住房价格泡沫;相反,降低利率则不会,因为外国资本会源源不断地流入国内债券市场。特别是,他们证明了金融自由化导致住房价格上涨的机制——即通过降低住房风险溢价。遵循同样的思路,克曼尼(Kermani,2016)也提出了一个类似的模型,凸显了金融自由化及其逆转在解释住房价格飙升和暴跌中的作用。还有,在何超等人的模型中(He et al.,2015),金融创新同样可以导致住房抵押贷款和住房价格的泡沫和破灭,原因是住房的流动性溢价在贷款权益比上是非单调的。根据他们的模型,即使基本面没有发生变化,由于自我实现的信念,住房价格也可能呈现周期性的波动。在一篇相关论文中,霍震和里奥斯-鲁尔(Huo and Ríos-Rull,2014)提出了一个具有异质性家庭、住房和信贷约束的模型,他们同样证明金融冲击可能会导致住房价格大幅下跌。

在最近的一篇论文中,胡斯蒂尼亚诺等人(Justiniano et al.,2014)提出了这样一个问题:对于美国住房市场热潮背后的"信贷放松"冲击,进行形式化建模的最佳方式是什么?他们这项研究的目的是,为这种冲击构建一个模型,并使之符合住房市场和抵押贷款市场的一些"特征事实":住房价格和家庭债务"携手"上涨,同时贷款价值比率却相当稳定,而且抵押贷款利率趋于下降。特别是,他们对"贷款约束"的放松(即提高用于以抵押贷款方式购买住房的借贷资金的可用性)与"借款约束"(即降低抵押要求)。他们认为,只强调放松抵押要求这一点并不能解释美国最近这一轮住房价格上涨热潮——同时还必须存在信贷供应的膨胀。

3.3 信贷约束和住房价格对宏观经济的影响

住房市场上信贷状况的变化对整体经济和经济政策的影响显然是一个非常重要的问题,事实上,它正是许多论文重点研究的一个问题。在这些文献中,亚科维耶洛(Iacoviello,2005)提出的模型现在已经成为一个非常有力的工具,在这个模型中,嵌入了名义家庭债务和与房地产价值捆绑的抵押品约束之后——例如,像清泷和摩尔(Kiyotaki and Moore,1997)所做的那样——就可以构造出一个新凯恩斯主义的模型。清泷(Kiyotaki)和摩尔(Moore)证明,需求冲击会使住房价格和消费价格出现同方向变化,因此会被放大。在外部冲击下,需求上升,消费价格和资产价格一起上涨。资产价格的上涨提升了债务人的借款能力,使他们能够扩大消费和投资。消费者价格指数的上涨,降低了他们的未偿还债务的实际价值,从而对他们的净值产生了积极的影响。由于借款人的消费倾向比贷款人更高,所以这种冲击对需求的净影响为正。因此,需求冲击得到了放大。圭列里和亚科维耶洛(Guerrieri and Iacoviello,2014)强调指出,抵押要求驱动了住房价格与经济活动之间的不对称的关系。布佐查-布莱兹纳等人(Brzoza-Brzezina et al.,2014)提出了一个包含住房和金融中介机构的动态随机一般均衡模型,他们比较了多期合约与单期合约对货币和宏观审慎政策的影响,并评估了固定利率抵押贷款与可变利率抵押贷款的不同作用。加里加等人(Garriga et al.,2016)也在一个类似的一般均衡模型中探讨了长期抵押贷款、名义合约和货币政策之间的相互作用。贝奈斯等人(Benes et al. , 2014a)的模型,则为研究住房市场与经济绩效之间的相互作用及其对宏观审慎政策的影响提供了一个更加丰富的结构。后来,贝奈斯等人(Benes et al. , 2014b)、克兰西和默罗拉(Clancy and Merola, 2015)应用并进一步扩展了这个模型。

科尔贝和昆廷(Corbae and Quintin, 2014)的研究兴趣则在于,评估高杠杆抵押贷款在止赎危机中发挥的作用。在他们构建的模型中,经济行为主体是异质性的,这些人可以在20%首付的抵押贷款合约与没有首付要求的抵押贷款合约之中进行选择,然后还可以选择违约。最后,他们的模型表明,高杠杆贷款的增加幅度可以解释60%以上的止赎率上升。

另外还有一批文献也关注包含了住房部门和抵押约束的宏观经济模型,但是却假设住房价格是给定的。其中,坎贝尔和赫尔科维茨(Campbell and Hercowitz, 2006)探讨了19世纪80年代初美国金融改革中的放宽家庭抵押约束政策的宏观经济后果。在他们构建的一般均衡模型中,家庭是异质性的。这些家庭能够获得的贷款合约要求支付首付并快速还款,不过住房价格则认为是外生给定的。[①] 降低首付款率或延长贷款期限可以降低宏观经济的波动性。特别是,他们证明,20世纪80年代初期,工作时数、产出、家庭债务和耐用品的消费的波动性下降的很大一部分,都可以用当时的金融改革来解释。与坎贝尔(Campbell)和赫尔科维茨(Hercowitz)类似,亚科维耶洛和帕凡(Iacoviello and Pavan, 2013)也将住房市场嵌入了一个生命周期一般均衡商业周期模型中。在他们这个模型中,家庭面临着抵押约束。他们证明,更高的收入风险和更低的首付要求,不仅可以解释大衰退期间住房投资波动性的下降、债务的顺周期性,而且可以部分解释产出波动性的减少。他们还证明,更宽松的信贷条件,虽然能够让住房市场和债务水平在面对小的冲击时更加稳定,但是在面对更大的负面冲击时,却会使之变得更加脆弱,在大衰退期间发生的情况就是如此。

作为对最近一轮住房价格暴涨和暴跌以及随后的长期衰退的回应,经济学界涌现出了一大批新的宏观经济模型,它们将家庭的杠杆化和去杠杆化视为影响经济活动的一个根本冲击(尽管有些模型没有明确地对住房市场进行建模)。在2011年的主席就职演说中,霍尔(Hall, 2011)强调,美国最近遭受的"长期衰退",其驱动力在于总需求的大幅下滑,而后者又可以归因于2007年至2008年的大规模去杠杆化浪潮,而在那之前,则是从21世纪初期以来消费者债务的大量累积。在实证研究方面,米安和苏菲(Mian and Sufi, 2014)利用美国邮政编码区一级数据进行了分析,他们得到的结果是,最近这场经济衰退中的就业下滑的主要原因在于需求冲击。与这两项研究相类似,越来越多的经济学家开始将信贷紧缩视为对经济的一个根本性冲击,并着手探讨随后的去杠杆化会怎样影响整体经济,特别是住房市场。就在霍尔(Hall, 2011)发表主席演说的那个时期,出现了第一批将信贷紧缩型危机(而不是其他类型的冲击,比如说生产率冲击)视为根本性冲击的宏观经济模型,它们分别是埃格特森和克鲁格曼(Eggertsson and Krugman, 2012)、圭列里和洛伦佐尼(Guerrieri and Lorenzoni, 2011)

---

① 在他们的论文中,住房价格是保持不变的,这与那些将住房价格纳入单部门真实经济周期模型的早期文献的处理方法相同。这支文献的开创性论文出自本哈比比等人(Benhabib et al. , 1991)、格林伍德和赫尔科维茨(Greenwood and Hercowitz, 1991)之手。更晚近一些,费希尔(Fisher, 2007)通过将家庭资本假设为与市场生产中的商业资本和劳动互补,从而调和了家庭投资在商业周期中领先于非住宅资本的事实。

提出的。这两篇论文分别构建了一个不完备市场模型。在模型中，家庭面临借款约束，同时信贷危机则用意料之外的收紧借款上限来表示。同时，为了把重点放在家庭的总债务头寸上，这两篇论文都需要在模型中引入某种形式的家庭异质性：埃格特森和克鲁格曼（Eggertsson and Krugman，2012）利用了凯恩斯主义模型，假设存在两种类型的经济行为主体，即借款人和贷款人，而圭列里和洛伦佐尼（Guerrieri and Lorenzoni，2011）则借用了比利（Bewley）的模型，家庭面临着不可保险的异质性收入风险，因而家庭不仅仅在达到借款限额时要去杠杆，而且在足够接近贷款限额的情况下也必须出于预防原因而去杠杆。这两篇论文都表明，信贷紧缩型冲击可能会对实体经济造成巨大的影响（在他们看来，这种影响也是很有持续性的），尤其是在名义刚性大量存在的情况下。

现在，研究包含异质性家庭的不完全市场模型，并重点关注这一类"信贷紧缩"型冲击的论文已经越来越多了。同时，在另外一些更强调定量化的研究中，胡斯蒂尼亚诺等人（Justiniano et al.，2015）和德尔尼格罗等人（Del Negro et al.，2011）则对这种类型的冲击的实际效应进行了量化分析，他们使用了不同的一般均衡模型并得出了不同的结论。一方面，胡斯蒂尼亚诺等人（Justiniano et al.，2015）在亚科维耶洛（Iacoviello，2005）以及坎贝尔和赫尔科维茨（Campbell and Hercowitz，2006）的论文的基础上，构建了一个包含两种类型的家庭的模型，这些家庭以自己的住房为抵押品，借入贷款，证明美国最近经历的杠杆化和去杠杆化周期并没有产生显著的实际效果。另一方面，德尔尼格罗等人（Del Negro et al.，2011）则在一个标准动态随机一般均衡模型中引入了流动性摩擦，进而证明流动性冲击的影响可能很大。

还有许多论文也探讨了类似冲击的总体影响，它们重点关注的是不依赖于名义刚性的传播机制。霍震和里奥斯-鲁尔（Huo and Ríos-Rull，2014）研究的是这样一个不完全市场经济：家庭是异质性的，它们面临着借款约束，同时根本性的冲击是借款限额的紧缩。在他们这个模型中，包含了一个新成分，它使得金融冲击产生了真实的经济影响，那就是在一些消费市场中引入搜索摩擦。[①] 这也就是说，家庭为了购买某种类型的商品付出一定成本进行搜索，因此当借款限额收缩，如果家庭想要节省更多，它们就不得不降低搜索活动的强度。而这将导致需求减少，从而造成经济衰退。再者，因为如下事实，这里还存在着一个放大效应：消费更多地倾向于那些更远离贷款限额的比较富裕的家庭，而且这些家庭也通常倾向于付出更少的搜索努力。另一篇相关的论文是基欧等人的论文（Kehoe et al.，2014），在他们构建的戴蒙德-默腾森-皮萨里德斯（Diamond-Mortensen-Pissarides）搜索-匹配模型中，工资曲线是向上倾斜的，同时消费者则要面对贷款约束，而且是风险厌恶的。在他们的模型中，借款限额的紧缩提高了工人和企业的贴现率，从而减少了职位的创造、压低了就业，这里面的机制与霍尔（Hall，2014）所阐述的机制类似。而且，由于在职人力资本积累和工人债务限额的存在，这种效应会得到放大。而在马塞拉（Macera，2015）研究的模型中，不仅有异质性家庭，还有异质性生产者，他研究了这两类经济行为主体的借款能力被紧缩的总体影响。

---

① 在消费市场中引入搜索摩擦这种做法始于白聚山（Bai）等人。霍震和里奥斯-鲁尔（Huo and Ríos-Rull，2013）所关注的是一个小型开放经济，在那里，这种摩擦在金融冲击的传播过程中发挥着关键作用。

另一篇重要的相关论文是米德里甘和菲利彭(Midrigan and Philippon,2011)的论文,他们研究了一个有住房市场的现金预付制经济体,在那里,交易不仅可以通过货币进行,而且还可以通过房净值借贷进行。在他们构建的这个经济中,存在一个岛屿连续统,其中每个岛屿都要服从不同的抵押约束。作者们调整了模型的参数,以便匹配米安和苏菲(Mian and Sufi,2011)得出的都会统计区(MSA)层面的实证证据。当一个岛屿的住房价格下降时,现金预付约束会使该岛的总需求萎缩。这会导致经济衰退,原因在于,名义工资刚性和劳动力在不同部门之间重新分配时的摩擦,阻碍了家庭更努力地工作或转移到其他可交易部门。作者们还将模型扩展为包括两类家庭,一类是有耐心的,另一类是没有耐心的——有耐心的家庭可以借钱给没有耐心的家庭,后者则可以将住房用作抵押品。进而,作者们又对两类不同的冲击进行了区分,一类是"流动性冲击"(即会影响所有家庭的现金预付约束的收紧),另一类是"信贷冲击"(即只会影响没有耐心的家庭的借款约束的收紧);他们证明,流动性冲击非常强大。对这两种类型的约束进行区分,有助于刻画约翰逊等人(Johnson et al.,2006)、帕克等人(Parker et al.,2013)以及卡普兰和韦奥兰特(Kaplan and Violante,2014)给出的经验证据——他们表明,相当比例的富裕家庭的流动性都受到了约束。而在如前所述的许多宏观经济模型中,通常都只用一个抵押约束来刻画上面这两种类型的冲击。

许多经济学家还用不完全市场模型来分析住房价格对消费的影响。根据米安等人(Mian et al.,2013)的研究结果,这种影响是相当大的。大量实证研究文献都试图估计住房价格变化对消费的影响,它们利用了不同的数据样本,采取了不同的识别策略,其中一些比较典型的论文包括:坎贝尔和科科(Campbell and Cocco,2007)、阿塔那西奥等人(Attanasio et al.,2009)、卡罗尔等人(Carroll et al.,2011)、凯斯等人(Case et al.,2013),以及斯特洛贝尔和瓦弗拉(Strobel and Vavra,2015),等等。关于这个主题的更加全面的综述,请参阅亚科维耶洛的论文(Iacoviello,2012)。通常来说,在标准的永久性收入假设之下,模型所能反映的住房价格对消费的影响都比较小,因为住房价格不仅会影响家庭的财富,而且也会影响家庭的隐性租金率。但是伯杰等人(Berger et al.,2015)却证明,在一个简单的不完全市场模型中,只要经济行为主体是异质性的,而且存在着住房和抵押约束,那么消费的住房价格弹性就是相当大的,而且与经验证据相一致。他们还进一步阐明,这种弹性的大小由临时性收入冲击的边际消费倾向与住房价值的相关性决定,为此,他们还得出了一个计算个体弹性的简单且够用的统计公式。他们的结论是,杠杆率更高的经济通常更加敏感。此外,他们还分析了这个经济体所经历的住房价格暴涨、暴跌事件(这与美国住房市场最近的经历很相似),并证明对住房价格升值的预期所受到的冲击,可能会同时造成消费和住宅投资的大繁荣和大萧条。卡普兰等人(Kaplan et al.,2015)也对美国近期住房价格的泡沫及其破灭与消费的关系进行了考察,不过他们使用的是一个具有异质性经济行为主体的不完全市场一般均衡模型,它允许多种不同类型的冲击的存在:生产率冲击、品味冲击、对信贷市场的冲击,以及对关于未来价格上升的信念的冲击。他们证明,在如上所述的各种冲击中,最后一种冲击(对关于未来价格上升的信念的冲击)才是解释住房价格走势时最重要的一种冲击,而对信贷条件的冲击则对解释房屋所有权、杠杆化和止赎权非常重要。

最后,还有一组文献对解释住宅投资的波动性更感兴趣,在这个方面,大部分文献都将住房价格视为内生的。对于这个领域来说,戴维斯和希思科特(Davis and Heathcote,2005)的论文是一项具有特别重要的意义的开创性研究,其实质将住宅投资和住房价格都予以内生化。在这篇论文中,他们构建了一个新古典主义多部门随机增长模型,其中一个部门生产住宅结构,而住宅结构则与土地一起用于生产房屋。这个模型虽然不包含信贷约束,但是已经足以用来刻画关于住宅投资动态的许多事实了。戴维斯和希思科特(Davis and Heathcote,2005)的多部门模型在亚科维耶洛和内里(Iacoviello and Neri,2010)那里得到扩展——特别是,他们加入了名义刚性和借款约束。他们证明,需求冲击(比如说,房屋偏好冲击等)对解释住房价格的波动非常重要。在最近的一篇论文中,罗恩里等人(Rognlie et al.,2015)提出了这样一个模型:住房价格的不断上涨,会导致住宅资本的过度投资,进而要求在各部门之间重新分配资源。作者们用这个模型去解释最近的经济"大衰退",他们指出,在存在"流动性"陷阱的情况下,这种"投资宿醉"(investment hangover)可能会导致衰退。他们证明,这个模型与危机后的非对称性复苏事实相一致(住房部门被甩在了后面)。在一篇相关的论文中,博俊等人(Boldrin et al.,2001)运用投入产出表重新构建了经济体内建筑行业与其他部门之间的联系,并估计了建筑行业对大衰退的影响。我们这个概略的综述没有考虑那些在不存在金融摩擦的情况下研究住房市场的文献。例如,马格纳斯(Magnus,2011)认为,搜索风险很可能是我们解释许多住房市场现象(如流动性、价格和空置率)的一把钥匙。

4.　一个简单的灾变模型

在这一节中,我们重点关注信贷周期的繁荣与衰退,而暂时将住房价格的动态变化抽象掉。本节的主要思想是,如果信贷市场受到了关于借款人质量的私人信息的影响,那么只是因为信贷可得性的上升,就可能内生性地形成信贷周期,而信贷可得性的上升,则可以解释为"储蓄过剩"的结果。当银行更容易获得信贷时——例如,因为它们所面对的利率变低了——它们就会提供更便宜的贷款,并增加贷款的发放。然而,由于存在逆向选择,当借款变得更便宜了的时候,质量更糟糕的借款人将申请贷款,这可能内生性地导致信贷市场崩溃。

上面描述的这个思想受到波尔萨伊等人的一篇论文(Boissay et al.,2016)的启发。但是我们在这里提出的模型与他们的模型并不相同。我们模型的主要机制是基于抵押市场的逆向选择,而波尔萨伊等人(Boissay et al.,2016)的研究则依赖于一个受道德风险影响的银行间市场模型。在他们的论文中,银行是异质性的(因为不同的银行的中介效率是不同的),而且银行的质量是私人信息。同时,借款银行可以将部分资金转移到贷款银行无法收回的低回报资产上去。他们的模型中的机制是,信贷可得性的上升导致了内生的信贷周期,即随着利率的下降,效率更高的银行扩大了业务,导致了银行业的繁荣。但是,随着利率的不断下降,更差的银行有更强烈的动机去转移资金,从而增加了它们的交易对手的风险,并可能导致银行间市场陷入冻结。此外,波尔萨伊等人(Boissay et al.,2016)还将他们的基本模型(银行间市场模型)嵌入了一个标准的动态随机一般均衡模型当中。与之相反,我们将动态过程减少到了仅剩两个时期,而将更加丰富复杂的动态情境留待未来的研究。

4.1　模型

有两个时期,$t=1,2$。经济体内部的经济行为主体有 3 种类型:家庭、贷款人和银行。贷款人和银行都是同质的,而家庭则是异质的。

家庭在第二期可以享受效用 $u(c,h)$,其中 c 是对某个非耐久性商品的消费,h 则为住房消费。为了保证简单性,我们假设效用函数是线性的,即:

$$u(c,h)=c+\gamma h$$

住房的大小都是固定的,其面积均等于 $\bar{h}$,因此有 $h\in\{0,\bar{h}\}$。同时,住房的价格也固定为 1。家庭在第一期没有初始禀赋,但是在第二期可以获得收入。他们必须在第一期就决定是不是要买房子,如果他们决定要买房子,他们就必须借入全部房款。

各个家庭的收入过程是异质的。我们用 $\nu\in[0,1]$ 表示家庭的类型。假设 ν 的分布服从某个分布函数 $G(\nu)$,并且会影响家庭收入 $F_\nu(y)$ 的分布。在所有期间,我们都做出如下假设:

假设 1　只要 $\nu_B>\nu_A$,就有 $F_{\nu_B}(y)$ 一阶随机占优 $F_{\nu_A}(y)$。

因此,ν 较"高"的家庭类型拥有"更好"的收入分布。

一个家庭要想在第一期购买住房,它就必须从银行借入 1 单位资金(该抵押贷款的"价格"为 p),并承诺在第二期偿还 $\dfrac{1}{p}$。我们需要注意的是,这里用的"价格"(及其符号 p)这个标签可能会有点令人迷惑。它并不是指房子的价格(房子的价格固定为 1),而是指第二期的 1 单位资源在第一期的价格。或者,有人可能会把 p 想象为家庭在第一期($t=1$)内因为承诺在第二期($t=2$)偿还 1 单位而收到的"付款"。不过在这里,我们将继续将其称为抵押贷款价格。

在第二期期初,家庭的收入 y 已经实现,然后家庭要决定是偿还债务还是选择违约。如果它决定对自己债务违约,那么它就不用向贷款人偿还贷款,但是它将会受到惩罚 $\delta>0$。[①] 这就意味着,ν 较高的家庭是更好的潜在借款人,因为它们只能获得较低的收入的可能性更小。我们用 $\chi\in\{0,1\}$ 来表示家庭的还款决定,$\chi=1$ 表示还款,否则表示违约。

家庭的类型 ν 是家庭的私人信息。然而,在第一期期初,家庭可以选择是不是要验证自己

[①] 在这里,我们假设违约的家庭不用向贷款人偿还任何东西,而只需支付罚款。这种假设无疑是很严格的,好处是大大简化了分析。背后的思想是,违约的家庭可能会逃之夭夭,而相关的成本则用 δ 来总结。我们可以放松这个假设,例如,假设贷款人只能扣押借款人的部分收入,因为我们有理由假定其中的一部分必定会损失掉(比如说,以诉讼费用的形式)。

的类型,如果验证,则要以损失一定效用 $\kappa>0$ 为代价。[1] 令 $v(\nu)\in\{0,1\}$ 表示家庭是否验证自身类型的决定($v=1$ 为验证,$v=0$ 为不验证)。如果一个家庭决定验证自身类型,那么银行就可以制定依存于类型的贷款条款,从而使得家庭的抵押贷款价格 p 等于 $\tilde{p}(\nu)$。如果相反,家庭决定不验证自身类型,那么银行就无法得知借款人的类型,因此只能提供混同的抵押贷款价格 p^p。需要提请读者注意的是,我们假设银行对于所有不验证的家庭,只能以同一种抵押贷款价格提供贷款。将这个模型扩展为允许银行提供更一般的贷款合约,应该是一个很有意思的研究方向。

总而言之,家庭有三个备选方案:(1)不验证自身类型并接受混同合约,向银行贷款,此时有 $h(\nu)=1$ 且 $v(\nu)=0$,家庭以混同抵押贷款价格 $p=p^p$ 借入房款;(2)验证自身类型并接受依存于类型的合约,此时有 $h(\nu)=v(\nu)=1$,家庭以依存于类型的抵押贷款价格 $p=\tilde{p}(\nu)$ 借入房款;(3)不借钱买房,即 $h(\nu)=v(\nu)=0$。

接下来,我们考虑家庭的还款决定,条件是家庭在第一期已经决定借款买房,即 $h(\nu)=1$。回忆一下我们在前面的假设,家庭如果违约的话,要被罚款 δ,同时贷款人则什么也拿不回来。因此,对于一个已经以抵押贷款价格 p 借了款项并实现了收入 y 的家庭来说,如果满足以下条件,它就愿意还款:

$$y-1/p+\gamma\bar{h}\geqslant y-\delta$$

我们假设 δ 足够大,以保证在均衡状态下,任何一个家庭(只要它有能力的话)都愿意选择偿还债务。[2] 但是,有的家庭可能确实没有能力偿还债务,因为它们获得的收入不够高,即 $\chi(y,p)=1$,当且仅当 $y\geqslant 1/p$。接下来,我们用 $\pi(\nu,p)$ 表示以抵押贷款价格 p 借款且类型为 ν 的家庭的事前还款概率,即:

$$\pi(\nu,p)=E[\chi(y,p)=1\mid\nu,p]=1-F_\nu\left(\frac{1}{p}\right)$$

然后我们就可以证明以下命题:

命题 2 还款概率 $\pi(\nu,p)$ 随 ν 的增加而增大,同时也随 p 的增加而增大。

证明:首先,$\pi(\nu,p)$ 是随 ν 的增加而增大的,因为 F_ν 是按照一阶随机占优为序排列的。其次,$\pi(\nu,p)$ 也是随 p 的增加而增大的,因为对于任何 ν,$1-F_\nu(y)$ 随 y 减小而减少。证毕。

这个命题意味着,对于任一给定的抵押贷款价格 p,较"高"类型的家庭具有较高的偿还概率。

现在,让我们专注于贷款市场。我们假设银行能够以一定的利率 R 从贷款人那里借入款项,这里的 R 是外生给定的。[3] 另外,它们在二级市场上买卖贷款,在下文中,我们将把这种贷款称为"资产"。[4] 每一项资产都用与之相关联的借款人的类型 ν 来标识,而且都具有不

---

[1] 家庭要在银行提出要约之前决定要不要验证自己的类型。另外,我们假设验证成本以效用损失的形式体现出来,这是由于为了简单起见,我们假设家庭在第一期开始时是不拥有初始禀赋的。不过,要将这个模型扩展为包含货币形式的验证成本并不困难。
[2] 我们将在下文中证明,存在一个非空的借款人集合是混同抵押贷款价格的一个必要条件。
[3] 这里的利率 R 可以解释为贷款人在国际市场借款的利率。
[4] 我们还可以将模型推广为允许(汇集不同贷款的)抵押贷款支持证券的创造,只要能够汇集到一起的类型的度量满足一定约束条件,类似的机制就是有效的。

同的还款概率 $\pi(\nu,p)\in[0,1]$。而这就意味着，混同抵押贷款价格可以通过下述无套利条件决定：

$$p^p = \frac{E\left[1-F_\nu\left(\frac{1}{p^p}\right)|\nu\in S\right]}{R} \tag{31}$$

其中，$S\equiv\{\nu|\nu(\nu)=0\}$，是决定不验证自身类型的家庭的集合。类似地，依存于类型的抵押贷款价格则由如下无套利方程决定：

$$\tilde{p}(\nu)\frac{1-F_\nu\left(\frac{1}{\tilde{p}(\nu)}\right)}{R} \tag{32}$$

从原则上说，这个方程可能有一个解或若干个解，也可能无解。借鉴曼昆（Mankiw，1986）的思路，我们假设均衡时收益最高的解会"胜出"：在一般条件下，当抵押贷款价格较低且给所有其他银行承诺的回报较高时，银行可以通过偏离均衡而获利，即向家庭提供更高的抵押贷款价格（完成更好的交易）。为此，我们定义 ν_L 为最低类型，当超出此种类型时，对某些类型，存在依存于类型的抵押贷款价格，即

$$\nu_L = \inf_\nu\{\nu|\text{方程式}(32)\text{有一个解}\}$$

然后，我们就可以证明，对于所有好于 ν_L 的类型，依存于类型的抵押贷款价格必定存在。

命题 3　对于任何 $\nu>\nu_L$，必定存在一个类型依存的抵押贷款价格 $\tilde{p}(\nu)$。

证明：考虑某个 ν。取适当的 $\nu'\in[\nu_L,\nu]$，使得方程式（32）存在一个解 $\tilde{p}(\nu')$。定义

$$P(\nu) = \{p\geq\tilde{p}(\nu')|p\leq\frac{1-F_\nu\left(\frac{1}{p}\right)}{R}\}$$

由于 F_ν 二阶随机占优 $F_{\nu'}$，所以 $\tilde{p}(\nu')\in P(\nu)$ 且 $P(\nu)$ 是非空的。令 $\bar{p}=\sup P(\nu)$，即 $P(\nu)$ 的上确界。注意这里有 $\bar{p}\leq 1/R<\infty$。考虑一个递增序列 $p_j\to\bar{p}$，其中 $p_j\in P(\nu)$，可以计算

$$\bar{p}=\lim_{j\to\infty}p_j<\lim_{j\to\infty}\frac{1-F_\nu\left(\frac{1}{p_j}\right)}{R}\leq\frac{1-F_\nu\left(\frac{1}{\bar{p}}\right)}{R}$$

这样我们就有 $\bar{p}\in P$。这就表明，$\bar{p}$ 是最大值，因此方程式（32）至少存在一个解。证毕。

很显然，验证自身类型的家庭将能够以更有利的条件借款——它们的类型越好，条件越有利。这也就是说，我们可以证明以下命题。

命题 4　对于所有 $\nu>\nu_L$，类型依存的抵押贷款价格 $\tilde{p}(\nu)$ 随 ν 的增加而提高，随着 R 的上升而下降。

证明：首先，让我们改变一下变量的形式，定义 $\tilde{R}(\nu)\equiv 1/\tilde{p}(\nu)$，并将方程式（32）改写为：

$$1-\frac{R}{x}=F_\nu(x) \tag{33}$$

我们对这个方程式求解:对于给定的 v,得出 $\tilde{R}(v)=x$。然后,假设方程式(32)至少有一个解,即由该式左侧的式子和右侧的式子分别定义的曲线至少会相交一次。根据如上所述的(Mankiw,1986)的思路,如果有几个解的话,我们或者选择方程式(33)的最下解,或者选择方程式(32)的最上解——这两者是等价的。这样也就将对于每个 v 的一个独一无二的 $\tilde{R}(v)$,或者等价地,将对于每个 v 的一个独一无二的 $\tilde{p}(v)$ 确定下来了,从而也就确定了某个适当的 v 以及与之相对应的解 $\tilde{R}(v)=x$。请注意,当 x 趋近于零的时候,方程式(33)的左侧是发散的(趋向于 $-\infty$),而右侧则收敛为一个非负数值。因此,在最低解上,作为 x 的一个函数,方程式(33)的右侧对应的曲线先是趋近于,然后从上方穿过或相切左侧对应的曲线——当 x 从下方接近这个解的时候。根据二阶随机占优的定义,随着 v 的增高,方程式(33)的右侧函数向右移动。因此,对于更高的 v,解仍然存在,并且位于本证明开始时固定下来的那个解的左边。随着 v 的减小,右侧函数则向左移动。同样的逻辑推理可知,当方程式(33)左侧函数与右侧函数的交点发生局部移动时,方程式(33)的解也可能向右移动;或者,如果当前交点消失了(或该处的解不复存在了),那么就将跳转到更高价值的解。总而言之,如果解 $\tilde{R}(v)$ 存在,那么它就随着 v 的减少而减少。相反,如果解 $p(v)$ 存在,那么它就随着 v 的增加而增加。与此类似,现在再考虑 R 的下降。如果 R 出现了下降,就会使方程式(33)的左侧函数向上移动,从而解将继续存在,并且将低于以前的固定解。如果 R 增加,那么当前的交点会发生局部移动,或者直接消失。在任何一种情况下,只要仍然存在解,那么解就肯定会高于以前的固定解。这就表明 $\tilde{R}(v)$ 是递增的,因此作为 R 的函数的 $p(v)$ 是递减的。证毕。

现在考虑家庭的决策问题。先定义如下的家庭预期效用:

$$U^B(v,p) = \int_{\frac{1}{p}}^{\infty} \left(y - \frac{1}{p} + \gamma\bar{h}\right)\mathrm{d}F_v(y) + \int_0^{\frac{1}{p}} (y-\delta)\mathrm{d}F_v(y) \tag{34}$$

这是决定以抵押贷款价格 p 购买房屋并且不验证自身的类型的家庭的预期效用——其类型为 v,且 $h(v)=1$、$v(v)=0$。对于 $v>v_L$,定义其家庭预期效用为

$$U^V(v) = U^B(v, \tilde{p}(v)) - \kappa \tag{35}$$

这是一个决定以抵押贷款价格 $p = \tilde{p}(v)$ 借款并且验证自身的类型的家庭 $[h(v)=v(v)=1]$ 的预期效用。对于 $v<v_L$,不存在类型依存的抵押贷款价格,因此对于这种情况,我们定义

$$U^V(v) = -\infty \tag{36}$$

对于 $v=v_L$,如果方程式(32)存在一个解,那就可以利用方程式(35),如若不然,则利用方程式(36)。最后,定义

$$U^N(v) = \int y\mathrm{d}F_v(y) = E[y|v] \tag{37}$$

这是决定不购买住房的、类型为 v 的家庭 $[h(v)=v(v)=0]$ 的预期效用。显然,既然我们假设效用函数是线性,那么这些家庭的预期效用就等于预期收入。对于给定的混同抵押贷款价格 p^P,类型为 v 的家庭的效用及其最大化问题现在就可以表示为:

$$\overline{U}(v,p^P) = \max\{U^B(v,p^P), U^V(v), U^N(v)\}$$

要想继续推导出更进一步的结果，我们还需要对 F_v 所表示的收入的不确定性做出适当的假设。

假设 2　存在某个实数 $x^* \in \mathbb{R}$，它使得 $F_v(x)$ 在 x^* 之上具有非递减的斜率，即对于所有满足 $x^* \leqslant x_1 \leqslant x_2$ 的 x_1 和 x_2，所有满足 $\nu_L \leqslant \nu_A \leqslant \nu_B$ 的 ν_A 和 ν_B，我们都有：

$$F_{\nu_A}(x_2) - F_{\nu_A}(x_1) \leqslant F_{\nu_B}(x_2) - F_{\nu_B}(x_1) \tag{38}$$

这个假设并不难满足：对于某个 x^*，只要有 $F_1(x^*) = 1$，就可以满足这个假设。这也就是说，只要收入分布是有界的即可。因此很显然，这个假设只有在如下这种情况才是有用的：如果 x^* 相当小——必须小于收入的上界。实际上，特别方便的一个假设是，直接假设 $x^* = \mathrm{R}$（安全回报）。

下面给出一个技术性比较强的引理，它对我们证明下一个命题时要用到的一个中间结果非常有用。

引理 1

1. 定义

$$Z(\nu, p) \equiv \left(1 - F_\nu\left(\frac{1}{p}\right)\right)\left(\gamma\bar{h} - \frac{1}{p} + \delta\right) \tag{39}$$

并假设 $\gamma\bar{h} - (1/p) + \delta > 0$。于是，$Z(\nu, p)$ 随 ν 和 p 两者的增加而增加。

2. 对于 $\nu > \nu_L$，定义

$$g(\nu, p) = Z(\nu, \tilde{p}(\nu)) - Z(\nu, p) \tag{40}$$

对于 $\nu < \nu_L$，定义 $g(\nu, p) = -\infty$。对于 $\nu = \nu_L$，如果方程式（32）存在一个解，则像在方程式（40）中那样定义 $g(\nu_L, p)$，如若不然，则定义 $g(\nu_L, p) = -\infty$。假设，对于所有 $\nu > \nu_L$，都有 $p \leqslant \tilde{p}(v) \leqslant 1/x^*$，并且 $\gamma\bar{h} - (1/p) + \delta > 0$。然后应用假设 2（非递减斜率的假设），就可以得出引理 1：g 随 ν 增加而增加，且随 p 减小而减小。

接下来的证明就很容易了。不难看出 $Z(\nu, p)$ 随 ν 和 p 的增加而增加。因此，$g(v, p)$ 随 p 减小而减小。我们还需要证明的是，当 $\nu \geqslant \nu_L$ 时，g 随 ν 的增加而增加。为此，假设 $\nu_A \leqslant \nu_B$，我们接下来只需证明：

$$g(\nu_A, p) \leqslant g(\nu_B, p) \tag{41}$$

由于 $\nu_B = \nu_L = 0$ 时，$g(\nu_L) = -\infty$，我们把这种"平凡"的情况排除掉，然后计算得

$$g(\nu_B, p) - g(\nu_A, p) = Z(\nu_B, \tilde{p}(\nu_B)) - Z(\nu_A, \tilde{p}(\nu_A)) - (Z(\nu_B, p) - Z(\nu_A, p))$$

$$\geqslant Z(\nu_B, \tilde{p}(\nu_A)) - Z(\nu_A, \tilde{p}(\nu_A)) - (Z(\nu_B, p) - Z(\nu_A, p))$$

在计算时，我们利用了根据命题 4 得出的结果 $\tilde{p}(\nu_A) \leqslant \tilde{p}(\nu_B)$，以及 $Z(\nu, p)$ 随 p 的增加而增加的性质。定义 $x_1 = 1/\tilde{p}(\nu_A)$、$x_2 = 1/p$，并注意到 $x^* \leqslant x_1 \leqslant x_2$，于是根据假设 2，我们可以把上面这个式子的右侧重写为

$$g(\nu_B, p) - g(\nu_A, p) \geqslant (F_{\nu_A}(x_1) - F_{\nu_B}(x_1))(\gamma\bar{h} - x_1 + \delta) - (F_{\nu_A}(x_2) - F_{\nu_B}(x_2))(\gamma\bar{h} - x_2 + \delta)$$

$$= ((F_{\nu_A}(x_1) - F_{\nu_B}(x_1)) - (F_{\nu_A}(x_2) - F_{\nu_B}(x_2))) (\gamma \overline{h} - x_1 + \delta) + (F_{\nu_A}(x_2) - F_{\nu_B}(x_2)) (x_2 - x_1) \geqslant 0$$

证毕。

如下的命题5表明,家庭的最优行为可以用两个截止值(cutoff value)来表示,这也就是说,"低"类型的家庭不购买房子,"高"类型的家庭则购买房子而且愿意验证自己的类型,而居于两者之间的家庭则购买房子但选择以混同抵押贷款价格借入购房款。图8清晰地显示了这个逻辑。

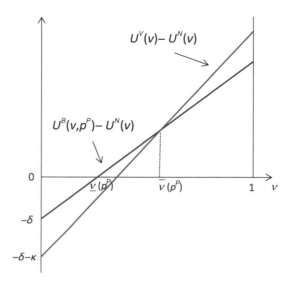

图8　家庭的购房决策问题(图中的曲线是线性的,这只是为了便于说明)

命题5　给定假设2(斜率的非递减性假设),再假设 $x^* = R$(即安全回报率),那么,存在一个值 $\underline{p}$,没有一个家庭会以按揭价格 $p < \underline{p}$ 购买房子;而对于所有 $p^p > \underline{p}$,则存在两个截止值 $\underline{\nu}(p^p) \leqslant \overline{\nu}(p^p)$,它们使得

1.　如果 $\nu < \underline{\nu}(p^p)$,则 $h(\nu) = 0$,即没有家庭会购买房子。

2.　如果 $\underline{\nu}(p^p) < \nu < \overline{\nu}(p^p)$,则 $h(\nu) = 1$ 且 $v(\nu) = 0$,家庭以混同抵押贷款价格 p^p 购买房子,且不验证自身的类型。

3.　如果 $\nu > \overline{\nu}(p^p)$,则 $h(\nu) = 1$ 且 $v(\nu) = 1$,即家庭验证类型并以类型储存的抵押贷款价格 $\tilde{p}(u)$ 购买房子。

4.　对于 $\underline{\nu} = \underline{\nu}(p^p)$ 且 $\overline{\nu} = \overline{\nu}(p^p)$,有 $S = [\underline{\nu}, \overline{\nu}]$,或 $S = (\underline{\nu}, \overline{\nu}]$,或 $S = [\underline{\nu}, \overline{\nu})$,或 $S = (\underline{\nu}, \overline{\nu})$。

此外,$\underline{\nu}(p^p)$ 和 $\overline{\nu}(p^p)$ 分别随 p^p 的增加而递减和递增。

证明。重写

$$U^B(\nu, p) = E[y|\nu] + Z(\nu, p) - \delta,$$

$$U^V(\nu) = E[y|\nu] + Z(\nu, \tilde{p}(\nu)) - \delta - \kappa$$

以及

$$U^N(\nu) = E[y|\nu]$$

其中 $Z(\nu, p)$ 的定义在方程式(39)中已经给出。

我们注意到,ν 类型的家庭将选择以抵押贷款价格 p 购买房子且不进行类型验证,当且仅当 $U^B(\nu,p) \geqslant U^N(\nu)$,这也就是说,当且仅当

$$Z(\nu,p) \geqslant \delta \tag{42}$$

对于使得满足方程式(42)的 ν 存在的所有 p 的下确界,我们用 $\underline{p}$ 来表示。因此易知,没有任何类型的家庭会在不进行类型验证的情况下以 $p<\underline{p}$ 的抵押贷款价格购买房子,当然更加不会在需要支付验证费用的情况下以上述价格购买房子。

现在考虑任一 $p>\underline{p}$ 的抵押贷款价格。因为对于某些 ν,我们有 $Z(\nu,p)>0$,因此自然推得 $\gamma\bar{h}-(1/p)-\delta=>0$。根据引理 1,$Z(\nu,p)$ 随 v 的增加而增加,因此存在一个独一无二的截止值 $\underline{\nu}(p)$,使得如果 $\nu>\underline{\nu}(p)$,有 $U^B(\nu,p) \geqslant U^N(\nu)$。如果 $Z(1,p)>\delta$ 且 $Z(0,p)<\delta$,那么就可以隐含地用所有 $\nu\in[0,1]$ 的下确界来确定,使得

$$Z(\nu,p) \geqslant \delta \tag{43}$$

如果 $Z(1,p)<\delta$,那么 $\underline{\nu}(p)=1$;如果 $Z(0,p)>\delta$,那么 $\underline{\nu}(p)=0$。由于 $Z(\nu,p)$ 随 p 的增加而增加,所以不难推知 $\underline{\nu}(p)$ 随 p 的增加而下降(或者更确切地说:不增加)。

注意到,对于类型为 ν 的家庭来说,当且仅当 $U^v(\nu) \geqslant U^B(\nu,p)$ 时,它们才会选择验证自身的类型并以类型依存的抵押贷款价格 $\tilde{p}(v)$(而不是以混同抵押贷款价格 p)购买房子;也就是说,当且仅当[条件是存在一个类型依存的抵押贷款价格 $\tilde{p}(\nu)$]:

$$Z(\nu,\tilde{p}(\nu))-\kappa \geqslant Z(\nu,p) \tag{44}$$

又或者,等价地,当且仅当:

$$g(\nu,p) \geqslant \kappa \tag{45}$$

其中 g 的定义见方程式(40)。我们用 $\bar{\nu}(p)$ 表示所有可以令方程式(45)成立的 $\nu\in[0,1]$ 的下确界,并约定,如果不存在这样的 ν,则 $\bar{\nu}(p)=1$。现在,我们考虑某个能够使得方程式(45)成立的 $\nu_A>\bar{v}(p)$。由于 $Z(\nu,p)$ 随 p 的增加而增加,所以我们知道 $p \leqslant \tilde{p}(v)$。而方程式(32)意味着,对于所有的 ν,都有 $\tilde{p}(v) \leqslant 1/x^*$。再取 $\nu_B>\nu_A$。引理 1 现在就意味着 $g(\nu_B,p) \geqslant g(\nu_A,p) \geqslant \kappa$,即方程式(45)在 ν_B 上也是成立的。这样也就证明了,方程式(45)适用于所有 $v>\bar{v}(p)$。

最后,注意到,根据引理 1,$g(\nu,p)$ 随 p 的增加而减少。因此,方程式(45)在某个 ν 和 p 上成立,那么它在某个 $p'<p$ 上就必定仍然成立。由此可知,$\bar{\nu}(p) \geqslant \bar{\nu}(p')$,即 $\bar{\nu}(p)$ 随着 p 的增加而增加。证毕。

在上面的推导过程中,我们一直很小心,以保证所有方程式都允许不连续的情况,而且还将所有解都表示为不等式中的变量的上界或下界形式。不过在实际应用中,假设"足够的"连续性,并假设所有的方程式在极限点处等号能够成立,可能会带来很大的方便。此外,最好还要进一步施加 $G(\nu)$ 没有质点这个限制。在这种限制下,总括起来说,均衡可以表示为:一个相互分离的(状态依存的)抵押贷款价格表 $\tilde{p}(\nu)$——这是对于 $\nu \geqslant \nu_L$ 的情形,通过求解方程式(32)得到的;一个混同抵押贷款价格 p^P,它必须满足如下条件

$$p^p = \frac{\int_{\underline{\nu}}^{\bar{\nu}} 1 - F_\nu \left(\frac{1}{p^p} \right) G(d\nu)}{R} \tag{46}$$

以及两个截止值 $\underline{\nu}$ 和 $\bar{\nu}$,它们要满足如下两个条件

$$\left[1 - F_{\underline{\nu}} \left(\frac{1}{p^p} \right) \right] \left(\gamma \bar{h} - \frac{1}{p^p} + \delta \right) = \delta \tag{47}$$

和

$$\left[1 - F_{\bar{\nu}} \left(\frac{1}{p^p} \right) \right] \left(\gamma \bar{h} - \frac{1}{p} + \delta \right) = R \tilde{p} (\bar{\nu})(\gamma \bar{h} + \delta) - R - \kappa \tag{48}$$

我们接下来试图证明的是,我们的模型中可能存在多重均衡,然后,我们再进行一些简单的数值实验。

4.2 多重均衡

在我们的模型中,"好"的家庭可能会决定承担成本去验证他们的类型,目的是发送一个信号,表明自己是"好"的家庭,以避免与那些"坏"的家庭混同起来。这个特征是我们的模型会产生多重均衡的关键原因。在某些参数条件下,我们的模型存在两个均衡。一个是好的均衡,即"好"的家庭不用验证他们的类型,而且抵押贷款价格较高,从而使得"好"的家庭不承担验证成本成为最优选择。另一个是不好的均衡,"好"的家庭要验证自己的类型,从而降低了混同抵押贷款价格,使得验证自身类型确实成了最优策略。

多重均衡的可能性,会导致内生的信贷周期。很简单,这种信贷周期是由信贷可得性的提高(即 R 的下降)所驱动的。正如我们在前面已经讨论过的,我们也可以将这种情况视为一种"储蓄过剩"。在此,不妨借用本·伯南克(Ben Bernanke)的话来说:"我认为,过去十多年以来,各种因素结合起来,使得全球储蓄供给大幅度增加——从而导致了全球储蓄过剩——这有助于解释美国经常项目逆差的持续增加和当今世界相对较低的长期实际利率水平。一些主要工业经济体的退休者与在职者之间的比率急剧上升的趋势,是全球储蓄水平居高不下的一个重要原因。然而,正如我将会讨论到的那样,全球储蓄过剩的一个特别有趣的表现是,流向发展中国家和新兴市场经济体的信贷出现了显著的逆转。这种转变将这些经济体从国际资本市场上的借款人转变成了贷款人。"

在下一节中,我们将通过一个数值实验来证明这一点。不过在这里,我们先描述一下这样一个内生循环背后的机制。

1. 我们不妨这样想象。我们是从这样一个均衡开始的:R 相对较高,所以借款人的总体质量也相对较高,这也就是说,$\underline{\nu}$ 相当大,而且所有贷款人都是混同在一起的,即 $\bar{\nu} = 1$。

2. 然后,假设 R 下降了,从而推动 p 和 $\tilde{p}(\nu)$ 上升,进而导致 U^B 和 U^V 也都上升。而这就意味着 $\underline{\nu}$ 降低了,使得更多的"坏"的家庭成为借款人。不过,我们依然假设在这种情况下,仍有 $\bar{\nu} = 1$。于是,贷款组合的变化本身的趋势是,倾向于降低抵押贷款价格。但是,抵押

贷款价格却必须上涨，因此利率效应必须占主导地位。[①]

3. 如果 R 进一步下降，那么下降到一定程度，$\bar{\nu}$ 将会变成小于1，这时一部分借款人将决定验证自己是否属于"好"的家庭类型，从而使得那些以混同抵押贷款价格 p^p 借入房款的家庭的境况恶化。这里又可以细分为如下两种可能性：

（a）p^p 增加，那么 U^B 和 U^V 都进一步上升，从而 $\underline{\nu}$ 和 $\bar{\nu}$ 均下降，这会反过来抑制 p^p 的增加。

（b）p^p 下降，那么 U^B 必定下降，同时 $\underline{\nu}$ 上升。在这种情况下，$\bar{\nu}$ 的下降强度必须足够大，即超过因 R 和 $\underline{\nu}$ 的上升而产生的驱动 p^p 上升的压力。

在这里，我们设想实际出现的是第二种情况。

4. 如果 R 再进一步下降，那么经济体就会陷入一个部分分离的、不好的均衡状态中。

从好的均衡转变为不好的均衡，这种转变可以解释为市场崩溃——当抵押贷款价格突然崩溃时，或者等价地，当抵押贷款所要求的利息急剧提高时。

4.3　一些数值示例

在本节中，我们将展示一些简单的数值示例，来说明我们的模型如何产生内生的信贷周期。

为了简单起见，我们假设收入过程遵循二元分布 $y \in \{0, \bar{y}\}$，其中 $\bar{y} > R$ 足够高，即足以保证有能力偿还债务。令 ν 是高收入这个结果实现的概率，即 $\nu = Pr(y = \bar{y})$。那么，收入分配 F_ν 由下式给出：

$$F_\nu(x) = \begin{cases} 0, & \text{如果} x < 0 \\ 1-\nu, & \text{如果} 0 \leqslant x < \bar{y} \\ 1, & \text{如果} x \geqslant \bar{y} \end{cases}$$

令 x^* 为某个很小的正实数，满足 $0 < x^* < R$。再令 $\nu_A < \nu_B$。对于所有满足 $x^* \leqslant x_1 \leqslant x_2 < \bar{y}$，或者 $\bar{y} \leqslant x_1 \leqslant x_2$ 的 x_1 和 x_2，我们有：

$$F_{\nu_A}(x_2) - F_{\nu_A}(x_1) = 0 = F_{\nu_B}(x_2) - F_{\nu_B}(x_1) \tag{49}$$

然后假设 $x^* \leqslant x_1 < \bar{y} \leqslant x_2$。现在我们有

$$F_{\nu_A}(x_2) - F_{\nu_A}(x_1) = \nu_A \leqslant \nu_B = F_{\nu_B}(x_2) - F_{\nu_B}(x_1) \tag{50}$$

因此，假设2得到了满足，从而可以在这里应用命题5。

现在，方程式（31）可以化简为：

$$\tilde{p}(\nu) = \frac{\nu}{R}$$

于是两个截止值 $\underline{\nu}$ 和 $\bar{\nu}$ 分别由以下两式给出：

$$\underline{\nu} = \frac{\delta}{\gamma \bar{h} + \delta - p^p - 1} \tag{51}$$

[①] 试想象一下，p 下降，ν 必须增加，但是这样一来 p 又必须增加，从而产生矛盾。

以及

$$\bar{\nu} = (R - \kappa) p^p \tag{52}$$

其中混同抵押贷款价格 p^p 由方程式(46)给出的条件决定,而方程式(46)现在可以重写为

$$p^p = \frac{E[\nu \mid \nu \in [\underline{\nu}, \bar{\nu}]]}{R}$$

在所有数值示例中,我们都设定 $\gamma \bar{h} = 2$ 和 $\delta = 0.1$。然后我们用 ν 的各种不同的分布 H 进行数值实验。

我们先从一个基线实例开始。我们假设 ν 在[0,1]上均匀分布。在这种情况下,混同抵押贷款价格有一个闭型解,它等于

$$p^p = \left(\frac{\delta}{R - \kappa} + 1 \right) \frac{1}{\gamma \bar{h} + \delta}$$

这个解意味着,在这个简单的基准实验中,混同抵押贷款价格在 R 中单调下降,因此降低 R 总是会使 p^p 增加,同时还会使两个截止值 $\underline{\nu}$ 和 $\bar{\nu}$ 下降,因此在这种情况下不存在出现多重均衡的可能性。

图 9 显示了这个基准数值实验的结果。左侧顶部的小图显示的是抵押贷款价格的均衡流形(抵押贷款价格是外生的利率 R 的函数),它清楚地表明,在这种情况下,不会出现多重均衡。右侧顶部小图显示了 ν 的分布。中间的两幅小图说明了任何水平的 R 都对应着一个独一无二的均衡(具体给出的是 $R = 1.1$、$R = 1.4$ 和 $R = 1.7$ 时的情况)。左侧底部的小图显示

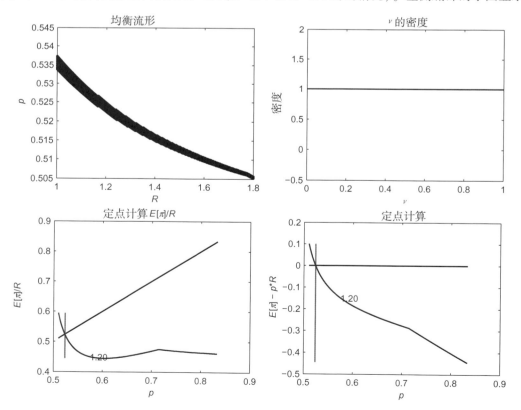

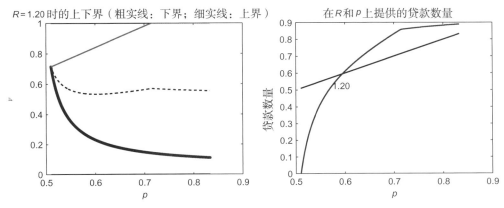

图9 当 ν 在[0,1]上分布时的数值实验结果(不存在多重均衡)

了两个截止值(细实线为 $\underline{\nu}$,粗实线为 $\bar{\nu}$)——截止值是特定 R 下的混同抵押贷款价格的函数。右侧底部的小图显示的是均衡时提供的贷款数量(具体给出的仍然是 $R=1.1$、$R=1.4$ 和 $R=1.7$ 时的情况),它表明,正如我们已经预料到的,贷款数量随着混同抵押贷款价格的上升、R 的提高而增加。

然后,我们又分别就以下两个不同的分布进行了数值实验。

1. 两个指数密度的混合

$$h(\nu) = \omega \frac{\lambda_1 e^{-\lambda_1 \nu}}{1-e^{-\lambda_1}} + (1-\omega) \frac{\lambda_2 e^{-\lambda_2 \nu}}{1-e^{-\lambda_2}}$$

2. 一个指数密度与一个截断正态的混合[用参数化的术语来说,我们不将后者归一化为1,而只取整体密度 $h(\nu)$]:

$$h(\nu) \propto \omega \frac{\lambda e^{-\lambda \nu}}{1-e^{-\lambda}} + (1-\omega) \frac{e^{-(\nu-\nu^e)^2/(2\sigma^2)}}{\sqrt{2\pi}\,\sigma}$$

在我们考虑的第一个例子中,我们假设 H 是指数密度和截断正态的混合,其中 $\kappa=0.25$,$\lambda=220$,$\nu^e=0.1$,$\sigma=0.2$ 和 $\omega=0.6$。图10显示了在这种情况下得到的结果。左侧顶部的小图显示的仍然是抵押贷款价格的均衡状态,抵押贷款价格是外生的利率 R 的函数,从图中可见,对于中等程度的 R,可能会出现多重均衡。右侧顶部的小图显示的仍然是 ν 的分布。中间的两幅小图则显示了均衡混同抵押贷款价格的数量(依赖于 R 的水平)。例如,当 $R=1.5$ 时,我们可以得到一个独一无二的混同平衡;当 $R=1.4$ 时,则存在多个均衡;$R=1.3$ 时,则可以得到一个独一无二的分离均衡。[①] 在存在多个混同抵押贷款价格的情况下,我们看到,较高和较低的那两个是稳定的,中间的那一个则是不稳定的。最后,左侧最底部的小图依然给出了参数 $R=1.4$ 时的两个截止值(细实线为 $\underline{\nu}$,粗实线为 $\bar{\nu}$)——截止值是特定 R 下的混同抵押贷款价格的函数。右侧底部的小图显示的是如前所述三个不同 R 的水平下,作为混同抵押贷款价格的函数的均衡贷款数量。这幅图表明,如果经济开始于 $R=1.5$ 的水平,然后 R 不断

---

① 不要忘记,我们这里只是一个数值示例,而不是实际校准。无论如何,高利率的合理性,也可以通过抵押贷款合约都是长期合约的事实来解释。

下降,那么混同抵押贷款价格和贷款数量可能会先升后降——下降是因为从一个"好的"均衡切换到了一个"不好的"均衡。

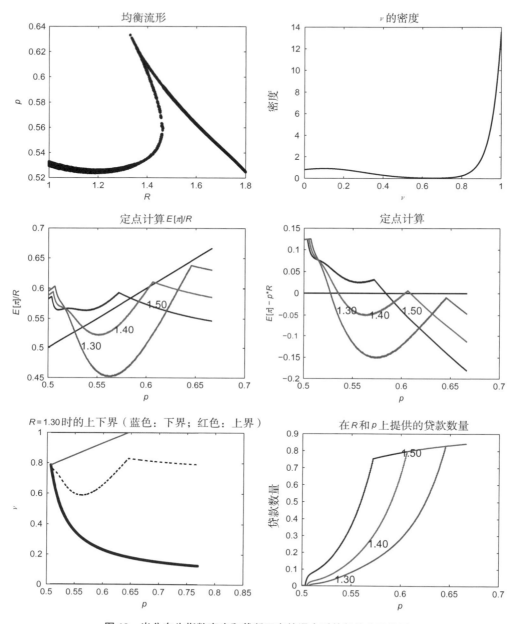

图 10　当分布为指数密度和截断正态的混合时的数值实验结果

注:其中各参数为:$\gamma\bar{h}=2$,$\delta=0.1$,$\kappa=0.25$,$\lambda_1=-20$,$\nu^e=0.1$,$\sigma=0.2$ 和 $\omega=0.6$。在 $R=1.3$ 的情况下,我们得到了一个独一无二的分离均衡;在 $R=1.4$ 时,则出现了多重平衡;当 $R=1.5$ 时,则有一个独一无二的混同均衡。

我们考虑的第二个例子是两个指数分布混合时的情形。在这个数值实验中,我们将验证成本设定为 $\kappa=0.15$,并把 H 分布的参数设置为 $\lambda_1=-20$、$\lambda_2=5$,以及 $\omega=0.8$。图 11 给出了这个数值实验的结果。不难看出，图中曲线的形状与前面描述的曲线类似。在这种情况下，我们的实验表明，当 $R=1.65$ 时会出现一个独一无二的混同均衡，当 $R=1.58$ 时会出现多重均衡，当 $R=1.4$ 时会出现一个独一无二的分离均衡。这就意味着，在这种情况下，R 的下降可能会导致信贷市场形成内生性的繁荣和萧条周期，具体表现是，混同抵押贷款价格和贷款数量在一开始的时候会上升，然后又会下降。因此再一次，萧条的出现是因为从一个"好的"均衡转变为一个"不好的"均衡。

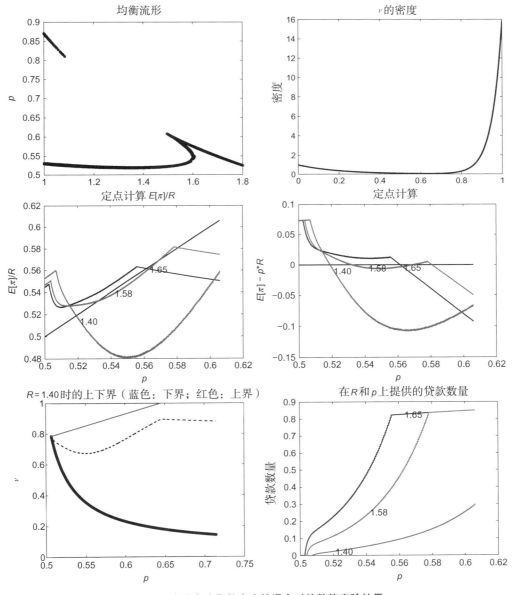

图 11　当分布为指数密度的混合时的数值实验结果

注：其中各参数为：$\gamma \bar{h}=2$，$\delta=0.1$，$\kappa=0.15$，$\lambda_1=-20$，$\lambda_2=5$ 和 $\omega=0.8$。在 $R=1.4$ 的情况下，我们得到了一个独一无二的分离均衡；在 $R=1.58$ 时，则出现了多重平衡；当 $R=1.65$ 时，则有一个独一无二的混同均衡。

5. 情绪与泡沫:相关文献评述

关于金融危机中住房价格的暴涨暴跌的故事,在报章杂志中有这样一种非常流行的说法:

随着住房价格的持续上涨,越来越多的投机者抵御不住诱惑,在市场中买入住房,希望日后以更高的价格卖出。然而到最后,这总会有结束的时候,投机者退出市场,价格不断下跌。虽然这种直观结论乍看起来似乎很有道理,但是要对它加以形式化建模却很难避免这样一个障碍:如果预料价格"明天"将会走高,那么"今天"的信贷需求和住房需求就应该会很高,从而价格在今天就应该会上升,使得明天价格继续上升的可能性降低。或者,换一种说法,随着价格的不断上涨,它们最终必定会在某个日期达到接近最高值的水平,我们不妨将这里的"某个日期"称为"今天"(除非出于某种原因,经济行为主体能够以赊购的形式实现对未来的转卖的对冲)。在这个时间点上,人们预期未来价格将会下降。但是,如果确实如此,那么银行和投机性的家庭在今天就不怎么可能会买入,从而今天的价格就不会很高。这些类型的泡沫通常会被排除在外,除非存在"最后的傻瓜",他们愿意以最高的价格买入(从他们买入的那一刻起,价格就只能一路下行了)。但是在理性预期均衡中,这样的傻瓜原本就是不应该存在的。经济行为主体应该能意识到,价格不可能永远脱离经济基本面。因此,运用逆向归纳法不难得知,泡沫应该在真正进入膨胀的轨道之前就停止膨胀了。这就是对上述流行说法进行形式化建模非常困难的原因所在。

在应对这个挑战的过程中,已经形成了两个研究脉络。第一组文献——我们称之为"泡沫"文献——把气泡的预期膨胀速度限定在经济增长率的范围内,从而避免了上述逆向归纳法所带来的困难。当然,这类模型也可以诉诸非理性的信念或情绪上的差异,但是它们通常都不会这样做。相对应地,我们把另一组文献称为"情绪"文献,它们允许经济行为主体相信泡沫膨胀的速度会比经济增长还要快,因而还需要引入非理性的信念,或者至少假设一部分经济行为主体会有这种信念,以此来避免前述逆向归纳法带来的障碍。

此外,还有一支文献也与这些讨论住房价格泡沫的文献相关,它们重点关注的是住房价格变动的动力。在这支文献当中,比较有代表性的研究论著包括:凯斯和希勒(Case and Shiller, 1989),巴尔贝里斯等人(Barberis et al., 1998),洪和斯泰因(Hong and Stein, 1999),卡波查等人(Capozza et al., 2004),弗朗兹尼(Frazzini, 2006),格莱泽等人(Glaeser et al., 2014),安能伯格(Anenberg, 2014),黑德等人(Head et al., 2014),格莱泽和内森桑(Glaeser and Nathanson, 2016),以及古伦(Guren, 2016),等等。

5.1 泡沫

在我们所说的这组"泡沫"文献中,最早的也许也是最突出的一个例子是萨缪尔森

(Samuelson，1958)提出的世代交叠货币模型。在这个模型中，如果其他储蓄手段不能产生高于经济增长率的回报率，那么从本质上说毫无价值的资产——即法定货币——也可以拥有(以商品来衡量的)非零价格，因为这一代的、当前已经年老的经济行为主体可以把货币出售给下一代的、当前仍年轻的经济行为主体目前的年轻代理商。因此，这些经济体必定是动态低效的，满足卡斯标准(Cass criterion)或巴拉斯科-希尔(Balasko-Shell)标准——请参见原文：卡斯(Cass，1972)以及巴拉斯科和希尔(Balasko and Shell，1980)。在这样的经济体中，福利经济学第一定理可能不成立，即竞争均衡可能不是帕累托最优的。因为从现在的年轻人那里获得资源交给老年人，再让现在的年轻人从下一代的年轻人那里得到资源……如此反复无穷，可以实现帕累托改善。实现或解释这种转移支付的方法有很多。萨缪尔森(Samuelson)本人将这种转移支付计划解释为法定货币制度，即由最初那一代的老年人发行货币。其他一些经济学家则将之解释为能够永久转嫁的政府债务，或解释为无预提基金的养老金制度。

还有一些以理性泡沫为"卖点"的文献则探讨了人类对法定货币的搜索。这个领域的一篇开创性文献是清泷和赖特(Kiyotaki and Wright，1989)的论文，他们在文中构建了一个非中心化的贸易模式，允许经济行为主体随机相遇，而且法定货币会作为一般的交换媒介自发地涌现出来。

我们在这里最感兴趣的文献则将这种转移支付计划视为一种泡沫，它们试图解释多个世代是怎样"引入"这样一种泡沫的。转移支付方案是随机的，可能在任何一个给定的时期以某种概率结束，从而导致泡沫破灭。例如，卡瓦略等人(Carvalho et al.，2012)，马丁和文图拉(Martin and Ventura，2010)，马丁和文图拉(Martin and Ventura，2012)，以及马丁和文图拉(Martin and Ventura，2014)，这些论文都分别采用了不同形式的世代交叠模型：在理想情况下，资源应该从低效率的投资者或储蓄者转移给高效率的投资者或创业者。特别是，马丁和文图拉(Martin and Ventura，2010)在这个框架下重新反思了2008年的金融危机。他们指出(例如)，市场中可能存在着某种借贷摩擦，导致企业家无法承诺还款。企业家可以发行的以项目的未来现金流为基础的证券的数量也许会受到限制，或者，他们所需要的资金，也可能会比通过发行此类证券能够筹集到的还要多。又或者，他们还可以发行本质上完全没有价值的"泡沫"证券，即只有当买家希望有人在未来会购买它们时才有价值的证券。发行这种泡沫证券，也就启动了一个新的如前所述的代际转移支付序列。老一代经济行为主体持有的原有泡沫证券，以及新一代企业家创造的新的泡沫证券，都要出卖给储蓄者。而储蓄者则发现投资这些泡沫比投资自己的低效技术更有吸引力。因此，他们的模型的条件是，储蓄者的技术必须足够低效，使得其平均回报率低于经济增长率，从而为泡沫的产生和发展提供动力。

何超等人(He et al.，2015)的模型同样以住房为焦点，因为在信贷市场不完全的情况下，住房能够促进跨期交易，并由此而产生住房价格流动性溢价。他们得出了住房价格周期性地陷入混乱的动力学机制(这是一种确定性的自我实现的预言)，不过，他们的模型的均衡并没有显示出价格长期上涨然后崩溃的趋势。在申科曼和熊伟(Scheinkman and Xiong，

2003)的模型中,不同信念之间的差异成了交易的核心:信念差异创造了泡沫,但是(平均而言)并不是导致资产价格增长的因素。

当经济行为主体是完全理性的且拥有完美预见能力时,泡沫也会出现,这个结果也见于赖特和黄(Wright and Wong, 2014)的论文。他们构建了一个双边交易模型,市场是有搜索摩擦的,同时还存在讨价还价问题,而泡沫的出现则与"中介链"有关。

5.2　情绪泡沫模型概览

不过,我们在本节中重点关注的是另一组文献,即我们所称的"情绪泡沫文献"。在下面的第 6 节中,我们将提出一个简单的模型来刻画我们在本章导言中论述的"情绪泡沫"思想:资产价格之所以可能高于基本价值,是因为经济行为主体"非理性地"认定总会有"更大的傻瓜"愿意以更高的价格买入。我们还将在第 6 节对相关文献进行全面的综述,因此在这里,我们只是简要地讨论一下其中一些文献中的模型,它们以不同的方式对以下思想进行了形式化分析:由于乐观主义者和悲观主义者之间存在着不同信念,资产的交易价格高于基本价值,或者说,这种信念差异给资产创造了高于基本价值的"附加值"。这些模型有的可能需要对悲观主义者的卖空行为加以限制。静态的模型可以在吉纳科普洛斯(Geanakoplos, 2002)或希姆塞克(Simsek, 2013)的论文中找到,而动态的模型则见于哈里森-克雷普斯(Harrison-Kreps, 1978)的论文,或者申科曼和熊伟(Scheinkman and Xiong, 2003)的论文。在申科曼和熊伟的论文中,经济行为主体认为泡沫膨胀速度不会比经济增长更快。格莱泽等人(Glaeser et al., 2014)也研究了泡沫的产生及其对房地产市场的作用。他们指出,如果没有新的建造行为,那么理性泡沫是可以出现的。不过,他们没有给出一个完整的一般均衡模型,也没有对他们的结论所依赖的信贷市场加以具体的刻画。一个可能的解释是,经济行为主体可以基于未来转卖的信念贷款买入,或者拥有无限多的"财富",能够以任何价格买入。他们排除掉了与住房供给弹性有关的泡沫,而利用一个非理性的、买入欲望旺盛的买家的模型来研究住房泡沫,然后将泡沫的长度和频率及其福利后果与住房供给弹性联系起来考虑。

另外,在解释资产价格波动时,要不要将中央银行设定利率这个因素考虑进去?如果是这样,又应该怎样建模?为了解决这个问题,亚当和伍德福德(Adam and Woodford, 2012)构建了一个包含住房部门的新凯恩斯主义模型,并研究了该模型中的最优货币政策。他们采用的是伍德福德(Woodford, 2010)提出的近似理性均衡方法,允许存在一系列内在一致的概率信念(它们与基准并没有太大的不同)。

上面这几篇论文的模型,允许不同信念的存在,它们与我们将在本章第 6 节中给出的模型最为接近。然而,这些模型通常只关注经济行为主体过于乐观或过于悲观的情形,因为这些模型的建构就已经决定了,"乐观主义者"必定是那些"最大的傻瓜"。而我们则希望涵盖这样一种思想,那就是,更乐观的买家自身往往并不是"最大的傻瓜",他们只是下了这样一个赌注——必定还有更大的傻瓜存在。在最末端,"最大的傻瓜"必定只能是那些愿意为本质上毫无价值的东西(对所有其他人都如此)付出代价,且无法以更高的价格将之转卖给其他人的人,因此,必定还存在一些"相当愚蠢的人",他们对能够将资产出售给那些"最大的傻瓜"持非常强烈的乐观态度。从这个角度来说,在那个极端点上,这种模型可能需要相当强大的非理性存在。但是,它最关键的地方却在于,潜在价格分布的上限处出现的这种"疑似"强大的非理性,是如何动态地渗透到人口中不那么愚蠢甚至相当理性的那部分人中间,并体现在价格和成交量上的?

该模型与戈洛索夫等人(Golosov et al.,2014)的模型有不少相通之处。不同之处在于,在他们的模型中,资产的交易是在经济行为主体之间进行的一系列"双边会谈"中完成的,而不同的经济行为主体对资产的基本价值拥有不同的信息。而在我们的模型中,每一个人都非常清楚,资产本质上是毫无价值的:差异只体现在对于他人乐观主义态度的信念上面。在这个意义上,本章的模型与阿布雷乌和布伦纳迈尔(Abreu and Brunnermeier,2003)的模型的关系更加密切。另外,关于异质信念和不断变化的情绪的动态模型,伯恩塞德等人(Burnside et al.,2013)提出的"带病"泡沫模型可以说是一个很好的基准。在泡沫的组成部分当中,有一些本质上是没有任何价值的,但是它们可能构成了房子价格的一部分。在耳闻目睹之下,人群中最初悲观的那些人可能会逐渐被感染为"乐观的"人,进而认为泡沫成分实际上具有一定的内在价值:一旦所有人都变成了乐观者(我们不妨假设他们永远乐观),那么就会存在某个不变的价格,它是每个人都愿意支付的。但是,在任何一个时期,"真相"都有可能浮出水面,告诉人们泡沫成分确实是毫无价值的。然后,在悲观情绪在人群中占据了主导地位的时期,价格在真相未曾"大白"的阶段会上涨,因为只有价格上涨,才能弥补悲观的投资者所承担的以购入一个毫无价值的泡沫而告终的风险(当真相被揭露出来的时候)。因此,价格将一直上涨,直到最后一个投资者都变成乐观者为止:在那个时候,价格可能会达到最高点。

最近出现的另一篇相关的论文出自博尔达罗等人(Bordalo et al.,2016)之手。在他们的模型中,信贷周期源于"诊断性预期"(diagnostic expectation);这也就是说,他们假设,经济行为主体在形成自己的预期时,会为从最近的数据来看更有可能实现的那些未来的结果赋予过高的权重。这可能会导致过高的波动性、对新闻的过度反应,甚至导致预测完全逆转。

6. 一个简单的情绪泡沫模型

在本节中,我们将提出一个简单的模型,来对下面这个经常被人们讲述的关于资产市场中买卖双方的行为的故事进行形式化建模和分析。我们之所以要构建这个模型,目的是给我们思考住房市场提供一个理论框架,但是,它的适用范围其实更加普遍——不仅适用于股票市场,还适用于资产会被转售的任何其他市场。

我们经常听到的这个故事大致如下。资产价格有时会大幅超出其基本价值,然后突然崩溃。之所以会出现这种波动,是因为买家打赌肯定会有"更大的傻瓜"来接盘。或者,更准确地说,当一位买家决定购买资产时,他可能已经意识到价格高于资产的基本价值了,但还是决定赌一把:在未来的某一天,自己能够以更高的价格将该资产出售给某一个"更大的傻瓜"。对于买家来说,重要的并不是买入并保留资产这个行为本身有多么愚蠢,而是其他市场参与者有多么愚蠢。

对这个故事进行形式化建模的方法有很多种,对此我们在上面第 5.2 节对相关文献进行综述时已经讨论过了。需要强调的是,我们在下面将给出的展示模型与上面第 5.1 节的文献综述时讨论的理性泡沫模型是不同的。我们并不需要假设经济(实际上)是动态低效的。这也就是说,我们不假设泡沫可以永远转手交易,因为经济行为人在这些资产上得到的回报不会超过经济增长率,这是他们已经预料到的。不过,对那些要求泡沫资产回报率高于经济增长率的模型进行检验,却可能是很重要的。因为这样一来,我们从一开始就很清楚,价格最终必定会达到一个上限,那是当该资产的价值超过了买家手中的所有资源的时候。通常的逆向归纳法就可以先把这类泡沫排除掉,例如,请参见梯若尔(Tirole,1985)。本节的目的就在于,引入一个神话般的"最大的傻瓜",以便中止上述反向归纳,从而对传统的理论泡沫加以适当调整。我们也可以把这个"最大的傻瓜"理解为一个理性的"收藏家",恰恰只有他给资产估定了一个很高的价格,而所有其他人都不会。我们也许会认为这样一个人只有在某种神话般的环境中才会存在。但是,某些经济行为主体却错误地认为,这种神话般的"收藏家"确实是存在的。一些特别乐观的持这种信念的人于是买入资产并持有之,希望最终能够出售给上述"收藏家",但是比这更加重要的是,一些交易者之所以买入资产,是因为他们希望能够将资产出售给某个对于上述"收藏家"的存在性有更加乐观的信念的人。这就是我们所称的情绪驱动型泡沫。需要提请读者注意的是,如上所述的"收藏家"是不是真的存在其实并不重要,真正重要的是不同的经济行为主体对于这种"收藏家"的存在的不同信念。在我们的模型中,对于这种"收藏家"的信念可能突然消失,如果真的发生了这种情况,价格就会崩溃。

行文至此,读者应该很清楚了:我们还可以构建更高层的信念理论。例如,在第二层理论中,所有经济行为主体都可能认为"收藏家"并不存在,然而,他们可能都认为,一定比例的"第一层"经济行为主体确实认为这样的"收藏家"是存在的,而且更乐观的"第二层"经济行为主体可能会认为这个比例要更高一些。因此,在这样一个经济体中,经济行为主体所希望的,并不是等着将资产出售给"收藏家"(他们知道自己做不到这一点),而是等待机会卖给某一个认为这样的"收藏家"确实存在的人。此外,对第一层坚信"收藏家"存在的人的存在不那么乐观的经济行为主体将向更加乐观的经济行为主体出售资产。再一次,泡沫依然可能出现——即便"收藏家"和第一层坚信"收藏家"存在的人在经济中实际上都不存在,也是如此。类似地,第三层理论所讨论的是,经济行为主体对于遇到相信自己会遇到坚信"收藏家"存在的人的经济行为主体的信念有何不同……依此类推。我们相信,对于这个简单的模型,可以从许多不同的角度进行扩展,对它的各种各样的变化进行更加深入地探索(比我们所做的还要深入)无疑是非常有意思的。毕竟,我们这里给出的模型只能算是一个灵感、一个起点。

6.1　模型

在我们的模型中，时间是连续的，$t \geqslant 0$。最初，存在一个经济行为主体的连续统，其总数归一化为 1。在该经济中，经济行为主体的类型分布为 $\theta \in [0,1]$——用分布函数 $H(\theta)$ 来刻画。我们假设 H 具有密度 $h(\theta)$。我们将类型 $\theta = 1$ 的经济行为主体称为"收藏家"。我们进一步假设，对于某个 $\theta^{\max} < 1$，我们有 $H(\theta^{\max}) = 1$，因此，分布 H 不对"收藏家"分配任何权重。

经济行为主体对信念在人群中的分布的信念是不同的；我们用 θ 来对这种信念进行参数化。更具体地说，我们假设，最初类型为 θ 的经济行为主体相信其他经济行为主体的类型 x 是从如下式所述的分布中抽取出来的：

$$H_\theta(x) = (1-\theta)H(x) + \theta 1_{x=1} \tag{53}$$

换句话说，经济行为主体 θ 取的是真实分布与"收藏家"类型的点质量之间的加权平均值。下面的分析结果虽然是在我们这个简单的模型下得到的，但是大部分都可以推广到更加一般的情形，不过，我们将这些扩展留给未来的研究。我们假设，经济行为主体知道他们各有各的信念，同时他们个人总是坚持他们所持有的信念。我们再假设，导致真相大白的曝光事件的抵达率为 α（或者，瞬时概率为 αdt）。在真相大白的那一刻，所有经济行为主体都会顿悟："收藏家"这种类型的人根本不存在，同时他们的信念也会立刻切换为真实的分布 H。有的人可能更希望假设经济行为主体不知道这种揭示真相的事件可能发生（MIT 冲击），但是事实证明，即使假设经济行为主体知道这种可能性，数学推理过程也没有太大的不同，所以我们在这里假设他们知道。在后一种情况下，更好的一种解释是，经济行为主体认为，群体类型的分析会以某个概率 αdt 从 H_θ 变为 H，即将之解释为对其他经济行为主体的偏好和信念的转换。

现假设，经济体中存在一项单个形式的、不可分割的资产（例如，椰子），它最初由一个类型为 $\theta = 0$ 的经济行为主体所持有。不同经济行为主体随机地两两相遇。由于我们假定可以进行交易的资产是单个形式的，因此只需刻画出当前拥有该资产的经济行为主体与某个其他经济行为主体之间相遇的情形即可。如果当前持有该资产的经济行为主体的类型为 θ，并且如果曝光真相的事件尚未发生，那么该经济行为主体将会认为与自己相遇的另一位经济行为主体是以速率 λ 从分布 H_θ 中抽取出来的。持有资产的经济行为主体（我们称之为"卖家"）会提出一个"不得讨价还价"的要价 q_θ（要价行为可以进行一般化处理，我们将这个问题留待未来的研究）。另一个经济行为主体（我们称之为"买家"）则需要决定是接受还是拒绝交易。如果买家拒绝交易，那么卖家将保留资产并继续等待下一次随机两两相遇。如果达成了交易，那么买家就要生产出 q_θ 单位的消费品或"现金"交付给卖家（供卖家消费），而且买家会即时蒙受负效用 q_θ，而卖家则因享受到了消费品而即时获得了 q_θ 的效用。对未来的贴现率为 ρ。买家得到了资产，然后等待下一次随机两两相遇。如果买家变成了"收藏家"，那么他将愿意以某个外生给定的固定价值 $v(1)$ 或低于该固定价值的某个价格购买该资产。该资产也许能够为"收藏家"提供某种内在价值，又或者"收藏家"可能只是"最后一个大傻瓜",不知道自己将来可以以更高的价值出售该资产。无论如何,关键是,该资产对于不是"收藏家"的任何一个经济行为主体来说,都不会带来内在的好处。换句话说,我们假设,不是"收藏家"的那些经济行为主体具有如下形式的偏好:

$$U = E\left[\int_0^\infty e^{-\rho t} c_t \mathrm{d}t\right] \tag{54}$$

其中的 c_t 是这些交易产生的消费流量(我们允许 c_t 为负值)。我们假设,贴现率严格为正,即 $\rho > 0$。

对于这个模型,我们还要稍微说明一下。对于 q_θ,我们没有使用时间下标,尽管在某些均衡中,价格确实会依赖于时间。在这里,为了简单起见,我们将只讨论不随时间变化的那些解。另外,还需要说明的是,尽管我们假设了由经济行为主体组成的一整个连续统,但同时却只考虑一项资产,这种处理似乎也有点奇怪。重要的是,这种假设大大简化了分析,因为它使得我们不需要对经济行为主体之间的相遇的不同情况加以区分——潜在的买家是否已经拥有了资产。再者,如果拥有更多的资产,那么随着时间的推移,经济行为主体还可能需要跟踪资产拥有类型的分布情况。同样可能的是,随着时间的推移,资产的分布会变得更加合理,即到了后来,持有资产的人都会变为更高类型的经济行为主体。因而,在我们要分析的决策问题中,打算出售资产的经济行为主体就需要对这些演变趋势进行预测,从而导致一些很难处理的相互作用形式,进而带来一系列远远超出本章范围的难题。当然,所有这些都是很好的课题,值得我们在未来研究中深入探索。

需要注意的是,我们可以把本章第5.1节描述的泡沫经济理解为我们这个模型的一个特殊情形:$\rho \leqslant 0$ 且 $\alpha = 0$(同时,生命期限是有限的),因而经济行为主体同意进行一个特殊的交易——今天他们所放弃的,要比他们日后会得到的还要多;或者,他们至少不坚持要在日后得到更多。在这里,我们将这种情形排除在外。另外还要注意的是,货币搜索理论的模型——比如说,像清泷和赖特(Kiyotaki and Wright, 1993)及其追随者所构建的模型——都要假设消费总量大于零,即卖家从销售中的获益要比买家可能蒙受的损失更大。因此,只要交易能够发生(被交易的是本质上毫无价值的资产),那么该资产就有助于实现比"自给自足"更好的结果。类似的建模方法也出现在了哈里森-克雷普斯(Harrison-Kreps, 1978)的论文中,以及申科曼和熊伟(Scheinkman and Xiong, 2003)的论文中。与此相反,我们并没有假设交易本身能够带来任何好处。

6.2 分析

我们先来分析作为阈值策略(threshold strategy)的买家策略。如果类型为 θ 的买家的策略是,选定某个价值 v_θ,如果卖家给出的"一口价"低于或等于该价值,那么就买入资产(前提是,曝光资产真正价值的披露事件在交易时尚未发生)。而对于"收藏家"类型的经济行为主体,$v_1 > 0$ 为一个参数。类型为 θ 的卖家在披露事件发生之前,选定一个不容讨价还价的"一口价" q_θ。而在披露事件发生后,资产价值全部变为零,交易也以零价格进行。这样一来,纳什均衡由两个函数 $(v_\theta, q_\theta)_{\theta \in [0,1]}$ 给出,此时类型为 θ 的经济行为主体的策略能够使得如方程式(54)所示的效用函数最大化——在给定所有其他经济行为主体的策略的情况下。此外，我们还假设 v_θ 是可衡量的。卖家只能希望，未来能够在披露事件发生之前售出资产。或者，换句话说，我们可以假设卖家以 $\alpha+\rho$ 的贴现率对未来进行折现，而且在披露事件发生之前资产对于卖家的未来价值也以该贴现率折现。为了方便起见，我们可以引入一个新的符号来表示 $\alpha+\rho$。在这里，冒着轻微滥用符号的风险(同时受"MIT 冲击理论"的吸引)，我们将继续以 ρ 来表示贴现率。

现在考虑披露事件发生前这个阶段的决策。我们的目标是将纳什均衡(可能有一个，也可能有多个)找出来。不难看出，类型为 θ 的买家的策略是，以不高于 v_θ 的任何一个价格买入资产，其中 v_θ 是他持有资产的持续价值。再考虑一个类型为 θ 的卖家，他要在 $0 \leq q \leq v(1)$ 的范围内选定一个报价(显然，专家不会提出高于 $v(1)$ 或低于零的价格，那没有意义)。如前所述，卖家认为他的买家的类型 x 是从分布 H_θ 中抽取出来的，同时卖家还认为，买家会采取他们的均衡策略 v_x，而且只有在 $q \leq v_x$ 时才会买入。因此，在与买家相遇的情况下，类型为 θ 的卖家发布的要价 q 成交的概率为:

$$\phi_\theta(q) = (1-\theta)\int 1_{v_x \geq q}h(x)dx + \theta \tag{55}$$

命题 6 成交的概率 $\phi_\theta(q)$ 随 q 的增大而减小，随 θ 的增加而增大。

证明:要证明这个命题很简单，只要将方程式(55)重写如下，就可以了。

$$\phi_\theta(q) = (1-\theta)\phi_0(q) + \theta$$

如果交易达成了，那么卖家可以收到 q。由于潜在的交易机会到来(与另一位经济行为主体相遇)的速率为 λ，所以在时间间隔 dt 内，实现交易的概率为 $\lambda\phi_\theta(q)$。如果交易没有达成，那么卖家在 $t+dt$ 时刻仍然是该资产的所有者，而且对该资产的估值仍然是 $V_\theta(q)$——条件是，如果披露事件还未发生。而且请记住，我们已经通过我们的贴现因子 ρ 隐含地考虑到了这一点。因此，选择出售策略 q、$V_\theta(q)$ 的类型为 θ 的卖家的持续价值，就等于

$$V_\theta(q) = \lambda\phi_\theta(q)q\,dt + (1-\lambda\phi_\theta(q)dt)(1-\rho dt)V_\theta(q) \tag{56}$$

或者，不考虑更高阶的各项，则有:

$$V_\theta(q) = \frac{q}{\dfrac{\rho}{\lambda\phi_\theta(q)}+1} \tag{57}$$

最优出售策略 $q=q_\theta$ 就是能够最大化 $V_\theta(q)$ 的那一个策略，也就是说:

$$q_\theta \in \text{argmax } V_\theta(q) \tag{58}$$

由此可以得出:$v_\theta = V_\theta(q_\theta)$。

接下来，很容易就可以构造出最优持续价值的两个边界。一方面，考虑经济行为主体的次优出售策略——只尝试向"收藏家"出售资产的策略，即卖家的要价为 $q=1$。这个策略将给出下界:

$$\underline{v}_\theta = \frac{v_1}{\dfrac{\rho}{\lambda\theta}+1} \tag{59}$$

很显然，最优价值函数不可能低于 $\underline{v}$，因为在均衡中，投机的存在将会有更多的交易。另一方面，考虑如前所述的"普遍乐观"假设，即任何一个潜在的买家都愿意以 $q=v_1$ 的价格买入资产。于是，价值函数由下式给出：

$$\bar{\nu}_\theta = \frac{\nu_1}{\dfrac{\rho}{\lambda}+1} \tag{60}$$

其中与方程式（59）的区别是，这里省略了 θ。很容易证明，均衡价值函数在这两个边界之内。

命题 7 假设方程式（55）中用于计算 $\phi_\theta(q)$ 的函数 $v:x \to v_x$ 是可测的，并且满足 $\underline{\nu} \leqslant \nu_x \leqslant \bar{\nu}$，那么 V_θ 有一个最大值。

证明：注意到 $V_\theta(q)$ 的上界为 $\bar{\nu}_\theta$。令 $q^{(j)}$ 为这样一个序列（$j=1,2,\cdots$），使得 $V_\theta(q^{(j)})$ 递增并向 $V_\theta(q)$ 的上确界方向收敛。既然 $q^{(j)} \in [0,v(1)]$，我们可以找到一个收敛子序列，而且我们还可以进一步假定它是单调的。不失一般性，我们假设对于某个 q^* 有 $q^{(j)} \to q^*$，并且它是单调递增或递减的。这样，如果序列 $q^{(j)}$ 是一个单调递增的序列，那么就有：

$$\bigcap_j \{x | \nu_x \geqslant q^{(j)}\} = \{x | \nu_x \geqslant q^*\}$$

因此有 $\phi_\theta(q^*) = \lim_{j \to \infty} \phi_\theta(q^{(j)})$，于是：

$$\frac{q^*}{\dfrac{\rho}{\lambda \phi_\theta(q^*)}+1} = \lim_{j \to \infty} \frac{q^{(j)}}{\dfrac{\rho}{\lambda \phi_\theta(q^{(j)})}+1}$$

如果序列 $q^{(j)}$ 是单调递减的，那么有

$$\bigcup_j \{x | \nu_x \geqslant q^{(j)}\} \subseteq \{x | \nu_x \geqslant q^*\}$$

因此，$\phi_\theta(q^*) \geqslant \lim_{j \to \infty} \phi_\theta(q^{(j)})$。从而：

$$\frac{q^*}{\dfrac{\rho}{\lambda \phi_\theta(q^*)}+1} \geqslant \lim_{j \to \infty} \frac{q^{(j)}}{\dfrac{\rho}{\lambda \phi_\theta(q^{(j)})}+1}$$

不过在这里，我们可以排除">"的可能性，因为右侧是 $V_\theta(q)$ 的上确界。于是我们可以得出结论：q^* 使得 $V_\theta(q)$ 最大化。证毕。

现在，选择公理意味着 q_θ 已经得到了明确的界定。

命题 8 在任何纳什均衡中，V_θ 的值都随着 θ 的增加而增加。

证明：令 $\tilde{\theta} > \theta$。注意到，对于所有 q，都有 $V_{\tilde{\theta}}(q) \geqslant V_\theta(q)$，因为 $\phi_{\tilde{\theta}}(q) \geqslant \phi_\theta(q)$。因为在 $q=q_{\tilde{\theta}}$ 时也是如此，所以命题得证。

现在，我们可以将潜在的价值函数的集合定义为：

$\mathcal{V} = \{\nu:[0,1] \to \mathbb{R} \mid \nu$ 是递增的且 $\underline{\nu} \leqslant v \leqslant \bar{\nu}\}$。

由于这些递增函数也是可测的，因此我们可以考虑根据以下步骤定义的映射 $T:\mathcal{V} \to \mathcal{V}$：

1. 根据方程式（55），将 $\nu \in \mathcal{V}$ 映射成一个函数 $\phi_\theta(q)$；

2. 根据方程式（56），将 ϕ 映射成一个函数 $V_\theta(q)$；

3. 将 $V_\theta(q)$ 映射到使 $V_\theta(q)$ 最大的函数 v_θ（由于命题7，这个最大值是存在的）。

命题 9　映射 $T: v \to v$ 是单调的，并且在 v 中具有不动点。因此，存在一个纳什均衡 $v \in v$。

证明：为了证明单调性，只需确定上述映射的每个步骤都是单调的即可。这也就是说，在第一步中，如果 $\tilde{v} \geq v$，那么有 $\tilde{\phi} \geq \phi$，等等，其中的不等号应该被理解为对所有参数都是逐点成立的。注意到，v 是一个完全格，具有通常的序结构，因此根据塔尔斯基（Tarski）不动点定理，我们可以得出这样一个结论：T 的不动点集合形成了 v 的一个非空完全子格。

下面这个命题则表明该均衡有明显的阈值特性。

命题 10　对于每一个出售价格 q，都存在一种阈值买家类型 $\underline{x}(q)$，使得所有类型为 $x \geq \underline{x}(q)$ 的买家都会决定购买资产，而且所有类型为 $x \leq \underline{x}(q)$ 的买家都决定不购买资产，即：

$$x \geq \underline{x}(q) \Leftrightarrow v_x \geq q \tag{61}$$

函数 $\underline{x}(q)$ 随 q 的增加而增加。此外，对于所有 $q \leq v_1$，都有：

$$\phi_\theta(q) = (1-\theta)(1-H(\underline{x}(q))) + \theta \tag{62}$$

证明：根据命题 8 立即可以得证。

要进一步推进分析，我们还可以考察当 $\underline{x}(q)$ 可微时的价格 q 的性质。

命题 11　假设 $\underline{x}(q)$ 在 $q = q_\theta$ 处可微。那么，最优的 q_θ 满足以下一阶条件：

$$0 = 1 + \frac{\lambda}{\rho} \phi_\theta(q) - \eta_\theta(q) \tag{63}$$

其中的 $\eta_\theta(q)$ 是售出概率的弹性，即：

$$\eta_\theta(q) = -\frac{\phi'_\theta(q) q}{\phi_\theta(q)} = \frac{h(\underline{x}(q)) \underline{x}(q)' q}{\frac{1}{1-\theta} - H(\underline{x}(q))} \tag{64}$$

证明：求 $V_\theta(q)$ 对 q 的微分，注意到在 $q = q_\theta$ 处，$V'_\theta(q) = 0$。证毕。

我们还可以对售出概率的弹性加以进一步改写。令（从类型为 θ 的卖家的角度来看）卖家遇到一个类型为 x 或更好的类型的买家（包括"收藏家"在内）的概率为 $\psi_\theta(x)$，即 $\psi_\theta(x) = (1-\theta)(1-H(x)) + \theta$。

再定义它的弹性为：

$$\eta_{\theta,\psi}(x) = \frac{\psi'_\theta(x) x}{\psi_\theta(x)} = -\frac{h(x) x}{\frac{1}{1-\theta} - H(x)}$$

然后定义阈值买家类型的弹性如下：

$$\eta_{\underline{x}}(q) = \frac{\underline{x}(q)' q}{\underline{x}(q)}$$

于是我们就有

$$\eta_\theta(q) = \eta_{\theta,\psi}(\underline{x}(q)) \eta_{\underline{x}}(q)$$

当然，这其实是将通常的弹性链式法则运用于 $\phi_\theta(q) = \psi_\theta(\underline{x}(q))$ 的结果。

前面这些结果揭示了一个表示均衡的方法。假设存在一个假想阈值买家类型函数 $x(q)$，它在 q 上是递增且可微的。利用它就可以求解方程式（63），得出最优策略 q_θ，进而求出相应的价值 $v_\theta = V_\theta(q_\theta)$。有了这个值，就可以计算出对应的买家的阈值类型函数：

$$\underline{x}^*(x) = \text{argmin}_x v_x \geq q$$

因此,如果 $\underline{x}^*(q) = \underline{x}(q)$,我们就可以得到一个均衡。

利用上述方法,如果适当地选择 H,我们甚至有可能给出一些解析解的例子。不过,限于篇幅,我们把这个任务留待未来研究。在这里,我们只提供一个数值实验例子。

6.3 数值实验示例

在本小节中,我们不是直接通过上述一阶条件去尝试求解均衡,而是运用一种相当强大的网格最大化算法来计算均衡。我们先在 q 和 θ 中创建一个合适的网格,然后从在 θ 中的网格上定义的下界 $\nu^{(0)} = \underline{\nu}$ 开始进行迭代。我们迭代的是针对前面描述的映射 $T: \nu \to \nu$ 进行的。具体地说,对于第 j 步骤,我们要根据方程式(62)右侧的 $\underline{x}^{(j-1)}$ 计算出在 q-网格上的 $\phi_\theta^{(j)}(q)$。然后,根据方程式(57)计算出所有网格值 θ 和 q 的 $V_\theta^{(j)}(q)$。对于每个网格值 θ,找到 $\nu_\theta^{(j)}$,作为网格值 q 上的 $V_\theta^{(j)}(q)$ 的最大值。接着,利用方程式(61),对于每个网格值 q,找到最小的 x,使得 $\nu_x^{(j)} \geq q$。这也就是新的 $\underline{x}^{(j)}(q)$,下一个迭代步骤就从它开始。迭代足够多次后,最后就可以得到有合理的准确度的解。

至于参数,我们选择的是 $\lambda = 1, \rho = 0.1$,并让 H 在 $[0, 0.25]$ 上均匀分布,而"收藏者价格"则归一化为 $v_1 = 1$。我们使用的网格是均匀间隔网格,对于 q,共有 500001 个点,对于 $\theta \in [0, 1]$,则有 1001 个点,或者说,在相关的 $[0, 0.25]$ 范围上,有 251 个点。作为起点,如方程式(60)所定义的,我们设定 $\nu^{(0)} = \underline{\nu}$。对于每个网格值 q,根据方程式(61),我们找到最小的 $x = \underline{x}^{(0)}(q)$,使得 $\nu_x^{(0)} \geq q$。

结果如图 12 和图 13 所示。从图中不难看出,低 θ 的经济行为主体采取的策略是,试图向更高 θ 的经济行为主体出售资产,但是当超过了(大约)$\theta = 0.1$ 的界线后,经济行为主体就只能等待"收藏家"出现,将资产卖给他们了。这一点也可以从资产售出的概率看出来。在图中,黑色的水平虚线显示了类型为 $\theta = 0$ 的经济行为主体选择的价格。它表明,在这个例子中,如果开始时资产掌握在类型为 $\theta = 0$ 的经济行为主体手中(或者,掌握在一个低 θ 的经济行为主体手中),那么这个市场上的交易只能进行两个阶段。首先,这个类型为 $\theta = 0$ 的经济行为主体的要价是 q_θ,因而只有在遇到具有相当高的 θ 的经济行为主体的情况下,资产才能售出。然后,买入该资产的经济行为主体则又希望以 $q_{\bar\theta} = \nu_1 = 1$ 的价格将资产出售给"收藏家"。如果能找到资产被不断出售并转售给越来越乐观的经济行为主体的例子,那么将是一件非常有意思的事情。我们将这个问题留待未来的研究。

现在,再考虑多次数值仿真实验(或多个市场)的平均结果——在这些数值实验中,资产最初都由最不乐观的经济行为主体($\theta = 0$)持有。从原则上说,只要利用到目前为止的计算结果,就可以通过仿真实验得出资产出售的平均价格以及平均风险率。由于出售过程呈现为一个两阶段结构,所以要进行解析分析反而可能会更加容易(这个结论还可以推广到多阶段结构)。如果资产仍然由原初的类型为 $\theta = 0$ 的经济行为主体持有,那么它将会以 $\xi = \phi_0(q_0)$ 的风险率售出——在这里,我们引入了新的符号 ξ 来表示风险率,以节省下面需要的符号。

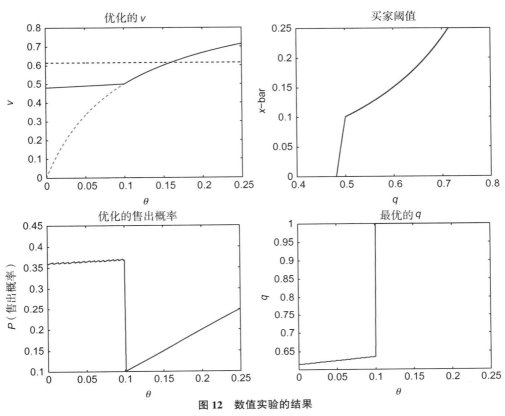

图 12　数值实验的结果

注：对于所用的参数，我们选择：$\lambda = 1, \rho = 0.1$，并让 H 在 $[0, 0.25]$ 上均匀分布，同时将"收藏者价格"归一化为 $v_1 = 1$。在左上方的小图中，我们对最优值函数与只向"收藏家"出售的值函数 $\underline{v}$ 进行了比较。从中不难看出，低 θ 的经济行为主体追求的策略是，力争向更高 θ 的经济行为主体出售资产，但是当超过了 $\theta = 0.1$ 的界线后，他们就只能等待"收藏家"出现，将资产出卖给他们了。这一点从售出概率也可以看得很清楚：黑色的水平虚线显示了类型为 $\theta = 0$ 的经济行为主体选择的价格。右上方的小图实际上可以视为左上方的小图以 45 度线翻转过来的结果。

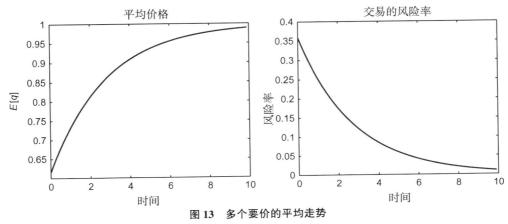

图 13　多个要价的平均走势

注：左侧小图显示了平均价格，并说明了价格是如何随着时间的推移而上升的。右侧小图则显示了交易的风险率，并说明了该风险率是如何随着时间的推移而下降的。

资产一旦被售出,它就会被标上 $q_{\bar\theta}=1$ 的要价,但是在这个价格上交易不会发生,因为市场中没有"收藏家"存在了。利用日期 t 的无条件概率 π_t——该资产保留在原初的类型为 $\theta=0$ 的经济行为主体手中的概率——可以解出线性微分方程 $\pi_t=-\xi\pi_t$,该方案的解由 $\pi_t=\exp(-t\xi)$ 给出。而平均价格则由下式给出:

$$E[q_t]=\nu_1-(\nu_1-q_0(q_0))\exp(-t\xi)$$

资产实现出售时的无条件或平均风险率为 $\xi\pi_t$。图 13 显示了平均价格走势和平均售出风险率 $E[\phi_\theta(q_\theta)]$。从图中不难看出,随着时间的推移,平均售价趋于上涨,同时平均售出概率则趋于下降。这种价格走势是以真相披露事件尚未发生为条件的。一旦披露事件发生,价格就会崩溃为零。于是,这就很好地刻画了本节一开始描述的故事。

图 12 所示的结果也是直接利用上面给出的计算方法计算出来的。首先,根据方程式(60),对所有的 θ,计算出第一个 $\nu_\theta^{(0)}=\nu_\theta$。然后,倒转该函数并利用分布函数 H 来计算 $\phi_\theta(q)$。有了这个,就可以对每一个 q 以及相应的 $\nu_\theta^{(1)}$,计算出 $V_\theta(q)$ 并找到其最大值。这最后一步似乎显得相当繁难,但是在闭型的情况下是有解的。在分两个阶段出售资产的情况下(第一个阶段,先出售给更乐观的经济行为主体;第二个阶段,后者再尝试出售给"收藏家"),这就是最终结果。不过,我们必须验证确实没有更多的阶段。换句话说,我们现在必须检查,不太乐观的经济行为主体现在不想"改变自己的主意",把资产出售给了更乐观的经济行为主体,后者现在对资产的估值更高,因为他们将会把资产转卖给极其乐观的经济行为主体。不过,我们将计算细节和验证条件留给对这个问题感兴趣的读者去完成。

7. 证据

到底是什么导致了次贷危机以及 2008 年的金融危机?先"行动"的是什么?后"行动"的又是什么?次贷危机的原因是什么?影响又如何?本章集中讨论了两个可能的"故事"。第一个可能的故事是,住房价格因为外部原因首先出现了下跌,从而损害了银行的资产负债表,进而导致金融崩溃。第二个可能的故事是银行系统先行崩溃,导致抵押贷款减少和住房价格崩盘。这就是说,或许是住房价格的下跌促使银行不愿意发行次级贷款;或者,也可能反过来,是抵押贷款(特别是次级贷款)先减少,然后引发住房价格下跌。也许,次级贷款之所以减少,是因为次级抵押贷款的违约率(拖欠率)太高;或者,也可能反过来,是次级贷款的减少,以及随后的住房价格的下滑引发了贷款的违约。还有可能,拖欠率之所以提高,是因为借款人质量的下降或短期利率的上升,导致浮动利率抵押贷款利率上升,进而导致了更高的违约率。是的,对于这种交互关系,对于这里面的故事,可以有各种各样的思考和叙述方式。而且,我们还必须追问,这种相互作用和反馈循环会不会增强初始的冲击?

经济学家已经进行了大量的研究,试图从经验的角度将上述渠道梳理清楚,但是还有很多的工作要完成。由于文献太多,我们无法在这里针对所有文献进行系统全面的综述,因此,我们将从现有文献中抽取出一些有典型意义的数字和事实,然后对它们进行一种有点"印象化"的解释。毫无疑问,这种解释不能替代对这些数据的细致的实证研究。但是重要的是,它可能提供了一个很好的指引:面对大量原始数据,如何提出有价值的问题、如何发展出新的研究方法。这里涉及的大多数事实都与美国有关,因为美国住房市场和信贷市场的周期性波动是这个研究领域的前沿,而且也为研究者展开讨论提供了一个很好的基础。但是,与"世界视角"相比,这个视角也可能会错过一些重要的关系和事实。本章最后,我们会重新回到"世界视角"上去。

图1和图14分别显示了标准普尔/凯斯席勒住房价格指数的走势。从图1中可见,住房价格在2006年中期上涨到了高位。从图14所示的20城市住房价格指数趋势来看,最高点出现在2006年7月。从那一点开始,价格开始回落,到2007年10月下降了6.5%,下降幅度相对较小。然而,到了2008年10月,即雷曼兄弟公司危机期间(那实质上也是金融崩溃之日),住房价格却比2006年7月的高峰期下降了25%——自2007年10月以来,住房价格一直在相当迅速而持续地下滑。在那之后,住房价格继续有所下跌,到2009年4月跌到了谷底,即比当初的高点整整下跌了32.6%。从这些事件发生的先后顺序来看,住房价格首先下降,然后金融体系随之崩溃,似乎是一种合理的说法。

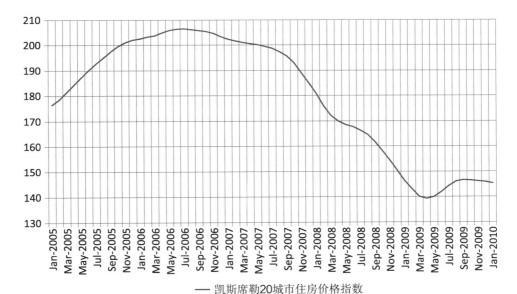

—— 凯斯席勒20城市住房价格指数

资料来源:http://us.spindices.com/indices/real-estate/ sp-case-shiller-20-city-composite-home-price-index。

图14 标准普尔/凯斯席勒20城市住房价格指数

然而,进一步的分析表明,次级抵押贷款在抵押贷款中所占的份额出现显著下降的时间要比住房价格发生显著下降的时间早得多。这一点在图2中可以看得很清楚。从新发放的次级抵押贷款在所有新发放的抵押贷款中所占的比例来看,高点也出现在2006年——高达23.5%,至2007年就大幅下降到了9.2%,到2008年更是接近于零。次级抵押贷款发放率高点出现的时间与标准普尔/凯斯席勒住房价格指数大体上完全一致(见图1和图14),而且,我们甚至还可以说,连高点附近的"驼峰"形状看上去也非常相似。从2006年的高点到2007

年次贷危机期间,次级抵押贷款份额下降坡度是非常陡峭的。

从这种比较来看,说次级贷款与住房价格一起上涨和下跌似乎是一个合理的结论。如果非要分个先后的话,那么我们只能说,次级贷款的减少,发生在住房价格崩溃之前。因此,有可能是次级贷款的减少,导致了住房价格的下跌,而不是相反。

另外,有人也许会认为,次级贷款的减少,是造成违约率上升的原因。对于这种看法,图15可以告诉我们它是对是错。首先,图15表明,在2006年和2007年,固定利率抵押贷款的违约率(无论是次级抵押贷款还是优级抵押贷款)都没有明显提高。事实上,固定利率次级贷款违约率在2006年和2007年一直维持在接近于2005年历史最低点的水平上。

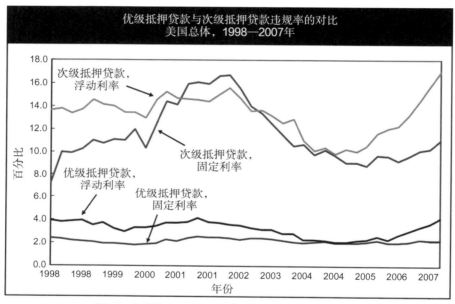

图15　危机前(1998—2007年)的次级抵押贷款违约率

资料来源:抵押贷款银行家协会。参议员舒默(Schumer)、众议员马洛尼(Maloney),《联合经济委员会的报告》,2007年。

但是,对于可调整利率抵押贷款(或称浮动利率抵押贷款)来说,情况则有所不同。从图15可以看出,在2006年,浮动利率抵押贷款的利率有所上涨,而且确实比2004年出现的历史最低水平高出了不少。但是,即使是在2007年,浮动利率抵押贷款的利率也还是与2002年时的水平大体相当——无论是优级抵押贷款还是次级抵押贷款,都是如此。

这些波动对于我们对导致危机的事件过程的解释无疑是很重要的,但是与图16所表明的后来的违约率的走势相比,其波动幅度可以说非常小。后来,违约率上升到了前所未有的极高水平(至少是在这段时间内)——到2009年底前后,浮动利率次级抵押贷款的违约率已经超过了40%。特别是,次级抵押贷款和浮动利率优级抵押贷款的违约率在2008年10月(即金融危机时)就已经出现了大幅上升。然而尽管如此,总体而言,认为2007年次级贷款所占比例才出现明显下降似乎是不太合理的,因为在那个时候,违约率已经有所增加了。

按贷款类别列示的抵押贷款违约率
(浮动利率次级抵押贷款的严重违约情况的出现,不但早于其他类别的贷款,而且更加严重)

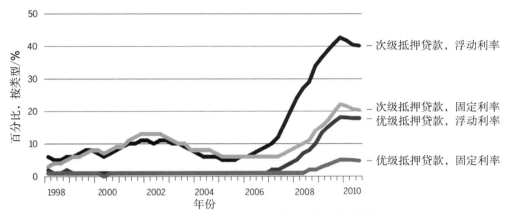

图 16　危机前后(1998—2011 年)的次级抵押贷款违约率

资料来源:《金融危机调查报告》,全国委员会,2011 年 1 月。

　　如果非要找出什么联系,那么浮动利率抵押贷款在 2007 年的赴约率,以及到 2007 年为止的违约率的整体变化情况,可能是与短期利率水平"挂钩"的。图 17 给出了短期利率水平。在此期间,联邦储备银行以小幅微调的形式,分多次提高了联邦基金利率——从 2004 年 6 月的 1%,提高到了 2006 年 7 月的 5.25%,然后趋于平稳,直到 2007 年年底出现大幅度的逆转。从之前的数据可以看出 2004 年中期至 2006 年中期,短期市场利率的上涨,导致浮动利率抵押贷款拖欠率也在 2004 年中期至 2006 年中期大幅上升,这一点从前一幅图中可以看得很清楚。

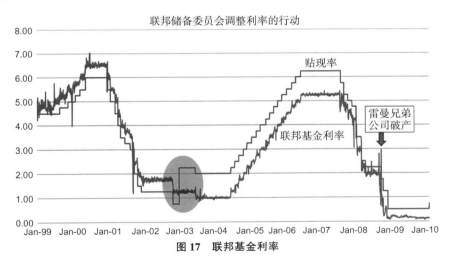

图 17　联邦基金利率

资料来源:美联储。http://www.zerohedge.com/article/comparing-fed-funds-rateprimary-credit-discount-rate-over-past-decade。

　　胡斯蒂尼亚诺等人(Justiniano et al.,2015)认为,住房价格从 2000 年开始,一路上升到 2007 年,这期间并没有伴随杠杆的扩张,也就是说,住房抵押贷款与房地产价值之间的比例一直保持了稳定状态——见图 18 右下方的小图。在那之后,住房价格下跌则伴随着杠杆率的上升,但是未偿还的抵押贷款总量则不一定减少——见图18左上方的小图。

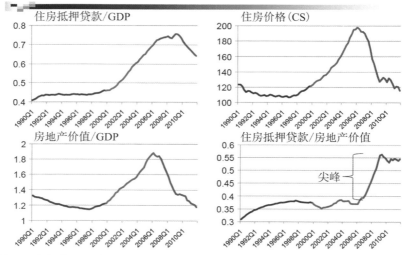

图18 胡斯蒂尼亚诺-普里米切里-坦巴洛蒂(**Justiniano-Primiceri-Tambalotti**)事实

资料来源:Justiniano, A., Primiceri, G. E., Tambalotti, A., 2015. Household leveraging and deleveraging. Rev. Econ. Dyn. 18, 3-20.

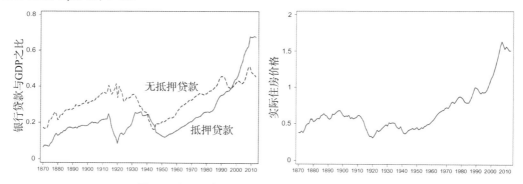

图19 实际住房价格与抵押贷款的曲棍球棒状走势

这几位作者实际上指出了这样一个事实:可用资金的增加,是在杠杆率没有上升的情况下实现的。正是可用资金的增加,导致了更大规模的抵押贷款(同时利率和杠杆率都保持稳定),进而推动住房价格上涨。

他们还认为,2007年及以后,相对于可用资金而言,住房的抵押能力的大幅增强(或者,可用于贷款的资金减少了),使得抵押贷款利率上升,最终导致住房价格崩溃。毫无疑问,图18中肯定有一些有意思的联动现象值得加以解释,尽管可能并不是所有的读者都能够同意这种假说:住房价格的崩溃恰恰是由住房变得相对更好了的可抵押性所导致的。

特别值得注意的是,约尔达(Jorda)、舒拉里克(Schularick)、泰勒(Taylor)及其合作者在一系列研究中,深入研究了信贷繁荣、住房价格泡沫与经济绩效之间的相互作用,并构建了一些新的数据集。

例如,舒拉里克和泰勒(Schularick and Taylor, 2012)提供了一个新数据集("近140年来

14 个发达国家的长期历史数据"），并证明确实可以用信贷增长情况来预测金融危机。约尔达等人（Jorda et al.，2013）后来进一步指出，金融危机导致的衰退比通常的经济衰退危害更大。约尔达等人（Jorda et al.，2016a）又对这些数据集进行了更新和扩展——时间扩展为从 1870 年开始，国家增加为 17 个发达经济体，数据涵盖的范围包括了对国内各非金融私营部门的各类银行信贷，其中的抵押贷款数据受到了特别重视。他们认为，"在第二次世界大战之前，抵押贷款泡沫与金融危机的发生之间只有松散的联系，但是……在后来（已经）成为一个预测金融脆弱性的重要因素"。克诺尔等人（Knoll et al.，2014）也构造了 14 个发达经济体从 1870 年至 2012 年的住房价格指数，从而将多个来源的数据汇集了起来。他们认为，实际住房价格走势大体上呈"曲棍球棒"状：很长一个时期以来一直相当稳定，最后在样本期行将结束之时出现了明显的升值。他们进一步指出，住房价格的大部分上涨都可以归因于土地价格的上涨。在随后的一项研究中，克诺尔（Knoll，2016）又认为，住房价格的上涨与价格租金比率的上升趋势是一致的。在将关于这 14 个发达经济体的多篇论文的数据合并到一起进行了研究之后，约尔达等人（Jorda et al.，2015）强调，从 20 世纪开始，住房信贷的发展进入了一个新时代，人们"在房子上下的赌注"越来越大。他们这样写道："从 20 世纪初到今天，抵押贷款信贷在银行资产负债表中所占的比重，从大约三分之一上升到了大约三分之二。"通过运用工具变量回归法，他们证明"抵押贷款繁荣、住房价格泡沫与金融危机密切相关"。在后续研究中，约尔达等人（Jorda et al.，2016b）进一步深入探讨了这种交互作用的性质，并再一次扩展了他们的数据集。他们指出，杠杆的积累会导致更高的尾部风险。蒙德拉贡等人（Mondragon et at.，2016）运用空间工具变量法，通过实证证据证明，局部信贷供给冲击会导致在数量上具有显著意义的局部住房价格繁荣—崩溃周期。类似地，法瓦拉和英博斯（Favara and Imbs，2015）也证明，抵押信贷扩张对住房价格有显著影响，他们运用的是 1994 年至 2005 年间美国允许银行设立分支机构，将之作为信贷工具。最近，迪马吉奥和克曼尼（Di Maggio and Kermani，2016）证明，信贷扩张会导致住房价格的泡沫和破灭，进而影响实体经济活动。他们利用的是，美国的全国性银行受到的管制政策在 2004 年发生了一个重大变化——许多州都废除了 1999 年通过的反掠夺性贷款法（antipredatory lending law）。

这一系列论文给出的结论，与米安等人（Mian et al.，2015）所阐明的事实——"家庭债务占国内生产总值的比率的上升，预示着较低的产出的增长率"——完全一致。

接下来，我们将从这些论文中抽取一些图片，以突出其中一些结论。首先，图 19 取自约尔达等人的论文（Jorda et al.，2016b），它清晰地显示了实际住房价格和抵押贷款发放量的"曲棍球棒"状走势。

约尔达等人（Jorda et al.，2016b）的这个数据集还可以用其他方法呈现，如图 20 所示。这幅图不仅给出了美国——他们的"基准经济"——的结果，还给出了他们考察的由 17 个国家组成的样本的结果。住房价格的上涨和抵押贷款的增长基本上是同步联动的。从住房价格与实际 GDP 的关系来看，从图 19 中可以看出来的住房价格的曲棍球棒状走势，在图 20 中呈现为一种下降趋势，而抵押贷款的曲棍球棒状趋势则呈现为一种上行趋势。这些图还引出了一些有意思的问题——如何将这些数据序列变化归因于它们的根本原因。

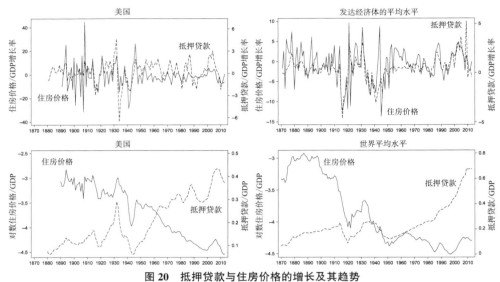

图20 抵押贷款与住房价格的增长及其趋势

资料来源:这些图由海伦·欧文(Helen Irvin)和奥斯卡·约尔达(Oscar Jorda)提供。

图 21 源于克诺尔等人(Knoll et al.,2014)的论文。他们这幅图以及相应的分析表明,住房价格的上涨速度在近几十年来一直比收入更快,而在 20 世纪上半叶(特别是两次世界大战期间),住房价格相对于收入是下降的。在后续研究中,克诺尔(Knoll,2016)指出,住房价格的上涨趋势是与住房价格—租金比的上升趋势相一致的,如图 22 所示。价格租金比类似于股票市场上人们经常使用的价格股息比——事实证明,后面这个指标对于预测股票投资的回报非常有用。正如克诺尔(Knoll,2016)的研究告诉我们的,在住房市场上,如果出现类似现象,应该也是合乎情理的。

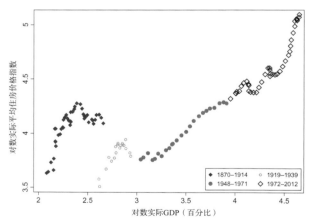

图21 住房价格的上涨速度在过去几十年里超过了收入增长速度,但是在 20 世纪上半叶 (特别是两次世界大战期间),住房价格相对于收入却是下降的

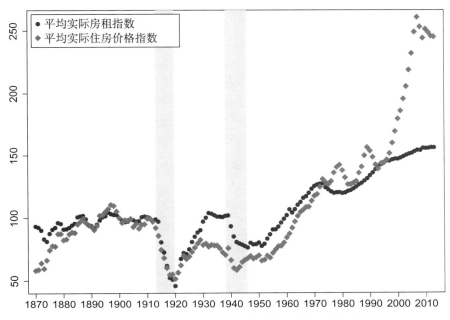

图 22 住房价格上涨趋势与住房价格租金比完全吻合

另外,这些作者创建的数据集对我们进一步推进现有的实证研究也有帮助。路易吉·博科拉(Luigi Bocola)在针对本章的第一稿提出的评论中,将以下两个数据集结合了起来:第一个数据集是一些发达国家自 1975 年以来的季度住房价格数据,它由马克和马丁内兹·加尔西亚(Mack and Martínez-García, 2011)构建;另一个数据集是一些发达国家自 1975 年以后发生的 19 个危机事件,它由舒拉里克和泰勒(Schularick and Taylor,2012)描述。图 23 就出自博科拉之手,它有助于我们理解住房价格的上涨、信贷的增长与 GDP 表现之间的关系。这幅图比较了所有危机事件(深灰线)与组内住房价格下降最多的五个事件(黑线),后者分别指丹麦 1987 年、西班牙 2008 年、英国 1991 年、挪威 1988 年,以及瑞典 1991 年。再一次,这幅图反映了住房价格变化与信贷增长之间的相互关系,但是它可能也表明,住房价格涨幅的大小与随后的经济衰退的平均规模没有什么关系。

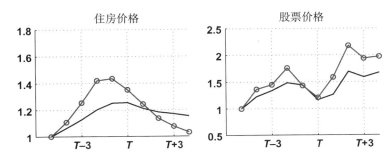

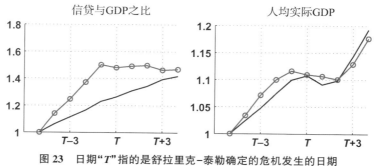

图 23　日期"T"指的是舒拉里克－泰勒确定的危机发生的日期

注：这些图比较了所有危机事件（深灰色线条）与组内住房价格下降最多的五个事件（黑色线条），后者分别指丹麦 1987 年、西班牙 2008 年、英国 1991 年、挪威 1988 年，以及瑞典 1991 年。图中的线条描述的是四个变量的跨国平均结果，而且已经归一化为 1 了。

在这里，我们要再强调一下，这一节的目的并不是对这个领域的实证文献进行全面的综述。我们的目标只限于介绍与本章重点关注的理论文献相关的事实和实证研究。上面这些图无疑都很有启发意义。然而，争论并未尘埃落定。住房价格是推动信贷周期的主要驱动力吗？或者，信贷状况才是住房价格周期的主要推动力？这个问题仍然远未得到解决。希望未来的研究能够告诉我们更多东西。

8.　结　论

本章的目的是探讨住房市场的繁荣和萧条与信贷市场的繁荣和萧条之间的主要联系，并指出这种联系对宏观经济活动的影响。为此，我们考查了若干基准方法和传导途径，并将理论模型与现有的实证文献关联起来。了解住房价格的暴涨暴跌，以及信贷的繁荣和萧条，本身就已经是一个不小的挑战——这还没有分析它们对总体经济活动的影响。因此，我们主要关注住房市场的繁荣和萧条与信贷市场的繁荣和萧条之间的相互作用。具体地说，我们有两种可能的途径来分析这种相互作用：

1.　住房价格的飙升—崩溃导致信贷市场的繁荣—萧条；

2.　信贷市场的繁荣—萧条导致住房价格的飙升—崩溃。

于是，我们在这一章的一开始，就提出了一个严格设定的机械模型来考察这种相互作用，目的是避免在完全设定的均衡模型中会出现的若干棘手的问题。接下来，我们更深入地探讨了上述两种主要途径。

首先，我们提出了一个简单的灾变模型。在这个模型中，我们专注于信贷周期。它背后的主要思想是，由于逆向选择问题，信贷可得性的增加可能首先会引发抵押贷款市场的繁荣，然后又导致抵押贷款市场的崩盘。特别是，在一个银行不能了解借款人质量状况（即他们的期望违约率）的世界里，借款人既可以接受混同抵押贷款价格，也可以支付一定成本来验证自身的类型，从而可能会导致多重均衡。如果我们从某个混同均衡出发，那么信贷供给的增加将会转变为活跃借款人集合的质量下降（例如，出现大量"次级借款人"），而且这反过来又可能使得另一个均衡点出现——"好的借款人"将会设法把自己与其他借款人分离开来，从而导致混同的信贷市场崩溃。

其次，我们还构建了一个简单的情绪模型。在这个模型中，我们重点关注住房价格周期。它背后主要的思想是，住房价格泡沫可能会在投机者认为总是存在"更大的傻瓜"——即愿意以更高的价格购买住房的人——的情况下出现。对这种直觉进行形式化建模，是一个很有吸引力的思路，但是这种努力容易陷入"单一均衡困境"：如果预期明天的价格会上涨得很高，那么对信贷和住房的需求在今天就应该变得很大（详见上文），这种需求应该在今天就会推动价格上涨，从而使得明天的价格不太可能上涨。或者，换一种说法，随着价格的不断上涨，价格最终必定会在某个日期达到非常接近其最大值的水平，我们将这个日期称为"今天"。在这个价格下，人们预计价格在未来将会下降。但是，如果确实是这样，那么银行和投机者（家庭）在今天就不太可能买入，因而今天的价格也不会很高。这也就是说，在理性预期模型中，不应该存在愿意以最高的价格买入资产的人——因为价格从那一刻起，只能一路下降了。我们打破了这个从理性预期框架开始推理而出现的难题的诅咒，转而假设家庭总是会认为，那个"更大的傻瓜"存在的概率为正，即便"他"并不真的存在也没有关系。

在本章中，我们还将上述简单的模型与讨论这些主题的大量文献联系了起来。在最后的结论部分，我们还引用了一些实证研究论文，它们提供了一些与上面两种理论进路相关的事实。

我们希望，这一章将会推进经济学界对前述重要联系的进一步研究和思考。现在已经很清楚，这些问题远未得到解决。

致谢

我们非常感谢奇亚拉·弗拉托（Chiara Fratto）、肯·吉川（Ken Kikkawa）和曹影（Chao Ying），他们都是很优秀的研究助理。我们还收到了很多极为有益的评论和意见，为此，我们衷心感谢法布里斯·科拉德（Fabrice Collard）、马泰奥·亚科维耶洛（Matteo Iacoviello）、奥斯卡·约尔达（Oscar Jorda）、吉多·洛伦佐尼（Guido Lorenzoni）、莫里茨·舒拉里克（Moritz Schularick）、艾伦·M.泰勒（Alan M. Taylor）等人。特别感谢路易吉·博科拉（Luigi Bocola）、霍震（Zhen Huo）和尼古拉斯·特拉切特（Nicolas Trachter）的深思熟虑的意见，以及约翰·泰勒（John Taylor）的详尽而有益的评论。我们也感谢在芝加哥大学举行的《宏观经济学手册》编辑会议、在纽约大学举行的"多重均衡与金融危机"研讨会、在威斯康星大学举行的"我为钱狂"讨论会等会议的与会者，以及多伦多大学举办的研讨班的参与者给出的意见。这项研究得到了美国国家科学基金会的资助（编号 SES-1227280），以及 INET 的资助（编号 INO1100049，项目名称为"宏观经济脆弱性研究"）。H. 厄里格与美国联邦储备银行、德国联邦银行和欧洲中央银行一直保持着很好的联系。V. 圭列里则与芝加哥联邦储备银行保持着联系。

参考文献

Abreu, D. , Brunnermeier, M. K. , 2003. Bubbles and crashes. Econometrica 71 (1), 173—204.

Adam, K. , Woodford, M. , 2012. Housing prices and robustly optimal monetary policy. J. Monet. Econ. 59, 468—487.

Anenberg, E. , 2014. Information frictions and housing market dynamics. Working Paper.

Attanasio, O. P. , Blow, L. , Hamilton, R. , Leicester, A. , 2009. Booms and busts: consumption, house prices and expectations. Economica 76 (301), 20—50.

Balasko, Y. , Shell, K. , 1980. The overlapping generations model, I: the case of pure exchange without money. J. Econ. Theory 23 (3), 281—306.

Barberis,N. , Shleifer,A. , Vishny,R. , 1998. Amodelof investor sentiment. J. Financ. Econ. 49(3),307—343.

Benes, J. , Kumhof, M. , Laxton, D. , 2014a. Financial crises in DSGE models: a prototype model. IMF Working Paper Series 14/57. Benes, J. , Kumhof, M. , Laxton, D. , 2014b. Financial crises in DSGE models: selected applications of MAPMOD. IMF Working Paper Series 14/56.

Benhabib, J. , Rogerson, R. , Wright, R. , 1991. Homework in macroeconomics: household production and aggregate fluctuations. J. Polit. Econ. 99, 1166—1187.

Berger, D. , Guerrieri, V. , Lorenzoni, G. , Vavra, J. , 2015. House prices and consumer spending. National Bureau of Economic Research.

Bernanke, B. , Gertler, M. , 1989. Agency costs, net worth, and business fluctuations. Am. Econ. Rev. 79, 14—31.

Bernanke, B. S. , Gertler, M. , Gilchrist, S. , 1999. The financial accelerator in a quantitative business cycle framework. In: Taylor, J. , Woodford, M. (Eds.), Handbook of Macroeconomics, vol. 1. Elsevier, North-Holland, pp. 1341—1393.

Bocola, L. , 2014. The Pass-Through of Sovereign Risk (draft). Northwestern University.

Boissay, F. , Collard, F. , Smets, F. , 2016. Booms and banking crises. J. Polit. Econ. 124 (2), 489—538.

Boldrin, M. , Christiano, L. J. , Fisher, J. D. M. , 2001. Habit persistence, asset returns, and the business cycle. 91 (1), 149—166.

Bordalo, P. , Gennaioli, N. , Shleifer, A. , 2016. Diagnostic expectations and credit cycles. Working Paper.

Brunnermeier, M. K. , Sannikov, Y. , 2010. A Macroeconomic Model with a Financial Sector (draft). Princeton University.

Brunnermeier, M. , Eisenbach, T. M. , Sannikov, Y. , 2011. Macroeconomics with Financial Frictions: A Survey (draft). Princeton University.

Brzoza-Brzezina, M., Gelain, P., Kolasa, M., 2014. Monetary and Macroprudential Policy with Multi-Period Loans (draft).

Burnside, C., Eichenbaum, M., Rebelo, S., 2013. Understanding booms and busts in housing markets. Working Paper, Northwestern University.

Campbell, J. Y., Cocco, J. F., 2007. How do house prices affect consumption? Evidence from micro data. J. Monet. Econ. 54 (3), 591—621.

Campbell, J. R., Hercowitz, Z., 2006. The role of collateralized household debt in macroeconomic stabilization. Working Paper.

Capozza, D. R., Hendershott, P. H., Mack, C., 2004. An anatomy of price dynamics in illiquid markets: analaysis and evidence from local housing markets. Real Estate Econ. 32 (1), 1—32.

Carlstrom, C. T., Fuerst, T. S., 1997. Agency costs, net worth, and business fluctuations: a computable general equilibrium analysis. Am. Econ. Rev. 87 (5), 893—910.

Carroll, C. D., Otsuka, M., Slacalek, J., 2011. How large are housing and financial wealth effects? A new approach. J. Money Credit Bank. 43 (1), 55—79.

Carvalho, V. M., Martin, A., Ventura, J., 2012. Understanding bubbly episodes. Am. Econ. Rev. 102 (3), 95—100.

Cass, D., 1972. On capital overaccumulation in the aggregative neoclassical model of economic growth: a complete characterization. J. Econ. Theory 4 (2), 200—223.

Case, K., Shiller, R., 1989. The efficiency of the market for single-family homes. Am. Econ. Rev. 79 (1), 125—137.

Case, K. E., Quigley, J. M., Shiller, R. J., et al., 2013. Wealth effects revisited 1975—2012. Crit. Finance Rev. 2 (1), 101—128.

Clancy, D., Merola, R., 2015. Counter-cyclical capital rules for small open economies. Working Paper.

Corbae, D., Quintin, E., 2014. Leverage and the foreclosure crisis.

Davis, M. A., Heathcote, J., 2005. Housing and the business cycle. Int. Econ. Rev. 46 (3), 751—784.

Davis, M. A., VanNieuwerburgh, S., 2015. Housing, finance and the macroeconomy. In: Duranton, G., Henderson, J. V., Strange, W. C. (Eds.), Handbook of Urban and Regional Economics, vol. 5. Elsevier, pp. 753—811.

Del Negro, M., Eggertsson, G., Ferrero, A., Kiyotaki, N., 2011. The great escape? Aquantitative evaluation of the Fed's liquidity facilities. Staff Report 520, Federal Reserve Bank of New York.

Di Maggio, M., Kermani, A., 2016. Credit induced boom and bust. Working Paper.

Eggertsson, G. B., Krugman, P., 2012. Debt, deleveraging, and the liquidity trap: a

Fisher-Minsky-Koo approach. Q. J. Econ. 127 (3), 1469—1513.

Favara, G. , Imbs, J. , 2015. Credit supply and the price of housing. Am. Econ. Rev. 105, 958—992.

Favilukis, J. , Ludvigson, S. , Nieuwerburgh, S. V. , 2016. The macroeconomic effects of housing wealth, housing finance, and limited risk-sharing in general equilibrium. J. Polit. Econ. Forthcoming.

Fisher, J. D. , 2007. Why does household investment lead business investment over the business cycle? J. Polit. Econ. 115 (1), 141—168.

Frazzini, A. , 2006. The disposition effect and underreaction to news. J. Finance 61 (4), 2017—2046.

Garriga, C. , Kydland, F. E. , ? ustek, R. , 2016. Mortgages and monetary policy. Working Paper.

Geanakoplos, J. , 2002. Liquidity, default and crashes: endogenous contracts in general equilibrium. Discussion Paper 1316RR, Cowles Foundation for Research in Economic-Yale University.

Geanakoplos, J. , 2009. The leverage cycle. Discussion Paper 1715, Cowles Foundation for Research in Economic-Yale University.

Geanakoplos, J. , 2011. What's missing from macroeconomics: endogenous leverage and default. Discussion Paper 1332, Cowles Foundation for Research in Economic-Yale University.

Gilchrist, S. , Zakrajsˇek, E. , 2012. Credit spreads and business cycle fluctuations. Am. Econ. Rev. 102 (4), 1692—1720.

Glaeser, E. L. , Nathanson, C. G. , 2016. An extrapolative model of house price dynamics.

Glaeser, E. L. , Gyourko, J. , Morales, E. , Nathanson, C. G. , 2014. Housing dynamics: an urban approach. J. Urban Econ. 81, 45—56.

Golosov, M. , Lorenzoni, G. , Tsyvinski, A. , 2014. Decentralized trading with private information. Econometrica 82 (3), 1055—1091.

Greenwood, J. , Hercowitz, Z. , 1991. The allocation of capital and time over the business cycle. J. Polit. Econ. 99 (6), 1188—1214.

Guerrieri, L. , Iacoviello, M. , 2014. Collateral constraints and macroeconomic asymmetries.

Guerrieri, V. , Lorenzoni, G. , 2011. Credit crises, precautionary savings, and the liquidity trap. NBER Working Paper Series 17583.

Guren, A. M. , 2016. The causes and consequences of house price momentum.

Hall, R. , 2011. The long slump. Am. Econ. Rev. 101 (2), 431—469.

Hall, R. E. , 2014. High discounts and high unemployment. National Bureau of Economic Research.

Harrison, J. M. , Kreps, D. M. , 1978. Speculative investor behavior in a stock market with heterogeneous expectations. Q. J. Econ. 92 (2), 323—336.

He, Z., Krishnamurthy, A., 2013. Intermediary asset pricing. Am. Econ. Rev. 103 (2), 732—770.

He, C., Wright, R., Zhu, Y., 2015. Housing and liquidity. Rev. Econ. Dyn. 18 (3), 435—455.

Head, A., Lloyd-Ellis, H., Sun, H., 2014. Search, liquidity, and the dynamics of house prices and construction. Am. Econ. Rev. 104 (4), 1172—1210.

Hong, H., Stein, J. C., 1999. A unified theory of underreaction, momentum trading, and overreaction in asset markets. J. Finance 54 (6), 2143—2184.

Huo, Z., Ríos-Rull, J. V., 2013. Paradox of thrift recessions. National Bureau of Economic Research.

Huo, Z., Ríos-Rull, J. V., 2014. Financial frictions, asset prices, and the great recession.

Iacoviello, M., 2005. House prices, borrowing constraints, and monetary policy in the business cycle. Am. Econ. Rev. 95 (3), 739—764.

Iacoviello, M., 2012. Housing wealth and consumption. In: Smith, S. (Ed.), International Encyclopedia of Housing and Home. Elsevier, pp. 673—678.

Iacoviello, M., Neri, S., 2010. Housing market spillovers: evidence from an estimated DSGE model. Am. Econ. J. Macroecon. 2 (2), 125.

Iacoviello, M., Pavan, M., 2013. Housing and debt over the life cycle and over the business cycle. J. Monet. Econ. 60, 221—238.

Johnson, D. S., Parker, J. A., Souleles, N. S., 2006. Household expenditure and the income tax rebates of 2001. Am. Econ. Rev. 96 (5), 1589—1610.

Jorda, O., Schularick, M., Taylor, A. M., 2013. When credit bites back. J. Money Credit Bank. 45 (2), 3—28.

Jorda, O., Schularick, M., Taylor, A. M., 2015. Betting the house. J. Int. Econ. 96, S2—S18.

Jorda, O., Schularick, M., Taylor, A. M., 2016a. The great mortgaging: housing finance, crises and business cycles. Econ. Policy 31, 107—152.

Jorda, O., Schularick, M., Taylor, A. M., 2016b. Macrofinancial history and the new business cycle facts. In: Eichenbaum, M., Parker, J. (Eds.), NBER Macroeconomics Annual 2016. University of Chicago Press, Chicago, Il., U.S.A.

Justiniano, A., Primiceri, G. E., Tambalotti, A., 2014. Credit supply and the housing boom. Working Paper.

Justiniano, A., Primiceri, G. E., Tambalotti, A., 2015. Household leveraging and deleveraging. Rev. Econ. Dyn. 18 (1), 3—20.

Kaplan, G., Violante, G. L., 2014. A model of the consumption response to fiscal stimulus payments. Econometrica 82 (4), 1199—1239.

Kaplan, G. , Mitman, K. , Violante, G. , 2015. Consumption and house prices in the great recession: model meets evidence. Working Paper.

Kehoe, P. , Midrigan, V. , Pastorino, E. , 2014. Debt constraint and unemployment. Working Paper.

Kermani, A. , 2016. Cheap credit, collateral and the boom-bust cycle. Working Paper.

Kiyotaki, N. , Moore, J. , 1997. Credit cycles. J. Polit. Econ. 105 (2), 211—248.

Kiyotaki, N. , Wright, R. , 1989. On money as a medium of exchange. J. Polit. Econ. 97, 927—954.

Kiyotaki, N. , Wright, R. , 1993. A search-theoretic approach to monetary economics. Am. Econ. Rev. 83 (1), 63—77.

Kiyotaki, N. , Michaelides, A. , Nikolov, K. , 2011. Winners and losers in housing markets. J. Money Credit Bank. 43, 255—296.

Knoll, K. , 2016. Return Predictability in International Housing Markets, 1870—2014 (Dissertation draft). University of Bonn.

Knoll, K. , Schularick, M. , Steger, T. , 2014. No price like home: global house prices, 1870—2012. Working Paper, University of Bonn.

Lorenzoni, G. , 2008. Inefficient credit booms. Rev. Econ. Stud. 75, 809—833.

Macera, M. , 2015. Credit crises and private deleveraging. Working Paper.

Mack, A. , Martínez-García, E. , 2011. A cross-country quarterly database of real house prices: a methodological note. Working Paper 99, Federal Reserve Bank of Dallas Globalization and Monetary Policy Institute.

Magnus, G. , 2011. The dynamics of prices, liquidity and vacancies in the housing market (Dissertation). University of Chicago.

Mankiw, N. G. , 1986. The allocation of credit and financial collapse. Q. J. Econ. 101 (3), 455—470.

Martin, A. , Ventura, J. , 2010. Theoretical notes on bubbles and the current crisis. NBER Working Paper 16399, National Bureau of Economic Research.

Martin, A. , Ventura, J. , 2012. Economic growth with bubbles. Am. Econ. Rev. 102 (6), 3033—3058.

Martin, A. , Ventura, J. , 2014. Managing credit bubbles. NBER Working Paper 19960, National Bureau of Economic Research.

Mendoza, E. G. , Quadrini, V. , 2010. Financial globalization, financial crises and contagion. J. Monet. Econ. 57, 24—39.

Mian, A. R. , Sufi, A. , 2011. House prices, home equity-based borrowing, and the U. S. household leverage crisis. Am. Econ. Rev. 101 (5), 2132—2156.

Mian, A. , Sufi, A. , 2014. What explains the 2007—2009 drop in employment?

Econometrica 82 (6), 2197—2223.

Mian, A. R., Rao, K., Sufi, A., 2013. Household Balance Sheets, Consumption, and the Economic Slump (draft). University of Chicago Booth School.

Mian, A., Sufi, A., Verner, E., 2015. Household debt and business cycles worldwide. NBER Working Papers 21581, National Bureau of Economic Research.

Midrigan, V., Philippon, T., 2011. Household leverage and the recession. NYU Working Paper.

Mondragon, J., Wieland, J., Yang, M. J., 2016. Credit supply shocks and house price boom-bust cycles. Working Paper.

Myerson, R., 2012. A model of moral-hazard credit cycles. J. Polit. Econ. 120 (5), 847—878.

Ortalo-Magne, F., Rady, S., 2006. Housing market dynamics: on the contribution of income shocks and credit constraints. Rev. Econ. Stud. 73 (2), 459—485.

Parker, J. A., Souleles, N. S., Johnson, D. S., McClelland, R., 2013. Consumer spending and the economic stimulus payments of 2008. Am. Econ. Rev. 103 (6), 2530—2553.

Rognlie, M., Shleifer, A., Simsek, A., 2015. Investment hangover and the great recession. Working Paper.

Samuelson, P. A., 1958. An exact consumption-loan model of interest with or without the social contrivance of money. J. Polit. Econ. 66 (6), 467—482.

Scheinkman, J. A., Xiong, W., 2003. Overconfidence and speculative bubbles. J. Polit. Econ. 111 (6), 1183—1220.

Schularick, M., Taylor, A., 2012. Credit booms gone bust: monetary policy. Leverage cycles, and financial crises, 1870—2008. Am. Econ. Rev. 102 (2), 1029—1061.

Simsek, A., 2013. Belief disagreements and collateral constraints. Econometrica 81, 1—53.

Sommer, K., Sullivan, P., Verbrugge, R., 2013. The equilibrium effect of fundamentals on house prices and rents. J. Monet. Econ. 60, 854—870.

Stein, J. C., 1995. Prices and trading volume in the housing market: a model with downpayment effects. Q. J. Econ. 110 (2), 379—406.

Str? bel, J., Vavra, J., 2015. House prices, local demand, and retail prices. Working Paper.

Tirole, J., 1985. Asset bubbles and overlapping generations. Econometrica 53, 1071—1100.

Woodford, M., 2010. Robustly optimal monetary policy with near-rational expectations. Am. Econ. Rev. 100, 274—303.

Wright, R., Wong, Y. Y., 2014. Buyers, sellers, and middlemen: variations on search-theoretic themes. Int. Econ. Rev. 55 (2), 375—397.

第十八章　宏观经济、货币与金融：连续时间方法

M. K. 布伦纳迈尔(M. K. Brunnermeier) [*] **,Y. 桑尼科夫(Y. Sannikov)** [*]

[*]:普林斯顿大学,美国,新泽西州,普林斯顿

目　录

本章摘要：本章提供了如何设定和求解一个连续时间模型的指引。这个模型的特点是：允许分析(1)内生的风险水平和内生的风险动态。内生的风险动态进一步包括了(2)尾部风险和危机概率以及(3)波动性悖论。此外，(4)流动性不足和流动性错配的概念、(5)内生杠杆率、(6)审慎悖论、(7)资本化不足部门、(8)时变风险溢价，以及(9)外部融资溢价，也都可以用这个模型分析。这个模型还指出，金融摩擦导致了内生的(10)货币价值。

关键词：宏观经济建模；货币经济学；（内部）货币；内生风险动态；波动性悖论；审慎悖论；金融摩擦

JEL 分类代码：C63，E32，E41，E44，E51，G01，G11，G20

1. 引言

美国最近这场金融危机和随后发生的欧元危机提醒我们，金融摩擦对于我们理解宏观经济趋势和周期性波动至关重要。虽然金融市场在正常时期有自我稳定功能，但是经济（债务）不平衡状况不断加剧、（信贷）泡沫持续膨胀后，经济就会变得很容易受到危机的侵袭。特别是，测量到的波动率很低时，债务、杠杆率、期限和流动性的错配反而会趋于上升。脆弱性风险倾向于在"后台"隐秘地形成，只有当危机爆发时才会真正显山露水，这种现象被称为

"波动性悖论"。

不利的反馈环路可能使市场中正常的上升螺旋失衡。具有金融摩擦的经济的动态具有极高的非线性。很小的冲击就可能导致很严重的经济错配。在存在多重均衡的情况下,即便基本面方面没有出现任何触发因素,金融机构的挤兑或国家经济体系的突然停顿也可能发生。从实证研究的角度来看,这些经济现象往往体现为真实经济变量和资产价格回报的肥尾分布。

在这项研究中,我们提出了一种刻画整体内生的风险动态的连续时间方法,因此超越了以往那种只能简单地分析某个不利冲击的持续性和放大机制的研究。在研究中,我们没有仅限于关注风险水平,而是把风险变量的一阶矩、二阶矩,以及风险变量的变动,全都作为分析的组成部分融合进了我们的框架,因为所有这些都是驱动经济行为主体的消费(预防性)储蓄和投资决策的因素。我们不会假设,在出现了一个负面的冲击之后,经济会以某种确定的方式回归到稳定状态;相反,不确定性可能会加剧,从而导致衰退的持续时间随机化。同时,经济行为主体对新形势的回应也会影响风险和风险溢价。

内生风险是时变的,并依赖于流动性不足。流动性(不足)有三重含义。在技术的含义上,流动性不足是指实物投资的不可逆转性。投资者不可能回到过去去取消原始投资,但他们可以选择抛售投资。但是,只有市场流动性足够高时,这样做才是合理的。最后,如果拥有足够的资金流动性,那么也可以发行以资产的收益为基础的"证券"。激励问题决定了,这些"证券"通常是短期债权。随债务融资而来的缺点是,风险会集中在负债部门,此外,短期债务还会导致流动性风险敞口。如果经济行为主体不能撤销投资,当市场流动性很低,融资受到较大限制(例如,可得资金期限极短)时,经济行为主体可能被迫进行资产大甩卖。总而言之,如果资产负债表的资产的技术和市场面与负债的债务的融资面之间存在着流动性错配,那么经济就很容易受不稳定的侵袭。

具有金融摩擦的模型必然包含多个部门。金融摩擦会阻碍资金流向资本化不足的部门,从而导致巨额债务积压的问题,和/或无法实现最优事前风险分担。这与存在完全金融市场的世界形成了鲜明的对比——在后者,只有总体风险才是重要的,因为所有经济行为主体的边际替代率在均衡中都是相等的,从而使汇总为单一的代表性经济行为主体成为可能。但是在具有金融摩擦和异质性特征的模型中,财富分布却是非常关键的。

此外还有一点也十分重要,那就是,金融摩擦还可以赋予货币价值。货币是一种安全的资产,也是流动的价值池。我们给出的方法不仅为新凯恩斯主义模型提供了一个补充性的视角(在新凯恩斯主义模型中,价格刚性和工资刚性是货币价值的主要驱动因素),也有助于传统的"货币银行学"文献的复兴。[①]

说到底,经济理论分析应该能够指导政策制定。重要的是超越局部均衡分析,因为一般均衡效应往往是微妙的和反直觉的。同时,理论模型还必须有足够高的易处理性,以便展开有意义的福利分析,从而对各种不同的政策工具进行评估。福利分析特别适于研究各种政策工具的相互作用。

---

① 例如,请参见钱德勒的论文(Chandler,1948)。

总而言之,本章的目标是,给出一个关于如何设定和求解连续时间宏观融资模型的指引。连续时间模型拥有很高的易处理性,因此我们能够用这种模型来研究一系列均衡解的新特征。这些特征包括:(1)内生的风险水平和内生的风险动态。内生的风险动态进一步包括了(2)尾部风险和危机概率以及(3)波动性悖论。此外,(4)流动性不足和流动性错配的概念、(5)内生杠杆率、(6)审慎悖论、(7)资本化不足部门、(8)时变风险溢价,以及(9)外部融资溢价,也都可以用这个模型分析。而从福利分析的角度来看,我们还可以在这个模型框架下提出一些关于(10)金融危机的无效率和(11)使用各种不同政策工具的影响的规范性问题。

接下来,我们先简要地回顾一下20世纪30年代大萧条以来的宏观和金融研究的历史。然后,在对现在仍然处于不断发展中的连续时间文献展开综述之前,我们列出了一些有利于连续时间建模方法的观点。本章的主体部分则是一个建模指引:我们将一步一步地说明,如何从最简单的基准模型开始,构建并求解连续时间模型,并通过不断加入更多的构件来丰富模型。

1.1 宏观经济与金融模型简史

作为一个经济学领域,宏观经济学诞生于20世纪30年代的大萧条期间。当时,许多著名经济学家,包括费雪(Fisher, 1933)、凯恩斯(Meynes, 1936)、古利和肖(Gurley and Shaw, 1955)、明斯基(Minsky, 1957),以及金德尔伯格(Kindleberger, 1978),都强调了金融不稳定性与宏观经济总量之间的相互影响的重要性。特别是,他们指出,经济中的某些特定部门(包括金融部门),可能会导致资产负债表受损,并可能拖累经济的其他部门。帕挺金(Patinkin, 1956)、托宾(Tobin, 1969)也强调指出,金融稳定和价格稳定性是相互交织在一起的,因此宏观经济学、货币经济学和金融学也必定是紧密地联系在一起的。

随着经济学变得越来越"分析化"和模型化,宏观经济学和金融学逐渐走上了不同的方向。如图1所示,希克斯(Hicks, 1937)以来的IS-LM凯恩斯主义宏观模型都是静态和确定性的。而各种宏观经济增长模型——其中最突出的是索洛增长模式(Solow, 1956)——虽然是动态的(其中许多也是连续时间的),但是,它们仍然排除了随机因素,风险和不确定性在这类增长模型中不起作用。相比之下,从马科维茨(Markowitz, 1952)投资组合理论开始,"正统"金融学文献则一直专注于风险。但是,这些金融模型都是静态模型,忽略了时间维度。

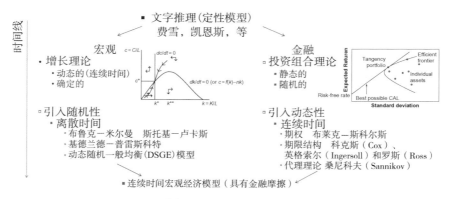

图 1 大萧条以来的宏观经济金融研究方法

20 世纪 70 年代和 80 年代初期,宏观经济学家开始将随机因素引入动态模型中。包括了时间和随机因素的早期"淡水"派宏观经济学模型是布鲁克和米尔曼(Brock and Mirman, 1972)的随机增长模型,以及基德兰和普雷斯科特(Kydland and Prescott,1982)的真实商业周期模型。

斯托基和卢卡斯(Stokey and Lucas,1989)编写了一本很有影响力的研究生教材,为有完全的微观基础的动态和随机分析提供了必要的工具包。"咸水"派新凯恩斯主义宏观模型引入了价格刚性,并在理性预期理论的框架中研究了反周期政策,这方面的例子包括泰勒(Taylor,1979)、曼昆和罗默(Mankiw and Romer,1991)。"淡水"派和"咸水"派这两个分支后来合并,发展出了动态随机一般均衡(DSGE)模型。DSGE 模型都是动态的("DSGE"中的"D")、随机的("DSGE"中的"S")。然而,与许多早期增长模型不同,时间在真实商业周期模型中,以及在新凯恩斯主义动态随机一般均衡模型(DSGE)中是离散的,后者如伍德福德的模型(Woodford,2003)。然而,大多数动态随机一般均衡(DSGE)模型只能刻画稳定状态周围的对数线性化动态。而对数线性化理论的分析对象则与西姆斯(Sims,1980)开创的线性向量自回归(VAR)估计技术的经验对应物吻合得相当好。

金融学在 20 世纪 70 年代也得到巨大的突破性发展。随机积分法或称伊藤积分法(Ito calculus)使金融学领域出现了天翻地覆的变化;布莱克和斯科尔斯(Black and Scholes,1973)的期权定价模型是以这种随机积分法为基础的。除了期权定价理论之外,考克斯等人(Cox et al.,1985)的利率期限结构模型等一大批模型涌现了出来;更晚近,桑尼科夫(Sannikov, 2008)发展出了构造金融合同的连续时间工具,它提供了一种很容易处理的刻画合同摩擦的方法。

我们的研究方法在上述理论进展的基础上又迈出了一步。这也是非常自然的一步,它的实质是用一个连续时间随机模型融合宏观经济和金融。在金融摩擦方面,它以伯南克等人(Bernanke et al.,1999,简称"BGG")、清泷和摩尔(Kiyotaki and Moore,1997,简称"KM")、比安奇(Bianchi,2011)、门多萨(Mendoza,2010)等人的研究为基础。我们的研究复制了 BGG 的模型和 KM 经典模型的线性化版本的两个重要结果:(1)短暂的宏观冲击可能会使借款人"资本化不足",从而对经济活动产生持久的影响;(2)价格走势会放大冲击。在 KM 的模型中，杠杆率受到了始终具有约束力的抵押约束的限制。而在比安奇（Bianchi，2011）以及门多萨（Mendoza，2010）的模型中，抵押约束只是偶尔具有约束力。我们的方法主要集中在不完全市场摩擦上，在我们的模型中，潜在资本化不足的借款人的杠杆率通常是内生性的。特别是，杠杆率能够对基本面（外生的）宏观经济冲击的规模和金融创新的水平做出反应，从而有助于更好地实施风险管理。这里特别有意思的是，杠杆率对内生尾部风险的存在方面反应程度较小。正常时期的均衡杠杆率是危机发生概率的一个关键决定因素。

1.2 采用连续时间宏观模型的理由

作为经济学家，我们毫不犹豫地支持采取连续行动空间，以确保没有产出整数问题的良好的一阶最优条件。基于同样的理由，我们通常会假设一个经济行为主体的连续统，以确保能够构造出一个具有完全竞争和（易处理的）价格接受行为的环境。

连续时间框架的假设有两个优点：一是，它通常更易于处理；二是，它在概念上也可能更加接近于现实。从易处理性这个方面来说，在连续时间模型中，我们执行更多的解析分析，对均衡特征进行更充分的闭合形式的刻画，而不必过早地诉诸数值分析。例如，在我们这个例子中，我们可以得出关于放大项的明确的闭合形式表达式。原因是，要刻画放大效应，只需要求得价格函数的斜率，即关于状态变量的（偏）导数。相比之下，在离散时间模型设置中，却需要整个价格函数，因为跳转规模（jump size）可能会有所不同。此外，瞬时回报基本上是对数正态的，这样要求求出期望就很容易。在连续时间模型中，我们可以通过预算约束来求解投资组合选择问题，并将回报与净值动态联系起来；在离散时间模型中，这个特征却只能利用坎贝尔-希勒（Campbell-Shiller）对数线性逼近法来实现。因此，期限结构文献普遍使用连续时间模型实在不足为奇。不必讳言，这里面有一些特征是特定的随机过程的连续性所致，例如布朗运动和其他伊藤过程。采用这类过程的隐含假设是，经济行为主体可以随着财富的变化而不断调整他们的消费或组合。他们的财富永远不会跳过某个特定的点，例如破产点（insolvency point），这大大简化了连续时间框架下的分析。

从概念上讲，在某些维度上，连续的时间表示法可能与现实更加吻合。即使所依据的数据是季度数据，人们也不可能集中在季度末消费。离散时间模型隐含地假设了季度内的线性时间加总以及季度之间的非线性时间加总。换句话说，离散时间模型假设季度内的消费的跨期弹性是无限的，而季度之间的消费的跨期替代弹性则由效用函数的曲率给出。连续时间模型则没有这个问题，它对每个时间单位都"一视同仁"。另外，众所周知，对于多变量模型，具有多种的平滑度和频率的混合数据（例如消费数据和金融数据），可能会严重地损害推断。

我们的连续时间方法的最大优点是，它使得我们能够刻画出整个动态系统的整体特征（包括风险动态），而不仅仅是简单的围绕稳态的对数线性化表示。请注意，脉冲响应函数只能刻画冲击之后从稳定状态下开始的预期路径。此外，与对数线性化模型所暗示的稳定正态分布不同，平稳分布也可以是双峰的并且表现出很大的摇摆性。

1.3 方兴未艾的连续时间宏观-金融文献

本章以布伦纳迈尔和桑尼科夫(Brunnermeier and Sannikov,2014)为基础①,并通过允许更一般的效用函数、预防性储蓄和内生股票发行扩展了这项研究。在此之前,巴萨克和库科(Basak and Cuoco,1998)、何治国和克里希纳穆尔蒂(He and Krishnamurthy,2012,2013)研究中介资产定价的论文也是这支文献的核心论文的组成部分。伊索哈塔拉等人(Isohätälä et al.,2014)则研究了一个连续时间部分均衡模型。迪特拉(DiTella,2013)引入了外生的不确定性冲击,即使可以基于总体状态变量构造合同,这种冲击也可能导致资产负债表衰退。

费伦(Phelan,2014)考虑了银行可以发行股票且存在顺周期的杠杆化的情形。艾德里安和博雅申科(Adrian and Boyarchenko,2012)则通过引入流动性偏好冲击而得到了顺周期杠杆化。艾德里安和博雅申科(Adrian and Boyarchenko,2013)考虑了两种类型的中介机构(银行和非银行)之间的相互作用。黄(Huang,2014)研究了影子银行,它们规避了监管约束,但是仍然受到内生的可实施性约束(enforcement constraint)。在莫雷拉和沙沃弗(Moreira and Savov,2016)的宏观模型中,影子银行发行类似于货币的债权。在衰退期间,它们会缩减活动规模,而这就减缓了复苏,造成了抵押品的稀缺。克里蒙科等人(Klimenko et al.,2015)证明,禁止支付红利的监管规定通常优于非常严厉的资本要求。在莫尔的模型中(Moll,2014),由于生产性的经济行为主体受到了抵押约束的限制无法实现杠杆化,资本出现了错配。

还有一些论文则试图用近期发生的事件对连续时间宏观金融模型进行校准。例如,何治国和克里希纳穆尔蒂(He and Krishnamurthy,2014)将住房作为第二种资本形式完成了校准。米特尼克和塞姆勒(Mittnik and Semmler,2013)则采用多区制向量自回归方法来刻画这些模型的非线性特征。②

在国际经济学中,这些方法在布伦纳迈尔和桑尼科夫(Brunnermeier and Sannikov,2015b)的论文中都有体现。在这个"两种商品、两个国家"模型中,过度负债的那个国家容易受到突发的经济停滞的影响,因此资本管制也许能够改进福利。马吉奥里(Maggiori,2013)则模拟了处于不同金融发展阶段的国家的风险分担。

此外,整合了金融摩擦的模型也为货币经济学的新建模方法开辟了一条道路,从而使"货币银行学"这个研究领域得到了复兴。在布伦纳迈尔和桑尼科夫(Brunnermeier and Sannikov,2015a)的一篇论文中,"货币理论I"中的货币其实是一个泡沫,与萨缪尔森(Samuelson,1958)或比利(Bewley,1977)的论文中的泡沫类似。内部货币是由中介部门内生地创造的,同时货币政策和宏观审慎政策则相互作用。阿克兜等人(Achdou et al.,2015)则在一个连续时间框架下针对具有不可保险的禀赋风险的比利模型给出了一种求解算法。在

---

① 关于连续时间宏观模型的其他综述,请参见(例如),伊索哈塔拉等人(Isohätälä et al.,2016)。
② 需要注意的是,在动态随机一般均衡(DSGE)模型的估计中,费尔南德斯-比利亚韦德和卢比奥-拉米雷斯(Fernández-Villaverde and Rubio-Ramírez,2010)证明,参数估计值和模型生成的矩都非常敏感地依赖于:是通过卡尔曼滤波法估计线性动态随机一般均衡(DSGE)模型,还是利用粒子滤波法估计真实的动态随机一般均衡(DSGE)模型。

德雷克斯勒等人（Drechsler et al., 2016）模型中，银行的风险偏好较小，且货币政策会影响风险溢价。席尔瓦（Silva, 2016）研究了非常规货币政策对风险的重新配置。韦尔宁（Werning, 2012）则通过一个易处理的确定性连续时间新凯恩斯主义模型，研究了零下限问题。

拉波波特和沃尔什（Rappoport and Walsh, 2012）构建了一个离散时间宏观经济模型，它的经济结果与布伦纳迈尔和桑尼科夫（Brunnermeier and Sannikov, 2014）的连续时间模型相似，而且在连续时间的极限状况下，收敛于同样的结果。

2. 一个简单的真实经济模型

我们首先用一个非常简单的模型来说明，如何将均衡条件——效用最大化和市场出清——转化为均衡表征。在这个简单的模型中，我们所关注的大部分问题都抽象掉了，例如，这个模型中不存在价格效应，也不存在内生风险。但是，在这个简单的模型中，我们还是能够得出不少很有意思的结果的，例如，危机中的风险溢价飙升。在利用这个模型确立了均衡的概念框架之后，我们将继续处理更复杂的模型。

2.1 模型设定

我们这个模型是巴萨克和库科（Basak and Cuoco, 1998）的模型的一个变体。经济中有一项风险资产，其净供给为正；一项零风险资产，其净供给为零。经济中有两种类型的经济行为主体——专家和家庭。只有专家才能持有风险资产，而家庭则只能以无风险利率 r_t 向专家贷款，该无风险利率在均衡时内生地确定。这个经济中的摩擦是，专家只能通过债务来为自己持有的风险资产融资，即通过向家庭卖空无风险资产来筹集资金。这也就是说，专家不能发行股本。我们假设所有经济行为主体都是很小的，且都只能作为价格接受者参与交易。或者换句话说，与存在噪声交易者的微观结构模型不同，经济行为主体对价格没有影响。

2.1.1 技术

净投资，即实物资本 k_t，以如下速率产生出消费品：

$$(a-\iota_t)k_t dt,$$

其中，a 是生产率参数，ι_t 是每单位资本的再投资率。生产技术是规模收益不变的。

这项生产性资产（资本）k_t，根据下式演变：

$$\frac{dk_t}{k_t} = (\Phi(\iota_t) - \delta)dt + \sigma dZ_t, \tag{1}$$

其中，$\Phi(\iota_t)$ 是具有调整成本的投资函数，该函数的性质是 $\Phi(0)=0, \Phi'>0$ 和 $\Phi''\leq 0$。因此，在不存在投资的情况下，资本直接以折旧率 δ 折旧。$\Phi(\cdot)$ 的凹性反映了规模收益递减的性质；ι_t 的值为负的情形，则对应于技术流动性不足的情况——资本的边际成本取决于投资率/

收回投资率。

资本总额用 K_t 表示,而 q_t 则表示资本价格。因此,经济中的总净值为 q_tK_t。如果用 N_t 表示专家的总净值,那么家庭的总净值就是 $q_tK_t-N_t$。

专家的财富份额用下式表示:

$$\eta_t = \frac{N_t}{q_tK_t} \in [0,1]$$

2.1.2 偏好

为了保证易处理性,我们假设所有经济行为主体都具有对数效用,且其贴现率为 ρ,具体形式是:

$$E\left[\int_0^\infty e^{-\rho t}\log c_t dt\right]$$

其中,c_t 是时间 t 时的消费。

2.2 连续时间方法分步详解

定义 均衡是从宏观冲击历史 $(Z_s, s \le t)$ 到资本价格 q_t、无风险利率 r_t,以及所有经济行为主体的资产持有和消费选择的映射,它使得:

1. 经济行为主体采取最大化效用;
2. 市场出清。

为了找到一个均衡,我们需要写出过程 q_t、r_t 等必须满足的方程式,以及说明这些过程如何与冲击 Z 的实现一起演化的方程式。用状态变量表示这些关系是一个方便的选择。我们在这里给出的相关状态变量是一个描述财富分布的状态变量,即专家所拥有的财富所占的份额 η_t。当 η_t 下降时,专家受资产负债表约束更加大。

我们分三个步骤求解这个模型的均衡问题。第一步,我们要假设若干内生的过程。第二步,我们利用均衡条件,即效用最大化和市场出清,来写出 q_t 和 r_t 必须满足的限制条件。在这个简单的模型中,我们能够将 q_t 和 r_t 表示为 η_t 的闭合形式的函数。第三步,我们还需要推导出状态变量(即财富份额 η_t)的运动定律。

步骤 1:假设均衡过程。

第一步是假设若干内生价格过程。例如,假设每单位资本的价格 q_t 服从如下伊藤过程(Ito process):

$$\frac{dq_t}{q_t} = \mu_t^q dt + \sigma_t^q dZ_t, \tag{2}$$

当然,这个过程是在均衡中内生的。

对资本的投资除了能够以红利率 $(a-\iota)k_t dt$ 生成红利之外,还能够以如下资本回报率产生资本回报:

$$\frac{d(k_tq_t)}{k_tq_t}$$

可以用伊藤引理来推导这两个随机过程的乘积：

伊藤乘积公式

假设两个过程 X_t 和 Y_t 分别服从

$$\frac{dX_t}{X_t} = \mu_t^X dt + \sigma_t^X dZ_t \text{ 和 } \frac{dY_t}{Y_t} = \mu_t^Y dt + \sigma_t^Y dZ_t$$

那么这两个过程的乘积就服从：

$$\frac{d(X_t Y_t)}{X_t Y_t} = (\mu_t^X + \mu_t^Y + \sigma_t^X \sigma_t^Y) dt + (\sigma_t^X + \sigma_t^Y) dZ_t \tag{3}$$

使用伊藤引理，对资本的投资能够带来的资本回报率为：

$$\frac{d(k_t q_t)}{k_t q_t} = (\Phi(\iota_t) - \delta + \mu_t^q + \sigma \sigma_t^q) dt + (\sigma + \sigma_t^q) dZ_t$$

从而，资本获得的收益为：

$$dr_t^k = \underbrace{\frac{a - \iota_t}{q_t} dt}_{\text{红利收益率}} + \underbrace{(\Phi(\iota_t) - \delta + \mu_t^q + \sigma \sigma_t^q) dt + (\sigma + \sigma_t^q) dZ_t}_{\frac{d(k_t q_t)}{k_t q_t}, \text{资本回报率}} \tag{4}$$

因此，一般来说，持有资本的风险的一部分是基本面的，即 σdZ_t，还有一部分是内生的，即 $\sigma_t^q dZ_t$。

备注：

·对于一般的效用函数，我们还必须给出关于随机贴现因子过程的假设，或者等价地，给出关于边际效用过程或边际消费过程 dc_t/c_t 的假设。详见第 3.1 节。

·注意到，在布伦纳迈尔和桑尼科夫（Brunnermeier and Sannikov，2015a，2016）的货币模型中，我们还必须假设一个货币价值过程，由于通货膨胀风险，这个过程可能是随机的。在第 4 节中，我们给出了一个简单的货币模型。

步骤 2：均衡条件。

均衡条件有两种：最优化条件和市场出清条件。

最优内部投资率　注意到，内部投资率 ι_t 不会影响资本的风险，因而，使得预期回报最大化的最优投资率满足如下一阶条件：

$$\Phi'(\iota_t) = \frac{1}{q_t} \tag{5}$$

最优消费率　对数效用函数有两个能够带来很大便利的性质（我们在第 3.1 节中将正式证明更一般的情况）。这两个属性有助于减少表征均衡所需的方程式的数量。第一个性质是，对于具有对数效用函数的经济行为主体：

$$\text{消费} = \rho \cdot \text{净值} \tag{6}$$

这也就是说，无论无风险利率或风险投资机会如何，这些经济行为主体总是会将财富（永久收入)的某个固定比例消费掉。这样就可以把消费欧拉方程化简为一个特别简单的形式。

最优投资组合选择 对数效用经济行为主体在最优投资组合选择问题中的最佳风险敞口取决于有风险的投资的吸引力。这个吸引力用夏普比率(Sharpe ratio)度量。夏普比率的定义是预期超额收益除以标准差。因此,从形式上看,均衡条件是:

$$有风险的投资的夏普比率=净值的波动率 \tag{7}$$

其中,波动率是相对的(用单位时间的百分比变化来度量)。[1]

商品市场出清 我们利用方程式(6)和方程式(7)来给出正式的均衡条件,并表征均衡。首先,从条件(6)可知,所有经济行为主体的总消费是 $\rho q_t K_t$,同时总产出为 $(a-\iota(q_t))K_t$。其中,投资 ι 是 q 的增函数,由方程式(5)定义。消费品的市场出清条件要求,这些方程式必须相等,从而:

$$\rho q_t = a - \iota(q_t) \tag{8}$$

这也就决定了该有风险的资本的均衡价格。专家的总消费必定为 $\rho N_t = \rho \eta_t q_t K_t$,同时家庭的总消费则为 $\rho(1-\eta_t)q_t K_t$。只需利用条件(8),就可以得出资本价格 q 的一个恒定值。这也就是说,$\mu_t^q = \sigma_t^q = 0$。

对数投资函数示例

首先假设,投资函数取以下形式:

$$\Phi(\iota) = \frac{\log(\kappa\iota+1)}{\kappa},$$

其中,κ 是调整成本参数。那么 $\Phi'(0)=1$。κ 值越高,函数 Φ 的凹性更大。而且,当 $\kappa \to 0$ 时,$\Phi(\iota) \to \iota$,即这是一个不存在调整成本的完全弹性投资函数。于是,最优投资率为 $\iota=(q-1)/\kappa$,同时市场出清条件(8)导致价格为:

$$q = \frac{1+\kappa a}{1+\kappa\rho}$$

当 $\kappa \to 0$ 时,价格收敛为 1,即投资技术是完全弹性的。而当 $\kappa \to \infty$ 时,价格 q 则收敛于 a/ρ。

其次,我们可以利用条件(7)来求出专家的均衡无风险利率。为此,我们首先要用有风险的资产和无风险资产的回报来计算出有风险的投资的夏普比率。然后,我们再从资产负债表计算出专家的财富的波动率。最后,我们使用方程式(7)求得无风险利率。

因为 q 是恒定不变的,所以有风险的资产可以得到的收益是:

$$dr_t^k = \underbrace{\frac{a-\iota}{q}}_{\rho,红利收益率} dt + \underbrace{(\Phi(\iota)-\delta)dt + \sigma dZ_t}_{资本回报率}$$

同时,无风险资产可以赚得的回报为 r_t。注意到,货币市场出清条件下的红利收益率等于 ρ。

---

[1] 例如,如果标准普尔 500 指数的年度波动幅度为 15%,风险溢价为 3%(因此夏普比率为 3%/15%=0.2),那么对数效用经济行为主体会希望持有一个波动幅度为 0.2=20% 的投资组合。这相当于标准普尔 500 指数的权重为 1.33,而无风险资产的权重则为 0.33。

因此，有风险的投资的夏普比率为：

$$\frac{\rho+\Phi(\iota)-\delta-r_t}{\sigma}$$

再注意到，由于价格红利比率是恒定不变的，风险溢价的变化必定来自无风险利率的变化。

因为专家必须持有经济中的全部有风险的资本，其价值为 $q_t K_t$（因为家庭不能持有资本），并通过净值 N_t 吸收风险，从而专家的净值的波动率为：

$$\frac{q_t K_t}{N_t}\sigma=\frac{\sigma}{\eta_t}$$

使用方程式（7），我们可以得到：

$$\frac{\sigma}{\eta_t}=\frac{\rho+\Phi(\iota)-\delta-r_t}{\sigma}\Rightarrow r_t=\rho+\Phi(\iota)-\delta-\frac{\sigma^2}{\eta_t} \tag{9}$$

步骤 3：得出 η_t 的运动定律。

为了完成均衡的推导，我们需要先描述清楚冲击 Z_t 怎样影响状态变量 $\eta_t=N_t/(q_t K_t)$。首先，由于 η_t 是一个比率，以下公式将有助于我们的推导：

伊藤比率公式

假设两个过程 X_t 和 Y_t 分别服从

$$\frac{dX_t}{X_t}=\mu_t^X dt+\sigma_t^X dZ_t \text{ 和 } \frac{dY_t}{Y_t}=\mu_t^Y dt+\sigma_t^Y dZ_t$$

那么这两个过程的比率服从：

$$\frac{d(X_t/Y_t)}{X_t/Y_t}=(\mu_t^X-\mu_t^Y+(\sigma_t^Y)^2-\sigma_t^X\sigma_t^Y)dt+(\sigma_t^X-\sigma_t^Y)dZ_t \tag{10}$$

其次，我们可以很方便地用方程式（9）给出的总风险和夏普比率来表达 η_t 的分子和分母的运动定律。具体地说，我们有：

$$\frac{dN_t}{N_t}=r_t dt+\underbrace{\frac{\sigma}{\eta_t}}_{\text{风险}}\underbrace{\frac{\sigma}{\eta_t}}_{\text{夏普}}dt+\frac{\sigma}{\eta_t}dZ_t-\underbrace{\rho dt}_{\text{消费}}$$

以及

$$\frac{d(q_t K_t)}{q_t K_t}=r_t dt+\underbrace{\sigma}_{\text{风险}}\underbrace{\frac{\sigma}{\eta_t}}_{\text{夏普}}dt+\sigma dZ_t-\underbrace{\rho dt}_{\text{红利收益率}}$$

在后一个方程式中，我们从总资本回报中减去红利收益率，从而求得了资本回报率。

利用前述比率公式，我们有，

$$\frac{d\eta_t}{\eta_t}=(r_t+\sigma^2/\eta_t^2-\rho-r_t-\sigma^2/\eta_t+\rho+\sigma^2-\sigma^2/\eta_t)dt+(\sigma/\eta_t-\sigma)dZ_t$$

$$=\frac{(1-\eta_t)^2}{\eta_t^2}\sigma^2 dt+\frac{1-\eta_t}{\eta_t}\sigma dZ_t \tag{11}$$

步骤4:在这个简单的模型中,作为 η 的函数 $q(\eta)$ 的表达式并不是必需的,因为 q 是一个常数。

2.3 若干观察结果

关于均衡的性质,有几个关键观察结果特别指出。变量 η_t 随着宏观冲击的到来而波动——正面冲击会增加专家的财富份额。这是因为专家使用了杠杆。负面冲击则会侵蚀 η_t,同时专家要求有更高的风险溢价才愿意持有风险资产。为了让专家继续持有风险资产,必须提高夏普比率:

$$\frac{\sigma}{\eta_t} = \frac{\rho + \Phi(t) - \delta - r_t}{\sigma},$$

当 η_t 趋向于 0 时,夏普比率趋向于 ∞。在这里,令人颇感惊奇的是,这是无风险利率 $r_t = \rho + \Phi(\iota) - \delta - \sigma^2/\eta_t$ 趋向于 ∞ 所致,而不是因为风险资产价格下降而实现的,如图 2 的右上图所示。

因为 q_t 是恒定不变的(如图 2 的左上图所示),所以不存在内生风险,也不存在放大和波动效应。因此,在这个模型中,导致如此简单的一个解的各种假设也消除了我们感兴趣的任何价格效应。为了获得这方面的结果,我们还必须努力尝试更复杂的模型。

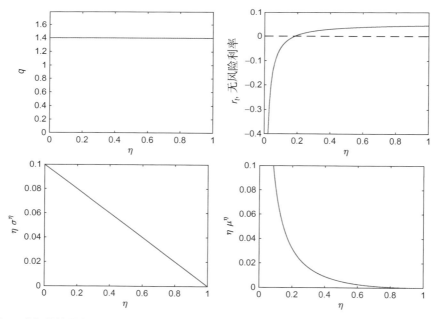

图 2 我们的简单真实经济模型中的均衡,$a=0.11$,$\rho=5\%$,$\sigma=0.1$,$\Phi=\log(\kappa\iota+1)/\kappa$,其中 $\kappa=10$

除了不存在价格效应之外,这个模型还有这样一个特点,从长期来看,专家部门将会变得非常大,以至于完全支配了整个经济。

为了证明这一点,只需注意到,η_t 的漂移总是为正即可。这是某个群体对另一个群体占有某种优势的模型的共同特点(在我们这个模型中,这种优势体现在只有专家才能投资风险资产)。当然,我们也通过进一步施加更多的假设,以防止专家部门变得太大。例如,伯南克等人(Bernanke et al.,1999)假设,专家在受到一种特定的冲击后,会随机地蜕变成为家庭。或者,也可以假设专家的贴现率高于家庭,那么更大的消费率就可以防止专家部门变得过大。

本节的主要目的是说明,如何将均衡条件转化为描述经济体的"行为"的公式。接下来,我们考虑一个更复杂的模型。在这个模型中,风险资产的价格 q_t 会对冲击做出反应。我们还发展出了一种方法,允许经济行为主体拥有更复杂的偏好,并在经济行为主体之间进行"非平凡"的资产配置。

3. 一个具有价格效应和不稳定性的模型

在本节中,我们说明如何将前面给出的多步骤法用于求解更复杂的模型。本节所用的模型仍然源于布伦纳迈尔和桑尼科夫(Brunnermeier and Sannikov,2014),并得到了进一步的扩展。我们将从这个模型得出如下重要的观察结果。

1. 均衡动态可以用一个相对稳定的平稳状态(steady state)和一个危机区制(crisis regime)来刻画,同时系统大部分时间都会在这种稳态中运行。在这个稳定状态下,专家实现了充分资本化,风险溢价趋于下降。专家的消费抵消了他们的收入,由此形成了稳定的状态。专家有能力吸收大多数宏观冲击,因此稳定状态附近的价格是相当稳定的。然而,如果出现了非同寻常的负面冲击长序列,那么就会令专家遭受重大损失,并将均衡推入一个危机区制。在危机区制中,专家资本化不足,且受到重重限制。冲击影响了专家对资产的需求——宏观层面的市场流动性可能会枯竭,从而影响专家持有的资产的价格。这会产生反馈效应,导致火线低价贱卖和内生的风险。因此,波动性是内生的,同时会反馈到经济行为主体的行为中。

2. 危机时期的高波动性可能会驱使系统陷入一个严重衰退的区间。在这里,专家的净值接近于0。如果发生了这种情况,那么经济就需要很长时间才能复苏。因此,系统会在相当长的时间内一直远离稳定状态。稳态分布可能是双峰的。

3. 危机期间的内生风险,还会使资产之间的相关性变得更强。

4. 因为承担风险行为是内生的,所以这里会出现一个"波动性悖论"。即便总风险参数 σ 变小了,经济也不会变得更加稳定。原因在于,作为对更低的基本面风险的反应,专家会采取更大的杠杆率,并更早地支付利润。由于杠杆率变大了,即使外部冲击较小,经济也更容易发生危机。事实上,随着 σ 的降低,危机期间的内生风险反而可能会变得更高。

5. 金融创新,如证券化和衍生工具对冲,可以帮助专家之间实现更有效的风险分担,而这又可能使得该系统在均衡中变得不太稳定。再一次,原因在于承担风险行为是内生的。由于能够分散特异性风险,所以专家倾向于增大杠杆率,从而放大了系统性风险。

不过,在详细介绍如何将第2节的简单真实经济模型进行扩展,使之能够显现上面这些特征之前,我们还是先"绕个道",讨论一下连续时间框架下的最优消费和投资组合选择等经典问题。

3.1 具有一般形式的效用函数的模型中的最优投资组合选择

我们先简要地介绍一下,如何将最优消费和最优投资组合选择的条件——例如,方程式(6)和(7)——扩展到一般的效用函数的情形。关键的结果是,任何经济行为主体可以拥有的任何资产,都可以用该经济行为主体的财富边际效用来定价。最优消费的一阶条件是 $\theta_t = u'(c_t)$,所以财富的边际效用也是消费的边际效用(除非该经济行为主体恰好位于"角点"上)。[①]

如果这个经济行为主体的贴现率为 ρ,那么 $\xi_t = e^{-\rho t}\theta_t$ 就是用来给资产定价的随机贴现因子(SDF)。于是我们可以写出:

$$\frac{d\xi_t}{\xi_t} = -r_t dt - = \zeta_t dZ_t, \tag{12}$$

其中,r_t 是(影子)无风险利率,ζ_t 是风险 dZ_t 的价格。

对于该经济行为主体可以投资的任何资产 A,如果它的回报为

$$dr_t^A = \mu_t^A dt + \sigma_t^A dZ_t,$$

那么我们必定有:

$$\mu_t^A = r_t + \zeta_t \sigma_t^A \tag{13}$$

(12)和(13)这两个方程式的形式虽然很简单,但是却非常强大。

3.1.1 鞅方法

为了推导出等式(13),考虑这样一个交易策略:在时间 0 上,对资产 A 投资 1 美元的交易策略,然后在以后的所有时间,都连续地将该资产可能支付的任何红利再投资于该资产。我们用 v_t 表示在时间 t 时这个策略的价值(这样一来,显然有 $v_0 = 1$)。不难看出,这个策略的资本回报率是:

$$\frac{dv_t}{v_t} = dr_t^A$$

对于任意一个时间 $s \leqslant t$,我们考虑这样一个投资者:他只能在 s 和 t 之间这个时间段上参与交易。这也就是说,他面临一个简单的两期投资组合决策问题。标准两期投资组合问题的欧拉方程是

$$v_s = E_s \left[\frac{\xi_t}{\xi_s} v_t \right] \Rightarrow \xi_s v_s = E_s [\xi_t v_t]$$

这就意味着,$\xi_t v_t$ 必定是时域 $\{s, t\}$ 上的一个鞅。对于一个可以连续交易的投资者来说,$\xi_t v_t$ 必定给定任何 t 时的一个鞅,因为我们对 s, t 的选择是任意的。接下来,根据伊藤公式,我

---

① 如果该经济行为主体是风险中性的,那么他的消费的边际效用总是为 1,而且,如果他的财富的边际效用大于 1,那么该经济行为主体可以选择不消费。

们有：

$$\frac{d(\xi_t \nu_t)}{\xi_s \nu_t} = (\mu_t^\xi + \mu_t^\nu + \sigma_t^\xi \sigma_t^\nu) dt + (\sigma_t^\xi + \sigma_t^\nu) dZ_t = (-r_t + \mu_t^A - \zeta_t \sigma_t^A) dt + (\sigma_t^A - \zeta_t) dZ_t$$

当且仅当漂移消失时，即当等式（13）成立时，这是一个鞅。

3.1.2 通过随机最大值原理来进行推导

我们还可以运用随机最大值原理（Stochastic Maximum Principle）来推导出定价方程和消费规则。我们考虑一个经济行为主体：他要最大化

$$E\left[\int_0^\infty e^{-\rho t} u(c_t) dt\right]$$

同时他的净财富服从

$$dn_t = n_t \left(r_t dt + \sum_A x_t^A ((\mu_t^A - r_t) dt + \sigma_t^A dZ_t)\right) - c_t dt$$

该经济行为主体的初始财富为 $n_0 > 0$，而且上式中的 x_t^A 是各种资产 A 的投资组合权重。投资机会是随机的、外生的，即它们不依赖于经济行为主体的策略。

随机最大化原理使得我们可以从哈密尔顿算子中推导出最大化的一阶条件。在 n_t（即财富的边际效用）上引入一个乘数 ξ_t，并将 ξ_t 的波动性表示为 $-\zeta_t \xi_t$，就可以把哈密尔顿算子写为：

$$H = e^{-\rho t} u(c) + \xi_t \underbrace{\{(r_t + \sum_A x^A (\mu_t^A - r_t)) n_t - c\}}_{n_t \text{的漂移}} - \zeta_t \xi_t \underbrace{\sum_A x^A \sigma_t^A n_t}_{n_t \text{的波动性}}$$

对哈密尔顿算子进行微分，我们就得到一阶约束，然后对它相对于状态 n_t 求微分，就可以得到乘数 ξ_t 的运动定律。

关于 c 的一阶条件是：

$$e^{-\rho t} u'(c_t) = \xi_t,$$

这意味着，经济行为主体财富的乘数是他对消费的贴现边际效用。投资组合权重 x^A 的一阶条件是：

$$\xi_t (\mu_t^A - r_t) - \zeta_t \xi_t \sigma_t^A = 0,$$

这也就意味着方程式（13）成立。

此外，ξ_t 的漂移是：

$$-H_n = -\xi_t r_t,$$

在这里我们已经利用了投资组合权重 x^A 的一阶条件来计算了。因此，ξ_t 的运动定律是：

$$d\xi_t = -\xi_t r_t dt - \zeta_t \xi_t dZ_t,$$

这对应于方程式（12）。

3.1.3 常相对风险厌恶型（CRRA）效用情况下的价值函数的推导

宏观经济学家最熟悉这种方法了。在常相对风险厌恶型（CRRA）效用的情况下，经济行为主体的价值函数取如下幂式：

$$\frac{u(\omega_t n_t)}{\rho} \tag{14}$$

之所以取这种形式，原因在于如下事实：如果经济行为主体的财富随一个因子 x 而变化，那么他在所有未来状态下的最优消费都会以相同的因子改变。因此 ω_t 的确定，必定要使得 $u(\omega_t)/\rho$ 就是单位财富的价值函数，同时财富的边际效用相等，如果 $c_t^{-\gamma} = \omega_t^{1-\gamma} n_t^{-\gamma}/\rho$，或者

$$\frac{c_t}{n_t} = \rho^{1/\gamma} \omega_t^{1-1/\gamma} \tag{15}$$

对于对数效用，有 $\gamma=1$，上面这个方程式意味着 $c_t/n_t = \rho$——正如我们在方程式（6）中所声明的。

而对于 $\gamma \neq 1$ 的情形，通过将 ω_t 表示为消费率 c_t/n_t 的函数，我们就可以发现，经济行为主体的延续效用（continuation utility）是：

$$\frac{c_t^{-\gamma} n_t}{1-\gamma} \tag{16}$$

这个式子有力地表明，有了经济行为主体的净值和消费率，就足以计算出经济行为主体的福利了，根本不需要关于经济行为主体的随机投资机会的其他更多的信息。

因此，给定经济行为主体如下（假定的）消费过程：

$$\frac{dc_t}{c_t} = \mu_t^c dt + \sigma_t^c dZ_t$$

根据伊藤引理，我们可以推导出，边际效用 $c^{-\gamma}$ 服从：

$$\frac{d(c_t^{-\gamma})}{c_t^{-\gamma}} = \left(-\gamma\mu_t^c + \frac{\gamma(\gamma+1)}{2}(\sigma_t^c)^2 \right) dt - \gamma\sigma_t^c dZ_t \tag{17}$$

将上式代入方程式（13），我们就可得出相对于无风险资产的任何风险资产的如下定价关系：

$$\frac{\mu_t^A - r_t}{\sigma_t^A} = \gamma\sigma_t^c = \zeta_t \tag{18}$$

回想一下，$\xi_t = e^{-\rho t} u'(c_t)$，因此我们有 $\dfrac{d\xi_t}{\xi_t} = -\rho - \dfrac{d(c_t^{-\gamma})}{c_t^{-\gamma}}$。减去随机贴现因子（SDF）的漂移，就是无风险利率，即：

$$r_t = \rho + \gamma\mu_t^c - \frac{\gamma(\gamma+1)}{2}(\sigma_t^c)^2 \tag{19}$$

如下两个特殊情况值得特别注意，它们都存在性质非常好的解析解。

常相对风险厌恶（CRRA）和不变投资机会的例子

在投资机会保持不变的情况下，ω_t 是一个常数，因此方程式（15）就意味着 $\sigma_t^c = \sigma_t^n$，就像对数效用的情况下一样。因此，方程式（18）意味着：

$$\underbrace{\frac{\mu_t^A - r}{\sigma_t^A}}_{\zeta} = \gamma\sigma_t^n,$$

即净值的波动是夏普比率除以风险厌恶系数 γ。需要注意的是，即使 ω_t 不是一个常数，只要演变是确定性的，这个性质也是一样成立的。

现在，经济行为主体的净值的变化服从下式：

$$\frac{dn_t}{n_t} = r dt + \frac{\zeta^2}{\gamma} dt + \frac{\zeta}{\gamma} dZ_t - \frac{c_t}{n_t} dt$$

而且，既然消费与净值成正比，方程式（19）就意味着：

$$r = \rho + \gamma \left(r + \frac{\zeta^2}{\gamma} - \frac{c_t}{n_t} \right) - \frac{\gamma(\gamma+1)}{2} \frac{\zeta^2}{\gamma^2} \Rightarrow \frac{c_t}{n_t} = \rho + \frac{\gamma-1}{\gamma} \left(r - \rho + \frac{\zeta^2}{2\gamma} \right)$$

因此，当 $\gamma > 1$ 时，消费比率随投资机会的增加而上升，反之则下降。

对数效用时的例子

我们可以验证对数效用情况下的消费和资产定价的关系方程。注意到，从方程式（15）可以直接推出方程式（6）：

$$c_t = \rho n_t$$

由于随机贴现因子（SDF）是 $\xi_t = e^{-\rho t}/c_t = e^{-\rho t}/(\rho n_t)$（对于任何的 ω_t），由此可以得出 $\sigma_t^n = \sigma_t^c = \zeta$（即减去 ξ_t 的波动率）。因此，方程式（13）就蕴含着：

$$\frac{\mu_t^A - r_t}{\sigma_t^A} = \sigma_t^n$$

其中，左侧是夏普比率，右边则是净值的波动率。

3.2　具有异质性生产率水平和异质性偏好的模型

为了研究内生风险、市场流动性不足、低价贱卖资产等现象，我们现在假设家庭部门也可以拥有实物资本，但是同时假设家庭的生产率较低。更具体地说，家庭的生产率参数 $a < a$，因此对于资本的支付意愿低于专家。在这个更一般的经济环境中，当专家资本化不足且试图缩减投资规模时，现在有两种方法：或者以一定（幅度可能相当大）的价格折扣将资产以低价"大甩卖"给家庭（市场流动性不足），或者以"不投资"的方式忍受调整成本（技术流动性不足）。

生产率水平较低的家庭在拥有了实物资本之后，能够获得的回报是：

$$dr_{-t}^k = \underbrace{\frac{a - \iota_t}{q_t} dt}_{\text{红利收益率}} + \underbrace{(\Phi(\iota_\tau) - \delta + \mu_t^q + \sigma\sigma_t^q) dt + (\sigma + \sigma_t^q) dZ_t}_{\frac{d(q_t k_t)}{q_t k_t} \text{资本回报率}} \tag{20}$$

对比前面的方程式（4），不难看出，家庭的回报不同于专家的回报的地方就在于，它们赚得的红利收益不同。

我们还可以通过其他几种方式来扩展这个模型。（i）我们让专家发行某种（外部）股权，不过，专家不能 100％ 依赖股权融资——更具体来说，我们假设专家必须至少保留一定比例的股权 $\chi \in (0,1]$。（ii）我们通过引入一种能够阻止专家"夺路而逃"、远离约束的因素来扩展模型。具体地说，我们假设专家可以具有比家庭更高的贴现率 ρ（家庭的贴现率为 ρ）。（iii）在上面第 3.1 节中得出的结果的基础上，我们将专家和家庭效用函数从对数形式扩展到了常相对风险厌恶形式,其风险厌恶系数为 γ。[①]

总括起来,专家和家庭要分别最大化

$$E\left[\int_0^\infty e^{-\rho t}u(c_t)\right]\mathrm{d}t \text{ 以及 } E\left[\int_0^\infty e^{-\rho t}u(\underline{c}_t)\right]\mathrm{d}t$$

我们用 $\psi_t\leqslant 1$ 表示配置给专家的资本的比例,同时用 $\chi_t\geqslant\chi$ 表示专家必须保留的股权比例。

我们想要刻画的是,任意冲击历史$(Z_s,s\leqslant t)$ 如何映射到均衡价格 q_t 和 r_t、资产配置 ψ_t 和 χ_t,以及消费,这种映射使得:(1)所有经济行为主体都能通过最优消费和最优投资组合选择来最大化效用;(2)市场出清条件得以满足。经济行为主体的最优投资组合要服从一些约束(不存在卖空资本,专家发行的股权有上限)。这样一来(例如),家庭可以投资于资本、无风险资产和专家发行的股权,并优化这三类资产的投资组合权重(对资本权重不能为负)。因此,解是基于一个经典的资产定价问题的。此外还要注意的是,由于家庭和专家所要求的回报是不同的,所以专家的内部股权还给专家的回报通常会不同于家庭从持有股权中获得的回报,即专家将赚到家庭无法获得的"管理费"。[②]

3.3 四步法

我们可以通过如下四个步骤来求解均衡问题。第一步,给出假定的价格过程和随机贴现因子过程。第二步,写出消费—投资组合最优化条件和市场出清条件。这些条件意味着价格 q_t、专家和家庭所要求的风险溢价 ζ_t 和 $\underline{\zeta}_t$ 以及变量 ψ_t 和 χ_t 的随机运动定律。第三步,考虑专家的资产负债表,我们可以写出专家的财富份额(专家的财富占经济全部财富的百分比)的如下运动定律:

$$\eta_t=\frac{N_t}{q_tK_t}$$

与前面一样,K_t 是经济中的总资本。第四步,我们找到一个马尔可夫均衡,并将 q_t、ψ_t 等的方程表示为 η_t 的函数。对于这些方程,我们可以将它们视为普通的常微分方程系统,并采用打靶法(shooting method)来求出数值解。或者,我们也可以将它们视为一个时间偏微分方程系统,通过一个类似于离散时间框架下的价值函数迭代过程,求出这些方程的数值解。这些步骤详述如下。

步骤 1:假定均衡过程。

与前面一样,我们先假定实物资本的均衡价格过程为:

$$\frac{dq_t}{q_t}=\mu_t^q dt+\sigma_t^q dZ_t$$

[①] 布伦纳迈尔和桑尼科夫(Brunnermeier and Sannikov,2014)还特别考虑了风险中性专家和家庭的情况。专家受到消费不得为负的限制,但是家庭的消费既可以为正也可以为负。这个假设大大简化了推导,使得经济中的无风险率 r_t 总是等于家庭的贴现率 ρ。

[②] 这个假设并不是文献中的普遍假设。例如,何治国和克里希纳穆尔蒂(He and Krishnamurthy,2013)就假设,回报在专家和家庭之间是平均分配的,因此就必须引入某种配给制度,以防止家庭要求得到比专家股权的总供给还更多的专家股权。

接下来,由于专家和家庭有着不同的投资机会,我们假定如下两个随机贴现因子(SDF)过程,一个是专家的,另一个是家庭的:

$$\frac{d\xi_t}{\xi_t} = -r_t dt - \zeta_t dZ_t, \text{以及} \frac{d\underline{\xi}_t}{\underline{\xi}_t} = -\underline{r}_t dt - \underline{\zeta}_t dZ_t$$

步骤2:均衡条件。

注意到,由于专家和家庭都可以交易无风险资产,所以专家和家庭的随机贴现因子(SDF)过程的漂移必定相同,即 $\underline{r}_t = r_t$。此外,方程式(13)意味着,对于专家持有的资本,有如下资产定价关系:

$$\frac{\frac{a - \iota_t}{q_t} + \Phi(\iota_t) - \delta + \mu_t^q + \sigma\sigma_t^q - r_t}{\sigma + \sigma_t^q} = \chi_t \zeta_t + (1 - \chi_t)\underline{\zeta}_t \tag{21}$$

其中,χ_t 是内部股权份额,即专家所"持有"的风险的份额。专家对于自己持有的资本所要求的资本回报率取决于专家自己所使用的均衡资本结构。如果专家要求比家庭更高的风险溢价,那么 $\chi_t = \underline{\chi}$,即专家将发行他们能够发行的最大的股权。这样一来,我们可以得到:[①]

$$\chi_t = \underline{\chi}, \text{如果} \zeta_t > \underline{\zeta}_t, \text{否则} \zeta_t = \underline{\zeta}_t。$$

在这种情况下,我们可以用 $\underline{\chi}$ 代替方程式(21)中的 χ_t。

对于家庭持有的资本,资产定价关系为:

$$\frac{\frac{\underline{a} - \iota_t}{q_t} + \Phi(\iota_t) - \delta + \mu_t^q + \sigma\sigma_t^q - r_t}{\sigma + \sigma_t^q} \leq \underline{\zeta}_t \tag{22}$$

如果 $\psi_t < 1$,即如果家庭持有的资本为正,那么上式中的等号成立。需要注意的是,家庭也可以选择不持有任何资本,如果真的是这样,那么它们能够从资本中赚取的夏普比率可能会低于资产定价关系所要求的。

将方程式(21)和(22)结合起来,消去 μ_t^q 和 r_t,我们得到:

$$\frac{(a - \underline{a})/q_t}{\sigma + \sigma_t^q} \geq \underline{\chi}(\zeta_t - \underline{\zeta}_t), \tag{23}$$

如果 $\psi_t < 1$,那么上式中的等号成立。

所要求的风险溢价可以通过下文给出的常相对风险厌恶例子中的方程式(35)与经济主体的消费过程联系起来,而且也可能与对数特例下经济行为主体的净值过程联系起来。在布伦纳迈尔和桑尼科夫(Brunnermeier and Sannikov,2014)的基准风险中性假设下,当家庭是风险中性的且受到了融资约束时,$\underline{\zeta} = 0$,他们的消费是负的。

我们将使用这些条件,把 q_t、ψ_t、χ_t 等表示为 η_t 的函数。不过,在我们这样做之前,我们还必须先为 $\eta_t = N_t/(q_t K_t)$ 这个运动定律推导出具体的方程形式。

步骤3:η_t 的运动定律。

只要关注风险和风险溢价,就可以将 η_t 的运动定律中的分子和分母很方便地表达出来。

[①] 我们可以排除 $\underline{\zeta}_t < \underline{\zeta}_t$ 和 $\chi_t = 1$ 的情况:如果家庭的风险已经为零了,那么专家不可能面临比家庭更低的风险溢价。

具体地说,专家的净值服从下式:

$$\frac{dN_t}{N_t}=r_t dt+\underbrace{\frac{\chi_t\psi_t}{\eta_t}(\sigma+\sigma_t^q)}_{\text{风险}}(\underbrace{\zeta_t}_{\text{风险溢价}}dt+dZ_t)-\frac{C_t}{N_t}dt$$

为了推导 $q_t K_t$ 的演变方程,只需注意到,这两种类型的经济行为主体的资本回报率是相同的。因此,我们只需将个体的运动定律加总为一个总体运动定律。利用方程式(21),将 $\Phi(\iota_t)-\delta+\mu_t^q-\sigma\sigma_t^q-r_t$ 这项替代掉,我们就可以得到:

$$\frac{d(q_t K_t)}{q_t K_t}=r_t dt+(\sigma+\sigma_t^q)\left((\chi_t\zeta_t+(1-\chi_t)\underline{\zeta}_t)dt+dZ_t\right)-\frac{a-\iota_t}{q_t}dt.$$

这就是(专家所持有的资本的)总资本回报率减去红利收益率。

利用我们已经很熟悉的计算两个随机过程之比的公式(10),我们可以得到:

$$\frac{d\eta_t}{\eta_t}=\mu_t^\eta dt+\sigma_t^\eta dt=\left(\frac{a-\iota_t}{q_t}-\frac{C_t}{N_t}\right)dt+\frac{\chi_t\psi_t-\eta_t}{\eta_t}(\sigma+\sigma_t^q)\left((\zeta_t-\sigma-\sigma_t^q)dt+dZ_t\right)+$$
$$(\sigma+\sigma_t^q)(1-\chi_t)(\zeta_t-\underline{\zeta}_t)dt. \tag{24}$$

步骤4: 将均衡条件和运动定律(24)转换为关于 $q(\eta)$、$\theta(\eta)$、$\psi(\eta)$、$\chi(\eta)$ 等的方程式。

将均衡条件和 η_t 的运动定律转换为关于 $q(\eta)$、$\psi(\eta)$ 等的数值上可以求解的方程的具体方法,取决于对经济行为主体的偏好的基本假设。(对数效用情形是最简单求解的。)在每一种情况下,我们都必须使用伊藤引理,它使得我们可以将诸如 σ_t^q、σ_t^θ、μ_t^q 此类的项替换为含有 q 和 θ 的导数的表示式,从而最终得到关于这些函数的可以求解的微分方程。

例如,利用伊藤引理,我们可以将 q_t 的波动率与 $q(\eta)$ 的一阶导数用如下的表达式联系起来:

$$\sigma_t^q q(\eta)=q'(\eta)\underbrace{(\chi_t\psi_t-\eta_t)(\sigma+\sigma_t^q)}_{\eta\sigma_t^\eta} \tag{25}$$

将上面的(25)式重写一下,就可以得出关于放大率的闭合形式的解。

放大率

$$\sigma_t^\eta=\frac{\dfrac{\chi_t\psi_t}{\eta_t}-1}{1-\left[\dfrac{\chi_t\psi_t}{\eta_t}-1\right]\dfrac{q'(\eta_t)}{q(\eta_t)/\eta_t}\sigma}\sigma \tag{26}$$

其中,分子 $\frac{\chi_t\psi_t}{\eta_t}-1$ 刻画了专家部门的杠杆率。放大率随着杠杆比率(杠杆效应)的增大而增大。分母则刻画了"损失螺旋"(loss spiral)。在数学上,它反映了一个无限几何系列。损失螺旋的影响随着杠杆率与价格弹性的乘积 $\frac{q'}{q/\eta}$ 的增大而增加。该乘积衡量了"市场流动性不足"程度,η_t 下降的百分比所致的价格影响百分比。市场流动性不足源于资本的技术专业化,在这里,这种专业化是通过专家与家庭的生产率参数之间的差异来衡量的。市场流动性不足与技术流动性不足相关,这种相关性由 $\Phi(\cdot)$ 的曲率来刻画。

要求解这些均衡方程，有很多种可选的方法。下面我们依次讨论实践中经常使用的两种方法。第一种方法主要针对常微分方程（ordinary differential equations，ODE），我们将它称为"打靶法"，并在布伦纳迈尔和桑尼科夫（Brunnermeier and Sannikov，2014）的风险中性偏好情形下加以说明。第二种方法涉及偏微分方程，它与离散时间模型内的价值函数迭代法有紧密联系。另外，文献中比较常用的还有第三种方法——例如，请参见：德雷克斯勒等人（Drechsler et al. ,2016）、莫雷拉和萨沃夫（Moreira and Savov，2016）的论文——切比雪夫配置点法（Chebyshev collocation），这是一种特殊的投影方法，详见贾德（Judd，1998）论著的第 11章。不过，我们在这里不会介绍这种方法，因为全局多项式近似法不太适合我们的模型（它的解可能存在折弯）。

3.4　方法 1：打靶法

打靶法这种方法涉及将上述方程转换成一个常微分方程（ODE）系统。不过，在我们深入讨论这种方法之前，我们还要先来回顾一个非常简单且广为人知的模型，以说明哪些事情是我们必须做的，从而更好地理解这种方法。这个模型说明了一种永久性的美式看跌期权的定价过程。

利兰（Leland，1994）的论文中的一个例子：永久性美式看跌期权

考虑一个永久期权的定价问题：为了特定的金额 K 而放弃资产。给定无风险利率 r 和波动率 σ，如果该资产不支付红利，那么在风险中性测度下，它的价值服从如下几何布朗运动：

$$\frac{dV_t}{V_t} = r\ dt + \sigma\ dZ_t \tag{27}$$

在风险中性测度下，任何证券的预期回报都必定是 r。因此，如果这个看跌期权的价值的变化遵循 $dP_t = \mu_t^P P_t dt + \sigma_t^P P_t dZ_t$，那么我们就必定可以得到：

$$r = \mu_t^P \tag{28}$$

现假设，我们试图计算，这个看跌期权的价值 P_t 如何依赖于资产价值 V_t，那么我们就会面临一个完全类似于我们在本节描述的金融摩擦模型的问题。我们有状态变量 V_t 的运动定律和 P_t 的随机演化必须满足的关系式（28），而且我们想将 P_t 表示为 V_t 的函数。

那么，我们应该怎么做呢？很简单。利用伊藤引理，我们有：

$$\mu_t^P P_t = rV_t P'(V_t) + \frac{1}{2}\sigma^2 V_t^2 P''(V_t)$$

这样一来，方程式（28）就变成了：

$$r = \frac{rVP'(V) + \frac{1}{2}\sigma^2 V^2 P''(V)}{P(V)} \tag{29}$$

如果函数 $P(V)$ 满足这个方程，那么过程 $P_t = P(V_t)$ 就可以满足方程式（28）。这样，我们可以从一个类似于(28)的方程得到一个类似于(29)的微分方程——假设那个看跌期权的价值是资产价值的一个函数即可。

如果我们有两个边界条件,那么我们就可以解出二阶常微分方程(ODE)(29)。我们有 $V \to \infty$,$P(V) \to 0$,这是因为如果这个看跌期权永远没有行使,那么它就会变得毫无价值。我们也可以得到 $P(V) - (K-V) \geqslant 0$,因为 $P(V)$ 必定等于这个看跌期权在行使时的内在价值。

我们在这里的问题也是类似的:我们有一个描述状态变量随机运动定律的方程(24),还得出了 $q(\eta_t)$、$\psi(\eta_t)$ 等过程必须满足的均衡条件。当然,我们的方程比那个看跌期权定价问题更加复杂一些,而且 η_t 的运动定律也是内生的。但是,解这些方程的机制则是一样的——我们都必须使用伊藤引理。

在这里,我们利用布伦纳迈尔和桑尼科夫(Brunnermeier and Sannikov,2014)的风险中性模型来说明,如何推导出一组适当的常微分方程,并解释用来求解这些微分方程的"打靶法"。假设专家和家庭都是风险中性的,同时专家的消费必须非负,而家庭的消费则既可以为正也可以为负。那么,家庭所要求的风险溢价为 $\zeta_t = 0$,而专家所要求的风险溢价则为 $-\sigma_t^\theta$,其中 θ_t 是专家的财富的边际效用,服从下式:

$$\frac{d\theta_t}{\theta_t} = \mu_t^\theta dt + \sigma_t^\theta dZ_t$$

我们想构造适当的微分方程来解出函数 $q(\eta)$、$\theta(\eta$ 和 $\psi(\eta))$。在 $q(\eta)$ 和 $\theta(\eta)$,方程将是二阶的,这就是说,我们将设计一个程序,从 η、$q(\eta)$、$q'(\eta)$ 和 $\theta(\eta)$ 及 $\theta'(\eta)$ 计算出 $q''(\eta)$ 和 $\theta''(\eta)$ 以及 $\psi(\eta)$。此外还要注意的是,由于家庭不要求风险溢价,即 $\zeta_t = 0$,所以专家将发行被允许的最大比例的股权,从而在所有时间都有 $\chi_t = \underline{\chi}$。

在这种情况下,$q(\eta)$ 是一个满足如下边界条件的递增函数:

$$q(0) = \max_\iota \frac{a-\iota}{r - \Phi(\iota) + \delta}$$

这就是当资本永远由家庭管理时的资本价值的戈登增长公式。如果专家能够以 $q(0)$ 的价格购买资本,那么任何专家都可以获得无限的效用,即

$$\lim_{\eta \to 0} \theta(\eta) = \infty \tag{30}$$

函数 $\theta(\eta)$ 则是递减的:随着 η 的上升,专家净值的边际价值不断下降,同时投资机会也变得越来越没有价值。无论何时,只要 $\theta(\eta) > 1$,专家就会抑制消费;他们只在点 η^* 处消耗,这时 $\theta(\eta^*) = 1$,即只在专家净值的边际价值正好为1的那一点上消费。这一点也就成为系统的反射边界。换句话说,系统不会超出反射边界一碰到这个边界,就会被抛回去。另外,在反射边界 η^* 处,函数 $q(\eta)$ 和 $\theta(\eta)$ 必定满足:

$$q'(\eta^*) = \theta'(\eta) = 0$$

现在讨论微分方程。方程式(25)意味着:

$$\sigma + \sigma_t^q = \frac{\sigma}{1 - \frac{q'(\eta)}{q(\eta)}(\underline{\chi}\psi_t - \eta_t)} \tag{31}$$

同时根据伊藤引理，我们有：

$$\sigma_t^\theta = \frac{\theta'(\eta)}{\theta(\eta)} \frac{(\underline{\chi}\psi_t - \eta_t)\sigma}{1 - \frac{q'(\eta)}{q(\eta)}(\underline{\chi}\psi_t - \eta_t)} \tag{32}$$

因此，将这些表达式插入资产定价方程式（23）中，我们就可以得到：

$$\frac{a - \underline{a}}{q(\eta)} \geq -\underline{\chi} \frac{\theta'(\eta)}{\theta(\eta)} \frac{(\underline{\chi}\psi - \eta)\sigma^2}{\left(1 - \frac{q'(\eta)}{q(\eta)}(\underline{\chi}\psi - \eta)\right)^2} \tag{33}$$

假设 $q'(\eta) > 0$ 和 $\theta'(\eta) < 0$，当 $\underline{\chi}\psi - \eta$ 从 0 上升到 $q(\eta)/q'(\eta)$ 时，上式的右侧会从 0 增加到 ∞。因此，只要有可能，我们就必须设定 $\psi = 1$〔即 $\underline{\chi} - \eta < q(\eta)/q'(\eta)$〕，而且这与不等式（33）相一致。否则，我们就通过求解二次方程（33）来确定 ψ——在方程式（33）中，我们以等号取代大于等于号。

然后，我们就可以从方程式（31）中得到 σ_t^q，从方程式（32）中得到 σ_t^θ，从方程式（24）中得到 μ_t^η 和 σ_t^η（其中，我们设定 $C_t = 0$，因为专家只在边界 η^* 处消费），从如下资产定价条件得出 μ_t^q：

$$\frac{a - \iota_t}{q_t} + \Phi(\iota_t) - \delta + \mu_t^q + \sigma\sigma_t^q - r = \underline{\chi}(\sigma + \sigma_t^q)(-\sigma_t^\theta)$$

从如下无风险资产的定价条件得出 μ_t^θ：

$$\mu_t^\theta = \rho - r,$$

并利用伊藤公式得出 $q''(\eta)$ 以及 $\theta''(\eta)$：

$$\mu_t^q q(\eta) = \mu_t^\eta \eta q'(\eta) + \frac{1}{2}(\sigma_t^\eta)^2 \eta^2 q''(\eta) \text{ 以及 } \mu_t^\theta \theta(\eta) = \mu_t^\eta \eta \theta'(\eta) + \frac{1}{2}(\sigma_t^\eta)^2 \eta^2 \theta''(\eta)$$

3.4.1　常微分方程（ODE）系统的数值求解

我们可以利用 Matlab 中的常微分方程求解器（例如 ode45）来求解常微分方程组。我们需要进行搜索，因为我们的边界条件是在 $[0, \eta^*]$ 的两个端点上定义的，而且我们还需要处理 $\eta = 0$ 处的奇点。通过求解具有边界条件 $\theta(0) = M$ 的方程组，我们在下面给出的算法能够进行有效的搜索并处理奇点问题——对于某个大常数 M，而不是方程式（30）[1]：

算法　设定

$$q(0) \max_\iota \frac{a - \iota}{r - \Phi(\iota) + \delta}, \theta(0) = 1, \text{ 以及 } \theta'(0) = -10^{10}$$

执行以下步骤找到一个适当的边界条件 $q'(0)$。设定 $q_L = 0$ 和 $q_H = 10^{15}$。重复以下，循环 50 次以上。先猜测，$q'(0) = (q_L + q_H)/2$。利用 Matlab 中的函数 ode45 在区间 $[0, ?]$ 上求解的 $q(\eta)$ 和 $\theta(\eta)$，直到触发下列事件之一：（1）$q(\eta)$ 达到上界

$$q\max = \max_\iota \frac{a - \iota}{r - \Phi(\iota) + \delta'}$$

（2）斜率 $\theta'(\eta)$ 达到 0，或者（3）斜率 $q'(\eta)$ 达到 0。如果积分是因为事件（3）而终止的，我们就需要增大对 $q'(0)$ 的初始猜测，方法是设定 $q_L = q'(0)$。否则，就通过设定 $q_H = q'(0)$，减少

---

[1] 下面的脚注 j 解释了，为什么对 $\theta(0)$ 设定的值到底是什么，实际上并不重要。

对 $q'(0)$ 的初始猜测。

最后,$\theta'(0)$ 和 $q'(0)$ 在大约相同的点上达到 0,我们用 η^* 表示那一点。将整个函数 θ 除以 $\theta(\eta^*)$。[①] 这样也就得到了解。

3.4.2 解的性质

接下来,我们来阐明风险中性模型的解的性质。点 η^* 在我们这个系统中发挥着稳定状态的作用。由于在预期中,专家部门会一直增长(因为专家部门的生产率高于家庭部门),所以 η_t 的漂移在区间 $[0,\eta^*)$ 内是处处为正的。因此,这种漂移会将系统推向 η^*。

事实证明,这个稳定状态相对来说还是比较稳定的,因为在 η^* 附近的波动性很低。为了更清楚地说明这一点,请回忆一下:从方程式(25)中可以推出,资产价格的“内生风险量”是由下式给出的:

$$\sigma_t^q = \frac{q'(\eta)}{q(\eta)} \frac{(\underline{\chi}\psi_t - \eta_t)}{1 - \frac{q'(\eta)}{q(\eta)}(\underline{\chi}\psi_t - \eta_t)} \sigma$$

从上述边界条件可知,$q'(\eta^*)=0$,所以在 η^* 附近不存在内生性风险。

然而,在 η^* 之下,随着 $q'(\eta)$ 的增大,内生风险随之增加。随着价格对冲击做出的反应,基本面风险被放大了。从 σ_t^q 的表达式可以看出,这种放大效应是非线性的,因为 $q'(\eta)$ 不仅进入了分子,而且还进入了分母。之所以会这样,是因为存在反馈效应:一个初始冲击导致 η_t 下降,η_t 的下降又导致 q_t 下降,而 q_t 的下降又会导致持有资本的专家受损,从而导致 η_t 进一步下降,等等。

当然,在这个模型中,在衰退区域深处,η_t 的波动率 $\sigma_t^\eta \eta_t$ 再一次变低了,而这又导致了 η_t 在均衡中的双峰平稳分布。[②]

波动性悖论(volatility paradox)是指这样一种现象:系统风险可以在“安静”的环境中积累起来。我们可以通过对 σ 的比较静态分析,或者通过专家受股权约束 $\underline{\chi}$ 的程度来说明这一现象。有人可能会猜测,随着 σ 或 $\underline{\chi}$ 的下降,系统将会变得更加稳定。

但是事实并不是这样,下面的图 3 很清楚地告诉我们这一点。图 3 的参数为:$\rho=6\%$,$r=5\%$,$a=11\%$,$\underline{a}=5\%$,$\delta=3\%$,投资函数的形式为 $\Phi(\iota)=\frac{1}{\kappa}(\sqrt{1+2\kappa\iota}-1)$,$\kappa=10$,$\underline{\chi}=1$,以及各种各样的 σ 值。(在这个例子中,投资技术具有二次调整成本:$\Phi+\kappa\Phi^2/2$ 的投资,会以 Φ 速率产生新的资本。)

波动性悖论在许多指标中都有所表现。由于外生风险的下降:

· 最大内生风险 σ_t^q 可能会上升(例如图 3 中,当 σ 从 25% 下降到 10% 时);

· 靠近 $\eta=0$ 时,波动率 σ_t^η 上升(而且,对这个结果可以给出解析证明);

· 从稳态 η^* 开始,波动率 $\sigma+\sigma_t^q$ 翻倍所需的时间要更少;

[①] 我们之所以可以这么做,是因为只要函数 θ 和 q 满足我们的方程组,函数 $\Theta\theta$ 和对于任何常数 Θ 的 q 就也是如此。也正因为如此,我们将 $\theta(0)$ 设置为 1 也是无关紧要的。

[②] 我们可以通过分析 $\eta=0$ 附近解的渐近性质并利用刻画稳态密度的柯尔莫哥洛夫前向方程(Kolmogorov forward equations)来分析稳定分布,更多的细节请参见布伦纳迈尔和桑尼科夫(Brunnermeier and Sannikov,2014)。

·从稳定状态开始,要达到危机的高峰 η^{ψ} 可能只需要更少的时间——在危机高峰,专家开始向家庭出售资本。①

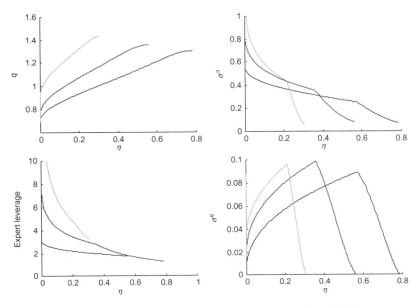

图3 $\sigma=2.5\%$(浅灰色)、**10%**(深灰色)和 **25%**(黑色)的均衡

图4采用了与图3相同的参数,同时设定 $\sigma=20\%$,然后让 $\underline{\chi}$ 变动。随着 $\underline{\chi}$ 的下降,专家在稳定状态 η^* 下的净值出现了显著的下降,同时危机区制中的波动率 σ_t^{η} 也上升了。

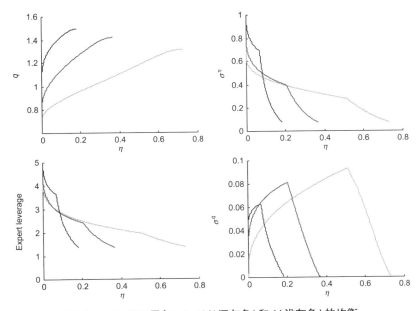

图4 $\underline{\chi}=2.5\%$(黑色)、**0.5%**(深灰色)和 **1**(浅灰色)的均衡

---

① 随着 σ 的下降,系统在危机区域停留的时间将变得更少,所以某些度量稳定的指标会有所改善,但是,处于危机中的时间并不会随着 $\sigma\to0$ 而收敛为零。

3.5 方法2:迭代法

在本节中,我们描述了寻找均衡的迭代方法。这种方法通过在远离终止条件(terminal condition)的时间内求解偏微分方程组来找到均衡。更具体来说,我们可以想象一个仅在期间$[0,T]$存续的有限期经济,然后给定时间T上的一组终止条件,我们计算出时间范围$[0,T]$内的均衡。迭代法基于这样一个假设前提:当我们令$T\to\infty$时,时间0处的行为应该趋向于无限期经济的均衡。在计算时,要使用表示各种过程的漂移的均衡条件,并使用这些漂移来获得状态空间的相应函数的时间导数。这种迭代方法类似于离散时间框架下的价值函数迭代法。

在这里,我们用一个基于常相对风险厌恶系数(CRRA)效用的模型来说明这个方法。在这个模型中,效用函数的形式为:

$$u(c)=\frac{c^{1-\gamma}}{1-\gamma}.$$

均衡条件(21)和(19)提供了两个方程,它们描述了价格q_t的漂移,以及专家的总消费C_t和家庭的总消费$\underline{C}_t$的漂移。我们还有另一个资产定价条件(23),但是它不包含任何漂移项。这样,我们有三个函数,但是只有两个漂移条件。因此,在我们的计算中,只有两个方程包括了时间维度(专家和家庭的价值方程),而第三个方程即价格,则是要通过一个单独的程序在每一个时间点上去找到的。①

我们的程序实际上类似于价值函数迭代(只不过有多个经济行为主体,它们都会影响随机状态)。直接推导出价值函数必须满足的方程并不困难。专家和家庭的价值方程可以分别表示为如下形式:

$$\nu_t\frac{K_t^{1-\gamma}}{1-\gamma}=\frac{\nu_t}{(\eta_tq_t)^{1-\gamma}}\frac{N_t^{1-\gamma}}{1-\gamma}\text{ 以及}\underline{\nu}_t\frac{K_t^{1-\gamma}}{1-\gamma}$$

由于消费和财富的边际效用必定相同,所以我们可以得出:

$$C_t^{-\gamma}=\frac{\nu_t}{(\eta_tq_t)^{1-\gamma}}N_t^{-\gamma}=\frac{\nu_t}{\eta_tq_t}K_t^{-\gamma}\Rightarrow C_t=N_t\frac{(\eta_tq_t)^{1/\gamma-1}}{\nu_t^{1/\gamma}}=K_t\frac{(\eta_tq_t)^{1/\gamma}}{\nu_t^{1/\gamma}} \tag{34}$$

因此,家庭和专家的风险溢价分别由以下两式给出:

$$\zeta_t=\gamma\sigma_t^C=-\sigma_t^\nu+\sigma_t^\eta+\sigma_t^q+\gamma\sigma\text{ 以及 }\underline{\zeta}_t=\gamma\sigma\frac{\underline{C}}{t}=-\sigma_t^\nu-\frac{\eta\sigma_t^\eta}{1-\eta}+\sigma_t^q+\gamma\sigma \tag{35}$$

因为,由标准动态规划可知

$$\underbrace{\int_0^t e^{-\rho s}\frac{C_s^{1-\gamma}}{1-\gamma}\mathrm{d}s}_{\text{效用流}} + e^{-\rho t}\qquad \underbrace{\nu_t\frac{K_t^{1-\gamma}}{1-\gamma}}_{\text{延续效用}}$$

---

① 如果我们使用打靶法来找出基于常相对风险厌恶系数(CRRA)效用的模型的均衡,我们就会得到一个关于价值函数的二阶微分方程组,以及一个关于价格的一阶微分方程。

是一个鞅,同时有

$$\frac{d(K_t^{1-\gamma})}{K_t^{1-\gamma}} = \left((1-\gamma)(\Phi(\iota_t)-\delta)-\frac{\gamma(1-\gamma)}{2}\sigma^2\right)dt+(1-\gamma)\sigma dZ_t$$

所以我们可以推出:

$$\frac{C_t^{1-\gamma}}{1-\gamma}-\rho\nu_t\frac{K_t^{1-\gamma}}{1-\gamma}+\nu_t\frac{K_t^{1-\gamma}}{1-\gamma}\left(\mu_t^\nu+(1-\gamma)(\Phi(\iota_t)-\delta)-\frac{\gamma(1-\gamma)}{2}\sigma^2+\sigma_t^\nu(1-\gamma)\sigma\right)=0$$

运用前面的(34)式,我们就可以得到:

$$\mu_t^\nu=\rho-\frac{(\eta_t q_t)^{1/\gamma-1}}{\nu_t^{1/\gamma}}-(1-\gamma)(\Phi(\iota_t)-\delta)+\frac{\gamma(1-\gamma)}{2}\sigma^2-\sigma_t^\nu(1-\gamma)\sigma \tag{36}$$

同样地,我们还可以得到:

$$\underline{\mu}_t^\nu=\underline{\rho}-\frac{((1-\eta_t)q_t)^{1/\gamma-1}}{\underline{\nu}_t^{1/\gamma}}-(1-\gamma)(\Phi(\iota_t)-\delta)+\frac{\gamma(1-\gamma)}{2}\sigma^2-\underline{\sigma}_t^\nu(1-\gamma)\sigma \tag{37}$$

给定μ_t^ν和$\underline{\mu}_t^\nu$,利用伊藤引理,我们可以得出关于函数$\nu(\eta,t)$和$\underline{\nu}(\eta,t)$的偏微分方程,它们的形式如下:

$$\mu_t^\nu\nu(\eta,t)=\mu_t^\eta\eta\nu_\eta(\eta,t)+\frac{(\sigma_t^\eta\eta)^2}{2}\nu_{\eta\eta}(\eta,t)+\nu_t(\eta,t),以及 \tag{38}$$

$$\underline{\mu}_t^\nu\underline{\nu}(\eta,t)=\mu_t^\eta\eta\underline{\nu}_\eta(\eta,t)+\frac{(\sigma_t^\eta\eta)^2}{2}\underline{\nu}_{\eta\eta}(\eta,t)+\underline{\nu}_t(\eta,t) \tag{39}$$

3.5.1 程序说明

下面我们将简要介绍利用上面给出的(38)式和(39)式求解均衡的程序。[①] 这包括了三个部分。

· 终止条件$\nu(\eta,t)$和$\underline{\nu}(\eta,t)$;

· 静态步骤:给定$\nu(\eta,t)$和$\underline{\nu}(\eta,t)$,找出一个给定时间点t上的资本价格$q(\eta)$、资本配置$\psi(\eta)$和$\chi(\eta)$,以及波动率和漂移;

· 时间步骤:在时间t上,从价格、配置、波动率和漂移中找出$\nu(\eta,t-\Delta t)$和$\underline{\nu}(\eta,t-\Delta t)$。

3.5.1.1 终止条件

我们的终止条件规定了代表性专家和家庭的效用——作为专家的财富份额的函数。我们还没有对何为可接受的终止条件这个问题进行过深入细致的理论研究,但是在实践中,任何合理的猜测对很多参数都有一定作用。

例如,如果我们设定$q_T=1$且$C_T/K_T=a\eta_T$,那么上面的(34)式就意味着:

$$\nu_T=\eta_T(a\eta_T)^{-\gamma},以及 \underline{\nu}_T=(1-\eta_T)(a(1-\eta_T))^{-\gamma} \tag{40}$$

3.5.1.2 静态步骤

假设我们通过$\nu(\eta,t)$和$\underline{\nu}(\eta,t)$知悉了价值函数。接下来,我们描述怎样计算出价格q_t怎样表征在时间t上的均衡动态。

---

① 关于动态规划问题中的有限差分法的更多细节,我们建议读者参考坎德勒(Candler,1999)的论著。奥本曼(Oberman,2006)则为数值方案提供了足够的条件,以保证收敛到一类非线性抛物线偏微分方程的解。

　　这里存在三个区域。当 η 足够接近于 0 时,专家的风险溢价比家庭的风险溢价高出非常多,以至于 $\psi_t < 1$,即家庭将拥有资本,同时方程式(23)成立。在这个区域,专家将发行所允许的最高股权份额给家庭,所以 $\chi_t = \chi$(因为家庭的风险溢价更低)。在中间区域,$\psi_t = 1$,即只有专家持有资本,专家的风险溢价仍然高于家庭的风险溢价,因此 $\chi_t = \underline{\chi}$。在最后一个区域,即当 $\eta \geq \chi$ 时,资本被有效地配置给专家(即 $\psi_t = 1$),风险可以通过设定 $\chi_t = \eta_t$ 而在家庭与专家之间完美分担。在最后一个区域中,前面的(26)式意味着 $\sigma^\eta = 0$,所以不存在内生风险,由前面的(35)式可知,专家和家庭的风险溢价都等于 $\zeta_t = \underline{\zeta}_t = \gamma\sigma$。

　　在 $\psi_t < 1$ 的那个区域,我们可以从如下由三个方程组成的方程组中求出 $q(\eta)$、$\psi(\eta)$ 和 $\sigma + \sigma_t^q$,该方程组最终给我们提供了一个关于 $q(\eta)$ 的一阶常微分方程。我们通过组合前面的(23)式和(35)式,再加上关于 η 演变的式(24),可以得出:

$$\frac{a-\underline{a}}{q_t} = \chi \frac{\left(\dfrac{v'(\eta)}{\underline{v}(\eta)} - \dfrac{v'(\eta)}{v(\eta)} + \dfrac{1}{\eta(1-\eta)}\right)(\chi\psi_t - \eta)(\sigma+\sigma_t^q)^2}{\left(\sigma\dfrac{\underline{v}}{t} - \sigma\dfrac{v}{t} + \dfrac{\sigma_t^\eta}{1-\eta}\right)(\sigma+\sigma_t^q)} \tag{41}$$

其次,从式(24)和伊藤引理,我们有:

$$(\sigma+\sigma^q)\left(1 - (\underline{\chi}\psi - \eta)\frac{q'(\eta)}{q(\eta)}\right) = \sigma \tag{42}$$

最后,从式(34)和家庭的类似条件,我们可以得出如下形式的产出的市场出清条件:

$$\underbrace{\frac{(\eta_t q_t)^{1/\gamma}}{v_t^{1/\gamma}} + \frac{((1-\eta_t)q_t)^{1/\gamma}}{\underline{v}_t^{1/r}}}_{(C_t + \underline{C}_t)/K_t} = a\psi + \underline{a}(1-\psi) - \iota(q(\eta)) \tag{43}$$

一旦 ψ_t 达到了 1,条件(41)就不再相关了。从那一刻起,我们设定 $\psi_t = 1$,然后可以从上面的式(43)中找出 $q(\eta)$,从式(42)中找出 $\sigma + \sigma_t^q$。而一旦 η_t 达到了 χ,我们也就进入最后一个区域了。在这最后一个区域中,我们设定 $\psi_t = 1$,$\chi_t = \eta_t$,从式(43)计算出 $q(\eta)$,并设定 $\sigma_t^q = 0$。

　　一旦我们找出了所有三个区域的函数 $q(\eta)$ 的表达式,我们就可以从方程式(24)中求得 η_t 的波动率,根据伊藤引理求得 v_t 和 $\underline{v}_t$ 的波动率。具体地说,我们有:

$$\sigma_t^\eta = \frac{\chi_t\psi_t - \eta_t}{\eta_t}(\sigma+\sigma_t^q), \quad \sigma_t^v = \frac{v'(\eta)}{v(\eta)}\sigma_t^\eta\eta, \quad \text{以及} \quad \sigma_t^{\underline{v}} = \frac{\underline{v}'(\eta)}{\underline{v}(\eta)}\sigma_t^\eta\eta \tag{44}$$

然后,我们再根据方程式(35)得出所需的风险溢价 ζ 和 $\underline{\zeta}$,从方程式(24)得出 η_t 的漂移,即:

$$\mu_t^\eta = \left(\frac{a - \iota_t}{q_t} - \frac{(\eta_t q_t)^{1/\gamma - 1}}{v_t^{1/\gamma}}\right) + \sigma_t^\eta(\zeta_t - \sigma - \sigma_t^q) + (\sigma+\sigma_t^q)(1-\underline{\chi})(\zeta_t - \underline{\zeta}_t)$$

最后,我们从方程式(36)解出 v_t 和 $\underline{v}_t$ 的漂移。

3.5.1.3　时间步骤

　　一旦我们得出了给定的时间点 t 上的均衡的所有特征,我们就可以从方程式(38)和(39)中,求解所有更早的时间步骤 $t-\Delta t$ 上的价值函数。这些都是抛物线方程,可以使用显式或隐式方法来求解。

3.5.1.4　小结

　　根据方程式(40)在 η 的网格上设定价值函数 $v(\eta, T)$ 和 $\underline{v}(\eta, T)$ 的终止条件。将区间

$[0,T]$ 划分为更小的子区间。在时间上"向后走"，对每个子区间 $[t-\Delta t,t]$ 执行上述静态步骤，然后再执行时间步骤。这也就是说，通过如下的程序（静态步骤）从价值函数 $\nu(\eta,T)$ 和 $\underline{\nu}(\eta,T)$ 找出 η 的漂移和波动率，以及 v 和 $\underline{v}$ 的漂移。从某个接近于 $(\eta=0,\psi=0)$ 初始条件开始（扰动该条件以避免出现除以 0 的情况）。解出式（41）、（42）和（43）[作为 $q(\eta)$ 的一阶常微分方程]，直到 ψ 达到 1，然后设置 $\psi=1$ 并利用式（43）找到 $q(\eta)$、式（42）找到 σ^q。在这整个过程中，都要利用 $\chi_t=\max(\underline{\chi},\eta)$。有了通过这种方法得出的（关于 η 的）函数 q、σ^q、ψ 和 χ，再从式（44）计算出波动率，从式（35）计算出 ζ_t 和 $\underline{\zeta}_t$，从式（24）计算出 μ_t^η，以及从式（36）计算出 v_t 和 $\underline{v}_t$ 的漂移。然后（接下来是时间步骤），利用在静态步骤中计算出来的关于 η 的确定函数 μ_t^v、$\mu_t^{\underline{v}}$、μ_t^η 和 σ_t^η，在时间上向后走，对每个区间 $[t-\Delta t,t]$ 解出关于 v 和 $\underline{v}$ 的偏微分方程（38）和（39）。不断重复进步直到时间 0。当 T 足够大时，我们就可以得到收敛结果。

备注　对于具有对数效用（即 $\gamma=1$）的模型，只需静态步骤就足够了——均衡价格、配置及其动态在静态步骤中都可以解出来，因为在这种情况下，我们知道，$(C_t+\underline{C}_t)/(q_t K_t)=\rho\eta+\underline{\rho}(1-\eta)$，同时专家和家庭的风险溢价分别为 $\zeta_t=\sigma_t^N=\chi_t\psi_t/\eta_t(\sigma+\sigma_t^q)$ 和 $\underline{\zeta}_t=(1-\chi_t\psi_t)/(1-\eta_t)(\sigma+\sigma_t^q)$。因此，方程式（41）和方程式（43）就变成了：

$$\frac{a-\underline{a}}{q_t}=\chi\frac{\chi\psi_t-\eta}{\eta(1-\eta)}(\sigma+\sigma_t^q)^2 \text{ 以及 } (\rho\eta+\underline{\rho}(1-\eta))q_t=a\psi+\underline{a}(1-\psi)-\iota(q(\eta)) \qquad (45)$$

同时方程式（42）则保持不变。

然而，在对数效用的情况下，我们不能立即求得经济行为主体的价值函数。它们可以通过前述步骤求得。

3.6　解的若干例子：常相对风险厌恶系数（CRRA）效用

在本节中，我们说明我们的代码（用迭代法）生成的解的其中一些例子，并讨论我们从这些解中可以得到什么。我们使用的基准参数是 $\rho=6\%$，$r=5\%$，$a=11\%$，$\underline{a}=3\%$，$\delta=5\%$，$\sigma=10\%$，$\underline{\chi}=0.5$，$\gamma=2$；我们所用的投资函数的形式是 $\Phi(\iota)=\log(\kappa\iota+1)/\kappa$（其中，$\kappa=10$）。然后，我们还研究了其中的几个参数（更具体地说，$\underline{a}$、σ、$\underline{\chi}$ 和 γ 是如何影响均衡的）。

图 5 示意基准参数情况下的均衡。需要注意的是，资本价格 q_t 出现了折弯，这个折弯把危机区域与正常区域分隔开来。危机区域接近于 $\eta=0$，其中 $\psi_t<1$，即家庭拥有一些资本。正常区域则是专家拥有经济中的所有资本的区域。

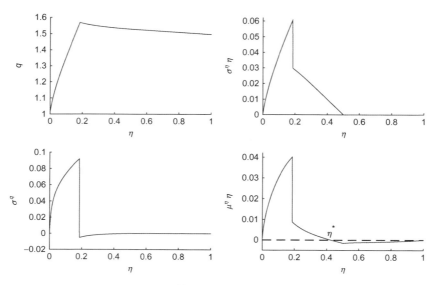

图 5　基准参数情况下的均衡

在这里，点 η^*（η_t 的漂移变为 0 的点）起到了稳定状态的作用。在不存在冲击的情况下，系统会停留在稳定状态；在发生了小型冲击的情况下，作为系统的反应，漂移会推动系统恢复到稳定状态。远离危机区制，η^* 处的风险溢价充分下降，专家的收益完全由他们略高的消费（率）抵消。

高于 $\eta = \underline{\chi} = 0.5$ 的区域是完美风险分担的区域。在这个区域中，η 的波动性为零。由于这个区域的漂移为负，因此系统永远不会在那里结束（而且，如果初始条件为 $\eta_0 > \underline{\chi}$，那么 η_t 会确定性地向下漂移到 $\underline{\chi}$）。

图 6 显示了 σ 对均衡的动态的影响。我们将水平轴限定在 $\eta = \underline{\chi} = 0.5$ 的范围之内，因为系统不会进入 $\eta > \underline{\chi}$ 的区域：随着 σ 的下降，稳态 η^* 也随之下降；在正常区域中，稳态 η^* 随风险溢价而下降，直到 η^* 与 σ 为低水平时的危机区域的边界重合为止（在图 6 中，这发生在 $\sigma = 0.01$ 处）。我们在图 6 中还可以观察到波动率悖论：σ 出现了下降之后，内生风险 σ_t^q 并不一定随之下降，甚至反而可能会上升。

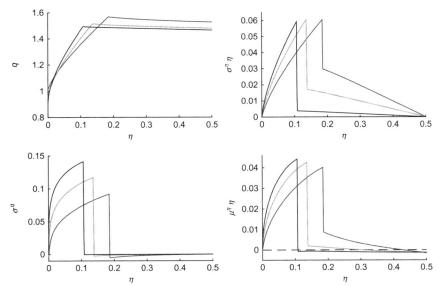

图 6 σ=0.01 时(黑色)、0.05 时(浅灰色)和 0.1 时(深灰色)的均衡

但是,当 $\sigma \to 0$ 时,又会发生什么呢?内生风险是不是会完全消失?解会不会收敛为最优?事实证明,答案是否定的:在 $\sigma \to 0$ 的极限状态下,危机区域的边界 η^ψ 收敛于 0 而不是某个有限的数。

类似地,如果金融摩擦放松了,专家能够在持有资本的同时只保留较小的风险,又会发生什么呢?有的人可能会推测,当金融摩擦放松时,系统会变得更加稳定。然而,如图 7 的左下图所表明的,随着 $\underline{\chi}$ 的下降,内生风险 σ_t^q 急剧上升。[①]

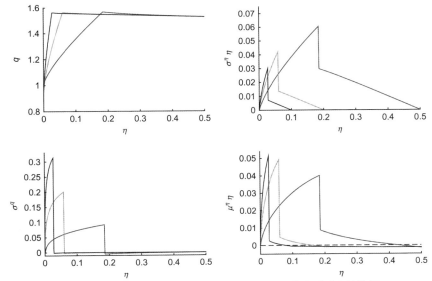

图 7 $\underline{\chi}=0.1$ 时(黑色)、0.2 时(浅灰色)和 0.5 时(深灰色)的均衡

事实证明,影响系统稳定性的关键参数是家庭生产率参数 $\underline{a}$ 。

[①] 当然,在 $\sigma=0$ 和 $\underline{\chi}=0$ 处都会存在不连续性。此外,随着金融摩擦的完全消失,危机区域也会消失。

危机期间,内生风险水平在很大程度上取决于资本的市场流动性不足,即参数 a 与参数 $\underline{a}$ 之间的差异决定了家庭在必须购买资本时,与专家相比,要少购买多少资本。图 8 则显示了参数 $\underline{a}$ 取若干个不同的值时的均衡。不难观察到,危机中的内生风险随着参数 $\underline{a}$ 的下降而急剧上升。然而,正常区制中的动态和 η^* 的水平对参数 $\underline{a}$ 极度不敏感——只有危机区制中的动态才对参数 $\underline{a}$ 非常敏感。这无疑是一个惊喜。专家的杠杆率在正常区制内对基本面的风险 σ 会内生地做出回应,但是对内生的尾部风险却没有强烈的反应。事实上,在对数效用的情况下,应该可以通过解析方法证明正常区制中的动态完全不依赖于参数 $\underline{a}$(不过,在这里我们给出的是 $\gamma = 2$ 时的动态)。

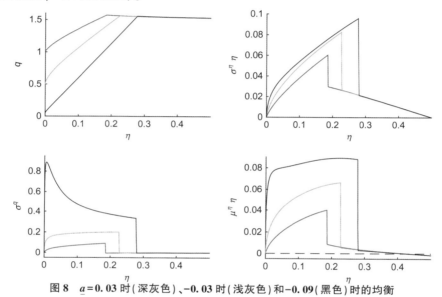

图 8　$\underline{a} = 0.03$ 时(深灰色)、-0.03 时(浅灰色)和 -0.09(黑色)时的均衡

最后,我们考虑一下图 9 中的风险规避参数 γ。这个参数会带来好几种影响。降低风险厌恶程度会导致一个更小的危机区域(但是内生风险则更大)。而且随着风险溢价的下降,稳定状态 η^* 也会下降。在这个例子中,更高的风险厌恶倾向导致更高的资本价格,因为风险引发了预防性储蓄需求。

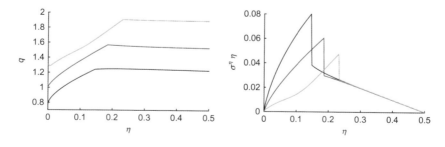

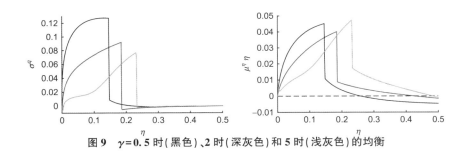

图9　$\gamma=0.5$ 时（黑色）、2 时（深灰色）和 5 时（浅灰色）的均衡

4. 一个简单的货币模型

到目前为止，我们研究的一直是只有一项风险资产（实物资本）和一项无风险资产的真实模型。在本节中，我们将在布伦纳迈尔和桑尼科夫（Brunnermeier and Sannikov, 2015a）的"I型货币理论"（I theory of money）的基础上，引入另一种资产——货币，用以取代那个（真实的）无风险资产。一般来说，货币有三种作用：第一，货币是一种记账单位；第二，货币方便了交易的进行；第三，货币可以作为一个价值存储手段（安全的资产）。在这里，我们集中关注货币作为一种价值存储手段的作用。在我们的模型中，货币这种作用是因为不完全市场摩擦而出现的。

与新凯恩斯主义模型不同（新凯恩斯主义模型关注的是货币作为记账单位的作用，而且严重依赖于作为关键摩擦的价格刚性和工资刚性），价格在我们的模型中是有完全弹性的。

本节重点研究以下内容：

1. 货币拥有正的价值，尽管事实上货币从不支付任何红利。也就是说，货币是有泡沫的。

2. 货币有助于经济行为主体分担经济因金融摩擦而导致的风险。因此，货币具有名义上的价值存储手段，而不是拥有真实的、能够改变均衡风险动态的短期无风险债券。

3. 出现了"审慎悖论"现象（paradox of prudence）。"审慎悖论"是布伦纳迈尔和桑尼科夫最先命名的（Brunnermeier and Sannikov, 2015a）：专家们为防止自身免受特异性冲击而持有货币，这种行为在微观层面上是审慎的，但是在宏观层面却是不审慎的。当专家们通过出售资本来加大货币在投资组合中的比重，这种行为会抑制总投资，抑制经济增长，导致所有资产（包括货币本身）的回报都下降。凯恩斯当年提出的"节俭悖论"发生在消费—储蓄决策领域，而这里所说的"审慎悖论"则发生在风险空间当中。众所周知，"节俭悖论"描述了个人的节俭行为反而导致总储蓄降低的悖谬结果。

4.1　具有特异资本风险和货币的模型

让我们先回到本章第 2 节描述过的巴萨克-库科模型（Basak and Cuoco, 1998）。在这个模型中,专家持有实物资本,而家庭却不能持有资本,即 $\underline{a} = \infty$。我们在这个模型的基础上引入以下两个修正:(i)资本除了总体性风险之外,还有特异性风险;(ii)无风险资产不再存在,取而代之的是供给固定的货币。经济行为主体可以买空或者卖空货币,也可以持有货币以实现自我保险,抗御特异性风险。

更正式地,我们假设每个专家都(像以前一样)拥有线性生产技术 ak_t,其中 a 表示专家的生产率,但是,现在他们还面临着特异性风险 $\tilde{\sigma} d\tilde{Z}_t$(除了总体性风险 σdZ_t 之外)。这样一来,个体专家的资本 k_t 根据下式随时间变化:

$$dk_t/k_t = (\Phi(\iota_t) - \delta) dt + \sigma dZ_t + \tilde{\sigma} d\tilde{Z}_t$$

冲击 dZ_t 对于整个经济都是一样的,而冲击 $d\tilde{Z}_t$ 则是专家所特有的(专家的特异性冲击),而且与 dZ_t 正交。特异性冲击在总体层面上会相互抵消。

由于特异性风险是不可保险的(这是市场不完全性所致),所以专家也希望持有货币。货币是固定供给的无限可分割资产,可以无摩擦地进行交易。由于货币不支付任何红利,所以在均衡时,货币只有在经济行为主体想要对自己所持有的资本的特异性冲击进行自我保险时才会具有价值。换句话说,货币本身就是一个泡沫,就像萨缪尔森(Samuelson,1958)和比利(Bewley,1980)所指出的那样。但是,与比利(Bewley,1980)不同,我们的特异性冲击并不是禀赋冲击,而是投资冲击,就像安格勒托斯的模型中一样(Angeletos,2007)。我们假设,要支付红利的资本的特异性风险足够大(即 $\tilde{\sigma} > \sqrt{\rho}$),使得不支付红利的货币在均衡时仍然具有价值。这与戴蒙德的模型(Diamond,1965)不同。戴蒙德(Diamond,1965)在萨缪尔森(Samuelson)的世代交叠模型中引入了实物资本,而艾亚格里(Aiyagari,1994)则在比利(Bewley)的不完全市场框架中引入了资本。在这些模型中,资本的存在挤出了作为价值存储手段的货币。[1]

专家可以投资于(外部)货币和资本,而家庭则只能持有货币(与第2节中的模型类似)。为了简单起见,我们进一步假设,所有经济行为主体都具有对数效用,且他们的时间偏好率均为 ρ。[2]

像以前一样,我们按照如下的四步法来求解这个模型。

4.2 四步法

步骤1:假定价格过程和随机贴现因子(SDF)过程。

在这个引入了货币的模型中,我们现在除了必须假定资本价格过程之外,还必须假定货币的"真实价格"过程。我们用 $p_t K_t$ 来表示总货币存量的价值(这样做不会导致一般性的损失),即用计价单位(消费品)来表示总货币存量的价值。我们把货币存在的总价值用 K_t 归

---

[1] 我们假设,货币本质上是毫无价值的,所以除了货币有价值的均衡之外,还存在另一个货币没有价值的均衡。然而,在对模型的扰动中(经济行为主体从持有货币获得很小的效用,例如,因为货币有利于交易),只有具有全部价值的货币的均衡才能存活下来。

[2] 读者不妨用这些结果来求解第3.1节的常相对风险厌恶系数(CRRA)模型。这是一个很值得一做的"练习"。

一化，以强调如下这一点——在其他条件都相等的情况下——货币价值应与经济规模成正比例。

$$\frac{dq_t}{q_t} = \mu_t^q dt + \sigma_t^q dZ_t$$

$$\frac{dp_t}{p_t} = \mu_t^p dt + \sigma_t^p dZ_t$$

此外，像第 3 节中一样，我们假设专家个人和家庭的随机贴现因子的过程分别如下：

$$\frac{d\xi_t}{\xi_t} = -r_t dt - \zeta_t dZ_t - \tilde{\zeta}_t d\tilde{Z}_t，以及 \frac{d\underline{\xi}_t}{\underline{\xi}_t} = -\underline{r}_t dt - \underline{\zeta}_t dZ_t$$

其中，r_t 和 $\underline{r}_t$ 分别为专家和家庭的（真实）影子无风险利率。需要注意的是，无风险利率不一定相同，因为并没有真实的无风险资产被交易。此外还要注意的是，专家们不仅对总体性风险 $\tilde{\zeta}_t$ 要求风险溢价，而且也对他们必须承担的特异性风险要求风险溢价。

接下来，我们就来证明，存在着一个均衡，其中财富份额 η_t 的演变是确定性的，而且价格 q_t 和 p_t 的演变也是确定性的。因此，为了简单起见，我们先假定 $\sigma_t^q = \sigma_t^p = 0$。在这个猜想下，专家的实物资本的回报是：

$$dr_t^k = \frac{a - \iota_t}{q_t} dt + (\Phi(\iota_t) - \delta + \mu_t^q) dt + \sigma dZ_t + \tilde{\sigma} d\tilde{Z}_t$$

同时整个经济体的货币存量得到的（真实）回报为

$$dr_t^M = (\Phi(\iota_t) - \delta + \mu_t^p) dt + \sigma dZ_t$$

其中，ι_t 是实物资本的投资率。

步骤 2：均衡条件。

首先，不难注意到最优投资率可以由 q_t 通过 $\Phi'(\iota_t) = 1/q_t$ 确定。其次，所有经济行为主体的最优消费率很简单，就是 ρ 乘以其净值，因为所有经济行为主体的效用与时间偏好率都是 ρ 的对数形式。因此，消费品的总需求是 $\rho(q_t + p_t)K_t$。于是，给定投资后消费品的总供给量，我们可以得出如下的商品市场均衡条件：

$$\rho(q_t + p_t)K_t = (a - \iota)K_t$$

接下来，我们分别求解专家和家庭的投资组合问题。注意到，给定资本和货币的回报，dr_t^k 和 dr_t^M（资本和货币是这个经济体中交易的仅有的两个资产），所有经济行为主体对总体性风险的敞口都为 σdZ_t。同时，专家还要面对他们个人的特异性冲击时的风险敞口 $x_t \tilde{\sigma} d\tilde{Z}_t$，其中 x_t 是资本在专家的投资组合中的权重。因此，这两类对数效用的经济行为主体所要求的风险溢价分别为：

$$\zeta_t = \underline{\zeta}_t = \sigma，以及 \tilde{\zeta}_t = x_t \tilde{\sigma}$$

同时，专家和家庭的资产定价方程分别是：

$$\frac{E_t[dr_t^M]}{dt} - r_t = \frac{E_t[dr_t^M]}{dt} - \underline{r}_t = \underbrace{\sigma^2}_{=\zeta\sigma = \underline{\zeta}_t \sigma}$$

因此，$r_t = \underline{r}_t$。即便这个经济中不存在无风险的真实资产，这两个类型的经济行为主体也会在一个单一的真实无风险实际利率上达成一致。

专家对实物资本的资产定价方程是：

$$\frac{E_t\left[dr_t^k\right]}{dt} - r_t = \zeta_t\sigma + \widetilde{\zeta}_t\widetilde{\sigma}$$

它反映了专家还面临着特异性风险，从而要求获得额外的风险溢价的事实。因此，我们有：

$$\frac{E_t\left[dr_t^k\right]}{dt} - \frac{E_t\left[dr_t^M\right]}{dt} = x_t\widetilde{\sigma}^2 \tag{46}$$

资本市场出清意味着：

$$x_t = \frac{q_tK_t}{\eta_t(p_t+q_t)K_t} = \frac{1}{\eta_t}\frac{q_t}{p_t+q_t}, \tag{47}$$

步骤3：η 的演变。

给定专家暴露于总体性风险和特异性风险的敞口，同时因为特异性风险在总体层面上相互抵消，专家的总净值 N_t 的演变服从下式：

$$\frac{dN_t}{N_t} = r_t + \sigma\Big(\underbrace{\frac{\sigma}{\zeta}}\,dt + dZ_t\Big) + x_t\widetilde{\sigma}\,\widetilde{\zeta}_t dt - \rho dt$$

总财富的运动定律则如下式所示：

$$\frac{d\left((q_t+p_t)K_t\right)}{(q_t+p_t)K_t} = r_t + \sigma(\sigma dt + dZ_t) + \eta_t x_t\widetilde{\sigma}\,\widetilde{\zeta}_t dt - \rho dt$$

其中，$\eta_t = \dfrac{N_t}{(q_t+p_t)K_t}$ 是专家的净值份额，$\eta_t x_t = q_t/(p_t+q_t)$ 是整个世界的投资组合暴露于特异性风险的敞口。因此，我们有：

$$\frac{d\eta_t}{\eta_t} = x_t^2(1-\eta_t)\widetilde{\sigma}^2 dt = \left(\frac{q_t}{p_t+q_t}\right)^2\frac{1-\eta_t}{\eta_t^2}\widetilde{\sigma}^2 dt \tag{48}$$

步骤4：推导出常微分方程组。

将上面假定的价格过程 q 和 p 作为状态变量 η 的函数，导出常微分方程组。我们在这里省略了这一步，因为它与上一节非常相似。

4.3 若干观察结论，以及对极限状态的讨论

专家的财富份额 η_t 的增加，或者等价地，家庭的财富份额 $1-\eta_t$ 的下降，部分原因在于专家从承担风险的行为中获得了风险溢价。特异性风险 $\widetilde{\sigma}^2$ 越高，专家的财富份额向100％靠拢的速度越快。有意思的是，正是专家的特异性风险无法分担这个事实，使得与家庭相比，专家随着时间的推移而变得更加富有。

货币则不同，它允许在某种程度上分担特异性风险，因为专家暴露于特异性风险的敞口 $x_t\widetilde{\sigma}$ 要比不存在货币时的敞口（即 $\widetilde{\sigma}/\eta_t$）更小——只要 $x_t < 1/\eta_t$ 或 $p_t > 0$。

4.3.1　与真实模型的比较

将本节的模型设置与第 2 节的模型设置进行一番比较，可以得出不少很有启发性的观察结论。在第 2 节的模型中，家庭持有真实的无风险资产而不是货币。现在，η 的演变遵循的是方程式(48)而不是(11)。不难注意到，在这两种情况下，专家的财富份额都向 100% 靠拢。但是，这两个模型之间仍然有一些重大的区别。在具有名义货币的情况下，专家和家庭充分地共同分担了总体性风险。因此，两个群体都获得了风险溢价，总体性风险不会影响货币模型中的财富份额。相比之下，在真实模型中，专家"持有了"所有的总体性风险，因此只有专家能够获得风险溢价，这导致 η 的正向漂移。更加重要的是，在货币模型中，通过货币实现的对总体性风险的分担，使得专家的财富份额的演化变成确定性的了。相反，正如方程式(11)所揭示的那样，在真实模型中，专家的财富份额必定是随机的。

4.3.2　只存在专家的情况

最后，我们还能够推导出系统漂移的目的地——吸收状态 $\eta=1$——的闭合形式解。达到了状态 $\eta=1$ 后，就有 $\mu^q(1)=\mu^p(1)=0$，因而将专家的资产定价方程(46)和资本市场出清条件(47)结合起来，并加以化简，我们就可以得到：

$$\frac{1}{\tilde{\sigma}^2}\frac{a-\iota}{q}=\frac{E\left[dr^k-dr^M\right]/dt}{\tilde{\sigma}^2}=x_t=\frac{q}{p+q} \qquad (49)$$

再将方程式(49)与商品市场出清条件

$$\rho(p_t+q_t)K_t=(a-\iota)K_t \qquad (50)$$

以及最优投资率

$$\iota=\frac{q-1}{\kappa} \qquad (51)$$

结合起来，那么对于函数形式 $\Phi(\iota)=\frac{1}{\kappa}\log(\kappa\iota+1)$，我们就可以得出"货币均衡"。在这个"货币均衡"中，货币是一种泡沫，其中：

$$q=\frac{1+\kappa a}{1+\kappa\sqrt{\rho}\,\tilde{\sigma}}，且\ p=\frac{\tilde{\sigma}-\sqrt{\rho}}{\sqrt{\rho}}q$$

只要 $\tilde{\sigma}>\sqrt{\rho}$，这个"货币均衡"就能够存在。

此外，还存在一个"无货币均衡"：只要设定 $p=0$，然后求解方程式(50)和(51)，就可以得到如下的"无货币均衡"：

$$q^0=\frac{1+\kappa a}{1+\kappa\rho}，且\ p^0=0$$

在"无货币均衡"中，方程式(49)不再相关，因为货币不再是经济行为主体可以投入财富的资产。

另外需要注意的是，"无货币均衡"中的资本价格与第 2 节的真实经济模型中的资本价格是相同的。这两种均衡中的经济增长率都由 $g=\frac{1}{\kappa}\log q-\delta$ 给出。在货币均衡中，q 较低，总体经济增长速度也较低,但是专家只需承担较低的风险。

4.3.3 金融深化

能够降低家庭的特异性风险的金融深化或金融创新也会降低货币的价值。但是与此同时,它也增加了资本 q 的价格,并使投资率 ι 和总体经济增长率 g 随之上升。不过令人惊讶的是,$q+p$ 却下降了。这也就是说,金融深化降低了经济中的总财富。

4.3.4 审慎悖论

当专家试图通过调整自己的投资组合(减少真实投资,增加安全资产——货币)来降低风险时,审慎悖论就会出现。缩小风险资产持有比例在微观层面上可能是审慎的,但是在宏观层面上却是不审慎的。随着专家试图减少(特异性)风险敞口,资本价格就会下降,这一点在布伦纳迈尔和桑尼科夫(Brunnermeier and Sannikov,2015a)的模型中可以看得非常清楚。这种行为降低了整体经济的增长率,同时也降低了持有货币的实际回报。由于每个专家都只能接受给定的价格和回报率,所以他们并不能内部化这种货币外部性。正如布伦纳迈尔和桑尼科夫(Brunnermeier and Sannikov,2015a)所证明的,在这个模型中,如果 $\tilde{\sigma}(1-\kappa\rho)>2\sqrt{\rho}$,那么货币持有量就会非常高(过多持有货币是无效率的)。我们描述的这个审慎悖论类似于凯恩斯的节俭悖论,只不过这里的审慎悖论涉及的是投资组合选择和风险的变化,而凯恩斯的节俭悖论则涉及消费—储蓄决策。[1]

5. 批判性评估与展望

前述具有两种类型的经济行为主体的模型经济能够激发出许多有一般意义的思想。我们在这一节中就来描述这些更有普遍性的思想。在此之前,我们想再强调一下,连续时间框架的优势在于,它能够对存在于文献中的许多想法进行建模,而且构建的模型更丰富、更不程式化,从而使得我们能够以一种新的方式更加深入地了解宏观经济中的金融摩擦。在本节中,我们将讨论如何将前面各节描述的方法扩展到更高维度的状态空间中去,并有效地将它利用起来。我们还会分析均衡的存在性,并探讨当存在多重均衡时,如何描述全部可能的均衡。

众所周知,经济中的财富分布状况是非常重要的。这也是本章的一个核心思想。在我们于第2节和第3节中给出并求解的模型中,财富分布的特点是用一个单一的状态变量来描述的,那就是专家的财富份额 η_t。当 η_t 过低时,专家就会资本化不足,然后,更一般地,其他部门也可能会资本化不足。米安和苏菲(Mian and Sufi,2009)认为,最近这场金融危机对经济的一个巨大拖累就在于许多家庭资本化不足这一事实。卡瓦列罗等人(Caballero et al.,

---

[1] 凯恩斯的"节俭悖论"的含义是,储蓄倾向的上升,可能会悖谬地降低总储蓄。这是因为,储蓄倾向的上升会降低消费需求。如果因节俭而增加的储蓄"堆积在了(泡沫化的)货币"中而没有转化为更多的真实投资,那么总需求就会下降。而总需求的下降会拉低总收入。因此,现在将较低收入的一小部分储蓄下来,可能会降低整体的总储蓄。

2008)则指出,在日本的"失去的二十年"中,一个很大的问题是企业部门的资本化不足。我们在这里给出的一般结论是,跨部门的财富分布状况对于经济活动——资产配置——的水平,对于不同部门的收益率和风险敞口率,都是非常重要的。而且收益和风险暴露反过来又驱动着财富分布的随机演变。

当然,财富分布驱动经济周期的思想在相关文献中并不是一个全新的观念。清泷和摩尔(Kiyotaki and Moore,1997)、伯南克等人(Bernanke et al.,1999)都考虑到稳定状态附近的不同类型的经济行为主体的财富波动。毫无疑问,连续时间方法有助于更彻底地解出这种类型的模型。何治国和克里希纳穆尔蒂(He and Krishnamurthy,2013)所考虑的模型,类似于我们在这里提出的模型,但是不存在资产错配的情况,此外他们对于家庭所持有的专家发行的股权的收益的假设也与我们不同。①

在更宽泛的层面上,有几篇论文还引入了代际财富分布(财富分配)的思想。这种思想至少可以追溯到伯南克和格特勒的论文(Bernanke and Gertler,1989),在他们的模型中,老年企业家的财富影响着劳动市场的工资,后者反过来又影响了年轻企业家的财富积累。迈尔森(Myerson,2012)构建了一个拥有 T 代银行家的模型,在他的模型中,财富分布状况的周期性演化,导致了真实的经济周期:当年老一代银行家的财富很高时,风险溢价很低,因此年轻一代银行家的收益很低。跨部门的财富分布也很重要。布伦纳迈尔和桑尼科夫(Brunnermeier and Sannikov,2015b)构建了一个有很强对称性的模型:两个部门生产两种必需品,任何一个部门都可能资本化不足。在另一篇论文中,布伦纳迈尔和桑尼科夫(Brunnermeier and Sannikov,2012)还讨论了多个部门同时资本化不足的可能性,根据这种思想,货币政策可能会通过其再分配后果造成一种"瓶颈"。在他们所设想的经济体中,存在着多种资产的交易的经济体,同时各个部门的经济行为主体都拥有特定的资产组合,并具有特定的资本结构。此外,布伦纳迈尔和桑尼科夫(Brunnermeier and Sannikov,2015a)则利用一个三部门模型为上述观点提供了正式支持。在这个三部门模型中,用来交易的资产包括资本、货币和长期债券,货币政策可能会以多种方式影响这些资产的价格(进而影响对这些资产的持有量)。

这也使我们看到了用连续时间模型研究这类复杂的思想时的"能力限度"。这是一个明显的问题,连续时间方法可以成功地处理具有多个状态变量的模型,这些模型(举例来说)描述了跨部门的财富分布状况以及生产性资本的构成。我们相信确实如此——我们对连续时间模型的潜力非常乐观。当然,维度的诅咒依然存在。但是,只要运用有效的计算程序,大量具有多个状态变量——多达四个状态变量——的模型都可以在几分钟内通过偏微分方程组解出来。只需几分钟的时间,应该不算太慢。本章的作者在模型的计算求解上拥有不少经验,从我们个人的角度来看,现在可以用的方法已经相当多了,而且许多都是近 5 年来新出现的。为了衡量计算速度,德马尔佐和桑尼科夫(DeMarzo and Sannikov,2016)使用两个偏微

---

① 在何治国和克里希纳穆尔蒂(He and Krishnamurthy, 2013)的那个模型中,家庭获得的收入超过了他们所要求的收入,因此存在一个如何对专家的股权进行配给的问题。那种替代假设赋予了家庭一些市场力量(那是中介未拥有的),这导致中介收益率较低,从危机中复苏更缓慢。

分方程组解出了具有三个状态变量的模型。这个求解程序包括了一个积分步骤,它与本章第 3.5 节讨论的程序的"静态步骤"不无相通之处。虽然需要使用 201×51×51 个网格点,但是采用显式(!)方法也只需一分钟就可以计算出最优合同。而解偏微分方程的隐式方法(我们在第 3.6 节举的那个例子中用的就是隐式方法)则明显更快一些。例如,当需要求解有两个维度的抛物线型的偏微分方程时(使用迭代法计算价值函数的所有方程都是抛物线型的),当空间中有 N 个网格点时,如果采用显式方法,我们就需要时间上的 $O(N^2)$ 个网格点,不然就无法确保计算程序稳定。相比之下,当采用隐式方法时,稳定性却不依赖于时间步骤的长度。这也就是说,如果采用隐式方法,那么当我们需要沿着空间维度上的更高的分辨率时,时间步骤却可以保持不变。因此,我们认为,前面给出的结论——有四个状态变量的模型是不难解决的——其实是相当保守的。

我们有理由相信,事实将证明,基于每种类型的经济行为主体的价值函数迭代的迭代方法是非常有前途的。这种方法的基础是,从状态空间上的终止条件开始的逆向归纳。在每一个新的时间区间里,我们都要从为区间终点计算的价值函数开始推导。这些价值函数决定了经济行为主体的激励——通过各种投资组合选择的持续价值。因此,我们可以在每个时间点上确定与均衡一致的资产和风险配置——这就是"静态步骤"——因此我们可以计算出前一个时期的价值函数。我们认为这种方法的一般性非常高,适用于存在多个维度的情形。

相反,打靶法则旨在预先解出不动点——无限期经济中的均衡价值函数和配置。要想将这种方法直接扩展到多维状态空间中可能非常困难,因为那样的话,就必须猜测与状态空间的整个外周上的边界条件匹配的函数,而不仅仅是与两个端点相匹配的函数。然而,利用各种各样的策略迭代方法的程序,则可能是求解不动点的一个有效途径。

使得连续时间模型特别容易处理的最关键的一个事实是,在这种模型中,转换是局部的(当冲击是布朗式的时候),从而我们有可能做到,只要求出一阶导数和二阶导数,就可以确定经济行为主体的最优决策并解出其价值函数。而在离散时间框架内,由于转换是离散的,经济行为主体在任何点上的决策都可能取决于全体价值函数。

那么,在维度非常多,以至于由于维度的诅咒,对状态空间的直接分离会使得计算不可行的情况下,我们又该怎么办呢?在这个问题上,我们对通过某些关键矩来描述状态变量的想法非常感兴趣。这种方法是克鲁塞尔和史密斯(Krusell and Smith, 1998)最早提出来的,我们在本章中对这种可能性并没有进行过深入评论,但是一般来说,我们非常希望能够知悉,怎样才能为给定模型选出有意义的描述状态空间的矩。无论如何,我们确信,连续时间框架在这个问题上应该也会有所帮助,即将连续价值和价格描述为矩的函数。

最后,我们讨论一下我们给出的模型的均衡唯一性问题,以及我们设想的更加复杂的模型,然后结束本节(以及本章)。第一步,考虑一个有限的经济,我们通过迭代程序来求解。这个程序分成两个步骤——价值函数迭代的时间步骤和决定价格、配置的静态步骤。时间步骤不可能是非唯一性的源头,因为给定延续价值、转移概率和支付流,一个期间前的价值函数是完全确定的。静态步骤则既可能导致也可能不会导致非唯一性。在第 3 节的模型中,存在多个非平稳均衡。例如,在任何时间点上,资本 q_t 的价格都可能会跳升(跳跌)。如果 q_t 上涨了10％,那么无风险资产也必须给出一个10％的即期回报,以确保资本市场和无风险资产市场出清。当然,根据产出的市场出清条件(43),资本 q_t 的价格必定对应于资本配置 $\psi_t \in [0,1]$。而资本配置本身则必定可以用局部资本波动率来解释。因此,所有经济行为主体都有激励持有自己的投资组合。但是,跳跃的可能性为更多的可能性开辟了空间。

然后,我们计算马尔可夫均衡,其中价格和配置都是 η 的函数。如果真是这种情况,那么资本的价格 $q(\eta_t)$ 必定满足从方程式(41)和(42)推出的微分方程。注意到,与二次方程(41)一致的 $\sigma + \sigma^q$ 有两个值,正负各一个。我们选择的是正值,不然的话放大效应就是负的了——正的基本面冲击导致了资本价值的下降。因此,我们计算出来的均衡是唯一的马尔可夫均衡,其中资本回报与资本的基本面冲击总是正相关。

我们认为,在更一般的模型中,同样的因素也将存在。我们还预测,当存在多重均衡时,通过适当的递归结构来表征整个均衡解,应该是一个非常好的方向。当然,为了回答这个问题,我们可能需要构建好/计算出从状态空间到所有经济行为主体类型的均衡收益向量的对应关系。我们的设想是,应该可以用递归方法来找到这种对应关系——即可以通过在时间上逆向求解可实现的均衡收益集的边界,递归地找到它。但是这个程序的细节仍然有待进一步研究。

致谢

我们非常感谢何治国(Zhiguo He)、黄伦阳(Lunyang Huang)、福尔克·马泽利斯(Falk Mazelis)、塞巴斯蒂安·默克尔(Sebastian Merkel)、格雷戈·皮伦(Greg Phelan)和克里斯蒂安·沃尔夫(Christian Wolf),以及本手册主编约翰·泰勒(John Taylor)和哈拉尔德·厄里格(Harald Uhlig)的有益评论。

参考文献

Adrian, T., Boyarchenko, N., 2012. Intermediary leverage cycles and financial stability. Working Paper, Federal Reserve Bank of New York.

Adrian, T., Boyarchenko, N., 2013. Intermediary balance sheets. FRB of New York Staff Report, Number 651.

Aiyagari, S.R., 1994. Uninsured idiosyncratic risk and aggregate saving. Q.J. Econ. 00335533. 109 (3), 659-684. http://www.jstor.org/stable/2118417.

Angeletos, G.M., 2007. Uninsured idiosyncratic investment risk and aggregate saving. Rev. Econ. Dyn. 1094-2025. 10 (1), 1—30. http://dx.doi.org/10.1016/j.red.2006.11.001. http://www.sciencedirect.com/science/article/B6WWT-4MR7DG4-1/2/321ab3b301256e6f17bf2b4003c7218d.

Basak, S., Cuoco, D., 1998. An equilibrium model with restricted stock market participation. Rev. Financ. Stud. 08939454. 11 (2), 309—341. http://www.jstor.org/

stable/2646048.

Bernanke, B., Gertler, M., 1989. Agency costs, net worth, and business fluctuations. Am. Econ. Rev. 79 (1), 14—31.

Bernanke, B., Gertler, M., Gilchrist, S., 1999. The financial accelerator in a quantitative business cycle framework. In: Taylor, J. B., Woodford, M. (Eds.), Handbook of Macroeconomics. 1, Chapter 21. Elsevier, Amsterdam, The Netherlands, pp. 1341—1393.

Bewley, T. F., 1977. The permanent income hypothesis: a theoretical formulation. J. Econ. Theory 0022-0531. 16 (2), 252—292. http://dx.doi.org/10.1016/0022—0531(77)90009—6. http://www. sciencedirect. com/science/article/B6WJ3 — 4CYGG80 — 1SC/2/301c685f23755550247618450b40f612.

Bewley, T. F., 1980. The optimum quantity of money. In: Kareken, J. H., Wallace, N. (Eds.), Models of Monetary Economies. Federal Reserve Bank of Minneapolis, pp. 169—210. http://minneapolisfed. org/publications_papers/books/models/pcc169. pdf.

Bianchi, J., 2011. Overborrowing and systemic externalities in the business cycle. Am. Econ. Rev. 101 (7), 3400—3426. http://dx.doi.org/10.1257/aer.101.7.3400.

Black, F., Scholes, M., 1973. The picing of options and corporate liabilities. J. Polit. Econ. 00223808. 81 (3), 637—654. http://www.jstor.org/stable/1831029.

Brock, W., Mirman, L., 1972. Optimal economic growth and uncertainty: the discounted case. J. Econ. Theory 4 (3), 479—513.

Brunnermeier, M. K., Sannikov, Y., 2012. Redistributive monetary policy. In: Jackson Hole Symposium. 1, pp. 331—384.

Brunnermeier, M. K., Sannikov, Y., 2014. A macroeconomic model with a financial sector. Am. Econ. Rev. 104 (2), 379—421.

Brunnermeier, M. K., Sannikov, Y., 2015a. The I theory of money. Working Paper, Princeton University.

Brunnermeier, M. K., Sannikov, Y., 2015b. International credit flows and pecuniary externalities. Am. Econ. J. Macroecon. 7 (1), 297—338. http://dx.doi.org/10.1257/mac.20140054.

Brunnermeier, M. K., Sannikov, Y., 2016. On the optimal inflation rate. Am. Econ. Rev. 106 (5), 484—489.

Caballero, R. J., Hoshi, T., Kashyap, A. K., 2008. Zombie lending and depressed restructuring in Japan. Am. Econ. Rev. 98 (5), 1943—1977. http://dx.doi.org/10.1257/aer.98.5.1943.

Candler, G. V., 1999. Finite-difference methods for continuous-time dynamic programming problems. In: Marimon, R., Scott, A. (Eds.), Computational Methods for the Study of Dynamic Economies. Cambridge University Press, Cambridge, England, pp. 172—194.

Chandler, L. V., 1948. The Economics of Money and Banking. Harper Brothers Publishers, New York, US.

Cox, J. C., Ingersoll, J. E., Ross, S. A., 1985. A theory of the term structure of interest rates. Econometrica 53 (2), 385—408.

DeMarzo, P., Sannikov, Y., 2016. Learning, termination and payout policy in dynamic incentive contracts. Working Paper, Princeton University.

Diamond, P. A., 1965. National debt in a neoclassical growth model. Am. Econ. Rev. 00028282. 55 (5), 1126—1150. http://www.jstor.org/stable/1809231.

DiTella, S., 2013. Uncertainty shocks and balance sheet recessions. Working paper, Stanford University.

Drechsler, I., Savov, A., Schnabl, P., 2016. A model of monetary policy and risk premia. J. Finance (forthcoming).

Fernandez-Villaverde, J., Rubio-Ramirez, J. F., 2010. Macroeconomics and volatility: data, models, and estimation. Working Paper, University of Pennsylvania.

Fisher, I., 1933. The debt-deflation theory of great depressions. Econometrica 00129682. 1 (4), 337—357. http://www.jstor.org/stable/1907327.

Gurley, J. G., Shaw, E. S., 1955. Financial aspects of economic development. Am. Econ. Rev. 00028282. 45 (4), 515—538. http://www.jstor.org/stable/1811632.

He, Z., Krishnamurthy, A., 2012. A model of capital and crises. Rev. Econ. Stud. 79 (2), 735—777.

He, Z., Krishnamurthy, A., 2013. Intermediary asset pricing. Am. Econ. Rev. 103 (2), 732—770.

He, Z., Krishnamurthy, A., 2014. A macroeconomic framework for quantifying systemic risk. Working Paper, National Bureau of Economic Research.

Hicks, J., 1937. Mr. Keynes and the 'classics': a suggested interpretation. Econometrica 3 (2), 147—159.

Huang, J., 2014. Banking and shadow banking. Working Paper, Princeton University.

Isohätälä, J., Milne, A., Roberston, D., 2014. The net worth trap: investment and output dynamics in the presence of financing constraints. Working Paper.

Isohätälä, J., Klimenko, N., Milne, A., 2016. Post-crisis macrofinancial modelling: continuous time approaches. In: Emmanuel, H., Philip, M., John, O. S. W., Sergei, F., Meryem, D. (Eds.), Handbook of Post-Crisis Financial Modelling, Chapter 10. Palgrave Macmillan, London, UK, pp. 235—282.

Judd, K. L., 1998. Numerical Methods in Economics. MIT Press, Cambridge, MA.

Keynes, J. M., 1936. The General Theory of Employment, Interest and Money. Macmillan, London, UK.

Kindleberger, C. P. , 1978. Manias, Panics, and Crashes: A History of Financial Crises. Basic Books, New York, US.

Kiyotaki, N. , Moore, J. , 1997. Credit cycles. J. Polit. Econ. 00223808. 105 (2), 211—248. http://www. jstor. org/stable/2138839.

Klimenko, N. , Pfeil, S. , Rochet, J. C. , 2015. Bank capital and aggregate credit. Working Paper, University of Zürich.

Krusell, P. , Smith Jr. , A. A. , 1998. Income and wealth heterogeneity in the macroeconomy. J. Polit. Econ. 00223808. 106 (5), 867—896. http://www. jstor. org/stable/2991488.

Kydland, F. E. , Prescott, E. C. , 1982. Time to build and aggregate fluctuations. Econometrica 00129682. 50 (6), 1345—1370. http://www. jstor. org/stable/1913386.

Leland, H. , 1994. Corporate debt value, bond covenants, and optimal capital structure. J. Finance 49 (4), 1213—1252.

Maggiori, M. , 2013. Financial intermediation, international risk sharing, and reserve currencies. Working Paper, NYU.

Mankiw, G. , Romer, D. , 1991. New Keynesian Economics, Vol. 1: Imperfect Competition and Sticky Prices. MIT Press, Cambridge, MA.

Markowitz, H. , 1952. Portfolio selection. J. Financ. 00221082. 7 (1), 77—91. http://www. jstor. org/stable/2975974.

Mendoza, E. G. , 2010. Sudden stops, financial crisis, and leverage. Am. Econ. Rev. 100, 1941—1966.

Mian, A. , Sufi, A. , 2009. The consequences of mortgage credit expansion: evidence from the US mortgage default crisis. Q. J. Econ. 124 (4), 1449—1496.

Minsky, H. P. , 1957. Central banking and money market changes. Q. J. Econ. 00335533. 71 (2), 171—187. http://www. jstor. org/stable/1883812.

Mittnik, S. , Semmler, W. , 2013. The real consequences of financial stress. J. Econ. Dyn. Control. 37 (8), 1479—1499.

Moll, B. , 2014. Productivity losses from financial frictions: can self-financing undo capital misallocation? Am. Econ. Rev. 104 (10), 3186—3221.

Moreira, A. , Savov, A. , 2016. The macroeconomics of shadow banking. J. Finance (forthcoming).

Myerson, R. B. , 2012. A model of moral hazard credit cycles. J. Polit. Econ. 120 (5), 847—878.

Oberman, A. M. , 2006. Convergent difference schemes for degenerate elliptic and parabolic equations: Hamilton-Jacobi equations and free boundary problem. SIAM J. Numer. Anal. 44 (2), 879—889.

Patinkin, D. , 1956. Money, Interest, and Prices: An Integration of Monetary and Value

Theory. Row, Peterson, Evanston, IL.

Phelan, G., 2014. Financial intermediation, leverage, and macroeconomic instability. Working Paper, Williams College. Rappoport, D., Walsh, K., 2012. A discrete-time macroeconomic model with a financial sector. Mimeo, Yale University.

Samuelson, P. A., 1958. An exact consumption-loan model of interest with or without the social contrivance of money. J. Polit. Econ. 00223808. 66 (6), 467—482. http://www. jstor. org/stable/1826989.

Sannikov, Y., 2008. A continuous-time version of the principal-agent problem. Rev. Econ. Stud. 0034652775 (3), 957—984. http://www. jstor. org/stable/20185061.

Silva, D. H., 2016. The Risk Channel of Unconventional Monetary Policy. Working Paper, MIT.

Sims, C. A., 1980. Macroeconomics and reality. Econometrica 48 (1), 1—48.

Solow, R. M., 1956. A contribution to the theory of economic growth. Q. J. Econ. 00335533. 70 (1), 65—94. http://www. jstor. org/stable/1884513.

Stokey, N., Lucas, R., 1989. Recursive Methods in Economics Dynamics. Harvard University Press, Cambridge, MA.

Taylor, J. B., 1979. Estimation and control of a macroeconomic model with rational expectations. Econometrica 00129682, 14680262. 47 (5), 1267—1286. http://www. jstor. org/stable/1911962.

Tobin, J., 1969. A general equilibrium approach to monetary theory. J. Money Credit Bank. 1 (1), 15—29.

Werning, I., 2012. Managing a liquidity trap: monetary and fiscal policy. Working Paper, MIT.

Woodford, M., 2003. Interest and Prices: Foundations of a Theory of Monetary Policy. Princeton University Press, Princeton, NJ.

第十九章　住房的宏观经济学分析

M. 皮亚泽西(M. Piazzesi) [*,†] **,M. 施奈德(M. Schneider)** [*,†]

[*]:斯坦福大学,美国,加利福尼亚州,斯坦福;

[†]:美国国家经济研究局,美国,马萨诸塞州,剑桥

目　录

本章摘要:本章综述了讨论住房问题的宏观经济学文献。我们首先集中讨论了住房价格和数量方面的一些事实,涉及许多关于家庭和住房市场的时间序列数据和横截面数据。然后,我们提出了一个存在异质经济行为主体的有摩擦的住房市场理论模型。这个模型是许多研究的出发点或至少为它们提供了理论背景。最后,我们描述了过去15年来,宏观经济学家在家庭行为、商业周期动力学、资产定价、泡沫及其破灭等方面的研究中获得的一系列定量结果。

关键词:住房市场的繁荣和崩溃;土地价格;市场分割;抵押贷款;住宅投资;预期;抵押约束;流动性;交易成本

JEL 分类代码:R2,R3,E2,E3,E4,G1

1.　引言

出版于 1999 年的《宏观经济学手册（第 1 卷）》基本上没有提及住房问题。这个事实正是当时这个领域研究状况的准确反映。当然，在宏观经济学研究中，住房问题从来没有完全缺席过。关键在于，宏观经济学研究通常关注一个经济体的生产、消费和财富。没有专门提及住房问题，说明当时的经济学家认为住房只是资本、消费或家庭财富的一个组成部分，并不值得特别注意。

在进入新千年之初，三派彼此之间有松散联系的文献中都隐含地涉及了住房问题。首先，有一派文献关注总体经济波动，它们研究商业周期的成因以及经济对财政政策和货币政策的反应。在 20 世纪的典型的宏观经济学模型中，住宅建筑是资本的一部分（或者，有时也与耐用消费品一起，被称为"家庭资本"）。住房服务是非耐久性消费（或家庭产品）的一部分。金融摩擦模型，以及强调资本作为抵押品的角色模型，都只关注企业借贷。房价的波动在这些模型中不起任何作用——事实上，任何资产价格的波动在很大程度上都被认为是无关紧要的枝节问题。

其次，在从平均收益率差异以及不同资产之间的价格波动性入手讨论资产定价问题的另一派大量文献中，住房问题也只是若隐若现。这个领域的传统研究一般不会讨论住房价格，也不会分析住房投资回报的特征。而且，一种常见的建模方法是，对包括住房在内的所有消费同等看待，并试图用一个基于消费的随机贴现因子来解释其价格波动。因此，住房只充当了一个隐性的角色——作为支付的一部分和风险调整项。

最后，还有一派文献致力于研究异质家庭，这个领域的经济学家试图理解摩擦和政策对不平等的作用，以及各种冲击的分配效应。在这派文献中，住房被视为家庭财富的一个隐性组成部分，同时也是消费的一部分。

21 世纪的第一个十年，不仅见证了美国战后历史上最大的住房市场泡沫，而且也引发了一系列全新的研究，奠定了住房问题在宏观经济学中的明确地位。经济学家们研究了住房价格、家庭抵押借贷活动与商业周期、货币政策的相互作用，他们还探讨了住房既是消费品又是可抵押资产这种角色如何影响储蓄、投资组合选择和资产定价。2007 年，美国房地产业的繁荣和泡沫转变成了惊人的大崩溃，于是住房问题一跃变成了宏观经济学中的突出课题。随之而来的大衰退又增加了许多重要的新数据点，并进一步凸显了住房的重要性和独特性。结果到了现在，住房问题在宏观经济学讨论中经常受到特别关注。

虽然，这些全新的文献也是从前面提到过的三个研究源流当中发展出来的，但是它们对住房问题的高度聚焦和重视还是带来了几个显著的新特征。首先第一个特征是，新文献自然而然地促使研究者对来自前述三个研究进路的所有研究主题和研究工作进行整合。在不考虑住房价格的不确定性的情况下，要想描述家庭行为是非常困难的；同样地，在不考虑异质性经济行为主体的情况下,也几乎无法讨论抵押贷款债务。正因为如此,我们在下面评述的许多论著都采用了金融经济学的工具来研究不确定性的风险敞口,而且许多定量模型都运用计算技术来分析——它们允许家庭部门内部存在很高的异质性。

第二个特征从城市经济学的角度来看也是很熟悉的:“住房市场”其实是许多市场的集合。各个市场的地理位置以及其他许多属性都各不相同。对家庭部门、对住房存量的解剖和分析,为我们理解各种冲击的传播提供了宝贵的见解,并改变了很多政策结论。例如,如果金融中介机构受到的冲击或政策冲击会改变抵押贷款成本,那么就会对买家通常也兼借款人的那些市场中的价格产生更大的影响。更加重要的是,如果这些冲击的影响不能分散到各个经济行为主体亚群,那么它们就可能会产生更大的总体效应。现在,新的、大规模的微观数据集不断涌现,数据的可得性远超往日,这使得经济学家可以对市场中的许多经济行为主体之间的相互作用进行研究,并推导出这些相互作用的总体效应。

第三个相关特点是,现在关于住房问题的文献考虑了许多来自各个市场的横截面数据,从而有力地补充了宏观经济学中常用的时间序列数据。以下这个例子可以说明这一点。从战后历史上的递归时间序列模式出发,我们就可以对技术冲击对于住宅投资的作用有一个相当深入的了解。然而相比之下,要想评估最近的金融创新对住房价格的影响,时间序列模式所能提供的信息就相当少了。不过幸运的是,我们可以从不同子市场和各种类型的家庭的融资和价格横截面模式中了解到很多东西。

这些文献表明,房地产市场的时间序列模式和横截面模式都适用了宏观经济学中常见的分析方法。经济学家用简化式(模型)统计工具阐发事实,有时还用它们去分离均衡关系中的某些属性。而从多变量结构模型中,则可以推导出关于各种各样的机制的定量结果,以及关于政策的“反事实”结论。在许多方面,对单个时期(比如说,对不同家庭的抵押贷款和财富、对不同市场上的住房价格)的横截面协动性进行建模,在概念上其实类似于对战后历史上(比如说,住房和商业投资、GDP 和住房价格)的时间序列协动性进行建模。这两种操作都需要探析并分离出环境特征的外生变动对许多内生变量的联合影响。

本章分三节介绍住房问题的宏观经济学研究。紧接着引言的第 2 节给出了对住房问题进行显式的解集分析(disaggregation)后凸显出来的一系列新事实。我们首先讨论了住房消费、住宅投资和抵押债务的经济周期特性。然后分析了国家、区域和城市等各个层面上房价的动态变化,并对住房和证券的价格波动性和交易量进行了比较。在这一节最后,我们探讨了住房的双重角色——既是消费品,同时又是家庭投资组合中的重要资产。

第 3 节描述了一个理论框架,它为文献中的许多研究提供了一个出发点或背景。这个理论框架容纳了在本章第 2 节所描述的有关事实的基础上总结出来的关于住房市场的四个特征:不可分割性、住房红利的不可交易性、非流动性和可抵押性。事实上,许多房屋的房主都只是直接拥有自己的住所,直接消费住房提供的红利——以住房服务的形式,并承担房屋带来的特殊风险。此外,房屋的交易成本相对较高,而且即便是对于个体家庭来说也很容易作为抵押品。相比之下,股票和债券等证券则通常是在多样化的投资组合中持有的,它们具有可交易的回报,而且交易成本往往比较低,同时(至少对个人投资者来说)更难作为抵押品。

第 4 节总结了过去 20 年以来通过上述一般框架的各种变体得到的定量结果。虽然没有任何一项研究包含了第 3 节介绍的所有成分,但每一项研究都对我们这里所讨论的一个或多个权衡进行了量化分析。我们从评述关于消费、储蓄和投资组合选择的研究入手,在这个过程中我们还考虑到了抵押贷款选择和金融创新在家庭决策中的作用。然后,我们综述了对商业周期、货币政策和资产价格进行一般均衡分析的研究。最后,我们考察了住房市场的繁荣—崩溃事件,重点是 20 世纪 70 年代和 21 世纪第一个 10 年美国的住房周期。

我们将来自各种各样的定量研究的结果放在统一的一般均衡框架下解释。一种进路是研究有明确的冲击结果时的结构性关系。例如,大量研究工作都涉及这种评估:关于消费、储蓄和投资组合选择的生命周期模型有没有能力解释横截面模式,或者,动态随机一般均衡模型能不能匹配时间序列模式。另一个进路是通过考察为不同经济行为主体和/或市场建立的欧拉方程组,来调和资源分配和资产价格。还有一个进路则是,利用简化式模型,将决策规则的性质或均衡运动规律分离出来。

到目前为止,我们可以从关于住房问题的宏观经济学研究中了解到什么东西?在这里,我们先强调两个关键的要点,它们是下文中将要详细报告的各种定量结果的基础。首先,摩擦是非常重要的:对家庭行为的定量建模通常依赖于抵押约束、不完全市场和交易成本等关键假设。市场不完全性意味着房主必须承担物业层面的价格风险。大量通过简化式模型得到的证据为这种建模方法提供了强大的支持。其次,家庭异质性也是很重要的。引入异质性家庭和摩擦之后,模型就能够对强有力的放大机制和传播机制给出新颖的描述。特别是,它们为刻画金融部门的冲击提供了更多的空间,而这对于解释战后美国历史上(尤其是最近的)繁荣—萧条周期已经变得越来越重要了。

我们还将得出这样一个结论:清晰地阐明住房问题,能够增进我们对经典宏观经济问题的理解(对于这些问题,以往的研究是通过一些只承认住房的隐性作用的模型来进行的)。首先,在我们思考商业周期的时候,住宅和商业投资的联动(协动性)和相对波动性可以提供确定模型结构所需的依据。其次,在考察资产定价问题的时候,住房承担的双重角色——既是消费品,同时又可以作为可抵押资产——生成了模型动力学中的缓慢移动的状态变量。如果想理解在许多资产(包括住房这种资产本身)中可以观察到的风险回报权衡中的低频变化,这种模型是必不可少的。最后,家庭部门的金融摩擦改变了总体冲击和分布式冲击以及政策干预措施的传播,特别是改变了它们对消费的影响。

与此同时,仍有许多问题悬而未决,而且未来研究的机会也非常丰富。一个问题是,在易处理性与细节丰富性之间如何权衡。这是任何宏观经济学研究都必须面对的问题。尤其是以下三个领域,特别需要我们进行更加深入的探索,以确定抽象至何种程度为宜——但是这种探索可能会得到不同的结果,具体取决于要解决的是什么问题。第一个领域是,不同住房市场之间如何进行加总。例如,如果在建模的时候,将美国视为一系列小“国家”(用各州或各都会统计区来表示不同的“国家”)的集合,会不会给我们带来什么好处?第二个领域是,如何选择家庭异质性的维度。既然可以观察到的人口地理学特征(如年龄、收入和财富,等等)只能解释横截面变化中的很小一部分,那么又应该怎样做才能容纳不可观察的异质性呢？最后一个领域是,金融摩擦和金融冲击又该如何刻画？我们在下面要评述的大多数研究都通过假设短期债务来刻画金融摩擦,并把金融冲击描述为最大贷款价值比的变化。我们从数据中看到,合约细节非常丰富而且处于不断变化当中,那么应该进入宏观经济学模型的基本要素又有哪些呢？

一个主要的未解难题是房价的波动性——包括但不限于最近这次房价泡沫膨胀及其破灭事件提出的挑战。直到今天为止,理性预期模型仍然无法解释房价的波动性。对于住房,就像其他资产一样,理性预期模型总是不可避免地会陷入"波动性难题"。假定存在潜在的"住房偏好冲击"有助于理解在价格大幅波动时模型是如何工作的,但是最终还是无法构成令人满意的政策分析基础。此外,根据模型计算结果和问卷调查证据,我们现在已经知道,家庭——很可能还有贷款方和开发商——的预期形成过程中的某些细节发挥了关键作用。一个非常有前途的研究方向就是,构建一个能够与市场结果及问卷调查数据匹配的期望形成模型。我们在下文中综述的绝大多数重要进展的最终作用都在于理解家庭的行为。住房的供给侧,以及为购房者提供的信贷,受到的关注相对少一些,但那是未来研究的另一个非常有意思的方向。

为了保证本章的篇幅不至于过长,对近期出版的其他综述已经涉及的某些方面的进展,我们不再加以重点讨论。特别是,《城市与区域经济学手册》中已经包含了关于住房搜索模型[韩和斯特兰奇(Han and Strange,2015)]一章,还包括了关于美国住房政策的一章[奥尔森和扎贝尔(Olsen and Zabel,2015)]。[①] 另外,由于我们只关注已经发表的研究论著,因此本章也"漏掉"了许多正在涌现出来的关于住房泡沫及其破灭、大衰退,以及讨论零利率下降的重要文献。最后一点,本章几乎完全只涉及美国的事实和定量研究。这是现有文献关注的重点的反映,而这反过来又是因为数据的可用性而导致的。未来研究的另一个令人兴奋的任务是,使用本章所讨论的各种工具去研究世界各国的住房市场的结构和住房融资的巨大差异。在这个方面,巴达汀查等人(Badatinza et al.,2016)的研究,是一个很好的例子。

2. 事实

2.1 数量

图 1 显示了根据国民收入和产出账户(NIPA)的数据计算的总体住房支出份额。国民收入和产出账户(NIPA)中的表 2.3.5 的数字是根据问卷调查数据填列的。这些调查以问卷的形式进行——例如,由人口普查局组织进行的住宅金融调查(Residential Finance Survey)——

[①] 这同一本手册还包含了关于住房、金融和宏观经济的一章[戴维斯和范纽沃尔伯格(Davis and Van Nieuwerburgh,2015)],那里也讨论了本章所涉及的一些材料。

会向租户询问每月的实际租金是多少。然后,这种支付会被归算为以可比的房主自住单位表示迈尔豪泽和赖在斯多夫(Mayerhauser and Reinsdorf,2007)。样本包括了1959年第一季度至2013年第四季度的季度数据。

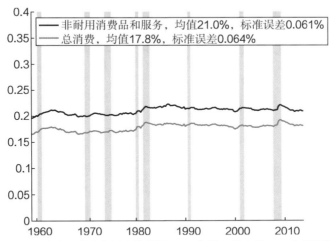

图1　总支出中住房支出所占的份额,1959年第一季度至2013年第四季度

我们可以用两种不同的方式计算住房支出份额。在图1中,黑线表示的是住房支出在用于非耐用消费品和服务上的支出中所占的份额。这个时间序列数据的均值为21%,标准偏差为0.061%。灰线则表示住房服务在总消费(包括耐用消费品)中所占的份额,该序列数据的均值略低一些,为17.8%;同时标准偏差则较高,为0.064%。图中的灰色柱子表示美国国家经济研究局识别出来的衰退期。

图1给我们的总体印象是,住房支出在总支出中所占的份额随着时间的推移而演变的轨迹相当平坦。皮亚泽西等人(Piazzesi et al.,2007)证明,从微观数据来看,家庭的住房支出份额也表现出了同样的特征。其文中表A.1给出的是来自"居民消费调查"的证据,其中住房支出的定义取决于租期选择。在美国家庭消费调查(CEX)中,向租房者询问的是房屋租金,向自住房主询问的则是他们在抵押贷款和其他信贷上的利息支出,以及财产税、保险费、地租和维修费用等。不过,戴维斯和奥塔罗–马格尼(Davis and Ortalo-Magné,2011)的研究则只使用了关于租房者的支出份额的微观数据。他们的论文表明,根据分别于1980年、1990年和2000年进行的三次"十年住房调查"的结果,全美国前50个都会统计区中,无论是每个都会统计区内部,还是各个都会统计区之间,个人住房支出份额都没有太大的差异。

图2显示了三个时间序列:住宅投资、非住宅投资和产出。这些时间序列数据采集自国民收入和产出账户(NIPA)的表1.1.3,图中给出的是它们的对数值,而且已经是运用霍德里克-普雷斯科特(Hodrick-Prescott)过滤器去除趋势后的结果。这幅图表明,住宅投资和非住宅投资这两个时间序列的波动性都比产出序列更大,同时,住宅投资的波动性又是非住宅投资的两倍多——住宅投资的波动率为9.7%,而非住房投资的波动率则只有4.6%,至于产出的波动率,则更是仅有1.6%。

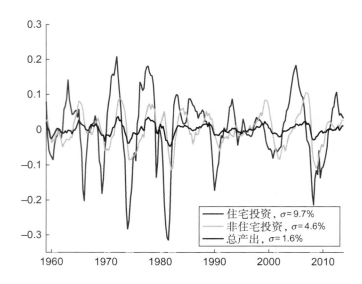

图2 总住宅投资、非住宅投资和总产出(已运用霍德里克-普雷斯科特(Hodrick-Prescott)

过滤器去除趋势和取对数)

图2还表明,住宅投资序列的上升,一般早于非住宅投资和产出的上升,而且它的下降,也倾向于比后两者更早。换句话说,住宅投资是周期的先行指标。

一旦投资建造了房屋,形成了资本,它就可以使用很长时间。根据弗劳梅尼(Fraumeni,1997)的报告,建筑物每年的折旧率为1.5%~3%。而非住宅资本的折旧率则要高得多,通常在10%~30%。更加重要的是,房屋能够将住房资本与土地结合起来,而后者是固定要素。

2.1.1 住房供给受到的限制

能够在多大程度上通过新开发房地产来增加住房的供给,因地理区域而异。例如,印第安纳波利斯和奥马哈的开发商比旧金山和波士顿的开发商更容易买入土地来建造新房。对于住房供给所受到的约束,可以用如下两个相当流行的指数来衡量。

第一个指数是由塞兹(Saiz, 2010)构造的,它的目标是刻画对住房供给的地理限制。这里所说的地理限制,主要指土地在地形上的两个主要特征,它们使得开发新住房非常困难或根本不可能。第一个特征是水的大量存在,塞兹(Saiz)测量的是距离城市50公里以内,被海洋、湖泊、河流等水体或湿地覆盖的地区。第二个是陡坡的存在,塞兹统计了都会统计区(MSA,metropolitan statistical area)周围50公里范围内,坡度高于15%的地区所占的比例。

住房供给受到的约束的第二个方面是监管限制,这些限制可以用吉尤尔科等人(Gyourko et al., 2008)创建的"沃顿住宅用城市土地监管指数"(Wharton residential urban land regulation index)来衡量。这个指数反映了控制住宅增长的措施的严格程度——主要体现在分区开发限制和项目审批规则上面。

2.2　价格

在图 3 中,灰色线条表示股票的价格股利比(以左坐标轴衡量),黑色线条则表示住房的价格租金比(以右坐标轴衡量)。该图表明,这两个时间序列的波动性都非常巨大。股票的价格股利比使用的是美国联邦储备委员会的"资金流量表"数据,代表着美国公司的总体估值(股利时间序列数据包括净回购在内)。如左坐标轴所示,价格股利比的波动范围为 20~65。

住房的价格租金比时间序列数据的分子是以基金流量衡量的,由合伙企业、独资经营者和非金融公司(它们是许多出租用房屋的主人)所拥有的住宅性房屋的价值。而分母则是国民收入和产出账户(NIPA)中表 2.3.5 所示的租金,包括实际租金以及就所有者—占有者估算的租金(如图 1 的说明所述)。如右坐标轴所示,房价租金比在 11~19 之间波动。

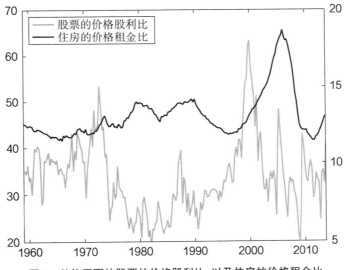

图 3　总体层面的股票的价格股利比,以及住房的价格租金比

这两个估值比率往往是反向运动的。例如,在 20 世纪 70 年代和 21 世纪初,住房市场一片繁荣,而股票市场则承受了巨大的压力。与此相反,在 20 世纪 90 年代,住房市场表现不佳,而股市则牛气如虹。最近的住房泡沫及其破灭事件,则可以说是第二次世界大战结束以来最突出的。

2.2.1　单个住房价格的过度波动性

与其他资产的价格一样,住房的价格的波动性也非常大。尤其是单个住房的价格,其波动性特别大。房价指数的波动率虽然小一些,但是仍然构成了对传统的经济模型的挑战。这就是所谓的"过度波动性之谜"。

大多数房价指数都是根据样本中多次被出售的房屋的重复销售均价变动构造的。房地产数据公司"核心逻辑"(CoreLogic)构建了许多不同的房价指数:既有为各大都会统计区量身定制的本市范围的房价指数,也有针对住房市场的各个层次制定的房价指数,还有涵盖美国全国范围的房价指数。这些指数被总称为标准普尔/凯斯席勒住房价格指数(S&P/Case-Shiller Home Price Indice),并由标准普尔公司定期发布。联邦住房金融局也根据这种资产的重复出售价格或再融资变化构建了系列指数(以前被称为联邦住房企业监管办公室指数——"OFHEO 指数")。此外还有 Zillow 网,它也会发布城市一级、州一级和国家一级的房价指数。

根据凯斯和席勒(Case and Shiller, 1989)的估计结果,单个住房每年房价变化的百分比的标准差接近 15%。他们在论文中得出了这样一个结论,即单个住房的价格波动与个股的价格波动相似,两者都是非常不稳定的。城市房价指数的波动比个别房价小一些。弗莱文和山下(Flavin and Yamashita, 2002)则估计,个体住房的房价波动率为 14% 左右(见他们的论文中的表 1A),而城市一级的房价指数的波动率则小得多——亚特兰大为 4%、芝加哥为 6%、达拉斯为 5%、旧金山为 7%,等等(见他们的论文中的表 1B)。兰德沃伊特等人(Landvoigt et al, 2015)也估计了单个住房在不同年份的房价波动率。从他们论文的表 1 可以看出,在 21 世纪初的房价上涨阶段,波动率为 8%～11%,而在房价泡沫破灭期间,波动率则为 14% 上下。

然而,住房价格有一点与股票不同。个股的波动与股票市场整体的波动有很强的联动性,但是在单个住房的价格波动中,有相当大的一部分是自身特有。凯斯和席勒(Case and Shiller, 1989)的研究证明了这一点。他们的证据源于单个住房价格变化对全市住房价格变化的回归。通过这种回归,他们得到的 R^2 相当低:亚特兰大为 7%、芝加哥为 16%、达拉斯为 12%、旧金山为 27%。

表 1 总结了来自皮亚泽西等人(Piazzesi et al., 2007)的论文的表 B1 和表 B2 的信息。从这张表中可以总结出一个经验法则:单个住房的价格的波动率的 1/2 是城市一级房价指数的波动率,单个住房的价格的波动率的 1/4 是总体房价的波动率。对波动性以这种方式加以分解后,我们就可以看得很清楚,理解狭小地区内部的房价波动和单个住房的价格波动有重要意义。单个住房的价格的高波动性以及高交易成本导致住房只有很低的夏普比率(夏普比率的定义是资产的平均超额回报除以其波动率)。换句话说,单个住房作为一项投资,其实并不一定像表现上看起来那么有吸引力。

表 1 住房价格的波动率

单位:%

	单个住房	城市	州	国家总体
波动率	14	7	5	2～3

注:本表采集来自皮亚泽西等人(Piazzesi et al., 2007)的论文中的表 B1 和 B2。

对房价的特异性冲击(Idiosyncratic shock)是很难通过多样化策略来化解的。住房的一个很大问题在于,它们是不可分割的——它们只能整体出售,而不能分割成一小块一小块出售。因此,家庭只能百分之一百地拥有某幢特定的房屋,而不可能拥有许多幢不同房屋的若干部分。此外,住房价格指数的市场流动性并不是很好:在任何一个给定的月份,在芝加哥商品交易所,都只有两个根据市一级房价指数设计的期货合约可以交易——有的月份,根本不会发生房价指数期货合约交易。[①]

多样化的(不)便利性是住房与其他资产(如股票)的一个很重要的区别。举例来说,家庭可以将少量资金节省下来,将之投资于某个追踪大型股票投资组合价值的股市指数(如标准普尔 500 指数)。或者,家庭也可以多购买几家公司的股票。传统的金融智慧告诉我们,只要购买少数几家公司——例如五六家公司——的股票,就能够在很大程度上实现投资组合的多样化。

2.2.2　动量及其反转

与其他资产相比,住房的价格有更大的动量(惯性效应),但是在长期中也会出现反转。同时,与其他资产相比,住房的对数实际价格的变化的序列相关性更为严重。凯斯和席勒(Case and Shiller,1989)给出这种高序列相关性的第一个有力证据。他们在论文中阐明,在给定城市,当某个特定年份的对数实际价格指数发生了变化之后,随后一年往往会发生同方向的变化,幅度则介于 25%～50%。英格伦德和约阿尼德斯(Englund and Ioannides,1997)给出的跨国证据也表明,某年价格指数的变化,通常继之以次年 23%～74%的变化。葛莱泽等人(Glaeser et al.,2014)则发现,次年的变化率为当年的 60%～80%。

卡特勒等人(Cutler et al.,1991)对许多国家的住房市场的序列相关性与其他资产市场的序列相关性进行了比较。他们发现(例如),股票、债券和外汇交易的动量较弱而且只能维持不到一年的时间。超额股票回报的月度自相关性为 10%、美国债券为 3%、外国债券为24%、外汇为 7%。所有这些资产的当年超额回报基本上与前一年和后一年无关。相比之下,住房的超额回报在年与年之间则有 21%的自相关性(见他们论文的表 4)。

在更长的时间内,房价还会出现反转。英格伦德和约阿尼德斯(Englund and Ioannides,1997)证明,住房的对数实际价格的变化方向,通常会在 5 年后出现反转。葛莱泽等人(Glaeser et al.,2014)也提供了这种反转的证据(见他们论文的表 4)。他们估计,5 年以上房价变化的自相关性为-0.80。

2.2.3　住房超额回报的可预测性

包括住房在内,许多资产的超额收益都是可以预测的。凯斯和席勒(Case and Shiller,1989)证明,对于城市住房价格指数,用前一年的超额回报就可以预测这一年的超额回报(见他们论文的表 3)。后来,凯斯和席勒(Case and Shiller,1990)还提供了超额收益的可预测性的进一步证据。他们论文的表 8 给出了城市住房价格指数超额回报对租金价格比和建筑成本价格比的回归结果。表中的结果表明,城市住房价格指数与租金价格比之间的相关系数为正:更高的租金价格比预测了下一年会有更高的超额收益。

科克兰(Cochrane,2011)比较了关于住房和股票的可预测性的回归结果。下面的表 2 就是科克兰的论文中的表 3。在表 2 中,"住房"指的是美国的住房总量,"股票"指的是美国股票的加权指数。科克兰(Cochrane)估计出来的斜率系数表明,租金相对于价格较高,是后续回报更高的信号,而不是租金随后将会下降的信号。该表的左侧给出的是关于"住房"的结

---

① 关于这些市场的交易量,相关数据可以在这里找到:http://www.cmegroup.com/market-data/volume-open-interest/ real-estate-volume.html。

果,它们的模式看上去与该表右侧的关于"股票"的结果类似。这两种回报都是可预测的,但是股利增长率和租金增长率则是不可预测的。租金或利息与价格之间的比率有高度的持续性,而且相当稳定。

表 2　住房价格与股票价格的回归结果

	住房价格			股票价格		
	b	t	R^2	b	t	R^2
r_{t+1}	0.12	(2.52)	0.15	0.13	(2.61)	0.10
Δd_{t+1}	0.03	(2.22)	0.07	0.04	(0.92)	0.02
dp_{t+1}	0.90	(16.2)	0.90	0.94	(23.8)	0.91

注:本表来源于科克兰(Cochrane,2011)的论文的表 3。它报告了对如下模型进行回归的结果:

$$x_{t+1} = a + b \times dp_t + \varepsilon_{t+1}$$

其中 dp_t 或者指对数租金房价比(表格左半部分),或者指对数股息价格比(表格右半部分)。就表格左半部分的回归而言,x_{t+1} 或者指对数每年住房回报 r_{t+1},或者指对数租金增长率 Δd_{t+1},或者以美国年度住房总存量来衡量的对数租金房价比 dp_{t+1}(从 1960 年至 2010 年,见网页:http://www.lincolninst.edu/subcenters/land-values/rent-price-ratio.asp)。而就表格右半部分的回归而言,x_{t+1} 或者指对数股票回报 r_{t+1},或者指对数股利增长率 Δd_{t+1},或者指采用证券价格研究中心的年度加权回报数据衡量的对数股息价格比 dp_{t+1}(从 1947 年至 2010 年)。

坎贝尔等人(Campbell et al.,2009)对单期回报用坎贝尔-席勒线性化法(Campbell-Shiller linearization)进行了处理,从而将房价的变化分解成了多个组成部分。

$$r_{t+1} \approx \text{const.} + \rho(p_{t+1} - d_{t+1}) - (p_t - d_t) + \Delta d_{t+1}$$

其中 $r_{t+1} = \log R_{t+1}$,指的是对数住房回报率,$p_t = \log(P_t)$ 是对数住房价格,$d_t = \log(D_t)$ 是对数租金,$\Delta d_{t+1} = d_{t+1} - d_t$ 是租金增长率,$\rho = 0.98$ 是一个常数。事实上,这个回报等式说的就是:高回报或者源于高价格(未来的 $p-d$),或者来自较低的初始价格,或者出自更高的租金。

对上述回报恒等式向前迭代,我们就可以得到当前的价格恒等式。

$$dp_t \approx \text{const.} + \sum_{j=1}^{k} \rho^{j-1} r_{t+j} - \sum_{j=1}^{k} \rho^{j-1} \Delta d_{t+j} + \rho^k dp_{t+k} \tag{1}$$

其中 $dp_t = p_t - d_t$ 是对数租金价格比。这个价值恒等式在各种不同的状态中、各种不同预期下都成立。因此,住房的租金价格比的任何变动,都必定或者与未来回报 r_{t+j} 的条件预期价值,或者与预期的未来租金增长率 Δd_{t+j},或者与对未来的高价格 dp_{t+k} 的泡沫化预期相关。

坎贝尔等人估计了一个向量自回归模型,它包括了实际利率、租金增长率和住房超额回报等变量。他们使用了两个层面的住房数据,第一个层面是不同的都会统计区的数据,第二个层面是美国的总体数据。他们在论文中基于估计出来的微量自回归结果,讨论了未来回报和未来租金增长率在无限时域情况下的总和,即施加无泡沫条件[①] $\lim_{k \to \infty} \rho^k dp_{t+k} = 0$,估计上面的方程式(1)右侧各项在 $k \to \infty$ 时的预期值。结果他们发现,租金价格比的变化,在很大程度上可以归因于风险溢价的时间变化性,而很少可以归因于对未来租金增长率的预期。实际利率的时间变化也不能解释租金价格比的变动。不过,他们的论文中的图 2 还表明,21

[①] 吉格里奥等人(Giglio et al.,2016)通过比较自由持有的永久产权住房(对房屋的无限期所有权)的价值与(英国和新加坡的)期限超过 700 年的租赁持有的有限期产权住房的价值,为住房市场的无泡沫条件提供了直接证据。

世纪初的住房市场繁荣很难用他们这种向量自回归模型来解释——因为他们这个模型的预测恰恰是,21世纪初的租金价格比将会是非常低的。

2.2.4 土地的价值,还是建筑物的价值?

图4给出了居住用房屋存量的价值及其两个组成部分——住宅建筑物的价值和土地的价值。所有时间序列数据均源于美国联邦储备委员会的"资金流量表",而且表示为GDP的倍数。这幅图表明,居住用房屋的价值的变动主要是由土地价值的变化驱动的,而建筑物的价值的波动则相当小。同时,这幅图还再一次凸显了最近这次泡沫及其破灭事件在战后历史发展中的重要性。

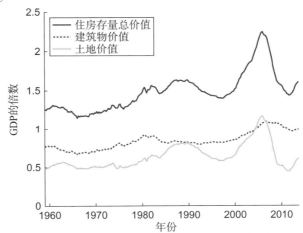

图4 居住用房屋的价值及其各组成部分——住宅建筑物的价值和土地的价值

克诺尔等人(Knoll et al.,2014)收集了许多工业化国家的住房价值的历史数据,最早可以追溯到1870年。他们的论文表明,在大多数工业化国家中,住房价值从19世纪到20世纪中期一直基本保持不变。而在第二次世界大战之后,实际住房价格却大约涨了三倍。实际住房价格的大部分增长都与地价上涨相关,同时实际建筑成本则大致保持不变。

在住房的整体价值中,土地价值所占的份额的横截面变化也很大。这种变化的关键部分就在于房地产商们大声喊叫的"位置,位置,位置"。住房的位置是最重要的,也是独一无二的。优越的位置供给也往往是有限的。如果房子位于湖边或海滨,所在的地点分区规划又很严格,同时又配套了名校或歌剧院等优质基础设施,而且当地犯罪率又很低,那么无疑是非常有吸引力的。例如,戴维斯和希思科特在他们的论文(Davis and Heathcote 2007)的表4报告说,旧金山的住房的价值中,土地价值所占的份额达到了80.4%,而俄克拉何马城的住房的价值中,这个比例则仅大约为12.6%。该表还表明,土地价值所占份额更高的地区往往房价也更高,房价的平均上涨速度也更快,房价波动也更大。

横截面变化的另一个来源是现有建筑物结构的耐久性和/或吸引力方面的差异。例如,在加利福尼亚这样的地震多发地区,建筑材料往往是木材,因而建筑材料会比宾夕法尼亚等用砖块的地方更加便宜一些,也更容易朽坏一些。

此外,建筑风格也很重要。例如,维多利亚时期的房屋是很有价值的,而20世纪50年代(二战后)的建筑的价值则要大打折扣。

2.2.5 住房价格的横截面特点

住房价格可以表现出很多种重要的横截面模式,搞清楚它们有助于我们理解各个特定的区域内部和区域之间的房价出现差异的原因。例如,在21世纪初期,价格更低廉的住房所经历的繁荣—萧条震荡比价格更昂贵的住房更加强烈。很显然,这种模式与以往的繁荣—萧条周期不同,在以往(例如20世纪70年代),价格更低廉的房子所经历的繁荣—萧条震荡要更小一些。同时,在同一个城市中,低档住宅的高档化对于那些邻近更昂贵的社区的较贫穷的社区来说是非常重要的。这些特定的低房价社区所经历的繁荣—萧条震荡,与其他低房价社区以及高房价社区相比,要强烈得多。再者,美国各"沙州"(佛罗里达州、亚利桑那州、内华达州和加利福尼亚州)最近的经验,也使我们质疑住房供给很有弹性的地区房价波动应该比较小的传统观点。

图5按城市给出了20世纪90年代中期以来的各个"档次"住房的价格的中位值。这些时间序列数据是由Zillow网研究中心定义和构建的。图5左上角的小图表明,在最近这一轮住房价格持续上涨期间(1996—2006年),加利福尼亚州洛杉矶高档住宅的价格中位数每年提高22%,而低档住宅的价格中位数则每年比高档住宅多提高6个百分点。而在房价泡沫破灭期间(2006—2011年),高档住宅的价格中位数每年下降4%,而低档住宅的价格中位数则每年比高档住宅多下降5个百分点。

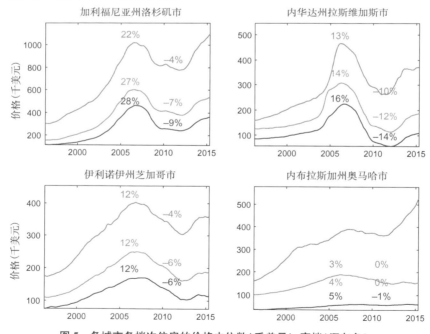

图5 各城市各档次住房的价格中位数(千美元):高档(深灰色),
中档(灰色),以及低档(黑色)

注:图中的彩色数字表示各档住房在繁荣期间(1996—2006年)和萧条期间(2006—2011年)每年的资本回报率。数据来自Zillow网研究中心。

这个特征事实——在20世纪初,低档住宅所经历的房价上涨和泡沫破灭事件比高档住宅更加强烈——同样可以在其他城市观察到。例如,在拉斯维加斯,低档住宅在房价泡沫膨胀期间每年升值16％,而高档住宅则只有13％。但是在泡沫破灭后的那些年,低档住宅的价格每年下跌幅度达到了14％,而高档住宅则只有每年10％。在芝加哥,各个档次的住宅在房价上涨期间的资本回报率是相同的,但是在房价下行期间,则要数低档住宅的损失最大。在奥马哈,房价几乎没有经历明显的上升热潮,不过低档住宅还是比高档住宅每年多升值两个百分点,而且低档住宅是唯一在房价下跌时遭受资本损失的。

兰德沃伊特等人(Landvoigt et al.,2015)根据个人交易数据估计了圣迭哥都会统计区的上述模式。他们的研究表明,在2000—2005年,最便宜的住房与最昂贵的住房之间资本回报率相差大约20％。Zillow网研究中心在对住房区分档次时组合了不同住房,从而减少了上述横截面差异。库米诺夫和蒲柏(Kuminoff and Pope,2013)证明,住房价值中的土地价值部分也存在着类似的模式:在21世纪初住房市场一片繁荣期间,原本廉价的土地比原本昂贵的土地升值更多。

圭列里等人(Guerrieri et al.,2013)的研究也证明,城市中位于高端社区旁边的社区的高档化是一个很重要的问题。

他们论文中的表3表明,邻近高端住宅区的、起初价格低廉的房子,与其他类似的同样起初价格低廉的房子相比,升值得更多、更快。例如,距离高端社区大约1英里(约1.61千米,下同——译者注)远的低端社区的房价,升值幅度要比距离高端社区大约4英里远的同样品质的低端社区高出12.4个百分点。

在美国,亚利桑那州、佛罗里达州、内华达州和加利福尼亚州(内陆)等“沙州”的经验告诉我们,那种认为住房供给限制会放大房价周期的传统观念可能是错误的。戴维多夫(Davidoff,2013)论文中的图1表明,在21世纪初期,美国各“沙州”的住房市场周期性波动的幅度大于沿海地区的住房市场。同一篇论文中的图2进一步表明,美国各“沙州”的住房套数的增幅也更大。内桑森和茨威格(Nathanson and Zwick,2015)则指出,有些城市——例如拉斯维加斯——并没有足够的丰富,它们长期都面临着很紧的住房供给约束——具体表现为,它们外围有一条很强的“虚拟城市增长边界”,处在联邦土地和州土地形成的包围圈内。

2.3 融资

图6显示了美国第二次世界大战结束后历年家庭总债务(表示为GDP的倍数),数据源于美国联邦储备委员会的“资金流量表”。从图中可见,这个序列是通过三个独立的步骤逐级大幅抬高的:第二次世界大战刚刚结束之后、20世纪80年代和21世纪第一个十年。2006年住房市场泡沫破灭后,美国家庭一直在去杠杆化。图6中的黑色曲线描绘的是抵押债务/国内生产总值之比。抵押贷款大约占家庭总负债的五分之三,这也就是说,大部分家庭债务都是抵押债务。这幅图还表明,家庭债务大幅增加的三个步骤,也主要是抵押贷款剧增所致。卡达雷利等人(Cardarelli et al.,2008)也证明,其他国家的家庭债务,特别是抵押贷款在二战结束之后也增加了不少。约尔达等人(Jordà et al.,2016a)还构建了一个样本,将一系

列工业化国家的这种增长记录一直追溯到了1870年。

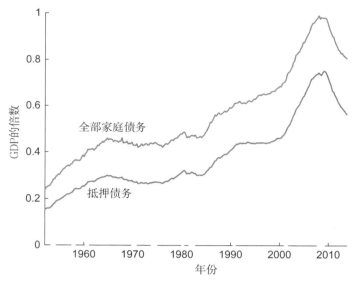

图6 家庭总债务和抵押贷款债务占国内生产总值(GDP)的比例

约尔达等人(Jordà et al.,2016b)进一步阐明,住房资产价格的暴涨—暴跌,以及在这种事件之前出现的杠杆化比率剧增,都与此后的不景气期间的更高产出成本相关。他们的样本涵盖了许多工业化国家,并且一直追溯到了1870年。此外,住房的繁荣—萧条所导致的产出高成本,比股票市场泡沫及其破灭所导致的更高。

2.3.1 21世纪初的抵押贷款增长

米安和苏菲(Mian and Sufi,2009)的研究试图回答这样一些问题:在21世纪初,哪些人借入的资金更多? 这些投资者真的预期未来收入将会增长吗? 为了解决这些问题,米安和苏菲(Mian and Sufi,2009)利用美国国税局(IRS)报告的收入和抵押贷款债务数据[根据《家庭抵押贷款债务披露法案》(Home Mortgage Disclosure Act,简称"HMDA")的要求披露]。他们的论文中的图1表明,在2002—2005年,美国各地区的收入增长与抵押贷款增长正相关(他们的图1的右上小图)。但是,在各都会统计区内部,不同邮政编码区之间收入增长与抵押贷款增长负相关(他们的图1的右下小图)。

此外,他们还证明,邮政编码区层面呈现出来的这种负相关关系只出现在了2002—2005年这个时期。总之,他们的研究表明,21世纪初这几年出现的这个事件独一无二——在那些抵押贷款债务增加更快的邮政编码区,收入增长率却较低。

阿德利诺等人(Adelino et al.,2015)将抵押贷款增长率分解为两个组成部分:一是外延边际增长率(extensive margin),即某个邮政编码区内抵押贷款笔数的增长率;二是内延边际增长率(intensive margin),即每笔抵押贷款的规模的增长率。他们论文中的表2表明,不同邮政编码区之间表现出来的(美国国税局报告的)收入增长与抵押贷款增长之间的负相关性,可以用外延边际增长率来解释。事实上,在邮政编码区这个层面上,内延边际增长率是与(美国国税局报告的)收入增长呈正相关关系的。此外,阿德利诺等人还证明,在家庭的层面上,根据《家庭抵押贷款债务披露法案》要求而报告的个人收入(即借款人在提出抵押贷款申请时要注明的收入)的增长率,是与住房抵押贷款规模正相关的。他们在这篇论文中还指出,米安和苏菲(Mian and Sufi,2009)阐明的收入增长与抵押贷款增长之间的负相关性,也许可以用购房者的构成的变化(即在较贫穷的邮政编码区内的富裕购房者)来解释。

米安和苏菲(Mian and Sufi,2015)给出的证明表明,在邮政编码区层面上,根据《家庭抵押贷款债务披露法案》要求而报告的个人收入的增长率要高于美国国税局报告的收入。他们认为,这两个收入增长率之间的差距,是存在着抵押贷款欺诈的信号。当然,对根据《家庭抵押贷款债务披露法案》要求而报告的个人收入与美国国税局报告的收入进行比较并不容易,因为购买住房的家庭是流动的,它们的特点不同于留在原地不动的家庭,这一点在 21 世纪初的房价大幅上涨期间尤其突出。兰德沃伊特等人(Landvoigt et al.,2015)论文中的表 2 利用 2000 年的美国人口普查数据与 2005 年的"美国社区调查"数据,比较了房屋买家和房主的不同特点。结果他们发现,2005 年中位数买家的实际收入比 2000 年的中位数买家更高,实际财富也更多。

抵押贷款债务增加值的另一个重要组成部分是当前的房屋房主利用房屋增值而多借入的负债。米安和苏菲(Mian and Sufi,2011)的研究表明,房价涨幅较大的那些地区的房主,利用房屋净值信贷额度(home equity lines of credit)提取的现金特别多。陈等人(Chen et al.,2013)也报告说,21 世纪初,提现金额在再融资中所占的比例相当高——使得贷款总额增加了 5％以上。

2.3.2　抵押贷款合同

在美国,最常见的住房抵押贷款合同是一个长期固定利率抵押贷款合同(通常是 30 年)。另外一个选择是浮动利率抵押贷款。在一个基本的浮动利率住房抵押贷款合同中,初始利率会被设定为某个基准利率(比如 1 年期国库券利率)再加一定溢价或差价。浮动利率要根据基准利率定期重新设定。在最近这次房价持续繁荣期间,混合浮动利率住房抵押贷款也变得流行起来。在这种混合浮动利率抵押贷款合同中,最初的一定期限内(最多为 10 年)采取固定利率,其后定期进行利率调整。

坎贝尔和科科(Campbell and Cocco,2003)报告说,在 1985—2001 年,固定利率抵押贷款在所有新发放抵押贷款中占的比例为 70％(浮动利率抵押贷款则占剩余的 30％)。不过,固定利率抵押贷款占新发放抵押贷款中的份额是随着时间的推移而上下波动的。坎贝尔和科科(Campbell and Cocco,2003)论文中的图 2 显示了固定利率抵押贷款所占份额的变化情况:该份额与长期利率之间呈负相关关系。

卡达雷利等人(Cardarelli et al.,2008)、安德鲁斯等人(Andrews et al.,2011),以及巴达林查等人(Badarinza et al.,2016)分别阐述了不同国家的抵押贷款合同的状况。安德鲁斯等人论文的表 4 表明,住房抵押贷款期限在不同的国家之间差异很大——斯洛文尼亚和土耳其最多 10 年,而丹麦和美国则一般为 30 年。巴达林查等人(Badarinza et al.,2016)论文的表 3 则表明,不同国家在浮动利率抵押贷款合同的使用率和提前还款罚金制度等方面差异很大。例如,在澳大利亚、芬兰、葡萄牙和西班牙,大部分住房抵押贷款的利率都是可以调整的,而在比利时、丹麦、德国和美国,却是固定利率抵押贷款占了绝对优势。比利时和德国还有提前还款罚金制度,因此在这些国家,固定利率抵押贷款的风险相当大。卡达雷利等人(Cardarelli et al.,2008)论文的表 3.1 则显示,抵押贷款证券化比例最高的国家依次是美国、澳大利亚、爱尔兰、希腊、英国和西班牙。

2.3.3　最近的金融创新与贷款人激励措施

银行一直引领着住房市场最近这个热潮,同时银行业自身也经历了深刻的转型。银行的传统作用是发放抵押贷款,并一直持有至借款人偿还。而到了现在,越来越多的银行开始操作"发放贷款并证券化":银行发放抵押贷款,然后建立抵押贷款组合并加以分档,并通过证券化将它们转售出去。换句话说,抵押贷款不再保留在原发放银行的资产负债表上,而是被出售给了投资者。银行业的这种转型改变了银行对抵押贷款进行仔细筛选的动机。贷款标准的下降导致了信贷的大幅度扩张。

金融创新也有助于新型的抵押贷款的创造。许多抵押合同在设计时就以推迟摊销利息为目标,例如在某个初始期间(例如,"2—28 年抵押贷款合同")借款人只需以优惠利率付息或者根本不用支付利息。在美国,这种"另类"抵押贷款所占的份额从 2003 年以前的不足 2% 一路增加到了房价高峰期的 30% 以上,这一点在安罗敏等人(Amromin et al.,2013)论文的图 1 中可以看得很清楚。贷款质量恶化的另一个表现是"无证明"贷款的出现,这种贷款不需要借款人提供任何收入证明。此外,甚至还出现了"NINJA"贷款("无收入、无工作、无资产"贷款)。

基斯等人(Keys et al.,2010)提供的证据表明,证券化与更加轻松的抵押贷款筛查有关。他们的论文的基本思路是,对证券化的抵押贷款的表现与未证券化的抵押贷款的表现加以比较。自 20 世纪 90 年代以来,信用评分已经成为筛选借款人的关键工具。由政府赞助的企业——房利美(Fannie Mae)和房地美(Freddie Mac)——制定的指引,对向 FICO 评分低于 620 分的借款人发放贷款的行为提出了严重警告。对于贷款证券化而言,620 分这个标准也是很重要的,因为只有高于这个分数抵押贷款才容易实现证券化。他们的论文研究了 2001—2006 年 100 万份抵押贷款合同的表现,结果发现 FICO 评分刚好高于 620 分的抵押贷款的表现,比 FICO 评分略低于 620 分的抵押贷款更加糟糕。

2.4　市场结构

很多人都拥有住房所有权。在美国,大约三分之二的家庭拥有一套住房。第二次世界大战结束以来,美国的住房自有率一直在 62%~69% 的范围内波动,并于 2004 年年底达到了历史顶峰——69.2%——那也是最近一轮房价泡沫接近高潮的时候。现在,美国的住房自有率又下降到了 63.7% 左右。

拥有住房的美国家庭的数量超过了拥有股票的美国家庭的数量。股票的拥有率在很大程度上取决于是否把间接持有股票的情况(通过共同基金和养老基金持有)也包括在内。但是,即使把间接持有股票的情况包括进去,美国家庭的股票拥有率也低于 50%。

与其他资产市场相比,房地产市场流动性更差一些。住房市场的(每年)周转率要大大低于股票市场。股票市场的平均周转率为110%,这意味着每只股票在任何一年平均来说至少会易手一次。相比之下,住房市场的平均(每年)周转率只有7%。这种流动性不足以在如下事实上突出地表现出来:房子"停留在"市场上的时间很久——从房子上市挂牌出售到成交之间,至少要间隔几天,通常要几个月。这是住房市场的一个关键统计指标,但是在股票市场上却没有任何作用。

住房市场的另一个重要特征是,房子比股票等其他资产更加难以卖空。由于每一套房子都是独一无二的和不可分割的,因此投资者不可能针对某一套特定的房子进行卖空操作。房价指数及其衍生工具的低流动性,也使得在住房市场上建立大量空头头寸成为不可能的(或至少是成本高昂的)。房地产投资信托基金(REIT)卖空是有可能的,因为它与商业房地产的价值挂钩。然而,房地产投资信托基金与居住用房地产(住房)的价值并不完全相关。不过,在最近一次住房繁荣期间,确实也有投资者利用"创新策略"来卖空住房。例如,在最近这一轮住房价格持续上涨过程中,有的投资者对抵押贷款支持证券进行卖空。又如,在中国房价泡沫不断膨胀期间,有的投资者卖空了大开发商的股票。但是,这些投资策略通常都要付出高昂的成本,同时操作起来也非常复杂,而且并不是卖空住宅房地产的完美工具。

巴赫曼和库珀(Bachmann and Cooper,2014)根据"收入动态追踪调查"(panel study of income dynamics,简称"PSID")的数据,证明从 20 世纪 80 年代中期到 21 世纪初,美国的住房市场周转率(房子在房主—房主之间以及租客—房主之间的转手率的总和)呈现长期下降趋势。此外,他们的论文还表明,周转率(特别是在房主—房主之间的转手率)是顺周期的。卡萨利等人(Kathari et al. ,2013)则根据当前人口调查数据阐明,自 20 世纪 80 年代中期以来,住房转手率(无论是房主与房主之间,还是租客与房主之间)呈现长期下滑趋势。

2.5　家庭的资产组合

大量文献都使用家庭层面的各种数据来讨论住房消费的横截面模式以及住房和抵押贷款在家庭投资组合中的地位。在本小节中,我们将对那些基本不会随着时间的推移而变化的、相当稳定的关键横截面模式加以总结,其中特别突出的一个模式是,住房决策主要依赖于年龄和财富净值。

众所周知,用于非耐久消费品的支出在生命周期中是驼峰形的[例如请参见,迪顿(Deaton,1992)]。不过,对于耐用品消费,费尔南德斯-比利亚韦德和克鲁格(Fernandez-Villaverde and Krueger,2007)也提出了一个类似的驼峰形生命周期模型。他们所定义的耐用品消费,既包括在耐久消费品上的支出,也包括美国家庭消费调查(CEX)中的租户和房主的住房支出。他们论文的图 6 表明,驼峰形曲线的峰值总是出现在 50 岁上下,这与非耐久消费品的模式类似。在峰值之后,耐用品的消费量随着年龄的增长而大幅下降——例如,50 岁时的耐用品消费支出是 75 岁时的支出的两倍。

杨(Yang,2009)对住房支出与用于其他耐用品的支出进行了区分。租客的住房支出数据源于美国家庭消费调查,而房主的住房支出数据则源于美国消费者金融调查(SCF),并假设支出与房屋价值成正比。她论文的图 4 表明,房主的住房开支随着年龄的增长而增加,这与其他耐久品支出的变化模式类似。不过,它的峰值出现在人生中非常晚的阶段——在 65 岁时,而不是 50 岁时。而且,65 岁以后,住房开支就一直保持稳定,即不会随着年龄的增长而下降,这一点与其他耐久品支出不同。

住房自有率在整个生命周期也呈驼峰状。例如,钱伯斯等人(Chambers et al. ,2009b)论文中的表 6 表明,住房自有率会从年轻家庭(20—34 岁)的 40% 左右,逐渐提高到老年家庭(65—74 岁)的 80% 左右,后者是前者的两倍。不过,对于那些非常年老的家庭来说,住房自有率又会略有下降。

住房自有率还会随着收入的增加而提高。例如,吉尔尤科和利纳曼(Gyourko and Linneman,1997)在他们的研究中,利用 1960—1990 年十年一度的一般人口普查数据证明,即使在控制了年龄因素后,住房自有率也随着收入增加而提高。还有证据表明,低收入家庭和少数族裔家庭的保持自有住房的能力比高收入家庭和白人家庭要低得多。例如,特纳和史密斯(Turner and Smith, 2009)研究了 1970—2005 年的收入动态追踪调查的数据,证明低收入家庭和少数族裔家庭丧失自有住房所有权的比率要更高。

住房在家庭投资组合中的份额取决于年龄和财富这两个方面。它随年龄增长而单调地下降。年轻的家庭通常都是“房奴”,他们的住房投资杠杆率很高。随着财富的积累和年龄的增长,他们逐渐偿还了贷款,降低了住房在家庭投资组合中的比例。举例来说,弗莱文和山下(Flavin and Yamashita,2002)论文的表 2 告诉我们,根据收入动态追踪调查的数据,年龄在 18—30 岁的年轻自有住房拥有者在住房上的平均资产组合权重为 3.51、在抵押贷款上的平均权重为-2.83;中年家庭(年龄为 41—40 岁)在住房上的平均权重为 1.58,在抵押贷款上的平均权重为-0.88[①];而老年家庭(71 岁以上)在住房上的平均权重为 0.65,在抵押贷款上的平均权重为-0.04。

住房在家庭投资组合中的份额,也随财富在生命周期中呈驼峰状。例如,坎贝尔和科科(Campbell and Cocco,2003)论文的表 1 表明,财富分布中位于最底层的三分之一的家庭通常是“租客”,他们不拥有房屋,因此住房在他们投资组合中的份额为零。较富有的家庭则将大部分的财富——往往占 60%～70%——投资在住房上。而对于富裕家庭(在财富分布中位于前 20%)来说,住房在投资组合中所占的份额随财富的增加而迅速下降。这些家庭越富裕,投资到股票上的财富就越多。

财富在生命周期中也是呈驼峰形的。皮亚泽西和施奈德(Piazzesi and Schneider,2009a)的图 7 表明,中年家庭(53 岁)的财富确实是驼峰状的(他们使用了消费者金融调查的数据)。他们这幅图是将“富裕家庭”——其定义是,财富净值在所属族群中位于前 10%——与所属族群分开描绘的。这些富裕家庭拥有的财富占群体总财富的一半以上,这说明财富是高度集中的。

---

① 这里的“年龄为 41—40 岁”原文如此,当有误。查弗莱文和山下(Flavin and Yamashita,2002)论文的表 2 后,确定为“年龄为 41—50 岁”。——译者注

财富在生命周期中的驼峰形分布,再加上住房在家庭投资组合中的份额随年龄增长而下降的趋势,导致了凝聚在住房上的财富在生命周期中的驼峰形分布[例如,见皮亚泽西和施奈德(Piazzesi and Schneider2009a)论文的图 7 中的左三小图]。这种住房财富的分布是相当集中的,因为富裕的家庭拥有的住房财富在他们所属的族群中占了大约三分之一。但是需要注意的是,绝大部分的财富集中度都可以归因于投资到股票上的财富的极度集中,即富裕家庭几乎拥有了自己所属族群的所有股票财富。

3. 理论

本节描述的理论框架为文献中关于住房问题的宏观经济学研究提供了背景。它的核心是一个特定的跨期家庭决策问题——要考虑既作为资产又作为消费品的住房。本节将讨论的所有论文都涉及这个问题。它们之间的不同,体现在要把住房问题的哪些其他方面包括进模型——租金、抵押约束或交易成本。或者,体现在是否要求达到均衡,以及如果要求达到均衡,那么应该怎样对住房的供给进行建模。

为此,我们从一个"非常普通的"家庭决策问题入手。它假设各种质量的房屋、其他资产,以及用于消费的非住房商品都是在竞争市场上交易的。存在的唯一摩擦是,住房服务的消费需要拥有对房屋的所有权。由于住房本身的不可分割性和"住房红利"的不可交易性,住房不同于其他资产。事实上,家庭只有两种可能:或者不拥有任何住房,或者拥有"一个单位"的住房及其"红利"(在这里,住房的"红利"是指住房服务的价值减去房屋维护成本后的净值)。

引入了上面这个"非常普通的"问题之后,我们接下来要做的事情是,求解家庭面临的最大化问题、推导资产定价方程、定义住房服务供应总量固定时的均衡。不过在这里,我们要先强调一下房屋质量的外生分布与住房的固定存量之间的区别——开发商不需花费任何成本就可以将后者转换为同均值的众多分布中的一个。我们还将讨论预期形成的作用。在本节后面的各节中,我们再逐个往这个基本模型中加入其他关键成分:产出土地、租赁市场、抵押约束和交易成本。

3.1　模型的基本设定

我们假定时间是离散的。不同的研究对经济体持续多长时间、家庭在何种时间期限上进行规划的处理可能不同。不过,在解释决策要权衡的最基本的因素时,这些细节其实并不重要,所以我们现在暂时不予考虑。相反,我们在这里只关注一个在第 t 期进行决策并预计自己会活到第 $t+1$ 期的家庭的决策问题。一般研究通常还假设存在大量不同的家庭(年龄、收入或宗教信仰等特征都可能不同)。不过,我们在这里也暂时不考虑这种异质性,而用最简洁的符号来描述一个"一般的家庭"面临的决策问题。

为了表示不确定性,我们设定概率空间 $(\Omega, \mathcal{F}, P^0)$。集合 Ω 包含了所有的世界状态。σ-域 $\mathcal{F}$ 中的事件对应于可能发生的所有外生事件。例如,每一个世界状态可能意味着家庭在其生命周期中遇到的对家庭收入的一个冲击序列。概率测度 P^0 表示每个事件 $F \in \mathcal{F}$ 发生的可能性。换句话说,概率测度 P^0 可以告诉我们,自然女神以何种概率抽中某个世界状态 $\omega \in F$ 的状态。一般来说,"物理"概率 P^0 不一定与家庭的信念相吻合。[①]

3.1.1 偏好

家庭所拥有的信息的演变可以用一个 Ω 的一个过滤器 $\mathcal{F}_t$ 来表示:$\mathcal{F} \in \mathcal{F}_t$ 意味着家庭在第 t 期时知道事件 F 发生或不发生。家庭对世界各种状态的信念用概率 P 描述。在下文中,我们将把这些对象作为背景,转而直接使用随机变量和条件矩进行推导。我们遵循习惯做法,第 t 期的随机变量包括进该期的信息集。例如,c_t 是对非住房商品的(随机)消费,我们将家庭在给定了第 t 期的信息时对第 $t+1$ 期的消费的预期记为 $E_t c_{t+1}$。

家庭从住房服务 s 以及对其他商品的消费 c 中获得效用。实用程序是状态可分离的和时间可分离的,具体地说,在第 t 期,源于上述两类物品的效用由下式给出:

$$U(g(s_t, c_t))$$

其中 $g: \mathbb{R}^2 \to \mathbb{R}$ 是一次齐次的"集结算子函数"("aggregator function"),而 $U: \mathbb{R} \to \mathbb{R}$ 严格递增的和凹的。以这种方式将效用分解,有助于将同一时期内不同物品之间的互替性与不同时期之间的不同消费束或消费组合 $g(s_t, c_t)$ 清晰地区分开来。

集结算子 g 描述了家庭愿意在某个时期内用住房服务替代其他消费品的意愿。一个常见的例子取常数替代弹性(CES)的函数形式的集结算子:

$$g(s_t, c_t) = \left(c_t^{(\varepsilon-1)/\varepsilon} + \omega s_t^{(\varepsilon-1)/\varepsilon} \right)^{\varepsilon/(\varepsilon-1)} \tag{2}$$

其中 ε 是期内的替代弹性,而 ω 是一个常数。ε 值越高,经济行为主体越愿意在当期进行上述替代。当 $\varepsilon \to \infty$ 时,两种商品就成了完美的互替品了;而当 $\varepsilon \to 0$ 的时候,它们却会变成完美的互补品。而极限 $\varepsilon \to 1$,则代表柯布-道格拉斯型的常支出份额情形。

函数 U 刻画了经济行为主体随时间流逝(以及自然状态变化)替代消费组织 g 的意愿。一个常见的例子是幂函数 $U(g) = g^{1-1/\sigma}/(1-1/\sigma)$,其中的 σ 是不同时间点上消费组合之间的跨期替代弹性。在 $\sigma \to 0$ 的情况下,家庭将让消费组合保持稳定,不随时间的推移而改变;而在 $\sigma \to \infty$ 的情况下,效用函数将变为消费组合的线性函数。而极限 $\sigma \to 1$,则对应着对数效用。此外,如果利用常替代弹性集结算子,那么另一种特殊情形 $\sigma = 1/\varepsilon$ 将意味着效用在两种商品之间是可分离的。

虽然我们上面对效用做出的这些假设在很大程度上是为了便于推理和证明,但是只要对这种设定简单地扩展一下,就很有应用价值。很多文献就是这么做的。首先,一些研究用递归效用代替了时间可分的效用,例如,爱泼斯坦和辛恩(Epstein and Zin, 1989)就引入了这

---

① "实际概率"是用来计算或模拟经济体各种结果的分布的概率。因此,"实际概率"与外部观察者(例如计量经济学家)的信念相符。为此,外部观察者观察的是从模型生成的大数据样本。

种容易处理的函数形式。此外,在处理多种商品的时候,通常的递归效用公式也可以直接应用于通过 g 集结的消费组合。[①] 其次,一些论文还加上了偏好冲击,具体方法是,利用式(2)中的随机权重 ω 引入一个"房屋偏好冲击"。最后,劳动也经常会作为效用函数中的第三种商品,添加进模型中。

3.1.2 技术

家庭通过生活在一所住房中(且只能生活在一所住房中)获得住房服务。住房有不同的质量 $h \in \mathcal{H} \subset \mathbb{R}$,其中的集合 $\mathcal{H}$ 既可以是离散的,也可以是连续的。根据惯例,我们约定集合 $\mathcal{H}$ 包含零值,以反映有些家庭不住在任何一所住房中这种情形。从第 t 期到第 $t+1$ 期居住在一所质量为 h_t 的住房中的一个家庭,可以获得 $s_t = h_t$ 的住房服务流,从而增加第 t 期效用。在应用于定量研究中,流量 s_t 和 c_t 通常用家庭在一段包括日期 t 的时间内的消费量来确定,同时该家庭的住房的质量 h_t 则取那段时间内的平均值。因此,我们对时间的这种约定就意味着,对于第 t 期的消费很重要的住房质量,是基于第 t 期的信息集来选择的。[②]

h 是一个一维质量指数,它将所有房子按质量从低到高进行排序。"质量"可以刻画房子的许多特征,比如说它的位置、占地面积、地基牢固程度、房屋结构、视野、景观,以及附属设施,等等。我们的基本假设是,在同一市场内的所有家庭对所有房子的排序结果都表示同意。然而与此同时,不同家庭对于房屋质量(相对于其他消费)的偏好则可以不同,因此不同的家庭愿意为任一房子支付不同的价格。

从第 t 期到第 $t+1$ 期居住在一所质量为 h_t 的住房中的一个家庭,必须承担一定的维护成本——等于 $I(h_t)$ 单位的其他(非住房)商品。于是,随着时间的推移,房子的质量将依照下式演变:

$$h_{t+1} = \mathrm{H}_{t+1}(h_t) \tag{3}$$

其中下标 $t+1$ 表示这种演变可能是随机的。在这里,我们重点强调一下两种常见的情况。第一种情况是,假设所有的折旧都是"必要的维护成本",没有这些,房子就是不可居住的。而且,只要进行必要的维护,房子的质量就可以保持不变。这也就是说,这时我们有 $I(h_t) = \delta_h h_t$,且 $H(H_t) = h_t$。第二种情况是,家庭不用支付维护费用,但是房子的平均质量按几何级数下降。这也就是说,这种情况下有 $I(h_t) = 0$,且 $H(h_t) = (1-\delta_h)h_t$。在这两种情况下,房子的折旧均为 $\delta_h h_h$,不过当质量的集合是有限集合时,第一种情况处理起来更加方便一些。

3.1.3 住房市场

住房是在竞争性市场上交易的。住房市场上存在的唯一摩擦是,对住房服务的消费需要拥有房屋的所有权。因此,住房以其本身的不可分割性和住房"红利"的不可交易性而不

---

① 正式的推理如下,令 $W: \mathbb{R}^2 \to \mathbb{R}$ 表示一个刻画随时间流逝而发生的替代的函数,同时令 $v: \mathbb{R}^2 \to \mathbb{R}$ 表示一个刻画对危及效用的风险的厌恶态度的函数。源于一个消费过程 (c_t, g_t) 中的效用可以递归地定义为:

$$U_t = W(g(c_t, s_t), v^{-1}(E_t[v(U_{t+1})]))$$

我们在正文中所说的时间可分情形就是当 $v = U$ 且 $W(x,y) = U(x) + \beta U(y)$ 时的情形。爱泼斯坦和辛恩为 w 给出了一个常替代弹性集结算子,为 v 给出了一个幂函数。

② 其他可以选择的关于时间的约定也是可以的,而且有时也会出现在相关文献中。例如,我们可以假设在日期 t 选择的一定质量的房子要直到第 $t+1$ 日才能提供住房服务。

同于其他资产。事实上，住房就是以不可分割的单位持有的，而且住房"红利"是不可出售的——在这里，"红利"就等于住房服务的价值减去维护成本。在下面的第 3.6 小节中，我们放宽了这个假设，即引入了住房出租市场。根据我们对时间的约定，在日期 t 购买的住房的效用在日期 t 即可享受，因此，在日期 t，房价是"附红利"的。

在第 t 期以 $p_t(h_t)$ 的价格交易质量为 h_t 的房子，其价格记为若干单位非住房商品（即以非住房商品为计价单位）。价格函数是房子质量的增函数。如果集合只包含有限数量的住房类型，那么房价可以用一个向量来表示。而当质量是连续的时候，那么假定价格函数是平滑的（质量的小小变化，会导致价格也出现小小的变化）应该是有道理的。例如，在某些应用研究中，价格函数是线性的，这也就是说，存在某个数字 $\bar{p}_t$，使得对于所有质量水平 h，都有 $p_t(h) = \bar{p}_t h$。

3.1.4 到底什么样的房子才算是住房？

我们上面的模型设定强调了住房的不可分割性和质量差异：住房服务是经由一个关于不同质量的住房资本存量的分布提供的，一所房子一份住房服务。一般情况下，住房的定价是非线性的：每个质量水平都代表一种不同的住房商品，其相对价格取决于相对供求关系。这种研究思路最早可以追溯到罗森（Rosen，1974）对竞争均衡的研究，文中消费者选择一种产品"设计"，而产品则可以用一个表征产品的各个特征的向量来识别。

布莱德（Braid，1981,1984）和金子（Kaneko，1982）都用具有一维质量指数的静态模型研究了住房问题，不过前者的质量是一个连续统，而后者的质量集合为有限集的。卡普林和莱希（Caplin and Leahy，2014）刻画了经济行为主体和商品数量均有限的静态情形下的竞争均衡的比较静态特征。我们进行动态分析时的模型设定，参考了奥塔罗-马格尼和拉迪（Ortalo-Magné and Rady，1999,2006），以及里奥斯-拉尔和桑切斯-马科斯（Ríos-Rull and Sánchez-Marcos，2010）的有限质量模型，以及兰德沃伊特等人（Landvoigt et al.，2015）的连续统方法。

乍一看，允许非线性定价似乎是不必要的：为什么不直接假设存在同质性的住房资本——就像许多宏观经济学模型对有形资本所假设的那样——然后假设家庭选择不同数量的同种商品（以共同的单价）呢？事实上，后一种方法只是我们的设定的一种特殊情况：当一些市场参与者能够以某个边际转换率将不同质量的住房转换成同一种质量时，就会出现这种情况。例如，在下面的第 3.4 节中，我们将在引入一个房地产开发部门时推导出这种情况（开发部门执行的正是这种转换工作）。

对住房（资本）的研究，通常都会超越同质性资本和线性定价假设——对商业资本的研究往往这样假设。出现这种情况的一个可能的原因是测量方面的困难。事实上，在国民账户中很难测量房价，这个问题已经得到了广泛的讨论。然而与此同时，新的微观数据已经为我们提供了大量相当精细的、从地理和房屋类型角度来解集（disaggregation）的关于价格动态的证据。我们在第 2.2 节给出的证据已经表明，线性定价假设的限制性可能太强了，因为以质量为条件的价格波动性很高，而且条件均值也会系统性地随质量而变。下面，我们还会回到这个问题上来。

虽然我们的模型的所有设定都能够在宏观经济学文献中找到依据，但是它们至少在以下两个方面是限制性的。首先,用一维指数来表示住房的横截面模式也许是不可能的,或者是不可取的。更一般的方法是像罗森(Rosen,1974)那样,直接对家庭关于众多特征的偏好进行建模。具体地说,不同家庭对房子的排序可能不一样,因为不同家庭对各个特征的权重可能有不同意见。其次,关于家庭资本积累,一个更加一般的方法可能是利用如下演化方程:

$$h_{t+1} = z_{t+1} H(h_t, I_t)$$

其中 z_{t+1} 是折旧冲击。在这个演化方程中,初始质量 h_t 和质量改善 I_t 互为不完美替代品,因此,要不要维护房屋对家庭来说有明显的选择余地。这种方法可能会导致一个包含着不同失修状态的房子的分布。

3.2 家庭的决策

我们现在考虑家庭的决策问题——当住房和其他资产以及非住房商品都在竞争性市场中交易的时候。在第 t 期,家庭可以获得外生给定的劳动收入流 y_t。各种证券,如股票或债券,在日期 t 交易,在日期 $t+1$ 提供收益——价格用一个 $J \times 1$ 向量 q_t 表示,而收益则用一个 $J \times 1$ 向量 π_{t+1} 表示。对于长期证券(比如说股权),收益可能包含在了日期 $t+1$ 的价格当中。我们对市场结构没有进一步的假设。市场可能是不完全的,因为家庭不可能在期间 t 确定一个证券投资组合,其收益等于取决于日期 $t+1$ 信息的任何给定的消费计划。由于市场不完全,家庭可能无法对未来的劳动收入风险进行保障。

3.2.1 递归家庭问题

既然没有交易摩擦,过去的投资组合决策(包括住房决策)就只能通过对财富的影响来影响日期 t 的家庭。因此,我们只需用一个内生状态变量——留存现金 w——就可以递归地对这个问题建模。(在这里,留存现金包括住房财富、其他财富以及源于劳动和证券的收入。)为了开始递归,我们还要定义一个终值函数 $V_T(w_T)$。在一个有限时域的生命周期模型中,这个函数是用来刻画生命尽头时的效用的(也许还包括遗产)。而在无限时域的情形下(即当 $T = \infty$ 时),可以从阻止庞氏骗局的交易限制直接推导出价值函数的存在。

对于一个希望多"居住"一期的家庭来说,贝尔曼(Bellman)方程的形式如下:

$$V_t(w_t) = \max_{c_t, \theta_t; h_t \in \mathcal{H}} U(g(c_t, h_t)) + \beta E_t[V_{t+1}(w_{t+1})] \tag{4}$$

$$c_t + p_t(h_t) + I(h_t) + \theta_t^T q_t = w_t,$$

$$w_{t+1} = \theta_t^T \pi_{t+1} + p_{t+1}(H_{t+1}(h_t)) + y_{t+1}$$

第一个条件是当前的预算约束,它说明现有的留存现金分配给消费、资产购买和维护。第二个约束条件描述了留存现金如何随着证券的收益、住房的价值和劳动收入而演变的情况。

同样,这个贝尔曼方程也适用于随机地平线的问题。事实上,一种常见的方法是假设家庭以一定概率生存下去(生存概率可能依赖于年龄),然后再用这些生存概率去计算出贝尔曼方程中的条件期望。在生命周期的最后一个期间,各家庭都知道这是他们的最后一个时期,因此会卖掉所有的资产,然后或者把所有收益都消费掉,或者将财富转移给下一代。鉴于我们关于住房服务的时间的约定,以及对住房服务以拥有所有权为前提的假设,我们还需要假设家庭在生命周期的最后一个期间不消费住房服务。

3.2.2　两阶段求解方法

我们分两个阶段考虑家庭的住房决策。在第一个阶段，家庭选择房屋质量，并决定将多少留存现金用于购买住房。在第二个阶段，家庭把剩余的资金在证券与作为计价单位的消费品之间进行分配。分成两个阶段对于我们解决问题是有帮助的，因为房子的不可分割性和不可交易性使得住房选择非常特别。一方面，不可分割性意味着房子质量可能是离散的，并且房子质量的定价可能是非线性的。另一方面，不可交易性意味着即便不存在风险，住房和证券也只是不完美的互替代（不存在风险的情况是指当所有其他证券都成为完美的替代品时）。

我们将把第二阶段的决策问题用回报和在资产组合中的权重来表示，而不是用价格和数量来表示。第 j 种证券的总回报为 $R_{t+1,j} = \pi_{t+1,j}/q_{t,j}$。我们假定第 J 种证券是没有风险的债券，并将它的总无风险回报率记为 R_t^f。然后，我们假定第 $j=1,2,\cdots,J-1$ 种证券是有风险的，它们的回报用向量 R_{t+1} 来表示。家庭要决定每一种有风险的资产（证券）j 在投资组合中的权重 $\alpha_{t,j}$。我们将这些权重用一个 $J-1$ 向量 α_t 表示，于是无风险证券在投资组合中所占的权重为 $1-\alpha_t^T\iota$，其中 ι 是一个 $J-1$ 向量。对于投资组合头寸的符号，我们不加任何限制：家庭可以通过选择 $\alpha_{t,j}<0$ 来卖空某种有风险的资产，或者也可以通过选择 $\alpha_t^T\iota>1$ 来以无风险利率借入款项。投资组合的回报为 $\widetilde{R}_{t+1}(\alpha_t) = \alpha_t^T R_{t+1}+(1-\alpha_t^T\iota)R_t^f$。

由此，第二阶段的决策问题就可以写为：

$$\widetilde{V}_t(\widetilde{w}_t,h_t) = \max_{c_t,\alpha_t} U(g(c_t,h_t))+\beta E_t[V_{t+1}(w_{t+1})]$$

$$w_{t+1} = (\widetilde{w}_t-c_t)\widetilde{R}_{t+1}(\alpha_t)+p_{t+1}(H_{t+1}(h_t))+y_{t+1} \tag{5}$$

在这个阶段，家庭从支付了住房支出后留下来的现金 $\widetilde{w}_t=w_t-p_t(h_t)-I(h_t)$ 出发，然后选定充当计价单位的消费的数量，并将其余资金 $\widetilde{w}_t-c_t$ 投资于证券。留存给下一期的现金包括证券存量乘以其平均回报的乘积，再加上源于住房和人力资本的收益（这两者在第二阶段决策问题中都是不可交易的资产）。

家庭的最优选择取决于房屋价值、劳动收入和证券回报的风险。为了说明这一点，我们对式（5）中的未来价值函数围绕预期未来财富进行二阶泰勒展开，得到：

$$\widetilde{V}_t(\widetilde{w}_t,h_t) \approx U(g(c_t,h_t))+\beta V_{t+1}(E_t w_{t+1})+\frac{1}{2}\beta E_t V_{t+1}''(E_t w_{t+1})\mathrm{var}_t(w_{t+1})$$

在上式中，如果没有风险，那么最后一项就会消失，从而仅仅当所有证券的回报都相同时才有一个解。此时所有证券就是完美的替代品，因而投资组合的选择将是不确定的。而更加一般的情况是，对于风险厌恶型家庭（即 $V_{t+1}''<0$）来说，福利将随着未来财富的波动性的加大而下降。结果是，各证券是不完美的替代品。再者，当未来房子价值以及房子价值与劳动收入的协方差的波动性加大时，家庭的福利也会随之下降。

3.2.3　住房决策

在第一阶段，家庭的决策问题是，在给定第二阶段的最大化目标 $\widetilde{V}_t$ 已经实现了的情况下,选择适当的住房。我们假设 $\widetilde{V}_t$ 随它自身的各参数递增,而且是 $\widetilde{w}_t$ 的平滑函数。这些性质属性通常"继承"自 g,U 和 V_T。这样,第一阶段的决策问题就可以表示为,选择最优的房屋质量,以求解如下方式:

$$V_t(w_t) = \max_{h_t \in \mathcal{H}} \widetilde{V}_t(w_t - p_t(h_t) - I(h_t), h_t) \tag{6}$$

这就是说,家庭要对用于住房的支出与它的间接效用价值进行权衡。从式(5)可以看出,后者源于以下两个方面:一方面,住房能够带来资本回报;另一方面,住房同时也作为一种消费品进入效用函数——它提供了一种不可交易的"住房红利"。因而,这种不可交易性也就意味着,即使根本不存在风险,住房与其他资产也不可能互为完美替代品。

在典型的应用场景中,最优房屋质量随家庭的财富的增加而增加(在其他条件保持不变的情况下)。事实上,式(6)右侧对于 (w, h) 往往呈现出超模性,这也就是说,源于更多的现金的好处,会随着住房质量的提高而增加,反之亦然。直觉告诉我们,一个关键的力量在于(作为计价单位的)消费品和未来财富的边际效用递减规律:如果更多的钱被用于住房上了,那么余下来的现金会变得更有价值。然而,我们还需要确保房子质量的效用值不会压倒这种效应。这种情况确实可能发生,(例如)如果住房服务在集结算子 g 中不是一个普通的商品,或者如果资本收益 R^h 的分布在质量变得更高时会变得更有吸引力的话。

在房子质量是一个离散集合的情形下,一个递增的策略函数也是财富的阶梯函数:存在两个特定的截止值,即家庭在两个相邻的质量水平之间是无差异的。财富在两个截止值之间的家庭,则都会选择他们严格偏好的同一个质量水平。此外,我们这个阶梯函数还允许家庭不持有任何住房——因为一般来说,当对住房服务的消费趋向于零的时候,边际效用并不一定会无限增加。由此而导致的一个结果是,存在一个财富截止值,在那里,家庭在两个最低的可得房子质量之间是无差异的,并且会决定不购买房子。而在房子质量是一个连续统的情形下,我们选择的是一个平滑的价格函数,并进一步假设决策目标 $\widetilde{V}_t$ 也是 h_t 的平滑函数。因此,在最优质量下,一个家庭在他的最优质量与一个稍好一点或稍差一点的房子之间是无差异的。这样,最优选择就可以用如下的一阶条件来刻画:

$$p'_t(h_t) + I'(h_t) = \frac{\widetilde{V}_{t,2}(w_t - p_t(h_t) - I(h_t), h_t)}{\widetilde{V}_{t,1}(w_t - p_t(h_t) - I(h_t), h_t)} \tag{7}$$

其中,$\widetilde{V}_{t,i}$ 是 $\widetilde{V}_t$ 的偏导数。

在质量 h 处,住房对其他支出的边际替代率等于住房价格函数的斜率。之所以要利用斜率,是因为这里存在着不可分割性:所有家庭的房子的数量均为 1,而且在邻近的质量水平上是无差异的。与商品可分的竞争模型不同,在这里,均衡时不同家庭的边际替代率不一定是相等的。唯一一个例外发生在价格函数是线性的且质量的提高也是线性的时候[例如,在前面专门提到的那两种技术易于处理的情况下,即当 $I(h_t) = \delta_h h_t$ 和或 $I(h_t) = 0$ 时]。确实,倘若左侧的斜率处处相等,那么就可以等价地把 h_t 解释为可分割的住房资本的数量。

3.2.4 消费与储蓄

现在考虑家庭在给定住房质量时的第二阶段决策问题。关于非住房消费 c_t 以及那 $j-1$ 种有风险的证券在资产组合中的权重 α_t,其一阶条件可以写为:

$$U'(g(c_t,h_t))g_1(c_t,h_t)=\beta E_t[V'_{t+1}(w_{t+1})]R_t^f$$
$$0=\beta E_t[V'_{t+1}(w_{t+1})(R_{t+1}-\iota R_t^f)] \tag{8}$$

上面第一个方程要求,家庭对于无风险利率借款与消费之间的差距,和无风险贷款与消费之间的差距是无差异的。第二个方程则表明了资产组合选择时的要求:家庭对无风险投资与任何有风险的证券投资是无差异的。

第一个方程有助于我们了解家庭在住房上持有何种杠杆头寸。事实上,它假设不存在任何有风险的证券,然后再确定最优消费,而最优消费也是唯一会影响式(5)中的留存现金 w_{t+1} 的变量——给定 h_t、$\tilde{w}_t$ 和 y_{t+1},留存现金不是预先决定的。特别是,如果家庭下一个时期的劳动收入更多,那么家庭的消费也会更多,这样家庭的债券头寸 $\tilde{w}_t-c_t$ 就会减少,甚至可能转为负值。因此,我们将预期,房主的劳动收入呈向上倾斜的趋势,同时可以利用的初始金融财富很少。这个直觉假设有普遍意义,而且在劳动收入或证券回报是有风险的时候仍然成立。这样一来,生命周期模型就能够成功地复制出数据中的未来的家庭投资组合在年龄方面体现出来的特征。

我们在这里要强调的是,借款(即负的 $\tilde{w}_t-c_t$)并不意味着储蓄也为负,因为储蓄也包括了正的住房头寸。这个特征对于匹配储蓄极少为负的数据有很重要的意义。在模型中,储蓄可能是正的,因为借款的目的不一定只是将收入从未来转移到现在——事实上,储蓄为正的借款家庭是在将收入从现在转移到未来。相反,这样一个家庭贷款的目的是,买一所足够大的房子,以享受他想得到的住房服务。

3.2.5 证券投资组合

为了让读者对住房在投资组合决策中的作用有一个直观的认识,现在我们假设家庭知道,持续价值 V_{t+1} 是日期 t 的函数。[①] 然后,根据有风险的证券的一阶条件,并利用留存现金的定义,我们就可以用下式来逼近有风险的证券在投资组合中的最优权重了:

$$\alpha_t\approx\frac{E_tw_{t+1}}{\tilde{w}_t-c_t}\mathrm{var}_t(R_{t+1})^{-1}\left(\rho_{t+1}^{-1}\left(E_tR_{t+1}-R_t^f\right)-\mathrm{cov}_t\left(R_{t+1},\frac{y_{t+1}+p_{t+1}(H_{T+1}(h_t))}{E_tw_{t+1}}\right)\right) \tag{9}$$

其中的 $\rho_{t+1}=-E_tw_{t+1}V''_{t+1}(E_tw_{t+1})/V'_{t+1}(E_tw_{t+1})$,反映的是价值函数的曲率,它可以解释为对相对风险厌恶的一种度量。

上述最优投资组合方程与教科书中的同类公式很相似,但是同时做出了很重要的修正,这是为了容纳不可交易的资产(人力资本和住房)。要理解这个方程,先来考虑比例因子

[①] 只有在严格限制的条件下才是这样的。例如,当资产回报是独立同分布的且收入是确定的时候。在更加一般的情况下,V_{t+1} 是会随时间而变化的,因为持续价值取决于状态变量,而状态变量预示未来的资产收益和收入。因此,最优投资组合权重包含了一个反映"跨期套期保值需求"的附加项——经济行为主体希望自己能够有效应对糟糕的情况(在实现的状态变量很糟糕时,仍然能够确保自己的处境相当不错)。我们在这里进行了简化,目的是重点关注住房引入的新效应。

$E_t w_{t+1}/(\widetilde{w}_t - c_t)$。如果不存在不可转让的资产,那么这个因子就等于整个证券投资组合的预期收益率,而且对最优权重通常只有很小的影响。或者,更一般地说,这个因子意味着,如果有很多不可交易的资产,那么权重就应该被放大,这是因为总财富不仅仅包括 $\widetilde{w}_t - c_t$,还包括不可交易的资产的现值。

接下来再考虑式(9)中的大括号中的各项。第一项反映了家庭试图通过证券获取额外收益——即与无风险利率不同的预期回报——的愿望。为了说明这一点,假设存在一种证券,它的收益正交于所有冲击(包括住房价格和劳动收入冲击),那么根据前述比例因子,该证券的最优权重就等于它的预期超额回报除以它的方差和风险厌恶因子。因此,家庭就可以从该证券中获得非负的额外收益,而且风险越低,该家庭越不厌恶风险,额外收益越高。额外收益的符号决定了交易的方向:如果额外收益为正,那么家庭就持有它,如若不然,就卖空它。

第二项反映了对劳动收入和住房风险的对冲。首先考虑劳动收入这个因素。如果市场是完全的,那么就应该存在一个证券投资组合 θ_t^y,该组合恰恰能够"复制"劳动收入,这也就是说,$y_{t+1} = \pi_{t+1}^\tau \theta_t^y$。因此,对于风险厌恶的投资者来说,任何一个最优投资组合选择都必定要涉及卖空投资组合 θ^y 的策略。这是符合直觉的。家庭希望利用自己的不可交易的人力资本"头寸"来避免自己面临的风险。由于市场不完全,卖空劳动收入也许是不可能的。为此,家庭会"尽可能多地"用劳动收入来交易现有的资产。在这里,"尽可能多地"的准确含义可以通过从劳动收入到回报 $\mathrm{var}_t(R_{t+1})^{-1}\mathrm{cov}_t(R_{t+1}, y_{t+1})$ 的投影给出。

住房进入最优资产组合方程(9)的方式与劳动收入几乎完全一样:它通过第二项"对冲需求"影响对证券的需求。因此,住房的存在通常会改变证券的最佳组合。例如,如果自己服务的公司对自己的住房的价格有所影响,那么人们通常会选择卖空该公司的股票。这是一种最优化行为。无论住房是不是在每个时期都交易,这种互动效应始终存在。

当劳动收入与所有风险证券都不相关时,就会出现一种有趣的特殊情况。在这种情况下,劳动收入进入式(9),只是因为它的平均值使比例因子有所增大。因此,所有风险资产的投资组合权重都会随着劳动收入均值的上升而增大,而无论劳动收入的风险状况如何。与此同时,风险资产头寸 $1-\alpha_t^\tau \iota$ 则会减少。这样,家庭会再一次把劳动收入交易出去,除非最适合这样做的投资组合完全由无风险证券构成。

3.3 资产定价

上面这个小节刻画了家庭在价格给定时的最优决策规则。特别是,我们使用家庭一阶条件来解释模型对储蓄和投资组合选择的影响,这种影响是可以通过家庭资产头寸数据来进行评估的。与往常一样,一阶条件意味着在消费和收益给定时,资产价格受到的限制。事实上,大量研究资产定价问题的文献也都使用家庭欧拉方程来检验关于偏好和市场结构的假设。由于欧拉方程式描述的是可观测变量之间的均衡关系,因此可以直接对它们进行检验,而不必依赖于经济的其他特征(例如资产供给)的某种特定立场。

本节讨论住房问题上的家庭欧拉方程,并对它与关于证券的家庭欧拉方程进行对比。为此,我们从一般家庭的决策转而分析资产价格因一大群家庭(它们可能是异质性的)的最优化行为而受到限制的情形。为了保证符号不会过多和混淆,我们继续使用上面的大多数符号,而没有明确地标明哪些是个人的特征和选择(如收入和消费)。同时还要强调,在下面的讨论中,我们假设,一大群家庭的一阶条件同时成立,而且这些家庭的选择和特征是可观察的。

3.3.1 欧拉方程组

到目前为止,我们一直假定家庭的主观概率 P 是给定的,并把主观条件期望写作 E_t。在讨论资产价格时,要注意将以下两种东西——将价格和选择联系起来的投资者信念,以及支配数据生成过程并因此与描述用数据构建的条件矩的测量相关的"物理"概率——区分清楚。这样做大有好处。例如,计量经济学家可能会通过运行超额回报对公开信息的回归来测度预期超额回报 $E_t^0 R_{t+1} - R_t^f$。从现在开始,我们假设,对于下一个时期的零概率事件,家庭的信念和物理概率是一样的,并且使用随机变量 ξ_{t+1} 来表示测试变换:对于任意随机变量 Y,都有 $E_t[Y] = E_t^0[\xi_{t+1}Y]$。于是,在理性预期中,我们有 $\xi_{t+1}=1$。

对证券的定价

我们用下式来表示经测试变换调整的一般家庭的跨期边际替代率(MRS):

$$M_{t+1} = \beta \frac{U'(g(c_{t+1}, h_{t+1}))g_1(c_{t+1}, h_{t+1})}{U'(g(c_t, h_t))g_1(c_t, h_t)}\xi_{t+1} \tag{10}$$

根据式(8),任何家庭的跨期边际替代率都发挥着一个随机贴现因子的作用:回报满足 $E_t^0 M_{t+1} R_{t+1} = 1$,同时证券价格可以写为 $q_t = E_t^0 M_{t+1}\pi_{t+1}$。如果市场是完全的,那么在均衡时所有的边际替代率都应该相等,同时还应该存在一个唯一的 M_{t+1}——它表示在 P_0 下超前一步的条件概率归一化后的或有请求权的价格。

通常,我们会利用标准定价方程(以及协方差的定义)将资产价格分解为预期贴现收益与风险溢价之和:

$$q_t = E_t^0 \pi_{t+1}/R_t^f + \text{cov}_t^0(M_{t+1}, \pi_{t+1}) \tag{11}$$

如果一种证券在边际替代率很高时收益很小,那么投资者要求的风险溢价就比较大(而且价格因此会比较低)。正的风险溢价等价于正的预期超额回报率 $E_t^0 R_{t+1} - R_t^f$。条件矩 $E_t^0 \pi_{t+1}$ 或 $E_t^0 R_{t+1}$ 的测度是利用数据,通过对公开信息的回归而构建出来的——这也就意味着,预期收益比价格更加稳定,而且预期超额收益是可预测的。如本章第2.2节所述,对于住房,也可以获得类似的结果。如果投资者拥有理性预期,而且不是风险厌恶的(或者仅有温和的风险规避),那么这个结果与式(11)就无法保持协调,从而导致过度波动性之谜。①

如果一项资产的价格或回报分布发生了极小的变化,经济行为主体对该资产的最优头寸就会改变,那么我们就把他称为边际投资者。这个概念是理解异质性经济主体模型中的

---

① 式(11)表明,能够带来额外收益的资产之所以既可能平均来说价格较高,也可能波动性更大,有两个原因。首先,如果投资者有理性预期,那么边际替代率与收益之间的协方差必定是负值而且是可变的。其次,投资者可能比计量经济学者更加悲观(即 ξ 在 π 低时很高),而且他们的相对悲观情绪会随时间推移而持续存在。

资产定价的关键所在。它告诉我们,哪些人的行为会随着资产价格的变化而变化。例如,主要影响超边际经济行为主体(即不是边际投资者的经济行为主体)的冲击不大可能会导致价格变化。相反,如果冲击改变了价格,那么也就必定会影响边际经济行为主体的头寸。在我们的模型设定中,一阶条件(8)意味着所有家庭对所有资产都是边际投资者。因此,当且仅当所有家庭都调整了自己的头寸时,资产价格才会发生变化,而且无论市场是否完全,都是如此。

质量水平的数量有限时的房价

不可分割性意味着,对于任何给定质量的房子,都只有极少数家庭才可能是边际投资者。事实上,由于质量集合的元素的数量是有限的,$\mathcal{H}=\{h^1,\cdots,h^n\}$,在第一阶段的决策问题——式(6)——中严格偏好自己的最优质量的家庭对价格的变化不会有任何反应。与此同时,除了最高的质量之外,对于每一种质量 h^k,都存在着边际投资者,它们在日期 t 时对 h^k 与次高的质量无差异。于是,以下的无差异方程就可以将质量水平之间的价格阶梯与边际投资者的特征联系起来:

$$\widetilde{V}_t(w_t-p_t(h^k)-I(h^k),h^k)=\widetilde{V}_t(w_t-p_t(h^{k+1})-I(h^{k+1}),h^{k+1}) \tag{12}$$

因此,边际投资者对资产定价尤其重要。

对房子价值 $p_t(h^k)$ 的限制是通过式(12)所隐含的价格阶梯的加总而得到的。在实际应用中,通常会存在一个额外的家庭最优条件,它可以发挥作为边界条件的作用。具体地说,在下文中,我们假设总是存在这样一个家庭——在最差质量的房子或根本没有房子之间无差异。对于这样的家庭,无差异条件式(12)在 $h^1=0$ 且 $p_t(h^1)=0$ 处成立。或者,质量最差的房子的价格也可以通过这种方式得出:某个其他用途使得房屋被空置时的价值。

例 1　有两个时期、两个自然状态和三个房子质量水平(0、h^1 和 h^2),只有一种无风险、零利率的证券。住房没有维护成本,未来的房屋价值在状态 1 下为 h^i,在状态 2 下为零。存在一个家庭连续统,且家庭在两种商品和未来的财富上都具有线性效用。所有家庭都有相同的零贴现率且拥有的财富也相同,但是不同家庭对用 ρ 表示的高价格状态的主观概率不同。因此家庭特征可以用 ρ 来刻画;ρ 在 $[0,1]$ 上均匀分布。下面我们考虑这种分布:$1-\rho_2$ 的房子的质量为 h^2,$\rho_2-\rho_1$ 的房子的质量为 h^1。[①]

以下价格和个人选择是与个人最优化目标相一致的。存在若干位于截止点上的家庭,这些家庭的主观概率为 ρ_1 和 ρ_2,它们分别对零和 h^1 无差异、h^1 和 h^2 无差异。拥有 ρ_1 信念的家庭认定,质量为 h^1 的房子的价值为"红利"(住房服务)再加上预期转售价值,即 $p(h^1)=h^1+\rho_1h^1$。拥有 ρ_2 信念的家庭认为质量为 h^2 的房子的价值为 $p(h^2)=p(h^1)+(1+\rho_2)(h^2-h^1)$。这两个表达都满足式(12)。信念为 $\rho\in[\rho_2,1]$ 的家庭会选择质量 h^2,而信念为 $\rho\in[\rho_1,\rho_2]$ 的家庭则会选择质量 h^1。至于信念为 $\rho<h^1$ 的家庭,则会选择零。在这个例子中,第二阶段的决策问题是无关紧要的,因为经济行为主体在当前的消费与未来的消费之间是无差异

---

① 思考这种模型设定的一种方式是,将它作为一个有固定供给的均衡模型。更一般地说,它只不过描述了这样一种情况(例如),一些家庭都购买了某类房子,然后在某个给定的时期内都迁居了。

的。在第一阶段的决策问题中,高主观概率家庭购买优质房屋,因为低主观概率家庭认为这些房子太贵了。

当质量为连续统时的房价

如果房子质量是连续的,那么对于自己的最优质量房子而言,每个家庭都是边际投资者,但是对于任何其他质量的房子,就不一定了。要阐明这一点,我们不妨从如式(7)所示的一阶入手,然后将从式(8)得到的导数 $\tilde{V}$ 代入,并运用包络定理,就可以得到:

$$p_t'(h_t)=\frac{g_2(c_t,h_t)}{g_1(c_t,h_t)}-I'(h_t)+E_t^0\big[M_{t+1}p_{t+1}'(H_{t+1}(h_t))H_{t+1}'(h_t)\big] \tag{13}$$

选择了 h_t 的家庭对 h_t 与稍好一点或稍差一点的房子是无差异的:均衡价格函数的斜率必定等于"红利"的变化(g_2/g_1-I')再加上风险调整后的房子的未来价值的变化。如果现在某个范围内的住房的价格变得更加昂贵了,同时 h_t 上下的房子的价格却保持不变,那么这种变化就不会影响对 h_t 的最优选择。除了自己的房子之外,没有任何家庭必定会成为某种质量的房子的边际投资者。

欧拉方程(13)限制了价格函数的斜率,这与式(12)限制了离散质量梯级的价格步长非常类似。再一次,利用边界条件可以推导出对房屋价值的限制。为了说明这一点,我们针对每一个质量水平选出一个买下了这种质量水平的房子的家庭,并将该家庭的(计价单位)消费和边际替代率表示为 $(c_t^*(h), M_{t+1}^*(h))$。然后我们再从 $p_t(0)=0$ 开始对式(13)求积分,从而将质量为 h 的房子的价格写为:

$$p_t(h)=\int_0^h\frac{g_2(c_t^*(\tilde{h}),\tilde{h})}{g_1(c_t^*(\tilde{h}),\tilde{h})}d\tilde{h}-I(h)+E_t^0\left[\int_0^h M_{t+1}^*(\tilde{h})p_{t+1}'(H_{t+1}(\tilde{h}))H_{t+1}'(\tilde{h})d\tilde{h}\right] \tag{14}$$

由于不可分割性,质量为 h 的房子的"红利"反映了购买质量不等于 h 的家庭的期内平均边际替代率,这些家庭购买了质量低于或等于 h 的房子。类似地,风险调整则反映了这些家庭的跨期边际替代率的平均值。

一种经常会被讨论到的特殊情况是,将价格函数限制为线性的。线性定价可以从这样一个假设推导出来:开发商可以自由地对不同质量的房屋进行相互转换(对此,下面的第3.4节还要进一步深入讨论)。由于在每个质量水平上都有相同的斜率 $p'(h_t)=\bar{p}_t$,因此如式(13)所示的欧拉方程可以应用于每单位质量的价格 $\bar{p}_t$。这样一来,质量为 h 的一所房子的价值就可以表示为:

$$\bar{p}_t h=\frac{g_2(c_t^*(h),h)}{g_1(c_t^*(h),h)}h-I'(h)h+E_t^0\big[M_{t+1}^*(h)\bar{p}_{t+1}hH_{t+1}'(h)\big] \tag{15}$$

因此,通过线性定价,不同质量的住房的市场就更加紧密地结合在了一起。在这种情况下,对于每所房子,每个家庭都是边际投资者,就像对于证券一样。于是,质量 h 处的"红利"、风险调整后的回报与购买了质量为 h 的家庭的边际替代率之间的联系就可以建立起来了。

例2 为了说明在质量构成一个连续统的时候如何进行非线性定价,我们对上面这个简单的例子进行一些调整。家庭的集合没有变化,但是质量的集合现在变为 $\mathcal{H}=[0,1-\rho_1]$。我们考虑这样一个配置:θ_1 的房子质量为零,$1-\theta_1$ 的房子质量为正并且均匀地分布在上述区间上。由于房子不用进行维护,所以一阶条件式(13)可以简化为 $p_t'(h) = 1+\rho$。再一次,我们要构建出满足所有最优化条件的价格和选择。存在一个截止点家庭,其主观概率为 ρ_1,而且在没有房子和拥有一间无限小的房子之间无差异。$\rho < \rho_1$ 的家庭不会购买住房,而 $\rho > \rho_1$ 的家庭则会买入质量为 $h = \rho-\rho_1$ 的房子。房子的价值为 $p_t(h) = h(1+\rho_1) + \frac{1}{2}h^2$。

再一次,高概率家庭购买了更好的房子,而低概率家庭却会认为这些房子定价过高了。令 ρ_0 表示状态 1 的真实概率。各证券的随机贴现因子 $M_{t+1}^*(h)$ 在状态 1 下等于 $(h+\rho_1)/\rho_0$,在状态 2 下则等于 $(1-(h+\rho_1))/(1-\rho_0)$。由于贴现率为零,而且效用函数是线性的,因此这里的区别仅在于将购买质量为 h 的房子的家庭的测度,从主观概率变为真实概率 ρ_0。① 每一个随机贴现因子都正确地为无风险债券定了价,那也是唯一可得的证券。

到目前为止,这个例子一直在强调通过不同信念体现的风险评估中的异质性。不过,不同信念的实质,其实无非是不同经济行为主体对房子的未来价值没有共识。因此,我们可以假设不存在风险($\rho_0 = 1$),而令 ρ 表示家庭的贴现因子。为了保证上述选择仍然是最优的,我们同时还要假设不存在无风险证券,从而房子将是唯一被交易的资产。这时,价格与前面阐述的相同,解释是,更耐心的家庭会购买更大的房屋,因为这些家庭希望储蓄更多。不存在无风险证券这一点对于确保没有贷款限制的家庭的决策问题只有唯一的一个解很重要。

3.3.2　套利限制

一般来说,不一定需要存在一个能对所有房子定价的随机贴现因子。这是房子与收益可交易的可分割证券之间的主要区别。随机贴现因子的存在意味着,所有选择购买资产的投资者全都以相同的利率去贴现无风险收益,并对每单位收益支付相同的风险溢价。在一个不存在摩擦的市场中,通过假设不存在套利机会,就可以保证这些性质。而且,不存在套利机会,反过来也是投资者最优化问题有解的一个必要条件。②

随机贴现因子之所以不一定需要存在,是因为不可分割性和不可交易性本身已经构成了一种套利限制。事实上,这两种摩擦的任何一种,就足以将如下可能性排除在外了:在不同房子之间套利,使得贴现率或风险溢价相等。如果资产数量被限制为零或仅有一项,或者,如果规定所有的红利都必须消费掉,那么套利交易就更加不可行、不合算。而不存在套利,对价格的限制就会更弱。接下来,我们依次考虑这些机制,然后得出若干可以将观察到的价格匹配起来的推论。

不可分割性与质量阶梯的估价

上面描述的例 2 说明了不可分割性的作用。现假设,存在一个能够给所有的房子定价的随机贴现因子 M_{t+1}。在存在两种自然状态的情况下,M_{t+1} 由两个数字组成。由于房子在第二种状态下的收益为零,因此质量为 h 的房子的风险调整后未来收益必定等于 h 乘以状态 1 的

---

① 出于可处理性的考虑,这个例子依赖于信念的差异。但是对于下面要讨论的问题,风险态度的差异到底是源于信念,还是家庭的其他特征(例如,风险厌恶倾向或不可转移的收入风险)并不重要。

② 如果投资者认为两种资产有相同的风险,但是风险溢价却不一样,那么就会预期:通过卖空更昂贵的那项资产、买入更便宜的另一项资产,可以获得无限利润。

M_{t+1} 的值。然而，在前述例 2 中，风险调整后的收益为 $\rho_1 h + \dfrac{1}{2}h^2$，两者出现了矛盾。而且，这种矛盾结果并不取决于房子质量是否连续——因为，在上面的例 1 中也可以证明类似的矛盾。此外，这种结果还不依赖于不可交易性。事实上，在这两个例子中，单位质量的"住房红利" $g_2/g_1 - I'$ 是独立于 h 的，如果该"住房红利"能够在租赁市场上以每单位价格售出，也是如此。

那么，为什么致力于最优化的家庭不能通过套利消弭对房子收益的估值中的差异呢？考虑如式（13）所示的定价方程。这个方程类似于标准定价方程 $q_t = E_t^0 M_{t+1} \pi_{t+1}$，除了它仅适用于从 h 到 $h+dh$ 这个质量阶梯之外。① 对这个质量阶梯的定价反映了 h 的买家的估值。低质量房子的买家则可能有不同的估值——事实上，在上面两个例子中，他们认为得到正回报的概率很低，并希望卖空质量阶梯 h。然而，质量阶梯自身并不在市场上交易：家庭所能交易的只是房子，即质量阶梯的组合。再者，家庭也不能卖空房子。因此，家庭通常不能提出一个综合性的请求，把某个质量阶梯中的收益的变化充分地反映出来。②

如果存在某种相当于风险调整因子的其他因素，那么即便有不可分割性和卖空限制，随机贴现因子也能存在。例如，假设住房风险能通过证券来覆盖——也就是说，对于每幢房子，都存在一个收益特征相同的证券组合——那么，每一个 $M_{t+1}^*(h)$ 都会成为对所有房子都有效的随机贴现因子。③ 如果致力于最优化的投资者能够通过交易证券来"复制"房屋，那么他们对住房风险的评估就可以相等。例如，在市场是完全的这种特殊情况下，所有的 $M_{t+1}^*(h)$ 都相等。

不可交易性与"特定于家庭"的回报

我们之所以要将 $g_2/g_1 - I'$ 称为源于房子的"红利"，是因为它记录了房主得到的收益流量，这就像证券（比如说股票）所带来的"息"一样。然而，不可交易性却意味着，住房分红在那些同样消费 h 的家庭之间可能是不同的，因为由于那些家庭有不同的消费组合和偏好。这样一来，与住房证券回报不同，持有同样的住房头寸的不同家庭能够得到的回报可能会有所不同。④ 因此，业主自住的住房的回报比其他资产的回报更加难以观察，这也包括出租用住房在内，因为出租用住房带给业主的红利可以在租赁市场上观察到。

不可交易性的一个重要含义是，即便房子的定价是线性的，随机贴现因子也不一定会存在。事实上，式（15）已经告诉我们，在采用线性定价的时候，质量为 h 的房子的买家的边际

---

① 另一个区别是，按照对时间的约定，房价总是"附红利"的，这就是说，房价中包括了住房的当前回报流，而证券价格则是不"带息"的。不过，这种约定对以下讨论并不是非常关键。

② 不可分割性的影响不同于具有可分割性的证券的卖空限制。事实上，在那些只有卖空限制而不存在其他限制约束的模型中，随机贴现因子确实是存在的：对于任何给定的风险，它反映了对该风险最乐观的投资者的边际替代率，在均衡时，这些投资者最终成为唯一暴露于风险中的投资者。因此，投资者的差异，不在于他们为实际面对的风险而支付的风险溢价。

③ 如果住房风险确实已经覆盖了，那么边际替代率 $M_{t+1}^*(h)$ 在所有事件上都相等，这种情况下，房子收益是不变的，而且可以从如式（14）所示的积分中抽取出来。对 $\tilde{h}$ 求积分，我们就可以得到一个标准的风险调整收益了。

④ 事实上，当我们选择了 $(c_t^*(h), M_t^*(h))$ 处的家庭以保证式（13）成立时，情况并不一定是所有购买 h 的家庭都拥有这些特点。

替代率决定了资产和质量为 h 的房子的价格。但是,我们不能说同样的边际替代率可以决定任何其他质量 $h' \neq h$ 的房子的价格。这不一定。套利行为是有限的:对资产要求的无风险回报或房子要求的风险溢价,各个家庭可能有不同看法,因此这些家庭从住房服务获得的边际收益或"边际红利"也可能不同。这样一来,更有耐心的家庭,或更加乐观的家庭,将会购买更大的房子,而更没有耐心或更加悲观的家庭将购买较小的房子。

3.3.3 对房屋定价与对股票定价之对比

在我们的框架中,家庭的最优化行为所隐含的对房子以及其他资产价格的可检验的限制是什么?大量关于股权定价的文献都采用了两个工作假设。第一个假设是,股权或公司资本是一种可分割的资产,是可以线性定价的,所以只需要关注"一个单位"的资产的定价即可。第二个假设是,肯定存在某个随机贴现因子,它可以从某些投资者(例如,某些家庭或某些机构投资者)的最优化条件推断出来。因此,这类模型是否成功,衡量标准是该等模型所隐含的随机贴现因子族能不能解释股权价格是如何相对于股息变动的。此外,对于某个模型是否拥有我们所希望的特征,从简化式模型方法就可以预先知道:假设随机贴现因子的某个特定函数形式,然后从证券价格出发推断其性质。

前面的讨论表明,只有在满足某些严格的限制性假设的条件下,关于业主自住的住房的模型才可能满足这两个工作假设。一方面,给定任何一种可观察的质量,不同质量的房子都是不同的资产,因此不可分割性意味着,定价很可能是非线性的。这样一来,对于一个模型来说,真正的挑战就不在于能不能将某个价格与许多家庭的边际替代率调和一致,而在于如何在不同的价格与不同的边际替代率之间建立正确的横截面联系。另一方面,当市场足够不完全时,只需要套利限制就可以排除随机贴现因子的存在。在这种情况下,用无摩擦的简化式模型进行估计,就无法帮助我们推断定价究竟是如何进行的——需要更加明确的对"摩擦"的分析。

无论定价是不是线性的,也无论随机贴现因子是否存在,致力于最优化的家庭的模型都必定要对房价、房子质量选择与家庭特征的联合分布施加某种很强的、可检验的限制。例如,我们假设,某个模型假定,财富水平是衡量家庭之间的异质性的唯一一维度,那么住房的最优选择也就意味着将不同的房子质量分配给不同的财富水平。给定这种分配,式(14)就预示着一组按质量来定价的横截面价格数据。在这种假定条件下,一项成功的研究将取决于它在与微观数据进行比较时,能够在多大程度上很好地将财富、质量与价格的联动匹配起来。在这里,从家庭的最优化本身就可以推导出限制条件,这与标准的欧拉方程检验非常相似。

非线性定价与房价的横截面模式

由于不可分割性和不可交易性的存在,房价的横截面模式对于我们比较不同模型的优缺点特别有启发意义。特别是,与线性定价相比,非线性定价可以解释的资本收益横截面模式要更加丰富。在上面的第2.2节中,我们已经看到,在最近这一轮美国房价繁荣与萧条周期中,不同质量的房子的资本收益表现出了系统性的不同。在线性定价的情况下,资本收益如下:

$$\frac{p_{t+1}(H_{t+1}(h_t))}{p_t(h_t)} = \frac{\bar{p}_{t+1} H_{t+1}(h_t)}{\bar{p}_t \quad h_t}$$

资本收益的条件分布取决于目前的质量 h_t,只要实际质量在第 t 期与第 $t+1$ 期之间发生了变化,就是如此。相比之下,估价的影响却是对所有质量都是一样的。这个特征意味着,线性定价模型没有能力呈现平均资本收益在各种不同质量水平之间的较大差异。但是,如果定价是非线性的,那么边际投资者的特征在沿着"质量光频"发生变化时,就会对资本收益产生影响。

房子的非线性定价能够反映异质性的各个维度。上面的例 2 凸显了,风险评估上的差异或贴现因子之间的差异是如何影响跨期边际替代率的。然而,即使所有的跨期边际替代率都是一致的(从而存在一个随机贴现因子),由于不可交易性的存在,期内的各边际替代率——如式(7)所示——也不一定是相等的。这样一来,即便是在静态情形下,或者说即使所有跨期边际替代率都一致(从而存在一个随机贴现因子),也可以得出非线性收益,进而得出价格。

在非线性定价情形下,边际投资者的相对于给定质量的个体特征,对于该质量的相对价格很重要。在(因质量不同而出现的)细分市场中,也会出现同样的情况。非线性定价与市场分割之间的差异在于,非线性定价对不同质量进行定价时会产生溢出效应。例如,购买低质量房子的家庭的偏好变化,也会影响到高质量房子的价值。

异质经济行为主体模型中房子价值的波动性

不可分割性——以及不可交易性,后者的影响稍弱一些——为经济行为主体的异质性对房价的波动性的影响提供了额外的空间。这是一个很有前途的研究思路,因为标准的异质行为主体模型在涉及波动性的产生时面临着一些挑战。之所以会出现这些挑战,是因为致力于最优化的家庭应对冲击的方法是:重新配置资产,直到所有欧拉方程联立起来后成立。如果存在随机贴现因子,那么贴现率 $E_t^0 M_{t+1}$ 和风险溢价 $\text{cov}_t^0(M_{t+1}, \pi_{t+1})$ 在所有经济行为主体之间均相等。对于经济行为主体的特征的分布的冲击(或者影响了某个经济行为主体子集的冲击),并不会对价格产生什么影响,因为投资组合的调整能够使得个人的边际替代率彼此类似。在此只举一个最简单的例子:如果市场是完全的,那么纯粹的个人收入风险分布的变化,通过调整投资组合就能够抵消,从而使价格保持不变。

由于房子的不可分割性和市场的不完全性,所以房子的风险是不能跨越过去的,而且跨期边际替代率 $M_{t+1}^*(h)$ 也是不相等的。现假设,存在一种冲击,它只会影响低质量房子的买家的收入或信念。这种冲击可以改变低质量买家的边际替代率,进而改变价格函数低质量部分的斜率,但是对高质量房子的买家的边际替代率则没有影响。而且,住房风险的再配置也是有限度的,因为没有任何家庭能够购买一套以上的房子。由此而导致的后果是,冲击对低质量房子"细分市场"(低端市场)的影响要比对高端市场的影响大得多,而且整个市场的价格也会随低质量房子价格的上涨而上涨。

为了说明横截面冲击对如式(14)所示的标准定价方程中的风险溢价的影响,我们用 $D_t(h)$ 表示"住房红利",并将定价方程重写为如下形式:

$$p_t(h) = D_t(h) + E_t^0 \big[p_{t+1}(H_{t+1}(h)) \big] / R_t^f + h \ \mathrm{cov}_t^{0,U}(M_{t+1}^*(h)), p_{t+1}'(H_{t+1}(h)) H_{t+1}'(h)$$

在这里,我们更换了期望和积分,并运用了在无风险利率上所有边际替代率 $M_{t+1}^*(h)$ 都一致这个事实。右侧的第二项是以无风险利率贴现计算的房子的期望价值。式中的记号 $\mathrm{cov}_t^{0,U}$ 表示随机变量不仅在各个不同自然状态之间是不同的,而且在不同质量水平上也是不同的——其中,根据模型假设,质量在区间 $[0,h]$ 上均匀分布,因为我们假设,一个质量水平上只有一个家庭。

对于证券来说,所有边际替代率都是相等的,同时风险溢价只取决于对所有边际替代率都一样的变化和各自然状态下的收益。价格的任何过度波动可以归因于这种"共同的变化"的变化。而对于具有不可分割性的房子来说,过度波动性也可能源于经济行为主体的特征的横截面分布的变化。特别是,外部环境中发生的某些变化,本来只影响一部分经济行为主体(即购买低质量房屋的那些经济行为主体),会改变上述分布,并影响许多价格,进而影响总体市场。

当定价是线性的时候,不可交易性意味着边际替代率在不同投资者之间仍然是不相等的。然而,在所有欧拉方程——式(15)——中,都出现了相同的单位价格 $\bar{p}_t$。这就意味着,只有当所有质量水平的买家的欧拉方程都受到影响的时候,单位价格才会改变。因此,那种只影响一部分家庭的冲击,只有当它也影响到了高质量买家的欧拉方程的时候,才是对价格有重要意义的。这就要求或者改变高质量买家的跨期边际替代率,或者改变高质量买家的期内边际替代率。因而,线性定价的模型意味着房屋选择的分布的反应更加强烈,这削弱了对价格的影响。总体而言,价格波动的范围减少了。

3.4 均衡

在本小节中,我们对均衡做一初步探讨。到目前为止,我们是通过引入供给外生给定的证券以及外生给定的作为计价单位的消费品禀赋,来实现模型的封闭的。我们还假设了固定的住房服务总供给。为了强调不可分割性的作用,我们比较了两种常见于应用研究的技术情况:第一种情况,房子质量的分布是固定的;第二种情况,房子质量是可以自由转换的。

对于预期形成,我们采取了一个一般的方法,它可以容纳研究文献中出现的各种概念。我们首先将日期 t 的暂时均衡(temporary equilibrium)定义为价格和配置的一个集合,这个集合能够使得市场在给定的信念和经济行为主体的偏好和禀赋下出清。与格朗蒙(Grandmont,1977)的思路相仿,我们认为暂时均衡虽然要求市场出清和个体最优化,但是并不要求每个经济行为主体的信念与物理概率 P^0 一致。然后,我们探讨了其他对预期的进一步的限制以及它们在定量研究中的作用。特别是,我们比较了理性预期均衡与自我确认均衡——这是异质主体模型中简化计算的一条捷径——以及能够直接测量预期的暂时均衡。

3.4.1 住房市场出清

我们把在日期 t 做出住房决策的家庭的总体记为 τ_t。对于任何一个家庭 $i \in \tau_t$,它的住房决策问题的解,也为它的消费问题、储蓄和资产组合选择问题提供了决策规则。这些问题的解取决于日历时间以及内生状态变量——留存现金和当前价格。此外，家庭决策还依赖于偏好，以及特别重要的关于未来收入、价格和资产收益的信念。令 P_t^i 表示第 i 个家庭在日期 t 的信念，同时令 $h_t^i(p_t, q_t; w_t^i, P_t^i)$ 表示该家庭在日期 t 的住房需求。[①]

我们假设，无论房子有多少个正的质量水平，总是有至少同样多的数量的家庭。[②] 这样，我们就可以将 τ_t 上的房子的质量固定下来，然后，用 G_t 表示日期 t 时可用房子质量的累积密度函数，其定义域为 $[0, \infty)$。如果家庭的选择集 $\mathcal{H}$ 是有限的，那么 G_t 就会是一个阶梯函数。如果 $G_t(0) > 0$，那么在均衡时，就不一定是每个家庭都有能力买到一所质量为正的房子。如果在每个质量水平 $h > 0$ 上，选择质量为 h 的房子或更好的房子的家庭的数量与拥有该等质量的房子的数量相同，那么住房市场就实现了出清：

$$\Pr(h_t^i(p_t, q_t; w_t^i, P_t^i) \geqslant h) = 1 - G_t(h) \tag{16}$$

3.4.2 固定供给与线性转换

如果房子质量的分布 G_t 是外生给定的，那么价格将会调整，使得家庭部门能够吸收给定这种分布。在这种情况下，内在变量包括均衡房价——每个质量水平的房子都有一个价格——以及每所房子与每个家庭的匹配。在一般情况下，房价是质量的非线性函数，反映了房子质量和家庭特征的分布。上面的第 3.3.2 节给出的简单例子已经说明了这种均衡是如何实现的：如果我们把那里所用的房子的集合来描述外部供给，那么在给定那种供给时的价格和个体家庭的选择就可以刻画均衡。

与固定质量分布相对的另一端是线性转换。假设住房总量（用住房服务的总供给来衡量）为某一个固定的数量 H_t，但是在每个时期都可以划分为单独的房子，而且无须任何成本。由于不同质量类型之间边际转换已经固定为一所房子，所以定价必定是线性的。因此，能够反映一单位住房的价值的价格只有一个（用计价单位来衡量）。质量的分布 G_t 由此成为一个内生的对象，在均衡时，这个内在对象的决定服从对均值的如下约束：

$$\int_0^1 h \, dG_t(h) = H_t \tag{17}$$

在实际应用中，如果要考虑对冲击的短期反应，那么混合分布将是一个很有意思的东西。如果可以把整体住房市场视为（因地理因素或像分区规划这样的监管法规而形成的）各细分市场的集合，那么混合分布对长期分析也很有用。与此不同，线性转换假设在考虑长期后的研究中，或者在分析新开发的住房（即开发商从头开始设计房子的分布）时特别有益。除了这两类截然对立的应用领域之外，介于两者之间的中间情形，即开发商需要付出一定成本才能进行转换的情况，应该也很有意思。但是，现有的宏观经济学文献尚未明确地考虑这种情况。

为了通过线性转换造就一种"分权经济"，我们假设存在一个开发商部门：开发商买入现有的房子并出售新房子。这样，房子的内生分布仍然能够满足我们前面的假设，即房子的数

[①] 在这里，P_t^i 代表了一个无限序列上的概率。因此，在不同信息集上的信念不一定是某个单一概率的导出的条件概率。这种一般性很重要，它的适用面更广——例如能够容纳从利用至日期 t 为止的数据估计出来的预测模型导出的信念。

[②] 这个假设涵盖我们下面讨论的大部分应用。或者，另一种选择是，我们也可以进一步考虑空置房屋的利用。

量总是小于或等于家庭的数量。由于任何一个家庭都不会使用超过一所房子,因此开发商在日期 t 永远不会开发出多于 $\mathcal{T}_t$ 的房子。此外,开发商之间的竞争以及线性转换,保证了定价是线性的:任何两种质量(的房子)的相对价格必定等于统一的边际转化率。

无论在哪一种技术下,均衡时的"住房因素"都必定包括某个价格函数 $p_t(.)$ 以及特定的房子质量的分配,使得如式(16)所示的市场出清条件成立。在固定质量分布的均衡中,式(16)能够在累积分布函数(cdf)外生给定的情况下成立。相比之下,在线性转换的均衡中,则包括了满足式(17)的房子质量 G_t 均衡分布,以及一个线性价格函数 $p_t(h)=\bar{p}_t h$。

3.4.3　暂时均衡

我们假设家庭 $i\in\mathcal{T}_t$ 进入第 t 期时被赋予了一所质量为 $\bar{h}_t^i$ 的房子、证券 $\bar{\theta}_t^i$,以及 y_t^i 单位消费品(作为计价单位)。我们允许家庭在其生命周期的最后一个时期卖出所有房子和证券,并将所有出售资产所得都用于消费。为了允许长期证券的存在,我们将收益记为价格加上派息,即 $\pi_t=\hat{\pi}(q_t)+D_t$。例如,假设第 J 种证券是一种没有风险的单期债券,那么 $\pi_{t,J}=1$。如果第 j 种证券是股票,那么 $\pi_{t,j}=q_{t,j}+D_{t,j}$(其中 $D_{t,j}$ 是股息)。[①]

除了价格函数、房子配置情况和(有线性转换的)房子质量分布之外,日期 t 的暂时均衡还要包括证券和消费上的资金配置以及证券价格,它们使得住房市场、消费品市场和证券市场都在最优需求水平上出清,同时初始财富则以均衡价格来评估。由此,财富、消费品和证券要满足的条件为:

$$w_t^i=y_t^i+\bar{\theta}_t^{iT}\hat{\pi}_t(q_t)+p_t(\bar{h}_t^i)\ ;i\in I_t$$
$$\int_{\mathcal{T}_t}c_t^i(p_t,q_t;w_t^i,P_t^i)+I(h_t^i(p_t,q_t;w_t^i,P_t^i))\,\mathrm{d}i=\int_{\mathcal{T}_t}(y_t^i+\theta_t^{iT}D_t)\,\mathrm{d}i$$
$$\int_{\mathcal{T}_t}\theta_t^i(p_t,q_t;w_t^i,P_t^i)\,\mathrm{d}i=\int_{\mathcal{T}_t}\bar{\theta}_t^i\mathrm{d}i. \tag{18}$$

我们定义,暂时均衡序列是日期 t 的、通过禀赋的更新而联系起来的暂时均衡的集合。具体地说,对于任何一个在第 $i-1$ 期已经存在的家庭 $i\in\mathcal{T}_t$,我们对它所拥有的房子施加约束 $\bar{h}_t^i=h_{t-1}^i(p_{t-1},q_{t-1};w_{t-1}^i,P_{t-1}^i)$,并对它持有的证券也施加类似的约束。而对于在日期 t 进入经济体的经济行为主体,则只赋予劳动收入 y_t^i。虽然暂时均衡序列能够跟踪持有的资产在时间上的分布情况,但它仍然不会对预期构成限制。

3.4.4　理性预期均衡与自我确认均衡

理性预期均衡是这样一个暂时均衡序列,它使得对于每一期 t、第一个经济行为主体 I_t,都有 $P_t^i=P^0$。在理性预期均衡中,信念与所有事件的物理概率都相符,或者换一种说法:所有经济行为主体都同意计量经济学家对所有外生变量和内生变量的分布的看法。理性预期均衡在宏观经济学研究中是非常常见的,尤其是当模型中的经济行为主体和资产的数量都很少,或者不存在总体风险的时候。在这种情况下,很容易就可以将决策问题从它的递归形式转化为对递归均衡的界定——在这种均衡中,价格表示为若干(数量不是很多)状态变量的函数。

[①] 函数 $\hat{\pi}$ 有助于容纳更长期(不过仍然有到期期限)的债务。例如,如果第 k 种证券是无风险的两期零息票债券,那么就有 $\pi_{t,k}=\hat{\pi}_{t,k}=q_{t,J}$,因为过了一期之后,两期债券就变成了一期债券。

最简单的一种情况是,假设只存在一个代表性经济行为主体。既然我们已经假设资产的供给是固定的,那么也是没有内生的状态变量了。于是价格只取决于消费这样的当前变量,以及预测未来的外生变量(如收入和资产收益)所需的当前变量。然而,在存在更丰富的异质性的情况下,理性预期均衡就会变得相当难以表示。由于市场不完全性以及下面描述的其他摩擦,定义递归均衡可能需要一个很大的状态空间,其中不仅包含了财富的分布,而且还包括了个人资产持有量——例如,住房和长期抵押贷款——以及他们对年龄的依赖性。

为了避开直接处理非常大的状态空间以及由此产生的内生变量的复杂分布的困难,在实际研究中,在使用异质性经济行为主体且存在总体风险的时候,经济学家往往会转而致力于探索自我确认均衡。在这种均衡中,经济行为主体的信念只需与物理概率 P^0 仅在事件的某个子集中相一致。[1] 在这方面,克鲁塞尔和史密斯(Krusell and Smith, 1998)开创了一种方法,即用"预测函数"将经济行为主体对未来价格信念予以参数化。这里的"预测函数"可以把未来价格映射到一组当前预测变量(例如,资产持有量的当前横截面均值)和冲击上。自我确认均衡要求"预测函数"在物理概率下也与价格相匹配。

自我确认均衡配置和价格施加了不同于理性预期均衡的限制,因为前述预测函数仅涉及状态变量的一个有界集。一般来说,有其他的预测函数,通常就有其他自我确认均衡,而且不能保证任何特定的自我确认均衡就是一个理性预期均衡。[2] 因此,要应用有一个给定的预测函数的自我确认均衡,就必须先给出关于信念的假设的理由——这也许需要我们求助于有限理性概念。

3.4.5　暂时均衡与测量期望

另一种方法是通过直接测量与经济行为主体的决策相关的关于未来变量的预期来利用暂时均衡概念。由此,暂时均衡提供了技术和家庭特征的分布以及预期到价格和配置的一种映射。要想确定信念,一个重要的方法是利用问卷调查数据。这种数据能够提供很多信息,特别是关于预期与其他特征之间的横截面关系的信息(例如,皮亚泽西和施奈德,Piazzesi and Schneider,2009a)。或者,也可以利用预测模型来确定关于价格的预期,例如请参见兰德沃伊特等人(Landvoige et al.,2015)。

有测定预期的暂时均衡还能够简化计算。一个有益的做法是,分两个步骤来考虑均衡的计算:第一步是给定价格下的个体最优化,第二步是找到市场出清价格。要想在一个给定的交易期间内找到暂时均衡价格,意味着必须找到非线性方程组(18)的一个解,其未知数的个数与价格一样多。这与理性预期均衡的情况形成了鲜明对比——在理性预期均衡中,人们寻求的是一个整体价格函数。由于暂时均衡的第二步——寻找价格——比较容易,所以可以让优化步骤更加困难一些。暂时均衡概念较好地适用于具有丰富资产结构的模型,例

---

[1] "自我确认均衡"这种说法借鉴了萨金特(Sargent, 1999)的论文,而萨金特的观点又是建立在弗登伯格(Fudenberg)和莱文(Levine)的博弈论概念的基础上的。克鲁塞尔和史密斯(Krusell and Smith,1998)则将之称为"近似均衡"(approximate equilibria)。

[2] 与此同时,如果存在一个递归理性预期均衡,那么这个递归理性预期均衡也是一个自我确认均衡,它对应于某个预测函数(不一定是简单的预测函数)。在足够容易的模型中,可以对不同的预测函数进行系统的尝试,以保证自我确认均衡确实接近于理性预期均衡。这个研究思路是克鲁塞尔和史密斯(Krusell and Smith,1998)率先采用的,但是我们在下面综述的研究住房问题的文献基本上没有采用这个思路。

如,当存在许多房屋类型或许多风险资产的时候。

测定预期的暂时均衡模型与理性预期均衡之间存在着一个概念性的差异,那就是,建模者并不在任何给定时间上的预期与未来的预期之间先验地建立联系。当然,如果模型的设定是非常完善的,那么这一点对模型的拟合不会造成什么影响;给定经济行为主体在理性预期均衡中所持有的信念,任何理性预期均衡都会产生一个暂时均衡序列。在一个设定非常明确的模型中,预期调查中的信念,与预测模型中的信念,显然应该是同样的一套信念。

因此,这个概念性差异实际上体现在,我们如何评估设定错误的模型的拟合度以及我们如何实现参数的识别。在理性预期均衡和自我确认均衡中,研究者都将价格和禀赋的横截面特征视为状态变量的函数。识别影响价格系数的参数和决策规则需要控制状态变量的变化。因此,当变量显示出递归模式时,这些概念最容易应用,也最常被应用:在这种情况下,价格和其他变量的经验矩(empirical moment)可以用来与模型所暗示的静态均衡进行比较。相比之下,暂时均衡却有这样一个特点,即哪怕只有一个交易周期的数据,也可以应用暂时均衡概念。在这种情况下,价格是一组数字,禀赋是可以直接度量的,对影响价格的参数的识别则可以利用来自价格和配置的横截面变化。

另一个区别体现在我们如何处理错误设定和反事实因素上。理性预期坚持认为预期与模型是一致的,所以信念的错误设定与模型本身的错误设定是一样的。此外,在理性预期模型中,反事实因素——例如政策参数的变化——也是以与模型一致的方式改变预期的。与此不同,有测定预期的暂时均衡概念则强调,在初始均衡中预期要与"数据一致"。因此,在暂时均衡中,并不会预测预期如何随参数的变化而变化,任何反事实因素的出现,都要求重新评估对预期的假设。[①]

有测定预期的暂时均衡在研究住房问题的模型中特别有吸引力,这里面的原因有两个。一是,正如我们已经讨论过的,这种模型中存在一系列能够带来收益的资产,特别是许多不同质量的房子。二是,战后的房地产数据被两个繁荣周期(20世纪70年代和21世纪初)打下了深深的烙印,而且正如本章下文第4.5节将会详细阐述的,这两个周期都经历过一些不寻常的冲击。鉴于这种数据特点,从通常的模式中识别稳态均衡价格函数的策略就不太有效了。相比之下,从横截面特征、两个繁荣周期的预期数据中,则可以总结出很多东西。

3.5 住房生产与土地

在本节中,我们描述若干住房供给模型,它们在下文中要评述的那类应用研究中相当常见。我们从一个一般的模型设定开始。先把土地和建筑物视为单独的生产要素。然后,我们将解释,住房在何种情况下可以用一个单一的状态变量"质量"来表示——我们在本章中一直这样做。最后,我们讨论了从企业最大化问题导出的对房价的其他限制。

首先,我们在物业层面考虑一个一般性的生产函数。当一幢新的大小为 k^0 的建筑物与

[①] 对预期的预测可以通过对预期形成施加更多的结构性限制来获得,例如,假定采用某种学习规则。关于宏观经济学对学习问题的研究,请参见伊文斯和洪卡波希亚(Evans and Honkapohja, 2009)的综述。

一个大小为 l 的地块结合起来后,房子就出现了,我们令初始房子质量为 $h = F^0(k^0, l)$。一幢房子一旦建成,它的地块面积将保持不变,而建筑物结构则可能会老化或得到改善。假设投资流为 i_t,那么房龄为 τ 的一幢房子的质量由下式给出:

$$h_{t+\tau} = z_{t+\tau} F^\tau(k_t^0, i_{t+1}, \cdots, i_{t+\tau}, l_t) \tag{19}$$

其中 $z_{t+\tau}$ 是生产率冲击。生产函数 F^τ 可能依赖于房龄 τ。

无论是新建住房,还是对现有房子的改善,都是由建筑部门(建筑行业)完成的,所用的资本和劳动分别为 K_t^c 和 N_t^c。与以前一样,房子的总体记为 $\mathcal{T}_t$,而单个房子则记为 $j \in [0, \mathcal{T}_t]$。然后,我们进一步假设,将现有的任何一幢房子废弃掉是不用付出成本的。这样一来,建筑行业的产出——或住宅投资——就等于:

$$\int_0^{\mathcal{T}_t} (k_t^0(j) + i_t(j)) \, dj = I_t^c = Z_t^c F^c(K_t^c, N_t^c) \tag{20}$$

其中,F^c 和 Z_t^c 分别是建筑部门的生产函数和生产率冲击。

在这个模型中,我们将建筑行业(记为 c)与利用资本和劳动生产作为计价单位的消费品的其他商业部门(记为 y)区分开来。这两个部门的资本均由消费品(无须付出任何调整成本)转换而来,而且分别以不变的速率 δ^c 和 δ^y 折旧。消费品的资源约束和资本积累方程如下:

$$C_t + I_t^y + I_t^c = Z_t^y F^y(K_t^y, N_t^y), K_{t+1}^s = (1 - \delta^s) K_t^s + I_t^s, s = y, c \tag{21}$$

接下来,我们还要描述改变现有的个体住房单位的分布所需的成本是多少。为此,我们区分出如下若干不同场景。

在每一种情况下,均衡的定义都是通过以下四个步骤来修正的:(i)为一种独立的中间品构建一个生产函数,该中间品在竞争性市场上以相对价格 p_t^c 交易;(ii)加入两种类型的资本,它们就是家庭的决策问题中的证券,并且以单位价格交易,产生的净回报等于资本的边际产品减去折旧;(iii)加入建筑行业产出和消费的市场出清条件式(20)和式(21)中的第一个方程;(iv)在家庭预算约束中加入劳动收入,它等于劳动与竞争性工资的乘积。

3.5.1 从土地和建筑物到房子质量

从原则上说,上述技术已经足以给房子类型的分布带来丰富的动态性了。例如,如果不同房龄的房子有不同的资本土地比,那么尽管它们可能会产生相同的住房服务,也会以不同的速率贬值。宏观经济学中以往的文献在很大程度上忽略了这个问题,因为它们假设所有房子只要用一个数量、一种质量就可以概括了。但是在这里,我们讨论几个特殊的假设,有了这些假设,即便是在考虑了土地的情况下也能取得成功。当然,最简单的办法就是完全略去土地(就像在关于家庭生产的文献中那样),并把房子等同于建筑结构。

3.5.2 "果树模型"

另一个简单的方法是构建住房的"果树模型"。这种模型可以分步地描述固定不变的或缓慢移动的质量分布。假设建筑结构以不变速度 δ 折旧,同时只要建筑结构和土地之间的配对一直维持在适当的比例上,那么房子就仍然可以居住(能够提供正的住房服务)。[①]这样一来,所有拥有一幢房子并从某个时期继续生活到下个时期的家庭,每一期都要对房子进行装修维护,其成本为 $i_t = \delta k_t^0$。或者换一种说法,一幢房子就像"一棵果树",它长出的果实等于住房服务减去维护支出。

"果树模型"意味着,房子的状态通过一个变量——质量——就可以加以总结了。从家庭的角度来看,只要持续进行维护,房子质量就可以保持不变,这就是我们在上面第3节中讨论过的"必要维护"。如果地块的分布是固定的,那么就可以利用我们在3.4节中定义的质量分布固定时的均衡。又或者,我们可以加入一种技术——利用这种技术,地块是可以转换的。比如说,如果开发商能够自由地重新分割地块,那么我们就可以得到有线性转换的均衡。

3.5.3 一个无摩擦模型

现假设,用土地和建筑结构生产的房子会带来不变的回报,同时建筑结构也以不变的速率老化贬值。再假设,房子是由相互竞争的开发商建造的,这些开发商能够以线性形式将土地和建筑结构加以转化。这样一来,我们就得到了一个具有两种生产要素的无摩擦模型。[②]所有在同一时间点上建成的房子,其质量的变化取决于建筑结构与土地之间的比例都是相同的。从而从家庭的角度来看,房子质量的变化取决于土地份额和建筑结构的折旧率。因此,家庭面临的住房决策问题看起来像是一个质量以几何级数贬值的资产的决策,内生地依赖于均衡土地份额。

这个无摩擦模型从供给侧对房价施加了一个限制,它必须与前面讨论的家庭(需求)侧的欧拉方程同时成立。事实上,从开发商的一阶条件出发,我们可以得到

$$\bar{p}_t F_1^0(K_t, L) = p_t^c$$

其中 K_t 是总建筑结构,L 是总土地(假定为一个常数),而 p_t^c 则为建筑行业产出的相对价格。如果存在许多建筑结构,那么总量固定的另一个要素土地会驱动房子的单位价格 $\bar{p}_t$ 上行。因为总建筑结构随着时间推移而变化的速度很慢,所以这类模型通常很难导致住房价格大幅波动(相对于建筑行业产出的价格)。那些资本没有调整成本的企业模型,也有类似的问题。

3.5.4 作为流量约束的土地

另一类可供选择的无摩擦模型则利用土地来作为对新的房子流量的一个约束,而不像上面的模型那样将土地作为所有房子的一个生产要素。由于这种模型还假设了线性转换,所以我们可以将技术与总体质量之间的关系直接写成如下形式:

$$H_t = (1 - \delta) H_{t-1} + \tilde{F}^h(Z_t^c F^c(K_t^c, N_t^c), \bar{L}) \tag{22}$$

在这里,$\tilde{F}^h$ 是报酬不变的生产函数,它将建筑产出(即住房投资)和新土地的不变流量转化

[①] 利用上述表示方法,首先假设,如果 $k = \kappa l$,那么有 $F^0(k, l)$,不然则有 $F^0(k, l) = 0$,这样一来,每一幢可以居住的房子的结构—土地比例为 k。假设未来质量 F^τ 等于 l_t,如果对于所有 $s = t, \dots, t+\tau, is = \delta k_t^0$,否则为零。

[②] 利用上述记号,令 $F^\tau(k_t^0, i_{t+1}, \dots, i_{t+\tau}, l_t) = F^0(k_{t+\tau}, l_t)$,其中 $k_{t+\tau} = (1-\delta)k_{t+\tau-1}$ 是递归地加以定义的。

为新的住房。这个技术是分散给若干相互竞争的企业的。

这种流量约束方法同样可以将状态变量减少为只有一个(即房子质量)。它是通过直接将折旧率应用于土地与建筑结构的组合而实现这一点的。即便不同批次的新房子通常有不同的土地份额,也还是假设它们以同样的速率折旧。在对住房价格的限制方面,流量约束方法也不同于上面描述的无摩擦模型。现在,企业的一阶条件如下:

$$\bar{p}_t \widetilde{F}_1^h (Z_t^c F^c(K_t^c, N_t^c), \bar{L}) = p_t^c$$

住房价格与建筑产值之间的比率现在与住房投资相关,而且住房投资的波动性要比资本水平大得多。

3.6 住房租赁市场

到目前为止,我们一直把关注的重点放在了自住房上面,或者换句话说,我们假设,如果家庭想消费住房服务,就必须拥有一幢房子。现在,我们把模型修改一下,允许住房租赁市场的存在,然后我们再来讨论住房租赁对投资组合选择的影响,并分析:从家庭以及房东在住房租赁市场上的投资决策,可以推导出哪些对房价的额外限制。

我们仍然假设一个家庭只能有一个住处——或者是该家庭拥有的房子,或者是该家庭租住的房子。对于租住的房子的质量,我们用 s_t 表示,而在该质量下的住房租金,则用 $p_t^s(s_t)$ 表示。这样,我们就可以把家庭在第二阶段的决策问题重新表示为:

$$\widetilde{V}_t(\widetilde{w}_t, h_t) = \max_{c_t, \alpha_t} U(g(c_t, h_t + s_t I_{h_t=0})) + \beta E_t[V_{t+1}(w_{t+1})]$$

$$w_{t+1} = (\widetilde{w}_t - c_t - p_t^s(s_t)) R_{t+1}(\alpha_t) + p_{t+1}(H_{t+1}(h_t)) + \gamma_{t+1} \tag{23}$$

在预算约束方程中,支出现在还包括了租金。决策目标中的指示函数的作用是,确保只有那些选择不自己拥有房子(即 $h_t=0$)的家庭才能从租住的住宅中获得效用。

为了便于描述出租房子的房主,我们假设租客租住的给定质量的房子是由房地产投资信托基金(REITs)持有的,家庭可以买入这种基金的若干份额(但是有卖空限制)。这样一来,房地产投资信托基金份额也就得以与标准证券一样,进入第二阶段的决策问题。通过房地产投资信托基金获得的源于某幢质量 h_t 的房子的分红,取决于租金减去房子维护成本 $p_t^s(h_t) - I_r(h_t)$。我们还假设,当房子出租给租客使用时,维护成本可能会比房主自用时要更高一些。

因此,这种模型设定引入了所有权的一个优点——自有住房的维护成本更低,当然,这也是权衡之后的结果,因为自己拥有住房需要承担房价波动的风险。事实上,经济学家早就已经在另一种无摩擦均衡模型中研究过租赁市场和租期选择,这种方法最早可以追溯到亨德森和约阿尼德斯(Henderson and Ioannides, 1983)的研究。他们的论文还利用道德风险框架阐述了房主与租户之间的住房维护成本差异的微观基础。另一种密切相关的方法则假设,房主可以从自己拥有的房子中获得更多的住房服务。除了在本节中研究的上述权衡之外,税收方面的考虑、租期选择与抵押约束及交易成本之间的相互作用,也都是很重要的因素,我们在下文中还将进一步讨论到这些问题。

3.6.1 最优化条件和租期选择

租户的一阶条件其实就是在两种"货物"——住房服务与计价单位——之间的期内选择问题。在这里,我们只关注质量构成一个连续统的情形。假设租金函数是平滑的,那么租下了一幢质量为 h 的房子的家庭必定对租住该房子与租住质量稍微好一点(或稍微差一点)的房子之间无差异:

$$p_t^{s'}(h_t) = \frac{g_2(c_t, h_t)}{g_1(c_t, h_t)} \tag{24}$$

与自住房主类似,承租者也是质量为 h_t 的这幢房子的"边际投资者",但是对任何其他质量的房子却不一定是。因此,租金函数通常来说是非线性的——线性租金函数只有在某些特殊假设下才能得到,例如当假设不同质量的出租用房子可以一对一地转换的时候。

房地产投资信托基金份额在不同质量水平下的一阶条件也与不同公司的股票类似。房主家庭的跨期边际替代率可以当作出租用房子的随机贴现因子。在不存在摩擦的情况下,典型的房主家庭将会建立一个包含各种质量的房子的多样化投资组合。因此,对于租户占用的房子,折扣率和风险调整因子是各个质量水平上都相等的。当然,这并不意味着价格是质量的线性函数:由于租赁市场上存在着不可分割性,租金和房子获得的红利一般来说都是非线性的。

住房租赁市场的存在,使得住房作为消费品和作为资产的角色得以区分开来。房主必须将更多的储蓄投入住房资产中并承担相应的住房风险,而租客只需为享受住房服务付出一个支出流。两者之间住房维护成本的差异,则意味着给定质量的一幢房子的租金有可能高于家庭自己居住该房子时能够获得的红利。在当前的设定中,不可分割性是唯一的摩擦,因此我们预测,那些认为源于住房的风险调整后的收益较高的家庭将会成为房主。

3.6.2 住房的使用者成本

现在,我们考虑这样一个家庭,它对拥有或租住质量为 h 的房子无差异。进一步假设,住房风险已经被跨越过去了,因而随机贴现因子就是对拥有或租住房子无差异的家庭的跨期边际替代率。[①] 现在,无差异条件将使得租金 $p_t^s(h)$ 等于住房的"使用者成本",即价格减去贴现后的收益。等价地,我们可以把当前价格写为:

$$p_t(h_t) = p_t^s(h_t) - I(h_t) + E_t[M_{t+1}p_{t+1}(H_{t+1}(h_t))] \tag{25}$$

在这里,源于所有权的收益还包括房主自住的房子的维护费用 $I(h_t)$。由此,我们也就得到了一个传统形式的资产定价方程,它可以确定质量为 h 的房子的价格。

还有另一种推导方法。这种推导以房主的一阶条件为出发点,并假定出租用房与房主自用房之间可以自由转换。这样一来,我们就可以将房东的边际替代率作为随机贴现因子:

$$p_t(h_t) = p_t^s(h_t) - I_t(h_t) + E_t[M_{t+1}p_{t+1}(H_{t+1}(h_t))] \tag{26}$$

---

① 在某个家庭充当了"房东"以及出租用房和业主自住用房之间可以自由转换的情况下尤其如此。因为在这种情况下,家庭将会构建一个房地产投资信托基金组合,它的收益与任何单个房子的收益相同。当然,无差异的家庭也可能不是房东——因为在存在卖空限制的情况下,并不是所有的家庭都一定会参与住房租赁市场的。

要让两个方程同时成立,就必须做到:或者让维护成本没有差异,或者让房东和租客的边际替代率不同。对于后者,可能是因为(例如)房东比业主更加乐观,因此也就愿意承受更大的住房风险。

如果我们将使用者成本方程(25)向前推演,并让"遥远的未来"预期加权房价满足一个横截条件,那么质量为 h 的房子的价格就可以用未来租金的现值来表示:

$$p_t(h_t) = E_t\left[\sum_{\tau=0}^{\infty}\prod_{j=1}^{\tau} M_{t+j}(p_{t+\tau}^s(h_{t+\tau}) - I(h_t))\right] \tag{27}$$

由于我们假设住房风险已经被覆盖掉了,因此我们可以对各个质量水平进行加总,从而得出整个住房市场的定价方程。

应用研究通常会以式(27)为起点构建一个简化式的定价核。而相应的检验则类似于,在给定可观察的价格和股息的条件下,检验某个特定的随机贴现因子是否能够给股票定价。正如我们已经看到的,使用者成本方程式仅仅在某些特定的假设下成立。此外我们还要强调指出,即便是在这些假设得到了满足的情况下,它们也只是代表了对我们上面讨论过的方程组——刻画在自己拥有住房或租用住房时如何最优化对住房质量的选择——中的第一个方程成立时的价格的额外限制。

3.7 抵押约束

在许多文献中,对于住房作为抵押品的作用,都是通过短期无风险债务(即我们在上文中所说的第 J 种证券)所受的如下线性约束来刻画的:

$$-q_{t,J}\theta_{t,J} \leq \phi_t p_t(h_t) \tag{28}$$

承担抵押贷款的家庭必须支付一笔足够大的首付款,以保证贷款价值比保持在低于 ϕ_t 的水平上。最大的贷款价值比可能是随机的——事实上,ϕ_t 的外生变化是"金融冲击"的一个很常见的例子,它会扩大或压缩家庭的借款能力。我们还可以通过对第 $j=1,\cdots,J-1$ 种证券施加卖空约束 $\theta_{t,j} \geq 0$ 来关闭家庭通过有风险证券进行贷款的机会。

如式(28)所示的首付款约束可以追溯到阿特尔和瓦莱雅(Artle and Varaiya, 1978)对最优储蓄的理论研究。斯莱姆罗德(Slemrod, 1982)在一个早期的定量生命周期模型中也使用了这种约束。在20世纪90年代,也有几篇论文探讨了它的均衡效应。在静态模型中,施莱费尔和维什尼(Shleifer and Vishny, 1992)强调了抵押约束对资产大甩卖的潜在影响,而斯泰因(Stein, 1995)则认为它会在导致住房价格和收益发生联动方面发挥作用。清泷和摩尔(Kiyotaki and Moore, 1997)强调了动态模型中抵押约束的放大效应。德坦普尔和塞拉特(Detemple and Serrat, 2003)、钱和鲁斯蒂格(Chien and Lustig, 2009)研究了含有必须服从抵押约束的或有请求权的经济。吉纳科普洛斯(Geanakoplos, 2011)在一个允许违约的模型中实现了首付款约束的内生化。

如式(28)所示的这种形式简单的约束虽然提供了一种易于处理的方式来刻画住房作为抵押品的益处,但是它忽略了观察到的抵押贷款的几个特征。一是,尽管从原则上说,价格是有可能下降到低于下一个时期的表面价值的水平的,但是在大多数定量研究中,发生这种情况的可能性可以忽略不计。二是,从数据来看,情况恰恰相反——大多数家庭的长期抵押贷款都是保持在"水面之下"的。三是,家庭面临的一个关键的决策问题是,当房价或利率发生变化的时候,是不是要做出反应——提前还款,或者对抵押贷款进行再融资。这种简单的约束实际上假设再融资是不用付出成本的,因而房价的上升可以直接解释为更高的借款能力。在所涉及的时间期限较长时,或者抵押贷款条款的调整成本很低时,这种假设能够很好地刻画基本的权衡过程,然而我们在下面将要评述的几项应用研究表明,抵押贷款合同的细节会对定量结果产生重要的影响。

3.7.1　家庭的最优化

抵押约束限制了如式(5)所示的第二个决策阶段中家庭对无风险证券的选择,因此我们通过增加如下约束来修改这个问题:$-(\tilde{w}_t-c_t)(1-\alpha'\iota)\leq\phi_tp_t(h_t)$且 $\alpha>0$。我们分别用 ν_t 和 μ_t 来表示这些约束中的乘数,于是如式(8)的一阶条件就变为:

$$U'(g(c_t,h_t))g_1(c_t,h_t)=\beta E_t[V'(w_{t+1})]R_t^f+\nu_t$$

$$\nu_t\iota=\beta E_t[V'(w_{t+1})(R_{t+1}-\iota R_t^f)]+\mu_t \tag{29}$$

只要这些约束是不具有约束力的,上述条件就不会改变。然而,如果一个家庭违反了它的借款约束,那么边际借款成本就不仅仅包括预期还款额,还包括约束带来的影子成本。这会影响借款/贷款和投资组合选择空间(margin)的无差异条件。特别是,如果借款约束是紧的(ν_t 的值很高)而且有风险证券的预期超额收益又是较低的,那么根本不持有那种证券(即 $\mu_{t,j}>0$)反而可能是最优的。

如果房子成为抵押品,那么在式(6)中它的边际收益就反映了它的边际抵押利益(collateral benefit)——这是住房服务提供的效用收益和预期的资本回报之外的利益。在这里,在对这三个部分进行比较时,我们重点考虑连续住房质量的情况。作为式(13)的对位,我们有:

$$p_t'(h_t)(1-\phi_t(1/R_t^f-E_t^0M_{t+1}))=\frac{g_2(c_t,h_t)}{g_1(c_t,h_t)}-I'(h_t)+E_t^0[M_{t+1}p_{t+1}'(H(h_t))H_{t+1}'(h_t)] \tag{30}$$

在上式的左侧,抵押利益表示为定价步骤 p' 的折扣百分比。从式(29)可以看出,如果家庭不受上述约束的限制(即 $\nu_t=0$,且 $E_tM_{t+1}R_t^f=1$),则折扣百分比为零。而且,跨期边际替代率越低,则折扣百分比越高,这就是说:如果家庭对借款的需求越大,那么抵押品就越有用。

3.7.2　储蓄和投资组合选择

这些约束意味着,家庭净值 $p_t(h_t)+q_t'\theta_t$ 是非负的。这个性质在对家庭投资组合与数据匹配时特别有用,因为家庭净值为负的情况很不常见。同时,这还意味着,借款并不会把未来的收入移到当前,这一点与那种简单的永久收入模型全然不同。事实上恰恰相反,借款是一种投资组合选择决策,目的是建立足够大的住房头寸。在这里,上面第3.2节讨论过的各种因素仍然有效:未来收入很高的那些家庭应该会选择杠杆化的住房头寸,特别是如果其劳动收入与房子收益无关的话。

在横截面数据中,最优储蓄取决于当前财富相对于未来收入以及剩余寿命的相对丰裕程度。当财富水平相对于收入很低时,家庭是无法储蓄的。不过,年轻的家庭虽然财富收入比较低,但是他们为了能够支付首付款而努力储蓄,一旦他们有了足够的储蓄,就会以杠杆化手段投资住房以及其他一些有吸引力的资产,比如说股票。年老的家庭的财富收入比较高,因此会在所有资产上都做多。

随着财富相对于收入的增加,家庭开始储蓄,直到储蓄率达到不受任何约束限制时的最优储蓄率为止——该最优储蓄率取决于回报的分布,在各种回报独立同分布的情况下,它是不变的。更年轻的家庭有更长的规划期,因此会将储蓄分布到更多的年份上。这种影响通常倾向于增加年轻人的储蓄。但是,中年家庭的收入更高,从而可以储蓄更多。只有当劳动收入的重要性不高时(这意味着较高的财富收入比),年轻的家庭的更高的储蓄率才能起决定作用。在经验上有重要意义的财富收入比的范围内,中年家庭的储蓄率更高起着主导作用,从而形成了一个驼峰形的财富模式。对于这一点,我们在数据中可以看得很清楚。

另一个含义是,受上述约束限制的那些家庭更不愿意购买有风险的证券。实际上,考虑如式(29)所示的家庭持有证券的一阶条件:只有当以边际效用加权的预期超额收益严格为正时,受约束家庭才是对风险证券与无风险投资无差异的。与住房相比,证券不具有抵押利益,因此要想让家庭持有证券,它必须能够带来更高的溢价。这个特征有助于解释,为什么即使股权溢价较高,拥有的留存现金相对于收入很低的年轻家庭也不会持有股权。

3.7.3 证券定价

如式(29)所示的一阶条件表明,抵押约束的存在,使得家庭在风险证券上产生了更加不稳定的预期超额收益,这一点有助于解释波动性之谜。事实上,约束的松紧程度的变化,确实影响到了条件风险溢价。然而,这种效应的问题在于,它也有可能导致无风险利率产生波动。结合一阶条件,我们可以得到:

$$U'(g(c_t, h_t))g_1(c_t, h_t) = \beta E_t [V'(w_{t+1})R_{t+1}]$$

因此,有风险证券的杠杆回报的边际条件与没有抵押约束时相同。而在那些会出现预期超额收益波动的应用中,波动通常归因于无风险利率的波动,而不是数据显示的条件风险回报的波动。

3.7.4 住房的定价

抵押约束的存在也改变了住房的定价。最直接的影响是,如果受约束的家庭购买了房子,那么抵押利益可以提高房价、持有固定资产的收益和家庭的跨期边际替代率。这是一种流动性影响,即便是在采用线性定价且股息可交易时,也会出现。在式(29)中,除以左侧的大括号内的部分,我们就可以看到,住房收益的存在,使得住房收益对价格的折扣率更低了。

这种流动性效应会不会对异质经济行为主体模型中的价格变动产生重要影响,则取决于市场结构以及其他约束的存在。抵押约束为我们提供了一个很好的例子,它说明了为什么家庭在遭遇冲击时可能会受到不同的影响。比如说,当且仅当家庭受约束的时候,金融冲击 ϕ_t 才会影响到式(30)。同时,如上面第3.3节所述,冲击会通过价格和数量调整改变欧拉方程组。如果市场结构需要价格调整(因为数量不会变动)的话,那么对价格的影响就会更大。

为了详细说明这一点,假设 ϕ_t 增加了,从而放松了首付款约束。在一个通常的人群中,某些家庭会受到约束,而另一些则是不受约束的。现在假设,模型采用的是线性定价法,因为不同质量的房子之间可以自由地转换。在这种假设下,房价持续大幅上涨的条件是,单位住房的价格的变化,只有在冲击强度足以改变不受约束的家庭的回报估值的情况下才会发生。否则只需通过数量调整就可以为受约束家庭提供更多的住房,因而将只伴随着很小的价格反应。相反,在采用非线性定价且存在不可分割性的情况下,即使是不会对不受约束的家庭的欧拉方程产生较大影响的冲击,也可能会严重影响受约束的家庭购买房子的价格。因此,数量调整很有限时,冲击对价格的整体影响可能会更大。

3.8 交易成本

我们现在引入交易成本 κ,它表示家庭出售房子时的房价的某个比例。对交易成本的这种设定不难理解,也很常见,而且它是以如下经验规律为基础的:在实际交易中,支付在作为卖方的经济行为主体的交易成本通常为房价的大约 6%。弗莱明(Flemming, 1969)最早在一个确定性的背景下研究了这种交易成本。而格罗斯曼和和拉罗克(Grossman and Laroque, 1990)则率先将交易成本引入了一个随机模型。除了这种直接的比例性交易成本之外,大多数家庭在改变住房时还要面临其他一些成本。这种成本可能是货币性的,比如说更换水电气等本地服务的成本,也可能是非货币性的,比如说离开了熟悉的生活环境的代价。将这种成本考虑进去应该也是合乎情理的,而且这种成本有时也会导致固定的"迁居"成本的发生。但是在下文中,我们将只考虑前一种比例性交易成本,因为有了它们足以了解交易的主要影响。

在家庭的决策问题中,一旦将交易成本考虑在内,现有房子的流动性就会下降,而且它在期初的质量 $\tilde{h}_t = H_t(h_{t-1})$ 就会变成一个单独的状态变量。因此,我们将价值函数重写为 $V_t(w_t, \tilde{h}_t)$,与前面一样,其中的 w_t 是第 t 期开始时的总财富。在这里,我们为 $\tilde{h}_t$ 引入一个单独的记号,因为它不仅仅取决于前一期间所选择的质量,而且还取决于某些随机事件(比如说折旧)。交易成本的存在并不会影响我们在第 3.2 节中讨论的第二个阶段的决策问题中的选择。为了跟踪新的状态变量,我们将目标中的预期持续效用(continuation utility)修改为 $E_t[V_{t+1}(w_{t+1}, H_{t+1}(h_t))]$ 即可。

令 $m_t \in \{0,1\}$ 表示是否迁居的选择。现在,第一阶段的决策问题就变成了

$$V_t(w_t, \tilde{h}_t) = \max_{m_t, h_{t+1} \in \mathcal{H}} m_t \tilde{V}_t\left(w_t - \kappa p_t(\tilde{h}_t) - p_t(h_t), h_t\right) + (1-m_t) \tilde{V}_t(w_t - p_t(\tilde{h}_t), \tilde{h}_t) \quad (31)$$

第一项是出售旧房子并"迁居他处"(move)的家庭的效用,它要承担交易成本并购买新房子。第二项是留在原地不搬家(stay)的家庭的效用,其房子质量保持不变,同时它在进行第二阶段决策时可支配的、可用于消费和投资证券的资金包括了流动性财富,即流动性有所下降的房子的财富净值。

为了说明这种流动性不太高的房子的好处,请考虑如下连续质量模型。在期初,房子质量的边际利益既包括住房对财富的影响,也包括其他直接利益。根据包络定理,总边际利

益是：

$$V_{t,1}p'(\tilde{h}_t)+V_{t,2}=m_t\,\tilde{V}_{t,1}^{\text{move}}(1-\kappa)\,p'_t(\tilde{h}_t)+(1-m_t)\,\tilde{V}_{t,2}^{\text{stay}} \qquad (32)$$

其中 $\tilde{V}_t^{\text{move}}$ 和 $\tilde{V}_t^{\text{stay}}$ 中的下标表示，$\tilde{V}_t$ 在式(31)是在第一个参数中还是在第二个参数中评估的。迁居的家庭可以享受到由一个额外的房子质量单位转化来的边际效益。相比之下，留在原地的家庭的流动资金则没有增加，只能享受房子质量提供的持续效用。

这个家庭决策问题说明了模型在引入交易成本后出现的三个关键的新特征。一是，在任何一个给定的时期，只有迁居的家庭才能成为住房上的边际投资者。由于住房的周转率很低，因此在房价的决定中，只有少数家庭的特征会直接发挥重要作用。二是，如果迁居的可能性较低，那么住房的价值就较少取决于未来的价格。事实上，式(32)已经表明，m_t 越高，未来价格的作用越重大。在极端的情况下，即如果家庭知道它们在未来永远不会迁居的情况下，它们能够得到的住房利益就会独立于未来的价格。三是，交易成本降低了边际利益，而且这种效应被资本化为了房价。因此在其他因素都一样的情况下，我们可以预期市场价格越低，房子周转率越高。

交易成本也会改变我们在前面描述过的投资组合选择权衡。首先，交易成本的存在，使得所有权比租赁更为昂贵，并且希望尽快迁居的家庭越多，就越是如此。在一个异质性经济行为主体组成的市场上，价格能够补偿一般的投资者的未来的交易成本。其次，在通常情况下，收入不断增多的家庭可以利用更大的杠杆，因此可以提前锁定更大的住房头寸，未来也就不一定要转换房子(迁居)了。最后，抵押约束更紧了，即便是对富裕家庭也是如此，因为约束是紧是松，取决于第二阶段决策时流动性资源 $\tilde{w}_t$ 的数量。在存在交易成本的情况下，即使拥有的财富问题很大，家庭也可能会减少 $\tilde{w}_t$。[1]

4. 理论与数据

现在，我们已经做好了铺垫，可以讨论对第 3 节给出的理论框架的定量化了。与此同时，我们还将分析这个理论框架对各种不同的应用研究的意义。

4.1 量级问题

任何基于第 3 节给出的理论框架的定量研究的核心问题都是家庭决策问题。对于家庭决定要不要购买房子这样一个决策问题，重要的是如何对其中的风险—回报权衡加以正确

---

[1] 这个问题在引入了长期抵押贷款的模型中会变得更加复杂，因为长期抵押贷款的调整成本很高，这会使抵押贷款头寸的流动性也变得很差。在这种情况下，家庭会面临流动性约束。除非家庭卖出了房子或调整了抵押贷款，不然的话，房价的变化也不会改变家庭可用于支出的资金。

的设定。如上文第2.2节所述,单个住房的价格的波动性是很高的。此外,这种波动性绝大部分都是因房而异的。而且,房价也可能与收入以及其他资产价格存在共变性。这种回报矩(return moment)可以从实证研究中得到。而这些实证研究本身则要通过微观数据(如个人财产水平数据和收入动态追踪调查数据)来估计它们的均值和协方差。下面,我们就来讨论,在应用研究中,这些量的大小(量级)是不是重要的,如果是重要的话又有多重要。

4.1.1 偏好参数

由于数据显示,用于住房的支出份额在各个不同时期、各个家庭之间都是类似的(见上文第2.1节的讨论),因此关于住房消费和非住房消费的集结算子,通常都设定为柯布–道格拉斯型的——如式(2)所示。而偏好参数则设定为与住房支出份额相等,即大约占20%。

风险规避参数的选择则取决于投资组合选择问题是否还涉及股票等其他资产。如上文第2.2节所述,高交易成本和高波动性降低了单个住房的夏普比率,从而降低了它的吸引力。在没有更具吸引力的资产的情况下,分析一个低风险厌恶的家庭(系数为5)的决策对于我们探讨最优投资组合有很大的意义。在这个决策问题中,如果允许家庭投资于更具吸引力的资产(例如股票),那么低风险厌恶通常会导致尽可能收割股权溢价的极端化最优投资组合。为了解释观察到的家庭投资组合,就需要更高的风险厌恶系数或关于股票回报的更高的预想风险,又或者更高的股票市场参与成本。

4.1.2 各种冲击

我们用外生的迁居冲击来刻画来自模型之外的、导致家庭迁居的各种原因。这种冲击发生的概率可以从美国住房调查数据中估计出来,因为该调查要求受访家庭报告搬家的原因。大约1/3的迁居的家庭都提出了与模型刻画的导致搬家的经济原因无关的原因。这些原因包括火灾或洪水、结婚、离婚、配偶去世等灾害性事件。这1/3的可能性再乘以大约为每年1/10的总体迁居概率,可以得出:外生原因导致迁居的概率为每年1/30。

家庭还面临着依赖于年龄的外生的生存概率。这种生存概率可以从国家卫生统计局发布的生命表中获得。[①]

单个房子的价格的波动性中有很大一部分是特异性的(因房而异的)。如上文第2.2节所述,外生的特异性冲击导致的波动率为每年9%～15%。单个房子的价格的波动性中也有一小部分与总收入和其他资产的价格(如股票价格)相关。这个组成部分可以通过假设房价增长率等于经济总体增长率来估计。

对于个人收入,一种通用的设定是:

$$\log y_{it} = f(t, Z_{it}) + v_{it} + \varepsilon_{it} \tag{33}$$

其中的 $f(t, Z_{it})$ 是关于年龄和一个描述其他个体特征的向量 Z_{it} 的确定性函数; ε_{it} 是一种特异性的瞬时性冲击,服从正态分布 $N(0, \sigma_\varepsilon^2)$ 。这样,永久收入 v_{it} 由下式给出:

$$v_{it} = v_{i,t-1} + u_{it}$$

其中 u_{it} 服从正态分配 $N(0, \sigma_u^2)$,并且与 ε_{it} 不相关。

---

① 他们的网站是 http://www.cdc.gov/nchs/products/li1fe_tables.htm。

从式（33）可见，对数个人收入是年龄决定的收入 v_{it}（收入的一个永久组成部分）和一个瞬时性冲击 ε_{it} 的总和。确定性的年龄决定的收入是年龄的三阶多项式，其估计结果与观察到的驼峰形生命周期曲线相符。卡罗尔（Carroll，1997）、古兰沙和帕克（Gourinchas and Parker，2002）指出，如上面最后一个方程所示，持久性成分 v_{it} 满足一个随机游走过程。哈伯德等人（Hubbard et al.，1995）估计了 v_{it} 的一阶自回归，结果发现自相关系数确实接近于 1。科科等人（cocco et al.，2005）则报告，表 3 中持续性冲击的标准偏差 σ_u 的估计值为每年 $10\%\sim13\%$——具体的数值依赖于教育程度。他们对瞬时性冲击的标准偏差 σ_ε 的估计结果则为 $22\%\sim31\%$。通常的做法是，将这些数字减少一些，以解释收入动态追踪调查中的测量误差。例如，坎贝尔和科科（Campbell and Cocco，2003）对 σ_u 使用的是 2%，而对于 σ_ε，使用的则是 14%。

瞬时性冲击 ε_{it} 在不同家庭之间是不相关的。持续性冲击 u_{it} 则可以分解为两个分量：集结分量 ξ_t 和特异性分量 ω_{it}，即 $u_{it}=\xi_t+\omega_{it}$。集结分量 ξ_t 是用来引入个体劳动收入与总收入或资产价格等总体变量之间的相关性的。

如式（33）所示的过程是用来指退休 τ 之前的 t 期内得到的收入的。退休之后，收入可能变为上一个工作年份的永久性劳动收入的一定比例 λ：

$$\log y_{i\tau} = \log\lambda + f(\tau, Z_{i\tau}) + v_{i\tau}，对于\ t>\tau$$

在科科、戈梅斯和梅恩豪特（Coco、Gomes and Maenhout，2005）的论文中，他们就采用了这种方法。他们估计的 λ 是一个特定教育程度的群体的平均退休收入占退休年前一年的平均收入的比例。他们的论文的表 2 显示，这样的 λ 的估计值在 68% 至 94% 之间。

根据对收入过程的这种设定，退休后家庭不再面临任何风险。但是这个假设抽象掉了老年人实际面临的一系列风险，特别是不确定的寿命和自费医疗费用。最近的一些研究已经在量化这些风险方面取得了很大进展。例如，德纳尔迪等人（De Nardi et al.，2010）对退休单身人士的医疗费用额及其大幅波动进行了估计。此外，他们还发现，医疗费用冲击导致的波动性随着年龄增大而永久收入增加而增加。在生命周期模型中，长寿的人生和对昂贵的医疗保健的需求，是许多老年高收入家庭增加储蓄的重要原因。要对非单身家庭所面临的这些风险进行定量分析，要将家庭面对健康风险时的储蓄动机与遗传动机区分开来，我们还需要进行大量的实证研究。与此同时，在 $t>\tau$ 的情况下，假设个人收入符合如（33）式所示的过程，也似乎是合理的，这样也就允许退休期间仍然会存在冲击。

4.1.3 其他住房参数

如上文 2.1 节所述，房子的折旧率为 1.5% 至 3%。在假设进行"基本维护"的情况下，上述折旧率也就是房子价值当中用于维护的那一部分。不同城市、不同州之间，交易成本都有所不同，从而形成了一条类似于价格光谱的"交易成本光谱"。交易费用的范围介于 6% 的房地产交易税（例如在加利福尼亚州）与 10% 之间（如果把迁居成本都包括在内的话）。

4.2 消费、储蓄和投资组合选择

关于消费—储蓄问题，相关的宏观经济学文献主要关注上文第 2.5 节讨论过的各个因素。大量实证研究阐明了消费和投资组合的若干横截面模式,并对与最优投资组合相关的回报和收入的性质进行了测度。要想对理论模型和实际数据进行比对,一个常见的方法是构建有摩擦的模型,对家庭决策问题进行定量研究,对此我们在上文第3节已经讨论过了。还有一些研究要求实现均衡,而且同时还强调横截面模式。本节讨论的大部分研究都是在金融危机发生之前完成的,它们都关注横截面模式,那是几乎所有定量研究的核心特征之一。

在下文中,我们将相关文献分成五组来讨论。第一组文献考虑在住房和另一种资产之间进行选择的定量模型。因此,它们的重点是住房与其他商品或资产上的消费和储蓄。第二组文献直接处理资产组合问题,而且这种投资组合的回报的特征与数据显示的一样。这是一个更具挑战性的问题,因为它不仅需要匹配与住房有关的事实,而且还需要匹配家庭在权益方面的决策行为,后者本身就是一个众所周知的难题。第三组文献包括了这样一些论文,它们试图通过建立简化式模型,为投资组合选择模型中的某些具体机制找到证据,特别是住房作为一种对冲工具的作用的证据。然后,我们讨论更复杂的抵押产品的影响,以及房价对消费的影响。

定量模型可以成功地解释生命周期中的财富模式和投资组合模式。这些模型预测,财富为正且呈驼峰状,正如式(9)所指出的那样。此外,这些模型还意味着年轻家庭在住房上拥有高杠杆的投资组合,而更年老和更富裕的家庭则在许多资产(包括债券和股票)上都有正的头寸。根据这些模型,财富状况的驼峰形状将会转变为其他资产头寸(如房子和股票)的驼峰形状。这些年龄模式与数据大致一致,特别是住房数据。然而,这些模型很难解释在数据中观察到的财富的高集中度,特别是股票财富的极端集中。而且,理论模型中外延边际也很难与这些模型匹配。为什么会有这么多中产阶级家庭选择不参与股票市场,这仍然是一个未解的难题。在各个异质性维度——比如说收入和财富——上,定量地匹配住房自有率也有很大的困难。

4.2.1　生命周期中的住房和储蓄

在讨论生命周期中住房选择的早期研究中,一般都通过多种资本品来考虑储蓄,而不对风险进行定价。在这些模型中,如上文第3.7节所述,一个有抵押约束的家庭要在只有两种资产这种特殊情况下进行决策。费尔南德斯-比利亚韦德和克鲁格(Fernandez-Villaverde and Krueger, 2007)考虑了这样一种家庭决策:家庭要在有限的期限内积累起生产资本以及进入效用函数的耐用品存量。在他们的模型中,收入过程会遭到特异性的冲击,但是有确定性的年龄结构。如上文第3.7节所述,他们证明,抵押约束对于解释生命周期早期的耐用品的积累很重要。

杨(Yang, 2009)将耐用品的定义缩小为住房消费,并将关注的重点放在了住房的积累上。她的模型设定有一个至关重要的新特点,那就是调整住房存量需要付出交易成本(如上文第3.8节所述)。杨证明,这些交易成本对于解释生命周期后期住房存量的缓慢减少(从数据中可以观察到这种模式)非常重要。上面两篇论文的结论都认为,标准生命周期模型在解释非耐用消费品、耐用品和财富的驼峰形模式等方面取得了广泛的成功。

　　然而，只关注群体的平均值会导致我们忽略外延边际上的差异性，即到底谁拥有自有住房，谁租住他人的房子。我们在上文第 3.6 节中已经介绍过，许多论文都试图分析决定租期选择的各种因素。在这些论文中，出现了一个新的特点，那就是，未保险的住房价格风险可能与收入风险相关联。李和姚（Li and Yao，2007）研究了房租很高的情况下的租期决定：租金占房子价值的比例很大，超过了维护成本和抵押利率的总和。他们的论文再次确认了早期研究发现的非住房消费的驼峰状特征。他们这篇论文的新意在于，它证明了住房自有率也是驼峰状的，文中的图 8a 显示了这种总体模式。同时，他们的论文中的图 7a 则表明，住房自有率是年龄的一个很极端的函数（而没有体现在数据上）：所有年龄在 30 岁及以下（的人组成）的家庭租住他人的房子，同时所有年龄在 40—80 岁的家庭则全都拥有自己的房子。这个差异凸显了对外延边际进行定量解释的难度。李和姚这篇论文还研究了一系列反设事实——年老的家庭因住房价格上涨而受益，而年轻的家庭因住房价格上涨而受损。

　　李和姚（Li and Yao，2007）抽象掉了税收因素并直接假设租金是昂贵的，与此不同，迪亚茨和卢恩戈-普拉多（Díaz and Luengo-Prado，2008）则将美国税收制度纳入了自己的模型。他们的论文仔细比较了租客和业主的住房成本，结果发现租金平价法（rental equivalence）——那正是国民收入和产出账户各表格所使用的方法——对业主自住的住房服务成本大约高估了 11％。导致高估的原因包括：租赁房与自住房的不同税收待遇、抵押贷款利息的抵税作用，以及住房市场的交易成本，等等。

　　钱伯斯等人（Chambers et al.，2009a，2009b）研究了一个包含了租期选择以及长期抵押贷款合同订立的均衡模型。他们的模型的参数是用 1994 年的数据估计的。钱伯斯等人（Chambers et al.，2009b）论文的表 2 显示，1994 年的模型的预测与作为年龄的函数的住房自有率数据匹配得相当好。然而，它同时还预测，所有收入在收入分布中位于前 40％的家庭都有自己的房子。这再一次说明，沿着已经观察到的异质性维度的匹配外延边际是何等困难。

　　阿塔纳西奥等人（Attanasio et al.，2012）分别按照年龄和教育程度对住房自有率进行了匹配。在他们的模型中，设定了两种独立的房子面积——公寓和大房子。他们的论文表明，交易成本对住房自有率和财产阶梯都至关重要。降低交易成本会增加住房自有率，因为这会使如下这类家庭的数量大幅度增加——他们发现，在将住房升级为大房子之前先购买公寓是符合最优化原则的。

房屋净值作为平滑消费的缓冲储备

　　赫斯特和斯塔福德（Hurst and Stafford，2004）研究了一个生命周期决策模型。在这个模型中，房主可能希望把自己的房子的净值（home equity）股权作为缓冲储备（buffer stock）来平滑消费。当流动资产（比如说支票账户或股票）储蓄比较少的房主遭受了不利的收入冲击时，他们可能不得不大幅削减消费。为了避免削减消费带来的痛苦，这些房主可能会想以较大的本金来对抵押贷款进行再融资。虽然这种再融资不一定能降低抵押贷款的成本，但是肯定有助于他们实现平滑消费的愿望。

　　赫斯特和斯塔福德利用来自收入动态追踪调查的微观数据为这种机制提供了实证支持。那些在 1991—1996 年处于失业状态且进入 1991 年时流动资产为零的家庭，再融资的可能性比同类家庭整整高出了 25%。这些家庭同样更有可能在再融资过程中提取净值。

不过,赫斯特和斯塔福德的生命周期模型并不是专为定量研究设计的。例如,它假设房价不变、房子固定(即不能出售),而且收入过程是独立同分布的,同时还假设抵押贷款是一种无本金贷款。陈等人(Chen et al.,2013)在他们的模型中引入了租赁住房与拥有住房之间的选择、房价风险、总体性的和特异性的持续收益风险、长期抵押贷款以及各种摩擦(如贷款价值比约束和贷款收入比约束等)。他们发现,当观察到的房价的历史路径、总收入和利率被视为给定的,他们的模型很好地预测了 21 世纪初房价暴涨期间抵押贷款债务大幅增加的现象。债务增加额的很大一部分与房屋净值的提取有关——模型和数据都表明了这一点。

米安和苏菲(Mian and Sufi,2011)也利用最近一次房地产市场热潮中的微观数据,提供了新的可以证明上述机制的重要性的经验证据。他们在论文中阐明,原有的自有住房拥有者——即在 1997 年时已经拥有了住房的家庭——从 21 世纪初期开始大量借款。信用评级低、信用卡利用率高的年轻自有住房拥有者,提取房屋净值的意愿最为强烈,而拥有良好信用评级的房主提取的房屋净值并没有增加。

4.2.2 家庭投资组合的选择

要全面分析家庭投资组合的风险,就需要把房子的流动性和可抵押性与其他各种各样的证券结合起来考虑。因而,家庭投资组合的选择取决于多重可交易资产的风险,对此上文第 3.2 节已经阐述过了。有了房子,家庭就可以借款,或者将流动资金投资于回报更有吸引力的其他资产(例如股票)。当交易成本较高时,流动性不高的房子在投资组合选择中将作为一种不可分散的背景风险发挥作用(类似于不可交易的劳动收入)。

短视投资者模型

这个领域的早期研究主要关注短视投资者模型中的风险回报权衡。贝高韦克和富勒顿(Berkovec and Fullerton,1992)研究了一个两期一般均衡模型,其中家庭消费住房并对如下投资组合做出选择:将房子自住、以房子投资、股票和债券。由于存在税收补贴,所以自住是一个颇有吸引力的选项,但是这会使房主面临不可分散的风险。这篇论文从全国性的、区域性的和跨区域的各种因素对房价的影响估计了房价的变化,得到的结果是房价每年的波动率为 8.2%。

从美国当前的税收制度出发,贝高韦克和富勒顿进行了反事实分析——取消各种补贴,即业主自住的房子的住房服务不征税,名义抵押贷款利息纳税时可扣除,财产税又有额外扣除。从当前的美国税收制度来看,这种处理的效果是模糊的:虽然取消补贴降低了住房的平均回报率,但是它同时也减少了回报的差异——政府成了一个"沉默的伙伴",它们分享房子的收益和损失。因此,对住房自有率的总体影响取决于风险态度和税收等级。

弗莱文和山下(Flavin and Yamashita,2002)研究了短视投资者的投资组合选择,他们关注的重点也是住房的流动性不足。这篇论文的模型设置类似于上文第 3.2 节描述的家庭在第二阶段的决策问题,即住房头寸中预先给定的。在模型中,家庭的投资偏好是均值—方差型的,其决策重心是资产组合,因为没有对消费备用金和劳动收入做出明确假设。因此,投资组合中住房所占的份额是作为对一个金融资产投资组合决策问题的约束而发挥作用的:

是选择短期债券还是长期债券,是选择股票还是抵押贷款。债券和股票不能卖空,而且还存在抵押约束——抵押贷款不能超过房子的价值。

作者们利用收入动态追踪调查数据估计出了单个住房的回报。住房回报的波动性很高(如本章表1所示),而且与金融资产的回报不相关。这个包括了住房在内的投资组合选择问题的解是一个有效边界,即在满足住房约束时,能够获得给定预期回报的最小方差的投资组合。这种约束是与收入动态追踪调查中各个群体的平均投资组合份额相匹配的。如上文第2节所述,观察到的住房在投资组合中的份额随年龄增长而下降。

对于住房在投资组合中的份额较大的那些家庭而言,最优投资组合包括了抵押借款的最大可能数额。由于杠杆化是有风险的,所有剩余资金都将投资于一个更安全的金融资产投资组合,它主要由债券组成,尽管卖空约束会限制债券的卖空。而对于住房在投资组合中的份额较小的那些家庭而言,它们的住房头寸的杠杆率也不高。这些家庭会在剩余的投资组合中选择风险更高的资产,主要方法是增加股票在投资组合中的份额。风险厌恶程度越高,家庭越倾向于通过降低杠杆和将剩余的投资组合转移到债券来降低最优投资组合的风险。

住房在投资组合中的份额很高的家庭,以年轻家庭最为典型。中年家庭住房在投资组合中的份额较低。将初始住房约束的大小与结构概况数据结合起来,并以均值—方差模型为基准,就可以解释为什么年轻家庭的投资组合中股票所占的份额要比年老家庭低。

住房和其他资产在生命周期中的演变

科科(Cocco,2005)在一个有限期模型中研究了自有住房家庭的消费——投资组合选择问题。家庭的收入是不可交易的——收入过程如式(33)所示——而且既会受到瞬时性冲击,也会遭逢持续性冲击。家庭可以选择股票、债券、住房和抵押贷款。股票回报是独立同分布的且与总收入风险无关,但是住房价格则与总收入风险完全相关。债券的实际利率和(较高的)按揭利率则假设是不变的。

这个消费——投资组合问题有几项重要的约束。前两项约束类似于弗莱文和山下(Flavin and Yamashita,2002)论文中的约束。首先,债券和股票都不能卖空。其次,存在一个首付款约束——抵押贷款不能超过房子价值的某个部分。在这两项约束上,科科的论文的新意在于,家庭可以选择房子的面积(而在弗莱文和山下的论文中,房子的面积是固定的,而且是作为一种约束)。第三项约束是房子的面积有一个最小值。结合首付款约束,房子最小面积约束给年轻家庭的储蓄行为创造了一个很强大的动机,特别是在没有住房租赁市场的情况下。此外,模型中还有其他一些摩擦:住房的交易成本,以及参与股票市场需付出的一次性固定成本。

科科这个模型表明,较贫困的家庭的股票市场参与率也较低——这一点与数据相符——因为他们不愿意支付参与股票市场所必须支付的固定成本。拥有足够财富的家庭则获得了大量抵押贷款,并将大部分投资组合都投资于住房,不过他们仍然选择不参与股票市场。更加富裕的家庭则参与股票市场,并且股票在投资组合中的份额随财富的增加而提高。从整个生命周期来看,这个模型成功地预测了:年轻家庭是"房奴",他们不参与股票市场,但是却借入了大量抵押贷款,购买了房子。随着年龄的增长,这些家庭偿还了抵押贷款并开始投资于股票市场。这与数据一致。

在姚和张(Yao and Zhang,2005)构建的生命周期模型中,家庭可以选择是自己拥有住房还是租住他人住房。对于没有足够的储蓄来支付首付款的年轻而贫穷的家庭来说,租赁市场的存在是很重要的。更年长且更富裕的家庭则选择拥有一所自己的房子。首付款是房子的净值的一部分,发挥着抵消收入冲击的缓冲作用。一旦家庭拥有了房子,也就持有了杠杆化住房头寸,它们的投资组合的风险就会变大。但是,由于股票回报和房子回报之间的相关性很低,所以拥有自有住房的家庭还是会出于分散风险的考虑将一大部分(非住房)投资组合投资于股票。

4.2.3 作为一种对冲工具的住房

在上文第3.2节中,我们强调过,一旦明确考虑到了风险,住房的吸引力就取决于它的未来回报与其他随机状态变量的协方差。这些状态变量包括了:(i)劳动收入,未来财富的一部分;(ii)租赁住房价格,它会影响存在租赁市场时决策问题中的持续效用;(iii)其他住房市场上的房价——如果住房价格会受到其他市场的价格的冲击,或者家庭可以选择在不同的市场之间迁移。现在我们就来考虑关于这些影响的有关证据。

住房作为对冲收入风险的工具

那些收入与房价正向共变的家庭的住房风险比较高。对于这些家庭来说,住房并不是一个对冲收入风险的好工具。因此,这些家庭会将其投资组合从住房转移到其他资产上。不过,科科(Cocco,2005)证明,从定量的角度来看,这种效应在他的生命周期模型中是比较小的。例如,将收入和房价之间的相关系数从0提高到0.33,住房在投资组合中的份额会下降1个百分点。这种效应之所以比较小,是因为住房不仅是投资品,也是消费品。

戴维多夫(Davidoff,2006)也提供了关于这种效应的经验证据。首先,他在论文中采用时间序列数据估计了各地区和各行业收入与房价的协方差,然后,他又用从1990年的人口普查数据估计的协方差预测了自有住房的价值以及家庭的租期选择。结果表明,收入—价格协方差增加一个标准偏差,就会使得业主对住房的投资的价值下降7500美元。戴维多夫在这篇论文中还证明,较高的收入—价格协方差对租住他人住房的概率的影响可以忽略不计。

房子作为对冲租金风险的工具

一个常见且合理的假设是,每一个家庭都需要消费一些住房服务。在上文第3.6节讨论过的存在租赁市场的模型中,住房服务既可以从租赁市场获得,也可以通过购买承诺提供住房服务流的住房资产获得。租赁市场是现货市场,其中住房服务以当前的租金率"出售",而租金率则会随着时间的推移而波动。通过购买一所房子,家庭可以将未来的住房服务流的价格锁定下来。不过,在购买了房子以后,如果家庭日后要出售房子(例如,假设家庭打算迁居到某个新的城市),就仍然会面临房价风险。

西奈和苏勒雷斯(Sinai and Souleles,2005)构建了一个仅有两个地点的简单空间模型,然后比较了两种不同来源的风险。家庭要选择是租赁还是购买一个单位的住房,目的是最大限度地提高自己的(减去住房成本后的)预期财富净值。房子数量是固定的,且等于家庭的数量。两个地方的租金的随机过程是外生给定的，且租金过程是一个一阶自回归过程，还会受到相关的冲击。经过若干年（年数已知）之后，家庭会从一个地方搬迁到另一个地方。自有住房单位的价格是内生决定的，并能使住房市场出清。在这个模型中，对自有住房的需求和均衡价格租金比都倾向于随预期租期、租金的波动性以及各地租金之间的相关性的增加而提高。

西奈和苏勒雷斯论文的表 1 显示，1990—1998 年，都会统计区层面的实际住房租金的波动率为 2.9%，这几乎是都会统计区层面实际房价的波动率的一半。这种波动的大部分都属于跨都会统计区的变动。例如，租金波动范围在劳德代尔堡仅为 1.7%，而在奥斯汀则高达 7.2%。这篇论文的表 2 和表 3 还表明，平均租期租金率和租金波动率比较高的地区，利用概率模型估计的拥有自己的住房的概率和房价—租金比也都比较高。

房子作为对冲未来房价风险的工具

卢（Lu，2008）构建了一个有许多地点的生命周期模型。这个模型中的决策问题是，假设家庭知道自己在未来会迁居他地，即卖掉位于当前地点上的房子，并在新的地点买另一所房子。当前的房子是否可以作为未来购买房子的对冲，取决于不同地点的住房价格之间的相关性。传统的观点是，不同住房市场的房价相关性很低。由于各都会统计区内部的房价之间的相关性比不同都会统计区之间的房价相关性更高，因而对冲动机对于都会统计区内部的迁居更加重要。卢这篇论文提供了一些关于发生在都会统计区内部的这种迁居的重要性的证据。它报告说，1968—1997 年，参加收入动态追踪调查的家庭有 62% 都是通过购买一所更加昂贵的房子（以实际价格衡量）来实现迁居的。在完成买卖房子交易的家庭中，有 71.3% 的家庭是在同一个都会统计区内部迁居的。

西奈和苏勒雷斯（Sinai and Souleles，2013）证明，不同都会统计区之间的房价的相关性确实很低。他们在估计这种相关性的时候，利用的是 1980—2005 年度联邦住房企业监管办公室指数中的都会统计区层面不变质量住房价格指数的年度观察值。各都会统计区之间实际房价涨幅的简单未加权中位数相关性为 0.35。西奈和苏勒雷斯认为，家庭不会在不同都会统计区之间随机地迁移。相反，家庭通常只会在相互之间高度相关的住房市场之间迁移。他们这篇论文通过家庭迁居到某个都会统计区的概率对每个相关系数进行加权，计算出了家庭对各都会统计区之间的房价的预期自相关性。他们所用的从一个都会统计区迁居到另一个都会统计区的数据来自美国财政部的县与县之间迁移模式调查。估计出来的中位数家庭的预期相关系数为 0.60。

4.2.4 抵押贷款决策与再融资

抵押贷款通常被当作短期债务合约来建模（就像我们在上文第 3.7 节中所做的那样）。在这种情况下，如式（28）所示的抵押约束可以刻画房屋净值确定的信贷额度。然而，事实上大多数住房抵押贷款都是长期债务合约。因此，最近的研究已经开始纳入更长的贷款期限以及其他特征，例如，固定的和浮动的抵押贷款利率、延期偿还、提前还款罚款，等等。当然在这个领域，还需要更多、更深入的研究，以理解最近的止赎危机、与更大范围的合约相关的福利损失，以及它们对金融监管的影响。

固定利率与浮动利率

坎贝尔和科科（Campbell and Cocco，2003）在一个生命周期模型中研究了家庭在固定利率抵押贷款和浮动利率抵押贷款之间的选择。家庭收到不可交易的实际劳动收入，该收入过程如式（33）所示。房价的上涨速度则会受到独立同分布的冲击。除了住房之外，唯一的其他资产是短期实际债券，其利率也会受到独立同分布的冲击。预期通货膨胀率是一阶自回归型的，因而通货膨胀则是一阶自回归移动平均型的——ARMA（1，1）。名义短期利率是预期通货膨胀率与实际利率之和。长期名义利率则根据关于预期的假设确定。浮动利率抵押贷款的利率包括了一个不变的违约溢价，而固定利率抵押贷款利率则不仅包括违约溢价，还包括了对提前还款风险的补偿，且这两者均保持不变。

家庭购买房子时，必须支付最低限额的首付款，然后以浮动利率或固定利率借入抵押贷款来支付余下的房款。不允许提前还款的固定名义利率长期抵押贷款是一个高风险的合约，因为未来付款的实际现值对通货膨胀非常敏感。提前还款选择权可以使家庭回避名义利率快速下降带来的风险，因为它们届时能够以更低的利率进行再融资。但是，这个选择权并不是免费的，它的代价体现在更高的固定利率上。因而，在通货膨胀率和实际利率都很低的时期，固定利率抵押贷款是一种相当昂贵的借款方法。浮动利率抵押贷款要更安全一些，因为它的未来付款的实际现值不受通货膨胀的影响。然而，浮动利率抵押贷款的实际支付额会随着预期的通货膨胀率和实际利率的变化而变化。因此，大额付款可能会与不利的收入冲击和更低的房价相重合，从而导致购房者无法借入更多款项来偿还贷款。

要在这两种抵押贷款合约之间做出最优选择，需要比较购房者在抵押贷款期间的预期成本以及与真的发生的（更高的或更低的）成本相关的风险。房主的预期成本是抵押贷款期间预期浮动利率或已知的固定利率。与发生的高成本相关的风险对于那些厌恶风险的购房者或已经接近了自己的借款上限的购房者而言更加重要。因为这些房主通常储蓄较少，而且买入的房子相对于他们的较低的且不稳定的收入来说，又往往显得太大了一些。在计算抵押贷款期限内的预期浮动利率时，期限长短是一个很重要的因素。而对于那些可能在不久的将来迁居到别处的房主来说，当前的浮动利率更加重要。这些房主将会比较当前的浮动利率和固定利率，并选择当前看来更便宜的那一种利率。由于固定利率包括了提前还款选择权的成本和更长的到期利率，因此较便宜的利率通常都会是 1 年期的浮动利率。

更一般来说，在整个抵押贷款合同期限内，固定利率与预期浮动利率之间的差别通常由风险溢价（以及提前还款选择权的成本）决定。风险溢价会随时间的推移而变化。科尔詹等人（Koijen et al.，2009）利用一个时间序列数据计算出了风险溢价，同时证明了它们与新发放抵押贷款中浮动利率抵押贷款所占的实际份额高度相关。此外，（例如）可以利用预测利率走向的问卷调查数据来计算预期浮动利率，或者也可以利用向量自回归法或特定的估计得到的时间序列过程来计算，又或者，在假定信念是可以外推的情况下来计算。巴达林查、坎贝尔和拉马多拉伊（Badarinza，Campbell，and Ramadorai，2016）利用跨国数据分析了浮动利率抵押贷款在所有抵押贷款中的份额。结果他们发现，相对于固定利率，较短期限（例如一年或几年）的预期浮动利率较低，而且与浮动利率抵押贷款所占的份额相关。

延期偿还合约

皮斯科尔斯基和齐斯梯伊(Piskorski and Tchistyi, 2010)从理论的角度对最优抵押贷款合约进行了研究。在他们的模型中,家庭是"没有耐心"的,同时家庭的收入是随机的而且是贷款人无法观察的。家庭需要从贷款人手中借到款才能购买房子。他们在这篇论文中证明,最优合约是只付利息(无本金)抵押贷款与净值信用额度的组合。这是一个"另类"抵押贷款产品,它允许延期偿还。这个结果背后的直觉是,延期偿还有助于借款能力受约束的家庭平滑消费。

钱伯斯等人(Chambers et al. ,2009a,2009b)在一个包含了期限选择权和长期抵押合约的定量一般均衡模型中研究了抵押贷款选择。他们的模型参数是用1994年的数据估计出来,然后又用2005年通过向家庭提供了一系列首付款限制较低的抵押贷款合约,允许各种形式的延期偿还,以及更低的手续费的数据对这个模型重新进行了计算。结果,钱伯斯等人发现,这些新的抵押贷款合约使得许多借贷受到约束的租赁者变得有能力买房了。这篇论文最终得出的结论是,这种抵押贷款创新可以解释1994—2005年大约70%的住房自有率增长。

科科(Cocco,2013)提供的实证证据也支持这种消费平滑机制。他的证据源于英国家庭成员追踪调查(British household panel survey)。这项调查收集一组家庭随时间推移而变化的各种住房信息(例如:抵押贷款类型、抵押贷款开始年份、借款金额、每月付款额,等等)。这篇论文表明,至少自2001年以来,选择"另类"抵押贷款的家庭的受教育程度较高,而且后续收入增长率也较高。这些家庭用这些抵押贷款购买昂贵的、高贷款价值比的房子。安罗敏等人(Amromin et al. , 2013)也给出了美国的"另类"抵押贷款的类似证据。

抵押贷款市场中次优借款人的行为

抵押贷款是一种非常复杂的产品。抵押贷款人并没有任何激励使不同抵押贷款合同相互之间有可比性——除非监管当局强制如此。此外,家庭也不会经常选择抵押贷款,因此无法从过去的错误中学到多少东西。在这种情况下,抵押贷款选择经常不是最优的,也就不奇怪了。

伍德沃德和霍尔(Woodward and Hall, 2012)证明,新的购房者在住房抵押贷款上多花了很多冤枉钱。他们分析了联邦住房管理局保险的30年固定利率抵押贷款样本的数据,结果发现,借款人无法让经纪人提出有竞争力的价格。如果借款人能够对多个经纪人的报价细加比较,那么大多数借款人都能够获益。而且,如果能够对不涉及任何预先现金支付——例如积分——的抵押贷款的报价细加比较,那么借款人也能获益。这些研究结果特别适用于受教育程度较低的借款人。[1]

另外,关于抵押支持证券的大量文献还证明,家庭的再融资行为几乎都是次优的。例如,施瓦茨和妥勒斯(Schwartz and Torous, 1989)的论文,以及斯坦顿(Stanton, 1995)的论文

---

[1] 伍德沃德和霍尔(Woodward and Hall,2012)也证明,少数族裔家庭为抵押贷款支付的冤枉钱还要更多。关于抵押贷款市场上的歧视,穆奈尔等人(Munnell et al. , 1996)的论文是一项重要的早期研究结果。这些作者证明,少数族裔无法申请到抵押贷款的可能性是白人的两倍多。

都表明,即使市场利率低于"锁定"的合约利率,许多家庭也不会对固定利率抵押贷款进行再融资。另外,即使市场利率高于"锁定"的合约利率,也会有不少家庭对住房抵押贷款进行再融资。阿加瓦尔等人(Agarwal et al.,2013)提出了一个公式,它可以确定,在存在固定成本的情况下,家庭在再融资方面无所作为的范围。安德森等人(Anderson et al.,2015)则讨论了丹麦家庭的次优再融资行为,特别是那些年龄较大、受教育程度较低、收入较低的家庭。

4.2.5　消费对房价上涨的反应

房价的持续上涨通常与更高的家庭总消费水平相关。那么,能够解释消费增长的机制到底是什么? 这里其实有两个相互关联的问题。第一个问题是,如何衡量不同消费者群体在住房财富上的边际消费倾向(MPC)。第二个问题是,识别何种外部冲击可能引起房价和消费的联动? 例如,住房价格的繁荣,究竟是由金融状况的变化,还是家庭收入增加引发的?

本章第2节引入的家庭决策问题提出了决定住房财富的边际消费倾向的若干因素。现在先考虑上文第3.2节提出的无摩擦情况下的决策问题。在这里,住房价格的上涨可能会产生三种效应:可能会改变住房服务的相对价格,可能会改变未来住房或其他资产的预期回报(即可能会改变持续效用 V_{t+1}),可能会改变当前的财富(或留存现金)。但是,只有第一种效应才是住房独有的特征,因为住房会带来不可交易的"红利"。第二种和第三种效应是任何其他证券都会有的。

伯杰等人(Berger et al.,2015)为上述决策问题提供了一些条件,以保证上述三种效应中只有最后一种会出现。具体地说,他们考虑的是永久性的、不会改变预期回报的价格变动,同时他们假设了柯布-道格拉斯型的"幸福感"以保证住房服务的相对价格的收入效应和替代效应不会出现。他们还指出,结果并不依赖于市场不完全性,也不依赖于不完全的租赁市场或如式(28)所示的那种抵押约束的存在。事实上,这种结果完全可以归因于留存现金是住房价格能够影响的唯一的状态变量——在所有这类情况下都是如此。不过,如果加入住房或抵押贷款的交易成本,结果就不再成立了。

生命周期模型中的消费和住房价格

许多研究分析了住房价格泡沫期间的消费总量数据。例如,缪尔鲍尔和默菲(Muellbauer and Murphy,1990)指出,在英国,通过金融自由化,20世纪80年代的房价上涨对总消费产生了财富效应。这是因为,金融自由化改革,使得家庭能够从自己的流动性不高的住房投资的增加值中提取更多财富出来。金(King,1990)和帕加诺(Pagano,1990)则质疑财富效应对英国房价与消费之间的高度相关性是否真的有那么重要。他们认为,对更高的收入增长的预期是消费增长以及房价上涨的原因。

关于家庭消费的微观证据有助于区分这些"相互竞争"的机制。例如,阿塔纳西奥和韦伯(Attanasio and Weber,1994)通过他们构建的一个简单的生命周期模型(只有一种商品、一种资产)指出,根据财富效应与对高收入的预期这两种不同的机制的对比,年轻家庭与年长家庭消费的对比,可以分别得出不同的预测。年长家庭的财富更多,但是未来财富继续增加的时间期限较短,因此假设财富都增长了1个百分点,年长家庭增加的消费会比年轻家庭更多。年轻家庭对收入冲击的反应则会比年长家庭更大,因为年轻家庭拥有更多的人力(资本）财富。阿塔纳西奥和韦伯运用英国家庭支出调查（FES）数据，证明 20 世纪 80 年代的消费繁荣大部分都是年轻家庭的强劲消费带动的。

不过，在将住房视为一种抵押资产的生命周期模型中，上面这些机制的作用并不明显。在这种模型设定中，较高的房价不仅增加了房主的财富，而且还放宽了抵押约束，从而导致年轻人消费更多。阿塔纳西奥等人（Attanasio et al.，2011）通过以下方法求得了这样的生命周期模型的解：假设房价和收入过程是外生的，而且如式（28）所示的抵押约束仅仅出现在购买房子的那个期间或抵押金额发生变化的那个期间。在这篇论文中，他们使用观察到的房价和收入的总体时间序列数据，提取出了两个冲击序列，然后再将这两个冲击序列分别加入模型，以此来分析各个年龄组别的家庭如何通过调整消费量对特定的冲击做出反应。他们得到的定量结果表明，从基本的生活周期模型得到的直觉结论在这个加入了住房因素的模型中仍然成立：房价上涨会导致年长家庭在消费上做出更加强烈的反应，而收入增加则会导致年轻家庭在消费上做出更加强烈的反应。再一次，这篇论文证实了这样一个结论：证据表明，对更高收入的预期以及会同时影响收入和房价的冲击，比纯粹的财富效应更加重要。

当房子价值提高后，那些试图增加消费的房主需要对自己的投资组合头寸进行适当的调整——或者是通过出售自己的房子，或者是利用自己的房子借入更多的款项。当住房市场和抵押贷款市场的交易成本很高时，调整投资组合的成本可能会相当高，从而使得这种套现行为不再是最优行为。事实上，伯杰等人（Berger et al.，2015）已经证明，他们的理论结论并不适用于存在交易成本的情况。他们发现，只有当交易成本不高于大约 5％ 时，模型才拥有与没有交易成本的模型大致相同的消费弹性。当交易成本较高时（比如说大约 10％），边际消费倾向×房子价值这个公式会夸大消费弹性，特别是年轻家庭的消费弹性。[①]

而在那些包含了短期抵押贷款的模型中，家庭从房子中提取现金将变得更加容易，从而夸大了消费弹性。在戈利亚和米德里甘（Gorea and Midrigan，2015）构建的模型中，假设长期抵押贷款的再融资要付出一定成本，当选择将这些成本与再融资的抵押贷款的份额相匹配后，消费弹性就大大降低了。

简化式模型中的估计结果，以及住房供给弹性作为工具变量时的结果

单个家庭的消费弹性是不是真的大到了足以保证房价的上涨能够对消费产生大的定量影响？许多研究采用简化式模型估计了消费弹性，但是不同研究的结果相去甚远。凯斯等人（Case et al.，2005）利用简化式模型，从许多国家的数据中得出一些关于房价变动的消费弹性的证据。他们的估计结果是，不同国家的消费弹性的变动范围为 0.02～0.17。卡罗尔等人（Carrol et al.，2011）也利用总量数据估计了即期（下一个季度）的消费弹性和最终弹性——前者为 0.02，后者为 0.09。阿塔纳西奥等人（Attanasio et al.，2009）利用英国家庭支出调查（FES）数据估计了不同家庭的消费弹性。他们根据房价变化以及其他人口变量的变化对消费水平进行了回归分析，结果是，所有家庭的平均弹性为 0.15，而年轻家庭的平均弹性则还要更高一点。坎贝尔和科科（Campbell and Cocco，2007）也使用了美国家庭支出调查

[①] 卡普兰和维奥朗特（Kaplan and Violante，2014）证明，将大部分财富投入某种高交易成本的资产的家庭的边际消费倾向更高。

数据,但是估计出来的平均弹性却高得多,达到了 1.2,而且年长房主的弹性比年轻房主的弹性还要更高一些。[①]

在理想情况下,简化式回归模型的右侧应该有房价的外生变化。然而,要识别这种变化是非常困难的。而且,即使我们有一个良好的识别策略来分离数据中的这种外生变化,要直接比较回归中观察到的消费反应与生命周期模型所暗示的消费反应也是不可能的。消费对房价的外生性上涨的反应包括了房价上涨对消费的所有一般均衡效应。例如,较高的房价可能会鼓励更多的住宅投资和就业,从而增加消费。但是这些一般均衡效应通常不会包括在模型中。

为了解决这个识别问题,米安等人(Mian et al.,2013)引入了工具变量回归法。他们使用的工具变量是上文第 2.1 节讨论过的塞兹(Saiz,2010)构建的本地住房供给弹性指数。这个工具变量能够揭示不同地理区域在受到某个共同的住房价格冲击时的外生性变化的来源。从直觉上看,受到冲击时,住房供给基本没有弹性的地区(比如说旧金山和波士顿)应该会出现比住房供给弹性很高的地区(比如说奥马哈和堪萨斯城)更大的房价变动。米安等人运用万事达公司的信用卡数据(用信用卡支付的在非耐久商品上的消费)和“核心逻辑”公司的房价数据得到的估计结果是,消费弹性相当高——介于 0.34 至 0.38 之间。卡普兰等人(Kaplan et al.,2016a)根据尼尔森公司的零售数据库和 Zillow 网的房价数据也得到了类似的估计结果,证实了米安等人的结论。

为了解释这些弹性背后的因果关系,房子供给弹性工具变量必须是有效的。工具变量必须符合第一阶段决策问题的条件:内有陡坡和水体、存在分区规划限制的地块在住房市场繁荣期间往往会出现更大的房价涨幅,因而工具变量是与房价相关的[例如,塞兹(Saiz,2010)论文中的表 2,以及斯特勒贝尔和瓦夫拉(Stroebel and Vavra,2015)论文中的表 A2]。更难以满足的要求是第二阶段的排除限制。在标准的工具变量方法中,住房供给约束必须与被省略的需求因素无关。然而,塞兹(Saiz,2010)却证明,供给约束是与高需求相关的。例如,土地供给受限的地区往往收入水平更高,人们的创造性也更强(在人均专利这个意义上),而且能够吸引更多的游客(以人均到访游客量计)。然后,在拥有高技术的工人成群结队地迁入这种更有吸引力的地区之后,他们的生产率/收入增长将会推高对基础设施和住房的需求,进而导致房价上升。关于这一点的更详尽的分析,请参见戴维多夫的论文(Davidoff,2016)。[②]

[①] 鲁斯蒂格和范纽沃尔伯格(Lustig and Van Nieuwerburgh,2010)收集了美国多个都会统计区的数据,并证明当住房价值比较低的时候,各地区之间分担风险的情况就减少。或者,更具体地说,当住房抵押品稀缺时,地区性消费对地区性收入就更加敏感。

[②] 还有很多论文试图为排除限制提供更多直接的证据。例如,米安和苏菲的论文(Mian and Sufi,2011)中的表 5 表明,美国国税局报告的人均工资增长率与供给弹性是负相关的,这意味着旧金山等住房供给受限地区的工资增长率更高。然而,衡量收入增长的其他指标却似乎与供给弹性无关。斯特勒贝尔和瓦夫拉(Stroebel and Vavra,2015)提供的额外证据表明,收入增长指标与供给约束不相关。

4.3 商业周期中的住房

讨论商业周期中的住房问题的文献所针对的主要是如图2所示的若干事实。就各种经济量来说,住宅投资和住房服务消费都是顺周期的,同时住宅投资比其他投资的波动性更大,并且是商业周期的领先指标。此外,住房价格也是顺周期的,并且是与住房投资同向变动的。与此同时,这些文献的目的还在于,解释(甚至可能是更好地解释)各种标准的商业周期事实,例如:波动性、周期性、国内生产总值的自相关性、非住宅投资额、消费、工作时数、工资、利率,以及可能的抵押债务。

为了便于讨论,我们把这些文献分成两个脉络。早期的研究主要讨论无摩擦的代表性经济行为主体的模型。这种模型与标准的真实商业周期模型(RBC)的关键区别在于,这种模型有两种最终商品,其中有一种是住房服务(或称"家庭产品",它的一大部分是住房服务)。这个研究领域的不同论文之间的区别主要在于生产技术,而且大部分实证研究的目的都在于按部门提供关于技术的新证据。不过,最近的研究已经开始强调经济行为主体的异质性(尽管还很简单——通常的做法是将贷款人和借款人这两种类型区分开来)以及名义刚性了。这些近期的研究之间主要区别在于资产结构的设定上,而实证研究则旨在为新的金融变量提供新的证据。

本节下面要讨论的各个模型混合利用早期文献中的参数和新估计得到的参数来进行量化。一些论文研究可观察的冲击过程——例如部门全要素税率——这样它们就能够在计算模型的均衡之前,先估计冲击过程。另一些论文则运用广义矩法(GMM)或最大似然法(MLE)同时估计偏好、技术和冲击过程的参数。在所有情况下,都可以通过对一组可观察量的经验分布与模型经济的稳态理性预期均衡所隐含的那些变量的联合分布加以比较,来评估模型的性能。

虽然我们已经在理解不同冲击和模型的不同成分的作用方面取得了很大进展,但是商业周期中与住房有关的许多基本事实仍然非常令人困惑。特别是,我们还不能对住宅投资的波动性和住宅投资的领先—滞后行为,与房价的波动一起给出一个共同的解释。这种困难部分是由模型设定所导致的:本节所讨论的大多数模型都是围绕平衡增长路径的线性化方法来求解的,它们不允许不确定的变化。由此而导致的一个结果是,资产价格只会随着预期现金流量或利率的变化而变动,从而限制了波动性的范围。在未来的研究中,一个非常有前途的领域是更加强调价格波动的各种机制,同时与上文第4.2节讨论的与投资组合有关的微观证据建立起更紧密的联系。

4.3.1 家庭生产

家庭生产模型的实质是两部门随机增长模型。第一个部门,"市场"部门利用商业资本和"市场劳动力"(基本上等同于常说的工作时数),生产出"市场产品"。第二个部门,"家庭"部门则利用家庭资本(基本上等同于住房和耐用消费品)和家庭劳动力,生产出"家庭产品"。市场的产出可以用于制造上述任何一种类型的资本——我们可以像式(21)那样来定义技术,并假设建筑性资本等于直接提供效用的家庭资本。与上文一直强调的房子的特点保持一致,家庭资本是一种能够带来不可转让的"红利"的资产,其回报很难直接加以度量。当然,在只存在一个经济行为主体的情况下,住房的不可交易性和不可分割性对于模型的特征也没有什么意义。

在一个无摩擦的两部门,两产品模型中,对 A 部门的正面的全要素生产率冲击会导致劳动力离开 B 部门、重新配置到 A 部门,从而导致 B 部门的产出下降。因此,B 部门的工作时数和产出的波动性将会比只有 B 部门本身受到了全要素生产率冲击时更加大。正是因为发掘了这个机制,家庭生产文献中市场工作时数和产出的波动性要比标准的真实商业周期模型更大。现在,我们假设 B 部门是商业部门或市场部门,那么工作时数和国民生产总值(这两个指标是商业周期模型通常关注的目标)就对应于部门 B 的小时数和产出。部门 A 是家庭部门,使用住房资本生产家庭产品,并且这种生产是在家庭中完成的。因此,对家庭产品的全要素生产率冲击会加大小时数和产出的波动性,特别是如果它们与商业部门的全要素生产率不完全相关的话。[1]

同时,部门间的重新配置也产生了一个"协动性之谜"。事实上,如果各种部门性的全要素生产率冲击是互不相关的,那么产出、劳动力和投资都将在各个部门之间呈现负相关性:将劳动力和资本转移到生产率最高的部门是合理的。关于家庭生产的大量文献证明,这种力量会使得小时数和国民生产总值的波动性更大。然而,这也会使得家庭部门的投资与商业部门的投资呈现出负相关性,但是从数据来看,住宅投资和非住宅投资都是顺周期的。因此,劳动力再分配机制的承诺与它对资本再分配的影响两者之间存在着很大的张力。第二个谜题来自模型的投入产出结构。一个典型的假设是,用于家庭部门和商业部门的资本都只能由商业部门生产。现在考虑当两个部门受到完全相关的冲击时的反应。在这种情况下,将生产要素转移到商业部门是有意义的,因为这样可以在增加对家庭部门的投资和产能之前先生产出资本。这种力量将使得家庭部门的投资滞后于商业部门的投资,但是数据所表明的却恰恰相反。如果这种效应足够强大,例如当家庭部门的资本、劳动力之间的替代弹性很高时,即使全要素生产率具有相当高的正相关性,不同部门之间的投资也会呈现出负相关性。

从文献来看,我们已经取得了一些进展:现在,宏观经济学家已经开始着手对有可能克服这两个难题的不同技术进行比较了。粗略地说,如果冲击对各部门都有类似的影响,而且资本因某些理由不会移动,那么协动性就比较容易解释。格林伍德和赫尔科维茨(Greenwood and Hercowitz,1991)将高度相关的冲击与家庭部门的资本与劳动力之间的低替代弹性放在一起考虑。而在霍恩斯坦和普拉施尼克(Hornstein and Praschnik,1997)构建的模型中,所有资本都是由一个耐用消费品部门生产的,该部门以非耐用品为中间投入。戈姆等人(Gomme et al.,2001)则假设商业部门要考虑时间。张(Zhang,2000)还研究了资本调整成本。总之,这支文献的结论是,这种协动性是可以通过用标准的投入产出矩阵描述的技术而获得的。

---

[1] 关于这里面的主要机制,请参见本哈比比、罗杰森和赖特(Benhabib、Rogerson and Wright,1991),以及格林伍德等人(Greenwood et al.,1995)的阐述。

住宅投资的领先—滞后模式一直是一个有待破解的难题。费希尔（Fisher，2007）提出了一个模型，让家庭资本用作商业部门生产的投入。这个模型背后的思想是，生活在更好的房子里的工人休息得更好，能以更高的质量完成工作。不过，这种模型设定的合理性无法通过标准的国民收入和产出账户、投入产出核算来证明，相反，它的动机源于一种在地区层面估计出来的生产函数——这种估计把家庭资本对企业产出的影响考虑进去了。根据这种效应，再加上适当的弹性，构建一个家庭资本会率先对生产率冲击做出反应的模型就是有意义的了。[①]

4.3.2 土地和住房价格

戴维斯和希思科特（Davis and Heathcote，2005）将土地纳入了一个两部门随机增长模型。与通常的家庭生产模型相比，他们的模型设定更为直接面向住房——他们明确地把"家庭产品"直接等同于住房服务。他们的模型中的技术的一个简化版由式（21）和式（22）给出：住房服务是通过建筑部门生产的房子资产来提供的。与此同时，虽然转化为资本时不会发生调整成本，但是由于新土地供给有限，在转化为住房时还是会引发住房调整成本。这些关于技术的假设在后续研究中基本上都被采纳了。戴维斯和希思科特的这篇论文本身的结构已经相当丰满，它通过来自国民收入和产出账户的部门核算数据，构建了建筑部门与其他部门之间的投入产出联系。

他们这个模型的驱动力量是部门性的全要素税率冲击。模型能够生成住房投资和商业投资的联动，前者的波动性更大，但是并不领先周期。这个模型的核心部门是建筑部门。这个部门是劳动密集型的，会受到高波动性的全要素税率冲击。一个正面的建筑部门全要素税率冲击会通过雇佣活动而得到放大，并且会导致相当大的建筑产出。由于房子是"建筑密集型"的且折旧速度较慢，因此住宅投资对冲击的反应大于商业投资。与此同时，投入产出结构则可以确保前述联动仍能实现，但是这并不能使得住宅投资领先周期。

这个模型意味着，房价是顺周期的，同时与住宅投资负相关。但是，模型中的房价的波动性不到数据中的三分之一。这里的核心效应是，正面的建筑部门冲击不仅会增加住宅投资，而且还会使得住房更加便宜。与此同时，其他部门的全要素生产率冲击可以使得所有长期资产（包括住房资产）变成顺周期的。总而言之，这些结果再一次表明了部门性的生产率冲击作为住房（价格）的一个驱动力的前景和局限性。不过，要提出能够产生正确的数量动态的投入产出结构并不容易。一旦明确地将价格考虑进去，进一步的挑战就会出现。

4.3.3 家庭债务与名义刚性

21 世纪初，涌现了一大批论文，它们扩展了新凯恩斯主义模型，沿着上文第 3.7 节所述的思路讨论住房问题并纳入了抵押约束。其中比较早的一些研究关注的是对货币政策的反

---

① 最近，基德兰德等人（Kydland et al.，2012）证明，住宅投资的领先—滞后表现和长期固定利率抵押贷款的普遍存在，这两者都是美国数据独有的特点。在他们给出的模型中，住宅投资领先周期，因为在美国住房成本取决于远期收益率，但在其他国家则较少这样。

应(下面还将进一步描述)。① 为了说明这种理论框架的商业周期特点,我们将重点讨论亚科维耶洛和内里(Iacoviello and Neri,2010)的论著给出的结果。从企业方面来说,这篇论文结合了名义刚性、戴维斯和希思科特的技术、资本调整成本和房子的线性自由转换。在他们的模型中,存在两种类型的家庭(其不同之处在于贴现因子不同),不过不存在租赁市场(因而住房"红利"是不可交易的)。这个模型纳入了许多不同的冲击,并且利用消费、房价、通货膨胀率、名义利率以及住房投资和非住房投资、工作时数和工资来估计。

贴现因子的异质性导致了借款人—储蓄者家庭部门的出现。缺乏耐心的借款人家庭借入款项并且会受制于抵押约束,而储蓄者家庭在均衡中是不受抵押约束的。借款人总会在接近稳定状态时受到约束,这样就保证了线性解的存在。② 线性转换假设意味着存在一个"每单位住房"的价格。但是,住房红利的不可交易性则使两种类型的家庭都拥有住房的稳定状态得以出现。这样一来,这个模型就与关于股权定价的二人线性模型不同——在后者,对可交易资产估值最高的经济行为主体通常会成为唯一的所有者。

这种新凯恩斯主义的借款人—储蓄者模型所拥有的三个主要特征,将它们与前面讨论的那些模型区分了开来。第一,"住房偏好冲击"增加了住房可能提供的"幸福感",再加上对建筑部门生产率的冲击,构成了房价上涨和住宅投资膨胀的最重要的推动力。由于它更多地增加了住房需求而不是住房供给,所以这两个变量也会一起变动。与此同时,它还会降低商业投资和住宅投资的协动性。这种张力意味着,模型在将房价和投资的波动性、周期性与投资的领先—滞后表现共同匹配起来时遇到了困难,尽管房价的波动性确实相当高(请参见亚科维耶洛和内里论文的表4)。

第二,这些模型考虑了名义刚性。名义刚性会放大"需求"冲击,例如住房偏好。特别是随着工资的增加,住房偏好冲击对住宅投资的影响也会变得更大(请参见亚科维耶洛和内里论文的图2)。由于房价是可以灵活变动的,因此价格粘性较低。然而,同时,粘性工资会使联动问题更加恶化:对建筑部门的生产率冲击不会再导致商业投资增加(请参见亚科维耶洛和内里的论文的图4)。名义刚性也很重要,因为它们允许其他冲击——对货币政策和加价的冲击——抵达住房部门。

第三,家庭的异质性对于投资和房价的表现并不特别重要(请参见亚科维耶洛和内里论文的图2到图4)。但是住房的线性转换在这里却很重要:住房(以及其他资本)满足有耐心的无约束的投资者的欧拉方程,所以投资和价格的动态变化看起来与代表性经济行为主体模型中很相似。与此同时,受抵押约束限制的家庭的存在,则对于消费对冲击的反应很重要。特别是,住房财富的变化将会对总体消费产生更大的影响。在包含了名义刚性的模型中,这还会转化为对产出的影响。

---

① 一个相关的且比较早的借款人–储蓄者商业周期模型是坎贝尔和赫尔科维茨构建的(Campbell and Hercowitz,2005)。他们研究了以耐用品为抵押且保持不变价格的情形。结果他们证明,首付款要求越低,借款人就越能平滑劳动力供给,从而降低总劳动工时的波动性。坎贝尔和赫尔科维茨通过这种效应将20世纪80年代的金融创新与美国经济的"大缓和"联系了起来。

② 线性解意味着对称的商业周期。偶尔允许有约束力的约束,就可能会改变整个动态过程,因为这样做就引入了非线性动力学。例如,当约束很紧的时候,对冲击的反应可能更强,从而导致了如数据中那样的不对称循环。圭列里和亚科维耶洛(Guerrieri and Iacoviello,2015)构建了一个用来研究这种效应的模型。

4.3.4 商业部门的金融摩擦

当家庭部门存在金融摩擦的时候,房价可以通过需求对产出发挥重要影响。如果企业面临抵押约束,那么房地产价值也会影响企业的成本。例如,在亚科维耶洛(Iacoviello,2005)的模型中,企业家以住房抵押品来借款。刘等人(Liu et al.,2013)估计了一个企业以土地为抵押品借款的模型。因此,住房偏好或土地偏好冲击可以与土地价格以及商业部门的债务水平一起成为商业周期的驱动力。

在金融危机之后,在模型中引入能够直接改变借款成本或中介成本的冲击,已经成为一种普遍的做法。很多论文都研究了住房问题模型中的这种冲击,例如,多罗芬科等人(Dorofeenko et al.,2014)对建筑部门施加了融资约束和风险冲击;结果发现风险冲击增大了房价的波动性,尽管这是以夸大住宅投资的波动性为代价的。杰拉里等人(Gerali et al.,2010)估计了一个关于欧元区的模型,他们的估计结果反映了冲击对有摩擦的银行部门的重要作用(银行部门放贷给有抵押品的家庭和企业)。

4.3.5 货币政策的影响

继青木等人(Aoki et al.,2004)和亚科维耶洛(Iacoviello,2005)的开创性研究之后,大量文献研究了货币政策冲击对有异质家庭的新凯恩斯主义模型的影响。这类研究的目标是将脉冲响应与短期名义利率(通过结构性向量自回归方法获得)的变化匹配起来。在这方面,一个特征事实是,扩张性的货币政策冲击——短期利率的下降——会提高房价和住宅投资以及产出[例如,请参见卡尔查等人(Calza et al.,2013)给出的多国横截面证据]。这支文献试图解释这个特征事实,并说明异质经济行为主体和异质住房的存在是其他变量的脉冲响应背后的一个重要因素。

作为基准,我们在一个有代表性经济行为主体的新凯恩斯主义模型中考虑经济系统对货币政策冲击的反应。由于价格是有粘性的,名义短期利率的下降会导致实际短期利率的下降。从欧拉方程来看,代表性经济行为主体会希望增加当前消费,以此来替代昂贵的未来消费。由于企业位于各自的劳动需求曲线上,因此企业用工和产出的增加,都会对经济提供额外的消费—货币刺激。欧拉方程还表明,住房的回报率将会下降——这既可能是通过住房红利减少(住房消费的相对增加),也可能是通过房价下降来实现的。最后,投资回报率下降,住宅投资也随之下降。

现在,我们假设,模型中的经济行为主体是异质性的,而且面临着抵押约束,考虑这样一个模型中短期利率下降的影响。住房价格仍然假定为线性的。实际利率的变化会直接影响不受约束的经济行为主体的欧拉方程。再一次,住房的回报也必定会下降,这部分是因为不受约束的那些经济行为主体的住房消费的增加(这会减少住房红利),部分是因为房价下降。但是这种数量调整不是很大,因此价格反应通常看起来与代表性经济行为主体模型相似。这个模型与代表性经济行为主体模型的主要不同之处在于,价格变化现在会强化抵押约束,从而压低了受约束的经济行为主体的消费。因此,消费和产出的反应通常要比代表性经济行为主体模型中大得多,而且在跨期替代的驱动下,这些反应会变得更小。

亚科维耶洛(Iacoviello,2005)在一个双主体(借款人家庭和储蓄者家庭)模型中研究了上述机制。青木等人（Aoki et al.，2004）则在他们的模型中考虑了储蓄者和创业者住房部门。莫纳塞里（Monacelli，2009）比较了有抵押约束的模型与没有抵押约束的模型的不同含义，他利用的是对于耐用品和非耐用品的消费反应的证据。鲁比奥（Rubio，2011）在一个没有资本的模型中引入了长期债务，并证明货币政策对浮动利率抵押贷款的影响更大，因为实际利率的变化会产生更大的影响。卡尔查等人（Calza et al.，2013）给出的结构向量自回归模型证据表明，货币政策在那些可变抵押贷款更普遍的国家有更大的影响，他们给出的纳入了资本因素的模型也得到了性质类似的效应。加里加等人（Garriga et al.，2013）考虑了一个弹性价格模型，强调可变利率抵押贷款本身就可以产生重要的名义刚性。

4.3.6 富裕家庭部门

讨论商业周期和货币政策的文献有很大一部分是建立在传统的只具有有限异质性的宏观模型的基础之上的。从我们在前面讨论过的关于投资组合选择的各种结果来看，将家庭、房子以及总体风险的更丰富的异质性纳入模型，应该是一个大有前途的研究方向。这个方向上的早期研究通常都把房价风险抽象掉。西洛斯（Silos，2007）研究了一个有两种资本存量的模型，并用它解释了住房和财富状况的横截面和时间序列性质。亚科维耶洛和帕万（Iacoviello and Pavan，2013）在他们的模型中引入了租赁市场，并强调了债务的顺周期性。另一个有趣的研究方向是将地理因素纳入模型，这方面的一个例子是范纽沃尔伯格和韦尔的论文（Van Nieuwerburgh and Weill，2010）。

研究货币政策冲击的文献也一直向纳入更加丰富的家庭部门的模型靠拢。例如，卡普兰等人（Kaplan et al.，2016b）考虑了一个"永久青年"模型，纳入了借款约束和一个流动性不高的资产（包括住房）的子集。王（Wong，2016）构建了一个包容了长期抵押贷款的世代交叠模型，并强调了年龄异质性对传导机制的作用。所有这些论文都表明，家庭部门建模的细节对于脉冲响应的强度是非常重要的。

4.4　存在住房时的资产定价

本节综述包含了住房因素的模型中研究资产定价的一般模式的相关文献。与上一节讨论商业周期的文献类似，这些研究也会对数据呈现的经验分布与模型隐含的静态均衡进行比较。不过有一个关键区别，那就是，这里的模型有明确的非线性解，它们允许住房作为消费品或抵押资产的角色所隐含的风险的时变性。因此，风险回报权衡的变化会影响包括房子在内的所有资产的定价。

这些文献的结果的要点可以总结为：住房的存在，导致了随机贴现因子的缓慢变动，而且这种变化是随观察到的风险溢价的变化一起发生的。与此同时，除非风险倾向非常强烈，否则这个模型的理性预期形式并不会产生足够大的波动性，去影响风险资产的定价。不过，如果结合对预期的限制较少的假设，这里所描述的这种渠道能够在多大程度上发挥作用，仍然是一个没有结论的开放问题。

4.4.1 作为一种消费品的住房

标准的基于消费的资产定价模型着重关注的是消费风险：一项资产的价值取决于它的

回报率与另一个单一因素——总消费增长率——的联动。在一个包含了住房的模型中，家庭不仅要"担心"未来的消费增长，还要"担心"消费组合(c_t, s_t)的未来构成。如果存在一个无摩擦的租赁市场，那么组合风险就可以通过住房在整个消费组合中的支出比例来衡量。于是，资产的价值也就可以通过它们是否能够提供对冲第二个风险因子的工具来判断了。

更正式地，皮亚泽西等人（Piazzesi et al., 2007）将效用函数假设为幂函数的形式：$U(C) = C^{1-1/\sigma}/(1-1/\sigma)$，它建立在一个常替代弹性的集结算子$C = g(c, s)$之上。他们还假设，存在一个无摩擦的租赁市场。于是，如式（10）所示的定价内核可以改写成：

$$M_{t+1} = \beta \left(\frac{c_{t+1}}{c_t} \right)^{-1/\sigma} \left(\frac{1-x_{t+1}}{1-x_t} \right)^{\frac{\varepsilon - \sigma}{\sigma(\varepsilon-1)}} \tag{34}$$

其中，x_t是住房消费的支出份额。如果$\sigma < 1 < \varepsilon$，那么家庭既要担心一般的衰退（那意味着低消费增长），还要特别担心"严重衰退"（那种情况下住房消费支出份额将很低）。

如式（34）所示的定价核心是可以观察到的，因为住房支出份额x_t可以从国民收入和产出账户表中获得。利用支出份额，就可避免依赖住房数量指标——那往往是有问题的。图1显示了x_t在第二次世界大战结束以后这个历史期间的变动趋势。从图中可见，一个关键特征是支出份额包含了一个缓慢移动的分量，它与权益资产的价格股息比的低频分量的变动相一致：在20世纪60年代，这两个时间序列都很高，20世纪70年代变低了，20世纪80年代又恢复了。这些运动是可预测的，并且发生的频率远低于商业周期的频率。

住房支出份额的这种低频运动还会导致股票价格发生波动，后者与数据所显示的一致。例如，经济行为主体对严重衰退的担忧会增加资产的风险溢价——当住房支出份额下降时，这些资产几乎没有什么收益，而且，在住房支出份额本来就已经很低时，就更是如此。住房支出份额x_t与价格股息比的这种联动意味着股权就是这样的资产。由于住房支出份额基本上处于稳态，因此股票的价格股息比就会表现出持续性，而且有向均值回归的趋势。这种均值回归过程可以解释为什么用价格股息比就能够预测股票的超额回报。这个模型还意味着，住房支出份额应该能够预测股票的超额回报——正如数据所显示的那样。

由于住房支出份额的变动比较小，因此只有当式（34）中的指数足够大的时候，才能得出较大的风险溢价。之所以出现这种情况，可能有两个原因。一方面，假设消费的期内弹性接近于1。由于家庭希望维持稳定的支出份额，所以住房支出份额下降这种前景会给家庭造成很大的"不适"，导致家庭要求权益资产提供较高的风险溢价——即使家庭的风险厌恶倾向较低，也是如此。然而，与此同时，如式（24）所示的欧拉方程意味着租金波动很大。另一方面，当风险厌恶程度较高时，即使租金波动率不大，也会有很高的风险溢价。在这种情况下，住房在决定风险溢价的时变性质方面仍然有很重要的作用。

4.4.2 调整成本和住房生产

当房子存在调整成本时，上述对资产价格的影响仍然会存在［例如，请参见斯托基（Stokey, 2009）的论述］。调整成本通常会改变最优消费配置——例如，如果不进行调整，那么消费就是恒定的，或者以恒定的速度贬值。与此同时，如式（8）所示的关于其他证券的欧拉方程仍然成立。而如式（34）所示的定价核心可以继续通过住房和非住房消费的定量数据观察到,或者也可以通过非住房消费数据和住房支出份额 x_t 观察到。这个结论还可以进一步推广到对消费和住房的偏好从期望效用推导出来的模型设定中。在这种情况下,定价核心必须用如式(10)所示的持续效用来加以评估。

弗莱文和中川(Flavin and Nakagawa,2008)利用住房消费的定量数据来测度定价内核。更具体地说,他们是用建筑面积来衡量住房消费的。这种基于数量的测度有一个非常重要的缺点,那就是,它无法刻画美元支出——以及式(34)中的住房支出份额 x_t 所能反映的质量差异。例如,一套面积为 2000 平方英尺(约 186 平方米——译者注)且景致优美的房子,能够提供的效用要比面积相同的另一套看不到什么风景的房子多得多。这种质量差异反映在"自带风景"的房子租金较高这个事实上,同时也反映在相应的更高的住房支出份额 x_t 上。

杰卡德(Jaccard,2011)构建了一个两部门模型,它可以"生产出房子"。他假定,对于消费组合 $g(c_t, s_t)$ 和闲暇活动,存在一种习惯的养成过程。住房生产中的调整成本与习惯形成一起,共同导致房价会出现较大的波动。习惯形成也有助于产生比较大的股本溢价,并导致工作时数和产出之间的联动。

4.4.3　作为可抵押资产的住房

鲁斯蒂格和范纽沃尔伯格(Lustig and Van Nieuwerburgh,2005)构建了一个存在不可保险的特异性收入风险和抵押约束的异质经济行为主体模型,然后在这个模型中研究了资产定价问题。他们的模型中的抵押约束与式(28)类似,不过如下这点除外:所涉及的证券是提前一期的或有债权,而且任何一个状态依存的承诺都必须用下一期相关自然状态下的住房价值来支持。或有债权的存在,使得鲁斯蒂格和范纽沃尔伯格能够将定价核心 M_{t+1} 表示为式(34)中的总消费项与依赖于"住房抵押比"(housing collateral ratio)的另一项相乘的结果。该"住房抵押比"指的就是住房财富与人类财富的相对比率。

现在,住房抵押比成了第二个状态变量,它描述了投资者对额外风险因子所要求的补偿的变动。事实上,投资者会认为,当住房抵押比很低、且抵押约束很紧时,经济衰退特别严重。此外,如果当前的住房抵押比本来就已经很低了,那么通过以抵押方式借款来平滑不可保险的收入冲击的机会就会非常少,从而所要求的风险溢价也就会很高。从经验的角度来看,住房抵押比这个指标可以预测股票回报,同时也有助于解释股票回报的横截面特征。

这篇论文还进一步证明,风险溢价的大幅波动与无风险利率的大幅波动有关。事实上,如果当前的借款机会很少,那么所有或有债权的供给就会下降,从而推高所有债权的价格及其总额,以及无风险债券的价格。这个逻辑不仅仅适用于包含了对或有债权的抵押约束的模型,而且也适用于包含了如式(28)所示的约束条件的模型,此外也适用于违约行为会受到"禁贷"惩罚的模型。从定量的角度来看,除非风险厌恶的倾向非常高,否则有贷款约束的理性预期模型就不会在利率没有过度波动的情况下,产生很高且波动性很大的股本溢价。

4.5　住房价格的繁荣—萧条周期

现在,越来越多的研究试图解释房价大幅波动背后的机制及其定量意义。从历史上看,有两个房价繁荣—萧条周期特别引人注目——它们体现在了美国以及其他许多工业化国家的全国房价上。第一个周期出现在 20 世纪 70 年代的全球通货膨胀期间,皮亚泽西和施奈德(Piazzesi and Schneider,2008)论文的图 2 清楚地显示了这个周期。在繁荣期间,美国房地产市场中的"优质板块"的房子的增值幅度比"低质板块"高出了整整 11%,如波特巴(Poterba,1991)论文的表 2 所示。第二个周期出现在 21 世纪初,在许多国家,伴随着抵押贷款债务的大幅增加,房价也大幅上涨,如查扎洛尼斯和朱(Tsatsaronis and Zhu,2014)所述。不同的是,在这次房价繁荣期间,美国房地产市场中的"优质板块"的房子的增值幅度反而小于"低质板块",这一点我们在上文第 2.2 节已经讨论过了。

通常,对房价持续上涨的解释包括一个或多个"冲击",即经济环境的变化,以及经济体如何应对冲击的机制。在宽泛的意义上,可以考虑的冲击包括了所有会影响除了住房之外的收入和资产的宏观经济条件的变化,会影响在给定房价下的借款能力的金融条件的变化,以及政府政策的变化和对未来房子价值的预期的变化。对于各种冲击以及应对冲击的机制,应该如何建模则取决于在一个给定的模型中,经济的反应在多大程度上是内生的。

4.5.1 主要结果概述

对 20 世纪 70 年代住房繁荣的大量研究表明,"大通胀"压低了使用者成本——特别是对比较富裕的家庭而言。用较低的使用者成本,就可以定量地解释房子总价值提升以及质量更高的房子价值更高的现象。同时,更高的抵押贷款利率税收减免率,又进一步增加了自己拥有的住房的吸引力。这些因素就可以解释实际房价总体上涨幅度中的很大一部分了。更高的税收减免特别有利于纳税等级较高的家庭,高品质房子细分市场升值幅度更大的事实反映了这一点。从问卷调查来看,与年长家庭相比,年轻家庭报告的预期通货膨胀率更高,从而降低了他们想象中的实际利率水平。不同世代的人对通货膨胀的预期、对实际利率的看法的这种分歧,也是与这个时期的信贷大幅增加的趋势一致的。由此而导致的一个结果是,年轻的家庭以他们所认为的更低的利率大举借款购买房子,从而推动了房价上涨。

到了 21 世纪初期,使用者成本再一次下降到了低位。信贷几乎唾手可得——利率很低,首付款限制也只是聊胜于无。这种情况的出现,部分原因可以归结为外国储蓄的流入以及资产证券化的盛行。更低的利率提高了未来住房服务的现值,从而推高了房子的价值。而首付款约束的放宽,则对贫困家庭至关重要——现在贫困家庭也能借更多的钱购买房子了,从而极大地推高了房价,这是住房市场的低质板块房子的价格大幅飙升的主要原因。同时,在房价上升后,比较富裕的家庭也不得不越来越多地购买低质量的房子,并使得周边地区的房子价格继续居高不下,从而进一步推高了低质量房子的价格。尽管如此,所有研究都发现,仅凭这些,很难对全部房价上涨给出定量解释。这种困难恰恰表明,预期在 21 世纪初住房市场繁荣期间起到了重要作用。只要家庭预期房价与收入一起上涨的趋势会一直持续下去(而不会回归到较低的均值水平),那么还是有可能从定量的角度对房价繁荣加以解释的。

现在,我们对住房市场的繁荣—萧条周期的理解已经取得了长足的进步。微观数据(包括家庭行为数据和关于预期的问卷调查数据)的大量涌现,帮助我们厘清了各种相互竞争的机制的相对重要性。然而一个尚未解决的问题是,导致房价开始上涨的冲击的性质仍然尚未明了。住房偏好、预期、外国资本流入，以及首付款约束的变化，实质上都可以说是不同市场参与者对住房和住房信贷的态度的变化的"替身"。要理解这些变化发生的原因，我们就需要整合预期形成理论、金融创新理论和国际资本市场一体化理论。

另一个至今悬而未决的问题是，美国政府在最近这轮住房市场繁荣期间到底发挥了什么作用？很显然，美国政府的许多政策（例如，与美国住房和城市发展部于 1994 年制定的"国家住房战略"相关联的那些政策），都旨在鼓励贫困家庭利用大额抵押贷款购买房子，特别是低质量的房子。这些政策对住房价格持续上涨究竟有多大贡献？还有一个相关的问题是，政府当初是否应该倡导和推动住房自有？因为这涉及大量无法分散的投资和潜在的福利成本（如果出现了违约的话）。

4.5.2　20 世纪 70 年代的住房市场繁荣

波特巴（Porterba，1984）利用 20 世纪 70 年代住房市场繁荣时期的人口普查数据研究了使用者成本方程。他的研究结果表明，高通货膨胀预期大大降低了家庭的住房使用者成本。高通货膨胀预期推高了按揭利率，进而增加抵押贷款税收补贴。这种机制能够解释 20 世纪 70 年代房价上涨的 30%。

后来，波特巴（Porterba，1991）又通过计算发现，纳税等级较高的那些家庭，使用者成本的降幅特别大。原因是，对于那些收入更高、位于较高纳税等级的家庭来说，更高抵押贷款利率转化成了更高的抵押贷款税收减免。更富裕家庭的较低的使用者成本增加了对更昂贵的房子的需求。波特巴论文中的表 3 和表 4 表明，在 20 世纪 70 年代的住房市场繁荣期间，更昂贵的房子的资本回报更高，而更便宜的房子的价格涨幅更大。

皮亚泽西和施奈德（Piazzesi and Schneider，2009a）研究了一个有三种资产——房子、股票和名义债券——的模型的均衡状态。在这个模型中，家庭要解决一个生命周期消费—投资组合选择问题，其中收入过程是外生的、不可交易的，如式（33）所示。在这篇论文中，他们计算了如上文第 3.4 节所述的暂时均衡。基准家庭对未来回报和收入的动态变化的信念是根据历史数据估计出来的。此外，这些动态变化反映了房价波动中的很大一部分特异性变化。在用 20 世纪 70 年代的数据来评估这个模型时，暂时均衡概念对于探索较高的预期通货膨胀率以及更大的通货膨胀波动的影响是很有用的。

而在用 20 世纪 90 年代的收入和资产禀赋的数据进行评估时，该模型的暂时均衡在匹配观测到的资产价格、财富的生命周期模式以及房子、股票和名义债券在投资组合中的权重等方面都是成功的。特别是，这个模型预测到了，年轻家庭借款买房且不参与股票市场。而后，随着年龄的增长，家庭开始偿还抵押贷款并开始储蓄（以投资于名义债券和股票的形式）。

这个模型还用 20 世纪 60 年代、70 年代和 90 年代的消费者金融调查的数据进行了评估。该模型预测，20 世纪 70 年代总体财富将下降 25%——而这正是我们在数据中观察到的模式。有三种不同的机制推动了大通货膨胀期间家庭财富的下降。第一，在 20 世纪 70 年代，出现了一个人口转折，即出现了更多的年轻家庭——"婴儿潮"一代——他们的储蓄率更低。第二，通货膨胀导致的资本损失减少了财富，从而减少了储蓄——对年长家庭尤其如此。第三，虽然利率出现了大幅度上涨，但是由于外界向家庭供应的债券也在减少，所以较低的储蓄率未能被有效抵消。

当基准信念没有把 20 世纪 70 年代的更高的预期通货膨胀率考虑进去的时候，虽然总体家庭财富下降了，但是在所有上述三个时期，投资组合看上去都很相似。当所有家庭都相信预期通货膨胀率将居高不下的"一致预测"的时候（"密歇根调查"发布的对 20 世纪 70 年代的通货膨胀的预测），他们就开始将投资组合从股票向住房调整。这种转变之所以会发生，是因为高预期通货膨胀会导致有利于住房投资的税收效应：来自住房的回报是基本上不用纳税的，同时付出的抵押贷款利息又可以享受税收减免。然后，对于通货膨胀预期的不同看法又进一步推动了投资组合向住房倾斜。原因在于，年轻家庭预期通货膨胀率将会很高，同时又觉得实际利率很低，因此他们决定多借钱买房。通货膨胀的两大机制——平均通货膨胀率居高不下，不同类群体对通货膨胀的预测不同——可以解释数据中观察到的大约一半的投资组合转移。[①] 剩余的变化则可以归因为：在预期通货膨胀率居高不下的时候，股票的预期回报率下滑，从而导致股票的价格股息比大幅下降，促进了住房市场的繁荣。由此而导致的房子价格与股票价格之间的负相关性，正是实现我们对 20 世纪 70 年代的经济的全面理解的重要一步。

4.5.3 21 世纪初的住房市场繁荣

研究 21 世纪初的住房市场繁荣的文献非常多，在这里，我们根据它们所采取的分析方法将这些论文分成了三组。第一组文献评估如式（27）所示的使用者成本方程各种不同版本。这些论文提出的问题是：关于预期利率和预期住房回报率——以及使用者成本方程中的其他参数——的合理的"剧本"，是否与高房价一致。第二组文献在小型的开放经济模型中，利用从数据估计出来的证券价格——尤其是利率——研究住房价格以及住房配置是如何内生地决定的。第三组文献则研究封闭经济模型中房价和其他资产的价格是如何一起决定的。

通常来说，上面这三种方法是互补的。实际上，以使用者成本方程为核心的那些研究（以及更一般的对欧拉方程的研究）和小型开放经济模型并不试图直接解释利率为什么会出现这样那样的波动。与此同时，它们在评估某个给定的机制时，也不会明确地对冲击结构以及证券市场的参与者的特征提出某种特定的假设。因此，它们得出的结论是不依赖于这些细节的，是稳健的。相比之下，第三种方法（对封闭的经济模型的研究）虽然从原则上说似乎更有雄心，因为它对这种细节提出了明确的假设，并且对冲击的性质采取了特定的立场，但是也更容易出现设定错误的情况。

使用者成本计算

希默尔伯格等人（Himmelberg et al.，2005）的研究表明，使用者成本是最近这轮住房市场热潮的领先指标。他们的方法是，假设未来的收益可以按照目前的长期利率贴现。在此基础上，他们得出的结论是，21 世纪初长期利率的大幅下滑可以解释当时的房价上涨。葛莱泽等人（Glaeser et al.，2013）则证明，以 21 世纪初的低利率贴现所有未来的收益这个假设，对

[①] 在与此相关的一项研究中，皮亚泽西和施奈德（Piazzesi and Schneider，2008）构建了这样一个模型：有些家庭会因通货膨胀幻觉而大吃苦头。这些家庭将名义利率的变化与实际利率的变化混淆在了一起，而更聪明的家庭则懂得费雪方程式。这个模型预测了房价租金比与名义利率之间的一种非单调的关系：当名义利率特别高（如 20 世纪 70 年代的情况）或特别低（如 21 世纪初的情况）时，房价会很高。

于希默尔伯格等人的上述定量结论是至关重要的。相比之下,如果允许低利率在未来回归均值,那么住房市场繁荣的程度就会显著降低。据此,葛莱泽等人得出的结论是,乐观的预期在这轮住房市场热潮中发挥了重要的作用。

小型开放经济体的房价

清泷等人(Kiyotaki et al.,2011)研究了这样一个小型开放经济体:家庭要求解生命周期问题——在租赁住房和购买自己拥有的住房之间进行选择,并且要面对如上文 3.7 节所述的抵押约束。在他们的模型中,住房是一种用土地和资本生产出来的资本存量。这篇论文对稳态与不同宽松程度的抵押约束下的各种状态进行了比较:首付款约束的范围从 10% 变动到 100%。该文表 3 总结的研究结果表明,不同的首付款约束对住房自有率有很大的影响:在不能借款买房(必须支付全款)的情况下,只有 46% 的家庭能够拥有自己的住房;在只要求支付相当于房价的 10% 的首付款的情况下,有 90% 的家庭拥有自己的房子。

然而,清泷等人还证明,虽然低首付款约束对外延边际有巨大的影响,但是这种约束对房价的影响却可以忽略不计。他们论文的表 3 显示,房价租金比在所有稳定状态下基本上保持不变。这个结果是符合直觉的,因为在他们的模型中,所有房主都是边际投资者,并且决定住房的每单位价格(per unit price)。在抵押约束很宽松的情况下,新的购房者源源不断地涌入。然而,这些新买家不会影响住房的每单位价格,因为欧拉方程也适用于富裕的家庭。他们这篇论文的表 4 显示的是上面这些结果是如何定量地取决于用于生产住房的土地的稀缺性的。克曼尼(Kermani,2012)则在一个连续时间的代表性经济行为主体模型中研究了这些机制。

萨默等人(Sommer et al.,2013)构建了一个类似的模式,但是不包含住房的生产。相反,在他们这个模型中,房子的总供给是固定的,而住房单位则可以自由转换。这篇论文也发现,较宽松的抵押约束和较低的利率对房价的定量影响较小(萨默等人还考虑了较高的收入预期的影响)。朱(Chu,2014)在自己的模型中假设用于出租的房子的供给和业主自住的房子的供给是分别单独固定的,而且不能相互转换。在这种情况下,较宽松的抵押约束对房价影响较大。特别是,业主自住的房子的升值幅度要大于用于出租的房子。这个模型假设债券市场可以出清,同时还假设 2005 年的收入冲击的波动性更大,以保证均衡利率不会随着时间的推移而改变(而不是试图去拟合数据中观察到的更低的利率)。

兰德沃伊特等人(Landvoigt et al.,2015)研究了这样一个住房配置模型:配置发生在一个都会统计区内部,房子是不可分割的且流动性不高。在这个模型中,迁居者的住房需求是通过一个有交易成本和抵押约束的生命周期消费和投资组合选择问题推导出来的。如上文第3.4 节所述,房价是在暂时均衡状态下确定的,这种均衡会引致对住房服务需求较低的家庭迁居到房子质量较低的社区。因此,均衡价格的分布取决于迁居者的特征的分布以及房子质量的分布。虽然不同质量的住房市场都出清了,但是那个都会统计区其实是一个小型开放经济体。

兰德沃伊特(Landvoigt,2015)利用圣迭哥县 2000 年和 2005 年(后者是住房市场繁荣的高峰)的微观数据,给出了迁居者和房子质量的连续分布的测度。迁居者的各种特征——年龄、收入和财富——的分布,是根据“美国社区调查”的数据来衡量的。2005 年的迁居者特征的分布情况表明,这些迁居者比 2000 年的迁居者更富裕。此外,2005 年的房子质量分布也有比 2000 年更大的"肥尾",这就是说,相对而言,在质量光谱的低端和高端成交的房子增多了,而中等质量的房子的成交数量减少了。

为了衡量房子质量的分布,兰德沃伊特(Landvoigt,2015)假设房子质量可以用一个一维指标来表示。根据这种假设,房子质量可以通过 2000 年的基准价格来衡量。这篇论文证明,以 2000 年的价格水平衡量,2005 年出现了"严格的"上涨。这种单调性意味着,在 2005 年,在每一个质量水平上,都存在一个独一无二的 2000 年的初始质量水平,使得该初始质量水平上的"平均房子"与 2005 年的某个给定房子类似。而 2000 年的房子质量分布就是当年的交易价格的分布。因此,利用从 2000 年的质量到 2005 年的价格的映射的单调性,就可以从 2005 年的交易价格分布构造出 2005 年的房子质量分布了。①

在此基础上,兰德沃伊特在文中比较了这两年的预测均衡价格,并推导出了不同质量水平的房子资本收益的横截面特征,然后与数据显示的不同质量的房子的资本收益进行了比较。之所以可以用这个模型与从 2000 年至 2005 年期间观察到的不同质量的房子的资本收益的横截面数据进行定量匹配,是因为以下两个核心机制的存在。第一种机制是更便宜的信贷:2005 年,更宽松的抵押品束和更低的抵押贷款利率使得更贫穷的家庭有能力多借款,从而增加了它们的住房需求,特别是对于质量光谱的下端的房子的需求。更低的首付款限制对富裕的家庭不会有很大的影响,但是这些富裕的家庭对于低质量的房子来说,并不是边际投资者(如上文第 3.3.1 节所述)。因此,贫穷家庭对房子的更高需求,也就转换成了低质量房子的更高价格。

第二种机制是,2005 年交易的质量较差的房子更多。将 2005 年的迁居者的分布与 2005 年的房子的分布相比对,就不难看到,与 2000 年相比,作为低质量房子的边际买家的家庭更富裕一些,这就推高了低质量房子的价格。这两种机制都会导致房子的资本收益单调地随着房子质量的上升而下降。

模型是否能够定量地与以质量衡量的资本收益匹配,最终取决于预期。暂时均衡的一大优点就在于,我们可以利用它搞清楚预期究竟有多重要。假设在 2005 年,家庭预期房价还会继续以与劳动收入一样的速度上涨,同时信贷条件仍然保持不变,那么这个模型就意味着 2000—2005 年资本收益将与数据显示的相同。相反,如果假设家庭在 2005 年预计未来的房价和信贷条件将回到 2000 年的水平,那么作为房子质量的一个函数的资本收益将会下行,直到昂贵的房子不再升值为止。我们的结论是,宽松信贷和房子质量分布的肥尾特征,预示了资本收益的单调下降模式。要想定量地解释资本收益,预期是必须考虑的一个重要因素。特别重要的是,2005 年对未来的预期不可能是悲观的。

封闭经济与利率的决定

所有考虑封闭经济模型的文献都假设转换是无成本的,并进而假设线性定价,而线性定价这种设定本身就会削弱宽松的抵押约束对房价的定量重要性。住房的每单位价格会进入

---

① 埃普尔等人(Epple et al.,2015)也假定房子质量是一个一维指标。他们使用新的结构估计方法,从来自各都会统计区的数据估计出了作为质量的非线性函数的房价和租金价值。

所有投资者的欧拉方程,其中也包括富裕的投资者(对他们来说,抵押约束无关紧要)。因此,抵押约束的任何变化都只会对每单位住房价格产生很小的影响。这些模型的主要贡献就在于,更宽松的抵押约束倾向于推高均衡利率,因此在房价繁荣期间需要某种强大的力量来维持低利率水平。

加里加等人(Garriga et al.,2012)研究了一个封闭经济,它有两个生产部门和一个代表性家庭,且没有总体冲击。房子的生产需要利用土地,并且需要在建筑结构上进行不可逆转的投资。在这个模型中,抵押贷款利率是由"外国"贷款人决定的,而对抵押约束的选择则以与住房财富上的总抵押债务匹配为准。在对未来的宽松抵押约束和低抵押贷款利率有完美预见的假设下,该模型能够解释观察到的全国住房价格指数的大约一半的增长。由于住房与非住房消费是强互补品,所以住房价格的上涨并不会导致消费出现很大的增加(那样的话将是反事实的)。加里加等人在论文中将另一半的增长归因于预期。

法维卢基斯等人(Favilukis et al., 2016)也构建了一个封闭经济模型,其中家庭要在面临不可保险的劳动收入冲击以及总体冲击的情况下求解生命周期问题。这个经济中不存在租赁市场,所以家庭必须购买住房才能消费住房服务。为了解出这个模型,法维卢基斯等人假设,外国人在 21 世纪初购买了更多债券,从而增加了抵押贷款供给。这篇论文细致地衡量了债券购买的规模,并对这种购买对均衡抵押贷款利率的影响进行了量化分析。宽松的抵押约束降低了风险溢价,从而使得房价上涨——涨幅接近全国房价涨幅的一半。

法维卢基斯等人的模型中作为资产的"房子"是对全国住房存量的一种请求权。如上文第 2.2 节所述,在真实数据中,家庭持有独立的房子,而不是这种多样化的请求权。事实上,多样化的请求权所拥有的回报性质比单个住房更有吸引力,因为全国房价指数不是高波动性的。在法维卢基斯等人论文的表 5 中,全国住房存量的均衡夏普比率达到了惊人的 0.82,吸引力明显超过股票(股票的夏普比率则只有 0.37)。为了更好地描述数据中家庭所要面对的单个住房的夏普比率,这篇论文还考虑了导致房子贬值的较小的特异性冲击。这些特异性冲击会导致预防性储蓄增加,从而降低均衡无风险利率,但是它们与个人住房回报的方差分解中的高特异性成分并不匹配。

胡斯蒂尼亚诺等人(Justiniano et al., 2015a)也考虑一个封闭的经济。在这个经济中,有耐心的家庭可以贷款给没有耐心的家庭,直到他们的贷款额达到某个外生给定的贷款供给限制为止。这个模型也有抵押约束,所以没有耐心的家庭要在这种约束下借钱买房子。这篇论文表明,宽松的抵押约束增加了没有耐心的家庭对房子和抵押贷款的需求。因此,房价和抵押贷款利率均有所增加,这与我们数据中看到的情况相反(数据显示,抵押贷款利率是下降的)。然后,这篇论文认为,信贷供给上限的外生增长,导致了借款的增加,同时又使均衡时的抵押贷款利率保持在低位。对于这种观点而言,如下假设是至关重要的:耐心的家庭有固定的住房需求,或者在不同于没有耐心的家庭的细分市场上购买房子,否则这些家庭的欧拉方程将会决定房价,从而使房价保持在低位。在后续研究中,胡斯蒂尼亚诺等人(Justiniano et al.,2015b)向模型中加入了较贫穷的借款人(次贷借款人)。他们证明,在对借贷供给增加做出反应的时候,次贷借款人增加的借款要比富裕的借款人更多。

兰德沃伊特(Landvoigt,2015)则在一个封闭经济模型中将抵押贷款供给内生化了。这个封闭经济存在银行部门,也存在总体风险。不同家庭的耐心程度以及风险规避倾向都有所不同。银行吸收存款、出售股权,以便发放抵押贷款。宽松的抵押约束增大了住房和抵押贷款的需求,同时也推高了抵押贷款利率,但后者与我们在数据中观察到的相反。为此,兰德沃伊特引入了证券化,即允许银行直接将抵押贷款出售给愿意承担风险的储蓄者。在 21 世纪初期,当银行低估了新的借款人的风险并放宽了抵押约束后,住房市场的繁荣阶段就启动了。由于银行将抵押贷款证券化了并将(抵押贷款支持证券)出售给了储蓄者,所以风险溢价开始下滑,同时贷款供给增加,模型由此开启了房价暴涨和崩盘周期。

预期

关于 21 世纪初期的住房市场繁荣,几乎全部研究都得出了这样一个共同结论,那就是预期发挥了重要作用。这一结论与对未来房价预期的调查结果一致。例如,凯斯和席勒(Case and Shiller,2003)论文的表 9 报告说,在 2003 年,购房者预计在未来 10 年,房价每年都将会升值 9%至 15%。皮亚泽西和施奈德(Piazzesi and Schneider,2009b)的论文也表明,在最近这一轮住房市场繁荣的高峰期,房价将继续上涨的家庭的比例增加了一倍。

最近的研究刻画了这种房价预期。皮亚泽西和施奈德(Piazzesi and Schneider,2009b)证明,由于每年交易的房子都只占所有房子的一小部分,少数乐观的家庭就足以推高这些交易中的均衡房价。巴勒维和费希尔(Barlevy and Fisher,2011)则假设,每个时期都会有一批新的家庭以一定的概率进入住房市场,而且这种流动是可能停止的。伯恩塞德等人(Burnside et al.,2011)则假设,对房价的预期与传染病传播的动态变化类似。亚当等人(Adam et al.,2012)还研究了学习动力学,它会使房价暂时脱离基本面。

兰德沃伊特(Landvoigt,2016)使用源于美国消费者金融调查的微观数据,估计出了使家庭在消费组合的决策合理化的信念。该文的估计结果表明,信念的一个重要特征是,能够提高违约的期权价值,从而能够在住房繁荣期间发挥杠杆作用的未来房价有更高的不确定性。

致谢

我们感谢爱丽娜·阿雷费娃(Alina Arefeva)、伊兰·霍夫曼(Eran Hoffmann)、阿米尔·克曼尼(Amir Kermani)、莫里茨·莱纳尔(Moritz Lenel)、肖恩·迈尔斯(Sean Myers)、亚历山德拉·彼得(Alessandra Peter)、约翰·泰勒(John Taylor)、哈拉尔德·厄里格(Harald Uhlig)以及斯坦福大学会议的与会者提出的宝贵意见。

参考文献

Adam, K., Kuang, P., Marcet, A., 2012. House price booms and the current account. NBER Macroeconomics Annual, vol. 26(1), University of Chicago Press, Acemoglu and Woodford, pp. 77—122.

Adelino, M., Schoar, A., Severino, F., 2015. Loan originations and defaults in the mortgage crisis: the role of the middle class. NBER Working Paper No. 20848.

Agarwal, S., Driscoll, J., Laibson, D., 2013. Optimal mortgage refinancing: a closed form solution. J. Money Credit Bank. 45, 591—622.

Amromin, G., Huang, J., Sialm, C., Zhong, E., 2013. Complex mortgages. Working Paper, University of Texas at Austin.

Anderson, S., Campbell, J. Y., Nielsen, K. M., Ramadorai, T., 2015. Inattention and inertia in household finance: evidence from the danish mortgage market. Working Paper, Harvard.

Andrews, D., Sánchez, A. C., Johansson, Å., 2011. Housing markets and structural policies in OECD countries. OECD Economics Department Working Papers.

Aoki, K., Proudman, J., Vlieghe, G., 2004. House prices, consumption, and monetary policy: a financial accelerator approach. J. Financ. Intermed. 13, 414—435.

Artle, R., Varaiya, P., 1978. Life cycle consumption and homeownership. J. Econ. Theory 18, 38—58.

Attanasio, O. P., Weber, G., 1994. The UK consumption boom of the late 1980s: aggregate implications of microeconomic evidence. Econ. J. 104 (427), 1269—1302.

Attanasio, O. P., Blow, L., Hamilton, R., Leicester, A., 2009. Booms and busts: consumption, house prices and expectations. Economica 76, 20—50.

Attanasio, O. P., Leicester, A., Wakefield, M., 2011. Do house prices drive consumption growth? The coincident cycles of house prices and consumption in the u. k. J. Eur. Econ. Assoc. 9 (3), 399—435.

Attanasio, O. P., Bottazzi, R., Low, H. W., Nesheim, L., Wakefield, M., 2012. Modelling the demand for housing over the life cycle. Rev. Econ. Dyn. 15, 1—18.

Bachmann, R., Cooper, D., 2014. The ins and outs in the U. S. housing market. Working Paper, Notre Dame.

Badarinza, C., Campbell, J. Y., Ramadorai, T., 2016. International comparative household finance. Annu. Rev. Econ. Forthcoming.

Barlevy, G., Fisher, J. D., 2011. Mortgage choices and housing speculation. Working Paper, Federal Reserve Bank of Chicago.

Benhabib, J., Rogerson, R., Wright, R., 1991. Homework in macroeconomics: household production and aggregate fluctuations. J. Polit. Econ. 99, 1166—1187.

Berger, D., Veronica, G., Guido, L., Joseph, V., 2015. House prices and consumer spending. NBER Working Paper 21667.

Berkovec, J., Fullerton, D., 1992. A general equilibrium model of housing, taxes, and portfolio choice. J. Polit. Econ 100 (2), 390—429.

Braid, R., 1981. The short-run comparative statics of a rental housing market. J. Urban Econ. 10, 280—310.

Braid, R., 1984. The effects of government housing policies in a vintage filtering model. J. Urban Econ. 16, 272—296.

Burnside, C., Eichenbaum, M., Rebelo, S., 2011. Understanding booms and busts in housing markets. J. Polit. Econ. Forthcoming.

Calza, A., Monacelli, T., Stracca, L., 2013. Housing finance and monetary policy. J. Eur. Econ. Assoc. 11 (1), 101—122.

Campbell, J. Y., Cocco, J. F., 2003. Household risk management and optimal mortgage choice. Q. J. Econ. 118 (4), 1449—1494.

Campbell, J. R., Hercowitz, Z., 2005. The role of collateralized household debt in macroeconomic stabilization. NBER Working Paper No. 11330.

Campbell, J. Y., Cocco, J. F., 2007. How do house prices affect consumption? Evidence from micro data. J. Monet. Econ. 54 (3), 591—621.

Campbell, S., Davis, M., Gallin, J., Martin, R. F., 2009. What moves housing markets: a variance decomposition of the rent-price ratio. J. Urban Econ. 66 (2), 90—102.

Caplin, A., Leahy, J. V., 2014. A graph theoretic approach to markets for indivisible goods. J. Math. Econ. 52, 112—122.

Cardarelli, R., Igan, D., Rebucci, A., 2008. The Changing Housing Cycle and Its Implications for Monetary Policy. IMF World Economic Outlook. International Monetary Fund, Washington, DC.

Carroll, C. D., 1997. Buffer-stock saving and the life-cycle/permanet income hypothesis. Q. J. Econ. 112, 1—55.

Carroll, C. D., Otsuka, M., Slacalek, J., 2011. How large are housing and financial wealth effects? A new approach. J. Money Credit Bank. 1 (43), 55—79.

Case, K. E., Shiller, R. J., 1989. The efficiency of the market for single-family homes. Am. Econ. Rev. 79 (1), 125—137.

Case, K. E., Shiller, R. J., 1990. Forecasting prices and exess returns in the housing market. Real Estate Econ. 18 (3), 253—273.

Case, K. E., Shiller, R. J., 2003. Is there a bubble in the housing market? Brook. Pap. Econ. Act. 2, 299—362.

Case, K. E., Quigley, J., Shiller, R. J., 2005. Comparing wealth effects: the stock market versus the housing market. In: Advances in Macroeconomics, vol. 5(1), Berkeley Electronic Press, pp. 1—34. http://dx. doi. org/10. 2202/1534—6013. 1235.

Chambers, M. S., Garriga, C., Schlagenhauf, D. E., 2009a. The loan structure and housing tenure decisions in an equilibrium model of mortgage choice. Rev. Econ. Dyn. 12, 444—468.

Chambers, M. S., Garriga, C., Schlagenhauf, D. E., 2009b. Accounting for changes in the homeownership rate. Int. Econ. Rev. 50 (3), 677—726.

Chang, Y., 2000. Comovement, excess volatility and home production. J. Monet. Econ. 46, 385—396.

Chen, H., Michaux, M., Roussanov, N., 2013. Houses as ATMs? Mortgage refinancing and macroeco-nomic uncertainty. NBER Working Paper No. 19421.

Chien, Y., Lustig, H., 2009. The market price of aggregate risk and the wealth distribution. Rev. Financ. Stud. 23 (4), 1596—1650.

Chu, Y., 2014. Credit constraints, inelastic supply, and the housing boom. Rev. Econ. Dyn. 17, 52—69.

Cocco, J. F., 2005. Portfolio choice in the presence of housing. Rev. Financ. Stud. 18, 535—567.

Cocco, J. F., 2013. Evidence on the benefits of alternative mortgage products. J. Financ. 68 (4), 1663—1690.

Cocco, J. F., Gomes, F. J., Maenhout, P. J., 2005. Consumption and portfolio choice over the life cycle. Rev. Financ. Stud. 18 (2), 491—533.

Cochrane, J. H., 2011. Discount rates. J. Financ. 66 (4), 1047—1108.

Cutler, D. M., Poterba, J. M., Summers, L. H., 1991. Speculative dynamics. Rev. Econ. Stud. 58, 529—546.

Davidoff, T., 2006. Labor income, housing prices, and homeownership. J. Urban Econ. 59, 209—235.

Davidoff, T., 2013. Supply elasticity and the housing cycle of the 2000s. Real Estate Econ. 41 (4), 793—813.

Davidoff, T., 2016. Supply constraints are not valid instrumental variables for home prices because they are correlated with many demand factors. Crit. Financ. Rev. Forthcoming.

Davis, M. A., Ortalo-Magne, F., 2011. Household expenditures, wages, rents. Rev. Econ. Dyn. 14 (2), 248—261.

Davis, M. A., Heathcote, J., 2005. Housing and the business cycle. Int. Econ. Rev. 46 (3), 751—784.

Davis, M. A., Heathcote, J., 2007. The price and quantity of residential land in the united states. J. Monet. Econ. 54 (8), 2595—2620.

Davis, M. A., Van Nieuwerburgh, S., 2015. Housing, finance and the macroeconomy. In: Duranton, G., Henderson, J. V., Strange, W. C. (Eds.), Handbook of Regional and Urban Economics, vol. 5. Elsevier, Amsterdam, pp. 813—886.

De Nardi, M., French, E., Jones, J., 2010. Why do the elderly save? The role of medical expenses. J. Polit. Econ. 118, 39—75.

Deaton, A., 1992. Understanding Consumption. Oxford University Press, Oxford, UK.

Detemple, J., Serrat, A., 2003. Dynamic equilibrium with liquidity constraints. Rev. Financ. Stud. 16(2), 597—629.

Díaz, A., Luengo-Prado, M. J., 2008. On the user cost and homeownership. Rev. Econ. Dyn. 11(3), 584—613.

Dorofeenko, V., Lee, G. S., Salyer, K. D., 2014. Risk shocks and housing supply: a quantitative analysis. J. Econ. Dyn. Control. 45, 194—219.

Englund, P., Ioannides, Y. M., 1997. House price dynamics: an international empirical perspective. J. Hous. Econ. 6, 119—136.

Epple, D., Quintero, L., Sieg, H., 2015. A new appproach to estimating hedonic equilibrium for metropol itan housing markets. Working Paper, University of Pennsylvania.

Epstein, L. G., Zin, S. E., 1989. Substitution, Risk Aversion, and the Temporal Behavior of Consumption and Asset Returns: A Thoeretical Framework. Econometrica 57 (4), 937—969.

Evans, G. W., Honkapohja, S., 2009. Learning and macroeconomics. Annu. Rev. Econ. 1, 421—449.

Favilukis, J., Ludvigson, S. C., van Nieuwerburgh, S., 2016. The macroeconomic effects of housing wealth, housing finance and limited risk sharing in general equilibrium. J. Polit. Econ. Forthcoming.

Fernandez-Villaverde, J., Krueger, D., 2007. Consumption over the life cycle: facts from consumer expen diture survey data. Rev. Econ. Stat. 89 (3), 552—565.

Fernandez-Villaverde, J., Krueger, D., 2010. Consumption and saving over the life cycle: how important are consumer durables? Macroecon. Dyn. 15, 725—770.

Fisher, J. D., 2007. Why does household investment lead business investment over the business cycle? J. Polit. Econ. 115 (1), 141—168.

Flavin, M., Nakagawa, S., 2008. A model of housing in the presence of adjustment costs: a structural inter pretation of habit persistence. Am. Econ. Rev. 98 (1), 474—495.

Flavin, M., Yamashita, T., 2002. Owner-occupied housing and the composition of the household portfolio. Am. Econ. Rev. 92 (1), 345—362.

Flemming, J. S., 1969. The utility of wealth and the utility of windfalls. Rev. Econ. Stud. 36, 55—66.

Fraumeni, B. M., 1997. The measurement of depreciation in the U. S. national income and product accounts. Surv. Curr. Bus. 77, 7—23.

Fudenberg, D., Levine, D., 1998. Learning in Games. M. I. T. Press, Cambridge, MA.

Garriga, C., Manuelli, R., Peralta-Alva, A., 2012. A model of price swings in the housing market. Working Paper, Federal Reserve Bank of St. Louis, 2012—022A.

Garriga, C., Kydland, F. E., šustek, R., 2013. Mortgages and monetary policy. NBER Working Paper No. 19744.

Geanakoplos, J., 2011. What's missing from macroeconomics: endogenous leverage and default. In: Jarocinski, M., Smets, F., Thimann, C. (Eds.), Approaches to Monetary Policy Revisited-Lesson from the Crisis, vol. 2011, pp. 220—238.

Gerali, A., Neri, S., Sessa, L., Signoretti, F. M., 2010. Credit and banking in a DSGE model of the euro area. J. Money Credit Bank. 42 (6), 107—141.

Giglio, S., Maggiori, M., Stroebel, J., 2016. No-bubble condition: model-free tests in housing markets. Econometrica 84 (3), 1047—1091.

Glaeser, E. L., Gottlieb, J. D., Gyourko, J., 2013. Can cheap credit explain the housing boom? Housing and the Financial Crisis. National Bureau of Economic Research, Inc., pp. 301—359.

Glaeser, E. L., Gyourko, J., Morales, E., Nathanson, C. G., 2014. Housing dynamics: an urban approach. J. Urban Econ. 81, 45—56.

Gomme, P., Kyland, F. E., Rupert, P., 2001. Home production meets time to build. J. Polit. Econ. 109 (5), 1115—1131.

Gorea, D., Midrigan, V., 2015. Liquidity constraints in the U. S. housing market. Working Paper, NYU.

Gourinchas, P. O., Parker, J., 2002. Consumption over the life cycle. Econometrica 70, 47—91.

Grandmont, J. M., 1977. Temporary general equilibrium. Econometrica 45, 535—572.

Greenwood, J., Hercowitz, Z., 1991. The allocation of capital and time over the business cycle. J. Polit. Econ. 99 (6), 1188—1214.

Greenwood, J., Rogerson, R., Wright, R., 1995. Household production in real business cycle theory. In: Cooley, T. F. (Ed.), Frontiers of Business Cycle Research. Princeton University Press, Princeton, NJ, pp. 157—174.

Grossman, S. J., Laroque, G., 1990. Asset pricing and optimal portfolio choice in the presence of illiquid durable consumption goods. Econometrica 58, 22—51.

Guerrieri, L., Iacoviello, M., 2015. OccBin: a toolkit for solving dynamic models with occasionally binding constraints easily. J. Monet. Econ. 70 (C), 22—38.

Guerrieri, V., Hartley, D., Hurst, E., 2013. Endogenous gentrification and housing price dynamics. J. Public Econ. 103 (5), 1664—1696.

Gyourko, J., Linneman, P., 1997. The changing influences of education, income, family structure, and race on homeownership by age over time. J. Hous. Res. 8 (1), 1—25.

Gyourko, J., Saiz, A., Summers, A. A., 2008. A new measure of the local regulatory environment for housing markets. Urban Stud. 45 (3), 693—729.

Han, L., Strange, W., 2015. The microstructure of housing markets: search, bargaining, and brokerage. In: Duranton, G., Henderson, J. V., Strange, W. C. (Eds.), Handbook of Regional and Urban Economics, vol. 5. Elsevier, Amsterdam, pp. 813—886.

Henderson, J. V., Ioannides, Y. M., 1983. A model of housing tenure choice. Am. Econ. Rev. 73 (1), 98—113.

Himmelberg, C., Mayer, C., Sinai, T., 2005. Assessing high house prices: bubbles, fundamentals and misperceptions. J. Econ. Perspect. 19, 67—92.

Hornstein, A., Praschnik, J., 1997. Intermediate inputs and sectoral comovements in the business cycle. J. Monet. Econ. 40, 573—595.

Hubbard, R. G., Skinner, J., Zeldes, S. P., 1995. Precautionary savings and social insurance. J. Polit. Econ. 103, 360—399.

Hurst, E., Stafford, F., 2004. Home is where the equity is: mortgage refinancing and household consump tion. J. Money Credit Bank. 36 (6), 985—1014.

Iacoviello, M., 2005. House prices, borrowing constraints, and monetary policy in the business cycle. Am. Econ. Rev. 95 (3), 739—764.

Iacoviello, M., Neri, S., 2010. Housing market spillovers: evidence from an estimated DSGE model. Am. Econ. Rev. 2, 125—164.

Iacoviello, M., Pavan, M., 2013. Housing and debt over the life cycle and over the business cycle. J. Monet. Econ. 60 (2), 221—238.

Jaccard, I., 2011. Asse tpricing and housing supply in a production economy. J. Macroecon. 11(1). Article33.

Jordà, O., Schularick, M., Taylor, A. M., 2016a. The great mortgaging: housing finance, crises and business cycles. Econ. Policy 31 (85), 107—152.

Jordà, O., Schularick, M., Taylor, A. M., 2016b. Leveraged bubbles. J. Monet. Econ. Forthcoming.

Justiniano, A., Primiceri, G. E., Tambalotti, A., 2015a. Credit supply and the housing boom. Working Paper, Northwestern University.

Justiniano, A., Primiceri, G. E., Tambalotti, A., 2015b. A simple model fo subrprime borrowers and credit growth. Working Paper, Northwestern University.

Kaneko, M., 1982. The central assignment game and the assignment of markets. J. Math. Econ. 10, 205—232.

Kaplan, G., Violante, G., 2014. A model of the consumption response to fiscal stimulus. Econometrica 82 (4), 1199—1239.

Kaplan, G., Mitman, K., Violante, G., 2016a. Non-durable consumption and housing net worth in the great recession: evidence from easily accessible data. Working Paper, NYU.

Kaplan, G., Moll, B., Violante, G., 2016b. Monetary policy according to HANK. Working Paper, Princeton University.

Kathari, S., Saporta-Eksten, I., Yu, E., 2013. The (un) importance of geographical mobility in the great reces? sion. Rev. Econ. Dyn. 16, 553—563.

Kermani, A., 2012. Cheap credit, collateral, and the boom-bust cycle. Working Paper, Berkeley.

Keys, B. J., Mukherjee, T., Seru, A., Vig, V., 2010. Did securitization lead to lax screening? Evidence from subprime loans. Q. J. Econ. 125 (1), 307—362.

King, M., 1990. Discussion. Econ. Policy 11, 383—387.

Kiyotaki, N., Moore, J., 1997. Credit Cycles. J. Polit. Econ. 105 (2), 211—248.

Kiyotaki, N., Michaelides, A., Nikolov, K., 2011. Winners and losers in housing markets. J. Money Credit Bank. 43 (2—3), 255—296.

Knoll, K., Schularick, M., Steger, T., 2014. No price like home: global house prices, 1870—2012. CEPR Working Paper No. 10166.

Koijen, R. S. J., Hemert, O., Van Nieuwerburgh, S., 2009. Mortgage timing. J. Financ. Econ. 93(2), 292—324.

Krusell, P., Smith, T., 1998. Income and wealth heterogeneity in the macroeconomy. J. Polit. Econ. 106 (5), 867—896.

Kuminoff, N. V. , Pope, J. C. , 2013. The value of residential land and structures during the great housing boom and bust. Land Econ. 89 (1), 1—29.

Kydland, F. E. , Rupert, P. , Sustek, R. , 2012. Housing dynamics over the business cycle. NBER Working Paper No. 18432.

Landvoigt, T. , 2015. Financial intermediation, credit risk, and credit supply during the housing boom. Working Paper, University of Texas at Austin.

Landvoigt, T. , 2016. Housing Demand During the Boom: The Role of Expectations and Credit Constraints. Forthcoming Review of Financial Studies.

Landvoigt, T. , Piazzesi, M. , Schneider, M. , 2015. The housing market(s) of San Diego. Am. Econ. Rev. 105 (4), 1371—1407.

Li, W. , Yao, R. ,2007. The life-cycle effects of house price changes. J. Money Credit Bank. 39(6), 1375—1409.

Liu, Z. , Wang, P. , Zha, T. , 2013. Land-price dynamics and macroeconomic fluctuations. Econometrica 81 (3), 1167—1184.

Lu, H. , 2008. Hedging house price risk in the presence of lumpy transaction costs. J. Urban Econ. 64 (2), 270—287.

Lustig, H. , Van Nieuwerburgh, S. , 2005. Housing collateral, consumption insurance and risk premia: an empirical perspective. J. Financ. 60 (3), 1167—1219.

Lustig, H. , Van Nieuwerburgh, S. , 2010. How much does household collateral constrain regional risk sharing? Rev. Econ. Dyn. 13 (2), 265—294.

Mayerhauser, N. , Reinsdorf, M. , 2007. Housing services in the national economic accounts. Working Paper, Bureau of Economic Analysis.

Mian, A. , Sufi, A. , 2009. The consequences of mortgage credit expansion: evidence from the U. S. mortgage default crisis. Q. J. Econ. 124 (4), 1449—1496.

Mian, A. , Sufi, A. , 2011. House prices, home equity-based borrowing, and the U. S. household leverage crisis. Am. Econ. Rev. 101 (5), 2132—2156.

Mian, A. , Sufi, A. , 2015. Fraudulent income overstatement on mortgage applications during the credit expansion of 2002 to 2005. NBER Working Paper No. 20947.

Mian, A. , Rao, K. , Sufi, A. , 2013. Household balance sheets, consumption, and the economic slump. Q. J. Econ. 128 (4), 1687—1726.

Monacelli, T. , 2009. New keynesian models, durable goods, and collateral constraints. J. Monet. Econ. 56 (2), 242—254.

Muellbauer, J. , Murphy, A. , 1990. Is the UK balance of payments sustainable? Econ. Policy5(11), 347—395.

Munnell, A. H. , Tootell, G. M. B. , Browne, L. E. , McEneaney, J. , 1996. Mortgage lending in Boston: inter preting HMDA data. Am. Econ. Rev. 86 (1), 25—53.

Nathanson, C. G. , Zwick, E. , 2015. Arrested development: theory and evidence of supply-side speculation in the housing market. Working Paper, Booth and Kellogg.

Olsen, E., Zabel, J., 2015. United States housing policies. In: Henderson, J. V., Strange, W. C. (Eds.), In: Handbook of Regional and Urban Economics, vol. 5. Elsevier, Amsterdam, pp. 887—986.

Ortalo-Magné, F., Rady, S., 1999. Boom in, bust out: young households and the housing price cycle. Eur. Econ. Rev. 43, 755—766.

Ortalo-Magné, F., Rady, S., 2006. Housing market dynamics: on the contribution of income shocks and credit constraints. Rev. Econ. Stud. 73, 459—485.

Pagano, M., 1990. Discussion. Econ. Policy 11, 387—390.

Piazzesi, M., Schneider, M., 2008. Inflation illusion, credit, and asset pricing. In: Campbell, J. (Ed.), Asset Pricing and Monetary Policy. Chicago University Press, Chicago, IL, pp. 147—181.

Piazzesi, M., Schneider, M., 2009a. Inflation and the price of real assets. Federal Reserve Bank of Minne apolis Research Department Staff Report 423.

Piazzesi, M., Schneider, M., 2009b. Momentum traders in the housing market: survey evidence and a search model. Am. Econ. Rev. 99 (2), 406—411.

Piazzesi, M., Schneider, M., Tuzel, S., 2007. Housing, consumption and asset pricing. J. Financ. Econ. 83, 531—569.

Piskorski, T., Tchistyi, A., 2010. Optimal mortgage design. Rev. Financ. Stud. 23, 3098—3140.

Poterba, J. M., 1984. Tax subsidies to owner-occupied housing: an asset-market approach. Q. J. Econ. 99, 729—752.

Poterba, J. M., 1991. House price dynamics: the role of tax policy and demography. Brook. Pap. Econ. Act. 2, 143—203.

Ríos-Rull, J. V., Sánchez-Marcos, V., 2010. An aggregate economy with different size houses. J. Eur. Econ. Assoc. 6 (2/3), 705—714.

Rosen, S., 1974. Hedonic prices and implicit markets: product differentiation in pure competition. J. Polit. Econ. 82 (1), 34—55.

Rubio, M., 2011. Fixed-and variable-rate mortgages, business cycles, and monetary policy. J. Money Credit Bank. 43 (4), 657—688.

Saiz, A., 2010. The geographic determinants of housing supply. Q. J. Econ. 125 (3), 1253—1296.

Sargent, T. J., 1999. The Conquest of American Inflation. Princeton University Press, Princeton, NJ.

Schwartz, E. S., Torous, W. N., 1989. Prepayment and the valuation of mortgage-backed securities. J. Financ. 44 (2), 375—392.

Shleifer, A., Vishny, R. W., 1992. Liquidation Values and Debt Capacity: A Market Equilibrium Approach. J. Financ. 47 (4), 1343—1366.

Silos, P., 2007. Housing, portfolio choice and the macroeconomy. J. Econ. Dyn. Control

31, 2774—2801.

Sinai, T., Souleles, N., 2005. Owner-occupied housing as a hedge against rent risk. Q. J. Econ. 120 (2), 763—789.

Sinai, T., Souleles, N., 2013. Can owning a home hedge the risk of moving? Am. Econ. J. Econ. Pol. 5(2), 282—312.

Slemrod, J., 1982. Down-Payment Constraints: Tax Policy Effects in a Growing Economy with Rental and Owner-Occupied Housing. Public Finance Quart. 10 (2), 193—217.

Sommer, K., Sullivan, P., Verbrugge, R., 2013. The equilibrium effect of fundamentals on house prices and rents. J. Monet. Econ. 60, 854—870.

Stanton, R., 1995. Rational prepayment and the valuation of mortgage-backed securities. Rev. Financ. Stud. 8 (3), 677—708.

Stein, J., 1995. Prices and trading volume in the housing market: a model with downpayment effects. Q. J. Econ. 110 (2), 379—406.

Stokey, N., 2009. Moving costs, nondurable consumption and portfolio choice. J. Econ. Theory 144 (6), 2419—2439.

Stroebel, J., Vavra, J., 2015. House prices, local demand, and retail prices. Working Paper, NYU.

Tsatsaronis, K., Zhu, H., 2014. What drives house price dynamics: cross-country evidence. BIS Q. Rev. 65—78. March.

Turner, T. M., Smith, M. T., 2009. Exits from homeownership: the effects of race, ethnicity, and income. J. Reg. Sci. 49 (1), 1—32.

Van Nieuwerburgh, S., Weill, P. O., 2010. Why has house price dispersion gone up? Rev. Econ. Stud. 77 (4), 1567—1606.

Wong, A., 2016. Population aging and the transmission mechanism of monetary policy. Working Paper, Northwestern.

Woodward, S. E., Hall, R. E., 2012. Diagnosing consumer confusion and sub-optimal shopping effort: theory and mortgage-market evidence. Am. Econ. Rev. 102 (7), 3249—3276.

Yang, F., 2009. Consumption over the life cycle: how different is housing? Rev. Econ. Dyn. 12, 423—443.

Yao, R., Zhang, H. H., 2005. Optimal consumption and portfolio choices with risky housing and borrowing constraints. Rev. Financ. Stud. 18 (1), 197—239.

第二十章　宏观经济学中不确定性的期限结构

J. 博洛维奇卡 (J. Borovička) [*] , L. P. 汉森 (L. P. Hansen) [†]

[*]:纽约大学,美国,纽约州,纽约市;美国国家经济研究局,美国,马萨诸塞州,剑桥;

[†]:芝加哥大学,美国,伊利诺伊州,芝加哥市;美国国家经济研究局,美国,马萨诸塞州,剑桥

目　录

本章摘要：动态经济模型要对脉冲响应做出预测。脉冲响应刻画了宏观经济过程如何对不同期限的各种冲击做出反应。从资产定价的角度来看，脉冲响应量化了宏观经济过程和其他现金流量暴露于宏观经济冲击的敞口。金融市场要向遭受这些冲击的投资者提供补偿。我们采用了资产定价的有利视角，描述并应用了计算宏观经济冲击风险的各种方法，以及用不同支付期限的弹性来表示的隐含补偿。最终得到的结果是宏观经济不确定性的期限结构。

关键词：资产定价；脉冲响应函数；冲击弹性；融资摩擦；鞅

JEL 分类代码：C10，C32，C58，E44，G12，G32

1. 引言

脉冲响应函数量化了各种经济冲击对未来经济结果的影响。正因为如此，它们也就提供了一种评估波动性变化的不同来源的重要性的方法。以尤利(Yule, 1927)、斯拉茨基(Slutsky, 1927)的洞见为基础，弗里施(Frisch)开创了一支研究"脉冲和传播问题"的重要文献，目的是回答这样一些问题：波动性的来源是什么，又是如何随着时间的推移而传播的？一个脉冲——用某个随机冲击的实现来加以正式地刻画——会对一个经济时间序列的所有后续时间段都产生影响。响应函数描述了跨期响应。西姆斯(Sims, 1980)阐明了怎样以一种易处理的方式将这种方法通过一个总结了潜在冲击的向量应用于多变量时间序列，并揭示了识别时可能会遇到的挑战。随后的研究还提出了非线性的脉冲响应函数。

宏观经济冲击在资产定价中也发挥着重要作用。从根本上说，宏观经济冲击是无法通过分散投资化解的，所以受到这种冲击的投资者需要某种补偿(compensation)。由此而出现的各种以市场为基础的"报酬"(remuneration)之间的区别就在于各自所依赖的现金流是如何暴露于不同的宏观经济冲击的。我们将这种补偿称为风险价格，这里存在一个期限结构，它将这些风险价格刻画为投资时间的函数。在本章中，我们研究了描述这种期限结构的方法，并通过比较它在不同模型之间对定价的不同影响来说明它的用途。这样一来，我们也就必须将对应于脉冲响应函数的"敞口"(exposure)和定价(pricing)加以形式化。这些概念正是宏观经济学家所熟悉的。我们把这些对象分别称为冲击敞口弹性(shock-exposure elasticity)和冲击价格弹性(shock-price elasticity)。我们的计算需要一个贴现因子过程，它既可以是基于经验的，也可以是基于模型的，还需要将各种不同的现金流以及宏观经济的某些组成部分如何对冲击做出反应描述出来的某种表示法。

还有一种替代途径来推动我们要执行的计算。对于风险厌恶倾向，一种常见的描述方法是看关于消费变化中的小差异的局部确定性等价计算。我们从两个方面偏离了这种描述方法。首先,在做出小的变化时,我们并没有将确定性作为我们的基准,而是利用了随机一般均衡模型的均衡消费。这样一来,我们就可以针对不确定性敞口进行更精确的调整。其次,未来日期的消费变动可能是在明天与更往后的未来日期之间发生的任何宏观经济冲击所引发的,因此,与汉森等人(Hansen et al.,1999)、阿尔瓦雷斯和杰尔曼(Alvarez and Jermann,2004)的处理方法类似,我们采用了一个不同的度量,它依赖于具体的冲击和影响发生的日期。

实证金融学研究往往侧重于度量各种不同的金融资产的风险溢价。在我们的框架下,这些风险溢价反映了暴露于不确定性的敞口和对这种敞口的补偿。当风险敞口发生变化时,或者当这些风险敞口的价格发生变化时,又或者当两者一起发生时,风险溢价随之发生变化。我们运用明确的经济模型来帮助我们量化决定风险溢价的这两个渠道,但是,只要冲击的不确定性价格是能够推断出来的,那么我们也可以应用基于实证的方法。同时,尽管在识别时还有一些很有意思的问题值得研究,但是在本章中,我们将暂且把这些困难抽象掉。

在我们这一章中,我们将:

· 定义和构建适用于非线性马尔可夫模型的冲击敞口和冲击价格弹性的期限结构;

· 将这些概念与宏观经济学中常用的脉冲响应函数进行比较;

· 描述与离散时间模型和连续时间模型有关的计算方法;

· 将这些方法应用于何治国和克里希纳穆尔蒂(He and Krishnamurthy,2013)、布伦纳迈尔和桑尼科夫(Brunnermeier and Sannikov,2014)提出的具有融资摩擦的连续时间宏观经济模型。

2. 数学框架

我们先引入一个数学框架。引入这个数学框架的目标是用它来涵盖一大类宏观经济和资产定价一般均衡模型。这里有一个基本的平稳马尔可夫模型,用于刻画一个总结了若干经济变量时间序列向量的随机增长。这个马尔可夫模型作为宏观经济动态随机均衡模型的解的一种"简化形式"而出现。对平稳增长率建模,使得我们可以将具有永久效应并对风险补偿有非平凡的含义的宏观经济冲击纳入进来。我们这一整章的几乎全部内容,都在向读者说明这个框架的各种各样的应用。最后,我们在第 7 节中再对具有融资限制的非线性连续时间模型进行更加深入全面的探索。

我们从一个概率空间 $(\Omega, \mathcal{F}, P)$ 开始。在这个概率空间上,存在着一个 n 维的、平稳且遍历性的马尔可夫过程 $X = \{X_t : t \in \mathbb{N}\}$,以及一个 k 维的独立同分布的冲击过程 W。除非另有规定,我们在本章中总是假设每个 W_t 都是一个多元的标准正态随机变量。关于离散状态变量和非正态分布的冲击,我们将在 3.5 节中进行讨论。

前述马尔可夫过程在 X_0 处初始化。令 $\mathfrak{F}=\{\mathcal{F}_t:t\in N\}$ 表示由 W 的历史和 X_0 生成的完全过滤（completed filtration）。我们假定 X 是如下运动定律的解：

$$X_{t+1}=\psi(X_t,W_{t+1})$$
$$Y_{t+1}-Y_t=\phi(X_t,W_{t+1}) \tag{1}$$

这里的状态向量 X_t 既包含了外部指定的状态，又包含了内生状态。我们假设这里存在如下意义上的完全信息：冲击 W_{t+1} 可以通过 $(X_t,Y_{t+1}-Y_t)$ 来描述。在更一般的情况下，如果我们要将信息结构与 (X,Y) 匹配起来，那么我们需要将解与一个滤波问题结合起来（即经济主体可能会解决的滤波问题）。

一致的跨期定价，再加上马尔可夫过程的性质，导致我们考虑使用一类通常被称为乘性泛函（multiplicative functional）的随机过程。这种过程是作为基础的马尔可夫过程构建的，可以用来对现金流和随机贴现因子建模。由于许多宏观经济时间序列会随着时间的推移而增长或衰退，我们使用状态向量 X 来建模这些过程的增长率。具体地说，我们将一个乘性泛函 M 的动态定义为：[1]

$$\log M_{t+1}-\log M_t=\kappa(X_t,W_{t+1}) \tag{2}$$

Y 的分量就是乘性泛函的例子。由于 X 是平稳的，所以过程 $\log M$ 也具有平稳的增量。一个显而易见的例子是如下条件线性模型：

$$\kappa(X_t,X_{t+1})=\beta(X_t)+\alpha(X_t)\cdot W_{t+1}$$

其中，$\beta(x)$ 允许条件均值存在非线性，而 $\alpha(x)$ 则引入了随机波动性。

我们用 G 表示一个一般化的现金流过程，用 S 表示均衡决定的随机贴现因子过程，然后把这两个过程都建模为乘性泛函。虽然我们对两者采用了共同的数学公式，但是随着时间的推移，G 预计会增长，而 S 则预计会衰减，尽管它们都是随机的。

在宏观经济领域，包括资产定价领域，均衡模型都是建立在效用最大化的投资者在一个无套利的市场中交易的前提假设的基础上的。无套利定价假设本身就蕴含着可以用来推断均衡资产价格的严格为正的随机贴现因子过程 S 的存在性。而且，随机贴现因子提供了一种方便的描述资产定价模型的可观察的含义的方法。[2] 在本章中，我们考虑的是这样一个随机贴现因子过程：能够将单期的随机贴现因子增量"合成"起来，以便对多期的请求权（债权）进行估价。

定义 1 一个随机贴现因子 S 是正的（概率为 1）随机过程，使得对于任何的时间 $t,j\geq0$，在时间 $t+j$ 到期的支付 G_{t+j} 在时间 t 时的价格由下式给出：

$$Q_t[G_{t+j}]=E\left[\left(\frac{S_{t+j}}{S_t}\right)G_{t+j}|\mathcal{F}_t\right] \tag{3}$$

需要注意的是，这个定义并没有对日期零时的随机贴现因子 S_0 施加任何限制，因此我们可以根据需要以最方便的方式选择该初始期。如果市场是完全的，那么随机贴现因子在初始化

---

[1] 乘性泛函通常在第 1 期初始化，或者等价地，$\log M_0=0$。在下文中，我们将冒滥用术语的风险，继续用它来表示其他可能的初始化。

[2] 请参见，汉森和理查德（Hansen and Richard，1987）对随机贴现因子的初步讨论。

时是唯一的。像方程式(3)这种类型的方程式源于投资者的最优化条件(以欧拉方程的形式表示)。在具有完全市场的均衡模型中,随机贴现因子通常等于无约束投资者的边际替代率。这样一个人的身份可以随着时间的推移和国家的变化而改变。在一些具有不完全市场的模型中,随机贴现因子过程不再是唯一的。这样的市场上存在非交易风险敞口的不同影子价格,但是在金融市场上又存在着带有明确补偿的风险敞口的一般定价。与其他形式的交易摩擦相比,这种定价相等性可以用定价不相等性来代替,而且仍然用一个随机贴现因子来表示。

在我们的框架中,我们假设均衡随机贴现因子继承了乘性泛函结构。市场摩擦,投资组合约束和其他类型的市场缺陷将会在公式(3)中引入扭曲。我们将在第 7 节研究具有融资约束的模型中再来讨论这种扭曲。

这里需要注意的是,随机贴现因子的定义(3)中还包括了一个期望算子(expectation operator)。通常而言,这个期望算子代表了投资者对于未来的信念。在这里,我们施加了理性预期,即假设投资者的信念与数据生成概率测度 P 完全相同。这种概率测度,既可能是历史证据所暗示的,也可能是完全设定的模型所暗示的。然而,投资者的信念可能与 P 不一致;而且确实存在可以用来对这种偏差进行建模的其他方法,它们也都非常有意思。虽然对投资者的信念的建模是资产定价框架的一个重要组成部分,但是在本章中,我们直接抽象掉了这些内容,而在本章的全部范围内都施加了理性预期假设。

3.　相互替代的投资期限上的资产定价

在本节中,我们将对暴露于宏观经济不确定性的现金流进行定价,并将之建模为乘性过程(multiplicative process)。考虑一个一般的现金流过程 G,例如红利过程或均衡消费过程。我们从基准支付 G_t 开始,该支付在各个期间 $t=0,1,2,\cdots$ 依次到期;然后,我们将该过程的随机扰动予以参数化。具体地说,我们给出相应的度量,以刻画预期支付对于各种不同的宏观经济冲击的敞口的敏感性,以及相关的风险补偿的敏感性。我们遵循实证金融研究的惯例,用(在某种度量风险的方法下)每单位风险的预期回报来描述补偿。补偿随我们在构造随机扰动时所针对的具体冲击不同而有所不同。这种方法依赖于对支付 G_t 与另一个支付的定价的相对比较,那个支付以某种特定的方式在边际上稍微多暴露于风险。

均衡模型产生的现金流 G 通常具有乘性过程的形式(2)。这种现金流的一个特殊情况是,支付是马尔可夫状态 $\psi(X_t)$ 的正函数。这种支付在我们下面的分析中占有突出的位置。

3.1　单期定价(one-period pricing)

虽然我们感兴趣的是分别在不同时期到期的支付是如何定价的,但是我们还是要从一个简单的对数正态的单期情形开始讨论。这是因为,在这种环境下,与我们熟悉的资产估值中的计算方法的联系将会非常鲜明地凸显出来。假设:

$$\log G_1 = \beta_g(X_0) + \alpha_g(X_0) \cdot W_1$$

$$\log S_1 - \log S_0 = \beta_s(X_0) + \alpha_s(X_0) \cdot W_1$$

其中,G_1 是我们要赋值的支付,S_1 是用来计算这些值的一个单期随机贴现因子。这项投资的单期回报是第 1 期的支付除以第 0 期的价格,即:

$$R_1 \doteq \frac{G_1}{Q_0[G_1]} = \frac{\left(\dfrac{G_1}{G_0}\right)}{E\left[\left(\dfrac{S_1}{S_0}\right)\left(\dfrac{G_1}{G_0}\right) \mid X_0\right]}$$

这样一来,预期回报的对数就可以显式地计算出来了:

$$\log E[R_1 \mid X_0 = x] = \log E\left[\left(\frac{G_1}{G_0}\right) \mid X_0 = x\right] - \log E\left[\left(\frac{S_1}{S_0}\right)\left(\frac{G_1}{G_0}\right) \mid X_0 = x\right]$$

$$= \underbrace{-\beta_s(x) - \frac{|\alpha_s(x)|^2}{2}}_{\text{无风险利率}} \underbrace{-\alpha_s(x) \cdot \alpha_g(x)}_{\text{风险溢价}} \tag{4}$$

在这里,补偿用预期收益表示,这也是资产定价文献的典型做法。需要注意的是,我们在这里将比例风险溢价的对数作为起点。

试想象一下,将这种计算程序应用于这类支付部分用 α_g 部分参数化的家庭又会怎样。向量 α_g 定义了一个暴露于正态分布的冲击 W_1 的分量的敞口向量。接下来的 $-\alpha_s$ 则定义了一个"冲击"向量,它表示对于这些冲击的敞口的补偿。

在这个条件对数正态模型中,风险的价格具有条件线性结果,这是我们在常用的单期因子模型中已经熟知的。在这些模型中,各个冲击 W_1 上的所谓因子载荷(factor loading)α_g 要乘以因子价格 $-\alpha_s$。因此,用预期收益表示的总补偿额也就等于风险数量(风险敞口)与这种风险的单位价格之间的乘积。而对于连续时间扩散模型,也可以进行类似的简化,因为这种模型中的局部演化也是条件正态的。

然而,在非线性多期情形下,这种计算就不再如此简单了。不过,我们仍然希望推断风险数量和相关的风险价格的有关测度。因此在下文中,我们将致力于探索这样一种推导方法:在单期对数正态情形下得到的结果,也能自然地扩展到有多个期间的非线性模型中。

3.1.1 单次冲击弹性

我们用下面的式子来对一族用 **r** 来索引的随机变量 $H_1(\mathbf{r})$ 进行参数化:

$$\log H_1(\mathbf{r}) = \mathbf{r}\nu(X_0) \cdot W_1 - \frac{\mathbf{r}^2}{2}|\nu(X_0)|^2 \tag{5}$$

其中,**r** 是一个辅助标量参数。敞口向量 $\alpha_h(X_0)$ 归一化为:

$$E[|\nu(X_0)|^2] = 1$$

经过这样的归一化处理后,我们有

$$E[H_1(\mathbf{r}) \mid X_0] = 1$$

即便冲击不是正态分布的,我们也可以很方便地找到某种形式,使得 $H_1(\mathbf{r})$ 具有单位条件期望。

给定基准支付 G_t,构造一族参数化支付 $G_1H_1(\mathbf{r})$,其形式如下:

$$\log G_1 - \log G_0 + \log H_1(\mathbf{r}) = \underbrace{[\alpha_g(X_0) + \mathbf{r}\nu(X_0)]}_{\text{新的冲击敞口}} \cdot W_1 + \beta_g(X_0) - \frac{\mathbf{r}^2}{2}|\nu(X_0)|^2$$

新的 $G_1H_1(\mathbf{r})$ 具有冲击敞口 $\alpha_g(X_0) + \mathbf{r}\nu(X_0)$,这也就是说,在 $\nu(X_0)$ 方向上更多地暴露于冲击向量 W_1 了。只要改变 $\mathbf{r}$,我们就能改变 $\nu(X_0)$ 方向上的敞口。通过选择不同的向量 $\nu(X_0)$,我们可以改变我们想要研究其影响的冲击的组合。对于 $\nu(X_0)$,一个典型的例子是这样一个坐标向量 e_j,即在第 j 位只有一个单一的值(with a single one)。在这种情况下,我们能够推断冲击向量 W_1 的第 j 个分量对定价的意义了。在某些应用中,令 $\nu(X_0)$ 显式地依赖于 X_0 可能会带来很大的便利之处,例如,博洛维奇卡等人(Borovička et al., 2011)建议,在有随机波动性的模型中,根据 X_0 对 ν 进行缩放。

支付 $G_1H_1(\mathbf{r})$ 蕴含了一组对应于方程式(4)所示的预期回报的对数表示:

$$\log E[R_1(\mathbf{r}) \mid X_0 = x] = \log E\left[\left(\frac{G_1}{G_0}\right)H_1(\mathbf{r}) \mid X_0 = x\right]$$
$$-\log E\left[\left(\frac{S_1}{S_0}\right)\left(\frac{G_1}{G_0}\right)H_1(\mathbf{r}) \mid X_0 = x\right]$$

我们感兴趣的是,如何比较支付 $G_1H_1(\mathbf{r})$ 相对于 $G_1 = G_1H_1(0)$ 的预期收益率。由于我们这里给出的敞口的方向 $\nu(X_0)$ 有一个单位的标准偏差,因此对 $\mathbf{r}$ 求微分我们就可以计算出弹性,即:

$$\frac{\mathrm{d}}{\mathrm{d}\mathbf{r}}\log E[R_1(\mathbf{r}) \mid X_0 = x]\Big|_{\mathbf{r}=0}$$
$$= \frac{\mathrm{d}}{\mathrm{d}\mathbf{r}}\log E\left[\left(\frac{G_1}{G_0}\right)H_1(\mathbf{r}) \mid X_0 = x\right]\Big|_{\mathbf{r}=0} - \frac{\mathrm{d}}{\mathrm{d}\mathbf{r}}\log E\left[\left(\frac{S_1}{S_0}\right)\left(\frac{G_1}{G_0}\right)H_1(\mathbf{r}) \mid X_0 = x\right]\Big|_{\mathbf{r}=0}$$

这种弹性度量的是支付 G_1 的预期回报对于 $\nu(x)$ 方向上的敞口增大的敏感性。根据计算方法,我们定义如下与微观经济学中的数量弹性和价格弹性相对应的概念:

1. 单期冲击-敞口弹性(one period shock-exposure elasticity)

$$\varepsilon_g(x,1) = \frac{\mathrm{d}}{\mathrm{d}\mathbf{r}}\log E\left[\left(\frac{G_1}{G_0}\right)H_1(\mathbf{r}) \mid X_0 = x\right]\Big|_{\mathbf{r}=0} = \frac{\alpha_g(x) \cdot \nu(x)}{\Delta}$$

单期冲击敞口弹性度量的是预期支付 G_1 对于方向 $\nu(x)$ 上敞口的增大的敏感度。

2. 单期冲击-价格弹性(one period shock-price elasticity)

$$\varepsilon_p(x,1) = \frac{\mathrm{d}}{\mathrm{d}\mathbf{r}}\log E\left[\left(\frac{G_1}{G_0}\right)H_1(\mathbf{r}) \mid X_0 = x\right]\Big|_{\mathbf{r}=0} - \frac{\mathrm{d}}{\mathrm{d}\mathbf{r}}\log E\left[\left(\frac{S_1}{S_0}\right)\left(\frac{G_1}{G_0}\right)H_1(\mathbf{r}) \mid X_0 = x\right]\Big|_{\mathbf{r}=0}$$
$$= -\alpha_s(x) \cdot \nu(x)$$

单期冲击-价格弹性度量的是补偿(用预期回报的单位表示)对前述敞口的敏感性。

需要注意的是,冲击-敞口弹性能够用来恢复敞口的向量 $\alpha_g(x)$,而且这个向量的个别分量是可以通过改变对扰动方向 $v(x)$ 的选择来求得的。类似地,冲击-价格弹性能够用来恢复与冲击 W_1 中嵌入的风险相关的价格的向量 $-\alpha_s(x)$。

在这种单期情形下,我们可以将预期收益(4)的一种直接分解纳入风险的数量和价格。现在,我们转而讨论更长期的资产定价的含义。

3.2 当投资期限为多期的时候

考虑参数化的支付 $G_t H_1(\mathbf{r})$,它在日期 0 的价格为 $E[S_t G_t H_1(\mathbf{r}) | X_0 = x]$。这是于时间 t 到期的支付,它的增长率与支付 G_t 相同——但第一期除外;在第一期,增长率要受到 $H_1(\mathbf{r})$ 的随机扰动。预期回报(到期时的收益)的对数为:

$$\log E\big[R_{0,t}(\mathbf{r}) | X_0 = x \big] \doteq \log E\left[\left(\frac{G_t}{G_0} \right) H_1(\mathbf{r}) | X_0 = x \right]$$
$$-\log E\left[\left(\frac{S_t}{S_0} \right) \left(\frac{G_t}{G_0} \right) H_1(\mathbf{r}) | X_0 = x \right]$$

与前面的分析一样,我们可以定义以下两种弹性:

1. 冲击-敞口弹性(shock-exposure elasticity)

$$\varepsilon_g(x,t) = \frac{\mathrm{d}}{\mathrm{d}\mathbf{r}} \log E\left[\left(\frac{G_t}{G_0} \right) H_1(\mathbf{r}) | X_0 = x \right]\Bigg|_{\mathbf{r}=0}$$

2. 冲击-价格弹性(shock-price elasticity)

$$\varepsilon_p(x,t) = \frac{\mathrm{d}}{\mathrm{d}\mathbf{r}} \log E\left[\left(\frac{G_t}{G_0} \right) H_1(\mathbf{r}) | X_0 = x \right]\Bigg|_{\mathbf{r}=0} - \frac{\mathrm{d}}{\mathrm{d}\mathbf{r}} \log E\left[\left(\frac{S_t}{S_0} \right) \left(\frac{G_t}{G_0} \right) H_1(\mathbf{r}) | X_0 = x \right]\Bigg|_{\mathbf{r}=0} \quad (6)$$

这两个弹性都是投资期限 t 的函数,因此我们可以得出弹性的期限结构。对于当前状态 $X_0 = x$ 的依赖性,则会把可能的时间变化结合进预期回报对冲击敞口的敏感度当中。

3.3 乘性泛函的测度变化与脉冲响应

需要注意的是,上一节中定义的两种冲击弹性具有共同的数学结构,即它们都用乘性泛函 $M = S$ 和 $M = SG$ 表示。给定一个乘性泛函 M,我们定义

$$\varepsilon(x,t) = \frac{d}{d\mathbf{r}} \log E\left[\left(\frac{M_t}{M_0} \right) H_1(\mathbf{r}) | X_0 = x \right]\Bigg|_{\mathbf{r}=0} \quad (7)$$

在(7)取导数,我们得到:

$$\varepsilon(x,t) = \nu(x) \cdot \frac{E\left[\left(\frac{M_t}{M_0} \right) W_1 | X_0 = x \right]}{E\left[\left(\frac{M_t}{M_0} \right) | X_0 = x \right]} \quad (8)$$

因此,计算过程中的其中一个主要任务就是要求出 $\left(\frac{M_t}{M_0} \right)$ 与 W_1 之间以 X_0 为条件的协方差。

由方程式(5)给出的随机变量 $H_1(\mathbf{r})$ 永远为正，而且它的以 X_0 为条件的期望等于1。乘以这个随机变量，可以解释为将 W_1 的概率分布从均值为零，改变为均值由 $\mathbf{r}\nu(X_0)$ 给出。因此，给一个乘性过程 M，我们有：

$$E\left[\left(\frac{M_t}{M_0}\right)H_1(\mathbf{r}) \mid X_0 = x\right] = E\left(H_1(\mathbf{r})E\left[\left(\frac{M_t}{M_0}\right)\mid X_0, W_1\right] \mid X_0 = x\right)$$

$$= \tilde{E}\left(E\left[\left(\frac{M_t}{M_0}\right)\mid X_0, W_1\right] \mid X_0 = x\right)$$

其中，$\tilde{E}$ 假定随机向量 W_1 服从多元正态分布，其均值为 $r\nu(x)$，这与我们给出的 $H_1(\mathbf{r})$ 的乘性相一致。

3.4 长期定价

在我们改变了已定价的支付的到期时间的情况下，前述冲击弹性可以很好地描述风险的期限结构。为了帮助我们更好地了解弹性的期限结构的整体形状，我们刻画了这些冲击弹性在长期中的极限。基于这个目的，我们给出了一个一般的乘性过程的表征，它采取因子分解的形式。这个乘性过程是一个几何常数增长过程或衰减过程、一个正值鞅，以及一个在日期0和日期 t 之间的马尔可夫状态函数的比率的乘积。由于因子分解适用于乘性过程的一般类的任何一个成员，因此我们将它应用于随机贴现因子过程和正现金流过程。

在汉森和沙因克曼(Hansen and Scheinkman, 2009)、汉森(Hansen, 2012)等论文中，我们利用佩龙-弗罗宾尼斯定理(Perron-Frobenius theorem)，给出了乘性过程的因子分解。给定乘性过程 M，对于某个未知的严格为正的函数 $e(x)$ 和某个未知数 η，求解如下方程：

$$E\left[\left(\frac{M_t}{M_0}\right)e(X_t) \mid X_0 = x\right] = \exp(\eta t)e(x) \tag{9}$$

所得到的解独立于期界 t 的选择。

考虑能够解出方程式(9)的对 (e, η) 和如下形式：

$$\frac{\tilde{M}_t}{\tilde{M}_0} \doteq \exp(-\eta t)\frac{e(X_t)}{e(X_0)}\left(\frac{M_t}{M_0}\right) \tag{10}$$

随机过程 $\tilde{M}$ 是 P 之下的一个鞅，因为：

$$E[\tilde{M}_{t+1} \mid \mathcal{F}_t] = \frac{\exp[-\eta(t+1)]}{e(X_0)}\frac{M_t}{M_0}\tilde{M}_0 E\left[\frac{M_{t+1}}{M_t}e(X_{t+1}) \mid \mathcal{F}_t\right]$$

$$= \exp(-\eta t)\frac{e(X_t)}{e(X_0)}\frac{M_t}{M_0} = \tilde{M}_0 = \tilde{M}_t$$

因此，表达式(10)可以重新组织为：

$$\frac{M_t}{M_0} = \exp(\eta t)\frac{e(X_0)}{e(X_t)}\frac{\tilde{M}_t}{\tilde{M}_0} \tag{11}$$

这个式子给出了对乘性泛函 M 的一个乘法分解,即将之分解为一个确定性漂移 $\exp(\eta t)$、一个马尔可夫状态 $e(x)$ 的平稳函数,以及一个鞅 $\tilde{M}$。鞅这个分量对于我们对长期定价含义的刻画是至关重要的。

与这个鞅 $\tilde{M}$ 相关的概率测度 $\tilde{P}$ 使得,对于每个可测度的、在日期 0 和日期 t 之间的马尔可夫过程函数,都有:

$$E\left(\tilde{M}_t Z \mid X_0 = x\right) = \tilde{E}\left(Z \mid X_0 = x\right)$$

其中,$\tilde{E}(\cdot \mid X_0 = x)$ 是概率测度 $\tilde{P}$ 下的条件期望算子。[1]

在有限状态空间中,方程式(9)也可以表示为一个矩阵问题,它有一个具有正元素的特征向量。

例 3.1 在一个有限状态马尔可夫链情形下,方程式(9)是一个标准的特征值问题。将 X_t 的实现值表示为另一种坐标向量。我们假设,对于某个方阵 $\mathbf{M}$,比率 $\dfrac{M_{t+1}}{M_t}$ 满足:

$$\frac{M_{t+1}}{M_t} = (X_{t+1})'\mathbf{M}X_t$$

以同样的方式,将单期转移概率表示为一个矩阵 $\mathbf{P}$。这样,对于 $t=1$,方程式(9)就变成了一个向量方程:

$$(\mathbf{P} \cdot \mathbf{M})\mathbf{e} = \exp(\eta)\mathbf{e}$$

在这里,运算符 $\cdot$ 表示按元素相乘,我们有 $(\mathbf{P} \cdot \mathbf{M})_{ij} = \mathbf{P}_{ij}\mathbf{M}_{ij}$。当

$$\sum_{j=0}^{\infty} \lambda^j (\mathbf{P} \cdot \mathbf{M})^j$$

对于某个 $0 < \lambda < 1$ 所有元素都严格为正时,佩龙–弗罗宾尼斯定理(Perron-Frobenius theorem)就意味着,与最大的那个特征值 $\exp(\eta)$ 相关联,存在着一个唯一的归一化后严格为正的特征向量 $\mathbf{e}$。

在连续状态空间中,这种因子分解可能不会生成一个唯一的严格为正的解。为此,以保证唯一性的鞅分量的概率测试的随机稳定性为基础,汉森和沙因克曼(Hansen and Scheinkman, 2009)、博洛维奇卡等人(Borovička et al., 2015)给出了一个选择标准。在这里,随机稳定性保证了,一旦我们改变了测度,我们也有一个行之有效的方法计算极限逼近值。在这里,我们假设已经选择了这样一个解。[2]

如方程式(11)所示的因子分解还可以引导我们推导出表征冲击弹性的长期极限的方法。在表达式(7)中运用这种因子分解法,我们可以得到:[3]

---

[1] 为了给出关于测度 $\tilde{P}$ 的完整定义,我们还需要指定无条件概率分布。例如,可以初始化 $\tilde{M}_0$,使得 $\tilde{P}$ 成为平稳的。由于本章中的所有定价都使用条件概率分布,我们在这里直接把这一点抽象掉了。

[2] 我们的公式假设了一个作为基础的马尔可夫结构。请参见秦和林耐茨基(Qin and Linetsky, 2014b)的论文,他们提出了一个更加一般性的初始点和类似的因子分解。

[3] 关于连续时间扩散模型下的结果,请参见汉森和沙因克曼(Hansen and Scheinkman, 2012)。

$$\varepsilon(x,t) = \nu(x) \cdot \frac{\widetilde{E}\left[\widetilde{e}(X_t)W_1 \mid X_0 = x\right]}{\widetilde{E}\left[\widetilde{e}(X_t) \mid X_0 = x\right]}$$

其中,$\hat{e}(x) \doteq 1/e(x)$。在给定的技术假设下,冲击弹性的长期极限由下式给出:

$$\lim_{t\to\infty}\varepsilon(x,t) = \nu(x) \cdot \widetilde{E}\left[W_1 \mid X_0 = x\right]$$

因此,长期支付对当前冲击的敏感性是由随机贴现因子和现金流的鞅分量决定的,而且它们对于冲击 W_1 的期望的含义由概率测度的隐含的变量刻画。

3.5　非高斯框架

虽然我们前面多次提到了正态分布的冲击,但是我们的数学结构并不要求必须是这种分布。我们选择的扰动 $H_1(\mathbf{r})$ 只要有正的、期望为 1 的特征即可。在金融经济学中,风险价格是以每单位风险的预期平均补偿额来"标价"的。而在正态分布的冲击的情形下,我们以标准偏差为单位来度量风险。只要我们能够采用某种可以解释的方式来指定其他分布类型下的风险价格,我们的方法就仍然适用(即它不限于条件高斯框架)。例如,茨维亚答德泽(Zviadadze,2016)在具有自回归伽马过程的随机环境中构建了冲击弹性。

另一个例子是区制转移模型。这类模型可能既包括正态分布的冲击,也包括不确定的区制。暴露于宏观经济区制转换的风险是值得研究的,而且只要适当地构建随机变量 H_1($\mathbf{r}$),就可以利用冲击弹性来表征。这种区制转换既可以是外生性的(例如,外生地建模的低增长期、高增长期、或者低波动性期、高波动期),也可以是内生性的(例如,利率的零下限,金融部门受到有约束力的融资限制,或者政府政策的区制变化)。我们也针对区制转换风险构建了冲击弹性,请参见博洛维奇卡等人(Borovička et al.,2011)。

对于用来刻画外生冲击的区制转换动态的基于马尔可夫链的模型,最近的例子也有不少。例如,在资产定价文献中,有戴维(David,2008)、陈(Chen,2010),以及比安奇等人(Bianchi,2015);在宏观经济模型中,请参见刘等人(Liu et al.,2011)、比安奇等人(Bianchi,2013)。区制转换模型还用于对政府政策中的时间变化进行建模。例如,关于货币政策规则的区制转换,请参见西姆斯和查涛(Sims and Zha,2006)、刘等人(Liu et al.,2009)以及比安奇(Bianchi,2012);关于财政政策规则的区制转换,请参见戴维格等人(Davig et al.,2010,2011)、比安奇和梅洛西(Bianchi and Melosi,2016);关于财政政策和货币政策的结合,请参见钟等人(Chung et al.,2007)、比安奇和伊鲁特(Bianchi and Ilut,2015)。法默等人(Farmer et al.,2011)、福斯特等人(Foerster et al.,2014)则将基于马尔可夫链的模型中的解析解和估计技术与扰动近似方法结合起来分析。在博洛维奇卡和汉森(Borovička and Hansen,2014)一文中,我们引入了一个很容易处理的指数二次框架,利用它可以推导出关于冲击弹性的半解析公式,同时还能够把使用扰动技术求解的一大类模型包括进来。

4. 与脉冲响应函数的关系

对特定结构性冲击的脉冲响应(函数)是表征宏观经济模型的动态特性的常用方法。正如我们前面已经提到过的,这种思想至少可以追溯到弗里施(Frisch,1933)。我们计算的各种弹性改变了现金流对冲击的风险敞口,并发掘了这种变化对估值的影响。这些概念构造与脉冲响应函数密切相关,从数学的角度来看,在某些情况下甚至是与脉冲响应函数相同的。在这一节中,我们就来探讨这种联系。

为了将我们所计算的弹性与脉冲响应函数联系起来,考虑对于 W 的不同选择的如下条件期望:

$$E\left[\left(\frac{M_t}{M_0}\right)\mid X_0, W_1 = w\right]$$

改变 w 的价值,会使得 M_t 在日期1的一个冲击出现脉冲反应。正如我们在前面已经看到的,不以日期1的冲击的不同实现价值为条件,而是认为我们的计算等价于改变 W_1 的在日期0的分布。这两种视角有相似之处,因为这种分布变化可以包括 W_1 分布的均值偏移。在实践中,实证宏观经济学家通常会研究宏观经济时间序列的对数的期望,而且往往使用线性模型。至于资产定价领域,重要的是记住,我们考虑的是宏观经济变量的现金流的水平,而且还要考虑非线性。为了计算冲击弹性,我们就得研究对方程式(7)中给出的 M_t 条件期望值的对数所受的影响。在本节的其余部分,我们将考虑两种特殊情况。在这种情况下,冲击弹性与脉冲响应函数的联系都特别紧密。

4.1 对数正态

当 M 是一个对数正态过程时,$\log M$ 的脉冲响应函数与我们的冲击弹性完全吻合。这一点马上就可以看得很清楚。

线性向量自回归(VAR)模型是如方程式(1)所示的框架的一个特例。更具体地说,X 是一个具有自回归系数矩阵 $\bar{\mu}$ 的冲击敞口矩阵 $\bar{\sigma}$ 的线性向量自回归,即:

$$X_{t+1} = \bar{\mu} X_t + \bar{\sigma} W_{t+1} \tag{12}$$

我们假设矩阵 $\bar{\mu}$ 的特征值的绝对值严格小于1。类似地,我们引入一个乘性过程 M[其一般形式如前面的方程式(2)所示],它的演化服从下式:

$$\log M_{t+1} - \log M_t = \bar{\beta} \cdot X_t + \bar{\alpha} \cdot W_{t+1} \tag{13}$$

其中冲击 W_{t+1} 是作为一个多元标准正态分布而出现的。在构造好了这个乘性过程 M 之后,我们下面先来研究 $\log M$ 的反应。

4.1.1 脉冲响应函数

令 $\nu(X) = \bar{\nu}$,其中 $\bar{\nu}$ 是一个范数为1的向量。在通常的应用中,$\bar{\nu}$ 一般是一个坐标向量。

对于由向量 $\bar{\nu}$ "挑选出来"的冲击的线性组合，$\log M_t$ 的脉冲响应函数由下式给出：

$$E[\log M_t - \log M_0 \mid X_0 = x, W_1 = \bar{\nu}] - E[\log M_t - \log M_0 \mid X_0 = x, W_1 = 0] = \bar{\nu} \cdot \overline{Q}_t$$

其中的系数满足方程式(12)和(13)所蕴含的递归。从方程式(13)，我们可以得出如下递归：

$$\overline{Q}_{t+1} - \overline{Q}_t = (\overline{\zeta}_t)'\overline{\beta} \tag{14}$$

其初始条件为 $\overline{Q}_1 = \overline{\alpha}$，同时从方程式(12)，我们有：

$$(\overline{\zeta}_{t+1}) = \overline{\mu}\overline{\zeta}_t \tag{15}$$

其初始条件为 $\overline{\zeta}_1 = \overline{\sigma}$。解这些递归方程式，我们可以得到：

$$\overline{\zeta}_t = \overline{\mu}^{t-1}\overline{\sigma}$$

$$\overline{Q}_t = \overline{\alpha} + [(I - \overline{\mu})^{-1}(1 - \overline{\mu}^{t-1}]\overline{\sigma})'\overline{\beta} \tag{16}$$

因此，线性模型中的脉冲响应函数就是确定性系数 $\bar{\nu} \cdot \overline{Q}_t$ 的一个序列。第一项 $\overline{\alpha} \cdot \bar{\nu}$ 表示由当期冲击的实现 $\bar{\nu}$ 带来的直接反应，其余各项则刻画了随后通过状态向量 X 的动态进行的冲击的后续传播，即它在未来对 $\log M$ 的影响。

4.1.2　冲击弹性

现在考虑我们对弹性的计算。将 $\log M_t$ 改写为如下移动平均表示：

$$\log M_t = \sum_{j=0}^{t-1} \overline{Q}_j \cdot W_{t-j} + E(\log M_t \mid \mathcal{F}_0)$$

或者，等价地：

$$\log M_t - \log M_0 = \sum_{j=0}^{t} \overline{Q}_j \cdot W_{t-j+1} + E(\log M_t - \log M_0 \mid X_0)$$

$$= \sum_{j=0}^{t-1} \overline{Q}_j \cdot W_{t-j+1} + \overline{Q}_t \cdot W_1 + E(\log M_t - \log M_0 \mid X_0)$$

因为冲击 W_t 随着时间的推移会独立地变成一个多元标准正态分布，即

$$E\left[\left(\frac{M_t}{M_0}\right) \mid X_0 = x, W_1 = w\right] = \exp\left(\frac{1}{2}\sum_{j=1}^{t-1} \overline{Q}_j \cdot \overline{Q}_j\right)\exp(\overline{Q}_t \cdot W_1)\exp(E[\log M_t - \log M_0 \mid X_0])$$

运用公式(8)，我们可以计算出：

$$\varepsilon(x,t) = \frac{E\left[\left(\dfrac{M_t}{M_0}\right)W_1 \mid X_0 = x\right]}{E\left[\left(\dfrac{M_t}{M_0}\right) \mid X_0 = x\right]} = \frac{E[\exp(\overline{Q}_t \cdot W_1)W_1 \mid X_0 = x]}{E[\exp(\overline{Q}_t \cdot W_1)]} = \overline{Q}_t$$

第二个等式是通过观察到

$$\frac{\exp(\overline{Q}_t \cdot W_1)}{E[\exp(\overline{Q}_t \cdot W_1)]}$$

严格为正且条件期望为 1 而得到的。乘以这个随机变量等价于将 W_1 从多元标准正态分布变为具有均值 $\overline{Q}$ 的多元正态分布。总而言之，在这种对数正态情况下，冲击弹性不依赖于马尔可夫状态。而且，对于 $t = 1, 2, \cdots$，冲击弹性与用 $\bar{\nu} \cdot \overline{Q}_t$ 度量的脉冲响应完全一致。

作为例子，考虑冲击-价格弹性(6)。请注意，这种冲击-价格弹性由 G 和 SG 的冲击弹性

的差异构成,因此我们要计算 $\log G$ 和 $\log S + \log G$ 的脉冲响应函数。这些建构的加性意味着,后者的脉冲响应函数系数为 $\bar{\nu} \cdot \bar{Q}_{s,t} + \bar{\nu} \cdot \bar{Q}_{g,t}$,因此产生的冲击–价格弹性对应于 $-\log S$ 的脉冲响应函数,其中的系数为 $-\bar{\nu} \cdot \bar{Q}_{s,t}$。

4.1.3 对长期定价的重新审视

本节再举一个例子。我们将从这个例子中看到,正如汉森等人(Hansen et al.,2008)指出的,前面第3.4节描述的因子分解与线性时间序列的加法分解之间存在着密切的联系。贝弗里奇和纳尔逊(Beveridge and Nelson,1981)、布兰查德和柯成兴(Blanchard and Quah,1989)分别从线性模型中提取出了一个鞅分量,并用它来表征永久性冲击的影响。[①]

现在考虑,对于对 (e, η),求解下式:

$$E\left[\left(\frac{M_1}{M_0}\right)e(X_1) \mid X_0 = x\right] = \exp(\eta)e(x)$$

其中 M 的演变由方程式(13)给出。在这个特殊情况下,直接运用对数正态公式进行计算就可以得到:

$$\log e(x) = E\left(\sum_{j=0}^{\infty} \bar{\beta} \cdot X_{t+j} \mid X_t = x\right)$$
$$= (\bar{\beta})'(I-\bar{\mu})^{-1}x,$$

以及[②]

$$\eta = \frac{1}{2}|\bar{\alpha}' + \bar{\beta}'(i-\bar{\mu})^{-1}\bar{\sigma}|^2$$

在与鞅 $\tilde{M}$ 相关的测度变化下的乘法分解中,W_1 的均值等于:

$$\bar{\sigma}'(I-\bar{\mu}')^{-1}\bar{\beta} + \bar{\alpha}$$

而且这个均值与状态向量无关。不难注意到,这也是方程式(16)中给出的 $\bar{Q}_t$ 的极限值。从而,在这个对数正态的例子中

$$\log M_{t+1} - \log M_t + \log e(X_{t+1}) - \log e(X_t) = [\bar{\beta}(I-\bar{\mu})^{-1}\bar{\sigma} + \bar{\alpha}']W_{t+1}$$

等号右侧给出的是对 $\log M$ 的永久冲击,就像贝弗里奇和纳尔逊(Beveridge and Nelson,1981)、布兰查德和柯成兴(Blanchard and Quah,1989)所构建的那样。在向量自回归(VAR)分析中,经济学家常会将瞬时性冲击构建为与这种永久性冲击无关的 W_{t+1} 的线性组合。而 $\log e(X_{t+1})$ 以及它的新息则通常与永久性冲击相关。

但是,在更一般的非线性情形下,永久性冲击和定价的永久性分量之间的这种简单联系就不再成立了。那么,在这种对数正态设定之外的其他情形下,$\log M$ 的永久分量与 M 的鞅分量之间的关系又是怎样的呢?对此,汉森(Hansen,2012)给出了完整的分析。

4.2 连续时间扩散

在本节中,我们将关注重心放在一个用布朗运动式冲击来建模的不确定性框架上。在

[①] 汉森(Hansen,2012)在我们这个非线性框架的连续时间版本下构建了加性分解。
[②] 如果我们要把一个常数包括进 $\log M$ 的演化中,那么就要把它加到 η 中。

第 7 节中,我们还会将这个框架应用于有融资约束的模型。虽然对信息结构做出布朗(运动)式的假设,可能会在一定程度上导致一般性的丧失,但是这种假设提供处理上的透明和便利,而且特别有利于证明冲击弹性与脉冲响应之间的紧密联系。此外,在博洛维奇卡等人(Borovička et al.,2011)一文中,我们还考虑了连续时间马尔可夫链模型中以区制转换形式表现出来的跳跃,并讨论了在以消费为基础的资产定价模型中的应用。

令 X 表示 $X \subseteq \mathbb{R}^n$ 上的一个马尔可夫扩散(Markov diffusion):

$$\mathrm{d}X_t = \mu(X_t)\mathrm{d}t + \sigma(X_t)\mathrm{d}W_t$$

其初始条件为 $X_0 = x$。在这里,$\mu(x)$ 是一个 n 维向量,$\sigma(x)$ 则是一个 $n \times k$ 矩阵,用来表示 $\mathbb{R}^n$ 中的每个向量。另外,W 是一个 k 维布朗运动。我们用这个基础的马尔可夫过程来构建如下乘性过程 M:

$$\log M_t = \log M_0 + \int_0^t \beta(X_u)\mathrm{d}u + \int_0^t \alpha(X_u) \cdot \mathrm{d}W_u \tag{17}$$

其中,$\beta(x)$ 是一个标量,同时 $\alpha(x)$ 则是一个 k 维向量。或者,如果用微分符号表示,则为

$$\mathrm{d}\log M_t = \beta(X_t)\mathrm{d}t + \alpha(X_t)\mathrm{d} \cdot Wt \tag{18}$$

因此,M_t 取决于初始条件 $(X_0, M_0) = (x, m)$ 以及在时间 0 与时间 t 之间的布朗运动 W 的新息。令 $\{\mathcal{F}_t : t \geq 0\}$ 表示时间 0 与时间 t 之间的布朗运动生成的(完全)过滤,并假设 $\mathcal{F}_0$ 刻画了所有初始信息。

如前所述,在这种情形下的随机贴现因子和现金流是乘性过程 M 的一个特例。这种乘性过程暴露于两种类型的风险。风险敞口的第一个来源是"局部的",或者说"无穷小"风险,存在于方程式(17)中的 $\alpha(X_u) \cdot \mathrm{d}W_u$ 那一项中。第二个风险来源于 X_t 的时间变化和系数 $\beta(x)$ 和 $\alpha(x)$ 的状态依赖性,而且会在更长远的期间上表现出来。

4.2.1 豪斯曼–克拉克–奥科内(Haussmann-Clark-Ocone)公式

对于扩散的移动平均表示,存在着一个自然的对应(物)。事实上,移动平均系数(通常都)是依赖于状态的。要得出它们,就必须先对所有的 $t \geq u$ 计算出日期 u 的冲击对过程 $\log M_t$ 的所谓马利亚万导数(Malliavin derivatives)——我们用 $D_u \log M_t$ 表示这个导数。不过在这里,我们并不打算把作为一个正式的数学概念的马利亚万微分法引入进来,而采用启发式试探法进行计算。[①] 这个马利亚万导数的计算结果给出了对于日期 u 的冲击的随机响应,并且仅限于在 $t \geq u$ 中 t 可测度的范围。把日期 u 的条件期望构造出来,我们就可以得到冲击当日的预期反应。计算是通过使得冲击对过程 $\log M_t$ 的发挥作用的时间区间任意小来实现局部化的——这样就可以实施导数的正式构造。

$D_u \log M_t$ 的计算有两点类似于我们在前面给出的对数正态例子。首先,对于 $\log M$ 的(随机)脉冲响应函数为,对于所有的 $t \geq 0$,

$$Q_t(X_0) = \nu(X_0) \cdot E(D_0 \log M_t | \mathcal{F}_0) = \nu(X_0) \cdot E[D_0(\log M_t - \log M_0) | X_0]$$

其中,$\nu(X_0)$ 决定了,冲击的那个条件线性组合服从某个脉冲响应。所得到的响应则取决于由 X_0 所刻画的条件信息,这与对数正态模型恰恰相反(在那里,响应只取决于期数 $t \geq 0$)。

[①] 关于讨论马利亚万方法的教科书,请参阅迪努诺等人(Di Nunno et al.,2009)或努亚拉特(Nualart,2006)。

相应地，我们还可以得出对于过程 $\log M$ 的豪斯曼-克拉克-奥科内（Haussmann-Clark-Ocone）公式，它把不同日期上的冲击的影响累积起来，如下面的随机积分所示：

$$\log M_t = \int_0^t E(D_u \log M_t | F_u) \cdot dW_u + E(\log M_t | \mathcal{F}_0)$$

我们可以将 $E(D_u \log M_t | F_u)$ 视为移动平均表示中的系数向量的对应物。这些随机变量满足类似于方程式（14）和（15）所示的递归。有关更详细的构造方法，请参阅博洛维奇卡等人（Borovička et al.，2014）。

利用马利亚万微分规则（类似于我们更熟悉的通常的微分规则），我们可以得到：

$$D_u M_t = M_t D_u \log M_t$$

这意味着，过程 M 的脉冲响应函数就是：对于所有 $t \geq 0$，

$$\nu(X_0) \cdot E(D_0 M_t | \mathcal{F}_0) = \nu(X_0) \cdot E(M_t D_0 \log M_t | \mathcal{F}_0)$$

$$= M_0 \nu(X_0) \cdot E\left[\left(\frac{M_t}{M_0}\right) D_0(\log M_t - \log M_0) | X_0\right]$$

4.2.2 扩散的冲击弹性

我们在第三节构造的冲击弹性，是通过令现金流在下一期暴露于特定冲击来扰动现金流的。在连续时间模型中，我们在很短时间区隔 $[0, r]$ 中设计了 M 的一个扰动，然后研究当 $r \searrow 0$ 时的影响。由此产生的结构还利用了具有布朗运动式冲击的连续时间模型的局部线性性质。

更具体地说，我们构造了一个过程 H^r，使得：

$$\log H_t^r = \int_0^{r \wedge t} \nu(X_u) \cdot dW_u - \frac{1}{2}\int_0^{r \wedge t} |\nu(X_u)|^2 du$$

其中，$r \wedge t = \min\{r, t\}$。需要注意的是，这个过程在时间区间 $[0, r]$ 暴露于布朗运动式冲击，其中敞口向量为 $\nu(x)$，并在 r 之后保持恒定。我们假设 $\nu(x)$ 是受限制的，从而使得过程 H^r 是一个鞅。然后，我们利用 H^r 来构造受扰动的过程 MH^r：

$$\log M_t + \log H_t^r = \log M_0 + \int_0^t \beta(X_u) du - \frac{1}{2}\int_0^{r \wedge t} |\nu(X_u)|^2 du$$

$$+ \int_0^t \alpha(X_u) \cdot dW_u + \int_0^{r \wedge t} \nu(X_u) \cdot dW_u$$

不难注意到，在时间区间 $[0, r]$ 上，这个受扰动的过去暴露于布朗运动式冲击的敞口为：

$$[\alpha(X_u) + \nu(X_u)] \cdot dW_u$$

随着 $r \searrow 0$，我们就实现了在任意小的时间间隔内扰动 $\log M$。

像博洛维奇卡等人（Borovička et al.，2014）一样，我们将第 t 期的 M 的冲击弹性定义为：

$$\varepsilon(x, t) = \nu(x) \cdot \frac{E\left(\mathcal{D}_0 \frac{M_t}{M_0} | X_0 = x\right)}{E\left[\left(\frac{M_t}{M_0}\right) | X_0 = x\right]} \tag{19}$$

$$= \nu(x) \cdot \frac{E\left[\left(\frac{M_t}{M_0}\right) \mathcal{D}_0 \log M_t | X_0 = x\right]}{E\left[\left(\frac{M_t}{M_0}\right) | X_0 = x\right]}.$$

式(19)中第一个等式是前面的式(8)除以 $E\left[\left(\dfrac{M_t}{M_0}\right)\mid X_0 = x\right]$ 后求极限的结果,因为对于 $\dfrac{M_t}{M_0}$ 应用豪斯曼–克拉克–奥科内(Haussmann-Clark-Ocone)公式,就可以得出对日期 0 的增量的贡献:

$$E\left(\ \mathbf{\mathcal{D}}_0\,\frac{M_t}{M_0}\mid X_0 = x\right)\mathrm{d}W_0$$

因此,$\dfrac{M_t}{M_0}$ 与 $\mathrm{d}W_0$ 之间的极限协方差就是 $E\left(\ \mathbf{\mathcal{D}}_0\,\dfrac{M_t}{M_0}\mid X_0 = x\right)$。从式(19)的第二个等式可知,这些弹性与对于 $\log M_t - \log M_0$ 的脉冲响应 $\mathbf{\mathcal{D}}_0(\log M_t - \log M_0)$ 的扩散对应物相一致,后者在对未来结果求平均时的权重为

$$\frac{\left(\dfrac{M_t}{M_0}\right)}{E\left[\left(\dfrac{M_t}{M_0}\right)\mid X_0 = x\right]}$$

对于对数正态模型,这种加权处理是无关紧要的。在博洛维奇卡等人(Borovička et al., 2011)一文中,我们提供了上述推导的细节和若干相关的计算结果,包括如下与计算相关的另一个可用公式:

$$\varepsilon(x,t) \doteq \nu(x) \cdot \left[\sigma(x)'\left(\frac{\partial}{\partial x}\log E\left[\left(\frac{M_t}{M_0}\right)\mid X_0 = x\right]\right)+\alpha(x)\right] \tag{20}$$

对于冲击–弹性公式(20),有一个非常自然的解释。乘性过程 M 对下一刻的冲击的敏感性由两项组成。第一项是 $\alpha(x)$,它代表了布朗运动式冲击对 M 的演变的直接影响——如方程式(18)所示。相对于 x 的偏导数刻画了条件期望对状态向量的变动的敏感性,然后它还要乘上敞口矩阵 $\sigma(x)$ 以表示相对于冲击向量 W 的敏感性。在方程式(18)中,对数的导数的使用证明了冲击弹性这一项的合理性。瞬时的短期弹性则为 $\alpha(x) \cdot \nu(x)$。[1]

5. 离散时间情形与近似方法

在前面各节中,我们给出了许多模型的冲击–价格弹性和冲击–敞口弹性公式,这些模型都是具有如式(1)所示的马尔可夫动态的状态向量所驱动的。现在,我们再提出一个很容易实施的方案,它可以使计算变得非常方便(在适用的情况下)。本节的讨论采用了博洛维奇卡和汉森(Borovička and Hansen,2014)开发的方法[2],此外,我们还提供了相应的 Matlab 软件,它们实现了本节所描述的各种求解方法,同时还包括了一个计算用 Dynare 解出来的模型

---

[1] 瞬时冲击–价格弹性为 $-\alpha_s(x) \cdot \nu(x)$,这与风险价格向量的概念相一致,风险价格向量表示对暴露于布朗运动式增量的敞口补偿。

[2] 见中村等人(Nakamura et al.,2016)对这些方法在离散时间框架下的另一种实现方法的讨论。

的冲击弹性的小型工具包。[1]

我们首先引入一个很便于使用的指数–二次框架(exponential-quadratic framework),我们用它来对状态向量 X 以及随之而来的乘性过程进行建模。在这个框架下,乘性过程和冲击弹性的条件期望可以在一个便利的函数形式下得到。然后,我们考虑使用扰动方法构建的动态宏观经济模型的一类特殊的近似解。我们还阐明了,怎样去逼近均衡动态、加性和乘性泛函以及由此得到的冲击弹性。根据定义,这些近似解的动态都嵌套在我们的指数–二次框架内。

5.1 指数–二次框架

在我们研究的动态系统中,状态向量可以划分为 $X=(X_1',X_2')'$,划分出来的两个分量服从以下运动定律:

$$X_{1,t+1} = \Theta_{10} + \Theta_{11}X_{1,t} + \Lambda_{10}W_{t+1}$$

$$X_{2,t+1} = \Theta_{20} + \Theta_{21}X_{1,t} + \Theta_{22}X_{2,t} + \Theta_{23}(X_{1,t}\otimes X_{1,t})$$

$$+ \Lambda_{20}W_{t+1} + \Lambda_{21}(X_{1,t}\otimes W_{t+1}) + \Lambda_{22}(W_{t+1}\otimes W_{t+1}) \quad (21)$$

我们对矩阵 Θ_{11} 和 Θ_{22} 施加的限制是,它们只能有平稳的特征值。注意到,通过三角结构施加的这个限制意味着过程 X_1 是线性的,而过程 X_2 的线性则取决于 X_1 的演化。

我们感兴趣的那一类乘性泛函 M 满足如下限制(对于 $Y=\log M$):

$$Y_{t+1} - Y_t = \Gamma_0 + \Gamma_1 X_{1,t} + \Gamma_2 X_{2,t} + \Gamma_3(X_{1,t}\otimes X_{1,t})$$

$$+ \Psi_0 W_{t+1} + \Psi_1(X_{1,t}\otimes W_{t+1}) + \Psi_2(W_{t+1}\otimes W_{t+1}) \quad (22)$$

在下文中,我们用 $1\times k^2$ 向量 Ψ 来构造一个 $k\times k$ 的对称矩阵 $\text{sym}[\text{mat}_{k,k}(\Psi)]$,从而使得:[2]

$$w'(\text{sym}[\text{mat}_{k,k}(\Psi)])w = \Psi(w(w)$$

这种表示法在以下计算中是很有价值的。我们使用加性泛涵表征通过一个技术冲击过程或总消费冲击过程实现的随机增长,并表征用来表示资产价值的随机贴现过程。

上面给出的系统(21)—(22)已经足够丰富了,能够容纳随机波动。在资产定价文献中,随机波动已经成为一个重要的特征,不过在宏观经济学文献中仍然比较少见。例如,状态变量 $X_{1,t}$ 可以刻画条件波动性的线性过程,而状态变量 $X_{2,t}$ 则可以刻画现金流的条件增长率,由此式(22)中的系数 Ψ_1 就确定了 M 的增长率的条件波动性的时间变化,同时式(21)中的 Λ_{21} 则会影响增长率的变化的条件波动性。在5.2节中,我们将把通过扰动近似法获得的解映射到这个框架中来。

式(21)—(22)这种参数化方法的优点是,它为我们的动态弹性给出了准解析公式。随机贴现因子的隐含模型现在已经广泛用于各种各样的简化形式的资产定价模型中。在下文

---

① Dynare 是一个免费的 Matlab / Octave 工具包,用于求解和分析动态一般均衡模型(详见如下网页:http://www. dynare. org)。我们的软件则可从以下网站下载:http://borovicka. org/software. html。

② 在这个公式中,$\text{mat}_{k,k}(\Psi)$ 将一个向量转换为一个 $k\times k$ 矩阵,运算符 sym 则把这个方阵转换为一个对称矩阵,方法是对这个矩阵以及它的转置进行平均。附录 A 介绍了本节和后续各节的计算所用的各个代数符号。

中,我们将通过近似方法来推导这个动态系统。

接下来,我们计算如式(22)所示的乘性泛函的条件期望的对数,并以此来说明这种函数形式的便利性。考虑 $x=(x_1',x_2')'$ 的一个线性-二元函数:

$$\log f(x)=\boldsymbol{\Phi}_0+\boldsymbol{\Phi}_1 x_1+\boldsymbol{\Phi}_2 x_2+\boldsymbol{\Phi}_3(x_1\otimes x_1) \tag{23}$$

易知条件期望的形式为:

$$
\begin{aligned}
\log E\left[\left(\frac{M_{t+1}}{M_0}\right)f(X_{t+1})\mid X_t=x\right] &=\log E\left[\exp(Y_{t+1}-Y_t)f(X_{t+1})\mid X_t=x\right]\\
&=\boldsymbol{\Phi}_0^*+\boldsymbol{\Phi}_1^* x_1+\boldsymbol{\Phi}_2^* x_2+\boldsymbol{\Phi}_3^*(x_1\otimes x_1)\\
&=\log f^*(x)
\end{aligned}
\tag{24}
$$

其中,$\boldsymbol{\Phi}_i^*$,$i=0,\cdots,3$ 的公式在附录 A 中给出。这个计算方法将一个函数 f 映射到了具有相同函数形式的另一个函数 f^* 上。我们的多周期计算利用了这个链接。例如,重复这种计算可以实现随机增长或贴现的复合。此外,对于适当选择的 $\boldsymbol{\Phi}_{i,t}^*$,我们还可以利用式(24)中从 $f(x)=1$ 开始的递归马尔可夫构造来得到:

$$\log E\left[\left(\frac{M_t}{M_0}\right)\mid X_0=x\right]=\boldsymbol{\Phi}_{0,t}^*+\boldsymbol{\Phi}_{1,t}^* x_1+\boldsymbol{\Phi}_{2,t}^* x_2+\boldsymbol{\Phi}_{3,t}^*(x_1\otimes x_1)$$

5.1.1　冲击弹性

为了在便利的函数形式下计算前面的式(8)给出的冲击弹性,我们构造:

$$\frac{E\left[\left(\dfrac{M_t}{M_0}\right)W_1\mid X_0=x\right]}{E\left[\left(\dfrac{M_t}{M_0}\right)\mid X_0=x\right]}=\frac{E\left[\left(\dfrac{M_1}{M_0}\right)E\left[\left(\dfrac{M_t}{M_0}\right)\mid X_1\right]W_1\mid X_0=x\right]}{E\left[\left(\dfrac{M_1}{M_0}\right)E\left(\dfrac{M_t}{M_1}\mid X_1\right)\mid X_0=x\right]}$$

不难注意到,如下随机变量的条件期望为 1:

$$L_{1,t}=\frac{\left(\dfrac{M_1}{M_0}\right)E\left(\dfrac{M_t}{M_1}\mid X_1\right)}{E\left[\left(\dfrac{M_1}{M_0}\right)\left(\dfrac{M_t}{M_1}\mid X_1\right)\mid X_0=x\right]} \tag{25}$$

将这个正随机变量乘以 W_1 并取期望,就等价于改变条件概率分布,并在此种测度转换后再求 W_1 的条件期望。然后,在转换后的测度下,利用完全平方方法,我们可以证明,W_1 仍然保持了正态分布性,但是其协方差矩阵不再是单位矩阵,并且均值依赖于 $X_0=x$(是 x_1 的仿射)。相关的公式我们在附录 B 中给出。因此,冲击弹性函数 $\varepsilon(x,t)$ 可以使用一些很容易实现的公式递归地计算出来。我们还将在附录 B 中证明,冲击弹性函数的结果也是状态 x_1 的仿射。

5.2　扰动法

在宏观经济模型中,均衡马尔可夫动态方程(1)通常是未知的,需要从一组均衡条件中求解得到。我们现在描述一种适用于动态一般均衡模型的求解方法。这种方法能够产生一个以近似运动定律为形式的解,它是第 5.1 节分析的指数-二次函数形式的一种特殊情况。

这种解法是以霍尔姆斯(Holmes,1995)、隆巴多和厄里格(Lombardo and Uhlig,2014)的研究为基础的,它构造了一种扰动近似,其中的一阶项和二阶项都遵循如式(21)所示的受限动态。

为了得到近似,我们考虑一个用 $\mathbf{q}$ 来实现参数化的模型族,并研究围绕它的极限系统的一阶近似和二阶近似(其中 $\mathbf{q}=0$)。对于每个 $\mathbf{q}$,我们考虑如下系统(方程式):

$$0 = E(g[X_{t+1}(\mathbf{q}), X_t(\mathbf{q}), X_{t-1}(\mathbf{q}), \mathbf{q}W_{t+1}, \mathbf{q}W_t, \mathbf{q}] \mid \mathcal{F}_t) \tag{26}$$

$\mathbf{q}=0$ 的方程系统是没有冲击的,更具一般性的情况是 $\mathbf{q}$ 的值比较小,使得冲击的影响不是特别大。对于系统(26),还有一个众所周知的鞍点稳定性条件,它能够导致唯一的线性近似均衡——有关的证明,请参见布兰查德和柯成兴(Blanchard and Quah,1989),或者西姆斯(Sims,2002)。我们假设这些条件都得到了满足。追随霍尔姆斯(Holmes,1995)、隆巴多和厄里格(Lombardo and Uhlig,2014)的思路,我们通过推导对于 $\mathbf{q}$ 的逐路径导数(pathwise derivatives)的动态演化构造了一个近似系统,并在 $\mathbf{q}=0$ 处进行求值。当然不必讳言,我们在这里的推导也是启发式的,就像宏观经济学中的大部分相关文献一样。

要建立与第5.1节中所阐述的参数化的链接,我们先给出如下的二阶扩展:

$$X_t(\mathbf{q}) \approx X_{0,t} + \mathbf{q}X_{1,t} + \frac{\mathbf{q}^2}{2}X_{2,t},$$

其中,$X_{m,t}$ 是随机过程在日期 t 的第 m 阶分量。在这里,我们抽象掉了对初始条件的依赖性,方法是将每个分量都限定为平稳的。我们的近似过程也将是平稳的。[①] 从上述扩展可以得出分量过程 X_1 和 X_2 的运动定律。再一次,联合过程 (X_1, X_2) 也将是马尔可夫的,尽管在近似动态下,状态向量的维度要加倍。

5.2.1 近似状态向量动态

虽然 $X_t(\mathbf{q})$ 是作为动态系统(26)中的一个状态向量而出现的,但是,这个状态向量本身又取决于参数 $\mathbf{q}$。假设 $\mathcal{F}_t$ 是由无限的冲击历史 $\{W_j : j \leqslant t\}$ 生成的 σ 代数。对于每个动态系统,我们假设状态向量 $X_t(\mathbf{q})$ 都是可测量的,并且在预测状态向量以 $\mathcal{F}_t$ 为条件的未来值时,只需以 X_t 为条件就足够了。虽然 $X_t(\mathbf{q})$ 依赖于 $\mathbf{q}$,但是 $\mathcal{F}_t$ 的构造却并非如此。我们现在就来构造每个分量过程的动态——结果将是一个具有与三角形系统(21)相同结构的递归系统。

定义 $\bar{x}$ 为如下方程的解:

$$\bar{x} = \psi(\bar{x}, 0, 0),$$

这个解给出了确定性动态系统的不动点。我们假设这个不动点是局部稳定的。这也就是说 $\psi_x(\bar{x}, 0, 0)$ 是一个具有稳定的特征值的矩阵,而且各特征值的绝对值都严格小于1。然后,我们设定,对于所有 t,都有:

$$X_{0,t} = \bar{x}$$

这就是对那个构造为时不变的解的零阶贡献(zeroth-order contribution)。

[①] 隆巴多和厄里格(Lombardo and Uhlig,2014)认为,这种方法在计算上非常类似于金姆(Kim)等人描述的修剪法(pruning approach),请参见金姆等人(Kim et al.,2008)或安德烈亚森等人(Andreasen et al.,2010)。

在计算逐路径导数时,我们将状态向量过程视为冲击历史的函数。历史上的每一次冲击都由参数 **q** 来缩放,从而导致了一个参数化的随机过程族。我们计算出了相对于该参数的导数,而这些导数本身也是随机过程。给定这个随机过程族的马尔可夫表示法,导数过程也会拥有很方便的递归表示。接下来,我们就来推导这些表示。

运用马尔可夫表示法,我们计算状态向量过程相对于 **q** 的导数(我们在 **q** = 0 处求值)。这个导数具有如下递归表示:

$$X_{1,t+1} = \psi_q + \psi_x X_{1,t} + \psi_w W_{t+1}$$

其中 ψ_q、ψ_x、ψ_w 均为偏导数矩阵,即:

$$\psi_q \doteq \frac{\partial \psi}{\partial \mathbf{q}}(\bar{x}, 0, 0), \psi_x \doteq \frac{\partial \psi}{\partial x'}(\bar{x}, 0, 0), \psi_w \doteq \frac{\partial \psi}{\partial w'}(\bar{x}, 0, 0).$$

特别是,其中 $\psi_w W_{t+1}$ 这一项揭示了这个递归表示中的冲击向量的作用。回想一下,我们的假设是,已经选择了适当的 $\bar{x}$,使得 ψ_x 具有稳定的特征值。因此,一阶导数的演化可以建模为高斯型向量自回归,它可以表示为冲击历史的无限移动平均,从而将这个过程限制为平稳的。因此,对原始过程的一阶近似是:

$$X_t \approx \bar{x} + \mathbf{q} X_{1,t}$$

特别值得指出的是,上式右侧的近似过程的无条件均值为 $\bar{x} + \mathbf{q}(I - \psi_x)^{-1}\psi_q$。

我们还可以递归地计算出关于 **q** 的二阶逐路径递归,方法是对一阶条件的递归式求导数。因此,二阶导数具有如下递归表示:

$$\begin{aligned} X_{2,t+1} = \psi_{qq} + 2(\psi_{xq} X_{1,t} + \psi_{wq} W_{t+1}) + \psi_x X_{2,t} + \psi_{xx}(X_{1,t} \otimes X_{1,t}) \\ + 2\psi_{xw}(X_{1,t} \otimes W_{1,t}) + \psi_{ww}(W_{1,t} \otimes W_{1,t}) \end{aligned} \tag{27}$$

其中,矩阵 ψ_{ij} 表示在 $((\bar{x}, 0, 0)$ 处求出的 ψ 的二阶导数,它是利用附录 A.2 中描述的导数矩阵的构造生成的。正如施密特–格罗厄和乌里韦(Schmitt-Grohé and Uribe,2004)所正确地指出的,混合二阶导数 ψ_{xq} 和 ψ_{wq} 通常为零,如果利用二阶优化转换为我们熟悉的对数近似方法的话。

二阶导数过程 $X_{2,.}$ 的演化是一个稳定的递归,而且会反馈到自身并依赖于一阶导数过程。在前面,我们已经证明,可以将一阶导数过程 $X_{1,t}$ 构造为无限冲击历史的一个线性函数。由于矩阵 ψ_x 具有稳定的特征值,所以 $X_{2,t}$ 可以表示为同一冲击历史的线性–二次函数。由于不存在从 $X_{2,t}$ 到 $X_{1,t}$ 的反馈效应,因此按这种方式构造的联合过程 $(X_{1,.}, X_{2,.})$ 必定是平稳的。

这里描述的 $(X_{1,.}, X_{2,.})$ 的动态演化是第 5.1 节给出的三角形系统(21)的一个特例。当冲击向量 W_t 是一个多元标准正态分布时,我们可以利用第 5.1 节的结果来生成 $(X_{1,t}, X_{2,t})$ 中的线性–二次函数的指数的精确的公式。我们在接下来的一节中将利用这个结构。关于近似公式推导的细节,请参见附录 A。

5.3 对平稳增量过程的演化的逼近

现在考虑一个参数化的乘性过程族的逼近,其增量由下式给出:

$$\log M_{t+1}(\mathbf{q}) - \log M_t(\mathbf{q}) = \kappa[X_t(\mathbf{q}), \mathbf{q}W_{t+1}, \mathbf{q}]$$

同时其初始条件为 $\log M_0$。我们将函数 κ 与 $\mathbf{q}$ 结合起来，隐式地参数化了一个加性函数族。对于由此而得到的加性函数，我们可以通过下式来逼近：

$$\log M_t \approx \log M_{0,t} + \mathbf{q}\log M_{1,t} + \frac{\mathbf{q}^2}{2}\log M_{2,t}$$

其中，式子右侧的过程具有平稳增量。

采取与我们逼近 X 时同样的步骤，可以将对于 $\log M$ 的零阶贡献递归地表示为：

$$\log M_{0,t+1} - \log M_{0,t} = \kappa(\bar{x}, 0, 0) \doteq \bar{\kappa};$$

而一阶贡献则为

$$\log M_{1,t+1} - \log M_{1,t} = \kappa_q + \kappa_x X_{1,t} + \kappa_w W_{t+1}$$

其中，κ_x 和 κ_w 分别为 κ 在 $(\bar{x}, 0, 0)$ 处求出的相应的一阶导数。二阶贡献为：

$$\begin{aligned} \log M_{2,t+1} - \log M_{2,t} = &\kappa_{qq} + 2(\kappa_{xq} X_{1,t} + \kappa_{wq} W_{t+1}) \\ &+ \kappa_x X_{2,t} + \kappa_{xx}(X_{1,t} \otimes X_{1,t}) + 2\kappa_{xw}(X_{1,t} \otimes W_{t+1}) \\ &+ \kappa_{ww}(W_{t+1} \otimes W_{t+1}) \end{aligned}$$

其中，κ_{ij} 表示二阶层数矩阵，其构造方法请参见附录 A.2。由此而得到的分量加性函数是在第（5.1）节中引入的式（22）中给出的加性函数的特殊情况。

5.3.1 求冲击弹性的近似

我们还可以计算出相应的对于乘性过程的二阶近似。或者，由于近似过程满足 5.1 节中给出的结构，因此我们可以利用我们前面引入的公式及相关的支持软件。请参阅博洛维奇卡和汉森（Borovička and Hansen, 2014）给出的进一步讨论。

5.4 其他相关的方法

此外，还有其他一些相关的适用于特定目的的方法，它们会将对模型或状态向量的不同分量的不同阶的近似混合起来。这些方法的目的是，改进研究者感兴趣的特定维度上的近似的精确度，同时又保持在计算函数 ψ 的导数时的易处理性。胡斯蒂亚诺和普赖米切里（Justiniano and Primiceri, 2008）使用了一阶近似，同时又在解上增加了异质性新息。贝尼尼奥等人（Benigno et al., 2010）研究了内生状态变量的二阶近似，同时外生状态变量则遵循条件马尔可夫过程。马尔克霍佐夫和玄鲁（Malkhozov and Shamloo, 2011）将外生过程的冲击中的异方差一阶扰动与对未来冲击的修正结合了起来，加以处理。所有这些求解方法都旨在让随机波动在模型的解中、在对风险敞口的定价中扮演某种非平凡的角色。贝尼尼奥等人（Benigno et al., 2010）的方法、马尔克霍佐夫和玄鲁（Malkhozov and Shamloo, 2011）的方法，提供了构建我们在第 5.1 节中使用的函数形式的另一个途径。

5.5 递归效用投资者

克雷普斯和波蒂厄斯（Kreps and Porteus, 1978）、爱泼斯坦和辛恩（Epstein and Zin, 1989）

提出的递归效用偏好概念值得我们特别关注。根据他们的模型设定，这种偏好概念的好处是，用不着再假设投资者会减少跨期的复合消费彩票（intertemporal, compound consumption lotteries）。相反，投资者可能会关心风险的跨期构成。这种设定的部分动机在于，这样做可以允许风险厌恶倾向发生变化，而不用改变跨期替代的弹性。安德森等人（Anderson et al., 2003）、梅恩胡特等人（Maenhout et al., 2004），以及其他一些研究者扩展了雅各布森（Jacobson, 1973）、惠特尔（Whittle, 1990）等人提出的风险敏感性控制的概念，进一步提出了对于效用递归的"稳健性关注"解释。在这种"另类"解释中，决策者要分析转移动态的潜在错误设定，把它作为决策过程的一部分。从这种视角出发，会得出关于效用递归的显著不同的解释。在建立控制论与经济学文献之间的联系时，以显式地依赖于参数 q 的方式来参数化效用递归的做法在有的情况下很有好处。博洛维奇卡和汉森（Borovička and Hansen, 2013）、班达里等人（Bhandari et al., 2016）探讨了这种处理的影响，结果与我们这里研究的近似结果的影响类似。除此之外，他们还为塔拉里尼（Tallarini, 2000）提出的递归效用一阶调整提供了可靠的理论依据，并给出了让高阶调整更有影响力的新方法。

6. 连续时间框架下的近似

在连续时间框架下设定的许多非常有意思的宏观经济模型——包括我们在第 7 节中分析的那些宏观经济模型——都需要应用数值求解技术。在构造冲击弹性时，我们最感兴趣的核心对象是方程式（19）中 M 的条件期望。现在考虑如下更一般的问题：

$$\phi_t(x) \doteq E\left[\left(\frac{M_t}{M_0}\right)\phi_0(X_t) \mid X_0 = x\right] \tag{28}$$

其中，函数 ϕ_0 是给定的。M 的条件期望通过设定 $\phi_0(x) \equiv 1$ 就可以求得。

6.1 一个相关的偏微分方程

为了完成计算，我们要以递归方式求 ϕ_t 的值。给定 $\phi_{t-\Delta t}$ 的值（Δt 的值足够小），利用基础马尔可夫过程的时间均匀性，并应用迭代期望定律，我们可以得到：

$$\phi_t(x) = E\left[\left(\frac{M_{\Delta t}}{M_0}\right)\phi_{t-\Delta t}(X_{\Delta t}) \mid X_0 = x\right]$$

再将伊藤引理应用条件期望的乘积，就可以给出如下线性二阶偏微分方程：

$$\frac{\partial}{\partial t}\phi_t = \left(\beta + \frac{1}{2}|\alpha|^2\right)\phi_t + \left[\frac{\partial}{\partial x}\phi_t\right] \cdot (\mu + \sigma\alpha) + \frac{1}{2}\mathrm{tr}\left[\sigma'\left(\frac{\partial}{\partial x\partial x'}\phi_t\right)\sigma\right] \tag{29}$$

终止条件为 ϕ_0，其中 $\mathrm{tr}(\cdot)$ 表示矩阵参数的轨迹。方程式（29）是如方程式（17）所示的乘性过程的柯尔莫戈洛夫（Kolmogorov）逆向方程的一般化形式。由此得到的偏微分方程则可以用微分方程的标准数值技术求解。

6.2 鞅分解与测度的改变

为了研究对于定价的长期影响,我们提出了从随机贴现因子和现金流的动态中提取鞅分量的方法:求解特征函数 $e(x)$ 以及相应的特征值严格为正时的佩龙-弗罗宾尼斯(Perron-Frobenius)方程(9)。在马尔可夫扩散的模型设定中,我们可以通过计算如下极限来定位这个问题:

$$\lim_{t \to 0} \frac{E[M_t e(X_t) \mid X_0 = x] - \exp(\eta t) e(x)}{t} = 0$$

定义如下无穷小运算符:

$$\mathbb{B}f(x) \doteq \frac{\mathrm{d}}{\mathrm{d}t} E[M_t f(X_t) \mid X_0 = x] \bigg|_{t=0}$$

我们可以得到:

$$\mathbb{B}f = \left(\beta + \frac{1}{2}|\alpha|^2\right)f + (\sigma\alpha + \mu) \cdot \frac{\partial f}{\partial x} + \frac{1}{2}\mathrm{tr}\left(\sigma\sigma' \frac{\partial^2 f}{\partial x \partial x'}\right)$$

而且,我们可以把极限状态下的佩龙-弗罗宾尼斯(Perron-Frobenius)方程写为:

$$\mathbb{B}e = \eta e \tag{30}$$

这是函数 $e(x)$ 和数 η 的二阶偏微分方程。方程式(30)就是通常所称的斯图姆-刘维尔(Sturm-Liouville)方程。很容易就可以注意到,当我们寻找初始条件为 $\phi_0(x) = e(x)$ 的未知贴现平稳函数 $\phi_t(x) = \exp(\eta t)e(x)$ 时,这个方程与偏微分方程(29)完全相同。与以前一样,这个方程通常有多个严格为正的解。汉森和沙因克曼(Hansen and Scheinkman, 2009)证明,在这些解中,最多有一个可以保留状态向量 X 的随机稳定性。我们隐含地假定,我们总能选择这样的解。[1]

根据前面第3.4节的讨论,我们现在可以将鞅 $\tilde{M}$ 定义为:[2]

$$\frac{\tilde{M}_t}{\tilde{M}_0} \doteq \exp(-\eta t)\frac{e(X_t)M_t}{e(X_0)M_0} \tag{31}$$

应用伊藤引理,我们发现:

$$\mathrm{d}\log\tilde{M}_t = \tilde{\alpha}(X_t) \cdot \mathrm{d}W_t - \frac{1}{2}|\tilde{\alpha}(X_t)|\mathrm{d}t$$

---

[1] 另外,也请参见博洛维奇卡等人(Borovička et al. , 2015)、秦和林耐茨基(Qin and Linetsky, 2014a)、秦等人(Qin et al. , 2016)、瓦尔登(Walden, 2014),以及帕克(Park, 2015),他们讨论了与求解特征值-特征函数对 (η, e) 密切相关的一系列问题。

[2] 我们不难注意到,使用局部化版本的佩龙-弗罗宾尼斯(Perron-Frobenius)方程时,得到的解可能会产生一个仅为局部鞅的过程 $\tilde{M}$。请参见汉森和沙因克曼(Hansen and Scheinkman, 2009)、秦和林耐茨基(Qin and Linetsky, 2014b)对这个问题的进一步的讨论,以及他们给出的能够确保 $\tilde{M}$ 是一个鞅的更多的假设。在下面的讨论中,我们假设这些条件都得到了满足。

其中，

$$\tilde{\alpha}(x) = \left[\sigma'(x) \frac{\partial}{\partial x} \log e(x) + \alpha(x) \right]$$

这也就意味着，在概率测度 $\tilde{P}$ 下，布朗运动的演变如下：

$$dW_t = \tilde{\alpha}(x) dt + d\tilde{W}_t$$

其中，$\tilde{W}$ 就是概率测度 $\tilde{P}$ 下的一个布朗运动。这也意味着，我们可以将测试改变下的状态向量的动态写为：

$$dX_t = \left[\mu(X_t) + \sigma(X_t) \tilde{\alpha}(X_t) \right] dt + \sigma(X_t) d\tilde{W}_t$$

求方程式(31)的逆，我们就可以得到离散时间下的鞅分解：

$$\frac{M_t}{M_0} = \exp(\eta t) \frac{e(X_0) \tilde{M}_t}{e(X_t) \tilde{M}_0} \tag{32}$$

为了实现对乘性泛函 M 的因子分解，我们要计算出严格为正的特征函数 $e(x)$ 以及相应的特征值 η，方法是求解佩龙-弗罗宾尼斯(Perron-Frobenius)问题。由于通常无法求得解析解，所以我们必须依赖数值方法。普赖斯(Pryce, 1993)给出了对于这个问题的多种数值解法。需要注意的是，由于通常存在无穷多个的严格为正的解，因此我们还必须确定这些解当中哪一个才是真正相关的。

另一种可选的方法是利用时间依赖的偏微分方程(29)，并利用 η 是主特征值——即它与最持久的分量(成分)联系在一起——这个事实。在这种情况下，我们可以从初始条件 $\phi_0(x)$ 开始计算：利用它来猜测特征函数，并迭代式(29)以求解当 $t \to \infty$ 时的 $\phi_t(x)$。对于足够大的 t，解的"表现"应该是这样的：

$$\phi_t(x) \approx \exp(\eta t) e(x)$$

因此，我们有：

$$\eta = \frac{\partial}{\partial t} \log \phi_t(x) \Big|_{t \to \infty} \approx \frac{1}{\Delta t} \left[\log \phi_{t+\Delta t}(x) - \log \phi_t(x) \right] \Big|_{t \to \infty}$$

而且，由于特征函数只能确定一个范围，所以我们可以使用任何比例去重新缩放 ϕ_t，只要 $e(x) \approx \exp(-\eta t) \phi_t(x) |_{t \to \infty}$。

6.3　长期定价

现在，我们将如(32)所示的分解应用于冲击弹性公式(19)，从而得到：

$$\varepsilon(x,t) \doteq \nu(x) \cdot \left[\sigma(x)' \left(\frac{\partial}{\partial x} \log e(x) + \frac{\partial}{\partial x} \log \tilde{E} \left[\frac{1}{e(X_t)} | X_0 = x \right] \right) + \alpha(x) \right]$$

取 $t \to \infty$ 时的极限，括号中的条件期望将收敛到一个常数——只要我们选择的鞅所包含的概率测试下的 X 是随机稳定的。进一步的细节，请参见汉森和沙因克曼(Hansen and Scheinkman, 2009)，以及汉森(Hansen, 2012)。因此，我们有：

$$\lim_{t\to\infty}\varepsilon(x,t)=\nu(x)\ \cdot\ \left[\sigma(x)'\frac{\partial}{\partial x}\log e(x)+\alpha(x)\right]$$

6.4 边界条件

冲击弹性函数的构建需要先解出 M 的条件期望,例如,通过求解偏微分方程(29)。这要求对边界条件的适当设定:不仅是以终止条件 $\phi_0(x)$ 的形式,而且还要给出状态变量 X_t 的状态空间的边界。扩散 X 的边界行为是均衡的核心所在,而且通常有着重要的经济意义。这些我们在第 7 节讨论的具有金融摩擦的模型中将会看得非常清楚。在这些模型中,状态变量是单变量扩散,而且我们基于经典的费勒(Feller)边界分类[1],已经可以很好地表征这些模型的边界行为了。对于问题(28)的边界条件的教科书式处理方法,都常会抽象掉来自乘性过程 M 的影响。虽然对边界表征的详细讨论超出了本章的范围,但是我们还是要概略地分析一下把 M 包含进来会怎样使分析变得有所不同。接下来,我们利用前面第 3.4 节中引入的鞅分解进行研究,并且建立起它与对标量扩散边界的处理之间的连接。

我们用一个柯尔莫戈洛夫方程(Kolmogorov equation)来表示在由 $\tilde{M}$ 引致的测度变化下的条件期望(32)。利用如式(32)所示的鞅因子分解,我们把式(28)重写为:

$$\phi_t(x)\doteq E\left[\exp(\eta t)\frac{e(X_0)\tilde{M}_t}{e(X_t)\tilde{M}_0}\phi_0(X_t)\mid X_0=x\right]$$

定义:

$$\psi_t(x)\doteq\exp(-\eta t)\frac{\phi_t(x)}{e(x)}=\tilde{E}\left[\frac{\phi_0(X_t)}{e(X_t)}\mid X_0=x\right]=\tilde{E}\left[\psi_0(X_t)\mid X_0=x\right] \tag{33}$$

其初始条件为 $\psi_0(x)=\phi_0(x)/e(x)$。这样就可以把边界条件转换为一个标准的柯尔莫戈洛夫逆向方程(Kolmogorov backward equation)了——在方程式(28)中,$M\equiv 1$——但是要在概率测度 $\tilde{P}$ 下。在 $\tilde{P}$ 下,扩散 X 满足如下运动定律:

$$dX_t=\tilde{\mu}(X_t)dt+\sigma(X_t)d\tilde{W}_t,$$

$$\tilde{\mu}(x)=\mu(x)+\sigma(x)\sigma'(x)\frac{\partial}{\partial x}\log e(x)+\sigma(x)\alpha(x)$$

以及与之相关联的发生器(generator):

$$\tilde{\mathbb{B}}f=\tilde{\mu}\ \cdot\ \frac{\partial f}{\partial x}+\frac{1}{2}\text{tr}\left(\sigma\sigma'\frac{\partial^2 f}{\partial x\partial x'}\right)$$

它对应于在测度 $\tilde{P}$ 下具有无穷小方差 $\sigma^2(x)$ 和无穷小均值 $\tilde{\mu}(x)$ 的扩散的发生器。

测度 $\tilde{P}$ 下的边界表征以及相关的边界条件 $\psi_t(x)$ 服从我们在第 6.4 节给出的公式。边

[1] 请参见费勒的开创性研究(Feller,1952,1957)。卡尔林和泰勒(Karlin and Taylor,1981)、鲍罗廷和萨尔米能(Borodin and Salminen,2002),以及林耐茨基(Linetsky,2008)也对相关的处理方法进行了总结。

界的特征在测度 $\tilde{P}$ 下是可以改变的,尽管一个反射边界仍然会在反射中保持测度 P 与测度 $\tilde{P}$ 之间的局部等价性。不难观察到,方程式(33)引入了由 $\phi_t(x)$ 给出的条件期望与特征函数 $e(x)$ 之间的关系。例如,当边界点 x_b 是反射性的时候,适当的边界条件为:①

$$\frac{\partial}{\partial x}\psi_t(x)\bigg|_{x=x_b} = 0$$

当 $\phi_t(x)$ 和 $e(x)$ 在边界处都严格为正时,上式就意味着:

$$\frac{\partial}{\partial x}\log\phi_t(x)\bigg|_{x=x_b} = \frac{\partial}{\partial x}\log e(x)\bigg|_{x=x_b}$$

使得在边界处,条件期望(28)的对数斜率与特征函数 $e(x)$ 相等。

7.　连续时间框架下有融资约束的模型

最近,经济学界对具有融资限制的非线性随机宏观经济模型重新产生了浓厚的兴趣。这方面的文献肇始于伯南克和格特勒(Bernanke and Gertler,1989)以及伯南克等人(Bernanke et al.,1999)。最近这场金融危机爆发以来,这支文献得到了复兴,并已经迅猛扩展开来。何治国和克里希纳穆尔蒂(He and Krishnamurthy,2013)、布伦纳迈尔和桑尼科夫(Brunnermeier and Sannikov,2014)、迪特拉(Di Tella,2015)、莫雷拉和萨沃夫(Moreira and Savov,2016)、艾德里安和博雅申科(Adrian and Boyarchenko,2012),以及克利门科等人(Klimenko et al.,2016年)都在各自的研究中使用了连续时间模型。它们利用微分方程方法来求得均衡解,而且给出的动态在定量的意义上呈现出了非常强的非线性。之所以会出现非线性,就是因为存在仅仅在状态空间的某个特定部分有约束力的融资约束。②

为了保持易处理性,这些模型通常都要假设状态空间是低维的。在本节中,我们分析两个这样的模型,一个来自何治国和克里希纳穆尔蒂的论文(He and Krishnamurthy,2013),另一个来自布伦纳迈尔和桑尼科夫的论文(Brunnermeier and Sannikov,2014)。这两个模型都利用自己精心选择的框架,导出了一个服从如下扩散方程的标量内生状态变量:

$$dX_t = \mu(X_t)dt + \sigma(X_t)dW_t \tag{34}$$

该内生状态代表了家庭财富与金融专家之间的财富分布,刻画了金融部门相对于经济的总规模的资本化水平。当资本化程度很低时,金融约束是具有约束力的,此时资产估价对总体性冲击的敏感性更高。

这两篇论文还有一个共同特点,那就是,它们都有一个外生过程,将总体性风险引入了

---

① 这也就假设了,所谓的尺度测度在边界处是有限的,例如,请参见鲍罗廷和萨尔米能(Borodin and Salminen,2002)的论述。

② 请参见博科拉(Bocola,2016)或比安奇(Bianchi,2016)利用有全局解的离散时间模型对只是偶尔有约束力的融资约束的解释。

模型经济。何治国和克里希纳穆尔蒂(He and Krishnamurthy,2013)在论文中构建了一个"有禀赋的"经济,它有一个永久性的总红利冲击。而布伦纳迈尔和桑尼科夫的论文(Brunnermeier and Sannikov,2014)则构建了一个有内生资本积累的经济,受到冲击的是资本存量的质量。在本节中,我们利用第6节开发的连续时间工具来研究这两个模型中的资产定价的状态依赖性。至于这两个模型所设定的经济的具体情况,请读者阅读相应的原始论文。

7.1 随机贴现因子

在我们分析的这两个模型中,随机贴现因子和定了价的现金流可以改写为前面第4.2节中引入的乘性泛函的特例:

$$\mathrm{dlog}S_t = \beta(X_t)\mathrm{d}t + \alpha(X_t) \cdot \mathrm{d}W_t \tag{35}$$

其中的系数$\beta(x)$和$\alpha(x)$都是在均衡中决定的。在无套利的完全市场环境中,存在一个唯一的随机贴现因子,它代表了被交易的证券的价格。

而在存在着金融市场不完全性和约束的经济体中,这种情况就不复存在了。我们感兴趣的是其中两个关键特征。首先,在这些经济体中,金融市场是分割开来的,不同的投资者可以拥有特定的资产子集。这就意味着,存在着适用于不同投资者的不同随机贴现因子,因此投资者只能在相互交易的资产价格上达成一致。其次,资产之所以有价值,不仅是因为它们可以产生现金流,而且还因为对资产的所有权可以放松或收紧个人投资者要面对的融资约束。给定这些约束会变得有约束力的可能性,资产价值理应包括这些约束的影子价格的贡献。

7.2 何治国和克里希纳穆尔蒂(He and Krishnamurthy,2013)的模型

何治国和克里希纳穆尔蒂(He and Krishnamurthy,2013)构建了一个由两类经济行为主体——专家和家庭——组成的经济体。在这个模型经济中,有两项资产:一项是安全的资产,只能带来无穷小的无风险利率;另一项是有风险的资产,其回报R_t是对总红利的请求权:

$$\mathrm{dlog}D_t = \left(g_d - \frac{1}{2}\sigma_d^2\right)\mathrm{d}t + \sigma_d\mathrm{d}W_t \doteq \bar{\beta}_d\mathrm{d}t + \bar{\alpha}_d\mathrm{d}W_t \tag{36}$$

7.2.1 家庭和专家

家庭拥有对数偏好,因此总是消费自己的财富的某个固定比例,$C_t^h = \rho A_t^h$,其中ρ是时间偏好系数。在所有家庭中,一部分家庭(比例为λ)只能投资于安全资产,而另一部分家庭(比例为$1-\lambda$)则可以将自己的总财富的一定份额α_t^h,通过由持有特定的、回报为$\mathrm{d}\tilde{R}_t$的投资组合的专家管理的中介投资出去。因此,家庭的总体财富的演变遵循下式:

$$\mathrm{d}A_t^h = (\ell D_t - \rho A_t^h)\mathrm{d}t + A_t^h r_t\mathrm{d}t + \alpha_t^h(1-\lambda)A_t^h(\mathrm{d}\tilde{R}_t - r_t\mathrm{d}t)$$

其中 ℓD_t 是家庭收入——在模型中,家庭收入等于红利的某个固定比例 ℓ。

专家对消费 C_t 拥有常相对风险厌恶偏好(CRRA preferences),其风险规避系数为 γ。专家可以交易两种资产,他们的随机贴现因子是:

$$\frac{S_t}{S_0} = e^{-\rho t} \left(\frac{C_t}{C_0} \right)^{-\gamma} \tag{37}$$

所有由专家交易的资产都以这个随机贴现因子来定价。专家的财富的运动定律由下式给出:

$$\mathrm{d}A_t = -C_t \mathrm{d}t + A_t r_t \mathrm{d}t + A_t (\mathrm{d}\tilde{R}_t - r_t \mathrm{d}t)$$

中介将专家的所有财富 A_t 和家庭通过中介投资的财富 $\alpha_t^h (1-\lambda) A_t^h$ 组合起来,并将这个组合的其中一部分(比例为 α_t)投资到风险资产上。因此,中介的组合的回报如下:

$$\mathrm{d}\tilde{R}_t = r_t \mathrm{d}t + \alpha_t (\mathrm{d}R_t - r_t \mathrm{d}t).$$

风险资产市场会出清,从而使得投资于风险资产的财富等于该资产的市场价格,即:

$$\alpha_t (A_t + \alpha_t^h (1-\lambda) A_t^h) = P_t$$

7.2.2　金融摩擦

重要的是,何治国和克里希纳穆尔蒂将金融摩擦引入家庭的投资组合选择中。由于顾虑到道德风险问题,家庭愿意通过中介投资的财富不会超过专家财富的某个比例 m,这个比例也就定义了如下的中介约束:

$$\alpha_t^h (1-\lambda) A_t^h \leqslant m A_t \tag{38}$$

由于对数偏好,家庭的投资组合选择 α_t^h 是静态的。同时,家庭也不能卖空任何资产,因此家庭要在服从中介约束(38)的前提下求解如下最优化问题:

$$\max_{\alpha_t^h \in [0,1]} \alpha_t^h E\left[\mathrm{d}\tilde{R}_t - r_t \mathrm{d}t \mid \mathcal{F}_t \right] - \frac{1}{2} (\alpha_t^h)^2 \mathrm{Var}\left[\mathrm{d}\tilde{R}_t - r_t \mathrm{d}t \mid \mathcal{F}_t \right]$$

参数 m 决定了中介约束的松紧程度。当专家的财富相对于家庭的财富而言足够低的时候,这个中介约束就是有内生的约束力的。在这种情况下,风险分担机制会部分瓦解,专家将不得不通过自己的投资组合消化大部分风险资产。作为均衡结果,风险溢价将上升,专家的财富的波动性也变得更加大,这反过来又导致中介约束(38)右侧的更大波动。如果不存在中介约束,模型将简化为一个由求解投资组合约束下的风险分担问题的经济行为主体组成的经济。

7.2.3　均衡动力学

这个模型的均衡可以用专家的财富份额表征,这很方便。专家的财富份额 $X_t \doteq A_t/P_t \in (0,1)$ 在内生决定的动态方程(34)中起到了唯一的状态变量的作用,其中的参数 $\mu(x)$ 和 $\sigma(x)$ 由家庭和专家的相对财富积累率和对有风险的现金流的请求权的均衡价格给出。何治国和克里希纳穆尔蒂(He and Krishnamurthy, 2013)证明,边界 $\{0,1\}$ 都是进入边界。

给定这个模型中的同质性,我们把专家的消费写为:

$$C_t = D_t(1+\ell) - C_t^h = D_t \left[(1+\ell) - \frac{C_t^h A_t^h P_t}{A_t^h P_t D_t} \right]$$

$$= D_t \left[(1+\ell) - \rho (1-X_t) \pi (X_t) \right]$$

其中，$\pi(x)$ 是红利请求权上的价格-红利比率。价格-红利比率是内生决定的（作为一个微分方程组的解的一部分）。给出了价格-红利比率的一个特定的解，我们就可以构造出随机贴现因子（37）。

在图 1 中，上面的两幅子图给出了状态变量过程 X 的漂移和波动系数以及相关联的平稳密度。当专家的财富份额 X_t 足够低（低于 $x^* = 0.091$）时，中介约束就是有约束力的。当 $X_t \to 0$ 的时候，专家的中介能力下降，从而提高了风险资产的预期回报，进而拉高了专家的财富积累速度。当 $X_t \to 1$ 的时候，这个模型经济是不受约束的，此时风险溢价很低，上述情况就反转过来了。图 1 的上左图中的漂移系数 $\mu(x)$ 反映了这种效应。

从约束开始变得有约束力（到了点 $x^* = 0.091$ 的左边）的那一刻开始，专家财富份额的波动性 $\sigma(x)$ 开始上升。但是最终，当 $X_t \to 0$ 的时候，这种波动性必定会下降为零，这是为了防止专家的财富份额以正的概率触及零边界，但是，在不断接近边界的时候，专家的财富水平的波动性也不断上升。

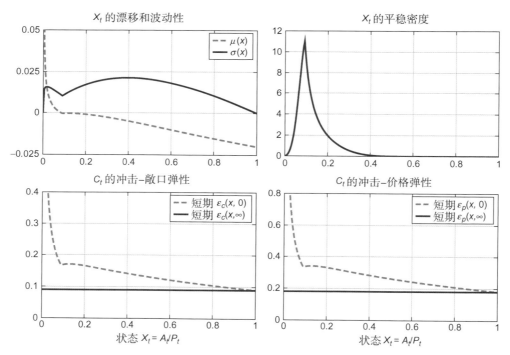

图 1　何治国和克里希纳穆尔蒂（He and Krishnamurthy，2013）的模型中，
专家财富份额 $X_t = A_t / P_t$（横轴）、冲击-敞口弹性和冲击-价格弹性的动态

注：左上图显示了 X_t 演变的漂移和波动系数，而右上图则显示了 X_t 的平稳密度。左下和右下两幅子图分别显示了专家的消费过程 C_t 的短期和长期冲击弹性。中介约束（38）在区间 $X_t \in (0, 0.091)$ 内是有约束力的，$x^* = 0.091$ 对应于 X_t 的平稳分布的 35.3% 分位数。

7.2.4　随机贴现因子和现金流

方程式（36）中的总红利 D_t 遵循具有漂移的几何布朗运动。这直接意味着如下恒定的冲击–敞口弹性：

$$\varepsilon_d(x,t) = \sigma_d$$

因此,对于总红利请求权的预期回报的时间变化必须来自风险价格的时间变化。更具体地说,专家的消费过程如下：

$$\frac{C_t}{C_0} = \left(\frac{D_t}{D_0}\right)\left[\frac{(1+\ell)-\rho(1-X_t)\pi(X_t)}{(1+\ell)-\rho(1-X_0)\pi(X_0)}\right] \tag{39}$$

我们不难注意到,专家的消费过程与总红利过程具有相同的长期随机增长(率)。由于分红过程 D 是几何布朗运动,我们立即可以得出 C 的鞅分解因子为

$$e_c(x) = \left[(1+\ell)-\rho(1-x)\pi(x)\right]^{-1}$$

$$\eta_c = g_d$$

$$\widetilde{C}_t = \exp(-\eta_c t)D_t$$

其中,$\widetilde{C}$ 是 C 的鞅分量。类似地,专家的随机贴现因子(37)要分解为：

$$e_s(x) = \left[(1+\ell)-\rho(1-x)\pi(x)\right]^\gamma$$

$$\eta_s = -\rho-\gamma g_d + \frac{1}{2}\sigma_d^2\gamma(\gamma+1)$$

$$\widetilde{S}_t = \exp\left[(-\eta_s-\rho)t\right](D_t)^{-\gamma}$$

其中,$\widetilde{S}$ 是鞅分量。

这些因子分解结果表明,冲击弹性的长期极限的形式应该是很简单的。消费过程和红利过程具有相同的鞅分量,因此,不妨假设 $\nu(x)=1$,从而它们的冲击–敞口弹性意味着：

$$\lim_{t\to\infty}\varepsilon_c(x,t) = \lim_{t\to\infty}\varepsilon_d(x,t) = \sigma_d.$$

同样地,两种现金流过程的冲击–价格弹性也具有相同的长期极限：

$$\lim_{t\to\infty}\varepsilon_p(x,t) = \gamma\sigma_d$$

正如我们刚刚验证的那样,中介约束对长期现金流的价格没有任何影响。长期冲击弹性的表现就像在一个完全由不受约束、风险厌恶系数为 γ 且消费了全部红利流 D_t 的专家组成的经济体中一样。中介约束只会影响随机贴现因子中的平稳部分 $e_s(x)$。[1] 因此,在这个模型中,长期风险调整与具有幂式效用函数和回报等于红利的模型所隐含的相同。融资约束导致短期风险价格的偏差,我们下面就来说明这一点。

7.2.5 冲击弹性与期限结构

在上文的图 1 中,左下图和右下图的实线分别显示了长期冲击敞口和冲击–价格弹性。这些结果与用虚线表示的无穷小的冲击敞口和冲击–价格弹性形成了鲜明的对比,后者分别等于微分表示(35)中专家的消费过程(39)和随机贴现因子过程(37)的波动性系数 $\alpha_c(x)$ 和 $\alpha_s(x)$。

---

[1] 在不存在中介约束和债务约束($\lambda=0$)的情况下,这个经济就会简化为家庭与专家之间的完全市场风险分担问题;在长期中,当 $\gamma>1$ 时,它将会收敛到一个完全由同异的经济行为主体组成的经济。

图 2 描述了在状态空间中的三个不同的点上求得的各个冲击弹性。这些弹性都是以数值方法计算的。① 这个模型的一个重要特征如下。短期内,消费现金流更容易受到风险的影响,这一点从状态空间中受限区域($x=0.05$ 处)的冲击–价格弹性更大可以看得很清楚。但是,对于长期内的现金流,这个结果却是相反的,这说明风险价格的期限结构在状态变量的值较低的位置向右下倾斜得更加强烈。由于状态变量会对冲击做出正的反应,所以实现的状态变量低,就是以往的不利冲击的后果。

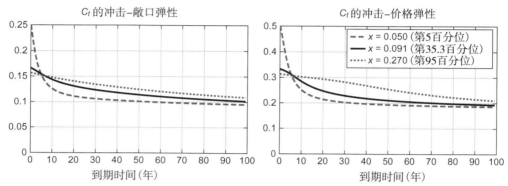

图 2 何治国和克里希纳穆尔蒂(He and Krishnamurthy,2013)
的模型中的冲击–敞口弹性和冲击–价格弹性

注:图中的各条线分别对应于当前状态(专家的财富份额 $X_0 = x$)的不同选择。实线表示中介约束(38)开始变得有约束力后的状态($x=0.091$),短划虚线对应于 X_t 的平稳分布的 5% 分位数(中介约束有很紧固的约束力),而点虚线则对应于 95% 分位数。

图 3 表明了在不同的支付期限下,收益率对红利和专家消费的意义(用计算出来的预期回报对相应的支付的对数来表示)。虽然红利和专家消费的收益率在一开始的时候随到期时间而上升,但是当 x 的值处于低位时,情况就更是如此。除了 x 很低时之外,收益率都是单调的——在 x 很低时,收益率最终会有所下降。对于无风险收益率曲线,相同的效应更为显著,除了最后的下降还要更轻微一点之外。因此,专家消费过程的收益率是向右下倾斜的,而且较长期限的收益率在 x 值较低时要比在 x 值较高时更低。②

---

① 我们用隐式有限差分方法解出了 $M=C$ 和 $M=SC$ 时的方程(29),其中 $\phi_0(x)=1$。我们还利用了何治国和克里希纳穆尔蒂(He and Krishnamurthy,2013)的代码构建的 $\pi(x)$ 的解。

② 对于风险收益的向右下倾斜的期限结构的经验证据和相关模型,请参见:范宾斯伯根等人(van Binsbergen et al.,2012,2013)、艾等人(Ai et al.,2013)、贝洛等人(Belo et al.,2015)、哈斯勒和马费(Hasler and Marfè,2015)、洛佩茨等人(Lopez et al.,2015),以及范宾斯伯根和科伊詹(van Binsbergen and Koijen,2016)。

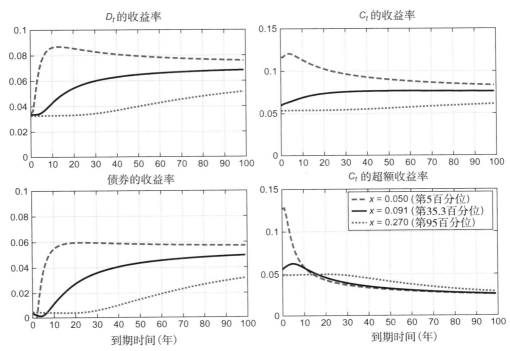

图 3 何治国和克里希纳穆尔蒂(He and Krishnamurthy,2013)的模型中的收益率和超额收益率

注:参数设置和描述与图 2 一样。

7.3 布伦纳迈尔和桑尼科夫(Brunnermeier and Sannikov, 2014)的模型

布伦纳迈尔和桑尼科夫(Brunnermeier and Sannikov,2014)构建了一个允许内生资本积累的模型。他们的模型经济也由两种类型的经济行为主体——家庭和专家——组成。专家们能够获得的生产技术比家庭更具生产性,能够获得的新资本也比家庭更多。布伦纳迈尔和桑尼科夫要研究的状态变量仍然是专家的财富份额,其定义如下:

$$X_t = \frac{N_t}{Q_t K_t}$$

其中,N_t 是专家的净值,$Q_t K_t$ 是资本的市场价值。资本的均衡存量的演变服从下式:

$$\mathrm{d}\log K_t = \beta_k(X_t)\,\mathrm{d}t + \overline{\alpha}_k \mathrm{d}W_t$$

其中,总资本积累的速度 $\beta_k(X_t)$ 由专家的财富份额以及一个标准的局部对数正态调整所决定。冲击 $\mathrm{d}W_t$ 会改变资本存量的质量。

7.3.1 家庭与专家

在基准模型中,家庭和专家都具有线性偏好,但是他们各自的时间偏好系数 r 和 ρ 则不同,不妨假设 $\rho > r$。具体地说,专家的偏好由下式给出:

$$E\left[\int_0^\infty e^{-\rho t}\mathrm{d}C_t \mid \mathcal{F}_0\right]$$

其中,Cu_t 是累积消费,因此被限制为一个非递减的过程。与专家不同,家庭的累积消费则可以出现负增长。专家和家庭的偏好的线性意味着恒定的均衡利率 r。

7.3.2 金融摩擦

在布伦纳迈尔和桑尼科夫(Brunnermeier and Sannikov,2014)的模型中,专家们能够更好地管理资本存量,即使之更有生产性。这就造成了一种自然倾向,使资本从家庭手中转移到专家手中,专家反过来又以这笔资本为基础向家庭发行金融债权(请求权)。如果不存在任何金融摩擦,专家将会把他们自己的净值的总价值立即消费掉(给定他们高度缺乏耐心和线性形式的效用的假设),并通过发行股权请求权接受家庭的资本,由自己来管理。

但是,布伦纳迈尔和桑尼科夫(Brunnermeier and Sannikov,2014)先假设,专家不能发行任何股权,必须使用无风险借款为所有资本购买融资。这自然就使专家得以创造杠杆化的投资组合。当专家的财富份额 X_t 下降时,他们只能通过增加杠杆率来实现对家庭资本的中介功能,而且资本价格 $Q(X_t)$ 必定会下降,从而使得专家形成足够高的回报预期来持有这种杠杆化的投资组合。

7.3.3 均衡动力学

在均衡时,资本的预期回报必定能够使专家的对冲需求与来自家庭的资本供给相平衡。专家的对冲动机(持有杠杆化资产组合的有限意愿)源于以下事实:杠杆化的资产组合在经历了负的冲击 dW_t 之后,产生的回报会降低,同时这种冲击还会使 X_t 下降,从而增加了未来的预期资本回报率。

当专家的财富份额 X_t 增大时,资本的价格 $Q(X_t)$ 上涨,同时预期回报则下降。通过下式来定义专家的财富的边际价值 $\Theta_t = \theta(X_t)$:

$$\Theta_t N_t = E\left[\int_t^\infty e^{-\rho(s-t)} dC_s \mid \mathcal{F}_t\right]$$

其中,dC 表示专家的累积消费过程。偏好的线性特征意味着,只要 $\Theta_t > 1$,专家的消费就为0。随着 X_t 的增大,它会达到某个内生决定的阈值 $\bar{x}$——$\theta(\bar{x}) = 1$。在这一点上,财富的边际效用等于消费的边际效用,专家会将所有的财富都消费掉。因此,专家财富份额的均衡动态由下式给出:

$$dX_t = \mu(X_t) dt + \sigma(X_t) dW_t - X_t d\zeta_t$$

其中,$\mu(x)$ 和 $\sigma(x)$ 是内生决定的系数,取决于专家和家庭的财富积累的相对速率,而且,当且仅当 $X_t = \bar{x}$ 时,专家的消费率 $d\zeta_t = dC_t/N_t > 0$。从形式上看,随机过程 X_t 的右边界表现为反射边界。至于 μ 和 σ 的具体构造方法,请参见布伦纳迈尔和桑尼科夫(Brunnermeier and Sannikov,2014)。

7.3.4 随机贴现因子和现金流

我们现在转而研究布伦纳迈尔和桑尼科夫(Brunnermeier and Sannikov,2014)的模型中的资产定价。为了构建冲击弹性,我们对建模为乘性泛函的随机贴现因子和现金流的演化构造了系数 $\beta(x)$ 和 $\alpha(x)$,如式(35)所示。

财富的边际效用意味着,专家的随机贴现因子由下式给出:

$$\frac{S_t}{S_0} = \exp(-\rho t)\frac{\theta(X_t)}{\theta(X_0)}$$

对这个表达式应用伊藤引理,并考虑由 $\theta(x)$ 给出的函数关系和 X 的演化过程,我们就可以构造出随机贴现因子函数的演化方程中的系数 $\beta_s(x)$ 和 $\alpha_s(x)$。不难观察到,这个随机贴现因子并不包含鞅分量。然而,由于均衡的局部无风险利率为 r,所以

$$\exp(rt) = \frac{S_t}{S_0} = \exp[(r-\rho)t]\frac{\theta(X_t)}{\theta(X_0)}$$

必定是一个正的局部鞅。因此,以日期 t 的信息为条件的条件期望可能会随 t 而下降,而这就意味着长期利率可能更高并且在事实上收敛于 ρ。更一般地说,从估价的观点来看,即便是在随机贴现因子过程中不存在鞅分量的情况下,过程 $\theta(X_t)$ 的右肥尾也可能对估价产生重要影响。

对于定了价的现金流,我们考虑由下式给出总消费流 C^a 的过程:

$$C_t^a = [a_e\psi(X_t) + a_h[1-\psi(X_t)] - \iota(X_t)K_t \tag{40}$$

其中,$\iota(x)$ 是总投资率,$\psi(x)$ 是专家所拥有的资本存量所占的比例,同时 a_e 和 $a_h(a_e>a_h)$ 分别是专家和家庭的产出的生产率。因此,C_t^a 等于总产出减去总投资。从而,总消费量可以作为总资本的一个固定的比例给出。由此可见,总消费流过程与资本存量过程拥有一个共同的鞅分量。[①]

7.3.5 收益的冲击弹性与期限结构

在图 4 中,左上图描绘了状态变量 X_t 的漂移和波动性系数。在右边界 $\bar{x}$ 处,专家们积累了足够多的资本,开始消费。给定他们的风险中性,这里的边界是作为一个反射边界而出现的。

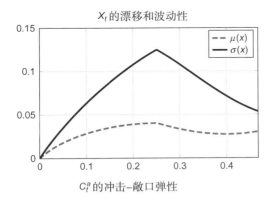

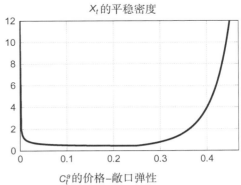

---

① 布伦纳迈尔和桑尼科夫(Brunnermeier and Sannikov,2014) 也考虑到了对专家和家庭赋予对数效用的扩展模型。在这种情况下,家庭和专家的消费都是各自净值的某个不变比例,而且专家的随机贴现因子从总资本过程的倒数中继承了鞅分量。

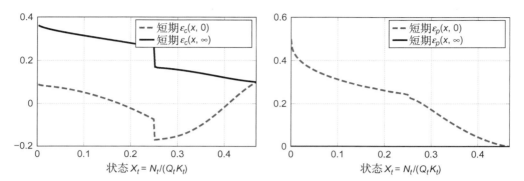

图 4 布伦纳迈尔和桑尼科夫(Brunnermeier and Sannikov, 2014)的模型中的专家财富
份额 $X_t = N_t/(Q_tK_t)$(横轴)、冲击-敞口弹性和冲击-价格弹性的动态

注:左上图显示了 X_t 的演变的漂移和波动性系数;右上图则显示了 X_t 的平稳密度。左下和右下两幅子图
分别显示了总消费过程 C^a 的短期和长期冲击弹性。中介约束在区间 $X_t \in (0, 0.25)$ 内是有约束力的,$x^* =$
0.25 对应于 X 的平稳分布的 15% 分位数。

而在左边界,情况就完全不同了。专家为资本提供中介的能力受到了他们自身的净值
的限制,因此他们的资产组合选择对应于一个实际上风险厌恶的经济行为主体。左边界是
自然的,且不是吸引子。

如图 4 右上小图所示,平稳分布的存在性是由两个方面的因素共同决定的。专家们更有
耐心,因此只有当他们积累了足够大的资本份额之后,才会开始消费;如果不消费,他们就会
接管整个经济。另一方面,当专家们的财富份额下降时,他们的中介能力会变得很弱,资本
的预期回报率上升,然后专家们就可以利用自己更高的投资技术以比家庭更快的速度积累
财富。

平稳密度在两个边界上都会达到峰值。正漂移系数 $\mu(x)$ 意味着,存在一个自然的、"向
右边界拉"的拉力,它使密度在那里达到了峰值。然而,只要一连串的冲击使得经济接近了
左边界,那么偿付能力约束就意味着专家们必须花费相当多的时间才可能再一次积累起财
富,即整个经济会在状态空间的这一部分内"逗留"花费很长时间。用通常的经济术语来说,
大多数时候是中介全面运行的"好"时光,偶尔会发生不多见的"金融危机"。

图 4 的左下图和右下图描绘了总消费过程(40)的冲击弹性。不难观察到,在状态空间
的其中一部分,短期的敞口弹性是负的,这使得该处的总消费变成了反周期的。相比之下,
长期的弹性很明显更高,而且在中介约束有约束力时特别高。而在 $X_t = x^*$ 处出现的不连续,
则是由中介约束开始变得有约束力的那一刻的消费行为的变化而导致的。

由于随机贴现因子中没有鞅分量,所以长期冲击-价格弹性为零。而另一方面,短期内
的风险价格则会随着专家的财富份额不同而出现很大的变化。这种状态依赖性也在图 5 中
得到了证实。图 5 给出了状态空间中选定的若干点上的冲击弹性函数。总消费过程 $\{C^a_t : t \geq$
$0\}$ 的冲击-敞口弹性随到期时间而增大,冲击-价格弹性则在 $t \to \infty$ 时趋于消失。需要注意的
是,在总消费的敞口弹性中,会出现符号的反转。冲击-敞口弹性一开始是负的,但是最终在
状态空间的中间部分会变成正的,这对应着图 4 中的左下图。之所以会出现这种模式,是因

为短期内的均衡投资反应会导致受到限制的状态下的长期消费反应更加显著。不过,在我们考虑的所有期间和状态内,冲击-价格弹性都是正的。

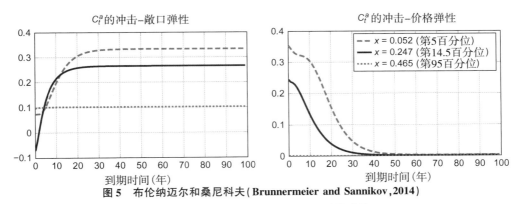

图5　布伦纳迈尔和桑尼科夫(**Brunnermeier and Sannikov,2014**)
的模型中的冲击-敞口弹性和冲击-价格弹性

注:图中的各条线分别对应于当前状态(专家的财富份额 $X_0=x$)的不同选择。实线表示中介约束(38)开始变得有约束力后的状态($x=0.247$),对应于 X_t 的平稳分布的 14.5%分位数。点划虚线对应于 X_t 的平稳分布的 5%分位数(中介约束有很紧固的约束力),而点虚线则对应于 95%分位数。

最后,图6给出了无风险债券的收益率和对特定期间的、来自总消费的现金流的请求权。与图4所示的各状态之间的冲击-敞口弹性的非单调性相一致,图6中的短期收益率也是非单调的——在状态 X_t 的分布的最中心,短期收益率最低(事实上比无风险利率还要低)。

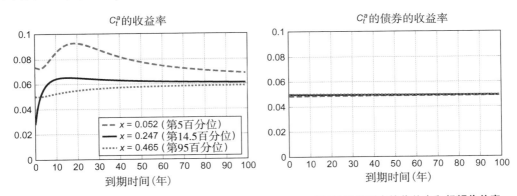

图6　布伦纳迈尔和桑尼科夫(**Brunnermeier and Sannikov,2014**)的模型中的收益率和超额收益率

注:参数设置和描述与图5一样。

8.　进一步研究的方向

在本章中,我们开发了用于研究动态均衡模型的跨期资产定价含义的动态值分解方法(dynamic value decomposition,DVD)。我们建构的冲击弹性是这些分解的基本构件。动态值分解与宏观经济学家更熟悉的坎贝尔-谢勒分解(Campbell and Shiller,1988)不同,但两者也

可以是相辅相成的。坎贝尔和谢勒用线性向量自回归方法量化(贴现)"现金流冲击"和"预期回报冲击"对价格–红利率的影响。一般来说,这些冲击是相互关联的,而且它们本身也是对宏观经济结构模型非常重要的基础性的组合。我们的目标是,探讨不同的宏观经济冲击已经识别出来且它们的影响已经得到了量化的模型对定价的意义。我们用局部敏感性分析代替了线性近似;我们刻画了现金流是怎样暴露于不同的宏观经济冲击以及价格如何对这些风险做出相应的调整的。我们证明,冲击弹性在数学上和经济上都与脉冲响应函数有关。冲击弹性代表了预期现金流对各种不同的宏观经济冲击的敏感性以及(从不同投资期限的角度来看)相关市场隐含的补偿的敏感性。

我们将上述动态值分解法应用于一类具有金融摩擦和分割市场的动态均衡模型。利用这种方法,我们揭示了金融风险对各种现金流的定价以及宏观经济风险价格期限结构的形状的贡献。

我们的分析可以在好几个方向上进行扩展,它们都非常值得进一步研究。首先,风险价格必定是相对于某种潜在的概率分布定义的。在本章中,我们没有讨论过,如果我们的模型中的投资者使用了与计量经济学家所预测的数据生成测度不同的概率测度,对定价会有什么影响。通常,研究者会援引理性预期假说,将投资者的观念与数据生成联系起来。然而,更一般地说,模型是否允许投资者有主观信念、学习能力或模糊性厌恶,又或者,是否考虑模型误设,所有这些都会影响我们对暴露于宏观经济波动的敞口的市场补偿的解释。对此,(例如)请参见汉森(Hansen,2014)的进一步讨论。将潜在的信念扭曲纳入分析,应该是我们这种动态值分解方法的极有价值的扩展方向。

其次,我们没有讨论冲击识别和风险溢价测量中的经验问题和计量经济学问题。实证金融学文献在表征和测量各种资产的市场风险溢价的期限结构等方面已经取得了长足的进步。今后模型构建时面临的主要挑战是,如何将这些经验事实与模型经济中宏观经济风险和金融市场摩擦的各种具体来源联系起来。我们的方法给出了建立这些联系的方法,但是还需要进一步的研究。

最后,我们也没有讨论政策分析的含义。金融摩擦所导致的经济外部性有可能可以通过适当的经济政策来纠正。由于资产价格会进入金融限制,所以理解其行为是任何有意义的政策设计都必须考虑的一个重要组成部分。前瞻性的资产价格既提供了关于私营部门信念的信息来源的信息,也提供了关于政策执行时面临的监管挑战的信息。我们给出的方法无疑有助于发现资产定价对各种潜在的政策的含义。

附录

附录 A　指数-二次框架

令 $X = (X_1', X_2')'$ 为一个 $2n \times 1$ 的状态向量，$W \sim N(0, I)$ 表示一个 $k \times 1$ 的高斯式冲击的向量，再令 $\mathcal{F}_t$ 表示由 $(X_0, W_1, \cdots, W_t)$ 生成的过滤。在本附录中，我们证明：给定如下源于正文中的方程式（21）的运动定律

$$X_{1, t+1} = \Theta_{10} + \Theta_{11} X_{1, t} + \Lambda_{10} W_{t+1}$$

$$\begin{aligned} X_{2, t+1} = \Theta_{20} + \Theta_{21} X_{1, t} + \Theta_{22} X_{2, t} + \Theta_{23}(X_{1, t} \otimes X_{1, t}) \\ + \Lambda_{20} W_{t+1} + \Lambda_{21}(X_{1, t} \otimes W_{t+1}) + \Lambda_{22}(W_{t+1} \otimes W_{t+1}) \end{aligned} \quad (\text{A.1})$$

和一个乘性函数，其加性增量由下面的源于正文中的方程式（22）给出

$$\begin{aligned} Y_{t+1} - Y_t = \Gamma_0 + \Gamma_1 X_{1, t} + \Gamma_2 X_{2, t} + \Gamma_3(X_{1, t} \otimes X_{1, t}) \\ + \Psi_0 W_{t+1} + \Psi_1(X_{1, t} \otimes W_{1, t+1}) + \Psi_2(W_{t+1} \otimes W_{t+1}) \end{aligned} \quad (\text{A.2})$$

那么，我们就可以将 M 的条件期望写成：

$$\log E[M_t | \mathcal{F}_0] = (\overline{\Gamma}_0)_t + (\overline{\Gamma}_1)_t X_{1,0} + (\overline{\Gamma}_2)_t X_{2,0} + (\overline{\Gamma}_3)_t(X_{1,0} \otimes X_{1,0}) \quad (\text{A.3})$$

其中，$(\overline{\Gamma}_i)_t$ 是待确定的常数系数。

（A.1）和（A.2）给出的动态变化包含了正文第 5.2 节中构造的扰动近似（作为它的一个特殊情况）。将扰动模型映射到上述结构上所需的 Θ 和 Λ 矩阵，则是利用刻画模型的运动定律的函数 $\psi(x, w, \mathbf{q})$ 的一阶和二阶导数构建的，这些导数在 $(\bar{x}, 0, 0)$ 处求导：

$$\Theta_{10} = \psi_q \quad \Theta_{11} = \psi_x \quad \Lambda_{10} = \psi_w$$

$$\Theta_{20} = \psi_{qq} \quad \Theta_{21} = 2\psi_{xq} \quad \Theta_{22} = \psi_x \quad \Theta_{23} = \psi_{xx}$$

$$\Lambda_{20} = 2\psi_{wq} \quad \Lambda_{21} = 2\psi_{xw} \quad \Lambda_{22} = \psi_{ww}$$

其中，导数的符号在附录 A.2 中定义。

A.1　定义

为了简化克罗内克乘积（Kronecker product）的计算，我们定义了两个运算符 vec 和 $\mathrm{mat}_{m,n}$。对于一个 $m \times n$ 矩阵 H，$\mathrm{vec}(H)$ 乘以一个长为 mn 的列向量，它通过堆叠 H 的各列而成，即：

$$h_{(j-1)m+i} = [\mathrm{vec}(H)]_{(j-1)m+i} = H_{ij}$$

对于一个长度为 mn 的向量 $\boldsymbol{h}$（无论是列向量，还是行向量），运算 $\mathrm{mat}_{m,n}(\boldsymbol{h})$ 对 $m \times n$ 矩阵 H 乘以"列化"向量：

$$H_{ij} = [\text{mat}_{m,n}(\boldsymbol{h})] = h_{(j-1)m+i}$$

如果由此而得到的矩阵的维数从上下文中清晰可见,我们就可以把 m、n 等索引符号略去。然后,对于方阵 A,我们定义一个 sym 运算符:

$$\text{sym}(A) = \frac{1}{2}(A+A')$$

除了克罗内克乘积的标准运算之外,我们不难注意以下命题也是成立的。对于一个行向量 $H_{1 \times nk}$ 和两个列向量 $X_{n \times 1}$ 和 $W_{n \times 1}$

$$H(X \otimes W) = X'[\text{mat}_{k,n}(H)]'W$$

同时,对于矩阵 $A_{n \times k}$,我们有:

$$X'AW = (\text{vec} A')'(X \otimes W) \tag{A.4}$$

此外,对于矩阵 $A_{n \times n}$、$X_{n \times 1}$、$K_{k \times 1}$,我们有:

$$(AX) \otimes K = (A \otimes K) X$$

$$K \otimes (AX) = (K \otimes A) X$$

最后,对于列向量 $X_{n \times 1}$ 和 $W_{k \times 1}$,我们有:

$$(AX) \otimes (BW) = (A \otimes B)(X \otimes W)$$

以及

$$(BW) \otimes (AX) = [B \otimes A_{\bullet j}]_{j=1}^{n}(X \otimes W)$$

其中,

$$[B \otimes A_{\bullet j}]_{j=1}^{n} = [B \otimes A_{\bullet 1} \quad B \otimes A_{\bullet 2} \quad \cdots \quad B \otimes A_{\bullet n}]$$

A.2　导数的简明符号

考虑一个向量函数 $f(x,w)$,其中 x 和 w 分别是长度为 m 和 n 的列向量。一阶导数向量 f_i(其中 $i = x, w$)的构造如下。第 k 行 $[f_i]_k$・对应于 f 的第 k 个分量的导数,即:

$$[f_i(x,w)]_{k\bullet} = \frac{\partial f^{(k)}}{\partial i'}(x,w)$$

类似地,二阶导数矩阵是向量化和堆叠的海赛(Hessian)矩阵,它的各个分量的第 k 行如下:

$$[f_{ij}(x,w)]_{k\bullet} = \left(\text{vec} \frac{\partial^2 f^{(k)}}{\partial j \partial i'}(x,w)\right)'$$

从公式(A.4)可以得出(例如):

$$x'\left(\frac{\partial^2 f^{(k)}}{\partial x \partial w'}(x,w)\right)w = \left(\text{vec} \frac{\partial^2 f^{(k)}}{\partial w \partial x'}(x,w)\right)'(x \otimes w) = [f_{xw}(x,w)]_{k\bullet}(x \otimes w)$$

A.3　条件期望

注意到,一个完整的证明意味着,对于一个 $1 \times k$ 向量 $\boldsymbol{A}$、一个 $1 \times k^2$ 向量 $\boldsymbol{B}$ 和一个标量函数 $f(w)$,

$$E\left[\exp\left(B\left(W_{t+1}\otimes W_{t+1}\right)+AW_{t+1}\right)f\left(W_{t+1)}\mid\mathcal{F}_t\right]\right.$$

$$=E\left[\exp\left(\frac{1}{2}W'_{t+1}\left(\mathrm{mat}_{k,k}(2B)\right)W_{t+1}+AW_{t+1}\right)f\left(W_{t+1}\right)\mid\mathcal{F}_t\right]$$

$$=\mid I_k-\mathrm{sym}\left[\mathrm{mat}_{k,k}(2B)\right]\mid^{-1/2}\exp\left(\frac{1}{2}A\left(I_k-\mathrm{sym}\left[\mathrm{mat}_{k,k}(2B)\right]^{-1}A'\right)\widetilde{E}\left[f\left(W_{t+1}\right)\mid\mathcal{F}_t\right]\right.$$

$$(\mathrm{A}.5)$$

其中，$\widetilde{}$ 是一个测度，在这个测度下，

$$W_{t+1}\sim N\left(\left(I_k-\mathrm{sym}\left[\mathrm{mat}_{k,k}(2B)\right]\right)^{-1}A',\left(I_k-\mathrm{sym}\left[\mathrm{mat}_{k,k}(2B)\right]\right)^{-1}\right)$$

我们先利用公式（A.5）计算

$$\overline{Y}(X_t)=\log E\left[\exp\left(Y_{t+1}-Y_t\right)\mid\mathcal{F}_t\right]=\Gamma_0+\Gamma_1 X_{1,t}+\Gamma_2 X_{2,t}+\Gamma_3\left(X_{1,t}\otimes X_{1,t}\right)$$

$$+\log E\left[\exp\left(\left[\Psi_0+X'_{1t}\left[\mathrm{mat}_{k,n}(\Psi_1)\right]'\right]W_{t+1}+\frac{1}{2}W'_{t+1}\left[\mathrm{mat}_{k,k}(\Psi_2)\right]W_{t+1}\right)\mid\mathcal{F}_t\right]$$

$$=\Gamma_0+\Gamma_1 X_{1,t}+\Gamma_2 X_{2,t}+\Gamma_3\left(X_{1,t}\otimes X_{1,t}\right)$$

$$-\frac{1}{2}\log\mid I_k-\mathrm{sym}\left[\mathrm{mat}_{k,k}(2\Psi_2)\right]\mid+\frac{1}{2}\mu'\left(I_k-\mathrm{sym}\left[\mathrm{mat}_{k,k}(2\Psi_2)\right]\right)^{-1}\mu$$

其中 μ 的定义为：

$$\mu=\Psi'_0+\left[\mathrm{mat}_{k,n}(\Psi_1)\right]\right)X_{1,t}$$

重新排一下各项，我们得到：

$$\overline{Y}(X_t)=\overline{\Gamma}_0+\overline{\Gamma}_1 X_{1,t}+\overline{\Gamma}_2 X_{2,t}+\overline{\Gamma}_3\left(X_{1,t}\otimes X_{1,t}\right)\tag{A.6}$$

其中，

$$\overline{\Gamma}_0=\Gamma_0-\frac{1}{2}\log\mid I_k-\mathrm{sym}\left[\mathrm{mat}_{k,k}(2\Psi_2)\right]\mid+\frac{1}{2}\Psi_0\left(I_k-\mathrm{sym}\left[\mathrm{mat}_{k,k}(2\Psi_2)\right]\right)^{-1}\Psi'_0$$

$$\overline{\Gamma}_1=\Gamma_1+\Psi_0\left(I_k-\mathrm{sym}\left[\mathrm{mat}_{k,k}(2\Psi_2)\right]\right)^{-1}\left[\mathrm{mat}_{k,n}(\Psi_1)\right]$$

$$\overline{\Gamma}_2=\Gamma_2\tag{A.7}$$

$$\overline{\Gamma}_3=\Gamma_3+\frac{1}{2}\mathrm{vec}\left[\left[\mathrm{mat}_{k,n}(\Psi_1)\right]'\left(I_k-\mathrm{sym}\left[\mathrm{mat}_{k,k}(2\Psi_2)\right]\right)^{-1}\left[\mathrm{mat}_{k,n}(\Psi_1)\right]\right]'$$

对于参数集 $\boldsymbol{\mathcal{P}}=(\Gamma_0,\cdots,\Gamma_3,\Psi_0,\cdots,\Psi_2)$，方程式（A.7）定义了如下这个映射：对于所有的 $\overline{\Psi}_j=0$

$$\overline{\boldsymbol{\mathcal{P}}}=\overline{\varepsilon}(\boldsymbol{\mathcal{P}})$$

我们现在代入 X_1 和 X_1 的运动定律，得到 $\overline{Y}(X_t)=\widetilde{Y}(X_{t-1},W_t)$。通过简单的代数运算，我们可以确定：

$$\widetilde{Y}(X_{t-1},W_t)=\log E\left[\exp\left(Y_{t+1}-Y_t\right)\mid\mathcal{F}_t\right]$$

$$=\widetilde{\Gamma}_0+\widetilde{\Gamma}_1 X_{1,t-1}+\widetilde{\Gamma}_2 X_{2,t-1}+\widetilde{\Gamma}_3\left(X_{1,t-1}\otimes X_{1,t-1}\right)$$

$$+\widetilde{\Psi}_0 W_t+\widetilde{\Psi}_1\left(X_{1,t-1}\otimes W_t\right)+\widetilde{\Psi}_2\left(W_t\otimes W_t\right)$$

其中,

$$\tilde{\Gamma}_0 + \overline{\Gamma}_0 + \overline{\Gamma}_1 \Theta_{10} + \overline{\Gamma}_2 \Theta_{20} + \overline{\Gamma}_3 (\Theta_{10} \otimes \Theta_{10})$$

$$\tilde{\Gamma}_1 = \overline{\Gamma}_1 \Theta_{11} + \overline{\Gamma}_2 \Theta_{21} + \overline{\Gamma}_3 (\Theta_{10} \otimes \Theta_{11} + \Theta_{11} \otimes \Theta_{10})$$

$$\tilde{\Gamma}_2 = \overline{\Gamma}_2 \Theta_{22}$$

$$\tilde{\Gamma}_3 = \overline{\Gamma}_2 \Theta_{23} + \overline{\Gamma}_3 (\Theta_{11} \otimes \Theta_{11}) \tag{A.8}$$

$$\tilde{\Psi}_0 = \overline{\Gamma}_1 \Lambda_{10} + \overline{\Gamma}_2 \Lambda_{20} + \overline{\Gamma}_3 (\Theta_{10} \otimes \Lambda_{10} + \Lambda_{10} \otimes \Theta_{10})$$

$$\tilde{\Psi}_1 = \overline{\Gamma}_2 \Lambda_{21} + \overline{\Gamma}_3 \left(\Theta_{11} \otimes \Lambda_{10} + \left[\Lambda_{10} \otimes (\Theta_{11}) \bullet_j \right]_{j=1}^n \right)$$

$$\tilde{\Psi}_2 = \overline{\Gamma}_2 \Lambda_{22} + \overline{\Gamma}_3 (\Lambda_{10} \otimes \Lambda_{10})$$

这些方程式定义了映射

$$\tilde{P} = \overline{\varepsilon}(\overline{P})$$

A.4 迭代公式

我们可以将(A.3)中的条件期望递归地写为:

$$\log E[M_t \mid \mathcal{F}_0] = \log E\left[\exp(Y_1 - Y_0) E\left[\frac{M_t}{M_1} \mid \mathcal{F}_1 \right] \mid \mathcal{F}_0 \right]$$

给定映射 $\overline{\varepsilon}$ 和 $\tilde{\varepsilon}$,我们可以把式(A.3)中的系数 $\overline{P}$ 用如下递归来表示:

$$\overline{P}_t = \overline{\varepsilon}(P + \tilde{\varepsilon}(\overline{P}_{t-1}))$$

其中加法是用系数完成的,而且集合 $\overline{P}_0$ 中的所有系数都是零矩阵。

A.5 系数 Φ_i^*

在上面的计算中,我们构造了乘性泛函 M 的条件期望的系数的递归表示。这个递归的单次迭代很容易就可以加以修改,以用于计算方程式(24)中条件期望的系数 Φ_i^*($i = 0, \cdots,$ 3)——对于任意函数 $\log f(x)$。

1. 与方程式(A.6)建立关联 $\log f(x_{t+1}) = \overline{Y}(x_{t+1})$,即令方程式(A.6)中的 $\overline{\Gamma}_i$($i = 0, \cdots, 3$) 等于方程式(23)中的目标 Φ_i。这些就是集合 $\overline{P}_0$ 中的系数。

2. 使用映射 $\tilde{\varepsilon}(\overline{P})$,即利用方程式(A.8)来计算 $\tilde{\Gamma}_i$($i = 0, \cdots, 3$)以及 $\tilde{\Psi}_i$($i = 0, 1, 2$)。 这样就可得出方程 $\log \tilde{f}(x_t, w_{t+1}) \equiv \log f(x_{t+1})$,其系数集为 $\overline{\rho}_0$。

3. 在这些系数 $\tilde{\Gamma}_i$ 和 $\tilde{\Psi}_i$ 上加上方程式(A.2)中 $Y_{t+1} - Y_t$ 的相应的系数 Γ_i 和 Ψ_i,这样就

构成了系数集 $P+\widetilde{\varepsilon}(\overline{P})$。

4.　应用映射 $\overline{\varepsilon}(\rho+\widetilde{\varepsilon}(\overline{P}))$，即计算方程式（A.7），其中右侧的 Γ_i 和 Ψ_i（系数集 P）用上一步计算出来的系数［即系数集 $\rho+\widetilde{\varepsilon}(\overline{P})$］替换。

5.　这样得到的系数 $\widetilde{\Gamma}_i(\mathrm{i}=0,\cdots,3)$，就是我们想得到的系数 Φ_i^*。

附录 B　冲击弹性的计算

在本附录中，我们给出了正文第 5.1.1 节中所用的便利函数形式所依据的冲击弹性公式背后的计算过程。更具体地说，我们将给出一个完整的证明：在方程式（25）中的随机变量 $L_{1,t}$ 生成的测度变换下，源于方程式（25）的冲击 W_1 保持正态分布，且其协方差矩阵为：

$$\widetilde{\Sigma}_t\left[I_k-2\mathrm{sym}\left(\mathrm{mat}_{k,k}\left[\boldsymbol{\Psi}_2+\boldsymbol{\Phi}_{2,t-1}^*\boldsymbol{\Lambda}_{22}+\boldsymbol{\Phi}_{3,t-1}^*(\boldsymbol{\Lambda}_{10}\otimes\boldsymbol{\Lambda}_{10})\right]\right)\right]^{-1}$$

其中，I_k 是维度为 K 的单位矩阵。[①] 我们假设这个矩阵是正定（positive definite）的。那么，测度变换下的 W_1 的条件均值向量为：

$$\widetilde{E}\left[W_1\mid X_0=x\right]=\widetilde{\Sigma}_t\left[\mu_{t,0}+\mu_{t,1}x_1\right],$$

其中，$\widetilde{E}$ 是在测量变换下的期望，系数 $\mu_{t,0}$ 和 $\mu_{t,1}$ 在下面的推导中给出。

因此，冲击弹性由下式给出：

$$\varepsilon(x,t)=\nu(x)\cdot E\left[L_{1,t}W_1\mid X_0=x\right]$$

$$=\nu(x)'\widetilde{\Sigma}_t\left[\mu_{t,0}+\mu_{t,1}x_1\right]$$

在这种情况下，冲击弹性函数取决于状态向量的第一个分量 x_1。回忆一下方程式（21），这个分量是线性动态的。即使这些弹性不依赖于状态向量的这个分量，第二个分量 x_2 的演化的系数矩阵对于冲击弹性仍然是重要的。

B.1　便利的函数形式之下的冲击弹性

为了计算出第 5.1.1 节中的冲击弹性，利用附录 A 中得出的公式推导出测度的单期变化：

$$\log L_{1,t}=\log M_1+\log E\left(\frac{M_t}{M_1}\mid X_1\right)-\log E\left[M_1E\left(\frac{M_t}{M_1}\mid X_1\right)\mid X_0=x\right]$$

特别是，根据方程组（A.8），定义：

---

① 该公式利用了这个结果：$(\boldsymbol{\Lambda}_{10}W_1)\otimes(\boldsymbol{\Lambda}_{10}W_1)=(\boldsymbol{\Lambda}_{10}\otimes\boldsymbol{\Lambda}_{10})(W_1\otimes W_1)$。

$$\mu_{0,t} = \left[\Psi_1 + \Phi^*_{1,t-1}\Lambda_{1,0} + \Phi^*_{2,t-1}\Lambda_{20} + \Phi^*_{3,t-1}(\Theta_{10}\otimes\Lambda_{10} + \Lambda_{10}\otimes\Theta_{10}) \right]'$$

$$\mu_{1,t} = \mathrm{mat}_{k,n}\left[\Psi_1 + \Phi^*_{2,t-1}\Lambda_{21} + \Phi^*_{3,t-1}\left(\Theta_{11}\otimes\Lambda_{10} + \left[\Lambda_{10}\otimes(\Theta_{11})\bullet_j\right]^n_{j=1}\right) \right]$$

$$\mu_{2,t} = \mathrm{sym}\left[\mathrm{mat}_{k,k}(\Psi_2 + \overline{\Gamma}_2\Lambda_{22} + \overline{\Gamma}_3(\Lambda_{10}\otimes\Lambda_{10})) \right]$$

然后,就可以得出

$$\log L_{1,t} = (\mu_{0,t} + \mu_{1,t}X_{1,0})'W_1 + (W_1)'\mu_{2,t}W_1$$
$$- \frac{1}{2}\log E\left(\exp\left((\mu_{0,t} + \mu_{1,t}X_{1,0})'W_1 + (W_1)'\mu_{2,t}W_1\right)|\mathcal{F}_0\right)$$

这样,式(A.5)就意味着:

$$E[L_{1,t}W_1|\mathcal{F}_0] = \widetilde{E}[W_1|\mathcal{F}_0]$$
$$= (I_k - 2\mu_{2,t})^{-1}(\mu_{0,t} + \mu_{1t}X_{1,0})$$

在测度 $\widetilde{}$ 下, W_1 的方差满足下式:

$$\widetilde{\Sigma}_t = (I_k - 2\mathrm{sym}[\mathrm{mat}_{k,k}(\Psi_2 + \overline{\Gamma}_2\Lambda_{22} + \overline{\Gamma}_3(\Lambda_{10}\otimes\Lambda_{10}))])^{-1}$$

B.2 冲击弹性函数的逼近

在第 5.3.1 节中,我们构造了冲击弹性函数 $\varepsilon(x,t)$ 的近似表示。一阶近似是通过对扰动动态下的弹性函数求微分来构造的:

$$\varepsilon_1(X_{1,0},t) = \frac{\mathrm{d}}{\mathrm{d}\mathbf{q}}\nu(X_0(\mathbf{q})) \cdot \left.\frac{E[M_t(\mathbf{q})W_1|X_0=x]}{E[M_t(\mathbf{q})|X_0=x]}\right|_{\mathbf{q}=0} = \nu(\overline{x}) \cdot E[Y_{1,t}W_1|X_0=x]$$

一阶导数过程 Y_1 可以用它的增量来表示,而且我们可以得到一个状态依赖的函数:

$$\varepsilon_1(t) = \nu(\overline{x}) \cdot E\left[\sum_{j=1}^{t-1}\kappa_x(\Psi_x)^{j-1}\Psi_w + \kappa_w\right]'$$

其中, κ_x、ψ_x、κ_w、ψ_w 是在稳态 $(\overline{x},0)$ 处求导的导数矩阵。

继续求二阶衍生,我们有:

$$\varepsilon_2(X_{1,0},X_{2,0},t) = \frac{\mathrm{d}^2}{\mathrm{d}\mathbf{q}^2}\nu(X_0(\mathbf{q})) \cdot \left.\frac{E[M_t(\mathbf{q})W_1|X_0=x]}{E[M_t(\mathbf{q})|X_0=x]}\right|_{\mathbf{q}=0}$$
$$= \nu(\overline{x}) \cdot \{E[(Y_{1,t})^2W_1 + Y_{2,t}W_1|\mathcal{F}_0] - 2E[Y_{1,t}W_1|\mathcal{F}_0]E[Y_{1,t}|\mathcal{F}_0]\}$$
$$+ 2\left[\frac{\partial\nu}{\partial x'}(\overline{x})\right]X_{1,0} \cdot E[Y_{1,t}W_1|\mathcal{F}_0]$$

不过,同时我们又注意到:

$$E[(Y_{1,t})^2W_1|\mathcal{F}_0] = 2\left(\sum_{j=0}^{t-1}\kappa_x(\psi_x)^jX_{1,0}\right)\left(\sum_{j=1}^{t-1}\kappa_x(\psi_x)^{j-1}\psi_w + \kappa_w\right)'$$

$$E[Y_{1,t}W_1|\mathcal{F}_0] = \left(\sum_{j=0}^{t-1}\kappa_x(\psi_x)^{j-1}\psi_w + \kappa_w\right)'$$

$$E[Y_{1,t} \mid \mathcal{F}_0] = \sum_{j=0}^{t-1} \kappa_x(\psi_x)^j X_{1,0}$$

因此,我们有:

$$E[(Y_{1,t})^2 W_1 \mid \mathcal{F}_0] - 2E[Y_{1,t} W_1 \mid \mathcal{F}_0] E[Y_{1,t} \mid \mathcal{F}_0] = 0$$

这样一来,冲击弹性函数的近似表示是的二阶项可以简化为:

$$\varepsilon_2(X_{1,0}, X_{2,0}, t) = \nu(\bar{x}) \cdot E[Y_{2,t} W_1 \mid \mathcal{F}_0] + 2\left[\frac{\partial \nu}{\partial x'}(\bar{x})\right] X_{1,0} \cdot E[Y_{1,t} W_1 \mid \mathcal{F}_0]$$

右侧的第一项的表达式为:

$$\begin{aligned}
E[Y_{2,t} W_1 \mid \mathcal{F}_0] &= E\left[\sum_{j=0}^{t-1} (Y_{2,j+1} - Y_{2,j}) W_1 \mid \mathcal{F}_0\right] = 2\mathrm{mat}_{k,n}(\kappa_{xw}) X_{1,0} \\
&+ 2\sum_{j=0}^{t-1} \left[\psi'_w(\psi'_x)^{j-1} \mathrm{mat}_{n,n}(\kappa_{xx})(\psi_x)^j + \mathrm{mat}_{k,n}[\kappa_x(\psi_x)^{j-1}\psi_{xw}]\right] X_{1,0} \\
&+ 2\sum_{j=1}^{t-1} \sum_{k=1}^{j-1} \left[\psi'_w(\psi'_x)^{k-1} \mathrm{mat}_{n,n}[(\kappa_x(\psi_x)^{j-k-1}\psi_{xx}](\psi_x)^k\right] X_{1,0}
\end{aligned}$$

要想得到这个结果,只需注意到,重复将 $Y_{1,j+1} - Y_{1,j}$ 代入上述公式,会得出很多不同的项,但是只有那些包含了 $X_{1,0} \otimes W_1$ 的项,才会在与 W_1 相互作用时具有非零条件期望。

致谢

我们衷心感谢约翰·希顿(John Heaton)和瓦季姆·林耐茨基(Vadim Linetsky)提出的有益见。感谢斯宾塞·里昂(Spencer Lyon)和维克多·卓然(Victor Zhorin),他们是非常出色的研究助理,给我们提供了很大帮助。

参考文献

Adrian, T., Boyarchenko, N., 2012. Intermediary leverage cycles and financial stability. Federal Reserve Bank of New York Staff Report No. 567.

Ai, H., Croce, M. M., Diercks, A., Li, K., 2013. Production-based term structure of equity returns.

Alvarez, F., Jermann, U. J., 2004. Using asset prices to measure the cost of business cycles. J. Polit. Econ. 112 (6), 1223—1256.

Anderson, E. W., Hansen, L. P., Sargent, T. J., 2003. Aquartet of semigroups for model specification, robustness, prices of risk, and model detection. J. Eur. Econ. Assoc. 1 (1), 68—123.

Andreasen, M. M., Fernández-Villaverde, J., Rubio-Ramírez, J. F., 2010. The pruned state space system for non-linear DSGE models: Asset pricing applications to GMM and SMM. Unpublished manuscript.

Belo, F., Collin-Dufresne, P., Goldstein, R. S., 2015. Dividend dynamics and the term structure of dividend strips. J. Financ. 70 (3), 1115—1160.

Benigno, G. , Benigno, P. , Nisticò, S. , 2010. Second-order approximation of dynamic models with time-varying risk. NBER Working Paper W16633.

Bernanke, B. S. , Gertler, M. , 1989. Agency costs, net worth, and business fluctuations. Am. Econ. Rev. 79 (1), 14—31.

Bernanke, B. S. , Gertler, M. , Gilchrist, S. , 1999. The financial accelerator in a quantitative business cycle framework. In: Handbook of Macroeconomics, vol. 1, Chapter 21. Elsevier B. V. , Amsterdam, Netherlands, pp. 1341—1393.

Beveridge, S. , Nelson, C. R. , 1981. A new approach to decomposition of economic time series into permanent and transitory components with particular attention to measurement of the 'business cycle'. J. Monet. Econ. 7, 151—174.

Bhandari, A. , Borovička, J. , Ho, P. , 2016. Identifying ambiguity shocks in business cycle models using survey data.

Bianchi, F. , 2012. Regime switches, agents' beliefs, and post-World War Ⅱ U. S. macroeconomic dynamics. Rev. Econ. Stud. 67 (2), 380—405.

Bianchi, F. , 2015. Rare events, financial crises, and the cross-section of asset returns.

Bianchi, J. , 2016. Efficient bailouts? Am. Econ. Rev. Forthcoming.

Bianchi, F. , Ilut, C. , 2015. Monetary/fiscal policy mix and agents' beliefs.

Bianchi, F. , Melosi, L. , 2016. Modeling the evolution of expectations and uncertainty in general equilibrium. Int. Econ. Rev. 57 (2), 717—756.

Bianchi, F. , Ilut, C. , Schneider, M. , 2013. Uncertainty shocks, asset supply and pricing over the business cycle.

Blanchard, O. J. , Kahn, C. M. , 1980. The solution of linear difference models under rational expectations. Econometrica 48 (5), 1305—1312.

Blanchard, O. J. , Quah, D. , 1989. The dynamic effects of aggregate demand and supply disturbances. Am. Econ. Rev. 79 (4), 655—673.

Bocola, L. , 2016. The pass-through of sovereign risk. J. Polit. Econ. Forthcoming.

Borodin, A. N. , Salminen, P. , 2002. Handbook of Brownian Motion: Facts and Formulae, second edition. Birkhäuser, Basel, Boston, Berlin.

Borovička, J. , Hansen, L. P. , 2013. Robust preference expansions.

Borovička, J. , Hansen, L. P. , 2014. Examining macroeconomic models through the lens of asset pricing. J. Econom. 183 (1), 67—90.

Borovička, J. , Hansen, L. P. , Hendricks, M. , Scheinkman, J. A. , 2011. Risk-price dynamics. J. Financ. Econom. 9 (1), 3-65.

Borovička, J. , Hansen, L. P. , Scheinkman, J. A. , 2014. Shock elasticities and impulse responses. Math. Finan. Econ. 8 (4), 333—354.

Borovička, J. , Hansen, L. P. , Scheinkman, J. A. , 2015. Misspecified recovery. J. Financ. Forthcoming.

Brunnermeier, M. K. , Sannikov, Y. , 2014. A macroeconomic model with a financial sector. Am. Econ. Rev. 104 (2), 379—421.

Campbell, J. Y., Shiller, R. J., 1988. Stock prices, earnings, and expected dividends. J. Financ. 43 (3), 661—676. http://dx.doi.org/10.1111/j.1540-6261.1988.tb04598.x.

Chen, H., 2010. Macroeconomic conditions and the puzzles of credit spreads and capital structure. J. Financ. 65 (6), 2171—2212.

Chung, H., Davig, T., Leeper, E. M., 2007. Monetary and fiscal policy switching. J. Money Credit Bank. 39 (4), 809—842.

David, A., 2008. Heterogeneous beliefs, speculation, and the equity premium. J. Financ. 63 (1), 41—83.

Davig, T., Leeper, E. M., Walker, T. B., 2010. "Unfunded liabilities" and uncertain fiscal financing. J. Monet. Econ. 57 (5), 600—619.

Davig, T., Leeper, E. M., Walker, T. B., 2011. Inflation and the fiscal limit. Eur. Econ. Rev. 55 (1), 31—47.

Di Nunno, G., Øksendal, B., Proske, F., 2009. Malliavin Calculus for Levy Processes with Applications to Finance. Springer Verlag, Berlin, Heidelberg.

Di Tella, S., 2015. Uncertainty shocks and balance sheet recessions. J. Polit. Econ. Forthcoming.

Epstein, L. G., Zin, S. E., 1989. Substitution, risk aversion, and the temporal behavior of consumption and asset returns: a theoretical framework. Econometrica 57 (4), 937—969.

Farmer, R. E., Waggoner, D. F., Zha, T., 2011. Minimal state variable solutions to Markov-switching rational expectations models. J. Econ. Dyn. Control. 35 (12), 2150—2166.

Feller, W., 1952. The parabolic differential equations and the associated semi-groups of transformations. Ann. Math. 55 (3), 468—519.

Feller, W., 1957. On boundaries and lateral conditions for the Kolmogorov differential equations. Ann. Math. 65 (3), 527—570.

Foerster, A., Rubio-Ramirez, J., Waggoner, D. F., Zha, T., 2014. Perturbation methods for Markov-switching DSGE models. NBER Working Paper W20390.

Frisch, R., 1933. Propagation problems and impulse problems in dynamic economics. In: Economic Essays in Honour of Gustav Cassel. Allen and Unwin, Oslo, pp. 171—205.

Hansen, L. P., 2012. Dynamic valuation decomposition within stochastic economies. Econometrica 80 (3), 911—967. Fisher-Schultz Lecture at the European Meetings of the Econometric Society.

Hansen, L. P., 2014. Nobel lecture: uncertainty outside and inside economic models. J. Polit. Econ. 122 (5), 945—987. https://ideas.repec.org/a/ucp/jpolec/doi10.1086-678456.html.

Hansen, L. P., Richard, S. F., 1987. The role of conditioning information in deducing testable restrictions implied by dynamic asset pricing models. Econometrica 50, 587—614.

Hansen, L. P., Scheinkman, J. A., 2009. Long term risk: an operator approach. Econometrica 77 (1), 177—234.

Hansen, L. P., Scheinkman, J. A., 2012. Pricing growth-rate risk. Finance Stochast.

16, 1—15.

Hansen, L. P. , Sargent, T. J. , Tallarini Jr. , T. D. , 1999. Robust permanent income and pricing. Rev. Econ. Stud. 66 (4), 873—907.

Hansen, L. P. , Heaton, J. C. , Li, N. , 2008. Consumption strikes back? Measuring long-run risk. J. Polit. Econ. 116, 260—302.

Hasler, M. , Marfè, R. , 2015. Disaster recovery and the term structure of dividend strips.

He, Z. , Krishnamurthy, A. , 2013. Intermediary asset pricing. Am. Econ. Rev. 103 (2), 732—770.

Holmes, M. H. , 1995. Introduction to Perturbation Methods. Springer Verlag, New York.

Jacobson, D. H. , 1973. Optimal stochastic linear systems with exponential performance criteria and their relation to deterministic differential games. IEEE Trans. Autom. Control AC−18, 1124—1131.

Justiniano, A. , Primiceri, G. E. , 2008. The time-varying volatility of macroeconomic fluctuations. Am. Econ. Rev. 98 (3), 604—641.

Karlin, S. , Taylor, H. M. , 1981. A Second Course in Stochastic Processes. Academic Press, London, United Kingdom.

Kim, J. , Kim, S. , Schaumburg, E. , Sims, C. A. , 2008. Calculating and using second-order accurate solutions of discrete time dynamic equilibrium models. J. Econ. Dyn. Control 32 (11), 3397—3414.

Klimenko, N. , Pfeil, S. , Rochet, J. C. , De Nicolò, G. , 2016. Aggregate bank capital and credit dynamics.

Kreps, D. M. , Porteus, E. L. , 1978. Temporal resolution of uncertainty and dynamic choice theory. Econometrica 46 (1), 185—200.

Linetsky, V. , 2008. Spectral methods in derivatives pricing. In: Handbooks in Operations Research and Management Science, vol. 15, Chapter 6. Elsevier B. V. , Amsterdam, Netherlands, pp. 213—289.

Liu, Z. , Waggoner, D. F. , Zha, T. , 2009. Asymmetric expectation effects of regime switches in monetary policy. Rev. Econ. Dyn. 12 (2), 284—303.

Liu, Z. , Waggoner, D. F. , Zha, T. , 2011. Sources of macroeconomic fluctuations: a regime-switching DSGE approach. Quant. Econ. 2 (2), 251—301.

Lombardo, G. , Uhlig, H. , 2014. A theory of pruning. European Central Bank. https://ideas. repec. org/p/ ecb/ecbwps/20141696. html. Working Paper Series 1696.

Lopez, P. , Lopez-Salido, D. , Vazquez-Grande, F. , 2015. Nominal rigidities and the term structures of equity and bond returns.

Maenhout, P. J. , 2004. Robustportfolio rules and assetpricing. Rev. Financ. Stud. 17(4), 951—983. http://dx. doi. org/10. 1093/rfs/hhh003. http://rfs. oxfordjournals. org/content/17/4/951. full. pdf+html, http://rfs. oxfordjournals. org/content/17/4/951. abstract.

Malkhozov, A. , Shamloo, M. , 2011. Asset prices in affine real business cycle models.

Moreira, A. , Savov, A. , 2016. The macroeconomics of shadow banking. J. Financ.

Forthcoming.

Nakamura, E., Sergeyev, D., Steinsson, J., 2016. Growth-rate and uncertainty shocks in consumption: cross-country evidence. Columbia University. http://www. nber. org/papers/w18128.

Nualart, D., 2006. The Malliavin Calculus and Related Topics, second edition. Springer Verlag, Berlin, Heidelberg, New York.

Park, H., 2015. Ross recovery with recurrent and transient processes.

Pryce, J. D., 1993. Numerical Solution of Sturm-Liouville Problems. Oxford University Press, Oxford, United Kingdom.

Qin, L., Linetsky, V., 2014. Long term risk: a martingale approach. Mimeo, Northwestern University.

Qin, L., Linetsky, V., 2014. Positive eigenfunctions of Markovian pricing operators: Hansen-Scheinkman factorization and Ross recovery. Mimeo, Northwestern University.

Qin, L., Linetsky, V., Nie, Y., 2016. Long forward probabilities, recovery and the term structure of bond risk premiums. Mimeo, Northwestern University.

Schmitt-Grohe, S., Uribe, M., 2004. Solving dynamic general equilibrium models using a second-order approximation to the policy function. J. Econ. Dyn. Control 28 (4), 755—775.

Sims, C., 1980. Macroeconomics and reality. Econometrica 48 (1), 1—48.

Sims, C. A., 2002. Solving rational expectations models. Comput. Econ. 20 (1—2), 1—20.

Sims, C. A., Zha, T., 2006. Were there regime switches in U. S. monetary policy. Am. Econ. Rev. 96(1), 54—81.

Slutsky, E., 1927. The summation of random causes as the source of cyclic processes. Probl. Econ. Cond. 3(1).

Tallarini, T. D., 2000. Risk-sensitive real business cycles. J. Monet. Econ. 45 (3), 507—532. http://EconPapers. repec. org/RePEc:eee:moneco:v:45:y:2000:i:3:p:507-532.

van Binsbergen, J. H., Koijen, R. S. J., 2016. The term structure of returns: facts and theory. J. Financ. Econ. Forthcoming.

van Binsbergen, J. H., Brandt, M. W., Koijen, R. S. J., 2012. On the timing and pricing of dividends. Am. Econ. Rev. 102 (4), 1596—1618.

van Binsbergen, J., Hueskes, W., Koijen, R. S., Vrugt, E. B., 2013. Equity yields. J. Financ. Econ. 110 (3), 503—519.

Walden, J., 2014. Recovery with unbounded diffusion processes.

Whittle, P., 1990. Risk Sensitive and Optimal Control. John Wiley and Sons, West Suffix, England.

Yule, G. U., 1927. On a method of investigating periodicities in disturbed series, with special reference to Wolfer's sunspot numbers. Philos. Trans. R. Soc. 226, 267—298.

Zviadadze, I., 2016. Term structure of consumption risk premia in the cross section of currency returns. J. Financ. Forthcoming.

第二十一章 主权债务危机的定量模型

M. 阿吉亚尔（M. Aguiar） [*]，**S. 查特吉（S. Chatterjee）** [†]，

H. 科尔（H. Cole） [‡]，**Z. 斯坦格拜伊（Z. Stangebye）** [§]

[*]:普林斯顿大学，美国，新泽西州，普林斯顿；

[†]:费城联邦储备银行，美国，宾夕法尼亚州，费城；

[‡]:宾夕法尼亚大学，美国，宾夕法尼亚州，费城；

[§]:圣母大学，美国，印第安纳州，诺特丹

目　录

　　本章摘要：本章讨论分析新兴经济体主权债务危机的定量模型。我们对债务危机的解释是很宽泛的，涵盖了一个国家在试图发行新债时可能遇到的所有主要问题，包括违约、利差的急剧飙升和拍卖失败。我们研究了自 1993 年以来 20 个新兴市场经济体的主权债务利差，并探讨了特定于国家的基本面因素、共同的潜在因素和观察到的全球因素在何种程度上驱动了利差的波动。我们的研究结果支持拥有如下特征的关于主权债务和违约定量模型：(ⅰ) 趋势平稳或随机的增长；(ⅱ) 风险厌恶的竞争性贷款人；(ⅲ) 策略性的偿还/借款决策；(ⅳ) 多期债务；(ⅴ) 包括声誉损失和实物产出损失在内的违约惩罚；(ⅵ) 展期违约。对于模型的定量评估，我们专注于墨西哥，并深入细致地讨论了各种版本的模型的成败。在结论部分，我们讨论了未来研究的方向。

　　关键词：定量模型；新兴市场；随机趋势；资本流动；展期危机；债务可持续性；风险溢价；违约风险

　　JEL 分类代码：D52，F34，E13，G15，H63

1.　引言

　　本章研究主权债务危机。在这里，主权债务危机是指某个国家的政府出现了无法顺利发行新债务的情况。主权债务危机的一个重要的例子是，一个国家的政府不得不依靠自己展期现有的债务的能力去偿还随时间推移而必须偿还的债务。当我们说一个国家发行债务有困难时，是把虽然能够出售新债务，但是却只能通过大幅度地提高债务的利差（与无风险债务相比)这种情况包括在内的。当然,拍卖失败、暂停偿付、债权人减记和直接违约,这些情况也都属于债务危机。所以我们这里给出的债务危机概念涵盖了所有与主权债务发行有关的重大负面事件。

我们专注于发展中国家的债务危机,这不仅是因为现在文献主要集中讨论这类债务危机,而且是因为发展中国家提供了大量的债务危机和违约的例子。不过,最近发生在欧盟各国的债务危机也提醒我们,事实并不会永远是这样。虽然欧盟最近的债务危机也非常值得研究,但是由于欧洲中央银行和德国在决定像希腊这样的国家的债务危机的结果时所发挥的重要的作用,它们显然有更加复杂的策略性的一面。考虑到这个原因,我们在本章中关注的范围将会狭窄一些(基本上不讨论发达国家的债务危机)。然而尽管如此,正如我们将会看到的,我们的分析也可以为我们理解发达国家的主权债务危机提供深刻的洞见。

本章将重点评述一系列关于主权债务市场的定量模型。我们的着眼点是,确定当前文献的位置是什么、下一步要探索的地方又是什么。因此,本章并不是一个全面文献综述,尽管我们当然要在一定程度上对文献进行综述——包括本章末尾的简要概述。相反,我们将给出一个非常前沿的主权债务发行模型,并从这个模型以及它的各种变体的角度出发,对照和衡量当前相关文献的成败得失。

本章将首先从陈述利差的实证证据开始。我们将研究发展中国家主权债务利差的幅度和波动。我们将力求衡量除了违约风险之外,这种债务所具有的风险溢价的程度。我们还将努力表征观察到的利差在多大程度上受到特定于国家的基本面因素、全球金融风险和不确定性因素或其他共同驱动因素的推动。而为了做到这一点,我们将利用我们的数据估计一个关于利差过程的统计模型,这个统计模型将具有与我们的模型相同的若干因素。从这些分析中得到的事实将构成我们在定量分析中对我们所考虑的各种模型进行判断的基础。

然后,本章将提出一个关于主权债务的定量模型,它具有以下主要特征:风险厌恶的竞争性贷款人,因为事实证明风险溢价相当可观,而且采取策略性行为的主权国家会选择借入多少债务以及是否决定不偿还,就像早期的伊顿和格尔索维茨(Eaton and Gersovitz, 1981)的模型所假设的那样。主权国家所发行的债务,都是多期(到期)债务。虽然我们把债务到期日也进行了参数化,但是不难验证债务期限的长短的影响是分析的一个重要方面。违约的主权国家将会受到两种惩罚:被禁入信贷市场一段时间,以及被禁入时期的产出损失。众所周知,纯粹的声誉效应——如布洛和罗戈夫(Bulow and Rogoff, 1989)所指出的——并不能发挥作用,即便再加上储蓄和借款的损失,也不能让违约国家有足够的激励去偿还我们在数据中看到的大量的债务。因此,我们将直接的产出成本也包括在内。

在我们的模型中,既存在基本面违约,也存在展期违约或流动性违约。基本面违约是在最有利的债务条款下发生的(未来的行为保持不变)。展期违约或流动性违约则发生在最不利的债务条款下(再一次,未来的行为保持不变),就像科尔和基欧(Cole and Kehoe, 2000)所指出的那样。我们把这两种违约都包括进来,是因为它们似乎都是数据的重要组成部分。但是,当我们这样做的时候,特别是在多期债务的情况下,就必须对期内采取行动的择时进行细致的建模,并对债务发行和债务回购加以周详的考虑。此外,未来的债务展期危机的可能性,也会影响今天的债务定价和违约动机,就像早期的卡尔沃(Calvo,1988)模型所显示的那样。

我们将考虑借款国家的两种不同的增长过程。第一种增长过程是,围绕着确定性的趋势而发生随机波动。第二种增长过程则以随机增长冲击为特征。我们之所以要考虑具有确定性趋势的增长过程,是因为相关文献集中在这种增长过程上。然而,正如阿吉亚尔和戈皮纳特(Aguiar and Gopinath,2007)所阐明的,我们对于发展中国家的产出在五年后、五十年后会达到什么水平的通常想象,往往是严重"反事实的"。因此,我们首选的增长过程模式是随机增长,而且我们在本章中讨论的也主要是这种增长过程。

在这种模型中,存在着三类冲击。第一类冲击是标准的产出冲击,它会随我们假设的增长过程而不同。第二类冲击是对贷款人财富的冲击。第三类冲击是信念协调冲击,它将决定一个国家在一个还款期内能够获得的是最优的还是最劣的均衡价格。对我们来说,一个重要的问题是,这些冲击所导致的利差的变动模式,在多大程度上与我们对数据的经验分析中得到的模式相一致。

本章将讨论两种不同形式的违约产出成本。第一种形式是早期定量分析和关于主权债务违约的理论文献所假设的比例违约成本(proportional default cost)。第二种形式是非线性产出成本,对这种成本的研究最早是由阿雷拉诺(Arellano,2008)开创的。在第二种成本设定中,违约时损失的产出的比例依赖于(违约之前的)产出水平。因此,与设定比例违约成本时相比,在这种情况下违约将变成一种"更有效"的风险分担机制。正如查特吉和埃易古姆戈尔(Chatterjee and Eyigungor,2012)所阐明的,加入这个特征也会增加主权债务利差的波动。

2. 激发本研究的主要事实

2.1　新兴市场数据

我们从陈述一系列事实开始。正是在这些事实引导下,我们开发出了我们自己的主权债务危机模型。我们的样本涵盖的时间为 1993 年第四季度至 2014 年第四季度,它包括了来自 20 个新兴市场经济体的数据,它们是:阿根廷、巴西、保加利亚、智利、哥伦比亚、匈牙利、印度、印度尼西亚、拉脱维亚、立陶宛、马来西亚、墨西哥、秘鲁、菲律宾、波兰、罗马尼亚、俄罗斯、南非、土耳其和乌克兰。对于这里的每一个经济体,我们都有以 2005 年的国内价格和汇率衡量并以美元计价的 GDP 数据(实际 GDP)、以当前价格和汇率衡量的并以美元计价的 GDP 数据(名义 GDP)、以美元计价的外债总额(债务)数据,以及主权债务的市场利差数据。[1]

下面的表 1 和表 2 列出了样本的摘要统计结果。[2] 表 1 表明了样本期内新兴市场经济体主权债务的巨幅利差及其高波动性。利差水平的标准偏差和利差的季度变化分别为 676 个基点和 229 个基点。

表 1　主权债务利差:汇总统计量

国家	均值 $r-r^*$	标准偏差 $r-r^*$	标准偏差 $\Delta(r-r^*)$	第 95 百分位 $\Delta(r-r^*)$	危机频率
阿根廷	1525	1759	610	717	0.18
巴西	560	393	174	204	0.09
保加利亚	524	486	129	155	0.03
智利	146	57	34	34	0.00
哥伦比亚	348	206	88	245	0.05
匈牙利	182	154	57	88	0.02
印度	225	54	47	85	0.00
印度尼西亚	285	137	98	73	0.02
拉脱维亚	157	34	16	17	0.00
立陶宛	246	92	48	98	0.00
马来西亚	175	122	75	81	0.03
墨西哥	345	253	134	127	0.05
秘鲁	343	196	84	182	0.06
菲律宾	343	153	75	136	0.04
波兰	191	138	54	67	0.01
罗马尼亚	271	102	49	68	0.00
俄罗斯	710	1096	478	175	0.06
南非	226	116	68	99	0.03
土耳其	395	217	95	205	0.05
乌克兰	760	607	350	577	0.11
汇总	431	676	229	158	

从表 2 给出的统计结果可见,外债与(年化的国内生产总值)之比的平均值为 0.46。相对于从各发达经济体观察到的公共债务水平,这一水平不算很高。新兴市场经济体债务与GDP 之比的水平相对较低,但是产生了很高的利差,这个事实反映了莱因哈特等人(Reinhart et al.，2003)提出的新兴市场经济体"债务不耐"的特点的一个侧面。

---

[1] 国内生产总值(GDP)和债务的数据来源是哈弗数据分析(Haver Analytics)的新兴经济体数据库。利差数据的来源是摩根大通公司的新兴市场债券指数(EMBI)。

[2] 在这里,需要提请读者注意的是,俄罗斯在 1998 年违约,阿根廷在 2001 年违约之后,虽然二级市场利差在违约之后仍然记录下来了,但是这些数据对这两个违约的新借款成本并没有什么意义,因为它们被排斥在了国际债券市场之外(直到与债权人达成和解为止)。同样地,债务的名义价值在这些经济体的整个违约期间也仍然保持着。

　　表 1 的最后一栏涉及"危机"（crises）。我们将危机定义为季度利差变动分布中前 5％的利差变动——具体地说，这个"阈值"利差跳升 158 个基点。根据定义，利差变化中有 5％的变化被归入了"危机"。然而，各国发生危机的频率并不统一。阿根廷接近 20％的季度的利差变动幅度都高于这个阈值，而许多国家则不存在这种利差变化。

　　虽然在我们样本中，许多国家的利差都很高，但是外债违约的情况却只出现了两次——1998 年的俄罗斯违约和 2001 年的阿根廷违约。第三个债务违约的国家是乌克兰，但它是对内债违约（1998 年）。这就凸显了这样一个事实：高利差的时期比违约的时期更加频繁。当然，值得注意的是，平均利差最高的那几个国家，也正是在我们的样本期间最终违约的那几个国家。这表明违约风险确实与利差相关。

表 2　主权债务利差：汇总统计量

国家	均值 $\dfrac{B}{4^{*}Y}$	相关系数 $(\Delta(r-r^{*}),\Delta y)$	相关系数 $(r-r^{*},\%\Delta B)$	相关系数 $(\Delta(r-r^{*}),\%\Delta B)$
阿根廷	0.38	−0.35	−0.22	0.08
巴西	0.25	−0.11	−0.18	−0.01
保加利亚	0.77	0.09	−0.2	0.06
智利	0.41	−0.16	−0.18	−0.11
哥伦比亚	0.27	−0.29	−0.4	−0.07
匈牙利	0.77	−0.24	−0.56	−0.05
印度	0.82	−0.32	0.04	−0.65
印度尼西亚	0.18	−0.43	−0.03	0.07
拉脱维亚	0.49	−0.18	−0.12	−0.16
立陶宛	1.06	−0.25	−0.17	−0.31
马来西亚	0.54	−0.56	−0.33	0.24
墨西哥	0.16	−0.4	0.23	−0.13
秘鲁	0.48	−0.01	−0.39	−0.05
菲律宾	0.47	−0.16	0.06	0.09
波兰	0.57	−0.09	−0.35	−0.38
罗马尼亚	0.61	0.5	0.42	−0.33
俄罗斯	NA	−0.45	−0.3	0.02
南非	0.26	−0.14	−0.38	−0.24
土耳其	0.38	−0.34	−0.2	0.08
乌克兰	0.64	−0.49	−0.6	−0.07
汇总	0.46	−0.27	−0.19	0.01

2.2 关于利差的统计模型

为了进一步深入分析新兴市场政府债券利差的经验特征,我们提出了一个统计模型,并用我们的数据进行了拟合。在这个模型中,一个国家的利差不仅依赖于该国特有的(特定于国家的)基本面因素,而且还依赖于若干相互正交的共同因素(所有新兴市场体所共有),后者作为我们的估计中的一部分,我们将隐式地加以确定。为此,我们使用了季度频率的新兴市场债券指数(EMBI)数据。我们的样本中,包括了从 1993 年第四季度到 2015 年第二季度的 20 个国家的数据(所以 $T = 87$),不过,当中有零星的缺失值。如果我们用 i 来索引各个国家,用 t 来表示季度,那么我们所观察到的利差、债务与 GDP 之间的比率、实际 GDP 增长率就可以写为这样的形式:$\{s_{it}, b_{it}, g_{it}\}_{i=1, t=1}^{I, T}$。我们再进一步假设,存在一个由 J 个共同因素构成的集合,这些因素会影响所有国家(尽管可能是不对称的),即 $\{\alpha_t^j\}_{j=1}^J$。

这样一来,我们就可以设定如下的统计模型了:

$$s_{it} = \beta_i b_{it} + \gamma_i g_{it} + \sum_{j=1}^{J} \delta_i^j \alpha_t^j + \kappa_i + \epsilon_{it}, \tag{1}$$

其中,ϵ_{it} 是一个均值为零的正态分布的冲击,其方差为 σ_i^2。需要注意的是,我们在这里允许各国的平均利差和新息的波动性有所不同。在估计中,我们施加了这样一个约束,即对于所有的 i,均有 $\delta_i^j \geq 0$,这也就是说,我们要寻找能够使所有国家的利差同升同降的共同因素。

我们假设这些共同因素的演变服从下式。令 α_t 表示 t 时刻共同因素构成的 J 维向量,我们有:

$$\alpha_t = \Gamma \alpha_{t-1} + \eta_t \tag{2}$$

其中,η_t 是正态分布、独立同分布的(i.i.d)且相互正交新息的 J 维向量。因为我们要估计的是每一个共同因素的单独的影响系数,所以我们将新息的波动性归一化为 0.01。我们将 Γ 限制为一个对角矩阵,即假设我们的共同因素是正交的,并且遵循一阶自回报——AR(1)——过程。

为了估计这个模型,我们将其转换成状态空间形式并应用最大似然估计法(MLE)。我们应用(未经平滑处理的)卡尔曼滤波器来计算给定参数化的似然。当模型遇到了缺失值时,我们就将它们排除在似然的计算和卡尔曼滤波器的更新之外。因此,缺失值将不会对给定的参数产生有利或不利的影响。

表 3 报告了特定于国家的基本面因素以及两个全球性的因素的解释力。更具体地说,我们按照林德曼等人(Lindeman et al.,1980)给出的算法构造了方差分解——对于这种算法的介绍,请参见格罗姆平(Gromping,2007)。这种算法的核心是,通过假设回归系数上的所有可能排列服从均匀分布,构造出相关的回归量(自变量)的平均边际 R^2。

表 3　特定于国家的方差分解:平均边际 R^2

国家(i)	b_{it}	g_{it}	α_t^1	α_t^2	R^2	观察点数
阿根廷	0.16	0.01	0.2	0.02	0.39	39
巴西	0.28	0.01	0.52	0.05	0.87	81
保加利亚	0.18	0.01	0.44	0.27	0.9	59
智利	0.05	0.13	0.38	0.21	0.77	63
哥伦比亚	0.2	0.05	0.55	0.16	0.95	55
匈牙利	0.28	0.19	0.05	0.12	0.64	63
印度	0.1	0.26	0.32	0.32	1	8
印度尼西亚	0.09	0.07	0.38	0.45	0.99	43
拉脱维亚	0.03	0.03	0.86	0.08	1	9
立陶宛	0.06	0.01	0.67	0.25	0.99	20
马来西亚	0.23	0.11	0.46	0.16	0.96	24
墨西哥	0.01	0.23	0.59	0.17	0.99	51
秘鲁	0.34	0.04	0.52	0.07	0.97	71
菲律宾	0.26	0.05	0.5	0.01	0.83	84
波兰	0.06	0.1	0.23	0.32	0.71	42
罗马尼亚	0.15	0.03	0.47	0.23	0.87	12
俄罗斯	0.12	0.05	0.21	0.51	0.9	62
南非	0.03	0.32	0.25	0.36	0.96	48
土耳其	0.05	0.09	0.77	0.04	0.94	74
乌克兰	0.02	0.26	0.2	0.41	0.89	44

从表 3 中,我们可以看到,我们的回归量(自变量)很好地解释了大多数国家的大部分利差变化(特别是印度,高达 99.88％)。我们还可以看到,特定于国家的基本面因素(在这里表现为债务－GDP 比率和产出增长率的形式),只能解释一小部分利差变化——通常小于 20％。这就意味着,我们给出的两个正交因素解释了利差中的大部分变化。

图 1 描绘了我们考虑的这两个共同因素。[1] 在我们的估计中,它们的重要性如此之高,所以我们试图揭示清楚驱动它们变化的因素到底是什么。为此,我们运行了一系列回归,试着以芝加哥期权交易所波动性指数(CBOE VIX)、标准普尔 500 每股收益摊薄后市盈率(S&P 500 Diluted Earnings P/E ratio),以及伦敦银行间同业拆借利率(LIBOR)数据来构造我们所估计的共同因素。[2] 我们所采用的回归量分别是衡量外部金融市场不确定性的标准指标、风险价格和借款费用。表 4 报告了这些回归的结果。上半部分报告的是各种因素的水平对于外

---

[1] 请参见朗格斯塔夫等人(Longstaff et al. ,2011),他们构造了一个全球风险因子,它与我们这里讨论的问题相关。

[2] 伦敦银行间同业拆借利率(LIBOR)与联邦基金利率几乎完全相关,所以为了估计的准确性,我们把后者排除在外了。

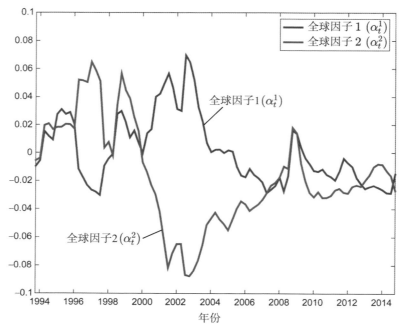

图1 共同因素的估计

国金融变量水平的回归的结果,下半部分报告的是对上述水平的一阶差分进行回归的结果。从表4中我们不难发现,外国金融变量只能解释共同因素水平变化的其中一小部分:每一个的 R^2 都小于0.3。而且,在它们能够解释共同因素的范围内,共同因素1似乎主要是由投资者方面的不确定性和风险价格驱动的,而共同因素2则似乎主要是由世界利率驱动的。

表4 共同因素回归量:水平

指数(指标)		芝加哥期权交易所波动性指数(VIX)	市盈率(P/E)	伦敦银行间同业拆借利率(LIBOR)	R^2
水平					
α_t^1	系数	8.32e-4 (3.36e-4)	2.00 e-3 (6.31e-4)	9.75 e-4 (1.1e-3)	0.29
	方差分解	0.10	0.17	0.02	
α_t^2	系数	6.1383e-4 (5.0460e-4)	−0.0017 (9.4742e-4)	0.0088 (0.0017)	0.27
	方差分解	−4.0795 e-4	−0.0058	0.2722	
一阶差分					
α_t^1	系数	0.001 (0.002)	−0.001 (0.001)	−0.001 (0.002)	0.35
	方差分解	0.30	0.06	0.00	
α_t^2	系数	0.001 (<0.001)	0.06 0.001 (0.001)	0.002 (0.003)	0.06
	方差分解	0.05	<0.01	0.01	

在一阶差分中,外国因素解释了第一个共同因素的大约三分之一变化,但对第二个因素的变化的解释却极少。

关于风险定价如何影响我们要研究的利差,还有一个令人惊奇的发现。在水平设定中,共同因素 1 的水平与市盈率(P/E)的相关系数是正的(市盈率对共同因素 1 的水平有实质性的影响)。由于风险价格的上涨会降低市盈率,所以这个结果就意味着当市场风险价格下跌时,我们的利差扩大了。这与我们通常的直觉可能恰恰相反。而在一阶差分设定中,这两者之间的相关系数符号却反过来了,从而表明市盈率与我们研究的共同因素 1 之间的中期和长期相关性与季度相关性具有相反的特征。一阶差分设定在以往的文献中已经研究过了,例如请参见朗格斯塔夫等人(Longstaff et al.,2011)、博里和维德尔汉(Borri and Verdelhan,2011)。这些结果表明,外国风险溢价对利差的影响在冲击发生当时与更长期的时段上可能有所不同。

2.3　超额回报

接下来,我们转而关注利差与违约之间的关系。其中一个特别值得注意的事实是,利差"过高预测"了违约的可能性,导致事后来看,回报率超过了无风险资产的回报率。因此,风险溢价在这里面发挥着重要的作用。

利差为贷款人提供的补偿超过了违约的风险中性概率所要求的补偿,这个事实从表 1 给出的统计数据中可以看得非常清楚。平均利差相对来说太高了,而且在很多时期,利差都高达好几百个基点。但是,在整个样本中,却只出现了两次违约:1998 年的俄罗斯违约和 2001 年的阿根廷违约。

为了更系统地探讨这个问题,我们计算了"EMBI+",它是摩根大通(JP Morgan)公司发布的新兴市场国家债券指数的一个加权资产组合。在表 5 中,我们报告了这个资产组合的回报:整个指数期间的全样本的回报率,以及两个子期间的回报率。

表 5　实现的债券回报

期间	EMBI+	2 年期国债	5 年期国债
1993 年第一季度至 2014 年第四季度	9.7	3.7	4.7
1993 年第一季度至 2003 年第四季度	11.1	5.4	6.3
2004 年第一季度至 2014 年第四季度	8.2	2.0	3.1

此外,表 5 还报告了美国 2 年期国债和 5 年期国债的回报率。我们这样做的目的是提供两个无风险回报率的参照点,因为 EMBI+不存在固定的期限结构——其到期时间可能介于 2 年到 5 年之间。

EMBI+指数的回报率比无风险投资组合高出了 5%至 6%。这个超额回报率在两个子期间大致维持了稳定。实现的回报是不是反映了事前的预期回报,取决于我们的样本是否准确反映了违约和还款的人口分布。假设是这样的,通过汇总债券组合,EMBI+指数在这 20 年的时间里提供了一个典型的新兴市场债券的预期回报的公正指标。当然,我们不能排除这个样本不具备代表性的可能性。但是事实上,观察到的回报率与向主权借款人收取的风险溢价确实相当一致。

2.4　去杠杆

新兴市场的数据同样揭示了危机期间的债务动态。表2表明,在利差高于平均水平的那些时期,还与外债总额的名义价值的减少有关。第 t 期的利差与从第 $t-1$ 期到第 t 期的债务百分比变化之间的汇总相关系数为 0.19。利差的变化与债务之间的相关系数则大致为零。然而,利差的巨大变化(即发生了危机的时期)则与随后的债务下降有关。特别是,运行第 t 期和第 $t+1$ 之间的债务变化对于第 t 期发生危机的指标的回归,产生了-1.6 的相关系数和接近 3 的 t 统计量。这种关系在包含了国家固定效应后仍然非常稳健。这就意味着,利差的急剧上涨与债务名义价值的随后下降有关。

2.5　小结

通过上面的实证分析,我们已经给出了一套希望我们的模型能够满足的标准。具体地说,它们包括:

1. 危机,特别是违约,是低概率事件;
2. 危机与糟糕的基本面并不密切相关;
3. 利差的波动性非常大;
4. 不断扩大的利差与主权国家的去杠杆化有关;
5. 风险溢价是主权利差的一个重要组成部分。

在考虑现实世界中各个经济体的哪些特征对生成上面这些模式有重要意义的时候,我们首先要认识到的一点是,主权债务缺乏直接的执行机制:大多数违约的国家在违约的时候,其实是有能力偿还债务的,但是它们还是选择了违约。当然,几乎所有国家在大部分时间内似乎都完全愿意偿还债务(重新安排债务偿还期限和直接违约都是相当罕见的事件)。在违约不存在任何"无谓成本"(deadweight cost)的情形下,主权国家愿意偿还的债务水平只能受到贷款人对主权国家能够施加的最严厉处罚的限制,即将违约的主权国家排除出各种形式的未来信贷。众所周知,这种惩罚的力度一般来说太弱了,在定量的意义上,无法维系大量债务——阿吉亚尔和戈皮纳特(Aguiar and Gopinath,2006)给出的数值示例已经很好地说明了这一点。因此,我们必须让主权国家承担违约的可观的无谓成本。

其次,均衡中确实出现了违约,这是债务合同并不是完全状态依存的这个事实的反映,而且违约提供了一种隐性形式的保险。然而,就理性的风险中性贷款人而言,如果平均来看,他们发放给主权国家的每一笔贷款都不赚不赔,那么违约的无谓成本(即净损失成本,它不由贷款人承担)使得违约变成了主权国家针对糟糕的世界状态的一种保险(这是一种在精算意义上不公平的保险形式)。同时,对于风险厌恶的贷款人,这种违约保险制度在精算上不公平的程度就更高了。给定相当可观的违约无谓成本,给定贷款人的相当强烈的风险厌恶度,由违约的可能性提供的保险在实践中似乎是相当昂贵的。尽管成本上升,但是许多国家仍然承担了大量外债,这个事实表明,主权国家的耐心是相当有限的。

然而,虽然"短视病"或许可以解释为什么主权国家会借款,但是它并不一定能解释主权国家为什么会违约。如前所述,违约是对世界不利状态的一种非常昂贵的保险形式。不难预见到,这个事实将会——通过均衡价格——鼓励主权国家远离违约概率很大的那种债务水平。这有两层含义。首先,当危机/违约真的变成了事实时,它们是作为一种"惊喜"出现的,这与这些事件的概率很低这一点是一致的。然而不幸的是,硬币的另一面,要想得出正确的均值和波动率就成了任何定量模型都必须应对的一个挑战。让利差很大且高度可变,就意味着让高违约风险的时期的数量以及预期未来违约的风险发生实质性变化。当借款人有很大的动机调整自己债务-产出比率,使得未来违约的概率(统一地)非常低的时候,这就很难实现了。

3.　模型环境

我们的模型环境是阿吉亚尔等人(Aguiar et al. ,2016)构建的模型环境的一个简化版本。这个模型分析的重点是,一个主权国家政府,它要代表一个小型开放经济体的居民做出消费和储蓄/借款决定——这些居民的禀赋流的波动性很大。在如下意义上,这个主权国家的经济规模相对于世界其他地区来说是很"小"的:它的决定不会影响世界上的任何一种价格,包括世界无风险利率。然而,主权国家面临着一个分割的信贷市场,因为它只能从一些财富有限的、风险厌恶的潜在贷款人手中借款。在这一节中,我们将描述主权国家"掌管"的经济的特征、主权国家的决策问题和贷款人的决策问题。然后,我们给出均衡的定义,并讨论与均衡选择有关的问题。最后在本节的结尾部分,我们还会简要描述应该怎样计算模型。

3.1　经济

3.1.1　禀赋

时间是离散的,并由 $t=0,1,2,\cdots$ 加以索引。经济体每一期都会获得一个随机的禀赋 $Y_t>0$。我们假设:

$$\ln Y_t = \sum_{s=1}^{t} g_s + z_t, \tag{3}$$

其中,g_t 和 z_t 遵循一阶马尔可夫过程。这个模型设定追随了阿吉亚尔和戈皮纳特(Aguiar and Gopinath,2006,2007)的思路,并纳入了定量研究中常见的禀赋过程。具体地说,设定 g_t = g 产生一个确定性的线性趋势;或者更一般地,也可以将 g_t 设定为随机的,即对应于一个随机趋势的情况。在任何一种情况下,z_t 都是围绕趋势增长的短暂波动(但是也可能有持续性)。在本章中,我们将对这两种设定进行深入研究。

3.1.2　偏好

经济由一个无限生存期限的主权政府经营。主权政府从一个总消费序列$\{C_t\}_{t=0}^{\infty}$获得的效用由以下两式给出：

$$\sum_{t=1}^{\infty}\beta^t u(C_t),0<\beta<1 \tag{4}$$

和

$$u(C)=\begin{cases}C^{1-\sigma}/(1-\sigma) & \text{对于 }\sigma\geq0,\text{且 }\sigma\neq1\\ \ln(C) & \text{对于 }\sigma=1\end{cases} \tag{5}$$

习惯上,经济学家一般都会假设主权,在竞争性均衡中,主权国家有足够的手段来实施任何可行的消费序列,从而抽象掉经济体中居民个体的决策问题。但是,这种假设并不意味着政府的偏好必定与其国民的偏好一样,而只是意味着对于国际金融市场的相关决策者来说,政府的这种偏好才是重要的。[①]

3.1.3　金融市场与违约选择期权

主权政府向竞争性贷款人发行非依存性债券(noncontingent bonds)。债券每期都要支付利息,直到到期日为止(包括到期日所在那一期)。不失一般性,我们将债券的利息归一化为每单位名义价值的r^*,其中r^*为(不变的)国际无风险利率。通过这种归一化,无风险债券的均衡价格将为1。为了保证易处理性,我们假设债券的到期日是随机的,就像勒兰德所设定的那样(Leland,1994)。[②] 更具体来说,我们假定债券在下一期到期的概率是一个常数$\lambda\in[0,1]$。这种不变的到期"风险"意味着,在任何一期的期初,所有债券在到期之前都是对称的,而无论每一只债券是什么时候发行的。一只债券的期望到期日在$1/\lambda$期之后,因此$\lambda=0$表示永续债券,而$\lambda=1$则对应着单期债券。当债券的每个单位无限小,且任何给定单位的到期日都独立于所有其他单位的到期日,任何非退化的债券组合中都有比例为λ的债券在任何一期内以概率1到期。通过这种设置,测度为B的主权债券投资组合将带来$(r^*+\lambda)B$的支付(在不存在违约的情况下),并具有$(1-\lambda)B$的持续名义价值。

我们在本章中要探讨的是不同到期期限的定量影响,但是,在任何一个给定的经济中,只有一个特定比例λ的债券是被交易的。我们将任何一个期间的债券(包括在那个期间将到期的债券)在期初的存量表示为B。我们对B的符号不加限制,所以主权国家既可以是债权人($B<0$),也可以是债务人($B>0$)。如果$B<0$,那么主权国家的资产(外国资产)被假定为无风险债券,到期的概率为λ,并且在到期之前一直支付r^*的利息(息票)。在任何一个期间,债券发行净额为$B'-(1-\lambda)B$,其中B'为期末债券存量。如果净发行为负数,那么说明政府正在购买它的未偿还债务或积累外国资产;如果净发行为正数,那么政府要么是在发行新的债务,要么是在减持外国资产。

如果在某个期间的期初,主权政府是债人,那么按照合同义务它必须支付λB的本金

---

① 具体地说,对于这种模型设置的一个解释是,C_t表示公共支出,而Y_t则表示由政府分配的可支配收入。
② 另外也请参见:哈乔多和马丁内斯(Hatchondo and Martinez,2009)、查特吉和埃易古姆戈尔(Chatterjee and Eyigungor,2012),以及阿雷拉诺和拉曼纳拉雅南(Arellano and Ramanarayanan,2012)。

和 r^*B 的利息（息票）。主权政府可以选择违约（不履行这项义务）。如果主权政府选择违约，那么从下一个时期开始，这种违约行为会立即触发国际金融市场的禁入惩罚（即不允许这个主权政府存款或借款）。在这个强制禁入期结束之后，禁入在每个期间仍然以固定概率 $(1-\xi) \in (0,1)$ 持续。从强制禁入期开始，只要禁入惩罚仍然有效，那么这个主权政府就会损失比例为 $\phi(g,z)$ 的产出（相对于没有发生违约的情况下的产出）。直到禁入结束后，主权政府的债务得到减让，并允许再次进入金融市场。

3.1.4　事件的时间线

在一个给定的期间内，事件的时间线如图 2 所示。一个有"良好声誉"的主权政府观察到 S（S 是当期实现的所有外生冲击的向量），并决定拍卖 $B'-(1-\lambda)B$ 单位的债务，其中 B' 表示下一期开始时的债务的名义价值。如果结算时这个主权政府没有违约，那么它将消费自身的禀赋的价值，再加上它所发行的净债务的价值（后者既可能是正的，也可能是负的），并带着良好的声誉进入下一个时期。

如果结算时这个主权政府违约了，那么它就不能收到拍卖的收入，而且会被禁入国际信贷市场。这样一来，它只能消费自己的禀赋，并在下一个时期也被排除在借款和贷款市场之外。我们假设通过拍卖募集的份额（如果拍卖成功的话）按照债券头寸的名义价值按比例分配给所有现有的债券持有人，即每个未偿还债券单位都受到了平等的对待，主权政府收到了 $q(S,B,B')(B'-(1-\lambda)B)B'$。这也就意味着，只要 $B>0$，新发行债券的购买者在违约后都立即会遭受损失。如果主权政府是在购买了债券之后（即在回购了现有债务之后）才在结算时违约的，那么我们就认为它的违约所针对的是新的支付义务以及剩余的未偿还债务的支付义务——相对于阿吉亚尔等人（Aguiar et al. , 2016）的模型，这是一种简化。因此，主权政府在这种情况下也需要消费自己的禀赋（并以被禁入金融市场者的身份进入下一个时期）。

我们关于违约时间的设定与伊顿和格尔索维茨（Eaton and Gersovitz, 1981）的模型有所不同，尽管后者已经成为这个领域的定量研究文献的一个标准。在伊顿—格尔索维茨的时间线中，债券拍卖发生在该期间的违约决定之后。也就是说，在那个期间的违约决策中，政府充当了斯塔克尔伯格领导者（Stackelberg leader）。在这种假设下，新拍卖的债券不会面临任何当期内的违约风险，因此债券的价格仅取决于外生状态 S 和主权政府在那一期结束时的债券的数量 B'。与伊顿—格尔索维茨的模型中的均衡相比，我们设置的时间线扩大了均衡集，尤其是我们的模型能够用一种很容易处理的方式引入自我实现的债务危机，对此我们将在第 3.5 节详述。①

---

① 图 2 中的时间线（事件发生的时序）改编自阿吉亚尔和阿马多尔的论文（Aguiar and Amador, 2014b），后者本身则改编自科尔和基欧的论文（Cole and Kehoe, 2000）。查特吉和埃易古姆戈尔（Chatterjee and Eyigungor, 2012）对科尔和基欧的展期危机模型的修正也大体相同。它们与科尔和基欧的模型的区别是：如果主权政府违约了，那么就不允许主权政府消费拍卖所得的收入。这种假设简化了对偏离均衡的状态的分析，同时又不会显著改变结果。另外，也请参见欧克雷和罗根利的论文（Auclert and Rognlie, 2014），他们讨论了伊顿—格尔索维茨（Eaton-Gersovitz）时序在某些标准环境中是如何导致唯一的马尔可夫均衡，从而排除了自我实现的危机的。

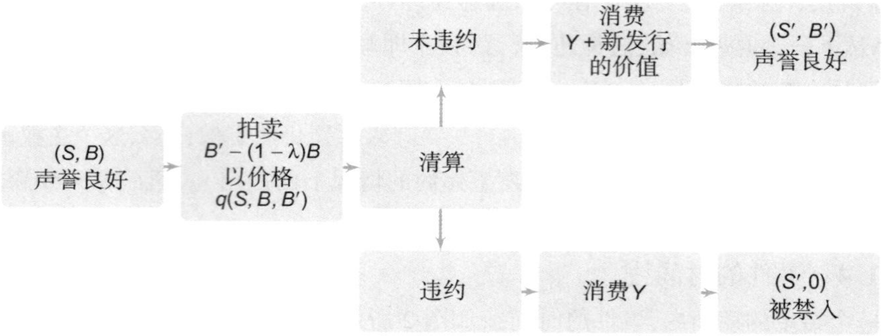

图 2 一期内的时间线

另外,值得指出的是,图 2 还隐含了每个期间只进行一次拍卖的假设。虽然这个假设是一个标准假设,但是它其实允许主权政府对那个期间拍卖的那部分金额做出承诺。[①]

3.2 主权政府的决策问题

我们以递归的形式来表述主权政府的决策问题。我们先规定符号。外生状态变量的向量 $S \in \mathscr{S}$ 由当前禀赋 Y 和禀赋冲击 g、z 的当期实现值组成,它还包含了表示贷款人当期财富的 W(因为贷款人的财富会影响外国信贷的供应)。此外,它还包含了另一个变量 $x \in [0,1]$,它用来表示投资者对于展期危机的概率的信念(对此,我们在第 3.5 节中会给出更多的解释)。我们假设 W 和 x 都是随机的,并遵循一阶马尔可夫过程。我们还假设,下面遇到的所有形式为 $\mathbb{E}_S f(S', \cdot)$ 的条件期望都是有明确定义的。

令 $V(S,B)$ 表示以 S 和 B 为条件的主权政府的最优价值。后向逆推一个期间,看一看政府以价格 $q(S,B,B')$ 发行 $B'-(1-\lambda)B$ 单位新债务、需支付 $(r^* + \lambda)B$ 时的结算情况。如果政府在结算时履行自己的义务,那么它的支付为:

$$V^R(S,B,B') = \begin{cases} u(C) + \beta \, \mathbb{E}_S V(S',B'), & C \geq 0 \\ -\infty, & \text{其他} \end{cases} \tag{6}$$

其中,

$$C = Y + q(S,B,B')[B'-(1-\lambda)B] - (r^*+\lambda)B \tag{7}$$

如果主权政府在结算时违约,那么它的支付为:

$$V^D(S) = u(Y) + \beta \, \mathbb{E}_S V^E(S') \tag{8}$$

其中,

$$V^E(S) = u(Y(1-\phi(g,z))) + \beta \, \mathbb{E}_S[\xi V(S',0) + (1-\xi)V^E(S')] \tag{9}$$

是主权政府被禁入金融市场并承担违约的产出成本时的主权政府的价值。请读者回想一下,ξ 是退出被禁入状态的概率;当禁入解除时,主权政府再次进入金融市场(而且没有任何债务)。另外还请注意,B' 所隐含的新债务额与违约支付无关,因为如果在结算时违约,主权

---

① 关于政府不能对单一拍卖做出承诺的环境的详细分析,请参阅洛伦佐尼和沃尔宁(Lorenzoni and Werning, 2014)的论文,以及哈乔多和马丁内斯(Hatchondo and Martinez, 未注明日期)的论文。

政府就不能得到拍卖收入。

最后,当期的值函数是:

$$V(S,B)= \max \left\langle \max_{B' \leqslant \theta Y} V^R(S,B,B'), V^D(S) \right\rangle, \forall \ S \text{ and } B \tag{10}$$

选择规则 B' 的上限 θY 排除了发生庞氏骗局的可能性。

令 $\delta(S,B,B')$ 表示以 B' 为条件的结算时违约的策略函数。出于技术上的考虑(为了便于求解),我们允许主权人在无违约与还款无差异时,即 $V^R(S,B,B')= V^D(S)$ 时,随机化违约和还款。因此,$\delta(S,B,B'): \mathscr{S} \times \mathbb{R} \times (-\infty, \theta Y] \to [0,1]$ 是主权政府在结算时违约的概率——以 (S,B,B') 为条件。再令 $A(S,B): \mathscr{S} \times \mathbb{R} \to (-\infty, \theta | Y]$ 表示当至少存在一个 B' 使得 C 严格为正时方程式(10)中的内部最大化问题的解的策略函数。消费的策略函数是隐含于债务和违约的策略函数中的。

3.3 贷款人

我们假设金融市场是分割的,即假设只有一部分外国投资者能够在主权债务市场上参与交易。有了这个假设,我们就能够在给定世界无风险利率的情况下,在主权债券上引入风险,并探讨对外国贷款人的财富的冲击如何影响经济中的均衡结果。为了简单起见,我们假设所有第 t 期的贷款人都只在一个期间内参与主权债券市场,即到下一期时就全都被新的贷款人取代。

我们假设,每个期间都存在一个单位测度的同质的贷款人。令 W_i 表示为当期某个贷款人的财富(W 是投资者的总财富,包含在状态向量 S 中)。每个贷款人要将自己的财富配置到两个资产上:一是有风险的主权债券,二是一种能够带来世界无风险利率 r^* 的资产。贷款人必须持有非负数量的主权债券,不过所持的无风险资产的头寸则既可以为正,也可以为负。贷款人的下一期(终止期)财富 $\widetilde{W}_i$ 所带来的效用,由下式给出:

$$K(\widetilde{W}_i)= \begin{cases} \widetilde{W}_i^{1-\gamma}/(1-\gamma), \text{当} \gamma \geqslant 0, \text{且} \gamma \neq 1 \text{ 时} \\ ln(\widetilde{W}_i), \text{当} \gamma=1 \text{ 时} \end{cases}$$

这里需要注意的是,$\widetilde{W}_i$ 不同于出现在 S'(下一期的外生状态向量)中的 W',后者所指的是下一期的新一代贷款人的总体财富。

主权债券的单期回报,不仅取决于主权政府在本期内的违约决定,也取决于主权政府在下一期内的违约决定。令 $\widetilde{D}$ 和 $\widetilde{D}'$ 分别表示主权政府在当期和下一期结算时的实际违约决定,其值要么是 0(不违约),要么是 1(违约)。一个贷款人,如果将他的当期财富 W_i 中的 μ 分之一(μ 也可以是倍数)投资出去,那么他的随机的终止期财富 $\widetilde{W}_i$ 由下式给出:

$$(1-\mu)W_i(1+r^*)+\mu W_i/q(S,B,B')[(1-\widetilde{D})(1-\widetilde{D}')][r^*+\lambda+(1-\lambda)q(S',B',B'')] \tag{11}$$

其中,

$\tilde{D}=1$ 的概率为 $\delta(S,B,B')$ ，$\tilde{D}'=1$ 的概率为 $\delta(S',B',A(S',B'))$ ，$B''=A(S',B')$ （12）

上述财富演化方程略去只在非均衡时才会相关的各项，即略去了违约后的结算基金的任何付款，因为它们在均衡时始终为零。

代表性贷款人的决策问题是，在债务拍卖中要买入多少主权债务。具体地说，贷款人要在满足上面给出(11)式和(12)式的条件下，决定：

$$L(W_i,S,B,B')=\max_{\mu\geqslant 0}\mathbb{E}_S\left[k(\tilde{W}_i)\,\Big|\,B,B'\right]$$

贷款人决策问题的解意味着一个最优的 $\mu(W_i,S,B,B')$ 。

由此可知，主权债券的市场出清条件是：对于所有可行的 $B'>0$ ，

$$\mu(W,S,B,B')\cdot W=q(S,B,B')\cdot B'\tag{13}$$

其中，W 是(对称的)贷款人的总财富。这个出清条件要求"债券定价方案"与能够带来正的收益的任何潜在的 $B'>0$ 时的市场出清一致。这是一个"完美"的要求，能够确保主权政府在选择策略函数 $A(S,B)$ 的时候，它关于自己在不同的 B' 时所要面对的价格的信念与贷款人的"最优反应"一致。对于 $B'\leqslant 0$ 的情况，不存在市场出清条件。主权政府在世界市场上只是一个很小的参与者，因此能够以世界无风险利率储蓄任何数量的资金。

在贷款人的目标函数中，相对于 μ 求微分，就可以得到最优选择函数(FOC)，它意味着：

$$q(S,B,B')=\frac{\mathbb{E}_S\left[\tilde{W}^{-\gamma}(1-\tilde{D})(1-\tilde{D}')(r^*+\lambda+(1-\lambda)q(S',A(S',B')))\right]}{(1+r^*)\mathbb{E}_S\left[\tilde{W}^{-\gamma}\right]}\tag{14}$$

其中，$\tilde{W}$ 是在 $\mu(W,S,B,B')$ 处求值的。

方程式(14)涵盖了现有的定量研究处理过的各种情况。如前所述，在伊顿—格尔索维奇的事件时间线中，结算时不存在没有违约的可能性。这个假设意味着 $\delta(S,B,B')=0$ ，而且当期期末的债券的定价只反映了未来各期违约的可能性。它还意味着，$\delta(S',B',B''(S',B'))$ 不依赖于 B'' ，而只依赖于 (S',B') 。因此，q 只依赖于 (S,B) 。如果贷款人是风险中性的且债务是短期的(即 $\gamma=0$ ，且 $\lambda=1$)，那么 $q(S,B,B')$ 就是下一期债务偿还的概率。如果贷款人是风险中性的，但债务是长期的(即 $\gamma=0$ ，且 $\lambda>0$)，那么就有：

$$q(S,B,B')=\frac{\mathbb{E}_S(1-D(S',B'))(r^*+\lambda+(1-\lambda)q(S',A(S',B')))]}{(1+r^*)}\tag{15}$$

3.4 均衡

定义 1(均衡) 给定 S 的一阶马尔可夫过程，均衡包括了一个定价方案 $q:\mathscr{S}\times\mathbb{R}\times(-\infty,\theta Y]\to[0,1]$ 、主权政府的策略函数 $A:\mathscr{S}\times\mathbb{R}\to(-\infty,\theta Y]$ 和 $\delta:\mathscr{S}\times\mathbb{R}\times(-\infty,\theta Y]\to[0,1]$ ，以及贷款人的策略函数 $\mu:\mathbb{R}^+\times\mathscr{S}\times\mathbb{R}\times(-\infty,\theta Y]\to\mathbb{R}$ ，使得：(i)$A(S,B)$ 和 $\delta(S,B,B')$ 是第3.2节中所述的主权政府的决策问题的解——以 $q(S,B,B')$ 为条件；(ii)$\mu(W,S,B,B')$ 是第3.3节中所述的贷款人的决策问题和主权政府的策略函数的解——以 $q(S,B,B')$ 为条件；(iii)如

上面的式(13)所示的市场出清条件得以满足。

3.5 均衡选择

由于是否违约的决定是在结算时做出的,所以可以说模型的违约均衡是因贷款人拒绝展期债务而导致的。为了看清楚这种情况是怎样发生的,试考虑如下这个贷款人的决策问题。贷款人预期主权债务人将会在本期发行的新债务上违约,即贷款人认为,对于所有(可行的) $B' > (1-\lambda)B$,都有 $\delta(S, B, B') = 1$。这样一来,一方面,贷款人的最优 μ 就为0,同时市场出清条件(13)就意味着对于 $B' > (1-\lambda)B$,有 $q(S, B, B') = 0$。于是在这种情况下,主权政府退出时可以带走的债务最多为 $(1-\lambda)B$,且与贷款人的信念一致——后者要求 $V^D(S) \geqslant V^R$ $(S, B, (1-\lambda)B)$。[①] 而在另一方面,对于给定的债务存量和股票,均衡中能够得到支持的正的定价方案是存在的。这就是说,如果对于某个 $\tilde{B} > (1-\lambda)B$(这必然意味着贷款人结算时没有预期对于 $B' = \tilde{B}$ 主权政府会违约),而且 $V^D(S) < V^R(S, B, \tilde{B})$,那么主权政府就会更偏向于发行新债券来帮助偿还到期债务,即认为结算时偿还债务是最优的。如果因为贷款人要求不利于主权政府的均衡定价方案而导致的违约(当更慷慨的、导致主权政府选择偿还债务的定价方案也是均衡定价方案时),我们称之为债务展期危机(rollover crisis)。相对地,对于那些因为根本不存在任何能够导致主权政府偿还债务的定价方案而出现的违约(因为禀赋过低和/或债务过高),则称为基本面违约(fundamental default)。

我们是通过信念冲击变量 x 引入债务展期危机的。我们假设,x 在单位区间上均匀分布,然后,我们将 $x \in [0, \pi)$ 界定为危机区,而把 $x \in [\pi, 1]$ 界定为非危机区。在危机区,只要在均衡时能够得到支持,债务展期危机就会发生。这也就是说,如果 $V^R(S, B, (1-\lambda)B) < V^D$ (S) 且 $x(S) \in [0, \pi)$,那么对于所有的 $B' > (1-\lambda)B$,危机将发生,且 $q(S, B, B') = 0$。另一方面,如果正的债务价格在均衡时可以得到支持——以主权政府能够展开自己的债务为条件,那么如果 $x(S) \in [\pi, 1]$,就选择该结果。如果 S 能够使得 $V^R(S, B, (1-\lambda)B) \geqslant V^D(S)$,那么即便 $x(S) \in [0, \pi)$ 也不会发生债务展期危机。我们用 π 来表示一个债务展期危机的可能性,如果该债务展期危机在均衡时可以得到支持的话。

在本节的最后,我们讨论一下主权政府在拍卖失败的情况下回购债务的动机。拍卖失败的定义是,贷款人认为,对于所有的 $B' > (1-\lambda)B$,都有 $\delta(S, B', B) = 1$(这或者是因为出现了债务展期危机,或者是因为偿付能力不足而违约)。由于拍卖失败和长期债务问题,如果价格足够低,那么主权政府就有动力在二级市场上回购债务,以避免违约。例如,对于 $B' < (1-\lambda)B$ 的情况,如果 $q(S, B, B') = 0$,那么这种动机就会很强大。因为在这种情况下,主权国家政府能够以零成本回购自己的未偿还债务。又如,如果

$$u(Y + (r^* + \lambda)B) + \beta \, \mathbb{E}_S V^R(S', B, 0) > u(Y) + \beta \, \mathbb{E}_S V^E(S')$$

[①] 如果这个条件没有得到满足,那么主权政府将会严格偏好履行自己的义务,即便只发行了极少量的新债务,这与贷款人的信念相反。

那么主权政府的违约的动机将会消失。但是在那种情况下,贷款人却愿意为最后一笔债务支付无风险价格,并且出价高于主权政府。

为了保证主权政府的回购激励与均衡的协调一致,我们采取了阿吉亚尔和阿马多尔的方法(Aguiar and Amador,2014b),假设在拍卖失败的情况下,对于 $B' \leq (1-\lambda)B$,债务的价格 $q(S,B,B')$ 足够高,使得主权政府对以下两种策略无差异:一是违约;二是偿还已经到期的债务,同时未偿还债务中的一部分,即 $(1-\lambda)B-B'$。给定这种无差异性,我们进一步假定,主权政府会在还债与违约之间进行随机选择,然后进行回购,而且主权政府所采用的混合概率设定为能够使得,当发生了回购事件时,当期的贷款人愿意在二级市场中持有最后一个单位的债务(我们在计算部分提供了关于如何构造均衡定价方案的更多细节)。

3.6 归一化

由于禀赋 Y 是服从一定趋势的,所以状态向量 S 是无界的。为了保证计算模型所需的平稳性,我们利用状态向量 S 中的趋势分量 Y_t 来归一化状态向量 S 的非平稳元素

$$G_t = \exp\left(\sum_1^t g_s\right) \tag{16}$$

归一化后状态向量 s 的元素为 (g,z,w,x)。其中,w 为 W/G。由于 Y/G 只是 z 的函数,且 z 已经出现在了 S 中,所以 s 包含的元素要比 S 少一个。对于归一化的状态向量 s 的函数,仍然使用与用于 S 的函数相同的记号,无疑会比较方便。对预算约束(7)的两侧用 G 来归一化,并用 c 来表示 C/G、b 表示 B/G、b' 表示 B'/G,那么归一化预算约束可以表示为:

$$c = \exp(z) + q(s,b,b')[b'-(1-\lambda)b]-(r^*+\lambda)b \tag{17}$$

在这里,我们施加了如下限制:定价函数是趋势禀赋 G 的零次齐次函数,这样一来,我们就可以将这个函数表示为 $q(s,b,b')$ 了。[①]

接下来,由于 $u(C) = G^{1-\sigma}u(c)$,我们不妨猜测 $V^R(S,B,B') = G^{1-\sigma}V^R(s,b,b')$ 以及 $V(s,b) = G^{1-\sigma}V(S,B)$。由此,我们有:

$$V^R(s,b,b') = u(c)+\beta\,\mathbb{E}_s g'^{1-\sigma}V(s',b'/g') \tag{18}$$

类似地,我们猜测违约情况下的值函数和禁入时的收益率分别为:

$$V^D(s) = u(\exp(z))+\beta\,\mathbb{E}_s g'^{1-\sigma}V^E(s') \tag{19}$$

和

$$V^E(s) = u(\exp(z)(1-\phi(g,z)))+\beta\,\mathbb{E}_s g'^{1-\sigma}[\xi V(s',0)+(1-\xi)V^E(s')] \tag{20}$$

所以,我们得到:

$$V(s,b) = \max\left\langle \max_{b' \leq \theta\exp z} V^R(s,b,b'),V^D(s)\right\rangle, \forall s\ \text{和}\ b \tag{21}$$

我们把源于平稳模型的主权政府的违约决策规则用 $\delta(s,b,b')$ 表示,并用 $a(s,b)$ 表示在给定

---

① 更具体地说,我们假设价格是债务和贷款人财富对趋势禀赋的比率的函数,但却不是趋势禀赋本身的水平的函数。有人也许认为,可以在允许贷款人的信念随趋势禀赋的水平而变化的情况下得到均衡。但是我们这里不是这样。我们排除了这种均衡。

(s,b)处可行的情况下,$\max_{b' \leqslant \theta \, \exp z} V^R(s,b,b')$的解。

然后再转而讨论贷款人的问题,不难观察到,给定恒定的相对风险厌恶倾向,最优的μ(投资于有风险的债券上的财富的份额)独立于投资者的财富。令$\mu(1,s,b,b')$表示拥有单位财富的贷款人的最优μ。与μ的最优选择相关联的选择函数(FOC)意味着式(14)的归一化版本,即

$$q(s,b,b') = \frac{\mathbb{E}_s\left[\tilde{w}^{-\gamma}(1-D)(1-D')(r^*+\lambda+(1-\lambda)q(s',b',a(s',b')))\right]}{(1+r^*)\mathbb{E}_s\left[\tilde{w}^{-\gamma}\right]} \tag{22}$$

其中,$\tilde{w}$为贷款人的终止财富,其单位财富在$\mu(1,s,b,b')$处求得,式中的期望是用主权政府的(归一化的)决策规则求得的。

然后,我们可以得出如下归一化后的关键市场出清条件:

$$\text{对于所有可行的 } b'>0, \mu(1,s,b,b') \cdot w = q(s,b,b') \cdot b' \tag{23}$$

给定一个定价函数$0 \leqslant q(s,b,b') \leqslant 1$,我们可以调用标准的收缩映射(contraction mapping)论证来证明所有值函数的存在性。为了做到这一点,只需对b'设定一个下界$b<0$——即对主权政府持有的外国资产设定一个上限(当然还要对它所发行的债务设定一个上限,以排除庞氏骗局的可能性)——并假设对于所有的$g \in \mathscr{S}$都有$\beta \mathbb{E} g'^{1-\sigma} \mid g<1$,就足够了。

3.7　计算

要计算出这个模型的均衡,意味着必须找到一个价格函数$q(s,b,b')$以及相关的最优平稳决策规则$\delta(s,b,b')$、$a(s,b)$和$\mu(1,s,b,b')$,它们都满足市场出清条件(23)。这也就是说,均衡的计算意味着必须找到一组函数,满足:

$$\mu(1,s,b,b') \cdot w = \left[\frac{\mathbb{E}_s\left[\tilde{w}^{-\gamma}(1-\tilde{D})(1-\tilde{D}')(r+\lambda+(1-\lambda)q(s',b',a(s',b')))\right]}{(1+r^*)\mathbb{E}_s\left[\tilde{w}^{-\gamma}\right]}\right] b' \; \forall s, b \text{ 和 } b' \tag{24}$$

如果如上所述的函数集合可以找到,那么定义1意义上的均衡就存在。在这样的均衡中,所有非平稳决策规则都是平稳决策规则经缩放后得到的变体,即$A(S,B)=a(s,b)G$、$\delta(S,B,B')=\delta(s,b,b')$,以及$\mu(W,S,B,B')=\mu(1,s,b,b')wG$。

从表面看,既然状态变量空间和控制变量空间都这么大,计算量之繁重似乎令人望而生畏。然而,事实证明,上面的(24)式其实是可以通过如下途径来求解的:先计算出一个更简单的模型的解,然后在此基础上构造出式(24)的解。这个更简单的模型遵循伊顿—格尔索维奇模型中的事件时序,因此$\delta(s,b,b')=0$,从而q只是s和b'的函数。不过,与标准的伊顿—格尔索维茨模型不同,这个模型还包含了债务展期危机。① 具体的修正方法如下:选择适当s,使得信念冲击变量$x(s)$位于区间$(\pi),1]$内(即不在危机区内),这时主权政府面临的

---

① 这个模型在查特吉和埃易古姆戈尔的论文(Chatterjee and Eyigungor,2012,第 E 节)中有详细的描述。

价格是 $q(s,b')$,其中 b' 可以是任何可行的债务选择(可以把它想象为"正常时期"的定价方案)。但是,如果 $x(s)$ 于区间 $[0,\pi]$ 之内,那么主权政府所面对的就是一个截断的"危机定价方案",其中,对于所有的 $b'>(1-\lambda)b$,都有 $q(s,b')=0$ ——只要在危机定价方案上,违约严格优于还款;如果上述附带条件不能满足,那么主权政府将得到正常的(非截断的) 的定价方案。

为了看清楚上述构造的原理,不妨假定 $q(s,b')$ 就是这个伊顿—格尔索维茨模型的债务展期修正版的均衡价格函数。这也就是说, $q(s,b')$ 满足:

$$\mu(1,s,b') \cdot w = \left[\frac{\mathbb{E}_s\left[\tilde{w}^{-\gamma}(1-D(s',b'))(r+\lambda+(1-\lambda)q(s',a(s',b'))) \right]}{(1+\gamma)\mathbb{E}_s\left[\tilde{w}^{-\gamma} \right]} \right] b' \quad (25)$$

其中, $D(s,b)$ 和 $a(s,b)$ 是相关的均衡策略函数。同时,令 $V(s,b)$ 和 $V^D(s)$ 成为相关的值函数。接下来,再将 $G(Q;s,b,b')$ 定义为当价格为 Q 时结算偿还债务与违约之间的效用差距,即:

$$u\left[\exp(z(s))-(r^*+\lambda)b+Q(b'-(1-\lambda)b)+\beta\mathbb{E}_s g'^{1-\sigma}V(s',b'/g') -V^D(s) \right.$$

G 概括了不允许在结算时违约的模型中的违约动机或偿还债务动机。允许在结算时违约的模型中的定价方案的构建方法如下:如果在 $Q=q(s,b')$ 处求得的 $G(s,b,b')$ 是非负的,那么就将 $q(s,b,b')$ 设定为等于 $q(s,b')$,因为不存在在结算时违约的动机;如果在 $Q=q(s,b')$ 处求得的 $G(s,b,b')$ 是非负的,违约动机维持在零拍卖价格水平上,那么就将 $q(s,b,b')$ 设定为等于 0 ,否则就设定为介于 0 与 $q(s,b')$ 之间的某一个正数值,因为主权政府在违约和还款之间无差异。

1. 对于 $b'\geqslant(1-\lambda)b$,我们有:

$$q(s,b,b')=\begin{cases} 0 & \text{如果 } G(q(s,b');s,b,b')<0 \\ q(s,b') & \text{如果 } G(q(s,b');s,b,b')\geqslant0 \end{cases}$$

在这个式子中,上面这个分支处理的是这样一种情况:在以 $q(s,b')$ 的价格发行了债务后,主权政府在结算时违约的动机严格为正。因为在这种情况下, G 随 Q (弱) 递增,因此在 $Q=0$ 处,结算时违约的动机将维持,所以我们设定 $q(s,b,b')$ 。下面这个分支处理的则是这样一种情况:主权政府(弱) 偏好偿还欠款。在这种情况下,价格维持为 $q(s,b')$ 不变。

2. 对于 $b'<(1-\lambda)b$,我们有:

$$q(s,b,b')=\begin{cases} 0 & \text{如果 } G(0;s,b,b')<0 \\ Q(s,b,b') & \text{如果 } Q\in[0,q(s,b')) \\ q(s,b') & \text{如果 } G(q(s,b');s,b,b')\geqslant0 \end{cases}$$

上式中,最下面这个分支给出了如果 $G(q(y,b');s,b,b')\geqslant0$ 时的 $q(s,b')$ 。但是,如果 $G(q(y,b');s,b,b')<0$,那么又要区别以下两种情形。首先,因为 G 随 Q (弱) 递增,所以有可能存在一个 $Q\in[0,q(s,b')]$,使得 $G(Q;s,b,b')=0$ 。如果不存在这样的 Q ,那么就有 $G(0;s,b,b')<0$,在这种情况下,我们就设定 $q(s,b,b')=0$ 。

接下来,我们验证,给定 $q(s,b)$ 下的值函数 $V(s,b)$ 和 $V^D(s)$, $q(s,b)$ 下的最优行动也是 $q(s,b,b')$ 下的最优行动。首先,考虑这样的 (s,b) ,它使得最优行动就是选择 $a(s,b)$ 。而这就

意味着 $G(q(s,b);s,b,a(b,s)) \geq 0$。然后,通过定义,$q(s,b,b') = q(s,b)$,而且选择 $a(s,b)$ 的支付与在 $q(s,b)$ 下相同,而且这个支付将(弱)占优源于任何其他 b' 的收益,其中 $q(s,b,b') = q(s,b')$(从最优性可知)。此外,源于任何使得 $q(s,b,b') \neq q(s,b)$ 的 b' 的支付都绝对不会比违约更好。因此,$a(s,b)$[再加上 $\delta(s,b,a(s,b)) = 0$]是 $q(s,b,b')$ 下的最优选择。接下来,考虑 (s,b) 在 $q(s,b)$ 下违约是最优选择的情况。这意味着对于所有可行的 b',都有 $G(q(s,b);s,b,b') < 0$。这样一来,根据我们的构造方法可知,对于 $q(s,b,b')$ 下的所有 b',结算时违约是最优选择,或者是最优选择之一。

最后,我们还必须验证 $q(s,b,b')$ 是否与市场出清条件一致。对于能够使得 $q(s,b,b') = q(s,b)$ 的所有 (s,b,b'),市场出清是可以确保的,因为市场在 $q(s,b)$ 处一定出清(由假设可知)。对于能够使得 $q(s,b,b') = 0$ 的 (s,b,b'),市场出清条件也很容易得到满足。而对于能够使得 $q(s,b,b') \in (0,q(s,b))$ 的 (s,b,b'),只要适当地选择 $\delta(s,b,b')$,也可以确保市场出清。例如,如果贷款人是风险中性的,那么我们就要把 $\delta(s,b,b')$ 设定为满足 $q(s,b,b') = [1-\delta(s,b,b')]q(s,b')$。这样一来,主权政府违约且债券变成毫无价值的概率为 $\delta(s,b,b')$,主权政府偿还债务且债券价值为 $q(s,b')$ 的概率为 $1-\delta(s,b,b')$。类似地,对于风险厌恶的贷款人,则可以将 $\delta(s,b,b')$ 设定为使得贷款人愿意在 $q(s,b,b')$ 上借出 b'。①

最后,作为对 $q(s,b,b')$ 的构造方法的总结,我们要请读者特别注意它是如何改变了在 $q(s,b')$ 下的展期定价方案的。在 $q(s,b')$ 下,债务展期危机其实是一个有如下特征的展期定价方案:(a)$x(s) \in [0,\pi]$;(b)对于 $b \geq (1-\lambda)b$,我们有 $q(s,b') = 0$;(c)$D(s,b) = 1$。在 $q(s,b,b')$ 下,展期有以下特点:(a)$x(s) \in [0,\pi]$;(b)对于所有的 $b' \geq (1-\lambda)b$,我们有 $q(s,b,b') = 0$[在这种情况下,$q(s,b')$ 也是如此];(c)对于 $b' < (1-\lambda)b$,$q(s,b')$ 根据构造即可得出,因此,对于危机定价方案的唯一修改是,提高了与回购相关的价格(如前面的第 3.5 节所述)。

在本节剩下来的内容中,我们将介绍迭代过程。利用迭代方法,可以计算出伊顿—格尔索维茨模型的展期危机版的(平稳)均衡。首先,将可行的 b' 的空间离散化。其次,将 x(信念冲击变量)的空间也离散化为"危机"和"正常"——前者赋值 1,概率为 π;后者赋值 0,概率为 $(1-\pi)$。假设 $\{q^k(s,b')\}$ 是第 k 迭代开始时的定价方案。再令 $\{a(s,b;q^k), D(s,b;q^k)\}$ 是以 $q^k(s,b')$ 为条件的主权政府的决策规则。这样一来,对于每一个能够使得 $q^k(s,b')b' > 0$ 可行的 $b' > 0$,贷款人对 μ 的最优选择以及市场出清所隐含的价格为:

$$J^k(s,b') = \frac{\mathbb{E}_s[\widetilde{w}^{-\gamma}(1-D(s',b';q^k))(r+\lambda+(1-\lambda)q^k(s',a(s',b';q^k)))]}{(1+r^*)\mathbb{E}_s[\widetilde{w}^{-\gamma}]}, \quad (26)$$

其中,对此方程式(23),出现在 $\widetilde{w}$ 中的 $\mu(1,s,b';q^k)$ 被 $[q^k(s,b) \cdot b']/w(s)$ 取代了。如果 $|\max J^k(s,b') - q^k(s,b')|$ 小于某个事先选定的容忍限度 $\epsilon > 0$,则迭代过程结束,集合 $\{q^k(s,b'),$ $a(s,b;q^k), D(s,b;q^k), \mu(1,s,b';q^k)\}$ 就作为均衡的近似值接受下来。如若不然,则将定价

---

① 如果 $\delta(s,b,b') = 0$,那么贷款人恰好愿意以价格 $q(s,b')$ 借出 b'[因为他们愿意在 $q(s,b')$ 下这样做]。如果结算时违约概率保持为零,同时债券价格降低到 $q(s,b,b')$,债券需求将会过剩。通过充分降低 $\delta(s,b,b')$ 可以消除这种过剩需求。

方案更新为：

$$q^{k+1}(s,b') = \xi q^k(s,b') + (1-\xi)J^k(s,b') \tag{27}$$

其中，$\xi \in (0,1)$ 是阻尼参数（通常接近于 1）。

    在一个所有冲击和所有决策都属于相应的离散集的纯离散模型中，上述迭代过程通常不能收敛于选择好的参数值。之所以如此，原因在于我们正在寻找的均衡实际上是主权政府和贷款人之间的博弈的纳什均衡，而且我们不应该期望在这样的博弈中存在纯策略均衡。为了弥补无法收敛这个缺陷，我们必须允许主权政府对两个支付几乎完全相同的行动加以随机化。引入连续的独立同分布冲击（在随机增长模型中的 z，以及在确定增长模型中的 m）的目的，就是实现这种混合策略。我们建议读者阅读查特吉和埃易古姆戈尔的论文（Chatterjee and Eyigungor, 2012），他们讨论了为什么引入连续的独立同分布冲击后，我们就能够对存在违约的模型进行有很高稳健性的计算。

4. 基准模型

    我们先在假设债务展期危机永远不会发生的情况下分别校准基本模型的两个版本。在第一个基准模型中——我们将它称为确定增长模型（DG model）——主权政府的禀赋过程、投资者的财富过程，都建构为围绕一个共同的确定性增长路径的独立的平稳波动。在第二个基准模型中——我们将它称为随机增长模型（SG model）——主权政府的禀赋的增长率、投资者财富的增长率分别服从独立的、有共同均值的增长过程。

    为了校准禀赋过程，我们使用了墨西哥 1980 年第一季度至 2015 年第二季度的季度实际 GDP 数据。对于确定增长模型，$G_t = (1+g)^t$，且对数收入是一个平稳过程（加上线性趋势）。我们假设，平稳分量 z_t 由两部分组成：一个有持续性的部分 e_t，它遵循一阶自回归过程（AR1）；一个完全瞬态的部分 m_t，即：

$$z_t = e_t + m_t, m_t \sim N(0,\sigma_m^2)，以及 e_t = \rho_e e_{t-1} + v_t, v_t \sim N(0,\sigma_v^2) \tag{28}$$

如上一节结尾部分所述，均衡债券价格函数的计算需要用到瞬时性冲击。我们设定 $\sigma_m^2 = 0.000025$，然后使用标准的状态空间方法来估计方程组（28）。估计出来的结果是 $\rho_e = 0.85$（0.045），以及 $\sigma_v^2 = 0.000139(1.08e-05)$（括号内为标准误差）。趋势线的斜率意味着长期的季度增长率为 0.56%（或年增长率为 2.42%）。

    对于随机增长模型，增长率 g_t 是随机的。在这个模型中，$\ln(Y_t) = \sum_0^t gt + z_t$，同时第 t 期的禀赋的增长率 $\ln(Y_t) - \ln(Y_{t-1}) \equiv \Delta y = g_t + z_t - z_{t-1}$。我们再假设

$$g_t = \alpha + \rho_g g_{t-1} + v_t, v_t \sim N(0,\sigma_v^2)，且 z_t \sim N(0,\sigma_z^2) \tag{29}$$

并通过状态空间法，利用观察到的实际 GDP 的增长率来估计这里的式（29）。估计得到的结果是 $\alpha = 0.0034(0.0012)$，$\rho_g = 0.45(0.12)$，$\sigma_v^2 = 0.000119(0.0000281)$，以及 $\sigma_z^2 = 0.000011$（8.12e-06）。α 和 ρ_g 的估计值意味着年平均增长率大约为 2.45%。表 6 总结了这些估计结果。

表 6　禀赋过程参数

参数	参数说明	确定增长模型（DG）	随机增长模型（SG）
—	禀赋的平均年增长率	2.42	2.45
ρ_e	y 的自相关系数	0.85	—
σ_v	新息对 e 或 g 的标准偏差	0.012	0.011
σ_m	m 的标准偏差	0.005	—
ρ_g	g 的自相关系数	—	0.45
σ_z	z 的标准偏差	—	0.003

对于 $\phi(g,z)$（它决定主权政府被禁入信贷市场时的产出水平），我们假设：

对于确定增长模型，$\phi(g,z)=d_0\exp(z)^{d_1}$；对于随机增长模型，$\phi(g,z)=d_0\exp(g)^{d_1}$ （30）
在这两个模型的任一个模型中，设定 $d_1=0$ 都会导致与产出成正比例的违约成本。如果 $d_1>0$，那么在确定增长模型中，违约成本与 z 成比例地上升，而在随机增长模型中则与 g 成比例地上升。

我们假设，g 是从一个有限集合 $\mathscr{G}$ 中取值的。在确定增长模型的情况下，$\mathscr{G}$ 是一个单元素集合。z 的具体形式取决于对 g 所做的假定。当 g 是随机的时候，z 是从一个具有紧支撑 $[-\bar{h},\bar{h}]$ 和连续的累积分布函数（CDF）的分布 H 中抽取的。当 g 是确定的时候，$z=e+m$，其中的 e 遵循一阶马尔可夫过程，并在一个有限集合 $\mathscr{E}$ 取值，同时 m 则从 H 中抽取。在任一情况下，z 本身也是一阶马尔可夫（在随机增长模型中，很明显也是一样），但是它不是一个有限状态。

除了禀赋过程的参数外，我们还需要再选定 12 个参数。这个模型有 3 个偏好参数，即 β（主权政府的贴现因子）、σ（主权政府的效用函数的曲率参数）和 γ（投资者效用函数的曲率参数）。

关于债务市场，有两个参数，即 λ（债券在本期内到期的概率）和 r_f（投资者可以得到的无风险回报率）。关于违约状态，则有 3 个参数，即 $\phi(g,z)$ 函数的参数 d_0 和 d_1，以及由禁入信贷市场状态变为可进入状态的概率 ξ。最后是支配投资者的财富随机演变 w_t 的 3 个参数。对于确定增长模型，我们将 w_t 定义为 $\ln(W_t/\omega(1+g)^t$；对于随机增长模型，则将 w_t 定义为 $\ln(W_t/\omega Y_t)$。在这当中，ω 控制着投资者相对于主权政府的平均财富。在这两种模型中，w_t 都服从具有持久性参数 ρ_w 和无条件方差 σ_w^2 的一阶自回归过程。

接下来，我们先讨论偏好参数。我们将 σ 设置为 2，这也是文献中的标准值。投资者效用函数 γ 的曲率参数会影响投资者对违约风险的补偿的要求（即风险溢价）。然而，对于任何 γ，风险溢价也取决于 ω，因为后者决定了投资者在均衡时必须投入主权债券中的财富比例。因此，我们可以通过在固定 γ 的同时改变 ω 来控制风险溢价。考虑到这一点，我们也将 γ 设置为等于 2。

关于债券市场参数，我们将（季度）无风险利率设置为 0.01。这个无风险利率大体上相当于 1983 年至 2015 年美国 3 月期的国债的平均收益率。[①] 债券到期的概率 λ 则设定为

---

① 我们使用的是财政部计算的不变期限的国债的收益率，这个数据序列始于 1983 年第三季度。

1/8＝0.125,这个参数值意味着债券的平均到期期限为 2 年。这与布罗纳等人(Broner et al.,2013 年)报告的结果大体上相当。他们的研究表明,墨西哥在龙舌兰酒危机(Tequila crisis,1993 年至 1995 年)之前发行的布雷迪债券(Brady bond)平均期限为 2.5 年(但是在龙舌兰酒危机后,墨西哥主权债券的平均期限大幅度延长了)。

禁入状态参数 d_0、d_1 和 ξ 影响着违约选项的价值。我们将 ξ 的值设置为 0.125,这意味着平均禁入期为 2 年。在布雷迪债券时代,违约后的和解一般很快就能达成,所以规定相对较短的禁入期也应该是合适的。

最后,我们用美国的市盈率(P/E)作为投资者的财富的代理变量。我们将投资者财富过程的自相关系数设置为 0.91,这也是 1993 年第一季度至 2015 年第二季度的市盈率(频率为季度)的自相关系数。我们假设,w 在一个有限集$\varkappa$内取值,而且其(一阶)马尔可夫过程具有无条件平均值 $\omega > 0$,其中的 ω 通过主权政府确定了投资者的相对财富。

下面的表 7 总结了这些参数值。

表 7　其他独立选择的参数

参数	参数说明	参数值
σ	主权政府的风险厌恶参数	2.000
γ	投资者的风险厌恶参数	2.000
r_f	无风险利率	0.010
λ	平均期限的倒数	0.125
ξ	禁入期结束的概率	0.125
ρ_w	财富过程的自相关系数	0.910

剩下的 5 个参数($\beta, d_0, d_1, \omega, \sigma_w^2$)是一起确定的,用来匹配数据中的各种矩。我们选择的矩包括:墨西哥的平均债务与 GDP 的比率、对于墨西哥主权债务的平均新兴市场债券指数(EMBI)平均利差、利差的标准偏差、墨西哥利差的变动中可以用投资者财富变动所代表的美国市盈率来解释的比例,以及年化违约率(2%)。[①]

我们分两步对模型和数据进行匹配。首先,我们将违约成本 d_1 的曲率参数设置为 0,使得违约成本直接与产出成正比,然后将差价的标准偏差作为目标。得到的结果如表 8 所示。

表 8　具有比例违约成本的目标和模型矩

参数说明	目标	确定增长模型(DG)	随机增长模型(SG)
债务与年度 GDP 的比率	0.66	0.66	0.66
平均违约频率	0.02	0.003	0.02
平均新兴市场债券指数利差	0.03	0.001	0.03
价差对市盈率的 R^2	0.22	0.20	0.27

从表 8 中可见,随机增长模型可以很好地校准数据,但是确定增长模型却不能。确定增

---

① 如果我们把第二次世界大战后私人资本流入新兴市场经济体的时间定为 20 世纪 60 年代中期,那么墨西哥的违约发生率为 50 年一次。

长模型可以获得债务与 GDP 的比率,以及价差对市盈率回归的 R^2,但平均利差和平均违约频率却比各自的目标低了一个数量级。这些结果与阿吉亚尔和戈皮纳特(Aguiar and Gopinath, 2006)的结果是一致的。

既然具有比例违约成本的确定增长模型的定量性能如此之差,所以在本章下面各节中,我们将只重点介绍具有不对称违约成本的模型。不过,在下一节中,在给出了我们的基准结果之后,我们还会再回过头来讨论一下比例违约成本的缺点。

5. 具有非线性违约成本的基准结果

表 9 报告了当选择所有 5 个参数来匹配上述四个目标以及利差的标准偏差时的矩匹配的结果。从表中可以清楚地看出,确定增长模型的性能得到了大幅度的提高:现在可以提供与目标水平相当的平均利差和违约频率了。

表 9　具有不对称违约成本的目标和模型矩

参数说明	目标	确定增长模型(DG)	随机增长模型(SG)
债务与年度 GDP 的比率	0.66	0.66	0.66
平均违约频率	0.02	0.02	0.02
平均新兴市场债券指数利差	0.03	0.03	0.03
价差对市盈率的 R^2	0.22	0.23	0.26
新兴市场债券指数利差的标准偏差	0.03	0.005	0.002

一个令人惊讶的结果是,这两个模型都不能匹配观察到的利差波动性——在数据中比模型中大了一个数量级。这个发现之所以令人惊奇,是因为不对称违约成本模型一直都能成功地匹配阿根廷主权债券的利差波动性(而关于违约的定量研究文献,阿根廷违约正是研究得最充分的一个案例)。

如本章后面的章节中将要解释的,这些模型不能匹配利差扩张波动的原因在于,对于墨西哥(与阿根廷不同)来说,对于不确定的违约成本,无论是 z 还是 g,它们的波动性都不够大,无法使违约成本的非对称性展现出其重要性。有鉴于此,违约成本的曲率参数就不能简单地固定为某个值,因此我们只是把它设置为一个相对较大的值,然后选择剩余的四个参数值匹配其他四个目标。

表 10 给出了这个矩匹配所隐含的各参数值。

表 10　共同选择的参数

参数	参数说明	确定增长模型(DG)	随机增长模型(SG)
β	主权政府的贴现因子	0.892	0.842
d_0	违约成本的水平参数	0.075	0.068
d_1	违约成本函数的曲率参数	10.000	10.000
ω	投资者相对于平均禀赋的财富	2.528	2.728
σ_w	新息对财富的标准偏差	2.750	0.275

5.1　均衡价格和策略函数

在本小节中,我们描述债券发行的均衡债券定价方案和策略函数。我们讨论了作为基准模型的随机增长模型(SG),以及它的确定增长(DG)版本。

这两种增长模型的定价方案和策略函数如图 3 所示。从图 3 的第一幅图(A)可以看出,在两种不同的增长过程中,定价方案却非常相似。在这两种情况下,定价方案都是高度非线性的,这是存在于市场准入价值与 q 之间的正反馈的反映:对于任何 B'/Y,选择违约会降低 q,而这反过来又会降低市场准入的价值,从而进一步增大违约是最优选择的状态集。经过进一步仔细检查,我们发现,在确定增长模型中,定价方案对折弯点右侧的债务上升的反应略少一些。

主权政府在债务发行时的策略函数如图 3 的第二幅图(B)所示,不难看出,两种情况下的策略函数之间存在着重要的区别。

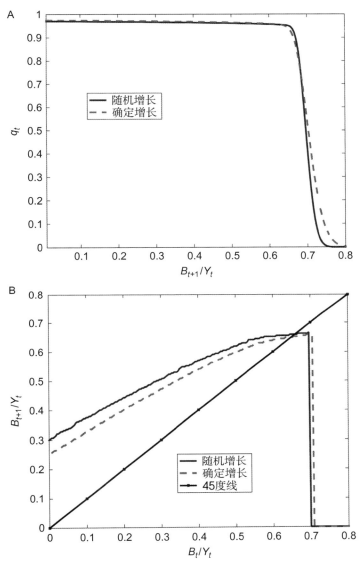

图3 定价方案与策略函数[(A)定价方案;(B)策略函数]

关于随机增长模型,一个惊人的事实是,发行债务的策略函数在45度线之间是相当平坦的,这意味着最优政策的特征是:剧烈的杠杆化和去杠杆化——分别抵消有利的和不利的增长冲击的影响,并让 B'/Y 相当快速地回到交叉点(crossing point)。我们还可以注意到,交叉点与触发违约的债务水平的距离并不很近。这个"违约距离"基本上是由违约的产出成本决定的,因而均衡利差也取决于违约的产出成本。

相比之下,在确定增长的模型经济中,债务发行的策略函数对于围绕45度线的债务-产出比的偏离,却显示出更加适度得多的杠杆化和去杠杆化反应。正如我们在下文中将会看到的,这个差异将导致我们模型的这两个版本的预测结果出现极大的不同。

接下来,我们来说明我们的模型如何对冲击做出反应。为此,我们考察了债券需求表对产出和财富冲击的反应。对这两种冲击得到的结果分别如图4和图5所示。

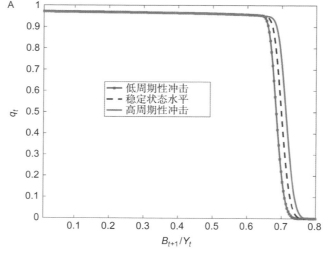

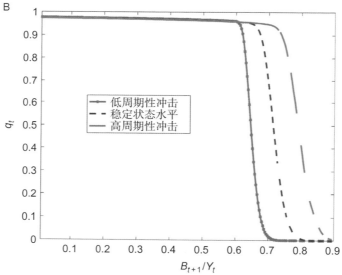

图4 定价方案与产出冲击[(A)随机增长;(B)确定增长]

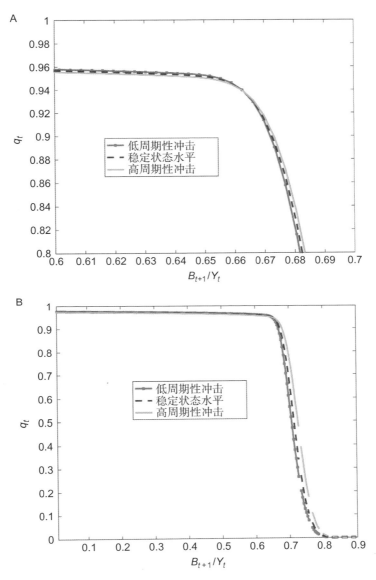

图 5　定价方案与财富冲击［（A）随机增长；（B）确定增长］

　　在产出冲击方面,我们看到这两个模型之间有很大的差异。(产出)增长冲击对随机增长模型中的债券需求表影响不大。但是,在确定增长模型中,远离其确定性趋势的冲击却具有相当大的影响。这表明,我们的模型的随机增长版本对产出冲击的反应要比确定增长版本小得多。

　　我们这两个模型对产出冲击的反应之所以会存在这种差异,原因在于如下两个因素的相互作用。首先,在确定增长模型中,当产出大大低于趋势时,经济体中的各行为主体会预测接下来很有可能会回归到原来的趋势上,这使得未来的产出水平与当前水平相比看上去是正的。与此同时,我们所假设的违约成本的不对称性则意味着,在产出低于趋势时违约,成本要比在产出恢复到趋势时再违约更低。因此从总体上看,这就导致了在给定 B/Y 和 B'

的水平的情况下,在近期违约的更加强烈的动机,而且会使价格方案对(正的)产出冲击做出移入(移出)反应。价格方案的改变可以抵消主权政府平滑波动的意愿,但是同时也推动了利差的变动。下面,我们将这种情况与比例违约成本情况进行比较,并证明这种变动主要源于非对称违约成本。

相比之下,在随机增长模型中,负面增长冲击会使得对未来增长的预期下降,因为这些增长冲击是正相关的。因此,非线性产出成本会使延迟违约更具吸引力。此外,产出的负面轨迹则会鼓励所在的国家储蓄而不是借款。第一种效应阻碍了定价方案的变动,而第二种效应则削弱了借款的动机。两种效应加到一起,意味着当期的利差不会增大或几乎不会增大。在下文中我们将会看到,这些差异将导致均衡结果的差异,比如说债务与产出比率和利差水平的分散化。

这两个模型对财富冲击的反应都很不敏感。有趣的是,财富冲击往往会扭曲定价方案。例如,正向的财富冲击既会推升债务水平较高时的借款价格,同时又会拉低债务水平较低时的借款价格。后面这个效应的原因在于,行为主体在未来有更强的激励去稀释当前债券——因为这种稀释行为的"价格"并不高。为了更清楚地将这种扭曲呈现出来,我们将随机增长模型中的定价方案放大后再画出来。阿吉亚尔等人(Aguiar et al., 2016)对这个机制进行了更加详细的探讨。

而在确定增长的情况下,我们则可以观察到,冲击发生时定价方案的变动相对更大一些。在图 6 中,我们绘出了比例违约成本情况下的定价方案的图形。在确定增长模型中,定价方案对产出冲击没有反应。这是因为产出的正轨迹已经预期到了,从而使得当期的债务与产出之间的比率变得不那么重要;与非线性违约成本的情况相比,比例违约成本的情况下并不会产生同样强烈的违约动机。因此,违约的动机相当稳定,从而价格方案也不会发生什么变化。与此同时,比例违约成本的确定增长模型的反馈效应非常强,以至于定价方案在超过一定的 B/Y 比率时会完全崩溃。这就导致主权国家会驻留在崩溃点之内足够远的地方,从而使得明天的违约概率几乎为零。或者换一种说法,给定这样一个极端的定价方案,连适度的违约概率和利差溢价也很难生成。这也正是这个模型如此难以校准我们无法观察到利差波动的原因所在。

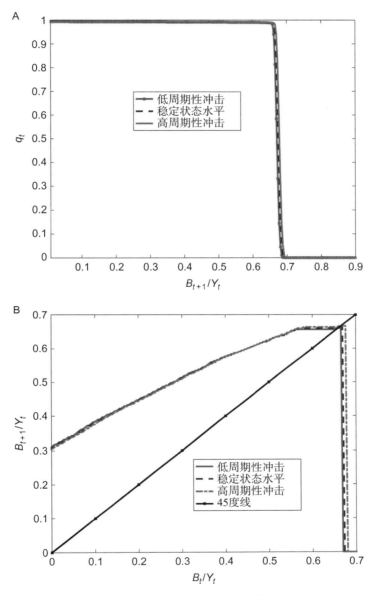

图 6　确定增长模型的定价方案和有比例违约成本时的策略函数［（A）定价方案；（B）策略函数］

5.2　繁荣与崩溃反应

　　这两个模型之间的上述巨大差异源于它们对产出冲击的不同反应。为了进一步分析清楚我们的模型对增长率冲击的反应，我们考虑这样一个问题：在一系列正面冲击之后，出现了一个负面冲击（从而结束这个冲击序列），这里会发生什么？我们把这种情况称为一个繁荣—崩溃周期（boom-and-bust cycle）。

在图 7 中,我们给出了对于一系列时间不同的正的产出冲击和随后的一个负的产出冲击的策略函数反应。我们还显示了对均衡价差的影响。在随机增长模型和确定增长模型这两种情况下,我们的产出冲击都有相当高的持续性,这导致政府的借款高涨,抬高了债务与产出的比率。

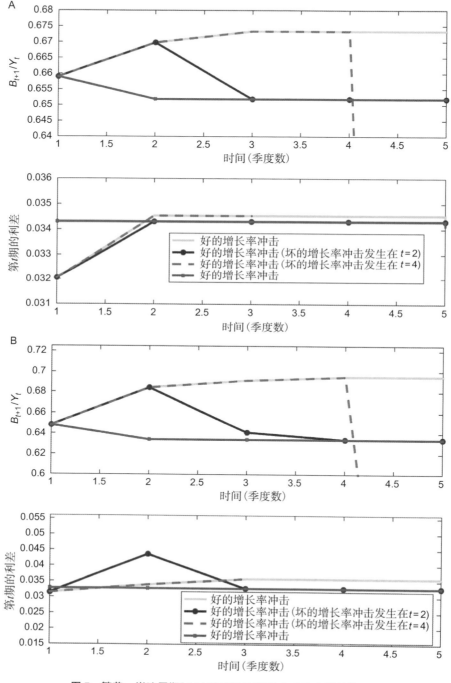

图 7 繁荣—崩溃周期[(A)随机增长模型;(B)确定增长模型]

在随机增长模型中,如果在进入繁荣时期之后足够早的时间里,负面冲击就发生了,那么主权政府的反应是选择立即去杠杆化;而如果负面冲击到来得比较晚,那么主权政府就会选择违约来应对。在确定增长模型中,主权政府面对负面冲击时的行为也与此类似——不过以下这点除外:如果繁荣时期的长度比较"适中",那么选择去杠杆的速度会慢一些。

不过,在我们讨论的这两个模型中,利差的"行为"则有所不同。在随机增长模型中,当发生了正面产出冲击时,利差最初的反应是下降;但是随着正面的增长率冲击的持续发生,由于政府决定加大杠杆率,利差就会反弹到与之前基本相同的水平。而且,更加重要的是,即便是在负面的增长率冲击先发生的时期,政府急剧削减杠杆率(去杠杆化)的决定也意味着利差并不会因负面冲击而变化。虽然政府在确定增长模型中的政策反应与在随机增长模型中非常相似,但是作为对负面的产出冲击反应的去杠杆化的速度则要稍慢一些,而这种小小的迟缓就导致了利差在短期内的急剧上升。

5.3　均衡结果

在本节中,我们给出了前述两个模型中非线性产出损失带来的结果。我们的第一组成果见表11。前三个统计量是我们的模型校准的目标,它们匹配了墨西哥的长期数据,同时也大体上反映了其他新兴经济体的情况。我们报告的第六个统计量是利差对投资者财富冲击 w 的回归的 R^2。它的目标是匹配利差对美国市盈率的回归的结果,而且也大致与数据相一致。

表11中还包括了两个非目标矩(nontargeted moment)。第一个矩是平均超额回报与产出增长率之间的相关系数。对于随机增长经济,这个相关系数的符号是正的。这是一个令人惊讶的结果,因为人们一般预期正面的增长率冲击会降低利差。然而,这种相关系数的量级却是不定的,因为从数据来看,这种相关性相当弱。在确定增长模型中,这个相关系数符号不同,而且也显著更高。

表 11　基本统计量:随机增长模型和确定增长模型

参数说明	随机基准	确定基准	确定性,阿根廷
债务与年度 GDP 的比率	0.66	0.66	0.66
平均违约频率	0.02	0.02	0.04
平均利差	0.03	0.03	0.06
利差的标准偏差	0.003	0.004	0.07
利差与 $\triangle y$ 或 z 之间的相关系数	0.15	0.46	-0.76
利差对 w 的回归的 R^2	0.26	0.17	0.01

这个结果表明,该经济对产出冲击的反应更大(对此,我们前面在介绍图4时已经讨论过了)。下面,我们利用对模型和数据结果进行比较的回归分析方法,对关于利差与冲击的相关证据进行更加深入的探析。

另一个非目标矩是利差的标准偏差。这个矩太低了,因为它应该大体上等于利差的平均水平。即便是在非线性违约成本下,利差的相对变化仍然如此之低,这个事实着实令人惊讶,因为以往文献已经发现,这样的成本可以产生相对来说更符合实际的变化水平。然而,有些研究已经把这个结果与阿根廷的情况进行了校准——阿根廷的产出序列更加不稳定。

为了检验这到底是不是我们上述失败的根源,我们研究了以阿根廷的产出来校准时这个确定增长模型的含义。当我们将我们的产出过程校准到阿根廷时,我们的产出偏离趋势 z_t 的自相关系数从 0.853 上升到了 0.930,从而变得更有持久性。此外,z 的标准偏差则从 0.023 上升到了 0.074,所以从总体上看,产出对趋势的偏离变得更具波动性了。当然,所有其他模型参数都保持不变。我们在表 11 的最后一列中报告了这个实验的结果。

当我们转向以阿根廷校准的确定增长模型的增长过程时,平均债务与产出的比率急剧下降到了 0.28,这一点与阿根廷的债务-产出比比墨西哥要高得多的事实有些不一致。此外,平均价差则大幅扩大到了 0.06,同时利差的波动幅度上升到了 0.07。这两个变化都与阿根廷数据中平均利差的波动性更大的事实相一致。这最后一个发现也表明,相关文献中所阐述的利差正波动的关键在于非线性违约成本与相当高的产出波动性的结合。然而,这个"故事"仍然无法解释那些产出波动幅度很低的国家(例如,墨西哥)的利差波动性。

对墨西哥的产出校准的结果另一个明显不同于对阿根廷的产出校准的地方是,利差与产出对趋势的偏离百分比之间的相关性。这种相关关系现在变得过于负相关了。从表 2 可见,在我们样本中,这种相关性的平均相关系数为-0.27,其中最高的马来西亚也只有-0.56。阿根廷的这种相关性为-0.35,墨西哥则为-0.4。在这里,对阿根廷产出的校准值达到了-0.76,似乎太高了。在下面的回归分析中,我们将更加深入地研究,这种"成功"在何种程度上是因利差过度依赖于产出波动性而获得的。

债务收入比和利差的遍历分布如图 8 所示。对于随机增长的情况,债务收入比的分布、利差的分布都很紧密,而且非常对称地围绕着各自的均值。而在确定增长的情况下,虽然债务收入比的分布也是对称的,但是明显更加分散一些。至于利差的分布,它在确定增长情况下不是完全对称的,并且同样比随机增长情况下更加分散。确定增长模型中,债务与国内生产总值之间的比率、利差都更加分散,这一点与我们前面观察到的确定增长经济对产出冲击的反应更加敏感的结果是一致的。

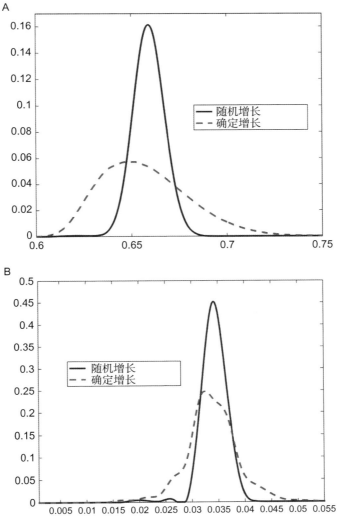

图 8 遍历分布[（A）债务收入比;（B）利差]

这里的利差可以分解为违约溢价和风险溢价。更具体地说,风险溢价是指主权债券预期隐含收益率与无风险利率之间的标准差。违约溢价是指能够使得主权债券(包括违约在内)的预期收益等于无风险债券的承诺收益率,即能够让一个风险中性贷款人无差异的收益率。在图 9 中,上图给出了风险溢价,下图则描绘了违约溢价。

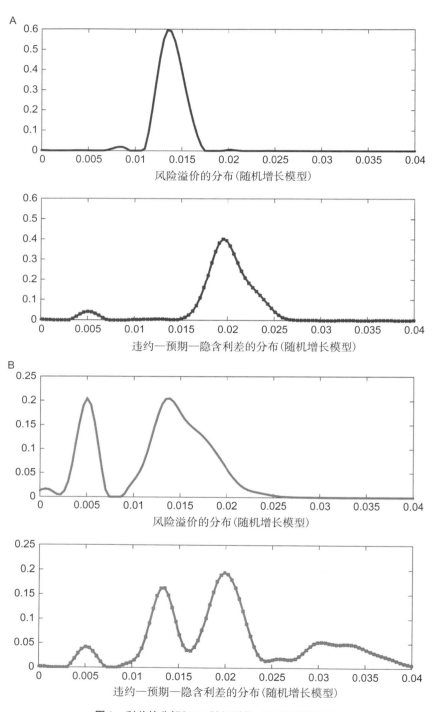

图9 利差的分解[(A)随机增长;(B)确定增长]

在我们这两个模型中,风险和违约利差彼此之间看上去非常相似,这表明两者的变动是接近于"并行"的。平均来说,大约有60％是违约溢价,其余则是风险溢价。这也反映了我们的3％的平均利差和2％违约概率的校准目标。

要更好地了解我们的模型中出现了违约和危机的那些情况,我们考察了那些伴随着严重的产出下降变化和重大的投资者财富负面冲击的违约和危机所占的比例。相对于无条件分布,这些负面变化的大小为 1.5 个标准偏差。我们使用的是产出负增长率,这样我们就能够对这两个模型应用相同的度量。我们得到的结果如表 12 所示。这些结果表明,在随机增长模型中,违约几乎总是与负面增长率冲击相关联,而且几乎从未与负面财富冲击相关联。而在确定增长模型中,违约对负面产出冲击的依赖性有所减弱,不过投资者财富冲击基本上仍然没有发挥任何作用。接下来,我们再转向利差危机。我们观察到,在随机增长模型中,利差危机对增长冲击的依赖性少了很多,同时仍然基本上不依赖于财富冲击。这是因为,非常严重的负面增长冲击会导致立即违约或快速去杠杆化。相比之下,在确定增长模型中,利差危机对增长冲击的依赖程度甚至高于违约。

表 12　对非线性违约成本经济体的违约和危机的统计

模型	伴随着产出崩溃的违约的比例	伴随着 w 崩溃的违约的比例	伴随着产出崩溃的危机的比例	伴随着 w 崩溃的危机的比例
随机增长	0.80	0.02	0.31	0.01
确定增长	0.60	0.06	0.66	0.03

5.4　模拟回归

为了对模型与数据进行更加细致的比较,我们利用模型生成了模拟数据,并运行了利差对一个常量和三个冲击的回归。除了我们的基准模型的随机增长版本和确定增长版本的结果之外,我们还纳入了在确定增长情形下对产出过程与阿根廷进行校准时的结果。我们得到的结果如表 13 所示。在表 3 中,我们已经报告了对我们的统计模型进行估计的结果。但是,那些回归包括了我们的两个共同因素。为了与模型回归进行更仔细的比较,我们进一步研究了我们对其中几个国家的回归——但是包括了我们在分解共同因素时考虑到的金融控制变量。我们认为,将这些金融控制变量包括进来,对于我们这里的比较很重要。根据设定,在我们的模型数据中,产出和财富冲击是正交的。而在实际数据中,一个重要的问题是利率或风险溢价冲击对增长的反馈——就像纽迈耶和佩里(Neumeyer and Perri,2005)所强调的那样。

表 13　有财富冲击的利差的回归（模拟数据）

校准	B_t/Y_t	g_t 或 z_t	w_t	R^2
随机增长基准模型校准				
相关系数	0.0286	0.0191	0.0070	
方差分解	0.0385	0.0154	0.1660	0.5663
确定增长基准模型校准				
相关系数	0.0412	−0.0707	$0.2928e{-}4$	
方差分解	0.3016	0.1145	0.1323	0.5484
确定增长阿根廷校准				
相关系数	0.307443	−0.77599	−0.00067	
方差分解	0.030814	0.532024	0.000354	0.563191

　　虽然我们的两个基准模型都是用墨西哥来校准的（我们认为墨西哥的主权债务危机很有代表性），但是由于我们要评估的这类事件相当少见，现有的数据序列仍然有些过于短暂了。因此，将我们的模型的回归结果与数据中的其他国家进行一番比较还是非常有益的。为了便于这种比较，我们还考虑了模型确定增长版本的增长过程校准到阿根廷时的情形。

　　在随机增长模型中，产出冲击是增长率，即 g_t，而在确定增长模型中，产出冲击则为对趋势的偏离，即 z_t。为了与基于数据的回归进行一致的比较，我们同时以产出的增长率以及对数产出对线性趋势的偏离为冲击。下面的表 14 和表 15 报告了这些结果。

　　仔细观察有非线性违约成本的随机增长基准模型的结果，我们很容易就可以看出，债务-产出比的相关系数为正，而且解释了用边际 R^2 所度量的利差波动性当中的 38％。这个发现与对数据的回归结果是一致的：这个变量总是具有正的相关系数，而且解释了我们样本中的三个国家的几乎一半的利差距，但是对另两个国家则几乎完全不能解释。增长率冲击的边际 R^2 为 0.01，这与表 14 中的增长率回归非常一致，而且该系数的符号为正。财富冲击解释了用边际 R^2 度量的变动中的 17％。这也与数据一致，因为在其中一些国家，金融变量所能解释的很少，而在其他几个国家，特别是墨西哥，它们却可以解释很多。

　　随机增长模型的回归还给了我们两个惊喜。首先，在随机增长模型中，产出冲击的符号是正的（这表明正增长率冲击提高了利差）。这与数据回归中这一项的符号恰恰相反。然而，这个结果与我们在图 7 中给出的繁荣—萧条周期的结果一致。在那里，只有对一个"好"的产出冲击的初始反应才是负的，一系列"好"的产出冲击的发生，会导致政府提高债务与产出之间的比率，从而导致利差的增大。

表 14 利差的回归(数据):产出冲击＝增长率冲击

国家	B_t/Y_t	g_t	芝加哥期权交易所波动性指数(VIX)	市盈率(P/E)	伦敦银行间同业拆借利率(LIBOR)	R^2
阿根廷:相关系数	0.0067	−1.0480	7.8592e−4	0.0034	−0.0372	
	(9.9307e−4)	(0.6770)	(0.0013)	(0.0046)	(0.0072)	
方差分解	0.4962	0.0120	0.0059	0.0085	0.0880	0.6105
巴西:相关系数	0.0026	−0.3134	0.0013	1.8695e−4	0.0023	
	(3.1092e−4)	(0.2297)	(4.4568e−4)	(8.1841e−4)	(0.0014)	
方差分解	0.4943	0.0150	0.0537	0.0093	0.0482	0.6204
					5.2909e−4	
					(5.3118e−4)	
哥伦比亚:相关系数	0.0018	−0.1535	0.0011	7.5692e−4	0.0062	
	(1.5892e−4)	(0.1102)	(1.2462e−4)	(3.0964e−4)	[此处原文为	
方差分解	0.4900	0.0236	0.2594	0.1017	"(5.3118-4)",	0.8809
					当有误,已改	
					——译者注。]	
墨西哥:相关系数	7.2889−4	−0.1595	6.2858e−4	6.4423e−4	1.1697e−4	
	(2.2988−4)	(0.0467)	(6.0880e−5)	(1.2801e−4)	(3.5179e−4)	
方差分解	−0.0226	0.1350	0.6598	0.1212	−0.0087	0.8847
俄罗斯:相关系数	2.5708e−4	−0.7400	0.0025	0.0117	0.0058	
	(8.0133−4)	(0.7191)	(0.0015)	(0.0031)	(0.0075)	
方差分解	0.0210	0.0109	0.0540	0.3217	0.0696	0.4771
土耳其:相关系数	0.0012	−0.2489	7.3488e−4	0.0028	4.8343e−4	
	(1.7406−4)	(0.0660)	(1.9433e−4)	(3.4963e−4)	(7.1599e−4)	
方差分解	0.1520	0.0911	0.1413	0.3847	0.0068	0.7759

表 15 利差的回归(数据):产出冲击＝增长率冲击

国家	B_t/Y_t	z_t	芝加哥期权交易所波动性指数(VIX)	市盈率(P/E)	伦敦银行间同业拆借利率(LIBOR)	R^2
阿根廷:相关系数	0.0058	−22.2293	0.0014	0.0011	−0.0384	
	(0.0016)	(38.4213)	(0.0013)	(0.0062)	(0.0080)	
方差分解	0.2463	0.1060	0.0138	0.0098	0.2080	0.5839
	0.0027					
巴西:相关系数	(0.0004)	11.6322	0.0015	0.0005	0.0021	
		(12.8857)	(0.0004)	(0.0009)	(0.0014)	
方差分解	0.3778	0.0638	0.0512	0.0657	0.0564	
	0.6150					0.6150
哥伦比亚:相关系数	0.0015	−19.6663	0.0011	0.0009	0.0013	
	(0.0002)	(7.9572)	(0.0001)	(0.0003)	(0.0006)	
方差分解	0.3178	0.1130	0.2353	0.2000	0.0245	0.8903

续　表

国家	B_t/Y_t	z_t	芝加哥期权交易所波动性指数（VIX）	市盈率（P/E）	伦敦银行间同业拆借利率（LIBOR）	R^2
墨西哥：相关系数	0.0007	−4.8005	0.0007	0.0006	0.0006	
	(0.0002)	(3.3338)	(6.0951e−5)	(0.0001)	(0.0005)	
方差分解	0.0371	0.1085	0.5613	0.1058	0.0473	0.8599
俄罗斯：相关系数	−7.0e−4	−96.9253	0.0027	0.0024	0.0185	
	(0.0006)	(17.1416)	(0.0013)	(0.0030)	(0.0051)	
方差分解	0.0705	0.2624	0.0494	0.1642	0.1072	0.6536
土耳其：相关系数	0.0009	−18.3784	0.0008	0.0013	0.0027	
	(0.0002)	(4.1594)	(0.0002)	(0.0005)	(0.0008)	
方差分解	0.0956	0.2719	0.1433	0.2271	0.0519	0.7898

需要注意的是，这种反应在确定增长模型中是不存在的。相反，由于政府去杠杆化的速度更慢，一系列的正面冲击以及紧随其后的负面冲击，会导致利差的短暂跳涨。

其次，财富因素的符号为正，这个结果表明投资者财富的增加（在所有其他条件保持不变时，它应该会降低风险定价），实际上起到了扩大利差的作用。当然，这个结果与我们先前的一个令人惊奇的发现也是一致的：在数据回归中，市盈率（P/E）的符号是正的，它表明在数据中，风险溢价的下降也提高了利差。在下文中，我们通过定量实验来更进一步地阐释这个发现。

在对确定增长基准模型模拟数据的回归和对确定增长阿根廷模型的回归中，我们还观察到，债务与产出之间的比率解释了产出变动的 30%，而且这一项的符号是正的。然而，如果我们将这种解释力与表 15 中的回归比较一下，那么就会发现，相对于我们将产出冲击视为对趋势的偏离时的结果而言，这是很高的解释力。正如我们所预料的（在数据中观察到的也是如此），偏差的符号是负的。在确定增长基准模型中，产出冲击的解释力只有 11%，这与回归的结果一致。然而，这个变量在阿根廷增长过程中的解释力却超过了 50%，远高于我们在数据回归中观察到的。因此，当产出的可变性足够高时，非线性产出成本要素似乎确实有能力增加利差波动率，不过这样做的代价是，把利差与产出波动过于紧密地联系了起来。此外，当我们从基准模型转到阿根廷产出校准时，财富项的符号也会发生变化。然而，基准模型中符号为正这个结果与数据回归中市盈率符号为正的结果是一致的。

5.5　比较实验

在这一节中，我们要考察的是前述两个基准模型的均衡预测对若干关键参数的变化的反应。这将有助于我们剖析清楚到底是什么东西驱动了我们的上述结果。在这些实验中，我们只改变要讨论的参数，并且不再重新校准其他参数。我们的结果如表 16 所示。

表 16 中的第 2 列给出的第一组结果反映了平均到期期限从 2 年缩短到了 1 个季度的影

响。在随机增长模型和确定增长模型中,到期期限的缩短大大降低了违约率,并使平均利差减少到了接近于零。之所以会发生这种情况,是因为债务在一个时期内就到期,因此未来的债务发行对当期正在发行的债券的价值没有影响。随着到期期限的变长,情况就会变得不同,因为未来的债券发行会影响当前债务的价值。由于新发债券所导致的未偿还债券的资本损失不用主权政府来承担,所以长期债券会诱发过度借款和更高的违约风险。

或者换句话说,在债务期限很短的情况下,主权政府被迫将违约风险上升的全部成本内部化了,因此不得不选择限制自己的借款。

第二组结果则与风险厌恶对我们的均衡收益的影响有关。无论是在随机增长模型中,还是在确定增长模型中,违约频率都出现了急剧下降。然而,风险价格的上涨刚好抵消了这种下降,所以平均价差依然大致保持不变。这也就说明,对于主权借贷行为,贷款人一方的风险厌恶程度越高,施加的约束("规训")越强。而且,更大的约束还来自如下事实:风险规避倾向越强,每单位违约风险所要求的利差越高,主权国家要面对的违约风险也就变得更加昂贵。因此,主权政府的最优选择是,降低自己的预期未来违约风险。这个结果也可以用来说明为什么增加 w 不会减少利差,反而只会扩大利差。未来风险的定价可以规训未来行为;这种力量的强弱,决定了它对于今天的利差的影响的大小——利差是扩大或减少的程度。但是它无论如何都会增加违约的频率。

第三组结果则与财富冲击是独立同分布的假设的影响有关。在这种情况下,由于今天的 w 值很低,上述规训效应(使未来的风险价格更高)消失了。在基准模型中,前述"未来的纪律"导致了定价方案的弯折。当债务-产出比较低时,这种未来规训效应支配了静态风险定价效应,因此,一个高的 w 冲击会降低债务价格。当债务与产出之间的比率很高时,静态定价效应占主导地位,w 的增加会导致债务价格随之上涨(见图 5)。而在引入了独立同分布(i. i. d.)的 w 之后,这种扭曲效应就消失了,w 的增加会严格地导致 q 的上升——在低于无风险利率的情况下。无论是在随机增长模型还是在确定增长模型中,这都会导致财富冲击对利差的影响(用 R^2 度量)急剧下降。与这一点相一致,在引入了独立同分布的 w 后,财富冲击与利差之间的相关系数在随机增长模型中从基准的 0.15 下降到了 0.002,在确定增长模型中则从 0.40 下降到了 0.03。

最后一组结果涉及产出冲击的自相关性的影响。对于随机增长模型,我们将产出增长率 g 的相关系数从 0.45 减少为 0;而在确定增长模型中,我们将对趋势的偏差的相关系数从 0.85 减少到 0.45。在这两个模型中,债务与产出之间的比率随着对冲动机的增强而上升。与此同时,在这两个模型中,当一系列不好的冲击驱使一个国家违约的可能性下降时,违约频率都出现了下降。此外,在这两个模型中,当"好时光"持续的可能性下降时,靠借款创造繁荣(borrow into boom)的激励都会随之有所下降。因此,在这两个模型中,利差与产出增长率的相关性现在都变为负的了。同时,利差和违约频率在这两个模型中都出现了下降。

表 16　比较统计：随机增长模型与确定增长模型

参数说明	随机增长模型				
	基准模型	到期：短期	高风险厌恶	w 独立同分布（i.i.d.）	g 独立同分布（i.i.d.）
债务与年度 GDP 的比率	0.66	0.68	0.66	0.66	0.78
平均违约频率	0.02	0.007	0.001	0.02	0.006
平均利差	0.03	0.002	0.03	0.03	0.01
利差的标准偏差	0.002	0.001	0.002	0.002	0.002
利差与 $\triangle y$ 或 z 之间的相关系数	0.15	0.15	0.14	0.17	-0.23
利差对 w 的回归的 R^2	0.26	0.008	0.43	0.003	0.29
参数说明	确定增长模型				
	基准模型	到期：短期	高风险厌恶	w 独立同分布（i.i.d.）	z 独立同分布（i.i.d.）
债务与年度 GDP 的比率	0.66	0.67	0.65	0.66	0.87
平均违约频率	0.02	0.002	0.01	0.02	0.003
平均利差	0.03	0.003	0.03	0.03	0.007
利差的标准偏差	0.004	0.001	0.005	0.004	0.001
利差与 $\triangle y$ 或 z 之间的相关系数	0.46	0.09	0.39	0.51	-0.21
利差对 w 的回归的 R^2	0.17	0.01	0.36	0.001	0.23

5.6　小结

我们提出的关于主权借款、违约和利差的模型可以很好地匹配数据中的一些关键事实。它们还可以匹配整体借款水平，但是要付出一定代价，即必须做出如下假设：首先违约成本相当高，足以保证主权债务人偿还债务；其次，主权债务人是相当短视的，因为正如我们在前面已经阐述过的，借款后再偶尔违约，无疑是一种糟糕的"投保"方式。

在贷款人方面，贷款人的风险厌恶倾向导致平均利差大于平均违约频率，由此贷款人可以获得大约 1% 的风险溢价。

主权政府倾向于依靠贷款创造繁荣（"借入的繁荣"），这与许多新兴经济体中观察到的繁荣—萧条周期是一致的。此外，繁荣的结束与债务定价方案的突然转变有关，这类似于数据中观察到的"切断贷款"（突然停止）。这种"借入的繁荣"依赖于未来的乐观主义精神——在我们的模型中，这是通过产出冲击的自相关来实现的。如果我们令随机增长模型中的增长率独立同分布，或者减少确定增长模型中对趋势的偏离的持续性，那么"借入的繁荣"效应的大部分就会消失。而这反过来又会导致违约频率急剧下降，进而导致价差大幅缩小。

我们在将模型模拟数据中的利差回归与数据中的利差回归进行比较时发现，从总体上看,模拟中观察到的行为与数据中观察到的行为大致一致。对于基准模型(无论是随机增长的,还是确定增长的),债务与产出之间的比率和产出冲击的重要性与回归结果一致。然而,增长冲击对随机增长模型中利差的正面影响与回归中该变量的系数的符号(为负)并不一致。这就说明,在这个版本的模型中,对繁荣—萧条周期的依赖(而不是对消费的平滑)是过剩的。

我们把全球风险定价冲击建模为对投资者财富的冲击,但是它在我们的模型中的影响有限得令人惊讶。有意思的是,由于自身财富下降而导致的贷款人风险厌恶程度的增加,会导致利差下降。当我们在比较静态分析的模拟实验中加大投资者的风险厌恶时,也会产生类似的影响。之所以会出现这种结果,是因为主权政府通过提高债务发行价格,减少了当前的贷款人对他们的债权价值在未来会遭到稀释的担忧。如果债务期限极短,那么未来稀释的威胁就会消失。这就是为什么当我们转而设定了单期债务时,我们就会观察到违约率的急剧下降和利差的大幅缩窄。

我们的模型取得了一系列令人惊异的经验上的成功,其中一个成功是未来借贷"纪律"的持续性财富冲击影响所导致的。在我们进行的利差回归中,风险价格的下降会推升市盈率,但是市盈率的上升则与新兴市场主权债券的利差上升而不是下降有关。我们的两个模型都很好地预测了风险价格和利差之间的这种反向关系。在我们的比较静态模拟实验中,我们还观察到,当把财富冲击设定为独立同分布的之后,这种相关性就基本上消失了,从而进一步证明这里的反向关系是由对未来借款行为的变化的预期所驱动的。

我们的基准模型的主要失败之处体现在它对价差的波动性的预测上。模型中的波动性相对于数据来说太低了。这表明模型对产出冲击的杠杆化/去杠杆化反应太强烈了,从而导致了过分平滑的利差。在我们的模型的初始版本中,即在比例产出成本的情况下,这一点尤其突出。而且,即便是在我们转而采用了违约的非线性产出成本的情况下,这一点也仍然成立。

在确定增长模型中,加大产出过程的方差,可以大幅度地增大利差的方差,从而使它符合大多数国家的数据。然而,这个看似积极的结果不是没有代价的。首先,这意味着这个模型将不能解释我们样本中产出过程的波动性较低的那些国家,例如墨西哥。其次,相对于数据,过高的波动性会导致利差对产出冲击的依赖性太强。

上面这些结果表明,我们还需要考虑的因素包括:

1. 对债务的定价的额外冲击。它与国家基本面或全球风险定价因素不相关。这一点从利差回归中两个共同因素的重要作用,以及它们不依赖于全球资产定价因素的事实可以看得很清楚。

2. 杠杆化/去杠杆化的激励的下降,或者至少是脱离债务危机的动力的减少,这个因素会导致更高的利差水平(作为对这种风险的反应)。

6. 债务展期危机

我们的模型允许发生债务展期危机,就像科尔和基欧(Cole and Kehoe,2000)的模型一样。在本节中,我们对债务展期危机的潜在作用进行初步分析,看它能不能在增加我们模型中的利差的波动性的同时,又不必将这种波动性过于紧密地与国家基本面联系起来。

当投资者未能将他们关于如下"好的均衡结果"的信念协调起来时,就会发生债务展期危机:他们提供了慷慨的定价方案,同时政府选择不违约。另一方面,投资者所持有的关于政府行为的悲观信念,会导致他们给出不利于政府的定价方案——特别是,给新发行债券的零定价——这反过来又会导致政府违约。这就是说,政府的违约验证了投资者的悲观信念。这种机制在实证意义上的吸引力在于,尽管它要求债务国的基本面足够差(足以保证主权政府在投资者给出不利的价格方案时会违约),但是它也允许主权债务危机的发生在时机选择上有相当大的"自由"。

在建立一个关于债务展期危机的定量模型的过程中,第一个要解决的问题是:适当的信念过程是怎样的?信念不同于产出,是不能直接观察到的,因此必须以某种方法推断它的影响及其随机演化。阿吉亚尔等人(Aguiar et al.,2016)用利差估计了信念的变化。另一种选择是采用状态空间方法,对信念过程及其实现与模型的其他参数一起加以估算,这方面的例子是博科拉和多维斯的研究(Bocola and Dovis,2015)。还有一个与此相关的替代方案是构建一个信念过程,它能够复制如我们前面所报告的利差回归中估计出来的共同因素的影响和时间序列性质。但是,这两种方法所要求的技巧超出了本章的范围。因此,我们追随科尔和基欧(Cole and Kehoe,2000)开创的思路,借鉴了查特吉和埃易古姆戈尔(Chatterjee and Eyigungor,2012)给出的定量方法,并假定存在一个不变的发生危机的概率。这种做法限制了自我实现的债务展期危机的经验范围,但是却能够从局部的角度去衡量它们的潜在影响。此外,我们在这里不再重新校准模型,因此它只是一个定量的比较静态分析。

我们在表17中一并报告了这个分析的结果与我们的(违约会导致非线性的产出损失的)基准模型的结果。在这里,我们假设,如果一个国家处于危机区间(即在均衡中,债务展期危机能够得到支持),那么债务展期危机的发生概率为20%。表17有几个结果非常引人注目。首先,只要存在债务展期危机的可能性,平均债务–产出比就会降低。

表 17　随机增长模型和确定增长模型：基准情况和有债务展期危机的情况

参数说明	随机增长模型：基准	随机增长模型：有债务展期危机	确定增长模型：基准	确定增长模型：有债务展期危机
债务与年度 GDP 的比率	0.66	0.63	0.66	0.65
平均违约频率	0.02	0.02	0.02	0.02
平均利差	0.03	0.04	0.03	0.04
利差的标准偏差	0.002	0.002	0.004	0.004
利差与 $\triangle y$ 或 z 之间的相关系数	0.15	0.06	0.46	0.11
利差对 w 的回归的 R^2	0.26	0.18	0.17	0.09
债务展期危机所占的比例	0	0.7	0	0.3

　　出现这种结果的原因在于，债务展期违约通常比基本面违约更加代价高昂（即便在产出水平相当高的时候也有可能发生），因此主权政府对借款过度都相当警惕。然而，在增加考虑债务展期危机的情况下，平均违约频率并没有太大的变化，因而对平均利差的影响相当小（在随机增长模型中，利差保持不变；在确定增长模型中，也只是略有上升）。然而，违约的性质却出现了重大的变化，因为其中许多违约现在是由债务展期危机引发的。尤其是在随机增长模型中，这种情况特别突出：现在，70％的违约都属于债务展期违约。随着违约性质的这种变化，利差与我们的基本面冲击之间的关系也随之发生了变化。在这两个模型中，利差与产出冲击的相关系数都下降了。这一点在确定增长模型中特别明显：相关系数从 0.46 下降到了 0.11。[①] 类似地，利差对财富冲击 w 的回归的 R^2 在这两个模型中都出现了下降。在随机增长模型中，它下降了大约三分之一；在确定增长模型中，它下降了大约一半。然而与此同时，利差的标准偏差则几乎完全不会随信念冲击的发生而变化。

　　利差波动性几乎不会扩大，这个结果非常令人惊讶。为了更好地了解这里究竟发生了什么，我们绘出了基准随机增长模型和基准确定增长模型的违约无差异曲线，其中债务展期危机建模为对信念冲击的反应，如图 10 所示。我们先从基准模型开始讨论。违约与不违约之间的无差异条件"探寻"出了债务–产出比与当前的增长率的各种组合。由于增长在这个模型中是正自相关的，所以今天的高增长对于未来产出来说是一个好消息，能够减少违约动机。当然，高额的债务负担则会鼓励违约。因此，这里就存在着一种权衡——图 10 的第一幅图描绘了这种权衡。我们还给出了作为当前产出增长率的函数的平稳债务水平[即当 $b = a(s, b)$ 时的债务水平]。这些债务水平是很重要的，因为主权政府在对冲击做出反应时，会认为杠杆化/去杠杆化到这些水平上是最优的。这些平稳点排列的斜率为正，这个事实反映了我们在前面讨论过的主权政府"借入一个繁荣"的偏好。在均衡中之所以会发生违约，在很大程度上是因为，在上一期，债务头寸接近于平稳点时出现足够低的增长率冲击，导致本期的债务–产出水平位于无差异曲线的错误的一侧。在这种情况下，主权政府的最优选择是违

---

① 债务展期违约的另一个特点是，它们可能发生在（平均而言）与基本面违约时相比更好的基本面上。因此，与汤姆茨和赖特（Tomz and Wright, 2007）报告的证据一致，违约与基本面之间的相关性也弱化了。另外，也请参见叶亚迪和帕尼扎（Yeyati and Panizza, 2011）对违约事件发生前后的产出损失的时序的实证评估。

约。无差异曲线和平稳点之间的缺口随 g 增加而扩大,这个事实说明了为什么违约与低产出冲击密切相关。

在图 10 的第二幅小图中,我们看到存在债务展期危机的随机增长模型中也出现了类似的情况。只不过,现在有了两条无差异曲线:一条是关于基本面违约的(就像在基准模型中一样),另一条则是关于债务展期违约的。

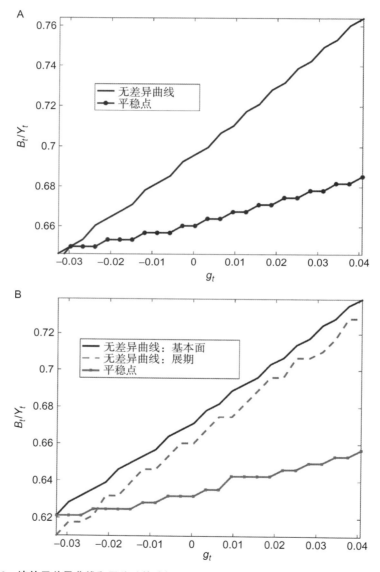

图 10 **违约无差异曲线和平稳政策选择[(A)基准模型;(B)有债务展期危机的模型]**

由于贷款条件变得更差了,债务展期无差异曲线的位置低于基本面曲线,这说明在 b_t 的某个严重更低的水平上,对于给定的增长率 g_t,出现债务展期危机是完全有可能的。需要注意的是,基本面无差异曲线也比基准模型中更低。这是因为即便是在今天不会发生债务展期危机的情况下,有可能发生债务展期危机的未来前景也会压低支付,同时还会使得偿付能力无差异曲线下移。因此,与基准模型中相比,对于固定不变的 g,违约将在更低的债务水平下发生。接下来,请注意,稳态债务水平曲线也下移了,这是因为,违约可能性的增加和它的不利影响意味着最优借贷水平也下降了。70%的违约发生在危机定价方案下,这个事实意味着"抽取"出一个足够"坏"的产出冲击,并迫使政府处在基本面无差异曲线之上的可能性大大降低了。从这个角度来看,可以认为偿付能力无差异曲线与稳态债务的水平之间的利差已经扩大了。

事实上,在有债务展期危机的模型中,所有违约都是由信念驱动的。这是因为,如果我们追问,那些发生了实际违约的状态是否处于均衡,那么就会发现它们当中,几乎没有一个是位于基准无差异定价方案错误一侧的。另外,同样值得指出的是,如果我们突然从一个适用基准定价方案、策略函数和信念的情形,转变为债务展期危机适用的情形,那么主权政府在面对更糟的定价方案时就不得不实施剧烈的去杠杆化措施,即便在当前时期内并没有发生正式的危机时也一样。这种转变可能是在利差中生成更大的波动性的一种方法,特别是如果能够引导政府放慢去杠杆化的速度的话。

7.　模型的扩展与相关文献评述

从阿吉亚尔和戈皮纳特(Aguiar and Gopinath,2006)、阿雷亚诺(Arellano,2008)的研究开始,今天已经形成了一支完整的建立在伊顿—格尔索维茨框架之上的文献。阿吉亚尔和阿马多尔(Aguiar and Amador,2014a)对这个领域的基本理论和概念进行过很好的讨论。因此,本节将简要介绍现在仍然在不断发展的定量研究文献(另外还要请读者阅读一下这里提到过的有关其他问题的研究)。

均衡的存在性和唯一性。当禀赋和资产是连续的时候,均衡的存在性如何? 这仍然是一个悬而未决的问题。① 阿吉亚尔和阿马多尔(Aguiar and Amador,2014a)讨论了一个单调算子,它的不动点可以用来表征均衡(以强迫违约国永久性地自给自足,即禁入国际信贷市场为惩罚),并指出它为什么对计算均衡很有帮助。查特吉和埃易古姆戈尔(Chatterjee and Eyigungor,2012)证明,在 b 和禀赋的非独立同分布的分量都是离散的情况下,如下均衡是存在的——债务到期期限是任意的,并且违约之后要进入临时性的或永久性的自给自足状态。

均衡的唯一性问题则更加微妙。对于违约行为会受到永久性自给自足的惩罚的情况,欧克雷和罗根利的论文(Auclert and Rognlie,2014)证明,只具有单期债务的伊顿—格尔索维茨模型中存在着唯一的均衡。帕萨多尔和艾克桑德里(Passadore and Xandri,2015)研究了当债务状态空间被限制为非负(即不存在储蓄)时产生的均衡多样性问题。斯坦格拜伊

---

① 伊顿和格尔索维茨(Eaton and Gersovitz,1981)指出,如果违约的概率 $\mathbb{E}_s D(s', b')$ 是对 b' 可微分的,那么债券定价方程式的解决方案等价于某个一阶非线性差分方程的解。但是,$\mathbb{E}_s D(s', b')$ 的可微性要求值函数处处可微,而在一个有违约的模型中不可能是这样的。

(Stangebye,2015 年 a)、阿吉亚尔和阿马多尔(Aguiar and Amador,2016)分别讨论了伊顿—格尔索维茨模型中的均衡多重性问题是如何在缺乏单期债务设定的情况下产生的——这是由于存在稀释的可能性。更一般地,我们通常可以在标准模型的基础上加以变化,构建出多重均衡。科尔和基欧(Cole and Kehoe,2000)改变了主权政府违约决定的斯塔克尔伯格领导者性质,从而生成了自我实现的债务展期危机。查特吉和埃易古姆戈尔(Chatterjee and Eyigungor,2012)也利用类似的变换生成了(投资者)信念驱动的债务展期危机,不过是在另一种类似于伊顿—格尔索维茨框架的模型设置下。

债务市场的策略结构。在伊顿-格尔索维茨的设置下,主权政府在一段时间内最多只有一次进入债务市场的机会。如果主权债务人可以在一个给定的时间内随自己心意多次进入债务市场,那么任何一轮借款的贷款人都必须对主权政府在未来各期的借款决定进行预测,例如,请参见比泽尔和德马佐的论文(Bizer and DeMarzo,1992)。另外,正如哈乔多和马丁内斯(Hatchondo and Martinez,未注明日期)所证明的,这种均衡的含义在于,投资者会向主权政府提供依赖于状态的债券价格和债务限额对 $\{\bar{q}(y,b),\bar{x}(y,b)\}$,同时主权政府则可以自由选择以价格 $\bar{q}(y,b)$ 借入任何 $b' \leqslant \bar{x}(y,b)$ 的债务。有意思的是,在这里债券价格取决于承继的债务 b(而在标准模型设定中,债券定价方案 $q(y,b')$ 独立于 b),因此借款历史对于信贷条件是很重要的。洛伦佐尼和沃尔宁(Lorenzoni and Werning,2014)、艾尔丝等人(Ayres,2015)详细讨论过这个问题。

合同选择。在标准模型设置中,单位债券的结构是固定的——用对 (z,λ) 描述。如果愿意承受扩大状态空间的代价,那么我们还可以给出更有弹性的合同结构。白聚山等人(Bai et al.,2014)用对 (T,δ) 定义单位债券,其中该债券的支付为 $(1+\delta)^{-\tau},0 \leqslant \tau \leqslant T$ 为到期前的期数。桑切斯等人(Sanchez et al.,2015)则考虑了 $\delta=0$ 时的情况。这两项研究都放松了合同结构的固定性,允许主权政府在每一个期间用不同合同结构的新债务代替旧债务。

到期期限选择。科尔和基欧(Cole and Kehoe,1996)讨论了到期日期在自我实现的债务危机中的作用。在标准模型设定下,市场不完全性是非常极端的——在任何时候,都只能发行一种类型的债务合同。阿雷拉诺和拉曼纳拉雅南(Arellano and Ramanarayanan,2012)考虑了主权政府可以同时买卖不同期限的债券的情况,他们证明随着基本面的走弱,平均期限会缩短。阿吉亚尔和阿马多尔(Aguiar and Amador,2014b)则证明,当违约概率很高时,主权理论有动力减少自己的单期债务的存量。更短的期限能够为主权政府提供正确的激励,即尽量减少(违约所代表的)低效率情况。博科拉和多维斯(Bocola and Dovis,2015)在他们的论文中讨论了到期期限选择在存在基本面危机和债务展期危机的情况下所扮演的角色,并分析了它们各自在近期的欧元区债务危机中的作用。

汇率、违约风险和货币面值。主权债务违约事件发生之前,该国的货币通常会先贬值,而且在违约后还会立即出现进一步的大幅贬值。阿索努马(Asonuma,2014)阐明了这些事实,并开发了一个两个国家(一个作为借款人,另一个作为贷款人)、两种商品(可贸易品和非贸易品)的模型。在这个模型中,借款国中生产力的负面冲击可能引发实际的汇率贬值,而货币贬值反过来又可能会提高主权债务违约的可能性。居穆斯(Gumus,2013)在一个有两种类型的债务的类似模型中研究了债务的货币名义价值,第一类债务的回报与国内价格指数(这是本国货币债务的代理变量)相关,第二类债务与可交易的货币的价格(这是外部货币债务的代理变量)相关。虽然"本国货币债务"的违约风险并不一定低于"外国货币债务"的违约风险,但是居穆斯证明,前者是较好的(福利较高的)安排。

显式处理政府的方法。出于某些实际目的,在构建模型时将主权政府与私人部门经济行为主体分别独立建模有很重要的意义。夸德拉和萨普里扎(Cuadra and Sapriza,2008)分析了在再分配冲突和政权变更风险所导致的短视主义(现状偏差)盛行的情况下的贷款行为和违约行为——阿雷斯纳和塔贝里尼(Alesina and Tabellini,1990)最早分析了这种短视主义。在夸德拉和萨普里扎这个模型中,主权政府对未来的贴现率要比公民更高。这有助于部分合理化定量模型中经常使用的低贴现因子。哈乔多等人(Hatchondo et al.,2009)则考虑了两种类型的政府(它们的贴现因子不同),以便分析政治风险如何影响违约概率和利差的波动。夸德拉等人(Cuadra et al.,2010)在对政府部门适当建模后,说明了新兴经济体国家财政政策通常都会表现出强烈的顺周期性的原因。①

违约后的和解。主权违约以违约债务的和解结束。在债务和解中,债权人同意削减债务,而主权政府则重新进入(不再被禁入)信贷市场。一般来说,债务和解通常在违约后经过一个相当长的时间才能实现。在债务是单期债务且卷入违约的所有债权人都得到平等对待的情况下(即采用所谓的"同等优先偿还条款"——pari passu clause),岳(Yue,2010)将债务和解建模为主权政府和代表性债权人之间的单期纳什讨价还价博弈的结果。在达成协议后,主权政府要在一定时间内偿还重组后的债务,不得违约,也不能获得新的借款。这就形成了一个关于债务削减的理论,但不是一个关于债务延期的理论。比(Bi,2008)则假设违约债务必须用现金来结算,同时利用默洛和威尔逊(Merlo and Wilson,1995)最早提出的随机轮流出价博弈(alternating-offers game)框架,给出了一个关于债务削减和债务延期的理论。本杰明和赖特(Benjamin and Wright,2009)观察到,和解通常是通过新债务来偿还旧债务(而不是直接用现金)实现的,他们在一个随机轮流出价博弈模型中考察了这种情况。这两个模型都会出现延期,因为对于双方当事人来说,在主权政府的禀赋变得足够高之前,推迟和解都是最优的。②

无违约时的债务重组。违约和债务重组都是事后的状态依存性的表现形式。从逻辑上说,以及在实践中,事后的状态依存事件并不一定会涉及违约。哈乔多等人(Hatchondo et al.,2014)指出,作为自愿债务交易的一种形式,当一系列"不好"的禀赋冲击使得主权政府位于收入拉弗曲线(revenue Laffer curve)的错误一侧时,债务注销就会发生。在一篇相关的论文中,阿索努马和特雷贝施(Asonuma and Trebesch,2015)指出,过去几十年来,三分之一的债务重组都是在没有出现违约的情况下发生的,他们把这种现象称为"先发制人式的债务重

---

① 阿马多尔证明(Amador,2012),一旦考虑到了包括政府本身在内的不同群体之间的政治博弈的均衡,那么即便违约的惩罚只限制为排除在未来的信贷市场之外,也可以维持正的债务水平,请对比罗戈夫的论文(Rogoff,1989)。

② 白聚山和张(Bai and Zhang,2012)探讨了信息不对称在程式化的环境中导致和解延迟中的作用。不知情的一方(主权政府)随着时间推移陆续提供优惠来筛选债权人(债权人拥有关于自己的保留价值的私人信息)。他们证明,由于价格部分地揭示了债权人的保留价值,因此当二级市场上可以交易违约债务时,延误期就会变得较短。

组"(preemptive restructuring)。阿索努马和特雷贝施扩展了伊顿—格尔索维茨模型,以便允许这类债务重组的存在;他们还证明,在未来违约的可能性很高的情况下,这种债务重组将会发生。萨洛芒(Salomao,2014)分析了信用违约互换(CDS)市场的存在是如何影响了债务重新谈判的——当谈判结果将决定某一个"信用事件"会不会被触发的时候。

部分违约。在模型中,违约通常被建模为单一类型的债务上发生的二元事件。然而在现实中,主权国家在任何一个时候都有一系列的对外债务,包括贸易信贷、银行贷款、债券、双边(政府对政府的)贷款、多边机构(国际货币基金组织、世界银行和其他国际机构)贷款,因此主权政府可能会选择在某些类型的贷款上违约,同时继续偿还其他类型的贷款。因此,总的来说,违约往往都是部分违约。基于这个观察结果,阿雷亚诺等人(Arellano et al.,2013)开发了一个单期债务模型。在这个模型中,主权国家可以对现有债务进行"部分违约"。他们假设,不偿还的债务会不断累积,而且产出损失会随着不偿还债务与总债务之间的比率的上升而增大。在他们的模型中,中等程度的"不好"的产出冲击就会触发部分违约,然后,当产出恢复后会得到"修复"。

声誉。定量的主权债务模式一般不需要声誉在维持债务时发挥重要作用。不过,伊顿和格尔索维茨就曾经强调过声誉的重要性。他们这个观点在托姆茨(Tomz,2007)、德拉斯莫(D'Erasmo,2012)那里得到了全面的深化。他们将伊顿—格尔索维茨模型扩展到了投资者不能确知主权政府的贴现因子(耐心程度)的情形——即假设主权政府的贴现因子是随机的。这样一来,投资者对主权政府的耐心类型的概率的"感知"就变成了主权政府动态规划中的一个附加状态变量。有耐心的政府希望将自己与那些缺乏耐心的政府区分清楚,这种动机会鼓励更多"守纪律"的借款行为。在均衡中,有耐心的主权政府可以维持更高的平均债务水平。一般来说,最后的结果是,缺乏耐心的主权政府选择违约,而有耐心的政府则会在违约的债务上实现债务和解。

突然停止(sudden stop)。很多文献都讨论了"突然停止",它们重点关注的是资本突然不再流入新兴市场的宏观经济影响。不过,这些文献通常并不是将"突然停止"建立在债务延期问题的基础上,而且会把由"突然停止"引发的主权债务违约的可能性抽象掉,请参见(例如)门多萨的论文(Mendoza,2010)以及它所引用的参考文献。比安奇等人(Bianchi et al.,2014)扩展了伊顿—格尔索维茨模型,在"实然停止"与主权债务违约之间建立起了联系。他们允许外部资本流入突然停止,并研究了国际储备作为这种"突然停止"的对冲手段的作用(前提是,在出现违约的情况下,国际储备不能被外国投资者冻结)。[①]

财政规则和违约。还有一支文献旨在帮助我们理解财政政策规则的均衡含义。高希等人(Ghosh et al.,2011)提出了这样一个模型:政府会一直遵守某些财政规则,只要这些规则所隐含的赤字能够通过有限的利率融资。利用我们这里的符号,这种模型设置可以这样来表示。存在某个函数 $c(y,b)$(财政政策规则),每一期都要选择适当的 b',以满足下面这个式

[①] 通过积累外汇储备来缓解债务展期风险,对于这种方法,许和康登(Hur and Kondo,2014)从最优合同的角度进行过很好的研究。他们指出,新兴市场经济体的外汇储备积累起来后,"突然停止"的频率下降了,这是外汇储备减少债务展期危机的可能性的证据。

子：$q(y,b') \cdot [b'-(1-\lambda)b] = y-(r^*+\lambda)b-c(y,b)$。因为收入曲线 $q(y,b')b'$ 是倒 U 形的，所以可能不存在满足这个方程式的 b'。在这种情况下，主权政府违约。此外，如果有一个满足预算限制的 b'，那么在收入拉弗曲线的"错误一侧"将总是会存在另外一个也能够满足这个方程式的 b'。高希等人（Ghosh et al.，2011）假设主权政府和投资者能够避开拉弗曲线的"错误一侧"，并计算出最高债务水平 $\bar{b}$——高于这个水平，就必定会违约。洛伦佐尼和沃尔宁（Lorenzoni and Werning，2014）、斯坦格拜伊（Stangebye，2015b）也研究了一个类似的模型设置，但是他们考虑的重点是，如果投资者暂时地在低价格（因此高债务）均衡路径上达成了协调，那么利率就会上升。这几位作者关注的是最近的欧元区经验。

债务稀释和替代交易安排。 在关于长期债务的定量模型中，"债务稀释"是导致过度借款和违约的一个重要因素。为此，人们考虑了一些结存减轻债务稀释的不利影响的替代交易安排。查特吉和埃易古姆戈尔（Chatterjee and Eyigungor，2015）分析了在（违约之后的）债务重新谈判中尊重"资历"的做法是怎样改进了主权政府的激励和福利的。哈乔多等人（Hatchondo et al.，2015）则探讨了坚守能够约束主权政府的未来借款决策的财政政策规则，是怎样增进了主权国家的当前福利的。

分散借款和集中预算。 一个国家的外债，相当一部分是源于私人借款人的债务的不断增加。金姆和张（Kim and Zhang，2012）分析了如下伊顿—格尔索维茨模型的变体：私人经济行为主体选择借入多少借款，同时主权政府则决定是否违约。因为私人借款人都是价格接受者，所以这个模型的均衡类似于主权政府在一个时期内可以不受限制地多次进入信贷市场的模型的均衡。

传染性和相关违约。 利扎拉佐（Lizarazo，2009）的研究表明，如果若干主权国家有一个共同的、有风险厌恶倾向的贷款人，那么该贷款人向主权国家提供的信贷条件就会受到影响。在这种情况下，相关违约可能会发生，因为任何一个主权国家的违约都会降低贷款人的财富，并减少对所有其他主权国家的信贷供给。供给减少可能会使另一个（或多个）主权国家陷入违约。阿雷亚诺和白（Arellano and Bai，2014）也研究了一个类似的环境，但是他们还将对违约债务进行重新谈判纳入了模型，并且证明讨价还价协议（在违约的情况下与主权政府进行的独立的或协调的谈判）会有差异性地影响相关违约的可能性。

通货膨胀和违约。 大量关于债务与违约的定量理论文献都致力于对实体经济建模。努诺和托马斯（Nuno and Thomas，2015）、杜和施雷格（Du and Schreger，2015）则是两个难得的例外。前者（在一个连续时间框架下）比较了主权债务以实际价值计价（具有完全违约的可能性）时的结果，与主权债务以名义价值计价且主权政府能够对货币政策和财政政策进行相机选择时的结果。后者研究了在私人借款人发行以外币计值的债务的情况下，以本国货币计价的主权债务的违约风险。以外国货币计价的私人债务的存在，使受通货膨胀影响的、以本国货币计价的主权债务变得更加昂贵，从而使本国货币计价的主权债务的违约风险保持不变（这与数据显示的结果一致）。

新闻冲击。 主权债务违约并非只有在基本面薄弱的情况下才会发生。对于这个事实，一个可能的解释是，主权政府和投资者收到了关于未来前景的"坏消息"时，违约也有可能会发生。杜尔杜等人(Durdu et al.,2013)扩展了伊顿—格尔索维茨的标准模型,将对未来的全要素生产率(TFP)的新闻冲击包括了进来。他们证明,除了由坏消息触发的违约外,关于未来的全要素生产率的新闻的精确度也对债券定价方案有定量的显著影响。

违约成本。关于债务和违约的定量理论模型通常假定违约的产出成本结构是给定的。对于这种做法,两个突出的例外是门多萨和岳的论文(Mendoza and Yue,2012),以及佩雷斯的论文(Perez,2015)。在前一篇论文中,违约成本源于生产者在本国政府违约时无法从国外进口中间投入品。这种设置的关键含义是它生成了不对称的违约成本:当全要素生产率较高时,违约的产出成本也(成比例地)更高,这是因为外国生产的中间投入品的损失导致的成本更大。而在后一篇论文中,违约的产出成本取决于违约发生时的金融中介机构(它们持有主权债务)的净值损失,因为这种损失会进一步导致金融中介的水平和效率下降,从而降低产出。

投资与违约。关于债务和违约的定量研究文献都会对禀赋经济进行考察。戈登和桂隆-昆塔纳的研究(Gordon and Guerron-Quintana,2016)是一个例外。他们扩展了——不仅在模型设定方面,而且在模型计算方面——查特吉和埃易古姆戈尔(Chatterjee and Eyigungor,2012)的长期债务模型,纳入了资本积累(有昂贵调整)和劳动—休闲选择。他们的目标是更全面地了解新兴市场商业周期以及实物资本对债务可持续性的影响。

8. 结论:我们现在所在的位置是哪里? 我们需要去往何方?

本章阐述了关于主权违约危机的一些重要事实。总结如下:

1. 在不同发展中国家之间,平均利差、利差波动性和利差危机发生频率,这些方面的差异都很大。

2. 基本面因素只能解释利差变动的极小一部分。

3. 利差受一些共同的因素驱动。但是,这些因素与风险定价、不确定性或无风险利率的度量之间似乎并不存在紧密的联系。

我们也评述了关于主权借款和违约的标准模型的若干版本的替代模型。其中有一些版本解释了许多重要事实,例如平均利差、违约频率和平均债务与 GDP 的比率。然而,所有这些模型都无法同时解释利差波动性以及它与国家基本面之间明显缺乏联系的事实。更具体地说:

1. 在我们的模型中,国家很少通过借款和储蓄来平滑消费。虽然在数据中发现了这种杠杆化和去杠杆化的行为的迹象,但是模型中看起来似乎不那么明显。因此,模型中的债务与产出之间的比率的变化小于数据。这还导致模型所隐含的利差的变化更小。

2. 在确定增长模型中,当产出波动较大时,非线性违约成本可能会增加大的利差波动性。但是,利差的这种增大是有代价的——必须紧紧地将利差的变动与国家的基本面捆绑在一起。

3. 随机增长模型对于非线性违约成本的敏感度要低得多,部分原因在于,当增长率适度地保持持续为正时,当前的低产出实现不会刺激大量借款,而且增长率的波动性与对趋势的偏离的波动性相比更小。

我们的贷款人的风险厌恶程度的增加、对财富的负面冲击都不会导致利差的急剧增大,这是符合直觉的。相反,违约风险价格上涨的"规训"效应会降低政府多发债务、进入债务违约概率区间的激励。未来纪律的强化,也降低了债权人对政府未来稀释债权的预期,从而实际上可以减少利差。违约风险定价与均衡价差之间的这种负相关关系,也是数据显示的一个重要性质,这样也就验证了我们模型的巨大意义。

我们的模型未能很好地解释利差波动性的原因源于如下事实:债务与产出之间的比率在很大程度上是由如下几个关键因素限定的。首先,因为主权政府都是相当短视的,所以平滑在政府的最优政策选择中只能起到很有限的作用;相反,借款则是由缺乏耐心驱动的,而缺乏耐心最终又是由于缺乏承诺。其次,由于违约风险和风险溢价对政府违约动机的强烈反馈效应,债务定价方案在相关区域内是高度非线性的。因此,定价方案中的扭结(折弯)与主权政府的短视的相互作用,就几乎完全决定了主权政府的借款行为。最终,这会导致这样的结果:面对积极的和消极的产出冲击,面对很小的利差变化,政府就会通过剧烈的杠杆化/去杠杆化做出回应。这些因素在产出冲击有充分波动性(因此,违约成本中的非线性可以发挥作用)的情况下影响会有所减轻,但是即便是在这种情况下,主权政府的行为也会对同时期实现的冲击做出很大的反应,因而也就不会显示支出平滑措施本身隐含的历史依赖关系。由此而导致的结果是,最终只有当前的产出冲击才是对利差至关重要的——而且导致模型高估了这种重要性(相对于它在数据中的重要性)。

债务展期危机是导致债务危机的另一种方式。特别有意思的是,债务展期危机绝不意味着与国家的基本面的过度紧密联系。然而,我们在这里所考虑的这种平稳的债务展期风险不足以生成我们在数据中观察到的那种利差的波动性。相反,它们似乎只是简单地挤出了标准的基本面危机。因此,未来的研究需要的是一个更加动态化的、有时变风险的债务展期危机模型。同时,我们还需要对如下这种利差收窄的情况给出合理解释:政府选择通过减少借款而不是对债务违约来消除负面冲击对利差的影响的速度。

致谢

我们感谢《宏观经济学手册》主编哈拉尔德·厄里格(Harald Uhlig)和约翰·泰勒(John Taylor)、我们这一章的评议人曼纽尔·阿马多尔(Manuel Amador),以及2015年3月在芝加哥大学举办的《宏观经济学手册》研讨会的与会者的深思熟虑的评论。我们还要感谢圣马丁(St. Martin)的"沙滩会议"的与会者的建议。我们本章中所表达的观点都是作者个人的意见,不代表费城联邦储备银行或美国联邦储备委员会的观点。

参考文献

Aguiar, M., Amador, M., 2014a. Sovereign debt. In: Gopinath, G., Helpman, E., Rogoff, K. (Eds.), Handbook of International Economics, vol. 4. North Holland, pp. 647—687.

Aguiar, M., Amador, M., 2014b. Take the short route: how to repay and restructure sovereign debt with multiple maturities. Mimeo.

Aguiar, M., Amador, M., 2016. Maturity and multiplicity in sovereign debt models. Working Paper.

Aguiar, M., Chatterjee, S., Cole, H. L., Stangebye, Z. R., 2016. Self-fulfilling Debt Crisis, Revisited: The Art of the Desperate Deal. Mimeo.

Aguiar, M., Gopinath, G., 2006. Defaultable debt, interest rate and the current account. J. Int. Econ. 69, 64—83.

Aguiar, M., Gopinath, G., 2007. Emerging market business cycles: the cycle is the trend. J. Polit. Econ. 115, 69—102.

Alesina, A., Tabellini, G., 1990. A positive theory of fiscal deficits and government debt in a democracy. Rev. Econ. Stud. 57, 403—414.

Amador, M., 2012. Sovereign debt and the tragedy of the commons. Mimeo.

Arellano, C., 2008. Default risk and income fluctuations in emerging markets. Am. Econ. Rev. 98 (3), 690—712.

Arellano, C., Bai, Y., 2014. Linkages across sovereign debt markets. Research Department Staff Report 491, Federal Reserve Bank of Minneapolis.

Arellano, C., Mateos-Planos, X., Rios-Rull, V., 2013. Partial default. Federal Reserve Bank of Minneapolis, Mimeo, Working Paper.

Arellano, C., Ramanarayanan, A., 2012. Default and maturity structure in sovereign bonds. J. Polit. Econ. 120, 187—232.

Asonuma, T., 2014. Sovereign defaults, external debt and real exchange rate dynamics. International Mon? etary Fund, Mimeo.

Asonuma, T., Trebesch, C., 2015. Sovereign debt restructurings: preemptive or post-default. Discussion Paper 10950, Center for Economic Policy Research.

Auclert, A., Rognlie, M., 2014. Unique equilibrium in the Eaton-Gersovitz model of sovereign debt. Mimeo.

Ayres, J., Navarro, G., Nicolini, J. P., Teles, P., 2015. Sovereign default: the role of expectations. Federal Reserve Bank of Minneapolis Working Paper 723.

Bai, Y., Zhang, J., 2012. Duration of sovereign debt renegotiation. J. Int. Econ. 86 (2), 252—268.

Bai, Y., Kim, S. T., Mihalache, G., 2014. The maturity and payment schedule of sovereign debt. Mimeo.

Benjamin, D. , Wright, M. L. , 2009. Recovery before redemption: a theory of sovereign debt renegotiation. Mimeo.

Bi, R. , 2008. "Beneficial delays" delays in restructuring negotiations. Working Paper WP/08/38, Interna? tional Monetary Fund.

Bianchi, J. , Hatchondo, J. C. , Martinez, L. , 2014. International reserves and rollover risk. Mimeo.

Bizer, D. S. , DeMarzo, P. M. , 1992. Sequential banking. J. Polit. Econ. 100, 41—61.

Bocola, L. , Dovis, A. , 2015. Self-fulfilling debt crisis: a quantitative analysis. Mimeo.

Borri, N. , Verdelhan, A. , 2011. Sovereign risk premia. Working Paper.

Broner, F. , Lorenzoni, G. , Schmukler, S. L. , 2013. Why do emerging economies borrow short term? J. Eur. Econ. Assoc. 11 (S1), 67—100.

Bulow, J. , Rogoff, K. S. , 1989. Sovereign debt: is to forgive to forget? Am. Econ. Rev. 79 (1), 43—50.

Calvo, G. A. , 1988. Servicing the public debt: the role of expectations. Am. Econ. Rev. 78 (4), 647—661.

Chatterjee, S. , Eyigungor, B. , 2012. Maturity, indebtedness and default risk. Am. Econ. Rev. 102 (6), 2674—2699.

Chatterjee, S. , Eyigungor, B. , 2015. A seniority arrangement for sovereign debt. Am. Econ. Rev. 105 (12), 3740—3765.

Cole, H. L. , Kehoe, T. , 1996. A self-fulfilling model of Mexico's 1994—1995 debt crisis. J. Int. Econ. 41, 309—330.

Cole, H. L. , Kehoe, T. , 2000. Self-fulfilling debt crisis. Rev. Econ. Stud. 67 (1), 91—116.

Cuadra, G. , Sanchez, J. M. , Sapriza, H. , 2010. Fiscal policy and default risk in emerging markets. Rev. Econ. Dyn. 13, 452—469.

Cuadra, G. , Sapriza, H. , 2008. Sovereign defaults, interest rates and political uncertainty in emerging mar kets. J. Int. Econ. 76, 77—88.

D'Erasmo, P. , 2012. Government reputation and debt repayment in emerging economies. Mimeo.

Du, W. , Schreger, J. , 2015. Sovereign risk, currency risk and corporate balance sheets. Mimeo.

Durdu, B. , Nunes, R. , Sapriza, H. , 2013. News and default risk in small open economies. J. Int. Econ. 91 (1), 1—17.

Eaton, J. , Gersovitz, M. , 1981. Debt with potential repudiation: theoretical and empirical analysis. Rev. Econ. Stud. 48 (2), 289—309.

Ghosh, A. R. , Kim, J. I. , Mendoza, E. G. , Ostry, J. D. , Qureshi, M. S. , 2011. Fiscal fatigue, fiscal space and debt sustainability in advanced economies. Working Paper 16782,

National Bureau of Economic Research.

Gordon, G., Guerron-Quintana, P. A., 2016. Dynamics of investment, debt, and default. Mimeo.

Gromping, U., 2007. Estimators of relative importance in linear regression based on variance decomposition. Am. Stat. 61 (2), 139—147.

Gumus, I., 2013. Debt denomination and default risk in emerging markets. Macroecon. Dyn. 17, 1070—1095.

Hatchondo, J. C., Martinez, L., 2009. Long duration bonds and sovereign defaults. J. Int. Econ. 79 (1), 117—125.

Hatchondo, J. C., Martinez, L., undated. Credit risk without commitment. Mimeo.

Hatchondo, J. C., Martinez, L., Sapriza, H., 2009. Heterogeneous borrowers in quantitative models of sov ereign default. Int. Econ. Rev. 50 (4), 1129—1151.

Hatchondo, J. C., Martinez, L., Sosa-Padilla, C., 2014. Voluntary debt exchanges. J. Monet. Econ. 61, 32—50.

Hatchondo, J. C., Martinez, L., Roch, F., 2015. Fiscal rules and the sovereign default premium. Mimeo.

Hur, S., Kondo, I. O., 2014. A theory of rollover risk, sudden stops, and foreign reserves. Mimeo.

Kim, Y. J., Zhang, J., 2012. Decentralized borrowing and centralized default. J. Int. Econ. 88, 121—133.

Leland, H., 1994. Bond prices, yield spreads, and optimal capital structure with default risk. IBER Finance Working Paper 240.

Lindeman, R., Merenda, P. F., Gold, R., 1980. Introduction to Bivariate and Multivariate Analysis. Scott Foresman, Glenview, IL.

Lizarazo, S. V., 2009. Contagion of financial crisis in sovereign debt markets. Munich Personal RePec Archive, Discussion paper.

Longstaff, F., Pan, J., Pedersen, L., Singleton, K., 2011. How sovereign is sovereign credit risk. Am. Econ. J.: Macroecon. 3, 75—103.

Lorenzoni, G., Werning, I., 2014. Slow moving debt crises. Mimeo.

Mendoza, E. G., 2010. Sudden stops, financial crises, and leverage. Am. Econ. Rev. 100 (5), 1941—1966.

Mendoza, E. G., Yue, V. Z., 2012. A general equilibrium model of sovereign default and business cycles. Q. J. Econ. 127 (2), 889—946.

Merlo, A., Wilson, C., 1995. A stochastic model of sequential bargaining with complete information. Econometrica 63 (2), 371—399.

Neumeyer, P. A., Perri, F., 2005. Business cycles in emerging economies: the role of interest rates. J. Monet. Econ. 52 (2), 345—380.

Nuno, G., Thomas, C., 2015. Monetary policy and sovereign debt vulnerability. Mimeo.

Passadore, J. , Xandri, J. P. , 2015. Robust conditional prediction in dynamic games: an application to sover eign debt. Mimeo.

Perez, D. J. , 2015. Sovereign debt, domestic banks and the provision of public liquidity. Mimeo.

Reinhart, C. M. , Rogoff, K. S. , Savastano, M. A. , 2003. Debt intolerance. Brook. Pap. Econ. Act. 34, 2003—1, 1—74.

Salomao, J. , 2014. Sovereign debt renegotiations and credit default swaps. University of Minnesota, Mimeo.

Sanchez, J. , Sapriza, H. , Yurdagul, E. , 2015. Sovereign default and choice of maturity. FRB St. Louis Working Paper 2014—031B.

Stangebye, Z. R. , 2015a. Dynamic panics: theory and application to the eurozone. Working Paper.

Stangebye, Z. R. , 2015b. Lifetime-laffer curves and the eurozone. University of Notre Dame, Mimeo.

Tomz, M. , 2007. Reputation and International Cooperation. Princeton University Press, Princeton, NJ.

Tomz, M. , Wright, M. L. J. , 2007. Do countries default in "bad times"? J. Eur. Econ. Assoc. 5 (2—3), 352—360.

Yeyati, E. L. , Panizza, U. , 2011. The elusive costs of sovereign defaults. J. Dev. Econ. 94, 95—105.

Yue, V. Z. , 2010. Sovereign default and debt renegotiation. J. Int. Econ. 80 (2), 176—187.

第四部分 经济增长与波动的模型

第二十二章 总量经济理论的真实商业周期方法及其新发展

E. C. 普雷斯科特(E. C. Prescott) *

*:亚利桑那州立大学,美国,亚利桑那州,坦佩;美国明尼阿波利斯联邦储备银行,美国明尼苏达州,明尼阿波利斯

目 录

　　本章摘要:本章回顾了新古典增长理论的近期发展。新古典增长理论作为一个关于总量经济现象的统一理论,最早是用来研究商业周期和总劳动供给的。随后,经济学家利用这个理论,有效地增进了我们对资产定价、增长奇迹及经济灾难、货币经济学、资本账户、公共财政学、经济发展和外国直接投资等多个领域的经济问题的理解。

　　在现在这篇文章中,我把着眼点放在了真实商业周期(RBC)这种方法论上。利用了这种方法论背后的那门学科(经济学)来研究各种定量问题,最后都得出了基本相同的答案——理论有其自身的生命。这个答案引导研究者在应用自己的学科时走向基本相同的终点。对理论的偏离有时会维持相当长的时间,然后才能通过更好的测量技术和对理论的扩展而得以解决。经济学这门学科的要素包括选择一个适当的模型经济(或者,许多时候更是需要选择一组模型经济)。用于解决特定问题或政策议题的模型必定具有一整套一致的国民账户,且所有会计恒等式都成立。此外,模型的假设必须在所有应用之间都保持一致,并且与微观以及总量观察结果一致。现实是复杂的,而我们使用的任何模型经济则必定是抽象的,因此也必然是"错误"的。但是,这并不意味着模型经济在得出科学推断时毫无用处。

　　限于篇幅,我不得不把许多研究者应用这种方法做出的大量贡献排除在这篇综述性的文章之外。相反,我在这里回顾的主要是这样一些论著:它们或者阐述了方法论方面的观点,或者扩展了新古典增长理论的适用范围。我特别感兴趣的是库利和汉森(Cooley and Hansen,1995)主编的《商业周期研究前沿》一书出版之后的重要发展。而且,我将着重强调理论与测量之间的相互作用,因为这才是"硬"的定量科学进步的途径。

　　关键词:新古典增长理论;总量经济理论;真实商业周期方法(论);加总;商业周期波动;发展;总量金融经济学;繁荣;萧条

　　JEL 分类代码:B4,C10,E00,E13,E32,E60

1.　引言

本章综述了一个关于总量变量的统一的定量理论的发展和使用。这个统一理论既可以用于跨期环境，也可以用于跨国环境。它不仅讨论传统的商业周期波动，还涉及繁荣和萧条，以及不同国家之间生活水平的巨大差异。这个统一的定量动态一般均衡理论能够解释资产价值相对于国民总收入（GNI）的大幅度波动、评估各种不同的货币政策和税收制度的后果、分析各个经常项目的行为特征。

在总体经济行为这个研究领域，除了这个统一理论之外，不存在任何竞争性的定量理论。这个严格的理论是统一的，并且已经通过成功的应用得到了检验。在构建一个模型经济（或者，在某些情况下，一组模型经济）来解决某个特定问题时所作的假设，必须与先前成功的应用中给出的假设相一致。当然，偏离这个统一理论的情况也已经出现过，这是它涉及了关于现实世界的某种实质性的理论的证据。① 相信未来还会发现其他的偏离。现在，一些公认的偏离或难题已经通过理论的进一步发展得到了解决，还有一些则通过更好的测量方法得到了化解。理论与测量之间的这种相互作用，正是"硬"的定量科学之所以能够不断进步的基础。

我们把这个统一理论称为新古典增长理论（neoclassical growth theory）。这个理论的核心在于，生产性时间在市场活动与家庭活动之间的配置，以及产出在消费与投资之间的配置。除了这两点之外，根据具体应用的实际情况，还必须把现实世界的其他特征包括进来，比如说，各部门的细节、法律法规规定的金融体系的性质，以及可用的订约技术。在模型经济中，作为经济行为主体的人的异质性，例如年龄和特异性冲击，也必须包括进（且已经包括进）用于解决具体经济问题的模型中（例如，各种税收政策制度下的人口老龄化问题）。

基本理论框架是价值理论，特别是它的资本理论变体。这个理论框架意味着，用来得出科学推断的模型将具有递归结构。这是模型经济用于得出科学推断的关键特征，因为只有这样，才可以构造出国民账户统计量并将之与实际统计数据进行比较。

总而言之，总量经济学现在已经发展成了一门"硬"的定量科学。它已经通过在一切有实质意义的经济学领域中的成功应用得到了检验。

---

① 又如，另一个严格的理论，贸易理论。所有使用贸易理论的学科都得出了基本相同的发现，请参见阿尔科拉基斯等人的讨论（Arkolakis et al. , 2012）。

2. 商业周期简史

长期以来,商业活动水平的波动一直是一个非常令人关注的问题。米切尔(Mitchell,1913,1927)分析了衡量经济活动水平的很多指标。他认为,经济活动的水平是周期性的,有交替出现的收缩期和扩张期。米切尔创建了美国国家经济研究局(NBER)对衰退的定义:衰退期就是指经济活动水平收缩的时期。美国国家经济研究局直到今天仍然在使用这个定义。米切尔还把各种指标分类为领先指标、落后指标和同期指标。这就是他用来进行预测的框架——这个框架确实改进了预测。

米切尔把这种波动称为"商业周期"(business cycles)。维克塞尔(Wicksell,1918)则用摇摆木马的类比来思考商业周期问题。如果没有新的冲击出现,那么摇摆木马就会呈现出一种阻尼振荡。在这个思想的指引下,许多经济学家开始致力于寻找拥有这种性质的经济结构。弗里施(Frisch,1933)指出,商业周期研究就是对经济的冲击或刺激,以及相应的阻尼振荡传播机制的研究。

萨缪尔森(Samuelson,1939)提出了一个乘数-加速器宏观经济模型。这个模型拥有上述性质。萨缪尔森的模型有一个消费函数和一个投资方程。他这个模型其实是实际产出中的二阶线性方程,其中的参数具有阻尼振荡行为。

然而,美国国家经济研究局所用的这个经济衰退的定义有三个方面的缺点。一是,它没有对趋势增长或人口规模进行调整。根据美国国家经济研究局的定义,经济在 90% 的时间内扩张,在其他 10% 的时间内收缩或衰退。然而,在用 16 岁以上的人口的人均实际国内生产总值(GDP)进行调整后,经济扩张的时间大幅缩短了——经济在大约一半的时间内扩张,在另一半时间内收缩。二是,在经济时间序列完成了修订之后,美国国家经济研究局对经济衰退的定义却没有修订。这种修订的幅度是很大的,而且也相当频繁:每一次人口普查之后的数年内都要完成修订。如果使用修订后的数据,那么经济衰退和经济扩张发生的时间和波动幅度都会改变。三是,美国国家经济研究局对衰退的定义是不明确的,包含的主观因素很大。

但是,商业周期理论最大的问题还在于,那些所谓的"商业周期"说到底其实并不是周期性的。这一点是由阿德尔曼和阿德尔曼(Adelman and Adelman,1959)最早证明的。他们发现,克莱因-戈尔德伯格(Klein-Goldberg)模型——这是用来预测商业周期的第一个计量经济学模型——显示出的是阻尼的非振荡行为。当然,这个发现并不能排除商业活动水平存在更长的周期的可能性。库兹涅茨(Kuznets,1930)认为,美国的产出和价格存在一个 15~20 年的周期。他把这种波动称为"第二长期波动"或"第二长波"(secondary secular movement)。到了后来,这些周期就被称为库兹涅茨周期(Kuznets cycle)了。康德拉季耶夫和斯托尔珀(Kondratieff and Stolper,1935)认为,还存在以 50~60 年为周期的更长的商业周期波动。

当然,此外还有季节性的周期,这些也都是真正意义上的周期。但是经济学界对它们没有什么兴趣,它们在总量分析中也几乎没有吸引什么人的注意。如果要处理这些数据,那么用于总量分析的经济数据要先进行季节调整。

2.1 国民经济核算:定义宏观经济

在 20 世纪 30 年代初期,摆在经济学家面前的一项重要任务就是构建一个度量经济部门的"绩效"的指标体系。这项任务的完成,很大程度上要归功于库兹涅茨(Kuznets,1930)。事实证明,他提出的度量指标非常有用。这个度量指标就是国民生产总值(GNP),即所有最终产品和服务的价值。其他一些研究者还度量了对经济部门的投入的价值,那就是各种资本存量所提供的服务。这些服务中最重要的一类是各种各样的人力资本所提供的服务。人力资本服务的总价值通常称为劳动收入。实物资本服务构成了另一大类。所有这些服务的总价值称为资本收入。根据定义,对产出的索取权就是收入,而且,如果假设所有经济活动都有剩余索取权人,那么收入就等于产出。

在 20 世纪 30 年代后期,丁伯根(Tinbergen,1952)提出了一个定量动态时间序列模型,并将之用于预测。由于拥有很强的物理学背景,丁伯根是从根据经验确定的动力学系统的角度来思考这个问题的,所以他给出了工具变量和目标变量等概念。

另一方面,劳伦斯・R. 克莱因(Lawrence R. Klein)——经济学界公认的宏观经济计量建模之父——则开发出了用于预测的动态总量模型,并且确定了作为这类模型的基础的理论。克莱因所说的这种理论就是希克斯(Hicks)的 IS-LM 理论——以及后来加进来的菲利普斯曲线(Phillips curve)。克莱因给出的模型的特点在于,那是一个完全设定的动态系统,包含了各种国民账户。在他的模型中,所有会计恒等式都成立,从中可以导出对所有变量的一整套一致的预测。随着时间的不断推移和行业细节的日益丰富,这些宏观调查模型的规模变得越来越大。克莱因的模型和其他同属于他的理论框架的宏观经济计量模型获得了主导地位,因为它们的应用极大地改进了预测。例如,在第二次世界大战之后,大多数经济学家都一度认为美国将会经历另一次经济大萧条。然而克莱因却独排众议,他利用自己的模型正确地预测道,美国不会出现经济萧条。

到了 20 世纪 60 年代,宏观经济学又"迎来"了另一个更好的方程,它也将被包含进最基本的宏观经济模型中。人们一般认为,根据经验确定的总量动态模型是从那时候开始具备了新古典微观基础的。1969 年,著名的"菲尔普斯会议"(Phelps conference)于宾夕法尼亚大学举行,会议的主题就是"工资与价格决定的微观基础",它试图将宏观经济计量模型与新古典主义经济学融合起来。

当然,这种新古典主义综合(neoclassical synthesis)未能实现。卢卡斯(Lucas,1976)在他的经典论文《经济计量政策评估:一个批判》("Econometric Policy Evaluation:A Critique")中指出,一个不随政策改变(policy-invariant)的动态系统的存在,是与动态经济理论不一致的。这个发现的含义是,新古典主义综合没有成功的希望。要使用动态经济理论来评估政策,必然要求支配国民账户演变的动态系统成为一个内生因素,而不可能是一个可以根据经验确定的不随政策改变的因素。

在某个时间点上发生的事情,依赖于将来会采用的政策区制。这个事实的其中一个含义是,经济理论无法预测将来会发生什么,即无法预测作为当前可能的政策行动选择的后果的未来。事实上,将来——作为当前的政策行动的结果——会发生,在动态经济理论的语境下,本身就是一个好问题。如果未来遵循了某个政策规则或区制,那么将会发生什么,才是一个好的经济问题。卢卡斯(Lucas,1976a)阐明了这一点。

没有人能够质疑卢卡斯的这个结论。不过,继续支持运用宏观经济计量模型来评估政策的那些经济学家却只是认为,卢卡斯的观点意味着研究商业周期波动需要一个不同的理论框架。事实上,许多使用 20 世纪 60 年代的宏观计量经济模型的经济学家都非常自信地预测,通过提高通货膨胀率可以减少失业率。在 1969 年的时候,失业率和通货膨胀率都位于 4% 左右。当时基于通货膨胀率与失业率之间的权衡的政策共识是,失业率应该更低一些,因为失业率下降所带来的社会收益超过了较高的通货膨胀率的成本。

在这种政策的推动下,20 世纪 70 年代美国政府尝试利用这种权衡关系去调节经济。当然,正如卢卡斯和萨金特(Lucas and Sargent,1979)有力地证明的,这种尝试遭到了彻底的失败。这个失败是特别引人注目的,因为动态经济理论早就预测到了这种政府必定会失败。[①]既然凯恩斯主义宏观经济学已经失败了,那么接下来的问题就是什么能够取代它。

2.2 新古典增长理论:用于总量分析的理论

可以用来对经济部门的投入和产出进行核算的总量度量指标体系的建立,推动了对一系列关于经济增长的事实的识别。卡尔多(Kaldor,1957)将美国和英国的长期经济增长的特征事实总结为如下几点:资本和劳动在国民收入中所占的份额大体上保持不变,消费和投资在产出中所占的份额大体上保持不变,投资回报率和资本产出比也大体上保持不变,同时,国民收入和实际工资随着时间的推移而增加的增长率保持相等。

索洛(Solow,1956)提出了一个简洁而优雅的模型,很好地解释了上述特征事实。索洛这个模型有一个规模报酬不变的总生产函数,且劳动和资本都可以得到自己的边际产品。所有的生产率变化都是劳动扩增型的(labor augmenting)。投资在产出中所占的份额是固定不变的,每个工人分配给市场生产的时间也是固定不变的。因此,家庭不用做出任何决定。与弗里施(Frisch,1970)一样,我把索洛这个模型称为古典增长模型。

大约在同一时期,斯旺(Swan,1956)也提出了他自己的增长模型,而且他的模型也与卡尔多总结的关于经济增长的特征事实相一致。斯旺的模型与索洛的模型之间的关键区别在于,斯旺并不需要假设中性的技术变革。相反,他假设了生产要素之间的单位替代弹性。在

[①] 卢卡斯的论文(Lucas,1972)可能是第一篇讨论动态问题理论的论文。在那里,卢卡斯给出了一个能够呈现菲利普斯曲线的模型。但是他预测,如果企图利用菲利普斯曲线,就会遭到失败。这个预测是在有关国家尝试通过提高通货膨胀率来降低失业率之前给出的。

他的经典论文(Swan,1956)中,斯旺还进行了产出核算。后来,斯旺模型经常被用于产出核算。

2.3 古典增长模型与商业周期波动

卢卡斯(Lucas,1976b)对商业周期的定义是:产出和就业围绕其自身趋势的重复起落。他认为,商业周期的关键事实是围绕着趋势的总量变量的协动性。但是,如果不给出趋势的准确定义,那么这个商业周期波动定义就是不完全的。鉴于此,霍德里克和普雷斯科特(Hodrick and Prescott,1980)给出了一个关于趋势的操作性定义,并根据这个定义把时间序列表示为趋势分量与商业周期分量的加总。在构造趋势的时候,要在趋势的二阶差分的平方和之上再施加一个补偿函数(penalty)。用数学术语来表示,一个时间序列 y_t 可以表示为趋势分量 g_t 与商业周期分量 c_t 的和,即:

$$y_t = g_t + c_t$$

给定 y_t 的值,我们需要选择适当的 g_t 来最小化下式:

$$\sum_{t=1}^{T} c_t^2 + \lambda \sum_{t=-1}^{T} \left[(g_t - g_{t-1}) - (g_{t-1} - g_{t-2}) \right]^2$$

这个简单的操作性定义当中只有一个平滑参数 λ ($\lambda \geq 0$)。这个参数要适当选择,以模拟研究者利用数据绘制出来的平滑曲线。这个参数的值越大,趋势分量就越平滑。对于季度数据,霍德里克和我(普雷斯科特)挑选出来并最终使用的第一个数字是1600。这里的数字没有正确和错误之分,它也不能用数据估计出来,因为它是操作性定义的一部分。令人满意的是,在所有这种类型的商业周期研究中,都使用了相同的统计量。这种统一性使得我们可以对不同研究进行比较。

这个过程的一个特点是,将经济部门的所有投入和产出都运用同样的对数线性变换。正因为如此,斯旺(Swan,1956)的产出核算方法可以用于对时间序列的操作性定义的周期性分量的研究。

在研究这些波动的性质时,研究者总结出了如下偏离美国经济发展趋势(1950—1979年)的一些商业周期事实:

(i) 消费、投资、市场工作时数和劳动生产率都出现了周期性变动。

(ii) 固定资产投资的标准偏差为5.1%,而消费标准偏差则仅为1.3%。

(iii) 市场工作时数和每小时国内生产总值大体上是正交的,不过时数的方差要大两倍。

(iv) 季度对数产出的标准偏差为1.8%,一阶序列相关系数则为0.74。

(v) 资本存量滞后于产出,而且滞后的时间随着资本的持久性而增加。存货则与产出几乎同时期。耐用资本品存量滞后几个季度,结构则滞后几年。

2.4 新古典增长模型

基德兰德和普雷斯科特(Kydland and Prescott,1982)在古典增长模型中增加了一个总家庭部门,以便将两个关键的配置决策内生化。这两个配置决策中的第一个是投资与消费之间的配置。配置比例会周期性地发生变化。配置决策中的第二个是生产性时间的配置——为企业部门分配多少、为家庭部门分配多少。这两个配置决策都是新古典主义增长模型的内生因素,而且相对于总家庭部门而言,它们都取决于其意愿和替代能力。因此,对古典增长模型的这种扩展,就使得它在弗里施(Frisch,1970)的意义上变成了新古典增长模型。

凯德兰和我(普雷斯科特,下同)发现,如果对决定新古典增长模型的均衡增长路径水平的因素存在着持续的冲击,如果总家庭部门跨期替代市场工作时间的意愿足够高,那么新古典增长模型就会呈现出商业周期性质的波动。总家庭效用函数具有较高的弗里施(Frisch)劳动供给弹性——远远高于劳动经济学家用代表性家庭模型估计的劳动供给弹性。

如果不同家庭有类似的凸的偏好,那么总家庭部门的劳动供给弹性就会与被加总的个体相同。然而,从经验我们知道,这些弹性是不一样的。基德兰德和普雷斯科特(Kydland and Prescott,1982)发现,新古典增长模型的总劳动供给弹性必须超过3,这样才有可能用它去预测商业周期波动,但是马科尔迪(MaCurdy,1981)使用面板数据的估计结果却显示,壮年男性继续工作时的劳动供给弹性仅为0.15。由于总体估计和非总体估计理应保持其一致性,所以对这种差异的原因必须给出解释。

2.5 为什么微观弹性估计和总体弹性估计之间会出现如此大的不一致?

罗杰森(Rogerson,1984)讨论了微观估计与总体估计之间出现不一致的其中一个原因。他认为,总劳动供给的调整余地主要表现在给定一周内工作的工人的数量上,而不是表现在每个工人的工作时间上。因此,用微观理论得出的对劳动供给的微观估计的预测刚好走到了反面,即恰恰是对总劳动供给弹性的估计所必须舍弃的。劳动经济学家的结论是,税率对总劳动供给没有什么影响。但这个结论是错误的。这是微观理论在得出总体层面上的科学推断时会遭到失败的一个重要例子。加总在这里非常重要。马歇尔(Marshall)在1890年首次出版的经典教科书中就已经强调过这一点——与马歇尔同时代的维克塞尔(Wicksell)也持相同的观点。由于生产单位的进入和退出,总生产函数与个别生产单位的生产函数是有很大的不同的。

罗杰森(Rogerson,1984)在假设了劳动不可分割性的前提下,开发出了一个关于总效用函数的正式理论。这个理论是在静态的背景下开发的。汉森(Hansen,1985)将它引入基本的新古典增长模型,结果在由此而得到的模型中发现了商业周期性质的波动。他这项研究解决了微观和总体观察结果之间令人困惑的不一致性问题。

2.6 为什么会存在劳动不可分割性?

然而,为什么会出现劳动不可分割性呢?这个问题是由霍恩斯坦和普雷斯科特

(Hornstein and Prescott,1993)解决的。他们发现,如果个人的劳动服务的产出是每个工人所使用的资本的函数,那么调整余地(margin of adjustment)所指的就是工作人数而不是工作时数。而工作的部分,就是用掉的那些"余地"——直到所有人都工作为止。这个模型在一个简单版的最优增长模型中内生了劳动不可分割性。这里很重要的一点是,它打破了决定劳动供给的总体弹性的偏好与技术之间的截然区分。

随后,普雷斯科特等人(Prescott et al.,2009)又发展出了另一种劳动不可分割性理论。这个理论的关键特征在于,从分配给市场的时间到所提供的劳动服务单位上的映射不是线性的。作为一个递增的映射,它最初是凸的。这种非线性的原因在于,把更新关于哪些决策要做出的信息所需的时间,以及组织起来所需的时间都包括进来了。接着,映射变为凹的,其中一个原因是工人会变得疲累,完成工作的质量不太高或速度较慢。

这个理论的其中一个含义是,不同时间长度的工作周,也就是不同的商品。劳动经济学家罗森(Rosen,1978)肯定了这一点。汉森和萨金特(Hansen and Sargent,1988)在他们讨论商业周期的论文中假设存在两个工作周长度:标准工作周和加班工作周。支持不同长度的工作周就是不同的商品的微观证据非常多。例如,两名兼职工人(工作时间分别达到了全职工人的一半)的工资总和明显低于一名具有类似人力资本的全职工人。此外,不同职业的标准工作周的长度往往各不相同。根据这个理论,不同职业的工作周之所以长度不同,是因为从分配给市场的时间到提供的劳动服务单位的映射在各职业之间是不一样的。当存在着不可忽视的非凸性时,即使所有的微观单位都是完全相同的,微观弹性与总体弹性也是不一样的。

无论是对家庭部门,还是对商业部门,都是如此。在生产单位层面,投资是参差不齐的,但是在总体层面,总投资却是平滑的。托马斯(Thomas,2002)证明,估值均衡理论预测,适应生产能力进行离散调整的单位的比例,就是使用的调整余地,而在调整的时候,总投资仍将保持平滑。

用来对总量时间序列进行建模的时间序列方法也要利用线性模型。这是因为在时间序列中不存在明显的非线性。非线性的一个例子是汉森和普雷斯科特(Hansen and Prescott,2005)构建的产能利用率有限制的模型,这个模型中存在着显著的非线性。如果产能限制只是偶尔具有约束力的,那么总体理论就会导致一个折弯的总生产函数,从而当产能限制有约束力时劳动收入份额就会下降。这也意味着,在对数据进行去趋势处理后,商业周期的高峰与低谷相比,将会更加平坦,也会更加小。这当然是一个理论上的改进,但是只有第二位重要意义。

2.7　关于总量分析的方法论的题外话

理论无非是通过构建模型经济来解决某个问题的一组"指令"。判断一个理论是好是坏,标准是它是不是有用。模型是用来得出科学推断的工具。什么样的模型是一个好模型,取决于正在处理的问题。现实世界是非常复杂的,任何模型都必定是抽象的结果,因为必定是"假"的。

需要强调的是,在特定应用中选择的模型经济并不是最适合一组特定经济统计量的模型经济。给定要处理的问题,模型经济必须拟合选择出来的现实的若干维度。为了说明这个思想,我们考虑如下这个问题:公开上市股票的平均回报率通常更高一些,在这当中,有多少是承担总体性风险的溢价?有极高流动性的短期债务被称为安全资产。然而,它仍然不是一个完全安全的资产,模型经济中的所谓"安全资产"也是如此。完全安全的资产并不存在。政府债务也是不安全的,因为政府会在某些极端情况下完全违约或部分违约。因此,所使用的模型经济中的消费过程不能存在发生极端事件的可能性。

梅赫拉和普雷斯科特(Mehra and Prescott,1985)用来解决这个问题的模型经济只有一种类型的家庭(可以存活无限期)和一个纯禀赋过程。梅赫拉和普雷斯科特为这个禀赋的增长率设定了一个马尔可夫链过程,并排除了极端事件。均衡消费就是这个禀赋过程的产出。这个模型要考察的关系是禀赋过程的回报与如下证券之间的关系:在下一个市场中确定地在市场均衡序列中按顺序支付一个单位的消费。经验告诉我们,股本的平均收益率与短期相对无风险流动债务的收益率之间的差距超过6%。梅赫拉和普雷斯科特的调查结果表明,两类证券的平均收益率的差异,只有很小的一部分可以用承担了不可分散的总体风险所要求的溢价来解释。

那么,那些具有更复杂的消费增长过程的模型经济能解决这个难题吗?答案仍然是否定的,因为模型经济所用的抽象可以允许任何关于消费增长率的平稳过程。当然,我们的抽象确实排除了极端事件,因为真正的无风险资产并不存在。

这个发现引出了这样一个问题:到底是什么因素引起了这个巨大差异?麦克格拉顿和普雷斯科特(McGrattan and Prescott,2005)在后续的研究中发现,引入分配税(由企业向所有者"收税"),可以使上述溢价减少三分之一。这也正是经济理论所强调的:在确定不同资产的回报时应考虑税后的分配。

管理资产的成本是必须考虑的另一个重要因素。养老基金的管理成本大大降低了家庭到手的股权回报,因为家庭只能通过这些基金间接持有股权。另一方面,管理短期流动资产组合的成本则很低。资产管理的规模和中介费用可以用国民收入和产出账户来估计。家庭部门直接或间接持有的公司股权的总价值则可以使用总体资产负债表统计量来估计。年度成本约占资产总值的2%。这些估计是由梅赫拉等人(Mehra et al.,2011)完成的。

平均收益率中剩余的大部分差异几乎肯定可以归因于交易进行时的流动性溢价。由此我们得出的结论是,股权溢价难题不再是一个难题了。有了更好的测量方法,我们就可以识别出对理论的偏离。不过从目前的情况来看,理论已经超前于对股权溢价的测量了。

这个用来度量和估计因承担了不可分散的总体性风险而得到的溢价的模型经济没有包括投资。但是在现实中,投资在产出中占了一个相当大的份额。因此,这个模型在这个意义上可以说是不现实的。然而,这个非常简单的模型已经足够丰富了,它能够解决所要解决的问题。现实的突出特征,已经纳入了用来解决给定问题的模型当中。这就足够了。一般的原则是,如果问题可以用更简单的模型来解决,那么就使用更简单的那个模型。

2.8 对"学科纪律"的需要

一个理论要想成为有用的理论,就必须依托于相应的学科。来自同一学科的不同科学家,应用学科知识、利用同一理论去回答给定的问题,都应该得到同样的结论(无论用该理论能推导出什么或不能推导出什么)。给定一个理论的现状,结论可能是,要想解决问题,必须先对该理论加以扩展。或者,结论也可能是,具体的答案取决于某些参数的取值的精确程度,而且现在对这些参数还无法足够准确地加以测量。我们现在用来进行总量分析的是新古典增长理论。这个理论所属的学科的其中一个关键特征就是,当研究者试图通过扩展理论去解决某个偏离理论的问题或扩大理论的适用范围时,扩展后得到的理论必须与以前对该理论的成功应用保持一致。

在本章的后续章节中,我将对新古典增长理论的发展和应用进行回顾。这个理论适用于经济学的几乎所有拥有实质性内容的领域。它不仅仅适用于传统的商业周期波动,而且适用于跨国和跨期的人均产出水平的差异,它也是公共财政、金融资产定价、劳动经济学、货币经济学、环境经济学和国际金融学所用的理论。

某个具体应用中使用的模型经济会受到更多非总体统计量(disaggregated statistic)的限制。例如,对于新结构而言,对新建筑物(结构)的建造时间的假设,必须与建成新建筑通常所需的时间相一致。计量经济学家已经构造了拒绝汉森(Hansen, 1985)的商业周期模型的统计检验。汉森的这个模型抽象掉了建造时间,因为他认为这个现实特征在理解商业周期波动时只有很次要的作用。而使用由基德兰德和普雷斯科特(Kydland and Prescott, 1982)的模型生成的数据(他们这个模型包含了一种需要建造时间的技术),这些统计检验将会导致对真实商业周期模型(RBC)生成的数据的拒绝。反过来,我们同样很容易构造另一个检验——它将拒绝包括了建造时间的模型。这里的含义是,在选择什么模型来解决某个综合的问题时,统计假设检验几乎没有任何用处。

3. "学科纪律"的性质

3.1 理论与测量之间的往返互动

对商业周期波动的持续研究,还导致了关于这种波动的动态随机一般均衡模型的出现。早期的动态随机一般均衡模型通常具有二次家庭效用流函数和线性技术约束。而且,这个研究计划也没有产生包含了可以与实际账户进行比较的国民账户的模型。它们的使用也不符合克莱因规则(Klein discipline)。早期的动态随机一般均衡模型的例子包括萨金特的模型

(Sargent,1976)、基德兰德和普雷斯科特的模型(Kydland and Prescott,1977),等等。这些模型的另一个局限性是,用经济学中得到的其他观察结果来限制模型经济的选择非常困难,在某些情况下甚至是完全不可能的。

事实证明,最重大的突破就在于利用增长理论来研究商业周期波动。一个问题是,为什么增长理论要等上这么长的时间才会被用于这个目的?答案是,传统上,囿于微观理论推理,许多经济学家认为动态经济理论对于理解商业周期波动毫无用处。之所以会流行这种观点,原因在于闲暇和消费周期性地在相反的方向上移动。由于这些商品都是正常货物,它们的相对价格不会出现周期性的运动,因此微观推理得到的结论是,闲暇应该顺周期地运动,尽管实际上它是强烈反周期的。另一个事实是,劳动生产率是一个顺周期变量,而这恰恰又与微观理论的预测相反(微观理论的预测是,给定投入生产的总投入,劳动生产率应该是反周期的)。微观推理导致了不正确的结论:这些总体观察结果违背了收益递减规律。

为了利用增长理论来研究商业周期波动,首先必须将投资—消费决策和劳动—闲暇决策内生化。基德兰德和普雷斯科特(Kydland and Prescott,1982)引入了一个总家庭(aggregate household)来实现这一目标。我们把注意力集中到了能够使模型经济有一个平衡增长路径的家庭效用函数上,因为这种平衡增长路径体现了增长的特征事实。进行了这样的扩展之后,增长理论和商业周期理论就融合到了一起。事实证明,这个动态总量理论的预测是与商业周期事实一致的,而这些事实与运用微观经济推理得出的结论则背道而驰。

前述纳入了建造时间的模型经济只存在技术冲击,所以对它的分析仅限于决定不同类型的技术冲击过程对新古典增长模型的周期性行为的影响。基德兰德和普雷斯科特(Kydland and Prescott,1982)发现,如果存在持续的技术冲击且劳动供给的总弹性很高,那么新古典增长理论就可以预测商业周期变化性质的波动。模型的构建本身意味着,这个模型经济能够体现增长的特征事实。然而,劳动供给的总弗里施弹性(Frisch elasticity)并不受增长事实的限制。因此在这里要先回答以下两个问题,才可以说新古典增长模型显示出了具备观察到的性质的商业周期波动特征。第一个问题是,家庭总劳动供给的弗里施弹性是否至少为 3。第二个问题是技术冲击是不是高度持续且大小适当的。

对于基德兰德和我(普雷斯科特)的论文的一个批评是,从经验上看,周期性的劳动生产率和总工作时数大体上是正交的,但是在模型经济中,它们却是高度相关的。如果生产率冲击是造成商业周期波动的唯一因素,这将会成为一个有效的批评,而且商业周期波动将与新古典增长理论不一致。但是,生产率的冲击绝不是导致那个时期商业周期波动的唯一因素。为了确定生产率冲击对商业周期波动的影响程度如何,需要估计这些冲击的差异。这项工作是由普雷斯科特(Prescott,1986)完成的。根据估计,劳动生产率和工作总时数确实大致正交——至少在被研究的那个时间是这样。估计结果表明,如果生产率冲击是唯一的冲击,那么美国经济在这个时期的波动性将只相当于实际波动性的 70%。

冲击的性质在理论上是有重要意义的。如果人们认为所有生产率的变化都可以归因于生产中有用的知识的增长,那么生产率的冲击一般来说应该是负面的,然而实际上,生产率冲击只是有时是负面的。这个事实的一个含义是,有用知识的存量的增长不是导致生产率变化的唯一原因。另一个会改变生产率的因素是法律和监管等制度因素的变化。这种变化也可以提高或降低生产率。我们观察到的国家与国家之间的生产率的巨大差异,提供了法律和监管体系在决定生产率方面非常重要的有力证据。

3.2　垄断竞争:对商业周期核算只有很小的影响

新古典增长理论假设市场交易中各方都是价格接受者,也就是说,抽象掉了某些企业和要素供给商群体具有一定市场力量、不是价格接受者这个事实。有人担心这种抽象会不会影响结论。为此,霍恩斯坦(Hornstein,1993)引入了垄断竞争,结果发现,对于衡量生产率冲击对商业周期波动的贡献来说,垄断竞争的重要性几乎可以忽略不计。霍恩斯坦对一个垄断竞争模型用与新古典增长模型相同的一组统计数据进行了校准。在引入垄断竞争之后,模型经济对冲击的反应更大一些,但是由于对潜在生产率冲击的方差的估计也较少,从而抵消了这一点。因此,在估计生产率冲击对商业周期波动的贡献的时候,有没有将市场力量抽象掉无关紧要。当然,对于其他一些问题,情况就可能不是这样了。这个事实恰恰说明了理论进步的途径。一个成功的挑战是,证明以严格的方式引入现实世界的某个特征,就可以改变问题的答案。而不成功的挑战的结果对我们来说是更有意义的,因为它们增加了我们对原始研究的信心。

3.3　非中性技术变革:在基本模型中没有什么影响

复合投资品(composite investment good)与复合消费品(composite consumption good)之间的相对价格并不是恒定不变的,在基本的新古典增长模型中也是如此。从长远来看,以名义价值衡量,生产出来的投资品的价值相对于生产出来的所有商品的价值来说,也是或多或少恒定不变的。在满足如下总生产关系的世界中,投资品的相对价格会下降:

$$c_t + (1+\gamma)^{-t} x_t \leq A k_t^\theta h_t^{1-\theta}$$

其中,$\gamma > 0$。当投资品对消费品的相对价格以速度 γ 下降时,平衡增长路径是存在的。格林伍德等人(Greenwood et al.,1988)证明了这一点。他们这篇论文的另一个很有意思的发现则与折旧对商业周期波动理论的重要意义有关。

3.4　折旧的性质:重要

对于折旧,标准的抽象处理方法是假设一个有不变折旧率的永久存货:

$$k_{t+1} = (1-\delta) k_t + x_t$$

格林伍德等人(Greenwood et al.,1988)假设折旧率会随着资本使用的强度而增加,这也就是说,他们假设了一种像陶布曼和威尔金森(Taubman and Wilkinson,1970)一样的折旧技术。令 u_t 表示资本利用率,那么提供的资本服务为 $u_t k_t$,同时折旧率是利用率的增函数 $\delta_t = \delta$

(u_t)。给定这个假设,在用增长事实校准的模型中,对生产率冲击的反应将更大,而劳动供给的总弹性则更小。

我确信,国民收入和产出核算专家应该已经考虑过这种替代的折旧理论,但是发现它其实没什么特别意义。诚然,在经济活动水平很高的时期,某些资本的利用强度会很大。然而,对于大多数资本品而言,折旧并不依赖于利用的强度。其中一个原因是,在繁荣时期,机器都会得到很好的维护,以保证它们高效地运行,更好的维护降低了折旧率。同样地,办公楼的入驻率和使用率提高,也不会增大它们的折旧率。国民账户核算时,之所以坚持使用永续盘存方法并按使用寿命来计算总折旧,就是因为这种方法与二手资本设备的价格是一致的。这是微观证据限制了用来解决一个总量问题的模型经济的又一个例子。

如果这种替代的折旧理论已经通过了微观检验,那么也就会在理论内引入一系列不一致之处。那样的话,商业周期观察结果将意味着更小的劳动总供给弹性,而这反过来又意味着,对于因劳动收入的边际税率的差异所导致的劳动总供给的跨国差异的理论预测,将会远小于它们的实际水平。而要解决这些不一致性,可能只有一个方法,那就是假设特定于国家的偏好差异会导致边际税率上升和劳动供给下降。然而,如果真的采取这种解决方法,那么在所谓的增长奇迹期间,对劳动总供给的理论预测将会出现极大的不一致性。

在这里,重要的一点是,偏好和技术参数在我们的学科中,必须在各种不同的应用之间保持一致。

3.5 货币政策:对商业周期波动的影响不大

在定量总量经济理论发展起来之前,经济学界的一般观点是,货币政策对真实变量的行为,特别是实际产出和就业有重要的实际影响。幸运的是,只要发展出了能够引发货币需求的交易的理论抽象,就可以将它们引入新古典增长理论,并评估它们对真实变量的定量影响。库里和汉森(Cooley and Hansen,1995)率先做到了这一点,不过他们的发现是,货币政策的实际后果非常小,并没有导致非常高的通货膨胀率。这也支持了萨金特和西姆斯(Sargent and Sims,1977)的实证研究结果,即在第二次世界大战结束后的美国经济中,实际变量的运动不是货币因素的结果。

随后,粘性工资和交错的名义工资合同也陆续被引入了新古典主义增长模型,沙里等人(Chari et al.,2000)研究了它们对实际变量的定量影响,结果发现,这些机制并没有引发以往观察到的那种性质的商业周期波动。

另一个可以证明货币政策不重要的有力证据源于如下事实。在通货膨胀率出现了很大变化的那些时期(例如,在美国,1978年至1982年间),抽象掉了货币因素的真实周期模型,与观察值相比并没有太大的偏差。

3.6 两个重要的方法论进展

在对用新古典增长理论去研究商业周期波动提出批评时,萨默斯(Summers,1986)提出了一个很好的问题:所说的那些冲击到底是什么?要想很好地回答他这个问题,还得先等待新古典增长理论出现一个重要的方法论进步。这个进步是路径分析(path analysis)。

3.6.1　路径分析

汉森和普雷斯科特(Hansen and Prescott,1993)在讨论技术冲击是否导致了1990—1991年的经济衰退时,率先利用了路径分析方法。在这篇论文中,模型的动态系统用于在给定已经实现的冲击的情况下,生成变量的时间路径。结果发现答案是肯定的,确实是生产率冲击导致了那场经济衰退。

这篇论文还给出了另一个极有意思的结果。仅仅包含技术冲击的模型的预测是,1993年至1994年间,经济就应该复苏,因为生产率已经回到了它自己的趋势上。但是事实并非如此,因此在那期间肯定有其他因素抑制了经济复苏。不久之后,这些"其他因素"就被识别出来了,那就是税率的上升。

3.6.2　有存货(状况变量)的企业的分布

一个相当普遍的观点是,由于存货投资会出现很大的周期性变化,所以存货的"行为特征"对于理解商业周期波动有很重要的意义。关于存货投资的微观理论早就发展起来了,但是由于缺乏必要的工具,经济学家一直无法将这个特征纳入定量新古典增长理论。

费希尔和霍恩斯坦(Fisher and Hornstein,2000)找到了一种方法,可以在企业进行存货投资而面临固定资源成本的情况下,将存货投资引入新古典增长模型。他们的方法是,将存货存量视为一个企业状态变量,并将以它们各自的存货数量为索引的企业分布作为一个总体状态变量。霍恩斯坦(Hornstein,1993)在评估垄断竞争的定量重要性的时候,也采用了这种方法。这是方法论上的一大进步。

3.7　20世纪90年代的大总量经济之谜

在美国,产出和就业从1994年开始步入繁荣周期,然后一直持续到了20世纪90年代的尽头。从当时的总量经济理论的角度来看,这个繁荣是非常令人困惑不解的。在这个繁荣时期,企业利润在国民总收入(GNI)中所占的比例很低。而在其他繁荣时期,这个比例都会高于正常时期的水平。另一个令人困惑的观察结果是,在这个繁荣时期,每小时GDP(这是衡量生产率的常用标准)也相当低。通常来说,在GDP的周期性变化中,大约有三分之一可以用生产率来解释(其余大约三分之二则可以用市场工作时间来解释)。但是在这个繁荣时期,市场工作时间却解释了125%,而生产率则只能解释负的25%。无论是劳动力市场的政策变化,抑或是税率的变化,都无法解释这些现象。这个难题至少维持了6年之久。与一般均衡理论一致的一个可能解释是,美国人(以及欧洲人)在这个时期都"传染"上了一种"工作狂"病,这也就是说,愿意用工作来替代闲暇的人的总体比例变了。但是,这种解释违背了本文回顾的动态总量经济理论的学科纪律。

要想回答这个问题,定量总量经济理论的两个发展至关重要。第一个发展是,提出一系列模型经济所用的一种均衡条件,这些模型经济依赖当前时期变量去解释工作年龄人口的人均工作时间在不同国家和不同时期表现出来的巨大跨国、跨期差异。这个均衡条件就是指消费与闲暇的边际率等于税后工资。在这里,需要假设柯布-道格拉斯(Cobb-Douglas)型生产函数,以保证工资就是总劳动收入除以总工作时数。[①] 这样一来,对于总家庭来说,消费与闲暇之间的替代弹性就与新古典增长模型要呈现出商业周期波动所需要的替代弹性恰恰相同。

现在,西欧各国的工作时间要比其他发达工业化国家少 30%,其原因不在于西欧国家的工人更加懒惰,也不在于他们能够更好地利用非市场的生产性时间。原因在于,在这些国家,劳动收入和消费的边际税率都更高。这些更高的税率在消费与市场工作时间的期内边际替代率,以及消费与市场工作时间的边际转换率之间引入很大的税收楔子。

第二个发展是,使用这种方法来解释美国和英国在 1960 年至 2000 年间企业价值相对于国民生产总值的长期的巨大变动。在这里,模型中考虑的均衡关系如下。企业的市场价值等于企业所拥有的资本存量的市场价值。由于无形资本在确定企业价值时也有重要意义,所以无形资本存在也必须纳入分析。品牌、名称、组织资本、专利和技术知识都有助于提高企业的价值。

有了上述这两个发展之后,解决 20 世纪 90 年代美国的"工作时间(虚假)繁荣"的条件就具备了。

4. 1995 年以后的重大发展及其应用

新古典主义增长理论不断取得重大的理论进步,从而有效地提高了这个理论的适用性。同样重要的是,开发容易使用的新的、更好的数据集。现在,这些数据集在各国之间变得更加统一了,从而非常有利于对经济总量中会引起跨国差异的因素的研究。与此同时,计算能力的提高也使得将人口统计特征引入用来得出科学推断的新古典增长理论成为可能。此外,生命周期特征对于了解总储蓄的行为至关重要,因为它与为日后退休生活做准备的储蓄行为有关。

4.1 法国"每周工作 35 小时"政策与俱乐部理论

估价理论(valuation theory)的一个重要发展是引入俱乐部概念。俱乐部是一个用来内部化外部性的安排——无论所针对的外部性是积极的,还是消极的。俱乐部是一个比经济更小的组织。一个非常重要的俱乐部类型就是家庭。在古典估价理论中,家庭这种俱乐部是最基本的。对于每个家庭来说,总是会有一个经济行为主体,他要在自己的预算约束之内,

---

① 这是卢卡斯和拉普平(Lucas and Rapping,1969)在将劳动供给纳入宏观经济计量模型时所用的工资量度。

在商品空间的某个子集中选中一个最优点,这里的商品空间也就是该家庭的消费可能性集合。商业组织也是俱乐部。企业的生产可能性定义为商品空间的一个子集,以及所有权家庭的份额。科尔和普雷斯科特(Cole and Prescott,1997)扩展了估价均衡理论,将俱乐部包括进来。

然而,直到今天,这个理论发展在定量总量经济分析中仍然几乎没有使用。据我所知,只有一项定量总量经济应用研究使用了上述俱乐部理论。这项应用研究是由菲茨杰拉德(Fitzgerald,1998)完成的,他运用对基本理论的这一扩展预测了法国所实施的每周工作35小时制的后果。在他的模型中,家庭有两种类型,劳动的服务也有两种类型——熟练的和不熟练的。第1种类型的家庭只能提供不熟练的劳动,第2种类型的家庭则可以提供任何一种类型的劳动。这个模型的一个重要约束是,对于每家企业来说,执行"熟练"任务的人与执行"非熟练"任务的人的工作时间表必须相等。熟练的工人的任务包括监督、指导和协调非熟练工人的工作。

法国执行的每周工作35小时的制度的目标是帮助非熟练工人而不是享受高薪的熟练工人。但是事实证明,在每周工作35小时的制度下,熟练工人的处境变得更好了,而非熟练工人的境况却变得更糟糕了,从而完全违背这个制度的初衷。这项法律约束,改变了企业的技术集,从而产生了一个非意图的结果。不过,这项计划确实达到了提高非熟练工人的就业率的预期后果。

4.2 卡特尔政策与美国大萧条之谜的解决

科尔和奥哈尼安(Cole and Ohanian,1999)倡导了一个研究计划:运用新古典增长理论研究大萧条。他们发现,1930—1939年的美国大萧条是对这个理论一个很大的偏离。这种偏离的集中体现是,工作年龄人口的人均市场工作时间长期无法恢复到萧条发生之前的水平。在整个20世纪30年代,工作年龄人口的人均市场工作时间一直比经济危机发生前的水平低20%至25%。如果说劳动供给萎靡不振,那么原因也不是金融方面的,因为在1934年至1939年间,美国没有发生过金融危机。这个时期也没有出现过通货紧缩,利率也很低。根据这些事实,科尔和奥哈尼安排除了货币政策导致劳动供给低迷的可能性。原因也不可能出在生产率上,因为生产率在1934年就回归趋势线,随后一直保持在趋势线之上。

这些发现促使科尔和奥哈尼安更加努力地探索如何扩展新古典增长理论,以解决20世纪30年代美国经济无力复苏之谜。他们观察到,与没有卡特尔化的行业相比,卡特尔化的行业的相对工资有所增加。但是,卡特尔化的行业的就业最为低迷,而且无法恢复。我们把就职于卡特尔化的行业中的人称为内部人,而把竞争行业内的人称为外部人。因此,科尔和奥哈尼安必须解决的问题是如何将卡特尔化的安排引入定量总量理论。

科尔和奥哈尼安(2004)最终找到了一种解决办法。他们发现卡特尔化政策就是导致美国经济无法在大萧条后恢复到大萧条之前的水平的主要因素。他们估计,在20世纪30年代的美国大萧条中,卡特尔化政策可以解释就业低迷的一半以上。同时他们还证明,税收政策和工资政策可以解释剩余部分当中的绝大部分,所以大萧条不再是一个谜题了。

后来,麦克格拉顿(McGrattan,2012)进一步扩展了这个理论,以便分析对于未来加税(增加企业给所有者的分配的税收)的预期的影响。她发现,这些因素对解释1930年的产出大幅度下降非常重要。企业向所有者分配大量现金,而不是使用现金为新投资融资。费希尔与霍恩斯坦(Fisher and Hornstein,2002)认为,将工资设定在均衡价值以上的工资政策导致了德国1927—1932年的大萧条。正如理论所预测的,1932年年底,取消了这些政策后,德国就从大萧条中快速复苏了。

4.3　税收与国家劳动供给:多项应用研究的交叉验证

关键的问题是,用来研究商业周期波动的新古典增长理论能不能解释美国与西欧各国之间的劳动供给的巨大差异——用工作年龄人口人均市场工作时间衡量。在1993年到1996年间,美国工人的工作时间平均比法国、意大利和德国工人多出了40%。而且,这种情况并不是"自古皆然"的。事实上,在1970年至1974年间,美国和西欧各国的工作年龄人口的人均市场工作时间是不相上下的,正如美国今天的人均工作时间与除了西欧各国之外的发达工业化国家大体相当一样。

普雷斯科特(Prescott,2004)在预测作为对劳动收入的有效税率的函数的劳动供给差异时所用的均衡关系是:非市场生产性时间和消费之间的边际替代率等于税后实际工资。在这里,需要假设一个柯布-道格拉斯(Cobb-Douglas)形式的总生产函数。

由此,国家 i 的均衡条件可以写成:

$$h_{it} = \frac{1-\theta}{1-\theta + \dfrac{c_{it}}{\gamma_{it}} \dfrac{\alpha}{1-\tau_{it_t}}}$$

在这里,θ 是资本份额参数,α 是闲暇参数的值,h_{it} 是工作年龄人口的人均市场工作时间,τ_{it} 是对劳动收入的有效平均边际税率,还有 c_{it}/y_{it} 是消费掉的总产出的比例。

这里的分析只有一个自由参数,即偏好参数 α。这个参数不受平衡增长事实的限制。资本收益份额参数在不同国家和地区之间几乎是固定不变的,都等于1/3。我对偏好参数 α 的选择是,保证上述关系在美国成立。

美国20世纪90年代的繁荣与以前研究的繁荣的情况有所不同,而且与前文讨论的基本新古典主义增长模型也不一致。图1给出了1990—2002年工作年龄人口的人均预测和实际工作时间(运用没有无形资本的模型得出)。这个经济理论中的谜题困惑了人们整整8年之久。没有任何其他理论模型能够预测这个繁荣。

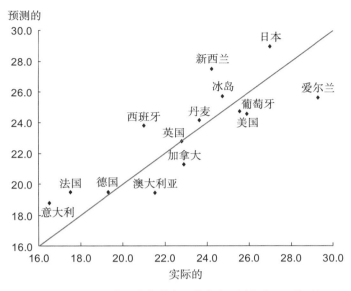

图 1　1990—2002 年工作年龄人口的人均预测和实际工作时间

4.4　利用世代交叠模型的抽象方法

对于许多问题,无论是用"动态王朝"模型还是用世代交叠模型来处理,都无关紧要。不过,在计算能力大幅提高之前,使用世代交叠模型是不可行的。布劳恩等人(Braun et al. , 2009)很好地利用了现代强大的计算能力,发现无论是动态模型还是世代交叠模型都是与 20 世纪 90 年代日本的储蓄率下降的事实相一致的。然而,对于 2010 年之后的日本储蓄率来说,对总家庭的这两种不同的建构就意味着非常不同的行为了。由于日本在 20 世纪 60 年代出现过最大的婴儿潮,所以在 2010 年之后,需要动用储蓄来维持退休后的生活的人将会剧增,因而总储蓄率将会下降。从定量的角度来说,储蓄率的这种行为与世代交叠模型所预测的完全一致。

5.　无形资本扩展了新古典增长理论的适用性

企业投资形成并拥有的无形资本是相当庞大的,这一点从未有争议。因此一个很自然的问题是,以往为什么不把无形资本纳入定量总量理论呢? 答案是,那时还不存在符合"学科纪律"的方法,无法将这个在很大程度上从未报告的产出的组成部分纳入理论模型。内在一致的家庭负债表和企业资产负债表的出现,是解决这个问题的关键。资产负债表要报告的事项,除了许多其他事项之外,还有企业权益的所有权的价值。

5.1 公司制企业(法人企业)的价值

令资本品 K_j 的价格为 $q_j(\pi)$,其中 π 指特定的税收政策。税收政策不仅包括对企业的会计利润征税的税率,还包括对企业给业主(所有者)的分配征税的税率、规定的资本消耗备抵规则,以及通货膨胀率。生产过程还有一个重要投入品是企业员工所拥有的人力资本服务,但这种服务是竞争性的,而且不会出现在企业的价值中。因此,我们不需要把它包含在用于确定企业价值的模型中。

企业的总市值 V 可以用下式表示(其中的下标 T 表示企业的有形资本、下标 I 表示企业拥有的无形资本):

$$V = q_T(\pi)K_T + q_I(\pi)K_I$$

如果不存在资本所得税,那么用消费品单位来衡量的资本的价格将为 1。但是,这里是存在资本所得税的。

给定几乎所有的投资都通过留存收益来融资的条件下,用消费品的数量来衡量时,一单位有形资本的价格为:

$$q_T = (1 - \tau_{\text{dist}})$$

其中, τ_{dist} 是对企业给业主(所有者)的分配征税的税率。这里使用的是对分配的平均税率。在 20 世纪 60 年代,几乎所有的分配都体现为红利的形式,使用的税率则是个体边际税率的平均值(用适用于某个边际税率的群体收到的总红利来加权)。在 20 世纪 60 年代,这个平均税率是 45% 左右。然后,从 20 世纪 80 年代开始,回购开始大量出现,而且分配也允许推迟到资本收益实现的时候,这就降低了分配的平均税率。

无形资本会消耗掉,因此,它对做出这项投资的企业的所有者的价格小于将它生产出来的成本。由此,无形资本的价格是:

$$q_I = (1 - \tau_{\text{dist}})(1 - \tau_{\text{corp profits}})$$

使用这个理论,麦克格拉顿和普雷斯科特(McGrattan and Prescott,2005)发现,在他们研究的那个时期内,无论是在美国还是在英国,企业的总市值 V 相对于年度国民总收入(GNI)的变化都非常大。具体地说,在 1860—2000 年,V/GNI 数值变化因子在美国为 2.5,而在英国则为 3.0。这种变化不是因为税后企业收入与国民总收入变动之间的比率发生了变化而导致的,这个比率在这个时期内的变化微乎其微。运用这个理论,麦克格拉顿和普雷斯科特发现上述长期变化的原因在于税收和监管法规的变化。无形资产是企业的价值的一个重要组成部分。

一个导致企业价值上升的税收制度的重大变化是递延报酬个人储蓄账户的出现。这种账户使得家庭为退休而进行的储蓄不用缴纳资本所得税。只要提取的储蓄金是用于退休后消费的,当前消费和未来消费之间的边际替代率与当前消费和未来消费之间的边际转换率之间就不会出现跨期楔子。

仅有增加的资本本身对商业周期波动核算的影响微乎其微,所以这里并没有新的谜题出现。相反,一个尚未解决的老难题是资产价格的过度波动性之谜,它是勒罗伊和波特(LeRoy and Porter,1981)、席勒(Shiller,1981)在很久之前提出的。事实上,麦克格拉顿和普雷斯科特(McGrattan and Prescott,2005)由于只研究了企业所拥有的资本存量的价值而不是红利的现值,因此反而是加强了而不是弱化了这个过度波动性难题。这些资本存量的变化是非常平滑的,所以理论预测是,价格的变化也应该如此。

在这个纳入了由商业企业所拥有的无形资本的模型中,我们为总生产函数设定了另一种总生产技术。生产中有三项投入:有形资本服务、竞争性的人力资本服务和无形资本服务。有两种产品:一种是不包括无形资本投资的组合产品,另一种是无形资本投资。有两类生产活动:一类生产无形资本,另一类生产其他最终产品。

需要强调的是,这并不是一个两部门模型,因为无形资本的服务不会配置到不同类型的生产活动上去(另两种投入的服务则要这样配置),而是由两类活动同时一起使用的。不然的话,生产技术就是标准的了。令 Y_1 表示减去无形投资后的产出,Y_2 表示无形投资产出,K_T 表示有形资本存量,K_I 表示无形资本存量,并令 L 表示竞争性的人力资本服务(劳动),那么上述两类生产活动的总产出为:

$$Y_1 = A_1 F_1(K_{T1}, K_I, L_1)$$

$$Y_2 = A_2 F_2(K_{T2}, K_I, L_2)$$

$$K_T = K_{T1} + K_{T2}$$

$$L = L_1 + L_2$$

一单位资本生产出一个单位的资本服务。在这里,所有变量(包括生产率参数 A_1 和 A_2 在内),都隐含地包括了一个时间下标。函数 F_1 和 F_2 具有总生产函数的所有标准性质。

这种技术的一个重要特点是,K_I 没有活动下标。品牌名称既可以用于生产在市场上销售的产品,也可以用于相关产品的开发。专利也是如此。其余两项投入则要在两类活动之间进行配置。如果生产率变化在使得 A_{1t}/A_{2t} 保持不变这个意义上是中性的,那么对商业周期的影响就会保持不变。因此,这种技术在新古典主义增长模型有效的地方也就有效。因此,这个部分是符合"学科纪律"的。

这里比较难处理的一个问题是,企业所投资并拥有的无形资产中,大部分都会消耗掉,因此不能成为实际测量的产出的一部分。主要的障碍是,很难将这种不可观察量以一种严格的符合"学科纪律"的方式融合进来。为了解决这个问题,麦克格拉顿设想了一种方法——请参见麦克格拉顿和普雷斯科特的论文(McGrattan and Prescott,2010b)——无形资本净投资的规模会对企业部门的会计利润产生影响。因此,如果掌握了初始存量,那么就可以从国民收入和产品账户(NIPA)报告的统计数据中计算出存量。

5.2 20世纪90年代的美国工作时间的猛增:真实商业周期理论的危机

前述基本的新古典增长理论模型在将生产率税和人口统计学性质视为外生的前提下,

准确地预测了20世纪90年代之前的美国经济的行为特征。在那个时候,理论超前于测量。但是,对于20世纪90年代的美国经济,基本的新古典增长理论就无法给出准确的预测了。市场工作时间大幅上升,同时每小时GDP(通常用来衡量相对于趋势的生产率的指标)却不断下降。简单核算得到的结果是,劳动投入解释了产出的125%,而生产率的标准衡量指标则只能解释负的25%。而在通常情况下,工作时间大约可以解释产出的去趋势变化的三分之二,生产率则可以解释其余的大约三分之一。

税收不是回答这个问题的答案,因为在这个繁荣时期之前的期内税收楔子(如果期内税收楔子真的存在的话)要更大。劳动市场上也没有发生过能够改进劳动市场绩效的大型变革。因此,经济学家面临着一个难解之谜:为什么人们会工作如此多的时间?图2显示的是用基本增长模型绘制的预测和实际路径(没有在这个理论模型中引入无形资本)。

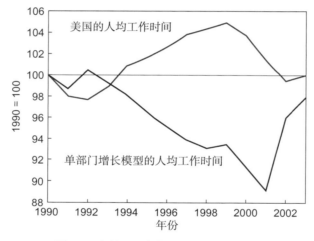

图2　不包括无形资本:对理论有严重偏离

我们一定要认识到,对无形资本的大量投资一直都在进行,而且大部分投资都没有作为产出的一部分而报告出来,因为它们都消耗掉了——在那个时候,只有在电脑软件上投资会得到报告。

总量经济学并不是唯一具有不可观测变量的科学。阿尔伯特·爱因斯坦(Albert Einstein)有一句名言:"并非所有重要的东西,都能够计算得清楚,也并非所有计算得清楚的东西都是真的重要的。"这里关键的关系是会计利润方程。没有得到测量的无形资本投资净额越大,这些问题就越小。这一发现,以及会计利润在这个工作小时繁荣时期只占国内生产总值的极小部分的事实,都是与无形资本投资非常大这一点是一致的。还有其他一些证据则来自美国国家科学基金会(National Science Foundation)。因为美国国家科学基金会提供私人研究与开发支出的估计值,而私人研究与开发支出正是无形资本投资的非常重要的组成部分。

这种投资支出的以百分比衡量的增长幅度,远高于20世纪90年代繁荣时期实际测量出来的投资支出的增长幅度。

在引入了无形资本和国内生产总值的非中性技术变化,以及无形资本投资之后,测量结果就再一次与理论一致。这一点在图 3 中看得很清楚。

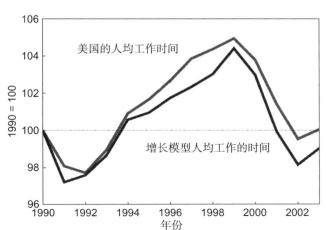

图 3　包括无形资本：对理论没有偏离

扩展后的理论能够解释美国联邦储备委员会的资金流量表账户所报告的资本收益。大约有一半的投资是由要缴纳公司所得税的企业的所有者提供资金的,而另一半则由其他领域的工人所有者提供资金。这与微观观察结果相符。

5.3　技术资本

无形资本可以分为不同类别。一些无形资本是本地生产单位和市场专用的,还有一些则是能够产生可以用于多个地方的服务的资产。在美国,几乎每一个大都会区都有同样的主要零售商。这些主要零售商中的每一家的所有分支机构都使用相同的专有技术和名称。这些分支机构都依赖于各自总部的供应链管理、资金支持和广告服务。可以在很多个地点使用的无形资本是技术资本。对于这类资本的投资所需的资金归根到底是由区位租(location rents)提供的。

尽管拥有更多地点的封闭经济会比只拥有较少地点的封闭经济更加富有(在其他所有条件都相同的情况下),但是这里并不存在规模收益递增。事实上,给定地点的生产单位面临的是规模报酬递减。作为价格接受者,当地的生产单位,实现的只是区位租。技术资本的存在,也是外国直接投资存在的原因。

5.4　用于估计开放的益处

对源于开放的益处的估计,始于对开放在经济发展中的作用的研究,例如,请参见麦克格拉顿和普雷斯科特(McGrattan and Prescott,2009)。这方面的观察结果是,在第二次世界大战之前的 50 年里,签署 1957 年《罗马条约》(Treaty of Rome)的欧洲 6 国的 GDP 的劳动生产率只相当于美国的一半多一点。而在接下来的 30 年里,这 6 个欧洲国家的生产率逐渐赶上了美国。这个事实有力地证明,开放能够促进经济发展。然而,如果限定在估计中使用的模型必须与贸易流保持一致,那么贸易的作用最多只能解释这种好处的九分之一。同时技术资本可以解释三分之一。这个证据表明,与开放相关的其他因素更加重要。以下两个尚未被纳入理论模型的因素似乎是特别重要的:公共知识越来越快地传播;越来越激烈的竞争减少了采用更有效率的生产技术的障碍。

将新古典增长理论扩展为包含技术扩散因素之后,我们已经可以用这个理论来评估中国的外国直接投资政策的后果了。霍尔姆斯等人(Holmes et al.,2015)发现,中国的以市场换技术的政策(即要求在中国进行直接投资的外国跨国公司向中国转移技术资本,以换取进入庞大的中国市场的准入资格),是非常有利于中国的经济利益的。中国在制定这些限制条件时,违反了世界贸易组织的规定。在人民币获得储备货币地位之后,中国对外国直接投资的兴趣还将会增加。这项研究证明了新古典增长理论在新的领域的有用性,如前所述,有用性是成功的科学理论的一个标准。

5.5 用于解释美国经常账户的特点

美国经常账户的一个很重要的特点表现在,根据报告,美国公司在国外的直接投资的回报率很高,而外国公司在美国的直接投资的回报率则很低。例如,美国经济分析局(BEA)的报告称,在1982年至2005年间,美国公司的国外直接投资的平均回报率达到了9.3%,而外国公司在美国的直接投资的平均回报率则只有3.0%。图4给出了此期间的上述年平均回报率。这也就非常自然地引出了一个问题:为什么回报差异会这么大,而且有这么强的持续性。麦克格拉顿和普雷斯科特(McGrattan and Prescott,2010a)回答了这个问题。

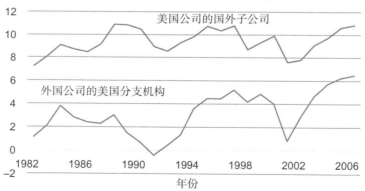

图4 美国经济分析局(BEA)报告的平均外国直接投资年回报率

只要引入技术资本,就可以解释上述回报率差异的60%以上。无形资本投资存量在这里发挥了很重要的作用,因为它能够提高利润,但是却不会推高美国经济分析局所报告的资本存量。它确实增加了资本存量,而资本存量的增加会压低经济回报率。美国的跨国公司很早就在国外开展直接投资了,因此拥有的无形资本与来自其他国家的跨国公司在美国的子公司相比要大得多。外国分支机构的"年龄"是一个重要因素,因为无形资本投资很高,所以当它们"年轻"时,美国经济分析局报告的盈利就很低。这个微观证据有力地支持了我们的理论。

如果改用经济回报率来度量,那么美国公司的外国直接投资的平均回报率与外国公司在美国的直接投资的平均回报率之间的差距就会从 6.3 个百分点下降到大约 2.5 个百分点。既然如此,另一个问题又会自然而然地浮现出来:那剩余的 40% 的差异又怎么解释? 公司税率因国家而异,通过转移定价,利润会转移到税率更低的国家。事实上,公司金融的一个非常重要的领域就是探讨跨国公司如何为在自己与外国子公司之间转移的商品和服务制定适当的价格。

6.　结论性评论

新古典增长理论及其扩展的成功应用就介绍到这里。这个理论一直引导着总量经济学的发展。现在,有更多、更好的数据集可用了,新古典增长理论的进一步发展也正在孕育中。确实,在有了更好的数据可用性之后,我们已经在融合家庭部门的特征方面取得了巨大的进展[1],家庭部门像商业部门一样,也具有重大的经济意义。在新古典增长理论的发展和应用的早期阶段,对家庭的设定是非常原始的。然而到了现在,家庭的结构已经日益变成了一个内生因素。随着时间的推移,家庭部门发生了巨大变化,而且,它不是政策不变的(policy invariant)。

在报告家庭部门的统计数据时,一个家庭是指居住在同一所住宅内的一些人,也就是一个邮政地址。在美国,家庭规模已经发生了很多重大变化。此外,许多家庭都由已婚夫妇组成。但是随着时间的推移,匹配的性质已经发生了很大改变,例如,格林伍德等人(Greenwood et al.,2016) 发现,一个重要的变化趋势是正向的"门当户对"匹配(positive assortative matching)的夫妻的增多,即夫妻双方都有专职工作的家庭变得越来越多。这些变化已经对家庭收入分配产生了重大影响。

另一个重要的经济部门是政府部门。一群人如何建立一个可持续的集体治理制度,来得到这个群体的成员所偏好的结果,这是一个非常重要的问题。对这个问题的回答,需要纯理论的进一步发展。

在理论与测量的不间断的相互作用的驱动下,定量总量经济理论的快速发展一定会持续下去。我们乐见其成。

参考文献

Adelman,I.,Adelman,F.,1959. The dynamic properties of the Klein-Goldberger model. Econometrica 27 (4),596—625.

---

[1] 麦克格拉顿等人(McGrattan et al.,1997)将家庭生产引入了这个理论,但是不会改变对商业周期的意义。

Arkolakis, C., Costinot, C., Rodríquez-Clare, A., 2012. New trade models, same old gains? Am. Econ. Rev. 102 (1), 94—103.

Braun, R. A., Ikeda, D., Joines, D. H., 2009. The saving rate in Japan: why it has fallen and why it will remain low. Int. Econ. Rev. 50 (1), 291—321.

Chari, V. V., Kehoe, P., McGrattan, E. R., 2000. Sticky price models of the business cycle: can the contract multiplier solve the persistence problem? Econometrica 68 (5), 1151—1179.

Cole, H. L., Ohanian, L. E., 1999. The Great Depression in the United States from a neoclassical perspective. Fed. Reserve Bank Minneapolis Quart. Rev. 23 (1), 2—24.

Cole, H. L., Ohanian, L. E., 2004. New Deal policies and the persistence of the Great Depression: a general equilibrium analysis. J. Polit. Econ. 112 (4), 779—816.

Cole, H. L., Prescott, E. C., 1997. Valuation equilibrium with clubs. J. Econ. Theory 74 (1), 19—39.

Cooley, T. F., Hansen, G. D., 1995. Money and the business cycle. In: Cooley, T. F. (Ed.), Frontiers of Business Cycle Research. Princeton University Press, Princeton.

Fisher, J. D. M., Hornstein, A., 2000. (S,s) inventory policies in general equilibrium. Rev. Econ. Stud. 67 (1), 117—145.

Fisher, J. D. M., Hornstein, A., 2002. The role of real wages, productivity, and fiscal policy in Germany's Great Depression 1928—1937. Rev. Econ. Dyn. 5 (1), 100—127.

Fitzgerald, T. J., 1998. Work schedules, wages, and employment in a general equilibrium model with team production. Rev. Econ. Dyn. 1 (4), 809—834.

Frisch, R., 1933. Propagation problems and impulse problems in dynamic economics. In: Kock, K. (Ed.), Economic Essays in Honour of Gustav Cassel. Allen & Unwin, London.

Frisch, R., 1970. From Utopian Theory to Practical Applications: The Case of Econometrics. (Lecture to the Memory of Alfred Nobel, June 17).

Greenwood, J., Hercowitz, Z., Huffman, G. W., 1988. Investment, capacity utilization, and the real business cycle. Am. Econ. Rev. 78 (3), 402—417.

Greenwood, J., Guner, N., Kocharkov, G., Santos, C., 2016. Technology and the changing family: a unified model of marriage, divorce, educational attainment and married female labor-force participation. Am. Econ. J. Macroecon. 8 (1), 1—41.

Hansen, G. D., 1985. Indivisible labor and the business cycle. J. Monet. Econ. 16 (3), 309—327.

Hansen, G. D., Prescott, E. C., 1993. Did technology shocks cause the 1990—1991 recession? Am. Econ. Rev. 83 (2), 280—286.

Hansen, G. D., Prescott, E. C., 2005. Capacity constraints, asymmetries, and the business cycle. Rev. Econ. Dyn. 8 (4), 850—865.

Hansen, G. D. , Sargent, T. J. , 1988. Straight time and overtime in general equilibrium. J. Monet. Econ. 21 (213), 281—304.

Hodrick, R. J. , Prescott, E. C. , 1980. Post-War U. S. Business Cycles: An Empirical Investigation. North western University, Evanston, IL, pp. 128 (Discussion Paper No. 451).

Holmes, T. J. , McGrattan, E. R. , Prescott, E. C. , 2015. Quid pro quo: technology capital transfers for market access in China. Rev. Econ. Stud. 82 (3), 1154—1193.

Hornstein, A. , 1993. Monopolistic competition, increasing returns to scale, and the importance of productivity shocks. J. Monet. Econ. 31 (3), 299—316.

Hornstein, A. , Prescott, E. C. , 1993. The firm and the plant in general equilibrium theory. In: Becker, R. , Boldrin, R. , Jones, R. , Thomson, W. (Eds.), General Equilibrium, Growth, and Trade II: The Legacy of Lionel McKenzie. Academic Press, San Diego, pp. 393—410.

Kaldor, N. , 1957. A model of economic growth. Econ. J. 67 (268), 591—624.

Kondratieff, N. D. , Stolper, W. F. , 1935. The long waves in economic life. Rev. Econ. Stat. 17 (6), 105—115.

Kuznets, S. , 1930. Secular movements in production and prices: their nature and their bearing upon cyclical fluctuations. Am. Econ. Rev. 20 (4), 787—789.

Kydland, F. E. , Prescott, E. C. , 1977. Rules rather than discretion: the inconsistency of optimal plans. J. Polit. Econ. 85 (3), 473—491.

Kydland, F. E. , Prescott, E. C. , 1982. Time to build and aggregate fluctuations. Econometrica 50 (6), 1345—1370.

LeRoy, S. F. , Porter, R. D. , 1981. The present-value relation: tests based on implied variance bounds. Econometrica 49 (3), 555—574.

Lucas Jr. , R. E. , 1972. Expectations and the neutrality of money. J. Econ. Theory 4 (2), 103—123.

Lucas Jr. , R. E. , 1976a. Econometric policy evaluation: a critique. Carnegie-Rochester Conference Series on Public Policy, vol. 1. Elsevier, Amsterdam, pp. 19—46.

Lucas Jr. , R. E. , 1976b. Understanding business cycles. Carnegie-Rochester Conference Series on Public Policy, vol. 5. Elsevier, Amsterdam, pp. 7—29.

Lucas Jr. , R. E. , Rapping, L. A. , 1969. Real wages, employment and inflation. J. Polit. Econ. 77 (5), 721—754.

Lucas Jr. , R. E. , Sargent, T. J. , 1979. After Keynesian macroeconomics. Fed. Reserve Bank Minneapolis Quart. Rev. 3 (2), 1—16.

MaCurdy, T. E. , 1981. An empirical model of labor supply in a life cycle setting. J. Polit. Econ. 89 (6), 1059—1085.

McGrattan, E. R. , 2012. Capital taxation during the U. S. Great Depression. Q. J. Econ. 127 (3), 1515—1550.

McGrattan, E. R. , Prescott, E. C. , 2005. Taxes, regulations, and the value of U. S. and U. K. corporations. Rev. Econ. Stud. 72 (3), 767—796.

McGrattan, E. R. , Prescott, E. C. , 2009. Openness, technology capital, and development. J. Econ. Theory 144 (6), 2454—2476.

McGrattan, E. R. , Prescott, E. C. , 2010a. Technology capital and the U. S. current account. Am. Econ. Rev. 100 (4), 1493—1522.

McGrattan, E. R. , Prescott, E. C. , 2010b. Unmeasured investment and the puzzling U. S. boom in the 1990s. Am. Econ. J. Macroecon. 2 (4), 88—123.

McGrattan, E. R. , Rogerson, R. , Wright, R. , 1997. An equilibrium model of the business cycle with household production and fiscal policy. Int. Econ. Rev. 38 (2), 267—290.

Mehra, R. , Prescott, E. C. , 1985. The equity premium: a puzzle. J. Monet. Econ. 15 (2), 145—161.

Mehra, R. , Piguillem, F. , Prescott, E. C. , 2011. Costly financial intermediation in neoclassical growth theory. Quant. Econ. 2 (1), 1—36.

Mitchell, W. , 1913. Business Cycles. University of California Press, Berkeley.

Mitchell, W. , 1927. Business Cycles: The Problem and Its Setting. National Bureau of Economic Research, New York.

Prescott, E. C. , 1986. Theory ahead of business cycle measurement. Fed. Reserve Bank Minneapolis Quart. Rev. 10 (4), 9—22.

Prescott, E. C. , 2004. Why do Americans work so much more than Europeans? Fed. Reserve Bank Minneapolis Quart. Rev. 28 (1), 2—13.

Prescott, E. C. , Rogerson, R. , Wallenius, J. , 2009. Lifetime aggregate labor supply with endogenous work-week length. Rev. Econ. Dyn. 12 (1), 23—36.

Rogerson, R. , 1984. Topics in the Theory of Labor Markets. (PhD Thesis). University of Minnesota.

Rosen, S. , 1978. The supply of work schedules and employment. In: Work Time and Employment: A Con ference Report. National Commission for Manpower Policy, Washington, DC.

Samuelson, P. A. , 1939. A synthesis of the principle of acceleration and the multiplier. J. Polit. Econ. 47 (6), 786—797.

Sargent, T. J. , 1976. A classical macroeconometric model for the United States. J. Polit. Econ. 84 (2), 207—238.

Sargent, T. J. , Sims, C. A. , 1977. Business cycle modeling without pretending to have too much a priori economic theory. In: Sims, C. A. (Ed.), New Methods in Business Cycle Research: Proceedings from a Conference. Federal Reserve Bank of Minneapolis, Minneapolis, pp. 45—110.

Shiller, R. J. , 1981. Do stock prices move too much to be justified by subsequent changes in dividends? Am. Econ. Rev. 71 (3), 421—436.

Solow, R. M., 1956. A contribution to the theory of economic growth. Quant. J. Econ. 70 (1), 65—94.

Summers, L. H., 1986. Some skeptical observations on real business cycle theory. Fed. Reserve Bank Minneapolis Quart. Rev. 10 (4), 23—27.

Swan, T. W., 1956. Economic growth and capital accumulation. Econ. Rec. 32 (2), 334—361.

Taubman, P., Wilkinson, M., 1970. User cost, capital utilization and investment theory. Int. Econ. Rev. 11 (2), 209—215.

Thomas, J. K., 2002. Is lumpy investment relevant for the business cycle? J. Polit. Econ. 110 (3), 508—534.

Tinbergen, J., 1952. Business cycles in the United Kingdom, 18701914. Econ. J. 62 (248), 872—875.

Wicksell, K., 1918. Ett bidrag till krisernas teori. Review of Goda och daliga tider. Ekonomisk Tidskrift 20 (2), 66—75.

第二十三章　宏观经济学中的家庭

M. 德普克（M. Doepke）[*]，　M. 特蒂尔特（M. Tertilt）[†]

[*]:西北大学,美国,伊利诺伊州,埃文斯顿;

[†]:曼海姆大学,德国,曼海姆

目　录

　　本章摘要:宏观经济学研究大部分涉及实物资本、人力资本和劳动的时际和人际的配置。决定这些变量的储蓄决策、教育决策和劳动供给决策,都是在家庭内部进行的。然而,在传统的宏观经济模型中,家庭(以及家庭决策)经常遭到忽视。在本章中,我们证明了,家庭经济学(family economic)理应成为宏观经济学的一个不可分割的组成部分,而且家庭经济学能够为经典的宏观经济学问题提供新答案。我们的讨论围绕三个主题展开。我们首先关注的是短期和中期的波动,并指出近几十年来家庭结构的变化对劳动供给总量和储蓄的决定产生了重要影响。接下来,我们转而讨论经济增长问题,并阐明了家庭对于理解富国和穷国之间的差异以及长期发展的决定因素的核心作用。我们最后分析了家庭作为政治和制度变迁的驱动力的作用。

　　关键词:家庭经济学;宏观经济学;商业周期;增长;家庭;生育率;劳动供给;人力资本;性别

　　JEL 分类代码:E20,E30,J10,J20,O40

1.　引言

很多人的第一印象也许是:家庭经济学和宏观经济学应该是经济学中彼此相距最远的

两个领域，家庭经济学考虑的是同一个家庭中极有限的几个成员之间的互动，而宏观经济学则探讨经济中作为一个整体的数以百万计的行动者的集体行为。虽然两者之间的大小对比是如此悬殊，但是我们在本章中将指出，家庭经济学和宏观经济学实际上是密切相关的，而且我们还将证明，如果把家庭在宏观经济中的作用更加明确地揭示出来，我们就可以从中了解到很多东西。[1]

家庭经济学与宏观经济学之间的相互联系可以通过两种不同的途径建立起来。第一条途径是（"硬币"的第一面是），集中关注源于家庭经济学的一系列问题，并且运用动态宏观经济学的方法去回答这些问题。例如，可以通过修正宏观经济模型去回答这样的问题：生育率、结婚率、离婚率或"门当户对"的婚配是怎样决定的？如何随着时间的推移而演变的？有很多经济学家采取了这种方法，并形成了一支活跃的和令人兴奋的文献。[2] 但是这种方法不是本章的重点。我们的兴趣指向了相反的一种可能性，即将家庭经济学纳入宏观经济学，来探寻经典的宏观经济问题的新答案。这些问题包括（例如）：就业水平和波动性的决定因素、影响国家储蓄率的因素、宏观经济不平等的根源以及经济增长的起源，等等。

我们之所以选择这条道路，是因为到目前为止，走在这条路上的人比较少，而且我们相信它有非常大的成功希望。我们这个信念是建立在如下观察结论的基础上的：劳动力供给、消费、储蓄、人力资本投资和生育决策等宏观经济模型中的关键决策，都是在家庭内部完成的。家庭的细节对这些决策究竟是如何做出的有非常重要的意义，例如，家庭的组织（即核心家庭与大家庭，或一夫一妻制与一夫多妻制，哪一种占主导）改变了提供劳动力的激励，影响了储蓄和获得教育的动机，并决定了风险分担的可能性。然而，典型的宏观经济模型忽视了家庭，而以代表性经济行为主体建模方法为基础。代表性主体建模方法抽象掉了存在多个家庭成员的事实——家庭成员之间可能会产生利益冲突，他们也可能单独地做出不同的决定，而且可能会"分家"或组建新的家庭。

有的人可能会争辩说，用一个有代表性的家庭决策者来统摄、总结所有家庭细节，不失为一种有用的抽象方法。如果家庭的结构和行为都是固定不变的，那么可能确实如此。但是，家庭的结构已经随着时间的推移而发生了巨大的变化，而且这种趋势未来很可能还会一直持续下去。家庭规模和组成都发生了非常重要的改变。生育率下降了、离婚风险上升了（然后又下降了）、单亲家庭比例稳步上升，而女性则大规模地进入了劳动力市场。在这些趋势形成之后，家庭内部的互动的性质也随着时间的推移而发生了巨大变化，家庭经济学对宏观经济学的影响也当如此。

现在，已经出现了一支虽然规模比较小但一直在迅速成长的文献，它们致力于在宏观模型中打开家庭这个"黑箱"。本章的目标就是综述这些文献，总结其主要成果，并指出有待未来研究的开放性问题和有可能得到丰硕成果的研究途径。我们同时也会努力引导宏观经济

---

① 贝克尔在他就任美国经济学会主席时的"就职演说"（Becker, 1988）中提出了家庭经济学对宏观经济学非常重要的基本观点。在那篇演说中，贝克尔提出了一个挑战，激发了大量的后续研究。然而，讨论家庭经济学与宏观经济学的相互联系的早期研究大部分集中在了经济增长问题上，而我们在本章中认为家庭经济学对宏观经济学的其他组成部分同样重要。

② 请参见格林伍德等人（Greenwood et al., 2016b）最近对这支家庭经济学文献的非常出色的文献综述。

学家了解掌握家庭经济学的工具。

将家庭纳入宏观经济分析的方法有很多种。第一代宏观经济学家中,那些更认真对待家庭的人在商业周期模型中加入了家庭生产,例如,请参见本哈比比等人(Benhabib et al.,1991)、格林伍德和赫尔科维兹(Greenwood and Hercowitz,1991)。他们的洞见是,如果要理解投资和劳动力供给的周期性,家庭生产就是绝对不能忽视的。很大一部分投资是以耐用消费品的形式发生在家庭内的,很大一部分时间是花在家庭生产上的,而且这两者都会出现周期性变化。因此,市场工作时间、商业投资与这些在家庭内部决定的变量之间相互作用,对于我们理解商业周期是非常重要的。在家庭生产文献中,家庭被视为一个生产场所,但是家庭决策则仍然采用具有单一效用函数的代表性家庭来建模——在当年,那是标准的建模方式。

在本章中,我们将把家庭的概念继续向前推进一步。我们强调指出,家庭由多个成员组成,而且这些成员之间的相互作用是非常重要的。我们不仅关注家庭中的水平互动,即丈夫和妻子之间的互动,也关注家庭中的垂直互动,即父母与子女之间的互动。家庭成员可能有不同的兴趣、资源和能力。家庭内的潜在利益冲突如何解决,会对家庭如何做出与宏观经济变量相关的决定,比如说关于储蓄、教育、生育和劳动力供给的决策产生影响。

本章分为三部分。在第一部分中,我们首先考虑家庭对短期和中期波动的影响。第二部分转而讨论经济增长问题。而在第三部分中,我们探析的是家庭在理解政治和制度变迁方面的作用。

我们对短期和中期波动的讨论是以美国经济为例的,目的是阐明家庭结构的变化如何反馈到宏观经济上。我们首先条分缕析地描述了近几十年来美国家庭发生的种种变化,包括生育率下降,特别是已婚女性的劳动参与率的大幅度提高,以及结婚率和离婚率的变化。然后,我们分析这些变化在商业周期中如何影响总体劳动力供给的演变以及储蓄率的决定。在劳动力供给方面,我们强调夫妻可以相互提供劳动力市场风险保险。例如,如果工人的配偶失业了,工人可以决定增加劳动力供给,而且夫妻双方可以适当地进行行业和职业选择,以尽可能地减少家庭在劳动力市场上的总体风险。这种保险方法在多大程度上有效,则取决于家庭结构(例如,单身和已婚家庭的比例,以及离婚率),以及男女的相对教育水平和劳动力参与率。我们证明,最近的家庭结构的变化可能已经改变了总劳动力供给的波动性,并且促成了20世纪80年代与"大衰退"两者之间观察到的经济波动的"大缓和"。我们还讨论了这样一个研究结果:女性劳动力参与率的变化是最近出现的"无就业复苏"现象背后的主要原因。关于储蓄率,我们阐明了离婚风险的变化是如何影响夫妇们的储蓄动机的。在这一部分的最后,我们讨论了家庭经济学的若干替代模型及其在宏观经济学中的应用。我们认为,需要对家庭决策进行更细致的动态建模,因而可以将宏观经济学中广泛使用的一些方法有效地应用于家庭经济学领域。

本章的第二部分则重点关注"长远",即经济增长。在经济增长问题上,教育、人力资本积累和生育率等方面的决定是我们最感兴趣的。我们首先阐明了家庭结构的相关度量与跨国数据中经济发展的相关性。我们还在一系列简单的增长模型中展示了不同的家庭规模是如何影响经济增长率的。第一个维度是父母与孩子之间的互动,我们指出父母通常会为子女做出教育决定。接着,我们在模型中加入生育选择,并讨论政府施加的限制生育率的措施,例如中国的独生子女政策所产生的影响。接下来,我们从单性别模型转向双性别模型:首先在决策过程中加入第二个人,然后在技术上规定两者之间的区别。我们使用这个框架讨论了众所周知的"重男轻女"偏好对经济增长的影响。然后,我们讨论了非西方国家的家庭结构(如一夫多妻制)和内生婚姻的重要性,并以此结束第二部分。

本章的第三部分研究了家庭在政治经济学背景下的作用。我们认为,家庭是发展过程中政治和制度变迁的一个重要推动力。在整个发展过程中,当下/如今所有富裕国家(除了少数几个以石油财富为基础的富国之外)都进行过类似的改革:引入民主制度,开展公共教育,实施童工法,改善女性的法律地位,建立福利体系和社会保障制度。这里存在两个需要回答的重要问题:为什么这些改革措施会在特定的发展阶段得到执行? 为什么许多更贫穷的国家不会进行类似的改革? 我们要强调的是,这些改革措施大多数与家庭的性质有关。公立学校将教育责任从家庭转移到了公共领域,公共养老金对老年人的支持也是如此。关于童工的法律限制了父母对子女的权利,引入女性权利则改变了丈夫和妻子之间互动的性质。我们还讨论了将家庭与政治变革联系起来的若干机制,以及经济发展与政治改革之间的双向反馈的可能性。然后,我们重点讨论了与两项特定的变革——扩大女性的经济权利和引入童工法——相关的政治经济学问题。[①]

在本章中,我们一有机会就会指出未来研究的一些极有前途的方向。与本章的主旨相一致,在这些研究方向中,大部分涉及如何利用家庭经济学来给出对于经典宏观经济学问题的新答案。当然,我们也一定要看到,在相反的方向上,即利用宏观经济学领域内早就得到了广泛使用的工具来建立和改进家庭模型。特别是,在这两个领域之间,一个显著的差异在于,几乎所有的宏观经济模型都是动态的,而在家庭经济学中,静态建模却仍然大行其道。当然,在现实中,动态思维在家庭经济学中应该是与在宏观经济学中同样重要的。例如,如果一个女人决定在家里带孩子,那么她通常会意识到她离开劳动力市场会使家庭的外部选择权减少。同样地,当一个女人和一个男人决定是否要一个孩子时,孩子在未来会怎样影响他们之间的关系将是他们要考虑的一个重要因素。有少量文献已经阐明了这种动态思维对家庭决策的重要性。特别是,马佐科(Mazzocco,2008)从实证的角度证明,欧拉方程在个体层面上成立,但在家庭层面上则不成立。马佐科(Mazzocco,2007)、利兹和山田(Lise and Yamada,2015)提供的证据则表明,家庭内部的议价能力会随着时间推移而变化。为了刻画这些现象,为了更好地理解家庭决策与总体结果之间的联系,我们需要更具动态性的家庭议价模型。在宏观经济学领域已经得到了广泛应用的一些工具,例如有限承诺下的动态订约和私人信息限制,对建立这些模型无疑是很有助益的。

在下一节中,我们将从考虑家庭对短期和中期宏观经济结果的影响入手展开分析。在第 3 节中,我们考察了家庭对经济增长的作用。而在第 4 节中,我们探讨了家庭作为政治变革的推动力的作用。第 5 节总结了家庭对其他方面的宏观经济问题的影响,并提出了未来研

---

① 德普克等人(Doepke et al.,2012)更细致深入地分析讨论了女性权利的政治经济学。

究中很有希望的一些方向。本章后的附录给出了命题的证明。

2.　短期和中期运行中的家庭与宏观经济

从 20 世纪 70、80 年代起,有微观基础的建模方法成了主流。自那以来,关于家庭决策的明确模型已经变成了宏观经济模型的一个标准组件。根据具体的应用情境,家庭可能面临各种各样的决策问题,例如选择劳动力供给数量、积累资产或投资于人力资本,等等。然而,在宏观经济学中,明确地对家庭进行建模的尝试则相对较少。我们在这里所说的"对家庭进行建模"意思是指,家庭可能包含多个成员,每个成员可能有不同的利益,而且,家庭成员可能会单独做出自己的决定。此外,家庭还可能因分居、离婚而"分家",家庭成员可能与他人一起组建新的家庭。

在本节下面的内容中,我们试图尽力证明,家庭建模对我们理解短期和中期的家庭总体行为非常重要。我们重点关注的是家庭部门在宏观经济模型中的最基本的角色,为此,我们将提出一个对家庭建模的劳动力供给和储蓄理论。

2.1　出发点:代表性家庭

用于商业周期和货币分析的传统宏观经济模型都假设经济由无限寿命的代表性家庭组成。这些家庭从消费和闲暇中获得效用,并通过提供劳动和积累储蓄而获得收入。一个典型家庭决策问题通常取如下形式[例如,请参见科里和普雷斯科特(Cooley and Prescott, 1995)]:

$$\max_{\{c_t, l_t\}} E\left\{ \sum_{t=0}^{\infty} \beta^t U(c_t, l_t) \right\} \tag{1}$$

约束条件为:

$$c_t + a_{t+1} = w_t l_t + (1 + r_t) a_t,$$
$$a_{t+1} \geq -B,$$
$$a_0 = 0,$$
$$0 \leq l_t \leq T$$

在这里,c_t 表示消费,l_t 表示劳动力供给,w_t 和 r_t 分别表示工资和利率(家庭是价格接受者),β 是满足 $0 < \beta < 1$ 的贴现因子,$B > 0$ 定义了一个松弛的借款约束,以便排除庞氏骗局式的贷款计划。这个家庭最大化问题的一阶条件为:

$$-\frac{U_l(c_t, l_t)}{U_c(c_t, l_t)} = w_t, \tag{2}$$

$$U_c(c_t, l_t) = \beta E\{(1 + r_{t+1}) U_c(c_{t+1}, l_{t+1})\} \tag{3}$$

在这里,(2)式要求劳动和闲暇的边际替代率等于工资,(3)式则为消费的时间欧拉方程式。条件(2)将平均劳动力供给和劳动力供给弹性作为相对工资和总财富的函数确定下来,条件(3)则将储蓄作为财富、利率和对未来闲暇和消费的期望的函数确定下来。

存在求解类似于式(1)这样的最大化问题的代表性家庭的假设,构成了绝大多数宏观经济模型的基础——不仅在真实商业周期文献中是这样,在货币动态随机一般均衡(DSGE)文献以及许多其他宏观经济子领域中也是这样。然而,建立在代表性家庭基础之上的劳动力供给和储蓄理论是有一些限制的,其中最明显的一点是,这样的理论对家庭异质性和家庭之间的不平等问题完全没有涉及。当然,从原则上说,我们也不能认为这种简化假设是错的,毕竟,设计任何模型,都是为了用来简化地呈现现实的。不过,模型抽象掉的某些推动因素随着时间的推移而发生了变化,并且在实质上改变了宏观经济行为的时候,以代表性家庭假设为基础的模型的局限性就会变成一个很大的问题。

现在,很多研究者已经对代表性家庭框架进行了扩展,使之包含其他一些关键的特征,特别是通过考虑年龄的异质性(即允许有限生命周期),以及纳入财富和收入的异质性进行扩展。[①] 最近几十年来,经济环境不断变化带来的一些宏观经济变化已经在这些文献中反映出来了,例如20世纪70年代以来,收入差距和教育回报率的大幅上升,以及工业化国家的人口老龄化(这是预期寿命延长和生育率降低导致的)。不过,对于本章重点关注的维度——如何在模型中纳入家庭有多个异质性成员这一事实,或者说,如何解释家庭本身(accounting for families)——以往的文献则很少涉及。

在本节接下来的内容中,我们将证明,解释家庭与对现有的代表性家庭框架进行扩展同样重要。主要原因在于,近几十年来,家庭本身已经经历了重大变化。例如,婚姻率和离婚率、女性劳动力参与率和生育率都发生了很大的变化。我们首先概述美国家庭的一系列仍然处于不断变化中的主要事实(当然,仅限于从宏观经济的角度来看相关的事实),然后我们讨论这些变化为什么对劳动力总供给和总储蓄量的决定来说是重要的。我们注意到,虽然现有的大量研究已经开始描述和解释家庭变化的趋势了,但是专门讨论这些变化对宏观经济的意义的论著则极其罕见。在我们看来,这就为未来的研究提供了一个"回报很高"的领域——很多有意义的成果也许都是触手可及的。

2.2 事实:美国不断变化的家庭

20世纪以来,全球主要工业化国家的家庭组成和行为都发生了重大变化。我们先以美国经济统计数据为例来说明这个变化,然后再在接下来的几节中解释这些变化趋势对宏观经济学研究的重要意义。

第一个转型是生育率随时间推移而发生的变化。图1按出生同期组群(birth cohort)列示了美国女性的子女人数(这就是说,横轴是母亲本人出生的年份;相应地,母亲生育子女大

---

① 希思科特等人(Heathcote et al.,2009)的论文,以及克鲁格(Krueger)、米特曼(Mitman)和佩里(Perri)为《宏观经济学手册》(本手册)撰写的"宏观经济学与家庭异质性"一章对此方面的很多文献进行了很好的综述。

多数是在满20岁之后、40岁之前）。与所有工业化国家一样，美国的生育率的长期发展趋势主要体现为生育率下降。具体地说，在美国，19世纪中叶的出生同期组群的出生率是20世纪末期的出生同期组群的三倍。当然，这个趋势并不是完全均匀的。在20世纪中期，生育率经历了一个上升阶段，那是美国的婴儿潮时期。在婴儿潮期间，每名女性的平均生育率从大约两个孩子上升到了三个孩子。但是在那之后就急剧逆转，再次下降为平均每名女性生育两个孩子。

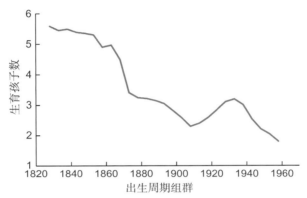

图1　美国出生同期组群的孩子数（即在某个给定的年份内出生的女性的平均子女人数）

资料来源：Jones, L. E., Tertilt, M., 2008. An economic history of the relationship between occupation and fertility-U. S. 1826-1960. In：Rupert, P. （Ed.）, Frontiers of Family Economics, vol. 1. Emerald Group Publishing Limited, Bingley, UK （Table 1A）。

　　这些变化导致了出生同期组群的规模的极大变化，后者对随后几十年来的宏观经济产生了显著的影响，到今天，婴儿潮中出生的那一代人（是当时的婴儿，而不是当时的母亲）也都已经到达退休年龄了。

　　图2显示了一个密切相关的变化趋势：家庭平均规模的长期下降。生育率下降是这种变化的主要驱动力。这就是说，生育率的下降导致每户家庭的孩子人数减少，进而导致家庭规模下降。然而，还有其他因素也发挥了作用，因为每个家庭的成年人的数量也随着时间的推

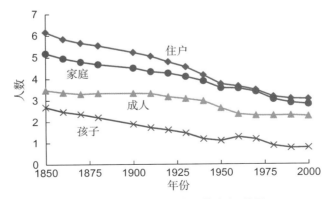

图2　住户规模随时间推移的演变，美国

资料来源：Salcedo, A., Schoellmann, T., Tertilt, M., 2012. Families as roommates：changes in US household size from 1850 to 2000. Quant. Econ. 3 （1）, 133-175 （Figure 1）。

移而出现了下降。这部分是因为家庭内的成年人的数量更少了——即好几代人生活在一起的家庭所占的比例变小了,同时只有一个成年人的家庭所占的比重则上升了。此外,由彼此没有亲属关系的成年人组成的家庭的比例也下降了。

图3则表明,不但家庭规模出现了下降,而且家庭人口构成也发生了巨大的变化。直到1950年,大多数家庭(大约占80%)仍然至少包括一对已婚夫妇。

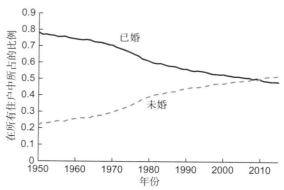

图3 至少包括了一对已婚夫妇的住户所占的比例和所有其他住户所占的比例随时间的变化,美国

资料来源:US Census Bureau(美国人口普查局), Historical Time Series, Current Population Survey, March and Annual Social and Economic Supplements, 2015 and earlier。

现在,有已婚夫妇的住户已经不在所有住户中占大多数了。图4给出了无婚姻家庭的各个子类别随时间变化的情况。从图中不难看出,每个子类别都有所增加。单身女子和单身男子的人数的增幅最大,这是结婚率低、初婚年龄大、离婚率高的表现。20世纪70年代以来,单身母亲和单身父亲的家庭也有所增加。图5则进一步说明了结婚和离婚的影响。从图5中可以看出,已婚女性下降的比重几乎相当于从未结婚的女性和离婚女性增加的比重。图6则显示了离婚率的变迁(离婚率的定义为每1000名女性的离婚数)。在20世纪40年代至60年代,除了第二次世界大战之后短期内出现了一个尖峰之外,离婚率在20多年内一直没有什么变化,然后在接下来的10年间急剧上升。不过,自20世纪80年代初期以来,离婚率一直保持相对不变,尽管水平要比以前更高一些。

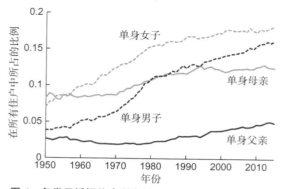

图4 各类无婚姻住户所占的比例随时间的演变,美国

资料来源:US Census Bureau(美国人口普查局), Historical Time Series, Current Population Survey, March and Annual Social and Economic Supplements, 2015 and earlier。

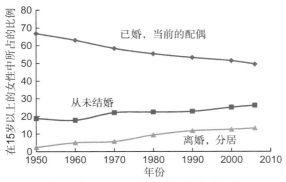

图 5　美国 15 岁以上女性婚姻状况分析

资料来源：US Census Bureau（美国人口普查局），Families and Living Arrangements，Current Population Reports。

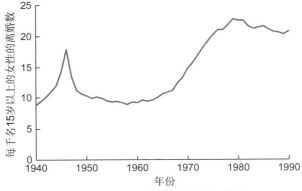

图 6　离婚率随时间演变的趋势，美国

资料来源：US Vital Statistics；Clarke，S.C.，1995. Advance report of final marriage statistics，1989 and 1990. Monthly Vital Stat. Rep. 43（12），3-5。

　　将家庭经济学与宏观经济学联系的另一个关键趋势是战后女性劳动参与度的提高。从 20 世纪初一直到 20 世纪 50 年代，对于已婚家庭，由男主人一个人赚钱养家是常态。但是自那之后，女性劳动参与率经历了为期数 10 年的稳步增长。从图 7 中可以看出，1950—1990 年，女性劳动参与率，从占成人女性的 30％增加到了 60％以上。20 世纪 90 年代末，女性劳动参与率开始走平，进入 21 世纪后则略有下降。当然，女性劳动参与率仍然低于男性，但是两者之间的差距与 20 世纪 50 年代相比已经相当小了。如我们稍后将会看到的那样（见图 13），女性劳动参与率上升的主要原因是进入劳动力市场的已婚女性增多。另外，由于单身女性占女性比例的上升，再加上单身女性比已婚女性更有可能工作，因此这里也存在组合效应。

　　还有一个趋势也与女性劳动市场参与率上升密切相关，那就是女性在家庭生产中花费的时间的下降。

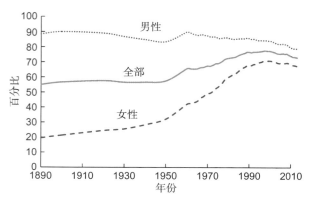

图 7　男性和女性的劳动力参与率随时间演变的趋势,美国,16—64 岁的人口

资料来源:OECD LFS Sex and Age Indicators and US Department of Commerce, Bureau of the Census, "Historical Statistics of the United States: Colonial Times to 1970," Bicentennial Edition, Part 1, 1975, Tables A119-134 and D29-41。

图 8 和图 9 分别显示了男性和女性平均每周在市场工作和非市场工作上花费的小时数(非市场工作即家庭生产活动,包括儿童抚育、家庭清洁和准备食物等活动)。对于男性来说,市场工作时数的下降幅度很小,非市场工作时数的相应增长幅度也相当小。但是女性的情况则大不相同,自 1965 年以来,女性的时间用途发生了重大转变:非市场工作时数大大减少,同时市场工作时数则大幅上升——到现在,女性的市场工作时数已经超过了非市场工作时数了。

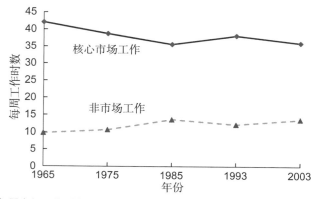

图 8　男性每周市场工作时数与非市场工作时数(家庭工作时数)随时间演变的趋势,美国

资料来源:Aguiar, M., Hurst, E., 2007. Measuring trends in leisure: the allocation of time over five decades. Q. J. Econ. 122 (3), 969-1006 (Table Ⅱ)。

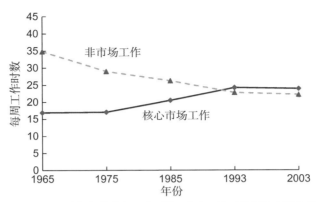

图9 女性每周市场工作时数与非市场工作时数(家庭工作时数)随时间演变的趋势,美国

资料来源:Aguiar, M. , Hurst, E. , 2007. Measuring trends in leisure: the allocation of time over five decades. Q. J. Econ. 122 (3), 969–1006 (Table Ⅱ)。

　　另一个密切相关的事实是男性和女性相对工资的变化。在整个20世纪,女性的工资一直没有停止"追赶"的脚步,而且进步非常快。图10显示了女性收入中位数与男性收入中位数的对比(仅考虑了全职且全年工作的男性和女性工人)。如图10所示,在20世纪初期,女性的收入不到男性的一半。但是这个比率一直在稳步增长,到1955年就达到65%。20世纪60年代末到20世纪70年代初,这个比率又有所下降,但是自20世纪70年代以后,这个比率再次开始持续上升。到今天,女性相对于男性的收入占比已经达到80%的历史新高。

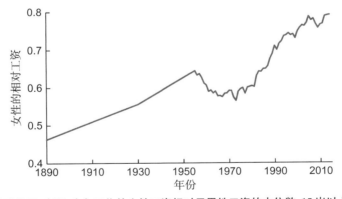

图10 性别薪酬差距:全职、全年工作的女性工资相对于男性工资的中位数,15岁以上的女性,美国

资料来源:US Census Bureau(美国人口普查局), Historical Income Tables。1890年和1930年的数据来自Goldin, C. , 1990. Understanding the Gender Gap: An Economic History of American Women. Oxford University Press , Oxford (Table 3.2)。

　　虽然我们在这里只是重点讨论了美国的一些趋势,但是众所周知,跨国数据有一个非常有意思的模式,那就是,不同工业化国家的生育率与女性劳动力参与率之间存在正相关关系(见图11)。这也就是说,在经济合作与发展组织成员国中,生育率最高的那些国家(例如,美国、法国和斯堪的纳维亚半岛各国),都具有相对较高的女性劳动力参与率;生育率较低的那些国家(例如,意大利和西班牙),参与劳动力市场的女性也较少。这是一个非常重要的模式,因为它与时间序列数据中这些变量之间的相关性的方向是相反的:在大多数国家,过去

100年左右的趋势一直是,生育率下降和女性劳动力参与率提高。在市场上工作和在家里照顾孩子,是女性时间的两个相互替代的用途。

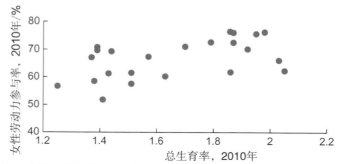

图11 经济合作与发展组织各欧洲成员国的生育率和女性劳动力参与率

资料来源:**OECD LFS sex and age indicators and world development indicators**。

如果某个单一的因素(比如说,女性相对工资的上升)同时导致了女性劳动力参与率和生育率的变化,那么我们会预测这两个变量总是会向相反方向移动。然而,从图11中可以观察到,在经济合作与发展组织各成员国之间,这两个变量却是正相关的。这个观察结果不仅说明这种单向度的解释是与数据不一致的,同时也预示了哪一种理论可以解释这里描述的家庭趋势。

2.3 解释事实

大量文献(包括来自家庭经济学、劳动经济学、发展经济学和宏观经济学等领域的文献)都为上面描述的这种家庭"转型"提供了解释。接下来,我们只对这支文献进行非常简略的评述,因为本章的目标不是针对这些与家庭相关的事实给出解释,而是探析它们对宏观经济分析的重要性。如果读者有兴趣阅读关于家庭变迁的驱动因素的全面的文献综述,我们建议您去阅读一下格林伍德等人的论文(Greenwood et al.,2016b)。

对于生育率不断下降的历史趋势,最著名的一个解释是以数量—质量之间的权衡,再加上由于技术进步,教育回报随着时间的推移而增加为基础的(另见本章第3.3节)。比较晚近(婴儿潮之后)的生育率下降,则通常被认为与女性的时间的价值的增加有关。但是,婴儿潮本身也意味着一个小小的难题。传统观点认为,第二次世界大战之后之所以会出现婴儿潮,是因为女性在战后急于补上生儿育女这一课,但是这显然不是主要的驱动因素,因为在婴儿潮期间,生下大多数孩子的是年轻女性(而不是战争期间就进入生育期的女性)。这一点从图1中可以看得很清楚。德普克等人(Doepke et al.,2015)的研究表明,战争期间女性劳动力参与率的上升才是婴儿潮的主要驱动力。"战争一代"女性积累了宝贵的劳动力市场经验,在战争结束后,这些女性在劳动力市场上的竞争力很强,是缺乏经验的年轻女性无法相比的。因此,德普克(Doepke)、哈赞(Hazan)和毛兹(Maoz)认为,这些更年轻的女性当中有许多人被挤出了劳动力市场,因而决定更早开始生儿育女。① 其他一些论文也提供了一个互补性的解释,将婴儿潮的出现部分归因于抚育幼儿成本的下降,例如,由于医疗技术的进步,得母亲在生小孩时面临的风险变小了[请参见:阿尔巴内西和奥利维蒂(Albanesi and Olivetti,2014)],或者因为家庭生产技术降低了抚育儿童的时间成本[请参见:格林伍德等人(Greenwood et al.,2005a)]。②

　　关于女性劳动力参与率长期提高的原因,也有很多研究进行了深入的探索。一些解释把重点放在了女性时间的各种不同用途上,并认为家庭生产(如抚育孩童、准备食物或清洁家居)所需的时间减少了,从而释放出了很多工作时间。格林伍德等人(Greenwood et al.,2005b)将家庭生产所需时间的缩短归功于技术进步,他们特别强调了能够节省大量时间的电器的广泛使用的作用。而且,即便技术仍然保持在原来的水平上,家庭生产时间也会因为从20世纪50年代的婴儿潮时期到现在的平均生育率的大幅下降而减少很多。图8和图9总结的时间使用数据表明,女性非市场工作(即家庭生产)时间的大幅缩小,确实构成了市场工作时间的大幅增加的很好的镜像。从图8和图9中,我们还可以观察到,男性用于家庭生产的时间出现了小幅增长,这表明女性用于家庭生产时间的减少有一部分是因为家庭内部的替代。当然,与女性用于家庭生产的时间的下降幅度相比,男性用于家庭生产的时间的增长在数量上是相当小的。阿尔巴内西和奥利维蒂(Albanesi and Olivetti,2016)也提出了一个与此相关的理论,它着眼于医疗保健技术的进步。类似于婴儿配方食品这样的创新产品的不断涌现,使得女性更容易调和市场工作和对婴幼儿的抚育,因此也成了导致1930年至1960年间生育率和女性劳动力参与率一起增长的一个重要因素。

　　导致女性劳动力市场上的参与率上升的另一个因素是,男性和女性之间性别薪酬差距的缩小。这一点在图10中看得非常清楚。尽管女性薪酬的总体上升部分缘于内生因素,诸如提高受教育程度的决定和工作经验的积累,但是其他一些因素,例如婚姻壁垒的消失,则可以视为外生的驱动力。③ 性别薪酬差距的缩小,也可能是因为市场部门的技术变革使得男性和女性的工作更相似了。如果男性的比较优势在"肌肉",而女性的比较优势在"大脑",那么当知识变得越来越重要时,女性的相对工资就会上升。④琼斯等人(Jones et al.,2015)强调了性别薪酬差距的下降对解释女性劳动力参与率上升的作用。他们也引入了家庭生产中的技术进步,但是结果却发现它们在定量的意义上并不重要。阿塔纳西奥等人(Attanasio et al.,2008)研究了分别出生于20世纪30年代、40年代和50年代的三个出生同期组群的美国女性的劳动力供给的生命周期变化。他们的模型纳入了一系列决定劳动力供给的可能因

---

① 另外,也请参见戈尔丁(Goldin,1990)、戈尔丁和奥利维蒂(Goldin and Olivetti,2013)关于第二次世界大战对女性劳动力市场的长期影响的另外一种解释。

② 另一种可能性是,经济与人口周期之间存在着某种联系,琼斯和斯库恩布鲁特(Jones and Schoonbroodt,2015)提出了这样一个模型:婴儿潮是由于大萧条之后的复苏导致的(复苏就体现在收入和生育率上)。

③ 艾肯斯坦和利夫希茨(Eckstein and Lifshitz,2011)对受教育程度不断提高和以受教育程度为条件的性别薪酬差距的下降的影响进行了分解,他们发现,女性劳动力参与率的上升中,女性受教育程度的提高的贡献占了很大的比例。

④ 这个思想最先是由盖勒和韦尔(Galor and Weil,1996)实现正式建模的。另外也请参见阿尔巴内西和奥利维蒂(Albanesi and Olivetti,2009)提出的另一个理论——性别薪酬差距是如何因为工作努力程度上的私人信息和家庭内部的专业化而得以出现的。

素,包括性别薪酬差距、子女数量、抚育子女的成本的变化,以及市场劳动工作经验积累带来的回报的变化。结果他们发现,对于这三个出生同期组群,要想解释女性劳动力参与率的上升,需要同时考虑抚育孩童成本的下降和性别薪酬差距的缩小。最近一些研究则将性别薪酬差距的明显缩小与服务业的兴起联系了起来,例如请参见伦德尔(Rendall,2010)、倪和佩特朗戈洛(Ngai and Petrongolo,2014)。

影响男性和女性的相对劳动力供给水平的另一个渠道是家庭内部议价能力的变化。在显式家庭议价模型中(见本章第 2.5 节),配偶是否拥有外部选择通常是议价能力的重要决定因素。改善女性在劳动力市场上的机会(无论是通过怎样的渠道),肯定能增进女性的外部选择权,从而提高女性在婚姻关系中的议价能力。诺尔斯(Knowles,2013)通过一个定量模型证明,女性的议价能力的内生增长,对于解释女性的劳动力供给在 1970 年至 2000 年间的大幅上升非常重要,而且,这种解释也不意味着男性的劳动力供给的(反事实的)大幅度下降。艾肯斯坦和利夫希茨(Eckstein and Lifshitz,2015)估计了一个劳动供给模型,在这个模型中夫妻双方的议价的性质(例如是合作型议价,还是非合作型议价)可以有所不同,结果他们发现议价只对女性劳动力供给有比较大的影响,对男性劳动力供给则影响不大。

生育与就业决定之间的联系过去几十年来可能变得更加重要了。在 20 世纪 60 年代以前,至少在工业化国家,大多数母亲都没有进入劳动力市场,所以就业余地(employment margin)中有很大一部分在是否多生育的决定中并不起作用。然而在今天,在美国等工业化国家,大多数母亲都加入了"劳动大军"。因此,是不是生孩子的决策与就业之间的关系就变得更加直接了,尽管就业余地依具体的选择而不同,例如决定全职工作还是兼职工作,又或者,适应(照看)幼儿需求的灵活性各不相同的职业道路如何选择。最近,阿达等人(Adda et al.,2016)对以母亲的职业生涯的代价来衡量的生育子女的成本进行了深入细致的研究,他们构建了一个关于女性就业和生育率的生命周期模型,并与德国的数据进行了匹配。他们的结果表明,生孩子的职业成本是非常可观的,而且实际生育率和预期生育率都可以解释性别薪酬差距中的很大一部分。[①]基于同样的数据,比克(Bick,2016)则对市场化托儿服务的普及对生育率和女性劳动力供给的重要性进行了定量分析。

如第 2.2 节所述,如果某个单一因素同时导致了女性劳动力参与率的上升趋势和生育率的下降趋势,那么我们可能会预测这两个变量总是会向相反的方向变动。然而,我们只要看一看工业化国家的横截面数据,就会发现女性劳动力分配与生育率之间存在着正相关关系(见图 11)。[②] 最近的许多研究已经提出了与数据的这种模式相一致的理论。对于这种结果,一个一般直觉是,许多女性现在希望孩子和职业两者皆得。在那些政策(或文化传统)使得母亲可以比较容易地兼顾子女和职业的地方,生育率和女性劳动力参与率都会得到提高。

---

① 另外也请参见米勒的论文(Miller,2011),他用美国数据估计了抚育儿童的职业成本,并以生物生育率冲击为工具变量。在一项更晚近的研究中,居文能等人(Guvenen et al.,2014)分析了收入分布最顶层的性别薪酬差距。他们指出,在高收入者中女性"代表不足"的部分原因在于存在一层"纸天花板",即女性退出最高薪酬百分位的可能性较高,其中一部分原因可能是生育决定的。

② 最近在美国的横截面数据中也出现了类似的现象。哈赞和佐阿比(Hazan and Zoabi,2015a)证明了女性受教育程度与生育率之间的 U 形关系。

相比之下,在那些很难同时兼顾工作与生儿育女的地方,许多女性将不得不选择一个而放弃另一个,于是生育率和女性劳动力参与率都会更低。对这个直觉进行建模的最早的论文之一是达罗查和福斯特(Da Rocha and Fuster,2006),他们关注的是不同国家之间劳动力市场摩擦的差异。利用他们的定量模型,达罗查和福斯特发现,在失业风险高的国家,女性不但工作机会较少,而且也更有可能推迟生育。类似地,埃罗沙等人(Erosa et al.,2010)也发现,慷慨的产假和育儿假期政策可以提高生育率和女性劳动力参与率。差异的另一个来源可能是对母亲和父亲在抚养子女方面的不同作用的文化期待(cultural expectation)。德普克和金德曼(Doepke and Kindermann,2015)证明,在那些生育率极低的欧洲国家,女性在照顾儿童方面承担的工作大得完全不成比例。他们构建了一个关于生育决策的家庭议价模型并表明,这种情况会导致许多女性反对生育(更多的)孩子。因此这就再一次导致了这样的情况:一方面生育率更低,另一方面由于承担了过重的照看孩子的工作,许多母亲也不能进入劳动力市场。

结婚率下降、离婚率上升和单身母亲增加等现象(如图3至图6所示)背后的原因,也都可能与女性劳动力参与率上升有关。关于这些家庭结构变化背后的原因的讨论,请参见格林伍德等人的综述(Greenwood et al.,2016b)。

2.4　不断变化的家庭和劳动总供给

接下来,我们讨论本节的核心问题,即家庭的变化是如何影响劳动总供给和总储蓄的。我们先讨论劳动总供给。在这个方面,女性劳动力市场的行为的变化起到了关键作用。

研究女性劳动力参与率上升的文献的一个共同基点是,女性劳动参与决策与男性劳动参与决策的性质是不同的。之所以如此,至少有部分原因是女性劳动参与的固定成本更高,因为女性通常承担了照看子女的主要责任。女性劳动力供给不同于男性的这种性质表明,在今天,劳动总供给的决定与几十年以前相比已经有了质的不同。接下来,我们考虑一个有意简化的模型,它的目的是说明,一个家庭中男性和女性劳动力供给的共同决定,如何影响劳动力供给的宏观经济特征。

2.4.1　家庭中的共同劳动供给

为了简单起见,我们只集中关注外延边际(extensive margin)。为此,我们只考虑个人或者全职工作或者根本不工作的环境。[1]　一个性别为 $g \in \{f,m\}$ 的人的效用函数由下式给出:

$$U_g(c_g, l_g) = \log(c_g) - \eta_g l_g,$$

其中, $l_g \in \{0,1\}$ 是劳动供给, c_g 是消费。[2] 效用中闲暇的相对权重在人口中会有所变动。在这个模型中的人们既可以是单身的,也可以是已婚的(允许同性恋夫妻的存在)。一个单身人士的预算约束如下式所示:

---

[1] 我们之所以只关注外延边际,是出于易处理性的考虑。不过,对于集约边际,同样的分析也是有效的。

[2] 在这里,我们假设消费是私人物品。许多家庭模型都假设消费在家庭内部是一个公共物品。我们在本章第3节中将考虑纯公共物品。在现实世界中,家庭消费既有私人物品的性质,也有公共物品的性质。对这个问题的详尽分析,请参见萨尔塞多等人的论文(Salcedo et al.,2012)。

$$c_g + \psi l_g = w_g l_g + y_g$$

其中，w_g 是性别为 g 的人的工资，y_g 是非劳动所得的收入(即禀赋或转移收入)，ψ 表示以工作为条件的(有工作的)维持家庭的固定成本。这里隐含的假设是，不工作的人可以通过无成本的家庭生产来替代成本 ψ。我们假设，ψ 是满足一个 $0 < \psi < \min(w_f, w_m)$ 的标量。这个模型是静态的，但是我们也可以对这里的决策问题给出如下解释——一个具有外生储蓄的长期生存的个人/家庭在一个给定时期内的劳动力供给决定，在这种情况下，y_g 就表示当期外生的净储蓄/净负储蓄(储蓄取款)。

而对于一对已婚夫妇，维持家庭的固定成本也一样，但是只有在配偶双方都工作时才有这种成本。[1] 对夫妇双方的共同预算约束为：

$$c_f + c_m + \psi \min(l_f, l_m) = w_f l_f + w_m l_m + y \tag{4}$$

其中，$y = y_f + y_m$。在这种情况下，一个单身人士的决策问题是很容易求解的。比较有工作时的(以工作为条件的)效用与不工作时的效用，就可以看出，如果以下条件满足，一个单身人士就会选择工作：

$$\log(w_g + y_g - \psi) - \eta_g \geq \log(y_g),$$

或者等价地，如果工作的机会成本足够低，即：

$$\eta_g \leq \log\left(\frac{w_g + y_g - \psi}{y_g}\right)$$

而对于一对已婚夫妇，我们必须考虑，给定各自的偏好，他们两人之间固有的利益冲突应该如何化解。我们假设家庭内部的议价是合作型的，即/家庭要求解的是一个帕累托最优问题，其中妻子和丈夫的福利权重分别为 λ_f 和 λ_m，且 $\lambda_f + \lambda_m = 1$。因此，一对已婚夫妇要在预算约束(4)下，求解如下形式的问题：

$$\max\{\lambda_f[\log(c_f) - \eta_f l_f] + \lambda_m[\log(c_m) - \eta_m l_m]\} \tag{5}$$

这个最大化问题可以这样来求解：先用一阶条件表征以某个给定的劳动供给模式为基础的消费配置，然后比较效用以确定最优劳动供给。为了简化符号，我们专注于只要 $w_m > 0$，丈夫就总是选择工作的情况。这里，如果妻子不工作，那么家庭收入由 $w_m + y$ 给出，并且消费配置为 $c_f = \lambda_f(w_m + y)$，以及 $c_m = \lambda_m(w_m + y)$。如果妻子也工作，那么扣除参与成本的家庭收入为 $w_f + w_m + y - \psi$，消费配置为 $c_f = \lambda_f(w_f + w_m + y - \psi)$，以及 $c_m = \lambda_m(w_f + w_m + y - \psi)$。用 $V(l_f, l_m)$ 表示给定劳动供给和最优条件消费配置时家庭目标函数(5)的值。如果 $V(l_f = 1, l_m = 1) \geq V(l_f = 0, l_m = 1)$，那么妻子就会工作，这个条件可以写成：[2]

$$\log(w_f + w_m + y - \psi) + \lambda_f \log(\lambda_f) + \lambda_m \log(\lambda_m) - \lambda_f \eta_f - \lambda_m \eta_m$$
$$\geq \log(w_m + y) + \lambda_f \log(\lambda_f) + \lambda_m \log(\lambda_m) - \lambda_m \eta_m$$

化简后，我们得到，当且仅当下面这个式子成立时，妻子工作：

---

[1] 对于这种类型的劳动参与-固定成本对劳动力供给弹性的影响，一个较早期的分析请参见丘和罗杰森(Cho and Rogerson，1988)。

[2] 在这里，我们假设了完全承诺，即人们在工作的负效用实现之前就结婚，而且即使作为单身人士能够提供更高的效用，他们也仍然保持夫妻关系。

$$\eta_f \leqslant \frac{1}{\lambda_f} \log\left(\frac{w_f + w_m + y - \psi}{w_m + y}\right)$$

因此,如果参与成本 ψ 或男性工资水平 w_m 较低,女性工资水平 w_f 较高,那么女性更有可能工作。女性的议价能力 λ_f 低,也会导致较高的参与率,因为那种情况下家庭对妻子的闲暇的估价较低。需要注意的是,完全承诺的假设在这里很重要。如果女性的议价能力很低,那么女性就要支付既工作又只能消费很少的效用成本。这样一来,女性可能从一开始就根本不想结婚。在下文中,我们将把议价权重内生化,以确保参与约束成立。

现在,我们可以讨论这个简单的模型对我们探索劳动供给的可变性的意义了。首先分析劳动供给的工资弹性。考虑人口中唯一的异质性就出在闲暇偏好 η_g 的情况。对于 η_g 的分布,我们用分布函数 $F(\eta_g)$ 来描述——其连续边际密度 $f(\eta_g) = F'(\eta_g)$。我们再假设该密度满足如下条件:对于所有 $\eta_g > 0$,都有 $F(0) = 0$,$F'(\eta_g) > 0$,而且,$\lim_{\eta_g \to 0} f(\eta_g) = 0$ 以及 $\lim_{\eta_g \to \infty} f(\eta_g) = 0$。这也就意味着,所有个体或多或少都会为闲暇赋予一定的价值,而且其分布在每个尾部会变稀变薄至消失(这种分布的一个例子是对数正态分布的 η_g)。对于性别为 g 的单身人士,给定工资 w_g,工作者所占的比例 N_g^s 由下式给出:

$$N_g^s = F\left(\log\left(\frac{w_g + y_g - \psi}{y_g}\right)\right)$$

从而劳动力供给的总工资弹性由下式给出:

$$\frac{\partial N_g^s}{\partial w_g} \frac{w_g}{N_g^s} = \frac{w_g}{w_g + y_g - \psi} \frac{F'\left(\log\left(\frac{w_g + y_g - \psi}{y_g}\right)\right)}{F\left(\log\left(\frac{w_g + y_g - \psi}{y_g}\right)\right)}$$

这里需要注意的是,这种弹性只体现于外延边际上,因此与通常用微观数据测量出来的结果不同——例如,匹斯塔费里(Pistaferri,2003)就只测试了集约边际下的弹性。[1]

接下来考虑已婚夫妇。根据假设,我们只讨论已婚男性只要能够工作就总是工作的情况。这样一来,已婚女性工作的比例由以下方程式给出:

$$N_f^m = F\left(\frac{1}{\lambda_f} \log\left(\frac{w_f + w_m + y - \psi}{w_m + y}\right)\right)$$

同时他们的劳动力供给弹性为:

$$\frac{\partial N_f^m}{\partial w_f} \frac{w_f}{N_f^m} = \frac{w_f}{\lambda_f(w_f + w_m + y - \psi)} \frac{F'\left(\frac{1}{\lambda_f} \log\left(\frac{w_f + w_m + y - \psi}{w_m + y}\right)\right)}{F\left(\frac{1}{\lambda_f} \log\left(\frac{w_f + w_m + y - \psi}{w_m + y}\right)\right)}$$

单身女性和已婚女性的劳动力供给弹性的相对大小无法事先明确判定,因为这取决于分布函数 F 的形状和非劳动所得收入的大小。然而,如果非劳动所得收入 y_f 足够小,那么已婚女性的劳动供给将比单身女性的劳动供给更有弹性。

---

[1] 明确考虑外延边际的较晚近的研究还可以参见:切蒂等人(Chetty et al.,2011,2012)、阿塔纳西奥等人(Attanasio et al.,2015)等。

命题 1（单身女性和已婚女性的劳动力供给弹性）。如果未劳动所得收入足够小，那么已婚女性的劳动力供给弹性就高于未婚女性的劳动力供给弹性。

从直觉上看，如果非劳动收入很小，那么单身人士如果想要消费，就必须工作，而已婚女性则可以部分地依靠配偶的收入。这个思想与实证观察结果一致，即在微观层面，已婚女性的劳动力供给弹性比已婚男性或单身女性的劳动力供给弹性要大得多，有关的证据，请参见布伦戴尔和马柯蒂的文献综述（Blundell and MaCurdy,1999）。当然，如果已婚男子的劳动力供给是内生的，那么与单身男子相比，他们的劳动供给的变化空间也会更大。事实上，只要性别薪酬差距足够大，同时社会期待（social expectation）是女性应该承担更多的育儿和家务劳动，那么男性就是默认的"赚钱养家的人"这种假设就是有很广泛的现实性的。但是，随着性别角色随时间的推移而变得更加平等，我们有理由预期男性和女性的劳动供给行为也会逐渐趋同。

我们最终想评估的是家庭的前述变化对劳动总供给的行为特征有什么影响。到目前为止的结果似乎表明，已婚家庭的比例越大，劳动总供给的变动性越高。然而，实际上到目前为止我们只考虑了女性劳动力供给的工资弹性。家庭还有一个非常重要的方面，那就是有可能在家庭中实现保险。具体地说，如果一对夫妇中，原本有工作的丈夫遭受了一个负面冲击（比如说暂时失业了），那么妻子可以通过自己的工作提供一种保险。因此，在总量层面上，已婚女性的劳动力供给可能会削弱劳动总供给的波动性——因为可以抵消男性受到的冲击。[①]

为了分析家庭内部的保险的可能性，我们引入失业冲击，对上面的模型加以扩展。假设对于某个给定的人，他有 u 的概率失去工作，或者等价地，有 u 的概率只能获得零工资。再假设冲击的实现在所有夫妇之间是相互独立的。我们现在考虑总劳动供给对 u 的变化会怎样做出反应（u 的增加可能代表着经济衰退）。

像以前一样，我们先考虑单身人士。他们的总劳动供给是：

$$N_g^s = (1-u) F \left(\log \left(\frac{w_g + y_g - \psi}{y_g} \right) \right)$$

对于单身人士，相对于就业概率 $1-u$ 的劳动供给弹性为 1，即：

$$\frac{\partial N_g^s}{\partial (1-u)} \frac{1-u}{N_g^s} = 1$$

而对于已婚夫妇，劳动供给是由妻子的闲暇偏好的两个不同阈值所驱动的，它们取决于丈夫是否工作。我们将这两个阈值分别用下面的式子来表示：

$$\hat{\eta}_e = \frac{1}{\lambda_f} \log \left(\frac{w_f + w_m + y - \psi}{w_m + y} \right),$$

$$\hat{\eta}_u = \frac{1}{\lambda_f} \log \left(\frac{w_f + y}{y} \right).$$

从而，每对已婚夫妇的平均劳动力供给为：

[①] 对于这种保险渠道的早期研究，请参见阿塔纳西奥等人的论文（Attanasio et al.,2005）。

$$N^m = (1-u)(1+(1-u)F(\hat{\eta}_e))+u(1-u)F(\hat{\eta}_u)$$

上式中,第一项对应于就业的丈夫,第二项对应于失业的丈夫。失业的丈夫的妻子工作的概率严格高于就业的丈夫的妻子,因为其成本 ψ 不需要支付(因而有替代效应),且总收入较低(因而收入效应也在同一方向上)。对于已婚夫妇,劳动供给相对于就业概率 $1-u$ 的导数为:

$$\frac{\partial N^m}{\partial(1-u)} = (1+(1-u)F(\hat{\eta}_e))+(1-u)F(\hat{\eta}_e)+uF(\hat{\eta}_u)-(1-u)F(\hat{\eta}_u)$$

$$\frac{\partial N^m}{\partial(1-u)} = (1+2(1-u)F(\hat{\eta}_e))-(1-2u)F(\hat{\eta}_u)$$

这样一来,已婚夫妇的劳动供给相对于就业概率 $1-u$ 的弹性为:

$$\frac{\partial N^m}{\partial(1-u)}\frac{1-u}{N^m} = \frac{1+2(1-u)F(\hat{\eta}_e)-(1-2u)F(\hat{\eta}_u)}{1+(1-u)F(\hat{\eta}_e)+uF(\hat{\eta}_u)}$$

如果 $F(\hat{\eta}_u)=F(\hat{\eta}_e)$,那么上式将会像对单身人士那样,再一次出现弹性为1的情况。不过,事实上,我们有 $\hat{\eta}_u>\hat{\eta}_e$,因此已婚夫妇的劳动供给弹性严格小于1。从直觉上看,确实会有这样的一部分女性[由 $F(\hat{\eta}_u)-F(\hat{\eta}_e)$ 给出]:如果她们的丈夫有工作,她们自己就不工作,但是她们的丈夫失业了,她们就会选择进入劳动力市场。因此,家庭中存在着一种保险,它削弱了总就业的波动性。由于这种家庭内部的保险效应的存在,即便结了婚的女性的劳动力供给在微观层面上更具弹性,也仍然会有助于平抑总劳动力供给的波动性。[①]

在数据中,已婚女性就业人数在20世纪下半叶出现了大幅上升(见图7),同时,家庭类型的组成也发生了很大的变化(见图3和图4)。我们这个模型表明,这些变化能够影响总劳动力供给的波动性。下面这个命题总结了这些主要结果。

命题 2(总体劳动力供给波动性的家庭决定因素)。 考虑一个测度为1的人口,它由 M 个已婚住户(每个住户有两个成员)和 $1-2M$ 个单身人士住户构成。对于这个人口,我们有:

1. 如果已婚人士的比例为 $M=0$,那么总劳动供给 N 相对于 $1-u$(不受失业冲击影响的工人的比例)的弹性等于1,且在 $M>0$ 时随 M 而下降。

2. 对于某个固定的 $M>0$,总劳动供给 N 相对于 $1-u$ 的弹性严格小于1,但是当 w_f 收敛为零或趋向无穷大时,则接近于1。

命题2的第一项表明,过去几十年来,家庭构成的巨大变化可能对劳动力供给对冲击的反应产生了显著的影响。第二项则表明,除了家庭构成之外,女性劳动力供给的增加也应该影响总劳动力供给的行为,尽管这种影响是非单调的。关于已婚家庭,重要的是家庭中存在着潜在的保险。只有当出现如下情况时,家庭才完全没有保险的能力:即便丈夫失业,妻子也不工作(我们用女性工资接近于零来刻画这种情况)。在这种情况下,已婚家庭的劳动力供给就会像单身人士家庭一样有弹性。另一个极端是,如果无论丈夫的就业状况如何,所有的女性都总是工作(我们用女性工资接近于无限大来刻画这种情况),那么也没有保险的需要。但是,在有相当数量的女性在丈夫就业时不工作,而当丈夫失业时就愿意进入市场的情

---

① 对劳动供给弹性的微观估计和宏观估计,怎样才能调和起来?在相关文献中,历来众说纷纭。对这个问题的最近的讨论,请参见切蒂等人(Chetty et al.,2011,2012)、基恩和罗杰森(Keane and Rogerson,2012)。

况下,家庭这种保险就确实会发挥重要作用。因此,根据这个机制,我们的预测是,在女性就业率上升的过程中(同时又没有接近上升阶段的终点),保险将发挥最大的作用。

图 12 显示的是在一个模拟计算例子中,已婚家庭的总劳动供给对失业冲击的弹性是如何依赖于女性相对工资的。[①] 在图中,男性工资已经归一化为 1,同时变化的来源是女性相对工资。

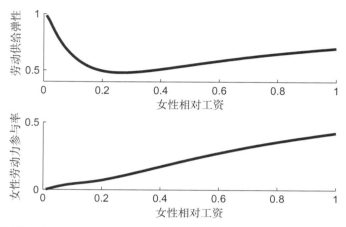

图 12 劳动供给模型中作为女性相对工资的函数的总劳动力供给弹性和女性劳动力参与率(LFP)

图 12 的下图显示了作为女性相对工资的函数的女性劳动力供给。毫不奇怪,在女性工资为零的情况下,女性劳动力供给也是零。然而,即便工资非常低,也有一些女性愿意工作——那些丈夫无力工作和那些闲暇偏好极低的女性就是这样。这意味着作为女性相对工资的函数的劳动总供给弹性是呈 U 形的。这一点从图 12 的上图中可以看得很清楚。结合美国数据中观察到的性别薪酬差距下降以及女性劳动力参与率上升的事实(见图 7 和图10),这些结果表明,近几十年来劳动力总供给弹性应该已经发生了大幅度的变化。

2.4.2 内生议价

到目前为止,我们对已婚夫妇的决策的分析都是在议价权重是外生给定的、承诺是完全的这两个假设下进行的。如前所述,如果某个女性的议价能力偏低,同时女性工资又比较高,那么她就可能会工作很多而消费很少,这样的话,这个女性就会根本不愿意结婚。如果没有完全承诺,即如果允许女性"逃离"这样的婚姻,那么有限承诺条件下的有效议价所主导的议价权重调整,就能够保证已婚女性至少能够得到与单身时一样多的效用。只要婚姻有正的"剩余",这种议价权重的调整就是有可能实施的;在我们设定的环境中,只要 $\psi>0$(已婚夫妇能够节省维持家庭的成本),这种调整就能得到保证。[②]

---

① 参数值为:$w_m=1,y=0.1,\psi=0.1,\lambda_f=0.5$。闲暇偏好的分布是对数正态的,其中 $\mu=0.5,\sigma=1$,劳动力供给弹性在失业率 $u=0.1$ 的情况下求取。
② 导致婚姻"剩余"的其他原因还包括:消费变成了公共物品(见本章第 3 节),以及结婚会带来效用(见第 2.5 节)。

现在我们就来分析,我们的模型设置下,议价权重是怎样调整以适应不断变化的工资的。[1] 一位单身女性的效用就是工作的效用与不工作的效用之间的最大值,即:

$$U_f^s = \max\{\log(w_f + y_f - \psi) - \eta_f, \log(y_f)\}$$

假设 w_f 足够高(或者 y_f 足够低),以至于她作为单身女性时总是更偏好工作。将她单身时的效用与结婚后的效用进行比较,我们就可以知道,如果正式成立,那么她将更偏好单身:

$$w_f + y_f > \frac{\lambda_f}{1 - \lambda_f}(w_m + y_m) + \psi$$

例如,当她的工资很高或她的议价能力很低的时候,这个条件就成立。在这种情况下,婚姻中的议价能力就应该加以调整,以保证她在婚姻中至少能够获得她的保留效用(即作为单身女性时的效用):

$$\lambda_f = \frac{w_f + y_f - \psi}{w_m + y_m + w_f + y_f - \psi}$$

当然,任何高于上面这个式子的值的 λ_f 也可以保证她的参与约束得到满足。

我们可以使用同样的逻辑去评估一个工资和参与成本会受到冲击的动态模型中会发生些什么。假设有这样一对夫妇,他们刚结婚时,有很大的婚姻剩余,而且议价权重使得所有的参与约束都不具有约束力。现在,假设她的工资出人意料地大幅增加了,使得如果保持 λ_f 不变,那么她的参与约束就会被违背。作为反应,她的议价权重会增加。类似地,参与成本 ψ 的下降也可能导致参与约束的收紧,从而导致议价权重的调整。[2] 谈判地位还会受诸如中了彩票、获得遗产等非劳动所得收入的变化的影响。

现在,考虑议价权重的这种变化会怎样影响劳动力供给的弹性。从定性的角度来说,命题1和2中描述的效应依赖于家庭内的保险的可能性,但是不依赖于固定的议价权重的假设。然而,从定量的角度来说,内生议价对这种效应的大小很重要。诺尔斯(Knowles,2013)、沃伊纳(Voena,2015)都研究过这个问题,尽管他们的分析主要关注长期变化,而不是商业周期特征。无论如何,他们识别出来的因素在商业周期的频率上也同样应该起作用。如果更高的工资能够提高议价能力,那么自然也会增加获得加薪的配偶方对于闲暇的议价权重。这种效应会降低劳动力供给对工资变化的反应。事实上,正如诺尔斯(Knowles,2013)所指出的,由于议价能力的转变,劳动总供给对女性工资增长的总体回应将会受到削弱。不过,议价权力的这种转变是否也会削弱总劳动的波动性,现在仍然不太明确,因为相反的效应会作用到另一个配偶身上。我们认为,这应该是可以带给研究者丰硕成果的未来研究方向之一。

2.4.3　建立美国劳动力市场的变化与家庭劳动力供给之间的联系

在前文中,我们已经在理论上阐明了家庭与总劳动力供给的变化之间的关联渠道,现

---

[1] 当然,这个模型是静态的,所以不存在随着时间的推移而进行的调整。相反,我们对这个模型应该这样想象:在一个存在相对工资异质性的经济中,每一对夫妻都有自己的议价权重。然而,这里的基本逻辑仍然适用于有限承诺的动态模型。在动态模型中,类似的因素将导致议价权重随着时间的推移而得到调整,请参见马佐科(Mazzocco, 2007)和沃伊纳(Voena,2015)对这个问题的讨论。

[2] 由于 ψ 的下降会影响男性和女性的参与约束,因此变化的方向将取决于具体细节,特别是议价权重的现状。假设女性的约束在降低 ψ 的冲击实现之前是完全有约束力的,那么很显然,由于在当前的议价权重下男性收获了全部婚姻剩余,所以女性的权重必须提高,这样才能确保女性继续参与婚姻。

在,我们着手将这个理论渠道与美国就业、产出波动的实证证据联系起来。我们感兴趣的是,男性与女性之间、单身人士和已婚人士之间,劳动总供给会有怎样的可变性;我们还想知道,相关的因素本身是如何随时间推移而演变的。我们在分析时所依据的是 1962—2014 年的美国当前人口调查(CPS)的年度数据。我们特别关注的是 25—65 岁人口的每人每周平均工作时数。[1] 图 13 显示了这个度量劳动供给的指标是怎样随着时间推移而演变的(分别按性别、婚姻状况显示)。

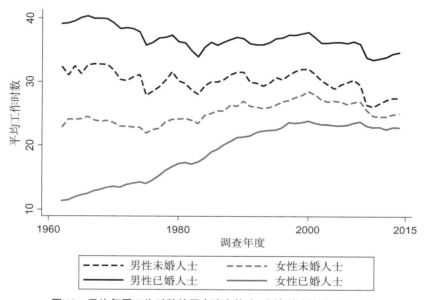

图 13 平均每周工作时数的历史演变轨迹,分性别、婚姻状况,美国

资料来源:Current Population Survey(美国当前人口调查),March and Annual Social and Economic Supplements,1962—2014。

从图 13 中可以非常清楚地看出,20 世纪 60 年代至 20 世纪 90 年代,已婚女性劳动力供给呈现急剧上升的趋势,而自 2008 年大衰退以来男性劳动力供给的下降幅度也较大。

为了专注于业务周期频率的波动,我们计算出了每个时间序列的周期性分量——从每个时间序列的对数中减去霍德里克-普雷斯科特(Hodrick-Prescott)趋势之后的差(平滑参数为 6.25)。按性别和婚姻状况列示的劳动供给的各周期性分量如图 14 所示。很明显,男性总劳动供给的总体波动性比女性总劳动供给更大。更具体地说,在周期中,单身男性的劳动供给的波动性是最大的,而已婚女性的劳动供给的波动性则是最小的。

---

[1] 样本包括了个体劳动者(自我雇用者)。

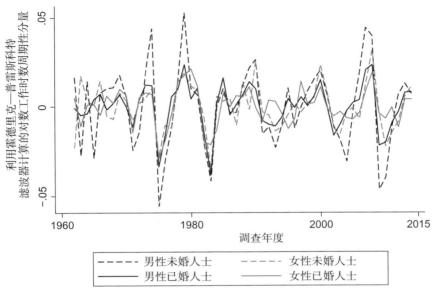

图 14　平均每周工作时数的周期性分量随时间演变的历史轨迹, 分性别、婚姻状况,

美国[周期性分量是对霍德里克−普雷斯科特(Hodrick-Prescott) 趋势的偏差, 平滑参数为 6. 25]

资料来源: Current Population Survey (美国当前人口调查), March and Annual Social and Economic Supplements, 1962—2014。

　　女性和男性之间劳动供给的波动性的巨大差异, 以及女性劳动力供给的大幅增长这些事实表明, 家庭趋势可能对我们所观察的时期的劳动总供给的周期性特征产生了反响性的影响(repercussion)。为了准确地检验这种可能性, 我们在表 1 中给出了关于美国的劳动总供给的波动性与性别和婚姻状况之间的关系的详细信息。在表 1 中, 给定时间序列总波动率是指组内每个人的平均劳动力供给的周期性分量的百分比标准偏差。周期性波动率则是每组中从就业的周期性分量对实际人均 GDP 的周期性分量(同样使用霍德里克−普雷斯科特滤波器计算) 的回归中得到的预测值的百分比标准偏差。

表 1　美国的工作时数的波动率, 分性别、婚姻状况

变量		全部		已婚		单身	
			1962—2014 年				
总波动率	1.25	1.04	1.46	1.04	1.25	1.33	2.33
周期性波动率	0.99	0.72	1.18	0.67	1.01	0.74	1.68
工作时数份额		38.09	61.91	23.9	47.71	14.19	14.2
波动率份额		27.22	72.78	16.2	48.98	10.64	24.17
			1962—1988 年				
总波动率	1.35	1.19	1.48	1.26	1.36	1.37	2.44
周期性波动率	1.08	0.87	1.19	0.87	1.09	0.79	1.65
工作时数份额		33.71	66.29	21.99	55.29	11.72	11
波动率份额		27.14	72.86	18.02	56.29	8.67	17.02

续　表

变量	全部		已婚		单身	
			1989—2014 年			
总波动率	1.15	0.87	1.47	0.79	1.16	1.3	2.25
周期性波动率	0.91	0.51	1.23	0.38	0.95	0.7	1.82
工作时数份额		42.64	57.36	25.89	39.83	16.75	17.53
波动率份额		23.68	76.32	10.8	41.51	12.88	34.81

注:资料来源于 Current Population Survey(美国当前人口调查),March and Annual Social and Economic Supplements,1962 en dash 2014。在表中,"总波动率"是每组中每人平均劳动供给的霍德里克-普雷斯科特(Hodrick-Prescott)残差的百分比标准偏差。"周期性波动率"是霍德里克-普雷斯科特(Hodrick-Prescott)残差对实际人均 GDP 的霍德里克-普雷斯科特(Hodrick-Prescott)残差的回归预测值的百分比偏差。"工作时数份额"是每个分量在总工作时数中所占的份额。"波动率份额"是每一组在总工作时数的周期性波动率中所占的份额。

周期性波动率刻画了与经济总体波动相关的就业波动分量。工作时数份额和波动率份额则是每个分量对总时数的贡献以及对总劳动力供给的周期性波动的贡献的分解。[①]

表 1 的第一栏显示了劳动力总供给的波动率(男性与女性合并),接下来的两栏是对男性和女性的劳动力供给波动率的分析。在整个样本中,女性劳动力供给的波动率要比男性劳动力供给波动率更小。此外,对于女性而言,与男性相比,周期性波动率在总波动率中所占的比例更小;这也就是说,女性劳动力供给的变化较少与经济总体波动有关。因此,在整个样本中,虽然女性贡献了接近 40%的总工作时数,但是它们所能解释的总劳动供给的波动率则不到 30%。

一个关键的观察结果是,在总量层面上,女性劳动力供给的可变性要比男性劳动力供给更低,尽管在微观层面上,女性的劳动力供给的弹性要比男性大得多。这些事实并不是完全不可调和的。如果女性劳动力供给的一些微观可变性是因为某些与总量变化相反方向上的调整所导致的,例如女性在经济衰退期间增加劳动力供给。我们的预测是,在已婚家庭中特别有可能出现这种情况,因为配偶可以相互给对方提供一种保险。为了评估这种可能性,在表 1 的其他各栏中,我们进一步把劳动力供给的波动率分解为已婚人士和单身人士。与保险所起的作用相一致,我们看到,无论是对男性还是女性,已婚人士的波动率都要比单身人士小得多。

从表面上看,已婚人士的劳动力供给的这种低可变性似乎是与前面给出的命题 1 相矛盾的——命题 1 指出,已婚女性的劳动供给的工资弹性要比单身女性更高。但是,表 1 描述的是宏观经济波动而不是微观弹性,而且我们可以预测,如果已婚女性的更高的微观弹性源于一部分已婚女性对她们的丈夫的劳动所得变化做出的反应(即调整自己的劳动力供给),那

[①] 在计算周期性波动率和工作时数份额、波动率份额时,我们采用了杰伊莫维克等人提出的方法——见杰伊莫维克和西乌(Jaimovich and Siu,2009),以及杰伊莫维克等人(Jaimovich et al.,2013)——他们用这种方法来刻画年轻人和老年人对总波动率的贡献。

么已婚女性的总体波动率就会更低。[①]

　　女性劳动力供给的可变性更低，部分原因还与如下事实有关：服务业部门雇用的女性比例较大，而服务业部门与男性占主导地位的制造业部门相比，周期性不怎么明显。但是，只要我们比较一下从事制造业和服务业的就业者，我们就会发现，在每个行业内部，女性的周期性波动率都明显低于男性。此外，与就业部门的这种联系并不会与家庭的保险作用相抵触，因为对部门（和职业）的选择是内生的，而且部分原因就是抵消自己的配偶可能会遇到的风险。[②]

　　上一节阐明的理论机制表明，劳动力供给总弹性应该会对女性劳动力参与的变化做出反应。为了探讨这种可能性，表1的剩余部分比较了我们样本的前半部分（1962—1988年）的波动率（在那个时期，女性劳动力供给从最初的低水平持续迅速上升）与后半部分的波动率（1989—2014年，在这个时期，女性的劳动力供给已经到了一个"高原区"）。对于这个时期，最重要的一个观察结果是，男性劳动力供给的波动率基本不变，而女性劳动力供给的波动率大幅度下降，特别是周期性波动。按婚姻状况分解的结果表明，这种变化主要是由已婚女性驱动的。在样本的下半期，已婚女性的总体波动率处于大约0.8%的低位，而且这一总体波动率当中也只有不到一半是由于周期性波动所导致。这些数字表明，正如上一节简单的理论模型所预测的，女性劳动力参与率的上升对总劳动力供给的波动性有显著的平抑作用。相比之下，单身劳动力供给的周期性波动率则没有实质性的变化，单身女性的波动率小幅下降，单身男性的波动率则略有上升。

　　上述变化的总体结果是，尽管女性在总工作时数中所占的比例上升了（从34%上升到43%），但是她们在对总波动率的贡献中所占的份额却减少了（1989—2014年仅为24%，而1962—1988年则为27%）。因此，劳动力总供给的总波动率和周期性波动率都出现了大幅下降（见表1的第一栏），尽管男性劳动力供给的波动率在这个时期略有增加。因此，女性劳动力参与率的上升平抑了总劳动力供给在周期中的波动性，这与命题2一致，也符合图12所示的总弹性的下降部分的轨迹。因此，不断提高的女性劳动力参与率可能是20世纪80年代中期到2007年大衰退前夕的美国经济总体波动的"大缓和"（Great Moderation）的驱动力之一。[③]当然，大衰退结束了大缓和，因此有的人可能会怀疑这种平抑效应在大衰退期间和今

[①] 单身人士的劳动力供给总波动率较高，还有第二个推动因素（模型中没有刻画）：单身人士往往比已婚人士年轻，而且年轻人的劳动力供给往往会因其他一些原因而更加不稳定（比如说，要接受更多的教育）。关于这方面的论述，请参见杰伊莫维克等人的论文（Jaimovich et al. ,2013）。我们可以通过考虑较窄的年龄段来控制年龄的这种影响。例如，在25—30岁的人中，已婚女性和单身女性的劳动力供给的总波动率大体上相同。

[②] 布埃拉等人（Buera et al. ,2013）、倪和佩特朗戈洛（Ngai and Petrongolo,2014），以及伦德尔（Rendall,2015）也分析过服务业在女性就业率上升中的特殊作用。奥利维蒂和佩特朗戈洛（Olivetti and Petrongolo,2016）完成了一个关于行业结构对发达经济体的跨部门女性就业、工作时间和相对工资趋势的影响的实证研究，他们认为服务业的增长至少可以解释女性工作时数长期变化的一半。阿尔巴内西和沙辛（Albanesi and şahin,2013）研究了美国的行业构成在就业周期性波动中对男性与女性薪酬差异的作用，并证明行业构成对1990年前的经济衰退并不重要，但是由于女性劳动力参与率已经走平，对于20世纪90年代的经济衰退就变得重要了。

[③] 关于"大缓和"（Great Moderation），请参见加里和盖姆贝蒂（Galí and Gambetti,2009）的讨论，以及杰伊莫维克和西乌（Jaimovich and Siu,200）从劳动力年龄构成的变化角度给出的解释。孟努尼（Mennuni,2015）也曾经分析过人口的变化趋势对"大缓和"的影响（虽然没有考虑到单身人士和已婚人士之间的区别），他还发现人口统计学特征（包括女性劳动力参与率的上升）可以解释约20%的美国的"大缓和"。

天是否仍然在起作用。数据表明,女性劳动力供给仍然在部分地抵消总体波动性。如果将样本划分为三个阶段来分析,我们就会看到,在最近这个时期女性劳动力供给呈现出了最小的波动性——已婚女性的周期性波动率只有 0.37%。已婚女性劳动力供给的平抑作用在大衰退期间尤其明显。2007—2010 年,已婚男性的平均劳动力供给下降了 8%以上,但是已婚女性的劳动力供给平均下降幅度则低于 3%。

如果性别平等的趋势一直继续下去,那么根据命题 2,女性和男性劳动力供给的波动性最终将再一次变得更加相似(请参见图 12)。部分原因是,随着已婚女性更加坚定地加入了劳动大军(例如,在更多的女性成为负主要赡养家庭的责任的人这个意义上),她们的劳动力供给将变得不那么有弹性。这一点在微观层面已经可以看出来了,例如请参见黑姆(Heim,2007)。另一方面,男人能在更大程度上依靠妻子的收入,从而使得他们的劳动力供给在微观层面上表现出了更大的弹性,而且在总体层面上也不再那么有周期性。因此,家庭趋势在塑造总体波动性方面继续发挥着作用。

2.4.4 无就业经济复苏

在商业周期研究中,有一个现象最近受到了很多经济学家的关注,那就是所谓的"无就业复苏"。这个术语所指的是最近美国的就业对经济衰退的反应上的一种变化。在 20 世纪 90 年代以前,大多数经济衰退的一个显著特点是,经济从衰退的低谷开始复苏时,就业率会大幅上扬。不同的是,自 20 世纪 90 年代以来,经济复苏期间就业人数的增加完全乏善可陈。

对于最近这种无就业复苏,经济学家已经提出很多种解释,包括结构性变化〔请参见格罗申和波特(Groshen and Potter,2003)〕、"工作职业的两极分化"程度的上升〔指经济衰退时技能分布的中间部分的职位消失,请参见杰伊莫维克和西乌(Jaimovich and Siu,2014)〕,以及劳动力调整的固定成本〔请参见巴赫曼(Bachmann,2012)〕。不过,在一项更晚近的研究中,阿尔巴内西(Albanesi,2014)有力地证明,这种无就业复苏至少部分是家庭内部的特征的变化所导致的,更具体地说,就是女性劳动力参与率的变化所导致。简而言之,阿尔巴内西认为,1990 年之前的经济衰退与 1990 年之后的经济衰退中的就业之所以不同,是因为以前的经济衰退是在女性劳动力参与率长期维持了强劲上升趋势的情况下发生的,但是最近的经济衰退则不然。如图 7 所示,在 1990 年以前,美国女性劳动力参与率一直呈强劲上升趋势,但是在 1990 年以后,美国女性劳动力参与率逐渐走平,在最近的 15 年中甚至有所下降。

表 2 总结了就业对历次经济衰退的反应,它还将男性就业情况与女性就业情况进行了分解。表中的每一个元素都是经济衰退谷底之后 4 年的就业人口比(E/P)的百分比变化。第一列呈现出了无就业复苏的基本事实。在 1990 年之前发生的经济衰退中,经济衰退 4 年后,就业会完全恢复(有时甚至还会有所增加)。而在 1990 年之后的经济衰退中,复苏时的 E/P 平均来说要低差不多 3%(如果将最近这个"大衰退"排除在外,则低 1.35%)。因此,1990 年之后的经济复苏的性质似乎与以前的经济复苏有很大的不同。接下来的两列将总就业变化分解为男性 E/P 的变化与女性 E/P 的变化。这些数据给出的主要信息是,从统计数字来看,无就业复苏这种现象之所以会出现,就是由于女性的就业行为(而不是男性的就业行为)发生了变化。对于男性来说,即便是在 1990 年以前,经济复苏也是"无就业的",因为 E/P 在

经济衰退 4 年后的平均下降幅度为 2.62％；1990 年以后的男性 E/P 的下降幅度与此类似——事实上，如果把"大衰退"排除在外，下降幅度还有所缩小。与男性相反，我们观察到女性的就业情况发生了戏剧性的变化：在 1990 年以前的经济衰退期间，每次经济衰退后，女性的 E/P 都会大幅回升，衰退 4 年后的平均增幅接近 6％；在 1990 年以后的衰退期间，女性的就业人数则会下降，到现在已经呈现出了与男性就业情况类似的模式。

表 2　无就业复苏：失业率出现峰值之后 4 年的就业人口比的变化，按性别列示，百分比变化（包括 1990 年之前的 3 次经济衰退和 1990 年之后的 3 次经济衰退）

时期	E/P 的变化		
	全部	男性	女性
1990 年之前	0.65	-2.62	5.85
1990 年之后	-2.78	-3.94	-1.41
1990 年之后，不包括"大衰退"	-1.35	-2.47	-0.07

注：1990 年以前的 3 次衰退包括分别发生于 1969 年、1973 年和 1981 年的经济衰退。1990 年之后的 3 次经济衰退包括分别发生于 1990 年、2001 年和 2007 年的经济衰退。

表 2 告诉我们，从统计上看，女性劳动力供给的趋势的变化是无就业复苏的原因。具体地说，对于男性来说，经济复苏其实一直都是"无就业"的，而对于女性而言，在 1990 年之前，与经济衰退相关的失业，很快就被女性劳动力参与率的长期上升趋势抵消。当然，这些实证结果本身并不能构成支持这种解释的结论性证据。例如，有人可能会这么想，在 1990 年之前的经济衰退中，如果女性就业增长较慢，那么男性就业的损失就应该会减少。要想充分评估女性劳动力供给变化趋势对于解释无就业复苏的作用，我们需要先构建一个经济模型。阿尔巴内西（Albanesi，2014）构建了一个模型，让有性别偏向的技术变革驱动女性劳动力参与率的上升。在这里，有性别偏向的技术变革是指，在那些女性拥有相对于男性的比较优势的工作任务中，女性的作用变得更加重要了（与男性有比较优势的其他工作任务相比，例如依赖于肌肉力量的工作任务）。阿尔巴内西证明，他这个模型能够复制女性参与的长期趋势和女性就业水平走平之后无就业经济复苏现象。

2.4.5　对相关文献的附加说明

尽管明确考虑家庭趋势如何改变商业周期动态的研究非常少，但是确实有很多文献已经将上述家庭劳动力供给模型的一个或几个特征纳入了对商业周期的研究当中。在这个方面，一个早期的例子是宏观经济学中关于家庭生产的文献——请参见格林伍德等人（Greenwood et al.，1995）对这些早期研究的综述。第一批模型没有明确区分男性和女性的劳动力供给，但是通过纳入在家工作（抚育儿童、准备食物等）的可能性，相关文献中已经暗含了女性劳动力供给的性质有所不同的结论。本哈比比等人（Benhabib et al.，1991）是这些早期研究中的一个突出例子，他们关注的是家庭生产在解释商业周期事实上的重要性。在他们的模型中，家庭可以从家庭和市场消费中获得效用，并且提供家庭和市场时间供给。本哈比比等人发现，与标准的宏观经济学模型相比，家庭生产模型在匹配商业周期的各种波动性和相关性时的表现要好得多。格林伍德和赫尔维茨（Greenwood and Hercowitz，1991）、里奥斯-鲁尔（Ríos-Rull，1993）也得出了非常类似的结论。

居勒尔等人(Guler et al.,2012)在劳动力市场搜索模型的框架下分析了家庭劳动力供给的作用:夫妻双方如果都进入了劳动力市场,那么就可以在失业的情况下为对方提供保险。居勒尔等人还发现,保险的可能性降低了失业工人搜索工作时的努力程度,不过同时也提供了比所有工人都为单身人士时更高的福利。奥尔盖伊拉和西阿斯(Ortigueira and Siassi,2013)使用一个定量模型评估了家庭中风险分担的重要性,他们发现,通过配偶的劳动力供给实现的保险对于无法获得其他保险工具的贫困家庭尤为重要。

在近来讨论税制改革的影响的宏观经济学文献中,家庭劳动力供给也扮演了核心的角色。冈纳等人(Guner et al.,2012a)构建了一个用美国数据进行校准的、包括了单身人士和已婚家庭的定量生命周期模型,探讨了收入中性的税收改革的经济后果——这种税制或者采取单一所得税,或者对夫妻双方单独征税(即双方分别申报纳税)。在任何一种情况下,税制改革都会推动劳动力供给大幅增加,而且这主要是由已婚女性驱动的[另外也请参见冈纳等人(Guner et al.,2012b)]。后来,冈纳等人(Guner et al.,2014)进一步扩展了这项研究,将育儿补贴的影响也考虑了进来。结果他们发现,这种补贴对女性劳动力供给有很大的影响,特别是位于技能分布的底部的女性。比克和富克斯-申德勒恩(Bick and Fuchs-Schündeln,2014)记录18个经济合作与发展组织国家的已婚夫妇的劳动力供给差异,结果发现税收制度的不同(特别是夫妻双方是合并申报纳税还是分开单独申报纳税)可以解释大部分差异。[①]

在劳动经济学文献中,妻子因为丈夫失业而进入劳动力市场这种现象被认为是一种"附加工人效应"(added worker effect)——请参见伦德伯格(Lundberg,1985)。使用20世纪80年代初或更早的数据的实证研究,通常最多只能发现支持这种"附加工人效应"的非常薄弱的证据。尤恩和波特(Juhn and Potter,2007)利用长期的美国当前人口调查(CPS)数据,发现了支持"附加工人效应"的证据,同时他们也指出这种效应的强度最近有所减弱,部分原因是"门当户对"的婚姻导致妻子和丈夫所面对的劳动力市场冲击有了更高的家庭内相关性。

前面描述的单身和已婚的女性和男性的劳动力供给的周期性波动率的巨大差异表明,家庭内的保险的意义不是仅用"附加工人效应"就可以解释的("附加工人效应"只涉及丈夫失业后进入劳动力市场的妻子)。其他形式的保险至少还包括,当配偶失业风险提高时,一方就进入劳动力市场(而不是等到真的失业后才进入劳动力市场,因为很快实现就业并不容易),以及当夫妻双方都就业时对劳动的集约边际的调整。希斯洛普(Hyslop,2001)、肖尔(Shore,2010,2015)提供了进一步的证据,证明家庭内部存在更加一般的分担劳动力市场风险机制,它可以用夫妇之间的收入相关性来衡量。布伦戴尔等人(Blundell et al.,2006)在一个生命周期决策的结构模型中,也找到了支持家庭内部的保险的有力证据。曼卡特和奥伊科诺莫(Mankart and Oikonomou,2015)使用当前人口调查(CPS)数据,证明女性劳动力参与率会对配偶的失业做出相当大的反应,而且这种反应随着时间推移而表现出来的持续性,与早期对"附加工人效应"的检验结果相比,也要更加显著。此外,肖尔(Shore,2010)给出的证据也表明,内部家庭风险分担在经济衰退期间表现得特别突出。我们得到的结果——按性别和婚姻状况,劳动总供给随时间推移呈现出来的行为特征——表明,通过探析家庭内的保

---

① 另外也请参见沙德和文图拉(Chade and Ventura,2005)对已婚夫妇的不同税收待遇的福利后果的分析。

险是否在微观层面上也经历了类似的变化来扩展上述结论,应该是一个卓有成效的研究方向。①

我们对家庭劳动力供给的分析集中在丈夫和妻子之间的相互作用上。家庭内部的保险的另一个维度则涉及年轻家庭成员之间的互动。关注这个保险维度的定量研究的例子包括杰伊莫维克等人(Jaimovich et al.,2013),以及卡普兰(Kaplan,2012)。前一篇论文旨在解释劳动力供给波动率的年龄差异,后者则量化了作为一种保险机制的"与父母同住",即年轻工人对搬出—搬进父母家庭的选择。在卡普兰的研究的基础上,迪尔达等人(Dyrda et al.,2016)提出了一个商业周期模型,允许年轻人选择与父母同住。他们发现这种生活安排对于劳动力供给弹性有很重要的意义:与自己生活的同龄人相比,与父母同住的年轻人的劳动力供给弹性要大三倍。对家庭形成的研究也表明,对于稳定的家庭来说,劳动力总供给弹性远大于微观弹性。

2.5 不断变化的家庭与总储蓄

除了给出一个劳动力供给理论之外,为宏观经济模型建立基准的代表性家庭框架也提供了一个储蓄理论。在本节中,我们证明,超越代表性家庭框架,对家庭进行显式建模,对确定宏观经济中的储蓄具有重要意义。

家庭对储蓄的重要性可以通过好几个不同的渠道反映出来,因为家庭与生命周期的储蓄动机和预防性储蓄动机有关。首先,随着时间的推移,家庭规模的变化(例如通过结婚、离婚和生儿育女)意味着消费需求在生命周期中必定会有所变动,而且这种变动会反映在最优储蓄水平上。其次,预防性储蓄动机也在宏观经济模型中起着重要作用,至少从艾亚格里的研究(Aiyagari,1994)以来,经济学家就已经认识到了这一点。预防性动机的力量强弱取决于人们能够获得的保险机制。与我们在上面对劳动力供给的分析类似,我们认为,家庭内部的保险在收入风险的分担中起到了非常重要的作用,因而也在储蓄的决定中发挥着重要作用。最后,家庭不仅会影响现有风险的分担,而且家庭内部的核算也会引入新的风险来源。结婚和生儿育女会导致(有时可能非常大的)额外费用,而且,在面临婚姻和生育的不确定性的情况下,他们的预防性储蓄也会受到影响。家庭解体的可能性也同样重要:离婚现在已经相当常见了,而离婚在很多情况下都代表着相当大的财务风险。

过去几十年来,生育率、结婚率和离婚率都发生了巨大的变化,这个事实表明储蓄的家庭决定因素可能解释了总储蓄行为的一些变化。特别是在美国,个人储蓄率已经从20世纪70年代末的10%以上,稳步下降到了21世纪第一个10年中期的5%以下(见图15)。对于这种变化,经济学家已经提出了很多种解释,但是至今还没有任何一种解释得到广泛接受——请参见奎多林和祖尼斯(Guidolin and Jeunesse,2007)的总结和讨论。在本节中,我们研究家庭层面的变化对总储蓄可能发挥的作用。

---

① 布劳和卡恩(Blau and Kahn,2007)也提供了这个维度上的一些证据。他们证明,20世纪80年代以来,已婚女性的劳动力供给对她们的丈夫的工资变化的反应较小。

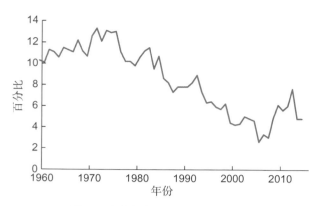

图 15　个人储蓄率的演变轨迹，美国

资料来源：Bureau of Economic Analysis（美国经济分析局），从圣路易斯联邦储备银行 Fred 数据库获取。

就生命周期的储蓄动机这个问题而言，宏观经济学中已经有大量的文献讨论过了，但是它们都是用单一家庭模型来描述的，即不明确区分不同家庭成员的利益。首先将生命周期模型引入现代商业周期研究的是阿塔纳西奥和布朗宁（Attanasio and Browning, 1995）以及里奥斯－鲁尔（Ríos-Rull, 1996）。在这些模型中，因家庭构成在生命周期中的变化而导致的消费需求的变化，是通过消费等价缩放结合进来的。[①] 此外，还有一小部分文献使用生命周期模型来量化人口老龄化对储蓄的影响，例如，请参见迈尔斯（Miles, 1999）、里奥斯－鲁尔（Ríos-Rull, 2001）。依赖于未来的人口增长，对储蓄的这些影响可能很大——尽管它们发生得过于缓慢，对于近几十年来储蓄率的急剧下降，并不能解释多少。

由于研究生命周期的储蓄动机的文献已经相当庞大了，我们在这里不可能面面俱到地讨论所有研究。为此，我们把关注的焦点集中在结婚和离婚对总储蓄的影响这个问题上。这也是现有文献较少涉及的一个主题。

2.5.1　储蓄与离婚

在前面 2.4 节讨论的模型中，我们研究了单身人士和已婚家庭的行为差异，在那里，我们是把这些不同类型的住户的存在视为给定条件的。然而，在现实世界中，大多数成年人一开始都是单身人士，他们在人生的某个时刻结婚，然后其中许多人可能重新成为单身人士（例如离了婚的人）。我们现在就来研究离婚的可能性对储蓄的影响。在本小节中，我们先假设婚姻中的议价能力是给定的，并把离婚建模为一个外生冲击。内生的议价能力和内生的离婚，将在下文中讨论。

我们考虑一对总共生活两期的已婚夫妇。这对夫妇在第一期结婚，进入第二期后，他们的婚姻继续维持下去的概率为 $1-\pi$（也就是说，他们离婚的概率为 π）。我们假设离婚区制为：如果双方离婚，那么妻子可以得到的资产的份额为 κ_f，丈夫得到的份额则为 $\kappa_m = 1 - \kappa_f$。

在这里，我们假设夫妻双方在两个时期内都工作，然后集中讨论离婚的可能性对储蓄的

[①] 例如，请参见费尔南德斯－比利亚韦德和克鲁格（Fernández-Villaverde and Krueger, 2007），以及费尔南德斯－比利亚韦德和克鲁格（Fernández-Villaverde and Krueger, 2011）。

影响。① 令 a' 表示储蓄,并假设这对夫妇进行的是合作议价,各自的议价权重分别为 λ_f 和 $\lambda_m = 1 - \lambda_f$。他们在第一期的决策问题可以表示为:

$$\max_{c_f, c_m, a'} \{\lambda_f \log(c_f) + \lambda_m \log(c_m) + \beta[\lambda_f(\pi V_f^D(a')$$
$$+ (1-\pi)V_f(a')) + \lambda_m(\pi V_m^D(a') + (1-\pi)V_m(a'))]\}$$

要满足的预算约束为:

$$c_f + c_m + a' = w_f + w_m$$

在这里, $V_g(a')$ 是配偶 $g \in \{f, m\}$ 在第二期中婚姻关系得以维持的情况下的值函数,而 $V_g^D(a')$ 则为双方离婚的情况下的值函数。

在离婚的情况下,在第二期每一方都只消费收入和储蓄(其中储蓄可以赚得利率 r 的利息)。因此我们有:

$$V_g^D(a') = \log(w_g' + (1+r)\kappa_g a')$$

相反,如果婚姻得以维持,那么消费份额就由议价权重给出:

$$V_g^D(a') = \log(\lambda_g(w_f' + w_m' + (1+r)a'))$$

现在,我们可以考虑第一期的储蓄问题了。a' 的一阶条件由下式给出:

$$\frac{1}{w_f + w_m - a'} = \beta\pi\left[\frac{\lambda_f(1+r)\kappa_f}{w_f' + (1+r)\kappa_f a'} + \frac{\lambda_m(1+r)\kappa_m}{w_m' + (1+r)\kappa_m a'}\right] + \beta(1-\pi)\frac{1+r}{w_f' + w_m' + (1+r)a'} \tag{6}$$

在不存在离婚风险(即 $\pi = 0$ 时),最优储蓄为:

$$\tilde{a} = \frac{\beta(1+r)(w_f + w_m) - w_f' - w_m'}{(1+\beta)(1+r)}$$

接下来再考虑 $\pi > 0$ 的情况。如果满足以下条件,那么最优储蓄保持不变,即仍然为 $\tilde{a}$:
对于 $g \in \{f, m\}$,有

$$\frac{w_g' + (1+r)\kappa_g\tilde{a}}{\lambda_g} = w_f' + w_m' + (1+r)\tilde{a},$$

或者

$$\kappa_f = \tilde{\kappa}f \equiv \frac{-\lambda_m w_f' + \lambda_f w_m' + \lambda_f(1+r)\tilde{a}}{(1+r)\tilde{a}}$$

$$\kappa_m = \tilde{\kappa}m \equiv \frac{\lambda_m w_f' - \lambda_f w_m' + \lambda_m(1+r)\tilde{a}}{(1+r)\tilde{a}}$$

在这里,我们有 $\tilde{\kappa}_f + \tilde{\kappa}_m = 1$。从直觉上看,这种特定的离婚规则重新生成了与婚姻关系维持下去时所能得到的相同的消费配置,因此储蓄激励保持不变。当 κ_f 不等于 $\tilde{\kappa}_f$ 时,又会发生什么呢?这取决于女方和男方的相对议价能力。方程式(6)的右侧相对于 κ_f 的导数由下式给出:

---

① 显然,离婚的可能性也会影响到工作的激励,这种影响部分是通过改变财富的边际效用来实现的,而且,在更复杂的环境中,还可以通过积累个人特有的劳动力市场经验来实现。

$$\beta\pi(1+r)\left(\frac{\lambda_f w_f'}{(w_f'+(1+r)\kappa_f d)^2}-\frac{\lambda_m w_m'}{(w_m'+(1+r)\kappa_m a')^2}\right)$$

在 $a'=\tilde{a}$,$\kappa_f=\tilde{\kappa}_f$,以及 $\kappa_m=\tilde{\kappa}_m$ 处对这个式子求值,我们可以得到:

$$\frac{\beta\pi(1+r)}{(w_f'+w_m'+(1+r)\tilde{a})^2}\left(\frac{w_f'}{\lambda_f}-\frac{w_m'}{\lambda_m}\right)$$

因此,如果 $w_f'/\lambda_f>w_m'/\lambda_m$,那么导数为正,这等价于 $\tilde{\kappa}_f<\lambda_f$。反过来,正的导数又意味着当 $\kappa_f>\tilde{\kappa}_f$ 时,最优储蓄 a' 满足 $a'>\tilde{a}$,即离婚风险的存在增加了储蓄。更一般地说,只要离婚后境况变得更加糟糕的那一方在离婚时的资产份额超过了婚姻中的相对议价能力,那么离婚风险就会增加储蓄。从直觉上看,在这种情况下,增加的储蓄可以降低夫妇双方因离婚而导致的额外"不平等",从而产生了对储蓄的预防性需求。[1] 如果夫妇双方的起点是相同的议价能力,并且存在一个平等的离婚区制 $\lambda_f=\lambda_m=\kappa_f=\kappa_m=0.5$,那么离婚的可能性也总是会导致预防性储蓄,除了"刃锋"之外(在离婚区制下,婚姻内的配置能够完全准确地复制出来)。这里的直觉是,这种动机与通常的基于审慎偏好的预防性储蓄的动机相同。在离婚后,与婚姻中相比,一方的消费量会较少,而另一方的消费则会较多。由于效用函数是有一定曲率的,当储蓄是在第一期决定的时候,比较"不幸"的一方会得到较高的权重,从而导致预防性储蓄的增加。

当然,我们在推导出这些结果的时候,还预先假设了离婚不会改变夫妇双方的消费可能性边界。在现实世界中,离婚不仅要付出一定的直接成本,而且还得放弃随家庭生活而来的"规模收益"。因此,离婚的可能性也会导致负的收入效应,这样就进一步抬高了家庭想要达到的储蓄水平。

总结上述结果,离婚风险对储蓄的影响取决于离婚规则(即离婚时的财产分配规则)以及夫妇双方的相对议价能力。在实际研究中,我们从数据中总结的最常见的离婚规则基于"名下所有权"的分配规则和公平分配规则。[2] 在"名下所有"规则下,离婚时已经在某一方名下的所有婚姻财产,都归该方所有,这包括登记在谁的名下的不动产就归谁所有,用谁的名字开立的银行账户就归谁所有,等等。而在公平分配规则下,法官有权酌情分配婚姻资产。通常,平均分配婚姻财产只是一个起点,法官可以根据现实情况对某一方酌情加以照顾(例如,要监护儿童的一方可能得到更多的资产)。当男方是主要的养家者,同时也是房地产、汽车和银行账户等主要资产的所有权人时,我们可能会预测,在"名下所有"的离婚规则下,离婚风险将导致对储蓄的预防性需求,因为女方在离婚后的境况很可能要比婚姻内更加糟糕。但是事实上,只有当女方能够以自己的名义进行储蓄时,才会真的出现预防性需求,否则她将无法在离婚时提高自己的所得。相比之下,在公平分配规则下,预测结果要模糊得多,因为在这种规则下,与婚姻内相比,妻子在离婚后有可能获得更多的消费。在某个给定的离婚率下对各种离婚规则进行比较后,我们发现,对于婚姻内议价能力较弱的一方来

---

① 这是一个接近于婚姻配置的局部结果。
② 另外的可能性还包括平均分配规则和按婚前协议规定的方法分配的规则。

说,只要公平分配规则比基于名下所有权的规则(似乎可能)更有利,那么向公平分配规则的转移就是有可能的(20 世纪 70 年代,美国绝大多数州都发生了这种情况),这种转变削弱了预防性动机,从而导致了更低的储蓄率。

此外,个人劳动收入可能构成了离婚时的收入的很大一部分。随着时间的推移,已婚女性的收入不断上升,这也意味着女性在离婚后能够更好地"自食其力"(无论在哪种离婚规则下)。因此,在给定某种水平的离婚风险的情况下,已婚女性劳动力参与率的上升和性别薪酬差距的下降,可能会降低对与离婚相关的预防性储蓄的需求。

2.5.2　议价能力内生时离婚与节约的关系

到目前为止的分析表明,离婚可能会对一个国家的个人储蓄率产生很大的影响。事实上,离婚正是我们人类今天面临的最大的和最常见的风险之一(其他同等风险还有失业和健康不佳)。此外,离婚率、离婚规则和女性劳动力参与率的变化,都会影响因离婚风险而导致的预防性储蓄的多少,因此也是储蓄率随时间的变化的部分原因。

在上面的分析中,我们是将离婚作为一个外生冲击引入进来的,而且假设离婚风险对夫妇行为的影响与发生这种冲击的可能性成正比。在这样的模型设定下,离婚的可能性只有在离婚率较高的情况下才会产生很大的效果。现在,我们将离婚决定和婚姻中的议价能力的演变内生化,以此来扩展我们的分析。我们将会观察到,在这个扩展后的模型中,只要存在离婚的可能性,就可以影响家庭的行为。所以,即便在均衡中几乎没有什么人离婚,离婚的可能性也会对行为产生巨大影响。因此,这个扩展进一步放大了离婚在解释一个国家的储蓄率的决定时可以发挥的潜在作用。

接下来,我们考虑前面的模型的一个变体(即将议价和离婚内生化)。夫妻双方对未来的配置的承诺能力要受离婚能力的限制,因为离婚起到了一个威慑点的作用,影响着婚姻存续期间的议价。在第一期,男女双方结为夫妇,其初始议价能力分别为 λ_f 和 λ_m(其中,$\lambda_f + \lambda_m = 1$)。$m = 1$。在第二期,这对夫妇分别经历婚姻质量冲击 ξ_f 和 ξ_m(冲击既可以为正,也可以为负)。这里的离婚规则是一种"单方面离婚"(unilateral divorce),这也就是说,在第二期,只有当不离婚对夫妻双方来说都至少与离婚一样好时,婚姻关系才能继续存在下去。

在第一期,夫妻双方的决策问题可以写为:

$$\max\{\lambda_f \log(c_f) + \lambda_m \log(c_m) + \beta[\lambda_f E(V_f(a', \xi_f, \xi_m)) + \lambda_m E(V_m(a', \xi_f, \xi_m))]\},$$

服从如下预算约束:

$$c_f + c_m + a' = w_f + w_m$$

在这里,$V_g(a', \xi_f, \xi_m)$ 是第二期配偶 g 的期望效用,它是状态 a'、ξ_f 和 ξ_m 的函数。

在第二期,夫妻双方的决策问题要受到离婚的可能性的限制。如果离婚,那么现有财产就要进行分割,妻子得到的份额为 κ_f,丈夫得到的份额为 $\kappa_m = 1 - \kappa_f$。因此,在离婚的情况下,效用由下式给出:

$$V_g^D(a') = \log(w_g' + (1+r)\kappa_g a')$$

因而,第二期的完全决策问题可以写为:

$$\max_{D \in |0,1|, c_f, c_m} \{\lambda_f[(1-D)(\log(c_f) + \xi_f) + DV_f^D(a')] + \lambda_m[(1-D)(\log(c_m) + \xi_m) + DV_m^D(a')]\} \quad (7)$$

其约束条件包括：

$$c_f + c_m = w_f' + w_m' + (1+r)a' \tag{8}$$

$$(1-D)(\log(c_f) + \xi_f) + DV_f^D(a') \geq V_f^D(a') \tag{9}$$

$$(1-D)(\log(c_m) + \xi_m) + DV_m^D(a') \geq V_m^D(a') \tag{10}$$

在这里，$D \in \{0,1\}$ 表示内生的离婚决定，c_f 和 c_m 是婚姻关系存续的情况下夫妻双方的消费分配。很显然，如果设定 $D=1$（离婚），那么方程式（9）和（10）这两个约束就一定能够满足。然而，离婚只有在没有任何消费分配能够使维持婚姻对双方都至少与离婚一样好的时候，才是最优的。

对于第二期的这个决策问题的求解，可以先考虑一对在维持婚姻和离婚之间无差异的夫妻的情况。我们用 $\tilde{\lambda}_g$ 表示对于给定的 ξ_g，使得配偶 g 在离婚与不离婚这两个选项之间无差异的消费份额。不难看出，这个无差异条件是：

$$\log(\tilde{\lambda}_g(w_f' + w_m' + (1+r)a')) + \xi_g = \log(w_g' + (1+r)\kappa_g a'),$$

从中可以解得：

$$\tilde{\lambda}_g = \frac{w_g' + (1+r)\kappa_g a'}{\exp(\xi_g)(w_f' + w_m' + (1+r)a')}$$

这样一来，第二期的结果就可以通过对隐含的议价权重 $\tilde{\lambda}_f$ 和 $\tilde{\lambda}_m$ 与实际的事前议价权重 λ_f 和 λ_m 进行比较来确定。具体地说，我们有如下的命题。

命题 3（有限承诺模型中的离婚和议价能力）

一对夫妻在第二期的决策问题的结果可以表述如下：

· 如果 $\tilde{\lambda}_f \leq \lambda_f$ 且 $\tilde{\lambda}_m \leq \lambda_m$，那么夫妻双方的婚姻关系将得以维持（$D=0$）。在这种情况下，他们两人的消费量分别为：

$$c_f = \lambda_f(w_f' + w_m' + (1+r)a')$$
$$c_m = \lambda_m(w_f' + w_m' + (1+r)a')$$

· 如果 $\tilde{\lambda}_f > \lambda_f$ 且 $\tilde{\lambda}_f + \tilde{\lambda}_m \leq 1$，那么夫妻双方的婚姻关系将得以维持（$D=0$），但是妻子的消费份额必须有所增加，以此来满足她的参与约束。在这种情况下，他们两人的消费量分别为：

$$c_f = \tilde{\lambda}_f(w_f' + w_m' + (1+r)a')$$
$$c_m = w_f' + w_m' + (1+r)a' - c_f$$

· 如果 $\tilde{\lambda}_f > \lambda_m$ 且 $\tilde{\lambda}_f + \tilde{\lambda}_m \leq 1$，那么夫妻双方的婚姻关系将得以维持（$D=0$），但是妻子的消费份额必须有所增加，以此来满足她的参与约束。在这种情况下，他们两人的消费量分别为：

$$c_m = \tilde{\lambda}_m(w_f' + w_m' + (1+r)a')$$
$$c_f = w_f' + w_m' + (1+r)a' - c_m$$

· 如果 $\tilde{\lambda}_f + \tilde{\lambda}_m > 1$，那么这对夫妻将会离婚（$D=1$）。在这种情况下，他们两人的消费量分别为：

$$c_f = w_f' + (1+r)\kappa_f a'$$
$$c_m = w_m' + (1+r)\kappa_m a'$$

在这个模型中，离婚的可能性对储蓄的影响与前述外生离婚模型不无相似之处，但是不同之处在于，在这里，即便婚姻关系继续存在，只要配偶之间的参与约束当中有一个是有约束力的，储蓄就会受到影响。

图 16 给出了一个算例，它说明了在内生议价和离婚的模型中，已婚女性劳动力市场参与率不断提高的趋势是如何影响离婚和储蓄率的。[①] 在这个例子中，我们先把男性的劳动所得归一化为 $w_m = 1$，然后给出了女性的劳动收入从 $w_f = 0.1$ 变为从 0.8 的过程中的均衡储蓄率和离婚率。这里所用的离婚规则是单方面离婚暨离婚时平等分配婚姻财产。给定总劳动所得不变，并假设利率等于贴现因子的倒数，如果离婚的可能性根本不存在，那么无论女性收入如何，储蓄率都将等于零。因此，任何正的储蓄都应该归因于离婚的可能性导致的预防性动机。

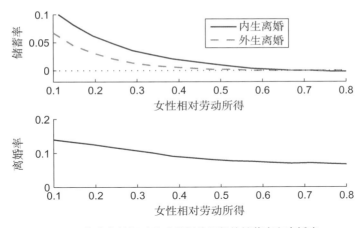

图 16　作为女性相对劳动所得的函数的储蓄率和离婚率

在将议价和离婚内生化之后，我们发现储蓄率和离婚率都是正的，而且随着女性相对收入的增加而急剧下降。一旦女性收入超过了男性收入的 60％，储蓄率就会趋向于零（即不存在离婚的可能性时的储蓄率）。这些发现背后的直觉是，当女性收入很低的时候，与维持婚姻关系相比，离婚会使女性的境况变得更加糟糕。即使离婚时采取平均分配资产规则，也只能为女性提供有限保险，因为模型中这对夫妇在第二期的大部分收入都是丈夫的收入。因此，离婚的可能性导致了对预防性储蓄的需求，这主要是给女性提供一种保险手段以应对离婚的可能性。女性自己的收入则提供了另一种保险途径，也增加了女性在离婚中可以索取的总收入的份额。因此，随着收入的上升，预防性储蓄大大减少，直到最终消失。

---

① 参数值为：$\lambda_f = 0.4, \lambda_m = 0.6, r = 0.05, \beta = 1/(1+r)$。离婚规则是公平的资产分配，即 $\kappa_f = \kappa_m = 0.5$，婚姻质量冲击 ξ_f 和 ξ_m 均匀分布在区间 $[-0.2,1]$ 上，而且在配偶之间是相互独立的。

图 16 还给出了当把均衡离婚率(如图 16 下面的子图所示)作为一个外生变量输入前一节所述的模型时(即外生的离婚率随着女性收入一起变化时),外生离婚模型中的储蓄率。外生离婚模型产生了从定性角度来看相似的结果,但是对储蓄的影响在定量上要小得多。在外生离婚模型中,只要不离婚,夫妻双方的议价能力就会保持其初始值不变。相比之下,在内生离婚模型中,则存在这样的夫妻,(比如说)丈夫恰恰位于参与约束线上(即 ξ_m 的实现值很低),所以为了继续"留住"丈夫,妻子就必须向丈夫提供额外的补偿。补偿另一方的这种需要,会产生额外的预防性节约需求。因此,内生离婚模型通常会对储蓄率产生的更大的影响,而且,即便实现的离婚率很低,也可以形成从离婚的可能性到总量变量的反馈环路。

2.5.3 对相关文献的附加说明

只有很少的研究论文采用我们在这里描述的这类模型去解决宏观经济学问题。马佐科(Mazzocco,2007)、马佐科等人(Mazzocco et al.,2013)、沃伊纳(Voena,2015)引入了有限承诺下的动态婚姻模型(且存在婚姻的可能性)。在这类模型中,当婚姻关系中的某一方的参与约束具有约束力时,议价能力的变化是必要的,这样才能对婚姻分配产生持续的影响。沃伊纳(Voena,2015)专门讨论了离婚法律如何影响储蓄的激励,他所研究的问题与我们这里讨论的问题最接近。沃伊纳发现(他使用了一个估计出来的结构模型),引入单方面离婚(在那些执行平均分配财产的州里)会导致更高的储蓄率和更低的女性就业率。从直觉上看,引入单方面离婚可以在离婚决定中消除配偶的否决权,减少风险分担,增加预防性储蓄。据我们所知,现在还没有任何研究致力于分析离婚的可能性(在给定的离婚规则下)如何影响私人储蓄率(以及其他总体变量),同时考虑观察到的其他家庭变化,例如女性劳动力参与率的上升和女性相对收入的提高以及生育率的下降。

将离婚视为一种外生冲击的一项早期研究出自库贝迪和里奥斯–鲁尔之手(Cubeddu and Ríos-Rull,2003)。他们比较了一系列反事实——它们在人们何时(或是否)结婚和离婚上有所不同,在离婚成本何等高昂上有所不同——以此来评估离婚对资产积累的潜在作用。与我们在前面描述的模型不同,他们限制了婚姻内的消费,使得配偶之间的消费相等。结果他们发现,结婚和离婚的影响在他们的设定中可以是非常大的,但是他们并没有直接将这个发现与观察到的宏观变量的变化联系起来。[①]

洛夫(Love,2010)从实证的角度阐明了(并且在一个定量模型中分析了)资产配置是如何随婚姻状况的转变而变化的。与库贝迪和里奥斯–鲁尔的论文(Cubeddu and Ríos-Rull,2003)以及洪和里奥斯–鲁尔的论文(Hong and Ríos-Rull,2012)相似,洛夫也把婚姻状况的变化建模为外生冲击,而且婚姻中只存在公共消费。他的理论模型预测,投资组合中的份额(即对股票和债券的投资占总财富的比例)对生育率、结婚率和离婚率会做出强烈的反应。基于"健康与退休研究"(health and retirement study)、"收入动态长期追踪研究"(panel study on income dynamics)的实证结果支持了这个模型的很多预测——尽管不是对所有的家庭分组都是如此。

---

① 洪和里奥斯–鲁尔的论文(Hong and Ríos-Rull,2012)也利用了一个类似的框架。它还纳入了子女的出生、随机生存率以及遗赠动机。他们还利用人寿保险资料来推断不同家庭成员的效用是怎样相互影响的。

费尔南德斯和王(Fernández and Wong,2014a,2014b)构建了一个外生离婚的定量生命周期模型,研究了离婚的可能性在解释20世纪60年代至20世纪90年代女性劳动力参与率上升时的重要性。他们指出,离婚风险的增加可以解释女性劳动力参与率上升的很大一部分。之所以会有这个结果,主要原因在于女性在离婚后要面对更低的消费可能性(她们的通常工资比自己的丈夫更低,而且还要用自己的收入去抚育子女),这就抬高了她们想要的储蓄水平。增加储蓄的一种方法就是在婚姻期间更多地工作,从而提高了家庭的总资源,并有利于结婚状态和离婚状态之间的消费的平稳化。后来,费尔南德斯和王(Fernández and Wong,2014c)继续进一步将这个分析框架扩展到了内生离婚的情形下。

除了增加储蓄和增加劳动力供给之外,另一种可能与数据有关的保险机制是教育。在居文能和伦德尔(Guvenen and Rendall,2015)看来,女性在教育上投资,部分原因也是把它当成对可能的婚姻不幸的一种保险。居文能和伦德尔认为,引入单方面离婚增强了这种保险动机,这可以解释女性教育增长中的相当大的一部分,也是当今女性的受教育程度比男性更高的一个原因。[①]

2.6　家庭中的私人信息

在第2节中,我们使用了多种不同的方法对丈夫和妻子之间的互动进行建模。现在,我们暂且撇开具体的应用问题,讨论不同家庭模型的相对优势以及它们在宏观经济学中的不同用途。加里·贝克尔(Gary Becker)的开创性论文主要基于所谓的单一家庭模型。在单一家庭模型中,研究者区分男性和女性的劳动力供给,但是却仍然使用一个单一的家庭效用函数,而不允许夫妻双方有自身的偏好。这种方法也正是讨论家庭生产和商业周期的宏观经济学文献最先引入的方法,例如,请参见本哈比比等人(Benhabib et al.,1991)、格林伍德和赫尔维茨(Greenwood and Hercowitz,1991)。这种单一方法的局限性在于,由于它不区分个人效用函数,所以不能讨论配偶之间的利益冲突。这就极大地限制了单一模型可以解决的问题范围。此外,在家庭经济学中也有相当多的文献以实证的方法对单一模型与更加复杂的、允许家庭内部议价的替代模型进行了比较,并且发现了强有力的反对单一模型的证据。[②]

要想超越单一模型,我们就必须以婚姻关系中的男方和女方为基础(他们分别用各自的效用函数来表征),然后分析他们作为夫妻如何共同行动,作为个体怎样单独行动。在夫妻内部,我们必须指定某种形式的议价过程,它决定了夫妻双方如何解决彼此之间的利益冲突。有两大类议价模型都可以用于这个目的。第一类是非合作议价模型(将夫妻双方之间的互动建模为非合作博弈,运用标准博弈论工具),第二类是合作议价模型(夫妻双方能够实现一个至少具有静态效率的结果)。支持合作议价模型的一般理由是,婚姻通常是一种持续

[①] 伊依甘和沃尔什(Iyigun and Walsh,2007a)对女性的婚前投资更高这个现象从另一个视角进行了解释,他们关注的重点是投资对结婚对象挑选和婚内议价能力的影响,另外也请参见伊依甘和沃尔什(Iyigun and Walsh,2007b)以及奇阿波利等人(Chiappori et al.,2009)。

[②] 请参见奥尔德曼等人(Alderman et al.,1995)对早期的证据的总结。另外,阿塔纳西奥和勒切尼(Attanasio and Lechene,2002)以墨西哥的"教育、健康和营养方案"(Progresa)数据为基础的研究也很有影响。

很久的长期关系,这个事实表明夫妻双方应该能够避免重大的低效率。然而,尽管近年来在家庭经济学领域的大多数研究都采用了合作议价模型,还是有一些研究者提供了支持家庭内部存在低效率的议价结果的证据。[①] 而且,仍然有不少研究是在非合作议价博弈的框架下完成的,例如请参见,伦德伯格和波拉克(Lundberg and Pollak,1994)、康拉德和洛默鲁德(Konrad and Lommerud,1995)以及德普克和特蒂尔特(Doepke and Tertilt,2014),等等。

在用合作议价模型对家庭内部的互动进行建模的文献中,有许多论文都使用了以离婚为外部选择的显式议价模型(例如纳什议价模型)。[②] 另外一种流行的方法则是奇阿波利最先引入的(Chiappori,1988,1992),它只需施加一个限制,即夫妻双方能够得到一个静态有效的结果,但是,这种方法仍然缺乏对议价过程的细节的描述。在实证研究中,实施这种方法通常只需假设议价能力是某些可观察的变量的函数(这称为"分布因子"),例如夫妻双方的相对受教育程度或相对年龄,而不用指定这些变量到底是通过什么机制发挥作用的。[③] 这种方法被称为"集体模型"(collective model),它的优势在于其通用性,所有(静态)有效分配都可以通过这种方式来表征。我们在上面第2.4节中采用的劳动力供给模型就是这种集体模型的一个例子(尽管其中的议价能力是固定的)。

但是,这种集体模型方法不太适合动态环境,因为它并不能提出一个明确的理论来解释夫妻之间的议价是怎样演变的。如果议价权重不会随着时间的推移而变化,这个缺陷也许不算太重要,因为那也就意味着事前效率,即家庭中的完全保险。然而,大量实证证据表明,夫妻之间只存在有限的风险分担。例如,根据源于肯尼亚的数据,罗宾逊(Robinson,2012)证明夫妻一方的私人支出会随着自己的劳动收入增加而增加。迪弗洛和乌德里(Duflo and Udry,2004)则使用来自科特迪瓦的数据证明,家庭支出的构成对受到"降水量冲击"的人的性别很敏感(这种冲击对男性和女性的收入的影响是不同的)。而且,这方面的证据并不局限于发展中国家。切萨里尼等人(Cesarini et al.,2015)证明,在瑞典,彩票中奖者的劳动收入的下降幅度要比自己的配偶更大。虽然,我们也可以在集体模型的框架下解释这些结果,说议价权重的变动,是相对收入、工资的变化或彩票中奖等原因所致。但是,这种方法有一个很大的缺点:在不能明确排除潜在的议价摩擦的情况下,就会违背事前效率。此外,这种方法还排除了过渡到(可能的)非合作状态的可能性,比如说离婚。既然离婚是一个很常见的现象(见图6),这一点不能不说有很大的局限性。

我们认为,更加富有成效的途径应该是,高度重视阻碍夫妻双方实现完全保险的各种议价摩擦,并明确对这种摩擦建模。一个明显的摩擦是有限承诺。夫妻中的任何一方通常都可以选择离开对方(即离婚或分居),所以在任何时间点上,夫妻中的任何一方都应该至少能够得到与他或她做出这种外部选择时一样多的效用。这一点,我们在第2.4节末尾时就已经

---

① 请参见(例如)乌德里(Udry,1996)、迪弗洛和乌德里(Duflo and Udry,2004)以及戈尔德斯坦和乌德里(Goldstein and Udry,2008)。

② 这个领域的经典论文包括曼泽和布朗(Manser and Brown,1980)、麦克尔罗伊和霍尔尼(McElroy and Horney,1981)。另一篇经典论文是讨论所谓的"分离领域"(separate spheres)议价模型的伦德伯格和波拉克的论文(Lundberg and Pollak,1993)。它是合作议价模型和非合作议价模型的一个有趣的混合体。

③ 请参见(例如)阿塔纳西奥和勒切尼(Attanasio and Lechene,2014)。

提出来了,然后在第 2.5 节的内生议价模型中明确地进行了建模。但是,采用这个思路的动态家庭决策的文献相当有限。[①] 基于有限承诺的模型将导致议价能力随着时间推移而内生地发生变化,即要看承诺约束何时变得有约束力。当离婚是一种外部选择时,有限承诺意味着只有当某一方接近于离婚的位置时,才能发生议价能力的转移。另一种外部选择是在婚姻之内选择不合作,对此伦德伯格和波拉克(Lundberg and Pollak,1993)给出了很好的描述。德普克和金德曼(Doepke and Kindermann,2015)最近也给出了一个具有这种外部选择的动态议价模型的例子。这种有限承诺模型的结果与利兹和山田(Lise and Yamada,2015)给出的证明夫妇双方的议价能力持续变化的经验证据一致。

　　另一种摩擦是家庭内部的私人信息。到目前为止,对家庭内部的私人信息的关注非常少。在说明应该怎样对这种摩擦建模之前,我们先简单地描述一些证明,它们表明私人信息确实与配偶之间的议价相关。夫妻双方在很多方面都可能无法精确地了解对方的信息,例如收入、资产、消费、工作努力程度,以及偏好。有人说,爱与利他主义会导致配偶之间的完美的信息共享,但是实际的证据却与此相反。最明显的一个例子可能是,当某一方发生了婚外情时,通常不会告诉自己的配偶。与这个例子相关的另一个例子是,有些人感染了艾滋病(HIV)或患上了其他性传播疾病后,并不会告诉自己的配偶。女方有时可能会对配偶隐瞒自己正在避孕的信息(或者,隐瞒自己并没有使用避孕工具的信息)。[②] 不过,与本章讨论的主题更直接相关的是,人们并不一定总会向配偶透露自己的收入、支出和储蓄。德拉特(de Laat,2014)证明,肯尼亚那些分居两地的夫妇中,丈夫会花费大量的时间精力和资源去"监视"妻子的消费行为。当可以选择时,人们往往倾向于将资金存入自己的私人(可能是秘密的)账户。[③] 赫尔(Hoel,2015)发现,肯尼亚的数据表明,31% 的人声称自己前一周获得的收入,配偶没有注意到。此外,实验室实验和实地实验证据也表明,信息结构会影响家庭内部的配置,这表明信息摩擦是重要的。[④] 上面这些证据大多来自发展中国家。在一定意义上,发达的工业化国家的家庭受信息摩擦的影响确实会小一些,由于工业化国家的夫妻往往会开立联名支票账户,而且还要一起进行纳税申报,所以许多方面的不确定性(例如对配偶收入的不确定性)会更低。但是毫无疑问,关于偏好和隐藏的努力程度的私人信息在全世界范围都是同样重要的。

　　总而言之,有充分的证据表明,私人信息在家庭内部的议价发挥着重要的作用。然而到目前为止,在这个问题上,明确对这种议价过程进行建模的研究还几乎完全看不到。我们认为,这是未来研究的一个重要领域。虽然本章的大部分内容涉及将家庭经济学应用于宏观经济学,但是信息摩擦问题为知识竞争提供了相反方向的机会:在家庭经济学中,静态模型仍然是主流;在宏观经济学中,早在几十年前宏观经济学家就已经用动态合同模型明确地对

---

① 特别请参见马佐科(Mazzocco,2007)和沃伊纳(Voena,2015)对这个问题的讨论。
② 例如,阿什拉弗等人(Ashraf et al.,2014)证明,赞比亚的女性只要有机会,就会瞒着丈夫偷偷使用避孕措施。
③ 请参见,安德森和拜兰德(Anderson and Baland,2002)、阿什拉弗(Ashraf,2009),以及沙纳(Schaner,2015)。
④ 赫尔(Hoel,2015)指出,当收入是独裁者博弈中的私人信息时,转移给配偶的份额会更小一些。另外,安伯勒(Ambler,2015)证明,当在异地"打工"的人选择不向其他家庭成员披露自己的收入状况时,他们汇给家庭成员的款项就会更少。另外,卡斯蒂拉和沃克(Castilla and Walker,2013)则表明,与在完全信息下相比,在私人信息下,一方会把更多的收入用于配偶难以监督或难以调换的商品上。

种种摩擦进行建模了。这也就是说,将理论宏观经济学和公共财政学中广泛使用的一些处理信息摩擦的工具应用于家庭经济学问题,是完全可能的。① 事实上,这种类型的工作在发展经济学中已经屡见不鲜——其中的一些例子包括:汤申德(Townsend,2010)、卡莱瓦诺夫和汤申德(Karaivanov and Townsend,2014)、金南(Kinnan,2014),等等。当然,发展经济学的问题与家庭经济学的问题不同,前者要处理的是一个村庄(城镇、国家)内的保险程度,后者要处理的是夫妻之间的保险程度。

我们(德普克和特蒂尔特)目前正在推进的一个研究计划的宗旨,就是探索如何解释家庭内部议价过程中的信息摩擦(Doepke and Tertilt,2015)。作为对这种摩擦进行建模的一个简单例子,我们考虑上面分析过的那个模型的一个变体,即引入关于配偶的劳动收入 w_4 的私人信息。为了简化对博弈模型的分析,我们假设仅在第一期有私人收入实现,而在第二期则没有收入($w'_f = w'_m = 0$)。我们还假设议价是有效率的——在私人信息约束下,且初始福利权重分别为 λ_f 和 λ_m。在这里,约束有效配置可以作为一个机制设计问题来求解。显然,我们可以应用显示原理,而显示原理意味着,我们可以只关注那些服从"只说真话"约束的"说真话"机制。我们规定,夫妻双方将同时向对方报告自己的收入 w_f 和 w_m,而在两个时期内的双方的消费则由函数 $c_g(w_f, w_m)$ 和 $c'_g(w_f, w_m)$ 给定——这两个函数取决于他们的报告。为了简单起见,我们假设所有收入都抽取自一个有限集 $w_g \in W_g$,其独立概率分布为 $p(w_g)$。

在设定了这些条件之后,家庭要解决的最优化问题可以写成如下形式:

$$\max E \left\{ \lambda_f \left[\log(c_f(w_f, w_m)) + \beta \log(c'_f(w_f, w_m)) \right] + \lambda_m \left[\log(c_m(w_f, w_m)) + \beta \log(c'_m(w_f, w_m)) \right] \right\}$$

要服从的预算约束为:

$$c_f + c_m + a' = w_f + w_m$$
$$c'_f + c'_m = (1+r)a$$

这个最大化问题的另一个约束是"说真话"约束。我们先考虑妻子的决策。对于每个 w_f 以及可以替代它的 $\tilde{w}_f \in W_f$,我们施加如下限制:

$$\sum_{w_m} p(w_m) \left[\log(c_f(w_f, w_m)) + \beta \log(c'_f(w_f, w_g)) \right]$$
$$\geq \sum_{w_m} p(w_m) \left[\log(c_f(\tilde{w}_f, w_m) + w_f - \tilde{w}_f) + \beta \log(c'_f(\tilde{w}_f, w_m)) \right]$$

类似地,对于丈夫,我们施加的限制为:

$$\sum_{w_f} p(w_f) \left[\log(c_m(w_f, w_m)) + \beta \log(c'_m(w_f, w_g)) \right]$$
$$\geq \sum_{w_f} p(w_f) \left[\log(c_m(w_f, \tilde{w}_m) + w_m - \tilde{w}_m) + \beta \log(c'_m(w_m, \tilde{w}_m)) \right]$$

这个模型的一个直接含义是,任何一方的消费对自己的收入的变化,要比对配偶的收入的变化更加敏感。原因在于,要让任何一方如实报告自己的收入冲击,必须有相应的激励。其他摩擦(例如不可观察的努力程度,或不可观察的偏好冲击)也都可以根据类似的思路进行建模。

---

① 请参见阿特金森和卢卡斯(Atkeson and Lucas,1992)对有信息摩擦的宏观经济学模型的开创性研究以及后续研究。对于将信息摩擦纳入公共财政学的相关研究,请参见戈洛索夫等人的文献综述(Golosov et al.,2006)。

　　具有有限承诺摩擦和私人信息摩擦的议价模型对于我们探析消费和闲暇如何依赖于议价能力意义非凡。例如，考虑这样一个有限承诺模型：外部选择会对收入冲击做出反应。在这种情况下，夫妻一方的正面收入冲击会强化他（她）的议价能力（在其他所有条件都相等的情况下），而议价能力的提高反过来则令他（她）倾向于增加闲暇和降低劳动力供给。相比之下，在隐藏努力（程度）模型中，扭曲生产性配偶的努力（程度）要付出高昂的成本，因此，更具有生产性的配偶可能受到更强的激励去工作，从而最终可能工作更多。这个例子表明，基本的摩擦对于家庭内部的议价过程如何对家庭趋势——例如女性劳动力市场依附性的增加——做出反应是非常重要的。我们认为，在下一步的研究中，当我们将处理动态契约摩擦的方法应用到家庭经济学中后，将会极大地增进我们对这些问题的理解。

3.　家庭与经济增长

　　宏观经济学中最根本的问题就是经济增长问题。对此，罗伯特·卢卡斯说出了很多经济学家的心声："你一旦开始思考国家与国家之间的收入差距的决定因素，以及哪些政策有可能帮助穷国追赶上富裕国家等问题，"就很难再去思考其他的东西了"。"(Lucas,1988，第 5页)。

　　早期分析经济增长根源的理论主要集中在企业而不是家庭上。例如，索洛模型将企业部门的实物资本投资放到了聚光灯下，然后再辅以生产率的外生进步。可以肯定的是，即便是在一个由资本积累驱动的模型中，家庭对经济增长也是重要的，因为说到底，投资必须通过储蓄来融资，而储蓄则是在家庭内部决定的。丈夫与妻子、父母与子女的所有互动，几乎都与储蓄有关。首先，如第 2.5 节所述，对于一对夫妇来说，他们的储蓄率与离婚的可能性在一定程度上是对应的。更一般地说，如果丈夫和妻子对于消费和储蓄权衡有不同的意见（例如，因为他们的耐心程度不同），那么双方之间如何议价就会影响储蓄率。其次，长期财富积累的很大一部分都要归因于遗产，而父母与子女之间的互动对遗产是至关重要的。

　　由于经济增长理论的新近的发展——它越来越强调人力资本积累和内生人口增长的重要性——家庭决策日益成为增长理论的核心。自卢卡斯(Lucas,1988)以来，人力资本积累对经济增长的重要性已经一再得到经济学家的确认。为了给读者留下一个更鲜明的印象，现在考虑一个基于人力资本 H 和实物资本 K 的积累的简单的内生增长模型。最终产出是以实物资本和有效的劳动单位为投入的。有效的劳动单位取决于工作时间 u 和人力资本存量。再假设一个简单的柯布-道格拉斯(Cobb-Douglas)生产函数，产出为：

$$Y = K^{\alpha}(uH)^{1-\alpha}$$

这里的人力资本是通过花时间学习而积累起来的。今天的人力资本水平越高、用于学习的时间$(1-u)$越多，明天的人力资本水平就越高，即：

$$H' = B(1-u)H \tag{11}$$

其中，B 是技术参数。在最简单的模型中，用于学习的时间是外生给定的。在这种情况下，均衡增长路径上的产出增长率就是 $B(1-u)$。因此，增长不仅取决于技术，而且取决于用于学习的时间。

到目前为止，我们一直把 u 作为一个外生参数。但是很显然，花在学习上的时间是选择的一个结果。那么，谁来做出选择？人的一生接受的大部分教育都是在童年时期以及随后的少年、青年时期完成的，如果暂且不考虑强制性的教育法律，那么可以说是父母为子女做出教育决定的。换句话说，教育是一个家庭决策。此外还要注意，上面给出的人力资本生产函数，需要假设过去的人力资本会进入下一期的人力资本。这也是符合直觉的。社会上新成员的初始人力资本存量与家庭中的老年人已经达到的人力存量水平大体上成正比。正如卢卡斯所指出的那样："人力资本积累是一种社会活动，涉及多个社会群体，人力资本的积累方式与物质资本全然不同。"（Lucas，1988，第 19 页）。在许多时候，进行人力资本积累的群体就是家庭，孩子们通过模仿和积极地听从教导，从父母长辈那里学习。

如何理解人力资本的积累过程？这已经成了一个非常活跃的研究领域。尽管仍然有许多问题悬而未决，但是我们现在已经非常清楚了，教育和技能形成是涉及许多因素的复杂过程。时间（自己的时间、教师的时间、父母的时间等）和商品（教科书、学校建筑）等的形式的投入是重要的，这种投资发生的具体年龄也是重要的。例如，吉姆·赫克曼（Jim Heckman）和他的合著者们强调了早期儿童教育对长期后果的重要性（Heckman，2008）。用库尼亚和赫克曼（Cunha and Heckmann，2007）的话来说，"家庭通过照顾子女的投资和选择童年的环境发挥了强大的作用……"。更晚近一些的研究构建了家庭中的人力资本投资的正式模型，然后研究了这种联系——例如，请参见考库特和洛克纳（Caucutt and Lochner, 2012）、艾泽和库尼亚（Aizer and Cunha，2012）。另外，德尔博卡等人（Del Boca et al. ,2014）发现，父亲和母亲的时间投入是儿童发展的基本投入。

到目前为止，我们已经以人力资本投资和储蓄决定都是在家庭内做出的这个直观结论为基础，论证了家庭对经济增长的重要性。当然，我们还可以在实证研究的基础上，对家庭在经济增长中的重要性给出同样有说服力的论证。如下文所述，跨国数据证明，人均 GDP 等经济发展指标与家庭结构度量指标之间存在着很强的相关关系。虽然这些发现并不构成因果关系的证据，但是它们确实表明家庭结构与经济发展之间有密切联系。在阐述了这些事实之后，我们将以一系列简单的增长模型说明，对日益复杂的家庭内部的互动建模如何影响经济增长。尽管家庭与经济增长之间最直接的联系与生育决策有关，但是我们强调，家庭有许多个维度，而家庭"生产新人"只是其中的一个维度。家庭通常由许多家庭成员（丈夫、妻子、儿子、女儿，等等）组成，他们的偏好和技能可能各不相同。当偏好各不相同时，家庭中的决策过程的确切性质就变得特别重要了。当技能各不相同的时候，即当男人和女人在生产中不是完美的互替品时，那么他们如何进入人力资本、如何进入实物生产函数的细节对经济增长也是非常重要的。另外，家庭对儿子和女儿的态度可能不同，这种区别对待会影响人力资本投入，一夫多妻等家庭制度也可能会影响人力资本投资和实物资本投资的激励。

3.1　关于家庭的跨国事实

在本节中,我们将证明,在衡量经济发展的多个指标与家庭结构度量之间存在着很强的相关性。在这方面,最著名的例子也许是生育率与经济发展之间的密切联系。如图 17 所示,不同国家之间的总生育率与人均国内生产总值之间呈现出了强烈的负相关关系。[①] 反过来,生育率与受教育程度之间也存在很强的负相关性(见图 18)。

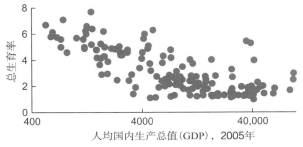

图 17　各国的总生育率与人均 GDP

资料来源:GID 2006,以及 World Development Indicators 2005。

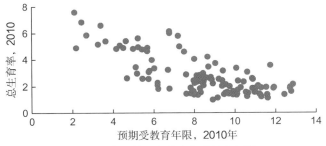

图 18　各国的总生育率与受教育年限

资料来源:World Development Indicators 2005。

家庭结构的许多其他度量也与经济发展相关。图 19 显示了曾经结过婚的十几岁(15—19 岁)的女孩子所占的比例。这张图揭示了,人均国内生产总值与早婚之间存在明显的负相关关系。在许多贫穷国家,如在加纳和马拉维,15—19 岁的女孩中有接近 50％已经结过婚,相比之下,在人均国内生产总值超过了 25000 美元的那些国家(按 2005 年的购买力平价美元计),女性早婚率则低于 5％。图 20 绘制了女性劳动力参与率与人均 GDP 之间的关系。由于许多贫穷国家的女性和男性的正规就业率都相当低,因此图 20 给出的不是绝对参与率,而是正式就业的女性所占的比例。在几乎所有人均国内生产总值高于 2 万美元的国家,女性在总有偿劳动力中所占的比例都在 40％或以上,但是,在许多贫穷国家,这个比例还不到 20％。[②]

[①] 在一个国家之内,也可以观察到时间上存在着类似的关系:在大多数情况下,人口转型都发生在经济快速增长的时期。以美国为例,母亲出生同期组群的平均子女个数的下降趋势如图 1 所示。

[②] 极少数国家,劳动力参与率低但很富裕,它们都是石油国家,例如沙特阿拉伯和阿拉伯联合酋长国。

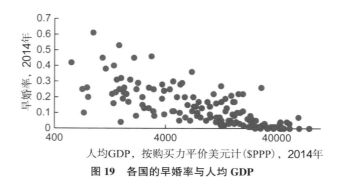

图 19　各国的早婚率与人均 GDP

资料来源：OECD Gender Statistics 2014，以及 World Development Indicators。

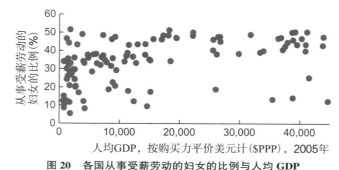

图 20　各国从事受薪劳动的妇女的比例与人均 GDP

资料来源：OECD Gender Statistics 2006，以及 World Development Indicators。

　　我们在上面给出的这些图，凸显了存在于家庭结构与经济发展之间的一些特别有意义和特别明显的关系。不过，事实上几乎所有的家庭结构指标都与经济发展有关，包括协调男女之间的关系的法律制度的差异。表 3 给出了各种家庭变量与衡量经济发展的两个指标之间的相关性，人均国内生产总值和农业部门在国内生产总值中所占的份额（后一个指标在发达国家中通常很低）。表 3 的前三行与儿童相关：在贫穷国家，生育率高、儿童死亡率高、学校教育年限低。接下来的两行表明，重男轻女偏好与经济发展有系统性的相关性。首先，贫穷国家的受访者更有可能声称，当资源匮乏时，让男孩受教育比让女孩受教育更加重要。其次，财产继承时儿子得到的好处大于女儿。再下面的三行是关于女性相对于男性的教育和工作状况。在贫穷国家，女性比男性更可能是文盲。她们在市场上的工作机会更少，而且承担了更多的无酬家庭照料工作——照顾儿童和老人。下一组指标则表明，女性的法律地位与经济发展负相关。今天，富裕国家的女性很早就有机会进入政界（通过代议制的议会）。她们还可以有更好的机会获得土地所有权和使用权。联合国的"性别赋权指标"（gender empowerment measure）与人均国内生产总值之间也存在紧密的联系。最后一组指标显示，在贫穷国家，已婚女性地位尤其糟糕。与富裕国家相比，贫穷国家的女性结婚更早，妻子被虐待更易被社会接受。在贫穷国家，法律地位也有利于男性：继承法偏向于鳏夫而不利于寡妇，反对家庭暴力的法律（就算存在这种法律的话）与发达国家相比也非常不严格。

表 3　各国的家庭变量与人均 GDP 及农业部门份额之间的相关系数

变量	人均 GDP	农业部门份额
总生育率,GID 2006	−0.49	0.71
儿童死亡率,WDI 2014	−0.54	0.75
平均受教育年限,WDI 2003	0.76	−0.79
教育中的重男轻女倾向,GID 2014	−0.26	0.33
继承时对女儿的歧视,GID 2014	−0.24	0.45
女性相对于男性的识字率,GID 2006	0.37	−0.65
受薪劳动者当中女性所占的比例,GID 2006	0.32	−0.52
女性承担的无酬照顾儿童和老人的工作,GID 2014	−0.37	0.43
进入议会的女性年龄,UN 2014	−0.58	0.36
女性获得土地的机会,GID 2014	−0.41	0.54
性别赋权指标,UN 2004	0.70	−0.60
早婚率,GID 2014	−0.50	0.65
对打骂妻子的容忍,GID 2014	−0.42	0.57
继承时不利于寡妇的区别对待,GID 2014	−0.21	0.42
遏制家庭暴力的法律,GID 2014	−0.16	0.46

注:数据来自经济合作与发展组织的《性别、机构和发展数据库》(GID 2006 和 GID 2014)、《世界发展指标》(WDI 2003、WDI 2005 和 WDI 2014),以及《2004 年联合国人类发展报告》。表中的相关系数是与 2005 年的 WDI 数据中的人均 GDP、2014 年的 WDI 数据中的农业部门份额之间的相关系数。关于各变量的定义和更多的细节,见本章附录。

很久以前,一夫多妻制在绝大多数发达国家就已经是一种非法的家庭结构了,但是许多贫穷国家直到今天仍然在实行一夫多妻制,即一个男子可以娶多个妻子。表 4 表明,实行一夫多妻制的国家是全世界最贫穷的国家,它们的生育率很高,投资极少,而且丈夫与妻子之间年龄差距很大。

表 4　近赤道地区一夫一妻制国家与一夫多妻制国家之间的差异

变量	一夫多妻制国家	一夫一妻制国家
总生育率	6.8	4.6
丈夫与妻子的年龄差距	6.4	2.8
总资本-产出比	1.1	1.9
人均 GDP(以美元计)	975	2798
国家的数量	28	58

注:数据来自 1980 年或 1960 年至 1985 年间的平均数据。详细资料和数据来源于特蒂尔特(Tertilt,2005)。在这里,一夫多妻制国家的定义:至少有 10% 的男子拥有不止一个妻子的那些国家。一夫一妻制的国家是指南北纬 20 度以内的除了上述一夫多妻制国家之外的所有其他国家,这样做的目的是控制大多数一夫多妻制国家都位于撒哈拉以南非洲这个事实。

3.2 父母与子女

经济发展与家庭结构指标之间的上述强有力的经验联系表明，家庭的变迁是经济增长过程的一个不可分割的组成部分。现在，我们将通过分析一系列简单的增长模型，来把那些将发展与家庭联系在一起的具体渠道揭示出来。

我们从一个简单的家庭模型开始讨论。在这个模型的最初版本中，每个家庭都由一个家长和一个孩子组成。父（母）亲会温情地照料子（女）。具体来说，父（母）亲能够从自己的子（女）的全收入（full income）中获得效用。[1] 生育率是外生给定的。换句话说，我们要从一个单一性别模型开始：一个父辈恰好只有一个子代。由于孩子们自己也要生下孩子，所以这个模型是一个世代交叠模型。但是，它与标准的世代交叠模型（OLG）还是有区别的：在这里，代际关系是明确地通过父（母）亲—子（女）关系建立起来的。

偏好由如下效用函数给出：

$$u(c)+\delta u(y'),$$

其中，c 是父（母）亲的消费，y' 是孩子（作为下一期的成年人）的全收入。为了简单起见，我们假设消费品是在家里生产的，而且其生产函数只需要一种投入，即有效时间单位。[2] 我们用 H 表示父（母）亲的人力资本，用 ℓ 表示父（母）亲投入生产中的时间单位。那么（每个成年人的）消费，或者等价地，（每个成年人的）国内生产总值，由下式给出：

$$c=A\ell H,$$

其中，A 是技术参数。我们将全收入定义为当父母全职工作时可以获得的收入，即：

$$y=AH$$

当然，不是所有的时间都会用于生产的，因为父母也要花时间教育孩子。我们用 e 表示教育子女所花的时间。孩子的人力资本由以下生产函数给出：

$$H'=(Be)^{\theta}H$$

其中，B 和 θ 是技术参数。这里的 θ 是一个特别重要的参数，因为它刻画了教育的回报。每个父（母）亲都有一个时间单位的禀赋。因此，父（母）亲面临着这样一个时间约束：$\ell+e\leqslant 1$。再假设对数效用，我们可以将父（母）亲的目标函数写为如下形式：

$$\max\ \log(c)+\delta\theta\log(e)$$

均衡则用最优教育选择 $e^{*}=\dfrac{\delta\theta}{1+\delta\theta}$ 来刻画。均衡增长率为（人力资本和消费都如此）：

$$\frac{H'}{H}=\left(B\frac{\delta\theta}{1+\delta\theta}\right)^{\theta} \tag{12}$$

与本节开头给出的那个简单的卢卡斯模型（方程式11）一样，人力资本积累技术部分地决定了增长率。但是，与卢卡斯模型不同的是，父母关心自己子女的福利的程度也会影响增长

---

[1] 具有真正利他主义的模型也可以给出相似的定性结果，只是更加不容易处理一些。

[2] 这种家庭生产模型与市场生产模型是同构的。家庭生产模型的优点在于，我们不需要定义工资（以后也不用定义利率）。

率。在标准增长模型中,代际联系已经被抽象掉了,重要的只是个人的贴现因子。但是,我们没有理由认为某个人在各个时期的时间偏好率都是与代际贴现因子一致的。还有一点也与此相关,那就是,代际替代弹性(intergenerational elasticity of substitution)可能不同于跨期替代弹性(intertemporal elasticity of substitution,IES)。换句话说,在商业周期模型中估计出来的跨期替代弹性,对基于代际权衡的增长模型的校准不一定有意义。[①] 这是一个重要的研究领域,还有待于更多的实证研究,因为现在还没有得到很好的代际贴现因子和代际替代弹性的估计。

这里给出的模型假设所有家庭对人力资本的积累都是相互独立的。但是,关于人力资本积累过程,还有另一种看法,那就是,人类生产率的提高,大部分要归因于有生产性的思想观念和技术的传播,这意味着不同家庭之间的知识交流对增长至关重要。在一个明确对这种"发展引擎"进行建模的设定下,德拉克罗伊克斯等人(de la Croix et al. ,2016)分析了组织知识交流的制度对经济增长的作用。他们比较了基于家庭的制度(组织核心家庭之间,或家庭/部族之间的知识交流)和基于市场的制度,证明那些促进了家庭之间的交流思想的制度对于西欧工业革命之数百年间的经济进步至关重要(这种进步最终导致了工业化)。

3.3 加入生育选择

接下来,我们通过将生育选择内生化来丰富上述基本模型。贝克尔和巴罗(Becker and Barro,1988)、巴罗和贝克尔(Barro and Becker,1989)开创了一支在显式动态增长模型中分析生育选择的文献。这些论文都要假设一个利他主义的效用函数(即孩子的效用会进入父母的效用)。相比之下,我们则坚持对孩子进行"投资"的温情动机。这种区别对于大多数定性结果不会有什么影响,好处是可以让我们得到更接近于解析形式的解。与巴罗和贝克尔的模型(Barro and Becker,1989)相比,我们的模型的特点是将重点放在了作为增长引擎的人力资本上,而他们的模型则具有外生的技术进步。

为了简单起见(同时也为了与现有的动态模型中的大部分生育分析一致),我们在这里还是采用"单亲"家庭。当然,从理论上说,直接在"双亲"家庭模型中考虑生育决策也并不困难,例如,请参见德普克和特蒂尔特的一项研究(Doepke and Tertilt, ,2009)。[②]

为了给父(母)亲一个生育孩子的理由,我们对效用函数进行如下修改:

$$u(c) + \delta^n u(n) + \delta u(y'),$$

其中,n 是父(母)亲所选择的孩子的数量。除了投入每个孩子身上的 e 单位教育时间之外,每个孩子还要花 ϕ 的时间来抚养。这里要注意的是,ϕ 是固定成本,而 e 才是选择变量。因此,时间约束如下式所示:

$$\ell + (\phi + e) \leq n$$

[①] 关于这个问题的正式处理,请参见科尔多瓦和里波尔的论文(Cordoba and Ripoll,2014)。

[②] 德普克和金德曼(Doepke and Kindermann,2015)根据经验数据证明,对于要不要再生一个孩子,夫妻双方经常无法达成共识。他们还给出了一个关于生育决策的议价模型来分析这个事实的影响。

像以前一样,我们假设其余一切(即生产和人力资本积累)都保持不变。再假设对数效应形式,那么目标函数可以写为

$$\max \log(c) + \delta^n \log(n) + \delta\theta\log(e)$$

为了保证问题能够得到很好的定义,我们再假设 $\delta^n > \delta\theta$。

均衡可以用以下的教育和生育选择来刻画:

$$e^* = \frac{\delta\theta}{\delta^n + \delta\theta}\phi$$

$$n^* = \frac{(\delta^n - \delta\theta)}{\phi(1 + \delta^n)}$$

从而,均衡增长率为:

$$\frac{H'}{H} = \left(B\frac{\delta\theta\phi}{\delta^n - \delta\theta} \right)^\theta \tag{13}$$

只要比较一下 n^* 的表达式和方程式(13)中给出的均衡生长因子,我们很容易就可以看出,导致高生育率的许多特征,如较低的养育儿童成本、较低的教育回报率,同样也会导致较低的增长率。生育率对增长的负相关性也是巴罗和贝克尔的模型(Barro and Becker,1989)的一个特征,尽管那是一个外生增长模型。贝克尔等人(Becker et al.,1990)还率先在一个内生生育率的模型中分析了人力资本作为增长引擎的重要性。尽管确切的表达有所不同,但是这些模型都得出了增长率与教育回报率、抚育儿童的固定成本和利他主义参数正相关的结果。

将方程式(13)给出的增长率与不将生育选择内生化的模型(12)给出的增长率比较一下,就可以发现两个重要的结果。首先,现在出现了两种类型的代际偏好参数: δ 和 δ^n。换句话说,父母对于子女的质量和数量的关心程度现在成了增长率的一个决定因素。其次,人力资本的回归进入了最优教育选择和最优生育选择,而且与前者是正相关的,与后者是负相关的。

这些结果可能有助于我们理解一些经验规律,例如生育率与受教育年限之间的负相关关系,又如生育率与人均GDP之间的关系(见图17、图18)。在模型中,如果不同国家之间在技能回报 θ 或(抚育)儿童成本 ϕ 等方面有所不同,那么这些关系就会表现出来。类似地,在大多数国家,生育率随着时间的推移而下降,但是受教育年限则随着时间的推移而增加。如果教育的回归一代又一代逐渐增加,那么这里的模型就可以生成这种模式。由此,对于人口统计特征向低生育率的转变的理论解释就是,这是因为家庭对子女的投资,已经从对子女数量的投资,转向了强调子女的质量(即教育)。

很多文献都试图通过上述机制来解释生育率与经济增长之间的历史关系。在18世纪的工业化开始之前,世界各国民众的生活水平一直停滞不前,而生育率则居高不下,陷入了所谓的"马尔萨斯"陷阱。大多数国家脱离了这个"马尔萨斯"陷阱之后,也进入了收入不断增长和生育率持续下降的阶段。最早尝试在理论上对这个转型进行全面解释的一篇论著是盖勒和韦尔(Galor and Weil,2000)。他们的模型基于数量—质量权衡,并设定了一个马尔萨斯型约束(因为土地在农业中的作用),并将人力资本视为经济增长的引擎。汉森和普雷斯科特(Hansen and Prescott,2002)强调了结构性变化在这种转型中的作用,他们对从停滞不前的

土地密集型技术向资本密集型增长技术的内生转变进行了建模。在他们这个模型中,人口增长率随着收入的增长而变化。不过,汉森和普雷斯科特并没有直接对生育选择进行建模,而是假设人口增长对消费有一种特殊的依赖性。格林伍德和瑟斯哈德里(Greenwood and Seshadri,2002)则在分析从农业社会到制造业社会的类似转型时,引入了明确的生育偏好。德普克(Doepke,2004)也明确地给出了有生育偏好的模型,以分析教育和童工法律对于由长期停滞到增长的转变的重要意义。还有一些作者认为,这个转型是死亡率大幅下降而导致的,因为死亡率的下降提高了教育儿童的激励。在苏亚雷斯(Soares,2005)构建的模型中,预期寿命的提高导致了生育率的下降和人力资本积累的增加,进而引发了从马尔萨斯阶段至长期增长阶段的转型。[①] 然而,哈赞和佐阿比(Hazan and Zoabi,2006)却证明,预期寿命延长对人力资本投资的影响因为以下事实而减轻了:更长的寿命也提高了生育更多孩子的激励,这与通过数量—质量权衡来促进人力资本投资的思想是有冲突的。

还有一些经济学家利用这个模型的某些变体来解释今天的跨国生育率差异。例如,马纽利和瑟斯哈德里(Manuelli and Seshadri,2009)运用具有人力和健康资本的巴罗-贝克尔模型的生命周期版本研究了跨国生育率差异。结果他们发现,生产率、社会保障和税收政策等方面的差异在解释观察到的差异时可能发挥很大的作用。

前述刻画各国之间的差异的经验规律在家庭之间也可以观察到。很多实证研究文献都表明,在一个国家内部的家庭横截面数据中,儿童的数量和质量是负相关的。[②] 在前述模型的一个纳入了不同家庭之间的 δ^n 的异质性(或者,类似地,δ 的异质性)的扩增版本中,这种经验规律性清晰地呈现了出来。然后,他们认为整体经济的增长率将取决于每种类型的父母各有多少,以及这些偏好是会从父母遗传给子女的,还是在人口中随机分布的。[③] 德拉克罗伊克斯和德普克(de la Croix and Doepke,2003)则以生育率的变化为基础,探讨了不平等与经济增长之间的关系,他们认为它可以在很大程度上解释不同国家之间不平等与经济增长之间的关系。[④]

3.3.1 生育限制

生育率与人力资本积累之间的上述相关性表明,国家有可能通过限制生育率来加快经济发展。在能够影响一个国家生育率的各种各样的政策中,最直接的政策是对一对夫妇能够生育多少个孩子设置严格的限制。有好几个国家都实行了这类生育限制政策,其中最著名的例子就是中国的独生子女政策。另一个例子是印度政府在 20 世纪 80 年代执行的强制绝育政策。其他一些国家则采用了一些更加微妙的计划生育政策,有的是通过货币激励,还

[①] 对于死亡率的变化的这种重要性,塞尔维拉蒂和森德(Cervellati and Sunde,2005)也给出了很好的分析。

[②] 例如,请参见罗森茨威希和沃尔品(Rosenzweig and Wolpin,1980)、布里克莱和兰格(Bleakley and Lange,2009)的分析。另外,沃格尔(Vogl,2016)认为子女数量和质量之间的负相关关系可能是一个晚近才出现的现象。他指出,在许多发展中国家,教育—生育率之间的相关关系正在由正的转为负的。鲍丁等人(Baudin et al.,2015)给出的模型允许无子女现象的存在,他们还阐明,随着经济的发展,无子女率的变动轨迹是 U 形的。

[③] 因此,不同生育率到底会提高还是降低经济增长率,要取决于许多因素,读者可以参考一下沃格尔(Vogl,2016)对这个问题的分析。关于偏好传播在英国工业革命中的具体作用,请参见德普克和齐立波蒂的论文(Doepke and Zilibotti,2008)。

[④] 德拉克罗伊克斯和德普克(de la Croix and Doepke,2004,2009)分析了这种机制对于教育政策的重要性。

有的是发布宣传攻势,不过这些国家通常都提倡一对夫妇最多只生育两个孩子。

我们可以通过施加一个生育上限来将这种计划生育政策纳入模型。只要这种约束是真的具有约束力的,那么最优教育决策就可以用下式表示:

$$e^* = \frac{\delta\theta\left[\dfrac{1}{n}-\phi\right]}{1+\delta\theta}$$

生育限制越严格,教育投资越大。因此,在我们这个模型中,生育限制确实加快了经济增长。但是,生育限制并不是有些人所希望的经济增长的"灵丹妙药",因为生育限制也会带来成本。图21显示了我们这个模型的一个计算实例中的上述效应。[1] 上面的图说明了生育率和教育程度是如何随着生育限制程度的变化而变化的,而下面的图则给出了作为生育限制程度的函数的经济增长率和稳态效用。在这个算例中,最优的(不受限制)的生育率为3。因此,只有3以下的生育限制政策才是有约束力的。更严格的生育限制政策将导致更高的教育水平和更高的经济增长率,但是它们会降低均衡效用。在我们这个简单的模型中,对效用的这种负面影响主要源于父母可以从子女那里获得的(部分)享受被剥夺了。[2]

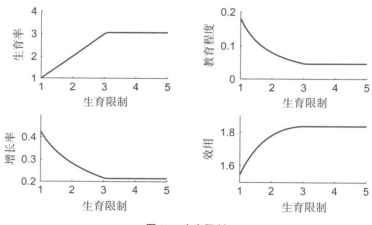

图21 生育限制

在更精致的模型设定中,这种负面效应也可能来自生育限制对异质性人口的不同影响。另外,在拥有公共社会保障制度的情况下,降低生育率会抑制未来的支出,即导致人口红利的消失。这也正是在中国日益变得紧迫的一个问题。

探讨这些问题的研究不算太多,但是相关文献仍然在不断地涌现出来。廖(Liao,2013)阐述了中国的独生子女政策是如何增加人力资本和产出的。她进行了一系列反设事实模拟实验来分析放松独生子女政策的影响。她的主要发现是,对于不同代的人、不同技能组别的人,模拟结果各不相同。特别是,最初的老人将受益于计划生育政策的突然意外放松,但是后代将会受到损害。此外,这样的政策对有技能的熟练劳动者的伤害比无技能的非熟练劳

---

[1] 这个算例中所用的参数为:$\delta^n=0.8$,$\delta=0.5$,$\phi=0.1$,$B=1$,$\theta=0.5$,$A=10$。人力资本的初始水平归一化为$H=1$,同时生育限制则介于1到5之间。

[2] 科尔多瓦(Cordoba,2015)分析了降低生育率导致效用减少的机制,他们发现,在1970年至2005年间,世界福利增长率之所以低于人均消费增长率,就是因为这个时期的生育率大幅下降。

动者更小。周克马尼等人（Choukhmane et al.，2014）使用生命周期模型和更详细的微观数据进行了更具体的分析。他们指出，中国总储蓄的大部分上升都可以归因于独生子女政策。班纳吉等人（Banerjee et al.，2014）在估计生育限制政策（及其放松或废除）如何影响储蓄时，把关注的焦点放在了一般均衡效应的重要性上面。班纳吉等人认为，适当地考虑一般均衡效应会减少这些估计量的大小。科尔达西耶等人（Coeurdacier et al.，2014）的研究则着眼于生育政策与社会保障制度改革的相互作用。[①] 由于社会保障的扩大降低了生育孩子的激励（从而也减少了社会保障制度的缴款人的数量），因此放宽一胎政策的效果，要比一般人通常预期的更小。科尔达西耶等人发现，这种效应在定量的意义上对中国来说是重要的。

3.4　双亲家庭：决策

绝大多数讨论生育率与增长率之间关系的文献所关注的都是单性别模型中的父（母）与子（女）之间的互动。换句话说，繁殖是"无性"的，男女之间在技术和偏好上的差异都被抽象掉了。现在，我们通过引入两性别家庭来扩展我们的分析。在这个版本的增长模型中，孩子们是"双亲俱在"的：一个是母亲，另一个是父亲。为了保证分析的简单性，我们现在暂且假设生育率是外生给定的，同时假设每对夫妇都有一子一女两个孩子。因此，家庭现在由丈夫、妻子、儿子和女儿组成。再假设丈夫和妻子对他们孩子的福利有多关心无法达成共识。[②] 与在第 2.4 节中一样，我们进一步假设这对夫妻用固定的议价权重来求解一个帕累托问题，其中，λ_f 是妻子的议价权重，而 λ_m 是丈夫的议价权重。那么他们的目标函数是：

$$\lambda_f \left[u(c) + \delta_f u(y') \right] + (1-\lambda_f) \left[u(c) + \delta_m u(y') \right]$$

为了保证模型的其余部分与上一节的可比性，我们还需要假设所有的婚姻内消费都是公共信息，而且（夫妻双方的）总时间禀赋仍然为 1。在父母的目标函数中，我们也不区分儿子和女儿。我们将在下面进一步放松这些假设。假设对数效用，那么目标函数可以改写成：

$$\max \lambda \left[\log(c) + \delta_f \theta \log(e) \right] + (1-\lambda) \left[\log(c) + \delta_m \theta \log(e) \right]$$

现在，均衡教育为：

$$e^* = \frac{\tilde{\delta}\theta}{1+\tilde{\delta}\theta}$$

其中，$\tilde{\delta} \equiv \lambda_f \delta_f (1-\lambda_f) \delta_m$。因此，均衡增长率为：

$$\frac{H'}{H} = \left(B \frac{\tilde{\delta}\theta}{1+\tilde{\delta}\theta} \right)^{\theta} \tag{14}$$

对方程式（12）与方程式（14）进行一番对比，就会发现性别偏好差距对增长率有影响，还可以

[①] 宋铮等人（Song et al.，2015）也分析了中国的低生育率对养老金体制改革的影响，不过他们所用的模型中的生育率是外生的。

[②] 夫妻双方无法在这个问题上达成共识的原因可能有很多，从生物/进化论到文化因素，请参见阿尔杰和考克斯的文献综述（Alger and Cox，2013）。

了解这些偏好如何进入家庭内部的决策过程。更具体地说,假设母亲比父亲更关心孩子(即 $\delta_f > \delta_m$),那么经济增长越快,女性的议价能力就越大。德普克和特蒂尔特(Doepke and Tertilt,2009)基于这样的机制探讨了女性权利的内在演变(细节将在第4节中讨论)。然而,女性赋权是不是真能推动经济增长则取决于家庭内部议价过程的细节。德普克和特蒂尔特(Doepke and Tertilt,2014)在一个非合作议价模型中证明,偏好的性别差异看起来最终可以归因于家庭内部工作任务的专业化。根据这一机制,德普克和特蒂尔特(Doepke and Tertilt,2014)阐明,对女方的货币转移支付可能会减缓经济增长,即便女性更有可能将转移支付用于培养孩子。原因在于,均衡的特点是劳动分工——女方负责教育等时间密集型工作,而男方则提供货币密集型商品,因此负责储蓄和实物资本积累。在这样一个世界里,向女方提供外生的转移支付(由对男方征收的税收融资)虽然增加了人力资本积累,但是却减少了实物资本积累。根据生产函数,这种重新配置既可能会增进经济增长,也可能会减缓经济增长。更具体地说,当实物资本相对于人力资本的回报率较高时,这样的政策就会减缓经济增长。要想评估在现实世界中这会不会真的成为一个问题,还需要更多的实证研究。目前关于转移支付对女性影响的文献主要关注用于培育孩童的支出,而分析转移支付对储蓄和投资的影响的文献则极少。

3.5 双亲家庭:技术

许多实证研究——例如,德尔博卡等人(Del Boca et al.,2014)——表明,母亲和父亲都是子女人力资本形成过程中的重要因素。在大多数家庭中,母亲和父亲都会用大量的时间去陪伴孩子成长[斯库恩布鲁特(Schoonbroodt,2016)]。此外,在市场生产活动中,男性和女性一般来说也不是完美的互替品。[①] 为了解决这些问题,我们现在扩展家庭的概念,将父母双方都明确地纳入人力资本形成过程,同时让男性和女性分别进入生产过程。为了将女性在技术领域的作用(与她们作为决策者发挥的作用)分离出来,我们进一步假设,家庭中的所有消费都是公共的,而且男性和女性对子女的偏好相同。换句话说,我们在这里忽略了如果父亲和母亲不能达成一致所带来的额外的复杂性(我们将在下面的第3.4节中分析这一点)。此外,我们着重讨论的是教育决策,而不是生育选择,尽管将这两者同时包括在同一个模型中并不困难。

与以前版本的模型不同,在现在这个模型中,男性和女性要以不同的方式"进入"技术(的表达式)。消费品是用一个柯布-道格拉斯(Cobb-Douglas)生产函数生产出来的,男性和女性的效率时间单位是这个生产过程的投入品:

$$c = A(\ell_f H_f)^\alpha (H_m)^{1-\alpha},$$

其中,$\alpha \in (0,1)$。为了简单起见,我们假设夫妻双方完全由女方来养育孩子,而男方则全职

---

① 性别工资差异是相当大的,而且持续性也很强——例如,请参见布劳和卡恩(Blau and Kahn,2000)的文献综述。分析这种现象的实证研究文献也很多。但是,我们在这里要讨论的并不是这种现象的最终原因是什么,我们要探讨的是男性和女性在生产中不能完美地相互替代这个事实的影响。性别工资差距到底是不同的先天技能、不同的偏好所导致的,还是由导致技能获取差异的文化因素决定的,在很大程度上与我们在这里的分析无关。

工作。女方的时间约束为 $\ell_f + e_f + e_m \leq 1$，其中，$e_f$ 是用于教育女儿的时间，而 e_m 则是用于教育儿子的时间。我们将全收入定义为在 $\ell_f = 1$ 处求得的生产函数，因此它由下式给出：

$$y = A H_f^\alpha H_m^{1-\alpha}$$

每一对夫妇都有两个孩子——一个女儿和一个儿子，对于他们的人力资本积累，母亲和父亲都是必不可少的，即：

$$H_f' = (Be_f)^\theta H_f^\beta H_m^{1-\beta} \tag{15}$$

$$H_m' = (Be_m)^\theta H_f^\beta H_m^{1-\beta} \tag{16}$$

其中，$\beta \in (0,1)$。总而言之，在这种模型设定下，存在着两种性别差异：女方和男方在将自己的人力资本传递给子女时的相对重要性（β），以及女方和男方在生产中的相对重要性（α）。[1]

假设对数效用，那么目标函数可以写为：

$$\max \, \log(c) + \delta \left[\alpha\theta\log(e_f) + (1-\alpha)\theta\log(e_m) \right]$$

从而均衡配置为：

$$\ell_f^* = \frac{\alpha}{\alpha + (1-\alpha)\delta\theta + \alpha\delta\theta}$$

$$e_m^* = \frac{(1-\alpha)\delta\theta}{\alpha + (1-\alpha)\delta\theta + \alpha\delta\theta}$$

$$e_f^* = \frac{\alpha\delta\theta}{\alpha + (1-\alpha)\delta\theta + \alpha\delta\theta}$$

均衡女方与男方的人力资本之比则由下式给出：

$$\frac{H_f}{H_m} = \left(\frac{e_f}{e_m} \right)^\theta = \left(\frac{\alpha}{1-\alpha} \right)^\theta$$

需要注意的是，在这个表达式中，并没有出现 β 所刻画的人力资本生产函数中的母亲与父亲之间的不对称性。这算不上一个有根本意义的结果，而只是我们假设的温情的利他主义的一个特征。在这种利他主义模型中，父母会考虑到，给自己的子女很好的教育，能够把他们变成更好的父母，从而使他们能够为自己的孙子孙女提供更好的教育。在这样一种模型设定下，父亲与母亲在儿童发展中的相对重要性也将进入均衡时的男方和女方的相对人力资本当中。

从而，这个模型的一个特点就是具有性别教育差距，因此也具有性别薪酬差距。[2] 更具体来说，单位时间的工资比将为 $\frac{w_f}{w_m} = \frac{\alpha}{1-\alpha}$。女性在生产中的生产率越高（即 α 越高），性别教育差距越小。女性工资的增加，会抬高时间的机会成本，从而使育儿成本更高。在具有内生生育率的模型变体中，这个逻辑将会导致生育率下降（作为对女性生产率提高的反应）。盖勒和韦尔（Galor and Weil，1996）分析了这个机制，他们还探讨了这个渠道是如何促进人口转

---

[1] 第三个不对称性是，我们假设只有女方花时间教育孩子。但是这种不对称性只是为了易处理性而假设的，同时对于定性结果也不是必需的。

[2] 严格地说，在我们给出的家庭生产模型中并不存在工资。但是，这个模型也可以重新解释为市场生产模型，因此边际产品给出的就是工资。

变的。

在一个完全利他主义的模型中,父母会进一步考虑到,他们的子女未来在市场上的工作时间将会有所不同(因为母亲承担了抚育子女的义务),因此在女儿身上的投资会更小一些。[①] 这个放大渠道最早是由埃切瓦里亚和梅洛(Echevarria and Merlo,1999)发现的。后来,拉格洛夫(Lagerlöf,2003)进一步探讨了这种情形下婚姻市场的影响,并强调了多重均衡的重要性。如果所有的家庭都在儿子的教育上更多地投资,那么平均来说,女儿会预期自己的配偶将有更高的收入,而这种预期又会降低每个家庭投资于女儿的教育的激励。然而,完全的性别平等在拉格洛夫的模型中也是一个均衡结果。

将前述人力资本比插入人力资本生产函数中,我们就可以得到如下均衡增长率(男性和女性的人力资本的均衡增长率,因而也是产出和消费的均衡增长率):

$$\frac{H'}{H} = B^{\theta}(e_m)^{(1-\beta)\theta}(e_f)^{\theta\beta} = \left\{\frac{B\delta\theta}{\alpha+\delta\theta}(1-\alpha)^{1-\beta}\alpha^{\beta}\right\}^{\theta} \quad (17)$$

方程式(17)表明,增长率取决于多个家庭特征。与前面一样,父母越关心自己的子女,增长率越高。在这里,新颖之处在于技术上的性别差异对增长也很重要。女性在生产中扮演的角色(用 α 来刻画)、父亲和母亲在人力资本传承中的相对重要性(用 β 刻画),都在生产中发挥着重要作用。此外,技术的这两个维度是相互作用的。例如,在男性和女性对称地进入生产函数的情况下(即 $\alpha=0.5$),母亲和父亲在人力资本传承中的相对重要性就变得无关紧要了。而 α 却总是会进入,即便在母亲和父亲在人力资本传承中发挥的作用同样重要的情况下(即 $\beta=0.5$)也是如此。仔细观察方程式(17),我们可以发现,增长率随 α 而变动的轨迹是驼峰形的。因此,增加 α,到底是会提高还是会降低增长率,取决于起始点。如果起始点是女性在生产中的作用很低,那么 α 的增加将导致性别教育差距缩小,女性工资增加,女性劳动力参与率提高,进而导致经济增长加快。这种机制在历史上可能曾经出现过:回忆一下,如图 20 所示,人均国内生产总值与女性在受薪劳动中的作用之间呈现出了强烈的正相关关系。类似地,请回忆一下前面的表 3,它表明性别教育差距与发展之间是负相关的。

第二次世界大战结束后,所有发达国家都经历了女性劳动力参与率上升和性别薪酬差距减小的时期。但是,女性在生产中的角色在更长的历史时期上是如何演变的,现在仍然不太清楚。汉弗莱斯和魏斯多夫(Humphries and Weisdorf,2015)构造了一个衡量英国男性与女性之间的相对工资的指标体系,其数据集最早追溯到 1270 年。他们发现,数百年来男性与女性的相对工资出现过多次大幅波动。他们还试图分别单独衡量已婚女性和单身女性的工资,方法是利用临时工作合同(与已婚女性更相关)与长年工作合同(主要适用于未婚女性)之间的差异。利用他们的数据(并接受他们的解释),我们发现在历史上,已婚女性与单身女性的相对工资有时会向相反的方向移动(见图 22)。还有证据表明,在长期中,经济发展与女性市场工作之间的关系并不总是单调的。特别是,基于跨国数据,戈尔丁(Goldin,1995)证

[①] 我们的温情的利他主义模型没有刻画这个渠道,因为父母关心的是他们的子女的全收入,而没有考虑女儿在生儿育女时所要花费的时间。

明,女性劳动力供给的形状是 U 形的。[①]

图 22 英国历史上的工资差距

资料来源:Humphries, J., Weisdorf, J., 2015. The wages of women in England, 1260-1850. J. Econ. Hist. 75 (2), 405-447 (Table A1)。

科斯塔(Costa,2000)也得出了类似的结论,他指出,如果我们能够往回追溯足够长的时间,女性劳动力参与率的曲线形状看上去就是 N 形的。但是,要证明这确实是历史上的事实是非常困难的,这不仅是因为缺乏可靠的数据,而且也因为农业经济中市场生产和家庭生产之间缺乏明显的区别。[②]

当市场生产由不同的任务组成时,情况就会变得更加复杂。如果不同的人执行不同的任务的能力不同,那么适当地将"人才"与"工作"匹配起来就非常重要了。因此,关于性别角色的某些社会规范(或其他障碍)可能会成为将"人才"最优地分配到"工作"上去的障碍。谢长泰等人(Hsieh,2013)分析了美国这个渠道的重要性。他们发现,在 1960 年至 2008 年期间,性别之间(以及种族之间)的"人才"配置,能够解释美国经济增长的 15%至 20%。李(Lee,2015)探讨了女性人才错配对跨国收入差距的重要性。这篇论文的主要发现是,非农业部门的女性进入壁垒,对于贫穷国家观察到的低农业生产率起到了非常重要的作用。

3.6 双亲家庭:内生议价

在前面的第 3.4 节中,我们已经阐述过,在家庭内部由谁来做决定,对增长有重要的意义。因此,一个非常值得我们关注的重要问题是,到底是什么东西决定了婚姻内部的议价能力?[③] 在这里,我们主要对什么东西改变了代与代之间的议价权重感兴趣,这种探索不同于对给定某对夫妇的内生议价过程的分析(那是我们在第 2 节中已经讨论过的)。议价能力的初始值应该是在结婚时确定的,我们在这里不对它进行建模——不过通常的观点是,相对受

[①] 另外也请参见奥利维蒂(Olivetti,2014),他利用 16 个发达国家(包括美国)的时间序列数据为这种 U 形形状提供了证据;以及曼蒙和帕克森(Mammen and Paxson,2000),他们给出了印度和泰国的时间序列数据证据。

[②] 例如,戈尔丁的模型(Goldin,1995)还包括了无酬劳动的农场和家庭企业工人,而我们的图 20 则只包括了受薪工人。

[③] 有一支相当庞大的文献都估计了家庭决策模型。识别的关键通常是,存在一个影响议价权重但是却外生于议价过程的所谓分布因子——例如,请参见布伦戴尔等人(Blundell et al.,2005)。

教育程度在婚姻市场中是重要的,因此在议价能力的配置中也是重要的。男性和女性之间的相对受教育程度本身也可以是内生的,对此我们在第 3.5 节中已经讨论过了。在这一节中,我们将把这两个因素联系到一起。为了做到这一点,我们假设议价能力是性别教育差距的一个函数,而且性别教育差距本身则是在家庭中决定的。有了这个假设,我们就可以分析从性别教育差距到家庭中的议价能力的反馈了。[①]

因此,我们在这里使用的模型结合了第 3.4 节中分析的性别偏好差距与第 3.5 节中探讨的技术性别差异。首先考虑议价能力外生的情形。结合前述两个模型的特征,我们知道夫妻双方要解出以下最大化问题:

$$\max_{c, e_f, e_m} u(c) + \tilde{\delta} \{ \alpha\theta \log(e_f) + (1-\alpha)\theta \log(e_m) \}$$

要满足的约束条件包括:

$$1 = \ell_f + e_m + e_f,$$
$$c = A(e_f H_f)^\alpha H_m^{1-\alpha},$$

其中,$\tilde{\delta} \equiv \lambda_f \delta_f + (1-\lambda_f)\delta_m$。与前面一样,人力资本的演变服从方程式(15)和(16)。这是一个与第 3.5 节相同的问题,只是修改了一下 δ。因此,均衡增长率为:

$$1 + g^{exog} = \left\{ \frac{B\tilde{\delta}\theta}{\alpha + \tilde{\delta}\theta} (1-\alpha)^{1-\beta}\alpha^\beta \right\}^\theta$$

现在,我们只要假设 λ 是相对受教育程度的函数,就可以探讨这种设定下内生议价与外生议价的区别了。在既能够刻画这种相关性,同时又能保证议价权重介于 0 与 1 之间的简单的函数形式当中,其中有一种是 $\lambda(e_f, e_m) = \frac{e_f}{e_f + e_m}$。请回想一下,相对受教育程度是市场中女性劳动的相对重要性的函数,即 $\frac{e_f}{e_f + e_m} = \alpha$。因此我们可以用 α 来代替 λ_f,并把增长率重写为[②]:

$$1 + g^{end} = \left\{ \frac{B[\alpha\delta_f + (1-\alpha)\delta_m]\theta}{\alpha + [\alpha\delta_f + (1-\alpha)\delta_m]\theta} (1-\alpha)^{1-\beta}\alpha^\beta \right\}^\theta \tag{18}$$

命题 4 假设 $\delta_f > \delta_m$。如果 $\lambda_f < \alpha$,那么内生议价模型的增长率较高;如果 $\lambda_f > \alpha$,则意味着外生议价模型中的增长率较高。

这一结果将女性在技术中的作用与女性在决策中的作用联系了起来。更具体来说,当女性的决策权力相对于她们在生产中的重要性来说较低时,那么内生化从受教育程度到议价能力的联系会提高增长率。当女性所拥有的议价能力很大(相对于她们在生产中的重要性)时,情况则恰恰相反。

---

① 巴苏(Basu,2006)也探讨了内生议价能力的影响,不过是在一个不同的背景下。我们对议价能力如何在代与代之间发生变化感兴趣,而巴苏(Basu,2006)则分析了议价能力的变化对特定夫妇的动态影响。通过调整劳动力供给,从而调整收入,夫妻双方可能可以影响他们在家里的议价能力。

② 需要注意的是,在我们的温情的利他主义模型中,父母亲不会考虑到,当增加对女儿的教育的投资时,他们也增加了女儿的议价权重。德拉克罗伊克斯和范德唐克特(de la Croix and Vander Donckt,2010)分析了一个利他主义模型——父母会明确地考虑教育选择对孩子的未来议价能力的影响。

图 23 给出了这个结果(更确切地说,这是一个数值算例的结果)。[①] 正如我们在第 3.5 节中已经讨论论过的,在外生议价模型中的增长率随 α 变化的形状是驼峰形的。但是在内生议价模型中则不一定如此。在现在这个例子中,增长率随 α 单调增加。当议价权重固定不变时,女性在生产中的作用的增加,会降低增长率,因为女性劳动力参与率的上升会使孩子的教育时间减少,从而减缓人力资本积累。但是在内生议价模型中,这种效应会减弱,因为女性劳动力参与率上升导致的议价能力的提高会推动更多的子女教育投资(因为在这个模型中,女性会比男性更加关心孩子的教育)。这个例子表明,家庭内决策的细节对增长很重要,同时家庭决策过程中男性和女性之间的不对称性会与它们在技术中的不对称相互作用。

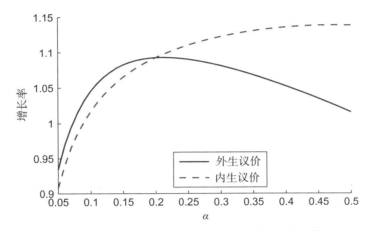

图 23　增长率作为 α 的函数,外生议价与内生议价比较

3.7　重男轻女:男孩偏好

许多文化都有重男轻女的倾向。一般来说,这种偏好会对生育行为产生影响——那些只有女儿的家庭更有可能再要一个孩子,例如,阿努克里蒂(Anukriti,2014)。近年来,选择性堕胎问题也引起了广泛关注,例如,艾本斯坦(Ebenstein,2010)。重男轻女偏好还表现在男孩子的待遇比女孩子更好。例如,贾雅彻德伦和库齐耶姆科(Jayachandran and Kuziemko,2011)描述了母乳喂养率的性别差异,塔拉齐和马哈詹(Tarozzi and Mahajan,2007)证明印度男孩的营养状况要好于女孩。此外,这种偏好在较贫穷的国家更加明显(见表 3)。

现在,我们扩展前面的模型,以便考察这种重男轻女偏好对增长率的影响。[②] 首先,考虑一个具有实物资本的经济,其中父母会给儿子和女儿留下遗产。与前面一样,在婚姻中,消费是公共产品,生育率是外生的,每对夫妇各有一个儿子和一个女儿。同样与前面一样,父母以温情的利他主义精神照看自己的孩子。在这种情况下,父母从他们留给孩子的遗产中获得效用。产品是使用一种线性技术(对资本)生产出来的,即产出由 $y = AK$ 给出,其中,A 是

[①] 这个算例中所用的参数为:$\beta = 0.7, \theta = 0.5, B = 10, \delta_f = 0.5, \delta_m = 0.2, \lambda = 0.2$。

[②] 哈赞和佐阿比(Hazan and Zoabi,2015b)在一个内生生育率的相关模型中分析了内生的重男轻女偏好。

一个参数。所有的儿子和女儿都会结婚。由于不存在异质性,所以谁与谁结婚是无关紧要的。任何一对夫妇的资本都由他们各自获得的遗产的总和构成,即 $k = b_s + b_d$,其中,s 表示儿子、d 表示女儿。

偏好由下式给出:

$$u(c) + \delta_s u(b_s) + \delta_d u(b_d)$$

其中,$\delta_s > \delta_d$,从而刻画了重男轻女偏好。预算约束是 $c + b_s + b_d \leq y$。

假设对数效用,可得均衡遗产是

$$b_s = \frac{\delta_s}{1 + \delta_s + \delta_d} y$$

$$b_d = \frac{\delta_d}{1 + \delta_s + \delta_d} y$$

均衡收入增长率为:

$$\frac{y'}{y} = \frac{A(\delta_s + \delta_d)}{1 + \delta_s + \delta_d}$$

这里的关键结果是,重男轻女偏好与增长率无关。唯一重要的是父母对他们的孩子有多关心,即只有 $\delta_s + \delta_d$ 这个和才是重要的。

但是,只要父母对某一个特定的孩子的教育投资的回报是递减的,那么如果考虑人力资本积累,上述结果就会改变。与实物资本(实物资本的所有权与增长率不相关)的情况相反,如果知识能够被更多的人分享,那么一个经济中的知识总存量就会更大。我们现在证明,重男轻女偏好如何与个人人力资本的这种收益递减相互作用。

在前面的第3.5节中,生产产品的技术和生产人力资本所用的技术是相同的。父母只关心自己的孩子,所以他们没有考虑到,教育他们的女儿/儿子也会有利于未来的女婿/儿媳。相反,他们预期他们的女婿/儿媳将会拥有经济中的男性/女性平均水平的人力资本——我们将之分别记为 $\overline{H}'_m$ 和 $\overline{H}'_f$。这样一来,拥有人力资本禀赋 (H_f, H_m) 的一对夫妇的优化问题由下式给出:

$$\max_{e_f, e_m, \ell_f} u(c) + \delta_d u(y'_d) + \delta_s u(y'_s)$$

要满足的约束条件包括:

$$c = A(\ell_f H_f)^\alpha H_m^{1-\alpha}$$

$$1 \geq \ell_f + e_f + e_m$$

$$y'_d = A(H'_f)^\alpha (\overline{H}'_m)^{1-\alpha}$$

$$y'_s = A(\overline{H}'_f)^\alpha (H'_m)^{1-\alpha}$$

$$H'_f = (Be_f)^\theta H_f^\beta H_m^{1-\beta}$$

$$H'_m = (Be_m)^\theta H_f^\beta H_m^{1-\beta}$$

其中,$\overline{H}'_m$ 和 $\overline{H}'_f$ 是给定的。

假设对数效用,那么这个最大化问题可以化简为:

$$\max_{\ell_f, e_f, e_m} \alpha\log(\ell_f) + \delta_d\alpha\theta\log(e_f) + \delta_s(1-\alpha)\theta\log(e_m)$$

要满足的约束条件为:

$$\ell_f + e_m + e_f \leqslant 1$$

由此而得到的最优教育选择为:

$$e_m^* = \frac{\delta_s(1-\alpha)\theta}{\alpha + \delta_s(1-\alpha)\theta + \alpha\delta_d\theta}$$

$$e_f^* = \frac{\delta_d\alpha\theta}{\alpha + \delta_s(1-\alpha)\theta + \alpha\delta_d\theta}$$

与前面一样,在平均增长路径上,人力资本、收入和消费都以同样的速度增长,且均衡增长率为:

$$\left\{\frac{B\theta}{\alpha + [\delta_d\alpha + \delta_s(1-\alpha)]\theta}(\delta_s[1-\alpha])^{1-\beta}(\delta_d\alpha)^\beta\right\}^\theta$$

这个表达方式表明,重男轻女偏好对增长率的影响取决于商品生产和人力资本积累的技术。首先,考虑男性和女性在生产中同样重要的对称情形(通过设定 $\beta = \alpha = 0.5$ 即可)。令父母加诸子女的总权重固定不变:$\delta_s + \delta_d = 1$。在这种情况下,增长率在 $\delta_s = \delta_d = 0.5$ 时最大。换句话说,重男轻女偏好降低了增长率。这与只有实物资本的经济形成了鲜明的对比,在那里,重男轻女偏好是无关紧要的。因此,只有当知识是增长的引擎时,重男轻女偏好才会降低增长率。但是,即便是在知识经济中,重男轻女偏好也并不会总是不利的。如果男性在知识生产中具有比较优势($\beta < 0.5$),那么对儿子和女儿的增长率最大化的权重选择将呈现出重男轻女偏好,其强度则取决于男性所拥有的比较优势的程度。

其次,在男性在商品生产中具有比较优势的情况下($\alpha < 0.5$),只要我们保持 $\beta = 0.5$,那么轻微的"重女轻男"偏好会提高增长率。原因是,既然人力资本是增长的引擎,那么就意味着平等地在教育子女上投资是能够使增长率最大化的策略。另一方面,父母并不以最大化增长率为自己的目标,而是以最大化下一个时期的产出为目标(儿子在下一期的生产中具有比较优势)。因此,父母会对儿子的教育过度投资(与增长率最大化的解相比)。重男轻女偏好会放大这个问题。

实证证据表明,重男轻女偏好确实与一些国家日益严重的性别比例失衡趋势有关。例如,在中国,2005 年每出生 100 名女孩就会出生超过 120 名男孩,参见魏和张(Wei and Zhang,2011)。这种不对称性可能会带来很重要的总体影响,但现有的文献中很少探讨这个问题。不过,一个显著的例外是魏和张(Wei and Zhang,2011),他们认为中国当前的性别比是中国的高储蓄率的一个重要决定因素。杜和魏(Du and Wei,2010)以这个发现为基础,进一步利用一个校准模型阐明,这个原因可以解释中国的经常账户余额的 50%。

3.8 一夫多妻制

西方国家的核心家庭是本章的大部分内容所考虑的家庭的"榜样"。但是,由丈夫、妻子和他们自己的孩子组成的核心家庭占主导地位,在历史上其实只是一个比较晚近的现象,甚至直到今天,在世界上有些地方的典型家庭也不是这类核心家庭。在历史上的大多数时期,大家庭(多代人住在一起)比今天更加流行。[1] 此外,今天许多家庭都不再包括已婚夫妇了,因为单亲家庭越来越多,而且许多人更是根本不再生活在任何家庭中了(请参见第2.2节中的图3和图4)。

另一种重要的家庭结构类型是一夫多妻制。在非洲的许多国家和地区,直到今天一夫多妻制(一个男人娶多名女子)仍然相当常见。[2] 这种家庭结构是不是会对宏观经济结果产生影响?特蒂尔特(Tertilt,2005)认为是的。他在这篇论文中构建了一个一夫多妻制模型,在这个模型中,男人会"购买新娘",然后在未来向其他男人"出售女儿"。这种家庭结构会通过两个渠道减少产出(相对于强制实施一夫一妻制的国家)。"女儿市场"的存在,使得女性成为一种很有价值的资产。这有两个重要含义。首先,"出卖"女儿得到的收入成为老年人筹集养老资金的一个有效途径,从而减少了储蓄和实物资本的积累。其次,由于男人想要生更多女儿,导致生育率上升,从而导致人口增长率提高,进而压低了人均资本和人均国内生产总值。特蒂尔特这篇论文使用一个校准的一般均衡模型证明,这种效应在定量的意义上是重要的,他还证明这种机制可以解释表4所示的一夫多妻制国家与一夫一妻制国家之间的大部分观察到的差异。

一夫多妻制通过对新娘价格的影响而对经济增长有重要的意义。因此,婚姻市场对于这种机制至关重要。在允许一夫多妻的国家里,重要的不是某一个一夫多妻的家庭的储蓄比生活在同一个国家的一夫一妻制的家庭的储蓄更少。相反,如果相当大一部分家庭是一夫多妻制的,那么新郎的均衡价格就会很高,而这就会改变对所有家庭的激励。这也就是说,由于婚姻市场的一般均衡效应,一夫多妻制降低了产出。因此,我们在下一节中将转而关注婚姻市场对增长的重要性。

还有一些研究试图理解为什么一夫多妻制只存在于某些文化中,而不会出现在其他文化中。古尔德等人(Gould et al.,2008)、拉格洛夫(Lagerlöf,2005)将一夫多妻制的消失与经济发展联系起来。异质性在这两篇论文中都发挥着关键作用。在前一篇论文中,古尔德(Gould)、莫阿弗(Moav)和西姆宏(Simhon)认为,不断增加的技能溢价导致男性想要更少、更高质量的孩子,而为了教育好他们的孩子,他们相应地希望娶到更高质量的妻子。但是高质量的女性更少,这自然会导致每个男人的妻子数量变得更少。在后一篇论文中,拉格洛夫则将一夫多妻制的消失归因于男性之间的不平等现象随时间推移而不断减少的趋势。非现代社会可以说是极度不平等的,这使得富裕的男人能够娶到更多的妻子并生育更多的孩子。随着时间的流逝,这会稀释这些富人的财富,使得社会更加平等,这最终会导致妻子在男人之间的"分配"更加平等。在这两篇论文中,一夫多妻制的逐渐消失,伴随着生育率的下降和经济的增长。然而,这两篇文章虽然都在一定程度上解释了一夫多妻的"流行度"的下降,但

---

[1] 然而,由于古代的人的寿命较短,这种家庭也许不如人们所想象的那样普遍。请参见拉格尔斯(Ruggles,1994)对美国150年来不断变化的家庭结构的历史的描述。

[2] 另外,一妻多夫制(一个女性有多个丈夫)则是非常罕见的,但是在某些社会里确实存在。

是却没有引入任何正式限制。

　　更晚近的两篇论文则对引入一夫一妻制进行了政治经济学分析。拉格洛夫（Lagerlöf，2010）提出了一个与一夫多妻制有关的"革命理论"。在允许一夫多妻制的情况下，精英可以拥有许多个妻子，而穷人则没有妻子。这可能会导致革命，从而使精英们产生了出台法律正式禁止一夫多妻制的动机。德拉克罗伊克斯和马里阿尼（de la Croix and Mariani，2015）则对从一夫多妻制到一夫一妻制再到序列的一夫一妻制的转变给出了一个综合性的政治经济学分析。这个理论是以整个人口（包括女性）的投票行为，而不是以精英的激励为基础建构的。制度之间的转换是由人力资本的积累内生地导致的，因为人力资本的积累改变了可以从婚姻制度的变化中获益的群体的联盟。

3.9　婚姻市场

　　虽然家庭经济学中讨论婚姻选择的文献相当多，但是要将婚姻市场纳入宏观经济模型并不是一件轻而易举的事情。特蒂尔特（Tertilt，2005）提出了一个解决方法：在他的模型中，新娘面对一个竞争性市场，而均衡的新娘价格能够使这个市场出清。然而，只有在不存在异质性的情况下，这种方法才能发挥作用。如果潜在的配偶在"质量"上有所不同，那么与谁结婚就不再是无关紧要的了。

　　最近的一些研究在宏观模型中讨论有异质性行为主体的婚姻的缔结。这样做的好处是可以分析诸如婚姻中追求门当户对的倾向的变化对收入差距的影响此类的问题。在这个方面，早期的一个例子是费尔南德斯等人的一项研究（Fernández et al.，2005）。[①] 他们这篇论文考察了不平等、选型婚配（追求门当户对的婚姻）、人力资本积累和人均国内生产总值之间的关系。婚配是用随机匹配的搜索模型来建模的，而且这个模型还具有代际转移机制，因为父母的收入在对教育进行投资时，被用作了孩子所需要的抵押品。这项研究的一个主要发现是，这种模型可以生成多个有不同的工资不平等性的稳定状态。而且在各个稳定状态之间，婚姻选型配对与工资不平等性是正相关的，同时婚姻选型配对与人均国内生产总值则是负相关的。

　　艾卡等人（Eika et al.，2014）也用实证数据证明了选型婚配对美国收入不平等的重要性。不过，这项研究发现，虽然选型婚配可以说是不平等的一个重要决定因素，但是不平等的变化并不能归因于婚配选型模式的变化。格林伍德等人（Greenwood et al.，2016a）则在一个结构定量模型中分析类似的作用环节。

　　除了上面这几个有限的研究之外，婚姻制度对增长的重要性在很大程度上仍然没有充分发掘出来。在一定意义上，这部分可能是因为异质性主体之间的造型配对模型的计算复杂性太高。然而近年来，随着计算能力的提升，我们已经能够分析越来越复杂的模型了。因

---

① 费尔南德斯和罗杰森（Fernández and Rogerson，2001）、楚和肖（Choo and Siow，2006），以及格林伍德等人（Greenwood et al.，2014，2016）也分析了选型婚配与收入不平等之间的关系，但是这些研究没有考虑更广泛的宏观经济影响。

此,我们预计在不久的将来,这个方向上将会形成一个活跃的研究领域。

4. 制度变迁的家庭经济学与政治经济学分析

长期经济发展的特点不仅仅在于经济转型,也在于政治领域的有显著规律性的变迁。在经济发展过程中,几乎所有的富国都经历了一系列类似的政策变革,例如,民主制的普及、公共教育制度的建立、公共养老金制度的形成,等等。这种模式的唯一例外出现在那些主要是因为拥有某种自然资源(比如说石油)而致富的国家中。在因为国民生产率提高而获得财富的所有国家中,这些政治转型都是经济发展进程的一个普遍特征。

经济和政治变革之间的这种紧密联系很自然地向经济学家提出了这样一个问题:这两个领域之间的因果关系究竟如何? 更具体地说,是经济增长触发了政治变革,还是政治变革才是增长的先决条件? 今天的贫穷国家(其中许多国家只实施了一部分与富裕国家类似的政治政策),能不能通过采取富裕国家的政治制度和政策来促进经济更快地发展?

在本节中,我们将证明,在回答这些问题的时候,家庭将再一次发挥核心作用。首先,伴随着经济发展出台的许多政治改革措施都直接关系到家庭(例如,颁布禁止童工的劳动法、立法扩大女性权力,等等)。其次,在其他一些领域中(例如教育和养老金改革),政治变化所涉及的,原先也是家庭内部组织的活动,但是随着时间的推移,国家发挥了越来越大的作用。在这里,我们先简要概述了经济发展过程中政治变革的事实。然后,我们评述一些分析政治变革的原因和后果的政治经济学文献,并指出在很多情况下,家庭生活的变化正在推动着改革。为了说明家庭的这种作用,我们着重探析了两项具体的改革——扩大女性权利运动的推进和童工保护法的出台。

4.1 政治经济学事实

伴随着经济发展的主要政治转型是民主制的引进、公立义务教育制的确立、童工保护法规的出台、女性权利的逐步扩大,以及更一般地,大型福利国家的形成——国家通过税收收入的形式,将国内生产总值中的很大一部分提取出来,以便向社会提供福利和养老金。在现代经济增长启动之前(许多经济学家认为那是在 1750 年之前),全世界没有一个地方拥有上述任何一种制度。到了今天,大多数贫穷国家也都拥有了上述制度中的其中一部分,但是并不拥有全部。

世界各国的不同政治改革开始的时间有很大的差异。对于一些国家来说,第一个转型是引进民主,从 1776 年美国建国开始,然后是英国出现的一系列扩大公民权的改革。而对于其他一些国家来说,率先推进的是其他改革,然后再实现民主化。一些欧洲国家在第一次世界大战后才实现民主化,有的欧洲国家甚至不得不等到 20 世纪 90 年代初"铁幕"落下之后才实现民主化。在某些国家(例如韩国),民主则是在大多数其他政治改革措施实施以及经济快速增长之后才实行的。

最初,民主制通常只意味着男人(而不是女人)获得投票权和竞选公职权。在美国,第一个赋予女性选举权的州是怀俄明州,那是在 1869 年,而其他大多数州都是在第一次世界大战结束之后才赋予女性选举权的。① 在联邦一级,普遍选举权是 1920 年的《宪法第十九条修正案》出台之后才实现的。在欧洲的许多国家,女性在第一次世界大战结束后就有权参加投票了,但是再一次,不同国家之间有很大的差异。例如,在瑞士,女性直到 1972 年才获得在联邦选举中的投票权,而且,在瑞士最后一个赋予女性投票权的州——内阿彭策尔州(Appenzell Innerrhoden),女性更是直到 1990 年才有权参加投票。②

与政治权利的扩大相比,各国推进教育改革的时间则显得更加一致。在美国、加拿大和西欧工业化国家,公共义务教育在 19 世纪末和 20 世纪初得到了广泛推广。而且,在许多情况下,这些改革都伴随着对使用童工的严格限制。

第一个实施公共养老金制度的国家是德国,那是在 1891 年。强制性的工人健康险和意外险也在同一时间实施。大多数欧洲国家、加拿大和美国在 20 世纪中叶之前也都采纳了这些制度。第一个失业救济金计划是英国制定的《1911 年国民保险法》(National Insurance Act 1911)。在大萧条期间,美国国会通过了《社会保障法》(Social Security Act),它规定了养老保险、福利计划和失业保险。在 20 世纪上半叶,大多数欧洲国家和加拿大也都制定了类似的法规。

那些对家庭有最直接的影响的政治改革的时机(特别是,监管童工的使用、推进公共教育和扩大女性权利的改革)都与家庭本身的重大转型密切相关。正如本章第 3 节所阐述的,随着世界各国从经济停滞的前工业社会向经济不断增长的现代社会转型,人口出生率从很高的水平开始持续下降是一个普遍现象。在北美和西欧,出生率下降主要发生在 19 世纪中叶与第一次世界大战之间。而在同一时期,小学教育逐渐得到了普及。由于正式教育的场所从家庭转移到了学校,平民教育的兴起本身就意味着家庭生活也发生了变化。

4.2 作为政治变革的一大驱动力的家庭

为了理解改革的政治经济学,就需要先理解改革的赢家和输家。如果某个选区可以从改革中获益,而且如果这个选区拥有足够的政治权力来实施预期的政策,那么政治改革就会发生。改革的触发因素既可能是政策对特定群体的影响的变化,也可能是某个群体的政治权力的上升(而且这个群体能够从改革中获益)。有人可能认为,民主化既然能够扩大在人口中占大部分的普通民众的政治权力(以牺牲在位的精英阶层为代价),就应该是政治变革的主要动力之一。但是,从历史上看,虽然不乏民主化引发改革的例子,但是总体来说与经

---

① 关于美国女性权利扩展的详尽时间表,请参见德普克等人的论文(Doepke et al.,2012)。
② 更准确地说,事实上,瑞士最后一个自愿授予女性选举权的州是外阿彭策尔州(Appenzell Aussenrhoden),那是在 1989 年。内阿彭策尔州的女性的选举权是在 1990 年由最高法院的裁决授予的。

济发展相关的重大改革的实施与政治权利的扩张之间的关系并不密切。因此,我们在这里专注讨论那些改变了谁能够从改革中获益、谁会因改革而受损的机制,同时把有足够的政治权力来表达自己的利益诉求的相关团体视为给定的。①

我们认为,对于与经济发展相关的大多数重大政治改革来说,家庭结构的重组是政治激励会改革的一个重要原因。技术和结构性变化会影响生育选择、教育选择和家庭内部的劳动分工,而这些则决定了改革会怎样影响每个人。例如,强制性的义务教育法规和公共养老金体制改革,将责任从家庭转移到了公共领域,从而影响父母与子女之间的关系。人们对这种变化的感受和看法部分取决于他们有多少个孩子、他们是否计划好好教育自己的孩子,以及他们是否打算在年老时与自己的孩子一起生活。其他改革措施——比如说,扩大女性权利——则会影响夫妻之间的相互关系和互动形式。人们会怎样受这种改革影响,部分取决于家庭内部的劳动分工、女性劳动力参与率水平,而这两者都会随着经济发展而变化。

我们以公立教育体系的建立为例来说明。在公立学校出现之前,大多数孩子从很小的时候开始就要与父母一起工作。因此,义务制公共教育的普及意味着父母—子女关系发生了重大变化。盖勒和莫阿弗(Galor and Moav,2006)建模了一个理论,把公共教育体系的出现解释为人力资本在经济中变得日益重要的一个结果。他们考虑的模型经济由资本家和工人组成,且纳入了财富的异质性。在初始阶段,只有资本家才会通过遗产给孩子们积累资本。不过,在他们的模型中,实物资本与人力资本之间具有互补性,在实物资本增多到一定程度之后,随着时间的推移,资本家会因工人受教育程度的提高而越来越受益。到最后,工人和资本家都会支持对资本家征税,以便为公共教育体制融资。家庭中的物质资本和人力资本的积累则是这个机制的核心。公立学校教育出现后,强制性的义务教育法往往随之而来。这种法律强制规定父母必须送孩子上学,从而更直接地影响了家庭。一个密切相关的政策是禁止使用童工的禁令,我们将在第 4.4 节中对这种法律进行分析。

在实施义务教育和禁止使用童工的法律的情况下,谁是改革中的赢家、谁是改革中的输家,既取决于个人的要素禀赋(实物资本和人力资本),也取决于生育率。因此,一方面,资本家和技术工人之间存在着潜在的冲突;另一方面,大家庭中的无技能工人则不再愿意教育自己的子女。对于其他类型的改革,性别和婚姻状况则成了分界线。这一点在埃德伦德和潘德(Edlund and Pande,2002)那里也得到了强调。他们分析了女性成为选民的重要意义。他们这篇论文证明,美国的政治性别差距——女性选民比男性选民更有可能投票支持民主党——只是一个比较晚近的现象。一直到 20 世纪 60 年代中期,女性的平均投票立场仍然比男性更加保守。这篇论文指出,政治偏好的这种变化(它反过来也会影响其他改革)是家庭的一种变化所导致的,那就是离婚的增加。20 世纪 60 年代和 20 世纪 70 年代,离婚率大幅上升(见图 6),从而提高了相对较贫穷的单身女性在人口中所占的比例。这些女性往往倾向于支持再分配,而再分配通常是民主党人所支持的政策。埃德伦德和潘德这篇论文给出的证据支持了这个假说,表明婚姻生活往往使一个女人更有可能支持共和党,而离婚则倾向于

---

① 许多经济学家都研究过民众政治权利扩大的原因,这个领域的重要文献包括阿西莫格鲁和鲁宾逊(Acemoglu and Robinson,2000)、利泽里和佩尔斯科(Lizzeri and Persico,2004)。

使女性更有可能支持民主党人。

还有几篇论文则强调了女性作为决策者的重要性。查德巴塔依和迪弗若(Chattopadhyay and Duflo,2004)利用印度的性别配额(有保证的女性名额)数据从经验的角度证明了,哪些公共项目能够在村一级实施,往往取决于项目领导者的性别。虽然这篇论文并没有涉及具体的改革措施,但是它说明,领导者的性别会影响所能提供的公共物品的类型。华盛顿(Washington,2008)、奥斯瓦尔德和鲍德撒维(Oswald and Powdthavee,2010)也得出了一个相关的结论,他们证明,孩子的性别构成影响了美国和英国的(男性)立法者的投票行为:有更多的女儿的政客会采取更倾向自由主义的立场。

另一个重要的改革是公共养老金制度的建立。① 各种各样的社会保障计划源源不断地将资源从年轻人和中年人那里转移到老年人身上。如果不存在公共养老体系,那么这种转移通常会发生在家庭内部——利他主义的孩子会自愿照顾年老的父母。由于19世纪以来生育率持续下降(见图1),越来越多的人在老年时没有儿女照顾,从而增加他们陷入贫困的风险。这个事实可能对引入公共养老金制度起到了重要的促成作用。同时,这种制度的存在又进一步降低了生儿育女的激励,从而导致了家庭结构与政治改革的双向互动。

最后,一大批改革措施有力影响了女性的法律地位。这方面的改革包括:影响女性财产权利的改革,例如英国于1870年颁布的《已婚女性财产法》(*Married Women's Property Act*),影响儿童监护法律的改革,为女性提供选举权的法律,禁止劳动力市场歧视的法律,取消职业禁入的法律(例如,允许女性成为法官和军人)。改变女性的法律地位也会影响女性在家庭内部的地位——例如,通过改变女性的外部选择。反过来,家庭结构的变化(例如,生育率的下降和女性劳动力参与率的增加)也会影响源于这些改革的收益。我们将在第4.3节中讨论女性经济权利(例如,已婚女性的财产权)的政治经济学含义。女性权利的其他形式,如消费权利或劳工权利,也都意味着不同的政治经济权衡。虽然对这些"其他权利"的实证研究已经开始涌现出来,但是对女性的"其他权利"的正式的政治经济学分析仍然付之阙如。② 我们认为,这应该是未来研究需要解决的一个重要问题。

4.3 为什么支持女性选举权

在经济发展的过程中,所有工业化国家都实施了改变女性法律地位的改革。德普克和特蒂尔特(Doepke and Tertilt,2009)阐述了一种机制,建立了女性权利与经济增长之间的因果联系。这个机制的基础是女性在培育儿童方面的作用。与此相反,吉德斯和卢伊克(Geddes and Lueck,2002)则认为,女性权利的最初的扩张与女性在劳动力市场中的作用有关。由于女性经济权利的扩大主要是在19世纪实现的,而那个时代女性劳动力参与率仍然非常低,因此我们认为,强调女性在家庭中的作用的机制应该更加合理。

---

① 关于社会保障制度,现在相关的文献可谓汗牛充栋,例如,请参见科里和苏亚雷斯(Cooley and Soares,1996)、博尔林和蒙特斯(Boldrin and Montes,2005)、考库特等人(Caucutt et al.,2013)。

② 相关的文献综述,请参阅迪弗洛(Duflo,2012)、德普克等人(Doepke et al.,2012)。

现在,我们用一个简化的模型来说明德普克和特蒂尔特(Doepke and Tertilt,2009)的基本机制。这个模型与第 3.4 节所述的那个具有一个修正后的效用函数的模型有点相似。不过,我们现在要假设消费是一种私人财产,这样就可以使得丈夫与妻子之间出现更强的利益冲突。我们还引入了孙子(孙女),并假设人们可以从子女和孙辈的人力资本中获得效用。这种假设会引发世代之间的冲突:人们希望自己的孙辈拥有尽可能多的人力资本,但是决策却是由自己的下一代做出的。由于下一代也关心自己的消费,因此父亲对孩子的教育的投资不会像祖父所希望的那么多。接下来,我们就来证明,这种世代之间的冲突,可能会诱使男人投票支持授予女性选举权。

令夫妻中性别为 g 的一方的效用函数为

$$\log(c_g) + \delta_g \log(H') + \delta_g^G \log(H')$$

其中,δ_g 是配偶 g 赋予自己的孩子的人力资本的权重,而 δ_g^G 则是赋予自己的孙辈的人力资本的权重。与在第 3.4 节中一样,我们假设 $\delta_f > \delta_m$。[①] 给定消费是私人物品的假设,可知预算约束为:

$$c_m + c_f = A\ell H$$

其中,ℓ 是这对夫妇的总工作时间。假设每个配偶的时间禀赋均为 1,那么家庭的时间约束为:

$$\ell + 2e \leq 2$$

其中,e 是用于教育每个孩子的时间。

我们现在考虑两种政治制度。在第一个政治制度——父权制——下,只有男人才能做出决定,而在第二个政治制度——赋权制——下,男女双方共同做出决定,即双方以同样的权重解决一个集体议价问题。为了得出父权制下的均衡配置,我们可以求解如下约束最大化问题:

$$\max_{\ell,e} \log(c_g) + \delta_g \log(H') + \delta_g^G \log(H')$$

约束条件为:

$$\ell + 2e \leq 2$$
$$H' = (Be)^\theta$$
$$c_m + c_f = A\ell H$$
$$c_m + c_f \geq 0$$

注意到,$H'' = (Be')^\theta$,其中 e' 是下一代决定的,而对于祖父母来说则是给定的。由于技术是给定的,因此对于自己的孩子的教育选择 e 不会影响 H''。这也就是说,不同世代的选择之间不存在相互依存关系。此外,由于男性不能从自己的妻子的消费中获得效用,所以女性的消费将变为零,因此男性的消费等于产出。[②] 从而,在父权制下的均衡配置为:

[①] 虽然对于孙辈,假设 $\delta_f^G > \delta_m^G$ 似乎也很自然,但是下面的分析并不需要做出这种假设。

[②] 这个反设事实的结果是很容易修正的——只需引入利他主义,我们在一篇论文中就是这样做的(Doepke and Tertilt,2009)。

$$e^p = \frac{\delta_m \theta}{1+\delta_m \theta}$$

$$\ell^p = \frac{2}{1+\delta_m \theta}$$

$$c_m^p = \frac{2AH}{1+\delta_m \theta}$$

与此形成鲜明对照的是,在赋权制的情况下,夫妻双方以同样的议价权重求解一个共同的最大化问题。因此目标函数就变成了:

$$\frac{1}{2}\log(c_m) + \frac{1}{2}\log(c_f) + \tilde{\delta}\log(H') + \tilde{\delta}^G\log(H'')$$

其中,$\tilde{\delta} = \frac{\delta_f + \delta_m}{2}$ 且 $\tilde{\delta}^G = \frac{\delta_f^G + \delta_m^G}{2}$。给定上述目标函数,女性和男性消费的数量相同,即 $c_f^E = c_m^E$。因而,最优教育和最优劳动选择分别为:

$$e^E = \frac{\tilde{\delta}\theta}{1+\tilde{\delta}\theta}$$

$$\ell^E = \frac{2}{1+\tilde{\delta}\theta}$$

消费变得均等,并取决于最初的人力资本:

$$c_m^E = c_f^E = \frac{AH}{1+\tilde{\delta}\theta}$$

我们感兴趣的是,确定男性在什么条件下更偏好生活在一个父权制世界中,在什么条件下更偏好赋予女性权利。我们之所以专注于分析男性的偏好,是因为早在女性获得投票权很久之前,女性的经济权利就已经扩大了。因此,扩大女性权利可以视为男子自愿分享权利。为了确定男性的政治偏好,我们比较了两种政治制度下从同样的初始人力资本开始的男性的间接效用函数。我们将这两个间接效用函数分别用 U^E 和 U^P 来表示。插入均衡配置并加以化简,我们发现,$U^E > U^P$,当且仅当:

$$(\delta_m + \delta_m^G)\theta\log\left(\frac{\tilde{\delta}}{\delta_m}\frac{1+\delta_m\theta}{1+\tilde{\delta}\theta}\right) > \log\left(\frac{2(1+\tilde{\delta}\theta)}{1+\delta_m\theta}\right) \tag{19}$$

从男性的角度来看,这里存在一个权衡。一方面,父权制意味着自己的收入会高得多,因为不需要与妻子分享资源。另一方面,从祖父的角度来看,儿子在孙子的教育上会投资不足。授予女性权利将会导致未来的女儿在法律上拥有更多的议价能力,那么,既然女性比男性更关心孩子($\delta_f > \delta_m$),这意味着孙辈的教育状况将会得到改善。

接下来,我们阐明这种权衡如何随着经济发展而变化。假设人力资本技术随着时间的推移而改进,即 θ 会增加。当教育的回报为零时,即当 $\theta = 0$ 时,男性严格偏好在父权制下生活(从方程式 19 可以推导出这个结论)。这里的直觉是,在 $\theta = 0$ 的情况下,没有理由去教育孩子。而在教育投资为零的情况下,从一个男人的角度来看,赋予女性权利只会带来成本(导致自己的消费减少),而不会带来任何好处。然而,随着 θ 的增加,对孙辈的教育的关心变得越来越重要。接下来给出的命题表明,只要关心孙辈的教育的程度超过了某个阈值,那么当 θ 变得足够大时,这种孙辈效应就会占主导地位,而且男人会因转向赋权制而获益。

命题 5 如果男子赋予孙辈的权重 δ_m^G 高于一定阈值(在证明中给出),那么就存在一个阈值 $\bar{\theta}$,使得如果 $\theta > \bar{\theta}$,男性就会偏好赋权制。

图 24 给出了一个数值实例的结果。[①] 均衡教育选择 e 在两种政治制度下都随着 θ 增加而增加。在一开始,对于低水平的 θ,男人偏好生活在父权制下。然后,随着 θ 的增加,父权制度变得"过于昂贵"了。通过给女性赋权,男性可能因为对孙辈的积极影响而获益。

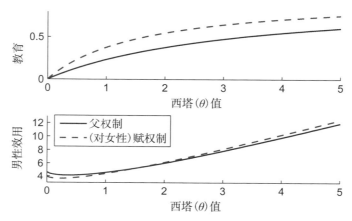

图 24 作为 θ 的函数的教育和男性效用,父权制和赋权制

这里的结果与我们在 19 世纪的美国和英国观察到的历史现象一致。小学教育规模迅速扩大,与此同时,男性立法者通过法律赋予已婚女性财产权和其他经济权利。生育率也快速下降,同时经济增长率也得到了提高。这些特征可以通过增加生育选择并假定父母的人力资本是孩子的人力资本的投入来纳入模型。在德普克和特蒂尔特(Doepke and Tertilt, 2009)中,我们在完全动态的框架中分析了这样一个扩增模型。这个模型的主要结果也与跨国数据一致。

图 25 表明,女性的地位(用联合国构建的性别赋权指标衡量)与人均国内生产总值之间呈现出了很强的正相关关系。假设教育回报在不同国家之间有系统性的不同,这个模型仍然能够复制出相同的关系。

---

① 这个数值实例中使用的参数为:$\delta_m = 0.3, \delta_f = 0.9, \delta_m^G = 1.2, A = B = 5$。人力资本的初始水平设置为 $H_0 = 10$。教育回报 θ 在 0 和 5 之间变化。

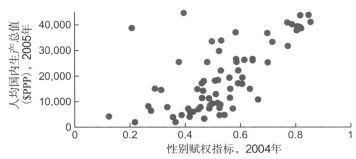

图 25　各国的性别赋权指标(gender empowerment measure, GEM) 与人均国内生产总值

资料来源:性别赋权指标是联合国构建的一个指标(《人权发展报告,2004 年》),而 GDP 数据则来源于《世界发展指标》。

费尔南德斯(Fernández,2014)提出了一个互补的理论。与在德普克和特蒂尔特的模型(Doepke and Tertilt,2009)中一样,父亲对孩子的关心是一个核心因素。然而,在费尔南德斯这里,关键问题不在于教育上的投资,而是父亲更偏好一个儿子和女儿之间的更加平等的结果——与父权制下会得到的结果相比。经济增长扩大了父权制下的儿子和女儿之间的差距,最终导致父亲投票支持对女性赋权。费尔南德斯(Fernández,2014)还提供了基于美国各地女性经济权利在扩展时出现的差异的经验证据,表明人均财富与改革的相关关系为正,而与生育率的相关关系则为负。这一点与德普克和特蒂尔特(Doepke and Tertilt,2009)、费尔南德斯(Fernández,2014)的理论模型的结果都是一致的。

4.4　投票支持儿童权利

与长期发展相关的另一个近乎普遍的政策改革是禁止使用童工。在前工业社会,使用童工是常态。在西欧和美国,对童工的处境的关注随着工业化的推进而不断增多,到最后,各工业化国家都出台了各种各样的禁止使用童工的法律,例如最低工作年龄法和禁止从事危险职业法,等等。与禁止使用童工紧密相关的另一项政策是推行义务教育。通常来说,义务教育政策本身也是对童工劳动的最有效的一个制约(部分原因在于义务执法很简单)。童工劳动与上学教育之间的密切关系也是童工劳动改革对增长至关重要的原因的一部分,因为教育程度的提高是长期发展的引擎。

现在,所有工业化国家都已经禁止童工劳动了,但是在许多发展中国家,童工现象依然相当普遍。在那些依靠儿童赚钱贴补家用的特别贫困的家庭,童工尤其常见。在这些国家,公众对禁止童工的改革的支持率很低。

那么,对于有些国家成功地完成了禁止童工劳动的改革,另一些国家则长期无法完成这项改革,又应该怎么解释呢?这些问题在德普克和齐立波蒂那里得到了解决(Doepke and Zilibotti,2005a)。他们在动态框架内分析了童工劳动立法的政治经济学,这种动态框架内生了技能溢价以及生育率和教育决定。[1]　在这里,为了使这个过程中的主要权衡凸显出来,我

---

① 德普克和克鲁格(Doepke and Krueger,2008)分析了禁止童工的福利影响。

们使用了一个更简单的、静态的框架。要了解支持(或反对)禁止童工劳动的法律的政治立场,我们必须先确定哪些群体会因实施这种监管政策而获益(或受损)。德普克和齐立波蒂(Doepke and Zilibotti,2005a)认为,能够从禁止童工劳动的法律中获得最大收益的群体主要是不熟练的成年工人。这些成年工人本来要在劳动力市场上与"孩子们"竞争,因而禁止童工劳动会减少竞争,从而可能会提高他们的工资。[1] 但是,同样是这些成年工人,他们自己的孩子也可能是童工,因此他们必须对能够获得的潜在的工资收益与自己的孩子因不能继续当童工而损失的收入进行权衡。因此,家庭的生育率和教育选择也是很重要的。

为了更正式地分析这些权衡,我们考虑一个拥有 N_S 个熟练工人和 N_U 个非熟练工人的经济。我们先从假设每个工人都有 n 个孩子,但是只有非熟练工人的孩子才会充当童工开始讨论。这个假设与童工在更加贫困的家庭中普遍存在的观察结果一致(因为更富裕、父母受过更高教育的家庭倾向于将子女送到学校上学而不是充当童工)。这个经济的生产技术为:

$$Y = A X_S^\alpha X_U^{1-\alpha}$$

其中,X_S 是熟练劳动力,而 X_U 则是非熟练劳动力。每个充当童工的孩子提供 λ 单位的非熟练劳动,其中,$\lambda<1$(以反映儿童的生产率低于成人的事实)。如果童工是合法的(自由放任政策),劳动供给由下式给出:

$$X_S^{\text{laissez faire}} = N_S$$

$$X_U^{\text{laissez faire}} = N_U + \lambda n N_U$$

同时,假设生产是竞争性的,工资由下式给出:

$$w_S^{\text{laissez faire}} = A\alpha \left(\frac{(1+\lambda n) N_U}{N_S} \right)^{1-\alpha}$$

$$w_U^{\text{laissez faire}} = A(1-\alpha) \left(\frac{N_S}{(1+\lambda n) N_U} \right)^{\alpha}$$

工人努力最大化自己的总收入(即消费)。再加入成年工人和童工的收入,两类工人的家庭总收入分别由以下两式给出:

$$I_S^{\text{laissez faire}} = w_S = A\alpha \left(\frac{(1+\lambda n) N_U}{N_S} \right)^{1-\alpha}$$

$$I_U^{\text{laissez faire}} = (1+\lambda n) w_U = (1+\lambda n)^{1-\alpha} A(1-\alpha) \left(\frac{N_S}{N_U} \right)^{\alpha}$$

接下来我们看一看,如果禁止使用童工,谁能获益,谁将受损。在禁止童工劳动的情况下,没有儿童在工作,所以劳动供给就是 $X_S^{\text{Ban}} = N_S$ 和 $X_U^{\text{Ban}} = N_U$,从而两类工人的工资分别为:

$$w_S^{\text{Ban}} = A\alpha \left(\frac{N_U}{N_S} \right)^{1-\alpha}$$

$$w_U^{\text{Ban}} = A(1-\alpha) \left(\frac{N_S}{N_U} \right)^{\alpha}$$

---

[1] 这种对于从法规到工资的反馈的分析,也是巴苏和范(Basu and Van,1998)经典论文的分析重点,该分析关注的核心是多重均衡的可能性。

两种政策下的工资之比为:

$$\frac{w_S^{\text{Ban}}}{w_S^{\text{laissez faire}}} = \left(\frac{1}{1+\lambda n}\right)^{1-\alpha} < 1$$

$$\frac{w_U^{\text{Ban}}}{w_U^{\text{laissez faire}}} = (1+\lambda n)^{\alpha} > 1$$

因此,熟练工人的工资下降了,而非熟练工人的工资则上涨了。这是因为童工劳动一方面与不熟练劳动是互替品,另一方面与熟练劳动则是互补品。这个结果表明,非熟练工人可能会赞成禁止童工劳动。但是,只要我们再来看一看家庭收入总额会发生什么变化,就会明白这个结论未必成立:

$$I_S^{\text{Ban}} = w_S^{\text{Ban}} = A\alpha \left(\frac{N_U}{N_S}\right)^{1-\alpha}$$

$$I_U^{\text{Ban}} = w_U^{\text{Ban}} = A(1-\alpha) \left(\frac{N_S}{N_U}\right)^{\alpha}$$

同时两种政策下的收入之比为:

$$\frac{I_S^{\text{Ban}}}{I_S^{\text{laissez faire}}} = \left(\frac{1}{1+\lambda n}\right)^{1-\alpha} < 1$$

$$\frac{I_U^{\text{Ban}}}{I_U^{\text{laissez faire}}} = \left(\frac{1}{1+\lambda n}\right)^{1-\alpha} < 1$$

这样一来,我们可以看得很清楚,实际上,两个群体的家庭收入都是下降的,非熟练工人当然也不例外。原因在于,非熟练工人因工资提高而得到的收益,还不够抵消因失去童工劳动收入而蒙受的损失。从直觉可知,童工劳动收入的损失与非熟练劳动力供给总量的减少成正比,而非熟练工人的工资的增长的比例则低于劳动供给下降的比例。

　　进一步分析表明,在一个非熟练工人的所有孩子都参加工作(充当童工)的国家里,公众对禁止童工劳动的法律的支持度应该很低。但是,如果有一部分非熟练工人的孩子并不参加工作(比如说,因为他们把孩子送到学校上学了),那么对禁止童工劳动的法律的支持度就会上升。假设非熟练工人中有 s 比例的人将孩子送到学校学习,即只有 $(1-s)$ 比例的非熟练工人的孩子参加工作(充当童工),那么工资就会变成:

$$w_S^{\text{laissez faire}} = A\alpha \left(\frac{(1+\lambda(1-s)n)N_U}{N_S}\right)^{1-\alpha}$$

$$w_U^{\text{laissez faire}} = A(1-\alpha) \left(\frac{N_S}{(1+\lambda(1-s)n)N_U}\right)^{\alpha}$$

此时,收入由下面这些式子给出:

$$I_S^{\text{laissez faire}} = w_S = A\alpha \left(\frac{(1+\lambda(1-s)n)N_U}{N_S}\right)^{1-\alpha}$$

$$I_U^{\text{laissez faire}}(\text{working children}) = (1+\lambda n)w_U = (1+\lambda n)A(1-\alpha) \left(\frac{N_S}{(1+\lambda(1-s)n)N_U}\right)^{\alpha}$$

$$I_U^{\text{laissez faire}}(\text{children in school}) = w_U = A(1-\alpha)\left(\frac{N_S}{(1+\lambda(1-s)n)N_U}\right)^{\alpha}$$

现在，如果禁止童工劳动，那么相应的收入为：

$$I_S^{\text{Ban}} = w_S^{\text{Ban}} = A\alpha\left(\frac{N_U}{N_S}\right)^{1-\alpha}$$

$$I_U^{\text{Ban}}(\text{working children}) = I_U^{\text{Ban}}(\text{children in school}) = A(1-\alpha)\left(\frac{N_S}{N_U}\right)^{\alpha}$$

因此，对于孩子在学校中上学的非熟练工人来说，实行童工劳动禁令肯定会增加他们的收入。这个结果解释了为什么童工劳动已经因其他原因而开始减少的时候——例如，对人力资本的需求增加，或者非熟练工人将孩子送到学校上学的意愿更强的时候——童工劳动改革就会发生。家庭收入不依赖童工的非熟练工人本身就应该是最强大的改革倡导者。

需要注意的是，我们到目前为止描述的这个基本机制的分析，类似于我们在第 4.3 节中对女性赋权的政治经济学分析。首先，技术变革（在这里未明确建模）会增加对人力资本的需求；接下来，对人力资本的更高需求导致家庭开始在子女的教育上投资；最后，送孩子上学的家庭成为禁止童工劳动的支持者，从而引发改革。

到目前为止，我们一直重点分析童工劳动在开始时是合法的这种情形。我们的研究结果表明，只要童工在非熟练工人家庭中普遍存在，那么对童工禁令的支持就会维持在低位。在跨国数据中，我们观察到，禁止童工的法规之间的差异随着时间的推移是有高度持续性的，这表明存在（维持）现状偏差。为了研究我们的模型能不能复制这种偏差，我们现在考虑一种相反的情形，即已经实施了禁止童工法规的国家的情形。在这种情形下，是否有理由认为，如果童工劳动禁令已经到位，人们可能会更加支持禁止童工劳动？我们将会看到，我们的理论模型中确实可能会出现（维持）现状偏差，但是只有在生育决定是内生的，而且依赖于当前的政治制度时是这样。

我们希望找到一些条件，在这些条件下，选民将自愿放弃已经存在的童工禁令。首先考虑生育率独立于政策的情形，即每个家庭仍然像以前一样都生育 n 个孩子。在这种情况下，放弃现行禁令时所产生的权衡，恰恰是引入这种禁令时所产生的权衡的反面。更加具体地说，一旦取消童工禁令，所有非熟练工人的家庭就会让自己的孩子参加工作，那么他们就可以在引入童工和取消童工劳动禁令中获益。换句话说，他们所偏好的政策独立于当前政策。从而（维持）现状偏差并没有出现。

然而，如果孩子的数量取决于法律的当前状态，那么情况就不同了。父母在做出生儿育女决策时，面临着数量与质量之间的权衡，这已经是一个老生常谈的观点了：在子女教育方面投资很大的父母往往比让孩子当童工的父母更少生育。因此，我们的预测是，一旦实行童工禁令（这会有效地使儿童变得"更加昂贵"），生育率就会降低。具体而言，假设在非熟练工人家庭中，比例为 0 的家庭已经根据童工劳动禁令持续有效的前提决定了自己生育孩子的数量，并假设他们的生育率为 $n^{\text{Ban}} < n$。其余的家庭则迟一点再做出选择，特别是，如果童工禁令被废除了，那些家庭就可以最优地选择更大的生育规模 n 来最大化童工收入。现在，有哪些权衡是重要的？如前所述，在存在童工禁令的情况下，工人的收入分别为 $I_S^{\text{Ban}} = A\alpha(N_U/N_S)^{1-\alpha}$

和 $I_U^{\text{Ban}}=A(1-\alpha)(N_s/N_U)^\alpha$。现在,如果禁令被废除了,那么收入为:

对于熟练工人,

$$I_S^{\text{laissez faire}}=A\alpha\left(\frac{(1+\lambda(on^{\text{Ban}}+(1-o)n))N_U}{N_S}\right)^{1-\alpha}$$

对于"年老的"、有小型家庭的非熟练工人,

$$I_U^{\text{laissez faire}}(\text{old})=(1+\lambda n^{\text{Ban}})A(1-\alpha)\left(\frac{N_S}{(1+\lambda(on^{\text{Ban}}+(1-o)n))N_U}\right)^\alpha$$

对于"年轻的"、有大型家庭的非熟练工人,

$$I_U^{\text{laissez faire}}(\text{young})=(1+\lambda n)A(1-\alpha)\left(\frac{N_S}{(1+\lambda(on^{\text{Ban}}+(1-o)n))N_U}\right)^\alpha$$

比较这些收入,我们可以看出,"年老的"非熟练工人现在可能会因引入童工劳动而遭受损失。他们在两种情况下的收入比为:

$$\frac{I_U^{\text{laissez faire}}(\text{old})}{I_U^{\text{Ban}}(\text{old})}=\frac{1+\lambda n^{\text{Ban}}}{(1+\lambda(on^{\text{Ban}}+(1-o)n))^\alpha}$$

如果 n^{Ban} 相对于 n 足够小,那么上述比值就会小于1。这是因为这些家庭是在童工禁令不可能废除的假设下进行生育选择的。给定他们不可能改变事前生育率的前提,他们几乎不可能让自己的孩子参加工作,因而只能承受工资降低(因为其他家庭的孩子加入童工队伍)而带来的损失。

这种机制会导致政策持续存在:一旦制定并实施了童工禁令,家庭就会做出决定,而且这种决定会提高对维持禁令的政治支持。这种机制可以解释为什么不同国家童工劳动以及针对它的法律法规之间的差异可能长期持续存在。特别是,这个理论预测,一些国家可能会"锁定"在如下这种稳态均衡中:高生育率、高童工劳动率,同时对制定实施禁止童工劳动的法规的政治支持则微乎其微。与此相反,经济基本面相同的其他国家,则会出现低生育率、无童工劳动、禁止童工劳动的法规得到广泛支持的状态。

与这些预测相一致,我们观察到童工劳动率的跨国差异非常大,即便是在今天人均收入水平相差无几的发展中国家之间,也会出现这种情况。而且,即便是在控制了可能影响童工劳动率或生育率的其他变量之后,这个理论也预测生育率与童工劳动率之间存在正相关性。如图26所示,在当代数据中,各国的生育率与童工劳动力之间存在很强的正相关关系。德普克和齐立波蒂(Doepke and Zilibotti,2005a)利用一个跨国面板数据集(共125个国家,1960—1990年)更正式地检验了这个预测。他们在运行童工劳动率对生育率的回归的时候,控制了时间虚拟变量、人均国内生产总值、基尼系数和农业部门就业份额(这可能是一个会影响童工劳动的独立因素),结果在童工劳动率与生育率之间发现了正的、高度显著的相关性——它意味着生育率每上升一个标准差,童工劳动率就会增加2.5个百分点。这些结果在纳入了国家固定效应之后仍然是非常稳健的。

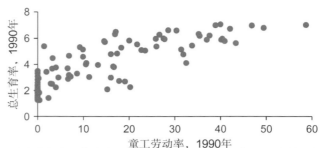

图 26　各国的总生育率与童工劳动率（积极参与经济活动的 10 岁至 14 岁的儿童所占的百分比）

资料来源：《世界银行发展指标报告》。

　　上述分析表明，关于童工劳动法规的政治经济学分析的关键结果是，因禁止童工劳动受益最大的群体（非熟练工人），通常同时也是在儿童身上投资最小的群体（因为他们自己的孩子就在充当童工）。这个观察结果解释了为什么只有在越来越多的父母将孩子送到学校上学而不是将他们送入工厂之后，童工劳动才会被禁止，也解释了为什么在不同的国家，允许童工的制度与禁止童工劳动的制度之间的差异会有如此高的持续性。这一分析也可用于帮助制定适当的政策，以推动当今某些发展中国家禁止童工劳动的法律的出台。德普克和齐立波蒂（Doepke and Zilibotti, 2009, 2010）从这个视角出发，讨论了国际劳工标准和贸易限制等旨在减少童工现象的干预措施，并指出这种带着美好愿望的政策在实践中却可能导致事与愿违的效果，而且会减少发展中国家内部针对童工现象采取全面行动的可能性。

5.　结论

　　在本章中，我们证明，对家庭的解释理应成为宏观经济学的一个内在组成部分。家庭是众多与宏观经济相关的关键决策发生的场所。由于家庭一直处于变化当中——结婚率下降、单亲家庭增多、生育率降低、女性劳动力供给率提高，等等——关于劳动供给和储蓄怎样对商业周期做出反应的一系列标准宏观经济问题的答案也会随之发生变化。而且，不同国家之间，家庭结构也各不相同。发展中国家的家庭的特点是生育率更高，性别角色更加传统，通常存在重男轻女偏好，有的地方还存在一夫多妻制。这些差异影响了家庭做出的决定，因此对人口规模和人口年龄结构、人力资本和实物资本的积累，以及最终对经济增长率都有重要的影响。

　　家庭的重要性还体现在，它不仅在家庭层面的决策中发挥着作用，而且也对制度的演变产生了影响。长期的经济发展的一个显著的特征是，发展的过程伴随着普遍的政治变革过程。今天，几乎所有的富裕国家都已经完成了一系列彼此相似的政治改革：民主制的广泛传播、公共教育体系的建成、对女性和儿童的赋权、公共养老金制度和福利国家体系的引入等等。我们认为，这些改革中的许多改革的实质，是将责任从家庭转移到公共领域，改革背后的最终动机往往与家庭结构的变化有关。

限于篇幅,我们无法介绍家庭对于宏观经济有重要意义的所有方面。例如,我们在这里讨论的问题的性质在很大程度上都是正面的,我们在有些地方只涉及了规范性问题,例如在讨论"独生子女"政策的时候。在这个问题上,我们有意不讨论效率,因为要讨论效率其实并不容易。帕累托效率本来就不是在人口规模内生的模型中定义的——这包括了所有具有内生生育率的模型——因此传统的帕累托效率的概念并不适用。要评估那些可能会影响生育率的政策,例如教育政策、禁止使用童工的法律、禁止堕胎的政策,以及补贴单身母亲的政策,我们需要给出新的效率概念。戈洛索夫等人(Golosov et al.,2007)提出了两个新的效率概念——A-效率和P-效率——然后说明了如何在标准的生育模型中使用它们。斯库恩布鲁特和特蒂尔特(Schoonbroodt and Tertilt,2014)使用这些效率概念探讨了,在什么样的条件下,生育选择可能是严重无效率的,因此可能会需要鼓励生育的政策。

有很多新兴文献探讨家庭在偏好、文化价值观和风险态度、政治立场的传播中的作用,以及在宏观经济层面上的反馈效应。关于偏好和价值观的传播,比辛和韦迪耶(Bisin and Verdier,2001)、德普克和齐立波蒂(Doepke and Zilibotti,2005b,2008)都提出了各自的理论模型。多曼等人(Dohmen et al.,2012)则给出了风险态度跨代传播的经验证据。费尔南德斯等人(Fernández et al.,2004)揭示,男性对于妻子在外工作或待在家里的偏好,是童年时期在自己母亲的工作选择的影响下形成的。这种机制会影响女性劳动力供给的随时间演变的动态过程。文化传播还可能在社会层面上更广泛地发生。例如,福格利和韦尔德坎普(Fogli and Veldkamp,2011)、费尔南德斯(Fernández,2013)指出,女性能够从其他人那里了解工作的成本。这两篇论文都认为,通过这种学习过程而实现的关于工作的感知成本的下降,是理解女性劳动力供给增加的一个关键。费尔南德斯和福格利(Fernández and Fogli,2006)利用在美国的第二代移民的数据,构建了关于生育率和女性劳动力供给决策的文化传播的实证模型。阿莱辛纳和朱利亚诺(Alesina and Giuliano,2010,2014)指出,家庭纽带的强度在不同国家之间有所不同,这种差异对于文化态度和宏观经济结果有重要的意义。阿莱辛纳等人(Alesina et al.,2013)则进行了历史分析,他们将性别不平等追溯到了犁耕农业文化(然后最终追溯到了土壤的不同类型)。[1] 德普克和齐立波蒂(Doepke and Zilibotti,2015)扩展了家庭内的偏好传播理论,然后用它来分析不同的育儿模式,以及育儿模式与宏观经济趋势的关联的变化,如人力资本需求的上升和社会职业的差异化。

另一个重要的研究领域则集中在家庭不平等问题的重要性上。例如,德纳尔迪(de Nardi,2004)强调遗产对财富分配的重要性。肖尔茨和瑟斯哈德里(Scholz and Seshadri,2009)在这个思想的基础上,更一般地考察了子女教育和生育选择对美国财富分配的重要性。此外,为了探讨收入的代际持续性,许多研究还分析了父母与子女之间的互动。[2] 例如,如果高技能父母比低技能父母花费更多的资源和时间去教育子女,那么这种投入就可能会放大收入的代际持续性。还有一些研究者强调了男性与女性之间的差异(以及他们成为夫

---

[1] 这个假说最早是由博塞鲁普(Boserup,1970)提出的,但是直到最近才通过了实证检验。
[2] 请参见,例如,雷斯图西亚和乌鲁希亚(Restuccia and Urrutia,2004)、李和瑟斯哈德里(Lee and Seshadri,2015)和任(Yum,2015)。

妻后彼此之间的互动)的作用,以便更好地解释收入分配(以及收入不平等性随着时间的推移而发生的变化)。例如,希思科特等人(Heathcote et al.,2010b)在分析美国不断恶化的工资收入不平等时,明确地将男性和女性的劳动力供给纳入了模型。其他一些研究者更进一步分析了选型婚配以及选型模式的变化如何影响了收入不平等。[1] 最近的研究还明确区分了个体不平等与家庭不平等。[2] 根据布伦德尔等人的研究(Blundell et al.,2008),如果家庭能够在提供保险方面发挥一定作用,那么真正的消费不平等程度可能要比基于个人收入数据测算的不平等程度低一些。相反,如果家庭成员彼此之间不提供完全保险,那么真正的消费不平等程度就可能会比基于家庭收入数据测算的不平等程度还要更高[利兹和塞茨(Lise and Seitz,2011)]。此外,随着时间的推移,如果家庭结构发生了变化,个人层面的不平等与家庭层面的不平等之间的映射也会发生变化。

我们认为,通过家庭经济学与宏观经济学之间的互动,可以为未来研究开辟出许多非常有前途的方向。在本章中,我们指出了一些需要回答的重要问题,它们可以用今天可得的数据、模型和方法来解决。当然,我们还需要大力突破理论建模的前沿。特别是,我们发现了一个巨大的"智力套利"空间:如果把宏观经济学中常见的动态建模方法利用起来,我们就能够更好地理解有承诺限制和私人信息摩擦的家庭议价的动态过程。最后,还有许多至今仍未被发掘的非常有前途的应用研究课题。例如,在最近的宏观经济学中,一个非常热门的重要主题是房价变化的动态分析(见皮亚泽西和施奈德为本手册撰写的《住房与宏观经济学》一章);家庭结构的变化,例如单身住户的增加,会对住房需求产生直接的影响。此外,与更加看重空间的价值家庭相比,单身人士更加愿意居住在城市中心区(在那里他们更容易遇到其他单身人士)。因此,家庭形成和家庭结构的变化对住房市场无疑是非常重要的。我们希望,更多的研究者加入这些方向的研究中来,因为家庭经济学已经成为并将继续成为宏观经济学的一个内在组成部分。

附录

A. 对正文中的各个命题的证明

对命题 1 的证明。 当 y_f 接近于零的时候,密度 $f(\eta_g) = F'(\eta_g)$ 接近于零,所以劳动力供给的弹性也接近于零。相比之下,对于已婚女性而言,$w_m > 0$ 这个事实保证了劳动力供给的弹性是有界且远离零的。

---

[1] 请参见,例如,费尔南德斯和罗杰森(Fernández and Rogerson,2001)、费尔南德斯等人(Fernández et al.,2005)、楚和肖(Choo and Siow,2006),以及格林伍德等人(Greenwood et al.,2014,2016)。
[2] 请参见希思科特等人(Heathcote et al.,2010a)。

对命题 2 的证明。 对单身住户来说,总劳动供给弹性等于 1,而对已婚家庭来说总劳动供给弹性严格小于 1,从这个事实就可以推导出本命题的第一部分。

对第二部分的证明。对于任何 $w_f > 0$,我们都有 $\hat{\eta}_u > \hat{\eta}_e$,这意味着弹性小于 1。当 w_f 收敛到 0 时,$\hat{\eta}_e$ 和 $\hat{\eta}_u$ 也都收敛到 0。由于 $F(0) = 0$,且 F 是连续的,所以我们推得 $F(\hat{\eta}_e)$ 和 $F(\hat{\eta}_u)$ 收敛到 0,这就意味着劳动供给的弹性收敛为 1。相反,当 w_f"收敛"到无穷大时,$\hat{\eta}_e$ 和 $\hat{\eta}_u$ 也都收敛到无穷大,这就意味着 $F(\hat{\eta}_e)$ 和 $F(\hat{\eta}_u)$ 都收敛到 1,从而又一次导致弹性为 1。

对命题 3 的证明。 如果 $\tilde{\lambda}_f \leq \lambda_f$ 且 $\tilde{\lambda}_m \leq \lambda_m$,那么参与约束(9)和(10)都不具有约束力,因此,最优选择是保持结婚状态,即 $D = 0$,同时消费配置在预算约束(8)的条件下最大化(7)。如果 $\tilde{\lambda}_f > \lambda_f$ 且 $\tilde{\lambda}_f + \tilde{\lambda}_m \leq 1$,那么妻子的参与约束是具有约束力的。此时维持婚姻($D = 0$)仍然是最优选择。但是,妻子的消费份额可以增加,使得她在维持婚姻与离婚之间无差异(而丈夫的境况则继续可以通过维持婚姻而得到改善)。因此,妻子的消费可以在设定 $D = 0$ 的情况下(施加一个平等限制)通过求解参与约束(9)给出,然后再通过预算约束(8)求出丈夫的消费。丈夫的参与约束具有约束力的情况与此类似。最后,如果能够使得夫妻双方维持婚姻至少不会比离婚差的事前议价能力配置不存在,那么离婚($D = 1$)就是最优选择,消费则可以从离婚状态下的个人预算约束中解出。

对命题 4 的证明。 增长因子之间的比为:

$$\frac{1+g^{\text{end}}}{1+g^{\text{exog}}} = \left\{ \left(\frac{\alpha\delta_f + (1-\alpha)\delta_m}{\lambda_f\delta_f + (1-\lambda_f)\delta_m} \right) \left(\frac{\alpha + [\lambda_f\delta_f + (1-\lambda_f)\delta_m]\theta}{\alpha + [\alpha\delta_f + (1-\alpha)\delta_m]\theta} \right) \right\}^{\theta}$$

因此,根据 $\delta_f > \delta_m$ 和 $\theta < 1$ 的假设,很容易证明这个命题。

对命题 5 的证明。 对方程式(19)的两边分别取 $\theta \to 0$ 时的极限。左侧的极限可以写为:

$$\lim_{\theta \to \infty}(\delta_m + \delta_m^G) \lim_{\theta \to \infty} \frac{\log\left(\dfrac{\tilde{\delta}}{\delta_m} \dfrac{1+\delta_m\theta}{1+\tilde{\delta}\theta} \right)}{\dfrac{1}{\theta}}$$

不难注意到,分子和分母都收敛为 0。应用洛必达法则(L'Hopital Rule),消项并重新排列,这个极限可以改写成:

$$(\delta_m + \delta_m^G) \lim_{\theta \to \infty} \left(\frac{(\tilde{\delta} - \delta_m)}{\left(\dfrac{1}{\theta} + \tilde{\delta} \right)\left(\dfrac{1}{\theta} + \delta_m \right)} \right)$$

从这个表达式可以看出,该极限存在并等于

$$(\delta_m + \delta_m^G) \left(\frac{\tilde{\delta} - \delta_m}{\tilde{\delta}\delta_m} \right)$$

方程式(19)右侧的极限则为 $\left(\dfrac{2\tilde{\delta}}{\delta_m} \right)$。因此,在极限中,$U^E > U^P$,当且仅当 $(\delta_m + \delta_m^G)\left(\dfrac{\tilde{\delta} - \delta_m}{\tilde{\delta}\delta_m} \right) >$

$\log\left(\frac{2\tilde{\delta}}{\delta_m}\right)$。利用 $\tilde{\delta}$ 的定义并加以整理,这个式子可以表示为:

$$\delta_m^G > \log\left(\frac{\delta_f + \delta_m}{\delta_m}\right)\left(\frac{(\delta_f + \delta_m)\delta_m}{\delta_f - \delta_m}\right) - \delta_m$$

因此,只要 δ_m^G 足够大,这个方程式就是可以满足的。

B. 数据定义和数据来源

表3中使用的数据来自两个版本的经济合作与发展组织的《性别、机构和发展数据库》(Gender, Institutions and Development Data Base)(GID 2006 和 2014)、《世界发展指标》(World Development Indicators)(WDI 2003、WDI 2005 和 WDI 2014),以及《2004年联合国人类发展报告》(United Nations Human Development Report 2004, UN 2004)。在这里,我们给出每个变量的定义及其数据来源。

人均国内生产总值(人均 GDP):GDP 数据来自两个不同的年份,2014 年和 2005 年。来自 GID 2014 和 WDI 2014 的变量与 WDI 2014 的人均 GDP 相关。来自 WDI 2003、UN 2004 和 GID 2006 的变量则与 WDI 2005 的人均 GDP 相关。

农业份额:是农业增加值在国内生产总值中所占的比例。农业份额数据来自两个不同的年份 2014 年和 2005 年。来自 GID 2014 和 WDI 2014 的变量与 WDI 2014 中的农业份额相关。来自 WDI 2003、UN 2004 和 GID 2006 的变量则与 WDI 2005 的农业份额相关。

总生育率。资料来源:GID 2006。

儿童死亡率:五岁以下的幼儿的死亡率。资料来源:WDI 2014。

平均受教育年限。资料来源:WDI 2003。

出生时的男孩/女孩性别比:用每出生一个女孩所对应的男孩来衡量。资料来源:GID 2006。

教育中的重男轻女偏好:认为这个男孩上大学比女孩上大学更加重要的人的百分比。资料来源:GID 2014。

继承时对女儿的歧视:女儿是否拥有与儿子平等的继承权利。受访者三个类别中报告的选择(选择 0 表示"平等",选择 1 表示"不平等")。资料来源:GID 2014。

女性相对于男性的识字率:女性的识字率与男性的识字率的百分比。资料来源:GID 2006。

女性在受薪劳动力中所占的百分比:有工资和薪金的工人中女性所占的百分比。资料来源:GID 2006。

女性承担的无酬照料工作:女性用于无酬照顾他人的时间与男性之比。资料来源:GID 2014。

女性进入议会的最小年龄。资料来源:《2004年联合国人类发展报告》(United Nations Human Development Report 2004)。

女性能否获得土地:女性能否像男性一样平等地、安全地获得土地使用权、控制权和所有权。按不同水平报告(三个水平,0,0.5,1),其中 1 表示"完全"、0 表示"不可能"。资料来源:GID 2014。

性别赋权指标:衡量男女之间的机会不平等,结合度量政治参与和决策不平等、经济参与和决策不平等、控制经济资源的权力不平等的指标。级别在 1("完全平等")与 0("不平等")之间。资料来源:UN 2004。

早婚率:15—19 岁的结过婚的女性所占的比例。资料来源:GID 2014。

认同殴打妻子比例:认为丈夫/伴侣在某些情况下殴打妻子/伴侣是有理由的女性所占的百分比。资料来源:GID 2014。

继承时对寡妇的歧视:寡妇是否拥有与鳏夫平等的遗产继承权利。按不同水平报告(三个水平,0,0.5,1),其中 0 表示拥有平等的继承权利。资料来源:GID 2014。

防范家庭暴力立法:法律体系是否为女性提供了免受家庭暴力的法律保护。报告的结果分为五类:0、0.25、0.5、0.75、1,其中 1 表示完全无保护,0 表示充分保护。资料来源:GID 2014。

致谢

我们感谢斯特凡尼娅·阿尔巴内西(Stefania Albanesi)、拉奎尔·费尔南德斯(Raquel Fernández)、摩西·哈赞(Moshe Hazan)、克劳迪娅·奥利维蒂(Claudia Olivetti)、维克多·里奥斯-鲁尔(Víctor Ríos-Rull)、约翰·泰勒(John Taylor)、哈拉尔德·厄里格(Harald Uhlig),以及亚历山德拉·沃伊纳(Alessandra Voena),他们提供的建议使本章增色不少。还要感谢研究助理泰坦·阿龙(Titan Alon)、弗洛里安·埃克斯勒(Florian Exler)、张雪(Xue Zhang)、蒂姆·希尔德布兰德(Tim Hildebrand)、凯塔琳娜·库斯克(Katarina Kuske)和克拉拉·沙佩尔(Clara Schäper),他们提供了很大的帮助。同时感谢美国国家科学基金会(项目批准号 SES-1260961)和欧洲研究委员会(项目批准号 SH1-313719)的资助。

参考文献

Acemoglu, D., Robinson, J. A., 2000. Why did the west extend the Franchise? Democracy, inequality and growth in historical perspective. Q. J. Econ. 115 (4), 1167—1199.

Adda, J., Dustmann, C., Stevens, K., 2016. The career costs of children. J. Polit. Econ., forthcoming.

Aguiar, M., Hurst, E., 2007. Measuring trends in leisure: the allocation of time over five decades. Q. J. Econ 122 (3), 969—1006 (Table Ⅱ).

Aiyagari, S. R., 1994. Uninsured idiosyncratic risk and aggregate saving. Q. J. Econ. 109 (3), 659—684.

Aizer, A., Cunha, F., 2012. The production of child human capital: endowments, investments and fertility. NBER Working Paper No. 18429.

Albanesi, S. , 2014. Jobless recoveries and gender biased technological change. Unpublished Manuscript, Federal Reserve Bank of New York.

Albanesi, S. , Olivetti, C. , 2009. Home production, market production, and the gender wage gap: Incentives and expectations. Rev. Econ. Dyn. 12 (1), 80—107.

Albanesi, S. , Olivetti, C. , 2014. Maternal health and the baby boom. Quant. Econ. 5 (2), 225—269.

Albanesi, S. , Olivetti, C. , 2016. Gender roles and medical progress. J. Polit. Econ. 124, 650—695.

Albanesi, S. , S, ahin, A. , 2013. The gender unemployment gap. Federal Reserve Bank of New York Staff Report 613.

Alderman, H. , Chiappori, P. A. , Haddad, L. , Hoddinott, J. , Kanbur, R. , 1995. Unitary versus collective models of the household: is it time to shift the burden of proof? World Bank Research Observer 10 (1), 1—19. ISSN 0257—3032, 1564—6971. http://www. jstor. org/ stable/3986564.

Alesina, A. , Giuliano, P. , 2010. The power of the family. J. Econ. Growth 15 (2), 93—125.

Alesina, A. , Giuliano, P. , 2014. Family ties. In: Aghion, P. , Durlauf, S. N. (Eds.), Handbook of Economic Growth, vol. 2A. North Holland, Amsterdam, Netherlands, pp. 177—215.

Alesina, A. , Giuliano, P. , Nunn, N. , 2013. On the origins of gender roles: women and the plough. Q. J. Econ. 128 (2), 469—530.

Alger, I. , Cox, D. , 2013. The evolution of altruistic preferences: Mothers versus fathers. Rev. Econ. House hold 11 (3), 421—446.

Ambler, K. , 2015. Don't tell on me: experimental evidence of asymmetric information in transnational households. J. Dev. Econ. 113, 52—69.

Anderson, S. , Baland, J. M. , 2002. The economics of roscas and intrahousehold resource allocation. Q. J. Econ. 117 (3), 963—995. ISSN 0033—5533. http://www. jstor. org/ stable/4132493.

Anukriti, S. , 2014. Financial incentives and the fertility-sex ratio trade-off. Unpublished Manuscript, Boston College.

Ashraf, N. , 2009. Spousal control and intra-household decision making: an experimental study in the Philippines. Am. Econ. Rev. 99 (4), 1245—1277. http://dx. doi. org/10. 1257/ aer. 99. 4. 1245. http:// www. ingentaconnect. com/content/aea/aer/2009/00000099/ 00000004/art00008.

Ashraf, N. , Field, E. , Lee, J. , 2014. Household bargaining and excess fertility: an experimental study in Zambia. Am. Econ. Rev. 104 (7), 2210—2237.

Atkeson, A. , Lucas Jr. , R. E. , 1992. On efficient distribution with private information.

Rev. Econe Stud. 59 (3), 427—453.

Attanasio, O. P. , Browning, M. , 1995. Consumption over the life cycle and over the business cycle. Am. Econ. Rev. 85 (5), 1118—1137. ISSN 0002—8282. http://www. jstor. org/stable/2950978.

Attanasio, O. , Lechene, V. , 2002. Tests of income pooling in household decisions. Rev. Econ. Dyn. 5 (4), 720—748. http://dx. doi. org/10. 1006/redy. 2002. 0191. http://www. sciencedirect. com/science/article/ B6WWT-473VNCJ-2/2/cf9affb1fba57fc0d782dbe93c7753db. ISSN 1094—2025.

Attanasio, O. , Lechene, V. , 2014. Efficient responses to targeted cash transfers. J. Polit. Econ. 122 (1), 178—222.

Attanasio, O. , Low, H. , Sa'nchez-Marcos, V. , 2005. Female labor supply as insurance against idiosyncratic risk. J. Eur. Econ. Assoc. 3 (2/3), 755—764. http://www. jstor. org/stable/40005017. ISSN 1542—4766.

Attanasio, O. , Low, H. , Sa'nchez-Marcos, V. , 2008. Explaining changes in female labor supply in a life-cycle model. Am. Econ. Rev. 98 (4), 1517—1552.

Attanasio, O. , Levell, P. , Low, H. , Sa'nchez-Marcos, V. , 2015. Aggregating elasticities: intensive and extensive margins of female labour supply. NBER Working Paper No. 21315.

Bachmann, R. , 2012. Understanding the jobless recoveries after 1991 and 2001. Unpublished Manuscript, University of Notre Dame.

Banerjee, A. , Meng, X. , Porzio, T. , Qian, N. , 2014. Aggregate fertility and household savings: a general equilibrium analysis with micro data. NBER Working Paper No. 20050.

Barro, R. J. , Becker, G. S. , 1989. Fertility choice in a model of economic growth. Econometrica 57 (2), 481—501.

Basu, K. , 2006. Gender and say: a model of household behaviour with endogenously determined balance of power. Econ. J. 116 (511), 558—580.

Basu, K. , Van, P. H. , 1998. The economics of child labor. Am. Econ. Rev. 88 (3),412—427.

Baudin, T. , de la Croix, D. , Gobbi, P. E. , 2015. Fertility and childlessness in the United States. Am. Econ. Rev. 105 (6), 1852—1882. http://dx. doi. org/10. 1257/aer. 20120926.

Becker, G. S. , 1988. Family economics and macro behavior. Am. Econ. Rev. 78 (1), 1—13.

Becker, G. S. , Barro, R. J. , 1988. A reformulation of the economic theory of fertility. Q. J. Econ. 103 (1), 1—25.

Becker, G. S. , Murphy, K. M. , Tamura, R. , 1990. Human capital, fertility, and economic growth. J. Polit. Econ. 98 (5), 12—37.

Benhabib, J. , Rogerson, R. , Wright, R. , 1991. Homework in macroeconomics: household production and aggregate fluctuations. J. Polit. Econ. 99 (6), 1166—1187.

Bick, A. , 2016. The quantitative role of child care for female labor force participation and fertility. J. Eur. Econ. Assoc. , 13 (3) , 639—668.

Bick, A. , Fuchs-Schündeln, N. , 2014. Taxation and labor supply of married couples across countries: a mac-roeconomic analysis. Unpublished Manuscript, Arizona State University.

Bisin, A. , Verdier, T. , 2001. The economics of cultural transmission and the dynamics of preferences. J. Econ. Theor. 97 (2) , 298—319.

Blau, F. , Kahn, L. , 2000. Gender differences in pay. J. Econ. Perspect. 14 (4) , 75—99.

Blau, F. , Kahn, L. , 2007. Changes in the labor supply behavior of married women: 1980—2000. J. Labor Econ. 25 (3) , 393—438.

Bleakley, H. , Lange, F. , 2009. Chronic disease burden and the interaction of education, fertility, and growth. Rev. Econ. Stat. 91 (1) , 52—65.

Blundell, R. , MaCurdy, T. , 1999. Labor supply: a review of alternative approaches. In: Ashenfelter, O. , Card, D. (Eds.), Chapter 27 of Handbook of Labor Economics, vol. 3. Elsevier, Amsterdam, Netherlands.

Blundell, R. , Chiappori, P. A. , Meghir, C. , 2005. Collective labor supply with children. J. Polit. Econ. 113 (6) , 1277—1306.

Blundell, R. , Pistaferri, L. , Preston, I. , 2008. Consumption inequality and partial insurance. Am. Econ. Rev. 98 (5) , 1887—1921.

Blundell, R. , Pistaferri, L. , Saporta-Eksten, I. , 2016. Consumption inequality and family labor supply. Am. Econ. Rev. 106 (2) , 387—435.

Boldrin, M. , Montes, A. , 2005. The intergenerational state, education and pensions. Rev. Econ. Stud. 72 (3) , 651—664.

Boserup, E. , 1970. Women's Role in Economic Development. George Allen and Unwin Ltd, London.

Buera, F. J. , Kaboski, J. P. , Zhao, M. Q. , 2013. The rise of services: the role of skills, scale, and female labor supply. NBER Working Paper No. 19372. http://www. nber. org/papers/w19372.

Castilla, C. , Walker, T. , 2013. Is ignorance bliss? The effect of asymmetric information between spouses on intra-household allocations. Am. Econ. Rev. 103 (3) , 263—268.

Caucutt, E. , Lochner, L. , 2012. Early and late human capital investments, borrowing constraints, and the family. Unpublished Manuscript, University of Western Ontario.

Caucutt, E. , Cooley, T. F. , Guner, N. , 2013. The farm, the city, and the emergence of social security. J. Econ. Growth 18 (1) , 1—32.

Cervellati, M. , Sunde, U. , 2005. Human capital formation, life expectancy, and the process of development. Am. Econ. Rev. 95 (5) , 1653—1672.

Cesarini, D. , Lindqvist, E. , Notowidigdo, M. J. , östling, R. , 2015. The effect of wealth on individual and household labor supply: evidence from Swedish lotteries. Unpublished Manuscript, Northwestern University.

Chade, H. , Ventura, G. , 2005. Income taxation and marital decisions. Rev. Econ. Dyn. 8 (3), 565—599. ISSN 1094—2025. http://dx. doi. org/10. 1016/j. red. 2005. 01. 008. http:// www. sciencedirect. com/sci ence/article/pii/S109420250500013X.

Chattopadhyay, R. , Duflo, E. , MIT, 2004. Women as policy makers: evidence from a randomized policy experiment in India. Econometrica 72 (5), 1409—1443. ISSN 0012—9682. http://search. ebscohost. com/login. aspx? direct=true&db=ecn&AN=0749671&site=ehost-live.

Chetty, R. , Guren, A. , Manoli, D. , Weber, A. , 2011. Are micro and macro labor supply elasticities consistent? A review of evidence on the intensive and extensive margins. Am. Econ. Rev. 101 (3), 471—475.

Chetty, R. , Guren, A. , Manoli, D. , Weber, A. , 2012. Does indivisible labor explain the difference between micro and macro elasticities? A meta-analysis of extensive margin elasticities. NBER Macroecon. Annu. 27, 1—56.

Chiappori, P. A. , 1988. Rational household labor supply. Econometrica 56 (1), 63—90. ISSN 0012—9682. http://www. jstor. org/stable/1911842.

Chiappori, P. A. , 1992. Collective labor supply and welfare. J. Polit. Econ. y 100 (3), 437—467. ISSN 0022? 3808. http://www. jstor. org/stable/2138727.

Chiappori, P. A. , Iyigun, M. , Weiss, Y. , 2009. Investment in schooling and the marriage market. Am. Econ. Rev. 99 (5), 1689—1713. http://dx. doi. org/10. 1257/aer. 99. 5. 1689.

Cho, J. O. , Rogerson, R. , 1988. Family labor supply and aggregate fluctuations. J. Monetary Econ. 21 (2—3), 233—245. ISSN 0304—3932. http://dx. doi. org/10. 1016/0304—3932(88)90031—1.

Choo, E. , Siow, A. , 2006. Who marries whom and why. J. Polit. Econ. 114 (1), 175—201.

Choukhmane, T. , Coeurdacier, N. , Jin, K. , 2014. The one child policy and household savings. Unpublished Manuscript, London School of Economics.

Clarke, S. C. , 1995. Advance report of final marriage statistics, 1989 and 1990. Monthly Vital Stat. Rep. 43 (12), 3—5.

Coeurdacier, N. , Guibaud, S. , Jin, K. , 2014. Fertility policies and social security reforms in China. IMF Econ. Rev. 62 (3), 371—408.

Cooley, T. F. , Prescott, E. C. , 1995. Economic growth and business cycles. In: Cooley, T. F. (Ed.), Frontiers of Business Cycle Research. Princeton University Press, Princeton.

Cooley, T. F. , Soares, R. R. , 1996. Will social security survive the baby boom? Carnegie-Rochester Conference Series Publ. Policy 45, 89—121.

Cordoba, J. C. , 2015. Children, dynastic altruism and the wealth of nations. Rev. Econ. Dyn. 18(4), 774—791.

Cordoba, J. , Ripoll, M. , 2014. The elasticity of intergenerational substitution, parental altruism, and fertility choice. Unpublished Manuscript, University of Pittsburgh.

Costa, D. L. , 2000. From mill town to board room: the rise of women's paid labor. J. Econ. Perspect. 14 (4), 101—122.

Cubeddu, L. , Ríos-Rull, J. V. , 2003. Families as shocks. J. Eur. Econ. Assoc. 1 (2—3), 671—682.

Cunha, F. , Heckmann, J. , 2007. The technology of skill formation. Am. Econ. Rev. 97 (2), 31—47.

Da Rocha, J. M. , Fuster, L. , 2006. Why are fertility rates and female employment ratios positively correlated across OECD countries? Int. Econ. Rev. 47 (4), 1187—1222. ISSN 1468—2354. http://dx. doi. org/ 10. 1111/j. 1468—2354. 2006. 00410. x.

de la Croix, D. , Doepke, M. , 2003. Inequality and growth: why differential fertility matters. Am. Econ. Rev. 93 (4), 1091—1113.

de la Croix, D. , Doepke, M. , 2004. Public versus private education when differential fertility matters. J. Dev. Econ. 73 (2), 607—629.

de la Croix, D. , Doepke, M. , 2009. To segregate or to integrate: education politics and democracy. Rev. Econ. Stud. 76 (2), 597—628.

de la Croix, D. , Mariani, F. , 2015. From polygyny to serial monogamy: a unified theory of marriage institutions. Rev. Econ. Stud. 82 (2), 565—607.

de la Croix, D. , Vander Donckt, M. , 2010. Would empowering women initiate the demographic transition in least developed countries? J. Hum. Capital 4 (2), 85—129.

de la Croix, D. , Doepke, M. , Mokyr, J. , 2016. Clans, guilds, and markets: apprenticeship institutions and growth in the pre-industrial economy. Unpublished Manuscript, Northwestern University.

de Laat, J. , 2014. Household allocations and endogenous information: the case of split migrants in Kenya. J. Dev. Econ. 106, 108—117.

de Nardi, M. , 2004. Wealth inequality and intergenerational links. Rev. Econ. Stud. 71 (3), 743—768.

Del Boca, D. , Flinn, C. , Wiswall, M. , 2014. Household choices and child development. Rev. Econ. Stud. 81 (1), 137—185.

Doepke, M. , 2004. Accounting for fertility decline during the transition to growth. J. Econ. Growth9 (3), 347—383.

Doepke, M. , Kindermann, F. , 2015. Bargaining over babies: theory, evidence, and policy implications. Unpublished Manuscript, Northwestern University.

Doepke, M. , Krueger, D. , 2008. Origins and consequences of child labor restrictions: a macroeconomic perspective. In: Rupert, P. (Ed.), Frontiers of Family Economics. Emerald Press, Bingley, UK (England).

Doepke, M. , Tertilt, M. , 2009. Women's liberation: what's in it for men? Q. J. Econ. 124 (4), 1541—1591.

Doepke, M. , Tertilt, M. , 2014. Does female empowerment promote economic development? NBER Working Paper No. 19888.

Doepke, M. , Tertilt, M. , 2015. Asymmetric information in couples. Unpublished

Manuscript, Northwestern University.

Doepke, M., Zilibotti, F., 2005a. The macroeconomics of child labor regulation. Am. Econ. Rev. 95 (5), 1492—1524.

Doepke, M., Zilibotti, F., 2005b. Socialclass and the spirit of capitalism. J. Eur. Econ. Assoc. 3(2—3), 516—524.

Doepke, M., Zilibotti, F., 2008. Occupational choice and the spirit of capitalism. Q. J. Econ. 123 (2), 747—793.

Doepke, M., Zilibotti, F., 2009. International labor standards and the political economy of child labor reg ulation. J. Eur. Econ. Assoc. 7 (2—3), 508—518.

Doepke, M., Zilibotti, F., 2010. Do international labor standards contribute to the persistence of the child labor problem? J. Econ. Growth 15 (1), 1—31.

Doepke, M., Zilibotti, F., 2015. Parenting with style: altruism and paternalism in intergenerational prefer ence transmission. Unpublished Manuscript, Northwestern University.

Doepke, M., Tertilt, M., Voena, A., 2012. The economics and politics of women's rights. Annu. Rev. Econ. 4, 339—372.

Doepke, M., Hazan, M., Maoz, Y. D., 2015. The Baby Boom and World War Ⅱ: a macroeconomic analysis. Rev. Econ. Stud. 82 (3), 1031—1073.

Dohmen, T., Falk, A., Huffman, D., Sunde, U., 2012. The intergenerational transmission of risk and trust attitudes. Rev. Econ. Stud. 79 (2), 645—677.

Du, Q., Wei, S.-J., 2010. A sexually unbalanced model of current account imbalances. NBER Working Paper No. 10498.

Duflo, E., 2012. Women empowerment and economic development. J. Econ. Liter. 50 (4), 1051—1079.

Duflo, E., Udry, C., 2004. Intrahousehold resource allocation in Cote d'ivoire: social norms, separate accounts and consumption choices. NBER Working Paper No. 10498. http://www. nber. org/ papers/w10498.

Dyrda, S., Kaplan, G., Ríos-Rull, J. V., 2016. Business cycles and household formation. Unpublished Man uscript, University of Pennsylvania.

Ebenstein, A., 2010. The 'missing girls' of China and the unintended consequences of the one child policy. J. Hum. Resour. 45 (1), 87—115.

Echevarria, C., Merlo, A., 1999. Gender differences in education in a dynamic household bargaining model. Int. Econ. Rev. 40 (2), 265—286.

Eckstein, Z., Lifshitz, O., 2011. Dynamic female labor supply. Econometrica 79 (6), 1675—1726. ISSN 0012? 9682, 1468—0262. http://www. jstor. org/stable/41336534.

Eckstein, Z., Lifshitz, O., 2015. Household interaction and the labor supply of married women. Int. Econ. Rev. 56 (2), 427—455. ISSN 0012—9682, 1468—0262. http://www. jstor. org/stable/41336534.

Edlund, L., Pande, R., Columbia, U., 2002. Why have women become left-wing? the political gender gap and the decline in marriage. Q. J. Econ. 117 (3), 917—961. ISSN 0033—5533. http://search. ebscohost. com/login. aspx? direct = true&db = ecn&AN = 0620220&site = ehost-live.

Eika, L. , Mogstad, M. , Zafar, B. , 2014. Educational assortative mating and household income inequality. NBER Working Paper No. 20271.

Erosa, A. , Fuster, L. , Restuccia, D. , 2010. A general equilibrium analysis of parental leave policies. Rev. Econ. Dyn. 13 (4), 742—758.

Fernández, R. , 2013. Cultural change as learning: the evolution of female labor force participation over a century. Am. Econ. Rev. 103 (1), 472—500.

Fernández, R. , 2014. Women's rights and development. J. Econ. Growth 19 (1), 37—80.

Fernández, R. , Fogli, A. , 2006. Fertility: the role of culture and family experience. J. Eur. Econ. Assoc. 4(2—3), 552—561.

Fernández, R. , Rogerson, R. , 2001. Sorting and long-run inequality. Q. J. Econ. 116 (4), 1305—1341.

Fernández, R. , Wong, J. C. , 2014a. Unilateral divorce, the decreasing gender gap, and married women's labor force participation. Am. Econ. Rev. 104 (5), 342—347. http://dx. doi. org/10. 1257/ aer. 104. 5. 342.

Fernández, R. , Wong, J. C. , 2014b. Divorce risk, wages and working wives: a quantitative life-cycle analysis of female labour force participation. Econ. J. 124 (576), 319—358. ISSN 1468—0297. http://dx. doi. org/ 10. 1111/ecoj. 12136.

Fernández, R. , Wong, J. C. , 2014c. Free to leave? A welfare analysis of divorce regimes. Unpublished Man uscript, NYU. doi:10. 1111/ecoj. 12136.

Fernández, R. , Fogli, A. , Olivetti, C. , 2004. Mothers and sons: preference formation and female labor force dynamics. Q. J. Econ. 119 (4), 1249—1299.

Fernández, R. , Guner, N. , Knowles, J. , 2005. Love and money: a theoretical and empirical analysis of house hold sorting and inequality. Q. J. Econ. 120 (1), 273—344.

Fernández-Villaverde, J. , Krueger, D. , 2007. Consumption over the life cycle: facts from consumer expenditure survey data. Rev. Econ. Stat. 89 (3), 552—565. ISSN 0034—6535, 1530—9142. http://www. jstor. org/stable/40043048.

Fernández-Villaverde, J. , Krueger, D. , 2011. Consumption and saving over the life cycle: how important are consumer durables? Macroecon. Dyn. 15, 725—770. http://dx. doi. org/10. 1017/S1365100510000180. ISSN 1469—8056.

Fogli, A. , Veldkamp, L. , 2011. Nature or nurture? Learning and the geography of female labor force par ticipation. Econometrica 79 (4), 1103—1138.

Galí, J. , Gambetti, L. , 2009. On the sources of the great moderation. Am. Econ. J. Macroecon. 1(1), 26—57.

Galor, O. , Moav, O. , 2006. Das Human-Kapital: a theory of the demise of the class structure. Rev. Econ. Stud. 73 (1), 85—117.

Galor, O. , Weil, D. N. , 1996. The gender gap, fertility, and growth. Am. Econ. Rev. 86 (3), 374—387.

Galor, O. , Weil, D. N. , 2000. Population, technology, and growth: from malthusian stagnation to the demographic transition and beyond. Am. Econ. Rev. 90 (4), 806—828.

Geddes, R. , Lueck, D. , 2002. The gains from self-ownership and the expansion of women's rights. Am. Econ. Rev. 92 (4), 1079—1092.

Goldin, C. , 1990. Understanding the Gender Gap: An Economic History of American Women. Oxford University Press, Oxford.

Goldin, C. , 1995. The u-shaped female labor force function in economic development and economic history. In: Schultz, T. P. (Ed.), Investment in Women's Human Capital and Economic Development. University of Chicago Press, Chicago, IL, USA, pp. 61—90.

Goldin, C. , Olivetti, C. , 2013. Shocking labor supply: a reassessment of the role of world war ii on women's labor supply. Am. Econ. Rev. 103 (3), 257—262. http://dx. doi. org/10. 1257/aer. 103. 3. 257.

Goldstein, M. , Udry, C. , 2008. The profits of power: land rights and agricultural investment in ghana. J. Polit. Econ. 116 (6), 981—1022.

Golosov, M. , Tsyvinski, A. , Werning, I. , 2006. New dynamic public finance: a user's guide. In: Acemoglu, D. , Rogoff, K. , Woodford, M. (Eds.), NBER Macroeconomic Annual, vol. 21. MIT Press, Cambridge, MA, USA, pp. 317—388.

Golosov, M. , Jones, L. E. , Tertilt, M. , 2007. Efficiency with endogenous population growth. Econometrica 75 (4), 1039—1071.

Gould, E. , Moav, O. , Simhon, A. , 2008. The mystery of monogamy. Am. Econ. Rev. 98 (1), 333—357.

Greenwood, J. , Hercowitz, Z. , 1991. The allocation of capital and time over the business cycle. J. Polit. Econ. 99 (4), 1188—1214.

Greenwood, J. , Seshadri, A. , 2002. The U. S. demographic transition. Am. Econ. Rev. 92 (2), 153—159.

Greenwood, J. , Rogerson, R. , Wright, R. , 1995. Household production in real business cycle theory. In: Cooley, T. F. (Ed.), Frontiers of Real Business Cycle Theory. Princeton University Press, Princeton.

Greenwood, J. , Seshadri, A. , Vandenbroucke, G. , 2005a. The baby boom and baby bust. Am. Econ. Rev. 95 (1), 183—207. Greenwood, J. , Seshadri, A. , Yorukoglu, M. , 2005b. Engines of liberation. Rev. Econ. Stud. 72 (1), 109—133.

Greenwood, J. , Guner, N. , Kocharkov, G. , Santos, C. , 2014. Marry your like: assortative mating and income inequality. Am. Econ. Rev. 104 (5), 348—353.

Greenwood, J. , Guner, N. , Kocharkov, G. , Santos, C. , 2016a. Technology and the changing family: a unified model of marriage, divorce, educational attainment and married female labor-force participation. Am. Econ. J. Macroecon. 8 (1), 1—41.

Greenwood, J., Guner, N., Vandenbroucke, G., 2016b. Family economics writ large. J. Econ. Liter., forthcoming.

Groshen, E. L., Potter, S., 2003. Has structural change contributed to a jobless recovery? Curr. Issues Econ. Finan. Fed. Reserv. Bank N. Y. 9 (8), 1—7.

Guidolin, M., Jeunesse, E. A. L., 2007. The decline in the U. S. personal saving rate: is it real or is it a puzzle? Fed. Reserv. Bank St. Louis Rev. 89 (6), 491—514.

Guler, B., Guvenen, F., Violante, G., 2012. Joint-search theory: new opportunities and new frictions. J. Monetary Econ. 59 (4), 352—369.

Guner, N., Kaygusuz, R., Ventura, G., 2012a. Taxation and household labour supply. Rev. Econ. Stud. 79, 1113—1149.

Guner, N., Kaygusuz, R., Ventura, G., 2012b. Taxing women: a macroeconomic analysis. J. Monetary Econ. 59 (1), 111—128. http://dx. doi. org/10. 1016/j. jmoneco. 2011. 10. 004. http://www. sciencedirect. com/science/article/pii/S0304393211001036ISSN 0304—3932.

Guner, N., Kaygusuz, R., Ventura, G., 2014. Childcare subsidies and household labor supply. Unpublished Manuscript, University of Arizona.

Guvenen, F., Rendall, M., 2015. Women's emancipation through education: a macroeconomic analysis. Rev. Econ. Dyn. 18 (4), 931—956.

Guvenen, F., Kaplan, G., Song, J., 2014. The glass ceiling and the paper floor: gender differences among top earners, 1981—2012. NBER Working Paper No. 20560.

Hansen, G. D., Prescott, E. C., 2002. Malthus to solow. Am. Econ. Rev. 92 (4), 1205—1217.

Hazan, M., Zoabi, H., 2015a. Do highly educated women choose smaller families? Econ. J. 125 (587), 1191—1226.

Hazan, M., Zoabi, H., 2015b. Sons or daughters? Sex preferences and the reversal of the gender educational gap. J. Demograph. Econ. 81 (2), 179—201.

Hazan, M., Zoabi, H., 2006. Does longevity cause growth? A theoretical critique. J. Econ. Growth 11 (4), 363—376. http://www. jstor. org/stable/40216110. ISSN 1381—4338, 1573—7020.

Heathcote, J., Storesletten, K., Violante, G. L., 2009. Quantitative macroeconomics with heterogeneous households. Ann. Rev. Econ. 1 (1), 319—354. http://dx. doi. org/10. 1146/annurev. economics. 050708. 142922.

Heathcote, J., Perri, F., Violante, G. L., 2010a. Unequal we stand: an empirical analysis of economic inequality in the United States, 1967—2006. Rev. Econ. Dyn. 13 (1), 15—51.

Heathcote, J., Storesletten, K., Violante, G. L., 2010b. The macroeconomic implications of rising wage inequality in the united states. J. Polit. Econ. 118 (4), 681—722.

Heckman, J. J., 2008. Schools, skills, and synapses. Econ. Inquiry 46 (3), 289—324.

Heim, B. T., 2007. The incredible shrinking elasticities: married female labor supply,

1978—2002. J. Hum. Resour. 42（4）, 881—918. http://www. jstor. org/stable/40057333. 0022—166X.

Hoel, J. B. , 2015. Heterogeneous households: a within-subject test of asymmetric information between spouses in Kenya. J. Econ. Behav. Org. 118, 123—135.

Hong, J. H. , Rios-Rull, J. V. , 2012. Life insurance and household consumption. Am. Econ. Rev. 102（7）, 3701—3730.

Hsieh, C. T. , Hurst, E. , Jones, C. I. , Klenow, P. J. , 2013. The allocation of talent and U. S. economic growth. Unpublished Manuscript, Stanford University.

Humphries, J. , Weisdorf, J. , 2015. The wages of women in England, 1260—1850. J. Econ. Hist. 75（2）, 405—447.

Hyslop, D. R. , 2001. Rising U. S. earnings inequality and family labor supply: the covariance structure of intrafamily earnings. Am. Econ. Rev. 91（4）, 755—777. http://dx. doi. org/10. 1257/aer. 91. 4. 755.

Iyigun, M. , Walsh, R. P. , 2007a. Building the family nest: premarital investments, marriage markets, and spousal allocations. Rev. Econ. Stud. 74（2）, 507—535.

Iyigun, M. , Walsh, R. P. , 2007b. Endogenous gender power, household labor supply, and the quantity-quality tradeoff. J. Dev. Econ. 82（1）, 138—155.

Jaimovich, N. , Siu, H. E. , 2009. The young, the old, and the restless: demographic and business cycle volatility. Am. Econ. Rev. 99（3）, 804—826.

Jaimovich, N. , Siu, H. E. , 2014. The trend is the cycle: job polarization and jobless recoveries. Unpublished Manuscript, USC.

Jaimovich, N. , Pruitt, S. , Siu, H. E. , 2013. The demand for youth: explaining age differences in the volatility of hours. Am. Econ. Rev. 103（7）, 3022—3044.

Jayachandran, S. , Kuziemko, I. , 2011. Why do mothers breastfeed girls less than boys: evidence and implications for child health in India. Q. J. Econ. 126（3）, 1485—1538.

Jones, L. E. , Schoonbroodt, A. , 2015. Baby busts and baby booms: the fertility response to shocks in dynastic models. Unpublished Manuscript, University of Minnesota.

Jones, L. E. , Tertilt, M. , 2008. An economic history of the relationship between occupation and fertility-U. S. 1826—1960. In: Rupert, P. （Ed. ）, Frontiers of Family Economics, vol. 1. Emerald Group Publishing Limited, Bingley, UK.

Jones, L. E. , Manuelli, R. E. , McGrattan, E. R. , 2015. Why are married women working so much? J. Demograph. Econ. 81（1）, 75—114.

Juhn, C. , Potter, S. , 2007. Is there still an added-worker effect? Federal Reserve Bank of New York Staff Report 310.

Kaplan, G. , 2012. Moving back home: insurance against labor market risk. J. Polit. Econ. 120（3）, 446—512.

Karaivanov, A. , Townsend, R. M. , 2014. Dynamic financial constraints: distinguishing mechanism design from exogenously incomplete regimes. Econometrica 82（3）, 887—959. http://

dx. doi. org/10. 3982/ ECTA9126. ISSN 1468—0262.

Keane, M. , Rogerson, R. , 2012. Micro and macro labor supply elasticities: a reassessment of conventional wisdom. J. Econ. Liter. 50 (2), 464—476.

Kinnan, C. , 2014, December. Distinguishing barriers to insurance in Thai villages. Unpublished Manuscript, Northwestern University.

Knowles, J. A. , 2013. Why are married men working so much? An aggregate analysis of intra-household bargaining and labour supply. Rev. Econ. Stud. 80 (3), 1055—1085. http://dx. doi. org/10. 1093/restud/rds043. http://restud. oxfordjournals. org/content/80/3/1055. abstract.

Konrad, K. A. , Lommerud, K. E. , 1995. Family policy with non-cooperative families. Scand. J. Econ. 97 (4), 581—601.

Lagerlöf, N. P. , 2003. Gender equality and long-run growth. J. Econ. Growth 8 (4), 403—426.

Lagerlöf, N. P. , 2005. Sex, equality, and growth. Can. J. Econ. 38 (3), 807—831.

Lagerlöf, N. P. , 2010. Pacifying monogamy. J. Econ. Growth 15 (3), 235—262.

Lee, M. , 2015. Allocation of female talent and cross-country productivity differences. Unpublished Manuscript, University of Chicago.

Lee, T. , Seshadri, A. , 2015. On the intergenerational transmission of economic status. Unpublished Manuscript, University of Mannheim.

Liao, P. J. , 2013. The one-child policy: a macroeconomic analysis. J. Dev. Econ. 101, 49—62.

Lise, J. , Seitz, S. , 2011. Consumption inequality and intra-household allocations. Rev. Econ. Stud. 78, 328—355.

Lise, J. , Yamada, K. , 2015. Household sharing and commitment: evidence from panel data on individual expenditures and time use. Unpublished Manuscript, University College London.

Lizzeri, A. , Persico, N. , 2004. Why did the elites extend the suffrage? Democracy and the scope of government, with an application to Britain's 'age of reform'. Q. J. Econ. 119 (2), 705—763.

Love, D. A. , 2010. The effects of marital status and children on savings and portfolio choice. Rev. Finan. Stud. 23 (1), 385—432.

Lucas, R. E. , 1988. On the mechanics of economic development. J. Monetary Econ. 22 (1), 3—42.

Lundberg, S. , 1985. The added worker effect. J. Labor Econ. 3 (1), 11—37. http://www. jstor. org/stable/ 2535048. ISSN 0734—306X, 1537—5307.

Lundberg, S. , Pollak, R. A. , 1993. Separate spheres bargaining and the marriage market. J. Polit. Econ. 101 (6), 988—1010. http://www. jstor. org/stable/2138569. ISSN 0022—3808.

Lundberg, S. , Pollak, R. A. , 1994. Noncooperative bargaining models of marriage. Am. Econ. Rev. 84 (2), 132—137. http://www. jstor. org/stable/2138558ISSN 0895—3309.

Mammen, K. , Paxson, C. , 2000. Women's work and economic development. J. Econ.

Perspect. 14 (4), 141—164.

Mankart, J., Oikonomou, R., 2015. Household search and the aggregate labor market. Unpublished Manuscript, UC Louvain.

Manser, M., Brown, M., 1980. Marriage and household decision-making: a bargaining analysis. Int. Econ. Rev. 21 (1), 31—44. http://www. jstor. org/stable/2526238. ISSN 0020—6598.

Manuelli, R., Seshadri, A., 2009. Explaining international fertility differences. Q. J. Econ. 124 (2), 771—807.

Mazzocco, M., 2007. Household intertemporal behaviour: A collective characterization and a test of commitment. Rev. Econ. Stud. 74 (3), 857—895. http://search. ebscohost. com/login. aspx? direct = true& db = bth&AN = 25378400&site = ehost-live. ISSN 0034—6527.

Mazzocco, M., 2008. Individual rather than household euler equations: identification and estimation of individual preferences using household data. Unpublished Manuscript, UCLA.

Mazzocco, M., Ruiz, C., Yamaguchi, S., 2013. Labor supply, wealth dynamics, and marriage decisions. Unpublished Manuscript, UCLA.

McElroy, M. B., Horney, M. J., 1981. Nash-bargained household decisions: toward a generalization of the theory of demand. Int. Econ. Rev. 22 (2), 333—349. http://www. jstor. org/stable/2526280. ISSN 0020? 6598.

Mennuni, A., 2015. Labour force composition and aggregate fluctuations. Unpublished Manuscript, University of Southampton.

Miles, D., 1999. Modelling the impact of demographic change upon the economy. Econ. J. 109 (452),1—36. http://www. jstor. org/stable/2565892. ISSN 0013—0133, 1468—0297.

Miller, A. R., 2011. The effects of motherhood timing on career path. J. Popul. Econ. 24 (3), 1071—1100.

Ngai, L. R., Petrongolo, B., 2014. Gender gaps and the rise of the service economy. IZA Discussion Paper No. 8134.

Olivetti, C., 2014. The female labor force and long-run development: the American experience in comparative perspective. In: Boustan, L. P., Frydman, C., Margo, R. A. (Eds.), Human Capital in History: The American Record. University of Chicago Press, Chicago, IL, USA.

Olivetti, C., Petrongolo, B., 2016. The evolution of gender gaps in industrialized countries. Annu. Rev. Econ., 8, forthcoming.

Ortigueira, S., Siassi, N., 2013. How important is intra-household risk sharing for savings and labor supply? J. Monetary Econ. 60 (6), 650—666.

Oswald, A. J., Powdthavee, N., 2010. Daughters and left-wing voting. Rev. Econ. Stat. 92 (2), 213—227.

Pistaferri, L., 2003. Anticipated and unanticipated wage changes, wage risk, and intertemporal labor supply. J. Labor Econ. 21 (3), 729—754.

Rendall, M., 2010. Brain versus brawn: the realization of womens comparative advantage.

Unpublished Manuscript, University of Zurich.

Rendall, M., 2015. Female market work, tax regimes, and the rise of the service sector. Unpublished Manuscript, University of Zurich.

Restuccia, D., Urrutia, C., 2004. Intergenerational persistence of earnings: the role of early and college education. Am. Econ. Rev. 94 (5), 1354—1378.

Ríos-Rull, J. V., 1993. Working in the market, working at home, and the acquisition of skills: a general-equilibrium approach. Am. Econ. Rev. 83 (4), 893—907.

Ríos-Rull, J. V., 1996. Life-cycle economies and aggregate fluctuations. Rev. Econ. Stud. 63 (3), 465—489. http://dx. doi. org/10. 2307/2297891. http://restud. oxfordjournals. org/content/63/3/465. abstract.

Ríos-Rull, J. V., 2001. Population changes and capital accumulation: the aging of the baby boom. B. E. J. Macroecon. Adv. Macroecon. 1 (1), Article 7. http://dx. doi. org/10. 2307/2297891. http://restud. oxfordjournals. org/content/63/3/465. abstract.

Robinson, J., 2012. Limited insurance within the household: evidence from a field experiment in Kenya. Am. Econ. J. Appl. Econ. 4 (4), 140—164.

Rosenzweig, M. R., Wolpin, K. I., 1980. Testing the quantity-quality fertility model: the use of twins as a natural experiment. Econometrica 48 (1), 227—240.

Ruggles, S., 1994. The transformation of American family structure. Am. Hist. Rev. 99 (1), 103—128.

Salcedo, A., Schoellmann, T., Tertilt, M., 2012. Families as roommates: changes in U. S. household size from 1850 to 2000. Quant. Econ. 3 (1), 133—175.

Schaner, S. G., 2015. Do opposites detract? intrahousehold preference heterogeneity and inefficient strategic savings. Am. Econ. J. Appl. Econ., 7 (2), 135—174.

Scholz, J. K., Seshadri, A., 2009. Children and household wealth. Unpublished Manuscript, University of Wisconsin.

Schoonbroodt, A., 2016. Parental child care during and outside of typical work hours. Rev. Econ. Househ. forthcoming.

Schoonbroodt, A., Tertilt, M., 2014. Property rights and efficiency in OLG models with endogenous fertility. Journal of Economic Theory 150, 551—582.

Shore, S. H., 2010. For better, for worse: intrahousehold risk-sharing over the business cycle. Rev. Econ. Stat. 92 (3), 536—548.

Shore, S. H., 2015. The co-movement of couples incomes. Rev. Econ. Household 13 (3), 569—588.

Soares, R., 2005. Mortality reductions, educational attainment, and fertility choice. Am. Econ. Rev. 95 (3), 580—601.

Song, Z., Storesletten, K., Wang, Y., Zilibotti, F., 2015. Sharing high growth across generations: pensions and demographic transition in China. Am. Econ. J. Macroecon. 7 (2), 1—39.

Tarozzi, A. , Mahajan, A. , 2007. Child nutrition in India in the nineties. Econ. Dev. Cult. Change 55 (3) , 441—486.

Tertilt, M. , 2005. Polygyny, fertility, and savings. J. Polit. Econ. 113 (6) , 1341—1371.

Townsend, R. , 2010. Financial structure and economic welfare: applied general equilibrium development economics. Annu. Rev. Econ. 2 (1) , 507—546. http://dx. doi. org/10. 1146/ annurev. economics. 102308. 124427.

Udry, C. , 1996. Gender, agricultural production, and the theory of the household. J. Polit. Econ. 104 (5) , 1010—1046.

Voena, A. , 2015. Yours, mine, and ours: do divorce laws affect the intertemporal behavior of married couples? Am. Econ. Rev. 105 (8) , 2295—2332.

Vogl, T. , 2016. Differential fertility, human capital, and development. Rev. Econ. Stud. 83 (1) , 365—401.

Washington, E. , 2008. Female socialization: how daughters affect their legislator fathers. Am. Econ. Rev. 98 (1) , 311—332.

Wei, S. J. , Zhang, X. , 2011. The competitive saving motive: evidence from rising sex ratios and savings rates in China. J. Polit. Econ. 119 (3) , 511—564.

Yum, M. , 2015. Parental time investment and intergenerational mobility. Unpublished Manuscript, University of Mannheim.

第二十四章 　环境宏观经济学

J. 哈斯勒 (J. Hassler) [*,†,‡]，　**P. 克鲁塞尔 (P. Krusell)** [*,†,‡,§]，
A. A. 史密斯 (A. A. Smith) [§,¶]

[*]:斯德哥尔摩大学国际经济研究所(IIES),瑞典,斯德哥尔摩,斯德哥尔摩大学;

[†]:哥德堡大学,瑞典,哥德堡;

[‡]:英国经济政策研究中心(CEPR),英国,伦敦;

[§]:美国国家经济研究局(NBER),美国,马萨诸塞州,剑桥;

[¶]:耶鲁大学,美国,康涅狄格州,纽黑文

目　录

本章摘要:本章从宏观经济建模和定量评估的角度讨论气候变化与资源短缺问题。我们的重点是气候变化:我们构建了一个非常简单的"综合评估模型",将全球经济与气候整合在一个统一框架内。这个模型由三个关键模块组成:气候、碳循环和经济。我们描述了构建关于气候变化和碳循环的易于处理且符合现实的模块的方法。基准经济模型是静态的,但是具有宏观经济的结构,即具有现代宏观经济分析的标准特征。因此,它的设定是定量的,并且可以加以校准以获得碳的近似社会成本。然后,我们用这个静态模型阐明现有大量文献给出的关于气候变化的若干要点。不过,本章是从对资源稀缺性的简短讨论入题的,同时也从标准宏观经济模型的角度出发,提供了一个动态的分析框架,然后阐述了我们面临的关键挑战。我们的最后一部分将资源稀缺性与综合评估结合进一个完全动态且具有不确定性的一般均衡模型中。这个模型能够总结出有效的和规范的定量含义,因而可以将它视为一个对气候变化以及更一般的可持续发展问题进行宏观经济分析的平台。

关键词:气候系统;气候变化;碳循环;损害;增长;贴现;外部性;庇古税

JEL 分类代码：H23，O4，Q01，Q3，Q4，Q54

1.　引言

在本章中，我们从宏观经济建模和定量评估的角度讨论气候变化和资源短缺。我们的重点是致力于构建一个真正的"综合评估模型"（integrated assessment model，IAM），即将全球经济与气候整合在一个统一的框架内。本章的目的，不是为那个用气候与经济之间的相互联系来界定的相当宽泛的研究领域提供一个全面的文献综述，相反，本章只关注这个领域内基于微观经济学的宏观经济模型的运用——确定模型参数以匹配历史数据并用于实证和规范的研究目标。我们对这支文献的基本观点是，尽管这种以微观经济学为基础的宏观经济学方法（在相当宽泛的定义上）已经成了标准的宏观经济学分析方法，但是在致力于发展综合评估模型的文献中并不占主导地位，至于在整个气候相关文献中的地位，那就更不用说了。我们认为，在气候—经济这个领域，这种方法是非常有前途的，但是就算是我们自己，也是最近才开始利用它为这个领域做出了些许贡献。事实上，我们在这里给出的阐述，也是围绕我们自己构建的一些模型和若干实质性贡献来组织的。这也是一种很自然的处理方法。有人也许会把这个事实解释为我们试图"推销"我们自己的研究方法和研究成果，但是真正的原因在于，我们在气候—经济领域的研究，从一开始就致力于构建综合评估模型，而且我们一直在努力保证，用综合评估模型讨论的任何一个问题，都是在标准的宏观经济学设定下讨论的，而且可以用标准方法进行校准和模型评估。正因为如此，现在我们从事后的角度才可以说，我们的研究工作从一开始，本来"就是为了"给宏观经济学家撰写一本类似于气候—经济手册这样的著作而展开的，尽管我们应本书主编邀请为本手册撰写本章，是我们开始这方面研究很久之后的事情。基于这个原因，我们希望通过这一章的介绍，为接受现代经济学训练的宏观经济学家提供一个速览手册，帮助他们把握这个领域的主要议题，启发他们对气候变化和可持续发展问题的研究兴趣。我们确实认为，这是一个非常重要的领域，同时也是一个在很多方面都很不发达的领域。

对于我们的判断——已有的综合评估模型不是基于微观经济学的宏观经济模型——诺德豪斯（Nordhaus）的研究可能是一个例外。他的研究始于 20 世纪 70 年代末，并提出了堪称行业标准的 DICE 模型和 RICE 模型，即气候与经济的动态综合模型（dynamic integrated models of climate and the economy）。DICE 将全世界视为一个整体区域来处理，RICE 则将整个世界视为由多个区域组成的。无论如何，所有动态综合模型仍然是最接近我们很容易设想的那种设定，甚至 DICE 模型和 RICE 模型还更接近于纯粹的规划问题。这也就是说，它们没有充分说明市场结构，因此不允许对典型的现实政策如碳税或配额制度进行全面分析。文献中的绝大多数模型（只考虑完全设定的模型这个范围），都只是关于规划问题的模型，所以在面对诸如"假设我们只能实施一个次优的政策，那么会发生什么"这样的问题时，它们是无法解决的。当我们开始研究相关文献时，我们确实对这一点深感惊讶。因此，我们后来的研究（包括本章）都反映了这样一个观点：必须更加重视现代宏观经济学中使用的方法，那将是非常有用的。

有鉴于此，在这个引言中，我们先介绍一个抽象的模型。考虑一个由代表性经济行为主体构成的增长经济体，这些主体的效用函数的形式为 $\sum_{t=0}^{\infty}\beta^t u(C_t, S_t)$，资源约束为 $C_t+K_{t+1}=(1-\delta)K_t+F(K_t, E_t, S_t)$，并具有运动定律 $S_{t+1}=H(S_t, E_t)$。相对于标准的宏观经济模型设定，这里出现了新变量 S 和 E。S 是一个存量，代表直接影响效用和/或影响产出的某种东西；E 是一个流量，代表影响存量的某种活动。对于社会规划者来说，这无非是一个扩增的增长模型而已，而且（相互关联的）K 和 S 有自己的欧拉方程。事实上，标准的人力资本积累模型可以很好地映射到这个设定上：H 随这两个参数增加而增加，F 则在随 S 增加而增加的同时随 E 增加而减少。[①] 但是，我们在这里感兴趣的是与环境管理相关的问题，因此（从宏观经济的角度来看），至少在抽象的层面上，这个模型设定可以加上不同的标签：我们可以说 S 代表了清洁的空气或生物多样性，而 E 则代表了能够提高产量但是同时又降低存量的某种活动。我们的主要兴趣则集中在经济与气候之间的联系上。那么，可以把 S_t 视为 t 时期的气候，或者影响气候的某个关键变量——即大气中的碳存量；可以把 E_t 视为生产中使用化石燃料所造成的二氧化碳排放。这样一来，碳存量 S 就会同时损害效用（这也许是因为更温暖的气候会使得人们以多种方式遭受更多的痛苦）和产出。因此我们有，$u_2<0$，$F_2>0$，$F_3<0$，$H_1>0$ 以及 $H_2>0$。但是，这个模型仍未充分设定，还不能直接用来解决现实气候问题，因为还有一种存量没有涉及：可用的化石燃料（石油、煤炭和天然气）的存量。化石燃料的供给是有限的，而且是消耗性的资源。事实上，我们在下面给出的许多模型设置都包括了这类存量，但是正如我们将会证明的，即使没有这种额外的存量，前述模型分析气候问题也已经非常有用了。此外，有人肯定还会指出，各种各样的技术变革也肯定会发挥作用，对此我们当然也同意。技术变革可能通过中性的方式扩大生产可能性（边界），同时也可能相当于非化石能源的开发，或者更一般地，相当于节省化石能源的创新形式。这些问题，包括内生技术，我们在本章中都会讨论到，不过，由于我们的评述需要涵盖很多方面，所以对于技术内生性问题就只能浅尝辄止了。

到目前为止，前述的抽象模型只描述了偏好和技术。那么市场又如何处理两个存量 K 和 S 的演变呢？我们在这里所使用的方法的关键是，就气候这个问题而言，假设 S 的演变只是经济活动的副产品（即外部性）是合理的。因此，将 K 和 S 的演变的最优路径与自由放任市场中的演变路径之间的差异区分清楚就变得非常重要了。同样重要的是，必须考虑哪些政策有助于将市场结果推向最优状态，以及不同的中间状态又意味着什么。因此，我们要用的现代宏观经济学方法将包括：（i）定义一个动态竞争均衡，其中包括政策（例如，对 E 从量征收的税收），并把企业、消费者和市场的行为界定清楚；（ii）得出在定性和定量上最优的政策的洞见（例如，基于校准）；（iii）对不同的（最优和次优）政策情景下的未来结果加以刻画。这也就是我们在本章中将会遵循的整体方法。

---

① 请参见，例如，卢卡斯（Lucas，1988）。

我们将分三个步骤推进。作为第一步,在第 2 节中,我们讨论一个只存在资源稀缺性的模型,例如一个石油数量有限的经济体。在这种情况下,市场将如何对资源进行定价?资源将如何随着时间的推移而消耗掉?因此,在这一节中,我们还将进入更一般的"可持续性"发展领域,即讨论经济应该怎样来管理一组会消耗完的资源的问题。在公开辩论中,似乎已经形成了这样一个共同的观点:市场不可能正确地完成这项任务。但是我们认为,市场到底能不能完成这项任务,仍然是一个没有定论的问题。事实上,我们认为这个问题本身就是非常有启发性的,它的意义超出了气候变化这个具体的领域。我们要讨论的基本市场机制包括了霍特林(Hotelling)定价规则,然后再加上代表性主体的偏好(它的定义方法与我们在上面给出的抽象模型中一样)、对资源的具体需求(比如从它在生产中的用途来界定),以及资源使用的动态路径。作为对我们这个基于市场的分析是否有效的初步检验,我们可以直接比较一下模型对价格和数量的含义(我们确实这样做了)。简而言之,从这个模型得出的结论是,仅仅基于霍特林定价规则,仍然远远不能解释我们以前的可消耗资源(如化石燃料或金属)的数据。类似地,对历史上资源使用的模式的解释也是一个很大的挑战,尽管这个问题上的理论预言可能不那么尖锐。总而言之,这些结果至少可以表明,我们的市场基准理论并不与数据明显相符,因此考虑替代模型似乎是有益的。在第 2 节中,我们还更加详细地研究了化石燃料的消耗,并在这种语境下讨论了(内生)技术变革问题:我们考察了市场怎样通过节省稀缺资源(而不是节省其他投入品)来对资源短缺性做出反应。因此,我们在这种情况下应用了"定向技术变革"(directed technical change)这个概念,并把它作为对一般的可持续性发展领域进一步进行宏观经济研究的一个有趣的途径提出来。最后,第 2 节还可为本章稍后讨论的综合评估模型提供一个构件(见第 5 节)。

作为第二步,我们在第 4 节中构建了一个非常简单的、静态的气候变化与全球经济综合评估模型。尽管仍然非常简单且程式化,但是这个基准模型已经拥有了一个宏观经济结构,即它包含了现代宏观经济分析中的标准假设。因此,这个模型的许多关键参数可以直接用可观测量进行校准。这样一来,再加上把气候引入模型所必需的额外校准,我们就可以用这个模型得出碳的近似社会成本。然后,这个静态模型就可以用来说明存在于大量文献中的关于气候变化的许多观点了。当然,这种应用还不能充分发挥文献的作用——我们的主要目的就是要将宏观经济分析方法引入这支文献。但是在这样做的时候,我们确实已经给出了一个定量指向的设定,接下来不难想象可以将每个应用嵌入一个完全动态和校准过的模型中去,事实上,在我们所知的范围内,在各种应用当中,只有(极小的)一个子集是以彻底的定量研究面目出现的。

在我们的最后一节中,即第 5 节中,我们实施第三个,也是最后一个步骤。我们描述了一个真正意义上的动态随机综合评估模型设定。通过它,我们展示了如何推导出一个稳健的(最优)的碳边际成本公式,进而得出适当的庇古税公式。我们还阐明了,如何给参数赋值以便计算出最优税收规模。这个模型也可以作为预测对应于不同政策路径的未来气候——以及消费、产出的变化路径——的完整模型来使用。我们的结论是,尽管最优税收公式是非常稳健的,但是模型的长处却更在于对某些参数有相当强的敏感性,例如涉及能源生成的不同来源的参数，当然也包括化石燃料总存量参数。

　　在从第2节讨论的可持续发展转换到第4节阐述的气候建模之前，我们还在第3节中针对与气候变化有关的自然科学知识提供了一个相当全面的介绍。在我们看来，第3节这部分内容是解释全球变暖背后的基本的且得到了（科学家和气候专家）广泛认同的机制所必不可少的：气候是怎样受到大气中的碳浓度的影响的（气候模型），以及碳浓度作为排放时间路径的函数，是如何随着时间的推移而变化的（碳循环模型）。因此，第3节这部分内容提供了另两个"模块"，它们也是综合评估模型中的关键要素。当然，这两个模块是实际使用的气候模型和碳循环模型的极端简化的版本。不过，我们认为，它们仍然是最新模型的非常不错的近似。适当的简化是必要的，原因在于，我们的经济模型中具有前瞻性的行为主体，众所周知，给定特定流量下的存量的运动定律，这类模型是特别难以分析的，它们要求找到动态不动点。这种难度绝非自然科学模型（其中粒子只会机械地运动）可比。[1]

　　最后，虽然我们在前面已经说得很清楚了，但是我们还是再重申一下：有许多环境问题，虽然无论从一般意义上看还是从宏观经济学的角度来看，都很有意思，但是我们在本章中不会讨论它们。例如，在讨论可持续性的那一节中，我们不会涉及（无论是在实证上，还是在理论上）"污染库兹涅茨曲线"是否存在这个问题（"污染库兹涅茨曲线"是指这样的一种概念：在经济发展过程中，某些或所有形式的污染都是先增加后减少的）。[2] 同样地，除了与我们关注的气候问题相关的理论之外，该节也不会对其他关于共同资源的理论问题（例如过度捕捞或污染）加以讨论。此外，在阐述综合评估模型的那一节也没有对相关文献给出的所有这类模型加以列示/讨论，这种处理本身就需要进行全面的文献综述。

2. 有限的自然资源与对可持续性的担忧

　　环境经济学呼唤全球宏观经济分析，而气候变化的宏观经济分析就是其中的一个主要范例。气候变化是一个全球外部性问题，它与排放到大气中的二氧化碳有关。这种排放是我们的经济用燃烧化石燃料进行生产的过程的副产品，它增加了世界各地的二氧化碳浓度，从而导致全球性的（而不仅仅是在排放发生的地方）气候变暖。气候变化还与更一般的可持续发展问题有关，这主要通过两个途径，即它涉及两种对人类很重要并受人类活动影响的存量。第一种存量是大气中的碳浓度，它会对全球气候产生影响，因而在气候变暖会造成损害的范围内，这是一种会对人类福利带来负面影响的存量。第二种存量是化石燃料，即煤、石油和天然气。这种存量本身并不是有害的，但是当它们燃烧时却可能是有害的。

　　更一般地说，可持续性问题可以根据有限供应的存量的如下两个性质的角度来思考：

---

[1] 关于经济模型的复杂性的这个论断不依赖于完全理性预期（尽管我们在这里是这样假设的），但是至少要有一些前瞻性。因为任何前瞻性都会涉及动态不动点问题。

[2] 请参见，例如，格罗斯曼和克鲁格（Grossman and Krueger, 1991），以及斯托基（Stokey, 1998）。

(i)它们的大小受经济活动的影响,(ii)它们会影响人类的福利。[①] 很明显,供给有限的自然资源,以及那些经常在市场上交易的存量就是如此。其他存量是"公共资源",例如空气质量、大气、海洋、生态系统和生物多样性,等等。此外,最近还出现了一个新的术语——"大气边界"(planetary boudaries)——见罗克斯特罗姆等人(Rockstrom et al.,2009)。这种边界代表了当经济发展到足够高的水平时有可能超越的其他一些限制(因此,根据罗克斯特罗姆等人的说法,增长应该是受到限制的)。这篇论文发表在《自然》杂志上,它列出了九个边界,除了气候变化之外,其余的边界为:(i)平流层臭氧消耗,(ii)生物圈完整性丧失(生物多样性丧失和物种灭绝),(iii)化学污染和新的物质的释放,(iv)海洋酸化,(v)淡水消费和全球水文循环,(vi)土地制度变化,(vii)氮和磷流向生物圈和海洋,(viii)大气气溶胶负载。因此,这些是公共资源的另外一些例子。

除了气候变化这个领域之外,宏观经济学文献对于全球其他存量的影响和管理并没有提供多少值得一提的贡献。罗马俱乐部(始创于20世纪60年代末)关注人口增长所导致的食物和能源的匮乏。20世纪70年代的石油危机推动了关于石油的有限性的讨论(例如,1974年《经济研究评论》围绕这个问题组织了一期特刊),但是20世纪80年代的油田的新发现以及随之而来的石油价格的大幅下降似乎已经使得没有多少宏观经济学家继续关注石油问题了。类似地,农业的技术进步也似乎已经使得食品短缺不再是一个问题。诺德豪斯(Nordhaus,1973,1974)在讨论了若干种供给有限的金属及其价格之后得出的结论是,当时可用的存量是如此之大,以至于在中期乃至可见的未来,都没有任何理由提出警告。因此,那几十年间对这些有限资源的关注,对宏观经济学几乎没有留下任何长期的影响。另一个可能相关的领域是所谓的"绿色会计"领域。"绿色会计"的基本思想是,对这些存量加以计量,并将它们的增加或减少计入广义的国民经济产出。"绿色会计"思想虽然很早就提出了,但是几乎没有什么国家真正采用。[②] 通常的宏观经济学的入门性教材或中级本科教材基本上不会提到有限资源和可持续性发展,博士阶段的宏观经济学教材就更加不用提了。即使是在专门讨论经济增长问题的博士阶段的教材中,也只有很少几本涉及这方面的问题:阿吉翁和豪伊特(Aghion and Howitt,2008)的发展经济学教材针对这个主题设置了非常简短的纯理论探讨的一章,琼斯的发展经济学教材(Jones,2001)的一章中提到了一些相关数据,阿西莫格鲁的经济增长教材则完全没有涉及(Acemoglu,2009)。[③]

我们撰写本章的目的不是提供一个文献综述,而是试图指出这里存在着一个广阔的领域,而且引入更多的宏观经济研究方法可能会产生非常好的效果。为此,我们将讨论基本理论及其与数据的对照。这种讨论将会遇到一些挑战,而这说明需要更多的研究。

我们将重点关注在市场上交易的有限的资源,从而将公共资源问题抽象。这样处理的

---

① 与此相关——虽然从本节的角度来看,相关性较低——还有一些理论研究是基于效用函数表示来定义可持续性的。在这种情况下,可持续性这个术语大体上意味着:如果第 t 代的间接效用函数不低于第 $t-k$ 代的间接效用函数,那么那种配置就具备可持续性。

② 例如,在美国,国家经济分析局(BEA)在20世纪90年代进行过这种尝试,但是它已经停止了。

③ 我们认为(这可以争论),生态经济学这个领域应该进一步从标准经济分析中分离出去,当然更应该与宏观经济学脱钩。生态经济学虽然关注有限资源问题,但是(至少在它的某些版本中)却与马克思的劳动价值理论的联系似乎更加紧密,只不过将"劳动"替换为"有限资源",特别是"能源"或"化石燃料"。

主要原因是,对于这些公共资源,宏观经济分析在很大程度上仍然付诸阙如(除了大气和气候变化之外,我们稍后会详细讨论它们)。因此,我们的讨论将从有限资源的市场价格的形成和数量的决定开始,然后再转而讨论资源节省型的内生技术变革。

2.1 有限资源的市场价格和数量

首先,让我们考虑最简单的情况:有一种资源 e,它的供给 R 是有限的,但开采却是无成本的。这种资源具有经济价值,我们再假设经济价值由逆需求函数 $p_t = D(e_t)$ 给出,该函数是时不变的,且斜率为负。在宏观经济背景下,假设 e 是生产所用的要素,我们是可以推导出这样一个函数的。抽象掉资本形成问题,假设 $y_t = F(n_t, e_t) = An_t^{1-v}e_t^v$,其中的 n_t 为劳动供给,它是无弹性的($n_t = 1$),这样一来 $c_t = y_t$,同时效用为 $\sum_{t=0}^{\infty}\beta^t\log c_t$。[①] 将时间表示为 $t = 0, \cdots, T$(T 可能是无限的)。在这种情况下,需求函数可以从企业的生产投入决策中推导出来:$p_t = vAe_t^{v-1}$。

2.1.1 霍特林(Hotelling)结果:基准模型中的价格方程

本小节的关键思想是,资源可以储蓄下来。我们的初始假设是,资源的提取/使用是无成本的。因此,储蓄的决定是一个动态的过程:资源是应该在今天出售,还是到将来再销售?为了做出比较,就需要利率,所以我们用 r_t 表示第 $t-1$ 期与第 t 期之间的利率。如果这个资源连续两期都出售,那么这个资源的所有者就必定对在第 t 期出售与在第 $t+1$ 期出售无差异,即:

$$p_t = \frac{1}{1+r_{t+1}}p_{t+1}$$

这就是霍特林(Hotelling,1931)给出的霍特林方程(Hotelling equation)。因此,有限资源的价格以实际利率增长。这个方程也可以倒转过来,用逆需求函数来预测售出的数量如何变化。不过,现在我们先把重点放在价格上。我们注意到,在这里有一个套利条件,利用它就可以敏锐地预测独立于需求的价格动态。对于价格动态(price dynamics)来说,需求只在一定范围内是相关的——到某个时间点上,可能根本没有对资源的需求。然而,对于价格水平(price level)来说,需求自然是关键:我们必须解出差分方程以及逆需求函数和对资源的约束,才能求得 p_0 的值(并且在此基础上,求出其所有后续值)。在这里,p_t 也就表示了所有者收取的霍特林租(Hotelling rent):因为对资源的开采是无成本的,所以价格就是纯租。因此,在需求较高的情况下,价格/租金路径将处于较高水平。类似地,如果有更多的资源,价格/租金路径将处于较低的水平,因为在每个时间点上所使用的资源都更多了。

2.1.2 均衡时的价格和数量:利用规划问题

现在,我们考虑前面的讨论中隐含的规划问题。为了保证简单性,我们先假设 $T = \infty$。这样一来,社会规划者要做的就是最大化 $v\sum_{t=0}^{T}\beta^t\log c_t$,要满足的约束条件为,对于所有的 t,

---

① 在这一节中,我们将一直使用对数效用函数。如果假设更一般的常相对风险厌恶型(CRRA)偏好,也只会使分析稍微有所改变,所有关键的结论在这种更一般的情况下都保持不变。

都有 $c_t = Ae_t^v$，且 $\sum_{t=0}^{T}e_t = R$。[①] 由此可以推出条件 $v\beta^t/e_t = \mu$（其中，μ 是资源约束上的乘数），并因此可以得到 $e_{t+1} = \beta e_t$。将之代回到资源约束中，我们得到 $e_0(1+\beta+\cdots) = e_0/(1-\beta) = R$。因此，$e_0 = (1-\beta)R$，于是用消费表示的资源的初始价格为 $p_0 = Av((1-\beta)R)^{v-1}$（消费可以通过疏散求和得出）。进一步，还可以得出 $p_t = Av((1-\beta)R)^{v-1}\beta^{(v-1)t}$。注意到，这里的毛利率是不随时间改变的且等于 $\beta^{(v-1)}$。[②] 由此，我们看到，更丰富的资源会导致较低的价格/租金。特别是，当 R 趋向于无穷大时，价格会趋近为零（即边际成本）。类似地，更高的需求（例如，通过更高的 A，或通过对未来消费赋予更高的权重 β，以使得在更长的时间内都对资源有需求，因此每期的收益递减不会太快）可以提供更高的价格/租金。接下来再考虑需求参数 A 会随时间推移而变化的情形。在这个扩展中，由于收入和替代效应消失了，开采路径根本不会受影响。但是消费利率会发生变化，因为消费与资源的相对价格必定会有所变动。价格动态的方程式仍然与以前一样适用，但是价格的涨幅只在利率变化的范围内会受到影响。当然，价格水平也会受到整体需求变动的影响。

2.1.3 资源开采成本

更一般地说，假设在第 t 期，开采资源的边际成本为 c_t。为了简单起见，我们进一步假设各期开采资源的边际成本都是外生的（更一般的情况是，这些边际成本将取决于开采的数量和剩余资源的总量）。这样，价格动态的霍特林公式就变成了：

$$p_t - c_t = \frac{1}{1+r_{t+1}}(p_{t+1} - c_{t+1})$$

或者，换一种说法，霍特林租现在变成了每单位资源的边际利润 $p-c$，它的增长速度将等于实际利率。因此，这是一个更一般的公式。这个公式有很高的稳健性。例如，允许内生开采成本，也会得到相同的公式，而考虑不确定性，则只需要在公式中加入预期即可。[③] 因此，上面对价格和数量的决定因素的讨论仍然适用，尽管主要对象现在已经变成了每单位资源的边际利润。首先，更多的资源（更高的 R）会导致价格下降这个一般结果仍然成立：更多的资源将推动价格向边际成本靠拢，从而使得租值逐渐消失。其次，关于成本的影响，让我们考虑三种主要情况：(i)边际成本是固定不变（且为正）的，(ii)边际成本是不断下降的，(iii)边际成本是不断上升的。我们假设，为了简单起见，利率是恒定不变的。恒定不变且为正的边际成本意味着价格上涨的速度起初要比无开采成本时慢一些，因为早期的价格是租金的一小部分（在早期，剩余的资源更多）。如果开采资源的边际成本随着时间的推移而上升（如果不存在技术革新，同时最容易开采的资源最先被开采，就会出现这种情况），那么价格将以更高的速度上涨。而在假设开采资源的边际成本不断下降的情况下（通常来说，这是开采资源时生产率在提高的反映），价格将上涨得更慢。当我们使用不变需求函数时，数量路径也会相应地改变。当价格上涨得更快时，数量也下降得更快；反之亦然。特别是，在知道未来开采

---

① 对于 $v=1$ 而言，这是一个标准的"吃蛋糕问题"（cake-eating problem）。

② 从消费者的欧拉方程可知，$1+r_{t+1} = c_{t+1}/(c_t\beta) = e_{t+1}^v/(e_t^v\beta) = \beta^v/\beta = \beta^{v-1}$。

③ 如果自然资源是由垄断者拥有的，那么会导致一个更加复杂的公式，因为在这种情况下我们必须考虑边际收入而不是价格，而且利率可能变为内生性的。但是，垄断的情况在现实世界中似乎不会出现——至少在今天不会出现。以石油而言，沙特阿拉伯的石油产量目前仅占全球产量的 10% 左右。

成本会更低(更高)时,开采就会被推迟(减速),因此下降得较少(更多)。

2.2 让理论接受数据检验

从原则上说,霍特林方程的预测可以直接与数据比较。我们在这里并不打算综述所有评估有限资源下的霍特林方程的实证研究。我们没有这么大的雄心。我们只是指出若干特征事实,并给出一些一般性的观点。[①] 首先,关于价格,众所周知,各种金属的(实际)价格在"长期"中一直以"适度"的速度下跌(在这里,"长期"指用一百年或更长的时间单位来衡量),例如,请参见哈维等人(Harvey et al.,2010)。化石燃料(石油、煤炭和天然气)的价格则较稳定,在过去 40 多年间,取得了小幅的净增长。但是,所有这些时间序列的波动率都很高,其数量级与典型的股市指数的波动率相当。[②] 其次,在数量上,这些时间序列则一直都在稳步增长,同时波动幅度也比相应的价格要低。这些观察结果是否与霍特林的理论一致?

为了回答这个问题,首先必须注意,霍特林的理论主要是一个基于套利的价格理论,如果要对数量进行预测,就要涉及关于供给和需求的更多假设,例如我们在上述规划问题中引入的假设。为了评估霍特林规则,我们首先需要了解各种资源的开采成本的演变路径,因为它们在更一般的理论中有着重要地位。由于资源的开采是在很多个地点上进行的,因此情况有些复杂。至少对于石油来说,一个显而易见的事实是,不同的产油井的边际成本差异非常大,例如沙特阿拉伯的油井的开采成本要低于北海的油井。光从这一点来看,这种开采方式似乎是低效率的,因为要想最小化总现值成本,就应该先开采最便宜的石油。而且,在我们的阅读范围内,还没有任何研究提供了能够很好地测量边际开采成本的方法。不过,我们不妨假设采矿业/开采业的生产率增长率与经济体的其他部门的增长率相当。那么接下来再假设开采自然资源的相对成本——如果我们所依据的是关于实际价格的数据,那么也就可以假设相对价格——不会有向上或向下的急剧变动,就是有道理的了。因此,在给定耗竭性资源的总存量已知的前提下,霍特林公式就意味着一个不断上涨的价格序列,即以每年几个百分点的速度增长,而且在早期上涨的速度稍慢一些(原因在前面已经解释过了)。但是,这显然不是我们在数据中观察到的模式。另一种可能是,资源开采成本是不均匀的。平迪克(Pindyck,1978)认为,就石油而言,在早期,一再走低的开采成本可以解释稳定的价格走势,但是后来的开采成本稳定下来了(甚至有所增加),从而推高了价格。但是,回想一下,尽管石油价格在 1979 年再次上涨,但是在那之后并没有持续上涨,反而整体有所下滑。今天,按实际价格计算,石油价格已经回落到了接近于 1973 年以前的水平了。

对于数据中价格不怎么增长这个事实,有人提出的一个解释是,陆续发现(石油、金属等)新矿藏。如前所述,理论确实预测资源总储量越高,价格越低。但是,如果接受这个解释,那么就意味着不得不认为,整个市场系统性地低估了新资源勘探成功的可能性,而且是

[①] 对于这个问题的出色的讨论,请参见(例如),克劳特克雷默(Krautkraemer,1998),以及卡丁顿和努勒(Cuddington and Nulle,2014)。

[②] 也有一些经济学家尝试识别长期循环,请参见(例如),厄尔腾和奥坎波(Erten and Ocampo,2012)。

在很长的时期内一直如此。

与此相关的另一种可能性是,市场可能"预期"到了将要发生的技术变革——新技术的出现,将导致相关资源被替代。不妨考虑如下这个非常简单的情况:在本期中,原本只存在一种与基准霍特林模型中一样的无开采成本的原材料,但是到了下一个时期,却有可能会出现一种无限供给且拥有不变边际成本的完美替代品。那么套利方程式就会变为:$p_t = \dfrac{1}{1+r_{t+1}}$ $(\pi_{t+1} p_{t+1} + (1-\pi_{t+1})\bar{p})$,其中,$\pi_{t+1}$ 是完美替代品出现的概率。很显然,这种不确定性和潜在的价格竞争会影响价格动态,并将导致更复杂的预测。然而,据我们所知,还没有任何研究针对这种假说构建定量模型进行系统性的评估,并将之与数据进行比较。

关于自然资源的价格(以及更一般地,普通商品的价格),还有一个不同的假说,它源于普雷维什(Prebisch, 1962)和辛格(Singer, 1950):商品的需求弹性较低,因此当收入上升时,商品的价格会下降。从这一点来看,他们这个假说与霍特林规则是不同的,因为抽象掉了稀缺性。不过很显然,如前所述,如果我们用普雷维什-辛格假设,再加上稀缺性假设构建一个模型,那么霍特林分式仍将继续有效:任何需求效应只会影响价格路径的水平而不是其动态。

总而言之,尽管许多作者声称,霍特林模型更"丰富"的版本的预测更接近于数据,但是我们可以肯定的是,模型所预测的每单位资源的价格/利润的上涨(速度等于利率),与实际价格数据所显示的主要资源价格的稳定或下降,这两者之间的对立还远远没有得到解决。有人也许会说,这是因为市场不是完全理性的,或前瞻性不足:霍特林的开创性研究给出的稀缺性论证的力量虽然非常强大,但是严重依赖于长期中的前瞻性假设——在保持相对较大数量的剩余资源的范围内。在我们看来,这个假说值得关注,尽管要针对这个假说构建一个模型本身就是一个很大的挑战。[①]

而为了求出数量,正如前面已经强调过的,需要构建一个设定更全面的理论。这当然也是一个很大的挑战,我们在下文中将会看清楚这一点。不过在这里,我们先来讨论一个简单的应用——不过,它是与气候环境相关的应用中相当知名的一个。然后,我们还将在这个应用的语境下,讨论作为节省稀缺资源的一种手段的技术变革。

2.3　一个应用:化石能源

从一个宽泛的角度来说,当一种资源供不应求时,一个关键的问题是它与其余资源之间的互替性如何。在这一节中,我们就来考察这种情况下的化石能源,并简要地阐明我们应该怎样分析市场上的这种稀缺性所带来的其中一个后果,即节能,这是市场对能源短缺的主要反应之一。我们这个分析,与本章的其余各节的分析(对气候变化的应对)一样,也是建立在一个定量的宏观经济模型的基础之上的。本节也可以说是气候—经济模型的其中一个构件。事实上,本章第 5 节中给出的耗竭性资源模型与本节包含的核心模型也是一致的。

---

① 请参见(例如),施皮罗(Spiro, 2014)。

分析的起点是,扩展基本增长理论,使之能够包含能源。在这方面,标准参考文献是达斯古普塔和希尔(Dasgupta and Heal,1974),另外,索洛(Solow,1974)、斯蒂格利茨(Stiglitz,1974)的重要贡献也非常值得关注。这里要处理的一个主要问题是可持续性,即不同类型的生产函数能不能保证生活在未来的后代的境况与当代人一样好? 我们发现,柯布-道格拉斯型生产函数只能说处于中间情况:在能源与其他投入要素之间有更大的互替性的时候,可持续性是有可能保证的。在这个研究进路上,很少有文献处理技术变革——无论是用定量方法,还是在理论上探讨,都不多见。这也有历史的原因。因为很显然,很多关于稀缺资源的论文都是在 20 世纪 70 年代油价上涨之后不久写成的,然后直到 20 世纪 80 年代后期,理论发展才允许在基于市场的模型中将技术变革内生化。

我们在这里构建的框架,与达斯古普塔和希尔的论文(Dasgupta and Heal,1974)中的框架类似。然后,我们构造了一个有三个投入要素——资本、劳动和化石能源——的总生产函数,并用这个函数来解释第二次世界大战之后的美国数据。我们这个分析的思路与哈斯勒等人(Hassler et al.,2015)很接近。我们这个生产函数允许技术变革,其形式分为资本/劳动节省型和节能型两类。我们考虑了三个一般性问题:(i)什么样的替代弹性(一方面是资本劳动组合,另一方面是能源)最能拟合数据;(ii)节省投入的序列如何度量,它们在多大程度上会对价格变动做出反应(即"节能技术"会不会对化石燃料的价格做出反应);(iii)模型对未来的投入要素节省和化石燃料依赖性有什么预测。这个模型侧重于能源需求,由于需求是从总生产函数中推导出来的,所以全部讨论都可以在不用对供给建模的情况下进行。

因此,我们考虑如下嵌套型的常替代系数(CES)总生产函数(函数表达式中的符号取通常的含义):①

$$y = \left[(1-\nu) \left[Ak^\alpha l^{1-\alpha} \right]^{\frac{\varepsilon-1}{\varepsilon}} + \left[A^e e \right]^{\frac{\varepsilon-1}{\varepsilon}} \right]^{\frac{\varepsilon}{\varepsilon-1}}$$

在这里,我们用 $\varepsilon \in [0, \infty]$ 来表示资本—劳动与能源之间的替代性。A 是用来描述资本/劳动节省性质的技术参数,A^e 则是用来描述节能性质的技术参数。如果各种投入要素之间是完全竞争的,那么企业将会令每种投入要素的边际产品与其价格相等,这样就得到了如下方程式(用各自的份额表示):

$$\frac{wl}{y} = (1-\alpha)(1-\gamma) \left[\frac{Ak^\alpha l^{1-\alpha}}{y} \right]^{\frac{\varepsilon-1}{\varepsilon}} \tag{1}$$

以及

$$\frac{pe}{y} = \gamma \left[\frac{A^e e}{y} \right]^{\frac{\varepsilon-1}{\varepsilon}} \tag{2}$$

2.3.1 用美国数据来解释投入要素节省型技术变革

将方程式(1)和(2)重新排列,就可以直接求解两种技术趋势 A 和 A^e。这也就意味着,像

---

① 这种生产函数以最紧密的参数化方式,引入了一个关键的弹性以及特定于投入要素的技术水平。如果加以扩展,使之不限于这类函数,例如,扩展到超越对数的情况,那么将会很有意思,因为那不但更具一般性,而且还会引入一些额外的技术促变器(technology shifter),请参见,例如,伯恩特和克里斯滕森(Berndt and Christensen,1973)。

哈斯勒等人(Hassler et al. ,2015)所做的那样,我们可以利用投入和产出数据,以及它们的价格数据来生成投入要素节省型技术的序列的时间路径。这也类似于索洛的增长核算,所不同者,无非是使用了一个特定的函数形式。更具体地说,对于 A^e,可以用第二次世界大战后的化石燃料的价格数据来检验——特别是石油,它的价格出现了大幅波动,如图1所示。

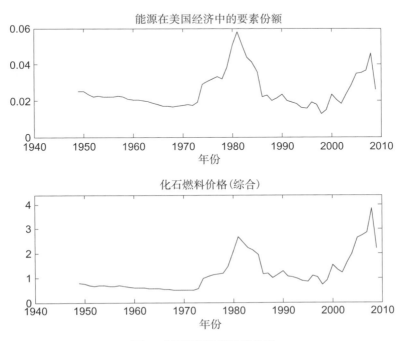

图1 化石能源份额及其价格

利用这个模型设置和这些数据,我们倒推出了以 ε 的特定取值为条件的 A^e 和 A 的序列。如果认同 A^e 和 A 这两个序列基本上是技术序列这个观点,那么我们就可以检验对于不同的 ε,这些倒推出来的序列在什么范围内看上去像技术序列:相当平滑,大部分都不是递减的。事实证明,要想让 A^e 序列看上去像一个技术序列,ε 必须接近于0;如果 ε 高于0.2左右,那么 A^e 序列中包含的上下波动就会太大,从而显得不合理。而对于 ε 在0至0.1之间的取值(ε 取0意味着生产函数是里昂惕夫型的),这个序列相当平滑,看起来像是一个技术序列。图2描绘出了 A^e 和 A 这两个序列。从图中可以看出,一开始,A^e 的增长非常缓慢,直到价格上涨之后,它才开始显著上行。

因此,这个数字确实表明,稀缺性机制发挥的作用在定量的意义上是重要的。这两个序列之间的比较结果也能告诉我们不少东西。A 的序列整体上看起来像是全要素生产率(TFP)整体的序列,但是更加重要的是,在中期中,它与 A^e 似乎是反向共变的,这意味着前述定向技术变革概念应该是有作用的。或者换一种说法,当石油价格上涨时,节省石油和提高石油效率的激励就会上升,而且在这种努力与另一种稀缺资源的使用构成了竞争关系的范围内(那种稀缺资源可以用来节省资本和劳动/提高资本和劳动力的效率),后一种稀缺资源的使用将会下降。

哈斯勒等人(Hassler et al. ,2015)还进一步给出了一个关于这种现象的正式模型,并且

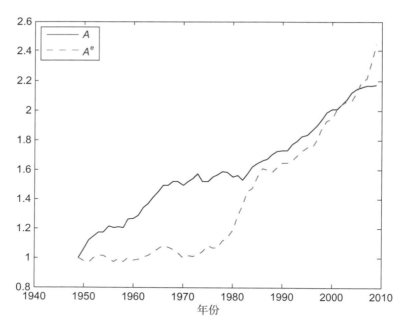

图 2　能源节省型技术和资金/劳动力节省型技术的比较

在基于 A 与 A^e 之间的负面历史关联对研究与开发（R&D）中的技术参数进行了校准之后，用它预测了技术和能源依赖性的未来演变路径。我们稍后会简要地评述这项研究，现在必须先完成的一项工作是，构建一个明确包含了需求和供给的定量动态宏观经济模型。

2.3.2　存在一种有限资源的能源供求实证模型

使用上面给出的那个简单生产函数，并假设对数偏好，就可以直接给出能源来自某个有限存量时的社会规划者问题了。首先，我们将使用一个柯布-道格拉斯生产函数来说明。这种生产函数属于明确设定的函数，经济学家也经常使用它，尽管它不能很好地拟合宏观经济数据（如前所述）。这个函数的形式是 $F(Ak^\alpha, A^e e) = k^\alpha e^\nu$，其中隐含了不变的劳动供给（其份额为 $1-\alpha-\nu$），而且我们已将整体全要素生产率（包括劳动在内）归一化为 1。为了简单起见，我们还要假设，（i）期间资本折旧率为 100%（以便拟合 20 年以上的期间）；（ii）能源开采是无成本的（这与石油的情况拟合得相当好，因为石油的边际成本远远低于价格，至少对于大部分可采石油是这样）。在这里，我们还要先把技术变革抽象掉（稍后，我们再来重新审视技术变革）。因此，社会规划者将要最大化

$$\sum_{t=0}^{\infty} \log c_t$$

要服从的约束条件为：

$$c_t + k_{t+1} = k_t^\alpha e_t^\nu$$

以及 $\sum_{t=0}^{\infty} e_t = R$。其中，$R$ 是总可用存量。很容易验证，我们在这里可以求得一个解析形式的解：消费是产出的不变比例 $1-\alpha\beta$，同时 $e_t = (1-\beta)\beta^t R$，即能源使用下降的速度等于贴现率。而且，随着能源的下降，资本、消费和产出也都出现了下降。实际上，这个模型能够渐进地实现（负的）平衡增长，而且这种增长的总速度满足（源于资源约束的）$g = g^\alpha \beta^\nu = \beta^{\frac{\nu}{1-\alpha}}$。资本在任

何时候都不在这个平衡路径上,除非使它的初始值与初始能源使用之间维持特定的适当关系。[①] 这个模型当然也会产生霍特林式的结果:p_{t+1} 必须等于 $p_t(1+r_{t+1})$,其中 $1+r$ 是资本的边际产品,因而 $1+r$ 也就是实际总利率。这样一来,我们注意到,利率在平衡增长路径上是不变的,但是仍然服从转换动态。由此可知,尽管能源使用始终保持在恒定的水平,但是能源价格却不会始终以恒定的速度增长(除非初始资本存量恰好处于平衡增长水平上)。能源价格或者会以更快的速度,或者会以更慢的速度增长。在现在这里,消费以及产出和资本在平衡增长路径上会变为零,但是当技术出现了足够的增长时(很容易在模型中加上这一点),就会出现正的平衡增长。能源使用随着时间的推移而出现的这种令人惊异的下降,当然可以用边际开采成本为正且会随着时间的推移而下降的假设来减缓,但是这样一个假设的正当理由并不明显。

图 3 是从哈斯勒等人(Hassler et al.,2015)的论文中复制过来的,它表明,在数据中,能源(定义为化石燃料的组合)的消费随着时间的推移而显著上升。相比之下,正如我们刚刚在上面阐述的那样,简单的柯布-道格拉斯模型却预测能源消费将会下降,且其速度等于贴现率。如果采用哈斯勒等人的模型(Hassler et al.,2015),会发现对数据的拟合更好。那是一个接近于里昂惕夫函数的关于 k^α 和 e 的函数。我们首先假设技术系数 A 和 A^e 在时间上保持恒定不变。

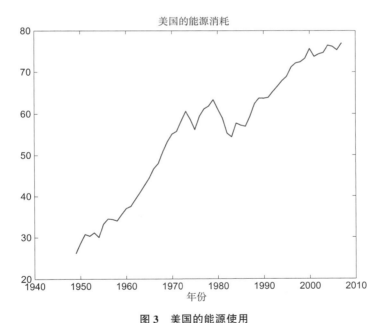

图 3 美国的能源使用

这样一来,能源使用的动态就会发生转变,因为 Ak^α 在所有时间点上都必定等于 $A^e e$。因此,给定 A 和 A^e,资本和 R 的初始值不一定在任何时候都顺应 e 的均衡增长。直观地说,如果 Ak^α 太低,那么在一开始,e 将会受到抑制;当资本跟上了它的平衡路径后,则会随着时间推移

[①] 因而,这里的初始资本必定等于 $(\alpha(R(1-\beta))^\nu)^{\frac{1}{1-\alpha}}\beta^{\frac{1-\alpha-\nu}{1-\alpha}}$。

而增长。因此,在一段时间内使能源使用位于增长路径上是有可能的。当然,到最终,能源消费必定会下降,在这种情况下,没有确切的平衡增长路径。相反,储蓄率必定降为零,因为任何正的长期储蓄率都意味着正的资本存量。[①] 因此,这个渐近经济将像没有资本的经济一样,在这个意义上大体相当于一个"吃蛋糕问题":消费和能源使用都将以速率 β 下降。总而言之,这个模型可以生成石油使用高峰,即在时间 0 之后达到最大值的石油使用路径。而且,正如前面已经指出过的,不断上升的石油使用也可以通过其他假设产生,例如石油开采边际成本递减,这些解释是互补的。

由于 A 和 A^e 中存在外生的技术增长,因此可能会产生非常不一样的长期开采行为。[②] 特别是,具有 $g_A g^\alpha = g_{A^e} g_e = g$ 这种性质的平衡增长路径至少是有可行性的。在这里,第一个等号根据生产函数的两个参数以相同的速度增长得出(在给定生产函数 F 对两个 Ak^α 和 $A^e e$ 都是一次齐次的条件下),第二个等号则表明,产出和资本必须以同样的速度增长。很显然,如果社会规划者选择了这样的渐近行为,那么 g_e 就可用这两个方程式求出,结果是 $g_A^{\frac{1}{1-\alpha}}/g_{A^e}$,这个值必定小于 1。因此,在这种情况下,$g_e$ 通常不会等于 β。不过,对这些情况的更一般的研究,已经超出了本章的范围。

2.3.3 内生的节能型技术变革

给定 A 和 A^e 中的倒推序列(它们在中期上呈现出了负的共变性),我们考虑哈斯勒等人(Hassler et al.,2015)提出的技术行动模型。在这个模型中,在提高 A 还是提高 A^e 之间存在一个明确的权衡。这种权衡可以说是经济对稀缺性的最核心的行为反应之一。这也就是说,我们可以把 A^e 的增长视为一种节能型技术变革。与哈斯勒等人的处理方式一样,我们在这里也采用定向技术变革的模型设定,并将之建模为一个社会规划者问题,从而将结果解释为政府通过最优化政策将所涉及的领域内的任何溢出效应加以内部化。根据罗默(Romer,1990)开创的内生增长文献的基本思路,我们可以直接讨论基于品类扩张或质量改进的市场机制、垄断力量(可能与熊彼特式创新有关),以及研究与开发(R&D)的明确的市场部门。这样的分析无疑是有意义的,特别是,许多重要的政策问题都可以用这种方法处理。例如,市场机制是否无法保证出现足够多的技术变革来应对稀缺性? 这个问题的答案取决于是否还存在其他市场失灵(如气候外部性)。我们将这些有趣的问题留给未来的研究,而在这里则只关注效率方面的结果。我们构建的关键机制建立在如下简单结构的基础上:我们引入一种资源,即单位测度的"研究人员"。研究人员既可以努力推动 A 的进步,也可以努力推动 A^e 的进步。我们来看如下这个非常简单的公式:

$$A_{t+1} = A_t f(n_t), \text{以及 } A_{t+1}^e = A_t^e f_e(1-n_t)$$

其中,$n_t \in [0,1]$ 总结了时间 t 上的研究和开发(R&D)选择,另外 f 和 f_e 都是严格递增且严格凹的——因此,给定它们在 t 时的位置,这两个函数共同划定了 $t+1$ 时的技术边界。从而,在

---

① 如果储蓄率渐进地保持在 $s>0$ 以上,那么就有 $k_{t+1} \geqslant_s Ak_t^\alpha$。这意味着资本将始终均匀有界地保持在 0 以下。然而,在这里,由于与它互补的能源必须为 0,所以它必须变为 0。

② 柯布-道格拉斯(Cobb-Douglas)情形是一个例外,在这种情形下,很容易证明上述结果可以一般化:e 以速率 β 下降。

t 时间点上，A_t 和 A_t^e 是固定不变的。在里昂惕夫技术的情况下，在资本和能源之间，事后是绝对不存在替代性的（即在时间 t，当 A_t 和 A_t^e 被选择时），但是事前却是可以通过令 n_s 变化（对于 $s<t$）来得到替代性的。只要生产函数的形式不是如此极端的，那么在事后也可以得到替代性，但是要比事前弱。[①] 与此相关的是，尽管这个经济中每一种投入要素的收入份额都是内生的，而且通常会随着经济状态的不同而变化，但是在平衡增长路径上，份额却会固定下来。实际上，正如我们将会看到的，这个份额可以用一种相当简单的方式确定。

把这两个方程加入上述规划问题中，就可以进一步推进分析。取一阶条件并着重关注平衡增长路径，我们就可以发现，这个模型给出了一个相当令人惊奇的结果：开采必定等于 β，而不管所有其他原始参数的值是什么。[②] 这也就意味着，反过来可以推导出这两个方程是如何共同决定了 A 和 A^e 的长期增长率的。一个方程刻画了技术权衡，而且从该方程的表达式可以直接推导出 A 和 A^e 的长期增长率分别为 $g_A = f(n)$ 以及 $g_{A^e} = f^e(1-n)$。另一个方程则源于平衡增长条件 $A_t k_t^\alpha = A_t^e e_t$（在给定 F 是一次齐次的前提下），从这个等式可知，A 和 A^e 的增长率是正相关的。事实上，给定 e_t 以 β 的速度下降，我们可以从 $g_A^{\frac{1}{1-\alpha}} = g_{A^e} \beta$ 中求得 n。

我们还可以证明另一个同样非常令人惊讶的结论：能源 s_e 在产出中的长期份额是由 $(1-s_e)/s_e = -\partial \log g_A / \partial \log g_{A^e}$ 决定的。[③] 在稳态中，这个表达式只是 n 的函数，并且正如我们在上面已经看到的，知道了 β、α、f 和 f_e，就可以直接确定 n。那么，这些原始参数又怎样来校准呢？一个方法是通过查看历史数据来获取关于 g_A 和 g_{A^e} 之间的权衡关系的信息。如果这种关系是近似对数线性的（即净速率是线性相关的），那么观察到的斜率也就是我们所需要的，因为它直接给出了 $\partial \log g_A / \partial \log g_{A^e}$。我们在前面报告的第二次世界大战之后的 A 和 A^e 的数据中，隐含的斜率为 -0.235，因此预测的 s_e 在长期中的取值为 0.19 左右，这远远高出了它的当前值（那比 0.1 还要低很多）。

2.3.4　对化石能源的应用研究的教益

上述对化石能源的应用研究表明，可以使用纳入了耗竭性资源的标准宏观经济建模方法来推导对数量的时间路径的预测，并将之与数据进行比较。此外，在这个框架内再加入内生的定向技术变革，就可以用来处理对稀缺性的最优/市场反应。现在看来，甚至还有可能利用那些反映了以往在投入要素节省上所进行的技术权衡的历史数据，来对未来做出预测。我们在这里给出的模型是非常程式化的，现实世界的许多重要特征都已经被抽象掉了，例如资源开采技术在时间和空间上的变化的性质。而且，我们分析的重点也只限于有限供给的资源的价格和数量的长期特征。还有其他很多事实也非常引人注目，例如，这些资源的大多数市场的波动率都比较大。有限供给的自然资源对于今后的经济活动的限制可能越来越大，因此值得针对这方面的问题展开更多的宏观经济学研究。我们希望本章的分析可以为

[①] 柯布-道格拉斯生产函数的情况是很容易分析的。它会导致对 n 的内部选择，且无论初始条件如何，都不会随着时间的推移而改变，因此看上去就像上述两个技术因素是外生的一样。

[②] 证明很简单，详见哈斯勒等人的论文（Hassler et al. , 2015）。因此，是常替代弹性模型中的技术水平的内生性，使得能源以速率 β 下降；而当技术水平外生增长时，我们就会发现能源不一定以速率 β 下降至零。

[③] 作者们证明，这个结果在模型中具有一般性：效用函数可以是任何形式的幂函数，生产函数可以是任何具有规模收益不变特征的函数。

这类研究提供若干富有成效的途径。

3. 气候变化:自然科学背景

任何一个关于气候变化的经济模型,都需要描述三种现象及其动态相互作用。它们分别是经济活动、碳循环以及气候。无论是从概念分析还是从建模的角度来看,将三种现象视为不同的子系统都不失为一种有效的方法。接下来在本节中,我们先简要地描述这三个子系统,然后再重点分析其中两个子系统。

经济由个体构成。个体可以是消费者、生产者,也可能是政客。他们的行动是经济的驱动力。特别是,他们的行动是导致气候变化的各种因素背后的决定因素。行动也要——这是一种适应——对当前和预期的气候变化做出反应。更具体地说,当化石燃料燃烧时,二氧化碳(CO_2)在大气中释放并迅速扩散。大气是碳循环子系统的一部分,这个子系统允许碳在不同的"碳库"(carbon reservoir)之间转运输送。大气就是其中的一个"碳库"。生物圈(主要是植物,当然包括人类在内的动物也在其中)和土壤也是"碳库"。海洋则构成了最大的"碳库"。

气候是一个系统,确定了天气事件在时间和空间上的分布,这种分布受大气中二氧化碳的浓度的影响特别深。二氧化碳特有的分子结构决定了,短波辐射(比如说太阳光)比长波和短波红外辐射更容易穿透大气层。相对于地球的能量输出,对地球的能量输入主要由更短的短波辐射组成。因此,大气二氧化碳浓度的增加会影响能量输入和输出之间的差异。这就是温室效应。

因此很容易得出结论,要构建一个气候经济模型,我们至少需要三个子系统。我们需要一个经济模型来分析碳排放和气候变化的经济影响。我们需要一个碳循环模型来指定各个时间点上的排放量如何转化为二氧化碳浓度路径。最后,我们还需要一个气候模型来确定大气中的二氧化碳浓度与气候之间的联系。

3.1 气候

3.1.1 能源"收支"

接下来,我们介绍一个最简单的气候模型。如前所述,构建气候模型的目的是确定二氧化碳浓度(路径)如何决定气候的(路径)。对气候的最小描述是地表附近的全球平均气温。因此,我们至少得确定二氧化碳浓度路径与全球平均温度之间的关系。为此,我们从能量收支(energe budget)概念入手讨论。

假设地球处于辐射稳定状态。在这种状态下,地球来自太阳光的短波辐射的能量的流入,等于(大部分通过红外辐射)对外流出的能量。[①] 这样一来,地球的能量收支实现了平衡,意味着地球的热含量和全球平均温度都将保持不变。[②] 现在,考虑这种对平衡的扰动,即假设出现了一个能量净流入量 F。这个增量可能是由于流入量的增加和/或流出量的减少而导致的,无论是通过哪种途径实现的净流入,现在地球的能量收支都出现了"盈余",这会导致地球中的热量累积,进而导致地球气温上升。能源流入和流出之间的差异就越大,即能量收支中的盈余越大,温度上升的速度越快。

然而,随着温度的升高,输出能量的流量也随之增大,因为在其他条件相同的情况下,物体越热,向外辐射能量的速度越快。这种简单的机制就是人们所称的"普朗克反馈"(Planck feedback)。近似地,我们可以假设这个增量与温度的增加成正比。将时间 t 发生的相对于初始稳态的温度扰动用 T_t 来表示,并用 κ 表示能量流和温度之间的比例因子,我们就可以将上述关系总结为如下的方程式:

$$\frac{\mathrm{d}T_t}{\mathrm{d}t} = \sigma(F - \kappa T_t) \tag{3}$$

这个方程式的左侧是时间 t 上的温度的变化速度。右侧括号中的那一项是净能量流,即流入和流出的参量之间的差异。这个方程式就是通常所称的能量收支方程。我们注意到,它计算的其实是流量收支,与收入和支出之间的差异如何决定资产变化的速度有很大的类似之处。

当方程式(3)的右侧为正时,能量收支有"盈余",热量得以累积,从而温度升高。反之,如果能量收支出现了"赤字",那么热量就会流失,导致温度下降。在讨论气候变化时,人们通常将变量 F 称为强迫(因子),并将它定义为因人类活动而导致的能量收支的变化。参数 σ 与能量收支所据以定义的系统的热容(量)成反比关系,它决定了给定某个能量收支不平衡状态时的温度变化的速度。[③]

利用方程式(3),我们可以计算出在系统达到新的稳定状态之前(即当温度稳定在某个不变的数值上之前),温度还需要升高多少。这样一种均衡要求能量收支已经达到了平衡,从而方程式(3)括号内的项的值再一次变为零。我们将与强迫(因子)F 相关联的稳态温度表示为 $T(F)$。在 $T(F)$ 处,温度是恒定不变的,它要求能量收支平衡,即 $F - \kappa T(F) = 0$。因此,我们有:

$$T(F) = \frac{F}{\kappa} \tag{4}$$

此外,温度变化的路径由下式给出:

$$T_t = e^{-\sigma\kappa t}\left(T_0 - \frac{F}{\kappa}\right) + \frac{F}{\kappa}$$

[①] 在这里,我们忽略了由于地球内部的核过程造成的额外流出,但是,从数量上来看,这只相当于来自太阳的能量流入的几万分之一,请参见锦等人(Kam,2011)。

[②] 我们忽视了一个明显的事实,即能量流动在一年内的不同时间会有所不同,而且还会随纬度不同而变化,并且会在空间和时间上产生温度差异。由于能量流出是温度的非线性(凸)函数,所以温度分布会影响平均流出量。

[③] 大气的热容量比海洋低得多。下面我们还会回过头来讨论这个问题。

我们以开氏温标(K)来衡量温度,并规定 F 的度量单位为瓦特/平方米(W/m^2),那么 κ 的单位就是 $\dfrac{W/m^2}{K}$。[1] 如果地球是一个没有大气的黑体,那么我们可以利用相应的物理定律计算出 κ 的精确值。事实上,如果地球真是黑体,那么在地球当前的平均温度下,$\dfrac{1}{\kappa}$ 的值大约为 0.3,即强迫(因子)每增加 $1W/m^2$,就会导致全球温度上升 0.3K(相当于同样数量的摄氏温度)。[2] 在现实世界中,由于各种各样的反馈机制的存在,我们很难评估 κ 的实际价值。最重要的一个反馈机制是,温度升高会增加水蒸气的浓度,而水蒸气也是一种温室气体。另一个重要的反馈机制是极地冰盖融化,它会减少对太阳光的直接反射并改变云层的形成。我们在下文中还会回到这个问题上来,不过在这里只是直接指出,κ 的值可能明显小于地球是黑体时的值 0.3^{-1},从而使得给定强迫(因子)时的稳态温度较高。

现在我们再来分析给定的二氧化碳浓度是怎样决定 F 的。这种关系可以很好地用一个对数函数近似。因此,F,即相对于前工业时期的能量收支的变化,可以写为(相对于前工业时期的水平的)二氧化碳浓度的一个对数函数,或者写为(相对于前工业时期的水平的)大气中碳原子量的一个对数函数。令 S_t 和 $\bar{S}_t$ 分别表示大气中当前和前工业时期的碳总量。那么强迫(因子)就可以很好地通过以下方程式来逼近[3]:

$$F_t = \frac{\eta}{\log 2}\log\left(\frac{S_t}{\bar{S}}\right) \tag{5}$$

其中,参数 η 可以直接解释为:如果第 t 期大气中的碳总量相对于前工业时期而言增加了一倍,那么强迫(因子)就是 η;如果倍数为 4,那么强迫(因子)就是 2η;等等,依此类推。η 的近似值为 3.7,这意味着大气中的碳总量加倍,就会导致地球上 $3.7W/m^2$ 的强迫(因子)。[4]

现在,我们可以给出地球平均气温的长期变化与大气中的碳浓度之间的函数关系了。结合方程式(4)和(5),我们得到:

$$T(F_t) = \frac{\eta}{\kappa}\frac{1}{\log 2}\log\left(\frac{S_t}{\bar{S}}\right) \tag{6}$$

我们不难看到,大气中碳浓度增加一倍,就会导致温度升高 $\dfrac{\eta}{\kappa}$。从普朗克反馈关系可知,$\eta/\kappa = 1.1℃$。这种敏感度并不算太高。但是,许多研究者已经指出,由于存在正反馈性,对全球气候的整体敏感度的这个估计可能太低了。

将各种反馈包含进能量收支方程的一个直接方法是,在能量收支中增加一项。假设,在

---

[1] 更正式地,每个面积单位的流速通常称为通量(flux)。然而,由于我们处理的是一个面积恒定的系统,所以流量和通量是成正比的,而且这两个术语是可以互换使用的。

[2] 请参见施瓦茨等人(Schwartz et al.,2010)报告的结果。如果地球是一个温度为 288K ≈ 15℃ 的黑体辐射体,那么温度每上升 1.1K,就会使逸出量增加 $3.7W/m^2$,这意味着 $\kappa^{-1} = 1.1/3.7 \approx 0.3$。

[3] 这个关系最早是由瑞典物理学家和化学家,后来于 1903 年荣获诺贝尔化学奖的斯凡特·阿列尼乌斯(Svante Arrhenius)证明的。因此,这种关系通常被称为"阿列尼乌斯温室法则"(Arrhenius's Greenhouse Law)。详情请参见阿列尼乌斯(Arrhenius,1896)。

[4] 请参见施瓦茨等人(Schwartz et al.,2014)。不过,3.7 这个值并不是全无争议的。奥托等人(Otto et al.,2013)在计算中使用的是另一个值——3.44。

最初,反馈可以由线性项 xT_t 近似,其中 x 刻画可以归因于反馈的对能量收支的边际影响。这样一来,能量收支方程式就变为:

$$\frac{\mathrm{d}T_t}{\mathrm{d}t} = \sigma\left(F + xT_t - \kappa T_t\right) \tag{7}$$

在这里,我们假设 κ 只由普朗克(Planck)反馈决定。现在,稳态温度由下式决定:

$$T(F) = \frac{\eta}{\kappa - x}\frac{1}{\ln 2}\ln\left(\frac{S}{\underline{S}}\right) \tag{8}$$

正因为这个比值 $\eta/(\kappa-x)$ 具有如此重要的意义,所以气象经济学家通常将它称为均衡气候敏感度(equilibrium climate sensitivity,ECS),在下文中,我们将用符号 λ 来表示它。[①] 有许多反馈是正反馈,但并不是全部反馈都是正反馈,因为在理论上,我们不能排除 $x<0$ 或 $x \geqslant \kappa$ 这两种可能性。不过在现实中,在后一种情况下,动态将会是爆炸式的,因而似乎与能量收支中对于自然变化的历史反应不一致。同样地,$x<0$ 也难以与地球历史上出现的如下观察结果统一起来:强迫(因子)的相对较小的变化,就会对气候产生相当重大的影响。而且,即使是在介于这两者之间的范围内,也仍然存在很大的不确定性。

根据联合国政府间气候变化专门委员会(Intergovernmental Panel on Climate Change,IPCC)的统计,均衡气候敏感度"可能介于 1.5℃ 到 4.5℃ 之间","极不可能小于 1℃",且"不太可能大于 6℃"。[②] 另一个概念,是关于气候变化在短期内的动态的,称为瞬态气候响应(transient climate response,TCR)。它的定义是,全球二氧化碳浓度增加一倍(如果每年增加 1%,那么 70 年就会翻倍)时,全球气温升高的程度。[③] 联合国政府间气候变化专门委员会发布的报告(IPCC,2013b,第 81 页)(2013b,专栏 12.1)指出,瞬态气候响应"可能在 1℃—2.5℃ 的范围之内","极不可能大于 3℃"。

3.1.2　非线性与不确定性

在这里有一点值得注意,x 是一个非线性变换这个事实对于如何将反馈强度的不确定性转化为均衡气候敏感度的不确定性有重要的影响。[④] 例如,假设关于反馈机制的强度的不确定性可以用模为 2.1、端点在 1.35 和 2.85 的对称三角密度函数来表示——见图 4 中的左图——那么 x 的均值就很有可能意味着气候敏感度为 3。然而,气候敏感度的隐含分布是严重偏斜向右侧的。[⑤] 这一点从图 4 的右图可以看得很清楚——在这里描绘的 $\frac{\eta}{\kappa - x}$ 中,参数的取值为 $\eta = 3.7$ 和 $\kappa = 0.33^{-1}$。

到目前为止,我们给出的模型全都假设了线性。很多人认为应该放宽这种线性假设。

[①] 需要注意的是,这里的均衡指的是能量收支。对于经济学家来说,将 λ 称为稳态气候敏感度可能更加自然。

[②] 请参见联合国政府间气候变化专门委员会发布的报告(IPCC,2013,第 81 页)。该报告声称,"可能"指概率为 66%—100%,"极不可能"指概率为 0%—5%,"不太可能"指概率为 0%—10%。

[③] 这个速度大约是目前二氧化碳浓度增加速度的两倍。在以 2014 年为最后一年的 5 年、10 年和 20 年间,二氧化碳浓度的年平均增长率分别为 0.54%、0.54% 和 0.48%。但是,需要注意的是,其他温室气体,特别是甲烷也会影响气候变化。有关数据,请参阅美国商务部下属的地球系统研究实验室的全球监测部门的有关报告。

[④] 这种说法源于罗伊和贝克(Roe and Baker,2007)。

[⑤] 韦茨曼(Weitzman,2011)讨论了非常高的气候敏感度的可能性的政策含义。

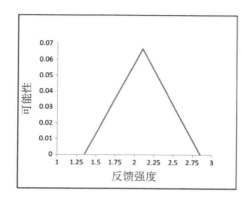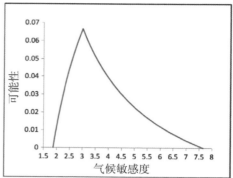

图 4　反馈的对称不确定性导致右偏的气候敏感度的例子

由于冰盖收缩和海湾突然侵蚀而导致的反照率的变化是其中一个可能的例子。① 要想引入这样的效应,在方程式(7)中令 x 依赖于温度就可以了。例如,我们可以引入通常所称的临界点的动态机制。例如,假设

$$x = \begin{cases} 2.1 & \text{,如果 } T < 3℃ \\ 2.72 & \text{,其他情况} \end{cases}$$

使用与前面相同的参数,这种设定将导致气候敏感度的不连续性。当于二氧化碳浓度低于 2 $\times \bar{S}$ 时,对应于全球平均气温 3℃的偏差,气候敏感度为 3。在该临界点以上,气候敏感度则为 6。根据方程式(6),$\dfrac{S_t}{\bar{S}}$ 与全球平均温度之间的映射如图 5 所示。

此外,我们还可以直接引入不可逆性。例如,如果温度或二氧化碳浓度等状态变量已经高出了某一阈值,就假设反馈会更强(即较高的 x)。

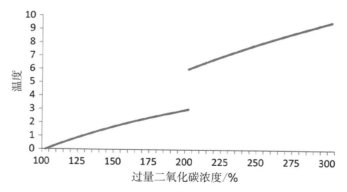

图 5　由于更强的反馈,临界点出现在了 3K 处

3.1.3　海洋拖曳

我们在上面给出了一个最简单的关于二氧化碳浓度如何影响气候变化的模型。当然,

---

① 许多最先进的气候模式包含了区域性的临界点,请参见德里宜夫豪塔等人(Drijfhouta et al.,2015)的总结。不过,到目前为止,在特定阈值水平上是否存在全球性的临界点,学界仍然没有达成共识,请参见伦顿等人(Lenton et al.,2008、利维坦(Levitan,2013),以及联合国政府间气候变化专门委员会(IPCC2013,技术摘要,第 70 页)。

这个最简单的框架拥有无限扩展的可能性。一个例子是,我们可以将另一个能量收支方程包括进来。在方程式(3)和(7)中,我们描述了大气温度的运动定律,指出大气温度的上升比海洋快得多。在向稳定状态逐步调整的过程中,海洋与大气之间会出现净能量流动。令 T_t 和 T_t^L 分别表示时间 t 的大气温度和海洋温度,且两者均用对其初始(前工业时期)稳态的偏离来度量。有了两个温度,我们就可以分别针对大气和海洋定义能量收支了。此外,再让强迫(因子)可以随时间推移而变化,并用 F_t 表示在时间 t 上的强迫(因子)。这样一来,我们就可以得出方程式(7)的扩展版本,如下式所示:

$$\frac{\mathrm{d}T_t}{\mathrm{d}t} = \sigma_1 (F_t + xT_t - \kappa T_t - \sigma_2 (T_t - T_t^L)) \tag{9}$$

对比方程式(9)和(7),我们不难发现多了一项 $\sigma_2 (T_t - T_t^L)$。这一项代表的是能量收支(现在是专为大气而定义的)中的一个新流量,即从大气到海洋的净能量流。要理解这一项,只需记住,如果海洋比大气冷,那么能量就会从大气流向海洋,这个流量在能量收支中就用 $-\sigma_2 (T_t - T_t^L)$ 来刻画。如果 $T_t > T_t^L$,那么这个流量对大气能量收支以及大气温度变化率(方程式的左侧)就会产生负面影响。海洋比大气冷得越多,对大气能量收支的负面影响越大。

为了完成这个动态模型,我们还需要利用海洋的能量收支来确定海洋温度是如何演变的。如果大气温度高于海洋,那么能量就会流向海洋,从而导致海洋温度升高。将这一点用一个线性方程式表示如下:

$$\frac{\mathrm{d}T_t^L}{\mathrm{d}t} = \sigma_3 (T_t - T_t^L) \tag{10}$$

方程式(9)和(10)一起,给出了强迫(因子)的变化对大气和海洋的温度的影响。

一旦我们指定了这个系统中的参数(σ_1、σ_2、σ_3 和 κ,它们均为正)并输入一系列不同水平的强迫(因子)F_t,我们就可以对系统的行为进行模拟了。诺德豪斯和波伊尔(Nordhaus and Boyer,2000)对于方程组(9)和(10)的一个离散时间版本(定义为一个步长为10年的类差分方程),运用 $\sigma_1 = 0.226$、$\sigma_2 = 0.44$ 和 $\sigma_3 = 0.02$ 进行了模拟。在方程式(6)中,我们阐明了该模型对于一个恒定的强迫(因子)——$1W/m^2$ 对应 $(\kappa - x)^{-1} = 0.81$——的动态响应,如图6所示。在图6中,最低的那条曲线表示海洋温度 T^L,它的上升相当缓慢。中间那条曲线是大气温度 T_t,它的上升要快得多。

很显然,这两个温度的长期增长都是由 $\frac{1}{\kappa}$ 与强迫(因子)的增量的乘积(即乘以 0.81℃)给出的。对于大气温度,要实现长期均衡,需要调整几十年,而对于海洋温度,则更是需要数百年的时间来调整。如果不存在海洋的拖曳作用,那么温度上升会更快,这一点在图6的最上面一条曲线中可以看得很清楚——在那里,我们设定 $\sigma_2 = 0$,从而消除了海洋温度提升缓慢的影响。然而,我们同时也看到,直到调整完成一半之前,那两条曲线之间的差异并不太大。

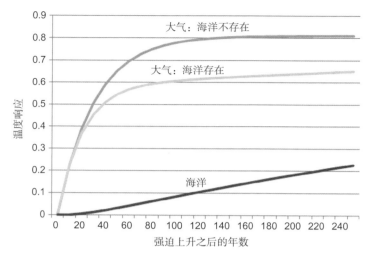

图6 在一个永久性强迫（因子）1W/m² 发生后，大气温度和海洋温度升高的情况

3.1.4 全球环流模型

从一位气象科学家的眼光来看，前面讨论的这些气候模型的适用范围是极其有限的。特别是，它们全都以能量收支概念为基础。这种构建模型的方式本身就决定了，它们是无法预测世界各地的巨大气候差异的。为此，我们还需要利用更加复杂的全球环流模型（general circulation model，GCM）。这种模型是建立在这样一个事实的基础上的：地球上的能量在全球的分布，无论在时间上还是空间上，都是不均匀的。这就导致了空气和水的运动，而空气和水的运动则是天气事件和气候的驱动力。这些模型的复杂程度各不相同，但是通常都具有数量极大的状态变量。[1]

全球环流模型的这种复杂性使得它们难以直接在经济学中使用。与具有人类行为主体的系统不同，这些模型不包含任何有前瞻能力的主体。因此，因果关系仅在一个时间方向上运行，系统的演变也不依赖于对未来的期望。因此，要求解这样一个具有非常多的状态变量的复杂的气候模型可能会极其困难——在实践中，由于它们是高度非线性的，并且往往具有混沌行为——而且不是经济学家在解决动态模型时遇到的那类困难。

幸运的是，还有一种不需要将非常大的状态空间与前瞻性行为结合起来，就可以对异质性的世界气候进行建模的方法。这种方法是以"统计降尺度"（statistical downscaling）技术为基础的。[2] 有了这种技术，就可以用大规模动态环流模型或历史数据的输出，来导出总量变更与分解变量之间的统计关系。这与实际的非线性高维模型相反，因为它们不具有随机性，模型的输出仅仅是看上去随机的（由于非线性）。因此，统计降尺度的基本思想是，将少量的状态变量视为对气候的更具体的描述的充分统计量。这种方法很有效，部分原因是气候变化最终是由一个全球性现象驱动的：由于温室气体的排放而导致的能量平衡的破坏，而且二氧化碳正是在其中起到了最重要的作用的温室气体。

---

① 请参见联合国政府间气候变化专门委员会报告（IPCC，2013，第 9 章）给出的全球环流模型的列表以及对它们的讨论。

② 请参见联合国政府间气候变化专门委员会报告（IPCC，2013，第 9 章）对统计降尺度技术的讨论。

令 $T_{i,t}$ 表示一个特定的气候测度,例如,第 i 个区域在第 t 期的年平均气温。我们可以估计如下模型:

$$T_{i,t} = \overline{T}_i + f(l_i, \psi_1) T_t + z_{i,t}$$
$$z_{i,t} = \rho z_{i,t-1} + \nu_{i,t}$$
$$\mathrm{var}(\nu_{i,t}) = g(l_i, \psi_2)$$
$$\mathrm{corr}(\nu_{i,t}, \nu_{j,t}) = h(d(l_i, l_j), \psi_3)$$

这是一个非常简单的系统,但是它可以用来解释清楚统计降尺度的概念。在这里 $\overline{T}_i$ 是区域 i 中的基线温度。f、g 和 h 是分别由 ψ_1、ψ_2 和 ψ_3 参数化的指定的函数。$Z_{i,t}$ 是预测误差,我们假设它遵循一阶自回归过程 AR(1)。l_i 是区域 i 的某个观察到的特征(例如,纬度),而 $d(l_i, l_j)$ 则是一个距离测度。克鲁塞尔和史密斯(Krusell and Smith,2014)用历史数据估计了这样一个模型。图 7 中的上图绘出了估计出来的函数 f,其中的 d_i 表示纬度。我们看到,全球平均气温 T_t 的增加,对区域温度的水平的影响强烈地依赖于纬度。全球温度升高 1℃ 的影响大小介于 0.25℃ 至 3.6℃ 之间。图 7 中的下图显示了使用 d 来测量欧几里得距离时的预测误差的相关模式。

现在考虑一个动态经济模型(其中的行为主体是有前瞻能力的),它的状态变量的数量足够小,因此能够用数值方法来求解。由于在这些状态变量当中,有一个在上述方程组中发挥着全球气候的作用,所以我们不难想象,只要异质性气候结果(例如,局部温度的分布)不会反馈到全球温度上,那么就可以加入大量的异质性而不会损失易处理性。这正是克鲁塞尔和史密斯(Krusell and Smith,2015)的模型的最重要的一个特征。可以认为,他们的模型是直接建立在本章后面各节中要给出的模型(静态的和动态的)基础上的。[1]

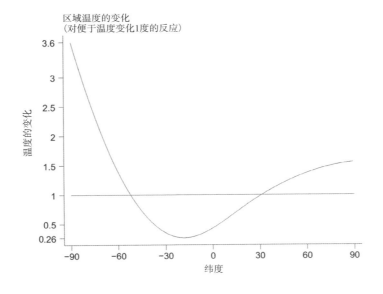

区域温度的变化
(对便于温度变化 1 度的反应)

---

[1] 克鲁塞尔和史密斯(Krusell and Smith,201 年)实际上允许通过经济变量,从全球温度分布中获得一些反馈。不过他们还是开发出了在这种情况下求解模型的数值方法。

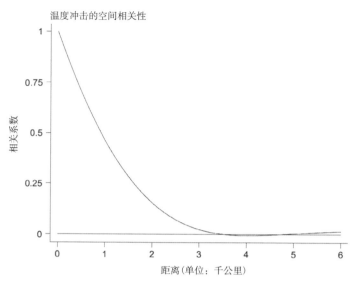

图 7　统计降尺度：区域气候对全球气候的反应

3.2　碳循环

我们现在转而讨论碳循环（carbon circulation，也称 carbon cycle）。在这里，建模的目的是生成二氧化碳排放量与大气中二氧化碳浓度的路径之间的映射。之所以关注二氧化碳，是因为虽然人类活动导致的其他气体（特别是甲烷）的排放也是温室效应的重要原因，但是只有二氧化碳才会对大气"不离不弃"。甲烷的半衰期大约是 10 年，但是正如我们将会看到的那样，相当大一部分排放的二氧化碳在大气中保留了数千年。[1]

3.2.1　碳汇和碳库

化石燃料的燃烧生成的二氧化碳被排放到大气中后，碳就会进入全球不同的碳库（碳汇）之间的循环系统。大气就是一个碳库（如图 8 所示）。在图 8 中，各种碳库用不同的"箱子"表示。每个"箱子"中的黑色数字表示该碳库的大小，单位是 GtC，即十亿吨碳。我们很容易就可以从图 8 中看出，最大的碳库（比其他所有碳库都大很多）是中深/深海，超过 37 000 GtC。其次是植被和大气，这两个碳库的容量都在 600 GtC 左右，虽然前者的不确定性相当大。土壤代表着一个更大的碳库，永久冻土也一样封存了大量的碳。图 8 中的黑色箭头表示工业化之前各碳库之间的碳流量（以每年多少 GtC 计算）。大气和海洋之间的流动差不多完全平衡，这意味着大气中的二氧化碳浓度是恒定的。

通过将二氧化碳转化为有机物质，地球生物圈中的植被引导大气中的碳流向生物圈。这过程就是光合作用。同时也存在一个相反的过程，那就是呼吸作用，也发生在植物中的真菌、杆菌和动物中。再加上土壤中的氧化、燃烧（如火灾）和其他物理过程，一起导致了以二

---

[1] 普拉瑟等人（Prather et al.，2012）推导出，甲烷的半衰期为 9.1 年，其不确定的范围为 0.9 年。

氧化碳形式向大气排放碳的过程。在海洋中也发生了类似的过程,碳通过光合作用被浮游植物吸收并释放回海洋中。当浮游植物沉入更深层的海洋时,也把碳带了下去。沉积在深海中的碳的一小部分最终被埋在海底的沉积物中,但大多数碳仍然存在于深层海水与浅层海水之间的循环系统中。在大气层和表层海洋之间,二氧化碳直接交换。二氧化碳与水反应形成溶解在水中的无机碳。当二氧化碳丰富的地表水在冬天冷却下来时,下沉到更深的海洋,同时交换也在另一个方向上发生。从图8中还可以看出,通过气体交换,海洋表层与大气之间也存在着很大的碳流。这些碳流虽然小于光合作用和呼吸作用,但是其数量级则是相同的。

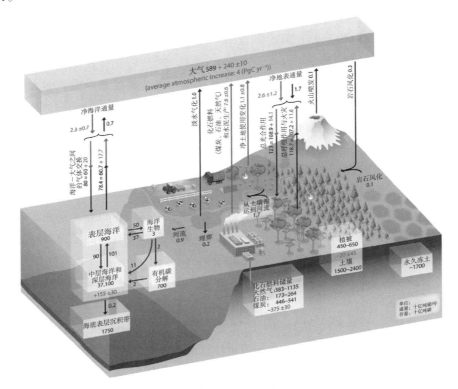

图 8　全球碳循环

注:存量单位为 GtC(十亿吨碳),流量单位为 GtC/年。

资料来源:IPCC, Stocker, T. F., Qin, D., Plattner, G. K., Tignor, M., Allen, S. K., Boschung, J., Nauels, A., Xia, Y., Bex, V., Midgley, P. M., 2013. Climate Change 2013: the Physical Science Basis. Cambridge University Press, Cam-Q16 bridge, UK, fig. 6.1。

3.2.2 人类活动对碳循环的影响

在工业革命之前,人类对碳循环的影响很小。大气中二氧化碳浓度从 18 世纪中叶开始上升,主要是由于化石燃料的燃烧和森林砍伐,而且也是水泥生产大量增加的结果。

在图 8 中,红色的数字代表了高于前工业化时期水平的碳库的存量和碳流量的变化。存量的数字所指的是 2011 年的数字,而流量则指 2000 年至 2009 年之间的年平均值。在图 8 的底部,我们看到,工业化开始以来,地球上的化石燃料碳库存已经消耗了 365±30GtC。从图中可见,因化石燃料使用和水泥生产而排放到大气的碳流量达到了每年 7.8±0.6GtC。此外,土地利用变化向大气释放的碳流量则为每年 1.1±0.8GtC。另一方面,从大气层到陆地生物圈和海洋的净流量也有所增加。总而言之,我们注意到,虽然化石碳储量缩小了,但是大气中的碳存量已经从不到 600GtC 增加到了 840GtC,而且现在正以每年 4GtC 的速度增长。海洋的碳存量也出现了相当大的增长,但是比大气要小。至于植被中的碳含量,则基本保持不变。

我们看到,碳的总流量的增加,主要是由于化石燃料燃烧。此外,流量还可能间接地受到了气候变化的影响,从而形成了一种反馈机制。例如,生物圈储存碳的能力会受到温度和降水的影响。类似地,海洋储存碳的能力也会受温度的影响。土壤中碳的沉积也可能受到气候变化的影响。我们在下文中,还会回过头来讨论这些机制。

3.2.3　化石燃料储量

从气候变化的角度来看,燃烧化石燃料排放出的二氧化碳的影响究竟多大这个问题的答案,显然取决于可以用于未来的燃烧的剩余(潜在)化石燃料还有多少。但是这个数值是不可确知的,而且可以得到的估计值也取决于定义。最终可以使用的化石燃料资源量取决于对未来勘探发现的估计,以及关于技术发展和相对价格的预测。通常,储量的定义可以在一系列越来越宽泛的范畴之下依次给出。例如,美国能源信息署(Energy Information Agency)就定义了四种不同类别的石油和天然气。最小的是探明储量(proved reseves),这是地质和工程数据已经证明,有充分的理由确信在现有经济和运行条件下,可以在未来几年开采的已知储备。随着技术进步和相对价格的变化,探明储量通常会随着时间的推移而增加。其他更大的含量依次为经济上可采资源(economically recoverable resources)、技术上可采资源(technically recoverable resources),以及剩余的成矿石油和天然气资源(remaining oil and natural gas in place)。

定义不同、估计方法不同,估计出来的储量也不同,而且估计结果还会随着时间的推移而变化。因此,本节给出的数字只能作为指示性意义。再者,不同类型的化石燃料的储量是以不同的单位来度量的:石油通常是用桶,天然气通常是用立方米或立方英尺,而煤则用吨。然而,对本章的目的来说,用碳含量来表示所有种类的化石能源将会是很方便的。因此,必须进行有意义的单位转换。考虑了这些需要注意的事项之后,我们根据英国石油公司报告的全球石油和天然气探明储量(BP,2015),计算出石油和天然气的碳含量分别为大约 200 GtC 和 100 GtC。[1] 如果保持目前的开采速度不变,那么所有这些储量将可以再维持大约 50 年。将这些数字牢记在心,然后注意到大气目前的碳含量为大约 800 GtC 出头。因此根据前

---

[1] 英国石油公司(BP,2015)报告,石油探明储量为 23980 亿吨。为了将这个储量转换为碳含量,我们采用了联合国政府间气候变化专门委员会给出的转换表格(IPCC,2006,表 1.2 和表 1.3)。根据这些表格,我们计算出每 10 亿吨石油的碳含量为 0.846 GtC(GtC 意为十亿吨碳)。英国石油公司(BP,2015)还报告说,天然气储量为 187.1 万亿立方米。英国石油公司的报告指出,每万亿立方米天然气的能源含量为 35.7 万亿 BtU(英国热量单位),这相当于 35.9 万亿千焦。联合国政府间气候变化专门委员会(IPCC,2006)的报告称,天然气的碳含量为 15.3kg/GJ(千克/吉焦)。这意味着 1 万亿立方米天然气的碳含量为 0.546 GtC。对于煤炭,我们使用联合国政府间气候变化专门委员会(IPCC,2006)的数字计算出的每 10 亿吨煤的碳含量为 0.716 GtC。需要注意的是,对于所有这些转换,由于燃料的质量不同,碳含量会存在显著的差异,因此使用这些数字时必须非常谨慎。

几节的结果,我们可以看出,即使把所有探明储量的石油和天然气都燃烧掉,对气候的影响也将会是比较温和的。[1] 然后,同样是利用英国石油公司报告的数字(BP,2015),我们可以计算出探明煤炭储量的碳含量为 600 GtC 左右,从而对气候构成了更大的潜在风险。

如果使用更宽泛的能源储量定义,那么碳存量就会大得多。更具体地说,如果我们使用麦克格莱德和埃金斯(McGlade and Ekins,2015)的数据,我们就可以计算出可开采的石油、天然气和煤炭的碳含量分别为接近于 600 GtC、400 GtC 和 3000 GtC。[2] 罗格纳(Rogner,1997)估计煤炭的碳含量为 3500 GtC,而且它的边际开采成本曲线是相当平坦的。很显然,如果所有这些储量都被使用了,那么对气候变化的影响就不可能再是"温和"的了。

3.2.4　线性碳循环模型

一个很自然的分析起点是线性碳循环模型。让我们先从诺德豪斯和波伊尔(Nordhaus and Boyer,2000)给出的双存量模型入手。在这个模型中,变量 S_t 和 S_t^L 分别表示两个碳库的碳量——大气中的碳量为 S_t、海洋中的碳量为 S_t^L。然后,再用 E_t 表示进入大气的排放量。在线性假设模型下,我们假设每单位时间内,S_t 会有恒定比例 ϕ_1 流入 S_t^L,同时反方向上,S_t^L 也有恒定比例 ϕ_2 流入 S_t。这就是说:

$$\frac{\mathrm{d}S_t}{\mathrm{d}t} = -\phi_1 S_t + \phi_2 S_t^L + E_t$$
$$\frac{\mathrm{d}S_t^L}{\mathrm{d}t} = \phi_1 S_t - \phi_2 S_t^L \tag{11}$$

方程组(11)构成了一个线性微分系统,它类似于方程组(9)和(10)。然而,这两个系统之间存在一个关键的区别:通过碳排放而额外进入这个系统的碳,在如下意义上会被牢牢"捕获":从整体上看,这个系统没有流出。这是方程组(11)这个系统的其中一个特征根为零这个事实的反映。[3] 而这就意味着,如果 E 稳定下来并保持为正常数,那么碳库 S_t 和 S_t^L 的规模将不会向某个稳定状态趋近,而是会永久增长。如果排放最终停止并保持在零的水平上,那么这两个碳库的规模将稳定在一定的稳态值上,但是这些值将取决于在此之前累积的排放量。这个稳定状态满足零净流量:

$$0 = -\phi_1 S + \phi_2 S^L \tag{12}$$

这意味着:

$$\frac{S}{S^L} = \frac{\phi_2}{\phi_1}$$

同时还意味着收敛的速度是由非零根 $-(\phi_1 + \phi_2)$ 决定的。

正如我们在上面已经指出过的,二氧化碳很快就能进入大气。二氧化碳也能快速地通过海洋表面。这就意味着,大气中的碳含量与浅海水中的碳含量之间的新平衡是很快就能

---

[1] 我们下面就会看到,燃烧的化石燃料排放的很大一部分很快就离开了大气。

[2] 请参见前面说明数据转换的那个脚注。

[3] 如果我们再定义表中的化石燃料的存量,那么总净流量为零。由于可以安全地假定流入化石燃料的碳存量是微不足道的,所以我们可以直接向另一个方程组加入一个方程 $\frac{\mathrm{d}R_t}{\mathrm{d}t} = -E_t$,这样就可以刻画化石储量的消耗了。

重新实现的。[1] 相比之下,将碳向深海输送的速度却要慢得多,从而激发了一批有第三个碳库——深层海洋——的模型。例如,诺德豪斯和斯茨托克(Nordhaus and Sztorc,2013)不久前提出的 DICE 模型和 RICE 模型,就都使用了类似于方程组(11)的三碳库线性系统。

3.2.5 简化式碳衰减模型

虽然前述存量—流量模型在理论上很有吸引力,而且也非常直观,但是却有过度简化了复杂过程的风险。例如,陆地生物圈储存碳的能力取决于温度和降水。因此,气候的变化可能会对流入和流出生物圈的碳流量产生影响,而这是前述模型未能刻画的。类似地,海洋储存碳的能力也依赖于温度(负相关)。将温度和降水作为系统中的独立变量,或许可以解决这些问题。此外,深海中涉及的过程与线性模型所表征的过程相比,明显更加复杂。特别是,海洋中的碳是以不同的化学形式存在的,而且它们相互之间的平衡对于碳循环的动态具有重要的作用,但是却被前述模型忽略了。

线性模型还有一个重要问题[请参见阿彻(Archer,2005)、阿彻等人(Archer et al.,2009)]是由于所谓的雷维尔缓冲因子(Revelle buffer factor)所致[请参见雷维尔和休斯(Revelle and Suess,1957)]。随着二氧化碳在海洋中的不断积聚,水将被酸化,从而大大限制了海洋吸收更多二氧化碳的能力,使得海洋作为碳储存库的有效"库容"大约减少了 15 分之 1[阿彻(Archer,2005)]。酸度也会降低,逐渐可以恢复到前工业时期的平衡水平,但是这个过程非常缓慢。事实上,这个过程实在太慢了,在经济模型中完全可以忽略它。联合国政府间气候变化专门委员会(IPCC,2007,第 25 页,技术摘要)在考虑了雷维尔缓冲因子后得出的结论如下:"对大气的二氧化碳'脉冲'式冲击,大约一半会在 30 年的时间内消除;在几个世纪之内,又有 30%会消除;剩下的 20%则通常会留在大气中几千年之久。"阿彻(Archer,2005)的结论则是,估计大约 75%的过量大气碳浓度的"平均寿命"为 300 年,剩下的大约 25%则能继续存在好几千年。[2]

对于这种现象,一种表示方法是定义一个"折旧"模型(depriciation model)。戈洛索夫等人(Golosov et al.,2014)构建了一个碳衰减函数。令 $1-d(s)$ 表示在过了 s 期之后仍然留存在大气中的排放出来的碳的边际单位数量。然后设定下式:

$$1-d(s) = \varphi_L + (1-\varphi_L)\varphi_0(1-\varphi)^s \tag{13}$$

式(13)中的三个参数都很容易校准,以匹配前面引述的联合国政府间气候变化专门委员会总结的三个事实。我们将在第 5 节中做到这一点。联合国政府间气候变化专门委员会(IPCC,2007a,表 2.14)还给出了另一种类似的方法,即设定下式:

$$1-d(s) = a_0 + \sum_{i=1}^{3} \left(a_i e^{-\frac{s}{\tau_i}} \right), \tag{14}$$

其中,$a_0 = 0.217$,$a_1 = 0.259$,$a_2 = 0.338$,$a_3 = 0.186$,$\tau_1 = 172.9$,$\tau_2 = 18.51$,$\tau_3 = 1.186$,其中 s 和 τ_is 是以年为单位测量的。采用这种参数化方法,大气中的碳排放单位,50%在 30 年后离开了大气,75%在 356 年后消失,而 21.7%则永远留存在大气中。值得注意的是,这种碳衰减

---

[1] 联合国政府间气候变化专门委员会(IPCC,2013)称,这只需要 1 至 2 年。
[2] 类似的结果也可以在联合国政府间气候变化专门委员会的报告中发现(IPCC,2013,专栏 6.1)。

模型适用于初始二氧化碳浓度等于当前二氧化碳浓度(约 800 GtC)时的边际排放。碳衰减函数的参数的选择,应该允许依赖于初始条件和超边际未来排放。如果排放量非常大,那么长期留在大气中的份额就会更大。为了使读者对这些参数的敏感性程度有一个直观的感受,我们愿意指出,一个 5000GtC 的极大脉冲排放(比目前累积排放的 1 倍还要大),大约40%在一千年之后仍然留存,而更小的脉冲排放,则只会留存这个比例的一半左右(即 20%)。①

3.2.6 假设排放与温度之间的线性关系

如前所述,孤立地分析碳循环可能过于简单化了。各种各样的碳汇的储存能力本身就依赖于气候的发展变化。有人可能会认为,要将这些互动都包括进来会使模型非常复杂。不过事实证明,并不一定如此。事实上,有证据表明,气候和碳循环系统中的多种反馈和非线性倾向于相互抵消,从而使得复合系统的行为更加简单,并且在实际上呈现出了线性特征。② 接下来我们简要地说明这一点。我们将变量 CCR_m(carbon-climate response,碳—气候响应)定义为在特定时间区间 m 上每单位排放到大气中的化石碳所对应的同一时间区间上的全球平均气温变化,即:

$$CCR_m \equiv \frac{T_{t+m}-T_t}{\int_t^m E_s \, \mathrm{d}s}$$

给定我们在本节以及前面各节的讨论,人们可能倾向于认定,这个变量怎么都不可能是一个常数:一般来说,气候和碳循环的动态行为应该会使得 CCR_m 取决于所考虑的时间区间的长度。例如,由于让海洋升温需要时间,所以温度的反应可能会取决于时间区间是 10 年还是一个世纪。类似地,由于碳的动态变化也是缓慢的,所以由单位排放导致的额外二氧化碳浓度也应该随所考虑的时间区间而变化——时间区间颠簸,浓度越低。此外,CCR_m 可能取决于以往已经发生了多少排放:很高的先前排放量可能会降低碳汇的有效性,甚至可能会将它们转化为净贡献者。二氧化碳浓度升高对温度的边际影响也取决于二氧化碳的浓度,因为二氧化碳浓度与温室效应存在着对数关系。

然而,令人惊讶的是,马修斯等人(Matthews et al.,2009)证明,这些动态和非线性效应趋向于相互抵消,从而使得我们可以将 CCR_m 视为与所考虑的时间区间长度以及以前的排放量无关的常数 CCR。这是一个非常好的近似。当然,关于 CCR 的取值,我们现有的知识仍然是不完整的,不过马修斯等人(Matthews et al.,2012)通过定量研究填补了这个知识空白,他们指出,在 90% 的置信区间下,它的值为每 1000GtC 为 1℃ 至 2.5℃。③ 这就意味着,我们可以写出如下(近似)线性关系:

$$T_{t+m} = T_t + CCR \int_t^m E_s \, \mathrm{d}s$$

---

① 请参见联合国政府间气候变化专门委员会(IPCC,2013,专栏 6.1)。
② 本小节基于马修斯等人的论文(Matthews et al.,2009)。
③ 联合国政府间气候变化专门委员会(IPCC,2013)定义了一个非常相似的概念,即对于累积碳排放量的瞬态气候反应(transient climate response to cumulative carbon emissions,TCRE);还证明,对于低于 2000 GtC 的累积排放量,每 1000 GtC 的反应可能介于 0.8℃ 至 2.5℃ 之间。

对于这个令人惊讶的结果,我们应该怎么理解? 我们先来考虑时间独立性。在上一节中我们已经阐明,当把海洋包括在分析中时,对于给定的某个强迫的温度响应有明显的延迟。因此,一方面,如果二氧化碳浓度永久性地跃升到了更高的水平上,那么即便是让温度完成最终要发生的变化的一半,也至少需要几十年的时间。另一方面,如果碳被排放到了大气中,那么这些碳当中的大部分会缓慢地从大气中消失。如果把时间尺度设定为数十年到一千年,那么这些动态相互抵消的情况就会发生。因而,在更短的时间区间内,二氧化碳浓度较高,因此强迫也更高,但是海洋的冷却效应会起到平衡作用。

第二,关于 *CCR* 对于以往的排放量的独立性,我们在上一节讨论的"阿列尼乌斯温室法则"(Arrhenius's greenhouse law)意味着,二氧化碳浓度与温度之间存在对数关系。因此,一方面,在二氧化碳浓度本来已经很高的情况下,二氧化碳浓度的增加对温度的影响较小。另一方面,现有的碳循环模型通常具有这样一个性质:当更多的二氧化碳被排放到大气中之后,这些碳汇的储存能力随之降低。这些影响也是平衡的——在二氧化碳的浓度处于较高水平时,额外一单位的排放就会增加二氧化碳浓度,但是二氧化碳浓度对温度发生影响的速度也会减缓大致相同的比例。

给定 *CCR* 的值,我们立即就可以计算出,为了将全球变暖限定在某个特定的值上,能够再允许多少碳排放。例如,假设我们选定的值为 *CCR* = 1.75,然后,为了将全球变暖限制在 2℃,允许我们的排放不得超过 (2/1.75) × 1000 = 1140 GtC,这就意味着将来最多只能排放大约 600 GtC。然而,如果我们使用 95% 置信区间的上限(*CCR* = 2.5),并将目标定为将全球变暖降至 2℃,那么累积排放量就不能超过 800 GtC 的总额——也就是说,大部分排放"额度"已经用完了。

3.3 损害

在本节中,我们讨论经济将会如何受到气候变化的影响。气候变化的经济分析往往依赖于成本—收益计算,这种方法不仅仅是气候经济学分析的必不可少的基石,而且也是气候经济学要解决的一个重大挑战。这也是一个非常复杂的领域,之所以复杂,主要出于如下几个原因。首先,气候变化可以对经济产生影响的方式几乎无限多。其次,碳排放可能会在很长的时间内影响气候,甚至长达数千年。这个事实意味着,在定量分析时,给子孙后代的福利赋以什么权重,对于评估来说是至关重要的。再次,全球气候变化的大小,可能远远超过了人类在现代历史中所经历过的程度。因此,如果要用来推断未来气候变化的后果,那么就必须将气候变化与经济之间的历史关系进行极大的外推。最后,许多潜在的成本体现在没有市场价格的商品和服务上。

气候会影响经济,这种思想可能与经济本身一样古老,或者甚至像人类本身一样古老。自从新石器时代革命以来,天气结果的分布——即气候——影响农业产出就已经成了人类的显而易见的共同知识了。关于气候如何影响农业生产的文献非常多,不过我们不打算在这里进行评述。众所周知的一个事实来自跨国比较:更暖的气候与更低的人均收入强烈相关。甚至在一个国家内部也可以发现温度与人均收入之间的负相关关系——例如，请参见诺德豪斯（Nordhaus,2006）。然而，诺德豪斯（Nordhaus,2006）也发现了产出密度（即单位面积产出）与平均气温之间的驼峰形关系。这表明适应的一种途径是地理意义上的流动性。托尔（Tol,2009）给出了一个很好的文献综述。近来在经济学中，使用强调识别的现代方法的文献正在迅速增多。识别的重点多种多样，也允许气候变化产生许多不同的影响，包括对不同生产部门的经济生产率的不同影响、对健康的影响、对死亡率的影响、对社会动荡和冲突的影响，等等。戴尔等人（Dell et al.,2014）对这一支新文献进行了综述。

因此，气候变化可能具有极其多样化的影响，涉及影响不同活动的大量不同机制。各种不同的效应在空间上是不均匀的，各有不同的动态。然而无论如何，重要的是在可以用宏观经济模型处理的层面上对各种效应加以总结。[①]

3.3.1　诺德豪斯的方法

诺德豪斯（Nordhaus,1991）很早就尝试过加总气候变化对经济的影响。[②] 在一系列论文中，诺德豪斯构建了一个突破性的综合评估模型（Nordhaus,1992,1993），即 DICE 模型，它具有三个相互联系的系统：气候系统、碳循环系统和经济系统。[③] 这实质上是一个具有碳循环、气候模块和损害函数的全球增长模型。在早期，构建损害函数的方法是，假定全球变暖所带来的经济损失会占 GDP 一定比例，并且是全球平均气温的一个函数，而全球平均气温则用对前工业时期的平均气温的偏离来衡量。诺德豪斯在他的第一个 DICE 模型中假设，产出损失的比例为：

$$D(T) = 0.0133 \left(\frac{T}{3}\right)^2$$

当然，诺德豪斯自己也强调，支持上面这个设定的知识非常有限。在研究气候变化对美国经济活动的影响之后，诺德豪斯（Nordhaus,1991）的估计是，温度偏离 3℃ 将导致相当于美国国内生产总值的 0.25％ 的产出损失。但是他又说，有理由认为这个估计结果忽略了某些重要因素，美国的实际损失应该在国内生产总值的 1％ 这个数量级上，而且全球的损失还要更大一些。在后来的研究中，诺德豪斯（Nordhaus,1992）引用了克利纳（Cline,1992）所估计的损害函数中的温度的幂，但是选择了 2 而不是所引论文中的 1.3。

在后来的研究中，诺德豪斯和波伊尔（Nordhaus and Boyer,2000）给出了更详细的损害函数的分部门估计。他们的损害函数加总了对市场活动的损害和可能影响未交易的商品、服务和其他价值的损害；此外，他们还试图对气候变化的灾难性后果的风险进行评估。但是很显然，这几乎是一个不可能完成的任务，因为对尾部风险的定量知识少之又少。诺德豪斯和波伊尔利用了问卷调查数据。他们的问卷要求气候专家对全球平均气温的不同幅度的上升可能导致产出永久性的剧烈损失的概率进行评估。

诺德豪斯和斯茨托克（Nordhaus and Sztorc,2013）给出的最新版本的 DICE 模型则可以回

---

① 不过，对于有很大异质性的宏观经济建模的进展其实非常迅速。例如，就气候经济建模而言，克鲁塞尔和史密斯（Krusell and Smith,2015 年）给出的模型，包括了差不多 20000 个区域。
② 其他早期的例子还包括：克利纳（Cline,1992）、弗朗克豪瑟（Fankhauser,1994），以及蒂图斯（Titus,1992）等。
③ DICE 指气候与经济的动态综合模型（dynamic integrated models of climate and the economy）。

溯对于损害函数的一种任意特设的校准。在托尔(Tol,2009)的文献综述和如图9所示的联合国政府间气候变化专门委员会(IPCC,2007b)给出的结果的基础上,他们假设了如下的损害函数:

$$D(T) = 1 - \frac{1}{1 + 0.00267T^2} \tag{15}$$

式(15)这样的函数形式,能够使得损害必定小于1,但是在预期的温度变化范围之内,我们不难注意到 $1 - \frac{1}{1+0.00267T^2} \approx 0.023\left(\frac{T}{3}\right)^2$。[①] 因此,这个函数形式其实仍然与第一版的DICE模型类似,但是,气温变化3℃的估计损失则从全球GDP的1.3%增加到了2.3%。

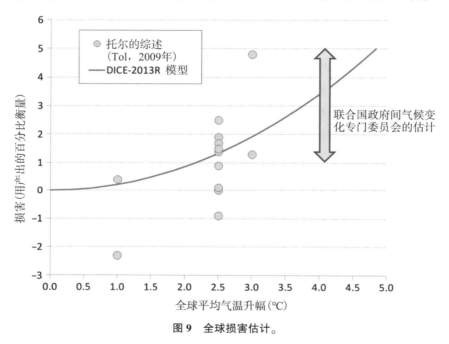

图9　全球损害估计。

注:图中的点源于托尔(Tol,2009)。实线是DICE-2013R模型的估计。箭头来自联合国政府间气候变化专门委员会(IPCC,2007b,第17页)。

资料来源转载自Nordhaus, W. D., Sztorc, P., 2013. DICE 2013R: introduction and users manual. Mimeo, Yale University。

　　诺德豪斯还开发出了一个具有多个区域的气候与经济的动态综合模型,他称之为RICE模型——区域性综合气候—经济模型(regional integrated climate-economy model)。他们在这个模型的最新版本中,分别为12个区域定义了不同的损害函数。而全球平均温度的线性二次函数则在温度偏离达到4℃时设置了一个附加性的阈值效应:在这个水平上,温度的指数会增加到6。此外,这个模型还对海平面上升也单独给出了解释——海平面上升的损害也是用一个线性二次函数描述的。

---

① 有一点很重要,我们强调一下,诺德豪斯和斯茨托克(Nordhaus and Sztorc,2013)警告不要在温度偏离3℃以上的情况下使用他们的损害函数。

其他全球综合评估模型也使用了类似的总损害函数,其中比较突出的几个例子包括WITCH 模型、FUND 模型和 PAGE 模型。[①] 更具体来说,WITCH 对全球 8 个区域分别设定了特定于区域的二次损害函数。FUND 模型则对 16 个区域的每一个区域运用了 8 个不同的部门损害函数。在斯特因那项很有影响力的研究(Stern,2007)所使用的 PAGE 模型中,则对 8 个区域中不同类型的损害采用了 4 种独立的损害函数。在 FUND 模型中,损害函数有一个特殊的特征,那就是,将全球平均温度的指数假定为区间[1.5-3]上的一个随机变量。

3.3.2　显性损害的加总

到目前为止我们描述的损害函数在一定程度上都是用一种"自下而上"的方法推导出来的。这就是说,先明确定义对各特定区域和经济部门的损害,然后进行加总。在用这种方法得到了加总结果的基础上,再用某种任意决定的特别程序进行调整,从而得到最终结果。这样调整得到的结果通常比以明确的汇总方式确定的损害要大得多。此外,这种方法还把一般均衡效应抽象掉了,而只是直接将各部门和区域估计出来的损害逐一累加到一起。很显然,这是有问题的,因为生产率下降对特定地区的特定部门的福利后果取决于生产在何种程度上可以转移到其他地区,或者被其他商品代替。

当然,也有一些模型考虑了(区域)一般均衡效应,其中一个对气候损害进行细致的高分辨率建模的例子是由欧盟委员会发起的 PESETA 项目。[②] 欧盟估计的损害包括了:沿海区域损害、洪水损失、农业损失、旅游业和卫生保健业损失。一个有参考价值的情景是,20 世纪末,欧盟估计温度升幅相对于 1961 年至 1990 年的平均水平提高了 3.1℃,而所造成的损害则相当于整个欧盟范围内的 GDP 的 1.8% 的损失。在这个损失当中,最大的一部分在于欧盟中南部国家和地区因气温因素而导致的过高的未成年人口死亡率。[③] 在欧盟北部国家和地区,温度上升带来的福利收益(因为能源支出变低了),则基本上被健康问题和沿海地区受灾带来的损害抵消了。[④] 很显然,这些影响与这个时期对经济增长的期望相比,与气候变化政策辩论中经常表现出来的对严重影响的恐惧相比,显然是很小的。

3.3.3　自上而下的方法

除了上述自下而上的方法之外,另一种方法是估计 GDP、消费、投资和气候等总量变量之间的关系的简化式模型。这里的思想是,将气候的自然历史变化与打算研究的总量变量的变化联系起来。因此,这支文献的大部分研究的重点放在了气候变化的短期变化上。戴尔等人的论文(Dell et al.,2012)就是这种方法的一个很好的例子,他们研究了某个国家的温度的自然年度变化如何影响该国的国内生产总值。利用 1950 年至 2003 年的数据,戴尔等人发现,温度的暂时偏差会有强烈和持久的影响,点估计结果为每摄氏度的温度变化影响 GDP的 1.4%——但是这只发生在穷国。班萨尔和奥肯阿(Bansal and Ochoa,2011)也报告了类似的结果,但是他们使用的是全球温度变化的数据。然而,克鲁塞尔和史密斯(Krusell and

---

[①] 分别请参见波塞蒂等人(Bosetti et al.,2006)、托尔(Tol,1995)和克里斯等人(Chris et al.,1993)给出的对 WITCH、FUND 和 PAGE 的描述。

[②] 请参见西斯卡等人(Ciscar et al.,2011)的简要的描述。

[③] 这些国家包括法国、奥地利、捷克共和国、斯洛伐克、匈牙利、斯洛文尼亚和罗马尼亚。

[④] 这个区域的定义包括:瑞典、芬兰、爱沙尼亚、立陶宛、拉脱维亚和丹麦。

Smith,2015)却发现,正向的温度冲击只会影响国内生产总值的水平,而不会影响增长率,而且他们没有发现对富国与穷国的影响存在不同的证据。

还有一种方法是孟德尔索恩等人(Mendelsohn et al.,1994)采取的方法。他们没有试图确定气候与产出之间的直接关系(即估计一个以气候为投入要素的生产函数),而是把关注重点放在了农业用地的价格上。他们把这种方法称为李嘉图式方法(Ricadian approach)。这种方法的优点是,可以将适应(例如作物的变化)考虑进去。他们得到的结果表明,除了秋季以外,较高的温度与较低的地价相关。然而,这种相关性的强度低于传统的生产函数分析方法得到的估计结果。这表明后者低估了适应的潜力。

伯克等人(Burke et al.,2015)通过假设本地损失不是全球气温的函数,而是本地温度的函数,估计了经济活动与气候之间的经验关系。这也就是说,在他们这里,异质性不是建立在对全球温度变化的反应的差异基础上的,而是直接以各地气候在多大程度上不同为起点的。如果一个地区很冷,那么气候变暖可能是有益的;如果一个地区本来就非常温暖了,那么进一步升温就可能特别有害。与诺德豪斯(Nordhaus,2006)一致,他们也估计出了经济活动与年平均气温之间的驼峰形关系(其最大值位于 12℃—13℃)。如果将这种关系视为气候与生产率之间的因果关系,那么就可以用来衡量气候变化的长期后果。然而,使用这种关系来评估长期后果就预告排除了对短期和中期成本的研究。这一点特别适用于人口在不同地理区域之间重新分配的成本的研究——对于这个领域,我们知之甚少。与伯克等人(Burke et al.,2015)类似,克鲁塞尔和史密斯(Krusell and Smith,2015)对一系列区域中的第一个分别假设了一个唯一的本地气温变化损害函数,并施加了特定的限制条件,使得这种函数能够生成诺德豪斯估计出来的在气温上升 1℃、2.5℃ 和 5℃ 时的总损害。结果他们发现,理想的温度比伯克等人所发现的要低一些。但是当本地温度远远偏离理想值时,损失可能非常大。

3.3.4 若干注释

本章中讨论损害测量的这一节篇幅很短,而且没有对相关文献进行充分的综述。然而,即便是一个非常有雄心的综述,也肯定得明确承认,损害测量这个研究领域现在仍然处于非常早期的阶段,无法为成本效益分析提供太多的指导。一方面,绝大多数证据都表明,全球性总体损害是相当有限的,特别是对温和气候变化来说,就更加是这样了。另一方面,我们也不能排除发生很大的损害的可能性,至少在气候变化不那么温和的情况下是如此。说到底,如果我们不能衡量和量化气候变化造成的损失,我们又怎么可能给出合适的政策建议呢?这里不存在直截了当的答案,我们需要的是更多、更深入的研究。然而不幸的是,尽管没有更坚实的证据,参与气候辩论的正反双方却都对作为自己希望采取的行动的根据的损害函数,提出了很多极端的观点。因此,我们更愿意谨慎行事,并将我们对损害函数的校准建立在收集来并整理好的证据的基础上。但是,在仔细描述我们在这里所采取的方法之前,我们要先就将会抽象掉的若干机制给出一些评论——这些机制有可能被证明是很重要的。

损害的一个方面与长期因素有关:温暖的气候会不会阻碍(或有助于)长期经济发展,甚至有可能影响产出的增长率?戴尔等人的研究(Dell et al.,2012)以及伯克等人的研究(Burke et al.,2015)认为,这种影响可能出现在地方的层面上,不过,他们都没有给出相关机制的证据。至于对世界 GDP 的总体增长率的影响,至少据我们所知,还没有证据。显然,任何增长效应——通过自然发生的时间上的递增效应——都会导致巨大的总体效应,而且位于分布的不同端点的各区域在产出和福利水平等方面将会出现差异,但是现在还不清楚我们的增长数据是不是支持这个结论。与此同时,大量的隐含效应意味着,更加重要的是越发深入地了解增长效应是不是确实存在。我们要明确的是,我们的零假设是气候变化对长期增长率没有影响。

与此相关的另一种常见做法是——追随诺德豪斯的思路——认为损害与国内生产总值之间成正比关系。这种建构(尽管在很大程度上应该说是未经检验的)具有一些非常重要的含义。一个原因是,在这种假设下,如果所有其他条件都保持不变,那么更高的国内生产总值就会导致更高的损害。另一个原因是,由于国内生产总值的降低意味着可供消费的东西更少,而且消费(在宏观经济模型中通常)被认为是边际效用递减的,所以 GDP 越高,用消费单位来衡量的单位损害的福利损失越低。因此,如果未来各代所拥有的国内生产总值比我们今天的 GDP 更高,那么就会出现两种相反的力量:用消费单位来衡量的损害总额会更高,但是每一个单位对子孙后代的伤害都会更小一些。正如我们将会看到的那样,在合理的关于效用的假设下,这两种力量倾向于相互抵消或大致抵消。然而,还是有很多种方法都与诺德豪斯的方法不同。一种方法是假设损害发生在消费单位上,但并不是(线性地)与 GDP 成比例(例如,遭受损害的可能是我们的资本存量)。另一种方法是假设损害发生在特定的消费组合上,它们可能不会呈现出与总消费同等程度的收益递减性质(例如,对闲暇、健康或寿命的影响)。此外,损害也可能会以改变资源分配的形式出现,或者也可能以其他很难针对它们构建与 GDP 成比例的总损害函数的方式出现。

气候变化还可能导致社会冲突,因为它会改变不同活动的价值,或者,更一般地说,会改变"禀赋"。这种改变的第一个渠道是移民。历史告诉我们,如果某个地区受到了气候变化的影响,人们开始向外迁徙,那么他们途经的地区和目的地发生冲突的概率就会上升,例如请参见米格尔等人(Miguel et al. ,2004)、伯克等人(Burke et al. ,2009)、贾(Jia,2014)、哈拉里和拉费雷拉(Harari and La Ferrara,2014)、伯克等人(Burke et al. ,2015)。与此同时,移民也正是人类适应不断变化的气候的主要方式之一。事实上,有一种观点认为,"人类只需要向南北两极的方向稍稍迁移一段距离",就能够在很大程度上减少气候变暖导致的损失。对于这种迁移机制,请参见德斯梅特和罗西–汉斯伯格(Desmet and Rossi-Hansberg,2015)以及布罗克等人(Brock et al. ,2014)。另外一个相关的方面是,气候变化所带来的影响非常多样化。也许不能否认这种可能性:总损害的数额占国内生产总值的份额非常小,那些损失很大的人可以通过其他人的帮助得到补偿,最终甚至可能没有任何损失。然而,这样的全球保险计划并不存在,至少目前还不存在。补偿性转移支付在何种程度上存在,可能会对合理的成本效益分析和应对气候变化的政策产生重大影响。

在气候经济学领域,人们经常会提到临界点。在前面,我们已经讨论了自然—科学子系统中可能会出现的若干临界点。损害也可以出现各种各样的临界点,而且在一定程度上,临界点就是一种高度非线性的损害函数。临界点出现的一个例子是,冰盖融化而导致海平面上升。显然,如果海平面上升的程度足够大,那么有些地区就可能会被淹没,变得不再适合人类居住,由此而导致的结果必定是高度非线性的。这个论证过程清晰地表明,在局部层面使用高度非线性的损害函数是有理由的,或者至少在讨论全球气温上升的某些方面的影响时是这样。然而同样明显的是,海平面上升影响的非线性显然不一定意味着全球性的损害是非线性的。在这里,我们所能说的无非是,关于气候变化的损害的全球性临界点,我们现在知道的还很少。因此接下来,我们将只着重说明一点,一个平滑的、凸的总损害函数是分析的一个很好的起点,在这个方面,我们也追随了诺德豪斯的思路。

而在更宽泛的层面上,我们一定要清楚,这个领域需要多种不同的方法。像 PESETA 项目那样的自下而上的结构化方法的优点是设定非常明确,而且允许进行外推,但是它们的局限是,只能包括数量有限的因素,因此可能会遗漏重要的其他机制。简化形式的基于微观的方法则使得我们完成可信的识别,但是同样可能忽略某些重要因素和一般均衡效应。简化形式的总量方法不太可能遗漏某个机制或忽视一般均衡效应,但是必定只能包括更少的可观察量,而且不容易解释和外推。我们认为,在这个问题上,除了在气候—经济研究的这个重要领域的各个方面全面推进之外,我们没有别的选择。

3.3.5 一个操作性很强的方法:直接关系

我们现在讨论一个能够给我们带来极大便利的工具,它将用于本章的剩余部门的分析。这是一种将对损害的各种估计纳入我们的结构性综合评估模型中的方法。在第 3.1.1 节中,我们注意到二氧化碳浓度与温室效应之间的关系是凹的(大致上是一个对数关系)。反馈的存在很可能意味着直接效应的放大,但是在没有已知的全球阈值效应的情况下,对数关系很可能继续存在。在前面我们还注意到了,到目前为止,建模者通常会假设温度和损害之间存在的关系是凸的:至少对于中等程度(温和)的气温上升,他们通常选择线性二次方程式。戈洛索夫等人(Golosov et al.,2014)证明,从二氧化碳浓度到温度的凹映射,与从温度到损害的凸映射,参数化的这种标准组合意味着更高的二氧化碳浓度对损害有一种近似恒定的边际效应(损害假设为国内生产总值的某个比例)。因此,他们假定:

$$D(T(S)) = 1 - e^{-\gamma(S-\bar{S})} \tag{16}$$

其中,S 是在某个时间点上大气中的碳的含量,$\bar{S}$ 是其前工业时期的水平。这个方程式忽略了二氧化碳浓度与温度之间的动态关系。它也忽略了损害映射的凸性突然增加和气候系统中阈值效应的可能性。这些都是值得考虑的重要因素,特别是在分析温度升高的影响时。然而,这个近似值提供了一个非常方便的基准,它意味着在大气中每边际单位碳排放的用占国内生产总值的份额来衡量的边际损失是恒定不变的,且可以用 γ 表示。[①] 以十亿吨碳(GtC)为单位测量 S,戈洛索夫等人(Golosov et al.,2014)证明,要推导出诺德豪斯(Nordhaus,2007)的 DICE 模型中的损害函数,γ 的取值为 5.3×10^{-5} 的方程式(16)给出的损害是一个很好的近似。

[①] 损害的产出净额为 $e^{-\gamma(S-S_0)}Y$。从而,以净损害产出的份额来衡量的边际损害就可以表示为 $[d((1-e^{-\gamma(S-S_0)})Y)/dS]/e^{-\gamma(S-S_0)}Y = \gamma$。

在图 10 中,我们给出了用这个参数表示的一个指数损失函数。更具体地说,图 10 显示的是相对于温度的隐含损害函数,它利用了关系式 $T(S) = 3\dfrac{\ln S - \ln S_0}{\ln 2}$,即气候敏感度为 3℃。比较这个损害函数与如图 9 所示的诺德豪斯的损害函数,我们不难看出前者是不那么凸的。[①]

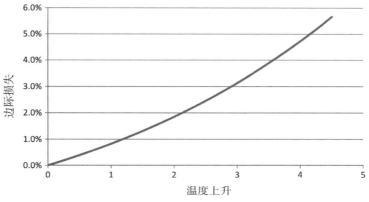

图 10　损害函数,用 $T(S) = 3\dfrac{\ln S - \ln S_0}{\ln 2}$ 和 $D(T(S)) = 1 - e^{-\gamma(S-\bar{S})}$

指数型损害函数意味着每 GtC 会带来 0.0053% 的固定不变的边际损失,而二次方程设定则意味着递增的边际损失(直到大约 4℃)。然而,在 2.5℃—5.0℃ 的重要范围内,边际损失是接近于恒定的——可以保持在每 GtC 导致 0.0053% 和 0.0059% 的范围内。

4.　静态全球经济—气候模型

我们对综合评估模型的讨论分两部分进行:第一部分引入一个实质上静态的、高度风格化的模型,第二部分讨论一个完全动态和定量导向的模型设置。在这一节中,我们先来讨论第一部分。对于本节给出的简单模型,我们应该把它视为进一步研究的第一个台阶和一种组织工具:我们可以利用它来讨论相关文献中已经研究过的大量主题。而且更加重要的是,对于其中一些主题,我们实际上可以使用这个模型进行定量评估,因为它已经拥有了第二部分要讨论的宏观经济结构模型的大部分特征。因此,这个模型是戈洛索夫等人(Golosov et al.,2014)的模型的一个静态版本,也与诺德豪斯的 DICE 模式非常相似。

我们考虑一个世界经济,它生产一种消费品,产出由下式给出:

$$c = A(S) k^{\alpha} n^{1-\alpha-\nu} E^{\nu} - \zeta E$$

在这里,$A(S)$ 表示全球的全要素生产率(TFP),我们将之视为大气中碳的数量 S 的函数。此

[①] 将温度的指数降低为 1.5,并将方程式(15)中的温度前的常数增加到 0.0061,就可以生成一个非常接近指数函数的损害函数。

外,我们进行归一化处理,以便让 S 相对于前工业时期的 $\bar{S}$ 来测量过剩碳浓度。这也就是说,虽然实际碳浓度为 $S+\bar{S}$,但是在我们的建模中我们只需要用到 S。在上面的第 3.3 节中,我们已经讨论过为什么我们可以使用这种记号方法。而且,我们还可以使用一个简单的函数形式,我们已经证明它能够很好地逼近如下复杂系统:将大气中碳的数量映射到温度上,然后再将温度映射到对经济的负面影响上。因此我们可以用下面的函数形式:

$$A(S) = e^{-\gamma S},$$

其中,$\gamma > 0$。回忆一下,一方面,我们在前面已经讨论过,从 S 到 T 的映射是对数型的,所以其特点是大气碳浓度增加对温度影响是边际递减的。另一方面,从 T 到 TFP 的估计映射通常是凸的。因此这里的组合映射实际上可以用负指数函数来描述。因此,损害为 $(1-e^{-\gamma S})$ $k^{\alpha}n^{1-\alpha-\nu}E^{\nu}$,它随 S 增加并且是凸的。(请注意,从这里开始,我们将能源记为大写的 E,以便于与欧拉数 e 区别开来,后者用在指数损害函数中。)尽管我们在上面已经证明,损害函数取这种函数形式不失为一个好的选择,但是在现在这个简单的模型中也可以改变它——我们在下面应用这个模型时就会这样做。指数型函数形式也是有用的,因为它能够简化代数运算过程,从而有助于我们更好地说明问题。我们偶尔还会将 γ 称为产出的损害弹性(damage elasticity of output)。

　　生产中的投入要素包括资本和劳动力。在这个静态模型中,我们假定它们都是外生给定的。生产函数取柯布-道格拉斯(Cobb-Douglas)形式,有三种投入要素。对于这个模型中的资本和劳动而言,我们只需运用标准的宏观经济学分析方法。资本—劳动组合与能源之间的替代弹性在这里也是单一的,与现在可以得到的对长期弹性的估计相差不会太远。我们可以把静态模型视为长期模型的一种简便的表征方式。但是,估计出来的短期弹性则要低得多,对此我们在第 2.3 节中已经讨论过了。

　　我们还可以看到,要进行生产,还要承担生产能源的成本 ζE。我们将在下文中具体分析能源是怎样生产出来的,但是在这里,采用简单的线性形式是有好处的,因为有了它我们就可以很方便地阐明最重要的那些情况了。第一种情况是,所有能源都只用石油来生产。大部分石油(比如沙特阿拉伯生产的石油)相对于石油的市场价格来说都是非常便宜的,所以实际上我们可以把这种情况刻画为 $\zeta=0$。但是,石油的供给是有限的,所以对这种情况的刻画还需要对能源设置一个上限,即 $E \leq \bar{E}$。

　　第二种情况是能源来自煤炭。煤炭是一种与石油非常不同的资源,因为煤炭的市场价格接近于边际成本,所以在这里我们可以将 ζ 视为一个正的深度参数,它代表以产出单位来衡量的固定边际成本(因而,用资本和劳动以及资本本身来衡量的生产能源的成本,与最终产品有相同的特征)。煤炭的总体数量也是有限的,但是在这个模型中,煤炭的可用数量是如此之大,以至于我们可以把它看成是无限的。事实上,如果我们在未来(比如说,未来 500 年内)将所有的煤炭都用完,那么全球变暖的程度将会极其严重——绝大多数业内专家都认为那将会是一个灾难性的结果。因此在这种情况下,我们可以假设煤炭不会全部被用完(因此将可用数量视为无限的,并不是一个限制性的假设)。当然,在现实世界中,化石燃料的使用不会出现这种非此即彼的情况。这里存在着一系列开采成本居于两者之间的燃料组合

（请参见前面第 3.2.3 节的讨论）。

第三种情况是，可以使用"绿色能源"。在这种情况下，以产出来衡量的不变边际成本也是一个合理的假设。最后，我们还可以想象这三种情况的结合，我们将在下面讨论这种可能性，但是在这里，还是先分别考虑煤炭和石油，这样比较容易分析。

再回过头来考虑能源使用与大气中的碳浓度之间的映射，显然不同的能源对应着不同的情况。在石油和煤炭的情况下，我们可以直接简单地假设 $S = \phi E + \bar{S}$，其中的 $\bar{S}$ 是碳浓度当中不能归因于人为来源的那一部分。由于全要素生产率（TFP）中的常数不会影响这里的任何结果，所以我们可以将 $\bar{S}$ 归一化为零。这样一来，上述方程式就表示碳浓度的增量等于排放量乘以 ϕ。常数 ϕ 代表了在一个模型周期上碳循环的作用——我们稍后会将这个模型周期校准为 100 年——同时，它还刻画了一个周期内最终留存在大气内的那一部分排放。就像我们在上面的第 3.2 节中解释过的，（这里原文为"A explained"，当为"As explained"，已改。——译者注）大气中碳的"折旧结构"虽然应该是非平凡的，但用线性方法还是可以很好地逼近。反过来，排放量则与被使用的化石燃料的数量成正比。[1]

在当前这个阶段，我们假设消费者的效用函数只有消费一个变量。因此，只要效用对消费是严格递增的，这个模型就已经是完全的了。

接下来，我们就在这样一个市场经济中来讨论各种结果。在这里，消费者拥有资本并作为价格接受者提供劳动，就像在标准宏观经济模型中一样。企业在竞争性市场中购买包括能源在内的各种投资要素。能源的生产也是竞争性的。从形式上说，我们可以这样想象：存在两个部门，它们的等产量线具有相同的形状。在消费品生产部门，企业要求解的是：

$$\max_{k,l,E} \; e^{-\gamma S} k^{\alpha} n^{1-\alpha-\nu} E^{\nu} - wn - rk - pE$$

在这里，我们用 w 和 r 分别表示工资率和租金率，同时 p 是能源的价格，并以消费品为"计价标准"。因此，在能源生产部门，企业要求解如下问题：

$$\max_{k,l,E} \; p \frac{e^{-\gamma S}}{\xi} k^{\alpha} n^{1-\alpha-\nu} E^{\nu} - wn - rk - pE$$

很容易证明，因为柯布-道格拉斯函数的份额参数与上述两部门模型是一样的，而且我们可以在不同部门之间无成本地转移投入要素。所以我们有 $p = \zeta$（只要能源的生产成本不是无意义的，那么在煤炭和绿色能源情况下也是如此，而且 $1/\zeta$ 就成了能源部门的全要素生产率——相对于最终产品生产部门）。此外还要注意，国内生产总值 y 等于消费品的产出，因为这里的能源是中间投入品。[2]

注意，在上述两个利润最大化问题中，企业所要选择的都不是 S，这也就是说，他们在选择时不会设想对全要素生产率（TFP）的影响，尽管均衡时有 $S = \phi E$。本该如此，因为排放造

---

[1] 比例的常数被省略掉了，这在这个简单的模型中是无关紧要的。在更一般的框架中，则必须考虑石油和煤炭在基本碳含量和所产生的碳排放之间的转变差异以及生产用途上的不同。在下文中，当我们一起考虑煤炭和石油时，我们将会讨论到这些问题。

[2] 我们没有明确地包括一个对能源有需求的家庭部门。我们假设国内生产总值已经包括了住房服务，并认为它们是可以根据市场生产函数生产出来的，因此这些能源需求已经包括在内了，但其他家庭能源需求（例如家庭汽车所用的汽油）则被简单地抽象掉了。

成的气候损害是一种纯粹的全球的外部性。当市场未能考虑到这一点时,最优政策就应该能够引导市场向正确的方向发展。

因此,相应的规划问题就可以写为:

$$\max_E e^{-\gamma\phi E} k^\alpha n^{1-\alpha-\nu} E^\nu - \xi E$$

在这里,很显然已经把外部性考虑进去了。在石油的情况下,我们假设 $\zeta=0$,社会规划者还要面对另外一个约束条件,即 $E \leq \bar{E}$。

接下来我们就来讨论这个问题在不同情况下的解。先从石油的情况开始。

4.1 石油的情况

在这种情况下,$\zeta=0$,因而能源生产部门是无关紧要的(trivial)。在自由放任条件下,所有石油都会进入市场,而且价格将由边际石油产品给出,即 $p \equiv \bar{p} = \nu e^{-\gamma\phi\bar{E}} k^\alpha n^{1-\alpha-\nu} \bar{E}^{-1}$。这样,一方面,在 $\bar{E}$ 和 $\gamma\phi$ 很大的情况下,前述最优化问题涉及会造成巨大福利损失的重大损害的分配。另一方面,社会规划者也可能不会用尽所有的石油。一方面,只要 $\bar{E} < \nu/(\gamma\phi)$,社会规划者问题的解就是一个角点解。在这种情况下,社会规划者将与市场一样,用尽所有可用的石油。这时,排放量将作为一个负面的副产品出现,但是在石油的最大限度的使用中,这个副产品也没有坏到必须让石油的使用受到限制的程度。(事实上,正如我们在下面将会讨论的,给定一个更一般的校准结构时,这对于石油来说并不是一个不合理的结论。)另一方面,如果 $\bar{E} \geq \nu/(\gamma\phi)$,那么社会规划者问题的解就是一个 E 上的内点解,它能够解出 $\bar{E} = \nu/(\gamma\phi)$。

4.1.1 最优税收

这种模型的政策含义又是什么呢?首先,对于一个很大的范围内的参数值——即对于 $\bar{E} < \nu/(\gamma\phi)$——根本不需要任何政策。但是同时,税收也不一定是有害的:如果我们考虑对使用石油从量征收单位税(即对企业征税,企业的最大化问题如前所述),从而使得石油的使用者每单位需支付 $p+\tau$ 而不是 p,那么所有税率低于 $\bar{p}$ 的石油税收都可以带来最优结果(请回忆一下,石油的价格在这种情况下是纯租,因而不会影响配置)。如果从量征收的单位税恰好等于 $\bar{p}$,那么石油的市场价格为零,石油生产者在生产与不生产之间无差异。在这个水平上,仍然存在一个均衡,它能够提供最优数量的石油,即当所有生产者都选择生产时。否则,就不会有足够的石油可用。

因此,我们转而假设 $\bar{E} > \nu/(\gamma\phi)$。在这种情况下,就需要税收了,而且税率应该设定为能够使得 $p=0$,即当社会石油用量最优时,价格为零。否则,就不会有石油生产者限制生产,结果将是 $\bar{E}$。从而,令税收足够高,使得石油生产者收到的价格为零,即

$$\tau = \nu e^{-\nu} k^\alpha n^{1-\alpha-\nu} \left(\frac{\nu}{\gamma\phi}\right)^{\nu-1}$$

就存在一个均衡,其中石油产出恰恰等于 $\nu/(\gamma\phi) < \bar{E}$。

4.1.2 庇古税与碳的社会成本：一个简单的公式

求得最优政策的另一种方法是直接计算对碳征收的最优税收。最优碳税应该等于未被市场考虑的一单位排放的直接损害成本。这种"边际外部性损害"在文献中通常称为碳的社会成本(social cost of carbon, SCC)。[①] 此外，由于可以在不同的配置下分别计算边际外部性损害，所以这个概率还需要进一步精细化。因此，我们将碳最优社会成本(optimal social cost of carbon, OSCC)定义为最优配置下评估的一单位碳排放的边际外部性损害。我们用 E^* 表示最优碳量。根据庇古原则(Pigou, 1920)，碳最优社会成本就是考虑最优税收政策的一种方法，所以应征收的税率为：

$$\tau^* = \gamma\phi \, e^{-\gamma\phi E^*} \, k^\alpha n^{1-\alpha-\nu} (E^*)^\nu$$

因为这是生产函数相对于 E 的导数——在它呈现出外部性时，在 E^* 处求得。这里的思想是，这种税收总能让政府得到最优结果，就像有税收时的竞争均衡一样。为了检验这个结果与前面给出的有说服力的分析的一致性，我们首先不难注意到，对于均衡 $E^* = \bar{E}$ 的情况，有 $\tau^* = \gamma\phi y^* < \nu y^*/\bar{E}$（其中，$y^*$ 是最优产出水平），因此，在均衡时，$p = \nu y^*/\bar{E} - \gamma\phi y^* > 0$，这与所有石油都能够售出是一致的。而对于 $\bar{E} > \nu/(\gamma\phi)$ 的情况，最优税率 $\tau^* = \gamma\phi y^*$ 意味着，在内部解 $E^* = \nu/(\gamma\phi)$ 处，有 $p + \tau^* = \nu y^*/E^* = \gamma\phi y^*$，使得 $p = 0$。换句话说，石油生产者在生产与不生产之间无差异，因此 E 是最优选择。

更一般地，我们要了解庇古定价的两个步骤，这很重要：(i)通过求解规划问题，找出最优配置；(ii)在这种配置下找到碳最优社会成本并据之征收这种税收。从原则上说，第一步似乎很简单，但是如果规划问题不是凸的(例如，因为损害函数是高度非线性的)，那么也有可能是极具挑战性的，而且在这种情况下，社会规划者问题的一阶条件可能会有多重解。而在第二步中，如果对于给定的税率存在多个市场均衡，那么也会面临潜在的困难。这里的简单基准模型是不承认给定税率可以对应多重均衡的，但是这样的模型并不是不可想象的。一个重要的例子是，社会在选择某种技术时出现了协调问题(比如说，在化石能源技术与绿色能源技术之间)。我们稍后会讨论这种情况。

我们得出的碳最优社会成本公式表明，碳最优从量税(单位税)在最优配置中是与 GDP 的值成正比的，其比例常数由 $\gamma\phi$ 给出。这个结果源于戈洛索夫等人的论文(Golosov et al., 2014)，他们在一个更为一般的环境下(在一个用长期数据校准的动态模型中)，推导出了碳最优社会成本与国内生产总值成正比的结果。他们的模型中的比例常数也是与跨期偏好和碳循环相关的其他参数的函数，而且这两个要素都是动态建模所针对的。他们还发现，这个结果对各种不同的模型变体都有非常强的稳健性。我们稍后将更深入地讨论这些结果，现在重要的是要注意到，碳最优社会成本与产出之间成比例这个核心特征，用这里给出的简单静态模型的框架也可以解释。

4.1.3 在碳税不是最优的情况下，碳的成本是什么？

在这里，我们要强调一下碳最优社会成本公式说明了什么，说明不了什么。它告诉我

---

① 这里使用的这个术语可能会有点误导性，因为有人可能会认为社会成本是私人和外部成本的总和，即总成本。不是这样，"社会"只是指未被市场考虑的那部分。

们，如果我们处于最优配置状态，那么碳的边际外部成本是多少。然而，由于全球变暖导致的损害有网络效应，而且只有很少的国家开征了碳税，所以现实世界在碳使用方面并没有处于最优配置状态。这个事实说明，还有一个相关的测度也可能是很重要的：在今天，当处于次优配置状态时，碳排放的边际外部成本是什么？所以我们假设碳的社会成本在任何配置下都可以进行评估，并且假设我们现在考虑的是自由放任状态下的配置。

从概念上说，我们可以通过多种多样的方式定义碳的社会成本。在这里，我们将它定义为，在给定配置中保持行为不变的碳排放的边际外部性损害。这是一个很重要的条件，因为只要有一个额外单位的碳排放到了大气中，均衡决定就会发生改变——无论我们是否处于最优配置中都是如此，而且如果给定的配置不是最优的，那么由此而导致的行为的变化一般来说会对效用产生一阶影响。因此，任何其他定义都会在某种意义上将决策中的这种引致变化考虑进去。（如果配置已经是最优的，那么根据包络定理，这些效应是可以忽略的。）

现在，我们就来计算一下，在我们的静态模型中，取这种定义的碳的社会成本是多少。让我们假设 $\bar{E} > \nu/(\gamma\phi)$——在这个假设下，肯定会存在碳的过度使用。这样一来，碳的社会成本 $\gamma\phi y$ 将低于碳最优社会成本 $\gamma\phi y^*$。这当然不会有错，因为根据定义就有 $y^* > y$：社会规划者的目标正是在这个简单的模型中最大化国内生产总值（而自由放任的市场则不能）。此外还要注意，这里的两个测度之间的百分比差异就只是 $\bar{e}$ 和 E^* 的函数，而不是衡量经济"规模"的其他指标（例如资本或劳动量）的函数。

一般来说，碳的社会成本既可能高于也可能低于碳最优社会成本，这依赖于我们正在考察的配置的具体情况。我们也不能假设自由放任下的碳的社会成本必定高于碳最优社会成本，尽管有人可能会认为排放的边际损害会随着排放水平的上升而增大。不过，在我们这里考虑的这个简单的静态模型中，碳的社会成本总是低于碳最优社会成本，因为损害会在 TFP 中出现，并且表现为与产出的一定比例。由于在这个模型设定下，选择碳最优社会成本是为了最大化输出，因此碳最优社会成本必定会高于碳的社会成本。与此不同，在我们将在第 5 节中讨论的动态模型中，虽然碳的社会成本也与当前产出成正比，但是碳的社会成本通常会高于碳最优社会成本。其原因在于，当前的产出通常倾向于与当前的化石燃料使用量一起增加——最接近当前的未来的产出会随着当前的排放而下降（因为排放所造成的损害）——这意味着当期排放水平越高，碳的社会成本越高，特别是，碳的社会成本将会高于碳最优社会成本，因为后者要求更低的排放水平。对碳的社会成本与碳最优社会成本之间的这种比较是很有现实意义的：假设今天我们正处于自由放任的市场当中，再假设计量经济学家已经根据目前的配置情况测量出了碳的社会成本，即排放的损害。那么这个碳的社会成本指标与税收并不是直接相关的，事实上，对于校准的动态模型，我们得出的结论是，最优税率低于计量经济学家给出的自由放任情况下的碳的社会成本的估计值。

大多数关于碳的社会成本的综合评估文献都是按上述方式计算碳的社会成本的，即测量最优配置时的边际成本。或者换种说法，在次优配置和最优配置之间进行比较的研究是很常见的。我们这里给出的这个简单的模型就允许这样的比较（与稍后描述的动态基准模型一样）。为此，我们将消费百分比等价（percentage consumption equivalent）定义为这样一个

值 λ，它能够使得 $u(c^*(1-\lambda))=u(c)$，其中 c^* 表示最优消费水平，c 则表示任何一个次优水平。这样一来，对于我们这个简单模型中的 λ 在自由放任情形下的值，我们就可以这样来计算：（ⅰ）计算为 0，在碳不足且所有碳都应该被用掉的情况下（$\overline{E}>\nu/(\gamma\phi)$）；（ⅱ）在有太多的碳的情况下，令其满足下式：

$$1-\lambda = \frac{e^{-\gamma\phi\overline{E}}k^\alpha n^{1-\alpha-\nu}\overline{E}^\nu}{e^{-\gamma\phi E^*}k^\alpha n^{1-\alpha-\nu}(E^*)^\nu}$$

$$= e^{-\gamma\phi\left(\overline{E}-\frac{\nu}{\gamma\phi}\right)}\left(\frac{\gamma\phi\overline{E}}{\nu}\right)^\nu$$

很容易验证，在这里，λ 随 $\overline{E}$ 而递增。但是，请注意，资本或劳动等变量是不会进入 λ 的，而且人口规模也不变（如果人口规模作为独立变量而引入的话）。所以经济的"规模"对于这个测度来说并不重要。

4.2　煤炭的情况

在这里，$\zeta>0$，我们将 E 解释为煤炭。这种情况下的自由放任市场总是意味着 E 有一个内部解，它能够使得（私人）收益等于（私人）成本，即 $p=\zeta=ve^{-\gamma\phi E}k^\alpha n^{1-\alpha-\nu}E^{\nu-1}$。社会规划者只能选择一个更低水平的 E：选择 E^* 使得煤炭的私人收益减去社会成本等于其私人成本，即

$$-\gamma\phi e^{-\gamma\phi E^*}k^\alpha n^{1-\alpha-\nu}(E^*)^\nu+ve^{-\gamma\phi E^*}k^\alpha n^{1-\alpha-\nu}(E^*)^{\nu-1}=\zeta$$

不难注意到，当煤炭生产变得更加有生产性时（ζ 下降时），市场会使用更多的煤炭。社会规划者也会这样做，因为上面这个方程式的左侧在最优水平 E^* 必定是递减的（以满足二阶条件）：如果 ζ 下降，那么左侧必定下降，从而要求 E^* 上升。因此，煤炭生产技术的进步意味着更高的排放量。

4.2.1　最优税率与最优碳社会成本

回想一下，在基准模型中，我们假设煤炭是以不变边际成本生产出来的（用最终产品来衡量）。假设 GDP y 等于消费或 $e^{-\gamma\phi E}k^\alpha n^{1-\alpha-\nu}(E)^\nu-\zeta E$，我们可以将决定最优用煤量的方程式写为：

$$-\gamma\phi(y^*+\zeta E^*)+\nu(y^*+\zeta E^*)/E^*=\zeta$$

因此，碳最优社会成本现在就成了 $\gamma\phi y^*(1+\zeta E^*/Y^*)=r\phi y^*\left(1+\dfrac{pE^*}{y^*}\right)$。因此它不是与国内生产总值成比例的（在石油的情况下是那样），而是与 GDP 再加上企业的能源成本（用占 GDP 的份额来衡量）成比例的。不过在现实世界中，能源成本一般低于国内生产总值的 10%，所以将煤炭的从量税（单位税）设定为等于国内生产总值乘以 $\gamma\phi$ 的经验法则仍然是基本准确的。

4.2.2　当税收不是最优时，碳的成本

在自由放任的情况下，碳的社会成本是多少？那是 $\gamma\phi(y+\zeta E)$，其中 y 是自由放任情况

下的 GDP, E 是自由放任情况下的碳使用量,我们已经知道, $y < y^*$ 且 $E > E^*$。与石油的情况不同,我们不能肯定这个数量是否小于碳最优社会成本。因此这里很微妙的一点是,煤炭自身的生产——作为一种中间投入品——也会受到气候变化的损害的阻碍,因此源于煤炭生产的总体外部性不仅仅是 $\gamma \phi y$。

消费在自由放任配置中要低一个比例 λ,它满足下式:

$$1 - \lambda = \frac{e^{-\gamma \phi E} k^{\alpha} n^{1-\alpha-\nu} E^{\nu} - \xi E}{e^{-\gamma \phi E^*} k^{\alpha} n^{1-\alpha-\nu} (\bar{E}^*)^{\nu} - \xi E^*} = \frac{e^{-\gamma \phi E} k^{\alpha} n^{1-\alpha-\nu} E^{\nu}}{e^{-\gamma \phi E^*} k^{\alpha} n^{1-\alpha-\nu} (\bar{E}^*)^{\nu}} \frac{1-\nu}{1-\nu+\gamma \phi E^*},$$

其中,对于第二个等式,我们分别使用了均衡条件和社会规划者条件。这个表达式与石油的情况有所不同,并不是明确用原始变量来表示的。一般来说,它在很大程度上取决于经济规模(当然,我们也可以推导出那些确定 E 和 E^* 的一阶条件,作为原始变量的函数,但是对于后者不能得到其解析形式)。

4.2.3 只需要劳动力的煤炭生产:我们的基准模型

煤炭以不变边际成本(用产品的单位来衡量)生产的情形,与如下模型相比更难处理一些:煤炭生产不需要资本,也不会遭受因气候变化而导致的全要素生产率损失。这也就是说,假设 $E = \chi n_E$,其中, n_E 是煤炭生产中所用的劳动力, χ 是生产率参数。当然这种情况更加不符合现实,但是考虑到能源生产成本只是企业成本的极小一部分,出于分析目的而使用这种模型设定是值得的,它会带来很大的便利。在这种情况下,我们知道,产出由下式给出:

$$y = e^{-\gamma \phi \chi n_E} k^{\alpha} (1 - n_E)^{1-\alpha-\nu} (\chi n_E)^{\nu}$$

其中,总劳动现在归一化为 $n = 1$。在自由放任的配置下,我们有 $n_E = \frac{\nu}{1-\alpha}$。从而社会规划者的配置提供了最优的 n_E^*,通过下式:

$$-\gamma \phi \chi + \frac{\nu}{n_E^*} = \frac{1-\alpha-\nu}{1-n_E^*}$$

很容易检验,煤炭的生产率变得更高时,自由放任配置和最优配置下的排放都会增加。

在这里,碳的社会成本再一次与国内生产总值成正比,其值为 $\gamma \phi y^*$,就像石油的情况一样。原因在于,在这种模型设定下不会产生间接外部性(通过化石燃料本身的生产)。同样,我们也可以解出自由放任下的碳排放量,以及相对于完全最优配置情形下的福利差距。

接下来,我们在研究以正的边际成本进行的煤炭生产或石油生产的时候,将使用这个公式,因为这样的话代数运算更加简单,同时又不会损失最重要的现实含义。

4.3 校准

我们现在来校准静态模型。这当然是一个颇具"英雄主义"色彩的尝试,因为气候—经济关系的许多方面都具有明确的动态性质,但是我们这样做的目的仅仅是证明静态模型也可以用来考虑定量问题。我们还可以对这里的结果与下面第 5.2 节进行的完全动态模型中的校准结果加以比较。

下面,我们就以 100 年为期来校准这个模型。基准模型将把煤炭作为唯一的能源来源,正如我们稍后会讨论的那样,石油储备相对于煤炭储量来说是相当小的,而且我们现在暂时先不讨论可再生能源(而在后面要讨论的动态模型中,我们将用三种能源来源来校准能源服务的生产:石油、煤炭和绿色能源)。我们假设,煤炭是只用劳动就可以生产的,因此模型中有五个参数:γ、ϕ、α、ν 和 χ。从而我们需要五个观察结果才能给它们"定位"。

产出是一个流量,我们可以根据平均历史数据直接设定 α 和 ν 的值——我们分别选择了 0.3 和 0.04,理由请参见哈斯勒等人(Hassler et al.,2015)。对于模型的其他参数,我们要先将模型的自由放任均衡与其他观察结果联系起来。因此,我们需要建立关键变量 E、S、n_E 和 y 的均衡结果与相关数据目标之间的关联。随着排放量的不断增加,一个常见的情况是,不断增加的排放可能导致一个世纪过后温度上升 4℃ 左右。[1] 我们像前面一样,将常态解释为自由放任配置。给定我们的模型,我们可以运用这些信息来找出会产生这个结果的相关大气浓度和排放量。根据阿列尼乌斯公式(Arrhenius's formula),我们有:

$$4 = \Delta T = \lambda \frac{\log \frac{S+\overline{S}}{\overline{S}}}{\log 2} = 3 \frac{\log \frac{S+600}{600}}{\log 2}$$

有了它,我们就能够解出,S 为大约 900GtC(比前工业化时期的水平高出了 600GtC)。那么,所需的相应排放又是什么呢? 这个模型告诉我们,$S = \phi E$。要选定 ϕ,我们需要利用上面第 3.2.5 节给出的线性碳衰减估算公式计算出每十年排放固定不变的数量时的平均衰减率。这相当于对前后相继的各个衰减率求直线平均值,由此得到的 ϕ 值为 0.48:每一个排放单位中大约有一半会对大气碳浓度的上升起作用。

为了校准 γ,我们取如图 9 所示的联合国政府间气候变化专门委员会的报告给出的上限:在温度提高 4℃ 的情况下,总损失为 GDP 的 5%。这是一个流量测度,因此很容易映射到我们现在这个模型结构上。因此,我们需要 $e^{-\gamma S}$ 等于 0.95,从而也就给出了 $\gamma = 5.7 \times 10^{-5}$。

接下来还要校准煤炭部门的参数 χ,即它的劳动生产率。我们可以通过以下方法找到它。要达到 900 GtC,在给定上面的计算步骤的情况下,需要排放 900/0.48 单位。在模型的解中 $n_E = v/(1-\alpha)$。这意味着 900/0.48 = $\chi \cdot n_E$ = $\chi \cdot$ 0.04/0.7,不难求得 χ 大约为 32813。

4.4 用校准模型的几个定量实验

我们现在通过几个定量实验来说明这个简单的、有煤炭的基准模型的机理。主要目的是检验主要结果的稳健性。对于所有具体应用程序(处理不确定性、临界点、对税收制与配额制的政策比较,等等),全都可以实施类似的实验。为了保持行文的简洁性,我们在这里略去了这些定量分析的细节。但是,对于每一个应用,进行这里所讨论的基准校准都是很有价值的(校准与应用相关的各种新参数,然后以表格和图形的形式输出)。事实上,这样的实验对于讲授本章给出的知识来说是非常有益的。

从校准的基准开始,我们在合理范围内改变两个参数。首先,让我们看一看产出的损害

---

[1] 联合国政府间气候变化专门委员会第五份评估报告给出的场景 RCP8.5。

弹性:将它从估计值的一半变化到更高的值时,会有什么影响。我们观察到,将损害弹性加大一倍,会使自由放任配置与最优配置之间的 GDP 差距增大一倍多一点。对于比基准估计高出 10 倍以上的损害,GDP 的损失将会达到 GDP 的差不多四分之一。

外部性成本	$1-\dfrac{y}{y^*}$
$\gamma/2$	0.0037
γ	0.0177
2γ	0.0454
4γ	0.0983
6γ	0.1482
8γ	0.1954
10γ	0.2400

然后再来校准碳的衰减率。与损害弹性相比,对稳健性的检验是在基准校准附近更为紧密的范围内进行的(毕竟,损害的不确定性要高得多)。但是碳衰减的温和变化仍然会产生一些影响:ϕ 变化 25 个百分点,会使产出缺口改变大约 0.7 个百分点,温度改变半度多一点。

1−碳衰减率	ΔT	$1-\dfrac{y}{y^*}$
0.75ϕ	3.2624	0.0107
0.95ϕ	3.8340	0.0164
ϕ	3.9658	0.0177
1.05ϕ	4.0938	0.0192
1.15ϕ	4.3388	0.0219
1.25ϕ	4.5707	0.0247

最后,我们来看一下围绕基准校准的更完整的范围内的各种次优税率。图 11 说明了改变税收(用占 GDP 的百分比来衡量)的影响。图 11 非常清楚地告诉我们,这个模型对负的税率的反应的非线性比对正的税率更强:如果税收变成了相当可观的补贴,那么气候变暖和产出损失都会非常巨大。

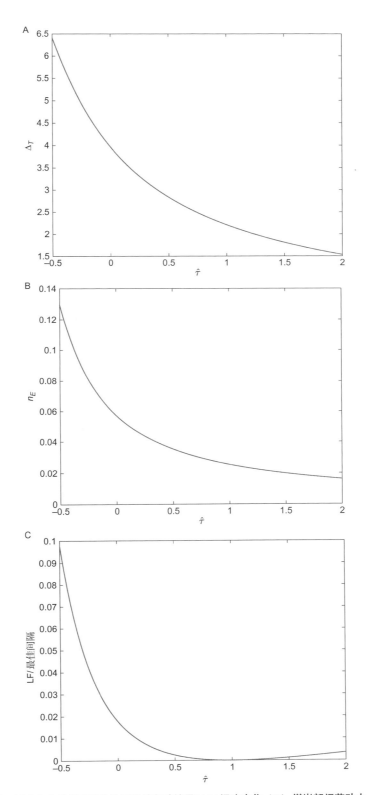

图 11　作为税收—国内生产总值变化比的函数的各种结果[（A）温度变化；（B）煤炭部门劳动力；（C）产出缺口。]

$(\tau/y)/(\tau^*/y^*)$	ΔT	$1-\dfrac{y}{y^*}$	n_E
-0.5	6. 4084	0. 0975	0. 1294
0	3. 9658	0. 0177	0. 0571
0. 5	2. 8365	0. 0024	0. 0353
1	2. 2110	0	0. 0254
2	1. 5346	0. 0035	0. 0162

4.5   总结:核心模型

我们构建了一个简单的静态模型,它可以用来思考碳排放和气候变化的关键长期影响。虽然只有利用一个完全动态的、非常复杂的模型,才有可能对气候变化进行真正意义上的公正的分析,但是我们这个简单的模型在一定程度上也是有定量合理性的。

在这个模型中,从排放到损害的映射是用一个简单的解析形式的方程描述的,但是它已经刻画出了更加精细的动态模型——例如诺德豪斯(Nordhaus)的 DICE 和 RICE 模型——中这类映射的主要特征。化石燃料在经济中的作用也是以非常基本的方式描述的,但是这也是动态定量模型中最自然的起点。

这简单的模型表明,碳最优社会成本——最优配置中的边际外部性损害——是与 GDP 成正比的。这个结果在模型的某些特殊情况下是完全正确的,在其他情况下则大致为真。更一般地,如果将之作为产出的一部分来考虑,那么碳的(边际)社会成本(暂且忽视对增加排放的行为的间接影响)是独立于(测量它的时候的)配置的。而这也就意味着,自由放任配置下的碳的社会成本要低于最优配置时,因为在静态模型中,定义决定了损害发生于 TFP,而且最优配置时的产出高于自由放任时的产出。这种特征在动态模型中将会消失,在那里,自由放任产出(在短期内)往往比最优配置时更高,因为只需使用更少的能源。在损害不影响产出的模型中(例如,损害直接影响效用时),这种特征也会消失。在下面,我们将分析对模型的这些类型的扩展。此外,在我们这里给出的这个简单的静态模型中,因不使用税收遏制碳利用而导致的效用损失(以占消费的百分比来表示),是独立于规模的。

接下来,我们就用这个简单的模型来解决在文献中很突出的一些问题。这些问题包括,在各种政策工具之间如何选择——特别是价格规则和数量规则(税收与配额)之间的权衡——以及效用损失、不确定性、临界点、技术变革,等等。

4.6   效用损失

我们可以不考虑对全要素生产率的损害(或者,除了考虑对全要素生产率的损害之外),考虑全球气温升高直接影响福利的情况。这种直接影响可以通过多种多样的途径发生,例如,影响健康,影响闲暇的价值,或者更一般地,影响人们的生活质量。为了简单起见,我们

在这里暂且对全要素生产率的损害,先考虑具有如下形式的效用函数:

$$u(c,E) = \log c - \gamma S,$$

再一次,$S = \phi E$ 是高出了前工业时期水平的碳浓度。因此,在这里,大气碳浓度和排放量,会以线性的方式影响效用,而消费则具有边际效用递减的特点。这些条件意味着,随着经济变得越来越富裕,用消费量来衡量的减少一单位排放的价值将会增加:$u_E/u_c = \gamma\phi c$。这个方程式直接意味着,在这个经济中,碳的社会成本与前述模型中相同,即它与产出成正比。因此,如果效用成本也具有刚刚假设的结构,那么征收碳税的方式的影响将与更常见的全要素生产率受到损害时的情况相同。事实上,我们现在可以从两个来源解释关于全要素生产率损害的公式了:对全要素生产率的直接损害和对效用的损害。

如果经济的其余部分全都保持不变(除了我们现在假设的全要素生产率不受排放影响之外),我们就可以像以前一样求解自由放任时的均衡。为了便于说明,我们将重点放在煤炭和能源都是用劳动线性地生产出来的情况。这时,社会规划者的问题是求解

$$\max_{n_E} \log(k^\alpha (n-n_E)^{1-\alpha-\nu}(\chi n_E)^\nu) - \gamma\phi\chi n_E$$

这个问题可以化简为求解:

$$\max_{n_E} (1-\alpha-\nu)\log(n-n_E) + \nu\log n_E - \gamma\phi\chi n_E$$

从一阶条件可知,$\dfrac{\nu}{n_E} = \dfrac{1-\alpha-\nu}{n-n_E} + \gamma\phi\chi$,这个方程式与全要素生产率受到损害的模型中的对应方程式完全相同。

那么,在这个模型中最优税率/碳最优社会成本是什么呢?生产消费品的企业的能源一阶条件(假设存在从量单位税 τ)为 $p + \tau = \nu k^\alpha (n-E/\chi)^{1-\alpha-\nu}E^{\nu-1}$,而能源企业的一阶条件则为 $P\chi = w$,其中,$w = (1-\alpha-\nu)k^\alpha (n-E/\chi)^{-\alpha-\nu}E^\nu$。由此可得,$\dfrac{1-\alpha-\nu}{\chi}k^\alpha (n-E/\chi)^{-\alpha-\nu}E^\nu + \tau = \nu k^\alpha (n-E/\chi)^{1-\alpha-\nu}E^{\nu-1}$,从这个方程式我们可以看出,$\tau^* = \gamma\phi y^*$ 也是这里的最优税率。

更一般地说,在这里任何一种消费/能源配置上的碳的社会成本都可以求出,即 $-u_E(c,E)/u_c(c,E) = \gamma\phi c$,并且由于消费在静态模型中就是 GDP,所以我们还是可以得出碳的社会成本就等于 $\gamma\phi y$。最后,我们可以定义自由放任配置时的效用损失,以消费损失百分比来衡量[即根据 $u(c^*(1-\lambda), E^*) = u(c,E)$]。这样我们得到 $\log(1-\lambda) = \log\dfrac{c}{c^*} - \gamma\phi(E-E^*)$,因而 $1-\lambda = e^{-\gamma\phi(E-E^*)}\dfrac{c}{c^*}$,它拥有与之前相同的形式,因此与规模无关。

4.7　其他损害函数

在本节早些时候,我们对关于气候变化的损害的研究的评价,这是气候—经济文献中知识差距最明显的一个子领域。各种综合评估模型之间的区别,在一定程度上体现在它们如何将损害构建为气候(温度)变化的函数,以及它们如何确定函数的参数。但是无论如何,诺德豪斯在他的模型(DICE 模型和 RICE 模型)中所使用的函数形式始终是最常用的一个。这

里有一种可能性是,总体损害水平与文献中所有最常见的估计值都很不相同,另一种可能性是对函数形式的假设是错误的。为了便于讨论,让我们使用上面描述的效用损害函数设定——在那里,我们已经证明 $\log c - \gamma S$ 这个公式在定量上很接近于诺德豪斯所使用的公式,因为这个函数应该被看作从排放到大气碳浓度和从大气碳浓度到损害的映射的组合。因此,让我们考虑一下以更普遍的公式 $\log c - \Gamma(S)$ 表示的损害函数,其中,Γ 是一个更加"不平凡"的函数。[①] 如果是在全局上描述的,函数 Γ 应该很可能是随着正的 S 而递增的(因为 $S=0$ 对应于前工业时期的浓度),而且是凸的。对于足够低的 S 值(低于0),这个函数 Γ 应该是递减的,因为我们要考虑一个合乎情理的"适当"的气候概念;如果太冷,人类也无法生存。

为什么这里的 $\Gamma(S)$ 要采用凸函数,而不采用我们在基准模型中用过的线性形式,原因在于我们在前面第 3.2.6 中阐述过的如下论点:在全球温度与未加权的(自工业时代开始以来的)累计人为排放量之间,似乎存在着一种近似简化式的关系,它是线性的。这种关系可以用通常所称的"碳—气候响应"(carbon-climate response,CCR)公式来表示。然后将从全球损害函数到产出损失的映射(比如说,像诺德豪斯所给出的那样)视为给定的,并将之与这个近似的线性关系相结合,由此所得到的 $\Gamma(S)$ 必定是凸的。[②]

给出了这个更一般的损害函数 $\Gamma(S)$ 之后,前面的所有分析全都仍然有效,唯一的区别是,现在要用 $\Gamma'(S)$ 替代原先的 γ。很显然,可以将 Γ 校准为,对于当前的总排放水平,有 $\Gamma'(S)=\gamma$(以 γ 为标准校准)。因此,这里能够告诉我们的更多的东西是,碳最优社会成本(以及最佳税率)是什么,碳的社会成本是如何随 GDP 的变化而演变的。

在这种情况下,碳的社会成本(SCC)就变成了 $\Gamma'(S)y$,其中,y(再一次)是 GDP。因此,在 Γ 是凸的范围内,最优税率(以及更一般地,碳的社会成本)不仅仅是与产出成比例的,而且还会随着排放的增加而提高,至于到底会提高多少则取决于 Γ 的凸度。此外,我们再考虑一下全要素生产率出现了外生的改进时的情形。这样一个冲击现在将通过两个渠道提高碳最优社会成本(最优税率)。第一个渠道是此前就存在的:对 y 的直接的正面影响(导致相同百分比下的税收更高)。第二个渠道是通过对 E 的更高需求而产生的间接效应。在分权化经济中,对于给定的税收,更高的全要素生产率将会使企业要求更高的 E,并且因为 $\Gamma'(S)$ 是递增的,所以这就会要求未来的最优税率进一步提高。[③]

类似地,在自由放任配置中仍然存在福利的消费等价损失百分比 λ 可以用下式计算出来:

$$\log(1-\lambda) = \log\frac{c}{c^*} - (\Gamma(S) - \Gamma(S^*))$$

在 Γ 是凸的这个范围之内,上面这个表达式随 $S-S^*$ 潜在地增加得更快(并且更一般地,分别

[①] 我们可以保持对数曲率而不失一般性。

[②] 但是请注意,近似的线性似乎与阿列尼乌斯(Arrhenius)的如下洞见有所冲突:温度变化与大气碳浓度的对数成正比(因此,是一个凹函数)。不过,这种冲突并不像表面看起来那么严重。我们说 $\Gamma(S)$ 是近似线性,是基于一个相当真实的碳循环的描述(即更复杂、更动态的),并且仍然使用了阿列尼乌斯的公式——这个公式得到了广泛的接受。无论如何,刚刚提到的那种凸性毕竟不是很强。

[③] 这个讨论提醒我们,最优税收公式 $\tau^* = \Gamma'(S^*)y^*$ 不是解析形式的,因为 S^* 和 y^* 两者都是内生的。

取决于这两种排放水平)。

现在考虑一个高度非线性的损害函数,我们同时还要讨论这种情况是否对研究气候问题的庇古式方法提出了挑战。考虑如下可能性:在排放水平很低,因而 S 也很低时,碳的社会成本实际上为零,即 $\Gamma'(S) = 0$。然而与此同时,对于很高的 S 值,$\Gamma(S)$ 先快速增加,然后它会再次下降并变得平坦,从而对于足够高的 S 值,也会有 $\Gamma'(S) = 0$。后者相当于这样一种特别的"灾难":更高的大气碳浓度实际上并没有对结果造成什么影响,因为原来的 S 就已经如此之高,所有可能发生的可怕的事件都已经发生过了。在这里,尽管低碳排放量对应着一个值为零的碳的社会成本,但是低排放量并不是庇古公式所"规定"的。庇古公式所规定的是碳的社会成本等于源于排放的净私人收益,这在低排放水平下也是很高的。排放的净私人收益在这里很特别,是全球性地下降的(并且总是为正,因为在现在研究的特殊情况下,损害会进入偏好,而不会影响生产)。因此,将排放提高到有如下性质的点上是最优的——在那一点处的 S^*,能够使得 $\Gamma'(S^*)$ 为正,而且那可能也是 Γ 快速增加的一个点。这个例子表明,虽然在某种意义上迅速增加的损害函数确实会构成威胁,但是庇古式的方法仍然可以很好地发挥作用。这里的一个关键是,对于任何给定的税率,市场均衡都是独一无二的。在早前的论证中,这一点表明从排放中获得的净私人收益是全球性下降的。它们也有可能不是这样的,即也许存在多个市场均衡,但是这种情况是极不常见的。我们在第 4.14.1 节中考虑技术选择协调问题时会给出一些这样的例子。

总而言之,这个模型是精心设计来纳入"更凸"的损害函数的,同时不同结论的定性差异都不是很大,也不难解释。而且,最关键的结论仍然是:在这个领域,更进一步地推进关于损害的决定和性质的研究——包括对气候变暖迫使人们承担成本的机制的研究——是至关重要的,而且综合评估模型已经做好了准备,随时都可以将人们在这个方向上努力所得到的最新成果纳入进来。

4.8 临界点

气候经济学中通常所说的临界点,指的就是在碳循环或气候系统中存在着非常强的非线性的现象。这也就是说,如果排放量超过了某个给定的水平,就会对气候进而对损害产生更加严重的影响。正如我们在本章前面的自然—科学部分中已经讨论过的那样,我们或许可以想象,对气候模型的阿列尼乌斯近似(Arrhenius approximation)也是可以偏离的。请回想一下,阿列尼乌斯近似是指,(相对于前工业时代的)气温上升是与大气碳浓度的对数(作为前工业时代碳浓度的一部分)成正比的,其中,比例常数——通常记为 λ——也被称为气候敏感度。表示临界点的一种方式是,λ 超出了碳浓度的某个临界水平。另一种表示临界点的方式是碳循环由于碳汇变得不太能吸收碳而表现出了非线性,从而使得 ϕ 成了 S 的(增)函数。最后,我们还可以想象,损害在某个特定的温度点以外具有更强的凸性,例如,足够高的温度和湿度会使得人类和动物不可能在户外生存。

请注意,所有这些示例仅仅意味着若干与以前所假设的函数形式不同的函数形式(无论损害是对全要素生产率的,还是对效用的)。因此,我们仍然可以像前面那样推进分析,只不过需要用损害函数 $\Gamma(S)$ 代替总损害 γS,而且这个函数具有很强的非线性。我们不难想象出各种"版本"的非线性。其中一种可能性是折弯(kink),即对于 $S \leqslant \underline{S}$,有一个线性函数 $\gamma^{lo}S$;而对于 $S > \underline{S}$,则有另一个线性函数 $\gamma^{hi}S$,且 $\gamma_{lo} << \gamma_{hi}$。第二种可能性是一个简单的全局更凸(和更平滑)函数 Γ。这种可能性的一个例子是阿西莫格鲁等人(Acemoglu et al.,2012)给出的,他们假设存在某种称为"环境质量"的东西,当它为零时,会导致无穷大的负效用,不然则具有无限大的正的边际效用(尽管这种假设没有定量的科学参照)。或者,我们也可以想象碳循环或气候中存在某种随机性,这种随机性可能会导致比前面那种简单的(和确定性的)线性函数 γS 能给出的结果更加极端的结果。最后,$\Gamma(S)$ 函数可能具有不可逆性,从而使得如果 S 超过了某个阈值,该函数就会实现一个更高的值——即便 S 后来又低于该阈值也不会再回落。

如上一节所述,在具有临界点的模型设定中,对自由放任均衡的分析不会发生变化。然而,这种设定改变了社会规划者的问题。特别地,在社会规划者的一阶条件中表示排放的负外部性的 γ,现在已经替换成了 $\Gamma'(S)$,但是这个导数可能非常"高"。然而尽管如此,我们还是有可能用碳税来实现最优化,尽管它不再恰好与 GDP 的最优水平成比例,而是可能会对任何参数变化产生非线性响应。这一点我们在前面已经讨论过了。例如,假设 γ 在某个 $\underline{S}$ 之外会变得"无穷大"。然后,从政府选择对碳排放征收的最优税率的角度来看,目标函数将会从税收选择中得到非常不对称的收益:如果选择的税率太低,那么损害就将是无限的,而且更一般地,环境的变化(例如如资本存量或劳动投入的增加,这些将增加对能源的需求)都会要求适当增加税收,以便避免上述灾难。

总而言之,为了在基于综合评估模型的定量研究中处理临界点,我们需要校准非线性损害函数。就拿我们的第一个例子来说吧,问题是如何估计 $\underline{S}$?正如我们之前在自然—科学部分(第 3.1.2 节和第 3.3.4 节)已经指出过的,关于临界点,我们现在的共识是,虽然已经识别出了一些临界点,而且其中一些已经得到了量化,但这些临界点都是局部性的,是本地系统中的临界点,或者最多是短期内非常有限的全球性影响的系统中的临界点。而在关于某个全球性的(和在定量的意义上很重要的)临界点的问题上,我们还没有达成共识,说明它会出现在 S 空间的什么地方。因此,在这一点上,在等待有关碳循环或气候系统中的总体非线性或气候如何映射到经济成本的进一步证据出现的过程中,我们继续采用线性规划方法(或者,在损害出现在 TFP 中时,继续采用等价的指数形式)。对 γ 进行比较静态分析当然非常重要,我们稍后会再回到这个问题上来。

4.9　不确定性

只需要对我们的简单的基准模型稍加扩展,就可以用它来分析不确定性。假设我们要考虑的是,当需要由市场以及某个虚拟社会规划者决定排放量时,经济的前景将会如何。在这种情况下,我们所要分析的效用类型就是期望效用,因而可以从一个在动态宏观经济模型中非常常见的效用函数形式入手：$u(c)=\log c$。这样一来，目标就是 $E(\log(c))$。不确定性的表示则有多种多样的形式，不过为了简单起见，在这里我们只考虑一个简化形式的表示，即令 γ（输出的损害弹性）是随机的。这也就是说，在大自然的某些状态下，排放会非常昂贵，而在另一些状态下，则不然。请回想一下，不确定性可以与任何给定温度水平如何损害经济有关，也可以与给定的排放是如何影响温度的有关。

为了便于说明，我们首先考虑最简单的情况：γ 的实现可能是高的 γ_{hi}，或者也可能是低的 γ_{lo}，概率分别为 π 和 $1-\pi$。关于排放的决定必须在事前完成——或者由社会规划者做出，或者由分散在市场中的行动者做出，但是不存在除了需要决定 E 多高之外，还需要做出消费决定或任何其他决定的"上一期"。我们在这里考虑煤炭的情况：煤炭生产只需要使用劳动力，而且不会有相关的 TFP 损害。

首先来看社会规划者问题。我们有：

$$\max_E \pi\log\left(e^{-\gamma_{hi}\phi E}k^{\alpha}\left(1-\frac{E}{\chi}\right)^{1-\alpha-\nu}E^{\nu}\right)+(1-\pi)\log\left(e^{-\gamma_{lo}\phi E}k^{\alpha}\left(1-\frac{E}{\chi}\right)^{1-\alpha-\nu}E^{\nu}\right)$$

只采用一个常数，这个问题可以简化为：

$$\max_E -(\pi\gamma_{hi}+(1-\pi)\gamma_{lo})\phi E+(1-\alpha-\nu)\log\left(1-\frac{E}{\chi}\right)=\nu\log E$$

这个最大化问题的一个关键特征是，损害弹性只出现在期望值中！这意味着这个规划问题的解将取决于 γ 的期望值，但是不取决于它的分布的任何更高阶的性质。当然，这个特征虽然无论对 γ 的分布的假设如何都能成立，但是如果煤炭/石油是以（用最终产品来衡量的）不变边际成本生产出来的（就像我们在上面的第一种设定），那么这个特征就不再成立了，不过在模型的任何校准版本中，还是可以得到大致相同的解，因为化石燃料成本只相当于产出的一小部分。

需要特别注意的是，在这里，即便消费者是风险厌恶的，"确定性等价"的结果也仍然可以得到。不过，只能在对数效用时才能得到。如果效用函数曲率高于对数，那么社会规划者就会考虑结果的方差：很高的方差将会减少选择的 E。[1] 作为一个说明性的例子，我们考虑效用函数 $c^{1-\sigma}/(1-\sigma)$，从而社会规划者的目标为：

$$\mathbf{E}_{\gamma}\frac{\left(e^{-\gamma E}k^{\alpha}\left(1-\frac{E}{\chi}\right)^{1-\alpha-\nu}E^{\nu}\right)^{1-\sigma}}{1-\sigma}$$

既然 E 是预先决定的，我们可以将上式改写为：

$$\frac{\left(k^{\alpha}\left(1-\frac{E}{\chi}\right)^{1-\alpha-\nu}E^{\nu}\right)^{1-\sigma}}{1-\sigma}\mathbf{E}_{\gamma}e^{-\gamma E(1-\sigma)}$$

假设 γ 服从均值为 $\bar{\mu}$、方差为 σ_{μ}^2 的正态分布，我们就可以得到目标：

[1] 资产定价文献提供了多种多样的效用函数形式，它们与适当的关于随机过程的假设相结合，可以产生很大的福利成本，其中一些在气候经济学文献中也被采用了，例如请参见：巴罗（Barro，2013）、戈利埃尔（Gollier，2013）、克罗斯特和特雷赫格（Crost and Traeger，2014），以及莱莫恩（Lemoine，2015），等等。

$$\frac{\left(e^{-\Gamma E}k^{\alpha}\left(1-\frac{E}{\chi}\right)^{1-\alpha-\nu}E^{\nu}\right)^{1-\sigma}}{1-\sigma}$$

其具有:

$$\Gamma(E) = -\bar{\gamma}E + \frac{\sigma_{\mu}^2 E^2(1-\sigma)}{2}$$

因此,目标函数是消费的单调变换。在这个模型中,消费的决定与通常一样,除了损害表达式 γE 现在被 $\Gamma(E)$ 取代之外。对于 $\sigma > 1$, $\Gamma(E)$ 是一个凸函数(比对数函数有更高的曲率)。由此如前所述,我们证明,在方差 σ_{μ}^2 足够大且 σ 显著大于1的情况下,不确定性发挥了一个"更凸的损害函数"的作用。这样我们也就看到,作为我们基准的对数函数其实只是一个特例。

4.9.1 悲观定理

在这一小节中,我们简要地讨论一下韦茨曼(Weitzman)在他的一系列论文中提出和分析的所谓的"悲观定理"(dismal theorem)——例如,请参见韦茨曼(Weitzman,2009),另外也请参见诺德豪斯的讨论(Nordhaus,2009)。在一个相当抽象的理论背景下,韦茨曼给出了政府行动可以消除气候不确定性的条件。他指出,在政府不采取适当的行动的前提下,期望效用为负的无穷大。因此可以说,这个观点为(激进的)政府行动提供了论据(韦茨曼本人就是这样认为的)。不那么严格地说,如果不确定性有足够大的"肥尾",如果风险厌恶程度足够高,如果政府能够完全消除这种尾部不确定性,那么他的结论是可以成立的,但是细节却严重依赖于具体的设定。在我们现在这个模型中,只有 γ 的正态分布,它的尾部显然并不够"肥",而且政府消除尾部风险的唯一办法是将 E 设定为零。但是,如果假设经济中利用了一定数量的绿色能源(记为 $\tilde{E}$),即假设生产函数为 $e^{-\gamma E}k^{\alpha}\left(1-\frac{E}{\chi}\right)^{1-\alpha-\nu}(\tilde{E}+E)^{\nu}$,那么设定 $E=0$ 时仍然会有正的产出。现在再设想, γ 是一个有足够"肥"的"尾巴"的分布,即一个允许无限高的 γ 值并且从那里开始密度缓慢降低的分布。那么只要 σ 足够大,期望效用就会变得无穷大。①

悲观定理与数据无关,而且也不适用于定量的综合评估模型。从根本上说,它依赖于这样一个冲击结构:允许无限大的负面冲击(按百分比计算)。我们的历史数据太有限了,因此我们无法将这种不确定性的左尾形状与零点附近的边际效用的形状结合使之凸显出来,从这一点来看,要确定冲击的均值似乎是一件不可能完成的任务。

4.10 税收和配额

在前面的讨论中,我们一直只关注税收,将它作为最显而易见的候选政策工具。确实,

---

① 一种更简单的简化形式的模型设置是,假设消费由 t 分布给出(这种分布的尾部比正态分布更"肥"),以反映某种风险(在这种情况下,就称之为"气候风险")。然后假设一个幂函数形式的效应函数 $u(c) = c^{1-\sigma}/(1-\sigma)$。这样一来,如果 σ 足够大,那么零点处边际效用就会足够快地变为无穷大,从而期望效用变为负无穷大。这种方法最早是由格维克(Geweke,2001)提出的。如果政府能够消除方差,或者保证消费的下限,那么这将是非常可取的。

损害的外部性是一种纯粹的外部性,可以直接应用庇古的理论。那么,还有其他什么可选的政策工具吗?科斯定理也适用,但是在现实世界中,要确定大气层的产权(然后所有权人许可排放,并获得报酬),似乎不怎样可能。数量管制又怎么样?事实上,"总量管制与交易"制度("cap-and-trade"system)一直是致力于达成关于全球气候变化协议的国际谈判主推的基本制度,而它正是一种基于配额的制度。而且,自从2005年以来,欧洲各国确实已经在实施这种"总量管制与交易"制度了。[1] 关于到底是税收制度更好,还是配额制度更好的争论,我们在这里不会详细展开,而只是简略地提一下双方的主要论点。这是因为,我们的主要目的是,通过对这两种制度的比较,总结出一些根本性的理论观点。当然,这些观点在实践中也是非常重要的。

在进行比较分析之前,我们先简要地介绍一下"总量管制与交易"制度中的"交易"部分(我们不会对这部分进行理论分析)。如果一个地区受到了数量上限的限制——排放量不能超过一定数额——那么在该地区的化石能源使用者中,谁可以排放、各自可以排放多少,这些都有待进一步的决定。因此一个很自然的思路就是分配排放权,并允许对这种权利进行交易。至少在理论上,这种交易能够确保排放的有效性。排放权的初始分配可以通过多种方式进行。例如,根据"祖父原则"分配(按照历史上的使用情况分配权利),或者进行拍卖。要更加正式地分析排放权交易系统,我们需要引入用户之间的异质性,这并不困难,但是并不一定能提供比刚才提到过的思想更高明的洞见。

要比较配额制度和税收制度,第一个也是最基本的一个要点是,如果不存在不确定性,或者政府能够随时随地根据自然的状态完美地相机决策,那么就可以任意地使用这两种工具来获得任何给定的配置。[2] 如果使用的是税收工具,那么税收将适用于所有用户;如果使用的是配额制度,那么无论初始排放权如何分配使用,排放权的市场价格都将起到税收的作用:它将对每单位排放收取一个额外成本,并且这个成本对所有用户都是相同的——只要排放权市场运行良好。

现在,假设存在不确定性,而且政府无法完美地相机决策。这是一个限制性相当强的假设——至今仍然没有明确的理论理由,说明为什么政策不能随自然状态的变化而随时改变。但是,它仍然是一种非常有意义的假设,因为这种政治/制度上的限制在现实世界中的许多时候确实是存在的。为了分析这种情况,让我们再次考虑不确定性和决策的事前时期。为了刻画这个限制的本质,我们假设事前做出的唯一决策是政策决策。政策可以在从量单位税与数量配额之间进行选择。我们假定数量上限的设定在事后是有约束力的。在这种情况下,我们可以认为政府决策就是简单地选择事前排放水平。

自从韦茨曼(Weitzman,1974)的研究以及其他经济学领域类似的分析思路[例如,普尔(Poole,1970)]出现以来,对于存在不确定性时(或者"该行业"中存在私人信息时)税收制度和配额制度之间的选择,环境经济学文献中已经出现了许多全面而深入的研究。沿着韦茨

---

[1] 欧盟排放交易体系(European Union Emission Trading System,EU ETS)于2005年正式启动,涵盖了欧盟地区大约一半的二氧化碳排放量,请参见埃勒曼和布希纳(Ellerman and Buchner,2007)。

[2] 在仅有庇古规则不充分的(相当不寻常的)情况下,这个论断还要求具有征税资格,就像前面已经讨论过的那样。

曼的开创性研究的思路,我们很容易就可以给出某种政策比另一种政策更好的条件。韦茨曼考虑了一种污染物的成本和收益,两者分别取决于一个随机变量,同时假设这两个随机变量是相互独立的。在此基础上,韦茨曼证明了,哪一种政策工具更好,取决于边际收益曲线和边际成本曲线的相对斜率。后续研究在多个方向上放宽和改变了韦茨曼的假设,但是似乎一直没有人能够提出一个适用于气候变化并能够给出决定性的结论的一般理论。事实上,据我们所知,在这个问题上迄今尚未出现定量的、参数化的动态模型,所以我们在这里所能做的,也只是使用一个简单的静态模型来提供一个简单的例子,然后再讨论若干相互独立的、在我们看来很重要的特殊情况。

在我们给出的例子中,我们只利用了一种不确定性,即生产化石燃料的成本X的不确定性。使用校准模型和围绕X的校准值的均匀分布,我们得出了一系列税收和一系列排放的

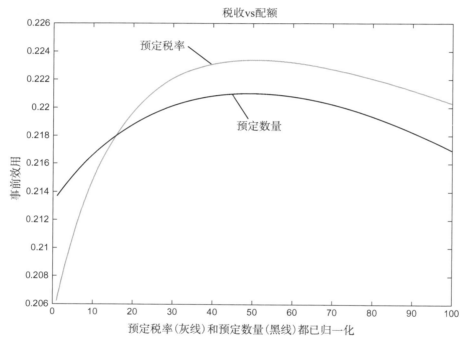

图12 预先承诺从量单位税的效用(灰线,x轴表示税率);
以及预先承诺数量上限的效用(黑线,数量上限用x轴表示)。

事前效用水平,而且两者都是在随机性实现之前承诺。图12显示结果:最优税率附近的一系列税率,全都优于最优配额。在这种情况下,预先承诺的税率是一个固定不变的值。如果可以将其设定为产出的某个比例(现在这种可能性被排除掉了,因为税收不可能是状态依存的,但产出则可以),那么它在事后也是完全最优的,因为最优事后税率必定是产出的一定比例($\gamma\phi$)。

显然,产出的事后随机性并不足以推翻这一结果。至于其他类型的冲击,要分析起来也很简单。对γ的冲击,带来的福利结果与(最优的、预先承诺的)税收和配额有更多类似之处。

现在,我们再来考虑存在一个临界点的情况。假设不确定性来自能源需求(例如,通过独立的、外生的和随机的全要素生产率因素产生),或者来自煤炭的生产成本(通过χ)。如果已知临界点为E,而且当$E<\underline{E}$时,$\Gamma(E)$等于零,否则$\Gamma(E)$值为正且非常高,那么从事前的角度来看,最优策略是什么? 很显然,设定排放上限的政策只需简单地将上限设定为$\underline{E}$,这个上限在事后既可能是也可能不是有约束力的。如果能源需求很低,或者生产成本很高,那么事后市场解将会(有效率地)保持在某个低于$\underline{E}$的水平上,否则上限将是有约束力的(因而是有效率的)。而税收制度则不能同样好地发挥作用。政府固然可以设定税收,使经济保持在临界点以下,但是在能源需求低或者生产成本高的情况下,从事后的角度来看,产出将会非常不景气(从而是无效率的)。因此,当我们处理这种非对称收益的情况时(相对于排放量),数量上限的政策会更好。

在上面的例子中,排放权的交易价格一般为正,但有的时候也可能是零。因此,规定数量上限的政策体系会导致排放二氧化碳的企业(除了支付给能源生产者的价格之外)承担一个随机的成本。由监管部门决定的排放权的供给的变化,也会影响排放权的交易价格。欧洲地区"总量管制与交易"制度的实施经验也证明了这一点:自该系统启动以来,碳价格一直在30欧元与几乎为0这两极之间来回变化。在实施排放上限控制和排放权交易制度的其他国家和地区(例如新西兰)也观察到了这种波动。显然,因为最优碳价格应该反映碳的社会成本,所以只有当碳的社会成本出现了波动时,价格的这种波动才是有效率的。碳排放的损害本身可能不会出现太大的波动,但是随着科学知识的积累,我们对碳排放的损害的评估却肯定会随着时间的推移出现相当大的波动。因此,从政策的角度来看,近期出现的排放权价格的大幅下降,也许是有问题的。

这种"总量管制与交易"制度还可以通过类似"排放中央银行"的制度而得到有效的扩展。"排放中央银行"可以在市场上积极参与交易,以便稳定排放权价格,从而避免类似于在欧盟交易体系中观察到的那种无效率的巨大波动。不过,需要注意的是,在引入"排放中央银行"之后,我们这种"总量管制与交易"制度将会非常接近于税收制度:税收制度就是实现稳定的排放物价格的一种完全稳定的方法(只要所选择的税制是稳定的)。[①]

4.11 存在其他扭曲性税收时的碳税

假设政府需要筹集收入,而且不得不以某种会导致扭曲的方式来获取收入,最常见的例子是对劳动征税,而且这种形式的税收是可以通过在我们的基准模型中加入有价值的闲暇来进行研究的。那么,最终的碳税将会怎样发生变化呢? 例如,假设偏好是$\log c + \psi \log l$,其中,l是休闲,以使得最终产品部门的劳动投入为$1-n_E-l$(而且,与以前一样,n_E是在煤炭行业中的)。再假设政府对劳动收入征收一种扭曲性的税收τ_l。税收收入用于购买消费品(支付的金额G是外生给定的,且这些消费品不会进入行为主体的效用)。一次总付税(lump-sum taxation)是被排除在外的(但是一次总付性转移支付则不然),因此这种设置模拟了公共财政

---

① 这个政策问题,以及其他一些政策问题,请参见哈斯勒等人(Hassler et al.,2016)的讨论。

中典型的次优情况。①

首先考虑如下规划问题的解。政府的行动不受限制但只能规定数量,因此,它通过选择 n_E 和 l 来最大化:

$$\log(e^{-\gamma\phi\chi n_E}(1-n_E-l)^{1-\alpha-\nu}(\chi n_E)^{\nu}-G)+\psi\log l$$

这就提供了两个一阶条件。第一个是我们在基准模型中已经熟知的:

$$-\gamma\phi\,\chi_E-\frac{1-\alpha-\nu}{1-n_E-l}+\frac{\nu}{n_E}=0$$

第二个则是标准的宏观劳动条件,即:

$$-\frac{1}{c}\cdot\frac{(1-\alpha-\nu)y}{1-n_e-l}+\frac{\psi}{l}=0$$

它说明消费的边际效用乘以劳动的边际产品必定等于闲暇的边际效用[当然,上面这个表达式中的 y 指 $e^{-\gamma\phi\chi n_E}(1-n_E-l)^{1-\alpha-\nu}(\chi n_E)^{\nu}$,同时 $c=y-G$]。给定任何 G,从这两个一阶条件可以解出 n_E 和 l 的最优水平。

作为对照,现在再考虑一个竞争均衡。在这里,政府对于碳税是自由放任的,而且只通过对劳动征税来获取收入。那么,上述两个一阶条件都要被替换掉。首先,根据煤炭的自由放任条件,有:

$$-\frac{1-\alpha-\nu}{1-n_E-l}+\frac{\nu}{n_E}=0$$

其次,被扭曲的宏观劳动条件为:

$$-\frac{1}{c}\cdot\frac{(1-\alpha-\nu)y(1-\tau_l)}{1-n_E-l}+\frac{\psi}{l}=0$$

另外一个额外的约束条件是政府必须保持预算平衡:$\tau_l(1-\alpha-v)y/(1-n_E-l)=G$。现在,这三个条件决定了 n_E、l 和 τ_l,而且不能给出最优结果。特别是,我们可以想象两个定义了与最优之间的偏差的"楔":一是因气候损害导致的外部性楔,二是对劳动供给的税收楔(这些楔定义为有税收的上述方程式的左侧与相对应的最优一阶条件的左侧之间的差异)。

现在假设我们从 0 开始,边际地增加碳税。那么可以得出:(i)气候楔将逐渐变小,(ii)由于 τ_l 下降——现在的政府预算为 $\tau_l(1-\alpha-v)y/(1-n_E-l)+\tau\chi n_E=G$,因此 $\tau>0$ 就允许更低的 τ_l——劳动楔也随之下降。因此,从煤炭的角度来看,与自由放任的情况相比,引入煤炭税可以带来双重红利:它减少了气候的外部性,并减少了劳动力的扭曲。这也正是气候经济学文献中经常讨论的一个要点。例如,乔根森等人(Jorgenson et al. ,2013a,2013b)指出,这种双重红利对于美国和中国在定量上都是重要的。② 当然,对劳动征的税可以减少的程度则取决于煤炭税基的大小。

那么碳税的最优水平到底是什么呢? 没有扭曲性的劳动税之后,碳税会变得更高吗?

---

① 我们也可以考虑另一个可选的假设:政府没有必要获取收入(即 $G=0$),存在对劳动收入征收的外生税收,税率为 $\tau>0$,任何税收收入都一次性退回。

② 事实上,我们还可以指出引入煤炭税的第三个"红利":减少本地因燃烧煤炭而造成的污染,尤其是在中国,这是具有一阶重要意义的因素。

在当前这个模型中,只要通过求消费者福利的最大值——目标函数与社会规划者使用的相同——就可以直接得出这些问题的答案,而需要满足的条件则包括,前述宏观劳动一阶条件,对于煤炭的市场边际条件 $\tau\chi/y - \dfrac{1-\alpha-\nu}{1-n_E-l} + \dfrac{\nu}{n_E} = 0$,以及政府的预算约束。我们还可以推导出社会规划者选择 τ 的边际条件,其中包括将各种楔的加权组合设定为零,这个条件可以与其他方程式一起对内生变量以数值方式求解。在这个次优解中,最终的税收水平很难用原始变量来表征,但还是可以得出许多直观结果。如果煤炭的使用是与劳动的使用互补的(在柯布-道格拉斯生产函数中就是如此),那么煤炭的减少将会损害劳动力供给,因为这会降低劳动的边际产量。这个结果支持了存在煤炭税的次优状态——这个煤炭税低于没有扭曲性的对劳动征收的税。如果煤炭与闲暇是互补性的(比如,因为人们在不工作的时候会燃烧煤炭在家中取暖),那么这种效应就会偏向相反的方向。然而,所有这些效应到底会怎样呈现,则取决于具体的偏好和技术的细节。关于这些问题,最近涌现出了不少研究,它们还分析了对资本征税导致的扭曲。例如,请参见施密特(Schmitt,2014),他在一个与我们这里的模型设置密切相关的动态模型中运用了这种方法;还请参见巴拉杰(Barrage,2015),他也在一个密切相关的模型中讨论了税收问题。[1]

4.12 细节更丰富的能源部门

在前面那几个程式化的模型中,我们都只描述了一种能源的生产,或者是石油,或者是煤炭,又或者是某种绿色替代能源。但是,在现实中,这几种能源的使用不会是只选其一的,相反,所有这些来源的能源往往同时被使用,而且它们相互之间是(部分但不是完全)可替代的。有的综合评估模型包括了非常复杂的能源系统,例如,WITCH 模型或 MERGE 模型,后者是曼勒等人(Manne et al.,1995)最先描述的。明确纳入多种能源的一种方法是,在某种能源作为最终产品的投入品的同时,令这种能源本身也是用包括化石燃料在内的一系列其他资源生产出来的。因此,我们会考虑如下常替代系数技术:

$$E = \left(\kappa_o E_o^{\rho} + \kappa_c E_c^{\rho} + (1-\kappa_o-\kappa_c) E_g^{\rho} \right)^{\frac{1}{\rho}},$$

其中,E_i 是用资源 i 生产出来的能源,其中 $i=o$ 代表石油(和天然气),$i=c$ 代表煤炭,$i=g$ 代表不用化石燃料生产的能源。[2] 当然,这种描述仍然是高度程式化的,但是已经允许我们研究一些有趣的问题了。参数 $\rho \in (\infty,1]$ 调节不同能源来源之间的(常数)替代弹性。[3] 在所有分析中,份额参数 κ_is 都视为外生给定的。我们继续像以前的讨论一样,分析石油、煤炭和绿色能源的生产。

在这个设定下,很容易直接验证,碳的社会成本仍然是 γy。因此,从最优政策的角度来

---

[1] 通常情况下,在动态分析中,政府是否做出了承诺有重要的意义,施密特考虑的是政府没有承诺时的情形。

[2] 很自然地,我们可以考虑一个嵌套常替代弹性模型来扩展这个表达式:一方面是石油和煤炭的组合,另一方面是绿色能源。在这种情况下,石油和煤炭将形成一个常替代弹性总量。我们可以考虑如下在定量上相当合理的情形:石油与煤炭之间有很高的互替性,而石油—煤炭组合与绿色能源之间的替代性则要低得多。

[3] 弹性为 $1/(1-\rho)$。

看,这种扩展可能不是很有意义。相反,它的价值在于可以提供更加丰富的观点,告诉我们哪些成本留在了自由放任状态下,或者在哪种情况下会远离最优状态,因为这种成本从根本上取决于不同种类的能源之间的替代弹性。

首先(举这个例子只是为了说明问题),让我们看看那里只有石油和煤炭的情况(即没有绿色能源的情况)。显然,如果石油和煤炭之间的替代程度非常低,那么自由放任状态与最优状态之间的差距就会很小。考虑一种极端情况:生产函数取里昂惕夫(Leontief)函数,即 $\rho = \infty$。在这种情况下,如果石油的总储量足够小,使得最优时必须使用它,那么自由放任配置与最优配置将会是一样的。随着可替代性的增强,自由放任配置不再是最优的,这是因为,考虑到煤炭使用的外部性和它的无限供应(回想一下,它用劳动来衡量的边际成本是固定不变的),煤炭的使用理应减少。然而,两者之间的差异仍然相当有限。但是关键是,石油和煤炭实际上是相当好的互替品,所以让我们(再一次,仅仅为了说明)考虑一种相反的极端情况:两者之间存在着完全可替代性(即 $\rho = 1$)。在这种情况下,煤的使用水平的决定就是非常不同的了,而且自由放任配置也远远称不上最优的了(只要 γ 是大的)。因此,在这种情况下,政府不作为将会导致巨大的损失。

根据现有的勘探和估计,剩下的(低成本)石油储量相当有限——特别是在与可开采的煤炭相比的时候。这也就是说,石油对气候变化并不太重要。然而,重要的是,化石燃料与绿色能源之间的互替性。[1] 因此,作为第二点,我们来考虑一下化石燃料(在这里就是煤炭)和绿色能源的关系。在一项研究中,斯特恩通过荟萃分析(Stern,2012)给出的结果是:长期的替代弹性为 0.95,这是石油—煤炭、石油—电力,以及煤炭—电力之间的互替性的平均值。因此,这个未加权的平均值接近于柯布–道格拉斯生产函数的设定。在这种情况下,最优配置与自由放任配置之间是有可能存在较大的差异的,相应地,价格激励或征税的影响将会很大(如果存在一个不被征税的、高替代性的商品的话)。[2] 然而,我们不难想象,未来的绿色能源将是一个非常好的替代化石燃料的选择。因此,考虑到比单一的柯布–道格拉斯弹性更高的弹性,也是一项重要的稳健性检验。在这种情况下,最优与自由放任之间的差异也是相当大的。例如,根据戈洛索夫等人的报告,在使用与现在这个模型对应的校准动态模型时,自由放任配置下的煤炭使用的弹性为 2,这会导致从现在起 100 年内所有煤矿都耗尽,并且可能会对气候造成灾难性后果。相比之下,在最优配置情况下,未来 100 年的煤炭使用量将比现在更少,因此气候的变化是基本可控的。

根据定义,在绿色能源 vs 化石燃料的情况下,如果不征收碳税或不实行排放配额制度,那么高替代弹性将会导致极大福利损失,这个结果本身就意味着,有效的气候变化政策具有很大潜在社会效益。另一个密切相关的含义是,在这种情况下肯定有很强的激励——很高的社会收益——去研究开发绿色能源,以替代化石能源。我们将在第 4.14 节深入讨论这个问题。

---

[1] 见麦克格莱德和埃金斯(McGlade and Ekins,2015)对化石燃料的供给曲线的讨论。
[2] 柯布–道格拉斯情形与上述仅考虑煤炭的情形非常相似。

4.13　能源与其他投入要素之间的替代性

前面这些分析中,哪些方面会受生产函数的性质的影响? 我们之所以假设了柯布-道格拉斯型函数结构,部分原因是处理起来较简单,部分原因是能源份额虽然在较短的时间内就经历了大幅度的波动,但是在更长期的时间区间内则一直保持了相对稳定(请参见第 2 节中的图 1)。此外,还有必要讨论各种偏离单位弹性假设的情况。在这一节的讨论中,我们将保持资本与劳动这两个投入要素之间的单位弹性假设,从而将注意力集中在资本—劳动组合与能源这两者之间的弹性上。

考虑如下形式的总生产函数 $e^{-\gamma S}F(Ak^{\alpha}n^{1-\alpha}, A_E E)$,其中 F 是常替代弹性(CES),A 和 A_E 为技术参数,它们能够保证损害随着 TFP 而下降的假设。这样一来,在这个设定中,碳的社会成本将遵循与以前相同的结构,即化石燃料的边际外部性损害(通过增加排放 E)仍然是 $\gamma\phi y$。然而,也有不同之处,表现在自由放任配置与最优配置之间的差异,或者换句话说,表现在次优配置的消费等价成本上。例如,考虑石油,这种化石燃料的供给 $\bar{e}$ 是有限的,而开采成本则为零。假设将所有的石油都用掉不是最优的,我们简单地检验两种极端情况:里昂惕夫型生产函数(生产要素投入量之间的比例固定),以及存在完美的替代性。

我们从里昂惕夫型生产函数着手讨论。在这种情况下,产出由 $e^{-\gamma S}\min(Ak^{\alpha}n^{1-\alpha}, A_E E)$ 给出。也就是说,资本—劳动组合与石油之间不存在任何替代性。在自由放任配置中,石油的使用量为 $\bar{E}$。利用社会规划者的一阶条件,很容易就可以证明,在这种情况下有 $E^* = 1/(\gamma\phi)$。[①] 回想一下我们在第 4.1.3 节中的讨论,在柯布-道格拉斯生产函数情况下,最优分配为 $E^* = v/(\gamma\phi)$,同时,最优产出与自由放任产出之间的比率则为 $e^{\gamma\phi(\bar{E}-v/(\gamma\phi))}\left(\dfrac{v}{\gamma\phi\bar{E}}\right)^{v} > 1$。

现在我们可以得出 $e^{\gamma\phi(\bar{E}-1/(\gamma\phi))}\dfrac{1}{\gamma\phi\bar{E}}$。由于 $-v+v\log v$ 是递减的,因此我们得出的结论是,在里昂惕夫生产函数情况下,最优配置与自由放任配置之间的差异小于在单位弹性情况下。能源消费的下降幅度较小,而且这个效应主导了(任何程度的)能源下降对产出的更大影响。

而在存在完美的替代性的情况下,我们知道产出由 $e^{-\gamma S}(Ak^{\alpha}n^{1-\alpha}+A_E E)$ 给出。同时,我们假定资本和劳动都被使用。现在,从社会规划者的一阶条件可以推导出 $E^* = 1/(\gamma\phi) - Ak^{\alpha}n^{1-\alpha}/A_E$,(对于单位弹性)这是一个比里昂惕夫生产函数下更小的量。我们还可以证明,在这种情况下,最优产出与自由放任产出之间的楔也会小于里昂惕夫生产函数下的楔。

总而言之,我们看到,这种情况下的能源使用,可能与以能源与其他投入要素之间为单位弹性的情况下不同。当生产函数中能源与其他投入要素之间的替代性非常低时,能源使

---

① 只要存在内部解,即如果 $1/(\gamma\phi) < Ak^{\alpha}n^{1-\alpha}/A^E$,那么这个结果就可以破旧立新。需要注意的是,现在的资本和劳动力是很充裕的:一方面,市场会一直使用石油直到 $E = Ak^{\alpha}n^{1-\alpha}$ 那一点,因此就存在着过剩的石油。另一方面,如果上面那个不等式成立,那么社会规划者可能会希望减少石油使用量,因此从社会规划者的角度来看,资本和劳动是很充裕的。

用将起主导作用——最优配置中的能源使用下降更多,但是更高的 TFP 中也会带来相应的收益。因此,由于各投入要素之间的替代弹性的变化,最优产出与自由放任产出之间的净差距似乎并不会受到明显的影响。这个结果也许是令人惊讶的,考虑到柯布-道格拉斯生产函数更易于分析和处理,这也是令人安慰的。

4.14 绿色技术与定向技术变革

在前面的讨论中,我们直接把绿色技术的存在视为给定的一个条件。当然,确实有许多绿色技术——比如说对水力和风力的利用——是在工业革命之前就已经存在的。这些技术仍然在不断得到改进。新一代的电力来源,也不涉及化石燃料,如核能和太阳能发电。[1] 在气候经济学领域,人们关注的一个核心问题就是这些技术的进一步发展和对新技术的研究。在关于气候变化的宏观经济学文献中,已经涌现出了各种各样的关于绿色技术的模型,比较早期的是博芬贝格和斯马尔德斯(Bovenberg and Smulders,1995)以及其他一些人提出的模型。更加晚近的是阿西莫格鲁等人(Acemoglu et al.,2012)构建的模型,他们讨论了定向技术变革,并指出在对各种能源技术的研究与开发中,可能存在着路径依赖性。在本节中,我们现在将使用我们在前面给出的简单模型来说明这些事实,并对相关文献中提出的其他一些观点展开讨论。

这是一个静态模型,不可能完全切合更加精细的动态环境,而这支文献中的许多观点都是针对动态环境的。但是,我们确实能够根据这个简单的模型提出一些基本观点。我们在这里的分析中要进行的一个简化是,我们不会明确地描述一个去中心化的研发部门。[2] 我们还将在讨论中区分两种不同类型的技术发展:有效利用能源的新技术("节能"技术)和生产能源的新技术。我们先从后者开始。

4.14.1 能源生产

我们将在很大程度上直接把用于技术发展的"总努力"是如何决定的这个问题抽象掉。当然,对这个问题建模也不是很难(例如,可以将这种决定建模为在研发活动与在生产中直接使用劳动之间的权衡)。但是我们在这里简单地直接假设存在研发投入,而且其供给是固定的。不失一般性,我们将研发投入的总额设定为 1。研发投入既可以用于提高从化石资源生产能源的生产率,也可以用于提高从绿色资源生产能源的生产率,将这两者分别记为 m_c 和 m_g,那么约束条件为 $m_c + m_g = 1$。例如,我们可以将这种权衡想象为:是用于改善北海油田的钻探/开采技术,还是用于提升太阳能发电机组的效率? 最直接的模型设置是假设如下"双能源"投入的生产函数:

$$e^{-\gamma E_c} k^\alpha n^{1-\alpha-\nu} \left(\lambda_c E_c^\rho + (1-\lambda_c) E_g^\rho \right)^{\frac{\nu}{\rho}}$$

而两类能源的生产则由下式给出:

---

[1] 从环境保护的角度来看,核能也可能会导致一些问题,但是我们在这里先不讨论。
[2] 即便是在我们的静态模型下,我们也可以纳入去中心化的研发部门,但是这除了导致过于复杂的符号之外没有什么实质性意义。

$$E_c = \chi_c n_c,\ \text{以及}\ E_g = \chi_g n_g$$

其中，$n + n_c + n_g = 1$。采用与前面同样的思路，对于给定的 χ_c 和 χ_g 的值，我们很容易求出这个模型在最优配置下的解和在自由放任配置下的解。

现在，我们可以将那种旨在令能源生产更有效率的研发活动建模为以下形式：

$$\chi_c = \bar{\chi} m_c,\ \text{以及}\ \chi_g = \bar{\chi} m_g$$

其中，$m_c + m_g = 1$。（如果 $\lambda_c = 1/2$，那么这种模型设置就是完全对称的。）

在这个模型的去中心化（分散）版中，将不会有任何行为主体——无论是生产者，还是化石能源的使用者——会考虑负面的外部性。然而，我们不难注意到，能源生产是规模收益递增的：将 n_c、n_g、m_c 和 m_g 加倍，E_c 和 E_g 将增加不止一倍。因此在这里，当达到分散均衡时，每个能源类型中都会有更加复杂的品种结构：或者体现为像罗默（Romer）所说的品种扩展，或者体现为如阿吉翁和豪伊特（Aghion and Howitt, 1992）所描述的固定品种的"创造性毁灭"。先是为利润而垄断竞争，然后完全竞争的研发企业生产出新品种（在罗默所说的情况下）或对产品进行改进（在阿吉翁和豪伊特所说的情况下）。在这里，我们不会详细描述品种结构，而只是直接假设化石燃料的所有品种与绿色能源的所有品种在总体上相同，即我们假设这两个能源部门所占的份额相同。最后，通常情况下（在动态模型中）还会存在溢出效应，但是我们在这里也不讨论这个，这主要是为了保证易处理性。[①] 不过，我们稍后还是会讨论溢出效应，因为它确实是个重大的问题。

像刚才描述的分散模型的均衡的存在性是有保证的，即便存在技术上的非凸性时也是如此，但是为了保持行文简洁，我们略去了对它的证明和更具体的描述，请参见罗默（Romer, 1990）对基本的品种扩张模型的讨论。至于更晚近的各种内生增长模型以及它们的广泛应用，请参见阿西莫格鲁的论文（Acemoglu, 2009）。垄断竞争会扭曲配置，使得能源供应不足，但是这本身有利于平衡气候外部性，从而在一定程度上缓解政府对化石燃料征税的压力。在自由放任均衡中，在化石燃料与能源之间存在对称性的情况下，市场总能有效率地生产出总能源组合——无论具体的组合方式是怎样的。[②] 将这个水平记为 E，那么自由放任配置将在如下条件下最小化 $n_c + n_g$：

$$E_c^\rho + E_g^\rho \geqslant E^\rho,\ E_c = n_c \bar{\chi} m_c,\ E_g = n_g \bar{\chi} m_g,\ \text{以及}\ m_c + m_g = 1$$

这个问题的解在很大程度上取决于 ρ。一方面，只要 $\rho < 1/2$，即只要两个能源来源都是足够贫瘠的互替品，那么设定 $n_g = n_c$ 且 $m_c = m_g = 1/2$，就可以求出解，然后可以直接计算出隐含的总劳动使用量。另一方面，如果 $\rho > 1/2$，则结果可以设定为 $n_c = m_c = 0$，或 $n_g = m_g = 0$，即角点解，然后再加上同样很容易计算的劳动使用量。因此，如果能源投入之间的互替性足够高，那么就会存在多个均衡。在这种情况下，多重均衡是刃锋型的，因为我们假设了完全对称性。不过，这里最重要的不在于均衡多重性，而在于对参数的敏感性。我们接下来就详细阐述这一点。

---

① 这样做能够提高易处理性的原因是，如果研究人员的产出不能给研究人员自己带来动态收益，那么研发决策就会变得不稳定。

② 对两个能源部门之间的对称性以及随之而来的完全相同的加成（markup）的假设，对结果是重要的。

现在,我们稍微改变一下模型设置。假设

$$\chi_c = \bar{\chi}_c m_c, \text{ 以及 } \chi_g = \bar{\chi}_g m_g$$

即我们假设,在两个"研究生产函数"(research production function)中,分别有一个独立的常数。然后,在 ρ 足够高的情况下,将会出现全面的专业化,但是专业化的方向将由 $\bar{\chi}_c$ 和 $\bar{\chi}_g$ 之间的相对大小给出。如果前者更大,那么能源将仅用化石燃料生产;如果后者更大,那么能源将仅由绿色能源生产。如果经济变化使得这两个参数的排列顺序有所改变,那么能源供应的性质就会发生彻底的改变。至关重要的一点是注意到,我们可以认为 $\bar{\chi}_c$ 和 $\bar{\chi}_g$ 是由历史上的 R&D 活动决定的。然后,我们就可以识别出阿西莫格鲁等人(Acemoglu et al.,2012)强调的路径依赖性了。阿西莫格鲁等人认为,某些临时性的努力,即通过补贴/税收来促进对用绿色能源生产的"清洁物品"的研发,将会对我们的能源供应产生永久性的影响,有助于我们从依赖于化石燃料转向依赖于绿色能源。[①] 转换为我们这个模型的语言,这就相当于说,通过以往对绿色 R&D 的补贴,使得 $\bar{\chi}_g > \bar{\chi}_c$。阿西莫格鲁等人(Acemoglu et al.,2012)使用的是动态模型,该模型的细节与我们这个模型有相当大的不同,其中之一是,他们在损害函数中假设了更强的凸性,这使得向绿色能源的转换变成了必然的——不然的话,效用就会变得负无穷大。这是他们的论证的核心要点。

但是,也有人质疑,可替代性是否真的强大到了足以导致路径依赖的程度。例如,哈特(Hart,2013)认为,有污染的能源的研究与清洁能源的研究之间,存在着很强的互补性。在实践中,这种互补性可能体现为外部性效应/溢出效应的形式。例如,改进电动汽车的研究可能有助于提高使用汽油或柴油的汽车的效率。但是,在市场上这种互补性能否得到充分的补偿却不是一件显而易见的事情。在我们的简单框架内正式表述这个问题的一种方法是将我们的模型进一步扩展如下:

$$\chi_c = \bar{\chi}_c m_c^{\zeta} m_g^{1-\zeta}, \text{ 以及 } \chi_g = \bar{\chi}_g m_g^{\zeta} m_c^{1-\zeta}.$$

在 ζ 不太高(在这里,不会高于 1/2)的范围内,技术开发有很强的互补性,路径依赖认证并不适用。哈特(Hart,2013)指出这种情况也很重要,但是很难说在他那里问题已经得到了解决。此外,阿吉翁等人(Aghion et al.,2014)还证明,持续性是有经验证据支持的,但是这种效应是否强大到了足以生成阿西莫格鲁等人(Acemoglu et al.,2012)所强调的路径依赖性则仍然不清楚。

最后,我们来讨论这些经济体中的规划问题。很明显,社会规划者要在这里所讨论的各种因素与化石燃料产生的气候外部性之间进行权衡。这里的模型应该是不难处理的,我们可以直接确定能源供应的最佳组合。为了保证简洁性,我们不再赘述具体的分析过程。

4. 14. 2 节能

研究可以替代化石燃料能源的其他(绿色)能源,当然是减少我们对化石燃料的依赖的

[①] 在他们的分析中,阿西莫格鲁等人使用了两种商品的概念,一种是清洁的,另一种是有污染的,而且分别以用来生产它们的能源为标记。我们在这里使用的能源组合则与整个经济有关。这个概念当然也是一种抽象,但是我们更喜欢它,因为它更容易校准,也更容易与数据比较。

一个途径。另一个途径是节能。为了将这个思想形式化,我们将能源组合重写为更一般的形式,同时再次强调只使用两种能源(c 和 g):

$$E = (\lambda_c (A_c E_c)^\rho + (1-\lambda_c)(A_g E_g)^\rho)^{\frac{1}{\rho}}$$

在这里,技术要素 A_i 表示使用不同来源的能源的不同"效率"。需要注意的是,这里的处理方法直接类似于我们在前面的第 2 节中处理能源与资本—劳动组合的方法。现在,各个 A_i 通过另一种渠道引入了不同能源之间的非对称性,而且我们可以认为它们是故意选择的。对这些选择的一个解释是它们是节省能源的临时决定,例如,通过关上窗户或确保机器在用不着的时候不会开着来节省能源。另一种解释强调了对能源效率的改进是永久性的。一个例子是开发更省油的汽车,另一个例子是找到在飞机着陆时只需使用更少喷气燃料的方法。与我们对能源生产的处理类似,我们再加入如下方程式:

$$A_c = \overline{A}_c m_c^\xi m_g^{1-\xi},\text{以及},A_g = \overline{A}_g m_g^\xi m_c^{1-\xi}$$

当然,$m_c + m_g = 1$ 的约束仍然适用。[①] 在这样一个结构下,对于很多不同的参数设定,市场配置都可能会以专业化而告终,同时社会规划者问题是有解的,路径依赖也是有可能的。

对节能行为进行建模,以及对生产能源的效率进行建模有一个重要问题,那就是效率是有自然的上限的。例如,以 LED 为光源,那么就意味着发光效率几乎已经达到了极限,对于电动发动机也有类似的问题。然而,这并不意味着我们(例如在提供运输服务方面)已经接近了最高能源效率了。对于运输这个例子而言,通过 A_g 刻画效率不太合适,相反,改进是通过提高总体能源效率(例如,在整体生产函数中的 E 前面的系数)来实现的。效率的极限在经济模型中通常不会明确地指出,但是在定量应用中是应该给出的。

4.14.3 是否需要补贴绿色技术?

为了实现最优配置,社会规划者当然需要对化石燃料的使用征税。那么,是否还需要其他的税收和补贴呢?在存在垄断的时候,在能源供给不足的时候,需要补贴。那么,绿色能源研发部门应该加以补贴吗?按照庇古的原则,只要这种活动有正面的溢出效应,就应该进行补贴。因此,在绿色能源研发部门不存在技术溢出的情况下,实际上是没有理由给予补贴的。不过,如果存在溢出效应,而且对于两种能源来说溢出效应完全相同,那么在已经对化石燃料以最优税率征税的范围内,绿色能源技术是不是还应该得到比化石燃料技术更多的补贴,就不再如此明确了。

当然,在次优配置下,情况就完全不同了。假设不对煤炭使用征税,那么就需要对生产绿色能源和开发新的绿色能源技术进行补贴。在现实世界的政治辩论中,对绿色能源技术研发的补贴似乎相当受欢迎,在最优(全球)碳税不可行的范围内,我们的分析结论与这个观点是一致的。而在实际的政策实施过程中,似乎煤炭补贴也是相当受欢迎的,尽管在辩论中并不然。不过,这也许不是作为一种从量(对单位能源实施的)工具使用,而是在建设工厂方面给予的支持。事实上,哈斯勒和克鲁塞尔(Hassler and Krusell,2014)在一项研究中甚至认

---

① 也可以使用其他函数形式来表示这些约束,例如:$(\overline{A}_c A_c)^\xi + (\overline{A}_g A_g)^\xi \leq A^\xi$。哪一种模型设定最有效,通常是一个实证问题,而且公平地说,现有文献对这个问题一直保持了"沉默"。

为，全球碳税的规模基本上是合适的，但是符号却是错的，究其原因，就是全世界都在大量补贴煤炭生产。

阿西莫格鲁等人（Acemoglu et al.，2012）表达的观点似乎与我们的观点有所不同。他们认为，基于他们的路径依赖模型，绿色能源技术研发的补贴对于获得最优配置是必不可少的，因为仅仅征收碳税是不够的。他们之所以会得出这个结果，不仅是因为他们的模型具有强大的跨期研发溢出效应，而且还因为他们做出的假设使得，如果"清洁的物品"没有取代"有污染的物品"，那么气候的损害将带来无穷大的代价（因此，他们的损害函数有非常强的非凸性，这类似于一个临界点）。此外，他们的模型还具有次优结构，具有溢出效应，只有很少的专利能够存在。从庇古税的角度来看，我们应该如何理解他们这个结果？请回想一下，我们已经指出过，如果存在多个市场平衡，那么庇古税可能不能发挥作用，而阿西莫格鲁等人的模型设置就有这样的特点。在我们的静态模型中与之类似的最简单的设定是我们在第4.14.1节中描述的煤炭—绿色能源设定。在那里，我们考察了在两种能源之间进行权衡的规划问题。为此，我们在那里假设了 $\bar{X}_c = \bar{X}_g = X$。现在，再让我们想象这样一个市场配置，在那里，煤炭和绿色能源的劳动生产率分别为 Xm_c 和 Xm_g，它们源于专业化的中间产品的垄断利润所驱动的开发专利的努力（m_c 和 m_g）带来的品种多样性。此外，再假设在这种情况下不存在研究溢出效应——这种假设在静态模型中是很自然的（但是在动态模型中则可能更少见）。那么在这个框架下，如果 ρ（指定主要的能源弹性的参数）足够高，就会出现两个均衡。另外，假设损害是发生在偏好上的（如第4.6节所述），并且具有高度非线性的特征（如第4.7节所述），那么边际损害在低排放水平的范围内为零，然后变为正且很高，然后进入"灾难区域"后再一次变为零。再者，如果经济最终使用煤炭，那么排放量最终必定会进入"灾难区域"。在这种情况下，庇古的程序就相当于，找到的最优解只为使用绿色技术，同时相关的碳税则为零，因为零排放的边际损害为零。所以在这里庇古的程序是非常成问题的，因为它对两个市场结果都给出了零碳税，而且其中有一个是灾难性的结果！因此，我们需要利用另外一种工具在这两个市场结果之间做出选择。很显然，一个选择是给予绿色能源技术的研发足够大的补贴，以便将市场参与煤炭生产技术研究这个均衡排除在外。[1]

4.14.4 作为承诺机制的绿色科技

许多经济学家指出，我们不能寄希望于未来的决策者会做出好的决定，因此，在今天，只要我们有机会影响他们做出不可逆转的好的决定，我们就应该这样去做。为什么未来的决策者不能做出好的决定？一个原因是如前所述的时间不一致的贴现：当前的决策者在任何两个未来的同期组群之间的贴现率，都可能比在当前同期组群和下一个同期组群之间的贴现率更低，而且如果对这种递减的贴现率的"画像"（profile）方法也适用于未来的同期组群上（即由适当数量的同期组群更新），那么最后得到的各种"画像"就必定是时间不一致的。特别是，从当前同期组群队列的角度来看，未来的同期组群看上去实在过于缺乏耐心了。由于未来的人实际上无法就他们的碳税对今天的人做出承诺，所以当前的同期组群会受到限制，

---

[1] 在垄断竞争中，通常还需要鼓励生产以防止这种技术供给不足，最终导致专利权的授予。

似乎无法实现自己预期的结果。[1] 时间不一致性的另一个在概念上明显不同的原因是,政客(还可能包括支持政客的选民)可能是"短视"的:例如,阿马多尔(Amador,2003)证明,基于理性的动态投票博弈确实可以导致以政客的时间不一致的偏好为特征的简化式结果。[2] 最后,韦茨曼(Weitzman,1998)又给出了递减的贴现率的另一个理由,即未来的真实贴现率可能是不确定的。

如果说,当前的决策者不能直接决定未来对化石燃料的使用,那么他们至少可以对结果发挥一些影响,例如加大对绿色技术的投资,从事后的角度来看可能会引导未来的决策者更倾向于正确的方向。为了说明这一点,考虑如下模型,其生产函数为:

$$e^{-\gamma\phi X_E n_E}(1-n_E-n_g)^{1-\alpha-\nu}(X_E n_E+X_g n_g)^{\nu}$$

其中,$E=X_E n_E$ 是源于煤炭的能源,$E_g=X_g n_g$ 是绿色能源。为了保证阐述的简单性,我们假设这两种能源互为完美替代品。现在再假设,存在一个可以做出关于 n_g 的、不可逆转的决策的事前期间。费用是事后发生的,所以只有这个决策是在事先做出的。另外假设,事后可以增加 n_g,但是不能减少它,即不可能将最初的决定逆转过来。[3] 最后,假设事前决策者所感知的损害弹性与事后决策者不同(它们具有不同的 γ,其事前值要高于事后值),这个假设刻画了跨期不一致性。

为了保证易处理性,我们进一步做出两个简化假设。首先,我们令事后决策者感知的损害弹性恰恰为 0,而事前决策者则为 $\gamma>0$。其次,我们假设 $X_E>X_g$,即(在不考虑对气候的影响时)用煤炭生产能源的技术比生产绿色能源的技术更有效率,而不管这两种技术的使用规模有多大(由于假设了完美的可替代性)。接下来,我们应该如何考虑没有承诺的结果?

很明显,事后决策者根本看不到有任何使用绿色技术的理由。他面对的是给定数量的 n_g,他无法减少它(同时根本不想增加它),因而 n_E 的水平将由如下一阶条件给出:

$$\frac{1-\alpha-\nu}{1-n_E-n_g}=\frac{\nu X_E}{X_E n_E+X_g n_g} \tag{17}$$

这个表达式为作为 n_g 的函数的 n_E 提供了一个线性(仿射)的、递减的表示,即 $n_g:n_E=h(n_g)$,其中 $h'<0$ 且独立于 n_g。

那么,不用做出承诺的事前决策者的隐含行为又是什么呢? 这样的决策者将试图通过选择 n_g 来最大化:

$$e^{-\gamma\phi X_E h(n_g)}(1-h(n_g)-n_g)^{1-\alpha-\nu}(X_E h(n_g)+X_g n_g)^{\nu}$$

这个决定的一阶条件是一个二阶多项式方程,这与在基准情况下一样(尽管现在这个多项式涉及了更多的系数)。这个一阶条件是否容纳了事前决策者的最优结果? 这样的最优结果相当于以下两个一阶条件下的解:

---

[1] 卡普(Karp,2005)、吉拉夫和利斯基(Gerlagh and Liski,2012)、艾弗森(Iverson,2014)都分析过时间不一致的偏好下的最优税收。

[2] 另外请参见阿齐蒙蒂(Azzimonti,2011)给出的类似的推导。

[3] 我们可以把这个设置设想为对如下情况的简化形式的表示:事前对资本或新技术的投资使得在绿色能源生产中至少使用 n_g 单位的劳动是有利可图的,即使减排本身的价值并不被看重。在一个动态模型中,这种投资的成本至少有一部分会发生在事前,但是这并不影响讨论的定性结论。

$$\gamma\phi\chi_E+\frac{1-\alpha-\nu}{1-n_E-n_g}=\frac{\nu\chi_E}{\chi_E n_E+\chi_g n_g} \tag{18}$$

以及

$$\frac{1-\alpha-\nu}{1-n_E-n_g}=\frac{\nu\chi_g}{\chi_E n_E+\chi_g n_g} \tag{19}$$

这两个一阶条件是分别对 n_E 和 n_g 求导数的结果。我们很容易就可以看出，这些条件无法给出与无须承诺时的问题相同的解。其中一个理由是，方程式（19）和（17）无法给出同样的 n_E 和 n_g 的值，因为它们仅有一个地方不同且 $\chi_E>\chi_g$。因此，我们只能接受一个次优的世界，在这样的世界中，事前决策者利用了自己的工具，但是如果没有更多的工具，他就不能获得自己的最优结果。此外，对比方程式（17）和（18）可以看出，在事前已经就绿色能源做出了决策时的总能源使用量和/或用于生产能源的总劳动量，将会低于没有在事前做出这种决策的时候。这个模型是高度程式化的，在变为更一般的设置时，它的某些特定预测可能会随之变化，但是，次优这种性质则不会改变。

4.14.5　绿色悖论

"绿色悖论"（the green paradox）这个术语是辛恩（Sinn，2008）首创的。辛恩所说的"绿色悖论"指的是以下逻辑链。政府决定补贴绿色技术部门（目的是推进这一个方向上的研究与开发），如果绿色技术的研发取得了成功，那么就会导致对化石燃料的越来越好的替代品的不断出现。而这反过来又意味着，化石燃料生产者有很强的激励在这些替代品开发出来之前就尽力生产出更多的产品，因为它们的产品在当前的竞争力比在未来更加强大。在此不妨举一个极端的例子。假设冷聚变技术已经发明出来，但是还需要一年的时间才能投入实际使用，所以一年之后，我们整个经济中都可以利用基本上免费的绿色能源。那么既然如此，油井的所有者今天将会以最大的产能尽可能多地生产，从而使得这个世界上的二氧化碳的排放量与没有发明冷聚变技术时相比，反而要高得多。因此，"悖论"就体现在，（在未来会出现的）绿色技术是好的，但是正因为它是好的，所以（在短期内）也是坏的。

当然，我们的静态模式是不能表达这个绿色悖论的，因为这个悖论的本质与事件如何随着时间推移而展开有关。因此，我们将这个模型扩展为一个非常简单的两期模型。利用它，我们就能够分析石油生产商的跨期决策如何依赖于绿色技术的可用性了。我们假设消费者的偏好是线性的，使得毛利率为 $1/\beta$。我们再假设这里的化石燃料是（自由生产的）石油，而且有 $\rho=1$（所以石油和绿色能源互为完美的替代品）。我们还假设第一期不存在绿色技术。这样一来，简化的生产函数为：第一期，$e^{-\gamma\phi_1 E_1}k^\alpha E_1^\nu$；第二期，$e^{-\gamma\phi_1(E_2+\phi_2 E_1)}k^\alpha(E_2+E_g)^\nu$。为了简单起见，我们还抽象掉了生产绿色能源的成本，并将 E_g 设置为外生给定的（在这两个期间，都有 $n=1$）。因而在这里，ϕ_1 和 ϕ_2 允许我们刻画一个不以几何增长率发生的碳衰减过程——我们认为这是一个符合现实的特征。我们采用的上述记号表明，在这个例子中资本是不能累积的（但是我们稍后会对资本可以积累的情况进行讨论）。

给定上述模型设定，第一期的石油价格由 $p_1=\nu e^{-\gamma\phi_1 E_1}k^\alpha E_1^{\nu-1}$ 给出，而第二期的石油价格则由 $p_2=\nu e^{-\gamma\phi_1(E_2+\phi_2 E_1)}k^\alpha(E_2+E_g)^{\nu-1}$ 给出。在自由放任配置中，所有可用的石油 $\bar e$ 都将被使用，因

此这两个时期的石油使用量将由霍特林条件（Hotelling condition）给出——这个条件是我们在第 2 节中推导出来的: $p_1 = \beta p_2$。请回想一下,在第 2 节的讨论中,我们指出这个方程式的含义是,在第一期生产一个边际单位石油与在第二期生产一个边际单位石油是无差异的。因此,这个条件意味着, E_1 可以从下面这个方程式中解出来: $e^{-\gamma\phi_1 E_1} E_1^{\nu-1} = \beta e^{-\gamma\phi_1(\bar{E}-E_1(1-\phi_2))}(\bar{E}-E_1+E_g)^{\nu-1}$。显然,这个方程式只有一个唯一的解,同时关于 E_g 的比较静态分析表明,在第二期,绿色能源更多会使得 E_1 上升、 E_2 下降,这就是"绿色悖论"。

那么,排放从第二期转移到了第一期,是否会对福利不利呢? 第一期排放量的负外部性（SCC）为 $\gamma\phi_1(y_1+\beta\phi_2 y_2)$,而第二期相应外部性的现值则为 $\gamma\phi_1\beta y_2$。在第二期不存在绿色技术（即 $E_g=0$）的情况下,很容易证明在自由放任配置中 $y_2 < y_1$。因此,至少对于一定范围的、正的 E_g 而言,越早发生的排放外部性损害越大。从直觉上看,第二期才发生的排放有两个"优点"。第一个"优点"是,这种排放只会伤害经济一次,而第一期的排放（除了减少掉的 $1-\phi_2$ 那一部分之外）会留存在大气中,成为给定校准的碳循环动态的一个重要因素,导致第二期的全要素生产率（TFP）也较低。未来再排放的第二个"优点"是,它们的负面影响是要贴现的（在我们所假定的 $\beta<1$ 的范围内）。最后还要注意的是,有形资本积累的可能性不会改变这些结论:第二期使用的绿色能源越多,资本积累也越多,这会在一定程度上抵消初期的影响,同时会使 p_2 的值也有所上升,但是这个机制不会推翻我们的主要观察结论。

那么,未来出现的绿色技术会不会导致自由放任配置下的总体福利下降呢? 这个问题的答案更加不清晰,因为额外一单位 E_g（免费时）具有直接的正的福利效应。[1] 为此,我们现在考虑自由放任配置下绿色能源的竞争性生产,其单位劳动成本为 χ_g。在这里,次优的论据意味着,绿色能源生产存在一个负面的"引致外部性"（induced externality）:由于经济不处于最优状态,而且第一期的排放是有害的,所以任何额外一单位 E_g 都对福利产生负面影响。因此,对绿色能源生产征收（少量的）税收将是可取的! 这种效应完全违反了我们的直觉。它的内在逻辑是（除了"绿色悖论"这个原因之外）,使用的化石燃料的总量仍然是 $\bar{E}$:绿色技术,在这种情况下,不能减少化石燃料的使用,而只能改变排放的时间（而且是在错误的方向上）。

前面这个例子的结果指向了如下违反直觉的政策含义:绿色技术是不应该加以鼓励的。然而不要忘记,除了那些导致"绿色悖论"举足轻重的假设之外,这个结果也依赖于对次优的分析。在社会最优情况下,是不应该对绿色技术征收税收的（同时也不补贴）,因为在这个模型中,绿色技术的生产根本没有任何外部性。如果某项研发活动致力于开发绿色技术,那么有可能需要对这项活动提供支持（相对于其他活动）,但是,只有当绿色技术开发的研发外部性,在某个适当的意义上大于相对应的化石燃料技术开发时,才能这样做。因此,最优配置（在这个经济中,最优配置下石油是可以自由生产的）包括了对化石燃料征税,但是对绿色技术也没有净支持。

---

[1] 如果存在着非常强的非线性（例如,二氧化碳浓度处于阈值水平之上时,气候损害就是灾难性的）,那么在第二期再引入绿色技术就会导致自由放任配置下的福利下降。

"绿色悖论"在经验上是不是重要的? 导致"绿色悖论"的关键假设是,化石燃料的累积使用在自由放任配置中与在最优配置中是相同的。在这种情况下,次优性只来自化石燃料储量的使用速度。在最优配置中,所有储量都会被使用,这个假设对于开采成本很低的常规石油(例如沙特阿拉伯的石油),可以说是符合现实的。但是,对于非常规石油储量和煤炭则是不合理的。在利用的是非常规石油储量和煤炭时,政府政策,包括对未来的绿色能源生产技术研发的补贴,可以而且应该影响化石燃料资源的剩余量。有鉴于此,我们转而假设化石燃料全都是煤炭,同时保持煤炭的边际开采成本固定不变的假设(以劳动或其他单位来度量)。这样一来,E_g 的增加会导致对煤炭的需求下降,从而对煤炭的使用产生影响,进而使得第二期的煤炭产量明显下降。反过来,更低的煤炭使用对经济具有正的外部性。此外,第一期的煤炭使用情况则不受影响。因此,在这种情况下的结论是相反的:绿色能源(在其直接的正面效应之外)会对经济产生正面的影响(在它可以免费使用的范围内)。还有,在这种情况下,相对于自由放任配置,对绿色能源生产进行补贴而不征税将是有益的。那么,哪种情况更重要? 我们认为后面这种情况更加重要。理由有两个。首先,"绿色悖论"论证中所强调的排放量的跨期重新分配虽然在逻辑上是自洽的,但是根据我们的测量结果,从定量的角度上来看并不是重要的。主要原因是石油总量相对较小,对气候的影响比较有限,石油排放在时间上的重新分配,与随时间推移而增强的控制排放的能力相比只具有二阶重要性。其次,如果化石燃料的开采成本很高,那么如前所述,排放量将会降低,而且现在可用的化石燃料总量中,大部分都是开采成本相当高的(因为大部分是煤炭)。煤炭的生产价格接近于边际成本,因而煤炭价格中霍特林(Hotelling)定价部分所占的比例很小。此外,考虑到可用的煤炭的数量很大,这一点在定量的意义上是重要的。

4.15 区域异质性

诺德豪斯的基本 DICE 模型是一个单一区域综合评估模型,但是现在文献中已经出现了好几个有不止一个区域的校准模型。而且,第一个多区域模型,也许就是诺德豪斯自己提出的 RICE(字母"R"指的就是"regional"——区域)模型。这个模型包含了 7 个根据地理和经济指标定义的区域。克鲁塞尔和史密斯给出的模型(Krusell and Smith, 2015)在"异质性"这个维度上做到了极致——把世界地图上每 1 度×1 度的地块都视为一个区域。多区域综合评估模型可以用于很多种目的。在这里,我们先简要地讨论一下这类模型的主要用途,然后以我们的基本模型的多区域版为例来说明。特别是,我们先讨论哈斯勒和克鲁塞尔(Hassler and Krusell, 2012)的模型的简化版,然后进行若干扩展。

考察区域异质性的一个原因在于,世界上不同地区的气候损害是极不相同的,有些地区,例如加拿大和俄罗斯的大部分地区,甚至有望从气候变暖中获益。因此,将多区域综合评估模型作为一个模拟工具,我们就可以追踪不同的政策下气候变化的异质性影响。即便不能就所谓的世界社会福利函数达成共识,决策者也肯定会对这种异质性感兴趣。

多区域综合评估模型的另一个用途是研究区域异质性政策的影响。假设西方发达国家采取严格的碳税,但世界上的其他国家却不是这样。那么西方国家遏制气候变化的政策还能取得预想中的效果吗?这种政策会产生什么分配后果?

与此相关的是决策者考虑气候变化的其中一个关键概念,那就是碳泄漏(carbon leakage)。简而言之,所谓碳泄漏是指,当某些地区的碳税比其他地区的碳税更高时,高税率地区的碳使用的减量,可能(部分或全部)被其他地区的碳使用增量抵消。碳泄漏可以进一步分为两类。第一类是直接的碳泄漏(direct carbon leakage),例如,当直接石油输出从低税率地区重定向至高税率地区,就会发生直接的碳泄漏。第二类是间接的碳泄漏(indirect carbon leakage),当其他生产要素(资本和/或劳动)转移到碳税较低的地区,因而导致更多的碳被使用时,就发生了间接的碳泄漏。不同的政策也可能通过贸易影响结果——请参见(例如),加尔斯(Gars,2012),以及赫默斯(Hémous,2013)。最后,当化石燃料技术和绿色能源技术都有研发投入的时候,不同的政策也会导致不同的后果,赫默斯(Hémous,2013)也考虑到了这种情况。

多区域综合评估模型另一个重要用途是通过观察人口迁移(以及其他生产要素的流动)来讨论人类社会对气候变化的适应性。[1] 这种适应在现实世界中是非常重要的。从理论上思考、从定量角度分析这种适应性具有非常大的意义,因为气候变化的损害是内生的,而且取决于迁移的成本。如果迁移是无成本的,那么显著的气候变暖可能不会对人类福利造成什么不利影响,因为今天我们这个星球上因太冷而不适宜居住的地方面积很大,如果气候显著变暖了,那些地方就可能会变成可居住的了。到目前为止,对于这种可能性的研究仍然少之又少,仅有的例子包括布罗克等人(Brock et al.,2014),以及德斯梅特和罗西-汉斯伯格(Desmet and Rossi-Hansberg,2015)。我们认为这是未来研究的一个重要领域,潜力非常大。关于移民成本的实证研究也很少,但是已经得到若干成果,例如,请参见冯等人(Feng et al.,2010)。关于移民背景下的冲突的研究,请参见哈拉里和拉费雷拉(Harari and La Ferrara,2014)。另外,伯克等人的综述(Burke et al.,2015)也非常不错。

4.15.1　一个具有同质政策的双区域综合评估模型:石油的情况

我们上面给出的简单模型很容易扩展为包括另一个区域(或更多的区域)。我们先来讨论一些简单的情况,并以它们为例说明相关文献中提出的若干要点。[2] 首先,我们考虑损害的异质性,为此,我们假设区域 1 的生产函数为 $e^{-\gamma_1 E}k_1^\alpha n_1^{1-\alpha-\nu}E_1^\nu$,同时区域 2 的生产函数为 $e^{-\gamma_2 E}k_2^\alpha n_2^{1-\alpha-\nu}E_2^\nu$,并假设能源只来源于化石燃料。接下来,我们先假定世界上还有第三个区域,它(无生产成本地)提供总量为 $\bar{E}$ 的石油(因此这第三个区域,除了作为石油的供应商之外,不发挥任何作用)。为了简单起见,我们再假设这两个区域在没有发生气候损害的情况下是同质的,所以有 $k_1=k_2=k$,以及 $n_1=n_2=n$。这个世界的自由放任均衡不难求出,在此基础上我们再来考察若干不同的情况。第一种情况是当资本和劳动都不能流动时的情况。在这种情况下,出现的唯一贸易是产油区域向另外两个区域出售石油并收到以消费品支付的货款。

---

[1] 最近的一个例子,请参见克鲁塞尔和史密斯(Krusell and Smith,2015),他们允许资本迁移。

[2] 然而,应该指出的是,几乎没有什么多区域综合评估模型在一般均衡框架下得到了完整的研究。因此,与非正式的猜想的数量相比,文献中的形式化结果的数量其实相当有限。

除了在这个竞争性的世界石油市场中参与交易之外,区域 1 和区域 2 相互之间没有任何互动。所有的石油都将被使用掉,平衡石油分配由以下条件确定:

$$e^{-\gamma_1 \bar{E}} E_1^{\nu-1} = e^{-\gamma_2 E} E_2^{\nu-1}$$

也就是说,由($E_1 + E_2 = \bar{E}$ 以及)下式确定:

$$\frac{E_1}{E_2} = e^{\frac{\gamma_2 - \gamma_1}{1-\nu} \bar{E}}$$

因此,在气候损害较低的那个区域,石油的使用量相对较高。[①] 不妨假设区域 1 受到的损害更加严重。因此很显然,区域 1 的境况会变得更糟糕,而且这种损害具有一个小小的"乘数效应",使得它所能使用的能源受到限制,从而区域 2 将会使用更多的能源。或者换句话说,在区域 1 中,我们将会观察到较低的全要素生产率(TFP),但是较低的活动水平也可能是能源使用减少所致。消费是产出的一个比例 $1-\nu$,产出的剩余部分则交给第三个区域(产油区域)。

如果我们允许资本移动(但是仍然维持人口不能移动的假设不变),那么产出效应将会有所增强,因为资本也将在某种程度上向第 2 个区域转移。如果每个区域各拥有一半的资本,这种变化将使得区域 1 获益,因为它的 GNP(国民生产总值)将会上升——即便它的 GDP(国内生产总值)下降,也是如此。在现实世界中,地区之间的迁移是有成本的,而且不同地区都有自己的文化传统和其他特殊因素,因此即便是从长期的角度来看,完全的、无成本的迁移也可能不是一个合适的假设(尽管静态模型是用来刻画更长期的观点的)。

接下来再假设区域 1 和区域 2 考虑征收共同的碳税,其税率为 τ,并假设这种税收是这两个区域分别征收的并以一次总付的形式重新分配给当地公民。那么,这样的税收会带来好处吗?对于区域 1 和区域 2,答案是肯定的。具体的分析取决于税收的大小,但是我们假设税收足够低,不会导致企业减少对石油的使用,即不会使石油使用量下降。那么这两个地区的相对能源使用情况仍然满足上面的方程式,而且使用水平也不会改变。石油价格 p 将满足

$$p = \nu y_1 / E_1 - \tau$$

其中的第一项与税额无关(对于足够小的税额)。因此,区域 i 的消费现在变为 $y_i - (p+\tau) E_i + \tau E_i = (1-\nu) y_i + \tau E_i$,所以这两个区域的消费都是随 τ 而严格递增的。因此,这两个区域可以利用税收将石油收入从那个产油区域转移给自己的公民,而完全不会影响产出。[②] 然而,当税收足够高,使得 p 触及零时,产出水平就会对税收做出反应了:因为石油生产者现在不能从他们的石油中获得任何收入,因而对无论供给多少石油都无差异。在那个税收水平上,总能源供给仍然由 $\bar{E}$ 和上述方程式给出。但是,我们现在考虑还要略高一些的税收水平,此时石油的价格仍然为零。在这种情况下,能源总量 E 会较低并由下式决定:

$$\tau = \nu e^{-\gamma_1 E} k^\alpha n^{1-\alpha-\nu} E_1^{\nu-1}, \text{ 以及 } \frac{E_1}{E - E_1} = e^{\frac{\gamma_2 - \gamma_1}{1-\nu} E}$$

[①] 当然这个结果取决于对全要素生产率的损害,如果它们影响的是效用,那么这两个区域的石油使用量是相同的。
[②] 这个论证当然与任何气候外部性无关,气候不受税收的影响。

如果不同的 γ 之间不是相差太远,那么这两个方程式意味着,因为 τ 升高了,E 和 E_1 会更低,同时 E_1/E_2 则会上升。现在,对于每一个区域,将各存在一个最优的 τ 值,而且这两个值之间会出现冲突。一般来说,具有较高气候外部性的地区将会要求较高的税率。

4.15.2　一个具有同质政策的双区域综合评估模型:煤炭的情况

上面的讨论所针对的是石油的情况,即只存在石油这种可以免费开采的化石燃料。现在我们来分析一下煤炭的情况。假设煤炭是在国内生产的,而且与前面的大部分分析中一样,每单位煤炭的生产成本为 $1/\chi_i$ 单位劳动。我们还假设煤炭的运输成本很高,足以完全禁绝异地交易,所以这两个区域之间不存在煤炭。因此,不同区域之间的唯一联系就是气候外部性。在不存在税收的情况下,世界均衡的决定独立于外部性,并由下式给出:

$$\frac{1-\alpha-\nu}{\chi_i-E_i}=\frac{\nu}{E_i}$$

其中,$i=1,2$。

现在,为了将资源从第三个区域转移到本区域来而征税的理由已经不再成立了,征收税收的唯一原因是气候外部性。像石油的情况一样,我们假设任何对煤炭征收的税收都会以一次总付的形式转移回国内消费者。那么,这两个区域各自的最优结果是什么呢? 从原则上说,这两个区域(两国)可以协调一致地采取行动,通过最大化世界产出来最大化整体福利,然后再通过转移支付来选择帕累托边界点。将税收设定为等于世界边际损害外部性,即 $\gamma_1 y_1+\gamma_2 y_2$,就可以实现世界产出最大化。因此,社会规划者选择 E_1 和 E_2 来求解如下问题:

$$\gamma_1 e^{-\gamma_1(E_1+E_2)}k_1^\alpha\left(1-\frac{E_1}{\chi_1}\right)^{1-\alpha-\nu}E_1^\nu+\gamma_2 e^{-\gamma_2(E_1+E_2)}k_2^\alpha\left(1-\frac{E_2}{\chi_2}\right)^{1-\alpha-\nu}E_2^\nu=$$

$$e^{-\gamma_1(E_1+E_2)}k_1^\alpha\left(1-\frac{E_1}{\chi_1}\right)^{1-\alpha-\nu}E_1^\nu\left(\frac{1-\nu-\alpha}{\chi_1-E_1}-\frac{\nu}{E_1}\right)=$$

$$e^{-\gamma_2(E_1+E_2)}k_2^\alpha\left(1-\frac{E_2}{\chi_2}\right)^{1-\alpha-\nu}E_2^\nu\left(\frac{1-\nu-\alpha}{\chi_2-E_2}-\frac{\nu}{E_2}\right)$$

在这个表达式中,第一行代表全球损害外部性(那也是对煤炭的最佳税收),它必定等于两个区域的排放净收益(以下两行)。(只要至少两个 γ 都为正)这种配置中的 E_1 和 E_2 的数量低于自由放任配置。

然后,我们再看一下假设这两个区域不能通过转移支付来达到帕累托最优配置时的情形。在这种情况下,通过最大化两个区域消费者的效用的加权值,可以求得最优配置。通常,宏观经济模型会采用功利主义的方法。在上述基准情况下,假设消费的对数效用和功利主义的社会福利函数,我们需要求解的是:

$$\max_{E_1,E_2}\log\left(e^{-\gamma_1(E_1+E_2)}k_1^\alpha\left(1-\frac{E_1}{\chi_1}\right)^{1-\alpha-\nu}E_1^\nu\right)+\log\left(e^{-\gamma_2(E_1+E_2)}k_2^\alpha\left(1-\frac{E_2}{\chi_2}\right)^{1-\alpha-\nu}E_2^\nu\right)$$

从这个问题中可以得出如下两个简单的一阶条件:

$$\gamma_1+\gamma_2=\frac{1-\nu-\alpha}{\chi_1-E_1}-\frac{\nu}{E_1}=\frac{1-\nu-\alpha}{\chi_2-E_2}-\frac{\nu}{E_2}$$

从这两个方程式很容易就可以看出,影响国家(区域)i 的排放的唯一参数是该区域特有的参数再加上另一个国家的损害弹性参数。假设现在我们试图返回国家 i 对煤炭征收的税收，我们需要求出上述配置。从企业的一阶条件，我们得到：

$$\tau_1 = e^{-\gamma_1(E_1+E_2)} k_i^a \left(1-\frac{E_i}{\chi_i}\right)^{1-\alpha-\nu} E_i^{\nu} \left(\frac{1-\nu-\alpha}{\chi_i-E_i}-\frac{\nu}{E_i}\right)$$

现在，我们求出功利主义最优，它由前面的方程式的右侧给出。我们得到：

$$\tau_i = (\gamma_1+\gamma_2) e^{-\gamma_1(E_1+E_2)} k_i^a \left(1-\frac{E_i}{\chi_i}\right)^{1-\alpha-\nu} E_i^{\nu}$$

这是否意味着两个国家征收统一的税收？答案是否定的。特别是，我们可以得出：

$$\frac{\tau_1}{\tau_2} = \left(\frac{k_1}{k_2}\right)^{\alpha} \left(\frac{1-\dfrac{E_1}{\chi_1}}{1-\dfrac{E_2}{\chi_2}}\right)^{1-\alpha-\nu} \left(\frac{E_1}{E_2}\right)^{\nu} = \frac{\gamma_1}{\gamma_2}$$

很显然，这个表达式的值一般不可能等于 1，它取决于资本存量的比例（注意 E_1 和 E_2 则不然）。而且，涉及各个 E 和 χ 的表达通常也不会等于 1：如果 χ_1 大于 χ_2，那么该表达式高于（低于）1。在后一种情况下，更富裕的国家要对碳征收更高的税收。但是，请注意，我们得到了一个共同的税率，即对每个产出单位的煤炭征收的统一税。

从上面的分析我们知道：(i)帕累托最优意味着征收"全球"统一的煤炭税（以及某种跨区域的一次总付性转移支付）；(ii)假设不存在跨区域转移支付的功利主义最优则不要求征收"全球"统一的煤炭税，相反却要求（正如我们在基准模型中看到的）征收与国家产出成正比的税收。对于不同区域人口规模不同的情况，也很容易以类似的思路进行分析——在这种情况下，区域 i 的最优税率等于该区域的人均收入用世界人口加权的 γ。

4. 15. 3 政策异质性与碳泄漏

国际协议通常很难达成，因此从一个更一般的角度分析政策异质性无疑是有意义的。为此，我们假设区域 1 正在考虑要不要对化石燃料征税（但是它已经知道区域 2 不会使用税收工具）。那么，这会对这两个区域的产出水平和这种情况所隐含的气候产生什么影响吗？再一次，我们先分析石油的情况。首先，我们假定资本和劳动力都不能跨越地区流动。

在分散平衡中，区域 1 中的石油使用量由下式给出：

$$p+\tau = \nu e^{-\gamma_1(E_1+E_2)} k_1^{\alpha} n_1^{1-\alpha-\nu} E_1^{\nu-1}$$

而区域 2 的石油使用量则由下式给出：

$$p = \nu e^{-\gamma_2(E_1+E_2)} k_2^{\alpha} n_2^{1-\alpha-\nu} E_2^{\nu-1}$$

由此，给定 $E_1+E_2 \leqslant \overline{E}$，我们可以解出 E_1 和 E_2。很显然，我们必定有 $p>0$，否则区域 2 对石油的需求将会是无穷大。因此，我们可以得到第一个结论，$E_1+E_2 = \overline{E}$：没有一个国家（无论它多大）能够改变总排放量。税收能够改变各区域的能源使用量：区域 1 将更少使用，而区域 2 将更多使用。此外，从效用角度来说，区域 1 会因这个单向征税政策而变得更差，而区域 2 则会变得更好。这个例子说明了什么是直接（以及全部）碳泄漏：如果一个区域对石油征税，那么这个区域的石油使用量将会减少，但是世界其他地方的石油使用量则会增加，恰恰可以抵消它。

但是,煤炭的情况则有很大的不同。在煤炭的情况下,自由放任配置由下面的方程式给出:

$$\tau_1 = e^{-\gamma_1 (E_1 + E_2)} k_1^{\alpha} \left(1 - \frac{E_1}{\chi_1}\right)^{1-\alpha-\nu} E_1^{\nu} \left(\frac{1-\nu-\alpha}{\chi_1 - E_1} - \frac{\nu}{E_1}\right)$$

以及

$$0 = \frac{1-\nu-\alpha}{\chi_2 - E_2} - \frac{\nu}{E_2}$$

我们看到,区域 2 的煤炭使用量现在独立于区域 1 的税收政策了。[①] 很容易就可以证明,区域 1 的煤炭使用量将会下降(至少两个区域的 γ 都为正且局部围绕着 $\tau_1 = 0$ 时会是这样),同时两个区域的福利都会提高。从区域 1 的效用的角度来看,最优税率是存在的,而且它由碳的社会成本(SCC)给出(计算时忽略了对区域 2 的负外部性),即 $\gamma_1 y_1$。

如果允许资本流动——就像克鲁塞尔和史密斯的模型中那样(Krusell and Smith, 2015)——那么就会出现间接的碳泄漏。在石油的情况下,区域 1 的税收将起到乘数的作用,并会使跨区域相对石油使用量出现更大的倾斜,即加大碳泄漏。在煤炭的情况下,当资本不能流动时,没有出现碳泄漏,而在允许资本流动时,则会有一些泄漏:煤炭使用量的下降,将减少区域 1 的资本回报,从而使一些资本转移到区域 2,这反过来又会导致区域 2 的排放增加。由此,我们看到,碳泄漏的程度取决于:(i)开采化石燃料的成本,(ii)其他投入要素能够在多大程度上实现跨区域流动。[②]

这种模型(即便是它的动态版本)是很容易应用的,因为在很多定性和定量研究中,都可以对它们进行解析。这方面最近的一个例子是希勒布朗德和希勒布朗德的论文(Hillebrand and Hillebrand, 2016),他们在一个动态多区域模型中研究了税收—转移支付体系。

4.15.4　更精细的多区域模型

我们在这里讨论的这类多区域模型可以直接应用于很多研究中,而且在许多时候都不需要利用数值解法技术。不过,模型的有些扩展则要求进行非常大量的计算。一个例子是跨期、跨区域交易受到限制的情况。另一个例子是存在着一系列冲击,而且这些冲击不能实现完全保险的情况。克鲁塞尔和史密斯(Krusell and Smith, 2014, 2015)研究了这种类型的模型,并对关于这种交易的不同假设进行了比较。他们给出的区域性气温变化冲击模型,与艾亚格里的模型(Aiyagari, 1994)有很大的类似之处:艾亚格里的模型中的消费者,在克鲁塞尔和史密斯的模型中变成了各个区域。克鲁塞尔和史密斯所用的数值方法部分来自克鲁塞尔和史密斯(Krusell and Smith, 1998)。在克鲁塞尔和史密斯的模型中(Krusell and Smith, 2015),每个区域代表了地图上 1 度×1 度的地块,这样一来,就可以使用诺德豪斯构建的 G-Econ 数据库的该加总水平上人口和产出数据来校准模型了。因此,校准使得初始模型的输

---

① 我们关于煤炭是如何生产出来的具体假设解释了为什么区域 2 的煤炭使用量不会受到任何影响:煤炭的成本和收益会因为区域 1 征收的税收而下降相同比例。当煤炭以不变边际成本(以产出衡量,而不是以劳动衡量)生产时,则会对区域 2 的煤炭使用量产生很小的影响。

② 我们没有考虑煤炭交易没有成本且可能在第三个区域生产的情况,但是这种情况很容易分析。

出分布与数据中的产出分布相匹配,而且资本的边际产品则被假定为最初是相等的——只要适当地选择每个区域的全要素生产率(TFP)和资本存量水平,就可以施加这两个限制。各区域对气候变化的反应的异质性则表现在两个方面。第一个方面是,对于任何给定的全球气温的上升,区域层面的响应显著不同(各个区域都有各自的响应模式),对此我们在第3.1.4 节中已经讨论过了。克鲁塞尔和史密斯对一系列复杂的气候模型进行模拟,得到估计值,然后用这些估计值求出了特定于区域的参数。

异质性的第二个方面体现在不同区域之间气候变化造成的损害的差异上。在前面第3.3.3 节已经提到过的最新版本的模型中,克鲁塞尔和史密斯给出了这样的假设:根据当地温度来划分的所有区域,存在着一个共同的 U 形损害函数,即理想温度在所有地方都是一样的。这种统一的损害函数有三个通过估计来匹配的参数,在解出了模型之后,对应于诺德豪斯的 DICE 损害函数在三种不同的变暖场景下(全球变暖的 1℃、2.5℃和 5℃)的总体(全球)损害。估计结果表明,日平均气温为 11.1℃(以 24 小时平均值计算)是最优的。

在前面,我们已经提到过赫默斯(Hémous, 2013)对各区域之间研发投资配置的研究,他强调了解研发活动的区域分布研发和不同碳含量的商品的贸易决定因素、后果的重要意义。[1] 我们在前面还提到过,另一个非常有前途的最新研究方向是对内生迁移的研究,布罗克等人(Brock et al. , 2014),以及德斯梅特和罗西-汉斯伯格(Desmet and Rossi-Hansberg, 2015)已经在这个方向上先走了一步。其中,德斯梅特和罗西-汉斯伯格的研究,也采用了克鲁塞尔和史密斯(Krusell and Smith, 2015)的关于损害函数的假设(对农业和制造业),同时还假设了区域之间的要素自由流动,各区域之间的技术异质性,以及可操作的区域与区域之间的溢出。

德斯梅特和罗西-汉斯伯格(Desmet and Rossi-Hansberg, 2015)所使用的模型结构特别便于对移民的分析,因为它使用无差异条件在空间上分配经济行为主体。相比之下,将位置设定为状态变量(动态意义上的)并假设迁移是有成本的模型则困难得多,因为迁移在这种模型中成了一个关于状态变量和控制变量的高度多维度的、非线性的问题,很难表示。在我们这里讨论的程式化的双区域模型中,在赫默斯研究的模型中,也许可以求出内生迁移解,但是完全动态的模型是非常难求解的。

5. 若干动态综合评估模型

上一节中分析的各个静态综合评估模型在许多应用中都能够发挥作用,但是它们在定量评估中的价值却是相当有限的,这主要是因为,气候随着时间的推移而发生变化是一个非常缓慢的过程(碳循环的动态变化尤其如此),所以进行跨期经济分析,对今天的消费与远期的未来的消费之间的比较就成了至关重要的一环。因此,关于经济和气候变化的定量综合

---

[1] 另外,请参见阿西莫格鲁等人(Acemoglu et al. , 2014)。

评估模型必须引入动态。另外,还有很多概念上的问题,例如时间偏好,如果不放在动态框架下,就无法适当地加以讨论。

据我们所知,诺德豪斯的早期研究(Nordhaus,1977)是向构建现代综合评估模型迈出的第一步。在那之后的十多年间,诺德豪斯开发出了一系列动态模型,虽然这些模型的基本精神都没有超出我们在上面讨论的简单模型的范围,但是它们都纳入了足够的复杂性,需要采取数值模型求解方法。诺德豪斯提出的各种模型中,核心的一个是他的单区域版 DICE 模型:气候与经济的动态综合模型(dynamic integrated models of climate and the economy)。对于这个模型的详细描述,请参见诺德豪斯和波伊尔的论文(Nordhaus and Boyer,2000)。在某种意义上,几乎所有的动态综合评估模型(包括诺德豪斯的这个 DICE 模型)都要比我们在上一节中给出的模型设置更加严格:它们都专注于规划问题,即如何表征最优配置。这也就是说,不存在碳政策或只存在次优碳政策的分散均衡,在这些模型中基本上不会分析,更不用说会不会在动态模型中明确讨论了。[①] 而在我们的模型中,我们坚持既分析最优均衡,又分析次优均衡,这在很大程度上是因为不这样做,对"不作为的成本"进行定量评估所必需的计算就无法完成。

在下文中,我们将给出一个一般性的模型结构。有了它,我们可以定义碳的社会成本,而且,在加入若干额外的假设之后,我们还可以推导出一个简单的、有直接解释的税收公式。这也是我们在上面给出的静态模型的结果的直接扩展。这些是第5.1节的内容。在第5.2节中,我们(在第2节给出的有限资源建模方法的基础上)提出了进一步的假设,以便简化一般结构,从而得到一个很容易求解但仍然保持了定量合理性的模型,它可以用于实证分析和规范分析。我们在这里的讨论,与戈洛索夫等人的论文(Golosov et al.,2014)密切相关。

5.1 一般动态模型中的碳的社会成本

我们现在讨论,如何在一个一般性相当强的动态框架下确定碳的社会成本(SCC)。为此,我们使用一个典型的宏观经济模型(在这里代表全球经济,以后将扩展),它有一个代表性经济行为主体。像诺德豪斯的 DICE 模型一样,我们设定了这个经济的生产结构,以及气候系统和碳循环。

代表性主体有如下形式的效用函数:

$$\mathbb{E}_0 \sum_{t=1}^{\infty} \beta^t U(C_t)$$

其中,U 是消费品的标准的、严格凹的效用函数,$\beta \in [0,1]$ 是贴现因子。对消费品的资源约束也是对最终产品的更广泛的约束,因为像大多数宏观经济学文献一样,我们将消费和投资视为完美互替的。因此,这个约束可以写为:

$$C_t + K_{t+1} = Y_t + (1-\delta)K_t$$

它涉及一个典型的资本积累公式(其几何折旧率为 δ),其中的 Y 表示全球产出。反过来,全

---

① 当然也有例外,请参阅(例如)里奇(Leach,2007)。

球产出由下式给出:

$$Y_t = F_{0,t}(K_{0,t}, N_{0,t}, \mathbf{E}_{0,t}, S_t)$$

在这里,"0"表示生产最终产品的部门。我们假设函数 F_0 对前三个投入要素都规模收益不变。$N_{0,t}$ 表示生产最终产品的部门中使用的劳动,$\mathbf{E}_{0,t} = (E_{0,1,t}, \cdots, E_{0,I,t})$ 表示不同能源投入的向量。我们用生产函数中的次下标 t 来表示,随着时间的推移可能会出现技术变革(可以有各种各样的技术变革,确定性的和随机的)。最后,S 指大气中的碳浓度,它之所以出现在了生产函数中,是因为它会通过对气候的影响(特别是通过气温)造成损害。

与我们前面讨论的一样,我们在这里采用了一个一般的假设,即损害只会出现在生产函数中。更准确地说,损害只会出现在时间 t 的生产函数中(通过时间 t 的大气碳浓度),从而也就将从 S 到气温的映射以及从温度到产出损失的映射总结到了一个映射当中。正如我们已经指出过的那样,这些假设提供的便利在于,它们可以非常"整齐"地映射到诺德豪斯的 DICE 模型中去。但是,我们在这里必须提醒读者,只把在时间 t 的损害 S_t 包括进来,不能完整地刻画动态性,因为正如我们在前面已经指出的,这只是对更复杂的设置的一种合理近似:在更复杂的模型中,我们应该以某种方式将 S 的过去的值包括在时间 t 的生产函数中,以此来刻画全部动态。扩展现在这个模型以包括这种滞后变量并不困难,但是并不会使结果发生很大的变化,因为气温的动态变化是相当迅速的。

接下来转而讨论能源生产,我们假设,世界上存在 $I_g - 1$ 种"肮脏"的能源(其中包括化石燃料),$i = 1, \cdots, I_g - 1$,同时还存在一系列绿色来源,即 $i = I_g, \cdots, I$。然后,能源向量 $\mathbf{E}_{0,t}$ 的每一个分量 $E_{0,t}(i = 1, \cdots, I)$ 分别用三种投入要素资本、劳动和能源投入向量,以技术 $F_{i,t}$ 生产出来。能源的某些来源,如石油,供给可能是有限的。对于那些供给有限的能源来源,我们用 $R_{i,t}$ 表示第 t 期开始时的初始存量,用 $E_{i,t}$ 表示在第 t 期开采(生产)的数量。因此,可耗竭的能源来源 i 的总存量按如下演化方程而演变:

$$R_{i,t+1} = R_{i,t} - E_{i,t} \geq 0 \tag{20}$$

然后,我们假设能源 i 的生产(无论它是不是可耗竭的)符合下式:

$$E_{i,t} = F_{i,t}(K_{i,t}, N_{i,t}, \mathbf{E}_{i,t}, R_{i,t}) \geq 0 \tag{21}$$

资源存量之所以出现在了生产函数中,是因为生产成本可能取决于剩余的资源存量。同时还需要注意,S_t 在这些生产函数中不会出现,因为我们假设气候变化不会对能源生产造成损害。这当然也是一个简化,我们这样做的主要目的是与文献中常见的只有 TFP 会受到损害的设定相一致,同时,这个假设还简化了求解公式,并提高了模型的可处理性。考虑到能源生产部门不是很大,这种简化应该不会导致我们的定量分析出现很大问题。

为了完成这个模型的宏观经济部分,我们进一步假设投入要素可以无成本地配置给不同部门。这也是一个简化的假设,但是只要被分析的期间比较长(例如 10 年),那么这种假设就是合理的。这样一来,我们有:

$$\sum_{i=0}^{I} K_{i,t} = K_t, \sum_{i=0}^{I} N_{i,t} = N_t, \text{以及} \ E_{j,t} = \sum_{i=0}^{I} E_{i,j,t} \tag{22}$$

我们假设,N_t 的序列/过程是外生的。

最后,我们用如下的函数 $\widetilde{S}_t$ 来一般地表示碳循环:

$$S_t = \widetilde{S}_t(E_{i,-T}^f, E_{-T+1}^f, \cdots, E_t^f) \tag{23}$$

在这里,回溯 T 期表示前工业时代的终结,同时 $E_s^f \equiv \sum_{i=1}^{I_g-1} E_{i,s}$ 是 s 处的化石燃料排放,我们回想一下,$E_{i,s}$ 是用所有的 i 的碳排放单位来度量的。当我们只考虑这个模型中的 $\widetilde{S}_t$ 函数时,我们将采用一个非常简单的函数结构,以便与前面所讨论的碳循环相一致。

现在,我们已经可以给出碳的社会成本(SCC)的一般表示了。使用一些抽象(但有明显含义的)符号,并将时间 t 上的碳的社会成本 SCC_t 用这个时间点上的消费单位来度量,我们有:

$$SCC_t = \mathbb{E}_t \sum_{j=0}^{\infty} \beta^j \frac{U'(C_{t+j})}{U'(C_t)} \frac{\partial F_{0,t+j}}{\partial S_{t+j}} \frac{\partial S_{t+j}}{\partial E_t^f} \tag{24}$$

在我们对这个方程展开讨论之前,我们先要强调一点(正如我们在讨论静态模型时所强调的),这个表达方式相当于在排放量逐渐增加时保持决策固定不变。这也就是说,碳的社会成本这个概念不能对应于某种特定的政策实验(政策引致的决策变化会导致间接损害效应——影响既可以是正面的,也可以是负面的)。戈洛索夫等人(Golosov et al.,2014)将这个方程作为最优配置的一部分,但是他们的解释实际上是说,它的右侧就是碳最优社会成本($OSCC_t$)。

方程式(24)很容易解释。首先,$\frac{\partial S_{t+j}}{\partial E_t^f}$ 刻画了碳循环动态,它告诉我们,在时间 t 的一单位排放会使领先 j 期的大气碳含量增加多少。然后,S_{t+j} 的每单位增量在第 $t+1$ 期会使最终产出变化 $\frac{\partial F_{0,t+j}}{\partial S_{t+j}}$。因此,总效应(这两个因子的乘积)是在此期间发生的边际损害,最终产出用第 t 期的一单位排放而出现的变化来衡量,它有可能是负的。为了将这个数量转换成第 $t+j$ 期的效用单位(utils),我们可以乘上 $U'(C_{t+j})$;接着,为了将 $t+j$ 期的效用单位换算回时间 t 的效用单位,我们可以乘上 β^j,即进行效用贴现。然后,再除以 $U'(C_t)$,以便将这个数量转换为时间 t 的消费单位。最后,由于我们需要考虑 $t, t+1, \cdots$ 所有时间点上的排放的影响,所以要进行无穷大求和。

从概念上说,方程式(24)确实很简单。但是,它的上述一般形式也许不是很有启发性。戈洛索夫等人(Golosov et al.,2014)的一个关键结果是,在给定一些相当弱的假设的前提下,这个方程式是可以大大简化的,甚至有可能得到用原始参数表示的解析形式的表达式。接下来,我们逐一引入这些假设。

假设 1 $U(C) = \log C$。

我们的静态模型中使用了对数形式的效用函数(然后又放松了这个假设),这也是宏观经济模型中极其常见的效用函数形式,它似乎非常适合作为基准假设。对数效用体现了对消费的时间弹性的一种假设,同时也包含了对风险厌恶倾向的假设。

假设 2

$$F_{0,t}(K_{0,t}, N_{0,t}, \mathbf{E}_{0,t}, S_t) = \exp(-\gamma_t S_t)\, \widetilde{F}_{0,t}(K_{0,t}, N_{0,t}, \mathbf{E}_{0,t})$$

在这里,我们已经进行了归一化处理,使得 S 表示大气中超出了前工业化时期的浓度的二氧化碳浓度。与前面一节一样,这里的 γ 可能是时间依赖的和状态依赖的。

对于这个假设,我们在前面的第 3.3 节中已经进行了详细的讨论,我们认为,它是对相关文献中用来构建关于 S 到温度、温度到损害的映射的最常用的各种假设的很好的简化形式的近似。

假设 3

$$S_t = \sum_{s=0}^{t+T}(1-d_s)E_{t-s}^f \qquad (25)$$

其中,对于所有的 s, $d_s \in [0,1]$。

我们在前面第 3.2.4 节中也讨论过线性碳循环,并指出它是一个很好的近似。我们在那里还给出了对这种线性结构的一处简化方法,那也是我们在下面将要用到的简化方法。

假设 4

C_t/Y_t 不依赖于时间。

这个假设相当于教科书中的索洛(Solow)模型中所用的那个假设,不过不属于我们通常在定义原始变量时给出的关于原始变量的假设。不过,可以证明(正如下文中将会证明的那样),这个假设在给定关于原始变量的某些假设时是成立的,而且在很多扩展中也是基本成立的——例如,请参见巴拉杰(Barrage, 2014)。只有当储蓄行为极大地偏离了这个假设时,才能使我们用碳的社会成本(SCC)公式给出的定量结论发生比较大的变化。

给定这四个假设,只需要进行很简单的代数运算就可以得出碳的社会成本(SCC)公式以及最优碳税。碳的社会成本公式如下:

$$\mathrm{SCC}_t = Y_t \left[\mathbb{E}_t \sum_{j=0}^{\infty} \beta^j \gamma_{t+j}(1-d_j) \right] \qquad (26)$$

我们不难看出,这个公式就是对静态经济的直接扩展。就像在静态经济中一样,作为产出的一部分的税收公式可以是根本所在:在那里就是 γ,在这里则是各种未来的 γ 的现值。当然,需要注意的是,在这里以及在静态模型中,如果需要给最优税率指定一个特定的值,那么严格来说就需要在最优的水平上对产出进行评估,但是最优产出水平却不能以解析形式表示出来(而且计算起来可能会非常烦琐)。然而,考虑到我们以后的定量分析,我们注意到,最优税率并不会使当前的产出发生很大的改变。因此,最优税率的一个良好近似可以由方程式(26)中括号内的表达式乘以当前产出来给出。[①]

在静态经济中,我们假设了一个柯布-道格拉斯(Cobb-Douglas)形式的生产函数,我们在下一节中,以及在实证分析中,也会给出同样的假设。不过,柯布-道格拉斯形式的生产函数对于前面的结果来说显然是不必要的。真实情况是,柯布-道格拉斯形式的生产函数、对数

[①] 在这个动态模型中,由于最优产出在短期内将低于自由放任产出,这种近似值会夸大税收的准确值。而在全要素税率受到损害的静态模型中,则会出现相反的情况。

效用以及 100％的资本折旧等假设,都非常有助于恒定的 C/Y 比率的成立(假设 4)。但是,我们也知道,更多的经济体都可以生成近似恒定的 C/Y 比率。

我们注意到,除了损害参数 γ 之外,效用贴现和碳衰减现在的重要性也是非常明确的。事实上,这是非常直观的结果:排放出来的一单位碳能够在大气中留存多久当然很重要,我们在何种程度上关心未来当然也很重要。至于 γ 的性质如何,我们注意到,虽然说这个公式本身是对未来的值的期望——就像在静态模型中,作为各个项目之间的确定性等价——但是我们也可以将 γ 视为随着时间的推移而演化的,或者说它将不同数量的不确定性在不同的时间点上纳入了进来。[①] 当然,假设随着时间的推移,更多的关于 γ 的信息被揭示出来,那么最优税收也将随之而演变(例如,我们可以假设 γ 遵循单位根过程)。

在我们这里,碳的社会成本(SCC)的最终表达式是通过假设对于所有 j(例如对于单位根过程),都有 $\mathbb{E}_t[\gamma_{t+j}]=\bar{\gamma}_t$,以及由方程式(13)定义的 $1-d_j s$(我们认为它对折旧模式给出了很好的说明)求得的。然后我们有:

$$\mathrm{SCC}_t/Y_t=\bar{\gamma}_t\left(\frac{\varphi_L}{1-\beta}+\frac{(1-\varphi_L)\varphi_0}{1-(1-\varphi)\beta}\right) \tag{27}$$

在这里,我们可以认为右侧括号内的表达式代表了排放的贴现加权持续时间(discount-weighted duration of emissions),这个对象在这里假设为平稳的。

在这里推导出来的作为产出的一部分的碳的社会成本公式的一个显著特征是,它只依赖于很少几个参数。特别是,这里没有出现生产参数,也没有出现关于技术或能源来源的假设。相比之下,在下面的实证分析中,我们将会看到,这样的假设对于产出、气候、能源使用量和次优的气候政策的总成本的演变路径非常重要。很显然,这些也都是非常重要的,所以我们也需要对它们进行分析。然而,就计算什么才是最优策略而言,直接应用上面这个公式的效果就非常好了,而且在一定意义上,那也就是以最优方式应对气候变化所需要的。而计算最优数量限制则要困难得多,因为那样做就需要所有这些额外的假设了。我们至少可以肯定地说,要预测技术(特别是关于能源供给方面的技术)的未来是非常困难的。第 5.2.3节校准了上述公式的关键参数,第 5.2.4 节给出了碳的社会成本的数值结果。

5.2 一个实证动态模型

这里给出的这个实证动态模型是第 4 节中讨论过的静态模型的简单扩展,并结合了第2.3.2节的基本模型(无内生技术变化)的一些特点。

因此,我们假设了一个柯布-道格拉斯形式的生产函数,它以资本、劳动和能源为投入要素,气候造成损害则发生在全要素生产率(TFP)上:

$$Y_t=e^{-\gamma_t S_t}A_t K_t^\alpha N_{0t}^{1-\alpha-\nu}E_t^\nu \tag{28}$$

在这里,我们保留了 γ 随时间变化或随机的可能性。

---

① 这里还可以引入学习(关于 γ 或自然—科学参数),就像凯利和科尔斯塔德(Kelly and Kolstad, 1999)研究的那个规划问题一样。

在这个模型中,有三个能源生产部门(像静态模型的其中一个扩展一样)。因此,能源生产部门 1 生产的是"石油",其供给是有限的,而且石油的开采是零成本的。因此会计方程式 $E_{ot} = R_t - R_{t+1}$ 在所有时间对石油存量都是成立的。第二个、第三个能源生产部门分别生产煤炭和绿色能源。它们生产的能源满足:

$$E_{i,t} = \chi_{it} N_{it}, \text{ 其中 } i = c, g \tag{29}$$

在这里,$N_t = N_{0t} + N_{ct} + N_{gt}$。我们将重点关注这样一些参数:它们能够使得煤炭尽管供给有限,但是却不会被用尽,因此,煤炭的霍特林(Hotelling)溢价将为零,从而不需要跟踪煤炭存量的演变。[①] 这个模型设定描述了不同能源生产部门最关键的典型特征,同时又保持了易处理性。在实际应用中,石油(以及天然气)可以很容易地转化为可用的能源,但是与煤炭相比,这些资源的供给非常有限。而且,煤炭的生产成本更高,当然绿色能源也是如此。

因此,用于生产最终产品的能源 E_t 要服从下面的式子:

$$E_t = (\kappa_0 E_{ot}^\rho + \kappa_c E_{ct}^\rho + \kappa_g E_{gt}^\rho)^{1/\rho} \tag{30}$$

其中,$\sum_{i=o,c,g} \kappa_i = 1$。如前所述,$\rho < 1$ 调节不同能源来源之间的替代弹性。各个 κ 是份额参数,也会影响生产中使用的不同来源的能源的效率。此外,煤炭要比"石油"更加"肮脏",因为每产生一单位能源都会生成更多的碳排放。由于 E_{ot} 和 E_{ct} 是用相同的单位(碳排放量)度量的,所以校准要求 $\kappa_o > \kappa_c$。

变量 $A_t \chi_{it}$ 和 N_t 被假定为外生的和确定性的。在我们这个容易处理的框架内,原本也可以把人口增长包括进来,但是我们在下面的定量分析中明确地将这个因素抽掉了不予考虑,因为 A 和 N 可以发挥同样的作用。[②] 我们的最后一个假设是,资本的折旧完全发生在各个时期之间($\delta = 1$)。在商业周期分析中,这是一个不正确的假设,但是在只关注长期问题的模型中则不会有什么大问题——我们的模型的一个时期被校准为 10 年。

5.2.1 求解社会规划者问题

为了行文的简洁,我们在这里不再详细地说明社会规划者的问题,它已经隐含在前面的描述中了。从 C_t 和 K_t 的一阶条件,我们可以得到:

$$\frac{1}{C_t} = \beta \, \mathbb{E}_t \, \frac{\alpha}{C_{t+1}} \frac{Y_{t+1}}{K_{t+1}}$$

再加上如下资源约束:

$$C_t + K_{t+1} = Y_t$$

我们就可以求得对于所有 t 的储蓄的解析解 $K_{t+1} = \alpha\beta Y_t$。因此,在所有时间上,$C_t / Y_t$ 总是等于 $1 - \alpha\beta$,这样我们就验证了假设 4 是适用于这个经济体的。从而,我们给出的这些假设的一个副产品就是,最优碳税的公式(26),是完全可以成立的。

那么,社会规划者对能源投入的选择是什么?他的选择对大气碳浓度和气候的影响又会怎样?首先,我们假设 $\rho < 1$,从这个稻田性质(Inada property)出发,我们可以得出结论,能

---

① 在某些设定下,这将要求在未来某一时刻出现某种"逆止型技术"(back-stop technology),即一种能够以较低成本完全替代煤的技术。

② 我们是从总消费的角度来设定效用函数的,而且我们没有根据人口增长率来调整贴现率。有人可能会考虑一个包括了人口增长率的替代方案,但是我们怀疑这种替代方案不会导致任何不同。

源选择在所有时间都始终是内部的。然而,从 E_t 和 E_{ot} 的一阶条件,我们可以推出:

$$\frac{\nu\kappa_o}{E_{ot}^{1-\rho}E_t^{\rho}}-\frac{\text{SCC}_t}{Y_t}=\beta\,\mathbb{E}_t\left(\frac{\nu\kappa_o}{E_{o,t+1}^{1-\rho}E_{t+1}^{\rho}}-\frac{\text{SCC}_{t+1}}{Y_{t+1}}\right) \tag{31}$$

其中,SCC_t/Y_t 在方程式(26)中定义。在使用碳有成本的情况下,上面这个方程式代表了霍特林(Hotelling)公式,即损害外部性(起到了开采成本类似的作用)。

再来看另外两种能源,通过最优地选择 N_i,我们得到:

$$\chi_{ct}\left(\frac{\nu\kappa_c}{E_{ct}^{1-\rho}E_t^{\rho}}-\frac{\text{SCC}_t}{Y_t}\right)=\frac{1-\alpha-\nu}{N_t-\dfrac{E_{ct}}{\chi_{ct}}-\dfrac{E_{gt}}{\chi_{gt}}} \tag{32}$$

以及

$$\chi_{gt}\frac{\nu\kappa_g}{E_{gt}^{1-\rho}E_t^{\rho}}=\frac{1-\alpha-\nu}{N_t-\dfrac{E_{ct}}{\chi_{ct}}-\dfrac{E_{gt}}{\chi_{gt}}} \tag{33}$$

从便于求解模型的角度来看,有一点很重要,值得特别注意:SCC_t/Y_t 作为原始变量的函数是可以表示为解析形式的,待求解的剩余方程组是一个向量差分方程,但是只涉及能源选择。这也就是说,要解出这个模型,可以先通过求解这个差分方程来求得能源投入,然后剩下的变量(产出、消费等)都可以在上面给出的简单解析形式的方程中求解。

而且,在不存在不确定性的范围内,这个向量差分方程的求解也是相当简单的,尽管通常需要涉及少量的数值计算。[①] 其中一种稳健性很高的数值方法如下。只要给定 E_{ot} 的任何一个值,就可以用方程式(32)和(33)求解 E_{ct} 和 E_{gt},进而求出 E_t。这个解是非线性的,但是已经得到了很好的界定。然后,对于任何给定的石油的初始存量 R_0,我们可以运用简单的"打靶"算法。"打靶"算法是通过以下步骤完成的:(i)猜测 E_{o0} 的某个数值;(ii)推导出时间 0 处所有其他能源投入;(iii)利用霍特林等式(31),它是用 E_{o1} 和 E_1 表示的,因此可以求得作为 E_1 的函数的 E_{o1};(iv)将 E_{o1} 和 E_1 间的关系与方程式(32)和(33)在期间 1 上求得的值结合起来,以得到期间 1 的所有能源选择;(v)回到步骤(iii),对下一个期间重复这些步骤。以这种方式求得所有能源投入的路径,特别是石油开采的路径。为了检验打出的"子弹"是否碰到了"靶子",只需要检查一下累积石油使用是否渐进地恰好耗尽了最初的存量。如果使用量太多或少,那么适当地调整对 E_{o0} 的猜测值,再次运行这个算法即可。

如果存在着关于 γ 的非平凡的(有意义的)不确定性,而且这种不确定性不会随着时间的推移而消失,那么给定向量差分方程的非线性,就需要使用递归方法。不过,利用这种方法的标准版本,仍然不难求得解。

5.2.2 竞争均衡

对于这个经济,可以直接定义它的动态(随机)一般均衡,就像在静态模型中一样。所在均衡中,每个市场都存在完美的竞争。最终产品生产部门的企业利润为零,生产煤炭和绿色能源的部门的企业利润也是如此。在石油部门,由于存在一个霍特林租(Hotelling rent),因

---

① 只有煤炭或只有绿色能源的模型是有可能得到解析解的。

此企业还能获得一些利润。但是这些利润会交给代表性消费者,否则他们会得到劳动收入和资本收入,而且,在对化石燃料征税的情况下,代表性消费者会得到一次总付性转移支付,从而使得政府的预算平衡。在使用税收工具时,我们假设是对能源(石油和煤炭)生产企业征收的。消费者的欧拉方程和资本回报率满足企业的决策问题的资本一阶条件,从中可以求得不变的储蓄率 $\alpha\beta$。于是,能源供给(或者,等价地,劳动配置)由一组类似于社会规划者问题的条件给出。假设第 t 期的碳税被设定为第 t 期的产出某个外生给定的比例,那么从能源生产者的决策问题,我们可以得出:

$$\frac{\nu\kappa_o}{E_{ot}^{1-\rho}E_t^\rho}-\tau_t = \beta\,\mathbb{E}_t\left(\frac{\nu\kappa_o}{E_{o,t+1}^{1-\rho}E_{t+1}^\rho}-\tau_{t+1}\right) \tag{34}$$

$$\chi_{ct}\left(\frac{\nu\kappa_c}{E_{ct}^{1-\rho}E_t^\rho}-\tau\right) = \frac{1-\alpha-\nu}{N_t-\dfrac{E_{ct}}{\chi_{ct}}-\dfrac{E_{gt}}{\chi_{gt}}} \tag{35}$$

以及

$$\chi_{gt}\frac{\nu\kappa_g}{E_{gt}^{1-\rho}E_t^\rho} = \frac{1-\alpha-\nu}{N_t-\dfrac{E_{ct}}{\chi_{ct}}-\dfrac{E_{gt}}{\chi_{gt}}} \tag{36}$$

由于这个向量差分方程非常类似于社会规划者的向量差分方程,所以可以用同样类型的算法直接求解,而且自由放任配置的求解特别简单。

5.2.3 校准和结果

根据定量宏观经济建模的要求,我们在本节中进行模型校准。模型参数的校准至关重要。在这一节中,我们在选择参数值时,仍然采用了与戈洛索夫等人(Golosov et al.,2014)一样的方法。在这里,有必要在一定程度上给出校准的具体细节,因为对这类模型的校准在宏观经济学文献中并不是常见的。给定我们的假设, α 和 ν 这两个参数很容易选择,我们假设 α 和 ν 的值分别为 0.3 和 0.04。资本份额取这个值在宏观经济学文献中的标准做法,而能源份额的值则取自哈斯勒等人(Hassler et al.,2015)的校准。

5.2.3.1 贴现

从我们下面的结果可以看出,贴现因子对最优税率的确定至关重要。不过,我们在这里先不过分渲染这一点,而只是报告我们对一系列不同的 β 值进行模拟的结果。诺德豪斯的校准是从利率数据开始的,他认为如果市场有效的话,各种不同的利率都应该反映实际利率,因而设定 $1/\beta-1=0.015$ 是合理的。但是斯特恩在他对气候变化相关文献的综述中表明了截然不同的观点,并且使用了实质上的零利率: $1/\beta-1=0.001$。这种与市场观念截然不同的观点,动机源于一个纯粹规范性的理由,这种规范性观点可能有辅助性的含义:也许应该更广泛地鼓励资本积累,例如利用普遍性的投资/储蓄工具。然而,斯特纳和佩尔森(Sterner and Persson,2008)却非正式地指出,如果气候服务是独立地进入效用的,那么按不同的贴现率对它们进行贴现也是有可能的。

第三种支持使用较低的贴现率的观点是(我们认为这种观点很有意思),有理由假设贴现是时间不一致的:人们关注自己这一代和下一代,会按照观察到的市场贴现率去进行贴现,但是对于更久远的未来,他们实际上几乎不会进行贴现。这个思想意味着,我在对效用加权时,对自己的曾曾曾孙辈和曾曾曾曾孙辈赋予的权重是一样的。如果这真的是对人们的偏好的正确描述、如果人们拥有处理时间不一致性的承诺工具,那么我们就会在市场贴现率中观察到这种偏好的影响,但是市场如此长期的资产的观察点很少,无法指导对贴现率的选择。因此,要直接拒绝0.1%的贴现率并非易事(然而,另一方面,同样也没有支持这种贴现率的市场观察结果证据)。如果人们不拥有处理时间不一致性的承诺工具,那么今天观察到的市场贴现率就会是短期贴现率和长期贴现率的混合结果(而且权重会严重地偏向于当前),因此很难用市场观察结果去支持长期贴现率。事实上,这些论点都是可以形式化的:事实证明,现有的模型如果在求解时对能源生产部门加以简化的话,比如说,假设只存在煤炭生产部门,那么是可以求出存在时间不一致的偏好时的解析解的,这方面的例子,请参见卡普(Karp,2005)、吉拉夫和利斯基(Gerlagh and Liski,2012)、艾弗森(Iverson,2014)。

5. 2. 3. 2 碳循环

我们用一个线性系统校准碳循环,这个线性系统意味着碳衰减率由方程式(13)给出。这就是说,对于第j期的碳衰减率$1-d_j=\varphi_L+(1-\varphi_L)\varphi_0(1-\varphi)^j$,我们必须选定三个参数的值:$\varphi_L$、$\varphi_0$和$\varphi$。回想一下,这几个参数的定义是,$\varphi_L$是碳排放到大气中后永远留存在大气中的碳所占的份额,$1-\varphi_0$是在十年内消失于生物圈和表面海洋中的碳的份额,剩下来的那部分$(1-\varphi_L)\varphi_0$则将以几何速率φ(缓慢地)衰减。我们将φ_L设定为0.2,这是因为联合国政府间气候变化专门委员会2007年的报告估计(IPCC,2007),任何排放到大气中的碳,都会有大约20%留存在大气中数千年之久。[①] 阿彻(Archer,2005)进一步指出,"折旧"那部分碳平均来说也有大约300年的"寿命",因此我们设定$(1-\varphi)^{30}=0.5$,这意味着$\varphi=0.0228$。联合国政府间气候变化专门委员会2007年的报告指出,在大气层中,大约50%排放到大气中的二氧化碳会在大约30年后离开大气层。这意味着$d_2=0.5$,从而$1-\frac{1}{2}=0.2+0.8\varphi_0(1-0.0228)^2$,所以我们设定$\varphi_0=0.393$。最后,为了设定碳深度的初始条件,我们在上面已经证明,我们所假设的"碳折旧"结构是与两个"虚拟碳存量"的存在相一致的。第一个是S_1(永远留存在大气中的部分),第二个是S_2(以速度φ衰减的部分),其中,$S_{1,t}=S_{1,t-1}+\varphi_L E_t^f$,$S_{2,t}=\varphi S_{2,t-1}+\varphi_0(1-\varphi_L)E_t^f$,且$S_t=S_{1,t}+S_{2,t}$。我们选择的初始值是,在时间0处(即2000年)的碳等于802,并将之分割为$S_1=684$和$S_2=118$。其中,S_1的这个值是这样计算出来的:前工业时代留下来的存量581,再加上大致相当于排放量的20%的累积留存排放量。[②]

5. 2. 3. 3 损害

关于损害的校准,回想一下,我们在前面已经指出过,对于合理范围内的碳浓度水平,指数型的全要素生产率(TFP)表达式$e^{-\gamma S}$是对文献中很常见的从S到温度的映射和从温度到全要素生产率的映射的组合的一个很好的近似值。无论选择的γ是确定性的还是随机的,

---

① 阿彻(Archer,2005)则认为,应取一个略高一点的值——0.25。
② 这个数字包括了前工业时期的存量,因此不严格符合前文对符号的定义,在前面的定义中,S_t表示高于前工业时期水平的碳浓度。

这个性质都能够保持。在我们这里的说明中,我们将重点放在了确定性的 γ 上,并将对不确定性的讨论延后。与前面讨论损害的那一节以及戈洛索夫等人(Golosov et al. ,2014)给出的结果一致,当 S 采用 GtC(十亿吨碳)这个度量单位时,参数为 $\gamma_t = 5.3 \times 10^{-5}$ 的指数函数很好地拟合了数据。

5.2.3.4 能源

最后讨论能源生产部门。我们首先需要选定一个适当的 ρ 值,这个值代表了不同能源之间的替代弹性。斯特恩(Stern,2012)对 47 项关于内部能源替代性的研究进行了荟萃研究,结果发现,石油—煤炭、石油—电力、煤炭—电力之间的替代弹性的未加权平均值为 0.95。斯特恩对"长期动态替代弹性"的估计值则为 0.72。用我们这里的 ρ 来度量,相对应的数值为 -0.058 和 -0.390,而前者构成了我们的基准。

对不同的能源来源的处理方法是不同的。对于石油,我们需要确定石油储备的规模。根据英国石油公司(BP,2010)的统计,全球石油探明储量为 1817 亿吨。但是,这个数字所指的只是在当前条件下有开采价值的石油储量。罗格纳(Rogner,1997)估计,潜在可开采的石油、天然气和煤炭的全球储量总计超过了 50000 亿吨(以石油当量计算)。[1] 根据罗格纳的报告,这当中大约 16% 即 8000 亿吨是石油。我们在这两个数字之间取一个适中的值来作为我们的基准:3000 亿吨。为了以碳含量为单位来表示化石燃料,我们将原油中的碳含量设定为每吨石油 846 千克碳。对于煤炭,我们则将无烟煤的碳含量设定为每吨煤 716 千克碳。[2] 关于煤炭,根据罗格纳(Rogner,1997)的估计,在当前的消耗水平下,煤炭在今后数百年内的供给是有保证的,因此我们假设煤炭的稀缺租金为零。

为了校准 κ_o 和 κ_c,我们使用了石油对煤、石油对可再生能源的相对价格,它们分别由下式给出:

$$\frac{\kappa_o}{\kappa_c} \left(\frac{E_{ot}}{E_{ct}} \right)^{\rho-1} , 以及 \frac{\kappa_o}{1-\kappa_o-\kappa_c} \left(\frac{E_{ot}}{E_{gt}} \right)^{\rho-1}$$

布伦特原油的平均价格在 2005 年至 2009 年间为每桶 70 美元(BP,2010)——每桶计 7.33 公吨,碳含量为 84.6%,因此石油的每吨碳的价格为 606.5 美元。至于煤炭,同一时期的平均价格为每吨 74 美元,而煤炭的碳含量为 71.6%,这意味着煤炭的每吨碳的价格为 103.35 美元。[3] 因而,用碳含量单位来衡量,石油和煤炭的隐含相对价格为 5.87。

对于可再生能源/绿色能源,不同的来源之间存在非常大的异质性。为了对当前的绿色能源与石油的相对价格给出一个合理的值,我们利用全球能源消费数据来最终确定各个 κ 的值。2008 年,全球主要能源使用量分别为(单位为十亿吨,石油当量):煤炭为 3.315,石油为 4.059,天然气为 2.596,核电、水电、生物质/废物/其他可再生能源为 0.712+0.276+1.314 =2.302。根据前面引用过的联合国政府间气候变化专门委员会报告给出的统计表,可以计算出石油与无烟煤之间每吨能源比为 $\frac{42.3}{26.7}=1.58$,这意味着 1 吨的石油的能量相当于 1.58

---

[1] 天然气、石油和各种等级的煤炭之间的能源含量的差异已经考虑到了,因为这里使用的是石油当量(标准石油)。

[2] 联合国政府间气候变化专门委员会报告(IPCC,2006,表 1.2—1.3)。

[3] 英国石油公司(BP,2010)是针对美国阿巴拉契亚中部煤炭给出这些估计值的。

吨煤炭。[①] 最后,根据这些数字和选定的 ρ 值(0.058),我们可以用前述方程计算出 $\kappa_o =$ 0.5008,以及 $\kappa_c = 0.08916$。

参数 χ_{ct} 决定了煤炭开采成本随时间推移而发生的变化,我们根据国际能源署的报告——每吨煤炭平均开采成本 43 美元——来设定它的值(请参见 IEA,2010,第 212 页)。因此,煤炭形式的一吨碳的成本为 43/0.716 美元。从而,我们的模型对开采一吨碳的成本的设定为 $\dfrac{w_t}{\chi_{ct}}$,其中,w_t 是工资。在当今世界,煤炭开采和绿色能源生产中使用的劳动力所占的份额非常接近于零,因此,如果将总劳动力供给归一化为 1,那么我们就可以将工资近似为 $w_t = (1-\alpha-\nu)Y_t$。现在,全世界十年内的 GDP 总额达到了 7000 万亿美元,同时考虑十亿吨碳(这是我们的模型所用的单位)的成本,根据 $w_t/\chi_{ct} = (1-\alpha-\nu)Y_t/\chi_{ct}$ 可以计算:$43\times10^9/0.716 = 0.66\times700\times10^{12}/\chi_{c0}$,因此 $\chi_{c0} = 7693$。换句话说,这意味着,要开采出煤炭形式的十亿吨碳,需要十年内全世界总劳动力供给中的 $\dfrac{1}{7693}$ 的劳动力。χ_{g0} 的校准则可以利用 χ_{g0}/χ_{c0} 等于煤炭与绿色能源之间的相对价格这个事实。由于我们已经假设石油和绿色能源的价格是相等的,而石油用煤炭来衡量的相对价格为 5.87,所以我们可以计算出,$\chi_{g0} = 7693/5.87 = 1311$。最后,我们设定 χ_{ct} 和 χ_{gt} 的增长率均为每年 2%。[②]

5.2.4　结果

我们先报告我们的模型对最优碳税的意义。根据我们的校准,我们在图 14 中描绘了作为贴现率的函数的碳税——在给定全球年均产出为 700 亿美元的条件下,对每排放一吨碳征收的税。[③]

在图 14 中,实线显示的是我们的基准结果,另外两条线则分别表示 γ 的另两个值下的结果,其中较高的那条线表示的是"灾难性场景"——损失大约占国内生产总值的 30%。较低的那条线则代表了一种相反的极端情况,即损失极低时的结果。我们可以拿图 14 中的数字与诺德豪斯和波伊尔的论文(Nordhaus and Boyer,2000)以及斯特恩的综述(Stern,2007)给出的建议对比一下。前者建议每吨碳征收 30 美元的税,后者建议每吨碳征收 250 美元的税。如前所述,这两种建议是基于非常不同的贴现率得出的——诺德豪斯使用每年 1.5% 的贴现率,而斯特恩则为 0.1%。对于这样的两个折现率值,使用我们的模型得出的最优税率分别为每吨 56.9 美元和每吨 496 美元,这表明我们的模型中的损失比他们的研究中的损失更大。事实上,我们的模型和诺德豪斯所用的模型之间存在着许多假设上的差异,也许在定量意义上最重要的一个区别是我们所校准的大气中碳的持续时间要长得多。

---

① 以碳为单位来衡量的石油和煤炭的数量是分别通过乘以碳含量的 84.6% 和 71.6% 计算出来的。
② 在我们的校准中,煤炭使用量并不趋向于零,这一点与它是一种有限的资源这个事实矛盾。严格地说,我们应该在煤炭也拥有稀缺性价值的假设下求解这个模型并讨论其含义。但是,我们认为在未来几百年里,能够替代煤炭的某种有竞争力、可再生的替代品很有可能出现。而在这种情况下,我们的解可以成为一个很好的近似值。
③ 这幅图复制自戈洛索夫等人的论文(Golosov et al.,2014)。

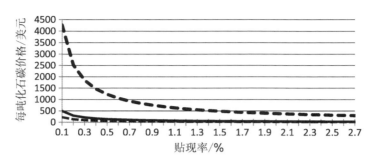

图14　对排放的每吨化石碳征收的以当期美元计的最优税率与年主观贴现率之间的关系

图14表明,在灾难性情景真的有可能出现的情况下——这个思想源于诺德豪斯在一篇综述中提出的一个假说——这种可能会对最优税收水平产生非常大的影响。从图中可见,大体上会导致20倍的差异。

5.2.5　实证意义

图15给出了化石燃料在最优配置和自由放任配置下的使用量(我们在本节中给出的所有结果,所用的贴现率均为1.5%)。

简单比较一下最优配置结果与自由放任配置结果,我们就可以看出,最优配置下化石燃料的使用量明显要小得多。[①] 在自由放任的情况下,化石燃料使用量将不断增加,而在最优配置中,化石燃料的消耗量几乎是平坦的。

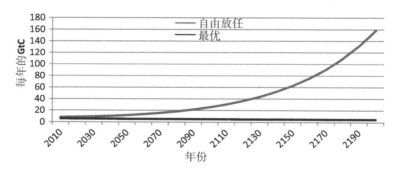

图15　化石燃料使用量:最优配置和自由放任配置

这里有一点非常重要,我们必须认识清楚:最优配置与自由放任配置下化石燃料使用量之所以会有这么大的差异,几乎完全是因为前者的煤炭使用量更低。在图16和图17中,我们分别给出了最优配置和自由放任配置下的煤炭使用量和石油使用量。虽然在最优配置中,对煤炭征收的碳排放税与对石油征收的碳排放税是相同的,但是效果却非常不同:煤炭使用量受到了明显的遏制——煤炭使用量的整个路径发生了根本性的向下移动,而石油使用量则只是略微有所减少。

---

① 这个模型的预测是,未来10年的煤炭使用量在自由放任配置下为4.5 GtC,而当前水平大约为3.8 GtC。它还预测,石油使用量为3.6 GtC,与2008年的实际水平——大约3.4 GtC——相差不远。

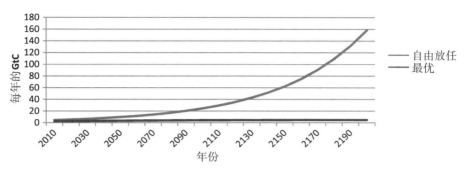

图 16　煤炭使用量：最优配置和自由放任配置

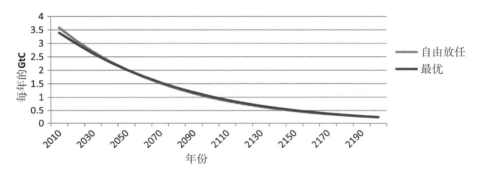

图 17　石油使用量：最优配置和自由放任配置

　　在最优税收下，煤炭使用量从现在起将下降一半左右。而在 100 年后，自由放任配置下的煤炭使用量将比最优配置下高出 7 倍以上。绿色能源的使用量在最优配置与自由放任配置下非常相似。

　　总损害则如图 18 所示。我们注意到，从自由放任配置转为最优配置可以带来很大的（尽管不能说巨大的）收益。而且随着时间的推移，收益仍然会不断增长：自由放任配置下的损害占国内生产总值的百分比，很快就会增加到最优配置下损害所占百分比的两倍以上。到了 2200 年，两者之间的差距将达到 6 倍。

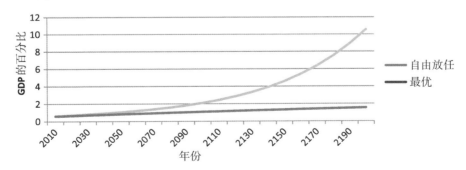

图 18　总损害占 GDP 的百分比：最优配置和自由放任配置

　　我们还可以利用从 S 到温度的映射关系，给出这两种配置下全球温度变化的路径。图 19 说明，自由放任配置下，100 年后的气温会比今天上升 4.4℃，而在最优配置下，则只会上升 2.6℃。然后，到模拟结束时（2200 年），由于煤炭的大量使用，自由放任配置下气温将升高接近 10℃,而在最优配置下则只升高大约 3℃。

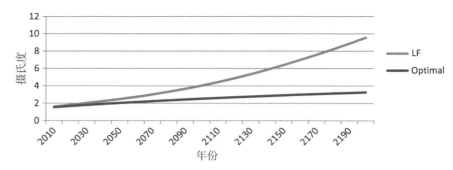

图 19 全球气温上升情况:最优配置和自由放任配置

最后,图 20 显示了(扣除损害后的)最终产品的产出(GDP)的演变轨迹。在这里,跨期权衡是非常清楚的,但是并不如有的人所猜测的那么突出:最优配置下 GDP 短期内的损失相当有限,而且到 2020 年,最优配置下的产出就会超过自由放任配置下的产出。100 年后,最优配置下(扣除损害后的)国内生产总值要比自由放任配置下高出 2.5%,而到 2020 年则会高出差不多 15%。

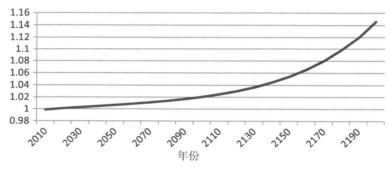

图 20 净产出:最优配置和自由放任配置

5.2.6 讨论

第 5.2.4 节给出的定量结果的稳健性如何? 首先,税收公式有非常强的稳健性。在这个公式中只出现了三种参数,这一点本身就是很好的度量稳健性的指标,即化石燃料的存量、生产技术或人口等方面的细节都不重要。严格地说,一旦作为这个公式基础的一个或多个主要假设不能得到满足,这些特征就会开始变得重要起来,但是它们仍然只会间接地发挥影响,例如,即便它们会影响消费—产出路径,只要这种影响是比较小的,这个公式仍然会很稳健。在针对戈洛索夫等人的论文(Golosov et al.,2014)撰写的一个技术注记中,巴拉杰(Barrage,2014)就考虑了这样一个并不是所有的假设都能得到满足的模型。具体地说,在巴拉杰的模型中,包含了更多标准的过渡动态(且进行了符合宏观经济学文献惯例的校准)。例如,消费—产出比率不变的假设在过渡路径上不再成立,但是这种偏离几乎完全不会改变结果。此外,至少美国数据表明,这个比率的波动非常小,所以在模型会导致消费—产出出现非常剧烈的波动的时候,模型与数据的匹配会出现困难。效用函数的较高的曲率也只会导致税率的非常小的变化,这里的修正是,现在的贴现不仅仅涉及 β,而且消费增长率也提高

到 $1-\sigma$,其中,$\sigma=1$ 给出的是对数曲率,$\sigma>1$ 则会给出更高的曲率。

其次,当转而考虑实证分析时——例如,在采取了不同政策的情况下,温度和损害的影响会有什么样的变化——我们得到的信息却是完全不同的:一方面,许多假设对于定量结果都很重要。在这个方面,稳健性不足的最好一个例子也许是戈洛索夫等人(Golosov et al.,2014)所考虑的那个例子:通过设定 $\rho=0.5$,即假定替代弹性为 2 而不是略低于 1,以提高不同能源来源之间的替代弹性。如果不同的能源来源之间是高度可互替的,那么煤炭就可以很容易地用于代替石油,从而使得自由放任配置下的煤炭使用量非常高。另一方面,税收对不同来源的能源的使用量的影响现在将会变得很大。特别是,这意味着与基准模型相比(在基准模型中,不同的能源来源之间的相互可替代性不高),最优税收下的结果和自由放任配置下的结果之间的差异会非常大。因此,不同能源之间的替代性是需要进一步深入研究的领域的一个很好的例子。与此相关,我们预计,为这个领域中的技术变革(包括如 2.3.3 节所述的节能技术,以及提供新的能源的技术)构建适当的模型是一项非常重要的工作。

我们这个模型设定在很多方面都可以直接加以扩展,事实上,其他研究人员已经在这样做了。[①] 一个扩展方向是将涉及增长效应的损害包括进来,例如,戴尔(Dell)等人就认为这种效应很可能出现。[②] 事实上,只要将全要素生产率项表示为 $e^{-\gamma_l S + \gamma_g S t}$,很容易就可以将这种损害引入现在的模型设定中,其中,γ_l 调节碳浓度 S 的水平的影响,γ_g 表示产出增长速率的损害,这里的基准模型是可以得到解析形式的解的。而且,正如前文已经指出过的,要在基准模型中纳入时间不一致的偏好也相当容易。[③]

最后,我们在这里对动态综合评估模型的讨论完全基于戈洛索夫等人(Golosov et al.,2014)给出的那个简单的基准模型。之所以要这样做,并不是因为它是这类模型中唯一的一个,也不是因为它是总体来看最令人满意的一个。恰恰相反,之所以选择这个模型,首先是因为它是一个与标准的宏观经济环境联系最密切的模型(具有前瞻性消费者、税收条件的动态竞争均衡,等等);其次是因为戈洛索夫等人(Golosov et al.,2014)的基准模型有很好的易处理性(有解析形式的解),因此非常适合用于解说目的;更重要的是,对于最优碳税,这个模型提供了一个非常强大的公式,足够用来进行定量分析。此外,这个模型对于实证分析也是很有用的,尽管我们还是要指出,还有许多其他方法可以提供更符合实际的模型设置,并且至少从某些角度来看,能够给出更好的预测。要梳理相关文献,可能需要写一篇长篇综述,这项工作最好放到另一篇论文中完成。在各种雄心勃勃的定量模型中,与我们这里的模型最密切相关的也许是 WITCH 模型,它也是建立在前瞻性行为主体的基础上的,而且包括了一个更加庞大的能源部门。[④]

---

① 例如,请参见雷扎伊和范德普勒格(Rezai and van der Ploeg,2014)。

② 请参见莫耶等人(Moyer et al.,2013)。

③ 对于这种情况,卡普(Karp,2005)曾经讨论过,他在一个非常接近于吉拉夫和利斯基(Gerlagh and Liski,2012)、艾弗森(Iverson,2014)的模型中证明,在没有承诺的情况下直接分析这种情况是有可能的。不然的话,缺乏承诺和马尔可夫完美均衡是相当难以表征的。

④ 请参见博塞蒂等人(Bosetti et al.,2006)。

参考文献

Acemoglu, D. , 2009. Introduction to Modern Economic Growth. Princeton University Press.

Acemoglu, D. , Aghion, P. , Bursztyn, L. , Hemous, D. , 2012. The environment and directed technical change. Am. Econ. Rev. 102 (1), 131—166.

Acemoglu, D. , Aghion, P. , Hemous, D. , 2014. The environment and directed technical change in a north-south model. Oxf. Rev. Econ. Policy 30 (3), 513—530.

Aghion, P. , Dechezlepretre, A. , Hemous, D. , Martin, R. , Van Reenen, J. , 2014. Carbon taxes, path dependency and directed technical change: evidence from the auto industry. J. Polit. Econ. (forthcoming).

Aghion, P. , Howitt, P. , 1992. A model of growth through creative destruction. Econometrica 60 (2), 323—351.

Aghion, P. , Howitt, P. , 2008. The Economics of Growth. MIT Press.

Aiyagari, R. , 1994. Uninsured idiosyncratic risk and aggregate saving. Q. J. Econ. 109 (3), 659—684.

Amador, M. , 2003. A political model of sovereign debt repayment. Mimeo.

Archer, D. , 2005. The fate of fossil fuel CO_2 in geologic time. J. Geophys. Res. 110.

Archer, D. , Eby, M. , Brovkin, V. , Ridgwell, A. , Cao, L. , Mikolajewicz, U. , Tokos, K. , 2009. Atmospheric lifetime of fossil fuel carbon dioxide. Annu. Rev. Earth Planet. Sci. 37, 117—134.

Arrhenius, S. , 1896. On the influence of carbonic acid in the air upon the temperature of the ground. Philos. Mag. J. Sci. 41 (5), 237—276.

Azzimonti, M. , 2011. Barriers to investment in polarized societies. Am. Econ. Rev. 101 (5), 2182—2204.

Bansal, R. , Ochoa, M. , 2011. Welfare costs of long-run temperature shifts. NBER Working Paper 17574.

Barrage, L. , 2014. Sensitivity analysis for Golosov, Hassler, Krusell, and Tsyvinski (2014): 'optimal taxes on fossil fuel in general equilibrium'. Econometrica. 82. http://www.econometricsociety. org/ecta/ supmat/10217_extensions. pdf.

Barrage, L. , 2015. Optimal dynamic carbon taxes in a climate-economy model with distortionary fiscal policy. Mimeo.

Barro, R. J. , 2013. Environmental protection, rare disasters, and discount rates. NBER Working Paper 19258.

Berndt, E. R. , Christensen, L. R. , 1973. The translog function and the substitution of equipment, structures, and labor in U. S. manufacturing 1929-68. J. Econom. 1 (1), 81—113.

Bosetti, V. , Carraro, C. , Galeotti, M. , Massetti, E. , Tavoni, M. , 2006. Witch—a world induced technical change hybrid model. Energy J. 27, 13—37.

Bovenberg, L., Smulders, S., 1995. Environmental quality and pollution - augmenting technological change in a two - sector endogenous growth model. J. Public Econ 57 (3), 369—391.

BP, 2010, 2015. BP statistical review of world energy. http://bp.com/statisticalreview.

Brock, W., Engstr? m, G., Xepapadeas, A., 2014. Spatial climate-economic models in the design of optimal climate policies across locations. Eur. Econ. Rev. 69, 78—103.

Burke, M., Miguel, E., Satyanath, S., Dykema, J. A., Lobell, D. B., 2009. Warming increases the risk of civil war in Africa. Proc. Natl. Acad. Sci. 106 (49), 20670—20674.

Burke, M., Hsiang, S. M., Miguel, E., 2015. Climate and conflict. Ann. Rev. Econ. 7, 577—617.

Chris, H., Anderson, J., Wenman, P., 1993. Policy analysis of the greenhouse effect: an application of the PAGE model. Energy Pol. 21, 327—338.

Ciscar, J. C., Iglesias, A., Feyen, L., Szabó, L., Van Regemorter, D., Amelung, B., Nicholls, R., Watkiss, P., Christensen, O. B., Dankers, R., Garrote, L., Goodess, C. M., Hunt, A., Moreno, A., Richards, J., Soria, A., 2011. Physical and economic consequences of climate change in Europe. Proc. Natl. Acad. Sci. 108 (7), 2678—2683.

Cline, W. R., 1992. Economics of Global Warming. Institute for International Economics.

Crost, B., Traeger, C. P., 2014. Optimal CO_2 mitigation under damage risk valuation. Nat. Clim. Change 4, 631—636.

Cuddington, J., Nülle, G., 2014. Variable long-term trends in mineral prices: the ongoing tug-of-war between exploration, depletion, and technological change. J. Int. Money Fin. 42 (C), 224—252.

Dasgupta, P., Heal, G., 1974. The optimal depletion of exhaustable resources. Rev. Econ. Stud 41, 3—28.

Dell, M., Jones, B. F., Olken, B. A., 2012. Temperature shocks and economic growth: evidence from the last half century. Am. Econ. J.: Macroecon. 4 (3), 66—95.

Dell, M., Jones, B., Olken, B., 2014. What do we learn from the weather? The new climate-economy literature. J. Econ. Lit. 52 (3), 740—798.

Desmet, K., Rossi-Hansberg, E., 2015. On the spatial economic impact of global warming. J. Urban Econ. 88, 16—37.

Drijfhouta, S., Bathiany, S., Beaulieu, C., Brovkin, V., Claussen, M., Huntingford, C., Scheffer, M., Sgubin, G., Swingedouw, D., 2015. Catalogue of abrupt shifts in Intergovernmental Panel on Climate Change climate models. Proc. Natl. Acad. Sci. USA. 112 (43).

Ellerman, A. D., Buchner, B. K., 2007. The European Union emissions trading scheme: origins, allocation, and early results. Rev. Environ. Econ. Policy 1 (1), 66—87.

Erten, B., Ocampo, J. A., 2012. Super - cycles of commodity prices since the mid - nineteenth century. DESA Working Paper No. 110.

Fankhauser, S., 1994. The economic costs of global warming damage: a survey. Glob. Environ. Chang. 4, 301—309.

Feng, S., Krueger, A. B., Oppenheimer, M., 2010. Linkages among climate change, crop yields and Mexico – US cross – border migration. Proc. Natl. Acad. Sci. USA 107 (32), 14257—14262.

Gars, J., 2012. Essays on the macroeconomics of climate change. Ph. D. thesis. IIES Monograph series No. 74, Institute for International Economic Studies, Stockholm University.

Gerlagh, R., Liski, M., 2012. Carbon prices for the next thousand years. CESifo Working Paper Series No. 3855.

Geweke, J., 2001. A note on some limitations of CRRA utility. Econ. Lett. 71, 341—345.

Gollier, C., 2013. Evaluation of long – dated investments under uncertain growth trend, volatility and catas trophes. Toulouse School of Economics, TSE, Working Papers 12–361.

Golosov, M., Hassler, J., Krusell, P., Tsyvinski, A., 2014. Optimal taxes on fossil fuel in equilibrium. Econometrica 82 (1), 41—88.

Grossman, G., Krueger, A., 1991. Environmental impacts of a North American free trade agreement. NBER Working Paper 3914.

Harari, M., La Ferrara, E, 2014. Conflict, climate and cells: a disaggregated analysis. IGIER Working Paper.

Hart, R., 2013. Directed technical change and factor shares. Econ. Lett. 119 (1), 77—80.

Harvey, D., Kellard, N., Madsen, J., Wohar, M., 2010. The Prebisch – Singer hypothesis: four centuries of evidence. Rev. Econ. Stat. 92 (2), 367—377.

Hassler, J., Krusell, P., 2012. Economics and climate change: integrated assessment in a multi-region world. J. Eur. Econ. Assoc. 10 (5), 974—1000.

Hassler, J., Krusell, P., 2014. The climate and the economy. Mistra–SWECIA Nr. 5.

Hassler, J., Krusell, P., Olovsson, C., 2015. Will we need another mad max? Or will energy-saving technical change save us? Working Paper.

Hassler, J., Krusell, P., Nycander, J., 2016. Climate policy. Econ. Policy. (forthcoming).

Hemous, D., 2013. Environmental policy and directed technical change in a global economy: the dynamic impact of unilateral environmental policies? Working Paper.

Hillebrand, E., Hillebrand, M., 2016. Optimal climate policies in a dynamic multi-country equilibrium model. Working Paper.

Hotelling, H., 1931. Economics of exhaustible resources. J. Polit. Econ. 39 (2), 137—175. IEA (International Energy Agency), 2010. World Energy Outlook. OECD/IEA.

IPCC, 2006. 2006 IPCC guidelines for national greenhouse gas inventories. Vol. 2 energy. In: Eggleston, S., Buendia, L., Miwa, K., Ngara, T., Tanabe, K., (Eds.), IPCC, National Greenhouse Inventories Programme.

IPCC, 2007a. Climate change 2007 the physical science basis. In: Solomon, S. , Qin, D. , Manning, M. , Marquis, M. , Averyt, K. , Tignor, M. M. B. , Miller Jr. , H. L. R. , Chen, Z. (Eds.), Contribution of Working Group I to the Fourth Assessment Report of the Intergovernmental Panel on Climate Change. Cambridge University Press.

IPCC, 2007b. Climate change 2007 impacts, adaptation and vulnerability. In: Parry, M. , Canziani, O. , Palutikof, J. , van der Linden, P. , Hanson, C. (Eds.), Contribution of Working Group II to the Fourth Assessment Report of the Intergovernmental Panel on Climate Change. Cambridge University Press.

IPCC, 2013. Climate change 2013 the physical science basis. In: Stocker, T. F. , Qin, D. , Plattner, G. -K. , Tignor, M. M. B. , Allen, S. K. , Boschung, J. , Nauels, A. , Xia, Y. , Bex, V. , Midgley, P. M. , (Eds.), Working Group I Contribution to the Fifth Assessment Report of the Intergovernmental Panel on Climate Change. Cambridge University Press.

Iverson, T. , 2014. Optimal carbon taxes with non-constant time preference. Working Paper.

Jia, R. , 2014. Weather shocks, sweet potatoes and peasant revolts in historical China. Econ. J. 124 (575), 92—118.

Jones, C. I. , 2001. Introduction to Economic Growth. W. W. Norton.

Jorgenson, D. W. , Cao, J. , Ho, M. S. , 2013a. The economics of environmental policies in China. In: Clearer Skies Over China. MIT Press.

Jorgenson, D. W. , Goettle, R. J. , Ho, M. S. , Wilcoxen, P. J. , 2013b. Double Dividend. MIT Press.

Kam, K. , et al. , 2011. Partial radiogenic heat model for earth revealed by geoneutrino measurements. Nat. Geosci. 4 (9), 647—651.

Karp, L. , 2005. Global warming and hyperbolic discounting. J. Public Econ. 89 (2), 261—282.

Kelly, D. , Kolstad, C. , 1999. Bayesian learning, growth, and pollution. J. Econ. Dyn. Control 23 (4), 491—518.

Krautkraemer, J. A. , 1998. Nonrenewable resource scarcity. J. Econ. Lit. 36 (4), 2065—2107.

Krusell, P. , Smith, A. , 1998. Income and wealth heterogeneity in the macroeconomy. J. Polit. Econ. 106, 867—896.

Krusell, P. , Smith, A. , 2014. A global economy – climate model with high regional resolution. Working Paper.

Krusell, P. , Smith, A. , 2015. Climate change around the world. Working Paper.

Leach, A. , 2007. The welfare implications of climate change policy. J. Econ. Dyn. Control. 57.

Lemoine, D. , 2015. The climate risk premium: how uncertainty affects the social cost of carbon. Working Paper.

Lenton, T. M. , Held, H. , Kriegler, E. , Hall, J. W. , Lucht, W. , Rahmstorf, S. ,

Schnellnhuber, H. J. , 2008. Tipping elements in the earth's climate system. Proc. Natl. Acad. Sci. USA 105 (6), 1786—1793.

Levitan, D. , 2013. Quick - change planet: do global climate tipping points exist? Sci. Am. 25.

Lucas Jr. , R. E. , 1988. On the mechanics of economic development. J. Monet. Econ. 22, 3—42.

Manne, A. , Mendelsohn, R. , Richels, R. , 1995. MERGE: a model for evaluating regional and global effects of GHG reduction policies. Energy Policy 23 (1), 17—34.

Matthews, H. D. , Gillet, N. P. , Stott, P. A. , Zickfeld, K. , 2009. The proportionality of global warming to cumulative carbon emissions. Nature 459, 829—833.

Matthews, H. D. , Solomon, S. , Pierrehumbert, R. , 2012. Cumulative carbon as a policy framework for achieving climate stabilization. Philos. Trans. A Math. Phys. Eng. Sci. 370, 4365—4379.

McGlade, C. , Ekins, P. , 2015. The geographical distribution of fossil fuel unused when limiting global warming to 2℃. Am. Econ. Rev. 517, 187—190.

Mendelsohn, R. , Nordhaus, W. , Shaw, D. G. , 1994. The impact of global warming on agriculture: a Ricardian approach. Am. Econ. Rev. 84 (4), 753—771.

Miguel, E. , Satyanath, S. , Sergenti, E. , 2004. Economic shocks and civil conflict: an instrumental variables approach. J. Polit. Econ. 112 (4), 725—753.

Moyer, E. J. , Woolley, M. D. , Glotter, M. J. , Weisbach, D. A. , 2013. Climate impacts on economic growth as drivers of uncertainty in the social cost of carbon. Working Paper.

Nordhaus, W. D. , 1973. World dynamics: measurement without data. Econ. J. 83(332).

Nordhaus, W. D. , 1974. Resources as a constraint on growth. Am. Econ. Rev. 64(2).

Nordhaus, W. D. , 1977. Economic growth and climate: the carbon dioxide problem. Am. Econ. Rev. Pap. Proc. 67 (1), 341—346.

Nordhaus, W. D. , 1991. Economic approaches to greenhouse warming. In: Dornbush, R. D. , Poterba, J. M. (Eds.), Global warming: Economic policy approaches. MIT Press, Cambridge, MA, pp. 33—68.

Nordhaus, W. D. , 1992. An optimal transition path for controlling greenhouse gases. Science 258, 1315—1319.

Nordhaus, W. D. , 1993. Rolling the 'DICE': an optimal transition path for controlling greenhouse gases. Resour. Energy Econ. 15, 27—50.

Nordhaus, W. D. , 2006. Geography and macroeconomics: new data and new findings. Proc. Natl. Acad. Sci. USA 103 (10), 3510—3517.

Nordhaus, W. D. , 2007. To tax or not to tax: the case for a carbon tax. Rev. Environ. Econ. Policy 1 (1), 26—44.

Nordhaus, W. D. , 2009. An analysis of the dismal theorem. Working Paper.

Nordhaus, W. D. , Boyer, J. , 2000. Warming the World: Economic Modeling of Global

Warming. MIT Press.

Nordhaus, W. D. , Sztorc, P. , 2013. DICE 2013R: introduction and user's manual. Mimeo, Yale University.

Otto, A. , Otto, F. E. L. , Allen, M. R. , Boucher, O. , Church, J. , Hegerl, G. , Forster, P. M. , Gillett, N. P. , Gregory, J. , Johnson, G. C. , Knutti, R. , Lohmann, U. , Lewis, N. , Marotzke, J. , Stevens, B. , Myhre, G. , Shindell, D. , 2013. Energy budget constraints on climate response. Nat. Geosci. 6 (6), 415—416.

Pigou, A. , 1920. Economics of Welfare. MacMillan.

Pindyck, R. S. , 1978. The optimal exploration and production of nonrenewable resources. J. Polit. Econ. 86 (5), 841—861.

Poole, W. , 1970. Optimal choice of policy instruments in a simple stochastic macro model. Q. J. Econ. 84 (2), 197—216.

Prather, M. J. , Holmes, C. D. , Hsu, J. , 2012. Reactive greenhouse gas scenarios: systematic exploration of uncertainties and the role of atmospheric chemistry. Geophys. Res. Lett. 39, 9.

Prebisch, R. , 1962. The economic development of Latin America and its possible problems. Econ. Bull. Latin Am. 7 (1), 1—22. Reprinted from: United Nations Department of Economic Affairs, Lake Success, NY (1950).

Revelle, R. , Suess, H. , 1957. Carbon dioxide exchange between atmosphere and ocean and the question of an increase of atmospheric CO_2 during past decades. Tellus 9, 18—27.

Rezai, A. , van der Ploeg, F. , 2014. Robustness of a simple rule for the social cost of carbon. Econ. Lett. 132, 48—55.

Rockström, J. , Steffen, W. , Noone, K. , Persson, A. , Chapin, F. S. , Lambin, E. F. , Lenton, T. M. , Scheffer, M. , Folke, C. , Schellnhuber, H. J. , Nykvist, B. , de Wit, C. A. , Hughes, T. , van der Leeuw, S. , Rodhe, H. , Sörlin, S. , Snyder, P. K. , Costanza, R. , Svedin, U. , Falkenmark, M. , Karlberg, L. , Corell, R. W. , Fabry, V. J. , Hansen, J. , Walker, B. , Liverman, D. , Richardson, K. , Crutzen, P. , Foley, J. A. , 2009. A safe operating space for humanity. Nature 461, 472—475.

Roe, G. H. , Baker, M. B. , 2007. Why is climate sensitivity so unpredictable. Science 318 (5850), 629—632.

Rogner, H. H. , 1997. An assessment of world hydrocarbon resources. Ann. Rev. Energy Environ. 22, 217—262. Romer, P. M. , 1990. Endogenous technological change. J. Polit. Econ. 98 (5), S71—S102.

Schmitt, A. , 2014. Beyond pigou: climate change mitigation, policy making and distortions. Ph. D. thesis, IIES Monograph series No. 85, Stockholm University.

Schwartz, S. E. , Charlson, R. J. , Kahn, R. , Ogren, J. , Rodhe, H. , 2010. Why hasn't earth warmed as much as expected? J. Clim. 23.

Schwartz, S. E. , Charlson, R. J. , Kahn, R. , Rodhe, H. , 2014. Earth's climate sensitivity:

apparent inconsis tencies in recent assessments. Earth's Fut. 2.

Singer, H. W. , 1950. U. S. foreign investment in underdeveloped areas: the distribution of gains between investing and borrowing countries. Am. Econ. Rev. Pap. Proc. 40, 473—485.

Sinn, H. W. , 2008. Public policies against global warming: a supply side approach. Int. Tax Public Finance 15 (4), 360—394.

Solow, R. , 1974. Intergenerational equity and exhaustible resources. Rev. Econ. Stud. 41, 29—45.

Spiro, D. , 2014. Resource prices and planning horizons. J. Econ. Dyn. Control 48, 159—175.

Stern, D. I. , 2012. Interfuel substitution: a meta-analysis. J. Econ. Surv. 26, 307—331.

Stern, N. , 2007. The Economics of Climate Change: The Stern Review. Cambridge University Press.

Sterner, T. , Persson, M. , 2008. An even sterner review: introducing relative prices into the discounting debate. Rev. Env. Econ. Pol. 2 (1), 61—76.

Stiglitz, J. , 1974. Growth with exhaustible natural resources: efficient and optimal growth paths. Rev. Econ. Stud. 41, 123—137.

Stokey, N. , 1998. Are there limits to growth? Int. Econ. Rev. 39, 1—31.

Titus, J. G. , 1992. The costs of climate change to the United States. In: Global Climate Change: Implications, Challenges and Mitigation Measures. Pennsylvania Academy of Science, pp. 384—409.

Tol, R. S. J. , 1995. The damage costs of climate change toward more comprehensive calculations. Environ. Resour. Econ. 5, 353—374.

Tol, R. S. J. , 2009. The economic effects of climate change. J. Econ. Perspect. 23 (2), 29—51.

Weitzman, M. L. , 1974. Prices vs quantities. Rev. Econ. Stud. 41 (4), 477—491.

Weitzman, M. L. , 1998. Why the far-distant future should be discounted at its lowest possible rate. J. Environ. Econ. Manage. 36 (3), 201—208.

Weitzman, M. L. , 2009. On modeling and interpreting the economics of catastrophic climate change. Rev. Econ. Stat. 91, 1—19.

Weitzman, M. L. , 2011. Fat-tailed uncertainty in the economics of catastrophic climate change. Rev. Environ. Econ. Policy 5 (2), 275—292.

第二十五章　宏观经济学中交错工资和价格设定模型的持久生命力

J. B. 泰勒 (J. B. Taylor) [*]

[*]:美国加利福尼亚州,斯坦福,斯坦福大学

目　录

本章摘要：多年来，尽管受到了诸多批评，而且本身也出现了很多变体，交错工资和价格设定模型仍然是将名义刚性纳入用于政策分析的实证宏观经济模型的最常见方法。我撰写本章的目的就是重新思考与重新评估交错工资和价格设定模型。本章更新并扩展了我在1999 年为《宏观经济学手册（第 1 卷）》撰写的相关章节，我在那里评述了一系列关键论文（它们在那里就已经"繁衍"出了大量文献）。本章不仅是一个文献综述，还是一个用户友好的"模型博览"，它们围绕着一个简单的"典范"模型组织起来呈现给大家。本章是一个指引，梳理了最近爆发性地涌现出来的关于工资和价格设定的微观经济学实证研究，考察了这个领域的核心争议，并从更长期的时间维度重新评估了这类模型在实践中的优缺点。未来研究的一个重要问题是，交错价格和工资设定模型仍然会是经济学家首选的模型吗？还是会被新的范式所取代？

关键词：交错合同，时间依赖定价，状态依赖定价，合同乘数，卡尔沃合同，泰勒合同，风险率（hazard rate），转嫁（pass-through），工资动态网络，名义刚性，新凯恩斯主义经济学

JEL 分类代码：E3，E4，E5

1. 引言

交错工资和价格设定模型一直表现出了引人注目的持久力。自从在 20 世纪 70 年代真实商业周期模型问世前夕出现以来，它一直是一代接一代的货币商业周期模型的理想选择。维兰德等人（Wieland et al. ,2016）在他们为本手册撰写的那一章中综述了 60 多个宏观经济模型——他们把这 60 多个划分为 3 代，而且每一代都给出了基于交错价格或交错工资设定理论的代表性模型。[①]

本章探讨了交错工资和价格设定模型所发挥的作用：作为一种将名义刚性纳入政策分析的实证宏观经济模型中的主要方法，它既是一个探索，也是一篇综述。它是在我以前为《宏观经济学手册（第 1 卷）》撰写的关于同一主题的那一章（Taylor, 1999）的基础上写成的。在那一章中，我回顾了一系列引用了大量文献的原创性研究论文。现在这一章主要讨论《宏观经济学手册》出版以来涌现出来的新研究；在很大程度上，现在这一章与本手册第一卷中的那一章是相互独立的，但是由于它还包括了更加完整的思想史考察，因此，读者可能也需要回过头去看一下那一章。本章也考察了近年来呈爆发性增长之势的关于工资确定和价格制定行为的微观经济学实证研究、对交错工资和价格设定模型的主要批评——例如沙里等

———————————————

① 请参见，维兰德等人（Wieland et al. ,2016），表 5。

人(Chari et al. ,2000)的批评,还讨论了多塞等人(Dotsey et al. ,1999)以及戈洛索夫和卢卡斯(Golosov and Lucas,2007)所研究的与这种模型有互补性的状态依赖定价模型。最后,本章还重新评估了这类模型在实践中的优缺点,并分析了未来研究的可能方向。

2. 市场经济中工资和价格制定经验研究指南之更新

我在为 1999 年版《宏观经济学手册》撰写的那一章的开头部分,就给出了一个"市场经济中工资和价格制定经验研究指南"。在那里,我指出:"20 世纪 80 年代至 90 年代,对工资和价格刚性的研究的巨大成就之一是,从案例研究,以及在企业、工人或工会层面收集来的成千上万的关于价格和工资制定的观察数据。"今天,对于过去 20 年来以微观数据为基础的经济学研究,我也可以这样说——事实上,我必须说,数据更多了,因为这个时期经历了微观经济"大数据"的爆发,尤其是在美国和欧洲各国。这些研究证实了以往的许多结论,同时也发现了很多关于价格和工资变化的时序、频率以及决定因素的重要的新事实,它们对未来的研究和建模非常重要。因此,我将这一节的标题定为"市场经济中工资和价格制定经验研究指南之更新"。

一个很好的起点是,回顾一下 20 世纪 70 年代得到的一系列非正式结果,它们预示了关于交错工资和价格设定模型最初的理论研究,当时实际上并不存在任何可以提供指引的相关的微观经济学经验研究。① 对于当时的企业和社会组织来说,无论有没有正式的雇佣合同,工资——包括附加福利(fringe benefits)——似乎都是根据工人的绩效评价结果和当时市场上的普遍工资水平,每年调整一次的。工资支付当中有很大一部分是固定的,尽管加班工资、奖金、利润分红以及计件工资也都存在,同时工会工人与未曾加入工会的工人的工资也存在异同。在一年或更短的期限内,工资指数化在工资设定中安排似乎是非常罕见的。而且,工资调整似乎是不同步的,不同的企业会在一年内的不同时间点上调整工资——尽管也有例外,比如说在日本,素来有"春斗"(Shunto)的传统,即工人在春天联合起来要求提高工资。

至于价格,施蒂格勒和肯德尔(Stigler and Kindahl,1970)的开创性研究已经讨论了各种各样产品的不同价格刚性。在他们的研究引导下,后来的经济学家对价格连续变化的"拍卖市场"与价格变动没有那么频繁的"消费者市场"进行了非正式的区分——后面这个术语是奥肯(Okun,1981)创造的。虽然网上购物活动已经开始使这种区分变得模糊起来了,但是价格变化(就像工资变化)确实似乎是不同步的,而且企业在定价时似乎会把竞争对手的现行价格考虑在内。

---

① 我将在下一节中描述 20 世纪 70 年代的建模。当然,基于非正式观察结果的关于价格和工资调整模型的历史要比这个更早得多——最早可以追溯到休谟(Hume,1742)的经典论文"论货币",他在那里这样写道:"价格依次上涨,先是这一种商品,然后是另一种商品。"

幸运的是,过去几十年来,对工资和价格的大量微观经济学研究的成果,已经可以保证建模者无需继续依赖非正式的观察结果了。接下来,我先讨论关于工资设定的微观实证研究,然后再讨论关于价格设定的微观实证研究。

2.1　工资设定的微观经济证据

据我所知,最早使用实际微观经济工资数据去验证或校准 20 世纪 70 年代的交错工资设定模型的一项实证研究,是我(Taylor,1983)利用美国工会工资签约数据完成的。当时,美国劳工统计局一直都在计算大型集体工资谈判协议的详细数据(涉及大约 1000 万美国工人),并将结果发布在《当前工资动态》(*Current Wage Development*)上。这里说的"大型"工资协议是指那些影响到 1000 名以上工人的协议。虽然这部分工人只占了美国总就业人口的 10%,但是重要的是有了可用的数据,那就是我们开始研究的很好的起点。

这些数据显示,工资设定非常不同步,协议可能在一年的任何一个时间点上达成——尽管在第二季度和第三季度达成的机会相对要大一点。而且,在这大约 1000 万工人中,只有15% 左右会在每个季度调整工资合同,每年都会调整的只有 40%。我利用这些微观数据校准了一个具有异质性合同期限的交错工资设定模型,并模拟了各种不同的货币政策的影响。在一项姊妹研究中(Taylor,1982),我假设其余的工人签订了期限更短的合同。切凯蒂(Cecchetti,1984)在考察了更长时间段上的工会数据之后,发现两次工资调整之间的平均间隔期会随着通货膨胀率的上升而缩短,但是在 20 世纪 70 年代通货膨胀率居高不下的情况下,这个平均间隔期还是超过了 1 年。在当时,相关的国际比较研究极其罕见,不过弗雷格特和约农(Fregert and Jonung,1986)发现,在瑞典,工资设定也是非常不同步的,合同期限会随着通货膨胀率的上升而缩短,但是平均来说从来没有下降到 1 年以下过。

在那之后,对工资设定实践的微观经济研究陷入了沉寂,这可能是由于当时经济学界对真实商业周期理论的兴趣不断增加,同时对工资和价格刚性的研究则相应地进入了"黑暗时代"——正如我在一篇文章中描述的(Tylor,2007)。无论真正的原因到底是什么,工资设定的宏观经济模型与微观经济证据之间出现了一个很大的落差。

然后,在进入了 21 世纪之后(就在《宏观经济学手册(第 1 卷)》出版之后!),这个领域的研究出现了爆炸性的增长,从而在很大程度上弥补了这个落差。这方面的一个重要例子,也是为我们对于微观工资设定的认识做出了重大贡献的一个例子是,利用工资动态网络(Wage Dynamics Network,WDN)从企业收集来的调查数据完成的系列研究。工资调查网络是欧洲中央银行成立后创建的,组成人员是欧元区各国中央银行的研究人员。成立之后,工资调查网络完成了对 17000 家欧洲企业设定工资和价格的做法的调查。设计这个样本的目的是摸清每个国家企业部门的就业规模和行业分布。这项调查既涵盖了加入工会的工人,也涵盖了未加入工会的工人。加入工会的工人工资的比例在不同国家有很大的差异:从斯堪的纳维亚国家的 70% 以上,到中欧和东欧国家、法国和西班牙的不到 10%——后者大体上与美国相当。

拉莫和施梅茨的报告(Lamo and Smets,2009)总结了81篇基于工资动态网络调查的论文和其他出版物。他们的报告表明,在17000家接受调查的企业中,大约有60％每年都会调整一次工资,同时有26％的工资变化更加不频繁。工资的平均持续时间大约为15个月,比价格的平均持续时间要长(根据欧元区国家同一时期进行的价格设定调查,价格的平均持续时间大约9.5个月)。

拉莫和施梅茨的报告(Lamo and Smets,2009)还称,"有强有力的证据表明,工资设定存在着时间依赖性"——调查中,有55％的企业报告说他们的工资调整是在一年中的某个固定的月份发生的。[①] 工资变动的择时特征可以用交错和同步的某种混合来描述。不过事实上,各国之间存在很大的异质性;拉莫和施梅茨报告说,"调整工资的频率高于一年一次的企业的比例,从匈牙利的2.6％,到意大利的4.2％,再到希腊的33.9％,一直到立陶宛的42.1％,不一而足"。

还有一些相关的研究则利用了某些欧洲国家的时间序列数据。例如,鲁内曼和温特尔(Lünnemann and Wintr,2009)分析了卢森堡社会保障部门收集的月度微观数据。这些数据源于雇主所报告的关于自己的雇员的数据,时间跨度为2001年1月至2006年12月。鲁内曼和温特尔报告说,测量误差会导致对工资变动的频率估计过高,但是在对测量误差进行调整后,工资变动频率高于每月一次的企业的比例是9％～14％,低于价格每月变动的消费品的比例(为17％)。他们还发现了各种各样的异质性。此外,时间依赖性也很明显——很多企业都在1月份前后调整工资。

勒毕昂等人(Le Bihan et al.,2012)则考察了法国的工资时间序列数据。他们使用的是一个由3.8万个法国企业组成的季度面板数据集,这些企业共拥有680万名员工。在研究中,他们分析了1998—2005年间12个雇员类别的基本工资。他们认为,基本工资(base wage)可以作为衡量法国工资的指标,因为基本工资占到了工人总收入的77.9％。此外,大多数奖金(如"第13个月"工资或节假日奖金)也构成了劳动所得的一个固定部分(5.2％),并且是与基本工资挂钩的。结果,勒毕昂等人发现:工资每季度变动的频率大约为38％;同时,在法国,工资粘性的跨部门差异不大。

勒毕昂等人估计了一个风险功能(hazard function)——以给定某个期限的不变工资延续期间为条件,工资发生一次变化的概率。他们这个风险函数的估计结果如图1所示。勒毕昂等人指出,这个风险函数"在四个季度出现了明显的尖峰,但是在其他时间则相对平坦",他们还注意到了,"这种模式与泰勒所说的普遍流行1年期工资合同的情况是一致的"。

[①] 本节稍后将会对本节中使用的一些术语(例如,时间依赖性、状态依赖性、泰勒固定期限合同、卡尔沃模型,等等)给出正式的定义。

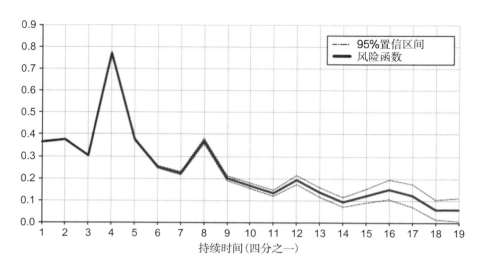

图1 法国工资变动的风险函数的估计结果

资料来源: Le Bihan, H., Montornès, J., Heckel, T., 2012. Sticky wages: evidence from quarterly microeconomic data. Am. Econ. J. Macroecon. 4 (3), 1-32.

此外,勒毕昂等人(Le Bihan et al.,2012)还估计和报告了工资每季度变动的频率以及该频率随时间而变化的情况。他们在这方面的估计结果如图2所示,该图给出了所有工资以及一个接近于最低工资标准的工资的结果。他们认为,"有证据表明,这里存在着工资交错调整的情况,因为没有一个季度工资变动的频率低于20%。"需要注意的是,第一季度对所有工资、第三季度对最低工资,都表现出了一定程度的同步性(后者是与法国在夏季更新全国最低工资标准的事实相对应的)。

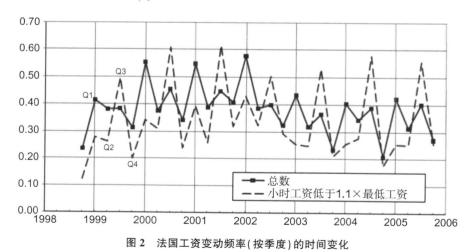

图2 法国工资变动频率(按季度)的时间变化

资料来源: Le Bihan, H., Montornès, J., Heckel, T., 2012. Sticky wages: evidence from quarterly microeconomic data. Am. Econ. J. Macroecon. 4 (3), 1-32.

他们还提出,他们的"微观—计量经济学证据……表明,法国的工资调整有很大的时间依赖性"。而且,虽然工资变动在不同企业之间基本上是交错展开的,但是他们也指出企业内部工资变动的同步性程度相当高。

阿浮伊-多维等人（Avouyi-Dovi et al.，2013）也审查了法国的工资制定过程。但是，与勒毕昂等人（Le Bihan et al.，2012）不同，他们收集和分析的是工资集体谈判协议中的数据，这与我当年所用的数据（Taylor，1983）类似，但是包括了更多的细节。他们的数据集同时包括了企业层面和行业层面的数据。他们发现，在工资合同期限的分布中，12个月的位置上出现一个明显的尖峰。他们还发现，"在12个月处，风险率出现了高于40％的峰值，而在其他期限处则平坦地保持在低于10％的位置上"。确实，他们的风险函数从图形上看与本章的图1很相像，而且尖峰更加突出。最后，他们发现"工资变化决定交错出现在一年的所有时间上"，同时有证据显示略带一点季节性，而且这种特点在总体数据中也显现了出来。在许多方面，阿浮伊-多维等人（Avouyi-Dovi et al.，2013）的结果与勒毕昂等人（Le Bihan et al.，2012）的结果都是非常相近的，尽管它们分别使用了完全不同的数据集。

另一项利用时间序列数据完成的研究是西于尔兹松和西于尔扎多蒂（Sigurdsson and Sigurdardottir，2011）的研究。他们研究了冰岛的工资设定行为。在这项研究中，西于尔兹松和西于尔扎多蒂使用了1998—2010年间的月度微观工资数据集。结果他们发现，工资变动的平均频率为每月10.8％。他们报告指出，"工资设定显示出了强烈的时间依赖性：一半以上的工资变动都同步地出现在1月份，而其余的调整则交错地出现在一年的所有时间上"。西于尔兹松和西于尔扎多蒂在又一项研究中发现了更多支持工资设定的状态依赖性的证据（Sigurdsson and Sigurdardottir，2016），尽管那项研究本身更多地侧重于全球金融危机。这两位作者还估计了一个风险函数，结果发现它在12个月处出现了一个很高的峰值。这些事实表明——用作者们自己的话来说，"工资设定的特征与泰勒（Taylor，1980）给出的固定期限合同模型是一致的，但是比一年更短的短期合同和比一年更长的长期合同确实都存在"。

在更近的一项研究中，巴拉蒂耶里等人（Barattieri et al.，2014）在讨论美国的工资设定模式时加入了另外一种重要的时间序列信息。他们使用了来自"收入和福利项目参与调查"的高频面板数据。在这个调查中，受访者在24个月至48个月内，每4个月要接受一次调查。巴拉蒂耶里等人关注的重点是时薪数据（而不是薪水），他们这个面板的时间跨度为1996年3月至2000年2月，包括17148人，其中49.4％为女性。所有人的年龄都介于16岁至64岁之间，平均工资为每小时10.03美元。与鲁内曼和温特尔（Lünnemann and Wintr，2009）所研究的个人层面的数据一样，巴拉蒂耶里等人也发现了大量的测量误差，它们给工资序列带来了噪音，有效地减少了所报告的工资维持不变的时间。为此，他们利用通常用于时间序列分析的结构断点检验和校正了这种测量误差，即通过先过滤掉更小和更临时的变化，来找出更大和更持久的变化。

巴拉蒂耶里等人发现，在校正了测试误差之后，工资调整的季度频率在12％至27％之间波动，远低于在没有校正误差情况下的56％。他们指出，校正后的这个范围与其他对于欧洲各国的研究所报告的结果大体相当：

鲁内曼和温特尔（Lünnemann and Wintr，2009）：19％~36％；

勒毕昂等人（Le Bihan et al.，2012）：35％；

西于尔兹松和西于尔扎多蒂（Sigurdsson and Sigurdardottir，2011）：13％~28％。

巴拉蒂耶里等人(Barattieri et al.,2014)用校正了测量误差后的数据估计出了美国的风险函数,其估计结果如图3所示。在12个月处出现了一个很高的尖峰,导致巴拉蒂耶里等人得出了这样的结论,"泰勒型的固定期限合同得到的实证数据的支持,要比卡尔沃型不变风险模型更强"。这个结论响应了对法国和冰岛的工资设定的时间序列的早期研究结果。

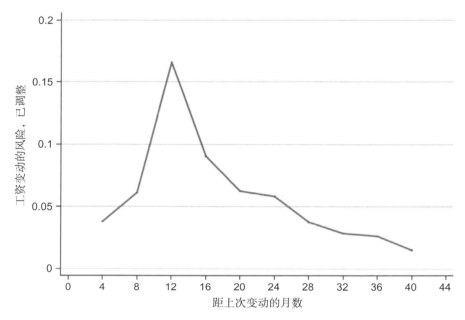

图3 职位不变时工资变动的估计风险函数(美国)

资料来源:Barattieri, A., Basu, S., Gottschalk, P., 2014. Some evidence on the importance of sticky wages. Am. Econ. J. Macroecon. 6(1), 70-101.

如果对工资设定的一般形式做出一定的结构性假设,那么我们就可以从总量时间序列数据的自相关函数中间接提取出关于个人工资设定机制的信息。对此,我在《宏观经济学手册(第1卷)》那一章已经通过一些例子说明了这种间接的方法。我在那里举的例子包括巴库斯(Backus,1984)、毕纳博乌和比斯穆特(Benabou and Bismut,1987)、莱文(Levin,1991),以及我自己的一篇论文(Taylor,1993)。在更近的一个例子中,奥利维和藤雷罗(Olivei and Tenreyro,2010)证明,货币政策冲击的影响依赖于工资变动的时间点,这说明工资制定的时间依赖性对宏观经济有重要的影响。他们比较了日本的"春斗"(Shunto)与美国和德国工资变动的不同时间点的影响,然后证明,当货币政策冲击发生在只有极少数的工资调整的时候,其总体经济影响将更大。我自己的一篇论文(Taylor,1993a)也报告了对时变分布的估计,并以此解释了日本的"春斗"机制。

2.2 价格设定的微观经济证据

随着近期关于价格设定的微观经济研究的爆发性增长,越来越多的证据表明,某些产品调整价格的周期是非常长的。卡尔顿(Carlton,1989)发现,钢铁、水泥和化学原料的价格调整周期可能长达 14 年,胶合板和有色金属的价格调整周期则大约为 4 年。切凯蒂(Cecchetti,1984)发现,期刊价格调整的平均时间在 20 世纪 50 年代为 7 年,而在 20 世纪 70 年代则为 3 年左右。卡什雅普(Kashyap,1995)发现邮购目录上的价格可以在长达 2 年的时间内保持不变。布森德等人(Blinder et al.,1998)发现,大约 40％的企业每年改变价格一次,10％的企业每年改变价格不止一次,50％的企业则会保持价格不变超过 1 年。杜塔等人(Dutta et al.,2002)则发现,有证据表明,有几种冷冻和冰冻的橙汁价格的变化相当频繁。

与美国的情况不同,比尔斯和克勒瑙(Bils and Klenow,2004)、克勒瑙和克利弗斯托夫(Klenow and Kryvtsov,2008)、中村和斯泰因森(Nakamura and Steinsson,2008)等更近的研究,以及欧洲央行在欧洲各国的调查,都表明欧洲的价格变化更加频繁。克勒瑙和马林在他们为《货币经济学手册》(Klenow and Malin,2011)撰写的那一章已经为这方面的研究提供了一个非常有用的文献综述,在此就不再赘述了。他们报告说,纳入消费者价格指数(CPI)的商品平均大约每 4 个月变化一次,而纳入生产者价格指数的商品则大约平均每 6 至 8 个月变动一次。不过,服务价格的变化要比商品价格更加缓慢,而且不同服务项目之间存在着很大的异质性。他们还报告说,价格设定是不同步的,这个发现也与拉克和齐东(Lach and Tsiddon,1996)的观察结果一致,后者也注意到了店内商品价格的同步现象。最后,克勒瑙和马林(Klenow and Malin,2011)还强调指出,参考价格通常比正常价格更加稳定。

与工资数据类似,在欧洲,关于价格设定的许多有用信息都来自各国中央银行组织的调查。法比亚尼等人(Fabiani et al.,2006)针对欧元区各国中央银行组织的一个调查,研究了11000 多个企业的定价行为。他们发现,"企业对价格进行再评估的频率很低,在大多数国家每年只有大约一到三次,但是实际进行价格调整的频率则还要更低。"他们还发现,"三分之一的企业主要遵循时间依赖的定价规则,而三分之二的企业则会考虑状态依赖的因素。"大多数企业在定价决策中,都会考虑到过去的经济状况和对未来经济发展的预期。

2.3　与工资和价格设定的微观经济数据相关的若干事实

虽然要从这么多的实证研究的结果中提炼出几条关键事实并非易事,但是在这里,我还是要强调价格和工资设定的如下一般特征,对于我在下面各部分要讨论的关于交错工资和价格设定模型的理论研究,它们有很重要的意义。

(1) 在时间上,工资设定和价格设定都是交错进行或不同步的。即使在某些特定的情况下,部分工资变化总是发生在一年中固定的某个时间(例如,在日本是春天,在某些欧洲国家是 1 月份),但是还有更多的工资变化发生在其他时间上。关于交错工资设定的证据的一个例子是,在 1998 年至 2006 年间,法国没有一个季度的工资变化频率低于 20％。类似的,正如克勒瑙和马林(Klenow and Malin,2011)在他们的综述中强调的,价格变化通常也是不同步的。

(2) 有相当多的证据表明,绝大多数工资都是在一个固定的时间段内保持不变的,而不会以随机的时间间隔发生变化。工资变动最常见的时间间隔是 4 个季度(或 12 个月)。在欧洲,工资动态网络(WDN)的调查结果表明,60% 的企业每年调整工资一次。此外,估计出来的风险函数(例如,在法国和美国),也是在 4 个季度或 12 个月处出现高峰的。

(3) 工资和价格在设定的时间期限内,是设定在固定的水平上的,而不会提前预先提高一定数额。这个事实最初是通过一些非正式的观察总结出来的,后来又得到了克勒瑙和克利弗斯托夫(Klenow and Kryvtsov,2008)、中村和斯泰因森(Nakamura and Steinsson,2008)的实证研究的进一步证实。就工资而言,一个例外情况是,在工会主导的多年期合同中,可能会写入延后若干年再增加一次工资的条款。

(4) 有强有力的证据表明,工资设定是时间依赖的,而价格设定的时间依赖性则稍弱一些。就工资设定而言,55% 的欧洲企业都报告说,会在一年的某一个特定的月份调整工资。相比之下,三分之一的欧洲企业主要遵循时间依赖的定价方式,另外三分之二则还会考虑状态依赖的因素。

(5) 根据最近的微观经济实证研究的结果,工资调整的频率不如价格调整的频率高。这个发现颠覆了我在 1999 年为《宏观经济学手册(第 1 卷)》撰写的那一章的结论。从欧洲各国的调查来看,工资的平均持续时间要大于价格的平均持续时间。根据巴拉蒂耶里等人(Barattieri et al.,2014)的报告,在校正了测量误差之后,美国工资调整的季度频率远远低于克勒瑙和马林(Klenow and Malin,2011)总结的消费者价格指数数据所显示的频率。价格刚性和工资刚性都是临时性的,但是价格和工资并不是瞬间、同时完成变化的(只有在完全信息下的现货市场上才可能如此)。没有任何经验理由——除了需要简化假设或说明某个关键思想所需之外——去建立这样的一个实证模型,假设工资是完全弹性的(在一个具有完全信息的现货市场上决定),同时价格则具有临时刚性;相反的假设模型也同样没有经验根据。

(6) 工资和价格变动的频率取决于平均通货膨胀率。虽然这是一个稳健性很高的结果,但是我在这里还是必须强调,相对于我们在各发达经济体近年来观察到的通货膨胀率,工资和价格的平均持续期依然很长。对于给定的目标通货膨胀率,价格以不变频率调整,这在实证模型或政策模型中都不失为一个良好的假设。

(7) 工资和价格设定存在很大的跨国家、跨企业、跨产品以及跨工人类型的异质性。虽然数据能够揭示出若干规律性(如以上 6 点所述),但是没有一个是 100% 适用的。一些行业的工资平均每年变化一次,而其他行业的工资则每季度或每两年变化一次。大多数国家都存在既有状态依赖性、又有时间依赖性的情况。服务价格比商品价格的变化频率更低。非熟练工人的工资比熟练工人的工资变化更加频繁。有的人可能希望有一个具有同质的"代表性"价格或工资设定的模型能够很好地解释这个更复杂的世界,但事实是,我们确实需要具有一定程度的异质性的模型来准确地描述现实。

3.　工资和价格设定模型的起源

只要浏览一下研究生水平的以货币理论与政策为主要内容的教材,您就会发现,讨论具有名义刚性的现代宏观经济模型那些章节,一般都是从交错合同或交错工资和价格设定的概念开始讲授的。这些概念最初出现在 20 世纪 70 年代,它们被引入宏观经济学的时间大体上与理性预期思想被引入宏观经济学的时间相同。卡尔·沃尔什(Carl Walsh)在他的《货币理论与政策》第三版(Walsh,2010)中讨论"跨期名义调整的早期模型"时,就是从我提出的名义调整模型(Taylor,1979b,1980)开始介绍的,然后再继续研究由卡尔沃(Calvo,1983)提出的模型变体。戴维·罗默(David Romer)的《高级宏观经济学》第四版(Romer,2012)的相关章节,也是从这个时期出现的如下三个模型框架开始讨论的:费尔普斯和我(Phelps and Taylor,1977)的模型、我的另一个模型(Taylor,1979b),以及卡尔沃的模型(Calvo,1983)。同样地,伍德福德的《利息与价格》(Woodford,2003)一书关于名义刚性的一章,也是从 20 世纪 70 年代出现的交错价格或工资设定模型入手讨论的。

交错合同模型之所以会与理性预期思想同时进入宏观经济学,并不是偶然的。理性预期意味着经济学家既不能依赖于预期的缓慢调整(即所谓的适应性预期),也不能依赖于任意特设的部分调整模型,去解释价格和工资为什么会随着时间的推移而缓慢变化。因此,经济学家不得不更多地考虑对价格和工资调整的建模及货币政策的影响。

费希尔(Fischer,1977)、格雷(Gray,1976)、费尔普斯和泰勒(Phelps and Taylor,1977)等最早的模型都假设价格或工资水平是在该水平适用的期限到来之前设定的,而且预期市场在该水平上出清。① 换句话说,价格将被设定为使预期需求与预期供给相等。例如,在费尔普斯和泰勒(Phelps and Taylor,1977)的模型中,价格被设定为领先一期,并且价格在每一个时期内都可能会发生变化——不管一个时期的时间有多短——因此很像价格有完全弹性的模型。在费希尔(Fischer,1977)以及格雷(Gray,1976)的模型中,工资可以被设定为领先多个时期,而且在每个时期都可以处于不同的水平,从而使得每一期的预期供给都能够等于预期需求,因而从实证的解释与弹性价格模型也没有太大的区别。

而且,在所有这些模型中,价格或工资在各期之间的变化都可以是连续的。这就是说,如果是季度模型,那么价格或工资可以每个季度都发生变化;如果是月度模型,那么价格或工资可以每个月都发生变化。然而,在现实世界的价格设定中,一般都会让价格在多个时期内保持在同一水平上:它们往往会几个星期、几个月,甚至几个季度保持不变。工资的情况

---

① 这些研究者的研究在很大程度上都是独立分别进行的,尽管这些论文是在同一个时期发表的——其中有两篇论文发表在了同一期的《政治经济学杂志》(Journal of Political Economy)上。唯一一个可能的例外是,当时我与斯坦·费希尔(Stan Fischer)曾经有过交流,他在交谈时问我正在研究些什么。我告诉斯坦,我正在和菲尔普斯一起研究粘性价格和理性预期。斯坦回答说,他认为这是一个很好的研究主题,但是我不记得他有没有提过他自己也在研究这个主题。

也类似——工资保持不变最有代表性的时间长度为 12 个月。

除了与微观经济数据不一致之外(后来,这种不一致性通过正式的微观经济实证研究得到了证实,对此,我们在前面的章节已经提到过了),这种模型与工资、价格和产出的总体动态也是完全不一致的。就我自己的经历来说,从我试图将费尔普斯和我自己(Phelps and Taylor,1977)开创的这类模型与数据进行比对的那一刻起,我就意识到了这一点。这些模型不能趋向于生成包含在实际数据中的时间序列持续性或自相关性。从根本上说,这些模型对于价格和工资设定的假设,与价格和工资是市场出清的假设几乎没有什么不同。有鉴于此,我提出了交错合同模型,并认为这种模型的核心质——合同乘数——能够用来生成我们所需要的持续性,从而解决这个问题。我提出这个模型的目的非常明确:用来获取微观数据的关键特征,同时与总体动态相匹配。

4. 一个示范性的交错价格和工资设定模型

为了说明这个目的,让我们考虑如图 4 所示的示范性的交错价格设定模型。这是一个抽象的简化模型,利用了类似于重叠世代模型的形式。在本章后面的内容中,我还会讨论这个简单模型的各种变化和扩展。

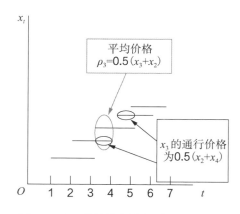

图 4　一个示范性的交错合同模型的示意图

交错价格设定模型的基本思想是:企业不会每一期都不断地改变价格;相反,企业设定的价格在一定时间内是固定不变的,而且其他企业的定价决策也如此,只不过是在不同时间点做出的。因此,价格设定是交错进行的、不同步的。

这种"合同"价格,或者说"设定"价格,如图 4 所示。不难注意到,这种价格在两个期间内都保持在同一个水平上不变。在这个示范性的模型中,每一期都有一半的企业设定价格。如果图 4 中的 x 是工资而不是价格,那么工资水平也将设定为在两期内保持不变。没有理由将这种价格或工资视为正式合同或隐含合同;相反,企业设定的价格或工资可以适用于购买任何特定的商品或雇用任何类型的工人。

4.1　示范性模型的假设

交错价格设定模型的两个基本假设从图 4 中就可以看得很清楚。第一,设定的价格不会只持续一瞬间,或者说,在这个离散时间模型设定的价格会维持不止一个时期。第二,价格设定是不同步的或者说是交错的。在这样一个模型设置下考虑市场如何运行时,您会发现两个不同于经典供求框架的非常重要的地方。一是您会意识到一些企业的价格在另一些企业进行价格决策时就已经"矗立"在那里了。因此,企业在设定价格时必须考虑其他企业已经完成的价格决策。二是您会意识到企业设定的价格会持续一段时间,所以企业还必须提前思考并预测其他企业的价格决策。

此外,图 4 还说明了两个重要的概念:平均价格 $p_t = (x_t + x_{t-1})$,以及现行价格。对于第 t 期来说,现行价格就是第 $t-1$ 期实际生效的价格与第 $t+1$ 期的预期价格的平均值,即 $0.5(x_{t-1} + E_{t-1}x_{t+1})$。这对企业在第 t 期的价格决策很重要。

给定这种模型设置,我们就可以直接写出企业设定时间 t 的价格 x_t 所用的决策规则了。就像我在当年的论文(Taylor,1979a、b、c)中指出的,价格 x_t 是现行价格(由市场中的其他企业所设定)和所要设定的价格生效期间的市场需求压力的测度函数。这里的直觉很简单:如果企业看到市场的需求很强,那么企业就会将价格提高到现行价格之上;反之,如果市场需求很弱,那么企业就会将价格下降至低于现行价格的水平。此外,这里还可能存在随机冲击(这种冲击是错误或其他影响定价决策的因素的反映)。最后得到的结果如方程式(1)所示。正如我们将在本章后面的内容中看到的,这个方程式完全可以从垄断竞争环境下的企业利润最大化问题中推导出来。[①]

$$x_t = \frac{1}{2}(x_{t-1} + E_{t-1}x_{t+1}) + \frac{\gamma}{2}(E_{t-1}\gamma_t + E_{t-1}\gamma_{t+1}) + \varepsilon_t \tag{1}$$

其中,E_{t-1} 这一项表示条件期望运算符,而 y_t 项则是需求的某种测度(为了简单起见,我假设它所表示的就是实际输出与潜在输出的百分比偏差),同时 ε_t 是一个序列不相关的零均值随机冲击。

正如我稍后将会解释的,方程式(1)右侧的"需求"变量,不但可以像上面那样解释为产出缺口,而且可以解释为在价格决定情况下的边际成本(Woodford,2003),或解释为在工资决定情况下的边际收入产品(Erceg et al.,2000),而不是产出缺口。

4.2　再加入两个方程,构建一个动态随机一般均衡模型

为了推导出交错合同假设对冲击的总体动态和持续性的影响,我们还需要将交错价格

---

① 不难注意到(暂且忽略期望运算符),这个方程式右侧的第一项可以改写为 $\frac{1}{2}(p_t + p_{t+1})$,因为它等于 $\frac{1}{2}$
$\left[\frac{1}{2}(x_t + x_{t-1}) + \frac{1}{2}(x_{t+1} + x_t)\right]$,从而有 $x_t = \frac{1}{2}(x_{t-1} + x_{t+1}) + \cdots$。

设定方程式嵌入到经济模型中。为此,考虑如下两个新增加的简单的方程:第一个是基于某个货币需求函数的总需求方程——货币需求方程可以在货币内在效用(money-in-the-utility)框架或货币先行(cash-in-advance)框架下推导出来;第二个是用来描述如下货币政策规则的方程,即中央银行通过调整货币供给来对价格水平的变化做出反应。这两个方程式分别是:

$$y_t = \alpha(m_t - p_t) + v_t \tag{2}$$

$$m_t = gp_t (g < 1) \tag{3}$$

将它们组合一下,我们得到:

$$y_t = -\beta p_t + v_t \tag{4}$$

其中,$\beta = \alpha(1-g)$ 是政策参数,非常关键。

在这里,我们像在方程式(1)一样,将 y 定义为(去趋势后的)实数产出的对数,将 m 定义为货币供应量的对数。在 $\alpha = 1$ 的情况下,v 就是速度的对数,它可以是一个具有零均值的随机变量。因此,这个政策规则实际上是一个价格规则——要达到的价格水平目标为使价格水平的对数为 0。现在如果我们将交错的合同方程(1)插入这个模型,我们就可以得到如下有领先变量和滞后变量的不同的方程:

$$x_t = \frac{1}{2}(x_{t-1} + E_{t-1}x_{t+1}) + \frac{\gamma}{2}\left[-\beta\left(\frac{E_{t-1}x_t + x_{t-1}}{2}\right) - \beta\left(\frac{E_{t-1}x_{t+1} + E_{t-1}x_t}{2}\right)\right] + \varepsilon_t$$

$$= \frac{1}{2}(x_{t-1} + E_{t-1}x_{t+1}) - \frac{\gamma\beta}{4}[E_{t-1}x_{t+1} + 2E_{t-1}x_t + x_{t-1}] + \varepsilon_t$$

它的解为:

$$x_t = ax_{t-1} + \varepsilon_t \tag{5}$$

其中,$a = c \pm \sqrt{c^2 - 1}$,而且,这里满足 $c = (1 + \beta\gamma/2)/(1 - \beta\gamma/2)$。很显然,$c > 1$;而且我们可以选择稳定的根来获得唯一性。从总价格水平的角度来看,这意味着

$$p_t = ap_{t-1} + 0.5(\varepsilon_t + \varepsilon_{t-1}) \tag{6}$$

是一个一阶自回归移动平均过程——ARMA(1,1),从中可以很容易发现稳态方差为:

$$\sigma_p^2 = 0.5\sigma_\varepsilon^2/(1-a)$$

$$\sigma_\gamma^2 = \beta^2\sigma_p^2$$

不难注意到,这个三方程宏观模型由一个交错价格设定方程(1)、一个政策传导方程(2)和一个政策规则(3)组成。因此,这个模型是粘性价格和理性预期的组合,这也正是新凯恩斯主义模型的标志。"新凯恩斯主义"模型与旧凯恩斯主义模型的区别就在于,在旧凯恩斯主义模型中,预期不是理性的,而且价格要么是固定不变的,要么就是用一种不同于方程式(1)的、完全"后视"的方式决定的。当然,我们都知道,"新凯恩斯主义"这个术语在不同研究者那里可能有完全不同的含义,因此很容易产生误导。例如,在有的研究者那里,"新凯恩斯主义模型"只不过是指这样一些模型:货币传导方程就是一条将政策利率与总需求联系起来的IS曲线(这种IS曲线可以从欧拉方程中推导出来),同时政策规则为类似于泰勒规则那样的

利率规则。

我们还可以观察到总价格水平是有持续性的。总价格水平由方程式(6)中的参数 a 决定,同时总产出则不仅取决于交错定价 γ 的结构,也取决于政策规则 g。换句话说,持续性是一个一般均衡现象,同时取决于价格设定机制和政策。这个思想,即需要通过整个模型,而不能通过一个单一的价格设定方程来评估总体持久性,这在本章将一再强调。

还要注意的是,在这个简单的模型中,货币供给是固定的,所以持续性表现在价格水平上而不是表现在通货膨胀率上。不过,在一个更现实的模型中,平稳的是货币的增长速度而不是货币供给的数量。

4.3　政策问题与产出—价格稳定性权衡曲线

在这个模型中,目标函数或损失函数可以用 y_t 和 p_t 的方差来表示。例如,假设损失函数为 $\lambda \operatorname{var}(p_t)+(1-\lambda) \operatorname{var}(y_t)$,那么要求解的货币政策问题就是为 g 选择一个适当的值(g 决定了 β,从而决定了 a),来最小化这个损失函数。如果政策参数发生了变化,那么 p 和 y 就会向相反的方向移动,这在图形上表现为一条方差权衡曲线。图5 的右图给出了这条方差权衡曲线。无效的货币政策将位于这条曲线之外。而在曲线内部的点则是不可行的。向曲线移动,意味着效率的改进。

图5 的左图为总需求—总供给图,它说明了对 g 的选择,从而得到对 β 的选择是怎样影响 p 和 y 的方差的。现在假设,出现了一个对价格设定方程的冲击 ε,使总需求曲线变得陡峭起来(通过某种货币政策),这会导致 y 的波动更小,但是同时也意味着对价格水平的给定冲击要花更长时间才能消失,从而导致了 p 的更大的平均波动。

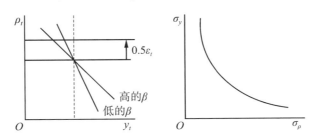

图5　产出和价格稳定性权衡曲线的图示

4.4　主要含义

上述示范性模型可以说明交错合同的许多重要含义,而且这些含义在更加复杂的模型中也同样成立。在这里,我把这些含义总结为如下几点。

第一,整个理论是围绕一个可以应用、检验的简单方程而构建的。我之所以要把这个结果列在第一位,是因为如果理论没有给出一个像式(1)这样的方程,那么本章所报告的所有进展——包括上一部分所综述的实证检验研究,以及下文中将要给出的、利用垄断竞争框架下的利润最大化方程式进行的理论推导,都将难以实现。这个方程的一个关键变量是其他企业设定的现行价格(或工资)。现行价格本身又是过去设定的价格与未来将要设定的价格的平均值。在这种情况下,过去和未来的系数是相等的。

第二,未来价格的期望对今天的定价决策有非常重要的意义。方程式(1)很清楚地表明了这一点。原因在于,既然已经预计到当前价格决策中设定的价格会延续到未来,那么未来设定的价格就肯定与今天的价格决策相关。这个结果之所以重要,是因为对未来的通货膨胀的预期终于真正在通货膨胀理论中发挥了作用,它也为中央银行的公信力和有一个通货膨胀目标提供了理念依据。

第三,在价格设定过程中存在着惯性或持续性;过去的价格是重要的,因为它们与当前的价格决策有关。过去价格的系数可以根据交错价格设定假设计算出来。这个含义从方程式(5)可以看得很清楚。合同价格是序列相关的,是有持续性的,可以描述为一个自回归过程。

第四,惯性或持续性的延续时间要比价格固定的期限更长。价格冲击需要很长时间才能传遍整个市场,因为上一期的价格决定依赖于更上一期的价格决定……一直依赖于遥远的过去。为了描述这种现象,我发明了一个术语——“合同乘数”(contract multiplier),因为它类似于凯恩斯提出的乘数——消费冲击造成的影响会持续很长时间,从收入到消费、再从消费到收入,不断地来回。这一点在方程式(5)或方程式(6)的一阶自回归移动平均模型中最容易看出来。而一阶自回归意味着无穷大的自相关函数或无穷大的脉冲响应函数。自回归系数(即 a)越大,合同乘数就越大。

这是交错合同模型最重要的属性之一,因为它意味着微观层面非常小的刚性就能够使总量变量产生很大的持续效应。对此,克勒瑙和马林(Klenow and Malin,2011)给出了很好的解释:“名义冲击的实际效应……延续的时间比个体价格变化持续的时间要长三到五倍。名义粘性似乎不足以解释为什么总体价格对货币政策冲击的反应会如此迟缓。也因为如此,名义价格粘性要与‘合同乘数’结合起来使用[‘合同乘数’是泰勒(Taylor,1980)首创的一个术语]。”

第五,惯性或持续性的程度依赖于货币政策。也就是说,自回归系数 a 取决于政策参数 g。中央银行越是适应于价格水平的变动(即 g 越高),惯性越大(a 越高)。

第六,这个理论意味着价格稳定性与产出稳定性之间存在着一种“权衡”。对于多年来没有定论的政策对经济表现到底有什么作用这个问题,这种权衡曲线提供了一个很好的讨论和辩论的框架。在我提出了这种曲线后(Taylor,1979a),许多研究者曾经把它称为泰勒曲线,例如,金(King,1999)、伯南克(Bernanke,2004)、弗里德曼(Friedman,2010)。特别是,伯南克(Bernake,2004)利用这种权衡曲线解释了货币政策在“大缓和”时代中的作用。他的解释是,货币政策改善了经济,从而使得图表的右上方部分向左下方向移动,即更接近该曲线,甚至来到了该曲线上。

金(King,1999)也提出了类似的论点。然而,在进入大衰退以及随后的缓慢复苏阶段后,经济表现转而向产出更加不稳定的方向移动,大缓和时代结束了。金(King,2012)进一步指出,这种权衡曲线本身也在改变。用他自己的话来说,"由于没有考虑到金融不稳定性,以往的学者对泰勒边界的位置产生了过度乐观的看法……在那种只反映了总需求和成本冲击的泰勒边界的基础上,加入了金融不稳定冲击后,就得到了我所说的明斯基-泰勒边界。"

需要注意的是,"权衡"就意味着,这里不存在布兰查德和加里(Blanchard and Gali,2007)所说的"神圣巧合"(divine coincidence)。"神圣巧合"意味着输出稳定性和价格稳定性之间不存在这种权衡,从而与图 5 所示的存在权衡的情况完全相反。如果根本不存在对合同价格或合同工资方程的冲击,那么这种"神圣巧合"是有可能出现的,但是这不是交错合同模型的基本假设。但是布罗德本特(Broadbent,2014)认为,大缓和时期的到来,就是因为"神圣巧合"的突然出现,而不是伯南克(Bernanke,2004)等人认为的货币政策表现改善的结果,这种改善使得经济更接近于权衡曲线。

第七,降低通货膨胀的成本要低于在后视型(backward-looking)预期扩增(expectations augmented,考虑了预期)的菲利普斯曲线中成本。在交错合同模型中,就像我在一篇论文(Taylor,1982)中解释的那样,如果因为模型中存在前瞻性(forward-looking)因素,对通货膨胀的预期较低,那么反通货膨胀政策的成本就会较低——尽管戈登等人(Gordon et al.,1982)以及其他一些经济学家对此持保留意见。在通常情况下,反通货膨胀成本通常不会为零(就像在价格具有完全弹性的理性预期模型中一样),但是会小到令人惊讶的程度。后来,经济学家们考察了 20 世纪 80 年代初的反通货膨胀政策,证明这个预测是准确的。

5.　一般化和扩展

上面这些结果对我们模型的各种变体都有很高的稳健性。一个重要的变体是允许价格保持不变的时间区间更加多样化。而且,像我在一篇论文中(Taylor,1980)所证明的那样,合同期限可以设定为一般的长度,即还可以有更长期限的合同。然而,所有价格和工资设定的期限都相同,这是模型中的一个简化假设。这种模型是不可以直接用于实证研究的。这一点从我在前面提到过的微观经济研究所描述的高度异质性可以看得非常清楚。并非所有合同的期限都是 N 期的,有些合同期限更短,有些则更长。事实上,存在一个合同期限的总体分布,而且我自己早期就这些模型进行实证研究时就是这样假设的。例如,我的一篇论文(Taylor,1979c)在用美国的数据估计模型时就使用了关于价格工资设定时间区间的一个一般性的分布。

这样一来,方程式(1)就可以改写为如下的形式:

$$x_t = \sum_{i=0}^{N-1} \theta_{it} E_t (p_{t+i} + \gamma y_{t+i} + \varepsilon_{t+i}) \tag{7}$$

$$p_t = \sum_{i=0}^{N-1} \delta_{it} x_{t-i} \tag{8}$$

在这里,权重 θ_{it} 和 δ_{it} 是利用美国的总工资数据估算的。滞后系数和领先系数的估计则只施加了很轻微的限制——允许在 1 到 8 个季度之间的某个地方出现一个峰值。我这篇论文（1979c，表 4）给出的估计分布如图 6 所示。它的高峰出现在 3 个季度上——合同期限为 3 个季度的工人占 24％，而合同期限仅为 1 个季度的工人只占 7％、合同期限为 8 个季度的工人则只占 2％。解释是，这个经济包括了各种各样的价格和工资设定方式。

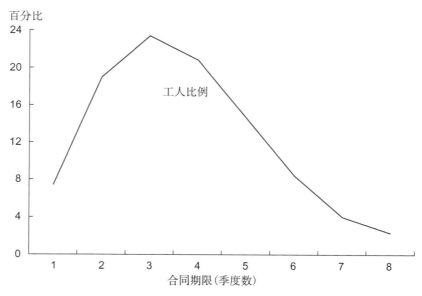

图 6　按合同期限估计的工人的分布情况

在仔细研究了我这篇论文（Taylor，1979c）给出的工资设定时间区间的实证分布之后，当时我在哥伦比亚大学的同事吉列尔莫·卡尔沃（Cuillermo Calvo）提出了一个重要的简化思路：为什么不直接假设一个能使问题大大简化的几何分布呢？此外，对于这种分布，只要每个工资合同是随机地到期的（而不是确定性地到期的），就可以解释为概率性地生成（而不是确定性地生成的）。由此而得到的模型被称为卡尔沃模型，同时这种随机的选择过程则被称为卡尔沃式抽签（Calvo fairy）。这样一来，价格变化方程就成了方程式（7）和方程式（8）的一个特殊形式，可以写为：

$$x_t = (1-\beta\omega) \sum_{i=0}^{\infty} (\beta\omega)^i E_t(p_{t+i}+\gamma\gamma_{t+i}+\varepsilon_t) \tag{9}$$

$$p_t = (1-\omega) \sum_{i=0}^{\infty} \omega^i x_{t-i} \tag{10}$$

在进行了适当的变化后，这两个方程式可以改写为：

$$x_t = \beta\omega E_t x_{t+1} + (1-\beta\omega)(p_t + \gamma y_t + \varepsilon_t)$$

$$p_t = \omega p_{t-i} + (1-\omega) x_t$$

然而，像前面一样，再加入一个关于 y 以及货币政策影响的模型，我们就得到了一个明确的理性预期模型。

这两个方程式也可以写为如下这种更有趣的形式：

$$\pi_t = \beta E_t \pi_{t+1} + \delta\gamma y_t + \delta\varepsilon_t \tag{11}$$

其中，

$$\delta = \left[\frac{(1-\omega)(1-\beta\omega)}{\omega} \right]$$

从形式上看,这是一个非常简单的方程,让我们联想到原先的期望扩增型菲利普斯曲线,只不过在右侧的是下一期而不是这一期的预期通货膨胀率。卡尔沃的这个修正,大大促进了交错合同模型的使用和普及。

事实上,方程式(1)这种形式的交错价格设定模型,后来被普遍称为新凯恩斯主义菲利普斯曲线。

6. 当企业拥有市场权力时交错价格定价的推导

交错合同模型的另一个重要扩展是,不再囿于如下最优化问题:企业面临向下倾斜的需求曲线,并在交错合同限制下(即不能每一期都改变价格)决定最优价格。在存在市场权力的情况下推导价格设定方程的思想,最早可以追溯到斯文松(Svensson,1986)、布兰查德和清泷(Blanchard and Kiyotaki,1987)、阿克洛夫和耶伦(Akerlof and Yellen,1991),对于这些文献,我在为《宏观经济学手册(第1卷)》撰写的那一章中已经讨论过了(Taylor,1999)。另外,如下所述,沙里等人(Chari et al.,2000)则将这种方法作为对交错价格设定模型的批评的一部分。为了便于说明,我在下面将重点讨论我自己在一篇论文(Taylor,2000)中使用的一种简单推导方法。在那个推导中,企业在最大化利润时会将它们产品的向下倾斜的需求曲线视为给定的。

考虑一家企业,它销售的商品与所有其他商品都不同。每家企业所面临的需求曲线,相对于该企业自己产品的价格与其他差异化产品的平均价格之间的差异成线性关系。这种线性需求曲线可以从消费者效用最大化的模型中推导出来。现在假设这个线性需求曲线可以写为:

$$y_t = \varepsilon_t - \beta(x_t - p_t) \tag{12}$$

其中,y_t 是产出,x_t 是该商品的价格,p_t 是其他(差异化的)商品的平均价格。ε_t 项是随机的需求的转移。

进一步假设这个企业将自己产品的价格设定为持续两个时期,并且每隔一期重新设定一次价格。其他企业也将价格设定为持续两个时期,但是会在不同的时间点上设定。这些时序假设是与图1所示的示范性模型相对应的,而且平均价格也与此示范性模型完全一样,即 $p_t = 0.5(x_t + x_{t-1})$。

令 c_t 表示生产这种产品的边际成本。在上述假设条件下,该企业在第 t 期所设定的价格持续的那两个时期的预期利润由下式给出

$$\sum_{i=0}^{1} E_t(x_t y_{t+i} - c_{t+i} y_{t+i}) \tag{13}$$

其中,x_t 适用于第 t 期和第 $t+1$ 期(为了简单起见,我假设贴现因子为1)。企业要在给定其他企业的边际成本和平均价格的情况下,最大化自己的利润。

求关于 x_t 的导数,我们就可以得到最优价格解:

$$x_t = 0.25 \sum_{i=0}^{1} (E_t c_{t+i} + E_t p_{t+i} + E_t \varepsilon_{t+i}/\beta) \qquad (14)$$

这个式子类似于如方程式(1)所示的示范性模型中的交错合同方程(另外请参见脚注a)。然而,需要注意的是,这里进入方程的不是产出缺口而是边际成本(我在本章后面还会回到这个问题上来)。同时还需要注意,系数0.25意味着其他企业的价格和边际成本的增加会导致这个企业的价格出现同样大的上涨。

6.1 转嫁效应

虽然上述推导过程生成的基本交错价格设定方程与前面的示范性模型相同,但是它仍然揭示了我们理论的另一个重要含义,即"第八个"含义:货币政策越以价格稳定为核心(比如说,以通货膨胀率为目标的货币政策),则意味着价格冲击(商品价格或汇率)"转嫁(pass-through)"给通货膨胀的影响越小。我在很早以前的一篇论文(Taylor, 2000)当中就指出过这个含义在现实中应该能够得到证实,现在来自多个国家的实证研究确实证明了这一点。对于经验中观察到的转嫁效应的这种下降,经济学家最早给出的一个原因是,企业的"定价能力"有所减弱。但是还有一种观点认为,转嫁效应的下降是因为货币政策变化导致的通货膨胀率降低所致。

为了说明这一点,首先要注意到,根据方程式(14),企业会在多大程度上为匹配边际成本的上升而提高产品的价格,取决于边际成本上升的永久性。类似地,其他企业的价格上涨会在多大程度上导致这家企业提高自己产品的价格,取决于对其他企业价格上涨的永久性的预计。然而,在这两种情况下,这种转嫁效应的强弱都不取决于需求曲线的斜率。

然后,为了分析边际成本增加的转嫁效应如何依赖于这种增加的持续性,假设边际成本遵循如下简单的一阶自回归:

$$c_t = \rho c_{t-1} + u_t$$

在这种情况下,转嫁系数是与$(1+\rho)$成比例的。因此,边际成本越低(ρ的值越小),转嫁系数越小,尽管这看上去似乎是定价能力的下降。一般来说,如果预期成本的上升将持续,那么这种增加就会在更大程度上被转嫁出去。而更稳定的价格水平将降低持续性。

对于那些需要进口投入要素来进行生产的企业来说,边际成本还依赖于汇率。货币贬值将会提高以本国货币计价的进口成本。那么根据我们这个模型,如果企业认为这种贬值是暂时性的,那么它们就不一定会通过提高价格的途径将这种贬值的影响转嫁出去。因此,汇率波动的持续性越低,汇率转嫁系数越小。

6.2 边际成本 vs 产出缺口

不难注意到,在方程式(14)中,是边际成本驱动着价格变化,而不是方程式(1)中所假设的产出。为了在方程式(14)与方程式(1)之间建立起联系,我们需要认为边际成本的变化与产出缺口的变动成正比。但是,加里和格特勒(Gali and Gertler, 1999)、加里等人(Gali et al.,

2005)认为,很多原因都可以导致边际成本与产出缺口之间时不时地出现歧异。所以他们考虑的是方程式(11)的一个版本,在那里出现的是边际成本而不是产出缺口(同时,他们使用的是卡尔沃的几何分布假设,而不是这里使用的规范形式)。虽然曼昆(Mankiw,2001)对这个方程的经验准确性提出了质疑,但是加里等人(Gali et al.,2005)还是发现,边际成本是重要的,而且在定量的意义上是重要的。但是,他们又在那个模型中加入了一个修正。他们假设,有一部分企业会根据一个后视性的"经验法则"来改变价格——该经验法则只取决于过去的通货膨胀率。因此,他们给出的是一个混合模型,右侧是通货膨胀率的滞后变量。当然,这是一种特别的任意修正——在与用来推导交错价格设定方程的理论进行对比时尤其明显。

内卡尔达和雷米(Nekarda and Ramey,2013)提出了另一个问题,那就是,高于边际成本的价格加成必须以一种逆周期的方式变动,如果要用上面的方程式从经验上解释需求变化对价格的影响的话。然而,结果他们却报告说,价格加成"既可能是顺周期的,也可能是逆周期的,这取决于需求冲击"。他们还进一步得出了这样的结论,"对政府支出或货币政策的新凯恩斯主义解释无法得到价格加成行为的支持。"

富勒(Fuhrer,2006)还提出了与新凯恩斯主义菲利普斯曲线有关的更多问题。他证明,在新凯恩斯主义菲利普斯曲线通货膨胀中,冲击的持续性才是持续性的主要来源,而不是方程本身。

6.3 关于合同乘数的争论

还有一个问题是,合同乘数是不是真能解释价格或产出的持续性。在前述示范性的模型当中,合同乘数(包括从利润最大化问题推导出它的过程)可以用总价格方程中的自回归系数的大小来表示。查里等人(Chari et al.,2000)认为,从最大化问题中推导出来的参数不够大,无法解释持续性,至少对于期限为一个季度的合同及其总体持久性的特定测度来说,肯定是如此。伍德福德(Woodford,2003,第193-194页)则争论道,查理等人的结论"依赖于对必需的合同乘数的规模的夸大,而且低估了经验上合理的策略互补性程度。"伍德福德还认为,查里等人(Char et al.,2000)对合同乘数设置了一个过高的持续性壁垒,实际上等于要求它解释本来就很合理的持续性——因为模型中也存在其他序列相关的变量。

克里斯蒂亚诺等人(Christiano et al.,2005)则认为,查里等人对合同期限的假设——有代表性合同期限只有一个季度——太短了。如果假设了更好的合同期限,比如说接近克勒瑙和马林(Klenow and Malin,2011)后来综述的那些研究的结果,那么合同乘数就可以恢复正常了。克里斯蒂亚诺等人(Christiano et al.,2005)还对沙里等人(Chari et al.,2000)研究中所用的持续性测度提出了质疑。

7. 价格和工资一起设定的情形

到目前为止,本章所综述的大部分内容都集中在交错价格设定上面,但是,关于交错合同,最早的研究其实是针对工资设定的。根据本章对最近的微观经济实证研究结果的概括,两次工资变化之间相隔的时间区间的长度,与两次价格变化之间相隔的时间区间相比,要长得多。我在早期的一篇论文中指出(Taylor,1980),交错工资设定是模型的关键部分,因为交错工资导致了价格的持续性——通过简单地在工资之上进行固定的价格加成的方法。克勒瑙和马林(Klenow and Malin,2011)给出的"价格变化与工资变动有关"的微观结论为这个思想提供了支持。当然,价格加成并不一定是完全"固定"的。我在一个多国实证模型(Taylor,1993)中估计了七个国家的交错工资合同方程,结果发现工资价格加成会受到进口价格的影响。

埃尔采格、亨德森和莱文(Erceg,Henderson and Levin,2000)又重新把关注的焦点拉回到了工资上,但是他们有一个重要的创新。他们没有简单地在工资上进行价格加成,而是构建了一个将交错价格设定和交错工资设定结合到一起的模型。此外,他们还像我在第5节中阐述的那样,从利润或效用最大化问题中推导出了价格设定和工资设定方程。反过来,他们的工作又有助于开发更多经验上准确的估计模型,例如克里斯蒂亚诺等人(Christiano et al.,2005)、施梅茨和沃特斯(Smets and Wouters,2003),以及其他一些经济学家提出的模型。这些模型后来都被收入了沃尔克·维兰德(Volker Wieland)所创建的模型数据库——请参见维兰德等人(Wieland et al.,2012)对这个数据库的描述。

克里斯蒂亚诺等人(Christiano et al.,2005)也假设了有卡尔沃合约的交错价格和工资合同。这个模型是明确从代表性家庭和企业的最优化行为中推导出来的中型新凯恩斯主义模型的一个范例。它激发出了许多类似的、用其他国家数据估计的基于最优化行为的模型。克里斯蒂亚诺等人的这个模型,与施梅茨和沃特斯(Smets and Wouters,2003)的模型一起,被维兰德等人(Wieland et al.,2016)称为第二代新凯恩斯主义模型(的代表)。施梅茨和沃特斯(Smets and Wouters,2003,2007)还阐明了格维克(Geweke,1999)、绍尔夫海德(Schorfheide,2000)如何使用贝叶斯技术来估计这些模型。

这个领域研究的一个重要问题是,模型的整体性质如何随着革新的到来而演变。我的看法是,前面提到的八个含义仍然成立,但是影响的定量尺度则有待于确定。在一篇论文中,我和维兰德(Taylor and Wieland,2012)利用维兰德设计的模型数据库分析了这个问题。这篇论文先考虑了一个第一代模型——即上一节提到过的有交错合同的多国模型(Taylor,1993)。然后再将这个模型与两个第二代模型——克里斯蒂亚诺等人的模型(Christiano et al.,2005)以及施梅茨和沃特斯的模型(Smets and Wouters,2007)进行了比较。虽然这些模型的结构和样本期间都不同,但是联邦基金利率意料之外的变化的影响却是惊人的一致。在为本手册撰写的一章中,维兰德等人(Wieland et al.,2016)证明,如果在比较中加入第三代模型(即信贷市场摩擦在货币传播机制中发挥重要作用的模型),那么这些令人惊奇的结果仍然成立。

然而,这些模型之间对货币政策规则的评估存在差异。特定于模型的政策规则——包括滞后利率、通货膨胀率、当前和滞后的产出缺口的政策规则——不是稳健的。不包括利率平滑的政策规则,或者用 GDP 增长率取代 GDP 缺口的政策规则相比之下更加稳健,但是模型的规则越隐健,每个模型的表现却越差。

8.　通货膨胀和指数化的持续性

在沙里等人(Chari et al.,2000)的论文问世之前,富勒和摩尔(Fuhrer and Moore,1995)就提出了这样一个问题:交错合同模型在解释通货膨胀的持续性(而不是特定价格水平的持续性)方面的能力如何？为了解决这个问题,他们对模型进行了修正。正如我在一篇论文中评述过的(Taylor,1999),他们将一个针对价格水平的模型转变为一个针对通货膨胀率的模型,并认为进入交错方程的是相对工资而不是绝对工资。但是事实上,关注相对工资的理由其实并不充分。对这个问题的讨论一直持续到了 21 世纪初。

近年来,许多经济学家认为基本交错合同模型所表明的持续性程度是与数据完全一致的。例如,圭列里(Guerrieri,2006)指出,如果在一个设定完全的宏观模型背景下观察交错合同模型,那么就可以用通常的交错合同模型来解释通货膨胀的持续性及其随时间推移而发生的变化。我也用本章前面给出的那个示范式模型来阐明这个思想,并把持续性阐述为一个一般均衡现象。

圭列里(Guerrieri,2006)利用通货膨胀、利率和产出的向量自回归来表征交错合同模型应该解释的各种事实。他发现,就 20 世纪 90 年代美国的实际通货膨胀持续性而言,基本的交错合同模型的表现就已经与富勒和摩尔(Fuhrer and Moore,1995)的相对合同模型一样好了。他的论文中报告的冲动响应函数表明两个规范可以解释通货膨胀过程的程度。交错合同模型几乎完全位于 95% 的置信区间内,只有产出和通货膨胀的交叉脉冲响应函数除外。

尽管如此,克里斯蒂亚诺等人(Christiano et al.,2005)、施梅茨和沃特斯(Smets and Wouters,2003)还是认为,需要修正交错价格和工资设定方程,以获得恰当的持续性,并更好地匹配其他交叉相关。为此,他们假设,在不允许价格和工资进行调整的那些时期里,存在后视性的指数化。具体地说,克里斯蒂亚诺等人(Christiano et al.,2005)的模型假设工资和价格在发生了变化的两个时期之间的那些时间里,会按上一期的通货膨胀率指数化。而施梅茨和沃特斯的模型则假设企业根据滞后通货膨胀率与稳态通货膨胀率的加权平均值来进行指数化。

但是,所有这些修正都不涉及最优化过程的任何部分,它们更类似于简单地假设工资和价格通货膨胀以某种任意假定的特别方式自回归,而不是在推导方程式;既然已经打算直接加入某个特别的滞后结构了,为什么还要多费心思地去构建有微观基础的交错工资和价格设定模型呢?

根据最近的研究,持续性问题似乎不能归因于交错合同模型本身,而只能归因于这些模型所采用的特定卡尔沃合同形式。

9. 泰勒合同与卡尔沃合同

在第 5 节中描述的"卡尔沃合同",与第 4 节中描述的出现在两期的示范性模型中的"泰勒合同"有很多相似之处。例如,沃尔什(Walsh,2010,第 243 页)指出,从这两个交错价格设定模型中推导出来的若干方程之间存在不少相似之处(他给出的方程式 6.17 与 6.36)。但是,其他一些经济学家,包括凯利(Kiley,2002),则更强调"卡尔沃合同"与"泰勒合同"之间的差异。例如,在价格变化的平均频率相同时,卡尔沃合同中通货膨胀率和产出的持续性似乎更大。

毫无疑问,卡尔沃模型中任何固定期限合同的"尾巴"长度要长得多,但是迪克森和卡拉(Dixon and Kara,2006)指出,凯利的上述比较是有缺陷的,因为他比较的其实是"卡尔沃合同的平均期限与泰勒合同的完成期限"。因此,迪克森和卡拉(Dixon and Kara,2006)对泰勒合同的平均期限与卡尔沃合同的平均期限进行了比较,结果发现差异更少了。他们还证明,泰勒合同中的产出可能更自相关——与"期限相当"的卡尔沃合同相比。

卡瓦略和施瓦茨曼(Carvalho and Schwartzman,2015)则通过区分泰勒合同和卡尔沃合同的"选择效应"检验了这两种模型中的货币中性的差异。在货币冲击发生后的任何时刻,都会有一些企业保持原有价格不变(有些企业则不会)。他们把"积极"选择定义为在价格调整中原有价格进行调整时被过度表征的情况。在泰勒合同中,选择倾向于原有价格;而在卡尔沃合同中则不存在选择效应,因为价格在那里是随机变化的。这种选择效应刻画了定价摩擦。因为这种选择差异的存在,与卡尔沃合同相比,泰勒合同意味着产出的更低程度的货币非中性。

当然,没有任何理由——像上面这些研究一样——只关注"泰勒合同"一种特殊情况,即所有合同的期限都相同的情况(这正是前述示范性模型的简单设定)。微观经济证据和随机观察都表明,工资合同和价格合同的期限存在很大的异质性。在他们的系列研究中,迪克森和卡拉(Dixon and Kara,2005,2006,2011)、卡拉(Kara,2010)提出了一系列基于这种异质性的模型。他们将这些模型统一称为广义泰勒经济(generalized Taylor economy,GTE)。在这类模型中,许多部门具有不同期限的交错合同。当两个广义泰勒经济具有相同的平均合同期限时,货币冲击在合同期限更长的经济中有更高的持续性。他们还证明,当两个广义泰勒经济的完成合同期限的分布相同时,它们的行为方式也类似。读者也可以参考休·迪克森

（Huw Dixon）的个人网页 http：// huwdixon. org/GTE. html/GTE，以及他和勒比昂的一篇论文（Dixon and Le Bihan，2012）。

　　在最近的一篇论文中，卡拉（Kara，2015）证明，在施梅茨和沃特斯（Smets and Wouters，2003）的模型中加入价格粘性的异质性，就可以应对交错合同模型的批评，包括沙里等人（Chari et al. ,2009）提出的批评——施梅茨和沃特斯的模型依赖于不符合实际的大幅度价格加成冲击来解释通货膨胀数据，以及比尔斯等人（Bils et al. ,2012）提出的批评——模型中重设价格通货膨胀的波动性比数据显示的更大。卡拉（Kara，2015）证明，增加合同期限的异质性（以匹配数据），意味着更小的价格上涨冲击和波动性更小的重设价格型通货膨胀。

　　在另一项同样旨在对这两种方法进行比较的研究中，克内尔（Knell，2010）考察了 15 个欧盟国家的工资设定问卷调查数据（这个调查是第 2 节讨论过的工资动态网络组织的）。在这里，不妨直接引述克内尔在他的论文中的论述："数据至少在四个维度上与讨论卡尔沃合同的基本模型相矛盾。第一，大多数工资协议都服从某种预先确定的模式，有确定的合同期限。第二，虽然对大多数合同而言，这个预定的期限均为 1 年（在工资动态网络的调查中平均来说有 60％的合同均如此），但是在这种情况下也存在一些异质性，更长期限的合同和更短期限的合同的比例都是不可忽视的（前者为 26％，后者为 12％）。第三，在工资动态网络调查中，有 54％的受访企业表示自己是在某个特定的月份内进行工资调整的（其中大部分——30％——是在 1 月份）。第四，有 15％的受访企业报告称已经实施了指数化，即让工资自动随同通货膨胀变化。为了将真实世界中工资设定的这些特征考虑进去，经济学家必须跳出卡尔沃工资合同的框架，它尽管很方便，但是限制太大。"然后，克内尔沿着我早期的一篇论文（Taylor，1980）的思路，给出了一个能够纳入所有这些制度细节的模型。

　　穆西（Musy，2006）、本艾沙和穆西（Ben Aissa and Musy，2010）也分析了卡尔沃合同模型、泰勒合同模型与其他模型之间的差异。他们的分析表明，缺乏持续性或低估反通货膨胀的政策成本，都是由于卡尔沃假设具有某些非常特殊的特征。回想一下，"卡尔沃式抽签"每期随机选择一个价格的机制。因为选择的概率是一个常数，所以卡尔沃合同实际上既不是时间依赖的，也不是状态依赖的。穆西和本艾沙的研究表明，即便是在卡尔沃模型中，货币增长的改变也不会以泰勒模型中的无成本方式实现，而且持续性会更大。

10.　状态依赖的模型和时间依赖的模型

　　另一个方向上的发展是，放松原来的简化假设（即假设价格是在外生给定的时间区间上设定的），转而允许企业的价格决策依赖于市场，这样就导致了所谓的"状态依赖"定价模型，从而我们也就需要给原来的示范性模型取一个新的名字，即"时间依赖"定价模型——请参见多塞等人（Dotsey et al. ,1999）、戈洛索夫和卢卡斯（Golosov and Lucas，2007）、格特勒和莱希（Gertler and Leahy，2008）。克勒瑙和克利弗斯托夫（Klenow and Kryvtsov，2008）已经用新的微观经济数据证明,这些改进是有其好处的。前面列出的很多重要的政策含义仍然成立,不过货币冲击的影响可能会更小一些。

阿尔瓦雷斯和李皮(Alvarez and Lippi,2014)参考了一个状态依赖模型,这个模型的特点是,企业能够生产多种产品,否则就与戈洛索夫和卢卡斯(Golosov and Lucas,2007)的状态依赖模型非常类似了。阿尔瓦雷斯和李皮发现,随着他们将模型从只生产一种产品的企业转变为生产多个产品的企业,货币冲击的影响变得越来越大,而且持续性也越来越强。对于产品种类很多的情形,他们证明经济的运行就像交错合同模型所显示的一样:对货币冲击有相同的总量反应和脉冲响应。在这个意义上,企业有多个产品的菜单成本模型为交错合同模型提供了另一个基础。

伍德福德(Woodford,2003,第 142 页)则质疑,状态依赖模型是否真的比交错合同模型更好。他指出,这种模型不但更加复杂,而且更加不符合现实,微观基础也更加薄弱。企业需要不断地评估价格这种想法没有抓住关键:企业之所以要在一段时间内保持价格不变,就是为了降低"与信息收集以及决策相关的成本"。基欧和米德里甘(Kehoe and Midrigan,2010)提出了一个模型,证明将这些管理成本考虑进去,确实会增强冲击的影响和持续性。

博诺莫和卡瓦略(Bonomo and Carvalho,2004)则在一个关于时间依赖性的微观基础的模型中,将价格保持不变的时间期限内生化了。在他们这个模型中,企业要承担的价格调整成本是与信息成本"一次总付性"的联合成本,而不是单纯的调整成本,因此最优定价不是状态依赖的。也就是说,他们这个模型提供了处理合同期限对通货膨胀率、通货膨胀的波动以及其他冲击的依赖性的一种方法。他们证明,时间依赖模型是最优的,而且推导出了最优合同期限。

利用这个模型,博诺莫和卡瓦略考察了不同政策(比如说,反通货膨胀政策)的影响,并分析了与不变的时间依赖的安排的差异。在他们的一项后续研究(Bonomo and Carvalho,2010)中,博诺莫和卡瓦略计算了货币政策不可信的宏观经济成本。他们发现,内生时间依赖模型中的成本比外生时间依赖模型中的成本更高。

11. 工资—就业谈判与交错合同

近年来,经济学界对解释失业率和产出波动性的兴趣不断上升。正如霍尔(Hall,2005)所指出的,标准的工资—就业谈判模型要想与数据保持一致,就必须假设某种形式的粘性工资,因此,名义刚性思想可以说是这个领域的几乎所有研究的共同点。因此毫不奇怪,许多旨在考察这个问题的模型,都将交错合同与关于工资—就业谈判的正式模型结合起来考虑。这方面的例子包括拉文纳和沃尔什(Ravenna and Walsh,2008)、格特勒等人(Gertler et al.,2008),以及克里斯蒂亚诺等人(Christiano et al.,2013)。

这些研究还产生了一些副产品。克里斯蒂亚诺等人(Christiano et al.,2013)的模型在放弃了克里斯蒂亚诺、艾肯鲍姆（Eichenbaum）和埃文斯（Evans）关于指数化的任意假设之后，仍然能够得到必要的持续性。这是因为，在货币冲击增加了有粘性价格的企业所生产的商品的需求的同时，这些企业本身也会购买更多的批发商品。利用这个模型，克里斯蒂亚诺等人证明，"轮流出价的讨价还价过程会削弱实际工资的上涨，从而导致就业人数大幅度上升，失业人数大幅度下降，并导致通货膨胀率小幅上扬。"

12.　交错合同与（理性）疏忽模型

曼昆和赖斯（Mankiw and Reis，2001）认为，应该用（理性）疏忽模型（inattention model）取代交错工资和价格设定模型。他们赞成粘性信息，但是不赞同粘性价格，其主要理由是，这样的模型能够解决早先提到的持续性问题。请回想一下，在交错价格设定模型中，可能会出现货币冲击后通货膨胀的持续性过弱的结果，这令人有些不安，虽然有些经济学家认为这种程度的持续性也无伤大雅。如前所述，缺乏持久性可能更多地与卡尔沃模型的特定形式有关，而与交错合同本身没有什么关系。

那么，曼昆和赖斯（Mankiw and Reis，2001）在他们的存在疏忽模型中所得到的持续性，为什么要比存在交错合同的模型中的更强呢？在分析了他们的模型后，我们发现，在粘性信息模型中，在通常的模型价格保持固定不变的那些期间里，价格可能上升。例如，在四期交错合同模型中，价格在这几个期间将为 1.015、1.015、1.015 和 1.015，而在粘性信息模型中，这四期的价格却可能被设定为 1.0、1.01、1.02 和 1.03，并且不会偏离这样的路径。因此，粘性信息模型实际上内置了某种通货膨胀持续性。图 7 说明了这一点（请将图 7 与图 4 加以比较）。

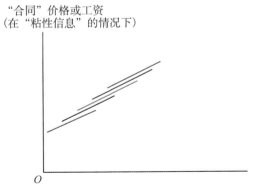

"合同"价格或工资
（在"粘性信息"的情况下）

O

图 7　粘性信息下的价格设定（请与图 4 比较）

很显然，如果以这种方式设定价格或工资，那么通货膨胀的持续性将会更强。但是，以这种方式来设定价格和工资的情况是极其罕见的（只发生在多年工会合同中），对此，我在很早以前（Taylor，1983）、阿沃伊-多维在不久之前（Avouyi-Dovi，2013）都解释过。

13. 批判性评价和展望

从近 40 年前的诞生,到今天的广泛应用,在宏观经济学的实证研究和理论研究当中,特别是在货币商业周期模型和用于政策分析的货币模型当中,交错工资和价格设定模型一直都是经济学家重点关注的一个焦点。近年来,借助"大数据"的东风,许多大型研究项目已经将我们对工资和价格设定行为的微观经济学知识的基础,从关于杂志价格或个人工资的若干显著事实扩展到了基于数千个甚至数百万个观察点的复杂数据集。这些数据集呼唤着新的分析方法,同时也使得研究者能够对各种不同类型的模型进行更加彻底的检验和区分。对交错价格和工资设定模型的各种批评——它们的微观基础不够充分、它们无法解释某些事实、它们的政府含义暧昧可疑——全都导致了对这种模型的建设性的改进、澄清、变化,甚至是全新的研究路线。当然,在很多情况下,模型的修正还不能完全令人满意。

在评估这些模型在未来研究和应用中的前景时,任何人都不能不注意到目前研究中存在的强大张力。大量调查和实证研究表明,工资和价格设定行为存在很大的异质性,但是大多数模型仍然在使用与这种异质性不一致的简化模型。确实,有证据表明,价格会在 6 个月或更长的时间内保持在某个固定的水平上,特别是如果已经适当地考虑了销售量和参考价格的情况下。确实,有证据表明,工资会在更长的时间内保持在某个固定的水平上,而且估计的风险函数在 1 年处会出现高峰(这排除了某些简化,例如卡尔沃模型)。确实,有证据表明,工资和价格决定在时间上是交错进行或不同步的,而且这种交错所导致的合同乘数会将微观层面上的短暂的刚性,转化为宏观层面上的更长的持续性。确实,更多的证据支持时间依赖性,而不是状态依赖性。但是,在所有这些维度的任何一个维度上——期限长短、交错的程度、风险函数的形态、状态依赖的程度——在不同国家之间、不同产品种类之间、不同就业类型之间、不同行业结构之间,都存在着很大的异质性。

这种异质性不仅仅是一个"滋扰";相反,它会对总体动态产生重要的影响。而且,这种异质性还成为应对交错工资和价格设定模型的一个依据。通常,这种批评适用于某个特定的、简单的交错合同模型(说它不能刻画前面提到的某种规律性或异质性),但是,正如卡拉(Kara,2010)、克内尔(Knell,2010)所强调的,当考虑了异质性之后,这种批评就不再成立了。本章认为,我们不能为了应付批评,而在简单的交错合同模型中,"临时抱佛脚"式地加入一个又一个任意假设的特别"附件",就像克里斯蒂亚诺等人(Christiano et al.,2005)的模型,或施梅茨和沃特斯(Smets and Wouters,2003)的模型中的指数化那样;相反,我建议将异质性内置于模型中,这样不但能更好地匹配微观数据,而且能够直接对宏观层面的持续性给出解释。

换句话说,在未来的研究中,如果从"代表性"的交错工资和价格设定模型转换为"异质性"的交错工资和价格设定模型,那么我们将会取得很大的收益。这个建议同"代表性主体"

模型转换为"异质性主体模型"的思路是类似的,尽管这样一种转移的收益可能会更大。

摆在我们面前的挑战是,要将这种异质性内置于模型中,现有的宏观经济模型肯定会变得更加复杂——它们已经非常复杂了。我在早期研究(Taylor,1979c)中就已经着手在模型中嵌入这种异质性了。后来我又构建过一个多国模型(Taylor,1993),允许不同国家有不同交错工资设定模式。事实上,这类模型的这种复杂性,也正是沙里等人(Chari et al.,2009)对现有模型的批评的主要对象之一。

至少,未来的研究者肯定不会止步于对简单的、教科书式的模型的简单对比——例如,对随机期限合同卡尔沃模型与 N 期合同泰勒模型的对比——而且应该会构建出包含多种合同类型的异质性模型或一般化模型。无论如何,从根本上说,未来研究要解决的最重大的挑战是,如何将各种各样的工资和价格设定程序考虑进来,而且必须以一种易于理解和易于处理的方式,以利于政策分析。当然,这也是宏观经济研究的所有领域从一开始就必须面对的一个挑战。

致谢

我要感谢苏珊托·巴苏(Susanto Basu)、约翰·科克伦(John Dixon)、休·迪克森(Huw Dixon)、罗伯特·霍尔(Robert Hall)、吉姆·汉密尔顿(Jim Hamilton)、恩金·卡拉(Engin Kara)、皮特·克勒瑙(Pete Klenow)、奥利维耶·穆西(Olivier Musy)、卡洛斯·维亚纳·德卡瓦略(Carlos Viana de Carvalho)、哈拉尔德·厄里格(Harald Uhlig)和卡尔·沃尔什(Kcarl Walsh)等人提出的有益意见。

参考文献

Akerlof, G. A., Yellen, J. L., 1991. How large are the losses from rules of thumb behavior in models of the business cycle. In: Brainard, W., Nordhaus, W., Watts, H. (Eds.), Money, Macroeconomics, and Economic Policy: Essays in Honor of James Tobin. MIT Press, Cambridge, MA.

Alvarez, F., Lippi, F., 2014. Price setting with menu cost for multiproduct firms. Econometrica. 82 (1), 89—135.

Avouyi-Dovi, S., Fougère, D., Gautier, E., 2013. Wage rigidity, collective bargaining and the minimum wage: evidence from French agreement data. Rev. Econ. Stat. 95 (4), 1337—1351.

Backus, D., 1984. Exchange rate dynamics in a model with staggered wage contracts. Discussion Paper No. 561 (Queen's University).

Barattieri, A., Basu, S., Gottschalk, P., 2014. Some evidence on the importance of sticky wages. Am. Econ. J. Macroecon. 6 (1), 70—101.

Ben Aissa, M. S., Musy, O., 2010. The dynamic properties of alternative assumptions on price adjustment in New Keynesian models. Bull. Econ. Res. 63 (4), 353—384.

Benabou, R., Bismut, C., 1987. Wage bargaining and staggered contracts: theory and estimation. Discussion Paper No. 8810, CEPREMAP, Paris, France.

Bernanke, B. S., 2004. The Great Moderation. Eastern Economic Association, Washington, DC.

Bils, M., Klenow, P. J., 2004. Some evidence on the importance of sticky prices. J. Polit. Econ. 112 (5), 947—985.

Bils, M., Klenow, P. J., Malin, B. A., 2012. Reset price inflation and the impact of monetary policy shocks. Am. Econ. Rev. 102 (6), 2798—2825.

Blanchard, O., Gali, J., 2007. Real wage rigidities and the New Keynesian model. J. Money Credit Bank. 39 (Suppl. 1), 35—64.

Blanchard, O. J., Kiyotaki, N., 1987. Monopolistic competition and the effects of aggregate demand. Am. Econ. Rev. 77, 647—666.

Blinder, A. S., Canetti, E. D., Lebow, D. E., Rudd, J. B., 1998. Asking about prices: a new approach to understanding price stickiness. Russell Sage Foundation, New York, NY.

Bonomo, M., Carvalho, C., 2004. Endogenous time-dependent rules and inflation inertia. J. Money Credit Bank. 36 (6), 1015—1041.

Bonomo, M., Carvalho, C., 2010. Imperfectly credible disinflation under endogenous time-dependent pricing. J. Money Credit Bank. 42 (5), 799—831.

Broadbent, B., 2014. Unemployment and the conduct of monetary policy in the UK. In: Federal Reserve Bank of Kansas City Economic Symposium, Jackson Hole, Wyoming, August.

Calvo, G. A., 1983. Staggered contracts in a utility-maximizing framework. J. Monet. Econ. 12, 383—398.

Carlton, D. W., 1989. The theory and the facts of how markets clear: is industrial organization valuable for understanding macroeconomics? In: Schmalensee, R., Willig, R. D. (Eds.), Handbook of lndustrial Organization, vol. 1. North-Holland, Amsterdam, pp. 909—946.

Carvalho, C., Schwartzman, F., 2015. Selection and monetary non-neutrality in time-dependent pricing models. J. Monet. Econ. 76 (C), 141—156.

Cecchetti, S. G., 1986. The frequency of price adjustment: a study of newsstand prices of magazines. Econ. J. 31, 255—274.

Cecchetti, S. G., 1984. Indexation and incomes policy: a study of wage adjustment in unionized manufacturing. J. Labor Econ. 5, 391—412.

Chari, V. V., Kehoe, P., McGrattan, E., 2000. Sticky price models of the business cycle: can the contract multiplier solve the persistence problem? Econometrica. 68 (5), 1151—1180.

Chari, V. V., Kehoe, P. J., McGrattan, E. R., 2009. New Keynesian models: not yet useful for policy analysis. Am. Econ. J. Macroecon. 1 (1), 242—266.

Christiano, L., Eichenbaum, M., Evans, C., 2005. Nominal rigidities and the dynamic effects of a shock to monetary policy. J. Polit. Econ. 113 (1), 1—45.

Christiano, L. J., Eichenbaum, M. S., Trabandt, M., 2013. Unemployment and business cycles. Unpublished working paper, Northwestern University.

Dixon, H., Kara, E., 2005. Persistence and nominal inertia in a generalized Taylor economy: how longer contracts dominate shorter contracts. Working Paper No. 489, European Central Bank.

Dixon, H., Kara, E., 2006. How to compare Taylor and Calvo contracts: a comment on Michael Kiley. J. Money Credit Bank. 38 (4), 1119—1126.

Dixon, H., Kara, E., 2011. Contract length heterogeneity and the persistence of monetary shocks in a dynamic generalized Taylor economy. Eur. Econ. Rev. 55, 280—292.

Dixon, H., le Bihan, H., 2012. Generalised Taylor and generalised Calvo price and wage setting; micro-evidence with macro implications. Econ. J. 122 (May), 532—554.

Dotsey, M., King, R. G., Wolman, A. L., 1999. State-dependent pricing and the general equilibrium dynamics of money and output. Q. J. Econ. 114 (2), 655—690.

Dutta, S., Levy, D., Bergen, M., 2002. Price flexibility in channels of distribution: evidence from scanner data. J. Econ. Dyn. Control. 26, 1845—1900.

Erceg, C., Henderson, D., Levin, A., 2000. Optimal monetary policy with staggered wage and price contracts. J. Monet. Econ. 46 (2), 281—313.

Fabiani, S., Druant, M., Hernando, I., Kwapil, C., Landau, B., Loupias, C., Martins, F., Matha, T., Sabbatini, R., Stahl, H., Stokman, A., 2006. What firms' surveys tell us about price-setting behavior in the euro area. Int. J. Cent. Bank. 5 (3), 3—47. Special Issue on Staggered Pricing Models Face the Facts.

Fischer, S., 1977. Long-term contracts, rational expectations, and the optimal money supply rule. J. Polit. Econ. 85 (1), 191—205.

Fregert, K., Jonung, L., 1986. Monetary regimes and the length of wage contracts: Sweden 1908—1995. Working Paper 1998—3, University of Lund.

Friedman, M., 2010. Trade—offs in monetary policy. In: David Laidler's Contributions to Economics. Palgrave MacMillan, London.

Fuhrer, J. C., 2006. Intrinsic and inherited inflation persistence. Int. J. Cent. Bank. 5 (3), 49—86. Special Issue on Staggered Pricing Models Face the Facts.

Fuhrer, J. C., Moore, G. R., 1995. Inflation persistence. Q. J. Econ. 110 (1), 127—159.

Gali, J., Gertler, M., 1999. Inflation dynamics: a structural econometric analysis. J. Monet. Econ. 44, 195—222.

Gali, J., Gertler, M., Lopez-Salido, J. D., 2005. Robustness of the estimates of the hybrid New Keynesian Phillips curve. J. Monet. Econ. 52, 1107—1118.

Gertler, M., Leahy, J., 2008. A Phillips curve with an Ss foundation. J. Polit. Econ. 116, 3.

Gertler, M., Sala, L., Trigari, A., 2008. An estimated monetary DSGE model with unemployment and staggered nominal wage bargaining. J. Money Credit Bank. 40 (8), 1713—1764.

Geweke, J., 1999. Using simulation methods for Bayesian econometric models: inference, development and communication. Econ. Rev. 18, 1—126.

Golosov, M., Lucas Jr., R. E., 2007. Menu costs and Phillips curves. J. Polit. Econ. 115 (2), 199—271.

Gordon, R. J., 1982. Discussion. In: Monetary Policy Issues for the 1980s. Federal Reserve Bank of Kansas City, Symposium, Jackson Hole Wyoming.

Gray, J. A., 1976. Wage indexation: a macroeconomic approach. J. Monet. Econ. 2 (2), 221—235.

Guerrieri, L., 2006. Inflation persistence of staggered contracts. J. Money Credit Bank. 38 (2), 483—494.

Hall, R., 2005. Employment fluctuations with equilibrium wage stickiness. Am. Econ. Rev. 95 (1), 50—65.

Hume, D., 1742. On money. Part II, Essay III, paragraph 7 of his. In: Essays, Moral, Political, and Literary. Liberty Fund Books.

Kara, E., 2010. Optimal monetary policy in the generalized Taylor economy. J. Econ. Dyn. Control. 34, 2023—2037.

Kara, E., 2015. The reset inflation puzzle and the heterogeneity in price stickiness. J. Monet. Econ. 76, 29—37.

Kashyap, A. K., 1995. Sticky prices: new evidence from retail catalogues. Q. J. Econ. 110, 245—274.

Kehoe, P., Midrigan, V., 2010. Prices are sticky after all. NBER Working Paper No. 16364.

Kiley, M., 2002. Price adjustment and staggered price-setting. J. Money Credit Bank. 34, 283—298.

King, M., 1999. Challenges for monetary policy: new and old. In: New Challenges for Monetary Policy. Federal Reserve Bank of Kansas City, Jackson Hole.

King, M., 2012. Twenty years of inflation targeting. Stamp Memorial Lecture, London School of Economics, London. October 9.

Klenow, P., Kryvtsov, O., 2008. State dependent versus time dependent pricing. Q. J. Econ. 72 (2), 863—904.

Klenow, P., Malin, B., 2011. Microeconomic evidence on price setting. In: Friedman, B., Woodford, M. (Eds.), Handbook of Monetary Economics, vol. 3. Elsevier, Amsterdam.

Knell, M., 2010. Nominal and real wage rigidities in theory and in Europe. Working Paper Series, European Central Bank.

Lach, S., Tsiddon, D., 1996. Staggering and synchronization in price-setting: evidence from multiproduct firms. Am. Econ. Rev. 86, 1175—1196.

Lamo, A., Smets, F., 2009. Wage dynamics in Europe: final report of the wage dynamics network (WDN).

Le Bihan, H., Montornès, J., Heckel, T., 2012. Sticky wages: evidence from quarterly microeconomic data. Am. Econ. J. Macroecon. 4 (3), 1—32.

Levin, A., 1991. The macroeconomic significance of nominal wage contract duration. Working Paper No. 91—08, February. University of California at San Diego.

Lünnemann, P., Wintr, L., 2009. Wages are flexible, aren't they? Evidence from monthly micro wage data. Working Paper Series, No. 1074, July, Wage Dynamic Network.

Mankiw, N. G., 2001. The inexorable and mysterious tradeoff between inflation and unemployment. Econ. J. 117, 1295—1328.

Mankiw, N. G., Reis, R., 2001. Sticky information versus sticky prices: a proposal to replace the New Keynesian Phillips curve. NBER Working Paper No. 8290.

Musy, O., 2006. Inflation persistence and the real costs of disinflation in staggered prices and partial adjustment models. Econ. Lett. 91, 50—55.

Nakamura, E., Steinsson, J., 2008. Five facts about prices: a reevaluation of menu cost models. Q. J. Econ. 123 (4), 1415—1464.

Nekarda, C. J., Ramey, V. A., 2013. The cyclical behavior of the price-cost markup. University of California, San Diego, CA.

Okun, A. M., 1981. Prices and quantities: a macroeconomic analysis. Brookings Institution, Washington, DC.

Olivei, G., Tenreyro, S., 2010. Wage setting patterns and monetary policy: international evidence. J. Monet. Econ. 57, 785—802.

Phelps, E., Taylor, J. B., 1977. Stabilizing powers of monetary policy under rational expectations. J. Polit. Econ. 85 (1), 163—190.

Ravenna, F., Walsh, C., 2008. Vacancies, unemployment, and the Phillips curve. Eur. Econ. Rev. 52, 1494—1521.

Romer, D., 2012. Advanced macroeconomics, fourth ed. McGraw-Hill, New York, NY.

Schorfheide, F., 2000. Loss function based evaluation of DSGE models. J. Appl. Econ. 15 (6), 645—670.

Sigurdsson, J., Sigurdardottir, R., 2011. Evidence of nominal wage rigidity and wage setting from Icelandic microdata. Working Paper No. 55, Central Bank of Iceland.

Sigurdsson, J., Sigurdardottir, R., 2016. Time-dependent or state-dependent wage-setting? Evidence from periods of macroeconomic instability. J. Monet. Econ. 78, 50—66.

Smets, F., Wouters, R., 2003. An estimated dynamic stochastic general equilibrium model of the euro area. J. Eur. Econ. Assoc. 1 (5), 1123—1175.

Smets, F., Wouters, R., 2007. Shocks and frictions in U. S. business cycles: a bayesian DSGE approach. Am. Econ. Rev. 97 (3), 506—606.

Stigler, G., Kindahl, J., 1970. The behavior of industrial prices. NBER General Series, No. 90, Columbia University Press, New York, NY.

Svensson, L. E. O., 1986. Sticky goods prices, flexible asset prices, monopolistic competition, and monetary policy. Rev. Econ. Stud. 52, 385—405.

Taylor, J. B., 1979a. Estimation and control of a macroeconomic model with rational expectations. Econometrica. 47 (5), 1267—1286.

Lucas, R. E., Sargent, T. J. (Eds.), 1981. Rational expectations and econometric practice. University of Minnesota Press.

Taylor, J. B., 1979b. Staggered wage setting in a macro model. Am. Econ. Rev. 69 (2),108—113.

Gregory Mankiw, N., Romer, D. (Eds.), 1991. New Keynesian economics: coordination failures and red rigidities. MIT Press, Cambridge.

Taylor, J. B., 1979c. An econometric business cycle model with rational expectations: some estimation results. Working Paper, June, Columbia University.

Taylor, J. B., 1980. Aggregate dynamics and staggered contracts. J. Polit. Econ. 88 (1), 1—23.

Taylor, J. B., 1982. The role of expectations in the choice of monetary policy. In: Monetary Policy Issues for the 1980s. Federal Reserve Bank of Kansas City Economic Symposium, Jackson Hole, Wyoming, August.

Taylor, J. B., 1983. Union wage settlements during a disinflation. Am. Econ. Rev. 73 (5), 981—993.

Taylor, J. B., 1993. Macroeconomic policy in a world economy: from econometric design to practical operation. W. W. Norton, New York, NY.

Taylor, J. B., 1999. Staggered price and wage setting in macroeconomics. In: Taylor, J. B., Woodford, M. (Eds.), Handbook of Macroeconomics. first ed., part 1 Elsevier, North-Holland, pp. 1009—1050.

Taylor, J. B., 2000. Low inflation, pass-through, and the pricing power of firms. Eur. Econ. Rev. 44 (7), 1389—1408.

Taylor, J. B., 2007. Thirty-five years of model building for monetary policy evaluation: breakthroughs, dark ages, and a renaissance. J. Money Credit Bank. 39 (Suppl. 1), 193—201.

Taylor, J. B., Wieland, V., 2012. Surprising comparative properties of monetary models: results from a new model data base. Rev. Econ. Stat. 94 (3), 800—816.

Walsh, C. E., 2010. Monetary theory and policy, third ed. The MIT Press, Cambridge, MA.

Wieland, V., Cwik, T., Müller, G. J., Schmidt, S., Wolters, M., 2012. A new comparative approach to macroeconomic modeling and policy analysis. J. Econ. Behav. Organ. 83, 523—541.

Wieland, V., Afanasyeva, E., Kuete, M., Yoo, J., 2016. New methods for macro-financial model comparison and policy analysis. In: Handbook of Macroeconomics, vol. 2A. Elsevier, Amsterdam, Netherlands, pp. 1241—1319.

Woodford, M., 2003. Interest and prices. Princeton University Press, Princeton, NJ.

第二十六章　宏观经济学中的新古典宏观经济学模型

G. D. 汉森(G. D. Hansen) [*,†],

L. E. 奥哈尼安(L. E. Ohanian) [*,†,‡]

[*]:加州大学洛杉矶分校,美国,加利福尼亚州,洛杉矶;

[†]:美国国家经济研究局(NBER),美国,马萨诸塞州,剑桥;

[‡]:斯坦福大学胡佛研究所,美国,加利福尼亚州,斯坦福

目　录

本章摘要：本章给出了一个新古典宏观经济学模型工具包，并应用这些模型分析了 1929—2014 年的美国经济。首先，我们将宏观经济时间序列滤波分为商业周期分量和长期分量，并证明长期分量通常比商业周期分量大得多。我们认为，在包含了技术的长期变迁和政府政策的新古典宏观经济学模型中，这种经验特征自然而然地得到了解释。我们构建了两类模型，并与原始数据以及滤波后的数据进行了比对。第一类是简单的新古典宏观经济学模型，它们具有标准的偏好和技术、理性预期，以及唯一的帕累托最优均衡；第二类是扩展的新古典宏观经济学模型，它们嵌入了政府政策和市场缺陷。我们专注于具有多种技术变革来源的模型，以及包含了因监管、劳动和财政政策引发的扭曲的模型。这些模型在很大程度上解释了第二次世界大战后美国经济的相对稳定，也解释了其在大萧条和第二次世界大战期间的经济表现。本章介绍的这些模型都是可以扩展的，并且可以广泛地应用于其他环境。我们还在结论中提出了新古典宏观经济学未来研究的几个方向。

关键词：新古典宏观经济学模型，动态一般均衡，大萧条，第二次世界大战，带通滤波器，生产率冲击，低频波动，商业周期，经济增长，大缓和，大衰退

JEL 分类代码：E13，E2，E6

1.　引言

本章分析了新古典宏观经济学模型在研究经济增长和经济波动时的作用。我们的目标是，为宏观经济学家提供一个有价值的模型工具包。这个工具包的各个模型都可以很容易地被修正，用于研究各种各样的宏观经济现象，包括经济政策对总体经济活动的影响。

由于经济学界对"新古典宏观经济学"（neoclassical macroeconomics）并没有一个普遍公认的定义，所以我们围绕以下两个原则来组织这些模型。一个是基于推动总量时间序列变化的外生因素，另一个是基于我们考虑的模型经济的类别。

我们研究的宏观经济变量变化的主要来源是技术和政府政策的长期变迁。我们之所以关注这些因素，是因为观察到的生产率和政策上的巨大变化影响了生产与贸易的激励和机会。我们考虑的政策因素包括影响竞争和商业监管政策、劳动政策和财政政策的各种变化。

我们研究了两类跨期模型，它们总称为新古典宏观经济模型。第一类模型具有标准的偏好和技术、竞争性市场、理性预期，而且存在唯一的、帕累托最优的均衡。我们称这类模型为简单的新古典宏观经济学模型（simple neoclassical models）。这类模型构成了新古典宏观经济学的基础，它们提供了最具透明度的描述，说明了市场力量在动态的一般均衡环境中是如何运行的。

与对新古典宏观经济学的通常看法相反，我们承认，经济会受到政策扭曲以及其他市场缺陷的影响，这种影响超出了上述简单的新古典宏观经济学模型的范围。因此，第二类模型是根据理论和现实的需要，对上述简单模型进行修正的结果，它们纳入了偏离上述模型的假设的多种变化。我们把第二类模型称为扩展的新古典宏观经济学模型（extended neoclassical models）。这些模型是通过将关于政府政策或市场缺陷和扭曲的明确设定内嵌进上述简单的新古典宏观经济学模型而构建出来的。

这个思路将简单的新古典宏观经济学模型视为扩展的新古典宏观经济学模型的特殊情况。以这种方式构建的复杂模型，可以清晰地描述市场缺陷和经济政策是如何影响市场经济的——如果没有这种经济政策，那将会是一个更加"自由放任"的市场经济。我们修正模型时所用的方法是非常有目的性的，得到的模型不但非常适合用于研究美国经济史中的若干特定"章节"，而且能够为研究者提供一个可以在更广泛的范围内应用的框架。本章中给出的所有模型都是在同一个框架下处理经济波动和经济增长的。这一点非常明确。

新古典宏观经济学框架是分析市场经济的有力工具。一个很重要的原因在于，因为美国经济在历史上的多数时间内都实现了持续的、相当稳定的增长，同时它还能够通过竞争性的市场过程来重新配置资源，以应对技术变革和政策变化。美国经济史上发生过的大型重新配置包括劳动从农业转移到制造业和服务业、经济活动从美国北部和中部地区转移到南部与西部地区、政府在产出中所占份额的大幅提升（包括税收、社会保障和劳动政策的巨大变化)。也包括妇女将从事家庭生产的时间重新配置到了市场生产,以及高技能劳动者就业数量的增加。最近一个时期以来,这种重新配置还包括了资源从成熟的、以机械技术进行生产的领域向以信息技术和通信技术进行生产的领域的转移,例如集成电路、光纤、微波技术、笔记本电脑及平板电脑、软件及应用程序、移动技术和互联网,等等。

我们集中关注技术和政策的思路在以往的研究中也有所体现。这些研究涉及的范围很广。熊彼特(Schumpeter,1927)、斯托克和沃森(Stock and Watson,1988)认为,企业家精神的变化和新观念的出现是市场经济的主要动力。基德兰德和普雷斯科特(Kydland and Prescott,1982)、朗和普洛瑟(Long Jr and Plosser,1983)则专注于技术冲击和经济波动。这方面的文献还包括:利林(Lilien,1982),他认为部门转移会显著影响波动和资源重新配置;戴维斯和霍尔蒂万格(Davis and Haltiwanger,1992),他们认为美国制造业企业的资源重新配置规模非常大,而且仍然在不断演变;格林伍德和约洛科格鲁(Greenwood and Yorokoglu,1997)、曼纽利和塞夏德里(Manuelli and Seshadri,2014),他们分析了新技术的扩散及其长期经济影响。对技术的分析通常是与对政府政策的长期后果的研究结合起来进行的,例如,永奎斯特和萨金特(Ljungqvist and Sargent,1998)、普雷斯科特(Prescott,2004)以及罗杰森(Rogerson,2008)都是如此,他们分析了税率变化和社会保险计划改革等公共政策在长期中对劳动市场的影响。

如前所述,重点关注数据所显示的经济的长期运行是我们的一个基本原则。这个原则要求我们有一种不同于宏观经济学中的标准做法的方法,这不仅涉及对所分析的数据的频率的选择,还涉及如何对模型与数据进行比较。标准方法使用霍德里克-普雷斯科特(Hodrick-Prescott,1997)给出的滤波器(以下简称为HP滤波器)移除数据中的趋势,而且所用的平滑参数通常为1600。然后一般会将来自模型矩与用HP滤波器滤波后的数据进行比较,或者将模型脉冲响应函数与用向量自回归(VAR)法得到的经验脉冲响应函数进行比较。而我们在本章中的分析,则将使用带通滤波器(band pass filter)来量化经济运行——不仅包括霍德里克-普雷斯科特滤波商业周期频率上的运动,而且还包括更低频率上的运动。我们的定量理论分析,是通过均衡路径分析来评估模型经济的,其中,由识别出来的冲击驱动的模型生成的变量,要与实际原始数据和不同频率的滤波后的数据进行比较。

我们报告了两组结果。我们首先用朝鲜战争结束后的美国季度数据、长期的美国年度数据和第二次世界大战后的欧洲数据证明,总量变量的非常长期的运动,与传统的商业周期波动相比,在经济上更加重要。我们发现,从定量的角度来看,总量时间序列中的低频运动是非常大的,而且在许多时期,它们都比传统的商业循环分量要大得多。更具体地说,我们分析了长度从2年到50年的周期性变动,结果发现,在这些频率下的经济活动波动中,多达80%都可以归因于8年到50年的低频分量。

低频性在这些数据中占据了主导地位这个性质表明,传统商业周期文献遗漏了总量经济活动中有重要定量意义的运动。更加重要的是,总量数据的大部分变动的发生频率都很低这个事实还表明,那些强调交易的暂时性障碍(例如,短期中失去弹性的价格和/或工资)所导致的波动的模型在解释美国的时间序列数据时可能用处不大。

经济的低频运动的重要性,对于我们理解过去 35 年来美国经济的两个主要的重大事件——大缓和(the Great Moderation)和大衰退(the Great Recession)——也有重大的意义。大缓和指 1984 年至 2008 年这个经济活动保持基本稳定的时期。在大缓和期间,传统的商业周期频率的波动率出现了大幅下降,但是低频波动率的变化则很小。类似地,大衰退及之后期间,经济活动也有一个很大的低频分量。数据表明,大衰退本身不仅仅是一场经济衰退,相反,这个事件的很大一部分似乎就是总体经济活动水平的持续下降。

在将数据分解成低频和高频分量后,我们报告了定量理论分析的结果。这个分析的目的是评估新古典宏观经济学模型能够在多大程度上解释 1929 年至 2014 年间的美国宏观经济的历史数据。

我们的主要结论是,新古典宏观经济学模型可以在很大程度上解释美国经济历史数据所记录的总量经济活动。我们认为,新古典宏观经济学模型很可能已经可以很好地解释经济史上的那些重大事件和主要"章节"了——在以往,学界认为它们远远超出了新古典宏观经济学模型的解释能力——其中就包括大萧条和第二次世界大战。我们还发现,新古典宏观经济学模型可以在很大程度上解释朝鲜战争结束后的美国经济史。

本章的结构如下:第 2 节介绍了我们在本研究中使用的美国数据和欧洲数据,同时给出了将数据分解为低频分量和商业周期频率分量的方法。第 3 节介绍了基本的新古典宏观经济学模型,这是本章提出的所有其他模型的基础。第 4 节分别采用单部门、两部门和三部门简单的新古典宏观经济学模型,对朝鲜战争结束后的美国经济进行了分析。第 5 节介绍了扩展的新古典宏观经济学模型,并用来研究了大萧条。第 6 节给出了一个纳入了财政政策的扩展的新古典宏观经济学模型,并重点分析了第二次世界大战期间的美国经济。第 7 节在考虑了生产率冲击在新古典宏观经济学模型中的重要性后,讨论了用来理解和解释全要素生产率变化的若干框架。在第 8 节中,鉴于最近经济学界内外对经济不平等问题的兴趣,我们讨论了新古典宏观经济学的工资不平等模型。第 9 节提供了对新古典宏观经济学模型的批判性评估,并提出了新古典宏观经济学分析的未来研究途径。第 10 节是我们的结论。

2.　低频分量在宏观数据中的重要性

在应用宏观经济学研究中,对时间序列数据加以分解是一个很常见的做法。经济学家经常将时间序列数据分解为周期性分量(cyclical components)、趋势性分量(trend components)和季节性分量(seasonal components)。最后一个分量只会出现在数据未进行季节调整的情况下。进行这种分解的目的是使有待分析的数据的特定特征突出地呈现出来。其中最常见的一种分解是,出于进行商业周期分析的目的,从数据中提取出周期性分量。HP 滤波器是最常用的滤波方法。

与 HP 滤波器相比,带通滤波器有很多更理想的性质,而且解决了应用 HP 滤波器时会碰到的一些困难。因此,现在带通滤波器已经越来越多地被用于对数据进行滤波了。[1] 带通滤波器允许研究者在某个特定的数据频率上选择与周期性相对应的分量。精确的带通滤波器需要无限长的数据,为此,巴克斯特和金(Baxter and King,1999)、克里斯蒂亚诺和菲茨杰拉德(Christiano and Fitzgerald,2003)都构造了近似的带通滤波器。他们给出的这两种方法是非常相似的,主要区别在于巴克斯特和金的滤波器是对称的,而克里斯蒂亚诺和菲茨杰拉德的滤波器是不对称的。

在本节中,我们将如下三个时间序列总量数据分解为不同的频率分量:①朝鲜战争结束后的美国的季度数据;②上溯到1890年的美国的年度数据;③第二次世界大战后的欧洲的年度数据。我们使用的是巴克斯特和金的滤波器,它已经在文献中得到了广泛的应用。带通滤波器的原理是,使用数据的长期移动平均量来平滑数据,进而隔离出数据中的周期性分量。巴克斯特和金开发出了一种近似的带通滤波器,将它用于典型的经济时间序列时,能够产生平稳的数据。[2] 由于精确的带通滤波器是一个无穷阶过程,所以巴克斯特和金构造了一个对称的近似带通滤波器。他们证明,给定最大滞后长度时,最优近似滤波器在滞后 K 处截断滤波器权重,如下式所示:

$$y_t^* = \sum_{k=-K}^{K} a_k y_{t-k} \tag{1}$$

在方程式(1)中,y^* 是滤波后的数据,y 是未滤波的数据,而 a_k 则表示生成平滑时间序列的系数,a_k 系数的值取决于滤波频率。这是巴克斯特和金(Baxter and King,1999)的定义。

追随伯恩斯和米切尔(Burns and Mitchell,1946)关于商业周期的早期研究的思路,巴克斯特和金也对商业周期进行了研究。他们把商业周期定义为对应于6至32个季度的周期性。相比之下,我们则使用带通滤波器考虑了更广泛的、最多达200个季度的频率范围。我们之所以决定将分析频率扩展到200个季度,也是因为受到了科明和格特勒(Comin and Gertler,2006)的一项研究的启发,他们在一个分析研究和开发支出的模型中讨论了这种较低的频率。

我们之所以考虑这些远远低于传统的商业周期文献中的频率,更加是因为技术和政府政策的变化可能会对总量数据中的低频运动产生重要的定量影响。然而,对于这些低频波动的性质和大小,我们至今所知甚少;或者,我们也不清楚如何对这些低频波动与商业周期波动进行比较。因此,我们将在2到200个季度之间用带通滤波器来对数据进行滤波,并将滤波后的数据分成两个分量:第一个分量是2至32个季度分量,它近似于用HP滤波器的标准参数($\lambda = 1600$)得到的商业周期结果;第二个分量是32至200个季度分量。这种划分使得我们可以评估这些波动的相对大小和特征。据我们所知,这种对比性分解在以往的文献中还没有出现过。

---

[1] HP滤波器遇到的主要挑战是,我们不清楚应该怎样调整HP平滑参数去评估在霍德里克和普雷斯科特(Hodrick and Prescott,1997)最初研究的周期窗口之外的数据。此外,HP滤波后的数据在数据端点上可能很难解释。

[2] 巴克斯特–金的滤波器生成一个变量的平稳时间序列,它最多是二阶单整的。我们不了解任何三阶以上单整的宏观经济时间序列。

2.1 用带通滤波器滤波后的美国季度数据

本部分首先分析美国在朝鲜战争结束后从 1954 年到 2014 年的季度数据。有了这个时间序列数据,与其他商业周期文献进行比较就比较方便了。然后,我们再来分析从 1890 年至今的美国年度数据,最后分析第二次世界大战结束后的欧洲年度数据。[①]

图 1 至图 6 显示的分别是滤波后的实际 GDP、非耐用品和服务消费、私人国内总投资、工作时数,全要素生产率和资本设备的相对价格。实际 GDP、消费和投资数据都来自国民收入与生产账户(NIPA)。

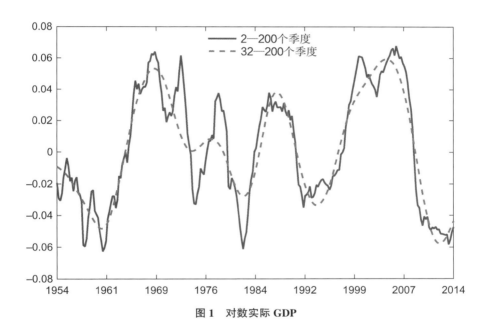

图 1 对数实际 GDP

[①] 巴克斯特-金滤波器会丢失数据集的开头和结尾的数据。为此,我们用从拟合于每个时间序列的自回归滑动平均模型(ARMA)得到的模拟数据去填充所有数据序列的开头和结尾部分——这些模拟数据将各个序列延伸到了开始日期之前和结束日期之后,从而使得我们能够构建出整个数据周期滤波后的数据。我们生成了非常长的人工时间序列,并对使用了填充数据的经带通滤波的序列与没有使用填充数据的经带通滤波的数据加以比较,以便对这个填充过程进行蒙特卡罗分析。数据填充的长度等于移动平均系数的数量 k。我们使用的具体数值是:对于季度数据,$k=50$;对于年度数据,$k=12$。结果对选择更高的 k 值不敏感。

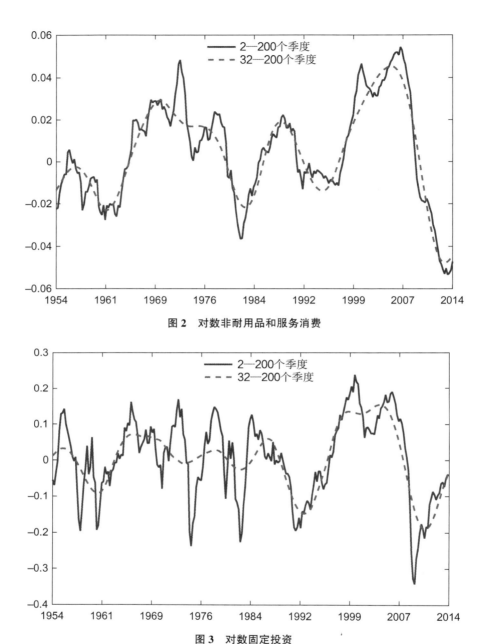

图2 对数非耐用品和服务消费

图3 对数固定投资

工作时数时间序列是通过对科秋巴等人(Cociuba et al. ,2012)的工作时数时间序列加以更新而构造的。科秋巴等人的数据来自当前人口调查。全要素生产率时间序列的构造方法是:将实际GDP除以柯布–道格拉斯资本总量,后者是私人资本和公共资本存量(所占份额为0.4)与工作时数(所占份额为0.6)的总和。

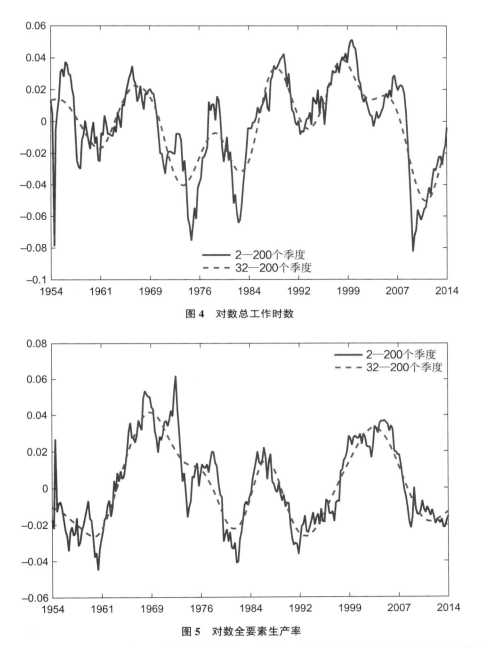

图 4　对数总工作时数

图 5　对数全要素生产率

　　我们在这个分析中还纳入了资本设备的相对价格,这不仅是因为这个相对价格会随着时间的推移而发生很大的变化,而且还因为这个相对价格的倒数在很多模型中是度量特定于设备的技术变化(设备专有的技术变化)的一个指标,例如,格林伍德等人(Greenwood et al. ,1997)的模型,以及克鲁塞尔等人(Krusell et al. ,2000)的模型。

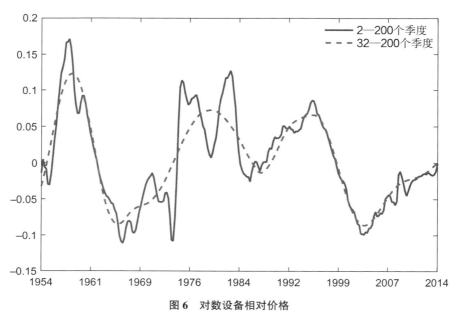

图 6 对数设备相对价格

我们将设备相对价格构造为:生产者耐用设备(资本设备)的经质量调整后的平减指数和国民收入与生产账户的非耐用消费品平减指数之间的比率。质量调整设备平减指数最早是戈登(Gordon,1990)在他的一项研究中构造的,后来,这个时间序列在康明斯和维奥朗特(Cummins and Violante,2002)、迪塞西奥(DiCecio,2009)等人的研究中得到了更新和延续。[①]

上面这几幅图全都分别显示了 2—200 季度分量和 32—200 季度分量。由于带通滤波器是一个线性滤波器,所以各图中这两条线之间的差异就是 2—32 季度分量。在所有这些经滤波的数据中,最突出的一个特征是 2—200 季度分量的运动的绝大部分都可以归因为 32—200 季度分量。这些经滤波的数据表明,经济学家通常所度量的商业周期波动性,只能解释朝鲜战争结束后美国经济的历史总波动性的很小一部分。当然,这些图也表明,传统的商业周期分量在某些时段还是相当大的,这主要表现在 20 世纪 50 年代的某个时段,但是这可以用第二次世界大战结束后以及朝鲜战争结束后经济政策从战时政策到和平时期政策的调整来解释。另外,在 20 世纪 70 年代到 20 世纪 80 年代初期,2—32 季度分量也显得比较重要。

全要素生产率的 32—200 季度分量,对于标准 HP 频率下全要素生产率的波动率受到了无法测量的周期性要素利用率影响的一般批评有非常重要的意义。弗纳德(Fernald,2014)构造的 TFP 系列是一个得到了广泛使用的 TFP 测度,它已经针对无法测量的要素利用率进行了调整。图 7 给出了弗纳尔德给出的商业部门 TFP 的调整后的和未经调整的 32—200 季

[①] 我们没有采用国民收入与生产账户的设备平减指数,这是因为我们同意戈登(Gordon,1990)的观点:国民收入与生产账户的设备价格平减指标不能充分地反映资本设备的质量改进。因此,我们采用了迪塞西奥(DiCecio,2009)所更新的戈登-康明斯-维奥朗特的数据集。这个数据集由迪塞西奥在圣路易斯联邦储备银行的联邦储备经济数据库(FRED)上实时更新(网址为 https:// research. stlouisfed. org/fred2/series/PERIC)。这个时间序列的简称是"PERIC"。

度分量。调整后的时间序列和未经调整的时间序列的长期分量是非常相似的,特别是过去40年以来,尤其如此。这个事实意味着,在这些较低频率下测量 TFP 时,无法测量的要素利用率并不会构成一个大问题。

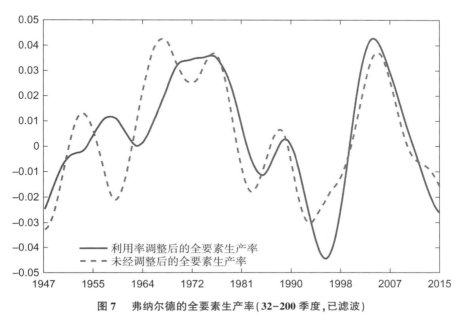

图 7　弗纳尔德的全要素生产率(32—200 季度,已滤波)

为了量化 32—200 季度分量对这些变量的相对贡献,我们构造了下面这个比率。我们将这个比率用 z_i 表示,式中的 x_i 是第 i 个变量的已滤波的 32—200 季度分量,y_i 则为第 i 个变量的已滤波的 2—200 季度分量:

$$z_i = \sum_t \frac{(x_{it})^2}{(y_{it})^2} \qquad (2)$$

平均而言,32—200 季度分量可以解释产出、消费、全要素生产率和设备相对价格波动的大约 80%,可以解释工作时数波动的大约 64%。同时还可以解释国内私人投资总额变动的大约 56%,其中包括频繁变动的库存的变化。

32—200 季度分量在大缓和期间也非常大。更具体地说,大缓和期间(通常认为大缓和的起迄时间为 1984 年至 2007 年)众所周知的波动性大幅下降,主要是因为 2—32 季度分量的波动性极小。上面这些图表明,在大缓和期间,32—200 季度分量的波动性在定量的意义上仍然是相当大的。后面这个结果可能反映了贯穿整个大缓和时期的巨大而持续的技术进步——主要是信息处理和通信方面的技术进步。

关于这些频率分量在大缓和期间的性质,上述发现与阿里亚斯等人(Arias et al.,2007)的结论是一致的,与斯托克和沃森的结果(Stock and Watson,2003)也是一致的。他们报告说,在大缓和时期,传统商业周期频率的周期对经济的影响要小于大缓和之前。关于大缓和期间的这个发现可能也反映了这个时期政策更加稳定、短期变化更少的事实。例如,泰勒(Tylor,2010)指出,更加稳定的货币政策对于理解大缓和时期的经济有很重要的意义。

32—200 季度分量对大衰退时期以及嗣后时期也很重要。它充分反映了大衰退以来经济复苏的程度与以往的长期趋势相比非常有限的事实。

2.2 用带通滤波器滤波后的美国和欧洲的年度数据

本部分介绍了带通滤波后的长期中的美国和欧洲的年度数据。产出数据是通过拼接以下两个数据集构造而成的:从1890年开始的库兹涅茨–肯德里克(Kuznets–Kendrick)数据集(Kendrick,1961),以及从1929年开始的国民收入与生产账户数据。而年度工作时数,则是用肯德里克的工作小时数据(它也从1890年开始),与我们所更新的、最初由科秋巴等人(Cociuba et al.,2012)构造的工作小时数据拼接而成的。由此得到的长期年度时间序列,在我们测量低频分量时特别有用。

图8和图9显示了滤波后的年度数据。从这些年度数据可以看出,用8至50年的带通滤波器来测量的低频分量也非常大。由于数据一直回溯到了1890年,这使得我们能够评估各种不同分量在几个重大的历史事件中的重要性,其中包括1907年大恐慌和第一次世界大战。数据表明,在大萧条和第二次世界大战中起主导作用的是低频率分量,而在第一次世界大战和1907年大恐慌中,传统的商业周期分量是相当重要的。

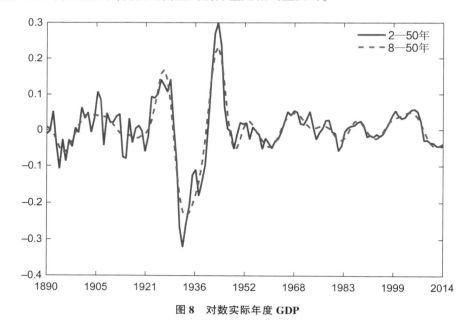

图8 对数实际年度 GDP

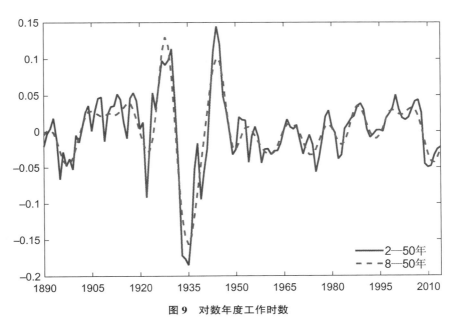

图 9　对数年度工作时数

　　第二次世界大战期间,低频分量很大,这与第一次世界大战期间的情况形成了鲜明的对比,也与关于战时经济的标准理论模型形成了强烈的对照。这些模型通常将战争设定为对政府采购的一个相当短暂的冲击。另外,在大萧条期间,低频分量也很大。本章第 5 和第 6 节将分别给出用来解释大萧条和战时经济的新古典宏观经济学模型,在两个模型中,这两个事件都是由政府政策的持续变化所驱动的。

　　在方程式(2)中给出的分解比例用于构建 2—200 季度分量中可以归因于 32—200 季度分量的比例,也以类似的方式用于构建 2—50 年分量中可以归因于 8—50 年分量的比例。

　　这个低频分量的份额在年度数据中也很大,在实际 GNP 和工作时数中所占的比例在 80％到 85％之间。

　　我们还对德国、法国、意大利、西班牙和瑞典等几个欧洲经济体在第二次世界大战后的年度实际产出数据进行了分解。

　　这些数据源于佩恩表(Penn World Tables)(Feenstra et al.,2015)。图 10 至图 14 给出了这些经滤波的数据。欧洲产出数据在 2—50 年分量中的大部分变化可以由低频(8—50 年)分量来解释。欧洲数据的长期分量反映了这些数据存在的一个明确的模式。所有的欧洲经济体在 20 世纪 50 年代和 60 年代的经济增长速度都比美国快。

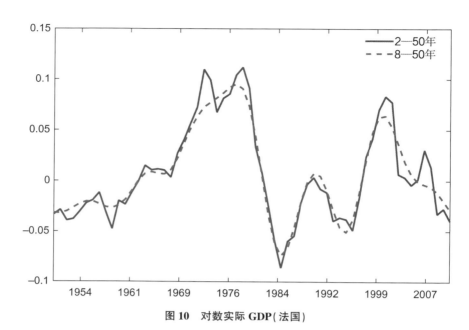

图 10　对数实际 GDP（法国）

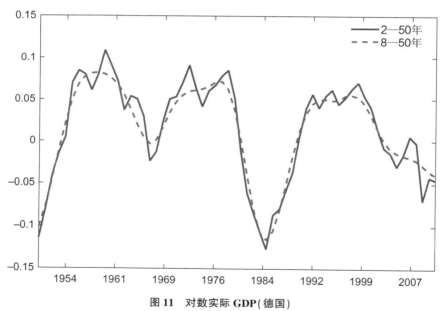

图 11　对数实际 GDP（德国）

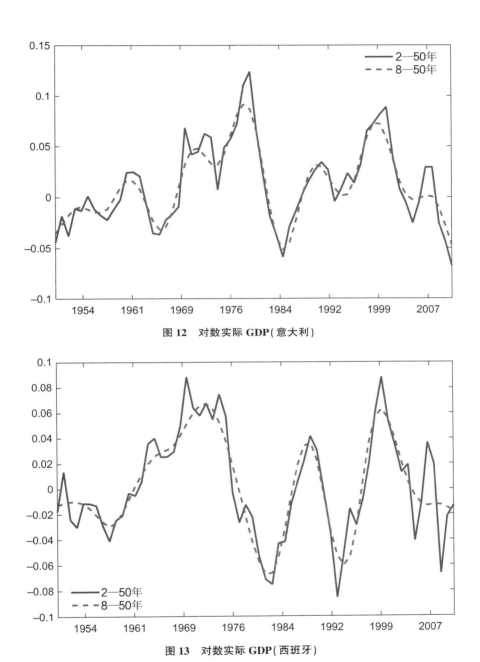

图 12 对数实际 GDP（意大利）

图 13 对数实际 GDP（西班牙）

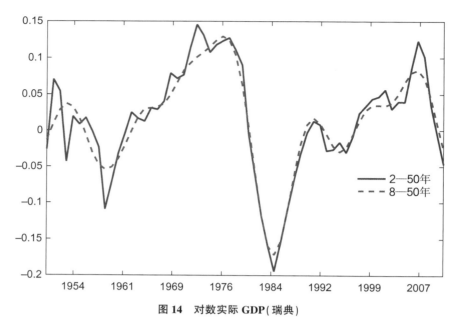

图 14   对数实际 GDP(瑞典)

　　然后,所有这些经济体都在 20 世纪 70 年代初开始出现了大幅度的下滑,并且持续到 20 世纪 80 年代中期。2—50 年分量中能够由 8—50 年分量解释的比例,在德国、法国、西班牙和瑞典大约为 80%,而在意大利则大约为 71%。

2.3   带通滤波的替代方法:随机趋势分解

　　本部分提出了另一类分解方法,即随机趋势分解法,它也可以用来评估低频分量的相对重要性。首先,贝弗里奇和纳尔逊(Beveridge and Nelson,1981)开发出了一种随机趋势分解方法,后来被称为贝弗里奇-纳尔逊分解(Beveridge-Nelson decomposition)。后来,沃森(Wstson,1986)又给出了另一种分解方法,称为未观察到的分量模型分解法。在这两个框架中,一个时间序列会被分解成两个潜在对象,即一个随机趋势分量和一个平稳分量,后者通常被称为周期(性)分量。

　　将时间序列分解成这些潜在分量需要特定的识别限制。贝弗里奇-纳尔逊分解的识别限制是两个分量完全相关。这种识别假设的主旨与我们的观点相符,即技术和政策的永久性变化会在宏观经济变量中产生平稳与永久性的反应。[①]

　　本章应用了贝弗里奇-纳尔逊分解。这种分解方法很简单,并且已经得到了广泛的应用。贝弗里奇-纳尔逊统计模型从一个假定具有随机趋势分量的变量开始。这个变量也可能具有一个漂移项,它会驱动变量的长期增长。贝弗里奇-纳尔逊分解先移除漂移项,然后

[①] 至于未观察到分量模型,传统上是通过施加趋势与平稳分量之间是正交的这个假设来实现对两种潜在分量的识别的。最近,莫利等人(Morley et al.,2003)阐明了,如何在两个分量之间具有非零相关性的未观察到的分量模型中实现识别。莫利等人发现,实际 GDP 的分解对于他们的未观察到的分量模型来说,与贝弗里奇-纳尔逊分解非常相似。他们给出的证据还表明,从实证的角度来看,传统上用于未观察到的分量模型的零相关性识别限制应当被拒绝。

将这个变量(我们将这个表示为 y_t)分解为一个随机趋势分量 x_t,以及一个平稳随机分量 s_t。随机趋势是一个随机游走,而新息项(用 ε_t 表示)则是一个白噪声过程:

$$y_t = x_t + s_t \tag{3}$$

$$x_t = x_{t-1} + \varepsilon_t, E(\varepsilon) = 0, E(\varepsilon^2) = \sigma_\varepsilon^2 \tag{4}$$

这种分解已经用于美国的对数实际 GDP 数据了。要进行分解,首先需要为数据指定一个自回归积分滑动平均模型(ARIMA)。由于对数实际 GDP 的一阶差分的前三个自相关系数分别为 0.34、0.19 和 0.06,所以我们选择了 ARIMA(0,1,1)模型。斯托克和沃森(Stock and Watson,1988)也将同样的自回归积分滑动平均模型的设定用于对数实际产出。使用 1954 年第 1 季度至 2013 年第四季度之间的季度数据,对数实际 GDP 的估计统计模型由下式给出:

$$\Delta\ln(GDP_t) = 0.0077 + \varepsilon_t + 0.40\varepsilon_{t-1} \tag{5}$$

这些估计出来的系数与斯托克和沃森基于时间跨度较短的数据集所估计出来的结果类似。斯托克和沃森估计的漂移项为稍高一点的 0.008,同时,他们估计的移动平均系数则为稍小一点的 0.30(而不是 0.40)。

利用沃尔德分解(Wold decomposition),贝弗里奇和纳尔逊证明,这个估计的统计模型的永久性分量由下式给出:

$$1.4 * \sum_{j=1}^{t} \varepsilon_j \tag{6}$$

图 15 给出了去趋势后的对数实际 GDP 的图形。这个时间序列的构造是这样的:对数实际 GDP 减去它的累积漂移分量,再减去这些去趋势后的数据的贝弗里奇-纳尔逊永久性分量。这幅图表明,去趋势后的实际 GDP 的变动几乎可以全部归因于永久性分量,而不能归因于暂时性分量。这个发现与带通滤波结果(长期分量非常大)是一致的。

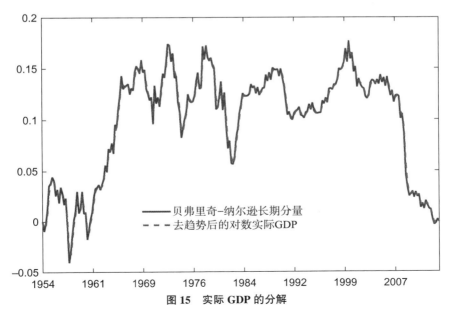

图 15　实际 GDP 的分解

本节描述的这些结果表明,观察到的总量时间序列波动的大部分都源于更长期的变化,而不是因与传统的商业周期频率相关的变化所致。这个发现激励我们更加关注那些由技术和政策的长期变化所驱动的新古典宏观经济学模型,而不是那些由非常短暂的冲击——例如,货币冲击所驱动的模型——那种冲击作用于价格和/或工资暂时没有弹性的模型下。

3. 卡斯-库普曼斯(Cass-Koopmans)模型:简单模型基要

本节概述具有弹性闲暇供给的卡斯-库普曼斯(Cass-Koopmans)单部门最优增长模型。这个模型是本章开发的所有其他模型的基础。卡斯-库普曼斯模型的特点包括:①家庭面临的是标准的效用最大化问题,同时企业面临的则是标准的利润最大化问题,两者都身处竞争性市场上且都具有理性预期;②完全市场;③存在唯一的帕累托最优均衡;④技术是规模收益不变的。

由于福利经济学定理在这个经济体中成立,所以我们可以将这个模型表示为社会规划者问题。为了便于教学和讨论,我们再假设行为者拥有完美预见力。这样,社会规划的最大化问题由下式给出:

$$\max \beta^t \sum_{t=0}^{\infty} \mu(c_t, l_t). \tag{7}$$

最大化的约束条件包括经济资源约束、家庭时间约束、资本存量转换方程,以及消费、工作时数和资本的非负性约束,如下面的(8)式至(11)式所示:

$$f(k_t, h_t) \geq c_t + i_t \tag{8}$$

$$1 \geq h_t + l_t \tag{9}$$

$$k_{t+1} = (1-\delta)k_t + i_t \tag{10}$$

$$c_t \geq 0, h_t \geq 0, k_t \geq 0, k_0 \text{ 为给定.} \tag{11}$$

同时,还必须施加一个横截性条件,以排除资本爆炸性增长的路径:

$$\lim_{t \to \infty} \beta^t u_1(c_t, l_t) f_1(k_t, h_t) k_t = 0 \tag{12}$$

效用函数满足通常的各种限制:它对自己的参数是凹的,且是两次连续可微的。技术 f 对两种投入要素资本 k 和劳动力 h 是规模收益不变的,而且也是两次连续可微的。

在下文中,我们将围绕我们在分析不同的历史事件时所关注的政策的技术变革,“定制”出有不同着重点的新古典宏观经济学模型。但是我们千万不要误以为,要解释美国经济史上不同时期的经济问题需要有根本性不同的模型。恰恰相反,我们这种做法只是意味着,不同政策和不同类型的技术变革的重要性会随时间的推移而变化。更具体来说,对各个时期的研究重点包括:理解美国朝鲜战争结束后的经济史所需的有偏向的技术变迁模型、解释 20 世纪 30 年代的经济事件所需的政府政策与当时卡特尔化和工会化趋势,以及了解 20 世纪 40 年代的经济状况所需的政府财政政策的变化。

4. 关于美国朝鲜战争结束后经济的新古典宏观经济学模型

在本节中,我们给出了一系列新古典宏观经济学模型。这些模型在研究朝鲜战争结束后的美国经济时,将技术的永久性变革视为驱动力。我们采取的主要研究方法是(下面将给出详细描述),将模型经济对识别出来的冲击的反应的均衡路径与实际时间序列数据加以比较。我们不仅会对模型结果与未经滤波的数据进行比较,而且还会对模型结果与前面第2节中描述的三种不同频率的经滤波的数据进行比较。这样做,使我们除了能够评估模型对原始数据的拟合优度之外,还能够评估模型是否与传统商业周期频率(2—32个季度)数据、以及低频(32—200个季度)数据相匹配。

4.1　定量方法

假设技术变革是中性的,对所有行业的影响都相同,是新古典宏观经济学模型对技术的标准设定。然而,越来越多的证据表明,在经济体内的信息加工部门,特别是资本设备方面,技术变革推进得更快。这里所说的信息加工部门包括了计算机硬件、计算机外围设备、复印设备和电信设备等领域。

我们在本章前面的内容中已经介绍过,戈登(Gordon, 1990)、康明斯和和维奥朗特(Cummins and Violante, 2002)、迪塞西奥(DiCecio, 2009)等人构建了一个资本设备价格数据集。他们认为这些数据比国民收入与产出账户中的设备价格数据更能刻画这类商品的定性变化。图16显示了我们考虑的全部三个频率下实际GDP与设备相对价格之间的关系。这几幅图表明,设备的相对价格在所有频率上都具有很强的反周期性。

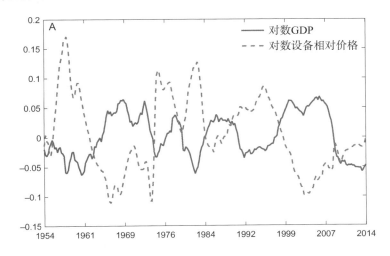

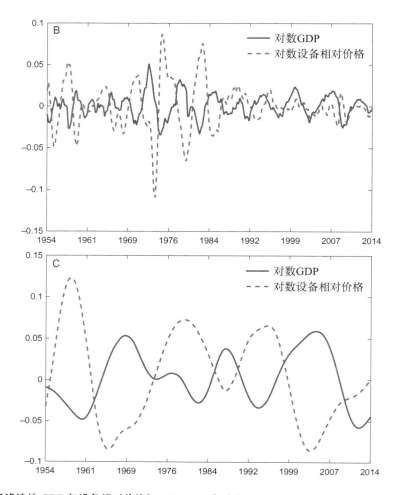

图 16　经滤波的 GDP 与设备相对价格[(A)2—200 个季度;(B)2—32 个季度;(C)32—200 个季度]

　　这种强烈的反周期性是非常有意思的,尤其是在现在有越来越多的新古典宏观经济学模型都使用这些数据去识别特定于资本设备的技术变革的情况下。下面各部分将构建一些多部门增长模型,以研究美国朝鲜战争结束后经济的演变。它们既包括中性的技术变革,也包括特定于设备的技术变革。后朝鲜战争时期是一个特别适用内嵌了有偏向的技术变革的多部门模型的时期,因为这个时期在信息处理技术和电信技术等方面取得了许多重大进步,包括集成电路、个人计算机和平板电脑技术、光纤、软件应用、移动通信技术和互联网等等。

　　关注这个时期,也便于我们可以将我们的分析与以往大量研究商业周期的文献——包括基德兰德和普雷斯科特(Kydland and Prescott,1982)、汉森(Hansen,1985)、库里(Cooley,1995)等——结合起来考虑,它们也都分析了朝鲜战争结束后的美国经济。需要注意的是,朝鲜战争结束后的时期是一个相当长的时期,它包括好多个值得细究的次级时期,例如越南战争时(1957—1971 年)、石油危机年代(1974—1981 年)、大缓和时期(1984—2007 年)、大衰退及其余波时期(2008 年至今)。

　　我们的定量研究方法与真实商业周期文献中使用的标准方法不同。研究真实商业周期的标准方法要求：先设定一个动态随机一般均衡模型——其中就包括设定外生冲击的随机过程(因为是外生冲击导致了模型经济的波动)。再用数值方法计算出均衡决策规则和运动定律,并利用这些方程再加上一个随机数发生器来模拟出人造经济的时间序列。最后计算出概括统计量,并与用美国的实际时间序列计算出来的相同概括统计量进行比较。

我们在这里运用的方法则类似于汉森和普雷斯科特(Hansen and Prescott, 1993)所采用的方法。我们从一个两部门增长模型开始,在这个模型中,总量时间序列的变动是我们从美国数据中识别出来的两个因素的结果,我们将它们视为模型中的外生的强制性的过程。这两个因素分别是利用全要素生产率识别出来的技术冲击,以及特定于设备的技术变化(我们要根据设备的相对价格来识别)。然后,我们用与真实商业周期文献相符的方式校准并求解模型。但是,我们不是简单地从外生的冲击过程中抽取出若干随机实现,而是从美国时间序列数据中识别出两次技术冲击的时间路径。然后,我们利用外部冲击的实际时间路径计算出内生变量(产出、消费、投资和工作时数)的均衡时间路径。如上所述,我们还会将模型变量与季度实际变量加以比较——不仅要针对1954—2014年未经滤波的数据,还要针对2—200个季度、22—32个季度和32—200个季度的所有三个已滤波的频率。

在对来自这个两部门模型的时间路径与美国数据中对应的时间路径进行了比较之后,我们又将这些时间路径与标准的单部门新古典宏观经济学模型中的时间路径进行了比较。在这个单部门模型中,中性技术冲击是唯一的一个会冲击经济的外部过程。然后,我们再考虑一个三部门模型,即将非市场的家庭生产部门加入到我们这个作为基准的两部门模型中去。这种扩展使得我们能够研究设备偏向的技术变革是如何导致劳动从家庭生产部门转移到市场生产部门中去的。

我们略去了以数值方法求解这些模型的细节。相反,我们关注的是各个模型经济的具体特征、对应于模型变量的美国数据统计量的构造,以及我们在计算分析中使用的校准。

在评估模型的拟合度这个方面,我们的方法与新凯恩斯主义文献最近使用的方法有很大不同。在新凯恩斯主义模型中,例如在斯梅茨和沃特斯(Smets and Wouters, 2007)的模型中,研究者会在模型中加入很多很多的冲击(有需要就增加冲击),以便使模型尽量接近数据。虽然这种方法能够实现相当不错的模型拟合,但是加入模型中的许多冲击往往很难解释。我们实现的模型拟合的方法则紧扣我们的主旨,即技术的永久性变化是经济的主要推动力。以下各部分分析的各个模型几乎不存在冲击,从而使得我们能够透明地评估模型的成功之处和不足所在。

4.2 具有投资偏向的技术变革和总体性技术变革的两部门模型

本部分开发了一个既具有特定于投资的技术变革,又具有会对所有部门都产生同样的影响的总体性技术变革的模型。这种建模思路最初是格林伍德等人(Greenwood et al. , 1997)提出的,他们分析和讨论了特定于投资的技术变革及其对长期经济增长的影响。经济学家也使用这种有偏的技术变革模型研究工资不平等,例如克鲁塞尔等人(Krusell et al. , 2000);

研究商业周期，例如费希尔（Fisher，2006）、胡斯蒂尼亚诺等人（Justiniano et al.，2010）。

我们研究的这个两部门随机增长模型包括：一个主要的部门，即 $i=1$，它生产 C_{M_t}，这是消费者服务、非耐用消费品和政府消费的总和；以及另一个部门，它体现为对生产建筑的投资（investment in stuctures）I_{st}。① 这第二个部门，$i=2$，包括生产设备 I_{et} 和耐用消费品 I_{dt}。与这两个部门相关的技术分别可以表示为：

$$C_{Mt}+I_{st}=Y_{1t}=z_t A K_{e1t}^{\theta_1} K_{s1t}^{\theta_2} H_{1t}^{1-\theta_1-\theta_2} \tag{13}$$

$$I_{dt}+I_{et}=Y_{2t}=q_t z_t A K_{e2t}^{\theta_1} K_{s2t}^{\theta_2} H_{2t}^{1-\theta_1-\theta_2} \tag{14}$$

所有变量都使用人均量来度量，其中，人口增长率为 η。在这里，K_{eit}，K_{sit} 和 H_{it} 分别表示第 i 个部门的设备、结构和工作时数。

变量 z_t 和 q_t 是影响这两个部门的技术冲击。设备、生产建筑、耐用品的存量的运动定律分别由下面的（15）式至（17）式给出，其中，$K_{e,t}=K_{e1t}+K_{e2t}$，且 $K_{s,t}=K_{s1t}+K_{s2t}$：

$$\eta K_{e,t+1}=(1-\delta_e)K_{et}+I_{et} \tag{15}$$

$$\eta D_{t+1}=(1-\delta_d)D_t+I_{dt} \tag{16}$$

$$\eta K_{s,t+1}=(1-\delta_s)K_{st}+I_{st} \tag{17}$$

这里的两个冲击 z 和 q 的对数服从有漂移的随机游走，即：

$$\log z_{t+1}=\log z_t+\varepsilon_{1,t+1}, \varepsilon_1 \sim N(\mu_1,\sigma_1^2) \tag{18}$$

$$\log q_{t+1}=\log q_t+\varepsilon_{2,t+1}, \varepsilon_2 \sim N(\mu_2,\sigma_2^2) \tag{19}$$

随机变量 ε_1 和 ε_2 都是在时间上独立同分布的（i.i.d.），而且是同期不相关的。

经济中有一个代表性家庭，它的目标是最大化期望贴现效用总额——效用产生于对非耐用品和服务的消费、耐用品的存量以及闲暇：

$$\max E_0\left\{\sum_{t=0}^{\infty}(\beta\eta)^t\left[\alpha\log C_{Mt}+(1-\alpha)\log D_t+\phi\log(1-H_{1t}-H_{2t})\right]\right\} \tag{20}$$

最优意味着，每种投入的边际产品价值在各个部门之间都是相等的。由于这个模型假设了相同的柯布-道格拉斯（Cobb-Douglas）生产函数，因此，这也就意味着配置给每个部门的每一种投入的数量与总量之间的比例是相同的。于是，令 $H_{Mt}=H_{1t}+H_{2t}$，我们就可以得到：对于 $i=1,2$，有 $\dfrac{K_{eit}}{K_{et}}=\dfrac{K_{sit}}{K_{st}}=\dfrac{K_{it}}{K_{Mt}}$。给定这个结果，同时考虑技术是规模收益不变的这个事实，我们可以对各个部门进行加总，从而得出如下的总资源约束：

$$C_{Mt}+I_{st}+\frac{1}{q_t}(I_{dt}+I_{et})=z_t A K_{et}^{\theta_1} K_{st}^{\theta_2} H_{Mt}^{1-\theta_1-\theta_2}\equiv Y_t \tag{21}$$

不难注意到，在这个总资源约束中，产出 I_d 和 I_e 要除以 q。在一个分权的经济中，$\dfrac{1}{q}$ 是设备品相对于部门1的产品的价格。这个结果表明，关于设备的相对价格的数据，可以用于度量特定于设备的技术变化。

---

① 对于在知识产权上的投资，我们也包括进了在生产建筑上的投资。我们也将把知识产权上的投资与生产建筑上的投资归并在一起。

因此,给定 K_{e0}、K_{s0} 和 D_0 的值,我们可以通过求解社会规划者问题来找到这个经济的均衡随机过程,方法是在由(15)式~(19)式和(21)式给出的约束条件下,最大化(20)式。

4.2.1 均衡增长路径

由于(18)式和(19)式给出的随机游走都存在正漂移,所以这个模型会呈现随机增长。在 $\sigma_1 = \sigma_2 = 0$ 时的确定性情况下,这个模型存在一个均衡增长路径,其中的渐近增长因子由

$$g_c = \frac{Y_{t+1}}{Y_t} = \frac{C_{M,t+1}}{C_{Mt}} = \frac{I_{s,t+1}}{I_{st}} = \frac{K_{s,t+1}}{K_{st}} = e^{\frac{\mu_1+\theta_1\mu_2}{1-\theta_1-\theta_2}}$$ 和 $g_e = \frac{I_{e,t+1}}{I_{et}} = \frac{I_{d,t+1}}{I_{dt}} = \frac{K_{e,t+1}}{K_{et}} = \frac{D_{t+1}}{D_t} = g_c e^{\mu_2}$ 给出。给定这些增长

因子,可以推导出,渐近增长路径是 $Y_t = g_c^t \overline{Y}, H_{Mt} = \overline{H}_M, C_{Mt} = g_c^t \overline{C}_M, I_{st} = g_c^t \overline{I}_s, K_{st} = g_c^t \overline{K}_s, I_{et} = g_e^t \overline{I}_e, I_{dt}$
$= g_e^t \overline{I}_d, K_{et} = g_e^t \overline{K}_e$ 和 $D_t = g_e^t \overline{D}$,其中,稳态值是下列方程的解(给定 $\overline{q}$ 和 $\overline{z}$):

$$\frac{g_c}{\beta} = \theta_2 \frac{\overline{Y}}{\overline{K}_s} + 1 - \delta_s \tag{22}$$

$$\frac{g_e}{\beta} = \theta_1 \frac{\overline{Y}}{\overline{K}_e} \frac{\overline{q}}{\overline{K}_e} + 1 - \delta_e \tag{23}$$

$$\frac{g_e}{\beta} = \frac{(1-\alpha)\overline{C}_M}{\alpha\overline{D}} \frac{\overline{q}}{\overline{D}} + 1 - \delta_d \tag{24}$$

$$\frac{\phi}{1-\overline{H}_M} = \alpha(1-\theta_1-\theta_2) \frac{\overline{Y}}{\overline{H}_M \overline{C}_M} \tag{25}$$

$$\overline{Y} = A\overline{K}_e^{\theta_1} \overline{K}_s^{\theta_2} \overline{H}_M^{1-\theta_1-\theta_2} \tag{26}$$

$$\overline{C}_M = \overline{Y} - \overline{I}_s - \frac{1}{\overline{q}}[\overline{I}_e + \overline{I}_d] \tag{27}$$

$$\overline{I}_s = (\delta_s + \eta g_c - 1)\overline{K}_s \tag{28}$$

$$\overline{I}_e = (\delta_e + \eta g_e - 1)\overline{K}_e \tag{29}$$

$$\overline{I}_d = (\delta_d + \eta g_e - 1)\overline{D} \tag{30}$$

我们使用这种非随机渐近增长路径来帮助我们校准模型,并构建与模型的均衡增长特征相一致的资本存量时间序列。

4.2.2 使用美国数据校准模型

接下来,我们要把模型的每一个内生变量和从美国国民收入与产品账户中获取的它的对应物联系起来。我们使用的数据的起迄时间是从 1954 年第 1 季度到 2014 年第 4 季度。在产品方面,这个模型有一种非耐用消费品(C_{Mt}),我们将它定义为非耐用品消费、服务消费和政府消费的总和。投资则有三种形式:I_e 为私人和政府的设备投资的总和;I_s 是私人在生产建筑、知识产权、住宅建筑上的投资与政府对建筑物和知识产权的投资的总和;I_d 则是购买的耐用消费品。鉴于我们尚未将 GDP 的每一个组成部分都分配给上述支出,我们把总产出设定为 $Y_t = C_M + I_s + \frac{1}{q}(I_d + I_e)$。在我们的模型中,设备的相对价格为 $\frac{1}{q_t}$,因此是从设备的相

对价格中识别出 q_t。这个相对价格是利用里卡尔多·迪塞西奥（Riccardo DiCecio）的方法计算的——请参见，迪塞西奥（DiCecio,2009）。[1]

资本存量是私人的固定资产和政府的固定资产的总和。与每个投资序列对应的存量，是根据美国经济分析局的固定资产年度数量指标计算出来的。具体地说，K_s 是非住宅建筑和住宅建筑以及知识产权的存量，K_e 是设备的存量，D 是耐用消费品的存量。为了获得实际资本存量的季度数据，先将前述年度数量指数乘以对应的 2009 年名义价值，然后通过迭代利用运动定律（15）式~（17）式，从相应的季度投资序列得出资本存量季度序列。[2] 人均资本存量和产出则通过除以平民人口（16~64 岁）与军事人员的总数得到。最后，我们使用的工作时数序列（包括军事活动的工作时数），则是根据当前人口调查的数据得到的。特别是，我们对科秋巴等人（Cociuba et al.,2012）构造的时间序列进行了更新。

有了这些经验对应物，就可以得出人口增长因子为 $\eta = 1.003$，人均产出增长率则为 $g_c = 1.3636$。参数 $\mu_2 = 0.0104$，这是 $\log q_{t+1} - \log q_t$ 的均值。因而意味着 $g_e = g_c e^{\mu_2} = 1.014$。

为了校准模型，我们设定 $\beta = 0.99$、劳动的份额 $1 - \theta_1 - \theta_2$ 等于 0.6、折旧率等于构造季度资本存量序列时获得的各折旧率的平均值。由此我们可以得到 $\delta_e = 0.021, \delta_s = 0.008, \delta_d = 0.05$。同时，各种资本的份额在瓦伦蒂尼和赫伦多夫（Valentinyi and Herrendorf,2008）的估计结果的基础上进行重新归一化，以使得它们的总和为 0.4。更具体地说，我们设定：$\theta_1 = 0.21$ 和 $\theta_2 = 0.19$。参数 α 是从（24）式的一个变体中计算出来的，即将其中的 $\dfrac{\overline{C_M} \, \overline{q}}{\overline{D}}$ 用得自于这些变化的经验对应物的平均值 $\dfrac{C_{M,t} \, q_t}{D_t}$ 来代替。由此得到的结果是 $\alpha = 0.817$。

接下来，我们将 $\overline{Y}$、$\overline{H}_M$ 和 $\overline{q}$ 设定为等于每个变量的时间序列中的初始观察值。剩下的七个稳态（（$\overline{K}_s$，$\overline{K}_e$，$\overline{D}$，$\overline{I}_s$，$\overline{I}_e$，$\overline{I}_d$，和 $\overline{C}_M$）则可以通过求解七个方程（22）式~（24）式以及（27）式~（30）式来得出。因此，稳态资本存量等于这些变量的第一个观察值。我们将 K_s 的所有观测值乘以 $\dfrac{\overline{K}_s}{K_{s,0}}$，$K_e$ 的所有观测值乘以 $\dfrac{\overline{K}_e}{K_{e,0}}$，$D$ 的所有观测值乘以 $\dfrac{\overline{D}}{D_0}$。这些就是用来构造 z_t 的经验对应物的资本存量。

---

[1] 这一系列数据都可从圣路易斯联邦储备银行维护的联邦储备经济数据库（FRED）获得。

[2] 由于那个模型假设了恒定不变的折旧率，但是那在我们的数据样本中不成立，因此，我们在构建季度资本存量序列时允许折旧率在不同的十年期之间发生变化。这也就是说，对于第 t 年的年度系列的初始值和第 $t+10$ 年的终值，我们要找到一个折旧率，使得在运用对应的季度投资序列时，资本存量的运动定律的迭代会在 40 个季度后达到终值。

　　更具体地说，我们要找到第 i 个十年的折旧率 δ_i，它能够使得 $K_{i+10} = (1-\delta_i)^{40} K_i + \sum_{j=1}^{40} (1-\delta_i)^{40-j} I_j$，其中，$K_i$ 是第 i 年开始时的资本存量，K_{i+10} 是第 $i+10$ 年开始时的资本存量，$\{I_j\}_{j=1}^{40}$ 是这些日期之间的每个季度的投资。在样本中，只要我们确定了每一个子期间的 δ_i，要构造出第 i 年的每个季度的季度资本存量就相当简单了。

　　然而，通过这种方法得到的资本存量，是与我们通过 q 的经验度量所引入的趋势不一致的——该趋势基于不同的价格平减指数（不是国民收入与产出账户所用来生成的资本存量的价格平减指数）。因此，我们也要调整资本存量的趋势增长，以使得这些存量与模型的长期增长特征保持一致。这也就是说，要在我们的 K_s 的季度序列增加一个趋势，使它的平均增长率等于 g_c。对于 D 和 K_e，也要进行类似的调整，使它们的平均增长率等于 g_e。

接下来,我们为 1954 年第 1 季度到 2014 年第 4 季度的外生冲击 z_t 构造一个季度时间序列,方法是设定 $z_t = \dfrac{Y_t}{AK_{et}^{\theta_1} K_{st}^{\theta_2} H_{Mt}^{1-\theta_1-\theta_2}}$,其中,对参数 A 的选择,要使得 z 的第一个观察值等于 1。这意味着 $A = 6.21$。颇有点令人惊讶的是,在以这种方式计算时,z_t 的增长率证明是零($\mu_1 = 0$)。这也就是说,通过这个模型的镜头来衡量,朝鲜战争结束后人均收入的平均增长率完全可以用特定于设备的技术改进来解释。

我们把这个模型的校准结果总结在了表 1 中指标名为"两部门"的那一列。这个表格报告了我们考虑的所有模型的校准参数值,因此,我们在讨论这些可选的模型时,将会经常回到这个表格上来。

表 1　校准的参数值

参数描述	参数名称	两部门	单部门	三部门(1)	三部门(2)
设备所占比例	θ_1	0.21		0.21	0.21
建筑所占比例	θ_2	0.19		0.19	0.19
资本所占比例	θ		0.4		
折旧率——设备	δ_E	0.021		0.021	0.021
折旧率——建筑	δ_S	0.008		0.008	0.008
折旧率——耐用品	δ_D	0.05		0.05	0.05
折旧率——资本	δ		0.013		
增长率——z	μ_1	0		0	0
增长率——q	μ_2	0.0104		0.0104	0.0104
增长率——z	M		0.0021		
人口增长因子	η	1.003	1.003	1.003	1.003
贴现率	β	0.99	0.99	0.99	0.99
市场消费的效用所占比例	α	0.82		0.33	0.33
闲暇的效用参数	ϕ	2.37	2.37	1.19	1.19
规模参数——市场生产	A	6.21	2.7	6.21	6.21
弹性参数——家庭生产	σ			0	0.4
弹性参数——市场/非市场消费品	ω			0.6	0
耐用品所占比例——家庭生产	φ			0.25	0.13
规模参数——家庭生产	A_N			4.19	4.87

注:三部门(1)——标准的家庭生产

　　三部门(2)——受格林伍德等人(Greenwood et al.,2005)启发的校准

4.2.3　对模型与数据的比较

给定我们构造的 z_t 和 q_t 的时间序列,再来构造模型的内生变量的时间序列。这也是在样本周期 1954 年第 1 季度至 2014 年第 4 季度计算得到的,方法是:运用决策规则的对数线性近似来进行计划。而这些决策规则是通过以标准数值方法求解社会规划者问题获得的。请参见,例如,厄里格(Uhlig,1999)。下面的图 17 显示了我们所度量的美国数据中的产出和工作时数,同时还给出了我们这个模型所隐含的这些变量的时间序列。

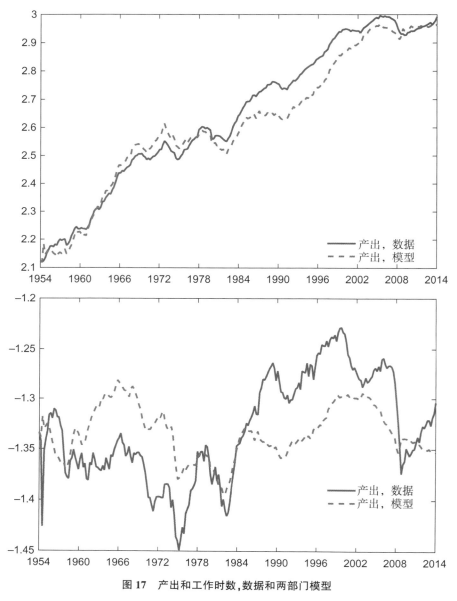

图 17 产出和工作时数,数据和两部门模型

从图 17 中可见,数据中的产出与模型中的产出一直相当接近。这种情况直到 20 世纪 80 年代中期才发生了改变——模型中的产出变得低于数据中的产出了。不过,到了 2002 年,模型中的产出就已经恢复。模型中的工作时数在 20 世纪 60 年代和 70 年代一直高于数据中的工作时数,然后从 20 世纪 80 年代中期直到大衰退,一直低于数据中的工作时数。在大衰退之后,数据中的工作时数有所复苏,但是模型中的工作时数则一直没有复苏。

图 18 包括四幅小图,分别显示了模型和数据中的产出、工作时数、消费与投资的 2 至 32 个季度频率的波动情况——数据已经经过滤波。真实商业周期文献表明,在这种频率上,这种新古典宏观经济学模型产生的波动类似于战后的美国数据。在图 18 中可以看得很清楚,对于产出和投资来说,尤其如此。

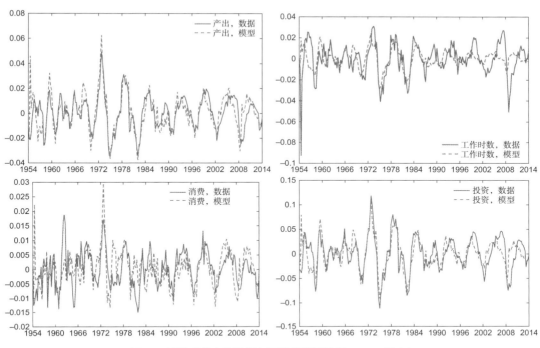

图 18 滤波后的实际数据与两部门模型数据（2—32 季度）

然而，我们这个模型所呈现的低频波动却是以往的研究很少涉及的。图 19 显示了同样四个变量的模型和已经滤波的美国数据的 32 至 200 个季度的波动。在这个频率上，模型似乎能够相当好地跟踪产出、消费和投资的波动。但是，对于工作时数，模型只"捕获"了一些低频运动，而未能反映其他低频运动。在 20 世纪 50 年代后期，模型的工作时数出现下降的

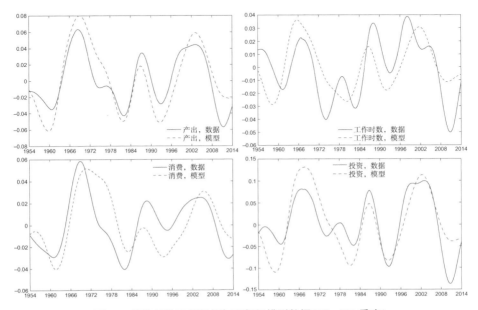

图 19 滤波后的实际数据与两部门模型数据（32—200 季度）

时间早于数据,不过,模型和数据在20世纪60年代和70年代初期的轨迹相当接近。然后,到了20世纪70年代后期,数据显示工作时数出现了上升,但是模型未能刻画这种上升。而后,在20世纪80年代和90年代,数据与模型的拟合又变得相当不错了。在大衰退期间,模型中的工作小时数的下降幅度要比数据所显示的小——其他宏观总量变量也是一样。

图20所依据的滤波后的产出和工作时数的数据与前面的图是相同的,但是它把2—32季度频率和32—200季度频率的图形画在了一起。另外一个不同之处在于,我们在每幅小图中都包含了第三个时间序列,即假设 z_t 中不存在波动,而只有 q_t 中有波动的情况下的模拟数据。也就是说,在计算模拟数据时,z_t 的时间序列用 z 的非随机增长路径替代了,即对于所有的 t,有 $z_t = e^{\mu t}$。

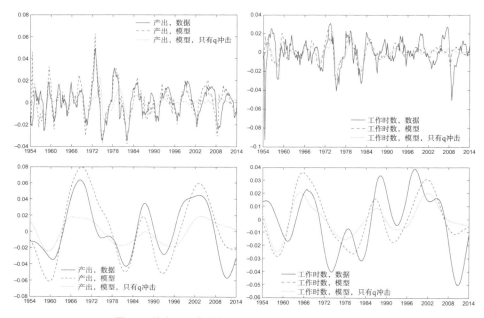

图20　特定于设备的技术波动的贡献(32—200季度)

仔细观察图20,我们不难看出,工作时数的高频和低频波动中很大一部分可以归因于 q_t 的变化,但是对于产出的波动来说,情况却不是这样。在更近的几十年,工作时数波动的大部分也不能归因于 q_t 的变化。

4.3　单部门模型

接下来,我们比较两部门模型所呈现的波动与标准的单部门新古典随机增长模型中的波动。在一个单部门经济中,只有一个生产部门,它用资本和劳动生产出来的产品既可以用于消费,也可以用于投资。这种单部门模型与两部门模型的不同之处在于,只存在一个类型的资本存量(耐用消费品没有独立的作用),而且只存在一种类型的技术。具体地说,在单部门模型中,资源约束方程——它取代了前面的(21)式——取如下形式:

$$C_t + I_t = Y_t = z_t\, A K_t^\theta H_t^{1-\theta}. \tag{31}$$

下一期的资本的运动定律由下式给出：

$$\eta K_{t+1} = (1-\delta) K_t + I_t \tag{31}$$

其中，δ 为折旧率（$0<\delta<1$），且 η 为人口增长因子 $\left(1\leqslant\eta\leqslant\dfrac{1}{\beta}\right)$。假设技术冲击 z_t 的对数服从带漂移（$\mu\geqslant0$）的随机游走。我们再假设，在第 t 期开始时就可以观察到 z 的实现。因而，我们有：

$$\log z_{t+1} = \log z_t + \varepsilon_{t+1}, \varepsilon \sim N(\mu, \sigma^2) \tag{33}$$

具有无限期生命的代表性家庭的偏好由下式给出：

$$E\sum_{t=0}^{\infty}(\beta\eta)^t\left[\log C_t + \phi\log L_t\right] \tag{34}$$

其中，$0<\beta<1$ 且 $\phi>0$。变量 L_t 表示的是休闲，其中

$$L_t + H_t = 1. \tag{35}$$

给定 K_0，通过在（31）式—（33）式的约束条件下求解（35）式最大化，我们可以计算出 $\{C_t, I_t, Y_t, H_t, L_t, K_{t+1}\}$ 的均衡序列。

4.3.1　用美国数据校准单部门模型

为了便于比较，我们仍然保持两部门模型中对产出的定义，即 $Y=C+I_s+\dfrac{1}{q}(I_d+I_e)$。由于在单部门模型中耐用消费品并没有独立的作用，所以我们将这个模型中的投资定义为 $I=I_s+\dfrac{I_e}{q}$。另外，我们把消费定义为非耐用消费品与 $\dfrac{I_d}{q}$ 的总和，即 $C_t=C_{Mt}+\dfrac{I_d}{q}$，其中，$C_M$ 就是两部门模型中的消费。资本存量则为 $K=K_e+K_s$ 的总和。这个总和的季度资本存量序列的构造，也采用了与两部门模型相同的方法。得到的季度折旧率为 $\delta=0.013$。同样，像在两部门模型中一样，$\beta=0.99$，劳动的份额则为 0.6，所以 $\theta=0.4$。给定这些，外生冲击的季度时间序列（从1954 年第 1 季度至 2014 年第 4 季度），是通过设定 $z_t=\dfrac{Y_t}{AK_t^\theta H_t^{1-\theta}}$ 来构造的，其中的参数 A 要设定为使得 $z_0=1$。这意味着 $A=2.7$。另外，漂移参数 μ 为 0.0021。

与两部门模型中一样，我们将 K、H 和 Y 的稳态值设定为等于我们的数据样本中的第一个观察值（1954 第 1 季度）。这样一来，从资源约束（31）的稳定状态表达式，就可以求得稳态消耗。然后，我们就可以根据工作时数的稳态条件对参数 ϕ 进行校准。这也就是说，$\phi=\dfrac{(1-\theta)\overline{Y}(1-\overline{H})}{\overline{C}\,\overline{H}}=2.37$。

为了便于对模型进行比较，表 1 也报告了单部门模型的参数值。

4.3.2　利用美国数据比较单部门模型和两部门模型

表 2 提供了两个度量标准，它们可以用于比较单部门模型和两部门模型的模拟结果与经滤波后的数据之间的接近程度。第一个度量标准是，模型序列的标准偏差与数据系列的标准差之间的比值，它可以度量模型在何种程度上"捕获"了数据的波动性。第二个度量标准是模型模拟结果与数据之间的相关性。我们在表 2 中报告了滤波后（提取了 2—32 季度、

32—200 季度和 2—200 季度的波动性)的数据的这两个度量标准。在所有情况下,数字越接近于 1,意味着拟合度越高。①

　　这个表格表明,除了消费之外,对于商业周期波动,模型与数据之间的相关性以两部门模型为较高。而对于低频波动,则是单部门模型更高一点,尽管在工作时数上,模型与数据之间相关性是两部门模型略高一些。对于各个序列的波动性的解释,通常是两部门模型更好。因此,我们从这个表中得出的主要结论是,除了消费的波动性之外,两部门模型比单部门模型对数据的拟合度更高一些。我们觉得特别有意义的一点是,尽管我们假设技术冲击是随机游走的、劳动是可分的,但是两部门模型依然能够解释这种波动性。因为这两个假设都倾向于减小波动的幅度。②

表 2　比较模型与数据(1955 第 1 季度—2014 年第 4 季度)

	单部门模型		两部门模型	
	模型标准偏差/数据标准偏差	模型与数据的相关系数	模型标准偏差/数据标准偏差	模型与数据的相关系数
2—32 季度				
Y	0.86	0.8	1.09	0.84
C	0.73	0.82	1	0.56
I	0.71	0.64	0.86	0.79
H	0.3	0.18	0.63	0.48
32—200 季度				
Y	0.85	0.88	1.21	0.86
C	0.7	0.78	1.07	0.64
I	0.81	0.82	1.08	0.81
H	0.35	0.51	0.81	0.53
2—200 季度				
Y	0.86	0.86	1.21	0.84
C	0.72	0.77	1.09	0.62
I	0.8	0.77	1.05	0.79
H	0.33	0.4	0.74	0.5

　　图 21 给出了与图 20 相同的信息,只不过现在用来比较的产出和工作时数的模拟数据是单部门模型的,而不是仅有"q-冲击"的两部门模型的。图 21 表明,用一个单部门模型,就可以与两部门模型几乎同样好地解释产出的大部分低频运动。不过,对于工作时数的低频波动性,两部门模型比单部门要更好。

----

① 在这张表格和后续的表格中,我们都只使用从 1955 年第 1 季度开始的数据。原因是,在 1954 年出现了一个非常不同寻常的工作时数观察点(在图 17 中可以看得很清楚),我们不想让这个观察点扭曲这些表中所报告的统计量。

② 关于劳动的可分割性对波动性的影响,请参见汉森(Hansen,1985)的论述。关于随机游走型技术冲击的影响,请参见汉森(Hansen,1997)的分析。

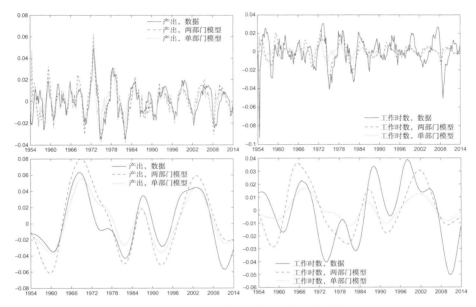

图21　对两部门模型与单部门模型的比较

4.4　三部门模型

本部分研究三部门模型——将非市场的家庭生产部门增加到两部门模型中,就可以构建一个三部门模型。在构建三部门模型时,对家庭生产可以有两种不同的设定。一种设定是由本哈比等人(Benhabib et al. ,1991)给出的标准家庭生产设定,这也是大部分文献采用的设定。这种模型为家庭提供了更多的"选择余地"——家庭可以将时间配置给市场生产、家庭生产或休闲。在本哈比、罗杰森(Rogerson)和赖特(Wright)的模型中,家庭生产的商品与市场生产的商品之间的替代弹性是比较高的,而且,作为对冲击的反应,这种高替代弹性会导致家庭部门与市场部门之间巨大的劳动流动。另外,家庭产品也是用柯布-道格拉斯(Cobb-Douglas)技术生产的,需要的要素是劳动和耐用消费品。

另一种家庭生产设定源于格林伍德等人(Greenwood et al. ,2005)的论文。他们指出,劳动节省型耐用消费品的生产技术的迅速变革,导致了时间配置上的一个长期趋势:时间从家庭生产转移到市场生产,其主要体现是妇女大量加入劳动大军。在这种设定中,耐用消费品与劳动之间的互替性要比本哈比等人(Benhabib et al. ,1991)的设定高得多。(本哈比等人假设,家庭生产部门采用的是柯布-道格拉斯型技术。)

我们在这里给出的模型则同时嵌套了上面两种设定。具体地说,我们假设,非市场消费品(C_{Nt})是使用劳动(H_{Nt})和耐用消费品的存量来生产的。像格林伍德等人(Greenwood et al. ,2005)一样,我们也假设耐用消费品与劳动之间可互替的可能性要比标准的柯布-道格拉斯生产函数所隐含的大。我们假设了如下形式的家庭生产函数(其中,$\sigma>0$):

$$C_{Nt}=A_N\left[\varphi\left(\frac{D_t}{e^{\mu_2 t}}\right)^{\sigma}+(1-\varphi)\left(g_c^t H_{Nt}\right)^{\sigma}\right]^{\frac{1}{\sigma}} \tag{36}$$

如果令 σ 接近于零，那么就可以回到模型的标准版本。需要注意的是，这里之所以要包括 $e^{\mu 2t}$ 和 g_c^t 这两项，目的是保证 C_{Nt} 以与总产出相同的速度沿着平衡增长路径增长。

相对于前述两部门模型，第二个修正是将它的目标函数（20）式用下式代替：

$$\max E_0\left\{\sum_{t=0}^{\infty}(\beta\eta)^t\left[\log C_t+\phi\log(1-H_{Mt}-H_{Nt})\right]\right\} \tag{37}$$

其中，消费 C_t 是复合消费品，与家庭生产文献中的标准设定相同，是由市场和非市场消费品组合而成的。

$$C_t=\left[\alpha C_{Mt}^{\omega}+(1-\alpha)C_{Nt}^{\omega}\right]^{\frac{1}{\omega}} \tag{38}$$

给定 K_{e0}、K_{s0} 和 D_0 的值，我们可以通过求解社会规划者的问题——在（15）式至（19）式、（21）式、（36）式和（38）式的约束条件下最大化（37）式——就可以求得这个经济的均衡随机过程。

4.4.1　用美国数据校准三部门模型

这里所用的校准策略与两部门模型下完全相同，虽然这个模型引入了四个新的参数（A_N、φ、ω 和 σ），同时，另外还有两个参数（α 和 ϕ）在这个模型中是有不同的解释的。此外，这个模型还引入了两个在美国数据中不可直接观察到的新变量，即非市场消费（C_N）和非市场工作时数（H_N）。由于数据中不存在这些变量的可测量的对应物，所以我们假设，在稳定状态下，有 $\dfrac{\overline{C}_N}{\overline{C}_M}=0.25$ 和 $\overline{H}_N=\dfrac{1}{6}$（这些取值与现有家庭生产文献一致）。模型变量与美国时间序列之间的所有其他映射都与两部门模型中的映射相同。

$\overline{K}_s$、$\overline{K}_e$、$\overline{Y}$、$\overline{C}_M$、$\overline{I}_s$、$\overline{I}_e$、$\overline{I}_d$、$\overline{D}$、$\overline{H}_M$、$\overline{H}_N$、$\overline{C}_N$ 和 $\overline{C}$ 的稳态值由（22）式、（23）式、（26）式~（30）式以及如下五个方程式决定：

$$\frac{gE}{\beta}=\frac{(1-\alpha)A_N^{\sigma}\varphi\overline{q}\,\overline{C}_M^{1-\omega}}{\alpha\overline{C}_N^{\sigma-\omega}\overline{D}^{1-\sigma}}+1-\delta_D \tag{39}$$

$$\frac{\phi}{1-\overline{H}_M-\overline{H}_N}=\alpha(1-\theta_1-\theta_2)\frac{\overline{Y}}{\overline{H}_M\overline{C}^{\omega}\overline{C}_M^{1-\omega}} \tag{40}$$

$$\frac{\phi}{1-\overline{H}_M-\overline{H}_N}=\frac{(1-\alpha)A_N^{\sigma}(1-\varphi)}{\overline{H}_N^{1-\sigma}\overline{C}^{\omega}\overline{C}_N^{\sigma-\omega}} \tag{41}$$

$$\overline{C}_N=A_N\left[\varphi\overline{D}^{\sigma}+(1-\varphi)\overline{H}_N^{\sigma}\right]^{\frac{1}{\sigma}} \tag{42}$$

$$\overline{C}=\left[\alpha\overline{C}_M^{\omega}+(1-\alpha)\overline{C}_N^{\omega}\right]^{\frac{1}{\omega}}. \tag{43}$$

我们用参数 σ 和 ω 的两组不同的值来进行模拟实验，以体现我们给出的关于家庭生产的两个不同的设定之间的差异。给定这些参数的值，可以从（39）式到（42）式获得 α、ϕ、φ 和 A_N 的值，可以从（39）式~（42）式中求出——要满足的条件是 $\dfrac{\overline{C}_N}{\overline{C}_M}=0.25$ 和 $\overline{H}_N=\dfrac{1}{6}$，且 $\overline{C}$ 由

（43）式给出。①

我们考虑的第一个校准是对通常所称的"标准家庭生产"模型进行的。在这种情况下，$\omega = 0.6$ 且 $\sigma = 0$，这两者分别对应于家庭生产文献中常见的取值（请参见，张和绍尔夫海德（Chang and Schorfheide, 2003））。在这种情况下，效用函数（38）式允许家庭消费与市场消费之间的替代性比柯布-道格拉斯设定所隐含的更高，同时生产函数（36）式则被假定为是柯布-道格拉斯式的。第二个校准，我们称之为"另类家庭生产"模型，它源于格林伍德等人（Greenwood et al., 2005）的一篇论文的启发，并设定 $\omega = 0$ 和 $\sigma = 0.4$。在这个模型中，我们假设（38）式是柯布-道格拉斯式的，并且家庭生产函数（36）式中耐用品与工作时数之间的替代弹性大于 1。与这两个校准相关的参数值如表 1 所示。

4.4.2 三部门模型中的波动

我们首先比较我们给出的这两个三部门模型分别产生的模拟结果。图 22 显示了两个模型以及美国数据中的未经滤波的产出和工作时数的时间序列。从图中可见，这两个模型都能够很好地解释产出的运动。不过，对于 20 世纪 60 年代和 70 年代，"另类家庭生产模型"的解释能力比"标准家庭生产模型"更强一些，而对于 20 世纪 80 年代和 90 年代，则标准家庭生产模型与数据的拟合更好。在大衰退期间，这两个模型都意味着相似的路径。两个模型在解释工作时数时的表现也一样："另类家庭生产模型"对早期阶段的解释能力更强，而在 20 世纪 80 年代和 90 年代则是标准生产模型的表现更好。这两个校准在 20 世纪初期则给出了基本相同的结果。

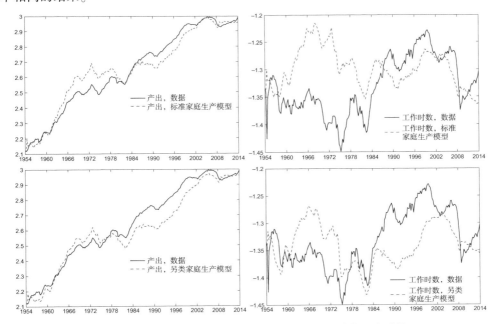

图 22 标准家庭生产模型 vs 另类家庭生产模型（产出与工作时数）

---

① 我们还利用了这样一个事实，就像在两部门的情况下一样，我们选择的参数，使得 $\bar{q}$，$\bar{H}_M$ 和 $\bar{Y}$ 是我们的数据样本中的第一个观察值。

仔细分析 1982 年到 2000 年这个时期,不难看出这两个模型在工作时数上的一个非常有意思的差异。在这个时期,另类校准所预测的工作时数显著大于标准家庭生产模型所预测的工作时数。按照格林伍德等人(Greenwood et al.,2005)的说法,这说明这个校准更好地刻画了这个时期所发生的工作时数的长期增长——主要是由于妇女进入劳动力市场所致。但是,这种差异在我们报告的低频波动中却不会出现,这一点从图 23 中可以看得很清楚。

然而,在数据经过了滤波后,这两个校准就给出了基本相同的结果。图 23 显示了这两个模型的产出和工作时数的经滤波的数据,从而有力地说明了这一点。商业周期波动以及低频波动的数据基本上是相互重叠在一起的。特别是,在 20 世纪 80 年代和 90 年代,"另类家庭生产模型"中的工作时间相对于标准家庭生产模型,如图 22 所示的那样显著增加。

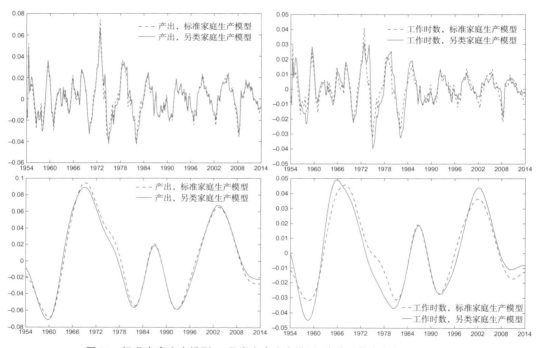

图 23　标准家庭生产模型 vs 另类家庭生产模型(滤波后的产出与工作时数)

图 24 和表 3 则显示了来自这两个模型的经滤波数据与来自美国的时间序列的经滤波数据之间的相近性。图 24 给出的是关于产出和工作时数,标准家庭生产校准的经滤波数据与美国经济的相应时间序列。比较图 24 的各小图与图 18 和图 19 中对应的各小图,我们不难看出,家庭生产模型的结果与两部门模型非常相似,不过工作时数在两个频率下的波动性都略大一些。

从图 24 中得出的这些结论,在表 3 中也是显而易见的。表 3 给出了与表 2 中相同的统计量,用于将模型数据与实际数据进行比较。只是在这里,我们是将两个三部门模型的校准与美国时间序列进行比较。

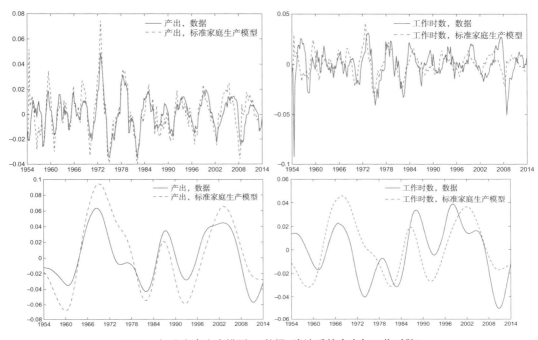

图 24　标准家庭生产模型 vs 数据（滤波后的产出与工作时数）

表 3　比较模型与数据（1955 第 1 季度—2014 年第 4 季度）

	标准家庭生产模型（$\omega=0.6$ 且 $\sigma=0$）		另类家庭生产模型（$\omega=0$ 且 $\sigma=0.4$）	
	模型标准偏差／数据标准偏差	模型与数据的相关系数	模型标准偏差／数据标准偏差	模型与数据的相关系数
2–32 季度				
Y	1.23	0.84	1.23	0.84
C	1.52	0.5	1.02	0.39
I	0.95	0.8	1.09	0.78
H	0.76	0.39	0.89	0.5
32–200 季度				
Y	1.43	0.84	1.41	0.84
C	1.42	0.58	1.03	0.51
I	1.2	0.8	1.38	0.77
H	1.02	0.5	1.16	0.48
2–200 季度				
Y	1.43	0.86	1.41	0.83
C	1.45	0.56	1.05	0.49
I	1.15	0.78	1.32	0.75
H	0.95	0.44	1.07	0.45

　　在本部分的最后，我们再给出一组表，它们报告了对朝鲜战争结束后三个子时期的模型模拟与实际数据进行比较的统计量。表 4 显示的是 1955 年第 1 季度到 1983 年第 4 季度的朝鲜战争结束后初期的结果，表 5 显示的是 1984 年第 1 季度至 2007 年第 3 季度的大缓和时期的结果。最后，表 6 给出了大萧条及其余波期间的相关统计量。

那么,哪个模型对朝鲜战争结束后的产出、消费、投资和工作时间的解释最好? 这些表格表明,这个问题的答案取决于样本期和研究者感兴趣的频率范围。

在朝鲜战争结束后初期(见表 4),所有三个模型在拟合数据这一点上都做得几乎同样好。但是,不同的模型对不同频率范围上的波动的解释略有高下。对于工作时数,所有模型都能相当好地给出解释,但是就模型与数据之间的相关性而言,两部门模型在商业周期频率上表现最出色,而标准生产模型则在低频波动上胜出一筹。对于产出的波动,在所有频率上都是两部门模型的解释力最强。而对于消费的波动,解释能力最强的则是单部门模型。至于投资的波动,两部门模型和三部门模型的解释几乎同样好。

从这三个表中可以发现的一个共同特征是,模型数据相对于实际数据的波动性会随着部门数量的增加而上升。这是由于多部门经济体提供的替代机会增多所致。

表 4　比较模型与数据(1955 第 1 季度—1983 年第 4 季度)

	单部门模型		两部门模型		标准家庭生产模型	
	模型标准偏差/数据标准偏差	模型与数据的相关系数	模型标准偏差/数据标准偏差	模型与数据的相关系数	模型标准偏差/数据标准偏差	模型与数据的相关系数
2—32 季度						
Y	0.88	0.83	1.13	0.91	1.25	0.9
C	0.74	0.84	0.92	0.55	1.46	0.45
I	0.73	0.68	0.93	0.87	1.02	0.88
H	0.33	0.24	0.74	0.66	0.86	0.53
32—200 季度						
Y	0.97	0.91	1.47	0.95	1.69	0.92
C	0.7	0.8	1.1	0.74	1.44	0.67
I	1.24	0.76	1.87	0.92	2.14	0.9
H	0.46	0.41	1.09	0.44	1.45	0.45
2—200 季度						
Y	0.96	0.89	1.42	0.94	1.63	0.91
C	0.72	0.79	1.1	0.72	1.45	0.66
I	1.09	0.72	1.52	0.87	1.66	0.84
H	0.41	0.33	0.93	0.49	1.22	0.44

表 5　比较模型与数据(1984 第 1 季度—2007 年第 3 季度)

	单部门模型		两部门模型		标准家庭生产模型	
	模型标准偏差/数据标准偏差	模型与数据的相关系数	模型标准偏差/数据标准偏差	模型与数据的相关系数	模型标准偏差/数据标准偏差	模型与数据的相关系数
2—32 季度						
Y	0.88	0.84	1.06	0.79	1.23	0.81
C	0.71	0.81	1.1	0.7	1.55	0.68
I	0.74	0.76	0.8	0.71	0.88	0.73
H	0.33	0.24	0.53	0.2	0.73	0.26
32—200 季度						
Y	1.02	0.92	1.43	0.93	1.6	0.94
C	0.98	0.81	1.41	0.74	1.73	0.73

续　表

	单部门模型		两部门模型		标准家庭生产模型	
	模型标准偏差/数据标准偏差	模型与数据的相关系数	模型标准偏差/数据标准偏差	模型与数据的相关系数	模型标准偏差/数据标准偏差	模型与数据的相关系数
I	0.77	0.95	0.96	0.95	1.04	0.96
H	0.46	0.43	0.97	0.47	1.29	0.49
2—200 季度						
Y	1.09	0.91	1.52	0.91	1.71	0.92
C	1.05	0.79	1.55	0.74	1.94	0.73
I	0.79	0.91	0.98	0.91	1.06	0.92
H	0.49	0.26	0.98	0.22	1.33	0.28

表 6　比较模型与数据(2007 年第 4 季度—2014 年第 4 季度)

	单部门模型		两部门模型		三部门模型	
	模型标准偏差/数据标准偏差	模型与数据的相关系数	模型标准偏差/数据标准偏差	模型与数据的相关系数	模型标准偏差/数据标准偏差	模型与数据的相关系数
2—32 季度						
Y	0.77	0.42	0.99	0.43	1.2	0.4
C	0.77	0.64	1.42	0.43	2.03	0.4
I	0.52	0.14	0.57	0.3	0.63	0.26
H	0.17	-0.34	0.26	-0.21	0.41	-0.24
32—200 季度						
Y	0.63	0.97	0.72	0.95	0.89	0.91
C	0.73	0.99	0.79	0.99	1.11	0.99
I	0.4	0.95	0.52	0.8	0.47	0.8
H	0.14	0.82	0.22	0.9	0.36	0.87
2—200 季度						
Y	0.55	0.75	0.66	0.66	0.76	0.55
C	0.67	0.93	0.68	0.91	0.94	0.88
I	0.28	0.33	0.42	0.28	0.37	0.22
H	0.1	0.02	0.16	0.1	0.23	-0.01

在大缓和时期(如表 5 所示),对于产出、消费和投资,单部门模型下模型与数据之间的相关系数最大,这个结果与前一个时期的结果不同(见表 4)。而就工作时数而言,则以三部门模型的解释力稍强一些。在低频波动上,除了消费之外,三部门模型下所有变量(除了消费之外)的模型与数据之间相关系数都最大。

而最近的一个时期(如表 6 所示)则覆盖了整个大衰退及其余波。在这个时期,我们可以在工作时数的波动上观察到一个惊人的结果。所有三个模型都表明,就工作时数而言,在商业周期频率上,模型与数据之间出现了负的相关系数;然而,在低频上,模型与数据之间的相关性却相当高,特别是两部门模型和三部门模型。另外,在商业周期频率上,所有这三个模型对产出和投资的波动解释能力都相当弱。再一次,单部门模型对消费的解释能力最强。

但是,在更低的频率上,所有这三个新古典宏观经济学模型都表明,在三个变量以及工作时数上,模型与数据之间存在很高的相关性。

有一点很有意思,也很重要,那就是,对于32—200季度分量,两部门模型和三部门模型的数据拟合程度在大缓和期间与在1955年至1983年期间没有什么差别。这一点之所以很重要,是因为有些经济学家认为,新古典宏观经济学模型不能拟合这个特定时期的数据,因为劳动生产率和工作时数之间的商业周期相关性在大缓和时期变成了负相关。例如,请参见,加里和范雷恩(Gali and van Rens,2014)。我们发现,这种更高频率上的统计量的变化与这些模型拟合数据中的大型长期分量的能力没有什么关系。我们还注意到,在大衰退以及随后的那几年,这些模型也能很好地拟合数据的32—200季度分量。然而,我们应该注意的是,对于衡量长期分量的要求来说,这是一个相当短的数据区间。

5. 关于萧条的新古典宏观经济学模型

本节介绍新古典宏观经济学的萧条模型。萧条期是指经济活动总量长期远远低于趋势的时期。基欧和普雷斯科特(Kehoe and Prescott,2007)将大萧条定义为这样一个事件:人均实际产出低于趋势的20%(趋势的定义是每年2%的增长率)。他们对萧条的定义还要求,在十年内,出现过实际产出比趋势低15%的情况;而且在这个时期内,每年的实际产出的增长率总是不足2%。

在过去的15年以来,对萧条的新古典宏观经济学建模已经成为一个非常活跃的研究领域。经济学家的努力,使得我们对长期以来被认为是"经济病态"的几个历史事件有了新的理解。[①] 我们在这里给出的一些模型是针对经济史上的特定"章节"的特征而量身定制的。当然,所有这些模型都可以加以修正和扩展,以便研究其他经济萧条时期的经济表现。

本节重点介绍关于美国大萧条的模型。美国大萧条是经济学领域中被研究得最广泛、最深入的一次萧条。它也可能是美国经济史上最引人瞩目的一个"反常的"宏观经济活动时期。大萧条始于1929年秋季,然后一直到20世纪40年代初,美国经济才恢复到了大萧条以前的增长趋势。

卢卡斯和拉普平(Lucas and Rapping,1969)开发出了关于美国大萧条的第一个现代模型。他们这个模型是在均衡框架内分析大萧条的,这是一个重要的突破。在那以前的对大萧条的研究指出,20世纪30年代初出现了通货紧缩和经济的偶然重合,并将通货紧缩视为

[①] 最近出现的关于大萧条的一些模型分析了各种各样的政策和机制,试图更好地了解这个历史事件。这些研究所重点关注的对象包括赫伯特·胡佛的固定工资和工作分享政策(Hhanian,2009;Ebell and Ritschl,2008;Amaral and MacGee,2015)、《全国工业复兴法案》(*National Industrial Recovery Act*)和《全国劳动关系法案》(*National Labor Relations Act*)(Cole and Ohanian,1999,2004)以及资本所得税率的变化(McGrattan,2012)。此外还包括以下课题:意大利墨索里尼的卡特尔政策和德国希特勒的政策(Col and Ohanian,2016)、关税对资源配置和生产率的影响(Ziebarth,2014),以及紧缩性货币政策对劳动力市场的影响(Bordo et al.,2000)。

导致萧条的原因。但是,卢卡斯-拉普平模型(Lucas-Rapping model)却对通货紧缩与萧条之间的关系提出了一个非常不同的解释。在卢卡斯-拉普平模型中,通货紧缩是通过关于名义价格变动的不完美信息来抑制产出的。更具体地说,工人把不断下滑的名义工资错误地理解为他们的劳动服务的更低的相对价格的反映。这种对实际工资的错误观念导致就业率进一步下降和产出进一步下滑。就业和产出的这种变化也是跨期替代的反映:在工人以为实际工资低的时期,就业和产出扩张;而在工人认为实际工资高的时期,就业和产出却收缩。卢卡斯(Lucas,1972)在他后来的一项开创性的重要研究中(它在最优化模型的框架内证明了菲利普斯曲线式关系的合理性),进一步发展了不完美信息与名义价格变化之间的这种机制。

卢卡斯和拉普平(Lucas and Rapping,1969)的研究引发了大量研究经济波动的新古典宏观经济学文献,它们都将跨期替代视为理解商业周期波动的主要渠道。在这支文献中,有代表性的贡献包括:巴罗(Barro,1981)、巴罗和金(Barro and King,1984)、卢卡斯(Lucas,1973a)、萨金特(Sargent,1973)、萨金特和华莱士(Sargent and Wallace,1975),等等。

但是,另外一些经济学家却对这些早期的新古典宏观经济学模型对经济波动的解释持怀疑态度,特别是不相信它们对于像美国大萧条这样的严重的长期危机的解释的有效性。例如,莫迪利亚尼(Modigliani,1977)指出,关于大萧条的新古典宏观经济学模型"极其不适当"地将个人描述为似乎受到了"传染性的懒惰病的侵袭"。莫迪利亚尼、里斯(Rees,1970),以及许多其他经济学家将大萧条时期的实质性失业理解为非自愿失业,这与卢卡斯和拉普平把大萧条视为市场出清的均衡解释形成了鲜明的对比。随着时间的推移,"莫迪利亚尼式的嘲讽"频繁地重复出现,被许多经济学家视为构成了对新古典宏观经济学建模方法的根本批评。本节所介绍的关于大萧条的新古典宏观经济学模型,正面回应了莫迪利亚尼的批评。我们的分析表明,可以对简单的新古典宏观经济学模型进行扩展,以便评估那些具有市场扭曲且会产生大量的持续性非自愿失业的经济体。

5.1 美国大萧条的深重程度、持续时间和部门差异

美国大萧条以其危机之深重、持续时间之长和部门之间严重程度差异之大,对新古典宏观经济学模型提出了重大挑战——事实上,也对所有定量理论模型提出了重大挑战。表7~表9提供了产出、消费、投资、工作时数和生产率的相关数据,很好地体现了上述性质。在这些表格中,所有数据都是除以人口后的人均数据;另外,除了工作时数之外,所有数据都按每年2%的增长速度进行了去趋势处理。因此,如果某个变量的值等于100,就表示该值等于该变量的稳态增长路径上的值。

表7表明,实际GDP在1929年与1933年的大萧条最低谷之间下降了35%以上,而且在那之后也一直远远低于趋势。消费也出现了大幅下降,并且在1933年之后仍然接近谷底水平。投资下降了大约75%,而且直到20世纪30年代后期仍然低于趋势50%。1929年至1933年之间,工作时数下降了大约27%,而且在那之后仍然要比趋势低20%以上。

全要素生产率在 1933 年下降到了低于趋势大约 14% 的水平。生产率的这种下降幅度,提出了测量方面的问题,而且令人怀疑这种下降是否反映了效率变化以外的因素。奥哈尼安(Ohanian,2001)发现全要素生产率的这种下降很难与产能利用率、动力储备率或要素的组合变化相协调,尽管后面这几方面都表明在此期间出现了显著的效率损失。

表 7　美国大萧条期间的实际产出及其各组成部分的水平(指数,1929 年 = 100)

年份	实际产出	消费		企业投资	政府购买	国际贸易	
		非耐用消费品及服务	耐用消费品			出口	进口
1930	87.4	90.9	76.2	79.2	105.1	85.3	84.9
1931	78.1	85.4	63.4	49.4	105.4	70.6	72.4
1932	65.2	76	46.7	27.9	97.3	54.5	58.1
1933	61.9	72.2	44.4	24.6	91.7	52.8	60.8
1934	64.6	72.1	49	28.4	101.1	52.8	58.3
1935	68.1	73.1	58.9	34.4	100.1	53.8	69.3
1936	74.9	77	70.8	45.9	113.9	55.1	71.9
1937	76	77.2	72.2	53.6	106.3	64.3	78.3
1938	70.6	74.3	56.3	37.8	112	62.8	58.6
1939	73.5	75	64.3	40.5	112.9	61.7	61.6

注:数据按人均计算,且已经去除趋势。

表 8　美国大萧条期间劳动投入的 5 个度量指标(指数,1929 年 = 100)

年份	总量指标			分部门指标	
	总就业率	总工作时数	私人部门总工作时数	农业工作时数	制造业工作时数
1930	93.8	92	91.5	99	83.5
1931	86.7	83.6	82.8	101.6	67.2
1932	78.9	73.5	72.4	98.6	53
1933	78.6	72.7	70.8	98.8	56.1
1934	83.7	71.8	68.7	89.1	58.4
1935	85.4	74.8	71.4	93.1	64.8
1936	89.8	80.7	75.8	90.9	74.2
1937	90.8	83.1	79.5	98.8	79.3
1938	86.1	76.4	71.7	92.4	62.3
1939	87.5	78.8	74.4	93.2	71.2

注:数据按人均计算,且已经去除趋势。

表 9　美国大萧条期间的生产率和实际工资水平(指数,1929 年 = 100)

年份	劳动生产率[a]	全要素生产率		实际工资率		
		私人国内	私人非农	总体	制造业	非制造业
1930	95.3	94.8	94.8	99.3	101.9	98.2
1931	95.2	93.4	92	98.9	106	96.1
1932	89.4	87.6	85.8	95.8	105.3	92.3
1933	84.8	85.7	82.7	91.3	102.5	87.2
1934	90.3	93.1	92.7	95.7	108.8	91.1
1935	94.8	96.3	95.3	95.1	108.3	90.4
1936	93.7	99.5	99.5	97.6	107.2	94.1
1937	95.1	100.1	99.3	97.8	113	92.5
1938	94.6	99.9	98.1	99.1	117.4	92.8
1939	95.2	102.6	100.1	100.1	116.4	94.3

注:数据去除趋势。

[a]劳动生产率定义为每小时的产出。

然后,全要素税率迅速恢复,最后在 20 世纪 30 年代后期上升到了高于趋势的水平。在 1932 年之后,生产率的这种迅速增长使得菲尔德(Field,2003)将 20 世纪 30 年代描述为"20 世纪技术进步最大的十年"。

另外,大萧条的严重程度在不同部门之间的差异非常大。表 8 表明,制造业的工作时数出现了大幅下滑,但是直到 20 世纪 30 年代中期,农业工作时数仍然维持在接近趋势的水平。这两个部门的就业在当时大约占了总就业的 50%。

这里总结的这些数据对经济学界关于大萧条的长期定见提出了挑战。传统的研究忽略了生产率这个重要因素,而一直只将重点放在货币紧缩和银行危机上,认为它们才是大萧条的关键决定因素。请参见弗里德曼和施瓦茨(Friedman and Schwartz,1963),以及伯南克(Bernanke,1983)。

但是,这些因素并不能解释大萧条早期的演变,也不能说明 1933 年后的大萧条为什么会延续。在大萧条的早期阶段,工业产出在 1929 年秋至 1930 年 11 月之间下降了大约 35%,但是在此期间既没有发生银行危机也不存在显著的货币收缩。[①]

1933 年以后,货币存量迅速扩大,同时由于引入了银行存款保险制度,银行业危机迅速平息下来。卢卡斯-拉普平模型(Lucas-Rapping moderl),以及许多新凯恩斯主义模型——例如,艾格特森的模型(Eggertsson,2012)——都做出了"反事实"的预测,即随着货币的迅速扩张和银行业危机的结束,经济会迅速复苏,回到趋势水平上。在卢卡斯-拉普平模型中,货币扩张中止了通货紧缩。当工人们认为自己的劳动的相对价格已经得到了恢复之后,就业就会扩大。在新凯恩斯主义模型中,例如,在艾格特森的模型(Eggertsson,2012)中,通货膨胀使

① 奥哈尼安(Ohanian,2010)指出,在货币紧缩和银行危机发生之前,大萧条就已经非常严重了。

得经济脱离了利率零下限区域,同时工作时数大幅上升。这些模型都不能解释,为什么在 1933 年以后,美国的工作时数仍然会显著下降。里斯(Rees,1970)、卢卡斯和拉普平(Rucas and Rapping,1972)都讨论过卢卡斯-拉普平模型为什么不能解释 1933 年以后的工作时数的下降。而奥哈尼安(Ohanian,2011)也分析过艾格特森的模型在解释 1933 年以后工作时数为什么会下降时的失败之处。

关于大萧条的传统观点实际上还意味着,农业部门和制造业部门在大萧条期间的处境同样艰难。但是事实上,这两个部门之间存在着巨大差异:制造业确实出现了严重的萧条,但农业却只存在一个混合的衰退。任何一个成功的大萧条模型都必须解释这种部门差异。

5.2 用简单的新古典宏观经济学模型诊断大萧条

科尔和奥哈尼安(Cole and Ohanian,1999)主张使用简单的新古典宏观经济学模型来诊断大萧条。他们的基本想法是,模型对数据的匹配,无论是成功的,还是出现了偏离,都可以提供很多信息,对我们发展用来解释经济史上某些重要事件的理论都很重要。科尔和奥哈尼安(Cole and Ohanian,1999)构建了一个标准的单部门随机增长模型,着重分析了全要素生产率对 20 世纪 30 年的美国大萧条的“贡献”。[①] 他们将从 1930 年到 1939 年的全要素生产率冲击纳入模型,结果发现全要素生产率的下降可以解释 1929 年至 1933 年之间的产出下降的大约 60%,并可以解释同期劳动下降的大约一半。然而,这个模型经济到 1933 年以后就进入了一个完全反事实的路径。全要素生产率的快速恢复,导致模型经济迅速复苏,因此,模型预计劳动投入在 20 世纪 30 年代中期就会回到趋势水平。但是事实恰恰相反,在 1933 年以后,美国的实际经济似乎滑入了一个更低的稳态增长路径,消费和工作时数一直维持在接近于 1932 年的去趋势调整后的水平上。

模型和数据之间在 1933 年之后出现的这种偏离,提供了关于大萧条这个历史事件的非常有价值的信息。上述结果表明,要想理解 1933 年之后的数据,就需要有某个状态变量发生大幅度的和持续的改变,从而极大抑制了和/或限制了生产与交易的机会。因此,遗漏因素的影响必须足够大,以至于尽管生产率快速恢复、资本存量较低,也仍然能防止工作时数的复苏。

商业周期核算(BCA)是另一种新古典诊断工具,它的应用提供了关于这个状态变量的一些洞见。科尔和奥哈尼安(Cole and Ohanian,1999,2002)、马利甘(Mulligan,2005)、布林卡等人(Brinca et al.,2016),以及沙里等人(Chari et al.,2007)使用标准的单部门新古典宏观经济学模型来度量:当把实际数据代入模型的一阶条件时,这个模型的决策边界中哪些偏离了理论。就大萧条而言,使消费和闲暇之间的边际替代率等于劳动的边际产品的条件遭到了显著的扭曲。更具体地说,在那整个十年间,劳动的边际产品一直高于消费和闲暇之间的边

[①] 大萧条期间生产率出现了大幅下降的想法,最初受到了一些经济学家的怀疑。这种怀疑是基于一种狭义的解释,即更低的全要素生产率意味着社会在一个很短的时间内失去了相当可观的知识。然而,最近一个时期以来,经济学家已经开始从不同的角度来解释总体生产率的变化了。下面的第 7 节详细讨论了这一点。

际替代率。在这种情况下,上述偏离(即通常所称的劳动楔)在 1933 年以后进一步恶化,这是扭曲交易劳动服务的机会和/或激励的一个重要因素。

奥哈尼安(Ohanian,2009)识别出了很多经济政策,它们通过抑制劳动力市场竞争和禁止工资调整,大大扭曲了劳动服务的交易机会。西蒙(Simon,2001)分析了 20 世纪 20 年代末和 20 世纪 30 年代初的大量"求职广告"(situation wanted advertisement)。这些求职广告形式上类似于"招聘广告"(help wanted advertisement),但它们是从劳动力市场的供给面发出的广告。在这些广告中,工人们会形容自己的经验和资历,以及他们希望得到的薪金水平。西蒙证明,劳动供给的价格——即求职者在这些"求职广告"中要求的工资——远远低于 20 世纪 30 年代实际支付的工资。而在 20 世纪 20 年代末,劳动供给价格与工资之间的这种巨大差距并不存在,因为那时劳动的供给价格与实际支付的工资非常相近。这个证据表明,工资高于市场出清水平,而这反过来又导致劳动力供应过剩。

表 9 提供的证据进一步证明了劳动力市场存在严重扭曲。这张表格给出了制造业部门和农业部门的工资。这些数据是相对于趋势来衡量的——这里的趋势是这些行业的生产率的平均增长率,请参见科尔和奥哈尼安(Cole and Ohanian,1999)。表 9 的这些数据表明,制造业的工资远远高于趋势,这当然也就表明它们高于市场出清水平。相比之下,农业部门的实际工资则远低于趋势。

正是在这种背景下,涌现出了一支新的研究大萧条的新古典宏观经济学文献,它们关注的焦点是政府政策的变化如何扭曲了劳动力市场。例如,奥哈尼安(Ohanian,2009)研究了美国大萧条的急剧衰退阶段,科尔和奥哈尼安(Cole and Ohanian,2004)研究了大萧条的延缓的复苏,这两篇论文都使用了基于上述事实的新古典宏观经济学框架。由于制造业部门和农业部门的工作时数与工资水平的差距很大,这些模型对标准的单部门增长模型的修正方法是,先在模型中纳入多个部门,然后再把政府政策嵌入模型。

5.3　具有工资固定和工作分担政策的新古典宏观经济学模型

20 世纪 30 年代,美国政府的政策出现了大幅度的转变。这些政策极大地限制了工业部门劳动市场上和产品市场上的竞争,从而严重扭曲了劳动市场和产品市场。但是,农业市场则基本上未受影响。奥哈尼安(Ohanian,2009)描述了在 1929 年 10 月美国股市崩盘之后,这类政策是如何从 1929 年 11 月开始陆续出台的。赫伯特·胡佛总统会见了通用汽车公司、福特汽车公司、通用电气公司、美国钢铁公司和杜邦公司等大型工业企业的领导者。胡佛游说这些企业的领导者,要么提高工资,要么至少要把工资维持在原来的水平上。他还要求各行业各公司让多个员工分享一份工作,而不要像通常那样解雇工人,或者把工人留下来并让他们轮流上班。

作为对维持名义工资和分享工作的回报,那些加入了工会等组织的工人则必须承诺不扰乱秩序、不破坏生产,以维持"工业和平"。在当时的大企业看来,胡佛的这种斡旋是符合它们的自身利益的。特别是,众所周知,在那个时代,主要的制造业企业拥有大量的行业租金。例如,科瓦契奇和夏皮罗(Kovacic and Shapiro,2000)指出,这个时期,正是各主要工业行业之间的串谋和卡特尔化达到了顶峰的时代,而且资本的收入份额也是历史上最高的。各大工业企业同意保持工资不变;事实上,福特汽车公司甚至在与胡佛总统会面后提高了工资。然而,随着价格水平的下降、生产率的下降,这种固定名义工业工资的做法,导致了实际工资上涨和单位劳动成本上涨。奥哈尼安(Ohanian,2010)的研究表明,各行业多次要求胡佛总统允许削减名义工资,但是胡佛拒绝了这些要求。各大雇主的名义工资直到 1931 年底才开始下降,在工业部门的工作时数已经减少了差不多 50%。

奥哈尼安(Ohanian,2009)开发了一个新古典宏观经济学模型,纳入了能够影响工业部门的冻结名义工资和多人分享一份工作的政策。这是一个有多个部门的模型,它同时还要求区分每个工人的工作时数和职业,以便对工作分享进行建模。

在这个模型中,有一个代表性家庭,家庭成员分别在多个行业中工作。人口增长率为 n。对消费和闲暇的偏好,以及劳动的负效用由下式给出:

$$\max \sum_{t=0}^{\infty} \beta^t \{\ln(c_t) + e_{at}\mu \ln(1-h_{at}) + e_{mt}\mu \ln(1-h_{mt}) - v(e_{at}+e_{mt})\}(1+n)^t \tag{44}$$

偏好按人口缩放(人口增长率为 n)。我们用 c 表示消费,用 e_a 表示农业部门的工人人数,用 e_m 表示制造业部门的工人人数,并用 h_a 和 h_m 分别表示农业部门和制造业部门的工作周的长度。函数 $v(e_a+e_m)$ 是递减和弱凸的,它规定了让不同家庭成员进入劳动市场(工作)的效用成本。按照各家庭成员在这个效用成本分布中的位置对它们进行排序,并假设这些成本在家庭成员之间线性上升,我们可以得到:

$$-v(e_{at}+e_{mt}) = -\int_{i=0}^{e_t} (\xi_0+2\xi_1 x)\,dx = \xi_0 e_t + \xi_1 e_t^2 \tag{45}$$

不难注意到,参加工作的家庭成员的数量存在一个最优值,每个参加工作的人的工作时数也存在一个最优值。

有两个生产部门,农业和制造业。在每个部门内部,都有一个行业的连续统。行业产出由下式给出:

$$y_i = h_t e_s(i)^\gamma k_s(i)^{1-\gamma}, \tag{46}$$

其中,工作周的长度由 h 给出,就业由 e 给出,资本由 k 给出。基德兰德和普雷斯科特(Kydland and Prescott,1988)、科尔和奥哈尼安(Cole and Ohanian,2002)、林和普雷斯科特(Hayashi and Prescott,2002)、奥苏纳和里奥斯-鲁尔(Osuna and Rios-Rull,2003)、麦克格拉顿和奥哈尼安(McGrattan and Ohanian,2010)也都用类似的生产技术来研究需要区分就业和每个工人的工作时数的情况。

将行业层面的产出加总起来,就可以得到部门产出:

$$Y_s = \left(\int_0^1 Y_s(i)^\theta di\right)^{\frac{1}{\theta}} \tag{47}$$

最后的总产出(将在消费和投资之间分配),是两个部门的产出总和:

$$Y = \left[\alpha Y_m^\phi + (1-\alpha) Y_\alpha^\phi\right]^{\frac{1}{\phi}} \tag{48}$$

最终产品的生产是竞争性的。最大化问题由以下方程给出:

$$\max\left\{Y-\int p_m \gamma_m(i)\,di-\int p_a \gamma_a(i)\,di\right\} \tag{49}$$

在如下约束条件下：

$$Y=\left[\alpha\left(\int_0^1 \gamma_m(i)^{\theta}di\right)^{\frac{\phi}{\theta}}+(1-\alpha)\left(\int_0^1 \gamma_a(i)^{\theta}di\right)^{\frac{\phi}{\theta}}\right]^{\frac{1}{\phi}} \tag{50}$$

用标准方法就可以求解最终产品的生产者的利润最大化问题，其核心特点是令每种中间投入的边际产品与投入价格相等。

家庭的贴现因子、折旧率、资本和劳动生产份额参数，它们所取的参数值都是标准的：$\beta=0.95$，$\delta=0.06$，以及 $\gamma=0.67$。决定工人的工作时数（工作周的长度）的负效用和就业的效应成本的三个参数要共同设定，以使得：①平均就业人口比例为 0.7；②平均工作周长度为每周大约 45 个小时；③就业变动解释了工作时数的周期性波动的大约 80%。

奥哈尼安（Ohanian，2009 年）讨论了受胡佛总统的方案影响的经济所占的比例，并将生产份额参数 α 设定为使得受此方案影响的行业中会产生大约 40% 的就业下滑。参数 ϕ 决定了农业与制造业之间的替代弹性。我们这里将这种弹性设置为 1/2，这与制造业在增加的价值中所占的份额及其相对价格随时间推移而下降的事实一致。

为了分析胡佛的冻结名义工资和工作分享政策的影响，我们将观察到的实际制造业工资序列外生地注入模型中。这个工资序列可以解释为胡佛的保持名义工资不变计划与外生的通货紧缩的共同结果。需要注意的是，由于抽象掉了货币在模型中可以发挥的作用（例如货币在先约束），分析得到了很大的简化。当然，在模型中纳入明确的货币交易，也不会导致结果出现任何显著的变化——只要纳入货币交换的更复杂的模型产生了相同的制造业实际工资路径。

接下来，我们讨论如何对工作周（一周工作时间）建模，以便分析胡佛的计划。首先，请回想一下，大萧条之前几乎所有的劳动投入的周期性变化，都可以归因于就业的变化而不是每个工人的工作时数变化。然而，在 1929 年至 1931 年间劳动投入的下降中，大约 40% 都可以归因于工作周的长度变得比以前更短了。这就表明，工作周长度的大幅下降是由于胡佛的工作分享政策，而不是最优化选择的反映。

我们把胡佛的工作周也外生地注入了模型。前述证明工作周长度不是最优化选择的结果的证据也表明，胡佛的工作分享政策效率低下。在这种模型中，强制工作分享的低效率会导致生产率下降，因为减少工作周的长度就像一个负面的生产率冲击。要理解这一点，只需注意到，就业的柯布–道格拉斯组合和生产函数中的资本存量都是以工作周的长短来缩放的。

分析所针对的是 1929 年第 4 季度到 1931 年第 4 季度这个期间。冻结名义工资和工作分享政策提高了劳动成本，从而显著地抑制经济活动，这同时反映在实际工资的上涨和劳动生产率的下降上。制造业工资没有弹性，意味着制造业劳动市场不能出清，从而雇佣劳动的数量完全取决于对劳动的需求。表 10 显示了完美预见模型的预测和数据。① 这个模型能够

---

① 从年度国民收入与产品账户数据以线性内插的形式得到季度频率序列。

产生大约 16%的产出下降(占实际下降幅度的 60%以上)。① 这个模型也与以下事实相一致:产出下降幅度更大的是制造业部门而不是农业部门。另外,在模型中:制造业工作时数下降了大约 30%,在数据中则下降大约 44%;农业工作时数在模型中下降了大约 12%,在数据中则下降了大约 4%。

表 10 美国大萧条——纳入了冻结名义工资和工作分享政策时的模型和数据

(指数,1929 年第 3 季度 = 100)

时间	产出		制造业部门工作时数		农业部门工作时数	
	数据	模型	数据	模型	数据	模型
1929 年第 4 季度	97	101	91	96	99	104
1930 年第 1 季度	93	98	84	92	98	102
1930 年第 2 季度	90	96	76	89	99	99
1930 年第 3 季度	87	94	69	85	99	97
1930 年第 4 季度	84	91	67	80	99	94
1931 年第 1 季度	82	87	65	76	98	92
1931 年第 2 季度	78	86	59	71	97	90
1931 年第 3 季度	75	84	56	69	96	88

农业部门的下降幅度之所以小得多,是因为它不受胡佛的冻结名义工资政策和工作分享政策的约束。然而,由于胡佛政策的一般均衡效应,农业部门也出现了下滑。这反映了如下事实:在生产最终产品时,制造业的产品与农业的产品之间是有互补性的。因此,制造业的萧条压低了农业工资,而更低的农业工资反过来又压低了农业工作时数。

不难注意到,这个模型与西蒙(Simon,2001)的发现也是一致的:制造业中存在着过剩的劳动供给;制造业中的求职者愿意接受比制造业当前工资低得多的工资。这个模型还提供了一个理论,解释为什么通货紧缩在 20 世纪 30 年代与 20 世纪 20 年代初相比,特别令人沮丧。在 20 世纪 20 年代初,也出现了非常类似的通货紧缩,但是与之结合的是温和得多的经济下滑。

虽然这个模型是为研究美国大萧条而量身定制的,但是它也可以用于研究更加广泛的冻结名义工资政策和/或工作分享政策。

5.4 具有卡特尔和内部人–外部人工会的新古典宏观经济学模型

具有固定不变的名义工资、通货紧缩和工作分享政策的模型经济,可以解释大萧条初期的很大一部分经济表现。然而,到了 1933 年之后,通货膨胀就结束了。此外,生产率迅速提

---

① 确定性路径解,可以成为经济活动水平立即提升的原因。这反映了如下事实:生产者"看到"未来的劳动成本会更高,从而在成本上升之前就加紧生产。未来的研究应该评估这些政策在随机环境中的影响。

升,实际利率也呈现出了下降的迹象。具备了这些因素,经济本来应该会出现较强的复苏,但是实际经济仍然远低于十年的平衡增长趋势。从新古典宏观经济学的角度来看,既然生产率已经在上升,那么经济无法回归趋势就非常令人困惑了。而且,由于通货紧缩阶段和银行业危机已经结束了,实际利率也下降了,因此,从新凯恩斯主义的角度来说,这也是很令人困惑的。

要理解 1933 年之后的大萧条,经验上的一个关键点是劳动楔越来越大了——这是因为劳动的边际产品远远高于消费与闲暇之间的边际替代率。科尔和奥哈尼安(Cole and Ohanian,2004)提出了一个基于政府竞争和劳动市场政策变化的劳动楔理论。一个重要的政策是 1933 年通过实施的《全国工业复兴法案》(National Industrial Recovery Act),它允许大量非农业行业通过限制生产和提高价格明确地推进行卡特尔化。美国政府一般都会批准这些卡特尔——只要那个行业提高了它们的工人的工资。另一个重要政策是 1935 年颁布实施的《全国劳动关系法案》(National Labor Relations Act),它规定了工会制度和集体谈判制度。根据《全国劳动关系法案》,工人可以发动“留厂静坐”罢工——参加罢工的工人可以通过占据工厂来强行阻止生产——由此赋予了工人相当强的谈判能力。科尔和奥哈尼亚描述了这两个政策如何导致了一种内部人–外部人摩擦,内部人的工资要比这些政策未能覆盖的部门的工人更高。

科尔和奥哈尼安还给出了这些政策覆盖的各个行业的工资和相对价格数据。就是在这些法规颁布实施的前后,工业相对价格和工资出现了跳涨,并且在此之后继续上涨。如表 9 所示,到 20 世纪 30 年代后期为止,实际工资一直在上涨,最终上涨到了高于趋势 17% 的水平。

科尔和奥哈尼安(Cole and Ohanian,2004)构建了一个多部门增长模型。在这个模型中,制造业的某些行业在与工人达成工资协议后就能够实现卡特尔化。科尔和奥哈尼安从一个简单的新古典宏观经济学模型开始,然后加入一个动态内部人–外部人工会模型。在这个工会模型中,在职的工人(内部人)决定内部人群体的规模,并就工资进行谈判。内部人的目标是最大化人均期望工会工资溢价的贴现值。

虽然这种模型是为了刻画美国政策的具体特征而量身定制地开发出来的,但是要对它进行修正也非常容易。修正后的模型可以用于分析各种各样的动态讨价还价博弈,其中,企业和工会就工资展开多轮讨价还价,而工会内部人则要选择自己的群体规模,以最大化工会成员的期望贴现报酬。在任何一个内部人–外部人环境中,工会规模的选择都是至关重要的,但是早期的内部人–外部人模型通常没有考虑到这一点。

我们从一个新古典多部门增长模型开始讨论,然后把上述这些政策内嵌到模型中去。偏好由以下式子给出:

$$\max \sum_{t=0}^{\infty} \beta^t \{\ln(c_t) + \mu \ln(1 - n_t)\} \tag{51}$$

我们用 c 表示消费量,家庭的大小则归一化为 1。为了简化模型,我们假设所有工作都是全职的。$1-n$ 指的是从事非市场活动(处于闲暇状态)的家庭成员的人数。家庭面临如下的现值预算约束:

$$\sum_{t=0}^{\infty} Q_t \left[w_{ft} n_{ft} + w_{mt} n_{mt} + \Pi_0 - c_t - \sum_s r_{st} k_{st} - x_{st} \right] \geqslant 0 \qquad (52)$$

其中,Q_t 是日期 t 时的产出的价格,w_f 是竞争性(非卡特尔的1)工资,n_f 是在竞争性部门就业的工人的人数,w_m 是卡特尔工资,n_m 是在卡特尔部门就业的工人的人数,Π_0 是日期 0 时的利润,r_s 是部门 s 的资本的租金价格,部门 s 的资本则表示为 k_s,x_s 是对于部门 s 的资本的投资。配置给市场活动的时间则由以下方程给出:

$$n_t = n_{ft} + n_{mt} + n_{ut} \qquad (53)$$

这个方程式表明,总非市场时间 n 是家庭用于在农业(非卡特尔)部门工作中的时间 n_f、用于在制造业(卡特尔化)部门工作中的时间 n_m,以及为了在制造业部门中求职而花费的时间 n_u 的总和。

对于卡特尔化的部门的工人人数,也可以给出一个运动定律,其转移方程由下式给出:

$$n_{mt} \leqslant \pi n_{mt-1} + v_{t-1} n_{ut-1} \qquad (54)$$

制造业部门工人人数的这个转移方程表明,在时间 t 上,制造业工人的人数由两个分量组成。第一个分量是上一期在工作的人的人数,减去外生的劳动力损耗(人员流失),其中 $(1-\pi)$ 是制造业部门工人外生地失去职位的可能性。第二个分量是 $v_{t-1} n_{ut-1}$,这是制造业部门新雇用的员工的人数。它等于前一期在制造业部门求职的家庭成员的数量 n_{ut-1},乘以成功找到一份制造业行业工作的概率,后者用 v_{t-1} 表示。

需要注意的是,"外部人"要想成为制造业部门的新雇佣者,必须先求职。在这个模型中,就是用这样一个搜索过程来刻画外部人之间的竞争的——因为内部人的职位稀缺。内部人流失的概率 $1-\pi$ 刻画了某种导致内部人失去职位的特征,但是没有明确建模,这可能是因为退休、生病、致残和搬迁。不难注意到,如果 $\pi=1$,那么就意味着不存在内部人的流失,从而在模型的稳定状态下,卡特尔部门将不会招聘(或流失工人)。

行业资本存量的运动定律采取了标准形式,由下式给出:

$$k_{st+1} = (1-\delta) k_{st} + x_{st} \qquad (55)$$

第 i 部门中的行业的产出由以下式子给出:

$$Y(i)_t = z_t \, k_t^{\gamma}(i) \, n_t^{1-\gamma}(i) \qquad (56)$$

从而,部门产出由下式给出:

$$Y_s = \left[\int_{\varphi_{s-1}}^{\varphi_s} Y(i)^{\theta} di \right]^{\frac{1}{\theta}}, s = \{f, m\} \qquad (57)$$

最终产出是两个部门的产出的常替代弹性加总结果:

$$Y = \left[\alpha Y_f^{\phi} + (1-\alpha) Y_m^{\phi} \right]^{\frac{1}{\phi}} \qquad (58)$$

卡特尔部门的生产者面临的利润最大化问题的特征在于,它们拥有市场权力,而且市场权力取决于弹性参数 ϕ 和 θ。考虑用行业价格由 $p = Y^{1-\phi} Y_m^{\phi-\theta}$ 给出的事实,行业利润函数由下式给出:

$$\Pi = \max_{n,k} \{ Y^{1-\phi} Y_m^{\phi-\theta} ((z_t n_t)^{1-\gamma} k_t^{\gamma})^{\theta} - wn - rk \} \qquad (59)$$

在内部人-外部人工会模型中,在职的工人(内部人)的目标是最大化行业工资溢价的期望贴现价值。当目前有 n 个内部人时,身为一个内部人的内在价值,由下式给出:

$$V_t(n) = \max_{\overline{w}_t, \overline{n}_t} \left\{ \min\left[1, \frac{\overline{n}}{n}\right] \left([\overline{w}_t - w_{ft}] + \pi\left(\frac{Q_{t+1}}{Q_t}\right) V_{t+1}(\pi \overline{n}) \right) \right\} \tag{60}$$

内部人会建议企业以工资率 $\overline{w}_t$ 雇用数量为 $\overline{n}$ 的工人。如果这个建议被接受,那么当期每个内部人得到的支付是工资溢价,即卡特尔工资减去竞争性工资的差额:$(\overline{w}_t - w_f)$。内部人的持续价值是下一期仍然作为一个内部人的期望贴现价值,即,$\pi\left(\frac{Q_{t+1}}{Q_t}\right) V_{t+1}(\pi \overline{n})$。需要注意的是,在第 $t+1$ 期开始时,内部人的数量由 $\pi \overline{n}$ 给出。再注意到内部人流失的概率 π 会以两种不同的方式影响工会会员的持续价值。一是在日期 t 上,任何一个内部人在日期 $t+1$ 上仍然留在卡特尔内的概率为 π,它会缩放日期 $t+1$ 上的值函数。二是在日期 $t+1$ 上,仍然会留在卡特尔的、日期 t 上的内部人的总数为 $\pi \overline{n}$。

内部人在每一期开始时都会与企业进行工资谈判。如果达成了工资协议,那么企业以工资率 $\overline{w}$ 雇用数量为 $\overline{n}$ 的工人。需要注意的是,工会这个"要价"是有效率的,因为给定这个工资要价,雇用的工人数量 $\overline{n}$ 是与公司的劳动需求表相一致的。工资谈判的规则是,工会向企业提出一个"要么接受,要么放弃"(不容讨价还价)的方案。

在均衡的情况下,工会提出的要价,恰恰是企业弱偏好于自己的外部选择(拒绝工会的要价)的要价。企业的外部选择如下:如果拒绝工会的要价,那么企业可以以竞争性的工资 w_f 从市场上雇用劳动,则企业继续成为一个垄断者的概率为 ω;同时存在 $1-\omega$ 的概率,即政府发现公司没有"诚心诚意地"与工会进行工资谈判,于是政府将迫使企业进入竞争性市场,因而企业将不能继续获得垄断利润。

模型的这个特征刻画了如下经验事实:有一些企业没有达成工资协议,或者违反了工资协议,同时政府确实执行了前述政策的工资谈判条款。因此,企业的外部选择,就是拒绝内部人的要价后所能得到的垄断利润的期望水平,并且只有在内部人提出的要价至少能够给企业带来这个水平的利润的情况下,企业才会接受内部人的要价 $(\overline{n}, \overline{w})$。因此,工会的最优选择是,向企业提出与企业的外部选择一样的要价。

这个模型的一个关键参数是在卡特尔部门工作的工人在总就业中的份额。虽然美国政府的卡特尔化政策的目标是,覆盖非农经济的 80% 左右,但是美国经济究竟在多大程度上真正实现了卡特尔化,仍然是一个众说纷纭的问题。因此,这个模型保守地设定,只有制造业和采矿业确实已经实现了卡特尔化,它们合计大约占经济的 1/3。这个模型的另一个关键参数是 ω,它决定了政府将确定某个企业违背了工资协议的概率。模型对这个参数值的选择,要使得稳态状态下的卡特尔工资溢价比趋势高出大约 20%。这意味着 ω 的值在 0.10 左右。流失参数 π 则设定为 0.95,这相当于卡特尔部门的工人的平均任职年限为 20 年。

与标准模型不同的参数还包括行业间和部门间的替代弹性。对于这些参数的设定是这样的:行业替代弹性的选择,要使得在不存在工资谈判的情况下,行业工资将出现大约 10% 的上升;部门替代弹性,即制造业部门与农业部门之间的替代弹性则设定为 1/2;至于所有其他参数的值,包括家庭贴现因子、家庭闲暇参数、资本和劳动力的收入份额以及折旧率,全都与标准模型一样,具体的设定请参阅科尔和奥哈尼安(Cole and Ohanian,2004)的论文中的描述。

定量分析从1934年开始。为了生成模型变量,先确定了制造业部门和农业部门的1933年资本存量,并且与1934年到1939年的全要素生产率序列一起注入模型。然后,模型变量转移到了它们的稳态值。为了便于比较,我们将卡特尔模型的结果与这个模型的完全竞争版本的结果放到一起呈现。表11取自科尔和奥哈尼安(Cole and Ohanian,2004年)的论文——给出了这个模型的完全竞争版本的反应。我们不难注意到,在完全竞争版本中,生产率快速回升到了趋势水平,同时工作时数则上升到了高于趋势的水平,从而将资本存量重建至稳态水平。此外,工资也远低于1933年的趋势,并且在那之后随着生产率的提高和资本存量的增加而迅速回升。

表11 竞争模型中从萧条中恢复的均衡路径

年份	产出	消费	投资	就业	工资
1934	0.87	0.9	0.73	0.98	0.89
1935	0.92	0.91	0.97	1.01	0.91
1936	0.97	0.93	1.18	1.03	0.94
1937	0.98	0.94	1.14	1.03	0.95
1938	0.98	0.95	1.12	1.02	0.96
1939	0.99	0.96	1.09	1.02	0.97

表12显示了卡特尔模型中的转移。这种转移与如表11所示的竞争性经济中的转移形成了鲜明的对照。卡特尔经济转移为一个远低于竞争性经济的稳定状态。尽管提高了生产率,但是卡特尔经济在整个20世纪30年代仍然一直处于萧条状态,因为卡特尔政策创造了租金——将工资提高到了远远高于趋势的水平——同时消费和分配给市场活动的时间都低于趋势。这些结果表明,卡特尔政策能够解释1933年后的产出、消费和工作时数的大约60%的变动。

表12 卡特尔政策模型中从萧条中恢复的均衡路径

年份	产出	消费	投资	就业	求职者	就业 卡特尔部门	就业 竞争性部门	工资 卡特尔部门	工资 竞争性部门
1934	0.77	0.85	0.4	0.82	0.07	0.68	0.89	1.16	0.81
1935	0.81	0.85	0.62	0.84	0.11	0.69	0.92	1.19	0.83
1936	0.86	0.85	0.87	0.89	0.06	0.72	0.97	1.2	0.83
1937	0.87	0.86	0.9	0.9	0.04	0.73	0.98	1.2	0.83
1938	0.86	0.86	0.86	0.89	0.06	0.72	0.97	1.2	0.84
1939	0.87	0.86	0.88	0.89	0.04	0.73	0.97	1.2	0.84

5.5 关于税收与大萧条关系的新古典宏观经济学模型

本部分讨论税率变化与美国大萧条以及最近发生的这场大衰退之间的关系。它至少起了推波助澜的作用。在大萧条期间,美国的税率一直处于上升状态。麦克格拉顿(McGrattan,2012)研究了1933年以后美国的股息税和公司利润税的税率变化对经济活动的影响。特别是,1936年美国开征了一种适用于企业未分配利润的新税。这个新税种的目标是推动企业增加分给持股人的红利。决策者的初衷是希望这样做能够刺激支出。

麦克格拉顿研究的是这样一个模型经济:代表性家庭对消费和闲暇有对数偏好,生产函数是柯布-道格拉斯型的,以资本和劳动为投入要素,并且是规模收益不变的。她考虑了两种税收制度。第一种是传统的税收制度:对劳动收入征税(税率为τ_h)和对扣除折旧后的资本收入征税(税率为τ_k)。总税收是劳动所得税收入和资本所得税收入之和,即:

$$\tau_h wh + \tau_k (r-\delta) k \tag{61}$$

第二种税收制度则涉及对收入来源的更精细的分解,以及区分商业和非商业资本。在这种税收制度下,税收收入由下式给出:

$$\tau_h wh + \tau_p (r-\tau_k-\delta) k_b + \tau_c c + \tau_k k_b + \tau_u (k'-k_b) + \tau_d \{ (rk_r - x_b) - \tau_p (r-\tau_k-\delta) k_b - \tau_k k_b - \tau_u (k'-k_b) \} \tag{62}$$

在(62)式[①]中的τ_p是利润税率,τ_k现在是对商业财产征税的税率,τ_c是消费税率,τ_u是对未分配利润征税的税率,τ_d是股息税率。另外,式中的各个变量所指的都是第$t+1$期的值。

决定有效投资的跨期一阶条件表明了预期税制的变化是怎样影响投资的:

$$\frac{(1+\tau_{ut})(1-\tau_{dt})}{(1+\tau_{ct})_{c_t}} = \beta E_t \left[\frac{(1-\tau_{dt+1})}{(1+\tau_{ct+1})c_{t+1}} \{ (1-\tau_{pt+1})(r_{t+1}-\tau_{kt+1}-\delta) + (1+\tau_{ut+1}) \} \right] \tag{63}$$

请注意,对于(63)式[②]中的股息税和消费税,当它们的税率不会随着时间的推移而变化时,是不会扭曲这个模型的确定性版本中的投资激励的。但是,税率的预期变化会影响投资决策。这些税的税率的预期增加,会降低预期投资回报率,并引导公司加大当前的分配。税率在20世纪30年代中期大幅提高,股息税率由大约14%上升到了大约25%,企业利得税率由大约14%上升到了大约19%,而新开征的未分配利润税的税率则为5%。麦克格拉顿证明,对于这种税率变化的合理期望值,有助于解释在1933年之后,商业投资为什么会保持在低于趋势50%或更低的水平上。

麦克格拉顿对美国大萧条的分析侧重于资本所得税率的变化。普雷斯科特(Prescott,2004)、奥哈尼安、拉福和罗杰森(Ohanian,Raffo and Rogerson,2008)则着重分析了劳动收入税率的长期变化对更近的工作时数的影响。奥哈尼安等人(Ohanian et al.,2008)证明,经济合作与发展组织(OECD)各成员国的成年人的工作时数在不同时期和不同国家间差异很大。北欧和西欧的许多国家的工作时数在20世纪50年代至2000年间,下降了大约1/3,而德国更是下降将近40%。

---

① 这里的"(62)",原文是"(64)"。疑有误,已改。——译者注
② 这里的"(63)",原文是"(65)"。疑有误,已改。——译者注

奥哈尼安等人构建了一个标准的新古典增长模型,引入了对消费的对数偏好、对闲暇的对数偏好、对劳动收入的统一比例税和对消费的统一比例税。这个经济的技术表现为一个规模收益不变的柯布-道格拉斯型的生产函数,它以资本和劳动为投入要素,其形式为: $Y_t = A_t K_t^\theta H_t^{1-\theta}$。代表性家庭的偏好则由下式给出:

$$\max \sum \beta^t \{\alpha \ln(c_t - \bar{c} + \lambda g_t) + (1-\alpha) \ln(\bar{h} - h_t)\} \tag{64}$$

私人消费 c 和公共消费 g 对家庭都是有价值的。式中的 $\bar{c}$ 项是一个维生消费项(subsistence consumption term),它考虑了偏好中可能会出现的非同位相似性,那可能会对工作时数的趋势变化产生影响。参数 $\lambda(0 < \lambda \leqslant 1)$ 决定了家庭赋予公共支出的相对价值。这个模型假设公共消费(由参数 λ 缩放)是私人消费的完美替代品,原因在于政府支出(军费支出除外)大部分是私人支出的替代品,例如卫生保健。

决定这个经济体中的时间配置的一阶条件的形式是标准的,即它使消费与闲暇之间的边际替代率等于按消费税率和劳动收入税率调整后的工资率。这个一阶条件如下面的(65)式所示,需要注意的是,其中的劳动的边际产品 $(1-\theta)\dfrac{Y_t}{H_t}$ 是代替工资率的:

$$\frac{(1-\alpha)}{\bar{h} - h_t} = \frac{(1-\tau_{ht})}{(1+\tau_{ct})} \frac{\alpha}{(c_t + \lambda g_t)}(1-\theta)\frac{Y_t}{H_t} \tag{65}$$

在这个一阶条件中, τ_h 是劳动所得税率, τ_c 是消费税率。奥哈尼安等人以麦克丹尼尔(McDaniel, 2011)构造的消费税和劳动所得税面板数据,以及实际劳动生产率和消费数据代入这个一阶条件。然后,他们再按国家依次选择 α 的值,使由数据集得出的第一年的模型工作时数等于每个国家的实际工作时数。他们还设定 $\lambda = 1$,并将收入中的劳动份额设定为0.67。维生消费则设定为美国1956年的消费水平的5%,以表示对位似偏好(homothetic preferences)标准模型的小小的偏离。奥哈尼安等人还分析了他们的结果对这些参数的其他取值的敏感性。

在确定了这些参数值、输入了上述数据后,奥哈尼安等人利用这个方程构造了模型经济中的工作时数的预测量度,并将之按时间和国家与实际值进行了比较。图25给出了21个经济合作与发展组织成员国的实际工作时数和模型预测工作时数。[①]

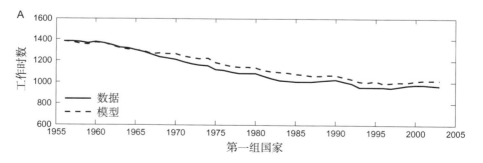

① 奥哈尼安等人(Ohanian et al. , 2008)详细描述了数据来源和数据的构建方法。第一组国家是奥地利、比利时、丹麦、法国、芬兰、德国、意大利和爱尔兰。第二组国家是日本、荷兰、挪威、葡萄牙、西班牙、瑞典、瑞士和英国。第三组国家是澳大利亚、加拿大、希腊、新西兰和美国。

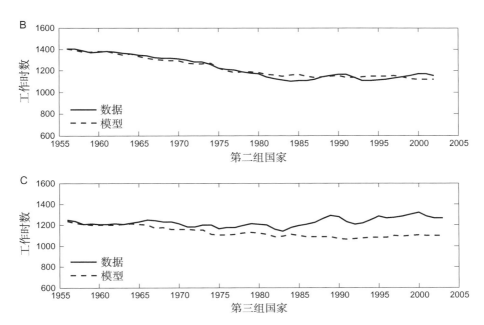

图 25　经济合作与发展组织若干成员国的工作时数、模型与数据的比较

在图 25 中，(A)子图给出的是人均工作时数的降幅至少达到了 25% 的那些经济合作与发展国家成员国的结果；(B)子图显示了人均工作时数的降幅在 10% 至 25% 之间的国家的结果；而(C)子图则呈现了人均工作时数下降在 10% 以内或反而出现了上升的国家的结果。

图 25 表明，这个模型经济可以解释工作时数的长期下降的大部分，特别是工作时数降幅最大的那些国家。奥哈尼安等人还报告说，税率变化对工作时数变化的贡献对其他可能影响到工作时数的劳动力市场因素并不敏感，例如就业保护政策的变化、工会密度（参加工会的工人的比例）的变化、失业救济金的变动，等等。

这些研究结果表明，观察到的劳动所得税和消费税率的增长，可以解释这些国家（成年人）人均工作时数的大幅下降。这些关于税率对工作时数的影响的新古典宏观经济学结果与对欧洲各国工作时数下降的解释形成了鲜明的对比。其他的解释包括：人们可能偏好更多的闲暇时间，或者偏好的变化恰恰与限制工作时数的政策形成了共振；人们可能恰好在工作时数更少的均衡上达成了协调。有关的例子，请参见，布兰查德（Blanchard，2004）、阿莱西纳等人（Alesina et al.，2006）。[1]

5.6　小结

经济萧条指的是经济表现长期低于趋势。长期的经济萧条一直很难解释，许多人甚至认为对经济萧条的解释超出了新古典宏观经济学的范围。但是，我们在这里给出的这些模

---

[1] 其他一些讨论税收与劳动供给的关系的新古典宏观经济学研究的例子还有：埃罗莎、福斯特和坎波罗夫（Erosa, Fuster and Kambourov, 2012）；罗杰森（Rogerson, 2009）；拉根（Ragan, 2013）；梅扎（Meza, 2008）；萨马涅哥（Samaniego, 2008）；达尔顿（Dalton, 2015）；戴维斯和亨勒克森（Davis and Henrekson, 2005）；等等。

型表明,限制竞争的各种政府政策不仅可以在很大程度上解释大萧条,而且可以解释大多数经济活动无法恢复为其趋势水平的现象。更一般地说,这些为美国大萧条量身定制的模型,能够有力地正面回应莫迪利亚尼(Modigliani,1977)提出的一个经常被引用的批评:新古典宏观经济学模型不能令人信服地解释在大萧条期间的劳动市场的行为。

莫迪利亚尼将大萧条解释为市场经济的失败。这种观点以及凯恩斯主义者对大萧条的观点,都是以这样一种观念为基础的:企业在 20 世纪 30 年代没有扩大投资,这反过来又进一步压低了就业率。我们在这里引述的研究指出,这种解释是本末倒置的。或者,说得更明确一些,这些新古典宏观经济学模型表明,大萧条之所以如此深重且长期持续,恰恰是政府政策压抑了将时间用于市场工作的稳态配置的结果。更低的市场工作时间稳态水平降低了资本的回报,而这反过来又抑制了资本积累。

新古典宏观经济学模型也可以解释更近的各个时期发生的经济萧条。这不仅包括因税率提高而在北欧和西欧大部分国家与地区出现的市场工作时数的长期下降,而且还包括 20 世纪 90 年代初期反映了苏联解体的贸易影响的"终结萧条"(Finish Depression)——请参见,格罗德尼申库等人(Gorodnichenko et al.,2012);此外,也包括税收变化和生产率变化的影响,例如科内莎等人(Conesa et al.,2007)。最近关于大萧条的其他研究的例子还有,大津(Otsu,2008)对 1998 年韩国危机的研究,以及基欧和普雷斯科特(Kehoe and Prescott,2007)案例研究,等等。

本节介绍的研究大萧条的方法也可以用来研究与大萧条相对立的另一面,即各种增长奇迹。这个方向上的研究包括对爱尔兰增长奇迹的研究。例如,请参见阿希内等人(Ahearne et al.,2006),他们分析了一个具有全要素生产率的标准增长模型;又如,克莱因和文图拉(Klein and Ventura,2015),他们研究了一个具有税收、劳动楔和全要素生产率的小型开放经济模型。另外,卢(Lu,2012)在新古典宏观经济学的框架下分析了若干东亚国家的迅速发展。

6. 关于大型财政冲击的新古典宏观经济学模型:第二次世界大战期间的美国经济

战时经济是一类非常有意思且非常重要的宏观经济事件,因为它们有一个突出的特点:政府政策——特别是财政政策——会发生非常大的外生性变化,同时宏观经济活动也会出现巨大变化。第二次世界大战期间的美国经济,也许代表了所有发达经济体有史以来最大的财政政策转变。这种转变体现在:联邦政府支出增长了将近 400%;所得税税率大幅度提高;服兵役人数急剧增加。此外,在非常短的时间内,资源配置发生了从私人用途到军事用途的重大转变。

这个时期,政府政策所发生的令人惊异的巨大变化,在提供了大量关于总体性的和部门性的中断与混乱如何影响市场经济的定量信息的同时,还对新古典宏观经济学理论提出了重大考验。这些事件还提供了很多与部分经济学家所称的"政府支出乘数"有关的信息(政府支出乘数是指因政府支出变化而导致的产出变化)。在美国和其他国家纷纷通过增加政府支出来推动经济活动的扩张之后,这个研究领域受到了相当大的关注,例如,请参见:巴罗和雷德里克(Barro and Redlick,2011);蒙特福德和厄里格(Mountford and Uhlig,2009);雷米(Ramey,2011);泰勒(Taylor,2011);等等。

对财政政策和战争的新古典宏观经济学分析也早就发展成为一个活跃的研究领域。[①]这支文献分析了一系列问题,包括:战争期间不同的财政政策的福利成本,请参见,奥哈尼安(Ohanian,1997);兵役对经济活动的影响研究,请参见,西乌(Siu,2008);劳动生产率和投资的行为,例如,布劳恩和麦克格拉顿(Braun and McGrattan,1993);以及新古典宏观经济学模型可以在多大程度上解释总体时间序列,特别是战争对参加工作的激励的影响,请参见,马利甘(Mulligan,2005),以及麦克格拉顿和奥哈尼安(McGrattan and Ohanian,2010)。

本节提出了一个关于第二次世界大战期间美国经济的新古典宏观经济学模型,目的是研究新古典宏观经济学模型能够在多大程度上拟合战时美国数据。这个模型很容易转用于研究其他情况下的政府支出、转移支付和税率变化。这个模型移植自麦克格拉顿和奥哈尼安(McGrattan and Ohanian,2010)的模型,而后者又是以布劳恩和麦克格拉顿(Braun and McGrattan,1993)、奥哈尼安(Ohanian,1997)与西乌(Siu,2008)等的研究为基础的。

在这个模型中,有一个代表性家庭,它有两类家庭成员,即平民和受征召入伍者。家庭的规模用 N 来表示,且两种类型的家庭成员的偏好是一样的。在日期 t,a_t 为家庭成员中军人的人数,$(1-a_t)$ 则为平民人数。家庭要在两种类型的消费之间做出最优选择,即用 c_{ct} 表示平民的消费,以及用 c_{dt} 表示军人的消费。家庭还要在有形资本投入 i_{pt}、平民劳动投入 l_{ct},以及政府债券 b_{t+1} 之间完成最优化选择。之所以要纳入公共债务,是因为第二次世界大战期间各国的债务问题都相当严重。身为军人的家庭成员的劳动投入不是家庭可以选择的变量,相反,它可以说是由政府外生地设定的,我们用 $\bar{l}_d$ 来表示。

代表性家庭的最大化问题是:

$$\max E_0 \sum_{t=0}^{\infty} \{(1-a_t) U(c_{ct},l_{ct})+a_t U(c_{dt},\bar{l}_d)\} N_t \tag{66}$$

最大化时的约束条件是:

$$E_t = (1-\tau_{kt})(r_{pt}-\delta)k_{pt}+(1-\tau_{lt})w_t(1-a_t)l_{ct}+R_t b_t+(1-\tau_{lt})w_t a_t \bar{l}_d+T_t \tag{67}$$

$$E_t = (1-a_t)c_{ct}+a_t c_{dt}+i_{pt}+b_{t+1} \tag{68}$$

$$k_{pt+1} = [(1-\delta)k_{pt}+i_{pt}]/(1+\gamma_n) \tag{69}$$

$$N_t = (1+\gamma_n)^t \tag{70}$$

① 包括:奥哈尼安(Ohanian,1993,1997);布劳恩和麦克格拉顿(Braun and McGrattan,1993);西乌(Siu,2008);马利甘(Mulligan,2005);麦克格拉顿和奥哈尼安(McGrattan and Ohanian,2010);伯恩赛德、艾肯鲍姆和费希尔(Burnside,Eichenbaum and Fisher,2004);巴克斯特和金(Baxter and King,1993);克里斯蒂亚诺和艾肯鲍姆(Christiano and Eichenbaum,1992);德普克等人(Doepke et al.,2015);莫纳塞利和佩罗蒂(Monacelli and Perotti,2008)。

$$c_c, c_d, i_p \geq 0 \tag{71}$$

其中，k_p 是期初的资本存量，r_p 是资本的租金价格，w 是工资率，τ_k 和 τ_l 分别是资本收入和劳动收入的统一比例税率，R_b 是到期的政府债券的价值，T 是政府的转移支付。另外，折旧率为 δ，且人口以恒定速率 γ_n 增长。

生产技术由下式给出：

$$Y_t = F(K_{pt}, K_{gt}, Z_t L_t) \tag{72}$$

生产投入包括私人资本、劳动和公共资本（K_g）。劳动生产率用 Z 表示，且由下式给出：

$$Z_t = z_t (1 + \gamma_z)^t \tag{73}$$

需要注意的是，z_t 是一个瞬态生产率项，而 γ_z 则为技术的长期增长率。

政府采购由三个部分组成。这种设定比通常用来研究政府财政政策的模型更加丰富。政府消费 C_g 是第一个分量，这也是对政府采购进行建模的标准方法。通常还假设战时对商品的这种采购不会影响边际效用或私人生产的可能性。第二个分量是政府投资 I_g，它通过扩大可以用于生产产品的资本而提升了生产的可能性。通常的财政政策文献一般不会对此建模，这里这个模型之所以将它包括进来，是因为在第二次世界大战期间，政府对企业和设备生产的资金投入非常大。政府对飞机、汽车和铝制品工业进行了大量投资，使得 1940 年至 1945 年间，制造资本存量提高了 30%。政府采购的第三个分量是向军事人员支付的工资。因此，政府支出的形式为：

$$G_t = C_{gt} + I_{gt} + N_t w_t a_t \bar{l} \tag{74}$$

这个模型假设，政府资本存量的折旧率与实物资本相同，且由下式给出：

$$K_{gt+1} = (1 - \delta) K_{gt} + I_{gt} \tag{75}$$

期间政府预算约束则由下式给出：

$$B_{t+1} = G_t + R_t B_t - \tau_{lt} N_t w_t \left[(1 - a_t) l_{ct} + a_t \bar{l}_d \right] - \tau_{kt} (r_{pt} - \delta) K_{pt} - r_{gt} K_{gt} + T_t, \tag{76}$$

其中，T 为剩余的总额税。

身处竞争性市场的企业要最大化自己的利润，而这就意味着生产要素的租金价格等于它们的边际生产率。战争中积累的政府债务在战争结束后逐渐到期兑付。外生变量是对要素收入的税率、政府消费、政府投资以及生产率冲击。对这种完全竞争经济的均衡的定义也是标准定义的。

偏好的函数形式由下式给出：

$$\ln(c) + \frac{\psi}{\xi} (1 - l)^\xi \tag{77}$$

这种设定导致了一个大小为 $\dfrac{1 - l}{l(1 - \xi)}$ 的补偿性劳动供给弹性。麦克格拉顿和奥哈尼安选择了 $\xi = 0$（对数偏好）作为基准设定。参数 ψ 决定着家庭时间的稳态分配，麦克格拉顿和奥哈尼安对 ψ 选择的值，能够使得模型稳定时间等于 1946 年至 1960 年间平均投入市场工作的时间。对于军事时间的配置，他们选择的 $\bar{l}$ 能够使得军事时间匹配为每个星期 50 小时，这也是士兵们接受基础训练时的平均工作时间。请参见，西乌（Siu, 2008）。人口年增长率设定为每年 1.5％,技术进步增长率则设定为每年 2％。

在这个模型中,政府资本和私人资本是完美互替品。这个假设反映了如下这个事实:政府在那个时候的投资,绝大部分都投向了厂房建设和设备生产:

$$Y_t = F(K_{pt}, K_{gt}, Z_t L_t) = (K_{pt} + K_{gt})^{\theta}(Z_t L_t)^{1-\theta} \tag{78}$$

然而,我们也可以直接修改政府资本和私人资本的集结牌子,以容纳政府资本不是私人资本的完全替代品的情形。

这个模型中有六个外生变量:应征入伍率(a_t)、资本所得税率(τ_{kt})、劳动所得税率(t_{lt})、政府消费(C_{gt})、政府投资(I_{gt})和生产率(z_t)。这六个外生变量的演化由状态向量 S_t 控制,S_t 指定了这些外生变量的一组特定值。对于 1939 年至 1946 年这个时期,这些外生变量等于它们在数据中的对应物。这个模型的求解是在关于家庭所预期的 1946 年后外生变量的演化的不同假设下进行的。这里要重点讨论的是模型的完美预见解(从 1939 年开始);麦克格拉顿和奥哈尼安在他们的论文中还给出了其他假设下的解,并进行了详尽的讨论。

虽然这里描述的模型是针对和基于第二次世界大战期间的美国经济的,但是它也可以用于研究其他战时经济,因为它包含了与战时经济相关的许多特征,包括对要素收入征税的税率变化、应征入伍者的劳动的变化、生产率的变化、政府为战争融资而形成的债务问题、政府支付给军事人员的支出以及政府投资,等等。

图 26 显示了模型的外生变量。政府消费(包括州一级的支出、地方支出,以及联邦支出)从 1940 年的占稳态产出的 14％,上升到 1944 年的占稳态产出的 50％。政府投资则从 1940 年的占稳态产出的大约 4％,上升到了 1942 年的大约 9％。劳动所得税和资本所得税的税率——用朱尔尼斯(Joines,1981)给出的平均边际税率来衡量——也出现了大幅上涨:劳动所得税率从大约 8％上升到了大约 20％,资本所得税率则从 43％左右上升到了 63％左右。征兵也大幅减少了潜在的劳动力供给:到 1944 年,几乎 12％的工作年龄人口在军队服役。

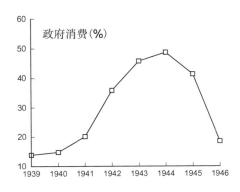
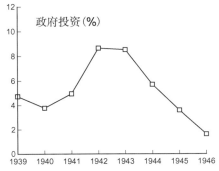

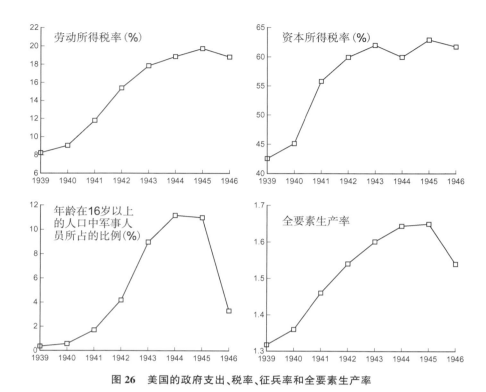

图26　美国的政府支出、税率、征兵率和全要素生产率

注:(1)政府支出时间序列是实际数据,已进行去趋势处理。去除趋势的方法是,除以年龄在16岁以上的人口总数及技术进步增长趋势(已进行缩放,使得1946年的实际GNP趋势减去军人抚恤的水平等于1)。(2)全要素生产率的定义为$Y/(K^\theta L_p^{1-\theta})$,其中,$Y$是去除趋势后的实际GNP减去军人抚恤,$K$是去除趋势后的实际非军事资本存量,$L_p$是非军事工作时数,$\theta=0.38$。

从图26可见,全要素生产率实现了相当大的增长,而且有不少相当好的理由认为这种变化确实是更高的效率的反映。这些理由包括:联邦资助的科学研究团队的创建和发展壮大、管理科学研究和运营实践的进步,以及20世纪40年代出现的一系列技术进步。其中,有许多是联邦政府直接投资或间接促成的创新,例如,现代化的飞机机身、雷达、微波技术、化肥、有氧钢、合成橡胶、尼龙、磺胺类药物和相关的治疗方法、杀虫剂、特氟龙以及相关的工业涂料的发展,等等。此外,赫尔曼(Herman,2012)也描述过,大型企业在第二次世界大战中是如何协作动员资源,并通过更高的效率提高了军事工业的产出的。

这些变化规模很大,而且非常多样化,因此以各种方式影响了经济活动。更高的全要素税率提高了劳动投入和产出。更多的公共投资也能够提高劳动投入和产出。不过与劳动不同,由于公共投资会替代私人投资,对工厂和设备的公共投资的加大,将会降低私人投资水平。此外,提高税率和征兵往往会降低工作动力。

图27给出了实际GNP、实际消费和实际投资(都用占趋势产出的百分比来衡量)。模型产出序列与实际产量序列非常接近:在第二次世界大战过程中均超过了50%,然后在战后出现了下降,恢复到接近趋势的水平。在第二次世界大战期间,模型消费显得非常平坦,同时也很接近于实际消费。模型投资的模式与实际投资也非常相似。模型投资在1942年的时候

略高于实际投资。具体来说,在政府消费高涨的时候,投资会大幅度增加,以建立相适应的资本存量。到了 1944 年,政府对工厂和设备的高水平投入,再加上战争资源的大规模消耗,导致私人投资大幅度下降。图 28 显示的是总工作时数和非军事工作时数,这是家庭的选择变量。

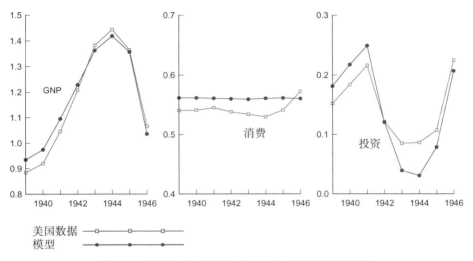

图 27　实际国民生产总值(GNP)、私人消费和私人投资

注:各数据序列都已除以 1946 年去除趋势后的实际 GDP 减去军人抚恤之差。

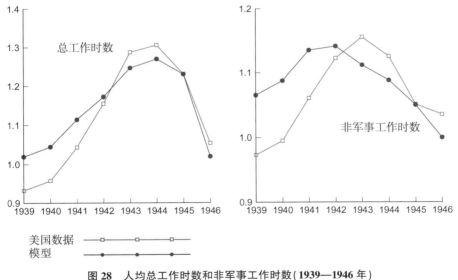

图 28　人均总工作时数和非军事工作时数(1939—1946 年)

注:工作时数序列已除以 1946 年至 1960 年的美国的平均水平。

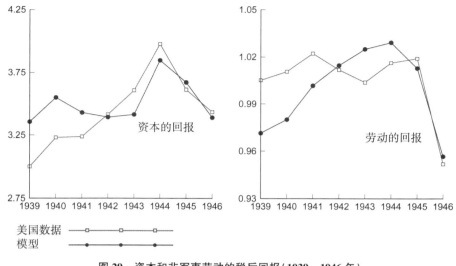

图 29 资本和非军事劳动的税后回报(1939—1946 年)

注:资本的回报等于 $100(1-t_k)(\theta Y/K-\delta)$。劳动的回报是税后非军事劳动生产率,用 1946—1960 年美国的平均水平归一化。

数据和模型中的这两个工作时数序列都出现了大幅上升。模型中的非军事工作时数的上升早于数据,再一次,这也是完美预见假设的结果。图 29 显示了私人资本和劳动的税后回报。它们也都与数据非常相似。

驱动这些结果的主要力量是战争期间发生的政府消费的巨大扩张。这种战时政府消费耗用了大量资源,在模型中产生了相当大的财富效应,并导致了更高的劳动投入和产出,这种影响远远大于任何其他冲击。麦克格拉顿和奥哈尼安(McGrattan and Ohanian,2010)分析了模型中的六个冲击对工作时数的影响。在没有任何其他冲击的情况下,政府消费的影响使非军事劳动投入在 1943 年至 1945 年间平均增加了大约 27%。加入生产率冲击则只使这个增幅提高到了大约 29%。在前两种冲击中再加入征兵冲击,则导致了 25% 的非军事劳动投入增长。再加入劳动所得税和资本所得税提高冲击,则产生了相当大的萧条效应,导致非军事工作时数只能增加大约 10%。总而言之,政府消费产生的负面财富效应是主要因素,其次是增税的影响。

这些结果给财政政策宏观经济学文献一直关注的一些问题提供了新的见解。其中一个问题与所谓的政府支出乘数有关。针对政府支出乘数的许多研究都面临这样一个困难:它们主要是基于和平时期的经济事件,然而在和平时期,即使财政政策发生了相当大的变化,但是与战时的财政政策相比,所能产生的影响仍然很小。此外,这些研究往往需要财政政策出现外生性变化,但是这在和平时期是很成问题的。因此,要想根据和平时期的财政政策变化对政府支出乘数的大小做出明确的结论是很困难的。

不过,这个模型利用第二次世界大战期间美国经济的相关结果证明,政府支出乘数远小于 1。这个结论是很能说明问题的。这不仅是因为战时的财政政策冲击是如此之大,而且是因为这个模型明确地区分了不同类型的政府支出。这个模型给出的分析使得我们可以分离不同类型的支出和税收对经济活动的影响。

为了说明第二次世界大战期间政府支出乘数小到什么程度，我们可以这样来考虑：把所有政府支出的影响都计算进去，同时忽略掉增税和征兵的负面影响。由于省略了这两个项目，我们就可以构造出财政政策的最大可能影响（会导致劳动供给下降的增税毫无疑问也是财政政策的一部分）。在这个实验中，第二次世界大战期间的美国数据显示，政府支出乘数大约为0.6，它表明政府采购商品对产出增长的贡献率大约为30％。这个乘数与巴罗和雷德里克（Barro and Redlick，2011）的估计结果，以及蒙特福德和厄里格（Mountford and Uhlig，2009）的短期估计结果都非常相似，而且也位于雷米（Ramey，2011）所给出的估计范围的较低端。

对关于大型冲击的新古典宏观经济学分析来说，这些结果包含了广泛的含义。它们表明，美国经济对战争期间的巨大经济失调的反应，以及对和平时期这种失调的逆转的反应，在很大程度上遵循了一个加入了几个大型政策转变的简单的新古典宏观经济学增长模型的路径。这些政策转变包括，将经济活动从和平生产大规模地重新配置到战时生产，通过政府采购抽取大量资源，通过征兵、增加税收和政府资助特定投资减少劳动资源禀赋。而且，政策转变还包括，在战争结束后，上面这些政策的迅速扭转。虽然这个模型所针对的只是一个历史时期，但是它的分析提供了强有力的检验结果，可以说明新古典宏观经济学模型在解释经济对巨大的财政政策变化的反应时所拥有的解释力。

7. 关于生产率冲击的新古典宏观经济学模型

生产率会发生变化是本章中我们用来分析美国各个历史时期宏观经济状况的模型和数据的一个重要特征。这包括：大萧条时期的全要素生产率的大幅度下滑，第二次世界大战期间全要素生产率的大幅提高，以及朝鲜战争结束后美国经济中全要素生产率和特定于设备的生产率的大幅波动。

关于生产率的变化的性质和根源，长期以来一直存在着争议。经济学界大部分研究者都认为全要素生产率在经济下行期间会下滑（在萧条时期尤其突出），但是也有些人持怀疑态度。这是很自然的。重要的是，经济学家现在对全要素生产的短期和长期偏离的分析，已经不再局限于以往的狭隘的视角了，即，将全要素生产率下降从狭义的角度解释为技术诀窍和知识的损失的反映。

7.1 资源错配与全要素生产率

雷斯图恰和罗杰森（Restuccia and Rogerson，2008）在一个竞争经济的框架下分析了资源错配（resource misallocation）对全要素生产率的影响。他们的基本思路是，评估资源错配在不同的区位上会在何种程度上影响全要素生产率。他们的模型源于霍朋哈因和罗杰森（Hopenhayn and Rogerson, 1993）的模型。在这个模型中,有一个代表性家族,有不同的生产者或者不同的生产地点,每个生产者或生产地点都拥有一种规模收益递减的技术,而且它们的全要素生产率水平可能各不相同——不妨用 i 来编号。生产异质性的最简单的一种情况是,在多个生产地点生产同一种最终产品 y_i。这种产品是用一种生产要素,即劳动 (h_i),生产出来的。生产地点 i 的生产关系由下式给出:

$$y_i = z_i f(h_i) \tag{79}$$

在这个经济体中,技术 f 是两次持续可微的,其中,$f' > 0$,$f'' < 0$。式中的 z_i 项表示外生的生产率。不妨假设 z_i 是从集合 $\{z_1, z_2, \cdots z_l\}$ 中抽取出来的,并且令 $\mu(i)$ 为这些生产地点之间的生产率的分布。

劳动的有效配置要求各个生产地点之间的劳动的边际产品相等。如果技术是等弹性的,即,$z_i h_i^\theta$,$0 < \theta < 1$,任何两个生产地点之间的有效劳动配置取决于这两个地点的税率之间的差异,以及生产技术的曲率的大小,即:

$$\frac{h_i}{h_j} = \left(\frac{z_i}{z_j} \right)^{\frac{1}{1-\theta}} \tag{80}$$

我们将所有生产地点的全要素生产率加总起来,以便构建出整个经济范围的全要素生产率。这个经济体的总体全要素税率为:

$$Z = \sum_i z_i^{\frac{1}{1-\theta}} \mu(i)^{1-\theta} \tag{81}$$

任何一个具体生产地点的劳动的有效配置,取决于相对于总体生产率的该生产地点的生产率,以及技术中的曲率的大小,由下式给出:

$$h_i = \left(\frac{z_i}{z} \right)^{\frac{1}{1-\theta}} \tag{82}$$

需要注意的是,当 $\theta \to 1$ 时,即便不同生产地点的生产率之间的差异很小,也会导致不同生产地点之间的有效生产要素出现极大的差异。

阿特金森等人（Atkeson et al., 1996）根据美国与欧洲之间在解雇工人的成本和就业再配置率上的差异的相关数据,估计出 θ 的值大约为 0.85。雷斯图恰和罗杰森（Restuccia and Rogerson, 2008）利用这个值确定了他们的模型经济中收益递增的水平。他们还研究了各个生产地点之间的生产要素错配是如何影响总体生产率的。资源错配意味着各个生产地点之间的劳动的边际产品不相等,即意味着（80）式和（82）式没有得到满足。[①]

雷斯图恰和罗杰森（Restuccia and Rogerson, 2008）分析了各种各样的政府政策,例如,对某些生产者的产品出口征税,并补贴其他生产者的产出,然后计算了这些政策的总体生产率损失和福利损失。后来的研究者在雷斯图恰和罗杰森（Restuccia and Rogerson, 2008）一文的基础上,从多个维度进行了扩展,这支文献的一些例子包括:将错配概念应用于对特定的萧条和危机的研究,例如,请参见,奥伯菲尔德（Oberfield, 2013）、陈和伊拉拉扎巴尔（Chen and

---

① 这里的"（80）式和（82）式",原文是"（82）式和（84）式"。疑有误,已改。——译者注

Irarrazabal,2013)对 20 世纪 80 年代初的智利大萧条的研究,以及桑德尔莱里斯和赖特(Sandleris and Wright,2014)对阿根廷大萧条的研究;金融市场的缺陷和错配,例如,请参见,莫尔(Moll,2014)、布埃拉和莫尔(Buera and Moll,2015)、米德里甘和许(Midrigan and Xu,2014);以及美国大萧条期间贸易壁垒与生产率变化之间的联系,例如,请参见,邦德等人(Bond et al.,2013)。其他关于错配的研究则侧重于一些长期中的问题,包括:对中国和印度的发展经验的研究,例如,谢长泰和克勒瑙(Hsieh and Klenow,2009);市场进入管制和生产率的关系,例如,波希克(Poschke,2010);规模依赖型政策与生产率的关系,例如,冈纳等人(Guner et al.,2008);信息不完全和生产率的关系,例如,戴维等人(David et al.,即将出版);管理才能与生产率的错配,例如,阿尔德(Alder,2016);以及有较长生产链的经济中的生产率错配的放大效应,例如,琼斯(Jones,2013)。

7.2 无形资产投资与全要素生产率

新古典宏观经济学建模的一个重点领域是通过纳入无形资产来构建新的度量全要素生产率的指标。这些研究关注的是传统上不计入国民产出的那一部分无形资产投资。在 2013 年之前,美国经济分析局(BEA)一直只将计算机软件作为无形资产投资的一个类别。2013 年,美国经济分析局全面修订了"国民收入和生产账户",将许多原先作为经营费用列支的商业支出计为投资,它们包括研究与开发、艺术产品、矿产勘查和知识产权等。将这些商业支出从费用项目转为商业投资,增加了产出。美国经济分析局的这次修订提高了实际产出,但是美国经济分析局目前还没有把其他无形资产投资计入国民账户,例如营销、广告支出和组织资本上的投资。国民账户遗漏了这些投资这个事实说明产出的测量是有误的,从而也就意味着生产率的测量也是有误的。

麦克格拉顿和普雷斯科特(McGrattan and Prescott,2012,2014)、麦克格拉顿(McGrattan,2016)构建的衡量实际产出的指标,把广告、市场营销、计算机设计、管理咨询、公共关系和工程费用等其他费用项目都包括进了无形资产,从而超越了美国经济分析局的国民账户的限制。麦克格拉顿(McGrattan,2016)提出了一个同时包括有形产品和无形产品的美国经济模型,并把重点放在了跨部门联系上。

在麦克格拉顿提出的这个包括了有形产出和无形产出的模型中,无形资产是一种非竞争性的产品。有 s 个部门同时使用有形资产和无形资产。存在一个柯布-道格拉斯型的集结器,将来自 S 个部门的消费品集结起来。各个部门技术是不同的——体现在特定于部门的技术冲击和各自的技术参数。有形和无形的产出由下式给出:

$$Y_{st} = \left(K_{Tst}^1\right)^{\theta_S}\left(K_{Ist}\right)^{\phi_S}\left[\Pi_l\left(M_{lst}^1\right)^{\gamma_{ls}}\right]\left(Z_t Z_{st}^1 H_{st}^1\right)^{1-\theta_S-\phi_S-\gamma_S} \tag{83}$$

$$I_{st} = \left(K_{Tst}^2\right)^{\theta_S}\left(K_{Ist}\right)^{\phi_S}\left[\Pi_l\left(M_{lst}^2\right)^{\gamma_{ls}}\right]\left(Z_t Z_{st}^1 H_{st}^1\right)^{1-\theta_S-\phi_S-\gamma_S} \tag{84}$$

其中,Y_s 表示有形部门的产出,K_{Ts}^1 是在部门 S 中用于生产有形产出的有形资本,K_{Ts}^2 是在部门 S 中用于生产无形产出的有形资本,K_{Ist} 是无形资本(无形资产假设为非竞争性的)。K_{ls}^1 是用于在部门 S 中生产有形产出的中间投入品,K_{ls}^2 是用于在部门 S 中生产无形资产的中间投入品。Z 是总体生产率冲击,Z_s 是一个特定于部门的生产率冲击。H_s^1 和 H_s^2 分别是在部门 S 中用于生产有形产品和无形产品的劳动投入。

麦克格拉顿(McGrattan,2016)运用最大似然法估计了 Z_t 和 Z_{st} 的随机过程的参数,并比较了两个经济体——第一个包含了无形资产,第二个不包含无形资产。在不存在无形资产的经济中,对生产率的错误测量导致了巨大的劳动楔,麦克格拉顿认为这可以解释从美国国民收入与生产账户的数据中观察到的经验上的劳动楔。麦克格拉顿还阐明,有无形资产的模型经济能够很好地解释 2008—2014 年间的美国经济表现,尽管基于国民收入与生产账户的数据得到的全要素生产率指标与这个时期的工作时数并不相关。

将无形投资与生产率联系起来的另一支文献主要集中在组织资本领域。如上所述,这种投资是不计入国民收入与生产账户的。在阿特金森和基欧(Atkeson and Kehoe,2005)研究的那个新古典宏观经济学模型中,组织会随机地随着时间的推移而积累起无形知识。他们发现源于无形资本的支付相当于源于有形资本的支付的三分之一,这个结果表明组织资本非常大。

7.3 关于网络链接与全要素生产率的新古典宏观经济学模型

行业和/或部门冲击对总体经济的影响,激发出了一支重要的真实商业周期文献。继朗和普洛瑟(Long Jr and Plosser,1983)的开创性研究之后,杜波尔(Dupor,1999)和霍瓦特(Horvath,2000)等也都研究了这个问题。这些研究的主要目标是给出一个关于对经济的总体生产率冲击的理论。

近来,研究者开始用网络模型来进一步发展这个思想。这个思路的重点在于,生产的组织是通过供应链的网络进行的,出现在网络中的微小的干扰就可以导致重大的总体性后果。特别是,如果某种特定的投入品只有很少几个供应者,而且如果这种投入品没有明显可用的替代物,那么这种效应就会更加显著。卡瓦略(Carvalho,2014)描述了这个“网络和宏观经济学”领域近期涌现出来的大量文献。

卡瓦略描述了一个简单的生产网络模型。在这个模型中,个体分属不同部门,产生一种专门化的产品。这种产品是用来自同质性劳动和其他部门的中间投入品生产的。部门 i 的产出由下式给出:

$$\gamma_i = (z_i h_i)^{1-\theta} \left(\prod_{i=1}^{n} \gamma_{ij}^{\omega_{ij}} \right)^{\theta} \tag{85}$$

在这种技术中,y_i 表示部门 i 的产出,z_i 是部门 i 的生产率冲击,h_i 是在部门 i 中使用的劳动,指数 ω_{ij} 表示在生产产品 i 中使用的中间投入品 j 的份额。需要注意的是,劳动是由一个代表性的家庭无弹性地提供的,因此总劳动的供给是固定的。为了简单起见,假设在家庭效用函数中,偏好对于 i 种货物是对称的。

网络链接的经验重要性可以根据标准的投入−产出矩阵来确定。由于总劳动的供给是固定的,因此,总产出就是部门生产率冲击的一个加权平均数:

$$\ln(\gamma) = \sum_{i=1}^{n} \nu_i \ln(z_i) \tag{86}$$

在这个表达式中,y 是总产出,ν_i 是从利用投入-产出表构造的权重。需要注意的是,即便没有发生总体生产率冲击,这个经济体中测量出来的总体生产率(即 $\dfrac{\gamma}{h}$)测量也会是波动性的。这个模型虽然简单,但是它很好地说明了,对某个重要的部门的单一冲击,是如何产生显著的总体性影响的。这种效应,在观察的角度上,等价于具有总体生产率冲击的单部门模型。

8.　关于不平等的新古典宏观经济学模型

对于技术变革对收入分配和工资不平等的影响,如何建模? 在这个领域,新古典宏观经济学也取得了重大进展。研究不平等的新古典宏观经济学研究首先分析了有偏向的技术变革是如何有"区别地"影响了对不同类型工人的需求的。

卡茨和默菲(Katz and Murphy,1992)的研究,以及其他一些早期实证研究得出了这样一个结论,技能偏向的技术变革是导致受教育程度高的工人与受教育程度较低的工人之间日益扩大的工资差距的原因。这个结论反映的事实是,高技能工人的相对供给大幅增加,同时这些工人的相对工资也上涨了。

克鲁塞尔等人(Krusell et al.,2000)开发了一个新古典宏观经济学模型,用来分析技术变革如何影响拥有熟练技能的工人和没有什么技能的工人之间的相对工资。这个相对工资通常被称为技能溢价(skill premium)。在这项研究中,克鲁塞尔等人给出了一个明确的关于技能偏向的技术变革的理论,说明了测量这种变革的方法,并构建了一个新古典宏观经济学模型,通过可观察的变量来量化技能偏向的技术变革对不平等的影响。

在这个模型中,有两种不同类型的劳动者:高技能劳动者,指拥有 16 年或以上受教育年限的工人;低技能劳动者,指受教育年限不到 16 年的工人。[①] 在这个模型中,技能偏向的技术变革是资本设备专用技术的变化,再加上这两种类型的劳动之间的不同替代弹性的组合。克鲁塞尔等人构造了一个四要素生产函数,它考虑到了不同类型的劳动和不同类型的资本品。技术由以下方程式给出:

$$\gamma_t = A_t k_{st}^{\alpha} \left[\mu u_t^{\sigma} + (1-\mu)(\lambda k_{et}^{\rho} + (1-\lambda) s_t^{\rho})^{\frac{\sigma}{\rho}} \right]^{\frac{1-\alpha}{\sigma}} \tag{87}$$

在这里,A_t 项是一个中性技术参数。生产中的投入品包括:资本建筑物(k_{st});低技能劳动投入(u_t),它是低技能劳动者的工作时数与低技能劳动效率的乘积($\psi_{ut} h_{ut}$);资本设备(k_{et});以及高技能劳动投入(s_t),它是高技能劳动者的工作时数与高技能劳动效率的乘积

---

① 请注意,在这里,"低技能"(unskilled)这个术语不是对工人技能的字面描述,而是明确用来区分两种不同类型的劳动的。

（$\psi_{st}h_{st}$）。这些投入品都在一个嵌套的常替代弹性技术中指定，其中，曲率参数 σ 和 ρ 决定了各个投入品之间的替代弹性。在这种技术中，资本设备的快速增长，只有在资本设备与高技能劳动之间的互补性高于与低技能劳动之间的情况下，才会使高技能工人相对于低技能工人的工资得到提高，而这就要求 $\sigma>\rho$，克鲁塞尔等人把这种情况称为资本–技能互补性（capital-skill complementarity）。

要理解 $\sigma>\rho$ 这个要求，只需假设 ψ_{st} 和 ψ_{ut} 是常数，并对这两种类型劳动的边际生产率之比对数线性化，然后将各变量表示为第 t 期与 $t+1$ 期之间的增长率之比：

$$g_{\pi t} \backsimeq (1-\sigma)(g_{h_{ut}}-g_{h_{st}})+(\sigma-\rho)\lambda\left(\frac{k_{et}}{s_t}\right)^{\rho}(gk_{et}-gh_{st}) \tag{88}$$

在（88）式中[1]，g_π 是技能溢价的增长率，g_{h_u} 和 g_{h_s} 分别是高技能工作时数和低技能工作时数的增长率，g_{k_e} 则是资本设备的增长率。由于参数 σ 小于 1，所以（88）式右边的第一项表明[2]，当高技能工作时数的增长速度超过了低技能工作时数的增长速度时，技能溢价就会下降。克鲁塞尔等人把这第一项称为相对数量效应（relative quantity effect）。（88）式右边第二项则称为资本–技能互补效应（capital-skill complementarity effect）。这第二项表明，如果资本设备的增长速度超过了高技能工作时数的增长速度，并且高技能劳动与资本设备之间的互补程度相对较高（$\sigma>\rho$），那么技能溢价就会上升。

克鲁塞尔等人利用来自当前人口调查的数据构建了一个高技能劳动投入和低技能劳动投入数据集。他们还利用戈登（Gordon，1990）的设备价格数据构建了一个度量资本设备存量的指标，同时，他们还利用了国民收入与生产账户中的度量资本建筑物的指标。

在根据 1963 年至 1992 年的数据估计非线性生产函数的参数时，克鲁塞尔等人使用的是两步模拟伪最大似然估计法。他们在拟合模型时，利用了测量模型和数据之间总劳动占收入的份额的偏差，以及高技能劳动收入与低技能劳动收入之间的比例的方程。准则函数中的第三个方程测量了建筑物与设备的投资回报率的偏差。他们估计，低技能劳动与设备之间的替代弹性大约为 1.67，高技能劳动与设备之间的替代弹性则大约为 0.67，这就给资本–技能互补性提供了强大的支持性证据。他们还发现，这个模型能够解释 1963 年至 1992 年间技能溢价的大部分变动。

克鲁塞尔等人所用的数据截止于 1992 年。有鉴于此，奥哈尼安和奥拉克（Ohanian and Orak，2016）继续探讨了这个模型，不过将数据集扩展到了 2013 年，以评估过去 20 年来资本与技能互补性对工资不平等的影响。图 30 显示了模型的技能溢价与 1963 年至 2013 年的数据中的技能溢价。为了与克鲁塞尔等人的研究结果进行比较，奥哈尼安和奥拉克也估计了 1963 年至 1992 年的模型。在图 30 中，垂直的虚线表示参数的估计周期的结束（即 1992 年）。虽然奥哈尼安和奥拉克在估计参数时使用的是相同的采样周期，但是他们在估计时使用的数据是修订后的数据。结果得到了克鲁塞尔等人非常相似的弹性。奥哈尼安和奥拉克估计，低技能劳动与设备之间的弹性大约为 1.78，而高技能劳动与设备之间的弹性则大约为

---

① 这里的"（88）式"，原文是"（90）式"。疑有误，已改。——译者注
② 这里的"（88）式"，原文是"（90）式"。疑有误，已改。——译者注

0.69。图 30 表明,这个模型能够解释技能溢价的重大变化,包括过去 30 年来出现的技能溢价的巨大涨幅。①

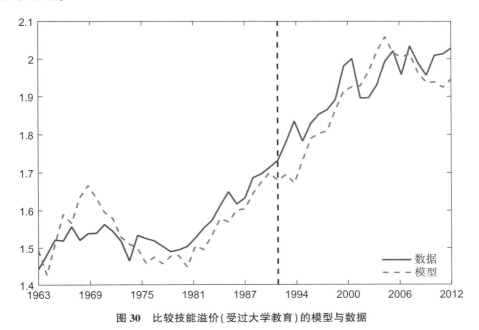

图 30　比较技能溢价(受过大学教育)的模型与数据

　　克鲁塞尔等人的模型也可以非常好地拟合直到 21 世纪 00 年代中期的总劳动收入份额数据。不过这个模型过高地预测了在那之后劳动在总收入中所占的份额。这个发现导致奥拉克决定进一步研究(Orak,2016),分析资本设备与不同技能类型的劳动之间具有不同替代可能性的、相同类型的生产函数。不过,劳动类型有三种,而不是两种。在奥拉克的这项研究中,劳动类型是根据职业任务性质来划分的,就像奥特尔等人(Autor et al.,2003)一样,而没有像克鲁塞尔那样按受教育程度来分类。

　　奥拉克根据人们在从事某个职业时要完成的任务到底主要是认知任务、手工操作任务,还是常规性任务,区分出了三种劳动类型。他得到的估计结果表明,资本设备与执行常规性任务的工人之间的替代弹性相对较高,资本设备与执行认知任务的工人之间的替代弹性相对较低,而资本设备与从事手工作业的工人之间的替代弹性则居于前两者之间。他发现,这种扩增后的新古典宏观经济学模型可以很大程度上解释近年来劳动在收入中所占份额的大幅下降的现象。

① 克鲁塞尔等人将 1963 年的技能溢价归一化为 1,并报告了相对于归一化后的值的波动情况。为了说明技能溢价的实际水平,奥哈尼安和奥拉克也使用与克鲁塞尔一样的归一化后的数据估计模型,然后构建了水平数据。更多的细节请见奥哈尼安和奥拉克的论文。

9. 新古典宏观经济学:批判性评估和未来研究方向

本节讨论新古典宏观经济学领域的若干开放性问题,然后给出我们的建议:为了解决这些问题,未来有哪些研究方向是有意义的,值得我们探索的。也许,新古典宏观经济学模型至今悬而未决的最主要的一个问题——它也是其他类型的宏观经济学模型的一个最主要的问题——如何解释工作时数的波动。本章开发的多部门模型与标准的单部门新古典宏观经济学模型相比,能够解释更多的工作时数的波动,但是在工作时数的变化中,仍然有许多是这些模型未能刻画的。我们认为有一些研究领域,对于解决这个问题和其他问题有重要意义,而且很有发展前途。下面就简要地描述一下这些领域。

9.1 有偏向的技术变革与劳动市场

对有偏向的技术变革分析,以及对这种技术变革对总量变量和不同技能水平的工人的劳动市场结果的影响的分析,是未来研究的一个非常有意义的方向。由格林伍德等人(Greenwood et al.,2005)的研究带动的关于家庭生产的模型的结果表明,在20世纪80年代初到90年代,工作时数的变化趋势恰恰与女性工作时间的增加轨迹相吻合。未来研究的一个重要的方向是,将工作时数增长的这种人口统计学特征进一步与家庭生产的一般均衡模型联系起来。

更加宽泛地说,在这个方向上,在以下研究领域构建更加精细的模型也非常重要。关于有偏向的技术变革和生产函数的形状的模型,就像阿西莫格鲁(Acemoglu,2002)和琼斯(Jones,2005)所做的那样;关于技术与长期的部门转移之间的关系的模型,就像李和沃尔平(Lee and Wolpin,2006)所做的那样;关于人力资本积累与技术变革的关系的模型,就像赫克曼等人(Heckman et al.,1998)所做的那样;以及像郑等人(Jeong et al.,2015)所做的那样,对人口统计学特征变化、技术变革和工资变动的关系构建模型。还有一个相关的研究领域是:像卡拉巴布尼斯和内曼(Karabarbounis and Neiman,2014)、奥拉克(Orak,2016)所做的那样,探讨要素收入份额的变动;以及像卡塞利和科尔曼(Caselli and Coleman,2006)所做的那样,研究要素禀赋对社会如何选择有偏向的技术的影响。

所有这些研究领域都仍然处于相对较早的发展阶段,而且都值得进一步深入探索。这个方向上的研究还可以结合更广泛的关于时间配置的实证研究来推进,包括对家庭与市场之间的时间配置模式的分析和探究,以及对富国和穷国之间时间配置差异的研究,前者如阿吉亚尔和赫斯特(Aguiar and Hurst,1997)、阿吉亚尔等人(Aguiar et al.,2013)的研究,后者如比克等人(Bick et al.,2016)的研究。

9.2 对大衰退及其后果的新古典宏观经济学分析

关于大衰退及其后果,仍有好几个问题至今没有定论,其中就包括,对 2008 年及以后几年的宏观经济总量,特别是工作时数,应该怎样解释。本章给出的结果表明,具有标准的特定于设备的生产率冲击和全要素生产率冲击的新古典宏观经济学模型,不纳入任何政策分量,就会遗漏大衰退的一些关键特征。麦克格拉顿(McGrattan,2016)指出,因 GDP 统计中遗漏了无形资产投资而导致的产出测量误差,对经济衰退期间全要素生产率和劳动楔的度量结果有重要的影响。这是一个需要进一步研究的重要领域。

同时,在大衰退期间出台的经济政策有很多非常有意思的地方,值得进一步分析。马利甘(Mulligan,2012,2013)指出,社会保险制度的变化和《平价医疗法案》(Affordable Care Act)的出台,以隐性的方式提高劳动所得税率,从而抑制了劳动。基德兰德和萨拉萨加(Kydland and Zarazaga,2016)研究了对不同类型的税收政策的预期对大衰退之后的经济弱复苏的影响。贝克等人(Baker et al.,2015)测量了大衰退期间经济政策的不确定性的演变。正如布鲁姆(Bloom,2009)和费尔南德斯-比利亚韦德等人(Fernándedez-Villaverde et al.,2015)所指出的,这种不确定性的度量指标在那些旨在说明不确定性抑制了经济复苏的模型中很有用。上面这些因素,都可能影响近些年来工作时数的演变。

9.3 政策变化和制度对宏观经济绩效的影响

未来研究的另一个重要领域是量化观察到的偏离竞争市场的各种因素对经济的影响。科尔和奥哈尼安(Cole and Ohanian,2004)在对美国大萧条的研究中发展出了一种可以用来研究特尔化和工会化的方法。拉希利和易(Lahiri and Yi,2009)还采用这种方法评估了印度西孟加拉的非竞争政策对经济发展的影响。切雷穆克辛等人(Cheremukhin et al.,2013,2015)也使用类似的方法研究了列宁制定的政策和制度对苏联经济发展的影响,他们还研究了毛泽东的政策和制度对 20 世纪 40 年代和 50 年代中国经济发展的影响。阿尔德(Alder,2016)也采用一种相关的方法分析了第二次世界大战后,美国工会坐大和不完全竞争政策对"锈带"的经济停滞的影响。类似的方法,还可以用来研究苏联解体后其各国最近的经济发展情况、最近印度和中国的快速增长[例如,请参见德克勒和范登布鲁克(Dekle and Vandenbroucke,2012)对中国经济近期趋势的新古典宏观经济学研究],以及拉丁美洲的长期经济陷阱[例如,请参见科尔等人(Cole et al.,2005)对拉丁美洲的长期经济发展趋势的分析]。随着更多、更好的数据集的出现,这些方法也可以用于研究政策和制度如何影响那些非常贫穷的国家的停滞与发展。在这些方向上推进研究,将帮助我们更好地了解不同国家各种各样的非竞争性政策的相对重要性,从而为贫穷国家制定经济增长政策提供重要的参考。

9.4 对全要素生产率的分析

由于生产率一直是新古典宏观经济学增长模型的核心,因此,增进我们对全要素生产率的变化的理解,也就成了未来研究的另一个重要领域。过去十年以来,在评估全要素生产率方面的进展分别来源于三个不同的研究路线:资源错配、无形投资和网络经济。在资源错配这个研究进路上,通过对实际经济政策如何影响资源配置和生产率损失进行评估,经济学家加深了对全要素生产率受错配的影响的理解。计算能力的不断提升,极大地便利了对网络经济和跨部门联系的分析,从而促进了对全要素生产率的研究。越来越多的无形投资不断加入到国民收入与生产账户,使我们可用的数据集不断扩大,也有助于我们加深对无形投资和全要素生产率的理解。

在我们的阅读范围内,还没有得到深入研究的一个领域是,如何将德克尔等人(Decker et al.,2014)所称的"企业活力"(business dynamism)的变化与衡量全要素生产率的指标联系起来。更具体地说,德克尔等人证明,在美国,随着时间的推移,资源重新配置率变低了,而且初创企业的成功率也下降了。这种下降与生产率增长速度的长期下降是吻合的。对这些观察结果之间的联系从理论上和实证上进行深入分析,有可能会促进我们对长期生产率变动的理解。

9.5 税收与宏观经济活动水平

在新古典宏观经济学模型,税收政策和财政政策如何影响经济活动,也是未来研究的另一个非常有意义的方向。这方面的研究也可以增进我们对工作时数变化的理解。不过,这个方向上的研究往往受制于税率变化和工作时间数据的可得性。从原则上说,麦克丹尼尔(McDaniel,2011)构建的经济合作与发展组织成员国税率数据集的方法,是可以推广到其他国家的。在工作时数方面,奥哈尼安和拉福(Ohanian and Raffo,2011)构建了经济合作与发展组织的工作时数面板数据。对于其他国家,应该也可以构造出类似的数据集。

10. 结论

本章介绍了若干总量数据和一系列新古典宏观经济学模型,目的是阐明,美国经济的历史演变所能反映经济活动的长期变化趋势比以往经济学家认识到的更多,而且这种变化的大部分都可以合理地解释技术和政府政策的长期转变的后果。

本章给出的结果证明,新古典宏观经济学模型不仅可以分析经济活动总体相对稳定的时期,如美国在朝鲜战争结束后的经济活动,而且也可以用来研究非常动荡的时期(经济学界传统上认为,那远远超出了新古典宏观经济学的解释能力),包括大萧条和第二次世界大战。此外,新古典分析不仅提供了关于纯粹总量问题的洞见,而且还揭示了技术变革如何影响个人在劳动市场上的结果。

对于经济波动,未来的宏观经济学分析应该有一个转向:超越以往那种狭隘的、只研究商业周期频率的波动的标准做法,将经济波动的更低频率的分量包含进来,因为正是这种低频波动,主导了美国历史上的经济波动。我们相信,沿着这个基本方向推进新古典宏观经济学研究,必定能够帮助我们更好地理解经济史上各个领域的各种长期事件和商业周期波动,它们包括:大萧条、增长奇迹、各种政府监管和财政政策的宏观经济影响、生产率冲击的来源和性质、有偏向的技术变革对宏观经济和个人劳动市场结果的影响,以及工作时数的商业周期性波动和更长期的波动。

致谢

我们感谢约翰·科克伦(John Cochrane)、费尔南德斯-比利亚韦德等人(Fernándedez-Villaverde)、凯尔·赫肯霍夫(Kyle Herkenhoff)、佩尔·克鲁塞尔(Per Krusell)、埃德·普雷斯科特(Ed Prescott)、瓦莱里·雷米(Valerie Ramey)、约翰·泰勒(John Taylor)、哈拉尔德·厄里格(Harald Uhlig),以及宏观经济手册会议和 2015 年圣路易斯联邦储备银行(Federal Reserve Bank of Saint Louis)政策会议的与会者,他们给出了很好的意见和建议。同时还要感谢阿德里安·D. 阿弗纳斯(Adrien D. Avernas)、德·艾芬斯(Des Enffans)、埃里克·拜伊(Eric Bai)、安德里亚斯·古利亚斯(Andreas Gulyas)、金伍·许(Jinwook Hur)和穆萨·奥拉克(Musa Orak),他们是非常出色的研究助理,对我们帮助很大。

参考文献

Acemoglu, D., 2002. Directed technical change. Rev. Econ. Stud. 69 (4), 781—809.

Aguiar, M., Hurst, E., 1997. Life-cycle prices and production. Am. Econ. Rev. 5 (3), 1533—1599.

Aguiar, M., Hurst, E., Karabarbounis, L., 2013. Time use during the Great Recession. Am. Econ. Rev. 103 (5), 1664—1696.

Ahearne, A., Kydland, F., Wynne, M.A., 2006. Ireland's great depression. Econ. Soc. Rev. 37 (2), 215—243.

Alder, S., 2016. In the wrong hands: complementarities, resource allocation, and TFP. Am. Econ. J.: Macroecon. 8 (1), 199—241.

Alesina, A.F., Glaeser, E.L., Sacerdote, B., 2006. Work and leisure in the US and Europe: why so different? In: Gertler, M., Rogoff, K. (Eds.), NBER Macroeconomics Annual 2005, vol. 20. MIT Press, Cambridge, MA, pp. 1—100.

Amaral, P.S., MacGee, J.C., 2015. Re-examining the role of sticky wages in the U.S.

Great Depression: a multi-sector approach. University of Western Ontario.

Arias, A., Hansen, G., Ohanian, L. E., 2007. Why have business cycle fluctuations become less volatile? Econ. Theory. 32 (1), 43—58.

Atkeson, A., Kehoe, P. J., 2005. Modeling and measuring organization capital. J. Polit. Econ. 113(5), 1026—1053.

Atkeson, A., Khan, A., Ohanian, L. E., 1996. Are data on industry evolution and gross job turnover relevant for macroeconomics? Carn. Roch. Conf. Ser. on Public Policy. 44 (2), 215—250.

Autor, D. H., Levy, F., Murnane, R. J., 2003. The skill content of recent technological change: an empirical exploration. Q. J. Econ. 118 (4), 1279—1333.

Baker, S. R., Bloom, N., Davis, S. J., 2015. Measuring economic policy uncertainty. National Bureau of Economic Research. Working Paper No. 21633.

Barro, R. J., 1981. Intertemporal substitution and the business cycle. Carn. Roch. Conf. Ser. on Public Policy. 14 (1), 237—268.

Barro, R. J., King, R. G., 1984. Time-separable preferences and intertemporal-substitution models of business cycles. Q. J. Econ. 99 (4), 817—839.

Barro, R. J., Redlick, C. J., 2011. Macroeconomic effects from government purchases and taxes. Q. J. Econ. 126 (1), 51—102.

Braun, R. A., McGrattan, E. R., 1993. The macroeconomics of war and peace. In: Blanchard, O., Fischer, S. (Eds.), NBER Macroeconomics Annual 1993. MIT Press 8, Cambridge, MA, pp. 197—258.

Baxter, M., King, R. G., 1993. Fiscal policy in general equilibrium. Am. Econ. Rev. 83 (3), 315—334.

Baxter, M., King, R. G., 1999. Measuring business cycles: approximate band-pass filters for economic time series. Rev. Econ. Stat. 81 (4), 575—593.

Benhabib, J., Rogerson, R., Wright, R., 1991. Homework in macroeconomics: household production and aggregate fluctuations. J. Polit. Econ. 99 (6), 1166—1187.

Bernanke, B. S., 1983. Nonmonetary effects of the financial crisis in the propagation of the Great Depression. Am. Econ. Rev. 73 (3), 257—276.

Beveridge, S., Nelson, C. R., 1981. A new approach to decomposition of economic time series into permanent and transitory components with particular attention to measurement of the 'business cycle'. J. Monet. Econ. 7 (2), 151—174.

Bick, A., Lagakos, D., Fuchs-Schundeln, N., 2016. How do average hours worked vary with development: cross-country evidence and implications. Unpublished paper.

Blanchard, O., 2004. The economic future of Europe. J. Econ. Perspect. 18 (4), 3—26.

Bloom, N., 2009. The impact of uncertainty shocks. Econometrica. 77 (3), 623—685.

Bond, E. W. , Crucini, M. J. , Potter, T. , Rodrigue, J. , 2013. Misallocation and productivity effects of the Smoot-Hawley tariff. Rev. Econ. Dyn. 16 (1), 120—134.

Bordo, M. D. , Erceg, C. J. , Evans, C. L. , 2000. Money, sticky wages, and the Great Depression. Am. Econ. Rev. 90 (5), 1447—1463.

Brinca, P. , Chari, V. V. , Kehoe, P. J. , McGrattan, E. R. , 2016. Accounting for business cycles. In: Taylor, J. , Uhlig, H. (Eds.), Handbook of Macroeconomics, vol. 2A. Elsevier, Amsterdam, Netherlands, pp. 1013—1063.

Buera, F. J. , Moll, B. , 2015. Aggregate implications of a credit crunch: the importance of heterogeneity. Am. Econ. J. Macroecon. 7 (3), 1—42.

Burns, A. F. , Mitchell, W. C. , 1946. Measuring business cycles. National Bureau of Economic Research, New York.

Burnside, C. , Eichenbaum, M. , Fisher, J. D. M. , 2004. Fiscal shocks and their consequences. J. Econ. Theory. 115 (1), 89—117.

Carvalho, V. M. , 2014. From micro to macro via production networks. J. Econ. Perspect. 28 (4), 23—47.

Caselli, F. , Coleman II, J. W. , 2006. The world technology frontier. Am. Econ. Rev. 96 (3), 499—522.

Chang, Y. , Schorfheide, F. , 2003. Labor-supply shifts and economic fluctuations. J. Monet. Econ. 50 (8), 1751—1768.

Chari, V. V. , Kehoe, P. J. , McGrattan, E. R. , 2007. Business cycle accounting. Econometrica. 75 (3), 781—836.

Chen, K. , Irarrazabal, A. , 2013. Misallocation and the recovery of manufacturing TFP after a financial crisis. Norges Bank. Working Paper 2013—01.

Cheremukhin, A. , Golosov, M. , Guriev, S. , Tsyvinski, A. , 2013. Was Stalin necessary for Russia's economic development? National Bureau of Economic Research. Working Paper No. 19425.

Cheremukhin, A. , Golosov, M. , Guriev, S. , Tsyvinski, A. , 2015. The economy of People's Republic of China from 1953. National Bureau of Economic Research. Working Paper No. 21397.

Christiano, L. J. , Eichenbaum, M. , 1992. Current real-business-cycle theories and aggregate labor-market fluctuations. Am. Econ. Rev. 82 (3), 430—450.

Christiano, L. J. , Fitzgerald, T. J. , 2003. The band pass filter. Int. Econ. Rev. 44 (2), 435—465.

Cociuba, S. , Prescott, E. , Ueberfeldt, A. , 2012. U. S. hours and productivity behavior using CPS hours worked data: 1947—III to 2011—IV. Discussion paper.

Cole, H. L. , Ohanian, L. E. , 1999. The Great Depression in the United States from a neoclassical perspective. Fed. Reserve Bank Minneapolis Q. Rev. 23 (1), 2—24.

Cole, H. L., Ohanian, L. E., 2002. The great UK depression: a puzzle and possible resolution. Rev. Econ. Dyn. 5 (1), 19—44.

Cole, H. L., Ohanian, L. E., 2004. New Deal policies and the persistence of the Great Depression: a general equilibrium analysis. J. Polit. Econ. 112 (4), 779—816.

Cole, H. L., Ohanian, L. E., 2013. The impact of cartelization, money, and productivity shocks on the international Great Depression. National Bureau of Economic Research. Working Paper No. 18823.

Cole, H. L., Ohanian, L. E., Riascos, A., Schmitz, J. A., 2005. Latin America in the rearview mirror. J. Monet. Econ. 52 (1), 69—107.

Comin, D., Gertler, M., 2006. Medium-term business cycles. Am. Econ. Rev. 96 (3), 523—551.

Conesa, J. C., Kehoe, T. J., Ruhl, K. J., 2007. Modeling great depressions: the depression in Finland in the 1990s. In: Kehoe, T. J., Prescott, E. C. (Eds.), Great Depressions of the 20th Century. Federal Reserve Bank of Minneapolis, Minneapolis, MN.

Cooley, T. F. (Ed.), 1995. Frontiers of business cycle research. Princeton University Press, Princeton, NJ.

Cummins, J. G., Violante, G. L., 2002. Investment-specific technical change in the United States (1947—2000): measurement and macroeconomic consequences. Rev. Econ. Dyn. 5 (2), 243—284.

Dalton, J. T., 2015. The evolution of taxes and hours worked in Austria, 1970—2005. Macroecon. Dyn. 19 (8), 1800—1815.

David, J. M., Hopenhayn, H. A., Venkateswaran, V., 2016. Information, misallocation and aggregate productivity. Q. J. Econ.

Davis, S. J., Haltiwanger, J., 1992. Gross job creation, gross job destruction, and employment reallocation. Q. J. Econ. 107 (3), 819—863.

Davis, S. J., Henrekson, M., et al., 2005. Tax effects on work activity, industry mix, and shadow economy size: evidence from rich country comparisons. In: Go'mez-Salvador, R. (Ed.), Labour Supply and Incentives to Work in Europe. Edward Elgar, Cheltenham, UK.

Decker, R., Haltiwanger, J., Jarmin, R., Miranda, J., 2014. The role of entrepreneurship in US job creation and economic dynamism. J. Econ. Perspect. 28 (3), 3—24.

Dekle, R., Vandenbroucke, G., 2012. A quantitative analysis of China's structural transformation. J. Econ. Dyn. Control. 36 (1), 119—135.

DiCecio, R., 2009. Sticky wages and sectoral labor comovement. J. Econ. Dyn. Control. 33 (3), 538—553.

Doepke, M., Hazan, M., Maoz, Y. D., 2015. The baby boom and World War II: a macroeconomic analysis. Rev. Econ. Stud. 82 (3), 1031—1073.

Dupor, B. , 1999. Aggregation and irrelevance in multi-sector models. J. Monet. Econ. 43 (2), 391—409.

Ebell, M. , Ritschl, A. , 2008. Real origins of the Great Depression: monopoly power, unions and the American business cycle in the 1920s. CEP Discussion Paper No. 876.

Eggertsson, G. B. , 2012. Was the New Deal contractionary? Am. Econ. Rev. 102 (1), 524—555.

Erosa, A. , Fuster, L. , Kambourov, G. , 2012. Labor supply and government programs: a cross-country analysis. J. Monet. Econ. 59 (1), 84—107.

Feenstra, R. C. , Inklaar, R. , Timmer, M. P. , 2015. The next generation of the Penn World Table. Am. Econ. Rev. 105 (10), 3150—3182.

Fernald, J. , 2014. Aquarterly, utilization-adjusted serieson total factor productivity. Federal Reserve Bankof San Francisco. Working Paper 2012—19.

Fernández-Villaverde, J. , Guerró n-Quintana, P. , Kuester, K. , Rubio-Ramírez, J. , 2015. Fiscal volatility shocks and economic activity. Am. Econ. Rev. 105 (11), 3352—3384.

Field, A. J. , 2003. The most technologically progressive decade of the century. Am. Econ. Rev. 93 (4), 1399—1413.

Fisher, J. D. M. , 2006. The dynamic effects of neutral and investment-specific technology shocks. J. Polit. Econ. 114 (3), 413—451.

Friedman, M. , Schwartz, A. J. , 1963. A monetary history of the United States, 1867—1960. Princeton University Press, Princeton, NJ.

Gali, J. , Van Rens, T. , 2014. The vanishing procyclicality of labor productivity. Unpublished paper.

Gordon, R. J. , 1990. The measurement of durable goods prices. University of Chicago Press, Chicago, IL.

Gorodnichenko, Y. , Mendoza, E. G. , Tesar, L. L. , 2012. The Finnish great depression: from Russia with love. Am. Econ. Rev. 102 (4), 1619—1643.

Greenwood, J. , Hercowitz, Z. , Krusell, P. , 1997. Long-run implications of investment-specific technological change. Am. Econ. Rev. 87 (3), 342—362.

Greenwood, J. , Seshadri, A. , Yorukoglu, M. , 2005. Engines of liberation. Rev. Econ. Stud. 72 (1), 109—133.

Greenwood, J. , Yorukoglu, M. , 1997. Carn. Roch. Conf. Ser. Public Policy. 46 (1), 49—95.

Guner, N. , Ventura, G. , Yi, X. , 2008. Macroeconomic implications of size-dependent policies. Rev. Econ. Dyn. 11 (4), 721—744.

Hansen, G. D. , 1985. Indivisible labor and the business cycle. J. Monet. Econ. 16 (3),

309—327.

Hansen, G. D. , 1997. Technical progress and aggregate fluctuations. J. Econ. Dyn. Control. 21(6), 1005—1023.

Hansen, G. D. , Prescott, E. C. , 1993. Did technology shocks cause the 1990—1991 recession? Am. Econ. Rev. 83 (2), 280—286.

Hayashi, F. , Prescott, E. C. , 2002. The 1990s in Japan: a lost decade. Rev. Econ. Dyn. 5 (1), 206—235.

Heckman, J. J. , Lochner, L. , Taber, C. , 1998. Explaining rising wage inequality: explorations with a dynamic general equilibrium model of labor earnings with heterogeneous agents. Rev. Econ. Dyn. 1 (1), 1—58.

Herman, A. , 2012. Freedom's forge: how American business produced victory in World War II. Random House, New York City, NY.

Hodrick, R. , Prescott, E. C. , 1997. Postwar U. S. business cycles: an empirical investigation. J. Money Credit Bank. 29 (1), 1—16.

Hopenhayn, H. , Rogerson, R. , 1993. Job turnover and policy evaluation: a general equilibrium analysis. J. Polit. Econ. 101 (5), 915—938.

Horvath, M. , 2000. Sectoral shocks and aggregate fluctuations. J. Monet. Econ. 45 (1), 69—106.

Hsieh, C. T. , Klenow, P. J. , 2009. Misallocation and manufacturing TFP in China and India. Q. J. Econ. 124 (4), 1403—1448.

Jeong, H. , Kim, Y. , Manovskii, I. , 2015. The price of experience. Am. Econ. Rev. 105 (2), 784—815.

Joines, D. H. , 1981. Estimates of effective marginal tax rates on factor incomes. J. Bus. 54 (2), 191—226.

Jones, C. I. , 2005. The shape of production functions and the direction of technical change. Q. J. Econ. 120 (2), 517—549.

Jones, C. I. , 2013. Misallocation, economic growth, and input-output economics. In: Acemoglu, D. , Arellano, M. , Dekel, E. (Eds.), Advances in Economics and Econometrics, Tenth World Congress. vol. II. Cambridge University Press, Cambridge.

Justiniano, A. , Primiceri, G. E. , Tambalotti, A. , 2010. Investment shocks and business cycles. J. Monet. Econ. 57 (2), 132—145.

Karabarbounis, L. , Neiman, B. , 2014. The global decline of the labor share. Q. J. Econ. 129 (1), 61—103.

Katz, L. F. , Murphy, K. M. , 1992. Changes in relative wages, 1963—1987: supply and demand factors. Q. J. Econ. 107 (1), 35—78.

Kehoe, T. J. , Prescott, E. C. , 2007. Great depressions of the twentieth century. Federal

Reserve Bank of Minneapolis, Minneapolis, MN.

Kendrick, J., 1961. Productivity Trends in the United States. Princeton University Press, Princeton, NJ.

Klein, P., Ventura, G., 2015. Making a miracle: Ireland 1980—2005. Unpublished paper.

Kovacic, W. E., Shapiro, C., 2000. Antitrust policy: a century of economic and legal thinking. J. Econ. Perspect. 14 (1), 43—60.

Krusell, P., Ohanian, L. E., Ríos-Rull, J. V., Violante, G. L., 2000. Capital—skill complementarity and inequality: a macroeconomic analysis. Econometrica 68. (5), 1029—1053.

Kydland, F. E., Prescott, E. C., 1982. Time to build and aggregate fluctuations. Econometrica. 50(6),1345—1370.

Kydland, F. E., Prescott, E. C., 1988. The workweek of capital and its cyclical implications. J. Monet. Econ. 21 (2), 343—360.

Kydland, F. E., Zarazaga, C. E. J. M., 2016. Fiscal sentiment and the weak recovery from the Great Recession: a quantitative exploration. J. Monet. Econ. 79, 109—125.

Lahiri, A., Yi, K.-M., 2009. A tale of two states: Maharashtra and West Bengal. Rev. Econ. Dyn. 12 (3), 523—542.

Lee, D., Wolpin, K. I., 2006. Intersectoral labor mobility and the growth of the service sector. Econometrica. 74 (1), 1—46.

Lilien, D. M., 1982. Sectoral shifts and cyclical unemployment. J. Polit. Econ. 90 (4), 777—793.

Ljungqvist, L., Sargent, T. J., 1998. The European unemployment dilemma. J. Polit. Econ. 106 (3), 514—550.

Long Jr., J. B., Plosser, C. I., 1983. Real business cycles. J. Polit. Econ. 91 (1), 39—69.

Lu, S. S., 2012. East Asian growth experience revisited from the perspective of a neoclassical model. Rev. Econ. Dyn. 15 (3), 359—376.

Lucas, R. E., 1973. Expectations and the neutrality of money. J. Econ. Theory 4 (2),103—124.

Lucas, R. E., Rapping, L. A., 1969. Real wages, employment, and inflation. J. Polit. Econ. 77 (5), 721—754.

Lucas, R. E., Rapping, L. A., 1972. Unemployment in the Great Depression: is there a full explanation? J. Polit. Econ. 80 (1), 186—191.

Manuelli, R. E., Seshadri, A., 2014. Frictionless technology diffusion: the case of Tractors. Am. Econ. Rev. 104 (4), 1368—1391.

McDaniel, C., 2011. Forces shaping hours worked in the OECD, 1960—2004. Am. Econ. J.: Macroecon. 3 (4), 27—52.

McGrattan, E. R., 2012. Capital taxation during the US Great Depression. Q. J. Econ. 127 (3), 1515—1550.

McGrattan, E. R., 2016. Intangible Capital and Measured Productivity. Working Paper, University of Minnesota, Minneapolis, MN.

McGrattan, E. R., Prescott, E. C., 2014. Areassessment of real business cycle theory. Am. Econ. Rev. Papers and Proceedings. 104 (5), 177—187.

McGrattan, E. R., Ohanian, L. E., 2010. Does neoclassical theory account for the effects of big fiscal shocks? Evidence from World War II. Int. Econ. Rev. 51 (2), 509—532.

McGrattan, E. R., Prescott, E. C., 2012. The Great Recession and delayed economic recovery: a labor productivity puzzle? In: Ohanian, L. E., Taylor, J. B., Wright, I. (Eds.), Government Policies and the Delayed Economic Recovery. Hoover Press, Stanford, CA.

Meza, F., 2008. Financial crisis, fiscal policy, and the 1995 GDP contraction in Mexico. J. Money Credit Bank. 40 (6), 1239—1261.

Midrigan, V., Xu, D. Y., 2014. Finance and misallocation: evidence from plant-level data. Am. Econ. Rev. 104 (2), 422—458.

Modigliani, F., 1977. The monetarist controversy or, should we forsake stabilization policies? Am. Econ. Rev. 67 (2), 1—19.

Moll, B., 2014. Productivity losses from financial frictions: can self-financing undo capital misallocation? Am. Econ. Rev. 104 (10), 3186—3221.

Monacelli, T., Perotti, R., 2008. Fiscal policy, wealth effects, and markups. National Bureau of Economic Research. Working Paper No. 14584.

Morley, J., Nelson, C. R., Zivot, E., 2003. Why are unobserved component and Beveridge-Nelson decomposition trend-cycle decompositions of GDP so different? Rev. Econ. Stat. 85 (2), 235—243.

Mountford, A., Uhlig, H., 2009. What are the effects of fiscal policy shocks? J. Appl. Econ. 24 (6), 960—992.

Mulligan, C., 2012. The redistribution recession: how labor market distortions contracted the economy. Oxford University Press, Oxford.

Mulligan, C., 2013. Average marginal labor income tax rates under the Affordable Care Act. National Bureau of Economic Research. Working Paper No. 19365.

Mulligan, C. B., 2005. Public policies as specification errors. Rev. Econ. Dyn. 8 (4), 902—926.

Oberfield, E., 2013. Productivity and misallocation during a crisis: evidence from the Chilean crisis of 1982. Rev. Econ. Dyn. 16 (1), 100—119.

Ohanian, L. E., 1997. The macroeconomic effects of war finance in the United States: World War II and the Korean War. Am. Econ. Rev. 87 (1), 23—40.

Ohanian, L. E., 2001. Why did productivity fall so much during the Great Depression? Am. Econ. Rev. 91 (2), 34—38.

Ohanian, L. E., 2009. What-or-who started the Great Depression? J. Econ. Theory. 144 (6), 2310—2335.

Ohanian, L. E., 2010. The economic crisis from a neoclassical perspective. J. Econ. Perspect. 24 (4), 45—66.

Ohanian, L. E., 2011. Comment on 'what fiscal policy is effective at zero interest rates'? In: Acemoglu, D., Woodford, M. (Eds.), NBER Macroeconomics Annual 2010, vol. 25. University of Chicago Press, Chicago, IL, pp. 125—137.

Ohanian, L. E., Orak, M., 2016. Capital-skill complementarity, inequality, and labor's share of income, 1963—2013. Discussion paper.

Ohanian, L. E., Raffo, A., 2011. Aggregate hours worked in OECD countries: new measurement and implications for business cycles. National Bureau of Economic Research. Working Paper 17420.

Ohanian, L., Raffo, A., Rogerson, R., 2008. Long-term changes in labor supply and taxes: evidence from OECD countries, 1956—2004. J. Monet. Econ. 55 (8), 1353—1362.

Orak, M., 2016. Capital-task complementarity and the decline of the US labor share of income. Working Paper, UCLA, Los Angeles, CA.

Osuna, V., Rios-Rull, J. V., 2003. Implementing the 35 hour workweek by means of overtime taxation. Rev. Econ. Dyn. 6 (1), 179—206.

Otsu, K., 2008. A neoclassical analysis of the Korean crisis. Rev. Econ. Dyn. 11 (2), 449—471.

Poschke, M., 2010. The regulation of entry and aggregate productivity. Econ. J. 120 (549), 1175—1200.

Prescott, E. C., 2004. Why do Americans work so much more than Europeans? Federal Reserve Bank of Minneapolis. Q. Rev. Vol. 28, 2—13. No. 1, July 2004.

Ragan, K. S., 2013. Taxes and time use: fiscal policy in a household production model. Am. Econ. J.: Macroecon. 5 (1), 168—192.

Ramey, V. A., 2011. Can government purchases stimulate the economy? J. Econ. Lit. 49 (3), 673—685.

Rees, A., 1970. On equilibrium in labor markets. J. Polit. Econ. 78 (2), 306—310.

Restuccia, D., Rogerson, R., 2008. Policy distortions and aggregate productivity with heterogeneous establishments. Rev. Econ. Dyn. 11 (4), 707—720.

Rogerson, R., 2008. Structural transformation and the deterioration of European labor market outcomes. J. Polit. Econ. 116 (2), 235—259.

Rogerson, R., 2009. Market work, home work, and taxes: a cross-country analysis. Rev.

Int. Econ. 17 (3), 588—601.

Samaniego, R. M., 2008. Can technical change exacerbate the effects of labor market sclerosis? J. Econ. Dyn. Control. 32 (2), 497—528.

Sandleris, G., Wright, M. L. J., 2014. The costs of financial crises: resource misallocation, productivity, and welfare in the 2001 Argentine crisis. Scand. J. Econ. 116 (1), 87—127.

Sargent, T. J., 1973. Rational expectations, the real rate of interest, and the natural rate of unemployment. Brook. Pap. Econ. Act. 2, 429—480.

Sargent, T. J., Wallace, N., 1975. 'Rational' expectations, the optimal monetary instrument, and the optimal money supply rule. J. Polit. Econ. 83 (2), 241—254.

Schumpeter, J., 1927. The explanation of the business cycle. Economica. 21, 286—311.

Simon, C. J., 2001. The supply price of labor during the Great Depression. J. Econ. Hist. 61 (4), 877—903.

Siu, H. E., 2008. The fiscal role of conscription in the US World War II effort. J. Monet. Econ. 55 (6), 1094—1112.

Smets, F., Wouters, R., 2007. Shocks and frictions in US business cycles: a Bayesian DSGE approach. Am. Econ. Rev. 97 (3), 586—606.

Stock, J. H., Watson, M. W., 1988. Variable trendsin economic time series. J. Econ. Perspect. 2(3), 147—174.

Stock, J. H., Watson, M. W., 2003. Has the business cycle changed and why? NBER Macroeconomics Annual 2002, vol. 17. MIT Press, Cambridge, MA, pp. 159—230.

Taylor, J. B., 2010. Getting back on track: macroeconomic policy lessons from the financial crisis. Fed. Reserve Bank St. Louis Rev. 92 (3), 165—176.

Taylor, J. B., 2011. An empirical analysis of the revival of fiscal activism in the 2000s. J. Econ. Lit. 49 (3), 686—702.

Uhlig, H., 1999. A toolkit for analysing nonlinear dynamic stochastic models easily. Ramon marimon and andrew scott: computational methods for the study of dynamic economies. Oxford University Press, Oxford and New York, pp. 30—61.

Valentinyi, A., Herrendorf, B., 2008. Measuring factor income shares at the sector level. Rev. Econ. Dyn. 11 (4), 820—835.

Watson, M. W., 1986. Univariate detrending methods with stochastic trends. J. Monet. Econ. 18 (1), 49—75.

Ziebarth, N. L., 2014. Misallocation and productivity in the Great Depression. Unpublished.

第二十七章　持续低迷的宏观经济学分析

R. E. 霍尔(R. E. Hall) [*]

[*]:胡佛研究所,美国,加利福尼亚州,斯坦福大学;
国家经济研究局,美国,马萨诸塞州,剑桥

目　录

本章摘要:在现代经济中,重大不利冲击造成的失业率急剧上升,会导致不正常的高失业率和低产出的长期持续。本章研究了这种持续低迷的原因。相关的数据来自美国经济,而且讨论是围绕着2008年的金融危机和随之而来的长期经济低迷展开的。这个框架首先识别出了由初始冲击启动的各种驱动力。它们包括:决策者决定使用更高的贴现率(这可能与信心丧失有关)、潜在的工人离开劳动市场、生产率增长率下降、产品市场价格上涨,以及金融机构更严格的贷款标准造成的支出缩减。接下来,我们研究了这些驱动力是怎样影响总体均衡的:包括在初始冲击发生时,还包括在之后冲击的影响持续存在时。一些效应起到了传播冲击影响的作用——因此,即便在驱动力本身已经消退之后,它们也会导致经济表现不佳。资本存量的消耗是这种传播机制中最重要的一种。我们将使用一个中频动态均衡模型来分析这种反应和传播的大小。

关键词：金融危机，经济衰退，经济低迷，失业，劳动力参与，停滞，经济波动来源，经济驱动力，经济冲击，信心，传播

JEL 分类代码：E24，E32，G12

1. 引言

从 2008 年开始，美国的产出和就业率就一直明显低于以往的增长路径。八年后，失业率恢复到了正常水平，但是产出量仍然低于正常增长路径。而日本经济，更是 20 多年来一直处于低迷状态。欧洲的许多发达经济体都处于低迷状态，而且其中有几个国家已经陷得相当深了。本章以美国经验为例，回顾了关于持续的经济低迷的宏观经济学模型。

导致经济低迷的不利冲击通常会导致产出和就业的快速萎缩，以及失业率大幅度跳涨。这个阶段——经济衰退阶段——通常是短暂的。在最近这个例子中，经济衰退到 2009 年年中就结束了。但是，从低俗开始的复苏则往往要花费很多年。经济低迷期就是指产出和就业低于"标准"水平且存在过度失业的时期。在最近的美国这个例子中，经济低迷持续期间为 2008 年至 2014 年底。

要确定经济低迷期在哪一天结束，是一件极具挑战性的事情，因为解释产出低迷的一些状态变量，特别是资本存量，需要很多年才能恢复正常。2014 年，美国的产出远低于它先前的趋势。

持续性低迷并不是在 2008 年金融危机之后才第一次出现的。自从国民收入核算正式开始实施以来，大萧条至今仍然是美国历史上最深重、最漫长的经济萧条。表 1 表明，在 1948 年开始启动家庭失业调查后，美国出现了四个经济长期低迷的时期。在这些时期，失业率连续多年维持在与最严重时相差无几的水平上。按照 1948 年以来的平均水平来衡量，美国的正常失业率为 6.0% 左右。在所有这四个经济低迷时期，失业率达到最高峰后，接下来的三年内失业率仍然一直远高于正常水平。只有在其中一个低迷时期，即 1990—1991 年的经济衰退之后的那个时期，失业率达到高峰四年后，失业率低于正常水平。

表 1　美国 1948 年以来四个严重低迷时期的失业率

最严重的年份	最高失业率	最严重的那一年之后每年的失业率与最高峰的失业率之比			
		1	2	3	4
1975	8.5	0.91	0.84	0.72	0.69
1982	9.7	0.99	0.77	0.74	0.72
1992	7.5	0.92	0.81	0.75	0.72
2010	9.6	0.93	0.84	0.77	0.65

关于产出下降和就业困难，其他一些解释关注的重点是金融危机及其后果，这方面的研究的一些例子包括：柯薛拉柯塔（Kocherlakota，2013）、克里斯蒂亚诺等人（Christiano et al.，

2016,2010)、贝经格诺和福纳罗(Benigno and Fornaro,2015)、佩特罗斯凯–纳多和沃斯默(Petrosky-Nadeau and Wasmer,2015)、格特勒等人(Gertler et al. ,2008)、米安和苏菲(Mian and Sufi,2010)、雷夫施奈德德等人(Reifschneider et al. ,2013)、霍尔(Hall,2013,2014)。

2. 2008 年金融危机后的长期低迷

本节描述了 2008 年金融危机发生之后、2014 年底之前这个时期美国发生的经济事件,目的是为本章的讨论提供事实基础。我还给出了关键的宏观经济变量的很多细节,并附以简短的讨论。在此基础上,本章的其余各节将讨论一些与我们对这些事件的理解最为相关的思想和模型。

图 1 表明,2008 年经济危机发生时,实际 GDP 大幅下降,而且在危机之后六年仍然显著低于先前的增长路径。很显然,这场危机对商品和服务的总产出的影响有很强的持续性。图 2 进一步表明,实际消费支出的情况与实际 GDP 很相似,同样没有任何迹象表明消费支出在 2008 年危机之后很快恢复到了先前的增长路径上。

十亿美元(以 2009 年美元计)

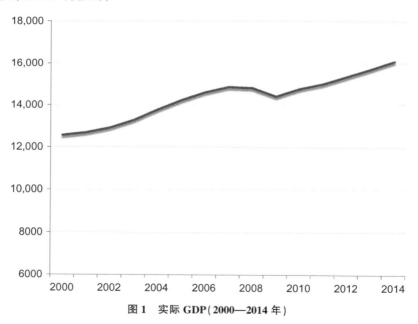

图 1 实际 GDP(2000—2014 年)

十亿美元(以 2009 年美元计)

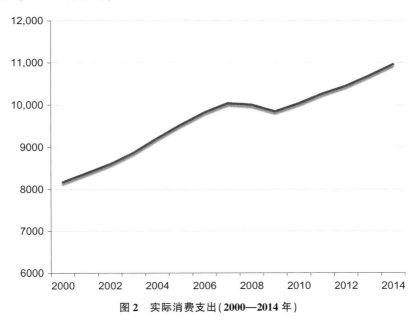

图 2　实际消费支出(2000—2014 年)

　　图 3 表明,就业也持续低于正常增长路径。图 4 表明,经济危机爆发后,失业率达到了很高的水平,直到六年后,即到了 2014 年底才回落到 5.8% 的长期平均水平。失业率也是唯一的一个在经济危机发生六周年内就恢复到了正常路径的重要宏观经济指标。

千工人

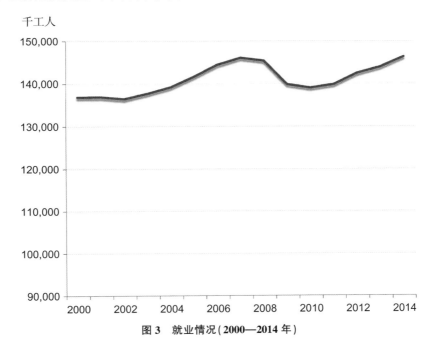

图 3　就业情况(2000—2014 年)

占劳动大军的百分比(%)

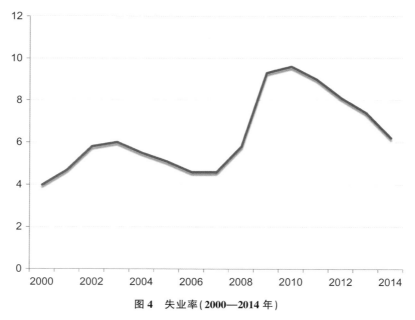

图 4　失业率(2000—2014 年)

　　图 5 表明,危机发生后,劳动力相对于劳动适龄人口的比例下降了,而且在整个复苏期间都没有恢复。图 6 表明,从 20 世纪 90 年代到 21 世纪初一直保持平稳增长的家庭平均实际收入在危机爆发前开始走平,并在危机爆发后急剧下降,然后直到 2014 年才恢复到先前的水平。

占劳动大军的百分比(%)

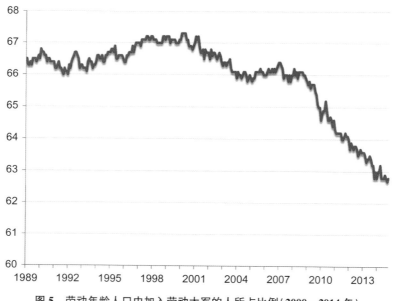

图 5　劳动年龄人口中加入劳动大军的人所占比例(2000—2014 年)

美元(以 2009 年美元计)

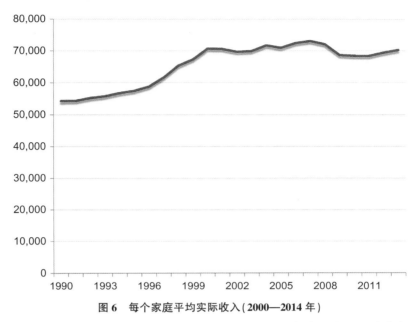

图 6　每个家庭平均实际收入(2000—2014 年)

　　图 7 表明,企业资本存量(那是衡量私人企业可以得到的资本服务的一个指标)在危机之后的增长率比正常情况下低得多,直到 2014 年,它的增长率才回升至接近正常水平,但是相对于趋势,资本仍然留下了一个相当大的缺口。

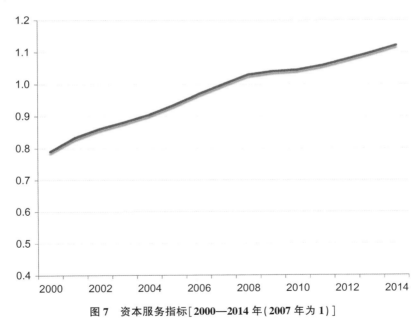

图 7　资本服务指标[2000—2014 年(2007 年为 1)]

图 8 表明,私营企业全要素生产率从 1989 年到 2006 年迅速增长。2007 年开始,全要素生产率有所下降。尽管在复苏期间,生产率以正常的速度增长,但是并没能弥补危机后的累积降幅。图 9 显示了美国经济中的工人所获得的收入在总收入中所占的份额(包括附加福利在内)。

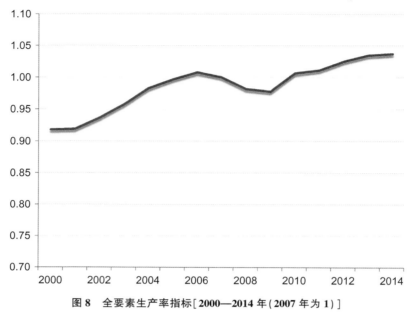

图 8　全要素生产率指标[2000—2014 年(2007 年为 1)]

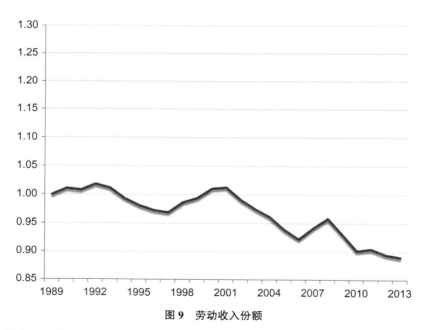

图 9　劳动收入份额

在经济衰退时期,劳动在总收入中所占的份额往往会达到较高的水平,但是在随后的扩张期的前半年下降,然后在下一次衰退中又恢复到高位。但是,这种模式的叠加却是一个普遍的下降,在整个期间会累积到 10% 左右。与收入的一般下降趋势一样,劳动的份额的下跌似乎也是早在 2000 年前后就已经开始的。

3. 驱动力

我在这里之所以使用驱动力(driving force)这个术语,是为了表示作为一个宏观模型的输入的外生变量或内生变量。后一种情况(内生变量)的一个例子是由金融危机所引发的投资的贴现率上升和就业机会的消失。没有理由认为贴现率的这种上升是外生的。相反,适当的假说是,模型之外的某个过程——比如说,房价的崩溃——通过更高的贴现率影响到了模型。模型之外的同一个过程可以通过多个驱动力进入模型。例如,住房价格的崩溃也可能通过使受限制家庭的借贷机会减少来影响消费需求。

在这里,我先围绕宏观经济学中以往的研究识别出来的、用来解释经济持续低迷的各种驱动力,给出一个非正式的综述。

3.1 劳动力参与

从美国近年来的经济状态中可以总结出一个经验结论:劳动力参与率的大幅度下降必定有重要含义。在以往的经济低迷期中,劳动力参与率基本上保持不变——即使是在求职者想找到一份工作变得更加困难的时候,经济也不会呈现出劳动大军的规模变小的趋势。一直到2015年,美国劳动市场已经恢复到了正常的"紧张度"水平(用求职率和职位充盈率来衡量),但是从2000年前后开始的劳动力参与率的大幅下降趋势并没有得到逆转。另一方面,劳动力参与率的下降是产出与就业出现不同特征的重要原因,也是劳动市场张力的一个重要因素。由后者判断,2008年金融危机引发的衰退已经结束,但是产出和就业仍然远远低于危机前的预期路径。

劳动参与率的变化不直接与劳动市场紧张度相关,这个事实也应该添加到对长期低迷有重要意义的现象的列表中去。即便重大冲击并没有直接导致劳动参与率下降,但是如果在低迷期间出现了下降,那么也一定会对就业和产出产生不利影响。

对这种劳动参与率下降的一项较晚近的研究是埃尔斯比等人(Elsby et al. ,2013)的研究。奥托(Autor,2011)分析了残疾人福利,指出它可能是导致劳动参与率下降的一个原因。

3.2 资本楔

金融危机之后,理解持续低迷的一个关键事实是企业盈利的稳定性。图10显示了私人企业的营业盈余情况(国民收入与生产账户中的营业盈余,收入减去非资本成本)与资本价值(包括工厂、设备、软件和其他无形资产,即国民收入与生产账户中的固定资产项目)。2007年,企业盈利率的正常水平为刚刚超过20%。金融危机发生后,盈利率有所下降。但是到了2010年,盈利率就基本恢复了,尽管当时产出和就业水平仍然处于很深的低谷中。

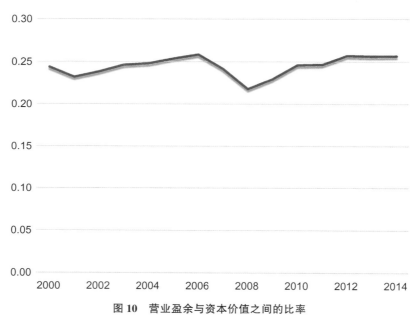

图 10 营业盈余与资本价值之间的比率

这就提出了一个根本性的问题：虽然商业活动的盈利能力仍然维持了原有水平，但是投资却出现了大幅下降。宏观经济学家倾向于认为，这里存在一个资本楔，他们把这种现象描述为激励失效的一种形式。资本楔是指测量出来的投资回报与投资的财务成本之间的差额。我认为，后者就相当于无风险的实际利率。风险溢价是商业资本回报与无风险利率之间的"楔"的一个组成部分。其他组成部分还包括税收、金融摩擦和流动性溢价。为了度量总的楔，我先计算出年回报率，并从中减去 1 年的安全利率。然后，我再将总的楔分解为两个部分。第一个部分是金融理论无法解释的风险资本收入的额外折扣，第二个部分是金融理论未能解释的安全回报的额外溢价。

资本回报的计算是通过如下的思想实验完成的。一家企业买入一个额外单位的投资，这个单位的投资要变为已安装资本(installed capital)，还要承担一个边际调整成本。在当年，这个企业公司利用该额外单位的已安装资本赚取了更多的毛利润。到年底时，这个企业拥有这个额外单位的已安装资本折旧后的余值。已安装资本具有的影子价值可以用托宾 q 来衡量。

建设安装时的边际成本发生在期初，其大小为 $\kappa(k_t / k_{t-1}-1)$。因此，一单位已安装资本在年初时的影子价值可以表示为如下单位资本：

$$q_t = \kappa \left(\frac{k_t}{k_{t-1}} - 1 \right) + 1 \tag{1}$$

由此，对于第 t 年初的这一单位资本的投资成本以及相应的边际安装成本——总成本为 $q_t p_{k,t}$——该企业的名义收益率等于每单位资本的毛利润 π_t / k_t 加上资本在第 $t+1$ 年的折旧值，再除以原始投资，即：

$$1 + r_{k,t} = \frac{1}{q_t p_{k,t}} \left[\frac{\pi_t}{k_t} + (1-\delta_t) q_{t+1} p_{k,t+1} \right] \tag{2}$$

毛利润包括税前会计利润、付出的利息和会计折旧。从原则上说，业主的某些收入也属于资本的回报——非公司制企业（noncorporate business）拥有大量资本，但是，如果将资本收入也归属于这个部门，会导致作为一种剩余的劳动报酬出现明显的少计。非公司制企业部门的已报告收入是不足以说明在该部门中观察到的人力资本和其他资本的使用量的。另外还请注意，以国民收入和生产账户所衡量的企业资本，除了工厂和设备外，还包括各种各样的无形资产组成部分。

隐含于资本回报率与无风险实际利率 $r_{f,t}$ 之间的楔，就是名义资本回报率与与 1 年期安全名义利率之间的差异：

$$r_{k,t} - r_{f,t} \tag{3}$$

这种计算方法的基础与沙里等人（Chari et al.，2007）在计算投资楔时所依据的基础是相同的。他们也把投资楔定义为利差。需要注意的是，楔是用实际单位表示的——通货膨胀率在相减时要去除掉。

图 11 显示了从方程式（3），结合工厂、设备和知识产权，在调整成本参数 κ 取两个不同的值时计算出来的企业资本楔的值。在上面的图中，κ 的取值为 0；在下面的图中，κ 的取值则为 2。前一个值与霍尔（Hall，2004）给出的证据相符，而后一个值则与其他研究所给出的资本调整成本一致。$\kappa = 2$ 的取值，相对应的季度参数为 8。

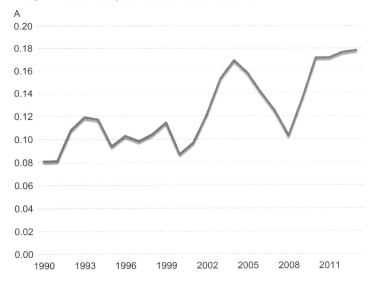

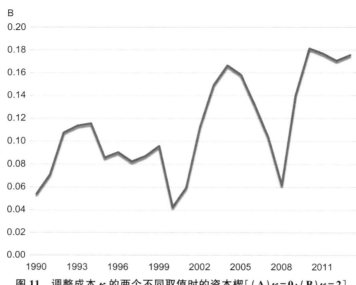

图 11　调整成本 κ 的两个不同取值时的资本楔[(A)$\kappa=0$;(B)$\kappa=2$]

在这两种计算方法下得到的自 1990 年以来的资本楔的变化,在定性的意义上是相同的,但是在波动性上却有很大差异。在 1990 年经济衰退后的缓慢复苏过程中,资本楔大体上保持稳定或略有下降,然后在 2001 年的经济衰退中升至高位,并随着经济的复苏而逐渐回落,然后又在金融危机后上升至最高水平。这两个计算的结果都表明,到 2013 年,这个楔仍然维持在每年大约 18％的高水平上。

霍尔(Hall,2011a)讨论了金融楔对总体经济活动的惊人影响:楔对资本形成的不利影响,在很大程度上相当于征税对消费水平或工作努力程度的不利影响。

最近,关于金融崩溃如何扩散为产出和就业的崩溃,有一支文献强调了企业和金融中介机构之间的代理摩擦(agency frictions)的作用。在这支文献中,最简单的模型是只存在一个金融中介机构的情形——这种模型是这支文献的主流,虽然这没有反映美国的实际经济情况——这使得中介机构有机会"卷走"投资者的资产。如果中介机构的持续价值低于"潜逃"价值(从投资者那里盗取的资产的价值一部分),那么这种情况就会发生。如果中介机构的权益因危机而大幅下降了(例如,如果抵押贷款支持证券遭受了巨大的资本损失),那么投资者就需要给予中介机构继续运营的激励,方法是让中介机构赚取的贷款利率与支付给投资者的融资利率的利差变得更大。因此,在金融危机爆发后,利差会上涨。这种观点与资本回报与无风险利率之间的利差的实际变化是一致的。

非金融企业与它的外部投资者之间,也可能会发生相同类型的代理摩擦。企业权益的消耗将威胁到外部投资者的资本。在这种情况下,外部投资者需要提高企业能够赚取的租金,以增加内部人的持续经营价值,从而再一次,利差将会上升。

格特勒和清泷(Gertler and Kiyotaki,2011)在最近出版的《货币经济学手册》中全面地介绍了关于这个主题的研究。布伦纳迈尔等人(Brunnermeier et al.,2012)也对最近的研究进行了很好的综述。这支文献的其他重要贡献还包括:伯南克等人(Bernanke et al.,1999)、清泷和摩尔(Kiyotaki and Moore,2012)、格特勒和卡拉迪(Gertler and Karadi,2011)、布伦纳迈尔和桑尼科夫(Brunnermeier and Sannikov,2014)。另外,读者也可以参阅:克里希那穆提和维辛-乔根森(Krishnamurthy and Vissing-Jorgensen,2013)、何治国和克里希那穆提(He and Krishnamurthy,2015)、阿德里安等人(Adrian et al.,2012),以及科里内克和西姆塞克(Korinek and Simsek,2014)。

3.3　贴现与信心

将金融崩溃与不断扩大的利差联系起来的第二支文献,则主要关注危机中风险溢价的上升与随之而来的经济低迷之间的关系。科克兰(Cochrane,2011)讨论了股票市场风险溢价的高波动性——用贴现率减去无风险利率来衡量。

鲁斯蒂格和弗德尔汉(Lustig and Verdelhan,2012)也讨论了经济低迷时贴现率倾向于上升的趋势。

股票市场的一个基本特征是,当股票市场的价格水平较低时,相对于股息等基本面因素,贴现率会较高,对此,请参见坎贝尔和席勒(Campbell and Shiller,1988)。归一化的消费是股票市场回报的另一个可靠的预测指标。图12显示了标准普尔股票价格指数的股权溢价,这是从年度回报对这两个变量的回归中得到的——关于这个回归量的构建的更多细节,请参见霍尔(Hall,2015)的进一步的讨论。从图中可见,风险溢价在2009年出现飙升。需要注意的是,它的持续性并不像经济低迷本身那么强:在失业率恢复到正常水平之前很久,风险溢价就已经恢复正常了。

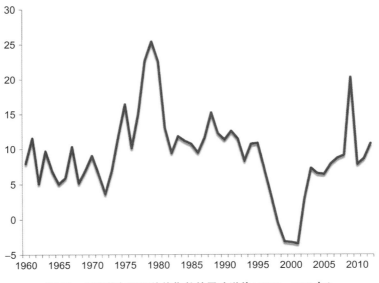

图12　标准普尔股票价格指数的风险溢价(1960—2012年)

目前,围绕着如何解释贴现率的高波动性,宏观经济界和金融学界正争论不休。从原则上说,当未来消费的边际效用很高时,就会出现高贴现率。但是,要在模型中生成这个结果却是一个很大的挑战。边际效用必须对消费高度敏感,不然就无法观察到贴现率的大的变动,因为即便是在经济严重收缩期间也只会出现预期消费的适度下降。消费的收缩可以说几乎完全是一种惊喜。如果一个模型隐含着,偶然的消费下降是意外发生的,在那之后消费就会以高于正常水平的速度增长(以便恢复到它以前的增长路径),那么贴现率将会在危机之后下降,因为未来的边际效用将会降低。

图13显示了2001至2014年人均实际消费的增长轨迹。实际消费的最大跌幅出现在2009年,为2.5%,比正常增长路径低了大约3.5%。

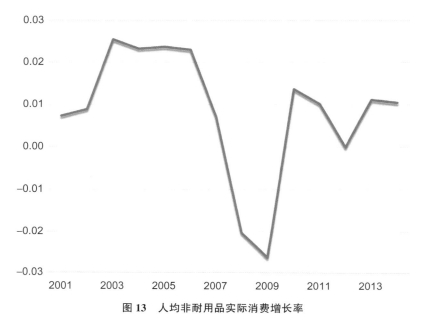

图13 人均非耐用品实际消费增长率

当消费边际效用系数为2时(这相当于跨期替代弹性为0.5),其对边际效用的影响将会是7%,这相当可观。但是,这只适用于消费完全可以预见的情况。事实上,消费变化的过程接近于白噪声,所以假设一个很大的负面预期变化似乎是站不住脚的。

比安奇等人(Bianchi et al.,2012)设计了一种机制,以克服边际效用的预期增加与观察到的消费行为不一致的问题。他们通过引入模糊厌恶(ambiguity aversion),将贴现率与对边际效用变化的理性预期拆解开来。在他们的模型中,投资者会根据自己对边际效用的“糟糕”的实现的感知来形成贴现率。因此,在投资者的看法非常悲观的那些时期,贴现率会特别高。

安格勒托斯等人(Angeletos et al.,2014)通过另一种与之相关的方法克服了这个问题。投资者在形成关于未来的经济状况的预期时,所依据的是对其他决策者的信念的有偏向的信念。当这些二阶信念异常悲观时,投资者会认为自己的未来消费将会更低、未来的边际效用则会更高,因此会使用更高的贴现率。安格勒托斯等人使用“信心满满”(confidence)一词来表示二阶信念中的乐观态度。

一般来说,如果金融危机或其他突出的事件导致投资者改变信念,相信未来的边际效用会更高,那么贴现率就会飙升。在未来边际效用的平均值上升的情况下,安全实际利率会随着对有风险回报的贴现率的上升而提高。为了利用这个机制来解释大萧条中的安全利率的下降以及风险贴现率的上升,未来边际效用的分布的变化必须做到在能够降低平均值的同时,又能够提高边际效用和收益乘积,后者支配了就业和产出的水平。

到期时间相同的有风险债务的收益率与安全债券的收益率之间的利差,提供了关于贴现率变化的很多有意义的信息。菲利彭(Philippon,2009)指出,债券利差之所以更有意义,是因为有风险的债券与安全债券的价值差异只对在违约时才会改变收益的冲击敏感,而且债券的违约率相对较低,所以债券利差包含了关于那种罕见的、严重的事件的大量信息,这种事件能够解释对企业收入的高贴现率以及对安全回报的低贴现率。图14显示了BBB评级债券与同时到期的国债之间的期权调整利差。

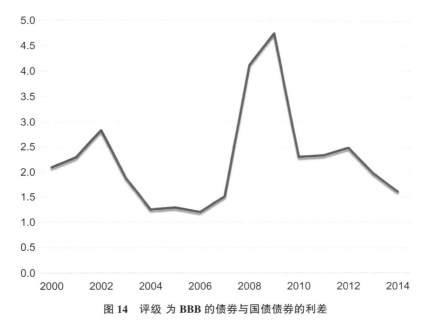

图 14　评级 为 BBB 的债券与国债债券的利差

从图中可见,在2009年,利差大幅扩大,从而支持了企业现金流崩溃的预期概率急剧上升的假说。但是,这种利差的扩大是暂时性的。到2010年,利差的平均水平就已经回升到了历史正常水平,而且随后一直保持在那个水平上。因此,要想解释2010年以后的持续低迷,需要一个非常强大的传播感知的变化机制。

吉尔克里斯特等人(Gilchrist et al. ,2014b)的论文中的图2和图3给出了从向量自回归中得到的对于一个利差冲击的脉冲响应函数。它们表明,尽管这个冲击的持续性相对较低,但是投资和GDP的反应的持续性却非常高。另外也请参见柯尔迪亚和伍德福德(Cúrdia and Woodford,2015)的研究。

与贴现和信心相关的其他研究还包括科兹洛夫斯基等人(Kozlowski et al. ,2015)、法玛(Farmer,2012)、何治国和克里希纳穆提(He and Krishnamurthy,2013)、古里奥(Gourio,2012)、比安奇等人(Bianchi et al. ,2012)、鲁斯蒂格(Lustig et al. ,2013),以及艾肯斯坦(Eckstein et al. ,2015)。一个与此相关的主题是作为驱动力的不确定因素的作用,请参见卢德维格森生等人(Ludvigson et al. ,2015)所引用的参考文献和资料,以及相关的讨论。

3.4 生产率

通常认为,在美国金融危机后的经济低迷期间,产出不足的一个重要原因是全要素生产率的增长率下降了。弗纳尔德(Fernald,2014)试图证明,生产率下滑与危机无关。他认为,恰恰相反,这种下滑只与20世纪90年代后期和21世纪初期的全要素生产率的快速提高有关,而全要素生产率的这种快速提高,则是采用现代信息技术的结果。这种变化过程说明了全要素生产率的提升作为中期波动的驱动力的重要性,尽管全要素生产率并不是经济严重收缩的一致驱动因素。

3.5 产品市场楔

产品市场中的市场力量会导致产品市场楔,它也是波动的一个驱动力,并且已经得到了广泛的讨论——主要是在新凯恩斯主义模型的背景下。罗腾伯格和伍德福德(Rotemberg and Woodford,1999)讨论了粘性产品价格如何导致价格加成的周期性波动——在经济低迷期,价格下跌的幅度低于成本,因此市场力量会上升。在几乎所有现代宏观经济模型中,市场力量楔都对就业和产出有负面影响。不过,内卡尔达和雷米(Nekarda and Ramey,2013)对支持这种观点的证据提出了质疑(除了生产率之外的冲击)。比尔斯等人(Bils et al.,2014)则利用新的证据,捍卫了这个观点。

吉尔克里斯特等人(Gilchrist et al.,2014a)证明,在危机之后,当危机提高了本企业相对于其他企业的价格(因而也形成了一个楔)时,企业会面临较大的经济压力。这个发现支持了如下观点:在总体金融压力恶化的时候,通常会出现产品市场楔。但是这里的机制与罗腾伯格和伍德福德(Rotemberg and Woodford,1999)阐述的机制不同;事实上,它源于菲尔普斯和温特(Phelps and Winter,1970)的一个思想。在融资上受到了限制的企业可能不得不提高价格(相对于成本),并因此使自己的客户基数受到实质性的侵蚀。

沙里等人(Chari et al.,2007)对研究这种楔的文献进行了综述,另外也请参见古里奥和鲁旦科(Gourio and Rudanko,2014)的论文。

3.6 家庭去杠杆

调查数据还证明,对家庭贷款——住房抵押贷款、家庭净值抵押贷款和无担保贷款(主要是信用卡贷款)——的标准的收紧会给产出和消费带来不利影响。米安和苏菲(Mian and Sufi,2010)使用详细的地理数据证明,家庭信贷限制会导致消费下降。另外,米安和苏菲(Mian and Sufi,2012)、米安等人(Mian et al.,2013)和戴南(Dynan,2012)还阐明了经济活动与家庭债务之间的关系。布塔(Bhutta,2012)则利用家庭数据证明了:家庭在经济正常时期偿还债务的速度并不会比经济低迷时期更快;相反,在经济低迷期,家庭只会承担更少的债务,因为要符合贷款标准变得更加困难了。例如,由于贷款标准的不断提高,也由于现有的房主的平均净值水平的下降,2008 年之前能够进行套现再融资和住房净值贷款的人债务都减少了。这方面的研究的一些例子,请参见布伦戴尔等人(Blundell et al.,2008)、彼特弗等人(Petev et al.,2012),以及德纳尔迪等人(De Nardi et al.,2011)。

4. 传播机制

4.1 资本

资本存量是经济低迷期的一个重要的传播源。但是,在那些将波动视为"围绕着趋势的周期性变化"的研究中,这一点被忽视了。在经济低迷时期,投资大幅下滑、资本枯竭,而且这种情况往往会持续数年之久。资本枯竭也有助于解释产出和劳动市场紧张度的不同表现。这方面的研究的例子,请参见吉尔克里斯特等人(Gilchrist et al.,2014b)和戈姆等人(Gomme et al.,2011)。

4.2 失业动力学

在标准的搜索和匹配模型中,如夏默(Shimer,2005)校准的,失业率是一个快速变化的状态变量。即便是在经济低迷期内,当每月的求职成功率只有大约 50% 的时候,失业率也会在几个月内收敛到由劳动市场紧张度和求职成功率决定的稳定水平。在这种模型中,失业动态基本上与经济低迷的持续性无关。

但是,美国劳动市场的一些事实却使人们对这个观点产生了疑问。霍尔(Hall,1995)认为,从那些已经工作过相当长一段时间,然后不幸失业的工人的经验来看,失业是一件与上述标准模型所说的完全不同的事情。戴维斯和冯沃切特(Davis and von Wachter,2011)在总结了最近的研究结果后得出了同样的结论,他们强调指出,标准的搜索和匹配模型所隐含的结论(就业损失能够快速恢复)与那些工作年限在三年或以上的工人失业时的实际经验之间有很大的差距。这类工人的经验包括很长时间的低就业状态——比每个月 50% 的再就业率大得多的就业损失——以及连续多年无法获得工作收入。雅罗思(Jarosch,2014)也证明了戴维斯和冯沃切特的观点。总体影响是,一个像如 2008 年金融危机这样的重大冲击导致的裁员浪潮会造成长期的失业,而且工作年限更高的工人的失业时间也更长。拉弗恩和斯特克(Ravn and Sterk,2012)构建了一个具有两种失业模式的模型,以便刻画不同失业人员之间的这种异质性。

经济学家为了调和月度求职成功率很高,与冲击后的高失业状况久久无法改善这两个现象做出了很多努力,并取得了一些进展。海特和斯普勒特泽(Hyatt and Spletzer,2013)证明,短期工作机会确实是非常多的,这也就是说,工作持续时间的分布完全不同于标准的搜索和匹配模型通常假设的具有常分离危险的指数分布。这个发现解释了美国当前人口调查中观察到的高求职成功率——美国劳动市场中存在着一个巨大的"职位搅拌器"。霍尔和舒尔霍弗-沃尔(Hall and Schulhofer-Wohl,2015)证明,年度求职成功率要远远低于根据月度求职成功率计算的预期值。对于这个结果的一个显而易见的解释是,求职者经常接受短期就业,因此往往处于临时有工作和更长时间没工作交替出现的状态当中。

夏默(Shimer,2008)则从劳动市场楔的角度,对劳动市场上的各种摩擦的影响进行了总结。

关于经济低迷通过失业的动态变化而传播这种机制,其他的研究还包括:瓦莱塔和匡(Valletta and Kuang,2010b)、科尔和罗杰森(Cole and Rogerson,1999)、乔多罗-赖希和卡拉巴布尼斯(Chodorow-Reich and Karabarbounis,2015)、戴维斯和冯沃切特(Davis and von Wachter,2011)、戴维斯等人(Davis et al.,2012)、佩特罗斯凯-纳多和沃斯默(Petrosky-Nadeau and Wasmer,2013)、藤田和默斯卡里尼(Fujita and Moscarini,2013)、雅罗思(Jarosch,2014)、罗斯坦(Rothstein,2011)、佩特罗斯凯-纳多和张(Petrosky-Nadeau and Zhang,2013)、莫特森(Mortensen,2011)、瓦莱塔和匡(Valletta and Kuang,2010a)、沙辛等人(Sahin et al.,2012)、达利等人(Daly et al.,2011a,b,2012)、库恩等人(Kuehn et al.,2013)、马利根(Mulligan,2012a)、巴尼乔恩和菲古拉(Barnichon and Figura,2012)、伊斯特瓦奥和楚盎塔(Estevao and Tsounta,2011)、克鲁格等人(Krueger et al.,2014)、赫尔茨和范伦斯(Herz and van Rens,2011)、沙辛等人(Sahin et al.,2012)、法伯和瓦莱塔(Farber and Valletta,2013)、卡普兰和门齐奥(Kaplan and Menzio,2016)、埃尔斯比等人(Elsby et al.,2011)、克鲁格和穆勒(Krueger and Mueller,2011)、戴维斯和霍尔蒂万格(Davis and Haltiwanger,2014)、霍尔(Hall,2012)、藤田(Fujita,2011)、哈格多恩等人(Hagedorn et al.,2013)、马利根(Mulligan,2012B)、雷斯特雷波(Restrepo,2015)、法伯(Farber,2015)以及,拉弗恩和斯特克(Ravn and Sterk,2012)。

4.3 零利率下限

在现代,每一个国家的中央银行的政策都包括发行两种类型的债务:储备和货币。中央银行要为储备支付利息或收取(负)利息。没有任何直接的因素能够对储备的利率施加限制。不过,要对货币收取或支付利息则是不切实际的。中央银行时刻准备着将货币兑换为储备货币,或者将储备兑换为货币(而且数量不设上限),以保持相互之间的平价。如果中央银行将储备利率设定为低于货币存储成本的负值,那么储备的所有者就会将之转换为更高收益的货币。最近,很多欧洲国家的中央银行已经在越来越频繁地尝试负的储备利率了。

实际利率的下限是最低名义利率减去预期通货膨胀率。图15显示了与度量预期通货膨胀相关的三个时间序列。最上面的一条线表示密歇根大学消费者调查(Michigan Survey of Consumers)给出的对来年的通货膨胀率的预期的中位值。从2007年开始的那条线显示的是对个人消费支出物价指数（PCE Price Index）在未来五年的平均年变化率的中位数预测值，来自费城联邦储备银行专业预测人士调查（Survey of Professional Forecasters of the Philadelphia Federal Reserve Bank）。最下面的一条线则是五年期通胀保值国债（TIPS）和五年期票据两者之间的盈亏平衡通货膨胀率——即，使得这两种金融工作的名义收益相等的通货膨胀率。也请参见弗莱肯施泰因等人（Fleckenstein et al.，2013）对如何从通货膨胀互换中提取预期通货膨胀率的讨论。

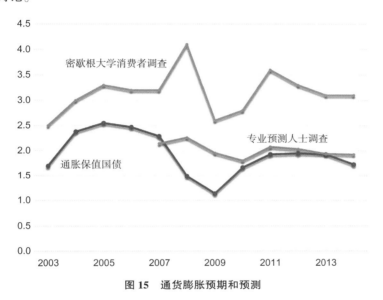

图 15　通货膨胀预期和预测

　　图中三个测度一致表明，在金融危机后的低迷时期，对通货膨胀的预期基本没有发生变化。所有三条线在金融危机发生时都下降了，但是随后就恢复到了非常接近危机前的水平——尽管失业率很高。

　　这个结果大大削弱了过去 50 年来一直主导了宏观经济学的一个观点，即，这种经济低迷或多或少总会导致通货膨胀率的下降。在 2008 年，各种因素相互组合在一起，阻止了价格水平的崩溃，1929 年至 1933 年的经济剧烈收缩后的更严重的萧条时期出现过那种情况，没有再次出现。

　　如果预期通货膨胀率发生了与过去 50 年来的下降幅度相同的下降，那么零下限约束对实际利率的影响将会更加严重。如果出现了像 1929 年至 1933 年那样的通货紧缩，就可能会发生类似于大萧条的灾难。这一次，好运气帮助了我们，使预期通货膨胀率保持在了正常水平，从而避免过高的实际利率及其对产出和就业的不利影响。

　　考虑到通货膨胀率在识别对应于零名义利率的实际利率的重要性，完全没有一个通货膨胀模型就成了当前宏观经济学思考的一大缺点。在宏观建模中，宏观经济学家可以做到的无非是，将预期的通货膨胀率假定为一个外生的常数——目前通常设定为大约 2％。宏观经济学家之间的一个"老生常谈"是，"通货膨胀牢固地以美国联邦储备委员会的通货膨胀目标（百分之二）为锚"，似乎这种说法本身就是一个模型一样。但是，它其实并不是一个模型。它最多只是一个观察结果，即，尽管产出、就业和其他宏观变量发生了巨大变化，预期通货膨胀率仍然保持在这一水平上。

给定外生的不变通货膨胀率,名义利率下限就会对安全实际利率设定一个边界,即,名义利率下界减去通货膨胀率——在最近这个经济低迷期中,如果名义下限为零,那么减去2%;如果名义下限为-1%,那么减去3%。

斯托克和沃森(Stock and Watson,2010)研究了通货膨胀和失业的联动,他们得到的结论与此类似。鲍尔和马宗德(Ball and Mazumder,2011)也认为通货膨胀与经济萧条之间有着稳定的关系。

4.3.1 将零利率下限结合进宏观模型中

霍尔(Hall,2011b)在如下的模型经济中讨论了上述问题:有一个安全实际利率,它被固定在一个比正常条件下能够令产出市场出清的值更高的水平上。简而言之,在这个模型中,过高的实际利率造成了一个错觉,即,有机会推迟实际上不可推迟的消费支出。由于对储蓄利息的这种定价错误,消费者们在企图储蓄时和推迟支出时会出现"拥挤"。导致这种拥挤的原因与高速公路上因为过路费定价过低而出现的交通拥堵很相似——有太多的司机试图同时使用调整公路了,超出了它的承载能力。在现实经济世界中,这种拥挤通常会表现为低求职成功率和异常高的失业率的形式。

不过,对于这种因储蓄定价错误而导致拥堵的问题,建模工作仍然处于最初的阶段。为了提供分析这个问题的一个初步框架,先考虑最简单的情况,即一个有唯一均衡的无摩擦的一般均衡宏观模型。这个模型描述的是短期安全实际利率的均衡值。然后,往模型中嵌入一个中央银行,它的政策是将利率设定在某个高于均衡值的水平上。更具体地说,我们假设银行的利率因零利率下限而被抬高了。那么,这个模型经济中会发生什么呢? 它不会再存在均衡,因为唯一的均衡已经被假设排除掉了。在宏观经济学理论中,一个解决方法是禁用一个方程,然后这个模型就会少一个内生变量——利率(因零下限而成为外生的)——同时也会少一个方程。一个例子是,放弃劳动市场的出清条件,并将劳动力供给与劳动力需求之间的差距解释为失业。当央行设定的利率水平高于均衡水平时,劳动力需求将会低于劳动力供给,失业率将高于正常水平。这种方法在实际操作的层面上是有一定吸引力的,也经常可以给出一些合理的答案。

另一种紧密相关的方法是,将需求缺口内嵌进产品市场中。克鲁格曼(Krugman,1998)、科里内克和西姆塞克(Korinek and Simsek,2014)就都采取了这种方法。法里和维尔宁(Farhi and Werning,2013)对需求缺口进行了更一般的分析,在他们的模型中,对任何一套价格和工资都共同加以限制,而且任何市场都可能出现缺口。

与此不同,在新凯恩斯主义传统中,解决这个问题时则采取了一个不同的、更加巧妙的方法,它能够将价格水平作为另一个内生变量加入模型而不用增加相应的方程。在这个模型中,存在于产品市场上的与临时粘性价格相关的需求缺口,会随着时间的推移而调整,从而使差距逐渐弥合。艾格特森和克鲁格曼(Eggertsson and Krugman,2012)、克里斯蒂亚诺等人(Christiano et al.,2011)都用新凯恩斯主义模型来解决零下限问题。还有一支新凯恩斯主义文献——值得一提的例子包括:沃尔什(Walsh,2003)、格特勒等人(Gertler et al.,2008),以及最近的克里斯蒂亚诺等人（Christiano et al., 2016）——利用戴蒙德（Diamond）-默藤森（Mortensen）-皮萨雷德斯（Pissarides）框架来描述劳动市场，从而使得需求缺口只能发生在产品市场上。

霍尔（Hall, 2016）则致力于直接在戴蒙德-默藤森-皮萨雷德斯的框架中解决"拥堵"问题。当中央银行将实际利率提高到了市场出清水平之上时，产出和劳动市场都将会因拥挤而受损。中央银行以提高后的实际利率接受存款，会在产品价格交易中创造出一种外部选择权，根据标准的戴蒙德-默藤森-皮萨雷德斯框架的原则，这种外部选择权会导致经济萧条。

更一般地说，如果一个模型将戴蒙德-默藤森-皮萨雷德斯框架对失业率的处理与高于市场出清水平的实际利率组合起来，那么将会包含一个额外的变量（与分析高速公路的拥堵问题时类似），从而改变戴蒙德-默藤森-皮萨雷德斯框架下的失业率和需求缺口率，直到它们相等为止。为了具体说明这个变量，先假设它是有匹配效率的。效率下降会压低求职成功率，并提高戴蒙德-默藤森-皮萨雷德斯框架下的失业率。第二种效应在蒙德-默藤森-皮萨雷德斯模型中是有很高的稳健性的，并且很可能会超过对需求缺口失业的影响。在均衡中，失业率低于正常匹配效率时的需求缺口失业率，但是高于正常匹配效率时的戴蒙德-默藤森-皮萨雷德斯失业率。这个模型必须将匹配效率跟银行利率与产出和劳动市场的出清利率之间的差距结合起来。虽然这种机制是有一定吸引力的（因为 2008 年危机之后，匹配效率确实出现了下降），但是现在还没有出现能够呈现匹配效率变化的模型。霍尔（Hall, 2016）模型是相当复杂的，而且在产品市场上和劳动市场上都要引用戴蒙德-默藤森-皮萨雷德斯的原则。

如果劳动市场拥挤对劳动力需求的影响足够小（即小到可以忽视），那么劳动力供给和劳动力需求之间的缺口就决定了失业率。在这种情况下，就可以应用忽略了戴蒙德-默藤森-皮萨雷德斯框架所考虑的各个事项的传统模型了。事实上，在这种情况下，一般均衡模型会直接省略掉基于戴蒙德-默藤森-皮萨雷德斯框架的方程。由此，劳动市场的拥挤度的波动，使得失业率水平与产品需求水平所决定的水平相一致。在本章后面的模型中，我会将这种方法作为一种临时解决方案，用来帮助构建关于由均衡的实际利率所引致的拥堵的完全的模型。

米迦勒拉特和赛斯（Michaillat and Saez, 2014）构建了一个劳动市场拥挤模型，它在一个至关重要的方面不同于戴蒙德-默藤森-皮萨雷德斯模型——它不包括决定劳动市场紧张度的资源决策。在戴蒙德-默藤森-皮萨雷德斯模型中，招聘工作的努力程度决定了劳动市场的紧张度。雇主会一直提升招聘力度，直到产生一个增量职位空缺的收益等于预期的招聘成本为止。在具有戴蒙德-默藤森-皮萨雷德斯式的劳动市场的简单的真实商业周期宏观模型中，均衡是确定的。相比之下，在米迦勒拉特和赛斯（Michaillat and Saez, 2014）的模型中，相应的基本模型则是不确定的。它有一个均衡的连续统（可以用实际利率水平来编号），而均衡时的紧张度就取决于对应的利率。货币干预政策所设定的实际利率，就是从这个连续统中选出的某个均衡利率。将这种货币干预政策加入到基于戴蒙德-默藤森-皮萨雷德斯的模型中,将会导致它变成"超定"的(over determined)。

上面这些讨论预先假设的前提是,中央银行可以对实际利率设定任何一个它选择的路径。但是,弗里德曼(Friedman,1968)却得出了相反的结论。在弗里德曼看来,中央银行如果一意孤行地将实际利率维持在市场出清水平以下,那么就会导致通货膨胀率的爆炸式上升(他应该想到了1967年的情况);另一方面,旨在将实际利率保持在市场出清水平以上的政策很可能会引发严重的通货膨胀。但是,最近的经验并不支持弗里德曼的这个预测。——利率下限将安全实际利率"冻结"在了−2%的水平上,因为预期的通货膨胀率每年都保持在2%左右。由于我们对通货膨胀的了解不足,所以很难构建出完全令人满意的关于支配了实际利率的中央银行的政策模型。

相关的研究的例子,还包括:阿塔纳西奥和韦伯(Attanasio and Weber,1995)、科雷亚等人(Correia et al., 2010)、艾格特森和克鲁格曼(Eggertsson and Krugman,2012)、科克兰(Cochrane,2014)、霍尔(Hall,2016),以及艾格特森和梅赫罗特拉(Eggertsson and Mehrotra,2014)。

4.3.2 零下限与产品需求

零下限,再加上低预期通货膨胀率,使得中央银行无法将利率降低到适当的水平。更低的利率能够刺激产出和就业。自从2008年金融危机爆发以来,美国联邦储备委员会和日本中央银行一直将利率保持在稍高于零的水平上。欧洲中央银行直到最近之前也一直如法炮制——最近,它将利率降低到了略低于零的水平。根据现代货币经济学的标准原则,所有这三个经济体都面临着高失业率和低于正常水平的低通货膨胀率,这种组合明确"要求"中央银行降低利率。在正常情况下,产品需求的波动并不会成为产出和就业的大幅波动的根源,因为利率可以根据需要而变化,保证市场出清。从任何一种"有为"货币政策的角度来看,中央银行都应该根据这种需求波动来调整政策利率。但是,零下限构成了这个原则的例外。低通胀率和低均衡实际利率交织的经济体,在利率下限有约束力的情况下,面临着出现长期经济低迷的危险。

在2008年开始的经济低迷期中,有三个产品需求的驱动力似乎是重要的:贴现率不断提高、企业贷款标准持续收紧,家庭贷款标准日益趋严。同时,所有这三者可能都是另一个重要性不断增大的驱动力的反映,那就是金融摩擦。其他可能的来源还包括,政府采购和转移支付的下降和出口需求萎缩。在最近这个经济低迷期,政府购买的数量相对于趋势略有下降,不过转移支付大幅提高,同时出口下滑。

4.3.3 折扣率

如本节其他部分所述,适用于未来有风险的现金流的贴现率在金融危机期间和之后都出现了急剧上升。根据投资理论的基本原则,我们知道,当贴现率上升时,新的资本货物的购买量将会下降。事实上,所有三大类投资确实都出现了大幅下滑:①新厂房、设备和知识产权的购建;②住宅建设;③汽车及其他耐用消费品。艾格特森和克鲁格曼(Eggertsson and Krugman,2012)描述了折扣率的上升是怎样推动经济进入有约束的零下限区制的。

4.3.4 企业贷款标准

调查数据非常清楚地表明,各银行官员都认为,危机后银行收紧了贷款标准。当然,企业贷款标准的收紧,到底是一个独立的驱动力还是其他不利驱动力的影响的表现,仍然是一个有争议的问题。乔多罗-赖希(Chodorow-Reich,2014)利用关于个体银行-借款人的关系的数据,证明收紧贷款标准是一个独立起作用的驱动力。考虑到主要的房屋建筑商都严重依赖于银行贷款,更严格的企业贷款标准也可能是住宅建筑量急剧下滑的一个驱动力。

4.3.5　家庭贷款标准

我在前面的内容中已经指出过,家庭贷款标准不断收紧和家庭净值的下降会导致消费减少,因为在以前能够通过承担债务来维持高消费水平的那些家庭中,有一部分已经失去了继续获得这些贷款的资格。

5.　金融驱动力与乘数

乘数是总 GDP 或总 GDP 的某个组成部分(例如,消费),相对于产品需求的外生变化的导数。这种需求变化的一个显而易见的来源是政府采购,但是,同一个乘数也描述了产品需求的其他变化的传播效应,特别是家庭的信贷可得性变化所引起的变化。

雷米(Ramey,2011a)对关于乘数的近期文献进行了很好的综述。她为《宏观经济学手册》撰写的那一章也深入地探讨了这个主题。另外,也请参见:克能等人(Coenen et al.,2012)、夏皮罗和斯莱姆罗德(Shapiro and Slemrod,2009)、斯皮利姆伯戈等人(Spilimbergo et al.,2009)、霍尔(Hall,2009)、巴罗和雷德里克(Barro and Redlick,2011)、帕克等人(Parker et al.,2011)、卡普兰和维奥兰特(Kaplan and Violante,2014),以及雷米(Ramey,2011b)。

6.　其他问题

6.1　劳动收入份额的下降

经济学家对劳动收入份额的下降提出过很多种解释,但是一直未能形成共识。罗根利(Rognlie,2015)对这个主题进行了全面的综述。另外也请参见,卡拉巴布尼斯和尼曼(Karabarbounis and Neiman,2014)。

6.2　时间使用

关于工作与其他时间使用之间的不断变化的平衡,从 2003 年开始的美国人时间使用调查(American Time Use Survey)提供了不少信息。表 2 显示了美国人 2003 年至 2013 年,每个星期花费在各种活动中的小时数的变化。

表 2 每周时间使用的变化,2003 年至 2013 年,15 岁及以上人群

性别	个人护理	家务活动	市场工作	教育	闲暇	其他
男性	1.3	0.1	-2.5	0.2	1.3	-0.4
女性	1.6	-0.7	-0.8	-0.1	0.8	-0.8

从表 2 可见,对于男性来说,这个时期发生的最大的变化是每周的工作时数减少了 2.5 小时,考虑到每个星期正常工作时间也不过是 40 小时,这应该可以说是一个相当可观的降幅了。下降的一部分原因可以归结为失业率上升,2003 年的失业率为 6.0%,2013 年则为 7.4%。妇女的工作时间的下降幅度要小得多——每周仅减少了 0.8 小时。对于男女两性,用于个人护理(包括睡眠)和休闲(主要是与视频相关的活动,如看电视、玩游戏)的时间都出现了大幅增长。用于教育的时间基本上没有变化。女性还减少了用于完成家务的时间。还请参见阿吉亚尔等人(Aguiar et al.,2013)。

7. 模型

许多宏观波动模型都略去了变化缓慢的驱动力,并相应地根据过滤掉了更缓慢的运动之后的数据进行了估计或校准。增长模型一般都会忽略周期性和中等频率的驱动力。但是,也有一支文献——数量不多,其他特别值得一提的是科明和格特勒(Comin and Gertler,2006)的研究——明确地以中频驱动力以及关键宏观变量的相应运动为研究对象。科明和格特勒的论文侧重于技术和生产力。而我们在这里给出的模型则考虑了其他中频驱动力,如劳动力参与率和贴现率。霍尔(Hall,2005)讨论了一些可以证明中频运动的重要性的证据,同时对将高频商业周期模型叠加在基础增长模型上的做法的合理性提出了质疑。他认为,构建一个统一的模型是更好的选择。

这个模型本质上是非平稳的——它的劳动的增长是随机的,生产率的增长也是随机的。广泛使用的求解随机宏观模型的方法,例如用投影方法求得近似精确解、或者基于对数线性化求得近似解,都要求将模型重新表述为平稳形式。但是我在这里采取的是一种不同的方法。这个模型的随机驱动力,可以表示为马尔科夫离散状态的函数。而且,在有限期间内,这个模型的事件空间具有一个虽然可能很大、但终究是有限的节点集。具有这种结构的模型广泛应用于对金融部门和银行业务的研究中。在每个节点上,我们都可以把连续状态变量和其他关键宏观变量的状态依存的值的基本精确解找出来。许多金融模型,例如二元期权定价模型,具有反向递归的解决方案,但是宏观模型则需要将整个模型作为一个联立方程系统来求解。递归模型非常稀疏,而且能够充分利用这种稀疏性的求解方法的速度是很快的。

7.1 模型设定

构成这个模型的各个方程都是大家熟知的:模型中的决策者的最优化的一阶条件,以及各状态变量的运动定律,再加上各种初始条件和终端条件(边界条件)。这里的分析框架也不要求模型是递归的,尽管这里给出的模型实际上是递归的——它可以用一些只考虑三个日期的方程来表示:现在(例如,k)、不久之后(例如,k')和以后(例如,k'')。现在的每一个值,到了不久之后会随机地分支为 N_t 个值,到了以后则会进一步分支为 N_t^2 个值。在这里,N_t 是第 t 期的离散马尔可夫过程中的状态的数量。整个经济一共要运行 T 期。

模型的驱动力包括:

a:全要素生产率的增量;

l:劳动的增量;

d_k:相对于资本的贴现率(或信心);

d_n:相对于就业创造的贴现率(或信心);

d_f:相对于安全的 1 年期回报的贴现率或"逃向安全资产"系数(如果为负数,则意味着"安全性溢价");

z:源于市场力量的产品市场楔;

g:对商品和服务的政府购买,作为源于模型中未明确考虑的因素所产生的产品需求变化的代理变量;

k:实物资本存量(内生);

A:全要素生产率(外生);

L:劳动力(外生);

作为状态变量函数的内生变量包括:

y:产出;

n:就业;

c:消费;

q:托宾 q,已安装资本的价值;

r':因从现在到不久之后持有已安装资本实现的回报;

r_f:从现在到以后的安全的实际利率,现在已知;

m:随机的贴现因子,不包括 d_k、d_n 和 d_f;

x:劳动的边际收入产品。

7.2 状态

一个整数值的状态 s 决定了影响经济的各种随机因素的结果。该状态遵循如下的马尔可夫过程:

$$\text{Prob}[s'/s] = \boldsymbol{\pi}_{s,s'} \tag{4}$$

7.3 技术

一个时期的产出是按照如下科布–道格拉斯（Cobb-Douglas）型技术，组合劳动和资本服务生产出来的：

$$y' = A'n^{1-\alpha}k^{\alpha} \tag{5}$$

资本的建筑安装需要付出的调整成本是二次的。调整的边际成本 q 可以表示为下式：

$$q' = \kappa\left(\frac{k'}{k} - 1\right) + 1 \tag{6}$$

全要素生产率按下式演变：

$$A' = \exp(a_{s'})A \tag{7}$$

在这里，$a_{s'}$ 是全要素生产率的一个状态相关的对数增量。资本存量的运动定律如下式所示：

$$k' = (1-\delta)k + y' - c' - g' \tag{8}$$

在这里，δ 是资本的折旧率。

7.4 金融市场

持有资本的已实现的回报率为：

$$r'_k = \frac{\alpha\dfrac{y'}{z'k} + (1-\delta)q'}{q} - 1 \tag{9}$$

在这里，z 是产品市场楔。这个模型经济正常状态下的随机贴现因子为：

$$m' = \beta\left(\frac{c'}{c}\right)^{-1/\sigma} \tag{10}$$

而资本回报的定价条件则为：

$$\mathbb{E}\big[(1+r'_k)m'\big] - d_k = 1 \tag{11}$$

在这里，d_k 是对资本回报率的贴现率的歪曲，可以解释为信心的丧失或悲观情绪的增强，这种变化降低了未来对资本回报的感知（到的）现值。

无风险利率的定价条件为：

$$\mathbb{E}\big[(1+r_f)m'\big] - d_f = 1 \tag{12}$$

在这里，d_f 是对安全实际回报的贴现的扭曲，如果其值为负，则解释为流动性溢价或"逃向安全溢价"。

7.5 零下限

上面这个模型没有体现对短期安全利率的约束。相反，它能够识别出何时出现低利率

（一般为负利率）的条件。出现负利率的时候，就是下限有约束力的时候，也即模型的均衡实际上不能成立的时候。如前所述，关于存在有约束力的下限时的均衡，宏观经济学迄今仍未能给出一个内在一致的模型。现有的所有文献只是直接假设需求缺口意味着产出缺口和就业缺口，而不能进一步解释为什么这种情况下的经济行为会导致这种缺口。需求差距模型的预测当然可能是正确的——但关键是模型不符合其他经济现象建模时都能达到的通常标准。关于这一点的进一步的讨论，请参见霍尔（Hall, 2016）。

7.6　资本存量的初始值和终端值

资本存量随着全要素生产率（A）和劳动力（L）的增长而随机地增长。我计算了初始资本存量和每个终端节点的资本存量，它们是：

$$k^* = (1-u^*) L \left(\frac{\alpha A}{r^* + \delta} \right)^{1/(1-\alpha)} \tag{13}$$

在这里，u^* 是正常的失业率。数量 r^* 是与实际随机贴现率相当的固定不变的贴现率，包括了额外贴现 d_k。我对 r^* 的值的选择，能够使得资本以大致恒定的速度增长。如果 r^* 低于那个水平，资本存量就会先更快地增长，直到它达到那个随机的大道路径（turnpike path）为止，然后就收缩回终端状态。如果 r^* 值太高，那么资本存量就会跌至其初始水平之下，然后在那一期快结束时以特别快的速度增长。

7.7　劳动市场

这个模型还包含了这样一个思想：招聘也是一种投资形式。这类似于劳动市场的戴蒙德-默藤森-皮萨雷德斯模型（Diamond-Mortensen-Pissarides model）。与其他形式的投资一样，贴现率也会影响招聘，对此，霍尔（Hall, 2015）所引用的那些参考文献已经进行了讨论。模型中的方程还将劳动的边际收入产品作为衡量雇用收益的一个指标——且会随市场权力而变，如罗滕伯格和伍德福德（Rotemberg and Woodford, 1999）所述；或者，像沃尔什（Valsh, 2003）从戴蒙德-默藤森-皮萨雷德斯模型的角度阐述的那样。

戴蒙德-默藤森-皮萨雷德斯的模型的就业取决于 $x'/\bar{x}'$ 这个比率的现值。它是劳动的实际未来边际收入产品与基于未来技术 A' 和当前资本 k 的正常水平之间的比率。其中的分子为：

$$x' = (1-\alpha) A' \left(\frac{k}{z'n} \right)^{\alpha} \tag{14}$$

而分母则为：

$$\bar{x}' = (1-\alpha) A' \left(\frac{k}{n} \right)^{\alpha} \tag{15}$$

在这个比率的贴现值中，存在一个向下扭曲 d_n。于是，就业为：

$$n = \bar{n} \left[\frac{\mathbb{E}(m'x')}{E(m'\bar{x}')} \exp(-d_n) \right]^{\omega}$$

$$= \bar{n} \left[\left(\frac{\bar{n}}{zn} \right)^{\alpha} \exp(-d_n) \right]^{\omega}. \tag{16}$$

数据所隐含的 d_n 的值为:

$$d_n = -\left(\alpha + \frac{1}{\omega} \right) \log \frac{n}{\bar{n}} - \alpha \log z \tag{17}$$

给定 d_n,可以得出如下的解:

$$\log \frac{n}{\bar{n}} = -\left(\frac{\omega}{1+\alpha\omega} \right) (\alpha \log z + d_n) \tag{18}$$

劳动力的演变服从下式:

$$L' = \exp(l_{s'}) L \tag{19}$$

失业则为:

$$n = (1-u) L \tag{20}$$

7.8　时序

在非随机情况下,时序是最容易理解的,其中,对所有的时期,都有 $Nt = 1$。在第 1 期中,资本等于设定的初始值 k_1。第 1 期内不发生消费。在第 T 期中,资本等于设定的终端值 k_T,且这一期没有就业。消费 c_T 则为待确定的未知数。因此,需要确定的有:$T-2$ 个资本的值(从 k_2 到 k_{T-1}),以及 $T-1$ 个消费的值(从 c_2 到 c_T)。给定这些候选值,以及外生变量 A_t 和 L_t,就可以计算出其他变量——y_t、q_t、$r_{k,t}$、$m_{t,t+1}$、x_t、n_t 和 u_t 的相应候选值。资源平衡条件的 $T-1$ 个残差:

$$\epsilon_{M,t} = k' \left[y' + (1-\delta)k - c' - g' \right], t = 1:T-1 \tag{21}$$

以及欧拉方程的 $T-2$ 个残差:

$$\epsilon_{E,t} = \mathbb{E}_t (1 + r_{k,t+1})(m_{t,t+1} - d_t) - 1, t = 2:T-1 \tag{22}$$

定义了如下方程组:

$$\epsilon(x) = 0 \tag{23}$$

在这里,$\epsilon(x)$ 是上述 $2T-3$ 个残差的组合向量,x 则是 k_t 和 c_t 的 $2T-3$ 个未知值的向量。利用标准的非线性方程求解器可以找到一个解,它是这个模型的动态随机状态依存均衡。

7.9　小结

这个模型总结如下:其中,右侧为零的那些方程是带着不符值 ϵ 进入解的,利用牛顿法可以驱动它们趋于零:

$$\text{Prob}[s'/s] = \pi_{s,s'} \tag{24}$$

$$k' - (1-\delta)k - y' + c' + g' = 0 \tag{25}$$

$$A' = \exp(a)A \tag{26}$$

$$L' = \exp(l)L \tag{27}$$

$$y' = A'n^{1-\alpha}k^{\alpha} \tag{28}$$

$$q' = \kappa\left(\frac{k'}{k}-1\right)+1 \tag{29}$$

$$r'_k = \frac{\alpha\dfrac{y'}{zk}+(1-\delta)q'}{q}-f'-1 \tag{30}$$

$$m' = \beta\left(\frac{c'}{c}\right)^{-1/\sigma} \tag{31}$$

$$x' = (1-\alpha)\frac{y'}{zn} \tag{32}$$

$$\mathbb{E}\big[(1+r_f)m'\big]-d_f-1=0 \tag{33}$$

$$r_f = \frac{1}{\mathbb{E}\,m'}-1. \tag{34}$$

$$n = (1-u)L \tag{35}$$

$$\log\frac{n}{\bar{n}} = \left(\frac{\omega}{1+\alpha\omega}\right)\left(\alpha\log\frac{k}{z\bar{k}}-d_n\right) \tag{36}$$

8.　应用于美国经济

8.1　经济的状态变量

这个模型是在年度频率上运行的。基于在 1953 年至 2014 年间度量的以下四个变量，我用 k 聚类法（k-cluster method）方法构建了六个聚类：

·全要素增长率，源于弗纳尔德（Fernald，2012）的论文，没有用利用率进行调整；

·标准普尔股票市场指数隐含的贴现率，用利文斯顿调查（Livingston survey）给出的预期实际收益率来度量；

·平民劳动力的年增长率；

·失业率。

表 3 给出了上述四个变量的值，从而显示了这个模型的离散状态。这张表同时也显示了按状态对所有年份分类的结果。定义各种状态的四个变量中的每一个都具有六个状态依赖（state-dependent）的值。在表 3 的任何一行中，"低"是指跨越各状态的变量的最低的两个值，"中"指居中的两个值，而"高"则指最高的两个值。表 4 显示了定义各种状态的变量的状态

依存(state-contingent)的值。这些状态共有六个,它们分别是:

- ·强劲的经济,且贴现率低、失业率低,劳动力增长率高、生产率增长率高;
- ·强劲的经济,有中等的全要素生产率增长率;
- ·平稳的经济,有较低的全要素生产率增长率;
- ·平稳的经济,有较高的贴现率和较低的全要素生产率;
- ·低迷的经济,有平均水平的全要素生产率增长率;
- ·低迷的经济,有较高的全要素生产率增长率。

表3　模型的各个状态

状态	全要素生产率的增长率	贴现率	劳动力增长率	失业率	处于该状态的年份
1	低	低	高	高	1955, 1957, 1959, 1960, 1964, 1966, 1968, 1969, 1972, 1995, 1996, 1997, 1999, 2000, 2006
2	低	低	高	高	1953, 1956, 1962, 1965, 1973, 1978, 1988, 1989, 1998
3	中	中	中	低	1954, 1958, 1963, 1967, 1971, 1977, 1979, 1980, 1985, 1986, 1987, 1990, 1991, 1993, 1994, 2007, 2013, 2014
4	高	中	中	低	1961, 1970, 1974, 1975, 1981, 1982, 1983, 2001, 2002, 2004, 2005, 2008
5	高	高	低	中	2003, 2009
6	中	高	低	高	1976, 1984, 1992, 2010, 2011, 2012

表4　定义各状态的状态依存的值

状态	贴现率	失业率	劳动力增长率	全要素生产率的增长率
1	2.79	4.67	1.68	2
2	−1.84	4.81	1.79	1.8
3	5.4	6.22	1.48	0.43
4	10.73	6.63	1.4	0.27
5	20.74	7.63	0.52	0.92
6	3.94	8.22	1.03	2.42

表 5 显示了这六个状态之间的年度频率上的过渡矩阵以及各状态的遍历概率。[①] 图 16 则说明了这六个状态的持续性,它给出的是始于这六个状态中的每一个的失业率的预期值,在十年内朝遍历分布的方向演变的过程。例如,图 16 中标记为 6 的那条曲线显示了,失业率从状态 6 的状态依存水平开始(为 8% 高一些),然后迅速下降为略低于它的遍历值,最后又重新收敛到遍历值。在最初的几年中,这些脉冲响应函数的动力学是互不相同的,这对应于转移矩阵的不同行之间的差异。而在后来的几年中,路径则变成相似的了,因为它们都是由转移矩阵的最大特征值控制的。

表 5　过渡矩阵与遍历分布

		到状态						
		1	2	3	4	5	6	遍历概率
从状态	1	0.33	0.27	0.20	0.20	0.00	0.00	0.25
	2	0.33	0.11	0.44	0.11	0.00	0.00	0.13
	3	0.35	0.12	0.35	0.12	0.00	0.06	0.30
	4	0.08	0.08	0.08	0.42	0.17	0.17	0.20
	5	0.00	0.00	0.00	0.50	0.00	0.50	0.03
	6	0.00	0.00	0.67	0.00	0.00	0.33	0.10

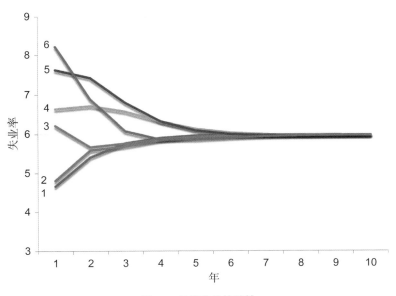

图 16　各状态的持续性

这个模型从第 1 期开始,全要素生产率和劳动力的初始值均等于 1。在基准情况下,第 2 期的状态分布就是遍历分布。在前四年时,转移矩阵控制着后续的状态。然后在第 5 年,经济有了 $6^4 = 1296$ 个可能的配置。而在接下来的十年,经济继续演变,但是不会再发生随机事件。外生变量——全要素生产率和劳动力——以恒定不变的速率增长,其值等于用遍历分

① 这里的"六个状态",原文是"four states",疑有误。已改。——译者注。

布加权的状态依存增长率的平均值。这个模型具有 $1+6+36+216+1296+10\times1296=14515$ 个节点,在每个节点上,模型所有变量都具有各自的值。

8.2　基于状态的驱动力

在用来定义状态的变量中,有两个同时被视为模型中的驱动力。它们是全要素生产率和劳动力的增量。另两个驱动力则是从数据中计算出来的,它们分别是资本的贴现冲击和就业创造的贴现冲击。资本的贴现冲击,计算为资本定价条件中的残值,对各状态求平均值度量期望,即:

$$d_k = \mathbb{E}\big[\,(1+r'_k)\,m'\big] - 1 \tag{37}$$

就业创造的贴现冲击的计算方法则为:

$$d_n = -\left(\alpha + \frac{1}{\omega}\right)\log\frac{n}{\bar{n}} \tag{38}$$

我还计算出了安全的 1 年期利率的贴现冲击的值,即:

$$d_f = \mathbb{E}\big[\,(1+r'_{kf})\,m'\big] - 1 \tag{39}$$

但是这个值并没有反馈到模型的其余部分中去,所以它不是一个驱动力——只要对利率的上下限的限制是没有约束力的。表 6 给出了各个驱动力的状态依存值。

表 6　驱动力状态依存值

	状态依存值(%)				
状态	全要素生产率的增长率	劳动力增长率	资本贴现	流动性贴现	劳动贴现
1	2.00	1.68	15.01	−1.09	−0.81
2	1.80	1.79	14.93	−1.23	−0.72
3	0.43	1.48	13.39	−2.25	0.17
4	0.27	1.40	12.14	−0.90	0.44
5	0.92	0.52	12.98	−4.87	1.08
6	2.42	1.03	14.25	−3.05	1.46

在经济体的各个状态之间,全要素生产率的增长率都有很大差异。一般来说,在更好的状态中,即,编号较小的那些状态中,全要素生产率的值相对较高,但是最高的那个值却出现在了状态 6 中。

出现这种结果的原因在于,归入状态 6 的大部分年份都处于经济低迷的后期,那时经济正开始复苏。从历史上看,由于利用率快速提高,经济复苏期全要素税率的增长率会较高(回想一下,这个模型所使用的是弗纳尔德的测度全要素税率的指标,而那是没有经过利用率调整的)。劳动力的增长率,作为大多数讨论经济波动的模型都不考虑的一个驱动力,在各个状态之间也存在着很大的差异,其模式与全要素生产率的增长率类似。资本贴现率高——绝对超过了度量股权溢价的几乎所有指标。原因是它包括了通常不包括在股权溢价内的一些因素,导致资本回报超过了支付给所有者的报酬,其中就包括了公司税和代理摩擦。在较有利的、编号较小的那些状态中,资本贴现率较高(不过再一次,状态 6 中又出现了例外情况),因此,这个因素对商业周期的贡献不会很大。这张表还显示了流动性贴现的计算结果,尽管它实际上并不构成一个驱动力。贴现的反面是与流动性服务相关的安全溢价,而在不利的状态下,则体现为“逃向安全资产”(flight to safety)。贴现最大的负值出现在状态 5 中,那是一种罕见的状态,表明经济已经处于异常恶劣的状况。这个事实有很重要的意义,它事关模型能不能发出关于安全利率的零下限在什么时候真正能起作用的信息。最后,根据失业率计算的劳动贴现,自然会随失业率而波动,因为模型中的决定失业的另一个因素是产品市场楔,而产品市场楔在所有状态下都假定为一样的(这是为了有一个可靠的基础来将它计算出来)。

模型中还有另外两个额外的驱动力,但是它们没有经验上的对应物。这两个驱动力是产品市场楔 z 和变量 g,后者可以解释为产品需求的变化。产品市场楔在新凯恩斯主义模型中起着核心作用,但是对它的度量却充满了争议。由于金融约束收紧而导致的产品需求变化,在理解 2008 年金融危机及其后果方面也发挥了重要作用,但是对这种变化的度量也被证明是极有争议的。这里这个模型能够跟踪 z 和 g 的影响,但是模型的基准情况并没有将它们的实际运动作为经济的驱动力纳入进来。它们在将模型应用于 2008 年金融危机和随之而来的经济低迷时会起到重要的作用。

8.3 参数

表 7 给出了模型中使用的参数值。除了 r_k^* 之外,所有参数的取值都是标准的。

r_k^* 是这里的框架所特有的,它的作用是确保模型的初始资本和终端资本接近于它与全要素税率以及劳动力规模相对应的大道路径水平(turnpike path level)。

表 7 参数值

参数	解释	参数值
α	产出相对于资本的弹性	0.35
δ	资本折旧率	0.1
β	家庭贴现率	0.95
σ	跨期替代弹性	0.5
κ	资本调整参数	2
u^*	正常失业率	0.0596
ω	就业函数相对于一个工人的贡献的现值的弹性	4
r_k^*	初始资本和终端资本的有效贴现率	0.3

8.4 均衡

这个模型的均衡是每个节点的变量值的一个完整集合。图 17 给出了关于这个模型的均衡的一些基本信息,即,它显示了每一年,两个外生变量——全要素生产率和劳动力规模——的均值和标准偏差,以及两个关键内生变量——消费和失业率——的均值和标准偏差。分布以第一年的经济状态为条件。我计算了每一年各节点之间的标准偏差,它们每一个都应该解释为相应变量的标准差——以第1年的经济状态为条件(由全要素生产率、劳动力和资本存量的初始值定义)。因此对资本存量的选择,能够保证在(随机的)大道路径上启动经济,因此随着时间的推移,变量的后续的值是沿着这个路径对称分布的。有些变量会增长,也有些变量稳定地分布在恒定的均值周围。图17的(A)图显示的是全要素生产率A的分布,它近似于一个随机游走。它的均值平均地增长,同时标准差偏则呈现扇形扩开,增长的速度大体上相当于年数的平方根。图17的(B)图显示的是劳动力的规模L,它的行为与全要素生产率类似,不过增长率略高一些,同时条件标准偏差则稍小一些。图17续中显示的变量在第1期没有定义,但是这里的两幅图显示的仍然是以第1期的经济状态为条件的分布。如图17续中的上图(C)所示,消费的条件标准差的变化也遵循了"平方根法则",与全要素生产率和劳动力一样。而失业率,如图17续中的下图(D)所示,则有一个围绕着大道路径的平稳的分布。

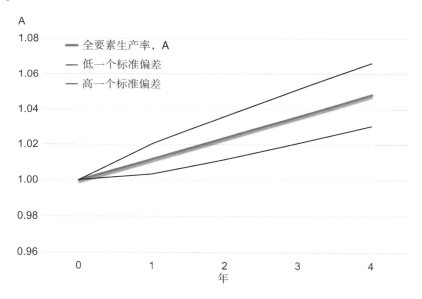

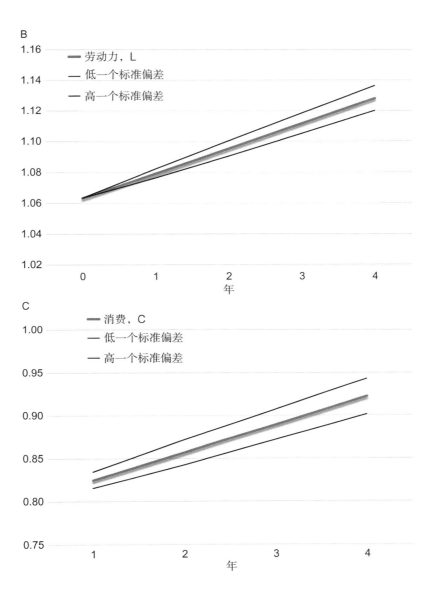

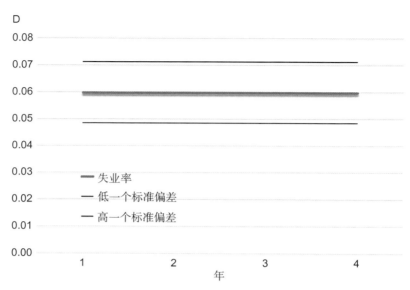

图 17　4个变量在均衡时的分布[(A)全要素生产率;(B)劳动力;(C)消费;(D)失业率]

　　表8将模型中的部分变量的波动性与相对应的数据的波动性进行了比较。这张表所给出的用增长率刻画的变量,都与全要素生产率和劳动力一样,呈现出了随机游走的特点。表中靠左的那一列显示的是原始的年度数据中的变量的标准偏差。居中的一列则显示了使用模型的遍历分布,从原始年度数据中计算出来的对状态依存均值的标准偏差。靠右的那一列给出了均衡中第5年的标准偏差。

　　对居中一列与左侧一列加以比较,可以说明状态设置对相应变量的波动性的刻画在何种程度上取得成功。从表8中可见,状态设置没有取得完全成功。当然,这也是必然的。在大多数情况下,用遍历分布加权的各状态的标准偏差,大约是实际标准偏差的一半。就业情况、失业率、产出、消费和投资稍好一些,超过了一半;但是劳动力增长率和资本回报则不到一半。

表 8　数据中和模型均衡中若干变量的标准偏差

变量	标准偏差		
	数据	基于状态的数据	模型
全要素生产率的增长率	1.65	0.83	0.84
劳动力的增长率	0.81	0.27	0.27
资本楔	NA	1.42	1.42
就业楔	1.02	0.73	0.73
产出增长率	2.19	1.34	1.18
消费增长率	1.81	1.04	1.17
投资增长率	8.88	5.32	4.63
资本回报率	3.81	1.05	1.63
失业率	1.59	1.13	1.14

对表 8 的右侧一列与居中一列的比较可以说明模型在何种程度上成功地匹配了它的目标(居中一列给出的状态依存的值)。对于全要素生产率的增长率、劳动力增长率、资本楔和就业楔,匹配是相当完美的。其他变量的匹配总体来看也是相当不错的。

8.5　各种驱动力的影响

流行的向量自回归分析框架强调,冲击是动态宏观经济模型的起点。任何一个冲击,都是与所有其他冲击同期不相关的,同时还要与所有滞后变量不相关。关于这些假设的深入讨论,请参阅雷米为本手册撰写的那一章《宏观经济冲击及其传播》。本章的框架则与此不同。每一年,基本状态 s 都会出现一个新的值。它的概率分布可以从马尔可夫过程的转移概率得知,但是从这个分布得到的实现则是一个冲击。状态的实现决定了各驱动力的新的值。这些运动都是相互关联的。因为这样的模型已经包含了理性预期假设,并已经用已知的状态依赖的扭曲进行了调整,所以模型包含了理性行为者对当前实现的令人惊异的元素的反应。

那么在这个框架下,各种驱动力分别有什么独特影响呢?这无疑是一个非常有意思的问题,但是要回答它会面临很大的挑战。因为这些驱动力是相关的,所以向量自回归模型中通常可以用的方差分解方法在这里是不适用的——某个给定的内生变量的变化中的大部分分量可能来自一对驱动力的协方差,所以它们的不同贡献是无法界定清楚的。正如雷米所解释的,向量自回归模型的建模者的基本要求是,冲击必须是不相关的,否则的话它们的贡献就不能区分开来。而本章采取的做法是,驱动力是根本性的,而且它们之间的相关性是度量的问题,而不是假设的问题。

要理解这些驱动力的作用,一个途径是考虑一系列反事实的经济体——每个经济体都只有一个驱动力。表 9 给出了显示这种尝试的一个结果。以表 9 的第一行为例,它显示的是基准情况下的年产出的增长率在所有四个驱动力都发挥作用时的标准偏差,以及在只有一个驱动力发挥作用时的反事实情况下的标准偏差。表 10 显示了各驱动力的相关矩阵,计算时基于其状态依存的值,使用了遍历概率(超前一期的相关矩阵是状态依赖的)。从表中可以看出,有两种相互性阻碍了对各驱动力的作用的解释性分配——哪怕是近似分配也不行:资本楔与全要素生产率的增长率的相关系数为 0.83,同时劳动楔与劳动力增长率的相关系数则为-0.89。

表 9　在只存在单一驱动力的反事实经济中,若干变量的标准偏差

	所有驱动力 都存在	只存在全要素 生产率的增长率	只存在劳动力 增长率	只存在资本楔
产出增长率	1.18	0.84	0.15	0.09
消费增长率	1.17	0.80	0.12	0.44
投资增长率	4.63	1.18	0.71	2.64
资本回报率	1.63	0.62	0.26	0.84
失业率	1.14	0.00	0.00	0.00

表 10　各驱动力之间的相关性

	全要素生产率的增长率	劳动力增长率	资本楔	劳动楔
全要素生产率的增长率	1.00			
劳动力增长率	0.15	1.00		
资本楔	0.83	−0.03	1.00	
劳动楔	−0.28	−0.89	−0.18	1.00

　　表 9 表明，所有这四个驱动力都对经济波动起到了重要的作用。在一个只存在全要素生产率波动的（反事实）经济中，除了失业率之外的所有变量都会出现相当大的波动。在一个只存在劳动力波动的经济中，投资增长的波动相当小，但是我们不要忘记，这个模型的状态本身并没有很好地刻画这种驱动力，所以这个结果可能低估了劳动力波动的重要性。在一个只存在资本楔的经济体中，消费有一定波动性，但资本回报的波动性相当大，而投资的波动性则非常大。在一个只存在劳动力楔的经济体中，所有变量都呈现出了很大的波动性。

　　除了要考虑这四个观察到的驱动力之间的相关性导致的含糊性之外，对表 9 中的结果的解释，还需要考虑其他可能的驱动力无法测量的可能性，尤其是产品需求的波动性。

　　劳动楔在表 9 中显示出来的巨大作用，实际上可能反映了没有包括在模型中的其他驱动力通过消费和投资的变化而产生的影响。本章下一节还将 2008 年金融危机所"释放"的其他驱动力，从而证明了产品需求和产品市场楔等驱动力的潜在重要性。

　　对于信心、模糊厌恶，以及其他可能会压抑经济活动而且传统宏观经济模型通常不考虑的因素，这里这个模型也作了简化处理。这个模型把资本楔和劳动楔建模为具有不利影响的额外贴现，但是劳动楔似乎更加重要。在这个模型中，信心的下降和劳动贴现 d_n 的相应增加，会直接影响就业的创造——通过一种与戴蒙德−默藤森−皮萨雷德斯的模型相关的机制。更少的就业机会，又会进一步导致求职成功率下降和失业率上升。这种结果还会进入经济的其余部分并表现为净劳动力供给的不利变化，进而导致产出下降，并对消费和投资产生负面影响。如表 9 所示，在基本模型中，其他驱动力对失业率没有影响——经济状态糟糕时期的失业率上升，被完全归因于企业信心下降所导致的就业机会创造流的枯萎。很显然，这种处理是过分简单化的。但是，宏观劳动经济学界近来在证明诸如生产率等失业驱动因素的（几乎）不相关性方面取得的进展，确实比在寻找其他驱动力来解释失业问题（作为对其他因素的反映）方面的进展更大一些。为此，本章下面讨论 2008 年金融危机的那一节，将阐明产品市场的波动是怎样影响失业的。

9.　2008 年金融危机与经济低迷

　　本节探讨，当把上述驱动力应用于 2009 年至 2012 年的数据时，模型会呈现出什么样的性质。2009 年至 2012 年，正是 2008 年末的金融危机及其后继事件影响最大的几年。在本节的分析中,将这四年分配给了具有更多负面效应的状态 5,同时还包括前述覆盖了从 1953 年开始的所有年份的基准模型未测量过的两个驱动力的值。表 11 给出了所有六个驱动力的值。

表 11　为 2008 年金融危机后的经济低迷期假设的各驱动力的值

驱动力	在状态 5 中的值
全要素生产率的增长率	0.92
劳动力的增长率	0.10
资本贴现	16.70
流动性贴现	−6.00
劳动贴现	1.96
产品市场楔	3.00
产品需求	−5.00

全要素生产率的增长率仍然保持了基准模型中的水平,在这四年间一直与实际的增长率接近。劳动力增长率则勉强高于零,这远低于正常水平。在任何一个状态下,资本贴现率都远高于基准情况中的实际价值,这反映了金融危机刚刚结束后的那个时期对代理摩擦和信心不足的一般信念。在任何状态下,安全的 1 年期利率的流动性贴现都低于基准情况下,从而反映了危机后出现的不同寻常的"逃向安全资产"的倾向。在状态 5 中,劳动的贴现率要比基准情况下高 0.4,这对应于(不存在产品市场楔时)的大约 9％ 的失业率——在危机后,这么高的失业率确实出现了。产品市场楔以 3％ 的假设值计算,而产品需求变化则假设为−5％。

表 12 显示了这些驱动力在这四年的不利冲击下对经济的平均影响,并且与另一个全部四年时间都处于另一个状态 5 之下,而且各驱动力都对基准情况下的平均水平的经济进行了对比。因此,表 12 中的这些数字体现了金融危机的影响,它们意味着一个有特殊的危机驱动力的经济的结果,与一个有美国经济史上正常时期的典型的驱动力的经济的结果之间的差异。表中左栏列出了特定于这场危机的全部驱动力都存在时的平均结果。失业率上升了4.54 个百分点,与美国经济的实际表现类似。产出下降幅度也相当大,但是要比美国经济的实际下降幅度低了 10％ 左右。消费和投资上却出现了正的数字,这与现实经济世界中消费急剧下降、投资濒临崩溃的实际情况大相径庭。然而,这个结果并不是模型失败所致,而是模型所暗示的安全利率大幅下降的结果。由于零利率下限的存在,这种下降在现实世界中是不可能发生的。因此,表 12 要告诉我们的是,如果利率的下降不会受阻于某种下限,那么这种下降就能导致敏感于利息的消费和投资的增加,从而在更大的程度上抵消消费变化 g 的直接下降以及其他驱动力带来的不利影响。

表 12　危机冲击对若干关键变量的影响,4 年的平均结果

变量	驱动力						
	全部	资本贴现	劳动贴现	安全利率贴现	劳动力	产品市场楔	支出变化
失业率,百分点	4.54	0.00	2.98	0.00	0.00	1.61	0.00

续　表

变量	驱动力						
	全部	资本贴现	劳动贴现	安全利率贴现	劳动力	产品市场楔	支出变化
消费, %	0.23	0.32	−1.33	0.00	−1.72	−0.71	2.51
产出, %	−3.30	−0.26	−1.84	0.00	−1.30	−1.00	0.53
投资, %	1.47	−0.57	−0.51	0.00	0.43	−0.28	1.77
安全利率, 百分点	−11.37	−1.48	−0.33	−4.48	−0.88	−0.17	−3.20

　　表 12 的右侧各列分解了各个驱动力的影响。因为模型是非线性的，所以右边各列的影响总和与左侧的结果略有不同。总体上看，资本贴现率的提高对失业没有影响，同时使部分支出从投资转移到了消费上，并温和地减少了产出、压低了安全利率。劳动贴现率的上扬大大提高了失业率，并使产出下降了 1.84%（其中因消费下降而导致的产出的降幅为 1.33%，因投资下降而导致的产出的降幅为 0.51%）。短期利率流动性安全溢价的上升，只对短期利率本身有影响，因为在这个模型中，因溢价变化而引起的短期利率的变动，没有直接的反馈效应。危机对劳动力的负面影响使产出下降了 1.30%。消费减少的幅度相当于正常产出的 1.72%，而投资则增长了 0.43%。产品市场楔的增高，可以解释失业率上升的 1.61 个百分点——通过扩大市场力量，降低劳动者的边际收入，从而减少创造就业机会的动力。支出的变化（用政府采购的下降来衡量）导致消费增长了 2.51%、投资增长了 1.77%，这要归因于更低的税率所导致的收入效应，以及安全短期利率下降了 3.20 个百分点的促进作用。

9.1　零利率下限

　　很显然，表 12 带给我们的最主要的信息是，对于美国 2008 年金融经济危机后的严重经济衰退，零利率下限是一个有核心重要性的因素。虽然这个模型没有引入安全实际利率的下限，但是上述结果对于我们分析这种下限的发生概率，以及在某种程度上，对于我们估计这种下限所导致不利影响的大小，都是非常有意义的。在 2008 年危机之后的经济低迷时期，短期安全名义利率基本等于零——这是美国联邦储备委员会所设想的下限，同时预期通货膨胀率大约为 2%（见上文图 15）——所以相应的实际利率的下限大约为−2%。

　　在模型中，2008 年以后安全实际利率的正常值大约为 3%。根据表 12 的左下角的数字，当所有的驱动力都在表 11 给出的水平上发挥作用时，这个利率会降低大约 11%，或者说，大约等于−8%。大多数宏观经济学家应该都会同意，将安全实际利率提高 8 个百分点的货币政策的影响将全是严重紧缩性的。其中一半以上是由于在危机−衰退情景下假设的"逃向安全资产"而导致的安全利率下降的直接后果。另一个大的负面影响是产品需求的下滑，如表 12 的右下角所示。这个模型支持了房价崩溃和银行贷款紧缩等因素会抑制消费和投资因而打击经济的观念。安全利率下降的第三大"贡献者"是资本贴现，它可以解释大约 1.5 个百分点的降幅。另一方面，劳动贴现的影响却很小——因为这是一种供给效应。虽然需求效应完全被安全利率的下降抵消还不止，但是供给的减少却不能通过这种方式抵消掉。

10. 持续性

效应的持续性比驱动力本身还要长久,这是通过模型的状态变量实现的。模型有两个外生状态变量,即全要素生产率和劳动力;以及一个内生状态变量,即资本存量。

10.1 外生的持续性

在模型中,对劳动力的每一个冲击都有永久性的影响。如果这种冲击是通过出生和移民实现的,那么这个性质是一个合理的近似。在经济低迷期间出现的个人的劳动力参与率的大幅度下降趋势,最终是不是会得到扭转,仍然是一个悬而未决的问题。直到 2016 年初,依然没有迹象表明,劳动市场基本恢复了正常状况,能够导致伴随着经济低迷的劳动力参与率下滑得以恢复。图 18 给出的是在上一节研究过的假想危机衰退中的劳动力的演变的路径(用占初始的正常值的百分比来表示)。由于在第 1 至 4 年中劳动力连续四次出现了增量不足的情况,导致第 4 年的劳动力累积不足达到了大约 6%。虽然第 5 年劳动力增长率恢复到了正常水平,但是由于增长率过程是乘性的,而且在危机后的基数总是较低,所以累计不足仍然在继续增大。

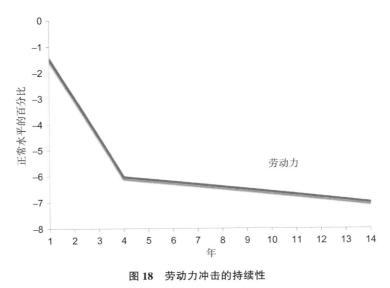

图 18　劳动力冲击的持续性

10.2 内生的持续性

内生的持续性是通过资本存量实现的。如前面的表 12 所示,资本贴现的影响集中在投资上。

　　贴现的这种上升,会导致企业对资本形成的未来收益赋以越来越低的价值,因此在高贴现期,资本将一再下降,持续低于正常增长路径。在贴现率恢复正常之后,对产出和其他变量的影响仍会持续更长时间。从而,资本存量只能以更慢的速度逐渐回归到正常的增长路径。图19显示了如表11所示的资本贴现的提高在四年间对资本存量和产出的影响。这幅图凸显了这些变量以资本贴现的危机值为条件的预期价值,与它们在具有正常的、非危机资本贴现值的模型中的预期值之间的差异。在这四年内,更高的危机贴现对这两个变量的影响都会累积起来,然后逐渐开始回归于零。直到危机结束五年后,这种效应依然强劲。

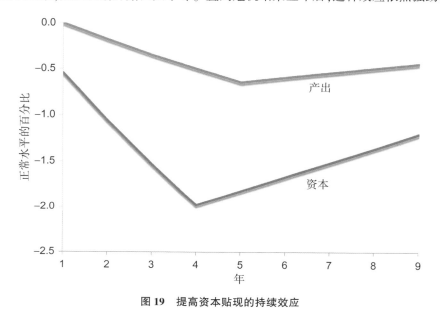

图19　提高资本贴现的持续效应

　　类似的结果也同样适用于表11中对投资有负面影响的其他驱动力,如劳动贴现和产品市场楔。劳动贴现通过减少有效劳动力供给减少了投资,而产品市场楔则会减少资本的边际收益产品。

11.　结论

　　本章与雷米为本手册撰写的那一章是互补的。她给出的大部分内容,都围绕着向量自回归和其他计量经济学设定的实证证据而展开,同时也涉及新凯恩斯主义结构模型的性质,不过她还考虑了与真实商业周期模型传统密切相关的结构模型。她主要关注的是货币冲击——而不考虑货币政策与当前经济状态的一般关系。与雷米不同,本章所考虑的经济不存在货币冲击。在这里的模型经济中,中央银行从来不会为了实现目标通货膨胀率,而去设定一个远离均衡水平的短期利率。本章属于包括了货币政策和货币非中性的模型的文献传统。在这种背景下,这里给出的模型揭示了在没有粘性价格和工资的情况下,利率和其他变量的通行值。雷米写的那一章与我写的这一章,都将政府采购视为一个驱动力。雷米所考虑的那些实证研究,关注的重点在于采购乘数,那是产出与采购之间的经验关系所揭示的。她发现,这个采购乘数的大小为 1 左右,但是在不同的研究之间却存在很大的差异。在本章中,表 12 表明类似的乘数为 0.53,即该表中产出行与支出变化列对应的单元格的值。本章得到的乘数值之所以较低,可能是因为模型假设货币会对政府采购做出全面的反应,从而使得利率能够跟踪其均衡值的变化。这个模型的采样期间包括了(例如)货币政策在政府采购增加时保持利率不变的时期,这会极大地放大产出的反应。在财政政策的税收方面,雷米认为税收是一种明确的驱动力。税收在本章中也起着重要作用,因为它们在历史上是资本贴现的变化的根源之一。但是,我不认为税收变化是 2008 年金融危机后的经济低迷的一个特殊的驱动力。雷米写的那一章还深入、细致地讨论了实证研究中的测量技术的变化及其影响。例如,就对全要素生产率的增长率度量而言,她在结论中指出,最好采用经利用率调整后的指标。但是,本章采用了弗纳尔德的试题,那是没有进行利用率调整的。她还详细讨论了除了全要素税率之外的、与投资相关的度量技术变革的指标。另外,她也简要地讨论了石油价格变动、信贷条件、政策不确定性、劳动供给波动和劳动楔等更多的驱动力。但是她没有把产品市场楔作为一种驱动力。

全要素生产率作为中期经济增长和经济绩效的决定因素,它的重要性已经在今天的宏观经济学家当中得到了广泛的认可,并且也得到了本章的结果的进一步证实。表 9 表明,在历史上,全要素生产率自身的变化可以解释的部分,就占了所有驱动力所能解释产出的标准偏差的大约 75%。在 2008 年金融危机之后开始的经济低迷期间,生产率增长率的下降导致了产出、消费和资本形成的不足。但是,生产率增长的下降本身,到底是不是 2008 年的金融危机所导致的,仍然是一个悬而未决的问题。

另一方面,劳动力人口相对于劳动适龄人口的规模——即劳动力参与率——的波动也与生产率的波动大致相同,而且影响也相当。以往对中期的波动性的研究忽视了这个驱动力,尽管对劳动力参与率本身的研究已经相当多了。2000 年前后,劳动力参与率开始出现了持续大幅下降的趋势(这不是人口统计学特征变化的结果),并在 2008 年金融危机后进一步恶化,大大加深了经济低迷。现在证据似乎表明,劳动力参与率的下降不是危机的结果,但却是导致失业率爆炸式上升的原因。

来自金融市场的证据似乎证明了如下的命题:即便安全利率下降为零,有风险投资的贴现也因为危机而大幅上升了。在正常情况下,不存在零下限,较高的贴现会导致产出和就业率下降。当实际利率因对名义利率施加的零下限和固定的通货膨胀目标而保持不变时,贴现上升的作用是什么? 这是一个非常有意义的、有待未来解决的问题。

有些模型将经济对金融冲击的反应的深重性和持续性归因于金融冲击,它们认为,这种冲击导致金融中介机构或非金融业务中介机构之间的代理摩擦的增加。这些模型提出了金融楔,确保被剥夺了股权的经理人员仍具有足够高的持续价值,以防止不当行为的发生。资本回报与安全短期利率之间的楔在扩大,大量证据令人信服地证明了这一点。例如,有风险的私人债券和同样期限的国债之间的利差急剧扩大,但是上涨却只是暂时性的。本章给出的模型认为金融摩擦能够发挥适度但重要的作用,即,作为资本贴现这个驱动力的一部分。

新凯恩斯主义模型引发了人们对作为冲击向经济活动的传播机制的产品市场楔——高于成本的价格加成——的关注。在粘性价格的情况下,需求的增加只会提高成本而不是价格,因此价格加成会下降。经济的扩张是因为产品市场楔的作用像税收楔一样,会抵制经济活动,但是价格加成的下降缓解了不利影响。一个有趣的问题是,关于产品市场楔在经济低迷的深度和持续性中的重要性究竟如何。

最后,本章这个模型证实了以往关于产品需求变化的乘数效应的研究的结果。作为消费需求不断下滑的一个重要原因,家庭去杠杆化在近期的经济低迷中发挥了重要作用。它也是用来解释近期经济低迷持续存在的一个明显选择。在本章这个模型中,产品需求的外生性下降导致利率大幅度下降,从而刺激了消费和投资。整个经济没有崩溃,而是对资源进行了重新配置。但是,当零下限是有约束力的时候,这种重新配置就不会发生;相反,下降的是产出和就业。时至今日,关于这种失败,宏观经济学家仍然没有给出一个牢固根基的失败模型。

致谢

本章是为《宏观经济学手册·第 2 卷》撰写的一章。《宏观经济学手册》由约翰·泰勒和哈拉尔德·厄里格主编。胡佛研究所支持了这项研究。这项研究也是国家经济研究局生态系统波动与增长研究计划的一部分。我要感谢高蒂·艾格特森(Gauti Eggertsson)、沃特·丹哈恩(Wouter den Haan)和科斯明·伊拉特(Cosmin Ilut)在相关会议上对本章的评价,瓦莱丽·雷米(Valerie Ramey)和本手册的编辑们也提供了有益的建议。本章中所有计算过程的完整备份都可从我的个人网站 stanford. edu/rehall 中下载得到。

参考文献

Adrian, T., Colla, P., Shin, H. S., 2012. Which financial frictions? Parsing the evidence from the financial crisis of 2007—9. National Bureau of Economic Research. Working Paper No. 18335.

Aguiar, M., Hurst, E., Karabarbounis, L., 2013. Time use during the Great Recession. Am. Econ. Rev. 103, 1664—1696.

Angeletos, G. -M., Collard, F., Dellas, H., 2014. Quantifying confidence. National Bureau of Economic Research. Working Paper No. 20807.

Attanasio, O. P., Weber, G., 1995. Is consumption growth consistent with intertemporal optimization? Evidence from the consumer expenditure survey. J. Polit. Econ. 103 (6), 1121—1157.

Autor, D. H., 2011. The unsustainable rise of the disability rolls in the united states: causes, consequences, and policy options. National Bureau of Economic Research. Working Paper No. 17697.

Ball, L., Mazumder, S., 2011. The evolution of inflation dynamics and the Great Recession. Brookings Papers Econ. Act. (1), 337—405.

Barnichon, R., Figura, A., 2012. The determinants of the cycles and trends in U. S. unemployment. Federal Reserve Board.

Barro, R. J., Redlick, C. J., 2011. Macroeconomic effects from government purchases and taxes. Q. J. Econ. 126(1), 51—102.

Benigno, G., Fornaro, L., 2015. Stagnation traps. London School of Economics, London.

Bernanke, B. S., Gertler, M., Gilchrist, S., 1999. The financial accelerator in a quantitative business cycle framework. In: Taylor, J. B., Woodford, M. (Eds.), Handbook of Macroeconomics. Elsevier, North Holland, pp. 1341—1393(Chapter 21).

Bhutta, N., 2012. Mortgage debt and household deleveraging: accounting for the decline in mortgage debt using consumer credit record data. Finance and Economics Discussion Series, Divisions of Research & Statistics and Monetary Affairs, Federal Reserve Board, Washington, DC.

Bianchi, F., Ilut, C., Schneider, M., 2012. Uncertainty shocks, asset supply and pricing over the business cycle. Duke University, Department of Economics, Durham, NC.

Bils, M., Klenow, P. J., Malin, B. A., 2014. Resurrecting the role of the product market wedge in recessions. National Bureau of Economic Research. Working Paper No. 20555.

Blundell, R., Pistaferri, L., Preston, I., 2008. Consumption inequality and partial insurance. Am. Econ. Rev. 98(5), 1887—1921.

Brunnermeier, M. K., Sannikov, Y., 2014. A macroeconomic model with a financial sector. Am. Econ. Rev. 104(2), 379—421.

Brunnermeier, M. K., Eisenbach, T. M., Sannikov, Y., 2012. Macroeconomics with financial frictions: a survey. National Bureau of Economic Research. Working Paper No. 18102.

Campbell, J. Y., Shiller, R. J., 1988. The dividend-price ratio and expectations of future dividends and discount factors. Rev. Finan. Stud. 1(3), 195—228.

Chari, V. V., Kehoe, P. J., McGrattan, E. R., 2007. Business cycle accounting. Econometrica. 75(3), 781—836.

Chodorow-Reich, G., 2014. The employment effects of credit market disruptions: firm-level evidence from the 2008—9 financial crisis. Q. J. Econ. 129(1), 1—59.

Christiano, L. J., Trabandt, M., Walentin, K., 2010. DSGE models for monetary policy analysis. National Bureau of Economic Research. Working Paper 16074.

Christiano, L. J., Eichenbaum, M., Rebelo, S., 2011. When is the government spending multiplier large? J. Polit. Econ. 119(1), 78—121.

Christiano, L. J., Eichenbaum, M. S., Trabandt, M., 2016. Unemployment and business cycles. Econometrica, forthcoming.

Cochrane, J. H., 2011. Presidential address: discountrates. J. Finan. 66(4), 1047—1108.

Cochrane, J. H. , 2014. The new-Keynesian liquidity trap. Booth School of Business, University of Chicago, Chicago.

Coenen, G. , Erceg, C. J. , Freedman, C. , Furceri, D. , Kumhof, M. , Lalonde, R. , Laxton, D. , Lind, J. , Mourougane, A. , Muir, D. , Mursula, S. , de Resende, C. , Roberts, J. , Roeger, W. , Snudden, S. , Trabandt, M. , in't Veld, J. , 2012. Effects of fiscal stimulus in structural models. Am. Econ. J. Macroecon. 4(1), 22—68.

Cole, H. , Rogerson, R. , 1999. Can the Mortensen-Pissarides matching model match the business cycle facts? Int. Econ. Rev. 40(4), 933—960.

Comin, D. , Gertler, M. , 2006. Medium-term business cycles. Am. Econ. Rev. 96(3), 523—551.

Correia, I. , Farhi, E. , Nicolini, J. P. , Teles, P. , 2010. Policy at the Zero Bound. Banco de Portugal.

Cúrdia, V. , Woodford, M. , 2015. Credit frictions and optimal monetary policy. National Bureau of Economic Research. Working Paper No. 21820

Daly, M. , Hobijn, B. , Sahin, A. , Valletta, R. , 2011a. A rising natural rate of unemployment: transitory or permanent? Federal Reserve Bank of San Francisco. Working Paper 2011—05.

Daly, M. C. , Hobijn, B. , Valletta, R. G. , 2011b. The recent evolution of the natural rate of unemployment. IZA Discussion Paper No. 5832.

Daly, M. C. , Hobijn, B. , Sahin, A. , Valletta, R. G. , 2012. A search and matching approach to labor markets: did the natural rate of unemployment rise. J. Econ. Perspect. 26(3), 3—26.

Davis, S. J. , Haltiwanger, J. , 2014. Labor market fluidity and economic performance. Proceedings of the Jackson Hole Symposium, Federal Reserve Bank of Kansas, pp. 17—107.

Davis, S. J. , Von Wachter, T. , 2011. Recessions and the costs of job loss. Brookings Papers Econ. Act. (2), 1—55.

Davis, S. J. , Faberman, R. J. , Haltiwanger, J. C. , 2012. Recruiting intensity during and after the great recession: national and industry evidence. Am. Econ. Rev. Papers Proc. 102(3), 584—588.

De Nardi, M. , French, E. , Benson, D. , 2011. Consumption and the Great Recession. National Bureau of Economic Research. Working Paper No. 17688.

Dynan, K. , 2012. Is a household debt overhang holding back consumption? Brookings Papers Econ. Act. Spring, 299—362.

Eckstein, Z. , Setty, O. , Weiss, D. , 2015. Financial risk and unemployment. Tel Aviv University, Tel Aviv, Israel.

Eggertsson, G. B. , Krugman, P. , 2012. Debt, deleveraging, and the liquidity trap: a Fisher-Minsky-Koo approach. Q. J. Econ. 127(3), 1469—1513.

Eggertsson, G. B. , Mehrotra, N. R. , 2014. A model of secular stagnation. National Bureau of Economic Research. Working Paper 20574.

Elsby, M. W., Hobijn, B., Sahin, A., Valletta, R. G., 2011. The labor market in the Great Recession: an update to September 2011. Brookings Papers Econ. Act. Fall, 353—384.

Elsby, M. W., Hobijn, B., Şahin, A., 2013. On the importance of the participation margin for market fluctuations. Federal Reserve Bank of San Francisco. Working Paper 2013—05.

Estevão, M., Tsounta, E., 2011. Has the Great Recession raised U. S. structural unemployment? International Monetary Fund.

Farber, H. S., 2015. Job loss in the Great Recession and its aftermath: U. S. evidence from the displaced workers survey. National Bureau of Economic Research. Working Paper No. 21216.

Farber, H. S., Valletta, R. G., 2013. Do extended unemployment benefits lengthen unemployment spells? Evidence from recent cycles in the U. S. labor market. National Bureau of Economic Research. Working Paper No. 19048

Farhi, E., Werning, I., 2013. A theory of macroprudential policies in the presence of nominal rigidities. Department of Economics, Harvard University, Cambridge, MA.

Farmer, R. E., 2012. The stock market crash of 2008 caused the great recession: theory and evidence. J. Econ. Dyn. Control. 36(5), 693—707.

Fernald, J. G., 2012. A quarterly, utilization-adjusted series on total factor productivity. 2012—19, Federal Reserve Bank of San Francisco. Updated regularly on Fernald's FRBSF website.

Fernald, J., 2014. Productivity and potential output before, during, and after the Great Recession. NBER Macroecon. Annu. 29, 1—51.

Fleckenstein, M., Longstaff, F. A., Lustig, H., 2013. Deflation Risk. Anderson School, UCLA, Los Angeles.

Friedman, M., 1968. Presidential address. Am. Econ. Rev. 58(1), 1—15.

Fujita, S., 2011. Effects of extended unemployment insurance benefits: evidence from the monthly CPS. Federal Reserve Bank of Philadelphia.

Fujita, S., Moscarini, G., 2013. Recall and unemployment. National Bureau of Economic Research. Working Paper No. 19640.

Gertler, M., Karadi, P., 2011. A model of unconventional monetary policy. J. Monetary Econ. 58(1), 17—34. ISSN 0304—3932. http://dx. doi. org/10. 1016/j. jmoneco. 2010. 10. 004. Carnegie-Rochester Conference Series on Public Policy: The Future of Central Banking April 16—17, 2010. http://www. sciencedirect. com/science/article/pii/S0304393210001261.

Gertler, M., Kiyotaki, N., 2011. Financial intermediation and credit policy in business cycle analysis. In: Friedman, B., Woodford, M. (Eds.), Handbook of Monetary Economics. Elsevier, North Holland, pp. 547—599.

Gertler, M., Sala, L., Trigari, A., 2008. An estimated monetary DSGE model with unemployment and staggered nominal wage bargaining. J. Money Credit Bank. 40 (8), 1713—1764.

Gilchrist, S., Schoenle, R., Sim, J. W., Zakrajšek, E., 2014a. Inflation dynamics during the financial crisis. Department of Economics, Boston University, Boston.

Gilchrist, S., Sim, J. W., Zakrajek, E., 2014b. Uncertainty, financial frictions, and investment dynamics. National Bureau of Economic Research. Working Paper No. 20038.

Gomme, P., Ravikumar, B., Rupert, P., 2011. The return to capital and the business cycle. Rev. Econ. Dyn. 14(2), 262—278.

Gourio, F., 2012. Disaster risk and business cycles. Am. Econ. Rev. 102 (6), 2734—2766.

Gourio, F., Rudanko, L., 2014. Customer capital. Rev. Econ. Stud. 81 (3), 1102—1136.

Hagedorn, M., Karahan, F., Manovskii, I., Mitman, K., 2013. Unemployment benefits and unemployment in the Great Recession: the role of macro effects. National Bureau of Economic Research. Working Paper No. 19499.

Hall, R. E., 1995. Lost jobs. Brookings Papers Econ. Act. (1), 221—273.

Hall, R. E., 2004. Measuring factor adjustment costs. Q. J. Econ. 119(3), 899—927.

Hall, R. E., 2005. Separating the business cycle from other economic fluctuations. The Greenspan Era: Lessons for the Future, Proceedings of the Federal Reserve Bank of Kansas City, 133—179.

Hall, R. E., 2009. By how much does GDP rise if the government buys more output? Brookings Papers Econ. Act. (2), 183—231.

Hall, R. E., 2011a. The high sensitivity of economic activity to financial frictions. Econ. J. 121, 351—378.

Hall, R. E., 2011b. The long slump. Am. Econ. Rev. 101(2), 431—469.

Hall, R. E., 2012. How the financial crisis caused persistent unemployment. In: Wright, I. J., Ohanian, L. E., Taylor, J. B. (Eds.), Government Policies and the Delayed Economic Recovery. Hoover Institution Press, Stanford, pp. 57—83.

Hall, R. E., 2013. The routes into and out of the zero lower bound. Proceedings of the Jackson Hole Symposium, Federal Reserve Bank of Kansas City, pp. 1—35.

Hall, R. E., 2014. Quantifying the lasting harm to the U. S. economy from the financial crisis. NBER Macroecon. Annu. 29(1), 71—128.

Hall, R. E., 2015. High discounts and high unemployment. Hoover Institution, Stanford University, Stanford.

Hall, R. E., 2016. Search-and-matching analysis of high unemployment caused by the zero lower bound. Rev. Econ. Dyn. 19, 210—217.

Hall, R. E., Schulhofer-Wohl, S., 2015. Measuring job-finding rates and matching efficiency with hetero? geneous jobseekers. National Bureau of Economic Research. Working Paper No. 20939.

He, Z., Krishnamurthy, A., 2013. Intermediary asset pricing. Am. Econ. Rev. 103(2), 732—770.

He, Z., Krishnamurthy, A., 2015. A macroeconomic framework for quantifying systemic risk. Graduate School of Business, Stanford University, Stanford.

Herz, B., van Rens, T., 2011. Structural Unemployment. universitat Pompeu Fabra, Barcelona.

Hyatt, H. R., Spletzer, J. R., 2013. The recent decline in employment dynamics. Center for Economic Studies, US Census Bureau, Washington, DC.

Jarosch, G., 2014. Searching for job security and the consequences of job loss. Department of Economics, University of Chicago, Chicago.

Kaplan, G., Menzio, G., 2016. Shopping externalities and self-fulfilling unemployment fluctuations. J. Polit. Econ. forthcoming.

Kaplan, G., Violante, G. L., 2014. A model of the consumption response to fiscal stimulus payments. Econometrica. 82(4), 1199—1239.

Karabarbounis, L., Neiman, B., 2014. The global decline of the labor share. Q. J. Econ. 129(1), 61—103.

Kiyotaki, N., Moore, J., 2012. Liquidity, business cycles, and monetary policy. National Bureau of Economic Research. Working Paper No. 17934.

Kocherlakota, N. R., 2013. Impact of a land price fall when labor markets are incomplete. Federal Reserve Bank of Minneapolis.

Korinek, A., Simsek, A., 2014. Liquidity trap and excessive leverage. National Bureau of Economic Research. Working Paper No. 19970.

Kozlowski, J., Veldkamp, L., Venkateswaran, V., 2015. The tail that wags the economy: belief-driven business cycles and persistent stagnation. National Bureau of Economic Research. Working Paper No. 21719.

Krishnamurthy, A., Vissing-Jorgensen, A., 2013. Short-term debt and financial crises: what we can learn from U. S. treasury supply. Kellogg School, Northwestern University, Chicago.

Krueger, A. B., Mueller, A. I., 2011. Job search, emotional well-being, and job finding in a period of mass unemployment: evidence from high-frequency longitudinal data. Brookings Papers Econ. Act. (1), 1—70.

Krueger, A. B., Cramer, J., Cho, D., 2014. Are the long-term unemployed on the margins of the labor market? Brookings Papers Econ. Act. Spring, 229—299.

Krugman, P. R., 1998. It's Baaack: Japan's slump and the return of the liquidity trap. Brookings Papers Econ. Act. (2), 137—205.

Kuehn, L. A., Petrosky-Nadeau, N., Zhang, L., 2013. An equilibrium asset pricing model with labor market search. Carnegie Mellon University, Tepper School of Business, Pittsburgh.

Ludvigson, S. C., Ma, S., Ng, S., 2015. Uncertainty and business cycles: exogenous impulse or endogenous response? National Bureau of Economic Research. Working Paper No. 21803.

Lustig, H., Verdelhan, A., 2012. Business cycle variation in the risk-return trade-off. J.

Monetary Econ. 59, S35—S49.

Lustig, H., Van Nieuwerburgh, S., Verdelhan, A., 2013. The wealth-consumption ratio. Rev. Asset Pricing Stud. 3(1), 38—94.

Mian, A., Sufi, A., 2010. The great recession: lessons from microeconomic data. Am. Econ. Rev. 100(2), 51—56.

Mian, A. R., Sufi, A., 2012. What explains high unemployment? The aggregate demand channel. National Bureau of Economic Research. Working Paper 17830.

Mian, A., Rao, K., Sufi, A., 2013. Household balance sheets, consumption, and the economic slump. Q. J. Econ. 128(4), 1687—1726.

Michaillat, P., Saez, E., 2014. An economical business-cycle model. National Bureau of Economic Research. Working Paper 19777.

Mortensen, D. T., 2011. Comments on Hall's 'Clashing Theories of Unemployment'. Department of Economics, Northwestern University, Chicago.

Mulligan, C. B., 2012. Do welfare policies matter for labor market aggregates? Quantifying safety net work incentives since 2007. National Bureau of Economic Research. Working Paper No. 18088.

Mulligan, C. B., 2012. The redistribution recession: how labor market distortions contracted the economy. Oxford University Press, New York.

Nekarda, C. J., Ramey, V. A., 2013. The cyclical behavior of the price-cost markup. National Bureau of Economic Research. Working Paper 19099.

Parker, J. A., Souleles, N. S., Johnson, D. S., McClelland, R., 2011. Consumer spending and the economic stimulus payments of 2008. National Bureau of Economic Research. Working Paper 16684.

Petev, I., Pistaferri, L., Eksten, I. S., 2012. Consumption and the Great Recession: an analysis of trends, perceptions, and distributional effects. In: Grusky, D. B., Western, B., Wimer, C. (Eds.), The Great Recession. Russell Sage Foundation, New York.

Petrosky-Nadeau, N., Wasmer, E., 2013. The cyclical volatility of labor markets under frictional financial markets. Am. Econ. J. Macroecon. 5(1), 193—221.

Petrosky-Nadeau, N., Wasmer, E., 2015. Macroeconomic dynamics in a model of goods, labor, and credit market frictions. J. Monetary Econ. 72, 97—113.

Petrosky-Nadeau, N., Zhang, L., 2013. Unemployment crises. National Bureau of Economic Research. Working Paper No. 19207.

Phelps, E. S., Winter, S. G., 1970. Optimal price policy under atomistic competition. In: Phelps, E. S. et al. (Eds.), Microeconomic Foundations of Employment and Inflation Theory. Norton, New York, pp. 309—337.

Philippon, T., 2009. The bond market's q. Q. J. Econ. 124(3), 1011—1056.

Ramey, V. A., 2011a. Can government purchases stimulate the economy? J. Econ. Liter. 49(3), 673—685.

Ramey, V. A., 2011b. Identifying government spending shocks: it's all in the timing. Q. J. Econ. 126 Feb., 1—50.

Ravn, M. O., Sterk, V., 2012. Job uncertainty and deep recessions. University College London, London.

Reifschneider, D., Wascher, W., Wilcox, D., 2013. Aggregate supply in the United States: recent developments and implications for the conduct of monetary policy. Technical Report, Finance and Economics Discussion Series Divisions of Research & Statistics and Monetary Affairs Federal Reserve Board, Washington, DC.

Restrepo, P., 2015. Skill mismatch and structural unemployment. Massachusetts Institute of Technology, Cambridge, MA.

Rognlie, M., 2015. Deciphering the fall and rise in the net capital share. Broookings Papers Econ. Act. 50(1), 1—69.

Rotemberg, J. J., Woodford, M., 1999. The cyclical behavior of prices and costs. In: Taylor, Woodford, (Eds.), Handbook of Macroeconomics. Elsevier, North Holland, pp. 1051—1135(Chapter 16).

Rothstein, J., 2011. Unemployment insurance and job search in the Great Recession. Brookings Papers Econ. Act. 43(2), 143—213.

Sahin, A., Song, J., Topa, G., Violante, G. L., 2012. Mismatch unemployment. National Bureau of Economic Research. Working Paper No. 18265.

Shapiro, M. D., Slemrod, J., 2009. Did the 2008 tax rebates stimulate spending? Am. Econ. Rev. Papers Proc. 99(2), 374—379.

Shimer, R., 2005. The cyclical behavior of equilibrium unemployment and vacancies. Am. Econ. Rev. 95(1), 24—49.

Shimer, R., 2008. Convergence in macroeconomics: the labor wedge. Am. Econ. J. Macroecon. 1(1), 280—297.

Spilimbergo, A., Symansky, S., Schindler, M., 2009. Fiscal multipliers, IMF Staff Position Note 2009.

Stock, J. H., Watson, M. W., 2010. Modeling inflation after the crisis. Proceedings of the Economic Policy Symposium, Federal Reserve Bank of Kansas City Working Paper. pp. 172—220.

Valletta, R., Kuang, K., 2010a. Extended unemployment and UI benefits. Federal Reserve Bank of San Francisco Economic Letter, pp. 1—4.

Valletta, R., Kuang, K., 2010b. Is structural unemployment on the rise? Federal Reserve Bank of San Francisco Economic Letter, pp. 1—5.

Walsh, C. E., 2003. Labor market search and monetary shocks. In: Altug, S., Chadha, J., Nolan, C. (Eds.), Elements of Dynamic Macroeconomic Analysis, Cambridge University Press, Cambridge, UK, pp. 451—486.

第五部分　宏观经济政策

第二十八章 中央银行的宏观模型面临的挑战

J. 林德(J. Linde) [*,†,‡]**, F. 斯梅茨(F. Smets)** [§,¶,‡]**,**

R. 沃特斯(R. Wouters) [‖,‡]

[*]:瑞典中央银行(Sveriges Riksbank),瑞典,斯德哥尔摩;

[†]:斯德哥尔摩经济学院,瑞典,斯德哥尔摩;

[‡]:经济政策研究中心,英国,伦敦;

[§]:欧洲中央银行,德国,法兰克福;

[¶]:比利时鲁汶大学,比利时,鲁汶;

[‖]:比利时国家银行,比利时,布鲁塞尔

目 录

本章摘要:在本章中,我们以大衰退及其后续事件为背景,讨论结构性宏观经济模型面临的若干挑战。我们将证明,基准动态一般均衡(DSGE)模型无法解释大衰退的深度和经济衰退后的缓慢复苏,而这个模型的许多特征正是各国中央银行和大型国际机构目前正在使用的模型所共同拥有的。为了更好地说明这些观察结果,本章分析了基准模型的三个扩展。第一,我们估计了允许明确地对名义利率实施零下限约束的模型。第二,我们在外生扰动的波动性中引入了时变性,以解释一些冲击的非高斯性质。第三,也是最后一个扩展,我们通过加入金融加速器并允许金融冲击的内生传播过程存在时变性,以此来扩展模型。所有这三个扩展都要求我们超越大多数政策模型标准的线性高斯假设。我们最后得出的结论是,虽然这些扩展在某种程度上可以解释大衰退及其后续事件的若干特征,但是它们仍然不足以解决与使用非标准的货币政策和宏观审慎政策相关的重大政策挑战。

关键词:货币政策,动态随机一般均衡模型,向量自回归模型,区制转换(regime switching),零下限,金融摩擦,大衰退,宏观审慎政策,开放经济

JEL 分类代码:E52,E58

1. 引言

在本章中,我们将根据美国和其他发达经济体所经历的大衰退,探讨各国中央银行广泛使用的结构性宏观经济模型面临的新挑战。这场大衰退对世界各国的经济政策和经济表现有广泛的影响,它的突出特征包括创历史纪录的低名义利率,以及失业率的不断上升。事实上,2008 年秋季发生的这场金融危机的深重程度,远远超过了各国中央银行的预测,随后的复苏步伐也要比各国中央银行的预测缓慢得多。这些都构成了对这些机构所使用的宏观经济模型的设计的强大质疑。特别是,许多人批评,这些模型严重忽略了若干关键金融机制和源于金融部门的重大冲击。

我们先从分析大衰退期间的基准宏观经济模型的表现入手。我们使用的基准模型——业内知名的斯梅茨-沃特斯模型(Smets and Wouters,2007)——与各国中央银行目前使用的模型有许多共同的特征。当我们对针对危机发生前的时期估计的这个模型进行分析后,我们证实了德尔内格罗和绍尔夫海德(Del Negro and Schorfheide,2013)以前的发现,实际 GDP 的增长落在了模型对经济衰退最严重阶段的预测密度之外。要想解释这场经济衰退的深度,这个模型需要假设一组极不可能发生的冲击一起发生。这些冲击主要影响家庭和企业在消费或投资上的跨期决策。例如,风险溢价冲击和特定于投资的技术冲击。然后,我们着重说明这些冲击是非高斯型的,而且与 Baa-Aaa 利差(评级利差)和期限利差等可观察的金融变量密切相关,这说明了将金融冲击和金融摩擦纳入对经济衰退的解释的重要性。此外,为了解释缓慢的复苏,还需要限制性的货币政策冲击(反映在对名义利率的有约束力的下限上)、负面的投资冲击和价格加成冲击。这些冲击的组合可以解释大衰退之后经济的缓慢复苏以及"失踪"的通货膨胀。

为了更好地解释这些观察结果,我们从三个角度修正了基准模型。第一个修正是,在对整个样本估计模型时,我们会明确地考虑零利率下限(zero lower bond,ZLB)约束。我们使用两种可互替的方法来做到这一点。首先,我们将零利率下限作为政策规则的一个有约束力的限制,而且它在每个时期的预期持续时间是由模型内生地决定的。其次,我们令经济衰退期间施加零利率下限约束预期的持续时间与来自隔夜指数掉期利率的外部信息保持一致。在这里,重要的是,我们发现,服从零利率下限约束的这两个模型变体有一个共同的特征:价格和工资方面具有更高的名义粘性。这个结果有助于解释经济衰退期间的通货膨胀的动态变化以及随后的缓慢恢复。此外,模型的这两个变体还有一个重要特征,即策略规则的产出差距上具有显著更高的响应系数。总的来说,将零利率下限纳入模型的估计和模拟实验,并不会对 2008 年第 3 季度的产出和通货膨胀率的中位数预测产生重大影响,因为危机之前触碰到下限的概率估计是很低的。但是无论如何,在之后的时期,这会使风险的平衡向下倾斜,因为随着时间的推移,货币政策受到限制的可能性在增大。

第二个修正是，为了解释驱动大部分经济衰退的冲击的非高斯特征，我们允许在某些冲击中出现时变性波动。与以往的文献相似，我们发现，当允许冲击的方差中存在两个区制之间的转换时，模型的实证性能就会有很大改善。其中一个区制转换过程刻画的是，从 20 世纪 80 年代中期到 21 世纪第一个十年的中期的大缓和时代，其宏观经济波动的幅度远远低于这个时期之前和之后。另一个区制转换过程则刻画了经济衰退期间风险溢价、货币政策和特定于投资的技术冲击的高波动性。这个区制转换过程不但可以解释这些冲击的非高斯性质，并且有助于扩大对 2008 年底的产出增长的预测密度，因为金融衰退的概率增加了。

最后一个修正是，引入金融加速器机制和明确源于金融部门的冲击。我们分析了这种修正能否改善基本模型的性质和特征。具体做法如下。先将伯南克等人（Bernanke et al.，1999）提出的金融加速器的一个变体引入基本模型，并在如下的标准假设下估计这个模型：金融部门对商业周期的影响是非时变（ime-invariant）的；这也就是说，我们遵循传统文献的惯例，例如，克里斯蒂亚诺（Christiano et al.，2003a）、德格雷弗（De Graeve，2008）和奎伊乔·冯·海德肯（Queijo von Heideken，2009），假设刻画金融摩擦的参数是固定不变的且源于金融部门的冲击是高斯型的。但是在这个设定中，我们并没有发现金融加速器加大了其他宏观经济冲击的传播，而且也没有发现新加入的可观察的 Baa-Aaa 利差变化基本上可以用源于金融部门的外生冲击来解释。在这个结果的驱动下，再考虑到基准模型中平滑后的冲击的非高斯特性，我们研究了这样一个问题：能否通过在外部融资溢价对杠杆率的敏感度中引入区制转换，来改善这个扩增模型的表现——人们可以把这种区制转换视为金融部门中的追逐风险行为/规避风险行为。结果我们发现，允许外部融资溢价对杠杆率的敏感度的区制转换，就可以在对利差的预测密度中引入很高的偏斜度，并使得模型将预测密度的非零概率放至观察到的 2008 年第 4 季度的产出增长结果上。此外，当我们遵循德尔内格罗和绍尔夫海德（Del Negro and Schorfheide，2013）的做法，并以 2008 年第 4 季度的实际利差结果为条件时——这样做是合理的，因为利差在那年 10 月初就达到了季度平均水平——模型解释糟糕的产出增长结果的能力得到了进一步的提高。这个结果表明，如果我们适当地将金融摩擦的非线性加速器动态整合进我们的模型中，我们就可以得到一个更加符合现实的预测密度，与简化形式的时变波动性模型一致。

如前所述，基准动态随机一般均衡模型在面对大衰退及其后续事件时遇到了很大的挑战，本章讨论的三个扩展方法都可以在某些方面解决部分挑战。它们都要求超越线性高斯建模框架。但是，它们并不能完全解决最主要的经验政策挑战。这些新的挑战源于这样一个事实：在 2008 年金融危机爆发之后，各国中央银行实施了一系列非标准的货币政策措施，例如大规模资产购买（Large-Scale-Asset-Purchases）以及其他信贷宽松政策。通过纳入金融摩擦来对基准模型进行简单的扩展（如引入金融加速器），并不足以全面、深入地分析这些政策的有效性及其与标准利率政策之间的相互作用。类似地，金融危机还引发了一个全新的宏观审慎政策领域，它旨在遏制系统性风险，维护金融稳定。当前对基准模型的各种扩展，一般来说并不够丰富，无法分析货币政策与宏观审慎政策之间的相互作用。要想做到这一点，必须纳入关于偿付能力（违约）和流动性（银行挤兑）的动态特征给出更加丰富的描述，容纳更大的复杂性,即,非线性和异质性。

本章的其余部分结构如下。第 2 节是一个不全面的综述,介绍了各国中央银行和其他国际机构使用的宏观经济模型。在文献综述之后,第 3 节介绍了本章所用的原型模型——斯梅茨和沃特斯的估计模型(Smets and Wouters,2003)。这个模式与各国中央银行使用的模式有许多共同特点。这一节还讨论了数据集以及用金融危机的数据所估计的模型。在第 4 节中,我们运用这个用金融危机前数据估计出来的模型去分析金融危机,从而使我们对这个模型的"表现"有了更好的理解。我们还将这个结构模型的性能与一个简化形式的基准向量自回归模型进行了比较——它是用贝叶斯先验估计的。在通过上面这些分析指出了基准模型的若干重要缺陷的基础上,我们在第 5 节中从如前所述的三个维度对基准模型进行了扩增。最后,第 6 节总结了政策分析中使用的结构宏观模型要面对的其他一些新旧挑战,并阐述了本章的结论。章后的附录包含了本章的分析中使用的模型、方法和数据的一些技术细节。

2. 各国中央银行使用的模型的若干共同特点

在本节中,我们提供了一个关于各国中央银行和其他重要政策机构(如国际货币基金组织、欧盟委员会和经济合作与发展组织)目前使用的主要政策模型的不完整的综述。我们的目标是确定这些模型之间的相似性,并对这些模型进行评估:自 2008 年金融危机发生以来,作为对金融危机以及后续事件的反应,这些模型发生了什么变化。

我们这个讨论的一个很好的出发点是克能等人的论文(Coenen et al.,2012)。维兰德等人(Wieland et al.,2012)也提供了对各国中央银行所使用的政策模型的一个非常有用的综述,它是对我们这里的综述的一个非常有益的补充。维兰德等人的研究还有一个额外的优势。他们已经构建了一个宏观经济模型库(既包括政策性的模型,也包括学术上的模型),并用 Matlab 创建了一个图形用户界面,可以很方便地运行模型并利用各种冲击来进行比较和诊断。① 不过在这里,我们的讨论仍然以克能等人的论文为基础,因为他们专注于政策制定过程中使用的模型。克能等人研究了加拿大中央银行所使用的主要政策模型(这个模型记为"BoC-GEM")、美国联邦储备体系理事会所使用的模型(有两个模型,分别记为"FRB-US"和"SIGMA")、欧洲中央银行使用的关键政策模型(记为"NAWM")、欧盟委员会使用的模型(记为"QUEST")、国际货币基金组织使用的模型(记为"GIMF"),以及经济合作与发展组织使用的模型(记为"OECD Fiscal")等模型中的货币和财政冲击的影响。

在上述七个模型中,有六个是动态随机一般均衡模型,只有一个模型(FRB-US)是基于多项式调整成本(polynomial adjustment cost,PAC)框架的。因此,在今天,绝大多数关键政策

---

① 泰勒和维兰德(Taylor and Wieland,2012)利用这个模型数据库比较了对货币政策冲击的反应。维兰德和沃尔特斯(Wieland and Wolters,2013)研究了这个模型数据库中的许多模型的预测。

机构都把动态随机一般均衡模型作为自己的核心政策工具。① 在传统的后顾型(backward-looking)宏观经济学模型[请参见,例如,鲁迪布什和斯文森(Rudebusch and Svensson,1999)]受到了卢卡斯(Lucas,1976)和西姆斯(Sims,1980)的激烈批评后,经济学家转而采用动态随机一般均衡模型。由于求解方法和估计技术的长足进步[例如,请参见,布兰查德和卡恩(Blanchard and Kahn,1980),以及费尔和泰勒(Fair and Taylor,1983)],再加上克里斯蒂亚诺等人(Christiano et al.,2005)的贡献——他们证明,这些模型如果设定得当,那么就可以反映现实的货币政策传导机制——动态随机一般均衡模型变得越来越有可操作性。正如克拉里达等人(Clarida et al.,1999)、伍德福德(Woodford,2003),以及加里(Galí,2008)所指出的,这些模型都非常重视预期在宏观经济稳定性中发挥的重要作用,而且这个观点是各国中央银行的决策者愿意接受的。然而,虽然宏观经济模型已经广泛用于情景分析(scenario analysis),并且已经对更一般的政策制定产生了深刻的影响,但是公平地说,这些模型对短期和中期经济预测的影响却仍然是非常有限的。读者也可以参考艾弗森等人(Iversen et al.,2016)的论述。

正如克能等人(Coenen et al.,2012)在他们的论文中的表1和表2所表明的,动态随机一般均衡模型与克里斯蒂亚诺等人(Christiano et al.,2005)的模型、斯梅茨和沃特斯(Smets and Wouters,2003,2007)的开创性模型有颇多相似之处。这类模型一般都将产品市场和劳动力市场的不完全竞争作为引入粘性价格和粘性工资的工具。它们通常还包括重要的实际刚性,例如习惯形成、投资调整成本和可变资本利用率,等等。货币政策通常由简单的泰勒式政策规则决定,这种规则允许利率平滑化。但是,虽然与克里斯蒂亚诺等人(Christiano et al.,2005)的模型、斯梅茨和沃特斯(Smets and Wouters,2007)的"学院派"基准模型有许多相似之处,但是这些政策模型一般还会嵌入某些附加的特征。其中一个重要的附加特征是,在这些模型中,融资能力受限的家庭占有很大比例——通常在20%至50%之间。在某些模型中,这类家庭就是指那些仅能勉强糊口的家庭,它们的劳动收入可以说是由他人给定的,并且定期地根据每期不同的预算来决定消费。在其他一些模型中,这些流动性受到限制的家庭也面临着同样的逐期预算约束,但是同时还要求解一个消费与工作努力之间的跨期决策问题。政策模型和学术派模型的另一个明显区别是,前者通常有一个更加具体的财政部门,其中包括许多扭曲性的税收、多种类型的政府支出,以及从政府到家庭的各种转移支付。②

另一个有趣的观察结果是,克里斯蒂亚诺等人(Christiano et al.,2005)的模型、斯梅茨和沃特斯(Smets and Wouters,2007)的模型不包括金融市场摩擦,或者说,不包括一个有丰富细

---

① 其他很多重要机构也都以估计的动态随机一般均衡模型为核心政策工具,其中一些例子包括:英国中央银行(COMPASS),请参见伯格斯等人(Burgess et al.,2013);挪威中央银行(NEMO),请参见布鲁巴克等人(Brubakk et al.,2006);瑞典中央银行(RAMSES),请参见阿道尔夫森等人(Adolfson et al.,2013);纽约联邦储备银行,请参见德尔内格罗等人(Del Negro et al.,2013),以及芝加哥联邦储备银行,请参见布赖弗等人(Brave et al.,2012)。
② 这些结果与维兰德等人(Wieland et al.,2012)的研究结果大体上相符。

节的银行部门。[①] 与这两个学院派模型不同，在上述七个政策模型中，有四个模型在 2008 年金融危机之前就纳入了金融摩擦。我们询问了这些政策机构，获悉从那时起，它们就一直在努力把金融市场更好地纳入到模型中来，而焦点则放在了银行与经济中企业之间的相互作用上面。可为佐证的是，就在金融危机发生之后，伯南克等人（Bernanke et al., 1999）提出的金融摩擦概念，就已经被其余三个模型中的（至少）两个模型纳入了（它们以前没有纳入这个特征）。[②]

从这个观察结果，我们可以总结出这样一个重要结论：虽然 2008 年金融危机对改善动态随机一般均衡模型中金融部门的建模已经起到了一定的促进作用，但是迄今仍然没有对关键政策机构所使用的模型的类型产生重大影响。这也就是说，它们仍然与克里斯蒂亚诺等人（Christiano et al., 2005）开发的模型有大量相似之处。

3.　基准模型

在本节中，我们将阐述基准模型环境，即，斯梅茨和沃特斯（Smets and Wouters, 2007）构建的模型。斯梅茨和沃特斯的模型是建立在克里斯蒂亚诺等人的"母机模型"（workhorse model）的基础上的，不同的是它允许更多的随机冲击。在下面的第 3.4 部分，我们将描述如何使用美国的总量时间序列数据来估计这个模型。

3.1　企业与定价

3.1.1 最终产品的生产

经济中，只有一种最终产品 Y_t，它是用差异化的中间产品的连续统 $Y_t(f)$ 生产出来的。追随金博尔（Kimball, 1995）的思路，将这些中间产品转化为最终产品的技术可以用下式表示：

$$\int_0^1 G_Y\left(\frac{Y_t(f)}{Y_t}\right) df = 1 \tag{1}$$

像道特赛和金（Dotsey and King, 2005）的模型一样，我们假设 $G_Y(\cdot)$ 由一个严格凹且递增的函数给出：

---

① 克里斯蒂亚诺等人（Christiano et al., 2005）的模型还包括了营运资本（周转资本，working capital），或者说，一种成本渠道，它是这样一个货币政策——企业必须以政策规定的利率借款来支付工资。但是斯梅茨和沃特斯（Smets and Wouters, 2007）的模型没有这个渠道。有了这个渠道，克里斯蒂亚诺等人（Christiano et al., 2005）的模型就可以解释"价格难题"了。这个"价格难题"指，在政策利率上涨后出现冲击时，通货膨胀率会上升；在识别出来的向量自回归模型中发生货币政策冲击时，这个难题经常会出现。
② 我们非常感谢冈特·克能（Günter Coenen）（欧洲中央银行）和约翰·罗伯茨（John Roberts）（美国联邦储备委员会）对我们的问卷调查提供的非常有帮助的反馈。

$$G_Y\left(\frac{Y_t(f)}{Y_t}\right) = \frac{\phi_t^p}{1-(\phi_t^p-1)\epsilon_p}\left[\left(\frac{\phi_t^p+(1-\phi_t^p)\epsilon_p}{\phi_t^p}\right)\frac{Y_t(f)}{Y_t}+\frac{(\phi_t^p-1)\epsilon_p}{\phi_t^p}\right]^{\frac{1-(\phi_t^p-1)\epsilon_p}{\phi_t^p-(\phi_t^p-1)\epsilon_p}}$$

$$+\left[1-\frac{\phi_t^p}{1-(\phi_t^p-1)\epsilon_p}\right] \tag{2}$$

其中，$\phi_t^p \geq 1$ 表示生产中间产品的企业的总价格加成。参数 ϵ_p 决定了生产中间产品的企业的需求曲线的曲率。当 $\epsilon_p = 0$ 时，需求曲线会表现出与标准的迪克西特-斯蒂格利茨集结算子（Dixit-Stiglitz aggregator）一样的固定不变的弹性。相反，当 ϵ_p 的值为正时，企业就要面对一条准折弯的需求曲线，它意味着产品的相对价格的下降只会刺激需求小幅增长。而另一方面，产品的相对价格的上涨则会导致需求大幅下滑。与标准的迪克西特-斯蒂格利茨集结算子相比，这就在价格设定中引入了更多的策略补充性，从而使得中间企业在边际成本发生变化时对价格的调整幅度更小。最后，不难注意到，$G_Y(1) = 1$，这意味着当所有中间企业都生产相同数量的产品时，规模收益是不变的。

生产最终产品的企业在产品和要素市场上都是完全竞争的。因此，最终产品生产者作为价格接受者，要在给定最终产品的数量 Y_t、接受给定的每种中间产品 $Y_t(f)$ 的价格 $P_t(f)$ 的条件下，实现成本最小化。此外，最终产品生产者以 P_t 的价格出售最终产品。因而，最终产品生产者要求解如下问题：

$$\max_{\{Y_t,Y_t(f)\}} P_tY_t-\int_0^1 P_t(f)Y_t(f)\,df \tag{3}$$

约束条件如上面的方程式（1）所示。这个最大化问题的一阶条件（first order conditions, FOCs）可以写为：

$$\frac{Y_t(f)}{Y_t}=\frac{\phi_t^p}{\phi_t^p-(\phi_t^p-1)\epsilon_p}\left(\left[\frac{P_t(f)}{P_t}\frac{1}{\Lambda_t^p}\right]^{-\frac{\phi_t^p-(\phi_p-1)\epsilon_p}{\phi_t^p-1}}+\frac{(1-\phi_t^p)\epsilon_p}{\phi_t^p}\right)$$

$$P_t\Lambda_t^p=\left[\int P_t(f)^{-\frac{\phi_t^p(\phi_t^p-1)\epsilon_p}{\phi_t^p-1}}df\right]^{-\frac{\phi_t^p-1}{1-(\phi_t^p-1)\epsilon_p}} \tag{4}$$

$$\Lambda_t^p=1+\frac{(1-\phi_t^p)\epsilon_p}{\phi_p}-\frac{(1-\phi_t^p)\epsilon_p}{\phi_t^p}\int\frac{P_t(f)}{P_t}df,$$

其中，Λ_t^p 表示方程式（1）中的集结算子约束的拉格朗日乘数。不难注意到，当 $\Lambda_p = 0$ 时，从上面这些条件的最后一个条件可以推导出，每一个时期 t 都有 $\Lambda_t^p = 1$，并且需求方程和定价方程都坍塌为标准的迪克西特-斯蒂格利茨表达式（Dixit-Stiglitz expression），即：

$$\frac{Y_t(f)}{Y_t}=\left[\frac{P_t(f)}{P_t}\right]^{-\frac{\phi_t^p}{\phi_t^p-1}},P_t=\left[\int P_t(f)^{\frac{1}{1-\phi_t^p}}df\right]^{1-\phi_t^p}.$$

3.1.2 中间产品的生产

对于 $f\in[0,1]$，中间商品 $Y_t(f)$ 的连续统由若干个垄断竞争的企业生产，每个企业都只生产一种单一的差异化产品。每个中间产品生产者都要面对方程式（4）中的需求表，它来自最终产品生产者对如方程式(3)所示的问题的解,并与产出价格 $P_t(f)$ 反向变动,而与总需求 Y_t 正向变动。

每个中间产品生产者都利用资本服务 $K_t(f)$ 和一个度量劳动的指标 $L_t(f)$ (以后再给出严格定义)来产生其各自的产品。生产函数的形式是科布-道格拉斯(Cobb-Douglas)式的:

$$Y_t(f) = \varepsilon_t^\alpha Kt(f)\left[\gamma^t L_t(f)\right]^{1-\alpha} - \gamma^t\Phi,$$

其中, γ^t 表示经济中劳动扩增型的确定的增长率, Φ 表示固定成本(它与总价格加成 ϕ_t^p 相关,使得利润在稳定状态下为零),而 ε_t^α 则是总生产率因素,服从基德兰德和普雷斯科特(Kydland and Prescott,1982)所述的那种类型的过程:

$$\ln\varepsilon_t^\alpha = \rho_a\varepsilon_{t-1}^\alpha + \eta_t^a,\ \eta_t^a \sim (0,\ \sigma_a)$$

企业面对完全竞争的要素市场(它们要从这样的要素市场上租入资本和雇用劳动)。因此,每个企业按照给定的资本租金价格 R_{Kt} 和工资指数 W_t (定义稍后给出),选择 $K_t(f)$ 和 $L_t(f)$。企业公司可以无成本地调整任何一种生产要素,因此成本最小化的标准静态一阶条件意味着,所有企业的单位产出的边际成本都相同。

中间产品的价格是通过名义合同确定的,我们在这里采用了卡尔沃(Calvo,1983)和云(Yun,1996)给出的交错式的名义合同。在每一个时期,每个企业 f 都有机会(其概率不变,为 $1-\xi_p$)重新最优化自己的产品的价格 $Pt(f)$。任何企业收到重新优化自己的产品价格的信号的概率,都是独立于上次重新设定价格的时间的。如果某个企业不能在某个给定时期内最优化它的产品的价格,那么就用滞后价格和稳态通货膨胀率的加权组合来调整价格,即, $P_t(f) = (1+\pi_{t-1})^{\iota_p}(1+\pi)^{1-\iota_p}P_{t-1}(f)$,其中, $1 \leq \iota_p \leq 1$,而且 π_{t-1} 表示第 $t-1$ 期中的净通货膨胀率,而 π 则表示稳态净通货膨胀率。一个正的指数化参数 ι_p 会将结构惯性引入通货膨胀过程。总而言之,从这些可以得出中间产品生产企业面临的如下最优化问题:

$$\max_{\tilde{P}_t(f)}\ E_t\sum_{j=0}^{\infty}(\beta\xi_p)^j\frac{\Xi_{t+j}P_t}{\Xi_t P_{t+j}}[\tilde{P}_t(f)(\Pi_{s=1}^j(1+\pi_{t+s-1})^{\iota_p}(1+\pi)^{1-\iota_p}) - MC_{t+j}]Y_{t+j}(f),$$

其中, $\tilde{P}_t(f)$ 为重新设定的价格,而 $\beta^j\frac{\Xi_{t+j}P_t}{\Xi_t P_{t+j}}$ 为随机贴现因子。需要注意的是,给定我们的假设,所有对价格进行重新最优化的企业实际上都会设定相同的价格。

如前所述,我们假设总价格加成是时变的,且由 $\phi_t^p = \phi^p\varepsilon_t^p$ 给出。其中,外生的分量 ε_t^p 又由如下外生的一阶自回归波动平均过程[ARMA(1,1)]给出:

$$\ln\varepsilon_t^p = \rho_p\ln\varepsilon_{t-1}^p + \eta_t^p - \vartheta_p\eta_{t-1}^p,\ \eta_t^p \sim N(0,\ \sigma_p) \tag{6}$$

3.2　家庭与工资的设定

追随埃尔采格等人(Erceg et al.,2000)的思路,我们假设存在一个垄断竞争的家庭组成的连续统(用单位区间表示),每个家庭分别为生产部门提供差异化劳动。这也就是说,产品生产企业将每个家庭提供的劳务服务 $L_t(h)$, $h \in [0,1]$ 视为其他家庭提供的劳动服务的不完美替代品。为了保证处理的便利性,假设存在一个代表性劳动集结算子,它能够把各个家庭的劳动时间按企业将会选择的劳动的相同比例组合起来。因此,这个集结算子对每个家庭劳动的需求就等于企业对劳动的需求的总和。从而,总劳动指数 L_t 具有金博尔(Kimball, 1995)的形式,即:

$$L_t = \int_0^1 G_L \left(\frac{L_t(h)}{L_t} \right) dh = 1 \tag{7}$$

其中,函数 $G_L(\cdot)$ 具有与方程式(2)相同的函数形式,但它是用一个对应参数 ϵ_w(控制着集结算子的劳动需求的凸度)和一个时变的总工资加成 ϕ_t^p 来刻画的。这个集结算子在将每个家庭的工资率 $W_t(h)$ 视为给定的情况下,最小化生产给定数量的总劳动 L_t 的成本,然后再把若干单位劳动出售给中间产品部门;每单位的成本为 W_t,这可以很自然地解释为总工资率。根据一阶条件,这个集结算子对家庭 h 的劳动时间的需求——或者等价地,所有生产产品的企业对这个家庭的劳动的总需求——由下式给出:

$$\frac{L_t(h)}{L_t} = G'^{-1}_L \left[\frac{W_t(h)}{W_t} \int_0^1 G'_L \left(\frac{L_t(h)}{L_t} \right) \frac{L_t(h)}{L_t} dh \right], \tag{8}$$

其中, $G'(\cdot)$ 表示方程式(7)中的 $G_L(\cdot)$ 函数的导数。

家庭 h 的一个典型的家庭成员的效用函数是:

$$E_t \sum_{j=0}^{\infty} \beta^j \left[\frac{1}{1-\sigma_c} (C_{t+j}(h) - xC_{t+j-1}) \right]^{1-\sigma_c} \exp \left(\frac{\sigma_c-1}{1+\sigma_l} L_{t+j}(h)^{1+\sigma_l} \right) \tag{9}$$

其中,贴现因子 β 满足条件 $0<\beta<1$。期间效用函数取决于家庭 h 的当前消费 $C_t(h)$,以及人均滞后总消费,以允许外生的习惯持续性(由参数 κ 刻画)。期间效用函数还反向依赖于工作时数 $L_t(h)$。

在第 t 期,家庭 h 的预算约束意味着,在最终产品上的支出和金融资产的净购买必须等于可支配收入,即:

$$P_t C_t(h) + P_t I_t(h) + \frac{B_{t+1}(h)}{\varepsilon_t^b R_t} + \int_s \xi_{t,t+1} B_{D,t+1}(h) - B_{D,t}(h)$$
$$= B_t(h) + W_t(h) L_t(h) + R_t^k Z_t(h) K_t^p(h) - a(Z_t(h)) K_t^p(h) + \Gamma_t(h) - T_t(h) \tag{10}$$

因此,最终产品中有一部分是家庭(以 P_t 的价格)购买的,然后家庭决定将其中的 $C_t(h)$ 消费掉、将 $I_t(h)$ 投资于实物资本。根据克里斯蒂亚诺等人(Christiano et al. , 2005)的研究,投资会增加家庭的(期末)实物资本存量 $K_{t+1}^p(h)$:

$$K_{t+1}^p(h) = (1-\delta) K_t^p(h) + \varepsilon_t^i \left[1 - S \left(\frac{I_t(h)}{I_{t-1}(h)} \right) \right] I_t(h) \tag{11}$$

我们假设,每个家庭的投资会有多大的比例能够转变为实物资本,取决于外生冲击 ε_t^i,以及家庭根据函数 $S \left(\frac{I_t(h)}{I_{t-1}(h)} \right)$ 改变自己的投资率的速度。我们假设这个函数满足 $S(\gamma) = 0$、$S'(\gamma) = 0$,以及 $S''(\gamma) = \varphi$,其中, γ 是经济的稳态总增长率。因此,稳态特定于投资的冲击 ε_t^i 遵循以下过程:

$$\ln\varepsilon_t^i = \rho_i \ln\varepsilon_{t-1}^i + \eta_t^i, \eta_t^i \sim N(0, \sigma_i)$$

除了积累有形资本之外,家庭还可以通过增加自己的名义债券持有量(B_{t+1})来增加融资产,并从中赚取利率为 R^t 的利息。这些债券的回报也会受到风险冲击 ε_t^b,该风险冲击服从:

$$\ln\varepsilon_t^b = \rho_b \ln\varepsilon_{t-1}^b + \eta_t^b, \eta_t^b \sim N(0,\sigma_t) \tag{12}$$

费希尔(Fisher,2015)证明,对这种冲击可以给出结构性解释。

我们假设,各行为主体可以在一个未定权益(contingent claim)的完全集上进行无摩擦的交易,通过多样化来消除特异性风险。方程式(10)中,$\int s\xi_{t,t+1}B_{D,t+1}(h) - B_{D,t}(h)$ 这一项代表这种状态依存的国内债券的净购买,其中 $\xi_{t,t+1}$ 表示状态依赖的价格,而 $B_{D,t+1}(h)$ 则表示时间 t 上购买的这种权益的数量。

在收入方面,每个家庭成员 h 获得劳动收入 $W_t(h)L_t(h)$、资本租金收入 $R_t^k Z_t(h)K_t^p(h)$,同时付出实物资本的利用成本,它等于 $a(Z_t(h)K_t^p(h))$,其中,$Z_t(h)$ 是资本利用率。家庭 h 提供的资本服务 $K_t(h)$ 因此等于 $Z_t(h)\,K_t^p(h)$。根据假设,资本利用率调整函数 $a(Z_t(h))$ 满足 $a(1)=0, a'(1)=rk$,以及 $a''(1)=\psi/(1-\psi)>0$,其中 $\psi\in[0,1]$。而且,较高的 ψ 值意味着更高的利用成本。最后,每个家庭成员还会得到所有企业的利润的一个等分份额 $\Gamma_t(h)$,同时缴纳一次总付税 $T_t(h)$——这可以视为税收减去任何转移支付的结果。

在每一个时期 t,家庭 h 的每一个成员最大化方程式(9)中的效用,是关于消费、投资、(期末)实物资本存量、资本利用率、债券持有量和未定权益的持有量的效用函数,要满足的约束条件则包括:如方程式(8)所示的劳动需求函数、预算约束方程式(10)和资本转移方程(11)。

家庭还要在卡尔沃式的交错合同中设定名义工资。交错工资合同与上述价格合同大致相同。因此,在某个给定的时期内,家庭收到重新最优化自己的工资合同的信号的概率由 $1-\xi_w$ 给出。此外,斯梅茨和沃特斯的模型还规定了以下动态指数化方案,用于调整没有收到重新最优化信号的家庭的工资。把这些都归总到一起,可以得出家庭要求解的如下最优化问题:

$$\max_{\widetilde{W}_t(h)} \quad E_t\sum_{j=0}^{\infty}(\beta\xi_w)^j \frac{\Xi_{t+j}P_t}{\Xi_t P_{t+j}}[\widetilde{W}_t(h)(\Pi_{s=1}^j\gamma(1+\pi_{t+s-1})^{l_w}(1+\pi)^{1-l_w})-W_{t+j}]L_{t+j}(h)$$

其中,$\widetilde{W}_t(h)$ 是重新设定的工资,且 $L_{t+j}(h)$ 由方程式(7)决定。需要注意的是,根据我们的假设,所有重新最优化工资的家庭实际上都将设定相同的工资。

按照与中间产品生产企业同样的方法,我们引入一个对时变的总加成的冲击 ε_t^w,使得 $\phi_t^w = \phi^w \varepsilon_t^w$。我们假设,$\varepsilon_t^w$ 是由如下外生的一阶自回归滑动平均过程给出的:

$$\ln\varepsilon_t^w = \rho_w \ln\varepsilon_{t-1}^w + \eta_t^w - \vartheta_w \eta_{t-1}^w, \eta_t^w \sim N(0,\sigma_w) \tag{13}$$

3.3 市场出清条件与货币政策

政府购买 G_t 是外生的,政府支出的过程是相对于趋势产出的自然对数,即,$g_t = G_t / (\gamma^t Y)$。这个过程由如下外生的一阶自回归过程给出:

$$\ln g_t = (1-\rho_g)\ln g + \rho_g(\ln g_{t-1}-\rho_{ga}\ln\varepsilon_t^a) + \eta_t^g, \eta_t^g \sim N(0,\sigma_g)$$

政府采购既不会对私人消费的边际效用产生任何影响,也不能作为生产产品时的投入。政府部门的预算约束可以整理为:

$$\frac{B_{t+1}}{R_t} = G_t - T_t + B_t$$

其中,T_t 是一次总付税。只要观察方程式(10)中的家庭预算约束中的债务条件,不难看出风险冲击的收入受制于"冰山成本"(iceberg cost)的影响,因此不会给政府增加任何收入。[①] 我们承认,与典型的政策模型相比,这是对政府的财政行为的极度简化的建模,而且财政和货币政策之间可能会产生的重要的反馈效应,在我们这个模型中也是无法容纳的。[②] 正如贝尼格诺和尼斯蒂科(Benigno and Nistico,2015)、德尔内格罗和西姆斯(Del Negro and Sims,2014)所指出的,在今天,由于中央银行会在货币政策方面采取非常规手段,所以政府与中央银行之间的财政联系可能尤其重要。尽管如此,我们在本章仍然采用了这种关于财政政策的简化建模方法,因为它允许我们更直接地研究,通过对金融市场进行更加精细的建模和引入零下限约束来修正基准模型,会有什么影响。

假设,货币政策的行为可以近似为一个泰勒式的政策规则(在这里,以非线性形式表示):

$$R_t = \max\left(0, R^{1-\rho_R} R_{t-1}^{\rho_R} \left(\frac{\Pi_t}{\Pi}\right)^{r_\pi(1-\rho_R)} \left(\frac{Y_t}{Y_t^{pot}}\right)^{r_\gamma(1-\rho_R)} \left(\frac{Y_t}{Y_t^{pot}}\bigg/\frac{Y_{t-1}}{Y_{t-1}^{pot}}\right)^{r_{\Delta\gamma}(1-\rho_R)} \varepsilon_t^r\right) \quad (14)$$

其中,Π_t 表示通货膨胀率,Y_t^{pot} 是价格和工资有弹性时的产出水平,式中没有下标的各变量表示的是稳态值。政策冲击 ε_t^r 则假定为服从自然对数形式的一阶自回归过程:

$$\ln\varepsilon_t^r = \rho_r \ln\varepsilon_{t-1}^r + \eta_t^r, \eta_t^r \sim N(0, \sigma_t) \quad (15)$$

从而,最终产品部门的总产出可以表示为下式:

$$Y_t = C_t t + I_t + G_t + a(Z_t) - K_t,$$

其中,a 为资本利用率调整成本。

3.4 根据 2008 年金融危机前的数据进行估计

在本部分,我们开始讨论如何估计这个模型。首先,我们将样本限制在 1965 年第 1 季度至 2007 年第 4 季度,以便观察用危机前的数据估计出来的模型在大衰退期间会有什么表现。然后,我们再用跨越危机的数据来估计模型。

3.4.1 模型的求解

在估计模型之前,我们要先对模型的所有方程进行对数线性化处理。我们在本章附录 A 中给出了对数线性化后的方程式。为了求解对数线性化后的方程组,我们使用了两个软件包,一个是 Dynare[请参见阿德亚米安等人(Adjemian et al.,2011)],另一个是 RISE[请参见

---

① 但是即便真的这样做了,也不要紧,因为通常假设政府通过一次总付税 $T_t = G_t + B_t - B_{t+1}/R_t$ 平衡自己的支出,从而使得均衡时政府债务 $B_t = 0$。此外,由于李嘉图等价在这个模型中是成立的——见巴罗(Barro,1974)——所以无论政府的债务是否在每一个时期都实现了平衡,对均衡配置都不重要。

② 例如,请参见,利珀和利思(Leeper and Leith,2016)、利珀等人(Leeper et al.,2015)。

迈伊(Maih,2015)]。这些软件包提供了有效和可靠的实施布兰查德和卡恩(Blanchard and Kahn,1980)提出的求解方法的工具。

3.4.2 数据

我们以美国经济中的七个重要的宏观季度时间序列为可观察变量:实际 GDP 的对数差异、实际消费、实际投资、实际工资、对数工作时数、国内生产总值平减指数的对数差异和联邦基金利率。关于所使用的数据的完整描述,请参见附录 C。图 1 中的蓝色实线显示了全样本数据,样本期间为 1965 年第 1 季度至 2014 年第 2 季度。[①] 从图中可以看出,私人消费在 2008 年金融危机后出现了非常大的下降,降幅超过了 20 世纪 80 年代初期经济衰退期间的降幅。劳动市场承受的压力也是显而易见的,2010 年初,人均工作时数下降到了第二次世界大战后的最低点。最后,我们还观察到联邦储备委员会在 2009 年第 1 季度将联邦基金利率降低到了接近零的水平(季度联邦基金利率是用一个季度内每天的实际利率的平均值来衡量的)。很显然,联邦公开市场委员会认为零利率是一个有效的下限,它在危机期间一直保持了这个下限,并采用其他替代手段来保证货币政策的适应能力[请参见,例如,伯南克(Bernanke,2013)]。与此同时,通货膨胀率也在 2009 年底下降到了历史低点,甚至一度进入了通货紧缩区域。自那之后,通货膨胀有所反弹,接近了美国联邦储备委员会 2012 年 1 月公布的 2% 的新目标。

将模型中的变量与数据中要匹配的各种变量关联起来的测量方程,由下式给出:

$$
Y_t^{olx} = \begin{bmatrix} \Delta\ \ln GDP_t \\ \Delta\ \ln CONS_t \\ \Delta\ \ln INVE_t \\ \Delta\ \ln W_t^{real} \\ \ln HOURS_t \\ \Delta\ \ln PGDLP_t \\ FFR_t \end{bmatrix} = \begin{bmatrix} \ln Y_t - \ln Y_{t-1} \\ \ln C_t - \ln C_{t-1} \\ \ln I_t - \ln I_{t-1} \\ \ln(W/P)_t - \ln(W/P)_{t-1} \\ \ln L_t \\ \ln \Pi_t \\ \ln R_t \end{bmatrix} \approx \begin{bmatrix} \bar{\gamma} \\ \bar{\gamma} \\ \bar{\gamma} \\ \bar{\gamma} \\ \bar{l} \\ \bar{\pi} \\ \bar{r} \end{bmatrix} + \begin{bmatrix} \hat{\gamma}_t - \hat{\gamma}_{t-1} \\ \hat{c}_t - \hat{\gamma}_{t-1} \\ \hat{l}_t - \hat{l}_{t-1} \\ \hat{w}_t^{real} - \hat{w}_{t-1}^{real} \\ l_t \\ \pi_t \\ \hat{R}_t \end{bmatrix} \qquad (16)
$$

其中,ln 和 Δln 分别表示对数和对数差异,$\bar{\gamma}=100(\gamma-1)$ 是实际 GDP、消费、投资和工资的共同季度趋势增长率,$\bar{\pi}=100\pi$ 是季度稳态通货膨胀率,$r=100(\beta^{-1}\gamma^{\sigma_c}(1+\pi)-1)$ 是稳态名义利率。

---

① 这幅图中还包括一条红色点划虚线,我们将在第 4 节中进一步详细讨论时来解释它。

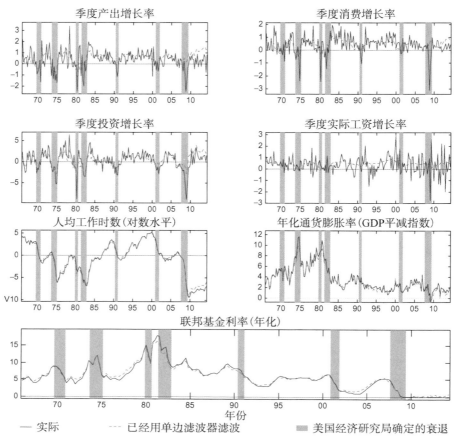

图 1 用危机前数据估计的模型中的实际数据和滤波后数据

给定趋势增长率和稳态通货膨胀率的估计结果,后者将由估计出来的贴现率决定。最后,$\bar{l}$ 是稳态工作时数,并且归一化为等于零。

结构模型不仅对变量之间的动态互相关,而且也对宏观总量之间的长期比率关系施加了重要的限制。我们在方程式(16)中给出的转换对所有数量和实际工资都施加了一个共同的确定性增长分量,同时假设人均工作时数、实际利率和通货膨胀率的均值都是固定不变的。这些假设不一定与数据的性质相一致,而且可能会对估计结果产生重要影响。在相关文献中,有一些相当著名的论文都假设实际数量遵循某种随机趋势,请参见例如,阿尔蒂格等人(Altig et al.,2011)。费希尔(Fisher,2006)认为,投资的相对价格中存在一个随机趋势,他讨论了外生的冲击可以在多大程度上解释这种趋势对于商业周期的重要性。另外,关于人均工作时数是否应该假设为平稳的还是不平稳的,也有很多争论,这方面的一些例子,请参见,克里斯蒂亚诺等人(Christiano et al.,2003b)、加里和鲍(Galí and Pau,2004)、博帕特和克鲁塞尔(Boppart and Krusell,2015)。在政策模型的背景下,可以公平地说,对于如何缩小模型与数据在低频特征上的可能差距,投入的注意力和资源都相当有限。导致这种状况的部分原因可能是,对于基准设定的缺陷,现在仍然没有定义;也有一部分原因可能是,现在关注的重点放在了模型的近期行为上(即货币传导机制、预测准确性和历史分解),而且这些缺点并不会严重影响模型在这个维度上的特征。

3.4.3 估计方法

与斯梅茨和沃特斯(Smets and Wouters,2007)一样,我们在这里也采用贝叶斯技术来估计参数,估计时运用的是方程式(16)中的七个美国宏观经济变量,样本期为1965年第1季度至2007年第4季度。贝叶斯推理从一个先验分布开始,描述了在观察估计所使用的数据之前的可用信息。然后,再用观察到的数据(根据贝叶斯定理)将先验分布更新为模型参数的后验分布,它通常可以用关于位置的测度(例如众数或均值)和关于分散度的测度(例如,标准偏差和概率区间)来概括。[①]

模型中的一些参数在整个估计过程中都保持不变(即,具有无限严格的先验)。我们选择校准的是我们认为可以由方程式(16)中 $\widetilde{Y}_t$ 的变量弱识别的那些参数。在表1中,我们报告了我们选择校准的参数。这些参数都被校准到了与斯梅茨和沃特斯(Smets and Wouters,2007)一样的值。

表1 校准的参数

参数	参数说明	校准值
δ	折旧率	0.025
ϕ_w	总工资加成	1.50
g_y	政府采购与产出之比(G/Y)	0.18
ϵ_p	金博尔曲率 GM	10
ϵ_w	金博尔曲率 LM	10

注:这些校准的参数根据斯梅茨和沃特斯(Smets and Wouters,2007),有修改。

其余的36个参数则要估计出来,这些参数主要与模型中的名义摩擦、实际摩擦以及外生冲击过程有关。表2中的前三列显示了对这些估计的参数的先验分布的假设。先验分布的位置也是与斯梅茨和沃特斯(Smets and Wouters,2007)的模型中相同的。我们对所有以0和1为界的参数都使用了 β 分布。对于假设为正的参数,我们都使用了反伽马分布;而对于无界参数,我们则使用了正态分布。

表2 先验分布和后验分布:1966年第1季度—2007年第4季度

参数	先验分布			后验分布					斯梅茨和沃特斯(Smets and Wouters,2007)的结果,后验众数
				最优化		米特罗波利斯链(Metropolis chain)			
	类型	均值	标准偏差/df	均值	标准偏差 Hess.	均值	5%	95%	
卡尔沃概率,工资 ξ_w	Beta	0.50	0.10	0.79	0.055	0.75	0.61	0.82	0.73
卡尔沃概率,工资 ξ_p	Beta	0.50	0.10	0.69	0.051	0.69	0.60	0.76	0.65
指数化工资 ι_w	Beta	0.50	0.15	0.63	0.136	0.58	0.36	0.79	0.59

---

① 读者如果想了解估计过程,请阅读斯梅茨和沃特斯(Smets and Wouters,2003),那里给出了更详细的描述。

参数	类型	先验分布 均值	标准偏差/df	后验分布 最优化 均值	标准偏差 Hess.	米特罗波利斯链（Metropolis chain）均值	5%	95%	斯梅茨和沃特斯（Smets and Wouters, 2007）的结果,后验众数
指数化价格 ιp	Beta	0.50	0.15	0.23	0.093	0.26	0.13	0.44	0.22
总工资加成 ϕ_p	Normal	1.25	0.12	1.64	0.076	1.64	1.52	1.77	1.61
资本生产份额 α	Normal	0.30	0.05	0.21	0.018	0.20	0.18	0.24	0.19
资本利用成本 ψ	Beta	0.50	0.15	0.60	0.100	0.59	0.43	0.75	0.54
投资调整成本 φ	Normal	4.00	1.50	5.50	1.019	5.69	4.23	7.65	5.48
习惯形成 x	Beta	0.70	0.10	0.67	0.042	0.69	0.62	0.76	0.71
投资消费替代弹性 σ_c	Normal	1.50	0.37	1.53	0.138	1.44	1.23	1.69	1.59
劳动供给弹性 σ_{cl}	Normal	2.00	0.75	2.15	0.584	2.03	1.13	2.99	1.92
对数工作时数,S. S.	Normal	0.00	2.00	1.56	0.985	1.15	−0.56	2.72	−0.10
贴现因子 $100(\beta^{-1}-1)$	Gamma	0.25	0.10	0.13	0.052	0.16	0.08	0.25	0.16
季度增长率,S. S.	Normal	0.40	0.10	0.43	0.014	0.43	0.41	0.45	0.43
稳态技术冲击 ρ_a	Beta	0.50	0.20	0.96	0.008	0.96	0.93	0.97	0.95
风险溢价冲击 ρ_b	Beta	0.50	0.20	0.18	0.081	0.22	0.10	0.38	0.18
特定于投资的技术冲击 ρ_i	Beta	0.50	0.20	0.71	0.053	0.71	0.61	0.80	0.71
政府消费冲击 ρ_g	Beta	0.50	0.20	0.97	0.008	0.97	0.96	0.98	0.97
价格加成冲击 ρ_p	Beta	0.50	0.20	0.90	0.038	0.89	0.80	0.95	0.90
工资加成冲击 ρ_w	Beta	0.50	0.20	0.98	0.010	0.97	0.94	0.98	0.97
g_t 对冲击 $?_t^a$ 的反应 ρ_{ga}	Beta	0.50	0.20	0.52	0.086	0.49	0.38	0.67	0.52
稳态技术冲击 σ_a	Invgamma	0.10	2.00	0.44	0.026	0.45	0.40	0.49	0.45
风险溢价冲击 σ_b	Invgamma	0.10	2.00	0.24	0.022	0.24	0.19	0.27	0.24
特定于投资的技术冲击 σ_i	Invgamma	0.10	2.00	0.41	0.041	0.41	0.34	0.48	0.45
政府消费冲击 σ_g	Invgamma	0.10	2.00	0.50	0.028	0.51	0.46	0.57	0.52
价格加成冲击 σ_p	Invgamma	0.10	2.00	0.12	0.015	0.13	0.10	0.15	0.14
MA(1)价格加成冲击 ϑ_p	Beta	0.50	0.20	0.74	0.080	0.72	0.46	0.83	0.74
工资加成冲击 σ_w	Invgamma	0.10	2.00	0.31	0.025	0.30	0.25	0.34	0.24
MA(1)工资加成冲击 ϑ_w	Beta	0.50	0.20	0.95	0.030	0.92	0.77	0.95	0.88
季度通货膨胀率,S. S.	Gamma	0.62	0.10	0.79	0.114	0.82	0.65	1.01	0.81
通货膨胀反应 r_π	Normal	1.50	0.25	2.01	0.174	2.07	1.75	2.33	2.03
产出差距反应 r_y	Normal	0.12	0.05	0.10	0.023	0.10	0.05	0.13	0.08
差分产出差距反应 $r_{\Delta y}$	Normal	0.12	0.05	0.23	0.026	0.23	0.18	0.27	0.22
货币政策冲击 stdσ_r	Invgamma	0.10	2.00	0.23	0.014	0.24	0.21	0.26	0.24

参数	先验分布			后验分布					斯梅茨和沃特斯（Smets and Wouters, 2007）的结果, 后验众数
				最优化		米特罗波利斯链（Metropolis chain）			
	类型	均值	标准偏差/df	均值	标准偏差 Hess.	均值	5%	95%	
货币政策冲击 persρ_r	Beta	0.50	0.20	0.12	0.062	0.15			0.12
利率平滑化 ρ_R	Beta	0.75	0.10	0.82	0.022	0.82			0.81
对数边缘似然				Laplace−961.81		MCMC−960.72			

注：1965 第 1 季度–1965 年第 4 季度的数据作为预设样本，用来形成 1966 年第 1 季度的先验；对数似然度是在 1966 年第 1 季度–2007 年第 4 季度的样本期间上求得的。后验样本规模为 250000，来自一个米特罗波利斯–黑斯廷斯链中生成的"老化后"（post burn-in）抽样。对收敛性的检验，使用了包括 CUSUM 图在内的标准诊断方法，并考虑了模拟序列的潜在的缩小比例因子。马尔可夫蒙特卡洛（MCMC）边缘似然是使用经格维克（Geweke, 1999）改进过的谐波估计器从后验抽样中以数值方法计算出来的。

从表 2 可以清楚地看出先验的准确位置及其不确定性。读者如果希望了解更多关于先验分布的信息，请阅读斯梅茨和沃特斯（Smets and Wouters, 2003）一文给出的更详尽的讨论。

3.4.4 估计的参数的后验分布

给定表 1 中的这些校准的参数，我们通过两个步骤得出了关于危机前数据的估计参数的联合后验分布众数，如表 2 所示。第一步，通过针对对数后验密度的数值优化，得到了基于该众数求得的反海赛矩阵（Hessian matrix）的后验众数和近似协方差矩阵。第二步，通过运用米特罗波利斯–黑斯廷斯（Metropolis-Hastings）算法生成抽取来进行探索。这里的提议分布被认为是以上一次抽取为中心的多变量正态密度，它在后验模态下，有一个与逆海赛矩阵成比例的协方差矩阵，详见绍尔夫海德（Schorfheide, 2000）以及斯梅茨和沃特斯（Smets and Wouters, 2003）。表 2 中的结果显示了所有参数的后验众数以及在后验众数上从逆海赛矩阵求得的近似后验标准偏差。此外，它还显示了均值以及后验分布的第 5 百分位数和第 95 百分位数。最后，我们在表 2 的最后一列报告了斯梅茨和沃特斯（Smets and Wouters, 2007）论文中的后验众数。

我们观察到，表 2 中的后验参数有两个重要特征。首先，政策参数和深度参数从总体上看与斯梅茨和沃特斯（Smets and Wouters, 2007）的估计结果很相近，这是两者在估计时使用的样本大部分重叠所致（斯梅茨和沃特斯估计他们的模型时使用的是 1965 年第 1 季度至 2004 年第 4 季度的数据）。与斯梅茨和沃特斯的模型（以下简称为"SW07"）的唯一明显的差异表现在，这里估计出来的工资粘性和价格粘性的程度更高一些（SW07 中的 ξ_w 的后验众数为 0.79，而不是 SW07 中的 0.73，而 ξ_p 的众数从 SW07 中的 0.65 上升到了 0.69）。德尔内格罗等人（Del Negro et al. , 2015b）也为扩展样本中价格和工资粘性程度提高的趋势提供了支持性证据。他们指出，与我们的模型相似的新凯恩斯主义模型加入金融摩擦，就会导致更高的价格和工资粘性，从而更适合大衰退的期间通货膨胀率的演变特征。其次，冲击的方差的估计结果有所降低（除了工资加成冲击之外）。由于 SW07 的估计的截止期是 2004 年，但是从 2005 年至 2007 年上半年，所谓的"大缓和"时期并未结束，因此冲击方差减少这个结果并不值得惊奇。

4. 基准模型在大衰退期间的经验表现

现在,我们着手评估我们的基准动态随机一般均衡模型在大衰退期间的表现。这个评估工作将从多个维度进行。首先,也是最重要的,我们要评估这个模型在经济衰退最严重的阶段(即2008年第3季度和第4季度)的预测性能。与此同时,我们还要分析这个模型对危机后的经济复苏阶段给出了什么预测。在这个过程中,我们还将对这个动态随机一般均衡模型与一个标准的贝叶斯向量自回归(Bayesian VAR)模型的性能进行比较。这个标准的贝叶斯向量自回归模型也包括了相同的变量集。

其次,我们还要分析这个模型对"大衰退"是怎样进行解释的,同时评估这个模型在解释时需要用到的冲击的合理性。我们将依次从统计角度和经济角度来进行评估。

4.1 大衰退期间基准模型的预测性能

我们现在用根据到2007年第4季度以前的数据估计出来的动态随机一般均衡模型来预测样本外数据。我们进行了两组预期,分别从2008年第3季度和第4季度开始预测1个,2个,…,12个季度(分别以2008年第3季度和2008年第4季度观察到的数据为条件)。从这两个季度开始预测是特别有意义的,因为产出巨幅下降的情况出现是在2008年第4季度(年化季度跌幅大约为9.75%)和2009年第1季度(年化季度跌幅大约为5.75%)。为了给这个动态随机一般均衡的预测提供一个比较基准,我们还报告了对同一样本估计的贝叶斯向量自回归模型的预测。虽然这两个模型都是用如方程式(16)所述的同样的时间序列进行估计的,但是我们在这里只给出了变量集的一个子集的结果,包括联邦基金利率、产出增长率和通货膨胀率(通货膨胀率和产出增长率已经转化为年化结果,方法是对四个季度求平均值)。沃恩等人(Warne et al.,2015)探讨了如何通过边际化方法,来估计线性高斯状态空间模型中的可观测量的任何子集的预测似然度。我们接下来的探讨是不那么正式的,因为我们只关注单变量密度。[①]

根据维拉尼(Villani,2009)概述的程序,贝叶斯向量自回归模型使用标准的多恩–利特曼–西姆斯动态先验(Doan-Litterman-Sims prior)(Doan et al.,1984),以及一个关于稳定状态的有信息先验。我们对贝叶斯向量自回归模型中稳态先验的选择,与动态随机一般均衡模型中使用的先验一致,这有助于在两种模型之间进行比较。在动态随机一般均衡模型和贝叶斯向量自回归模型中,中值预测和50%、90%及95%不确定带都是基于各自模型的10 000次

---

① 我们是对事后数据进行这些预测的。数据是在2014年9月25日收集的(见附录C)。

模拟给出的,在模拟时,我们允许出现冲击不确定性和参数不确定性。[①]

在图 2 中,左侧显示的是动态随机一般均衡模型以截至 2008 年第 3 季度的数据为条件的预测。从左上图可以看出,这个内生动态随机一般均衡模型的预测是:预测年度 GDP 增长率大体上保持不变(对数产出的四个季度的变化),但是在现实世界中,经济活动水平却在 2009 年第 4 季度出现了大幅下降。此外,95% 不确定带表明,产出的这种大幅下滑完全没有被这个动态随机一般均衡模型预料到。

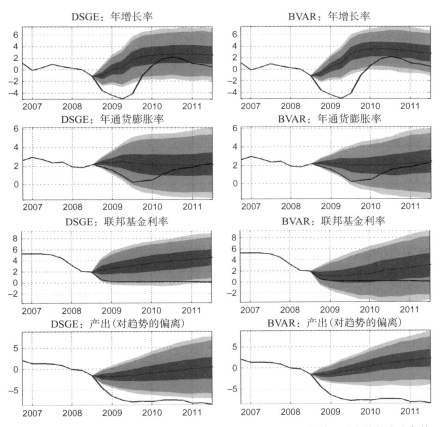

图 2 对 2008 年第 4 季度—2011 年第 3 季度的预测,以 2008 年第 3 季度的状态为条件

因此,与德尔内格罗和绍尔夫海德(Del Negro and Schorfheide,2013)的结果一致,我们估计的模型意味着,根据 2008 年第 3 季度的观察结果的预测,后来发生的"大衰退"是一个极端不可能的尾事件(tail event)。再来看左中和左下的图所显示的年度通货膨胀率和联邦基金利率,我们可以观察到实际下降幅度要比模型所预测的要大得多,但是这种降幅处于或接近于线性化动态随机一般均衡模型的 95% 不确定性带,因此,它们不像大衰退一样被视为尾事件。

再来看图 2 右侧所示的贝叶斯向量自回归模型的预测结果,我们不难看出,贝叶斯向量自回归模型对 GDP 年增长率的预测分布无论从定性还是定量的角度来看,都与动态随机一

[①] 对于斯梅茨和沃特斯的模型与贝叶斯向量自回归模型以及红皮书对实时数据的预测性能的深入比较,请参见埃奇和居尔卡伊纳克(Edge and Gurkaynak,2010),以及维兰德和沃特斯(Wieland and Wolters,2013)。阿道尔夫森等人(Adolfson et al. ,2007a,d)也用瑞典数据检验了一个开放经济动态随机一般均衡模型的预测性能。

般均衡模型非常相似。因此,根据这个贝叶斯向量自回归模型,大衰退也是一个极端不可能发生的尾事件。由于这个贝叶斯向量自回归模型和这个动态随机一般均衡都是线性化模型,它们给出的预测的相似程度相对较高,并不是一个完全令人惊讶的结果。我们还注意到,动态随机一般均衡模型中产出的不确定性带的宽度与贝叶斯向量自回归模型大致相同。这不是一个明显的结果,但是并非不重要,因为动态随机一般均衡模型没有短期滞后的BVAR 表示。另一方面,贝叶斯向量自回归模型并不像动态随机一般均衡模型那样,对参数空间施加那么多的交叉限制。因此,允许参数不确定性在贝叶斯向量自回归模型中比在动态随机一般均衡模型中更显著地增大了不确定性带(贝叶斯向量自回归模型有 190 个参数,而动态随机一般均衡则只有 36 个)。从净效应看,这两种因素似乎相互抵消。

此外,从图 3 中可以看得很清楚,动态随机一般均衡模型与贝叶斯向量自回归模型对产出增长率的预测具有高度一致性,在以 2008 年第 4 季度的状态为条件并用估计的模型对2009 年第 1 季度、2009 年第 2 季度,…,2011 年第 4 季度进行预测时也仍然成立。对于年通货膨胀率和联邦基金利率,这两个模型以 2008 年第 3 季度的国家为条件的预测也非常相似,这一点从图 2 居中的四张图中可以看得很清楚。

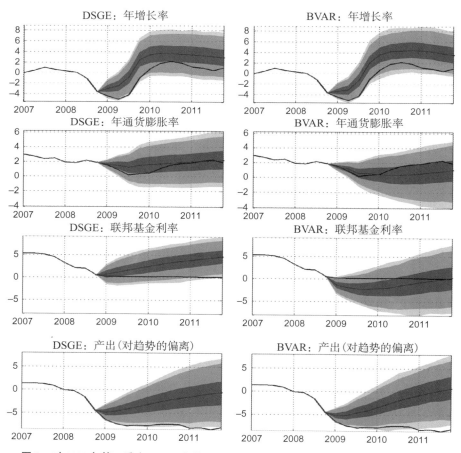

图 3 对 2009 年第 1 季度—2011 年第 4 季度的预测,以 2008 年第 4 季度的状态为条件

　　然而,就以 2008 年第 4 四季度的状态为条件的预测而言(见图 3),动态随机一般均衡模型与贝叶斯向量自回归模型的预测就有很大的不同了。贝叶斯向量自回归模型的预测是,通货膨胀率长期维持在几乎为零的水平,同时联邦基金利率将有两年低于零;而动态随机一般均衡模型的预测为,通货膨胀率将很快就会回升到接近 2％的水平,而且在整个预测期间,联邦基金利率都会稳步上升。零下限约束在这个动态随机一般均衡模型中不是一个被重点考虑的问题,在贝叶斯向量自回归模型中被认为应该是一个有约束力的限制,而且时效超过两年。

　　除了不能预测危机发生之外,贝叶斯向量自回归模型和动态随机一般均衡模型还都预测经济复苏将很快出现。对于基准动态随机一般均衡模型而言,这个特征从图 1 中就可以看得很清楚了。在该图中,红色点虚线给出的是观察到的变量的单边滤波卡尔曼投影,即,给定第 $t-1$ 的所有可用信息的情况下的第 t 期的预测。通过比较单边滤波卡尔曼预测与实际结果(图中的蓝色实线),可以很清楚地看出基准动态随机一般均衡模型所预测的产出、消费和投资在大衰退后的回升,要比实际情况快得多。因此,与钟等人(Chung et al. ,2012)的研究结果一致,基准动态随机一般均衡模型始终预测会出现"V"形经济复苏("好日子就在眼前")。而实际结果则是经济从大衰退中复苏过来的速度要缓慢得多,这与图 2 和图 3 表明的情况一致。下面的图 4 显示的是一个序贯贝叶斯向量自回归模型对 2008 年第 3 季度至 2012 年第 1 季度这个期间的提前 1,2,…,12 个季度的预测,而且是以预测开始时观察到的状态为条件进行预测的结果。图 4 表明,与动态随机一般均衡模型的预测结果一致,这个贝叶斯向量自回归模型也倾向于预测经济活动会快速复苏。与上述推理一致,对于产出水平的预测(对确定的趋势的偏离),如图 2 和图 3 中的下面的小图所表明的,动态随机一般均衡模型和贝叶斯向量自回归模型都明显高估了经济衰退后的复苏速度。①

_____

① 无论是在贝叶斯向量自回归模型中,还是在动态随机一般均衡模型中,用于去除趋势产出的序列都是从动态随机一般均衡模型得到的平滑估计。当我们在贝叶斯向量自回归模型中对去除趋势的产出进行预测时,我们在每个时期要先减去估计的稳态增长率,然后再累加预计的季度增长率。

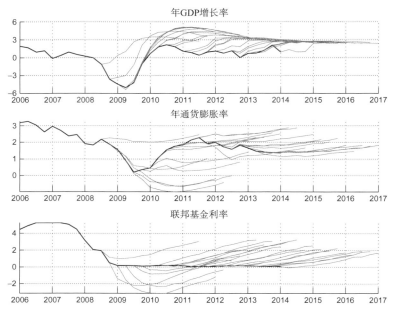

图 4　序贯贝叶斯向量自回归模型的预测 2008 年第 3 季度—2014 年第 1 季度

2008 年经济衰退后缓慢复苏这个事实也与莱因哈特和罗戈夫(Reinhart and Rogoff, 2009)、约尔达等人(Jordà et al. ,2012)的研究结果一致。他们认为,金融危机后的复苏要比其他衰退后的复苏更加缓慢。莱因哈特和罗戈夫(Reinhart and Rogoff,2009)实证观察结论也得到了奎拉尔托(Queralto,2013)和安索阿特吉等人(Anzoategui et al. ,2015)的后续理论研究的证实。① 由于我们的基准均衡模型不包括奎拉尔托的机制,所以很难直接解释这场经济衰退后的缓慢复苏(无论从 GDP 的水平来看,还是从它的增长率来看)。我们的基准模型——无论是动态随机一般均衡模型,还是贝叶斯向量自回归模型)都依赖于不利的外生冲击的重大影响,这些冲击在经济复苏期间也会给经济活动带来很大的压力。

虽然有人可能认为这是这些模型的一个重大缺点,但是我们还是必须指出,很多重大的负面事件确实可能会阻碍经济复苏。例如,根据费尔南德斯-比利亚韦德等人(Fernádedz-Villaverde et al. ,2011)的估计,2010 年 5 月恶化的欧债危机,以及共和党人和民主党人在国会的最后摊牌决战,都在美国经济中造成了重大的不确定性。考虑到这类事件发生的可能,模型需要一些不利冲击来解释缓慢的经济复苏并不是完全不合理的。

4.2　对美国大衰退的经济解释

如 4.1 部分所述,动态随机一般均衡模型和贝叶斯向量自回归模型都依靠重大的不利冲击来解释经济衰退。在本部分,我们就来研究哪些冲击会被过滤出来,被视为经济衰退及其

---

① 尽管有了这些结果,霍华德等人(Howard et al. ,2011)还是认为,这个发现仅涉及经济活动的水平,而不会涉及增长率(而后者正是我们在图 1 中关注的重点)。

后续事件的驱动力。我们将只关注基准动态随机一般均衡模型,因为在贝叶斯向量自回归模型中很难识别出所有冲击。我们将利用根据危机前时期的全样本估计出来的模型(而不再重新估计参数),通过卡尔曼滤波器提取出平滑后的冲击。

在下面的图 5 中,左侧各小图显示的是运用后验众数参数的模型中的七个冲击过程的两边平滑卡尔曼滤波后的新息——即,方程式(5)中的技术冲击的 η_t^a。

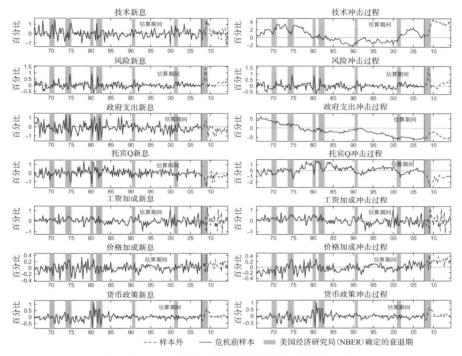

图 5　根据危机前数据估计的模型中的平滑新息和冲击

在图 5 的右侧,我们给出了各个两边平滑冲击过程的水平——即,方程式(5)中的技术冲击的 ε_t^a。蓝色实线表示样本内时期,蓝色虚线表示样本外时期。图中灰色的竖条表示美国国家经济分析局(NBER)确定的衰退期。

在分析各种冲击在危机期间及其后续事件中发挥的作用之前,我们有必要先讨论一下,在危机前的冲击中,是不是存在某些迹象,说明有什么事件本身就可能与危机有因果联系。从图 5 左侧的各小图可以看出,在 2000 年起至金融危机爆发这个时期内,没有什么特别突出的新息。而在 2003 年至 2005 年间,则出现了一系列对技术有正面意义的新息,它们导致了这个时期的技术的突飞猛进的发展(图 5 中的右上小图)。如果家庭和企业都预期这种正面的发展趋势会持续下去,如果它们对 2006 年及以后的不利后果丧失了警觉之心,那么这就有可能会成为 2008 年金融危机的一个促成因素。克里斯蒂亚诺等人(Christiano et al. ,2010b)构建了一个包含了更详尽的金融部门的模型,结果发现,对于未来技术的过度乐观的预期与信贷周期相关联,而这些信贷周期在实体美国经济中造成了繁荣–萧条周期。[①] 但是,我们的

[①] 克里斯蒂亚诺等人的研究重点是,有哪些货币政策可以弱化、怎样弱化无效率的繁荣—萧条周期。他们不认为宏观审慎监管可以起到熨平周期的作用。

基准模型不包括金融部门,因此不能用于显式地评估这种可能性。还有人认为,宽松的货币政策也可能是危机的驱动因素,例如,请参见泰勒(Taylor,2007)。我们估计的模型为这种观点提供了一些支持——不过只是有限的支持。虽然估计的政策规则表明,货币政策平均来说在 2002 年至 2006 年间一直是扩张性的,但是偏离趋势的幅度并不是很大,这一点从图 5 中靠下的几张小图可以看得很清楚。因此,根据冲击分解的结果,很难说美国联邦储备委员会的货币政策是金融危机的起因。①

在讨论清楚这些问题之后,我们现在可以着手分析金融危机及其后果了。从图 5 可以看出,在经济衰退最剧烈的阶段,最主要的新息都出现在了技术冲击、特定于投资的技术冲击(托宾 Q 冲击)以及风险溢价冲击之上。更具体地说,这个模型在 2009 年第 1 季度过滤出了一个非常大的正面技术冲击(如图 5 左上图所示,大约为 1.5%,对应于 3.4 个标准误差冲击)。另外,在 2008 年第 4 季度和 2009 年第 1 季度,这个模型也过滤出了两个负面的特定于投资的技术冲击(分别大约为 1% 和 1.5%,或者 2.0 和 3.7 个标准误差)。此外,在 2008 年第 3 季度、第 4 季度以及 2009 年第 1 季度,这个这个模型还过滤出了一个很大的正面风险冲击(0.5%、1.5% 和 0.5%,分别相当于 1.9、6.0 和 2.8 个标准误差)。

这些平滑的冲击能够解释 2008 年底和 2009 年初危机急剧爆发期间产出、消费和投资的巨大降幅中的很大一部分。我们发现,2009 年第一季度出现了一个很大的技术冲击。这个结果乍一看来可能是令人费解的,但是我们只要仔细观察一下图 1 和图 3,就可以理解个中原因。在这些图中,我们看到,在经济衰退期间,产出(对趋势的偏离)下降的幅度要小于人均工作时数的下降幅度。因此,在经济衰退最严重的阶段,劳动生产率出现了急剧的上升。这个模型通过过滤出一系列正面的技术冲击复制了数据的这个特征。这些技术冲击能够刺激消费和投资。因此,这个模型需要一些真正不利的冲击,它们能够在更大程度上压低这些变量,并使人均工作时数下降。这也正是风险溢价冲击和特定于投资的技术冲击发挥作用的地方。这些冲击导致消费(风险溢价)和投资(特定于投资的支出)下降,从而导致 GDP 下降。更低的消费和投资则导致企业所雇用的劳动的数量减少,进而导致人均工作时数下降。

另一个有助于解释 2008 年底经济崩溃的冲击是图 5 左下图所示的平滑货币政策冲击(以季度利率表示)。在 2008 年第 4 季度和 2009 年第 1 季度,这个冲击是相当正面的。按年率计算,它们分别等于大约 150 个基点(1.6 个标准误差)和 250 个基点(2.8 个标准误差)。由于联邦基金年利率的实际观察值大约为 50 到 20 个基点之间,因此这些政策冲击是相当大的,它们表明,零下限很可能是一个约束力的限制(至少在这两个季度是这样)。这个发现与德尔内格罗和绍尔夫海德(Del Negro and Schorfheide,2013)、德尔内格罗等人(Del Negro et al.,2015b)的结论有所不同,他们认为零下限在他们估计的模型中不是一个约束力的限制。

这些较大的平滑新息在某些平滑冲击过程中会转化为非常持久的运动,从图 5 右侧的各

---

① 我们的政策冲击的大小之所以比泰勒的计算结果要小得多,主要原因在于,我们考虑的是一个更加精细的政策规则,它包含了很大程度的利率平滑($\rho_R = 0.82$,见表 2)。当然,对于是否应该允许利率平滑,或者这种持续性是否应该归因于外部货币政策冲击(即,在方程式(15)中的 ε^n 过程中有较高的 ρ_r),有人可能会提出不同的意见。然而,在我们估计的模型中,对数边缘似然强烈地支持了更高程度的利率平滑和外生政策冲击的低持续性(即,高 ρ_R 和低 ρ_r 的组合)。

幅图中,可以非常清楚地看出这一点。对于简单的一阶自回归冲击过程,持续性的程度由 ρ 的后验决定。我们从表 2 可以看出,$\rho_a(\rho_b)$ 的后验是非常高(低)的,而 ρ_i 则介于 ρ_a 和 ρ_b 之间。因此毫不奇怪,在危机之后,技术过程几乎永久性维持在更高的水平上,而风险冲击过程则很快就回到了稳定状态。类似地,我们发现,全要素生产率的外生组件的上升很有持续性,这个结果也似乎与克里斯蒂亚诺等人(Christiano et al. ,2015)的结论不同,他们报告说,在经济衰退之后,全要素生产率出现了下降。克里斯蒂亚诺等人(Christiano et al. ,2015)和古斯特等人(Gust et al. ,2012)还报告说,在 2008 年,出现了对技术的负面新息(见图 5)。虽然在这里无法对这些结果之间差异进行详尽的分析研究,但是我们注意到了我们的发现与弗纳尔德(Fernald,2012)的结果非常吻合。更具体地说,我们的平滑技术新息与弗纳尔德(Fernald,2012)计算的两个衡量全要素税率的测度高度相关。这一点从下面的表 3 可以看得很清楚。表 3 显示了我们的技术新息 η_t^a(见图 5),与弗纳尔德给出的测度全要素生产率的总指标和经过利用率调整的逐期变化之间的相关系数。

表 3　平滑 TFP 冲击与实际 TFP 冲击之间的相关性

TFP 测度	采样期间	
	前危机时期:1966 年第 1 季度—2007 年第 4 季度	全样本:1966 年第 1 季度—2014 年第 2 季度
Corr(ΔRaw, η_t^a)	0.483	0.522
Corr(ΔCorrected, η_t^a)	0.602	0.608

注:"ΔRaw"表示弗纳尔德(Fernald,2012)的未调整的季度测度的一阶差分;"ΔCorrected"表示弗纳尔德的经利用率调整后的 TFP 测度的一阶差分。模型中还使用了平滑新息估计 η_t^a[请参见方程式式(5)]。图 5 的左上子图呈现了这个序列。

从表 3 中的第二列我们可以看出,我们的新息与弗纳尔德的原始测度之间的相关系数在估计样本周期中几乎达到了 0.5。因此,当我们研究一阶差分与新息时,必须将这种相当高的相互性考虑进去。更加令人放心的是,对于我们的模型来说,我们的平滑新息序列与弗纳尔德的经利用率调整后序列之间的相关系数高达 0.6。我们看到,在将样本期间扩大后(包括危机期间和危机之后的期间),这些相关系数仍然很高;如果说有什么变化的话,那也是它们又变得更高一点了。我们认为,这些结果为我们的基本结论提供了有力支持:全要素生产率的弱增长并不是 2008 年金融危机的关键致因。

对于两个加成冲击,我们注意到它们的相关性远远不如技术冲击那么高,但是这两个过程的估计一阶自回归系数却相当高(价格加成冲击为 0.89,工资加成冲击为 0.97,见表 2)。它们的相关性之所以如此之低,原因在于估计的一阶移动平均过程的系数,即方程式(6)和(13)中的 ϑ_p 和 ϑ_w 都相当高——分别为 0.72 和 0.92。尽管在危机期间价格冲击过程的相关性相对较低,但是我们还是可以看到,它在危机期间的结果是由一系列正面的新息所驱动的。这个结果与弗拉托和厄里格(Fratto and Uhlig,2014)的结论一致,他们发现价格加成冲击在危机期间的一个重要作用是,使得危机期间的通货膨胀率没有出现更大的降幅,而且对危机之后的经济复苏期间的就业缓慢下滑也有贡献。① 工资加成冲击过程在危机之后的时期并没有呈现出任何清晰的模式,但是很显然,自 20 世纪 90 年代末以来,它的方差已经有所增加,表明这个模型对美国劳动力市场自那之后的工资制定的特征的描述是不那么准确的。然而,我们必须记住,如果使用了其他工资序列,这个结果可能不一定仍然成立。②

　　图 6 给出的历史分解总结了各种冲击对产出增长率、通货膨胀率、联邦基金利率和(以对趋势的偏离来衡量的)产出水平的影响,它们是在基准模型中根据 2007 年第 1 季度至2014 年第 2 季度的数据估计的(见表 2)。在这里需要注意的是,左纵轴和右纵轴的刻度不一样(除了双边平滑产出对趋势的偏离之外):

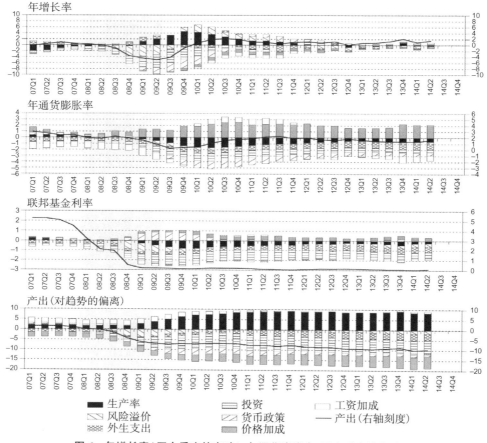

图 6　年增长率(四个季度的变动)、年通货膨胀率(四个季度的变动)、

联邦基金利率和产出(对趋势的偏离)的历史分解

　　注:左纵轴显示的是各冲击(不同的"竖条")对稳定状态波动率的贡献,右纵轴显示的是实际结果(水平)。

_____

① 在斯梅茨和沃特斯(Smets and Vourters,2009)的模型中,价格加成冲击和工资加成冲击对解释通货膨胀率和实际工资有很重要的作用。查里等人(Chari et al.,2009)对此提出了批评,他们认为这种作用如此之大是不合理的。不过,加里等人(Galí et al.,2011)证明,只要引入对家庭偏好的偏好冲击,就可以显著地降低价格加成冲击和工资加成冲击。

② 由于存在潜在的测量问题,加里等人(Galí et al.,2011)和胡斯蒂尼亚诺等人(Justiniano et al.,2013b)在估计他们的动态随机一般均衡模型时,使用了两个实际工资增长序列。

　　左纵轴显示的是各种冲击对稳定状态波动的贡献,而右纵轴显示的是每个变量的水平的变化。因此,对于每个时期,左纵轴上的各个"竖条"的总和再加上每个变量(图中未示出)的稳态值,就等于实际结果(图中的细线)。对于产出水平,由于是用对趋势的偏离来衡量的,所以稳态值为零,因此"竖条"的总和直接等于平滑值。

　　从图 6 可以看出,风险溢价冲击、特定于投资的技术冲击和货币政策冲击是危机期间产出下降的主要驱动力,而前面讨论过的全要素生产率冲击则会对产出的下降产生一定的抵消作用。对于通货膨胀率,所有这四个冲击都促成了通货膨胀率的逐渐下降。很明显,在不存在零利率下限约束的情况下,名义利率会下降到零以下。经济复苏之所以非常缓慢,一方面是因为导致经济衰退的冲击仍然持续存在;另一方面,这种缓慢的复苏,本身也表明了新的未能预料到的"逆风因素"的出现,它们与价格加成和工资加成的正新息同时到来。有意思的是,风险溢价冲击的负面影响的持续时间相对较短。在很大程度上,这反映了这个模型还不够丰富,还不足以传播金融冲击,但是我们也可以认为这种结果反映了非常规的货币政策行动带来的刺激作用。在这个时期,持续的低利率与经济的疲弱状态保持了一致;产出水平(对趋势的偏离)远远低于危机前的趋势,同时通货膨胀率则持续低于目标通货膨胀率;产出增长率也继续保持在低位(复苏非常缓慢或根本未出现复苏)。由于危机前的时期的模型具有中等程度的价格粘性和工资粘性,因此在没有其他冲击的情况下,通货膨胀将会下降到负通货膨胀率的区域。这是一个与数据相反的反事实;根据危机前的数据估计的模型中之所以缺失了通货紧缩,可以用通货膨胀性的加价冲击来解释。

　　虽然给定这个模型的设定,这些平滑冲击——它们是这个模型解释危机时期所需要的——并不十分令人惊讶,但是同样明显的是,基准模型要想解释衰退最激烈的阶段,就不得不求助于这样一个假设:在 2008 年第 4 季度至 2009 年第 1 季度之间出现了一些非常不可能发生的不利冲击的组合。因此,我们现在转而讨论各个冲击的统计特性,并探讨它们是否与现在尚未包含在我们的可观测变量集合中的某些关键可观察金融变量相关联。

4.3　新息的统计特征及其与金融指标的关系

　　下面的表 4 总结了七个观察到的宏观变量的估计结构性冲击和预测误差的统计性质。大多数预测误差都呈现出了显著的峰态(kurtosis),这是它们从基础宏变量那里继承来的一个性质。对于结构性冲击,问题主要集中在两个冲击上——货币政策冲击和风险溢价冲击——它们显著偏离了基础的高斯假设。货币政策利率和风险溢价中的结构性新息可以用一个高度偏斜和肥尾的分布来描述。[①]

---

① 结构性冲击的新息还有一个显著的自回归条件异方差特点,它说明这里存在着一种系统性的时变波动结构。

表 4 新息的统计分布

……冲击中的新息	样本期间							
	危机前:1966 年第 1 季度—2007 年第 4 季度				全样本:1966 年第 1 季度—2014 年第 2 季度			
	均值	标准偏差	偏度	峰度	均值	标准偏差	偏度	峰度
技术冲击	0.04	0.44	0.43 *	4.09 *	0.04	0.46	0.32	3.76
风险溢价冲击	0.00	0.24	0.74 * *	5.12 * *	0.00	0.19	1.03 * *	7.08 * *
特定于投资的技术冲击	0.02	0.42	0.09	3.95 *	0.02	0.37	0.09	3.73
外生的支出冲击	−0.07	0.50	0.30	3.66	−0.07	0.49	0.25	3.65
价格加成冲击	0.00	0.12	−0.14	3.49	0.00	0.12	0.01	3.62
工资加成冲击	0.01	0.31	0.10	3.89	0.01	0.37	0.03	4.48 * *
货币政策冲击	−0.03	0.23	0.76 * *	8.09 * *	−0.04	0.23	0.80 * *	8.45 * *
……中的预测误差								
产出增长率	−0.04	0.66	0.38 *	5.05 * *	0.01	0.69	0.12	5.10 * *
消费增长率	0.01	0.56	−0.42 *	4.50 * *	0.08	0.62	−0.89 * *	6.77 * *
投资增长率	0.25	1.62	0.14	5.24 * *	0.25	1.73	−0.02	5.43 * *
人均工作时数	−0.04	0.53	0.03	4.25 * *	−0.02	0.55	−0.03	3.96 *
通货膨胀率	0.05	0.26	0.22	4.05 *	0.04	0.25	0.30	4.14 * *
实际工资增长率	−0.05	0.63	0.14	3.89	−0.04	0.73	−0.03	4.72 * *
短期利率	−0.01	0.24	1.29 * *	12.25 * *	−0.02	0.22	1.80 * *	15.31 * *

注:*,* * 分别表示 5% 和 1% 的显著性水平。

在上一节中,我们已经把这两个冲击的巨大波动识别为最近这场经济衰退的关键驱动因素,但是表 4 中数据说明,这两个过程在前危机模型中也已经受到了非高斯新息的影响。如图 5 所示,这些消极的异常值主要发生在经济衰退期间。

上面这个特征意味着,线性高斯式动态随机一般均衡模型的预测密度系统性地低估了这类严重衰退事件发生的概率。这个观察结论的意义很重要,因为它说明,这个模型"认为",我们在经济衰退期间经常能够观察到的严重的经济衰退是非常不可能发生的尾事件。[①] 这也就是说,线性高斯模型可能不是分析与风险场景或压力测试相关的政策问题的适当的工具。

同样有趣的是,导致大部分极端事件出现的这两个结构性冲击还与跨期决策以及经济中的货币和金融部门的发展直接相关。在金融学研究中,金融回报、利差和风险溢价的非高斯性质已经得到了广泛的证明。因此,如果认为我们的宏观模型中识别出来的非高斯冲击反映了金融部门的危机到经济的其他部门的影响——或反馈,那么应该不失为一个自然的假说。为了给这个观点提供证据支持,我们计算了我们估计的结构性新息与一系列通用的衡量金融回报和利差的指标之间的相关性。如表 5 所示,我们选择了与金融部门的不同分支

---

① 这个观察结果与钟等人(Chung et al. ,2012)的研究结论一致。

相关的七个指标(因为我们能够获得它们的长期时间序列数据):Baa-Aaa 评级债券利差、期限利差、泰德利差(Ted spread,美国短期国债利率与三个月期伦敦银行间同业拆借利率之间的利差)、标准普尔指数回报率、法玛-弗伦奇金融部门投资组合(Fama-French financial sector portfolio)回报率、席勒房价指数(Shiller house price index)和 VOX 指数。表 5 总结了这七个金融指标与七个结构性新息之间的相关性。从这张表格中可以观察到,最强的相关性——相关系数的绝对值超过了 0.3——出现在我们识别出来的风险溢价新息与 Baa-Aaa 评级债券利差和期限利差之间,以及货币政策新息与期限利差与泰德利差之间。

表 5 若干新息与金融指标之间的相关系数

	新息						
……中的新息	σ_a	σ_b	σ_i	σ_g	σ_p	σ_w	σ_m
技术冲击 σ_a	1.00						
风险溢价冲击 σ_b	−0.11	1.00					
特定于投资的技术冲击 σ_i	−0.19	−0.08	1.00				
外生支出冲击 σ_g	0.01	0.27	−0.06	1.00			
价格加成冲击 σ_p	−0.03	0.18	0.05	0.13	1.00		
工资加成冲击 σ_w	0.00	−0.01	−0.07	−0.21	−0.09	1.00	
货币政策冲击 σ_m	0.09	−0.17	−0.05	0.17	−0.05	−0.04	1.00
	新息						
金融指标	σ_a	σ_b	σ_i	σ_g	σ_p	σ_w	σ_m
Baa-Aaa 评级债券利差	−0.10	0.39	−0.21	0.28	0.04	−0.02	0.04
期限利差	0.11	0.33	−0.11	−0.04	−0.07	0.10	−0.46
泰德利差	−0.20	−0.13	0.13	0.18	0.14	−0.02	0.34
标准普尔指数回报率	0.14	−0.24	0.18	−0.20	−0.13	0.02	−0.13
法玛-弗伦奇金融部门投资组合回报率	0.02	0.03	0.01	−0.05	−0.14	0.02	−0.10
席勒房价指数回报率	−0.07	−0.07	0.25	−0.06	0.00	0.02	−0.14
VOX 指数回报率	−0.12	0.10	0.03	0.13	0.01	0.01	−0.05

注:我们在本章的附录 C 中给出了数据源。

我们还从另一个角度探讨了平滑的冲击与这些金融变量之间的紧密联系,方法是,运行一系列结构性新息对金融观察结果的多变量回归。

这些多元回归的结果如表 6 所示。从表中明显可见,在同期回归中,显著的系数再一次只出现在了风险溢价、货币政策以及(显著性水平稍低一点)特定于投资的技术的新息上。回归结果中最有意思的一个特征是,剩余的未解释的变差(即,回归残差)基本是正态分布的。因此,用我们观察到的金融指标来衡量,冲击异常值似乎与金融压力明显的时期相吻合。另外值得注意的一点是,在格兰杰因果关系回归检验中,上述金融指标中没有一个对结构性新息有显著的预测能力。尽管如此,因为金融变量是可以实时观察的,所以它们仍然可以及时地提供不少与大的结构性新息有关的信息。因此,将这些变量包含在我们的可观察变量列表中,可以非常有效地提升模型的临近预报和条件预测性能。[1] 即使如此,这个策略一般也还是不能提升我们的线性化模型在观察到金融问题的信号前给出的样本外事前预测性能。在宏观模型中,应该还需要非高斯的和非线性的建模方法,才能更有效地利用金融变量携带的这些信息。

表 6 若干新息与金融指标的回归分析

……中的新息	危机前标本期间			全样本期间		
	σ_b	σ_i	σ_r	σ_b	σ_i	σ_r
金融指标对新息的同期影响						
技术冲击 σ_a	0.29*	-0.57*	0.09	0.28*	-0.26*	-0.02
风险溢价冲击 σ_b	0.10*	-0.05	-0.18*	0.09*	-0.02	-0.18*
特定于投资的技术冲击 σ_i	-0.09*	0.16*	0.15*	-0.08*	0.12*	0.14*
外生支出冲击 σ_g	-0.64	1.51*	-0.27	-0.70*	1.37*	-0.45
价格加成冲击 σ_p	0.46*	-0.24	-0.05	0.33*	-0.22	-0.01
工资加成冲击 σ_w	1.35	5.41*	-3.52	0.10	4.67*	-2.63
货币政策冲击 σ_m	0.38	0.00	-0.44	0.34	0.67	-0.61
F/p-值	7.00/0.00	4.45/0.00	15.80/0.00	11.79/0.00	4.86/0.00	14.31/0.00
偏度/峰度残差	0.04/2.97	0.17/3.22	0.60/4.39	0.15/3.11	0.14/3.15	0.57/4.08
格兰杰因果关系回归						
F/p-值	1.73/0.06	1.53/0.11	2.11/0.01	1.67/0.06	2.05/0.02	1.62/0.07

注: * 表示 5% 的显著性水平。金融指标对未报告的其他新息的影响都不大。

5. 扩增基准模型

由于第 4 节的分析表明,基准模型有不少重要的缺点,所以我们在本节中集中研究以下问题:通过引入政策利率的零下限约束、冲击的时变波动性,以及金融摩擦和成本渠道,能够在多大程度上改进模型?我们对金融摩擦的建模遵循伯南克等人在他们的开创性研究中给出的基本方法(Bernanker et al. ,1999)。不过,与上文第 3.4 部分的分析相反,在本节中,我们估计模型的不同扰动时,所根据的数据包括了危机期间的数据。

---

[1] 请参见,德尔内格罗和绍尔夫海德(Del Negro and Schorfheide,2013)在这个方向上给出的强有力的证据。

5.1　评估零利率下限的影响

我们用两种可互替的方法评估了在估计时施加零利率下限（ZLB）所产生的影响。这两种方法所确定的零利率下限的持续时间是不同的。在我们所用的第一种方法中，零利率下限的发生率和持续时间都是内生的，且与模型预期一致。在第二种方法中，我们将零利率下限建模为"外生的"，并要求模型匹配基于市场隔夜指数掉期利率的金融信息，这个思路源于德尔内格罗等人的论文（Del Negro et al.，2015b）。然后，在两种方法中，我们都使用相同的线性化模型方程组（详见附录 A），但是我们要对联邦基金利率施加非负值约束。为了做到这一点，我们针对联邦基金利率采取以下政策规则：

$$\widehat{R}_t^* = \rho_R \widehat{R}_{t-1} + (1-\rho_R)(r_\pi \widehat{\pi}_t + r_\gamma(\widehat{\gamma gap_t}) + r_{\Delta y}\Delta(\widehat{\gamma gap_t})$$

$$\widehat{R}_t = \max(-\bar{r}, \widehat{R}_t^* + \widehat{\varepsilon}_t^r). \tag{17}$$

式（17）中的政策规则假设，如果没有受到零利率下限的限制，那么银行设定的利率 $\widehat{R}_t$ 等于 $\widehat{R}_t^* + \widehat{\varepsilon}_t^r$。从而，$\widehat{R}_t^*$ 是不受政策冲击 $\widehat{\varepsilon}_t^r$ 影响的影子利率。这里需要注意的是，政策规则（17）中的 $\widehat{R}_t$ 是用联邦基金利率偏离其季度稳定水平（$\bar{r}$）的百分点来衡量的，因此限定 $\widehat{R}_t$ 不能低于 $-\bar{r}$ 就等价于在名义政策利率上施加零利率下限约束。[①] 我们假设，在设定影子或名义利率时，美国联邦储备委员会是对滞后实际利率进行平滑，而不是对滞后名义利率 $\widehat{R}_{t-1}^*$ 进行平滑化。我们做出这个假设的目的是保持 $\widehat{\varepsilon}_t^r$ 接近白噪声的性质。在式（17）中对名义利率进行平滑化，将导致政策冲击变成高持续性的，且使其一阶自回归系数大致等于 ρ_R。[②]

我们在估计模型的时候，为了施加政策规则（17），我们使用了赫布登等人（Hebden，2010）的方法。这种方法之所以有很大的便利之处，是因为即便模型中包含了许多状态变量，它的算法的速度也很快。（我们在本章附录 A 中给出了这种算法的更多细节。[③]）简单地说，这个算法是通过将当前和预期的冲击加入到政策规则中去（增加因子）来对方程组（17）施加非线性政策规则的。更具体地说，如果对于某个足够大的非负整数 T，给定 $h=0,1,\cdots$，T 的任何一个时期 t 中的滤波后的状态，式（17）中的 $\widehat{R}_{t+h}$ 的投影 $-\bar{r}$，那么这个算法就增加一个预期到的政策冲击序列 $\widehat{\varepsilon}_{t+h|t}^r$，使得对于所有的 $h=\tau_1,\tau_1+1,\cdots,\tau_2$，都有 $E_t\widehat{R}_{t+h}\geq 0$。如果增加的这个政策冲击能够给经济活动和通货膨胀带来足够大的向下的压力，那么就能够将零

[①] 关于 $\bar{r}$ 的定义，见方程式（16）。如果将政策规则写成水平形式而不是增长率形式，那么方程组（17）的第一部分可以替换为式（14）（省略政策冲击），而零利率下限部分则将成为 $R_t=\max(1, R_t^*\varepsilon_t^r)$。

[②] 为了看清楚这一点，在方程组（17）的第一个方程中将 $\widehat{R}_{t-1}$ 替换成 $\widehat{R}_{t-1}^*$，然后代入第二个方程中的 $\widehat{R}_t = \widehat{R}_t^* + \widehat{\varepsilon}_t^r$，写出有实际政策利率 $\widehat{R}_t$ 的无约束政策规则。这样一来，残差将是 $\widehat{u}_t^r \equiv \widehat{\varepsilon}_t^r - \rho_R\widehat{\varepsilon}_{t-1}^r$。因此，在这种情况下，当 $\widehat{\varepsilon}_t^r$ 具有一个一阶自回归一根 ρ_R 时，残差 $\widehat{u}_t^r$ 将大致是白噪声。

[③] 亚科维耶洛和圭列里（Iacoviello and Guerrieri，2015）在后续研究中阐明了如何将这种方法用于求解具有其他类型的不对称约束的动态随机一般均衡模型。

利率下限的持续时间既向后延伸(τ_1收缩)又向前延伸(τ_2增大)。此外,因为我们把零利率下限视为一对货币政策的一个约束,所以我们还要进一步要求当前的和预期的所有货币政策冲击都是正的——只要$\widehat{R}_t < \bar{r}$。要求所有政策冲击在零利率下限有约束力时都是严格正的,相当于将这些冲击视为拉格朗日乘数对利率的非负性约束的影响,并且意味着我们不应该为如下事实而庸人自扰:即便零利率下限连续多个时期($t, t+1, \ldots, t+T$)都是有约束力的,而且每个时期所包括的预期时间都比较长(即,h足够大),这些冲击也可能不是正态分布的。

在下文中,我们将把这种方法称为"内生零利率下限持续时间法",因为它意味着零利率下限的发生率和持续时间都是内生的,即,由模型所决定(条件是要使得对数边缘似然最大化)。在这种情况下,重要的是要理解,对于每个可能的状态和从后验的抽取,当前和预期的政策冲击的非负性要求会迫使后验本身进入参数空间的一部分,在那里,这个模型可以解释持续时间较长的零利率下限时段,且这种零利率下限对经济来说是紧缩性的。如果没有这个要求,那么具有内生滞后状态变量的动态随机一般均衡模型在遇到政策冲击时可能会出现符号转换。那样的话,即便是如卡尔斯特罗姆等人(Carlstrom et al., 2012)所讨论的那种相当短暂的零利率下限时段,零利率约束也会对经济产生刺激性而不是紧缩性的影响。[①] 另外,正如赫布登等人在他们更详尽的分析中所指出的,对所有状态和从后验的抽取的非负性假设,还能够减少多重均衡(不确定性)的可能性。最后值得指出的很重要的一点是,当零利率下限不是一个有约束力的限制时,我们假设同时期的政策冲击 binEq 式(17)中的 $\widehat{\varepsilon}_t^r$ 既可以是负数也可以正数。在这种情况下,我们不会使用任何预期的政策冲击,因为货币政策是不受限制的。

然而,我们用来评估零利率下限约束的影响的这种方法有一个潜在的严重缺点,那就是它依赖于完美远见,因此不能解释未来冲击不确定性的作用,正如亚当和比利(Adam and Billi, 2006)、古斯特等人(Gust et al., 2012)所指出的。不过,即便如此,我们还是隐含地允许参数和冲击不确定性,而这就要求做到如下这一点:只要零利率下限是有约束力的,那么每个时间点上,滤波后的当前的和预期的政策冲击对于所有参数和来自后验的抽取都必须为正。或者,更具体地说,在我们求似然函数的时候,如果在模型展望中发现在某个时期 t 和某个时段 h,以参数抽取和相关连的滤波后的状态为条件,有 $E_t \widehat{R}_{t+h} < 0$,那么我们就抽取多个基本面冲击序列,用于 $h = 0, 1, \cdots, 12$,并验证政策规则(17)通过正的冲击就能够实现所有可能的冲击。对于那些不能够这样做的参数,我们为似然增加了一个平滑惩罚函数,并将它设置

[①] 如果我们认为,即便政策规定要求提高利率($\widehat{R}_t^*$ 高于$-\bar{r}$),决策者也会选择让政策利率保持在零利率下限上,那么这就是有益的。在美国的情况下,这种可能性在危机之后的时期有其重要意义,因此我们在下文中会运用一种允许这种做法的替代方法。

得足够大，以确保后验将满足约束。① 正如我们在下文中将会阐明的，在面对参数和基本冲击不确定性时，对预期的政策冲击的非负性约束对模型的估计具有相当大的影响，因此我们在估计过程中也部分考虑了冲击和参数不确定性。②

为了给出零利率下限估计的一个参考点，我们先从对全样本期间估计模型开始入手，但是暂不考虑零利率下限的存在性。这种情况下的后验众数和标准偏差如表7的第二和第三列所示（其标签为"无零利率下限模型"）。这个估计与表2所报告的估计之间，只有一个区别，那就是，样本期间从2007年第4季度延长到2014年第2季度。通过比较它们的结果，不难观察到一个值得注意的差异是估计出来的工资和价格粘性的程度与危机前样本相比，又进一步提高了。粘性工资参数（ξ_w）的后验众数从0.79提高到了0.83，粘性价格参数（ξ_p）则从0.69提高到了0.75。而与斯梅茨和沃特斯（Smets and Wouters, 2007）的后验众数相比，ξ_w从0.73提高到了0.83，ξ_p从0.65提高到了0.75。考虑到样本期间只扩大了不到十年，可以说提高的幅度是非常可观的，由于这些参数以非线性方式影响了工资和价格制定曲线的斜率，这就意味着线性化的价格和工资方程中的驱动性的变量（分别为价格加成和边际成本），斜率系数出现了更加剧烈的下降。

表7　用斯梅茨和沃特斯的模型（SW07）对1966年第1季度—2014年第2季度估计的后验分布

参数	无零利率下限模型		内生零利率下限持续时间		基于隔夜指数掉期数据（OIS）估计的零利率下限持续时间	
	后验		后验		后验	
	众数	标准偏差 Hess.	众数	标准偏差 Hess.	众数	标准偏差 Hess.
卡尔沃概率，工资 ξ_w	0.83	0.040	0.85	0.026	0.86	0.035
卡尔沃概率，工资 ξ_p	0.75	0.039	0.83	0.032	0.89	0.023
指数化工资 ι_w	0.69	0.122	0.57	0.120	0.56	0.122
指数化价格 ι_p	0.22	0.081	0.25	0.085	0.38	0.106
总工资加成 ϕ_p	1.60	0.073	1.46	0.073	1.39	0.072
资本生产份额 α	0.19	0.015	0.16	0.018	0.14	0.016
资本利用成本 ψ	0.80	0.075	0.73	0.094	0.60	0.120
投资调整成本 φ	4.58	0.941	4.61	0.61	5.84	1.095
习惯形成 x	0.62	0.054	0.62	0.031	0.68	0.041

① 例如，事实证明，2008年第4季度的模型意味着，从模拟前景来看，在2009年第1季度至2009年第3季度这个期间，零利率下限将是一个有约束力的约束。对于这个期间，我们在2009年第1季度、2009年第2季度、…、2011年第4季度生成了1000次冲击，并证实了通过非负的当期的和预期的政策冲击，我们可以对模型的所有预测模拟实施政策规则（17）。对于遭受了不利冲击的那些抽取，零利率下限的持续时间在预测期间内大幅延长——预期的零利率下限期间接近4年。我们在附录B中提供了更多的细节，说明了当我们在估计中施加零利率下限时，如何构建类似的函数。

② 或者，我们可以通过使用随机滤波器来实现这种类型的限制。在这种随机滤波器中，是通过在一个模拟的预测分布上进行积分来计算预测的。能够产生爆发性路径和实现符号反转所需的正异常值的那些参数值，会在似然计算中自动地受到"惩罚"。

续 表

	无零利率下限模型		内生零利率下限持续时间		基于隔夜指数掉期数据(OIS)估计的零利率下限持续时间	
投资消费替代弹性 σ_c	1.49	0.138	1.02	0.105	0.80	0.080
劳动供给弹性 σ_{cl}	1.81	0.555	2.03	0.465	2.06	0.576
对数工作时数,S.S. $\bar{l}$	-0.40	1.178	-0.18	1.024	0.25	0.844
贴现因子 $100(\beta^{-1}-1)$	0.10	0.042	0.13	0.056	0.12	0.054
季度增长率,S.S. $\bar{\gamma}$	0.41	0.014	0.42	0.026	0.43	0.016
稳态技术冲击 ρ_a	0.96	0.008	0.97	0.014	0.97	0.018
风险溢价冲击 ρ_b	0.40	0.104	0.85	0.055	0.97	0.008
特定于投资的技术冲击 ρ_i	0.84	0.039	0.85	0.057	0.78	0.075
政府消费冲击 ρ_g	0.97	0.007	0.98	0.010	0.97	0.009
价格加成冲击 ρ_p	0.92	0.030	0.88	0.046	0.86	0.048
工资加成冲击 ρ_w	0.97	0.010	0.98	0.024	0.99	0.005
g_t 对冲击 $?_t^a$ 的反应 ρ_{ga}	0.51	0.077	0.52	0.063	0.52	0.069
稳态技术冲击 σ_a	0.46	0.025	0.48	0.032	0.50	0.029
风险溢价冲击 σ_b	0.19	0.026	0.10	0.015	0.08	0.007
特定于投资的技术冲击 σ_i	0.36	0.032	0.31	0.028	0.30	0.044
政府消费冲击 σ_g	0.49	0.025	0.48	0.026	0.48	0.025
价格加成冲击 ρ_p	0.12	0.013	0.13	0.011	0.14	0.012
工资加成冲击 ρ_w	0.80	0.058	0.79	0.070	0.80	0.071
g_t 对冲击 $?_t^a$ 的反应 ρ_{ga}	0.37	0.022	0.36	0.020	0.36	0.021
价格加成冲击 ρ_p	0.96	0.013	0.96	0.025	0.98	0.007
季度通货膨胀率,S.S. $\bar{\pi}$	0.81	0.102	0.76	0.106	0.70	0.103
通货膨胀反应 r_π	1.69	0.153	1.86	0.159	2.15	0.165
产出差距反应 r_y	0.05	0.016	0.10	0.013	0.16	0.027
差分产出差距反应 $r_{\Delta y}$	0.24	0.027	0.24	0.020	0.23	0.024
货币政策冲击 $\mathrm{std}\sigma_r$	0.23	0.013	0.22	0.012	0.21	0.011
货币政策冲击 $\mathrm{pers}\rho_r$	0.21	0.070	0.10	0.058	0.06	0.041
利率平滑化 ρ_R	0.80	0.028	0.83	0.016	0.85	0.018
对数边缘似然	Laplace	-1146.69	Laplace	-1151.99	Laplace	-1175.24

注:请参见表2的注释。"无零利率下限模型"在估计时忽略了零利率下限,而"内生零利率下限持续时间"则允许零利率下限内生(如正文所述)。最后,"基于隔夜指数掉期数据(OIS)估计的零利率下限持续时间"则根据2008年第4季度至2011年第2季度的联邦基金利率的隔夜指数掉期数据(OIS)利率,在每个时间点上施加零利率下限的持续时间。

很显然,更高的价格和工资粘性只是部分地由如下事实驱动的:在大衰退期间,相对于产出的下降幅度,价格和实际工资的降幅比较温和(如上文图 1 所示)。即便是在衰退开始之前,数据中就已经形成了更高价格和价格粘性参数的趋势,这与德尔内格罗等人(Del Negro et al.,2015b)的研究结果一致。[①] 然而尽管如此,我们还是可以注意到,我们估计的不存在零利率下限的全样本模型的价格和工资粘性,仍然要比布赖弗等人(Brave et al.,2012)近来估计的政策模型中要低得多。[②]

在图 7 中,我们给出了表 7 中"无零利率下限模型"中的若干变量的条件预测分布。在图 7 的靠左这列的小图中,预测是以 2008 年第 3 季度的状态为条件的;而在其他两列的小图中,则是以 2008 年第 4 季度的滤波后的状态为条件的。与如图 2 所示的危机前模型的结果类似,图 7 靠左这列的结果表明,2008 年第 4 季度发生的经济活动水平的严重下降的事件,位于 95% 的不确定性带之外——尽管这个模型是对全样本估计的(因此,应该把这视为一个样本内结果)。但是,以 2008 年第 4 季度的状态为条件对于年度产出增长率和产出水平(对趋势的偏离)的中位数预测却非常准确:这些变量的实际结果完全落在了它们不确定带的范围内,甚至与有无零利率下限无关。对于联邦基金利率,我们观察到,对联邦基金利率的中位数预测在三个季度内(2009 年第 1 季度—2009 年第 3 季度)都是略低于零。这似乎表明,零利率下限在大衰退期间并不具有约束力,这个结果与德尔内格罗等人(Del Negro et al.,2015b)的发现及解释一致。然而,这种解释忽视了对联邦基金利率的预测分布有很大一部分低于零这个事实。因此,如果将这一部分分布转移到零以上,就可能会极大地改变中位数的预测前景。

为了分析这种可能性,我们在图 7 中的第 3 列报告了采样参数和冲击来自表 7 的"无零利率下限模型",但是无约束的政策规则则替换为式(17)中的政策规则时的结果。这种设定意味着,实际的和预期的联邦基金利率在预测期间内都会"尊重"零利率下限。在这里重要的是,用于构建零利率下限情况下的预测分布的 1000 个不同的冲击实现,与用于构建无约束预测分布时的冲击实现是相同的。给定 2008 年第 4 季度的状态,图 7 中第 2 列和第 3 列显示的结果之间的唯一差异就在于联邦基金利率有没有限制为不得低于零。

[①] 这个发现意味着,较低的斜率似乎总波动性并不相关,这与瓦弗拉(Vavra,2013)发现的结果一致。

[②] 因为不同的模型对价格和工资设定的策略互补性有不同的假设,因此,在比较价格和工资粘性的程度时,我们要考虑工资和价格上涨的简化形式系数。在我们的基准模型中,对于新凯恩斯菲利普斯曲线,这个系数在后验众数上等于 0.012,这与德尔内格罗等人(Del Negro et al.,2013)的估计结果(0.016)类似。但是,布赖弗等人(Brave et al.,2012)的估计则为,该众数低至 0.002。

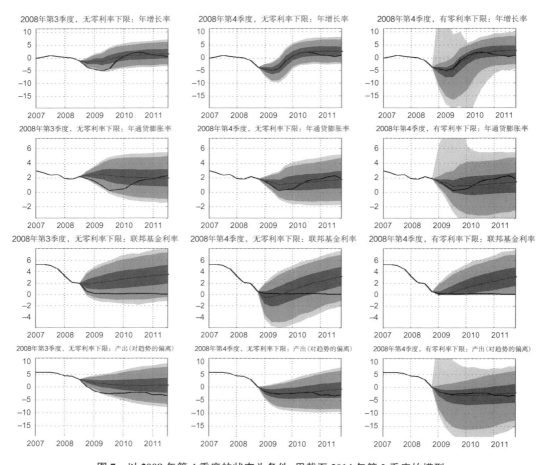

图 7 以 2008 年第 4 季度的状态为条件,用截至 2014 年第 2 季度的模型,
对 2009 年第 1 季度—2011 年第 4 季度的预测,不施加零利率下限约束

从图 7 中关于产出增长率和产出(对趋势的偏离)的那些小图可以看出,对联邦基金利率施加零利率下限约束会相当显著地向下扩大它们的不确定性带。对于产出(对趋势的偏离),下第 95 百分位数在 2010 年从大约-10％下降到了近-20％。因此,在不存在非常规货币政策和货币政策与财政政策之间的协调(即,在经济进入长期流动性陷阱后进行财政刺激)的情况下,基准模型表明,零利率下限可能意味着巨大的经济成本。

另一方面,当我们以给定的 2008 年第 4 季度的状态为条件,对联邦基金利率施加零利率限制时,这些变量的上第 95 百分位带的位置也要高得多。对于去除趋势后的产出,2009 年的上第 95 百分位高出了 10％。对于年通货膨胀率,上 95％百分位也高出了 6％。尽管产出增长率的、去除趋势后的产出和通货膨胀率的不确定性带都提高了,但是联邦基金利率的第 95 百分位却低于不存在政策利率约束时的分布中的相应百分位。这似乎违背了式(17)所设定的政策规则,因为当通货膨胀率、产出增长率和产出差距都很大时,政策规则中支配 $\widehat{R}_t^*$ 的系统性部分就会要求实施提高利率的政策。在图 7 的条件零利率下限分布中之所以没有发生这种情况,是因为在没有施加零利率下限约束时估计的模型,需要很大的负面的当前的和预期的政策冲击,不然就无法满足 $E_t \widehat{R}_{t+h} \geq 0$ 这个条件。从根本上说,当经济在这些模拟实验中受到了一些真正不利的冲击的打击,而且政策利率被限制在足够长的时间内对这些冲击做出反应,那么通货膨胀预期和经济活动就会出现很大幅度的下滑,从而使得在 $h=0$, $1,\cdots,\tau_2$ 上,需要一系列负面的(而不是正面的)政策冲击来阻止联邦基金利率下降到零以下。正如赫布登等人(Hebden et al.,2010)和卡尔斯特罗姆等人(Carlstrom et al.,2012)所指出的,政策冲击的符号转换只会发生在预期政策利率将会在很长的时间内都会受到下限限制的抽取中(即,τ_1 和 τ_2 很大),而这样的抽取相对来说数量很少。这也就解释了为什么对于通货膨胀率和产出,上第 95 百分位会上升这么多,而第 90 百分位相对于无约束的分布却大体上保持不变。第 90 百分位与有利的基本面冲击和参数抽取的模拟有关,它们不需要大的负面政策冲击来阻止政策利率低于零。

我们认为,这个结果——零利率下限可以引发不利的冲击,对经济产生急剧的扩张性影响——是这个模型的一个难以置信的特征。因此,当我们在联邦基金利率受到零利率下限约束而重新估计模型时,我们相信施加本节开始时讨论的附加约束是至关重要的,即,经济的参数必须使得所有用来施加式(17)中的政策规则的当前的和预期的政策冲击,只要零利率下限有约束力,就必定为正。通过施加这个约束,我们能够确保,即便是对于我们的预测分布中为时最长的流动性陷阱,重估的模型也不会出现政策冲击符号逆转的特征。

表 7 的居中栏报告了在这个模型的这种变体下得到的估计结果,它的标签为"内生零利率下限持续时间"。我们之所以使用这个标签,是因为零利率时段的发生率和持续时间都是模型中内生的估计结果,而不一定符合用来衡量联邦基金利率的预期未来路径的其他常用指标,如隔夜指数掉期(overnight index swap,OIS)利率。将这些结果与"无零利率下限模型"的结果加以比较,我们不难认识到,在估计中施加零利率下限对后验分布确实具有相当重要的意义。首先,价格和工资粘性的程度进一步提高,估计得到的参数意味着新凯恩斯主义菲利普斯曲线的斜率为 0.006。这稍低于新凯恩斯主义文献的中位数估计值(它们集中在 0.009~0.014 这个范围内),但是仍然位于实证研究提供的标准置信区间内,这方面的一些例子,包括阿道尔夫森等人(Adolfson et al.,2005)、阿尔蒂格等人(Altig et al.,2011)、加里和格特勒(Galí and Gertler,1999)、加里等人(Galí et al.,2001),以及林德(Linde,2005)。此外,在零利率下限模型中,更高的名义工资粘性使得边际成本也更有粘性。这些特点加在一起,导致通货膨胀以及通货膨胀预期对各种冲击的反应更加缓慢,从而使得这个模型能够应对长期处于零利率下限时段的情况,而不会引发不确定性问题(即,改变政策冲击的符号)。这个发现与埃尔采格和林德(Erceg and Linde,2010)的结果一致,他们认为,菲利普斯曲线的低斜率与最近这场危机期间发生的情况是一致的;尽管产出大幅度收缩,但是通货膨胀和通货膨胀预期的下降却非常温和。这也与最近许多估计类似的动态随机一般均衡模型的论文的结果一致,请参见,例如布赖弗等人(Brave et al.,2012)和德尔内格罗(Del Negro et al.,2015b)。

除了更高的工资和价格粘性之外,还有另外两个重要的区别。首先,式(17)中的政策规则的产出差距系数 r_y 大约是"无零利率下限模型"的两倍。在大衰退期间,产出差距变得显著为负,这应该倾向于推动联邦基金利率的走入下降通道,并延长零利率下限的持续时间。其次,风险溢价冲击过程的持续系数 ρ_b 从 0.40 急剧上升到了 0.85。然而,由于 σ_b 的后验模型从 0.19 下降到了 0.10,所以风险溢价冲击的无条件方差在零利率下限模型中略有减少(从 0.044 下降到了 0.039)。因此,较高的持续性并不意味着风险溢价冲击(除预期效应之外)的作用显著更大。不过即便如此,这种可能性仍然使得风险溢价冲击过程中的持续性比重复发生的正面新息更能解释危机的长期持续和恢复的缓慢步伐。但是,参数后验分布的这种转变在风平浪静的时期代表着一种成本。关于这种时变性对于金融楔在经济或多或少承受着压力的时期所发挥的影响中的作用,我们在下面的第 5.3 部分还会进一步展开讨论。

图 8 显示了模型的"内生零利率下限持续时间"变体中的预测分布(给定 2008 年第 4 季度的状态)。左边各小图给出的是当我们"反事实地"忽略了零利率下限时的结果,而右侧各小图给出的则是施加了零利率下限时的结果。正如我们预期的那样,我们从图中可以看到,模型的"反事实"变体(即忽略了零利率下限时)的预测分布,在模拟前景周围具有对称的不确定性带,而且与施加了零利率下限的模型相比,对产出的前景显得有些过于乐观。更加令人惊讶的是,关于对 2008 年第 4 季度的模拟前景展望,施加了零利率下限约束的估计模型(图 8 中的右栏),与完全忽视了零利率下限的"无零利率下限模型"的模态前景展望(图 7 中的中间栏)几乎没有什么差异。不过一个显而易见的区别是,在 2009 年,联邦基金利率的中位数路径受到了零利率下限的限制,而在无零利率下限的模型变体中则低于零。然而,中位数投影的定量差异仍然很小。无零利率下限模型与施加了零利率下限约束后估计的模型之间最明显的差异表现在不确定性带上。

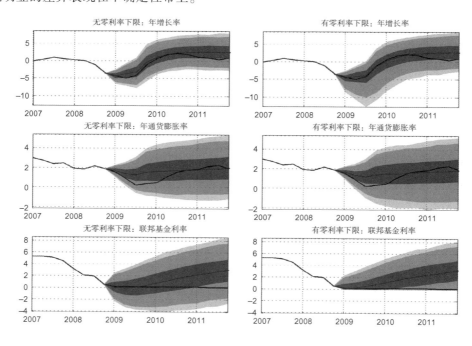

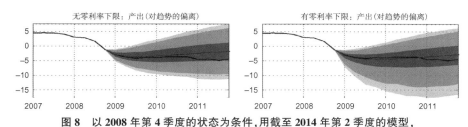

**图 8　以 2008 年第 4 季度的状态为条件,用截至 2014 年第 2 季度的模型,
对 2009 年第 1 季度—2011 年第 4 季度的预测,施加了零利率下限约束**

与忽略了零利率下限约束的"无零利率下限模型"相比,施加了零利率下限约束的模型(图 8 的右列)的不确定性带更宽、更向下偏斜。

然而,在"无零利率下限模型"(图 7 中右栏)中的预测分布——它在事后实施了零利率下限——却与在零利率下限约束下估计的模型中的预测分布(图 8 中右栏)有极大的不同。在零利率下限约束下估计的模型中,更高程度的工资和价格粘性,将经济与灾难情景和不确定的均衡隔离了开来,从而极大地缩小了不确定性带。总而言之,这表明在估计阶段将零利率下限考虑进来,对评估经济后果可能有至关重要的意义,而且,在经济进入长期的游动性陷阱时,根据危机前数据估计出来的模型对政策分析有没有用,并不能肯定。在这种情况下,根据危机前数据估计的模型可能在价格和工资制定方面具有太大的弹性,从而就像埃尔采格和林德(Erceg and Linde,2010)所指出的,产生不合理的过大的财政乘数。

忽略了零利率下限的模型与通过正的当前的和预期的政策冲击施加如方程式(17)所示的限制的模型之间的另一个有意思的区别是,前者具有更高的对数边缘似然(−1146.7 对−1152)。这个结果意味着,从数据一致性的角度来看,将零利率下限约束施加于模型之上是有代价的。然而,如图 7(中间栏)和图 8(右栏)的条件预测分布之间的些微差异所暗示的,对数边缘似然的这种差异从经济视角来看到底是不是重要的,并不肯定,尽管从贝叶斯后验让步比(odds ratio)的角度来看,已经足够大了。

由于这个模型是内生地确定零利率下限约束的发生率和持续时间的,所以指出下面这一点是有意义的:根据这个模型,在 2008 年第 4 季度的模型前景展望中,零利率下限预计将会在 2009 年第 1 季度到 2009 年第 3 季度之间变得有约束力。我们用来施加零利率下限约束的预期正面政策冲击部分取代了最初将经济推向零利率下限的特别巨大的风险溢价冲击。[①] 因而,给定 2009 年第 1 季度的状态,这种约束预计在 2009 年之后具有约束力的最长持续时间为五个季度。然后,到了 2010 年第 2 季度开始的各个季度,这个模型都预测预计利率会在下一个季度上调。零利率下限有约束力的时段与钟等人(Chung et al.,2012)的研究结果一致。对于联邦基金利率自那以后一直保持在零利率下限上这个事实,这个模型的解释是,这或者是由于扩张性的货币政策行动(前瞻性指引)所致,或者是作为对意料之外的逆风趋势的标准政策反应。滤波后的冲击表明,第二种解释发挥了主导作用。

---

① 预期货币冲击(刻画了零利率下限的影响)与风险溢价冲击之间的这种高度可互替性意味着,我们很难量化零利率下限对危机期间的增长率的确切影响。例如,当货币政策规则中使用的是滞后的影子利率而不是滞后的实际利率时,施加零利率下限约束所需的预期货币政策冲击就会变得大得多,从而经济衰退将更多地归因于零利率下限约束,这时外生的风险溢价冲击的贡献在分解中将显著下降。

如前所述,要让动态随机一般均衡模型决定零利率下限在每个期间的预期持续时间,还有一种替代方法是在估计模型时将联邦基金利率的隔夜指数掉期(OIS)数据作为可观测变量的值。这种做法源于德尔内格罗等人(Del Negro, 2015b),它要求模型中的预期的联邦基金利率在零利率下限具有约束力的每个时间点上(即 2008 年第 4 季度及以后),都与隔夜指数掉期数据相匹配。我们将隔夜指数掉期数据(从联邦储备委员会获得)用于 1 个季度、2 个季度,. . . ,12 个季度的预期联邦基金利率,并且要求模型通过预期的政策冲击准确地匹配这些利率,方法是运用迈伊的算法(Maih, 2010)。迈伊算法(Maih algorithm)的吸引力在于,对于我们用来拟合隔夜指数掉期数据的每个预期的政策冲击,它不要求我们将标准偏差包括进去,而且对数边缘似然可以与不依赖于隔夜指数掉期数据的模型进行比较。

在我们转而讨论表 7 的结果之前,还有另外两个重要的信息值得强调一下。首先,当我们将隔夜指数掉期数据解释为未来联邦基金利率的一种预期时,在它们低于 50 基点的每个时间点上,我们都要将它们设定为等于零。我们这样做的原因是,我们的隔夜指数掉期估计程序没有明确地考虑未来的冲击不确定性,因此,从模型得出的利率的预测路径应视为一种模拟前景展望(在零利率下限有约束力时,将低于预测分布的均值)。其次,由于美国联邦储备委员会在 2011 年 8 月之前没有使用明确的时间依赖的前瞻性指引,所以我们将这个时间之前的所有预期的政策冲击都限制为正的。而在此之后,我们不再对预期政策冲击施加任何符号限制,因为——根据赖夫施耐德和威廉姆斯(Reifschneider and Williams, 2000)以及艾格特森和伍德福德(Eggertsson and Woodford, 2003)的分析——可信的前瞻性指引(或“维持更低利率更长时间的政策”),会延长零利率下限的持续时间,因而最好视为扩张性政策而不是紧缩政策。更具体地说,我们使得这个模型能够解释 2011 年第 2 季度和第 3 季度之间隔夜指数掉期曲线在出现负面政策冲击的情况下的大幅度走平,而且无需施加将这种走平趋势与经济前景的显著恶化联系起来的限制。然而,根据数据,这些扩张性的“前瞻性指引”冲击从规模来看是温和的:将漫长的零利率下限持续时间解释为决策者有意为之的“维持更低利率更长时间的政策”的决定,将进一步促进模型中的复苏,而这是与观察到的危机之后经济复苏速度令人失望的事实相矛盾的。[1]

对零利率下限的发生率和持续时间施加约束,使之匹配隔夜指数掉期利率的模型变化的结果显示在了表 7 的右侧部分,其标签为“基于隔夜指数掉期数据(OIS)的零利率下限持续时间”。相对于后验的零利率下限的发生率和持续时间都在模型中决定的“内生零利率下限持续时间”情形,我们看到在这种情形下价格粘性程度进一步提高了(从 0.83 提高到了 0.89),同时菲利普斯曲线的斜率为 0.003(这个斜率表示当前通货膨胀率对边际成本的直接敏感性)。这个曲率显著低于阿尔蒂格等人(Altig et al. , 2011)的估计值,不过仍然高于布赖

---

[1] 关于前瞻性指引的有效性,研究这个问题的文献一直在不断地涌现。安德雷德(Andrade et al. , 2015)通过理论分析指出,当经济行为主体具有异质信念时,前瞻性指引可能不会有效;但是坎贝尔等人(Campbell et al. , 2012)、威廉姆斯(Williams, 2014)和德尔内格罗等人(Del Negro et al. , 2015a)则基于经验事实,认为前瞻性指引已经产生了积极的影响。不过即便如此,德尔内格罗、詹诺尼和帕特森也承认,前瞻性指引在标准的新凯恩斯主义模型中的作用可能过强了,不是有关的实证证据所能支持的,因此他们将“青春永驻结构”纳入了模型,以降低其有效性。总的来说,我们的估计模型所产生的结果与他们的发现是一致的,并表明前瞻性指引对经济确实有一些(但有限的)影响。

弗等人(Brave et al.，2012)的估计值。要将这个估计结果与相关的微观文献匹配起来是一个不小的挑战,可能需要将企业专用性资本[(如在阿尔蒂格等人(Altig et al.，2011)的模型中]、企业专用性劳动[如在伍德福德(Woodford，2003)的模型中],以及对相对价格的更高的灵敏度(即更高的金博尔参数 ε_p)结合起来分析。除了这种更高的粘性之外,我们在这个模型中还可以观察到风险溢价冲击的作用也提升了(ρ_b 从 0.85 大幅提高到了 0.97,同时新息的标准偏差也只是温和地从 0.10 下降到了 0.08),同时习惯形成消费(κ)和投资调整成本(φ)的程度有所上升。最后,政策规则中产出差距的响应系数也进一步增加了,现在比忽略零利率下限存在的模型高出了整整三倍。

这些参数相对于"无零利率下限模型"都发生了进一步的改变,原因是根据隔夜指数掉期数据施加的零利率下限时段,延续的时间通常会比模型内生地产生的零利率下限时段更长。为了保证能够用正的预期政策冲击来解释直到 2011 年第 2 季度的零利率下限时段,这个模型还需要使得动态变化更加缓慢,并用若干暂时性的冲击来解释 2010 年通货膨胀的反弹。然而,从对数边缘似然的角度说,对模型施加这种数不清的动态的成本是相当高昂的——对数边缘似然从内生零利率下限持续时间的模型中的−1152,下降到基于隔夜指数掉期的零利率下限持续时间的模型中的−1175.2。这是一个相当大的下降幅度。对此,一种可能的解释是,尽管施加了零利率下限约束,在这个时段时,施梅茨和沃特斯的模型(Smets and Wouters，2007)仍然要比市场参与者更加乐观。

当然,对于为什么与基于隔夜指数掉期数据的零利率下限持续时间模型相比,内生零利率下限持续时间的模型中的零利率下限时段会更加短暂,还有其他一些可能性,其中包括:①模型错误地度量了相关的产出差距的大小和持续性;②模型一致假设或理性预期假设未能刻画预期的粘性和持久性问题,它们可能由学习动力学或信息过滤所导致;③稳态自然实际利率已经下降了(例如,由于更低的增长趋势),从而导致方程式(14)中的(总)稳态名义利率 R 出现下降,在其他条件不变的情况下,这会要求延长零利率下限持续时间;④自大衰退开始以后,美国联邦储备委员会决定更加积极地对负产出差距做出反应,即方程式(14)中的 r_y 增加了。[①] 除此之外,更重要的可能性还包括,我们在上面给出的模型遗漏了冲击的时变波动性,并忽略了金融摩擦和货币政策的成本渠道。我们下面就来探讨后面这几种可能性。

5.2　允许时变波动性

如前所述,具有恒定波动率的原型线性高斯模型不能提供符合现实的预测密度,特别是在经济发生了严重衰退的时期或出现了很大的金融压力和货币压力的时期。自从金融危机和大衰退以来,很大一部分研究动态随机一般均衡模型的文献都在努力尝试克服基本的动

[①] 在这些机制发挥作用的情况下,在我们的估计模型中应该把它们作为扩张性货币政策冲击考虑进来,因为我们的分析中假设美国联邦储备委员会在危机前后(即退出零利率下限后)会坚持采用同样的泰勒式政策规则[如方程(17)所示],并假设经济行为主体据此相应地形成了他们的预期。

态随机一般均衡模型设置的这个弱点。到目前为止,学术界和政策机构所用的大多数模型都纳入了金融摩擦和金融冲击,目的是在模型中引入更强大的放大机制。然而,正如我们将在下一节要讨论的,由于这些修正后的模型仍然采用了高斯线性框架,所以它们仍然要依赖特别大的冲击才能预测重要的衰退。对非线性宏观金融相互作用进行显式建模是一个非常复杂的、极具雄心壮志的工程,但是这个方向上的研究尚未融入实证宏观经济模型。要改进线性动态随机一般均衡模型的预测密度,一个技术上可行的途径是纳入更加复杂的随机结构。在本部分,我们追随刘等人(Liu et al.,2013)的思路,通过考虑一个马尔可夫转换(Markov Switching)随机结构来阐明这种方法。[①] 我们的目标是,希望通过引入这样一种冲击结构,保证估计出来的模型能够刻画经济前景有时会非常不确定的特征(即滤波后的经济可能会处于波动性非常高的区制当中),同时又不会破坏它在正常时间(即低波动性区制中)给出合理的、狭窄的预测不确定带的能力。

费尔南德斯-比利亚韦德和鲁比奥-拉米雷斯(Fernádedz-Villaverde and Rubio-Ramírez, 2007),以及胡斯蒂尼亚诺和普里米切里(Justiniano and Primiceri,2008)引入随机波动过程,分析了冲击方差的低频变化。奇布和拉玛莫尔蒂(Chib and Ramamurthy,2014),以及柯尔迪亚等人(Curdia et al.,2014)证明,数据强烈支持采用新息的学生 t-分布,因为这种分布允许罕见的大型冲击。柯尔迪亚等人指出,冲击方差的时间变化应该同时包含了低频分量和高频分量。

为了刻画这些洞见,我们考虑了基准模型的这样一个变体:允许冲击方差中存在两个独立的马尔可夫转换过程。每一个马尔可夫过程都可以在一个低波动率区制与一个高波动率区制之间切换。第一个马尔可夫过程会影响所有结构性新息的波动率,但是工资加成冲击除外,这是因为如下观察结果:工资加成和观察到的实际工资变量与其他冲击和变量相比,具有完全不同的波动性曲线(如图 1 和图 2 所示)。第二个马尔可夫过程则仅限于上文第4.3 部分的表 6 所显示的非高斯结构性冲击,这个过程影响的是货币政策、风险溢价和特定于投资的新息。这三个冲击的波动性都是用共同因子(σ_c)和货币/金融波动性因子(σ_{mf})来衡量的。现在,可以把这三个冲击的典型过程写为如下形式:

$$\widehat{\varepsilon}_t = \widehat{\rho\varepsilon}_{t-1} + \sigma_{mf}(s_{mf}) \cdot \sigma_c(s_c) \cdot \sigma \cdot \eta_t, \eta_t \sim N(0,1)$$

估计的转移概率则可以用如下矩阵总结:

$$Q_c \begin{pmatrix} low \\ high \end{pmatrix} = \begin{bmatrix} 0.95 & 0.07 \\ 0.05 & 0.93 \end{bmatrix} \quad Q_{mf} \begin{pmatrix} low \\ high \end{pmatrix} = \begin{bmatrix} 0.92 & 0.46 \\ 0.08 & 0.54 \end{bmatrix}$$

两种区制的相对波动性则估计为:

$$\sigma_c \begin{pmatrix} low \\ high \end{pmatrix} = \begin{bmatrix} 1 \\ 1.74 \end{bmatrix}_{以及} \sigma_{mf} \begin{pmatrix} low \\ high \end{pmatrix} = \begin{bmatrix} 1 \\ 2.33 \end{bmatrix}$$

在图 9 中,我们绘制出了对全样本估计的模型的平滑区制概率。接近于 1(或零)的滤波后的概率意味着经济在滤波后进入了一个高(低)波动率的区制。

---

① 我们在完成这项工作时,使用的是 RISE 工具包。关于这个工具包,请参见迈伊(Maih,2015)。

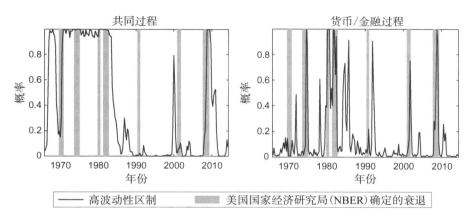

图 9　两种波动性马尔可夫过程的平滑概率

　　这个共同波动过程刻画了"大缓和"现象。对于 20 世纪 70 年代的大部分时间和 20 世纪 80 年代的上半叶,高波动性区制通常是优先选择的;而在大缓和期间,起作用的是低波动性区制(直到 2008 年金融危机以及之后的大衰退才使它中断)。根据估计,这两种区制都有很高的持续性,而且高波动性区制的相对波动性几乎是低波动性区制的两倍。货币/金融波动性过程刻画了,在大多数经济衰退时期和 20 世纪 70 年代末期以及 80 年代初期,随着货币政策不确定性的上升,波动性随之提高。不过,这种高波动性/高金融压力区制的预期持续时间相对较短,季度转换概率达到 0.46% 左右。而且,无论是在对前危机时期估计的模型中,还是在对全样本估计的模型中(图 9 中未显示),描述区制和区制概率的估计参数都非常稳定。

　　表 8 给出了我们的模型中的对数边缘似然具有开关波动率的模型的估计对数边缘似然远远超过同质高斯模型的对数边缘似然。我们这个模型中的转换波动率远远高出了同方差高斯模型的对数边缘似然,在这个意义上,我们的发现证实了基于随机波动性或 t-分布的那些文献中的结果。

表 8　不同区制转换设定下的对数边缘似然

	样本期间	
	危机前样本:1966 年第 1 季度—2007 年第 4 季度	全样本:1966 年第 1 季度—2014 年第 2 季度
不存在区制转换	−961.8	−1146.7
在共同过程中存在区制转换	−894.6	−1060.9
在货币/金融过程中存在区制转换	−911.8	−1082.1
在共同过程和货币/金融过程中都存在区制转换	−881.7	−1046.0

注:本表中没有一个模型是在对政策利率施加了零利率下限时估计的。

　　我们发现了有力的支持纳入多种波动性变化来源的模型设置,这与刘等人(Liu et al.,2013)的结果相反,但是支持了柯尔迪亚等人(Curdia et al.,2014)的结果。时变波动性结构要求必须有足够高的灵活性,一方面可以解释共同的低频趋势,另一方面又可以解释周期性更强的高频过程。后者主要控制货币和金融冲击。[①]

将非高斯随机结构包括进来,大大提高了我们模型的对数边缘似然,但是对估计的参数,即核心预测和识别出来的新息,则相对没有什么影响。大多数好处都是能够实现的,因为预测密度将适当的概率归因于极端的尾事件:经济衰退的大幅下滑以及政策利率相应的急剧反应。为了说明这个性质,我们考虑了以截至2008年第3季度数据为条件的预测模型的预测分布,然后计算出了包含2008年第4季度实现的产出增长率观察点的百分位区间(见图10)。对于我们的基准危机前模型,2008年4季度实现的增长率完全位于模拟预测密度之外,预测密度基于前述参数和冲击波动性下的10000次抽取给出,这一点从图10左侧图可以看得很清楚(请参见图2)。相比之下,在具有马尔可夫转换波动率的模型中,差不多有1%的模拟预测低于2008年第4季度的实现值,如图10右侧图所示。[②]

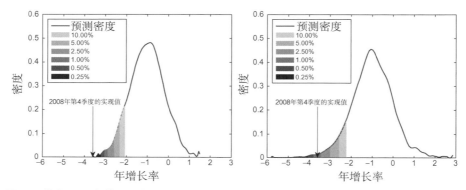

图10 给定2008年第3季度的状态,2008年第4季度的产出增长率(4个季度的变动)的分布。
不变波动率(左图)和时变波动率(右图)

这种马尔可夫转换波动性结构,由于允许混合正态分布(mixture of normal distributions),一般来说可以给尾部赋以更大的概率。此外,2008年第3季度,高频和低频马尔可夫过程中高波动性区制的概率都上升了,因为在2008年第4季度的观察点之前实现的冲击的幅度都相对较大。

5.3 往模型中加入金融摩擦和成本渠道

利用伯南克等人(Bernanke et al.,1999)的基本方法,我们将一个金融加速器机制纳入了上文第3节给出的基准模型中。这样一来,中间产品生产者就改从企业家那里而不再直接从

[①] 我们对于这两个过程的限制性设置使得基于全样本的对数边缘似然提高了115。更灵活的结构可以很容易地进一步改善这一结果,但是也会带来成本,因为这些设置将变得不那么稳健,同时计算量也会更大,而且这些区制也会缺乏直观的解释。柯尔迪亚等人(Curdia et al.,2014)报告说,在一个包含了特定于冲击的随机波动性和 t–分布型新息的组合的模型设置下,对数边缘似然的增益达到了154。

[②] 我们要强调的是,我们之所以对这个模型更加满意,并不仅仅是因为它给出了严重的大衰退确实会发生的正概率。如前所述,我们采取这个进路的理由是,在模型中纳入了冲击方差转换的金融摩擦的传播之后(参见下一节的分析),能够改进模型的统计特性(如,对数边缘似然然有了很大的提高),而且可以从经济学的角度给出合理解释(为金融摩擦是了解金融危机的关键的共识提供了支持)。

家庭手中租用资本服务了。企业家从相互竞争的资本品生产者那里购买实物资本（按价格 $\widehat{Q}_t^k$ 购买，并在每个时期结束时再转售回去），资本品生产者在用投资品生产最终资本货物时所运用的技术与前面的方程式（11）所述是相同的。为了获得买入实物资本（$\widehat{k}_t$）所需的资金，每个企业家都必须将自己的净值（$\widehat{NW}_t^e$）与来自银行的贷款结合起来。而为了得到这笔贷款，企业家还必须付出一个外生的融资溢价（因为存在代理问题）。与克里斯蒂亚诺等人（Christiano et al.，2008）一样，我们假设企业家与银行之间的债务合同是按名义价值订立的——而不是像伯南克等人（Bernanke et al.，1999）那样是按实际价值订阅的。反过来，银行为了获得向企业发放贷款所需的资金，要吸收来自家庭的存款，而家庭则不用承担信用风险（这意味着假设银行业是自由竞争的，且银行拥有多样化自己的投资组合的能力）。在均衡中，影响企业家的净资产的冲击——即企业部门的杠杆率——会导致企业融资溢价发生波动。[①]

在嵌入了金融摩擦机制之后再来估计模型时，我们又增加了一个可观察的变量，那就是现在已经得到了广泛使用 Baa-Aaa 评级企业债券信用利差（准确定义和数据来源，请参见本章的附录 C）。这种传播机制在伯南克-格特勒-吉尔克里斯特框架中起着关键作用。既然我们也想了解来自金融部门的冲击的重要性，同时因为我们需要与可观察变量一样多的冲击以避免随机奇异性，所以我们还在估计的冲击的集合中增加了"净值"冲击。我们通过允许企业家的生存概率随时间推移而变化来生成这种冲击。因此，这种冲击将进入企业家净值的积累方程。另一个替代方案是直接在将利差（或等价地，外生金融溢价）与企业家的杠杆率联系起来的方程式中引入一个冲击，德尔内格罗和绍尔夫海德（Del Negro and Schorfheide，2013）、克里斯蒂亚诺等人（Christiano et al.，2008）就是这样做的。然而，我们更倾向于不直接在利差方程中加入冲击以提高金融加速器机制的内生性。[②] 即便如此，外部融资溢价的如下方程中也包含了一个冲击，

$$E_t \widehat{R}_{t+1}^e - \widehat{R}_t^b = \chi(Q_t^k + \widehat{k}_t - \widehat{NW}_t^e) \tag{18}$$

因为我们假设银行的融资利率 $\widehat{R}_t^b$ 不是中央银行设定的无风险利率，而是政策利率 $\widehat{R}_t$ 与风险溢价冲击 $\widehat{\varepsilon}_t^b$ 的总和。

最近的一些研究——例如克里斯蒂亚诺等人（Christiano et al.，2015）和吉尔克里斯特等人（Gilchrist et al.，2015）——强调了企业的融资条件对它们的价格制定行为的重要性，类似地，我们也将成本渠道纳入了模型。题名具体地说，与克里斯蒂亚诺等人（Christiano et al.，2005）一样，我们假设企业必须借入短期资金来发放工资。正如克里斯蒂亚诺等人的论文所阐明的，如果企业的融资成本增加得足够多，那么在货币政策收紧的情况下，营运资本渠道

[①] 关于这种模型设置的更多的细节，请参见伯南克、格特勒和吉尔克里斯特的论文，以及克里斯蒂亚诺、穆托和罗斯塔格诺的论文。克里斯蒂亚诺等人（Christiano et al.，2007）以及吉尔克里斯特等人（Gilchrist et al.，2009）也给出了很好的分析。

[②] 克里斯蒂亚诺等人（Christiano et al.，2008）将完整的银行部门纳入了他们的模型，并用 17 个时间序列和同样数量的冲击对它进行了估计。然而在这里，我们对模型规模和可观察变量数量的更为适度的扰动，有利于它与基准的斯梅茨和沃特斯模型（Smets and Wouters，2007）的结果进行直接的比较。

就可能导致通货膨胀率上升。为了让模型中企业的融资成本急剧上升,我们假设相关的融资利率是企业家的预期名义资本回报率,而不是无风险的政策利率。不过,我们没有像克里斯蒂亚诺等人的论文中那样,施加所有企业都必须通过借钱才能付出全部工资的限制,而是估计了一个参数 ν,它决定了受制于这种营运资本的企业所占的份额,从而使得对数线性边际成本的表达式变为:

$$\widehat{mc}_t = (1-\alpha)(\widehat{w}_t + \widehat{R}_t^f) + \alpha\widehat{r}_t^k - \widehat{\varepsilon}_t^a$$

其中,$\widehat{R}_t^f$ 是有效营运资本利率,它由下式给出:

$$\widehat{R}_t^f = \frac{vR}{vR+1-v}E_t\widehat{R}_{t+1}^e \tag{19}$$

其中,$E_t\widehat{R}_{t+1}^e$ 是企业家的名义预期资本回报率。在方程式(19)中,我们注意到,当 $\nu=1$ 时,$\widehat{R}_t^f = E_t\widehat{R}_{t+1}^e$。

从而,嵌入了金融摩擦机制和成本渠道的斯梅茨和沃特斯模型(Smets and Wouters, 2007)包括了五个额外的估计参数:参数 ν,净值的一阶自回归过程的两个参数(ρ_{nw} 和 σ_{nw}),间接决定了外部融资溢价对企业家的杠杆率[式(18)中的 χ]的敏感性的监测成本参数 μ,以及一个常数($\bar{c}_{sp}$)——它表示信用利差的平均值。表9给出了这个模型的三种设定下的估计结果。第一种设定是"危机前样本"(样本期间为1966年第1季度—2007年第4季度,且不存在零利率下限);第二种设定是全样本(1966年第1季度—2014年第2季度,且施加了内生持续时间的零利率下限约束限制);第三种设定是,在施加零利率下限约束的模型中,允许关键参数 μ 随机地在高值和低值之间切换。前述五个新参数的先验在表9的注释中给出,其他参数的先验则与以前的估计中一样(如表2所示)。

从表中可见,在危机前模型中,外部融资溢价只能对标准冲击起到非常温和的放大作用。利差对净值比的估计弹性很小[$\mu=0.033$,同时方程式(18)中的 χ 等于 0.012,这意味着年化的利差敏感度仅为0.048],这个结果与吉尔克里斯特等人(Gilchrist et al., 2009)报告的估计值一致。引入金融放大器机制后,受到影响最大的两个冲击是外生风险溢价冲击和货币政策冲击(后者受影响程度稍低一些),因为它们对资本的价格和净值的影响最大。净值渠道往往会给投资对这些冲击的反应的持续性提供支持。利差对传统冲击的低敏感性也意味着,外部融资溢价中的大部分波动都是由新的外生冲击产生的,而新的外生冲击都被假设为直接影响企业家的净值。这种高度波动的冲击,可以解释利差的方差的70%和投资的方差的1/3。因此,净值冲击取代了外生风险溢价冲击和特定于投资的技术冲击。据胡斯蒂尼亚诺等人(Justiniano et al., 2013a)所称,后者还刻画了金融危机。从总体上说,净值冲击对宏观动态的影响仍然只能算温和,其中一个重要原因是净值冲击通常会挤出私人消费,从而观察到的消费与投资在商业周期中的强烈的协动性相冲突。[①]

---

① 这个挤出问题在我们在式(12)中给出的简化形式的风险溢价冲击 ε_t^b 并不存在,请参见费希尔(Fisher, 2015)对这种风险溢价冲击给出的结构性解释。

表 9 有金融摩擦的斯梅茨、沃特斯模型的后验分布

参数	危机前样本		内生零利率下限持续时间模型		内生零利率下限持续时间,存在区制置换	
	众数	标准偏差 Hess.	众数	标准偏差 Hess.	众数	标准偏差 Hess.
卡尔沃概率,工资 ξ_w	0.72	0.082	0.83	0.009	0.86	0.017
卡尔沃概率,工资 ξ_p	0.68	0.045	0.84	0.024	0.83	0.029
指数化工资 ι_w	0.67	0.129	0.63	0.125	0.60	0.130
指数化价格 ιp	0.21	0.084	0.23	0.081	0.23	0.085
总工资加成 ϕ_p	1.61	0.077	1.45	0.062	1.43	0.063
资本生产份额 α	0.21	0.018	0.17	0.016	0.17	0.016
资本利用成本 ψ	0.44	0.114	0.50	0.100	0.64	0.096
投资调整成本 φ	4.71	0.845	4.61	0.564	4.00	0.560
习惯形成 x	0.77	0.037	0.67	0.018	0.63	0.025
投资消费替代弹性 σ_c	1.27	0.110	0.97	0.100	1.04	0.084
劳动供给弹性 σ_{cl}	1.50	0.565	1.58	0.437	1.85	0.459
对数工作时数,S.S. $\bar{l}$	0.85	1.082	−0.48	0.804	−0.23	0.768
贴现因子 $100(\beta^{-1}-1)$	0.13	0.051	0.12	0.049	0.12	0.049
季度增长率,S.S. $\bar{\gamma}$	0.43	0.015	0.42	0.015	0.42	0.017
稳态技术冲击 ρ_a	0.96	0.011	0.96	0.012	0.97	0.012
风险溢价冲击 ρ_b	0.26	0.083	0.83	0.022	0.85	0.029
特定于投资的技术冲击 ρ_i	0.80	0.055	0.84	0.040	0.88	0.035
政府消费冲击 ρ_g	0.96	0.010	0.97	0.009	0.97	0.009
价格加成冲击 ρ_p	0.92	0.034	0.89	0.039	0.89	0.040
工资加成冲击 ρ_w	0.98	0.013	0.98	0.007	0.97	0.001
g_t 对冲击 ∂_t^a 的反应 ρ_{ga}	0.49	0.076	0.53	0.068	0.53	0.068
稳态技术冲击 σ_a	0.47	0.029	0.49	0.027	0.49	0.027
风险溢价冲击 σ_b	0.21	0.021	0.11	0.010	0.10	0.010
特定于投资的技术冲击 σ_i	0.35	0.036	0.31	0.020	0.32	0.013
政府消费冲击 σ_g	0.47	0.029	0.47	0.024	0.47	0.024
价格加成冲击 σ_p	0.12	0.015	0.12	0.013	0.13	0.013
MA(1)价格加成冲击 ϑ_p	0.75	0.079	0.79	0.070	0.79	0.071
工资加成冲击 σ_w	0.31	0.025	0.37	0.020	0.37	0.021
MA(1)工资加成冲击 ϑ_w	0.92	0.049	0.96	0.008	0.96	0.001
季度通货膨胀率,S.S. $\bar{\pi}$						
通货膨胀反应 r_π	1.91	0.170	1.78	0.119	1.83	0.133
产出差距反应 r_y	0.07	0.022	0.10	0.008	0.11	0.012

续　表

	危机前样本		内生零利率下限持续时间模型		内生零利率下限持续时间,存在区制置换	
差分产出差距反应 $r_{\Delta y}$	0.24	0.028	0.24	0.014	0.24	0.015
货币政策冲击 stdσ_r	0.23	0.014	0.22	0.012	0.22	0.011
货币政策冲击 persρ_r	0.14	0.068	0.10	0.047	0.09	0.047
利率平滑化 ρ_R	0.81	0.026	0.84	0.006	0.84	0.009
净值冲击持续性 ρ_{nw}	0.25	0.080	0.30	0.088	0.30	0.084
净值冲击标准偏差 σ_{nw}	0.27	0.031	0.19	0.024	0.23	0.032
营运资本份额 ν	0.34	0.120	0.64	0.228	0.60	0.251
信用利差 $\bar{c}_{sp}$	1.51	0.292	1.28	0.285	0.97	0.059
监督成本 μ	0.03	0.004	0.06	0.007		
监督成本-区制 1μ_1					0.03	0.004
监督成本-区制 2μ_2					0.08	0.011
转移概率-R1 至 R2p_{12}					0.04	0.015
转移概率-R2 至 R1p_{21}					0.16	0.055
对数边缘似然	Laplace-897.80		Laplace-1112.00		Laplace-1063.00	

注:对于金融摩擦参数,我们使用的是与其他外生冲击相同的先验(见表2)。对于 μ 和,我们使用了正态分布,其均值分别为 0.25 和 1.00、标准偏差分别为 0.10 和 0.50。最后,对于 ν,我们使用了均值为 0.50、标准偏差为 0.20 的 β 分布。"危机前样本"模型忽略了零利率下限的存在,并且是根据截至 2007 年第 4 季度的数据估计的;而"内生零利率下限持续时间"模型则施加了上文第 5.1 部分所述的零利率下限约束,并根据截至 2014 年第 2 季度的全样本估计。"内生零利率下限持续时间,存在区制置换"模型同样施加了零利率下限约束,而且允许 μ 在低值(μ_1)和高值(μ_2)之间随机地切换。对于 μ_1 和 μ_2,我们使用了正态分布,其均值分别为 0.025 和 0.25,标准偏差分别为 0.01 和 0.10。对于转移概率 p_{12} 和 p_{21},我们分别使用了均值为 0.10 和 0.30、标准偏差为 0.05 和 0.10 的 β 分布。

对于边缘似然,要与基准模型直接进行比较是不可行的,因为纳入了金融摩擦的模型(以下简称"FF 模型")具有一个额外的可观察变量,即,Baa-Aaa 评级信用利差。当我们估计没有这种附加可观察值的"FF 模型"时,如果不考虑额外的冲击,那么对数边缘似然可以提高 10 倍;而当保留净值冲击时,对数边缘似然则可以提高 20 倍。在模型的这个变体中,对于 $\mu = 0.2$ 的后验众数,模型中估计的利差对净值比的灵敏度将变得高得多——达到 0.08,或按年度计 0.32。这个结果对一个重要内生放大效应——标准冲击通过净值渠道实现的放大效应——提出了更有力的支持;另外请参见德格雷弗(De Graeve,2008),他也得出了类似的结果。这个观察结果意味着,将 Baa-Aaa 利差视为模型中的外部融资溢价的可观察值,限制性可能过强了。Baa-Aaa 利差只是衡量违约风险的一个具体指标,而企业信贷成本却是由金融部门的多种风险和限制条件共同决定的。[1]

---

[1] 吉尔克里斯特等人(Gilchrist et al.,2009),以及吉尔克里斯特和查克拉杰塞克(Gilchrist and Zakrajsek,2012)提出了另一个衡量违约利差的指标,它对经济活动水平的预测能力比 Baa-Aaa 利差更强。

因此毫不奇怪,当我们对包括了 2008 年第 4 季度至 2009 年第 1 季度这个危机时期的全样本的 FF 模型的性能进行评估时,监测成本参数 μ 和利差对净值比的隐含弹性都翻倍了。事实上,真正令人惊讶的也许是,外生的净值冲击的标准误差大幅降低了:从根据危机前数据估计的模型中的 0.27,下降到了 0.19。对于这个结果,我们的解释是,它意味着,在估计模型所根据的样本期间中包含了危机时期的时候,内生的扩大作用就会变得更为重要。由于我们在估计这个模型时,也施加了零利率下限约束,因此再一次,估计的名义工资和价格粘性非常高(分别为 0.83 和 0.84),从而使得模型要服从零利率下降约束所需的所有预期政策冲击都必须是正的的。另一个同样令人惊讶的结果是,在这个全样本模型中,需要外部融资来偿付的工资单的估计比例大大高于危机前模型,这个结果支持了克里斯蒂亚诺等人(Christiano et al.,2015):这个渠道在危机期间更加重要。这个成本渠道的大小从 0.33 扩大到了 0.64,但是在这两个模型中,这个参数的后验分布的不确定性都非常高。对于这两个观察结果——金融摩擦的作用的时变性,以及成本渠道对通货膨胀动态的潜在作用——我们在下面还要进行更细致的讨论。

5.3.1　偶尔会出现更加严重的金融摩擦的区制转换模型

危机前的动态随机一般均衡模型通常都会忽略金融摩擦的作用。对于预测大缓和时期的产出和通货膨胀,这个额外的传播机制通常被认为并不是非常重要的,因而根据奥卡姆剃刀原则,这种机制通常会被忽略。然而,正如我们对样本内新息进行讨论时已经阐述过的,在我们估计的危机前模型中,就已经存在很强的支持性证据,表明偶然会产生非常大的扰动,而且它们与金融利差和回报指标似乎是高度相关的。当我们从更宽泛的角度来看这些结果,即,当我们对中央银行预测的潜在风险加以适当的关注时,也会发现这些异常值不应该被忽视。线性高斯方法并不是处理这些问题的最有效的框架。我们的"FF 模型"的估计参数的不稳定性依赖于估计的样本,这个事实清楚地说明了这些局限。因此,为了更有效地刻画我们的模型中的金融摩擦的时变相关性,我们在这里考虑一种马尔科夫转换机制,它能够使金融摩擦的限制偶尔会变得更加有约束力。

在我们这个存在金融摩擦且有区制转换的模型(RS-FF)中,我们允许两个可能的区制:在第一个区制下,监督成本是高的(高-FF),而高监督成本意味着利差对净值头寸具有很高的敏感性;在第二个区制下,监督成本是低的,利差对杠杆率的敏感度很低(低-FF)。[1] 表 9 报告了这个模型的估计结果,与线性有金融摩擦的模型相比,数据明显更支持这个存在金融摩擦且有区制转换的模型,这一点从对数边缘似然的增加就可以看得很清楚:在危机前时期(表中未显示)提高了 30 多,而在包括了最近这场危机的样本中,更是增加了大约 50。[2] 转移概率和特定于区制的参数 μ 由下式给出:

$$Q_{FF}\begin{pmatrix}低\\高\end{pmatrix}=\begin{bmatrix}0.96 & 0.16\\0.04 & 0.84\end{bmatrix}\quad \mu_{FF}\begin{pmatrix}低\\高\end{pmatrix}=\begin{bmatrix}0.029\\0.084\end{bmatrix}$$

[1] 相反,克里斯蒂亚诺等人(Christiano et al.,2014)重点则放在了特异性生产力风险上,他们认为那是时变性的金融摩擦的来源。莱文等人(Levin et al.,2004)则识别出了破产成本参数中的时变性,他们那里的破产成本相当于我们这里的监控成本——作为反周期的外部溢价行为的来源。

[2] 苏赫和沃克(Suh and Walker,2016)的发现也对支配金融摩擦的参数时变性提供了支持。

估计结果表明,利差对杠杆率弹性在两个区制之间的变化幅度达到了 2.7 倍。如图 11 所示,高-FF 区制主要活跃于 20 世纪 70 年代的两个衰退时期,而且它的概率在所有衰退期间都略有增加。当就最近这场金融危机进行评估时,高-FF 区制的概率在 2008 年初就开始上升了,并且在 2009 年的金融危机期间保持活跃,但是在 2009 年之后就迅速回到了低-FF 区制。更高的边缘似乎可以归因于利差的时变波动性:在高-FF 区制下,金融摩擦具有很强的约束力,但是利差对杠杆率的反应也很强烈,可以有两倍以上。冲击对投资的影响也变得更大了,但是放大的幅度是温和的,最高只能达到 1.5 倍。高-FF 区制在前后时期之间的持续性则是有限的(0.84),这减少了利差上升对未来预期投资回报的贴现值的影响。

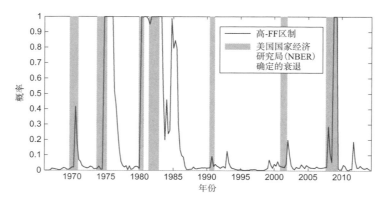

图 11 有金融摩擦的模型中的马尔可夫过程

从图 12 可以非常清楚地看出,单一区制的纳入了金融摩擦的危机前模型的核心预测(以截至 2008 年第 3 季度的数据为条件),与不存在金融摩擦的基准斯梅茨-沃特斯模型(Smets and Wouters,2007)一样,完全没有预测到 2008 年第 4 季度的经济大幅下滑。

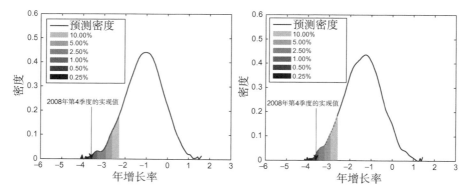

图 12 在有金融摩擦的模型中,给定 2008 年第 3 季度的状态,
2008 年第 4 季度的产出增长率(4 个季度的变动)的分布

注:不变参数(左图)vs 区制转换(右图)。

将不存在金融摩擦的模型(图 10 的左图)与存在固定参数的金融摩擦模型(图 12 的左图)加以比较,我们不难观察到,由于利差和额外的净值冲击所产生的额外波动性,在金融摩擦预测周围的分布更加分散。由此而导致的一个结果是,2008 年第 4 季度出现的极端性的负增长,现在已经位于预测密度的 0.25% 的区间内了,相对于基准模型而言,这是一个不错的改善。如图 12 的右图所示,存在金融摩擦且有区制转换的危机前模型(RS-FF 模型),又进一步改善了这个结果,这是因为 2008 年第 3 季度处于高金融摩擦区制的可能性提高了不少(现概率为 56%,原先的无条件概率为 20%),从而导致了利差的预测密度的更高的偏度。只纳入了金融摩擦的危机前模型只预测到了 2008 年第 4 季度 2.3 个百分点的预期利差的 1% 上尾,而存在金融摩擦且有区制转换的危机前模型中的利差则高至 3 个百分点。现在,观察到 2008 年第 4 季度的产出增长率结果的概率现在位于尾部区隔的 0.5% 左右,这个数字仍然很小,但是至少事后实现的事件已经在预测密度中获得了非零概率。这个结果表明,如果我们适当地将源于金融摩擦的非线性加速器动态整合进我们的动态随机一般均衡模型中,我们也许可以获得一个更加符合现实的预测密度,它与我们在简化形式的时变波动性模型中得到的预测密度类似,例如我们在 5.2 部分给出的区制转换波动率的模型的例子。

考虑到利差在短期预报中的重要作用,如果能够清晰地说明一个以及时地观察到利差为条件的条件预测在危机期间是如何进行的,那么也能告诉我们不少东西。为此,我们进行了如下的预测:以 2008 年第 3 季度的经济状态为依据(已经用有金融摩擦的 FF-模型进行了滤波),同时再向模型中加入关于 2008 年第 4 季度观察到的特别高的利差的信息(从 2008 年第 3 季度的 1.55 个百分点,飙升到了 3.02 个百分点)。从实际情况来看,加入这个条件是合理的,因为在 2008 年第 4 季度初(10 月中旬),利差就已经达到了 3 个百分点。下面的图 13 给出了对于 2008 年第 4 季度的 GDP 增长率的无条件预测分布(左图)和条件预测分布(右图)。从图 13 中可以看出,以关于利差的及时的信息为条件的预测,对 2008 年第 4 季度的 GDP 年均增长率的中位数预测为 -2.11%,对 2009 年第 1 季度的 GDP 年均增长率的中位数预测为 -1.92%(后者在图 13 中未显示)。作为比较,现实世界中实际观察到的 2008 年第 4 季度的 GDP 年均增长率为 -3.16%,2009 年第 1 季度的 GDP 年均增长率则为 -4.42%,而相对应的无条件预测的中位数预测值则为 -1.05%(图 13 的左图)和 -0.06%(图 13 中未显示)。

在存在金融摩擦且有区制转换的 RS-FF 模型中,结果在很大程度上取决于 2008 年第 3 季度经济位于哪个区制中:当经济处于低摩擦区制时,以利差为条件的影响是最为扰动性的。非常高的利差很难与利差对杠杆率的弹性很低的低摩擦区制相协调,因此利差会转换为对净值的巨大的负面冲击和/或风险溢价,后者又会导致对产出增长率的更加悲观的预测——2008 年第 4 季度为 -2.53%、2009 年第一季度为 -3.01%。①

---

① 有区制转换的金融摩擦模型得出的这些有点违反直觉的结果与条件预测的性质有关:以给定的利差观察值为条件的预测,观察值偏离基准无条件预测越多,条件预测就越大。有区制转换的金融摩擦模型的增益就是如此得到的:无条件预测在高-FF 区制下会有更大的离差,而在低-FF 区制下则会有更小的离差。

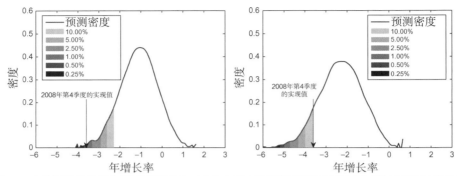

图 13　在有不变参数的金融摩擦模型中, 2008 年第 4 季度的产出增长率(4 个季度的变动)的分布

注:左图为给定 2008 年第 3 季度的状态的无条件预测,右图为以 2008 年第 4 季度的利差为条件的预测。

有了关于利差和更多的传播机制的实时信息,金融摩擦模型对危机时期的核心预测的准确性得到了大幅度的提升。我们这个结果证实了德尔内格罗和绍尔夫海德(Del Negro and Schorfheide,2013)的发现,他们也对标准的斯梅茨-沃特斯模型与扩增的(纳入了金融摩擦的)斯梅茨-沃特斯模型的预测性能进行了比较。他们观察到,这两个模型的相对性能会随时间推移而发生变化。平均而言,没有金融摩擦的模型给出的预测更加准确一些,但是在最近这个金融危机期间,S 扩增的(纳入了金融摩擦的)斯梅茨-沃特斯模型模型由于也利用了利差和利率的实时信息,结果产生了更好的对产出和通货膨胀的预测。德尔内格罗等人(Del Negro et al.,2014)基于这些结果,开发了一种新的方法,利用时变性的权重将来自递归估计模型的预测密度组合起来。就像在我们的区制转换方法中一样,这种动态线性预测池也依赖于服从外部过程的权重。在这个研究方向上,下一步的研究的重点是,将经济压力期的发生率内生化——在经济压力期内,约束会得到强化,同时其他反馈机制也会被启动。①

5.3.2　金融扩张和通货膨胀动态的成本渠道

在第 4.2 部分,当我们利用基准斯梅茨-沃特斯模型(Smets and Wouters,2007)来讨论对 2008 年金融危机后的大衰退的经济解释时,我们已经观察到,这个模型需要一系列正的加成冲击来解释在缓慢复苏期间所维持的低通货膨胀率和持续负产出差距。尽管价格和工资设定的名义粘性的估计结果都过高,但是这些正的加成冲击仍然是有必要的。斯梅茨-沃特斯模型(Smets and Wouters,2007)给出的子样本估计已经呈现出了更大的名义粘性的趋势。高名义粘性在德尔内格罗等人(Del Negro et al.,2015b)、弗拉托和厄里格(Fratto and Uhlig,2014)最近对通货膨胀动态的解释中也发挥着至关重要的作用。在我们给出的这个版本的斯梅茨-沃特斯模型中,这些正的加成冲击完全取消了;我们施加了零利率下限约束,它具有更高程度的名义粘性。然而问题在于,这样估计出来的粘性参数,是不是可以有效地解释为现实世界中价格设定实践中的纯粹名义粘性的一种标志,抑或只是反映了某个能够降低对生产能力疲弱的通货膨胀率反应灵敏度的其他机制,仍然不甚清楚。

---

① 在这方面,经济学家已经开发了多种方法:圭列里和亚科维耶洛(Guerrieri and Iacoviello,2013)假设了偶尔有约束力的约束,迪瓦赫特和沃特斯(Dewachter and Wouters,2014)给出了三阶非线性近似法,博科拉(Bocola,2013)则将偶尔有约束力的约束与非线性风险溢价结合起来。

正如克里斯蒂亚诺等人(Christiano et al.,2015)正确地指出的,有一个机制可能有助于这种通货膨胀回弹性,特别是在财务约束收紧和融资成本上升的那些时期。这个机制就是成本渠道。在财务上受到约束并且必须通过昂贵的外部资本提供营运资金的那些企业,很可能会出现边际生产成本上升的情况——如果这种融资成本的影响压倒了其他成本组成部分的影响的话。与这个成本渠道相关的是,企业在财务受限期间,可能还会有其他理由将价格保持在高位。例如,企业可能为了得到足够的现金流而不得不提高价格,或者企业可能在融资能力受限时被迫放弃一定市场份额。这方面的进一步的论述,参见吉尔克里斯特等人(Gilchrist et al.,2015)的论文。需要注意的是,在克里斯蒂亚诺等人(Christiano et al.,2005)的货币政策冲击中,这个成本渠道在解释通货膨胀惯性方面也发挥了至关重要的作用。

我们的金融摩擦模型包含了一个控制成本渠道强度的参数。这个参数反映了企业必须通过信用融资来兑付的工资单所占的份额。在这个模型设定下,我们假设外部融资溢价也会影响企业的跨期贷款的成本。在危机前模型中,融资成本所适用的这类工资单所占的份额的估计值是相当低的(仅为0.33),而且后验分布在这个众数的周围有一个很大的不确定性边际。但是,在全样本估计中,这个参数增大到了0.63,同时仍然存在很大的不确定性边际,但是至少有一些迹象表明,在最近这场危机期间,成本渠道的重要性更大了。为了研究这个渠道在我们模型中的潜在影响,我们在图14中绘出了直接影响外部融资成本的三个冲击对边际成本和边际渠道参数的两个极端值(0和1)的脉冲响应函数。这三个冲击是货币政策冲击、外生风险溢价冲击和财富冲击。考虑到成本渠道参数的大小的估计不确定性很大,这两个极端值并不是完全不可能的,而且它们的重要性程度可能会根据金融冲击和限制的性质而发生变化。我们在图中给出了具有适度名义粘性的危机前模型和具有高度名义粘性的全样本零利率下限约束模型的结果。

很显然,在这两个版本的模型中,对于这三个冲击,成本渠道完全活跃时与成本渠道完全不存在时相比,边际成本的表现的差异是相当大的。成本渠道的存在意味着,边际成本至少在这些冲击发生后的第一个季度会增加。这种正效应的持续性取决于冲击的类型,其中以风险溢价冲击的持续性最低,而以净值冲击的持续性最高。

对通货膨胀的影响方式则有很大的不同,具体取决于成本冲击的波动性,以及冲击相对于名义粘性的持续性——名义粘性的持续性决定了价格设定的前瞻性程度。在危机前模型中,外生风险溢价冲击是高度波动的,但是影响时间很短。结合中等程度的粘性,成本渠道彻底改变了通货膨胀对外生风险溢价冲击的反应。在冲击发重,由于融资成本中的高风险溢价分量的影响,通货膨胀率会上升,但是这种效应非常短暂。

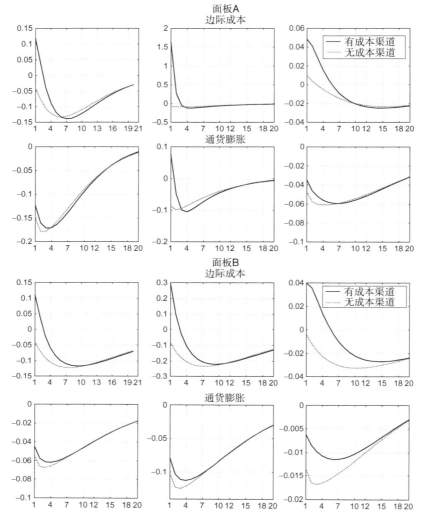

图 14 金融冲击的传播:货币政策冲击(左栏)、风险溢价冲击(中栏)和净值冲击(右栏)

注:面板 A:危机前模型;面板 B:内生零利率下限模型。

在存在零利率下限约束——有更大的粘性——的模型中,价格的设定的前瞻性更强,同时冲击的持续性则是至关重要的。在这样的模型设置中,平滑的通货膨胀过程依赖于长期的预期边际成本。在这种情况下,只有净值冲击才能对融资成本产生持续性足够强的影响(从而对通货膨胀率产生正影响);短暂的高风险利率和风险溢价冲击都缺乏足够的持续性,不能对通货膨胀动态产生重大影响。

通过上述脉冲反应分析,我们不难看出,在金融危机背景下,成本渠道有力地促成了通货膨胀的缓慢反应。当对企业的外部金融冲击足够大和/或足够有持续性时——例如,对融资成本有长期的持续性影响的净值冲击就是如此——成本渠道产生的这种通货膨胀压力在定量的角度上可能是很重要的。这些结果表明,金融危机不一定可以视为一个纯粹的负面总需求冲击(而对经济的供给面没有任何影响)。相反,总需求和总供给都可能会由于金融冲击而向内移动,因此在发生了金融危机的情况下,通货膨胀不一定会做出非常大的反应。

6. 宏观经济建模的现状:批判性评估与展望

在本节中,我们讨论宏观经济模型所面临的一系列"新挑战"和"老挑战",并以此结束本章。如前所述,金融危机对各国中央银行所使用的宏观经济模型提出了很多新的挑战。当把大衰退和金融危机都包括在估计样本中时,我们必须调整我们的政策模型的设定和实证估计策略。本章给出了朝这个方向前进的一些路径,并证明在这个方向上前进可以带来可观的收益。我们给出的修正模型的所有建议都有一个基本点,那就是,通过在外生的和内生的扰动中包含时变性,超越标准的线性高斯模型设置。然而,在我们采用的马尔可夫转换框架中,还有一条重要的捷径是,将区制转换建模为外生事件(因而与政策行为无关)。因此,在研究的这个阶段,我们认为我们对模型的扩展只是对真正意义上的内生非线性的和状态依赖的传播机制建模的一个"快捷方式"。对于非线性方法的设定、求解方法和滤波技术,以及计算技术,相关的探索现在都在推进中,而且它们也已经广泛应用于对非线性的综合宏观金融模型的分析了。与更大的可观察变量集合结合起来,这些宏观金融模型应该能够帮助我们更有效地识别冲击的性质、传播机制和对政策的影响。在目前这个阶段,重要的是要利用不同的理论框架来探讨和验证各种可选的模型设定。

事实上,在 2008 年金融危机发生之前,各国中央银行的模型就已经面临着一系列众所周知的挑战了,而且很多挑战都没有因金融危机带来的新证据而得到缓解。[①] 平衡增长和平稳性假设提供了模型预测的"基本纪律",但是这些长期限制常常与在许多重要的宏观比率上观察到的随机趋势相冲突。理论假设与经验性质之间的这种不匹配性,可能会导致对内生摩擦和外生冲击的持续性的过度估计。此外,我们也可能需要重新评估完全信息和理性预期对预测的影响,即,在关于信息和预期形成的其他可选假设的基础上构建模型,这方面的开创性研究的例子包括:埃文斯和洪卡波希亚(Evans and Honkapohja,2001),西姆斯(Sims,2003,2010),以及伍德福德(Woodford,2003),等等。

宏观模型必定需要抽象掉许多部门性的细节。最近,宏观经济学家在对金融部门建模方向进行了很多探索。在本章分析的标准斯梅茨–沃特斯模型(Smets and Wouters,2007)中,风险溢价冲击结合了信贷供给条件、风险厌恶倾向、对未来政策行为的预期以及量化宽松政策(quantitative easing,QE)的影响,分析了收益率曲线或风险利差。将对金融市场的分析明确地纳入一般均衡模型,对于企业(这是本章的重点)和家庭而言,都有第一位的重要意义,在这个方向上,亚科维耶洛(Iacoviello,2005)和刘等人(Liu et al.,2013)的研究堪称范例。其他一些模型则致力于将金融机构的积极作用纳入信贷供应过程或资产定价函数,在这方面,

---

① 例如,德尔内格罗等人在一篇非常有影响的论文中建议(Del Negro et al.,2007),适用于封闭式经济的动态随机一般均衡"母机"模型受困于错误规定问题。而且,阿道尔夫森等人(Adolfson et al.,2008)在标准的开放型经济模型中也证实了这个发现。

克里斯蒂亚诺等人(Christiano et al.,2003a,2008,2014)、拉里等人(Gerali et al.,2010),以及格特勒和清泷(Gertler and Kiyotaki,2010)的研究都是令人振奋的例子。利用一系列创新性的新宏观金融模型,例如布伦纳迈耶和桑尼科夫(Br unnermeier and Sannikov,2014)、何治国和克里希那穆提(He and Krishnamurthy,2012)以及门多萨(Mendoza,2010)证明,实体经济部门和金融部门之间存在着强大的内生风险和反馈渠道,它们在解释波动性的变化以及平静与压力周期之间的相关性方面有非常大的潜力。加深对金融部门和非金融私人部门的违约的认识,也是一个重要的研究方向,例如,克莱克等人(Clerc et al.,2015)。

当然,其他经济部门也存在非常类似的问题,即,外生冲击是各种各样的外部影响的代表。对于这些影响,可能需要根据基本面的扭曲或无效率的具体表现形式,做出不同的政策反应。一个明显的例子是劳动市场。在有些劳动市场,劳动参与在粗放边际和集约边际上有着非常不同的潜在趋势,同时还存在着多种会影响劳动供求条件的冲击和扭曲。因此,要想知道加里等人(Galí et al.,2011)所分析的标准新凯恩斯主义粘性工资模型与数据相比在劳动市场的哪个维度上还缺少点什么,我们还需要做出更多的研究。而且,尽管更晚近的研究已经给出了更加精细的劳动力市场模型——请参见,例如,格特勒等人(Gertler et al.,2008)、克里斯蒂亚诺等人(Christiano et al.,2010a)以及克里斯蒂亚诺等人(Christiano et al.,2016)——但是它们在何种程度上可以弥补这些缺点,仍然有待进一步研究。一些著名的经济学家,例如柯薛拉柯塔(Kocherlakota,2009),最近再度强调,劳动市场和产品市场上的不完全保险和异质性是我们理解商业周期的传播和福利成本的关键。因此,格特勒等人和克里斯蒂亚诺等人在建模时保留下来的代表性主体框架,说到底仍然可能是不尽如人意的,尽管相对于当前这一代的政策模型而言,那已经向前迈出了重要的一步。

由于越来越频繁的货物和服务贸易以及全球化程度越来越高的金融市场,当今世界日益变成了一个不可分割的整体,因此政策模型也必须能够解释来自外国的冲击的影响。开放经济模型一直面临着两个由来已久的挑战:第一,如何解释各种实际观察量之间的高度协动性[请参见,例如,巴克斯等人(Backus et al.,1992),胡斯蒂尼亚诺和普雷斯顿(Justiniano and Preston,2010)];第二,如何解释利率变化与汇率变动之间的关系[即未被发现的利率平价条件,请参见,例如,艾肯鲍姆和埃文斯(Eichenbaum and Evans,1995)、夏布德和赖特(Chaboud and Wright,2005)]。许多文献都讨论过这些问题,但是对于这两个挑战的"解",迄今尚未达成共识。[①]

在 2008 年金融危机之后,各国中央银行使用的宏观模型面临的另一个主要挑战是,它们必须给出一个可以用来解决各种专题性的问题的框架。首先,它们必须提出一个框架,解释各国中央银行如何通过常规货币政策(例如,对短期利率的"操纵")和非常规政策[例如,大规模资产购买(LSAPs)和量化宽松(QE)]去影响经济。要在政策模型中处理好非常规货币政策,意味着我们必须解决宏观经济建模长期以来面临的一个重要挑战,即,预期假设的失

---

① 由阿道尔夫森等人(Adolfson et al.,2007b,2008,2011)开发的估计开放经济动态随机一般均衡模型——这个模型已经被瑞典中央银行整合进了它的宏观模型,请参见阿道尔夫森等人(Adolfson et al.,2007c)——的思路是,通过像杜阿尔特和斯托克曼(Duarte and Stockman,2005)那样修正套补利率平价条件(UIP condition)并允许一个共同的单位根技术冲击来解释这一点。

败［请参见，例如，坎贝尔和席勒（Campbell and Shiller，1991）］。而在当今世界，预期假设已经不一定成立了。有一个理论框架，似乎是与大规模资产购买可以减少不同期限的期限溢价并使长期收益率产生下行压力的观念相一致的，那就是优先置产理论（theory of preferred habit）——请参见，安德雷斯等人（Andres et al.，2004），以及瓦亚诺斯和维拉（Vayanos and Vila，2009）。在这个方向上展开进一步研究，对于评估危机期间的非常规货币政策措施来说是至关重要的。其次，除了能够分析危机期间的非常规政策之外，危机的后果使得金融稳定问题重新成为经济学界关注的一个核心问题，而这就意味着我们需要做到将金融稳定性问题纳入传统上用来分析货币政策的宏观模型。这包括进行各种压力测试，也包括创造一个可以分析各种宏观审慎工具的有效作用的模型环境。总之，我们需要一个能够对银行间市场进行更符合实际的建模的模型，这方面的一个例子是博伊赛伊等人（Boissay et al.，2015）的研究。克莱克等人（Clerc et al.，2015）开发的"3D 模型"和国际货币基金组织开发的 GIMF 模型［请参见安德莱等人（Andrle et al.，2015）］代表了在这个方向上前进的重要一步。非常规货币政策和宏观审慎工具都具有重大的分配效应，因而要求我们细致地分析这些政策措施影响的不同行为主体之间所存在的异质性。而且如前所述，这些政策措施的实际的和潜在的预算性影响，还要求我们明确对系统性的财政反应函数进行建模。

我们认为，本章分析的基准模型可以成为分析用于解决各种热点问题和不同政策目的宏观模型的起点。有针对性的模型扩展与更广泛的观察到的数据集结合起来，可以帮助我们更好地识别各种模块。这一点对模型中的金融、财政、劳动市场和开放经济等模块都同样适用。贝叶斯方法提供了评估和组合各种模型预测的工具。而在努力向这个目标靠拢的过程中，一个要解决的挑战是，随着模型变得越来越复杂，找到最简单的方法来刻画必要的摩擦和冲击，以保证模型的规模的可控制性、保证模型的含义的可理解性。毫无疑问，为了保证模型的可处理性，最关键的问题是，哪些摩擦和冲击是核心模型中真正需要的，哪些特征是可以从核心模型中抽象出来并在"卫星"模型中加以分析（而不失其意义）的。开发和维护一个具有强大理论基础并通过了实证验证的模型，是摆在所有决策机构——哪怕是拥有充足资源的机构——面前的一个极其艰巨的任务。

附录

A.线性化模型表示

在这个附录中,我们总结了本章正文第 3 节所述的基本斯梅茨-沃特斯模型(Smets and Wouters,2007)的对数线性方程。完整的模型还包括七个外生冲击 $\varepsilon_t^a, \varepsilon_t^b, \varepsilon_t^i, \varepsilon_t^p, \varepsilon_t^w, \varepsilon_t^r$ 和 g_t,但是我们在这里不会讨论这些冲击的过程,因为已经在正文中讨论过了。与对数线性化的内生变量 $\widehat{x}_t = dx_t/x$ 的符号一致,我们也用加"帽"的方法来表示外生冲击,即,$\widehat{\varepsilon}_t = \ln\varepsilon_t$。

首先,我们有如下消费欧拉方程:

$$
\begin{aligned}
\widehat{c}_t = {} & \frac{1}{(1+x/\gamma)}E_t\widehat{c}_{t+1} + \frac{x/\gamma}{(1+x/\gamma)}\widehat{c}_{t-1} - \frac{1-x/\gamma}{\sigma_c(1+x/\gamma)} \\
& (\widehat{R}_t - E_t\widehat{\pi}_{t+1}) - \frac{(\sigma_c-1)(w_*^h L/c*)}{\sigma_c(1+x/\gamma)}(E_t\widehat{L}_{t+1} - \widehat{L}_t) + \widehat{\varepsilon}_t^b
\end{aligned}
\tag{A.1}
$$

其中,κ 是外部习惯参数,σ_c 是跨期替代弹性的倒数,$w_*^h L/c*$ 是稳定状态下名义劳动所得与消费的比率,外生风险溢价冲击已经进行了重缩放处理,以保证它以单位系数加性地进入模型。

然后,我们有如下的投资欧拉方程:

$$
\widehat{i}_t = \frac{1}{(1+\bar{\beta}\gamma)}\left(\widehat{i}_{t-1} + \bar{\beta}\gamma E_t\widehat{i}_{t+1} + \frac{1}{\gamma^2\varphi}\widehat{Q}_t^k\right) + \widehat{\varepsilon}_t^q
\tag{A.2}
$$

其中,$\bar{\beta} = \beta\gamma^{-\sigma_c}$,$\varphi$ 是投资调整成本,同时特定于投资的技术冲击也进行了重缩放处理,使得它以单位系数线性地进入模型。

此外,$i_1 = 1/(1+\beta)$,且 $i_2 = i_1/\psi$,其中 β 是贴现因子,ψ 是资本调整成本函数的弹性。

资本的价格由下式决定:

$$
\widehat{Q}_t^k = -(\widehat{R}_t - E_t\widehat{\pi}_{t+1}) + q_1 E_t r_{t+1}^k + (1-q_1)E_t Q_{t+1}^k + \frac{\sigma_c(1+x/\gamma)}{1-x/\gamma}\widehat{\varepsilon}_t^b
\tag{A.3}
$$

其中,$q_1 \equiv r_*^k/(r_*^k + (1-\delta))$,$r_*^k$ 为稳定状态下的资本租金率,δ 为折旧率;$\widehat{\varepsilon}_t^b$ 要乘以 $\dfrac{\sigma_c(1+x/\gamma)}{1-x/\gamma}$,反映了这个冲击在消费欧拉方程(A.1)中要进行重缩放的事实。

之后,我们可以得到如下资本利用率 $\dot{u}_t$ 的最优条件:

$$
\dot{u}_t = (1-\Psi)/\Psi \widehat{r}_t^k
\tag{A.4}
$$

其中,ψ 是资本利用成本函数的弹性,同时生产中使用的资本服务($\widehat{k}_t$)定义为:

$$\widehat{k}_t = \widehat{u}_t + \widehat{\overline{k}}_{t-1} \tag{A.5}$$

其中，$\overline{k}_{t-1}$ 是实物资本存在，它的演变服从如下资本积累方程：

$$\widehat{\overline{k}}_t = \kappa_1 \widehat{\overline{k}}_{t-1} + (1-\kappa_1) \widehat{i}_t + \kappa_2 \widehat{\varepsilon}_t^q \tag{A.6}$$

其中，$\kappa_1 = (1-(i_*/\overline{k}_*))$，且 $\kappa_2 = (i_*/\overline{k}_*)\gamma^2\varphi$。

如下最优资本/劳动投入条件也成立：

$$\widehat{k}_t = \widehat{w}_t - \widehat{r}_t^k + \widehat{L}_t \tag{A.7}$$

其中，$\widehat{w}_t$ 是实际工资。

对数线性化生产函数由下式给出：

$$\widehat{y}_t = \varphi_p(\alpha\widehat{k}_t + (1-\alpha)\widehat{L}_t + \widehat{\varepsilon}_t^a) \tag{A.8}$$

其中，ε_p 是稳定状态下对应于总价格加成的固定生产成本，同时是一个外生的全要素生产率（TFP）过程。

总需求必定等于总供给，因而：

$$\widehat{y}_t = \frac{c_*}{y_*}\widehat{c}_t + \frac{i_*}{y_*}\widehat{i}_t + g_t + \frac{r_*^k k_*}{y_*}\widehat{u}_t \tag{A.9}$$

其中，g_t 表示外生的需求分量。

接下来，我们可以得出如下有动态指数化 ι_p 的对数线性化价格设定方程：

$$\widehat{\pi}_t - \iota_p\widehat{\pi}_{t-1} = \pi_1(E_t\widehat{\pi}_{t+1} - i_p\widehat{\pi}_t) - \pi_2\widehat{\mu}_t^p + \widehat{\varepsilon}_t^p \tag{A.10}$$

其中，$\pi_1 = \beta$，$\pi_2 = (1-\xi_p\beta)(1-\xi_p)/[\xi_p(1+(\varphi_p-1)\epsilon_p)]$，$1-\xi_p$ 是每个企业在每一期能够重新最优化价格的概率，ϵ_p 是集结算子函数方程(2)的曲率，并且加成冲击 $\widehat{\varepsilon}_t^p$ 已经进行重缩放处理，以使得该冲击以单位系数进入模型。价格加成 $\widehat{\mu}_t^p$ 等实际边际成本的相反数，即，$\widehat{\mu}_t^p = -\widehat{mc}_t$，而 $\widehat{mc}_t$ 反过来又由下式给出：

$$\widehat{mc}_t = (1-\alpha)\widehat{w}_t^{real} + \alpha\widehat{r}_t^k - \widehat{\varepsilon}_t^a \tag{A.11}$$

我们还可以得出如下工资设定方程，它允许对不进行最优化的家庭的工资动态指数化：

$$
\begin{aligned}
(1+\overline{\beta}\gamma)\widehat{w}_t^{real} - \widehat{w}_{t-1}^{real} - \overline{\beta}\gamma E_t\widehat{w}_{t+1}^{real} &= \frac{(1-\xi_w\overline{\beta}\gamma)(1-\xi_w)}{[\xi_w(1+(\phi_w-1)\epsilon_w]} \\
&\quad \left(\frac{1}{1-x/\gamma}\widehat{c}_t - \frac{x/\gamma}{1-x/\gamma}\widehat{C}_{t-1} + \sigma_1\widehat{L}_t - \widehat{w}_t\right) \\
&\quad -(1+\overline{\beta}\gamma\iota_w)\widehat{\pi}_t + l_w\widehat{\pi}_{t-1} + \overline{\beta}\gamma E_t\widehat{\pi}_{t+1} + \widehat{\varepsilon}_t^w
\end{aligned} \tag{A.12}
$$

其中，ϕ_w 是总工资加马，$1-\xi_p$ 是每个家庭在每一期能够重新最优化自己的工资的概率，ϵ_w 是集结算子函数方程(7)的曲率，σ_1 决定了给定 σ_c 时的劳动供给弹性[参见方程式(9)]。这里的外生工资加成冲击 $\widehat{\varepsilon}_t^w$ 已经进行重缩放处理，以使得该冲击以单位系数进入模型。

最后，我们可以得出如下货币政策规则：

$$\widehat{R}_t = \rho_R\widehat{R}_{t-1} + (1-\rho_R)(r_\pi\widehat{\pi}_t + r_\gamma\widehat{\gamma}_t^{gap} + r_{\Delta_\gamma}\widehat{\Delta\gamma}_t^{gap}) + \widehat{\varepsilon}_t^r \tag{A.13}$$

其中,$\widehat{\gamma}_t^{gap} = \widehat{\gamma}_t - \widehat{\gamma}_t^{pot}$,或者用文字来阐述:它是实际产出与工资和价格都有完全弹性、且不存在没有效率的价格加成冲击和工资加成冲击的经济中的产出之间的差距。为了求解 $\widehat{\gamma}_t^{pot}$,我们设定 $\xi_p = \xi_w = 0$(或者,任意接近于零),并将 $\widehat{\varepsilon}_t^w$ 和 $\widehat{\varepsilon}_t^p$ 从由(A.1)—(A.13)组成的方程组中消去。请注意,当我们在这个模型中施加零利率下限约束时,方程式(A.13)就可由方程式(17)代替。

B. 零利率下限算法和似然函数

这个附录给出了我们使用的零利率下限算法的一些细节,并讨论了怎样在似然函数中将零利率下限考虑进来。关于零利率下限算法的更多细节,我们建议读者阅读赫布登等人(Hebden et al.,2010)的论著。杰斯珀等人(Jesper et al.,2016)则提供了计算似然的方法的更多细节。

B.1 零利率下限算法

动态随机一般均衡模型可以写为如下状态空间形式:

$$\begin{bmatrix} X_{t+1} \\ Hx_{t+1|t} \end{bmatrix} = A \begin{bmatrix} X_t \\ x_t \end{bmatrix} + Bi_t + \begin{bmatrix} C \\ 0 \end{bmatrix} \varepsilon_{t+1} \tag{B.1}$$

在这里,X_t 是第 t 期(在这里,一期为一个季度)的预决变量(predetermined variable,或称"前定变量")n_X-向量,x_t 是前瞻变量(forward-looking)的 n_x-向量。它通常是(政策)工具的 n_t-向量,但是,在我们这里要考察的情况下,它是一个给出 $n_i = 1$ 的标量——即,中央银行的政策利率。ε_t 是独立和相同分布的冲击 n_ε-向量,这些微量均值为零,协方差矩阵为 I_{n_ε}。另外,A、B、C 和 H 分别为适当维数的矩阵。最后,$x_{t+\tau|t}$ 表示 $E_t x_{t+\tau}$,即,以第 t 期内可用的信息为条件的、对 $x_{t+\tau}$ 的理性预期。前瞻性变量和政策工具变量都是非预决变量(nonpredetermined variable)。[1]

各变量都是用它们与稳态值之间的差异来度量的——在稳态状态下,各变量的无条件均值为零。此外,矩阵 A、B、C 和 H 的所有元素都是固定的和已知的。

我们用 i_t^* 表示在忽略零利率下限时的政策利率。我们将它称为不受限制的政策利率。然后,我们用 i_t 表示满足零利率下限约束时的实际或受限制的政策利率,我们有:

$$i_t + \bar{\iota} \geq 0$$

其中,$\bar{\iota} > 0$ 表示政策利率的稳态水平,我们约定,i_t^* 和 i_t 都表示为它们对稳态水平的偏差。因此,零利率下限也可以如下形式:

$$i_t + \bar{\iota} = \max\{i_t^* + \bar{\iota}, 0\} \tag{B.2}$$

我们假设不受限制的政策利率遵循(可能是简化形式)不受限制的线性政策规则,即,

---

[1] 某个变量的超前一期预测误差如果是一个外生随机过程,那么我们就说这个变量是预决变量,请参见克莱因(Klein,2000)。对于方程式(B.1),预决变量的超前一期预测误差就是随机向量 $C\varepsilon_{t+1}$。

$$i_t^* = f_X X_t + f_x x_t \qquad (B.3)$$

其中,f_X 和 f_x 分别是维数为 n_X 和 n_x 的行向量。从方程式(B.2)可以看出,受限制的政策利率由下式给出:

$$i_t + \bar{\iota} = \max\{f_X X_t + f_x x_t + \bar{\iota}, 0\}. \qquad (B.4)$$

现在,我们考虑这样一种情况:在某个时期 $t \geq 0$ 的情况,零利率下限可能在当前期或接下来的有限数量 T 期内是有约束力的,但是在第 $t+T$ 则不再有约束力。这也就是说,零利率下限约束

$$i_{t+\tau} + \bar{\iota} \geq 0, \quad \tau = 0, 1, \ldots, T \qquad (B.5)$$

可能对某些 $\tau \leq T$ 有约束力,但是我们同时假设它对于 $\tau > T$ 没有约束力,即:

$$i_{t+\tau} + \bar{\iota} > 0, \tau > T$$

在对不受限制的政策规则实施有预期冲击的零利率下限约束时,我们将利用拉辛恩和斯文森(Laséen and Svensson, 2011)提供的技术。为此,我们令每个时期的受限制的和不受限制的政策利率都满足:对于所有 $\tau \geq 0$,都有

$$i_{t+\tau, t} = i_{t+\tau, t}^* + z_{t+\tau, t} \qquad (B.6)$$

方程式(B.4)中的零利率下限政策规则(稍后我们会进一步解释)意味着,方程式(B.6)中的所有当前和未来的预期冲击 $z_{t+\tau, t}$ 必须是非负的,而且 $z_{t, t}$ 在零利率下限有约束力的各个时期,也是严格非负的。

忽略 z_t 为非负的那些时刻,我们采用拉辛恩和斯文森(Laséen and Svensson, 2011)开发的方法,将随机变量 z_t 称为偏差,并用一个 $(T+1)$ 维向量 $z^t \equiv (z_{t,t}, z_{t+1,t}, \cdots, z_{t+T,t})'$ 表示未来 T 期将实现的偏差 $z_{t+\tau}(\tau = 0, 1, \ldots, T)$ 在第 t 期中的投影。再者,我们进一步假设偏差满足:对于所有 $T \geq 0$,都有

$$z_t = \eta_{t,t} + \sum_{S=1}^T \eta_{t,t-s}$$

其中,$\eta^t \equiv (\eta_{t,t}, \eta_{t+1,t}, \cdots, \eta_{t+T,t})'$ 是一个 $(T+1)$ 维向量,在第 t 期开始时实现。对于 $T = 0$,偏差由 $z_t = \eta_t$ 给出。对于 $T > 0$,偏差由如下移动平均过程给出:

$$z_{t+\tau, t+1} = z_{t+\tau, t} + z_{t+\tau, t+1}$$

$$z_{t+t+T+1, t+1} = \eta_{t+T+1, t+1}$$

其中,$\tau = 1, \cdots, T$。因此,对偏差的投影的动力学可以改写为如下更加紧凑的形式:

$$z^{t+1} = A_z z^t + \eta^{t+1} \qquad (B.7)$$

其中,A_z 是一个 $(T+1) \times (T+1)$ 矩阵,它的定义是:

$$A_z \equiv \begin{bmatrix} 0_{T \times 1} & IT \\ 0 & 0_{1 \times T} \end{bmatrix}$$

因此,z^t 是第 t 期内对当前期和未来各期的偏差的投影预测,新息 η^t 则可以解释为第 t 期开始时收到的关于这些偏差的新信息。

现在,我们可以将模型(B.1)、偏差的动态方程(B.7)、不受限制的政策规则(B.3)和关系式(B.6)结合起来了。将起始时间设定为 $t = 0$,然后我们就可以将组合模型写为如下形

式:对于所有 $t \geq 0$,

$$\begin{bmatrix} \widetilde{X}_{t+1} \\ \widetilde{H} \widetilde{x}_{t+1|t} \end{bmatrix} = \widetilde{A} \begin{bmatrix} \widetilde{X}_t \\ \widetilde{x}_t \end{bmatrix} + \begin{bmatrix} C & 0_{nx \times (T+1)} \\ 0_{(T+1) \times n_\varepsilon} & I_{T+1} \\ 0_{(n_x+2) \times n_\varepsilon} & 0_{(n_x+2) \times (T+1)} \end{bmatrix} \begin{bmatrix} \varepsilon_{t+1} \\ \eta^{t+1} \end{bmatrix} \quad (\text{B.8})$$

其中, $\widetilde{X}_t \equiv \begin{bmatrix} X_t \\ z^t \end{bmatrix}$, $\widetilde{x}_t \equiv \begin{bmatrix} x_t \\ i_t^* \\ i_t \end{bmatrix}$, $\widetilde{H} \equiv \begin{bmatrix} H & 0_{n_x \times 1} & 0_{n_x \times 1} \\ 0_{1 \times n_x} & 0 & 0 \\ 0_{1 \times n_x} & 0 & 0 \end{bmatrix}$

在关于鞍点性质的标准假设下(即,模数大于1的 $\widetilde{A}$ 的特征值的数量,非预决变量的数量——在这里就等于 n_x+2),差分方程组(B.8)具有唯一解,并且存在可以用克莱因(Klein,2000)算法求得的唯一矩阵 M 和 F,使得这个唯一的解可以表示为如下形式:对于所有 $t \geq 0$,

$$\widetilde{x}_t = F \widetilde{X}_t \equiv \begin{bmatrix} F_x \\ F_{i^*} \\ F_i \end{bmatrix} \widetilde{X}_t, \widetilde{X}_{t+1} = M \widetilde{X}_t + \begin{bmatrix} C\varepsilon_{t+1} \\ \eta^{t+1} \end{bmatrix} \equiv \begin{bmatrix} M_{XX} & M_{Xz} \\ 0_{(T+1) \times nx} & A_z \end{bmatrix} \begin{bmatrix} X_t \\ z^t \end{bmatrix} + \begin{bmatrix} c\varepsilon_{t+1} \\ \eta^{t+1} \end{bmatrix}$$

并且在这里, $\widetilde{X}_0 \equiv (X'_0, z^{0'})$ 中的 X_0 是给定的,但是对偏差 z^0 的投影和 $t \geq 1$ 时的新息 η^t (以及, $t \geq 1$ 时的 z^t)则都是有待确定的。对它们的值的确定,要保证零利率下限得到满足,即方程式(B.4)成立。因此,对于 $\tau \geq 1$ 和给定的 X_t 及 z^t,政策利率投影由下式给出:

$$i_{t+\tau,t} = F_i M^\tau \begin{bmatrix} X_t \\ z^t \end{bmatrix} \quad (\text{B.9})$$

我们现在阐明,如何确定这个 $(T+1)$ 维向量 $z^t \equiv (z_{t,t}, z_{t+1,t}, \ldots, z_{t+T,t})'$,即偏差的投影,使得政策利率投影能够满足零利率下限限制(B.5)和政策规则(B.4)。

当零利率下限限制(B.5)被忽略或不具有约束力时,第 t 期内的政策利率投影由下式给出:

$$i_{t+t,t} = F_i M^\tau \begin{bmatrix} X_t \\ 0_{(T+1) \times 1} \end{bmatrix}, \quad \tau \geq 0 \quad (\text{B.10})$$

因此,在不考虑零利率下限时,政策利率投资取决于第 t 期的经济的初始状态。这个初始状态是用预决变量 X_t 的向量表示的。如果零利率下限被忽略了,或者对于任何 $\tau \geq 0$ 都不具有约束力,那么受限制的和不受限制的策略利率的投影就会是相同的,即:

$$i_{t+\tau,t} = i_{t+\tau,t}^* = f_X X_{t+\tau,t} + f_x x_{t+\tau,t}, \quad \tau \geq 0$$

假设,现在根据方程式(B.10)得出的政策利率投影在一个或若干个时期内违反了零利率下限,这也就是说:

$$i_{t+\tau,t} + \bar{I} < 0, \text{对于在区间 } 0 \leq \tau \leq T \text{ 内的某个 } \tau \quad (\text{B.11})$$

这样一来,为了满足零利率下限,我们需要找到偏差 z^t 的这样一个投影,它能够使得政策利率投影不仅满足(B.5),而且对于 $\tau > 0$,有:

$$i_{t+\tau,t} + \bar{I} = \max\{i_{t+\tau,t}^* + \bar{I}, 0\} = \max\{f_X X_{t+\tau,t} + f_x x_{t+\tau,t} + \bar{I}, 0\} \quad (\text{B.12})$$

这就要求偏差的投资满足如下非负性约束,

$$z_{t+\tau,t} \geq 0, \tau \geq 0 \tag{B.13}$$

同时要求政策利率投影和偏差的投影满足如下互补松弛性条件:

$$(i_{t+\tau,t}+\bar{I})z_{t+\tau,t} = 0, \tau \geq 0 \tag{B.14}$$

需要注意的是,这个互补松弛性条件意味着,如果 $i_{t+\tau,t}+\bar{I}>0$,那么 $z_{t+\tau,t}=0$。

对于给定的 X_t,我们现在进一步假设存在一个唯一偏差 z^t 的投影,满足(B.9)和(B.12)–(B.14)。[①] 我们把偏差的这个投影和相对应的政策利率投影,称为均衡投影。这个投影,或者所有元素都等于零(在这种情况下,零利率下限在任何时期内都不具有约束力),或者某些元素为正、其他元素为零。令

$$T_t \equiv \{0 \leq \tau \leq T \mid z_{t+\tau,t} > 0\}$$

表示在均衡时偏差的投影为的那些时期的集合。

对于每一个 $\tau \in T_t$,解将满足:

$$i_{t+\tau,t}+\bar{I} = F_i M^\tau \begin{bmatrix} X_t \\ z^t \end{bmatrix} + \bar{I} = 0, \text{对于 } \tau \in T_t \tag{B.15}$$

令 nT_t 表示 T_t 的元素的数量,即,零利率下限有约束力的时期的数量。这样一来,方程组(B.15)就具有 nT_t 个方程,它们决定了 z^t 的 $nT_↑$ 正的元素。从方程组(B.15)可以看出,z^t 的解,以及集合 T_t 都将取决于 X_t 以及初始状态,从而也取决于初始新息 ε_t。对于其他时期(即,$\tau \notin T_t$),零利率下限是不具有约束力的,并且 z^t 中的元素都将为零。因此,方程组(B.15)和集合 T_t 中的时期指的只是零利率下限严格有约束力的那些时期,即,当 $z_{t+\tau,t}$ 为正的那些时期。此外非常重要的一点是,我们要注意到,(B.11)中时期 τ 的集合——对于这些时期,政策利率投影(B.10)违背了零利率下限——并不一定与均衡时零利率下限严格有约束力的时期的集合 T_t 相同。这是因为,预决变量 $X_{t+\tau,t}$ 和前瞻变量 $x_{t+\tau,t}$ 各自的投影(它们决定了不受限制的政策利率),可能是不同的,具体取决于 z^t 是否为零。而这就意味着,当施加了零利率下限约束时,整个政策利率路径都会受到影响。

因此施加零利率下限约束的难点在于,如何找到均衡时零利率下限严格有约束力的集合 T_t,即,找到方程组(B.15)适用的那些时期。一旦做到了这一点,要求解方程组(B.15)就是小菜一碟了。赫布登等人(Hebden et al.,2010)概述了运用一个简单的打靶算法(shooting algorithm)找到 T_t 的程序。

B.2 似然函数的计算

在计算似然函数的时候,我们应用了迈伊(Maih,2010)提出的一般思路。利用迈伊的算法,我们能够将预期的政策冲击(使用前面概述的算法)添加到模型的状态空间方程中,然后用卡尔曼滤波器对这些冲击进行滤波,以便在估计时对政策利率施加零利率下限约束。迈伊的算法的吸引力在于,它不要求我们考虑每个预期政策冲击的标准偏差。因此,对数边缘似然可以直接与不施加零利率下限约束的模型进行比较。关于如何在存在零利率下限约束

---

① 对于这个假设,赫布登等人(Hebden et al.,2010)给出了更多的细节。

时计算似然函数的更多细节,我们建议读者阅读林德等人(Linde et al.,2016)的论著。

C. 数据

在本附录中,我们将说明我们在分析中使用的数据的来源。

C.1 基准模型

基准模型的估计使用了七个主要的宏观经济时间序列:实际 GDP、消费、投资、工作时数、实际工资、价格和短期利率。所使用的贝叶斯估计方法请参见斯梅茨和沃特斯的详细阐述(Smets and Wouters,2003)。GDP、消费和投资数据是从美国商务部经济分析局数据库获取的(下载时间是 2014 年 9 月 25 日)。实际 GDP 的单位是按 2009 年链式美元计的十亿美元。名义个人消费支出和私人国内固定资本投资都已经用 GDP 平减指数进行调整。通货膨胀率则为 GDP 隐性价格平减指数的一阶差分。工作时数和工资数据来自美国劳工统计局(BLS),系非农部门(NFB)数据,包括非农部门所有人的工作时数和小时工资。获得实际的工资变量,小时工资已经除以 GDP 平减指数。工作时数也进行了调整,因为非农部门的覆盖面与 GDP 相比更有限,调整方法是将非农部门的平均工作时数指数与"平民就业率"(16 岁及以上)相乘。所有总量实际变量都表示为人均指标,方法是用 16 岁以上的人口总数相除。全部时间序列都已经进行了季节性调整。利率为联邦基金利率。消费、投资、GDP、工资和工作时数均用 100×对数表示。利率和通货膨胀率在估计时按季度表示(与它们在模型中出现的形式相对应)。不过,在正文的图示中,这些时间系列是以年化数据(400×一阶对数差分)或年度数据(100×四季度对数差异)的形式报告的。

C.2 具有金融摩擦的模型

前七个变量就是用于估计基准模型的那些变量。对于这七个变量,我们已经在附录 C.1 描述过了。除了这些时间序列之外,这个模型还有利差变量。遵循伯南克等人(Bernanke et al.,1999)的先例,这个利差是用 BAA 级企业债券利率与美国十年期政府债券的收益率之间的差额来度量的。

致谢

我们感谢《宏观经济学手册》主编约翰·B. 泰勒(John B. Taylor)和哈拉尔德·厄里格(Harald Uhlig)以及我们这一章的评议人乔纳斯·费希尔(Jonas Fisher),他们提供了非常有益的建议,大大地帮助我们改进了本章。在芝加哥大学贝克尔-弗里德曼研究所召开的《宏观经济学手册》研讨会的与会者、第 18 届中央银行宏观建模国际学术会议(由新西兰惠灵顿储备银行主办)的与会者,以及欧洲中央银行和瑞典中央银行举办的多次研讨会的参加者,也都提出了非常有用的意见和建议。我们非常感谢朱尼尔·迈伊(Junior Maih),他开发出了 RISE 代码,我们就是用它估计有零下限约束的模型的。特别感谢马蒂亚斯·维拉尼(Mattias Villani),承蒙他允许我们使用他的 BVAR 代码,在那里我们设置稳态先验。伦纳德·伏尔泰

（Leonard Voltaire）和杰西卡·雷德斯奇尼格（Jessica Radeschnig）是两位出色的研究助理，对我们帮助很多——当然本章所有可能的错误的责任都在我们自己。弗兰克·施梅茨（Frank Smets）和拉夫·沃特斯（Raf Wouters）感谢欧盟 FP7 项目 MACFINROBODS 提供的资助（项目编号 612796）。本章的观点、分析和结论完全由作者负责，并不代表欧洲央行、比利时国家银行或瑞典中央银行的意见，也不一定与这些机构的任何其他人士的观点一致。

参考文献

Adam, K., Billi, R., 2006. Optimal monetary policy under commitment with a zero bound on nominal interest rates. J. Money Credit Bank. 38(7), 1877—1906.

Adjemian, S., Bastani, H., Juillard, M., Karamé, F., Mihoubi, F., Perendia, G., Pfeifer, J., Ratto, M., Villemot, S., 2011. Dynare: reference manual, Version 4. Dynare Working Papers 1, CEPREMAP.

Adolfson, M., Laséen, S., Linde, J., Villani, M., 2005. The role of sticky prices in an open economy DSGE model: a bayesian investigation. J. Eur. Econ. Assoc. Pap. Proc. 3(2—3), 444—457.

Adolfson, M., Andersson, M. K., Linde, J., Villani, M., Vredin, A., 2007a. Modern forecasting models in action: improving macroeconomic analyses at central banks. Int. J. Cent. Bank. 3(4), 111—144.

Adolfson, M., Laseen, S., Linde, J., Villani, M., 2007b. Bayesian estimation of an open economy DSGE model with incomplete pass-through. J. Int. Econ. 72, 481—511.

Adolfson, M., Laseen, S., Linde, J., Villani, M., 2007c. RAMSES-a new general equilibrium model for monetary policy analysis. Sveriges Riksbank Econ. Rev. 2, 5—40.

Adolfson, M., Linde, J., Villani, M., 2007d. Forecasting performance of an open economy DSGE model. Econ. Rev. 26, 289—328.

Adolfson, M., Laseen, S., Linde, J., Villani, M., 2008. Evaluating an estimated new Keynesian small open economy model. J. Econ. Dyn. Control. 32(8), 2690—2721.

Adolfson, M., Laseen, S., Linde, J., Svensson, L. E., 2011. Optimal monetary policy in an operational medium-sized model. J. Money Credit Bank. 43(7), 1287—1330.

Adolfson, M., Laseen, S., Christiano, L. J., Trabandt, M., Walentin, K., 2013. Ramses II-model description. Sveriges Riksbank Occasional Paper Series No. 12.

Altig, D., Christiano, L., Eichenbaum, M., Linde, J., 2011. Firm-specific capital, nominal rigidities and the business cycle. Rev. Econ. Dyn. 14(2), 225—247.

Andrade, P., Gaballoy, G., Mengusz, E., Mojon, B., 2015. Forward guidance and heterogeneous beliefs. Banque de France Working Paper Series No. 573.

Andres, J., Lo'pez-Salido, J. D., Nelson, E., 2004. Tobin's imperfect asset substitution in optimizing general equilibrium. J. Money Credit Bank. 36(4), 666—690.

Andrle, M. , Kumhof, M. , Laxton, D. , Muir, D. , 2015. Banks in the global integrated monetary and fiscal model. IMF Working Paper No. 15—150.

Anzoategui, D. , Comin, D. , Gertler, M. , Martinez, J. , 2015. Endogenous technology adoption and R&D as sources of business cycle persistence. University Working Paper, New York.

Backus, D. K. , Kehoe, P. J. , Kydland, F. E. , 1992. International real business cycles. J. Polit. Econ. 100, 745—773.

Barro, R. J. , 1974. Are government bonds net wealth? J. Polit. Econ. 82(6), 1095—1117.

Benigno, P. , Nistico′, S. , 2015. Non—neutrality of open—market operations. CEPR Working Paper No. 10594.

Bernanke, B. S. , 2013. Communication and monetary policy. In: Herbert Stein Memorial Lecture at the National Economists Club Annual Dinner, November 19, Washington, DC.

Bernanke, B. , Gertler, M. , Gilchrist, S. , 1999. The financial accelerator in a quantitative business cycle framework. In: Taylor, J. B. , Woodford, M. (Eds.), Handbook of Macroeconomics. North-Holland/ Elsevier Science, New York.

Blanchard, O. , Kahn, C. M. , 1980. The solution of linear difference models under rational expectations. Econometrica. 48, 1305—1313.

Bocola, L. , 2013. The pass-through of sovereign risk. University of Pennsylvania, manuscript.

Boissay, F. , Collard, F. , Smets, F. , 2015. Booms and banking crises. J. Polit. Econ. 124 (2), 489—538.

Boppart, T. , Krusell, P. , 2015. Labor supply in the past, present, and future: a balanced-growth perspective. Stockholm University, manuscript.

Brave, S. A. , Campbell, J. R. , Fisher, J. D. , Justiniano, A. , 2012. The Chicago fed DSGE model. Federal Reserve Bank of Chicago Working Paper No. 2012—2002.

Brubakk, L. , Husebφ, T. , Maih, J. , Olsen, K. , Østnor, M. , 2006. Finding NEMO: documentation of the Norwegian economy model. Staff Memo 2006/6, Norges Bank.

Brunnermeier, M. K. , Sannikov, Y. , 2014. A macroeconomic model with a financial sector. Am. Econ. Rev. 104(2), 379—421.

Burgess, S. , Fernandez-Corugedo, E. , Groth, C. , Harrison, R. , Monti, F. , Theodoridis, K. , Waldron, M. , 2013. The Bank of England's forecasting platform: COMPASS, MAPS, EASE and the suite of models. Bank of England Working Paper No. 471.

Calvo, G. , 1983. Staggered prices in a utility maximizing framework. J. Monet. Econ. 12, 383—398.

Campbell, J. Y. , Shiller, R. J. , 1991. Yield spreads and interest rate movements: a bird's eye view. Rev. Econ. Stud. 58, 495—514.

Campbell, J. R. , Evans, C. L. , Fisher, J. D. M. , Justiniano, A. , 2012. Macroeconomic effects of federal reserve forward guidance. Brook. Pap. Econ. Act. 1—80(Spring issue).

Carlstrom, C., Fuerst, T., Paustian, M., 2012. Inflation and output in new Keynesian models with a transient interest rate peg. Bank of England Working Paper No. 459.

Chaboud, A. P., Wright, J. H., 2005. Uncovered interest parity: it works, but not for long. J. Int. Econ. 66(2), 349—362.

Chari, V., Kehoe, P. J., McGrattan, E. R., 2009. New Keynesian models: not yet useful for policy analysis. Am. Econ. J. Macroecon. 1(1), 242—266.

Chib, S., Ramamurthy, S., 2014. DSGE models with Student-t errors. Econ. Rev. 33(1—4), 152—171.

Christiano, L., Motto, R., Rostagno, M., 2003a. The Great Depression and the Friedman—Schwartz hypothesis. J. Money Credit Bank. 35(6), 1119—1197.

Christiano, L. J., Eichenbaum, M., Vigfusson, R. J., 2003b. What happens after a technology shock? NBER Working Paper Series No. 9819.

Christiano, L. J., Eichenbaum, M., Evans, C., 2005. Nominal rigidities and the dynamic effects of a shock to monetary policy. J. Polit. Econ. 113(1), 1—45.

Christiano, L., Trabandt, M., Walentin, K., 2007. Introducing financial frictions and unemployment into a small open economy model. Sveriges Riksbank Working Paper Series No. 214.

Christiano, L., Motto, R., Rostagno, M., 2008. Shocks, structures or monetary policies? The Euro area and the US after 2001. J. Econ. Dyn. Control. 32(8), 2476—2506.

Christiano, L., Trabandt, M., Walentin, K., 2010a. Involuntary unemployment and the business cycle. Sveriges Riksbank Working Paper Series No. 238.

Christiano, L. J., Ilut, C., Motto, R., Rostagno, M., 2010b. Monetary policy and stock market booms. In: Proceedings-Economic Policy Symposium-Jackson Hole, Federal Reserve Bank of Kansas City, pp. 85—145.

Christiano, L. J., Motto, R., Rostagno, M., 2014. Risk shocks. Am. Econ. Rev. 104(1), 27—65.

Christiano, L. J., Eichenbaum, M., Trabandt, M., 2015. Understanding the great recession. Am. Econ. J. Macroecon. 7(1), 110—167.

Christiano, L. J., Eichenbaum, M., Trabandt, M., 2016. Unemployment and business cycles. Econometrica. (forthcoming in Vol. 84, No. 3, 1289).

Chung, H., Laforte, J. P., Reifschneider, D., 2012. Have we underestimated the likelihood and severity of zero lower bound events? J. Money Credit Bank. 44(2012), 47—82.

Clarida, R., Galí, J., Gertler, M., 1999. The science of monetary policy: a new Keynesian perspective. J. Econ. Lit. 37(4), 1661—1707.

Clerc, L., Derviz, A., Mendicino, C., Moyen, S., Nikolov, K., Stracca, L., Suarez,

J. , Vardoulakis, A. P. , 2015. Capital regulation in a macroeconomic model with three layers of default. Int. J. Cent. Bank. 15(3), 9—63.

Coenen, G. , Erceg, C. , Freedman, C. , Furceri, D. , Kumhof, M. , Lalonde, R. , Laxton, D. , Linde, J. , Mourougane, A. , Muir, D. , Mursula, S. , de Resende, C. , Roberts, J. , Roeger, W. , Snudden, S. , Trabandt, M. , in't Veld, J. , 2012. Effects of fiscal stimulus in structural models. Am. Econ. J. Macroecon. 4(1), 22—68.

Curdia, V. , Del Negro, M. , Greenwald, D. L. , 2014. Rare shocks, great recessions. J. Econ. 29(7), 1031—1052.

De Graeve, F. , 2008. The external finance premium and the macroeconomy: US post-WWII evidence. J. Econ. Dyn. Control. 32(11), 3415—3440.

Del Negro, M. , Schorfheide, F. , 2013. DSGE model—based forecasting. In: Elliott, G. , Timmermann, A. (Eds.), Handbook of Economic Forecasting, vol. 2. Elseiver, Amsterdam, pp. 57—140.

Del Negro, M. , Sims, C. A. , 2014. When does a central bank's balance sheet require fiscal support? FRB of New York Staff Report No. 701.

Del Negro, M. , Schorfheide, F. , Smets, F. , Wouters, R. , 2007. On the fit of new Keynesian models. J. Bus. Econ. Stat. 25(2), 123—162.

Del Negro, M. , Eusepi, S. , Giannoni, M. , Sbordone, A. , Tambalotti, A. , Cocci, M. , Hasegawa, R. , Henry Linder, M. , 2013. The FRBNY DSGE model. Federal Reserve Bank of New York Staff Report No. 647.

Del Negro, M. , Hasegawa, R. , Schorfheide, F. , 2014. Dynamic prediction pools: an investigation of financial frictions and forecasting performance. NBER Working Paper No. 20575.

Del Negro, M. , Giannoni, M. P. , Patterson, C. , 2015a. The forward guidance puzzle. Federal Reserve Bank of New York Staff Reports No. 574.

Del Negro, M. , Giannoni, M. P. , Schorfheide, F. , 2015b. Inflation in the Great Recession and new Keynesian models. Am. Econ. J. Macroecon. 7(1), 168—196.

Dewachter, H. , Wouters, R. , 2014. Endogenous risk in a DSGE model with capital-constrained financial intermediaries. J. Econ. Dyn. Control. 43(C), 241—268.

Doan, T. , Litterman, R. , Sims, C. A. , 1984. Forecasting and conditional projection using realistic prior distributions. Econ. Rev. 3(1), 1—100.

Dotsey, M. , King, R. G. , 2005. Implications of state dependent pricing for dynamic macroeconomic models. J. Monet. Econ. 52, 213—242.

Duarte, M. , Stockman, A. , 2005. Rational speculation and exchange rates. J. Monet. Econ. 52, 3—29.

Edge, R. M. , Gurkaynak, R. , 2010. How useful are estimated DSGE model forecasts for central bankers? Brook. Pap. Econ. Act. 2, 209—244.

Eggertsson, G., Woodford, M., 2003. The zero bound on interest rates and optimal monetary policy. Brook. Pap. Econ. Act. 1, 139—211.

Eichenbaum, M., Evans, C. L., 1995. Some empirical evidence on the effects of shocks to monetary policy on exchange rates. Q. J. Econ. 110(4), 975—1009.

Erceg, C. J., Linde, J., 2010. Is there a fiscal free lunch in a liquidity trap? CEPR Discussion Paper Series No. 7624.

Erceg, C. J., Henderson, D. W., Levin, A. T., 2000. Optimal monetary policy with staggered wage and price contracts. J. Monet. Econ. 46, 281—313.

Evans, G. E., Honkapohja, S., 2001. Learning and expectations in macroeconomics. Princeton University Press, Princeton.

Fair, R. C., Taylor, J. B., 1983. Solution and maximum likelihood estimation of dynamic nonlinear a rational expecations models. Econometrica. 51(4), 1169—1185.

Fernald, J., 2012. Aquarterly, utilization—adjusted serieson total factor productivity. Federal Reserve Bank of San Francisco Working Paper No. 2012—19.

Fernández—Villaverde, J., Rubio—Ramírez, J., 2007. Estimating macroeconomic models: a likelihood approach. Rev. Econ. Stud. 74, 1059—1087.

Fernández—Villaverde, J., Guerrón—Quintana, P. A., Kuester, K., Rubio-Ramírez, J., 2011. Fiscal volatility shocks and economic activity. NBER Working Paper No. 17317.

Fisher, J. D., 2006. The dynamic effects of neutral and investment-specific technology shocks. J. Polit. Econ. 114(3), 413—451.

Fisher, J. D., 2015. On the structural interpretation of the Smets-Wouters "risk premium" shock. J. Money Credit Bank. 47(2—3), 511—516.

Fratto, C., Uhlig, H., 2014. Accounting for post-crisis inflation and employment: a retro analysis. NBER Working Paper No. 20707.

Galí, J., 2008. Monetary policy, inflation and the business cycle: an introduction to the new Keynesian framework. Princeton University Press, Princeton.

Galí, J., Gertler, M., 1999. Inflation dynamics: a structural econometric analysis. J. Monet. Econ. 44, 195—220.

Galí, J., Pau, R., 2004. Technology shocks and aggregate fluctuations: how well does the RBC model fit postwar U. S. data? NBER Macroeconomics Annual.

Galí, J., Gertler, M., Lo' pez-Salido, D., 2001. European inflation dynamics. Eur. Econ. Rev. 45, 1237—1270.

Galí, J., Smets, F., Wouters, R., 2011. Unemployment in an estimated new Keynesian model. NBER Macroeconomics Annual.

Gerali, A., Neri, S., Sessa, L., Signoretti, F. M., 2010. Credit and banking in a DSGE model of the Euro area. J. Money Credit Bank. 42, 107—141.

Gertler, M., Kiyotaki, N., 2010. Financial intermediation and credit policy in business cycle analysis. In: Friedman, B. M., Woodford, M. (Eds.), Handbook of Monetary Economics, vol. III. North-Holland Elsevier Science, New York (Chapter 11).

Gertler, M., Sala, L., Trigari, A., 2008. An estimated monetary DSGE model with unemployment and staggered nominal wage bargaining. J. Money Credit Bank. 40 (8), 1713—1764.

Geweke, J., 1999. Using simulation methods for bayesian econometrics models: inference, development and communication. Econ. Rev. 18(1), 1—73.

Gilchrist, S., Zakrajsek, E., 2012. Credit spreads and business cycle fluctuations. Am. Econ. Rev. 102(4), 1692—1720.

Gilchrist, S., Ortiz, A., Zakrasej, E., 2009. Credit risk and the macroeconomy: evidence from an estimated DSGE model. Manuscript.

Gilchrist, S., Sim, J. W., Schoenle, R., Zakrajsek, E., 2015. Inflation dynamics during the financial crisis. Finance and Economics Discussion Series No. 2015—012, Board of Governors of the Federal Reserve System.

Guerrieri, L., Iacoviello, M., 2013. Collateral constraints and macroeconomic asymmetries. International Finance Discussion Papers 1082, Board of Governors of the Federal Reserve System.

Gust, C., Ló pez-Salido, D., Smith, M. E., 2012. The empirical implications of the interest-rate lower bound. Finance and Economics Discussion Series No. 2012—83, Board of Governors of the Federal Reserve System.

He, Z., Krishnamurthy, A., 2012. A model of capital and crises. Rev. Econ. Stud. 79 (2), 735—777.

Hebden, J. S., Linde, J., Svensson, L. E., 2010. Optimal monetary policy in the hybrid new-Keynesian model under the zero lower bound. Federal Reserve Board, manuscript.

Howard, G., Martin, R., Wilson, B. A., 2011. Are recoveries from banking and financial crises really so different? International Finance Discussion Papers No. 1037, Board of Governors of the Federal Reserve System.

Iacoviello, M., 2005. House prices, borrowing constraints, and monetary policy in the business cycle. Am. Econ. Rev. 95(3), 739—764.

Iacoviello, M., Guerrieri, L., 2015. OccBin: a toolkit for solving dynamic models with occasionally binding constraints easily. J. Monet. Econ. 70, 22—38.

Iversen, J., Laséen, S., Lundvall, H., Soerstrom, U., 2016. Real-time forecasting for monetary policy analysis: the case of Sveriges riksbank. Sveriges Riksbank, manuscript.

Jordà, O., Moritz, H. P. S., Alan, M. T., 2012. When credit bites back: leverage, business cycles, and crises. Federal Reserve Bank of San Francisco Working Paper No. 2011—27.

Justiniano, A., Preston, B., 2010. Can structural small open-economy models account for the influence of foreign disturbances? J. Int. Econ. 81(1), 61—74.

Justiniano, A., Primiceri, G. E., 2008. The time varying volatility of macroeconomic fluctuations. Am. Econ. Rev. 98(3), 604—641.

Justiniano, A., Primiceri, G. E., Tambalotti, A., 2013a. Investment shocks and the relative price of invest ment. Rev. Econ. Dyn. 14(1), 101—121.

Justiniano, A., Primiceri, G. E., Tambalotti, A., 2013b. Is there a trade-off between inflation and output stabilization. Am. Econ. J. Macroecon. 5(2), 1—31.

Kimball, M. S., 1995. The quantitative analytics of the basic neomonetarist model. J. Money Credit Bank. 27(4), 1241—1277.

Klein, P., 2000. Using the generalized schur form to solve a multivariate linear rational expectations model. J. Econ. Dyn. Control. 24, 1405—1423.

Kocherlakota, N., 2009. Modern macroeconomic models as tools for economic policy. 2009 Annual Report Essay, Federal Reserve Bank of Minneapolis.

Kydland, F., Prescott, E., 1982. Time to build and aggregate fluctuations. Econometrica. 50, 1345—1371.

Laseen, S., Svensson, L. E., 2011. Anticipated alternative instrument-rate paths in policy simulations. Int. J. Cent. Bank. 7(3), 1—36.

Leeper, E. M., Leith, C., 2016. Understanding inflation as a joint monetary-fiscal phenomenon. In: Taylor, J., Uhlig, H. (Eds.), Handbook of Macroeconomics, vol. 2B. Elsevier, Amsterdam, Netherlands, pp. 2305—2415.

Leeper, E. M., Traum, N., Walker, T. B., 2015. Clearing up the fiscal multiplier morass. NBER Working Paper No. 21433.

Levin, A. T., Natalucci, F. M., Zakrajsek, E., 2004. The magnitude and cyclical behavior of financial market frictions. Finance and Economics Discussion Series No. 2004—70, Board of Governors of the Federal Reserve System.

Linde, J., 2005. Estimating new Keynesian Phillips curves: a full information maximum likelihood approach. J. Monet. Econ. 52(6), 1135—1149.

Linde, J., Maih, J., Wouters, R., 2016. Alternative approaches to incorporate the ZLB in the estimation of DSGE models. National Bank of Belgium, manuscript.

Liu, Z., Wang, P., Zha, T., 2013. Land-price dynamics and macroeconomic fluctuations. Econometrica. 81(3), 1147—1184.

Lucas, R. E., 1976. Econometric policy evaluation: a critique. Carn. Roch. Conf. Ser. Public Policy. 1,19—46.

Maih, J., 2010. Conditional forecasts in DSGE models. Norges Bank Working Paper No. 2010/7.

Maih, J., 2015. Efficient perturbation methods for solving regime-switching DSGE models.

Norges Bank Working Paper No. 2015/1.

Mendoza, E. G. , 2010. Sudden stops, financial crises, and leverage. Am. Econ. Rev. 100, 1941—1966.

Queijo von Heideken, V. , 2009. How important are financial frictions in the United States and the Euro area? Scand. J. Econ. 111(3), 567—596.

Queralto, A. , 2013. A model of slow recoveries from financial crises. International Finance Discussion Papers No. 1097, Board of Governors of the Federal Reserve System.

Reifschneider, D. , Williams, J. C. , 2000. Three lessons for monetary policy in a low inflation era. J. Money Credit Bank. 32(4), 936—966.

Reinhart, C. M. , Rogoff, K. S. , 2009. The aftermath of financial crises. Am. Econ. Rev. 99(2), 466—472.

Rudebusch, G. D. , Svensson, L. E. , 1999. Policy rules for inflation targeting. In: Taylor, J. B. (Ed.), Monetary Policy Rules. University of Chicago Press, Chicago, pp. 203—246.

Schorfheide, F. , 2000. Loss function-based evaluation of DSGE models. J. Appl. Econ. 15 (6), 645—670.

Sims, C. A. , 1980. Macroeconomics and reality. Econometrica. 48(1), 1—48.

Sims, C. A. , 2003. Implications of rational inattention. J. Monet. Econ. 50(3), 665—690.

Sims, C. A. , 2010. Rational inattention and monetary economics. In: Friedman, B. M. , Woodford, M. (Eds.), Handbook of Monetary Economics, vol. 3A. Elsevier, Amsterdam, pp. 155—181.

Smets, F. , Wouters, R. , 2003. An estimated stochastic dynamic general equilibrium model of the Euro area. J. Eur. Econ. Assoc. 1(5), 1123—1175.

Smets, F. , Wouters, R. , 2007. Shocks and frictions in US business cycles: a bayesian DSGE approach. Am. Econ. Rev. 97(3), 586—606.

Suh, H. , Walker, T. B. , 2016. Taking financial frictions to the data. J. Econ. Dyn. Control. 64, 39—65.

Taylor, J. B. , 2007. Housing and monetary policy, in housing, housing finance, and monetary policy. In: Proceedings-Economic Policy Symposium-Jackson Hole, Federal Reserve Bank of Kansas City, vols. 463—476.

Taylor, J. B. , Wieland, V. , 2012. Surprising comparative properties of monetary models: results from a new monetary model base. Rev. Econ. Stat. 94(3), 800—816.

Vavra, J. , 2013. Time-varying phillips curves. University of Chicago, manuscript.

Vayanos, D. , Vila, J. L. , 2009. A preferred-habitat model of the term structure of interest rates. London School of Economics, manuscript.

Villani, M. , 2009. Steady state priors for vector autoregressions. J. Appl. Econ. 24, 630—650.

Warne, A., Coenen, G., Christoffel, K., 2015. Marginalized predictive likelihood comparisons of linear Gaussian state-space models with applications to DSGE, DSGE-VAR, and VAR models. J. Appl. Econ. (forthcoming). http://dx. doi. org/10. 1002/jae. 2514.

Wieland, V., Wolters, M., 2013. Forecasting and policy making. In: Elliott, G., Timmermann, A. (Eds.), Handbook of Economic Forecasting, vol. 2, Elseiver, Amsterdam, pp. 239—325(Chapter 5).

Wieland, V., Cwik, T., Müller, G. J., Schmidt, S., Wolters, M., 2012. A new comparative approach macroeconomic modeling and policy analysis. J. Econ. Behav. Organ. 83, 523—541.

Williams, J. C., 2014. Monetary policy at the zero lower bound: putting theory into practice. Hutchins Center Working Paper No. 2, Brookings Institution, Washington, DC.

Woodford, M., 2003. Interest rates and prices. Princeton University Press, Princeton.

Woodford, M., 2014. Stochastic choice: an optimizing neuroeconomic model. Am. Econ. Rev. 104(5), 495—500.

Yun, T., 1996. Nominal price rigidity, money supply endogeneity, and business cycles. J. Monet. Econ. 37, 345—370.

第二十九章　流动性要求、流动性选择与金融稳定性

D. W. 戴蒙德(D. W. Diamond) [*,†],

A. K. 卡什亚普(A. K. Kashyap) [*,†]

[*]:芝加哥大学布斯商学院,美国,伊利诺伊州,芝加哥市,芝加哥大学;

[†]:国家经济研究局,美国,马萨诸塞州,剑桥

目　录

本章摘要: 在本章中,我们研究了戴蒙德和迪布维格(Diamond and Dybvig,198 年)的模型的一个修正版。在我们这个模型中,银行可能会持有一种流动资产,某些存款人能够观察到会导致他们对银行进行挤兑的"太阳黑子",同时所有存款人都只拥有关于银行能不能在挤兑中生存下来的不完全信息。信息的不完全性,意味着银行不会自动地拥有足够高的、始终持有足够多的流动资产(以避免挤兑)的激励。流动性覆盖率和净稳定融资比例(即将实施)等诸如此类的监管措施可能会改变银行的激励,使得银行挤兑不太可能发生。但是,最优监管却不能简单地模仿这些规则。

关键词: 银行挤兑,银行监管,流动性监管,净稳定融资比例,流动性覆盖率

1. 引言

2009 年 9 月,全世界 20 个主要经济体的领导人创建了金融稳定委员会(Financial Stability Board,FSB)。这个机构的宗旨是:"在国际层面上,对各国金融监管机构和国际标准制定机构(SSB)的工作进行协调,促进各种金融监管政策以及其他金融政策的有效实施。"从那之后,全世界的金融体系进行了一次全面的"监管大修"。

到今天,"宏观审慎"监管已经成为了这个方向上的各种努力的统一代名词。然而,正如我们在本章下一节中将要解释的那样,这个术语在实践中究竟意味着什么却相当难以捉摸。无论如何,在 21 世纪 10 年代进入最近几年之际,有两个实实在在的变化确实已经发生了。第一个变化是关于银行资本金要求的规则的改革,与这个变化相关的研究非常多。第二个变化是人们了解得相对较少的,那就是,在巴塞尔银行监管委员会(Basel Committee on Bank Supervision)的协调下,各主要经济体一起制定的关于银行债务结构和要求银行持有某些类型的流动资产的新规定,并同意在 2019 年之前付诸实施。

到目前为止,对资本监管要求与对流动性监管要求的经济分析之间,一直存在着显著的不对称性。莫迪利亚尼和米勒(Modigliani and Miller,1958)的开创性研究为我们讨论资本监管问题提供了坚实的理论基础和便利的分析框架。任何一个学习公司金融的学生,都会碰到这个理论。至于讨论基于这个理论给出的各种预测的实证研究文献,那就更是汗牛充栋了。自从关于银行资本的国际规则于 1988 年正式实施以来,经济学家针对这类监管措施的影响进行了许多实证检验。前几年,阿德凯和海尔威格(Adkai and Hellwig,2013)还出版了一本面向普通民众的书,为增加商业银行的资本要求的做法进行了辩护。

相比之下,关于流动性监管的讨论则远远落后了。例如,直到今天,关于中介机构的流动性要求的基准理论仍未出现。事实上,在讨论流动性问题时,金融经济学家内部甚至还未

能就有关基本概念达成一致,因而对于金融经济学家所研究的流动性,也就不存在普遍公认的实证测度。艾伦(Allen,2014)在对"仍很稚嫩"的讨论流动性监管问题的文献进行综述时,这样写道:"在这个领域,仍然需要更多的研究。在资本监管领域,已经有了非常多的文献,但是对最优资本要求水平仍然没有达到共识。而在流动性监管领域,我们甚至不知道所争论的东西到底是什么。"

尽管如此,全球监管机构已经在若干流动性要求上达到了一致,例如,请参见,巴塞尔银行监管委员会(Basel Committee on Bank Supervision,2013a,2014)。监管者们提出了两个新概念,即,流动性覆盖率(liquidity coverage ratio,LCR)和净稳定融资比例(net stable funding ratio,NSFR)。到 2019 年,银行必须符合对这两个比率的要求。因此,对于目前的情况,似乎可以公平地说,我们正面临着实践领先于理论和测量的局面。

在本章中,我们对关于流动性监管的现有文献进行了综述,然后在此基础上构建了一个讨论流动性监管的理论框架。我们提出的这个理论要阐明的核心要点是,经过适当的参数化处理后,像流动性覆盖率和净稳定融资比例这样的监管规则可能会涌现出来,而且这些规则将会带来改进——相对于无监管下的基准结果。然而,我们模型中涌现出来的监管规则在不同银行之间自然会有所不同,因此它们并不是对现在正准备实施的监管规则的简单模仿。

我们这个模型包括如下关键组成部分。首先,我们考虑的是一些在空间上相互分开的银行,因此它们不需要为招揽存款而激烈地相互竞争。将银行视为垄断者,我们就可以暂且将因为对存款市场建模而产生的一些复杂问题放到一边,从而大幅度地简化分析。我们这个模型也可以解释为对总体银行体系的一种描述。在讨论关于金融稳定和金融监管的时间时,总体银行体系是最主要的关注对象。在后面这种解释下,忽略存款竞争可能更加自然。

其次,我们假设,中介机构(银行)为客户提供流动性保险,因为客户的取款需求(或者说,消费欲望)是不确定的。我们在戴蒙德和迪布维格的模型(Diamond and Dybvig,1983)的基础上,构建了一个银行业务模型,在这个模型中,银行基于大数定律,为客户提供保险,满足客户的特异性流动性需求。

对于熟悉戴蒙德和迪布维格的模型(Diamond and Dybvig,1983)的人员,我们做了两个修正。第一个修正是允许银行投资流动性资产(liquid asset,也译为"速动资产"),而且回报率超过了清算速动资产的回报率,因此这是一种向需要流动性的客户付款的有效率的方式。这个修正引入了贷出款项与持有流动性之间的一个权衡。对于这种权衡,巴塔查里亚和盖尔(Bhattacharya and Gale,1987)、艾伦和盖尔(Allen and Gale,1997)等的多篇论文中也讨论过。

对戴蒙德和迪布维格的模型(Diamond and Dybvig,1983)的第二个修正体现在银行所面临的挤兑风险的形式上。我们假设,银行能够对他们的客户因基本面原因而产生的总需求做出很好的评估,同时银行也知道有部分客户会收到一个信号("太阳黑子"),它可能会导致银行挤兑。我们所考虑的这个太阳黑子是一种比喻说法:人们会关注银行"是不是健康",但是他们并不拥有一个关于银行的偿付能力状况的完全成型的信念集。我们假设,客户们在做出决策时,并不能充分评估银行兑付存款的能力。考虑到现代银行业的复杂性,假设大多数客户无法精确地确定银行的期限错配程度和银行可能挤兑的脆弱程度,是符合现实的。这种信息不完全性对银行提出了挑战,因为银行的客户不一定知道银行是不是谨慎地持有了足够的流动性,因此会降低银行持有流动性的激励。

而在银行挤兑确实发生了的情况下,我们的模型将会不同于戴蒙德和迪布维格的模型(Diamond and Dybvig, 1983)以及恩尼斯和基斯特的模型(Ennis and Keister, 2006),而假设存在并不是所有的客户都想要抽回资金的可能性。在我们看来,这种部分挤兑是值得分析的,原因有如下两个。第一,从实践来看,现实世界似乎确实存在一些"粘性"存款,它们即便在银行面临着相当大的压力时也不会逃离。第二,就算没有出现问题,通常也可以分辨清楚哪些类型的存款最容易抽逃。因此,有了这种假设,我们就可以很方便地讨论针对不同类型的提款风险的不同政策了。

在这种模型设定下,我们可以评估金融体系在不同监管安排下对于银行挤兑的脆弱性。在基准情况下,我们假设银行简单地最大化自己的利润,然后观察哪种类型的均衡会出现。通常来说,在像戴蒙德和迪布维格(Diamond and Dybvig, 1983)那种类型的模型中,结果在很大程度上会取决于存款人的信念是怎样形成的。在某些特定的参数配置下,银行纯粹为自身谋利的动机就足以确保整个银行体系不会受到挤兑,即便存款人不拥有关于银行持有的流动性的详细信息,也是如此。在这种情况下,增加流动性并不会影响给定的存款人关于要不要加入挤兑行列的选择(如果他担心的话)。

存款人可能无法利用关于银行持有的流动性头寸的披露信息确定它们是否能够保证银行在挤兑中生存下来,导致这种情况的原因有很多,我们将讨论其中几个原因。为了理清思路,我们可以先考虑一个银行是不是会选择持有足够的流动性,尽管速动资产与非速动的贷款之间的权衡是完全不可观察的。通常,在存款人无法确定流动性持有量的变化会怎样影响银行面对挤兑时的稳健性的情况下,银行就会面临很大压力,它们必须决定为了防范挤兑风险,要在多大程度上强化自己。当然,它们总是可以选择采取最保守的态度,以保证自己能够承受基本的存款支取和最严重的恐慌性取款。但是,为了做到这一点,他们将不得不只经营极少的贷款业务,也就是说,为了防范挤兑而放弃的利润将会很高。因此,同样可能的是,它们会扩大贷款以获取更大的利润,但是那样的话,它们就有可能无法撑过挤兑风潮。

接下来,我们引入监管干预措施,以便对银行现在和未来可能的投资组合选择施加限制。在基准模型设置中,银行拥有完全一致的激励,去为满足基本的总取款需求提供服务。因此,监管当局面临的挑战是,如何判断监管要求能不能改善结果——这种监管要求为了让银行变得在遭到挤兑时更加稳健,必定会扭曲私人银行机构的激励。我们引入的是前述即将生效的两项巴塞尔规则所启发的监管措施。

模型的一个变体要求银行拥有一定初始流动性头寸,而且必须在存款人的意图清晰地显露出来之前就建立好这个初始流动性头寸。这种要求所发挥的作用,类似于巴塞尔银行监管委员会的改革计划中的"净稳定融资比例"(NSFR)。第二个选择是,强制要求银行总是持有超出基本提款所需的额外的流动性资产(速动资产)。这种要求相当于施加关于当前和未来必须持有的速动资产最低数量的限制。从表面上看,这种规定有点像对银行的传统储备金要求,但是也可以被解释为一种"流动性覆盖率"要求,而这正是巴塞尔银行监管委员会的改革计划的一部分。

关于流动性覆盖率,现在的一个争论是,在发生了危机的情况下是否仍然可能部署所需的流动性。古德哈特(Goodhart,2008)对这个问题用类比的手法进行了分析。他给出的如下比喻现在已经变得很出名了:"一个疲惫不堪的旅客,深更半夜下了火车,好不容易发现了一辆出租车,他很高兴,以为它可以载他去远方目的地。他大喊着叫车,但是出租车司机却回答说不能送他,因为当地的法律规定,火车站上必须随时都有一辆出租车准备着接客。"

要解决古德哈特这个两难问题,一个方法是认识到,从广义上说,对于流动性监管法规背后的目的,可以考虑两种动机。一种动机是确保银行能够更好地抵御万一可能会出现的取款的惊涛骇浪。从这个角度来看,强制最后一辆出租车不能离开火车站似乎是很愚蠢的做法。另一个可能的动机是,制定旨在保证从一开始就能够降低取款浪潮发生的可能性的监管法规。我们的模型有助于突出监管措施的潜在激励性质,并且可以解释为什么强制保持某些未使用的流动性可能是有益的。

为了研究在流动性选择上,私人动机和社会动机是如何变得歧异丛生的,我们分析了两个"巴塞尔风格"规则,最后得到的主要结论是,尽管相对于纯粹按自身利益行事所产生的结果,它们可以带来一些改善,但是每个规则都会导致潜在的无效率。因此,我们还简要介绍了一个社会规划者的机制设计问题的解。社会规划者拥有的关于取款风险的信息要比银行少,但是社会规划者希望实现对银行的最优监管以避免挤兑。这个解提供了一个自然的基准,可以用来评价"巴塞尔风格"的管理规则。

本章其余部分共分为五节。第2节是我们对以往的研究的一个选择性综述。我们将这一节进一步分为三个小节。我们首先介绍了围绕着宏观审慎监管的若干政策建议和研究,然后讨论了关于资本要求的大量且快速增长的文献。我们提出了对这些研究进行分类的标准,并重点介绍了几篇讨论资本监管的净效应的最新论文的细节。在这一节的最后一部分,我们评述了与我们关注的流动性监管问题的相关的最新论文的观点。

第3节介绍了我们的基准模型。我们先在完全信息框架下解释它的工作原理。我们还推导出了一个通用的命题(它在不完全信息下也成立),它描述了在什么时候银行所偏好的流动性选择能够阻止挤兑。然而,一般来说,私人选择的流动性水平不一定足以阻止挤兑。所以这就为可能做到这一点的监管打开了大门。

在第4节中,我们分析了与巴塞尔改革计划所考虑的流动性监管描述相类似的两种规定。我们首先阐明,一种特定的监控措施,即要求银行始终持有相当于存款的某个固定比例的流动性资产,也许能够阻止挤兑的发生。这种监管措施之所以能够发挥作用,是因为强制流动性要求,再结合银行出于自身利益考虑而为可预测的存款流出所做的准备,会导致银行持有更多的整体流动性(与其他情况下相比)。由于存款人明白这一点,因而也就消除了他们在某些情况下挤兑的动机。我们还考虑了关于存款人的知识、监管者可以获得的信息的其他假设,并评估了银行在这些情况下面对挤兑的脆弱性。

在第 5 节中,我们描述了对基线模型的几种扩展。第一种扩展涉及一个机制设计问题。在这个机制设计问题中,监管机构不拥有关于银行的所有信息,但是试图避免银行挤兑。我们在另一篇论文——戴蒙德和卡什亚普(Diamond and Kashyap,2016)——中详细描述了这个问题的解,因此在本章中我们将直接给出我们得到的主要发现。这个模型证明,尽管银行拥有私人信息优势,但是只要利用好适当的工具,监管机构还是可以引导银行持有适当的流动性并避免挤兑。

在这一节中,我们也简要地讨论了资本监管。我们解释了,为什么作为管理流动性问题的一个工具,与我们考虑的其他监管措施相比,资本要求的有效性可能相对较低。很显然,在信贷风险和流动性风险都存在的更加符合现实的模型中,资本要求和流动性要求可以用于实现不同的目标。我们描述了其中的一些差异。

第 6 节给出了我们的结论。除了总结我们的研究结果外,我们还提出了几个有待进一步研究的问题,它们也是解决本章所分析的问题时要考虑的自然的后续步骤。

2.　文献综述

自从 2008 年全球金融危机爆发以来,研究金融监管的文献也呈现出了爆炸性增长的势头。与此同时,监管措施和监管工具的数量也在与时俱增。要想全面总结所有这些工作,需要写一本厚厚的书。因此,为了保证我们这里这个文献综述的简洁性,我们主动限制了我们的讨论范围:在这里,我们只重点关注上述变化背后的理论基础和理论依据。[①]

2.1　宏观审慎监管

克莱门特(Clement,2010)描述了一段有趣的历史,说明了"宏观审慎"这个术语的起源和含义。据他推测,这个术语最早出现在 1979 年,当时有一个委员会(那是巴塞尔银行监管委员会的前身)在一份文件中使用了"宏观审慎"一词。克莱门特还认为,第一份使用这个术语的公开文件是现在被称为全球金融系统委员会(Committee on the Global Financial System)的一份委员会报告,它将宏观审慎政策定义为提升"整体金融体系和支付机制的安全性和稳健性"的政策措施。

2000 年 9 月,时任国际清算银行(General Manager of the Bank for International Settlements)总裁的安德鲁·克罗克特(Andrew Crockett)在一次演讲中将宏观审慎政策作为核心要旨,使得这个术语得到了广泛关注(Crockett,2000)。克罗克特将宏观审慎政策的目标界定为"减

[①] 许多研究从不同视角探讨了 2008 年金融危机后不断变化的监管理念,其中一些例子,请参见:西哈克等人(? Čihák et al.,2013);金融稳定委员会(Financial Stability Board,2015);克莱森斯和科德雷斯(Claessens and Kodres, 2014);巴塞尔银行监督委员会(Basel Committee on Bank Supervision,2013a、b);以及费希尔(Fisher,2015)。"

少经济因金融困境而承受的成本,包括由监管当局追求的政策所导致的道德风险引发的成本"。克罗克特之所以呼吁实施宏观审慎政策,理由源于他的如下信念:单个机构的最优化选择,可能会给整个金融体系带来问题。他还特别强调了明确区分监督个别机构时要解决的问题与保护整个金融体系时要面对的监管挑战的重要性。

为什么私人机构追求自身利益的个体行为会与社会福利不一致?克罗克特没有给出精确的微观经济基础,但是他确实举出了几个例子,他认为从这些例子可以看出这种歧异的可能性。他提到的一个例子是,一个银行,在试图限制信贷风险敞口的时候,可能会选择减少对自己的客户的贷款,但是如果所有银行都这样做,那么就会导致信贷紧缩,从而可能引发经济衰退。第二个例子是,在资产价格下跌时,人们会选择出售资产来削减资产敞口,但是如果所有人都急于降价抛售,那么就会极大地加剧资产价格的下滑。第三个例子是,如果许多贷款人同时缩短了提供给某个借款人的融资的到期期限,那么就有可能导致挤兑的风险上升,从而使得它们都变得更加脆弱。

我们认为,克罗克特所强调的单个金融机构(或监督单个机构的监督者)的狭隘的私人利益与整体社会利益之间的歧异,正是宏观审慎政策的重点所在。事实上,许多讨论宏观审慎政策的文献也确实是在这个方向上着力的,它们的分析起点往往是澄清为什么(以及什么时候)社会利益和私人利益会出现歧异。无论是研究者,还是制定政策的监管者,面临的共同挑战是,对于导致这种歧异的各种具体原因,很难对它们建模并确定它们的优先次序。为了更清楚地说明这个问题,我们下面就来比较克罗克特之后关于宏观审慎监管的三个主要观点。

首先,国际清算银行发布的众多文件和研究报告——例如,像克莱门特(Clement, 2010)所指出的那样——现在都将克罗克特的立场解释为存在两种不同类型的需要解决的宏观审慎监管问题。第一类问题与随着时间推移而积累的风险有关,这些风险通常被称为金融体系的顺周期性或宏观审慎政策问题的"时间维度"。第二类问题则涉及金融体系内部的风险分配,它们被称为宏观审慎政策问题的"横截面维度"。确实,很多官方文件都采纳了这个将时间序列宏观审慎问题与横截面宏观审慎问题区分开来的惯例。正如克莱门特(Clement, 2010)所指出的,尽管国际清算银行在讨论宏观审慎问题时所采用的表达方式相对来说还算准确,但是"在公共领域使用这个术语时,有时是相当不严谨的。在很多情况下,宏观审慎政策几乎可以直接与以下含义的政策互换使用:旨在解决宏观经济与金融稳定之间的交叉点上的系统性风险或问题的任何政策,无论使用哪种具体的政策工具。"

与此相反,汉森等人(Hanson et al., 2011)则从如下问题开始讨论:"现代金融危机是如何出现并发展的?为什么不受监管的金融体系,以及只实施了资本监管的金融体系(其资本规则只适用于传统银行),都可能是脆弱的?"他们的观点得到了斯泰因(Stein, 2012)的模型的支持。他们假设,银行会发现通过短期债务来筹资的成本,要比通过权益资本来融资更低,因此银行没有太大激励在正常时期建立强大的权益资本准备。这样一来,在发生了危机的时候,如果这些银行遭受了巨大的损失的话,债权的市场价值就可能会低于面值,从而阻止他们筹集新的权益资本[迈尔斯(Myers, 1977)]。因此,在这种情况下,银行可能会通过缩减自身的资产基础来满足资本监管要求。据此,汉森等人(Hanson et al.,2011)认为,宏观审慎监管的目标应该是"对多个金融机构遭受某个共同冲击时过度缩减资产负债表的行为导致的社会成本加以控制"。

由挪威中央银行的一些经济学家完成的一篇较晚近的综述论文[博克格雷温克等人(Borchgrevink et al.,2014)]认为,事实上有六种市场失灵都可能引发宏观审慎政策的介入。这六种市场失灵是:货币外部性、互联外部性、策略互补性、总需求外部性、柠檬市场和对完全理性的偏离。因此毫不奇怪,他们得出了这样的结论:"由于市场失灵类型的多样性,应对政策自然也应多种多样。'政策分析'的'主力(母机)'模型仍未出现。"不过,他们还认为,资本监管和流动性监管都应该根据总体状况来调整,而不能仅仅针对个别银行来调整;同时对于借款人,应该用时变性政策加以限制,以迫使他们将过度借款的成本内部化。[①]

我们认同博克格雷温克等人(Borchgrevink et al.,2014)的结论,即,就目前而言,宏观审慎文献仍然相当不稳定,因此要判断它们最终会向哪个方向发展为时尚早。有鉴于此,在我们这个综述的剩余部分,我们将只关注这样一些与资本监管和流动性监管有关的研究:它们要考虑的问题的范围是可以确定的,涉及的具体的全球性政策是可以实施的。

2.2　资本监管

在对与资本监管有关的研究进行综述时,可以沿着两个维度对相关论文加以分类。第一个维度是与莫迪利亚尼和米勒(Modigliani and Miller,1958)关于资本结构的命题有关。与在所有的公司金融模型中一样,莫迪利亚尼-米勒命题如果没有一个不成立,那么对资本结构的任何选择都是无关紧要的。在文献中,违背了莫迪利亚尼-米勒命题的行为,引起研究者关注的主要有四种。

第一种与存款保险的存在有关。如果银行资本结构中有一部分是由政府保证不会遭受损失的,那么权益持有者就有激励进行风险转移。在许多模型中,本应为权益持有人服务的银行经理会产生这样一种动机:在不利的冲击发生之后赌上一把,因为如果赌输了,反正存款有保险,存款人不会遭受损失。

第二种扭曲与银行股东不会蒙受损失的保证有关。对此,通常的处理方法是把一些银行假设为"太大而不能倒的"或"互联性太高而不能倒"。而且,在最近这场全球金融危机中,还发生了这样的情况:在某些国家,规模较小的非系统性银行的权益所有者因它们所拥有的政治关系而不会蒙受损失。

第三,违背了莫迪利亚尼-米勒关于完全金融市场的假设。由于市场不完全性,能够创设新证券的机构就应该是有价值的。在银行业务的背景下,存款就是银行可能创设的特定用途的证券的一个突出例子。

---

① 其他一些研究者则利用可以使用的不同类别的各种监管工具之间的区别来组织相关文献。例如,艾克曼等人(Aikman et al.,2013)将工具分成了如下三个类别:对金融机构的资产负债表起作用的工具、影响金融交易条款的工具以及影响市场结构的工具。而塞鲁蒂等人(Cerutti et al.,2015)则在一项实证研究中分析比较了12种不同类型的规定。

第四，许多模型都要考虑不对称信息问题或道德风险问题。这方面的典型例子很多，例如，借款人可能比贷款人更了解他们自己的投资机会，或者，在获得了资金后，借款人可能会转移投资风险。

因此，与对非金融企业的大部分研究不同，资本结构的权衡理论——即企业会因债务的税收优势而更偏好利用债务融资，并且会对这种收益与万一陷入财务困境的成本进行权衡——在关于资本监管的货币银行学研究中得到重视。相反，业界通常是以监管能够解决如前所述的四个问题中的某一个或几个为理由来解释监管的合理性的。能够增进福利的监管类型，将因对那些摩擦中的某一个或几个存在的假设而不同。

可以用来对资本监管文献分类的第二个重要维度是，关于银行所能提供的经济服务的假设是什么。[①] 大体上说，现在有三种类型的银行服务得到了广泛的建模。第一种假设是，某些类型的金融机构能够提高借款人可以获得的信贷额度（相对于个人储蓄者能够贷出的"直接贷款"而言）。各种号称有微观基础的理论通常会假设借款人可能会在获得贷款后违约，所以任何贷款人都必须勤勉地监督借款人——例如，戴蒙德（Diamond，1984）。如果由专业的机构来集中发放贷款，那么就可以大幅地减少这种监督成本，并进而提高信贷额度。

关于银行等中介机构承担的角色，第二种假设是它们帮助个人和企业分担风险，例如，请参见艾伦和盖尔（Allen and Gale，1997）、本斯顿和史密斯（Benston and Smith，1976）。对中介机构的这种行为的建模方法多种多样，但是最简单的一种也许是要先认识到，由于银行能够既可以让存款人选择存款，又可以让存款人选择股权，所以银行可以创建两种不同类型的索取权——它们都由银行的资产支持。有了这两种选择，存款人就可以对冲掉一些与贷款相关的风险，而且这种对冲可以改进存款人的消费机会。更一般地说，这个方向上的理论模型假设银行有助于归集风险、分级风险和分散风险。[②]

第三类模型与上述第二类模型是互补的。这类模型假设金融体系创设了便利交易的流动性请求权。这类模型背后的建模动机有很多种。在莫迪利亚尼-米勒式的模型中，中介机构能够为消费者的流动性需求提供交叉保险，方法是利用自己的客户群体中存在的大数定律。但是，这样做也可能会使银行陷入遭遇挤兑的困境，而挤兑给银行及其借款人和存款人都会带来灾难性的后果。卡洛米利斯和卡恩（Calomiris and Kahn，1991）、戴蒙德和拉詹（Diamond and Rajan，2001）对此解释说，挤兑这种极具破坏性的性质，或许有助于约束银行，让银行努力履行自己的义务。因此，银行面对挤兑时的这种脆弱性，在允许大量贷款和大量流动性的创造方面，具有潜在的重要意义。

戈顿和温顿（Gorton and Winton，2003）对这三类理论进行了更加全面的回顾，并给出了如下这个明确的结论：不同的模型，基于各自不同的假设——上述三种服务中哪一种（哪一些）是有效的？ 违背莫迪利亚尼-米勒命题的哪一种（哪一些）情况发生了？——对资本监管在改善福利方面的有效性会得出非常不同的结果。例如，在假设流动性创造不是银行所提

---

① 接下来的这几段是从卡什雅普等人（Kashyap et al.，2014）的论文中摘录过来的。
② 例如，如果存在与购买证券相关的交易成本，那么不发放任何贷款、只持有可交易的证券的银行仍然是有存在价值的。

供的一种服务的模型中,强制推行更高比例的股权融资的成本通常并不会很高。类似地,为了保护纳税人不必因救助银行而受损,或者为了保护存款人的存款而强制银行更多通过发行股票筹资的政策,所能得到的收益可能相当大。

我们在这里不打算对研究资本监管问题的诸多论文的结果进行综述。相反,我们推荐有兴趣的读者直接去阅读晚近发表的几项很出色的综述研究并参考它们所引述的文献,包括布鲁克等人(Brooke et al.,2015)、马尔蒂诺瓦(Martynova,2015)、罗切特(Rochet,2014)。布鲁克等人的综述和罗切特的综述都对高资本金要求的宏观经济成本和收益进行了比较,并且在评估它们的时候使用了多种计算方法。在这两篇综述中,作者们认为,高资本金要求的好处是能够减少金融危机发生的可能性和潜在严重性(以及相关的产出的减少)。而更高的高资本金要求的成本则体现在导致贷款减少并进而导致产出下降的潜在可能性上。这两篇综述最终都得出了一个"谦逊"的结论:从实证研究的角度来看,尽管可以利用许多不同类型的证据,但要对估计资本监管的净效应进行估计仍然是非常困难的,而且整体净效应本身也存在着很大的不确定性。

另一个重要的观察结果是,对于流动性监管、流动性监管与资本监管之间的潜在交互作用,这些综述所讨论的大多数论文之所以不能告诉我们太多东西,是因为在它们的分析环境中,流动性创造是没有价值的(因此也不存在限制流动性创造的成本)。类似地,布瓦曼(Bouwman,2015)在他的综述中也强调指出了对资本监管与流动性监管之间的潜在相互作用缺乏研究这个缺陷,并认为"更好地了解资本要求和流动性要求之间相互作用的机制,是至关重要的。"

2.3　流动性监管

如第 1 节所述,研究流动性监管的目的和效果的论文要少得多。艾伦(Allen,2014)对这一支"新生"的文献进行了综述。对于他在综述的结尾给出的结论,我们也是完全认同的。他这样写道:"在这个领域,仍然需要更多的研究。在资本监管领域,已经有了非常多的文献,但是对最优资本要求水平仍然没有达到共识。而在流动性监管领域,我们甚至不知道所争论的东西到底是什么。"

对于研究流动性监管的大部分文献,前面用来对资本监管文献进行分类的两维度分类法依然适用。卑之无甚高论,比如说,如果假设一家银行提供的经济服务不包括提供流动性的话,那么以流动性为重点的监管就不值得特别重视了。在很多情况下,监管流动性对实现其他目标是有意义的,例如补充或替代资本要求。然而,如果到期期限转换并不是金融体系的"产出"之一,那么在这种模型中对流动性监管的效力进行的评估必定是不完整的。但是,我们可以直言不讳地指出,如果不知道限制流动性本身的成本,那么很显然,对于有这种效应的监管的成本就无法充分评估。

值得指出的是,大多数研究流动性和流动性监管的论著,都将承担这种"活动"的机构称为"银行"。但是,正如 2008 年全球金融危机已经很清楚地告诉我们的,这种活动绝不可能局限于银行。下面的图 1 复制自鲍等人的论文(Bao et al.,2015),它给出了过去 30 多年来美国金融体系内可运用资金的总额的演变轨迹。

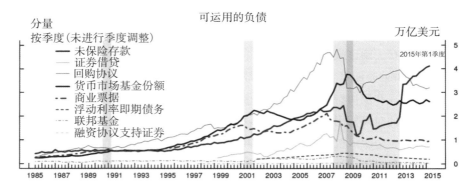

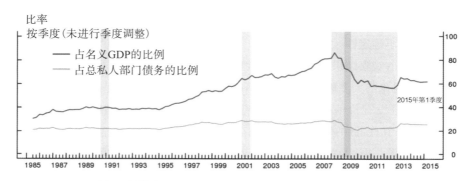

图 1 鲍等人(Bao et al.,2015)对美国可运用资金的估计

注:未保险存款等于存款总额减去已经保险的存款之间的差额。1985 年至 1990 年间的已保险存款的季度时间序列,是通过内插法从可得的年度数据中获得的。对于 2008 年第 4 季度至 2012 年第 4 季度的各阴影区域[浅灰色阴影],已保险存款由于交易账户保证(Transaction Account Guarantee,TAG)计划而增加。对于 2008 年第 4 季度至 2009 年第 2 季度,有部分已保险存款没有计入,因为联邦存款保险公司(FDIC)没有收集进入交易账户保证计划的、余额在 10 万美元到 25 万美元之间的账户的已保险存款的数据。与浅灰色阴影重叠的那些灰色阴影,表示的是美国国家经济研究局(NBER)确定的衰退日期。资料来源:Staff calculations using data from RMA、DTCC、SIFMA、Call Reports、Financial Accounts、M3 monetary aggregates、and Bloomberg Finance LP.

我们从鲍等人(Bao et al.,2015)的估计中可以得出三个观察结果,在本章下面的讨论中,我们要把这三个结论时刻牢记在心。第一,在过去 20 年以来,到期期限转换的数量出现了非常可观的增长。从 1995 年到 2015 年,这种活动的规模用相当于 GDP 的比例来衡量,提高了 50%。第二,早在 1985 年,这种活动发生在银行体系外部的部分的规模就已经与发生在银行体系内部的部分相当了。第三,在 2008 年全球金融危机之后,这种活动的规模出现了急剧下滑。回购协议和货币市场基金的下降特别明显,但是从占 GDP 的百分比来看,2015 年的水平仍然与 2005 年的水平相近(2005 年是 2008 年全球金融危机之前的疯狂时期)。因此,即便是在 2008 年全球金融危机发生并引入了各种监管改革措施之后,期限转换的规模仍然是相当可观的。

考虑到这些证据,我们在下文中只讨论那些假设金融系统至少有一项服务是提供流动性的论文。而对于这些论文,将它们划分为如下两类将有助于我们的思考:一类是以与戴蒙德和迪布维格的模型(Diamond and Dybvig,1983)相同或相似的方式对流动性监管进行建模的论文,另一类是引入了其他机制的论文。

在戴蒙德-迪布维格风格的这些模型中,我们主要关注与我们本章的主题密切相关的三个模型。恩尼斯和基斯特的模型(Ennis and Keister,2006)具有很强的戴蒙德-迪布维格风格,同时也与库珀和罗斯(Cooper and Ross,1998)的模型相关。在这个模型中,恩尼斯和基斯特要确定银行需要持有多少流动性才能防范挤兑的发生。他们计算出了,为了给所有存款人的挤兑提供足够的缓冲,银行必须持有的过剩流动性的数量。此外,他们还确定了为了给存款人付款准备的最佳金额。这是一个假设了完全信息的模型,当存款人希望自己存款的银行是安全的银行时,银行就有私人激励去保持足够的过剩流动性来防止太阳黑子型挤兑的发生。恩尼斯和基斯特没有研究监管规则,因为根据他们的假设根本不需要任何监管。但是,我们将会看到,他们的模型的一些因素,同样也会出现在我们的模型中。

比韦斯(Vives,2014)所分析的问题与恩尼斯和基斯特的模型(Ennis and Keister,2006)中的问题类似:为了保证银行在面对基于关于其偿付能力的私人信息的挤兑时仍然安全,股权资本和流动性持有量的有效组合是什么?比韦斯研究的是一个全局博弈,在这个博弈中,银行可能无力偿债或流动性不足。比韦斯也没有明确考虑是否需要监管,不过他确实研究了什么样的资本和流动性水平会使银行更加安全。他发现,资本和流动性在处理无力偿债和流动性不足时的成效差异很大。特别是,如果存款人非常保守(这使得他们在模型中更倾向于对银行挤兑),增加流动性持有量(这会减少通过更多地投资速动资产而得到的利润),能够增强稳定性。

法里等人(Farhi et al.,2009)也构建了一个戴蒙德-迪布维格风格的模型。在这个模型中,消费者需要在银行的帮助下才能投资,同时消费者还可以交易银行存款。法里等人表明,在不存在最低限度的流动性监管的情况下,选择搭其他银行持有的流动性的便车是有利可图的,因为其他银行提供的利率实际上补贴了那些在比较早的时间就需要提取存款的人——这体现了杰克林的一篇论文的主题(Jacklin,1987)。规定流动性持有量的下限,能够消除这种免费搭便车的激励。

在非戴蒙德-迪布维格风格的模型中,比较重要的一个是卡洛米利斯等人(Calomiris et al.,2014)的模型。这个模型有六期,银行可以从事风险转移活动,所以当银行的贷款发生损失时,它们就可能无法履行存款合同。现金是可以观察到的,而且要求银行必须持有具有最低限度的现金储备,可以限制风险转移行为。

桑托斯和苏亚雷斯(Santos and Suarez,2015)分析了当挤兑缓慢发生时流动性的另一个作用。在他们的模型中,人们有时间去判断银行的资产是否能够表明在不发生挤兑时的偿付能力。不过,在我们的模型中,这个渠道是关闭的,方法是假设资产没有风险。

更一般地说,我们的方法与巴伦和迈尔森(Baron and Myerson,1982)给出的监管垄断者行为的机制设计方法密切相关。他们还研究了如何设计适当的监管政策,诱导被监管一方有效地利用私人信息。

3. 基准模型

在本节中，我们先描述一个基准模型设置。在这个基准模型中，对行动时序和偏好的假设都与戴蒙德和迪布维格的模型（Diamond and Dybvig, 1983）一样。然后，我们修改某些信息假设，以限定可能的结果。在这个过程中，我们认为只存在三个日期：$T=0$、1 和 2。银行必须提供的利率假设为给定的，因为我们考虑到垄断银行必须满足存款人的外部选择条件才能吸引到存款。同样地，我们认为单个银行可以代表整个银行体系。

对于在日期 0 的一单位投资，银行会提供活期存款：或者在日期 1 到期，利率为 r_1；或者在日期 2 到期，利率为 r_2。事实上，这个模型提供了日期 2 与日期 1 之间的总回报率 r_1 / r_2，应该与存款人在这两个日期之间的外部可选择项（比如说政府国债）的利率相等。本质上，银行只是提供了一个利率等于外部选择权的利率的一期存款。我们假设，存款人的风险规避倾向足够高，因此他们希望银行系统提供无风险的一期存款。因此，我们在考虑干预措施的时候，要把它们设计成唯一可能的均衡就是这个均衡。

兑付存款之后的剩余索取权是银行家拥有的有限责任股权。所有股权报酬都在日期 2 支付。[①]

银行可以投资两种规模收益不变的资产。一个是流动性资产（我们可以互换地称之为"安全资产"），上一期的每单位投资在本期带来的回报为 $R_1 > 0$。另一个是非流动性资产，在日期 0 的一单位投资，会在日期 2 带来大于流动性资产的回报 R_2（$R_2 > R_1 + R_1$）的回报。[②]

非流动性资产（在这里，我们可以互换地称为贷款）能够在日期 1 以 θR_2 的利率收回清算，其中 $\theta R_2 < \theta R_1$ 且 $\theta \geqslant 0$。这些限制意味着，当银行知道它必须在日期 1 付出一笔款项时，它通过投资安全资产而不是通过回收贷款来做到这一点，总是会更加有效率。

我们还假设，即便银行只投资流动性资产，银行业务仍然是有利可图的，这就是说，我们假设，$r_1 \leqslant R_1$，且 $r_2 \leqslant R_2$。这是一个充分条件，可以保证要求银行保持的过剩流动性不会使银行无力偿债（尽管仍会降低银行的投资效率）。另外，我们假设，在存款人持有两期存款情况下，银行投资非流动性资产的利润要大于存款人持有一期存款的时候（即，$\dfrac{r_2}{R_2} < \dfrac{r_1}{R_1}$，因为后者意味着通过重复借入短期借款为长期非流动性投资融资）。这也就意味着，对于银行来说，最有利可图的是，以成本 r_2 获得两期存款，为回报率为 R_2 的贷款提供资金（与用一期存款融资的流动性资产投资相比）。做出这第二个假设只是为了用来获得关于最优流动性持有量

---

① 我们还可以引入银行家的另一个激励问题，以限制银行在所有日期和状态下都保持某个最低权益值，但是现在这里，在均衡中，只要权益保持正值，银行就能有效率地运行。
② 这里的"（$R_2 > R_1 + R_1$）"，原文为"（$R_2 > R_1 * R_1$）"。疑有误，已改。

的一些结果。

至于非流动性资产只能以 θR_2 的利率收回(清算)的假设,也有很多支持的理由。例如,在戴蒙德和迪布维格的模型中(Diamond and Dybvig,1983),是可以把清算视为一种不可交易的生产技术的。或者,也可以认为它反映了银行的贷款技能,这就是说它对另外的买家的价格比对银行更低,因为(与银行相比),买方能够从借款人收回的金额要更少一些,戴蒙德和拉詹(Diamond and Rajan,2001)的模型就是如此。在我们的分析中,没有任何内容取决于这种"打折"现象的存在,尽管我们确实认为,这种情况对经济中的每一个人都是适用的,甚至包括那个潜在的最后贷款人(LOLR)。此外,我们假设 θ 是一个常数,意味着我们所建模的并不是出售价格只取决于潜在买家所持有的剩余流动性那种情况[后者如巴塔查里亚和盖尔(Bhattacharya and Gale,1987)、艾伦和盖尔(Allen and Gale,1997),以及戴蒙德(Diamond,1997)]。

由于某种基本面上的原因,在存款人当中,有一部分 t_s 希望在日期 1 提取存款退出,而另一部分 $(1-t_s)$ 存款人则希望在日期 2 提取存款。t_s 的实现值是有界的,其下界由 $\underline{t} \geq 0$ 给出,而上界则由 $\bar{t} \leq 1$ 给出。在做出资产组合决策时,银行家会知道 t_s 的实现值。这个假设的目的是为了刻画如下事实:银行拥有关于它们的客户的优势信息。事实上,一些早期的银行理论确实认为,银行办理存款和存款业务的优势就在于,通过观察客户的支票账户的进出活动,银行可以精确地测定客户的信用可靠程度,例如,请参见布莱克(Black,1975)。

梅斯特等人(Mester et al.,2007)给出了很多直接证据,支持了银行通过监控交易账户来了解客户信贷需求的假设。利用来自一家加拿大银行的特有数据集,他们证明银行能够通过跟踪流入和流出借款人的交易账户,推断出借款人为了商业贷款而提交的抵押品的价值变动。利用这家银行的数据,他们证明超过了抵押品的未偿还借款的宗数,是信用评级调低和贷款减记的重要预测指标。而且,更加重要的是,银行确实在利用这个信息做出信贷决策。对于抵押品价值下降的那些借款人,贷款审核期会延长,贷款评估会变得越来越频繁。[①]在下文中,我们将给出一个简化的假设,即,假设银行总能知道 t_s 的确切的值。不过,只要银行比存款人和监管机构掌握的信息更多一些,我们的分析也同样适用。

要理解经济行为主体面对的激励,只需注意到,如果事后状态为 s 而且没有发生挤兑,那么将会有一部分存款人,比例为 $f_1 = t_s$,要求提取存款,每人分别提款 r_1,从而在日期 1 要求的资源为 $r_1 t_s$。而且,这会给日期 2 留下其余 $(1-t_s)$ 的存款人,他们被欠下了 $r_2(1-t_s)$ 的款项(日期 2 的资源)。如果我们用 α_s 表示银行的投资组合中投资于流动性资产的比例,用 $(1-\alpha_s)$ 表示投资于非流动性资产的比例,那么银行的利润,以及一般意义上的权益的价值将为:

$$权益的价值 = \begin{cases} (1-\alpha_s)R_2 + (\alpha_s R_1 - f_1 r_1)R_1 - (1-f_1)r_2 & \text{if } f_1 r_1 \leq \alpha_s R_1 \\ \text{Max}\left\{0, \left(1-\alpha_s - \dfrac{(f_1 r_1 - \alpha_s R_1)}{\theta R_2}\right)R_2 - (1-f_1)r_2\right\} & \text{if } f_1 r > \alpha_s R \end{cases} \tag{1}$$

因为我们假设银行知道 t_s,所以它的自身利益自然会引导它确保一直持有足够的流动性资产

[①] 诺登和韦伯(Norden and Weber,2010)也发现,在德国的小企业和个人违约之前的那个时期,信用额度的利用率、突破信用额度的频率,以及流入支票账户的现金流量,都会显得不同寻常。

来覆盖上述提款。因此在没有发生挤兑的情况下,银行的利润是非常直观的且很容易理解的。当 $f_1 r_1 \leqslant \alpha_s R_1$ 时,方程式(1)中的第一项代表了得自非流动性投资的回报时,第二项代表了相对于存款的安全资产的差价(注意到任何剩余资金都会被展期),第三项反映剩余的两期存款的融资成本。当 $f_1 r_1 \geqslant \alpha_s R_1$ 时,银行需要付出的款项超过了它在日期 1 的流动性资产。为履行付款承诺,银行必须清算每个价值为 θR_2 的流动性资产,这意味着超过了 $\alpha_s R_1$ 的每个单位的取款,都会使银行的资产负债表减少($1/\theta R_2$)贷款。这些贷款在日期 2 每个都将值 R_2。对于在这种情况下可以兑付所有提前和延后提款的银行,剩余利润将归银行家所有(否则银行无力偿债)。给定我们对利率和清算折价的假设,如果实际取款 f_1 是已知的,那么银行将会选择持有足够多的流动性资产,以避免发生不得不收回贷款的情况。我们知道,在任何时候,即使在状态 s 下不会发生挤兑,也总有 $f_1 \geqslant t_s$。因此,银行总是有激励选择 $\alpha_s \geqslant \dfrac{t_s r_1}{R_1}$ $\equiv \alpha_s^{\mathrm{AIC}}$。因此,我们将 α_s^{AIC} 称为银行的自动激励兼容的流动性持有量。

更有意思的是,考虑出现挤兑时可能会发生什么事情。我们假设,在有耐心的存款人当中,有一个固定数量 Δ 的人很有可能观察到太阳黑子。所有存款人(和银行)都知道 Δ 这个数量,而且知道这些人在观察到太阳黑子后就必须马上确定,自己是不是认为其他同样观察到了太阳黑子的人会决定提前提款。正如我们在前面已经指出过的,太阳黑子是用来代表对于银行的偿付能力的普遍担心,所以这个推断问题与他们对其他投资者是否恐慌的猜想有关。在这种情况下,他们必须决定是否加入挤兑的行列。[1] 所以一般来说,$f_1 > t_s$ 是可能的。

如果银行在提款的存款人所占的比例小于 $ts + \Delta$ 时就无力偿债了,那么我们假设每个观察到了太阳黑子的存款人都将会取款,从而 $f_1 = t_s + \Delta$。对所有不取款的人来说,他们的存款将化为乌有,银行或监管机构的目标是防止这种结果成为一个纳什均衡。如果一家银行持有的资产会导致挤兑的出现,那么我们就将这家银行称为不稳定的银行。反过来,如果一家银行持有的资产能够排除挤兑的可能性,那么我们就将它称为稳定的银行。

此外,我们还假设,如果银行在 $f_1 = t_s + \Delta$ 时刚好有偿还债务的能力,那么不需要提款(且只观察到了太阳黑子)的存款人就不会提款。这个条件确定了,要防止挤兑恰好需要多少的流动性(这与给出一个必须超出的下限不同)。由此,我们可以将流动性持有量的最小稳定值(minimum stable amount of liquidity holdings)$\alpha_s^{\mathrm{Stable}}$ 定义为状态 s 下能够排除挤兑的可能性的流动性资产的最小份额。这也就意味着,一个银行,只要 $\alpha_s \geqslant \alpha_s^{\mathrm{Stable}}$,就是不会发生挤兑的。

3.1 完全信息

我们假设,存款人希望将钱存在没有挤兑风险的银行。作为第一个基准模型,我们假设

---

[1] 厄里格(Uhlig,2010)证明,如果经济行为主体的信念中还存在其他类型的分散情况,那么在戴蒙德-迪布维格风险的模型中就可能出现部分银行挤兑。例如,如果存款人有非常强的不确定性规避倾向,而且他们对 θ 的估计相互不同,那么异质性就可能导致他的模型出现的部分银行挤兑。

存款人知道银行的所有选择和银行所知道的所有信息，即，能够观察到 α_s、Δ 和 t_s。在这种情况下，吸引存款的需求将迫使银行自己做到不会被挤兑。如果，给定存款人关于 α_s、Δ 和 t_s 的知识，银行能够在挤兑发生时仍然保持偿债能力，那么对太阳黑子事件做出反应在个体层面就不是理性的，从而挤兑也就根本不会发生。下面的命题 1 表明，银行是有可能在不必扭曲自己的流动性持有结构的情况下开展不会发生挤兑的银行业务的。

命题 1：

如果银行选择 $\alpha_s^{\mathrm{AIC}} = \dfrac{t_s r_1}{R_1}$，而且如果 $t_s + \Delta_s < \dfrac{t_s r_1 + \left(1 - \dfrac{t_s r_1}{R_1}\right)\theta R_2 - r_2\theta}{r_1 - r_2\theta}$

$\left(\text{等价地}, \theta \geq \dfrac{\Delta r_1 R_1}{R_2(R_1 - r_1 t_s) - r_2 R_1(1 - t_s, -\Delta)}\right)$ 那么投资者就不会对银行挤兑，而银行将在 α_s^{AIC}

$= \dfrac{t_s r_1}{R_1}$ 处保持稳定。

证明：

如果 $f_1 r > \alpha R_1$，那么当 $\left(1 - \alpha_s - \dfrac{(f_1 r_1 - \alpha_s R_1)}{\theta R_2}\right)R_2 - (1 - f_1)r_2 \geq 0.$ 时，银行的权益为正。因此，

当自动激励兼容水平的初始流动性 α^{AIC} 被选中时 $\left(\alpha_s^{\mathrm{AIC}} = \dfrac{t_s r_1}{R_1}\right)$，权益的价值将随 f_1 下降，并且

在 $f_1^* = \dfrac{\dfrac{t_s r_1}{R_1} R_1 + \left(1 - \dfrac{t_s r_1}{R_1}\right)\theta R_2 - r_2\theta}{r_1 - r_2\theta}$ 时等于零。由此，如果 $t_s + \Delta$ 小于 f_1^*，那么存款人就一定能知

道银行不会丧失偿债能力，从而不存在有挤兑的纳什均衡。

这个命题简洁地说明了银行保持足够强的盈利能力和足够高的流动性的条件，满足了这个条件之后，银行只需要持有刚好足够的流动性资产来兑付基本的提款，而且即便是在出现挤兑的情况下，银行也不会失去偿债能力。在这些条件下，我们有 $\alpha_s^{\mathrm{AIC}} \geq \alpha_s^{\mathrm{Stable}}$。

当命题 1 的条件不能满足时，由于贷款的流动性相当低或银行利润不高，为了阻止挤兑，银行必须持有比满足正常提款所需的流动性更多的流动性。对我们的讨论很有启发的一个情况是当贷款完全不具备流动性（即，$\theta = 0$）的情况。在这种情况下，银行必须始终保持足够的流动性才能全面应对挤兑，因为没有其他方式可以获得流动性，这时有 $\alpha_s^{\mathrm{Stable}} = (t_s + \Delta)\dfrac{r_1}{R_1} >$

$\alpha_s^{\mathrm{AIC}} = \dfrac{t_s r_1}{R_1}$。因此，银行必须一直持有比满足正常提款所需的流动性更多的流动性，才能阻止挤兑。更一般地，只要

$$t_s + \Delta > \dfrac{t_s r_1 + \left(1 - \dfrac{t_s r_1}{R_1}\right)\theta R_2 - r_2\theta}{r_1 - r_2\theta} \quad \text{or} \quad \theta < \dfrac{\Delta r_1 R_1}{R_2(R_1 - r_1 t_s) - r_2 R_1(1 - t_s - \Delta)}$$

那么银行就必须将 α_s 增大到 $\alpha_s^{\mathrm{Stable}}$ 才可能确定性地阻止挤兑，其中 α 的取值要使得 $t_s + \Delta =$

$$\frac{\alpha_s^{\text{stable}} R_1 + (1-\alpha_s^{\text{stable}})\theta R_2 - r_2\theta}{r_1 - r_2\theta}$$。由此，我们得到：

$$\alpha_s^{\text{stable}} = \frac{(t_s+\Delta)r_1 + \theta((1-t_s-\Delta)r_2 - R_2)}{R_1 - \theta R_2}$$

所以，当银行的非流动性足够高的时候，仅仅随时都准备好应对基本的提款，并不一定足以阻止挤兑。

这个阈值告诉我们，在完全信息情况下，即，当包括 t_s 在内的变量都是已知的，并且所有各方都知晓银行的激励的时候，需要多少流动性。在命题 1 的条件得到满足时，银行将选择 $\alpha_s = \frac{t_s r_1}{R_1}$，同时从日期 1 至日期 2，银行无需持有未使用的流动性。由于存款人可能会选择挤兑，银行必须把这种动机消除掉，所以，如果命题 1 的条件不成立，那么银行这样做就会流动性不足。要始终阻止可能的挤兑，银行将不得不持有 $\alpha_s = \alpha_s^{\text{Stable}} > \alpha_s^{\text{Aic}}$。而这就要求银行始终持有一些未使用的流动性，即，在日期 1 满足了正常的提款需求后，从日期 1 至日期 2，银行还必须持有 $(\alpha_s^{\text{Stable}} - \alpha_s^{\text{AIC}})R_1 \equiv U(t_s) > 0$。

如果银行在挤兑发生时可以自由地使用所有未使用的流动性，那么存款人在观察到流动性一直存在之后就永远不会选择挤兑。然而，一旦阻止了挤兑，流动性就会超出所需要的水平。这就是持有未使用的流动性的好处的最简单的一个例子，也是要永远在火车站留下一辆额外的出租车的理由所在。

在所有各方都拥有完全信息的情况下，市场力量本身就能导致不会出现挤兑的银行业务。另外一个思路是，假设存款人不能观察到 t_s 或 α，但是银行和监管机构则能观察到。在这种情况下，以下安排仍然是可行的，但是只能通过监管手段。

命题 2：

银行或监管机构拥有完全信息，试图阻止挤兑发生的银行（或监管机构）会选择 $A\alpha_s^* = $ 曲线 $\{\alpha_s^{\text{AIC}}, \alpha_s^{\text{Stable}}\}$。

证明：

当 $t\frac{r_1 t_s}{R_1} \geq \alpha_s^{\text{Stable}}$，银行是自动稳定的，因此监管机构将总是寻求最大化贷款并允许银行追求自身利益并选择 $\left(\frac{r_1 t_s}{R_1}\right)$ 的流动性水平。否则，所需要的最小流动性为 α_s^{Stable}。

更一般地，对于 ts 的任意的预期提款行为，α_s^{Aic} 和 α_s^{Stable} 将会不同。而且，如果流动性 θ 不是太高也不是太低，那么它们的关系将与图 2 所示的类似。

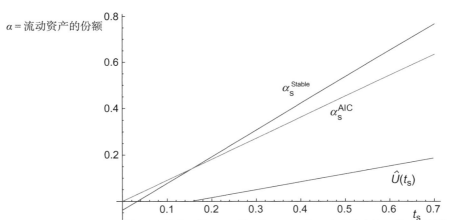

图2　自动激励兼容性流动性与稳定性的比较，以及从日期1到日期2隐含的未使用的流动性持有量

注：参数值为，$\Delta = 0.3, \theta = 0.5, R_1 = 1.1, R_2 = 1.33, r_1 = r_2 = 1$。

对于非常低的预期提款水平，当命题1中的条件成立的时候，银行在事前选择持有比满足正常提款所需水平更多的流动性就能够保证银行稳定，所以挤兑是不可能发生的。然而，在某些时候，这种做法将不再可行，在挤兑中要保持恰好有偿债能力所需的流动性的数量要高于银行纯粹追求自身利益的时候。所以在这种情况下，要阻止挤兑就需要更高水平的初始流动性。这个观察结果有助于理解我们接下来要探讨的一些监管权衡。

这里需要注意的是，由于必须有一些流动性不被使用，所以表面上看会有一些流动性是不必要的。再加上完全信息，这种额外的流动性将有助于阻止挤兑，而且它的数量将在日期0选定，那里所有方面都知道在日期1的正常提款的数额（提款的存款人的比例为 t_s）。如果在日期1提款的存款人的比例超过了 t_s，那么就可以使用未使用的流动性，因为所有人都知道挤兑正在发生。银行或者代表存款人的监管机构可以利用持有的流动性来阻止挤兑，这是有效率的，因为最大化了贷款。由于存款人总是希望到不会发生挤兑的银行去存款，那么在完全信息的情况下，银行将被迫持有额外的未使用的流动性，否则就不能吸引到存款。

总而言之，在完全信息模型中，为了阻止挤兑，银行将不得不保持恰好足够的流动性，而且它最大化自身利润的愿望还会确保持有的流动性不会超过这个数额。在下一节中，我们将解释为什么完全信息基准模型可能不能告诉我们太多东西。我们将会看到，一旦考虑到了不完全信息的可能性，要实现没有挤兑的银行业务就会变成非常有挑战性。

3.2　不完全信息：它是一个问题吗？

虽然完全信息基准模型能够帮助我们说明一些问题，但是我们认为它是严重不符合现实的。银行披露的信息可能很难理解。在下面，我们将给出一些令人信服的证据，说明我们有理由怀疑以下观点：简单地披露一些关于流动性持有量的信息就能使存款人（或监管机构）充分了解所有关于银行流动性的信息。而这也就意味着，披露这些信息本身是可能并不足以迫使银行做出它们在完全信息情况下会做出的那种决定的。

不过，在如下这种重要的情况下，不完全信息不一定会构成一个问题。即便银行没有披

露资产持有状况,如果存款人知道 Δ 并观察到了一个能够使得命题 1 的条件得到满足的 t_s,

那么他们就会知道银行的选择将会排除状态 s 下的挤兑风险,因为这时有 $\alpha_s^{Aic} = \dfrac{t_s r_1}{R_1} \geqslant \alpha_s^{\text{Stable}}$

(即,在这种情况下,银行是自动稳定的)。如果这一点在所有状态下都成立,那么银行就必定会选择总是能够保持自身稳定的流动性资产持有量,即便没有人能够验证银行的资产持有状况、即便没有存款人知道状态 s,也是如此。反过来,只要这个条件不能普遍地得到满足,银行持有流动性的激励就会取决于存款人(或监管机构)可以得到的信息和提供给银行的激励措施。

我们认为,在大多数情况下,银行的流动性选择并不总是自动稳定的。这个事实意味着,某些形式的披露或监管会影响银行对流动性的选择。在这里,我们描述一下流动性的简单披露很难为存款人和监管机构所把握的两类原因。第一,如果关于流动性的披露(或监管要求)仅适用于某些特定的日期(比如说,当一个会计期间结束时),银行可能会扭曲披露。第二,即便在所有日期都披露流动性状况,银行对自己的客户的流动性需求的了解也比其他任何人都更多,这个事实意味着很难判断给定的流动性水平是否足够保证银行稳定并无挤兑之虞。

3.2.1　定期流动性披露的问题

存款人面临的一个重要挑战是,怎样解释银行披露的会计数据,他们在决定是否加入对银行的挤兑之前,必须对这些数据进行解析。银行关于流动性头寸方面的披露通常是滞后的,而且是定期的(例如,按季度披露或在财政年度结束后披露)。存款人要解决的这个推断问题,还会因为银行可能在会计报表中对相关会计信息进行粉饰而变得更加困难。

这个问题的一个令人大开眼界的例子,可以在孟雅恩的一篇论文中找到(Munyan,2015)。孟雅恩指出,(绝大多数)欧洲银行会在第 4 季度期末那段时间粉饰借贷情况。对于这种现象,孟雅恩(Munyan,2015)的解释说,许多非美国银行都只需要根据每个季度的最后一天的情况来报告会计信息,而且这些信息构成了监管机构确定各种监管比例的基础。在美国,银行还必须披露资产负债表变量的关键变量的平均每日比率,因此银行通过操纵季度末数据能够获得的好处比欧洲的银行要少得多。美国之外的银行显然会经常搞这样的把戏:在季度即将之时售出一些安全资产,然后在不久之后就买回来。它们利用这种交易来粉饰报表——报告出来的季度末杠杆率更低。

孟雅恩的分析的巧妙之处在于,他是利用三方回购市场的详细数据推断出了这种行为的。他解释了银行通常是怎样在这个市场上借款以购买这些资产的。因为这些银行只是简单地回撤,所以它们的粉饰报表行为就表现在回购量的减少上面。图 3(复制自孟雅恩的论文的图 1)显示了回购量的原始数据,其中每个季度末的那一天用垂直的点画虚线表示。图中的模式非常强烈——事实上,我们只需用肉眼观察一下就可以看得很清楚。孟雅恩的计量经济学估计表明,美国之外的银行在季度末“修剪”掉的借款总额大约为 1700 亿美元,其中绝大部分的降幅都来自欧洲的银行。

定期披露中的这种粉饰报表问题与对银行流动性的测量有关,因为需要推断的流动性信息的性质很复杂。塞蒂纳和格利森(Cetina and Gleason,2015)也给出了一系列说明为什么流动性覆盖率很容易受到类似操纵的例子。由于银行有能力利用回购协议(和反向回购协议)改变现金流发生的时间,这个指标会出现一些问题。

图 3　三方回购未偿额,复制自孟雅恩的论文(Munyan,2015)

但是,规则还要对不同资产类别的流动性水平进行区分,而且某些类型的交易还可能以不同的方式改变比率的分子和分母。此外,不同司法管辖区的计算方法也各不相同,使得比较变得更加复杂化。

总而言之,这种粉饰报表的可能性意味着,流动性披露和监管本应该在所有日期都进行,而不应该只是定期进行。在我们的模型中,这也就意味着银行对 α_s(即,流动性的初始持有量)的披露很可能是不可信的,因为它完全可以在披露后又被重新投资于非流动性贷款。要求流动性的持有情况在所有日期(在我们的模型中,是日期 1 之后)都予以披露,当然会对用它来满足提款要求构成限制。这就再一次提出了不允许最后一辆出租车离开火车站的问题。另外,流动性持有结构的复杂化,也意味着披露或监管将需要更细致的审计(对于披露)或者监督(对于监管)。

3. 2. 2　流动性披露很难解读

存款人和监管机构在解读银行披露的信息时面临的第二个挑战是,如何将它们放入适当的情境当中。假设所有各方在若干给定的日期(甚至每个日期)都被真实地告知了银行系统中的流动性资产的持有水平。判断该等持有水平是否足够满足未定的提款需求,需要掌握关于潜在的挤兑可能会在多久之后发生、预计的正常提款量有多大等相关知识。如果一家银行在兑付了正常提款后(在状态 s 下为 $t_s r_1$)仍有少量流动性,这种情况与正常提款尚未发生时的情况有非常大的不同。如果大多数潜在的提款都已经发生,那么有可能只需要很少的额外流动性。那么,银行怎样才能可靠地发送这些信息呢? 下一部分,我们将给出一个基于银行对正常提款水平 t_s 的私人信息的模型。

3.2.3 银行拥有关于流动性的需求的私人信息

在讨论模型的细节之前,我们先给出一些关于银行拥有的私人信息如何与存款人参与挤兑的激励相互作用的直觉结论。这无疑是很有帮助的。在模型中,日期 0 和日期 1 都会出现类似的问题,但是我们将依次对它们进行描述。分开讨论的一个原因是,在我们的框架中,对巴塞尔风格的监管的最自然的类比,本身就可以从它们在不同日期上的含义这个角度来考虑。

当银行不是自动稳定的时候,如果没有办法交流银行知道什么,那么仅仅披露日期 0 的流动性水平 α_s(在这种水平下,银行只是在某些自然状态 t_s 下可能是稳定的),并不足以彻底排除挤兑。在这些情况下,存款人有两个理由担心。第一,在不稳定的那些自然状态下,一场挤兑就会导致银行破产,因而这种失败是自我实现,并导致没有参与挤兑的存款人遭受重大损失。

第二,由于存款人是不知道 t_s 的,所以观察到了一个太阳黑子的某位存款人(我们假设他的风险厌恶倾向是非常强的)在担心挤兑发生时,如果未知状态被证明是一个会使银行破产的状态,那么他总是会选择提款而不是观望并遭受损失。因此,只要存款人担心,所有不足以使一个银行在所有 t_s 水平下都不会挤兑的流动性披露水平,都将会导致挤兑,即便是对于那些不会造成银行破产的 t_s,也是如此。在下一节中,我们将解释为什么净稳定融资比例(NSFR)这种流动性监管方法(它可以映射为对于日期 0 时的流动性选择的限制)可能很容易受到这种担忧的影响。

现在假设,对银行进行监管,要求在日期 1,当存款中的一部分 f_1 被提取出去之后,银行必须持有某个正的流动性水平。当提取的存款的正常水平 t_s 未知时,这个流动性水平也是很难解释的。从日期 1 到 2 之间必须持有的任何流动性,都不能在日期 1 用于满足提款需求。根据命题 2,我们会要求银行保持一定数量的未使用流动性 $U(t_s)$,它恰好与完全信息条件下确定的数额一致。这个数量的流动性在状态 s 下是可以阻止挤兑的,因为在挤兑时它全部都可以用于满足 $t_s + \Delta$ 存款人的提款需求。

在存款人必须猜测正常提款水平的时候,仅仅能够观察到日期 1 流动性的实际流出,并不一定足以确保他们的存款安全。要明白这一点,我们不妨考虑下面这种情形,有一高一低两个正常提款水平,满足 $t_{s=高} = t_{s=低} + \Delta$。将 $f_1 = t_{s=高}$ 时必须持有的正的流动性的水平,是不能释放出来用以满足 $f_1 = t_{s=低} + \Delta$ 挤兑期间相同数量的提款需求的。这一点在图 4 中可以看得很清楚。

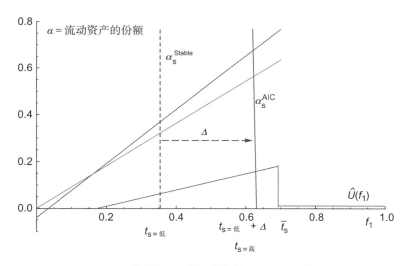

图 4　挤兑与大规模正常提款是无法区分的

因此，如果没有办法了解关于某家银行的正常提款水平的相关信息，那么就无法在日期 1 实现完全面信息情况下的流动性水平。我们将在下一节中进一步说明这个结果与流动性覆盖率这种流动性监管方法的实施之间的关系。

在本章的剩余部分中，我们假设在日期 0 和日期 1 的流动性是可以测量的（例如，由监管机构测量），但是银行拥有关于正常提款水平 t_s 的私人信息。仅仅从这种信息摩擦出发，我们就可以研究与保证银行不会挤兑所需的流动性监管有关的许多非常有意义的问题。如果监管机构无法获悉这些信息，就会使监管的效率受到极大的限制。

4.　巴塞尔风格的可选监管方案

根据上述关于披露的效力的观察结果，在下面的分析中，我们假设日期 0 和日期 1 的流动性水平是可以测量（例如，由监管机构来测量），但是我们还需要分析透彻，如果银行拥有正常提款水平 t_s 的私人信息，会对流动性监管造成限制。只需要从这种信息摩擦出发，我们就可以对许多与保证银行不会挤兑所需的流动性监管有关的非常有意义的问题进行研究。不过，要阐明这种信息摩擦对流动性监管的影响，我们还是需要从监管机构也可以观察到正常提款状态的情况开始讨论，然后再将它与监管机构不能了解这种信息的情况进行比较分析。在这个过程中，我们仍然假设存款人的风险规避倾向足够高，因此不会发生挤兑的银行业务是我们努力寻求实现的社会最优状态。

我们要考虑到监管机构可以采取的两种可能的方法。这两种方法都受到了作为"巴塞尔协议 III"（Basel III）的组成部分而提出的监管建议的启发。我们假设，监管机构能够可信地验证银行拥有一定水平的流动性资产，并用它占存款的百分比来衡量。一个可选方案是，在时间零时,当银行购入了流动性资产时就要报告这个比率。这相当于监管 α,而且从其精神实质来看,与净稳定融资比例(NSFR)相似。根据巴塞尔协议,在净稳定融资比例上,要求"银行在资产组合和表外活动等方面保持稳定的融资状况"[巴塞尔银行监管委员会(Basel Committee on Bank Supervision),2014]。不那么严格地说,我们可以把净稳定融资比例要求视为迫使银行将长期资产与长期资金来源相匹配。但是,根据我们对这个要求的理解,银行在未来是可以"自由地"在短期内违反规定的,所以这个要求并不总是有约束力的。因此,它其实非常像这样的一个要求,即:银行在日期 0 必须选择 α_s 的流动性持有量水平。根据命题 2,我们可以推导出,在完全信息情况下,特定于银行和状态的监管措施可以有效地实现无挤兑的银行业务,我们现在要问的问题是,在其他情况下又会发生什么。

或者,另一种监管思路是,监管机构可以要求,银行在任何时候,包括在任何一次提款之后,总是持有一定数量的流动性资产(用相对于存款的比例来衡量)。这种监管方法更接近于流动性覆盖率要求。流动性覆盖率要求"银行拥有数量足够多的无负担高质量流动性资产存量,这些资产可以在私人市场上快速地、轻便地转换成现金,以满足 30 个日历日流动性压力情景下的流动性需求"[巴塞尔银行监管委员会(Basel Committee on Bank Supervision),2013a]。

4.1 流动性覆盖率监管

在这里,我们感兴趣的问题是,当监管机构无法了解银行关于 t_s 的信息时,流动性覆盖率监管如何发挥作用。作为第一步,我们先考虑这样一个流动性覆盖率监管措施:监管机构知道银行所处的状态,而且规定银行在状态 s 下必须始终(即,在两个日期)持有相当于存款的一定比例的 ρ_s 的流动性资产。在日期 1,银行向存款人承诺兑付 $r_1(1-f_1)$。这样做的一个重要后果是,这种监管即便在第一期提款(f_1)后仍然适用,这时银行必须持有最低限度的安全资产水平,其数量等于 $\rho_s r_1(1-f_1)$ 时。

如果银行符合了这个要求,并且推测 f_1 的存款人在状态 s 下将提款,那么银行的最优初始安全资产水平(α_s)将满足 $\alpha_s R_1 = f_1 r_1 + \rho_s r_1(1-f_1)$。这个选择很容易推导出来,因为如果发放贷款时就带着提早收回的意图,那么就不可能是有效率的,而且这也是符合监管规定的最低限度的流动性资产水平。因此,银行知道,这些存款人也会知悉这一点(并且同时也了解银行会试图最大化自己的利润)。从而,银行的权益的剩余价值为:

$E_2(f_1;\rho)=$

$$
\begin{cases}
(a_sR_1-f_1r_1)R_1+(1-a_s)R_2-(1-f_1)r_2 & \text{if } f_1<\dfrac{\alpha_sR_1-r_1\rho_s}{r_1(1-\rho_s)} \\[3mm]
\left((1-\alpha_s)-\dfrac{f_1r_1-\alpha_sR_1+\rho_s(1-f_1)}{\theta R_2}\right)R_2 & \text{if } f_1\geqslant\dfrac{a_sR_1-r_1\rho_s}{r_1(1-\rho_s)}\text{ and} \\[3mm]
\quad+(\rho_sR_1-r_2)(1-f_1) & \text{if } f_1\leqslant\dfrac{\alpha_sR_1+(1-\alpha_s)\theta R_2-\rho_sr_1(1-\theta R_1)-r_2\theta}{r_1-\rho_sr_1(1-\theta R_1)-r_2\theta}, \\[3mm]
0 & \text{if } f_1>\dfrac{\alpha_sR_1+(1-\alpha_s)\theta R_2-\rho_sr_1(1-\theta R_1)-r_2\theta}{r_1-\rho_sr_1(1-\theta R_1)-r_2\theta}.
\end{cases}
$$

这个表达式的每一个分支都是非常符合直觉的。最上面的分支表明的是,在提款量小到银行无需收回任何贷款就不仅可以满足所有存款人的取款需求,而且还能够满足流动性覆盖率要求的情况下,银行累积得到的利润,这正是 $f_1r_1<\alpha_sR_1+\rho_sr_1(1-f_1)$ 时发生的情况。重新排列一下可知,这就是前面所说的阈值条件。在这种情况下,银行有两个收入来源,一个来自兑付了提早提取的存款之后的剩余安全资产的展期,另一个来自贷款的回报。在日期2,存款人必须得到兑付,而银行家则可以留下剩余的一切。

第二个分支代表银行必须收回一部分贷款才能应付提前提款所需的情况。在这种情况下,银行收回恰好足够的贷款,以便在兑付存款后还恰好能够满足流动性覆盖率要求。与第一个分支中一样,这里也存在相同的两个利润来源和存款成本,但是方程要略微调整一下,以反映收回贷款的事实。请回想一下,在日期1收回的贷款带来的收益为 θR_2。因此,银行在这种情况下不能收到当初发放的全部贷款 $(1-\alpha_s)$ 的收益,而只能收到在清算了一部分贷款(以满足存款人的提款需求并满足流动性覆盖率监管要求)后剩余的那部分贷款的收益。因为流动性覆盖率要求在从日期1至日期2之间是有约束力的,所以银行恰好有 $\rho_sr_1(1-f_1)$ 的安全资产可以展期,而且那部分款项也可以用来兑付剩余的有耐心的存款人的存款。需要注意的是,如果贷款完全没有流动性且 $\theta=0$,那么这第二分支(超出流动性覆盖率要求的自由流动性都用完了,但是银行仍然有偿债能力)就不可能存在。

第三个分支反映的是取款水平足够高时,以至于银行无力偿债的情况。当 $f_1>\dfrac{\alpha_sR_1+(1-\alpha_s)\theta R_2-\rho_sr_1(1-\theta R_1)-r_2\theta}{r_1-\rho_sr_1(1-\theta R_1)-r_2\theta}$ 时,银行就会无力偿债,因为在这个时点上,存款人可以观察到银行清算的贷款不足以完全偿付承诺的存款提取。

银行知道,存款人会考虑所有这些可能性来试图推断银行将会做什么。如果可以这样来设置覆盖率:使得银行有能力在挤兑期间选择保持足够的流动性而不至于无力偿债,那么就能够阻止挤兑的发生。下面的命题3给出了在状态 s 下,当银行面对一个状态依存的流动性覆盖率要求 $\rho_s\in[0,1]$ 时的结果:

命题3:

在状态 s 下,存在一个流动性覆盖率要求 $\rho_s\in[0,1]$,它能够阻止挤兑。当 ρ_s 不等于零或1时,它满足:

$$t_s + \Delta = \frac{\dfrac{t_s r_1 + \rho_s r_1 (1-t_s)}{R_1} R_1 + \left(1 - \dfrac{t_s r_1 + \rho_s r_1 (1-t_s)}{R_1}\right) \theta R_2 - \rho_s r_1 (1-\theta R_1) - r_2 \theta}{r_1 - \rho_s r_1 (1-\theta R_1) - r_2 \theta}$$

这蕴含着：

$$\rho_s = \frac{\theta R_1 ((1-t_s-\Delta) r_2 - R_2) + r_1 (\Delta R_1 + t_s \theta R_2)}{r_1 (\Delta R_1 + (1-t_s-\Delta) \theta R_1^2 - (1-t_s) \theta R_2)}$$

知悉 t_s 的监管机构可以选择适当的 ρ_s 来阻止挤兑。

证明：

如果银行在状态 s 和 $f_1 = t_s$ 下没有发生挤兑，那么它将会选择 α_s 以满足：

$$\alpha_s R_1 = t_s r_1 + \rho_s r_1 (1-t_s)$$

因为对于所有的 $f_1 \leqslant \bar{f}_1(\rho_s) = \dfrac{\alpha_s R_1 + (1-\alpha_s) \theta R_2 - \rho_s r_1 (1-\theta R_1) - r_2 \theta}{r_1 - \rho_s r_1 (1-\theta R_1) - r_2 \theta}$，银行都将是有偿债能力的，

所以监管机构能够选择适当的 ρ_s，使得它能够带来 $t_s + \Delta \leqslant \bar{f}_1(\rho_s)$，以及 $\alpha_s = \dfrac{t_s r_1 + \rho_s r_1 (1-t_s)}{R_1}$。

如果在 $\rho_s = 0$ 处，$t_s + \Delta > \bar{f}(\rho_s)$，那么 $\rho_s = 0$ 就足够了。相反，如果在 $\rho_s = 0$ 处，$t_s + \Delta > \bar{f}(\rho_s)$，那么或者 $\rho_s < 1$ 就是下面的不等式（2）的解，或者我们不难看出 $\rho_s = 1$ 满足（2）式：

$$t_s + \Delta \leqslant \frac{\dfrac{t_s r_1 + \rho_s (1-t_s)}{R_1} R_1 + \left(1 - \dfrac{t_s r_1 + \rho_s (r_1 1 - t_s)}{R_1}\right) \theta R_2 - \rho_s r_1 (1-\theta R_1) - r_2 \theta}{r_1 - \rho_s r_1 (1-\theta R_1) - r_2 \theta} \quad (2)$$

根据我们的假设，$r_1 \leqslant R_1$ 且 $r_2 \leqslant R_1^2$，所以银行在 $\rho_s = 1$ 是有偿债能力的，而且 ρ 总是存在一个介于 0 和 1 之间的值满足（2）式。如果银行在给定 $\rho_s = 0$ 且发生了挤兑的情况下是没有偿债能力的，那么，要么存在一个 $\rho_s \in [0,1]$，使得（2）式中的等号成立，要么不存在 $\rho_s < 1$ 能使得银行保持偿债能力，从而最小 ρ_s 由下式给出：

$$\rho_s = \min \left[1, \frac{\theta R_1 ((1-t_s-\Delta) r_2 - R_2) + r_1 (\Delta R_1 + t_s \theta R_2)}{r_1 (\Delta R_1 + (1-t_s-\Delta) \theta R_1^2 - (1-t_s) \theta R_2)} \right]$$

如果监管机构知悉 t_s 并选择了一个适当水平的 $\rho_s \leqslant 1$，那么存款人就可以确定银行是稳定的，并且永远不会想加入挤兑，即便他们在任何时候都不能观察到或解释流动性水平。为什么这种监管（这是一个可以实施的规则和能够可信地审计的规则的组合）可以预先排除挤兑，即便银行的流动性选择对于存款人来说是不可观察的时候也是如此？这里的直觉很简单。流动性覆盖率标准迫使银行更多地投资于流动性资产（超过它们自愿投资时的水平），同时存款人也知道监管机构正在努力防止挤兑。银行追求自身利益的行为仍然可以保证，它们总是会计划拥有足够的流动性资产来应对预期中的基本的提款，我们也假设它们可以做到这一点。因此，存款人知道额外的流动性是银行无法避免的，这就消除了他们的挤兑动机。

重要的是，在阻止了挤兑之后，流动性仍然需要保留在银行的资产负债表上。所以，在这些假设下，要求总是有最后一辆出租车留在火车站是有益的。

下面分析一些特殊情况。这些特殊情况的有趣之处在于，我们可以求出角点解。如果 θ

=0,那么对于 t_s 的所有值,都有 $\rho_s = \dfrac{r_1(\Delta R_1)}{r_1 \Delta R_1} = 1$,而且由此可以得出这样一个结果: $\alpha_s = \dfrac{t_s r_1 + r_1(1-t_s)}{R_1} = \dfrac{r_1}{R_1}$。这就意味着,银行必须投资足够高比例的流动性资产,保证能够偿付100%的存款。这个结果并不奇怪,因为在这种情况下,贷款是完全没有流动性的,在挤兑期间没有任何价值。

或者,如果贷款资产不是完全没有流动性的,那么 $\theta > 0$,但 $r_1 = R_1 = 1$,那么银行在存款与它所持有的流动性资产之间就无法赚得任何利差,而且可能存在这样一个 t_s 值,使得完全挤兑发生,即 $t_s + \Delta = 1$。那么对于 t_s 的这个值,有

$$\rho_s = \frac{\theta R_1((1-t_s-\Delta)r_2-R_2)+r_1(\Delta R_1+t_s\theta R_2)}{r_1(\Delta R_1+(1-t_s-\Delta)\theta R_1^2-(1-t_s)\theta R_2)} = \frac{\Delta-(1-t_s)\theta R_2}{\Delta-(1-t_s)\theta R_2} = 1$$

在这种情况下,如果一家银行经历了一个完整的挤兑,并且拥有恰好足够的流动性资产满足这个完整的挤兑过程中的提款需求(此时有 $\alpha_s = \dfrac{r_1}{R_1} = 1$,即100%的流动资产),那么它就恰好是有偿债能力的(净值刚好为零)。流动性持有量减少任意一点点,都会导致当所有存款人都参与挤兑时银行无力偿债。

为了更好地理解这个模型的工作原理,请考虑以下数值实例(它没有任何特定方式进行校准)。现假设如下的参数值, $t_s = \dfrac{1}{2}$, $\theta = \dfrac{1}{2}$, $R_1 = 1.1$, $R_2 = 1.5$, $r_1 = r_2 = 1$,那么就可以求出阻止挤兑所需的 ρ_s(作为 Δ 的函数)。下面的图5显示了这种对应关系。

最小流动性覆盖率

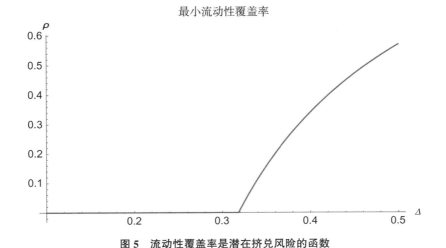

图5　流动性覆盖率是潜在挤兑风险的函数

从图中可在这些参数值下,有两个区域特别有意思。首先,直到 Δ 达到大约0.32为止, ρ_s 的最优值一直为0。在这个区域,挤兑的规模足够小,从而命题1中的条件能够成立,银行出于自利的目的将始终拥有足够多的、能够阻止挤兑发生的流动性资产。

然而,到了某个时点,命题1中的条件不再成立,银行的利润再也不足以防止挤兑。对于这种规模(或更大规模)的潜在挤兑, ρ_s 必须是正的,并且随着潜在挤兑的规模而增加,直到

完全挤兑的可能出现为止。

虽然这种或有性很高的流动性覆盖率类型的监管构成了一个很有用的基准,但是我们还是认为,对这种类型的监管的更准确的描述要在 ρ 在所有状态下都相同的情形下给出。监管措施之所以保持稳定,可能是由于监管机构可以得到的信息很有限和/或为了保证监管的简单和易实施。下面命题4给出了当 t_s 是银行时的私人信息且要求的比率为常数 ρ 时的最优流动性覆盖率。

命题4:

如果监管机构在只知道结果的分布的情况下,必须指定一个 ρ 为常数的流动性覆盖率,那么就必定会指定一个能够导致银行在所有的 t_s 下都稳定的值。对于给定的挤兑,偿债能力最差的一个情况是银行的预期提款为 $\bar{t}$(t_s 的最高可能价值)。一个流动性覆盖率比率,如果能够使得预期提款为 $\bar{t}$ 的银行在完全挤兑中恰好有偿债能力,那么就能使得所有类型的银行都安全。

证明:

一家类型为 t_s 的银行,在面对比率为 ρ 的流动性覆盖率要求时,会选择 $\alpha_s R_1 = t_s r_1 + \rho r_1 (1-t_s)$。给定一个挤兑,当提款超过了 t_s 和 $f_1 = t_s + \Delta$ 时,这家银行的权益的价值为:

$$E(\rho, t = t_s, f_1 = t_s + \Delta)$$

$$= \left(1 - \left(\frac{t_s r_1 + r_1 \rho(1-t_s)}{R_1}\right) - \frac{t_s r_1 - \frac{t_s r_1 + \rho r_1(1-t_s)}{R_1}R_1 + \rho r_1(1-t_s-\Delta)}{\theta R_2}\right)R_2 + (\rho r_1 R_1 - r_2)(1-t_s-\Delta)$$

将 $\hat{\rho}$ 定义为 t_s 类型的银行的最低的 ρ,它能够使得这种类型的银行在挤兑发生时权益的价值恰好为零(因此这类银行是刚好拥有偿债能力的)。为了确定在这种监管下,类型为 t_s 的银行的偿付能力,只需注意到每家银行都会选择 $\alpha_s = \frac{t_s r_1 + \hat{\rho} r_1(1-t_s)}{R_1}$。求 $E(\hat{\rho}, t = t_s, f_1 = t_s + \Delta)$ 相对于 t_s 的微分,可以得到:

$$\frac{\partial E(\hat{\rho}, t = t_s, f_1 = t_s + \Delta)}{\partial t_s} = r_2 + \frac{(r_1 \hat{\rho} - r_1)R_2}{R_1} - \hat{\rho} r_1 R_1$$

根据前面的假设——在不存在挤兑时,用中途不会提取的存款来为非流动性资产提供资金,要比只存一期的存款来为流动性资产提供资金更为有利可图,即 $\frac{r_1}{R_1} > \frac{r_2}{R_2}$——我们知道 $r_2 < \frac{R_2 r_1}{R_1}$,从而这就意味着:

$$r_2 + \frac{(\hat{\rho} r_1 - r_1)R_2}{R_1} - \hat{\rho} r_1 R_1 < \frac{R_2 r_1}{R_1} + \frac{(\hat{\rho} r_1 - r_1)R_2}{R_1} - \hat{\rho} r_1 R_1 = \hat{\rho} r_1 \left(\frac{R_2}{R_1} - R_1\right) < 0$$

这个式子中最后一个不等号是从非流动资产的盈利能力(即,$R_2 > R_1^2$)推导出来的。这意味着,对于所有的 $t_s \leq \bar{t}$,银行都是稳定的,没有人会参与挤兑,也没有预期挤兑会发生。因此,比率为 $\rho^* = \hat{\rho}$ 的流动性覆盖率,使得预期提款为 $t_s = \bar{t}$ 的银行在挤兑 $\bar{t} + \Delta$ 中恰好有偿债能力,能够使得所有类型的银行都安全。更低的任何 ρ 值都是不足够的。

最后,回想一下,在我们前面讨论过的特殊情况中,稳定性要求流动性覆盖率必须设置为 $\rho=1$;或者是,当资产是完全不流动的时候,$\theta=0$ 时;或者是,当对流动性的投资不能获得任何利差时,$r_1=R_1=1$;最坏的情况是完全挤兑,$\bar{t}_s+\Delta=1$。

4.2 净稳定融资比例监管

根据我们对净稳定融资比例的解释,银行在长期中可以为非流动性资产提供资金的数量要受到限制,但是这种限制并不是在未来的所有时候都是实时施加的。因此,当一家银行只受到净稳定融资比例监管的时候,它可以在挤兑发生的时候再释放出所有的流动性。这就是说,流动性的初始水平受到了监管,但是在提款发生后的未来的流动性则不然。如果监管者知悉命题 2 中的所有信息,那么最优净稳定融资比例为如下完全信息量:$\alpha_s^* = \max\{\alpha^{\mathrm{AIC}}, \alpha_s^{\mathrm{stabl}}\}$。这永远都比流动性覆盖率监管更好(流动性覆盖率在挤兑后不会释放出所有流动性),除了在完全挤兑的情况下($t_s=1-\Delta$)之外。

更加符合现实的假设是,存款人或监管机构可以完美地观察到 α_s,但是不知道有多少人基于基本面原因需要提款(t_s),而只知道概率分布(我们在这里再一次用 $\bar{t}$ 表示其最大值)。银行则仍然可以观察到 t_s。所有各方都知悉 Δ。

虽然这些假设允许类似于净稳定融资比例的监管措施,但是这种监管必定仍然是非常粗糙的。要让存款人完全放心——事前已经持有了充足的流动性——唯一一个有把握的方法是,坚持银行在足够安全的资产上投资,以保证满足最坏情况下的提款需求 $\bar{t}+\Delta$。如若不然,就存在另一个均衡。在这个均衡中,存款人会基于如下信念而参与挤兑:其他存款人都猜测 $t_s=\bar{t}$。[①] 当然,将这种最坏的情况对付过去,肯定能够消除挤兑的动机,但是,只要出于基本面原因的提款需求减少,银行就会有许多流动性资产剩余下来,它们必须展期。

4.3 对流动性覆盖率监管与净稳定融资比例监管的比较

我们在上面已经分别描述了流动性覆盖率监管与净稳定融资比例监管,现在可以对它们进行比较了。首先,我们要对比的是,一个能够使一家 $t_s=\bar{t}$ 的银行稳定的净稳定融资比例,与一个能够使一家同样的银行稳定的流动性覆盖率。其中有一个能够使所有 t_s 值的银行稳定(并且没有更低的值能够实现这一点)。为了说明不变的净稳定融资比例的可能缺点,我们将阐明当最坏情况为 $\bar{t}_s+\Delta=1$ 时会发生什么,并揭示最优的流动性覆盖率在什么地方实现。

---

① 这是因为,存款人是非常风险厌恶的,而且如果发生了挤兑,一分存款都无法收回的概率为正,所以一个说明挤兑概率为正的信号(被存款人当中的一部分人 Δ 观察到),总是会导致挤兑——如果观察到信号的存款人相信它会的话。

命题 5：

当存款人和监管机构不能以 t_s 为条件(做出决策)时,流动性覆盖率监管可能支持更多的贷款。

证明：

要说明这个结果可能发生,最简单的方法是假设在最坏的情况下,挤兑是完全挤兑,即 $\bar{t}_s$ $+\Delta = 1$。在这种情况下,我们知道,$\alpha = \alpha^* = \dfrac{r_1 - \theta R_2}{R_1 - \theta R_2}$ 是最优净稳定融资比例,因为这是 $t_s = 1 - \Delta$ 时,这就是 α_s^{Stable} 给出的完全信息流动性水平。但是在这种情况下,监管机构可以选择 $\rho = \rho^*$,其中

$$\rho^* = \frac{\theta R_1 ((1 - t_s - \Delta) r_2 - R_2) + r_1 (\Delta R_1 + t_s \theta R_2)}{r_1 (\Delta R_1 + (1 - t_s - \Delta) \theta R_1^2 - (1 - t_s) \theta R_2)} = \frac{\theta R_1 (-R_2) + r_1 (\Delta R_1 + (1 - \Delta) \theta R_2)}{r_1 (\Delta R_1 + (\Delta) \theta R_2)},$$ 并在 $t_s = \bar{t}_s = 1 - \Delta$ 时

用同样数量的流动性实现相同的结果,使得,$\alpha^* = \dfrac{\bar{t} r_1 + \rho^* r_1 (1 - \bar{t})}{R_1}$。因为 $\bar{t}_s + \Delta = 1$ 的银行挤兑是完全挤兑,所以当挤兑发生时,银行的所有流动性都可以释放出来[从而流动性覆盖率变为 $\rho^* (1 - \bar{t}_s - \Delta) = 0$]。从命题 4 可知,这个流动性覆盖率将使得其他有更低的 $t_s < \bar{t}_s$ 的其他类型的银行稳定,而且这些银行将可以只投资更少的流动性资产 $\alpha^* = \dfrac{t_s r_1 + \rho^* (1 - t_s)}{R_1} < \alpha^*$。因为它们是稳定的,所以不会有挤兑,它们也永远不需要收回非流动资产。每个银行都将选择,而受净稳定融资比例监管的银行则仍然必须持有 α^*。

在一定意义上,完全挤兑可以说是最适合使用流动性覆盖率这种类型的监管的一种情况。这是因为,在发生了完全挤兑的情况下,要求在第一天之后继续维持额外流动性的规则是毫无意义的。这也就是说,在这种情况下,最后一辆出租车可以离开火车站了[因为 $\rho^* (1 - t_s - \Delta) = 0$]。如果可能发生的最糟糕的情况只是部分挤兑,那么就会存在一个权衡,因为流动性覆盖率有一种激励效应——要求在资产负债表上保持一些流动性资产,而净稳定融资比例则不存在这种激励效应。此外,如果不存在私人信息(即不存在关于 t_s 的不确定性),那么净稳定融资比例可以实现完全信息结果,其中,$\alpha_s = \alpha_s^{\text{Stable}}$(但是对于部分挤兑,流动性覆盖率不能实现完全信息结果)。

从对这些极端情况的分析,可以看出这两种类型的监管的相对效力的一般性的规律。当监督银行流动性很困难的情况下,流动性覆盖率方法能够顺利地发挥作用,因为这种监管将迫使银行持有更多的安全资产(超过它们本来愿意持有的)。存款人也明白这一点,因而在某些情况下,这种监管足以平息对银行拥有的资金不足以抗御挤兑的担忧。

流动性覆盖率主要成本是,要想阻止挤兑,银行必须持续地将部分资金投资到流动性资产上去,即使在挤兑已经发生的情况下也是如此。在事后的角度来看,这种流动性投资是低效率的,如果用它们去提供更多的贷款,那么所有相关各方的境况都会变得更好。但是,如果存款人不相信流动性将永远存在,那么前述激励效应就会消失。只有在完全挤兑的情况下,才不会是这样。

与上述情形不同,当监管机构充分了解日常存款流出的相关信息时,净稳定融资比例监管就会成为阻止挤兑的一个更有吸引力的方法,因为它能够改变初始流动性要求。在这种情况下,银行为了在挤兑发生时生存下来,必须保持刚好足够的流动性,但是永远不必超过所需的更多流动性。更加重要的是,在挤兑期间,受净稳定融资比例监管的银行总是可以随时运用所有流动性资产来满足存款人的提款需求。所以这种监管并不要求银行清算收回任何超过所需的贷款,所以在最好的情况下,这种方法可以避免流动性覆盖率方法所带来的低效率性。

然而,如果监管机构对存款人的基本提款需求了解不多,那么净稳定融资比例监管方法的效率就会降低。在这种情况下,存款人通常不会相信银行真的拥有一个能够保证所有情况下都有偿付能力的投资组合。因此,监管机构充其量只能做到,确保在最坏的情况下也能提供保护。这当然可以消除挤兑动机,但是这样做同时也意味着,除了最坏的情况之外,银行在其他情况下对安全资产的投资都过高了。在这种情况下,流动性覆盖率方法所导致的扭曲可能会少得多。

上述直观结果表明,这两种监管方法的相对优点主要取决于如下两个问题。要考虑的第一个问题是,潜在的基本提款需求的变化。当 t_s 的波动性很大时,如果流动性要求设置得非常高(高到足以覆盖最坏的情况下的结果),那么依赖于 α 的固定值的监管规则可以阻止挤兑。但是,当最坏的情况没有实现时,这种监管将会导致银行业持有过剩的流动性。由于流动性覆盖率监管利用了银行关于未定提款的知识,并建立在银行自身针对这种提款进行规划的激励的基础上,t_s 的高波动性在这种监管下不会成为一个严重问题。

另一个要考虑的问题是可能发生的挤兑的规模。流动性覆盖率方法的致命弱点是,即使是在挤兑已经发生后,银行也必须继续持有流动性资产。净稳定融资比例方法则可以避免这种(事后的)低效率,因为在发生挤兑的情况下银行所有的流动性资产都可以使用。所以,如果挤兑从未完成,那么与流动性覆盖率相关的低效率就会成为它的一个劣势。

这里令我们觉得有些吃惊的一点是,有利于净稳定融资比例的信息要求相对来说更加繁重。在实时发生危机时,最困难的一个挑战是测定挤兑的程度。在这种情况下,即便有可能验证和证实银行在任何给定时间点上都提供了一定流动性,也很难预测这种流动性是否足够满足潜在的后续提款。因此,释放手头的所有流动性可能是有风险的。

我们还可以看到,净稳定融资比例监管的另一个缺点是,它引入了这样一种可能性:银行可能会在符合了净稳定融资比例要求后偷偷地改变自己的流动性持有量,而且这种事情在日期 0 时就可能发生。这类似于报表粉饰(当只要求报告日历年的最后一天时的流动性时)。在这种情况下,银行必须做到每个日期都披露流动性,同时还必须给出未来持有流动性的承诺。流动性覆盖率就是这样一种承诺。它虽然不如完全信息承诺那么好,但是它确实能够成功地"迫使"银行不发生挤兑(而净稳定融资比例的单一披露则不能)。

5. 模型的扩展

我们在上面用一个模型描述了巴塞尔风格的监管的特征,在本节中我们将讨论对这个模型的两个方向上的扩展。首先,我们没有理由将监管工具限制为只有净稳定融资比例和流动性覆盖率这两类,所以扩大所考虑的监管工具的范围无疑是有意义的。戴蒙德和卡什亚普(Diamond and Kashyap,2016)在这种扩展模型中对如何实现对流动性的最优管制进行了全面的分析,我们下面会先回顾一下这个分析的若干结果。

其次,我们讨论了如果银行面临资本管制时会出现的几个问题。允许储蓄者在投资存款与投资股权之间进行选择,会使模型变得复杂得多。这种复杂性部分源于如下事实:我们的模型抽象掉了资产风险这个事实,然而资本监管的诸多好处却来自一个能够减缓贷款损失的缓冲区,因此不考虑资产风险时,对资本的讨论必定是不完整的。然而,即便现在仍然没有开发出一个完整的模型,对资本监管与流动性监管进行一些有趣的对比也仍然是可能的。

5.1 流动性的最优监管

我们暂且先把巴塞尔协议的方法放到一边,转而考虑这样一个问题:在这种环境中,怎样实验对流动性的最优监管? 为了找到可以实施的最有效的选择集合,我们进行了一个机制设计分析。① 要做到这一点,需要有效地激励银行向监管机构披露实施防挤兑措施所需的信息,从而实现最优结果。前面的命题2已经描述了完全信息选择,事实证明这些都可以通过最优化的监管来实现。

当只有银行知悉 t_s 时会发生什么? 为了剖析清楚这一点,我们描述了一种机制,它在纳入了这种信息不对称性的同时,仍然能够引导银行做出有效率的选择。在这种情况下我们要解决的问题是,拥有关于 t_s 的私人信息的银行可能有动机对 t_s 做出不实披露。从银行的角度来看,在没有挤兑的情况下,有效投资的条件仍然是 $\alpha_s = \dfrac{r_1 t_s}{R_1}$。当命题1的条件当中关于可能的提款的范围的条件得到满足时,这种流动性水平会自动导致稳定的、不会发生挤兑的银行。这正是银行和存款人一致希望见到的,此时既然没有监管——甚至不用披露——挤兑也可以避免。

在银行不能实现自动稳定的情况下,要保证银行如实报告信息是激励相容的,这就是说,必须给银行提供有效的激励,使之报告高水平的预期提款——高水平的预期提款会抵消银行因低报而获得的利润。低报的潜在收益的来源是,银行可以提供更多的贷款,因此在正常提款发生后持有的流动性较少。戴蒙德和卡什亚普(Diamond and Kashyap,2016)证明,在

---

① 这里给出的分析是戴蒙德和卡什亚普(Diamond and Kashyap,2016)的更加一般的模型的一个特例。

文中给出的假设下,是有方法实现完全信息所选择的 α_s^* 的(见命题2),而且它与流动性覆盖率的要求类似,不过不是完全相同的。

只要监管机构有足够的工具去惩罚银行家——当实际的提款与银行家所报告的预期提款不符时——那么上述选择就是有可能实现的。这类工具有一个共同特征,那就是它们都能消除从低报中得到的利润。能够实现这个结果的工具有很多。例如,一个方法是,当银行的报告不准确时,对银行家的报酬设置上限(以减少银行因低报而获得的好处)。另一个策略是建立罚款制度,即将罚款与所要求的流动性的使用情况联系起来。如果真的运用了这种工具,那么监管机构可以要求银行持有 α_s^*。然后,当提款后的未使用流动性与银行不会挤兑时所需的流动性不符时(即,当实际提款 f_1 偏离了银行报告的预期提款 t_s 时),就加以惩罚;同时,如果发生了挤兑的话,也允许银行使用额外的流动性。

换句话说,实现完全信息结果是有可能的,因为如果可以引导银行成为不会发生挤兑的银行,那么实际提款 f_1 将恰好等于正常提款的(状态依存的)比例 t_s。从根本上说,只有根据银行对 t_s 的值的如实报告,监管机构才能确定已经实现的提款是不是因挤兑和在挤兑中释放流动性所致。监管机构要做出的至关重要的决定是,认真选定在所有情况下都必须保有的强制性的过度流动性的数量,以便向银行家真实地报告预期的基本提款创造正确的激励。戴蒙德和卡什亚普(Diamond and Kashyap,2016)在关于挤兑风险性质的多种不同假设下分别描述了这些选择。

在戴蒙德和卡什亚普(Diamond and Kashyap,2016)给出的那个形式化的机制设计问题中,最优机制的求解就是寻找能够给予银行适当的激励措施,使得银行向监管机构如实地报告自己的私人信息,然后监管机构根据这些如实报告的信息来选定一个不存在挤兑的流动性水平来保证银行的稳定。一旦银行变成不会挤兑的,银行的任何错报都将用提款水平 f_1(它与 t_s 不同)来衡量。对于错报的足够大的罚款(例如将银行家的报酬减少为零,同时又不会使存款人遭受损失)能够为准确的报告提供激励,而不会导致流动性持有量偏离完全信息水平。

如本章前面分析的,完全信息流动性水平会导致日期1至日期2的流动性持有量过剩,但是如果发生了挤兑,所有这些流动性都可以随时使用。虽然过剩的流动性是可供使用的,因为要靠它来阻止挤兑,但是实际上并不需要它。再一次使用我们前面给出的比喻:最后一辆出租车是允许离开火车站的,但是在均衡时,存在足够多的出租车,以至于总有一些会留在火车站。

5.2　将流动性监管与最后贷款人政策整合起来

如果监管机构同时也充当着最后贷款人(LOLR)的角色,那么我们刚才描述的那种有效机制可以通过要求一定水平的流动性持有量(取决于存款数量)来实现。这实质上是一种广义的流动性覆盖率。在这种情况下,银行不需要真的报告预期提款数量 t_s。相反,只要实施以下政策就可以了:要求银行在日期1的未使用的流动性(将持有至日期2)的数量等于完全

信息水平 α_s^{Stable},并允许银行在发生挤兑时使用这些流动性——但是在那种情况发生时,要加以惩罚,使银行家的报酬减少为零。这里这个 α_s^{Stable} 来自命题 2,由 $U(f_1 = t_s) = \text{Max}[0, \alpha_s^{\text{Stable}} - \alpha_s^{\text{AIC}}]$ 给出。

这个政策的目标是,引导银行总是利用私人信息选择持有恰好足够的流动性,以确保在正常提款之后,它能够满足 $U(f_1 = t_s)$ 的要求。这个水平等于命题 2 中给出的对流动性的投资的完全信息水平。

为了实现这个结果,流动性要求与最后贷款人政策应该以如下方式加以整合。强制要求银行持有指定数量的流动性,同时允许银行借款以供挤兑期间使用。如果银行违背了流动性要求,就施以强度足够大的罚款,那么银行将会持有指定的流动性数量,并且永远不会动用借款来兑付提款。这样一来,挤兑将会被阻止,而且银行不需要借入额外的流动性。

而且值得注意的是,这种政策是有历史先例的:原来的《美国联邦储备法案》(United States Federal Reserve Act)禁止向违背了储备(流动性)要求的银行派发红利。在那个时期,大多数银行都严格地遵守了政策规定,这个事实也意味着红利是管理层报酬的重要组成部分。这个政策与对这种借款收取很高的利率的政策其实未必相似,因为罚款可能非常严厉,以至于完全可能导致银行因挤兑而破产(使得银行不稳定并挫败它持有额外流动性的目的)。

需要注意的是,这种类型的最后贷款人政策是以流动性资产为抵押发放贷款的,并允许银行在危机期间使用,同时对银行提供激励,使银行持有更高水平的流动性以使之稳定。这种贷款不会产生导致银行过多地持有流动性资产的道德风险——例如,请参见白哲特(Bagehot,1873)、古德弗兰德和金(Goodfriend and King,1988),以及戴蒙德和拉詹(Diamond and Rajan,2012)的阐述。有人认为以流动性资产为抵押依托发放贷款其实没有什么意义,但是针对银行此种借款进行惩罚的能力确实能够引导银行进行适当的流动性选择。一旦流动性到位,它的存在就可以阻止银行挤兑。最后需要注意的是,如果最后贷款人获得(或发放贷款所据)的是非流动资产,而且只能恢复它们的非流动性价值 θR_2,如果银行将要破产,那么借出超过其价值的金额可能会扭曲银行的激励并导致最后贷款人蒙受损失。以流动性资产为抵押的贷款则不会发生这个问题。

总而言之,最优机制引导银行持有过剩流动性,同时允许银行在挤兑期间运用这种流动性。从这个分析,我们可以得出一个稳健性很高的结论,那便是,与巴塞尔风格的监管规则相比,这种最优监管只需要更少的流动性,因为万一挤兑发生了,可以释放出多余的流动性。如果对监管机构可以做的事情施加限制,即,限制释放这种流动性的能力,那么像流动性覆盖率这样的规则就可能几乎是最优的。如果所有的流动性不能在一次挤兑中释放,那么最优监管将会具有如下的性质:随着预期提款的上升,所需的剩余流动性的数量将下降。

5.3 资本监管与流动性监管之间的相互作用

最后,值得我们注意的是关于资本和流动性监管之间的相互作用的几个观察结果。在我们的基准模型中,不存在与贷款相关的信用风险,所以通常的支持资本要求的论据不成立。然而，一般来说，挤兑的动机依然与存款人对银行偿付能力的评估有关，所以股权的存在仍然是重要的。

资本在阻止挤兑中发挥的作用是相当微妙的。一方面，如果银行发行资本（即，不可请求支付的债务）并将所得款项用于贷款，那么就可以使银行在固定数量的存款被提取时更有偿债能力，从而银行在面临固定规模的（潜在）挤兑时更有偿付能力。这是因为额外的贷款会带来更多的清算价值。另一方面，如果（潜在的）固定规模的挤兑持续地使银行的偿付能力变得更弱，那么增加股本也将无济于事。在我们的框架中，当贷款的清算价值（θ）为零的时候，这一点可以看得特别清楚。在这种情况下，在发生挤兑时，资产的未来价值完全没有价格——如果不是这种情况，资产本是权益价值的基础。这样一来，保持银行稳定性所需的流动性要求将会不变，而资本要求则将完全归于无效。

资产一旦变成风险性的，分析就会变得复杂得多。在这种环境中，存款人将同时根据自己的基本流动性需求和对银行资产的未来价值的信念做出提款决定。另外，如果银行的破产只是因为贷款出现了违约，那么银行在贷款和流动性资产之间的选择，也可能因为责任有限而被扭曲。在这种环境中，银行在某些情况下可能有动机将风险转移给存款人。

对这类模式的全面分析超出了我们本章的讨论范围，特别是因为，这个模型需要如此之多的额外假设，它们都需要保持可处理性，因此分析起来非常复杂。不过，卡什雅普等人（Kashyap et al.，2015）已经求出了这类模式的一个特定版本的解，而且分析了资本要求和流动性要求在阻止挤兑过程中的相互作用。他们的分析确实给出了一个有很强的一般意义的结果，值得在这里重点介绍一下。

卡什雅普等人（Kashyap et al.，2015）证明，流动性监管和资本监管防止挤兑的方式存在着根本性的不对称。资本要求本质上是对银行的资产负债表的负债端起作用的，它并不直接限制银行的资产选择。因此，当监管机构迫使一家银行拥有更高的权益时，银行在边际上是可以减少对存款融资的依赖的。对存款的需求的减少，意味着银行也可以略微减少流动性资产的持有量。这样就"释放"了银行，使它可以在边际上多贷出一些贷款。虽然这种边际上的调整不足以提高挤兑的整体风险，但是确实足以表明银行的资产端的流动性将会变得更差。[①]

相比之下，以流动性覆盖率或净稳定融资比例等形式实施的流动性监管则通过另一种非常不同的途径发挥作用。我们在前面已经看到，流动性覆盖率要求会直接迫使银行用流动性资产去替代非流动性资产，所以挤兑的阻止自动伴随流动性风险的下降。净稳定融资比例要求则会强迫银行用长期负债来为非流动性资产融资。因此，如果银行想要接受额外的非流动性资产，就不能用可挤兑的存款资金来融资了。相反，短期存款将随流动性资产而减少。

卡什雅普等人（Kashyap et al.，2015）还描述了资本监管与流动性监管之间表现出互补性

---

① 这种情况之所以会出现，并不是因为莫迪利亚尼-米勒式的错误（Modigliani-Miller type）所致（存款人未能认识到银行的存款更安全）。相反，这是因为持有流动性资产目的就只是阻止挤兑，而资本要求则使得银行减少流动性资产的可能性变得更小了。

或互替性的许多其他方式。它们在边际上影响资产非流动性的方式的不对称性有很强的稳健性。

6. 结论

我们的分析给出了一些全新的见解，它们对关于流动性监管应该怎样设计的辩论的深入很有帮助。我们的出发点是这样一个认识：对于一个拥有前瞻能力的中介来说，预期提款和获得资金的其他来源，都会影响对于持有多少流动性的、以利润最大化为目标的事前选择。如果不存在任何监管，那么当银行预期到某种外生原因会导致存款大幅减少时，就会自愿地选择持有更多的流动性。因此，了解这种激励本身是不是能、什么时候会导致银行业稳定，是非常有意义的，尽管这并不是银行自己的直接目标。

在我们深入探讨的这种模式中，当银行资产的非流动性足够高且利润率低于一定水平时，稳定性就无法得到保证，因为存款人可能会怀疑银行做出的选择，可能会导致银行无法撑过恐慌。这个问题的出现，原因是缺乏信心，而信心不足本身又是多种多样的原因所导致的。银行是不透明的，即便是对于同样精明老练的交易对手，要评估银行的资产负债表也是一项很有挑战性的工作。而且，与资产负债表相关的信息极少是同时期的，因此进行预测（关于银行的状态和其他存款人的决定）是不可避免的。当银行的激励不能自动与这种日益增强的稳定性要求相一致时，就会导致问题。

不完全信息也会给银行造成问题。当存款人无法确定给定数量的流动性是否足以使银行保持稳定时，银行减少贷款和持有额外流动性的努力不一定能够得到回报，所以银行对于成为"超级安全银行"的私人激励是相当有限的（除非它可以向存款人证明，自己能够稳定地应对所有可能的情况）。规定一定数量的额外流动性的监管措施也许能够解决这个问题。

净稳定融资比例和流动性覆盖率与"巴塞尔公约"提出的两项监管措施相近。它们是我们要分析的多种多样的监管规则中的两个。它们可以作为用来解决信息摩擦问题的一般性的最优机制设计的一种近似。而且我们认为，所有的监管都旨在消除挤兑。

最优监管的一般形式通常都会规定，银行必须将持有的流动性资产水平与预期提款挂钩，而且往往会高出由银行自己选择时的水平。如果监管机构对这种提款（以及挤兑风险）了解得非常清楚，那么就存在许多种相互等价的方式来保证银行做出充分的流动性选择。特别是，监管机构可以通过要求银行在事前就像净稳定融资比例规则所要求的那样，持有适当数量的流动性资产，以此来保证银行的稳定；或者，监管机构也可以规定即便是在提款刚刚完成之后，银行也需要有足够的流动性可用（就像流动性覆盖率要求一样）。将这些政策组合起来使用，也很见效。

为了实现有效率的结果（在我们的模型中，有效率的结果等价于所有人都可以获得全部信息时的结果），监管机构必须做到，引导银行披露它所了解的关于其面临的存款风险的一切信息(或保证可以从其他途径访问这些信息)。由于监管机构可以对银行的报酬"征税",所以能够引导银行的激励。这甚至不需要银行直接向监管机构传递信息。流动性监管与最后贷款人政策的结合(最后贷款人政策可以限制银行的报酬来惩罚违背流动性监管措施的行为),还可以允许有能力借款的银行实施这种最优安排。

在监管那些不能自动维持稳定的银行的时候,所有最优监管设计都有一个共同性质,那就是它们都要求银行持有一些未使用的流动性。因此,即使在最好的情况下,最后一辆出租车也往往要留在火车站。从根本上说,这就是因为需要未使用的流动性才能阻止挤兑。

有两个独立的驱动力导致了这个结果。第一个考虑是,要想预先防止挤兑发生,一个审慎的方法是要求银行即使在挤兑发生时也有足够的流动性来满足存款人的需求。银行也许可以通过收回(清算)贷款来实现这一点。但是清算效率一般很低,所以这通常是不足的,因此银行需要有一些可以在需要时投入使用的流动性资产。监管机构通过强制银行持有"干粉(现金等流动性资产)"来保证它们在发生挤兑时的偿付能力,从而消除了存款人的挤兑动机。

第二个考虑是,监管机构不能指望能够将挤兑与提款额极高的基本提款区分开来。防止挤兑的监管的目的是,既要阻止挤兑,同时又不需要比所需的更多的"干粉"。然而不幸的是,即便准确地预计到了非常高的提款量,也仍然需要一些"干粉"。

这些观察结果也指明了未来研究的一些非常有意义的探索方向。在戴蒙德和卡什亚普(Diamond and Kashyap,2016)的文章中,我们对模型环境进行了扩展,以允许不同类型的挤兑动态,并分析它们对监管的意义。接下来,我们列出了值得进一步研究的三个更具一般意义的问题,并以此结束本章。

第一个问题,我们的分析表明,最后贷款人政策与流动性监管之间存在着一种新型的相互作用。大多数研究者对最后贷款人政策的讨论都从白哲特的如下格言入手:以优质抵押品为抵押,同时以惩罚性利率自由放贷。但是,许多贷款的流动性之所以很低,原因在于它们很难快速估价,因为价值可能取决于银行的行为或银行之间的关系。一个金融体系,如果所有资产均为非流动性资产,而且所有流动性(即使是为了满足正常提款所需的流动性)都由最后贷款人提供,那么肯定会有很大的问题。我们的分析表明,如果一家私人银行自己提供了大部分流动性,那么流动性监管与最后贷款人政策的整合就可以发挥相当大的作用。这种整合,可以让银行获得流动性,同时又不会扭曲它们最小化挤兑风险的激励。

皮尔森等人(Carlson et al.,2015)分析了流动性监管要求与最后贷款人政策之间的互补性的程度。这是一个很好的起点,进一步探索这些工具之间的其他交互作用,无疑是一个很有潜力的研究方向。

第二个问题,在今后的研究中,也有必要探索研究其他使银行有激励持有充足的流动性以保证银行稳定且不会发生挤兑的机制。我们在本章中专注于讨论流动性资产数量要求,但是基于价格的机制也可能非常有意义。一个例子是调整中央银行的储备的利率。在许多国家的中央银行的储备总量变得非常大的时候(今天就是如此),这种机制尤其重要。这里值得特别指出的是,在当今世界,许多国家的中央银行的资产负债表变得非常庞大,同时利率又极低,这给我们用历史数据来校准流动性要求的激励效应或利率变化对内生流动性持有量的影响造成了很大的困难。

第三个问题,也是最后一个问题,银行之间对资金的竞争、银行之间对流动性的共享,也对流动性监管的必要性和影响提出了一些非常有意思的研究课题。当银行可以从其他银行的客户(或银行系统以外的其他机构)筹集流动性金时,以往被我们忽视的一些机制就开始发挥作用了。巴塔查里亚和盖尔(Bhattacharya and Gale,1987)、法里等人(Farhi et al.,2009)指出,在这种情况下,流动性监管是需要的,因为必须防止某些银行搭其他银行的流动性的便车。如果市场上的某些参与者是不受监管的"影子银行",这个问题将会变得更加困难。我们应该考察一下,这个问题与我们在本章中给出的观念——为银行提供适当激励,让它们根据自己对流动性的未来需求的私人信息,选择有效率的流动性水平——有什么关系。那应该是特别有意思的。

致谢

我们感谢弗兰克·艾伦(Franklin Allen)、加里·戈顿(Gary Gorton)、圭杜·劳伦佐尼(Guido Lorenzoni)、安耐特·维辛-乔根生(Annette Vissing-Jorgenson)、南茜·斯托奇(Nancy Stokey)、内奥·苏多(Nao Sudo)、约翰·泰勒(John Taylor)、哈拉尔德·厄里格(Harald Uhlig)等人,以及以下会议的与会者的有益意见和建议:亚洲开发银行研究院主办的东亚经济研讨会、墨尔本帝国理工学院主办的宏观经济政策国际会议、美国国家经济研究局组织的货币经济学会议,以及英国中央银行、欧洲中央银行、英国经济政策研究中心和宏观经济中心举办的信贷动态与宏观经济会议,还有在瑞典中央银行和芝加哥大学举办的《宏观经济学手册》编辑会议的与会者意见的评论。感谢亚当·乔林(Adam Jorring)提供的专家级研究助理工作。我们还要感谢芝加哥大学布斯商学院的全球市场研究项目(Initiative on Global Markets)、芝加哥大学布斯商学院的法马-米勒研究中心(Fama Miller Center)和美国国家科学基金会通过美国国家经济研究局提供的研究资助。当然,文责自负。

参考文献

Admati, A., Hellwig, M., 2013. The bankers' new clothes: What's wrong with banking and what to do about it. Princeton University Press.

Aikman, D., Haldane, A., Kapadia, S., 2013. Operationalising a macroprudential regime: goals, tools and open issues. Banco Espana Financ. Stability J. 24, 930.

Allen, F., 2014. How should bank liquidity be regulated? Mimeo, Imperial College London.

Allen, F., Gale, D., 1997. Financial markets, intermediaries, and intertemporal smoothing. J. Polit. Econ. 105(3), 523546.

Bagehot, W., 1873. Lombard street: a description of the money market. H. S. King, London.

Bao, J., David, J., Han, S., 2015. The runnables. Board of Governors of the Federal

Reserve system.

Baron, D. P. , Myerson, R. B. , 1982. Regulating a monopolist with unknown costs. Econometrica. 50, 911930.

Basel Committee on Bank Supervision, 2013a. Basel III: The liquidity voverage ratio and liquidity risk monitoring tools. Bank for International Settlements, Basel, Switzerland.

Basel Committee on Bank Supervision, 2013b. Liquidity stress testing: a survey of theory, empirics and current industry and supervisory practices. Bank for International Settlements. Basel Committee on Bank Supervision Working Paper No. 24.

Basel Committee on Bank Supervision, 2014. Basel III: the net stable funding ratio. Bank for International Settlements.

Benston, G. J. , Smith, C. W. , 1976. A transactions cost approach to the theory of financial intermediation. J. Financ. 31(2), 215231.

Bhattacharya, S. , Gale, D. , 1987. Preference shocks, liquidity and central bank policy. In: Barnett, W. A. , Singleton, K. J. (Eds.), New Approaches to Monetary Economics. Cambridge University Press, Cambridge.

Black, F. , 1975. Bank funds management in an efficient market. J. Financ. Econ. 2 (4), 323339.

Borchgrevink, H. , Ellingsrud, S. , Hansen, F. , 2014. Macroprudential regulation: what, why and how. Norges Bank Staff Memo Number 13.

Bouwman, C. H. S. , 2015. Liquidity: how banks create it and how it should be regulated. In: Berger, Al. , Molyneux, P. , Wilson, J. (Eds.), The Oxford Handbook of Banking, second ed. Oxford University Press, Oxford, UK, pp. 184218.

Brooke, M. , Bush, O. , Edwards, R. , Ellis, J. , Francis, B. , Harimohan, R. , Neiss, K. , Siegert, C. , 2015. Measuring the macroeconomic costs and benefits of higher UK bank capital requirements. Bank of England Financial Stability Paper No. 35.

Calomiris, C. W. , Kahn, C. M. , 1991. The role of demandable debt in structuring optimal banking arrangements. Am. Econ. Rev. 81(3), 497513.

Calomiris, C. W. , Heider, F. , Hoerova, M. , 2014. A theory of bank liquidity requirements. Columbia Business School Research Paper No. 14—39.

Carlson, M. , Duygan-Bump, B. , Nelson, W. , 2015. Why do we need both liquidity regulations and a lender of last resort? A perspective from federal reserve lending during the 200709 U. S. financial crisis. Board of Governors of the Federal Reserve System, Washington. Finance and Economics Discussion Series no. 2015—011.

Cerutti, E. , Claessens, S. , Laeven, L. , 2015. The use and effectiveness of macroprudential policies: new evidence. International Monetary Fund Working Paper No. 15/61.

Cetina, J. , Gleason, K. , 2015. The difficult business of measuring banks' liquidity:

understanding the liquidity coverage ratio. Office of Financial Research Working Paper No. 15—20.

Cihák, M., Demirgüc-Kunt, A., Martínez Pería, M. S., Mohseni-Cheraghlou, A., 2013. Bank Regulation and Supervision Around the World: A Crisis Update. World Bank Policy Research Working Paper 6286.

Claessens, S., Kodres, L., 2014. The regulatory responses to the global financial crisis: some uncomfortable questions. International Monetary Fund Working Paper No. 14/46.

Clement, P., 2010. The term "macroprudential": origins and evolution. BIS Q. Rev. 2010, 5967.

Cooper, R., Ross, T. W., 1998. Bank runs: liquidity costs and investment distortions. J. Monet. Econ. 41(1), 2738.

Crockett, A., 2000. Marrying the micro-and macro-prudential dimensions of financial stability. Remarks by Mr. Andrew Crockett, General Manager of the Bank for International Settlements and Chairman of the Financial Stability Forum, before the Eleventh International Conference of Banking Supervisors, held in Basel, 2021 September.

Diamond, D. W., 1984. Financial intermediation and delegated monitoring. Rev. Econ. Stud. 51(3), 393414.

Diamond, D. W., 1997. Liquidity, banks and markets. J. Polit. Econ. 105, 928956.

Diamond, D. W., Dybvig, P. H., 1983. Bank runs, deposit insurance and liquidity. J. Polit. Econ. 91(3), 401419.

Diamond, D. W., Kashyap, A. K., 2016. Optimal regulation of bank liquidity. (still in preparation).

Diamond, D. W., Rajan, R. G., 2001. Liquidity risk, liquidity creation and financial fragility: a theory of banking. J. Polit. Econ. 109(2), 287327.

Diamond, D. W., Rajan, R. G., 2012. Illiquid banks, financial stability, and interest rate policy. J. Polit. Econ. 120(3), 552591.

Ennis, H., Keister, T., 2006. Bank runs and investment decisions revisited. J. Monet. Econ. 53(2), 217232.

Farhi, E., Golosov, M., Tsyvinski, A., 2009. A theory of liquidity and regulation of financial intermediation. Rev. Econ. Stud. 76(3), 973992.

Financial Stability Board, 2015. Transforming shadow banking into resilient market-based finance: an overview of progress. Financial Stability Board Working Paper.

Fisher, P., 2015. The financial regulation reform agenda: what has been achieved and how much is left to do? Speech at Richmond, the American International University, London 30 September 2015.

Goodfriend, M., King, R. G., 1988. Financial deregulation, monetary policy, and central banking. Fed. Reserve Bank Richmond Econ. Rev. 74(3), 322.

Goodhart, C. A. E. , 2008. Liquidity risk management. Banque France Financ. Stability Rev. 12, 3944.

Gorton, G. , Winton, A. , 2003. Financial intermediation. In: Constantinides, G. M. , Harris, M. , Stulz, R. (Eds.), The Handbook of the Economics of Finance: Corporate Finance, North Holland, pp. 431552.

Hanson, S. G. , Kashyap, A. K. , Stein, J. C. , Winter 2011. A macroprudential approach to financial regulation. J. Econ. Perspect. 25(1), 328.

Jacklin, C. J. , 1987. Demand deposits, trading restrictions, and risk sharing. In: Prescott, E. C. , Wallace, N. (Eds.), Contractual Arrangements for Intertemporal Trade. University of Minnesota Press, Minneapolis, MN, pp. 2647.

Kashyap, A. K. , Tsomocos, D. P. , Vardoulakis, A. P. , 2014. Principles for macroprudential regulation. Banque France Financ. Stability Rev. 18, 173181.

Kashyap, A. K. , Tsomocos, D. P. , Vardoulakis, A. P. , 2015. How does macroprudential regulation change bank credit supply? Revision of National Bureau of Economic Research Working Paper No. 20165.

Martynova, N. , 2015. Effect of bank capital requirements on economic growth: a survey. De Nederlandsche Bank Working Paper, DNB Working Paper No. 467.

Mester, L. , Nakamura, L. , Renualt, M. , 2007. Transactions accounts and loan monitoring. Rev. Financ. Stud. 20(3), 529556.

Modigliani, F. , Miller, M. H. , 1958. The cost of capital, corporate finance and the theory of investment. Am. Econ. Rev. 48(3), 261297.

Munyan, B. , 2015. Regulatory arbitrage in repo markets. Office of Financial Research Working Paper No. 15—22.

Myers, S. C. , 1977. Determinants of corporate borrowing. J. Financ. Econ. 5, 147175.

Norden, L. , Weber, M. , 2010. Credit line usage, checking account activity, and default risk of bank borrowers. Rev. Financ. Stud. 23(10), 36653699.

Rochet, J. C. , 2014. The extra cost of swiss banking regulation. Swiss Finance Institute White Paper.

Santos, J. C. , Suarez, J. , 2015. Liquidity standards and the value of an informed lender of last resort. Working paper, Federal Reserve Bank of New York, May.

Stein, J. C. , 2012. Monetary policy as financial-stability regulation. Q. J. Econ. 127 (1), 5795.

Uhlig, H. , 2010. A model of a systemic bank run. J. Monet. Econ. 57, 7896.

Vives, X. , 2014. Strategic complementarity, fragility, and regulation. Rev. Financ. Stud. 27(12), 35473592.

第三十章 理解作为货币-财富共同现象的通货膨胀

E. L. 利珀(E. L. Leeper) [*],[†], **C. 利斯(C. Leith)** [‡]

[*]:印第安纳大学,美国,印第安纳州;

[†]:美国国家经济研究局,美国,马萨诸塞州,剑桥;

[‡]:格拉斯哥大学,英国,格拉斯哥

目　录

本章摘要：我们在一系列模型的基础上提出了一个价格水平决定理论。这些模型同时利用了任意特设的政策规则，以及联合优化的货币政策与财政政策。然后，我们讨论了在识别货币—财政区制时会出现的一些实证问题。最后，我们在本章结论中总结了理论和实证研究的未来方向。

关键词：货币政策，财政政策，价格水平决定，最优政策，税收平滑，政府债务

JEL 分类代码：E4，E5，E6，H3，H6

1. 引言

宏观经济学中有一个历史悠久的传统：在对稳定经济中的通货膨胀进行建模的时候，只关注货币政策，而将财政政策抽象掉。[①] 全球金融危机及其后果震撼了世界经济，也使得对这种建模方法的辩护越来越困难。

---

① 我们专注于稳定的经济体，从而排除了恶性通货膨胀。一般认为，恶性通货膨胀是有其财政来源的。

本章向读者介绍货币政策与财政政策之间的相互作用,以及它们在决定宏观经济结果中的作用,特别是它们在决定价格总水平方面的作用。通过逐步扩大这些互动的范围,并同时考虑到简单的特设规则和最优策略,我们的目标是要使政策互动所带来的复杂性变得容易处理。我们希望,本章给出的这些材料能够吸引年轻的宏观经济学家参与到我们的行列中来,对一系列我们认为尚未得到解决但是对宏观经济政策分析有着根本性的重要意义的问题进行研究。

1.1 若干观察结果

我们先给出我们对 2008 年以来的经济发展的几个观察结果,作为分析的起点:

1. 许多国家对 2008 年开始的金融危机和经济衰退做出了反应,共同的政策行动是大幅降低货币基准利率,同时实施大规模的财政刺激计划。

2. 中央银行对金融危机也做出了反应,方法是大量买入私人资产和政府债券,这种行动与政府的财政政策有显著的相似之处。请参见:布伦纳迈耶和桑尼科夫(Brunnermeier and Sannikov,2013)、利珀和内森(Leeper and Nason,2014)。

3. 欧元区的主权债务危机的不断积累,最终导致欧洲中央银行于 2012 年实施了"直接货币交易"(outright monetary transaction)政策,这是在二级市场无限量地购买满足条件的国家的主权债务的承诺。

4. 始于 2010 年并从一开始就迅速推行的财政紧缩政策,对已经在名义利率零下限或接近零下限处运行的许多国家的中央银行提出了巨大的挑战。

5. 各国中央银行资产负债表爆炸性地扩大,同时风险也变得越来越高,人们越来越担心,财政政策对货币政策的支持能不能保证。例如,请参见德尔内格罗和西姆斯((Del Negro and Sims,2015)。

6. 2013 年,新当选的日本总理安倍晋三全面推行所谓的"安倍经济学"(Abenomics),它是财政刺激政策、货币宽松政策和结构性改革的结合,目的是让日本摆脱自 20 世纪 90 年代初以来的经济衰退,重振雄风。

表 1 一般政府债务净额占 GDP 的比例

	2008 年	2015 年
欧元区	54. 0	74. 0
日本	95. 3	140. 0
英国	47. 5	85. 0
美国	50. 0	80. 9

注:2015 年为预料值。

资料来源:International Monetary Fund, 2014. Fiscal Monitor-Back To Work:How Fiscal Policy Can Help. IMF, Washington, DC.

7. 表 1 给出的数字表明,在经济衰退期间,政府债务扩张非常显著:四个发达经济国家

(集团)的政府债务净额占 GDP 的比例分别上升了 37% 至 79%。随着中央银行逐渐开始将利率恢复为更接近于正常水平的水平,债务的这种扩张将使政府背上沉重的还本付息负担,从而形成新的财政压力。美国国会预算办公室(Conressional Budget Office,2014)预测,美国联邦政府净利息支出占同期 GDP 的比例在 2014 年至 2024 年期间将急剧飙升。很显然,中央银行结束超低利率政策,将会对财政政策产生非常巨大的影响。

8. 现在,随着越来越多的国家的中央银行以接近于短期国债利率的利率支付储备利息,高能货币与名义政府债券之间的一个重要区别已经逐渐消失了,从而也就消除了货币政策与财政政策之间的一个主要区别。请参见,科克伦(Cochrane,2014)。

9. 欧元区多个国家的主权债务危机和世界许多国家的政治极化现象提醒我们,每一个国家都面临着财政极限,到那一点上,稳定债务所需要的基本盈余调整也无法保证做得到了。未来财政调整的不确定性可能会使财政预期极不稳定,进而导致货币政策难以达成目标。请参见,达维格等人(Davig et al,2010,2011)。

10. 使金融危机之后的财政困局雪上加霜的是,世界各地人口的持续加重的老龄化,造成了长期的财政压力,而且大多数国家对这个问题的思路都是不确定的。这种不确定性在低频率下运行,而且很可能与货币政策的长期目标相冲突。请参见,卡瓦略和费雷罗(Carvalho and Ferrero,2014)。

不把货币政策和财政政策纳入一个共同的框架下讨论,就很难对全球经济的上述新特点进行研究。这些现象有许多是与货币主义/维克塞尔主义(Wicksellian)经济思想的关键假设背道而驰的,其中包括:

· 财政政策要根据需要调整政府收支,以稳定政府债务,以便确保财政政策能够"自我纠正",而不需要考虑货币政策制定者的行动;

· 货币政策只要在各个方面都有充分的创造性,包括利率设定、量化宽松政策、信贷宽松政策、政府债务管理、前瞻性指导,等等,就肯定可以实现理想的通货膨胀和宏观经济目标;

· 货币政策对财政政策选择的影响是足够小的,在进行货币政策决策时可以忽略不计,因此中央银行可以集中关注有限的几个目标。

......

只需举出这几个例子就已经足够了。很显然,仅仅孤立地研究货币政策或财政政策,是不可能有效地解释最近的宏观经济政策问题的。本章就是在这个认识的前提下,讨论宏观政策(货币政策与财政政策)如何相互作用,如何决定了总价格和总数量的。

1.2 本章的缘起

《宏观经济学手册》的主编邀请我们撰写一章,讨论"价格水平的财政理论"。我们很高兴地接受了这个任务,但是决定将讨论的主题扩展为价格水平的决定理论。我们希望在更广泛的视角下(就像前面给出的观察结果所表明的那样),将货币政策与财政政策联合起来考虑,以便提出对通货膨胀过程的更加全面的解释,而不再仅仅局限于货币主义/维克塞尔主义的或财政理论的视角。我们将证明,只有在非常特殊的情况下,才能把这两个视角看作不同的理论。尽管坚持从这个更广泛的视角出发,为了完成我们"承接"的任务,同时也为了提请读者注意货币政策与财政政策相互作用中通常被忽视的那些方面,本章在许多时候(但不仅仅)侧重于财政理论所强调的一些机制。

1.3　什么是财政理论?

在本章中,我们考虑的是这样一类动态效率模型,它们纳入了货币政策、名义政府债务的到期期限结构、税收(扭曲性的一次总付的)、政府支出(政府购买或转移支付),以及政府预算恒等式。在这类模型中,均衡时可能有如下四个主要特征:

1. 名义政府债务重估在稳定债务方面可以发挥突出的作用,这表现在通货膨胀率和债券价格的惊人变化上。

2. 货币政策—财政政策的适当组合,有可能通过名义政府债务扩张或货币基准利率工具,来增加名义私人财富、名义总需求,提高价格水平。

3. 在决定价格方面,对财政政策的预期与对货币政策同样重要;在某些时候,甚至在决定数量方面也同样重要。例如,请参见布伦纳和梅尔泽(Brunner and Meltzer, 1972)、托宾(Tobin, 1980),以及华莱士(Wallace, 1981)。[①]

4. 债务管理政策对于均衡动态有重要的作用,它为标准宏观经济政策工具包提供了另一个工具。对此,托宾很早以前就指出过了(Tobin, 1963)。

对这一类模型的这些征性的含义的分析,构成了我们这里所说的"价格水平的财政理论"。[②]

价格水平的财政理论是对经济学中关于价格水平决定的传统观点的补充而不是替代。在传统模型中加入财政方面,并扩展货币当局和财政部门可以采用的规则,这种理论就形成了。在这样的模型中,财政理论提取了得出传统观点所需要的关于财政政策行为的假设。更加重要的是,财政理论明确地把货币政策行为和财政政策行为包括进来,能够分析比以往复杂得多的均衡集合,它们源于如下以前受到了压制但是却不可否认的事实:货币政策与财政政策本质上是交织在一起的。

本章的宗旨是给出一些建设性的和有指导意义的观点,所以我们不会花太多时间去描述围绕着财政政府的各种争论。对财政理论的指责包括:将均衡条件与预算约束混为一谈;它违背了瓦尔拉斯的法则;它对私人经济行为主体和政府进行区别对待;它只是一个均衡选

---

① 布伦纳和梅尔泽(Brunner and Meltzer, 1972)证明,在财政赤字保持固定不变时,不伴随着基础货币增长的政府债务扩张是通货膨胀性,从而预示了价格水平的财政理论的诞生。但是,他们却轻轻放过了这个结果,理由是"这种价格水平的变化并不重要"。

② 对于价格水平的财政理论,早期的理论贡献包括:贝格和哈克(Begg and Haque, 1984)、奥尔尼海默和孔特雷拉斯(Auernheimer and Contreras, 1990)、利珀(Leeper, 1991)、西姆斯(Sims, 1994)、伍德福德(Woodford, 1995),以及科克伦(Cochrane, 1999)。

择装置;它与萨金特和华莱士(Sargent and Wallace,1981)令人不快的货币主义旧调重弹没有什么区别;等等。① 关于这些观点,西姆斯(Sims,1999a)、科克伦(Cochrane,2005),以及利珀和沃克(Leeper and Walker,2013)都进行了详细的剖析。我们不会在这里重复这些东西,那将偏离本章的目标。

科克伦和西姆斯是财政理论的两个主要倡导者(请参见:Cochrane,2011b,2014;Sims,1999b,2013)。他们从财政理论的视角探讨了非常多的经济问题,得出了一些与传统观点形成了鲜明对比的结论。与他们类似,本章也根据财政理论重新审视了一些实际问题。

本章关注的重点是,纳入了关于货币政策与财政政策行为的非平凡的设定的模型中的均衡的性质,包括价格水平的决定。在这个意义上,我们这一章与财政理论本身一样,都回应了华莱士(Wallace,1981)的一个观点,那就是,中央银行的公开市场操作的影响,取决于财政政策不变这个假设的确切含义。在关于财政政策行为的特定假设下,公开市场操作是中性的,但是不同的财政政策行为会使得货币政策行为产生不同的影响。华莱士没有探讨存在大量名义政府债券的情况下的价格水平决定的性质(这正是财政理论要强调的),但是他得到的结果已经预示了一支新的文献。当然,我们也在相反的方向考察了财政政策与货币政策的互动:货币政策行为如何影响财政政策行为的影响。

1.3.1 实际政府债务 vs 名义政府债务

财政理论的核心是区分实际政府债务与名义政府债务。传统观点认为,未来的政府收入和支出总能自行调整并稳定政府债务,因而这种区分并不重要。但是名义政府债务的存在——实际上,是名义政府债务的盛行——却是财政理论的核心问题。②

实际政府债务既可以采取通货膨胀指数化的债券的形式,也可以采取国家不加以控制的计价单位的债券。实际政府债务代表了对实际产品的一种要求权,而实际产品是政府必须通过税收来获得的。这样就对政府的选择施加了预算限制。如果政府没有征收税收的能力,不能获得偿付未偿还债务所需的产品,那么除了违约之外,就没有其他选择了。在固定平价的金本位制下,国家能够有效地发行实际政府债务,那是因为政府债券的实际价值取决于政府能够控制的范围之外的因素——黄金的全球供给和需求。

名义政府债务则很像政府发行的货币:它只是对未来的新发货币的一种请求权。政府可以选择增加税收以获得必要的货币,或者(如果货币创造在政府的职权范围内的话),也可以选择印制新货币。因为名义政府债务的价值取决于价格水平和债券价格,所以如果政府所有债务都是名义债务的话,那么政府实际上是没有预算约束的。有的读者可能会反对政府可以不面对预算约束的想法,但是这里的逻辑是非常清晰的——法定货币的逻辑就是如此。根据传统的货币数量理论,我们可以推导出这样的结果:中央银行可以自由地将货币供应量翻一番(或减少一半),而不用担心违反预算约束,因为价格水平也会翻一番(或下降50%),货币的实际价值仍然保持不变。直接借用这个推理过程可知,政府也可以自由地发

---

① 这些批评,在以下这些论著中可以找到:柯薛拉柯塔和费伦(Kocherlakota and Phelan,1999),麦卡勒姆(McCallum,2001),巴塞托(Bassetto,2002),布伊特(Buiter,2002),永奎斯特和萨金特(Ljungqvist and Sargent,2004)。
② 请参见科克伦(Cochrane,2011b),以及西姆斯(Sims,2013)。

行任何数量的名义债券,让其实际价值随价格水平调整,从而不用考虑预算约束的问题。当然,就像货币大放水政策一样,政府这样做也就意味着放弃了对价格水平的控制。

欧洲货币联盟的各成员国可以发行以欧元计价的债务,也可以发行以本国货币计价的债务,但是由于它们的货币政策主要受欧洲中央银行(而不是各成员国家的政府的控制),这种债务从成员国的角度来看实际上是实际债务。美国也发行指数化的政府债务,但是这种债务在未偿还债务中仅占 10% 的比例。而且,即便是在指数化债券在市场所占比例更高的英国,这个比例也只有 20% 左右。欧元区、日本、澳大利亚和瑞典的债务总额中,指数化债务的比例都不足 5%。

1.3.2　本章的主题

本章包括了好几个主题。第一个主题是,决定通货膨胀、稳定债务的始终是货币政策与财政政策的共同行为。虽然这一点似乎是不言自明的——它回应了一种至少可以追溯到弗里德曼(Friedman,1948)的思想——但是现代宏观经济政策分析中通常使用的模型和政策描述中却往往忽略了它。在这些模型中,通货膨胀似乎是完全由货币政策行为决定的,更具体地说,似乎是完全由货币政策对通货膨胀的反应决定的;同时债务的动态变化则似乎是完全由财政政策行为(基本盈利对债务的反应的强度)驱动。当然,在均衡的情况下,这两种政策必定会以特定的方式相互作用,导致一个存在债务上限的确定性均衡。但是在传统的模型中,这一点会被掩盖起来——以保证只需集中分析货币政策。[①]

在动态模型中,宏观经济政策有两个基本任务:一是决定价格水平,二是稳定债务。有两种明显不同的货币政策-财政政策组合可以完成这两个任务。本章要讨论的第二个主题是,出于特定的分析目的,将这些政策组合分类为"主动的(积极的)"或"被动的"(消极的)政策行为将是非常有益的。[②] 一个"主动的"政策机构会主动追求政策目标,而不会受政府债务状态的约束,也就是说,它会自由地将控制变量设定在它认为合适的水平上。但是这样一来,另一个政策机构就必须采取行动来稳定债务,它的行动会受到主动的政策机构和私人部门的行为的束缚。据信,一个确定有界均衡需要主动的政策与被动的政策的"混合",这是唯一能够实现"唯一的"通货膨胀和"稳定的"债务过程这两个宏观经济目标的政策组合。[③] 主动的货币政策与被动的财政政策的组合,给出了通常的货币主义/新凯恩斯主义模型框架:货币政策的目标是针对通货膨胀的,而财政政策则基于李嘉图等价原理。我们在这一章中把这种政策组合称为"政策区制 M",同时有时也称其为"货币主导"的政策。另一个组合是被动的货币政策与主动的财政政策的组合,在这种组合中,财政政策会对通货膨胀产生重要影响,同时货币政策则确保债务稳定。或许是一种不幸,后一种政策区制被贴上了"价格水平的财政理论"的标签。在本章中,这种财政理论组合称为"政策区制 F"或者"财政主导"的政策。

---

① 例如,请参见伍德福德(Woodford,2003),以及加里(Galí,2008)。

② 利珀(Leeper,1991)提出了这种分类方法,用来研究有界均衡。

③ 无界均衡也是存在的。西姆斯(Sims,2013)和科克伦(Cochrane,2011a)强调过,存在无限大的通货膨胀率的可能性;麦卡勒姆(McCallum,1984)和坎佐内里等人(Canzoneri et al.,2001b)给出的有无限大的债务的解,是依赖于无扭曲的税收的存在。

本章的第三个主题是,在区制 F 的政策所生成的均衡中,政府债务的到期期限结构会影响均衡动态。科克伦(Cochrane,2001)和西姆斯(Sims,2011)都强调过这一点。与此形成了鲜明对照的是,在不存在会使得短期债务和长期债务不能完美互替的摩擦时,以及在具有弹性价格和一次总付税的特殊情况下,到期期限结构在区制 M 中却是无关紧要的。在财政理论区制下,长期债务会使得当前和未来的通货膨胀(债券价格)随着扰动债务的市场价值的冲击而调整,这有助于通货膨胀。而且,如果价格是粘性的,那么实际活动的波动性也会低于所有债务都是单项债务时的波动性。

本章的第四个主题是,只有在弹性价格且一次性财政冲击/盈余调整的特殊情况下,简单的主动的货币政策规则才能实现区制 M 下的通货膨胀目标。更一般地说,在存在价格粘性和税收扭曲的情况下,我们将会观察到重估效应,以及在区制 M 和区制 F 中都普遍存在的货币政策与财政政策之间的相互作用。

本章的第五个主题是,一旦考虑到了最优政策,"主动/被动"这个量规也就失去了使用价值。一般来说,共同最优的货币政策和财政政策肯定同时结合了区制 M 和区制 F 的若干元素:当长期政策债务未偿还时,部分通过扭曲性的税收政策、部分通过出人意料的通货膨胀政策和债券价格的变化来稳定债务,是最优的政策。例如,请参见,科克伦(Cochrane,2001)、利珀和周(Leeper and Zhou,2013),以及西姆斯(Sims,2013)。通货膨胀作为债务稳定器的重要性有多大——或者,用西姆斯(Sims,2013)的术语来说,通货膨胀的"财政缓冲"作用有多大——则依赖于模型的细节,包括:债的到期期限结构、通货膨胀可变性的成本、未偿还的政府债务的水平、最优政策是有承诺的还是相机抉择的、经济状况与财政上限的接近程度,等等。

财政理论的上述关键特征是作为共同最优的货币政策与财政政策而涌现出来的,这个事实将财政理论从一个理论上的怪异之物,提升为能够带来理想结果的宏观经济政策的不可分割的一个组成部分。

1.4　本章内容概览

在本章中,随着论述的渐次展开,我们将逐渐扩大货币政策与财政政策之间的互动的范围。我们先从一个简单的有弹性价格的禀赋经济开始讨论,它会受到一次总付转移支付的冲击。这种模型设置将货币政策和财政政策相互作用的范围限定为财政理论所强调的重估效应上,并且支持了对 M 区制和 F 区制两者之间的明确二分法。不过,即便是在这个简单的环境中,当我们允许政府支出或货币政策冲击时,在任何一种区制下,货币政策与财政政策之间都存在着重要的溢出效应。

接下来,我们在一个生产经济中考虑了同样的规则。在这个经济中,存在名义刚性,但是我们保留税收是一次性总付税的假设。这个模型为货币政策与财政政策之间的相互作用增加了一个新的渠道,因为在粘性价格条件下,货币政策会影响实际最优利率,进而通过实际偿债成本影响债务动态。然后,我们进一步推广这个结果,方法是在一个新凯恩斯主义经济中加入了扭曲性的税收。这样一来,税收政策就会通过它对边际成本的作用影响通货膨胀,同时政府支出也进入了总需求,而货币政策则通过影响实际利率而影响到税基的大小。在这个更加丰富的模型设定中,均衡结果必定是货币与财政政策之间相互作用的结果。这里一个关键的问题是货币政策和财政政策在控制通货膨胀和稳定债务方面的平衡。我们证明,传统的政策分派(policy assignment)通过货币政策来实现通货膨胀目标、通过财政政策来稳定债务,并不总是最优的。

财政理论的大多数论述都假设了关于货币政策和财政政策行为的简单的特设规则,并在这些规则下的各种可选设置中描述均衡的性质。在本章接下来的两节中,我们将遵循这个思路,推导出一些简洁、清晰的解析结果,它们解释了财政理论是如何发挥作用的、与其他政策组合又有哪些区别。然后,本章转向研究共同最优的货币政策和财政政策,它们是描述作为财政理论基础的经济机制的另一个工具。最优政策清晰地表明,财政理论的区分性特征通常是能够带来理想经济结果的政策组合的不可分割的一部分。但是,为了稳定债务而运用出人意料的通货膨胀政策时,如果决策者无法做出可信的承诺,也会产生重大的时间一致性问题,特别是在债务水平较高的情况下。当私人经济行为主体获悉,决策者可能抵挡不住通过出人意料的通货膨胀来减轻债务负担的诱惑时,他们作为经济主体对通货膨胀的预期就会随着债务水平的上升而提高——直到这种诱惑被完全抵消为止。这会导致相当大的债务稳定化倾向,从而推动决策者迅速降低债务水平(以很大的社会福利损失为代价),以避免因通过通货膨胀手段来化解债务的诱惑导致的高均衡通货膨胀率。我们深入、细致地探讨了时间一致的最优政策与时间不一致的最优政策之间的突出不同之处。

在这些纯理论探索之后,本章转而讨论了这些机制在经验上的重要意义。我们描述了在识别货币-财政政策区制的过程中会出现的一些微妙问题,然后评估了支持和反对从财政理论角度对时间序列的解释的现有证据。之后,本章讨论了这个理论在三个方面的实际应用:成功实现通货膨胀目标的财政前提条件;对恢复为正常利率水平的各种财政反应的后果;以及为什么中央银行在制定货币政策时,必须先了解当前主导的货币-财政区制。在结论部分,我们描述了货币政策与财政政策的相互作用这个领域的理论研究和实证分析未解决的若干突出问题,从而指出了未来研究的方向。

2. 有任意特设的政策规则的禀赋经济

本节的目标是通过一个最简单的模型引入第1.3部分所列出的财政理论的那些区分性特征。在这个模型中,有一个代表性消费者,他永远活着,而且每个时期都能得到一个固定不变的产品禀赋。这个经济中不存在现金,而且金融市场是完全市场。

2.1 一个简单的模型

这个消费者最优化自己对消费的选择 c_t,他可以按 $Q_{t,t+1}$ 的价格买入或卖出名义资产 D_t,同时从政府那里获得一次性转移支付 c_t,并支付一次总付税 τ_t。[1] 这个代表性家庭要最大化的是:

$$E_0\left\{\sum_{t=0}^{\infty}\beta^t U(c_t)\right\}$$

其中 $0<\beta<1$。它要满足如下流量预算约束序列:

$$P_t c_t + P_t \tau_t + E_t[Q_{t,t+1}D_t] = P_t y + P_t z_t + D_{t-1} \tag{1}$$

给定 D_{t-1}。[2] $Q_{t,t+1}$ 是在第 $t+1$ 期支付 1 美元的一项资产在 t 期中的名义价格,P_t 是用到期的政府债券的总单位表示价格总水平(一单位政府债券为购买一单位产品所需的债券)。在第 t 期出售的政府债券(已经包括在了 D_t 中),则要在 $t+1$ 期间支付总名义利率 R_t。令 $m_{t,t+1}$ 表示实际或有请求权(未定权益)的价格,那么无套利条件意味着:

$$Q_{t,t+1} = m_{t,t+1}\frac{P_t}{P_{t+1}} \tag{1}$$

短期名义利率 R_t,也是中央银行的政策工具,与名义债券价格相关:$1/R_t = E_t[Q_{t,t+1}]$。

将政府购买设定为零,[3]于是基本盈余就是 $s_t \equiv \tau_t - z_t$。这个家庭的跨期预算恒等式可以从式(1)迭代并施加无套利条件(2)和如下横截性条件:

$$\lim_{T\to\infty}E_t\left[m_t, T\frac{D_{T-1}}{P_T}\right] = 0 \tag{3}$$

从而得出:

$$E_t\sum_{j=0}^{\infty}m_{t,t+j}c_{t+j} = \frac{D_{t-1}}{P_t} + E_t\sum_{j=0}^{\infty}m_{t,t+j}(y-s_{t+j}) \tag{4}$$

其中,$m_{t,t+j} \equiv \prod_{k=0}^{j}m_{t+k,t+k+1}$ 是实际贴现因子,其中的 $m_{t,t} = 1$。

在产品市场实现均衡($c_t = y$)后,实际贴现因子为常数,即,货币市场平衡后,实际贴现因子为常数,即,$m_{t,t+1} = \beta$。同时名义利率服从如下费雪关系(Fisher relation):

$$\frac{1}{R_t} = \beta E_t\frac{P_t}{P_{t+1}} = \beta E_t\frac{1}{\pi_{t+1}} \tag{5}$$

其中,$\pi_t \equiv P_t/P_{t-1}$ 是总通货膨胀率。在均衡的情况下,私人经济行为主体之间不存在借款或贷款,所以这个家庭的债券投资组合完全由政府债券组成。根据债券市场和产品市场的出清条件,并考虑家庭的跨期约束的不变实际贴现因子,可以得出如下普适性的均衡条件:

---

[1] D_t 由私人发行的资产 B_t^p 和政府发行的资产 B_t 组成。政府债券的成本为每单位 MYM1/R_t,是完全安全的纯贴现债券。

[2] 这里的"D_{t-1}",原文为"D_{-1}",疑有误,已改。——译者注。

[3] 在下面,我们将会放宽这个假设。

$$\frac{B_{t-1}}{P_t} = E_t \sum_{j=0}^{\infty} \beta^j s_{t+j} \tag{6}$$

科克伦(Cochrane,2001)将式(6)称为"均衡估值方程",因为它将 t 期开始时的未偿还债务 B_{t-1}/P_t 的市场价值与支持了债务的现金流的预期现值(即,基本盈余)联系了起来。这里需要注意的是,我们是直接从私人部门的最优化行为和市场出清条件中推导出这个估值方程的,并没有涉及政府的行为或政府的预算恒等式。这个估值方程对政府对于未来盈余的选择没有施加任何限制,这与费雪关系式并不会限制中央银行对名义利率的选择是一个道理。

对于每一期 t,方程式(5)和(6)构成四个未知数的两个均衡条件: R_t, P_t, $Et(1/P_{t+1})$,以及 $E_t \sum_{j=1}^{\infty} \beta^j s_{t+j}$。私人部门行为本身是不能唯一地确定均衡的。我们接下来讨论一类可以产生确定性均衡的货币政策与财政政策规则。

2.1.1　政策规则

中央银行遵守一个简单的利率规则,即,通常所称的泰勒规则(Taylor,1993)。根据泰勒规则的要求,名义利率对稳定状态的偏离要与通货膨胀率与稳定状态的偏离成正比,即:

$$\frac{1}{R_t} = \frac{1}{R^*} + \alpha_\pi \left(\frac{1}{\pi_t} - \frac{1}{\pi^*} \right) + \varepsilon_t^M \tag{7}$$

其中, ε_t^M 是对货币政策的一个外生冲击。政府要将基本盈余对稳定状态的偏离设定为与债务对稳定状态的偏差成比例,即:

$$s_t = s^* + \gamma \left(\frac{1}{R_{t-1}} \frac{B_{t-1}}{P_{t-1}} - \frac{b^*}{R^*} \right) + \varepsilon_t^F \tag{8}$$

其中, ε_t^F 是对基本盈余的一个外生冲击。名义利率的倒数是名义债权的价格,因此 $\frac{1}{R_{t-1}} \frac{B_{t-1}}{P_{t-1}}$ 是第 $t-1$ 期发行的债务的实际市场价值。政策选择必须与政府的流量预算相一致,即:

$$\frac{1}{R_t} \frac{B_t}{P_t} + s_t = \frac{B_{t-1}}{P_t}$$

其中,模型的稳定状态为:

$$\frac{B}{P} = b^*, \quad s^* = (\beta^{-1} - 1)\frac{b^*}{R^*}, \quad R^* = \frac{\pi^*}{\beta}, \quad m^* = \beta$$

把这些用通货膨胀(即通货紧缩)和实际政府债务的倒数来表示,有很大的方便之处。这样一来,我们可以令 $\nu_t \equiv \pi_t^{-1}$,且 $b_t = B_t/P_t$。将这里的货币政策规则与费雪方程结合起来,我们可以推导出通货紧缩中的差分方程:

$$E_t(\nu_{t+1} - \nu^*) = \frac{\alpha_\pi}{\beta}(\nu_t - \nu^*) + \frac{1}{\beta}\varepsilon_t^M \tag{9}$$

将财政规则和政府流量预算恒等式结合起来,取期望,同时运用费雪关系,我们可以推导出如下实际债务动态方程:

$$E_t \left(\frac{b_{t+1}}{R_{t+1}} - \frac{b^*}{R^*} \right) = (\beta^{-1} - \gamma) \left(\frac{b_t}{R_t} - \frac{b^*}{R^*} \right) - E_t \varepsilon_{t+1}^F \tag{10}$$

方程式(9)和(10)组成了一个通货膨胀和实际债务的预期差分方程组,它由外生的政策扰动

ε^M 和 ε^F 所驱动。如果给定消费者的贴现因子 β,从这个方程组来看似乎通货膨胀动态只取决于货币政策选择 α_π,同时债务动态则只依赖于财政政策选择 γ。在这里,货币政策和财政政策行为共同确定通货膨胀和实际政府债务这一点并不明显。但是,这个方程组显示的这种明显的分离是欺骗性的。由于政府发行的名义债券 B_t,价格水平同时出现在了两个方程式当中,而且 $1/P_t$ 是在第 t 期到期的债券的价值。

2.1.2 模型的求解

我们在这里只专注于有界解。[①] 通货膨胀的稳定性取决于 α_π/β,而债务的稳定性则取决于 $\beta^{-1}-\gamma$。[②]

2.1.2.1 区制 M

如果 $\alpha_\pi/\beta > 1$,那么对于通货膨胀的有界解为:

$$\nu_t = \nu^* - \frac{1}{\alpha_\pi}\sum_{j=0}^{\infty}\left(\frac{\beta}{\alpha_\pi}\right)^j E_t\varepsilon^M_{t+j} \tag{11}$$

这是对于 $t \geqslant 0$ 时为 $\{p_{t-1}/p_t\}$ 提供的一个解,从而均衡名义利率为:

$$\frac{1}{R_t} = \frac{1}{R^*} - \sum_{j=1}^{\infty}\left(\frac{\beta}{\alpha_\pi}\right)^j E_t\varepsilon^M_{t+j}$$

在这个简单的模型中,实际通货膨胀和预期通货膨胀都取决于货币政策参数和冲击,但是它们似乎并不依赖于财政政策行为。

但是,这只是一个极具欺骗性的外表,因为式(11)并不是对这个模型的完全解,我们还需要保证存在实际政府债务的有界解。如果财政政策选择的是 $\gamma > \beta^{-1}-1$,那么当实际政府债务上升时,未来的盈余的增加会超过实际利率,而债务的变化是为了覆盖债务偿还和少量的本金。在这种情况下,如式(10)所示的债务动态意味着,实际政府债务对稳定状态的任意偏离,都有 $\lim_{T\to\infty}E_tB_{T+1}=b^*$,因此债务最终会回到稳定状态。

进一步深入探究财政政策对稳定债务发挥了什么作用,可以揭示出更深层次的政策互动。假设,在时间 t,出现了关于更高的路径 $\{\varepsilon^M_{t+j}\}$ 的消息。这个消息会减少 ν_t,同时提高价格水平 P_t。根据财政政策规则(8),在一开始这个货币政策消息不会影响 s_t,但是家庭所持有的未偿还债券 B_{t-1}/P_t 则会下降。从政府预算恒等式的角度来看,这就意味着即使债券价格 $1/R_t$ 没有发生变化,在 t 发行的债务的市场价值也会下降,即:

$$\frac{B_t}{P_tR_t} = -s_t + \frac{B_{t-1}}{P_t}$$

在不会发生未来财政调整的情况下——比如说,在 $\gamma > \beta^{-1}-1$ 的那些情况下——家庭财富将

---

① 对于通货膨胀,无界解也是存在的,本哈比等人(Benhabib et al., 2001)已经证明了这一点。西姆斯(Sims, 1999b)、科克伦(Cochrane, 2011a),以及德尔内格罗和西姆斯(Del Negro and Sims, 2015)对这些均衡进行了深入研究后认为,确定性的价格水平需要适当的财政(政策)的支持。正如德尔内格罗和西姆斯(Del Negro and Sims, 2015,第3页)所明确指出的:"财政(政策)支持要求,价格水平的爆发性通货膨胀或通货紧缩行为应该认为是不可能的,因为对于很高的通货膨胀,财政当局会用更高的基本盈余来做出反应,对于接近于零的利率则会用更低的或负的基本盈余来做出反应。"无界债务的解则不可避免地依赖于非扭曲性的税收,因为只有非扭曲性的税收才可能允许收入以与持有政府债券的利息收入相同的速度增长。虽然这种收入路径在目前的模型中是均衡的,但是因为它们在存在税收扭曲的经济体中是不可行的,因此我们认为它们没有什么意义。
② 我们将在下面的第7.3部分再来考虑暂时处于主动-主动区制或被动-被动区制中的含义。

会减少,从而减少总需求并抵消货币扩张的通货膨胀效应。但是在存在债务的情况下,当财政政策减少盈余超过了实际利率时,盈余预计下降的数额的当前值将相当于家庭所持有的债券的价值最初的下降额。这也就消除了负面的财富效应,使得货币政策成为扩张性的。

当关于更高的 $\{\varepsilon_{t+j}^M\}$ 的消息的影响进一步扩大,影响到了当期之外的均衡时,名义利率将上升,从而降低了在第 t 期新发行的债券的价格。更低的债券价格隐式地提高了那些在第 $t+$1 期到期的债券的利息收益,因而也就创造了货币政策影响家庭财富的第二个渠道。与第一个渠道一样,这种财富效应会随着预期的盈余调整而蒸发掉。

这些财政调整让我们想起华莱士很早以前提出的一个观点(Wallace,1981),那就是:公开市场操作的影响取决于财政政策"保持不变"的具体含义。在区制 M 中,财政政策的"恒定性"是非常明确的:它消除了任何对资产负债表的货币影响。通过中和货币政策行动的财政后果,这个区制度给我们留下的印象可以借用弗里德曼(Friedman,1970)的一句著名格言来表达:"通货膨胀在任何地方都总是一个货币现象"。当然我们现在知道,实际上是货币政策与财政政策的共同行为给了我们这种印象。

与此同时,区制 M 还给出了与弗里德曼的货币主义格言对应的"财政主义格言",即,李嘉图等价。① 在第 t 期发生的一个财政冲击减少了 1 单位盈余,最初肯定已经通过名义政府债务扩张 P_t 个单位得到了"融资"。根据方程式(11),通货膨胀是固定的,所以实际债务也会增加 P_t 个单位。由于通过财政规则,更高的实际政府债务触发了更高的未来盈余,其现值等于最初的债务扩张。即便是在这个完全标准的李嘉图式推演过程中产生了那种看似不相关的结果的,也是共同的政策行为,即货币政策对通货膨胀的主动的反应和财政政策对盈余的被动调整。

2.1.2.2　区制 F

现在考虑财政政策是主动的情况。由于盈余是外生的,所以 $\gamma=0$,使得财政规则为 $s_t=s^*+\varepsilon_t^F$。于是,实际政府债务的解为:②

$$\frac{b_t}{R_t}=\frac{b^*}{R^*}+\sum_{j=1}^{\infty}\beta^j E_t\varepsilon_{t+j}^F \tag{12}$$

这意味着第 t 期的债务的价值取决于第 $t+1$ 期之后的盈余的预期现值。

将 b_t 的这个解与政府的流动预算恒等式结合起来,并注意到 $B_{t-1}/P_t=v_t b_{t-1}$,我们就可以得出通货膨胀的解:

$$v_t=\frac{(1-\beta)^{-1}s^*+\sum_{j=0}^{\infty}\beta^j E_t\varepsilon_{t+j}^F}{b_{t-1}} \tag{13}$$

其中,在第 t 期,b_{t-1} 是预决的。从上式又可以得出价格水平的解:

$$P_t=\frac{B_{t-1}}{(1-\beta)^{-1}s^*+\sum_{j=0}^{\infty}\beta^j E_t\varepsilon_{t+j}^F} \tag{14}$$

---

① 托宾(Tobin,1980,第53页)指出了这一点:"因此,李嘉图等价定理对于货币主义来说是根本性,也许是不可或缺的。"
② 为了得出方程(12),现定义 $\tilde{b}_t\equiv B_t/P_t R_t$,将流量政府预算恒等式改写为 $\tilde{b}_t+s_t=R_{t-1}v_t\tilde{b}_{t-1}$。在第 $t-1$ 期取期望,并应用欧拉方程 $\beta^{-1}=E_{t-1}R_{t-1}v_t$,然后向前迭代,并施加横截性条件,就可以得出式(12)。

关于更低的盈余的消息提高了价格水平,降低了未偿还债务的价值。与区制 M 中的均衡相比,不同的是,在区制 F 中,名义政府债务是一个重要的状态变量。① 更高的的名义政府债务或更强的债务偿还能力会提高下一期的价格水平。这些结果反映了更大的名义家庭财富的影响。更低的未来盈余——源于更低的税收收入或更高的转移支付——或更高的初始名义资产,提高了家庭对产品的需求,因为不存在未来税率的提高会抵消更大的财富这种前景。与区制 M 下不同,如方程式(13)所给出的,现在的均衡通货膨胀明确地依赖当前和预期的财政选择——通过稳态盈余 s^* 和财政扰动 $\sum_{j=0}^{\infty}\beta^j E_t \varepsilon_{t+j}^F$ 实现。

式(12)给出了债务的真实市场价值。但是,由于没有任何稳定性的盈余对实际负债的反应($\gamma=0$),根据式(10),债务对稳定状态的偏离预计将会随着时间的推移而以实际利率 $1/\beta$ 增大。债务的这种增加,终将会违背家庭的横截性条件,这与均衡不一致。为了调和该均衡的这些看似矛盾的含义,我们还需要了解货币政策在区制 F 中的作用。

通过阻止债务利息偿付的爆炸性增长并允许出人意料的对政府债务的重新评估,货币政策确保了实际的债务,而不是预期的债务,是稳定的。在区制 F 中,如式(13)和(14)所表明的,更高的利息支出提高了名义财富,增加了名义总需求,拉高了未来的通货膨胀。为了理解货币政策行为,我们将从式(13)中得到的 v_t 的解代入到货币政策规则(7)中。为了简化表达式,假设政策冲击是独立同分布的(i.i.d.),这样一来,我们有:

$$\frac{1}{R_t}-\frac{1}{R^*}=\frac{\alpha_\pi}{\beta}\left[\frac{\beta(1-\beta)^{-1}s^*+\beta\varepsilon_t^F}{b_{t-1}}-\frac{1}{R^*}\right]+\varepsilon_t^M \qquad (15)$$

作为对财政扩张——$\varepsilon_t^F<0$——的应对,中央银行会将 $1/R_t$ 降低 $\alpha_\pi\varepsilon_t^F$,以抗御因财政政策引起的通货膨胀。序列不相关的财政扰动会使债务的市场价值处于稳定状态水平——对于所有的 $j\geq 0$,都有 $b_{t+j}/R_{t+j}=b^*/R^*$。这就大大简化了第 $t+1$ 期时的式(15),从中可以得出:

$$\frac{1}{R_{t+1}}-\frac{1}{R^*}=\frac{\alpha_\pi}{\beta}\left(\frac{1}{R_t}-\frac{1}{R^*}\right) \qquad (16)$$

如果货币政策要主动地通过设定 $\alpha_\pi/\beta>1$ 来对通货膨胀做出反应,那么 $1/R$ 将会发散为正的或负的无穷大,而这两种情况都违背了净名义利率 $R-1$ 的下限条件。在经济上,这些爆炸式的路径源于政府债券持有人得到的不断增长的利息收入所导致的强劲的财富效应。当 $\alpha_\pi/\beta>1$ 时,中央银行会将名义利率提高到超过实际利率的水平,从而增加私人经济行为主体在下一期的名义财富和通货膨胀率,这个过程在随后的各个时期都会重复。这样一来,主动的货币政策就在实质上将稳定的财政引起的通货膨胀转化成了爆炸性的通货膨胀路径。

因此,均衡的存在性要求货币政策对通货膨胀的反应不能太强,具体地说,要保持 $\alpha_\pi/\beta<1$,即执行所谓的"被动的货币政策"。最容易理解的一种情况是当名义利率是"钉住的"的时候,即 $\alpha_\pi=0$。通过将名义利率固定在 R^* 的水平上,货币政策能够将债务的利息偿付固定下来,阻断财政扩张对未来的通货膨胀的影响。s_t 的一次性削减(由新的名义债券销售来融资)就可以维持 Bt / Pt 不变的 Pt。但是,更高的价格水平也会降低现有的名义政府债务的实

---

① 在这种情况下,债务也是一个状态变量,因为它包含了关于未来盈余的信息。但是在区制 M 中,债务的实际价值的变化引发了对未来政府对私人资源的请求权的预期的变化。

际价值 B_{t-1}/P_t ,这样做就减少了隐含的实际利息支出。用流量预算恒等式来表示,

$$\frac{b^*}{R^*} + s_t = \frac{B_{t-1}}{P_t}$$

其中,实际债务仍然保持在稳定状态水平上,因为 $\gamma = 0$ 意味着预期盈余不变。未偿还债务存量越大,为了保持预算平衡所需的价格水平涨幅越小。

当货币政策在一定程度上——$0 < \alpha_\pi < \beta$ ——对通货膨胀做出反应时会出现一些更加有趣的结果。[1] 当货币政策试图通过提高名义利率来抗御财政型通货膨胀时,反而会放大通货膨胀并使之广泛传播。钉住 R_t 会迫使所有源于财政冲击的通货膨胀在冲击到来时就发生。而提高 R_t 则会使通货膨胀持续下去。而且,货币政策对通货膨胀的反应越强烈,通货膨胀的持续时间越长。

仔细观察差分方程(15)和(16),可以更清楚地看到货币政策的影响。当 $\alpha_\pi = 0$ 时,对 ε_t^F 的冲击对名义利率没有影响。但是,α_π 越大,ε_t^F 对未来的名义利率的影响越大(尽管仍然小于 β),而且对未来的通货膨胀的影响也越大(通过费雪关系式)。

即便暂时性的财政扩张对实际政府债务没有影响,更高的名义利率也会带来与价格水平上涨幅度成正比的新的名义债券的发行。更高的名义政府债务,再加上更高的债务利息,增大了利息支出,从而增加了未来家庭名义财富。因为未来的税收不会提高,因而不会抵消财富的增长,于是总需求和价格水平在未来都会上升。

表达式(15)表明,外生的货币紧缩——更低的 ε_t^M ,提高了 R_t ——会引发与外生的财政扩张完全相同的宏观经济效应。更高的利率增加了债务还本付息数额和名义财富,这又提高了未来的通货膨胀。在这样一个具有固定的实际利率的简单模型中,会得到的货币政策的悖谬影响只有这一种。在接下来第2.2部分,我们将讨论货币政策收缩在一个有更长期债务的生产经济中的影响。[2]

2.2　到期期限结构的作用

托宾(Tobin,1963)在"债务的货币效应"背景下讨论了债务管理,并将这种效应与"直接财政效应"进行了对比。直接财政效应是由用债券融资的赤字的初始增长决定的。这种货币效应源于债务的到期期限结构,托宾认为货币效应的持续时间比直接财政效应更长,因为它在债务的整个偿付期内都存在。债务期限构成的变化通过对私人财富的规模和构成的影响而发挥作用。这种变化可能会影响宏观经济,即便它们不会改变整体的债务规模时也是如此。本部分将从区制 F 的到期期限结构中推导出一些密切相关的影响。

本部分引入了一般形式的政府债务的完整到期期限结构,目的是推导出债券估价方程,

---

[1] 我们在下面的第2.3部分考虑了对这种情况的脉冲响应。
[2] 货币紧缩提高了未来的通货膨胀,这个结果也许会让人想起萨金特和华莱士(Sargent and Wallace,1981)的令人不快的"货币主义算术",但是机制完全不同。在萨金特和华莱士那里,今天紧缩货币意味着明天更宽松的货币,而且未来更高的通货膨胀率可以反馈到今天,减少今天的货币需求。因此,他们的结果并不是源于货币政策的财富效应的。

并对区制 F 下禀赋经济中到期期限结构的作用提出一些直觉结论。最后,我们通过一个简单的特例阐明了区制 F 下的到期期限结构的作用机制。[①]

2.2.1 一般到期期限结构

令 $B_t(t+j)$ 表示在第 $t+j$ 期到期的无息(票)债券在第 t 期时仍未清偿的名义数量,假设这些债券的美元价格为 $Q_t(t+j)$。于是,在第 t 期,政府的流量预算恒等式为:

$$B_{t-1}(t) - \sum_{j=1}^{\infty} Q_t(t+j) \left[B_t(t+j) - B_{t-1}(t+j) \right] = P_t s_t$$

在一个不变禀赋经济中,债券定价方程式为:

$$Q_t(t+k) = \beta^k E_t \frac{P_t}{P_{t+k}} \tag{17}$$

其中,$k = 1, 2, \cdots$。这些定价方程式隐含着将一个 k 期债券的价格与 k 个 1 期债券的预期序列联系起来的如下无套利条件:

$$Q_t(t+k) = E_t \left[Q_t(t+1) Q_{t+1}(t+2) \cdots Q_{t+k-1}(t+k) \right]$$

为了推导出有一般到期期限结构的债券估价方程,我们将第 $t-1$ 期结束时仍未偿还的债券组合定义为:

$$B_{t-1} \equiv B_{t-1}(t) + \sum_{j=1}^{\infty} Q_t(t+j) B_{t-1}(t+j)$$

同时将政府预算恒等式重写为如下形式:

$$\frac{B_{t-1}}{P_t} = Q_t(t+1) \frac{B_t}{P_t} + s_t$$

迭代约束的这个债券组合版本,取期望,再利用债券定价关系式和消费者的横截性条件,可以得到如下估价方程:

$$\frac{B_{t-1}}{P_t} = \sum_{j=0}^{\infty} \beta^j E_t s_{t+j}$$

或者,从基础债券的角度进行推导,我们可以得出:

$$\frac{B_{t-1}(t)}{P_t} + \sum_{j=0}^{\infty} \beta^j E_t \frac{B_{t-1}(t+j)}{P_{t+j}} \sum_{j=0}^{\infty} \beta^j E_t s_{t+j} \tag{18}$$

反复用式(18)去代未来的价格水平,这样就可以清晰地提示到期期限结构是如何进入估价方程的:

$$\frac{B_{t-1}(t)}{P_t} = E_t \left\{ s_t + \beta \underbrace{\left[1 - \frac{B_{t-1}(t+1)}{B_t(t+1)} \right]}_{t+1期的权重} s_{t+1} + \beta^2 \underbrace{\left\{ 1 - \left[\frac{B_{t-1}(t+2)}{B_{t+1}(t+2)} \frac{B_{t-1}(t+1)}{B_t(t+1)} \left(1 - \frac{B_t(t+2)}{B_{t+1}(t+2)} \right) \right] \right\}}_{t+2期的权重} s_{t+2} + \cdots \right\}$$

$$\tag{19}$$

只要定义

$$\Lambda_t(t+k) \equiv \frac{B_t(t+k) - B_{t-1}(t+k)}{B_{t+k-1}(t+k)}$$

我们就可以把这个估价方程更加紧凑地重写为,在新发行的在第 $t+k$ 期到期的债券,占

[①] 这些推导根据科克伦(Cochrane, 2001, 2014)给出。

截止第 $t+k-1$ 期仍未偿还且在第 $t+k$ 期到期的债券总额的比率。现在,我们可以把第 $t+k$ 期的盈余的期限权重 $L_{t,t+k}$ 定义为递归地依赖于这些比率的,即:

$$L_{t,t} = 1$$

$$L_{t,t+1} = \Lambda_t(t+1)$$

$$L_{t,t+2} = \Lambda_{t+1}(t+2)\,L_{t,t+1} + \Lambda_t(t+2)$$

$$L_{t,t+3} = \Lambda_{t+2}(t+3)\,L_{t,t+2} + \Lambda_{t+1}(t+3)\,L_{t,t+1} + \Lambda_t(t+3)$$

······

$$L_{t,t+k} = \sum_{j=0}^{k-1} \Lambda_{t+j}(t+k) L_{t,t+j}$$

现在,估值方程(19)的紧凑形式可以写为:

$$\frac{B_{t-1}(t)}{P_t} = \sum_{j=0}^{\infty} \beta^j E_t \left[L_{t,t+j} s_{s+j} \right] \tag{20}$$

给定一个盈余序列 $\{s_t\}$,贴现因子和期限就决定了盈余的预期的当前值。缩短期限[即,减少 $\dfrac{B_{t-1}(t+1)}{B_t(t+1)}$]会提高在 s_{t+1}、s_{t+2} 和 s_{t+3} 上的权重,因为提高了现值——那是支持债务的东西——和债务的价值。缩短在第 $t+k$ 到期的债券的期限,会提高所有 $st+j(j \geqslant k)$ 上的权重。在这个意义上,缩短期限可以抵消盈余的下降。

未来到期期限结构的出人意料的变化,表现为估值方程(20)中的权重 $L_{t,t+j}$ 中的新息。如果基本盈余是给定的,那么公众持有的债券的到期基建的意外缩短,将会通过提高未偿还债务的价值而导致当前的价格水平下降。从财政理论的角度来看,美国联邦储备委员会在2011年的"扭转操作"(operation twist)之所以在一开始的时候对经济产生了紧缩性的影响,道理也就在这里。[①] 正如我们接下来要通过一个例子阐明的,在第 t 期的较低的价格水平最终会被较高的未来价格水平所抵消。

2.2.1.1　一个说明性的例子

为了更加清晰地说明到期期限结构的变化在决定通货膨胀的时序方面所发挥的作用,我们现在来研究一个说明性的例子,它取自科克伦的一篇论文(Cochrane,2014)。我们采用的是与前面相同的不变禀赋经济,但是它只运行三期,即 $t=0,1,2$,然后就结束。我们将实际利率设定为零,因此贴现因子为 $\beta=1$。政府在经济开始运行时($t=0$)就发行两个名义债券,第一个是一期的,第二个是两期的,分别用 $B_0(1)$ 和 $B_0(2)$ 表示。政府在第1期和第2期要分别使用盈余 s_1 和 s_2 去偿还债务。在日期 $t=1$ 时,政府可以选择发行一种新的一期债务,$B_1(2)$,所以在日期 $t=1$ 时,债务的变动为 $B_1(2) - B_0(2)$。这三个数量可能各不相同的债券分别以服从方程(17)的名义价格 $Q_0(1)$、$Q_0(2)$ 和 $Q_1(2)$ 出售,其中 $\beta=1$。[②]

给定初始债务选择 $B_0(1)$ 和 $B_0(2)$,政府在第1期和第2期的预算恒等式为:

$$B_0(1) = P_1 s_1 + Q_1(2) \left[B_1(2) - B_0(2) \right] \tag{21}$$

---

① 美国联邦储备委员会行动的前提是,如果短期债券与长期债券不是完美的互替品,那么增加对长期债券的需求将会降低长期利率。人们希望,更低的长期利率会刺激商业投资和房地产市场。

② 我们将初始价格水平归一化为 $P_0=1$。

$$B_1(2) = P_2 s_2 \qquad (22)$$

当基本盈余由 $\{s_1, s_2\}$ 给出时，从上面的表达式（22）立即可以得出第 2 期的价格水平：

$$\frac{B_1(2)}{P_2} = s_2$$

这是因为 $B_1(2)$ 在第 2 期中是预决的。

现在将资产定价关系施加到第 1 期的政府预算恒等式（21）中的债券价格上，这样就可以得到如下的债券估价方程：

$$\frac{B_0(1)}{P_1} = s_1 + \left[\frac{B_1(2) - B_0(2)}{B_1(2)} \right] E_1 s_2$$

在这里，P_1 取决于第 1 期新发行债券的选择。

求解预期通货膨胀和债券价格，得：

$$E_0\left(\frac{1}{P_2}\right) = Q_0(2) = E_0\left(\frac{s_2}{B_1(2)}\right) = E_0\left[\frac{1}{B_0(2) + (B_1(2) - B_0(2))}\right] s_2$$

$$E_0\left(\frac{1}{P_1}\right) = Q_0(1) = \frac{E_0[s_1]}{B_0(1)} + \frac{1}{B_0(1)} E_0\left[\frac{B_1(2) - B_0(2)}{B_1(2)}\right] s_2$$

因此，利率的期限结构同样也取决于债务到期期限结构的选择。

我们推导出 $t=1$ 时的实际价格水平或实现的价格水平的显式解，并用新息表示如下：

$$B_0(1)(E_1 - E_0)\left(\frac{1}{P_1}\right) = (E_1 - E_0)s_1 + (E_1 - E_0)\left(\frac{B_1(2) - B_0(2)}{B_1(2)}\right) s_2$$

第 1 期价格水平的意外上升，取决于时间 1 和时间 2 的盈余的新息，以及第 2 期中的债券的到期期限的意料之外的延长的负面影响。

所有这些推导都表明，政府可以通过调整债务到期期限结构来得到它想要的任何名义期限结构路径——在这个例子中是预期通货膨胀。通过出人意料地出售较少的时间 2 的债务，政府可以减少对时间 2 的盈余的请求权，进而减少可以用于偿还第 1 期的债券的收入。这样就提高了第 1 期的通货膨胀。通货膨胀的上升来自 $B_1(2)$ 的减少，这种减少降低了第 2 期的价格水平，这从下式可以看得很清楚：

$$(E_1 - E_0)\left(\frac{B_1(2)}{P_2}\right) = (E_1 - E_0)s_2$$

如果 s_2 是给定的，那么减少出售 $B_1(2)$ 就要求 P_2 下降。

2.2.2 一个很有用的特殊情况

假设到期期限结构在每个时期都以固定的速度 $0 \leq \rho \leq 1$ 下降，使得在 $t-1$ 期发行债券的模式服从下式：

$$B_{t-1}(t+j) = \rho^j B_{t-1}^m$$

其中，B_{t-1}^m 是在 $t-1$ 期中的这些专用债券组合。当 $\rho = 0$ 时，所有债券都是一期债券；而当 $\rho = 1$ 时，所有的债券都将成为永久债券。债券组合的平均到期期限为 $1/(1 - \beta \rho)$。

在这种特殊情况下，政府的流动约束为：

$$B_{t-1}^m \left[1 - \sum_{j=1}^{\infty} Q_t(t+j)\rho^j \right] = P_t s_t + B_t^m \sum_{j=1}^{\infty} Q_t(t+j)\rho^{j-1}$$

如果我们将债券组合的价格定义为

$$P_t^m \equiv \sum_{j=1}^{\infty} Q_t(t+j)\rho^{j-1}$$

那么政府的预算恒等式就变成了下式：

$$B_{t-1}^m (1+\rho P_t^m) = P_t s_t + P_t^m B_t^m \tag{23}$$

债券组合的价格则服从如下递归式：

$$P_t^m = Q_t(t+1)\left[1 + \rho E_t P_{t+1}^m \right] = R_t^{-1}\left[1 + \rho E_t P_{t+1}^m \right] \tag{24}$$

这就表明,到期期限结构以常几何速度衰减零息(票)债券的,等价于偿付票面利率(息票)几何递减的债券,对此,伍德福德(Woodford,2001)、欧塞皮和普雷斯顿(Eusepi and Preston,2013)已经阐释过了。

令 R_{t+1}^m 表示债券组合在第 t 期和第 $t+1$ 期之间的总名义回报,然后我们有 $R_{t+1}^m = (1+\rho P_{t+1}^m)/P_t^m$,而且无套利条件意味着：

$$\frac{1}{R_t} = \beta E_t \nu_{t+1} = E_t\left(\frac{1}{R_{t+1}^m} \right) \tag{25}$$

将式(24)和(25)结合起来并向前迭代,就可以将债券价格与短期名义利率和通货膨胀的预期路径联系起来：

$$P_t^m = \sum_{j=0}^{\infty} \rho^j E_t\left(\prod_{i=0}^{j} R_{t+i}^{-1} \right) = \beta \sum_{j=0}^{\infty} (\beta\rho)^j E_t\left(\prod_{i=0}^{j} \nu_{t+i+1} \right) \tag{26}$$

2.3 区制 F 中的到期期限结构

在区制 M 中,李嘉图等价使得债务的到期期限结构与通货膨胀无关,所以在本部分,我们只关注区制 F。当盈余是外生的时候(即,当 $\gamma = 0$ 时),债务估价方程可以写为：[①]

$$\frac{(1+\rho P_t^m) B_{t-1}^m}{P_t} = (1-\beta)^{-1} s^* + \sum_{j=0}^{\infty} \beta^j E_t \varepsilon_{t+j}^F \tag{27}$$

与只存在一期债务时(即,$\rho = 0$ 时)的情况相反(在那种情况下,财政消息会完全体现在价格水平的跳升上面),现在多了一个额外的渠道可以重估债务：反映债务的整个延续期间的预期通货膨胀的债券价格。关于较低的未来盈余的消息会通过一个较高的 P_t 和一个较低的 P_t^m 减少债务的价值。根据式(26),更低的债券价格预示着更高的通货膨胀率和更高的一期名义利率。当前和未来通货膨胀的最终组合是由货币政策规则决定的。长期债务为货币政策与财政政策的相互作用开辟了一条新的渠道。

无套利条件(26)揭示了有长期债务的区制 F 的一个核心方面。在简化的到期期限结构下,ρ 决定了零息(票)债券组合的平均到期期限。P 的值越大,或者说,债务的平均到期期限越长,给定的未来通货膨胀率对债券价格的影响越大。到期期限参数与贴现因子 β 一道,发

---

① 为了推导出式(27),将式(23)中的名义预算恒等式转换为债务的实际价值 $P^m B^m/P$ 的一个差分方程,施加价格方程(24)和(25),并利用以下事实：使用 $\beta^{-1} = E_{t-1}\left[\nu_t(1+\rho P_t^m)/P_{t-1}^m \right]$,向前迭代,然后施加家庭对债务的横截性条件。

挥了附加贴现因子的作用,因此更远期的通货膨胀率对债券价格的影响要比不久的将来的通货膨胀率要小。当然,日期 t 上的通货膨胀率的预测当前值,只会影响第 t 期期初的未偿还债券的价格,即, B_{t-1}^m 。

要想理解货币政策对通货膨胀的"时机"的影响,我们需要注意,当货币政策是"被动的"的时候, $\alpha_\pi/\beta<1$,式(9)就意味着超前 k 步的预期通货膨胀为:

$$E_t \nu_{t+k} = \left(\frac{\alpha_\pi}{\beta}\right)^k (\nu_t - \nu^*) + \nu^*$$

接下来我们把它代入将 B_t^m 与通货膨胀率的期限结构关联起来的定价方程式(26),然后就可以得到:①

$$\rho P_t^m = \sum_{j=1}^\infty (\beta\rho)^j \left\{ \prod_{i=0}^{j-1} \left[\left(\frac{\alpha_\pi}{\beta}\right)^{i+1} (\nu_t - \nu^*) + \nu^* \right] \right\}$$

货币政策对通货膨胀的反应——通过 α_π ——与债务的平均到期期限(ρ)相互作用,决定了当前通货膨胀率——在区制 F 中,它由式(13)给出——是如何影响债券的价格的。更主动的货币政策和更长的债务到期期限都有助于放大当前通货膨胀对债券价格的影响,这表明更高的 α_π 和更高的 ρ 可以允许财政扰动只对当前的通货膨胀产生较小的影响,但是要以对未来的通货膨胀的更大的影响为代价。

现在考虑"被动的"的货币政策的两种极端情况。第一种情况是,当 $\alpha_\pi=0$ 时,中央银行将名义利率和债券价格"钉住"在 $\rho P_t^m = \beta\rho\nu^*/(1-\beta\rho\nu^*)$ 上,于是估价方程变为:

$$\left(\frac{1}{1-\beta\rho\nu^*}\right)\nu_t b_{t-1}^m = (1-\beta)^{-1} s^* + \sum_{j=0}^\infty \beta^j E_t \varepsilon_{t+j}^F$$

在这里,我们定义 $b_{t-1}^m \equiv B_{t-1}^m/P_{t-1}$ 。在这种情况下,预期的通货膨胀率将会立即返回到目标,即,对于所有的 $j \geq 1$, $E_t v_{t+j} = \nu^*$ 。

第二种情况发生在当货币政策尽可能强烈地对通货膨胀做出反应的时候(不过仍然是被动的),即, $\alpha_\pi=\beta$ 。② 这时候有 $\rho P_t^m = \beta\rho\nu_t/(1-\beta\rho\nu_t)$,同时估价方程为:③

$$\left(\frac{\nu_t}{1-\beta\rho\nu_t}\right) b_{t-1}^m = (1-\beta)^{-1} s^* + \sum_{j=0}^\infty \beta^j E_t \varepsilon_{t+j}^F$$

现在,通货膨胀服从一个鞅过程,其中对于所有的 $j \geq 1$, $E_t v_{t+j} = \nu_t$ 。

这两个极端情况是截然不同的。通过钉住名义利率,货币政策将预期通货膨胀锚定在稳态(目标)通货膨胀率上,同时债券价格则维持不变。更低的盈余的当前值的全部影响,必定会被更高的当前通货膨胀率——即更低的 v_t —— 全部吸收。但是,当货币政策提高当前存在通货膨胀的名义利率的比例至等于贴现因子时,当前通货膨胀率预计将会无限期地持续下去。债券价格下降的幅度是那个较高的通货膨胀率的预期当前值,并以 $\beta\rho$ 的贴现率贴现。在所要求的通货膨胀率变化在未偿还债务到期前的期间内均匀分布的情况下,当有关

---

① 在这里,我们关闭了外生货币政策冲击,即,令 $\varepsilon tM \equiv 0$ 。

② 如果货币政策变为积极的,同时财政政策也仍然保持积极,那么我们就会得到一个不稳定的均衡。下面第 7.3 部分考虑了短暂地处于这种区制度的含义。

③ 这个结果要求对于 ν_t 的所有实现值,都有 $\beta\rho\nu_t<1$,所以不能存在"太多"的通缩。

财政政策的消息到来时,通货膨胀需要上涨的幅度远远低于债券价格被钉住的时候。当然,在这两种情况下,财政冲击的"总"——当前的值——通货膨胀效应是相同的。虽然主动的货币政策不能取消总通货膨胀的影响,但是它还是能够影响通货膨胀发生的时间的。

我们可以同时考虑这两种极端情况和中间情况,其中 $0 < \alpha_\pi < \beta$。更具体地说,我们可以在存在转移支付冲击的情况下用数值方法求解模型。[①]这里在校准时采用的是比等人(Bi et al.,2013)的方法。我们假设转移支付与 GDP 之间的稳态比率为 0.18,政府支出占 GDP 的 21%,税收占 GDP 的 41%,而这些就意味着债务与 GDP 之间的(年化)稳态比例为 50%。转移支付的波动服从一个自回归过程波动,其持续参数为 $\rho_z = 0.9$,方差为 $(0.005z^*)$。在这个存在积极财政政策(但财政政策不会对债务水平做出反应)的简单模型中,均衡结果取决于债务存量的到期期限和货币政策对通货膨胀的反应能力。

下面的图 1 显示了对转移支付的增加的反应。图中的每一列代表货币政策对通货膨胀的反应的一个不同的值。在第一列,货币政策是钉住名义利率的,因此所有变量的路径在各个到期期限之间均相同:全部调整都通过初始期间的出人意料的通货膨胀来进行。在第二列中,$\alpha_\pi = 0.5$,现在不同到期期限之间就出现明确差异了。就一期债务而言,通货膨胀率的首次跳涨的幅度与钉住利率时的幅度相同,因为这就是降低债务的实际价值、与较低的盈余保持一致所需的价格水平的跳升。但是,货币政策的反应使得通货膨胀长期保持在高位,尽管有助于减轻债务负担的只是通货膨胀的首次上涨。随着平均到期期限的增加,通货膨胀率的首次上升的幅度变小。利率的持续上升压低了债券价格,而这又使得债券估价方程在

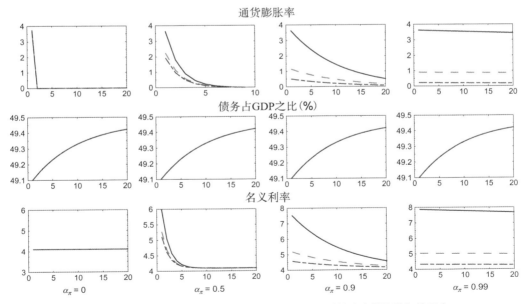

图 1　在不同货币政策规则和不同到期期限结构下对转移支付的增加的反应

注:1 期债务(实线)、1 年期债务(虚线)和 5 年期债务(点划虚线)。

---

① 这里的求解过程案与利斯和刘(Leith and Liu,2014)一样,它在求期望值的时候,要依靠切比雪夫配置方法(Chebyshev collocation methods)和高斯-赫米特求积法(Gauss-Hermite quadrature)。

较低的初始通货膨胀率下得到满足。降低了债务的实际价值的,是通货膨胀的路径上的惊人变化,它发生在将要到期的债务存量的生命期内。在 α_π 的值为正时,通货膨胀率的任何上涨都将持续下去,这会出人意料地减少债券持有人在债务展期之前获得的实际收益。当我们将利率对通货膨胀的反应性进一步提高至 $\alpha_\pi = 0.9$ 时,减少债务的实际价值所需的出人意料的通货膨胀率对单期债务仍然保持不变,但是对长期债务则大幅下降。当 $\alpha_\pi = 0.99$ 且 $\rho > 0$ 时,如前面的分析所表明的,通货膨胀率将接近于随机游走,并且跳升到满足估价方程所需的水平。

转移支付冲击的时机——无论这种冲击是独立同分布的,还是持续性的,抑或是立即实现或在未来实现的——在超出了它产生的盈余的预期贴现值的变化之外就是无关紧要的。当前的价值必须通过一种通货膨胀路径来融资,这种路径结合了当前的通货膨胀惊喜与(通过债券价格实现的)未来的通货膨胀惊喜,从而确保了偿付能力。转移支付的预期增加产生了今天的通货膨胀惊喜,降低了未偿还债务的当前价值,但是它的价值的增加是在转移支付增加后才实现的。

这个结果预示了最优政策的一个重要方面(我们将在第 4 节和第 5 节加以深入探讨):货币政策可以平滑财政引致的通货膨胀的扭曲效应。上述分析所采用的是一个会受到转移支付冲击的禀赋经济。这种环境的特点是,在区制 M 下,货币政策能够完美地控制通货膨胀,而在区制 F 下,价格是由财政偿付能力的需要决定的——这正是早期的财政理论所强调的政策的二分法。但是,更一般的情况必定会打破这种二分法,在两个区制中都会产生货币政策与财政政策之间的相互作用。事实上,即便是在禀赋经济中,当我们考虑政府支出冲击而不是一次总付性转移支付冲击时,也会出现这种情况。

2.3.1 政府支出的增加

政府支出对货币政策和财政政策都会产生影响。对政府财政的直接影响是显而易见的。但是给定资源约束,$y = c_t + g_t$,公共消费的变化会对私人消费产生一对一的挤出效应,并影响随机贴现因子。通过这个渠道,政府采购对通货膨胀和债务动态也会产生附加影响。在这里,我们再一次区分区制 M 和区制 F,当然,货币政策与财政政策之间的互动在这两个区制下都会发生。

2.3.1.1 区制 M 下的政策

当货币政策是主动的且财政政策是被动的时,对转移支付冲击的分析大部分可以直接完成,但是仍然有一部分是通过额外的货币政策与财政政策的相互作用来实现的。将费雪关系式代入货币政策规则,得到如下通货紧缩动态方程:[①]

$$\nu_t - \nu^* = \frac{\beta}{\alpha_\pi} E_t \left[\frac{u'(c_{t+1})}{u'(c_t)} \nu_{t+1} - \nu^* \right]$$

它可以前向求解:

---

① 当实际利率可以变化时,费雪关系为:

$$\frac{1}{R_t} = \beta E_t \frac{u'(c_{t+1})}{u'(c_t)} \nu_{t+1}$$

$$\nu_t = \frac{\alpha_\pi - \beta}{\alpha_\pi} E_t \sum_{i=0}^{\infty} \left(\frac{\beta}{\alpha_\pi}\right)^i \frac{u'(c_{t+i})}{u'(c_t)} v^*$$

通货膨胀对目标的偏离,与实际利率路径对稳态的偏离成比例。更高的政府支出,提高了实际利率和通货膨胀率。

债务的动态变化源于政府支出的三个不同的重要影响:对财政盈余的直接影响、突然出现的通货膨胀及货币政策规则,以及实际利率的变动。货币政策能够将通货膨胀与政府支出冲击隔离开来,方法是通过对实际利率以及通货膨胀做出反应,其规则为:

$$\frac{1}{R_t} = \frac{1}{R^*} E_t \frac{u'(c_{t+1})}{u'(c_t)} + \alpha_\pi (\nu_t - \nu^*) \tag{28}$$

按照这个规则,货币政策制定者可以适应公共消费波动引起的自然利率的变化,而不用偏离通货膨胀目标。要理解这一点,只需将这个规则与费雪方程结合起来,就可以得到

$$\nu_t - \nu^* = \frac{\beta}{\alpha_\pi} E_t \frac{u'(c_{t+1})}{u'(c_t)} (\nu_{t+1} - \nu^*)$$

政策规则(28)意味着,通货膨胀/通货紧缩总是等于目标,即 $\nu_t = v^*$。如果货币政策规则对财政变量没有反应,那么通货膨胀就会受到政府支出冲击的影响。通过允许货币政策直接对财政政策对自然利率的影响做出反应,可以将通货膨胀与财政冲击隔离开来。

2.3.1.2 区制 F 下的政策

在区制 F 中,政府支出冲击要求通货膨胀跳升,以满足债券估价方程:[①]

$$(1+\rho P_t^m)\frac{B_{t-1}^m}{P_t} = E_t \sum_{i=0}^{\infty} \beta^i \frac{u'(c_{t+1})}{u'(c_t)} s_{t+i}$$

$$= E_t \sum_{i=0}^{\infty} \beta^i \frac{u'(c_{t+1})}{u'(c_t)} s^* - E_t \sum_{i=0}^{\infty} \beta^i \frac{u'(c_{t+1})}{u'(c_t)} \varepsilon_{t+i}^G$$

政府支出的增加,提高了消费的边际效用;消费的边际效用的提高,又推高了实际利率,并要求通货膨胀率在一开始时出现更大的提高,而债券价格则下降。另一方面,债券价格本身又直接受到因政府吸收了更大的资源份额而导致的私人消费变化的影响,根据债券定价方程式,我们有:

$$P_t^m = \beta E_t (1+\rho P_{t+1}^m) \nu_{t+1} \frac{u'(c_{t+1})}{u'(c_t)}$$

债券价格一开始时会下降,随后当公共消费的上扬期结束后,逐渐上升。

接下来,我们采用如下这个特定的效用函数形式,$u(c_t) = c_t^{1-\sigma}/(1-\sigma)$,并取 $\sigma = 2$。利用这个效用函数,我们可以解出这个存在自相关的政府支出冲击的模型,其中 $\rho_g = 0.9$,方差为 $0.005g^*$。如前所述,这个随机模型可以用切比雪夫配置法非线性地加以求解[请参见利斯和齐(Leith and Liu, 2014)]。图 2 显示了对政府支出冲击的反应,它们与如图 1 所示的转移支付冲击的影响大体上一致。主要区别在于,当政府支出恢复稳态水平时,消费增长率相当于实际利率的上升。但是,主要的结果仍然一样:单期债务需要通货膨胀在一开始时出现跳

---

① 关闭对一次总付税和转移支付的冲击,盈余可以定义为 $s_t = \tau^* - z^* - g_t$,其中,$g_t = g * \varepsilon_t^G$,且 $\ln \varepsilon_t^g = \rho g \ln \varepsilon_{t-1}^g + \xi_t$。

升以稳定债务,而且这种跳转不受货币政策参数 α_π 的细节的影响。一旦债务到期期限延长到了超过一期,那么延长通货膨胀的初始跳升,就有助于减少该初始跳升的幅度。

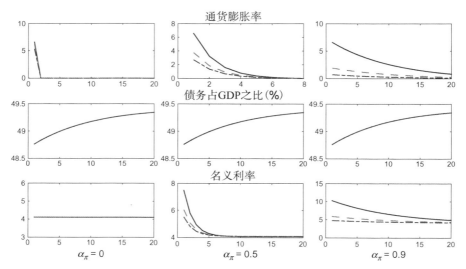

图2　在不同货币政策规则和不同到期期限结构下对政府支出的增加的反应

注:1 期债务(实线)、1 年期债务(虚线)和 5 年期债务(点划虚线)。

通货膨胀率上升后得以持续,也可能有助于满足政府的跨期预算恒等式——通过降低债券价格这个途径。从根本上说,"通货膨胀的惊喜"是分布在未偿还债务到期之前的整个生命周期中的。

3.　有任意特设的政策规则的生产经济

上一节讨论的禀赋经济有助于我们理解财政理论的基础机制。但是,禀赋经济中实际利率的外生性和产出的不变性,限制了对财政理论的完整理解,在有些情况下,甚至会扭曲对财政理论的理解。我们现在转而讨论一种通货膨胀和产出共同决定的传统模型。在将分析扩展到新凯恩斯主义模型时,我们也就扩大了货币政策与财政政策相互作用的潜在渠道。为了便于理解,我们逐步推进,在这里先假设税收是一次总付的,所以货币政策对产出的影响不会影响税基(那是任何一种扭曲性的税收所据以征收的)。而这就意味着,我们通过在生产经济中引入名义惯性而加入的这个额外的渠道是,货币政策对事前实际利率和名义利率都有影响。这反过来又意味着制定政策的有关当局可以通过降低事前实际利率来确保债券估价方程在财政冲击之后仍然成立,而不仅仅是通过"通货膨胀的惊喜"去影响事后的实际利率。① 当我们考虑新凯恩斯主义模型的最优政策时,我们将允许税收扭曲行为。

3.1 一个传统的新凯恩斯模型

内生的产出与粘性价格一起,使得货币政策和(在区制 F 的情况下)财政政策能够对经济产生很大的实际影响。在这里,我们使用的是伍德福德(Woodford,2003)和加里(Galí,2008)提出的新凯恩斯主义模型的教科书版本。由于现有的文献,包括上面所说的这两本教科书,已经详尽地讨论过区制 M 下的均衡的性质,所以我们在这里的论述只集中于区制 F。②

这个模型的主要特征包括:代表性消费者和代表性企业;最终产品上的垄断竞争;卡尔沃式(Calvo,1983)粘性价格,其中一部分$(1-\phi)$产品供应商在每个时期都设定新价格;无现金经济,存在单期名义债券 B_t,以 $1/R_t$ 的价格出售,其中的 R_t 也是货币政策工具;政府的当前采购量为零,所以总资源约束为 $ct=y_t$;外生的基本政府盈余 s_t,存在一次性总付税;并且只存在货币政策冲击和财政政策冲击。③ 我们求解的模型版本是围绕确定性稳态的对数线性化模型,通货膨胀率为零。

令 $\hat{x}_t \equiv \ln(x_t)-\ln(x^*)$ 表示变量 x_t 对它的稳态值的对数偏差。私人部门的行为可以简化地描述为如下的消费欧拉方程

$$\hat{y}_t = E_t\hat{y}_{t+1} - \sigma(\hat{R}_t - E_t\hat{\pi}_{t+1}) \tag{29}$$

和菲利普斯曲线

$$\hat{\pi}_t = \beta E_t\hat{\pi}_{t+1} + \kappa\hat{y}_t \tag{30}$$

其中,$\sigma \equiv -\dfrac{u'(y^*)}{u''(y^*)y^*}$ 是跨期替代弹性,$\omega \equiv -\dfrac{w'(y^*)}{w''(y^*)y^*}$ 是产品的供给弹性,$\kappa \equiv \dfrac{(1-\phi)(1-\phi\beta)}{\phi}\dfrac{\omega+\sigma}{\sigma(\omega+\theta)}$是菲利普斯曲线的斜率,$\theta$ 是差异化产品之间的替代弹性。这些参数服从 $0<\beta<1,\sigma>0,\kappa>0$。

3.1.1 政策规则

货币政策遵循如下的常规利率规则:

$$\hat{R}_t = \alpha_\pi\hat{\pi}_t + \alpha_y\hat{y}_t + \varepsilon_t^M \tag{31}$$

财政政策则将盈余过程 $\{\hat{s}_t\}$ 设定为外生的,其中,$\hat{s}_t \equiv (s_t-s^*)/s^*$。根据这个设定,我们也隐含地假设税收是一次总付税的,因此实际活动的任何变化都不会影响税基的大小。

政策选择必须满足流量预算恒等式,即,$\dfrac{1}{R_t}\dfrac{B_t}{P_t}+s_t=\dfrac{B_{t-1}}{P_t}$,它可以线性化为:

---

① 通过引入这个渠道,我们实际上可以通过假设债务是完全真实的,同时仍然考虑货币政策是被动的、财政政策是积极时的均衡,消除财政理论所强调的重估效应。在这个意义上,当我们扩大货币政策和财政政策相互作用的范围时,非常规的政策分配并不一定要求重估机制是财政理论所固有的以支持确定性均衡。

② 我们是从伍德福德(Woodford,1998a)的教科书中引入这个模型的,不过金(Kim,2003)、科克伦(Cochrane,2014),以及西姆斯(Sims,2011)都研究了一些密切相关的模型。

③ 广告因为这些冲击对产出的自然率没有影响,因此产出对稳态的偏离与产出差距是没有区别的。

$$\dot{b}_t - \dot{R}_t + (\beta^{-1} - 1)\dot{s}_t = \beta^{-1}(\dot{b}_{t-1} - \dot{\pi}_t) \tag{32}$$

其中,b_t 是第 t 期期末的实际政府债务,π_t 是第 $t-1$ 期与第 t 期之间的通货膨胀率。虽然这种线性化的预算恒等式似乎并不包含稳态的债务与 GDP 的比率,但是盈余冲击的校准确实隐含地刻画了潜在的稳态债务水平。

3.1.2 区制 F 下的模型求解

利用由(29)—(32)这四个方程构成的方程组,再加上外生的 $\{\dot{s}_t\}$,就可以求得 $\{\dot{\gamma}_t, \dot{\pi}_t, \dot{R}_t,$ $\dot{b}_t\}$ 的解。伍德福德(Woodford,1998a)证明,均衡的唯一性要求,货币政策对通货膨胀和产出的反应相对较弱,即,α_π 和 α_y 必须满足:

$$-1 - \frac{1+\beta}{\kappa}\alpha_y - \frac{2(1+\beta)}{\kappa\sigma} < \alpha_\pi < 1 - \frac{1-\beta}{\kappa}\alpha_y$$

出于便于求解的实际原因,我们将 α_π 的下限限制为 0。在这种情况下,当货币政策对产出没有反应时,上述条件就可以化简为:被动的货币政策要求 $0 \leq \alpha < 1$ 的条件。在下面给出的解析结果中,我们就运用了这个简化的政策规则。而在数值结果中,我们重新考虑货币政策对产出的反应。

将这个简化版的货币政策规则($\alpha_y = 0$)代入政府预算恒等式并向前迭代,马上可以得到区制 F 下的均衡的一些很稳健的特征,见下式:

$$E_t \sum_{j=0}^{\infty} \beta^j \dot{\pi}_{t+j} = \left(\frac{1}{1-\alpha_\pi\beta}\right) [\hat{b}_{t-1} - (1-\beta)E_t \sum_{j=0}^{\infty} \beta^j \dot{s}_{t+j} + \beta E_t \sum_{j=0}^{\infty} \beta^j \varepsilon_{t+j}^M] \tag{33}$$

虽然表达式(33)并不是模型的均衡解(因为我们仍然需要求出通货膨胀的路径),但是确实凸显出了这个模型的解的几个特征。第一,较高的初始债务、更低的盈余路径,或者更高的货币冲击预期路径,都会提高通货膨胀的当前值。第二,货币政策对通货膨胀的反应更强了,但是仍然与存在有界均衡时一致,这放大了通货膨胀效应。通货膨胀对债务存量和盈余的依赖性在区制 F 中是普遍存在的。悖谬的是,更高的货币冲击路径或更大的 α_π 值使政策变成了紧缩性的,但是它们仍然提高了通货膨胀率。

在弹性价格的情况下,$\kappa = \infty$,因此 $\dot{y}_t \equiv 0$。这样,我们马上就能得出均衡通货膨胀的解。在采用不变实际利率和更简单的费雪关系式 $\dot{R}_t = E_t \dot{\pi}_{t+1}$ 时,这种情况将会坍缩为我们在2.1.2.2 部分讨论的禀赋经济。将有 $\alpha_y = 0$ 的货币政策规则与费雪关系式结合起来,以求解预期的通货膨胀:

$$E_t \dot{\pi}_{t+j} = \alpha_\pi^j \dot{\pi}_t + \alpha_\pi^{j-1} \varepsilon_t^M + \alpha_\pi^{j-2} E_t \varepsilon_{t+1}^M + \cdots + \alpha_\pi E_t \varepsilon_{t+j-2}^M + E_t \varepsilon_{t+j-1}^M$$

使用这个表达式来代替式(33)中的预期通货膨胀率,就可得出均衡通货膨胀为:

$$\dot{\pi}_t = \hat{b}_{t-1} + \beta(1-\alpha_\pi\beta)E_t \sum_{j=0}^{\infty} \beta^j \varepsilon_{t+j}^M - (1-\beta)E_t \sum_{j=0}^{\infty} \beta^j \dot{s}_{t+j}$$

实际通货膨胀率随初始债务而上升,也随更高的货币政策冲击路径或更低的盈余路径而上升。盈余对通货膨胀的影响是独立于对 α_π 的货币政策选择的,尽管我们在上面已经看到了,对预期通货膨胀的这些财政影响都被更主动的货币政策放大了。

要求解有粘性价格的新凯恩斯主义模型要复杂得多。当 $0 < \kappa < \infty$ 时,产出和实际利率都是内生的。我们将实际利率定义为 $\dot{r}_{t+j} \equiv R_{t+j-1} - \dot{\pi}_{t+j}$,就可以将债券估价方程重写为:

$$\hat{\pi}_t - E_t \sum_{j=1}^{\infty} \beta^j \hat{r}_{t+j} = \hat{b}_{t-1} - (1-\beta) E_t \sum_{j=0}^{\infty} \beta^j \hat{s}_{t+j}$$

关于更低的未来盈余的消息的影响表现为更高的当前通货膨胀路径和更低的实际利率路径的结合。反过来,更低的实际利率,也会转化为更高的产出。财政扩张具有旧凯恩斯主义效应——更高的实际经济活动水平和通货膨胀,同时货币政策行为则决定了它们之间的分野。

结合欧拉方程、菲利普斯曲线和货币政策规则,可以得到通货膨胀的二阶差分方程:

$$E_t \hat{\pi}_{t+2} - \frac{1+\beta+\sigma\kappa}{\beta} E_t \hat{\pi}_{t+1} + \frac{1+\alpha_\pi \sigma\kappa}{\beta} E_t \hat{\pi}_{t+1} + \frac{1+\alpha_\pi \sigma\kappa}{\beta} \hat{\pi}_t = -\frac{\sigma\kappa}{\beta} \varepsilon_t^M$$

我们可以证明,给定对基本模型参数的限制,这个差分方程有两个实根,一个位于$|\lambda_1|<1$单位圆之内,另一个位于$|\lambda_2|>1$单位圆之外,这样就求得了预期的通货膨胀的解:[1]

$$E_t \hat{\pi}_{t+1} = \lambda_1 \hat{\pi}_t + (\beta\lambda_2)^{-1} \sigma\kappa E_t \sum_{j=0}^{\infty} \lambda_2^j \varepsilon_{t+j}^M \tag{34}$$

现在,定义算子$\mathcal{B}^{-j} x_t \equiv E_t x_{t+j}$,并在(34)上进行迭代,我们就可以解出超前$j$步的通货膨胀的期望值了:

$$\mathcal{B}^{-j} \hat{\pi}_t = \lambda_1^j \hat{\pi}_t + \frac{\sigma\kappa}{\lambda_2 \beta} \frac{1}{1-\lambda_2^{-1} \mathcal{B}^{-1}} (\lambda_1^{j-1} + \lambda_1^{j-2} \mathcal{B}^{-1} + \cdots + \mathcal{B}^{-j+1}) \varepsilon_t^M$$

这样也就得到了式(33)中出现的预期贴现通货膨胀的解:

$$E_t \sum_{j=0}^{\infty} \beta^j \hat{\pi}_{t+j} = \frac{1}{1-\lambda_1\beta} \hat{\pi}_t + \frac{\sigma\kappa}{\lambda_2 (1-\lambda_1\beta)} \frac{1}{(1-\lambda_2^{-1} \mathcal{B}^{-1})(1-\beta \mathcal{B}^{-1})} \varepsilon_t^M$$

对式(33)中的贴现通货膨胀运用这个式子,可以给出均衡通货膨胀的解:

$$\hat{\pi}_t = \left(\frac{1-\lambda_1\beta}{1-\alpha_\pi\beta} \right) \left[\hat{b}_{t-1} - \left(\frac{1-\beta}{1-\beta \mathcal{B}^{-1}} \right) \hat{s}_t \right]$$
$$+ \left[\frac{1-\lambda_1\beta}{1-\alpha_\pi\beta} - \frac{\sigma\kappa}{\lambda_2} \frac{1}{(1-\lambda_2^{-1} \mathcal{B}^{-1})} \right] \frac{1}{1-\beta \mathcal{B}^{-1}} \varepsilon_t^M \tag{35}$$

然后,很容易就可以阐明货币政策参数是怎样影响通货膨胀的:

$$\frac{\partial \lambda_1}{\partial \alpha_\pi} > 0, \frac{\partial \lambda_2}{\partial \alpha_\pi} < 0, \frac{\partial [\lambda_2 (1-\lambda_1\beta)]}{\partial \alpha_\pi} < 0 \frac{\partial \left(\frac{1-\lambda_1\beta}{1-\alpha_\pi\beta} \right)}{\partial \alpha_\pi} > 0$$

更积极的货币政策——即,更大的α_π——通过以下途径影响均衡:

· 放大未偿还债务和对货币政策和盈余的外生扰动对通货膨胀的影响。

· 使这些冲击对通货膨胀的影响更有持续性。

很显然,如果财政政策将盈余设定为外生的,那么货币政策就无法抵消财政对通货膨胀的影响。而且,倘若采取更加强硬的货币政策立场,那么反而会得到放大和传播冲击对通货膨胀的影响的悖谬结果。

在这个基本的新凯恩斯主义模型中,财政扰动是通过事前实际利率的路径传递给产出

---

[1] 令$\gamma_1 \equiv (1+\beta+\sigma_\kappa)/\beta$,并令$\gamma_0 \equiv (1+\alpha_\pi \sigma_\kappa)/\beta$,那么这两个根为$\lambda_1 = (1/2)(r_1 - \sqrt{\gamma_1^2 - 4\gamma_0})$和$\lambda_2 = (1/2)(\gamma_1 + \sqrt{\gamma_1^2 - 4\gamma_0})$。这里的推导结果要感谢谭(Tan,2015),他应用了谭和沃克(Tan and Walker,2014)开发的技术。

的，这一点在消费欧拉方程（29）中就可以看得很清楚。将单期实际利率定义为 $\dot r_t \equiv \dot R_t - E_t \dot \pi_{t+1}$。为了简化表达式，我们暂时关闭货币政策冲击，即，令 $\varepsilon_t^M \equiv 0$。在式（35）中求日期 $t+1$ 的通货膨胀解，取期望，并用货币政策规则代替利率。经过有点繁琐的代数变换后可以得出，均衡实际利率为：

$$\dot r_t = \frac{(\alpha_\pi - \lambda_1)(1 - \lambda_1 \beta)}{1 - \alpha_\pi \beta}\left[\dot b_{t-1} - (1-\beta)\sum_{j=0}^{\infty}\dot s_{t+j}\right]$$

这就导致系数 $\alpha_\pi - \lambda_1$ 依赖于货币政策行为和所有模型参数。由于它的符号既可以为正也可以为负，所以更低的预期盈余既可能会降低也可能会提高短期实际利率。

将货币政策规则代入实际利率的定义并关闭货币政策冲击，我们可以得到：

$$\dot r_t = \alpha_\pi \dot \pi_t - E_t \dot \pi_{t+1}$$

利用菲利普斯曲线消去通货膨胀预期，我们得到

$$\dot r_t = (\alpha_\pi - \beta^{-1})\dot \pi_t - \beta^{-1}\kappa \dot y_t$$

这表明，货币政策对通货膨胀的反应越小，一定水平的正的通货膨胀和产出对稳定状态的偏离，将与较低的实际利率一致。这个直觉结论与禀赋经济下非常相似：对通货膨胀做出反应的被动货币政策会导致通货膨胀持续上涨，从而不利于稳定单期债务。在新凯恩斯主义情况下，这样的政策反应减缓了偿债能力的降低。这是一个额外的渠道。通过这个渠道，被动的货币政策能够在一个粘性价格的经济中稳定债务。

3.2 区制 F 下的到期期限结构

接下来，我们将第 2.2.2 部分描述的简化的到期期限结构引入第 3.1 部分给出的新凯恩斯主义模型，其中政府债务的到期期限在每一期都以不变的速度 ρ 减少。下面的无套利条件可以将债券价格与单期名义利率联系起来：

$$\dot P_t^m = -\dot R_t + \beta\rho E_t \dot P_{t+1}^m$$

而这就意味着如下期限结构关系：

$$\dot P_t^m = -E_t \sum_{j=0}^{\infty}(\beta\rho)^j \dot R_{t+j}$$

$$= -\frac{1}{1 - \beta\rho\,\mathcal{B}^{-1}}\left[\alpha_\pi \dot \pi_t + \varepsilon_t^M\right]$$

在这里，我们已经用更简单的货币政策规则代入了名义利率。

政府的流动预算恒等式为：

$$\beta(1-\rho)\dot P_t^m + \beta\dot b_t^m + (1-\beta)\dot s_t + \dot \pi_t = \dot b_{t-1}^M \tag{36}$$

在这里，我们将 $b_t^m \equiv B_t^m / P_t$ 定义为未偿还债务的实际面值。[①] 因为债券价格依赖于预期的无限通货膨胀路径和货币政策冲击，所以按照第 3.1.2 部分的思路去求解析解，尽管有可

[①] 实际市场价值为 $P_t^m B_t^m = P_t$。为了推导出式（36），我们在政府预算恒等式的对数线性化中，使用了稳态关系 $P^{m*} = 1/(\beta^{-1} - \rho)$ 和 $s^*/b^{m*} = (1-\beta)/(1-\beta\rho)$。

能,但是会非常烦琐。例如,与贴现通货膨胀表达式(33)对应的表达式为

$$\frac{1}{1-\beta\,\mathcal{B}^{-1}}\left[1-\frac{\alpha_\pi\beta(1-\rho)}{1-\beta\rho\,\mathcal{B}^{-1}}\right]\hat{\pi}_t = \hat{b}_{t-1}^m - \left(\frac{1-\beta}{1-\beta\,\mathcal{B}^{-1}}\right)\hat{s}_t + \frac{\beta(1-\rho)}{(1-\beta\,\mathcal{B}^{-1})(1-\beta\rho\,\mathcal{B}^{-1})}\varepsilon_t^M$$

当 $\rho=0$ 时,所有债务都是单期债务,它会坍缩为式(33)。均衡通货膨胀解,就像在方程式(35)中只有单期债务时一样,(通过特征值 λ_1 和 λ_2)取决于模型的所有参数,但是通货膨胀的解析表达式实在过于复杂,无法给出有用的直觉。

单期债务使得债务的价值取决于当前的名义利率——同时通过货币政策规则,取决于当前的通货膨胀率。到期期限结构会使得这个值取决于名义利率的整个预期路径。这就给了货币政策在债务稳定方面发挥更大作用的空间,从而使得预期的未来货币政策能够影响当前债务的价值。这个附加渠道通过 $1/(1-\beta\rho\,\mathcal{B}^{-1})$ 中的各项发挥作用,它们在均衡解中创造了双无限和。

3.2.1 财政冲击的影响

图3和图4说明了基本财政赤字的序列相关的增长的影响,这种财政赤字是通过销售名义债券来融资的。[①] 图3维持了所有债务都是单期债务的假设,以便重点考察不同的货币政策规则如何改变财政扩张的影响。

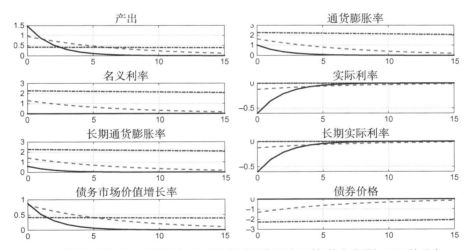

图3 当所有债务均为单期债务时,不同货币政策规则下对初始赤字增加 **20%** 的反应

注:校准如脚注 ag 所示。$\alpha_\pi = \alpha_Y = 0$(实线),$\alpha_\pi = \alpha_Y = 0.5$(虚线),$\alpha_\pi = 0.9$ 且 $\alpha_Y = 0.5$(点划虚线)。

当货币政策钉住名义利率时——即,当 $\alpha_\pi = \alpha_Y = 0$ 时——货币政策会固定债券价格,这通过当前通货膨胀和实际利率前置于财政调整。通货膨胀上升,实际利率下降,而产出则增加。这些反应承继了财政扰动序列相关性。随着货币政策逐渐变得不那么被动,对通货膨胀和产出的反应更加强烈,从而放大和传播了财政冲击(图3中的虚线)。通过对通货膨胀的更大的反应,货币政策能够确保实际利率下降得更少,从而使得短期产出增长更加平和。

这幅图清楚地表明了债务在区制 F 中传播冲击的作用。更强劲、更持久的名义利率上

---

① 我们将模型校准为年度频率,设定 $\beta = 0.95, \sigma = 1, \kappa = 0.3$。盈余是一阶自回归的,$\hat{s}_t = \rho_{FP}\hat{s}_{t-1} + \varepsilon_t^F$,其中,$\rho_{FP} = 0.6$。

升,直接转化为债务的名义市场价值的更强劲、更持久的增长。① 持续变得更高的名义政府债务,保持了家庭的名义财富,因此名义需求上升,在通货膨胀和产出方面都产生了很强的序列相关性。

这种内部传播机制在区制 M 下是不存在的,在那里,更高的债务会带来更高的税收的前景,而更高的税收会消除财富效应。

图 4 则假设货币政策规则是固定不变的,即设定 $\alpha_\pi = \alpha_Y = 0.5$,它揭示了到期期限的变化是怎样改变了财政的影响的。在这幅图中,我们对比了单期债务(实线)、平均期限为五年(虚线)和永久债务(点划虚线)这三种情况。

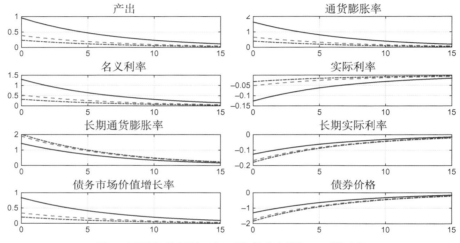

图 4 不同货币政策规则下对初始赤字增加 20% 的反应

注:校准如脚注 ag 所示,$\alpha_\pi = \alpha_Y = 0.5$。单期债务(实线),五年期债务(虚线),永久性债务(点划虚线)。

更长的到期期限会将更多的赤字"调整进"更低的债券价格,而这又会使长期通货膨胀和实际利率的低频运动受到更大的影响。②

虽然短期通货膨胀率在单期债务的情况下更高一些,但是从长期来看,长期通货膨胀率在债务到期期限较短的情况下更低一些。在长期债务的情况下,债券价格反映了对未来通货膨胀率进一步上升的预测,从而在实质上将通货膨胀的影响扩展到更长的时期内。这样做的代价是增大了财政政策的长期通货膨胀影响。

表 2 开始时将赤字提高了 20% 的财政冲击

α_π	α_Y	到期期限	归因于 $\dot{\pi}_t$ 的百分比	归因于 $\dot{P}_t^m$ 的百分比	归因于 $\dot{r}_{t+j}^m$ 的百分比
0	0	单期	44	0	56
0.5	0.5	单期	71	0	29
0.9	0.5	单期	98	0	2

---

① 名义上的债务市场价值的增长率为 $P_t^m B_t^M / P_{t-1} {}^m B_{t-1}^m$。

② 长期实际利率 $\dot{r}_t^L$ 可以通过将债券定价方程和费雪关系式结合起来递归地求得:$\dot{r}_t^L = r_t + \beta\rho E_t \dot{r}_{t+1}^L$。长期通货膨胀率 $\dot{\pi}_t^L$ 也就是用 $\beta\rho$ 贴现后预期通货膨胀路径,可以用下式计算:$\dot{\pi}_t^L = -\dot{r}_t^L - \dot{P}_t^m$。

续　表

α_π	α_Y	到期期限	归因于 $\dot{\pi}_t$ 的百分比	归因于 $\dot{P}_t^m$ 的百分比	归因于 $\dot{r}_{t+j}^m$ 的百分比
0.5	0.5	5 年期	29	59	12
0.9	0.5	5 年期	20.4	79.2	0.4
0.5	0.5	永久	18	75	7
0.9	0.5	永久	6	94	0

注:表中"归因于…的百分比"中式(38)的右侧分量在 ξ_t 中的比率,是从 $\dot{s}_{t+j}$ 的脉冲响应中计算出来的(描述见正文)。校准如脚注 ag 所示。

　　总结财政扰动的动态影响的另一个方法是探究如下问题:某个冲击,使基本赤字增加了一定数量,它是获得作为不同模型参数的函数的跨期融资的。表 2 中的数据,是在面对盈余冲击时稳定债务的两个基本机制的基础上计算出来的。第一个机制是重估效应,我们可以通过考查在任何一个时期内持有政府债券所获得的事后实际回报来总结这种效应:

$$r_t^m = \frac{(1+\rho P_t^m)}{P_{t-1}^m} \frac{1}{\pi_t}$$

或者,写为线性化形式:

$$\hat{r}_t^m = \rho\beta\dot{P}_t^m - \hat{\pi}_t - \hat{P}_{t-1}^m$$

将这个事后回报与债券持有人在第 $t-1$ 期购买债券时希望得到的事前回报进行比较,我们就可以确定重估效应的规模,其线性化形式为:

$$\hat{r}_t^m - E_{t-1}\hat{r}_t^m = -(\hat{\pi}_t - E_{t-1}\hat{\pi}_t) + \rho\beta(\dot{P}_t^m - E_{t-1}\dot{P}_t^m) \tag{37}$$

式(37)中的第一项给出了债券持有人在初始期内由于"通货膨胀的惊喜"而蒙受的损失。第二项给出的则是关于通货膨胀的预期未来路径的新息引发的债券价格上涨所导致的已到期债务($\rho > 0$)对持有人所造成的损失。这些后期的重估效应是由现有的政府债务持有人承担的,而且是由于他们所持有的债务存量在到期之前的通货膨胀路径的新息所导致的。在价格粘性的经济体中,这些效应与未来的债券持有人所承担的事前实际回报率的下降效应是互补的,后者会降低有效的债务偿还成本,创造出一个可以稳定债务的附加渠道。①

　　在债务是单期债务的情况下,只有初始期间的出人意料的通货膨胀("通货膨胀的惊喜")才能降低政府债务的实际价值。然后,再把这种效应与事前实际利率的减少结合起来,稳定了债务。随着 α_π 的增加,对后一种效应的依赖会变小,因此需要初始通货膨胀率的更大的跳升来满足债券估价方程。不过,当我们转向讨论到期期限更长的债务时,还存在一种额外的重估效应,它通过关于通货膨胀路径的新息对债券价格产生影响。随着债券价格的调整,我们可以观察到通货膨胀率上升幅度变小了,同时也变得更持久了,它减少了债务的实际市场价值。当货币政策变得越来越不那么被动的时候,这些债务偿还成本效应会下降,与事前实际利率的下降结合在一起,以满足债务估价方程的要求。

　　为了看清楚在面临盈余冲击时,上述效应如何影响稳定债务所需的调整的各组成部

---

① 另一个等价的解释来自对债务价值的"向前"考虑,即,由盈余的预期现值决定。降低实际利率会提高实际贴现因子,从而增加给定的盈余流的现值。

分,我们来考虑政府债务的市场价值的如下演变过程:

$$\widetilde{b}_t = r_t^m \widetilde{b}_{t-1} - s_t$$

其中,$\widetilde{b}_t \equiv \dfrac{P_t^m B_t}{P_t}$。它可以线性化为:

$$\beta \hat{\widetilde{b}}_t = \hat{r}_t^m + \hat{\widetilde{b}}_{t-1} - (1-\beta)\hat{s}_t$$

利用盈余的预期值,$\xi_t \equiv (1-\beta) E_t \sum_{j=0}^\infty \beta^j \hat{s}_{t+j}$,它蕴含着 $(1-\beta)\hat{s}_t = \xi_t - \beta E_t \xi_{t+1}$,因而上式变成为:

$$\beta(\hat{\widetilde{b}}_t - E_t \xi_{t+1})\hat{r}_t^m = \hat{\widetilde{b}}_{t-1} - \xi_t$$

向前迭代,我们得到:

$$
\begin{aligned}
\xi_t &= \hat{\widetilde{b}}_{t-1} + \hat{r}_t^m + E_t \sum_{j=1}^\infty \beta^j \hat{r}_{t+j}^m \\
&= \hat{\widetilde{b}}_{t-1}\hat{P}_{t-1}^m + \beta \rho \hat{P}_t^m - \hat{\pi}_t + E_t \sum_{j=1}^\infty \beta^j \hat{r}_{t+j}^m
\end{aligned}
\tag{38}
$$

预期盈余变化所要求的调整由两个部分组成,一是现有债券持有人的回报的出人意料的变化 $\hat{r}_t^m$,二是债券持有人的预期未来回报 $E_t \sum_{j=1}^\infty \beta^j \hat{r}_{t+j}^m$。前者又由通货膨胀率的初始跳升和到期期限大于一期($\rho > 0$)的那些债券的债券价格变动组成,后者则刻画了我们的粘性价格经济中会发生的事前实际利率的下降。

表2给出了式(38)中从脉冲响应到赤字新息的各个对象。当债务是单期债务时,债券价格对赤字融资没有帮助。如果货币政策钉住名义利率,那么当前的通货膨胀和未来的实际利率的作用几乎同样重要。当货币政策对通货膨胀和产出做出的反应变得更加积极的时候,实际利率反应会得到缓和,而且在财政新息出现时通过通货膨胀进行调整的份额会增大。到期期限更长的债务使债券价格进入调整过程,而且债务到期期限越长、货币政策越积极,债券价格的作用也随之变得越大。由此而导致的一个结果是,当前的通货膨胀率要小得多。永久债券与主动的货币政策一起,推动了债券价格的几乎所有调整,同期的通货膨胀只发挥了极小的作用,正如表2中最后一行所显示的那样。

3.2.2 货币冲击的影响

上面的第2.1.2.2部分描述了区制F下一个禀赋经济中的外生货币政策扰动的影响。由于未来盈余不会自动适应以中和货币政策的财富效应,紧缩性政策——更高的名义利率路径——会提高家庭的利息收入和财富,从而提高名义总需求。新凯恩斯主义模型中也可能会出现类似的现象,但是它的动态更有趣。

图5报告了一个外生货币政策行动——提高名义利率的影响。为了凸显区制F中货币政策行为的影响,我们考虑了三种不同的货币政策规则。第一个规则不会对通货膨胀做出反应(图中的实线),它提高了短期实际利率,并在短期内压低了产出。然而,尽管产出下降,但是通货膨胀率却立即上升,即便在一个菲利普斯曲线意味着产出与通货膨胀之间存在着很强的同期正相关性的模型中($\kappa = 0.3$),也是如此。

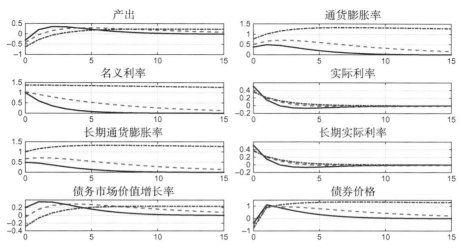

图 5　在不同货币政策规则下,对 1% 的货币紧缩的反应,全部政府债务均为单期债务

注:校准如脚注 ag 所示。货币政策冲击服从一阶自回归过程 $\epsilon_t^M = \rho_{MP}\epsilon_{t-1}^M + \zeta_t^M$,其中 $\rho = 0.6$。政策规则分别为:$\alpha_\pi = \alpha_Y = 0$(实线),$\alpha_\pi = \alpha_Y = 0.5$(虚线),$\alpha_\pi = 0.9$ 且 $\alpha_Y = 0.5$(点划虚线)。

这种看似异常的结果恰恰强调了财富效应在区制 F 下的核心地位。更高的名义利率提高了家庭未来的利息收入,引发对未来需求和通货膨胀的更高预期。[①] 通过菲利普斯曲线,更高的预期通货膨胀主导着通货紧缩效应,使得更低的产出拉高了冲击时的通货膨胀。这种预期对产出效应也是至关紧要的。在一个初始的下跌后,由于实际利率在更长的时间内是下降的,产出最终总是会上涨。

更积极的货币政策行为(图中的虚线)将基准利率的短暂性提高转变为更大幅度和更持久的上升。名义利率的这种上升,提高了债务的名义市场价值和实际利息收入。由此而产生的财富效应提高了通货膨胀率并延长了通货膨胀期。

这种提高名义利率的外生性货币政策"紧缩"还引发了通货膨胀,这似乎与货币领域的向量自回归文献提供的证据相矛盾。艾肯鲍姆(Eichenbaum,1992)将这种模式称为"价格谜题"(price puzzle)。有的时候,人们会用它来说明货币政策行为为什么很难识别——也可能是因为对中央银行的信息集的错误设定所致,正如西姆斯(Sims,1992)所指出的。然而,从图 5 可以看得很清楚,在财政理论的意义上,这种模式其实并不令人困惑。

引入长期债务可以使脉冲响应与向量自回归证据保持一致,因为债券价格吸收了大量的货币冲击。图 6 对比了单期债务(实线)、五年期债务(虚线)和永久债务(点划虚线)。通过减少债务的市场价值的增长率,更长的到期期限会减弱通货膨胀效应,并且会使得短期内的产出下降更具持续性。通货膨胀最终确实会上涨,因为只要债券价格更低,它就必定如此。

---

① 实际利率收入的定义为:$\left[\,(1+\rho P_t^m)\,/\,P_{t-1}^m\,\right](b_{t-1}^m/\pi_t)$。

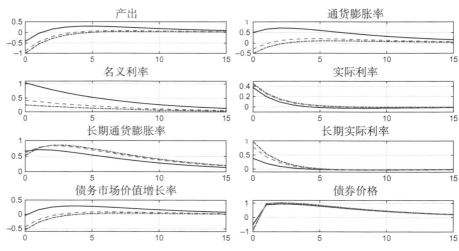

图 6　在不同到期期限结构下,对 1% 的货币紧缩的反应

注:校准如脚注 ag 所示。货币政策冲击服从一阶自回归过程 $\epsilon_t^M = \rho_{MP}\epsilon_{t-1}^M + \zeta_t^M$,其中 $\rho = 0.6$,并且 $\alpha_\pi = \alpha_Y = 0.5$。单期债务(实线),五年期债务(虚线),永久性债务(点划虚线)。

西姆斯(Sims,2011)将货币紧缩冲击后通货膨胀率先下降、然后又上升这种模型称为"踩到了耙子上"。

图 6 说明了短期通货膨胀对货币紧缩的反应是如何随着债务到期期限而变化的,表 3 则进一步报告了其他模型参数是怎样影响这种关系的。在货币紧缩发生之后,在表达式(38)中 $\xi_t \equiv 0$,所以如果货币冲击发生在时间 t 上,那么我们有:

$$\hat{\pi}_t - \beta\rho\hat{P}_t^m - E_t\sum_{j=1}^\infty \beta^j \hat{r}_{t+j}^m = 0 \tag{39}$$

因此,财政融资的三个来源——更高的当前通货膨胀率、更低的当前债券价格,以及更低的未来实际债券收益率——的总和必定等于零。

表 3　1% 的货币冲击一开始提高了短期名义利率

κ	σ	$\hat{\pi}_t$	$\hat{P}_t^m$	$\hat{r}_{t+j}^m$
0.3	1	−0.29	1.12	−0.83
∞	1	−1.54	1.54	0.0
0.1	1	−0.09	1.03	−0.94
0.3	5	−0.5	0.76	−0.26
0.3	0.5	−0.17	1.32	−1.15

注:"$\hat{\pi}_t$"和"$\hat{P}_t^m$"是对同期通货膨胀和债券价格的货币政策冲击,"$\hat{r}_{t+j}^m$"是从式(39)得出的对债券的贴现实际回报的影响。校准如脚注 ag 所示,$\alpha_\pi = \alpha_Y = 0.5$,到期期限设定为五个时期。

表 3 的第一行表明,对于到期期限平均为五期的债券的基准校准,货币紧缩率在一开始时会降低通货膨胀以及债券价格,同时提高贴现实际利率。之后,随着价格变得更加有弹性($\kappa \to \infty$),对通货膨胀的影响将变得更加复杂,同时对实际利率的影响则逐渐消失。更高的跨期弹性($\sigma \to 0$)则将更多的调整推向未来,从而减少了对当前通货膨胀的影响,并提高了对债券价格和未来实际利率的影响。

4. 有最优货币政策和财政政策的禀赋经济

在这一节中,我们将在一个简单的禀赋经济中考虑最优政策的性质。在进行分析的过程中,我们将讨论来自各个领域的文献,当然,它们都以解决最优货币政策与财政政策问题为目的。

4.1　本节与最优政策文献的联系

我们首先考虑拉姆齐型政策(Ramsey policy),这类政策的特点是,决策者有能力就未来的行为做出可靠的承诺。然后,我们再讨论时间一致性问题。我们先从西姆斯(Sims,2013)的分析开始。西姆斯考虑的是一个简单的线性化税收平滑模型。在这个模型中,存在长期债务,决策者要在面对转移支付冲击和长期债务时做出承诺,同时决策者也可以用有成本的"通货膨胀的惊喜"来替代扭曲性税收,以确保财政偿付能力。我们从多个方面扩展了西姆斯的模型。具体地说,我们引入了一个几何型到期期限结构,它可以将单期债务和永久债务作为特殊情况纳入进来,我们还采用了非线性模型求解技术,并允许除了转移支付冲击之外的意料之内和意料之外的政府支出冲击。有了非线性求解方法,我们就能够分析债务存量的规模及到期期限结构是怎样影响货币政策与财政政策在稳定债务时的最优组合的。关于通货膨胀的预期路径的新息可能会影响债券价格,而且即便不进行任何财政调整,也有助于满足债券估价方程。这种债券价格的变动只有在适用于非零未偿还债务存量的情况下才有效,因此通货膨胀与财政冲击税收融资之间的最优平衡取决于政府债务水平以及它的到期期限结构。

巴罗(Barro,1979)证明,如果没有能力发行状态依存债务或利用"通货膨胀的惊喜"(出人意料的通货膨胀)来稳定债务,那么债务和税收就应遵循鞅过程,以实现税收扭曲的贴现值最小化。虽然巴罗已经考虑了出人意料的通货膨胀对政府财政的影响,但是却把这种"通货膨胀的惊喜"视为外生冲击,而不是视为可以用来最优地进一步减少税收扭曲的工具。在一篇同样非常有影响的论文中,卢卡斯和斯托基(Lucas and Stokey,1983)却就税率对冲击的最优反应得出了截然不同的结论。卢卡斯和斯托基考虑的是这样一个经济体,政府可以发行实际状态依存债务。他们证明,对于政府来说,发行这样一种债务组合是最优的:这种债务的状态依存的回报能够将政府的财政与冲击隔离开来,因而没有必要以巴罗那种税收平滑方式加税。相反,在他们的经济体中,税收基本上是平税,并且承继了"击中"经济的外生冲击的动态特性。

卢卡斯和斯托基之后的文献,大部分都考虑了非状态依存型债务,不过同时也讨论了将非状态依存型债务组合的收益转换为状态依存的收益的可能途径。这些文献的一个核心结果是,当债务回报不是(或不能转换为)状态依存的回报的时候,最优政策看起来更接近于巴罗那种税收平滑结果。艾亚格里等人(Aiyagari et al.,2002)证明了这一点:在他们构建的模型中,除了假设所有债务都是单期的且非状态依存的之外,其他所有方面都与卢卡斯和斯托基的模型相同。那么,怎样才能用非状态依存的债务工具来模拟状态依存的债务产生的收益? 相关研究文献提出了两种方法。第一种方法是,出人意料的通货膨胀可以源于无风险名义债券的实际回报成为状态依存的。例如,沙里等人(Chari et al.,1994)构建了一个模型,假设出人意料的通货膨胀是没有成本的,然后证明,当政府债务是名义债务时,卢卡斯和斯托基所利用的债务中的实际或者事件是可以通过出人意料的通货膨胀这种货币政策"创造"出来的。这个结果构成了西姆斯(Sims,2001)的模型的基础。在西姆斯的模型中,通货膨胀是没有成本的,税收可以独力应付任何财政冲击——只要税率保持不变,并辅以出人意料的通货膨胀。

然而,当我们引入了"通货膨胀的惊喜"的成本之后,最优政策就会变得截然不同。关于在有承诺情况下共同决定的最优货币政策和财政政策,施密特-格罗厄和乌里韦(Schmitt-Grohé and Uribe,2004)证明,在存在粘性价格的随机的生产经济中,即便是在最优政策下,即便只是微乎其微的价格粘性,也会导致稳态通货膨胀率略低于零,同时通货膨胀的波动性则可以忽略不计。换句话说,虽然在弹性价格下,最优政策将遵循弗里德曼规则,并且可以用出人意料的通货膨胀在名义政府债务的实际收益中创造出所需的状态依存性,但是,即便是最少量的名义惯性,也会导致最优政策严重地倾向于零通货膨胀,而且几乎完全无法依赖"通货膨胀的惊喜"将政府的财政与冲击隔离开来。像贝尼尼奥和伍德福德(Benigno and Woodford,2004)、施密特-格罗厄和乌里韦(Schmitt-Grohé and Uribe,2004)一样,我们先回到巴罗(Barro,1979)的税收平滑化结果,因为当价格是有粘性的时候,债务的状态依存的回报会出现有效损失。西姆斯(Sims,2013)认为,这可能是因为施密特-格罗厄和乌里韦只考虑了单期债务,在长期债务的情况下,使用关于预期通货膨胀路径的新息去影响债券价格的效能将会得到提高。这正是我们要回答的第一个问题:最优化的决策者在制定政策时将在多大程度上依靠财政理论式的重估债务的方法——通过关于预期的价格路径的新息?

虽然债券的实际收益的状态依存性是可以通过出人意料的通货膨胀对名义债券的影响来生成的,但是当债券是实际债券的时候,还有一种替代方法,那就是利用收益率曲线的变化来得出政府整个债务组合的同样的状态依存性。在卢卡斯和斯托基模型中,如果使用单期无风险的实际债券,拉姆齐型政策就拥有一个单位根——就像在巴罗的模型中一样。安格勒托斯(Angeletos,2002)、布埃拉和尼科里尼(Buera and Nicolini,2004)利用非状态依存的实际债券的到期期限结构,实现了整体债务组合的状态依存性。例如,在存在两种政府支出状态的情况下,通过发行长期债务来融资的短期资产组合可以将政府的财政与政府支出冲击隔离开来。更一般地说,如果拥有了足够丰富的到期期限结构,那么决策者在制定政策的时候就可以实现对"击中"经济的随机冲击的范围的匹配,并且进行对冲。由此,我们要考虑的第二个宽泛的最优政策问题是:债务管理在将政府财政与冲击隔离开来时能够发挥的作用是什么?

我们已经讨论了拉姆齐式决策者所拥有的能力：在不可能实现完全对冲的情况下，对冲击进行对冲并以货币政策为工具稳定债务。接下来，我们考虑到这种政策所固有的时间不一致性问题。我们发现，将政策限定为时间一致的，会从根本上影响到决策者对冲财政冲击的能力，并产生严重的"债务稳定偏向"问题。对于这个问题，利斯和雷恩–刘易斯（Leith and Wren-Lewis，2013）阐明，它有些类似于货币经济学背景下分析的通货膨胀偏差问题。

我们先来考虑，在我们这个有几何递减的到期期限结构的禀赋经济中，出人意料的通货膨胀在优化政策中发挥的作用。然后，我们将这些结果扩展到更加一般的到期期限结构，并分析债务管理在对冲财政冲击中的作用。接着，我们再来讨论一个简单的例子，在那里，完全对冲是可行的。

4.2　模型

遵循西姆斯（Sims，2013）的思路，我们将通货膨胀的倒数定义为 $\nu_t = \pi_t^{-1}$，并假设决策者的目标函数由下式给出：

$$-E_0 \frac{1}{2} \sum_{t=0}^{\infty} \beta^t \left[\tau_t^2 + \theta (\nu_t - 1)^2 \right]$$

决策者要在如下约束条件下最大化上式：我们的禀赋经济中的资源约束

$$y = c_t + g_t$$

债券估价方程［在假设每期效用取 $u(c_t) = \dfrac{c_t^{1-\sigma}}{1-\sigma}$ 这样的具体形式的基础上］

$$\beta E_t \frac{(1 + \rho P_{t+1}^m)}{P_t^m} \nu_{t+1} \left(\frac{c_{t+1}}{c_t} \right)^{-\sigma} = 1$$

政府的流量预算恒等式

$$b_t P_t^m = (1 + \rho P_t^m) b_{t-1} \nu_t + g_t - \tau_t - z_t$$

以及，相关的横截性条件

$$\lim_{j \to \infty} E_t \left(\prod_{i=0}^{j} \frac{1}{R_{t+i+1}^m \nu_{t+i+1}} \right) \frac{P_{t+j}^m B_{t+j}^m}{P_{t+j}} \geq 0$$

其中，$R_{t+1}^m \equiv (1 - \rho P_{t+1}^m) / P_t^m$，而且政府支出和/或转移支付要服从外生的随机过程。我们采用的目标函数在我们简单的禀赋经济中显然是特设的。但是，在更复杂的生产经济中，要用它来刻画税收成本 vs 通货膨胀融资之间的权衡也是很方便的。事实上，在第 5 节中，我们将会看到，这一节的这个分析给出的许多结果，在考虑一个具有完全微观基础且具有扭曲性税收和名义惯性的经济中的最优政策时，都会再度出现。

4.3　拉姆齐型政策

在这里，给定决策者的目标函数，我们通过构建如下拉格朗日表达式，分析我们这个禀

赋经济中的时间不一致的拉姆齐政策:

$$L_t = E_0 \frac{1}{2} \sum_{t=0}^{\infty} \beta^t \left[-\frac{1}{2}(\tau_t^2 + \theta(\nu_t - 1)^2 + \mu_t \left(\beta E_t \frac{(1 + \rho P_{t+1}^m)}{P_t^m} \nu_{t+1} \left(\frac{c_{t+1}}{c_t} \right)^{-\sigma} - 1 \right) \right.$$
$$\left. + \lambda_t (b_t P_t^m - (1 + \rho P_t^m) b_{t-1} \nu_t - g_t - z_t + \tau_t) \right]$$

其一阶条件为:

$$\tau_t : -\tau_t + \lambda_t = 0$$

$$\nu_t : -\theta(\nu_t - 1) + \mu_{t-1} \frac{(1 + \rho P_t^m)}{P_{t-1}^m} \left(\frac{c_t}{c_{t-1}} \right)^{-\sigma} - (1 + \rho P_t^m) \lambda_t b_{t-1} = 0$$

$$P_t^m : -\frac{\mu_t}{P_t^m} + \mu_{t-1} \rho \frac{\nu_t}{P_{t-1}^m} \left(\frac{c_t}{c_{t-1}} \right)^{-\sigma} + \lambda_t (b_t - \rho \nu_t b_{t-1}) = 0$$

$$b_t : \lambda_t P_t^m - \beta E_t (1 + \rho P_{t+1}^m) \nu_{t+1} \lambda_{t+1} = 0$$

定义 $\widetilde{\mu} \equiv \frac{\mu_t}{P_t^m c_t^{-\sigma}}$,用来求解 $\{P_t^m, \widetilde{\mu}_t, \nu_t, \tau_t, b_t, c_t\}$ 的方程组为:

$$-\theta(\nu_t - 1) + \widetilde{\mu}_{t-1}(1 + \rho P_t^m) c_t^{-\sigma} - (1 + \rho P_t^m) \tau_t b_{t-1} = 0$$

$$\tau_t b_t - \widetilde{\mu}_t c_t^{-\sigma} - \rho \nu_t (\tau_t b_{t-1} - \widetilde{\mu}_{t-1} c_t^{-\sigma}) = 0$$

$$\tau_t P_t^m - \beta E_t (1 + \rho P_{t+1}^m) \nu_{t+1} \tau_{t+1} = 0$$

$$\beta E_t \frac{(1 + \rho P_{t+1}^m)}{P_t^m} \left(\frac{c_{t+1}}{c_t} \right)^{-\sigma} \nu_{t+1} - 1 = 0$$

$$b_t P_t^m - (1 + \rho P_t^m) b_{t-1} \nu_t - g_t + \tau_t - z_t = 0$$

$$g_t - (1 - \rho_g) g^* - \rho_g g_{t-1} - \varepsilon_t^g = 0$$

$$z_t - (1 - \rho_z) z^* - \rho_z z_{t-1} - \varepsilon_t^z = 0$$

$$y - c_t - g_t = 0$$

在这里,两个外部冲击描述了政府消费 g_t 和转移支付 z_t 的变化。还有两个内生状态变量 $\widetilde{\mu}_{t-1}$ 和 b_{t-1},其中前者刻画的是在承诺的情况下的决策的历史依赖性。

为了得到关于政策在有承诺的环境下如何运行的一些直觉结论,我们先来考虑以下三种极端情况是有帮助的。第一种情况是通货膨胀是没有成本的,即,$\theta = 0$。第二种情况是通货膨胀的成本非常高,以至于我们可以把经济认为是实际的,$\theta \to \infty$。第三种情况是,我们允许通货膨胀是有成本的,即 $\theta > 0$,同时假设税收已经达到了拉弗曲线的最高点,使得它们不可再用于税收平滑,而只能保持不变,即,$\tau_t = \bar{\tau}$。

4.3.1 没有成本的通货膨胀

在第一种情况下,通货膨胀是没有成本的($\theta = 0$),前两个一阶条件意味着:

$$\widetilde{\mu}_{t-1} c_t^{-\sigma} = \tau_t b_{t-1}$$

和

$$\tau_t b_t - \widetilde{\mu}_t c_t^{-\sigma} = \rho \nu_t (\tau_t b_{t-1} - \widetilde{\mu}_{t-1} c_t^{-\sigma})$$

将第一个条件代入第二个条件,并滞后一个时期,然后与第一个条件相比较,得到:

$$\tau_t = \left(\frac{c_t}{c_{t-1}}\right)^{-\sigma} \tau_{t-1}$$

在不存在政府支出冲击的情况下(在我们这个简单的禀赋经济中,这是私人消费变化的唯一来源),税收是不会变化的。但是,当政府开支变得更高时,税收就会更高。在发生了转移支付冲击的情况下,通货膨胀会跳升以满足债券估价方程,这是财政理论的一个纯粹的例子。但是,当债券到期期限超过了一个时期时,由于通货膨胀对债券价格的影响,有无限多种通货膨胀模式都可以满足这个条件。虽然要满足政府债务估价条件所要求的出人意料的通货膨胀的贴现的水平是唯一的,但是能够达到那个水平却存在着多种多样的途径。当财政冲击是对政府消费的冲击时,会影响实际利率,因此即便在其初始稳态水平上的通货膨胀能够稳定债务,也仍然很可能倾向于提高税率:在高利率期间,最好忍受较高的税收所带来的短期成本,以避免在更高的利率提高了债务累积时会出现的更高的稳态债务水平所带来的长期成本。在这种情况下,完全是因为承诺遵守过去的承诺——政府的未偿还债务不会减少——才会出现正的税率。

4.3.2　实际经济

在第二种情况下,通货膨胀的成本非常高,以至于它永远不会在最优政策下使用,此时有 $\theta \to \infty$ 且 $\nu_t = 1$。在这种情况下,我们要依靠税率的跳升来满足让政府有偿付能力的条件,于是我们回到了一个纯粹的税收平滑的世界。在这个世界中,税率遵循一阶条件所蕴含的如下路径:

$$\tau_t P_t^m = \beta E_t (1 + \rho P_{t+1}^m) \ \tau_{t+1}$$

在完美预见均衡下,这又可以化简为:

$$\frac{\tau_t}{c_t^{-\sigma}} = \frac{\tau_{t+1}}{c_{t+1}^{-\sigma}}$$

面对转移支付冲击,这种税率是固定不变的,但是在存在政府支出冲击的情况下,这种税率则会出现某种"倾斜"——当预期公共消费将会上升(下降)时,第 t 期的税率会更高(更低)。这种变化完全是前瞻性的,这个事实刻画了通常的税收平滑结果,即,税率将跳升到满足政府预算恒等式所需的水平,尽管我们会用倾斜的税率来刻画由政府支出冲击导致的实际利率变动。最终,税率将达到一个新的长期值,与维持新的稳态债务水平所需的一致。

4.3.3　中间情况

在 $0 < \theta < \infty$ 的中间情况下,税收平滑条件仍然像上面一样成立,但是与之相随的通货膨胀模式则可以用下面的方程组来描述:

$$-\theta(\nu_t - 1) + \frac{\mu_{t-1}}{P_{t-1}^m}(1 + \rho P_t^m) - (1 + \rho P_t^m)\tau_t b_{t-1} = 0$$

$$\tau_t b_t - \frac{\mu_t}{P_t^m} - \rho \nu_t \left(\tau_t b_{t-1} - \frac{\mu_{t-1}}{P_{t-1}^m}\right) = 0$$

$$b_t P_t^m - (1 + \rho P_t^m) b_{t-1} \nu_t - g_t - z_t + \tau_t = 0$$

它给出了能够确保财政偿付能力的通货膨胀、债券价格和税率的初始跳升。这些一阶条件也意味着总通货膨胀率在稳定状态下会恢复到1,所以最优承诺政策会使得任何通货膨胀率都只是暂时的。但是,稳态债务水平则构成了一个连续统,其中每一个都有一个相关的最优税率,与可信承诺下的一阶条件的稳定状态相一致。

我们再来考虑第三种情况的一个变体:或者由于政治原因,或者因为税率已经达到了拉弗曲线(Laffer curve)的最高点,因此税收平滑不再适用,这时相应的最优条件就成为:

$$\lambda_t P_t^m - \beta E_t (1 + \rho P_{t+1}^m) \nu_{t+1} \lambda_{t+1} = 0$$
$$-\theta(\nu_t - 1) + \widetilde{\mu}_{t-1}(1 + \rho P_t^m) c_t^{-\sigma} - (1 + \rho P_t^m) \lambda_t b_{t-1} = 0$$
$$\lambda_t b_t - \widetilde{\mu}_t c_t^{-\sigma} - \rho \nu_t (\lambda_t b_{t-1} - \widetilde{\mu}_{t-1} c_t^{-\sigma}) = 0$$

其中,税率固定在 $\overline{\tau}$ 上。

在这里,政府债务中的单位根不复存在了,因为税收不能调整以支持新的稳态债务水平,而且通货膨胀也不能影响未来的盈余。相反,这时必须调整通货膨胀,以确保财政偿付能力,让债务回归到与不变税率一致的稳态水平上。通货膨胀的模式也取决于承继的债务的到期期限结构。为了更加清晰地说明这一点,我们考虑面对转移支付冲击时完美预见解,其中债务的一阶条件意味着 $\lambda_t = \lambda_{t+1}$(因为 $g_t = g^*$)。结合二阶和三阶条件,我们得到:

$$\nu_t(\nu_t - 1) = [1 + (\rho P_t^m)^{-1}] \beta \nu_{t+1}(\nu_{t+1} - 1)$$

这描述了通货膨胀的动态。财政冲击发生后,通货膨胀上升,这种冲击会使债务先升高,然后下降到稳态水平。收敛速度同取决于到期期限参数乘以债券价格的倒数。债券价格起初会下降,但是随着通货膨胀时期的过去,又会恢复过来。当 $\rho = 0$ 时,通货膨胀只发生在初始时期,但是政府债务的到期期限越长,通货膨胀就越持久。当税收得到了平滑时,类似的通货膨胀动态也可以观察到,尽管通货膨胀率的初始跳升幅度将会减少到税率上升以便在面临特定冲击时将债务稳定在较高水平的程度。

4.4 数值结果

对于这个模型的随机版,当经济有明确的稳态状态可供返回时,采用基于网格的方法在简单规则下可以取得很好的结果。当政策是有承诺的时候,模型在冲击实现后会进入新的稳定状态,因此也就很难继续使用这些技术来求解模型。基于这个理由,在考虑了承诺后,我们将关注的焦点限制在最初的冲击之后的完美预见均衡路径上。这些路径的计算方法如下。我们先猜测新的稳态债务价值,并以这个猜测为条件解出拉姆齐问题的稳定状态。这将作为模型的未来800期的解的终端条件。然后,以这个对最终的稳定状态的猜测为条件,求解800期的拉姆齐一阶条件。如果得到的结果表明,最后一期的解与所施加的终端条件之间存在着不连续性,那么就修正对稳态的猜测。这个过程将一直持续到新的稳定状态确实是经济所处的稳定状态为止。

我们先来考虑与上文所述的相同的转移支付冲击,它作用于不同的到期期限和不同的初始债务–GDP 比率上。自相关的转移支付冲击降低了未来盈余的贴现价值,并且要求进行货币和/或财政调整。我们在图 7 中列出了对应于不同的初始债务–GDP 比率和不同的债务到期期限的货币和/或财政调整。图中的第一列从初始债务-GDP 比率为零时开始。当债务的初始值为零时,初始税率 $\tau = 0.39$ 就可以支持转移支付和公共消费的初始水平,因为在最优政策下,无论债务到期期限是什么,都不会有通货膨胀。这种情况的出现,是由于如下事实:通货膨胀或债券价格的出人意料的变化,只有在已经存在着初始债务存量使得它们可以发挥作用的情况下,才有助于满足政府的跨期预算恒等式。尽管作为转移支付冲击的后果而将发行的债务,在图 7 的第一列所报告的各个实验之间的到期期限是不同的,但是在不存在初始债务的情况下,并不会影响对转移支付冲击的最优反应。税率将跃升到一个更高的水平上,以维持更高的稳态债务水平,这也同巴罗(Barro,1979)当初的税收平滑结果是一致的。

　　图 7 中的第二列从债务与 GDP 的比率为 25％初始稳定状态开始(同时支持这个稳定状态的初始税率为 $\tau = 0.4$)。在这种情况下,通货膨胀可以起到温和地抵消转移支付冲击的影响的作用。通货膨胀率较小,但是持续时间越长,债务平均到期期限越长。随着到期期限的增长,"通货膨胀的惊喜"在稳定债务方面发挥的作用越来越重要,而税收调整幅度则较小。在债务水平较高的情况下,通货膨胀和到期期限作为扭曲性税收替代品的重要性会增大。然而最终,通货膨胀的上涨将会解除(因为在初始债务存量已经到期时,它就不起作用了),同时债务存量和税率都会永久性提高。这些例子要强调的是,最优政策是高度状态依赖的,特别是对于冲击发生时的债务水平和到期期限而言。

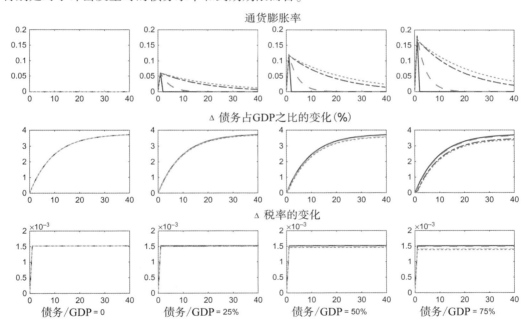

图 7　对较高的转移支付冲击的最优政策反应在不同的债务水平和债务到期期限下

　　注:单期债务(实线),一年期债务(点虚线),四年期债务(点划虚线)和五年期债务(短划虚线)。

　　现在,我们再来讨论政府支出冲击。如图 8 所示,这种冲击下的情况与转移支付冲击下类似。唯一不同的是,现在(通过随机贴现因子)公共消费使得税收的最优路径出现了倾斜,并且影响了满足债务估价方程所要求的财政和通货膨胀调整幅度。在债务不存在初始存量的时候,随后的债务到期期限结构是无关紧要的,最优政策不会产生任何通货膨胀。但是,当初始负债水平为正的时候,单期债务的通货膨胀率要比平均到期期限为八年的债券组合高出了好几个数量级。在只有短期债务时,通货膨胀立即消除,而存在长期债务时,通货膨胀则会持续且轻微上升。持续的通货膨胀会降低债券价格,使快要到期的债券的价值更低,从而使得决策者可以将支持更高的稳定状态债务水平所需的加税幅度减少一些。特别有意思的是,公共消费增长期间的税率上升最终会导致新的稳态债务水平下降,从而使得新的稳态税率实际上低于冲击前的水平。这一点与转移支付冲击后债务水平将提高的情况形成了鲜明的对照。

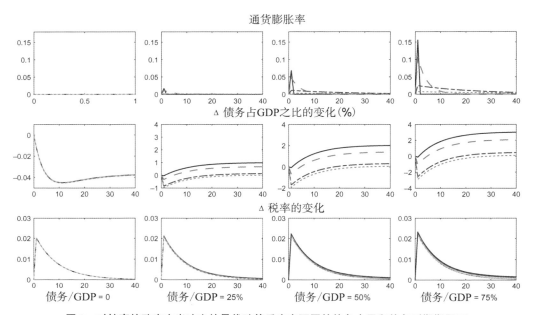

图8 对较高的政府支出冲击的最优政策反应在不同的债务水平和债务到期期限下

注:单期债务(实线),一年期债务(短划虚线),四年期债务(点划虚线)和五年期债务(点虚线)。

图9报告了关于未来五年的政府支出的持续增长的消息的最优回应。冲击发生初期,通货膨胀率下降了,支持债务水平的税率也出现了跳降,而最终债务水平也降低了,尽管政府支出有所增加。这种情况之所以会发生,是因为决策者提高了公共消费上涨期间的税率,以避免在实际利率相对较高的时期内政府债务迅速积累。债券价格随着对政府支出上涨的预期的提升而上涨,并且在支出实现时急剧下降。

在这个实验中,通货膨胀成本是相当高的,达到了 $\theta = 10$。更低的通货膨胀成本将导致更多地依赖于货币政策和关于预期价格趋势的新息来稳定债务。正如我们稍后将会证明的,当我们考虑时间一致的政策时,即便是这种相对保守的对通货膨胀成本的压力,也仍然会产生相当大的内生性通货膨胀偏差。

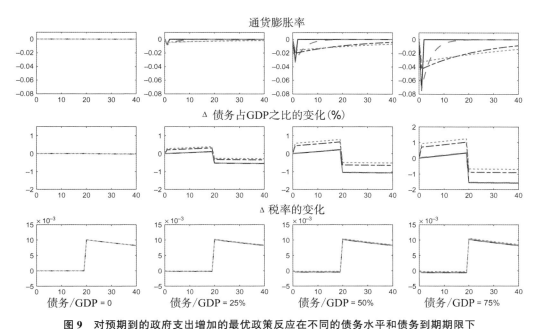

图 9　对预期到的政府支出增加的最优政策反应在不同的债务水平和债务到期期限下

注：单期债务（实线），一年期债务（短划虚线），四年期债务（点划虚线）和五年期债务（点虚线）。

4.5　具有一般到期期限结构的拉姆齐政策

虽然几何递减的到期期限结构是对许多经济体的政府债务状况的易于处理的、合乎情理的描述，但是将我们的分析扩展到更一般的到期期限结构下仍然是非常有益的。这种一般化结构不仅能够精炼对最优"通货膨胀的惊喜"在稳定债务方面的作用描述，而且也是考虑债务管理在保证政府财政免受财政冲击方面的作用的第一步。在这里，我们使用科克伦（Cochrane，2001）的记号，并继续采用上面第 2.2.1 部分给出的债券估价方程。这样，政府的最优化问题就变为：

$$L_0 = E_0 \sum_{t=0}^{\infty} \beta^t$$

$$\left[-\frac{1}{2} (\tau_t^2 + \theta (\nu_t - 1)^2) + \lambda_t \left(-\sum_{j=0}^{\infty} E_t \left[\beta^j u'(c_{t+j}) \prod_{s=0}^j \nu_{t+s} \right] \left[\frac{B_t(t+j)}{P_{t-1}} - \frac{B_{t-1}(t+j)}{P_{t-1}} \right] - u'(c_t)(\tau_t - g_t - z_t) \right) \right]$$

税收的一阶条件为：

$$-\tau_t = u'(c_t) \lambda_t$$

因此，这里的债务管理问题就是最优地选择第 t 期发行且在未来可以偿付的债务的到期期限结构 $B_t(t+j)$，以产生最优条件：

$$-\beta^t \lambda_t \beta^j E_t u'(c_{t+j}) \prod_{s=0}^j \nu_{t+s} \frac{1}{P_{t-1}} = -\beta^{t+1} E_t \lambda_{t+1} \beta^{j-1} u'(c_{t+j}) \prod_{s=0}^j \nu_{t+s} \frac{1}{P_{t-1}}$$

它可以化简为：

$$\frac{\tau_t}{u'(c_t)}E_t u'(c_{t+j})\prod_{s=0}^{j}\nu_{t+s}=E_t\frac{\tau_{t+1}}{u'(c_{t+1})}u'(c_{t+j})\prod_{s=0}^{j}\nu_{t+s}$$

而这就意味着:

$$E_t\left[\left[\frac{u'(c_t)}{u'(c_{t+1})}\tau_{t+1}-\tau_t\right]\frac{u'(c_{t+j})}{u'(c_t)}\frac{P_{t-1}}{P_{t+j}}\right]=0$$

这就是说,到期期限为 j 的债务工具的收益与下一期的税率之间的协方差为零[见博恩(Bohn,1990)]。这样就实现了各种状态之间的对冲,就像安格勒托斯(Angeletos,2002)、布埃拉和尼科里尼(Buera and Nicolini,2004)所阐明的那样。以这种方式来构造债务,决策者就能够最小化在受到冲击时所需要的财政和货币调整,而这些政策调整又取决于未偿还债务的数量和到期期限。为了阐明债务管理是怎样缓解在受到财政冲击的情况下调整税率和制造通货膨胀的需要的,我们在下一节中将通过构造一个简单的例子来进行透彻的分析,在那个例子中,决策者能够将政府财政与政府支出冲击完全隔离开来。

最终,通货紧缩的一阶条件为:

$$-\beta^t\theta(\nu_t-1)\nu_t+\sum_{i=0}^{t}\beta^i\lambda_i\left(-\sum_{j=0}^{\infty}\left[\beta^j u'(c_{i+j})\prod_{s=0}^{j}\nu_{i+s}\right]\left[\frac{B_i(i+j)}{P_{i-1}}-\frac{B_{i-1}(i+j)}{P_{i-1}}\right]\right)$$

将这个条件与债务管理的条件结合起来,并加以拟分,在完美远见之下可以得到:

$$(\nu_t-1)\nu_t=\beta(\nu_{t+1}-1)\nu_{t+1}+\theta^{-1}\lambda_0 u'(c_t)\left[\frac{B_{-1}(t)}{P_t}\right]$$

这个表达式更加清晰地凸显了,通货膨胀与预期债务存量的到期期限结构之间的联系,强于与几何递减的到期期限结构的联系。当存在源于罗腾伯格(Rotenberg,1982)式的二次调整成本的价格粘性时,最优政策下的通货膨胀动态与非线性新凯恩斯主义菲利普斯曲线形式非常相似,主要区别在于强制变量(forcing variable)是在第 t 期到期的预决债务存量的因素。通货紧缩/通货膨胀率预示了 $t=-1$ 时(即计划制定时)发行的债券到期的速度。这就使得当前的通货膨胀反映了未来债务的贴现价值。随着债务的到期,通货膨胀的有效性下降,通货膨胀也随之下降:最优通货膨胀率先跳升,然后逐渐下降,直到所有初始未偿还债务都到期为止。请注意,这个拉姆齐式通货膨胀计划只受时间 $t=-1$ 时 r 债务的影响,在这个初始时期之后发行的债务的到期期限结构,在完美远见环境中是无关紧要的。未来的到期期限只影响政府在随机环境中对财政冲击的保险能力。通过考虑一个简单的例子,我们可以更加清楚地看到后面这一点。

4.6 承诺与对冲

安格勒托斯(Angeletos,2002)、布埃拉和尼科里尼(Buera and Nicolini,2004)认为,债务到期期限的结构应该设计为保证经济能够抗御冲击,方法是让政府在发行长期负债的同时,持有几乎可以完全抵销长期负债的短期资产组合(净差异就体现为政府的整体债务水平)。面对不断波动的支出需求和利率,债券价格会自动调整来帮助融资,而不需要税收有任何的改变。在这两篇论文中,短期头寸和长期头寸都是不随时间变化的常量,所以它们不需要主动的管理,尽管从数字上它们都是非常大的头寸——例如,在布埃拉和尼科里尼(Buera and Nicolini,2004)那里,它们会达到 GDP 的五六倍。这种方法相当于以另一种方式将状态依存性引入总体债务支付,尽管这里的单个资产/负债都不是状态依存的。

为了构造一个简单的将债务管理用于对冲目的的例子,我们考虑一个税收转移支付处于稳定状态的环境($\tau_{t+j}=\tau^*$,且 $z_{t+j}=z^*$)。政府支出以概率 1/2 取 $g^h > g^*$ 的值,或者以互补的概率(1/2)取得 $g^l < g^*$ 的值。政府债券则采取这样的形式:在第 t 期发行的数量为 b^s 的单期债券、在第 $t+1$ 期还本付息,同时建立到几何误差式陆续到期的长期债券组合,使得在第 t 期发行且在第 $t+j$ 期到期的债券的数量为 $\rho^j b^m$。在只存在一个单一独立同分布的冲击的情况下,要做到完全对冲所需要,无非是一个包含单期和两期债务的到期期限结构,让我们能够完美对冲,就像布埃拉和尼科里尼(Buera and Nicolini,2004)所证明的那样。而在有更多的独立同分布的冲击过程时,完全对冲是不可能的,因为我们需要冲击过程有持续性和更长期的债务。由于我们的目的是将这种情况与另一种情况——时间一致的决策者为了实现对冲和减轻时间一致性问题,而运用债务管理——进行对比,所以我们允许长期债券和短期债券的组合,而且这两种类型的债券的不同比例,可以作为平均债务到期期限的变化的代理变量。在这个例子中,转移支付冲击,相当于不直接影响债券价格和最低利率的冲击,是不能完全对冲的,尽管作为最优政策回应的一部分的通货膨胀可以提供一些对冲机会。

将上面考虑的拉姆齐政策加以扩展,以包括单期名义债券以及到期期限几何递减的债券组合,那么作为拉姆齐问题一部分,需要求解的一阶条件的方程组如下:

$$-\theta(\nu_t-1)+\tilde{\mu}_{t-1}(1+\rho P_t^m)c_t^{-\sigma}+\tilde{\gamma}_{t-1}c_t^{-\sigma}-(1+\rho P_t^m)\tau_t b_{t-1}-\tau_t b_{t-1}^s=0$$

$$\tau_t b_t-\tilde{\mu}_t c_t^{-\sigma}-\rho\nu_t(\tau_t b_{t-1}-\tilde{\mu}_{t-1}-c_t^{-\sigma})=0\quad \tau_t b_t^s-\tilde{\gamma}_t c_t^{-\sigma}=0$$

$$\tau_t P_t^m-\beta E_t(1+\rho P_t^m)\nu_{t+1}\tau_{t+1}=0$$

$$\tau_t P_t^s-\beta E_t\nu_{t+1}\tau_{t+1}=0$$

$$\beta E_t\frac{(1+\rho P_{t+1}^m)}{P_t^m}\left(\frac{c_{t+1}}{c_t}\right)^{-\sigma}\nu_{t+1}-1=0$$

$$\beta E_t\left(\frac{c_{t+1}}{c_t}\right)^{-\sigma}\nu_{t+1}-P_t^s=0$$

$$b_t P_t^m+b_t^s P_t^s-(1+\rho P_t^m)b_{t-1}\nu_t-b_{t-1}^s\nu_t-g_t-z^*+\tau_t=0$$

$$g_t=g^i,i=h,l,概率各为 1/2$$

在这里,$\tilde{\mu}_{t-1}=\dfrac{\mu_{t-1}}{P_{t-1}^m c_{t-1}^{-\sigma}}$,$\tilde{\gamma}_{t-1}=\dfrac{\gamma_{t-1}}{P_{t-1}^s c_{t-1}^{-\sigma}}$,且 γ_t 是与单期债券的定价 $P_t^s=\beta E_t\left(\dfrac{c_{t+1}}{c_t}\right)^{-\sigma}\nu_{t+1}$ 相对应的拉格朗日乘数。这里有四个状态变量——$\tilde{\mu}_{t-1}$,$\tilde{\gamma}_{t-1}$,b_t,b_t^s——其中前两个刻画了有承诺条件下的决策的历史依赖性。尽管这些一阶条件看上去是相当复杂的,但是决策者仍然可以通过发行更长期的债券来购买适当数量的单期资产,从而以不变的税率和通货膨胀率来实现这个拉姆齐计划。这样一来,公共消费冲击就会导致这些资产/负债的价格波动,而这些资产/负债与政府财政完全隔离开来。

当政府支出的波动是独立同分布的时候,当前的支出水平也是一个状态变量:我们要么处于高政府支出区制,要么处于低政府支出区制,而且每一期,都可能以 1/2 的概率退出所处的区制。

几何递减的债券的定价方程为:

$$P_t^m = \beta E_t (1 + \rho P_{t+1}^m) \left(\frac{c_{t+1}}{c_t} \right)^{-\sigma} \nu_{t+1}$$

随着政府支出在高低两个状态之间振荡,债券价格也将依赖于支出区制而波动。我们定义 $u_{ij} = \dfrac{u'(1-g^i)}{u'(1-a^j)} = \dfrac{(1-g^i)^{-\sigma}}{(1-a^j)^{-\sigma}}, i,j = 1,h$ 且 $i \neq j$,那么支出区制度 i 中的债券价格($i = h,l$)由下式给出:

$$P_i^m = \beta \frac{1}{2} (1 + \rho P_i^m) + \beta \frac{1}{2} (1 + \rho P_j^m) u_{ji}$$

$$= A_i + B_i P_j^m$$

其中,$A_i = \left(1 - \dfrac{1}{2}\beta\rho \right)^{-1} \left(\dfrac{1}{2}\beta + \dfrac{1}{2}\beta u_{ji} \right)$,且 $B_i = \left(1 - \dfrac{1}{2}\beta\rho \right)^{-1} \dfrac{1}{2}\beta\rho u_{ji}, i,j = 1,h$ 且 $i \neq j$。它可以求解为:

$$P_i^m = \frac{A_i + B_i A_j}{1 - B_i B_j}$$

对于单期债务,这可以化简为:

$$P_i^s = \frac{1}{2}\beta + \frac{1}{2}\beta u_{ji}$$

最优对冲将利用债券价格的这些波动来构建政府债务组合,使得即便政府消费随机发生变化,也不需要改变税收,也不会导致出人意料的通货膨胀。

流量预算恒等式取决于政府支出区制,但是税率固定不变,而且不存在通货膨胀,其形式为:

$$P_i^m b^m + P_i^s b^s = (1 + \rho P_i^m) b^m + b^s - (\tau^* - g^i - z^*)$$

我们选择适当的 b^m 和 b^s,以确保无论政府支出区制是哪一个,这个方程式都成立,以使得政府在低支出区制与高支出区制之间移动时,不需要发行或者偿还债务。这个投资组合由下式给出:

$$\begin{bmatrix} b^m \\ b^s \end{bmatrix} = - \begin{bmatrix} P_i^m(1-\rho)-1 & P_i^s-1 \\ P_j^m(1-\rho)-1 & P_j^s-1 \end{bmatrix}^{-1} \begin{bmatrix} \tau^* - g^i - z^* \\ \tau^* - g^i - z^* \end{bmatrix}$$

我们可以通过考虑给定期间的债务评价方程来推导出相同的投资组合,它依存于政府支出状态。如果政府当前的支出很多,那么这个方程式就是:

$$b^s(u'(c^h)) + b^m(u'(c^h)) + \sum_{j=1}^{\infty} (\rho\beta)^j \left[\frac{1}{2}u'(c^l) + \frac{1}{2}u'(c^h) \right] b^m$$

$$= u'(c^h)(\tau^* - g^h - z^*) + \sum_{j=1}^{\infty} \beta^j \left[\frac{1}{2}u'(c^l)(\tau^* - g^l - z^*) + \frac{1}{2}u'(c^h)(\tau^* - g^h - z^*) \right]$$

如果政府的开支很少,则为:

$$b^s(u'(c^l))+b^m(u'(c^l))+\sum_{j=1}^{\infty}(\rho\beta)^j\left[\frac{1}{2}u'(c^l)+\frac{1}{2}u'(c^h)\right]b^m$$

$$=u'(c^l)(\tau^*-g^l-z^*)+\sum_{j=1}^{\infty}\beta^j\left[\frac{1}{2}u'(c^l)(\tau^*-g^l-z^*)+\frac{1}{2}u'(c^h)(\tau^*-g^h-z^*)\right]$$

两者相减,我们得到:

$$[b^s+b^m](u'(c^h)-u'(c^l))=u'(c^h)(\tau^*-g^h-z^*)-u'(c^l)(\tau^*-g^l-z^*) \qquad(40)$$

在税收或通货膨胀不发生变化的情况下,政府的偿付能力是得到了保证的——只要在本期到期的债务到期时拥有这个方程式所蕴含的价值即可。假设将负债水平足够低,当政府支出从高区制转换为低区制时,基本预算将会在赤字与盈余之间摆动,这意味着方程式(40)的右侧是负面的。因为由于 $u'(c^h)>u'(c^l)$,所以这个条件要求拉姆齐型决策者买入短期资产,直到达到 $b^s<-b^m$ 的水平。预算恒等式与政府支出冲击的影响是隔离的,因为这种冲击可以通过债券价格来吸收,而不需要发行新债务、改变税收或制造"通货膨胀的惊喜"。

等价地,长期负债的规模必须满足以当前政府消费水平为条件的偿付能力条件。例如

$$b^s(u'(c^h))+b^m(u'(c^h))+\sum_{j=1}^{\infty}(\rho\beta)^j\left[\frac{1}{2}u'(c^l)+\frac{1}{2}u'(c^h)\right]b^m$$

$$=u'(c^h)(\tau^*-g^h-z^*)+\sum_{j=1}^{\infty}\beta^j\left[\frac{1}{2}u'(c^l)(\tau^*-g^l-z^*)+\frac{1}{2}u'(c^h)(\tau^*-g^h-z^*)\right]$$

它可以改写为:

$$\frac{\rho\beta}{1-\rho\beta}\left[\frac{1}{2}u'(c^l)+\frac{1}{2}u'(c^h)\right]b^s+b^su'(c^h)+b^mu'(c^h)$$

$$=\frac{\beta}{1-\beta}\left[\frac{1}{2}u'(c^l)(\tau^*-g^l-z^*)+\frac{1}{2}u'(c^h)(\tau^*-g^h-z^*)\right]+u'(c^h)(\tau^*-g^h-z^*)$$

这个表达式既可以定义给定税率时的长期债务的稳态水平,也可以定义给定长期债务存量时的税率的稳态水平。任何一种解释都是与拉姆齐税收平滑计划的稳定状态解一致的,这个拉姆齐问题的其余部分的解为: $\tau_t=\tau^*$,$z_t=z^*=0.18y$,$\nu_t=1$,$\frac{\gamma_i}{P_i^s}=\tau^*b^s$,$\frac{\mu_i}{P_i^m}=\tau^*b^m$,$i=h,l$,概率各为50%。换句话说,稳态税率能够支持政府支出的平均水平,稳态转移支付和稳态净债务存量(尽管会随债券价格而波动),也可以减轻通过进一步调整税收来补偿政府支出的波动的需要。

图10显示了两种支出区制下一系列随机抽取的实验中的债券收益模式和基础资产头寸。这幅图的右下小图描述了政府支出冲击的具体实现。尽管政府支出中存在这样的变化,也仍然可以通过购买短期资产(用发行更长期的债券来融资)来满足预算恒等式,而不需要改变税率和制造出人意料的通货膨胀。能够实现这个目标的投资组合是,政府持有的短期资产大约相当于 GDP 的 22%,而它的长期负债则大约占 GDP 的 70%,因此净负债大约为48%。虽然这种头寸已经相当大了,但是它们还是要比在研究者在更加丰富的随机过程中通常会发现的头寸要少——在那里,这种头寸往往会超过经济总禀赋好几倍,就像布埃拉和

尼科里尼（Buera and Nicolini，2004）所阐明的那样。由于对冲能力依赖于收益率曲线的变动，所以用长期负债来维系短期资产的平衡是最有效的。这样一来，单期资产与一年期债券负债的组合所要求的短期资产，要比同样的资产与平均到期期限为五年的债券的组合更多。

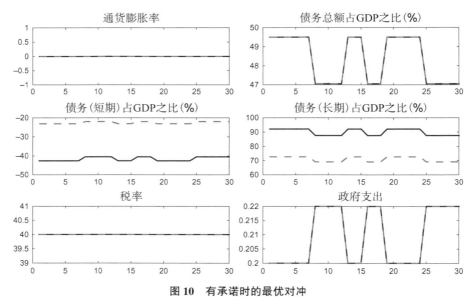

图10   有承诺时的最优对冲

注：一年期债务（实线）与五年期债务（虚线）。

以这种方式实现的对冲意味着，存在一个对政府开支的正冲击，它导致了基本赤字，进而在实际上导致了政府债务价值的下降（而不是增加）。这是那些达到了金融市场完整性的模型的一般预测，马塞特和斯科特（Marcet and Scott，2009）就是将它们作为实证检验的基础的，但是数据却强烈拒绝之。

法拉格利亚等人（Faraglia et al.，2008）扩展了布埃拉和尼科里尼（Buera and Nicolini，2004）的分析。他们不再局限于禀赋经济，转而考虑了一个用资本进行生产的经济，这使得极端的组合的头寸的规模更大，同时这样一来，负债/资产头寸就不再是固定不变的了，而是高度波动的，甚至有可能将"发行长期债券、买入短期资产"的推荐组合反转过来。因为收益率溢价的波动不是很大，所以它们作为保险来源不是很有效。法拉格利亚等人接着讨论了，如果政府对模型的某些元素的设定是不确定的时候，又会发生什么。结果对模型设定的微小变化的这种敏感性意味着，执行平衡预算往往会比承受组合错误的风险更好。同样地，即便是小量的交易成本，也会使得构建这如此庞大的投资组合变得不再合算。

4.7 相机抉择

在那些致力于扩展卢卡斯和斯托基（Lucas and Stocky，1983）的分析的文献中，大部分都把关注的重点放在了能否获得状态依存性的债的重要意义上——或者直接获得，或者通过使用出人意料的通货膨胀和债务管理来源于政府债务的实际回报具备状态依存性。当决策者可以通过这些装置复制卢卡斯和斯托基（Lucas and Stocky，1983）的拉姆齐政策时，仍然存在基础策略是不是时间一致的这个问题。在卢卡斯和斯托基的最初的模型中,拉姆齐政策可以通过坚持一个特定的债务到期限结构来实现时间一致性。卢卡斯和斯托基然后猜测,如果令债务为名义债务,那么就会使得政策问题变成微不足道的(平凡的):正的债务存量可以通过出人意料的(正)通货膨胀无成本地减少,而负的债务存量也可以利用出人意料的通货紧缩调整到足以支持最优配置的水平(用来支付政府消费的债务的利息,与抵消其他市场扭曲所需的任何财政税收/补贴一致)。这个推理表明,唯一有意义的情况是当未偿还债务存量为零的时候。

佩尔松等人(Persson et al.,1987)发起了一场以深入探讨卢卡斯和斯托基的上述猜想为目标的辩论。① 阿尔瓦雷斯等人(Alvarez et al.,2004)得出的结论是,卢卡斯和斯托基式结构的状态储存指数化债务,结合净名义债务净值为零、以使得政府债务责任等于货币存量的条件,在服从弗里德曼规则的货币经济中,可以确保卢卡斯和斯托基的原来的拉姆齐政策的时间一致性。正如佩尔松等人(Persson et al.,2006)已经指出过的,这些条件实质上会将卢卡斯和斯托基经济的货币版本还原为真实版本。

博恩(Bohn,1988)认为,在发行名义政府债务时,决策者要在当债务是名义债务时将"通货膨胀的惊喜"作为一种对冲装置的能力,与正的债务冲击所造成的通货膨胀偏差之间进行权衡。在那些不是为了刻意模仿卢卡斯和斯托基的拉姆齐政策而构造问题的模型中,时间一致的政策通常意味着均值回归的稳态债务水平。债务既可以是正的,也可以是负的,这取决于时间不一致问题的性质。政策的时间依赖性问题也取决于出人意料的通货膨胀的成本。佩尔松等人(Persson et al.,2006)使用期初的货币余额而不是期末的货币余额来提供流动性服务,以保证出人意料的通货膨胀成本高昂,这使得他们能够构建出一个时间一致的指数化的名义政府债务组合。马丁(Martin,2009)采用卢卡斯和斯托基的现金—信贷区分来产生通货膨胀成本,然后再对通货膨胀成本与利用通货膨胀降低单期名义政府债务价值的收益进行权衡。这样就生成了一个有待相机抉择的回归均值的稳态债务水平,而不再是稳态债务中的随机行走,后者是没有状态依存的债务的拉姆齐的税收平滑政策的特征。马丁(Matin,2011)将拉各斯和赖特(Lagos and Wright,2005)的货币搜寻模型与财政政策相结合,然后探讨了时间一致性问题,结果发现无法承诺的福利成本很小。这个结论可能反映了"通货膨胀的惊喜"的成本的性质。如前所述,在施密特—格罗厄和乌里韦(Schmitt-Grohé and Uribe,2004)的模型中,在只引入了极小的名义惯性的情况下,时间不一致的拉姆齐政策就非常坚定地倾向于价格稳定性,而远离弗里德曼规则和对"通货膨胀的惊喜"的利用。

现在,我们转而考虑这样一个问题:对决策制定者施加时间一致性限制,对货币政策与财政政策之间的平衡会有什么影响。我们继续考虑通货膨胀成本高昂的禀赋经济体,这是引入名义惯性的一个捷径。

制定政策的决策者不能为了改进今天的政策选择而就他们在未来将如何行事做出可信的承诺。然而,即便是在这个简单的模型中,也存在表现为政府债务形式的内生状态变量,所以今天的政策行动将通过政策"留给"未来的债务水平而影响未来的预期。我们定义如下

---

① 佩尔松等人(Persson et al.,2006)记述了这场辩论的过程。

的辅助变量:

$$M(b_{t-1},g_{t-1}) = (1+\rho P_t^m)\nu_t(c_t)^{-\sigma}$$

然后将相关政策问题的贝尔曼方程写为:

$$V(b_{t-1},g_{t-1}) = -\frac{1}{2}(\tau_t^2+\theta(\nu_t-1)^2)+\beta E_t V(b_t,g_t)$$

$$\mu_t(\beta\frac{c_t^\sigma}{P_t^m}E_t M(b_t,g_t)-1)$$

$$+\lambda_t(b_t P_t^m-(1+\rho P_t^m)b_{t-1}\nu_t-g_t-z_t+\tau_t)$$

我们已经将债券定价方程中的期望替代为辅助变量,以表明决策者不能直接通过做出政策承诺来影响这些期望。但是这些期望是状态变量的函数。我们把政府支出和转移支付视为外生的自回归过程。

而这就意味着如下的一阶条件:

$$\tau_t : -\tau_t+\lambda_t = 0$$

$$\nu_t : -\theta(\nu_t-1)-\lambda_t(1+\rho P_t^m)b_{t-1} = 0$$

$$P_t^m : -\frac{\mu_t}{P_t^m}+\lambda_t(b_t-\rho b_{t-1}\nu_t) = 0$$

$$b_t : \frac{\mu_t}{P_t^m}c_t^\sigma\beta E_t\frac{\partial M(b_t,g_t)}{\partial b_t}+\lambda_t P_t^m+\beta E_t\frac{\partial V(b_t,g_t)}{\partial b_t} = 0$$

根据包络定理

$$\frac{\partial V(b_{t-1},g_{t-1})}{\partial b_{t-1}} = -(1+\rho P_t^m)\nu_t\lambda_t$$

可以得出它的领先一期的值并代入政府债务的一阶条件中,则有

$$\frac{\mu_t}{P_t^m}c_t^\sigma\beta E_t\frac{\partial M(b_t,g_t)}{\partial b_t}+\lambda_t P_t^m-\beta E_t(1+\rho P_{t+1}^m)\nu_{t+1}\tau_{t+1} = 0$$

将债券价格 P_t^m 的条件与费雪方程的条件相结合,意味着:

$$\frac{\mu_t}{P_t^m} = \lambda_t(b_t-\rho\nu_t b_{t-1})$$

可以用它从债务的条件中消去 $\frac{\mu_t}{P_t^m}$。对于 $\{P_t^m,\nu_t,\tau_t,b_t,g_t\}$,要求解的方程组为:

$$\nu_t : -\theta(\nu_t-1)-\tau_t(1+\rho P_t^m)b_{t-1} = 0$$

$$b_t : \tau_t(b_t-\rho\nu_t b_{t-1})\beta c_t^\sigma E_t\frac{\partial M(b_t,g_t)}{\partial b_t}+\tau_t P_t^m-\beta E_t(1+\rho P_{t+1}^m)\nu_{t+1}\tau_{t+1} = 0$$

再加上券定价方程和政府的预算约束。

现在,通货膨胀的一阶条件成为了:

$$-\theta(v_t-1) = (1+\rho P_t^m)b_{t-1}\tau_t$$

在有承诺的情况下,通货膨胀持续的时间,最多只会与冲击发生时的预决债务存量的到期期

限结构一样长。在时间一致的政策下,在制定政策的决策者的"极乐点"(零通货膨胀和不征税)之外,当债务存量不为零时,总会存在一个状态依赖的税收和通货膨胀的组合。无论那些债务的到期期限结构如何,正的债务存量都会带来正的通货膨胀。这反映了在名义政府债务存在时,时间一致的政策中固有的通货膨胀偏差。

我们可以对描述税率演变的等价的不同表达式加以比较,从而看出相机抉择与承诺之间的更多差异。在可信承诺下,我们可以得出随机贴现因子的变差所暗示的调整倾斜的标准税收平滑化结果:

$$\tau_t P_t^m = \beta E_t (1+\rho P^{t+1} m) \nu_{t+1} \tau_{t+1}$$

而相机抉择下的条件则是:

$$\tau_t P_t^m = \beta E_t (1+\rho P_{t+1}^m) \nu_{t+1} \tau_{t+1} - \tau_t (b_t - \rho \nu_t b_{t-1}) \beta c_t^\sigma E_t \frac{\partial M(b_t, g_t)}{\partial b_t}$$

上式中多出来的这一项刻画了税率对关于通货膨胀和债券价格的预期的影响,这种影响是通过带入未来的债务水平实现的。债务的增多,会提高预期通货膨胀并降低债券价格,因此我们有 $E_t \frac{\partial M(b_t, g_t)}{\partial b_t} < 0$。这就刻画了决策者面临的时间一致性问题的债务依存性。随着债务水平的上升,决策者面临着更大的诱惑——利用"通货膨胀的惊喜"去减轻债务负担。然而,相关经济行为主体会预期到这些,并且会提高对通货膨胀的预期,直到决策者制造出人意料的通货膨胀的诱惑被抵消为止。然而,与对通货膨胀偏差问题的标准分析不同,这种偏差并不是静态的,因为决策者可以通过征收额外的扭曲性的税收来减少债务以及相关的通货膨胀。因此,上面这个表达式中的附加项将税率提高到了可信承诺下观察到的税务平滑条件所隐含的水平。如果在可信承诺下,认真地构造出一个税率,使得债务水平可以永久性地上升,那么在相机抉择下这种税率可以防止债务永久上涨。[①]再者,决策者在相机抉择下减少债务的比率在很大程度上取决于($b_t - \rho \nu_t b_{t-1}$),而这又取决于债务存量的到期期限结构。有效地降低债券价格意味着制定政策的决策者必须发行更多的债券来为一定的赤字提供资金,但是买回现有的债务存量则只需付出更少。随着到期的债务的增加,后一种影响会压倒前者,于是减少债务的速度变慢了。因此,与在可信承诺下观察到的稳态债务中的随机游走相反,时间一致的决策者会让债务回到非常接近于零的稳态值上,在那里,调整速度极大地依赖于平均债务到期期限。这些结果无法完全通过解析分析得出,因此我们还需要分析这个时间一致性问题的数值解,以获得更深刻的洞察力。

相机抉择下的数值解与可信承诺下的数值解之间存在着根本性的不同(见图11)。在可信承诺下,政策允许稳态债务水平服从一个随机游走过程,同时用来抵消冲击的"通货膨胀的惊喜"也相对较小。而在相机抉择下,则存在一个唯一的稳定状态,在这个稳定状态下,支持稳态债务水平的政策是时间一致的,而且这种情况发生在轻微的负的债务存量和轻度的通货紧缩下。这种负的稳态债务存量远远低于支持最优配置所需的负债务水平——也就是

---

① 卡尔沃和圭多蒂(Calvo and Guidotti, 1992)把这称为"债务厌恶"效应;利斯和雷恩-刘易斯(Leith and Wren-Lewis, 2013)则称之为"债务稳定偏向"。

说,政府持有资产的存量产生的利息收入足以支付所有转移支付支出和政府支出,而不需要征收任何扭曲性的税收。私人部门的预期确保了,决策者不会积累起这样的资产水平。债券持有人知道,一旦政府积累了正的资产存量,就有动机制造出人意料的通货紧缩来增加这些资产的实际价值。这种知识减弱了经济行为主体的通货膨胀预期,直到决策者不再试图引入这种"通货紧缩的惊喜"为止。因此,积累更多的资产将会加剧这种通货紧缩的激励,决策者要在积累资产以降低税率与资产积累行为本身所隐含的通货紧缩预期之间进行权衡。在稳定状态下,平衡将出现在极温和的通货紧缩和轻微为负的债务水平上,不过两者都非常接近于零。

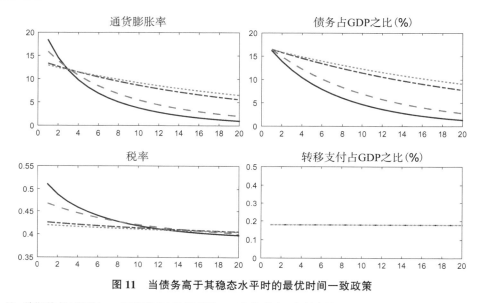

图11 当债务高于其稳态水平时的最优时间一致政策

注:单期债务(实线),一年期债务(短划虚线),五年期债务(点划虚线)和七年期债务(点虚线)。

而在正的债务水平上,决策者则有强烈的意愿通过引入"通货膨胀的惊喜"来减轻债务。经济行为主体会预料到这一点并提高通货膨胀预期。正的债务水平会以高度非线性的方式提高通货膨胀,因为它们引入了一种可能非常大的状态依赖性通货膨胀偏差。即便是温和的债务-GDP 比率,也可能意味着两位数的通货膨胀。这是一个非常令人惊讶的结果,因为在有效承诺下,相同的模型和参数化得到的结果是,在不存在冲击的情况下根本不会有通货膨胀,而且在存在冲击和正的债务水平的情况下也只会有很小的通货膨胀。

如前所述,在制定政策时,决策者试图减轻这种偏差的愿望将导致偏离税收平滑——决策者将扭曲性的税收提高于税收平滑水平之上,目的不仅仅在于稳定债务,还在于将债务降低为稳态水平。债务到期期限结构能够减轻这个债务稳定偏向问题,因此对于给定的债务-GDP 比率,通货膨胀率越低,债务到期期限越长。债务稳定偏向严重依赖于政府债务存量的大小。当债务存在很高的时候,"通货膨胀的惊喜"(无论是直接通过当前的通货膨胀,还是通过债券价格实现)的效果也会好得多,这就提高了政府利用这种手段稳定债务的动机。因此,债务稳定偏向会随着债务水平急剧上升。

在不存在关于财政盈余的新息的情况下,这种更高的通货膨胀其实并不能稳定债务。

与先前的通货膨胀偏差问题一样,较高的通货膨胀存在一个净成本,其表现形式就在于,更高的通货膨胀率不会导致任何债务的减少。[①] 但是,与先前的通货膨胀偏差问题不同的是,在这里偏差的大小是内生的,取决于政府债务的规模和到期期限。决策者可以选择通过税收减少债务,进而逐步减少这种偏差。在相机抉择下,债务的减少可能是相当迅速的,特别是当债务存量很大且到期期限很短时。在制定政策时,决策者无法做出承诺的代价,在这里并不在于债务将会不稳定,而在于决策者在冲击之后过于急切地试图将政府债务恢复到稳态水平。回顾 2008 年全球金融危机之后的情况,这个结论应该会引起大家的共鸣,当时许多国家都在实际上采取了财政紧缩政策。

4.8 相机抉择下的债务管理

上述结果强调的是名义政府债务带来的时间一致性问题。现有的最优政策文献还考虑了与债务管理问题有关的时间一致性问题。具体地说,在具有状态依存债务的卢卡斯和斯托基模型中,到期期限结构是确保卢卡斯和斯托基所描述的拉姆齐政策的时间一致性的关键。同时,最优对冲分析则表明,即便债券并不是状态依存的,到期期限结构也可以生成具有适当的状态依存收益的政府债券组合。德波托利等人(Debortoli et al.,2014)构建了一个真实变量模型,在允许政府持有短期资产和长期负债的同时(它们在单独的情况下都不是状态依存的),还要求政策是时间一致性的。他们证明,最优政策会导致相对扁平化的到期期限结构,从而抵消了无法做出承诺的成本,尽管这也消除了在保险效应方面有益的到期期限倾斜。

为了评估最优对冲与时间一致性之间的权衡,我们使用了完全相同的模型——它在可信承诺下能够实现对政府支出冲击的完全对冲——并在相机抉择下求解了这个模型。为了在时间一致性政策问题中引入单期债券,我们需要定义如下这个额外的辅助变量:

$$N(b_{t-1}, b_{t-1}^s, g_{t-1}) = \nu_t(c_t)^{-\sigma}$$

现在,所有的预期都成了如下三个状态变量的函数:长期债券 b_{t-1}、单期债券 b_{t-1}^s,以及政府支出 g_{t-1}。政府支出在高支出区制下等于 $0.22y$,在低支出区制下则等于 $0.2y$。

于是,政策问题可以表示为:

$$V(b_{t-1}, b_{t-1}^s, g_{t-1}) = -\frac{1}{2}(\tau_t^2 + \theta(\nu_t - 1)^2) + \beta E_t V(b_t, b_t^s, g_t)$$

$$+ \mu_t(\beta \frac{c_t^{\sigma}}{P_t^m} E_t M(b_t, b_t^s, g_t) - 1)$$

$$+ \gamma_t(\beta E_t \frac{c_t^{\sigma}}{P_t^s} E_t N(b_t, b_t^s, g_t) - 1)$$

$$+ \lambda_t(b_t P_t^m + b_t^s P_t^s - (1 + \rho P_t^m) b_{t-1} \nu_t - b_{t-1}^s \nu_t - g_t + \tau_t - z_t)$$

[①] 类似地,在巴罗和戈顿(Barro and Gordon,1983)那里,这种额外的通货膨胀也不会降低失业率。

它多了一个与短期债券的定价相关的额外限制,同时政府的流量预算恒等式既包含了单期债券,也包含了票面利率递减的债券。对上式应用包络定理,可以得到各种一阶条件。对于通货膨胀:

$$-\theta(\nu_t - 1) = \tau_t \left[(1 + \rho P_t^m) \, b_{t-1} + b_{t-1}^s \right]$$

通货膨胀水平取决于短期和长期债券的总负债水平,因此正的净负债水平意味着通货膨胀偏差。与以前一样,这种偏差虽然在减少实际政府债务负担方面没有任何用处,但是也反映了经济行为主体的预期——如果通货膨胀率更低了,那么决策者就会面临这样的政策诱惑:引入“通货膨胀的惊喜”,以减少债务。

税务平滑条件为:

$$\tau_t P_t^m = \beta E_t (1 + \rho P_{t+1}^m) \nu_{t+1} \tau_{t+1} - \tau_t (b_t - \rho \nu_t b_{t-1}) \beta c_t^\sigma E_t \frac{\partial M(b_t, b_t^s, g_t)}{\partial b_t}$$

$$-\tau_t b_t^s \beta c_t^\sigma E_t \frac{\partial N(b_t, b_t^s, g_t)}{\partial b_t}$$

以及

$$\tau_t P_t^s = \beta E_t \nu_{t+1} \tau_{t+1} - \tau_t (b_t - \rho \nu_t b_{t-1}) \beta c_t^\sigma E_t \frac{\partial M(b_t, b_t^s, g_t)}{\partial b_t^s}$$

$$-\tau_t b_t^s \beta c_t^\sigma E_t \frac{\partial N(b_t, b_t^s, g_t)}{\partial b_t^s}$$

这两个表达式中的前两项,反映了在可信承诺下能够找到的相同的税收平滑化条件,其中,能够选择短期资产和长期债券以满足这些条件,同时还可以将政府的财政与政府支出的波动完美地隔离开来。这两个表达式中的最后两项则刻画了,通过债务对通货膨胀预期的影响,短期债务或长期债务每增加一个单位,都会对短期债券和长期债券的价格产生影响。给定政府债务存量为正时会出现的通货膨胀偏差问题,这些影响恰恰凸显了决策者试图通过削减负债来降低通货膨胀率的动机。通过一种债券来减少短期或长期债务的效应,可会因那两种债券的相对比例不同而有所不同。换句话说,通过改变单期和长期债务的相对比例,决策者可以改变平均债务到期期限,进而影响一定水平的债务所隐含的通货膨胀偏差问题。

求解不存在政府支出区制转换的模型,会得到一个债务和通货膨胀都接近于零的稳定状态(见图 12)。引入政府支出的区制转换,则会引发所有变量的波动性。政府支出的变动主要与税率变动相匹配(尽管这些可以通过发行短期资产和长期债务的适当组合来消除),虽然当我们处于高政府支出区制时,这会导致债务/赤字有所增加。

随机稳态资产和负债头寸,对于资产只是略微为正,对于负债则只是略微为负,而与完美对冲所需的头寸则相距甚远。通货膨胀跟随负债水平而动,因此当债务水平为正(负)时,会产生正的(负的)通货膨胀偏差。

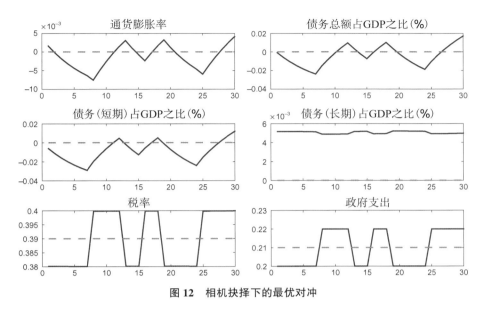

图 12 相机抉择下的最优对冲

注:存在政府支出区制转换时(实线),不存在政府支出区制转移时(虚线)。

图 13 显示的是,从某个正的负债水平开始,随着经济向随机稳定状态过渡,短期债务与长期债务的混合。当因为制定政策的决策者试图通过相当迅速地减少债务消除债务而引发通货膨胀偏差时,卡尔沃和圭多蒂(Calvo and Guidotti,1992)所说的债务厌恶就会出现。由于支出区制的转换所引发的债务波动,相对于向稳态过渡所隐含的总体债务动态变化来说是相当小的。当债务总额增加时,单期债务并没有大幅上涨,这个事实意味着随着总体债务水平的上升,债务到期期限得到了有效的延长。这呼应了卡尔沃和圭多蒂(Calvo and Guidotti,1992)的结果——米赛勒(Missale,1999)也讨论到了这些结果。

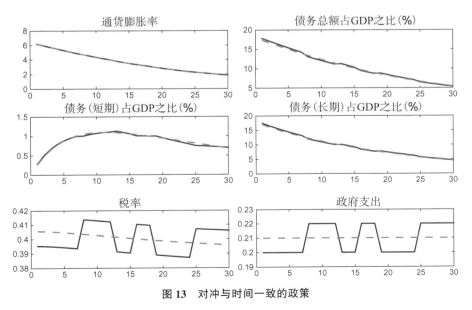

图 13 对冲与时间一致的政策

注:存在政府支出区制转换时(实线)与不存在政府支出区制转移时(虚线)。

5. 具有最优货币政策与财政政策的生产经济

5.1 模型

到目前为止,我们对最优政策的分析都是以一个简单的、有弹性价格的禀赋经济为基础的。我们刻画了这个经济中的通货膨胀和扭曲性税收的成本,方法是在决策者的目标函数中加入这些变量的二次项,然后进行分析。现在,我们试图通过考虑一个生产经济来扩展这些结果。在这个生产经济中,家庭向不完全竞争的企业提供劳动力,企业在改变产品价格时要受制于二次成本,就像罗腾伯格(Rotemberg,1982)所构建的模型中那样。政府通过征收销售税来为转移支付和政府消费(的外生过程)融资。决策者的目标是最大化代表性家庭的效用。因此,本节将会把通货膨胀和扭曲性税收的福利成本内生化。我们还将扩大货币政策和财政政策互动的范围,因为货币政策不仅会导致政府债券的重估,而且还会影响实际的债务偿还成本和税基的大小。扭曲性的税收的变化,不仅影响政府的预算恒等式,而且还会影响生产决策,并对通货膨胀产生直接的成本推动作用。

这个基本模型设置大体上与贝尼尼奥和伍德福德(Benigno and Woodford,2004)以及施密特-格罗厄和乌里韦(Schmitt-Grohé and Uribe,2004)的模型设置相似,不过也有一些差异。[①] 在对价格粘性建模的时候,我们使用了罗腾伯格(Rotemberg,1996)的调整成本而没有采用卡尔沃式定价(Calvo,1983),因为这样做可以减少以非线性方法求解模型时的状态变量的数量。我们还考虑到了更加丰富的到期期限结构,而不是仅仅限于单期债券。

5.1.1 家庭

存在一个家庭的连续统,其单位为 1。我们假设资产市场是完全的,因而通过风险分担,所有家庭都面临相同的预算约束。代表性家庭试图最大化

$$E_0 \sum_{t=0}^{\infty} \beta^t \left(\frac{c_t^{1-\sigma}}{1-\sigma} - \frac{N_t^{1+\varphi}}{1+\varphi} \right)$$

其中,c 和 N 分别是总消费和劳动供给。一篮子消费是由差异化产品的一个连续统组成的,即,$c_t = (\int_0^1 c(j)_t^{\epsilon-1/(\epsilon)} dj)^{\epsilon/(\epsilon-1)}$,同时一篮子公共消费也取相同的形式。

在时间 t 上的预算约束由下式给出:

$$\int_0^1 P_t(j) c_t(j) dj + P_t^m B_t^m = \Pi_t + (1+\rho P_t^m) B_{t-1}^m + W_t N_t + Z_t \tag{41}$$

其中,$P_t(j)$ 是品类 j 的价格,Π 是代表性家庭在不完全竞争的企业(税后)利润中的份额,W 是工资,Z 是一次总付的转移支付,家庭可以投资的债券的类型就是上面描述过的票面利率几何递减的债券。

[①] 利珀和周(Leeper and Zhou,2013)研究了这个模型设置的线性二次版本。

我们在预算约束(41)的条件下进行效用最大化,以获得跨期最优配置,以及票面利率递减的债券的相对应的定价:

$$\beta E_t \left[\left(\frac{c_t}{c_{t+1}} \right)^\sigma \left(\frac{P_t}{P_{t+1}} \right) (1+\rho p_{t+1}^m) \right] = p_t^m$$

不难注意到,当把这些债券简化为单期债券时(即,$\rho = 0$),这些债券的价格为 $P_t^m = R_t^{-1}$。

第二个一阶条件则与劳动供给的决定有关:

$$\left(\frac{W_t}{P_t} \right) = N_t^\varphi c_t^\sigma$$

5.1.2　企业

企业用一个线性生产函数 $y(j)_t = AN(j)_t$ 进行生产,其中 $a_t = \ln(A_t)$ 是时变的和随机的,从而使得生产的实际边际成本为 $mc_t = \frac{W_t}{P_t A_t}$。家庭对企业的产品的需求由 $y(j)_t = \left(\frac{P(j)_t}{P_t} \right)^{-\epsilon} y_t$ 给出,企业在改变价格时要服从二次调整成本的约束,即

$$\nu_t^j P_t = \frac{\phi}{2} \left(\frac{P_t(j)}{\pi^* P_{t-1}(j)} - 1 \right)^2 P_t y_t$$

其中,$\pi^* = 1$ 是稳态的总通货膨胀率。在对称均衡中,$p_t(j) = P_t$,企业利润最大化的一阶条件要求:

$$(1-\theta)(1-\tau_t) + \theta mc_t - \phi \frac{\pi_t}{\pi^*} \left(\frac{\pi_t}{\pi^*} - 1 \right) + \phi \beta E_t \left(\frac{c_t}{c_{t+1}} \right)^\sigma \frac{\pi_{t+1}}{\pi^*} \frac{y_{t+1}}{y_t} \left(\frac{\pi_{t+1}}{\pi^*} - 1 \right) = 0$$

这也就是菲利普斯曲线的非线性版本,它包括了扭曲性的税收对销售收入 τ_t 的影响。

5.1.3　均衡

产品市场清算要求,对于每一种产品 j

$$y(j)_t = c(j)_t + g(j)_t + v(j)_t$$

据此,我们可以写出

$$y_t \left[1 - \frac{\phi}{2} \left(\frac{\pi_t}{\pi^*} - 1 \right)^2 \right] = c_t + g_t$$

债券市场也必须实现市场出清,即,长期债券投资组合的变化要符合政府预算恒等式。下面给出这个条件。

5.1.4　政府预算恒等式

将代表性消费者的流量预算约束(41)组合起来,同时注意到要素收入与国民产出之间的相等关系,我们就可以得到政府的流量预算恒等式:

$$P_t^m b_t = (1+\rho P_t^m) \frac{b_{t-1}}{\pi_t} - y_t \tau_t + g_t - z_t$$

其中,实际债务定义为 $b_t \equiv \frac{B_t^M}{P_t}$。

5.2 新凯恩斯主义模型中的承诺政策

设定如下拉格朗日算子:

$$
\begin{aligned}
L_t = E_0 \sum_{t=0}^{\infty} \beta^t \Bigg[& \left(\frac{c_t^{1-\sigma}}{1-\sigma} - \frac{N_t^{1+\varphi}}{1+\varphi} \right) + \lambda_{1t} \left(y_t \left(1 - \frac{\phi}{2} \left(\frac{\pi_t}{\pi^*} - 1 \right)^2 \right) - c_t - g_t \right) \\
& + \lambda_{2t} \left(\beta \left(\frac{c_t}{c_{t+1}} \right)^\sigma \left(\frac{P_t}{P_{t+1}} \right) (1 + \rho p_{t+1}^m) - p_t^m \right) \\
& + \lambda_{3t} \left((1-\theta)(1-\tau_t) + \theta y_t^\varphi c_t^\sigma A_t^{-1-\varphi} - \phi \pi_t (\pi_t - 1) + \phi \beta \left(\frac{c_t}{c_{t+1}} \right)^\sigma \pi_{t+1} \frac{y_{t+1}}{y_t} (\pi_{t+1} - 1) \right) \\
& + \lambda_{4t} \left(P_t^M b_t - (1 + \rho P_t^M) \frac{b_{t-1}}{\pi_t} + y_t \tau_t - g_t - tr_t \right) \Bigg]
\end{aligned}
$$

并对 $\{c_t, y_t, \tau_t, P_t^m, b_t^m, \pi_t\}$ 求微分,就可以得到拉姆齐程序的一阶条件。这些一阶条件十分复杂,无法通过解析方法来得出多少能够超出我们在前面对简单的禀赋经济的可比问题的分析的洞见。但是,当我们用数值方法求解模型时,却可以得出一些对最优货币政策和财政政策的组合非常有意义的结果。

5.3 数值结果

我们的第一个实验考虑的是不同初始债务水平下的转移支付冲击(见图 14)。[①] 转移支付从相当于 GDP 的 18% 的水平开始,然后随着自相关冲击而增加,但是不会对 GDP 进一步做出反应。如图 14 第一列所示,当初始债务水平为零时,冲击后发行的债务的到期期限结构是无关紧要的。由于税率上升而导致的通货膨胀率会出现一个只维持一期的突升,货币政策的紧缩也不能完全抵消它。然后货币政策与财政政策的协调使用,将债务稳定在了新的稳态水平上。但是,税率并没有立即跃升到新的稳态水平,而是遵循了一个动态变化路径。这个路径刻画了粘性价格经济中实际利率的变动,同时货币政策则保证除了初始期间之外,通货膨胀均为零。

图 14 的第二列则表明,在更高的初始债务水平上,政策反应(依赖于债务水平和到期期限结构)有了根本性的不同。与利斯和雷恩-刘易斯(Leith and Wren-Lewis,2013)的模型一样,单期债务和足够高的债务存量的存在所导致的结果是,政府中的决策者通过宽松货币政策来减少债务偿还成本,并且为通货膨胀的最初爆发提供了"燃料"。

---

① 在所有情况下,我们都是在完美预见假设下非线性地求解一个稳态的初始扰动之后的模型的。

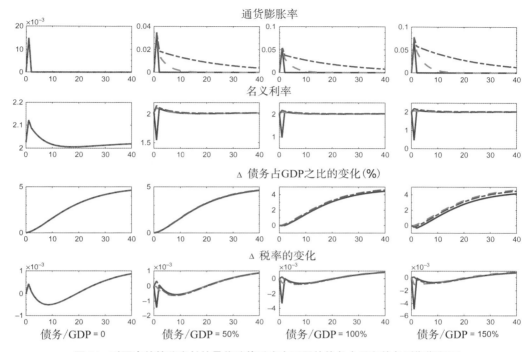

图 14 对更高的转移支付的最优政策反应在不同的债务水平和债务到期期限下

注:单期债务(实线),一年期债务(短划虚线),四年期债务(点划虚线)。

货币政策能够稳定债务——正如财政理论所述的一样——同时税率则会降低以调和通货膨胀压力。在那之后,货币政策与财政政策的结合将使债务稳定下来,而且不会再导致进一步的通货膨胀。然而,当债务都是到期期限较长的债务时(一年期或五年期),最初的政策反应就会完全不同。货币政策将更加紧缩,同时税率也较高。通货膨胀在初期的跳升也会延续不止一期,从而能够通过降低债券价格来帮助稳定债务。

我们现在转而讨论图 15 所示的政府支出冲击。图中的第一列设定初始税率为 $\tau=0.39$,足够支付转移支付的公共消费的初始值,因此这时不存在债务。在这种情况下,就像在简单的禀赋经济中一样,债务的到期期限并不重要,而且不管债务的到期期限是什么,政策反应都是一样的。但是,与禀赋经济中不同,这里的通货膨胀是惊人的,但是它在稳定债务方面没有直接的作用。在这里,通货膨胀反映了实现货币政策与财政政策之间的最优平衡所需的税率和利率的初始跳升。税收平滑导致的税率跳升,本可以推动通货膨胀,但是由于货币政策的紧缩使得在初始时期之后的通货膨胀变为零,这一点就被抵消掉了。随着私人消费的恢复,税率上升,因此最终还有很高的税率来支持更高的债务水平。

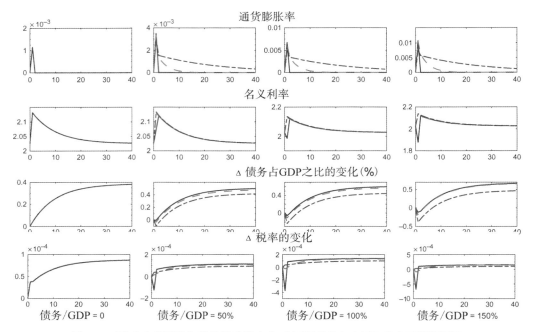

通货膨胀率

名义利率

Δ 债务占GDP之比的变化(%)

Δ 税率的变化

债务/GDP = 0   债务/GDP = 50%   债务/GDP = 100%   债务/GDP = 150%

图 15　对政府支出的增加的最优政策支应,在不同的债务水平和债务到期期限下

注:单期债务(实线),一年期债务(短划虚线),四年期债务(点划虚线)。

当我们提高了债务的初始水平之后,到期期限结构会导致政策反应中出现一些差异。与前面一样,较长的到期期限通过降低债券价格来稳定债务,从而使通货膨胀率更低,但是更有持续性。然而,在这个结果背后的政治组合其实是有所不同的。当初始债务与 GDP 的比率恰好低于 50% 时,如果只存在单期债务,那么决策者实际是通过减税来减少政府支出冲击的通货膨胀后果的。

而在更高的初始债务水平上,随债务到期期限的不同,政策组合出现了更具根本性的差异。粘性价格意味着,不但通货膨胀路径的"惊喜"会影响债务的动态,决策者也可以用它来影响实际事前利率,并通过菲利普斯曲线影响税基的大小。在债务水平接近 100% 的 GDP 的情况下,当所有债务都为单期债务时,我们看到税率和利率都显著下降了。这相当于传统的货币政策和财政政策的反转——货币政策通过减少实际利率来稳定债务,而财政政策则通过降低税率来减轻通货膨胀的这种后果。对于五年期的平均债务到期期限,我们看到货币政策和财政政策履行了它们的常规任务:税率上升和紧缩性货币政策抵消通货膨胀的上升(那是更高的税率所造成的)。

5.4　独立的中央银行

共同最优政策有两个关键特征特别值得加以强调。首先,对价格水平的控制(在新凯恩斯主义模型中,那通常是最优货币政策的一个特征),在财政政策和相应的税收平滑目标存在时,是无法实现的。

为此,典型的最优政策理论要求决策者承诺,不但通货膨胀率在受到冲击后会回到目标位置,而且价格水平也会恢复到预期的水平。这种承诺可以降低通货膨胀预期,改进稳定通货膨胀与真实经济变量之间的权衡。然后,当财政政策进入理论分析图景后,初始通货膨胀就会成为通过重估效应来稳定债务的理想手段,而重估效应正是财政理论的一个显著特征。

第二,政策组合取决于政府债务的规模和到期期限。在债务到期期限较短且债务水平较高的情况下,最优政策会将通常的政策分派——在面对更高的转移支付或政府消费时,提高税收和利率——反转过来,即,通过降低利率以减少债务利率动态,并通过减少税收以抵消通货膨胀效应(那是宽松的货币政策会引发的)。许多经济学家都对以这种方式将货币政策作为财政稳定的工具来使用而感到不舒服,他们强调,应保证中央银行的独立性,以避免这种政策组合的出现。

下面,我们就来推导给定货币政策规则下的最优财政政策,并以此评估独立的货币政策的含义。我们假设,中央银行遵循简单的泰勒规则,其中的通货膨胀系数为 $\alpha_\pi = 1.5$。财政当局面临的最优化问题与前面描述的相同,但是要增加一个约束,即,货币政策要遵循泰勒规则。图 16 告诉我们,对更高的政府支出的政策反应,与货币政策同财政政策共同最优时的结果有一些显著的差异。在存在一个独立的中央银行时,通货膨胀的上升更加长久得多。当货币政策与财政政策协同发挥作用时,即便是对于我们分析过的最高债务存量,通货膨胀的持续性也不及金融政策与财政政策脱钩时的一半。这就也就带来了第二个令人惊讶的结果。主动的独立货币政策会导致制定财政政策的决策者在应对政府支出冲击的时候,采取的是减税而不是加税的方法。而且减税的幅度随着债务存量的增大而增加,但是在不同的到期期限之间则没有太大的变化。最优财政政策通过减税抵消了主动的货币政策造成的较高的债务偿还成本。这也抵消了通货膨胀的上涨,并且在给定的政策规则下减弱了实际利率的上涨。因为债务水平越高,这个行动的意义越重要,所以减税的幅度随着债务水平的提高而增大。在所有债务水平上,都存在类似的通货膨胀路径,这意味着到期期限更长的债务的价值因为重估效应而减少的幅度超过了其他到期期限的债务。这也意味着,债务水平越高、到期期限越长,货币政策对政府的财政的冲击的溢出效应就越大。

这些结果全都指向财政理论的一个核心特征——通过通货膨胀和债券价格的惊人变化实现的债务重估。无论财政政策和货币政策是不是共同最优的,抑或最优财政政策是不是受独立的中央银行制约的,债务重估都仍然是最优政策行为的特征。

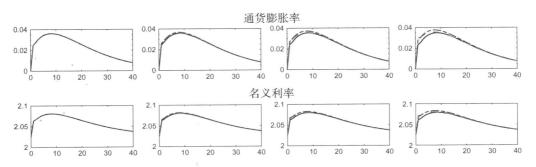

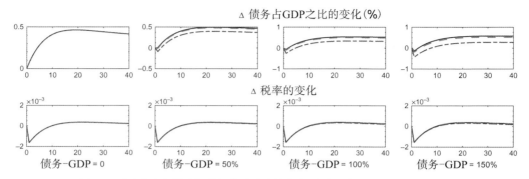

图 16 对政府支出的增加的最优财政政策支应,存在一个独立的中央银行时

注:单期债务(实线),一年期债务(短划虚线),四年期债务(点划虚线)。

5.5 新凯恩斯主义经济中的相机抉择

本部分转而讨论最优相机抉择政策。我们采用的是利珀等人(Leeper et al.,2015a)的模型设置。这是一个新凯恩斯主义模型。在这个模型中,税收适用于劳动收入而不是销售收入,政府支出则被视为一种内生的政策工具,而不是被视为需要融资的外生采购流量。这个模型中不存在转移支付。相机抉择的政策是对 $\{c_t, y_t, \pi_t, b_t, \tau_t, g_t, P_t^m\}$ 的一组决策规则,它们最大化

$$V(b_{t-1}, A_t) = \max\left\{\frac{c_t^{1-\sigma}}{1-\sigma} + \chi\frac{g_t^{1-\sigma_g}}{1-\sigma_g} - \frac{(y_t/A_t)^{1+\varphi}}{1+\varphi} + \beta E_t[V(b_t, A_{t+1})]\right\}$$

约束条件包括:资源约束

$$y_t\left(1 - \frac{\phi}{2}\left(\frac{\pi_t}{\pi^*} - 1\right)^2\right) - c_t - g_t$$

菲利普斯曲线

$$(1-\epsilon) + \epsilon(1-\tau_t)^{-1}y_t^\varphi c_t^\sigma A_t^{-1-\varphi} - \phi\frac{\pi_t}{\pi^*}\left(\frac{\pi_t}{\pi^*} - 1\right) + \phi\beta c_t^\sigma y_t^{-1}E_t\left[c_{t+1}^{-\sigma}\frac{\pi_{t+1}}{\pi^*}\left(\frac{\pi_{t+1}}{\pi^*} - 1\right)\right] = 0$$

和政府的预算恒等式

$$\beta E_t\left[\left(\frac{c_t}{c_{t+1}}\right)^\sigma\left(\frac{P_t}{P_{t+1}}\right)(1+\rho P_{t+1}^M)\right]b_t$$

$$= \left\{1 + \rho\beta E_t\left[\left(\frac{c_t}{c_{t+1}}\right)^\sigma\left(\frac{P_t}{P_{t+1}}\right)(1+\rho P_{t+1}^M)(1+\rho p_{t+1}^M)\right]\right\}\frac{b_{t-1}}{\pi_t}$$

$$- \left(\frac{\tau_t}{1-\tau_t}\right)\left(\frac{y_t}{A_t}\right)^{1+\varphi}c_t^\sigma + g_t$$

在这里,我们利用债券定价方程消去了债券组合的当前价值。

利珀等人(Leeper et al.,2015a)解出了一个由七个一阶条件和三个约束条件组成的非线性方程组系统,他们用切比雪夫配置法得到了时间一致的最优政策。与有承诺的情况

下——在那里,稳态通货膨胀为零——相反,相机抉择权意味着,稳定状态是略微为负的债务存量和温和的通货紧缩。图 17 表明,从高债务水平开始,不同的债券到期期限会导致重大的政策差异。图中给出的这些脉冲响应反映了从高债务水平到最终的稳态债务水平的时间一致性的调整(稳态债务水平略微为负)。这些动态路径中最值得注意的一个因素是,通货膨胀率的水平很高。这种通货膨胀并不是用来减少债务的实际价值;相反,它反映了由高债务水平产生的状态依存的通货膨胀偏差问题。

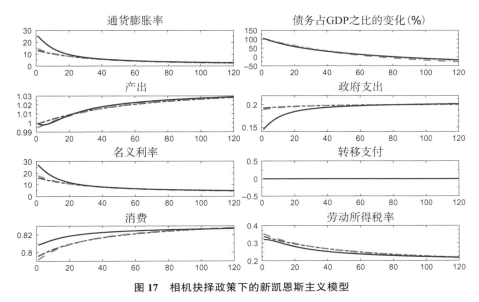

图 17　相机抉择政策下的新凯恩斯主义模型

注:一年期债务(实线),五年期债务(短划虚线),八年期债务(点划虚线)。

当债务水平提高时,决策者面临着一个诱惑:利用"通货膨胀的惊喜"或者债券价格的出人意料的下跌来降低政府债务的实际价值。当然,在获悉了这一点之后,经济行为主体也会提高通货膨胀预期,直到这种诱惑不再存在为止。在经验上合理的债务水平上,这种诱惑是非常强大的,因为需要非常高的通货膨胀率来确保政策保持时间一致。债务到期期限越短,迅速膨胀和降低债务水平的诱惑就越大——这也就是我们所称的"债务稳定偏差"。在最终实现的稳态经济,债务的长期最优价值略微为负,同时通货膨胀率则稍低于目标。这远远低于资助政府消费和消除税收及其他扭曲所需的累积资产水平。

6.　实证研究中要考虑的要点

本章到目前为止讨论的大部分文献都是围绕着财政理论的理论焦点而展开的。本节将探讨在对货币和财政的相互作用进行实证研究时要考虑的一些因素。首先,我们简要解释为什么很难辨别某个时间序列数据是由区制 M 还是区制 F 产生的。然后,我们转而评述占主导地位的政策区制的简化形式模型和结构性证据,包括这个方向上的区度转换文献。最后,在本节的结论部分,我们澄清了一些关于区制 F 下的均衡性质的常见误解。

6.1 区分区制 M 和区制 F

现有研究已经有力地证明,区制 M 和 F 可以产生等价的(或几乎等价的)均衡过程。科克伦(Cochrane,1999)很早就分析过这一点,伍德福德(Wood ford,1999)在评论科克伦的论文时更加详细地阐述了这个问题。利珀和沃克(Leeper and Walker,2013)给出了一个简单的理论示例,在那里,这两个区制从观察者的角度来看是等价的。

这两个区制在观察上等价这个结果可能令人觉得惊奇。毕竟,我们在第 2 节和第 3 节中花了那么多的篇幅去阐明货币波动和财政的波动在这两个区度下会产生截然不同的动态反应。为了理解这种等价性,我们先来考虑第 3.1 部分描述的线性化新凯恩斯主义模型。在这个模型中,第 t 期的经济状态可以用一个三元组 $X_t \equiv (\varepsilon_t^M, \varepsilon_t^F, \hat{b}_{t-1})$ 来表示,而且在区制 M 下,每个内生变量——包括政策变量 $\hat{R}_t$ 和 $\hat{s}_t$——在均衡时都是 X_t 的线性函数。但是,这种从 X_t 到政策变量的映射是与区制 F 下政策行为相一致的:利率只依赖于 ε_t^M,同时盈余则只取决于 ε_t^F。[①]

一些批评认为,这种等价结果会使得财政理论"无法检验",因而它在实证上是"空洞"的。很自然地,这种等价性还意味着传统观点——即,区制 M——也是"无法检验"。但是这些批评者的"虚无主义"结论却是没有根据的。观察上等价仅仅意味着在没有识别限制的情况下,不可能分辨出哪个区度生成了观察到的数据。但是这几乎是一个自明之理。确实不存在任何一组简单的相关性——债务、赤字、通货膨胀和利率之间的——可以告诉我们基础政策行为是来自区制 M 还是区制 F 的。[②]

然而,文献中关于财政理论的相关性的"检验"事实上比比皆是。坎佐内里等人(Canzoneri et al.,2001b)指出,如果对盈余的正冲击不仅提高了未来盈余,而且降低了政府债务的实际价值,那么占主导地位的就是区制 M;如果对盈余的正冲击提高了债务的价值,那么区制 F 就占了主导地位。科克伦(Cochrane,1999)简洁地解释了为什么这其实不是对区制的"检验"。与任何资产一样,政府债务既有"后视的"表达形式,也有"前瞻的"的表达形式。令 $bt \equiv Bt / Pt$ 表示债务的实际市场价值。债务的运动定律——即,预算恒等式——生成的是"后视"角度的表达式:

$$b_{t+1} = r_{t+1}(b_t - s_t)$$

其中,$r_{t+1} \equiv R_t P_t / P_{t+1}$ 是第 t 期和第 t+1 期之间的债券的事后实际回报率,s_t 是第 t 期的基本剩余。更高的 s_t 似乎意味着第 t+1 期的债务价值较低。但是,"前瞻"角度的债务的资产价值的表达式则为:

---

① 如果经济是从某个初始债务水平开始,那么必须选择与那个水平一致的 $\{\hat{s}_t\}$ 过程。

② 弗里德曼和施瓦茨(Friedman and Schwartz,1963a,b)汇集的许多支持货币数量理论的证据表明,不稳定的货币政策推动了名义收入的变化。但是,西姆斯(Sims,1972)后来却证明,这种证据源于识别货币存量的"外生性"或"自主性"的努力。弗里德曼和施瓦茨承认,这种简化形式的相关性本身不能证明因果关系。

$$b_t = E_t \sum_{j=0}^{\infty} \left(\frac{1}{r} \right)^j s_{s+j} \tag{42}$$

它表明持续增长的盈余会提高债务的价值。[1] 因此很显然,对恒等式的操纵并不能施加足够的结构来区分区制。

基于相关性进行"检验"的第二分支文献源于博恩的论文(Bohn,1998)。它们使用有限信息技术去估计下式:

$$s_t = \gamma b_{t-1} + \delta' Z_t + \varepsilon_t^F \tag{43}$$

其中,s_t是第 t 期的基本盈余,b_{t-1} 是第 $t-1$ 期的政府债务的实际价值,Z_t 是控制变量的向量,ε_t^F 是可能的序列自相关的扰动。这支文献将对式(43)的估计解释为对财政政策行为的描述。[2] 这些研究者推断,当 $\gamma>0$ 时,财政政策行为是被动的。而且,如果 γ 大于实际利率,那么财政政策的反应将足以稳定债务。在这种估计结果的基础上,这些研究者的结论是,经济处于区制 M 下,所以财政理论是不适用的。[3]

但是,这种分析遗漏了债券估价方程,它是均衡的一个条件,无论占主导地位的区制是哪一个,都必须成立。正如条件(42)所明确地表明的,在任何均衡中,b_{t-1} 都必定与未来盈余正相关。如果在估计式(43)时不施加这个均衡条件,那么对 γ 的估计必定会受到联立方程偏差的影响。

利珀和李(Leeper and Li,2015)运用我们在第 2 节中描述的禀赋经济模型的线性化版本,研究了这种联立性偏差(simultaneity bias)的性质。如果政策干扰是连续不相关的,或者式(43)中的回归中加入了滞后因变量,那么有限信息方法只有在货币政策和财政政策都处于区制 M 下的时候才是有效的。当数据均衡出现在区制 F 中时,可能会导致严重的偏差。γ 中偏差的符号和严重程度则取决于货币政策的行为:货币政策对通货膨胀的反应越弱,正的偏差越大。对于像 2008 年金融危机之后的那样的特殊时期,当中央银行钉住名义利率时,γ 的估计结果更有可能意味着盈余对债务的反应很强烈。这个发现与博恩(Bohn,1998)的估计结果一致,他几乎没有发现盈余反应很微弱的证据。

对于联立方程组偏差,有两种很自然的解决方法。第一种解决方法是,像钟和利珀那样(Zhung and Leeper,2007)、许(Hur,2013)在一个结构性向量自回归模型中所做的那样,将债券估价方程施加于对财政规则的估计过程,然后再一起估计货币规则和财政规则。第二种解决方法是,估计一个完全设定的动态随机一般均衡模型。

6.2　若干提示性的经验证据

我们在这里无法完整地综述关于政策区制的经验证据,那超出了本章的范围。因此我

---

[1] 为了简便起见,式(42)假定实际回报是固定不变的。

[2] 例如,请参见门多萨和奥斯特里(Mendoza and Ostry,2008)。高希等人(Ghosh et al.,2012)采用这样的估计结果计算出了国家的"财政空间"。伍德福德(Woodford,1999)对这种解释提出了一些疑问。

[3] 坎佐内里等人(Canzoneri et al.,2001b)估计了一个不受限制的双变量向量自回归模型,那两个变量是基本盈余和债务的实际价值。他们所用的技术与估计式(43)的技术是等价的。

们只简要地回顾一下两类能够证明区制 F 在历史上的某些时期曾经占据主导地位的证据。第一类是本小节讨论的若干提示证据,它们指出了一些区制 F 相一致的经验事实;第二类是我们接下来要讨论的更正式的计量经济学证据。

科克伦(Cochrane,1999)是第一个指出美国在第二次世界大战后的通货膨胀可以用财政理论来解释的经济学家。他强调,现有的财政数据与理论框架并不一致,为此自己动手构建了一个关于政府债务的真实市场价值的数据序列,并从中推断出了两个不同的实际基本盈余序列。毫不奇怪,科克伦得到的基本盈余与常规衡量的盈余(包括了债务的偿还)之间存在着巨大的差异,特别是在高债务水平或高利率水平期间。他进一步将他计算的盈余序列与财政部报告的扣除了利息的盈余进行了对比,后者不包括债券交易产生的资本利得和损失。科克伦的计算很好地证明了一个有普遍意义的方法论原则——要想探究区制 F 下的均衡,需要先细心地构建好数据。

不过,科克伦更具实质意义的贡献体现在对数据相关性的解释上。他设定了一个外生的——区制 F 下的——基本盈余过程,在此基础上计算出了债务的真实价值,即,这些人为的盈余的现值。对过程的选择是用来匹配数据中的相关性的。当均衡价格水平序列从债务估价方程中生成出来时,也就模拟出了第二次世界大战后美国通货膨胀的被观察到的大幅波动。[①] 如此一来,科克伦所选择的过程,就能通过博恩(Bohn,1998)或坎佐内里等人(Canzoneri et al.,2001b)所要求的"检验"了,尽管这些作者声称财政理论无法检验。科克伦的分析也说明了区分区制 M 与区制 F 困难。[②]

伍德福德(Woodford,2001)认为,从第二次世界大战之前的美国联邦储备委员会的政策,至 1951 年 3 月的"货币财政当局政策协定"(Treasury-Fed Accord),一直处于区制 F 下,从而构成了货币政策被明确分配了维系政府债务价值的任务的一个很好的例子。伍德福德指出,

九十天财政部债券的收益率为 3.8%,并且一直保持到了 1947 年 6 月……同时,直到那个时候,这种债券的价格也是完全固定的,因为财政部会以不变的价格买入和卖出债券。此外还宣布将发行一年期财政部债券,年收益率为 7% 至 8%。这个政策在 1947 年之后也一直在继续,尽管收益率略有上涨。最后,25 年期国债也在相当于年收益率为 2.5% 的水平上得到了支持。(Woodford,2001,第 672-673 页)

然而,伍德福德似乎把区制 F 视为战争时期才会出现的例外情况,也就是说,他认为它只存在于货币政策从属于财政需求的时候。

洛宇(Loyo,1999)以巴西在 20 世纪 70 年代末和 80 年代初发生的事件为例子,当时货币政策的财政后果导致了爆炸性的通货膨胀。他描述的这种情况不属于存在确定且有界的均衡的任何一种区制。相反,洛宇认为,我们在第 3.2. 部分描述的那种现象,就是主动的财政政策与主动的货币政策的结合带来的——在发生通货膨胀的时候,试图通过猛烈地提高利

[①] 沈(Shim,1984)是较早运用向量自回归分析技术去探寻关于财政赤字新息与通货膨胀之间的联系的跨国证据的经济学家。

[②] 科克伦(Cochrane,2011b)使用政府债务估价条件来解释 2008 年全球经济衰退之后的货币政策和财政政策行动。他认为最近的政策发展表明,在未来几年,均衡条件可能会对经济产生比以往更大的影响。

率来做出应对,以抑制通货膨胀。更高的利率提高了债券持有人的利息收入,在没有相应地加征税收的情况下,这会导致财富和总需求的上升,而更高的需求又使通货膨胀进一步上升,于是货币政策通过提高利率来做出反应,这样就引发了一个爆炸性的通货膨胀循环,形成两位数的月度通货膨胀率。更加重要的是,正如洛宇所阐明的,这种恶性高通货膨胀的出现,并不会伴随着实际铸币税收入的增加。洛宇的研究凸显了贯穿本章始终的一个主题。如果采取了主动的财政政策,同时拒绝通过提高盈余来稳定政府债务,那么中央银行在回应通货膨胀时更有进取心,反而只会使这个问题更加恶化:当货币政策原本是被动的时候,那么随着货币政策变得越来越活跃,就会进一步放大冲击;如果货币政策原本就是主动的,那么这些冲击就会导致不断恶化的通货膨胀。相反,另一种货币政策规则——例如,只是简单地钉住名义利率——却可以阻止爆炸式通货膨胀。

巴西在 2015 年发生的情况,从经验上重现了洛宇所描述的情形。巴西 1988 年颁布实施的宪法规定,政府福利要与通货膨胀挂钩,这个规定有效地将 90％以上的政府支出排除在了立法机构的批准范围之外。由于大规模的税收调整在政治上显然是不可行的,所以巴西 2015 年的扣除利息前预算赤字(gross of interest dudget feficit)达到了 GDP 的 10％以上。尽管巴西中央银行(Banco Central do Brasil)采取了非常激进的反通货膨胀政策——在 2015 年下半年将基准利率提高到了 14.25％——但是巴西以消费者物价指数衡量的月度通货膨胀率仍然一直稳步上升,到年底突破了两位数(Banco Centraldo Brasil,2015)。正如《经济学人》的一篇报道所指出的(The Economist,2016):“财政(政策)的支配地位所导致的问题已经在理论经济学家之间激起了热烈的争论,并进入了大众媒体。”正如洛宇的研究所揭示的,这个时期巴西的通货膨胀的飙升是因为主动的财政政策行为和中央银行“一意孤行”坚持执行的以通货膨胀为目标的货币政策所导致的。如果将财政政策行为与被动的货币政策相结合(就像在区制 F 中那样),是不会导致这种爆炸性的通货膨胀的。

本章构建的理论的另一个反复出现的主题是债务重估效应是一个具有普遍意义的特征——无论是对任意特设的政策规则,还是对最优策略规则而言,都是如此。西姆斯(Sims,2013)的计算结果表明,自 1960 年以来,美国政府债务的令人吃惊的收益和损失占 GDP 的百分比的数量级和波动性,与赤字占 GDP 的百分比相似,这表明,债务重估是货币-财政动态的一个重要方面。[①] 类似地,阿奇托比等人(Akitoby et al.,2014)则通过计算表明,在一些发达经济体,将通货膨胀目标提高到 6％,会使债务与 GDP 的比率大幅度下降。但是,希尔舍等人(Hilscher et al.,2014)则强调,在进行这种计算时,重要的是说明私人部门实际持有的债务的到期期限结构,他们认为,对于美国而言,这类债务的到期期限长度可能低于整体债务存量的到期期限长度。在前面的 4.4 部分和第 5.3 部分,我们已经阐明了,将重估效应作为最优政策工具之一的有效性随着未偿还债务的规模和到期期限而上升。这个事实表明,大多数发达经济体近来债务与 GDP 的比率的上升,提高了这种重估效应成为政策的越来越重要的一个特征的可能性。当然,这并不能证明西姆斯报告的那种大小的重估效应只能来自区制 F 型政策。恰恰相反,它指向了财政融资的一个重要来源,那是正式的宏观模型必须加以处理的。

[①] 另外,关于重估效应的讨论,请参见泰勒(Taylor,1995)、金(King,1995)、霍尔和萨金特(Hall and Sargent,2011)等。

6.3 若干正式的实证证据

西姆斯(Sims,1998)认为,要想判断政策空间的哪个部分——区制 M,还是区制 F——在经验上是重要的,最关键的一点是,在让它们面对数据之前,必须在一般均衡模型中嵌入对政策的各种描述。而这又导致了对相机抉择型政策区制的实证问题,以及对哪一个区制与观察数据最一致进行"检验"的可能性的更加直接的攻击。

利珀和西姆斯的论文(Leeper and Sims,1994)是在有完全设定的货币政策和财政政策的情况下估计动态随机一般均衡模型的一个早期的尝试。实际刚性和名义刚性的存在,使得区制 M 和区制 F 的对应物存在于一个复杂的几何结构中,而且数值搜索算法必须遍历参数空间的各个区域。在这些区域,或者不存在均衡,或者均衡是不确定的。而在这两种情况下,似然函数都是未定义的。正是因为这些困难,使得这篇论文无法得出关于哪一种政策组合能够产生最优拟合的结论。[①]

利用贝叶斯估计方法,研究者能够克服早期研究中的一些局限,从而在探寻哪个区制占主导地位这个问题上取得了重要进展。一些模型在在斯梅茨和沃特斯(Smets and Wouters,2007)只存在货币的模型规定的基础上进行了扩展,纳入了财政状况的一些细节并在估计货币和财政行为以及私人行为时施加了政府预算约束。例如,特劳姆和杨(Traum and Yang,2011)对从 1955 年到 2007 年的美国数据的多个子时期施加了以区制 M 或区制 F 为中心的先验,结果发现数据最不"喜欢"与区制 F 对应的参数空间。

谭(2014)通过一个更加简单的新凯恩斯主义模型(但是其中的政府债券是有期限结构的)证明,对区制 F 的拒绝,源于一个被格维克(Geweke,2010)称为"强解释"的检验程序。这种强解释实实在在地施加了完全设定的动态一般均衡模型的所有交叉方程式限制,其中自然也包括了任何来源的、所有可能的错误设定。谭所采用的方法源于德容等人(DeJong et al.,1996)以及德尔内格罗和绍尔夫海德(Del Negro and Schorfheide,2004),这种方法将动态随机一般均衡模型作为向量自回归模型的先验模型。结果,谭发现数据不再强烈地"偏好"区制 M 了。据此,谭认为,对错误设定有很高的稳健性的模型拟合进行检验的结果,并不会给某个区制提供压倒性的强有力支持。

利珀等人(Leeper et al.,2015b)估计了一个中型模型,纳入了更多的财政细节——与私人消费互补或互替的政府消费、政府债务的到期期限结构、适用于若干财政工具的明确规则,以及稳态扭曲性税收。对于 1955 年至 2014 年间的美国数据,即便是"强解释"下,边际数据密度也表明,对于全样本、前沃尔克子样本和后沃尔克子样本,两个区制下的拟合情况也是基本相当的。显然,在确定这两个制度的相对拟合度上,模型设定的细节与政策规则一样重要。

---

① 利珀(Leeper,1989)有一项更早的研究,它使用一个校准的动态随机一般均衡模型探讨了是源于区制 M 还是源于区制 F 的脉冲响应函数与经验中的反应最匹配。当经济行为主体拥有对未来的财政行动的完美远见时,有微弱的证据支持区制 F。

利珀等人（Leeper et al.，2015b）这篇论文还报告了对最初通过出售债务来融资的政府支出的扩张所导致的重估效应的估计结果（部分结果见表4）。很显然，有些结果与前面的表2中的前两列相当类似，但是这个估计的模型还包括了许多其他融资来源——资本、劳动和消费税收入、实际利率、政府转移支付和内生的政府支出。

表4　围绕后验众数的90%的置信空间的结果

	归因于 $\dot{\pi}_t$ 的百分比	归因于 $\dot{P}_t^m$ 的百分比
1955年第1季度至2014年第2季度		
区制M	$[0.3,0.6]$	$[8.2,13.6]$
区制F	$[0.5,0.8]$	$[11.8,17.0]$
1955年第1季度至1979年第4季度		
区制M	$[-0.3,0.3]$	$[0.7,12.7]$
区制F	$[0.6,1.2]$	$[18.4,29.9]$
1982年第1季度至2007年第4季度		
区制M	$[0.1,0.4]$	$[7.3,14.2]$
区制F	$[0.1,0.9]$	$[13.2,22.9]$

注：表中"归因于…的百分比"是式（38）的右侧分量的对应物与 ξ_t 的比率，它是从对政府支出的脉冲函数中计算出来的（描述见正文）。

资料来源：Leeper，E. M.，Traum，N.，Walker，T. B.，2015b. Clearing up the fiscal multiplier morass. NBER Working Paper No. 21433，July.

在全样本和后沃尔克子样本上，90%的置信区间对于通货膨胀和债券价格都有非常大的重叠部分，这表明这两个区制下的重估效应没有太大的差异。不过，在前沃尔克时期，置信间隔不重叠，而且对于两个分量中的重估效应，都以区制F下的重估效应为较大。

本章的理论推导以及刚才引用的实证证据都清楚地表明，稳定政府债券价值的重估效应不会只属于区制F的"专门活动"。即便是在第2节中给出的政策可以用简单规则描述的禀赋经济中，货币政策和政府支出冲击也都会引发两个政策区制中的重估效应。最优政策实践表明，在面对财政冲击的时候，将"通货膨胀的惊喜"和税收平滑政策结合是可取的，而这样做就模糊了这两个政策区制之间的界限。这种做法同时也表明，通货膨胀和财政融资之间的权衡也是高度状态依赖的。在更复杂的受名义惯性影响的生产经济中，货币政策与财政政策相互作用的范围就更加广泛了：货币政策与财政政策共同决定了在什么程度上会存在"通货膨胀的惊喜"、实际利率和债券价格的变动，以及税基的变化。然而，这些影响的相对幅度则取决于政策区制的性质和债务存量的水平及到期期限。

6.4　区制转换政策

现在，有越来越多的研究都致力于估计马尔可夫转移政策规则，并将它们嵌入到动态随机一般均衡模型中。达维格和利珀（Davig and Leeper，2006）发现，主动的和被动的货币规则和财政规则会不断地重复转移,在某些时期,这两种政策都是主动的(或被动的)。在理性预期模型中,经济行为主体被赋予关于政策过程的知识,没有任何一个单一的货币-财政政策组合能够决定均衡的性质。相反,对于未来政策区制的预期会"溢出",从而影响当前的均衡。达维格和利珀(Davig and Leeper,2006)在一个新凯恩斯主义模型中证明,即便是在区制M 占据主导地位的情况下,减税也可以导致在定量的意义上重要的产出和价格水平的增长。如果是在区制 F 下,那么这种效应就更大。

冈萨雷斯-阿斯图迪略(Gonzalez-Astudillo,2013)使用有限信息贝叶斯方法估计了一个新凯恩斯主义模型,其货币政策规则和财政政策规则的系数是时变的和相互依存的。他发现,货币政策的转换比财政政策更加频繁——这个结果与马尔科夫转移模型的结果形成了鲜明的对比——同时这两类政策是相互依赖的。不过,他的发现与通常的马尔科夫转移模型密切相关:货币紧缩会在短期内降低通货膨胀,但是在更长的期间上则会提高通货膨胀;一次总付性税收变化总是会影响产出和通货膨胀。

克利姆等人(Kliem et al.,2016)发现了一些很具挑战性的简化形式的支持时变财政效应的证据。他们利用的是 1900 年至 2011 年的美国数据,结果发现,通货膨胀与财政状况之间的低频相关性——这被定义为基本赤字与政府债务的比率——在 1980 年以前的大部分时间里均显著为正,然后在 1980 年变为零。他们将这种变化归因于货币政策行为的改变。

克利姆等人(Kliem et al.,2015)还将分析范围扩大到了德国和意大利,并用一个动态随机一般均衡模型来解释他们的发现。在德国,财政状况与通货膨胀之间从未表现出过显著的低频相关性。而在意大利,直到 20 世纪 90 年代,当意大利中央银行(Banca d'Italia)获得了独立地位之后,这种相关性才开始变为正。

比安奇(Bianchi,2012)、比安奇和伊鲁特(Bianchi and Ilut,2014)估计了一个简单的新凯恩斯主义模型,纳入了财政政策、习惯和通货膨胀惯性,还允许货币政策规则和财政政策规则的转换。在他们这个模型中,存在着三个区制之间的循环运动,即,政策可以从常规的政策分派(主动的货币政策/被动的财政政策),转换为财政理论的分派(被动的货币/被动的财政政策),再转换为一个不稳定的区制(货币政策和财政政策都是主动的)。比安奇发现,在20 世纪 60 年代和 70 年代,即在沃尔克采取的反通货膨胀举措导致了主动的货币政策和主动的财政政策的结合之前,占主导地位的一直是被动的货币政策和主动的财政政策的结合。然后,一直到了 1990 年前后,财政政策才重新变成被动的。比安奇和伊鲁特(Bianchi and Ilut,2014)则对一种略有不同的政策转换模式进行了建模,即,允许两个稳定的区制(主动的货币政策/被动的财政政策,以及被动的货币政策/主动的财政政策)通过一个不稳定的区制(货币政策和财政政策都是主动的)来实现短暂的过渡。在他们给出的估计结果中,区制 F一直占据主导地位,直到 1979 年货币政策变为主动的、财政政策在不久之后(到 1982 年的时候)变成被动的为止。这些论文表明,尽管区制 M 在美国历史上并不总是一直处于主导地位,但是至少从 20 世纪 90 年代初一直到 2008 年金融危机,它确实是占主导地位的区制。

陈等人(Chen et al.,2015)在比安奇和伊鲁特的研究的基础上,从两个途径进行了扩展。首先,他们的模型允许更多类型的政策转换——货币政策与财政政策可以同时是主动的或被动的——并且使得不同区制之间的转移的性质不必受到什么限制。他们的估计结果表明,在沃尔克推出反通货膨胀政策之后,仍然不能肯定向区制 M 的转换已经实现,因为货币政策和财政政策都反复落在区制 M 以外。即便从最后的数据来看,也是如此。

其次,陈等人摆脱了任意特设的政策规则的限制,他们的模型允许货币政策——在某些情况下,还允许财政政策——的最优化选择。货币政策可以既是最优的又是时间一致的,不过在"反通货膨胀保守主义"的程度上则会产生切换。这些转换意味着,货币政策不但在 20 世纪 70 年代是不怎么保守的,而且还不时出现反复,例如在 20 世纪 60 年代的间歇性的震荡,在 1987 年股市崩盘后、1998 年俄罗斯违约和互联网泡沫破灭后短期反复。与此同时,财政政策则很少可以描述为最优的(除了在 20 世纪 90 年代初之外),而是倾向于在主动和被动的规则之间摇摆。在 1954 年之后至 2008 年金融危机之间的大部分时期里,财政政策的主流是主动的。被动的财政政策持续了较长时间的唯一一个时期是从 20 世纪 50 年代末至 60 年代末期。另外,在 1995 年至 2000 年间以及 2005 年至金融危机爆发之前,也出现了被动的财政政策。这些估计结果意味着,区制 M 只是"例外",而不是"常态"。

陈等人还有一些更加微妙的发现,它们出现在检验债务到期期限结构和债务水平如何决定最优政策的时候。在上面的第 4.4 部分和第 5.3 部分,我们已经指出过,拉姆齐计划在债务水平较低和到期期限较长的那些时期,确实有些类似于区制 M:在面对政府支出冲击时,货币政策要收紧以稳定通货膨胀,同时税率则要提高以稳定债务。但是,随着债务水平的上升,特别是在到期期限短的时候,这种政策分派会反转过来:货币政策对于因政府支出增加而导致的通货膨胀上升的反应很弱,因为要降低债务偿还成本、稳定债务;同时,还要降低税率来稳定通货膨胀。相比之下,在中央银行是独立的且遵循主动的泰勒规则的制度框架下,拉姆齐政策在面对同样的政府支出冲击的情况下,实际上削减了税收,从而降低了通货膨胀并抵消了因主动的货币政策而导致的债务偿还成本的增加。虽然存在这种来自财政政策的制定者的反通货膨胀政策,但是,如果中央银行是独立的,那么均衡通货膨胀率就会比货币政策与财政政策共同最优时高出一个数量级。很显然,理论上的政策互动的性质是复杂的和状态依存的,这一点在关于区制转换的实证研究文献中也表现得非常清楚。

经验证据和最优政策的理论推导指向了共同的结论——区制 M 并不是唯一重要的货币政策-财政政策组合。货币政策与财政政策之间的相互作用是普遍的和可变的。理解政策动态变化的性质——包括货币当局和财政当局之间的互动,以及推动财政政策选择的政治冲突——对于我们识别和解释观察到的政策区制的演变可能是至关重要的。

6.5　若干常见误解剖析

经济学家普遍认为,历史上出现的那些严重的、波动性很大的通货膨胀事件,肯定有它们自己的财政根源。以萨金特和华莱士(Sargent and Wallace,1981)的颇有些令人不快的"货币主义算术"的逻辑,萨金特(Sargent,1986)从历史的角度对恶性通货膨胀的财政根源进行了极有说服力的阐述。财政政策在经济政策中的主导性——在萨金特和华莱士那里,就是指外生给定基本盈余——与严重通货膨胀之间存在密不可分的联系,这种观念是如此根深蒂固,以至于许多宏观经济学家进一步认定,区制 F 下的财政政策行为(即,盈余对债务的反应很弱)必定会导致糟糕的经济表现。[1]

但是,这种信念其实是毫无根据的。"恶"的经济政策在任何政策区制下都可能会导致不好的经济后果。与其他政策区制(货币政策–财政政策组合)相比,区制 F 并不会更容易受到不理想的均衡的影响。我们评述的所有理论研究和实证研究的结果都证明了这一点。

财政主导的政策组合可能会导致爆炸性的通货膨胀,对此,洛宇(Loyo,1999)已经通过巴西的案例给出了很好的说明。但是,这种爆炸性通货膨胀其实是与无法同财政主导保持一致的货币政策行为的产物。当财政政策是主动的时候,中央银行误以为可以通过主动提高基准利率来打击通货膨胀,但结果却是导致通货膨胀的不断上升。主动的财政政策行为,会将更高的利率转变为名义政府债务的更快增长,从而导致更高的总需求和更高的通货膨胀率。

更具讽刺意味的也许是,正如科克伦(Cochrane,2011a)、西姆斯(Sims,2013),以及德尔内格罗和西姆斯(Del Negro and Sims,2015)等人所指出的,许多理论文献中讨论的那些所谓的"货币异象"(monetary anomaly),其实主要是因为它们坚持的"纯货币分析"偏见——认为财政政策可以发挥的稳定价格水平的作用无关紧要——所导致的。这些货币异象包括奥布斯特费尔德和罗戈夫(Obstfeld and Rogoff,1983)所称的投机性恶性通货膨胀、本哈比等人(Benhabib et al.,2002)所称的通货紧缩陷阱。事实上,只要采取在一定程度上偏离典型的区制 M 下的标准财政的财政政策,就可以排除掉这两种情况。具体地说,为了消除过度通货膨胀,需要在通货膨胀目标范围之外,与过度通货膨胀成比例地提高盈余水平。[2] 而为了确保经济不会陷入通货紧缩陷阱,财政政策当局必须承诺会承受赤字或缩小基本盈余,直到通货膨胀目标实现为止。这两种政策都能使财政政策选择明确地依存于通货膨胀的结果。

只靠货币政策,是很难消除这些不合意的均衡的;也就是说,要排除掉这些均衡,财政政策非得放弃只考虑债务稳定的完全被动的行为不可。

有些人怀疑,区制 F 下的经济机制也许从来没有被观察到过;他们把政府债务增长迅速,同时通货膨胀率却一直很低且很稳定的情况称为"通货膨胀只是一种货币现象"的表面证据。但是,这种批评类似于把货币收入流通速度视为一个常数,然后去寻找那些货币扩张不会伴随着更高的名义支出的事例。

考虑美国在全球金融危机之后的实际经历。名义政府债务从 2007 年 12 月的 4.4 万亿美元增加到了 2014 年 12 月的 10.6 万亿美元,增长率达到了 240%,从而使得政府债务与 GDP 的比率从 30.5% 上升到了 61.0%。[3] 尽管 2008 年至 2014 年的债务出现了如此巨幅的

---

[1] 科克伦(Cochrane,2005)、利珀和沃克(Leeper and Walker,2013)详细描述了财政理论与这种令人不快的"货币主义算术"的区别。

[2] 科克伦(Cochrane,2011a)指出,恶性通货膨胀并不违背任何均衡条件,所以那些均衡是完全合理的均衡。当然它们也有可能会减少福利,因而是不可行的。

[3] 这些数字来自达拉斯联邦储备银行的数据库中的私人持有的联邦债务总额数据、美国商务部的年度名义 GDP 数据。美国国会预算办公室(Congressional Budege Office,2015)报告说,同一时期公共部门持有的联邦债务从 35% 上升到了 74%。

增长,但是以美国消费者物价指数衡量的平均通货膨胀率却只有 1.8%。2008 年,由于美国联邦储备委员会将联邦基金利率固定在了接近于零的水平,货币政策行为似乎是被动的,就像在区制 F 下一样。但是,本章的理论预测,如果债务扩张与更高的税收不相关,私人部门的财富将会增加,总需求和通货膨胀也将随之上升。那么,财政理论所预测的通货膨胀到哪里去了呢?

像恒定速度概念一样,财政理论的简化版本是服务于教学用途的,它严重限制了理论的实证预测能力。这个简单的财政理论遗漏源于预期盈余的现值的债务的价值,而这个现值本身又取决于实际贴现率的预期路径。金融危机后,美国的实际利率一直是负的。凯利(Kiley,2015)估计,从经济衰退开始直到 2010 年中期,联邦基金利率实际上是负的。即便是通货膨胀指数化的五年期国债,在 2010 年 9 月至 2015 年间的收益率也为负,或者在零上面徘徊(2012 年 10 月达到了负的 1.47% 的最低点)。如果将这种负利率计入政府债务的实际贴现率,那么在这个时期,预期盈余的现值是非常高的(即便基本盈余没有任何预期的增长)。在美国联邦储备委员会试图拉低实际利率后,危机的性质发生了很大的改变:投资者抛售没有政府背书的资产类别,转持政府证券,从而降低了实际国债收益率。

因此,名义政府债务扩张产生的任何需求刺激,至少有一部分会被低实际贴现导致的债务价值所抵消。要令这种情况更加令人信服,当然还需要进行细致的定量分析,但是至少我们未能从这些观察结果中发现对区制 F 的“先验拒斥”。

事实上,财政理论的逻辑恰恰可能有助于解释为什么通货膨胀没有下降到常规的纯货币模型所预测的水平(这是一个异象)。在最近这场经济衰退期间,没有出现持续性的通货紧缩,这个现象导致一些杰出的经济学家质疑传统的菲利普斯曲线模型的有效性。在传统的菲利普斯曲线模型中,通货膨胀是所谓的经济余量(economic slack)所驱动的。[1]德尔内格罗等人(Del Negro et al.,2015)指出,具有新凯恩斯主义式的菲利普斯曲线的传统模型,可以解释这种不出现通货紧缩的现象,尽管如果价格粘性足够强,而且通货膨胀预期仍然锚定在正的水平上,那么产出的缺口就会很大。在他们的模型中,这种锚定点来自如下预期:货币政策将实现接近于目标的未来通货膨胀率。另外一个可以选择的假设是,对未来的通货膨胀(它为政府债务的大幅增长提供了融资)的预期提供了这种锚定点。

这些心怀疑虑的人抛出的第二个例子是日本。自 1993 年以来,日本政府债务占 GDP 的比率从 75% 上升到了 230%,而同期的平均通货膨胀率则只有 0.21%。从 1995 年开始的 20 多年来,日本银行的隔夜拆借利息一直维持在 0.5% 以下,其中有 12 年多的时间里更是低于 0.1%。很显然,日本的货币政策是被动的。因此问题再一次出来了,财政理论预测的通货膨胀到哪里去了呢?

日本的情况非常复杂。在日本,实际利率一直很低,不像美国只是最近几年才这么低。而且,日本的故事并不止此。[2] 日本是宏观经济政策不一致的“反面榜样”,对此,克鲁格曼

---

[1] 例如,请参见霍尔(Hall,2011)以及鲍尔和马祖姆德(Ball and Mazumder,2011)。

[2] 今久保等人(Imakubo et al.,2015)的计算表明,一年期、两年期和三年期的零息债券的实际收益率从 1995 年中期至 2012 年中期一直在-0.5% 至 0.5% 之间波动,但是到了 2014 年,几乎下跌到了-2.0%。

(Krugman,1998)、伊藤(Ito,2006)、伊藤和米什金(Ito and Mishkin,2006),以及豪斯曼和维兰德(Hausman and Wieland,2014)都进行过讨论。日本的财政政策如跷跷板一样,老是在刺激与紧缩之间摇摆。如利珀所述(Leeper,2016),安倍就任首相后,日本的宏观经济政策不一致的日子似乎宣告结束了,同时日本的经济活动和通货膨胀也开始出现复苏迹象,但是在2014年4月,日本的消费税率从5%提高到了8%。以消费者物价指数衡量的通货膨胀率则由2014年的2.7%下降到了2015年的不足1%。

日本一直在财政可持续性与经济复苏之间进行权衡,并因此陷入了困境。在财政理论专家看来,日本对消减政府债务减免的"痴迷"是非常愚蠢的。区制F中的均衡的核心在于,经济行为主体的预期锚定于基于债务扩大时不会提高盈余的财政政策。像日本的财政政策这样不稳定的财政政策,不大可能产出这种有锚定点的预期,所以我们并不清楚日本是不是处于区制F中。因此,实际上并不存在财政理论无法解释的矛盾。

7. 实践意义

从共同最优的货币政策与财政政策这个角度考察实际问题,可以让我们对相关政策问题有更好的理解。同时,这种新思路也可能导致对这些问题的截然不同的看法。

7.1 通货膨胀目标

将近30个拥有独立的中央银行的国家都已经将以数值表示的通货膨胀目标视为货币政策的操作原则。但是,在这些国家中,可以说没有任何一个国家同时采取了与所选定的通货膨胀目标兼容的财政政策。本小节对于作为成功实现通货膨胀目标的先决条件的政策互动的讨论,并不依赖于占主导地位的货币政策-财政政策区制,即,这些讨论对处于区制M和区制F的政策同样适用。

我们的推导依赖于一些一般性的一阶条件、一个政府预算恒等式,以及追求最优化的家庭不想过度(或过低)积累资产的条件。因此,我们得到的结果具有一般性的含义,因而远远超出了特定模型的细节。我们考虑的是一个有到期期限结构几何递减的零息名义政府债券的经济体。政府的预算恒等式为:

$$\frac{P_t^m B_t^m}{P_t} = \frac{(1+\rho P_t^m) B_{t-1}^m}{P_t} - s_t$$

令 $Q_{t,t+k} \equiv \beta^k \frac{\mu'(c_{t+k})}{\mu'(c_t)} \frac{P_t}{P_{t+k}}$,根据资产定价条件,我们可以得到:

$$\frac{1}{P_t} = E_t Q_{t,t+1}$$

$$P_t^m = E_t Q_{t,t+1}(1+\rho P_{t+1}^m)$$

同时期限结构关系为：

$$P_t^m = E_t \sum_{k=0}^{\infty} \rho^k \left(\prod_{j=0}^{k} \frac{1}{R_{t+j}} \right)$$

这些条件结合起来，给出了通常的债券估价方程：

$$\frac{(1+\rho P_t^m) B_{t-1}^m}{P_t} = E_t \sum_{i=0}^{\infty} \beta^i \frac{\mu'(c_{t+i})}{\mu'(c_t)} s_{t+i}$$

利用下式替换$(1+\rho P_t^m)$可以重写上述估价方程，

$$1+\rho P_t^m = 1 + E_t \sum_{k=1}^{\infty} (\beta\rho)^k \frac{u'(c_{t+k})}{u'(c_t)} \frac{P_t}{P_{t+k}}$$

为了保证简单性，假设这是一个禀赋不变的经济，所以有$\dfrac{u'(c_{t+i})}{u'(c_t)}=1$，从而我们得到：

$$\left[\sum_{k=0}^{\infty} (\beta\rho)^k \left(\prod_{j=1}^{k} \frac{1}{\pi_{t+j}} \right) \right] \frac{B_{t-1}^m}{P_t} = E_t \sum_{k=0}^{\infty} \beta^k s_{t+k} \qquad (44)$$

对于这个经济，我们可以这样想象：将第$t-1$期以及更早的时期的变量视为给定的，同时承诺在随后的所有时期内都达到通货膨胀目标，所以对于所有的$k \geq 0$，都有$\pi_{t+k} \equiv \pi^*$。这样，估值方程（44）就变为：

$$\frac{B_{t-1}^m / P_{t-1}}{EPV_t(s)} = \pi^* - \beta\rho \qquad (45)$$

其中，$EPV_t(s) \equiv E_t \sum_{k=0}^{\infty} \beta^k s_{t+k}$。

如果要实现通货膨胀目标，那么这个表达式就会对基本盈余的预期现值施加严格的条件（尽管不是在盈余路径上）。对于给定的初始实际负债，如果经济采取了盈余"过高"的政策，那么可以实现的通货膨胀目标就会低于意欲达到的目标π^*。要看出这个方程式中所隐含的货币政策与财政政策之间的紧张关系，另一个途径是注意到，这里的条件要求制定财政政策的决策者采取债务目标，并以被动的方式调整盈余来实现这个目标。而这就意味着，在任何一个紧缩时期，当盈余增加后，都必定会引发随后的宽松政策，以保证$EPV_t(s)$与未偿还债务及通货膨胀目标相一致。一个永不放松的紧缩计划，必将破坏通货膨胀目标，正如一个短视的制定财政政策的决策者容易导致失控的赤字一样。那么，当前的财政框架是不是与这些目标相一致呢？

在最近这场金融危机之前及之后，决策者们一直都采取了旨在扭转政府债务增加趋势的财政政策规则。例如，在1992年的银行业危机之后，瑞典采取了如下两个财政规则：净贷款额小于整个经济周期中 GDP 的1％，以及，未来三年的名义支出上限。这种上限与确保政府支出不超过 GDP 的一定比例的规则是一致的。类似的，瑞士的"债务制动器"要求中央政府支出的增长速度不超过平均收入增长速度，而德国于2011年引入的债务规则则限定联邦净贷款额不得超过 GDP0.35％。在英国，"2015 年预算责任宪章"（Charter for Budget Responsibility）要求政府在"正常"时期实现基本盈余。所有这些政策措施的目标，不仅在于稳定债务与 GDP 的比率，而且还要确保这个比率随着时间的推移而下降。不难看出，在这些规则都得到了很好的执行的情况下，削减债务的速度应该会随着时间的推移而加快，因为偿还未偿还债务只需求更小的盈余了。由于这些规则都不包括关于长期债务与 GDP 的比率的规定(那种规定在目标达到时会自动放松紧缩政策),所以它们都面临着在长期中无法实现通货膨胀目标的风险。

从理论的角度来看,这些规则的问题在于,它们没有让盈余依存于债务水平或价格水平。这会使得财政政策行为更加主动,使它进入区制 F 当中。我们在前文第 2.3 部分已经阐明,当制定财政政策的决策者们采取了主动的规则的时候,货币当局控制通货膨胀的能力在很大程度上就取决于未偿还债务的到期期限结构以及它的政策反应的性质。由于名义利率是"钉住"的,所以通货膨胀预期与通货膨胀目标保持一致,因此出人意料地偏离目标,就可以提供稳定债务所需的重估效应。但是,如果中央银行试图(通过设定 $\alpha_\pi = \beta$)尽可能地保持主动,那么通货膨胀率就会服从随机游走,从而在发生财政冲击的情况下永久性地偏离通货膨胀目标。如果政策目标是平滑重估效应的通货膨胀成本,那么最优政策模拟实验表明,只要持续性能够与政府债务组合的到期期限结构相匹配,持续偏离通货膨胀目标就是可取的。在只存在单期债务的情况下,让财政冲击后通货膨胀率持续上升或下降的政策没有优势,因为只有初始时期的通货膨胀才有助于降低政府负债的实际价值。但是,当债务到期期限较长时,让通货膨胀率先上升,然后随预决债务存量的到期而逐渐下降,那么就能降低与所需的重估效应相对应的通货膨胀成本的贴现价值。

成功的通货膨胀目标所要求的不仅仅是一个"立场坚定"的中央银行。这种立场坚定的中央银行遵循作为"最优实践"的货币政策行为,具体要求包括明确的目标、高透明度、有效的沟通和可问责性。然而,即便所有这些要求都做到了,表达式(45)也意味着,只有当财政政策与目标相匹配时,才有可能实现 π^*。如果财政政策行为要求通货膨胀率长期偏离 π^*,那么即便已经是"最优实践"了,货币政策也不可能成功地将长期通货膨胀预期或通货膨胀固定在目标上。

7.2 回到"正常"的货币政策

在金融危机后,许多发达国家的债务–GDP 比率都出现了大幅度上升,然而,财政调整的迫切呼声却没有出现,这可能是因为债务偿还成本下降了(由于金融危机后实际利率下降所致)。为了说明这一点,考虑我们在前面第 4.2 部分讨论过的禀赋经济中的问题的一个变体,在那里,我们允许家庭的贴现因子 $\widetilde{\beta}_t$ 在短期内上升至 $\widetilde{\beta}_t > \beta$,以刻画我们在金融危机中观察到的向安全资产飞速转移的现象。如果我们假设政府支出保持固定不变,那么政策问题就会变成:

$$L_t = E_0 \frac{1}{2} \sum_{t=0}^{\infty} \beta^t \left[-\frac{1}{2} (\tau_t^2 + \theta(\nu_t - 1)^2) \right.$$

$$+ \mu_t \left(\widetilde{\beta}_t E_t \frac{(1 + \rho p_{t+1}^m)}{P_t^m} \nu_{t+1} - 1 \right)$$

$$+ \lambda_t (b_t P_t^m - (1 + \rho P_t^m) b_{t-1} \nu_t - g_t - z_t + \tau_t)$$

从中可以得到如下一阶条件：

$$\tau_t: -\tau_t + \lambda_t = 0$$

$$v_t: -\theta(v_t-1) + \mu_{t-1}\frac{(1+\rho P_t^m)}{P_{t-1}^m}\beta^{-1}\widetilde{\beta}_{t-1} - (1+\rho P_t^m)\lambda_t b_{t-1} = 0$$

$$P_t^m: -\frac{\mu_t}{P_t^m} + \mu_{t-1}\rho\frac{v_t}{P_t^m}\beta^{-1}\widetilde{\beta}_{t-1} + \lambda_t(b_t - \rho v_t b_{t-1}) = 0$$

$$b_t: \lambda_t P_t^m - \beta E_t(1+\rho P_{t+1}^m)v_{t+1}\lambda_{t+1} = 0$$

在完美预见均衡下，这就意味着税收平滑的结果可以重新表述为：

$$\tau_t = \beta\widetilde{\beta}_t^{-1}\tau_{t+1}$$

而这就意味着，在家庭更偏好持有政府债券而不是消费的那些时期，税率将会上升。直观地说，原来的税收平衡结果能够实现为了减少债务而提高税收的短期成本与更低的债务水平的长期收益之间的成本。当债务利率恰好被决策者的时间偏好率所抵消，以使得稳定的债务在面对冲击时服从随机游走时，这些成本和收益就很好地实现了平衡。当债务利息低于决策者的时间偏好率时，决策者就会倾向于推迟财政调整，并将允许债务积累起来，然后在家庭更偏好持有债务的时期结束之后才着手稳定债务。

在恢复"正常"的货币政策与偿债成本的上升相关的情况下，最优政策意味着，在这个时点上，稳定债务的努力会有所增强。但是在拉姆齐政策下，出人意料的通货膨胀政策只有在预决债务存量到期之前实施，才能启动债务的重新估值。因此，拖延债务稳定也就降低了承诺在未来提高价格的功效，并将更多的调整负担加到了税收之上。与此同时，在正常化阶段形成的较高的债务存量，加剧了拉姆齐政策固有的潜在时间不一致问题。从那个时点开始，我们可能观察到通过通货膨胀手段化解债务的压力不断增加。

更一般来说，当政府债务水平提高了之后，中央银行制定的更高的利率会产生强大的财政后果。在美国，国会预算办公室（Congressioal Budget Office，2014）估计，从2014年至2024年的净利息成本将会增加四倍，即，占GDP的比例将会达到3.3％。① 这些利息成本必须以某种方式得到融资——要么是现在就提高税收、减少支出，要么是在未来增加债务并采取其他调整措施。考虑到美国当今的政治状态，这些利息成本在未来怎样进行融资仍然不清楚。

中央银行家们对他们自己的行为的财政后果其实十分了解。金（King，1995）将这种情况称为"令人不快的财政主义算术"——反通货膨胀的货币政策过程提高了实际利率，并破坏了政府债务的稳定，直到反通货膨胀目标的可信度得到了证明为止。但是他也指出，更高的债务可能确实会破坏可信度，从而"令人不快的货币主义运算"可能会再次出现。对此，一个解释是，金担心的这样一种危险：反通货膨胀政策的财政后果可能会迫使中央银行扭转回到"正常"利率。

---

① 美国国会预算办公室预计，在这个期间国债的利率相对较低，10年期利率可能会从2.8个百分点上升到4.7个百分点，而公众持有的债务的平均利率则会从1.8个百分点上升到3.9个百分点。科克伦（Cochrane，2014）则考虑了这样一种情况：美国联邦储备委员会将法定利率和实际利率上调至5％，这样在100％的债务-GDP比率时，利息支出的增加幅度将达到9000亿美元。

7.3 为什么中央银行需要了解占主导地位的区制

达维格和利珀（Davig and Leeper，2006）、比安奇（Bianchi，2012）、比安奇和伊鲁特（Bianchi and Ilut，2014）、陈等人（Chen et al.，2015）证明，财政政策在被动的和主动的规则之间的转换确实是存在的。而且，财政转换并不总是与货币政策的转换相关联，无论是在区制 M 还是区制 F 中均如此。如果这些政策转换排列是永久性的，那么它们要么会导致非决定性（被动的货币政策和被动的财政政策），要么会导致均衡的不存在性（积极的货币政策和财政政策）。但是，如果预计政策会频繁地回到区制 M 或区制 F 中，那么这些政策组合仍然是有可能给出确定的均衡的。因此，货币政策与财政政策可能同时存在四种可能的排列，但是只有两种排列（如果是永久性的）能够提供唯一的有界均衡。占主导地位的政策配置可能会对货币政策的实施产生深远的影响，正如我们前面的第 2 节用禀赋经济中的政策规定所说明的那样。[①]

不管所处的是哪个区制，通货膨胀的动态都可以表示为：

$$E_t(v_{t+1}-v^*)=\frac{\alpha_\pi}{\beta}(v_t-v^*) \tag{46}$$

在存在一个主动的货币政策（$\alpha_\pi>\beta$）的区制 M 中，货币政策可以在每一个时期都确定一个通货膨胀 $v_t=v^*$，同时被动的财政政策则稳定债务：

$$E_t\left(\frac{b_{t+1}}{R_{t+1}}-\frac{b^*}{R^*}\right)=(\beta^{-1}-\gamma)\left(\frac{b_t}{R_t}-\frac{b^*}{R^*}\right)-E_t\varepsilon_{t+1}^F$$

只要 $\gamma>\beta^{-1}-1$。

假设我们知道，经济将会在第 T 期进入到这个区制之下。在那个时点上，通货膨胀率将达到目标 $v_T=v^*$，同时财政规则可以稳定第 T 期的债务（无论在第 T 期固有的债务是多少）。在这种情况下，在第 T 期之前的各期，无论货币政策规则是主动的还是被动的，都无关紧要，因为超前 T 期的预期通货膨胀为：

$$E_t v_{t+T}-v^*=\left(\frac{\alpha_\pi}{\beta}\right)^{T-t}(v_t-v^*)$$

而这就意味着，在"今天"与第 T 期之间的通货膨胀目标将会达到。如果财政政策是主动的，那么债务将会在今天与第 T 期之间脱离目标，但是从那时起，被动的财政规则将能稳定债务。如果财政政策在第 T 期之前是被动的，这将有助于第 T 期之前的债务稳定，而且实现通货膨胀的目标的过程不会因第 T 期发生的区制转换而中断。

我们现在假设，在第 T 期，经济行为主体预期到经济将进入区制 F 下，其中货币政策是被动的（$\alpha_\pi<\beta$），同时财政政策则对债务没有反应（$\gamma=0$）。现在，第 T 期的价格水平需要进行调整以满足给定承继的名义政府债务水平 B_{T-1} 时第 T 期的债券估值方程。当 $\gamma=0$ 时，财政规则为 $s_t=s^*+\varepsilon_t^F$，实际政府债务的解可以写为：

---

① 相关的分析，请参见达维格等人（Davig et al.，2010）和利珀（Leeper，2011）。

$$E_t \frac{B_{T-1}}{R_{T-1}P_{T-1}} = \frac{b^*}{R^*} + \sum_{j=1}^{\infty} \beta^j E_t \varepsilon_{T-1+j}^F$$

第 T 期的价格水平不会跳涨,但是当最初的预期是在第 T 期将转换为区制 F 时,第 t 期的价格水平则要调整。这对第 T 期之后的通货膨胀的影响,则取决于货币政策规则的被动程度。在利率是钉住的情况下(即,$\alpha = 0$ 时),通货膨胀预期仍然保持在目标的水平上,即,$E_t v_{t+1} = \nu^*$,但是通货膨胀必须有新息,以确保债券估价方程在第 T 期以后发生更多的财政冲击时仍然成立。当货币政策对通货膨胀有所反应时,即当 $0 < \alpha_\pi < \beta$ 时,价格水平在初始跃升将会导致通货膨胀在短期内有持续性地上扬,其演化服从方程式(46)。正如我们在前文第四节已经阐明的,通货膨胀的上升的持续性会强化重估效应,而且债务到期期限越长,通货膨胀所导致的扭曲的降幅就越大。

那么,关于第 T 期将转移为区制 F 这种预期,又会怎样影响第 T 期之前的政策行为呢?如果财政政策所遵循的规则既可能是被动的、也可能不是被动的,政府债务的预期演变服从下式:

$$E_t \left(\frac{B_{t+1}}{R_{t+1}P_{t+1}} - \frac{b^*}{R^*} \right) = (\beta^{-1} - \gamma) \left(\frac{B_t}{R_t P_t} - \frac{b^*}{R^*} \right) - E_t \varepsilon_{t+1}^F$$

我们可以向前重复迭代,直到第 T 期:

$$E_t \left(\frac{B_{T-1}}{R_{T-1}P_{T-1}} - \frac{b^*}{R^*} \right) (\beta^{-1} - \gamma)^{T-1-t} \left(\frac{B_t}{R_t P_t} - \frac{b^*}{R^*} \right) + \sum_{j=0}^{T-1-t} (\beta^{-1} - \gamma)^j E_t \varepsilon_{t+1+j}^F$$

这个式子定义了能够确保经济在第 T 期进入区制 F(而且在进入的时候有适当的债务水平 $\frac{B_{T-1}}{R_{T-1}P_{T-1}}$,同时又没有任何价格水平的离散的跳跃)所需的初始债务水平 $\frac{B_t}{R_t P_t}$。它依赖于第 T 期之前采取的财政政策能够在何种程度上稳定债务(由财政反馈参数 γ 决定),以及那个期间的财政冲击的预期值。如果向区制 F 的转换发生在未来足够长的时间内,而且财政政策在稳定债务方面具有足够高的主动性,那么在初始时期几乎不需要"通货膨胀的惊喜"来确保将有适当的债务水平"留赠"给未来。但是,如果这种转换发生得更加急迫,而且财政稳定到第 T 期就不起作用了,那么就需要价格的一个初始跳升来确保债券估价方程的成立。在第 T 期之前发生的这种通货膨胀的影响取决于货币政策行为。如果货币政策在第 T 期之前是主动的,那么价格的任何初始上涨都将会是爆发性,直到区制 F 期在第 T 期实现为止。之所以会发生这种情况,是因为第 t 期的价格水平跳升确保了债券估价方程的成立,同时通货膨胀的动态则是由方程(46)决定的,它在主动的货币政策下是爆发性的。这是一个有界均衡,因为通货膨胀过程在政策区制转换发生在第 T 期的情况下起稳定作用。但是,在第 T 期之前,主动的货币政策实际上起的是确立价格的作用。推迟向区制 F 的转换,意味着爆发性的通货膨胀动态的时期将会存在更长时间。

上述分析颇有斗鸡博弈(game of chicken)的意味——货币政策的决策者与财政政策的决策者之间似乎在进行一个斗鸡博弈。货币当局可以坚持主动的货币政策规则,以实现它自己的通货膨胀目标,只要所有人都确信,货币政策最终将得到能够稳定债务的债务的被动的财政政策的支持。在这种情况下，债务的状态将是不稳定的，直到财政当局放弃主动性转而采取被动的财政政策为止。但是，如果各方怀疑，货币政策最终会转为被动的（去支持一个不以稳定债务为目标的财政政策），那么今天采取的传统的反通货膨胀政策实际上可能使通货膨胀的结果进一步恶化。

8. 批判性评估与展望

在这最后一节，我们考察一下各个进一步推进理论和实证研究的需要领域。

8.1 进一步的理论发展

本部分重点介绍对货币政策-财政政策互动的进一步的理论研究有望取得丰硕成果的若干领域。

8.1.1 违约与开放经济

本章前面各节一直围绕着封闭经济模型而展开，抽象掉了主权债务危机等开放经济中经常会发生的各种问题（在最近的欧元区危机中，这些问题充分地呈现了出来）。在将财政理论应用于开放经济社会的早期研究中，一个核心问题是，要不要将各国政府的预算恒等式合并为一个单一的全球债券估价方程。① 如果这样做，那么当采用多个被动的货币政策时，每个国家的价格水平和汇率都是不确定的。在这种均衡中，一个国家会累积起另一个国家的债务，西姆斯（Sims，1997）认为，这种政治均衡是不稳定的结果。如果排除了这样的平衡，那么我们也就回到了每个国家各有一个债券估价方程的情形，这里一个经济体的财政政策会对第二个经济体的结果产生影响。例如，一个决定性的主动/被动的政策对，可以在跨国家的层面上实现（而不是在一个国家内部实现）——请参见，利斯和雷恩-刘易斯（Leith and Wren-Lewis，2008）。

货币联盟也会出现类似的问题。在采取单一的被动的货币政策时，是有可能通过一项主动的财政政策来保证确定性的（例如，请参见利斯和雷恩-刘易斯（Leith and Wren-Lewis，2006）。这种分析展现了一种令人不安的可能性，即，事态的发展会变成"尾巴摇狗"式的——货币联盟的一个很小的成员国，如果不采取被动的财政政策，就有可能决定整个联盟的价格水平。这也就提出了这样一个问题：将财务理论应用于开放经济的这些早期研究是不是真的恰当地刻画了跨国异质性——包括不同成员国之间的不同的价格水平过程，以及货币政策与财政政策之间的相互作用的跨国含义。更晚近的一些研究则试图对各个国家的

---

① 例如，请参见：西姆斯（Sims，1997）、洛宇（Loyo，1997）、伍德福德（Woodford，1998b）、杜波尔（Dupor，2000）、坎南内里等人（Canzoneri et al.，2001a），以及丹尼尔（Daniel，2001）。

总资产/负债头寸进行建模,以刻画因价格水平和汇率变动而导致的各种类型的重估效应。①
这些研究发现,总资产/负债头寸的规模可能相当于 GDP 的好几倍(尽管净头寸可能不是这
样),这意味着本章强调的重估效应可能在开放经济环境下在定量上是重要的,而且更加
复杂。

最近发生的事件有力地表明,必须将主权违约纳入分析当中。在一个类似于我们的禀
赋经济模型的模型中(只是加入了外部违约风险),乌里韦(Uribe,2006)表明,主权债务违约
可以产生与财政理论同类型的影响,预计到的、但却延迟发生违约,可能会破坏主动的以通
货膨胀为目标的政策,其方式与在区制 F 转换时可以预料到的一样。

虽然对策略性违约的许多分析都侧重于现实世界中的经济体——例如,德拉斯莫等人
(D'Erasmo et al. ,2016)。当通过通货膨胀实施的违约成为了一种替代的融资方法时,就可以
将其它视为相当于完全违约;或者,如果对一个国家的银行业的资产负债表的损害程度低于
直接违约,那么违约就可能是低成本的——请参见格罗斯(Gros,2011)。当然,在给定通货膨
胀是有成本的情况下,并不会总是如此。一个非常有意义的研究思路是,考虑有可能通过当
前的通货膨胀和债券价格的出人意料的上涨,来实现债务重估的环境下的策略性违约的性
质。克里沃鲁茨基等人(Kriwoluzky et al. ,2014)撰写了一篇非常有意思的论文,对参加了一
个货币联盟的国家的完全违约,与在退出货币联盟后再对债务重新选定币值进行了对比。
结果他们发现,退出的可能性显著恶化了退出前/违约债务动态。类似地,伯恩赛德等人
(Burnside et al. ,2001)指出,1997 年亚洲危机中对采取固定汇率制的国家的货币的投机性攻
击,源于如下预期:正在进行的银行救市计划将导致大规模的赤字,因而为了给这种赤字融
资,将需要大幅度的债务重估。在一些更加丰富的模型中——例如,请参见比等人(Bi et
al. ,2013)、博科拉(Bocola,2016)——违约是状态依赖的,违约的经济损失源于违约对本国
国内的银行的资产负债表的冲击,货币政策与财政政策相互作用的集合进一步扩大了。为
了理解主权债务危机中出现的违约和利用通货膨胀进行融资的现象,我们还有许多工作
要做。

8.1.2 更好的规则

对于估计的经济体中的最优货币政策和财政政策规则的分析,清楚地揭示了各种可以
用来模仿拉姆齐政策的简单规则。一个相当主动的以通货膨胀为目标的政策组合是,使用
惯性泰勒规则的货币政策,再加上一个非常缓慢地稳定债务的被动的财政政策,它能够获得
与拉姆齐政策非常相近的福利水平——请参见:施密特-格罗厄和乌里韦(Schmitt-Grohé and
Uribe,2007)、科萨诺瓦和雷恩-刘易斯(Kirsanova and Wren-Lewis,2012)。本章描述的最优
政策问题的非线性解揭示了,政策组合主要取决于债务水平和到期期限。在短期债务水平
很高的时候,最优的组合是使用货币政策稳定债务,同时对扭曲性的税收进行调整以减轻这
种货币政策的通货膨胀后果。这也就意味着,可能存在一系列简单且可实施的规则,它们可

---

① 请参见莱恩和米勒斯-费雷蒂(Lane and Milesi-Ferretti,2001),他们给出了最早的外部投资组合数据集。关于在
   开放经济宏观模型中内生地嵌入这些头寸的数值方法,请参见德弗罗和萨瑟兰德(Devereux and Sutherland,
   2011)。

以通过在政策组合中引入一定程度的状态依赖性来增进福利。

类似地,很多研究都试图评估通过向财政规则里加入产出变量来实现自动稳定功能的重要性。但是,克利姆和克里沃鲁茨基(Kliem and Kriwoluzky,2014)指出,这种设定并不是与数据最相符的政策行为设定,另外还有一些以其他宏观经济变量为条件的规则更能刻画财政工具的周期性特征。在动态随机一般均衡模型中,这些拟议中的规则也能改进福利。总而言之,这些结果意味着,现有文献中考虑的简单规则仍然有很大的扩展空间,我们可以找到在实证上和规范上都更具吸引力的其他可选规则。

8.1.3 策略性互动

对区制转换政策的估计表明,政策组合并不总是与区制 M 或区制 F 一致。在某些时候,政策之间会发生冲突——或者是货币政策和财政政策都主动,或者是货币政策和财政政策都被动。将政策当局之间的策略性引入最优政策分析,可能有助于使理论更加符合数据。考虑了这种互动的文献,为了获得易处理的结果,往往必须依赖于线性二次逼近或过分简化的假设。① 布莱克和科萨诺瓦(Bake and Kirsanova,2011)在一个标准的新凯恩斯主义经济中考虑了中央银行的保守主义的可欲性,他们这个模型包含了财政政策和相对应的独立的财政政策决策者。他们考虑三种形式的策略性互动:一是货币政策决策者先行,二是财政政策决策者(先行者会预期追随者的反应),三是两类政策的决策者之间实现纳什均衡。他们得到的令人惊讶的结果响应了我们在前文第 5.4 部分得到的结果(在那里,货币当局遵循泰勒规则,同时财政当局致力于最优化),那就是,中央银行的保守主义总是会减少福利。布莱克和科萨诺瓦还发现,定量结果取决于经济线性化时所处的债务水平。这些结果证明,将这种分析扩展到非线性框架下,以便探索货币政策与财政政策的策略性互动中的状态依赖性,无疑是非常有益的。那么,制度政策设计对独立的财政政策和货币政策决策者所暗示的策略性互动的稳健性有多高? 这种互动在多大程度上可以解释在基于任意特设的简单规则的实证研究中观察到的政策转换?

8.1.4 政治经济学

关于最优政策,特别是最优财政政策的理论研究,往往会得出与观察到的政策几乎没有什么相似之处的政策行为。贝尼尼奥和伍德福德(Benigno and Woodford,2004)、施密特-格罗厄和乌里韦(Schmitt-Grohé and Uribe,2004)分析了共同最优的货币政策与财政政策,他们的结果表明,如果制定政策的决策者能够对未来的行动做出可信的承诺,那么稳态债务水平(在面对冲击时做出的反应)应该是一个随机行走,同时债务则可以永久性地上升,因为减少债务的短期成本恰恰与长期收益保持平衡。这个政策"处方"显然与今天许多发达经济体债务水平日益提高的事实不一致。事实上,发达国家的债务上升,已经导致国际货币基金组织预测大多数政府在接下来的数年内都将致力于财政巩固。对于那些在金融市场上受到了很大压力(因为人们担忧它们的财政可持续性)的经济体,预期的财政巩固速度会特别快(International Monetary Fund,2011)。

---

① 亚当和比利(Adam and Billi,2008)、迪克西特和莱姆伯蒂尼(Dixit and Lambertini,2003)也考虑了货币政策和财政政策决策者之间的策略性互动,尽管由于抽象掉了政府债务的存在,他们也就排除掉了本章要重点介绍的机制。

如果相反,我们假设制定政策的决策者不能就他们在未来会采取的行动做出可信的承诺——此时,必须将政策限制为时间一致的——那么隐含的政策结果也可能是同样不可信的:不是暗示在负的财政冲击后债务应该永久性上升,相反;这种理论往往意味着,制定政策的决策者将会倾向于主动地减少债务存量,而且速度通常远远超过实践中观察到的速度,请参见利斯和雷恩-刘易斯(Leith and Wren-Lewis,2013)。在标准的新凯恩斯主义模型中,时间一致的政策不仅要求快速的债务修正,而且还会使债务的长期均衡价值为负,因为财政当局会寻求积累适当资产以帮助抵消经济中的其他摩擦。本章和利珀等人(Leeper et al.,2015a),通过允许实际校准的债务到期期限结构,可以放慢财政调整的速度,不然财政调整就会推进到与所观察到的水平不明显不一致的水平。而且,通过假设制定财政政策的决策者与未来的家庭相比有更高的贴现率(作为刻画政治摩擦可能产生的短期主义一个精力的指标),利珀等人(Leeper et al.,2015a)发现,时间一致的政策可以支持对合理的债务-GDP比率的回归。

虽然无法做出可信承诺这一点,可以在一定程度上解释实际政策与理论文献对政策的规范性规定之间的差异,但是政策制定的政治层面似乎也很重要。在最近这场金融危机期间,欧洲许多国家放弃了财政规则,美国在提高债务上限时采取的边缘政策,以及由欧盟委员会、欧洲中央银行和国际货币基金组织组成的"三驾马车"对希腊和欧元区其他国家扣留或发放纾困资金的做法,都使得现实世界中的财政政策的政治经济因素表露无遗。新政治经济学(New Political Economy)文献在识别可以用来解释几十年来许多发达经济体债务-GDP比率的演变趋势的机制时进行的探索,也属于这个方向上的努力。

阿莱辛纳和帕萨拉夸(Alesina and Passalacqua,2016)也识别出了几个原因,用来解释政府为什么会采取将政府债务提高到次优水平的政策:①财政幻觉——选民无力深刻理解预算恒等式,容易被诱导投票支持那些主张推行不可持续的减税政策或支出政策的政党;②政治商业周期——选民无法确定影子政府的能力,而现任政府则可以将财政政策作为一种符号,表明自己的能力;③延迟稳定——各政治派别对谁来承担财政巩固成本争执不下,从而拖延了债务稳定;④债务可以成为一个策略性的变量——政党可以在下台时,利用债务来捆住政治对手的手脚;⑤在不同立法机构内部就政策进行的讨价还价;⑥政客的寻租行为;以及⑦代际再分配。其中一些机制更自然地位于多数当选制下(例如政治商业周期和债务的策略性利用),而其他一些机制则更可能与选举周期之外的政治行动者之间持续的策略性互动相关(例如延迟稳定和在立法机构内的讨价还价)。反映了比例制/多党制政治体系的特征,或两党制下各政党内部的异质性。

这些新政治经济学文献通常不考虑本章所关注的货币政策和财政政策的互动类型,因此需要整合这两支文献。财政政策的制定和实施中固有的政治冲突,也许可以解释为什么有可能获得对于货币政策的与数据一致的最优政策描述——尽管货币政策的保守主义倾向的程度可能会有所不同。而要对财政政策做出类似的描述却很不容易实现,因为当财政政策在主动规则和被动规则之间进行政策转换时,只能在更短的期限内是政策最优的(Chen et al.,2015)。

尽管纳入制定货币政策的决策者与制定财政政策的决策者之间的策略性互动已经相当不容易了,但是事实上,如果我们想理解货币-财政政策组合的演化,仅仅考虑这种互动可能还不够深入。把独立的中央银行视为一个制定货币政策的决策者,可能是一种可以接受的近似方法。但是把财政政策的制定描述为一个仁慈的决策者的行动,理由则不那么显而易见。因此,长期的研究目标是以某种容易处理的方式将新政治经济学文献与对货币政策-财政政策相互作用的分析结合起来。我们可以解释这种互动的不断变化的性质吗?

政治摩擦在不同国家之间差异很大。例如,在美国和英国,自第二次世界大战结束之后一直到20世纪80年代初期,债务水平相当一致地持续下跌。但是在美国,当共和党上台执政之后,债务水平却变得不断扩大了。在英国却不存在这种明确的党派模式。目前,英国的保守党政府承诺将主动实施紧缩政策,力求从2017年起实现永久性的盈余。任何使用政治摩擦来解释债务变化和其他宏观变量的模型都必须解释这种跨国差异,这尤其是因为美国和英国两国的保守主义者对国家的最优规模的看法并无根本性差异。

8.1.5 货币

在前面的各节中,由于我们只专注于无现金经济,所以对于那些讨论通货膨胀作为一种公共财政工具的作用以及它对作为交易媒介的货币影响的文献[例如,费尔普斯(Phelps,1973)],我们基本没有涉及。最近的一些研究发现,发行名义政府债务的决策者所面临的时间一致性问题的性质,在很大程度上取决于通货膨胀对交易技术的影响——请参见马丁(Martin,2009,2011)、尼曼等人(Niemann et al.,2013)。我们还忽视了中央银行的资产负债表,因而没有讨论到非常规货币政策的财政方面——但是西姆斯(Sims,2013)、德尔内格罗和西姆斯(Del Negro and Sims,2015)以及雷斯(Reis,2013,2015)对此进行了分析。很显然,分析这些非常规货币政策或技术发展(例如,虚拟货币),纳入这些新发展与财政政策之间的相互作用,是进一步研究的重要方向。

8.2 进一步的实证研究

本部分提出了对货币政策-财政政策的相互作用进行进一步的实证研究的几个方向。

8.2.1 数据需求

普雷斯科特(Prescott,1986)在一篇研究真实商业周期的早期论文中指出,"理论总是超前于测量",他还特别强调,该理论可以指导对关键的经济时间序列的测量。对于货币政策和财政政策如何影响通货膨胀的研究尤其如此。在那些以债务估价方程为核心的实证研究中,要求对许多不容易获得的对象进行观察:私人持有的政府负债(明确的债务和其他承诺)的市场价值、债务的到期期限结构、实际和预期的基本盈余、实际和预期的贴现率,等等。按不同国家、不同货币-财政区制汇集好数据是推进政策互动实证研究议程的第一步。

8.2.2 识别区制

前面第6节综述的那些实证研究突出说明了,要将区制F、区制M或其他区制产生的观察到的时间序列区分开来,是非常困难的。此外,我们还要深入探讨私人行为和政策行为的哪些特征对于打破不同区制之间的观察等价性是至关重要的。令人惊讶的是，几乎没有什么研究尝试过对政策行为的不同设定，特别是在动态随机一般均衡模型中。相反，大多数研究者(包括我们自己)都采用了已经成为"标准"的简单规则。事实上，尝试的空间非常大。

与此密切相关的是格维克的一个观点(Geweke,2010)。他认为模型在如下意义上天生是不完整的："对所有参数、潜在变量和正在考虑的模型的共同分布的某些方面是缺失的。"例如，像斯梅茨和沃特斯(Smets and Wouters,2007)的模型那样的只存在中央银行的货币的模型强加了一个教条式的先验信念，即，对区制 F 的模型赋以零概率质量。这种方法拒绝考虑参数空间的的一个先验区域，而我们在第6.3部分评述的那些研究表明，那个先验区域对数据的拟合非常好。正如我们在前面已经指出过的，货币政策行动在区制 M 和区制 F 中有非常不同的影响，因此对于一个决策者来说(他要利用模型的结果来做出决定)，区制 F 到底是不是可能，对他的决定非常重要。将现有的原用于讨论模型不确定性的工具，应用到货币-财政区制问题上，无疑是很有价值的，这方面的例子包括，汉森和萨金特(Hansen and Sargent, 2007)、格维克(Geweke,2010)等。

德容和怀特曼(DeJong and Whiteman,1991)从另一个角度提出了一个不同的模型拟合问题：需要什么类型的关于政策参数的先验来支持是区制 M(或区制 F)产生了数据的推论？当研究者选择只专注一种可能的货币政策-财政政策组合时，他们对区制的信念就会得到强化。

8.2.3　扩展区制转换方法

估计政策区制经常转换的动态随机一般均衡模型现有文献，通常倾向于简化关于私人行为和政策过程的性质的假设。这些假设可以系统性地加以放宽，以获得可用于政策分析的更一般的模型。当然，需要仔细检查模型的适用性，例如，像对斯梅茨和沃特斯(Smets and Wouter,2007)的设定那样的评估。直到切换模型的适合性已经得到了认真评估，动态随机一般均衡模型很快就会在政治政策机构中占据主导地位。[①]

最近，计量经济学领域的新创新使得我们可以估计内生制度的变化，请参见张等人(Chang et al.,2015a)。这种技术将政策区制视为一个类似于区制变革的时变概率的潜在过程。将这些方法扩展到有多个区制(但非同步转换)的多变量情况下，并与行为经济主体能够了解占主导地位的区制是什么的动态随机一般均衡模型相结合。这样的模型设定可以揭示出货币区制和财政区制之间的内生性相互作用，例如，我们在第8.1.3和8.1.4部分提到过的由策略性互动和政治经济动态产生的那些互动。[②]

8.2.4　历史分析

弗里德曼和施瓦茨的研究(Friedman and Schwartz,1963a)给出了货币政策历史分析的标准。但是在他们的历史叙事中，财政政策几乎没有发挥任何作用。斯坦(Stein,1996)很好地描述了美国财政政策的历史演变过程，但是他有不同的研究目标，因此并没有将他所描述的

---

① 不过，西姆斯和查(Sims and Zha,2006)是一个例外，尽管他们也只考虑货币政策的转换。
② 张等人(Chang et al.,2015b)估计了关于美国货币政策和财政政策行为的单方程模型，用来推断一个政策区制内的内生转换如何预测另一个政策区制下的转换。这些研究进路上的实证研究与理论的联系，要比与估计哪些区制会发生外生变化的实证研究的联系更加明显。

财政政策与宏观经济联系起来讨论。对一个国家的货币-财政政策史加以详尽的描述,同时应用现代宏观经济理论进行深入透彻的分析,已经成为当前研究的一项急务,尽管可能有一点过于"野心勃勃"。我们现在确实急需一本可以与弗里德曼和施瓦茨的《美国货币史》相媲美的"货币和财政史",它不仅要铺陈历史上发生的各种事件,而且还要从货币政策-财政政策的相互作用的角度对它们进行重新解释。

正如科克伦指出的(Cochrane,2015),在许多国家,都出现过这样的情况(尽管维持的时间有长有短):中央银行采取了钉住利率政策,同时通货膨胀保持稳定。这个观察结果似乎与弗里德曼(Friedman,1968)提出的警告矛盾。弗里德曼说,钉住利率制会导致通货膨胀不断恶化。那么,在采取钉住利率制的时候,财政政策行为是不是发挥了稳定价格的作用?

在对金本位制进行重新审视的时候,将财政政策行为明确地纳入进来,也是很有益的。在经典的金本位制下,要维系固定平价,财政政策有什么要求?或者,在暂停自由兑换后恢复可自由兑换时又有什么要求?博尔多和豪特库尔(Bordo and Hautcoeur,2007)比较了法国和英国在第一次世界大战期间中止、战争结束后又恢复的经历。博尔多(Bordo,2011)认为,法国采取的是被动的货币政策/主动的财政政策的政策组合,它导致法国的价格水平大幅上涨;而英国采取的则是主动的货币政策和被动的财政政策的组合。

财政政策在应对或终结通货紧缩中能够发挥什么作用?对于这个问题,很多经济学家都进行过研究,其中一些例子包括:特明和威格莫尔(Temin and Wigmore,1990)、伯南克和詹姆斯(Bernanke and James,1991)、博尔多和菲拉尔多(Bordo and Filardo,2005),以及维尔德(Velde,2009)。但是,由于缺乏对金本位制下财政政策行为的理论分析,对政策互动的讨论在很大程度上仍然是非正式的,例如,请参见艾格特森(Eggertsson,2008)、亚利尔和鲁阿(Jalil and Rua,2015)。

历史上,巨额政府债务是如何获得融资的?霍尔和萨金特(Hall and Sargent,2011,2014)近年来在这个重要问题上取得了实质性的进展。[①] 虽然历史上大部分的巨额债务扩张都与战争相关,但是 2008 年金融危机之后,各发达经济体都经历了非战争性的债务大幅增长,而且这种趋势很可能还会继续维持下去。怎样才能最有效地应对高水平的政府债务?历史经验会告诉我们很多东西。

8.3 最后的结论

货币政策或财政政策是不是驱动通货膨胀的主要力量?对于这个问题,宏观经济学家有过激烈的争论。这是一段不幸的历史。[②] 读完本章之后,如果读者希望只带走最重要的一个信息,那么这个信息应该是:财政理论和数量理论(或者它最近的表现形式,维克塞尔主义理论)都只是一个更一般的关于价格水平的决定的理论的组成部分。货币政策和财政政策

[①] 此外,关于拿破仑战争期间的政府债务,也请参阅博尔多和怀特(Bordo and White,1991);关于法国大革命期间的政府债务,请参见萨金特和维尔德(Sargent and Velde,1995)。

[②] 请参见,例如,安德森和乔丹(Andersen and Jordan,1968),或者弗里德曼和赫勒(Friedman and Heller,1969)。

总是与私人部门行为相互作用,从而产生均衡的价格水平。在特定的货币规则和财政规则的参数族中,上述两个看似截然不同的视角来源于政策参数空间的不同区域,但是在任何时候,哪一个观点是"正确的"、哪一个观点是"错误的"这样的问题都是没有任何意义的。说到底,这是一个实证研究问题:我们能不能判定,在何种情况下,哪一种因素是通货膨胀变化的主导因素。

我们同时也希望,宏观经济学家能够接受这两种观点在大多数时候都是"正确的"这种可能性,并同意价格水平的决定过程比迄今描述的任何基准理论所说的更加复杂。

致谢

许多合作者和同事的协助和建议,都使本章增色不少。我们在此表示衷心感谢。我们还感谢乔恩·福斯特(Jon Faust)、刘丁(Ding Liu)、吉姆·内森(Jim Nason)、查尔斯·诺兰(Charles Nolan)、谈非(Fei Tan)和托德·沃克(Todd Walker),与他们的讨论使我们受益不少。同时感谢鲍勃·巴斯基(Bob Barsky)、约翰·科克伦(John Cochrane)、约翰·泰勒(John Taylor)和哈拉尔德·厄里格(Harald Uhlig)的评论。

参考文献

Adam, K., Billi, R. M., 2008. Monetary conservatism and fiscal policy. J. Monetary Econ. 55(8), 1376—1388.

Aiyagari, S. R., Marcet, A., Sargent, T. J., Seppala, J., 2002. Optimal taxation without state-contingent debt. J. Polit. Econ. 110(6), 1220—1254.

Akitoby, B., Komatsuzaki, T., Binder, A., 2014. Inflation and public debt reversals in the G7 countries. IMF Working Paper No. 14/96.

Alesina, A., Passalacqua, A., 2016. The political economy of government debt. In: Taylor, J. B., Uhlig, H. (Eds.), Handbook of Macroeconomics, vol. 2B. Elsevier, Amsterdam, Netherlands, pp. 2605—2657.

Alvarez, F., Kehoe, P. J., Neumeyer, P. A., 2004. The time consistency of optimal monetary and fiscal policies. Econometrica. 72(2), 541—567.

Andersen, L. C., Jordan, J. L., 1968. Monetary and fiscal actions: a test of their relative importance in economic stabilization. Fed. Reserve Bank St. Louis Rev. November, 11—24.

Angeletos, G. M., 2002. Fiscal policy with non-contingent debt and the optimal maturity structure. Q. J. Econ. 117(3), 1105—1131.

Auernheimer, L., Contreras, B., 1990. Control of the interest rate with a government budget constraint: determinacy of the price level and other results. Texas A&M University, College Station, TX.

Ball, L., Mazumder, S., 2011. Inflation dynamics and the Great Recession. Brookings

Papers Econ. Act. Spring, 337—402.

Banco Central do Brasil, 2015. Inflation report. 17(4), December.

Barro, R. J., 1979. On the determination of the public debt. J. Polit. Econ. 87(5), 940—971.

Barro, R. J., Gordon, D. B., 1983. A positive theory of monetary policy in a naturalrate model. J. Polit. Econ. 91(4), 589—610.

Bassetto, M., 2002. A game – theoretic view of the fiscal theory of the price level. Econometrica. 70(6), 2167—2195.

Begg, D. K. H., Haque, B., 1984. A nominal interest rate rule and price level indeterminacy reconsidered. Greek Econ. Rev. 6(1), 31—46.

Benhabib, J., Schmitt-Grohe, S., Uribe, M., 2001. The perils of Taylor rules. J. Econ. Theor. 96(1—2), 40—69.

Benhabib, J., Schmitt–Grohe, S., Uribe, M., 2002. Avoiding liquidity traps. J. Polit. Econ. 110(3), 535—563.

Benigno, P., Woodford, M., 2004. Optimal monetary and fiscal policy: a linear–quadratic approach. In: Gertler, M., Rogoff, K. (Eds.), NBER Macroeconomics Annual 2003. MIT Press, Cambridge, MA, pp. 271—333.

Bernanke, B., James, H., 1991. The gold standard, deflation, and financial crisis in the great depression: an international comparison. In: Hubbard, R. G. (Ed.), Financial Markets and Financial Crises. University of Chicago Press, Chicago, pp. 33—68.

Bi, H., Leeper, E. M., Leith, C., 2013. Uncertain fiscal consolidations. Econ. J. 123 (566), F31—F63.

Bi, H., Leeper, E. M., Leith, C., 2015. Financial Intermediation and Government Debt Default. University of Glasgow, Glasgow, Scotland.

Bianchi, F., 2012. Evolving monetary/fiscal policy mix in the United States. Am. Econ. Rev. Papers Proc. 101(3), 167—172.

Bianchi, F., Ilut, C., 2014. Monetary/fiscal policy mix and agents' beliefs. Duke University, Durham, NC.

Blake, A. P., Kirsanova, T., 2011. Inflation conservatism and monetary-fiscal interactions. Int. J. Central Bank. 7(2), 41—83.

Bocola, L., 2016. The pass through of sovereign risk. J. Polit. Econ. forthcoming.

Bohn, H., 1988. Why do we have nominal government debt? J. Monetary Econ. 21(1), 127—140.

Bohn, H., 1990. Tax smoothing with financial instruments. Am. Econ. Rev. 80, 1217—1230.

Bohn, H., 1998. The behavior of U. S. public debt and deficits. Q. J. Econ.

113(3), 949—963.

Bordo, M., 2011. Comments on 'Perceptions and misperceptions of fiscal inflation'. Slides, Rutgers University, June.

Bordo, M., Filardo, A., 2005. Deflation and monetary policy in a historical perspective: remembering the past or being condemned to repeat it. Econ. Policy. 22(44), 799—844.

Bordo, M. D., Hautcoeur, P. C., 2007. Why didn't France follow the British stabilisation after World War I? Eur. Rev. Econ. Hist. 11(1), 3—37.

Bordo, M., White, E. N., 1991. A tale of two currencies: British and French finance during the napoleonic wars. J. Econ. Hist. 51(2), 303—316.

Brunner, K., Meltzer, A. H., 1972. Money, debt, and economic activity. J. Polit. Econ. 80(5), 951—977.

Brunnermeier, M. K., Sannikov, Y., 2013. Redistributive monetary policy. In: The Changing Policy Landscape. Federal Reserve Bank of Kansas City Economic Conference Proceedings, 2012 Jackson Hole Symposium, pp. 331—384.

Buera, F., Nicolini, J. P., 2004. Optimal maturity structure of government debt without state contingent bonds. J. Monetary Econ. 51(3), 531—554.

Buiter, W. H., 2002. The fiscal theory of the price level: a critique. Econ. J. 112(481), 459—480.

Burnside, C., Eichenbaum, M., Rebelo, S., 2001. Prospective deficits and the Asian currency crisis. J. Polit. Econ. 109(6), 1155—1197.

Calvo, G. A., 1983. Staggered prices in a utility maximizing model. J. Monetary Econ. 12(3), 383—398.

Calvo, G. A., Guidotti, P., 1992. Optimal maturity of nominal government debt. Int. Econ. Rev. 33(4), 895—919.

Canzoneri, M. B., Cumby, R. E., Diba, B. T., 2001a. Fiscal discipline and exchange rate systems. Econ. J. 111(474), 667—690.

Canzoneri, M. B., Cumby, R. E., Diba, B. T., 2001b. Is the price level determined by the needs of fiscal solvency? Am. Econ. Rev. 91(5), 1221—1238.

Carvalho, C., Ferrero, A., 2014. What explains Japan's persistent deflation? University of Oxford, Oxford, UK.

Chang, Y., Choi, Y., Park, J. Y., 2015a. Regime switching model with endogenous autoregressive latent factor. Indiana University, Bloomington, IN.

Chang, Y., Kwak, B., Leeper, E. M., 2015b. Monetary-fiscal interactions with endogenous regime change. Indiana University, Bloomington, IN.

Chari, V. V., Christiano, L. J., Kehoe, P. J., 1994. Optimal fiscal policy in a business cycle model. J. Polit. Econ. 102(4), 617—652.

Chen, X., Leeper, E. M., Leith, C., 2015. U. S. Monetary and fiscal policy: conflict or cooperation? University of Glasgow, Glasgow, Scotland.

Chung, H., Leeper, E. M., 2007. What has financed government debt? NBER Working Paper No. 13425.

Cochrane, J. H., 1999. A frictionless view of U. S. inflation. In: Bernanke, B. S., Rotemberg, J. J. (Eds.), NBER Macroeconomics Annual 1998, vol. 13. MIT Press, Cambridge, MA, pp. 323—384.

Cochrane, J. H., 2001. Long term debt and optimal policy in the fiscal theory of the price level. Econometrica. 69(1), 69—116.

Cochrane, J. H., 2005. Money as stock. J. Monetary Econ. 52(3), 501—528.

Cochrane, J. H., 2011a. Determinacy and identification with Taylor rules. J. Polit. Econ. 119(3), 565—615.

Cochrane, J. H., 2011b. Understanding policy in the Great Recession: some unpleasant fiscal arithmetic. Eur. Econ. Rev. 55(1), 2—30.

Cochrane, J. H., 2014. Monetary policy with interest on reserves. J. Econ. Dyn. Control. 49, 74—108.

Cochrane, J. H., 2015. Do higher interest rates raise or lower inflation? Hoover Institution, Stanford, CA. Congressional Budget Office, 2014. CBO's projection of federal interest payments.

Congressional Budget Office, 2015. The long-term budget outlook. U. S. Congress, Washington, DC.

Daniel, B. C., 2001. The fiscal theory of the price level in an open economy. J. Monetary Econ. 48(2), 293—308.

Davig, T., Leeper, E. M., 2006. Fluctuating macro policies and the fiscal theory. In: Acemoglu, D., Rogoff, K., Woodford, M. (Eds.), NBER Macroeconomics Annual, vol. 21. MIT Press, Cambridge, pp. 247—298.

Davig, T., Leeper, E. M., Walker, T. B., 2010. 'Unfunded liabilities' and uncertain fiscal financing. J. Monetary Econ. 57(5), 600—619.

Davig, T., Leeper, E. M., Walker, T. B., 2011. Inflation and the fiscal limit. Eur. Econ. Rev. 55(1), 31—47.

Debortoli, D., Nunes, R. C., Yared, P., 2014. Optimal government debt maturity. Columbia University, New York, NY.

DeJong, D. N., Whiteman, C. H., 1991. Reconsidering 'trends and random walks in macroeconomic time series'. J. Monetary Econ. 28(2), 221—254.

DeJong, D. N., Ingram, B. F., Whiteman, C. H., 1996. A Bayesian approach to calibration. J. Business Econ. Stat. 14(1), 1—9.

Del Negro, M., Schorfheide, F., 2004. Priors from general equilibrium models for VARs.

Int. Econ. Rev. 45(2), 643—673.

Del Negro, M., Sims, C. A., 2015. When does a central bank's balance sheet require fiscal support? In: Goodfriend, M., Zin, S. E. (Eds.), Monetary Policy: An Unprecedented Predicament, Carnegie Rochester-NYU Conference Series on Public Policy, vol. 73. Amsterdam, pp. 1—19.

Del Negro, M., Giannoni, M. P., Schorfheide, F., 2015. Inflation in the Great Recession and new Keynesian models. Am. Econ. J. Macroecon. 7(1), 168—196.

D'Erasmo, P., Mendoza, E. G., Zhang, J., 2016. What is a sustainable public debt? In: Taylor, J. B., Uhlig, H. (Eds.), Handbook of Macroeconomics, vol. 2B. Elsevier, Amsterdam, Netherlands, pp. 2499—2603.

Devereux, M. B., Sutherland, A., 2011. Country portfolios in open economy macro models. J. Eur. Econ. Assoc. 9(2), 337—369.

Dixit, A., Lambertini, L., 2003. Interactions of commitment and discretion in monetary and fiscal policies. Am. Econ. Rev. 93(5), 1522—1542.

Dupor, B., 2000. Exchange rates and the fiscal theory of the price level. J. Monetary Econ. 45(3), 613—630.

Eggertsson, G. B., 2008. Great expectations and the end of the depression. Am. Econ. Rev. 98(4), 1476—1516.

Eichenbaum, M., 1992. Comment on 'interpreting the macroeconomic time series facts: the effects of monetary policy'. Eur. Econ. Rev. 36, 1001—1011.

Eusepi, S., Preston, B., 2013. Fiscal foundations of inflation: imperfect knowledge. Monash University, Melbourne, Australia.

Faraglia, E., Marcet, A., Scott, A., 2008. Fiscal insurance and debt management in OECD economies. Econ. J. 118(527), 363—386.

Friedman, M., 1948. A monetary and fiscal framework for economic stability. Am. Econ. Rev. 38(2), 245—264.

Friedman, M., 1968. The role of monetary policy. Am. Econ. Rev. 58(1), 1—17.

Friedman, M., 1970. The counter-revolution in monetary theory. Institute of Economic Affairs, London.

Friedman, M., Heller, W. W., 1969. Monetary vs. fiscal policy-a dialogue. W. W. Norton& Company, New York.

Friedman, M., Schwartz, A. J., 1963a. A monetary history of the United States, 1867—1960. Princeton University Press, Princeton, NJ.

Friedman, M., Schwartz, A. J., 1963b. Money and business cycles. Rev. Econ. Stat. 45, 32—64.

Galí, J., 2008. Monetary policy, inflation, and the business cycle. Princeton University

Press, Princeton, NJ.

Geweke, J., 2010. Complete and incomplete econometric models. Princeton University Press, Princeton, NJ.

Ghosh, A., Kim, J. I., Mendoza, E. G., Ostry, J. D., Qureshi, M. S., 2012. Fiscal fatigue, fiscal space and debt sustainability in advanced economies. Econ. J. 123 (566), F4—F30.

Gonzalez-Astudillo, M., 2013. Monetary-fiscal policy interaction: interdependent policy rule coefficients. Finance and Economics Discussion Series No. 2013—58, Federal Reserve Board, July.

Gros, D., 2011. Speculative attacks within or outside a monetary union: default versus inflation. CEPS Policy Briefs, No. 257.

Hall, G. J., Sargent, T. J., 2011. Interest rate risk and other determinants of post-WWII U. S. government debt/GDP dynamics. Am. Econ. J. Macroecon. 3(3), 1—27.

Hall, G. J., Sargent, T. J., 2014. Fiscal discriminations in three wars. In: Goodfriend, M., Zin, S. E. (Eds.), Fiscal Policy in the Presence of Debt Crises. Carnegie-Rochester-NYU Conference Series on Public Policy. J. Mon. Econ., vol. 61. Amsterdam, pp. 148—166.

Hall, R. E., 2011. The long slump. Am. Econ. Rev. 101(2), 431—469.

Hansen, L. P., Sargent, T. J., 2007. Robustness. Princeton University Press, Princeton.

Hausman, J. K., Wieland, J. F., 2014. Abenomics: preliminary analysis and outlook. Brookings Papers Econ. Act. 2014(1), 1—63.

Hilscher, J., Raviv, A., Reis, R., 2014. Inflating away the debt? An empirical assessment. NBER Working Paper No. 20339.

Hur, J., 2013. Fiscal financing and the effects of government spending: A VAR approach. California State University, Northridge.

Imakubo, K., Kojima, H., Nakajima, J., 2015. The natural yield curve: its concept and measurement. Bank of Japan Working Paper Series No. 15—E—5.

International Monetary Fund, 2011. Fiscal monitor-shifting gears: tacking challenges on the road to fiscal adjustment. IMF, Washington, DC.

Ito, T., 2006. Japanese monetary policy: 1998—2005 and beyond. In: Monetary Policy in Asia: Approaches and Implementation. Bank for International Settlements, pp. 105—132.

Ito, T., Mishkin, F. S., 2006. Two decades of Japanese monetary policy and the deflation problem. In: Rose, A. K., Ito, T. (Eds.), Monetary Policy Under Very Low Inflation in the Pacific Rim, NBER EASE, vol. 15. University of Chicago Press, Chicago, pp. 131—193.

Jalil, A., Rua, G., 2015. Inflation expectations and recovery from the depression in 1933: evidence from the narrative record. Occidental College, Los Angeles, CA.

Kiley, M. T., 2015. What can the data tell us about the equilibrium real interest rate?

Finance and Economics Discussion Series No. 2015—077, Federal Reserve Board.

Kim, S., 2003. Structural shocks and the fiscal theory of the price level in the sticky price model. Macroecon. Dyn. 7(5), 759—782.

King, M., 1995. Commentary: monetary policy implications of greater fiscal discipline. In: Budget Deficits and Debt: Issues and OptionsFederal Reserve Bank of Kansas City Economic Conference Proceedings, 1995 Jackson Hole Symposium, pp. 171—183.

Kirsanova, T., Wren-Lewis, S., 2012. Optimal feedback on debt in an economy with nominal rigidities. Econ. J. 122(559), 238—264.

Kliem, M., Kriwoluzky, A., 2014. Toward a Taylor rule for fiscal policy. Rev. Econ. Dyn. 17(2), 294—302.

Kliem, M., Kriwoluzky, A., Sarferaz, S., 2015. Monetary-fiscal policy interaction and fiscal inflation: a tale of three countries. Eur. Econ. Rev. forthcoming.

Kliem, M., Kriwoluzky, A., Sarferaz, S., 2016. On the low-frequency relationship between public deficits and inflation. J. Appl. Econ. 31(3), 566—583.

Kocherlakota, N., Phelan, C., 1999. Explaining the fiscal theory of the price level. Fed. Reserve Bank Minneapolis Q. Rev. 23, 14—23.

Kriwoluzky, A., Müller, G. J., Wolf, M., 2014. Exit expectations in currency unions. University of Bonn, Bonn, Germany.

Krugman, P. R., 1998. It's Baaack: Japan's slump and the return of the liquidity trap. Brookings Papers Econ. Act. 2, 137—187.

Lagos, R., Wright, R., 2005. A unified framework for monetary theory and policy analysis. J. Polit. Econ. 113(3), 463—484.

Lane, P. R., Milesi-Ferretti, G. M., 2001. The external wealth of nations: measures of foreign assets and liabilities for industrial and developing countries. J. Int. Econ. 55(2), 263—294.

Leeper, E. M., 1989. Policy rules, information, and fiscal effects in a 'Ricardian' model. Federal Reserve Board, International Finance Discussion Paper No. 360.

Leeper, E. M., 1991. Equilibria under 'active' and 'passive' monetary and fiscal policies. J. Monetary Econ. 27(1), 129—147.

Leeper, E. M., 2011. Anchors aweigh: how fiscal policy can undermine 'good' monetary policy. In: Céspedes, L. F., Chang, R., Saravia, D. (Eds.), Monetary Policy Under Financial Turbulence. Banco Central de Chile, Santiago, pp. 411—453.

Leeper, E. M., 2016. Fiscal analysis is darned hard. In: ódor, 'L. (Ed.), Rethinking Fiscal Policy After the Crisis. Cambridge University Press, Cambridge, UK.

Leeper, E. M., Li, B., 2015. On the bias in estimates of fiscal policy behavior. Indiana University, Bloomington, IN.

Leeper, E. M. , Nason, J. M. , 2014. Bringing financial stability into monetary policy. Center for Applied Economics and Policy Research Working Paper No. 2014—003, Indiana University.

Leeper, E. M. , Sims, C. A. , 1994. Toward a modern macroeconomic model usable for policy analysis. In: Fischer, S. , Rotemberg, J. J. (Eds.), NBER Macroeconomics Annual. MIT Press, Cambridge, MA, pp. 81—118.

Leeper, E. M. , Walker, T. B. , 2013. Perceptions and misperceptions of fiscal inflation. In: Alesina, A. , Giavazzi, F. (Eds.), Fiscal Policy After the Financial Crisis. University of Chicago Press, Chicago, pp. 255—299.

Leeper, E. M. , Zhou, X. , 2013. Inflation's role in optimal monetary-fiscal policy. NBER Working Paper No. 19686.

Leeper, E. M. , Leith, C. , Liu, D. , 2015a. Optimal time-consistent monetary, Fiscal and Debt Maturity Policy. University of Glasgow, Glasgow, Scotland.

Leeper, E. M. , Traum, N. , Walker, T. B. , 2015b. Clearing up the fiscal multiplier morass. NBER Working Paper No. 21433.

Leith, C. , Liu, D. , 2014. The inflation bias under Calvo and Rotemberg pricing. University of Glasgow Working Paper No. 2014—6.

Leith, C. , Wren-Lewis, S. , 2006. Compatibility between monetary and fiscal policy under emu. Eur. Econ. Rev. 50(6), 1529—1556.

Leith, C. , Wren-Lewis, S. , 2008. Interactions between monetary and fiscal policy under flexible exchange rates. J. Econ. Dyn. Control. 32(9), 2854—2882.

Leith, C. , Wren-Lewis, S. , 2013. Fiscal sustainability in a new Keynesian model. J Money Credit Bank. 45(8), 1477—1516.

Ljungqvist, L. , Sargent, T. J. , 2004. Recursive macroeconomic theory, second ed. MIT Press, Cambridge, MA.

Loyo, E. , 1997. Going international with the fiscal theory of the price level. Princeton University, Princeton, NJ.

Loyo, E. , 1999. Tight money paradox on the loose: a fiscalist hyperinflation. Harvard University, Cambridge, MA.

Lucas Jr. , R. E. , Stokey, N. L. , 1983. Optimal fiscal and monetary policy in an economy without capital. J. Monetary Econ. 12(1), 55—93.

Marcet, A. , Scott, A. , 2009. Debt and deficit fluctuations and the structure of bond markets. J. Econ. Theory. 21(1), 473—501.

Martin, F. M. , 2009. A positive theory of government debt. Rev. Econ. Dyn. 12(4), 608—631.

Martin, F. M. , 2011. On the joint determination of fiscal and monetary policy. J. Monetary Econ. 58(2), 132—145.

McCallum, B. T., 1984. Are bond-financed deficits inflationary? J. Polit. Econ. 92, 123—135.

McCallum, B. T., 2001. Indeterminacy, bubbles, and the fiscal theory of price level determination. J. Monetary Econ. 47(1), 19—30.

Mendoza, E. G., Ostry, J. D., 2008. International evidence on fiscal solvency: is fiscal policy 'responsible'? J. Monetary Econ. 55(6), 1081—1093.

Missale, A., 1999. Public debt management. Oxford University Press, Oxford.

Niemann, S., Pichler, P., Sorger, G., 2013. Public debt, discretionary policy, and inflation persistence. J. Econ. Dyn. Control. 37(6), 1097—1109.

Obstfeld, M., Rogoff, K., 1983. Speculative hyperinflations in maximizing models: can we rule them out? J. Polit. Econ. 91(4), 675—687.

Persson, M., Persson, T., Svensson, L. E. O., 1987. Time consistency of fiscal and monetary policy. Econometrica. 55(6), 1419—1431.

Persson, M., Persson, T., Svensson, L. E. O., 2006. Time consistency of fiscal and monetary policy: a solution. Econometrica. 74(1), 193—212.

Phelps, E. S., 1973. Inflation in the theory of public finance. Swedish J. Econ. 75(1), 67—82.

Prescott, E. C., 1986. Theory ahead of business cycle measurement. Carnegie-Rochester Conference Series on Public Policy, North-Holland, pp. 11—44.

Reis, R., 2013. The mystique surrounding the central bank's balance sheet, applied to the European crisis. Am. Econ. Rev. Papers Proc. 103(3), 135—140.

Reis, R., 2015. QE in the future: the central bank's balance sheet in a fiscal crisis. Columbia University, New York, NY.

Rotemberg, J. J., 1982. Sticky prices in the United States. J. Polit. Econ. 90, 1187—1211.

Rotemberg, J. J., 1996. Prices, output, and hours: an empirical analysis based on a sticky price model. J. Monetary Econ. 37, 505—533.

Sargent, T. J., 1986. The ends of four big inflations. In: Sargent, T. J. (Ed.), Rational Expectations and Inflation. Harper & Row, New York.

Sargent, T. J., Velde, F. R., 1995. Macroeconomic features of the French revolution. J. Polit. Econ. 103(3), 474—518.

Sargent, T. J., Wallace, N., 1981. Some unpleasant monetarist arithmetic. Fed. Reserve Bank Minneapolis Q. Rev. 5, 1—17.

Schmitt-Grohe, S., Uribe, M., 2004. Optimal fiscal and monetary policy under sticky prices. J. Econ. Theor. 114(2), 198—230.

Schmitt-Grohe, S., Uribe, M., 2007. Optimal simple and implementable monetary and fiscal rules. J. Monetary Econ. 54(6), 1702—1725.

Shim, S. D., 1984. Inflation and the government budget constraint: international evidence. Department of Economics, University of Minnesota. Unpublished Ph. D. Dissertation.

Sims, C. A., 1972. Money, income, and causality. Am. Econ. Rev. 62(4), 540—552.

Sims, C. A., 1992. Interpreting the macroeconomic time series facts: the effects of monetary policy. Eur. Econ. Rev. 36, 975—1000.

Sims, C. A., 1994. A simple model for study of the determination of the price level and the interaction of monetary and fiscal policy. Econ. Theor. 4(3), 381—399.

Sims, C. A., 1997, September. Fiscal foundations of price stability in open economies. Yale University, New Haven, CT.

Sims, C. A., 1998. Econometric implications of the government budget constraint. J. Econ. 83(1—2),9—19.

Sims, C. A., 1999a. Domestic currency denominated government debt as equity in the primary surplus. Presented at the August 1999 Meetings of the Latin American region of the Econometric Society.

Sims, C. A., 1999b. The precarious fiscal foundations of EMU. De Economist. 147(4), 415—436.

Sims, C. A., 2001. Fiscal consequences for mexico of adopting the dollar. Journal of Money, Credit and Banking. 33(2), 597—616.

Sims, C. A., 2011. Stepping on a rake: the role of fiscal policy in the inflation of the 1970s. Eur. Econ. Rev. 55(1), 48—56.

Sims, C. A., 2013. Paper money. Am. Econ. Rev. 103(2), 563—584.

Sims, C. A., Zha, T., 2006. Were there regime switches in US monetary policy? Am. Econ. Rev. 96(1), 54—81.

Smets, F., Wouters, R., 2007. Shocks and frictions in US business cycles: a Bayesian DSGE approach. Am. Econ. Rev. 97(3), 586—606.

Stein, H., 1996. The fiscal revolution in America, second ed. revised AEI Press, Washington, DC.

Tan, F., 2014. Two econometric interpretations of U. S. Fiscal and Monetary Policy Interactions. Indiana University, Bloomington, IN.

Tan, F., 2015. An analytical approach to new keynesian models under the fiscal theory. Indiana University, Bloomington, IN.

Tan, F., Walker, T. B., 2014. Solving generalized multivariate linear rational expectations models. Indiana University, Bloomington, IN.

Taylor, J. B., 1993. Discretion versus policy rules in practice. Carnegie–Rochester Conf. Series Publ. Policy 39, 195—214.

Taylor, J. B., 1995. Monetary policy implications of greater fiscal discipline. In: Budget Deficits and Debt: Issues and Options. Federal Reserve Bank of Kansas City Economic Conference Proceedings, 1995 Jackson Hole Symposium, pp. 151—170.

Temin, P., Wigmore, B. A., 1990. The end of one big deflation. Explorations Econ. Hist. 27(4), 483—502.

The Economist, 2016. Irredeemable? A former star of the emerging world facesa lost decade. http://www. economist. com/news/briefing/21684778—formerstar-emerging-world-faces-lost-decade-irredeemable, January, 2.

Tobin, J., 1963. An essay on the principles of debt management. In: Commission on Money and Credit (Ed.), Fiscal and Debt Management Policies. Prentice-Hall, Englewood Cliffs, NJ, pp. 143—218.

Tobin, J., 1980. Asset accumulation and economic activity. University of Chicago Press, Chicago.

Traum, N., Yang, S. C. S., 2011. Monetary and fiscal policy interactions in the post-war U. S. Eur. Econ. Rev. 55(1), 140—164.

Uribe, M., 2006. A fiscal theory of sovereign risk. J. Monetary Econ. 53(8), 1857—1875.

Velde, F. R., 2009. Chronicle of a deflation unforetold. J. Polit. Econ. 117(4), 591—634.

Wallace, N., 1981. A Modigliani-Miller theorem for open-market operations. Am. Econ. Rev. 71(3), 267—274.

Woodford, M., 1995. Price-level determinacy without control of a monetary aggregate. Carnegie-Rochester Conf. Series Publ. Policy. 43, 1—46.

Woodford, M., 1998a. Control of the public debt: a requirement for price stability? In: Calvo, G., King, M. (Eds.), The Debt Burden and Its Consequences for Monetary Policy. St. Martin's Press, New York, pp. 117—154.

Woodford, M., 1998b. Public debt and the price level. Princeton University, Princeton, NJ.

Woodford, M., 1999. Comment on Cochrane's 'a frictionless view of U. S. inflation'. In: Bernanke, B. S., Rotemberg, J. J. (Eds.), NBER Macroeconomics Annual 1998, vol. 13. MIT Press, Cambridge, MA, pp. 390—419.

Woodford, M., 2001. Fiscal requirements for price stability. J. Money Credit Bank. 33(3), 669—728.

Woodford, M., 2003. Interest and prices: foundations of a theory of monetary policy. Princeton University Press, Princeton, NJ.

第三十一章 财政乘数：
流动性陷阱与货币联盟[①]

E. 法里(E. Farhi)[*],I. 韦尔宁(C. Werning)[†]

[*]:哈佛大学,美国,马萨诸塞州,剑桥;

[†]:麻省理工学院,美国,马萨诸塞州,剑桥

目 录

---

① 我们感谢《宏观经济学手册》主编约翰·泰勒(John Taylor)和哈拉尔德·厄里格(Harald Uhlig)给出的细致的建议,并感谢加布里埃尔·霍多罗夫-赖希(Gabriel Chodorow-Reich)、乔·斯腾森(Jon Steinsson)和迈克尔·韦伯(Michael Weber)的意见。

　　本章摘要:我们使用标准的新凯恩斯主义封闭经济和开放经济模型,为固定汇率制度下处于流动性陷阱期间的政府支出乘数给出了一个显式解。我们的研究确认了流动性陷阱期间财政支出很大的可能性。对于一个货币联盟来说,我们证明,自融资的乘数很小——总是低于1——除非随之而来的税收调整要求进行从低边际消费倾向的经济行为主体到高边际消费倾向的经济行为主体的大规模静态再分配,或者涉及从未来的非李嘉图式经济行为主体到现在的非李嘉图式经济行为主体的动态再分配。但是,不需要国内税收调整的外部融资的乘数却可能很大,特别是当国内商品的边际消费倾向很高,或政府支出冲击的持续性很强时。我们给出的解,对区域乘数和国家乘数都很重要,它提供了对于经济机制的深刻洞察以及关于这些模型的可检验的含义。

关键词:货币联盟,非李嘉图效应,开放经济模型,流动性陷阱,新凯恩斯主义影响

JEL 分类代码:E62

1. 引言

经济学家普遍认为,要稳定宏观经济,首先应考虑货币政策。然而,货币政策可能会遇到很多妨碍其发挥效力的制约因素。例如,经济可能会陷入流动性陷阱——利率已经降低到了零,从而阻止了利率的进一步下降。同样,加入某个货币联盟的各成员国,或者一个国家内部的各州,也不能选择独立的货币政策。一些经济学家主张用财政政策来填补这个空白,即,通过增加政府支出来刺激经济。其他一些经济学家则对此不以为然。这个问题仍然存在非常大的争议,围绕着财政乘数大小的激烈争论清楚地证明了这一点。毫无疑问,之所以会出现这种情况,部分原因在于缺乏明确的经验证据。但是在我们看来,缺乏明确的理论基准也是一个重要的原因。虽然晚近的许多研究大大增进了我们的理解,但到目前为止,标准宏观经济模型的含义仍然未能得到充分的发掘。本章的目标也就在这里。我们将以统一的方式澄清各种理论机制,相信这将有助于激发更多的研究来验证或证伪模型的不同方面。

我们运用标准的新凯恩斯主义封闭经济和开放经济货币模型,解出了经济在流动性陷阱期间或属于某个货币联盟的国家的政府支出路径的变化的反应。我们所采用的方法和得到的结果有一些与众不同的地方。首先,我们的方法与现有文献所采用的通常方法不同。我们关注的重点是财政乘数,而没有去求解与政府支出的单一基准路径的扩展(即,支出的自回归冲击过程)相关的某个特定乘数,因为财政乘数包含了任何政府支出路径上的支出的影响。其次,我们为这些乘数求出了解析形式的解。更明确和更详细的解的表达式,有助于我们发现财政政策的影响背后的确切机制,并帮助我们得到了几个新颖的结果。

再次,我们的分析证实,对货币政策的限制是至关重要的,同时,我们的分析还强调了约束本身的性质的重要性。特别是,我们发现,一国在零利率下限有约束力的流动性陷阱期间的财政乘数,与采取固定汇率制的货币联盟的财政乘数,形成了鲜明的对比。

最后,除了名义刚性和货币政策受到的约束条件之外,我们还强调了将金融摩擦纳入财政政策分析的重要性。我们通过扩展基准模型做到了这一点,包括纳入不完整的市场和非李嘉图式借款受限的消费者,以及允许很高和异质性的对当前收入的边际消费倾向。在

2008 年金融危机之后,这些金融市场缺陷显得尤其重要,因为这个时期经常需要考虑财政刺激。

毫无疑问,我们的分析对最近关于国家和区域乘数的实证研究的解释有很大的意义。这些实证文献所采用的财政乘数的定义往往各不相同。例如,许多实证研究中使用的一个流行做法是,计算出某个期限内(实际操作中通常是两年或三年),产出和政府支出对关于政府支出的某个新息的(贴现的或不贴现的)平均脉冲响应的比率。我们阐明了,我们的结果如何用于以解析的方式计算这些数字,同时还讨论了财政乘数的其他一些定义。

我们的结果证实了,在这些标准模型中,财政政策在出现流动性陷阱时尤其有效。在标准的李嘉图模型中,产出的乘数总是大于 1。我们清晰地阐明了这种机制通过通货膨胀机制发挥作用的方式。在出现流动性陷阱时,更高的政府支出能够刺激通货膨胀。在名义利率固定不变的情况下,这会降低实际利率,从而增加当期的私人消费。消费的增加又会导致更高的通货膨胀。这样就创造出了一个反馈循环。财政乘数是随价格弹性的上升而增大的。这是一个直观的结果,因为这种机制本身就依赖于通货膨胀的反应。我们证明,在模型中,延后的支出或支出后置(backloading spending)会带来更大的影响,理由是在那种情况下通货膨胀将会"拥有"更多的时间去影响消费决策。

与此形成鲜明对照的是,对于一个加入了某个货币联盟的国家或地区而言,政府支出在增加产出方面的效率非常低。特别是,我们证明,在标准的李嘉图模型中,私人消费会被政府支出挤出,从而使财政乘数小于 1。此外,价格弹性也降低了支出的有效性,而不是增加之。我们用一个简单的证明解释了这个结果,并说明了它的稳健性。政府支出导致国内生产产品的通货膨胀,而这种竞争力的下降抑制了私人支出。

当采用固定汇率制时,财政乘数小于 1,与存在流动性陷阱时高于 1 的财政乘数相比,这个结果似乎是令人惊讶的。我们证明,在这两种情况下,即便名义利率都是固定的,两者之间还是会存在一个关键的区别:固定汇率意味着固定的名义利率,但是反过来却不然。我们证明,流动性陷阱分析实际上隐含地将政府支出与一次性货币贬值结合了起来。消费的正反应完全依赖于这种贬值。而货币联盟则排除了这种贬值,这就解释了消费的反应的差异。

对于加入了某个货币联盟的一个国家而言,我们的结果揭示了来自外部——从其他国家或地区得到的——转移支付的重要性。从短期来看,当价格没有得到充分调整的时候,来自外部的正的转移支付增加了对本国产品的需求,刺激了产出。我们计算了这种"转移支付乘数",以它来刻画经济对这种转移支付的反应。我们证明,当存在更高程度的本国偏向(即,更低的开放程度)时,这些乘数可能很大。

需要注意的是,对于这种外部转移支付的分析需要某种形式的市场不完全性。否则,在金融市场是完全的情况下,任何外部转移支付都可能完全被与外部人士的私人保险安排抵消。当然,在现实世界中,这种极端的抵消是不太可能成为现实的。因此,我们修正了标准的开放经济模型(它假设完全市场),以考虑不完全市场的情形。

透彻理解外部转移动作的影响是很重要的,因为这种转移支付往往与政府支出有关。这对估计区域乘数的文献有很重要的意义。这种乘数利用横截面变差,考察一个国家内,政府支出对不同的地区、州或市政区的影响。在美国，分配给某个州的联邦军费是由整个国家提供融资的。由于法律中的特异性条款的规定，联邦政府推出的刺激计划的分配所带来的外生差异也是如此。类似地，某个州因自己的"金库"而得到的特异性资产组合回报，也是这个州（相对于其他州）的"意外之财"（windfall）。

当支出变化由来自外部的转移支付融资时，相对应乘数就等于自融资乘数和转移支付乘数的组合。因此，即便是某个货币联盟的成员国，乘数也可能明显大于 1。当本国偏向的程度更大时，这种差异更加显著，因为这种念头会加大对本国生产的产品的边际消费倾向。

政府支出的持续性的高低也很重要。由于经济行为主体希望平滑不同时间上的消费，所以政府支出冲击持续的时间越短，随着支出扩大而增加的每期转移支付中被储蓄起来的部分也就越大（因为预期未来的每期转移支付将会降低）。由此而导致的一个后果是，对于持续时间相对较长的冲击，外部融资和自融资的政府支出对当前产出的影响的差异可能很大，但是如果冲击持续时间相对较短，那么这种差异就可能会很小。但是不管怎样，正如我们将会看到的那样，在存在流动性约束的情况下，这种区别是相当模糊的。

除了永久性收入的消费者之外，我们还引入了"仅能勉强糊口"的消费者，以此来探索财政政策的李嘉图效应。我们认为，这是对流动性约束进行建模的一种比较容易处理的方法。在存在流动性陷阱时，以及在货币联盟中，现在的政府支出具有了额外的影响，因为这两类经济行为主体的边际消费倾向存在差异。

首先，在这两组人之间的税收归宿很重要，而且从低边际消费倾向的用永久性收入消费的人到高边际消费倾向的仅能糊口的人的再分布，能够拉高产出。其次，由于这个模型是非李嘉图式的，所以税收的时间安排也很重要。

这些影响都可以独立于政府支出发挥作用。事实上，我们也可以考虑政府支出没有变化而税收发生了变化的情况。但是，政府支出的变化则必定伴随着税收的变化。因此，政府支出在边际上到底是通过债务融资还是通过税收融资，是很重要的。类似地，税收变化在不同边际消费倾向的人之间的分配构成也是很重要的。这些影响可能会极大地增大财政乘数，无论是对于流动性陷阱，还是对于加入货币联盟的国家或地区，都是如此。特别是，它们可能会使货币联盟内的一个国家或地区的乘数提高到 1 以上。

最重要的是，流动性约束显著放大了自融资和外部融资的财政乘数在面对临时性政府支出冲击时的差异。从直观上看，边际消费倾向更高，意味着外部转移支付的在短期内用于消费的比例越大，从而有助于财政乘数的增大。

总的来说，我们这种分析把旧凯恩斯主义所强调的边际消费倾向重新带回了模型。特别是，对于临时性政府支出冲击，自融资的和外部融资的财政乘数之间的差异在对本国生产的商品的平均边际消费倾向很高的情况下是很大的，这或者是因为存在着很多流动性受到限制的经济行为主体，或者是因为支出的本国偏向非常大。

最后，我们阐明了，如何把我们在一个加入了货币联盟的小型开放经济中得到的结果，与我们在一个处于流动性陷阱中的封闭经济中得到的结果联系起来，方法是同时考虑一个货币联盟内部的所有国家的政府支出的影响——依赖于该货币联盟是否处于流动性陷阱状态,或者该货币联盟的中央银行是否可以通过调整利率来实现通货膨胀目标。

1.1 相关文献

我们这一章的内容涉及了好几个理论研究和实证研究脉络。但是我们将只讨论与本章内容最密切相关的一些文献。

首先,我们为用新凯恩斯主义模型研究流动性陷阱时期的财政政策这一支文献做出了贡献。艾格特森(Eggertsson,2011)、伍德福德(Woodford,2011)和克里斯蒂亚诺等人(Christiano et al.,2011)证明,在存在零下限的时候,财政乘数可能很大。韦尔宁(Werning,2012)则研究了货币政策有承诺时/没有承诺时的最优政府支出。加里和莫纳切利(Gali and Monacelli,2008)研究了货币联盟内的最优财政政策,但是他们只完成了规范分析,而没有计算出财政乘数。科尔塞蒂等人(Corsetti et al.,2011)、中村和斯坦森(Nakamura and Steinsson,2011)、埃尔采格和林德(Erceg and Linde,2012)报告的结果和模拟实验都表明,在固定汇率制下,财政乘数普遍低于1,但是仍然高于弹性汇率制下(远离零下界),这在一定程度上证实了传统的蒙代尔–弗莱明(Mundell-Flemming)理论关于财政政策在固定汇率制下更加有效的观点[请参见,例如,多恩布施(Dornbusch,1980)]。我们得到的解进一步扩展了这些结果,同时我们还深入剖析了隐含的贬值和转移支付的作用,从而进一步改进了这些结果。加里等人(Gali et al.,2007)引入了仅够糊口的消费者,然后研究了封闭经济中泰勒规则下的政府支出的影响。我们的模型设置则将类似的分析进一步扩展到了开放经济的流动性陷阱下和货币联盟中。库克和德弗罗(Cook and Devereux,2011)研究了财政政策在有流动性陷阱的开放经济模型中的溢出效应。我们也研究了这个问题,但是我们关注的是加入了货币联盟的国家,再看流动性陷阱是否存在。

本章还涉及了研究财政乘数的大量实证文献。估计国家财政乘数是对实证研究的一个重大挑战。主要的困难来自政府支出、关于未来税收和支出政策的预期,以及货币政策的反应的内生性。大多数文献都试图借助结构性向量自回归方法来解决这些挑战。其中有些论文以军费支出为政府支出的工具变量。相关的实证文献数量非常多,我们推荐读者阅读雷米(Ramey,2011)对近期文献的极其出色的综述。直接估计有流动性陷阱时的财政乘数几乎是不可能的,因为流动性陷阱本身就是很罕见的。最接近的替代估计量是一些以经济活动水平为条件的估计量。有的经济学家——例如,戈顿和克伦(Gordon and Krenn,2010)、奥尔巴赫和格罗德尼申库(Auerbach and Gorodnichenko,2012)——的估计表明,在深度衰退期间,国家财政乘数更大,但是关于这种差异效应的大小,仍然存在很大的争议[请参见,例如巴罗和雷德里克(Barro and Redlick,2009)]。

一个国家内部的州或地区,由于有相当大的一部分支出是外生的,所以成为了估计财政乘数的一个很有吸引力的替代选择。事实上,关于区域乘数,最近的相关研究非常活跃,其中一些例子包括:克莱门斯和米兰(Clemens and Miran,2010)、科恩等人(Cohen et al.,2010)、塞拉托和温杰恩德(Serrato and Wingender,2010)、肖格(Shoag,2010)、阿科恩西亚等人

(Acconcia et al. ,2011)、霍多罗夫-赖希等人(Chodorow-Reich et al. ,2011)、菲什贝克和卡克汉诺夫斯卡亚(Fishback and Kachanovskaya, 2010),以及中村和斯腾森(Nakamura and Steinsson,2011)。这些论文通常能够发现相当大的乘数。这一章有助于解释这些发现。在这些研究中,地方层面上的政府支出通常与外部的转移支付有关。因此,这些估计结果可以解释为我们在这里定义的支出乘数和转移乘数的组合。

2. 乘数和汇总乘数

我们首先从纯粹的统计学视角入手设定一个"舞台",然后利用它来讨论理论研究与实证研究之间的联系。

假设我们已经从产出和政府支出对我们感兴趣的某个结构性冲击的动态脉冲响应中,分离出了这两个变量之间的关系。然后,我们就可以通过这种关系概括为一个"财政乘数",它是一个数字,可以用很多种方法得出。当然,整个脉冲响应包含了更多的信息,但是乘数可能不失是一个方便的总结方法。在本章的其余部分,我们在一系列标准的宏观经济模型中推导出了产出对任何支出冲击的反应。每个模型的含义都可以用一组系数(cofficient)或载荷(loading)来编码。这些系数和载荷可以映射到产出对任何支出冲击的动态响应中。

2.1 反应与冲击

2.1.1 脉冲响应

假设我们有两个时间序列 $\{\dot{g}_t,\dot{y}_t\}$,分别表示政府支出和产出,而且这些时间序列(在去除趋势后)是平稳的。假设我们将两个时间序列写为当前的冲击和过去的冲击的线性组合:

$$\dot{g}_t = \hat{A}^g(L)\dot{\varepsilon}_t = \sum_{j=1}^J A^{gj}(L)\varepsilon_t^j = \sum_{j=1}^j \sum_{k=0}^\infty \psi_k^{gj}\varepsilon_{t-k}^j$$

$$\dot{y}_t = \hat{A}^y(L)\dot{\varepsilon}_t = \sum_{j=1}^J A^{yj}(L)\varepsilon_t^j = \sum_{j=1}^j \sum_{k=0}^\infty \psi_k^{yj}\varepsilon_{t-k}^j$$

其中,冲击向量 $\dot{\varepsilon}_t = (\varepsilon_t^1, \varepsilon_t^2, \cdots, \varepsilon_t^J)'$ 具有零均值并且在时间上互不相关,对于所有 $t \neq s$,$\mathbb{E}[\varepsilon_t]$ $= 0$ 且 $\mathbb{E}[\dot{\varepsilon}_t\dot{\varepsilon}'_s] = 0$。接下来,我们将一个特定的冲击 $j \in J$ 的影响分离出来,并定义由这个冲击解释的分量 $\{g_t, y_t\}$。删除下标 j,从上式我们可以写出:

$$g_t = A^g(L)\varepsilon_t = \sum_{k=0}^\infty \psi_k^g\varepsilon_{t-k} \tag{1a}$$

$$y_t = A^y(L)\varepsilon_t = \sum_{k=0}^\infty \psi_k^y\varepsilon_{t-k} \tag{1b}$$

其中,ε_t 是一个零均值的标量冲击,在时间上互不相关,对于所有 $t \neq s$,都有 $\mathbb{E}[\varepsilon_t] = 0$,且 $\mathbb{E}[\varepsilon_t\varepsilon_s] = 0$。对此,一个自然的解释是,这个特定的冲击 ε_t 是对政府支出的一个外生的结构性冲击。系数 $\{\psi_k^i\}$ 是对这个冲击的脉冲响应函数(IRF)。因此,我们可以这样解释:这里的反应包含了因果关系。当然,严格地说,下面大部分的讨论并不需要这种解释。

2.1.2　向量自回归与工具变量

获得上述时间序列分解的其中一个途径是使用向量自回归方法。为了说明这一点,假设原来的变量 $\tilde{g}_t$ 和 $\tilde{y}_t$ 是一个向量自回归的一部分,这个向量自回归还包括了 $J-2$ 个其他变量(例如,通货膨胀率和利率)。再假设 ε_t 是其中的一个冲击。根据定义,这个冲击是白噪声,并且与这个向量自回归中的其余 $J-1$ 个冲击正交(所有领先变量和滞后变量均如此)。在实际研究中,我们可以使用短期限制或长期限制这样的结构性假设来识别冲击 ε_t。在适当的条件下,这个冲击可以在经济上解释为财政冲击,同时对于产出的反应则可以解释为支出与产出之间的因果关系的一种估计。

另一种方法是,可以通过一个外部工具变量来产生这种分解。假设我们有一个标量时间序列 $\{z_t\}$,并将 z_t 的沃尔德表示(Wold representation)写为:[①]

$$z_t = A^z(L)\varepsilon_t = \sum_{k=0}^{\infty}\psi_k^z\varepsilon_{t-k}$$

因此,冲击 ε_t 就可以定义并识别为工具变量 z_t 的沃尔德表示中的新息。现在,将 $\{\tilde{g}_t, \tilde{y}_t\}$ 线性地投影到 z_t 的同期值和滞后值上,得到预测值 g_t 和 y_t(其残差分别为 $\widetilde{g}_t$ 和 $\widetilde{y}_t$)。这些可以表示在式(1)当中。因此再一次,如果可以确定这个工具变量是外生于经济的其他基本冲击的,那么在适当的条件下,这种冲击就可以在经济上解释为财政冲击,同时产出和支出的反应可以解释为对这些变量之间的因果关系的一种估计。

2.2　汇总乘数

序列 $\{\psi_k^g, \psi_k^y\}$ 给出了 $\{y_t\}$ 和 $\{g_t\}$ 相对于冲击 $\{\varepsilon_t\}$ 的联合行为的一个完整表征。假设我们决定继续用单一的数字来总结这个关系,并将它称为"财政乘数"。首先,定义如下的同期乘数:

$$m_k = \frac{\psi_k^y}{\psi_k^g}$$

其中,$k=0,1,\cdots$ 一般来说,汇总乘数可以表示为如下的比率的形式

$$M^y = \frac{\sum_{k=0}^{\infty}\lambda_k^y\psi_k^y}{\sum_{k=0}^{\infty}\lambda_k^g\psi_k^g} = \frac{\sum_{k=0}^{\infty}\lambda_k^y\psi_k^y}{\sum_{k=0}^{\infty}\lambda_k^g\psi_k^g}\sum_{k=0}^{\infty}m_k\omega_k$$

其中,$\omega_k = \lambda_k^y\psi_k^g / \sum_{k=0}^{\infty}\lambda_k^y\psi_k^g$ 为权重,各权重加起来等于 1。最简单的情况是把未加权的前 N 个时期的反应加到一起:

$$M^y = \frac{\sum_{k=0}^{N}\psi_k^y}{\sum_{k=0}^{N}\psi_k^g} = \sum_{k=0}^{N}m_k\omega_k$$

---

① 由确定性分量抽象而来。

其中，$\omega_k = \psi_k^g / \sum_{k=0}^{N} \psi_k^g$。

2.2.1 基于汇总乘数的回归：最小二乘法（OLS）和工具变量法（IV）

另一种流行的获得汇总财政乘数的方法是运行产出对政府支出的回归，并将支出的系数作为汇总乘数。考虑如下关系：

$$\hat{y}_t = \beta^{OLS} \hat{g}_t + u_t^{OLS}$$

其中，$\mathbb{E}[\hat{g}_t u_t^{OLS}] = 0$ 且

$$\beta^{OLS} \equiv \frac{\mathbb{E}[\hat{g}_t \hat{y}_t]}{\mathbb{E}[\hat{g}_t^2]} = \frac{\sum_{j=1}^{J}\sum_{k=0}^{\infty} \psi_k^{yj}\psi_k^{gj}}{\sum_{j=1}^{J}\sum_{k=0}^{\infty} (\psi_k^{gj})^2} = \sum_{j=1}^{J}\sum_{k=0}^{\infty} m_k^j \omega_k^j$$

其中，

$$m_k^j = \frac{\psi_k^{yj}}{\psi_k^{gj}}, \quad \omega_k^j \equiv \frac{(\psi_k^{gj})^2}{\sum_{t=0}^{\infty} (\psi_t^{gj})^2}$$

因此，总体回归能够恢复与每个冲击 j 相对应的 k 个乘数的加权平均值。

接下来考虑工具变量回归

$$\hat{y}_t = \beta^{IV} \hat{g}_t + u_t^{IV}$$

其中，$\mathbb{E}[z_t u_t^{IV}] = 0$ 且

$$\beta^{IV} \equiv \beta^{OLS} \equiv \frac{\mathbb{E}[y_t z_t]}{\mathbb{E}[g_t z_t]} = \frac{\sum_{k=0}^{\infty} \psi_k^y \psi_k^z}{\sum_{k=1}^{\infty} \psi_k^g \psi_k^z} = \sum_{k=0}^{\infty} m_k \omega_k$$

权重为

$$\omega_k \equiv \frac{\psi_k^g \psi_k^z}{\sum_{l=0}^{\infty} \psi_l^g \psi_k^z}$$

只要 ψ_g^k 和 ψ_g^z 取相当的符号，那么这些权重就为正。[1]

2.3 建立与模型的联系

正如我们将会证明的，对于一个财政支出模型，它的含义可以用一个理论乘数序列 $\{\alpha_{t,k}\}$ 来进行编码，其中的元素 $\alpha_{t,k}$ 表示第 k 期中，产出对政府支出的预测反应。要计算这个反应，我们要将模型线性化，得出一阶效应。

那么 $\{\alpha_{t,k}\}$ 与上面讨论过的脉冲响应 $\{\psi_k^g\}$ 和 $\{\psi_t^y\}$ 之间又有什么联系呢？[2] 假设我们可以将 ε_t 解释为用 $\{\psi_k^g\}$ 总结的支出路径的外生冲击，并且我们认为支出的变化所导致的产出的内生反应可以用 $\{\psi_t^y\}$ 来总结。在模型中，两个反应可以通过下面这个式子建立起联系：

$$\psi_k^y = \sum_{k'=0}^{\infty} \psi_{k'}^g \alpha_{k,k'}$$

---

[1] 在某些情况下，例如，像在中村和斯腾森（Nakamura and Steinsson, 2011）那里一样，工具变量回归是有差异的。在这种情况下，调整上面的计算是很简单的。

[2] 这里原文是"$\{\psi_k^g\}$ 和 $\{\psi_k^g\}$"，当为"$\{\psi_k^g\}$ 和 $\{\psi_k^y\}$"之误，已改。——译者注。

对于所有的 $t=0,1,\cdots$ 给定这些理论乘数，这个关系给出了对任何给定的政府支出反应 $\{\psi_t^g\}$ 的产出反应 $\{\psi_k^y\}$。

那么，在什么条件下，我们可以反转上述关系，并从反应 $\{\psi_k^g\}$ 和 $\{\psi_k^y\}$ 中识别出理论乘数 $\{\alpha_{t,k}\}$ 呢？在只有一对 $\{\psi_k^g\}$ 和 $\{\psi_k^y\}$ 时，答案一般是否定的。对于任何给定的 k，序列 $\alpha_{k,\cdot}$ 是不能识别的，我们只能识别出 $\sum_{k'=0}^{\infty}\psi_{k'}^g\{\alpha_{k,k'}\}$ 这个和的值。

如果没有进一步的信息，那么只有当我们有多个反应 $\{\psi_k^g\}$ 限制了 $\{\psi_k^y\}$ 时，即，有多个支出冲击时，识别才是可能的。

如果反应完全是前瞻性的，我们可以得到一个有意思的特例，就像一些最简单的宏观经济模型中那样。为了说明这一点，假设对于 $k=t,t+1,\cdots$，有 $\alpha_{t,k}=\alpha_{0,k-t}$；对于 $k=1,2,\cdots,t-1$，有 $\alpha_{t,k}=0$，那么我们有：

$$\psi_t^y = \sum_{k=t}^{\infty}\psi_k^g\alpha_{0,k-t}$$

这样一来，我们就可以从序列对 $\{\psi_k^g\}$ 和 $\{\psi_k^y\}$ 中识别出整个序列 $\{\alpha_{0,k-t}\}$，只要我们能够满足标准秩条件（即，能够使得序列 $\{\psi_{k-t}^g\}$ 的集合对于 $t\in\{0,1,..\}$ 是线性独立的）。

3. 封闭经济

在本节中，我们考虑对当前和未来的支出路径的一个一次性冲击，它发生在一开始的时候（$t=0$），并且会使得稳定状态不再稳定。为了集中讨论并简化对这个冲击的脉冲响应，我们抽象掉了随后的其他日期的不确定性。[①] 我们采用的是一个连续时间框架。这样做大大便利了计算，同时也不会影响我们的结果的性质。

本节的其余部分设定了一个标准的新凯恩斯主义模型环境，熟悉这种模型设置的读者可以直接跳到第 4 节。

家庭

模型中存在一个代表性家庭，它的偏好可以用如下效用函数表示：

$$\int_0^{\infty} e^{-\rho t}\left[\frac{C_t^{1-\sigma}}{1-\sigma}+\chi\frac{G_t^{1-\sigma}}{1-\sigma}-\frac{N^{1+\varphi}}{1+\varphi}\right]dt$$

其中，N_t 为劳动，C_t 是一个消费指数，其定义如下：

$$C_t = \left(\int_0^1 C_t(j)^{\frac{\epsilon-1}{\epsilon}}dj\right)^{\frac{\epsilon}{\epsilon-1}}$$

其中，$j\in[0,1]$ 表示一个产品种类，因此 ϵ 是一个给定的国家内部生产出来的两个产品种类之间的弹性，我们用 $P_t(j)$ 表示品种 j 的价格，并且将相应的价格指数表示为：

$$P_t = \left(\int_0^1 P_t(j)^{1-\epsilon}dj\right)^{\frac{1}{1-\epsilon}}$$

---

① 由于我们感兴趣的是对冲击的均衡反应的一阶近似（它可以通过研究对数线性化模型来求解），所以随后的日期的不确定性的存在，并不会影响我们的任何计算或结论（我们有确定性等价）。

家庭追求效用最大化。要满足的条件包括预算约束和非蓬齐条件(no-Ponzi condition)。预算约束为,对于一切 $t \geqslant 0$,

$$\dot{D}_t = i_t D_t - \int_0^1 P_t(j) C_t(j) dj + W_t N_t + \prod_t + T_t$$

在这个方程式中,W_t 是名义工资,Π_t 表示名义利润,T_t 则是名义一次总付性转移支付。家庭持有的债券的数量用 D_t 表示,货币联盟的名义利率则用 i_t 表示。

政府

像私人消费一样,政府的消费 G_t 也是在所有品种上的消费的总量:

$$G_t = \left(\int_0^1 G_t(j)^{\frac{\epsilon-1}{\epsilon}} dj \right)^{\frac{\epsilon}{\epsilon-1}}$$

对于任何支出水平 $\int_0^1 P_t(j) G_t(j) dj$,政府都要将它的支出分用于不同品种上,以最大化 G_t。政府支出是通过一次性总付税融资的。由于李嘉图等价成立,因而这种税收的征收时间是不重要的。

企业

一个典型的企业运用线性技术生产一种差异化的产品:

$$Y_t(j) = A_t N_t(j)$$

其中,A_t 是本国的生产率。

我们在模型中引入一个不变的就业税 $1+\tau^L$,以使得实际边际成本可以用 $\frac{1+\tau^L}{A_t} \frac{W_t}{P_t}$ 给出。

我们的就业税在我们的模型中是不变的,这一点与文献中的标准做法一致。税率的设置是,使之能够抵消垄断扭曲,即,使得 $\tau^L = -\frac{1}{\varepsilon}$。然而,需要强调的是,我们的结论没有一个是依赖于这个特定的值的。

我们还采用标准的卡尔沃(Calvo)定价框架。在每个时刻,所有企业当中,都有 ρ_δ 比例的企业可以重新设定价格。那些重新制定价格的企业要选择一个新价格 P_t^r 以求解:

$$\max_{P_t^r} \int_0^\infty e^{-\rho_\delta s - \int_0^s i_{t+z} dz} \left(P_t^r Y_{t+s|t} - (1+\tau^L) W_t \frac{Y_{t+s|t}}{A_t} \right)$$

其中,$Y_{t+k|t} = \left(\dfrac{P_t^r}{P_{t+k}} \right)^{-\epsilon} Y_{t+k}$,这是将 W_t、Y_t 和 P_t 等序列视为给定时的结果。

3.1 均衡条件

现在,我们列出本国的均衡条件。产品市场和劳动市场的市场出清要求:

$$Y_t = C_t + G_t$$

$$N_t = \frac{Y_t}{A_t} \Delta_t$$

其中,Δ_t 是价格分散指数,$\Delta_t = \int_0^1 \left(\dfrac{P_{H,t}(j)}{P_{H,t}} \right)^{-\epsilon}$。欧拉方程

$$\sigma \frac{\dot{C}_t}{C_t} = i_t - \pi_t - \rho$$

确保了经济行为主体的跨期最优化,其中,$\pi_t = \dot{P}_t/P_t$ 为通货膨胀率。

自然配置(natural allocation)是其他配置方式的参照点。自然配置出现在价格是有弹性的,而且政府消费保持在其稳定状态值 G 上不变的情况下。我们在变量上面加一条短横线来表示自然配置。

在这里,我们略去了企业所面临的价格制定问题的一阶条件。我们将只分析模型的对数线性化版本。在这个版本的模型中,上面这些均衡条件会坍缩成下文将描述的新凯恩斯主义菲利普斯曲线。

4.　流动性陷阱中的国家乘数

为了求得乘数,我们研究政府支出不变时围绕自然配置的对数线性化均衡条件。定义:

$$c_t = (1 - \mathcal{G})(\log(C_t) - \log(\overline{C}_t)) \approx \frac{C_t - \overline{C}_t}{Y}$$

$$y_t = \log Y_t - \log \overline{Y}_t \approx \frac{Y_t - \overline{Y}_t}{Y} \qquad g_t = \mathcal{G}(\log G_t - \log G) \approx \frac{G_t - G}{Y}$$

其中,$\mathcal{G} = \dfrac{G}{Y}$。这样一来,我们就有一个直接的一阶近似,

$$y_t = ct + gt$$

从而,对数线性化方程组为:

$$\dot{c}_t = \hat{\sigma}^{-1}(i_t - \pi_t - \overline{r}_t), \tag{2}$$

$$\dot{\pi}_t = \rho \pi_t - \kappa(c_t + (1 - \xi)g_t), \tag{3}$$

其中,$\hat{\sigma} = \dfrac{\sigma}{1 - \mathcal{G}}$、$\lambda = \rho_\delta(\rho + \rho_\delta)$、$\kappa = \lambda(\hat{\sigma} + \varphi)$,且 $\xi = \dfrac{\hat{\sigma}}{\hat{\sigma} + \varphi}$。方程式(2)是欧拉方程,方程式(3)是新凯恩斯主义菲利普斯曲线。在这里,$\overline{r}_t$ 是自然利率,被定义为在自然配置中占主导地位的实际利率。这就是说,对于所有的 $t \geq 0$,都有 $c_t = 0$ 的方程式(2)意味着对于所有的 $t \geq 0$,都有 $i_t - \pi_t = \overline{r}_t$。

事实证明,定义以下两个数字 ν 和 $\overline{\nu}$(方程组的特征值)很有帮助:

$$\nu = \frac{\rho - \sqrt{\rho^2 + 4\kappa \hat{\sigma}^{-1}}}{2} \qquad \overline{\nu} = \frac{\rho + \sqrt{\rho^2 + 4\kappa \hat{\sigma}^{-1}}}{2}$$

如果价格是完全有弹性的,那么每个时期的消费和劳动都可由两个静态条件直接决定:劳动消费条件和资源约束。政府支出会影响解,并导致新古典乘数 $1 - \xi$。这个乘数为正值但小于

1,而且完全是由于对劳动供给的财富效应所致。

从现在开始,我们约定,给定的利率路径$\{i_t\}$就总结了货币政策。为了解出(或回避)多重解,我们可以假设存在一个日期T,它使得,对于所有$t \geq T$,都有$c_t = g_t = \pi_t = 0$且$i_t = \bar{r}_t$。[1] 最重要的一个例子就是流动性陷阱情形,其中$i_t = 0$,且对于$t < T$,有$\bar{r}_t < 0$。不过,尽管这是一个很有用的解释,但是对于下面的分析其实不是必需的。

备注1。假设对于某个日期T,有$c_T = 0$,那么,

$$c_t = \int_t^T (i_{t+s} - \pi_{t+s} - \bar{r}_{t+s})\, ds$$

使得对于给定的通货膨胀路径$\{\pi_t\}$,消费路径$\{c_t\}$独立于支出路径$\{g_t\}$。

这个备注强调了,在新凯恩斯主义模型中,政府支出影响消费的机制是通过通货膨胀影响实际利率的。我们可以从中推导出两个含义。首先,影响通货膨胀的其他政策工具,比如说税收,也可能产生类似的政策效应。其次,以往关于财政乘数的实证研究并没有对通货膨胀所起的这个作用加以充分关注,因而在新凯恩斯主义模型中检验产出与通货膨胀之间的可能联系应该是有意义的。

4.1 求解财政乘数

由于上述方程组是一个线性系统,因此它可以有解析解。利用以下形式的政府支出,我们可以表示任意一个解:

$$c_t = \tilde{c}_t + \int_0^\infty \alpha_s^c g_{t+s}\, ds \tag{4a}$$

$$\pi_t = \tilde{\pi}_t + \int_0^\infty \alpha_s^\pi g_{t+s}\, ds \tag{4b}$$

其中,$\{\tilde{c}_t, \tilde{\pi}_t\}$是对于所有的$t$,$g_t = 0$时的均衡。我们集中关注$i = c$时的积分项$\int_0^\infty \alpha_s^i g_{t+s}\, ds$,$\pi$是财政政策$g \neq 0$的影响的度量。我们假设这个积分是有明确定义的,虽然我们也允许它的上下界为$+\infty$或$-\infty$(下文中将会讨论到)。

关于消费,我们将系数序列$\{\alpha_s^c\}$称为财政乘数。这里的关键是要注意到,它们是总私人消费乘数,而不是产出乘数。实际上,产出是由下式给出的:

$$y_t = \tilde{y}_t + g_t + \int_0^\infty \alpha_s^c g_{t+s}\, ds$$

从而,消费乘数的自然基准为0,而产出乘数的自然基准则为1。

系数α_s^c不依赖于日历时间t,而且也不依赖于利率路径$\{i_t\}$和$\{r_t\}$。因此,(由$\int_0^\infty \alpha_s^c g_{t+s}\, ds$这一项给出的)对消费或产出的影响,只依赖于未来的支出路径——它加权后总结在了序列$\{\alpha_s^c\}$中。

以$\int_0^\infty \alpha_s^c g_{t+s}\, ds$为测度来衡量财政政策的影响,出于如下两个动机——第一个是实际操作上的,第二个是理论概念上的。

---

[1] 需要注意的是,这里的T可以是任意大的,并且它任意大时对下面给出的解是没有影响的。实际上,即便不以这种方式选择均衡,对均衡的这种表征也是有效的:我们只需将c^*和π^*解释为,低于在对于所有的t,$g_t = 0$时得到的均衡集中的任何均衡。然后,这个解就描述了其他支出路径$\{g_t\}$的整个均衡集。

1. 如果经济陷入了流动性陷阱,利率(至少在一段时间内)位于零下限水平上不再变动,那么实际操作上的动机就会显现出来。在这种情况下,我们可以使用财政乘数 $\{\alpha_s^c\}$ 来预测财政政策的影响。为了说明这一点,我们假设零下限直到第 T 期之前都是有约束力的,即,对于所有的 $t < T$,都有 $i_t = 0$。假设在第 T 期之后,货币政策导致了一个零通货膨胀率的均衡,即,对于所有的 $t \geq T$,都有 $\pi_t = 0$。很容易就可以看出,在这种情况下,如果不存在政府支出(即,对于所有的 t,都有 $g_t = 0$),那么得到的均衡具有负的消费缺口和负的通货膨胀(即通货紧缩):对 $t < T, \widetilde{c}_t, \widetilde{\pi}_t < 0$ [请参见,例如,韦尔宁(Werning, 2012)]。

现在,考虑一个经济刺激计划,它试图通过设定如下的政治支出政策来改善上述结果:对于所有的 $t < T$,都有 $g_t > 0$;对于所有的 $t \geq T$,都有 $g_t = 0$。这样一来,$\int_0^{\infty} \alpha_s^c g_{t+s} ds = \int_0^{T-t} \alpha_s^c g_{t+s} ds$ 就是这种财政扩张政策对消费 c_t 的影响——相对于没有这种刺激计划时的结果 $\widetilde{c}_t$。

更一般地说,假设流动性陷阱后的政府支出是非零的,那么货币政策既可以说是确保零通货膨胀,也可以说不是。而且即便是在这种情况下,我们仍然可以使用财政乘数来衡量财政政策在流动性陷阱期间的影响:我们可以得出,对于 $t < T, c_t = c_T + \int_0^{T-t} \alpha_s^c g_{t+s} ds$,其中的 c_T 包括了流动性陷阱之后 $t \geq T$ 时财政政策和倾向政策的共同影响。

2. 从理论概念上讲,我们的财政乘数给出了对财政政策的影响的一种自然的分解,即,超出了单靠货币政策可以实现的那部分。

方程式(4a)和(4b)刻画了 $g \neq 0$ 时的整个均衡集,方法是通过给出 $g = 0$ 时的均衡之间的一对一映射。$\widetilde{c}_t$ 和 $\widetilde{\pi}_t$ 都是 $g = 0$ 时的均衡,而且都受货币政策的影响。货币政策则是用利率路径 $\{i_t\}$ 来表征的。

我们可以将这些事实表述为有政府支出时与没有政府支出时的均衡集之间的关系:

$$\varepsilon_g = \varepsilon_0 + \alpha \cdot g,$$

其中,ε_0 表示当 $g_t = 0$ 时对所有 t 的均衡的集合,而 ε_g 给定支出路径 $g = \{g_t\}$ 时的均衡的集合。在这里 $\alpha = \{\alpha_s^c, \alpha_s^\pi\}$ 集中了所有财政乘数,交叉乘积项 $\alpha \cdot g$ 表示对于 $i = c, \pi$ 的积分 $\int_0^\infty \alpha_{s}^i g_{t+s} ds$。集合 ε_g 是集合 ε_0 在 $\alpha \cdot g$ 的方向上移位后的版本。ε_0 中的每个平衡点在平移 $\alpha \cdot g$ 后,就成为了 ε_g 中的另一个均衡点,并且共享相同的名义利率路径 $\{i_t\}$。不过,这最后一个事实对我们的第二个动机(理论概念上的动机)来说是不重要的,因为重点是比较两个集合,而不是直接对均衡点进行比较。事实上,重要的问题是 $\alpha \cdot g$ 衡量了政府支出对均衡集的影响。这就提供了研究乘数 α 的概念上的动机,因为这种乘数总结了政府支出的影响。换句话说,在没有政府支出的情况下,我们可以将货币政策视为在集合 ε_0 中进行选择,而在有政府支出的情况下,则可以将货币政策视为在集合 ε_g 中进行选择。因而,财政政策对新的可选项的影响就是由位移 $\alpha \cdot g$ 精确地确定的。图 1 以图示的形式阐述了这个思想。①

---

① 这幅图是有意在抽象的意义上给出的,目的仅在于表示平行移位的概念,因此我们没有标明坐标轴,也没有给出集合的形状。它只适用于说明的目的。

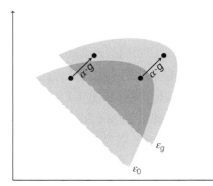

图1 没有政府支出时的均衡集合,以及给定政府支出路径$\{g_t\}$时的均衡集合的示意

我们的第一个结果为财政乘数提供了解析解。利用这个解析解,我们可以相当紧密地表征乘数。

命题1(封闭经济的乘数)。财政乘数由下式给出:

$$\alpha_s^c = \hat{\sigma}^{-1}\kappa(1-\xi)e^{-\overline{\mathcal{V}}s}\left(\frac{e^{(\overline{\mathcal{V}}-\underline{\mathcal{V}})s}-1}{\overline{\mathcal{V}}-\underline{\mathcal{V}}}\right)$$

在$\alpha_0^c=0$处的瞬时财政乘数为零,但是对于比较大的s,财政乘数为正、递增且是凸的,所以我们有$\lim_{s\to\infty}\alpha_s^c=\infty$。

图2的左侧给出了一个标准的校准中,作为s的函数的消费乘数α_s^c。命题1指出,当前的支出对消费没有影响,即,$\alpha_0^c=0$。这个结果的含义是,非常短暂的支出变化对消费的影响可以忽略不计,而产出乘数则接近于1。如前所述,政府支出对消费的影响是通过通货膨胀发挥作用的。当前的支出确实会影响当前的通货膨胀率,从而影响消费增长率。然而,由于这种更高的通货膨胀率是如此地昙花一现,以至于更低的消费增长率没有什么时间去影响消费水平。

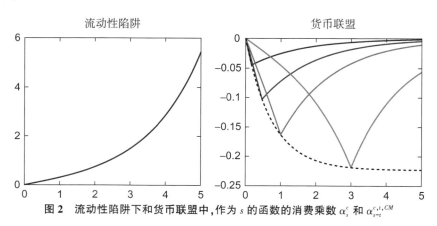

图2 流动性陷阱下和货币联盟中,作为s的函数的消费乘数α_s^c和$\alpha_{s-t}^{c,t,CM}$

注:对于$\alpha_{s-t}^{c,t,CM}$,各条曲线是对不同的$t\in\{0.25,0.5,1.3\}$分别绘制的。黑色虚线表示的是下包络线。参数设置为:$\sigma=1,\eta=\gamma=1,\varepsilon=6,\varphi=3,\lambda=0.14,\alpha=0.4$。

与此形成了鲜明对照的是,在未来发生的支出则会产生很大的影响。支出发生的未来距当前越远,这种影响越大,因为α_s^c随s而递增。事实上,在极限时,这种影响变为无限大,

因为 $\lim_{s\to\infty}\alpha_s^c=\infty$。这些结果背后的逻辑是,在 $s>0$ 上的支出,在整个时间区间 $[0,s]$ 内都会增大通货膨胀。这样一来,也就降低了同一时间区间内的实际利率,并降低了消费增长率。由于长期的消费水平是固定的,较低的消费增长率也就提高了消费水平。消费水平的上升反过来又导致通货膨胀率上升,从而创造了一个反馈循环。这些效应所作用的时间区间 $[0,s]$ 越长,对消费的影响也就越大。

当 $s\to\infty$ 时,财政乘数是无限的,这个事实与当 $s=0$ 时财政乘数为零的结果形成了鲜明的对照。这个事实有很重要的意义。例如,一个正的支出路径 $\{g_t\}$,如果是严重延后的,那么就可以给消费创造出非常大的反应。如果对支出的冲击的持续性非常高,那么情况就是如此。

示例 1(一阶自相关型支出)。假设 $g_t=ge^{-\rho_g t}$,那么如果 $\rho g>-\nu>0$,则消费 c_t 的响应是有限的,并且由下式给出:

$$\int\alpha_s^c ge^{-\rho_g(t+s)}\,ds=\frac{\sigma^{-1}\kappa(1-\xi)}{(\rho_g+\nu)(\rho_g+\bar\nu)}ge^{-\rho_g t}$$

$\rho g>-\nu>0$ 这个条件要求支出足够快地恢复为零,以防止积分值变为无穷大。

某些支出路径意味着 $\int_0^\infty\alpha_s^c g_s ds$ 的值是无穷大的。例如,在上述例子中,当 $\rho_g<-\nu$ 时,就会发生这种情况。应该怎么解释这种情况?从技术上讲,这可能会使我们的近似归于无效。但是,我们认为,从经济的角度来看,正确的结论应该是,这意味着支出将会对消费产生爆炸性的正影响。要看清楚这一点,一个简单的方法是截断支出路径 $\{g_t\}$,方法是,对于某个足够大的 T,给所有的 $t\geq T$ 设定 $g_t=0$。这样就可以在确保 $\int_0^\infty\alpha_s^c g_s ds$ 有限的同时,保证只要截止值足够大,响应也肯定会非常大。

接下来,我们探讨财政乘数会怎样受价格粘性的程度的影响。在新古典主义的基准模型中,消费乘数为负。要偏离这个基准,价格必须表现出一定程度的粘性。也许令人惊讶的是,由这种偏离而得到的凯恩斯主义的影响,是随着价格粘性的程度的上升而下降的。

命题 2(价格粘性)。财政乘数 $\{\alpha_s^c\}$

1. 当价格为刚性时,即,$\kappa=0$ 时,等于零;

2. 随着价格弹性的上升而增大;

3. 在价格变得完全弹性的极限情况下(此时 $\kappa\to\infty$),趋向于无穷大,即,$\alpha_s^c\to\infty$。

从逻辑上看,这些结果的逻辑都依赖于政府支出通过通货膨胀来影响消费这个事实。在极端情况下,即,如果价格是完全刚性的,那么通货膨胀率将固定为零,政府支出对消费没有影响。随着价格变得越来越有弹性,政府支出对通货膨胀的影响越来越大,从而对消费的影响也越来越大。在价格变得完全弹性的极限情况下,通货膨胀将变得极其敏感,因此政府支出的变化对消费的影响将会是爆炸性的。

请回想一下,我们的财政乘数是在假设随着支出上升,利率将保持不变的前提下计算出来的。上面这些结果其实并不违反直觉,只要我们认识到,如果维持利率不变,那么货币政策在价格更有弹性、通货膨胀反应更大的时候就必定更加宽松。当然,这正是当经济陷入了流动性陷阱、使得利率面对零下限约束时的计算方法。

我们通过支出的累积分布中的一阶占优变动来刻画对于给定某个净现值的产出的支出后置(backloading)。支出后置在每一个时间点上都会导致更高的消费路径。原因很简单:因为支出后置为产出与通货膨胀之间的反馈循环提供了更多的时间。

在把这个思路应用于流动性陷阱情形时,请务必记住对这种结果的正确解释。我们的计算是在固定不变的利率下比较不同支出路径的。在流动性陷阱中,这意味着支出变化发生在流动性陷阱结束之前。如果支出的延后超过了流动性陷阱的时间,那么就会对消费产生全然不同的影响。例如,如果流动性陷阱于第 T 期结束,货币政策目标为零通货膨胀率,那么政府支出的上升会降低第 T 期的消费。由于对于 $t < T$,有 $c_t = c_T + \int_0^{T-t} \alpha_s^c g_{t+s} ds$,所以这会反馈到 $t=0$ 时的消费,压低支出对消费的影响,并有可能扭转影响的方向。我们的结论是,在流动性陷阱期间的后置支出会增大汇总乘数,但是延迟到流动性陷阱之后的支出则会减少之。

4.2　汇总财政乘数

到目前为止,我们花了不少篇幅讨论财政乘数 $\{\alpha_s^c\}$ 的性质。通常,财政乘数是一个数字,它总结了支出的某种变化对产出或消费的影响——可能会依赖于一定的经济状态或货币政策。而这就要求将整个财政乘数 $\{\alpha_s^c\}$ 压缩为一个数字 $\bar{\alpha}$。我们将这个数字称为汇总财政乘数(summary fiscal multiplier),其形式为:

$$M^c = \frac{\int_0^\infty \lambda_t^c \int_0^\infty \alpha_s^c g_{t+s} ds \ dt}{\int_0^\infty \lambda_t^g g_t dt}$$

其中,$\{\lambda_t^c\}$ 和 $\{\lambda_t^g\}$ 为权重。当然,考虑对称权重是最自然的,即 $\lambda_t^c = \lambda_t^g = \lambda_t$。在下文中,我们将一直假设对称权重。最简单的权重设置是:当 $t \leq \tau$ 时,$\lambda_t = 1$;当 $t > \tau$ 时,$\lambda_t = 0$。然后计算出区间 $[0, \tau]$ 上总响应比。另一种可行的选择是令 $\lambda_t = e^{-\rho t}$,以计算整个期间上当前的响应值的比率。[1]

需要注意的是,由于 $y_t = c_t + g_t$,我们可以直接推导出产出乘数(其定义类似于消费乘数)的形式:[2]

$$M^y = M^c + 1$$

正如我们这里讨论所表明的,汇总乘数可能有很多种,而且也没有普遍的选择标准。相反,我们可以对汇总乘数进行调整,以适用实际的应用研究和相关政策。上一节中给出的表征方法对任何一个这类测度都是有意义的。也就是说,我们有:

1. 如果支出 $\{g_t\}$ 在 $t=0$ 处收敛于其集中值,那么 $M^c \to 0$;
2. 给定净现值的政府支出后置的程度越高,M^c 就越高;

---

[1] 然而,这种对无限远期的计算在经验上的对应物是不切实际的。

[2] 也就是说,我们定义:

$$M^y = \frac{\int_0^\infty \lambda_t (\int_0^\infty \alpha_s^c g_{t+s} ds + g_t) dt}{\int_0^\infty \lambda_t g_t dt}$$

3. 乘数 M^c 随价格弹性的增大而增大。当价格为刚性的时候,即 $\kappa = 0$ 时,乘数 M^c 等于零;在价格完全弹性的极限情形下,即,$\kappa \to \infty$ 时,达到无穷大。

示例 2。假设我们有这样一个自回归的支出路径:对于所有 $\rho_g > 0$,都有 $g_t = ge^{-\rho_g t}$。那么汇总乘数与 g_0 无关,它由下式给出:

$$M^c = \frac{\int_0^\infty \lambda_t \int_0^\infty \alpha_s^c g_{t+s} ds \, dt}{\int_0^\infty \lambda_t g_t dt} = \frac{\int_0^\infty \lambda_t \int_0^\infty \alpha_s^c e^{-\rho_g(t+s)} ds \, dt}{\int_0^\infty \lambda_t e^{-\rho_g t} dt} = \int_0^\infty \alpha_s^c e^{-\rho_g s} ds$$

更高的 $\rho_g \rho$ 会使权重向未来转移,更大的持久性会导致更高的汇总乘数。

4.3 内生的政府支出:政策冲击 vs 政策规则

到目前为止,我们已经分析了政府支出的外生变化及其对产出的影响,即,财政政策冲击。然而,还有许多刺激政策,最好是将它们视为对经济状态的内生反应,即,财政政策规则。

经济状态取决于模型参数。这个事实意味着在评估财政政策规则时,模型参数可能会发挥双重作用,这与评估财政政策冲击时不同。

在本部分,我们通过两个例子简要地分析一下这个问题。从形式上看,参数的变化既可能会影响结构性财政乘数 $\{\alpha_t^c\}$——对此我们在上文中已经讨论过了——也可能会影响到政府支出的路径 $\{g_t\}$。而且,这两者都可能对产出和汇总财政乘数产生影响。

示例 3。克里斯蒂亚诺等人(Christiano et al. ,2011)对流动性陷阱中的汇总财政乘数进行了计算。他们假设了这样一个政府支出政策:只要经济仍然处于流动性陷阱中,政府支出就以某个固定数额不断增加。他们通过改变价格弹性的程度和流动性陷阱的持续时间,计算出了财政乘数(见图2)。

他们这种计算汇总乘数的方法,等价于将初始产出响应除以初始支出增长。他们的结果表明,那些会使经济衰退恶化的参数值,也会导致更大的乘数。在某些情况下,这是因为这些参数会直接影响财政乘数 $\{\alpha_s^c\}$。例如,价格弹性 κ 的影响就属于这种情况。更高的价格弹性会使经济衰退更加恶化,导致更高的财政乘数(如命题2所示)。

然而,在其他情况下,他们的结论也依赖于这些参数对政策路径 $\{g_t\}$ 本身的间接效应。事实上,即便当我们的乘数 $\{\alpha_s^c\}$ 保持不变时,这种间接效应也这可能会影响汇总乘数。克里斯蒂亚诺等人的模型假设了关于流动性陷阱持续时间的泊松不确定性,但是相同的逻辑同样适用于确定性情形,即,当流动性陷阱的持续时间 T 为已知时。[1]

假设经济在 $t \leq T$ 时处于流动性陷阱(利率为零)当中,而在 $t \geq T$ 时则会返回到自然配置 $c_t = g_t = 0$。考虑在流动性陷阱期间增加支出的财政干预政策:对于 $t \leq T$,$g_t = g0$;对于 $t \geq T$,$g_t = 0$。显然,T 越大,衰退越深[见韦尔宁(Werning, 2012)],但是对财政乘数 $\{\alpha_t^c\}$ 则没有影响。然而,按下式计算的汇总影响乘数则是随 T 递增,而且是凸的。

---

[1] 他们所用的参数 p(表示继续处于陷阱中的概率),具有与我们的确定性设置中的 T 类似的影响。

$$\frac{\int_0^T \alpha_s^c g\, ds}{g} = \int_0^T \alpha_s^c\, ds$$

流动性陷阱持续时间越长,这个汇总乘数越大,尽管在任何时点上的的支出都是同样有效的(在 α_s^c 保持不变时)。因此下述结论是错误的:当 T 增加时,持续一定时期 $\tau \le T$(比如说,一年或两年)的刺激计划,作为一个政策冲击,会变得更加有效。正确的说法是,如果对于所有的 $t \le T$,都有 $g_t = g$,作为一个政策规则,随着 T 的增大,对产出的影响也随之增大,这仅仅是因为 T 的增大延长了支出 g 以固定的速度增长的时间期限,从而导致了支出的累积变化 Tg 的增大。由于累积支出增大了,影响的效果就变得更大了,即便(这与模型相反)α_s^c 固定不变也是如此。此外,由于支出后置进一步延伸了,这种效应又被进一步放大。根据命题1,我们知道这将是特别有效的,因为 α_s^c 随 s 递增。

示例4。另一个角度是将 g_t 设定为当前的消费的一个线性函数:对于某个 $\Psi > 0$,

$$g_t = -\Psi c_t$$

这样一来,菲利普斯曲线就变为:

$$\dot{\pi}_t = \rho \pi_t - \kappa(c_t + (1-\xi)g_t) = \rho \pi_t - \kappa(1 - (1-\xi)\Psi)c_t$$

进一步假设 $\Psi = (1-\xi)^{-1}$,这将使得支出能够"填补缺口",并且 $c_t + (1-\xi)\, g_t = 0$。我们维持对于 $t \ge T, g_t = 0$ 这个假设。这样一来,对于所有的 $t \ge 0$,通货膨胀均为零,同时对消费的影响就好像价格是完全刚性的一样。现在,根据这个财政政策,考虑价格弹性 κ 取不同的值时的影响。消费结果 $\{c_t\}$ 和支出路径 $\{g_t\}$ 都不取决于 κ。因此,在这个特定情况下,对于给定的 T,这个财政规则可以解释为一个财政冲击,因为它是独立于 κ 的。然而,不存在支出(即,$g_t = 0$)时的基准均衡结果,却是随价格弹性 κ 而递减的[请参见韦尔宁(Werning,2012)]。因此,当价格变得更有弹性时,财政政策对消费有更大的影响。这与命题2所述的价格弹性对 $\{\alpha_s^c\}$ 的影响是一致的。

5. 关于货币联盟的开放经济模型

在本节中,我们讨论一个开放经济模型,它与法里和韦尔宁(Farhi and Werning,2012a、b)的开放型经济模型类似,而他们的模型反过来又是建立在加里和莫纳切利(Gali and Monacelli,2005,2008)的模型的基础上的。

这个模型关注的是一个由使用同一种共同货币的国家或地区组成的连续统。或者,这里所说的"地区",可以解释为一个国家内部的各州或各个省份。我们这里的分析与对"区域乘数"进行估计的文献直接相关,例如,利用美国各州政府的支付出行为的横断面变化,来估计对收入和就业的影响。另一种解释是将它们解释为加入了某个货币联盟内部的各个国家,如欧洲货币联盟(European Monetary Union,EMU)的成员国。我们的分析对围绕着外围国家的财政政策、刺激政策 vs 紧缩政策的争论很有意义。

为了行文简洁,从现在起,我们将把这些经济单位(地区或国家)一律简称为国家。我们的分析关注的是,在每一个国家实施了财政政策之后,围绕着某个对称的稳定状态而发生的影响。这个关键因素是,私人行为主体如何分担"国际性"的风险。我们将考虑这两个极端情况:①在不完全市场中,经济行为主体只能交易无风险债券;②在拥有完美的风险分担机制的完全市场中行为。这两个市场结构对财政乘数有不同的影响。

5.1 家庭

模型中,存在一个测度为 1 的国家连续统 $i \in [0,1]$。我们把注意力集中在单个国家上——我们称之为"本国"。可以将"本国"视为一个特定的值 $H \in [0,1]$。我们将只考虑一次性震荡,即,所有的不确定性都在 $t=0$ 处实现。因此,我们可以将冲击实现后的经济描述为时间的一个确定性函数。

在每一个国家,都有一个代表性的家庭,它的偏好可以用如下效用函数表示:

$$\int_0^\infty e^{-\rho t} \left[\frac{C_t^{1-\sigma}}{1-\sigma} + \chi \frac{G_t^{1-\sigma}}{1-\sigma} - \frac{N^{1+\varphi}}{1+\varphi} \right] dt$$

其中,N_t 是劳动,C_t 是一个消费指数,其定义如下:

$$C_t = \left[(1-\alpha)^{\frac{1}{\eta}} C_{H,t}^{\frac{\eta-1}{\eta}} + \alpha^{\frac{1}{\eta}} C_{F,t}^{\frac{\eta-1}{\eta}} \right]^{\frac{\eta}{\eta-1}}$$

其中,$C_{H,t}$ 是由下式给出的国内商品的消费指数:

$$C_{H,t} = \left(\int_0^1 C_{H,t}(j)^{\frac{\epsilon-1}{\epsilon}} dj \right)^{\frac{\epsilon}{\epsilon-1}}$$

其中,$j \in [0,1]$ 表示一个商品种类。类似地,$C_{H,t}$ 是进口商品的消费指数,由下式给出:

$$C_{F,t} = \left(\int_0^1 C_{i,t}^{\frac{\gamma-1}{\gamma}} di \right)^{\frac{\gamma}{\gamma-1}}$$

其中的 $C_{i,t}$ 则是从第 i 个国进口的各种商品的消费指数,由下式给出:

$$C_{i,t} = \left(\int_0^1 C_{i,t}(j)^{\frac{\epsilon-1}{\epsilon}} dj \right)^{\frac{\epsilon}{\epsilon-1}}$$

由此,ϵ 是这个给定的国家生产的不同种类的商品之间的弹性,η 是本国商品与外国商品之间的弹性,γ 是外国生产的不同种类的商品之间的弹性。一个有重要意义的特殊情况是 $\sigma = \eta = \gamma = 1$,我们将这种情况称为科尔-奥布斯特费尔德情形,因为他们在一篇论文中最早研究了这种情况(Cole and Obstfeld,1991)。

参数 α 表示本国偏向(home bias)的程度,它也可以解释为开放程度的测度。考虑两个极端情况:当 $\alpha \to 0$ 时,外国商品所占的份额趋向于消失;当 $\alpha \to 1$ 时,本国商品的份额趋向于消失。由于国家是无限小的,后面这种情况就刻画了一个没有任何本国偏向的非常开放的经济,而前面那种情况则代表了一个经济几乎与外界完全隔绝、没有任何交易的封闭经济。

家庭在预算约束下对 $t \geq 0$ 各期追求效用最大化:

$$\dot{D}_t = i_t D_t - \int_0^1 P_{H,t}(j) C_{H,t}(j) dj - \int_0^1 \int_0^1 P_{i,t}(j) C_{i,t}(j) dj di + W_t N_t + \prod_t + T_t$$

在这个方程中,$P_{H,t}(j)$ 是本国生产的品种 j 的价格,$P_{i,t}$ 是从第 i 个国家进口的品种 j 的价格,W_t 是名义工资,Π_t 表示名义利润,T_t 是名义一次总付性转移支付。所有这些变量全都用共同货币表示。本国经济行为主体持有的债券的数量用 D_t 表示,货币联盟内的共同名义利率用 i_t 表示。

在某些情况下,我们还可以允许跨国家的转移支付依存于冲击的发生。这些转移支付可能是因为完全的金融市场中的私人安排而产生,也可能是因为政府的安排。这些转移支付既可以由政府承担,也可以直接向经济行为主体收取。由于一次兑付性税收的存在,这种区别是无关紧要的。例如,我们有时会考虑这样的假设:在完全市场中,不同国家的经济行为主体可以在各个金融市场中完美地分担风险。经济行为主体创建国际投资组合,其回报导致国际转移支付,且依存于实现的冲击。在我们将在第 8 节中详细分析的一个例子中,我们考虑了用来自本国之外的世界各国的转移支付"买单"的本国政府支出。在那种情况下,我们既可以认为转移支付是直接交给本国政府的,或者也可以认为支出是在世界其他地方产生并支付的。

5.2 政府

政府消费 G_t 是在不同品种上的消费的总和。重要的是,我们假设政府支出只集中在本国的商品品种上,即:

$$G_t = \left(\int_0^1 G_t(j)^{\frac{\epsilon-1}{\epsilon}} dj \right)^{\frac{\epsilon}{\epsilon-1}}$$

在任一支出水平 $\int_0^1 P_{H,t}(j) G_t(j) dj$ 上,政府都要将支出分用于不同商品品种上,以最大政府消费 G_t。政府支出通过一次总付税融资。这些税收的征收时间是不重要的,因为在我们的基本模型中,李嘉图等价成立。我们将下面的第 7 节中考察一个潜在的非李嘉图式的模型设置,在那个模型中,我们引入了仅够糊口的消费者。

5.3 企业

5.3.1 技术

本国经济中,一个典型的企业用一种线性技术生产一种差异化商品:

$$Y_t(j) = A_{H,t} N_t(j)$$

其中,$A_{H,t}$ 为本国的生产率。我们将第 i 个国家的生产率表示为 $A_{i,t}$。

我们在模型中引入一个不变的就业税 $1+\tau^L$,以使得用本国的生产者价格指数去通货膨胀化后的实际边际成本可以用 $\frac{1+\tau^L}{A_{H,t}} \frac{W_t}{P_{H,t}}$ 表示。我们将就业税设置为不变的,且使之能够抵消垄断扭曲,即,使得 $\tau^L = -\frac{1}{\epsilon}$。这一点与文献中的标准做法一致。但是,我们的结论没有一个是依赖于这个特定的值的。

5.3.2　关于价格设定的假设

我们假设"一价法则"成立，因此在任何时候，不同国家生产的某个特定品种的商品的价格在用同一种货币计价时总是相同的。

我们还采用标准的卡尔沃（Calvo）定价框架。在每个时刻，所有企业当中，都有 ρ_δ 比例的企业可以重新设定价格。那些重新制定价格的企业要选择一个新价格 P_t^r 以求解：

$$\max_{P_t^r} \int_0^\infty e^{-\rho_\delta s - \int_0^t i_{t+z} dz} \left(P_t^r Y_{t+s|t} - (1+\tau^L) W_t \frac{Y_{t+s|t}}{A_{H,t}} \right)$$

其中，$Y_{t+k|t} = \left(\dfrac{P_t^r}{P_{H,t+k}} \right)^{-\epsilon} Y_{t+k}$，这是将 W_t、Y_t 和 $P_{H,t}$ 等序列视为给定时的结果。

5.4　贸易条件与实际汇率

我们定义如下价格指数，下文将证明它们是很有用的。本国消费者价格指数（CPI）为：

$$P_t = \left[(1-\alpha) P_{H,t}^{1-\eta} + \alpha P_t^{*\,1-\eta} \right]^{\frac{1}{1-\eta}}$$

本国生产者价格指数（PPI）为：

$$P_{H,t} = \left[\int_0^1 P_{H,t}(j)^{1-\epsilon} dj \right]^{\frac{1}{1-\epsilon}}$$

然后令 P_t^* 表示进口商品的价格指数。这样，贸易条件可以定义为：

$$S_t = \frac{P_t^*}{P_{H,t}}$$

类似地，令实际汇率为

$$\mathcal{Q}_t = \frac{P_t^*}{P_t}$$

5.5　均衡条件

我们现在总结均衡条件。为了简化论述，我们只关注所有国家全都相同的情况。因为经济行为主体面临着相同的利率序列，因此最优消费满足：

$$C_t = \Theta C_t^* \, \mathcal{Q}_t^{\frac{1}{\sigma}}$$

其中，Θ 是相对帕累托权重，它可能依赖于冲击的实现；C_t^* 是整个货币联盟的消费。产品市场的出清条件为：

$$Y_t = (1-\alpha) C_t \left(\frac{\mathcal{Q}_t}{S_t} \right)^{-\eta} + \alpha S_t^\gamma C_t^* + G_t$$

类似地，我们可以得出如下劳动市场出清条件：

$$N_t = \frac{Y_t}{A_{H,t}} \Delta_t$$

其中,Δ_t 是价格分散度指数,$\Delta_t = \int_0^1 \left(\frac{P_{H,t}(j)}{P_{H,t}}\right)^{-\epsilon}$。欧拉方程则为:

$$\sigma \frac{\dot{G}_t}{G_t} = i_t - \pi_t - p,$$

其中,$\pi_t = \dot{P}_t/P_t$ 是用消费者价格指数衡量的通货膨胀率。最后,我们还必须包括整个国家的预算约束:

$$\dot{NFA}_t = (P_{H,t}Y_t - P_tC_t) + i_t NFA_t$$

其中,NFA_t 是那个国家时间 t 时的国外净资产,为了便利起见,我们用本国的计价单位来衡量它。我们还施加了一个标准的非蓬齐条件(no-Ponzi condition)限制,即,当 $t \to \infty$ 时,$e^{-\int_0^t i_s ds} NFA_t \to 0$。

在不存在国家之间的转移支付或跨国保险体制时,NFA_0 必定等于 0。相反,当市场是完全的时候,我们要求 $\Theta = 1$。在此基础上,我们可以解出每个实现的冲击所需要的 NFA_0 的初始值。这个值可以解释为来自世界其他地方的保险转移支付。

最后,利用卡尔沃式定价机制,我们可以得出一个方程组,它总结了最优价格设定的一阶条件。在这里,我们略去了这些条件,因为我们只需要分析模型的对数线性化版本。

6. 货币联盟中的国家财政乘数和区域财政乘数

为了计算出区域乘数,我们要先研究零通货膨胀的对称稳态周围的对数线性化均衡条件。我们将国内和国外总私人消费、产出、对本国生产的商品的公共消费相对于稳态产出的偏差表示为如下格式:

$$c_t = (1-\mathcal{G})(\log(Y_t - G_t) - \log(Y - G)) \approx \frac{Y_t - G_t - (Y - G)}{Y}$$

$$y_t = \log(Y_t) - \log(Y) \approx \frac{Y_t - Y}{Y} \quad g_t = \mathcal{G}(\log G_t - \log G) \approx \frac{G_t - G}{Y}$$

其中,$\mathcal{G} = \frac{G}{Y}$ 表示稳态政府支出在产出中所占的份额。这样一来,我们必定可以得出如下一阶近似:

$$y_t = c_t + g_t,$$

需要注意的是,这里的 c_t 并不表示(对于国内和国外的商品的)私人国内总消费;相反,它指的是(国内的人和国外的人)对本国商品的私人消费。在封闭经济中,这两者是重合的;但是在开放经济中,就我们的研究目的而言,后者更加重要,也更加便利。

然后,我们可以将对数线性化系统写成如下一组微分方程:

$$\dot{\pi}_{H,t} = \rho \pi_{H,t} - \kappa(c_t + (1-\xi)g_t) - \lambda\sigma\alpha(\omega-1)\dot{c}_t^* - (1-\mathcal{G})\lambda\sigma\alpha\omega\theta \tag{5}$$

$$\dot{c}_t = \hat{\sigma}^{-1}(i_t^* - \pi_{H,t} - \rho) - \alpha(\omega - 1)\dot{c}_t^* \tag{6}$$

其初始条件,以及变量 θ 的定义为:

$$c_0 = (1 - \mathcal{G})(1 - \alpha)\theta + c_0^* \tag{7}$$

$$\theta = (1 - \mathcal{G})\int_0^{+\infty} e^{-\rho s}\rho \frac{(\omega - \sigma)}{\omega + (1 - \alpha)(1 - \sigma)} c_s ds + (1 - \mathcal{G})\frac{1 - \alpha + \alpha\omega}{\omega + (1 - \alpha)(1 - \sigma)}\frac{\rho}{\alpha}\text{nfa}_0 \tag{8}$$

如果市场是不完全的,还有

$$\text{nfa}_0 = 0 \tag{9}$$

如果市场是完全的,

$$\theta = 0 \tag{10}$$

其中,$\text{nfa}_0 = \dfrac{NFA_0}{Y}$ 是初始国外资产头寸的归一化偏差(在对称的稳态下,$\text{nfa}_0 = 0$),$\theta = \log\Theta$ 是对数线性化的巴克斯-史密斯方程(Backus-Smith equation)中的楔(在对称的稳态下,$\theta = 0$)。在这些方程中,我们运用了以下定义:$\lambda = \rho_\delta(\rho + \rho_\delta)$、$\kappa = \lambda(\hat{\sigma} + \varphi)$、$\xi = \dfrac{\hat{\sigma}}{\hat{\sigma} + \varphi}$,以及,

$$\omega = \sigma\gamma + (1 - \alpha)(\sigma\eta - 1),$$

$$\hat{\sigma} = \frac{\sigma}{1 - \alpha + \alpha\omega}\frac{1}{1 - \mathcal{G}}$$

上面的方程式(5)就是新凯恩斯主义菲利普斯曲线。方程式(6)则为欧拉方程。方程式(7)是从"贸易条件在 $t = 0$ 处是预决的"这个要求推导出来的——因为价格是粘性的,且汇率是固定的。方程式(9)或(10),取决于市场是完全的还是不完全的,它们与方程式(8)一起,代表了国家的预算约束。在科尔-奥布斯特费尔德(Cole-Obstfeld)情形中,$\sigma = \eta = \gamma = \Omega = 1$,因而完全市场下与不完全市场下的解是重合的。只要偏离了科尔-奥布斯特费尔德情形,完全市场下与不完全市场下的解就会不同。不完全市场解对国家预算约束(8)施加了 $\text{nfa}_0 = 0$ 的限制,而完全市场解则解出了 nfa_0 的内生值,它能够确保国家预算约束(8)成立($\theta = 0$)。后者可以解释作为来自世界其他地区的保险支付。

这些方程构成了一个线性微分方程组,它的启动变量为 $\{g_t, g_t^*, i_t^*\}$。再定义如下两个数值 ν 和 $\bar{\nu}$(这个方程组的特征值),它们在下面的推导中很有用:

$$\nu = \frac{\rho - \sqrt{\rho^2 + 4\kappa\hat{\sigma}^{-1}}}{2} \qquad \bar{\nu} = \frac{\rho + \sqrt{\rho^2 + 4\kappa\hat{\sigma}^{-1}}}{2}$$

6.1　国内政府支出

我们先考虑国内政府支出是唯一的冲击的情形。在这种情形下,$i_t^* = \rho$,$g_t^* = y_t^* = c_t^* = 0$。请注意,如果总是有 $g_t = 0$,那么 $\theta = 0$,且 $y_t = c_t = 0$。我们接下来计算当 $g_t \neq 0$ 时,对这个稳定状态的偏离。

关于金融市场的完全性的假设会影响结果。因此,我们依次考虑完全市场和不完全市场的情况。

6.1.1 完全市场

我们首先研究完全市场的情况。这种假设在绝大多数文献中都很有代表性,而且因为它的易处理性,它通常也被用于基准模型当中。这个假设的关键含义在于,它意味着,在面对冲击时,消费得到了保险。在均衡中,私人经济行为主体会与世界其他地方达成协议:在政府支出上升时接受转移支付;反之,在政府支出下降时付出转移支付。结果,政府的支出冲击不会影响冲击发生时的消费。从形式上说,在完全市场下,我们有 $\theta = 0$,所以前述方程组就变成了:

$$\dot{\pi}_{H,t} = \rho \pi_{H,t} - \kappa(c_t + (1-\xi)g_t)$$

$$\dot{c}_t = -\hat{\sigma}^{-1}\pi_{H,t}$$

其初始条件为:

$$c_0 = 0$$

因为这个方程组是线性的,我们可以写出:

$$c_t = \int_{-t}^{\infty} \alpha_s^{c,t,CM} g_{t+s} ds$$

$$\pi_{H,t} = \int_{-t}^{\infty} \alpha_s^{\pi,t,CM} g_{t+s} ds$$

其中,上标 CM 代表完全市场。需要注意的是,这与封闭经济情形有两个重要的差异。首先,政府支出会同时产出前瞻性和后视性的效应,这些积分的下限现在由 $-t$ 而不是由 0 来给出。在每个时间点,消费都由依赖于以往的通货膨胀的贸易条件所固定下来。其次,乘数还依赖于日历时间 t。

还有一点也很重要,需要在此提醒读者。系数 $\{\alpha_s^{c,t,CM}\}$ 的序列表示的是与(国内的人和国外的人对)本国商品的私人总消费的财政乘数相关的概念,而不是与国内产出的财政乘数相关的概念。国内产出为:

$$y_t = g_t + \int_{-t}^{\infty} \alpha_s^{c,t,CM} g_{t+s} ds$$

消费乘数的自然基准为 0,而产出乘数的自然基准则为 1。

命题 3(开放经济中的乘数,完全市场)。 假设市场是完全的,那么财政乘数由下式给出:

$$\alpha_s^{c,t,CM} = \begin{cases} -\hat{\sigma}^{-1}\kappa(1-\xi)e^{-vs}\dfrac{1-e^{(v-\bar{v})(t+s)}}{\bar{v}-v} & s<0, \\[3mm] -\hat{\sigma}^{-1}\kappa(1-\xi)e^{-vs}\dfrac{1-e^{(v-\bar{v})t}}{\bar{v}-v} & s \geq 0. \end{cases}$$

从中可以推出:

它遵循

1. 当 $t=0$ 时,对于所有的 s,我们都有 $\alpha_s^{c,t,CM}=0$;

2. 当 $t>0$ 时,对于所有的 s,我们都有 $\alpha_s^{c,t,CM}<0$;

3. 当 $t \to \infty$ 时,对于所有的 s,我们都有 $\alpha_s^{c,t,CM} \to 0$;

4. 支出为零或无穷大,都不会产生影响,即:$\alpha_{-t}^{c,t,CM} = \lim_{s \to \infty} \alpha_s^{c,t,CM} = 0$。

图 2 的右侧显示了一个标准校准中的消费乘数。消费乘数在固定汇率的开放型经济体

中与封闭经济中大不相同。命题 3 的第(1)部分告诉我们，消费的初始反应总是为零，这无非是重述了前面给出的 $c_0 = 0$ 这个初始条件。之所以如此，是因为贸易条件是预先确定的（预决的），同时完全市场也保证了消费。

第(2)部分表明，任何其他日期上的消费反应实际上均为负。请注意，欧拉方程与初始条件一起意味着：

$$c_t = -\hat{\sigma}^{-1} \log \frac{P_{H,t}}{\bar{P}_H}$$

政府支出推高了需求，导致通货膨胀，即，使 $P_{H,t}$ 上升。换句话说，政府支出导致了贸易条件的"升值"，这种竞争力的下降会压制私人需求——无论是来自国内的消费者，还是来自国外的消费者。虽然我们是在一个特定的模型设定下得到这个结果的，但是我们有理由认为它有很高的稳健性。这里的关键因素是，消费负依赖于贸易条件，同时政府支出会导致通货膨胀。

只要汇率固定，产出乘数就必定小于 1，这似乎是一个令人惊异的结果，因为它与固定利率的封闭经济中的结论形成了鲜明的对比。这里的关键在于，固定汇率就意味着固定利率，但是反过来并不然。对于这个思想，我们在下一节中还会进一步展开讨论。

第(3)部分说的是，政府支出对任何时候的私人消费的影响从长远来看都会消失。这个长期中性结果源于完全市场假设。否则，在长期中，由于外国资产的不断积累，必定会出现潜在的新古典主义财富效应。

第(4)部分则指出，接近于零的政府支出和在非常遥远的未来发生的政府支出对任何时候的消费的影响都可以忽略不计。接近于零的政府支出影响通货膨胀的时间非常有限，因而对国内价格水平的影响也不大。类似地，非常遥远的未来的支出在任何时候对通货膨胀的影响都会趋于消失。

示例 5（一阶自回归型支出）。假设市场是完全的，并假设 $g_t = g e^{-\rho_g t}$。这样一来，我们有：

$$c_t = -g e^{vt} \frac{1 - e^{-(v+\rho_g)t}}{v + \rho_g} \frac{\hat{\sigma}^{-1} \kappa (1-\xi)}{v + \rho_g}$$

对于 $g > 0$，这个例子表示 c_t 始终为负。换句话说，在具有完全市场的开放经济模型中，产出增长的比例总是要比政府支出扩张的比例小。这里的直觉很简单，由于贸易条件是预先就确定的，对本国生产的商品的私人支出也是预先就确定的，所以 $c_0 = 0$。政府支出在一开始会导致通货膨胀，因为短期内对本国生产的商品（公共的和私人的）的需求总量会有所增加。然后，由于名义利率是固定的，通货膨胀会压低实际利率，导致对本国生产的商品的私人消费进入下降路径，因此 c_t 变为负。通货膨胀压力在 $t=0$ 时最大，然后随着时间的推移，随着公共需求和私人需求的下降，通货膨胀压力也将随之下降。事实上，到了某个时刻，通货膨胀将转为负，于是从长远来看，贸易条件回到了稳定状态值。在那一点上，对国生产的商品的私人消费 c_t 达到了最低水平，并开始转为增长，在长期中将返回到 0。通货膨胀在导致 $c_t < 0$ 的过程中发挥的关键作用在刚性价格情况下看得最清楚。当价格是完全刚性的时候，我们

在整个过程中都有 $\kappa=0$，从而 $c_t=0$。[①]

一个非常有意思的观察结果是，经济开放性参数 α 只能通过它对 $\dot{\sigma}$ 的影响而进入命题 3 或示例 5。[②] 由此而导致的一个结果是，在科尔-奥布斯特费尔德情形中，$\sigma=\eta=\gamma=1$，私人消费乘数 $\alpha_s^{c,t,CM}$ 完全独立于经济开放性参数 α。而在偏离了科尔-奥布斯特费尔德情形的时候，$\alpha_s^{c,t,CM}$ 却依赖于 α，但是这种依赖性既可以为正，也可能为负，取决于具体的参数值。[③]

接下来，我们讨论财政乘数是怎样受到价格粘性的程度的影响的。

命题 4(价格粘性)。 财政乘数 $\{\alpha_s^{c,t,CM}\}$ 以如下方式取决于价格弹性:

1. 如果价格是刚性的，即，当 $\kappa=0$ 时，对于所有的 s 和 t，我们都有 $\alpha_s^{c,t,CM}=0$;

2. 当价格变得完全弹性的时候，对于所有的 t，函数 $s\rightarrow\alpha_s^{c,t,CM}$ 在分布中都收敛于 $-(1-\xi)$ 乘以一个集中在 $s=0$ 处的狄拉克分布，而这就意味着对于所有(连续的和有界的)政府支出路径 $\{g_t\}$，都有 $\int_{-t}^{\infty}\alpha_s^{c,t,CM}g_{t+s}ds=-(1-\xi)g_t$。

与有流动性陷阱的经济不同，在这里，当价格变得更有弹性时，财政乘数并不会"爆炸"。在流动性陷阱中，政府支出启动了消费与通货膨胀之间的反馈循环:政府支出导致了通货膨胀，通货膨胀降低了实际利率，更低的实际利率增加了私人消费，从而又进一步提高了通货膨胀……。货币联盟下则不存在这种反馈循环:政府支出增加了通货膨胀，通货膨胀推高了贸易条件，从而减少了私人消费，进而降低了通货膨胀压力。相反，当价格变得非常有弹性的时候，配置会收敛于弹性价格配置 $c_t=-(1-\xi)$。在弹性价格配置中，私人消费完全由同时期的政府支出决定。因此，s 的函数 $\alpha_s^{c,t,CM}$ 在分布上收敛于 $-(1-\xi)$ 乘以 $s=0$ 处的一个狄拉克函数。这意味着如下事实:对于 $s=0$，$\lim_{\kappa\rightarrow\infty}\alpha_s^{c,t,CM}=-\infty$;对于 $s\neq0$，$\lim_{\kappa\rightarrow\infty}\alpha_s^{c,t,CM}=0$。

我们可以对弹性价格下的新古典主义结果加以重新解释，应用于刚性价格和弹性汇率的情况——弹性汇率可以调整，以复制弹性价格配置。这样一来，产出乘数将小于 1。命题 4 的第一个结果表明，在刚性价格和固定汇率下，产出乘数等于 1。在这个意义上，我们可以说固定汇率制与弹性汇率制的比较证实了蒙代尔-弗莱明模型(Mundell-Flemming model)的传统观点:财政政策在固定汇率制下更加有效[请参见，例如，多恩布施(Dornbusch,1980)]。这与科尔塞蒂等人(Corsetti et al.,2011)的模拟结果也是一致的。

6.1.2 不完全市场

我们现在把注意力转向市场不完全的情况。尽管经济学家经常出于易处理性考虑而采用完全市场假设，但是我们认为，在我们感兴趣的大多数情况下，不完全市场假设应该更接近现实。

[①] 注意到，即便 $\rho_g<0$，只要 $\bar{v}+\rho_g>0$，那么上述计算也是有效的。如果违背了这个条件，那么对于 $g<0$，c_t 为 $-\infty$;对于 $g<0$，c_t 为 $+\infty$。

[②] 回想一下，我们有 $\dot{\sigma}=\dfrac{\sigma}{1+\alpha[(\sigma\gamma-1)+(\sigma\eta-1)-(\sigma\eta-1)]}\dfrac{1}{1-\mathcal{G}}$。

[③] 例如:当 $\sigma\eta>1$ 且 $\sigma\gamma>1$ 时，对于 $\alpha\in\left[0,\min\left\{\dfrac{(\sigma\gamma-1)+(\sigma\eta-1)}{2(\sigma\eta-1)},1\right\}\right]$，$\alpha_s^{c,t,CM}$ 是随 α 递增的;而对于 $\alpha\in\left[0,\min\left\{\dfrac{(\sigma\gamma-1)+(\sigma\eta-1)}{2(\sigma\eta-1)},1\right\}\right]$，$\alpha_s^{c,t,CM}$ 是随 α 递减的。

　　支出冲击可能会产生影响消费和劳动响应的收入效应。完全市场下的解,可以确保来自世界其他地方的转移支付能够有效地消除这种收入效应。因此,不完全市场下的解,一般与完全市场情况下不同。唯一的一个例外是科尔-奥布斯特费尔德情形,其中,$\sigma = \eta = \gamma = 1$。

　　在不完全市场下,前述方程组就变为:

$$\dot{\pi}_{H,t} = \rho \pi_{H,t} - \kappa(c_t + (1-\xi)g_t) - (1-\mathcal{G})\lambda\hat{\sigma}\alpha\omega\theta,$$

$$\dot{c}_t = -\hat{\sigma}^{-1}\pi_{H,t}$$

其初始条件为:

$$c_0 = (1-\mathcal{G})(1-\alpha)\theta,$$

$$\theta = (1-\mathcal{G})\int_0^\infty e^{-\rho s}\rho\frac{(\omega-\sigma)}{\omega+(1-\alpha)(1-\sigma)}c_s ds.$$

　　我们用上标 IM 表示消费乘数,它的含义是不完全市场。我们用 $\hat{t}$ 表示这样的时间,它能够使得:

$$\frac{e^{\hat{vt}}}{1-e^{\hat{vt}}} = \omega\frac{\hat{\sigma}}{\hat{\sigma}+\varphi}\frac{\alpha}{1-\alpha}$$

我们还定义:

$$\hat{\Sigma} = (1-\mathcal{G})(1-\alpha)\frac{1}{\bar{v}} + (1-\mathcal{G})\frac{\hat{\sigma}}{\hat{\sigma}+\varphi}\alpha\omega\frac{1}{\rho}\frac{v}{\bar{v}}$$

需要注意的是,在科尔-奥布斯特费尔德情形中,$\bar{\Omega} = 0$。

　　命题 5(开放经济乘数,不完全市场)。假设市场不完全,那么财政乘数由下式给出

$$\alpha_s^{c,t,IM} = \alpha_s^{c,t,CM} + \delta_s^{c,t,IM}$$

其中,$\alpha_s^{c,t,CM}$ 是命题 3 中所描述的完全市场假设下的消费乘数,而 $\delta_s^{c,t,IM}$ 的定义为:

$$\delta_s^{c,t,IM} = \rho\left[\frac{1-\alpha}{\alpha}e^{vt} - \lambda\hat{\sigma}\omega\kappa^{-1}(1-e^{vt})\right] \times \frac{\alpha\frac{\omega-\sigma}{\omega+(1-\alpha)(1-\sigma)}}{1-\hat{\Sigma}\frac{1}{1-\mathcal{G}}\rho\frac{\omega-\sigma}{\omega+(1-\alpha)(1-\sigma)}}(1-\xi)e^{-\rho(t+s)}(1-e^{v(t+s)})$$

　　在科尔-奥布斯特费尔德情形中($\sigma = \eta = \gamma = 1$),完全市场下的消费乘数与不完全市场下的消费乘数之间的差异 $\delta_s^{c,t,CM}$ 等于 0。然而,在偏离科尔-奥布斯特费尔德情形时,通常不会等于 0,而且必定会改变符号(对于某个给定的 t,它是 s 的函数;对于某个给定的 s,它是 t 的函数)。在这个意义上,不完全市场并不能强有力地推翻命题 3 的结论并保证正的消费乘数。

　　在完全市场下,

$$\theta = 0,$$

而在不完全市场下,

$$\theta = \int_0^{+\infty}e^{-\rho s}(1-\mathcal{G})\rho\frac{\omega-\sigma}{\omega+(1-\alpha)(1-\sigma)}c_t ds$$

这意味着,在完全市场下,在政府支出冲击后,本国会获得来自世界其他地方的内生转移支

付 nfa₀。在科尔–奥布斯特费尔德情形中，这种转移支付为零；但是在偏离科尔–奥布斯特费尔德情形时，这种转移支付就不会是零。这样一来，就可以计算出这两个解之间的差异，将之作为这种内生转移支付的效果。

6.2 理解封闭经济乘数与开放经济乘数

对于流动性陷阱中的乘数与货币联盟中的乘数之间的差异，从图 2 中可以看得非常清楚。在流动性陷阱中，消费乘数是正的，随着支出日期的增大而变大，并且对于非常远期的支出而言会变得任意大。相比之下，在一个货币联盟中，消费乘数是负的，V 形的，是支出日期的一个有限函数，并且对于远期的支出，消费乘数为零。

在继续讨论下一个问题之前，我们得先暂停一下——我们要先对封闭经济的结果与开放经济的结果之间的关键区别有一个深入的了解。这是很有益的。这两种模型本身就是有所不同的：开放经济自然要有国与国之间的货物贸易，而封闭经济则不然。但是两者之间仍然是有很大的可比性的。事实上，我们将会强调，重要的区别在于货币政策，而不是模型的原始因素。虽然固定汇率意味着固定的名义利率，但是反过来却是不正确的。

为了使封闭经济和开放经济两者更具可比性，我们考虑后者在 $\alpha \to 0$ 时的极限情形。我们认为，在这种极限下，偏好显示为极端偏向本国产品，而且国际贸易为零，因而在这个意义上，这种极限就代表了一个封闭经济。为了简化分析，我们专注于完全市场的情况，因而 $\theta = 0$。然而，即便是在这种极限情形下，封闭经济和开放经济的经济乘数也是不同的。这个结果似乎是令人惊讶的，因为毕竟这两个实验所考虑的都是政府支出在固定名义利率下的影响。为了更好地理解这种差异，我们需要引入一个初始贬值。

接下来，考虑开放经济模型在封闭经济意义上的极限 $\alpha \to 0$，并令 e_0 表示对数偏差冲击（相对于其稳态值）发生后汇率的新值（$e_0 = 0$ 则表示无贬值）。这种一次性贬值在方程组中引入的唯一差异是初始条件发生了变化，即变为：[①]

$$c_0 = \dot{\sigma}^{-1} e_0$$

汇率贬值 e_0 首先会一对一地贬抑初始交易条件，并且会通过支出转换效应提高对本国生产的商品的需求。当然，这种刺激效应只在短期内存在；在长期中，一旦价格做出了调整，这种刺激效应就会消失。库克和德弗罗（Cook and Devereux，2011）在讨论财政政策对流动性陷阱中的汇率的影响时，也得出了类似的直觉结论。

现在，在开放经济模型的封闭经济极限下，我们对贬值 e_0 这样设定，使得 $\dot{\sigma}^{-1} e_0$ 恰好等于

---

① 完整的方程组还包括有弹性的汇率和独立的货币政策 i_t（其中，$\theta = 0$，且 $c_t = 0$），即，

$$\dot{\pi}_{H,t} = \rho \pi_{H,t} - \kappa (c_t + (1-\xi) g_t)$$

$$\dot{c}_t = -\dot{\sigma}^{-1} (i_t - \pi_{H,t} - \rho)$$

$$\dot{e}_t = i_t - i_t^*,$$

其初始条件为，

$$c_0 = \dot{\sigma}^{-1} e_0$$

因此，我们如果我们设定 $i_t = i_t^*$，以使得 $e_t = e_0$，这相当于一次性贬值。

封闭经济模型中的初始消费响应 $\int_0^\infty \alpha_s^c g_{t+s} ds$，即，

$$e_0 = \int_0^\infty \kappa(1-\xi)e^{-vs}\left(\frac{e^{(\bar{v}-v)s}-1}{\bar{v}-v}\right)g_s ds \tag{11}$$

那么，我们就会观察到与封闭经济模型完全相同的消费和通货膨胀响应。这意味着，如果我们将政府支出冲击与方程式（11）给出的初始贬值相结合，那么开放经济模型的封闭经济极界的乘数就会与封闭经济模型中的乘数相一致。[1]

这个分析表明，对我们的封闭经济模型进行的政策分析，隐含地将政府支出冲击与贬值结合了起来。[2] 与此不同，我们的开放经济分析则因为假设了固定汇率，从而排除了这种贬值。在封闭经济模型中，消费的积极反应完全依赖于这种一次性贬值。因此，这两种模型的关键区别在于货币政策，而不在于经济模型本身是开放的还是封闭的。当然，我们所取的是封闭经济极限 $\alpha \to 0$，但是这些结果是有一般性意义的：经济开放程度 α 只能通过它对 $\hat{\sigma}$，v 和 $\bar{v}$ 的影响间接地起到作用，而且在科尔-奥布斯特费尔德情形中，α 实际上根本不会影响这些参数。

7. 流动性约束和非李嘉图效应

在本节中，我们将分别在封闭经济和开放经济的环境下讨论财政政策的非李嘉图效应（non-Ricardian effect）的影响。为此，我们遵循了坎贝尔和曼昆（Campbell and Mankiw，1989）、曼昆（Mankiw，2000）和加里等人（Gali et al.，2007）的思路，并引入了仅够勉强糊口的消费者，这是对流动性约束进行建模的一种比较容易处理的方式。在上面的最后一篇论文中，加里等人（Gali et al.，2007）研究了在封闭经济中泰勒规则下政府支出的影响。但是与这篇论文不同的是，我们在这里将关注点放到了流动性陷阱和货币联盟上。

7.1 流动性陷阱中的仅够糊口的消费者

我们对模型的修正如下：在经济行为主体中，有 $1-\chi$ 比例的人是最优化者，另外 χ 比例的人则是仅够糊口者。最优化者的特点与前面所述的相同。仅够糊口者则既没有能力储蓄，也没有能力借款——他们每一个时期都要把所有劳动收入（扣除一次总付税后）全都消费

---

① 需要注意的是，这种贬值的大小是内生的，而且，随着价格变得越来越有弹性（即，随着 κ 的增大），这种贬值的大小会无限增大。这就解释了为什么在封闭经济模型中，κ 值更大时，乘数可能非常大，因为它们与很大的贬值有关。

② 为了看清楚这意味着什么，假设支出冲击的时间是有限的，所以对于某个 T 而言，当 $t \geqslant T$ 时，财政政策 $g_t=0$，同时货币政策则为当 $t \geqslant T$ 时采取通货膨胀目标制。在封闭经济模型中，通货膨胀总是为正，价格水平不会恢复到以前的水平。与此不同，在固定汇率（无贬值）的开放经济模型中，通货膨胀率只是初始为正，但最终为负，价格水平会恢复到其初始稳态值。事实上，如果对于某个 T 而言，当 $t < T$ 时，$g_t > 0$，当 $t \geqslant T$ 时，$g_t=0$，那么对于 $t \geqslant T$，通货膨胀将严格为负，从而价格水平向着其长期值渐近地靠拢。

掉。我们还允许最优化者与仅够糊口者所承担的一次总付税是不同的,前者为(T_t^o),后者为(T_t^r),我们对它们的定义分别为:

$$t_t^o = \frac{T_t^o - T^o}{Y} \qquad t_t^r = \frac{T_t^r - T^r}{Y}$$

其中,T^o 和 T^r 分别为 T_t^o 和 T_t^r 的人均稳态值。

我们在一个稳定状态的周围进行对数线性化:最优化者和仅够糊口者具有相同的消费水平并提供同样多的劳动。在本章附录中,我们证明这个模型可以用以下两个方程来总结:

$$\dot{c}_t = \widetilde{\sigma}^{-1}(i_t - \bar{r}_t - \pi_t) + \widetilde{\Theta}_n \dot{g}_t - \widetilde{\Theta}_\tau \dot{t}_t^r,$$

$$\dot{\pi}_t = \rho\pi_t - \kappa[c_t + (1-\xi)g_t],$$

其中,$\widetilde{\sigma}$、$\widetilde{\Theta}_n$ 和 $\widetilde{\Theta}_\tau$ 都是正的常数(其定义见附录),它们都随 χ 而递增,并且在 $\chi = 0$ 时,有 $\widetilde{\Theta}_n = \widetilde{\Theta}_\tau = 0$ 和 $\widetilde{\sigma} = \sigma$。仅够糊口的消费者的存在,意味着欧拉方程中要加入两个新的项,一个与政府支出有关,另一个则与税收有关。这两个项都是直接决定仅够糊口的经济行为主体的消费的因素。当然,在这两个项中,不包括非仅够糊口消费者,因为 $\chi = 0$ 就意味着 $\widetilde{\Theta}_n = \widetilde{\Theta}_\tau = 0$ 和 $\widetilde{\sigma} = \sigma$。

与以前一样,我们定义:

$$\widetilde{\underline{v}} = \frac{\rho - \sqrt{\rho^2 + 4\kappa\widetilde{\sigma}^{-1}}}{2} \qquad \widetilde{\overline{v}} = \frac{\rho + \sqrt{\rho^2 + 4\kappa\widetilde{\sigma}^{-1}}}{2}$$

然后,我们就写出对应的乘数了——并用上标 HM 来表示"仅够糊口"。

命题 6(封闭式经济乘数,仅够糊口)。对于仅够糊口的消费者,我们有:

$$c_t = \widetilde{c}_t + \widetilde{\Theta}_n g_t - \widetilde{\Theta}_\tau t_t^r + \int_0^\infty \alpha_s^{c,HM} g_{t+s} ds - \int_0^\infty \gamma_s^{c,HM} t_{t+s}^r ds,$$

其中,

$$\alpha_s^{c,HM} = \left(1 + \frac{\widetilde{\Theta}_n}{1-\xi}\right)\widetilde{\alpha}_s^{c,HM} \qquad \gamma_s^{c,HM} = \left(1 + \frac{\widetilde{\Theta}_\tau}{1-\xi}\right)\widetilde{\alpha}_s^{c,HM}$$

$$\widetilde{\alpha}_s^{c,HM} = \widetilde{\sigma}^{-1}\kappa(1-\xi)e^{\widetilde{\underline{v}}s}\left(\frac{e^{(\widetilde{\overline{v}} - \widetilde{\underline{v}})s} - 1}{\widetilde{\overline{v}} - \widetilde{\underline{v}}}\right).$$

在这些表达式中,g_t 和 t_t^r 都可以彼此独立地进行设定,因为政府总是可以随时对最优化的经济行为主体征收所需的税收,方法是调整 t_t^o,使得总税收 $t_t = \chi t_t^r + (1-\chi) t_t^0$ 足以平衡政府的预算:

$$0 = \int_0^\infty (t_t - g_t) e^{-\rho t} dt.$$

如果对税收制度有其他限制,那么 g_t 和 t_t^r 之间就会联系起来。例如,想象一下这种情形:假设最优化者和仅够糊口者的税收变化必须是完全相同的,以使得 $t_t^o = t_t^r = 0$。在这种情况下,对仅够糊口者征收的税收要满足:

$$0 = \int_0^\infty (t_t^r - g_t) e^{-\rho t} dt.$$

请再想象一下,假设政府必须实现平衡预算,那么我们就必定有 $t_t^o = t_t^r = t_t = g_t$。在这种情况下,对仅够糊口者的税收要满足:

$$t_t^r = g_t$$

仅够糊口的消费者的存在,改变了支出系数,并增加了新的项,从而影响了解析解。所有的项都可以归入两个类别:$\widetilde{\Theta}_n g_t - \widetilde{\Theta}_\tau t_t^r$ 项刻画的是政府支出的同期效应,而积分项 $\int_0^\infty \alpha_s^{c,HM} g_{t+s} ds$ $-\int_0^\infty \gamma_s^{c,HM} t_{t+s}^r ds$ 则刻画了未来政府支出和未来税收的影响。

之所以要有同期项,是因为当存在仅够糊口消费者的时候,当前的财政政策对支出具有直接的和同时期的影响。这种影响代表了传统的凯恩斯主义效应,它们独立于价格弹性的程度 κ。积分项刻画的是未来的财政政策通过通货膨胀发挥的影响。它们代表了新凯恩斯主义效应,随价格弹性的程度 κ 而变化,当价格是完全刚性的时候(即,$\kappa = 0$ 时)就会消失。

接下来,我们先讨论同期项 $\widetilde{\Theta}_n g_t - \widetilde{\Theta}_\tau t_t^r$。首先,$-\widetilde{\Theta}_\tau t_t^r$ 这一项刻画了这样一个事实:减少对仅够糊口的消费者的当前税收,能够通过再分配直接增加他们的总消费。从非仅够糊口的消费者或未来的仅够糊口的消费者那里,将收入再分配给当前的仅够糊口者,之所以能够增加总消费,是因为前者的边际消费倾向较低。其次,$\widetilde{\Theta}_n g_t$ 这一项则刻画了如下事实:当前政府支出的提升,会增加劳动收入,进而增加仅够糊口的消费者的消费,而他们的边际消费倾向要比最优化者更高。即便是在政府支出平衡、从而使得 $g_t = \chi\, t_t \, 0 + (1-\chi) \, t_t^r$,同时均等地对最优化者和仅够糊口者征税、从而使得 $t_t^r = g_t$ 的情况下,同期的总和也不会恰好等于零,因为政府支出和实际工资税有不同的影响。

在这种情况下,由于 $\widetilde{\Theta}_\tau = \widetilde{\Theta}_n \dfrac{\mu}{1+\varphi}$,所以在典型的校准中(稳态价格加成 $\mu - 1$ 与 φ 相比很小),同期项的和 $\widetilde{\Theta}_n g_t - \widetilde{\Theta}_\tau t_t^r = \left(1 - \dfrac{\mu}{1+\varphi}\right) \widetilde{\Theta}_n g_t$ 很可能是正的。这是因为,在粘性价格和弹性工资的情况下,政府支出增加后实际工资会上升,从而降低了利润。由于边际消费倾向存在异质性,所以经济行为主体之间的这种得失的发生对私人支出很重要,因而对乘数也很重要。正如我们在下文中将会看到的,这些影响可能是非常大的。当这种利润效应被排除在外(利润抵消)时,又会怎样?我们建议读者阅读本章附录,我们在那里给出了对财政乘数的完整描述。

现在,我们转而讨论积分项 $\int_0^\infty \alpha_s^{c,HM} g_{t+s} ds - \int_0^\infty \gamma_s^{c,HM} t_{t+s}^r ds$,对仅够糊口者的消费者征收的税收在未来的减少,或者政府支出在未来的增加,都会刺激未来的总消费。[1] 这会推高通货膨胀,降低实际利率,从而增加最优化的经济行为主体的当前消费。反过来,这又会刺激仅够

---

[1] 需要注意的是,仅够糊口的消费者所占的比例 χ 对 $\alpha_s^{c,HM} = \left(1 + \dfrac{\widetilde{\Theta}_n}{1-\xi}\right) \widetilde{\alpha}_s^{c,HM}$ 的若干不同影响是互有冲突的 $\Bigg[$ 其中,

$\widetilde{\alpha}_s^{c,HM} = \widetilde{\sigma}^{-1} \kappa (1-\xi) e^{\frac{\dot{v}}{vs}} \left(\dfrac{e^{(\frac{\dot{\tilde{v}} - \dot{v}}{v})s} - 1}{\frac{\dot{\tilde{v}} - \dot{v}}{v}} \right) \Bigg]$。一方面,当 χ 较高时,未来支出会使未来产出增加更多,从而在更大程度上推高了当前的通货膨胀率,这是相乘交互项 $1 + \dfrac{\widetilde{\Theta}_n}{1-\xi}$ 所刻画的,它随 χ 而递增。另一方面,当 χ 较高时,给定大小的通货膨胀会导致更少的跨期替代,这是因为仅够糊口的消费者不能实现跨期替代,这是 $\widetilde{\sigma}^{-1}$ 这一项刻画的,它随 χ 而递减。总的来说,在合理的模拟实验中,我们发现前者的作用往往比后者更强——可能会强得多。类似的分析也适用于 $\gamma_s^{c,HM}$ 这一项,它对于 $\chi > 0$ 始终为正,但是对于 $\chi = 0$ 则为零。

糊口的消费者的支出。所有这些间接效应都是通过通货膨胀实现的。

回到上面讨论过的对仅够糊口的经济行为主体和最优化者征收的税收会发生变化的那个例子,$t_t0 = t_t^r = 0$,我们的公式表明,赤字的时间安排是非常重要的。前置的财政盈余会通过新凯恩斯主义效应减少乘数,但是同时又会通过传统的凯恩斯主义效应在早期增大乘数(并最终降低乘数)。

同样重要的是,我们还要分析透彻这些结果是怎样依赖于固定利率的,或者说,它们是怎样依赖于有约束力的零下限的。在远离这个约束的时候,可以选择能够复制在零利率下的弹性价格配置的货币政策。所需要的利率会因为仅够糊口的消费者的存在而受到影响:

$$i_t = \widetilde{\sigma}\left[(1-\xi)+\widetilde{\Theta}_n\right]\dot{g}_t + \widetilde{\sigma}\widetilde{\Theta}_\tau \dot{t}_t^r$$

但是消费不会受到影响:

$$c_t = -(1-\xi)g_t$$

因此,在远离零下限的地方,我们可以得到新古典主义乘数,它完全是静态的,不依赖于仅够糊口者消费者的存在。[①] 相反,只要货币政策没有或不能复制弹性价格配置,那么仅够糊口的消费者的存在就会对财政乘数有所影响。加里等人(Gali et al.,2007)考虑了一个泰勒规则,它不能复制弹性价格配置。在这里,我们关注的是固定利率,受流动性陷阱的驱动。

7.2　货币联盟中的仅够糊口者

现在,我们转而讨论存在仅够糊口的经济行为主体的开放经济模型。

7.2.1　完全市场

我们还是从完全市场下的最优化者的行为着手分析。在本章附录中,我们证明,在这种情况下,方程组变成了:

$$\dot{\pi}_{H,t} = \rho\pi_{H,t} - \widetilde{\kappa}(c_t + (1-\widetilde{\xi})g_t) - (1-\mathcal{G})\lambda\widetilde{\sigma}\widetilde{\alpha}\widetilde{\omega}\widetilde{\theta} - \widetilde{\kappa}\widetilde{\Theta}_\tau t_t^r,$$

$$\dot{c}_t = -\widetilde{\sigma}^{-1}\pi_{H,t} + \widetilde{\Theta}_n\dot{g}_t - \widetilde{\Theta}_\tau \dot{t}_t^r,$$

其初始条件为:

$$c_0 = \widetilde{\Theta}_n g_0 - \widetilde{\Theta}_t t_0^r g\tau t_0^r$$

这里涉及的常数 $\widetilde{\kappa}$、$\widetilde{\alpha}$、$\widetilde{\omega}$、$\widetilde{\sigma}$、$\widetilde{\Theta}_n$、$\widetilde{\Theta}_\tau$ 和 $\widetilde{\Theta}$ 的定义,请参见附录。重要的是 $\widetilde{\sigma}$、$\widetilde{\Theta}_n$ 和 $\widetilde{\Theta}_\tau$ 都是随 χ 而新增的,而 $\widetilde{\Theta}_n$ 和 $\widetilde{\Theta}_\tau$ 则是随 α 而递减的。当 $\chi = 0$ 时,我们有:$\widetilde{\kappa} = \kappa$,$\widetilde{\alpha} = \alpha$,$\widetilde{\omega} = \omega$,$\widetilde{\sigma} = \sigma$,$\widetilde{\Theta}_n = 0$,$\widetilde{\Theta}_\tau = 0$ 以及 $\widetilde{\Theta}_\tau = 0$。与往常一样,我们定义:

---

① 然而,需要注意的是,仅够糊口的经济行为主体可能会改变最优化者的相应配置。他们对总体配置并不重要。

$$\widetilde{v} = \frac{\rho - \sqrt{\rho^2 + 4\widetilde{\kappa\sigma^{-1}}}}{2} \qquad \widetilde{\bar{v}} = \frac{\rho + \sqrt{\rho^2 + 4\widetilde{\kappa\sigma^{-1}}}}{2}$$

命题7(开放经济乘数,仅够糊口者,完全市场)。当存在仅够糊口的经济行为主体,且对于最优化者,市场是完全的时候,我们有:

$$c_0 = \widetilde{\Theta}_n g_t - \widetilde{\Theta}_\tau t_t^r + \int_{-t}^{\infty} \alpha_s^{c,t,HM,CM} g_{t+s} ds - \int_{-t}^{\infty} \gamma_s^{c,t,HM,CM} t_{t+s}^r ds$$

其中,

$$\alpha_s^{c,t,HM,CM} = \left(1 + \frac{\widetilde{\Theta}_n}{\widetilde{\sigma}}\right) \frac{\widetilde{\alpha}_s^{c,t,HM,CM}}{1-\widetilde{\xi}}, \qquad \gamma_s^{c,t,HM,CM} = \frac{\widetilde{\Theta}_\tau - \widetilde{\Theta}_\tau}{1-\widetilde{\xi}} \widetilde{\alpha}_s^{c,t,HM,CM}$$

$$\widetilde{\alpha}_s^{c,t,HM,CM} = \begin{cases} -\widetilde{\sigma}^{-1} \widetilde{\kappa} (1-\widetilde{\xi}) e^{-\widetilde{v}s} \dfrac{1-e^{(\widetilde{\bar{v}}-\widetilde{v})(t+s)}}{\widetilde{\bar{v}}-\widetilde{v}} & s<0, \\[3mm] -\widetilde{\sigma}^{-1} \widetilde{\kappa} (1-\widetilde{\xi}) e^{-\widetilde{v}s} \dfrac{1-e^{-(\widetilde{\bar{v}}-\widetilde{v})t}}{\widetilde{\bar{v}}-\widetilde{v}} & s\geq 0. \end{cases}$$

就像在封闭经济情况下一样,仅够糊口的消费者通过累积通货膨胀,引入了额外的传统凯恩斯主义效应和新凯恩斯主义效应,前者与价格弹性 κ 无关,而后者则随着价格弹性 κ 增减并在价格完全刚性时(即,$\kappa=0$ 时)消失。正如封闭经济情况一样,就仅够糊口的消费者而言,凯恩斯主义效应表现为:作为对正的同时期政府支出冲击的反应,消费会增加;同时,作为对同时期税收增加的反应,消费会减少。与封闭经济情况的不同之处在于,作为对正的政府支出冲击的反应,新凯恩斯主义效应总体上倾向于抑制消费。对于凯恩斯主义效应,可以简单说明如下。初始消费 c_0(对此,新凯恩斯主义效应为0)不再为0,而为 $c_0 = \widetilde{\Theta}_n g_0 - \widetilde{\Theta}_\tau t_0^r$。在这里,$\widetilde{\Theta}_n$ 和 $\widetilde{\Theta}_\tau$ 都是随经济开放性的程度 α 而递减的。原因很简单:因为较高的 α 值降低了仅够糊口的消费者对于本国生产的商品的边际消费边际倾向——这刻画了"泄露到国外"的财政政策。

7.2.2 不完全市场

现在,我们来分析不完全市场的情况。关于下面的讨论中要用到的常数 $\widetilde{\Omega}_n$,$\widetilde{\Omega}_\tau$,以及 Σ 的定义,请读者阅读本章的附录。

命题8(开放经济乘数,仅够糊口者,不完全市场)。当存在仅够糊口的经济行为主体,且对于最优化者,市场是不完全的时候,我们有:

$$c_t = \widetilde{\Theta}_n g_t - \widetilde{\Theta}_\tau t_t^r + \int_{-t}^{\infty} \alpha_s^{c,t,HM,IM} g_{t+s} ds - \int_{-t}^{\infty} \gamma_s^{c,t,HM,IM} t_{t+s}^r ds,$$

其中,

$$\alpha_s^{c,t,HM,IM} = \alpha_s^{c,t,HM,CM} + \delta_s^{c,t,HM,IM}$$

$$\gamma_s^{c,t,HM,IM} = \gamma_s^{c,t,HM,CM} + \epsilon_s^{c,t,HM,IM}$$

且,

$$\delta_s^{c,t,HM,IM} = \rho \left[\frac{1-\widetilde{\alpha}}{\widetilde{\alpha}} e^{\check{v}t} - (1-\mathcal{G}) \widetilde{\lambda} \widetilde{\sigma} \kappa^{-1} \widetilde{\omega} (1-e^{\check{v}t}) \right]$$

$$\times \frac{\widetilde{\alpha}}{1-\sum \widetilde{\Omega}_\tau} \left[e^{-\rho(t+s)} \frac{(1-\mathcal{G})\widetilde{\Omega}_n}{\rho} + e^{-\rho(t+s)} \frac{(1-\mathcal{G})\widetilde{\Omega}_\tau}{\rho} \widetilde{\Theta}_n \right.$$

$$\left. + \frac{(1-\mathcal{G})\widetilde{\Omega}_\tau}{\rho} (1-\widetilde{\xi}) \left(1 + \frac{\widetilde{\Theta}_n}{1-\widetilde{\xi}} \right) e^{-\rho(t+s)} (1-e^{\check{v}(t+s)}) \right],$$

$$\epsilon_s^{c,t,HM,IM} = -\rho \left[\frac{1-\widetilde{\alpha}}{\widetilde{\alpha}} e^{\check{v}t} - \widetilde{\lambda} \widetilde{\sigma} \kappa^{-1} \widetilde{\omega} (1-e^{\check{v}t}) \right]$$

$$\times \frac{\widetilde{\alpha}}{1-\sum \widetilde{\Omega}_\tau} \left[e^{-\rho(t+s)} \frac{(1-\mathcal{G})\widetilde{\Omega}_\tau}{\rho} - e^{-\rho(t+s)} \frac{(1-\mathcal{G})\widetilde{\Omega}_\tau}{\rho} \widetilde{\Theta}_\tau \right.$$

$$\left. + \frac{(1-\mathcal{G})\widetilde{\Omega}_\tau}{\rho} (1-\widetilde{\xi}) \frac{\widetilde{\Theta}_\tau - \widetilde{\Theta}_\tau}{1-\widetilde{\xi}} e^{-\rho(t+s)} (1-e^{\check{v}(t+s)}) \right].$$

完全市场情况下的解 $\delta_s^{c,t,HM,IM}$ 与不完全市场情况下的解 $\epsilon_s^{c,t,HM,IM}$ 之间的差异通常不为零。对此,仍然可以用前面第 6 节在分析不存在仅够糊口的经济行为主体的完全市场和不完全市场时同样的思路来理解:符号通常会随着 t 和 s 的变化而转换,但是并不会在实质上推翻在完全市场情况下识别出来的各种因素。

8. 外部融资财政乘数

到目前为止,在我们对货币联盟下的开放经济的分析中,我们一直假设每个国家都自行承担本国的政府支出。但是实际上,在完全市场中,将谁描述为政府支出的支付者,其实是不重要的,因为各个地区将会一起为这个支出提供保险。从根本上说,如果市场是完全的,那么由政府安排的地区之间的任何转移支付,都会被市场所消灭。然而,如果市场是不完全的,那么由谁来付钱就是很重要的,在这种情况下,地区之间的转移支付是不能被取消的,而且会影响均衡。因此,在本节的剩余部分里,我们一贯假设市场不完全。

首先,我们考察一下,当本国不支付本国政府支出的增量时会发生什么。我们证明,这可能会导致重要的区别,并导致更大的乘数。这个结果在实践中可能有重要意义:实际上,在讨论所谓的"区域乘数"文献中,有很大一部分就是分析政府不由所在的经济区域支付的情况的。

8.1 不存在仅够糊口者时的外部融资财政乘数

我们首先从不存在仅够糊口的经济行为主体的情况开始分析。与前面第 6.1 部分讨论的不完全市场下的结果之间的唯一区别是,我们现在有

$$\theta=(1-\mathcal{G})\int_0^{+\infty}e^{-\rho s}\rho\frac{(\omega-\sigma)}{\omega+(1-\alpha)(1-\sigma)}c_s ds+(1-\mathcal{G})\frac{1-\alpha+\alpha\omega}{\omega+(1-\alpha)(1-\sigma)}\frac{\rho}{\alpha}\mathrm{nfa}_0,$$

其中,

$$\mathrm{nfa}_0=\int_0^\infty e^{-\rho t}g_t dt$$

是由外国给本国的转移支付,用来支付增加的政府支出。在科尔-奥布斯特费尔德情形中,$\sigma=\eta=\gamma=\Omega=1$。

我们在消费乘数的记号中加入上标"PF",以表示这是由"外国人付钱的"。

命题 9(外部融资开放经济乘数)。当国内政府支出依赖外部融资时,财政乘数的表达式的形式与命题 5 给出的表达式相同,唯一区别在于:

$$\alpha_s^{c,t,PF}=\alpha_s^{c,t,IM}+\delta_s^{c,t,PF}$$

其中,$\alpha_s^{c,t,PF}$ 是命题 5 所刻画的不完全市场下的消费乘数,同时 $\delta_s^{c,t,PF}$ 由下式给出:

$$\delta_s^{c,t,PE}=\rho\left[\frac{1-\alpha}{\alpha}e^{vt}-\hat{\lambda}\sigma\omega\kappa^{-1}(1-e^{vt})\right]$$

$$\times\frac{1}{1\hat{\Sigma}\frac{1}{1-\mathcal{G}}\rho\frac{\omega-\sigma}{\omega+(1-\alpha)(1-\sigma)}}\frac{1-\alpha+\alpha\omega}{\omega+(1-\alpha)(1-\sigma)}e^{-\rho(t+s)}$$

$\delta_s^{c,t,PF}$ 的符号与 $(\hat{i}-t)$ 的符号完全一样,且 $\lim_{s\to\infty}\delta_s^{c,t,PF}=0$。

在科尔-奥布斯特费尔德情形中,$\sigma=\eta=\gamma=1$,上述表达式可以化简为:

$$\delta_s^{c,t,PF}=\left[e^{vt}\frac{1-\alpha}{\alpha}-(1-e^{vt})\frac{1}{1-\mathcal{G}}\frac{1}{\frac{1}{1-\mathcal{G}}+\phi}\right]\rho e^{-\rho(t+s)}$$

这里的直觉,通过思考科尔-奥布斯特费尔德情形最容易理解。现在我们就来讨论这种情形。当政府支出依赖于外部融资时,必定存在与国内经济行为主体相关联的转移支付。因为经济行为主体是基于永久性收入来做出消费决策的消费者,所以只有每期的转移的净现值才是重要的,而它反过来又取决于对政府支出的冲击的持续性。转移支付的这种影响就是用 $\delta_s^{c,t,PF}$ 这个术语来刻画的,它越高,本国偏向程度越高(从而 α 值越低)。或者更确切地说,对于与政府支出无关的净转移支付 nfa_0,我们可以计算出净现值转移支付乘数:①

① 在我们在这里研究的特殊情况下,转移支付与政府支出的增加同时发生,而且恰好可以支付政府支出的增加:$\mathrm{nfa}_0=\int_0^\infty e^{-\rho t}g_t d_t$。

$$c_t = \beta^{c,t} \text{nfa}_0$$

其中,

$$\beta^{c,t} = \left[e^{vt} \frac{1-\alpha}{\alpha} - (1-e^{vt}) \frac{1}{1-\mathcal{G}} \frac{1}{\frac{1}{1-\mathcal{G}}+\phi} \right] \rho$$

我们还可以计算出净现代转移支付对通货膨胀的影响 $\beta^{\pi,t} = -ve^{vt} \left[\rho \frac{1-\alpha}{\alpha} + \rho \frac{1}{\frac{1}{1-\mathcal{G}}+\phi} \right]$,以及对

贸易条件的影响 $\beta^{s,t} = -[1-e^{vt}] \left[\rho \frac{1-\alpha}{\alpha} + \rho \frac{1}{\frac{1}{1-\mathcal{G}}+\phi} \right]$(需要注意的是,贸易条件缺口等于累积通

货膨胀 $s_t = \int_0^t \pi_{H,s} ds$)。所有这些表达式中都出现了贴现因子 ρ,这也是很自然的,因为重要的是转移支付的年金值 ρnfa_0。

净现值转移支付对短期产出和长期产出会产生相反的影响。在短期内,当价格刚性时,由于转移支付会刺激对本国商品的需求,因此存在一种凯恩斯主义效应:$\beta^{c,0} = \rho \frac{1-\alpha}{\alpha}$。而在长期上,当价格调整时,对劳动供给的新古典主义财富效应会降低产出:$\lim_{t\to\infty} \beta^{c,t} = -\rho \frac{1}{\frac{1}{1-\mathcal{G}}+\phi}$。在中期中,价格调整(源于对新古典长期反应的凯恩斯主义短期反应)的速度,受价格弹性的程度 κ 控制,它影响着 v。[1]

需要注意的是,凯恩斯主义财富效应与新古典主义财富效应各自的决定因素是大不相同的。凯恩斯主义效应的强度取决于本国商品的相对支出份额 $\frac{1-\alpha}{\alpha}$:经济越封闭,凯恩斯主义财富效应越大。而新古典主义财富效应的强度则依赖于劳动供给的弹性 $\frac{1}{\varphi}$:劳动供给弹性越大,新古典主义财富效应越大。

正的净现值转移支付也推高了本国的通货膨胀率。本国商品的价格的长期累积相应等于 $\rho \frac{1-\alpha}{\alpha} + \rho \frac{1}{\frac{1}{\mathcal{G}}+\Phi}$。

其中第一项 $\rho \frac{1-\alpha}{\alpha}$ 源于如下事实:转移支付增加了对本国商品的需求(由于本国偏向)。第二项 $\rho \frac{1}{\frac{1}{\mathcal{G}}+\phi}$ 则可以归因于一种新古典主义财富效应,它减少了劳动供给、提高了工资。本国商

---

[1] 请注意,v 是随 κ 递减的。而且当价格是完全刚性的时候(当 $\kappa=0$),$v=0$;当价格是完全弹性的时候($\kappa=\infty$ 时),$v=-\infty$。

品的价格上涨的速度有多快,则主要取决于通过对 ν 产生影响而发挥作用的价格弹性。①

这些效应,可以说是对凯恩斯(Keynes,1929)和俄林(Ohlin,1929)当年著名的转移问题争论的一个回响。在存在本国偏向时,如果价格是粘性的,那么转移支付就会带来繁荣;如果价格是弹性的,那么转移就会导致贸易条件的实质性的抬升。与转移支付相关的新古典财富效应在价格有弹性时发挥作用,并会导致产出收缩和实际汇率的进一步升值。

在封闭经济极限下,我们有 $\lim_{\alpha \to 0} \beta^{c,t} = \infty$。在完全开放经济极限下,我们有 $\lim_{\alpha \to 0} \beta^{c,t} = 0$。这里的直觉是,转移支付的凯恩斯主义效应与本国商品上的相对支出份额 $\frac{1-\alpha}{\alpha}$ 基本相称。这个结果凸显了,转移支付的刺激性比政府支出大得多,而且经济越封闭,越如此。转移支付乘数 $\beta^{c,t}$ 对经济开放性程度 α 的这种强烈的负依赖性,与前面指出的政府支出乘数 $\alpha_s^{c,t,CM}$ 从不明确依赖于经济开放性程度的特征构成了鲜明的对照——事实上,在科尔-奥布斯特费尔德情形中,$\alpha_s^{c,t,CM}$ 是与 α 不相关的。

示例 6(外部融资的支出,科尔-奥布斯特费尔德情形中,一阶自回归)。 假设 $g_t = g e^{-\rho_g t}$,同时国内的政府支出是依靠外部融资的。在科尔-奥布斯特费尔德情形中,我们有 $\sigma = \eta = \gamma = 1$,从而可以得出

$$c_t = g \left[e^{vt} \frac{1-\alpha}{\alpha} - (1 - e^{vt}) \frac{1}{1-\mathcal{G}} \frac{1}{\frac{1}{1-\mathcal{G}} + \phi} \right] \frac{\rho}{\rho + \rho_s}$$

$$- g e^{vt} \left(\frac{1 - e^{-(v+\rho_g)t}}{v + \rho_g} \right) \kappa (1 - \xi) \frac{1 - \mathcal{G}}{v + \rho_g}.$$

此外,我们还可以得到 $c_0 = g \frac{1-\alpha}{\alpha} \frac{\rho}{\rho + \rho_s}$,以及 $\lim_{t \to \infty} c_t = -g \frac{1}{\mathcal{G}} \frac{1}{\frac{1}{1-\mathcal{G}} + \phi} \frac{\rho}{\rho + \rho_g}$。需要注意的是,请注意,在例子 6 中,$c_t$ 的表达式右侧的第二项也就是例子 5 中在完全市场情况下识别出来的那一项。第一个项的出现正是因为政府支出现在是由外国人支付的。

看一看这个题在 $t=0$ 时和 $t \to \infty$ 时的预测分别是什么,会特别有用。在刺激 $g > 0$ 的情况下,我们有 $c_0 > 0 > \lim_{t \to \infty} c_t$。在正的刺激冲击发生后,我们可以依次得到 $c_0 > 0$、一段时间的事实上的 $c_t > 0$(因为 $\theta > 0$),然后最终是 $c_t < 0$。结论是,未支付的财政刺激政策在本国,短期内的消费乘数更大,长期上的消费乘数更小。只要存在本国偏向 $\alpha < 1$,就肯定会是这样。原因在于,相关的转移支付将财富从外国的消费者那里重新分配到了本国的消费者手中。这就增加了对本国生产的商品的需求(由于存在本国偏向)。在具有弹性价格的新古典主义模型中,由于新古典主义财富效应,贸易条件会有所提升,同时本国产品的产出将会减少。如果价格是粘性的,那么价格在短期内无法调整到位,所以这种升值无法立即发生,本国产品的产出会有所增加。从长期来看,价格会得到调整,于是我们终将获得的是新古典主义的影响。

---

① 回想一下,v 随着价格弹性程度 k 的减小而减小。

本部分的分析带给我们的最主要的教益是,当政府支出依赖外部融资,我们在前面的命题 3 中得出的部分结论将不再成立。当本国偏向 $1-\alpha$ 的程度很高时,或者,当政府支出增长的持续性非常高时,如果政府支出的增加不是自融资的,那么区域乘数的估计结果就会比自融资时大得多。

8.2 当存在仅够糊口的消费者时的外部融资财政乘数

现在,我们讨论存在仅够糊口的消费者时的情况。

命题 10(外部融资开放经济乘数,不完全市场,存在仅够糊口者)。 当存在仅够糊口的经济行为主体的时候,如果国内政府支出依赖于外部融资,那么财政乘数的形式与命题 8 给出的表达式基本相同,唯一的区别在于:

$$\alpha_s^{c,t,HM,PF} = \alpha_s^{c,t,HM,IM} + \delta_s^{c,t,PF}$$

其中,

$$\delta_s^{c,t,HM,PF} = \rho\left[\frac{1-\widetilde{\alpha}}{\widetilde{\alpha}}e^{\widetilde{v}t} - \lambda\ \widetilde{\sigma}\ \widetilde{k}^{-1}\widetilde{w}\left(1-e^{\widetilde{v}t}\right)\right]\frac{1}{1-\sum\widetilde{\Omega}_\tau}\frac{\widetilde{\alpha}(1-\widetilde{\mathcal{G}})\widetilde{\Omega}_f}{\rho}e^{-\rho(t+s)}.$$

当政府支出需要依赖外部融资时,国内的最优化者与仅够糊口者之间的转移支付问题自然就会随之浮出水面。这种分配效应完全可以用仅够糊口的经济行为主体需要缴纳的税收的调整来刻画。

从现在开始,我们将关注重点放在这样一种基准情况上:税收以及随之而来的每一期内的转移支付都均等地分配给最优化者和仅够糊口者,同时国内政府预算达到了平衡。之所以要这么做,是因为这种情况与关于区域乘数的相关文献中的大多数估计值最相关。在这支文献中,区域与借贷能力在法律上或事实上受到了限制的州相对应。

当国内政府开支是自融资的时候,我们有 $t_t 0 = t_t^r = g_t$。而在政府支出需要外部融资的时候,我们必定有 $t_t 0 = t_t^r = 0$。对政府支出自融资时的财政乘数与政府支出外部融资时的财政乘数进行比较,就可以看出,在后一种情况下减税对最优化者的影响是由修正项所刻画的,而减税对仅够糊口的经济行为主体的影响则可以用 t_t^r 从 g_t 减少到 0 来刻画。特别是在短期内,在价格得到充分调整之前,这两种效应都会增加财政乘数。第一种效应的原因在第 8.1 部分讨论不存在仅够糊口的经济行为主体的情况时已经给出了,第二种效应则是因为仅够糊口者的边际消费倾向高于最优化者。

仅够糊口者的存在,放大了对于临时性政府支出冲击,自融资时的财政乘数与外部融资时的财政乘数之间的差异。这是因为仅够糊口的经济行为主体在短期内花费了更多的来自外国人的临时隐性转移支付。这种转移支付在短期内将这两种情况区分开来。越如此,政府支出冲击越短暂。

总体而言,这个分析表明,当国内商品的平均边际消费倾向很高时(平均边际消费倾向由仅够糊口者所占的比例 χ 和本国偏向的程度 $1-\alpha$ 刻画),或者,当政府支出的增加的持续性非常高时,区域乘数的估计结果在政府支出不是自融资的时候,与政府支出是自融资的时候相比,极大地膨胀了。

9. 进行评估:若干汇总乘数的数值结果

在本节中,我们将给出我们在本章识别出来的若干因素的数值结果。我们报告了流动性陷阱中和货币联盟下的汇兑乘数 $M^p = 1 + M^c$,其计算方法是,求出政府支出增加后的两年内产出的平均响应,与同期政府支出的平均增长之间的比率。我们的基准校准的参数取值为:对于流动性陷阱 $\chi = 0, \sigma = 1, \epsilon = 6, \varphi = 3$,以及 $\mathcal{G} = 0.3$;对于货币联盟 $\chi = 0, \sigma = 1, \eta = \gamma = 1, \epsilon = 6, \varphi = 3, \mathcal{G} = 0.3$,以及 $\alpha = 0.4$。我们将政府支出冲击设定为持续 $\tau_g = 1.25$ 年(5 个季度),然后变为零。[1] 接着,我们对 χ 取更高的值的情况进行数值实验。在所有这些实验中,我们都假设税收会均等地落在仅够糊口的经济行为主体和最优化者身上,现时市场是不完全的。在赤字融资实验中,税收要经过三年之后才能增减(离散地),因此,税收在变成零之前,有 1.25年保持不变。在表 1 中,第一部分对应于完全刚性价格情形 $\lambda = 0$(无限价格持续时间),第二部分对应于 $\lambda = 0.12$ 的情形(价格持续时间为 2.9 年),第三部分则对应于 $\lambda = 1.37$ 的情形(价格持续时间为 0.9 年)。

我们从表 1 的第一部分开始分析,那是价格完全刚性时的情形。这个表列出了流动性陷阱中和货币联盟下的汇总乘数。

---

[1] 这个冲击有着与一个一阶自回归相同的持续时间。这个一阶自回归系数为 $\rho = 1.6$(对应于 0.7 的季度平均回归系数),但是在有限时间(1.6 年后)内就完全消失了,这样,在价格在一定程度上是有弹性的前提下,可以得出更加合理的流动性陷阱下的乘数(在这种情况下,尾部就显得很重要了,因为在这种情况下,α_s^c 和 $\tilde{\alpha}_s^{c,HM}$ 均随期限以指数形式增长)。

表 1 汇总产出乘数

	流动性陷阱						货币联盟								
	税收融资			赤字融资			税收融资			赤字融资			国外融资		
	$\sigma=0$	$\sigma=0.5$	$\sigma=1$	$\sigma=0$	$\sigma=0.5$	$\sigma=1$	$\sigma=0$	$\sigma=0.5$	$\sigma=1$	$\sigma=0$	$\sigma=0.5$	$\sigma=1$	$\sigma=0$	$\sigma=0.5$	$\sigma=1$
刚性价格 ($\lambda=0$)															
$\chi=0$	1.0000	1.0000	1.0000	1.0000	1.0000	1.0000	1.0000	1.0000	1.0000	1.0000	1.0000	1.0000	1.1160	1.1160	1.1160
$\chi=0.25$	4.5000	1.4804	1.0000	6.0000	1.8922	1.2386	1.6459	1.1956	1.0000	1.9474	1.3786	1.1314	2.0387	1.4823	1.2446
$\chi=0.5$	*	*	1.0000	*	*	1.7159	*	2.2835	1.0000	*	3.4861	1.3361	*	3.5041	1.4514
$\chi=0.75$	*	*	1.0000	*	*	3.1477	*	*	1.0000	*	*	1.7385	*	*	2.4971
粘性价格 ($\lambda=0.12$)															
$\chi=0$	1.0542	1.0542	1.0542	1.0542	1.0542	1.0542	0.8968	0.8968	0.8968	0.8968	0.8968	0.8968	0.9550	0.9550	0.9550
$\chi=0.25$	6.9420	1.6437	1.0542	-191.4702	-1.0069	0.5347	1.2856	1.0321	0.8984	1.5476	1.2020	1.0241	1.5819	1.2410	1.0611
$\chi=0.5$	*	*	1.0542	-*	-*	-0.5044	*	1.5451	0.9009	*	2.5252	1.2233	*	2.3385	1.2302
$\chi=0.75$	*	*	1.0542	-*	-*	-3.6218	*	*	0.9083	*	*	1.5770	*	*	1.6241
粘性价格 ($\lambda\geq1.37$)															
$\chi=0$	1.8315	1.8315	1.8315	1.8315	1.8315	1.8315	0.6529	0.6529	0.6529	0.6529	0.6529	0.6529	0.6638	0.6638	0.6638
$\chi=0.25$	168.2368	4.5741	1.8315	-3.4965e8	-5153.3064	-242.9734	0.8142	0.7101	0.6542	0.9127	0.7795	0.7096	0.9266	0.7883	0.7141
$\chi=0.5$	*	*	1.8315	-*	-*	-732.5833	*	0.9238	0.6563	*	1.2767	0.7999	*	1.2515	0.7941
$\chi=0.75$	*	*	1.8315	-*	-*	-2201.4125	*	*	0.6612	*	*	0.9670	*	*	0.9559

　　这些汇总乘数的具体值取决于政府支出是税收融资的(在每一个时期,税收都等于政府支出)、赤字融资的(税收在支出增加三年后才提高,然后回归到均值,即重新与支出相同值),还是外部融资的(不改变税收状况)。对于所有这些情况,我们还报告了利润抵消系数取不同值(o:0,0.5 和 1)时的乘数。这个利润抵消系数等于从每个经济行为主体转移到每个仅够糊口的经济行为主体的边际利润的份额:当利润抵消系数等于 0 时,仅够糊口的经济行为主体完全免受政府支出对利润的影响;如果利润抵消系数等于 1,那么仅够糊口者受到的影响与最优化者完全一样。这个系数是很重要的,因为在粘性价格和弹性工资的情况下,政府支出增加后实际工资会上升,从而使得利润增加的比例小于产出增长的比例,同时劳动收入的增长则高于产出增长的比例。给定边际消费倾向的异质性,经济行为主体之间的这种损失的发生,对私人支出有很重要的影响,从而对乘数也有很重要的影响,而且正如我们在下面将会看到的,这些影响可能非常大。虽然我们在本章正文中的分析仅限于 $o=0$ 的情况,但是我们在附录中给出了 o 为任意值的更加全面的结果。此外,我们也给出了仅够糊口者的比例 χ 的值在 0 到 0.75 之间变化时的结果。

　　结果简述如下。我们从我们的基线校准开始讨论。在流动性陷阱中,不管政府支出是税收融资的还是债务融资的,乘数总是 1。在货币联盟中,同样不管政府支出是税收融资的还是债务融资的,乘数总是为 1;如果是外部融资的,那么就会增加到 1.1 左右。

　　然后,我们离开基线,将仅够糊口者所占 χ 的比例从 0 依次增加到 0.25、0.5 和 0.75。我们从完全利润抵消的情况($o=1$)开始介绍,但是稍后再回过头来解释利润抵消的作用。在流动性陷阱中,不论 χ 怎样变化,税收融资时的乘数一直保持 1 不变。赤字融资时的乘数则随 χ 依次上升到了 1.2($\chi=0.25$)、1.7($\chi=0.5$),以及 3.1($\chi=0.75$)。至于货币联盟,税收融资时的乘数总是为 1,而与 χ 的取值无关。赤字融资时的乘数则随 χ 上升到了 1.1($\chi=0.25$)、1.3($\chi=0.5$),以及 1.8($\chi=0.75$)。最后,外部融资时的乘数随 χ 上升到了 1.3($\chi=0.25$),1.5($\chi=0.5$),和 2.7($\chi=0.75$)。在这里,非常重要的一点是,现在,外部融资时的乘数与自融资时的乘数之间的差异要比我们的基线校准中大得多,不过赤字融资时的乘数则介于这两个乘数之间。

　　一般来说,利润抵消系数 o 的值越小,导致的乘数越大。这是因为,在没有利润抵消的情况下,政府支出增加带来的同期利润下降就好像是从边际消费倾向较低的最优化者,到消费倾向更高的仅够糊口者的再分配。这种再分配增加了产出(以及,反过来也增加了税收)。这种效应可能非常大,但是在完全利润抵消时将消失。表 1 中的那些" * "号表明,产出与利润对具有不同边际消费倾向的经济行为主体的分配效应之间的反馈循环是如此强大,以至于变成了"爆炸式"的。当这种情况发生时,我们的公式就不再适用了,因为正确的解释是乘数是正无穷大。

　　我们在表 1 的第二和第三部分继续报告了价格存在粘性但又不是完全刚性时的结果。表 1 的第二、三部分的实验与第一部分是完全相同的,得到的结果却有不少差异。首先,在流动性陷阱的情况下,税收融资的乘数要比刚性价格时高得多,这是通货膨胀与产出之间的正反馈循环的力量的表现。赤字融资的乘数则要比刚性价格时低得多,而且当有足够多的仅够糊口的经济行为主体时,乘数实际上可能是负的,这是因为前置政府支出所导致的正反馈循环要弱于后置的税收所导致的负反馈循环(在这种情况下,较低的利润抵消降低了乘数,甚至有可能导致在表中用"−*"表示的负无穷大值)。其次,在货币联盟的情况下,乘数要比刚性价格时低,但是差异要比流动性陷阱的情况下小。这是因为,在货币联盟的情况下,产出与通货膨胀之间没有形成任何反馈循环:通货膨胀降低了支出,而不是增加了支出,因为它的累积效应抬升了贸易条件并导致了从本国商品到外国商品的再平衡。

接下来,我们再来简要地讨论一下冲击的持续性和经济的开放性的作用,尽管表 1 中没有说明这些。在流动性陷阱中,由于产出与通货膨胀之间存在着反馈循环,更有持续性的政府支出冲击倾向于提高税收融资时的乘数(实际上,如果价格不是完全刚性的,税收融资时的乘数可能会变成无穷大,即便不存在仅够糊口的经济行为主体也是如此)。它们在没有仅够糊口的经济行为主体时,能够提高赤字融资时的乘数。但是如果有足够多的仅够糊口者且价格有一定弹性,那么也可能降低赤字融资时的乘数,这是因为产出与通货膨胀之间的反馈循环在后置税收时比在前置政府支出时更有效力。在货币联盟中,更具持续性的政府支出冲击一般倾向于减少税收融资和赤字融资时的乘数,但是当价格的刚性足够大时,却会增加外部融资时的乘数。在货币联盟中,当经济更加封闭时(α 较低时),如果政府支出需要外部融资、价格弹性不是太高,那么乘数趋于增大,或者如果是赤字融资的且大于 1(更小泄露到国外时),乘数也趋于增大。

我们的模拟实验只是说明性的,因此没有去尝试探索更多的可能参数值。例如,我们把仅够糊口的经济行为主体的比例保持在了适当的水平上。同样地,我们也只是探索了一个相对开放的经济。总的来说,即便是在这个有限的范围内,我们的研究结果也足以表明,财政乘数对各种原始参数以及财政实验的性质是有点敏感的。在将完全刚性的价格与标准程度的粘性价格进行比较时,差异就出现了,特别是在流动性陷阱的情况下尤其如此。仅够糊口的经济行为主体的存在也显著地影响了反应。也许最令人惊讶的是,分配性影响似乎也是非常重要的。首先,税收融资、赤字融资与外部融资等不同融资方式的政府支出之间存在着差异。其次,利润重新分配的不同方式下得到的反应也存在差异。如前所述,这种效应依赖于如下模型预测:相对于劳动收入,利润是反周期的。因此,如果假设工资是粘性的,那么这种效应就会减轻——在我们的标准新凯恩斯主义模型中,假设了弹性工资。

从理论上说,在货币联盟中,外部融资时的乘数应该远远大于赤字融资时的乘数,特别是当经济的封闭性相对较高、政府支出的持续性相对较强的时候。但是,在我们的模拟实验中,在相对开放的经济中,在相对短暂的政府支出冲击下(这是许多区域乘数研究共有的特征),这种差异并不是很大。在价格的刚性足够高时,赤字融资时的乘数在流动性陷阱中往往大于在货币联盟中(因为对国外的"泄漏"更少),因此在货币联盟中外部融资时的乘数(根据研究区域乘数的文献所估计的),可能为流动性陷阱中当价格刚性的刚性足够高时赤字融资时的国家乘数提供了一个粗略的下限。而当价格更有弹性时,这种比较就会变得更加困难,上面这个粗略的下限不再适用。

10. 国家规模、集聚和外国政府的支出

到目前为止,在讨论货币联盟时,我们其实一直只讨论了这样一种情况:实施财政刺激政策的国家只是货币联盟的一个很小的(无限小的)部分。我们将各个国家建模为一个连续统时,就隐含地假设了这一点。在本节中,我们将放松这个假设。在这里,为了刻画国家规模,我们用 i 来索引各地区:我们假设"国家" $i \in [0, x]$ 是一个单一国家的一部分,它们采取了同样的财政刺激措施。然后,我们用 $-i \in (x, 1]$ 来表示没有采用财政刺激政策(从而 $g_t -i = 0$)的一个典型地区。我们考虑两种情况:①联盟层面的货币政策 i_t^* 实现了完美的通货膨胀目标制;②联盟层面的货币政策是被动的,因为联盟处于流动性陷阱中,利率 i_t^* 落在了零下限上。为了简单起见,我们只专注于科尔–奥布斯特费尔德情形。

10.1 联盟层面的通货膨胀目标

各总量变量满足:

$$g_t^* = \int_0^1 g_t^i di = x g_t^i,$$

$$c_t^* = \int_0^1 c_t^i di = x c_t^i + (1-x) c_t^{-i},$$

$$\pi_t^* = \int_0^1 \pi_t^i di = x \pi_t^i di = x \pi_t^i + (1-x) \pi_t^{-i}$$

如果零下限是没有约束力的,那么联盟层面的货币政策就可以设定为以零通货膨胀 $\pi_t^* = 0$ 为目标。这时所要求的利率 i_t^* 为:

$$i_t^* - \rho = -\dot{\sigma}(1-\xi) x \hat{g_t^i},$$

因而对应的 c_t^* 的值为:

$$c_t^* = -(1-\xi) x g_t^i$$

这个国家中采取刺激政策的地区的配置为:

$$\dot{\pi_t^i} = \rho \pi_t^i - \kappa(c_t^i + (1-\xi) g_t^i),$$

$$\dot{c_t^i} = -(1-\xi) x \dot{g_t^i} - \dot{\sigma}^{-1} \pi_t^i,$$

$$c_0^i = -(1-\xi) x g_0^i.$$

类似地,没有采取刺激政策的地区的配置则解决了:

$$\dot{\pi_t^{-i}} = \rho \pi_t^{-i} - \kappa c_t^{-i},$$

$$\dot{c_t^{-i}} = -(1-\xi) x \dot{g_t^i} - \dot{\sigma}^{-1} \pi_t^{-i},$$

$$c_0^{-i} = -(1-\xi) x g_0^i.$$

在科尔–奥布斯特费尔德情形中,我们定义

$$\alpha_s^{c,t,CM*} = \begin{cases} \dot{\sigma}^{-1} \kappa (1-\xi) e^{-vs} \dfrac{1-e^{(v-\bar{v})(t+s)}}{\bar{v}-v} & s<0, \\[4mm] \dot{\sigma}^{-1} \kappa (1-\xi) e^{-vs} \dfrac{1-e^{(v-\bar{v})t}}{\bar{v}-v} & s\geq 0. \end{cases}$$

命题 11(大国,整个货币联盟都实行通货膨胀目标制)。 假设零下限约束在联盟层面上是没有约束力的,同时假设货币政策以整个联盟的零通货膨胀 $\pi_t^* = 0$ 为目标。那么在科尔-奥布斯特费尔德情形中,我们有:

$$c_t^i = -x(1-\xi) g_t^i + (1-x) \int_{-t}^{\infty} \alpha_s^{c,t,CM} g_{t+s}^i ds$$

$$c_t^{-i} = -(1-\xi) x g_t^i + x \int_{-t}^{\infty} \alpha_s^{c,t,CM*} g_{t+s}^i ds.$$

我们首先集中关注国家中各地区承担开支的情况。这个命题表明,对于国家中实施刺激政策的那些地区来说,对用于国内商品的私人支出的影响就是如下两个效应的加权平均值。第一个效应是 $-(1-\xi) x g_t^i$,如果由国家实施的刺激政策可以将货币政策确立为以自己国内的通货膨胀率 $\pi_t^i = 0$ 为目标,这种效应就会出现;第二个效应是如果某个国家在货币联盟中只是非常小的(无限小的)一个组成部分就会出现的那种效应。这两个效应之间的权重由 x 和 $1-x$ 给出,其中 x 是采取了刺激政策的国家的相对规模。

现在,让我们分析一下国家中不采取政府开支的那些地区。这里既存在直接效应,也存在间接影响。间接效应通过通货膨胀影响了贸易条件,并进而影响到了对这些地区生产的商品的需求。为了分离出直接效应,设定 $\kappa = 0$,使得不存在通货膨胀且 $\alpha_s^{c,t,CM*} = 0$。对本国生产的商品的需求则等于 $c_t^{-1} = -(1-\xi) x g_t^* = -(1-\xi) x g_t^i$。当地区 $i \in [0,x]$ 的支出上升时,就会抑制这些地区的经济行为主体的私人支出,从而降低对来自地区 $-i \in (x,1]$ 的产品的需求。当 $\kappa > 0$ 时,间接效应通过通货膨胀起作用。对来自地区 $-i \in (x,1]$ 的产品需求降低后,造成了那些地区的通货紧缩,这又使得那些经济体更有竞争力。因此,更低的价格由此增加了对那些地区生产的商品的需求。

示例 7(整个联盟都实行通货膨胀目标制,一阶向量自回归)。 假设 $g_t^i = g^i e^{-\rho_g t}$,从而我们有:

$$c_t^{-i} = -e^{vt} (1-\xi) x g^i \left[1 - \frac{1-e^{-(v+\rho_g)t} \rho_g}{\rho_g + v} \frac{(\rho + \rho_g)}{\rho_g + \bar{v}} \right]$$

这就意味着,如果 g^i 是正的,那么 c_0^{-i} 为负。如果 $\rho_g + v < 0$,那么 c_t^{-i} 将一直保持为负。如果相反,$\rho_g + v > 0$,那么 c_t^{-i} 将在开始时为负,但是最终会改变符号。

这个结果表明,国外为了保证整个联盟不会出现通货膨胀而采取的在短期内增加政府支出并辅以货币紧缩的政策,会导致本国的经济衰退。这一点与 20 世纪 90 年代初德国统一后发生的情况相符。当时,为了避免通货膨胀,财政扩张政策是与德国国内的货币紧缩政策结合起来使用的。欧洲货币体系(EMS)所采取的准固定汇率制度,迫使其他国家紧随德国收紧了货币政策,从而对经济表现产生了不利影响。

10.2　联盟层面的零下限

如果零下限约束在联盟层面是有约束力的,那么 $c_t{}^*$ 由下式给出:

$$c_t^* = x \int_0^\infty \alpha_s^c g_{t+s}^i ds$$

从而,采取了刺激政策的国家的各地区的配置为:

$$\dot{\pi}_t^i = \rho \pi_t^i - \kappa (c_t^i + (1-\xi) g_t^i)$$

$$\dot{c}_t^i = -\hat{\sigma}^{-1} \pi_t^i,$$

$$c_0^i = x \int_0^\infty \alpha_s^c g_{t+s}^i ds.$$

类似地,未采取刺激政策的国家的各地区的配置则为:

$$\dot{\pi}_t^{-i} = \rho \pi_t^{-i} - \kappa c_t^{-i},$$

$$\dot{c}_t^{-i} = -\hat{\sigma}^{-1} \pi_t^{-i},$$

$$c_0^{-i} = x \int_0^\infty \alpha_s^c g_{t+s}^i ds.$$

命题 12(大国,零下限限制在整个货币联盟范围内都有约束力) 。假设零下限约束在整个联盟范围内都有约束力,那么在科尔-奥布斯特费尔德情形中,我们有:

$$c_t^i = x \int_0^\infty \alpha_s^c g_{t+s}^i ds + (1-x) \int_{-t}^\infty \alpha_s^{c,t,CM} g_{t+s}^i ds,$$

$$c_t^{-i} = xe^{vt} \int_0^\infty \alpha_s^c g_s^i ds.$$

与命题 11 类似,这个命题表明,对于采取了刺激政策的国家,对用于国内生产的商品的私人支出的影响,就是如下两个效应的加权平均值。第一个效应是 $\int_0^\infty \alpha_s^c g_s^i ds$,如果采取刺激政策的国家是一个位于零下限处的封闭经济体,这种效应就会出现;第二个效应是,如果国家是在货币联盟中只是非常小的(无限小的)一部分就会出现的影响。这两个效应之间的权重由 x 和 $1-x$ 给出,其中 x 是采取了刺激政策的国家的相对规模。

与实行通货膨胀目标制时的情况相反,当零下限限制有约束力时,地区 $i \in [0, x]$ 的政府支出的增加,会增加对地区 $-i \in (x, 1]$ 生产的商品的需求。这个结果是很自然的,因为现在通货膨胀降低了实际利率,所以私人需求普遍得到了扩大。[①]

11.　结　论

在本章中,我们研究了几个基准模型中对于政府支出变化的经济反应。与现有的文献相比,我们的贡献体现在,我们相当深入地以解析形式分析了这些反应的动态特征,而不仅

---

① 这些关于财政政策溢出效应的研究结果,补充了库克和德弗罗(Cook and Devereux,2011)的结论。不过,他们所重点关注的配置与我们的不同。他们证明,当本国处于流动性陷阱中时,财政政策在本国对于外国的溢出效应,在弹性汇率制下为负,但是在固定汇率制下为正。在本节中,我们将重点放在了货币联盟的固定汇率上,然后阐明了这些溢出效应的符号是如何转换的——这取决于联盟是不是处于流动性陷阱中、是不是采取了通货膨胀目标制。

仅是简单地总结单个"汇总乘数"的影响。我们是通过将乘数定义为任何时刻的私人支出对任何其他日期的公共支出的偏微分来做到这一点的。我们也试图尽可能多地纳入各种可能重要的因素，它们在标准的经济学分析中有时会被遗漏掉。特别是，我们分别考虑了封闭经济和开放经济，并在这两个框架中纳入了仅够糊口的经济行为主体。最重要的是，我们的分析是所有研究中最早强调政府支出冲击的不同融资形式的作用的（包括税收融资、赤字融资和外部融资）。我们希望我们的方法和分析将有助于解释和统一关于财政乘数的大量理论研究和实证研究。

附录

附录 A

本附录推导出了在如下各种情形下求解财政乘数所需要的线性方程组：流动性陷阱、有完全市场的货币联盟（CM）、不完全市场（IM），以及依赖外部融资的政府支出（PF）。接下来的附录 B 将给出通过求解这些方程组来推导出财政乘数的过程。

在这两个附录中，我们都将先推导一般情况：仅够糊口的经济行为主体的比例 χ 是任意的，利润抵消系数 o 也是任意的。然后推导两个特殊情况：不存在仅够糊口者时（即，$\chi = 0$，像第 1-6 节中那样）；不存在利润抵消时（即，$o = 0$，像第 1-8 节中那样）。

与正文相比，这里讨论的环境更加一般化：允许仅够糊口的经济行为主体获得一定的"利润抵扣"，即，可以将一定份额的利润重新分配给仅够糊口的经济行为主体：

$$P_t C_t^r = W_t N_t^r + \frac{0}{\chi} \Pi_t - P_t \underline{T}_t^r,$$

其中，

$$P_t \underline{T}_t^r = P_t T_t^r - \frac{0}{\chi} \Pi_t,$$

$$\Pi_t = P_{H,t} Y_t - w_t N_t.$$

A.1 流动性陷阱

假设对于所有的 $t \geqslant 0$，都有 $c_t^* = 0$，$i_t^* = \bar{r}_t$，那么各对数线性化方程如下：

$$\dot{c}_t^0 = (1 - \mathcal{G}) \sigma^{-1} (i_t - \bar{r}_t - \pi_t),$$

$$c_t^r = \frac{WN^r}{Y} (w_t + n_t^r) - t_t^r,$$

$$w_t = \frac{\sigma}{1 - \mathcal{G}} c_t^r + \phi n_t^r,$$

$$w_t = \frac{\sigma}{1-\mathcal{G}}c_t + \phi n_t^r,$$

$$c_t = \mathcal{X}c_t^r + (1-\mathcal{X})c_t^0,$$

$$n_t = \mathcal{X}n_t^r + (1-\mathcal{X})n_t^0,$$

$$\dot{\pi}_t = \rho\pi_t - \kappa[c_t + (1-\xi)g_t],$$

$$\underline{t}_t^r = t_t^r - o\left[\left(1-\frac{1}{\mu}\right)n_t - \frac{1}{\mu}w_t\right],$$

在这里,w_t 表示实际工资,μ 是稳态价格加成,其中,$\lambda = \rho_\delta(\rho+\rho_\delta)$,$\kappa = \lambda(\hat{\sigma}+\phi)$,$\xi = \frac{\hat{\sigma}}{\sigma+\phi}$。

加以适当的组合并重新排列,我们可以得到:

$$n_t^r = \phi^{-1}\left(w_t - \frac{\sigma}{1-\mathcal{G}}c_t^r\right),$$

$$c_t^r = \frac{WN^r}{Y}\left[(1+\phi^{-1})\left(\frac{\sigma}{1-\mathcal{G}}c_t + \phi n_t\right) - \phi^{-1}\frac{\sigma}{1-\mathcal{G}}c_t^r\right] - t_t^r,$$

$$c_t^r = \frac{\frac{WN^r}{Y}(1+\phi^{-1})\left(\frac{\sigma}{1-\mathcal{G}}c_t + \phi n_t\right) - \underline{t}_t^r}{1+\phi^{-1}\frac{\sigma}{1-\mathcal{G}}\frac{WN^r}{Y}},$$

$$c_t\left[\frac{1-\mathcal{X}\frac{WN^r}{Y}\frac{\sigma}{1-\mathcal{G}} + (1-\mathcal{X})\phi^{-1}\frac{\sigma}{1-\mathcal{G}}\frac{WN^r}{Y}}{1+\phi^{-1}\frac{\sigma}{1-\mathcal{G}}\frac{WN^r}{Y}}\right] = \mathcal{X}\frac{\frac{WN^r}{Y}(1+\phi^{-1})\phi n_t - t_t^r}{1+\phi^{-1}\frac{\sigma}{1-\mathcal{G}}\frac{WN^r}{Y}} + (1-\mathcal{X})c_t^0,$$

$$c_t = \mathcal{X}\frac{\frac{WN^r}{Y}(1+\phi^{-1})\phi n_t - t_t^r}{1-\mathcal{X}\frac{WN^r}{Y}\frac{\sigma}{1-\mathcal{G}} + (1-\mathcal{X})\phi^{-1}\frac{\sigma}{1-\mathcal{G}}\frac{WN^r}{Y}} + (1-\mathcal{X})\frac{1+\phi^{-1}\frac{\sigma}{1-\mathcal{G}}\frac{WN^r}{Y}}{1-\mathcal{X}\frac{WN^r}{Y}\frac{\sigma}{1-\mathcal{G}} + (1-\mathcal{X})\phi^{-1}\frac{\sigma}{1-\mathcal{G}}\frac{WN^r}{Y}}c_t^0,$$

$$c_t = \mathcal{X}\frac{\phi(1+\phi)n_t - \frac{Y}{WN^r}\phi \underline{t}_t^r}{\frac{Y}{WN^r}\phi - \mathcal{X}\frac{\sigma}{1-\mathcal{G}}\phi + (1-\mathcal{X})\frac{\sigma}{1-\mathcal{G}}} + (1-\mathcal{X})\frac{\frac{Y}{WN^r}\phi + \frac{\sigma}{1-\mathcal{G}}}{\frac{Y}{WN^r}\phi - \mathcal{X}\frac{\sigma}{1-\mathcal{G}}\phi + (1-\mathcal{X})\frac{\sigma}{1-\mathcal{G}}}c_t^0,$$

$$c_t = \mathcal{X}(1-\mathcal{G})\frac{\phi(1+\phi)n_t - \mu\phi \underline{t}_t^r}{(1-\mathcal{G})\mu\phi + \sigma - \mathcal{X}\sigma(1+\phi)} + (1-\mathcal{X})\frac{(1-\mathcal{G})\mu\phi + \sigma}{(1-\mathcal{G})\mu\phi + \sigma - \mathcal{X}\sigma(1+\phi)}c_t^0,$$

最后,我们有:

$$c_t = \Theta_n n_t - \Theta_\tau \underline{t}_t^r + \overline{\sigma}^{-1}\sigma\frac{1}{1-\mathcal{G}}c_t^0,$$

其中,

$$\overline{\sigma}^{-1} = \sigma^{-1}(1-\mathcal{X})(1-\mathcal{G})\frac{(1-\mathcal{G})\mu\phi + \sigma}{\phi(1-\mathcal{G})\mu + \sigma - \mathcal{X}\sigma(1+\phi)},$$

$$\Theta_n = \mathcal{X}(1-\mathcal{G})\frac{(1+\phi)\phi}{\phi(1-\mathcal{G})\mu + \sigma - \mathcal{X}\sigma(1+\phi)},$$

$$\Theta_\tau = \chi(1-\mathcal{G})\frac{\mu\phi}{\phi(1-\mathcal{G})\mu+\sigma-\chi\sigma(1+\phi)},$$

求微分,我们得到:

$$c_t = \Theta_n \dot{n}_t - \Theta_t \underline{t}_t^r + \overline{\sigma}^{-1}(i_t - \overline{r}_t - \pi_t),$$

然后利用 $\dot{n}_t = \dot{c}_t + \dot{g}_t$,我们得出如下欧拉方程:

$$\dot{c}_t = \widetilde{\sigma}^{-1}(i_t - \overline{r}_t - \pi_t) + \widetilde{\Theta}_n \dot{g}_t - \widetilde{\Theta}_\tau \underline{t}_t^r,$$

其中,

$$\widetilde{\sigma}^{-1} = \frac{\overline{\sigma}^{-1}}{1-\Theta_n},$$

$$\widetilde{\Theta}_n = \frac{\Theta_n}{1-\Theta_n},$$

$$\widetilde{\Theta}_\tau = \frac{\Theta_\tau}{1-\Theta_n}.$$

根据 t_t^r 的定义,并利用工资的表达式,我们有:

$$\underline{t}_t^r = t_t^r - \frac{o}{\chi}\left[\left(1-\frac{1}{\mu}\right)(c_t+g_t) - \frac{1}{\mu}\left[\frac{\sigma}{1-\mathcal{G}}c_t + \phi(c_t+g_t)\right]\right].$$

因而,

$$\underline{t}_t^r = t_t^r + \Psi_c c_t + \Psi_n g_t,$$

其中,

$$\Psi_c = \frac{o}{\chi}\left[1-\frac{1}{\mu}\left(\frac{\sigma}{1-\mathcal{G}}+(1+\phi)\right)\right],$$

$$\Psi_n = -\frac{o}{\chi}\left[1-\frac{1}{\mu}(1+\varphi)\right].$$

使用欧拉方程和 t_t^r 的表达式,我们得到

$$[1-\Theta_n+\Theta_\tau\Psi_c]\dot{c}_t = -\overline{\sigma}^{-1}\pi_t + [\Theta_n-\Theta_\tau\Psi_n]\dot{g}_t - \Theta_\tau \dot{i}_t^r.$$

因此,

$$\dot{c}_t = -\underline{\widetilde{\sigma}}^{-1}\pi_t + \underline{\widetilde{\Theta}}_n \dot{g}_t - \underline{\widetilde{\Theta}}_\tau \dot{i}_t^r,$$

其中,

$$\underline{\widetilde{\sigma}}^{-1} = \frac{1}{\underline{\widetilde{\Theta}}_c}\overline{\sigma}^{-1},$$

$$\underline{\widetilde{\Theta}}_n = \frac{1}{\underline{\widetilde{\Theta}}_c}[\Theta_n - \Theta_\tau\Psi_n],$$

$$\underline{\widetilde{\Theta}}_\tau = \frac{1}{\underline{\widetilde{\Theta}}_c}\Theta_\tau,$$

$$\underline{\widetilde{\Theta}}_c = 1-\Theta_n+\Theta_\tau\Psi_c.$$

特殊情况:不存在仅够糊口的经济行为主体 $\chi=0$

对数线性方程组为:对于所有的 $t \geqslant 0$,都有

$$\dot{c}_t = -\sigma^{-1}\pi_t,$$

$$\dot{\pi}_t = \rho\pi_t - \kappa\left[c_t + (1-\xi)g_t\right],$$

特殊情况：不存在利润抵消，$o=0$

对数线性方程组为：对于所有的 $t \geq 0$，都有

$$\dot{c}_t = -\widetilde{\sigma}^{-1}\pi_t + \widetilde{\Theta}_n\dot{g}_t - \widetilde{\Theta}_\tau\dot{i}_t^t,$$

$$\dot{\pi}_t = \rho\pi_t - \kappa\left[c_t + (1-\xi)g_t\right].$$

A.2　货币联盟

假设对于所有的 $t \geq 0$，都有 $c_t^* - 0, i_t^* = \bar{r}_t$，那么各对数线性化方程如下：

$$c_t^o = (1-\mathcal{G})\theta + \frac{(1-\alpha)(1-\mathcal{G})}{\sigma}s_t,$$

$$\gamma_t = (1-\alpha)\dot{c}_t + (1-\mathcal{G})\alpha\left[\frac{\omega}{\sigma} + \frac{1-\alpha}{\sigma}\right]s_t + g_t,$$

$$y_t = n_t,$$

$$\dot{c}_t^o = -(1-\mathcal{G})\sigma^{-1}(\pi_{H,t} + \alpha\dot{s}_t),$$

$$c_t^r = \frac{1}{\mu}(w_t + n_t^r) - t_t^r,$$

$$w_t = \frac{\sigma}{1-\mathcal{G}}c_t^r + \phi n_t^r,$$

$$w_t = \frac{\sigma}{1-\mathcal{G}}\dot{c}_t + \phi n_t^r,$$

$$\hat{c}_t = \mathcal{X}c_t^r + (1-\mathcal{X})c_t^o,$$

$$n_t = \mathcal{X}n_t^r + (1-\mathcal{X})n_t^o,$$

$$\dot{\pi}_{H,t} = \rho\pi_{H,t} - \lambda(w_t + \alpha s_t),$$

$$\int_0^{+\infty}e^{-\rho t}nx_t dt = -\mathrm{nfa}_0,$$

$$\underline{t}_t^r = t_t^r - \frac{o}{\mathcal{X}}\left[\left(1-\frac{1}{\mu}\right)n_t + \alpha p_{H,t} - \frac{1}{\mu}w_t\right].$$

其中，在 IM 情况下，$\mathrm{nfa}_0 = 0$，在 PF 情况下为 $\mathrm{nfa}_0 = \int_0^{-\infty}e^{-\rho t}g_t dt$。$\omega = \sigma\gamma + (1-\alpha)(\sigma\eta - 1)$。需要注意的是，在这里我们将本国的经济行为主体的总消费表示为 $\hat{c}_t$，目的是避免与 c_t 混淆起来，那是（本国和外国的）私人对本国生产的商品的总消费。

利用工资、总消费和劳动的表达式，我们可以得到：

$$\dot{c}_t = \Theta_n n_t - \Theta_\tau \underline{t}_t^r + \overline{\sigma}^{-1}\sigma\frac{1}{1-\mathcal{G}}c_t^o,$$

在这里，Θ_n、Θ_τ 和 $\overline{\sigma}$ 的定义与前面一样。对巴克斯－史密斯条件（Backus–Smith condition）求微分，我们得到（我们也可以直接从 s_t 的定义得到这个方程式）：

$$\dot{s}_t = -\pi_{H,t}.$$

现在我们可以得到一个方程，它涉及（本国和外国）对本国生产的商品的总消费 $c_t = y_t -$

g_t,从中推出:

$$c_t = (1-\alpha)\dot{c}_t + (1-\mathcal{G})\alpha\left[\frac{\omega}{\sigma} + \frac{1-\alpha}{\sigma}\right]s_t.$$

求微分,我们得到:

$$\dot{c}_t = (1-\alpha)\dot{c}_t + (1-\mathcal{G})\alpha\left[\frac{\omega}{\sigma} + \frac{1-\alpha}{\sigma}\right]\dot{s}_t,$$

然后与关于 $\dot{c}_t$ 的方程结合起来:

$$\dot{c}_t = (1-\alpha)\left[\Theta_n \dot{n}_t - \Theta_\tau \dot{t}_t^r + \overline{\sigma}^{-1}\sigma\frac{1}{1-\mathcal{G}}\dot{c}_t^o\right] + (1-\mathcal{G})\alpha\left[\frac{\omega}{\sigma} + \frac{1-\alpha}{\sigma}\right]\dot{s}_t,$$

并代入 $n_t = c_t + g_t$,得到:

$$\dot{c}_t = (1-\alpha)\left[\Theta_n(\dot{c}_t + \dot{g}_t) - \Theta_\tau \dot{t}_t^r + \overline{\sigma}^{-1}\sigma\frac{1}{1-\mathcal{G}}\dot{c}_t^o\right] + (1-\mathcal{G})\alpha\left[\frac{\omega}{\sigma} + \frac{1-\alpha}{\sigma}\right]\dot{s}_t,$$

加以重新排列,我们有:

$$\dot{c}_t = \widetilde{\Theta}_n \dot{g}_t - \widetilde{\Theta}_\tau \dot{t}_t^r - \frac{(1-\alpha)\overline{\sigma}^{-1}}{1-(1-\alpha)\Theta_n}\sigma\frac{1}{1-\mathcal{G}}\dot{c}_t^o + \frac{1}{1-(1-\alpha)\Theta_n}\frac{\alpha(1-\mathcal{G})(\omega+1-\alpha)}{\sigma}\dot{s}_t,$$

其中,

$$\widetilde{\Theta}_n = \frac{(1-\alpha)\Theta_n}{1-(1-\alpha)\Theta_n},$$

$$\widetilde{\Theta}_\tau = \frac{(1-\alpha)\Theta_\tau}{1-(1-\alpha)\Theta_n},$$

然后,利用最优化者的欧拉方程得到:

$$\dot{c}_t = \widetilde{\Theta}_n \dot{g}_t - \widetilde{\Theta}_\tau \dot{t}_t^r - \frac{(1-\alpha)\overline{\sigma}^{-1}}{1-(1-\alpha)\Theta_n}\left[\pi_{H,t} + \alpha\dot{s}_t\right] + \frac{1}{1-(1-\alpha)\Theta_n}\frac{\alpha(1-\mathcal{G})(\omega+1-\alpha)}{\sigma}\dot{s}_t,$$

最后结合 $\dot{s}_t = -\pi_{H,t}$ 的表达式:

$$\dot{c}_t = \widetilde{\Theta}_n \dot{g}_t - \widetilde{\Theta}_\tau \dot{t}_t^r - \frac{(1-\alpha)\overline{\sigma}^{-1}}{1-(1-\alpha)\Theta_n}\left[(1-\alpha)\pi_{H,t}\right]$$

$$- \frac{1}{1-(1-\alpha)\Theta_n}\frac{\alpha(1-\mathcal{G})(\omega+1-\alpha)}{\sigma}\pi_{H,t},$$

我们可以将之重写为:

$$\dot{c}_t = \widetilde{\Theta}_n \dot{g}_t - \widetilde{\Theta}_\tau \dot{t}_t^r - \frac{(1-\alpha)\overline{\sigma}^{-1}}{1-(1-\alpha)\Theta_n}\left[(1-\alpha)^2 + \alpha\frac{\overline{\sigma}}{\sigma}(1-\mathcal{G})(\omega+1-\alpha)\right]\dot{\pi}_{H,t}$$

$$\dot{c}_t = \widetilde{\Theta}_n \dot{g}_t - \widetilde{\Theta}_\tau \dot{t}_t^r - \widetilde{\sigma}^{-1}\pi_{H,t},$$

其中,

$$\widetilde{\sigma}^{-1} = \frac{\overline{\sigma}^{-1}}{1-(1-\alpha)\Theta_n}\left[(1-\alpha)^2 + \alpha\frac{\overline{\sigma}}{\sigma}(1-\mathcal{G})(\omega+1-\alpha)\right].$$

这就是我们的欧拉方程。[①]

为了推导出初始条件,我们利用

$$c_t = (1-\alpha)\hat{c}_t + (1-\mathcal{G})\alpha\left[\frac{\omega}{\sigma} + \frac{1-\alpha}{\sigma}\right]s_t,$$

$$\hat{c}_t = \Theta_n n_t - \Theta_\tau t^r_{-t} + \overline{\sigma}^{-1}\sigma\frac{1}{1-\mathcal{G}}c^o_t,$$

$$c^o_t = (1-\mathcal{G})\theta + \frac{(1-\alpha)(1-\mathcal{G})}{\sigma}s_t,$$

和

$$n_t = c_t + g_t,$$

得到:

$$c_t = \widetilde{\Theta}_n g_t - \widetilde{\Theta}_\tau t^r_{-t} + \frac{(1-\alpha)\overline{\sigma}^{-1}}{1-(1-\alpha)\Theta_n}\sigma\frac{1}{1-\mathcal{G}}\left((1-\mathcal{G})\theta + \frac{(1-\alpha)(1-\mathcal{G})}{\sigma}s_t\right)$$

$$+ \frac{(1-\mathcal{G})\alpha\left[\frac{\omega}{\sigma} + \frac{1-\alpha}{\sigma}\right]}{1-(1-\alpha)\Theta_n}s_t,$$

然后,将它应用于 $t=0$、$s_0 = 0$ 时,从而得到:

$$c_0 = \widetilde{\Theta}_n g_0 - \widetilde{\Theta}_\tau t^r_{-0} + \frac{(1-\alpha)\overline{\sigma}^{-1}}{1-(1-\alpha)\Theta_n}\sigma\frac{1}{1-\mathcal{G}}(1-\mathcal{G})\theta.$$

因此,在完全市场下,它可以简化为如下简单的条件:

$$c_0 = \widetilde{\Theta}_n g_0 - \widetilde{\Theta}_\tau t^r_{-0}$$

最后,我们需要计算

$$mc_t = w_t + p_t - p_{H,t} = w_t + \alpha s_t$$

我们有:

$$w_t = \frac{\sigma}{1-\mathcal{G}}\hat{c}_t + \phi n_t,$$

$$w_t = \frac{\sigma}{1-\mathcal{G}}\hat{c}_t + \phi(c_t + g_t),$$

利用

$$\hat{c}_t = \Theta_n n_t - \Theta_\tau t^r_{-t} + \overline{\sigma}^{-1}\sigma\frac{1}{1-\mathcal{G}}c^o_t,$$

可以将它们重写为:

$$w_t = \frac{\sigma}{1-\mathcal{G}}\left(\Theta_n(c_t + g_t) - \Theta_\tau t^r_{-t} + \overline{\sigma}^{-1}\sigma\frac{1}{1-\mathcal{G}}c^o_t\right) + \phi(c_t + g_t)$$

[①] 我们可以验证一下,当不存在仅够糊口的消费者时,它可以化约为
$$\hat{c}_t = -\sigma^{-1}(1-\mathcal{G})[1+\alpha(\omega-1)]\pi_t$$
那正是我们得到的表达式。

$$w_t = \frac{\sigma}{1-\mathcal{G}}\left[\Theta_n(c_t+g_t)-\Theta_\tau t_{-t}^r+\overline{\sigma}^{-1}\sigma\frac{1}{1-\mathcal{G}}\left((1-\mathcal{G})\theta+\frac{(1-\alpha)(1-\mathcal{G})}{\sigma}s_t\right)\right]+\varphi(c_t+g_t),$$

使得

$$w_t+\alpha s_t = \left(\frac{\sigma\Theta_n}{1-\mathcal{G}}+\phi\right)(c_t+g_t)-\frac{\sigma}{1-\mathcal{G}}\Theta_\tau t_{-t}^r+\left(\frac{\sigma}{1-\mathcal{G}}\right)^2\overline{\sigma}^{-1}(1-\mathcal{G})\theta$$

$$+\left[\alpha+\left(\frac{\sigma}{1-\mathcal{G}}\right)^2\overline{\sigma}^{-1}\frac{(1-\alpha)(1-\mathcal{G})}{\sigma}\right]s_t,$$

利用

$$c_t = \widetilde{\Theta}_n g_t-\widetilde{\Theta}_\tau t_{-t}^r+\frac{(1-\alpha)\overline{\sigma}^{-1}}{1-(1-\alpha)\Theta_n}\sigma\frac{1}{1-\mathcal{G}}(1-\mathcal{G})\theta$$

$$+\left[\frac{(1-\alpha)\overline{\sigma}^{-1}}{1-(1-\alpha)\Theta_n}\sigma\frac{1}{1-\mathcal{G}}\frac{(1-\alpha)(1-\mathcal{G})}{\sigma}+\frac{(1-\mathcal{G})\alpha\left[\frac{\omega}{\sigma}+\frac{1-\alpha}{\sigma}\right]}{1-(1-\alpha)\Theta_n}\right]s_t,$$

即,

$$s_t = \frac{c_t = \widetilde{\Theta}_n g_t-\widetilde{\Theta}_\tau t_{-t}^r-\dfrac{(1-\alpha)\overline{\sigma}^{-1}}{1-(1-\alpha)\Theta_n}\sigma\dfrac{1}{1-\mathcal{G}}(1-\mathcal{G})\theta}{\dfrac{(1-\alpha)\overline{\sigma}^{-1}}{1-(1-\alpha)\Theta_n}\sigma\dfrac{1}{1-\mathcal{G}}\dfrac{(1-\alpha)(1-\mathcal{G})}{\sigma}+\dfrac{(1-\mathcal{G})\alpha\left[\frac{\omega}{\sigma}+\frac{1-\alpha}{\sigma}\right]}{1-(1-\alpha)\Theta_n}},$$

我们可以重写为

$$w_t+\alpha s_t = \left(\frac{\sigma\Theta_n}{1-\mathcal{G}}+\phi\right)(c_t+g_t)-\frac{\sigma}{1-\mathcal{G}}\Theta_\tau t_{-t}^r+\left(\frac{\sigma}{1-\mathcal{G}}\right)^2\overline{\sigma}^{-1}(1-\mathcal{G})\theta$$

$$+\frac{\alpha+\dfrac{\sigma}{1-\mathcal{G}}\overline{\sigma}^{-1}(1-\alpha)}{\dfrac{(1-\alpha)\overline{\sigma}^{-1}}{1-(1-\alpha)\Theta_n}(1-\alpha)+\dfrac{(1-\mathcal{G})\alpha\left[\frac{\omega}{\sigma}+\frac{1-\alpha}{\sigma}\right]}{1-(1-\alpha)\Theta_n}}$$

$$\times\left[c_t-\widetilde{\Theta}_n g_t+\Theta_\tau t_{-t}^r-\frac{(1-\alpha)\overline{\sigma}^{-1}}{1-(1-\alpha)\Theta_n}\sigma\frac{1}{1-\mathcal{G}}(1-\mathcal{G})\theta\right],$$

$$w_t+\alpha s_t = \left(\frac{\sigma\Theta_n}{1-\mathcal{G}}+\varphi\right)(c_t+g_t)-\frac{\sigma}{1-\mathcal{G}}\Theta_\tau t_{-t}^r+\left(\frac{\sigma}{1-\mathcal{G}}\right)^2\overline{\sigma}^{-1}(1-\mathcal{G})\theta$$

$$+\frac{\alpha+\dfrac{\sigma}{1-\mathcal{G}}\overline{\sigma}^{-1}(1-\alpha)}{\dfrac{(1-\alpha)\overline{\sigma}^{-1}}{1-(1-\alpha)\Theta_n}(1-\alpha)+\dfrac{(1-\mathcal{G})\alpha\left[\frac{\omega}{\sigma}+\frac{1-\alpha}{\sigma}\right]}{1-(1-\alpha)\Theta_n}}$$

$$\times\left[c_t-\widetilde{\Theta}_n g_t+\widetilde{\Theta}_\tau t_{-t}^r-\frac{(1-\alpha)\overline{\sigma}^{-1}}{1-(1-\alpha)\Theta_n}\sigma\frac{1}{1-\mathcal{G}}(1-\mathcal{G})\theta\right].$$

然后,我们可以代入这个表达式,以得到新凯恩斯主义菲利普斯曲线:

$$\dot{\pi}_{H,t} = \rho\pi_{H,t} - \lambda(w_t + \alpha s_t).$$

由此,这个对数线性化系统可以总结为

$$\dot{c}_t = \widetilde{\Theta}_n \dot{g}_t + \widetilde{\Theta}_\tau \dot{t}_{-t}^r - \widetilde{\sigma}^{-1}\pi_{H,t},$$

$$\dot{\pi}_{H,t} = \rho\pi_{H,t} - \lambda(w_t + \alpha s_t),$$

$$c_0 = \widetilde{\Theta}_n g_0 - \widetilde{\Theta}_\tau t_{-0}^r + \frac{(1-\alpha)\overline{\sigma}^{-1}}{1-(1-\alpha)\Theta_n}\sigma\frac{1}{1-\mathcal{G}}(1-\mathcal{G})\theta,$$

和 nfa 条件,其中

$$w_t + \alpha s_t = \left(\frac{\sigma\Theta_n}{1-\mathcal{G}} + \phi\right)(c_t + g_t) - \frac{\sigma}{1-\mathcal{G}}\Theta_\tau t_{-t}^r + \left(\frac{\sigma}{1-\mathcal{G}}\right)^2\overline{\sigma}^{-1}(1-\mathcal{G})\theta$$

$$+ \frac{\alpha + \dfrac{\sigma}{1-\mathcal{G}}\overline{\sigma}^{-1}(1-\alpha)}{\dfrac{(1-\alpha)\overline{\sigma}^{-1}}{1-(1-\alpha)\Theta_n}(1-\alpha) + \dfrac{(1-\mathcal{G})\alpha\left[\dfrac{\omega}{\sigma} + \dfrac{1-\alpha}{\sigma}\right]}{1-(1-\alpha)\Theta_n}}$$

$$\times\left[c_t - \widetilde{\Theta}_n g_t - \widetilde{\Theta}_\tau t_{-t}^r - \frac{(1-\alpha)\overline{\sigma}^{-1}}{1-(1-\alpha)\Theta_n}\sigma\frac{1}{1-\mathcal{G}}(1-\mathcal{G})\theta\right],$$

将 $\widetilde{\kappa}$ 定义为

$$\widetilde{\kappa} = \lambda\left[\frac{\sigma\Theta_n}{1-\mathcal{G}} + \phi + \frac{\alpha + \dfrac{\sigma}{1-\mathcal{G}}\overline{\sigma}^{-1}(1-\alpha)}{\dfrac{(1-\alpha)\overline{\sigma}^{-1}}{1-(1-\alpha)\Theta_n}(1-\alpha) + \dfrac{(1-\mathcal{G})\alpha\left[\dfrac{\omega}{\sigma} + \dfrac{1-\alpha}{\sigma}\right]}{1-(1-\alpha)\Theta_n}}\right].$$

将 $\widetilde{\xi}$ 定义为

$$\widetilde{\kappa}(1-\widetilde{\xi}) = \lambda\left[\frac{\sigma\Theta_n}{1-\mathcal{G}} + \phi - \frac{\alpha + \dfrac{\sigma}{1-\mathcal{G}}\overline{\sigma}^{-1}(1-\alpha)}{\dfrac{(1-\alpha)\overline{\sigma}^{-1}}{1-(1-\alpha)\Theta_n}(1-\alpha) + \dfrac{(1-\mathcal{G})\alpha\left[\dfrac{\omega}{\sigma} + \dfrac{1-\alpha}{\sigma}\right]}{1-(1-\alpha)\Theta_n}}\widetilde{\Theta}_n\right].$$

将 $\widetilde{\alpha}$ 定义为

$$\widetilde{\alpha} = 1 - \frac{(1-\alpha)\overline{\sigma}^{-1}}{1-(1-\alpha)\Theta_n}\sigma\frac{1}{1-\mathcal{G}}.$$

将 $\widetilde{\omega}$ 定义为

$$\widetilde{\omega} = \frac{1}{(1-\mathcal{G})\widetilde{\sigma}\widetilde{\alpha}}$$

$$\times\left[\left(\frac{\sigma}{1-\mathcal{G}}\right)^2\overline{\sigma}^{-1}(1-\mathcal{G}) - \frac{\alpha + \dfrac{\sigma}{1-\mathcal{G}}\overline{\sigma}^{-1}(1-\alpha)}{\dfrac{(1-\alpha)\overline{\sigma}^{-1}}{1-(1-\alpha)\Theta_n}(1-\alpha) + \dfrac{(1-\mathcal{G})\alpha\left(\dfrac{\omega}{\sigma} + \dfrac{1-\alpha}{\sigma}\right)}{1-(1-\alpha)\Theta_n}}\frac{(1-\alpha)\overline{\sigma}^{-1}\sigma}{1-(1-\alpha)\Theta_n}\right].$$

将 $\widetilde{\Theta}$ 定义为

$$
\widetilde{\Theta}_{\tau} = \frac{\lambda}{\widetilde{\kappa}} \left[-\frac{\sigma}{1-\mathcal{G}} \Theta_{\tau} + \frac{\alpha + \frac{\sigma}{1-\mathcal{G}} \overline{\sigma}^{-1}(1-\alpha)}{\frac{(1-\alpha)\overline{\sigma}^{-1}}{1-(1-\alpha)\Theta_n}(1-\alpha) + \frac{(1-\mathcal{G})\alpha\left[\frac{\omega}{\sigma} + \frac{1-\alpha}{\sigma}\right]}{1-(1-\alpha)\Theta_n}} \widetilde{\Theta}_{\tau} \right].
$$

将 Γ_1 定义为

$$
\Gamma_1 = (1-\alpha)^2 \overline{\sigma}^{-1} + (1-\mathcal{G})\alpha \left(\frac{\omega}{\sigma} + \frac{1-\alpha}{\sigma} \right),
$$

然后我们可以将这个方程组重写为:

$$
\dot{\pi}_{H,t} = \rho \pi_{H,t} - \widetilde{\kappa}(c_t + (1-\widetilde{\xi})g_t) - (1-\mathcal{G})\lambda \widetilde{\widetilde{\sigma\alpha\omega}}\theta - \widetilde{\kappa}\widetilde{\Theta}_{\tau}\underline{t}_t^r,
$$

$$
\dot{c}_t = -\widetilde{\sigma}^{-1}\pi_{H,t} + \widetilde{\Theta}_n \dot{g}_t - \widetilde{\Theta}_{\tau}\underline{\dot{t}}_t^r,
$$

它具有初始条件

$$
c_0 = (1-\mathcal{G})(1-\widetilde{\alpha})\theta + \widetilde{\Theta}_n g_0 - \widetilde{\Theta}_{\tau}\underline{t}_0^r,
$$

和 nfa 条件。

对于净出口,我们可以得到

$$
nx_t = -(1-\mathcal{G})\alpha s_t + \gamma_t - \dot{c}_t - g_t,
$$

$$
nx_t = (1-\mathcal{G})\left[\alpha\frac{\omega}{\sigma} + \alpha\frac{1-\alpha}{\sigma} - \alpha\right]s_t - \alpha\dot{c}_t,
$$

$$
nx_t = (1-\mathcal{G})\left[\alpha\frac{\omega}{\sigma} + \alpha\frac{1-\alpha}{\sigma} - \alpha\right]s_t
$$
$$
-\alpha\left[\Theta_n(c_t + g_t) - \Theta_{\tau}\underline{t}_t^r + \overline{\sigma}^{-1}\sigma\frac{1}{1-\mathcal{G}}c_t^0\right].
$$

最后,我们有:

$$
nx_t = (1-\mathcal{G})\left[\alpha\frac{\omega}{\sigma} + \alpha\frac{1-\alpha}{\sigma} - \alpha\right]s_t
$$
$$
-\alpha\left[\Theta_n(c_t + g_t) - \Theta_{\tau}\underline{t}_t^r + \overline{\sigma}^{-1}\sigma\frac{1}{1-\mathcal{G}}\left((1-\mathcal{G})\theta + \frac{(1-\alpha)(1-\mathcal{G})}{\sigma}s_t\right)\right].
$$

其中,

$$
s_t = \frac{c_t - \widetilde{\Theta}_n g_t + \widetilde{\Theta}_{\tau}\underline{t}_t^r - \frac{(1-\alpha)\overline{\sigma}^{-1}}{1-(1-\alpha)\Theta_n}\sigma\frac{1}{1-\mathcal{G}}(1-\mathcal{G})\theta}{\frac{(1-\alpha)\overline{\sigma}^{-1}}{1-(1-\alpha)\Theta_n}\sigma\frac{1}{1-\mathcal{G}}\frac{(1-\alpha)(1-\mathcal{G})}{\sigma} + \frac{(1-\mathcal{G})\alpha\left[\frac{\omega}{\sigma} + \frac{1-\alpha}{\sigma}\right]}{1-(1-\alpha)\Theta_n}}.
$$

利用欧拉方程,

$$
p_{H,t} = -s_0 - \frac{1}{\Gamma_1}[1-(1-\alpha)\Theta_n](c_t - c_0) + \frac{1}{\Gamma_1}(1-\alpha)\Theta_n(g_t - g_0) - (1-\alpha)\frac{1}{\Gamma_1}\Theta_{\tau}(\underline{t}_t^r - \underline{t}_0^r)
$$

利用消费的初始条件,因为 $s_0 = 0$,我们有:

$$p_{H,t} = -\frac{1}{\Gamma_1}\big[1-(1-\alpha)\Theta_n\big]c_t + \frac{1}{\Gamma_1}(1-\alpha)\Theta_n g_t - (1-\alpha)\frac{1}{\Gamma_1}\Theta_\tau t_{-t}^r + (1-\alpha)\frac{1}{\Gamma_1}\overline{\sigma}^{-1}\sigma\theta,$$

根据 t_t^r 的定义,并利用产出的表达式,对于价格和实际工资,我们有:

$$t_{-t}^r = t_t^r - \frac{o}{\chi}\left[\ \left(1-\frac{1}{\mu}\right)(c_t+g_t)\right.$$

$$+\alpha\left[-\frac{1}{\Gamma_1}\big[1-(1-\alpha)\Theta_n\big]c_t + \frac{1}{\Gamma_1}(1-\alpha)\Theta_n g_t - (1-\alpha)\frac{1}{\Gamma_1}\Theta_\tau t_{-t}^r + (1-\alpha)\frac{1}{\overline{\sigma}}\ \sigma\theta\right]$$

$$\left.-\frac{1}{\mu}\left[\frac{\sigma}{1-\mathcal{G}}\frac{1}{1-\alpha}\left[c_t-(1-\mathcal{G})\alpha\left(\frac{\omega}{\sigma}+\frac{1-\alpha}{\sigma}\right)s_t\right]+\phi n_t\right]\right].$$

再利用贸易条件的表达式,我们有:

$$t_{-t}^r = t_t^r - \frac{o}{\chi}\left[\ \left(1-\frac{1}{\mu}\right)(c_t+g_t)\right.$$

$$+\alpha\left[-\frac{1}{\Gamma_1}\big[1-(1-\alpha)\Theta_n\big]c_t + \frac{1}{\Gamma_1}(1-\alpha)\Theta_n g_t - (1-\alpha)\frac{1}{\Gamma_1}\Theta_\tau t_{-t}^r + (1-\alpha)\overline{\sigma}^{-1}\sigma\theta\right] - \frac{1}{\mu}\frac{\sigma}{1-\mathcal{G}}\frac{1}{1-\alpha}c_t$$

$$\left.+\frac{1}{\mu}\sigma\frac{\alpha}{1-\alpha}\left(\frac{\omega}{\sigma}-\frac{1-\alpha}{\sigma}\right)\frac{1}{\Gamma_1}\left[\ \big[1-(1-\alpha)\Theta_n\big]c_t - (1-\alpha)\Theta_n g_t + (1-\alpha)\Theta_\tau t_{-t}^r - (1-\alpha)\overline{\sigma}^{-1}\sigma\theta\big] - \frac{1}{\mu}\varphi n_t\right]\right].$$

因此,

$$t_{-t}^r = \Psi_\tau t_t^r + \Psi_c c_t + \Psi_n g_t + \Psi_\theta \theta,$$

其中,

$$\Psi_c = -\frac{o}{\chi}\frac{1}{\hat{\Psi}_\tau}$$
$$\left[\ \left(1-\frac{1}{\mu}\right) - \alpha\frac{1}{\Gamma_1}\big[1-(1-\alpha)\Theta_n\big] - \frac{1}{\mu}\left[\frac{\sigma}{1-\alpha}\left[\frac{1}{1-\mathcal{G}} - \alpha\left(\frac{\omega}{\sigma}+\frac{1-\alpha}{\sigma}\right)\frac{1}{\Gamma_1}\big[1-(1-\alpha)\Theta_n\big]\right] + \varphi\right]\right],$$

$$\Psi_n = -\frac{o}{\chi}\frac{1}{\hat{\Psi}_\tau}\left[\ \left(1-\frac{1}{\mu}\right) - \alpha\frac{1}{\Gamma_1}(1-\alpha)\Theta_n - \frac{1}{\mu}\left[\sigma\alpha\left(\frac{\omega}{\sigma}+\frac{1-\alpha}{\sigma}\right)\frac{1}{\Gamma_1}\Theta_n + \varphi\right]\right],$$

$$\Psi_\theta = -\frac{o}{\chi}\frac{1}{\hat{\Psi}_\tau}\left[\alpha\frac{1}{\Gamma_1}(1-\alpha)\overline{\sigma}^{-1}\sigma - \frac{1}{\mu}\sigma\alpha\left(\frac{\omega}{\sigma}+\frac{1-\alpha}{\sigma}\right)\right]\frac{1}{\Gamma_1}\overline{\sigma}^{-1}\sigma\right],$$

$$\Psi_\tau = \frac{1}{\hat{\Psi}_\tau},$$

$$\hat{\Psi}_\tau = 1 - \frac{o}{\chi}\left[\alpha\frac{1}{\Gamma_1}(1-\alpha)\Theta_\tau - \frac{1}{\mu}\sigma\alpha\left(\frac{\omega}{\sigma}+\frac{1-\alpha}{\sigma}\right)\frac{1}{\Gamma_1}\Theta_\tau\right].$$

利用欧拉方程和 t_t^r 的表达式,我们有:

$$\big[1-(1-\alpha)\Theta_n + (1-\alpha)\Theta_\tau\Psi_c\big]\dot{c}_t = \Gamma_1\pi_{H,t} + (1-\alpha)\big[\Theta_n - \Theta_\tau\Psi_n\big]\dot{g}_t - (1-\alpha)\Theta_\tau\Psi_\tau\dot{t}_t^r.$$

因此,

$$\dot{c}_t = -\widetilde{\underline{\sigma}}^{-1}\pi_{H,t} + \widetilde{\Theta}_n\dot{g}_t - \widetilde{\Theta}_\tau\dot{t}_t^r,$$

其中,

$$\widetilde{\underline{\sigma}}^{-1} = \frac{1}{\widetilde{\underline{\Theta}}_c}\Gamma_1,$$

$$\widetilde{\underline{\Theta}}_n = (1-\alpha)\frac{1}{\widetilde{\underline{\Theta}}_c}[\Theta_n - \Theta_\tau\Psi_n],$$

$$\widetilde{\underline{\Theta}}_\tau = (1-\alpha)\frac{1}{\widetilde{\underline{\Theta}}_c}\Theta_\tau\Psi_\tau,$$

$$\widetilde{\underline{\Theta}}_c 1 - (1-\alpha)\Theta_n + (1-\alpha)\Theta_\tau\Psi_c.$$

利用新凯恩斯主义菲利普斯曲线和 t_t^r 的表示式,我们有:

$$\dot{\pi}_{H,t} = \rho\pi_{H,t} - \widetilde{\kappa}[c_t + (1-\widetilde{\xi})g_t] - (1-\mathcal{G})\lambda\widetilde{\sigma\alpha\omega}\theta - \widetilde{\kappa}\widetilde{\underline{\Theta}}_\tau[\Psi_\tau t_t^r + \Psi_c c_t + \Psi_n g_t + \Psi_\theta\theta].$$

因此,

$$\dot{\pi}_{H,t} = \rho\pi_{H,t} - \widetilde{\underline{\kappa}}_c c_t - \widetilde{\underline{\kappa}}_n g_t - \widetilde{\underline{\kappa}}_\theta\theta - \widetilde{\underline{\kappa}}_\tau t_t^r,$$

其中,

$$\widetilde{\underline{\kappa}}_c = \widetilde{\kappa}(1 + \widetilde{\underline{\Theta}}_\tau\Psi_c)$$

$$\widetilde{\underline{\kappa}}_n = \widetilde{\kappa}(1 - \widetilde{\xi} + \widetilde{\underline{\Theta}}_\tau\Psi_n),$$

$$\widetilde{\underline{\kappa}}_\theta = (1-\mathcal{G})\lambda\widetilde{\sigma\alpha\omega} + \widetilde{\kappa}\widetilde{\underline{\Theta}}_\tau\Psi_\theta,$$

$$\widetilde{\underline{\kappa}}_\tau = \widetilde{\kappa}\widetilde{\underline{\Theta}}_\tau\Psi_\tau.$$

利用消费的初始条件和 t_t^r 的表达式,我们有:

$$c_0 = \Upsilon\theta + \widetilde{\underline{\Theta}}_n g_0 - \widetilde{\underline{\Theta}}_\tau t_0^r,$$

其中,

$$\Upsilon = \frac{1}{\widetilde{\underline{\Theta}}_c}[(1-\mathcal{G})(1-\widetilde{\alpha})[1-(1-\alpha)\Theta_n] - (1-\alpha)\Theta_\tau\Psi_\theta].$$

利用净出口和 t_t^r 的表达式,我们有:

$$nx_t = \alpha(1-\mathcal{G})\left[\frac{1}{1-\alpha}\left(\frac{\omega}{\sigma} + \frac{1-\alpha}{\sigma}\right) - 1\right]s_t - \frac{\alpha}{1-\alpha}c_t.$$

利用贸易条件的表达式,我们有:

$$nx_t = \alpha(1-\mathcal{G})\left[\frac{1}{1-\alpha}\left(\frac{\omega}{\sigma} + \frac{1-\alpha}{\sigma}\right) - 1\right]$$

$$\times\frac{1}{\Gamma_1}[[1-(1-\alpha)\Theta_n]c_t - (1-\alpha)\Theta_n g_t + (1-\alpha)\Theta_\tau t_t^r - (1-\alpha)\overline{\sigma}^{-1}\sigma\theta]$$

$$-\frac{\alpha}{1-\alpha}c_t.$$

因此,

$$nx_t = \Omega_c c_t - (1-\mathcal{G})\frac{\Gamma_2}{\Gamma_1}$$

$$\times[[(1-\alpha)\Theta_n - (1-\alpha)\Theta_\tau\Psi_n]g_t - (1-\alpha)\Theta_\tau\Psi_\tau t_t^r + [(1-\alpha)\overline{\sigma}^{-1}\sigma - (1-\alpha)\Theta_\tau\Psi_\theta]\theta],$$

其中,

$$\Omega_c = (1-\mathcal{G})\frac{\Gamma_2}{\Gamma_1}\left[1-(1-\alpha)\Theta_n+(1-\alpha)\Theta_\tau\Psi_c\right]-\frac{\alpha}{1-\alpha},$$

$$\Gamma_2 = \alpha\left[\frac{1}{1-\alpha}\left(\frac{\omega}{\sigma}+\frac{1-\alpha}{\sigma}\right)-1\right].$$

利用帕累托权重和净出口的表达式,我们有:

$$\theta = \int_0^{+\infty} e^{-\rho s}\left[\widetilde{\Omega}_c c_s + \widetilde{\Omega}_n g_s + \widetilde{\Omega}_\tau t_s^r\right]ds + \widetilde{\Omega}_f \mathrm{nfa}_0,$$

其中,

$$\widetilde{\Omega}_c = \rho\frac{\Gamma_1}{\Gamma_2}\frac{\Omega_c}{1-\mathcal{G}}\frac{1}{(1-\alpha)\overline{\sigma}^{-1}\sigma-\Theta_\tau\Psi_\theta},$$

$$\widetilde{\Omega}_n = -\rho\frac{(1-\alpha)\Theta_n-(1-\alpha)\Theta_\tau\Psi_n}{(1-\alpha)\overline{\sigma}^{-1}\sigma-\Theta_\tau\Psi_\theta},$$

$$\widetilde{\Omega}_\tau = \rho\frac{(1-\alpha)\Theta_\tau\Psi_\tau}{(1-\alpha)\overline{\sigma}^{-1}\sigma-\Theta_\tau\Psi_\theta},$$

$$\widetilde{\Omega}_f = \rho\frac{\Gamma_1}{\Gamma_2}\frac{1}{1-\mathcal{G}}\frac{1}{(1-\alpha)\overline{\sigma}^{-1}\sigma-\Theta_\tau\Psi_\theta}.$$

特殊情况:不存在仅够糊口的经济行为主体 $\chi=0$

对数线性方程组为:对于所有的 $t\geq 0$,都有,

$$\dot{c}_t = -\overline{\sigma}^{-1}\pi_{H,t},$$

$$\dot{\pi}_{H,t} = \rho\pi_{H,t}-\kappa\left[c_t+(1-\xi)g_t\right]-(1-\mathcal{G})\lambda\sigma\alpha\omega\theta,$$

其中,

$$c_0 = (1-\mathcal{G})(1-\alpha)\theta$$

且

$$\theta = \int_0^{+\infty} e^{-\rho s}\rho(1-\mathcal{G})\frac{\omega-\sigma}{\omega+(1-\alpha)(1-\sigma)}c_s ds + \rho\frac{1}{\alpha}\frac{\alpha\omega+1-\alpha}{\omega+(1-\alpha)(1-\sigma)}\frac{1}{1-\mathcal{G}}\mathrm{nfa}_0,$$

在这里,$\kappa=\lambda\left[\varphi+\overset{\cdot}{\sigma}\right]$,$\xi=\dfrac{\overset{\cdot}{\sigma}}{\varphi+\overset{\cdot}{\sigma}}$,$\overset{\cdot}{\sigma}=\dfrac{\sigma}{1-\varphi(1-\alpha)+\alpha\omega}$。

特殊情况:不存在利润抵消,$o=0$

对数线性方程组为:对于所有的 $t\geq 0$,都有:

$$\dot{c}_t = -\widetilde{\overline{\sigma}}^{-1}\pi_{H,t}+\widetilde{\Theta}_n\dot{g}_t-\widetilde{\Theta}_\tau\dot{t}_t^r,$$

$$\dot{\pi}_{H,t} = \rho\pi_{H,t}-\widetilde{\kappa}\left[c_t+(1-\widetilde{\xi})g_t\right]-(1-\mathcal{G})\lambda\widetilde{\sigma\alpha\omega}\theta-\widetilde{\kappa}\widetilde{\Theta}_\tau t_t^r,$$

其中,

$$c_0 = \frac{1}{1-\Theta_n}\left[(1-g)(1-\widetilde{\alpha})\left[1-(1-\alpha)\Theta_n\right]\right]\theta+\widetilde{\Theta}_n g_0-\widetilde{\Theta}_\tau t_0^r$$

且

$$\theta = \int_0^{+\infty} e^{-\rho s} \left[\rho \frac{\dfrac{\Gamma_2}{\Gamma_1}(1-\mathcal{G})\dfrac{\Gamma_2}{\Gamma_1}[1-(1-\alpha)\Theta_n]-\dfrac{\alpha}{1-\alpha}}{1-\mathcal{G}} \frac{1}{(1-\alpha)\overline{\sigma}^{-1}\sigma}c_s - \rho\frac{\Theta_n}{\overline{\sigma}^{-1}\sigma}g_s + \rho\frac{\Theta_\tau}{\overline{\sigma}^{-1}\sigma}t_s^r \right] ds$$

$$+\rho\frac{\Gamma_1}{\Gamma_2}\frac{1}{1-\mathcal{G}}\frac{1}{(1-\alpha)\overline{\sigma}^{-1}\sigma}\mathrm{nfa}_0.$$

附录 B

本附录推导出了附录 A 中已经得到的线性方程组的解，同时还考虑了同样一些特殊情况。

B.1　流动性陷阱

定义

$$\widetilde{\nu} = \frac{\rho - \sqrt{\rho^2 + 4\kappa\widetilde{\sigma}^{-1}}}{2}, \quad \widetilde{\overline{\nu}} = \frac{\rho + \sqrt{\rho^2 + 4\kappa\widetilde{\sigma}^{-1}}}{2}$$

下式给出了对均衡的完全刻画：

$$\dot{X}_t = AX_t + B_t$$

其中，对于所有的 $t \geq 0$，都有：

$$X_t = [\pi_t, c_t]^t, A = \begin{bmatrix} \rho & -\kappa \\ -\widetilde{\sigma}^{-1} & 0 \end{bmatrix}, B_t = -\kappa(1-\xi)g_t E_1 + [\widetilde{\underline{\Theta}}_n \dot{g}_t - \widetilde{\underline{\Theta}}_\tau \dot{i}_t^r]E_2,$$

满足鞍形路径稳定性的（唯一的）解可以写为：

$$X_t = \int_t^{+\infty} \kappa(1-\xi)g_s e^{-A(s-t)}E_1 ds - \int_t^{+\infty} \left(\widetilde{\underline{\Theta}}_n \dot{g}_s - \widetilde{\underline{\Theta}}_\tau \dot{i}_t^r\right)e^{-A(s-t)}E_2 ds.$$

等价地，对相关对象进行分部积分：

$$X_t = \int_t^{+\infty} \kappa(1-\xi)g_s e^{A(s-t)}E_1 ds + \left(\widetilde{\underline{\Theta}}_n g_t - \widetilde{\underline{\Theta}}_\tau t_t^r\right)E_2$$

$$-\int_t^{+\infty}\left(\widetilde{\underline{\Theta}}_n g_s - \widetilde{\underline{\Theta}}_\tau t_s^r\right)Ae^{-A(s-t)}E_2 ds$$

因此，

$$c_t = \int_t^{+\infty}\kappa(1-\xi)E_2^t e^{-A(s-t)}E_1 ds + \left(\widetilde{\underline{\Theta}}_n g_t - \widetilde{\underline{\Theta}}_\tau t_t^r\right) - \int_t^{+\infty}\left(\widetilde{\underline{\Theta}}_n g_s - \widetilde{\underline{\Theta}}_\tau t_s^r\right)E_2^t Ae^{-A(s-t)}E_2 ds.$$

注意到，对于所有的 $t \geq 0$，都有：

$$E_2^t e^{-At}E_1 = \underline{\widetilde{\sigma}}^{-1}\frac{e^{-\widetilde{\nu}t}-e^{-\widetilde{\overline{\nu}}t}}{\widetilde{\overline{\nu}}-\widetilde{\nu}}, E_2^t Ae^{-At}E_2 = -\kappa(1-\xi)\underline{\widetilde{\sigma}}^{-1}\frac{e^{-\widetilde{\nu}t}-e^{-\widetilde{\overline{\nu}}t}}{\widetilde{\overline{\nu}}-\widetilde{\nu}},$$

从而，

$$c_t = \widetilde{\underline{\Theta}}_n g_t - \widetilde{\underline{\Theta}}_\tau t_t^r$$

$$+\kappa\widetilde{\sigma}^{-1}(1-\xi+\widetilde{\underline{\Theta}}_n)\int_t^{+\infty}\frac{e^{-\widetilde{\nu}(s-t)}-e^{-\widetilde{\overline{\nu}}(s-t)}}{\widetilde{\overline{\nu}}-\widetilde{\nu}}g_s ds$$

$$-\kappa(1-\xi)\widetilde{\sigma}^{-1}\widetilde{\underline{\Theta}}_\tau\int_t^{+\infty}\frac{e^{-\widetilde{\nu}(s-t)}-e^{-\widetilde{\overline{\nu}}(s-t)}}{\widetilde{\overline{\nu}}-\widetilde{\nu}}t_s^r ds.$$

因此,

$$c_t = \underline{\widetilde{\Theta}}_n g_t - \underline{\widetilde{\Theta}}_\tau t_t^r + \int_0^{+\infty} \alpha_s^{c,HM} g_{+s} \, ds - \int_0^{+\infty} \gamma_s^{c,HM} t_{t+s}^r \, ds,$$

其中,

$$\alpha_s^{c,HM} = \left(1 + \frac{\underline{\widetilde{\Theta}}_n}{1-\xi}\right) \widetilde{\alpha}_s^{c,HM}, \quad \gamma_s^{c,HM} = \frac{\underline{\widetilde{\Theta}}_\tau}{1-\xi} \widetilde{\alpha}_s^{c,HM},$$

$$\widetilde{\alpha}_s^{c,HM} = \kappa \widetilde{\underline{\sigma}}^{-1} (1-\xi) e^{-\widetilde{\underline{\nu}}s} \frac{e^{(\widetilde{\overline{\nu}} - \widetilde{\underline{\nu}})s} - 1}{\widetilde{\overline{\nu}} - \widetilde{\underline{\nu}}}.$$

特殊情况:不存在仅够糊口的经济行为主体,$\chi = 0$

定义

$$\underline{\nu} = \frac{\rho - \sqrt{\rho^2 + 4\kappa \hat{\sigma}^{-1}}}{2}, \quad \overline{\nu} = \frac{\rho + \sqrt{\rho^2 + 4\kappa \hat{\sigma}^{-1}}}{2}.$$

我们可以得到:

$$c_t = \int_0^{+\infty} \alpha_s^{c,HM} g_{+s} \, ds,$$

其中,

$$\alpha_s^{c,HM} = \kappa \hat{\sigma}^{-1} (1-\xi) e^{-\underline{\nu}s} \frac{e^{(\overline{\nu} - \underline{\nu})s} - 1}{\overline{\nu} - \underline{\nu}}.$$

特殊情况:不存在利润抵消,$o = 0$

我们有:

$$c_t = \widetilde{\Theta}_n g_t - \widetilde{\Theta}_\tau t_t^r + \int_0^{+\infty} \alpha_s^{c,HM} g_{t+s} \, ds - \int_0^{+\infty} \gamma_s^{c,HM} t_{t+s}^r \, ds,$$

其中,

$$\alpha_s^{c,HM} = \left(1 + \frac{\widetilde{\Theta}_n}{1-\xi}\right) \widetilde{\alpha}_s^{c,HM}, \quad \gamma_s^{c,HM} = \frac{\widetilde{\Theta}_\tau}{1-\xi} \widetilde{\alpha}_s^{c,HM},$$

$$\widetilde{\alpha}_s^{c,HM} = \widetilde{\kappa \sigma}^{-1} (1-\xi) e^{-\underline{\nu}s} \frac{e^{(\widetilde{\overline{\nu}} - \nu)s} - 1}{\widetilde{\overline{\nu}} - \widetilde{\nu}}.$$

B.2　货币联盟

我们在这里只考虑了 IM 和 PF 这两种情况。CM 情况下的结果类似可得。

定义

$$\widetilde{\nu} = \frac{\rho - \sqrt{\rho^2 + 4\widetilde{\kappa_c \sigma}^{-1}}}{2}, \quad \widetilde{\overline{\nu}} = \frac{\rho + \sqrt{\rho^2 + 4\widetilde{\kappa_c \sigma}^{-1}}}{2}.$$

下式给出了对均衡的完全刻画:

$$\dot{X}_t = AX_t + B_t,$$

其中,

$$E_2^t X_0 = \Upsilon \theta + \underline{\widetilde{\Theta}}_n g_0 - \underline{\widetilde{\Theta}}_\tau t_0^r,$$

$$\theta = \int_0^{+\infty} e^{-\rho s} [\widetilde{\Omega}_c c_t + \widetilde{\Omega}_n g_t + \widetilde{\Omega}_\tau t_t^r] \, ds + \widetilde{\Omega}_f \text{nfa}_0,$$

在这里,对于所有的 $t \geq 0$,都有:

$$X_t = [\pi_t, c_t]^t, A = \begin{bmatrix} \rho & -\widetilde{\kappa}_c \\ -\widetilde{\sigma}^{-1} & 0 \end{bmatrix}, B_t = -(\widetilde{\underline{\kappa}}_n g_t + \widetilde{\underline{\kappa}}_\theta \theta + \widetilde{\underline{\kappa}}_\tau t_t^r) E_1 + [\widetilde{\underline{\Theta}}_n \dot{g}_t - \widetilde{\underline{\Theta}}_\tau i_t^r] E_2,$$

满足鞍形路径稳定性的(唯一的)解可以写为:

$$X_t = \alpha_{\widetilde{\nu}} e^{\widetilde{\nu}t} X_{\widetilde{\nu}} + \int_t^{+\infty} (\widetilde{\underline{\kappa}}_n g_s + \widetilde{\underline{\kappa}}_\theta \theta + \widetilde{\underline{\kappa}}_\tau t_s^r) e^{-A(s-t)} E_1 ds - \int_t^{+\infty} (\widetilde{\underline{\Theta}}_n \dot{g}_s - \widetilde{\underline{\Theta}}_\tau i_s^r) e^{-A(s-t)} E_2 ds,$$

其中,

$$E_2^t X_0 = \Upsilon \theta + \widetilde{\underline{\Theta}}_n g_0 - \widetilde{\underline{\Theta}}_\tau t_0^r,$$

$$\theta = \int_0^{+\infty} e^{-\rho s} [\widetilde{\Omega}_c c_t + \widetilde{\Omega}_n g_t + \widetilde{\Omega}_\tau t_t^r] ds + \widetilde{\Omega}_f \text{nfa}_0,$$

在这里,$\alpha_{\widetilde{\nu}} \in \mathbb{R}$. 。

等价地,可以对相关对象进行分部积分:

$$X_t = \alpha_{\widetilde{\nu}} e^{\widetilde{\nu}t} X_{\widetilde{\nu}} + \int_t^{+\infty} (\widetilde{\underline{\kappa}}_n g_s + \widetilde{\underline{\kappa}}_\theta \theta + \widetilde{\underline{\kappa}}_\tau t_s^r) e^{-A(s-t)} E_1 ds + (\widetilde{\underline{\Theta}}_n g_t - \widetilde{\underline{\Theta}}_\tau t_t^r) E_2$$

$$- \int_t^{+\infty} (\widetilde{\underline{\Theta}}_n g_s - \widetilde{\underline{\Theta}}_\tau t_s^r) A e^{-A(s-t)} E_2 ds,$$

其中,

$$E_2^t X_0 = \Upsilon \theta + \widetilde{\underline{\Theta}}_n g_0 - \widetilde{\underline{\Theta}}_\tau t_0^r,$$

$$\theta = \int_0^{+\infty} e^{-\rho s} [\widetilde{\Omega}_c c_t + \widetilde{\Omega}_n g_t + \widetilde{\Omega}_\tau t_t^r] ds + \widetilde{\Omega}_f \text{nfa}_0.$$

从而,

$$\Upsilon \theta - \int_0^{+\infty} (\widetilde{\underline{\kappa}}_n g_s + \widetilde{\underline{\kappa}}_\theta \theta + \widetilde{\underline{\kappa}}_\tau t_s^r) E_2^t e^{-As} E_1 ds$$

$$+ \int_0^{+\infty} (\widetilde{\Theta}_n g_s - \widetilde{\underline{\Theta}}_\tau t_s^r) A E_2^t e^{-As} E_2 ds = \alpha_{\widetilde{\nu}}.$$

因此,

$$c_t = [\Upsilon \theta - \int_0^{+\infty} (\widetilde{\underline{\kappa}}_n g_s + \widetilde{\underline{\kappa}}_\theta \theta + \widetilde{\underline{\kappa}}_\tau t_s^r) E_2^t e^{-As} E_1 ds + \int_0^{+\infty} (\widetilde{\underline{\Theta}}_n g_s - \widetilde{\underline{\Theta}}_\tau t_s^r) E_2^t A e^{-As} E_2 ds] e^{\widetilde{\nu}t}$$

$$+ \int_t^{+\infty} (\widetilde{\underline{\kappa}}_n g_s + \widetilde{\underline{\kappa}}_\theta \theta + \widetilde{\underline{\kappa}}_\tau t_s^r) E_2^t e^{-A(s-t)} E_1 ds + (\widetilde{\underline{\Theta}}_n g_t - \widetilde{\underline{\Theta}}_\tau t_t^r)$$

$$- \int_t^{+\infty} (\widetilde{\underline{\Theta}}_n g_s - \widetilde{\underline{\Theta}}_\tau t_s^r) E_2^t A e^{-A(s-t)} E_2 ds.$$

等价地,我们有:

$$c_t = [\Upsilon e^{\widetilde{\nu}t} - \widetilde{\underline{\kappa}}_\theta [e^{\widetilde{\nu}t} \int_0^{+\infty} E_2^t e^{-As} E_1 ds - \int_t^{+\infty} E_2^t e^{-A(s-t)} E_1 ds]] \theta + \widetilde{\underline{\Theta}}_n g_t - \widetilde{\underline{\Theta}}_\tau t_t^r$$

$$- \widetilde{\underline{\kappa}}_n [e^{\widetilde{\nu}t} \int_0^{+\infty} E_2^t e^{-As} E_1 g_s ds - \int_t^{+\infty} E_2^t e^{-A(s-t)} E_1 g_s ds]$$

$$+ \widetilde{\Theta}_n [e^{\widetilde{\nu}t} \int_0^{+\infty} E_2^t A e^{-As} E_2 g_s ds - \int_t^{+\infty} E_2^t A e^{-A(s-t)} E_2 g_s ds]$$

$$- \widetilde{\underline{\kappa}}_\tau [e^{\widetilde{\nu}t} \int_0^{+\infty} E_2^t e^{-As} E_1 t_s^r ds - \int_t^{+\infty} E_2^t e^{-A(s-t)} E_1 t_s^r ds]$$

$$- \widetilde{\underline{\Theta}}_\tau [e^{\widetilde{\nu}t} \int_0^{+\infty} E_2^t e^{-As} A E_2 t_s^r ds - \int_t^{+\infty} E_2^t A e^{-A(s-t)} E_2 t_s^r ds].$$

请注意,在这里对于所有的 $t \geq 0$,都有:

$$E_2^t e^{-At} E_1 = \widetilde{\underline{\sigma}}^{-1} \frac{e^{-\widetilde{\nu}t} - e^{-\widetilde{\nu}t}}{\widetilde{\nu} - \widetilde{\nu}}, E_2^t A e^{-At} E_2 = -\widetilde{\kappa}_c \widetilde{\underline{\sigma}}^{-1} \frac{e^{-\widetilde{\nu}t} - e^{-\widetilde{\nu}t}}{\widetilde{\nu} - \widetilde{\nu}},$$

因而，

$$c_t = \left[\frac{\Upsilon\, e^{\tilde{\nu}t} - \tilde{\underline{\kappa}}_\theta\, \underline{\tilde{\sigma}}^{-1}\, (e^{\tilde{\nu}t}-1)\int_0^{+\infty} e^{-\tilde{\nu}s} - e^{-\tilde{\nu}s}}{\overline{\tilde{\nu}} - \tilde{\nu}\, ds}\right]\theta + \underline{\widetilde{\Theta}}_n g_t - \underline{\widetilde{\Theta}}_\tau t_t^r$$

$$- (\tilde{\underline{\kappa}}_n + \tilde{\underline{\kappa}}_c \underline{\widetilde{\Theta}}_n)\, \underline{\tilde{\sigma}}^{-1} \left[e^{\tilde{\nu}t}\int_0^{+\infty} \frac{e^{-\tilde{\nu}s} - e^{-\tilde{\nu}s}}{\overline{\tilde{\nu}} - \tilde{\nu}} g_s\, ds - \int_t^{+\infty} \frac{e^{-\tilde{\nu}(s-t)} - e^{\tilde{\nu}(s-t)}}{\overline{\tilde{\nu}} - \tilde{\nu}} g_s\, ds\right]$$

$$- (\tilde{\underline{\kappa}}_\tau - \tilde{\underline{\kappa}}_c \underline{\widetilde{\Theta}}_\tau)\, \underline{\tilde{\sigma}}^{-1} \left[e^{\tilde{\nu}t}\int_0^{+\infty} \frac{e^{-\tilde{\nu}s} - e^{-\tilde{\nu}s}}{\overline{\tilde{\nu}} - \tilde{\nu}} t_s^r\, ds - \int_t^{+\infty} \frac{e^{-\tilde{\nu}(s-t)} - e^{\tilde{\nu}(s-t)}}{\overline{\tilde{\nu}} - \tilde{\nu}} t_s^r\, ds\right].$$

利用帕累托权重 θ 的表达式，我们得到:

$$c_t = \left[\Upsilon\, e^{\tilde{\nu}t} - \tilde{\underline{\kappa}}_\theta\, \underline{\tilde{\sigma}}^{-1}\, (e^{\tilde{\nu}t}-1)\frac{\tilde{\nu}^{-1} - \tilde{\nu}^{-1}}{\overline{\tilde{\nu}} - \tilde{\nu}}\right]\left(\int_t^{+\infty} e^{-\rho s} [\widetilde{\Omega}_c c_s + \widetilde{\Omega}_n g_s + \widetilde{\Omega}_\tau t_s^r]\, ds + \widetilde{\Omega}_f \mathrm{nfa}_0\right) + \underline{\widetilde{\Theta}}_n g_t - \underline{\widetilde{\Theta}}_\tau t_t^r$$

$$- (\tilde{\underline{\kappa}}_n + \tilde{\underline{\kappa}}_c \underline{\widetilde{\Theta}}_n)\, \underline{\tilde{\sigma}}^{-1} \left[e^{\tilde{\nu}t}\int_0^{+\infty} \frac{e^{-\tilde{\nu}s} - e^{-\tilde{\nu}s}}{\overline{\tilde{\nu}} - \tilde{\nu}} g_s\, ds - \int_t^{+\infty} \frac{e^{-\tilde{\nu}(s-t)} - e^{\tilde{\nu}(s-t)}}{\overline{\tilde{\nu}} - \tilde{\nu}} g_s\, ds\right]$$

$$- (\tilde{\underline{\kappa}}_\tau + \tilde{\underline{\kappa}}_c \underline{\widetilde{\Theta}}_\tau)\, \underline{\tilde{\sigma}}^{-1} \left[e^{\tilde{\nu}t}\int_0^{+\infty} \frac{e^{-\tilde{\nu}s} - e^{-\tilde{\nu}s}}{\overline{\tilde{\nu}} - \tilde{\nu}} t_s^r\, ds - \int_t^{+\infty} \frac{e^{-\tilde{\nu}(s-t)} - e^{\tilde{\nu}(s-t)}}{\overline{\tilde{\nu}} - \tilde{\nu}} t_s^r\, ds\right].$$

根据富比尼定理(Fubini's Theorem)，假设积分是有限的，

$$\int_0^{+\infty} e^{-\rho t}\int_t^{+\infty} \frac{e^{-\tilde{\nu}(s-t)} - e^{-\tilde{\nu}(s-t)}}{\overline{\tilde{\nu}} - \tilde{\nu}} x_s\, ds\, dt = \int_0^{+\infty} e^{-\rho s}\int_0^{+\infty} \frac{e^{(\rho-\tilde{\nu})(s-t)} - e^{(\rho-\tilde{\nu})(s-t)}}{\overline{\tilde{\nu}} - \tilde{\nu}} dt\, x_s\, ds$$

$$= -\frac{1}{\overline{\tilde{\nu}}} - \tilde{\nu}\int_0^{+\infty} e^{-\rho s}[(\rho-\tilde{\nu})^{-1}(1 - e^{(\rho-\tilde{\nu})s}) - (\rho-\tilde{\nu})^{-1}(1 - e^{(\rho-\tilde{\nu})s})]\, x_s\, ds,$$

对于每一个 $x \in \{g,\, t^r\}$。

注意到，根据 $\tilde{\nu}, \tilde{\nu}$ 的定义，有 $\dfrac{\tilde{\nu}^{-1} - \tilde{\nu}^{-1}}{\overline{\tilde{\nu}} - \tilde{\nu}} = -\tilde{\underline{\kappa}}_c^{-1}\underline{\tilde{\sigma}}$，因此我们有:

$$\int_0^{+\infty} e^{-\rho t} c_t\, dt = \frac{1}{1 - \sum \widetilde{\Omega}_c}\left(\int_0^{+\infty} \varsigma_n^t g_s\, ds + \int_0^{+\infty} \varsigma_\tau^t t_s^r\, ds + \varsigma_f \mathrm{nfa}_0\right)$$

其中，

$$\varsigma_n^t = \sum e^{-\rho t}\widetilde{\Omega}_n + e^{-\rho t}\underline{\widetilde{\Theta}}_n - (\tilde{\underline{\kappa}}_n + \tilde{\underline{\kappa}}_c \underline{\widetilde{\Theta}}_n)\, \underline{\tilde{\sigma}}^{-1}$$

$$\left[\frac{1}{\rho-\tilde{\nu}}\frac{e^{-\tilde{\nu}t} - e^{-\tilde{\nu}t}}{\overline{\tilde{\nu}} - \tilde{\nu}} + \frac{1}{\overline{\tilde{\nu}} - \tilde{\nu}} e^{-\rho t}[(\rho-\tilde{\nu})^{-1}(1 - e^{(\rho-\tilde{\nu})t} - (\rho-\tilde{\nu})^{-1})(1 - e^{(\rho-\tilde{\nu})t})]\right],$$

$$\varsigma_\tau^t = \sum e^{-\rho t}\widetilde{\Omega}_\tau - e^{-\rho t}\underline{\widetilde{\Theta}}_\tau - (\tilde{\underline{\kappa}}_\tau - \tilde{\underline{\kappa}}_c \underline{\widetilde{\Theta}}_\tau)\, \underline{\tilde{\sigma}}^{-1}$$

$$\left[\frac{1}{\rho-\tilde{\nu}}\frac{e^{-\tilde{\nu}t} - e^{-\tilde{\nu}t}}{\overline{\tilde{\nu}} - \tilde{\nu}} + \frac{1}{\overline{\tilde{\nu}} - \tilde{\nu}} e^{-\rho t}[(\rho-\tilde{\nu})^{-1}(1 - e^{(\rho-\tilde{\nu})t} - (\rho-\tilde{\nu})^{-1})(1 - e^{(\rho-\tilde{\nu})t})]\right],$$

$$\varsigma_f = \sum \widetilde{\Omega}_f,$$

$$\Sigma = \Upsilon\frac{1}{\rho-\tilde{\nu}} - \tilde{\underline{\kappa}}_\theta \tilde{\underline{\kappa}}_c^{-1}\left(\frac{1}{\rho} - \frac{1}{\rho-\tilde{\nu}}\right).$$

因此,

$$c_t = \widetilde{\underline{\Theta}}_n g_t - \widetilde{\underline{\Theta}}_\tau t_t^r + \int_{-t}^{+\infty} \alpha_s^{c,t,HM,IM} g_{t+s} ds - \int_{-t}^{+\infty} \gamma_s^{c,t,HM,IM} t_{t+s}^r ds,$$

在这里,

$$\alpha_s^{c,t,HM,IM} + \alpha_s^{c,t,HM,CM} + \delta_s^{c,t,HM,IM} + \delta_s^{c,t,HM,PF}$$

$$\gamma_s^{c,t,HM,IM} + \gamma_{s0}^{c,t,HM,CM} + \epsilon_s^{c,t,HM,IM},$$

其中,

$$\alpha_s^{c,t,HM,CM} = -(\widetilde{\underline{\kappa}}_n + \widetilde{\underline{\kappa}}_c \widetilde{\underline{\Theta}}_n) \, \underline{\widetilde{\sigma}}^{-1} \left[e^{\widetilde{\nu} t} \frac{e^{-\widetilde{\nu}(t+s)} - e^{-\widetilde{\overline{\nu}}(t+s)}}{\widetilde{\nu} - \widetilde{\nu}} - \mathbb{1}_{s \geq 0} \frac{e^{-\widetilde{\nu}s} - e^{-\widetilde{\overline{\nu}}s}}{\widetilde{\nu} - \widetilde{\nu}} \right],$$

$$\gamma_s^{c,t,HM,CM} = (\widetilde{\underline{\kappa}}_\tau + \widetilde{\underline{\kappa}}_c \widetilde{\underline{\Theta}}_\tau) \, \underline{\widetilde{\sigma}}^{-1} \left[e^{\widetilde{\nu} t} \frac{e^{-\widetilde{\nu}(t+s)} - e^{-\widetilde{\overline{\nu}}(t+s)}}{\widetilde{\nu} - \widetilde{\nu}} - \mathbb{1}_{s \geq 0} \frac{e^{-\widetilde{\nu}s} - e^{-\widetilde{\overline{\nu}}s}}{\widetilde{\nu} - \widetilde{\nu}} \right],$$

$$\delta_s^{c,t,HM,IM} = \left(\frac{1}{1 - \sum \widetilde{\Omega}} \widetilde{\Omega}_c \varsigma_n^{t+s} + e^{-\rho(t+s)} \widetilde{\Omega}_n \right) \left[\Upsilon e^{\widetilde{\nu} t} - \widetilde{\underline{\kappa}}_\theta \widetilde{\underline{\kappa}}_c^{-1} (1 - e^{\widetilde{\nu} t}) \right],$$

$$\epsilon_s^{c,t,HM,IM} = -\left(\frac{1}{1 - \sum \widetilde{\Omega}} \widetilde{\Omega}_c \varsigma_\tau^{t+s} + e^{-\rho(t+s)} \widetilde{\Omega}_\tau \right) \left[\Upsilon e^{\widetilde{\nu} t} - \widetilde{\underline{\kappa}}_\theta \widetilde{\underline{\kappa}}_c^{-1} (1 - e^{\widetilde{\nu} t}) \right],$$

在 IM 情况下,$\delta_s^{c,t,HM,PF} = 0$;

在 PF 情况下,$\delta_s^{c,t,HM,PF} = \left(\frac{1}{1 - \sum \widetilde{\Omega}} \widetilde{\Omega}_c \varsigma_f + \widetilde{\Omega}_f \right) \left[\Upsilon e^{\widetilde{\nu} t} - \widetilde{\underline{\kappa}}_\theta \widetilde{\underline{\kappa}}_c^{-1} (1 - e^{\widetilde{\nu} t}) \right] e^{-\rho(t+s)}$。

我们可以把这些表示为:

$$\alpha_s^{c,t,HM,CM} = -(\widetilde{\underline{\kappa}}_n + \widetilde{\underline{\kappa}}_c \widetilde{\underline{\Theta}}_n) \, \underline{\widetilde{\sigma}}^{-1} \left[e^{\widetilde{\nu} t} \frac{e^{-\widetilde{\nu}(t+s)} - e^{-\widetilde{\overline{\nu}}(t+s)}}{\widetilde{\nu} - \widetilde{\nu}} - \mathbb{1}_{s \geq 0} \frac{e^{-\widetilde{\nu}s} - e^{-\widetilde{\overline{\nu}}s}}{\widetilde{\nu} - \widetilde{\nu}} \right],$$

$$\gamma_s^{c,t,HM,CM} = (\widetilde{\underline{\kappa}}_\tau - \widetilde{\underline{\kappa}}_c \widetilde{\underline{\Theta}}_\tau) \, \underline{\widetilde{\sigma}}^{-1} \left[e^{\widetilde{\nu} t} \frac{e^{-\widetilde{\nu}(t+s)} - e^{-\widetilde{\overline{\nu}}(t+s)}}{\widetilde{\nu} - \widetilde{\nu}} - \mathbb{1}_{s \geq 0} \frac{e^{-\widetilde{\nu}s} - e^{-\widetilde{\overline{\nu}}s}}{\widetilde{\nu} - \widetilde{\nu}} \right],$$

$$\delta_s^{c,t,HM,IM} = \left[\Upsilon e^{\widetilde{\nu} t} - \widetilde{\underline{\kappa}}_\theta \widetilde{\underline{\kappa}}_c^{-1} (1 - e^{\widetilde{\nu} t}) \right] \times$$

$$\frac{1}{1 - \sum \widetilde{\Omega}_c} \left[e^{-\rho(t+s)} \widetilde{\Omega}_n + e^{-\rho(t+s)} \widetilde{\Omega}_c \widetilde{\underline{\Theta}}_n + \widetilde{\Omega}_c (\widetilde{\underline{\kappa}}_n + \widetilde{\underline{\kappa}}_c \widetilde{\underline{\Theta}}_n) \, \underline{\widetilde{\sigma}}^{-1} \frac{1}{\widetilde{\kappa}_c \underline{\widetilde{\sigma}}^{-1}} e^{-\rho(t+s)} (1 - e^{\widetilde{\nu}(t+s)}) \right],$$

$$\epsilon_s^{c,t,HM,IM} = -\left[\Upsilon e^{\widetilde{\nu} t} - \widetilde{\underline{\kappa}}_\theta \widetilde{\underline{\kappa}}_c^{-1} (1 - e^{\widetilde{\nu} t}) \right] \times$$

$$\frac{1}{1 - \sum \widetilde{\Omega}_c} \left[e^{-\rho(t+s)} \widetilde{\Omega}_\tau - e^{-\rho(t+s)} \widetilde{\Omega}_c \widetilde{\underline{\Theta}}_\tau + \widetilde{\Omega}_c (\widetilde{\underline{\kappa}}_\tau - \widetilde{\underline{\kappa}}_c \widetilde{\underline{\Theta}}_\tau) \, \underline{\widetilde{\sigma}}^{-1} \frac{1}{\widetilde{\kappa}_c \underline{\widetilde{\sigma}}^{-1}} e^{-\rho(t+s)(1 - e^{\widetilde{\nu}(t+s)})} \right],$$

在 IM 情况下,$\delta_s^{c,t,HM,PF} = 0$;

在 PF 情况下,$\delta_s^{c,t,HM,PF} = \left[\Upsilon e^{\widetilde{\nu} t} - \widetilde{\underline{\kappa}}_\theta \widetilde{\underline{\kappa}}_c^{-1} (1 - e^{\widetilde{\nu} t}) \right] \frac{1}{1 - \sum \widetilde{\Omega}_c} \widetilde{\Omega}_f e^{-\rho(t+s)}$。

直接类推可得,在 CM 情况下,

$$c_t = \widetilde{\underline{\Theta}}_n g_t - \widetilde{\underline{\Theta}}_\tau t_t^r + \int_0^{+\infty} \alpha_s^{c,t,HM,CM} g_{t+s} ds - \int_0^{+\infty} \gamma_s^{c,t,HM,CM} t_{t+s}^r ds.$$

特殊情况:不存在仅够糊口的经济行为主体,$\chi = 0$

定义

$$\underline{\nu}=\frac{\rho-\sqrt{\rho^2+4\kappa\hat{\sigma}^{-1}}}{2},\overline{\nu}=\frac{\rho+\sqrt{\rho^2+4\kappa\hat{\sigma}^{-1}}}{2},$$

以及,

$$\hat{\Sigma}=(1-\mathcal{G})(1-\alpha)\frac{1}{\underline{\nu}}+(1-\mathcal{G})\frac{\hat{\sigma}}{\phi+\hat{\sigma}}\alpha\omega\frac{1}{\underline{\nu}}\frac{\widetilde{\nu}}{\rho}.$$

再定义

$$\alpha_s^{c,t,HM,CM}=-\kappa(1-\xi)\hat{\sigma}^{-1}\left[e^{\underline{\nu}t}\frac{e^{-\underline{\nu}(t+s)}-e^{-\overline{\nu}(t+s)}}{\overline{\nu}-\underline{\nu}}-\mathbb{1}_{s\geqslant0}\frac{e^{-\underline{\nu}s}-e^{-\overline{\nu}s}}{\overline{\nu}-\underline{\nu}}\right].$$

我们有:

$$c_t=\int_{-t}^{+\infty}\alpha_s^{c,t,HM,IM}g_{t+s}ds,$$

和

$$\alpha_s^{c,t,HM,IM}=\alpha_s^{c,t,HM,CM}+\delta_s^{c,t,HM,IM}+\delta_s^{c,t,HM,PF}$$

其中,

$$\delta_s^{c,t,HM,IM}=\rho\left[\frac{1-\alpha}{\alpha}e^{\underline{\nu}t}-\frac{\hat{\sigma}}{\varphi+\hat{\sigma}}\omega(1-e^{\underline{\nu}t})\right]$$

$$\times\frac{\alpha\dfrac{\omega-\sigma}{\omega+(1-\alpha)(1-\sigma)}}{1-\hat{\Sigma}\rho\dfrac{\omega-\sigma}{\omega+(1-\alpha)(1-\sigma)}\dfrac{1}{1-\mathcal{G}}}(1-\xi)e^{-\rho(t+s)}(1-e^{\underline{\nu}(t+s)}),$$

于是,在 IM 情况下,$\delta_s^{c,t,HM,PF}=0$;

在 PF 情况下,$\delta_s^{c,t,HM,PF}=\rho\left[\dfrac{1-\alpha}{\alpha}e^{\underline{\nu}t}-\dfrac{\hat{\sigma}}{\varphi+\hat{\sigma}}\omega(1-e^{\underline{\nu}t})\right]\dfrac{\dfrac{\alpha\omega+1-\alpha}{\omega+(1-\alpha)(1-\sigma)}}{1-\hat{\Sigma}\rho\dfrac{\omega-\sigma}{\omega+(1-\alpha)(1-\sigma)}\dfrac{1}{1-\mathcal{G}}}e^{-\rho(t+s)}$。

特殊情况:不存在利润抵消,$o=0$

在这种情况下,我们有:

$$\Sigma=(1-\mathcal{G})(1-\widetilde{\alpha})\frac{1}{\underline{\nu}}+(1-\mathcal{G})\lambda\widetilde{\sigma}\widetilde{\alpha}\widetilde{\omega}\kappa^{-1}\frac{1}{\rho}\frac{\widetilde{\nu}}{\underline{\nu}}.$$

定义

$$\widetilde{\alpha}_s^{c,tHM,CM}=-\widetilde{\kappa}(1-\widetilde{\xi})\widetilde{\sigma}^{-1}\left[e^{\underline{\nu}t}\frac{e^{-\underline{\widetilde{\nu}}(t+s)}-e^{-\overline{\widetilde{\nu}}(t+s)}}{\overline{\widetilde{\nu}}-\underline{\widetilde{\nu}}}-\mathbb{1}_{s\geqslant0}\frac{e^{-\underline{\widetilde{\nu}}s}-e^{-\overline{\widetilde{\nu}}s}}{\overline{\widetilde{\nu}}-\underline{\widetilde{\nu}}}\right].$$

我们得到:

$$c_t=\widetilde{\Theta}_ng_t-\widetilde{\Theta}_\tau t_t^r+\int_{-t}^{+\infty}\alpha_s^{c,tHM,IM}g_{t+s}ds-\int_{-t}^{+\infty}\gamma_s^{c,tHM,IM}t_{t+s}^rds,$$

其中,

$$\alpha_s^{c,tHM,IM}=\alpha_s^{c,tHM,CM}+\delta_s^{c,tHM,IM}+\delta_s^{c,tHM,PF},$$

$$\gamma_s^{c,tHM,IM}=\gamma_s^{c,tHM,CM}+\epsilon_s^{c,tHM,IM}$$

和

$$\alpha_s^{c,tHM,CM} = -\left(1 + \frac{\widetilde{\Theta}_n}{1-\widetilde{\xi}}\right)\widetilde{\kappa}(1-\widetilde{\xi})\,\widetilde{\sigma}^{-1}\left[e^{\widetilde{\nu}t}\frac{e^{-\widetilde{\nu}(t+s)}-e^{-\widetilde{\nu}(t+s)}}{\widetilde{\nu}-\nu} - 1_{s\geq 0}\frac{e^{-\widetilde{\nu}s}-e^{-\widetilde{\nu}s}}{\widetilde{\nu}-\nu}\right],$$

$$\gamma_s^{c,tHM,CM} = -\frac{\widetilde{\Theta}_\tau - \widetilde{\Theta}_\tau}{1-\widetilde{\xi}}\widetilde{\kappa}(1-\widetilde{\xi})\,\widetilde{\sigma}^{-1}\left[e^{\widetilde{\nu}t}\frac{e^{-\widetilde{\nu}(t+s)}-e^{-\widetilde{\nu}(t+s)}}{\widetilde{\nu}-\nu} - 1_{s\geq 0}\frac{e^{-\widetilde{\nu}s}-e^{-\widetilde{\nu}s}}{\widetilde{\nu}-\nu}\right],$$

$$\delta_s^{c,t,HM,IM} = \rho\left[\frac{1-\widetilde{\alpha}}{\widetilde{\alpha}}e^{\widetilde{\nu}t} - \lambda\widetilde{\sigma}\widetilde{\kappa}^{-1}\widetilde{\omega}(1-e^{\widetilde{\nu}t})\right]$$
$$\times \frac{\widetilde{\alpha}}{1-\sum\widetilde{\Omega}_c}\left[e^{-\rho(t+s)}\frac{(1-\mathcal{G})\widetilde{\Omega}_n}{\rho} + e^{-\rho(t+s)}\frac{(1-\mathcal{G})\widetilde{\Omega}_c}{\rho}\widetilde{\Theta}_n.\right.$$
$$\left. + \frac{(1-\mathcal{G})\widetilde{\Omega}_c}{\rho}(1-\widetilde{\xi})\left(1+\frac{\widetilde{\Theta}_n}{1-\widetilde{\xi}}\right)e^{-\rho(t+s)}(1-e^{\widetilde{\nu}(t+s)})\right],$$

$$\epsilon_s^{c,t,HM,IM} = -\rho\left[\frac{1-\widetilde{\alpha}}{\widetilde{\alpha}}e^{\widetilde{\nu}t} - \lambda\widetilde{\sigma}\widetilde{\kappa}^{-1}\widetilde{\omega}(1-e^{\widetilde{\nu}t})\right]$$
$$\times \frac{\widetilde{\alpha}}{1-\sum\widetilde{\Omega}_c}\left[e^{-\rho(t+s)}\frac{(1-\mathcal{G})\widetilde{\Omega}_\tau}{\rho} + e^{-\rho(t+s)}\frac{(1-\mathcal{G})\widetilde{\Omega}_c}{\rho}\widetilde{\Theta}_\tau.\right.$$
$$\left. + \widetilde{\Omega}_c(1-\widetilde{\xi})\frac{\widetilde{\Theta}_\tau - \widetilde{\Theta}_\tau}{1-\widetilde{\xi}}e^{-\rho(t+s)}(1-e^{\widetilde{\nu}(t+s)})\right],$$

从而,在 IM 情况下, $\delta_s^{c,t,HM,PF} = 0$。

在 PF 情况下, $\delta_s^{c,t,HM,PF} = \rho\left[\frac{1-\widetilde{\alpha}}{\widetilde{\alpha}}e^{\widetilde{\nu}t} - \lambda\widetilde{\sigma}\widetilde{\kappa}^{-1}\widetilde{\omega}(1-e^{\widetilde{\nu}t})\right]\frac{1}{1-\sum\widetilde{\Omega}_c}\frac{\widetilde{\alpha}(1-\mathcal{G})\widetilde{\Omega}_f}{\rho}e^{-\rho(t+s)}$。

参 考 文 献

Acconcia, A., Corsetti, G., Simonelli, S., 2011. Mafia and public spending: evidence on the fiscal multiplier from a quasi-experiment. CEPR Discussion Papers.

Auerbach, A., Gorodnichenko, Y., 2012. Fiscal multipliers in recession and expansion. In: Fiscal Policy After the Financial Crisis, NBER Chapters. National Bureau of Economic Research, Inc. NBER working paper No. 17447.

Barro, R. J., Redlick, C. J., 2009. Macroeconomic effects from government purchases and taxes. National Bureau of Economic Research, Inc. NBER Working Papers No. 15369.

Campbell, J. Y., Mankiw, N. G., 1989. Consumption, income and interest rates: reinterpreting the time series evidence. In: Blanchard, O., Fischer, S. (Eds.), NBER Macroeconomics Annual 1989, NBER Chapters, vol. 4. National Bureau of Economic Research, Inc, pp. 185—246.

Chodorow-Reich, G., Feiveson, L., Liscow, Z., Woolston, W., 2011. Does state fiscal relief during recessions increase employment? Evidence from the American Recovery and Reinvestment Act. Working Paper, University of California at Berkeley.

Christiano, L., Eichenbaum, M., Rebelo, S., 2011. When is the government spending multiplier large? J. Polit. Econ. 119(1), 78—121.

Clemens, J., Miran, S., 2010. The effects of state budget cuts on employment and income. Working Paper, Harvard University.

Cohen, L., Coval, J. D., Malloy, C., 2010. Do powerful politicians cause corporate downsizing? National Bureau of Economic Research, Inc. NBER Working Papers.

Cole, H. L., Obstfeld, M., 1991. Commodity trade and international risk sharing: how much do financial markets matter? J. Monet. Econ. 28(1), 3—24.

Cook, D., Devereux, M. B., 2011. Optimal fiscal policy in a world liquidity trap. Eur. Econ. Rev. 55(4), 443—462.

Corsetti, G., Kuester, K., Muller, G. J., 2011. Floats, pegs and the transmission of fiscal policy. J. Econ. (Chin.) 14(2), 5—38.

Dornbusch, R., 1980. Exchange rate economics: where do we stand? Brook. Pap. Econ. Act. 11(1), 143—206.

Eggertsson, G. B., 2011. What fiscal policy is effective at zero interest rates? In: Acemoglu, D., Woodford, M. (Eds.), NBER Macroeconomics Annual 2010, NBER Chapters, vol. 25. National Bureau of Economic Research, Inc, pp. 59—112.

Erceg, C. J., Linde, J., 2012. Fiscal consolidation in an open economy. Am. Econ. Rev. 102(3), 186—191.

Farhi, E., Werning, I., 2012a. Dealing with the trilemma: optimal capital controls with fixed exchange rates. National Bureau of Economic Research, Inc. NBER Working Papers No. 18199.

Farhi, E., Werning, I., 2012b. Fiscal unions. National Bureau of Economic Research, Inc. NBER Working Papers No. 18280.

Fishback, P. V., Kachanovskaya, V., 2010. In search of the multiplier for federal spending in the states during the Great Depression. National Bureau of Economic Research, Inc. NBER Working Papers.

Gali, J., Monacelli, T., 2005. Monetary policy and exchange rate volatility in a small open economy. Rev. Econ. Stud. 72(3), 707—734.

Gali, J., Monacelli, T., 2008. Optimal monetary and fiscal policy in a currency union. J. Int. Econ. 76(1), 116—132.

Gali, J., Lopez-Salido, J. D., Valles, J., 2007. Understanding the effects of government spending on consumption. J. Eur. Econ. Assoc. 5(1), 227—270.

Gordon, R. J., Krenn, R., 2010. The end of the great depression 1939—41: policy contributions and fiscal multipliers. National Bureau of Economic Research, Inc. NBER Working Papers No. 16380.

Keynes, J., 1929. The German transfer problem. Econ. J. 39(153), 1—7.

Mankiw, G. N. , 2000. The savers-spenders theory of fiscal policy. Am. Econ. Rev. 90(2), 120—125.

Nakamura, E. , Steinsson, J. , 2011. Fiscal stimulus in a monetary union: evidence from U. S. regions. National Bureau of Economic Research, Inc. NBER Working Papers No. 17391.

Ohlin, B. , 1929. The reparation problem: a discussion. Econ. J. 39(154), 172—182.

Ramey, V. A. , 2011. Can government purchases stimulate the economy? J. Econ. Lit. 49 (3), 673—685.

Serrato, J. C. S. , Wingender, P. , 2010. Estimating local multipliers. Working Paper, University of California at Berkeley.

Shoag, D. , 2010. The impact of government spending shocks: evidence on the multiplier from state pension plan returns. Working Paper, Harvard University.

Werning, I. , 2012. Managing a liquidity trap: monetary and fiscal policy. National Bureau of Economic Research, Inc. NBER Working Papers.

Woodford, M. , 2011. Monetary policy and financial stability. Working Paper, Columbia University.

第三十二章　什么样的公共债务才是可持续的？

P. 德拉斯莫(P. D'Erasmo) [*] ,**E. G. 门多萨(E. G. Mendoza)** [†,‡],
J. 张(J. Zhang) [§]

[*]:费城联邦储备银行,美国,宾夕法尼亚州,费城;

[†]:宾夕法尼亚大学经济研究院(PIER),美国,宾夕法尼亚州,费城;

[‡]:美国国家经济研究局,美国,马萨诸塞州,剑桥;

[§]:芝加哥联邦储备银行,美国,伊利诺伊州,芝加哥

目　录

　　本章摘要:在关于财政政策的宏观经济分析中,什么样的公共债务才是可持续的是一个至关重要的问题。通常,这个问题会用另外一种方式提出来:公共债务及其预期路径是否与政府的收入和支出一致(即,财政偿付能力条件是否仍然成立)。在本章中,我们先识别出了评估债务可持续性的传统方法所存在的若干至关重要的缺陷。在此基础上,我们讨论了三种替代方法,它们能够提供有用的计量经济学和模型模拟工具来分析债务可持续性。第一种方法是博恩(Bohn)提出的基于财政反应函数的非结构性的经验分析框架,它的财政反应函数刻画了可持续的债务和基本盈余的动态变化。第二种方法则是一种结构性方法,它基于具有完全设定的财政部门的校准动态一般均衡框架,我们可以用这种方法来量化那些旨在恢复债务发生变化时的关于财政偿付能力的财政政策的正面效应和负面效应。第三种方法则与前面两种方法都不同,因为它假设政府不会承诺偿还国内债务,因此,即便债务从财政偿付能力的角度来说是可持续的,政府也可能出于最优化目的而决定违约。2008 年全球金融危机爆发后,美国和欧洲各国的公共债务出现了急剧上升,我们采用上述三种方法来对它们的债务可持续性进行了分析,结果发现,欧美财政政策调整的前景困难重重,后果堪虞。

　　关键词:债务可持续性,财政反应函数,财政紧缩,税收政策,主权违约

　　JEL 分类代码:E62,F34,F42,H21,H6,H87

1. 引言

在财政政策的宏观经济分析中,什么样的债务才是可持续的一直是一个至关重要的问题。近年来,许多发达经济体和新兴经济体都出现了债务激增的情况,使得这个问题尤其引人注目。传统上,提这个问题通常被认为等价于追问政府是否有偿债能力。这也就是说,未偿还的公共债务存量是不是与基本财政余额的预计贴现值相等。对此,往往既在一般政府收入的层面上衡量,也在包括了所有形式的财政收入以及所有经常性支出、转移支付和应享权利支出(福利)的层面上衡量。本章回顾了公共债务可持续性问题,识别出了评估公共债务可持续性的传统方法的关键缺陷,并讨论了三种替代方法,它们提供了评估债务可持续性的非常有用的计量经济学和模型仿真工具。

第一种方法是一种经验研究方法,它是博恩在他关于财政偿付能力的开创性研究中提出来的。这种方法的优点在于,它提供了一个直接进行非结构性实证检验的工具,而且非常强大。这些检验只要求拥有关于基本财政收支余额、未偿还债务以及少数几个控制变量的数据。然后,我们就可以用这些数据来估计线性的和非线性的财政反应函数(fiscal reaction functions,FRFs)。这些函数将基本财政收支余额的响应映射到未偿还债务的变化上——以相关的控制变量为条件。正的、统计上显著的反应系数就构成了债务可持续的充分条件。然而,博恩的研究结果告诉我们的一个关键教训是,利用这种(或其他的)分析时间序列的计量经济学工具去检验财政偿付能力是徒劳的,因为即便是在非常弱的时间序列假设下(在数据中,这种假设普遍能够得到满足),跨期政府预算约束条件也是成立的。特别地,博恩(Bohn,2007)证明,如果债务或收入和支出(包括偿债)是单整的——任意阶均可——那么这种约束就可以成立。从这个结果出发,博恩建议,应该将关注的焦点转移到对财政反应函数的性质的研究上去,以便更好地探索维持偿付能力的财政调整的动态变化。

我们根据美国从 1791 年到 2014 年的历史数据,和从 1951 年到 2013 年的跨国面板数据(包括发达国家和新兴经济体),得出了新的财政反应函数的估计结果。一方面,这些估计结果与以前的研究结果基本一致,从而表明基本财政收支余额对未偿还债务的反应系数在大多数国家中都是正的和统计上显著的(即,债务可持续性的充分条件是得到了数据的支持的)。[①] 然而另一方面,我们的结果还提供了明确的证据,表明自 2008 年全球金融危机以来,反应系数出现了较大的结构性变化,自 2009 年以来的财政反应函数中的巨大的残差反映了这一点。美国的财政反应函数对 2008 年至 2014 年期间的基本财政收支余额的预计值远远大于观察值;财政反应函数在 2014 年之后对美国和欧洲各经济体预测的债务和基本财政收支余额动态则显示,基本财政收支余额高于官方预测,而债务比率则低于官方预测。而且,就美国而言,自 2009 年以来一直存在、且根据官方预测将一直持续到 2020 年的前后一贯的

---

① 从形式上看,这意味着,在标准的置信水平上,要拒绝反应系数是非负的这个零假设。

基本赤字模式,确实是前所未有的。事实上,在所有以前发生过的公共债务大幅度增长的那些历史时期(美国内战、两次世界大战和大萧条),在公共债务达到顶峰五年之后,全都实现了基本财政收支余额的盈余。

利用这些估计出来的财政反应函数,我们阐明了,财政反应函数的多种参数化方法,都可以支持同一个基本财政收支余额的预期贴现值,因此所有参数化方法,都能使得初始公共债务头寸是可持续的。但是,这种多重反应函数却会导致债务和基本财政收支余额出现不同的短期和长期动态,因此在社会福利及其宏观效应方面也存在差异。在这个意义上,这种非结构性方法是有它的局限性的。从卢卡斯批评的标准论证可知,估计出来的财政反应函数不能用于研究财政政策变化的含义。因此,要想比较不同的财政调整模式,需要一个结构性的框架,它必须能够明确地对税收和支出政策影响经济的机制和扭曲效应、政府可以进入的金融市场的结构,以及政府不能承诺偿还其义务的影响进行建模。

也正是在这一点上,我们要考察的用来评估债务可持续性的第二种方法显示出了它的优势。这是一个经校准的有两个国家的动态一般均衡框架,它有一个完全设定的财政部门,并假设政府承诺会偿还债务,我们用它来研究不同的财政策略对债务大幅度增加后恢复财政偿付能力的不同影响。这个模型根据美国和欧洲的数据进行了校准,并可以用于量化政府可能会采用的财政政策的正效应和规范效应——这种财政政策旨在增加提升基本财政收支余额的现值,以使之足够与 2008 年以来观察到的债务增长额相匹配(即,足以恢复财政偿付能力)。这个框架拥有的许多标准要素,都与具有外生长期平衡增长路径的开放经济新型古典主义主力模型相同,但是,它也包括了旨在保证模型与观察到的税基的弹性相一致的修正。因此,这个模型更准确地刻画了财政工具选择中的收入创造能力与扭曲效应之间的重要权衡关系。

我们的结果表明,许多不同的财政政策策略,虽然在恢复财政偿付能力方面是完全等价的,但是它们确实对福利和宏观问题有着非常不同的影响。此外,某些财政政策还不足以生成与观察到的债务增长相匹配的基本财政收支余额的均衡贴现值的变化。对于美国的资本税和欧洲的劳动税来说,尤其如此。这些税收的动态拉弗曲线(Dynamic Laffer Curve, DLC)——即,用基本财政收支余额的贴现值来表示的拉弗曲线——的峰值低于要使得 2008 年之后的更高债务可持续所需的水平。

我们还发现——与国际宏观经济学文献的研究结论一致——美国和欧洲各国都成了财政一体化国家这个事实意味着,对资本所得征税的收入创造能力,受到了国际外部性的负面影响。[①] 在目前通行的税收结构下,美国资本所得税率的上升(假设欧洲的税收制度保持不变)所能导致的美国基本财政收支余额的现值的增长幅度,明显小于美国在财政"自给自足"下实行相同的税收时的增长幅度。该模型还预测,按照当前的资本所得税率,欧洲在资本所得税动态拉弗曲线上位于低效一侧。因此,假设美国保持当前的资本所得税率不变,降低欧

---

① 关于这种外部性的影响,有很多研究国际税制和国际税收竞争的实证文献和理论文献都进行了深入的探讨。例如,请参见,弗伦克尔等人(Frenkel et al.,1991)、赫伊津哈等人(Huizinga et al.,2012)、克莱恩(Klein et al.,2007)、门多萨和泰萨尔(Mendoza and Tesar,1998,2005)、佩尔松和塔贝里尼(Person and Tabellini,1995),以及索伦森(Sorensen,2003)。

洲的资本所得税率,会引发能够扩大欧洲财政收入的外部性,因此欧洲的基本财政收支余额的现值明显高于欧洲在"财政自给自足"下实施同样的税制时的现值。当然,这并不意味着欧洲的债务更容易维持,而只是说明税收竞争的激励是相当强的,因此对美国税收会保持不变的假设不太可能成立。

上述两种评估方法——经验方法和结构性方法——的结果表明,对公共债务的可持续性的分析,必须加以扩展,以考虑政府不能承诺偿还国内债务的影响。特别是,有证据表明,结构性变化削弱了 2008 年以后基本财政收支余额对债务的回应,同时税收增加也无法产生足够的收入来恢复财政偿付能力,并且会受到国际外部性的阻碍,这些发现都说明应该考虑国内公共债务违约的风险。此外,欧洲长期持续的债务危机和美国关于联邦债务上限的周而复始的争论也表明,国内公共债务实际上并不是像通常人们所认为的那样的无风险的资产。本章所考察的评估债务可持续性的前两种方法对于解决这个问题并不特别有效,因为它们都是建立在政府承诺会偿还债务的假设前提下的。此外还要注意的是,这里的风险不在于外部主权违约——那是《宏观经济学手册》的别的章节的主题,并且已经在文献中得到了广泛的研究。相反,这里的风险是莱因哈特和罗戈夫(Reinhart and Rogoff, 2011)所称的"被遗忘的国内债务史"所带来的风险。历史上,许多国家的政府都出现了对国内公共债务直接违约的情况,但是直到最近,宏观经济学文献几乎完全没有注意到这个现象。因此,我们在本章中考察的第三种方法假设政府不能承诺肯定会偿还国内债务,而可能会在最优化决策时决定违约——尽管标准的偿付能力条件仍然成立。甚至,在国内公共债务的持有人的效用进入了主权政府做出违约决定时的回报函数时,它们仍然会在最优时选择违约。在这种情况下,可持续的债务水平是市场均衡能够支持的债务水平。在这样的均衡中,债务的数量和价格都是正的,暴露于概率为正的政府违约风险之下,而且在某些实际情形下,违约是均衡结果。

在这个框架下,政府要最大化一个社会福利函数。这个社会福利函数为经济中所有国内经济行为主体的福利都赋以一个正的权重,包括那些持有政府债务的人。对公共债务违约可能是一个在经济行为主体之间重新分配资源的有用工具,但是它的代价也非常高昂,因为债务有效地为受到信贷约束的经济行为主体提供流动性,并作为一种税收平滑和自我保险的工具。[①] 如果违约是无成本的,那么债务对于一个功利主义政府来说就是完全不可持续的,因为违约总是最优的。如果违约是有成本的,或者政府的社会福利函数对公共债务持有人有所偏向,那么债务就有可能是可以持续的。此外,在多数投票决定制度下,如果不持有债务的经济行为主体的比例足够大,那么上述第二个假设可能是一个均衡结果,因为这些经济行为主体能够从公共债务的发行所提供的消费平滑能力中受益,因此可能会选择一个偏向于公共债务持有人的政府(而不是一个功利主义的政府)。用欧洲数据对这个框架进行校

---

① 关于违约成本的这种观点受到了艾亚格里和麦克格拉顿(Aiyagari and McGrattan, 1998)的研究的激发。他们在一个假设了政府承诺会偿还债务的异质性主体模型中,对国内公共债务作为一种自我保险工具的社会价值进行了研究。伯克兰和普雷斯科特(Birkeland and Prescott, 2006)证明,公共债务还具有作为税收平滑机制的社会价值:当人口增长率下降,税收会扭曲劳动和依赖代际转移支付来给退休生活融资时。当公共债务用来给退休生活进行储蓄的制度的福利,要大于税收—转移支付制度的福利。

准的结果表明,对这些成本与违约收益之间的权衡,决定了可持续的债务的水平。国内公共债务违约发生的概率很低时,政府债务的回报率包含了违约溢价;在政府偏向公共债务持有人的情况下,可持续的债务水平较高,且会随着债务所有权的集中而上升。

本章其余部分安排如下:第2节讨论评估债务可持续性的传统的经验方法,包括得到的关于财政反应函数(FRF)的估计结果。第3节集中讨论结构性方法。这一节研究了一个两国动态一般均衡模型对旨在恢复债务偿还能力的财政政策的正面效应和负面效应的量化预测,包括对美国和欧洲的情况的具体分析。第4节分析国内违约进路,并以欧洲的数据为基础给出了定量分析实例。第5节对所有上述三种方法进行了批判性评价,并提出了未来研究的一些重要方向。第6节是结论,给出了本章的主要结论。

2. 经验评估方法

关于公共债务可持续性指标和财政偿付能力的实证测试和检验,相关文献可谓汗牛充栋。许多期刊论文和会议论文,都对这方面的文献进行过综述,例如,布伊特(Buiter,1985)、布兰查德(Blanchard,1990)、布兰查德等人(Blanchard et al.,1990)、乔克和赫明(Chalk and Hemming,2000)、国际货币基金组织(Internatioal Monetary Fund,2003)、阿方索(Afonso,2005)、博恩(Bohn,2008)、内克和斯特姆(Neck and Sturm,2008),以及埃斯科拉诺(Escolano,2010)。这些综述通常先从阐述标准的政府核算概念入手,然后围绕这些概念构建债务可持续性指标或进行财政偿付能力测试。我们在本章中也将以类似的顺序进行分析,但是同时还采用了永奎斯特和萨金特(Ljungqvist and Sargent,2012)在他们的教科书中给出的分析政府债务的一般方法。我们这种阐述方式的优点在于,它对资产市场的结构进行了明确的建模。我们在下文中将证明,资产市场的结构对于设计财政偿付能力的实证检验是至关重要的。

我们先来考虑一个简单经济。在这个经济中,产出和政府总支出(即,经常性支出和转移支付)都是随机变量 sr 的向量的外生给定的函数,分别表示为 $y(s_t)$ 和 $g(s_t)$。这个外生的状态向量服从具有转移概率矩阵 $\pi(s_{t+1}, s_t)$ 的标准离散马尔科夫过程。在日期 t 的税收既取决于 s_t,又取决于未偿还的公共债务,但是,由于后者是截止到 t 为止(包括日期 t 在内)的 s 的值的历史的结果(这个历史用 s' 表示),所以税收也可以表示为 $\tau_t(s^t)$。从资产市场的角度来看,这个经济体具有一系列状态依存的阿罗证券(Arrow security):超前 j 期的均衡定价核(equilibrium pricing kernel)是由 $Q_j(s_{t+j}|s_t) = MRS(c_{t+j}, c_t)\pi^j(s_{t+j}, s_t)$ 给出的。[1]

在日期 t 开始时,未偿还的公共债务可以表示为 $b_{t-1}(s_t|s^{t-1})$,它是政府在日期 $t-1$ 时承诺会在日期 t 时交付的商品的数量——如果这个简单经济在日期 t 时的状态为 s、历史为 s^{t-1}。

---

[1] $MRS(c_{t+j}, c_t) \equiv \beta^j u'(c(s_{t+j}))/u'(c(s_t))$ 是日期 $t+j$ 与日期 t 之间的边际消费替代率。这里还要注意的是,在这个简单经济中,资源约束意味着消费是外生的,且由 $c(s_{t+j}) = y(s_{t+j}) - g(s_{t+j})$ 给出。

这样,政府的预算约束可以写成下式:

$$\sum_{s_{t+1}} Q_1(s_{t+1}|s_t) b_t(s_{t+1}|s_t) \pi(s_{t+1},s_t) - b_{t-1}(s_t|s_{t-1}) = g(s_t) - \tau_t(s^t)$$

需要注意的是,政府在借款时所用的金融工具的类型没有任何限制。特别是,并不排除政府只发行无风险公共债务(这种做法很常见)。在只发行无风险公共债务这种情况下,上述预算约束就会简化为我们熟悉的如下形式: $[b_t(s^t)/R_1(s_t)] - b_{t-1}(s^{t-1}) = g(s_t) - \tau_t(s^t)$,其中, $R_1(s_t)$ 超前一期的无风险实际利率,在均衡时满足 $R_1(s_t)^{-1} = Et[MRS(c_{t+1}, c_t)]$ 。

在上述预算约束上施加非蓬齐博弈条件 $\lim \inf_{j\to\infty} Et[MRS(c_{t+1}, c_t)b_{t+j}] = 0$,然后运用均衡资产定价条件,就可以得到如下式所示的跨期政府预算约束条件(intertemporal government budget constraint,IGBC):

$$b_{t-1} = pb_t + \sum_{j=1}^{\infty} E_t[MRS(c_{t+j}, c_t)pb_{t+j}] \tag{1}$$

其中, $pb_t \equiv \tau_t g_t$ 是基本财政余额。这个跨期政府预算约束条件是我们熟悉的以债务可持续性的标准概念为锚的财政偿付能力条件:如果 b_{t-1} 能够与未来的基本财政收支余额流的预期贴现值相匹配,那么我们就认为它是可持续的。因此,大多数研究公共债务可持续性的实证文献的两个主要目标是:①构建可用于评估债务可持续性的简单指标;②设计正式的计量经济学检验,以确定跨期政府预算约束条件成立这个原假设会不会被数据所拒绝。

2.1 经典的债务可持续性分析

经典的公共债务可持续性分析,侧重于讨论某种确定的跨期政府预算约束条件的长期影响。这种方法将稳定状态下求得的政府预算约束作为一个条件,将长期基本财政收支余额在 GDP 中所占的份额与债务产出比联系起来,并用后者来定义可持续债务,例如,请参见布伊特(Buiter,1985)、布兰查德(Blanchard,1990),以及布兰查德等人(Blanchard et al.,1990)。为了从前面描述的模型设置中推导出这个条件,我们先从包括了非状态依存性债务的政府预算约束中消去不确定性,从而得到 $[b_t/(1+r_t)] - b_{t-1} = -pb_t$ 。然后以名义价值而不是贴现值将政府债券方程式重写为: $b_t - (1+r_t)b_{t-1} = -pb_t$ 。最后,对变量进行适当变换,债务和基本余额用它们与 GDP 之间的比率来衡量,而这就意味着有效利率将变为 $r_t \equiv (1+i_t^r)/(1+\gamma_t) - 1$,其中, i_t^r 为实际利率, γ_t 为 GDP 增长率(或者,使用名义利率和名义 GDP 增长率)。求解稳定状态下的债务比率,我们得到:

$$b^{ss} = \frac{pb^{ss}}{r} \approx \frac{pb^{ss}}{i^r - \gamma} \tag{2}$$

因此,稳态债务比率 b^{ss} 是稳态基本余额比率 pb^{ss} 的年金值——贴现率为用 GDP 增长率调整后的长期利率。在政策应用中,这个条件既可以作为稳定某个给定的债务-产出比所需要的基本余额-产出比的指标(即,所谓的"能够稳定债务"的基本财政收支余额),也可以作某个给定的基本余额-产出比可以支持的、可持续的目标债务-产出比的指标。这种方法还可以稍加变化,利用约束 $b_t - (1+r_t)b_{t-1} = -pb_t$ 来构造对于在比稳态更短的时期内生成可欲的债务变化所需的基本余额目标的估计。例如,施加债务必须下降的条件($b_t - b_{t-1} < 0$)意味

着,基本余额必须能够产生至少与(用增长率调整后)的债务还本付息额一样大的盈余,即,$pb_t \geqslant r_t b_{t-1}$。

这种经典方法是在 20 世纪 80 年代发展起来的,但是直到今天仍然是一个广泛应用的评估债务政策可持续性的工具。在这里面,国际货币基金组织起到了特别重要的作用。在 2013 年发布的一份报告(IMF,2013 年)的"附件六"(Annex VI)中,国际货币基金组织要求该机构的经济学家将布兰查德给出的上述比率的一个变体——它被称为"特殊财政绩效方法"(Exceptional Fiscal Performance Approach),作为估算可持续的公共债务的最大范围的三种方法之一(另外两种方法都要引入不确定性,我们将在本节后面的内容中讨论到)。这种变体要先确定一个国家的最大可持续基本财政收支余额和"适当"的 i^r 和 γ 的水平,然后将它们应用于布兰查德的比率,以此来估计那个国家可以维系的最大债务水平。

这种经典方法的主要缺陷是,它只能在平稳性得到了保证的情况下,对于给定的长期基本财政收支余额,确定长期负债(或者反过来),或者确定基本财政收支余额的短期动态变化的下限。实际上,这种方法并未能将某个特定期间的初始偿还初始债务 b_{t-1} 与 b^{ss} 联系起来,后者应该从 b_{t-1} 开始的 $\lim_{j \to \infty} b_{t+j}$,因此它实际上并不能保证 b_{t-1} 在满足跨期政府预算约束条件的意义上是可持续的。事实上,正如我们在下文中将会阐明的,对于给定的 b_{t-1},基本财政收支余额的多个动态路径都可以满足跨期政府预算约束条件。这些路径中,有一部分虽然收敛于平稳债务头寸,但是不同 b^{ss} 值根据基本余额的动态变化展现出了很大的差异,甚至还有相当一部分路径,它们所对应的债务会发散无穷大,但是仍然符合跨期政府预算约束条件。

经典方法的另一个重要缺陷是,它不包含不确定性,也未考虑资产市场结构。政策机构和研究者已经开发了好几种将不确定性引入债务可持续性分析的方法。例如,巴恩希尔和柯彼茨(Barnhill and Kopits,2003)建议,通过将金融行业的风险价值(VaR)方法与政府发行的债务工具结合起来,以纳入不确定性。他们的方法的目标是量化政府资产出现负净值的概率。国际货币基金组织(IMF,2013)描述的其他方法,则利用随机时间序列模拟工具来考察债务动态,方法是估计基本财政收支余额的单个成分的模型,又或者是估计包括了这些变量的非结构向量自回归模型,再加上关键的宏观经济总量(如产出增长率、通货膨胀率)和其他一些外生变量。这些方法的目标是基于时间序列模型的前向模拟(forward simulations,正演模拟)来计算出可能的债务–产出比率的概率密度函数。然后,再利用这些分布从模拟的债务比率大于或等于某个临界值的概率的角度,进行债务的可持续性评估,或者利用它们构造一个概括了债务的未来演变路径的置信区间的"扇形图"。最近,奥斯特里等人(Ostry et al.,2015)利用高希等人(Ghosh et al.,2013)估计的财政反应函数(本部分稍后将会讨论到),构建了度量"财政空间"的指标——这里的财政空间,是指一个国家所拥有的在提高自己的债务–产出比的同时仍然能够满足政府跨期政府预算约束的空间。

国际货币基金组织(IMF,2013)还提出了另外两个随机工具,它们也构成了对最大可持续债务进行量化研究的框架的一部分(作为前面讨论的确定性的特殊财政绩效估计法的补充)。第一个工具被称为"早期预警法"(Early Warning Approach)。这种方法的核心是针对各个国家计算出一个阈值负债率，一旦超过这个阈值，特定的国家就可能会出现债务危机。这个阈值要根据对它所导致的"第一类误差"（在没有债务危机时发生虚假警报）和"第二类误差"（债务危机发生了却未能提前发生警报）进行最优化，即，最小化危机期间的漏报率和无危机期间的误报率。第二个工具被称为"不确定性方法"（Uncertainty Approach），它实际上与门多萨和奥维耶多（Mendoza and Oviedo, 2009）提出的方法相同，我们在下面很快就会讨论到这种方法。[①]

上述提到的这几种随机方法都有很大的缺陷。与布兰查德的比率（Blanchard ratio）一样，它们不能保证它们给出的对可持续债务的估计符合跨期政府预算约束条件。此外，它们引入了不确定性，但是却没有考虑到这样一个事实，那就是，政府的债务通常是非状态依存性的工具。门多萨和奥维耶多（Mendoza and Oviedo, 2006, 2009）提出了一个模型，试图克服这两个缺点。在他们的模型设定中，政府发行的债务不是状态依存的，但是政府要面对的政府收入和支出过程却是随机马尔科夫的（即，资产市场是不完全的）。核心的假设是，政府承诺偿还债务，这就对公共债务施加了一个限制。这种限制类似于有异质性经济行为主体且市场不完全的比利模型中的阿亚格里自然债务上限（Ayagari's Natural Debt Limit）。

根据门多萨和奥维耶多（Mendoza and Oviedo, 2009）给出的这个框架的一个简单版本，假设产出服从一个确定的趋势，外生的增长率由 γ 给出，同时实际利率是固定不变的。同时再假设政府会保持支出平滑，除非政府发现自己无法借入更多债务，而且在这种情况下，政府将会把支出削减到能够承受的最低水平。[②] 由于政府不能将自己的支出降低到这个最低水平之下，所以它能够承担的债务，不可能超过它经过一个很长的具有如下特点的时期之后才能偿还的限度——在这个时期内，$pb(s^t)$ 一直处于其最糟糕的可能实现值上的概率为正（即，以最糟糕的收入实现 τ^{min} 和已经削减到可容忍的最小值的公共支出实现的基本余额）。这种情况被定义为财政危机状态，它设定了债务的上限，即，通常所称的"自然公共债务上限"（Natural Public Debt Limet, NPDL）。这个上限由财政危机状态下基本余额的经 GDP 增长率调整的年金值给出：

$$b_t \leqslant NPDL \equiv \frac{\tau^{min}-g^{min}}{i^r-\gamma} \tag{3}$$

将这个结果与政府预算约束结合起来，就可以得出债务的运动定律，它遵循如下简单的规则：$b_t = \min[NPDL, (1+r_t)b_{t-1}-pb_t] \geqslant \bar{b}$，其中，$\bar{b}$ 是一个假设的债务下限，为了简单起见，可

[①] 对于这种方法，国际货币基金组织（IMF, 2013）声称它是"特殊财政绩效法的一个衍生工具，而且依赖于相同的基本概念和方程"。然而，正如我们已经解释过的，布兰查德比率以及它们的变体与门多萨和奥维耶多（Mendoza and Oviedo, 2009）所刻画的债务上限和债务动态显著不同。

[②] 这个假设对于保持模型设定的简单易处理很有用，但并不是一个必不可少的假设。门多萨和奥维耶多（Mendoza and Oviedo, 2006）在建模时，让政府支出作为政府的最优决策进入常相对风险规避效用函数。在这里，效用函数的曲率施加了债务上限，这与比利的模型中一样。

以将它设定为零(即,政府不能成为一个净债权人)。[①]

不难注意到,对于具有如下特点的政府,自然公共债务上限更低:①公共收入波动率较大的政府(即,在收入的马可夫收入过程的支撑中 $\tau^{\min}$ 较低的政府);②调整公共支出的弹性较低的政府(即,具有较高的 $g^{\min}$ 的政府);③具有较低的增长率和/或较高的实际利率的政府。自然公共债务上限(NPDL)方法与在经典的债务持续能力分析中的 b^{ss} 方法之间的明显差异也值得高度重视。这两种方法的表达式有相似之外,但是这两种方法本身对债务可持续性的含义却有着显著不同:经典方法始终确定为可持续的债务比率,根据自然公共债务上限法来判断却是不可持续的,因为在实际操作中 b^{ss} 使用的是平均基本财政余额,而不是最糟糕的实现值,因此会产生违反自然公共债务上限的长期债务比率。此外,虽然 b^{ss} 与跨期政府预算约束条件无关,但是债务规则 $b_t = \min [NPDL, (1+r_t) b_{t-1} - pb_t] \geqslant \bar{b}$ 总能满足跨期政府预算约束条件,因为债务是在自然公共债务上限之上有界的,这就保证了非蓬齐博弈条件不可能被违背。但是,同时也需要注意,自然公共债务上限是用来衡量政府能够维持的最大债务的量度,而不是对长期平均债务比率或固定债务比率的估计。

自然公共债务上限如果用来描述主要平衡的组成部分的概率过程,再加上一些简化的假设,可以转化为政策指标。在收入侧,税收的概率过程反映了影响税率和税基的不确定性。这种不确定性包括了:国内税收政策的可变性、经济对这种可变性的内生反应以及其他对国内经济来说基本上是外生性的因素(例如,商品价格和商品出口波动对政府收入的影响)。在支出侧,政府支出会对政策决定部分地做出调整,但是它们的反应方式在不同国家之间有很大的差异,讨论新兴经济体的周期性财政政策的大量文献充分说明了这一点,例如,请参见,阿莱辛纳和塔贝里尼(Alesina and Tabellini, 2005)、卡明斯基等人(Kaminsky et al., 2005)、塔尔维和韦格(Talvi and Vegh, 2005)。

多萨和奥维耶多(Mendoza and Oviedo, 2009)的定量分析将收入过程和支出过程视为外生的,并用来自四个拉丁美洲经济体的 1990—2005 年的数据对它们进行了校准。[②] 由于每一个国家能够承诺的削减支出的数额都是不可观察的,所以他们转而计算出了——相对于每个国家的平均水平(即,$g^{\min} - E[g]$)而言——使得每个国家的自然公共债务上限与样本中观察到的最大债务比率一致所需的隐含政府支出削减量。所有这四个拉美国家(巴西、哥伦比亚、哥斯达黎加和墨西哥)的最大债务比率均为 55% 左右,但是能够使得本国的债务比率与自然公共债务上限一致的支出削减幅度,却大相径庭:哥斯达黎加的支出削减幅度大约占 GDP 的 3.8 个百分点,而巴西则达到了 6.2%。之所以出现这种情况,很大程度上是因为这些国家的收入的变异系数不同:巴西的收入变异系数为 12.8%,而哥斯达黎加则为 7%。要支持差不多的自然公共债务上限,收入波动性更高的国家所要求的 $g^{\min}$ 也更高。门多萨和奥

---

① 这个债务规则还有一个等价的表示方式,即,表示为基本财政收支余额的下限:$pb_t \geqslant (1+r_t) b_{t-1} - NPDL$。发生财政危机的时候,$b_t$ 会触及 $NPDL$。到下一个时期,如果收入的最低实现再一次创下新低,那么 pb_{t+1} 则会触及 $\tau^{\min} - g^{\min}$。债务和基本财政收支余额则仍然保持不变,直到获得更高的收入实现为止,那里更大的盈余可以减少债务。请参见门多萨和奥维耶多(Mendoza and Oviedo, 2009)的第 III.3 节,他们对一个数值实例进行了随机模拟。

② 门多萨和奥维耶多(Mendoza and Oviedo, 2009)在一个具有非状态依存的资产的小型开放经济模型中,将政府的支出决策内生化,同时将私人和公共借款决策分散化。

维多还证明,债务的时间序列动态变化服从一个随机行走,其边界为自然公共债务上限和。

2.2　博恩的债务可持续性框架

在发表于 1995 年至 2011 年间的一系列很有影响力的论文中,亨宁·博恩(Henning Bohn)对债务可持续性检验的实证研究文献做出了如下四大贡献:

1. 指出在跨期政府预算约束条件检验中,按无风险利率来对基本财政收支余额进行贴现是一种错误设定,因为正确的贴现因子未来。这些,以无风险利率为基础的未来贴现是错误的,因为正确的贴现因子是由状态依存的均衡定价核决定的(Bohn,1995)。[①] 受这个误设问题影响的实证检验很多,其中有几项是相当出名的实证研究,例如,汉密尔顿和弗莱文(Hamilton and Flavin,1986)、汉森等人(Hansen et al.,1991)、加里(Gali,1991)。这个错误设定误差是不难阐明的,例如,根据永奎斯特和萨金特(Ljungqvist and Sargent,2012)的思路,利用均衡无风险利率 $R_{t+j}^{-1} = Et[MRS(c_{t+1}, c_t)]$,将跨期政府预算约束条件重写为下式:

$$b_{t-1} = pb_t + \sum_{j=1}^{\infty} \left[\frac{E_t[pb_{t+j}]}{R_{t+j}} + cov_t(MRS(c_{t+j}, c_t), pb_{t+j}) \right] \tag{4}$$

由此可见,以无风险利率来贴现基本财政收支余额只有在下面这个条件成立时才可能是正确的:

$$\sum_{j=1}^{\infty} cov_t(MRS(c_{t+j}, c_t), pb_{t+j}) = 0$$

在满足以下假设中的某一个时,上述条件成立:①完美预见;②风险中立的私人经济行为主体;③基本财政收支余额与未来的消费的边际效用无关。但是,所有这些假设都是不切实际的。尤其是假设③,与现有的经验证据的冲突特别明显。经验证据表明,基本财政收支余额不仅与宏观经济波动相关,而且在工业化国家和发展中国家之间也会显示出明显不同的模式:工业化国家的基本余额是顺周期的,而发展中国家则是逆周期的或反周期的。更加重要的是,博恩(Bohn,1995)还通过例子证明,这种错误设定还会导致错误推断,即,在原本有财政偿付能力的时候却拒绝有财政偿付能力假设。例如,在具有独立同分布的产出增长率的平衡增长经济中,如果产出增长率大于或等于利率,那么保持 g/y 和 b/y 不变的财政规则会违背误设的跨期政府预算约束条件,但是却满足条件①。

2. 对债务可持续性的检验是无效的,因为即便是在数据中普遍能够得到满足的、非常弱的时间序列假设下,跨期政府预算约束条件也是成立的。只要债务或收入和支出(包括偿债)是有限单整的——任意阶均可——那么这种跨期预期约束条件就可以成立(Bohn,2007)。这就证明,许多基于特定的平稳性和协整条件的财政偿付能力检验是无效的,它们中的一些例子包括,汉密尔顿和弗莱文(Hamilton and Flavin,1986)、特雷汉和沃尔什(Trehan and Walsh,1988)、昆托斯(Quintos,1995)。这是因为,无论是债务数据的任何阶的单整,抑或是收入和政府支出的特定协整,都不是债务可持续性的必要条件。正如博恩在证明这个结

[①] 卢卡斯(Lucas,2012)在另一个不同的背景下提出了类似的观点。卢卡斯认为,对于政府的收入支出流,相关贴现率不应该是无风险利率,而应该是包含了与政府活动相关的市场风险的资本成本。

果时解释的那样,个中原因其实很符合直觉:在形成非蓬齐博弈条件的前向条件期望中,如果 b 是任意阶单整的,那么贴现因子的第 j 次幂在 $j \to \infty$ 时就渐近地支配了期望 $E_t(b_{t+j})$。之所以如此,是因为如果 b 是 n 阶单整的,那么 $E_t(b_{t+j})$ 最多是 n 阶多项式,而贴现因子却是 j 的指数函数,指数性增长当然会支配多项式增长。但是,更加重要的可能还是如下这个含义:因为有限阶的单整其实只是一个非常弱的条件,因此对于财政偿付能力或债务可持续性这种检验本身就是没有什么用处的。数据几乎肯定会拒绝如下假设:在对数据进行了有限次差分之后(通常只需要一次!),债务或收入和包括偿债在内的支出是不平稳的。博恩(Bohn,2007)得出的结论是,从这个结果来看,利用计量经济学工具去从数据中识别能够支持财政偿付能力假设的财政反应函数,并研究它们的动态机制,无疑是"理解赤字问题的更有希望的方向"。

3. 只要有一个线性财务反应函数(FRF),它所显示的基本财政收支余额对未偿还债务的(条件)反应是统计上显著的且为正,就足以满足跨期政府预算约束条件的要求了(博恩,1998,2008)。博恩(Bohn,2008)的命题 1 表明,这种线性财政反应函数足以保证跨期政府预算约束条件

$$pb_t = \mu_t + \rho b_{t-1} + \varepsilon_t,$$

对于所有的 t 都成立,其中 $\rho > 0$,μ_t 是基本财政收支余额的其他的决定因素,通常包括表示产出和政府支出的短暂波动的截距项和代理变量,ε_t 是独立同分布的。要证明这个命题,只要求 μ_t 是有界的、GDP 的现值是有限的。直观地说,证明过程如下。当债务上升时,pb 随为正的因子 ρ 而变,超前 j 期的债务的增长率则下降 $(1-\rho)^j$。从形式上看,对于任何较小的 $\rho > 0$,当 $j \to \infty$ 时,下式成立:$Et[MRS(c_{t+1}, c_t)] \approx (1-\rho)^j b_t \to 0$,这反过来又意味着非蓬齐博弈条件成立,因而跨期政府预算约束条件也成立。此外还要注意的是,虽然债务可持续性对于任何 $\rho > 0$ 都满足,但是债务比率的长期行为却会随着 r 和 ρ 的均值的相对大小而剧烈变化。为了理解为什么会这样,我们把财政反应函数和政府预算约束结合起来,以得到债务比率的运动定律 $b_t = -\mu_t + (1 + r_t - \rho) b_{t-1} + \varepsilon_t$。从中可见,只有当 $\rho > r$ 时,债务才可能是平稳的,否则就会是爆炸性的。但是,只要 $\rho > 0$,债务增长的速度就足够慢,就仍然满足跨期政府预算约束条件。[①] 此外,对于任何 $\rho > 0$,跨期政府预算约束条件对相同的初始债务价值成立。而且如果 $\rho > r$,那么随着 ρ 的下降,债务将收敛于较高的长期平均值。

上述结果同时也说明了为什么经典的债务可持续性分析的稳态债务水平 b^{ss} 对评估债务可持续性没有什么用处:只要有了线性财政反应函数,债务的多个长期平均值都与债务可持续性条件相一致——在 $\rho > r$ 范围内,反应系数的每一个特定值都能决定债务的一个长期平均值,而且只要 $0 < \rho < r$,即便是爆发性的债务,也可以与债务可持续性一致。此外,在 $r \to 0$ 的极限情况下,经典分析中的布兰查德比率预测债务会发散到无穷大(即,如果 pb^{ss} 有限,那

---

① 博恩(Bohn,2007)证明,这个结果对于如下关于利率过程的三个假设中的任何一个都是成立的:①对于所有的 t,$r_t = r$;②r_t 是一个序列不相关的随机过程,其中 $E_t[r_{t+1}] = r$;③r_t 是任意随机过程,其中均值 r 要满足隐式限制条件,使得 $b_t = \frac{1}{1+r} E_t[pb_{t+1} + b_{t+1} - (r_{t+1} - r) b_t]$。

么 $b^{ss} \to \infty$),而线性财政反应函数则预测 b 和 pb 都是均值回归型的——会返回到由 μ/ρ 和 0 给出的长期平均值上。类似地,从评估债务是不是满足跨期政府预算约束条件这个角度来看,"最高可持续利率"的概念是没有意义的,因为 $p > 0$ 就足以保证,无论 r 的值是什么,跨期政府预算约束条件都是成立的。①

4. 基于历史上的美国数据及其各种各样的子样本的线性财政反应函数的实证检验,拒绝了 $\rho \leqslant 0$ 的假设,因此跨期政府预算约束条件是成立的(Bohn,1998,2008)。在发表于 2008 年的一篇论文中,博恩构建了一个最早追溯到 1791 年的数据集——那是 1790 年融资法颁布实施之后美国公共债务的开端之年——结果发现,用 1793—2003 年数据估计的反应系数是正的且是显著的,其大小介于 0.1 到 0.12 的范围之内。此外,在对财政政策动态进行了深入分析之后,博恩发现经济增长本身就已经足以覆盖美国公共债务的整体偿债成本,但是反应系数则有结构性的断点。用 1793—2003 年的数据得到的估计结果,是博恩于另一篇论文中(Bohn,1998)使用 1916—2005 年的数据得到的估计结果的两倍。在后面这个历史阶段,冷战时代占据了突出位置,它虽然强调削减债务,但是军费支出一路高企。

博恩提出的这个框架已经得到了广泛的应用。门多萨和奥斯特里(Mendoza and Ostry,2008)用它来分析了跨国数据集,高希等人(Ghosh et al.,2013)则将它扩展到了存在违约风险的非线性模型设定下。② 门多萨和奥斯特里发现,用工业化国家的跨国面板数据估计出来的反应系数与博恩(Bohn,1998)用美国数据得到的估计结果类似。此外,他们还发现偿付能力条件不仅适用于同时包括了工业化和发展中国家的面板数据,也适用于只包括后者的子面板数据。不过,他们也发现,在特定的债务阈值上,数据中存在着横截性断点。在组合面板和只有工业化国家或只有发展中国家的子面板中,都存在一些高债务国家组,它们的反应系数与零在统计学的意义上不存在显著差别。高希等人(Ghosh et al.,2013)也发现,反应系数在高债务水平下急剧下降,他们还得出了衡量所观察到的债务比率与最大债务比率之间的距离的财政空间的估计值,最大债务比率是存在违约风险时所隐含的给定债务上限所能支持的债务比率。

2.3　估计的财政反应函数及其含义

在下面,我们将给出根据美国 1791 年至 2014 年的历史数据,以及根据 1951 年至 2013 年的跨国面板数据所分别估计的线性财政反应函数。这里的部分估计结果与以往的研究的结果一致,它们之间的主要区别在于,2008 年后基本余额对债务的反应在 2008 年后出现了重大断点。然后我们用这些估计结果和历史数据来评估美国和欧洲各国目前的财政状况。

---

① 当政府不能承诺偿还债务时,情况就不再是这样了。例如,在伊顿和格尔索维茨(Eaton and Gersovitz,1981)构建的外部主权违约模式中,利率是债务存量的递增凸函数。他们这个模型中存在一个会发生配给的债务水平:由于新发行的债务的未来违约成为确定性事件。

② 同样的方法也可以用于检验外部偿付能力(即,贸易差额的贴现值是否与观察到的国外资产净头寸相匹配)。杜尔杜等人(Durdu et al.,2013)利用 50 个国家的 1970 年至 2006 年的数据进行了跨国实证检验,结果发现数据不能拒绝外部偿付能力假设——在他们那里,是用对净出口对国外资产净值的负面反应来衡量的。

具体地说,我们阐明:①在美国,债务出现了可观察的大幅增长之后,基本余额的调整一直显著滞后;②观察到的基本赤字要比财政反应函数所预测的大得多;③具有不同的反应系数的各种假想情景,能够产生截然不同的转移动态模式和长期债务比率,但是它们都与观察到的初始债务比率相容(即,跨期政府预算约束条件在所有假想情景下都成立)。

2.3.1 财政反应函数的估计结果

表1显示了使用1791—2014年的历史数据来估计美国的财政反应函数的结果。具体地说,这个表给出了五个回归模型的结果,它们与博恩(Bohn,1998,2008)的回归模型类似。第(1)列显示的是基准模型的结果,它的回归元(解释变量)为初始债务比率、产出的周期性分量和临时军费支出(作为政府支出的短暂波动的度量)。[①] 第(2)列引入了一个非线性样条系数(当债务水平高于平均值时)。第(3)列引入了一个一阶自回归的误差项。第(4)列加入了债务比率的均方差。第(5)列则包含了时间趋势。第(6)列和第(7)列则包含了对于说明2008年后财政反应函数的结构不稳定性很重要的两项修正:第(6)列重新运行了基准模型,但是将样本截断于博恩(Bohn,2008)的样本的最后一年;第(7)列则使用了截止于2008年的样本。估计结果表明,债务水平、产出差距和军事支出系数的符号都与博恩的回归中相同。特别是,反应系数的估计结果一般均为正,因而可以满足债务可持续性的充分条件。

在表1的第(1)列至第(5)列中,ρ 的点会计值位于 0.077 与 0.105 之间,低于博恩(Bohn,2008)基于1793—2003年的数据得到的估计值,但是高于他(Bohn,1998)基于1916—1995年的数据得到的估计值。而且,ρ 的估计结果总是具有统计上的显著意义,尽管在基准模型和均方差债务模型中的置信水平仅为90%。

第(6)列表明,如果我们对与博恩(Bohn,2008)同样的样本期间运行线性财政反应函数回归,那么得到的估计结果与他的非常相似(特别请参见他的论文中的表7的第1列)。[②] 我们得到的对 ρ 的点估计为0.105,而博恩在他的研究中得到的则为0.121(均在99%置信水平上统计显著)。但是,如表1第(1)列所示,在我们的基础模型中,使用截至2014年的全样本,那么 ρ 的点估计值将下降为0.078。此外,如表1第(7)列所示,如果不包括2008年金融危机后的数据,结果将与博恩使用同一时期的数据时得到的估计结果非常相近。

表1 美国的财政反应函数:1792—2014年

模型	基准模型	非对称反应	AR(1)误差项	债务均方差	时间趋势	博恩的样本(1793—2003)	2008年危机前(1793—2008)
系数	(1)	(2)	(3)	(4)	(5)	(6)	(7)
常量	0.00648 (0.004)	0.00540 (0.003) *	0.00974 (0.008)	0.00653 (0.004)	0.00601 (0.006)	0.00485 (0.003) *	0.00470 (0.003)
初始债务 d_t^*	0.07779 (0.040) *	0.08689 (0.030) ***	0.10477 (0.032) ***	0.07715 (0.038) *	0.07674 (0.035) **	0.10498 (0.023) ***	0.10188 (0.022) ***
GDP 差距	0.07404 (0.078)	0.07300 (0.079)	0.15330 (0.043) ***	0.07390 (0.079)	0.07490 (0.077)	0.07987 (0.086)	0.07407 (0.086)

---

① 我们与博恩一样,也用军事支出的二阶自回归[AR(2)]的残差来作为这个临时性分量的度量。
② 它们之所以不同,只是因为我们的全样本中将军费支出界定为国防部门和退伍军人管理局的支出的总额,同时不包括国际关系支出,而博恩则从1940年开始包括退伍军人管理局的支出,并加入了国际关系支出。

续　表

模型	基准模型	非对称反应	AR(1)误差项	债务均方差	时间趋势	博恩的样本 （1793—2003）	2008年危机前 （1793—2008）
军事支出	−0.72302 (0.133)***	−0.72001 (0.136)***	−0.98955 (0.110)***	−0.72320 (0.133)***	−0.72462 (0.135)***	−0.77835 (0.135)***	−0.76857 (0.135)***
Max $(0, d_t^* -)$		−0.14487 (0.061)					
AR(1)			0.89154 (0.029)***				
$(d_t^* -)^2$				0.00261 (0.044)			
时间趋势					$6.89×10^{-06}$ $(5.9×10^{-05})$		
标准误差	0.0239	0.0240	0.198	0.0120	0.0240	0.0210	0.0209
调整后的可决系数(R^2)	0.606	0.605	0.901	0.614	0.605	0.695	0688
观察点数	223	223	222	223	223	213	217

注：括号中显示的是异方差和自相关一致的(HAC)标准误差，2维滞后窗预白化。在表中，"*""**"和"***"表示相应的系数在90％、95％和99％的置信水平上具有统计显著性。产出差距是指与霍德里克−普雷斯科特(Hodrick−Prescott)趋势之间的偏差百分比。军费开支包括了国防部和退伍军人事务局的所有支出。

因此，这些结果意味着，加入2008年后的数据（2008年后是美国财政在历史上的一个特殊时期），导致财政反应函数发生了结构性变化。[①] 在对这个假设进行检验的过程中，我们发现邹氏预测检验强烈地拒绝了如下零假设——当加入2008年后的数据时，ρ的值不会出现结构性变化。因此，ρ的点估计值从0.102下降到0.078，具有统计上的显著意义。基本财政收支余额对更高的债务比率的反应的这种变化看起来可能很小，但是却意味着基本平衡的调整幅度减少了大约25％，而且正如我们下面将会证明的，随着时间的推移，这会使债务的短期和长期动态产生很大的变化。

然而，具有非线性特征的回归的估计结果（表1的第（2）列，在平均债务比率处的债务样条；第（4）列，具有偏离平均债务比率的平方偏差）则与博恩的估计结果非常不同。在博恩那里（Bohn，1998），具有同样的样条项的财政反应函数具有负的点估计值$\rho=-0.015$；当债务高于平均水平时，样条系数是更大且为正的0.105，因此基本余额对高于平均债务比率的债务的反应，要比对低于平均债务比率的债务的反应更强，而且变为正值，净效应达到了0.09，这与债务可持续性相一致。与此不同，从表1可见，ρ的估计值为0.09，样条系数为−0.14。因此，这些结果表明，基本财政收支余额对高于平均水平的债务比率的反应更弱，其净效应为负(−0.05)，这就违背了债务可持续性的线性财政反应函数的充分条件。然而，这个样条系数不具有统计上的显著性。对于平方债务回归，博恩(Bohn，2008)估计出了一大小为0.02的正系数，而表1所示的系数仅为0.003（都不具有统计上的显著性）。因此，债务样本和债

① 博恩（Bohn，2008）也发现了这种结构性变化的证据。他对自己用1784—2003年的数据得到的估计结果与用1916—1995年的数据得到的估计结果进行了对比，发现样本期更短时，反应系数要低得多。博恩把这种情况归因于冷战时代所占的较大的权重（在冷战期间，债务下降，但是军费支出仍然居高不下）。

务平方的回归结果也与财政反应函数发生了结构性变化的可能性相一致。特别突出的是,一旦把截止到2014年的数据加入进来后,博恩在他发表于1998年和2008年的研究中识别出来的债务比率更高、基本余额的反应更强,就变成了一种弱得多的反应。出现这种情况的原因是,伴随着2008年以来债务大幅增加而出现的基本财政收支余额的调整,与以往债务大幅增加时相比有了非常大的不同。对此,我们在下面将详细阐明。

下面的表2至表4显示了我们的跨国面板回归的结果,它们类似于门多萨和奥斯特里(Mendoza and Ostry,2008)和高希等人(Ghosh et al.,2013)报告的结果。我们的面板数据扩大到了25个发达经济体和33个发展中经济体1951—2013年间的数据。在这几个表格中,我们都分六列显示了三对回归模型的结果。每一对模型都使用了对政府支出的不同度量,因为在对美国数据回归中所用的以军事支出为基础的对政府支出的临时性分量的度量,在跨国数据集或者不可得,或者不相关。

表2 发达经济体的财政反应函数:1951—2013年

模型	所有发达经济体					
	(1)	(2)	(3)	(4)	(5)	(6)
常量	11.23917	1.76019	−1.02696	−0.07294	−1.42979	0.02521
	(3.134)***	(0.037)***	(0.472)**	(0.195)	(2.651)	(0.222)
前一期的债务 d_{t-1}	0.06916	0.01461	0.01983	0.00295	0.02750	−0.00076
	(0.013)***	(0.001)***	(0.010)**	(0.005)	(0.010)***	(0.005)
GDP 差距	0.17053	0.28046	0.31501	0.34696	0.34939	0.40503
	(0.050)***	(0.058)***	(0.065)***	(0.060)***	(0.073)***	(0.073)***
政府支出	−0.35654	−0.06305				
	(0.078)***	(0.013)***				
政府支出差距			−0.10449	−0.12511		
			(0.031)***	(0.031)***		
政府消费差距(国民核算)					−0.20579	−0.33638
					(0.064)***	(0.070)***
国家 AR(1)	Yes	No	Yes	No	Yes	No
标准误差	1.603	2.814	1.709	2.813	1.796	2.884
调整后的可决系数(R^2)	0.766	0.277	0.755	0.306	0.733	0.304
观察点数	1285	1346	1218	1273	1139	1186
国家数	25	25	25	25	25	25

注:所有回归都包括了国家固定效应和怀特横截面校正后的标准误差和协方差。括号中显示的是标准误差。在表中,"*""**"和"***"表示相应的系数在90%、95%和99%的置信水平上具有统计显著性。产出差距、政府支出差距和政府消费差距是指与霍德里克-普雷斯科特(Hodrick-Prescott)趋势之间的偏差百分比。

表3 发展中经济体的财政反应函数:1951—2013年

模型	(1)	(2)	(3)	(4)	(5)	(6)
常量	9.99549	1.32486	2.38214	1.88325	2.33727	1.70461
	(1.473)***	(0.409)***	(0.462)***	(0.284)***	(0.544)***	(0.322)***

续 表

模型	(1)	(2)	(3)	(4)	(5)	(6)
前一期的债务 d_{t-1}	0.03806 (0.009)***	0.05657 (0.006)***	0.05452 (0.006)***	0.04519 (0.005)***	0.05280 (0.008)***	0.04376 (0.006)***
GDP 差距	0.03698 (0.029)	0.07352 (0.027)***	0.15962 (0.034)***	0.15509 (0.027)***	0.07568 (0.042)*	0.06831 (0.030)**
政府支出	−0.44322 (0.049)***	−0.15638 (0.020)***				
政府支出差距			−0.11986 (0.012)***	−0.12420 (0.012)***		
政府消费差距 (国民核算)					−0.01302 (0.018)	−0.02662 (0.014)*
国家 AR(1)	Yes	No	Yes	No	Yes	No
标准误差	1.854	2.630	1.772	2.450	2.072	2.795
调整后的可决系数(R^2)	0.666	0.346	0.698	0.437	0.589	0.321
观察点数	1071	1144	977	1035	967	1022
国家数	33	33	33	33	33	33

注:所有回归都包括了国家固定效应和怀特横截面校正后的标准误差和协方差。括号中显示的是标准误差。在表中,"*""**"和"***"表示相应的系数在90%、95%和99%的置信水平上具有统计显著性。产出差距、政府支出差距和政府消费差距是指与霍德里克-普雷斯科特(Hodrick-Prescott)趋势之间的偏差百分比。

表4 发达经济体和发展中经济体的财政反应函数:1951—2013 年

模型	(1)	(2)	(3)	(4)	(5)	(6)
常量	0.53960 (1.528)***	1.50777 (0.357)***	2.23188 (0.400)***	0.65482 (0.160)***	2.29040 (0.466)***	0.57649 (0.172)***
前一期的债务 d_{t-1}	0.05138 (0.007)***	0.02962 (0.004)***	0.04576 (0.006)***	0.01634 (0.004)***	0.04661 (0.006)***	0.01500 (0.004)***
GDP 差距	0.078641 (0.031)**	0.1261 (0.030)***	0.20956 (0.043)***	0.20590 (0.032)***	0.16205 (0.051)***	0.15198 (0.036)***
政府支出	−0.40043 (0.047)***	−0.08823 (0.015)***				
政府支出差距			−0.11558 (0.014)***	−0.12788 (0.016)***		
政府消费差距 (国民核算)					−0.03764 (0.021)*	−0.07534 (0.020)***
国家 AR(1)	Yes	No	Yes	No	Yes	No
标准误差	1.729	2.796	1.756	2.727	1.970	2.915

续　表

模型	(1)	(2)	(3)	(4)	(5)	(6)
调整后的可决系数(R^2)	0.720	0.275	0.718	0.328	0.656	0.254
观察点数	2356	2490	2195	2308	2106	2208
国家数	58	58	58	58	58	58

注:所有回归都包括了国家固定效应和怀特横截面校正后的标准误差和协方差。括号中显示的是标准误差。在表中,"＊""＊＊"和"＊＊＊"表示相应的系数在90％、95％和99％的置信水平上具有统计显著性。产出差距、政府支出差距和政府消费差距是指与霍德里克–普雷斯科特(Hodrick–Prescott)趋势之间的偏差百分比。

模型(1)和(2)使用实际政府支出总额(即,经常性支出再加上所有其他非利息支出,包括转移支付支出),模型(3)和(4)使用实际政府支出总额中的周期性分量,模型(5)和(6)则采取了门多萨和奥斯特里(Mendoza and Ostry,2008)的方法,使用国民账户中政府的实际支出(即,实际经常性政府支出)中的周期性分量。模型(1)、(3)和(5)都包括了特定于国家的(国别性的)的一阶自回归项,门多萨和奥斯特里也认为这一项是重要的;模型(2)、(4)和(6)则不包括这一项。

关于这些回归所使用的政府支出度量,有两个注意事项需要强调一下。第一,它们对于政府支出的意外增长没有很大的代表性,特别是其中的霍德里克–普雷斯科特周期性分量(由于霍德里克–普雷斯科特滤波器的双面性)。第二,因为基本余额是总收入与总支出的差额,所以将后者作为回归元(解释变量),也就意味着收入成了可以对债务变化做出反应的因变量唯一的内生分量。当我们仅使用支出的周期性分量和/或仅使用经常性支出(current expenditures)而不是支出总额(total outlays)时,这种问题将不会太严重,但是仍然构成了一个潜在的限制。在这里,特别有意思的是,在对美国数据的回归中,政府支出的系数确实与用临时军费支出进行回归时相同(虽然大小只有一半左右),而且它们都是在99％的置信水平上具有统计显著性。然而,这两个值得注意的事实确实意味着,我们在解释政府支出系数的时候,不能认为它只衡量了基本财政收支余额对政府支出的出人意料的增加的反应,它还反映了财政政策的周期性立场和卷入债务市场的程度上的差异。对于这些问题的进一步的深入探讨,请参见,门多萨和奥斯特里(Mendoza and Ostry,2008)。

表2告诉我们,与门多萨和奥斯特里(Mendoza and Ostry,2008)得出的结论一样,在跨国面板中,考虑特定于国家的AR(1)项非常重要。当误差项的自相关得到了校正时,发达经济体的反应系数更高,且标准误差显著更小。因此,我们将关于面板结果的其余讨论都集中到对有AR(1)项时的结果的讨论中来。

AR(1)模型中,发达国家的基本余额对债务的反应系数一般均为正值,而且具有统计显著性。在使用支出总额或经常性支出的周期性分量进行回归时[模型(3)和(5)就是这样],得到的系数要小于使用政府支出水平时[模型(1)],但是前两者之间的ρ系数则很接近(0.02 vs 0.028)。再一次,与门多萨和奥斯特里一样,我们集中讨论使用经常性政府支出中的周期性分量的回归。

接下来,将我们在有国家 AR(1)项的模型中得到的财政反应函数,与分别使用三个面板数据对经常性政府支出的周期性分量进行回归得到的财政反应函数(如表 2—表 4 所示)进行比较,发达经济体面板的 ρ 的估计值为 0.028,新兴经济体面板的 ρ 的估计值为 0.053,组合面板的 ρ 的估计值为 0.047。相比之下,门多萨和奥斯特里的结果是,发达经济体面板为0.02,新兴经济体面板和组合面板均为 0.036,结果稍稍有所不同,但是两者在如下关键结论上是一致的:新兴经济体面板和组合面板所产生的 ρ 值,要比发达经济体面板更大。

发达经济体和新兴经济体的反应系数之间的差异,凸显了各自的债务动态的重要特征。前面给出的方程式(4)表明,具有顺周期性财政政策的那些国家(即,拥有非周期的或反周期的基本余额的那些国家),可以承受的债务比率要高于具有反周期的财政政策的国家(即,拥有顺周期的基本财政收支余额的国家)。但是,我们在数据中观察到的模式却相反:发达经济体采取了反周期性财政政策,同时平均债务比率也比新兴经济体更高;而新兴经济体却采取了顺周期的或非周期的财政政策(即,它们的基本余额–产出差距相关系数显著更低)。事实上,新兴经济体的更高的 ρ 意味着这些国家从长远来看会向更低的平均债务比率收敛。正如门多萨和奥斯特里(Mendoza and Ostry,2008)总结的那样,这个更高的 ρ 值并不是新兴经济体的财政政策"有更高的可持续性"的指标,而是如下事实的证据:与发达经济体相比,以往这些国家的债务的增加的幅度,要求它们的基本余额有条件地做出更强的反应,从而减少对债务市场的依赖。

2.3.2　上述结果对欧洲各国和美国的意义

2008 年全球金融危机后,若干发达经济体的公共债务和财政赤字急剧上升,这是它们采取了旨在稳定金融体系的救助措施和扩张性财政政策的结果。为了更好地理解最近这次债务激增,考察一下博恩的公共债务和美国的基本财政收支余额的历史数据无疑是有用的。为了识别公共债务危机,我们对公共债务危机下的工作定义是:当公共债务比率同比增长率超过了历史标准偏差的两倍时(在博恩的数据集中,那相当于超过了 8.15 个百分点),我们就认为出现了公共债务危机。根据这个定义,我们识别出了美国历史上的 5 个公共债务危机事件(见图 1):两次世界大战(第一次世界大战期间,1918—1919 年间公共债务与 GDP 的比率上升了 28.7 个百分点;第二次世界大战期间,1943—1945 年间公共债务与 GDP 的比率上升了 59.3 个百分点),美国内战(1862—1963 年间的升幅达到了 19.7 个百分点),大萧条(1932—1933 年间的升幅达到了 18.5 个百分点);以及大衰退(2009—2010 年间的升幅达到了 22.3 个百分点)。大衰退期间的公共债务危机,是美国历史上第三次严重的公共债务危机,超过了内战和大萧条时期。

图 2 说明了这五次债务危机发生之后美国基本财政收支余额的短期动态。每一次危机都以巨额赤字开始:在大萧条中,赤字占 GDP 的 4％;而在第二次世界大战中,赤字与 GDP 的比率更是达到了将近 20％。但是,大衰退有一个特征是独一无二的:在危机爆发后四年,基本余额仍然是赤字。在与大规模战争有关的三个危机中,基本赤字都在三年之内就转变成了小额盈余。与此形成了鲜明对照的是,国会预算办公室于 2015 年 1 月发布的报告《最新预

算和经济展望:2015—2025 年》(*Updated Budget and Economic Outlook*:2015—2025)给出的最新基准情景预测称,美国未来十年的基本财政收支仍然会持续出现赤字,预计 2018 年基本赤字规模将缩减至 GDP 的 0.6%左右,然后直到 2025 年都将徘徊在 GDP 的 1%左右。

图 1　美国政府债务占 GDP 的百分比

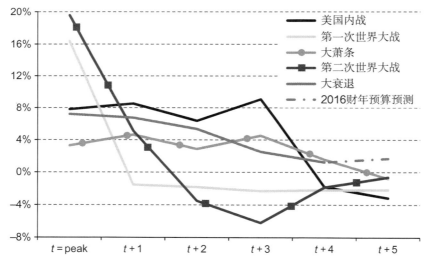

图 2　美国历次公共债务危机后的美国政府赤字

此外,对大衰退与大萧条进行对比可以发现,大衰退债务危机发生后前三年的赤字规模(按与 GDP 的比率来衡量)几乎是大萧条债务危机发生后前三年的两倍,而且,大萧条债务危机五年之后,美国的基本盈余已经达到了 GDP 的差不多 1%。综上所述,2008 年后发生的公共债务的大幅增长绝对称得上是"历史性"的,而且,在债务激增四年后仍然无法实现基本盈余的事实,以及对 2015 年至 2025 年仍然会持续出现赤字的预测,则是美国历史上"前所未有"的。

在欧洲,许多发达经济体的情况也不比美国好多少。按 GDP 计算,从 2007 年至 2011 年间，15 个最大的欧洲经济体的平均公共债务比率从 38％上升到了 58％。在欧洲债务危机旋涡中心的 5 个国家(希腊、爱尔兰、意大利、葡萄牙和西班牙)，公共债务的增幅尤其巨大，它们按 GDP 计算的债务比率在这些年间从 75％上升到了 105％。而且，即便是在欧洲最大的一些经济体中，公共债务比率也出现大幅上升(例如，英国和法国分别上升了 33 个和 27 个百分点)。

　　利用估计出来的财政反应函数，我们可以分析公共债务比率的这种快速上升对债务可持续性以及债务和赤字的短期和长期动态的影响。首先考虑回归残差。图 3 显示了在表 1 的基准模型(1)中估计出来的美国的财政反应函数的残差，图 4 显示了同一个回归的滚动残差。这两幅图表明，2008—2014 年度的残差显著为负，同时绝对值显著大于其余样本期的残差。事实上，2009—2011 年间的残差达到了相应的正负两个标准误差范围的两倍。因此，2008 年之后观察到的基本赤字远远超过了财政反应函数给出的预测结果，即便在考虑到了财政反应函数所允许的经济衰退的深度和政府支出的扩大之后，也是如此。当然，如此大的残差是与前面给出的结果一致的，它们表明，在加入了 2008 年之后的数据后，财政反应函数出现了结构性的变化。

基本盈余占GDP之比的残差

图 3　美国财政反应函数的残差

注：图中所示的残差对应于表 1 中的基准模型(1)，虚线表示高于和低于零两个标准偏差。

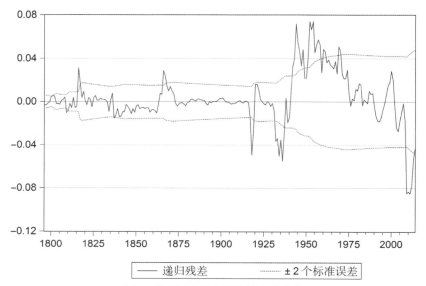

图4 美国财政反应函数的滚动残差

注:对于1791年至 t 时的每个样本,都按基准设定——表1中的模型(1)——估计,而且时间 t 的残差是与该样本的误差的2个标准偏差带一起报告的。

财政反应函数的结构性变化也可以通过将2009年至2014年的实际基本余额和《2016财政年度总统预算案》(*President's Budget for Fiscal Year 2016*)中对2015年至2020年的基本余额的官方预测数,与利用表1的第(7)列截止到2008年的数据估计出来的财政反应函数得到的样本外预测结果加以比较来证明(见图5)。为了完成这个预测,我们使用了2009年至2014年间的产出和政府支出的周期性分量的观察到的实现值,而对于2015年至2020年,我们再一次使用了《2016财政年度总统预算案》中的预测数据。

如图5所示,在2009年至2014年间,实际基本财政收支赤字显著大于财政反应函数所预测的赤字,也远远大于预测带中两个标准误差范围内的赤字。财政反应函数的平均预测是,在2009年至2014年期间,基本盈余将从零上升至GDP的4%,但是数据却显示这个期间一直是赤字,只是其大小由GDP的8%缩小至大约2%。此外,《2016财政年度总统预算案》所预测的基本赤字也远远大于财政反应函数的平均预测值——预测位于负两个标准误差带上或之下。博恩(Bohn,2011)警告说,很可能到2011年就已经出现了结构性断点的迹象,因为他估计出来的财政反应函数在债务比率超过55%~60%时就要求实现基本盈余,但是2012年的政府预算则预计将出现数额很大且持续性很高的基本赤字(尽管债务比率远高于55%~60%)。

估计出来的财政反应函数结果也可以用于研究公共债务的预计时间序列路径以及最近实际观察到的基本财政收支余额(2014年)之间的差异。为了模拟债务动态,我们要利用公共债务的运动定律——只要将政府预算约束与前述财政反应函数结合起来,就可以得到它: $b_t = \mu_t + (1 + r_t - \rho) b_{t-1} + \varepsilon_t$。在这里,我们只考虑基准情景。

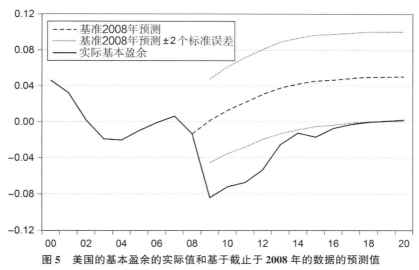

图5　美国的基本盈余的实际值和基于截止于 2008 年的数据的预测值

注：预测是基于表 1 中的模型（7）进行的，样本范围为 1791 年至 2008 年。给定债务与 GDP 的比率、GDP 差距和军费开支的实际值，得出了 2009 年至 2020 年的基本盈余与 GDP 的预测值。2015 年以后的实际变量与《2016 财政年度总统预算案》中的估计相符。邹氏预测检验拒绝了 2009 年之后不存在结构性变化的零假设，置信水平为 99.9%。

　　在这个基准情景下，我们对欧洲和美国运用估计出来的 ρ 系数，并从 2014 年的观察结果开始进行正演（前向）模拟。对于美国，我们使用表 1 中的模型（3）。对于欧洲，我们使用表 2 中的模型（5），并在欧洲各工业化国家之间采用简单的横截面平均。产出和政府支出波动的未来值的预测是用简单的单变量自回归模型生成的。另外，我们将这些基准预测情景与将回归系数降低到回归估计值的一半时的情况，或降低财政反应函数截距的情景进行比较。回想一下前面的讨论，我们知道，只要 $\rho > 0$，改变这些参数就能够产生与基准情景相同的基本财政收支余额的贴现值，但是正如我们在下面将要阐明的，它们产生的转移动态和长期债务比率支是非常不同的。这些模拟还需要假定实际利率和增长率的值，它们决定了 $1+r$。为了简单起见，我们假设 $r=0$，以排除债务可以增长到无限大的可能性，但是仍然与跨期政府预算约束条件（即，范围 $0 < \rho < r$）一致，而且同时还意味着基本余额在长期中收敛于零。①

---

①　在工业化大国，政府债务的实际利率和产出增长率都很低，但是问题预期最终会有所增长。在这里，我们没有假设两者不同，而直接假设它们是相等的。

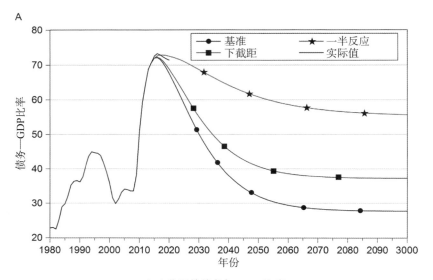

(A) 美国的债务与 GDP 比率

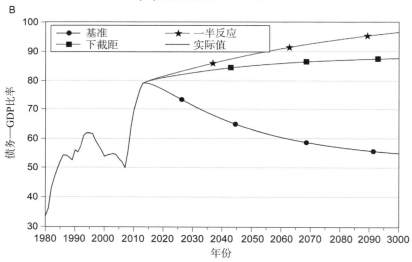

(B) 欧洲的债务与 GDP 比率

图 6 自 2014 年以后的债务与 GDP 比率的实际值和模拟值

注:对于美国,使用的是表 1 中的模型(3),加上估计的产出差距和军费开支的估计 AR(2)过程,以及政府预算约束条件。对于欧洲,使用的是表 2 中的模型(5),加上每个国家的估计的产出差距和政府消费差距的 AR(1)过程,并对欧洲各发达国家取简单平均数。

图 6 和图 7 显示了美国和欧洲在基准情景下和其他情景下的债务比率和基本财政收支余额的预测路径。这两幅图表明,在基准情景下,这些国家的基本盈余应该是随时间的推移而单调下降的,因此债务比率也应该逐渐收敛到估计财政反应函数的那个样本期间内观察到的平均水平上,留下一条单调递减的路径。

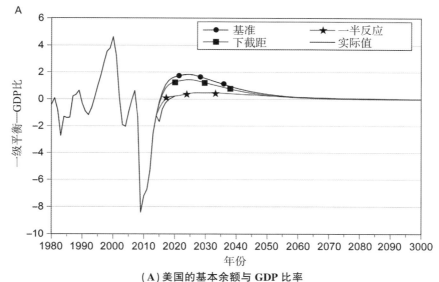

（A）美国的基本余额与 GDP 比率

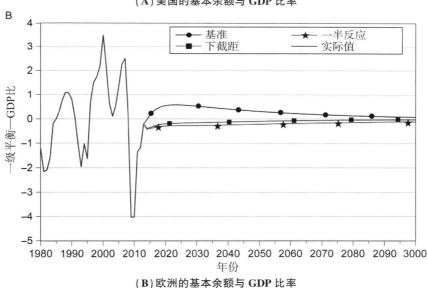

（B）欧洲的基本余额与 GDP 比率

图 7　自 2014 年以后的基本余额与 GDP 比率的实际值和模拟值

注:关于这个模拟实验如何构造的细节,请参见图 6 的注释。

在更低的 ρ 或更低的截距的情景中,基本盈余可能显著地变得更小或甚至变为赤字,但是长期平均债务比率将显著增加。例如,就美国的情况而言,债务比率的长期平均值将从基准情景的 29% 上升到更低的 ρ 的情景下的大约 57%。

图 6 和图 7 中显示的所有债务和基本余额路径都满足同一个跨期政府预算约束条件,因此也都能够使得初始债务比率是可以持续的,但是很显然,它们的宏观经济影响不可能是一样的。不幸的是,正是在这一点上,财政反应函数方法无能为力,这是它的最主要的局限性所在。为了评估不同路径的财政调整的积极的和规范性的影响,我们需要一个结构性框架。有了这种结构性框架,就可以对特定的收入政策和支出政策对均衡配置和价格以及社会福

利的影响进行定量分析。

3. 结构分析方法

本节给出了一个关于财政调整的两国动态一般均衡模型,并用它来定量分析,美国和欧洲各国近来采取的各种各样的财政政策策略的正面效应和规范效应。这些政策是在最近公共债务比率大幅上升后出现的,旨在恢复财政偿付能力(即维持债务可持续性)。我们这个模型的结构类似于在对最优税收、税收改革和国际税收竞争进行定量研究的大量文献中广泛使用的新古典主义模型[例如,请参见,卢卡斯(Lucas,1990)、沙里等人(Chari et al.,1994)、库利和汉森(Cooley and Hansen,1992)、门多萨和泰萨尔(Mendoza and Tesar,1998,2005)、普雷斯考特(Prescott,2004)、特拉班特和厄里格(Trabandt and Uhlig,2011),等等]。具体地说,我们在这里使用了门多萨等人(Mendoza et al.,2014)提出的两国模型,它包括一些对新古典主义模型的修正,从而能够使税基的弹性的经验估计值与税率变化匹配起来。这是通过引入内生的产能利用率,同时限制实物资本折旧的免税额(以逼近数据所反映的津贴)来实现的。[1]

3.1 动态均衡模型

考虑一个由两个国家或地区组成的世界经济:一是本国(H),二是外国(F)。每个国家都居住着一个生存无限期的代表性家庭,并且拥有一个代表性企业。这个代表性企业生产可交易商品,所用的投入为劳动 l 和已利用资本单位 $\tilde{k}=mk$(其中 k 为已利用的实物资本,m 为利用率)。资本和劳动在不同国家之间是不可流动的,但是这两个国家在商品市场和资产市场上已经实现了完全融合。资产交易仅限于由 b 所代表的一期贴现债券,它以 q 的价格出售。假设这种简单的资产市场结构并不会影响一般性,因为模型本身是确定性的。

追随金等人(King et al.,1988)的模型设定,增长率是外生给定的,并由劳动增强型的技术变革所驱动,它发生的速率为 γ。因此,所有变量(除了劳动和闲暇之外)的平稳性都是通过将它们除以这个技术因子的水平而得以实现的。[2] 模型的这种平稳性引致转变还要求贴现率为 $\tilde{\beta}=\beta(1+\gamma)^{1-\sigma}$ 的贴现效用流,其中 β 是标准的主观贴现因子,σ 是常相对风险厌恶(CRRA)型偏好的相对风险厌恶系数。适当调整 k 和 b 的运动定律,使得日期 $t+1$ 的各个存量都以平衡增长因子 $1+\gamma$ 增长。

下面,我们着手描述偏好、技术和本国的政府部门的结构。同样的结构当然也适用于外

---

① 考虑内生的产能利用率的动态税收模型的比较典型的例子有:对最优资本所得税的理论分析,如费拉罗(Ferraro,2010);对真实商业周期模型中税收影响的定量分析,如格林伍德和赫夫曼(Greenwood and Huffman,1991)。

② 增长率是外生的,这个假设意味着税收政策不会影响长期增长,这与门多萨等人的实证结果(Mendoza et al.,1997)是一致的。

国。当我们需要使用外国变量时,就用星号来标识。

3.1.1 家庭、企业和政府

3.1.1.1 家庭

代表性家庭代表的偏好取如下标准形式:

$$\sum_{t=0}^{\infty} \tilde{\beta}^t \frac{(c_t(1-l_t)^a)^{1-\sigma}}{1-\sigma}, \sigma>1, a>0, \text{and } 0<\tilde{\beta}<1 \tag{5}$$

从由消费 c_t 和闲暇 $1-l_t$(假设一单位的时间禀赋)组成的常替代弹性(CES)复合商品的角度来看,期间效用函数是常相对风险厌恶型的。$\frac{1}{\sigma}$ 是消费的跨期替代弹性。在给定的 σ 值下,a 支配了劳动供给的弗里施弹性的跨期弹性。[①]

家庭的消费、劳动收入和资本收入都要按给定的比例税率纳税,税率分别表示为 τ_C、τ_L 和 τ_K。一次总付性政府转移支付或应享权利(福利)则用 e_t 表示。此外,式中的 w_t 和 r_t 分别表示劳动和资本服务的租金率,同时国内政府债券和国际交易债券的价格则分别表示为 q_g^t 和 q_t。[②]

家庭向企业出租 $\tilde{k}$ 和 l,并进行投资和产能利用率决策。与产能利用率内生的其他模型类似,资本存量的折旧率随着利用率的增加而增加,其变化服从凸函数 $\delta(m)=\chi_0 m^{\chi_1}/\chi_1$,其中 $\chi_1>1$ 且 $\chi_0>0$,从而使得 $0 \leq \delta(m) \leq 1$。

投资要承担如下二次形式的调整成本:

$$\phi(k_{t+1}, k_t, m_t)=\frac{\eta}{2}\left(\frac{(1+\gamma)k_{t+1}-(1-\delta(m_t))k_t}{k_t}-z\right)^2 k_t,$$

其中,系数 η 决定了资本存量的调整速度。同时,z 是一个常数,我们将它设定为等于长期投资资本比率的常数,因此在稳定状态下,资本调整成本为零。

家庭选择消费、闲暇、投资(包括调整成本 x)、国际债券、国内政府债券 d,以及利用率的跨期序列,以最大化式(5),不过要受到下列条件的约束。期间预算约束序列,由下式给出:

$$(1+\tau_c)c_t+x_t+(1+\gamma)(q_t b_{t+1}+q_t^g d_{t+1})=(1-\tau_L)w_t l_t+(1-\tau_K)r_t m_t k_t$$
$$+\theta\tau_K \bar{\delta}k_t+b_t+d_t+e_t, \tag{6}$$

以及如下资本存量的运动定律:

$$x_t=(1+\gamma)k_{t+1}-(1-\delta(m_t))k_t+\varphi(k_{t+1}, k_t, m_t),$$

对于 $t=0, \cdots, \infty$,给定初始条件 $k_0>0$、b0 和 d0。

方程式(6)的左侧包括了家庭收入的所有用途,右侧包括了扣除所得税后的所有收入来源。我们对家庭施加了标准的非蓬齐博弈条件,因此家庭总支出的现值等于税后收入加初

[①] 我们在这里使用了最规范的外生平衡增长模型以及许多真实商业周期应用研究所采取的效用函数的标准函数形式,例如,请参见金等人(King et al.,1988)。这种函数形式意味着,对于 $\sigma=1$,弗里施弹性是一个常数,请参见特拉班特和厄格格(Trabandt and Uhlig,2011)对这种效用函数的扩展研究,他们给出了当 $\sigma>1$ 时弗里斯弹性仍然保持不变的条件,并讨论了弗里斯弹性在通过新古典主义模型对税收变化的宏观经济影响进行定量研究时的作用。

[②] 这些债券的毛收益率就是这些价格的倒数。

始资产持有量的现值。

这里需要注意的是,在计算上述预算约束条件中的税后收入时,我们考虑了资本税收抵免 $\theta\tau_K\bar{\delta}k_t$,它相当于折旧成本的一部分$(\theta)$。折旧免税的这种表达,反映了关于实际税法中的税收减免的两个假设。第一个假设是,折旧免税额通常是根据资本的账面价格或应税价格的某个固定折旧率来确定的,而不是根据实际的实物折旧情况来研究的(那会随利用率而变化)。因此,我们将资本税收免税额的折旧率设定为一个固定的比率$\bar{\delta}$,它不同于实际折旧率 $\delta(m)$。第二个假设是,折旧免税额仅适用于资本存量的 θ 部分,因为在实际操作中,它通常只适用于企业和个体经营者的资本收入,而不适用于住宅资本。①

我们假设对资本收入按照居住原则征税,这与美国和欧洲的税收制度的特点一致,同时我们允许政府以不同的税率对资本收入征税。② 然而,这也就意味着,为了支撑一个允许各国采取不同资本税率的竞争均衡,我们必须假设实物资本完全由国内居民所拥有。如果没有这个假设,就会出现以共同的世界价格对资本和债务的回报的跨国套利,它意味着资本的税前和税后回报的均等化,进而要求各国实行相同的资本所得税。出于同样的原因,我们还必须假设对国际债券的偿付是以共同的世界税率征税的,而且为了简单起见,我们将之设定为零。关于这方面的更多细节,请参见门多萨和泰萨尔(Mendoza and Tesar, 1998)。我们也可以引入其他形式的金融市场分割,例如交易成本或卖空限制,它们都能够实现同样的目的,但是会使得模型不那么容易处理。

3.1.1.2 企业

公司雇用劳动力,并使用有效的资本服务来最大化自己的利润。利润由 $y_t-w_tl_t-r_t\tilde{k}_t$ 给出,而且要素的租金率是给定的。我们假定企业的生产函数是科布-道格拉斯(Cobb-Douglas)型的,即:

$$y_t = F(\tilde{k}_t, l_t) = \tilde{k}_t^{1-\alpha}l_t^\alpha$$

其中,α 为劳动的收入份额,且 $0 < \alpha < 1$。企业处于竞争市场中,因此会根据如下标准的条件选择 $\tilde{k}_t$ 和 l_t:

$$(1-\alpha)\tilde{k}_t^{-\alpha}l_t^\alpha = r_t,$$
$$\alpha\tilde{k}_tl_t^{\alpha-1} = w_t.$$

因为生产技术的性质是线性齐次的,所以这些要素需求条件意味着在均衡中,$y_t = w_tl_t + r_t\tilde{k}_t$。

3.1.1.3 政府

财政政策有三个分量。第一个分量是政府支出,它包括了预先确定的对商品的政府购买序列 g_t,以及转移支付/应得权利(福利)支出 e_t 序列,其中,$t = 0, \cdots, \infty$。在我们的基准结

---

① 使用标准的 100% 折旧免税额也有两个不切实际的含义。首先,它会使得 m 在长期中独立于 τ_K。其次,在短期中,τ_K 只能在它能够减少利用率的边际收益的范围内影响利用率决策空间——当与投资的边际成本的变化所导致的边际成本进行权衡时。

② 从原则上说,对于按居住原则征税还是基于税源征税的选择,可以认为是与对税率的选择一起进行的。事实上,赫伊津哈(Huizinga, 1995)证明,普遍最优税收制度,应该是基于税源征税和按居住原则征税的混合。但是在现实世界中,绝大多数国家的税收制度实际上都是基于居住地征税的,因为广泛存在的双边税收条约规定,一个国家的居民基于税源确定的纳税款,可以抵扣需要支付给外国政府的税款。

果中，我们假设 $g=\bar{g}$ 且 $e=\bar{e}$，其中 $\bar{g}$ 和 $\bar{e}$ 是 2008 年公共债务激增之前的政府购买和转移支付的稳态水平。因为应得权利支付是一次总付性的转移支付，所以在这个假设了代表性主体的模型中，它们总是非扭曲性的，但是，$\bar{e}$ 的校准值还是会导致政府需要通过征收扭曲性的税收来取得收入，因为我们不允许一次总付性的税收。政府采购不会进入家庭的效用函数，也不会进入企业的生产函数，因此很容易就可以推导出，在债务增加后恢复财政偿付能力的策略应当包括设定 $g_t=0$。我们排除了政府采购进入家庭的效用函数和企业的生产函数的可能性，这不仅仅因为这是不现实的，而是还因为如果模型被修改为允许政府采购提供效用或产生效益，那么对这种采购的削减将会成为扭曲性的，就像提高税收一样。

财政政策的第二个分量是税收结构。这包括了时不变的对消费征收的税收 τ_C、对劳动收入征收的税收 τ_L、对资本收入征收的税收 τ_K，以及上限为折旧费用的一部分（θ）的折旧抵免。

第三个分量是政府债务 d_t。我们假设政府承诺会偿还债务，因此政府债务必须满足如下预算约束序列，对于 $t=0,\cdots,\infty$，

$$d_t-(1+\gamma)q_t^g d_{t+1}=\tau_C c_t+\tau_L w_t l_t+\tau_K(r_t m_t-\theta\bar{\delta})k_t-(g_t+e_t)$$

这个方程式的右侧就是基本财政余额，它由这个预算约束左侧的债务变化减去债务偿还额之差来融资。

公共债务在这种情况下是可持续的，就像我们在第 2 节中所定义的那样。跨期政府预算约束条件必定会成立（或者等价地，政府也必定满足非蓬齐博弈条件）：基本财政余额的现值等于初始公共债务 d_0。因为我们是用债务占 GDP 的比例来校准模型的，所以将跨期政府预算约束条件重写为占 GDP 的比例也将很有用。将基本财政收支余额定义为 $pb_t\equiv\tau_C c_t+\tau_L w_t l_t+\tau_K(r_t m_t-\theta-\delta)k_t-(g_t+e_t)$，则表示为占 GDP 的比例的跨期政府预算约束条件为：

$$\frac{d_0}{y_{-1}}\Psi_0\left[\frac{pb_0}{y_0}+\sum_{t=1}^{\infty}\left(\left[\prod_{i=0}^{t-1}\right]\frac{pb_t}{y_t}\right)\right],\tag{7}$$

其中，$v_i\equiv(1+\gamma)\psi_i q_i^g$ 且 $\psi_i=y_{i+1}/y_i$。在这个表达式中，基本财政收支余额是贴现值，且考虑了长期增长率 γ、经济收敛于长期趋势时的过渡增长率 ψ_i，以及公共债务的均衡价格 q_i^g。由于 y_0 是内生性的（即，它会对 d_0 的增量以及抵消之所需财政政策调整做出反应），所以我们将左侧的债务比率写成了占债务冲击前的产出 y_{-1} 的比例，它是预先确定的。

将家庭和政府的预算约束以及企业的零利润条件结合到一起，我们就可以得出如下的家庭资源约束：

$$F(m_t k_t,\ l_t)-c_t-g_t-x_t=(1+\gamma)q_t b_{t+1}-b_t.$$

3.1.2　均衡，税收扭曲和国际外部性

这个模型的竞争模型为：价格序列 $\{r_t,r_t^*,q_t,q_t^g,q_t^{g*},w_t,w_t^g\}$，以及配置序列 $\{k_{t+1},k_{t+1}^*,m_{t+1},m_{t+1}^*,b_{t+1},b_{t+1}^*,x_t,x_t^*,l_t,l_t^*,c_t,c_t^*,d_{t+1},d_{t+1}^*\}$，对于 $t=0,\cdots,\infty$，使得：①给定的财政政策变量、税前价格和税前要素租金率，每个国家的家庭在相应的预算约束和非蓬齐博弈条件下，最大化自己的效用；②给定税前要素租金率，企业利用科布－道格拉斯型技术实现利润最

化;③给定税率和外生的政府采购和应享权利(转移支付)的序列,政府的预算约束条件成立;④全球商品市场和债券市场上的如下市场出清条件成立:

$$\omega(y_t - c_t - x_t - g_t) + (1-\omega)(y_t^* - c_t^* - x_t^* - g_t^*) = 0,$$
$$\omega b_t + (1-\omega) b_t^* = 0,$$

其中,ω 表示两个地区的相对初始规模。

模型的最优化条件对刻画模型中的税收扭曲及其国际外部性很有用。首先,考虑资本(为了简单起见,先不考虑调整成本)、国际债券和国内政府债券的欧拉方程。从这些方程可以得出如下套利条件:

$$\frac{(1+\gamma)u_1(c_t, 1-l_t)}{\tilde{\beta}u_1(c_{t+1}, 1-l_{t+1})} = (1-\tau_K)F_1(m_{t+1}k_{t+1}, l_{t+1})m_{t+1} + 1 - \delta(m_{t+1}) + \tau_K\theta\bar{\delta} = \frac{1}{q_t} = \frac{1}{q_t^g},$$

$$\frac{(1+\gamma)u_1(c_t^*, 1-l_t)}{\tilde{\beta}u_1(c_{t+1}^*, 1-l_{t+1}^*)} = (1-\tau_K^*)F_1(m_{t+1}^*k_{t+1}^*, l_{t+1}^*)m_{t+1} + 1 - \delta(m_{t+1}^*) + \tau_K^*\theta\bar{\delta} = \frac{1}{q_t} = \frac{1}{q_t^g}.$$

(8)

完全一体化的金融市场意味着,在不同地区之间,跨期边际消费替代率相等,而且也等于国际债券的回报率。由于实物资本是不能跨国流动的,同时资本所得税也是以居住地为基础的,所以各个地区的家庭都只需要承担本地区对资本收入征收的税收。套利活动使得不同地区之间的资本税后回报均等化,但是税前收益则仍然存在不同,因此税率的差异会反映在不同地区的资本存量和产出之间的差异上。资产市场上的套利也意味着债券价格会均等化。因此,在均衡中:$q_t = q_t^g = q_t^g$。

正如门多萨和泰萨尔(Mendoza and Tesar,1998)所证明的,资本所得税的单边变化会导致实物资本从高税收地区到低税收地区的永久性的重新配置,最终会导致财富从高税收地区到低税收地区的永久性转移。因此,即便实物资本在国家与国家之间是不可流动的,金融资本的完美流动性和资产回报的套利活动也会导致与实物资本的跨国流动类似的结果。然而,在实现了平衡增长的平稳状态下,全球利率 R(即,债券价格的倒数,$R \equiv 1/q$)是 β、γ 和 σ 的函数:

$$R = \frac{(1+\gamma)^\sigma}{\beta},$$

因此,它是独立于税率的。利率确实会沿着过渡路径(transition path)发生变化,而且还会改变消费、产出和国际资产持有量的路径。更具体地说,与研究国际税收竞争的文献的标准结果一致,每个国家都有动机策略性地采取行动,向世界利率的路径倾斜,以吸引更多的资本。当两个国家都试图这样做时,结果就会导致两个国家的资本税的下降,以及福利的减少(这是税收竞争文献中众所周知的"逐底竞争"的结果)。

接下来,我们考虑劳动的最优条件:

$$\frac{u_2(c_t, 1-l_t)}{u_1(c_t, 1-l_t)} = \frac{1-\tau_L}{1+\tau_C}F_2(k_t, l_t).$$

对劳动和消费的征税,导致闲暇–消费边际替代率与税前实际工资(它等于边际产出劳动)之间出现了一个标准的楔 $(1-\tau_W) \equiv (1-\tau_L)/(1-\tau_C)$。由于政府支出保持固定不变、消费税也保持固定不变,因此对消费征税并不会扭曲储蓄计划,从而任何与同样的 τ_W 一致的 (τ_C, τ_L)

对,都能产生相同的配置、价格和福利。

许多新古典主义动态均衡模型和新凯恩斯主义动态均衡模型都具有如上所述的税收扭曲,但是它们也都倾向于低估资本税基对资本税的变化的弹性,因为 k 在每个时期的开始都是预先确定的,并且会逐渐变化趋向稳定状态。在我们描述的前述模型中,可以调整资本税基的弹性来匹配数据,因为在这个模型中资本所得税还具备一种其他模型不具备的扭曲:它们扭曲了产能利用率决策。更具体地说,对 m_t 的选择的最优条件是:

$$F_1(m_t k_t, l_t) = \frac{1+\Phi_t}{1-\tau_K} \delta'(m_t),\qquad(9)$$

其中, $\Phi_t = \eta\left(\dfrac{(1+\gamma)k_{t+1}-(1-\delta(m_t))k_t}{k_t}-z\right)$ 是投资的边际调整成本。在这种情况下,资本税左侧的边际利用收益与右侧的边际利用成本之间形成了一个楔。增加 τ_K(其余一切都保持不变),会降低利用率。[1] 这是符合直觉的,更高的资本税减少了利用的税后边际收益,从而降低了利用率。还要注意的是,这种扭曲的大小取决于资本存量相对于它自己的稳定状态的位置,因为 Φ_t 的符号取决于托宾 Q,而后者又由 $Q_t = 1+\Phi_t$ 所给出。如果 $Q_t > 1$($\Phi_t > 0$),那么期望得到的投资率就会高于稳态投资率。在这种情况下, $Q_t > 1$ 会增加边际利用成本(因为较高的利用率意味着更快的折旧,这会导致更难达到的更高的目标资本存量)。如果 $Q_t < 1$($\Phi_t < 0$),那么就会发生相反的情况。在这种情况下,利用率越高、折旧得越快,越容易使资本存量下降到目标水平。因此,当期望得到的投资率高于其长期目标(即, $\Phi_t > 0$)时, τ_K 的增加会导致利用率出现更大的降幅。

因此,在这个模型设置下,内生的利用率与有限的折旧免税额之间的相互作用起着重要的作用。利用率是内生的,意味着政府不能将现有的(预先确定的) k 视为无弹性的税收来源,因为征收资本税,会导致有效的资本服务下降,即便是在资本存量已经安装就位的情况下,也是如此。这就削弱了资本税的收入创造能力,也使得资本税更具扭曲性,因为它给了经济行为主体额外的调整边际(调整余地)以应对资本税的上升(即,资本税会增加税后边际利用成本,如方程式 9 所示)。有限的折旧免税额扩大了资本税的税基,但是同时也通过减少税后边际资本回报率强化 τ_K 的扭曲效应(见方程式 8)。正如我们通过定量结果所表明的,这两种机制的作用,使得动态拉弗曲线(Dynamic Laffer Curve)呈现出标准的钟形,而且这也是与对于资本税税基的弹性的经验估计结果相一致的。如果排除这两种机制,会导致在很大的资本税率范围内近似线性增长的拉弗曲线。

税收变化的跨国外部性,是通过源于前面各段讨论的税收扭曲的三个明显的传导发挥作用的。第一个渠道是相对价格,因为全国性的税收变动会改变金融资产(包括在国际高超上交易的资产和公共债务工具)的价格以及有效资本单位和劳动的租金价格。第二个渠道是地区之间的财富分配,一个地区的税收变化的效率效应,会影响资本的配置和地区之间的净外资流入(即使实物资本不能直接流动)。第三个渠道是税收收入流失,因为通过前两个渠道,一个地区的税收政策会影响到其他地区获得税收收入的能力。当一个地区以改变税

---

[1] 这是从生产函数的凹性和 $\delta(m_t)$ 递增且凸的事实推导出来的。

率的方式来应对债务冲击时,它会通过上述三个渠道对另一个地区产生外部性效应。当今世界,经济、金融和贸易的一体化程度都已经非常高了,将这些因素从对财政政策影响的定量评估中抽象掉,无疑会是一个重大的缺陷。

3.2 用欧洲和美国的数据进行校准

我们使用美国和 15 个最大的欧洲国家的数据(季度频率)来校准模型。[①] 我们将本国地区("US")用美国数据校准,将外国地区("EU15")用欧盟的 15 个国家的加总数据校准。"EU15"下的各个总量均为 GDP 加权的平均数。表 5 给出了 2008 年所有国家的主要宏观经济统计量和财政变量,以及上面这两个"地区总量"。

表 5　2008 年的宏观经济状况

	奥地利	比利时	德国	西班牙	法国	英国	意大利	荷兰	波兰	瑞典	其他	EU15	US	ALL
	15 个欧盟国家											GDP 加权平均		
(a)宏观经济总量														
τ_C	0.19	0.17	0.17	0.12	0.17	0.14	0.13	0.20	0.21	0.26	0.23	0.17	0.04	0.11
τ_L	0.51	0.47	0.41	0.35	0.45	0.30	0.48	0.47	0.38	0.55	0.39	0.41	0.27	0.35
τ_K	0.25	0.45	0.24	0.25	0.38	0.40	0.38	0.26	0.16	0.37	0.31	0.32	0.37	0.34
c/y	0.53	0.52	0.56	0.57	0.57	0.64	0.59	0.45	0.62	0.47	0.58	0.57	0.68	0.62
x/y	0.22	0.24	0.19	0.29	0.22	0.17	0.21	0.24	0.20	0.21	0.21	0.21	0.21
g/y	0.19	0.23	0.18	0.19	0.23	0.22	0.20	0.26	0.19	0.26	0.21	0.21	0.16	0.19
tb/y	0.06	0.01	0.06	-0.06	-0.02	-0.02	-0.01	0.08	-0.04	0.07	-0.02	0.00	-0.05	-0.02
收入 (Rev)/y	0.48	0.49	0.44	0.37	0.50	0.42	0.46	0.47	0.40	0.54	0.45	0.45	0.32	0.39
总支出 (Total Exp)/y														
(b)债务冲击														
	0.49	0.50	0.44	0.41	0.53	0.47	0.49	0.46	0.43	0.52	0.48	0.47	0.39	0.43
$d2007/y2007$	0.31	0.73	0.43	0.18	0.36	0.28	0.87	0.28	0.17	-0.23	0.13	0.38	0.43	0.40
$d2011/y2011$	0.45	0.80	0.51	0.46	0.63	0.62	1.00	0.38	0.32	-0.25	0.45	0.58	0.74	0.65
$\Delta d/y$	0.14	0.07	0.09	0.28	0.27	0.33	0.14	0.10	0.15	-0.02	0.32	0.20	0.31	0.25

注:表中的"其他"指丹麦、芬兰、希腊、爱尔兰和葡萄牙五国的 GDP 加权平均。

资料来源:经济合作与发展组织收入统计(Revenue Statistics)、经济合作与发展组织国民账户,以及欧盟统计局(Eurostat)。税率是本章作者在下面这篇论文的基础上计算出来的:Mendoza, E. G., Razin, A., Tesar, L. L. 1994. Effective tax rates in macroeconomics: cross − country estimates of tax rates on factor incomes and consumption. J. Monet. Econ. 34(3), 297323。表中的"总支出"指非利息政府支出总额。

[①] 这 15 个欧盟国家包括奥地利、比利时、丹麦、芬兰、希腊、法国、德国、爱尔兰、意大利、荷兰、波兰、葡萄牙、西班牙、瑞典和英国。这些国家的 GDP 加总值占欧盟总 GDP 的 94% 以上。

表 5 的前三行显示了使用门多萨等人（Mendoza et al.，1994）首创的方法，从收入和国民收入账户的统计量中计算出来的对消费、劳动和资本征收的实际税率的估计值。从表中可见，美国和欧盟 15 国的税收结构有显著差异。欧盟 15 国的消费税和劳动税的税率都比美国高得多（对于 τ_C，为 0.17 vs 0.04；对于 τ_L，则为 0.41 vs 0.27），不过另一方面，资本税则是美国更高一些（0.37 vs 0.32）。劳动税和消费税的这些税率意味着，美国的消费—闲暇税收楔 τ_W 为 0.298，而欧盟 15 国则为 0.496。因此，欧盟 15 国对劳动供给的有效税收扭曲要高得多。此外还要注意到，在欧盟 15 国内还存在一定程度上的税收政策异质性，其中特别突出的是英国。与其他大多数欧盟国家相比，英国的资本税税率较高，劳动税税率则较低。

在总支出-GDP 比率方面，美国的消费份额比欧盟 15 国高出了 11 个百分点。欧盟 15 国的政府支出份额（经常性的商品和服务购买，不包括转移支付）比美国高出了 5 个百分点。欧盟 15 国和美国的投资份额大致相同，均为 0.21 左右。对于净出口，美国出现了大约为 5% 的逆差，而欧盟 15 国则实现了贸易平衡（需要注意的是，后者包括了欧盟 15 国内部各个国家之间，以及它们与世界其他国家的所有贸易）。考虑到这个结果，为了简单起见，我们将这两个"国家"的贸易收支余额都设定为零。在财政流量方面，无论是税收总收入占 GDP 的比例，还是政府支出总额（包括经常性支出和转移支付）占 GDP 的比例，欧盟 15 国都要高于美国，两者分别为 13 个和 8 个百分点。因此，在所有三个财政工具上（税收，经常性政府支出和转移支付），这两个地区之间的差异都很大。

表 5 的下半部分报告了政府债务与 GDP 的比率以及这个比率在 2007 年底（2008 年初）至 2011 年底之间的变化。这些变化就是我们对每个国家和地区所经历的债务增长（或"债务冲击"）的估计，因此它们也就是定量分析所需要用到的关键外生冲击。这些债务比率相当于欧盟统计局所报告的一般政府净财务负债与 GDP 的比率。如表 5 所示，在 2007 年至 2011 年间，几乎所有国家的债务比率都出现了大幅上涨，只有瑞典一个国家除外。在瑞典，政府实际上持有负的头寸（即，负的净负债），而且变化很小。同时，美国与欧盟 15 国之间的债务冲击的规模大相径庭。美国进入大衰退时，政府债务与产出比率高于欧盟 15 国（0.43 vs 0.38），而且债务比率在那之后出现的上升幅度也更大（0.31 vs 0.20）。

表 6 列出了每一个校准参数值及其主要来源。我们利用 2008 年的相应配置的经验观察值，将校准的设定为代表了在债务冲击发生之前占主导地位的平衡增长稳态。我们将 ω 的值设定为 0.46，以匹配观察到的如下事实：在 2008 年的美国和欧盟 15 国的合计 GDP 中，美国占了 46%。税率、政府支出份额和债务比率都分别根据表 5 所示的美国和欧盟 15 国的那两列的值进行校准。

表 6　参数值

偏好		美国	欧盟 15 国	来源
β	贴现因子		0.998	资本的稳态欧拉方程
σ	风险厌恶倾向		2.00	标准动态随机一般均衡值
a	劳动供给弹性		2.675	=0.18[普雷斯科特（Prescott，2004）]
	技术	美国	欧盟 15 国	来源

续　表

偏好		美国	欧盟 15 国	来源
α	劳动收入份额	0.61		特拉班特和厄里格（Trabandt and Uhlig，2011）
γ	增长率	0.0038		样本国家的实际 GDP 百分比增长率，欧盟统计局（Eurostat，1995 年至 2011 年）
η	资本调整成本	2		资本税税基的弹性，来自格鲁伯和劳（Gruber and Rauh，2007）、德温格和斯泰纳（Dwenger and Steiner，2012）
$\overline{m}$	产能利用率	1		稳态归一化
$\delta(\overline{m})$	折旧率	0.0163		资本运动定律 $x/y = 0.19$，$k/y = 2.62$（OECD，AMECO）
χ_0	$\delta(m)$ 的系数	0.023	0.024	给定和时的最优利用率条件
χ_1	$\delta(m)$ 的指数	1.44	1.45	设定此值以得到 = 0.0164
ω	国家规模	0.46	0.54	所有样本国家的 GDP 份额
财政政策		美国	欧盟 15 国	来源
g/y	政府支出占 GDP 的份额	0.16	0.21	经济合作与发展组织（OECD）国民收入账户
τ_C	消费税	0.04	0.17	根据门多萨等人（Mendoza et al.，1994）的结果修改
τ_L	劳动收入税	0.27	0.41	根据门多萨等人（Mendoza et al.，1994）的结果修改
τ_K	资本所得税	0.37	0.32	根据门多萨等人（Mendoza et al.，1994）的结果修改
θ	折旧免税上限		0.20	$(REV_K^{corp}/REV_K)(K^{NR}/K)$，经济合作与发展组织收入统计报告和欧盟增长与生产率统计（EU KLEMS）

注：隐含的以增长率调整后的贴现因子 $\hat{\beta}$ 为 0.995，隐含的危机前的年利率为 3.8%。REV_K^{corp}/REV_K 是公司税收入占总资本税收入中的比例。K^{NR}/K 是非住宅固定资本占总固定资本的比例。

另外，至于折旧免税额的上限 θ 的设定，则反映了如下事实：折旧费用的免税额只适用于对企业和个体经营者征收的资本所得税，而不适用于住宅资本（它也包括在 k 中）。因此，θ 的值被设定为 $\theta = (REV_K^{corp}/REV_K)(K^{NR}/K)$，其中，$REV_K^{corp}/REV_K$ 是公司税收入占总资本税收入的比例，K^{NR}/K 是非住宅固定资本占总固定资本的比例。利用经济合作与发展组织的《收入统计报告》的 2007 年的收入数据，以及来自欧盟的"欧盟增长与生产率统计（EU KLEMS）"关于十个国家的有足够数据覆盖率的资本存量数据[①]，计算出来的结果是，对于 REV_K^{corp}/REV_K 这个比率，各国的变动范围为 0.32% 至 0.5%，而 K^{NR}/K 则为 27% 至 52%。再以 GDP 为权重加权，可以得出 θ 的加总值为 0.20。对于美国，这个值接近于这些欧盟国家加权值。

除了折旧函数中的参数 χ_0 和 χ_1 之外，美国和欧盟 15 国的技术参数和偏好参数都设置为相同。校准常见参数以针对所有样本国家的加权平均统计。在特拉班特和厄里格（Trabandt and Uhlig，2011）之后，收入的劳动份额 α 定为 0.61。根据欧盟统计局的数据，1995 年至 2011

---

① 这十个国家是奥地利、丹麦、芬兰、德国、意大利、荷兰、西班牙、瑞典、英国和美国。

年期间,我们的样本中的所有国家的人均实际 GDP 的加权平均年增长率为 1.538％。我们将长期产能利用率归一化为 $\overline{m}=1$。在数据中,γ 为 0.0038,x/y 为 0.19,k/y 为 2.62,给定这些参数值,我们可以从资本存量的稳态运动定律 $x/y-(\gamma+\delta(\overline{m}))k/y$ 中求出长期折旧率。[①] 由此得到的值为每季度 $\delta(\overline{m})=0.0163$。获得折旧免税额所要求的不变折旧率 $\overline{\delta}$,则设定为等于稳态折旧率,即,0.0163。

然后 χ_0 就可以从稳态利用率的最优条件中求出来了:$\chi_0=\delta(\overline{m})+\dfrac{1+\gamma-\beta}{\beta}-\tau_K\overline{\delta}$。给定这个 χ_0 的值,χ_1 的值也可以通过求解稳定状态下的折旧率函数来获得,这意味着 $\chi_0\overline{m}^{\chi_1}/\chi_1=\delta(\overline{m})$。由于美国和欧盟 15 国的资本税率不同,$\chi_0$ 和 χ_1 的隐含值在两者之间略有不同:美国的 χ_0 为 0.0233,欧盟的 χ_0 为 0.0235;美国的 χ_1 为 1.435,欧盟的 χ_1 为 1.445。

偏好参数 σ 设定为美国和欧盟 15 国都相同的 2,效用函数中的闲暇指数设定为 $a=2.675$,这个值来自门多萨和泰萨尔(Mendoza and Tesar,1998)。这个值支持了 18.2 小时的劳动配置,它落在了普雷斯科特(Prescott,2004)所报告的 1993—1996 年度 15~64 岁的人的平均工作时间的范围之内。至于 β 的值,则可以从资本积累的稳态欧拉方程求得(方程中其他参数运用上面设定的值):

$$\frac{\gamma}{\widetilde{\beta}}=1+(1-\tau_K)(1-\alpha)\frac{y}{k}-\delta(\overline{m})+\tau_K\overline{\theta\delta}.$$

从中可以得出 $\widetilde{\beta}=0.995$。然后,由于 $\widetilde{\beta}=\beta(1+\gamma)^{1-\sigma}$,从而可以求得 $\beta=0.998$。β、γ 和 σ 的值确定了稳态实际毛利率,$R=\beta^{-1}(1+\gamma)^{\sigma}=1.0093$。这等价于大约 3.8％的年实际净利率。

一旦确定了 R,外国资产净值与 GDP 的稳态比率就可以通过净出口-GDP 比率确定了。由于我们设定了 $tb/y=0$,所以有 $b/y=(tb/y)/[(1+\gamma)R^{-1}-1]=0$。此外,根据稳态政府预算约束,可以求得政府应得权利支付与 GDP 的隐含比例 $e/y=Rev/y-g/y-(d/y)/[1-(1+\gamma)R^{-1}]=0.196$。在这种校准方法下,$b/y$ 和 e/y 都是作为残差而获得的,因为确定它们的方程右侧的所有项的值都已经设置好了。因此,它们一般不能与它们的经验对应物匹配。特别是,对于应享权利支付,这个模型低估了 2008 年观察到的应得权利支付与 GDP 的比率(对于欧盟所有国家的,模型中为 0.196,而数据中为 0.26)。然而,需要注意的是,当我们用这个模型去评估旨在恢复财政偿付能力的税收政策时,应享权利支付低于数据的事实反而加强了我们的结果,因为更低的权利意味着支持观察到的转移支付所需的收入比原来所需的收入更低了,从而更容易恢复偿付能力。我们在下面将会证明,恢复财政偿付能力是困难的,它意味着非同小可的税收调整,这种税收调整具有相当大的福利成本和跨国溢出效应。而且,更高的应享权利支付所要求的政府收入越高,这些效应就越大。

不过,投资调整成本参数 η 的值不能利用稳态条件来设定,因为调整成本在稳定状态下不复存在。因此,我们要设定 η 的值,使得模型与资本税基的对资本税税率变化的短期弹性

---

① 投资率数据来自经济合作与发展组织国民收入账户,资本产出比率数据来自欧盟委员会的 AMECO 数据库。

的经验估计结果的中点一致。经验估计的范围为 0.1~0.5,因此目标中点为 0.3。[1] 在对称的基准线校准下,这个模型与 $\eta = 2.0$ 的短期弹性相匹配。这一点与豪斯和夏皮罗(House and Shapiro,2008)关于长期资本品投资对资本品的成本的相对短期的变化的反应的估计结果也是一致的。[2]

表 7 报告了 2008 年的数据中和对应于上述美国–欧盟 15 国校准的稳态配置的模型中,美国–欧盟 15 国的关键宏观经济总量与 GDP 的比率。如前所述,这个校准刻画了观察到的各个地区的规模、它们的财政政策参数以及它们的公共债务–GDP 比率等方面的差异。这里特别需要注意的是,在校准时,并没有直接针对数据中的消费–产出比率和财政收入–产出比率,但是它们这两者也很好地匹配了模型。因此,在公共债务大幅增加之前,模型的初始稳定均衡与数据中观察到的初始状态之间的匹配是相当好的。

表 7 2008 年美国和欧盟 15 国的均衡增长配置(与 GDP 之间的比率)

	美国		欧盟 15 国	
	数据	模型	数据	模型
c/y	0.68	0.63	0.57	0.56
i/y	0.21	0.21	0.21	0.23
g/y^*	0.16	0.16	0.21	0.21
Tb/y	−0.05	0.00	0.00	0.00
Rev/y	0.32	0.32	0.45	0.46
d/y^*	0.76	0.76	0.60	0.60

3.3 定量结果

进行定量实验的目标是,利用模型的数值解,研究各种可选的财政政策是否可以恢复财政偿付能力。恢复财政偿付能力要求将方程式(7)右侧的基本财政收支余额的贴现值随着观察到的债务的增加而同步增加。[3] 这里需要注意的是,这个现值的变化,反映了基本余额与 GDP 比率的内生均衡动态的变化,那是对财政政策变量的变化的反应。反过来,基本余额动态的变化也反映了财政政策的变化对决定税基的均衡配置和价格的影响,而且现值的计

---

[1] 关于公司税基相对于公司税的弹性的估计,格鲁伯和劳(Gruber and Rauh,2007)利用美国数据得到的估计值为 0.2。德温格和斯泰纳(Dwenger and Steiner,2012)利用德国数据得到的估计值为大约 0.5。格鲁伯和劳(Gruber and Rauh,2007)在对估计个人税基对个人税收弹性的大量文献进行了全面的综述后(个人税收包括对个人征取的劳动和资本所得税),得出了这样的结论:"一个广泛的共识是……应纳税所得对税率的弹性大约是 0.4。此外,与报告的收入相反,通过劳动供给/储蓄实现的实际收入创造的弹性,其弹性要低得多。而且,应纳税所得对税制变化的反应,似乎大部分都是由高收入群体引起的。"

[2] 他们估计,资本品与消费品之间的替代弹性介于 6~14 之间。不过,在我们这个模型的不存在利用率选择的变体中,这个弹性等于 $1/(\eta\delta)$。因此,对于 $\delta(\overline{m}) = 0.0164$,上述范围内的弹性意味着 η 的值在 1~2.5 的范围内。

[3] 在 2007 年底(2008 年初)至 2011 年之间观察到债务增长可以看作跨期政府预算约束条件(7)左侧的 d_0/y_{-1} 的外生增加。如表 5 所示,美国的债务比率在此期间从 41% 上升了 31 个百分点,而欧盟 15 国的债务比率则从 38% 上升了 20 个百分点。

算也反映了均衡利率（即债务价格）的反应。

在我们进行的一系列实验中，我们都假设美国或欧盟 15 国实施了单方面提高资本税税率或劳动税税率的政策，这样我们就可以定量地分析在这两个地区内，它们对均衡配置价格、可持续的债务（即，基本余额动态）、社会福利的影响。我们还将这些结果与所假设这些国家都是封闭经济体（且实施同样的税收政策）时得到的结果进行了比较相同的税收变化，这样我们可以将单方面税收变化的跨国外部性凸显出来。

我们这个模型的数值解是利用门多萨和泰萨尔（Mendoza and Tesar, 1998, 2005）开发的算法的一个修正版得出的。这种算法以趋向稳态附近的均衡条件的一阶近似为基础。在这里，无法应用标准的扰动方法，因为债券交易意味着，当模型的债务危机前稳定状态受到了扰动时，配置和价格的均衡过渡路径，以及新的稳态平衡需要同时求解。[①] 这是因为在这一类模型中，平稳均衡取决于初始条件，因此不能单与模型的动态分别决定。为了解决这个问题，门多萨和泰萨尔提出了一种新的求解方法。这种求解方法的关键是，在打靶法内嵌套一个求解转换动态的扰动程序。它对模型在受到债务和税收变化扰动之后要收敛到的长期净外国资产的新头寸的各种候选值进行迭代，直到候选值与模型收敛的位置相匹配为止——从经过校准的债务危机前的初始状态开始，向它的新的稳态进行模拟实验。

3.3.1 动态拉弗曲线

我们通过构建"动态拉弗曲线"（Dynamic Laffer Curves, DLC）来对定量结果进行分析。动态拉弗曲线可以说明一个地区资本税或劳动税的单方面变化怎样影响该地区的可持续公共债务。这些曲线可以将 τ_K 或 τ_L 的值映射到基本财政余额的均衡贴现值上。对于横轴上的每一个给定的税率值，我们都要求解模型，以便计算出总税收收入的跨期序列，它会随着均衡配置和价格的变化而变化，同时政府购买和应享权利支付则保持不变。然后，我们计算基本余额的现值，它能够刻画利率的均衡序列的变化的影响。我们求出这个现值与初始产出 y_{-1} 的比率（初始产出就是用 2008 年之前的数据校准的稳定状态下的 GDP），使它对应于跨期政府预算约束条件(7)右侧的项，并将结果作为相对于 2007 年的公共债务比率的变化画在图上。因此，沿着动态拉弗曲线的纵轴的值表示的是 d_0/y_{-1} 的变化，τ_K 或 τ_L 的特定值可以支持可持续债务（即，使跨期政府预算约束条件的等号成立的债务）。根据定义，这些动态拉弗曲线会以初始平稳均衡的校准税率穿越基准线，因为这些税率所产生的基本余额的贴现值恰恰与初始校准相同。为了使观察到的债务以可持续的方式增长，在横轴上还需要有这样一个税率值，使得动态拉弗曲线返回的纵轴上的值与所观察到的债务变化相匹配。

由于没有单方面地改变税收的那个"被动的"地区会受到其他地区的税收变化的溢出影响，因此需要对"被动的"地区进行调整，以保证它的跨期政府预算约束条件保持不变（即，保持相同的基本财政余额贴现值）。我们将"被动的"地区的这种调整称为保持"收入中性"。从原则上说，这可以通过改变转移支付、税收或政府购买来实现。然而，由于我们已经假定政府采购

[①] 其他求解方法，包括让利率或贴现因子成为外国资产净值（NFA）的任意特设的（ad hoc）函数，或者假定持有这些资产是成本高昂的。但是这些求解方法也不是很有用，因为它们需要强加不受税收变化影响的校准的外国资产净值（NFA）。然而，在没有这种修正的"真实"模型中，税收政策变化却会导致财富在世界范围内的大规模的重新分配。

在两个地区之间保持不变,因此降低扭曲性的税收以回应有利的税收溢出效应,将会比增加转移支付更加可取。因此,我们将通过调整劳动税税率来维持"被动的"地区的收入中性。

3.3.1.1 资本税的动态拉弗曲线

资本税的动态拉弗曲线如图8所示。在图8中,(A)反映了美国的情况,(B)反映了欧盟15国的情况。实线表示的是开放经济的动态拉弗曲线,虚线表示的是所有国家都"自给自足"时的动态拉弗曲线。如前所述,动态拉弗曲线以初始税率 $\tau_K = 0.37$ 和 $\tau_K^* = 0.32$ 与基准线相交。在图8中,我们还给出了每个地区观察到的债务的增长(如表5所示)。

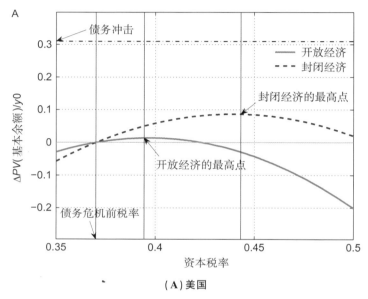

(A) 美国

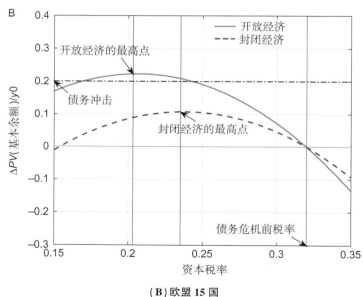

(B) 欧盟 15 国

图 8　资本税税率的动态拉弗曲线

美国净债务比率上升了 31 个百分点,而欧盟 15 国的净债务比率则上升了 20 个百分点。在图 8 中,这些债务增长标为"债务冲击"。

图 8 表明,美国和欧盟 15 国的动态拉弗曲线有非常大的差异。欧盟 15 国的动态拉弗曲线的位置更高,更偏向左侧,而且曲率也比美国的动态拉弗曲线更大。因此,资本税率的单方面变化在欧盟 15 国使债务增加的幅度比在美国更大,而且能够以更低的税率实现。这些明显的差异是数据中存在并在校准时得到了刻画的财务政策的异质性导致的结果。在开放经济情景下,它们也可以部分地用构建动态拉弗曲线所假设的单方面税收变化的国际外部性来解释。欧盟 15 国之所以有更高的收入创造能力,是因为相同的劳动收入份额和类似的消费份额的劳动税和消费税更高,尽管就基本余额而言,更高的收入也部分地被更高的政府购买所抵消了。另一方面,美国的资本税率要低得多,足以使两个地区之间的资本税制导致的无效率出现显著差异。对此,我们在下文将给出更详细的说明。此外,因给定的财政变量的异质性导致的资本税动态拉弗曲线的异质性的大小,则取决于模型为了匹配观察到的资本税基而做出的修正。我们将在下文中阐明,如果我们取消了模型中的产能利用率和折旧免税额上限,那么动态拉弗曲线就会出现很大的改变。

美国和欧盟 15 国的资本税的动态拉弗曲线除了上述位置和形态上的差异之外,还给出了三个引人注目的结果。第一,美国资本税的单边变化不能恢复财政偿付能力,并且会使观察到的债务增加不可持续(美国地区的动态拉弗曲线的峰值,无论是在封闭经济情景下,还是在开放经济情景下,都显著低于债务冲击线)。开放经济情景下,动态拉弗曲线的最大点在 $\tau_K = 0.402$ 时达到,它只能使基本财政收支余额的现值与 GDP 的比率增加 2 个百分点,这远远低于所要求的水平(31 个百分点)。与此形成了鲜明对照的是,欧盟 15 国在开放经济情景下的动态拉弗曲线的最高点在 $\tau_K^* = 0.21$ 左右时达到,它使基本财政收支余额的现值与 GDP 的比例上升了 22 个百分点,略高于所需的 20 个百分点。但是,在"自给自足"(封闭经济)情景下,EU15 国的动态拉弗曲线的最高点也低于所要求的水平,因此在封闭经济情景下资本税也无法恢复欧盟 15 国的财政偿付能力。这个结果也反映了我们下面将会进一步深入探讨的强大的跨国外部性(即,单方面降低资本税,在开放经济情景下对欧盟 15 国产生的债务显著地比自给自足情景下更具可持续性)。

第二,欧盟 15 国的资本所得税是高度无效率的。目前的资本税税率,在美国是位于动态拉弗曲线的增长的部分,但是在欧盟 15 国则位于下降的部分。这个结果有两个重要的含义。第一个含义是,欧盟 15 国可以在资本税率低于 15% 的水平上维持校准的初始债务比率,而不是如数据中所示的 32% 的水平。第二个含义是,为了实现观察到的 20 个百分点的债务可持续增长,在开放经济情景下的动态拉弗曲线中,欧盟 15 国可以将资本税减少接近一半(17%)。在这两种情况下,大幅下降后的资本税的扭曲程度将大为降低,从而显著地提高效率。

第三,资本所得税的跨国外部性非常强,而且,在我们的基准校准下,这种外部性会损害(有利于)美国(欧盟 15 国)维持可持续的债务的能力。对于美国来说,封闭经济情景下的动态拉弗曲线比开放经济情景下更加陡峭。而且,封闭经济情景下动态拉弗曲线达到高点的资本税率也比开放经济情景下更高(为 43% 时),同时基本财政收支余额的现值与 GDP 的比率也会多增加 10 个百分点。因此，与开放经济情景下相比，在自给自足情景下，美国 τ_K 的给定幅度的上升，总是可以维持更多的债务，或者支持更大幅度的债务增长（相对于校准基准而言）。之所以会出现这种情况，是因为在开放经济情景下提高资本税，美国不仅会在资本积累和利用率上蒙受效率损失，而且也会引发实物资本从美国重新分配到欧盟 15 国，这会导致美国（欧盟 15 国）的要素回报和消费的减少（增加），从而导致美国（欧盟 15 国）的税基变得更低（更高）。同样的机制也可以解释为什么在开放经济情景下，欧盟 15 国单方面降低资本税所能带来的收入增长要比在"自给自足"情景下少得多。这是因为，欧盟 15 国单方面降低资本税，所引发的机制与美国单方面提高资本税时相同。

关于存在于财政一体化的经济体之间的资本税的强外部性的这些定量证据表明，使用封闭经济模型来评估"财政空间"或维持债务的能力，会导致对资本税作为恢复债务可持续性的工具的有效性的估计出现严重错误。这些结果还表明，会导致资本所得税竞争的策略性互动的激励也是非常强的，而且会随着财政偿付能力必须适应的债务的上升而变得越来越强烈（自 20 世纪 80 年代以来，欧盟内部企业税收竞争的激烈的历史证明了这一点）。门多萨等人（Mendoza et al.，2014）在研究这个问题的校准中，将欧盟划分为两个地区，其中一个地区包括受欧洲债务危机影响最大的那些国家（希腊、爱尔兰、意大利、葡萄牙和西班牙），第二个地区则包括欧元区其余成员国。

3.3.1.2 劳动税率的动态拉弗曲线

图 9 显示了劳动税率的动态拉弗曲线。不难注意到，在每个地区中，开放经济情景下和自给自足经济情景下动态拉弗曲线都是相似的（尽管在欧盟 15 国比在美国还要更加相似一些）。这就表明，在这种情况下，国际外部性要弱得多。这是一个很自然的结果，因为劳动是一个流动性不高的要素：尽管它仍然可以通过一般均衡效应引发跨国溢出，但是这种效应相比于资本税的单方面变化而产生的一阶影响（通过对各种资产税收回报进行跨国套利），无疑要弱得多。

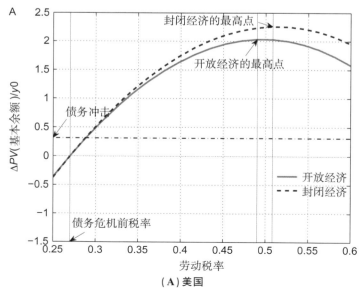

（A）美国

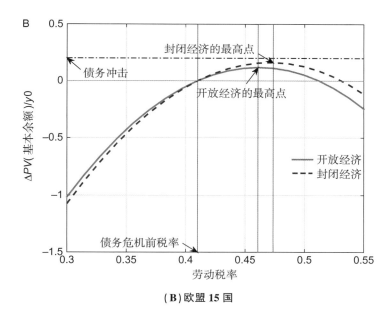

（B）欧盟 15 国

图 9　劳动税税率的动态拉弗曲线

这些劳动税动态拉弗曲线告诉我们的主要结果是，美国的动态拉弗曲线要比欧盟 15 国的动态拉弗曲线高出很多。

既然劳动税的国际外部性是很弱的，所以这个结果只能是因为我们校准中捕获到的财政异质性所引起的不同的初始条件所致，特别因为是劳动税和消费税的巨大税率差异所致（欧盟 15 国与美国的劳动税税率分别为 41％和 27％，消费税税率分别为 17％和 4％）。将美国地区的校准 τ_L 提高到欧盟 15 国的 41％（同时保持美国地区的所有其他参数不变），就能够将它在 0.25～0.55 的区间内的劳动税动态拉弗曲线几乎均匀地下移大约 200 个百分点。之所以会发生这种情况，是因为对于给定幅度的劳动税增加，初始条件的差异意味着美国地区税收总收入的现值的增幅要比欧盟 15 国大得多。而且，因为两个地区的政府支出的现值都几乎没有发生变化，这种更大的收入现值会放大为基本余额现值的显著增加。[1]

在美国的开放经济情景下，τ_C 的动态拉弗曲线要比 τ_K 的动态拉弗曲线陡峭得多。τ_C 的动态拉弗曲线在税率为 0.48 时达到最高点，这可以使得比初始基准高出 200 个百分点的初始债务比率可持续，远远高于数据所要求的比初始基准高的 31 个百分点。无论是作为开放经济或封闭经济，美国使观察到的债务增长可持续的劳动税税率约为 29％，相对于初始税率而言，增幅仅为两个百分点。因此，这些结果表明，从宏观经济效率的角度来看，如我们所使用的财政一体化经济代表性主体模型所强调的那样，劳动税是比资本税更加有效的恢复美国财政偿付能力的工具。

---

[1] 在相对于以往水平的给定大小的税收变化之后出现的基本财政收支余额的现值的百分比变化（假设政府支出的现值不变），可以表示为 $z[1+PDV(g+e)/PDV(pb)]$，其中，z 是税收变化之后相对于以前的税收收入现值的百分比变化，$PDV(g+e)$ 和 $PDV(pb)$ 分别是税收变化前的政府支出的现值和基本财政收支余额的现值。因此，对于 $z>0$，由于总支出远远大于基本余额 $[PDV(g+e)/PDV(pb)] \gg 1$，所以美国和欧盟 15 国之间 z 的给定大小的差异，会转化为更大的基本财政收支余额现值的百分比差异。

欧盟15国的动态拉弗曲线产生的"阳性结果"则要少得多。由于这个地区的初始消费-劳动楔原本就比美国高得多,因此劳动税税率的财政空间非常有限。无论是在封闭经济情景下还是在开放经济情景下,动态拉弗曲线都在劳动税税率为46％时达到最高点,同时带来的基本财政收支余额现值的增长仅为大约10个百分点,只相当于欧盟15国观察到的债务增长可持续所需要的20个百分点的一半。

值得指出的一点是,美国的债务增幅大约比欧洲高出了10个百分点,但是这个模型预测,给定债务增加之前的税率和政府支出的初步条件,欧盟15国单方面的税收调整并不能使基本财政收支余额的现值实现足够的增长——使其更高的债务可持续。例外出现在开放经济情景下的资本税上。不过在这种情况下之所以有可能,也只是因为欧盟15国将因对美国地区的负外部性而显著地受益。与欧盟15国不同,这些结果表明,在美国,只要适度地提高劳动税(或消费税,因为它们在这个模型是等价的),就可以恢复财政偿付能力。

将我们在这里报告的这些结果与现有的基于新古典主义模型的其他研究的结果——特别是特拉班特和厄里格(Trabandt and Uhlig,2011,2012)、奥雷等人(Auray et al.,2013)的结果——进行比较,我们会受到很大的启发。特拉班特和厄里格(Trabandt and Uhlig,2011,2012)使用了一个没有内生产能利用率的封闭经济模型,并集中分析了稳态拉弗曲线(即将税率映射到稳态税收收入的拉弗曲线),而我们这里分析的动态拉弗曲线则是关于同时考虑了相对于校准税率的税收变化引起的转换动态和稳态变化的现值的。从定性的角度来说,特拉班特和厄里格(Trabandt and Uhlig,2011)的结果与本章相似,因为他们发现提高资本税所能导致的收入增长幅度小于劳动税。他们的具体结果是,通过资本税(劳动税)获得的稳态税收收入的最大增幅在美国为6％(30％)、在欧洲则为1％(8％)。但是,在定量的意义上,我们在这里报告的结果与他们的结果不同:不仅因为我们的分析同时包括了转换动态和稳态,而且还因为具有产能利用率的两国模型能够刻画税收政策的跨国外部性和观察到的资本税基弹性,这两个特征削弱了增加税收的收入创造能力。

特拉班特和厄里格(Trabandt and Uhlig,2012)扩展了他们的分析,以衡量观察到的债务水平的可持续性对假设的利率永久性上涨的反应。他们将政府转移支出、支出总额和债务保持在观察到的水平上不变,然后计算出了稳态拉菲曲线峰值所产生的收入能够满足稳态政府预算约束条件时的最大实际利率。这也就是说,他们实际上计算出了本章上一节所述的布兰查德比率(Blanchard ratio)成立且债务和支出设定为观察到的水平、税收收入设定为稳态拉弗曲线的最大值时的利率。他们发现,如果劳动税率移到拉弗曲线的最高峰,美国的最大实际利率将大于欧洲国家。然而,这些计算也继承了上一节讨论过的将布兰查德比率作为衡量可持续债务的指标的局限性,而且它们意味着非常大的基本财政盈余。例如,特拉班特和厄里格(Trabandt and Uhlig,2012)估计美国的最高利率落在了12％至15.5％的范围内(具体依赖于所使用的度量债务的方法)。当债务比率为92％、年均增长率为1.5％、年利率为12％时,美国经济需要9.6％的稳态基本盈余。然后,从博恩整理的自1790年开始的历史数据来看,美国历史上可以观察到的最大的基本盈余为6.3％,至于平均水平则更是只有0.4％。此外,将劳动力税收转移到拉弗曲线的最高峰,会使稳态产出减少27％,这意味着这种税收的福利成本是相当大的。

奥雷等人（Auray et al.，2013）构建了一个小型开放经济新古典主义模型，对旨在降低欧洲债务比率的税收政策进行了定量比较。他们使用的财政反应函数属于我们上一节介绍的那类财政反应函数：债务比率在日期 t 的上升超过了日期 t 的目标，会导致日期 t 的基本盈余上升超过其在日期 t 的目标。而基本余额的调整则是通过调整其中某种税收的税率来实现的（这是满足财政反应函数所需要的）。在这种情况下，随着稳态债务偿还额的下降，降低债务比率要求用短期内的更高税率换取长期中的较低税率。奥雷等人（Auray et al.，2013）发现，要实现使债务比率降低 10 个百分点的目标，可以通过使用资本所得税且同时增加福利，也可以使用消费税同时福利大致没有变化，或者使用劳动所得税同时造成福利损失。在定性的角度上，如果应用于类似的削减债务的实验，这里研究的模型也可以产生类似的结果。由于资本所得税是高度扭曲性的，通过较低的债务负担来降低资本所得税最有利于增进福利和效率。然而，由于假设了小型开放经济，他们的模型设置没有被校准以匹配资本税基弹性和源于跨国外部性的抽象结果。

3.3.2 税率变化的宏观经济影响

接下来，我们分析资本税和劳动税的单方面税率变化的宏观经济影响。在第一个实验中，美国的资本税税率从最初的 0.37 增加到了 0.402（后者是美国在开放经济情景下的动态拉弗曲线的最高点）。表 8 显示了这种变化对开放经济模型中美国和欧盟 15 国的影响，以及对作为一个封闭经济体的美国地区的影响。欧盟 15 国的劳动税税率从 0.41 下降到了 0.40，以维持收入中性，这是美国加税带来的有利的外部性所致。

在开放经济模型中，美国提高资本税导致美国承受的整体福利成本为 2.19%（而封闭经济模型中则为 2.22%），同时欧盟 15 国得到的福利收益则为 0.74%。[①] 在资本税税率同为 40.2% 的情况下，对美国在开放经济下的结果与在封闭经济下的结果进行比较，我们发现可持续债务（即，基本财政收支余额的现值）上升了 4.5 倍（从 1.37% 上升到了 6.16%）。福利损失几乎相同（2.2%），但是用产生的收入额进行归一化处理后，美国在"自给自足"时境况会改善很多。因此，从这个角度来看，美国将会有强烈的动机去参与策略性互动（即，参与税收竞争），或者考虑采取限制国际资本流动的措施。

欧盟 15 国从美国的单方面提高资本税中得到的 0.74% 的福利收益，衡量了资本税税率变化的跨国外部性的规范效应。美国可以通过沿着动态拉弗曲线的向上倾斜部分增加 τ_K 来增加收入，但是它这样做的能力会受到很大的限制，因为它因自己的税基受到削弱而蒙受了不利的外部性。在欧盟 15 国，这同一种外部性间接地提高了政府的财政状况，或者减少了与征税有关的扭曲，从而得到了意图之外的福利收益。

---

① 福利效应是按照卢卡斯（Lucas，1987）给出的方法计算的，即，用所有期间都固定不变的消费的百分比变化来衡量，它能够在一个给定的税率变化下使得终身效用与初始稳定状态下得到的效用相等。整体效应包括了跨越税前和税后变化的稳定状态的转换动态，以及不同稳定状态之间的变化。稳态效应则只包括后者。

表8　美国提高资本税税率的宏观经济影响(欧盟15国则通过劳动税维持收入中性)

税率	开放经济				封闭经济	
	美国		欧盟15国		美国	
	原来的	新的	原来的	新的	原来的	新的
τ_K	0.37	0.40	0.32	0.32	0.37	0.40
τ_C	0.04	0.04	0.17	0.17	0.04	0.04
τ_L	0.27	0.27	0.41	0.40	0.27	0.27
财政赤字现值与危机前GDP比率,对初始稳定状态的百分比变化		1.37		0.00		6.16
福利效应(百分比)						
稳态收益		−2.27		0.59		−2.55
总体收益		−2.19		0.74		−2.22
百分比变化	冲击效应	长期效应	冲击效应	长期效应	冲击效应	长期效应
Y	−1.23	−3.87	−0.15	1.25	−2.35	−3.57
C	−1.87	−2.83	1.44	1.28	−1.53	−2.91
K	0.00	−7.61	0.00	1.25	0.00	−7.32
百分点变化						
tb/y	3.21	−0.30	−2.70	0.24		
i/y	−3.01	−1.02	1.77	0.00	−0.91	−1.02
R	−0.00	−0.00	−0.00	−0.00	−0.00	−0.00
L	0.11	−0.17	−0.01	0.21	−0.13	−0.11
M	−4.23	−0.866	−0.315	−0.000	−5.277	−0.866

图8的下半部分显示了对两个地区的主要宏观变量的冲击效应和长期效应。另外,在图10中,我们给出了经济从危机前的稳定状态向新的稳定状态转换的宏观经济变量的相应过渡路径。τ_K的上升导致美国的资本随着时间的推移下降到了比危机前低7.6%的水平上,而欧盟15国的资本则增加到了比税率改变前高1.25%的水平上。本国的产能利用率在短期内和长期中都出现了下降,在考虑了产能利用率的内生性的情况下,这是刻画了通过提高资本税创造收入的能力下降的模型关键组成部分。在本部分下面的内容中,我们将阐明确实是这种机制驱动了模型中资本税基的弹性,它与数据相符,并高于标准的关于代表性主体税收模型中的结果。

在美国增加资本税的冲击发生时,美国的劳动增长,而欧盟15国的劳动则略有下降,但是在向新稳定状态过渡的过程中,这种模式会反转过来,这是因为新的状态下,美国(欧盟15国)的资本存量会更低(更高)。

因此,在长期中,美国产出会收缩差不多4%,从而凸显了资本税上升的效率损失和财政调整的成本。在过渡过程的初期,美国通过贸易顺差(tb/y)提高了它持有的外国资产净头寸,而欧盟15国持有外国资产净头寸则因为出现贸易赤字而减少了。美国的贸易顺差反映了储蓄对效率损失的成本的平滑作用,因为产出呈现出了单调递减的趋势。然而,公共事业水平则要比美国在自给自足(封闭经济)情景下实施同样的资本税时更低,因为这里存在着负面的跨国溢出效应。

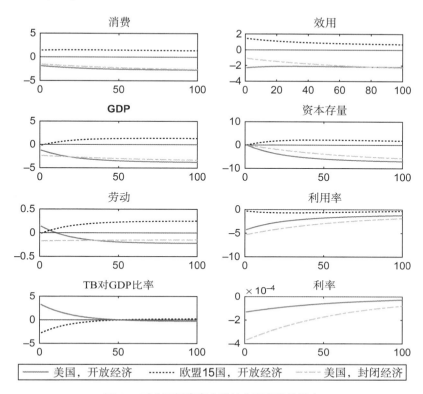

图 10　对美国提高资本税的宏观变量的反应

接下来,我们分析一下美国提高资本税时财政变量的反应,如图 11 所示。在美国,源于资本收入的税收收入在 τ_K 上升时几乎立即上升到一个较高的稳定水平,同时来自劳动税和消费税的收入则在冲击发生时和从长期中都下降了。劳动税和消费税的税率没有发生变化,但是它们两者的税基在受到冲击时都减少了,然后单调下降至一个新的、更低的稳定状态。基本财政余额和总收入两者在一开始时都有所上升,但是随后就重新收敛到了与危机前平稳均衡时差不多的水平上。对于基本余额,这种模式已经隐含在了总收入的模式中了,因为政府支出和应得权利支付是保持不变的。

对于总收入,上述过渡性的总收入增长表明,资本税收入的上升超过了过渡期其他税收的收入下降,但是从长期来看,它们几乎完全相互抵消。之所以会如此,是因为 τ_K 变化为 0.4 发生在拉弗曲线的上升的一侧,而且 0.4 实际上就是拉弗曲线的最高点。因此这种加税并不会减少资本税收入。

图 11 右下方所示的公共债务动态表明,在冲击发生时,对于税率提高到 40%,美国政府债务的反应是增加 5 个百分点,这反映了更高的资本税率可以支持的额外的初始债务。由于基本财政余额在冲击发生时会上升,然后又单调下降,所以债务比率在过渡期间也是单调下降的,并且会收敛于实际比危机前还低 4 个百分点的水平上。因此,资本税上调所允许的初始债务在冲击发生时出现增加之后,随后就持续下降,最后收敛于甚至比危机前的稳定状态还低的水平。如果美国在“自给自足”情景下实行相同的加税措施,那么就会产生显著更大

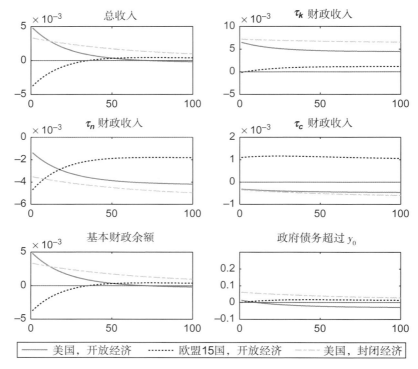

图11 财政变量对美国提高资本税的反应

的收入增长和基本财政收支余额,因此债务比率一开始时的增幅也更大,并且会收敛于比危机前水平高出1个百分点的更高的稳定状态上。这再一次反映了美国在开放经济情景下会面临的跨国外部性,因为同样规模的增税在"自给自足"情景下产生了显著更高的收入。

跨国外部性也反映在了如图11所示的欧盟15国的财政动态上。维持收入中性(以现值计),仍能允许收入和基本余额在初始时下降,但是从长远来看,两者都将收敛到与危机前的稳定状态非常相似的水平上。在欧盟15国,取消维持收入中性的劳动税收调整,那么基本财政收支余额的现值占GDP份额的比率将会提高10.1个百分点(相对于危机前的水平),而且收入和基本余额也都将比图11所示的更高。然而,福利收益将变得可以忽略不计,而不再是终身消费的0.74%。

下一个实验考察了降低欧盟15国的资本税率、使其脱离动态拉弗曲线的下降部分的影响。为了使这个变化与上一个实验中的变化类似,我们将欧盟15国的资本税改为欧盟15国的动态拉弗曲线的最高点上的值,即,大约21%。表9总结了这个实验结果。欧盟15国资本税率的下降,导致可持续的债务增加了大约22个百分点(刚好高于使所观察到的债务增长可持续所需的水平)。而且,这个地区的福利收益也很大,达到了6.9%;它的资本存量也随着时间推移而上升到了比税率变化前的稳定状态高26%的水平上。欧盟15国的短期和长期的产出、消费、劳动力供给和产能利用率都有所增长,贸易平衡的变动则为,期初会出现贸易逆差扩大的情况,但随后将收敛为小额盈余。在封闭经济情景下,欧盟15国同样的减税政策产生的可持续债务的增加要小得多,上升幅度只有不到10个百分点,虽然福利收益与开放型经济情景下大体上相同。这个结果表明,在这种情况下,福利收益在很大程度上反映了由于初始资本税位于动态拉弗曲线下降的一侧而导致的严重低效率的减少。在美国地区,欧盟 15 国的减税所导致的福利损失为大约 0.2%,而资本存量则比税收变动之前的水平下降了 1.5%。

表 9　欧盟 15 国提高资本税税率的宏观经济影响(美国则通过劳动税维持收入中性)

税率	开放经济				封闭经济	
	美国		欧盟 15 国		欧盟 15 国	
	原来的	新的	原来的	新的	原来的	新的
τ_K	0.37	0.37	0.32	0.20	0.37	0.37
τ_C	0.04	0.04	0.17	0.17	0.04	0.17
τ_L	0.27	0.28	0.41	0.41	0.27	0.41
财政赤字现值与危机前 GDP 比率,对初始稳定状态的百分比变化		−0.00		22.34		9.62
福利效应(百分比)						
稳态收益		0.26		7.35		7.93
总体收益		−0.23		6.86		6.99
百分比变化	冲击效应	长期效应	冲击效应	长期效应	冲击效应	长期效应
Y	2.30	−1.40	6.05	12.77	8.38	11.99
C	−1.59	−0.64	5.82	9.03	5.14	9.19
k	0.00	−1.50	0.00	26.10	0.00	25.23
百分点变化						
tb/y	8.92	−0.75	−6.57	0.24		
i/y	−5.64	0.00	8.18	3.66	3.31	3.66
r	0.00	−0.00	0.00	−0.00	0.00	−0.00
l	0.47	−0.31	0.05	0.48	0.43	0.36
m	2.34	0.00	12.93	3.31	14.94	3.31

接下来的两个实验重点考察劳动税税率的变化的影响。劳动税税率的动态拉弗曲线表明(见上文图 9),美国地区在通过提高劳动力税来增加税收和维持较高债务比率这一点上,拥有相当强的能力。特别是,我们考察了能完全抵消观察到的债务增加的劳动税税率的上涨——正如我们前面提到过的,它只比初始校准高出了大约 2 个百分点(即,美国的劳动税从 27%提高到了 29%)。表 10 报告了这些实验的结果。美国的产出、消费、资本和福利的下降幅度远远小于提高资本税的情况下。由于国际溢出效应小,所以在欧盟 15 国,改变这种税收带来的福利收益只有 0.18%。出于同样的原因,对封闭经济情景下与开放经济情景下美国的结果加以比较,可以发现基本财政收支余额的现值的变化几乎完全相同,这与提高资本税时出现的巨大差异截然相反。此外还需要注意的是,即便在把税率设定为美国作为开放经济体时的资本税动态拉弗曲线的最高水平,提高资本税也无法产生足够的收入来抵消观

察到的债务增加,而提高劳动税则可以。

表 10 美国提高劳动税税率的宏观经济影响(欧盟 15 国则通过劳动税维持收入中性)

税率	开放经济				封闭经济	
	美国		欧盟 15 国		美国	
	原来的	新的	原来的	新的	原来的	新的
τ_K	0.37	0.37	0.32	0.32	0.37	0.37
τ_C	0.04	0.04	0.17	0.17	0.04	0.17
τ_L	0.27	0.29	0.41	0.47	0.27	0.29
财政赤字现值与危机前 GDP 比率,对初始稳定状态的百分比变化	31.00		0.00		31.95	
福利效应(百分比)						
稳态收益	−0.92		0.15		−0.98	
总体收益	−0.90		0.18		−0.91	
百分比变化	冲击效应	长期效应	冲击效应	长期效应	冲击效应	长期效应
Y	−1.16	−1.75	−0.02	0.30	−1.41	−1.68
C	−1.88	−2.09	0.34	0.31	−1.80	−2.10
k	0.00	−1.75	0.00	0.30	0.00	−1.68
百分点变化						
tb/y	0.72	−0.07	−0.61	0.06		
i/y	−0.46	0.00	0.40	0.00	0.02	−0.00
r	−0.00	−0.00	−0.00	−0.00	−0.00	−0.00
l	−0.29	−0.35	0.90	0.05	−0.35	−0.34
m	−0.73	0.00	−0.06	−0.00	−0.96	0.00

　　接下来考虑欧盟 15 国提高劳动税的情况。正如我们在讨论劳动税税率的动态拉弗曲线时就已经解释过的,欧盟 15 国的初始消费/劳动楔原本就已经很高,所以通过提高劳动税增加税收收入的能力很有限。在这个实验中,我们将欧盟 15 国的劳动税提高到开放经济情景下欧盟 15 国劳动税动态拉弗曲线最高点的水平,这意味着将劳动税税率设定为 0.465。表 11 总结了这个实验的结果。从表中可见,欧盟 15 国劳动税税率提高后,只能使基本余额的现值与 GDP 的比率上升 0.118,远低于观察到的债务增长率 0.2。而且,福利损失很大,差不多达到了 5%,因为产出、消费、资本和劳动都出现了下降。在封闭经济中,欧盟 15 国可以产生较高的基本财政收支余额的现值(0.16),不过也要蒙受类似的福利损失。再一次,劳动税税率的变化的国际溢出效应很小,所以美国地区的福利收益微乎其微。

表 11 欧盟 15 国提高劳动税税率的宏观经济影响(美国则通过劳动税维持收入中性)

税率	开放经济				封闭经济	
	美国		欧盟 15 国		欧盟 15 国	
	原来的	新的	原来的	新的	原来的	新的
τ_K	0.37	0.37	0.32	0.32	0.37	0.37
τ_C	0.04	0.04	0.17	0.17	0.04	0.17
τ_L	0.27	0.27	0.41	0.47	0.27	0.47
财政赤字现值与危机前 GDP 比率,对初始稳定状态的百分比变化	0.00		11.75		16.02	
福利效应(百分比)						
稳态收益	-0.12		-5.04		-5.19	
总体收益	0.07		-4.91		-4.92	
百分比变化	冲击效应	长期效应	冲击效应	长期效应	冲击效应	长期效应
Y	-0.68	0.41	-4.28	-6.20	-5.06	-5.99
C	0.45	0.16	-7.35	-8.18	-7.13	-8.22
K	0.00	0.41	0.00	-6.20	0.00	-5.99
百分点变化						
Tb/y	-2.47	0.22	2.16	-0.20		
i/y	1.64	-0.00	-1.29	-0.00	0.11	-0.00
R	-0.00	-0.00	-0.00	-0.00	-0.00	-0.00
L	-0.14	0.08	-0.90	-1.05	-1.04	-1.01
M	-0.67	-0.00	-12.93	0.00	-3.59	-0.00

综合起来,这些发现与以往的研究用代表性主体模型对税收进行分析得到的两个熟悉的结果是一致的,它们都强调了税收扭曲的效率成本。首先,资本税是扭曲性最大的一种税。

其次,在开放经济模型中,对具有流动性的要素(即资本)的征税只能带来较少的收入增加并会导致更大的福利损失——与对非流动性要素(即劳动)征税相比。这些都与我们的结果一致,表明资本税的外部性很强,而劳动税的外部性则较弱。

在美国与欧盟 15 国之间发现的这些巨大差异,对关于债务可持续性的辩论、对关于欧洲和美国通过资本税和劳动税进行财政政策调整的作用的讨论,都有非常重要的意义。我们的模型表明,美国位于拉弗曲线的上升的一侧,尽管它对于 31 个百分点的债务冲击无法恢复财政偿付能力(无论是在开放经济情景下,还是在封闭经济情景下)。与美国相反,这个模型表明,欧盟 15 国则位于拉弗曲线的下降的一侧,因而可以通过降低资本税、远离拉弗曲线的下降一侧来使观察到的 20 个百分点的债务增长变得可持续,并且在这个过程中可以获得相当可观的福利收益。然而,这只有在假设当欧盟 15 国降低资本税时,美国的资本税税率会保持不变的情况下才有可能真的发生。只有这样,才能产生强大的外部性——以牺牲美国为代价,为欧盟 15 国谋利。在封闭经济情景下,欧盟 15 国提高资本税并不能恢复自己的财政偿付能力。

就劳动税的情况而言,尽管模型显示,美国和欧盟 15 国都位于动态拉弗曲线的上升区域,但是美国在 2008 年前的消费/劳动扭曲程度要比欧洲低得多。因此,美国有相当大的财政空间,更容易抵消债务的增加——只需要小幅提高劳动税即可,要承担的福利成本也只有 0.9%。相比之下,这个模型表明,欧洲在经历了现在观察到的债务增长后,无法通过提高劳动税恢复财政偿付能力。

3.3.3 为什么利用率和折旧抵税上限很重要?

如前所述,我们采纳了门多萨等人(Mendoza et al. ,2014)的想法,引入了内生的产能利用率和折旧费用免税上限,从而在模型中内嵌了一个与经验估计结果相一致的生成资本税税基弹性的机制。相比之下,没有这些特征的标准动态均衡模型则往往会导致资本税税基只能对资本税的上升做出不切实际的极低回应。为了清晰地阐明这一点,我们再一次追随门多萨等人(Mendoza et al. ,2014)的思路,在如下三种情景下比较资本税的动态拉弗曲线(见图 12):①具有外生的利用率和完全折旧抵免税款(即,$\theta = 1$)的标准新古典主义模型,如图 12 中的点划虚线所示;②与①相同的模型,但是折旧抵免有限额($\theta = 0.2$),如图 12 中点虚线所示;③我们的基准校准模型具有内生的利用率和折旧抵免上限(再一次设定 $\theta = 0.2$),如图 12 中的实线所示。

所有其他参数值在这三种情景下都保持不变。我们分别在图 12 的(A)和(B)中给出了美国和欧盟 15 国这两个地区在上述三种情景下的资本税税率的动态拉弗曲线。

在这三种情景下,美国和欧盟 15 国的动态拉弗曲线分别在初始校准税率 0.37 和 0.32 处相交。在这一点的右边,情景①下的拉弗曲线总是高于另外两个情景下,同时情景②下的曲线总是高于情景③下的曲线。在交点的左边,情况则相反。

先考虑美国这张图。在情景①下,动态拉弗曲线在资本税税率为 0.35 至 0.5 的区间内的斜率为正且大体上是线性的。即便我们将资本税税率提高到 0.9,拉弗曲线仍然继续上升,这与特拉班特和厄里格(Trabandt and Uhlig,2011)得到的结果一致。[1] 资本税的动态拉弗曲线的这个特点,源于如下事实:在任何一个给定的日期,资本存量都是预先决定的并且具有很低的短期弹性。因此,政府在过渡期内可以大幅提高收入,因为资本存量只会逐步下降。过渡期间增加的税收压倒了稳定状态的下降,从而生成了一条非递减的动态拉弗曲线(回想一下,动态拉弗曲线是以现值的计算为基础的)。

---

[1] 他们发现资本税收收入的现值拉弗曲线达到最高点时的税率非常高(用不变的稳态利率贴现),或者在整个范围内都具有正的斜率(用均衡利率贴现)。

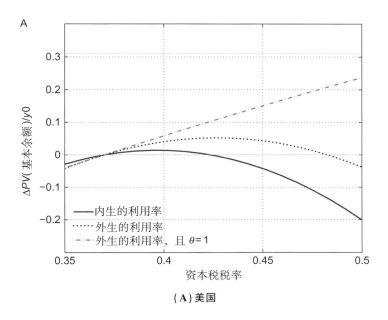

(A) 美国

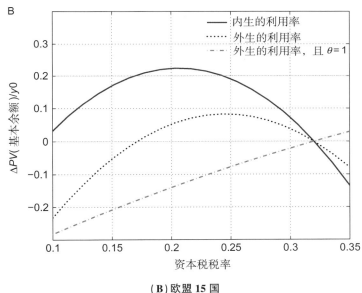

(B) 欧盟 15 国

图 12　对资本税税率的动态拉弗曲线

引入折旧免税额上限,但是又不将利用率决策内生化(情景②)会产生两个效应,它们导致了动态拉弗曲线的凹性。第一个效应是提高了对资本收入的有效税率,从而削弱了资本积累的动力,降低了稳态资本产出比,减少了税基。第二个效应是,由于扩大了资本税基,可以对收入产生正面影响。当资本税率相对于初始税率(0.37)上升时,第一个效应会压倒第二个效应,导致动态拉弗曲线的值大大低于情景①下。

在情景③下,折旧免税额有上限限制,但是产能利用率是内生性的。这样就引入了一些额外的效应,它们通过扭曲提高收入的效率和能力发挥作用。在税收扭曲方面,方程式(9)

意味着,将利用率内生化会在资本利用的边际成本和边际收益之间引入一个楔,从而加大资本所得税的效率成本。在收入方面,将利用率内生化将允许经济行为主体对有效资本进行调整(在税率上升时减少之,当资产减值时增加之),从而改变应纳税资本所得的数额。因此,当利用率下降时(作为对资本税税率上升的反应),也就削弱了政府提高资本税收入的能力。这些效应导致了钟形的动态拉弗曲线,它的曲率显著更大,并且明显低于情景①和情景②下的曲线。因此,内生的利用率使得资本税更具扭曲性,并大大削弱了资本税的收入创造能力。①

图 12 中的(B)显示了欧盟 15 国在上述三个情景下的动态拉弗曲线。不难看出,结果与图(A)类似,但是现在更值得强调的是位于交叉点(初始税率为 32%)左侧的区域。在情景①下,动态拉弗曲线在资本税率的很大范围内再次呈现出了正斜率上升的趋势。而在情景②下,对折旧免税额加以限制再次导致了动态拉弗曲线的凹性,因为欧盟 15 国的初始资本税率已经位于拉弗曲线的下降部分。与情景③下相比,利用率外生时收入会少得多。与美国的情况一样,这是因为将利用率内生化后,资本税的下降会导致更高的利用率,从而导致更高的资本收入水平和工资,这样也就扩大了这两种所得税的税基。

内生利用率和设置折旧免税额上限,对资本所得税基数对资本税税率变化的弹性有重要影响。特别地,正如门多萨等人(Mendoza et al.,2014)所证明的,由于这两个特征的综合影响,可以校准模型以匹配与经验估计值相一致的短期弹性。如前所述,实证研究文献发现资本税税基的短期弹性的估计值落在了 0.1~0.5 的范围内。表 12 报告了模型的可比较的弹性估计值和资本税税率相对于校准基准值提高了 1%一年后对产出、劳动和利用率的影响——再一次,包括了情景①、②和③,以及美国和欧盟 15 国。

美国和欧盟 15 国的结果有一些定量差异,但是在定性的角度上,它们给出的结论是相同的:具有或不具有折旧免税额上限的新古典主义模式(情景①和情景②),都会产生具有错误的符号的短期弹性(即资本税税基在短期内会因为资本税税率的提高而上升)。原因是资本存量并没有发生太大的变化,因为在提高税率的那个时期,资本是预先确定的,而且由于存在投资调整成本,提高税率之后的第一个时期内的变化是很小的;同时,劳动供给则因为税率提高的负面收入冲击而上升了。

表 12 美国资本税税基的短期弹性

	弹性	y_1	l_1	m_1
经验估计	[0.1,0.5]			
模型对美国的含义				
外生的利用率,且 $\theta=1$	−0.09	0.04%	0.011	
外生的利用率,且 $\theta=0.2$	−0.09	0.08%	0.028	
内生的利用率,且 $\theta=0.2$		−0.15%	0.010	−0.471

---

① 门多萨等人(Mendoza et al.,2014)还发现,从在情景③下移除折旧免税额上限,仍然能够导致低于情景①和情景②下的动态拉弗曲线,同时,动态拉弗曲线也将更平,且在对于更大的资本税率的范围内保持递增。

续　表

	弹性	y_1	l_1	m_1
模型对欧盟15国的含义				
外生的利用率,且 $\theta = 1$	-0.04	0.01%	0.004	
外生的利用率,且 $\theta = 0.2$	-0.02	0.03%	0.008	
内生的利用率,且 $\theta = 0.2$	0.32	-0.14%	0.004	-0.393

注:弹性是用资本税税率提高1%后第一年内的资本税税基减少的百分比来衡量的。对于有关的经验估计,请参见格鲁伯和劳(Gruber and Rauh,2007)、德温格和斯泰纳(Dwenger and Steiner,2012)。y_1 和 m_1 给出了冲击发生年份对初始稳态的百分比偏差。l_1 表示偏离初始稳态的百分点变化。

　　既然资本不会下降很多,同时劳动供给增加了,所以产出在冲击发生时会上升,因此应税劳动收入和资本所得都会上升,这样产生了符号与数据相反的弹性。与此相反,在内生利用率的模型中(即在情景③下),尽管劳动供给有所增加,但由于利用率出现了大幅度的下降,导致了产出的下降。利用 η 的校准值,这个模型对美国和欧盟15国分别生成了大小为0.29和0.32的短期弹性,当然这两者都在实证估计的范围之内。

　　值得注意的是,在利用率外生的情况下,只有当我们将 η 设定为一个低得不符合实际的值时,这个模型才能生成与经验证据一致的资本税税基弹性。资本税税基的短期弹性对于任何 $\eta > 1$ 都是负的,并且对于 $\eta < 0.1$,它变为正且高于0.1。[①] 这显著低于我们在讨论校准的那一节中给出的1~2.5的经验相关范围。此外,在我们的基线校准中确定的 $\eta = 2$ 的值上,没有利用率决策的模型生成的资本税税基弹性为0.09。

3.3.4　进一步的讨论

　　在行将结束本节之际,我们进一步讨论了运用结构性框架进行分析时需要注意的一些问题,并列出几个注意事项。更具体地说,在这里,我们讨论了如何用这个结构性模型对日本的情况进行预测(由于日本的债务比率特别高,这种预测是特别有挑战性的),还讨论了对财富或资本存量征税的政策的可能性及其含义。

　　在全球金融危机爆发之前,日本的公共债务与GDP的比率就已经非常高了:截至2007年底,债务比率就达到了大约82%;金融危机之后,到2011年底,债务比率进一步上升了46个百分点至128%。因此,日本债务比率的水平和变化都远大于我们在美国和欧洲各国所观察到的。

　　那么,对于日本的情况,研究债务可持续性的结构性方法又能够告诉我们什么呢? 为了回答这个问题,我们重新设定了模型,使得模型中的"外国"现在变成了日本而不是欧盟15国,并重新计算了动态拉弗曲线。特别是,与分析美国和欧盟15国时一样,我们也使用相同的门多萨–拉津——泰萨尔方法(Mendoza-Razin-Tesar method),对"外国"的税率进行校准,以匹配日本在金融危机前的税收结构。2007年,日本的资本税税率为39%,劳动税税率为31%,消费税税率为6%。这种税收结构类似于美国。事实上,日本的消费-闲暇税收楔 τ_w

---

[①] 这里的直觉很简单。随着 η 趋近于零,投资的边际调整成本也趋近于零,因此加税一年后的资本存量的反应可能是大幅度的下降。

是0.35,比欧盟15国的估计值(0.5)更加接近美国的估计值(0.3)。我们也重新设定了相对国家规模,以匹配日本人均GDP大约为美国的78%的事实。其余结构参数则与我们的基准模型保持一致。日本的动态拉弗曲线如图13所示。在图13中,(A)为资本税的动态拉弗曲线,(B)为劳动税的动态拉弗曲线。

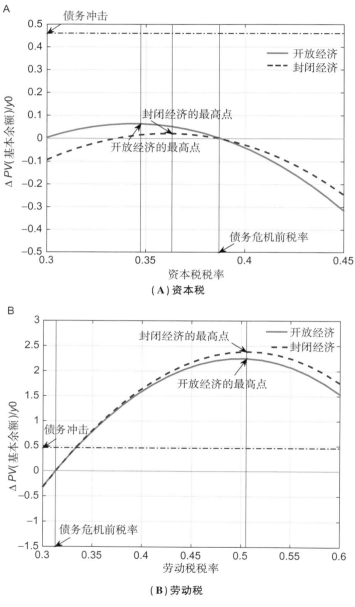

图13 日本的动态拉弗曲线

从总体上看,日本的动态拉弗曲线可以说是美国的动态拉弗曲线的一个更极端的版本:资本税不能恢复财政偿付能力,因为日本的资本税动态拉弗曲线的最高点远低于所需的增幅,而劳动税(或消费税)的空间却很大。美国与日本的动态拉弗曲线的一个重要的区别是,在金融危机之前,日本的资本税税率很高,效率很低(即,位于动态拉弗曲线的下降部分)。

正因为如此,税收的外部性起作用的方向恰与美国的动态拉弗曲线中观察到的方向相反。因此,日本降低资本税(相对于金融危机前的税率)的政策,在封闭经济情景下所能产生的基本平衡的现值要比开放经济情景下更小。对于上面这些结果,我们一定要注意的一个事实是,日本在 20 年来一直处于经济缓慢增长和通货紧缩状态。虽然提高消费税和劳动税有助于平衡政府预算,但是更高的税率会导致效率和福利损失。事实上,日本在 2014 年 4 月确实将消费税从 5％提高到了 8％,但是之后经济陷入了衰退,将消费税进一步提高到 10％的计划不得不推迟实施。此外,如果我们将模型中的长期增长率降低到与 2001 年至 2014 年间在日本观察到的人均 GDP 增长率一样(即 0.8％),如图 13 所示的两个动态拉弗曲线就会大幅下降。这时,资本税实际上将变为无用,因为它所能产生的额外收入可以忽略不计。同时,保证债务可持续所需的劳动税税率增幅也明显加大,相应的效率和福利损失也更大。

　　另一个值得关注的注意事项是,我们的分析抽象掉了人口老龄化、公共养老金和医疗费用对政府财政的压力不断上升等日本特有的现象。这些因素都对日本的公共债务的可持续性造成了沉重的负担。伊姆罗霍罗格鲁和须藤(Imrohoroglu and Sudo,2011)、汉森和伊姆罗霍罗格鲁(Hansen and Imrohoroglu,2013)使用新古典增长模型对未来的低人口增长率和政府总支出的永久性增长对财政可持续性的影响进行了定量分析。伊姆罗霍罗格鲁和须藤(Imrohoroglu and Sudo,2011)发现,即便消费税税率提高到 15％,同时未来 20 年的 GDP 年均增长率达到 了 3％,也不足以恢复财政平衡——除非支出也受到了限制。汉森和伊姆罗霍罗格鲁(Hansen and Imrohoroglu,2013)发现,财政可持续性要求将消费税税率设定为前所未有的 40％~60％的极高水平。此外,伊姆罗霍罗格鲁等人(Imrohoroglu et al.,2016)、布劳恩和茹安尼斯(Braun and Joines,2015)则使用了世纪交叠模型,结果发现日本当前的财政政策是不可持续的,需要进行大幅度的财政调整。①

　　评估结构分析结果时的另一个重要考虑是,我们在前面抽象掉了对财富征税的可能性,特别是对初始资本存量征税的可能性。讨论最优税收的文献已经证明了如下众所周知的观点:从效率角度来看,对初始的、预先确定的资本存量进行征税是最优的。然而,这个结论还依赖于对政府承诺的假设,这种假设排除了时间一致性等关键问题,也未考虑政府能不能做出承诺的重要含义。

　　在我们的模型中,财产税相当于意外地没收 k_0 的一小部分。由于利用率是内生的,因此,这种税收也会影响到第 0 年以前的利用率:资本存量更低、利用资本的边际产品将下降,利用率随之下降,因而资本收入和资本所得税收入也随之下降。而且,更加重要的是,关于以这种方式征收财产税(的可能性)的严重问题,还可以从以下三个角度进行论证。第一,政府将不得不通过出售没收的资本来增加收入(在没收的资本与政府的支出涉及了不同的货物和服务时,在现实中,这种情况经常出现),而这会降低要出售的资本品的价格。第二,未来没收资本的期望不会为零,而且只要它保持正值,它就会成为对未来的资本积累和资本收入征收的一种税收。第三,从前面两点的含义可知,财产税实际上更像是政府的违约,这使

① 在下一节中,我们讨论了未置存基金的养老金(unfunded pension)和应享权利欠债(entitlement liabilitie)对于债务可持续性的影响——当政府不承诺偿还债务并且有激励以分配性违约做出反应时。

得我们不得不对无法做出承诺的政府行为进行建模(实际上,在不存在利用率、而且资本是唯一的生产要素的情况下,政府没收 k_0 的一部分就相当于在日期 0 对债务偿还中的一小部分违约)。

也许就是因为上述原因,财产税的历史并不是一个"快乐的历史"。1997 年,奥地利、丹麦和德国废除了财产税。随后,芬兰、冰岛和卢森堡于 2006 年、瑞典于 2007 年,也废除了财产税。有意思的是,这些国家都声称是为了获得更多的收入而废止财产税的。此外,财产税的执行面临重重障碍,特别是评估资产的价值和防止逃税的难度尤其大。全球金融一体化也使得财产税的征收更加困难,因为如上所述,对财产税导致的财富未来会被没收的预期,不仅阻碍了投资,而且鼓励了资本外逃[请参见艾肯格林(Eichengreen,1989)对这些问题的讨论;近年来美国出现的大量"税负倒置"(tax inversion)现象也从另一个角度证明了这一点]。

现在小结一下。在本章中,到目前为止,我们先从基于经验估计和财政反应函数分析的实证研究的角度探讨了公共债务可持续性问题。我们发现,数据不能拒绝公共债务可持续(即,跨期政府预算约束条件成立)的充分条件——它反映在基本财政收支余额对于公共债务的正的有条件的反应。然而,与此同时,也有明显的证据表明,发达经济体在最近的债务激增之后观察到的财政动态,代表了反应函数中存在的重大结构性断点。简而言之:基本赤字一直都太大了,而且预计的基本赤字仍然太大,无法与反应函数预测的路径保持一致;另一方面,相对于历史上以往的债务激增时期观察到的财政调整过程来说,也同样太大了。

这种实证研究方法的主要局限性表现在,对于可以恢复债务持续能力的多个不同的财政调整路径的宏观经济含义,它无法给出解释。为了解决这个问题,本节探讨了一种结构性方法,即将两国新古典主义动态均衡模型与明确的财政部门相结合。将产能利用率和折旧费用抵税上限嵌入模型后,资本税税基的观察到的弹性就可以与资本税税率的变化匹配起来。然后我们将这个模型用美国和欧洲的数据校准,并用它对旨在改变各国维持债务可持续性的能力的资本税和劳动税的单方面变化的影响进行了分析。结果表明,欧洲和美国有明显的差异。对于美国来说,我们得到的结果意味着,资本税的变化不能使观察到的债务增长可持续,而劳动税却只需要小幅提高就可以做到这一点。对于欧洲来说,这个模型的预测是,税收制度使债务比率更高的债务可持续的能力已经几乎完全耗尽了。欧洲的资本税是非常低效的,位于动态拉弗曲线的下降部分,因此需要通过削减资本税来恢复财政偿付能力。劳动税也已经接近动态拉弗曲线的高峰,即便增加到最高点,它们也不能使基本财政收支余额的现值增加到使观察到的激增的债务可持续的程度。此外,资本所得税的国际外部性在定量的意义上是很大的,这表明策略性互动的激励很大,而且关于资本所得税的传统的逐底竞争的可能是不可小视的。

简而言之,评估债务可持续性的实证估计法和结构性方法给出的结果使人怀疑,2008 年以来许多发达经济体积累起来的高额负债能否全部得到偿还。然而,为了考察允许存在不偿还债务的可能性的情况下的债务可持续性,我们必须引入第三种评估债务可持续性的方法,即,放宽政府承诺偿还国内债务的假设。这个假设是我们在前面讨论的那两种方法的核心。在本章的下一节,我们就来集中讨论这个问题。

4. 国内违约方法

我们现在转而从另一个框架出发考察债务可持续性;这个框架抛弃了政府承诺偿还国内债务的假设。本节的重点放在了政府对国内债务违约"法律上违约"或直接违约的风险上,而没有关注已经得到了相当充分的研究的外部主权违约问题,那是《宏观经济学手册》的另一章要讨论的主题。本节也不讨论通过通货膨胀手段实现的事实上的国内债务违约。经济学界对国内主权债务违约的研究兴趣源于莱因哈特和罗戈夫(Reinhart and Rogoff, 2011)的具有开创性意义的实证研究。他们用来研究历史上的国内公共债务直接违约事件的跨国数据最早回溯到了 1750 年。① 霍尔和萨金特(Hall and Sargent, 2014)详细描述了美国独立战争结束后美国政府处理它的债务的过程。

莱因哈特和罗戈夫(Reinhart and Rogoff, 2011)指出,现有文献对国内主权违约几乎完全没有关注,为此他们特意将自己的论文的标题定为"被遗忘的国内债务史"(The Forgotten History of Domestic Debt)。尽管正如我们在下面的讨论中所指出的,最近情况已经有所改变了,但是相对于其他领域来说,国内政府违约问题在很大程度上仍然可以说是一个有待探索的未知领域。

目前仍在发展的欧洲债务危机也凸显了研究国内主权违约的重要性,因为这场债务危机的四个特征(将欧洲视为一个整体来考虑时)使得它更像国内违约而不是外部违约。第一,欧元区各成员国家是高度一体化的,而且大部分公共债务都是以它们的共同货币计价的,且由欧洲各国居民所持有。因此,债务违约在很大程度上意味着停止对"国内"(即,欧洲)的经济行为主体还款而不是停止对外部债权人付款。第二,国内公共债务占 GDP 的比例在欧元区一般都居高不下,在处于危机中心的那些国家(希腊、爱尔兰、意大利、西班牙和葡萄牙)则尤其庞大。第三,欧洲共同货币和欧洲中央银行排除了各国政府通过采取通货膨胀政策来减轻债务负担而不彻底违约的可能性。第四,从本节给出的理论框架的角度来看,可能也是最重要的,欧洲中央银行(ECB)和欧盟委员会等欧盟机构正在根据债权人和债务人的利益,评估个别国家主权违约的可能性和利弊,而且债权人和债务人都意识到了这些机构的这种关切,以及它们在影响预期和违约风险方面所起的关键作用。

下面的表 13 表明,欧元区的财政危机的特点是公共债务比率快速上升和主权利差的快速支离破碎,而且这种情况是与政府支出比率的上升同时发生的。表 13 还表明,债务所有权——以财富分配的基尼系数为代理变量——在表中所列的七个国家中的分析是不均匀的,其平均和中位数基尼系数均大约为三分之二。公共债务所有权的集中度在本节所考察

① 莱因哈特和罗戈夫识别出了 68 个直接国内违约事件。它们是通过强制转换、降低息票利率、单方面削减本金和暂停付款等机制实施的。

的最优国内违约框架中发挥了关键作用。这个框架还预测,当政府支出较高时,利差和违约概率都较大。

表 13　欧元区的主要财政统计量和财富不平等

矩(%)	政府债务		政府支出		主权利差		
	均值	2011 年	均值	"危机峰值"	均值	"危机峰值"	财富基尼系数
法国	34.87	62.72	23.40	24.90	0.08	1.04	0.73
德国	33.34	52.16	18.80	20.00	–	–	0.67
希腊	84.25	133.09	18.40	23.60	0.37	21.00	0.65
爱尔兰	14.07	64.97	16.10	20.50	0.11	6.99	0.58
意大利	95.46	100.22	19.40	21.40	0.27	3.99	0.61
葡萄牙	35.21	75.83	20.00	22.10	0.20	9.05	0.67
西班牙	39.97	45.60	17.60	21.40	0.13	4.35	0.57
均值	48.17	76.37	19.10	21.99	0.22	7.74	0.64
中位值	35.21	64.97	18.80	21.40	0.17	5.67	0.65

注:作者在这里的计算基于经济合作与发展组织统计局、欧盟统计局、ECSB 和戴维斯等人(Davies et al., 2009)的数据。表中的"政府债务"指政府净财务负债总额(1990—2007 年的平均值),"政府支出"对应于国民账户中的政府采购(2000—2007 年的平均值),"主权利差"对应于给定国家与德国的到期期限相同的债券之间的利差(2000—2007 年的平均值)。对于某个给定的国家 i,主权利差的计算方法为 $(1+ri)/(1+r^{Ger})-1$。"危机峰值"是指 2008—2012 年间在欧盟统计局的数据中观察到的最大值。"财富基尼系数"是 J. 戴维斯、S. 桑德斯特罗姆、A. 夏洛克和 E. 沃尔夫计算的 2000 年的财富基尼系数(Davies J., Sandstr'om, S., Shorrocks, A., Wolff, E., 2009),反映了全球的家庭财富的水平和分布。NBER 工作论文 15508,附录五。

本节的模型是以德拉斯莫和门多萨的研究成果为基础的(D'Erasmo and Mendoza, 2013, 2014)。这个模型的目标是,在不完全市场的环境下,分析一个无法承诺向国内债权人偿还债务的政府的最优违约和借款决策。它与标准的外部违约模型的主要区别在于,政府的支付既包括了政府债券持有人的效用,也包括了非政府债券持有人的效用。因此,政府国内违约的主要动机是在这两类经济行为主体之间重新分配资源。[①] 这个模型假设,违约是非歧视性的(即,政府在违约时不能对任何债权人区别对待)。因而,这里既存在着显式的总体风险(表现为政府支出冲击的形式),也存在着隐式的违约风险。

我们把政府债券持有人和非政府债券持有人建模为有同样的常相对风险厌恶偏好的经济行为主体。违约是在这两类经济行为主体之间进行再分配的一个有效的工具,当然这是有成本的。我们探讨了表现为可支配收入的增减的外生成本,它有些类似于外部违约文献所讨论的典型的外生收入成本。但是,还存在着内生成本,它与平滑税收和提供流动性能力

---

① 我们不能认为这个模型的重点是穷人与富人之间的再分配。它关注的重点在于持有公共债务的经济行为主体与不持有公共债务的经济行为主体之间的再分配。这两种再分配是相关的,但是不一定相同。例如,霍尔和萨金特(Hall and Sargent, 2014)描述了,在美国独立战争结束之后发生的国内违约,是怎样意味着从南方的债券持有人到北方的非债券持有人的再分配,这两个群体的人总体上都是富裕群体。类似地,在欧债危机中,希腊的违约可以看作从德国纳税人向希腊家庭的再分配,而且这种分配不是根据他们的总财富来进行的。

的下降有关，而且在长期中，还与获得政府债券的机会的丧失有关（当资产用于自我保险时）。

在这个框架下，公共债务只有在它作为没有承诺时的均衡的一部分得到了支持时，才是可持续的。这就意味着，可以违约的政府债券的特定价格和存量水平，只有在它们与政府的最优债务发行和违约计划、私人经济行为主体的最优储蓄计划以及债券市场的清算条件相一致的情况下，才是可持续的。因此，可持续的债务要把违约风险"计算在内"，而这意味着在未来可能违约的情况下，要为经常性债务发行支付正的风险溢价。当债务违约成为事后的最优选择时，债务就会变得不可持续，或者，如果无法以正的价格发行出去，债务水平就是事前不可能持续的（即，当第 t 期发行的特定债务，在第 $t+1$ 期违约的概率为100％时）。

这种模型也不仅仅只适用于私人经济行为主体直接持有政府债券的情况。它也适用于养老基金持有政府债券、退休账户按个人账户结构来设置的情况，还适用于金融部门持有国内主权债务，同时家庭持有对金融部门的请求权的情况。再者，国内违约的一般原则——政府违约是由政府的分配性激励与外生的或内生的违约成本之间的权衡驱动的——也适用于更加复杂的环境，包括（例如）可以归因于福利项目（应享权利支付）的预期融资缺口的政府隐性负债（或，政府或有负债）。在这些情况下，违约可以采取"改革"的形式，例如提高合法退休年龄或规定准入福利项目的收入上限（例如，规定低于一定收入水平者才可参加医疗保险）。但是在本节中，为了保证行文的简洁，下面进行的定量分析将用只包括时显式政府债务的数据来校准（即，欧盟统计局所定义的一般政府净财务负债总额）。

我们在本节的推理中使用的模型是以德拉斯莫和门多萨（D'Erasmo and Mendoza，2013）提出的两期模型为基础的。这个模型不仅强调了违约的分配性动机的重要性，而且考虑到了由于丧失了获得自我保险型资产的机会而导致的内生违约成本。德拉斯莫和门多萨（D'Erasmo and Mendoza，2014）及多维斯等人（Dovis et al.，2014）研究了分配性动机对国内债务违约的作用，并分析了具有国内经济行为主体异质性的无限期模型中公共债务的用途。这两项研究之间的不同之处在于，多维斯等人（Dovis，2014）假设国内资产市场是完全市场，从而取消了公共债务为国内经济行为主体提供的社会保险的作用。此外，他们关注的是拉姆齐问题（Ramsey problem）的解。在这个解中，平衡路径上是观察不到到国内违约的。德拉斯莫和门多萨（D'Erasmo and Mendoza，2013）则研究了一个市场不完全的经济，他们的模型将丧失自我保险工具以及相关的流动性约束的严重性，转化成了一种内生违约成本，这种成本在他们的结果中发挥了核心作用。他们还求解了马尔可夫完美平衡。在这种均衡中，违约可能是一个均衡结果。

本节中讨论的模型还与另一支文献相关，它们通过不存在违约的异质性经济行为主体模型分析公共债务作为一种自我保险的机制、一种改变消费差异的工具的作用，其中一些例子包括：艾亚格里和麦克格拉顿（Aiyagari and McGrattan，1998）、戈洛索夫和萨金特（Golosov and Sargent，2012）、阿齐蒙蒂等人（Azzimonti et al.，2014）、弗洛登（Floden，2001）、希思科特（Heathcote，2005），以及艾亚格里等人（Aiyagari et al.，2002）。波佐和佩雷斯诺（Pouzo and Presno，2014）的论文在这类模型中引入了违约的可能性。他们在一个类似于艾亚格里等人

（Aiyagari et al.，2002）的代表性主体模型中研究了最优税收和公共债务动态，而且允许违约和重新协商。

近来对国内主权违约的研究也包括其他一系列文献，它们讨论了这样一些问题：违约对国内经济行为主体的影响、违约与二级市场的关系、歧视性与非歧视性违约，以及国内债务在向企业部门提供流动性方面的作用，等等。其中一些例子包括：古埃姆贝尔和苏斯曼（Guembel and Sussman，2009）、布罗纳等人（Broner et al.，2010）、布罗纳和文图拉（Broner and Ventura，2011）、詹奈奥里等人（Gennaioli et al.，2014）、巴苏（Basu，2009）、布鲁蒂（Brutti，2011）、门古斯（Mengus，2014）、迪卡索拉和斯克里米里斯（Di Casola and Sichlimiris，2014）等。最近，还有一些由2008年金融危机引发的研究，它们重点关注的是主权债务与国内金融机构之间的互动，例如，索萨–帕迪拉（Sosa–Padilla，2012）、波科拉（Bocola，2014）、波茨等人（Boz et al.，2014），以及佩雷斯（Perez，2015），等等。

4.1 模型结构

考虑一个两期经济（$t=0,1$）。这个经济体中居住着一个单位测度的经济行为主体连续。所有经济行为主体都有相同的偏好。他们的偏好由下式给出：

$$u(c_0)+\beta E[u(c_1)]，u(c)=\frac{c^{1-\sigma}}{1-\sigma}$$

其中，$\beta\in(0,1)$是贴现因子，c_t为个体消费（对于$t=0,1$）。效用函数$u(\cdot)$采用了标准常相对风险厌恶形式。

所有经济行为主体在每一个时期都会得到一个非随机的禀赋y，并要缴纳一次总付性税收τ_t，这些在所有经济行为主体之间都是统一的。税收和新发行的政府债务都用于支付政府消费g_t和偿还未偿还的政府债务。在$t=0$时的（外生的）初始政府债券供给为B_0。不同经济行为主体的初始财富状况是不同的，而且他们的财富是用第一期开始时各自持有的政府债务的数量来刻画的。[①] 给定B_0，初始财富分配用类型为L型个体的家庭所占的比例γ来定义：比例为γ的家庭的初始债券持有量为b_0^L，其余的$(1-\gamma)$的家庭的成员是类型为H的个体，它们的初始债券持有量为b_0^H（其中，$b_0^H=\frac{B_0-\gamma b_0^L}{1-\gamma}\geq b_0^L\geq0$）。因为我们假设债务完全由国内的经济行为主体所持有，所以这里的b_0^H的值就是与政府债券市场在$t=0$时的市场出清条件相一致的数量。财富的初始分配是外生给定的，但是从第二期开始时的财富分配则是由经济行为主体在第一期内的储蓄决策内生地决定的。

在第一期，上述两类家庭的预算约束由下式给出：

$$c_0^i+q_0^i b_1^i=y+b_0^i-\tau_0 \quad 对于 i=L,H \tag{10}$$

经济行为主体通过他们初始持有的政府债务（b_0^i）获得收益，同时收到禀赋y，并缴纳一

[①] 安德烈亚森等人（Andreasen et al.，2011）、费里耶尔（Ferriere，2014），以及全和卡布克措格鲁（（Jeon and Kabukcuoglu，2014）研究了国内收入异质性在决定外部违约中起到了核心作用的一些情况。

次总付性的税收 τ_0。扣除纳税之后的这些资源用于消费和购买新的政府债券。我们这个模型不允许经济行为主体对政府债券持有空头头寸,这相当于假设债券购买必须满足我们熟悉的且经常用于异质性主体模型的无借款条件:$b_1^i \geq 0$。

第二期的预算约束则有所不同,具体取决于政府是不是违约。如果政府偿还债务(不违约),那么预算约束取如下标准形式:

$$c_1^i = y + b_1^i - \tau_1 \quad 对于 \ i = L, H \tag{11}$$

相反,如果政府违约,那么未偿还债务就不会得到偿付,从而经济行为主体的预算约束为:

$$c_1^i = (1 - \varphi(g_1))y - \tau_1 \quad 对于 \ i = L, H \tag{12}$$

与讨论外部主权违约的文献中的标准做法一样,我们认为违约会给经济行为主体带来一个外生的成本,即,使收入减少一部分 ϕ。这个成本通常建模为随机的禀赋收入的实现值的函数,但是,因为在我们这种情况下,禀赋收入是固定不变的,所以我们将这个成本建模为第二期的政府支出的实现值 g_1 的函数。更具体地说,这个成本是非递增的、阶梯式的函数:$\phi(g_1) \geq 0$;对于 $g_1 \leq \overline{g_1}$,$\phi'(g_1) \leq 0$,否则 $\phi'(g_1) = 0$;且 $\phi''(g_1) = 0$。因此,$\overline{g_1}$ 是 g_1 的阈值,高于这个阈值,违约的边际成本就为零。这个函数类似于阿雷拉诺(Arellano, 2008)提出的作为收入的函数的阶梯式违约成本,它现在已经在外部违约文献中得到了广泛的应用,而且也反映了不对称的收税成本的概念——例如,请参见巴罗(Barro, 1979)和卡尔沃(Calvo, 1988)。但是,需要注意的是,对于功利主义政府,要让这个模型支持有债务的均衡,我们只需要 $\phi(g_1) > 0$ 就足够了。当然,其他更多的结构对于定量分析是有用的,而且还更加便于将这个模型与标准的外部违约模型进行比较分析。[①]

在 $t = 0$ 期一开始,政府有未偿还债务 B_0,同时还能够以 $q_0 \geq 0$ 的价格发行期限为一期的非状态依存的贴现(折价)债券 $B_1 \in \mathcal{B} \equiv [0, \infty]$。此外,政府在每个期间都可以获得一次总付性税收收入 τ_t,并付出 g_t 的政府支出。由于 g_0 在第 1 期的初期是已知的,所以政府支出的相关不确定性只与 g_1 有关,它服从对数正态分布 $N((1 - \rho_g)\mu_g + \rho_g \ln(g_0), \frac{\sigma_g^2}{(1 - \rho_g^2)})$。[②] 在这里,我们不对 τ_t 的符号加以限制,所以 $\tau_t < 0$ 表示一次总付性转移支付。[③]

在均衡时,在第一个时期发行的债务价格必须保证能使得政府债券市场出清:

$$对于 \ t = 0, 1, \ B_t = \gamma b_t^L + (1 - \gamma) b_t^H \tag{13}$$

[①] 在外部违约模型中,非线性成本使得在"好"状态下违约的成本更高,从而改变了违约激励,使得在"坏"状态下的违约更加频繁。这种成本结构还有助于支持更高的债务水平。

[②] 这类似于一个一阶自回归过程,并且使得我们可以通过 ρ_g 控制 g_0 与 g_1 之间的相关性、通过 μ_g 控制冲击的均值,以及通过 σ_g^2 控制未预测部分的方差。不难注意到,如果 $\ln(g_0) = \mu_g$,那么 $g_1 \sim N\left(\mu_g, \frac{\sigma_g^2}{(1 - \rho_g^2)}\right)$。

[③] 在主权债务文献中,有一些研究分析了纳入税收和支出政策以及外国和国内贷款人的模型,但是它们仍然保持了代表性主体的假设,这方面的例子包括,夸德拉等人(Cuadra et al., 2010)、瓦西什萨(Vasishtha, 2010),等等。迪阿斯等人(Dias et al., 2012)从一个具有功利主义偏好的全球社会规划者的角度考察了债务减免的好处。同样是在这支文献中,阿吉亚尔和阿玛多尔(Aguiar and Amador, 2013)分析了公共债务、税收和违约风险之间的相互作用;洛伦佐尼和沃宁(Lorenzoni and Werning, 2013)则研究了债务和利率的动态,在他们的模型中,违约是由破产驱动的,而债务发行则是由一个财政反应函数驱动的。

根据定义,这个条件在第 0 期可以得到满足。然而,在第 1 期,价格会内生地变动,实现市场出清。

政府在 $t=1$ 时,可以选择违约。违约决策用 $d_1 \in \{0,1\}$ 表示,其中,$d_1=0$ 意味着偿还债务。政府在评估还款和违约的价值时,对 L 型经济行为主体使用福利权重 ω、对类型为 H 的经济行为主体则使用福利权重 $1-\omega$。这种设定可以涵盖的情况包括了——例如,出于特定的政治原因——福利权重偏向于某个特定类型时的情形,即 $\omega \neq \gamma$,也包括政府充当了一个功利主义的社会规划者的情形,即,$\omega=\gamma$。[①] 在违约的那一刻,政府使用以下函数评估福利:

$$\omega u(c_1^L) + (1-\omega) u(c_1^H)$$

在 $t=0$ 时,政府的预算约束为:

$$\tau_0 = g_0 + B_0 - q_0 B_1 \tag{14}$$

在第 1 期,税收水平是在违约决策后确定的。如果政府决定偿还债务,那么税收的设定要满足如下政府预算约束条件:

$$\tau_1^{d_1=0} = g_1 + B_1 \tag{15}$$

不难注意到,因为这是一个两期模型,均衡要求在第 1 期结束时不存在未处理的资产(即,$b_2^i = B_2 = 0$,且 $q_1=0$)。如果政府选择违约,那么可以直接将税收设定为满足政府购买所需的水平,即:

$$\tau_1^{d_1=1} = g_1 \tag{16}$$

对模型均衡的分析分三个步骤进行。第一步,将政府的债务、税收和违约决定视为给定的,描述家庭最优储蓄问题,并确定它们的支付函数(或值函数)。第二步,研究政府的最优税收决策和违约决策是怎样做出的。第三步,研究能够将前两个步骤结果内部化的债务发行的最优选择。我们将这些问题都建模为 B_1、g_1、γ 和 ω 的函数,并将初始条件 (g_0, B_0, b_0^L) 仍然作为外生参数。因此,对于给定的 γ 和 ω,我们可以在 g_1 实现之前将某个家庭在 $t=0$ 时的价值作为 $|B1|$ 的函数。有鉴于此,一旦设定了均衡债券价格 q_0,税收水平 τ_0 就可以由政府预算约束决定。债券价格是前瞻性的,并取决于政府在第 1 期的违约决策,而这个违约决策由决策规则 $d(B_1, g_1, \gamma, \omega)$ 给出。

4.2 最优化问题与均衡

给定 B_1、γ 和 ω,一个初始债务持有量为 b_0^i 的家庭(其中,$I=L, H$),将通过求解下面这个最大化问题来选择 b_1^i:

[①] 这涉及一系列讨论主权违约的政治经济问题的文献,它们主要侧重于分析外部违约,例如,阿玛多尔(Amador, 2003)、迪克西特和隆德雷甘(Dixit and Londregan, 2000)、德拉斯莫(D'Erasmo, 2011)、古埃姆贝尔和苏斯曼(Guembel and Sussman, 2009)、哈乔多等人(Hatchondo et al., 2009),以及塔贝里尼(Tabellini, 1991);此外,还包括像阿莱辛纳和塔贝里尼(Alesina and Tabellini, 1990)、阿吉翁和波尔顿(Aghion and Bolton, 1990)那样的的侧重于分析封闭经济中的政府债务的政治经济学问题的研究,以及像阿吉亚尔等人(Aguiar et al., 2013)那样的关于货币联盟在面对自我实现的债务危机时的最优政策的分析。

$$v^i(B_1,\gamma,\omega)=\max_{b_1^i}\{u(y+b_0^i-q_0b_1^i-\tau_0)+\beta E_{g_1}[(1-d_1)u(y+b_1^i-\tau_1^{d_1=0})$$

$$+d_1u(y(1-\phi(g_1))-\tau_1^{d_1=1})]\},\tag{17}$$

要满足的条件是 $b_1^i\geqslant0$。上式中的 $E_{g_1}[.]$ 项代表第 1 期预期支付（无论是偿还债务时，还是违约时）。特别要注意的是，在违约情况下的回报不取决于个人债务持有量（b_1^i）的水平，这是如下事实的反映：政府在违约的情况下不能对不同的家庭区别对待。

上述问题的一个关键特征是，经济行为主体在决策他们的最优债券持有量时，会考虑到违约的可能性。在均衡税收水平上求一阶条件，可以得到如下欧拉方程：

$$u'(c_0^i)\geqslant\beta(1/q_0)E_{g_1}[u'(y-g_1+b_1^i-B_1)(1-d_1(B_1,g_1,\gamma))],\ =\text{if}\ b_1^i>0\tag{18}$$

给定 (B_1,γ,ω)，在 g_1 的取值使得政府选择违约（$d_1(B_1,g_1,\gamma,\omega)=1$）的那些状态下，额外一单位债务的边际收益为零。[1] 因此，以 B_1 为条件，更大的违约集（即，能够使得政府选择违约的 g_1 的集更大时）意味着额外一单位储蓄的预期边际收益会减少。由此而导致的一个结果是，在其他所有条件都相同的情况下，更大的违约概率会导致对政府债券的更低需求，从而使得均衡债券价格更低、税收更高。这有非常重要的再分配含义，因为在选择最优债务发行量时，政府会考虑自己的行动会如何（通过改变债券供给）影响预期的违约概率和均衡债券价格。此外还要注意，从经济行为主体的角度来看，违约选择 $d_1(B_1,g_1,\gamma,\omega)$ 是与 b_1^i 无关的。

通过上述欧拉方程，可以阐明债券均衡定价函数的一系列重要性质：

1. 世界无风险利率之上的溢价通常与违约概率有所不同（世界无风险利率定义为 q_0/β，其中，我们可以把 $1/\beta$ 视为一个投资者的资金的假想机会成本，其作用类似于世界利率在标准的外部违约模型中的作用），原因有两个：①经济行为主体是风险规避的；②在偿还债务的状态下，经济行为主体要面临更高的税收，而在标准模型中，政府不会为了偿还债务而对投资者征税。对于债券持有量为正的经济行为主体，上述最优条件意味着超出无风险利率的溢价为 $E_{g_1}[u'(y-g_1+b_1^i-B_1)(1-d_1)/u'(c_0^i)]$。

2. 如果类型为 H 的经济行为主体的欧拉方程的等号成立（即，$b_1^H>0$），同时类型为 L 的经济行为主体则面临着信贷约束（即，$b_1^L=0$），那么类型为 H 的经济行为主体将成为边际投资者，他们的欧拉方程可以用来推导均衡价格。

3. 对于足够高的 B_1、γ 或 $1-\omega$ 的值，政府可以对所有的 g_1 选择 $d_1(B_1,g_1,\gamma,\omega)=1$。在这种情况下，购买政府债券的预期边际效益会从经济行为主体的欧拉方程式中消失，因此对于这种 B_1，均衡是不存在的（因为经济行为主体不愿意以任何有限的价格购买债务）。[2] 这样一来，就会发生债务事前不可持续的情况（即，这些债务水平不能以正的价格售出）。

从均衡债券定价函数 $q_0(B_1,\gamma,\omega)$ 得出的债券价格，只要所有经济行为主体的消费都是非负的，同时政府的违约概率小于 1，就能够使如下市场出清条件成立：

---

[1] 在违约情况下，效用等于 $u(y(1-\varphi(g_1))-g_1)$，它是独立于 b_1^i 的。

[2] 这个结果类似于标准的外部违约模型的结果，说明在 t 期，债务水平如此之高，以至于政府将肯定在 $t+1$ 期中选择违约，无论可能实现的收入是什么。

$$B_1 = \gamma b_1^L(B_1, \gamma, \omega) + (1-\gamma) b H_1(B_1, \gamma, \omega) \tag{19}$$

其中,这个表达式左侧的 B_1 表示公共债券供给,右侧的 B_1 则表示对政府债券的总需求。

如前所述,我们在分析政府的决策问题时采取了逆向归纳策略:先分析最后一期($t=1$)中的违约决策问题,然后研究在 $t=0$ 时进行的最优债券发行决策。

4.2.1 政府在 $t=1$ 时的违约决策

在 $t=1$ 时,政府通过求解如下最优化问题来做出违约决策:

$$\max_{d \in [0,1]} \left\{ W_1^{d=0}(B_1, g_1, \gamma, \omega), W_1^{d=1}(g_1, \gamma, \omega) \right\}, \tag{20}$$

其中,$W_1^{d=0}(B_1, g_1, \gamma, \omega)$ 和 $W_1^{d=1}(B_1, g_1, \gamma, \omega)$ 分别表示政府在第 1 期开始时选择偿还债务和违约时的社会福利函数。用政府预算约束来替入 $\tau_1^{d=0}$ 和 $\tau_1^{d=1}$,政府的支付就可以表示为:

$$W_1^{d=0}(B_1, g_1, \gamma, \omega) = \omega u(y - g_1 + b_1^L - B_1) + (1-\omega) u(y - g_1 + b_1^H - B_1) \tag{21}$$

以及,

$$W_1^{d=1}(g_1, \gamma, \omega) = u(y(1 - \phi(g_1)) - g_1) \tag{22}$$

将这些支付函数结合起来,就可推导出:如果以下条件成立,那么政府就会违约:

$$\omega \left[u(y - g_1 + \overbrace{(b_1^L - B_1)}^{\leq 0}) - u(y(1 - \phi(g_1)) - g_1) \right]$$
$$+ (1-\omega) \left[u(y - g_1 + \overbrace{(b_1^H - B_1)}^{\geq 0}) - u(y(1 - \phi(g_1)) - g_1) \right] \leq 0 \tag{23}$$

这里需要注意的是,所有经济行为主体都必须从放弃 g_1 的收入(供政府汲取),无论政府的违约选择是什么。此外,政府选择偿还债务会减少类型为 L 的经济行为主体的消费和福利(同时提高类型为 H 的经济行为主体的消费和福利),而选择违约则意味着这两种类型的经济行为主体的消费和福利将是相同的。

违约的这种分配效应已经隐含在如方程式(23)所示的条件里了。由于政府选择偿还债务会影响所有类型的经济行为主体可用于消费的在手现金——对类型为 L 和类型为 H 的经济行为主体的影响分别为 $(b_1^L - B_1) \geq 0$ 和 $(b_1^H - B_1) \leq 0$——因此,对于给定的 B_1,政府选择偿还债务的决策会分配(弱)更低的福利给类型为 L 的经济行为主体、更高的福利给类型为 H 的经济行为主体。而且 B_1 的值越大,这两者之间的差距就越大。此外,由于这两种类型的经济行为主体在政府选择违约时的支付是相同的,因此偿还债务与违约之间福利差异也呈现出同样的特点:类型为 H 的经济行为主体比类型为 L 的经济行为主体面对的福利差异更大,而且这种差异会随着 B_1 的上升而扩大。然而,为了引发违约,不但需要类型为 L 的经济行为主体在偿还债务与违约之间的支付差异更加小,而且这种差异必须为负(即,对于类型为 L 的经济行为主体来说,政府选择偿还债务时的福利要低于选择违约时),这就要求 $B_1 > b_1^L + y\phi$ (g_1)。而这也就意味着,政府选择偿还债务时的税收必定大于选择违约时,因为,$\tau_1^{d=0} - \tau_1^{d=1} = B_1$。

为了说明推动违约决策的这种分配机制,我们不妨将与违约和还款状态的消费配置相关联的效用水平,与社会有效配置时的效用水平比较一下。为了实现这个目标,一个很有帮助的做法是,将第 1 期中的假想最优私人债务持有量的价值表示为:$b_1^L = B_1 - \epsilon$(类型为 L 的经济行为主体），以及 $b_1^H(\gamma) = B_1 + \frac{\gamma}{1-\gamma}\epsilon\gamma$，其中，$\epsilon \in [0, B1]$。这也就是说，$\epsilon$ 表示一个给定的、在经济行为主体之间分配债务持有量的假想的分权化配置。[①] 因此，在政府决定偿还债务时，消费分配将为 $c_1^L(\epsilon) = B_1 - g_1 - \epsilon$ 和 $c_1^H(\gamma, \epsilon) = \gamma - g_1 + \frac{\gamma}{1-\gamma}\epsilon$。因此，$\epsilon$ 也决定了分权化消费的分散度（差距）。

在决策偿还债务时，政府的支付可以重写为：

$$W^{d=0}(\epsilon, g_1, \gamma, \omega) = \omega u(y - g_1 + \epsilon) + (1-\omega) u\left(y - g_1 + \frac{\gamma}{1-\gamma}\epsilon\right)$$

社会规划者愿意选择的消费的有效分散度可以用 ϵ^{SP} 的值来刻画，它最大化了政府选择偿还债务时的社会福利。在 $\omega = \gamma$ 的特殊情况下（即，当政府是功利主义的，并且使用与财富分配相一致的福利权重时），ϵ^{SP} 满足下面这个一阶条件：

$$u'\left(y - g_1 + \frac{\gamma}{1-\gamma}\epsilon^{SP}\right) = u'(y - g_1 - \epsilon^{SP}) \tag{24}$$

由此，有效率的配置可以用零消费分散度来刻画，因为等边际效用意味着 $c^{L,SP} = c^{H,SP} = y - g_1$，这是在 $\epsilon^{SP} = 0$ 时实现的。

继续假设政府是功利主义的（$\omega = \gamma$）。我们现在考虑当违约是没有成本的时候［即，当 $\phi(g_1) = 0$ 时］，政府的违约决策又会是什么。假设政府除了决策违约之外，唯一可以使用的政策工具是非状态依存的债务和一次总付性的税收，那么很容易证明，违约将永远是最优的。这是因为，违约能够支持分散均衡中的社会有效分配（即，它能够产生零消费分散度的消费水平 $c^L = c^H = g_1$）。这个结果对于 B_1、g_1、γ 和 ϵ 的不同的值是固定不变的（在它们的相关范围内）。然而，这个结果同时也意味着，在这个模型中，没有违约成本的功利主义政府永远也无法保证债务可持续。

图 14 描述了上述情景。从图 14 可见，在偿还债务的情况下，作为 ϵ 的一个函数的社会福利函数的曲线呈现为钟形，在政府选择违约的情况下，社会福利函数（它是独立于 ϵ 的）则如黑色虚线所示。很显然，当 $\epsilon = 0$ 时，可以实现偿还债务情况下的最大福利，同时也可以得到有效消费分散度 ϵ^{SP}。此外，由于消费分散度的相关范围为 $\epsilon > 0$，所以在偿还债务的情况下福利在相关范围内是随 ϵ 而递减的。

上面这些结果可以概括如下：

结果 1. 如果对于所有的 g_1 和 $\omega = \gamma$，都有 $\phi(g_1) = 0$，那么对于任何 $\gamma \in (0,1)$ 和任何 (B_1, g_1)，偿还债务的社会价值 $W^{d=0}(B_1, g_1, \gamma)$ 都将随 ϵ 而递减，并且在社会有效点 $\epsilon^{SP} = 0$ 处［即，当福利等于 $u(y - g_1)$ 时］达到最大值。因此，对于任何给定的分权化的消费分散度 $\epsilon > 0$，违约始终是最优的。

在违约是有成本的情况下，结果有很大的不同。在 $\phi(g_1) > 0$ 的情况下，违约仍然能够生成零消费分散度，但是消费水平更低，效用也更低，因为此时在违约下的消费配置为 $c^L = c^H$

---

① 在这里，我们假设 ϵ 是给定的，因为这有助于我们解释政府的分配性违约动机背后的直觉。但是 ϵ 也可以是有待求解的均衡结果。另外，ϵ 必须是非负的，否则类型为 H 的经济行为主体将成为非债券持有者。

$= (1-\phi (g_1)) y-g_1 \text{。}$

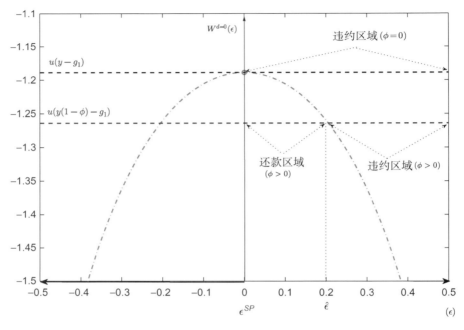

图 14 违约决策与消费分散度

虽然,这不会改变社会最优值为 $\epsilon^{SP}=0$ 的结果,但是确实也带来了改变:违约不能再支持社会有效的消费配置了。相反,分散平衡中现在存在着一个消费分散度的阈值 $\hat{\epsilon}(\gamma)$,它随 γ 而变化,并且使得对于 $\epsilon>\hat{\epsilon}(\gamma)$,违约仍然是最优的。但是,对于较低的的值,现在偿还债务变成最优的了。这是因为,当 ϵ 低于这个阈值时,偿还债务时产生的社会福利水平高于违约时的水平。

图 14 也说明了这种情况。在违约状态下,违约成本降低了这两种类型的经济行为主体的利用率的共同水平,从而降低了社会福利水平(如图 14 中的蓝色虚线所示);同时,$\hat{\epsilon}(\gamma)$ 是由偿还债务时的社会福利与违约时的社会福利相交的那一点决定的。如果在债权市场正常发挥功能时的分权化的消费分散度(ϵ)在 0 与小于 $\hat{\epsilon}(\gamma)$ 之间,那么政府选择偿还债务是最优的。直观地说,如果消费分散度不是太大,那么政府就更偏好偿还债务,因为经济行为主体的收入成本为了消除违约状态下的消费分散性而要承担的收入成本太大了。此外,随着 γ 的上升,$W_1^{d=0}$ 的范围变窄,因此 $\hat{\epsilon}(\gamma)$ 下降,支持还款的分权化的消费分散度的区间也随之变窄。这也是很自然的,因为更高的 γ 会使得社会规划者在社会福利函数中对类型为 L 的经济行为主体赋予更大的权重,而在偿还债务的状态下,类型为 L 的经济行为主体的效用是更弱的。

上面这些结果可以概括如下:

结果 2. $\phi(g_1)>0$,那么对于任何 $\gamma\in(0,1)$ 和任何 (B_1,g_1),都存在一个消费分散度的阈值 $\hat{\epsilon}(\gamma)$,使得偿还债务和违约的支付相等:$W^{d=0}(B_1,g_1,\gamma)=u(y(1-\phi(g_1))-g_1)$。如果 $\epsilon<\hat{\epsilon}(\gamma)$,那么政府将决策偿还债务,否则就决定违约。此外,$\hat{\epsilon}(\gamma)$ 随 γ 而递减。

如果在政府的福利函数中引入一个偏向(相对于功利主义的社会福利函数而言),那么就有可能导致偿还债务即便在不存在违约成本时也是最优,这也就提供了在面对违约风险时维持债务的可持续性的另一种方法。假设 $\phi(g_1) = 0$,根据 γ 和 ω 的相对大小,有两种可能的情况。第一种情况,如果 $\omega > \gamma$,那么社会规划者将总是选择违约,就像在 $\omega = \gamma$ 的情况下一样。这是因为,对于任何的 $\epsilon > 0$,分权化的消费配置都有一个特征 $c^H > c^L$,然而社会规划者的最优消费配置则要求 $c^H \leqslant c^L$,因此 ϵ^{SP} 是不可实现的。而违约能够为社会规划者带来的支付,是最接近与 ϵ^{SP} 相关联的支付的,因此社会规划者总是会选择违约。

在第二种情况下,$\omega < \gamma$,这意味着政府基于偏向给类型为 $H(L)$ 的经济行为主体赋予比每种类型的经济行为主体的实际份额更大(小)的权重。在这种情况下,即便不存在违约成本,这里这个模型也可以支持有债务的均衡。更具体地说,这时存在一个阈值消费分散度 $\acute{\epsilon}$,使得对于 $\epsilon \geqslant \acute{\epsilon}$,违约是最优的,其中 $\acute{\epsilon}$ 是 $W_1^{d=0}(\epsilon, g_1, \gamma, \omega)$ 与 $W_1^{d=1}(g_1)$ 相交处的 ϵ 的值。而对于 $\epsilon \geqslant \acute{\epsilon}$,偿还债务是更可取的,因为 $W_1^{d=0}(\epsilon, g_1, \gamma, \omega) > W_1^{d=1}(g_1)$。因此,在不存在违约成本时,偿还债务为最优的均衡需要两个条件才能实现:①政府的偏向有利于债券持有人($\omega < \gamma$);②私人经济行为主体所选择的债务水平不会产生超过 $\acute{\epsilon}$ 的消费分散度。

下面的图 15 说明了刚才描述的这些结果。它描绘了对于 $\omega \gtrless \gamma$ 的 $W_1^{d=0}(\epsilon, g_1, \gamma, \omega)$ 的图形。对于 $\omega \gtrless \gamma$,社会规划者违约时的支付和 ϵ^{SP} 的值,也可以在图中确定下来。对于任何 ω 和 γ 的值,$W_1^{d=0}(\epsilon, g_1, \gamma, \omega)$ 的垂直截距总是等于 $W_1^{d=1}(g_1)$,因为当 $\epsilon = 0$ 时,消费分散度为零,这也是违约时的结果。此外,$W_1^{d=0}(\epsilon, g_1, \gamma, \omega)$ 的钟形形状表明,$u'(\cdot) > 0, u''(\cdot) < 0$。①

接下来先讨论 $\omega > \gamma$ 的情况。在这种情况下,社会规划者在决定偿还债务时的支付如图 15 中的点虚线钟形曲线(绿色)所示。在这里,$\epsilon^{SP} < 0$,因为最优条件意味着社会规划者的最优选择会使得 $c^L > c^H$。然而,由于违约是政府唯一可利用的工具,所以这种些消费配置是不可行的。而且通过选择违约,政府会得到 $W^{d=1}$,它是任何 $\epsilon \geqslant 0$,政府最高的可行支付。

相比之下,在 $\omega = \gamma$ 的情况下,社会规划者的支付函数如图 15 中的点划虚线钟形曲线所示。这时,社会规划者选择 $\epsilon^{SP} = 0$,违约时得到的支付完全相同,因此会选择违约。总而言之,如果 $\omega \geqslant \gamma$,那么对于任何以 $\epsilon > 0$ 代表的分权化债券持有分布,政府总是会选择违约,因此不能支持有债务的均衡。

---

① 特别值得注意的是,$\dfrac{\partial W_1^{d=0}(\epsilon, g_1, \gamma, \omega)}{\partial \epsilon} \gtreqless 0 \Leftrightarrow \dfrac{u'(c^H(\epsilon))}{u'(c^L(\epsilon))} \gtreqless \left(\dfrac{\omega}{\gamma}\right)\left(\dfrac{1-\gamma}{1-\omega}\right)$。因此,社会规划者的支付随能够支持足够低(足够高)的消耗分散度的 ϵ 的值而增加(减小),从而使得 $\dfrac{u'(c^H(\epsilon))}{u'(c^L(\epsilon))}$ 高于(低于)$\left(\dfrac{1-\gamma}{1-\omega}\right)$。

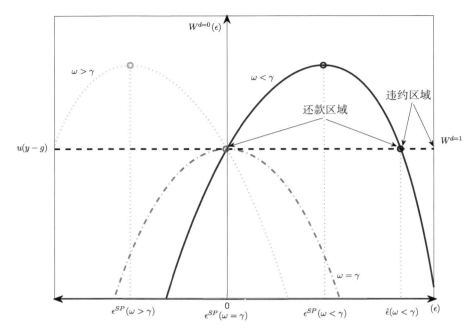

图15 有非功利主义规划者时的违约决策($\phi=0$)

当 $\omega < \gamma$ 时,社会规划者的支付函数如图15中的实线所示。$W_1^{d=0}(\epsilon,g_1,\gamma,\omega)$ 向下倾斜的那部分与 $W^{d=1}$ 相交的交点决定了阈值,使得政府违约只有在"违约区域"中才是最优的,其中 $\epsilon > \hat{\epsilon}$。对于社会规划者来说,违约仍然是次优的策略。这是因为,虽然社会规划者无法通过违约实现 $W^{d=0}(\epsilon^{SP})$,但是还是能获得最接近于它的结果。与此相反,在 $\epsilon < \hat{\epsilon}$ 的"偿还债务区域"中,优先选择是偿还债务,因为在这个区域内,$W_1^{d=0}(\epsilon,g_1,\gamma,\omega) > W^{d-1}(g_1)$。

如果在这个有"政治偏向"模型设置($\phi(g_1) > 0$)中引入违约成本,那么即便是在 $\omega \geq \gamma$ 时也能支持偿还债务均衡。图16表明,当存在违约成本时,存在一个消费分散度的阈值,能够将偿还债务区块与违约区域分隔开来(对于 $\omega \gtreqless \gamma$)。

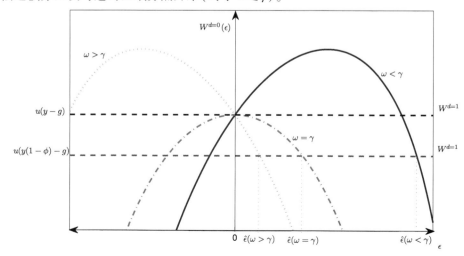

图16 当 $\varphi(g_1) > 0$ 时,有非功利主义规划者时的违约决策

这一点在图中 16 中可以看得非常清楚。图 16 显示,随着 γ 相对于 ω 的上升,选择还款的 ϵ 的值的范围不断变宽。因此,当存在违约成本时,偿还贷款均衡只需要一个条件:私人经济行为主体选择的债务持有量(这是 ϵ 中隐含的)所生成的消费分散度,不会比与给定的(ω, γ)对相对应的 $\hat{\epsilon}$ 还大。

这是符合直觉的:类型为 H 的经济行为主体的消费量超过类型为 L 的经济行为主体的消费量的程度,不能走出 $\hat{\epsilon}$ 所允许的范围,不然的话,违约值就会是最优的。

偏向于债券持有人的政府认为偿还债务是最优的,这个事实似乎并不怎么令人惊讶。然而,正如我们稍后会指出的,带有这种偏向的政府,实际上可能是多数投票的内生结果——如果作为非债券持有人的经济行为主体的比例足够大的话。这种情况发生在这些经济行为主体受到了流动性约束的情况下(即,触及了无借款约束的情况下)。原因是,在这种情况下,他们更喜欢政府偏向于债券持有人,那样的话政府就会承担更高的债务水平,而公共债务可以为他们提供流动性。

4.2.2　政府在 $t=0$ 时的债务发行决策

现在,我们可以研究政府在最初的那个时期如何选择最优债务发行数额了。这是模型预测的事前可持续债务水平,其中有一些在第 2 期中会被违约(而且这种违约是事后最优的),具体取决于第 2 期中 g_1 的实现情况。政府和私营部门都认识到了这一点,所以在第 1 期中,均衡时的可发行债务是以包含了违约风险溢价的价格进行交易的。如果对于给定的债务存量,存在 g_1 的某些值,使得违约是第 2 期的最优选择的话,这种情况就会发生。

为了更好地理解政府的最优化问题,我们接下来先阐述,公共债务作为一个经济行为主体之间的消费分散度的工具,是怎样在同一个时期之内和不同时期之间发挥作用的。具体地说,在偿还债务的情况下,在每一个时期内的消费分散度由以下条件给出:

$$c_0^H - c_0^L = \frac{1}{1-\gamma}\left[B_0 - q_0(B_1,\gamma,\omega)B_1\right],$$

$$c_1^{H,d=0} - c_1^{L,d=0} = \frac{1}{1-\gamma}B_1,$$

$$c_1^{H,d=1} - c_1^{L,d=1} = 0.$$

这些表达式清楚地告诉我们,给定 B_0,在 $t=0$ 时,发行一定债务($B_1 > 0$)与不发行债务($B_1 = 0$)相比,能够减少消费分散度。但是,如果在 $t=1$ 时选择偿还债务,则会扩大消费分散度。此外,在 $t=0$ 时,将债务作为再分配工具,其作用会受到拉弗曲线关系的阻碍,就像上一节所描述的扭曲性的税收一样。在这种情况下,拉弗曲线的形式,将与外部违约文献中人们熟悉的债务曲线的形式一样——这个曲线是用从发行的债务的数量 B_1 到政府利用借入的款项所获得的资源 $q_0(B_1,\gamma,\omega)B_1$ 上的映射来定义的。这种映射的形状之所以像税收拉弗曲线,就是因为更大的债务发行具有更高的违约风险,从而降低了债务的价格。接近于零的债务的违约风险也为零,因此债务的增加能够增加政府所能获得的资源。然而,当债务水平很高,达到了不可持续的区域附近时,更高的债务反而会减少政府所有获得的资源,因为价格会随债务的上升而下降,而且速度快得多。在这两个极端之间,我们可以得到一条钟形的债务拉弗曲线。然后,从这条拉弗曲线可以推出,在 $t=0$ 时,从 $B_1=0$ 处开始,消费分散度先随 B_1 的增加而下降,但是 B_1 存在一个正的临界值,超过那个临界值后,消费分散度就会变成债务的递增函数。

在 $t=0$ 时,政府选择债务政策以内部化上面这些消费分散效应(包括影响日期 0 的分散度的债务拉弗曲线),以及它们对社会福利的影响。更正式地,政府选择 B_1,以最大化如下"间接"社会福利函数:

$$W_0(\gamma,\omega)=\max_{B_1}\{\omega v^L(B_1,\gamma,\omega)+(1-\omega)v^H(B_1,\gamma,\omega)\} \tag{25}$$

其中,v^L 和 v^H 是私人经济行为主体的价值函数,它们是在求解贝尔曼方程(17)所定义的问题的过程中获得的,考虑了政府预算约束和债券均衡定价函数。

我们在这里集中关注功利主义政府的情况(即,$\omega=\gamma$)。我们可以从如下一阶条件(假设相关的函数是可微分的)推导出关于最大化问题的解的一些直觉结果:

$$u'(c_0^H)=u'(c_0^L)+\frac{\eta}{q_0(B_1,\gamma,\omega)\gamma}\{\beta E_{g_1}[\Delta d\Delta W_1]+\gamma\mu^L\}$$

其中,

$$\eta\equiv q_0(B_1,\gamma,\omega)/q'_0(B_1,\gamma,\omega)B_1<0,$$
$$\Delta d\equiv d(B_1+\delta,g_1,\gamma)-d(B_1,g_1,\gamma)\geqslant 0,对于 \delta>0 但很小,$$
$$\Delta W_1\equiv W_1^{d=1}(g_1,\gamma)-W_1^{d=0}(B_1,g_1,\gamma)\geqslant 0,$$
$$\mu^L\equiv q_0(B_1,\gamma,\omega)/u'(c_0^L)-\beta E_{g_1}[(1-d^1)u'(c_1^L)]>0$$

在这些表达式中,η 是对政府债券需求的价格弹性,$\Delta d\Delta W_1$ 表示违约的边际分配性收益,而 μ^L 则表示对类型为 L 的经济行为主体有约束力的时候的借款约束的影子价值。

如果两种类型的经济行为主体在做出储蓄决策时都不受约束,那么 $\mu^L=0$。[1] 而且,如果违约风险没有变化(或假设政府承诺完全清除违约风险),使得 $E_{g_1}[\Delta d\Delta W_1]=0$,那么最优条件可以简化为:

$$u'(c_0^H)=u'(c_0^L)$$

因此,在这种情况下,社会规划者将试图发行债务,以便让两种类型的经济行为主体在日期 0 时的消费的边际效用相等,而这只需要直接将 B_1 设置为满足 $q_0(B_1,\gamma,\omega)B_1=B_0$ 即可。如果类型为 L 的经济行为主体是受到限制的(即,$\mu^L>0$),同时继续假设违约风险没有变化或者政府承诺会偿还债务,那么最优条件就变为:[2]

$$u'(c_0^H)=u'(c_0^L)+\frac{\eta\mu^L}{q_0(B_1,\gamma,\omega)}$$

既然 $\eta<0$,所以这个结果也就意味着 $c_0^L<c_0^H$,因为 $u'(c_0^L)>u'(c_0^H)$。因此,即便违约风险固定不变或者根本不存在违约风险,政府的债务选择也要根据需要设定 B_1,以维持一个正的

---

① 这里的"$\mu^L=0$",原文为"$\mu_L>0$"。疑有误,已改。——译者注
② 这里的"$\mu^L>0$",原文为"$\mu_L>0$"。疑有误,已改。——译者注

最优消费分散度水平。这个消费分散度支持了类型为 L 的经济行为主体相对于类型为 H 的经济行为主体的边际效用的"出超"，等于 $\dfrac{\eta\mu^L}{q_0(B_1,\gamma,\omega)}$。此外，由于最优消费分散度为正值，所以我们也可以肯定 $B_0 > q_0(B_1,\gamma,\omega)\,B_1$，从政府预算约束可知，这意味着政府在 $t=0$ 时实现了基本盈余。政府借入了资源，但是还不足以消除所有消费分散性（那要求基本余额为零）。

关于发行债务的最优性的上述直觉结论，也可以用从税收平滑和储蓄的角度来说明：在日期 0，当不发行债务时，消费分散度将为 $B_0/(1-\gamma)$，但是这比政府所找到的最优结果更加分散，因为只要选择 $B_1 > 0$，政府就能够为每个人提供税收平滑（即，减少日期 0 时的税收），特别是，这放松了类型为 L 的经济行为主体的信贷约束，同时也为类型为 H 的经济行为主体提供了理想的储蓄工具。因此，正债务会增加类型为 L 的经济行为主体的消费（因为，$c_0^L = y - g_0 - B_0 + q_0(B_1,\gamma,\omega)\,B_1$），同时减少类型为 H 的经济行为主体的消费（$c_0^H = y - g_0 - B_0 + \left(\dfrac{\gamma}{1-\gamma}\right)(q_0(B_1,\gamma,\omega)\,B_1)$）。但是，发行债务（假设偿还债务）也会增加在 $t=1$ 时的消费分散度，因为债务是用对所有经济行为主体征收的更高的税收来偿还的，同时类型为 H 的经济行为主体则还可以收到债务还款。因此，选择最优债务，就是要在减少（增加）债券持有人（非债券持有人）在日期 0 的消费的社会成本和收益，与增加（减少）他们在日期 1 的消费的社会成本和收益之间进行权衡。而在这样做的过程中，政府内部化了债务拉弗曲线。这里的事实是，额外的债务降低了债券的价格，并有助于减少 μ^L，这反过来又降低了政府的最优消费分散度。①

在存在违约风险的情况下，如果违约风险在最优债务选择附近发生 b 变化，那么 $E_{g_1}[\Delta d\Delta W_1]$ 项就会进入政府的最优化条件且其符号为正，而这就意味着，在日期 0 上，经济行为主体之间边际效用的最优差距愈发扩大了。因此，政府在 $t=0$ 时对消费分散度的最优选择要大于没有违约风险的情况下，而在 $t=1$ 时的预期分散度则更低，因为在某些世界状态下，政府将会选择违约，从而消费分散度随后就会下降到零。这也就表明，政府选择了比没有违约风险时更低的 B_1 的值，因为日期 0 时的消费进一步分化了。此外，现在政府付款的激励弱化了，拉弗债务曲线在这里起到了核心作用，因为随着违约风险的上升，债券价格更快地下降向零靠拢，而且可以用来减少日期 0 时的消费分散度的资源在更低的债务水平上达到了峰值。简而言之，违约风险降低了政府利用非状态依存债务来减少消费分散度的能力。

现在总结一下。类型为 L 的经济行为主体受到的限制越大（μ^L 越高），或者违约的预期分配性收益越大（$E_{g_1}[\Delta d\Delta W_1]$ 越高），政府所认为的最优债务发行水平就越高。这两个机制都是作为货币外部性而发挥其作用的：它们之所以重要，只是因为政府债务的选择可以改变债券的均衡价格——而私人经济行为主体则将债券的均衡价格视为给定的。

对于给定的 γ 和 ω 的值，具有最优债务和违约策略的竞争均衡是，值函数 $v^i(B_1,\gamma,\omega)$ 和决策规则 $b^i(B_1,\gamma,\omega)$ 对，其中：$i=L,H$；政府债券定价函数 $q_0(B_1,\gamma,\omega)$；以及一组政府政策

---

① 然而，需要注意的是，在不存在违约风险的时候，拉弗曲线的曲率比存在违约风险时小，这是因为 $q_0^{ND}(B_1,\gamma)\geqq q_0(B_1,\gamma,\omega)$。

函数 $\tau_0(B_1,\gamma,\omega)$、$\tau_1^{d\in\{0,1\}}(B_1,g_1,\gamma,\omega)$、$d(B_1,g_1,\gamma,\omega)$、$B_1(\gamma,\omega)$,使得:

1. 给定上述定价函数和政府政策函数,$v^i(B_1,\gamma,\omega)$ 和 $b^i(B_1,\gamma,\omega)$ 可以求解家庭的最大化问题。

2. $q_0(B_1,\gamma,\omega)$ 满足债券市场的市场出清条件,即方程式(19)。

3. 政府违约决策 $d(B_1,g_1,\gamma,\omega)$ 能够解出问题(20)。

4. 税收 $\tau_0(B_1,\gamma,\omega)$、$\tau_1^d(B_1,g_1,\gamma,\omega)$ 与政府预算约束一致。

5. 政府债务政策 $B_1(\gamma,\omega)$ 可以解出问题(25)。

4.3 定量分析

我们使用基于欧洲数据的校准来研究模型的定量预测。由于模型比较简单,所以我们的目标并不在于很好地匹配在欧洲数据中观察到的债务和风险溢价的动态,而是阐明一组合理的参数值是能够支持处于违约风险中的可持续债务的均衡的。[1] 我们还用这种数值分析方法研究了初始财富的分散性和政府在福利问题上的偏向是如何影响可持续债务的。

4.3.1 校准

模型校准是在年度频率上进行的,大多数参数值都设置为与用欧洲数据计算出来的相应的矩互相匹配。需要设定的参数值包括主观贴现因子 β,相对风险规避系数 σ,政府支出随机过程的矩 $\{\mu_g,\rho_g,\sigma_g\}$、政府债务和支出的初始水平 (B_0,g_0)、收入水平 y,类型为 L 的经济行为主体的初始财富 b_0^L,以及违约成本函数 $\varphi(g_1)$。我们把校准的参数总结在了表 14 中。设定参数之后,我们求出了区间 $[0,1]$ 上对 γ 和 ω 的不同的值的均衡结果。德拉斯莫和门多萨(D'Erasmo and Mendoza,2013)给出的美国和欧洲的数据表明,γ 的经验相关范围为 $[0.55,0.85]$。因此,当需要给出 γ 的特定值时,我们取 $\gamma=0.7$,这是上述合理范围的中位值。

偏好参数则设置为标准的值:$\beta=0.96$ 和 $\sigma=1$。为了简单性,我们还直接假设类型为 L 的经济行为主体的初始财富为零,即,$b_0^L=0$。[2] 这个校准参数和其他校准参数所导致的储蓄计划使得类型为 L 的经济行为主体受到了信贷约束,因此 $b_1^L=0$。

我们估计了法国、德国、希腊、爱尔兰、意大利、西班牙和葡萄牙的(对数)政府支出–GDP比率的一阶自回归过程,并将 $\{\mu_g,\rho_g,\sigma_g\}$ 设置为相应的跨国平均估计值,即,设定为:$\mu_g=0.1812$、$\rho_g=0.8802$、$\sigma_g=0.017$。[3]

---

[1] 我们按照类似于前面的理论分析中所使用的反向递归策略求解这个模型。首先,对于每个 $\{\gamma,\omega\}$ 对和视为给定的 B_1,我们通过对 $\{d_1,q_0,b^i\}$ 进行迭代,求解均衡价格和违约函数。然后,在第二个阶段,为了求出完整的均衡解,我们还需要找出 B_1 的最优选择,方法是求解日期 0 时的政府最优化问题(25)。如前所述,如果政府对于 g_1 的所有实现值都认为 B_1 是最优的,或者如果对于给定的 B_1,类型为 L 的经济行为主体的消费是非正的,那么对于给定的 B_1、γ 和 ω 的值,,债务均衡将不会存在。

[2] $\sigma=1$ 和 $b_0^L=0$ 的假设的另一个用处是,在这些假设下,我们可以得到解析形式的解,并证明一系列解析形式的结果。

[3] 这里的"$\sigma_g=0.017$",原文为"$\sigma_e=0.017$"。疑有误,已改。——译者注

表 14 模型参数值

参数		参数值
贴现因子	β	0.96
风险厌恶倾向	σ	1.00
平均收入	y	0.79
类型为 L 的家庭的财富	$b_0{}^L$	0.00
平均政府消费	μ_g	0.18
政府支出自相关系数	ρ_g	0.88
标准偏差	σ_g	0.017
初始政府债务	B_0	0.79
违约的产出成本	φ_0	0.02

注:政府支出、收入和债务的值是根据法国、德国、希腊、爱尔兰、意大利、西班牙和葡萄牙的数据得出的,数据来源是欧盟统计局(Eurostata)。

我们设定 $g_0=\mu_g$,并利用陶亨(Tauchen,1986)提出的正交法,在 $G_1 \equiv \{g_1, \cdots, \bar{g}_1\}$ 取了 45 个节点,生成了 g_1 的实现值和转移概率。

平均收入 y 校准为使得当 GDP 被归一化为 1 时,模型中的总资源约束与数据一致。这也就意味着经济行为主体的总禀赋的价值必须与扣除固定资本投资和出口净值之后的 GDP 相等,因为后两者并没有包含于模型当中。对于同一组用来估计 g_1 过程的国家,1970 年至 2012 年间的收入的平均值为 $y=0.7883$。[1]

我们将初始债务水平设定为 $B_0=0.79$,使得在数据中观察到的最大的不平等中($\gamma=0.85$),当 $\omega=\gamma$ 时,至少有一个 B_1 的水平是可行的。我们假设违约成本取如下形式:$\phi(g_1)=\varphi_0+(\bar{g}-g_1)/y$,其中,$\bar{g}$ 校准后,用来表示 g_1 的一个"异常大的"实现值,即等于政府支出的马尔可夫过程的最大实现值,而后者以设置为等于对(对数)平均值的 3 个标准偏差。[2]

我们校准了 φ_0,以匹配观察到的国内违约的频率的估计值。根据莱因哈特和罗戈夫(Reinhart and Rogoff,2011)的统计,在历史上,国内违约率大约为外部违约率的 1/4(根据他们的数据,自 1750 年以来,国内违约次数为 68,外部违约次数为 250)。由于外部违约的概率的估计值介于 3% 至 5% 的范围内——例如,请参见,阿雷拉诺(Arellano,2008)——因此,国内违约的概率大约为 1%。如果我们设定 $\varphi_0=0.02$,那么在 γ 的经验相关区间上求解时($\gamma \in [0.55, 0.85]$),可以从模型得到平均来说接近这个违约概率的结果。但是,需要注意的是,φ_0 和 B_0 的校准要想与它们对应的目标相匹配,需要反复求解该模型,直到很好地逼近这

---

[1] 还需要注意的是,在这种对 y 的校准与 g_1 的马尔可夫过程之间,差距 $y-g_1$ 总是为正,甚至对于 $g_1=\bar{g}_1$ 也是一样,这反过来又保证了所有偿还债务的状态下都有 $c_1{}^H>0$。

[2] 这个成本函数有一个主要特征是与外部违约文献中广泛使用的违约成本函数相同的,即,违约成本是可支配收入($y-g_1$)的增函数,目的是让违约动机能够支持更高的债务比率,并在经济衰退期间触发违约,例如,请参见,阿雷拉诺(Arellano,2008)、门多萨和岳(Mendoza and Yue,2012)。此外,这种设置还可以确保经济行为主体在违约期间的消费量不会超过给定的阈值。

两个目标。

4.3.2 功利主义政府（ω=γ）

我们先来研究在假设政府是功利主义的(即,ω=γ)情况下获得的一组结果。这是因为,功利主义政府是一个自然的基准。由于政府的违约决策是从经济行为主体在 $t=1$ 时在偿还债务和违约时的效用中推导出来的,因此将序数效用度量映射到基数效用度量上是很有用的,方法是计算"违约的个人福利收益"。这里所用的基数效用度量是标准的消费等价价值,即,使得违约时和偿还债务时的效用相等的价值。给定常相对风险厌恶的函数形式,违约的个人福利收益可以直接简化为每个经济行为主体在 $t=1$ 时违约状态与非违约状态之间的消费的百分比变化:

$$\alpha^i(B_1,g_1,\gamma)=\frac{c_1^{i,d=1}(B_1,g_1,\gamma)}{c_1^{i,d=0}(B_1,g_1,\gamma)}-1=\frac{(1-\varphi(g_1))y-g_1}{y-g_1+b_1^i-B_1}-1$$

$\alpha^i(B_1,g_1,\gamma)$ 的正(负)值意味着经济行为主体 i 更偏好政府违约(偿还债务)的"数额"等价于消费增加(减少) $\alpha^i(\cdot)$ 个百分点。使用 γ 把个人福利收益集结起来,就可以得到违约的社会福利收益的功利主义表示:

$$\overline{\alpha}(B_1,g_1,\gamma)=\gamma\alpha^L\overline{\alpha}(B_1,g_1,\gamma)+(1-\gamma)\alpha^H(B_1,g_1,\gamma)$$

如果得到的是正值,那就表明违约会导致社会福利收益;负值则意味着损失。

下面的图 17 显示了两个违约社会福利收益强度图,其中,纵轴和横轴分别给出了 B_1 和 γ 的取值范围。图 17(A)是关于低水平的政府采购 g_1 的,设定了 μ_g 之下 3 个标准差的范围;(B)是关于高水平的政府采购 $\overline{g}_1$ 的,设定 μ_g 之上 3 个标准偏差的范围。"无均衡区域"代表的是债务市场崩溃且不存在均衡的 (B_1,γ) 值。[①]

在这些强度图中,违约的社会福利收益得到了明确的界定。这说明了驱动政府决定违约的分配性动机的两个关键机制:第一,保持 γ 固定不变,违约时的债务水平越高,违约的福利收益越高,或者反过来说,偿还债务的收益越低。第二,保持 B_1 不变,违约的福利收益也随 γ 而增加(即,财富集中度越高,违约的福利收益越大)。

这也就意味着,在更高的债务水平上,只需要更低的财富分散度(财富差异)就足以触发违约了。[②] 例如,对于与 GDP 的比率为 20%的债务水平($B_1=0.20$)以及 $g_1=\overline{g}_1$,如果 $0\leqslant\gamma\leqslant0.25$,那么就是偿还债务的情况下社会福利更高;如果 $0.25<\gamma\leqslant0.6$,那么就是违约的情况下社会福利更高;而对于更高的 γ,则不存在均衡,因为在那种情况下,政府不仅会对 $g_1=\overline{g}_1$ 偏好违约,而且会对所有可能的 g_1 都更偏好违约。相反,如果债务达到了 GDP 的 40%,那么

[①] 需要注意的是,为了确定在某些 (B_1,γ) 上,$c_0^L\leqslant0$ 是否成立,我们还需要得出 $q_0(B_1,\gamma)$,因为结合类型为 L 的经济行为主体的预算约束和政府的预算约束,可以得到 $c_0^L=y-g_0-B_0+q_0B_1$。因此,为了求出这个条件,我们取给定的 B_1,并使用类型为 H 的经济行为主体的欧拉方程和市场出清条件来求解 $q_0(B_1,\gamma,\omega)$,然后确定 $y-g_0-B_0+q_0B_1\leqslant0$ 是否成立。如果真的成立,那么 (B_1,γ) 就位于较低的非均衡区。

[②] 不难注意到,当 $b_0^L=0$ 时,初始债务持有量的横截面方差是由 $Var(b)=B^2\frac{\gamma}{1-\gamma}$ 给出的。而这就意味着横截面变异系数等于 $CV(b)=\frac{\gamma}{1-\gamma}$,对于 $\gamma\leqslant1/2$,它随 γ 而递增。

在均衡存在的所有 γ 值中，都是违约的情况下社会福利更高。

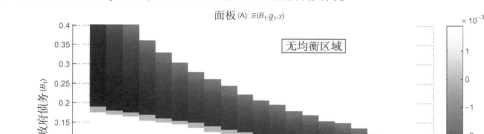

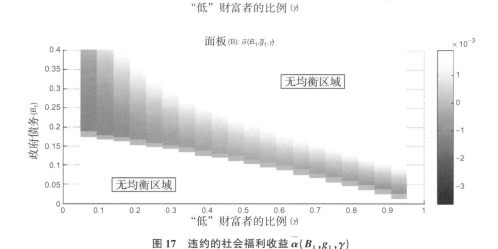

图 17　违约的社会福利收益 $\overline{\alpha}(B_1, g_1, \gamma)$

注：在图（A）和图（B）中，颜色或阴影的强度表示福利收益的大小——如图右侧的图例所示。标示为"无均衡区"的白色区域表示债务场崩溃且不存在均衡的 (B_1, g) 值。

图 17 中的图（A）和图（B）之间的主要区别在于，图（B）非常明确地呈现了从偿还债务是社会最优的区域 $[\overline{\alpha}(B_1, g_1, \gamma) < 0]$ 到违约是社会最优的区域 $[(\alpha B_1, g_1, \gamma) > 0]$ 的过渡，但是在图（A）中，违约的社会福利收益永远不会成为正值，所以偿还债务总是最优的。这反映了更高的 g_1 削弱了偿还债务的动机的事实。在右上角的"无均衡区"中，之所以不存在均衡，是因为在给定的 γ 值上，政府会对给定的 B_1 上对所有的 g_1 的值都选择违约。而在左下方的"无均衡区"，之所以不存在均衡，是因为给定的 (B_1, γ) 将会产生 $c_0^L \leqslant 0$，所以政府根本不会提供那个特定的 B_1。

接下来考虑政府在违约决策中的选择，它是由违约的社会福利收益的正负符号所驱动的。从图 17 中可以很清楚地看出，给定 B_1 和 γ，g_1 越高，政府违约可能性越大；给定 γ 和 g_1，B_1 越高，政府违约可能性越大；给定 B_1 和 g_1，γ 越高，政府违约可能性越大。因此，我们可以计算出 γ 的一个阈值，使得政府在 $t=1$ 时对于给定的某个 (B_1, g_1) 在违约与偿还债务之间无差异。图 18 给出了当债务水平介于 0 至 0.4 之间时，对于政府支出 $\{\underline{g}_1, \mu_g, \overline{g}_1\}$ 的三个值的无差异阈值 $[\hat{\gamma}(B_1, g_1)]$。对于任何给定的 (B_1, g_1)，如果 $\gamma \geqslant \hat{\gamma}$，那么政府肯定会选择违约。

图 18 表明,违约阈值是随 B_1 而递减的。因此,只有当财富集中度足够低的时候,政府才会容忍更高的债务比率而不违约。此外,违约阈值也随 g_1 而下降,因而当政府支出更高时(即,当阈值曲线向内移动时),政府有更强烈的动机去违约。[1]

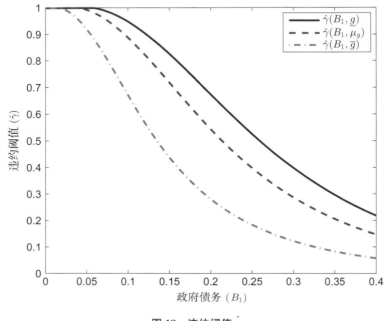

图 18 违约阈值 $\dot{\gamma}$

违约阈值 $\dot{\gamma}$ 的这最后一个特征对于有违约风险的可持续债务的均衡的决定非常重要。如果对于给定的某个 B_1 的值, γ 高于表示对应于 g_1 的马尔可夫过程中的最低实现值(那也是 $\underline{g_1}$ 的值)的 $\dot{\gamma}$ 的曲线,那么政府就肯定会违约;同时如前所述,在均衡时不存在可持续的债务。或者,如果对于某个给定的 B_1 值, γ 低于表示对 g_1 的最高实现值(即, $\overline{g_1}$ 的值)的 $\dot{\gamma}$ 的曲线,那么政府肯定会偿还债务,同时债务可以有效地发行且没有违约风险。因此,要想让模型支持具有违约风险的可持续债务的均衡,政府对于给定的 γ 在第一期选择的最优债务必定位于上述两条极端阈值曲线之间。我们在下面将证明,在我们这个定量实验中,情况就是如此。

在证明这些结果之前,先重点强调一下债券定价函数的三个关键性质。这个函数的定量结果(为了节省空间,我们略去了细节),反映了前面的模型分析中讨论过的如下性质。

1. 对于给定的 γ ,均衡价格随 B_1 而下降(即,定价函数曲线随着 B_1 的上升而向下移动)。这个结果从标准的供求分析就可以得到:对于给定的 γ ,随着政府借款的增多,类型为 H 的经济行为主体希望获得的更多债务的价格将下降,而利率将上升。

2. 违约风险会使债券的价格下降至低于无风险价格的水平,从而产生一个风险溢价。直观地说,当不存在违约风险时(即,当 B_1 和 γ 的组合使得违约概率为零),这两个价格是相

---

[1] 对于足够大的 B_1 , γ 将接近于零,但是在图 18 中, B_1 只达到了 0.40,不过这已经足以说明问题了。

同的。但是,随着违约概率的上升,经济行为主体就会要求得到一个溢价,不然债券市场无法出清。

3. 债券价格是财富分散度的非单调函数:当违约风险足够低时,债券价格随 γ 而上涨,但是最终又会变成 γ 的一个非常陡峭的减函数。更高的 γ 意味着财富分布更加分散,所以类型为 H 的经济行为主体成为人口中的较小的一部分,因此他们必定会要求更多的人均债务,这样才能使债券市场出清(即,b_1^H 随 γ 而增加),这就会推动债券价格上涨。虽然违约风险较低,但是这种"需求组合效应"占了主导地位,因此债券价格会随着 γ 的提高而上升。但是随着 γ 的不断提高和违约风险的上升(因为更高的财富分散度强化了违约的激励),风险溢价的上升将变成主导因素(在 $\gamma > 0.5$ 上下这种情况就会发生),并导致债券价格随 γ 增加而急剧下降。

最后,我们研究一下这个模型的有最优债务和违约政策的完全均衡中的数值解。解的关键要素是可持续的债务,它也是政府在第一期中以均衡价格发行债务的最优选择[即,作为问题(25)的最优解的 B_1]。我们证明,这种可持续的债务是一个均衡的流形(即,在 γ 的一定取值范围内可持续的债务作为模型的均衡解)。然后,给定这种可持续债务,我们就可以运用上述函数——描述两个时期内私人经济行为主体的最优债务需求计划、政府第一个时期的违约选择、债券价格和对于任何 B_1 的值的违约风险的各种函数——来确定模型的所有内生变量的相应的均衡流形的值了。

图 19 显示了均衡流形的四个主要组成部分:(A)绘出了具有违约风险的模型的可持续的第一期发行的债务 $B_1^*(\gamma)$ 的流形,同时为了便于比较,还给出了政府承诺偿还债务、因而债券没有风险时的债务水平 $B_1^{RF}(\gamma)$。(B)显示了与两个经济体的可持续债务相对应的均衡债务价格。(C)显示了违约利差(债券价格的倒数之差)。(D)显示了违约概率。由于从原则上说,如果可以选择违约,那么政府仍然可以选择某个债务水平,在那个债务水平上,对于 g_1 的所有实现值,政府都可能更偏好偿还债务。

小组(A):债务选择 $B_1^*(\gamma)$ 面板(B):债券价格 $q[B1^*(\gamma),\gamma]$

对此,我们在图 19(A)中用正方形来将这些均衡——即,$B_1^*(\gamma)$ 有正的违约概率的均衡——标识出来。除了在最小的伽马值($\gamma = 0.05$)之外,这种情况都会发生。在 $\gamma = 0.05$ 处,政府会将 $B_1^*(\gamma)$ 设定为 GDP 的 40%,使得违约概率为零。

图 19(A)表明,无论是在有违约风险的经济中,还是在政府承诺偿还债务的经济中,可持续的债务水平都会随 γ 的上升而下降。之所以会发生这种情况,是因为在这两种经济中,政府都会尝试通过最优地改变乘积 $q(B_1)B_1$ 来实现消费在不同经济行为主体之间和不同时期之间的重要分配,而且在这样做的过程中,也就可以将债券价格对政府的债务选择的反应内部化了。随着 γ 的上升,这种反应会受到更强的违约激励和更强的需求组合效应的影响。在这里这个定量实验中,后者将会占主导地位,因为图 19(B)表明均衡债券价格总是随 γ 上升。因此,政府实现了内部化:随着 γ 的上升,需求组合效应加强了债券需求,推动着债券价格上涨,因此政府可以通过选择更低的 B_1 在实际上获得更高的 $q(B_1)B_1$。这是一个标准的拉弗曲线式的证明:在这个曲线的向上倾斜的阶段,增加债务能够增加政府在第一个时期通

过借款获得的资源的数额。

在 γ 的经验上相关的取值范围内,在不存在违约风险的情况下,可持续债务比率可以从占 GDP 的 20％提高到 32％,而在有违约风险的情况下则从 8％提高到 15％。由于欧洲数据的中位数为 35％,所有这些比率看上去相对比较低,但是考虑到两期模型设置的简单性,它们仍然值得注意。特别是,这个模型缺乏更长期限情况下的收入和税收平滑效应及自我保险激励[请参见艾亚格里和麦克格拉顿(Aiyagari and McGrattan, 1998)],同时它对 $\gamma=[0,1]$ 上的最优债务选择的上限约束又低于 $B_0/(1+\beta)$——这是在不存在违约风险的情况下,当 $\gamma \to 0$ 时的上限。

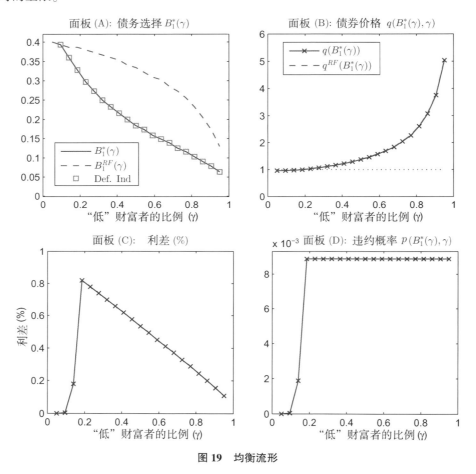

图 19 均衡流形

图 19(B)表明,随着 γ 的上升,可持续债务的债券价格会从非常低变为非常高,包括大幅超过 1 的债券价格,而那意味着公共债务的实际利率是很大的负值。事实上,正如德拉斯莫和门多萨(D'Erasmo and Mendoza, 2013)所阐明的,均衡债券价格在存在或不存在违约风险的情况下都是相似的,而且都随 γ 而上升。这是因为在均衡状态下,政府会选择违约风险较低的债务头寸[见图 19(D)],因此随着 γ 的上升,需求组合效应会增强并占主导地位,导致

债券价格随 γ 而上升,使得存在或不存在违约风险的情况下的债券彼此相似。[①]

图 19(C)和(D)则表明,与关于外部违约的标准模型相反,在这个模型中,违约利差曲线的开关与违约概率不相似,而且与后者之间也不存在某种单调的关系。[②] 违约利差和违约概率在 $\gamma=0.05$ 处都为零,因为 $B_1^*(0.05)$ 具有零违约概率。从那里开始,到 γ 增加到 0.2 为止,可持续债务的违约利差和违约概率的变化在一定程度上是相似的,但是对于 $\gamma>0.2$ 而言,利差随 γ 而下降,但是违约概率则一直保持在 0.9％ 左右。对于 $\gamma=0.95$,违约概率达到了利差的 9 倍(0.9％ vs 0.1％)。

政府在不同经济行为主体之间和不同时期之间重新配置消费、在做出债务选择时内部化债务价格的反应的动机,还可以通过考察债务拉弗曲线来进一步加以说明。图 20 在 $[0.05,0.95]$ 的范围内显示了对于五个 γ 值的拉弗曲线。

除了一种情况之外,可持续债务 $B_1^*(\gamma)$(即政府在均衡价格下最优地选择的均衡债务)都位于相对应的拉弗曲线的最大值上。在这些情况下,将债务水平设定为高于最大值是次优的,因为违约风险会极大地降低债券价格,将政府推向拉弗曲线的向下倾斜的区段。

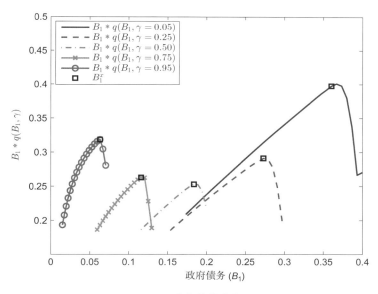

图 20　债务拉弗曲线

注:每一条曲线都会在横轴上的 B_1 取特定值时出现截断——或者足够低,使得 $c_0^l\leqslant0$;或者足够高,使得政府对 g_1 的所有实现都选择违约——因为在这些情况下,均衡不存在。

而且,将债务设定为低于最大值也不是最优的,因为在那个位置违约风险很低,利用更

[①] 在所有其他条件都相同的情况下,我们的模型预测,更高的收入分散度(无论是因为非累进的税收制度所致,还是因为家庭基础收入或持有的债券头寸所致)导致更大的利差。在德拉斯莫和门多萨(D'Erasmo and Mendoza, 2013)中,我们证明,采用累进性更高的税收制度的经济的利差较低。这里的直觉很简单。政府越可以通过税收方式完成重新分配,通过对国内债务违约来重新分配的动机就越弱。这篇论文的结果表明,对违约的激励不会消失,但是利差会大幅下降。另外,在德拉斯莫和门多萨(D'Erasmo and Mendoza, 2013)中,我们还给出了债务和收入比率与财富不平等性之间的非线性关系的证据。由于数据可得性的限制,我们不能将这个分析扩展到利差与收入分散度之间的关系或与税收制度的累进性之间的关系上。

[②] 在标准模型中,根据风险中性的代表性投资者的套利条件,这两者是相似且相互之间的关系是单调的。

多的借款可以获得更多的资源——债券价格变化不会很大,使得政府处于拉弗曲线的向上倾斜的区段上。因此,如果最优债务的违约概率不是微不足道的,那么政府的债务选择就会耗尽它自己的通过借款筹集资源的能力。唯一的例外出现在 $\gamma = 0.05$ 时,在那里 $B_1^*(\gamma)$ 的违约概率为零。在这种情况下,政府的最优债务位于拉弗曲线的最高点的左边,所以政府的债务选择并没有耗尽政府通过借贷来获得资源的能力。当违约概率虽然为正、但是可以忽略时,也会发生这种情况。例如,当 $\gamma = 0.15$ 时,违约概率接近于零,最优债务选择再一次略微偏向对应的拉弗曲线的最高值的左侧。

4.3.3 有偏向的福利权量($\omega \neq \gamma$)

我们要进行的最后一个数值实验是,如果我们允许政府的支付函数的权重显示出有利于债券持有人的偏向,那么结果又会如何变化。图 21 显示了,对于两个不同的政府债务水平($B_{1,L} = 0.143$,以及 $B_{1,H} = 0.185$),社会规划者的违约福利收益怎样随 ω 和 γ 而变化。在图中,无均衡区域仍然以白色表现——出现无均衡区域的原因与前面的数值实验中相同。

与前文的讨论一样,在均衡有明确定义的区域内,社会规划者的违约收益随着 ω 的增加而单调增加(保持 γ 恒定不变),并且随着实际财富集中度(γ)的上升而下降(保持 ω 恒定不变)。因此,图 21 的每一幅子图的西北角和东南角都分别给出了在"偏好违约频光谱"上处于非常不同的位置的两种情况。当 ω 很低时,即便是对于非常高的 γ 值,政府也倾向于偿还债务(西北角),因为政府对类型为 L 的经济行为主体赋予的权重相对较小。相反,当 ω 很高时,即便对于相当低的 γ 值,违约也是最优的。同样非常有意思的是,当我们从子图(A)转到子图(B)时,能够使得均衡存在或政府更偏好偿还债务[即,出现负的 $\bar{\alpha}(B_1, g_1, \gamma, \omega)$ 的 γ 和 ω]的集合扩大了。这是因为,当我们提高债务水平 B_1 时,只要政府不选择对所有的 g_1 都违约,那么较高的债务水平就可以保证类型为 L 的经济行为主体获得正的消费水平(因为初始税收更低)。

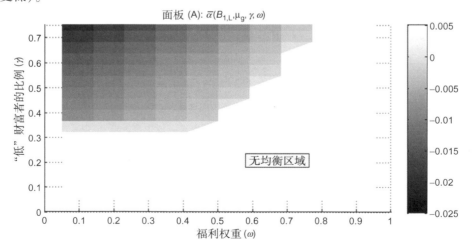

面板 (A): $\bar{\alpha}(B_{1,L}, \mu_g, \gamma, \omega)$

无均衡区域

"低"财富者的比例 (γ)

福利权重 (ω)

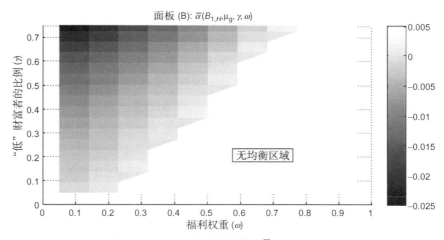

图 21 社会规划者的福利收益 $\bar{\alpha}(B_1, g_1, \gamma, \omega)$

图 22 的(A)—(D)显示了对于政府在第一个时期中选择的可持续债务的均衡结果,以及与之相关的,在 ω 的三个可能值下的均衡券价格、差价和违约概率——全都表示为 γ 的函数。在图 22 中,很重要的一点是要注意到,沿着功利主义情况下的蓝色曲线,ω 和 γ 有效地一起变化,那是因为它们总是相等。而在另外两种情况下,ω 是固定不变的,只有 γ 在变化。也正是因为这个原因,对应于 ω_L 情形的曲线与当 $\gamma = 0.32$ 时的基准解相交,而对应于 ω_H 情形的曲线则与当 $\gamma = 0.50$ 时的基准解相交。

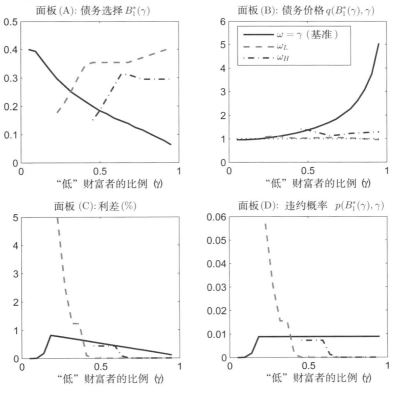

图 22 政府有偏向的不同的 ω 值下的均衡流形

图 22 表明,最优债务水平随 γ 而上升。这是因为,对于固定的 ω 值,随着 γ 的增加,违约激励变小、偿还债务区域变大。还有一点值得注意的是,在 ω_L 和 ω_H 情况下,均衡都只存在于 γ 低于 ω 的一个很小的范围内。如果没有违约成本,那么每条曲线将会精确地在 γ 等于 ω_L 或 ω_H 处截断。但是,由于这些模拟都保留了功利主义性情况下所使用的违约成本,所以对于某些较低的 γ 值,仍然存在有债务的均衡(原因如前所述)。

在带着有利于债权人的偏向的情况下,政府仍然会致力于通过在不同时期、不同经济行为之间重新配置资源来优化债务,并在这个过程中内部化债券价格对债务选择的反应。这个最优债务水平也仍然由债务拉弗曲线 $q_0(\cdot)B_1$ 决定。[1] 但是,这种关系的特点与基准模型下截然不同,因为现在,更高的可持续债务可以在均衡债券价格上涨的情况下得到,这导致内部化价格反应的社会规划者选择更高的债务水平;而在基准模型中,在均衡债券价格上涨的情况下,只能维持更低的债务,那会导致内部化价格的社会规划者选择更低的债务水平。[2]

如图 22(B)所示,$\omega_L = 0.32$ 或 $\omega_H = 0.50$ 时的均衡债券价格的变化的特点与功利主义情况下有很大的差异。特别地,价格不再呈现为 γ 的递增的、凸函数的形状,相反,它们变成了 γ 的相对平坦的、非单调函数。之所以会发生这种情况,是因为政府提供的最优债券供给,抵消了需求组合效应——后者随着 γ 上涨会使个人对债券的需求增大。

研究可持续债务的国内违约方法,在假设政府承诺偿还债务的经验研究和结构性方法得到的结果的基础上,增添了很多重要的洞见。具体地说,图 19(A)表明,只要存在违约风险(即便违约风险非常小),可持续的债务水平就会大幅下降,而且(如果政府是功利主义的话),可持续的债务水平还会随着债券所有权的集中而急剧下降,因为那会强化政府将违约作为重新分配的工具的激励。因此,以政府承诺偿还债务的假设为基础的模型对可持续的债务水平的估计可能过于乐观了。从直观上我们可以推断,在结构模型中,如果因为违约风险的存在,基本余额用来贴现的利率随债务水平的上升而提高,那么初始债务的增加将更难用更高的基本余额来抵消。此外,代表性主体假设也可能导致对可持续的债务水平的过于乐观的估计,因为代表性主体模型抽象掉了将债务违约作为在异质性经济行为主体之间进行重新分配的工具的强烈激励。尽管在实践中,这种激励的强度可能要比模型中弱一些,因为我们的模型中没有包含同样可以用于再分配的税收政策和转移支付政策。但是,当这些其他工具都已经用过了之后,如果债券持有上的不平等性充分高,那么将违约作为重新分配的工具的动机就可能会非常强。

利用国内违约方法进行分析得到的第二个重要洞见是,如果政府的支付函数偏向于债券持有人,那么可持续的债务水平就会更高,而且甚至有可能超过政府具有功利主义的社会福利函数且没有违约风险的情况下的可持续的债务水平。此外,正如德拉斯莫和门多萨

---

[1] 当选择 B_1 时,政府会考虑到,更高的债务能够增加类型为 L 的经济行为主体在初始期的可支配收入,但是也意味着第 2 个时期的更高的税收(只要违约不是最优的)。因此,当 ω 更低时,政府愿意承担更多的债务。

[2] 从图 22 中可以看得很清楚,在政府存在这种偏向时,可持续债务水平会随政府的偏向而变化。尽管我们没有对这些偏好如何出现进行模拟,但是显而易见的是,具有相同基本面的两个国家(即,财富和收入的分布相同的两个国家),可能会因为掌权的政府采取了不同的集结家庭偏好的方法,而导致可持续债务水平大不相同。

(D'Erasmo and Mendoza,2013)证明的,非债券持有者也可能更偏好政府偏向于债券持有人的均衡,而不是政府是功利主义者的均衡。因为更高的可持续债务水平有助于放松他们的流动性约束。因此,在债券所有权集中程度相当高的情况下,有偏向的政府可能会承担高额债务,而且这种有偏向的政府可能当选为多数政府。

当然,对于这种分析,我们也要记住一些注意事项。首先,由于它是基于两期模型的,所以它遗漏了一些在引入更长的生命期限时就可以添加到模型中去的重要的内生性成本。在这种情况下,由于债务市场关闭导致的平滑税收和消费的能力下降,以及由于丧失获得自我保险工具和相关的流动性约束的收紧所导致的违约成本,可能会发挥外部违约成本和/或政府对债券持有人的偏向的作用,从而使得模型提高了解释数据的主要特征的能力,以及在非平凡的违约溢价下维持较高的债务水平的能力。德拉斯莫和门多萨(D'Erasmo and Mendoza,2014)构建了一个具有这些特征的模型,并研究了它的定量含义。

5. 批判性评估与展望

在这一章的一开始,我们就指出了,在分析财政政策的宏观经济学中,什么样的公共债务才是可持续的向来是一个至关重要的问题。在未来,这个问题仍然会是至关重要的,因为今天许多发达和新兴经济体出现的不稳定的公共债务和赤字,必将成为政策分析和学术研究的中心焦点。本章的目的就是要说明,目前仍然被广泛使用的分析公共债务可持续性的经典方法存在着重要缺陷,然后在此基础上阐述了近年来提出的三种新方法是怎样提供了解决这个问题的新途径的。其中两种方法,即经验方法和结构性方法,都需要假设政府承诺偿还债务。但是第三种方法,即国内违约方法,则假定政府不能承诺偿还债务。在本节中,我们进一步反思这三种方法的局限性,并探讨未来进一步研究的方向。

经验方法得到了广泛的研究,现在已经变得很成熟了。它的优点在于,通过直接估计财政反应函数,很容易就可以确定债务水平是否与可用时间序列数据中的财政偿付能力一致;而且,通过分析这样得到的财政反应函数的特征,可以揭示债务和基本财政收支余额的调整的动态特点。不过,不幸的是,正如我们前面的章节中所解释的那样,这些结果,对于比较各种不同的维持债务可持续性和/或应对未来的公共债务危机的财政政策策略,并没有什么帮助。

结构性方法则说明了,如何使用有明确定义的动态一般均衡模型来比较不同的财政政策策略。这些财政政策的目的是,在观察到的不同的未偿还债务水平下维持财政偿付能力。我们讨论了两国新古典主义模型的一个变体,其中,均衡增长路径是外生给定的,产能利用率是内生的,而且资本折旧税收抵免有上限,这就保证了模型能够匹配财政可持续性分析所使用的数据的一个关键特征:观察到的资本税基的弹性。然而,这个模型也有很大的局限性,因为它抽离了数据的其他重要特征。特别是,这个模式是完全"真实的",因而抽象掉了公共债务主要是用国内货币计价的名义债务的事实,从而也就抽象掉了可能很重要的名义刚性、相对价格与政府的收入和支出之间的联系。

结构性方法在分析中使用的模型的另外一个缺点是,它抽象掉了家庭和企业的异质性,并假设经济行为主体的生命是无限的。因此,虽然这个模型已经考虑到了不同的财政政策所产生的重要的效率效应,但是它仍然不能刻画财政政策对不同经济行为主体之间的分配性影响和代际分配效应。利用异质性主体和世纪交叠模型对财政政策的初步研究表明,这些分配效应可能是相当显著的,因此开发一个能够将这种效应纳入进来的债务可持续性模型就变得非常重要了。例如,艾亚格里(Aiyagari,1995)证明,资本税的减少具有不利的分配性后果,可能会抵消代表性主体模式所强调的效率收益。艾亚格里和麦克格拉顿(Aiyagari and McGrattan,1998)还证明,公共债务具有社会价值,因为它能够为位于财富分布的低端的经济行为主体提供流动性(即,放松他们所面临的借款限制)。伯克兰和普雷斯科特(Birkeland and Prescott,2006)构建了一个模型,在那里,用债务为退休生活储蓄,优于税收和转移系统。伊姆罗霍罗格鲁等人(Imrohoroglu et al.,2016)、布劳恩和乔因斯(Braun and Joines,2015)阐明了,如何将复杂的世代交叠模型用于研究债务可持续性问题,他们特别关注的是日本所面临的不利的人口动态的影响。

本章综述的分析债务可持续性的各种方法中,国内违约方法是研究得最少的一种。为此,我们提供了一个非常简单的规范模型。在这个模型中,国内债务违约可以成为政府的最优结果——当政府具有在债务持有人与非持有人之间进行再分配的动机时。但是很显然,这个领域还需要非常多的进一步研究。[除了我们在本章中已经引用过的德拉斯莫和门多萨(D'Erasmo and Mendoza,2014)、多维斯等人(Dovis,2014)的近期研究之外。]

对于债务可持续性的研究,还可以从另外两个方向上推进。第一个方向是,对公共债务在金融中介中的一般性作用、在金融稳定政策中的特殊作用进行建模。就前者而言,国内银行体系往往是国内公共债务的大持有者,所以我们上面给出的第三种方法所研究的国内违约,往往意味着一种会损害银行的资产负债表的再分配行动。一个更深层次的问题是,在现代金融体系中,为什么公共债务会成为一种对它的需求如此之高的资产或流动性工具。许多宏观经济学/金融经济学研究都尝试讨论这个问题,但是将这些考虑引入债务可持续性分析仍然是一个悬而未决的任务。关于危机管理政策,全球金融危机的后续事件告诉我们,在量化宽松政策和新监管环境驱动下,对公共债务工具的需求更加旺盛了。这也许可以解释本章前面的分析中所提出的悲观财政前景与我们目前观察到的如下现象之间的明显的矛盾:在许多发达经济体,公共债务的收益接近于零甚至为负(即尽管政府通过标准的改善基本财政收支余额的途径来偿还公共债务的能力非常可疑,但是对公共债务的需求依然非常大)。无论如何,可以肯定的是,我们需要一个更加丰富的债务可持续性模型,它既包括了驱动政府偿还债务能力的长期因素,又考虑到了金融危机期间对无风险资产需求激增的短期债务动态。

债务可持续性分析需要推进的第二个方向是开发合适的工具,将公共债务市场上可能的多重均衡纳入进来。卡尔沃(Calvo,1988)的开创性研究阐述了,在自我实现的期望的支持下,债务是如何在两个均衡之间移动的。在其中一个均衡中,债务得到了偿还,因为经济行为主体预期政府会进入债务市场,从而将税收的效率损失保持在了足够低的水平上,结果确实产生了足够多的收入去偿还债务。而在另一个均衡中,政府违约,因为经济行为主体预期政府不能进入债务市场,并将被迫征收高度扭曲性的税收,结果确实导致收入不足以偿还债务。研究外部违约的文献已经对这种有多重均衡的模型进行了广泛的讨论(如本手册相应章节所述),而且将这类思想应用于国内债务危机的理论研究也已经出现,但是将这种机制纳入国内债务可持续性的定量模型的研究则仍然有待展开。

6.　结论

　　什么样的公共债务是可持续的？假设政府承诺偿还债务,那么对于这个问题的答案是,满足跨期政府预算约束的债务(即,等于基本财政收支余额的贴现值的债务)是可持续的。在本章中,我们证明,分析债务可持续性的传统方法存在着重要缺陷。这种传统方法使用稳态政府预算约束将可持续的债务定义为基本财政收支余额的年金值,但是却不能证明经常性债务或预期债务和基本余额动态是否与该债务水平一致。然后,我们讨论了在假设政府承诺偿还债务的前提下研究公共债务可持续性的两种方法。第一,基于线性财务反应函数的经验方法。根据这种方法,基本财政收支余额对债务的正的、有条件的反应就足以建立债务可持续性。第二,基于规范的新古典主义两国动态一般均衡模型的一种变体的结构性方法,即,纳入了明确的财政部门的新古典主义动态一般均衡模型。这个模型不同于标准的新古典主义模型设置,因为它引入了内生产能利用率和折旧费用抵税上限,以便将观察到的资本税基与资本税的变化相匹配。在这种模型设置下,可持续的初始债务是由用均衡配置和价格求得的基本财政收支余额的现值决定的。

　　将前两种方法应用于跨国数据后,得到了一系列重要的结果。利用经验方法,我们发现,在基于美国历史数据和跨国面板数据的检验中,公共债务可持续的充足条件(基本财政收支余额对债务有正的、有条件的反应)是无法拒绝的。然而,我们也发现,有明确的证据表明,发达经济体最近一个时期以来的债务激增中所观察到的财政动态代表了估计的反应函数中的重大结构性断点。与财政反应函数的预测结果相比,基本赤字太大了,而且其预测值仍然太大,同时与历史上以往发生了债务激增的时期的观察结果相比,也是相当大的。

　　结构性方法与经验方法之间的不同之处在于,它可以用来评估旨在维持债务可持续性的各种财政调整路径的实证含义和规范效应,而经验方法则无法做到这一点。我们将模型用美国和欧洲的数据进行了校准,然后利用它对资本税和劳动税的单方面变化的影响进行了定量分析——特别是它们的变化对可持续的债务水平的影响。结果表明,在欧洲与美国之间存在着重大差异。对于美国来说,校准结果表明资本税的变化不能使观察到的债务的增加可持续,而劳动税则只需小幅上涨就可以做到这一点。对于欧洲来说,这个模式预测,使用税收工具来使更高债务比率可持续的能力已经几乎完全耗尽了。资本税是非常低效的（位于动态拉弗曲线的下降的区段），因此需要通过削减资本税来恢复财政偿债能力。劳动税则已经接近了动态拉弗曲线的最高峰，即便增加到最大点，它们也不能产生足够的收入，使基本财政收支余额的现值与观察到的债务激增相匹配。此外，资本所得税的跨国外部性在定量上是很大的，这表明对于策略性互动的激励是非平凡的，可能导致资本所得税上的经典的"逐底竞争"。

应用经验方法和结构性方法进行分析得到的结果表明，发达经济体付出了很大的努力，试图通过财政调整恢复财政偿付能力、保证 2008 年后持续上升的公共债务的可持续性，但是这种努力的前景非常黯淡。在这些研究结果的基础上，结合欧洲主权债务市场持续动荡和美国经常围绕债务上限展开争论的事实，我们进一步考察了分析债务可持续性的第三种方法，即国内违约方法。它放宽了政府承诺偿还债务的假设，并允许对国内公共债务违约。在这种环境下，当债务是包括了最优债务发行和政府违约决策的均衡的一部分时，它就是可持续的。政府有动机将违约作为一个工具，用来对财富在异质性经济行为主体之间进行再分配。在不存在违约成本的情况下，或者不存在政治上的偏向要让债券持有人的福利权重超过财富分布中的份额时，公共债务是不可持续的。这种情况之所以发生，是因为如果没有这些假设，那么违约就总是最优选择，它能够最大化关注所有经济行为主体的效用的政府的社会福利函数——无论在其他两种方法下用于表征债务可持续性的基本财政收支余额的现值如何，都是如此。

从定量的角度看，在假设不存在违约风险的经验方法和结构性方法获得的见解的基础上，这种国内违约方法进一步提供了许多宝贵的洞见。特别是，一旦出现了违约风险——即便违约风险非常小——可持续的债务水平就会急剧下降；而且，可持续的债务水平也会随着财富不平等程度的上升而急剧下降，因为那会增强将违约作为重新分配的工具的动机。因此，建立在政府会承诺偿还债务的假设的基础上的模型所估计的可持续的债务水平过于乐观了。此外，代表性主体假设也可能导致对可持续的债务水平的过于乐观的估计，因为这类模型抽象掉了将债务违约作为在异质性经济行为主体之间进行财富重新分配的工具的强烈动机。国内违约方法得出的第二个重要洞见是，如果政府的支付函数赋予债券持有人的福利的权重比他们在财富分布中的份额更大，那么可持续的债务水平更高。此外，即便是低收入者，也可能更偏好政府给"高财富"经济行为主体赋予更大的权重（而不是偏好功利主义的政府），因为更高的债务存量有助于放松流动性约束。

本章考察的这三种方法为我们进行债务可持续性分析提供了有用的工具。当把它们应用于对发达经济体当前的财政状况的分析时，这三种方法都认为需要进行大规模的财政调整，而且这种调整很可能会带来很大的福利成本，同时还必须继续面对国内主权债务市场的潜在违约风险的挑战。

附录：有效税率的度量

有效税率概念已经在许多研究中得到了广泛的应用，包括凯里和切林桂安（Carey and

Tchilinguirian,2000)、索伦森(Sorensen,2001)等,以及更晚近的特拉班特和厄里格(Trabandt and Uhlig,2011,2012)。门多萨等人开发的方法(Mendoza et al. ,1994)利用研究中报告的对于税前和税后的消费、劳动收入和资本收入之间的楔的估计值,来估计对这三个税基的每一个征收的有效税率。这种方法有两个主要优点。首先,它提供了一种相当简单的利用可得数据在宏观层面估计有效税率的方法,尽管国家税法中各种各样的税收优惠和减免很是复杂。其次,这些税率直接与很多代表性主体模型中的消费税和要素收入税率对应(包括本章中讨论的一些模型)。用门多萨等人的方法估计的有效税率(以下简称为"MRT 有效税率")的主要缺点是,它们都是平均税率,而不是边际税率;不过,因为它们是用于代表性主体模型的,所以这个缺点不如在异质性主体模型中那么严重。此外,门多萨等人(Mendoza,1994)还证明,现有的对总边际税率的估计与 MRT 有效税率之间具有很高的时间序列相关性,而且两者都具有类似的跨国排序。

追随特拉班特和厄里格(Trabandt and Uhlig,2011)的思路,我们通过向个人所得税税基增加附加工资(即,雇主对社会保障和私人养老金计划的缴款)来修正对劳动税和资本税的MRT 有效税率估计值。这些数据在1994 年门多萨等人进行估计时是不可得的。而且,这种调整会影响个人所得税税率的计算,由于这种计算是估计劳动税税率和资本所得税税率的第一步),所以它改变了这两者的估计。一般来说,这种调整会使劳动税税基变得更大,因此劳动税税率要比门多萨等人当初估计的要小。[①]

致谢

我们感谢胡安·赫尔南德斯(Juan Hernandez)、克里斯蒂安·普罗伯斯汀(Christian Probsting)和瓦伦蒂娜·匹米奥蒂(Valentina Piamiotti)出色的研究助理工作。我们也很感激我们这一章的评议人,金达·哈切姆(Kinda Hachem)、《宏观经济学手册》主编约翰·泰勒(John Taylor)和哈拉尔德·厄里格(Harald Uhlig),以及亨宁·博恩(Henning Bohn)提出的宝贵意见和建议。我们还要感谢乔纳森·希思科特(Jonathan Heathcote)、安迪·纽迈耶(Andy Neumeyer)、胡安·帕勃罗·尼科里尼(Juan Pablo Nicolini)、马丁·乌里韦(Martin Uribe)和维维安·岳(Vivian Yue),以及参加了国际清算银行、埃默里大学举行的报告会、第三届国际宏观经济学 RIDGE 研讨会和2015 年4 月在芝加哥大学举行的《宏观经济学手册》大会的与会者,他们也提出了很好的意见。本章所表达的观点都是作者们的观点,不一定反映芝加哥联邦储备银行、费城联邦储备银行或联储储备委员会的立场。

参考文献

Afonso, A. , 2005. Fiscal sustainability: the unpleasant European case. FinanzArchiv. 61

---

① 特拉班特和厄里格(Trabandt and Uhlig,2011)通过将公司和非公司私营企业的一些营业盈余归于劳动收入,对估计有效税率的 MRT 公式进行了进一步的调整。他们认为,这样做可以反映企业家的回报而不是资本的回报。但是,我们不打算进行这种修正,因为数据没有提供足够的信息来确定运营盈余的哪些部分应该分配给劳动。

(1), 19—44.

Aghion, P., Bolton, P., 1990. Government domestic debt and the risk of default: a political-economic model of the strategic role of debt. In: Dornbusch, R., Draghi, M. (Eds.), Public Debt Management: Theory and History. Cambridge University Press, Cambridge, pp. 315—344.

Aguiar, M., Amador, M., 2013. Fiscal policy in debt constrained economies. NBER Working Papers 17457.

Aguiar, M., Amador, M., Farhi, E., Gopinath, G., 2013. Crisis and commitment: inflation credibility and the vulnerability to sovereign debt crises. NBER Working Papers No. 19516.

Aiyagari, S. R., 1995. Optimal capital income taxation with incomplete markets, borrowing constraints, and constant discounting. J. Polit. Econ. 103(6), 1158—1175.

Aiyagari, R., McGrattan, E., 1998. The optimum quantity of debt. J. Monet. Econ. 42, 447—469.

Aiyagari, R., Marcet, A., Sargent, T., Seppala, J., 2002. Optimal taxation without state-contingent debt. J. Polit. Econ. 110(6), 1220—1254.

Alesina, A., Tabellini, G., 1990. A positive theory of fiscal deficits and government debt. Rev. Econ. Stud. 57, 403—414.

Alesina, A., Tabellini, G., 2005. Why is fiscal policy often procyclical? National Bureau of Economic Research, Working Papers No. 11600.

Amador, M., 2003. A political economy model of sovereign debt repayment. Mimeo, Stanford University.

Andreasen, E., Sandleris, G., der Ghote, A. V., 2011. The political economy of sovereign defaults. Universidad Torcuato Di Tella, Business School Working Paper.

Arellano, C., 2008. Default risk and income fluctuations in emerging economies. Am. Econ. Rev. 98(3), 690—712.

Auray, S., Eyquem, A., Gomme, P., 2013. A tale of tax policies in open economies. Mimeo, Department of Economics, Concordia University.

Azzimonti, M., de Francisco, E., Quadrini, V., 2014. Financial globalization, inequality, and the rising public debt. Am. Econ. Rev. 104(8), 2267—2302.

Barnhill Jr., M. T., Kopits, G., 2003. Assessing fiscal sustainability under uncertainty. IMF Working Paper No. 03—79.

Barro, R., 1979. On the determination of the public debt. J. Polit. Econ. 87(5), 940—971.

Basu, S., 2009. Sovereign debt and domestic economic fragility. Manuscript, Massachusetts Institute of Technology.

Birkeland, K., Prescott, E. C., 2006. On the needed quantity of government debt. Research Department, Federal Reserve Bank of Minneapolis, Working Paper No. 648.

Blanchard, O. J., 1990. Suggestions for a new set of fiscal indicators. OECD Economics

Department Working Papers No. 79.

Blanchard, O. J., Chouraqui, J. C., Hagemann, R. P., Sartor, N., 1990. The sustainability of fiscal policy: new answers to an old question. OECD Econ. Stud. 15(2), 7—36.

Bocola, L., 2014. The pass-through of sovereign risk. Manuscript, University of Pennsylvania.

Bohn, H., 1995. The sustainability of budget deficits in a stochastic economy. J. Money Credit Bank. 27(1), 257—271.

Bohn, H., 1998. The behavior of U. S. public debt and deficits. Q. J. Econ. 113(3), 949—963.

Bohn, H., 2007. Are stationarity and cointegration restrictions really necessary for the intertemporal budget constraint? J. Monet. Econ. 54(7), 1837—1847.

Bohn, H., 2008. The sustainability of fiscal policy in the United States. In: Neck, R., Sturm, J. E. (Eds.), Sustainability of public debt. MIT Press, Cambridge, MA.

Bohn, H., 2011. The economic consequences of rising U. S. government debt: privileges at risk. Finanzarchiv No. 67(3), 282—302.

Boz, E., D'Erasmo, P., Durdu, B., 2014. Sovereign risk and bank balance sheets: the role of macroprudential policies. Manuscript.

Braun, R. A., Joines, D. H., 2015. The implications of a graying Japan for government policy. J. Econ. Dyn. Control. 57, 1—23.

Broner, F., Martin, A., Ventura, J., 2010. Sovereign risk and secondary markets. Am. Econ. Rev. 100(4), 1523—1555.

Broner, F., Ventura, J., 2011. Globalization and risk sharing. Rev. Econ. Stud. 78(1), 49—82.

Brutti, F., 2011. Sovereign defaults and liquidity crises. J. Int. Econ. 84(1), 65—72.

Buiter, W. H., 1985. A guide to public sector debt and deficits. Econ. Policy. 1(1), 13—61.

Calvo, G., 1988. Servicing the public debt: the role of expectations. Am. Econ. Rev. 78 (4), 647—661.

Carey, D., Tchilinguirian, H., 2000. Average effective tax rates on capital, labour and consumption. OECD Economics Department Working Papers No. 258.

Chalk, N. A., Hemming, R., 2000. Assessing fiscal sustainability in theory and practice. International Monetary Fund.

Chari, V. V., Christiano, L. J., Kehoe, P. J., 1994. Optimal fiscal policy in a business cycle model. J. Polit. Econ. 102(4), 617—652.

Cooley, T. F., Hansen, G. D., 1992. Tax distortions in a neoclassical monetary economy. J. Econ. Theory. 58(2), 290—316.

Cuadra, G., Sanchez, J., Sapriza, H., 2010. Fiscal policy and default risk in emerging markets. Rev. Econ. Dyn. 13(2), 452—469.

Davies, J., Sandstrom, S., Shorrocks, A., Wolff, E., 2009. The level and distribution of global household wealth. NBER Working Papers No. 15508.

D'Erasmo, P., 2011. Government reputation and debt repayment in emerging economies. Mimeo.

D'Erasmo, P., Mendoza, E., 2013. Distributional incentives in an equilibrium model of domestic sovereign default. National Bureau of Economic Research, Working Papers No. 19477.

D'Erasmo, P., Mendoza, E., 2014. Optimal domestic sovereign default. Manuscript, University of Pennsylvania.

Di Casola, P., Sichlimiris, S., 2014. Domestic and external sovereign debt. Stockholm School of Economics, Working Paper.

Dias, D., Richmond, C., Wright, M., 2012. In for a penny, in for a 100 billion pounds: quantifying the welfare benefits from debt relief. Mimeo.

Dixit, A., Londregan, J., 2000. Political power and the credibility of government debt. J. Econ. Theory. 94, 80—105.

Dovis, A., Golosov, M., Shourideh, A., 2014. Sovereign debt vs redistributive taxes: financing recoveries in unequal and uncommitted economies. Mimeo.

Durdu, B.C., Mendoza, E.G., Terrones, M.E., 2013. On the solvency of nations: cross-country evidence on the dynamics of external adjustment. J. Monet. Econ. 32, 762—780.

Dwenger, N., Steiner, V., 2012. Profit taxation and the elasticity of the corporate income tax base: evidence from German corporate tax return data. Natl. Tax J. 65(1), 117—150.

Eaton, J., Gersovitz, M., 1981. Debt with potential repudiation: theoretical and empirical analysis. Rev. Econ. Stud. 48(2), 289—309.

Eichengreen, B., 1989. The capital Levy in theory and practice. National Bureau of Economic Research, Working Paper Series No. 3096.

Escolano, J., 2010. A practical guide to public debt dynamics, fiscal sustainability, and cyclical adjustment of budgetary aggregates. International Monetary Fund.

Ferraro, D., 2010. Optimal capital income taxation with endogenous capital utilization. Mimeo, Department of Economics, Duke University.

Ferriere, A., 2014. Sovereign default, inequality, and progressive taxation. Mimeo.

Floden, M., 2001. The effectiveness of government debt and transfers as insurance. J. Monet. Econ. 48, 81—108.

Frenkel, J., Razin, A., Sadka, E., 1991. The sustainability of fiscal policy in the United States. In: International Taxation in an Integrated World. MIT Press, Cambridge, MA.

Gali, J., 1991. Budget constraints and time-series evidence on consumption. Am. Econ. Rev. 81(5), 1238—1253.

Gennaioli, N., Martin, A., Rossi, S., 2014. Sovereign default, domestic banks, and financial institutions. The Journal of Finance No. 69(2), 819—866.

Ghosh, A.R., Kim, J.I., Mendoza, E.G., Ostry, J.D., Qureshi, M.S., 2013. Fiscal fatigue, fiscal space and debt sustainability in advanced economies. Econ. J. 123, F4—F30.

Golosov, M., Sargent, T., 2012. Taxation, redistribution, and debt with aggregate shocks. Princeton University, Working Paper.

Greenwood, J., Huffman, G. W., 1991. Tax analysis in a real-business-cycle model. J. Monet. Econ. 22(2), 167—190.

Gruber, J., Rauh, J., 2007. How elastic is the corporate income tax base? In: Taxing Corporate Income in the 21st Century. Cambridge University Press, New York.

Guembel, A., Sussman, O., 2009. Sovereign debt without default penalties. Rev. Econ. Stud. 76, 1297—1320.

Hall, G., Sargent, T., 2014. Fiscal discrimination in three wars. J. Monet. Econ. 61, 148—166.

Hamilton, J. D., Flavin, M. A., 1986. On the limitations of government borrowing: a framework for empirical testing. Am. Econ. Rev. 76(4), 808—819.

Hansen, G., Imrohoroglu, S., 2013. Fiscal reform and government debt in Japan: a neoclassical perspective. National Bureau of Economic Research Working Papers No. 19477.

Hansen, L. P., Roberds, W., Sargent, T. J., 1991. Time series implications of present value budget balance and of martingale models of consumption and taxes. In: Hansen, L. P., Sargent, T. J., Heaton, J., Marcet, A., Roberds, W. (Eds.), Rational xpectations econometrics. Westview Press, Boulder, CO, pp. 121—161.

Hatchondo, J. C., Martinez, L., Sapriza, H., 2009. Heterogeneous borrowers in quantitative models of sovereign default. Int. Econ. Rev. 50, 129—151.

Heathcote, J., 2005. Fiscal policy with heterogeneous agents. Rev. Econ. Stud. 72, 161—188.

House, C. L., Shapiro, M. D., 2008. Temporary investment tax incentives: theory with evidence from bonus depreciation. Am. Econ. Rev. 98(3), 737—768.

Huizinga, H., 1995. The optimal taxation of savings and investment in an open economy. Econ. Lett. 47(1), 59—62.

Huizinga, H., Voget, J., Wagner, W., 2012. Who bears the burden of international taxation? Evidence from cross-border M&As. J. Int. Econ. 88, 186—197.

IMF, International Monetary Fund, 2003. World economic outlook. IMF Occasional Papers No. 21, International Monetary Fund.

IMF, 2013. Staff guidance note for public debt sustainability in market access countries. http://www. imf. org/external/np/pp/eng/2013/050913. pdf.

Imrohoroglu, S., Sudo, N., 2011. Productivity and fiscal policy in Japan: short-term forecasts from the standard growth model. Monetary Econ. Stud. 29, 73—106.

Imrohoroglu, S., Kirao, S., Yamada, T., 2016. Achieving fiscal balance in Japan. Int. Econ. Rev. 57(1), 117—154.

Jeon, K., Kabukcuoglu, Z., 2014. Income inequality and sovereign default. University of Pittsburgh, Working Paper.

Kaminsky, G. L. , Reinhart, C. M. , Vegh, C. A. , 2005. When it rains, it pours: procyclical capital flows and macroeconomic policies. In: NBER Macroeconomics Annual 2004, NBER Chapters, National Bureau of Economic Research, Inc. , pp. 11—82. vol. 19.

King, R. G. , Plosser, C. I. , Rebelo, S. T. , 1988. Production, growth and business cycles: I. The basic neoclassical model. J. Monet. Econ. 21(2), 195—232.

Klein, P. , Quadrini, V. , Rios-Rull, J. V. , 2007. Optimal time-consistent taxation with international mobility of capital. B. E. J. Macroecon. 5(1), 186—197.

Ljungqvist, L. , Sargent, T. J. , 2012. Recursive macroeconomic Theory, third ed. The MIT Press, Cambridge, Massachusetts.

Lorenzoni, G. , Werning, I. , 2013. Slow moving debt crises. NBER Working Papers No. 19228.

Lucas, R. E. , 1987. Models of business cycles. Basil Blackwell, Oxford.

Lucas, R. E. , 1990. Why doesn't capital flow from rich to poor countries? In: Papers and Proceedings of the Hundred and Second Annual Meeting of the American Economic Association, Am. Econ. Rev. vol. 80, pp. 92—96.

Lucas, D. , 2012. Valuation of government policies and projects. Ann. Rev. Financ. Econ. 4, 39—58.

Mendoza, E. G. , Ostry, J. D. , 2008. International evidence on fiscal solvency: is fiscal policy responsible. J. Monet. Econ. 55, 1081—1093.

Mendoza, E. G. , Oviedo, P. M. , 2006. Fiscal policy and macroeconomic uncertainty in emerging markets: the tale of the tormented insurer. 2006 Meeting Papers 377, Society for Economic Dynamics, 2006 Meeting Papers.

Mendoza, E. G. , Oviedo, P. M. , 2009. Public debt, fiscal solvency and macroeconomic uncertainty in Latin America the cases of Brazil, Colombia, Costa Rica and Mexico. Econ. Mex. NUEVA POCA XVIII (2), 133—173.

Mendoza, E. G. , Tesar, L. L. , 1998. The international ramifications of tax reforms: supply-side economics in a global economy. Am. Econ. Rev. 88(1), 226—245.

Mendoza, E. G. , Tesar, L. L. , 2005. Why hasn't tax competition triggered a race to the bottom? Some quantitative lessons from the EU. J. Monet. Econ. 52(1), 163—204.

Mendoza, E. G. , Yue, V. Z. , 2012. A general equilibrium model of sovereign default and business cycles. Q. J. Econ. 127(2), 889—946.

Mendoza, E. G. , Razin, A. , Tesar, L. L. , 1994. Effective tax rates in macroeconomics: cross-country estimates of tax rates on factor incomes and consumption. J. Monet. Econ. 34(3), 297—323.

Mendoza, E. G. , Milesi-Ferretti, G. M. , Asea, P. , 1997. On the ineffectiveness of tax policy in altering long-run growth: Harberger's superneutrality conjecture. J. Public Econ. 66(2), 99—126.

Mendoza, E. G. , Tesar, L. L. , Zhang, J. , 2014. Saving Europe? the unpleasant arithmetic of fiscal austerity in integrated economies. University of Michigan Working Paper.

Mengus, E., 2014. Honoring sovereign debt or bailing out domestic residents? A theory of internal cost of default. WP Banque de France 480.

Neck, R., Sturm, J. E., 2008. Sustainability of public debt. MIT Press, Cambridge.

Ostry, J. D., David, J., Ghosh, A., Espinoza, R., 2015. When should public debt be reduced? International Monetary Fund, Staff Discussion Notes No. 15/10.

Perez, D., 2015. Sovereign debt, domestic banks and the provision of public liquidity. Manuscript.

Persson, T., Tabellini, G., 1995. Double-edged incentives: institutions and policy coordination. In: Grossman, G., Rogoff, K. (Eds.), Handbook of International Economics, vol. III. North-Holland, Amsterdam.

Pouzo, D., Presno, I., 2014. Optimal taxation with endogenous default under incomplete markets. U. C. Berkeley, Mimeo.

Prescott, E. C., 2004. Why do Americans work so much more than Europeans? Federal Reserve Bank of Minneapolis Quarterly Review. 28(1), 2—13.

Quintos, C. E., 1995. Sustainability of the deficit process with structural shifts. J. Bus. Econ. Stat. 13(4), 409—417.

Reinhart, C. M., Rogoff, K. S., 2011. The forgotten history of domestic debt. Econ. J. 121 (552), 319—350.

Sorensen, P., 2003. International tax coordination: regionalism versus globalism. J. Public Econ. 88, 1187—1214.

Sorensen, P. B., 2001. Tax coordination and the European Union: what are the issues? University of Copenhagen, Working Paper.

Sosa-Padilla, C., 2012. Sovereign defaults and banking crises. Manuscript.

Tabellini, G., 1991. The politics of intergenerational redistribution. J. Polit. Econ. 99, 335—357.

Talvi, E., Vegh, C. A., 2005. Tax base variability and procyclical fiscal policy in developing countries. J. Dev. Econ. 78(1), 156—190.

Tauchen, G., 1986. Finite state Markov-chain approximation to univariate and vector autoregressions. Econ. Lett. 20, 177—181.

Trabandt, M., Uhlig, H., 2011. The Laffer curve revisited. J. Monet. Econ. 58(4), 305—327.

Trabandt, M., Uhlig, H., 2012. How do laffer curves differ across countries? BFI Paper No. 2012—001.

Trehan, B., Walsh, C., 1988. Common trends, the government's budget constraint, and revenue smoothing. J. Econ. Dyn. Control. 12(2—3), 425—444.

Vasishtha, G., 2010. Domestic versus external borrowing and fiscal policy in emerging markets. Rev. Int. Econ. 18(5), 1058—1074.

第三十三章　政府债务的政治经济学

A. 阿莱西纳(A. Alesina) [*,†] **, A. 帕萨拉奎(A. Passalacqua)** [*]

[*]:哈佛大学,美国,马萨诸塞州,剑桥;

[†]:博科尼大学经济学研究中心(IGIER),意大利,米兰,博科尼大学

目　录

本章摘要：本章是一个批判性的文献综述，考察了解释政府为什么会、在哪些情况下会积累起比与最优财政政策相一致的债务水平更多的债务。我们还讨论了可能有助于缓解这些扭曲数值的规则或制度设计。

关键词：政治经济学，最优税收，预算规则，政府债务

JEL 分类代码：E62，H63，H21

1.　引言

　　财政政策与政治密切相关，因为财政政策所涉及的，主要就是在个人之间、地区之间和世代之间的再分配，这些也正是引发政治冲突的核心问题。政府在再分配中承担的作用，自大萧条时期开始被引入福利制度以来，一直随着时间的推移而增强，尤其是在 20 世纪 60 年代和 70 年代再一次出现了"大跃进"。最近几十年来，18 个经济合作与发展组织（OECD）成

员国的社会支出规模(根据 OECD 的定义①)从 1980 年的 GDP 的 18％跃升到了 2014 年的 26％。② 此外,政府还要提供公共物品(这没有归入直接再分配的类别),这也有再分配的成分,因为不同收入组别的个人,对公共物品的使用的强度和密集度是不一样的。税收结构,比如说所得税等级的累进性,也意味着再分配。③ 政治对其他宏观政策领域也很重要,比如说货币政策和金融监管领域。例如,最近发生的全球金融危机,使人们对何为理想的货币政策以及财政政策与货币政策之间的关系等问题重新产生了浓厚的兴趣。欧洲中央银行现在已经成为了关于欧元区制度建设的政治辩论的中心舞台。不过在本章中,我们只专注于财政政策。④

财政政策的政治经济学分析,可以涵盖的范围非常广泛,以下仅举其中几个主题:中央集权 vs 地方分权、税收结构、养老金制度、医疗保险和失业补助等保险制度设计、对资本所得的最优税收、税收制度的跨国协调,等等。但是在本章中,我们重点关注的是与债务有关的问题。即便是在金融危机之前,许多国家就已经在极高的债务 GDP 比率之下挣扎了很长时间了。事实上,不少国家都是带着极大的债务风险(甚至已经承受着债务危机)进入大衰退的,例如希腊、意大利和葡萄牙。它们甚至还一度把整个货币联盟拖入险境。日本私有部门持有的公共债务至少占了 GDP 的 140％。⑤ 在经济大衰退之后,以什么手段、以什么速度削减公共债务,一直都是政治辩论的核心议题。⑥ 当加入预期的未来的应享权利和养老金负债之后,大多数经济合作与发展组织国家(美国也包括在内)的公共预算的前景,看上去却一片黯淡。发展中国家,特别是拉丁美洲国家,债务问题一直都很严重,也很普遍。任何一种试图在抛开政治的前提下解释这些现象的尝试,都注定是完全没有意义的。

在本章中,我们特别提出两个有广泛意义的问题。第一个问题是,民主国家是不是倾向于采取不合理的财政政策,导致债务的过度积累? 在这里,"过度"(excessive)一词是以一个仁慈的社会规划者会做的事情为参照标准而言的。或者换句话说,我们观察到的债务积累和波动的模式,在多大程度上偏离了关于债务管理的文献——具体地说,巴罗(Barro,1979)、卢卡斯和斯托基(Lucas and Stokey,1983),以及艾亚格里等人(Aiyagari et al.,2002)——给出的"规范"预测? 什么可以解释这种对最优的大幅偏离?⑦ 第二个问题是,财政规则真的是限制过度赤字问题的有效解决办法吗? 如果是,具体又是哪些财政规则? 平衡预算规则是最著名的一个规则,但是可能还有其他规则,特别是在欧元区。在关于财政规则的辩论中,

---

① 经济合作与发展组织将社会支出(Social Expenditure)定义为公共(和私人)福利机构对家庭和个人提供的利益与财政捐助,目的是在他们的福利受到了不利影响的情况下给予支持,条件是这种利益和财政捐助的提供既不构成对特定商品或服务的直接付款,也不构成个人合同或财产转让。这种利益可以是现金转移,也可以是商品和服务的直接(实物)提供。

② 见经济合作与发展组织(OECD,2014)。这些国家的名单是:澳大利亚、奥地利、比利时、加拿大、丹麦、芬兰、法国、德国、爱尔兰、意大利、日本、荷兰、挪威、葡萄牙、西班牙、瑞典、英国和美国。

③ 阿莱西纳和朱利亚诺(Alesina and Giuliano,2012)对讨论再分配需求的政治和社会决定因素的大量文献进行了全面的综述。

④ 阿莱西纳和史黛拉(Alesina and Stella,2010)讨论了关于货币政策的政治经济学的新问题和旧问题。

⑤ 债务总额高于 GDP 的 200％,但是那还包括了各种公共机构持有的债务。

⑥ 罗戈夫(Rogoff,1990)、莱因哈特和罗戈夫(Reinhart and Rogoff,2010)强调了债务负担对长期增长的影响。

⑦ 关于讨论这个问题的早期研究,请参见阿莱西纳和佩罗蒂(Alesina and Perotti,1995)的文献综述。对较晚近的研究的文献综述请参见佩尔森和塔贝里尼(Persson and Tabellini,2000)、德雷岑(Drazen,2000)。

关键议题有两个。一是规则的刚性与这类规则导致的缺乏灵活性之间的权衡。更灵活的规则也许比较优越，但是却更难执行，因为它们具有太多的例外（免除）条款。最后，假设一项规则是有效的，仍然会有问题：某个特定的国家是不是会接受它呢？会不会存在某种政治上的扭曲因素导致它无法被采纳呢？[①]

我们将首先简要介绍一下最优债务管理的"要求"，以便确定讨论实际政策时要明确的规范含义。本章的目的不是巨细无遗地综述最优债务文献。我们将专门评述那些纳入了扭曲性税收的模型，但是不会过多地涉及李嘉图等价原理。我们也不会讨论关于政府债务违约的问题，这个主题本身就值得写一个专章加以深入探析。在描述了最优税收理论对围绕着债务管理的争论的各种含义之后，我们证明，即便只是粗略地考查一下经验证据，也马上就可以看出，就算是在经济合作与发展组织各成员国中，事实与最优预测结果也有非常大的差距——事实上在本章中，就经验证据而言，我们几乎将重点完全放在了经济合作与发展组织各成员国上。然后，我们讨论了尝试通过在债务管理模型中引入政治变量来解释这种对最优性的偏离的若干不同方法。最后，我们又回到一个规范问题上：给定上面提到的所有潜在的政治扭曲现象，哪些规则、制度、程序，或者它们的组合更有可能使实际财政政策更接近社会规划者的理想政策？此外，这种规则和程序是否可能被选中？它们在过去曾经发挥过作用吗？

本章的结构如下。在第 2 节中，我们简要回顾了最优赤字管理理论以及相关的经验证据。在第 3 至 7 节中，我们讨论了第一个问题，即，现代经济中是否存在着赤字偏差，以及对它有哪些解释。在第 7 至 10 节中，我们分析了财政规则问题，探讨了哪种制度安排更能够限制财政政策的次优行为。最后一节讨论了一些有待未来研究的悬而未决的问题。

2. 最优债务政策：一个简要的综述

2.1 税收平滑

税收平滑理论源于巴罗的贡献（Barro,1979）。在他的模型中，债务不是状态依存的，而且是无风险的；支出需求是外生给定的，而且是已知的；同时，税收具有凸的成本。公共债务所采用的形式为单期的单一附息债券，且公共债务和私人债务的回报都是固定的，不会随时间推移而改变。政府在每一期都可以获得税收收入 τ_t。我们用 G_t 表示政府支出，用 b_t 表示政府债务，并用 r 表示利率。因此，在每个时期，政府预算约束均由下式给出：

$$G_t + rb_{t-1} = \tau_t + (b_t - b_{t-1}) \tag{1}$$

[①] 在本章中，对于预算赤字的顺周期性问题以及可能导致这个问题的政治扭曲，我们暂且不予考虑。对这个问题的讨论，请参见加文和佩罗蒂（Gavin and Perotti,1997）、阿莱西纳等人（Alesina et al.,2008）。

政府的终身预算约束则由下式给出:

$$\sum_{t=1}^{\infty}\left[\frac{G_t}{(1+r)^t}\right]+b_0=\sum_{t=1}^{\infty}\left[\frac{\tau_t}{(1+r)^t}\right] \tag{2}$$

征收税收会产生一些额外的费用,它们可以解释为收税成本,或者更一般地,解释为无谓损失或税收的超额负担以及征税择时成本。令 Z_t 表示这个成本,它取决于在那个时期收取的税收 τ_t,并与应税收入/资源池负相关。更具体地说,我们可以将 Z_t 定义为:

$$Z_t = F(\tau_t, Y_t) = \tau f\left(\frac{\tau_t}{Y_t}\right) \tag{3}$$

其中,$f'0(\cdot) > 0$,且 $f''0(\cdot) > 0$。这些成本的贴现值为:

$$Z = \sum_{t=1}^{\infty}\tau_t\frac{f\left(\dfrac{\tau_t}{Y_t}\right)}{(1+r)^t} \tag{4}$$

在如方程式(2)所示的预算约束下,社会规划者通过选择 τ_t 来最小化上面的(4)式。利用一阶条件,我们就可以推导出,税收与收入之间的比率 $\dfrac{\tau}{Y}$ 在每个时期都是相等的。在这个结果的基础上,我们可以推出,每个时期的税收水平由收入($Y_1, Y_2, \cdots$)、政府支出($G_1, G_2, \cdots$)、利率 r 和初始债务存量 b_0 决定。然后,我们在关于收入 Y 和政府支出 G 的时间路径多种不同假设下,对解的性质进行了分析。在收入和政府支出保持不变的情况下(即,$Yt = Y_{t+1} = \cdots = Y$,以及 $G_t = G_{t+1} = \cdots = G$),由于收税–收入比率是不变的,这就意味着 τ 也是不变的,因此政府的预算总是平衡的。在出现了短期的收入和政府支出的情况下(例如在战争期间或经济衰退期间的短期支出),赤字越大,短期冲击越大。债务–收入比率平均来说将会保持不变,但是在政府支出异常高或总收入异常低的时期,则会上升。

2.2 凯恩斯主义的稳定措施

相机抉择的反周期财政政策行动(即在经济衰退期间增加政府的自由裁量支出)也许有一些潜在的好处,但是本章不会展开讨论这个问题。根据凯恩斯主义理论,在经济衰退期间,增加政府支出或降低税收,可能有助于经济复苏。原因在于,在失业率高企、产能利用率低下的时候,政府开支上升、税率下降可能会增加总需求。需要注意的是,凯恩斯主义模型预测赤字虽然本身就是反周期性的(即,在经济衰退期间赤字会上升),但是并不会导致债务与 GDP 的比率长期上升。在经济衰退期间增加的政府支出,应该在经济繁荣期间自然地通过削减自由裁量支出抵消掉。

在这里,我们只需要指出,米尔顿·弗里德曼(Milton Friedman)提出的关于货币政策所能起到的稳定经济作用是不可预测的、"严重滞后的"的观点,对于财政政策更加适用,因为财政政策与货币政策相比,滞后期更长、更不可预测。弗里德曼这个观点原本是针对货币政策的。他强调,在发现政策需求(比如说,采取刺激经济的政策的需要)、讨论、实施和取得政策效果之间,时滞是"漫长的",相关因素是"多变的"。因此,在扩张性政策真正开始实施的时候,其实已经太晚了,反而只会适得其反。这个论点更适用于财政政策,因为后者还要求启动明确的政治议程、辩论,最后还要由议会批准。最近发生的大衰退和货币政策的零利率下限问题,使以下观点大为流行:在这种情况下,仅仅依赖自动稳定机制是不够的,所以必须采取积极的反周期的财政政策。但是在本章中,我们不打算加入关于零下限问题的辩论。

2.3 状态依存的债务

卢卡斯和斯托基(Lucas and Stokey,1983)在拉姆齐(Ramsey,1927)的模型的基础上构建了一个模型并证明,巴罗的前述直觉结论在一般情况下不成立。卢卡斯和斯托基的模型与巴罗的模型(Barro,1979)的主要区别在于,政府可以运用一系列工具来平滑税收的扭曲成本。巴罗(Barro,1979)只考虑了一个工具,即非状态依存的只存续一期的债券,卢卡斯和斯托基(Lucas and Stokey,1983)则考虑了这样一个模型:市场是完全的,不存在资本,具有外生的马尔可夫政府支出、状态依存的税收和政府债务。在这个模型中,环境最优税率和政府债务都不是随机游走的,最优税收的序列相关性与政府支出的序列相关性密切相关。此外,他们还发现,税收应该是平滑的,不过不是在随机游走的意义上,而是在比平衡预算所隐含的差异更小的意义上。因此,在某种程度上,税收平滑的结论仍然成立,但是不会表现为巴罗(Barro,1979)的那种极端形式。①

2.4 政府资产的积累

艾亚格里等人(Aiyagari et al.,2002)在市场不完全的情况下重新考虑了最优税收问题。他们是从与卢卡斯和斯托基(Lucas and Stokey,1983)相同的经济开始讨论的,但是只允许无风险的政府债务存在。在对偏好和政府可以发行和拥有的无风险请求权的数量施加了一定限制之后,他们的模型可以重新得到与巴罗一样的对最优税收的随机游走表示。然而,只要放弃对政府的资产持有量(或,修改对偏好)的限制,就会产生不同的结果。

更具体地说,在如下特殊情况下——效用函数与消费的关系是线性的、与闲暇的关系是凹的——艾亚格里等人证明,只要政府可以运用一次总付性转移支付,同时支出冲击又是有限的,那么从长期来看,扭曲的劳动税收会收敛为零。最优解要求,在经济繁荣的"好时光"要减少债务,所以政府最终能够积累起足够多的资产,只需利用通过资产存量赚得的利息收入就可以应对可能出现的最大的支出冲击。这就是所谓的"政府的战时基金"(war chest of government)。相反,如果对政府的资产水平设定一个有约束力的上限——"特设资产限额"

---

① 有趣的是,克莱因等人(Klein et al.,2008)在解决卢卡斯和斯托基(Lucas and Stokey,1983)提出来的同一个问题时却发现了截然不同的结果。具体地说,他们发现,在没有承诺的经济中的债务的时间序列与有承诺的经济中的债务的时间序列非常相似。而且,福利也非常相似。这是一个令人惊讶的结果:在有承诺的经济中,总是会存在一个一劳永逸的减税/增加债务的动机,从而表明在没有承诺的情况下会出现日益增加的债务。然而,他们又证明,在连续执政的政府之间的动态博弈中很自然就会出现的这种激励,实际上有助于限制时间一致性问题:它们会导致非常有限的债务积累,长期的债务水平甚至有可能低于有承诺的情况下。这种激励机制是前瞻性地、策略性地使用债务的结果。

（Ad Hoc Asset Limit）——那么税收和政府债务的拉姆齐解将类似于巴罗的结果（Barro，1979）。[①]

2.5 对于最优政策的证据

最优债务政策的基本原则是债务-收入比率平均来说保持不变，但是在政府支出异常高或总体收入异常低的时期则会上升。但是，这个基本原则一般情况下与数据并不一致。

政府债务在战争时期和重大经济衰退期间都会出现，但是除了这些时期之外，偏离最优政策的情况也是普遍存在的。图1和2清楚地表明，在英国和美国，政府债务在战争时期和经济衰退期间确实都上升了。

图1和图2凸显了战争所起的重要作用。然而，即便是在美国，也出现了一些异常的特征。例如，20世纪80年代的巨额债务累积，而那是一个和平时期。这个历史事件（即所谓的"里根赤字"）激发出了好几篇重要的研究论文（我们稍后会评述），并且引发了一系列关于什么政治力量导致了这种赤字的重要政策辩论。类似地，其他经济合作与发展组织成员的债务也极大地偏离了最优水平。

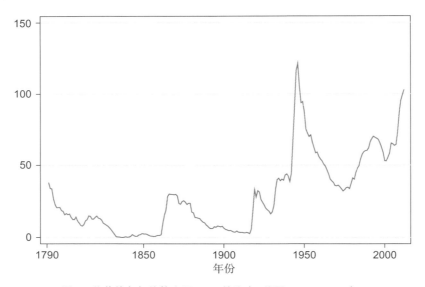

图1 公共债务与趋势实际GDP的比率（美国，1790—2012年）

资料来源：Abbas, S. A., Belhocine, N., Elganainy, A., Horton, M. 2010. A historical public debt database. Working Papers 245, International Monetary Fund.

[①] 通过对债务施加时不变的特设限制，政府债务的分布将会成为一个非平凡的分布，它的随机性即便是在极限情况下也不会消失。特别是，如果政府支出的随机性的可持续程度足够高，那么它将不会收敛到一个独特的分布，而是会一直随机波动下去。

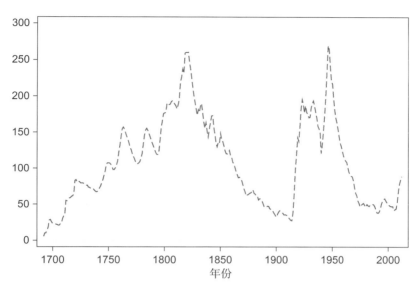

图 2 公共债务与趋势实际 GDP 的比率（英国，1692—2012 年）

资料来源：Abbas, S. A., Belhocine, N., Elganainy, A., Horton, M. 2010. A historical public debt database. Working Papers 245, International Monetary Fund.

下面的图 3 和图 4 分别显示了债务水平相对较高和相对较低的两组国家的债务情况。

从这些图中可以总结出如下观察结论。第一，到 20 世纪 70 年代，第二次世界大战后出现的债务比率下降的趋势在这两组国家都停滞了。然后，在接下来的长达几十年的和平时期里，这两组国家的债务都在增长，当然高债务组中显然增长得更多。例如，在意大利和希腊，债务与 GDP 的比率在 20 世纪 80 年代和 90 年代迅速提高，尽管同期它们的经济也增长得非常快。在 20 世纪 90 年代，比利时和爱尔兰的债务水平也超过了 GDP 的 100%。这成了战后各国的典型的债务水平。第二，有几个国家（即爱尔兰、比利时、丹麦）在和平时期的债务（与 GDP 的）比率出现大幅度的上升和下降。第三，在加入欧元区的那些国家中，很少有国家在加入时就满足了债务与 GDP 的比率不得超过 60% 的要求；而且，在欧元诞生后的头十年（直到金融危机爆发之前），这些国家也没有付出过多大努力以达到上述 60% 的规定目标。第四，没有任何一个国家接近过艾亚格里等人（Aiyagari et al.,2002）所提出的政策要求，它意味着政府需要积累资产以构造"政府的战时基金"。第五，大衰退导致政府债务进一步大幅积累，这至少在一定程度上与税收平滑假说一致。然而，在危机之前就已经因某种原因累积起了巨额债务的那些国家，可以继续积累的债务的数量受到了限制。因为更大的债务积累会导致市场恐慌：希腊出现了部分违约；到 2011 年，意大利也来到了重大债务危机的边缘。第五，爱尔兰和西班牙等少数几个国家，在进入大衰退时的债务–GDP 比率相对较低，而且它们的财政状况表面上看起来要比实际情况更好，因为它们得到了来自繁荣房地产业的庞大的临时性税收收入。当真相露出了水面之后，这些国家也出现了债务恐慌。事实上，欧洲的公共债务问题几乎发展到了欧元崩溃的临界点。

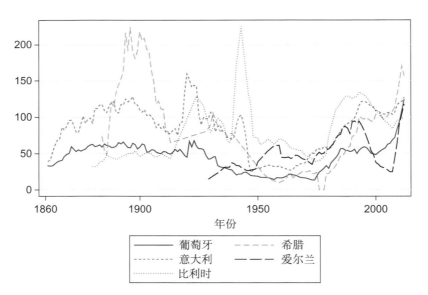

图 3 高债务水平国家的公共债务与趋势实际 GDP 的比率

资料来源:Abbas, S. A., Belhocine, N., Elganainy, A., Horton, M. 2010. A historical public debt database. Working Papers 245, International Monetary Fund.

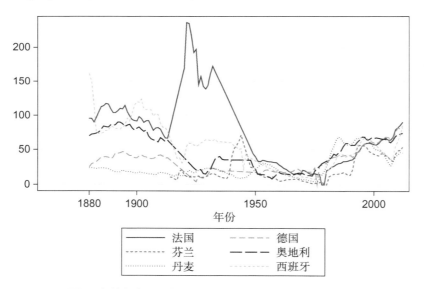

图 4 低债务水平国家的公共债务与趋势实际 GDP 的比率

资料来源:Abbas, S. A., Belhocine, N., Elganainy, A., Horton, M. 2010. A historical public debt database. Working Papers 245, International Monetary Fund.

表 1 告诉我们,自 1960 年以来,在 20 个经济合作与发展组织成员国中,只有 4 个国家出现赤字的时间少于一半,有 11 个国家在 80% 以上的时间内都出现了赤字。意大利和葡萄牙甚至实现了 100% 的"完美"赤字时间! 虽然,这些数据并没有区分基本赤字和总赤字,而且也没有考虑过周期问题,但是已经充分揭示了政府"挥霍"的事实。在 1973 年至 1974 年的第

一次石油危机之后,财政盈余接近消失。伊斯特利(Easterly,1993)指出,在那个时候(20 世纪 70 年代初期),许多国家并没有实现经济增长过程的长期下行趋势内部化,这种衰退要求减少政府支出的增加,以保持政府的规模不变。这样就导致了债务的积累。这种"误解"到底是一个"诚实的错误",还是由于政治性扭曲所致,仍然是一个众说纷纭的问题。事实上,各国政府确实经常用非常乐观的经济增长预测来证明大型支出计划的合理性。

接下来考虑政府的未来负债。显然债务水平大幅增加的形势在未来将更趋严重。人口老龄化(和婴儿潮一代的退休)将会对社会保障预算产生非常沉重的压力。

表1　1960-2011 年,在赤字的年份所占的百分比

	澳大利亚	奥地利	比利时	加拿大	德国
百分比	80	82	96	76	78
最近一次实现盈余的年份	2008	1974	2006	2007	2008

	丹麦	西班牙	芬兰	法国	英国
百分比	48	78	20	90	84
最近一次实现盈余的年份	2008	2007	2008	1974	2001

	希腊	爱尔兰	意大利	日本	荷兰
百分比	80	80	100	68	88
最近一次实现盈余的年份	1972	2007		1992	2008

	挪威	新西兰	葡萄牙	瑞典	美国
百分比	4	46	100	42	92
最近一次实现盈余的年份	2011	2008		2008	2000

资料来源:Wyplosz (2014). Fiscal rules:theoretical issues and historical experiences. In:Alesina, A., Giavazzi, F. (Eds.), Fiscal Policy After the Financial Crisis, Volume Fiscal Rules:Theoretical Issues and Historical Experiences. University of Chicago Press and National Bureau of Economic Research, pages 495-529.

各个国家的卫生保健费用(这也与人口老龄化有关)也都在以惊人的速度上升,尽管具体的速度彼此之间有所不同。美国国会预算办公室(CBO,2014)预测,假设立法机构不改变法律,那么美国的债务占 GDP 的比率在几十年内都不会下降,而且这已经是最乐观的估计了。在"中档"假设下,(净)债务占 GDP 的比率可能远高于100%。人们早就质疑,管理社会保障的行政部门的预测是过于乐观和不透明的,例如,请参见卡因等人(Kashin et al.,2015)。类似的观察也适用于日本和欧洲国家。当然,美国与欧洲国家之间,以及不同欧洲国家之间,都存在着巨大的差异。具体来说,在美国,各种应享权利计划大约占 GDP 的18.5%,而欧洲国家则要占 GDP 的20%至30%。在欧洲国家中,挪威又是最突出的一个,它在应享权利计划上的支出大约占 GDP 的30%。关于应享权利计划的各具体类别,在意大利和希腊,

养老金支出占了应享权利计划的一半以上,而在爱尔兰和丹麦则低于20%。① 在意大利等国家,已经出现了这样一种悖谬的情况:在这些国家里,一方面,因为劳动税税率极高,年青人不愿意工作(也很难找到工作);另一方面,企业的劳动成本居高不下,因为要缴纳税款给父母一代人支付养老金,然后父母一代人再用自己的养老金去养活那些失业的年轻人。

这就引出了一种评估政府债务的代际核算,它为联邦预算赤字校准代际政策提供了另一种方法。它是由奥尔巴赫等人(Auerbach et al.,1991)提出的,需要计算出当前和未来各代人在现在和未来要向政府支付的预计现值净额。如果认为政府是有跨期预算约束的,那么这个约束就要求,当前和未来各代的所有代际账户的总额再加上现有的政府净财富,应该足够为当前和未来的政府消费的现值提供资金。假设现在的政策在无限期的未来一直保持不变,那么这些代际账户就可以简单地视为未来各代人支付的税收和收到的转移支付的净影响的一个列表。奥尔巴赫等人(Auerbach et al.,1991)计算出了"终身净税率",用来衡量某一代人整个生命周期的税收负担减去转移支付之后的结果。代际核算准则假设,财政政策应该是平衡的。这意味着当代人和未来各代人的净税率也应该是一样的。如果未来的"子孙后代"的净税率超过了新生一代的净税率,那么根据这个标准,财政政策就不是代际平衡的。关于代际核算方法的优点和缺点,哈夫曼(Haveman,1994)进行过非常精彩的讨论。

3. 赤字与选举

3.1 财政幻觉

"财政幻觉"的思想源于公共选择学派,特别是布坎南和瓦格纳(Buchanan and Wagner,1977)。根据他们的观点,选民们没有能力理解政府跨期预算约束的概念,所以当选民(特别当临近投票日的时候)看到即将增加政府支出或削减税收的消息时(公共选择学派特别关注前者),他们就会支持在位者,当然仍然不了解这些政策对公共债务的含义以及需要为此而在未来付出的税收成本。在公共选择学派看来,这个问题还会因凯恩斯主义的政策立场而进一步加剧。在经济衰退期间,政客们都非常热衷于追随凯恩斯主义的规则——增加自由裁量支出,但是,在经济繁荣期,他们却不会遵循凯恩斯主义削减支出以维持的要求。因此,凯恩斯主义的不对称影响和财政幻觉的共同结果,就导致持续的赤字和爆炸性的债务水平。

从总体上看,取悦选举人最好的办法就是花更多的钱和收更少的税,这已经成了一个普遍的假设,并被当成了一个不证自明的事实。但是,正如我们稍后将会阐明的,实际证据比表面上看起来更加薄弱。另外,在当今世界,特别是在美国和欧洲各国,对赤字政策和紧缩

① 具体地说,在2011年,在意大利,养老金支出占了总应享权利(福利)计划的51.9%,在希腊占了51.1%,在丹麦为19.6%,在爱尔兰则为16.8%。资料来源:经济合作与发展组织(OECD,2015)。

财政政策的优缺点长期以来已经进行过非常广泛且深入的讨论,因此很难相信今天的选民会因为财政幻觉而对赤字的潜在成本毫无感知,尽管他们可能对应该采取什么政策应对赤字存在分歧。财政幻觉这个论证过于简单化了,尽管它对民主政体的财政政策的警示确实有重要意义。

3.2 政治预算周期:理论

传统的财政幻觉论证依赖于对选民的某种形式的非理性或无知的假设。然而,就像罗戈夫(Rogoff,1990)及罗戈夫和赛伯特(Rogoff and Sibert,1988)的研究所表明的,在选民完全理性但只拥有不完全信息的模型中也可以推导出政治预算周期。具体地说,导致这种政治预算周期的是如下这种组合:选民获取关于特定政策变量的信息的延迟与不同决策者所拥有的"能力"的差异。[①]

在罗戈夫和赛伯特的模型中(Rogoff and Sibert,1988),更有"能力"的政府只需收取更少的税收就能够提供同样多的公共物品,因为它们在财政政策制定和实施过程中的浪费更少。但是,选民要滞后一期才能掌握所得税、支出、铸币税以及政府浪费(即"负能力")的相关信息。拥有更强的能力意味着政府能够以更低的税收(或铸币税)提供公共物品。假设选民能够在选举前观察到减税,但是他们不能区分这种减税到底是由于政府强能力的实现所致(这种能力是不能立即观察到的),还是因为不能完全观察到的暂时性赤字所致。在选举结束之后,一个能力不强的政府将不得不加收铸币税从而导致通货膨胀周期的出现。在有限期的情况下,存在的唯一均衡是分离均衡,即,选民能够从在位政府为了传递关于自己的能力的信号而选择的税收水平中,确切地推断出政府的能力水平。也就是说,在选举前,有能力的决策者会将税收降低至没有能力的决策者无法实现的低水平。但是,这类模型也有一个令人不安的特征,那就是,更有能力的决策者虽然能够通过在选举前削减税收来传递关于自己的能力信号,将自己与没有能力实现同样大的幅度的减税的决策者区分开来,但是这样做他们也就进入了预算周期。罗戈夫(Rogoff,1990)区分出了两种类型的公共物品:一类是在选举前就可以清晰地观察到的公共物品,比如说修好街道上的破洞;另一类是不容易直接观察到的公共物品,比如说提高教师培训的质量。在他这个模型中,在临近选举的时候,政客们更有兴趣在更加明显但是不一定最有生产力的公共物品加大支出。

虽然从原则上说,基于理性的现代政治商业周期理论的含义可能与传统理论相似,但是它们在以下两个方面有很大的不同。首先,选民的理性对这些政策的范围施加了限制。其次,正如我们在下面通过经验证据证明的,选民掌握的信息越多、对决策者的动机理解得越深,对政客们这类行为的"奖赏"就越少,因此,民主国家的更大的新闻自由可以构成对这种行为的有效制约。[②]

[①] 关于政治商业周期的研究,请参见阿莱西纳等人(Alesina et al.,1993)和德雷岑(Drazen,2000)的综述。

[②] 例如,在贝斯利和普拉特(Besley and Prat,2006)构建的模型中,更大的新闻自由减少了决策者攫取租金的空间。关于大众媒体政治经济学,请参见普拉特和斯特罗姆伯格的综述(Prat and Stromberg,2013)。

在德雷岑和埃斯拉瓦(Drazen and Eslava, 2010b)构建的政治预算周期模型中,在任者更喜欢在某些选区和/或地区很重要的支出项目。通过改变政府支出的组成,在任者可以在选举前操纵摇摆不定的选民。在某些情况下,这意味着政治预算周期可能意味着,在保持政府支出总额不变的前提下,将支出从一个地区转移到另一个地区。①

3.3 政治预算周期:证据

那么,政治预算周期是不是真的普遍存在? 佩尔森和塔贝里尼(Persson and Tabellini, 2000)指出,答案取决于特定国家的政治制度的性质。特别是,他们认为,政治预算周期在多数当选制下比在比例代表制下更不容易出现。但是,布兰德和德雷岑(Brender and Drazen, 2005)则对这些结果提出了质疑。他们发现,政治预算周期存在与否,并不取决于投票规则。政治预算周期只存在于那些"新出现的民主国家"。只有在那些国家,财政操纵才有可能起到作用,因为选民对选举政治缺乏经验(或者,也可能只是因为缺乏信息)。这可能是产生政治预算周期的主要原因之一,如前面所评述的那些模型所暗示的。

布兰德(Brender, 2003)对信息在以色列的地方选举中的作用进行了检验。佩尔茨曼(Peltzman, 1992)、德雷岑和埃斯拉瓦(Drazen and Eslava, 2010a)也分别对美国和哥伦比亚的选举进行了类似的分析。② 冈萨雷斯(Gonzalez, 2002)、史和施文森(Shi and Svensson, 2006)则检验了透明度的重要性,他们发现,透明度最终意味着选民无需付出成本就能了解在位者的特点。他们的结果表明,透明度越高,政治预算周期就越短。此外,虽然不知情的选民的比例在一开始时可能很大,但是随着时间的推移他们的比例可能会下降,从而减少预算周期的长度。艾哈迈多夫和朱拉弗斯卡雅(Akhmedov and Zhuravskaya, 2003)发现,地区性媒体的自由度和地方政府的透明度是政治商业周期长短的重要预测因素。阿尔特和拉森(Alt and Lassen, 2006)发现,在经济合作与发展组织国家的样本中,更高的财政透明度可以消除选举周期。③

另一方面的重要问题是,制造政治预算周期的那些政府是不是更容易再次当选。布兰德和德雷岑(Brender and Drazen, 2008)分析了赤字对连任概率的影响,他们证明选民(弱)更可能因任内出现预算赤字惩罚、而不是奖励在任领导人。在考虑如下不同子样本的时候,他们的结果都有很高的稳健性:①发达国家与欠发达国家;②新出现的民主国家和老牌民主国家;③实行总统制的国家与实行议会制的国家;④实行比例代表制或多数当选制的国家;⑤民主程度不同的国家。

还有一支文献直接检验重大财政政策调整的政治后果,即,大幅度削减预算赤字是不是

---

① 哈斯勒等人(Hassler et al. , 2005)显示了一个很有意思的结果,即,引入政治扭曲会降低(而不是加剧)税率的波动性。这与政治商业周期文献的预测形成了鲜明的对比。

② 舒克内希特(Schuknecht, 2000)给出了35个发展中国家存在政治周期的证据,布蒂和范登诺德(Buti and Van Den Noord, 2004)则给出了来自欧盟国家的一些证据。

③ 阿莱西纳和帕拉迪斯(Alesina and Paradisi, 2014)给出了意大利各城市中存在政治预算周期的证据。福伦尼等人(Foremny et al. , 2015)使用德国的两个地区的数据给出了政治预算周期的证据。阿尔瓦特等人(Arvate et al. , 2009)则在巴西发现了地方性证据。

会产生重大的负面政治影响。阿莱西纳等人(Alesina et al.,1998)考虑了经济合作与发展组织国家的样本,结果发现财政紧缩政策的选举效应是正的,而不是负的,尽管很弱。不过,他们的重点放在了内阁变更和民间测验结果上,而没有放在选举结果上。在另一篇论文中,阿莱西纳等人(Alesina et al.,2012)补上了这个短板,直接考虑选举结果,但是他们没有发现可以证明财政调整对选举结果有负面影响的证据。布蒂等人(Buti et al.,2010)发现,现任政客连任的可能性,并不受他们是否努力推进亲市场改革政策的影响。然而,这些文献都可能存在潜在的反向因果关系问题,即,由于任何原因而特别受欢迎的政府,在采取了削减赤字的政策后再次当选——但是并不是因为这种政策而再次当选。虽然作者们也知道存在这个问题并尝试进行评估,但是要度量一个政府的"人气"却非常不容易。

这里最重要的底线是,政治预算周期也许可以解释选举前后的对最优政策的相对较小的偏离,尤其在那些新出现的民主国家中。但是,如前所述,它们不能成为公共债务的长期持续积累的主要解释。而且,跨国经验证据的作用似乎已经发挥到了尽头。也许在地方层面上的自然实验可以带来一些有意思的结果。

4.　社会冲突:消耗战与暴乱

4.1　消耗战:理论

消耗战(war of attrition)模型的目标并不在于解释"为什么"会出现赤字,而在于解释了为什么削减赤字的政策迟迟不能推出。阿莱西纳和德雷岑(Alesina and Drazen,1991)关注的是这样一种情况:在一个国家中,在出现了一个对收入(或支出)的永久性冲击之后(无论这种冲击是因为什么原因而出现的),一直处于政府债务增长的"不可持续的"路径上。在他们的模型中,债务由外国人持有,利率保持固定不变且外生给定,同时不存在违约。国家"等待"政府提高税率以阻止债务增长的时间越长,积累的利息负担越大,稳定债务所要付出的代价就越高。稳定债务意味着总赤字为零。

存在两个规模相同、(外生的)收入相同的群体,它们无法就如何分摊稳定债务的成本达成共识。社会规划者将选择给每个群体平均分配成本,因为这两个群体的收入和规模都相同。在这种情况下,稳定将立即实现,因为延迟只会产生低效率的成本,即,更高的累积外债利息。这个模型的关键特征是,如果不存在社会规划者,那么政治极化就会导致稳定成本无法均匀地分配给两个群体。具体地说,其中一个群体必须支付稳定所需的一半以上的税收,而且以后的每一期均如此。当两个群体都认识到存在将这种负担转移给他人的可能性时,每个群体都会试图等待另一个群体来承担成本。而为了实现这一点,就要求每个群体在等待时做出的成本存在某种不确定性,即,一个群体可以在多长的时间内承受拖延稳定政策出台的成本。对于这种成本,可以将它们建模为生活在不稳定的经济中的经济成本(例如承受通货膨胀),或是为了"阻止"对手实施一个不合意的稳定计划的政治成本。到最后,当一个群体做出让步并允许自己的政治对手成为赢家时,稳定化政策才能付诸实施,这种消耗战才宣告结束。然后,失败者要支付稳定所需的一半以上的费用,而获胜者则只需付出更少的代价。决定让步时间的条件是,使得在不稳定的经济中再多活一个时刻的边际成本,等于下一个时刻对手做出让步的概率乘以成为胜利者的成本与成为失败者的成本之差。这就是群体实力的不确定性至关重要的原因。如果某个群体从一开始的时候就知道,自己生活在不稳定的经济中的生活成本要比另一个群体的生活成本高,那么它就会知道它最终很可能会在消耗战中败下阵来,因此它会立即认输,这肯定会比推迟那不可避免的失败更加"便宜"。时间的流逝终将揭示群体的类型,即,哪一个群体更强。稳定成本的分化越是不均等(这种分化可以解释为一个社会的两极化程度),消耗战时间越长,累积起来的债务水平越高——因为获胜可以得到的相对好处会增大。

消耗战意味着,个体(即群体层面)理性策略会导致次优的债务累积。最终成为失败者的群体是拖延消耗战成本最高的一方。这就是这种成本的不确定性至关重要的原因。如果哪一方是较弱势的群体是共同认知,那么较弱的群体立即就会认输,因为等待只会增加成本,而且这个群体最终必败无疑。因此,消除这种不确定性的任何因素,都会有助于结束这种消耗战。

4.2 消耗战:经验证据

这个模型有好几个重要的实证含义。第一,时间的流逝,可能会导致一个国家的债务稳定下来,即便没有任何可观察到的事件发生,也是如此。原因很简单,因为某个群体肯定会达到"认输"的条件,即,获悉自己与对手的相对力量之比。第二,其中一个群体的选举或立法胜利可能会成为自己拥有更强的政治实力的信号,因此可能会导致对手认输。第三,更长期的拖延和更高的债务,应该发生在无法达到"公平的"和可以接受的成本分摊的极化社会中。此外,当许多群体都拥有"否决权"以阻止他们不喜欢的政策决定时,拖延时间就会更长。第四,经济危机的恶化可能会导致消除战的结束。因为某个群体的延迟成本的上升,会导致它更快认输。德雷岑和格里利(Drazen and Grilli,1993)证明,在他们那个模型设置中,"危机"可能是有益的,因为它虽然在短期内恶化了某个群体的效用水平,但是从长期来看却可能有利于所有群体的福利的改善,因为它能导致消耗战提早结束。第五,[①]出于相反的原因,外国援助可能会起到适得其反的作用[例如,请参见卡塞拉和艾岑格林(Casella and Eichengreen,1996)]。如果外国援助在稳定政策推出之前使生活变得更加轻松,那么拖延的时间就会更长,因而在长期来说,福利水平会更低。然而,结果还取决于外国援助是如何支付的,例如,如果外国援助隐性地"选中"了某个获胜者,那么它就可以更早地结束这种消耗战。第六,某种外部承诺,即,货币基金组织的附带条件的协议,可能会加速消耗战的结束,

---

① 这里的"第五",原文是"Fourth",疑有误,已改。——译者注。

因为它可能会使"打败仗"的一方的代价更加高昂。有几位研究者给出了与消耗战模型的上述含义相一致的经验观察结果。阿莱西纳和德雷岑(Alesina and Drazen,1991)讨论了一些历史例子:同一个政府起先因为遭到政治反对而无法实现稳定,后来因为反对者被击败而取得了成功。存在多个拥有否决权的参与者会延迟消除赤字的政策出台的思想,与格里利等人(Grilli et al.,1991)、康托波洛斯和佩罗蒂(Kontopoulos and Perotti,1999)给出的证据一致。格里利等人(Grilli et al.,1991)指出,在20世纪80年代,债务在采取多党制的议会民主制国家中积累得更多。康托波洛斯和佩罗蒂(Kontopoulos and Perotti,1999)则认为,支出当局政出多头的程度(部长的数量)与更宽松的财政控制有关——我们稍后还会回过头来讨论这个问题。沃克林克和德哈恩(Volkerink and De Haan,2001)、艾尔吉和麦克梅纳明(Elgie and McMenamin,2008)给出了一个22个发达经济体组成的样本的证据,证明由在议会中优势很小的多数党派组成权力分散的政府时,赤字更大。佩尔森和塔贝里尼(Persson and Tabellini,2000)对相关文献进行了综述并补充了更多的证据。上面这些论文,以及米勒斯-费雷蒂等人的论文(Milesi-Ferretti et al.,2002)还阐明,联合政府在福利方面的支出会更多,阿莱西纳和格莱泽(Alesina and Glaeser,2005)在对美国与欧洲进行比较时也提到了这一点。另外,正如我们之前讨论过的,伊斯特利(Easterly,1993)指出,有些国家之所以会积累起大量债务,是因为它们没有根据始于20世纪70年代的经济增长放缓趋势调整支出计划。对永久性冲击的调整的这种拖延,与消耗战模型给出的一般信息也是一致的。另外,多选区制也不利于降低自己喜欢的支出项目的增长率。

第二个研究进路则集中表现在"危机导致变革"的观念上,例如,像德雷岑和伊斯特利(Drazen and Easterly,2001)所说的那样。毋庸讳言,现有证据并不能排除逆向因果关系问题的困扰:如果没有任何问题,你们为什么要发动改革呢?[①] 阿莱西纳等人(Alesina et al.,2010)将这些制度假说与危机假说结合起来,在检验消耗战模型的方向上迈进了重要一步。特别是,他们检验了某些制度是否更有可能快速地解决危机,这与斯波劳雷(Spolaore,2004)的模型也是相一致的。阿莱西纳等人(Alesina et al.,2010)将一个国家定义为处于"危机中的"的国家,如果在时间 t 上,这个国家的预算赤字在一个(大)样本中属于"最糟糕"的25%的国家。[②] 他们发现的证据支持了"更强有力的政府"在危机发生时稳定形势的能力更强的假说,即当危机爆发时,强大的政府能更及时地做出调整,并能更快地摆脱"危机"状态。在他们的模型中,"强大的"政府包括采取总统制的政府,以及虽然采取议会制,但是多数党在议会中拥有的席位优势更大的政府。他们还发现,稳定(即退出危机)更有可能在新政府任期刚开始时发生。这些结果与消耗战模型也是一致的:在不稳定的情况下(即,在危机中),拥有否决权的反对派越少、政治上的赢家优势越大,稳定发生的时间越早。关于国际货币基金组织的项目的效果的结果较不明确,而且如前所述,在这种情况下,(反向)因果关系问题尤其严重。

---

① 同样的问题也出现在关于外国援助的大量文献中。由于文献数量过于庞大,我们无法在本章中予以综述。
② 在他们的论文中,这些作者也考虑了通货膨胀危机,而不仅是赤字危机。

4.3 消耗战:总结

事实证明,作为对观察到的债务失控现象和稳定时机,消耗战模型的解释是成功的。但是,这个模型有一个问题,那就是,它很难扩展。特别是,稳定的成本分配被认为是外生给定的,而不是在不同群体之间经讨价还价决定。朝这个方向前进将自然而然地引入讨价还价模型。在这种模型中,关于博弈如何发生的制度细节至关重要。也许,我们可以考虑将这种方法与下文稍后会讨论的分析立法机构中的投票的文献结合起来。另外,将两个群体扩展为 n 个群体,也意味着不确定的结果,并且 n 个群体之间的联盟的形成是一个非常棘手的问题(至少到目前为止是这样)。最后,在这种模型中,稳定是不是 0 就是 1 的事件。部分稳定的尝试或失败的稳定尝试,从来没有得到明确的建模,尽管它们在现实世界中是相当普遍的。

4.4 暴动

帕萨雷里和塔贝里尼(Passarelli and Tabellini,2013)构建了一个政治竞争模型,它与消耗战模型有相当密切的联系。当然,两者之间也存在很大的差异,而且这个模型纳入了"行为"的因素。在帕萨雷里和塔贝里尼的模型中,几个社会群体就什么是"公平"的资源配置方案各执一词。将每个群体认为各种应该得到的"公平"的份额加总起来,可能大于现有资源的总和。此外,当他们觉得自己没有得到公平对待时,各个群体都愿意参与某种成本非常高昂的政治行动(即暴动)。这里的直觉是,当一个群体认为,公平(根据这个群体自己的观点)遭到了侵犯时,个人将会对感受到不公平做出激烈的情感反应,从而愿意参与成本高昂的政治行动,如暴动。同质性更强的群体在组织暴动时更有可能获得成功。当感到公平受到了侵犯时,这种"愤怒"的感觉有助于解决政治行动中的搭便车问题。在动态的情况下,暴动的威胁构成了对政府的有效限制。特别是,即便是一个仁慈的政府也可能会被迫积累起过高的债务(即高于最优水平),以减少暴动的威胁。实际上,吴(Woo,2003)证明,公共债务的积累与暴动的发生频率有关。庞蒂塞利和沃思(Ponticelli and Voth,2011)、帕萨雷里和塔贝里尼(Passarelli and Tabellini,2013)也证明预算削减之后有时会发生暴动。

将这些与暴动有关的证据,与我们在前述讨论过的布兰德和德雷岑(Brender and Drazen,2008)以及阿莱西纳等人(Alesina et al.,2012)给出的结果做一番比较,应该很有意思。他们指出,至少在民主国家,财政调整与在位者的选举失利没有什么联系。也许,同质性高的、有组织的群体更倾向于发动暴动,而组织程度较低的中位数选民则更愿意在必要时接受财政紧缩政策。或者换句话说,一个政府更可能面临特定的群体组织的罢工和骚乱,而且这些行动可能会阻止财政调整政策,并导致公共债务的增加。然而,无组织的选民(他们可能占大多数)也许不会批准这些政策。

在以下方向上推进研究应该是很有意义的:对帕萨雷里和塔贝里尼(Passarelli and

Tabellini，2013）的框架加以扩展，将上述特征纳入模型，即，部分选民是有组织的且具有在觉得不公平时就"愤怒"的行为倾向，而另一部分选民是无组织的且没有这种自主的公平感。

5.　将债务作为一个策略性变量

政府债务是一个"连接"了好几届续任政府的状态变量。不同的政府可能对财政政策有不同的偏好，比如说公共支出的水平和/或组成。如果当前执政的政府不能肯定自己在下次选举中能够重新当选，那么它就有可能会趁自己仍然掌握着权力的机会选择某个赤字水平（即选择一定的债务水平），以便影响未来政府的财政选择。在这类模型中，由于假设选民是完全理性、充分知情和具有前瞻能力的，所以赤字不会影响在位者连任的可能性，但是赤字却有助于确保未来的政府所采取的政策更接近于当前在位的政府的偏好——因为赤字可以约束未来的政府的行动。前面假设的会导致政治商业周期的信息不对称性，在这里却假设不复存在了：在位政府或掌权的多数派对债务的策略性操纵完全符合那些支持在位者的人的利益。对此，还可以用另一种方法说明如下。由于当前在位的政府不能控制未来的公共支出，那么它可能会希望通过在今天借款 1 美元来"剥夺"未来的政府可以获得的 1 美元的税收，因为在位者未来可能不再掌权、也不能决定未来的 1 美元怎样花，但是它可以决定今天怎样花这 1 美元。很显然，这种逻辑只适用于当不同届次的政府对财政政策的偏好会发生变化且存在着异质性的时候。

在阿莱西纳和塔贝里尼（Alesina and Tabellini，1990）构建的模型中，有两个随机交替执掌政权的政党，而且它们的偏好是外生给定的。这两个政党会关心代表性主体的收入水平，同时还关心两种不同的公共物品——即，军费支出与国内支出（更一般地，它们对这两种公共物品赋予的重量不同）。在这个模型中，由一个代表性选民/公民对他/她的劳动和闲暇做出选择；同时，选民对他们喜欢的公共物品的类型的偏好符合一定分布，所以他们会根据政党对公共物品的选择决定投票给哪个政党。另外，私人物品和公共物品是分别独立地进入效用函数的。如果某个政党不确定自己是否能够重新当选，那么它就会发行债务。通过这样做，它能够"迫使"下一届政府（可能不是由本党执政）在本党比较不喜欢的公共物品上花费更少的支出。换句话说，目前在位的政府为了在本党更偏好的公共物品上支出更多，会选择扭曲性的所得税路径，从而让未来的政府担负走削减债务的责任（因为根据假设，违约不在选择范围之内）。未来的政府为了削减负债，将不得不——至少在一定程度上——削减在当前政府不偏好的公共物品上的支出。[①] 当前政府再次当选的可能性越小，它所选择的债务水平就越高。只有当在位政府百分之百肯定会再次当选时，它才会不发行任何债务。当然，社会规划者也不会发行债务，因为没有理由这样做；相反，社会规划者会选择这两种公共物

---

① 当这两个政党都在意（有不同的权重的）两种公共物品时，要得到赤字过大的结果就需要一个关于对公共物品的效用函数的三阶导数的较弱的条件。

品的某个稳定结合,以满足(比如说)功利主义的社会偏好。塔贝里尼和阿莱西纳(Tabellini and Alesina,1990)在另一个由中位数选民决定财政政策的模型中也得到了类似的结果。当前的中位数选民不确定未来的中位数选民的偏好是什么——因为存在着对偏好分布的冲击。于是,出于给未来的多数选民制造"既成事实"的动机,当前的中位数选民选择发行债务。阿莱西纳和塔贝里尼(Alesina and Tabellini,1989)还将这种模型扩展到了一个小型的开放经济体中,并证明过高的公共债务与私人资本出逃之间存在着联系。

佩尔森和斯文森(Persson and Svensson,1989)也给出了一个相关的模型。不过,他们的模型并不意味着一定存在赤字偏向,而是指向了这样一个结论:哪个政府会制造赤字、哪个政府能实现盈余并不总是显而易见的。在他们的模型中,有两个政党。其中一个立场偏左,喜欢更大数量的公共物品,哪怕会付出高税收的代价也在所不惜;而另一个政党则立场偏右,讨厌大额公共支出和高税收。公共债务会将这两个交替执政的政党"联系到"一起。当左派政党执政时,会选择通过提高税收来留下财政盈余,以便让右派政党上台后有动力提供更多的公共物品。相反,当右派政党执政时,则会通过减税来制造赤字,以防止左派政党上台后"大手大脚地花钱"。[①]

类似地,阿吉翁和波尔顿(Aghion and Bolton,1990)指出,债务的这种"承诺"效应有两个方面。首先,对未来政府在公共物品上的支出加以限制;其次,通过强迫下届政府为了偿还债务而提高税收,将过度的债务积累与再分配政策联系起来。对于第二点,李泽利(Lizzeri,1999)也得出了类似的结论。在他的模型中,有两个候选人,都以赢得选举为自己的唯一愿望,当选后可以对某些公民进行再分配,但是不能对未来的再分配做出承诺。通过在第一期时制造赤字,这样的候选人可以实现有利于多数人(而不利于少数人)的有偏向的再分配转移支付。

6. 公共池塘问题(公共资源问题)

在这种类型的模型中,经济行为主体不能将导致"过度支出"的政府支出决策的税收负担完全内部化。经济学家研究得最深入的"公共池塘"问题的一个例子是,立法者(例如,美国国会的议员)希望在不完全内部化税收成本的情况下批准自己的选区的支出计划——事实上,税收负担将落后所有选区(或许多其他选区)。正如我们稍后将会讨论到的,在不同的制度环境中,都会出现这一类政治扭曲。

6.1 立法机构内的讨价还价

温加斯特等人(Weingast et al.,1981)提出了一个关于过度支出的"猪肉桶项目"(政治

[①] 佩特森-利德博姆(Pettersson-Lidbom,2001)从瑞典地方政府的数据中得出了支持这个模型的证据。

分肥)模型。后来,这个模型得到了扩展,纳入了各种各样的投票规则,可以用来研究债务积累问题。温加斯特等人阐明了,来自某个选区的议员是怎样高估自己选区内的公共项目的收益的(相对于其在全国范围分摊的融资成本)。选区 i 的选民可以从某个项目获得的收益等于 B_i,但是如果税收是平均分配给所有 N 个选区的,那么他们只需支付总成本的 $1/N$。因此,以某个选区为自己的"根据地"的议员不会将自己所提议的项目对整个国家的税收负担内部化。于是,这些理性的议员们的这种激励,最终会导致分布于各个选区的公共项目的过度供给。更具体来说,N 个选区选举出来的 N 名立法者制定的预算,会比一个通过全国选举选出的立法者制定的预算规模更大,而且预算规模随选区的数量 N 的增加而增大。

巴伦和费内中(Baron and Ferejohn, 1989)提出的模型对上述模型做出了一个很大的改进,那就是,不再简单地假设每个地区都承担项目成本的 $1/N$,而是引入了对税收分配进行投票的机制。他们研究了多数决制度在不同程序性规则下得出的不同结果。在他们的模型中,立法机构有 n 个成员(可以解释为人,也可以解释为地区或国家)。立法机构的任务是选择确定一个在这些地区之间分配一单位福利的方案,而且,在立法机构之外不存在选票交易(side payment)。模型中还有一个"承认规则",它确定了,在每一个会期,谁会成为议程设置者,并提出提案。在每个会期中,成员 i 被选中的概率为 p_i。被选择的成员 i 提出一个供大家讨价还价的议案,其形式为 $x^i = (x_1^i, x_2^i, \cdots, x_n^i)$,使得 $\sum_j^n x_j^i \leq 1$。如果没有提案未获得批准,那么这个立法机构的每个成员都只能获得零收益,即,维持现状。同时,假设立法机构的所有成员都有一个相同的贴现因子 δ。

巴伦和费内中对"禁止修正规则"和"开放修正规则"进行了区分。在前一种规则下,提出的方案是在与现状相比的情况下付诸投票的,而且不得修正;如果得到了通过,那么大家分配收益,立法机构闭会。如果这个方案遭到了否决,那么谁都无法分到收益,立法机构不闭会,进入下一个会期。在这种情况下,讨价还价过程重新开始,但是收益要用 δ 的贴现因素来贴现。而在"开放修正规则"下,当那个随机选中的议员提出了提案之后,还要再随机指定另一位议员,他既可以提出一个修正案(即,另一种配置),也可以要求直接对原来的提案投票。如果提案得到了附议,那么立法机构就开始投票(与前一种规则下一样);如果出现了修改案,那么就要先进行一轮预投票,以决定哪一个提案可以提交表决。重复这个过程,直到选中的议员解决了上述问题,议员们投票通过为止。

在禁止修正规则的情况下,子博弈完美均衡具有以下几个特征:①收益的均衡分布是多数决的,即,只有最小多数能获得一定收益;②议程设置者可以获得更大的分配;③立法机构是在第一个会期就完成任务的。而在公开修正规则的情况下,第一个提案人的议程制定权力遭到了削弱。的确,每个成员都必定会考虑到他的提案可能与某个修正案正面竞争的可能性。因此,在提出提案时,他就必须考虑到这一点。具体地说,提案人给出的提案,必须能够得到立法机构的其他 $n-1$ 名成员中的 m 人的支持。选择了不同的 m,第一个提案人也就决定了提案被通过的可能性。m 的值越大,第二种规则下那 m 个议员中某个人被选中的可能性就越大,提案被接受的可能性也就越大,但是议程设定者可以为自己保留的收益就越低。

6.2 立法机构与政府之间对债务的讨价还价

在韦拉斯科的模型中(Velasco,1999,2000),若干个利益集团都能够从特定类型的政府支出中获益。每一个利益集团都可以对中央财政当局施加影响,使本集团的目标项目获得净转移支付达到自己想要的水平。在这个模型中,均衡意味着债务水平将处于最大可行水平。实际上,每个利益集团都会要求得到足够大的转移支付,从而导致财政赤字和政府债务的持续增长。政府最终会达到借贷上限,并永远被锁定在用最大可行税收偿付最高可行债务的路径上。这个结果背后的直觉很简单。财产权并不是根据每个利益集团在总体收入或资产中所占的比例来定义的。任何政府资产的任何一部分,如果不是由这个群体花掉,就会被另一个群体花掉。因此,总是存在强烈的提高净转移支付(并使之高于在总体层面上有效率的水平)的动机。各个利益集团不会将公共支出的成本全部内部化,也就是说,每个利益集团都会尽可能地将全部资源而不是其中的某个部分作为支出决策的根据。克罗格斯特拉普和韦普洛茨(Krogstrup and Wyplosz,2010)构建了一个开放经济体中的赤字偏向模型,也得出了类似的结果。

巴塔格里尼和科特(Battaglini and Coate,2008)采用上文描述的巴伦和费内中(Baron and Ferejohn,1989)的框架研究了这种讨价还价是如何导致了对最优债务路径的偏离的。他们集中关注的是艾亚格里等人(Aiyagari et al.,2002)讨论的社会规划者能够达成最优解的。巴塔格里尼和科特(Battaglini and Coate,2008)还将巴伦和费内中(Baron and Ferejohn,1989)的关于立法机构内的讨价还价的模型,与我们前面评述过的讨论策略性债务决策的文献——特别是塔贝里尼和阿莱西纳(Tabellini and Alesina,1990)的洞见联系了起来。在立法机构内部,当前的多数派对支出进行讨价还价时,会考虑到未来谁将成为多数派是不确定的这个事实。如前所述,在这种情况下,债务就会成为控制未来财政决策的策略性工具。[①] 在塔贝里尼和阿莱西纳(Tabellini and Alesina,1990)那里,多数人的意愿,是直接用中位数选民的最优政策来代表的,但是巴塔格里尼和科特(Battaglini and Coate,2008)则给定了一个更加丰富的制度环境,以更好地刻画决策过程。

巴塔格里尼和科特(Battaglini and Coate,2008)的模型设置是这样的:在 n 个相同的地区,生活着一个由永远存活的公民构成的连续体,存在着一个单位的(不可储存的)消费品 z、一个单位的公共产品 g,它们是用劳动生产出来的。公民最大化自己的终身效用,具体取决于收入、劳动供给和一个参数 A_t。这里的 A_t 是用来表示公民的公共物品的价值的随机变量时间 t 上的实现值。例如,如果公共物品是国防支出,那么在战争期间,我们给它赋予更高的价值。立法机构提供公共物品 g,而且可以为目标地区的特定转移支付(即"政治分肥")支出提供资金。在筹集资金时,立法机构可以采取两种方法:或者对劳动征收比例税 τ,或者发

[①] 在一项相关的研究中,巴尔塞弗扬等人(Barseghyan et al.,2013)考虑了作为财政政策的驱动因素的持续的税收收入冲击,它源于商业周期对私人部门的影响。巴塔格里尼和科特(Battaglini and Coate,2015)所构建的模型中纳入了失业率,以及私人部门的工作与公共部门的工作之间的区别。他们在这个模型下探索了债务、失业与公共部门和私人部门的相对规模之间的联系。

行期限为一期的无风险债券 x。立法机构面临三个不同的约束。一是可行性约束,即,政府收入必须足够高,以支付支出。二是"地区转移支付约束",即,为某个地区特设的转移支付必须是非负的。这个约束不包括为政府支出融资的一次兑付性的负转移支付(一次总付税)。三是政府必须满足"借款约束",它意味着要对每一个时期可以发行或买回的债券数量设定上限和下限。下限的设置不会影响一般性。事实上,政府所需要的资产,永远也不会超过下限所隐含的水平,因此下限的约束从来都不是有约束力的。但是,上限却是必不可少的,不然无法避免政府发行一笔下一期无法偿付的债务的情况。下限被设定为这样的水平上:政府积累的资产的利息,刚好可以为最优水平的公共物品提供资金。[①] 模型规定,这个由来自 n 个地区的代表组成的立法机构,在"禁止修正规则"下做出决定。立法机构在每一个时期开始时,就已经知悉了 b_t 和 A_t。然后,随机选择一个议员提出关于政府政策的提案,其中包括劳动税税率 r_t、公共物品的提供 g_t、发行债券的水平 x_t,以及特定于地区的转移支付 $(s_1, \cdots, s_n)$。这个提案要想得到通过并实施,最少需要有 $q < n$ 立法者结成联盟。如果提案被否决,那么就随机选择另一位立法者提出一个新提案。如果在 τ 轮之后,所有的提案都遭到了否决,那么政府就实施"默认政策",它必须满足可行性约束,同时必须对所有地区一视同仁,即,$s_1 = \cdots = s_n$。

在这个模型中,社会规划者将会选择最优债务路径,就像艾亚格里等人(Aiyagari et al., 2002)所证明的那样。更具体地说,社会规划者将把 (b, A) 视为给定的,然后选择一个政策 $\{r, g, x, s_1, \cdots, s_n\}$,以最大化所有地区的公民的效用。给定 (b, A),有两种可能的情况,即,存在对各个地区的转移支付的情况,和不存在向各地区进行转移支付的情况。在第一种情况下,只要利用正的政治分肥型转移支付,最优劳动税税率就可以设定为零,同时公共物品的最优水平则可以设定为 $g_s(A)$,即,符合萨缪尔森规则的水平。这里的推理很简单。假设税率是正的。那么,社会规划者就会发现,减少政治分肥型转移支付、降低(扭曲性)税收是严格占优的。如果社会规划者没有进行任何政治分肥型转移支付,那么税率就肯定为正,所提供的公共物品的水平将低于 $g_s(A)$,同时公共债务水平则高于有转移支付时的水平。因此,政治分肥型转移支付取决于实现的公共物品的价值 A。特别是,当 A 的值足够高时,最优政策就是不进行转移支付:因为 g 已经很高了,没有留下政治分肥的余地。相反,如果政府留下了资源去提供政治分肥型转移支付,那么债务水平必定是最低的,即,处于下限 $\underline{x}$ 处。(请不要忘记下限意味着资产的积累。)直观地说,如果社会规划者愿意通过地区转支付移 $(s_1, \cdots, s_n)$ 向公民返回税款,那么一定预期在下一个时期不用征税;否则它就可以通过减少转移支付和获得更多债券来改善自己的境况。这就表明,在稳定状态下,债务水平必定会使得未来的税收等于零,而这也就意味着它等于 $\underline{x}$。

现在考虑立法机构内的讨价还价。要让自己的提案顺利通过,议程设定者必须找到 $q-1$ 个支持者。均衡政策是由公共物品 A 的实现价值和前一年剩下的公共债务的价值驱动的。当 A 和/或 b 的价值足够高时,公共物品的边际价值也将变得非常高,以至于提案者不可能认为正的政治分肥型转运支付是最优政策。因此,均衡政策由提案者能够最大化所有代表的

---

① 最优公共物品水平是指符合萨缪尔森规则的最优水平,即使得边际收益之和等于边际成本总和的水平。

效用的那些结果组成。换句话说,我们将回到社会规划者的解,即,没有任何转移支付。对于 b 和/或 A 取值很低的那些情形,则可能会有一些资源留下,可以转移给那 q 个地区。这意味着,存在一个截止值 A*,它将空间分成了两个不同的区制。对于 A > A*,经济处于"负责任的决策"区制("responsible policy making",RPM)。在这种情况下,税率、公共物品和债务的发行的最优水平,都由社会规划者的不存在政治分肥型转移支付时的最优条件来定义。对于 A < A*,经济处于"一切照旧"区制("business as usual",BAU)。在这种情况下,提案者通过最大化"最小获胜联盟"所包含的那 q 个地区的效用来定义$(r*, g*(A), x*)$。这个均衡还包括了足够高的转移支付$(s_1, \cdots, s_q)$,以促使联盟成员接受提案。

我们也可以用公共债务来定义这些最优条件。特别地,均衡债务会收敛到一个唯一的不变分布,它的支撑为一个子集$[x*, -x]$。当债务水平为 x* 时,税率和公共物品的最优条件就是那些由"一切照旧"区制所定义的最佳条件,即,提案者会向 q 个地区发放政治分肥型转移支付。相反,如果债务水平超过了 x*,那么经济就位于"负责任的决策"区制中,此时,税率高于"一切照旧"区制所定义的税率,提供公共物品的水平较低,而且没有地区能得到转移支付。

在长期中,经济会在"一切照旧"区制与"负责任的决策"区制之间振荡,具体取决于公共物品 A 的实现值。例如,当战争发生时,在 A 很大的情况下,政治分肥会消失。[①]

简单地说,导致社会规划者的解与政治均衡不同的这种政治扭曲之所以会出现,是由于如下两个原因。第一个原因可能与上一节讨论的"公共池塘问题"有关。"最小获胜联盟"没有完全将增加税收或减少公共物品的成本内部化,但是却完全享受了接受政治分肥型转移支付的好处。另一种扭曲则来自立法者所面对的不确定性。他们事先并不知道自己在下一期能不能成为那一期的"最小获胜联盟"的一员。因此,他们也不能将不同时期之间的成本和收益完全内部化。具体地说,他们要对今天被纳入"最小获胜联盟"可以获得的$\frac{1}{q}$美元的收益,与明天的$\frac{1}{n}$美元的预期成本进行比较。这种直觉推理与前述讨论过的塔贝里尼和阿莱西纳(Tabellini and Alesina,1990)的债务策略性模型相似。总而言之,本节的贡献可以总结如下。第一,它利用巴伦和费内中(Baron and Ferejohn,1989)模型,整合了塔贝里尼和阿莱西纳(Tabellini and Alesina,1990)发现的结果。第二,本节说明,"巴罗式"的税收平滑仍然是政治经济学模型中的一个重要因素,但是通过债务实现的扭曲性的平滑是没有效率的——不但会造成债务过度积累,而且还会导致稳态时的政策过度波动。从经验角度来看,巴基尔(Baqir,2002)也用美国城市数据证明了与前述公共池塘问题相同的结果。他的结论是,城市议会的规模越大(其公共池塘问题可能更大),相关的公共支出就越大——在保持其他的决定因素不变的情况下。

本节的讨价还价模型与前面讨论的消耗战模型也有潜在的联系。在这些讨价还价模型中,是不考虑时间的流逝的。在采用"不得修正规则"时,决议是立即得出的,因此时间因素

---

① 巴塔格里尼(Battaglini,2014)对这个模型进行了扩展,讨论了立场机构内的两党竞争。

无关紧要;而且即便是在采用"开放修正规则"的情况下,只要提案和修正是可以立即完成的,那么时间因素仍然无关紧要。当然,在现实世界中,立法机构内部的讨价还价是需要时间的。在消耗战模型中,时间的流逝是一个至关重要的因素——博弈的解依赖于它。同时,时间的流逝也导致了债务的积累。在本节讨论的讨价还价模型中考虑时间因素,不仅更符合现实,而且也是进一步推进理论和实证研究的一个很有意义的方向。

6.3　其他制度环境下的公共池塘问题

与策略性债务有关的公共池塘问题的一般思想,也适用于美国国会之外其他机构和制度环境下。

特别是,在许多民主国家,预算是由政府制定的(而政府可能由不止一个政党组成),然后提交给立法机构(议会)批准,如果组成政府的政党在议会中拥有多数席位,那么预算就能得到批准(可能有修正,也可能没有修正)。在这种情况下,即便是在把预算案提交给立法机构之前,政府内部有权力决定或影响支出的各部部长之间就可能会出现公共池塘问题。每一个"支出部长"通常都希望为自己的部门争取到更大的支出预算,部内的官僚集团也会推动他这样去做。这些"支出部长"形成"获胜联盟"后,可能会导致一个类似于巴塔格里尼和科特(Battaglini and Coate,2008)所描述的"一切照旧"区制下的预算案,即,导致向"支出部长"最小获胜联盟进行"政治分肥"型的转移支付。这种"政治分肥"型支出既可以从地理上定义,也可以从功能上定义。当不同的"支出部长"分属不同的相互竞争的党派时,这种讨价还价过程可能会变得特别复杂。在这种制度环境下,财政部长要承担起防止各"支出部长"超支的任务,但是,如果"支出部长"们组成了一个最小获胜联盟,那么财政部部长也可能无能为力。事实上,正如我们稍后所讨论的那样,不同的机构设置会将不同的特权级别分配给"支出部长"和财政部部长,使得在"一切照旧"区制下出现的问题的严重程度各不相同。此外,即便是在议会制民主国家,立法机构也有能力就政府提出的预算提出修正意见并进行投票。[1]

此外,国家一级的预算赤字通常源于国家下面的各级政府。在这个方面,很多著名的例子来自拉丁美洲国家(例如阿根廷)和欧洲国家(例如意大利和西班牙)。这与支出权和征税权在不同层级的政府之间的分配有关。假设支出由地方政府决定,收入由中央政府收取(然后根据地方政府的支出决定分配给地方)。那么很显然,在这种情况下,由于税收是由中央政府征收的,所以地方政府不会将自己的支出决策的全部税收成本都予以内部化。为了限制这种激励,大多数国家都采取了设置支出上限的制度,例如,要求地方政府遵守特定的预

---

[1] 托尔内尔和莱恩(Tornell and Lane,1999)构建的公共池塘模型,更直接适用于制度不完善且存在着庞大的非正规部门的发展中国家。他们这个模型是一个关于经济增长过程的动态模型,纳入了过去几十年来进步缓慢的那些发展中国家的两个共同特征,那就是,①没有强大的法律和政治制度;②社会上存在着多个强大的利益群体。他们分析的重点是财政过程,因为在这些国家,强势利益团体是通过财政过程与社会互动的(由于法律和政治制度薄弱),而且它们也是通过财政过程去实施相机抉择的财政再分配,并将有价值的国家资源化为已有的——那是政治分肥型转移支付的一种形式。

算规则(我们在下文中将讨论这个问题),或者要求某些类型的支出要由地方税来融资。然而尽管如此,在许多情况下,这类制度安排都不可能是完美的,因而公共池塘问题仍然存在。地方政府与中央政府之间的关系还可能意味着预算软约束问题,对此,科尔奈等人(Kornai et al.,2003)有过很好的论述。由于预期中央政府在必要时会出手救助,地方政府有过度支出的倾向。佩特森-利德博姆(Pettersson-Lidbom,2001)利用瑞典的数据对这个假说进行了检验。

当然,我们在这里的讨论与财政联邦主义试图解决的根本问题有关。[1] 长期以来,财政联邦制下的权衡一直是一个众所周知的难题。一方面,我们希望联邦国家给地方赋予一定的选择自由。另一方面,这种自由不应该导致国家层面上的赤字偏向。

7. 代际再分配

代际再分配是指,当前这一代人通过政府债务,将子孙后代的资源再分配给自己。这是一个非常有吸引力的论点。但是,对它的认证,需要考虑到私人遗产为正这个事实,而这也就意味着需要考虑负的"公共"遗产(政府债务)与正的私人遗产的关系。为了探讨这个问题,库基尔曼和梅尔泽(Cukierman and Meltzer,1986)构建了标准的一个世代交叠模型。在这个模型中,存在着一次总付性的税收和从父母到子女的代际转移支付,同时不存在不确定性。不同个体的能力(因此他们的工资收入)是不同的,而且非人力资本型财富也有所不同。有一些个体希望留下正的遗产,而其他人则宁愿从子孙后代那里"借钱"。选择留下负的遗产的那些人是"遗产受限制"的个体。这些个体赞成任何能够增加自己的终身收入(而不惜牺牲后代的收入)的财政政策。相反,"遗产不受限制"的个体则对税收的代际分配无差异——事实上,当公共遗产(政府债务或资产)上升或下降时,他们可以调整或减少自己的私人遗产。按照多数决规则,如果起决定作用的选民是遗产受限制的,那么他将会选择更低的当前税率和更大的债务(债务是不能违约的)。相反,如果起决定作用的选民是遗产不受限制的,那么只要能够维持现值不变,他对税收和社会保障重新分配是无差异的。因此,在这个采用了多数决规则的模型中,很容易出现债务不断积累的结果。随着再分配的特权向低财富个人(他们更可能是遗产受限制的)的扩展,出现赤字的可能性将不断增大。这是一个简单的思想,但是因为正确,所以非常强大。

塔贝里尼(Tabellini,1991)提出了一个不同的观点。他在一个世界交叠模型中证明的论点,拒绝偿付债务的再分配后果既意味着代内再分配,也意味着代际再分配。这里的主要思想是,债务的发行能够创造出一个支持偿还债务的"选区"。这就是说,发行债务会导致有利于债务的偿还的选民的联盟的形成,其目的是避免拒付债务的代际再分配后果。更具体地说,父母一代拥有先行者优势(因为他们可以投票决定他们想要发行的债务的数额——即,

---

[1] 对于这个问题,请参见奥兹的经典研究(Oates,2011)。

他们想要从未来的、尚未来到人间的子孙后代那里提取多少资源），未来的世代对此却无从置喙。发行政府债务导致的代际会对代内再分配，即，选择偿还多少债务造成严重影响。特别是，破坏债务的声誉会伤害老年人，但是对富人的伤害比对穷人更甚。年轻的选民（特别是最富有的公共债务持有人子女）则希望避免代内再分配（因为拒绝偿付债务会导致财富从富裕家庭到贫穷家庭的再分配）。基于这个原因，他们愿意接受偿还一些债务的方案（即，将资源转移给父母一代），尽管站在事前的角度，他们将会反对这个行动。① 因此，会出现一个联盟，它既包括投票支持偿还债务的年老选民，也包括投票支持偿还债务的（最富有的）年轻选民。本章最有意思、最有价值的一个贡献就在于对代内再分配和代际再分配加以同时考虑，对这个主题的研究令人惊讶地少——无论是在理论研究的层面上，还是在实证研究的层面上。在许多国家，养老金制度一直同时在进行代内再分配和代际再分配，因为穷人领取的养老金从比例上说要比富人多得多。这也是进一步的理论研究和实证研究的一个很好的课题。

宋等人（Song et al. ,2012）对一个小型开放经济体构建了一个动态一般均衡模型：在每一期，选民们都要投票决定国内公共物品水平，以及（通过税收和债务进行的）融资水平。在每一个国家，年老的选民支持公共物品上的高支出，以及高劳动税和高债务水平。相反，年轻的选民则不喜欢债务，因为当他们变得年老时，债务会挤出公共物品。更具体地说，他们这个模型的设置是这样的：存在着一系列小型经济体，第一个经济体都由世代交叠的经济行为主体构成。这些行为主体只生存两期，在第一期工作，在第二期则依靠储蓄生活。在每一个国家 j，都有两种类型的商品：一是私人商品 c，二是由每个经济体的政府提供的国内公共物品 g。两种类型的经济行为主体，年轻人和老年人，他们对公共物品有不同的偏好——分别用参数 θ_j 和 $\lambda\theta_j$ 表示，这里的 λ 代表老年人对公共物品的偏好。直观地说，这个参数的值可以为 0（对应于个人认为公共物品没有任何价值的情形），但一般为正，不过并不一定以 1 为上界。在不同国家之间，θ 是不同的，这反映了各国之间的文化多样性或提供公共物品时效率和质量上的差异，后者与公共部门的技术和组织有关。资本可以在各国之间自由流动，而且在一期之后就完全贬值。私人财产是用以资本和劳动为投入品的生产函数生产出来的。另外，各国的国内财政政策是通过多次投票确定的，而各国政府的债务则可以在全球市场上交易。给定从上届政府继承下来的债务 b_j，当选政府选择劳动税税率 τ_j、公共支出 g_j 和债务积累水平 b'_j，约束条件是标准的动态政府预算约束。概率投票模型给出的均衡是，财政政策最大化了年轻选民和年老选民的效用的加权和。分配给每个群体的权重则代表了每个群体的相对政治影响。这个模型要求在税收的边际成本（由于年轻人的私人消费 c 减少了），与提供的公共物品的边际收益之间进行权衡。这种权衡揭示了年轻选民与年老选民之间的利益冲突。老年人希望税收更高、在公共物品上的当前支出更大。因此，老年人拥有的权力越大，私人消费的减少幅度就越大。对公共物品的偏好，会影响这种权衡：更高的 θ 或更

---

① 这是因为，事先发行债务只有代际效应，而没有代内效应。假设经济行为主体更偏好不对资源进行再分配，那么他们在事前就会反对这个政策。然而，在事后，这种政策也会产生代际影响，因而年轻一代愿意将资源转移给他们自己的父母，而不愿意转移给同一代人中更贫穷的那部分人。

高的 λ,导致私人消费 c 降低。此外,年轻选民之间还存在着一种"纪律效应"。具体地说,他们预计到,增加债务会引发财政调整,从而减少他们未来的公共物品。因此,这个模型提供了一个决定债务水平的政治经济学理论。这是很有意义的一个结果。特别是,尽管完全缺乏代际利他主义(由于假设了有限生命),债务也会收敛为一个有限的水平,且严格低于自然借款约束。这个结果源于前瞻性重复投票和扭曲性税收的结合。更高的债务水平可以通过增加税收或削减公共物品供给来融资。随着债务的增长,税收变化的凸性(拉弗曲线效应)意味着,绝大部分调整都将体现为未来公共物品供给的减少。为了避免未来出现"私人富裕"加"公共贫穷"的状况,年轻选民会反对增加债务。给定对于债务水平的确定性的预测,这个模型会生成回归均值的债务动态。假设经济受到了要求增加支出的一次性外生财政冲击(例如,爆发了一场出人意料的战争)。政府在战时,会通过增加税收和减少非战争开支来对这种冲击进行回应。战争结束后,债务、税收和支出会缓慢恢复为原来的稳定状态。这些预测与博恩(Bohn,1998)和穆勒等人(Müller et al.,2016)给出的实证证据一致。博恩发现,美国的债务与产出的比率有相当高的持续性,但是同时也是向均值回归的。穆勒等人在经济合作与发展组织国家的 1950—2010 年的面板数据中发现了类似的证据。

穆勒等人(Müller et al.,2016)的模型从以下方面进行了扩展。假设存在两种类型的选民,一为左翼选民(l 类型),二为右翼选民(r 类型),这两个类型的选民对私人消费与公共物品消费之间的权衡是不一样的:类型为 l 的选民支持扩大政府支出和提供更多公共物品,而类型为 r 的选民则反对。选民依序选择财政政策,包括劳动税水平、政府公共物品支出和债务政策,约束条件为政府的动态预算约束。与宋等人(Song et al.,2012)的模型相比,穆勒等人的这个模型的新颖之处在于,这里存在的政治冲击,可以解释为随着时间的推移而出现的对公共物品的偏好的冲击。具体地说,在左派运动浪潮兴起时,政府会增加税收和公共支出,同时减少债务。而在右派占据主导地位时,则会发生相反的情况。事实上,年轻人遵守财政纪律的驱动力,其实是基于他们变成年老时对公共物品的偏好的——年轻人所预期的是,当他们变成老年人时愿意接受的公共物品的数量是多少。在左翼政府期间,对财政纪律的要求更为迫切,因为年轻的左翼选民拥有更大的政治影响力(与同年龄的右翼选民相比,年轻的左翼选民更关心未来的公共物品的供给)。这是因为,公共物品对类型为 r 的选民的吸引力较小(私人消费对他们的吸引力更大)。因此,当右翼政党执政的时候,政府就不会太关心未来怎样提供公共物品,而只在意推升现在的债务,把资源用于补贴私人消费。相反,左翼选民却关注未来的公共物品的提供,他们反对这种财政政策。这个模型的关键预测是,一方面右派政府在正常时期更倾向于发行债务,另一方面左派政府则会采取更加主动的反周期性的财政政策,包括在经济衰退期发行更多的债务。换句话说,在正常的时候,左派政府会更多地进行公共储蓄,而在经济衰退期间则会利用债务来平衡与衰退有关的收入不足。[①] 这个结果让我们想起前面描述过的佩尔森和斯文森(Persson and Svensson,1989)的模

---

① 他们证明,这些理论预测与美国战后的债务数据一致,也与经济合作与发展组织国家的面板数据一致。

型的结果,不过他们所用的并不是世代交叠框架。①

应该指出,前面讨论的所有模型都涉及投票。穆里根和萨拉-马丁(Mulligan and Sala-i Martin,1999)认为,在非民主国家和民主国家,养老金的支出实际上都很高,这就是说,在这两种区制下,人口老龄化以及年轻人和老年人的相对规模等变量是非常重要的。当然,无论是在民主国家还是在非民主国家,年轻人和老年人之间的"相对实力"(即,相对政治影响)肯定是重要的,尽管这种"相对实力"得以发挥出来的方式可能有本质性的不同。在完美的民主国家、不完美的民主国家,以及独裁统治国家中,这种"代际博弈"究竟有什么差异,也是一个很好的研究课题。②

8. 寻租

阿西莫格鲁等人(Acemoglu et al.,2008,2010,2011)在标准的新古典主义模型中研究了动态税收问题。他们假设,税收和公共物品的水平都是由一个自利的政客决定的,而且这个政客不能承诺会履行政策。不过,选民可以在一个动态博弈中通过选举来"规训"政客,就像巴罗(Barro,1973)和费内中(Ferejohn,1986)的模型中那样。自私的政客的行为会导致扭曲,即,他在掌握权力时会试图攫取租金。这就给经济增加了一个额外的约束,即,政治经济学约束(political economy constraint)。这个约束意味着,掌握权力的政客会比较:在每一个时期都攫取某个数额的租金所能带来的终身效用,与在一个时期内一次性地榨尽经济中的所有可用资源并被选民赶下台的收益,何者更高。扭曲之所以产生,是由于如下事实:公民们必须给政客提供留任的激励。这种扭曲在长期中既可能消失,也可能不会消失。特别是,如果政客比公民更有耐心,他们就会对留任赋予更高的价值,因而会将税率设定为零。如果政客的耐心比公民更差,那么设定正的税率可能是最优的。这里的思想是,从不存在扭曲的情况出发,在保持政客的租金固定不变的条件下,税收的增加对公民的福利有二阶效应,但是会减少经济中的可用资源,因此,给予政客的租金应该是一个一阶数额。③ 因此,降低经济的潜在产出的成本,要比向政客提供更高的租金来吸引他们留任的成本更低。在这个意义上,这些模型的重点在于说明税收作为公民与自利的政客之间互动的一种工具的作用,而没有论

---

① 然而,这两篇论文之间还是存在着一些区别的。最主要的区别是,在佩尔森和斯文森(Persson and Svensson,1989)那里,一个保守的政府在预期自己在未来会下台时就会发行更多的债券。与此不同,在穆勒等人(Müller et al.,2016)的模型中,前述结果与政府继续执政或被选下台的概率无关。他们的理论有一个稳健性很强的预测——左派政府会发行较少的债务——而不管被选下台的概率有多大。

② 阿齐蒙蒂等人(Azzimonti et al.,2014)证明,债务与产出的比率的长期增长可能是由于20世纪80年代中期发生的金融市场自由化所致。虽然概率性投票的政治经济学分析也很重要,但是阿齐蒙蒂等人的这篇论文提供了另一个债务理论(以及税收平滑理论),并解释了为什么我们近年来观察到的没有效率的债务与GDP的比率如此之高。具体地说,他们提出了一个具有不完全市场和内生性政府借款的多国政治经济模型,并证明,当金融市场的全球一体化程度上升、不平等加剧时,政府会选择更高的公共债务水平。

③ 具体来说,公民的额外储蓄的边际成本在均衡时要比无扭曲配置中更高,这是因为,当经济中资源更多时,政客的偏离良好行为的诱惑变大,因此需要更多的租金才能让政客继续满足政治可持续性约束。

及政府赤字的作用。

亚雷德(Yared,2010)在卢卡斯和斯托基(Lucas and Stokey,1983)的模型的基础上构建的寻租模型,还可以讨论公共债务的积累。在这个模型中,亚雷德所考虑的是一个没有资本的封闭经济,它处于完全市场中,同时存在对公共支出的生产率的冲击。自利的政客的效用函数随租金而递增(这里所说的租金,指不用于生产性公共物品的税收,即没有社会价值的支出)。政客上台后无法做出承诺,同时公民也不能承诺保证未来会让在任者继续留任。因此,在无限重复博弈中,需要依赖声誉来保持均衡政策。因此,这个模型的焦点在于"有效率的、可持续的均衡"。在这种均衡中,执行寻租政策的政客会被选民选下台,而实施符合公民期望的政策的政客则将继续执政。① 因此,在任政客会继续执行均衡政策的条件是:租金要足够高,因为这能提高他采取合作策略的价值;同时政府债务也要足够高,因为这样能够限制他在下台之前通过执行最大限度地攫取租金政策所能获得的收益。这里不存在违约。只要均衡税足够低,生产性公共支出足够高,公民就会奖励在任政客的良好政绩——即,让他继续执政。这里需要注意的是,由于市民都是同质的,这里的政治决策中不存在冲突。因此,有效的、可持续的政策就是仁慈政府的标准问题的解,约束条件是政客和代表性公民的激励相容约束。

现在考虑寻租的政客的行为。由于不能做出承诺,这里存在两组必须得到满足的激励,一是政客的,二是公民的。在任的政客知道,如果自己行为不当,那么公民会在下一个时期开始时将他选下台。具体地说,在第 t 期之后被赶下台的政客,可以得到第 t 期的租金,同时还要受到惩罚,后者是 χ^p 的函数。χ^p 是一个外生参数,代表政治制度的强度,即,对政客的约束力量。公民的最优政策必须满足这样的约束:保证政客既不想去攫取最大租金,也不想下台。这里所说的最大租金的含义是,在今天收取尽可能多的税收、在今天发行尽可能多的债务、提供的公共物品为零,同时偿还当期债务。因此,如果满足如下两个条件,现任政客就不太可能偏离均衡政策:①他在今天和将来都可以获得高水平的均衡租金,因为在这种情况下,合作的价值很高;②政府债务很高,因此他通过增加租金来占用资源的空间很小。而要满足这种激励兼容的约束,就意味着税收有下限且公共支出有上限;只要激励兼容约束是有约束力的,那么这些上下限就是有约束力的。这是因为每一个时期,政府可用的资源的规模都会受到限制。事实上,如果这些资源的规模太大,那么政客就有很大的动机偏离均衡政策,并将它们攫取为租金。这就意味着,在给定的某个时期内,政府的资源不能太大,而且政府的活动主要应通过当前和未来的税收来支付,而不能用过去的税收来支付。

还要考虑的第二组激励是对公民的激励。在这个模型中,即使在位的政客行为良好,公民也有可能会将他赶下台。在这个意义上,公民是不能对如下这种计划做出承诺的:无论如何,一定会保证在位政客不下台。因此,在位政客必须制定出税收水平足够低和/或公共支

---

① 这里所使用的均衡精练方法与查里和科赫(Chari and Kehoe,1993)所示的可持续均衡精练方法相同。具体地说,个体家庭在私人市场行为(即,购买政府债务)方面,是匿名的和非策略性的,但是代表性公民在决定政府更替的决策中则是策略性的。在位的政客在进行政策决策时也是策略性的——这些政策必须满足政府的动态预算限制。可持续均衡集由如下均衡构成:公民根据他们的个人预算约束,求解关于消费、劳动供给和债券购买的最优决策。在可持续均衡的范围内,关键的是有效率的均衡,即能够最大化公民效用的均衡。

出水平足够高的财政政策，以保证自己有机会在下一个时期连任。在这个框架下，让现任政客下台可以给公民带来一定收益，它是外生参数 χ^c 的函数。在这里，χ^c 代表了在位政客的不受欢迎的程度。[①] 这些条件给收入设定了上限、给公共支出设定了下限。

现在总结一下。首先，要满足政客们的激励，需要足够高的收入和足够低的公共支出水平；相反，要满足公民的激励，需要足够低的税收水平和足够高的公共支出水平。因此，最优政策是能够最大限度地提高公民的终身效用的政策，同时还要满足上述两组激励相容约束。这种政治性扭曲会导致对社会规划者的政策的偏离。特别是，税率将不再是固定不变的，而是变动不居的。这是因为，用来刻画仁慈的政府的不变收入政策，是与政客的过多的寻租行为联系在一起的。其次，增加债务减少了政客可以攫取的潜在租金，从而使公民更容易为政客提供激励。这种思路是很精巧的，尽管在现实世界中，各国政府并不会发行如卢卡斯和斯托基（Lucas and Stokey,1983）所述的状态依存型债务。

9.　预算规则

上面给出了很多原因，说明了政府为什么有很强的激励制造过大的赤字。既然如此，制定限制或消除这些问题的规则和制度是否可行？这里所说的规则，我们指的是数字型目标，如平衡预算规则，或者是赤字水平的上限。它们也许可以随经济的周期性波动而调整，或者将某些项目排除在外，例如公共投资。[②]

9.1　中央政府的平衡预算规则

国家一级的平衡预算规则（balanced budget rule, BBR）——即，规定了零赤字或负赤字（盈余）的规则——的利弊都是非常清楚的。平衡预算规则不允许平滑支出冲击（即，在支出需求特别大的情况下出现赤字），也不允许在整个周期上对给定的税率平滑税收收入。然而，在政治扭曲很大的情况下，政府就会远离最优政策，那么平衡预算规则很可能最多只能作为应对大规模政治扭曲的次优方法。

关于平衡预算规则的政治辩论向来非常激烈，这是因为这种规则的利弊虽然从原则上看似简单明了，但是关于究竟哪些成本或收益更大，辩论各方却有着非常难以调和的严重极化的观点。而且由于可用证据相对较少，各方的观点都很难改变。[③] 另外，关于平衡预算规则的可执行性，也有很多问题：受这种规则限制的政府，是否通过"创造性的核算方法"（即伪

[①] 另一种解释是，公民可以从让新任政客上台而获得收益，候选人在选举活动中提出的竞选政策选择了这一点。作者将它解释为一种一般意义上的"政治权力更迭带来的社会收益"。

[②] 关于这个问题，请参见法塔斯和米霍夫（Fatás and Mihov,2003b）的文献综述。

[③] 关于这方面的政策辩论，请参见萨巴托（Sabato,2008）的介绍。法塔斯和米霍夫（Fatás and Mihov,2003a）根据跨国横截面数据给出的证据与认为预算规则的存在限制了财政政策的波动性的观点一致。

造账目)来规避它们,或者甚至在事实上忽视它们。

阿齐蒙蒂等人(Azzimonti et al.,2015)利用巴塔格里尼和科特(Battaglini and Coate,2008)构建的政治经济学模型,对美国经济中的平衡预算规则的净收益进行了定量评估。[①]如前所述,在长期中,政治经济摩擦会导致政府债务水平极高但没有效率。规定税收收入必须足以弥补支出和债务利息(例如,只允许出现盈余而不能出现赤字)的宪法要求,可能会通过限制政策制定者过度债务创造而改善福利。阿齐蒙蒂等人证明,平衡预算规则能够导致均衡时的债务逐步减少。从直观上看,平衡预算规则减少了平滑税收的灵活性,从而加大了税收的预期成本。因此,储蓄作为缓解反向冲击的缓冲的价值就更大了。通过降低债务存量,立法者压缩了利息支出,从而减少了在不利时期的预算压力。从长远来看,这种做法会导致在均衡中税收降低而支出增加(与不受约束的情况下相比),从而能够将模型"推向"最优财政政策的方向。平衡预算规则对福利的影响在理论上是模糊不清的:在短期内,公民的效用会蒙受损失,因为政府必须削减支出并提高税收来减少高于最优水平的债务;而从长期来看,公民则可能受益于更低的债务水平,但是由于在不利时期无法借款,也可能会因为更高的波动性而蒙受损失。由于净效应取决于参数的设定,所以阿齐蒙蒂等人利用1940年至2013年的数据将模型校准为美国经济的情形,然后证明它对美国财政政策的路径的拟合相当好。读到这里,相信很多读者可能立即产生了一个疑问:在这样做时将第二次世界大战那些年包括进来真的适当吗?因为在如此大的战争期间,政府应该很容易就会放弃平衡预算规则。事实上,阿齐蒙蒂等人证明,将这样一个重大的战争时期包括进来,在某种意义上恰恰为一个纳入了平衡预算规则的高成本的分析框架提供了舞台。他们发现,短期成本太大了,无法补偿更低的债务存量水平的稳态收益。然而,与具体的参数化(对于参数化方法,总是有很多争议)无关,这个模型给出的特别有意思的一个结果是:平衡预算规则在短期内可能是成本高昂的,但是在长期中却是有益的。这个结果给关于平衡预期规则投票的政治经济学分析带来了一些非常有意思的和直接的影响,例如,在世代交叠模型中的分析。

哈拉克和亚雷德(Halac and Yared,2015)讨论了国家集权化的超国家财政规则的最优设计(例如,在欧元区),并将之与分权化的(国家一级)财政规则进行了比较。在他们的模型设定中,在允许灵活性与减少政府的赤字偏向之间存在着权衡。他们考虑的是一个两期模型,存在一个由完全相同的政府组合的连续统,政府要选择通过赤字融资的公共支出水平。在第一期开始时,每个政府都会受到一个针对这一期的支出的社会价值的特异性冲击。政府在事前(冲击发生之前)是仁慈的,但是在事后,当它要选择支出水平时,则是现时偏向的(present-biased)。这可以解释为潜在的政治权力更迭的结果(即,政治商业周期的结果)。哈拉克和亚雷德比较了由一个"中央权力机构"设定的最优规则与由各个政府设定的最优规则之间的区别。(最优规则指使所有国家的社会福利最大化的规则。)比较结果可以总结如下:只要政府在选择公共支出时不是过于没有耐心的,那么最优的集权化(中央)的财政规则要比分权化的财政规则更加严格,因此集权化的财政规则设定的利率更低。这里的思想是,在选择了分权化规则的时候,单个国家并没有将如下效应内部化,即,通过允许自身变得更

---

① 也请参见斯托克曼(Stockman,2001),他在商业周期模型中对平衡预算规则进行了校准。

具灵活性,这个国家会推动全球利率上升,从而会将资源从借款更多的政府重新分配给借款更少的政府。相反,事先就承诺会遵循更严格的规则是好的,因为这能够推动全球利率下降,从而允许边际价值更高的国家以更低的成本借入款项。如果政府现时偏向很严重,那么最优的集权化的财政规则就会比分权化的财政制度更加松弛,从而集权化规则下的利率将更高。这里的思想是,各个政府独立地选择规则,并没有将如下事实内部化,即,通过减少自己的相机抉择权(通过选择非常严格的借款限制),它们能够降低利率,从而增强了各政府借入更多的钱的意愿,并且恶化了所有政府的财政纪律。相反,事先就承诺会更加灵活是对社会有益的:借款过多的国家扩大相机抉择权的成本,由于利率上升而减轻了,因为高利率会导致所有政府都减少借款。(更高的)利率能够减弱过度借款的国家借入更多的款项的动机,在这个意义上,利率具有纪律效应。

阿吉亚尔等人(Aguiar et al.,2015)研究了这样一个问题:在何种条件下,设置债务上限是能够增进福利的?具体地说,他们研究了一个货币联盟中的财政政策与货币政策之间的相互作用。在他们的模型中,债务市场上存在着展期危机。每一个成员国都通过发行名义债券来选择消费多少和借款多少。一个共同的货币当局为整个联盟选择通货膨胀率,并将各成员国的财政政策视为给定的。这两种类型的政策都在没有承诺的情况下实施。财政政策缺乏承诺这一点尤其关键,因为这可能会导致违约。阿吉亚尔等人证明,在这种环境中存在着所谓的"财政外部性"。这种外部性会导致成员国过度借款,从而导致更高的通货膨胀率和更低的福利水平。这就意味着,货币联盟实行债务上限政策是有益的,因为它能够克服财政政策没有承诺的问题。阿吉亚尔等人(Aguiar et al.,2015)还进一步分析了一个货币联盟的债务构成对自我实现的债务危机的发生率的影响(债务构成系指高债务的成员国与低债务的成员国的比例)。更具体地说,阿吉亚尔等人证明,对于一个高债务国家来说,与联盟国所有其他国家都是低债务国家时相比,如果所属的联盟处于高、低债务国混合的中间状态,更加不容易发生债务危机,而且福利水平也更高。

我们也可以想象附有例外条款的平衡预算规则。在前文中,我们已经提到过了一个明显的例子,那就是当大规模的战争爆发时(例如,世界大战)。这种发生频率很低的事件(幸亏如此!),可以导致一个相对容易验证的意外支出。但是,如果意外情况变得太过频繁,那么不仅规则的严格性会受到质疑,而且规则的可执行性也会受到质疑。例如,"重大的"战争该如何定义?显然,第二次世界大战是"重大的",但是伊拉克战争也是"重大的"吗?有人可能会考虑周期性调整的平衡预算规则,以克服原来的平衡预算规则的某些刚性,但是,如何度量周期性调整?这方面的争论可能会导致对规则本身的策略性操纵。特别是美国,普里莫(Primo,2007)就讨论过带有复杂的例外条款的平衡预算规则所导致的陷阱。

反对正式的预算规则的另外一个论据是,对于那些远远地偏离了最优政策并积累起了大量债务的政府,金融市场可能会要求越来越高的借款成本。增加借款成本会导致更多的纪律,甚至导致规则完全不复存在。但是,欧元区最近的经验及其财政危机,使我们对这个论点产生了疑问。直到2008年,欧元区内部的利差——比如说,德国政府债券与希腊政府债券之间的利差——实际上一直接近于零。事实上,正是由于这种低利差,有几个国家在货币联盟成立后的头十年内就积累起了巨额债务,尽管这些国家的经济在同一时期也在以相当可观的速度增长,其中一个典型就是经济繁荣和债务暴涨的希腊。出现这种情况的原因可能是,投资者并不相信欧盟条约中的"不救助"条款真的会实施;相反,他们假设如果发生了债务危机,自己会受到保护(这种看法在很大程度上是正确的)。事实上,很可能恰恰就是因为认为仅凭市场纪律是不足够的,货币联盟的创立者才引入了预算规则,例如"稳定与增长公约"(the stability and growth pact)。这些规则几经改变,但是其一般意义是明确的:规定了最高赤字水平(占 GDP 的 3%),以及各种各样的例外条款(在发生了重大经济衰退的情况下)。关于欧元区这种规则的最优性,相关的研究早就汗牛充栋了,我们不打算在这里展开讨论——请参见韦普洛茨(Wyplosz,2014)的论文,他的讨论非常出色。[1] 不过,我们还是要在这里指出三点。第一点,这些规则的可执行性是值得怀疑的。其实早在 2002 年,德国就已经"率先"破坏了规则,然后许多国家都争相仿效之。这些规则的复杂性和状态依存性只会使情况变得更加糟糕。第二点,现在很可能有一些欧洲国家已经感受到这种规则带来的痛楚了,因为它们在长期的衰退期间是有约束力的。第三点,就是在引进欧元的那段时间里,许多国家都采用了很多"创造性"的"做账"方法,以便在"纸面上"满足赤字不得超过GDP3%的规则。这种做法在欧元区各成员国之间加入了摩擦和不信任。[2]

在一个主权国家内部,中央政府怎样才能有效地实施平衡预算规则?一种可能的选择是将平衡预算法则写入宪法,这样要废除平衡预算法则,就必须启动修宪程序。另一种选择是要求有效多数。这样的规则需要稳定性,即,绝不能暗示规则本身也是可以改变的,就像巴贝拉和杰克逊(Barbera and Jackson,2004)所指出的那样。有关这个问题的更进一步的讨论,请参见普里莫(Primo,2007),这篇论文细致地阐述了巴伦和费内中(Baron and Ferejohn,1989)的方法,并应用于美国的制度环境。这是未来研究的一个非常有前途的主题,而且不限于对美国制度背景下的研究。

9.2 地方政府的平衡预算规则

前面讨论的国家一级的政府平衡预算规则的优缺点原则上也适用于更低层级的政府。然而,我们有理由相信,地方政府的平衡预算规则应该比中央政府的平衡预算规则更有吸引力。第一,正如我们在前面讨论中已经指出的那样,地方政府比中央政府还要多一个政治扭曲:那就是公共池塘问题。地方支出至少有一部分是依赖国家转移支付融资的,所以地方政府并没有把税收开支完全内部化。第二,许多(或大多数)反周期的财政稳定器都可能是在国家层面上推出的,而不是地方政府行为。事实上,地方政府的平衡预算规则应该伴随着国家的自动稳定器而调整,以避免顺周期的财政政策,除非如前所述,国家一级政府也选择了平衡预算规则。第三,地方平衡预算规则的执行可能会更加容易,因为这可以由国家一级的政府来强制推行。第四,地方政府采取平衡预算规则,可以避免积累不可持续的债务,以及

---

[1] 关于稳定与增长公约的相关经验证据,请参见冯·哈根和沃尔夫(Von Hagen and Wolff,2006)。
[2] 冯·哈根(Von Hagen,2006)比较了欧盟与日本的预算规则的有效性。

与之相关的不确定性、分裂和过度负债,以及救助地方的成本。总之,地方政府的平衡预算规则可能是中央政府与地方政府之间分配财政责任的最优工具。①

事实上,阿尔特和劳里(Alt and Lowry,1994)、波特巴(Poterba,1995)、巴尤米和艾肯格林(Bayoumi and Eichengreen,1994)、博恩和英曼(Bohn and Inman,1996),以及阿莱西纳和巴尤米(Alesina and Bayoumi,1996)的研究业已证明,在美国,由于采取了更强大的预算规则,即对州一级政府赤字施加严格限制的财政紧约束,因而能够更加有效地鼓励各州对支出或收入冲击更加迅速地做出反应。②

9.3 其他类型的预算规则

关于平衡预算规则的政策讨论,原则上也适用于其他类型的预算规则。其中一种规则是所谓的"黄金法则",即只允许通过预算赤字为公共投资筹资,而不可以通过预算赤字来支付经常性支出。巴塞托和萨金特(Bassetto and Sargent,2006)讨论了这种规则的最优性。从原则上说,这也许算得上是一个"好"的规则,特别是对于那些需要在基础设施领域大举投资的发展中国家而言。然而,问题在于,这个规则也可能会导致"创造性"的伪造账目行为,即,直接将经常性支出报告为基础设施建设支出。而在发达国家中,人们可能会怀疑这种基础设施投资是不是真的必需,即,背后是不是还有什么可疑的政治动机。特别是在西欧各国,相对于这些国家面临的其他更加紧迫的财政问题,强调对实物基础设施的投资可能会显得"表演过火",这种预算规则可能会强化这种误解,当然还可能导致实物基础设施上的过度投资。

另一种可能的预算规则是设置支出上限。但是这种规则也有问题,那就是,虽然我们可以给出一个最优赤字管理理论,但是不同的人出于各自的合理理由,(比如说)对国家的作用和福利政策的规模有不同的看法,因此对政府支出的最优规模的理解也是不同的。这样一来,虽然设定支出上限的规则能够约束无效率的政治分肥型支出(如建造没有用处的桥梁),但是支出上限也可能导致大多数人想要得到的福利项目无法实施。

10. 预算制度

10.1 理论

在发达的民主国家中,预算的编制和批准通常是一个非常复杂的过程。预算的复杂可

---

① 请参见英曼(Inman,1997)和波特巴(Poterba,1996)对这支文献的综述。
② 但是,卡诺瓦和帕帕(Canova and Pappa,2006)得到的结果表明,在某些情况下,美国各州还是在设法规避这种预算规则。

能是策略性的有意设计的结果,目的是实现某种幕后交易,或者,是为了在预算法律的某个角落,以充分模糊的方式引入某种东西,并避开选民的眼睛。一般来说,我们可以将预算过程分为如下三个阶段:①政府的行政分支制定预算案;②将预算案提交给立法机构审议、批准;③官僚体系实施预算。在这个过程中,两个问题是至关重要的:预算制定和批准过程中的投票程序,以及预算本身的透明度。我们先讨论第一个问题。

在这里,我们只集中讨论两种类型的预算制度之间的一个关键权衡。第一类预算制度,我们称之为"等级制"(hierarchical),以极高的授权程度限制了预算过程中的民主可问责性。第二类预算制度,我们称之为"合议制"(collegial),具有与第一类预算制度相反的特征。例如,在等级制下,政府总理(或财政部部长)在编制预算的过程中有很大的权力,能够推翻"支出部长"在政府部门间讨价还价时给出的意见。在等级制下,立法机构修正政府提出的预算案的能力,也会受到很多方面的掣肘和限制。而在合议制下,预算过程各个阶段的民主性都会得到强调,例如,"支出部长"在政府内部有权力决定或影响支出,立法机构拥有否决政府提出的预算案的权力,以及立法机构内的少数派所拥有的提出反对意见的权利。毫无疑问,在这两类预算制度之间存在着权衡。等级制更有可能执行财政限制,避免高额的、持续性很强的赤字,并能够及时地实施财政调整。但是另一方面,在等级制下,少数派的权利得不到尊重,因此更有可能产生严重倾向于大多数人的利益的预算。合法制则具有相反的特征。

我们先从政府编制预算这个阶段入手讨论。财政部部长与"支出部长"们承担着不同的预算责任。财政部部长的角色是,汇总其他部长提出的支出建议,并编制预算文件。"支出部长"都希望自己的部门在预算中占有更大的份额,因为更多的钱意味着更多的选择机会。因此,更强调等级的预算制度会给财政部部长赋予更大的权力。在立法机构中,如前所述,不同的修正规则可能会加剧或减弱公共池塘问题。这个领域的研究,大部分都直接或间接地基于如下关于预算制定过程的观点:在立法机构内,代表不同选区的代表之间是存在着利益冲突的。讨论相关的预算程序的文献主要涉及三个问题,它们是:程序规则如何减轻或加重政治分肥导致的过度供给问题?给定一定的总预算,什么程序能够使得对项目的选择更有效率?不同的程序规则如何影响净收益在各个地区之间的最终分配?对于我们的目的,有两个课题是特别有意义的:①对预算的投票表决顺序;②对提交的预算案的可接受的修正案的类型。在直觉上,人们可能会认为,先就预算的最大值(也就是赤字额)投票,能够限制关于预算的提案的过度堆积。但是,费内中和克雷比尔(Ferejohn and Krehbiel,1987)在理论上研究了两种不同的投票程序对预算规模的制约。他们假设,预算可以分配给两个项目,而且不同的立法者对这两个项目的相对收益有不同的偏好。结果他们发现,当立法机构首先对预算规模进行投票、然后再对预算的构成进行投票这种情况下的预算规模,并不一定小于最后再来确定预算总规模的情况下。虽然预算的规模一般不依赖于投票的顺序,但是投票顺序不同的预算项目的相对规模则取决于立法者对预算构成的偏好的分布。①

在议会制民主国家,预算过程中的议程设定者是政府。因此,不得修正规则会将更大的权力赋予政府,而不是赋予立法机构。由此导致的一个结果是,这种封闭规则的等级性更

---

① 对于这同一个问题,哈勒伯格和冯·哈根(Hallerberg and Von Hagen,1999)也进行了重新审视。

强,对此我们在前面已经讨论过了。它们使得政府拥有了更大的影响力,导致政府的预算案得到批准的时间比政府编制预算的时间还要短。而在开放规则下,则需要更多的时间来进行投票,而且政府能够得到的相对剩余(与非政府少数派相比)也更低一些。在封闭规则下,预算案可以快速得到通过,代价是这种预算案是"不公平"的。在这里,"不公平的预算"的含义是,它们倾向于对最先提出预算案的人有利,并且总是会将利益分配给尽可能小的多数派的成员。当最关键的问题是必须控制预算的规模和隐含的赤字时,等级制预算程序显然是更为可取的。

接下来再讨论透明度问题。在现代经济中,预算是非常复杂的——有时是不必要地复杂。这种复杂性,一部分是不可避免的,也有一部分是人为制造的,目的是通过各种手段"隐藏"纳税人的成本和收益相抵后的真正余额(现在的,或未来的)。政客有很强的激励去隐藏税收收入、过分强调支出的好处和遮蔽政府的负债(这等价于未来的税收)。关于这种观点,至少有两个理论可以提供支持。第一个理论是我们在前面讨论过的"财政幻觉"理论。利用选民的非理性和错误认识,政客们可以策略性地选择财政政策,以保证自己再次当选。第二个理论则无需依赖对选民的非理性和认知混乱的假设。尽管研究背景各不相同,但是很多论文都强调指出,即便选民是理性的,政客们也可以利用预算的一定程度的模糊性来攫取利益,例如,库基尔曼和梅尔泽(Cukierman and Meltzer, 1986),以及阿莱西纳和库基尔曼(Alesina and Cukierman, 1990)。这里的思想很简单,通过"制造混乱",特别是通过有意对政策如何转化为结果的过程加以含糊处理,制定政策的政客们可以保持对选民的战略优势——选民尽管是理性的,但却不是完全知情的。随着"透明度"的上升,这种优势将逐渐消失,因此决策者经常会选择采用不透明的程序。米勒斯-费雷蒂(Milesi-Ferretti, 2004)证明,喜欢赤字财政的政客们会选择不透明的程序,因为不透明有助于他们实现(扭曲性的)目标。正如我们在前面讨论过的那样,罗戈夫和赛伯特(Rogoff and Sibert, 1988)、罗戈夫(Rogoff, 1990)在政治商业周期模型的背景下也得出了类似的结论。他们证明,如果选民不能轻而易举地观察预算构成(无论是在支出方面,还是在融资方面),那么制定政策的政客们就可以在选举之前偷偷放松财政政策并增加自己再次当选的机会。在加瓦扎和李泽利(Gavazza and Lizzeri, 2009)构建的模型中,由于选民缺乏关于预算复杂性的信息,结果出现了这样的情况:即便税收是扭曲性的、选民是同质的,也存在着选民之间的转移支出。转移支付是通过债务融资的,而且预算制度的透明度越低(选民充分观察财政变量的可能性越小),债务越高。[①]

那么,在现实世界中,制定政治预算的政客们是通过哪些手段把预算做得云里雾里的呢?对于这种预算,我们又该怎么办呢?实际上,有非常多的伎俩都可以用来策略性地影响纳税人/选民的信念和信息。在此仅举数例:①高估经济的预期增长率,进而高估税收收入,同时低估利率水平、低估支出。然后,到财政年度结束时,再将赤字归咎于"意想不到"的宏观经济事件(因而政府可以不承担责任)。②过度乐观地预测不同政策对预算的影响,例如,故意预计小额新税将会产生重大的收入影响,从而将必须进行的调整推迟到下个预算周期。

---

① 同样是这两位作者,还分析了透明度不足是怎样导致了无效率的用于再分配的财政税费的(Gavazza and Lizzeri, 2009)。

③故意将许多项目列为"预算外"项目。④有策略地运用预算预测方法。例如,在所有关于未来预算的讨论中,一个关键因素是预算"基线"(基准数),通过夸大基准数,政客们可以大言不惭地声称,自己采取了保守的财政政策,不会给选民带来新的实际成本。通过这种手段,他们制造了一个假象。他们在纳税人的眼中显得相当保守、显得很在意预算的规模,但是他们实际上并没有真正削减支出,因此也不会触及自己的关键选民的利益。当然很显然,这种幻觉不可能永远持续下去,因为这种调整只是相对于虚夸的基线的调整,最终并不能阻止债务的增长。然而,这个过程会造成混乱,至少延迟了选民认清公共财政的实际状况的时间。⑤对多年期预算的策略性利用。例如,政客们可能会宣布一个为期三年的调整计划,但是实际上所有艰巨的调整都发生在第二年和第三年,通过这种手法,政客们一方面可以显得自己很负责任,另一方面又为自己争取了更多时间。然后,他们可以通过修改下一个三年期的预算政策,从而进一步推迟真正艰难的选择。①

那么,怎样才能提高预算透明度呢?我们设想了如下三个可能的方法。第一个方法,也是最常见的方法是"法条主义"的方法。这也就是说,关于预算应该如何编制、审议、通过和执行,制定更多的规则和规定。但是,这种方法不太可能取得成功。事实上,更复杂的规则和条例恰恰为不透明的预算程序提供了基础。第二个方法是建立一个有法律权威的机构,负责评估政府预算的透明度、准确性和预测能力。这种做法优于法条主义,但是成功的可能性则在很大程度上取决于这个公共机构的政治独立性。但是,这种独立性可能是很成问题的——特别是在议会民主制下,政府当局通常控制了立法机构的多数席位。第三个方法最激进,但是也最有效,那就是,委托一个享有盛誉的私人机构,请它来监督和核查预算过程的准确性和透明度。此外,政府预算还必须以多个国际组织或私人机构的经济预测结果的平均值为基础来编制。

10.2　实证证据

关于预算规则与财政赤字之间的关系,从总体上说,实证证据支持的是等级制预算规则对应于更低的赤字的观点。哈勒伯格等人在他们的著作中(Hallerberg et al.,2009)总结和提炼了他们自己的系列研究的结果,书中根据授予财政部部长的权力(与政府各部部长相比)、预算的目标、议会中的投票规则、中央政府与地方政府关系,对欧盟国家的预算制度进行了分类。他们认为,制度是重要的,授权和目标管理(即,等级制)能够有效地遏制赤字和债务。阿莱西纳等人(Alesina et al.,1998)、斯泰因等人(Stein et al.,1999)分析了拉丁美洲各国的预算制度,并根据对地方官员的问卷调查结果,构建了一个衡量预算制度的指标,并把事实上(de facto)的预算程序和法律上(de iure)的预算程序区分开来。这些作者发现,预算制度的等级性指标和更低的债务水平和透明度之间存在着正的相关性。法布里齐奥和穆迪(Fabrizio and Mody,2006)对中欧和东欧国家的预算制度的研究也得出了类似的结果。达布拉-诺里斯等人(Dabla-Norris et al.,2010)基于一个很大的发展中国家的样本得到的结论也

---

① 请参见阿莱西纳等人的论文(Alesina et al.,2015),他们细致地研究了多年来的财政调整计划。

基本相同。但是,对于这些结果,我们应该非常谨慎,因为它们是以很有限的几个国家的经验为依据的,而且这些研究对预算程序的分类往往是有问题的。例如,法律上的程序与事实上的程序可能会有很大的差异。同样的道理,要对那些非常不同的国家进行比较可能是一种非常有挑战性的尝试,例如,考虑一下对美国与议会民主制国家的预算制度的比较。德布兰等人(Debrun et al.,2008)构建了一个详细的数据集,以反映欧盟国家1990—2005年的财政预算制度和预算过程。他们考虑了财政总量变量的数值化的财政规则及它们的法律地位(普通法、宪法、超国家规则、公认准则),而且还考虑了国家一级政府和地方政府。基于这个庞大的数据集,德布兰等人构造了一个衡量财政规则的严格程度的指标,结果发现它与财政政策绩效密切相关。在欧盟国家,更严格的规则能够减少赤字偏向,并改善财政政策的反周期立场。米亚诺(Miano,2015)则证明,全国性的规则具有减少赤字的作用。国际货币基金组织最近的一项研究(Budina et al.,2012)收集了关于许多国家的预算制度的大量数据,然后分析了其中一些国家最近的金融危机和和财政危机如何推动了预算制度的改革。但是,这些数据至今仍然没有用于更全面的实证分析。

11.　未来需要进一步研究的若干问题

我们认为,还有许多问题是现有文献未能解决的,在这最后一节中,我们就来详细阐述这些问题。

11.1　内生制度

行文至此,我们评述的所有文献都将政治制度(例如,政府的类型、选举规则、总统制还是议会制)视为外生的,或者至少在解释经济变量时假设为预先确定的。在本章中,我们关注的是债务和赤字,但是还有大量的文献是考虑其他相关变量的,比如说政府规模和再分配水平。

然而,对预先确定的制度的外生性假设,说它们就是"造成"政府赤字的原因,这种做法是值得质疑的。同样一些历史、社会和文化变量,在导致了对特定制度的选择的同时,也可能与财政政策相关。① 例如,假设某个国家之所以实行议会比例制(这会导致多党制,其中许多政党都拥有否决权),是因为这种制度是保证一个严重极化且分裂的社会(包括收入、意识形态、宗教或民族等方面)中各个群体都拥有自己的代表的唯一途径。然而,同样这些社会特征,还可能导致对特定的财政政策的选择(支出、赤字、债务)。因此,尽管比例代表制确实与赤字有相关性,但是它们之间的因果关系则是值得质疑的。根据这个思路,阿莱西纳和格莱泽(Alesina and Glaeser,2005)回顾了相关文献,并证明在许多欧洲国家,都是在第一次世界

---

① 请参见阿莱西纳和朱利亚诺(Alesina and Giuliano,2015),他们讨论了文化与制度之间的关系。

大战或第二次世界大战之后,迫于社会主义政党和共产主义政党的压力而采用了比例代表制的。这些对于财政政策的决定显然也不是外生的。阿吉翁等人(Aghion et al.,2004)分析了,在一个分裂的社会中,某些类型的投票规则是如何被"最优地"或"非最优地"选中的(即,选择是在有知之幕的情况下进行,还是在没有无知之幕的情况下进行的)。[1] 他们用经验证据表明,种族分化与多种制度变量相关。盖勒和克伦普(Galor and Klemp,2015)根据类似的思路,运用不同的人口多样性指标,也得到了类似的结果。另一方面,关于种族分化的大量文献——请参见阿莱西纳和拉费拉拉(Alesina and La Ferrara,2005)的文献综述——则证明这个变量与好几个可能与赤字和债务直接或间接相关的经济变量相关。因此,人口的多样性可能会同时"导致"制度上的后果和财政上的后果。严格地说,后两者之间的相关性绝不意味着因果关系。佩尔森和塔贝里尼(Persson and Tabellini,2000)在他们关于财政政策的制度决定因素的研究中,已经意识到了这个局限性,并在探索因果关系方面取得了一些进展,但是这基本上仍然是一个悬而未决的问题。讨论财政政策的文献,往往倾向于将制度变量作为偏离最优性的因果解释(特别是在考虑长期时)。要取得进步,需要迈出新的步伐。到目前为止,相关性应该是没有疑问的,但是因果关系的识别则不然。

如果直接针对预算制度,那么上述批评更加中肯。在不同的国家,预算制度可能有非常大的不同,具体取决于它们与所在国家的其他特征之间的相互作用。哈勒伯格等人(Hallerberg et al.,2009)指出,"授权给财政部部长"的模型不适用于各个政党对财政政策的偏好差别非常大的那些国家,这个结果与特雷比等人(Trebbi et al.,2008)用政治授权模型得到的结果一致。在存在深刻的政治冲突时,要授权给一个决策者是难的,也不是少数派所期望的,而且还可能是反生产性的。预算制度显然是内生的。为什么不同国家会选择不同的预算制度?在何种范围内,可以在回归时将预算制度作为右侧变量,而将债务和赤字作为左侧变量?正如我们在前面已经指出过的那样,因为授权更加容易,极化程度更低、政府内部同质性更高的那些国家,更有可能选择等级性更强的预算制度。但是,也可能是政治冲突程度的下降导致了更加严格的财政政策。在这种情况下,制度就只是一个"中间"变量了。换句话说,这里呈现出了很大的悖谬性:最不需要严格的预算规则的那些国家(因为它们本来就不倾向于赤字财政),很可能恰恰就是实行了更严格的预算规则的国家。正如哈勒伯格等人(Hallerberg et al.,2009)所指出的,在强化等级制的方向上推进的某些财政制度改革,往往伴随着严重的财政危机,就像瑞典在20世纪90年代发生的情况一样。但是,再一次,因果性仍然是一个问题:很可能是由于危机发生而导致的态度的变化导致了政治上的平衡——无论财政制度如何,都必须实施更加严格的财政纪律。虽然相关性也很有意义,但是要证明预算制度与财政结果之间的因果性却几乎是不可能的。德布伦等人(Debrun et al.,2008)已经充分认识到了这个问题,并尝试以他们构造的规则严格性指标作为特定的制度变量的工具变量,但是他们的排除限制仍然是非常有疑问的。米亚诺(Miano,2015)证明,很多种预算制度的采用,对于许多社会政治变量都是内生的,并受到了选举的时间的影响。从总体上说,由于这些制度的内生性,要从经验上证明预算制度就是"导致"财政纪律的原因实际上是不

---

[1] 也请参见特雷比等人(Trebbi et al.,2008)对美国城市的分析。

可能的。具有"浪费财政文化传统"的国家不会采用它们(或不执行它们),而具有"节俭财政文化传统"的国家则会采用它们和执行它们。前面给出的证据与如下较弱的论点是一致的,那就是,选择某些制度而不是另外的制度——无论出于什么原因,文化的或其他方面的——会有助于更偏好预算纪律的国家实现自己的目标。我们认为,在这一点上我们还需要更多的研究:制度在何种程度上"导致了"财政政策?基于"更自然的"实验的研究可能有助于解决这个问题。

讨论这个问题的第二个思路则主要围绕着制度规则的时间一致性来展开。制度选择在多大程度上是时间一致的,不会由于各种冲击而逆转?哈拉克和亚雷德(Halac and Yared,2014)尝试在一个政府有动机超支的模型中解决这个问题。政府选择一项财政规则,以便在信守不超支的承诺的愿望与保留应对冲击的灵活性的愿望之间达成平衡。哈拉克和亚雷德证明,在冲击具有持续性的情况下,事前的最优规则并不是序贯最优的。事实上,最优规则是时间依赖的——大型的财政冲击会导致未来财政纪律的削弱。研究在罗尔斯式的无知之幕下依宪法原则会选择什么预算规则、在无知之幕"有洞"的情况下又会选择什么预算规则,无疑是非常有意义的。特雷比等人(Trebbi et al.,2008)对投票规则的研究采取了类似的思路。

11.2 文化

有一支最近仍在快速增长的文献探讨了各种文化特征如何影响各个方面的经济决策,包括储蓄、投资、贸易、劳动市场以及私人提供或公共提供的社会保障,更一般地说,经济增长和发展。[1] 各种各样的文化特质,比如说信任、家庭成员之间的关系(包括代际慷慨行为)、个人主义、对法治的尊重,以及拯救他人的倾向,都得到了广泛的研究,它们与经济行为之间相关性也早就得到了证明。许多文化态度都与社会对政府赤字——包括赤字的代际再分配效应——的接受度有关。当然,另一方面,对减少过度赤字的政策的接受度,在不同的文化环境中也可能会有所不同。例如,圭索等人(Guiso et al.,2015)探讨了欧元区各成员国之间的文化差异是否可能导致了债务政策冲突的恶化和冲突解决的拖延。此外,文化价值观肯定会影响个体关于要不要逃税的决定,[2]而且这是肯定会影响债务的积累的另一个变量。虽然有一支相当大的文献研究了逃税行为,但是在我们的视野范围内,还没有发现将这种行为与债务的积累联系起来的研究。[3]

制度与文化之间的联系很重要,例如,请参见阿莱西纳和朱利亚诺(Alesina and Giuliano,2015)、比辛和维迪尔(Bisin and Verdier,2015)的研究。某些预算制度的采用很可能是内生于某些文化特征的。那些民众有更强的节俭倾向的国家(比如说,德国)也许更有可能采用某些预算规则和制度,而其他国家则可能会做出相反的事情。此外,某些预算规则的严格应

---

[1] 圭索等人(Guiso et al.,2006)、阿莱西纳和朱利亚诺(Alesina and Giuliano,2015)对这支文献进行了很好的综述。

[2] 请参见理查德森(Richardson,2008)。

[3] 一个例外是阿莱西纳和迈尔(Alesina and Mare,1996)对意大利的研究。

用(比如说,平衡预算修正),可能对于某些文化特征而言是内生的(例如,社会对"严格遵守规则"的接受程度),而后者在不同国家之间可能有非常大的差异。① 跨国证据和一国证据都将是非常有用的。利用一国数据,可以让国家一级的制度保持不变,然后检验在同样的国家一级的制度下不同的文化态度的影响。

对政客们的行为的控制,也是一种"公共物品",在某些文化中,这种"公共物品"可能是供给不足的。南尼奇尼等人(Nannicini et al.,2012)在班菲尔德(Banfield,1958)的模型的基础上阐明了这一点。当"社会资本"水平很低时,人们不会觉得自己有义务参与政治生活,对政客们进行监督,并且在他们行为不端时予以惩罚。事实上,当社会资本水平低下时,个人可能更期待得到"私人好处",而不在乎"公共利益"。这样一来,政客们也就更加放心大胆地磨洋工、谋私利甚至大肆腐败了。选民无法控制政客,还使得强大的游说团体更容易与政客们打成一片。例如,坎潘特和杜(Campante and Do,2014)证明,首都所在的城市越"孤立"于其他地区,政治的腐败程度越高,而且金钱在国家层面的选举中的作用就越大。特别是,与非孤立的首都城市相比,企业和个人的政治捐献高得不成比例。因此,较低的社会资本可能与更严重的政治扭曲和决策者更高程度的寻租行为有关,而这些都可能会加剧赤字偏向问题。

11.3 授权

在货币政策领域,授权给一个(在一定程度上)独立的机构的好处已经得到了广泛的承认。但是在财政政策领域,这种授权却几乎完全不存在。我们在这里要回答的问题是,在财政政策领域,授权有没有好处? 如果有的话,为什么会有好处? 以及,应该怎样授予、向谁授权?

为什么将货币政策授权给独立机构,要比将财政政策授权给独立机构更加容易被人接受? 根本原因可以追溯到本章最开始讨论的问题。人们普遍认为,与货币政策相比,财政政策与各种类型的再分配的关系更加密切。基于某种形式的泰勒规则的货币政策通常被认为是对整个社会有益的(至少在正常时期是这样),至于再分配问题,则可以通过财政政策来纠正(例如,经济衰退期间发放的失业救济金)。阿莱西纳和塔贝里尼(Alesina and Tabellini,2007)、阿莱西纳等人(Alesina et al.,2008)讨论了这个授权问题,并且证明了与上面这个论点相一致的结果:在涉及再分配问题时,人们很难同意授权给独立机构,而在涉及技术性更强且没有直接的再分配后果的问题(例如与货币政策有关的问题)时,人们就比较容易就授权达成共识了。② 布林德(Blinder,1997)认为,其实财政政策也可以通过某种授权而大为受益。他指出,中央银行的独立性的好处来自它要执行的任务的技术性、它的决定的影响的长期性、在需要时通过选择委托给技术官僚的意愿(例如,通过制造失业来抗御通货膨胀,将责

---

① 关于这一点,请参见,圭索等人(Guiso,2011)、塔贝里尼(Tabellini,2010),以及圭索等人(Guiso et al.,2015)。
② 佩特森-利德博姆(Pettersson-Lidbom,2012)利用两个自然实验,讨论了关于立法机构与官僚机构的关系作为政府规模的决定因素的证据。

任从政客们身上分散出去),以及决策者倾向于制造更多的通货膨胀(在临近选举的时候更有可能这样做)。布林德注意到,上面这些特征中有很多同时也适用于某些财政政策决策,特别是就税收政策而言。无疑,他是对的。在金融危机期间,货币政策与财政政策之间的紧密联系显露无疑——这种联系已经因亨利·保尔森(Henry Paulson)和本·伯南克(Ben Bernanke)在危机爆发之际戏剧性地联袂出席国会听证会而立于"不朽"了)——从而使得独立的中央银行与完全"政治化"的政府之间的强烈反差更加令人惊异、更加令人觉得不自然。

我们可以先采取一个过渡性的中间步骤,它不直接意味着授权,例如,创建一个独立的财政委员会,负责审查政府的财政政策,并就财政政策的短期影响和长期效应以及相关的技术性问题进行评估。在美国,在技术性和独立性方面都享有盛誉的国会预算办公室就发挥了这种作用。在瑞典,也有一个很受尊重的财政委员会,它每年都会发表一份极有影响的报告,对瑞典政府的财政政策进行审查。在授权这个问题上(即便是授权给一个委员会),我们在前面讨论的各种文化变量也可能发挥很大的作用。在信任度很高的国家,授权更容易,而且人们也会相信(例如)财政委员会的独立性。瑞典的情况就是如此。而在信任度较低的国家(例如,意大利、西班牙或法国),普通民众并不相信这类委员会的独立性,而且他们的怀疑态度也不是不合理的。在这种情况下,理事会的地位就会受到影响,人们会认为这无法不受政治影响,从而丧失自身的合法性,因此也就无法发挥其潜在的有益作用了。这正是前面讨论过的制度与文化之间的相互作用的另一个例子。在财政政策领域中,如何授权、授权给谁,是一个非常值得深入研究的好课题。

11.4　游说者与官僚

官僚在执行预算中的作用这个问题几乎从未有经济学家研究过。[①] 高级官僚所能发挥的作用,可能远远超出了执行行政命令的范围。因此,即便没有任何正式的授权(如我们前面讨论过的),在应用预算的财政条款时,高级官僚也可能拥有足够的自由裁量权来支持这个或那个压力团体。在一定意义上,这应该是一种"不可欲"的授权,是事实上的授权而不是法律上的授权,但是对官僚自己有益。给定在位的官僚机构的现状偏好,可能会增加推进改革的难度。

最后,我们现在拥有的几乎全部模型都是用投票来模拟政治过程的。然而,还有一种关于政治过程的不同观点,那就是,将立法机构内的投票视为游说团体的压力的结果,因此对游说行为的建模就成了最基本的一个步骤。虽然研究游说行为的文献已经很多了,请参见(例如),格罗斯曼和赫尔普曼(Grossman and Helpman,2008)的文献综述。但是,现有的文献主要是讨论贸易政策领域的游说的,我们还没有看到与最优债务管理相关的游说模型。游说者和官僚可能是相互之间有"深厚关系"的,因为前者可以影响后者,并且可能会在后者执行财政政策时捞到好处。特别是,在预算程序和预算工具完全不透明的情况下,官僚拥有事

---

① 请参见伯特兰等人(Bertrand et al.,2015)、格拉顿等人(Gratton et al.,2015),他们最近分别对印度和意大利的官僚的行为进行了研究。

实上的自由裁量权。反过来说,缺乏透明度本身,也可能是一种策略性的保护措施,目的是便于游说者施加压力和决策者获得好处。如何将讨论游说行为的文献与政府债务文献联系起来,也是一个很好的研究课题。

11.5 实证研究的方向

前面提到的大部分政治经济学文献都是理论层面的探讨。我们认为,实证研究也会带来非常大的回报。也许,大多数(当然,未必是全部)情况下,跨国回归已经不能再提供什么新的洞见了。但是还有许多其他工具可用。第一个工具当然是动态一般均衡模型,我们可以引入政治约束或政治扭曲并量化它们的影响。这种实证研究的一个很好的例子是阿齐蒙蒂等人(Azzimonti et al.,2015)的论文——我们在前面讨论平衡预算规则的时候已经提到过这篇论文。在方法论的另一端,我们也可以进行历史案例研究,这时候,"自然实验"方法就显得特别有用了。例如,想象一下相对外生于财政政策的制度变迁(或其他类型的变化)。这个方面的研究可能有助于解决前面强调的内生性问题。如果能够利用跨越了制度变化时期的历史证据,那么帮助就会更大。

针对国内的赤字的研究也很有帮助。试想象一下,在一个国家内部,不同地方政府在赤字问题上表现出了非常不同的政策立场时会怎么样。这个方向上的研究也许可以揭示赤字的决定因素——在保持制度不变的条件下。这类"地方性"证据之所以特别有用,有两个原因。首先,因为地方公共财政融资本身就是很重要的和非常有意思的。其次,由于保持国家层面的制度不变,所以我们可以探索赤字的其他决定因素之间的差异。现有的这种类型的研究大部分局限在美国地区。因此,对其他国家进行研究还有很大的余地。

我们还可以进一步推进的另一个研究方面是分解财政变量。大多数文献认为财政变量就是指政府支出、税收和债务,而没有试图对这些宽泛的范畴进一步进行区分。无论就财政政策文献而言,还是就政治经济学文献而言,情况确实就是这样(只有少数例外)。因此,这里还有一大片有待开发的疆域。

致谢

我们感谢玛丽娜·阿齐蒙蒂(Marina Azzimonti)、马尔科·巴塔格里尼(Marco Battaglini)、斯蒂芬·科特(Stephen Coate)、凯西·穆里根(Casey Mulligan)、佩尔·佩特森-利德博姆(Per Pettersson-Lindbom)、圭多·塔贝里尼(Guido Tabellini)、皮埃尔·亚雷德(Pierre Yared)、法布里齐奥·齐利波蒂(Fabrizio Zilibotti)和本手册主编对本章的草稿提出的建议和意见,我们因之而获益良多。

参考文献

Acemoglu, D., Golosov, M., Tsyvinski, A., 2008. Markets versus governments. J. Monet. Econ. 55(1), 159—189.

Acemoglu, D., Golosov, M., Tsyvinski, A., 2010. Dynamic mirrlees taxation under political economy constraints. Rev. Econ. Stud. 77(3), 841—881.

Acemoglu, D., Golosov, M., Tsyvinski, A., 2011. Political economy of Ramsey taxation. J. Public Econ. 95(7—8), 467—475.

Aghion, P., Bolton, P., 1990. Government domestic debt and the risk of default: a political-economic model of the strategic role of debt. In: Dornbusch, R., Draghi, M. (Eds.), Public Debt Management: Theory and History. Cambridge University Press, Cambridge, MA.

Aghion, P., Alesina, A., Trebbi, F., 2004. Endogenous political institutions. Q. J. Econ. 119(2), 565—611.

Aguiar, M., Amador, M., Farhi, E., Gopinath, G., 2015. Coordination and crisis in monetary unions. Q. J. Econ. 130(4), 1—50.

Aiyagari, S.R., Marcet, A., Sargent, T.J., Seppala, J., 2002. Optimal taxation without state-contingent debt. J. Polit. Econ. 110(6), 1220—1254.

Akhmedov, A., Zhuravskaya, E., 2003. Opportunistic political cycles: test in a young democracy setting. Q. J. Econ. 119(4), 1301—1338.

Alesina, A., Bayoumi, T., 1996. The costs and benefits of fiscal rules: evidence from U.S. states. NBER Working Paper Series No. 5614.

Alesina, A., Cukierman, A., 1990. The politics of ambiguity. Q. J. Econ. 105(4), 829—850.

Alesina, A., Drazen, A., 1991. Why are stabilizations delayed? Am. Econ. Rev. 81(5), 1170—1177.

Alesina, A., Giuliano, P., 2012. Preferences for redistribution. In: Bisin, A., Jackson, M.O. (Eds.), Handbook of Social Economics, vol. 1. North Holland, The Netherlands, pp. 93—131.

Alesina, A., Giuliano, P., 2015. Culture and Institutions. J. Econ. Lit., Am. Econ. Assoc. 53(4), 898—944.

Alesina, A., Glaeser, E.L., 2005. Fighting poverty in the US and Europe: a world of difference. Oxford University Press, Oxford, UK.

Alesina, A., La Ferrara, E., 2005. Ethnic diversity and economic performance. J. Econ. Lit. 43, 762—800.

Alesina, A., Maré, M., 1996. Evasione e debito. In: Monorchio, A. (Ed.), La Finanza Italiana Dopo la Svolta del 1992.

Alesina, A. , Paradisi, M. , 2014. Political budget cycles: evidence from Italian cities. NBER Working Paper series No. 20570.

Alesina, A. , Perotti, R. , 1995. The political economy of budget deficits. NBER Working Paper Series No. 4637.

Alesina, A. , Stella, A. , 2010. The politics of monetary policy. In: Friedman, B. M. , Woodford, M. (Eds.), Handbook of Monetary Economics, vol. 3. Elsevier Inc. , pp. 1001—1054.

Alesina, A. , Tabellini, G. , 1989. External debt, capital flight and political risk. J. Int. Econ. 27, 199—220.

Alesina, A. , Tabellini, G. , 1990. A positive theory of fiscal deficits and government debt. Rev. Econ. Stud. 57(3), 403—414.

Alesina, A. , Tabellini, G. , 2007. Bureaucrats or politicians? Part I: a single policy task. Am. Econ. Rev. 97(1), 169—179.

Alesina, A. , Cohen, G. D. , Roubini, N. , 1993. Electoral business cycle in industrial democracies. Eur. J. Polit. Econ. 9(1), 1—23.

Alesina, A. , Perotti, R. , Tavares, J. , 1998. The political economy of fiscal adjustments. Brook. Pap. Econ. Act. 1(1), 197—266.

Alesina, A. , Tabellini, G. , Campante, F. R. , 2008. Why is fiscal policy often procyclical? J. Eur. Econ. Assoc. 6(5), 1006—1036.

Alesina, A. , Ardagna, S. , Galasso, V. , 2010. The Euro and structural reforms. In: Review of Economics and Institutions, vol. 2. National Bureau of Economic Research, Inc. , University of Chicago Press and NBER, Chicago, pp. 1—37.

Alesina, A. F. , Carloni, D. , Lecce, G. , 2012. The electoral consequences of large fiscal adjustments. In: Alesina, A. , Giavazzi, F. (Eds.), Fiscal Policy after the Financial Crisis. National Bureau of Economic Research, Inc. , The University of Chicago Press, Chicago and London, pp. 531—570.

Alesina, A. , Favero, C. , Giavazzi, F. , 2015. The output effect of fiscal consolidation plans. J. Int. Econ. 96, 19—42.

Alt, J. E. , Lassen, D. D. , 2006. Fiscal transparency, political parties, and debt in OECD countries. Eur. Econ. Rev. 50(6), 1403—1439.

Alt, J. E. , Lowry, R. C. , 1994. Divided government, fiscal institutions, and budget deficits: evidence from the states. Am. Polit. Sci. Rev. 88(4), 811—828.

Arvate, P. R. , Avelino, G. , Tavares, J. , 2009. Fiscal conservatism in a new democracy: "sophisticated" versus "naïve" voters. Econ. Lett. 102(2), 125—127.

Auerbach, A. J. , Gorkhale, J. , Kotlikoff, L. J. , 1991. Generational accounts: a meaningful alternative to deficit accounting. Tax Policy Econ. 5, 55—110.

Azzimonti, M. , Francisco, E. D. , Quadrini, V. , 2014. Financial globalization, inequality, and the raising of public debt. Am. Econ. Rev. 104(8), 2267—2302.

Azzimonti, M. , Battaglini, M. , Coate, S. , 2015. Costs and benefits of balanced budget rules: Lessons from a political economy model of fiscal policy. MPRA Paper No. 25935.

Banfield, E. , 1958. The moral basis of a backward society. The Free Press, Glencoe, Illinois.

Baqir, R. , 2002. Districting and government overspending. J. Polit. Econ. 110, 1318—1354.

Barbera, S. , Jackson, M. O. , 2004. Choosing how to choose: Self-stable majority rules and constitutions. Q. J. Econ. 119(3), 1011—1048.

Baron, D. P. , Ferejohn, J. A. , 1989. Bargaining in legislatures. Am. Polit. Sci. Rev. 83 (4), 1181—1206.

Barro, R. J. , 1973. The control of politicians: an economic model. Public Choice. 14(1), 19—42.

Barro, R. J. , 1979. On the determination of the public debt. J. Polit. Econ. 87(5), 940.

Barseghyan, L. , Battaglini, M. , Coate, S. , 2013. Fiscal policy over the real business cycle: a positive theory. J. Econ. Theory 148(6), 2223—2265.

Bassetto, M. , Sargent, T. J. , 2006. Politics and efficiency of separating capital and ordinary government budgets. Q. J. Econ. 121(4), 1167—1210.

Battaglini, M. , 2014. A dynamic theory of electoral competition. Theor. Econ. 9(2), 515—554.

Battaglini, M. , Coate, S. , 2008. A dynamic theory of public spending, taxation, and debt. Am. Econ. Rev. 98(1), 201—236.

Battaglini, M. , Coate, S. , 2015. Apolitical economy theory of fiscal policy and unemployment. J. Eur. Econ. Assoc. (forthcoming).

Bayoumi, T. , Eichengreen, B. , 1994. Restraining yourself: fiscal rules and stabilization. CEPR Discussion Papers No. 1029.

Bertrand, M. , Burgess, R. , Chawla, A. , Xu, G. , 2015. Determinants and consequences of bureaucrat effectiveness: evidence from the Indian administrative service. Unpublished.

Besley, T. , Prat, A. , 2006. Handcuffs for the grabbing hand? Media capture and government accountability. Am. Econ. Rev. 96(3), 720—736.

Bisin, A. , Verdier, T. , 2015. On the joint evolution of culture and institutions. Unpublished.

Blinder, Alan S. , 1997. Is government too political? Foreign Affairs. 76, 115—126.

Bohn, H. , 1998. The behavior of U. S. public debt and deficits. Q. J. Econ. 113(3), 949—963.

Bohn, H. , Inman, R. P. , 1996. Balanced budget rules and public deficits: evidence from the U. S. states. Carn. -Roch. Conf. Ser. Public Policy. 45(1), 13—76.

Brender, A. , 2003. The effect of fiscal performance on local government election results in israel: 1989—1998. J. Public Econ. 87(9—10), 2187—2205.

Brender, A. , Drazen, A. , 2005. Political budget cycles in new versus established democracies. J. Monet. Econ. 52(7), 1271—1295.

Brender, A. , Drazen, A. , 2008. How do budget deficits and economic growth affect reelection prospects? Evidence from a large panel of countries. Am. Econ. Rev. 98 (5), 2203—2220.

Buchanan, M. J. , Wagner, E. R. , 1977. Democracy in deficit: the political legacy of Lord Keynes. Academic Press, Ney York, NY.

Budina, N. , Schaechter, A. , Weber, A. , Kinda, T. , 2012. Fiscal rules in response to the crisis: toward the "next-generation" rules: a new dataset. International Monetary Fund, Working Papers No. 12/187.

Buti, M. , Van Den Noord, P. , 2004. Fiscal discretion and elections in the early years of EMU. J. Common Mark. Stud. 42(4), 737—756.

Buti, M. , Turrini, A. , Van den Noord, P. , Biroli, P. , 2010. Reforms and re-elections in OECD countries. Econ. Policy. 25, 61—116.

Campante, F. R. , Do, Q. A. , 2014. Isolated capital cities, accountability, and corruption: evidence from US states. Am. Econ. Rev. 104(8), 2456—2481.

Canova, F. , Pappa, E. , 2006. The elusive costs and the immaterial gains of fiscal constraints. J. Public Econ. 90(8—9), 1391—1414.

Casella, A. , Eichengreen, B. , 1996. Can foreign aid accelerate stabilisation. Econ. J. 106, 605—619.

Chari, V. V. , Kehoe, P. J. , 1993. Sustainable plans and debt. J. Econ. Theory. 61(2), 230—261.

Cukierman, A. , Meltzer, A. H. , 1986. A positive theory of discretionary policy, the cost of democratic government and the benefits of a constitution. Econ. Inq. 24(3), 367—388.

Dabla-Norris, E. , Allen, R. , Zanna, L. F. , Prakash, T. , Kvintradze, E. , Lledo, V. D. , Yackovlev, I. , Gollwitzer, S. , 2010. Budget institutions and fiscal performance in low-income countries. International Monetary Fund. p. 57.

Debrun, X. , Moulin, L. , Turrini, A. , Ayuso-i Casals, J. , Kumar, M. S. , 2008. Tied to the mast? National fiscal rules in the European Union. Econ. Policy. 23, 297—362.

Drazen, A. , 2000. Political economy in macroeconomics. Princeton University Press, Princeton, NJ.

Drazen, A. , Easterly, W. , 2001. Do crises induce reform? Simple empirical tests of conventional wisdom. Econ. Polit. 13(2), 129—157.

Drazen, A. , Eslava, M. , 2010a. Electoral manipulation via voter-friendly spending: theory and evidence. J. Dev. Econ. 92(1), 39—52.

Drazen, A., Eslava, M., 2010b. Pork barrel cycles. NBER Working Paper Series No. 12190.

Drazen, A., Grilli, V., 1993. The benefits of crises for economic reforms. Am. Econ. Rev. 83, 598—607.

Easterly, W., 1993. How much do distortions affect growth? J. Monet. Econ. 32(2), 187—212.

Elgie, R., McMenamin, I., 2008. Political fragmentation, fiscal deficits and political institutionalisation. Public Choice. 136(3—4), 255—267.

Fabrizio, S., Mody, A., 2006. Can budget institutions counteract political indiscipline? Econ. Policy. 21(48), 689—739.

Fatás, A., Mihov, I., 2003a. The case for restricting fiscal policy discretion. Q. J. Econ. 118(4), 1419—1447.

Fatás, A., Mihov, I., 2003b. On constraining fiscal policy discretion in EMU. Oxford Rev. Econ. Policy. 19(1), 112—131.

Ferejohn, J., 1986. Incumbent performance and electoral control. Public Choice. 50, 5—25.

Ferejohn, J. A., Krehbiel, K., 1987. The budget process and the size of the budget. Am. J. Polit. Sci. 31(2), 296—320.

Foremny, D., Freier, M. D. M., Yeter, M., 2015. Overlapping political budget cycles. IEB Working Paper No. 02.

Galor, O., Klemp, M., 2015. Roots of autocracy. Unpublished.

Gavazza, A., Lizzeri, A., 2009. Transparency and economic policy. Rev. Econ. Stud. 76 (3), 1023—1048.

Gavazza, A., Lizzeri, A., 2011. Transparency and manipulation of public accounts. J. Public Econ. Theory. 13(3), 327—349.

Gavin, M., Perotti, R., 1997. Fiscal policy in Latin America. In: Bernanke, B., Rotemberg, J. (Eds.), NBER Macroeconomics Annual, vol. 12. MIT Press, Cambridge, USA, pp. 11—72.

Gonzalez, M. D. L. A., 2002. Do changes in democracy affect the political budget cycle? Evidence from Mexico. Rev. Dev. Econ. 6(2), 204—224.

Gratton, G., Guiso, L., Michelacci, C., Morelli, M., 2015. From Weber to Kafka: political activism and the emergence of an inefficient bureaucracy. Unpublished.

Grilli, V., Masciandaro, D., Tabellini, G., Malinvaud, E., Pagano, M., 1991. Political and monetary institutions and public financial policies in the industrial countries. Econ. Policy. 6 (13), 342—392.

Grossman, G. M., Helpman, E., 2008. Separation of powers and the budget process. J. Public Econ. 92(3—4), 407—425.

Guiso, L., Sapienza, P., Zingales, L., 2006. Does culture affect economic outcomes? J. Econ. Perspect. 20(2), 23—48.

Guiso, L., Sapienza, P., Zingales, L., 2011. Civic capital as the missing link. In: Benhabib, J., Bisin, A., Jackson, M. O. (Eds.), Handbook of Social Economics, vol. 1. North Holland, The Netherlands, pp. 417—480.

Guiso, L., Herrera, H., Morelli, M., 2015. A cultural clash view of the EU crisis. CEPR Discussion Papers No. 9679(unpublished).

Halac, M., Yared, P., 2014. Fiscal rules and discretion under persistent shocks. Econometrica. 82(5), 1557—1614.

Halac, M., Yared, P., 2015. Fiscal rules and discretion in a world economy. NBER Working Paper Series No. 21492.

Hallerberg, M., Von Hagen, J., 1999. Electoral institutions, cabinet negotiations, and budget deficits in the European Union. In: Fiscal Institutions and Fiscal Performance. National Bureau of Economic Research, Inc., pp. 209—232.

Hallerberg, M., Strauch, R., Von Hagen, J., 2009. Fiscal governance: evidence from Europe. Cambridge University Press, Cambridge, UK.

Hassler, J., Krusell, P., Storesletten, K., Zilibotti, F., 2005. The dynamics of government. J. Monet. Econ. 52(7), 1331—1358.

Haveman, R., 1994. Should generational accounts replace public budgets and deficits? J. Econ. Perspect. 8(1), 95—111.

Inman, R. P., 1997. Rethinking federalism. J. Econ. Perspect. 11(4), 43—64.

Kashin, K., King, G., Soneji, S., 2015. Systematic bias and nontransparency in US Social Security Administration forecasts. J. Econ. Perspect. 29, 239—258.

Klein, P., Krusell, P., Ríos-Rull, J. V., 2008. Time-consistent public policy. Rev. Econ. Stud. 75(3), 789—808.

Kontopoulos, Y., Perotti, R., 1999. Government fragmentation and fiscal policy outcomes: evidence from OECD countries. In: Fiscal Institutions and Fiscal Performance. National Bureau of Economic Research, Inc., pp. 81—102.

Kornai, J., Maskin, E., Roland, G., 2003. Understanding the soft budget constraint. J. Econ. Lit. 41(4), 1095—1136.

Krogstrup, S., Wyplosz, C., 2010. A common pool theory of supranational deficit ceilings. Eur. Econ. Rev. 54(2), 269—278.

Lizzeri, A., 1999. Budget deficits and redistributive politics. Rev. Econ. Stud. 66(4), 909—928.

Lucas, R. E. J. , Stokey, N. L. , 1983. Optimal fiscal and monetary policy in an economy without capital. J. Monet. Econ. 12(1), 55—93.

Miano, A. , 2015. Determinants and consequences of fiscal rules: evidence form the world economy. Bocconi University.

Milesi-Ferretti, G. M. , 2004. Good, bad or ugly? On the effects of fiscal rules with creative accounting. J. Public Econ. 88(1—2), 377—394.

Milesi-Ferretti, G. M. , Perotti, R. , Rostagno, M. , 2002. Electoral systems and public spending. Q. J. Econ. 117(2), 609—657.

Müller, A. , Storesletten, K. , Zilibotti, F. , 2016. The political color of fiscal responsibility. J. Eur. Econ. Assoc. 14(1), 252—302.

Mulligan, C. , Sala-i Martin, X. , 1999. Gerontocracy, retirement, and social security. NBER Working Paper series No. 7117.

Nannicini, T. , Stella, A. , Tabellini, G. , Troiano, U. , 2012. Social capital and political accountability. Am. Econ. J. : Econ. Policy. 5(230088), 222—250.

Oates, W. E. , 2011. Fiscal federalism. Edward Elgar Pub, Northampton, MA, USA.

OECD, 2014. Social spending-StatExtracs. http://stats. oecd. org/Index. aspx? DataSetCode = SOCX_AGG.

OECD, 2015. Social expenditure. www. oecd. org/els/social/expenditure.

Passarelli, F. , Tabellini, G. , 2013. Emotions and political unrest. CESifo Working Paper Series.

Peltzman, S. , 1992. Voters as fiscal conservatives. Q. J. Econ. 107(2), 327—361.

Persson, T. , Svensson, L. E. O. , 1989. Why a stubborn conservative would run a deficit: policy with time-inconsistent preferences. Q. J. Econ. 104(2), 325—345.

Persson, T. , Tabellini, G. , 2000. Political economics: explaining economic policy. MIT Press, Cambridge.

Pettersson-Lidbom, P. , 2001. An empirical investigation of the strategic use of debt. J. Polit. Econ. 109(3), 570—583.

Pettersson-Lidbom, P. , 2010. Dynamic commitment and the soft budget constraint: an empirical test. Am. Econ. J. : Econ. Policy. 2, 154—179.

Pettersson-Lidbom, P. , 2012. Does the size of the legislature affect the size of government? Evidence from two natural experiments. J. Public Econ. 96(3—4), 269—278.

Ponticelli, J. , Voth, H. J. , 2011. Austerity and anarchy: budget cuts and social unrest in Europe, 1919—2008. CEPR Discussion Papers No. 8513.

Poterba, J. M. , 1995. Capital budgets, borrowing rules, and state capital spending. J. Public Econ. 56, 165—187.

Poterba, J. M. , 1996. Budget institutions and fiscal policy in the U. S. states. Am. Econ.

Rev. 86(2), 395—400.

Prat, A., Stromberg, D., 2013. The political economy of mass media. Cambridge University Press, Cambridge, UK.

Primo, D., 2007. Rules and restraint: government spending and the design of institutions. University of Chicago Press, Chicago, IL.

Ramsey, F. P., 1927. A contribution to the theory of taxation. Econ. J. 37(145), 47—61.

Reinhart, C. M., Rogoff, K. S., 2010. Growth in a time of debt. Am. Econ. Rev. 100(2), 573—578.

Richardson, G., 2008. The relationship between culture and tax evasion across countries: additional evidence and extensions. J. Int. Account. Audit. Tax. 17(2), 67—78.

Rogoff, K., 1990. Equlibrium political budget cycles. Am. Econ. Rev. 80(1), 21—36.

Rogoff, K., Sibert, A., 1988. Elections and macroeconomic policy cycles. Rev. Econ. Stud. 55(1), 1—16.

Sabato, L. J., 2008. A more perfect constitution: why the constitution must be revised: ideas to inspirea new generation. Walker Publishing Company, New York, NY.

Schuknecht, L., 2000. Fiscal policy cycles and public expenditure in developing countries. Public Choice. 102(1/2), 115—130.

Shi, M., Svensson, J., 2006. Political budget cycles: do they differ across countries and why? J. Public Econ. 90(8—9), 1367—1389.

Song, Z., Storesletten, K., Zilibotti, F., 2012. Rotten parents and disciplined children: a politico-economic theory of public expenditure and debt. Econometrica. 80(6), 2785—2803.

Spolaore, E., 2004. Adjustments in different government systems. Econ. Polit. 16(2), 117—146.

Stein, E., Talvi, E., Grisanti, A., 1999. Institutional arrangements and fiscal performance: the Latin American experience. In: Poterba, J. M., Von Hagen, J. (Eds.), Fiscal Institutions and Fiscal Performance. University of Chicago Press, Chicago, IL, pp. 103—134.

Stockman, D. R., 2001. Balanced-budget rules: welfare loss and optimal policies. Rev. Econ. Dyn. 4(2), 438—459.

Tabellini, G., 1991. The politics of intergenerational redistribution. J. Polit. Econ. 99, 335.

Tabellini, G., 2010. Culture and institutions: economic development in the regions of Europe. J. Eur. Econ. Assoc. 8(4), 677—716.

Tabellini, G., Alesina, A., 1990. Voting on the budget deficit. Am. Econ. Rev. 80(1), 37—43.

Tornell, A., Lane, P. R., 1999. The voracity effect. Am. Econ. Rev. 89(1), 22—46.

Trebbi, F., Aghion, P., Alesina, A., 2008. Electoral rules and minority representation in U. S. cities. Q. J. Econ. 123(1), 325—357.

Velasco, A., 1999. A model of endogenous fiscal deficits and delayed fiscal reforms. In: Poterba, J. M., Von Hagen, J. (Eds.), Fiscal Institutions and Fiscal Performance. University of Chicago Press, Chicago, pp. 37—58.

Velasco, A., 2000. Debts and deficits with fragmented fiscal policymaking. J. Public Econ. 76(1), 105—125.

Volkerink, B., De Haan, J., 2001. Fragmented government effects on fiscal policy: new evidence. Public Choice. 109(3—4), 221—242.

Von Hagen, J., 2006. Fiscal rules and fiscal performance in the EU and Japan. Discussion Paper Series of SFB/ TR 15 Governance and the Efficiency of Economic Systems 147.

Von Hagen, J., Wolff, G. B., 2006. What do deficits tell us about debt? Empirical evidence on creative accounting with fiscal rules in the EU. J. Bank. Finance. 30(12), 3259—3279.

Weingast, B., Shepsle, K., Johnsen, C., 1981. The political economy of benefits and costs: a neoclassical approach to distributive politics. J. Polit. Econ. 84(4), 642—664.

Woo, J., 2003. Economic, political, and institutional determinants of public deficits. J. Public Econ. 87(3—4), 387—426.

Wyplosz, C., 2014. Fiscal rules: theoretical issues and historical experiences. In: Alesina, A., Giavazzi, F. (Eds.), Fiscal Policy After the Financial Crisis. University of Chicago Press and National Bureau of Economic Research, Chicago and London, pp. 495—529.

Yared, P., 2010. Politicians, taxes and debt. Rev. Econ. Stud. 77(2), 806—840.

Handbook of Macroeconomics, Volume 2A-2B SET

John B. Taylor, Harald Uhlig

SET ISBN:9780444594884

《宏观经济学手册·第 2 卷》贾拥民 译

ISBN:978-7-308-25669-8

注意